U0907029

中国
社会治安综合治理
年鉴

2004

中国长安出版社

2004年6月11日，全国社会治安综合治理工作会议在浙江省杭州市召开。

罗干同志出席全国社会治安综合治理工作会议并发表重要讲话。

周永康同志主持会议并作总结讲话。

2004年8月，中央社会治安综合治理委员会召开2004年第二次全体会议。罗干同志主持会议并发表讲话。

2004年4月12日，罗干、周永康等中央领导同志在北京人民大会堂与全国综治干部培训班学员座谈。

2004年4月5日至14日，全国社会治安综合治理工作干部培训班在北京举行。这次培训班采取集中时间、集中授课、经验交流、座谈讨论等形式，对来自全国各地市级综治办主任和部队系统的保卫干部共420余人进行了一次大规模的专门培训。

2004年4月27日，全国预防青少年违法犯罪暨学校及周边治安综合治理工作会议在上海召开。

全国人大常委会副委员长、中央综治委副主任顾秀莲出席全国预防青少年违法犯罪暨学校及周边治安综合治理工作会议并发表重要讲话。

顾秀莲同志在中央政法委秘书长王胜俊，共青团中央第一书记周强和中央政法委副秘书长、中央综治办主任陈冀平等陪同下，视察上海市社区青少年教育工作。

2004年9月29日，2003年度全国社会治安综合治理好新闻奖颁奖会在北京举行。全国人大常委会副委员长、中央综治委副主任顾秀莲出席颁奖会并讲话。

2004年11月29日，“为了明天——预防青少年违法犯罪工程”启动仪式在北京人民大会堂举行。全国人大常委会副委员长、中央综治委副主任顾秀莲出席并讲话。

2004年12月8日，全国综治办主任会议在北京召开。中央综治委各专门工作领导小组办公室及全国各省（区、直辖市）综治办主任参加会议。

2004年8月，中央综治办在河北秦皇岛市召开座谈会，研究讨论加强平安建设工作。

徐龙刚 刘军纳
宝华 摄

前　言

2004年，在党中央、国务院和各级党委、政府的领导下，各级社会治安综合治理组织以邓小平理论和“三个代表”重要思想为指导，认真贯彻落实党的十六大和十六届三中、四中全会精神，坚持打防结合、预防为主，专群结合、依靠群众的方针，以平安建设为载体，以落实领导责任制为总抓手，以基层基础建设为重点，全面推进社会治安防控体系建设，完善社会治安综合治理工作机制，着力排查调处矛盾纠纷，推动社会治安综合治理各项措施的落实，确保了治安秩序和社会大局的持续稳定。

2004年2月和5月，胡锦涛、温家宝、曾庆红、罗干、周永康等中央领导同志分别对平安建设作出重要批示，充分肯定各地平安建设的经验，极大地激发了各级党委、政府和广大干部群众投身平安创建的积极性。许多省、自治区和直辖市纷纷提出创建“平安省（区、市）”的工作目标，大张旗鼓地开展平安建设，有力地推动了社会治安综合治理各项措施的落实，维护了本地区良好的治安秩序，促进了本地区经济社会全面、协调、可持续发展。2004年4月，中央社会治安综合治理委员会在上海召开全国预防青少年违法犯罪暨学校及周边治安综合治理工作会议。罗干、周永康同志专门作出重要批示，强调做好预防青少年违法犯罪工作对于维护社会稳定，培养和造就社会主义事业合格建设者和接班人具有重要作用。中央综治委预防青少年违法犯罪工作领导小组研究制定了《“为了明天——预防青少年违法犯罪工程”实施方案》，正式启动“为了明天工程”。2004年6月，全国社会治安综合治理工作会议在杭州召开，部署进一步开展矛盾纠纷排查调处工作，强化基层建设，全力维护社会和谐稳定。各地建立健全矛盾纠纷排查调处工作机制，加强矛盾纠纷排查调处工作规范化、制度化建设，积极探索、不断创新排查调处工作的方式方法，充分发挥人民调解、司法调解和行政调解作用，有效化解了大量的矛盾纠纷，维护了社会的和谐稳定。各地深入贯彻中央综治委、中央编办《关于加强乡镇、街道社会治安综合治理基层组织建设的若干意见》，各级社会治安综合治理机构的工作力量普遍得到加强，综合治理工作网络不断发展，群防群治队伍不断壮大，为维护治安秩序和社会稳定做出了重要贡献。各地坚持排查治安混乱地区和突出治安问题，有针对性地开展“严打”整治斗争，各有关部门齐抓共抓，解决突出治安问题，遏制了刑事案件高发的势头，维护了治安局势的持续稳定。

本卷《中国社会治安综合治理年鉴》收载了2004年社会治安综合治理工作的主要内容，比较全面地反映了中央社会治安综合治理委员会有关成员单位参与社会治安综合治理工作和各地开展社会治安综合治理工作情况。在编写过程中，得到了中央社会治安综合治理委员会成员单位和各省、自治区、直辖市党委政法委、综治委（办）的大力支持，在此，谨表诚挚谢意。

编　者

2005年10月

《中国社会治安综合治理年鉴》
编辑委员会

徐伟华	徐立淳	高新亭
高从善	栗先惠	黄安生
崔红星	傅剑仁	鲁志宏
缪蒂生	魏建荣	

《中国社会治安综合治理年鉴》编辑部编辑人员

主　　编　陈冀平

副 主 编　胡增印　罗建平　李宝柱　陈小军

执行主编　李宝柱

副 主 编　田大忠

编　　辑　（按姓氏笔画排列）

丁后盾	于厚森	王雪鹏
田大忠	叶晓蕾	李　多
李宝柱	李　炜	罗建平
季　勤	胡增印	徐龙刚
黄少平	崔红星	窦朝晖

《中国社会治安综合治理年鉴》
编辑部特约编辑

目　　录

一、2004年全国社会治安综合治理工作概况

二、全国社会治安综合治理工作要点

三、中央社会治安综合治理委员会文件

四、中央社会治安综合治理委员会的重要会议

(一) 全国社会治安综合治理工作会议

八、铁路护路联防工作

九、刑释解教人员安置帮教工作

十、学校及周边治安综合治理工作

十一、流动人口治安管理工作

十二、中央社会治安综合治理委员会成员单位参与社会治安综合治理工作情况

河北省

山西省

内蒙古自治区

辽宁省

吉林省

黑龙江省

上海市

江苏省

浙江省

安徽省

河南省

湖北省

湖南省

广东省

广西壮族自治区

海南省

重庆市

四川省

陕西省

甘肃省

青海省

宁夏回族自治区

新疆维吾尔自治区

新疆生产建设兵团

一、2004 年全国社会治安综合治理工作概况

2004 年全国社会治安综合治理工作概况

中央社会治安综合治理委员会办公室

2004 年，各级社会治安综合治理组织以邓小平理论和“三个代表”重要思想为指导，认真贯彻落实党的十六大和十六届三中、四中全会精神，牢固树立科学的发展观和正确的政绩观，紧紧围绕全面建设小康社会和提高党的执政能力的要求，坚持“打防结合，预防为主，专群结合，依靠群众”方针，以平安建设为载体，以落实领导责任制为总抓手，以基层基础建设为重点，全面推进社会治安防控体系建设，着力排查调处矛盾纠纷，推动社会治安综合治理各项措施的落实，确保了治安秩序和社会大局的持续稳定。2004 年 11 月，中央综治办委托国家统计局在全国 31 个省(区、市)同时开展了“群众安全感抽样调查”，结果显示，群众对当前社会治安感到“安全”和“基本安全”的合计超过 90%，与 2003 年基本持平。

一、开展矛盾纠纷排查调处工作，维护社会和谐稳定

各级社会治安综合治理组织始终把矛盾纠纷排查作为重要的基础性工作来抓，会同有关部门着力在基层及时排查化解不稳定因素，全力维护社会稳定。6 月 11 至 12 日，全国社会治安综合治理工作会议在杭州召开。会议进一步总结推广“枫桥经验”，交流了各地排查调处矛盾纠纷的经验。

各地建立健全矛盾纠纷排查调处工作机制。江苏省推广南通市“党委政府统一领导、政法综治牵头协调、调处中心具体运作、司法部门业务指导、职能部门共同参与”的矛盾纠纷大调解机制，在实践中取得明显成效。山西、山东等地重视组织网络建设，省、市、县成立矛盾纠纷排查调处工作领导小组和办公室，乡镇、街道成立矛盾纠纷排查调处中心。内蒙古自治区确定 18 个自治区直属单位为矛盾纠纷排查调处牵头单位，24 个单位为配合单位。北京、天津、河北、内蒙古、山西、上海、江苏、山东、湖北、河南、云南等地建立信息员队伍，构建了矛盾纠纷排查信息网络。

各地加强矛盾纠纷排查调处工作规范化、制度化建设，积极探索、不断创新排查调处工作的方式方法。不少地方建立健全了通报制度、归口办理制度、领导包案和挂牌督办制度、零报告制度及排查调处考核制度等。山西省长治市建立“五卡”(即“接待卡”、“送达卡”、“交办卡”、“督办卡”和“终结卡”)制度，规范了排查调处工作程序。浙江省推广诸暨市实行的“四前”(组织建设走在工作前，预测工作走在预防前，预防工作走在调解前，调解工作走在激化前)和“四先四早”(预警在先，苗头问题早消化；教育在先，重点对象早转化；控制在先，敏感时期早防范；调解在先，矛盾纠纷早处理)工作机制，使矛盾纠纷排查调处工作更富有成效。各地普遍建立责任追究制度，对重大矛盾

纠纷实行领导包案调处责任制，通过确定责任人，调处时限等，切实增强排查调处工作的针对性、实效性。湖南省强化督查督办制度，实行台账销号和讲评制度，及时分出等次，指出优劣，对排查调处工作不力的具体责任单位和责任人点名督促。

各有关部门密切配合，充分发挥人民调解、司法调解和行政调解作用，有效化解矛盾纠纷。司法行政机关加强乡镇（街道）人民调解组织建设，化解了大量婚姻、家庭、邻里、损害赔偿、生产经营等常见性、多发性纠纷，同时通过法律服务和法律援助，引导公民和法人通过合法途径解决矛盾纠纷。公安机关充分发挥联系群众的窗口、纽带作用，坚持严格、公正、文明执法，预防和减少各类矛盾纠纷的发生，依法妥善处置群体性事件，维护了社会稳定。法院在审判工作中强化诉讼调解功能，坚持庭前、庭审和庭后调解相结合，重点加强庭前调解工作，促进了经济发展和社会的安定团结。民政部门加强社区居委会建设，加强城市居民最低生活保障工作，抓好促进社区再就业工作，有效化解了社会不稳定因素。建设部门把纠正城镇房屋拆迁中损害群众利益问题作为重点工作来抓。劳动和社会保障部门实施积极的就业政策，帮助下岗失业人员再就业，同时做好国有企业下岗职工基本生活保障和企业离退休人员养老金按时足额发放工作，建立和保持和谐稳定的劳动关系，防止和减少因劳动关系问题引发的社会矛盾。劳动和社会保障、建设、法院、检察院等部门运用行政和法律手段，着力解决拖欠工程款及农民工工资问题，消除了许多矛盾隐患。各级工会组织坚持扶贫解困送温暖，大力开展职工法律援助和服务工作，帮助困难职工通过诉讼途径解决劳动争议，依法维护自身权益。

各地、各部门立足基层，依靠群众，预防为主，落实责任，及时化解矛盾纠纷，有效维护了社会的和谐稳定。1至10月，全国各地共排查矛盾纠纷221.74万起，成功调处211.65万起，调处率为95.45%。

二、加强基层综治组织建设，强化基层基础工作

各省（区、市）深入贯彻中央综治委、中央编办《关于加强乡镇、街道社会治安综合治理基层组织建设的若干意见》，各级社会治安综合治理机构的工作力量普遍得到加强。江西省明确规定了省、市、县三级综治办的规格，主任由同级党委政法委副书记担任，配备专职副主任；乡镇、街道综治办在乡镇机构改革中予以保留，并配备3至5名专职干部。全省1615个乡镇共配备专职综治干部5993人，确保了综治工作在基层有人抓、有人管。各地在解决机构和人员的同时，许多地方乡镇、街道综治办的办公条件得到改善，经费保障进一步加强，各项规章制度进一步健全完善，基层综治办的规范化、制度化建设得到加强。

全国综治系统普遍开展了干部培训工作。4月5至14日，中央综治办在北京举办全国综治干部培训班，市（地）级综治办主任等426人参加了培训。罗干、周永康等中央领导同志接见了全体学员并与大家座谈。中央外办、中央610办、国务院研究室、全国人大法律委员会、公安部、司法部、教育部、新闻出版总署、团中央、社科院等单位领导同志或部门负责同志亲自为学员授课。这次培训班的举办，推动了各地综治干部培训工作。各省（区、市）普遍对各级综治干部进行了培训，广大综治干部开阔了视野，交流了经验，明确了工作任务，提升了综治工作水平。

各地大力加强群防群治队伍建设。北京市组建社区治安巡逻志愿者队伍，开展治安巡逻和安全防范，在“两会”和重要节日的安全保卫工作中发挥了积极作用。内蒙古自治区进一步加强“草原110”建设，组织牧民参加群防群治。哈尔滨市在事业单位改革中把一些干部、职工转作综治维稳特派员。各地加强群防群治队伍的教育和培训，严明纪律，严格管理。同时积极发展专业治安防范力量，充实和加强了综治一线队伍。各级人武部门认真贯彻中央综治委、总参动员部《关于组织民兵参与社会治安综合治理的意见》，一些地方组建民兵应急分队维护社会治安，为维护治安秩序和社会稳定做出了重要贡献。

三、加强思想道德和法制教育，预防青少年违法犯罪

为深入贯彻中共中央、国务院《关于进一步加强和改进未成年人思想道德建设的若干意见》，4月27至28日，在上海召开了全国预防青少年违法犯罪暨学校及周边治安综合治理工作会议。罗干、周永康同志专门作出重要批示，强调做好预防青少年违法犯罪工作对于维护社会稳定，培养和造就社会主义事业合格建设者和接班人具有重要作用。8月，中央综治委2004年第二次全体会议专题研究预防青少年违法犯罪工作，会议审议通过了中央综治委《关于深化预防青少年违法犯罪工作的意见》。

各级共青团组织广泛开展“雏鹰争章”、“青少年网络文明行动”等实践活动，增强青少年思想道德教育的针对性和实效性。各地依托青少年法律学校，积极开展“青少年法制教育宣传周”、建立“青少年远离毒品网”、建立“全国青少年自我保护教育基地”和组建“青春自护”讲师团等活动，加强青少年的法制教育、自护教育和心理教育。公安部、文化部、信息产业部、国家工商行政管理总局、新闻出版总署等部门联合行动，加大对“黑网吧”、淫秽色情网站和“口袋本”的整治力度，净化了青少年的成长环境。中央综治委预防青少年违法犯罪工作领导小组研究制定《“为了明天——预防青少年违法犯罪工程”实施方案》，正式启动“为了明天工程”；下发《关于开展“未成年人零犯罪社区”创建工作的意见》，加强对闲散青少年的教育、管理和服务。上海市采用政府购买服务的方式建立专职社区工作队伍，南京市多方筹集资金建立社区青少年专职工作队伍，加强了社区预防青少年违法犯罪工作力量。

四、广泛开展平安建设，大力加强治安防范工作

2003年江苏省率先提出“平安江苏”的创建目标，“南昌会议”推广江苏经验后，带动了全国平安建设的蓬勃发展。河南省委、省政府在认真分析全省经济社会发展形势的基础上，做出争创全国综治先进省的决策。2004年2月和5月，胡锦涛、温家宝、曾庆红、罗干、周永康等中央领导同志分别对“平安山东”和“平安浙江”建设作出重要批示，充分肯定各地平安建设的经验，极大地激发了各级党委、政府和广大干部群众投身平安创建的积极性。继江苏、河南、山东、浙江之后，福建、湖北、湖南、陕西、宁夏、贵州、重庆、黑龙江等许多省（区、市）纷纷提出创建“平安省（区、市）”的工作目标，大张旗鼓地开展平安建设，有力地推动了社会治安综合治理各项措施的落实，维护了本地区良好的治安秩序，促进了本地区经济社会全面、协调、可持续发展。

8月7日和20日、9月22至23日，中央综治办先后在河北省秦皇岛市、山东省威海市召开部分省区市社会治安综合治理工作座谈会。会议对平安建设的形式、内涵和今后的发展方向等进行了充分研讨，统一思想，进一步推动了各地平安建设的发展。

各省（区、市）广泛开展各种形式的平安建设活动。一是各省（区、市）党委、政府高度重视，领导有力。各地的平安建设工作由党委、政府牵头，根据本地实际多方调研，统筹安排，作出部署。江苏、山东、浙江和福建省委主要领导亲自部署平安建设工作。二是精心制定方案，目标明确，措施具体。河南省提出“四个领先”和“六个不发生”：打击严重刑事犯罪、综合治理六项基础性工作、维护社会稳定和公众安全感在全国领先；不发生在全国造成重大影响的人员伤亡和巨额资财损失的恶性案件、涉黑涉恶犯罪案件、群死群伤恶性治安事故、群体性事件、监管羁押场所异常案事件、政法干警违法违纪案事件。福建省根据本省实际，把建设“平安福建”定位在大稳定、大综治范畴，作为社会治安综合治理和维护社会稳定的总抓手，确定了强化对敌斗争、化解矛盾纠纷、增强打击实效、构建防控体系、维护经济安全和建立突发事件应急机制等六项重点工作。三是全社会动员，各部门参与，齐抓共管。各省（区、市）明确综治委各成员单位在平安建设中的职责和任务，把平安建设的目标任务细化分解，层层落实到各级党委、政府和各部门。同时，通过强有力的舆论宣传，调动全社会力量参与平安建设，营造了声势浩大的平安建设氛围。四是因地制宜，行动迅速，效果明显。江苏省开展“平安江苏”活动一年以来，迅速在全省范围内构建了社区治安防控、社会面巡逻、单位内部保卫、卡口堵控和科技防控五大防范网络，有效遏制了刑事案件和治安案件的发生，群众安全感大幅度提高。山东省开展“平安山东”建设以来，入室盗窃等可防性案件持续下降。哈尔滨市开展“平安哈尔滨”创建活动以来，把“让人民安居乐业、让企业平安经营”叫响抓实，群众对社会治安满意率达到93.8%，同比上升7.8个百分点。

许多省（区、市）的平安建设，着力从基层入手，进一步拓展基层安全创建范围，提升创建水平。各地深入开展“平安社区”、“平安村”、“平安乡镇”以及“平安大道”、“安全文明铁道线”、“安全文明校园”、“安全文明旅游区”等创建活动，积小平安为大平安，有力促进了社会治安综合治理各项措施的进一步落实。北京市制定下发《关于开展“平安社区(村)”创建活动的意见》，在全市开展“平安示范社区(村)”创建工作，进一步夯实了首都平安建设的基础。山西省委、省政府下发《关于在全省开展“平安县”创建活动的实施意见》，提出以县(市、区)为单位开展平安创建活动，推动全省“平安三晋”建设。湖北、辽宁、云南等省都出台了创建平安县(市、区)活动的实施方案。

各地、各部门以平安建设和基层安全创建活动为载体，进一步加强治安防控体系建设，积极探索新形势下治安防范工作的新办法、新途径，初步建立了党委、政府领导，综治机构组织协调，以公安为骨干，以群防群治力量为依托，以社会面治安防范为重点，以科技手段为支撑，多警种联动，专群结合，点线面结合，人防物防技防配套的治安防控体系。广东省把社会治安防控体系建设纳入省委、省政府“十项民心工程”，纳入“和谐广东”建设的重要内容，全力推进，狠抓落实。甘肃省实施《社会治安防范管理体系建设 2003 至 2005 年三年工作规划》，有 1000 多个社区建立了居委会、警务室、流动人口管理站、调委会“四位一体”工作机制；全省建立多警联动的快速反应机制，组建起 2 万多人的专职群防群治队伍，刑事案件连续三年以平均 10.34%的幅度下降。在治安防控体系建设中，北京、上海等地继续加大科技防范力度。上海市实施《上海市社会公共安全技术防范管理办法》，已有 5 万余家单位配建了各类技防设施，安装 24 小时监控的电视摄像机 20 余万台，3 万余家单位安装了区域报警联网系统。截至 9 月 30 日，上海市通过区域报警网络破获各类刑事案件 1194 起，抓获违法犯罪嫌疑人员 1489 名，制止犯罪 4041 起，避免经济损失 4360 余万元。四川省实施社会治安综合治理整体联动防范工程，治安防范成效明显，1 至 9 月全省可防性案件同比下降 5.6%。

五、加强检查督促和科学考评，落实综合治理责任制

中央综治委《关于印发〈省、自治区、直辖市社会治安综合治理工作考核评比标准〉的通知》下发后，引起许多省(区、市)党政主要领导的高度重视。河南省委主要领导明确要求省综治办对照标准找差距，需要省委、省政府解决的问题要立刻上报，无条件解决，哪个环节出现问题要追究有关责任人的责任。天津、上海、江苏等地对照《标准》，解决了机构设置、干部配备等方面的薄弱环节。各省(区、市)加强了对市(地)、县(市、区)综治工作的检查和考核，有力推动了综治组织建设和各项工作措施的落实。江西省综治办、省统计局、省公安厅联合设立“江西省社会治安形势和综合治理工作成效评估中心”，负责全省社会治安形势和综合治理工作成效评估工作。中央综治办为使对省(区、市)综治工作的考核更加全面、科学和便于操作，制定《2004 年省、区、市综治工作考核评比实施细则》，细化考核评比标准，并请有关部门参与考评，进一步推动了各地、各部门综治工作的开展。

各省(区、市)层层签定综合治理目标管理责任书，许多地方建立综治委成员单位述职报告制度、联系点制度，加大责任查究工作力度，综合治理领导责任制和目标管理责任制进一步得到落实。江西省社会治安综合治理委员会、纪律检查委员会、组织部、人事厅、监察厅制订下发《江西省社会治安综合治理及维护社会稳定领导责任制实施意见》，进一步明确和严格履行各自在社会治安综合治理及维护社会稳定工作中的责任。甘肃省委组织部在制定和实施各市、州党政领导班子政绩百分制考核指标体系中，综治工作占有相当分值，并定期征求省综治委对各地党政领导抓综治情况的意见。河南省不少地方建立“治安防范责任不作为经济赔偿制”、“治安防范整改保证金制度”和“非公有制经济组织综合治理激励制约机制”，进一步强化机关、企事业单位领导和非公有制经济组织责任人的防范意识和责任意识。各地加大社会治安综合治理一票否决的力度。北京市先后对“吴若甫被绑架案”、“3.01”特大抢劫现金案、“3.15”盗撬保险柜系列案有关责任单位实施社会治安综合治理一票否决，对相关责任人进行责任追究。云南省吸取“马加爵杀人案”的深刻教训，加大对重大问题责任查究和一票否决的力度，收到很好的警示效果。

10月，中央综治办联合中央综治委部分成员单位和中央有关部门组织8个检查组，分别对内蒙古、吉林、黑龙江、河南、广东、重庆、四川、甘肃等地社会治安综合治理工作进行检查，推动了这些地区综治工作的开展。

六、排查治安混乱地区和突出治安问题，有针对性地开展“严打”整治斗争

各级政法部门始终坚持“严打”方针，依法从重从快严厉打击严重刑事犯罪活动。各地普遍建立和完善“严打”整治经常性工作机制，加强对治安形势的分析评估，及时研究掌握违法犯罪活动的规律特点，切实增强打击犯罪的针对性和实效性。各级公安机关继续开展“扫黑除恶”、打击“两抢两盗”等专项行动，重点组织了全国“侦破命案”专项行动、全国“扫毒”专项行动、“遏制毒源”专项行动等。公安部会同中宣部、中央外宣办、最高人民法院、最高人民检察院、教育部、信息产业部、文化部、国家工商行政管理总局、广电总局、新闻出版总署、国务院法制办、中国银监会、团中央等13个部门，在全国范围内组织开展打击淫秽色情网站专项行动，有力打击了网上淫秽色情、赌博、诈骗等违法犯罪活动。通过这些专项行动，遏制了刑事案件高发的势头，维护了治安局势的持续稳定。

各地集中排查和整治了一批治安乱点。被列为重点整治的地区层层落实重点整治工作领导责任制，确保领导到位、责任到人。一些地方还派出工作组进驻重点整治地区，督办整治工作，确保重点整治工作扎实有效地开展。湖南省坚持分级滚动排查、滚动整治，各县、乡镇综治办每个月排查一次治安混乱地区和突出治安问题，市、州综治办每季度进行一次排查分析工作，省综治办每半年开展一次重点地区排查分析工作，保证有的放矢地开展集中整治。辽宁省制定《关于开展全省凶杀案件高发重点地区专项整治的实施方案》，对7个市及20个县(市、区)开展专项治理。吉林省组织开展以反偷渡、反渗透为重点的边境治安整治工作，维护了边境地区的稳定。截止10月底，全国共排查治安混乱地区13179个，治安面貌明显改观12118个，整治成功率为91.95%。

各地继续把学校、企业及周边治安环境的整治作为重点。公安部、国家发改委、国家工商行政管理总局、国家电监会等部门组织开展“打击整治盗窃和破坏电力设施犯罪专项行动”，公安部联合有关部门开展“整治油气田及输油气管道生产秩序专项行动”，保护了企业的生产安全。湖北省组织开展国有大中型企业及周边专项集中整治和金融单位安全保卫专项整治行动，破获涉企案件1802起。安徽、贵州等省把重点工程周边治安整治作为工作重点。8月28日起，在中央综治委学校及周边治安综合治理工作领导小组部署下，全国集中开展了为期两个月的校园及周边治安秩序专项整治行动，各地共出动警力24万余人次，检查学校9万余所，整改校内安全隐患3.6万余处，取缔校园周边娱乐场所和网吧1.5万余家，拆除违章建筑1.1万余个，取缔无证摊点4.7万余个，收缴非法出版物31万余册，破获侵害师生人身财产安全的违法犯罪团伙1313个，查破刑事和治安案件1.6万余起，确保了学校及周边治安秩序的稳定。10月15日，教育部、公安部、司法部、建设部、文化部、卫生部、国家工商行政管理总局和新闻出版总署联合下发《全国中小学幼儿园及少年儿童安全管理专项整治行动实施方案》，各地进一步整治中小学、幼儿园周边环境，全面排查中小学、幼儿园内部安全隐患，清理整顿不合格办学机构和教职工队伍，严肃查处了一批侵害中小学生、少年儿童人身财产安全的典型案件。

各地深入开展“扫黄”、“打非”集中行动和专项治理，加强出版物市场日常监管，取得了新的成绩。2004年，全国共查处、取缔违法违规印刷复制企业9000余家，破获各类非法出版案件32876起，收缴各类非法出版物总计22923万件(含海关查获走私光盘2343万张)，破获非法光盘生产线21条。通过专项治理，收缴淫秽色情“口袋本”图书、有害卡通画册304万册，收缴有害游戏软件273万余件，净化了社会环境。

各省(区、市)对影响铁路运输安全的治安问题开展摸排，确定一批治安混乱的重点整治区段，并跟踪督促整治工作的开展。各地铁路护路联防组织配合公安机关打掉一批涉路违法犯罪分子，依法清理和取缔铁道周边的非法收购站点和非法出租房屋，一些铁路重点区段的治安面貌明显改观。2004年，全国各级护路组织共清理盲流、扒车外流等闲杂人员121963人次，取缔非法收购点、小冶炼厂、小烘炉2328个，私搭乱建窝棚6951个，协助公安机关破获刑事案件4083起，抓获犯罪嫌疑人7133人，协助查处治安案件16063起，其中危及行车安全案件284起。

七、加强协作配合，抓好综合治理重点工作

中央综治委会同司法部、公安部、劳动和社会保障部、民政部、财政部、国家税务总局、国家工商行政管理总局等部门制定下发《关于进一步做好刑满释放、解除劳教人员促进就业和社会保障工作的意见》。四川省按照《意见》要求，解决了困扰多年的安置帮教经费问题。广东省及时修改《广东省刑释解教人员安置帮教工作规定》，使之与《意见》规定相衔接。贵州、江苏、山东、湖北、江西、四川等省综治委联合有关部门转发了《意见》，天津、黑龙江、湖南、浙江、重庆、陕西、吉林、广西、河北等地将贯彻落实《意见》精神列为2004年安置帮教工作的重要内容，上海、河南、甘肃、新疆等地出台了实施细则和配套措施。各地监狱、劳教部门加大对服刑在教人员的职业培训力度，许多城市刑释解教人员依托社区，通过灵活多样的形式实现就业，农村刑释解教人员落实了责任田或得到土地征用补偿，民政部门对符合低保条件或社会救济条件的刑释解教人员落实了保障措施。各地切实加强对刑释解教人员的衔接管理工作。江苏省修订完善《刑释解教人员衔接管理办法》，与浙江、安徽、广东等省之间实现跨省衔接。上海市与江苏省建立《定期互通刑释人员资料备忘录》制度，互相提供对方户籍即将刑释解教人员的有关资料，减少了脱管失控现象。各地积极动员社会力量参与帮教工作。四川省开通"亲情帮教可视电话"，实现狱内外联手帮教。上海市成立服刑在教人员高等教育自学考试辅导站。广州市司法、劳动、工会等部门建立刑释解教人员技术培训基地。各级妇联组织重点开展了对女性服刑人员的帮助教育。各地充分利用报刊、电视、网络做好宣传工作，为刑释解教人员回归社会营造了良好氛围。

流动人口管理服务工作进一步加强。各地公安机关加强暂住户口登记、房屋租赁备案、暂住证办理和查验等基础工作，落实管理措施。中央综治办、公安部、建设部、民政部、国家工商行政管理总局、国家税务总局联合下发《关于进一步加强和改进出租房屋管理工作的通知》，建立和完善房屋租赁协作管理机制，开展经常性的出租房屋治安检查，严格落实管理责任制。北京、上海、江苏、浙江、福建、广东等地暂住人口和出租房屋信息已经基本实现计算机管理。有关部门积极开展农民工培训工作，提供就业信息，对一些歧视性政策和不合理收费进行清理，改善了农民工就业环境。各地共青团组织、劳动和社会保障、建设、公安等部门继续深化"千校百万"进城务工青年培训活动。各级司法行政部门加强流动人口的法制宣传教育工作，提高其遵纪守法的自觉性和依法维护自身合法权益的能力。劳动和社会保障部、公安部、国家工商行政管理总局、全国总工会联合下发《关于开展农民工劳动权益保护专项检查行动的通知》，部署各地清理整治劳动力市场秩序，维护农民工的合法权益。

各地、各有关部门进一步加强学校及周边治安综合治理工作。在集中整治学校及周边治安秩序的同时，中央综治委、教育部、公安部下发《关于深入开展安全文明校园创建活动的意见》，要求各地扎实做好学校及周边治安综合治理工作，创造学校及周边地区良好的治安秩序和文明的育人环境。各地进一步完善工作制度，明确工作任务，建立健全校园治安管理工作目标责任制和管理责任制、考核体系和相应的表彰与责任查究制度，基本建立起学校及周边治安综合治理长效工作机制。

中央综治办下发《关于加强反偷渡工作的通知》，要求各地把反偷渡工作纳入本地社会治安综合治理总体规划，加强组织协调，做好反偷渡工作。有关省(区、市)综治办按照通知要求，与公安边防等部门协作配合，加强了反偷渡工作。中央综治办与国家广电总局联合下发《关于对非法卫星电视接收设施问题加强综合治理的通知》，要求各地将非法卫星电视接收设施的整治工作作为社会治安综合治理的内容，加强综合治理，加大了境外卫星电视传播秩序专项整治工作的力度。

八、加强理论研究和宣传工作，发动群众参与综合治理

中央综治办和中央编办组织调研组，就福建、湖南、广东三省贯彻落实综治委[2003]20号文件情况进行调研和检查，进一步掌握了基层综治机构设置的情况，发现了存在的问题，也推动了工作。中央综治办三次组织召开部分省(区、市)社会治安综合治理工作座谈会,研究各地平安建设工作。11月22至23日,全国部分大中城市社会治安综合治理理论研讨会在海口市召开,会议研究在改革开放的新形势下,如何应对社会治安综合治理工作出现的新情况、新问题,围绕加强社会治安防控体系建设进行了理论研讨。中央综治办还组织力量深入上海、浙江、北京等地,就治安形势分析评估工作进行了调研。

中央综治办组织中央新闻单位记者深入上海、江苏、浙江、山东、河北等地基层单位,就矛盾纠纷排查调处、预防青少年违法犯罪、打防控一体化建设等工作进行深入采访报道。人民日报、法制日报两次推出综治工作专版,中央电视台、中央人民广播电台多次对各地综治工作进行系列或专题报道。协调各新闻媒体对优秀人民调解员曹发贵同志的先进事迹进行广泛宣传。中央综治委、中华全国新闻工作者协会联合组织2003年度全国社会治安综合治理好新闻奖评选和表彰活动。各地积极开展形式多样的综治宣传月活动,进一步宣传发动群众,促进了综治工作向深度、广度开展。

中国长安出版社完成了《中国社会治安综合治理年鉴》(2003年卷)、《全国综治会议材料汇编》、《全国综治干部培训班材料汇编》的编辑、出版工作。长安杂志社紧密结合政法、综治重点工作开展宣传,继续向全国国家级贫困县的中小学法制副校长赠阅《长安》杂志。根据工作需要,申请成立长安法制影视中心,并着手拍摄20集社会治安综合治理系列专题片,对自1991年以来的社会治安综合治理工作进行系统、全面的总结。

2004年,全国社会治安局势基本平稳,但社会治安的基础尚不十分稳固,影响社会稳定、引发治安问题的因素还大量存在,刑事案件总量仍很大,一些地方刑事案件仍呈上升趋势,重大恶性案件和重大治安灾害事故时有发生,一些治安乱点和突出治安问题经过整治后还有反复,因人民内部矛盾引发的群体性事件增多,维护社会治安和社会稳定的形势依然不容乐观,任务十分艰巨繁重。

社会治安综合治理工作中还存在薄弱环节。在一些地方领导责任制、目标管理责任制、一票否决权制和责任查究制落实力度不够大,奖惩措施不够明确,督促检查不够有力;综治工作能力、实绩与干部选拔、任用挂钩不够紧密,缺乏具体的程序和办法;一些综治成员单位参与综治工作的意识不强,积极性、主动性不够,工作缺少有力配合,各有关部门齐抓共管的格局在一些地方还没有真正形成;许多地方综治办机构设置、干部配备、人员编制和经费保障等落实不到位。这些问题将在今后工作中着力解决。

二、全国社会治安综合治理工作要点

2004 年全国社会治安综合治理工作要点

2004 年全国社会治安综合治理工作的主要任务是，以邓小平理论和“三个代表”重要思想为指导，认真贯彻落实党的十六大和十六届三中全会精神，紧紧围绕完善社会主义市场经济体制、全面建设小康社会的要求，坚持“打防结合、预防为主”方针，深入开展“严打”整治斗争，大力加强治安防范，推进社会治安防控体系建设，强化基层基础工作，着力排查调处矛盾纠纷，推动社会治安综合治理各项措施的落实，保持良好的社会治安秩序，维护社会稳定。

一、排查整治治安混乱地区和突出治安问题。认真分析社会治安形势，建立及时准确的治安形势分析评估机制。坚持排查治安混乱地区和突出治安问题，加强组织协调，充分调动各有关部门的积极性，及时开展治理整顿，明确责任，落实措施，限期解决问题。针对当地突出的治安问题，因地制宜地开展“严打”斗争，在破大案、追逃犯上狠下功夫，提高破案率，增强打击的针对性和实效性。建立贯彻“严打”方针的经常性工作机制，始终保持对刑事犯罪活动的高压态势，确保社会治安秩序的持续稳定。

坚持“打黑除恶”，深挖和严惩其后台和“保护伞”。严厉打击抢劫、抢夺、盗窃等多发性犯罪和爆炸、杀人、投毒、绑架等严重暴力犯罪活动，增强群众的安全感。严密防范和打击经济领域的违法犯罪活动，维护正常的经济、金融秩序。预防和打击非法宗教活动、邪教组织的破坏活动。严防恐怖势力的破坏活动。深入开展“扫黄打非”、禁毒斗争，扫除社会丑恶现象。

二、大力开展矛盾纠纷排查调处工作。各级社会治安综合治理机构，特别是乡镇、街道综治办要充分发挥职能作用，加强组织协调，整合基层政法部门和有关部门的力量，做好经常性的矛盾纠纷排查调处工作。建立健全工作制度和机制，加强排查调处工作制度化、规范化建设，保证这项工作正常有效地开展。充分发挥人民调解、司法调解、行政调解的作用，多方面、多层次化解矛盾纠纷。

把可能引发重大治安问题、群体性事件的矛盾纠纷作为重点，加大调处力度，做好深入细致的思想政治工作，防止发生大的事端。要在城镇社区、乡村做好民间纠纷的排查调处，防止转化成刑事案件。

按照“属地管理”和“谁主管，谁负责”的原则，对排查出来的矛盾纠纷，各有关部门分工负责，归口调处，把调处责任落实到具体部门、单位和个人。增强工作的主动性和预见性，坚持抓早抓小抓苗头，为群众排忧解难，及早发现矛盾纠纷隐患，把问题解决在基层、解决在萌芽状态，尽最大努力预防和控制矛盾纠纷激化，增强调处工作效果。

中央综治委将在适当时候召开会议，总结交流矛盾纠纷排查调处工作经验，推广浙江“枫桥经验”，研究部署下一步矛盾纠纷排查调处工作。

三、构筑社会治安防控体系。认真贯彻落实中央办公厅、国务院办公厅转发的《中央社会治安综合治理委员会关于加强社会治安防范工作的意见》和 2003 年全国社会治安综合治理工作会议精神，大力加强治安防范工作和各种形式的群防群治组织建设，构筑社会治安防控体系。

继续深入开展各种形式的基层安全创建活动，重点做好城乡结合部、公共场所等治安问题复杂地区的创建工作，深化创建内容。加强社区建设，推进社区警务，深入开展"法律进社区"、创建优秀"青少年维权岗"等活动，推动社区法制宣传教育，增强群众的法制观念。认真查找工作中的薄弱环节，切实改进和加强各项治安管理工作，强化基层基础建设，狠抓社会治安综合治理各项措施的落实。

认真贯彻落实中央综治委和中央编办下发的《关于加强乡镇、街道社会治安综合治理基层组织建设的若干意见》，加强乡镇、街道综治委、办建设，充实领导力量，建立健全工作制度，充分发挥其职能作用。加强公安派出所、人民法庭、司法所等基层政法组织和村(居)委会、治保会、调委会、民兵营(连)等基层群众组织建设，协调解决工作中的实际困难和突出问题，充分发挥它们在治安防控体系建设中的积极作用，确保社会治安综合治理工作在基层有人抓、有人管。

加强群防群治队伍的教育、管理和培训，提高他们的政治觉悟、业务素质和法律水平。积极发展保安服务业，进一步加强保安服务市场规范化建设。加强对保安服务人员的教育、管理和培训，完善管理制度，规范保安服务行为，提高服务质量。

从实际出发，科学规划，分步实施，量化目标任务，细化工作责任，全面落实社会治安防控体系建设的各项措施，逐步建立起全方位、全时空、多层次的预防违法犯罪社会网络，增强治安防范效果，维护良好的社会治安秩序。中央综治委将在适当时候对各地开展治安防范工作情况进行检查。

四、着力解决治安管理的突出问题。加强预防青少年违法犯罪工作，推进青少年违法犯罪社区预防计划，抓紧建设青少年校外活动场所和法制教育阵地，落实预防青少年违法犯罪工作措施。进一步加强对营业性网吧的管理。开展中小学生自护教育，增强防范意识。做好社区闲散青少年的管理、教育工作。认真贯彻中央综治委、最高人民法院等部门《关于规范法制副校长职责和选聘管理工作的意见》，增强学校法制教育的效果。协调公安、工商、文化等有关部门，加强学校内部及周边地区治安环境整治，建立长效管理机制，维护学校治安秩序。

做好刑满释放、解除劳教人员释放、解教时的衔接工作，防止漏管、失控。认真贯彻落实中央综治委、司法部等八部门联合下发的《关于进一步做好刑满释放、解除劳教人员促进就业和社会保障工作的意见》，办好过渡性安置企业和基地，动员社会各方面力量，做好刑释解教人员的职业指导和职业培训工作。做好社区矫正试点工作，预防和减少重新违法犯罪。

认真研究收容遣送措施取消后流动人口治安管理工作面临的新情况、新问题，积极探索流浪乞讨人员管理的有效办法，维护城市治安秩序。加强社区实有人口管理，全方位做好流动人口管理服务工作。加强出租房屋管理，积极探索房屋租赁管理机制，实行治安管理责任制，消除治安隐患，确保外来务工人员安全，维护外来务工人员的合法权益。实施全国农民工培训规划，继续推进"千校百万"外来务工青年培训活动，不断提高外来务工人员的素质。

严厉打击毒品犯罪，采取有效措施，加强戒毒工作，做好吸毒人员的教育管理。深入开展创建"无毒社区"、"不让毒品进我家"、"社区青少年远离毒品"等活动。

充分发挥基层组织的作用，开展深入细致的思想政治工作，做好"法轮功"练习者的转化工作。积极开展反邪教警示教育，严防"法轮功"等邪教组织向农村渗透。

加强铁路护路联防工作，深入开展创建安全文明铁道线活动。整治治安混乱的铁路区段，维护经济大动脉的畅通。做好国有大中型企业周边地区的治安整治工作，深入开展企地共建活动，为企业发展和改革创造良好条件。继续深入开展全国整治油气田及输油管道生产治安秩序专项行动，加大打击涉油犯罪活动的力度。针对部分边境地区偷渡进入我境人员增多，使得当地治安混乱的情况，积极采取应对措施，维护边境地区治安稳定。

五、加强综治干部培训工作。中央综治办将举办一期综治干部专题培训班，重点培训地(市)

以上综治办主任。各级综治机构要分期、分批、分层次开展培训,把综治干部普遍轮训一遍。特别是县级综治机构,要把乡镇、街道综治干部培训作为今年的重点工作,结合实际,认真抓好。培训的主要内容是:深入学习"三个代表"重要思想和党的十六大、十六届三中全会精神,学习中央综治办组织编写的《社会治安综合治理工作讲座》、《长治久安之策》、《社会治安防范策略与实践》(一、二辑)等培训教材,增强综治干部的政治素质和业务素质,提高组织协调能力和依法办事的水平,更好地开展社会治安综合治理工作。

六、严格实行和健全完善责任制。认真贯彻执行中央综治委和中央组织部联合下发的《关于党委组织部门在参与社会治安综合治理工作中进一步发挥好职能作用的意见》,把党政领导干部抓社会治安综合治理工作的能力和实绩列为干部考核的重要内容,并把考核结果作为干部任免奖惩的重要依据,与干部晋职晋级和奖惩直接挂钩。对社会治安综合治理工作成绩突出的地区、部门和单位,要给予表彰和嘉奖。各级综治机构要与党委组织部门建立起有效的工作机制,密切配合,把各项规定落到实处。特别要认真研究有关工作程序,进一步规范这项工作。

进一步完善综治、纪检、组织、人事、监察部门联席会议制度和情况通报制度,对因工作不力而发生严重危害社会稳定重大问题和治安秩序长期混乱、群众反映强烈的地区、单位,要加强督查,按照"属地管理"和"谁主管,谁负责"的原则,加大责任查究力度。认真落实部门责任制,增强有关部门参与社会治安综合治理的责任感。用好社会治安综合治理一票否决权,促进综治工作各项措施的落实。总结、交流各地实行责任制的经验。

七、做好 2001—2004 年度社会治安综合治理评先表彰工作。各地要按照中央综治委下发的《省、自治区、直辖市社会治安综合治理工作考核评比标准》,认真对照检查各项工作,制定科学的考评标准,严格检查考核,评选、表彰一批社会治安综合治理工作先进集体和先进工作者,为评选、表彰 2001—2004 年度全国社会治安综合治理工作先进集体和先进工作者做好准备。对评选出来的先进集体和先进工作者,要通过社会公示等形式征求各方面的意见,确保评选工作质量。广泛宣传这些先进集体和先进工作者的事迹,鼓励先进,推动后进。通过评先表彰活动,认真总结推广社会治安综合治理工作的成功经验,查找工作中的薄弱环节,有针对性地采取措施,进一步推动社会治安综合治理工作的深入开展。

八、加强社会治安综合治理理论研究和宣传工作。进一步开展调查研究,加强社会治安综合治理理论研究,着力研究新情况,解决新问题。积极开展社会治安综合治理专项立法调研活动。研究和考察国外治安管理制度,学习借鉴国外加强社会治安管理的经验、做法。

通过各种形式,利用各种媒体,特别要利用好党报、党刊、电台、电视台和长安杂志、法制日报等政法、综治宣传的主阵地、主渠道,大力宣传社会治安综合治理的方针、政策,宣传社会治安综合治理工作措施和先进经验。加强对长安杂志、法制日报办刊、办报工作的指导,确保舆论导向正确,提高报刊质量,充分发挥其对政法、综治工作的指导作用。办好中国长安出版社,多出精品图书,编好《中国社会治安综合治理年鉴》。继续开展社会治安综合治理宣传月活动,加强集中宣传。重视运用互联网开展综治宣传工作。

协助中央人民广播电台办好法制宣传节目。协助中央电视台办好《今日说法》、《法制在线》等法制宣传专栏。

认真组织开展全国社会治安综合治理好新闻奖评选活动,鼓励新闻工作者积极宣传社会治安综合治理。

中央综治委将会同中华见义勇为基金会举办见义勇为义演,募集资金,宣传见义勇为事迹,鼓励广大群众积极参与社会治安综合治理,勇于同违法犯罪行为作斗争,弘扬社会正气。

三、中央社会治安综合治理委员会文件

中央社会治安综合治理委员会关于调整中央社会治安综合治理委员会委员的通知

（2004年1月8日）

各省、自治区、直辖市社会治安综合治理委员会，新疆生产建设兵团社会治安综合治理委员会，中央社会治安综合治理委员会各成员单位：

中共中央通知：中央批准张鸣起（全国总工会书记处书记）、莫文秀（全国妇联副主席、书记处书记）、周本顺（中央政法委副秘书长）同志任中央社会治安综合治理委员会委员，免去董力、华福周、王景荣同志的中央社会治安综合治理委员会委员职务。

关于进一步做好刑满释放、解除劳教人员促进就业和社会保障工作的意见

（2004年2月6日）

自1991年中共中央、国务院和全国人大常委会关于加强社会治安综合治理的两个《决定》颁布以来，各地、各有关部门在刑满释放、解除劳教人员（以下简称刑释解教人员）促进就业和社会保障方面做了大量工作，先后制定了一些政策措施。当前，我国就业压力较大，社会保障体系尚不完善，大多数刑释解教人员文化水平较低、缺乏专业技术；一些刑释解教人员好逸恶劳的恶习很深，加上社会上对他们存在一定程度的偏见和歧视，因此，刑释解教人员在就业和社会保障等方面仍然存在一些困难，使得他们中的一些人重新走上违法犯罪的道路，成为影响社会稳定的严重隐患。为了进一步做好刑释解教人员促进就业和社会保障工作，有效预防和减少重新违法犯罪，维护社会

稳定，提出如下意见。

一、充分认识做好刑释解教人员促进就业和社会保障工作的重大意义，切实加强组织领导

（一）各级党委、政府要从全面实践“三个代表”重要思想，维护改革发展稳定大局，实现国家长治久安的高度，充分认识做好刑释解教人员促进就业和社会保障工作的特殊性和重要性，切实加强对这项工作的领导。要将这项工作作为一项长期的任务来抓，尽最大可能地化消极因素为积极因素，为社会主义现代化建设事业服务。

（二）各级安置帮教工作机构要在党委和政府的领导下，将刑释解教人员促进就业和社会保障工作作为落实社会治安综合治理的一项重要内容，层层分解，督促检查，认真落实。各级司法行政、公安、劳动和社会保障、民政、财政、税务、工商、人民银行等部门要切实履行职责，发挥职能作用，加强协调配合，为刑释解教人员的就业和社会保障提供服务和指导，做好促进就业和社会保障工作。各级工会、共青团、妇联等人民团体和社会组织应充分发挥各自的优势，动员组织各方面力量，协助做好刑释解教人员就业和社会保障工作。

（三）更新观念，适应国家就业政策和社会保障工作的发展变化情况，积极探索促进就业和社会保障工作的新途径。注意总结新经验，不断拓宽渠道，鼓励刑释解教人员通过灵活多样的形式实现就业，包括非全日制、临时性、季节性工作等，逐步实现就业市场化、社会化。要在帮助和引导刑释解教人员依靠自身努力实现就业的同时，制定并落实积极的政策措施，使他们获得相应的社会保障或临时社会救济。

（四）在社区建设工作中，有关部门应将社区就业作为刑释解教人员就业的一个主要渠道。要鼓励刑释解教人员在社区服务业的岗位就业，特别是在政府开发的面向社区居民生活服务、企事业单位后勤保障和社区公共管理的就业岗位以及清洁、绿化、公共设施养护等公益性岗位上实现就业。

二、加强就业技能培训，实行扶持政策

（五）监狱、劳教所要大力宣传党和政府对刑释解教人员安置帮教的方针政策，教育服刑在教人员特别是即将刑满释放和解除劳教的人员掌握出狱所后基本的就业和社会保障常识。要进一步加强对服刑、在教人员的职业技能教育培训，不断提高培训质量。劳动和社会保障部门要支持和配合监狱、劳教场所管理部门，开展职业技能培训与职业技能鉴定，适当减免有关费用。

（六）劳动和社会保障部门要对刑释解教人员提供就业指导服务和就业岗位信息，刑释解教人员参加由各级劳动和社会保障部门组织的再就业定点单位培训的，经考核合格并实现就业后，可根据当地政府有关规定减免培训费用。

（七）对刑释解教人员在2005年年底以前从事个体经营的，给予三年免征营业税、城市维护建设税、教育附加和个人所得税优惠政策。

（八）根据中办、国办《政法机关保留企业规范管理若干规定》（中办发[1999]17号）中“对司法行政机关与劳动和社会保障部门共同开办的为刑释解教人员作过渡性安置的企业，政府有关部门要扶持其发展”的规定精神，对刑释解教人员就业实体实行税收扶持。

1. 对司法行政机关与劳动和社会保障部门共同开办或认定的刑释解教人员就业实体，安置刑释解教人员达到职工总数的40%以上的，由安置企业提出书面申请，市（地）司法行政机关、劳动和社会保障部门审核，报同级税务部门批准，三年内免征企业所得税。

2. 各市（地）刑释解教人员安置帮教工作领导小组办公室每年会同财政、税务、工商、司法行政机关对刑释解教人员就业实体实行年审。经年审合格的继续享受有关优惠政策，凡年审不合格的取消其实体的资格，不再享受优惠政策。

3. 刑释解教人员就业实体应当接受司法行政、劳动和社会保障、财政、税务、工商管理等部门的管理和监督，按规定报送有关报表，禁止弄虚作假骗取优惠政策。

（九）刑释解教人员安置帮教工作机构所需的业务经费，各级财政要列入年度预算。

三、落实刑释解教人员的责任田和社会保障

（十）对城市（含城镇）户籍的刑释解教人员，其家庭人均收入低于当地最低生活保障标准的，各级民政部门应将其纳入当地最低生活保障范围，实现“应保尽保”。

（十一）城市（含城镇）户籍的刑释解教人员在服刑、劳教前已参加失业保险或正在领取失业保险金,其刑满释放或解除劳教后,符合条件的,可以按规定享受或恢复失业保险待遇。

对被判刑或劳教前已经参加企业职工基本养老保险的刑释解教人员,重新就业的,应按国家有关规定接续养老保险关系,按时足额缴纳养老保险费;达到法定退休年龄的,按规定享受相应的养老保险待遇。对被判刑、劳教前已领取基本养老金的刑释解教人员,可按服刑或劳教前的标准继续发给基本养老金,并参加以后的养老金调整。

(十二)农村籍的刑释解教人员,在刑满释放、解除劳教回原籍居住地后,应及时落实责任田(山、地)。因无生活来源造成生活困难的,经本人申请、村委会出具证明、乡镇司法所和民政办报县(市、区)司法局、民政局审核同意后,可领取地方政府临时社会救济。

各地区要结合本地实际,研究制定贯彻本《意见》的具体办法和实施细则,确保各项措施落到实处。

中央社会治安综合治理委员会
司法部　公安部　劳动和社会保障部
民政部　财政部　国家税务总局
国家工商行政管理总局

中央社会治安综合治理委员会关于印发《2003年全国社会治安形势分析报告》的通知

(2004年3月2日)

各省、自治区、直辖市社会治安综合治理委员会,新疆生产建设兵团社会治安综合治理委员会,中央社会治安综合治理委员会各成员单位:

现将《2003年全国社会治安形势分析报告》印发给你们,请结合实际情况,进一步加强社会治安工作,全面落实社会治安综合治理各项措施,确保社会治安秩序长期稳定。

2003年全国社会治安形势分析报告

2003年,在以胡锦涛同志为总书记的党中央的坚强领导下,各级党委、政府和政法综治部门以“三个代表”重要思想为指导,紧紧围绕改革发展稳定大局,认真贯彻“打防结合、预防为主”的方针,不断强化职能作用,深入开展严打整治斗争,大力加强社会治安防范,不断推进社会治安防控体系建设,全面落实社会治安综合治理各项措施,强化社会治安防控机制建设,刑事案件大幅度上升的势头得到有效遏制,人民群众安全感普遍增强。其主要特点:

一、巩固严打整治斗争成果,大部分地区治安明显好转

(一)18个省区市刑事案件发案下降。2003年全国公安机关共立刑事案件439.36万件,比2002年上升1.3%,北京、河北、内蒙古、吉林、黑龙江、江苏、安徽、江西、河南、湖北、广西、重庆、四川、贵州、云南、陕西、甘肃、宁夏等18个省区市发案不同程度下降,其中河南省下降幅度最大,为21%。2003年,全国公安机关共破获各类刑事犯罪案件184.25万起,同比下降4.3%;共抓获违法犯罪人员302.2万名。2003年,全国检察机关共受理公安、国家安全机关提请审查批捕刑事案件55.04万件82.58万人，经审查批准逮捕50.57万件，件数和人数分别比上年下降1.3%、2.2%；共受理移送审查起诉案件66.31万件99.46万人，经审查，提起公诉56.09万件81.92万人，分别上升0.1%和下降1.1%。2003年，全国各级人民法院共审结刑事一审案件634593件，同比上升1.02%；判决发生法律效力的各类罪犯74.7万人，同比上升5.72%；其中，被判处五年有期徒刑以上刑罚的犯罪分子有15.85万人，同比下降1.15%。

（二）一些影响群众安全感的暴力犯罪下降幅度较大。2003年，放火、爆炸、杀人、强奸、抢劫等几类影响群众安全感的暴力犯罪有不同程度的下降。其中，爆炸案件同比下降32.1%，北京等22个省（区、市）爆炸案都有不同程度的下降，其中山西、河南、湖北、广西、四川、贵州、云南、青海等省（区）下降幅度较大。放火案件同比下降24.5%，河北、吉林、安徽、河南等省下降幅度较大。强奸案件同比下降9.6%。杀人案件同比下降7.2%，北京等22个省（区、市）杀人案件同比均有不同程度的下降，其中黑龙江、安徽、河南、广西、四川、贵州、甘肃等7省（区）下降幅度较大。抢劫案件同比下降4.2%，有北京等22个省（区、市）发案下降，下降幅度较大的有黑龙江、江西、新疆等省（区）。

（三）危害公共安全、破坏社会主义市场经济秩序、侵犯公民人身民主权利、妨害社会管理秩序等案件得到有效的控制。2003年，全国共立危害公共安全案件11.37万起，同比下降4.7%；破坏社会主义市场经济秩序案件同比下降8.2%；侵犯公民人身民主权利案件同比下降1.3%；妨害社会管理秩序案件同比下降6.5%。

（四）治安案件和道路交通、火灾事故有所下降。2003年，全国公安机关共受理治安案件599.49万起，同比减少23.73万起，下降3.8%；共查处治安案件486.9万起，同比减少32.79万起，下降6.3%；查处违法人员674.9万人，同比下降7.2%。2003年，全国共发生道路交通事故66.8万起，同比下降13.7%；造成49.4万人受伤、10.4万人死亡，分别下降12.1%和4.6%；共发生火灾事故25.5万起，同比下降1.4%。

（五）社会面的控制能力增强，一些群众关注的案件下降。各地通过落实社会治安综合治理各项措施，加强快速反应处置机制，加大社会治安的控制力度，广大群众比较关注的入室盗窃、毒品犯罪等案件有所下降。2003年，全国公安机关共立入室盗窃案件128.88万起，同比减少6万余起，下降4.5%；河北等15个省（区、市）盗窃案件有不同程度的下降；扒窃案件同比下降0.2%；特别是毒品犯罪比2002年减少18199起，下降16.2%。

（六）人民群众的安全感进一步增强。中央社会治安综合治理委员会办公室委托国家统计局于2003年11月1日至10日在全国范围内开展了公众安全感抽样调查。本次抽样调查随机抽取全国31个省（区、市）的987个县、市和市辖区的3729个乡镇、街道的106557个家庭，被调查人员涵盖面广泛，有较好的代表性。调查结果显示，公众认为在目前的社会治安环境下感觉“安全”的，占32.8%；“基本安全”的，占58.39%；“不安全”的，占8.81%；“安全”和“基本安全”合计超过90%，与2002年调查相比，上升了7.1个百分点。

二、以大力加强治安防控体系建设为主线，全面落实社会治安综合治理的各项措施

（一）排查整治了一大批治安混乱地区和突出治安问题。2003年，各地坚持排查治安混乱地区和突出治安问题，共排查出治安混乱地区15616个，各地及时开展治理整顿，把重点治乱与基层党建工作、基层政权建设结合起来，把解决治安问题同解决群众生产生活的实际困难和问题结合起来，实行挂牌督办，限期解决问题，消除了一大批重大治安隐患，大部分重点地区通过整治，刑事案件下降、治安案件减少、群众安全感增强。通过整治，治安混乱地区治安面貌明显改观的有13602个，占87.1%。

（二）排查化解了一大批矛盾纠纷。2003年，各地把矛盾纠纷排查调处作为重要的基础性工作来抓，进一步做好新时期的矛盾纠纷排查调处工作，全力维护社会稳定。通过建立健全排查工作机制，完善排查工作制度，及时了解和掌握一些事关群众利益的实际问题，排查化解了大量的矛盾纠纷，许多地区通过加强矛盾纠纷排查调处工作，“民转刑”案件控制率达到80%以上，许多群体性事件化解在萌芽状态。2003年，全国各地共排查出矛盾纠纷 154.8 万多起，调处、化解了 142.6 万余起，调处成功率为 92.1%。

（三）狠抓治安防控体系建设，治安防控能力得到加强。2003 年，各地按照中央综治委的部署，认真贯彻“南昌会议”精神，把治安防控体系建设作为社会治安综合治理的重点工作来抓，通过基层安全创建活动，大力加强基层基础建设，取得了一定的成效。一些地区“两抢一盗”等可防性案件下降，许多地区通过建立多警联动的快速反应机制和落实群防群治各项措施，增强了群众的安全感。

（四）认真抓好综治领导责任制的落实，查究了一批单位和领导干部。2003 年，各地严格执行社会治安综合治理领导责任制和一票否决权制，对治安长期混乱、发生重大恶性案件和群体性事件的地方和部门、单位，实行限期整改、黄牌警告、一票否决。并对一些地方发生影响较大的恶性案（事）件进行专门督查，促使这些地方加强整治和防范，堵塞工作漏洞，改变治安面貌。2003 年，各地共督查了 7956 个单位，查究了 4586 个单位 5083 人；共一票否决了 3442 个单位，其中，县处级单位 659 个，县级以下单位 3026 个。

三、当前社会治安和工作中存在的突出问题

2003 年，社会治安工作虽然取得了显著成绩，治安大局总体平稳，但是，影响稳定的因素还大量存在，新情况、新问题不断出现，治安工作面临许多挑战，也存在着值得注意的问题。

（一）敌对势力渗透，破坏活动加剧，影响国家安全和社会稳定的因素趋于复杂多样。境内外各种敌对势力加紧勾联聚合，新疆境内外“三股势力”图谋策划暴力恐怖活动，达赖集团中的激进势力密谋对我重点目标实施爆炸等破坏活动，恐怖主义的现实危害上升。“法轮功”等邪教组织和境外敌对组织相互勾结，不断进行捣乱破坏活动。境外敌对势力利用宗教加紧对我进行渗透，渗透与反渗透、颠覆与反颠覆、分裂与反分裂的斗争将更加尖锐复杂。

（二）刑事犯罪总量居高不下，严重刑事犯罪仍然比较突出。经过两年的严打整治斗争，治安形势呈现了比较平稳的态势，但是，由于诱发治安问题的各种因素仍然大量存在，就业、部分群众生活困难、人口流动、收入差距拉大、心理失衡及社会管理失管失控漏洞多、“黄赌毒”和网络上的不良信息影响等问题，对社会治安的压力很大，刑事犯罪案件总量仍居高不下。2003 年，青海、浙江、湖南、山西、新疆、天津、海南、福建、广东、西藏、上海、山东、辽宁等 13 个省（区、市）刑事立案数上升。其中，青海省上升幅度最大，为 51%，其他上升幅度在 10%以上的依次为浙江（45.1%）、湖南（30.8%）、山西（20.2%）、新疆（20.2%）、天津（14.4%）、海南（12.4%）、福建（10.2%）。据 2003 年公众安全感调查，群众认为当前最影响安全感排在第一位的为“刑事犯罪”，占被调查人员总数的 35.4%，同比上升 0.38 个百分点。在 2003 年全国公众安全感抽样调查中，有 51.55%的群众认为政法机关对违法犯罪活动的打击力度“不太有力”，有 11.69%的群众认为“不力”。

一是一些地方爆炸、投毒、杀人、绑架、抢劫等严重暴力犯罪上升。福建、上海、浙江、山东、湖南、海南、陕西等省市杀人案件同比均有不同程度的上升。2003 年，全国法院判决发生法律效力的故意杀人犯罪分子有 15725 人，同比上升 5.69%；浙江、湖南、广东、贵州等 4 省抢劫案件上升幅度较大；有的地方仍连续发生爆炸、投毒案件和一次杀死杀伤多人的恶性刑事案件，严重影响群众的安全感。

二是盗窃、抢夺等侵财性犯罪居高不下，所占比重大，是影响社会治安的主要因素。2003 年，共发生盗窃案件 294 万起，同比上升 2.4%，其中盗窃机动车案增加幅度较大，同比上升 10.9%；共发生抢夺案件 22.67 万件，同比上升 15%；2003 年，全国法院判决发生法律效力的抢夺犯罪分子 16277 人，同比上升 46.26%。2003 年，检察机关共批准逮捕侵犯财产案件 26.21 万件 40.77 万人，分别占总数的 51.8%和 54.5%，居各类犯罪之首。其中，盗窃案件占批捕总数的 32.2%。

三是农民、外来人员、无业人员犯罪占较大比例，未成年人犯罪以及刑满释放解除劳教人员重新犯罪问题较突出。2003 年，批准逮捕的犯罪嫌疑人中，农民占总数的 55.6%；外来人员占 22.4%；无业人员占 35.5%；未成年人占 9.3%；刑满释放解除劳教人员重新犯罪人员占 7.9%。一些地区刑满释放解除劳教人员重新违法犯罪上升幅度较大，其中，云南上升 190%、四川上升

69.6%、青海上升41%、广西上升36.6%、山东上升15%。一些地区外来人员犯罪占案犯总数比例较高,其中占50%以上的地区有广东(62.7%)、北京(62.1%)、上海(60.1%)、浙江(59.4%)。2003年,全国法院判决发生法律效力的未成年罪犯58953人,同比上升17.66%;2003年,全国公安机关抓获异地作案人员56.95万人,同比上升2.7%。未成年犯罪、流动人口犯罪、失业人口犯罪已成为新的社会问题。

四是黑恶势力犯罪还在滋生,境外黑社会组织渗透加剧。各种刑事犯罪向组织性、系列性、流窜性、集团性、智能性、暴力性、专业性、国际化方向发展,呈现出新的复杂的特点。经济领域尤其是金融领域的犯罪危害严重,新类型犯罪不断出现。在社会矛盾大量增多的情况下,社会治安形势有可能出现反弹,影响社会的稳定。今后一个时期,刑事犯罪仍会持续多发,保持全国刑事案件发案稳中有降的难度相当大。

(三)新的治安问题突出,治安管理面临许多新情况。随着形势的发展,近一个时期以来,社会治安出现了许多新情况、新问题。取消收容遣送制度以后,一些大中城市流浪乞讨人员大幅度增多,流浪乞讨人员流落街头,强讨强要,有的组织儿童和残疾人成群结队乞讨,滋生事端,致使治安案件上升,影响治安秩序。与此同时,在一些大中城市的部分地区,站街拉客、从事色情陪侍、小偷小摸、贩卖非法出版物和淫秽光盘、兜售假证件的人员以及未成年扒手、票贩子、街头算命卖艺等一些具有轻微违法行为的人员增多。一些地区黄赌毒等社会丑恶现象和封建迷信活动也有所蔓延,"网吧"、"三厅"的管理上也存在不少问题。重大生产安全、交通和火灾事故时有发生。

(四)治安防范长效机制尚未健全,防范措施还不完善,治安管理隐患大量存在。在社会转型期、经济转轨过程中,城市工人大量下岗,失业待业人员增多等导致社会矛盾复杂多样,同时在城市化进程中,物质文明和精神文明未能协调发展,打击和防范整体水平总体不高,治安防范滞后于犯罪手段的发展变化,治安防范长效机制尚未健全,使违法犯罪发生的几率增大。2003年发生的几起连续杀死多人的案件表明,在一些地方治安防范、管理工作还十分薄弱。

(五)社会治安工作还存在不适应的问题。近年来,各级党委、政府和政法各部门在维护社会稳定和社会治安工作方面尽管做了大量工作,也取得了明显成绩,但是面对新形势、新任务的要求,工作中还存在不少薄弱环节和不足。一些地方基层基础工作薄弱,社会治安综合治理的措施还未能很好地落实,许多社会治安突出问题还没有得到有效解决。同时,政法队伍的执法观念、管理体制、工作机制、队伍素质等方面同形势发展不相适应,执法不严、司法不公等问题群众仍反映比较强烈。

四、今后工作的对策和建议

(一)把维护社会稳定当成一件大事来抓。各级党委、政府要认真把握对敌斗争的新情况、新特点,采取有针对性的措施,增强工作的前瞻性和主动性,准确把握境内外敌对势力活动的特点,提高发现和控制能力。要认真研究新形势下对敌斗争的策略,提高依法打击处理的水平,全力维护社会稳定。

(二)严厉打击刑事犯罪活动,维护良好的治安秩序。必须长期坚持"严打"方针不动摇,要努力提高破案率,始终保持对严重刑事犯罪的高压态势,健全和实施贯彻"严打"方针的经常性工作机制,要坚持集中打击与经常打击相结合,从实际出发,什么犯罪突出就打击什么犯罪,什么方式更为有效就选择什么打击方式,什么地方治安混乱,就重点整治什么地方,坚决防止出现局部的治安混乱,案件大幅度上升。尤其是对人民群众反映强烈、社会影响恶劣的黑恶势力犯罪,连续作案杀人的重大恶性案件,要及时侦破,严厉打击,遏制一些地方重大刑事案件上升的势头。

(三)坚持"打防结合,预防为主"的方针,推进社会治安防控体系建设。进一步规范各机关、团体、企事业单位、社会组织和公民的治安防范责任,加强社会面的控制,努力预防和减少盗窃、抢夺等多发性案件的发生。要加强乡镇街道综治委、办和群防群治组织建设,整合各种治安防范力量,使基层治安防范工作有人管、有人办事。要坚持不懈地排查整治治安混乱地区和突出的治安问题,继续开展专项治理和重点整治。加强对刑满释放、解除劳教人员的安置帮教和社会保障工作,搞好流动人口、闲散青少年和吸毒人员的教育管理，进一步落实社会治安综合治理措施，确保社会治安秩序大局平稳。

（四）加强对人民内部矛盾的化解和预防，维护社会和谐稳定。各级党委、政府要重视和加强人民内部矛盾纠纷排查调处工作，组织各有关部门开展经常性的矛盾纠纷排查调处工作，最大限度地把矛盾纠纷化解在基层、解决在萌芽状态，努力从源头上预防和减少各类群体性事件的发生。对已经发生的群体性事件要正确区分不同性质的矛盾，立足于疏导教育，帮助解决实际问题。对插手群体性事件的敌对分子，对策划、组织、指挥闹事的敌对分子，对借机打砸抢的犯罪分子，要选择时机，依法严厉打击。对危害公共安全、破坏公共秩序、冲击党政机关、堵塞铁路公路、拦截列车等极端行为要依法果断处置。同时，进一步建立和完善预警和应急机制，以及时有效应对各种突发事件，确保政治稳定和社会平稳。

（五）加强基层基础工作，全面提高基层维护社会稳定的水平。各级党委政府要牢固树立强基固本的思想，把加强基层基础建设作为维护社会稳定工作的重中之重，努力把不安定因素解决在基层和萌芽状态。要以村、街道和社区为重点，切实加强基层党组织建设，充分发挥其领导核心作用。加强基层政权建设，提高管理社会和依法行政的水平。对把持基层政权的非法宗教势力、宗族势力和黑恶势力要坚决整治，依法打击。抓好基层乡镇、街道综治组织建设和村（居）委会、治保会、调解会等群众自治组织建设，推广“枫桥经验”，努力化解矛盾纠纷。

（六）认真落实综治领导责任制，确保维护稳定的各项措施落到实处。各级党政领导要树立科学的发展观和正确的政绩观，切实加强对维护稳定工作的领导，定期分析本地社会稳定的形势，及时解决影响稳定工作中的困难和问题，为改革发展创造良好的社会环境。要严格实行综治领导责任制，推动各项措施的落实。

中央社会治安综合治理委员会
关于增加中央综治委预防青少年违法犯罪
工作领导小组组成人员的通知

（2004年5月9日）

各省、自治区、直辖市社会治安综合治理委员会，新疆生产建设兵团社会治安综合治理委员会，中央社会治安综合治理委员会各成员单位：

经中央领导同志同意，增加胡振民（中央宣传部副部长、中央文明办主任）同志为中央综治委预防青少年违法犯罪工作领导小组副组长，张小建（劳动和社会保障部副部长）、杨树德（国家工商总局副局长）、何界生（中国银监会党委委员、中国金融工会主席）、金鉴（中国关心下一代工作委员会副主任）同志为领导小组成员。

特此通知。

中央社会治安综合治理委员会关于印发《中央社会治安综合治理委员会关于深化预防青少年违法犯罪工作的意见》的通知

（2004年9月8日）

各省、自治区、直辖市社会治安综合治理委员会，新疆生产建设兵团社会治安综合治理委员会，中央社会治安综合治理委员会各成员单位：

《中央社会治安综合治理委员会关于深化预防青少年违法犯罪工作的意见》已经中央社会治安综合治理委员会2004年第二次全体会议审议通过，现印发给你们，请结合实际，认真贯彻落实。

中央社会治安综合治理委员会关于深化预防青少年违法犯罪工作的意见

2000年12月，中共中央办公厅、国务院办公厅转发《中央社会治安综合治理委员会关于进一步加强预防青少年违法犯罪工作的意见》，总结了改革开放以来我国预防青少年违法犯罪工作的经验和做法，明确提出了预防青少年违法犯罪工作的指导思想和工作措施。三年多来，各地区、各部门认真贯彻这一文件精神，狠抓综合治理各项措施的落实。目前，预防青少年违法犯罪工作体系初步形成，工作队伍逐步壮大，工作手段日益强化，青少年成长环境正在得到优化，预防青少年违法犯罪工作取得了积极成效。

在党中央、国务院的领导下，在社会各界的关心下，我国青少年健康成长的总体环境是好的。但也要看到，还存在着不少诱发青少年违法犯罪的问题。国际敌对势力与我争夺接班人的斗争日趋尖锐和复杂。社会转型时期的矛盾冲突和竞争加剧，一些人拜金主义、享乐主义、极端个人主义滋长。一些地方封建迷信、邪教和黄赌毒等社会丑恶现象严重影响青少年的健康成长，特别是互联网等大众媒介的普及，在为青少年学习知识、了解社会提供方便的同时，也给其健康成长带来一些负面影响，尤其是一些渲染暴力、色情、迷信的网络信息、图书报刊、音像制品及手机短信、电子游戏等信息产品屡禁不止。面对新的形势，社会管理和青少年教育还存在许多不适应的地方，预防青少年违法犯罪工作尚有不少亟待加强的薄弱环节。在各种因素影响下，一些青少年思想出现偏差、行为失范，走上违法犯罪歧途的有所增多，青少年违法犯罪的形势依然十分严峻。

为深入贯彻落实《中共中央、国务院关于进一步加强和改进未成年人思想道德建设的若干意见》，深化预防青少年违法犯罪工作，现提出如下意见：

一、树立和落实科学发展观,明确主要任务和工作原则

深化预防青少年违法犯罪工作的主要任务是:以邓小平理论和“三个代表”重要思想为指导,牢固树立和落实科学发展观,坚持以人为本,积极探索预防青少年违法犯罪工作的规律,逐步完善预防青少年违法犯罪工作体系,采取教育、服务、管理、矫治、优化环境等多种方式,实行综合治理,坚决遏制和减少青少年违法犯罪,促进青少年健康成长,为改革发展稳定大局服务。

深化预防青少年违法犯罪工作要遵循以下原则:

(一)坚持党政主导。各级党委、政府要切实加强对预防青少年违法犯罪工作的领导,支持社会治安综合治理委员会组织协调各方面开展好这项工作,切实解决工作中遇到的问题和实际困难。中央和地方各有关部门要切实发挥职能作用,各负其责,密切配合。

(二)坚持以关爱未成年人为本。要根据未成年人心智尚未成熟,受外界影响大,可塑性强的特点,立足于保护,从小事抓起,从早期预防抓起,把问题解决在萌芽状态,防患于未然。既要保护一般未成年人,又要保护违法犯罪未成年人,鼓励和帮助违法犯罪未成年人悔过自新。

(三)坚持教育、服务、管理三结合。要从提高青少年综合素质抓起,从维护青少年切身利益抓起,从解决青少年问题的源头抓起,把教育、服务与管理结合起来,以教育指导服务、管理,在服务、管理中体现教育,帮助青少年解疑释惑和解决实际困难,促进他们身心健康发展。

(四)坚持建设与整治相结合。要着眼于满足青少年正当需求,竭诚提供多种帮助;要净化社会环境,坚决铲除危害青少年身心健康的不良因素,严厉打击侵害青少年合法权益的不法行为,努力为青少年健康成长创造良好的社会条件。

(五)坚持全社会共同参与。要把预防青少年违法犯罪作为一项社会系统工程,广泛调动公民、家庭、学校、企业、社区以及新闻传媒、社会团体和其他非政府组织参与的积极性,特别是要注意发挥志愿者和社会工作者等社会力量的作用,形成整体合力,建立预防青少年违法犯罪工作的社会网络。

二、围绕五个群体,扎实做好教育、服务和管理工作

(一)面向中小学生,进一步加强思想道德和法制教育。

学校要发挥主渠道的作用,把德育工作摆在素质教育的首位,将爱国主义教育、革命传统教育、中华传统美德教育有机结合起来,采取喜闻乐见、生动活泼的方式进行教学。要深入实施《关于加强青少年学生法制教育工作的若干意见》,推进计划、教材、师资和课时的“四落实”,确保在九年义务教育期间,普及基本法律知识,培养学生树立自觉守法的法律意识。要认真贯彻落实中央综治委等部门《关于规范兼职法制副校长职责和选聘管理工作的意见》,完善和推广中小学兼职法制副校长(法制辅导员)制度。

各级教育行政部门,共青团、妇联组织和中小学校要切实担负起指导和推进家庭教育的责任,办好家长学校、家庭教育指导中心,积极运用新闻媒体和互联网,面向社会广泛开展家庭教育宣传,帮助和引导家长正确开展家庭教育。党政机关、企事业单位和社区、村镇等城乡基层单位要把家庭教育的情况作为评选文明职工、文明家庭的重要内容。特别要关心单亲家庭、困难家庭、流动人口家庭的未成年子女教育,为他们提供指导和帮助。

各地区、各部门要积极探索学生参加社会实践、社区服务的有效机制,建立健全学校、家庭、社会相结合的中小学生教育体系和社区综合评价体系。按照实践育人的要求,以体验教育为基本途径,精心设计和组织开展内容鲜活、形式新颖、吸引力强的社会教育活动,特别是要深化“法律进社区”、“社区青少年法律学校”创建、社区青少年“心理阳光”行动、“青春自护”行动、“关爱女孩”行动和“中国小公民道德建设计划”等活动。

(二)针对闲散青少年,加强社区教育和管理。

市、县级预防青少年违法犯罪工作领导小组办公室要通过摸底排查、建档立卡等措施,掌握闲散青少年的底数,建立横向联络各成员单位,纵向贯及各城市社区、农村村镇的区域性闲散青少年信息管理系统。有条件的地方,可建立政府专门机构,组建专业社团,聘请专业社会工作者,立足社区、村镇从事闲散青少年的教育和管理工作。

要充分发挥各方面社会力量的作用,加强对闲散青少年的教育、帮助和管理。

对于闲散青少年,要区别情况,有针对性地做好教育、管理、服务工作。对有轻微违法行为的,检察院和公安、司法行政等部门要确定专人联系帮教;对需要加强监护的,民政部门和共青团、妇联组织要教育、帮助监护人履行监护责任;对失学、辍学的,教育行政部门要帮助其回到学校重新学习;对失业、无业的,劳动保障、税务、工商等部门要积极开展职业技能培训、就业服务和创业扶持等工作;对生活确有困难的,民政等部门要提供必要的救助。

(三)关爱流浪儿童,进一步加强社会救助和管理。

民政部门要会同有关部门按照《中华人民共和国未成年人保护法》,拟定流浪儿童救助办法,推进大中城市、交通枢纽城市流浪儿童救助保护中心建设,建立具有强制性的多形式、多渠道的流浪儿童救助管理制度,把流浪儿童救助场所与成年人救助场所分开。对有家可归的,要帮助其返回家庭并强化家庭监护;对生活确有困难的,要按照有关规定给予救济,防止其再次流浪;对多次流浪社会的,要追究其监护人的责任;对孤儿或无法查明家庭住址的,要送儿童福利机构安置或采取亲友监护收养、社会热心人士照顾和家庭寄养等安置措施。

民政、教育行政部门要制定相应入学政策,帮助本行政区域内流浪儿童救助保护中心、儿童福利院等福利场所的流浪儿童接受义务教育。对已经完成义务教育未继续升学的,劳动保障部门要组织开展劳动预备制培训,帮助其取得相应的职业资格或掌握一定的职业技能,并提供就业服务。司法行政部门要组织有关力量,为流浪儿童提供无偿法律援助。公安部门要加大依法打击控制、操纵流浪儿童的黑恶势力的力度。

(四)挽救违法犯罪青少年,开展帮教和矫治工作。

教育行政部门要会同有关部门完善工读教育的有关政策,改革未成年人接受工读教育的决定主体和有关程序,加强对工读学校的领导和投入,实施"大中城市工读学校建设工程",在每个大中城市建设一所工读学校,努力把工读学校办成教育、矫治、挽救有严重不良行为的未成年人、预防青少年违法犯罪的中心。对有不良行为和严重不良行为的中小学生,教育行政部门要加强对他们的教育、转化工作,将这项工作作为考核学校和教师工作的重要指标。对于被人民法院判处缓刑、管制、免予刑事处罚的未成年犯,如果属于九年义务教育的在校学生,要留校试读帮教。

法院、检察院和公安、司法行政部门要按照以"教育、感化、挽救"为主的方针,在侦查、起诉、审判、交付执行、社区矫正等环节积极探索有利于未成年人教育、矫治的工作制度,进一步完善少年司法制度。严厉打击教唆青少年犯罪的违法犯罪活动,对于教唆不满 18 岁的未成年人犯罪的,要从重处罚。有关部门要贯彻落实《关于进一步做好刑满释放、解除劳教人员促进就业和社会保障工作的意见》,着重做好青少年罪犯和劳教人员刑满释放、解除劳教时的衔接、就业指导和技能培训工作,落实其社会保障。

(五)支持进城务工青年,做好维权和服务工作。

建设、劳动保障等部门要在三年内基本解决建筑等领域内进城务工人员工资的历史拖欠,建立进城务工人员工资按时足额发放的有效机制,杜绝产生新的拖欠。劳动保障、工商等部门要加强执法检查,依法查处强迫超时劳动、工作环境恶劣的企业。司法行政部门要完善进城务工人员法律援助制度。人口和计划生育部门要为育龄人口提供生殖健康教育和生殖保健服务。工会要将进城务工人员纳入工作范围,积极表达、维护他们的合法权益。共青团组织要会同工会和有关部门完善进城务工青年劳动安全监督员制度,加强对进城务工青年的权益保护。

进城务工人员流入地政府要建立和完善保障进城务工人员子女接受义务教育的工作制度和机制,流出地政府要积极配合做好各项服务工作。有关部门要深化"进城务工青年发展计划",扎实开展"千校百万"进城务工青年培训工作,建设服务阵地,树立先进典型,弘扬务工文化,活跃业余生活,为进城务工青年多办实事。

三、进一步优化青少年成长环境

(一)着眼建设,积极创造有利于青少年健康成长的社会条件。

教育部门要认真实施《中华人民共和国义务教育法》,切实保障青少年受教育的权利。文化、广电、新闻出版等部门要制定政策,推动各类大众传媒积极制作、刊播有利于青少年身心健康的公益广告、广播电视节目和报刊栏目;要精心策划选题,创作、编辑、出版并积极推荐一批思想性、知识性、趣味性、科学性强的图书、报刊、音像制品和电子出版物等未成年人读物和视听产品;要加强少儿文艺创作、表演队伍建设,注重培养少儿文艺骨干力量,鼓励作家、艺术家多创作思想内容健康、富有艺术感染力的少儿作品。广电部门要深入实施"建设工程",推进各级电视台的少儿频道建设,建立少年儿童电影发行放映专线,进一步做好少年儿童广播影视工作。各类互联网站要倡导文明健康的网络风气,重点新闻网站和主要教育网站要开设未成年人思想道德教育的网页、专栏。共青团组织和文化等部门要开展"青少年网络文明行动"等网络教育活动,有条件的地方要组织建设一批非营业性的互联网上网服务场所。

各地区、各部门要贯彻落实《中共中央办公厅、国务院办公厅关于加强青少年学生活动场所建设和管理工作的通知》,大力推进校内和校外青少年教育活动阵地的建设。共青团组织和教育行政等部门要发挥青少年宫等青少年活动场所的作用,积极开展青少年喜闻乐见的活动。各地区要加强公共服务设施建设,认真落实文化部、国家文物局《关于公共文化设施向未成年人等社会群体免费开放的通知》,充分发挥现有的博物馆、图书馆、体育馆(场)、展览馆、纪念馆、科技馆、烈士陵园以及其他爱国主义教育基地等场所的教育功能,动员学校、企事业单位、社会团体向青少年开放所属的科技文化体育设施。

(二)开展整治,大力净化青少年健康成长的社会环境。

文化、公安、工商、教育等部门和共青团组织要严格执行《互联网上网服务营业场所管理条例》、《国务院办公厅转发文化部等部门关于开展网吧等互联网上网服务营业场所专项整治意见的通知》,进一步加强对网吧等互联网上网服务营业场所的管理,依法严厉打击非法网吧。公安、海关、文化、信息产业等部门要建立公众举报机制,加强对文化市场、进出境环节、信息产品、计算机网络和网站的监管,有效开展打击淫秽色情网站专项行动。坚持不懈地开展"扫黄"、"打非"斗争,严把进口关,坚决把境外有害文化堵截在国门之外,坚决查处传播淫秽、色情、凶杀、暴力、封建迷信、邪教内容和伪科学的出版物、玩具、饰品以及游戏软件、手机短信、电子邮件等信息产品。广电等部门要深入实施"净化工程"、"防护工程"和"监察工程",消除不利于青少年健康成长的内容和画面,净化荧屏声屏,加强对境外卫星电视传播的管理和整治,防止境外不良文化对青少年的影响。

各地区、各部门要深入开展禁毒斗争,坚决清除卖淫嫖娼、赌博、吸毒贩毒等社会丑恶现象。社区基层组织要会同卫生防疫、人口和计划生育部门,积极开展青少年艾滋病防治工作。教育行政等部门要深入开展学校及周边治安秩序的集中整治,开展"安全文明校园"创建活动,进一步优化校园及周边环境。共青团组织要会同有关部门,深入开展创建优秀"青少年维权岗"活动,维护青少年合法权益。

四、以社区、村镇为重心,加强基层基础工作

(一)强化机构。进一步加强基层的综治组织建设,把预防青少年违法犯罪作为其重要工作职责。发挥社区(村)和学校党团组织在预防青少年违法犯罪中的重要作用,把青少年违法犯罪状况作为对主要负责人工作考核的重要指标。有条件的地方,街道(乡镇)要建立预防青少年违法犯罪工作领导小组,社区(村)或学校要建立预防青少年违法犯罪工作联席会议,做到合理分工、制定措施、明确责任。

(二)壮大队伍。要加强社区共青团和妇联干部、民警、司法干部、专业社会工作者等预防青少年违法犯罪的专门工作队伍建设,建立包括老干部、老战士、老专家、老教师、老模范及志愿者在内的辅助工作队伍,鼓励扶持以青少年为服务对象的社区社团组织发展。要规范和加强社区、单位、企业、学校以及文化娱乐场所的保安队伍建设。在军民共建活动中,要发挥人民解放军、武警部队官兵在当地预防青少年违法犯罪工作中的作用。

(三)建设阵地。街道(乡镇)和社区(村)要发挥社区治安室、治安岗亭在基层预防青少年违法犯罪中的骨干作用,利用社区服务中心、宣传栏、广播站等各种阵地资源,开展预防青少年违法犯罪的各种活动。共青团组织和教育、司法行政等部门要加强社区青少年维权和法制教育等基地建设,为预防青少年违法犯罪提供工作依托。

(四)丰富载体。各街道(乡镇)和社区(村)要以实施青少年违法犯罪社区预防计划和开展基层安全创建活动为龙头,深化“未成年人零犯罪社区”、“无毒社区”、“无毒村”等创建工作,深入开展“青少年远离毒品行动”、“不让毒品进我家”、“青春红丝带”行动、社区青年文化节、“大家乐”等活动,广泛开展“崇尚科学、反对邪教”的警示教育,把社区青少年的管理教育服务与治安防范工作紧密结合起来,努力提高基层预防控制青少年违法犯罪的能力。街道(乡镇)和社区(村)要针对青少年违法犯罪重点区域、重点人群和重点问题,广泛利用社会资源,加强与非政府组织合作,投入相应的人、财、物,通过项目化管理和运作的方式,提高预防青少年违法犯罪的工作成效。

五、切实加强领导,健全和完善工作机制

(一)建立领导机制。各级党委、政府要将预防青少年违法犯罪工作纳入本地区工作总体规划和年度计划,听取专题汇报,帮助解决工作中的困难和问题。各级社会治安综合治理委员会要将此项工作列入重要议事日程,按照“属地管理”的原则,协调、指导有关部门做好工作。社会治安综合治理委员会有关成员单位要把预防青少年违法犯罪工作纳入目标管理,确定专人负责。各级社会治安综合治理委员会办公室要会同预防青少年违法犯罪工作领导小组,定期分析研究预防青少年违法犯罪工作形势,及时总结推广典型经验,发现并解决存在的问题,检查工作的落实情况,提出加强工作的措施,主动向党政领导汇报工作情况并取得支持,推动预防青少年违法犯罪工作的开展。

(二)建立预警监测机制。各地区要在认真总结有关地方实施青少年成长环境监测评估体系经验的基础上,发挥青少年犯罪研究团体的作用,根据影响青少年成长的主要环境因素和青少年内在因素,研究制定青少年违法犯罪预警指标,采集青少年违法犯罪和预防工作的基本信息,加以综合分析,对青少年违法犯罪和预防工作的趋势作出预警报告,提高预防青少年违法犯罪工作的科学性和前瞻性。

(三)建立协调联动机制。各级预防青少年违法犯罪工作领导小组要定期召开成员会议,沟通情况,研究工作,明确各部门的工作任务,全面部署预防青少年违法犯罪工作。针对涉及多个部门的突出问题,要召开专门会议,分析情况,研究措施,加大协调力度,牵头单位和有关部门要协作配合,通力解决。对于一些区域性的重大问题,上级预防青少年违法犯罪工作领导小组要召开区域性协作会议,达到区域联动、协同工作的目的。预防青少年违法犯罪工作机构要加强与各地区、各部门的联系,及时通报信息,搞好服务。

(四)建立督导机制。各级预防青少年违法犯罪工作领导小组要采取有效形式,量化预防青少年违法犯罪工作指标,加强对各地区、各部门工作任务完成情况的督促检查,深化工作指导,帮助基层优化工作环境,促进各项工作措施的落实。对发生严重危害青少年身心健康,造成恶劣影响的案(事)件的地方、单位及部门,要加大督导力度,责成有关地方、单位和部门及时汇报情况和处理结果,有关地方、单位和部门要积极配合。要督促各地区、各部门每年办几件实事,推动预防青少年违法犯罪工作深入开展。

(五)建立激励与约束机制。各级党委、政府要把党政领导干部抓预防青少年违法犯罪工作的实绩,列为干部考核的一项内容。各级社会治安综合治理委员会要把预防青少年违法犯罪工作作为社会治安综合治理目标管理责任制、一票否决权制和领导责任督查的重要内容,在检查考核中划出专项分值,同部署,同落实,同检查。各级预防青少年违法犯罪工作领导小组要对青少年违法犯罪问题严重的地方、单位及部门提出考核建议。同时,要建立预防青少年违法犯罪工作责任制,完善量化考核体系,加强监督考评,细化各成员单位、各地区的工作责任。要加强责任追究,对因工作失职、渎职、责任落实不到位、防范措施不得力导致青少年违法犯罪的,要查究有关单位和人员的责任。对在预防青少年违法犯罪工作中作出突出贡献的单位和个人,要给予表彰和奖励。

(六)建立保障机制。有关部门要配合做好未成年人保护和预防未成年人犯罪的法律法规的修改工作,各地区要推动制定预防未成年人犯罪的地方性法规和规范性文件。各级党委、政府要加大对预防青少年违法犯罪工作的投入,强化人员编制和专项工作经费保障。

中央社会治安综合治理委员会关于推荐社会治安综合治理工作优秀市地的通知

（2004年12月10日）

各省、自治区、直辖市社会治安综合治理委员会，新疆生产建设兵团社会治安综合治理委员会：

近年来，在党中央、国务院和各级党委、政府的领导下，社会治安综合治理工作深入开展，全国各地涌现出一批工作扎实、治安状况持续稳定的地区。为了鼓励先进，中央社会治安综合治理委员会决定，在评选表彰2001至2004年全国社会治安综合治理先进集体和先进工作者的同时，评选社会治安综合治理工作成绩优秀的副省级市、计划单列市、市（地、州、盟）和直辖市所属区、新疆生产建设兵团所属师，进行表彰。

请各省、自治区、直辖市及新疆生产建设兵团综治委各按所分配名额推荐，并参照《省、自治区、直辖市社会治安综合治理工作考核评比标准》写出书面材料，于2005年3月底前报中央综治办。请同时报送以下材料：(1)所推荐市地关于加强本地乡镇、街道社会治安综合治理基层组织建设的文件（原件），本地乡镇、街道社会治安综合治理机构、编制、人员配备的具体情况；(2)所推荐市地2001至2004年爆炸、涉枪、投毒三类刑事案件发案情况；(3)所推荐市地2001至2004年可防性案件发案情况。

特此通知。

四、中央社会治安综合治理委员会的重要会议

（一）全国社会治安综合治理工作会议

2004年全国社会治安综合治理工作会议

经中央领导同志批准，中央社会治安综合治理委员会于2004年6月11日至12日在浙江省杭州市召开全国社会治安综合治理工作会议。

会议以党的十六大、十六届三中全会精神和“三个代表”重要思想为指导，认真贯彻落实中共中央、国务院《关于进一步加强社会治安综合治理的意见》和中办、国办转发的中央综治委《关于进一步加强矛盾纠纷排查调处工作的意见》，总结交流近几年来加强矛盾纠纷排查调处工作的经验，对创新和发展“枫桥经验”、深入开展矛盾纠纷排查调处工作、加强社会治安综合治理基层基础建设、推进治安防范和基层安全创建活动、维护社会稳定作出部署，推动社会治安综合治理工作深入开展。

中央社会治安综合治理委员会主任、副主任、委员；各省、自治区、直辖市及新疆生产建设兵团党委分管政法、社会治安综合治理工作的副书记、政法委书记、综治办主任各1人；各省会城市（自治区首府）、大连、宁波、厦门、青岛、深圳市党委分管政法、社会治安综合治理工作的副书记各1人参加会议。

中央社会治安综合治理委员会关于印发罗干、周永康同志在全国社会治安综合治理工作会议上的讲话的通知

（2004年6月15日）

各省、自治区、直辖市社会治安综合治理委员会，新疆生产建设兵团社会治安综合治理委员会，中央社会治安综合治理委员会各成员单位：

现将罗干、周永康同志在全国社会治安综合治理工作会议上的讲话印发给你们，请结合实际情况，认真贯彻落实。

罗干同志在全国社会治安综合治理工作会议上的讲话

（2004年6月11日）

同志们：

这次会议是党中央批准召开的。会议的主要任务是，认真贯彻落实“三个代表”重要思想和党的十六大、十六届三中全会精神，牢固树立科学发展观和正确的政绩观，以求真务实的精神，分析社会治安综合治理工作面临的形势和任务，贯彻《中共中央国务院关于进一步加强社会治安综合治理的意见》，坚持“打防结合、预防为主”方针，推进社会治安防控体系建设，重点研究部署矛盾纠纷排查调处工作，推动社会治安综合治理措施在基层的落实。

当前，全国各地都在贯彻落实2002年、2003年全国社会治安综合治理工作会议精神和中办、国办转发的中央综治委《关于加强社会治安防范工作的意见》，大力加强社会治安防控体系建设，发展势头很好。各地在社会治安防控体系建设中，注重做好矛盾纠纷排查调处工作，把矛盾纠纷化解在基层、化解在萌芽状态，减少治安隐患，取得了很好的效果。这次会议把矛盾纠纷排查调处工作作为重点，进行研究部署，必将有力地推动社会治安防控体系建设，促进社会稳定。刚才，习近平同志介绍了浙江省建设“平安浙江”的思路和做法，浙江省综治委、枫桥镇的领导同志介绍了推广创新“枫桥经验”、努力预防化解矛盾纠纷的工作情况。这次会议在浙江召开，大家可以实地考察学习“枫桥经验”，结合本地实际，切实抓好矛盾纠纷排查调处工作。

下面，我讲几点意见。

一、牢固树立科学发展观和正确的政绩观，认真分析社会治安形势，明确工作任务，加强社会治安综合治理

党的十六大提出了全面建设小康社会的目标。加强社会治安综合治理，创造良好的社会秩序，保证人民群众安居乐业，是全面建设小康社会

的客观要求和重要保证。党的十六届三中全会提出“坚持以人为本,树立全面、协调、可持续的发展观,促进经济社会和人的全面发展”,强调“五个统筹”,要求在加快经济发展的同时,更加注重各项社会事业的快速发展;不仅要看经济发展,还要看社会秩序、社会稳定和社会和谐;不仅要看人民群众的生活水平,还要看人民群众的安全感。加强社会治安综合治理,是科学发展观的基本内容,是树立和落实科学发展观的基本要求。化解矛盾纠纷,维护社会稳定,保持良好的社会治安秩序,是科学发展的前提和基础。发展经济是政绩,维护社会稳定、确保人民群众安居乐业也是政绩。各级党委、政府要牢固树立科学发展观和正确的政绩观,自觉用以指导社会治安综合治理工作,推动社会治安综合治理工作深入开展。

当前,我国社会治安形势总体是稳定的。经过2001年、2002年全国范围的“严打”整治斗争,一大批治安混乱的地区和部位得到了有效整治,一大批突出治安问题得到了较好解决,一大批刑事犯罪分子受到了应有的惩罚,一些严重危害社会的黑恶势力受到了严惩。在“严打”的同时,各地坚持“打防结合、预防为主”的方针,加强社会治安防范,全面落实社会治安综合治理措施,刑事案件大幅度上升的势头得到了有效遏制,人民群众的安全感不断增强。

但是,我们要清醒地看到,在改革开放不断深化的形势下,社会治安工作中的新情况、新问题不断出现,各种问题和矛盾增多,影响社会治安的消极因素仍然大量存在。境外敌对势力继续加紧对我进行反动宣传、渗透和破坏活动,达赖集团通过各种渠道进行“藏独”宣传和渗透分裂,新疆民族分裂势力、宗教极端势力和暴力恐怖势力调整策略,整合组织,伺机进行暴力恐怖活动。“法轮功”等邪教组织不断变换手法,滋事捣乱,进行破坏和犯罪活动。一些地方利用宗教进行的非法活动严重。刑事案件高发的势头虽然得到遏制,但刑事案件的总量仍在高位徘徊。民间矛盾纠纷引发的杀人案件占较大比例,有的地方占到杀人案件的70%以上。特别是人民内部矛盾增多,因工资福利、征地拆迁、企业改制等问题引发的群体性事件大量增多,严重影响社会稳定。

为此,各级党委、政府和有关部门都要居安思危,增强忧患意识,进一步加强社会治安工作,切实落实社会治安综合治理措施。继续坚持“严打”方针,始终保持对刑事犯罪活动的高压态势,努力保持社会治安的长期稳定。积极研究建立、健全贯彻“严打”方针的经常性工作机制。要根据当地当时的治安形势,采取灵活多样的形式,集中行动和专项治理相结合,定期排查整治治安混乱的地区和突出治安问题,充分发动各部门、社会各方面和广大人民群众积极参与,共同维护良好的社会治安秩序。

坚持“打防结合、预防为主”,进一步提高对治安防范工作重要性的认识,克服“重打轻防”思想,真正把工作重点转移到治安防范上来。各地要从实际出发,创造性地贯彻落实中央综治委《关于加强社会治安防范工作的意见》,认真研究工作中存在的不足之处和薄弱环节,有针对性地加强社会治安防控体系建设,落实治安防范措施,增强预防和控制违法犯罪的能力。加强矛盾纠纷排查调处工作,化解矛盾纠纷。最近,江苏、山东、福建、浙江、湖北、山西、陕西等地都先后开展了创建平安省或安全省活动,河北启动了社会安全工程,河南提出创建全国综治先进省,在深入开展基层安全创建活动的基础上,从更广的范围、更高的层次上构筑社会治安防控体系,一定会取得良好效果。要认真总结推广这些先进经验,强化社会治安综合治理基层基础建设,把社会治安综合治理工作措施落到实处,为维护好、利用好重要战略机遇期,为改革发展创造和谐稳定的社会环境。

二、突出重点,进一步加强矛盾纠纷排查调处工作

在改革开放和全面建设小康社会的新时期,我国的社会矛盾大量表现为人民内部矛盾。正确认识和妥善处理新时期的人民内部矛盾,做好矛盾纠纷排查调处工作,对于巩固安定团结的政治局面,维护社会治安和社会稳定,具有重要意义。

(一)正确认识新时期的人民内部矛盾。当前我国正处于社会主义初级阶段,社会主要矛盾是人民日益增长的物质文化需求与落后的社会生产之间的矛盾,存在于政治、经济、思想文化和社会生活等各个方面,形式复杂多样,并不断有新的发展。改革开放和社会主义市场经济体制的建立与发展打破了旧的体制,对社会各方面的利益关系进行重新调整，特别是多种所有制经济的共同发展，多种分配方式的共同存在，使得多元利益主体之间的矛盾也不断增多。仅以全国法院系统受理的民事案件为例，由20世纪80年代初的每年几十万起，上升到2003年的480多万起，从一个侧面反映出了民事经济等方面人民内部矛盾的增长势头。解决新时期的人民内部矛盾，最根本的是要深化改革、发展经济，提高人民群众的生活水平，不断满足人民群众日益增长的物质文化需求。同时，要扎实做好各方面工作，正确处理人民内部矛盾，积极化解矛盾纠纷。

多年来，各级党委、政府按照邓小平理论和“三个代表”重要思想的要求，在正确处理人民内部矛盾方面，做了大量卓有成效的工作。但是，还要看到，由于各种各样的原因，还有相当一些人民内部矛盾没有得到有效化解，新的矛盾纠纷还在不断出现。有的民事纠纷由于处理不及时或方法不当，转化成了刑事案件。有的地方因官僚主义、腐败现象严重，执行政策有偏差，干群关系紧张，不断引发新的矛盾。一些涉及部分群众共同利益的矛盾，如企业改制重组、工资福利待遇、征地拆迁等引发的矛盾，牵扯范围广、处理难度大，经常引发群体性事件，且对抗性增强。境内外敌对势力千方百计插手我人民内部矛盾，制造事端；一些别有用心的人利用人民内部矛盾，煽动群众，聚众滋事。有时人民内部矛盾与敌我矛盾交织在一起，严重影响社会稳定。

总的来说，新时期的人民内部矛盾，是人民利益根本一致基础上的矛盾，是前进中的矛盾。我们的事业就是在不断解决矛盾的过程中前进的。实践证明，正确认识新时期人民内部矛盾的特点，高度重视并切实做好矛盾纠纷排查调处工作，不断改进工作作风和工作方法，是可以有效化解矛盾纠纷，维护社会治安和社会稳定的。

(二)认真贯彻中央的要求和部署，努力做好矛盾纠纷排查调处工作。排查调处矛盾纠纷，减少社会治安隐患，是社会治安综合治理的重要工作。掌握社情民意，了解广大群众关注的热点问题，努力把矛盾纠纷化解在基层，解决在萌芽状态，是政法综治部门的重要职责。党中央十分重视矛盾纠纷排查调处工作。《中共中央国务院关于加强社会治安综合治理的决定》要求“大力疏导调解各种社会矛盾和民间纠纷，正确处理人民内部矛盾，避免矛盾激化”。胡锦涛总书记多次指示要正确处理人民内部矛盾，妥善处置群体性事件。最近他又强调，要“努力掌握苗头性问题，尽量把问题解决在萌芽之中，解决在发生之初”。多年来，中央综治委一直把排查调处矛盾纠纷作为一项重要工作来抓。2000年，中央办公厅、国务院办公厅转发了《中央社会治安综合治理委员会关于进一步加强矛盾纠纷排查调处工作的意见》，做出了具体部署。近些年召开的全国政法工作会议和全国社会治安综合治理工作会议，都把矛盾纠纷排查调处工作作为一项重要内容，进行研究部署。加强矛盾纠纷排查调处工作，及时化解和消除各种不稳定因素，事关改革发展稳定大局，事关人民群众的根本利益，事关国家的长治久安。各级党委、政府要充分认识新的历史条件下加强矛盾纠纷排查调处工作的极端重要性和紧迫性，增强政治意识、大局意识、稳定意识和责任意识，认真加强矛盾纠纷排查调处工作，切实维护社会稳定。

各级党委、政府要按照科学发展观的要求，统筹经济社会全面协调可持续发展，坚持以人为本，依法行政，注重保护广大人民群众的实际利益，从源头上预防和减少矛盾纠纷。各级领导干部要进一步改进工作作风，深入基层，深入实际，深入到群众中去，及时发现矛盾纠纷，采取切实有效措施认真加以解决，为群众排忧解难。要突出重点，着力解决好涉及多数人切身利益的实际问题。深入研究各项改革措施出台后可能产生的社会矛盾，及时采取相应的措施。对可能出现的影响社会稳定、引发重大治安问题的矛盾纠纷，要制定预案，有切实可行的解决办法。

矛盾纠纷排查调处工作涉及社会各方面，各有关部门要密切配合，共同参与。各级社会治安综合治理委员会及其办公室要在党委、政府的领导下，积极主动地加强组织协调和督促检查，推动矛盾纠纷排查调处工作扎实有效地开展。政法综治部门要充分发挥职能作用，各有关部门要积极参与。对排查出来的矛盾纠纷，要实行归口负责，明确责任部门、单位和人员，提高调处解决的成功率。中央综治委《关于进一步加强矛盾纠纷排查调处工作的意见》明确了有关部门在排查调处矛盾纠纷方面的职责任务。各有关部门要按照“谁主管谁负责”、“谁经营谁负责”的原则,积极主动地做好本系统、本部门、本单位的矛盾纠纷排查调处工作。各部门、各单位要按照社会治安综合治理“属地管理”的原则,自觉服从驻在地党委、政府的领导,按照驻在地区的统一要求,积极参与驻在地的矛盾纠纷排查调处工作,属于本部门、本单位的问题,要认真解决;不属于本部门、本单位的,也要积极出主意、想办法,协助当地党委、政府和有关部门解决问题。

矛盾纠纷大都发生在基层,做好矛盾纠纷排查调处工作,必须把工作重点放在基层。要坚持抓早、抓小、抓苗头、抓源头,像“枫桥经验”那样,“组织建设走在工作前,预测工作走在预防前,预防工作走在调解前,调解工作走在激化前”。排查矛盾纠纷的目的是为了有效解决矛盾纠纷,要把人民调解、行政调解、司法调解紧密结合起来,采取经济的、法律的、思想政治的等各种方式方法,本着便民利民的精神,坚持平等自愿的原则,耐心说服,平等协商,积极化解。特别要发挥好村(居)委会和调解、治保组织的作用,把矛盾纠纷化解在基层、化解在内部,解决在萌芽状态。

“枫桥经验”表明,只有加强基层组织建设,做好基础工作,才能做到“小事不出村、大事不出镇、矛盾不上交”,把矛盾纠纷有效地化解在基层。应该看到,多年来广大基层干部在复杂的社会形势下,任劳任怨,辛勤工作,克服种种困难,落实党的路线、方针、政策,维护治安和社会稳定,促进经济和社会发展,做出了很大贡献。但是,从近期发生的一些刑事案件和群体性事件看,目前有的地方基层基础工作比较薄弱,很多工作措施没有落实。有些基层干部不善于处理新时期的人民内部矛盾,方法简单,造成党群、干群关系紧张。有的政治素质、业务水平不高,办事能力不强,影响了社会治安综合治理措施的落实。做好矛盾纠纷排查调处工作,必须加强基层基础工作,加强基层组织和队伍建设。要认真落实中央综治委和中央编办联合下发的《关于加强乡镇、街道社会治安综合治理基层组织建设的若干意见》,进一步健全乡镇、街道综治工作机构,保证他们能够充分履行在矛盾纠纷排查调处工作中担负的重要职责。进一步加强公安派出所、人民法庭、司法所建设,充分发挥他们排查矛盾纠纷、指导基层调解工作的作用。村(居)委会和有条件的企事业单位,要进一步健全调解组织,发挥其身处群众之中、了解社情民意的优势,做好矛盾纠纷调处工作。充分发挥群众团体和行业协会的作用,组织热心调解工作的人员参与矛盾纠纷排查调处工作。近年来,有些地方在矛盾纠纷排查调处工作中赋予乡镇、街道综治办协调调度权、检查督办权和监督权,使他们有职有权,有力地促进了这项工作的开展。还有的地方重视加强信息员队伍建设,从群众中物色积极分子当信息员,有效解决了信息不灵、人手不够的问题。这些好的做法和经验,各地可以学习借鉴。

加强制度建设,落实责任制,是做好矛盾纠纷排查调处工作的重要保证。各地要建立起党委、政府统一领导,综治机构组织协调,有关部门积极参与的矛盾纠纷排查调处工作机制,因地制宜地建立完善矛盾纠纷排查调处工作制度,做到经常化、制度化、规范化。近年来,各地建立了定期排查制度、巡回排查制度、报告制度(包括零报告制度)、协调调度制度、定期回访制度、检查督办制度等,对有效开展矛盾纠纷排查调处工作起到了重要作用,要进一步坚持和完善,确保工作效果。要严格实行责任制,落实领导责任、部门责任,健全和完善考核奖惩机制。对排查出来的矛盾纠纷,把责任落实到部门、单位和人头后,要加强督促检查,抓好落实。对因工作不负责任,已经存在的矛盾纠纷没有排查出来,或对排查出的矛盾纠纷调处不力,造成矛盾激化,产生严重后果的,要坚决行使社会治安综合治理“一票否决权”,追究有关领导的责任。

(三)学习发扬“枫桥经验”,积极化解矛盾纠纷。“枫桥经验”最根本的一点就是充分依靠基层组织和广大群众,就地解决矛盾纠纷,最大限度地把问题解决在基层、解决在萌芽状态。“枫桥经验”充分发挥党的政治优势,依靠人民群众,化解消极因素,解决社会矛盾,继承和发扬了我们党相信和依靠群众的优良传统,是“三个代表”重要思想的具体体现。“枫桥经验”注重发挥基层组织的作用,立足于预防,从源头上减少矛盾纠纷,有效地预防和减少了违法犯罪,体现了“打防结合、预防为主”的方针,体现了社会治安综合治理的基本精神。几十年来,“枫桥经验”之所以经久不衰,充满生机和活力,始终在维护社会治安和社会稳定中发挥着重要作用,关键是它来自实践,与时俱进,能适应形势的发展变化要求不断创新。各地要认真学习“枫桥经验”,掌握“枫桥经验”的精神实质,从本地区、本部门的实际出发,不断丰富、发展和创新“枫桥经验”。枫桥能够做到的,一般而言,其他地方也应该能够做到。要通过学习、发扬“枫桥经验”,推动全国的矛盾纠纷排查调处工作深入开展。

三、加强调查研究,扎实做好社会治安综合治理各项工作

调查研究、弄清情况,是做好工作的前提和基础。不深入正确地做好调查研究,不了解真实情况,凭想当然办事,工作就没有基础,就不可能做好。特别是在经济社会快速发展,新情况、新问题不断出现的情况下,加强调查研究具有更为重要的意义。当前,我国已进入全面建设小康社会的新的历史发展阶段,各项事业日新月异,社会治安综合治理工作不断遇到新情况、新问题。新的形势和任务要求我们必须加强调查研究,掌握真实情况,提高分析问题解决问题的能力,不断创新工作举措,以与时俱进的精神,努力探索社会主义市场经济条件下做好社会治安综合治理工作的新思路、新办法。

加强调查研究,不断研究新情况、解决新问题,是我党的优良传统,也是政法综治工作的优良传统。无论是革命战争年代,还是社会主义建设、改革开放时期,我们党都坚持实事求是、一切从实际出发的思想路线。要做到实事求是,必须加强调查研究。政法综治工作也是如此,面对复杂多变的社会形势,我们通过调查研究,从实践中总结经验,找出正确的思路和办法,有效地解决了一个又一个难题,有力地维护了社会稳定和良好的治安秩序。在新的形势下,要继承和发扬我们党调查研究的优良传统,端正态度、学会正确的工作方法,不断从实践中汲取营养,进一步做好社会治安综合治理工作。

当前,社会治安综合治理工作需要研究的新情况、新问题很多,希望各地各部门都能大兴调查研究之风,结合本地区、本部门的实际,创造性地开展工作,努力解决社会治安防控体系建设的深层次问题。当前和今后一个时期,要重点抓好以下几个方面的调查研究。

一是非公有制经济组织的治安综合治理问题。近些年来,我国非公有制经济组织发展很快,在国民经济中的地位越来越重要。做好非公有制经济组织的治安综合治理工作,对于促进经济和社会发展具有重要意义。非公有制经济组织具有投资主体多样性、经营规模多样性、管理方式多样性的特点,治安管理和综合治理措施落实的难度相对较大。目前,各地从实际出发,抓住综治组织网络建设、治安防范设施建设、预防化解矛盾纠纷等重点,积极探索非公有制经济组织治安综合治理工作的有效办法,创造出了一些好经验、好做法,要认真研究总结。要按照社会治安综合治理“属地管理”的原则和“谁主管谁负责”、“谁经营谁负责”的原则,明确责任,真正落实社会治安综合治理的各项措施,不留死角,不留空白点。

二是加强未成年人思想道德建设和预防青少年违法犯罪问题。当前,青少年违法犯罪问题仍很突出,必须引起高度重视。做好预防青少年违法犯罪工作,关键是教育。最近,中共中央、国务院发布了《关于进一步加强和改进未成年人思想道德建设的若干意见》,中央召开了全国加强和改进未成年人思想道德建设工作会议,对这项工作进行了部署,胡锦涛总书记出席会议并发表重要讲话,这必将极大地促进预防青少年违法犯罪工作的开展。各地要认真贯彻落实党中央的要求和胡锦涛总书记的重要讲话精神,加强和改进未成年人思想道德建设,进一步推进预防青少年违法犯罪工作。今年4月,中央综治委预防青少年违法犯罪工作领导小组、学校及周边治安综合治理工作领导小组召开会议,提出了加强预防青少年违法犯罪的工作措施,各地要扎扎实实抓好落实。

三是流动人口管理和服务问题。随着经济和社会发展,我国流动人口规模越来越大,2003年在公安机关办理暂住登记的流动人口近7000万人。近些年来,各地区和有关部门在流动人口管理方面做了大量工作,取得了一定成效。但是,流动人口中的违法犯罪问题仍很突出,一些城市流浪乞讨人员大量增加,给社会治安带来了一些新的问题。与此同时,侵犯流动人口合法权益的现象也大量存在。如何管理好流动人口,充分发挥他们在经济社会发展中的积极作用,既保护他们的合法权益,又防止其中少数人违法犯罪,是我们面临的一个重要课题。要进一步转变思想观念,改进工作方式,做好各方面的管理和服务工作,争取更好的社会效果。要探索切实可行的措施,加强对出租房屋等流动人口落脚点和流浪乞讨人员的管理,最大限度地减少社会治安隐患。

四是刑释解教人员安置帮教问题。刑释解教人员安置帮教是一个老问题,在社会主义市场经济形势下,这项工作又面临一些新的问题和困难。一些传统的安置办法不能用了,一些传统的帮教措施不管用了,工作难度增大。要正确认识新形势下做好安置帮教刑释解教人员的重要作用,从实际出发,采取有效措施,落实好有关政策。前不久,中央综治委与有关部门联合下发了《关于进一步做好刑满释放、解除劳教人员促进就业和社会保障工作的意见》,各地要认真贯彻落实,把刑释解教人员安置帮教工作解决好,努力减少重新违法犯罪。

同志们,在全面建设小康社会的新形势下,社会治安综合治理工作形势更加逼人,任务更加艰巨。让我们在以胡锦涛同志为总书记的党中央领导下,高举邓小平理论和"三个代表"重要思想的伟大旗帜,开拓创新,扎实工作,努力开创社会治安综合治理工作的新局面!

周永康同志在全国社会治安综合治理工作会议结束时的讲话

(2004年6月12日)

同志们:

这次全国社会治安综合治理工作会议,以"三个代表"重要思想为指导,深入贯彻党的十六大和十六届三中全会精神,总结工作,交流经验,分析形势,重点研究部署矛盾纠纷排查调处工作,推动社会治安综合治理措施在基层的落实。会议期间,罗干同志作了重要讲话,全面分析了当前社会治安综合治理工作面临的形势和任务,深刻阐述了矛盾纠纷排查调处工作的思想方法和工作方法,对进一步做好矛盾纠纷排查调处工作,加强基层组织和队伍建设,深化社会治安防控体系建设,全面落实社会治安综合治理措施,提出了明确的要求。罗干同志的重要讲话,对我们进一步提高认识、明确任务、抓住重点,扎实做好社会治安综合治理工作,具有重要的指导意义。各地、各部门一定要认真学习、深刻领会,并在今后的工作中坚决贯彻落实。

在这次会议上,浙江省委书记习近平等11位同志发了言,介绍了做好社会治安综合治理工作和矛盾纠纷排查调处工作的经验;最高人民法院、公安部、司法部、民政部、建设部、劳动和社会保障部、全国总工会等中央综治委成员单位的负责同志,对本部门、本系统做好社会治安综合治理工作和矛盾纠纷排查调处工作提出了要求。大家讲得都很好,希望各地、各部门认真学习、借鉴,并结合实际,抓好落实。

多年来,浙江省委、省政府高度重视社会稳定工作,最近专门召开省委全委会作出了建设"平安浙江"的决定,对维护社会稳定工作作出了全面部署,受到了胡锦涛、温家宝、曾庆红、罗干等中央领导同志的充分肯定;进一步加大矛盾纠纷排查调处工作力度,通过推广、创新"枫桥经验",及时把大量的矛盾纠纷解决在基层,有力地维护全省社会大局的持续稳定,推进了全省经济社会全面、协调、可持续发展。这些成功经验和做法,值得各地、各部门学习。为了开好这次会议,浙江省委、省政府做了大量的工作。在此,我代表罗干同志和全体与会人员表示感谢!

这次会议时间虽短，但求真务实，开得很成功。大家一致认为，这次会议把排查调处矛盾纠纷作为重点工作进行研究部署，有利于推动社会治安综合治理的基层基础建设和社会治安防控体系建设，有利于社会治安综合治理各项措施的落实，有利于进一步维护社会稳定和治安稳定。这次会议的主要收获有三个方面：

第一，提高了认识。大家一致认为，坚持"打防结合，预防为主"的方针，深入排查调处矛盾纠纷，构筑社会治安防控体系，搞好社会治安综合治理，是实践"三个代表"重要思想、贯彻落实党的十六大和十六届三中全会精神的必然要求，是树立和落实科学发展观、正确政绩观的具体行动。要做好矛盾纠纷排查调处工作，就必须牢固树立执政为民的思想，把维护好、实现好、发展好最广大人民群众的根本利益，作为我们工作的出发点和落脚点。要把矛盾纠纷排查调处作为社会治安防控体系建设的一项基础工作，作为平安创建和基层安全创建的重要内容，常抓不懈。只有这样，才能切实保障人民群众的切身利益，有效地预防和减少违法犯罪，维护社会稳定。

第二，明确了重点。罗干同志在讲话中指出，做好矛盾纠纷排查调处工作，从基层抓起十分重要。大家普遍认为，社会治安综合治理工作的重点在基层，矛盾纠纷排查调处工作的重点也在基层。各地、各部门要坚持把加强防范、教育、组织建设与矛盾纠纷排查调处工作相结合，把矛盾纠纷排查调处机制作为平安创建工作的"第一道防线"，使基层基础工作扎实有效。在社会治安综合治理工作中，加强制度建设，落实责任制是关键。要坚持从源头上预防和减少矛盾纠纷。要有专人负责矛盾纠纷排查调处工作，建立健全机制，使矛盾纠纷排查调处工作经常化、规范化。对排查出的不安定因素，要认真研究制订防范预案和控制化解措施，做到把出台涉及群众利益的措施、深化改革、启动经济社会建设项目等工作同预防化解矛盾纠纷、维护社会稳定工作一起研究部署，同步落实工作措施。

第三，交流了经验。近年来，各地、各部门在排查调处矛盾纠纷、推进社会治安综合治理工作中创造了许多鲜活的经验。比如，"枫桥经验"的"四前"工作法和"四先四早"工作机制，确保了"小事不出村、大事不出镇、矛盾不上交"。江苏、山东在加强基层基础工作方面，河南洛阳在建立矛盾纠纷信息员网络方面，山西在建立健全矛盾纠纷排查调处工作机制方面，北京在研究制定防范预案方面，湖北、甘肃在统筹安排部署经济建设项目与同步落实维护稳定措施方面，上海、湖南在强化督查督办制度方面都进行了有益的探索。大家一致表示，要结合本地、本部门的实际，认真学习、借鉴他们的经验和做法，开拓创新，进一步做好矛盾纠纷排查调处工作，推进社会治安综合治理各项措施的落实。

下面，我就贯彻罗干同志重要讲话和这次会议精神，做好矛盾纠纷排查调处工作，深化社会治安防控体系建设，全面落实社会治安综合治理措施，再强调三点意见：

一、坚持"严打"方针不动摇，及时解决影响人民群众安全感的突出治安问题

"打击"是社会治安综合治理的首要环节。在当前社会治安形势仍然比较严峻的情况下，各级政法机关、综治部门一定要按照罗干同志重要讲话的要求，充分认识社会治安问题的长期性、复杂性和反复性，坚定不移地贯彻"严打"方针，建立经常性的"严打"工作机制，始终保持对刑事犯罪活动的高压态势，坚决遏制刑事犯罪活动的高发势头，坚决扭转少数地方治安混乱的局面，确保社会治安大局稳定，确保人民群众安全感不断增强。

要深入研究违法犯罪活动的规律特点，及时掌握其发展变化的最新动向，不断调整改进"严打"工作的方式方法，切实增强社会治安工作的主动性、针对性和时效性，创造性地把中央关于坚持"严打"的方针落到实处。要把严打、严防、严管、严治有机地结合起来，大力加强治安防范和管理工作。要积极探索加强公共娱乐场所、服务场所的治安管理新办法，坚决扫除"黄赌毒"等社会丑恶现象，依法严格社会治安管理特别是特种行业管理，加强对枪支弹药、爆炸物品、剧毒危险物品的管理，减少治安隐患。要深入开展重点治乱工作，对排查出来的治安混乱地区和突出治安问题，要加强领导，明确责任，落实措施，限期解决。对已整治好的地区和问题，要强化管理和防范措施，防止出现反弹。

二、坚持"预防为主"不动摇,切实做好矛盾纠纷排查调处工作

当前,我国正处于改革的攻坚阶段和发展的关键时期,各种矛盾和问题比较突出,维护社会稳定和治安稳定的任务繁重艰巨。在此情况下,各地、各部门一定要按照罗干同志重要讲话的要求,坚持"预防为主"的方针,大力加强经常性的矛盾纠纷排查调处工作。要进一步落实中共中央办公厅、国务院办公厅转发的中央综治委《关于进一步加强矛盾纠纷排查调处工作的意见》等有关规定,坚持"及时排查、各负其责、工作在前、预防为主"的工作原则,健全党委、政府统一领导,综治机构组织协调,有关部门密切配合、齐抓共管的有效工作机制。要按照"属地管理"和"谁主管谁负责"、"谁经营谁负责"的原则,真正把矛盾纠纷调处的责任落实到每一个部门、每一个单位和每一个责任人。

在矛盾纠纷排查调处工作中,要进一步健全矛盾纠纷情况信息网络,完善早发现、早报告和及时调处的信息反馈和预警机制,重点解决情况不清、信息不明、"神不知、鬼不晓"的问题。要切实加强制度建设,继续坚持和完善矛盾纠纷排查调处的通报制度、领导包案和挂牌督办制度、零报告制度。要坚持依法办事,逐步把矛盾纠纷的化解工作纳入法制化轨道。要进一步提高依法行政水平,真正做到有权必有责、用权受监督、侵权要赔偿,从源头上预防、减少矛盾纠纷的发生。要深入开展法制宣传教育活动,引导人们学法、守法、用法,在法律范围内解决矛盾纠纷,按照法定程序表达自己的诉求,运用法律武器维护自身的合法权益。

在这里,我要特别强调,在矛盾纠纷排查调处中,一定要怀着对人民群众的深厚感情去做工作。前不久,胡锦涛总书记、温家宝总理、李长春同志、罗干同志分别作出重要指示,号召向任长霞同志学习。我认为,最值得、最需要我们学习的,就是她对人民群众的深厚感情。任长霞同志身任公安局长,坚持亲自接待人民群众来信来访,亲自为人民群众解决生产、生活中的实际困难,为多年受到冤屈的群众申了冤,为遇到困难的群众救了急,受到了人民群众的衷心拥戴。任长霞同志的先进事迹再次说明,感情是做好一切工作的基础,有了感情,就会有解决问题的办法。广大干部一定要像任长霞同志那样,设身处地为人民群众着想,把人民群众的事当作自己的事,认真对待人民群众的诉求,竭尽全力为人民群众排忧解难,诚心诚意为人民群众做好事、办实事。只要我们真正做到了这一点,矛盾纠纷的排查调处工作就可以落到实处,就可以把问题解决在基层、解决在内部、解决在萌芽状态,就可以确保社会稳定。

近年来,因各种矛盾纠纷引发的群体访和群体性事件数量持续增多,规模不断扩大,行为方式日趋激烈,处置难度越来越大,已成为影响社会稳定的一个突出问题。各地区、各有关部门一定要高度重视、切实加强群体访和群体性事件的预防、处置工作,坚持依法办事,坚持按政策办事,坚决维护群众的合法权益,坚决维护社会稳定。对于已经发生的群体性事件,要坚持慎用警力、慎用武器警械、慎用强制措施的规定,依法、及时、妥善处置。

要进一步加强基层组织建设。2003年,中央综治委和中编办联合下发了《关于加强乡镇、街道社会治安综合治理基层组织建设的若干意见》,明确了乡镇、街道综治委、办的职责,对加强群防群治队伍建设提出了具体的要求。各地一定要认真贯彻落实。要进一步健全综合治理委员会,实现齐抓共管、综合治理,真正使综治工作有人干、能干好。要强化培训工作,把乡镇、街道综治干部作为培训的重点,提高基层综治工作人员的素质,增强他们工作的水平和能力。要认真解决乡镇、街道综治工作经费和综治干部的待遇问题,确保他们能有效地开展工作。

三、坚持抓好社会治安防控体系建设不动摇,推进社会治安综合治理各项措施的落实

2001年以来,各地、各部门深入贯彻中共中央、国务院《关于进一步加强社会治安综合治理的意见》,认真实施中办、国办转发的中央综治委《关于加强社会治安防范工作的意见》,社会治安防控体系建设取得了较大进展。当前,各地正在开展的平安创建和基层安全创建活动,是搞好群防群治队伍建设的好时机。各地一定要从实际出发,采取义务服务与有偿服务相结合的方式,把辖区居民、离退休的老同志、下岗工人、低保人员及其他社会人员组织到群防群治队伍中来,切实建好、管好、用好这支队伍,充分发挥他们维护社会治安的积极性。

建立社会治安防控体系,必须从源头上下功夫,从防范、建设、管理、教育、改造等诸多环节上做工作。最近,中共中央、国务院作出了《关于进一步加强和改进未成年人思想道德建设的若干意见》,这对于预防青少年违法犯罪将起到十分重要的作用。各地、各部门要抓住这个契机,大力加强对青少年的法制道德教育,切实把家庭教育、学校教育、社会教育紧密结合起来,并通过对学校及周边地区的治安整治,为广大学生学习、生活创造健康向上的社会环境。前不久,中央综治委在上海召开了全国预防青少年违法犯罪暨学校及周边治安综合治理工作会议,通过了《关于开展"未成年人零犯罪社区"创建工作的意见》、《关于深化预防青少年违法犯罪工作的意见》和《关于深入开展安全文明校园创建活动的意见》,各地、各部门要认真贯彻落实。

今年年初,中央综治委、司法部等部门联合下发的《关于进一步做好刑满释放、解除劳教人员促进就业和社会保障工作的意见》,出台了一些政策和措施,目的是为了做好刑释解教人员的安置帮教工作,预防和减少其重新违法犯罪。各地、各部门要结合实际,根据有关政策,采取有效措施,使刑释解教人员的安置帮教工作真正落到实处。

当前,社会治安综合治理工作中面临着许多新情况、新问题。各地、各部门要认真落实罗干同志的讲话要求,深入调查研究,积极探索工作规律,努力从根源上找出解决问题的办法。

明年,中央综治委将进行四年一次的社会治安综合治理先进集体、先进个人的评比表彰工作。各地要认真组织好考核评比工作。要通过评比,推广一批好经验、好典型,表彰、奖励在工作中做出突出贡献的单位和个人,使各地形成争先创优的浓厚氛围,形成你追我赶的良好工作态势。

关于这次会议的传达贯彻,大家回去后,要及时向各省、区、市党委和各部门党委(组)汇报罗干同志的重要讲话精神,提出贯彻落实的具体意见,并扎扎实实地抓好落实。

同志们,加强社会治安综合治理,维护社会稳定和治安稳定,责任重大,任务艰巨。让我们在以胡锦涛同志为总书记的党中央领导下,以邓小平理论和"三个代表"重要思想为指导,深入贯彻党的十六大和十六届三中全会精神,与时俱进,开拓进取,埋头苦干,扎实工作,为维护重要战略机遇期的社会稳定,全面建设小康社会,加快推进社会主义现代化,做出新的更大的贡献!

中央社会治安综合治理委员会关于印发习近平同志在全国社会治安综合治理工作会议上的讲话及浙江省社会治安综合治理委员会,诸暨市枫桥镇党委、政府发言(摘要)的通知

(2004年6月21日)

各省、自治区、直辖市社会治安综合治理委员会,新疆生产建设兵团社会治安综合治理委员会,中央社会治安综合治理委员会各成员单位:

现将中共浙江省委书记习近平在全国社会治安综合治理工作会议上的讲话及浙江省社会治安综合治理委员会,诸暨市枫桥镇党委、政府在会上的发言(摘要)印发给你们,供各地结合实际情况,学习参考。

创新“枫桥经验” 建设“平安浙江”

——中共浙江省委书记习近平讲话摘要

近几年来，省委始终强调：“发展是硬道理，是解决所有问题的关键；稳定是硬任务，是改革和发展的前提。”“富裕与安定是人民群众的根本利益，致富与治安是领导干部的政治责任。”省委、省政府从浙江实际出发，采取一系列有力举措，巩固和发展浙江经济繁荣、社会稳定、人民群众安居乐业的良好局面。据有关部门2003年底抽样调查，我省90.8%的受访群众认为有安全感，比上年提高了3个百分点，居全国前列；据公安部对全国省会城市的暗访检查，杭州市社会治安群众满意率达到95%，居全国第一。浙江的实践充分证明，只有把握改革发展稳定的大局，自觉地把改革的力度、发展的速度和社会可承受的程度统一起来，真正做到在社会稳定中推进改革发展，通过改革发展促进社会稳定，才能真正实现在促进社会和谐稳定中推进物质文明、政治文明和精神文明的协调发展。

当前，我国正处于体制转轨、社会转型的重要历史时期，经济社会结构发生了深刻变化，维护社会和谐稳定显得更为重要。党的十六大把“坚持稳定压倒一切的方针，正确处理改革发展稳定的关系”，作为我们党的一条基本经验，并告诫全党要“倍加维护稳定”。胡锦涛总书记强调，保持我国和谐稳定的社会环境，是利用好、维护好重要战略机遇期的必然要求，是全面建设小康社会的重要内容，也是实现党在新世纪新阶段宏伟目标的重要前提和保证。浙江是经济相对发达的东部省份和市场经济的先发地区，去年人均GDP已接近2400美元。相对于全国，我们更早地遇到一些新的矛盾和问题。对此，我们在深入学习、深刻领会“三个代表”重要思想和科学发展观基础上，从切实加强党的执政能力的要求出发，作出了建设“平安浙江”，促进社会和谐稳定的一系列重大战略决策。最近召开的省委十一届六次全会，对建设“平安浙江”作出了全面部署，审议通过了《中共浙江省委关于建设“平安浙江”，促进社会和谐稳定的决定》。我们提出建设“平安浙江”中的“平安”，是涵盖了经济、政治、文化和社会各方面宽领域、大范围、多层面的“平安”，其总体目标是：经济更加发展、政治更加稳定、文化更加繁荣、社会更加和谐、人民生活更加安康。围绕“五个更加”的总体目标，省委提出要坚持以人为本、统筹兼顾、标本兼治、协力推进的原则，努力实现确保社会政治稳定、确保治安状况良好、确保经济运行稳健、确保安全生产状况稳定好转、确保社会公共安全、确保人民安居乐业等“六个确保”的具体目标。同时，在全省大力开展创建平安市县活动，力争通过若干年的努力，使全省绝大多数市县达到平安市县创建标准。在实际工作中，我们突出强化六个方面：一是始终保持高压态势，严厉打击各类犯罪活动；二是强化基层基础工作，努力化解人民内部矛盾；三是切实采取有力举措，保持经济持续快速协调健康发展；四是建立健全各种应急机制，全力维护社会公共安全；五是大力推进民主法制建设，切实维护人民根本利益；六是注重精神文明建设，不断提高全民素质。目前，全省上下正在积极抓好建设“平安浙江”各项工作的落实。

最近，胡锦涛、温家宝、曾庆红、罗干和周永康等中央领导同志分别对我省建设“平安浙江”工作作出重要批示。这是对我们的极大鼓舞和有力鞭策，也是对浙江工作提出新的更高要求，既是动力，又是压力。省委常委会认真学习贯彻中央领导同志重要批示精神，并明确要求各级党委、政府和领导干部要认真学习领会中央领导同志重要批示精神，进一步加深对科学发展观和正确政绩观的认识，加深对深入实施“八八战略”中“三个文明”协调发展的认识,加深对建设“平安浙江”中正确处理改革发展稳定关系的认识,按照中央领导的重要批示精神和省委的决策部署,扎实做好建设“平安浙江”、促进社会和谐稳定的各项工作,努力促进我省社会主义物质文明、政治文明和精神文明共同进步。

“平安浙江”建设的一项重要内容,就是强化基层基础工作,进一步总结、推广和创新“枫桥经验”。“枫桥经验”凝聚了我省广大干部群众在社会治安综合治理工作实践中的创造,是我省加强基层基础工作,推进社会治安综合治理的有效载体。中央领导和中央政法委高度重视“枫桥经验”。去年,罗干同志和周永康同志分别亲临枫桥视察指导工作,曾多次就学习推广“枫桥经验”发表重要讲话、作出重要指示,充分肯定“‘枫桥经验’是浙江省广大干部群众创造的根据不同时期的社会特点,就地解决矛盾纠纷,最大限度地把问题解决在基层、化解在萌芽状态,维护社会治安、维护社会稳定的经验”。最近,罗干同志在省委部署建设“平安浙江”工作的情况报告上又作出重要批示,强调浙江是“枫桥经验”的发源地,勉励我们“不断总结经验,发展创新,扎实做好基层基础工作,为改革发展创造良好的社会环境,确保人民群众安居乐业。”我们一定要深入贯彻中央领导同志的重要讲话和重要批示精神,认真贯彻这次全国社会治安综合治理工作会议精神,进一步总结推广和创新发展“枫桥经验”,大力加强社会治安综合治理工作,努力实现建设“平安浙江”的目标。

进一步总结推广和创新发展“枫桥经验”,就要坚持统筹兼顾,治本抓源。“枫桥经验”始终坚持“两手抓,两手都要硬”的方针不动摇,紧紧围绕为经济建设服务这个大局,正确处理改革发展稳定的关系,高度重视维护社会稳定工作,促进经济与社会协调发展。我们要结合新的形势、新的任务,以“三个代表”重要思想和科学发展观为指导,坚持把总结推广和创新发展“枫桥经验”摆到改革发展稳定大局中去统盘考虑、整体推进,以发展促稳定,以稳定保发展,用发展的思路谋划维护稳定的各项工作,用发展的理念解决影响稳定的各种问题。

进一步总结推广和创新发展“枫桥经验”,就要坚持强化基础,依靠群众。“枫桥经验”充分发挥党的政治优势,通过依靠和组织人民群众,化解消极因素,解决社会矛盾,是党的优良传统和群众工作路线在新形势下的继承和发扬。我们在实际工作中,要切实加强以党支部为核心的基层组织建设,深入细致地做好思想政治工作,理顺群众情绪,化解矛盾纠纷,使具体的改革和发展措施为广大群众所理解、所拥护、所参与。要切实相信和依靠群众,尊重群众的首创精神和主体作用,顺应广大群众日益增强的参与社会事务管理的愿望和要求,加强基层民主政治建设,创造浓厚的民主政治氛围,畅通社情民意表达渠道,充分调动广大群众的积极性,使群众更好地实现自我教育、自我管理、自我约束、自我服务。

进一步总结推广和创新发展“枫桥经验”,就要坚持完善制度,注重长效。“枫桥经验”在正确处理人民内部矛盾方面,以完善的制度为保障,健全矛盾纠纷排查调处工作机制,狠抓落实责任制,努力做到组织建设走在工作前,预测工作走在预防前,预防工作走在调解前,调解工作走在激化前。切实使“预警在先,苗头问题早消化;教育在先,重点对象早转化;控制在先,敏感时期早防范;调解在先,矛盾纠纷早处理”。我们要按照“稳定抓机制”的要求,在完善制度,注重长效上下功夫。始终坚持“打防结合,预防为主”方针,建立健全贯彻“严打”方针的经常性工作机制,积极推进社会治安防控体系建设,构建灵活多样的群防群治网络。继续坚持以“四前”工作机制为核心,全面推广“四先四早”工作机制和领导干部下访等行之有效的制度,进一步建立健全预防化解矛盾纠纷的情报信息网络机制、疏导调解机制、齐抓共管机制和领导责任机制,全面提高正确处理人民内部矛盾的能力和水平。

推广创新“枫桥经验”
努力预防和化解各类矛盾纠纷

——浙江省社会治安综合治理委员会发言摘要

一、树立统筹发展理念，努力从源头上预防减少矛盾纠纷

省委书记习近平强调，要把预防化解矛盾纠纷作为建设“平安浙江”极其重要的内容，纳入全局工作之中，把改革的力度、发展的速度和社会可承受的程度统一起来，及时有效地解决经济社会生活中的热点难点问题，努力从源头上减少各类矛盾纠纷的发生。

(一)科学决策减矛盾。全省各级党委、政府不断完善科学决策机制，在制定出台重大政策措施和实施重大建设项目之前，广泛征求各方意见，进行科学论证。特别是对于涉及人民群众切身利益的，实行听证制度，注重倾听群众的意见，尊重群众意愿，尽可能减少因决策失误或群众不理解引发的矛盾纠纷。

(二)完善政策解矛盾。针对改革发展中出现的新情况、新问题，我们认真贯彻中央的方针政策，结合实际，及时出台和完善配套措施，调整各种利益关系，从解决群众生产生活中的实际困难入手，努力化解各类矛盾纠纷。在实际工作中，抓住土地征用、村级财务管理、企业改制、旧城改造、拆迁安置、社会保障等群众反映强烈的突出问题，省里及时出台了被征地农民社会保障、“村级财务委托代理”、失业保险条例、城市房屋拆迁管理条例、最低生活保障办法等一系列规章和政策，有效地解决了涉及人民群众切身利益的大量矛盾。比如，宁波市通过加快产权制度改革，理顺劳动关系，做到企业产权清晰、职工身份改变、社会保障措施落实，从而使因企业转制、经营等问题引发的群体性上访事件大幅减少。

(三)依法处理疏矛盾。积极推进基层依法治理，坚持依法办事，坚持按政策办事，坚决维护人民群众的合法权益，并引导群众通过正常法律程序解决问题，努力把预防化解矛盾纠纷工作纳入法制化的轨道。对法律和政策有明确规定的问题，严格依法办事，认真督促落实；对要求合理、应予解决，但法律和政策没有明确规定或规定不够完善的，在法律和政策允许的范围内尽力给予解决；对因客观条件不具备、一时难以解决的，讲清道理，做好说服教育工作。

二、健全综治组织网络，形成预防化解矛盾纠纷工作合力

近年来，我们实行工作重心下移，大力加强基层综治组织建设，有效整合社会资源，建立完善了以基层党组织为核心、基层政权组织为基础、基层政法单位为骨干、群防群治组织为依托的基层综治组织网络，形成了预防化解矛盾纠纷的工作合力。

(一)突出抓好乡镇、街道综治委(办)建设。按照中央综治委的要求，结合我省实际，不断加大乡镇、街道综治委(办)建设力度，健全机构，整合力量，创新机制，充分发挥其在预防化解矛盾纠纷中的组织协调作用。今年初，省委专门下发文件，明确乡镇、街道综治委、综治办的主任分别由党(工)委、政府(办事处)主要领导和分管副书记担任，并根据乡镇、街道大小配备一定数量的专职干部，规模大、综治工作任务重的乡镇、街道要从实际需要出发配好专职副主任。目前，全省大多数乡镇、街道综治委(办)的机构人员已经按文件要求落实到位，部分地方按4万人口以下配3名，4万至5.5万人口配4名，5.5万人口以上配5名的标准配备了专职人员。同时，各地积极探索创新组织形式，把基层各类综治组织和治安力量整合起来，实行协调联动，最大限度地发挥了整体效能。比如,杭州市乡镇、街道建立了由综治办牵头,集司法所、信访办、治安联防队、流动人口管理办、警务工作室等为一体的"社会治安综合治理工作中心",中心由乡镇、街道分管政法综治工作的副书记兼任主任,实行联调、联防、联勤、联治,取得了明显效果。

(二)大力推进综治组织向民营企业、外来人员聚居地等领域拓展。针对我省社会组织结构的新变化,特别是民营企业量大面广、外来人员不断增多的实际,按照"哪里有人群,综治组织就建到哪里"的要求,抓盲点、攻难点,努力扩大综治组织建设的覆盖面,切实把综治工作落实到每个地方、部门、单位和社会组织。以创建治安安全单位为载体,以落实综治工作法人负责制为切入点,让综治走进企业,让企业参与综治。目前,全省绝大多数民营企业建立了由企业法人代表兼任主要负责人的综治领导机构以及内保、调解、帮教等组织,并落实了相应的综治例会等工作制度。比如,温州市平阳县在70家民营企业中建立了综治办,配备了256名综治干部,其中专职38名、兼职218名,企业综治办单独设立的有37个,与保卫科、经警队合署的33个。同时,针对流动人口中矛盾纠纷易发、违法犯罪比例较高的问题,不断完善流动人口管理的组织形式,整合管理服务力量,在全省市、县两级建立综合管理办公室,乡镇、街道设立管理服务中心(站),村居、社区由流动人口协管员分片包干,整体联动,综合治理。坚持管理与服务结合、教育与维权并重,推进流动人口管理社会化、市场化、信息化和人性化,积极探索流动人口自我教育、自我管理、自我服务、自我保护的新途径,努力使他们安居乐业。全面推行流动人口业主责任制,采取集中居住管理、出租房屋旅店式管理和租赁委托管理,实施"安心工程",建立"民工之村"和"员工之家"等做法,全面提升了管理服务的水平,全省流动人口作案占登记在册暂住人口总数的比例由2002年的7.3‰下降到2003年的6.6‰。

(三)建立健全预防化解矛盾纠纷立体化工作网络。省、市、县(市、区)、乡镇(街道)四级建立健全了党委、政府分管领导为组长,相关部门参加的矛盾纠纷排查调处领导小组;省综治、信访、法院、公安、司法等部门建立了纵向的矛盾纠纷排查调处系统。全省乡镇、街道普遍建立了由党委、政府统一领导,综治办牵头,以司法所为依托,有关职能部门参加的矛盾纠纷调解中心。全省村居(社区)普遍设立了综治室、警务室和调解室。目前,全省已建各类调解委员会5.1万余个,并通过开展标准化调委会达标等活动,提高处理矛盾纠纷的能力和水平。

(四)加大经费保障力度。全省各地按照《浙江省社会治安综合治理条例》和省委、省政府有关文件规定,把乡镇、街道社会治安综合治理经费及综治办事机构工作经费列入了同级财政预算,并随着经济社会的发展逐步有所增加。省一级从今年开始建立综治专项经费,落实了600万元资金,并进一步明确了拓展群防群治有偿服务领域,多渠道筹集群防群治所需经费的政策。为调动基层综治干部的工作积极性,省委明确乡镇、街道综治干部特岗补贴由各市县根据实际情况确定。目前,杭州、宁波、嘉兴、舟山等地已经按照每人每月60元左右标准,落实了乡镇、街道综治干部的特岗补贴。

三、不断完善规章制度,构建预防化解矛盾纠纷长效机制

我们着眼于实现社会长治久安,从建立健全长效机制入手,制订了《浙江省矛盾纠纷排查调处工作规程》等一系列制度,对排查调处工作的组织实施、报送登记、梳理分工、调处化解、督查指导、报结归档、责任查究等作出了明确规定,使预防化解矛盾纠纷工作逐步走上了制度化、规范化轨道。

(一)建立反应灵敏的预警机制。全省各级特别是基层单位普遍建立了多层次的治安信息员队伍,及时掌握大量矛盾纠纷的苗头性信息。全省县以上各级机关有综治信息联络员360余人,乡镇(街道)有1800余人,村居(社区)有近5万余人,形成了覆盖面广、反应灵敏的情报信息网络。比如,舟山市针对海上治安和海事渔事纠纷特点,在每条渔船都配备治安信息员和调解员,使预防化解海事渔事纠纷的触角由陆上延伸至海上。今年,我省还实行了农村工作指导员制度,从各级机关抽调38860名干部,向全省每个行政村派驻一名农村工作指导员,并赋予其掌握村情民意、化解矛盾纠纷等职责。

(二)建立条块结合的排查机制。全省各级党委、政府和各有关职能部门分别负责做好本地区、本系统、本单位的矛盾纠纷排查工作，坚持集中排查与经常排查相结合，逐乡逐镇、逐村逐户、逐企业逐单位，开展全方位大联动排查，摸清底数，认真调处。全省共排查出各类矛盾纠纷23506起，成功调解处理21570起。

（三）建立多管齐下的联调机制。明确基层政法综治组织和群防群治队伍在排查调处矛盾纠纷中的职责任务，促使各部门各单位积极主动地开展矛盾纠纷调解、化解工作，切实把预防化解人民内部矛盾与各部门、各系统的业务工作紧密结合起来，把人民调解、行政调解、司法调解紧密结合起来，形成预防化解矛盾纠纷的综合优势。嘉兴市在所有乡镇、街道建立了“综治司法信访联动中心”，统一受理群众来信来访，联合调处各种矛盾纠纷。自联动中心建立以来，全市群体性上访的增幅明显回落，90%以上的矛盾纠纷在乡镇、街道得到妥善处理。

（四）建立高效规范的处置机制。省里出台了《浙江省处置经济社会紧急情况工作预案》，进一步完善了处置各类突发事件的相关预案，并把提高应对突发事件的能力作为今年省委、省政府领导的重点调研课题之一。各地及有关部门根据可能发生的群体性事件，制订相应的处置预案，并积极组织演练。一旦发生群体性事件，当地主要领导都能赶赴现场，靠前指挥，面对面地做好群众工作，及时稳妥地缓解、化解矛盾。

四、全面推行领导下访，促进各类矛盾纠纷解决在基层

为了及时化解各类矛盾纠纷，2003年省委决定层层建立领导干部下访制度。省委书记习近平率先垂范，深入基层接待群众来访，指导基层做好信访工作，有力地推动了各级领导干部下访活动的深入开展，解决了一大批群众反映强烈的信访问题，受到了群众的普遍欢迎。

（一）事先预告，畅通渠道。领导干部下访之前，各县（市、区）通过当地报纸、电视、广播等媒体或张贴公告等形式，将省领导下访接待群众的安排，提前10天向社会预公告，提前3天正式公告，让上访群众到信访部门预先登记，提高接访工作的透明度。下访时，省委、省人大、省政府、省政协领导分别带领省直有关部门、所在市县以及乡镇的负责同志，组成若干个接待组，共同接访，现场研究，做到有访必接、有问必答、有疑必释、有难必解。

（二）上下联动，全省铺开。在广泛宣传、预约登记的基础上，各县（市、区）都对信访问题进行了“地毯式”的大排查，并做到边排查边化解，对可以解决的问题提前进行调处解决；一时不能解决的逐一分析研究，提出处理建议，形成书面材料，为省领导下访做好准备。去年9月以来，省委、省人大、省政府、省政协先后有26名领导干部下到群众反映问题较多的11个市县，公开接待2850余批群众来访。在省领导的带动下，市县两级领导干部开展下访活动达近2万人次，接待来访群众7.8万人次。

（三）解决问题，注重实效。在下访活动中，接访领导对每一起来访都签署意见，承担包接待、包协调、包处理、包稳定的责任，努力做到“四个一批”，即对群众反映合情合理合法应该解决也能够解决的，当场解决一批；对一些合情但不合理或政策不允许的，耐心向他们宣传政策，讲清道理，解释疏导一批；对一些涉及全省的政策性问题，带回来研究一批；对一些无理上访户，给予明确定性，进行严肃批评教育，使之息访一批。对下访接待群众的信访件，除当场解决或答复外，由所在地召开交办会集中交办，分别落实责任单位和责任人，每月向接待领导和上级有关部门报告办理情况，限期在三个月内全部办结。省、市、县三级有关部门负责做好督促检查工作，直到问题得到圆满解决，真正取信于民。去年以来，通过下访活动，省领导当场解决信访问题480余件，全省共解决群众实际问题2.3万件。

五、严格落实工作责任，确保预防化解矛盾纠纷取得实效

我们按照“属地管理”和“谁主管、谁负责”的原则，实行分级负责，包案调处，加大督查督办力度，矛盾纠纷排查调处工作取得了实实在在的效果。

（一）逐级落实责任。进一步明确了矛盾纠纷的管理权限，对发生在各市、县（市、区）范围内的矛盾纠纷，由当地党委、政府负责解决；对发生在机关和系统范围内的，由主管部门负责解决；对跨地区或跨部门、系统的，由上一级党委、政府或主管部门牵头协调解决。省委在全面落实综治工作责任制的基础上，最近又把预防化解矛盾纠纷工作纳入建设“平安浙江”的考核内容。杭州市明确规定，凡因矛盾纠纷引发重大群体性事件的，相关地区和部门的第一责任人要向市委、市政府作出专项汇报检查，市综治委对各地、各部门综治工作的主要责任人进行工作纪实，并报市委组织部，作为干部考察、提拔使用的重要依据。

（二）实行包案调处。对本地区、本部门、本系统范围内影响较大、可能引发群体性事件的重大矛盾纠纷，采取定责任领导、定责任单位、定处理期限、包调处的“三定一包”办法。省里明确规定，凡是越级来省赴京集体上访的，一律由党政“一把手”包案处理，限期在一个月之内上报处理意见。比如，在今年集中处理涉法上访问题工作中，省检察院对排查出来的93件来省进京重点涉法上访案件，实行正、副检察长包案处理，其中检察长包案处理15件。

（三）加强督查督办。近年来，我们采取通报督查、抄告督办、专员督查、集中督查等多种形式，加大督查督办力度，促进了一批重点矛盾纠纷的解决。省综治办建立了全省矛盾纠纷季度分析制度，对各市每季度梳理上报的前5个可能影响社会稳定的重大矛盾纠纷，进行通报，督促调处。各级综治办负责及时梳理汇总重大矛盾纠纷，通过党委、政府办公室（厅）联合下发抄告单的形式，明确责任单位、责任人、调处期限，抄告相应的部门和责任人进行调处。从今年开始，省里建立了信访督查专员制度，抽调省、市、县各部门新任领导干部，分期分批担任信访督查专员，分别代表三级党委、政府专职处理群众来信，协调处理信访案件，督促并包案处理信访大要案。

注重标本兼治
切实把矛盾纠纷解决在基层

——浙江省诸暨市枫桥镇党委、政府发言摘要

1963年，在社会主义教育运动中，枫桥的干部群众创造了“矛盾少、治安好”的“枫桥经验”，毛泽东同志亲笔批示，要“各地仿效，经过试点，推广去做”。此后，“枫桥经验”不断发展，先后创造出就地改造流窜犯和社会不良分子、帮教失足青少年等新经验。改革开放以来，特别是近年来，枫桥镇在推进经济社会发展过程中，遇到了许多新情况、新问题，各类社会矛盾和民间纠纷逐渐增多。我们坚持“小事不出村、大事不出镇、矛盾不上交”，积极探索创新工作机制，注重标本兼治，努力把矛盾纠纷解决在基层、解决在当地、解决在萌芽状态，既促进了枫桥经济的快速发展，又确保了社会稳定。全镇最近三年矛盾纠纷发生率分别下降20.9%、18.3%、6.1%；多年没有发生重大群体性突发事件，没有发生“民转刑”案件，各类矛盾纠纷调处成功率达到97.6%；刑事发案率一直控制在万分之十二以内，大大低于浙江省和诸暨市的平均水平。2003年全镇实现国内生产总值22.38亿元，农民人均年纯收入8076元，呈现出“镇强、村美、民富”的新气象。我们的主要做法是：

一、突出组织建设，健全综治工作网络

我们始终把强化综合治理组织建设，形成多层次、复合型工作网络，作为维护枫桥社会稳定的基础性工程来抓，做到了组织机构、人员配备、经费保障同步到位。

（一）建立镇综治工作中心，形成综治整体合力。镇社会治安综合治理委员会每季度召开一次会议，对全镇的社会治安和稳定情况进行分析研究，作出工作部署。综治委下设综治办（镇综治工作中心），负责全镇维护社会治安和稳定的日常工作。综治工作中心实行“3+2”模式，即整合司法所、调委会、信访办三家机构的力量，加上公安派

出所、法庭两家有关工作人员,由分管政法的镇党委副书记担任中心主任,配专职副主任1名和工作人员15名,形成各个机构一个场所办公、各类案子一个口子受理、各项工作一个目标统摄的综治工作大格局。

(二)建立社区综治服务处,实行综治工作区域化管理。在全镇5个社区同步建立了综治服务处,实行"一处三室"的联动服务模式,即内设公安警务室、司法工作室和综合调解室,由社区负责人兼任综治服务处主任,警务室警长和社区司法干部任副主任,并配设公安干警2名、保安2名、司法员1名、政法干部1名,形成了机关干部下社区、警务工作进社区、流动法庭到社区、调解工作在社区的综治工作新局面。

(三)建立村和企业综治工作组,把综治工作触角延伸到最基层。全镇84个行政村都建立了综治工作组,由党支部书记任组长,村委会主任任副组长,治保调解委员和村民小组长为成员,人员一般为5~7人,并由镇下派的农村工作指导员协助指导,重点掌握所在村(居)的社情民意和治安动态,协助镇综治中心和社区综治服务处化解处理社区民间矛盾纠纷。全镇53家骨干企业全部建立了综治工作组,由法人代表任组长,工会负责人任副组长,由中层干部或外来民工代表为组员,人员一般为3~5人,主要负责企业内部的治安管理、劳动权益保障、职工纠纷调处和法律知识宣传等工作。据不完全统计,近三年来,全镇53家骨干企业共自行调处矛盾纠纷117起,组织开展法律宣传教育活动318次,有90%的职工纠纷在企业内部得到解决。

(四)建立群防群治队伍,积极发挥干部群众参与综治工作的积极性。现在全镇有1支护镇队、114支护村(厂、校)队、16支社区义务消防队、33支平安志愿队、85个"归正人员"帮教小组,并有治安纠纷排查信息员328人、法制教育宣传员189人,全镇直接参与综合治理工作的人员达8481人,约占总人口的8.9%。对综治工作的经费实行"无障碍"审批,予以全额保障。镇财政每年支出50万元作为专业保安队员、消防队员的保障经费;镇综治干部每月60元岗位补贴;村级治保调解干部每年不低于2000元的津贴;对连续担任治调干部三十年以上退下来的人员,每年发给500元慰问金。我镇近几年每年用于综治工作的经费都在200万元左右。

二、突出预测预警,切实把握综治工作主动权

我们始终把预测预警工作作为综治工作的一项前期工程来抓,切实提高工作的前瞻性、预见性和针对性。

(一)坚持未雨绸缪,定期例会预测趋势。每年年初召开一次维护社会稳定工作会议,根据当年经济社会的发展思路、目标、重点,分析全镇社会治安和稳定的总体形势,有针对性地提出维护社会治安和稳定工作的意见。根据阶段性工作重点,综治委每季度召开一次综治委成员会议,分析社情民意,研究社会治安中出现的新情况、新问题,提出相应对策措施。综治工作中心和各成员单位每月都要召开一次工作例会,分析研究具体治安问题,总结交流专项工作经验,明确有关工作任务。

(二)坚持有的放矢,围绕重点分析预警。一是针对季度特点开展预测。如每年第四季度是债权债务纠纷的高发期,镇综治办就专门组织人员到重点企业了解情况,分析可能出现的矛盾纠纷,帮助企业和有关部门提前解决实际问题,防止矛盾的产生。二是针对重点工作开展预测。如在房屋拆迁、土地征用等工作开展前,农村工作指导员走村入户开展调查研究,做好矛盾纠纷信息的收集、整理、报告和反馈工作,全面掌握和及时化解可能引发矛盾纠纷的因素。三是针对重要敏感时段开展预测。重大节假日和各级党代会、人代会召开前夕,我们都及时掌握重点对象的动向,坚持重要信息"即时上报"、动态信息"一周一报"工作制度,及时把握矛盾发展动向,超前制定工作预案。近三年来,在诸暨市级以上重大政治活动中,枫桥没有发生过一起群体性上访事件。

三、突出疏导调解,及时化解基层矛盾纠纷

对于已经出现的矛盾纠纷,我们坚持做到不怕、不推、不拖、不回避,积极开展调解工作,着力化解矛盾,防止激化。

(一)各方联动,健全调解机制。建立健全"部门协同、镇村联动"的工作机制,形成一盘棋工作格局。"部门协同",就是加强综治组织之间的横向联系与配合,坚持每月一次政法组织联席会议,建立案件纠纷移送、重大疑难纠纷联调、化解矛盾月报等制度,使各部门之间工作有交流、情况有汇报、职能有协调、措施有配合。"镇村联动",就是加强镇、社区、村三级综治组织的互动,建立纠纷快接、快调、移送制度,做到及时受理、快速调处,调处不成、迅速移送。

(二)因事制宜,探索调解新路。枫桥的民营经济占全镇经济98%以上,在给地方经济发展带来活力的同时,也带来了职工权益保障、劳资关系协调等方面的问题。去年底因电力紧缺,我镇一棉纺厂开工不足,导致职工收入减少,许多职工提出要结清工资后离厂。业主拒付工资,双方矛盾一触即发。镇综治中心闻讯后,立即约见双方代表,及时进行沟通疏导。对业主讲大局、讲法律,教育其充分体谅职工的难处;对职工讲理解、讲支持,引导他们帮助企业渡过难关。经过三次协调,工人们安心回厂工作,一起棘手的劳资纠纷顺利解决。枫桥镇的衬衫服装、轻纺业比较发达,吸引了大量外来人口。我们把外来人口看成枫桥建设者中的平等一员,在亲情中体现管理,在管理中突出服务,为他们创造良好的生产生活条件,使绝大多数外来人员很快地认同枫桥、融入枫桥、热爱枫桥。随着工业化和城市化进程的加快,枫桥镇作为诸暨市的经济强镇和城镇组群中心之一,失地农民权益保障一直是极易引起矛盾纠纷的敏感问题。我们在土地征用之前,严格履行法定手续和程序,在政策制定和工作落实中充分考虑群众的承受能力和接受程度,努力消除可能引发群体性事件的不稳定因素。目前,全镇70%的农民参加了农村新型合作医疗保险,城镇职工养老保险覆盖率达到了100%,所有被征地农民和拆迁户都得到了妥善安置。几年来,没有发生因土地征用补偿、失地农民安置等问题引发的重大矛盾纠纷。

(三)加强考核,落实调解责任。我们坚持把调解责任落到属地,落到单位,落到个人。制定出台了村(居、企)治调工作目标管理考核办法,把矛盾纠纷调处纳入年度岗位目标责任制,对发生重大不稳定事件的,实行一票否决,取消各级、各类评优评先资格。对农村工作指导员实行治调工作绩效考核,把矛盾纠纷的化解与农村工作指导员的月考、季考、年考挂钩。实行首办责任人制度,明确第一接待人的工作职责和任务,保证及时处理各类纠纷不推诿。特别是把矛盾纠纷调处工作列入对民营企业的考核内容,成绩突出的予以表彰奖励,工作不到位的要求限期改进。2003年,全镇评出治保调解先进集体91个,其中企业23个,占25.3%;评出关爱职工先进个人164人,其中民营企业主29人,占17.7%;因落实社会治安综合治理工作责任制不到位,共有3个村被取消各类评优评先资格,4名镇干部被扣减和取消奖金。

四、突出源头治理,从根本上预防矛盾发生

在及时化解已出现的矛盾纠纷的同时,我们努力把综治工作的着力点往前移,注重抓好源头治理,推动"枫桥经验"常抓常新,确保社会长治久安。

(一)通过教育潜移默化。每年对镇、村干部以及企事业单位中层以上干部进行三次以上的集中法制教育,举办企业家法制与经营管理学习沙龙。镇、村两级和有关企事业单位普遍建立了企业法制学校、青少年法制学校和村民素质学校,筑起覆盖全镇的法制宣传教育阵地。每年开展法制文化进村社活动,以群众喜闻乐见的形式普及法律知识,在全镇营造学法、懂法、守法、用法的良好氛围。

(二)通过制度规范约束。我镇每一届班子上任后都要举行镇村干部读书会,对上届党委政府的文件制度结合实际进行修改完善,并装订成册后发放到村。针对群众普遍关注的党务、村务、财务等焦点问题,全面推行"三公开两恳谈"制度,严格做到党务、村务、财务三公开,定期不定期召开镇、村两级民主恳谈会,加强沟通,及时听取意见建议。

(三)通过服务沟通引导。全镇建立了便民服务中心,工办、农办、社会事业办等8个办公室,并集中办公,对村镇规划、计生服务等事项实行全程代理或协助办理,提高了服务质量。建立班子成员定期下访制度,所有班子成员每月10日到联系点下访,接待群众,尽力做到事事有答复,件件有着落。全镇所有农村工作指导员坚持"五必到",即村召开重要会议必到,村发生重大突发事件必到,村有重要活动必到,村开展重要工作必到,村情民意走访必到,及时掌握农村工作主动权。

中央社会治安综合治理委员会关于印发沈德咏等同志在全国社会治安综合治理工作会议上的讲话(摘要)的通知

(2004年6月25日)

各省、自治区、直辖市社会治安综合治理委员会,新疆生产建设兵团社会治安综合治理委员会,中央社会治安综合治理委员会各成员单位:

现将最高人民法院副院长沈德咏、公安部副部长白景富、司法部副部长胡泽君、民政部副部长杨衍银、建设部副部长刘志峰、劳动和社会保障部纪检组长崔会烈、中华全国总工会书记处书记张鸣起同志在全国社会治安综合治理工作会议上的讲话(摘要)印发给你们,请结合实际情况认真贯彻。

沈德咏同志讲话(摘要)

一、认真学习、全面贯彻会议精神,充分认识加强矛盾纠纷排查调处工作的重要性。加强矛盾纠纷排查调处工作是新时期加强社会治安综合治理工作的重要措施。全国法院广大法官和其他工作人员必须充分认识到,我国当前正处于社会转型和矛盾多发时期,加强矛盾纠纷排查调处工作,事关改革发展稳定的大局。人民法院作为国家司法机关,一定要按照中央的统一部署和要求,在各级党委的统一领导下,积极参与社会治安的综合治理。一方面在司法审判与执行中,要依法做好各类民事诉讼纠纷的调处工作,努力实现司法的公正与效率;另一方面要全面发挥司法审判与执行的职能作用,积极协同各有关部门做好社会矛盾纠纷的排查调处工作。要从践行"三个代表"的重要思想,坚持司法为民和维护社会稳定的高度,不断强化依法调处矛盾纠纷的意识,着力提高依法调处矛盾纠纷的水平,切实做好依法调处矛盾纠纷的各项工作。

二、全面加强基层基础建设,确保矛盾纠纷排查调处工作任务的完成。人民法院开展矛盾纠纷排查调处工作,重点在基层,重点在广大农村和城镇社区,必须全面加强基层基础建设。目前,全国有3135个基层人民法院,12075个派出人民法庭,去年人民法院审结的560多万件案件和执行的230多万件案件中,有80%是基层人民法院一审审结和执结的。此外,基层人民法院还直接担负着指导人民调解组织的任务。可见,基层人民法院是加强社会治安综合治理工作的一支生力军,在做好矛盾纠纷排查调处工作中发挥着不可替代的作用。多年来,最高人民法院党组一直十分重视加强法院的基层基础建设工作,采取了一系列行之有效的措施,逐步改善了基层法院的物质装备建设,大力强化了基层法院队伍建设,科学调整了人民法庭的设置,进一步加强了人民法庭的规范化建设,使之更加方便群众诉讼,更加有利于把综合治理各项措施落实到基层。为了进一步加强基层基础建设,我院于今年4月召开了基层法院建设调研工作电视电话会议,目前基层法院建设情况普查工作正在全国法院普遍展开。6月中下旬,将由院领导班子成员带队,组成8个工作组分赴16个省进行重点调研。在充分准备的基础上,将在下半年适当时候召开全国法院基层建设工作会议,促使法院的基层基础建设再上一个新的台阶,为全面落实综合治理各项措施,完成好矛盾纠纷排查调处工作任务创造更加有利的条件。

三、充分发挥审判职能作用,依法做好矛盾纠纷调处工作。诉讼调解是人民法院民商事审判的重要职能。充分运用诉讼调解手段,减少诉讼环节,降低诉讼成本,妥善解决民间纠纷,对于提高民商事案件结案率,及时化解民间矛盾,增进人民内部团结,具有十分重要的作用,既是人民法院坚持"公正与效率"工作主题的基本要求,也是落实"三个代表"重要思想、坚持司法为民的具体行动。各级人民法院一定要深刻领会这次会议精神,高度重视并切实加强诉讼调解工作,对那些与社会稳定密切相关的群体性、集团性纠纷,影响人民内部团结的家庭、邻里纠纷,法律规定不明确的新型民间诉讼纠纷等,要在社会主义公平与正义观念的引导和法律原则的指导下,大力开展诉讼调解工作,充分发挥诉讼调解在诉讼各个阶段的作用,息诉止争,化解矛盾,实现审判案件的法律效果与社会效果的有机统一,促进社会环境的和谐稳定。要坚决防止和杜绝因方法简单、态度蛮横、作风粗暴和诉讼拖延等引起的矛盾激化。

人民法庭处在审判工作的第一线,要充分发挥贴近人民群众、熟悉社情民意等优势,认真开展辖区矛盾纠纷排查梳理工作,积极运用远程立案、巡回办案、就地审理、诉前和诉中调解等快捷审理方式,方便群众诉讼,加大对民间矛盾纠纷的调处力度,并结合办案,广泛、深入开展法制宣传教育,真正发挥好促经济发展、保社会平安的作用。各级人民法院要进一步加强对人民调解工作的支持和指导,及时研究新情况,解决新问题,总结推广新经验,促进人民调解工作快速发展,充分发挥其在化解矛盾纠纷、维护社会稳定方面的"第一道防线"作用。

白景富同志讲话(摘要)

当前和今后一个时期,公安机关将重点抓好以下五个方面的工作:

一、统一思想、提高认识,增强做好矛盾纠纷排查调处工作的自觉性。人民警察来自于人民,化解矛盾纠纷,维护群众利益,维护社会稳定,是人民警察的法定职责。各级公安机关和广大公安民警要按照罗干同志、永康同志的要求,把矛盾纠纷排查调处工作放在实践"三个代表"重要思想,坚持立党为公、执政为民的高度去认识,放在改革发展稳定的大局中去谋划,充分认识新的历史条件下加强矛盾纠纷排查调处工作的极端重要性,高度重视、切实加强工作。要始终把群众利益放在第一位,努力改进工作作风和工作方法,深入基层,深入实际,深入人民群众之中,认真排查矛盾纠纷,及时采取有效措施,妥善解决群众反映强烈的突出问题,真正为人民群众排忧解难。

二、坚持严格、公正、文明执法,从源头上预防、减少各种矛盾纠纷的发生。公安机关的基本活动是执法活动,公安民警的基本行为是执法行为。无论是办理刑事案件、治安案件、行政案件,还是处理交通事故、火灾事故,调处民事纠纷,直接涉及广大人民群众的切身利益。处理好了,可以有效地减少矛盾,保护群众利益,维护社会公正;反之,就会直接引发大量的矛盾纠纷,引发群众涉法上访、"告状"。各级公安机关和广大公安民警一定要把严格、公正、文明执法作为公安工作的基本要求,严格按照法定权限履行职责,行使权力,坚决维护广大人民群众的合法权益,坚决维护社会公平和正义,努力从源头上预防、减少各种矛盾纠纷的发生。既要防止"乱作为",坚决杜绝伤害群众感情、漠视群众疾苦、侵害群众利益的行为;又要防止"不作为",做到该打击的坚决依法打击、该整治的坚决依法整治、该管理的坚决依法管理,绝不能因执法不严、执法不公甚至执法犯法问题引发新的矛盾。

三、大力加强基层建设,把各种矛盾纠纷化解在基层、解决在萌芽状态。矛盾纠纷大多产生在基层,解决矛盾纠纷也主要靠基层。基层既是矛盾纠纷排查调处工作的重点,也是难点。各级公安机关尤其是基层公安机关要认真学习、推广"枫桥经验",充分发挥联系群众的窗口、纽带作用,充分发挥在排查调处矛盾纠纷中的特殊优势,筑牢化解矛盾纠纷、维护社会稳定的"第一道防线"。每一个单位、每一名民警,都要带着对人民群众深厚的感情去工作、去执法,都要把排查矛盾纠纷同本职工作结合起来,作为工作重要内容,常抓不懈。要在党委、政府的领导下,进一步建立健全矛盾纠纷的预警、排查机制,依法、及时、妥善化解各种矛盾纠纷。同时,要深入开展法制宣传教育,引导广大人民群众学法、守法、用法,按照法定程序表达诉求,正确运用法律武器维护合法权益,把矛盾纠纷的化解工作纳入法制化轨道。

四、进一步抓好集中处理涉法上访工作,切实解决人民群众反映强烈的问题。各级公安机关要坚决贯彻全国集中处理涉法上访工作电视电话会议精神,再鼓干劲,再加力度,采取领导包案、工作组带案、挂牌督办等方法,推动集中处理涉法上访工作取得更大成效。处理涉法上访,要坚持实事求是,严格依法律、按政策、按程序办事。对确因公安机关和民警执法不公、不当,甚至违法犯罪引起的信访案件,该纠正错误的要立即纠正,该赔礼道歉的要诚心诚意地赔礼道歉,该追究违法违纪民警责任的要坚决追究,以实际行动取信于民。

五、正确认识新时期的人民内部矛盾,依法妥善处置群体性事件。群体性事件是矛盾纠纷发展到一定程度的产物。近年来,由人民内部矛盾引发的群体性事件数量增多,规模扩大,已经成为影响一些地区社会稳定的一个突出问题。各级公安机关一定要高度重视群体性事件的处置工作,深入研究新时期人民内部矛盾的规律特点,认真总结处置群体性事件的经验教训,并针对不同性质、不同类型、不同规模的群体性事件,完善各种工作预案,大力提高处置群体性事件的能力。一旦发生重大群体性事件,要在党委、政府的领导下,配合有关部门,及时控制现场,防止事态扩大。要坚持可散不可聚、可顺不可激、可解不可结的原则,坚持慎用警力、慎用武器警械、慎用强制措施的规定,坚决避免因使用警力和措施不当而激化矛盾。对于堵塞公路、拦截列车等严重影响社会稳定的群体性事件,要依法果断处置,不能久拖不决。要切实加强处置群体性事件的法律、政策、策略研究,真正做到依法、及时、妥善处置,以维护广大人民群众的合法权益,维护社会稳定。

胡泽君同志讲话(摘要)

一、切实加强人民调解工作,充分发挥维护社会稳定第一道防线的作用。各级司法行政机关要针对当前矛盾纠纷的特点,切实将人民调解工作抓实、抓细,抓出成效。要在巩固村、居人民调解委员会的基础上,大力加强乡、镇(街道)人民调解组织建设,进一步强化三级调解网络。同时,要积极稳妥发展区域性、行业性人民调解组织,有条件的地方要在消费者协会、经济开发区、商品集散地、业主管理委员会等地区和行业建立人民调解组织。要大力拓宽调解工作领域,在及时调解婚姻、家庭、邻里、损害赔偿、生产经营等常见性、多发性纠纷的基础上,积极调解公民与法人、公民与其他社会组织的矛盾纠纷,不断扩大调解覆盖面。深入开展"排查防激化,调解创四无"活动,准确把握矛盾纠纷调解工作的规律,着力加大对多发性、易激化纠纷的调解力度,努力防止因民间纠纷激化引起自杀事件、刑事案件、群体性械斗和群体性上访。要认真执行《人民调解委员会组织条例》和《人民调解若干规定》等法规、规章,建立完善各项制度,加强人民调解工作的制度化、规范化建设。

二、加大基层普法依法治理工作力度，从源头上预防和减少矛盾纠纷。各地要把基层普法依法治理的重点放在农村和社区。进一步加强维护社会稳定方面的法律法规的宣传，努力提高全体公民的遵纪守法意识，避免民转刑案件的发生。针对土地流转承包、房屋拆迁、土地征用、税费负担、村(企)管理、拖欠农民工工资等关系群众切身利益的问题，及时开展法制宣传教育，预防和减少涉法上访。积极开展“民主法治示范村”创建活动，不断增强农村群众的法制观念。在城市广泛开展“法律进社区”活动，提高居民自我教育、自我服务、自我管理、自我约束的能力，努力建设文明祥和的新型社区。继续加强完善市场经济体制方面法律法规的宣传力度，提高企业经营管理者依法管理、依法经营、依法维权的能力和水平。

三、加强法律服务和法律援助工作，引导公民和法人通过合法途径解决矛盾纠纷。各地要认真落实中央领导同志关于加强律师队伍建设的重要批示精神，深入开展律师队伍集中教育整顿活动，努力提高法律服务队伍素质。继续整顿和规范法律服务市场秩序，加强管理和监督，不断提高服务质量，实现法律服务工作政治效果、社会效果和法律效果的有机统一。努力解决人民群众“打官司难”的问题，进一步壮大律师队伍，规范律师收费，提高律师职业道德和服务水平，使普通百姓能够获得便捷高效的法律服务，促进各类矛盾纠纷通过合法途径解决。在大中城市，积极开展法律服务进入社区，方便社区居民需求的活动；在边远落后地区和农村，引导基层法律服务工作者为基层群众提供便捷的法律服务。

四、认真做好刑释解教人员安置帮教工作，努力减少社会不稳定因素。各地要加强对刑释解教人员出狱所后的衔接、查找工作，最大限度地减少脱管漏管。推进刑释解教人员信息管理系统建设，提高衔接、管控工作的信息化水平。认真贯彻落实中央八部门联合下发的《关于进一步做好刑满释放、解除劳教人员促进就业和社会保障工作的意见》，办好过渡性安置企业，做好刑释解教人员的就业指导和职业培训工作。

五、认真开展社区矫正试点工作，积极探索和进一步完善我国刑罚执行制度。各试点省市要继续贯彻落实最高人民法院、最高人民检察院、公安部、司法部《关于开展社区矫正试点工作的通知》，依法规范社区矫正送达、接收、登记、建档、制定矫正个案、监护、考核、奖惩等各个工作环节，确保试点工作依法、规范、有序进行。大力开展关于社区矫正相关业务知识的培训，完善领导体制和协调机制，研究解决社区矫正试点工作中的重大问题。加强与有关部门的协调和沟通，共同推进试点工作顺利开展。

六、切实加强司法所建设，促进基层社会治安防控体系的建立和完善。各地要结合实际，进一步加强司法所组织建设。要把律师事务所脱钩改制和公证处转制后腾出来的政法专项编制用于充实司法所。同时要抓好司法助理员的培训工作，全面提高综合素质，不断加强司法所业务建设。要积极争取各级党委、政府和有关部门在政策、财力、物力等方面的支持，不断改善司法所的办公条件，为司法所职能的充分发挥提供必要的物质保障。各地司法行政机关要采取得力措施，大力推进司法所规范化建设，努力达到组织健全、业务规范、人员充实、队伍稳定、设备完善的工作目标，全面提升司法所整体工作水平。

七、坚持“严打”方针不动摇，认真做好监狱劳教工作。监狱、劳教场所要配合各地开展的“严打”整治斗争，采取多种措施，确保新收押罪犯和新收容劳教人员能够依法及时入监、入所。认真落实各项安全制度，消除安全隐患。掌握狱所动态，制定和完善处置突发事件的应急预案。严格执行安全生产责任制和生产事故行政追究制度，防止监所发生生产安全事故。建立人防、物防、技防相结合的安全防范体系，研究探索确保监所安全稳定的长效机制。根据监狱工作规律，推进法制化、科学化、社会化建设，探索教育改造的方式方法，进一步提高教育改造质量，降低重新违法犯罪率。抓好劳教创办特色的试点工作，努力提高教育挽救质量，增强劳教人员解教后适应社会的能力。

八、广泛开展向任长霞同志学习活动，进一步加强司法行政队伍建设。各级司法行政机关要认真贯彻胡锦涛总书记等中央领导同志的重要指示精神，按照中央政法委和司法部的统一部署，在公正执法树形象活动中，以任长霞同志为榜样，进一步推进司法行政系统队伍建设。

杨衍银同志讲话(摘要)

一、以加强社区居委会建设为重点,全面推进城市社区建设,构筑基层社会治安防控网络。社区是城市社会管理的基本单元,是社会问题和社会矛盾的汇集点,因而也是社会治安管理措施的落脚点。做好社区的各项工作,对于把社会治安综合治理工作落实到基层,促进城市的社会稳定具有重要意义。今后,民政部门将继续加强社区居民委员会的建设,深入贯彻落实《中华人民共和国居民委员会组织法》,进一步发挥社区居委会自我管理、自我教育、自我服务的作用,通过居委会及其下属委员会组织动员群众积极参与基层社会治安综合治理工作,把流动人口管理和服务、预防青少年违法犯罪、刑释解教人员安置帮教等各项工作措施落到实处。协同各有关部门,深入开展创建安全社区、无毒社区和"万家社区读书活动"。配合搞好卫生、科技、教育、法律进社区,丰富社区活动内容,提高社区文明程度,齐抓共管,形成基层社会治安综合治理工作的合力。为社会治安综合治理的各项工作走进社区、各项措施落实到社区创造条件。

二、以加强城市居民最低生活保障工作为重点,做好社会救助工作,保障城市困难群众的基本生活。城市困难群众的基本生活问题是影响城市社会稳定的重要方面。我们从民政部门的职责出发,本着"以民为本,为民解困"的工作宗旨,不断完善城市居民最低生活保障制度、社会捐助制度和城市生活无着的流浪乞讨人员的救助制度,切实保障城市困难群众的基本生活,促进社会稳定。下一步,我们将进一步完善城市居民最低生活保障制度,切实落实低保政策,对城市中符合低保条件的人员,要及时纳入低保范围,以避免一些人因生活无着而走上违法犯罪道路。对回到城市的刑满释放、解除劳教人员,符合低保条件的,要尽快办理低保手续,发放低保金。要协调有关部门制定城市困难群众在医疗、教育、住房等方面的优惠政策。要继续完善社会捐助制度,大力推广"慈善超市"的救助方式,提高救助效果。要切实提高城市生活无着的流浪乞讨人员的社会救助管理工作水平,认真研究新情况,切实解决新问题,坚决防止救助管理工作中的违法违纪和简单粗暴的行为。要通过行之有效的措施,切实把困难群众的生活保障好,为维护社会的稳定发挥应有的作用。

三、以发展社区服务为重点,大力抓好促进社区再就业工作,为从根本上解决城市困难群众生活问题创造条件。我们要大力发展社区服务,积极配合劳动和社会保障部门促进有劳动能力的城市困难人员和失业下岗职工就业和再就业。今后,我们将继续大力发展社区服务,逐渐形成社区福利服务、社会互助服务和市场有偿服务相结合的多类型、多层次,广覆盖的社区服务网络。以最大限度地满足居民群众的需求为目标,结合驻社区单位和公共服务业发展需要,不断拓展社区服务的项目和内容,创造更多就业岗位,为下岗失业人员提供更多的就业帮助,特别是要帮助低保对象通过就业和再就业解决生活困难。要整合社区服务资源,动员和鼓励社会力量投资,引进项目管理方法和引入市场运作机制,加快社区服务网络化和信息化建设,提高社区服务质量和居民生活质量,在建立社会保障、社会化服务体系等方面发挥更加积极的作用。

刘志峰同志讲话(摘要)

近些年来,我们把纠正城镇房屋拆迁中损害群众利益问题和清理拖欠工程款及农民工工资问题作为建设系统社会治安综合治理的重点来抓。

一、标本兼治,切实纠正拆迁中损害群众利益问题

一是强化城乡规划监督管理,控制城镇房屋拆迁规模。城镇房屋拆迁计划必须符合城市总体规划、控制性详细规划和建设规划,以及历史文化名城和街区保护规划。严格控制拆迁面积,确保今年全国房屋拆迁总量比去年有明显减少。凡拆迁矛盾和纠纷集中的地区,除保证能源、水利、城市重大公共设施等重点建设项目,以及重大社会发展项目、危房改造、经济适用住房和廉租房项目之外,一律停止拆迁,集中力量解决遗留问题。

二是完善政策法规,规范行政执法行为。督促各地尽快修订和完善地方性法规、规章、政策。政府有关部门所属的拆迁公司,必须全部脱钩。建立行政执法责任制、执法过错追究制和评议考核制,严格执行行政赔偿制度。严格房屋拆迁审批程序和审批管理行为,严禁将拆迁许可审批权下放。政府行政机关不得干预或强行确定拆迁补偿标准,以及直接参与和干预应由拆迁人承担的拆迁活动。

三是加强市场监管,规范拆迁程序。加强对拆迁单位的资格管理,严格市场准入。依法查处房屋拆迁中的违法违规行为,加大对违规企业的市场清除力度。加强对拆迁补偿资金的监管,确保拆迁补偿资金及时足额发放到位。坚决纠正不按评估价格补偿、擅自降低拆迁补偿标准现象。全面推行拆迁估价结果公示、行政裁决听证和行政强制拆迁听证等制度。严禁采取停电、停水、停气、停暖、阻断交通等野蛮手段,强迫被拆迁居民搬迁。

四是进一步加大行政督查力度。对拆迁项目和拆迁纠纷案件进行全面清理,对发现的问题尽快督查解决。坚持“三个不放过”,拆迁问题没有查实的不放过、拆迁纠纷没有处理的不放过、拆迁补偿不到位的不放过。对在拆迁中连续发生严重损害群众利益导致恶性事件的部门和地区,要追究领导者和直接责任人的责任。

五是切实做好拆迁信访工作,维护社会稳定。建立信访工作责任制,尤其要建立和完善初信初访责任制以及拆迁纠纷矛盾排查调处机制,及时解决群众反映的问题和合理要求。把矛盾解决在当地、解决在基层、解决在萌芽状态。同时,建立健全保障机制。要充分考虑被拆迁居民的实际需求和支付能力,加大中低价位、中小户型普通商品住房建设。推广针对困难家庭补偿价格的保障政策。加强经济适用住房建设管理和廉租住房制度建设,保证弱势群体基本住房需要。

二、加强体制机制建设,切实维护农民工合法权益

一是完善农民工工资支付办法,健全监管制度。配合劳动保障部,研究制定《关于规范建筑业农民工劳动合同和工资支付的意见》,推广按工程进度按月或季度支付工资的方式。建立有效的监管体系,加强监督检查,监控农民工工资支付情况;将企业支付工资情况与企业资质、投标资格等挂钩。研究制定建筑劳务企业税收政策,引导建筑劳务队伍组建法人形式的劳务企业;房屋建筑和市政基础设施工程施工分包,必须使用有资质劳务企业,并与劳务企业签订书面合同,改变大量农民工以零散用工存在的状况。强化劳动合同管理,研究制定适合建筑业农民工的劳动合同文本;建筑企业必须依法与农民工签订劳动合同,明确规定双方的权利和义务,其中包括劳动报酬、劳动保护、工作和居住环境等条款。健全协调劳动关系三方制度,进一步发挥这项制度在协调劳动关系、化解劳资双方的矛盾纠纷等方面的作用;督促企业与农民工签订劳动合同,有效遏制拖欠农民工工资行为。建立拖欠农民工工资投诉举报制度,同时配合司法部门完善农民工法律援助制度,切实维护农民工的合法权益。加强农民工的技能培训和安全教育，提高农民工自我保护的能力，增强自身的维权能力。

二是防止形成新的拖欠工程款，从源头上解决拖欠农民工工资问题。加强投资市场监管，规范建筑市场秩序，建立健全各项管理规定和制度；对资本金不足的项目，后续资金来源没有保障的项目，业主有拖欠记录、在申请立项和办理规划、施工许可时仍未结清的项目，不批准其立项及办理规划、施工许可。积极推行业主工程款支付担保，由银行、担保公司等金融机构，根据企业资金和信用情况为业主提供担保，确保工程款的支付。加快研究制定政府投资项目“代建制”，推行国库集中支付制度，进一步加大政府采购制度改革力度，减少政府投资项目支付环节，加强付款监管。充分发挥建筑业行业协会的自律作用，建立健全社会信用体系，对于严重或恶意拖欠工程款的业主以及搞不正当竞争、签订“黑白合同”的建筑业企业，记入信用档案，向社会公开其不良记录。配合有关金融机构，对有违约失信行为的企业，在贷款数额、期限、利率等方面给予限制，加大对市场失信惩戒力度。完善相关法律法规体系，从立法、执法、司法等环节上为解决拖欠工程款问题提供保障。按照全国人大和国务院的要求，抓紧修订《建筑法》，增加规范和监督业主行为的条款，加大对拖欠工程款的处罚力度。

崔会烈同志讲话(摘要)

一、认真实施积极的就业政策，重点帮助下岗失业人员再就业。党中央、国务院高度重视就业和再就业工作，将就业和再就业纳入国民经济和社会发展宏观调控目标。2002年和2003年，先后召开了两次全国再就业工作会议，对再就业工作做了全面部署，并制定了一系列促进就业的政策。为了抓好落实，国务院成立再就业工作部际联席会议。我部协调联席会议16个成员单位，共同制定了20多个配套文件和操作性办法，各省市也都制定了实施办法。中办国办还组织专项督查组对落实情况进行了督促检查。目前，政策效力已开始显现。下一步，我们将进一步发挥联席会议的作用，与有关部门一道，着力突破小额贷款等政策难点，全面发挥政策促进就业的效应。并通过建立健全街道社区劳动保障工作机构、大力开发社区就业岗位，加强职业技能培训、完善就业服务体系、推进就业援助制度化、公益性就业岗位兜底安置等措施，重点做好困难人员再就业工作，保持就业局势的基本稳定。

二、坚持不懈地巩固两个确保，积极维护社会稳定。做好国有企业下岗职工基本生活保障和企业离退休人员养老金按时足额发放工作，安排好困难群众的生产生活是维护社会稳定的一项重要工作。近年来，在党中央、国务院的领导下，我们基本做到两个确保，有力地保障了企业离退休人员和国有企业下岗职工的基本生活，维护了社会稳定。下一步，我们要按照党中央、国务院的要求，继续把两个确保作为重要任务做好，安排好困难群众生产生活。一是监控可能发生拖欠的地区，落实好保障资金和现行各项政策。重点是落实好农垦企业参保的政策，确保农垦企业离退休人员基本养老金按时足额发放。二是将符合条件的下岗失业人员及时纳入城市最低生活保障，搞好“三条保障线”的衔接。三是在扩大社会保险覆盖面、拓宽筹资渠道、加强法制建设等方面加大工作力度，进一步完善社会保障体系。

三、下大力气解决拖欠农民工工资等问题，切实维护农民工合法权益。党中央、国务院对拖欠农民工工资、侵害农民工权益问题高度重视，多次指示要采取有力措施加以解决。在各级党委、政府领导下，经过有关部门共同努力，这项工作取得了比较明显的成效。下一步，我们将根据党中央、国务院的安排部署，把解决拖欠农民工工资、侵害农民工合法权益问题作为当前和今后一个时期的重要任务，继续以解决建设领域的拖欠为重点，按照三年解决建设领域拖欠农民工工资问题的工作目标,坚持标本兼治,采取有力措施,清理和解决历史拖欠。同时加大对非法职业介绍的打击力度,严厉打击以农民工为主要侵害对象的欺诈行为。一是会同公安、工商等单位,对农民工输入较多城市的劳动力市场进行集中的清理整顿,取缔各类违法职业介绍机构,引导和规范自发形成的零工市场。二是加快完善有关法规政策,规范企业的工资支付行为,全面建立工资支付监控制度和企业劳动保障诚信制度,逐步建立欠薪保障制度,建立防止拖欠农民工工资的有效机制。三是采取专项执法检查与综合治理相结合的方针,以按时足额支付农民工工资、劳动合同签订、社会保险参保与缴费为重点,加强劳动保障监察执法,对群众反映的问题发现一起,查处一起。加强与有关部门的配合,完善综合治理机制。

四、建立和保持和谐稳定的劳动关系,防止和减少因劳动关系问题引发的不稳定因素。近年来,我国积极推进劳动关系调整体制改革,初步建立起了以劳动合同制度、集体协商和集体合同制度、劳动关系三方协调机制为主要内容的劳动关系协调制度。目前,全国城镇国有企业、集体企业和外商投资企业基本与职工签订了劳动合同,私营企业和个体工商户有半数以上的从业人员签订了劳动合同。下一步,我们将按照国务院的要求,进一步强化和巩固劳动合同制度,推动建立集体合同制度。重点是针对目前部分地区国有企业重组改制工作中存在的有关政策不落实、职工安置方案不经职代会讨论,安置资金不足等问题,着力规范国有企业劳动关系,坚决纠正企业改革中侵害职工权益问题。一是配合国有大中型企业主辅分离、辅业改制,继续做好中央企业方案审核工作,做好分流安置富余人员过程中劳动关系处理工作。二是指导地方做好本地区国企改革工作以及改制分流安置职工实施方案的审核备案工作。三是继续稳妥做好国有企业下岗职工出中心理顺劳动关系工作和关闭破产企业职工安置工作。

除做好上述几项重点工作,我们还将认真贯彻落实《关于进一步做好刑满释放、解除劳教人员促进就业和社会保障工作的意见》精神,落实好有关扶持政策,重点做好刑释解教人员的就业服务工作。将根据刑释解教人员的特点,加强有针对性的职业技能培训,帮助他们提高就业和创业能力。有条件的地区还可以与劳改、劳教部门联合在"大墙"内开展职业培训,使他们在回归社会前就掌握一定的职业技能。同时,我们还要做好宣传工作,消除社会上对刑释解教人员的偏见和就业歧视,鼓励用人单位录用改造较好且具有一定技能的刑释解教人员,并按规定参加社会保险。

张鸣起同志讲话(摘要)

一、扶贫解困送温暖、努力推进再就业。一是推动各地工会建立困难职工档案,及时与政府有关部门沟通,力争使应该进入城镇最低生活保障线的职工能够得到"应保尽保"。对于生活特殊困难的,工会力所能及地给予帮助。同时,工会切实做好生活困难劳模的帮扶工作,推动并督促各项劳模政策的落实。二是组织地方工会建立困难职工帮扶中心,通过信访接待、政策咨询、法律援助、职业介绍、职业培训、小额贷款、特困救助等多种形式和途径,为困难职工提供直接、快捷、方便的帮助和服务。三是充分运用工会的各种培训教育基地和设施,对下岗和失业职工进行专业技术培训,帮助他们掌握相应的专业技术,促进实现再就业。四是采取兴办职业介绍机构等形式扶持下岗失业人员再就业。全国县以上工会兴办职业介绍机构2543个,介绍成功305.4万人次,其中下岗失业人员204.9万人次;兴办再就业基地4161个,吸纳下岗失业人员47.5万人。一些地方工会还采取小额借款方式扶持下岗失业人员再就业,并将小额借款与创业捆绑运作,取得良好效果。

二、调解为主、预防为主,积极化解矛盾纠纷。一是推动建立并充分发挥企业劳动争议调解委员会的作用,坚持"预防为主、调解为主、基层为主"的原则,尽量把劳动争议解决在基层,化解在萌芽状态。劳动关系预警机制初步形成。二是进一步健全工会劳动法律监督网络。同时大力开展职工(工会)法律援助和服务工作,帮助困难职工,通过诉讼途径解决劳动争议、纠纷,依法维护自身权益。三是积极参与安全生产事故查处和慰问安抚受害职工及家属的工作,稳定职工情绪,避免矛盾激化。全国总工会每年都要拨出数百万元专款解决受害职工及家属困难,缓和、化解由此引发的矛盾纠纷,维护社会稳定大局。

三、建立完善维权机制,促进劳动关系协调发展。一是建立完善联系会议制度。目前,中央及24个省、自治区、直辖市建立了工会与同级政府的联席(联系)会议制度,专门研究解决当前涉及职工群众切身利益和工会工作的一些重大问题。二是普遍建立劳动关系三方协商机制。31个省、自治区、直辖市都建立了省一级三方协调机制,并正向市、县、乡镇(街道)延伸。一些产业工会与对口产业部门、行业协会也建立了三方协调机制。工会的维权渠道进一步畅通。三是积极推进作集体合同制度。各地工会加强了平等协商、履约责任、监督检查、职工参与和评价机制建设。全国已有18个省、自治区、直辖市在《劳动法》关于集体合同规定基础上制定了集体合同地方法规。在协调稳定劳动关系、维护职工权益方面起到了积极作用。四是以职代会为基本形式的职工民主管理制度有了进一步发展。

四、积极参与群防群治,发挥工会组织特有的作用。全国总工会在2002年发出了《关于进一步加强工会参与社会治安综合治理工作的通知》,要求各地工会统一思想、提高认识,切实加强对工会参与社会治安综合治理工作的领导,积极组织广大职工发扬主人翁精神,广泛参与社会治安综合治理各项活动。各级工会组织按照当地社会治安综合治理委员会的统一部署,广泛动员和推动建立职工群防群治队伍,积极开展群防群治活动,协助政府和企业搞好企业内部和周边治安环境的治理,强化对本单位职工集中的宿舍区等的治安防范工作。组织职工对本单位的治安隐患进行排查,努力做到本单位、本系统不出现大的社会治安问题,确保一方平安。根据国家"四五"普法规划和全国总工会《关于在工会干部和职工中开展法制宣传教育的第四个五年规划》的要求,各级工会组织工会干部和广大职工深入学习了《宪法》、《劳动法》、《工会法》等国家基本法律,增强了职工依法办事和维护自身合法权益的能力,增强了与违法犯罪行为作斗争的自觉性。

五、认真学习贯彻罗干同志重要讲话和这次会议精神,团结动员广大职工积极参与社会治安综合治理,在实现全面建设小康社会宏伟目标的进程中充分发挥主力军作用。一是进一步加大参与调处劳动争议的力度,动员、引导广大职工,运用合法手段,通过正当路径,维护自身合法权益,预防、化解矛盾纠纷,创造和谐稳定的劳动关系;二是继续深入实施送温暖工程,建立完善对困难职工的帮扶救助和培训教育网络,进一步加强对安全事故中受害职工家庭的安抚工作,加大对职工群众的法制宣传和教育力度;三是重点关注企业改制过程中职工的权益维护及当前日益增多的进城务工人员的权益维护问题,避免由此引发群体性事件。今后,工会组织将密切配合综治办及公安、司法、劳动和社会保障、民政等部门工作,努力推动社会治安综合治理各项措施的落实,为维护社会稳定,促进经济发展,发挥应有的作用。

（二）中央社会治安综合治理委员会全体会议

中央社会治安综合治理委员会关于印发《罗干同志在中央社会治安综合治理委员会2004年第一次全体会议上的讲话》的通知

（2004年1月14日）

各省、自治区、直辖市社会治安综合治理委员会，新疆生产建设兵团社会治安综合治理委员会，中央社会治安综合治理委员会各成员单位：

现将《罗干同志在中央社会治安综合治理委员会2004年第一次全体会议上的讲话》印发给你们，请结合实际情况，认真贯彻落实。

罗干同志在中央社会治安综合治理委员会2004年第一次全体会议上的讲话

（2004年1月9日）

同志们：

刚才，办公室汇报了去年的社会治安综合治理工作，公安部介绍了当前的社会治安情况，教育部、铁道部、人民银行汇报了参与社会治安综合治理的工作情况，提出了下一步的工作意见，我都赞成。大家审议了《2004年全国社会治安综合治理工作要点》，办公室要根据各成员单位提出的意见，抓紧把这个文件修改好，尽快下发执行。

下面，我讲三点意见。

一、认真分析社会治安形势，增强工作的针对性

2003年，各地区和有关部门认真贯彻党的十六大和十六届三中全会精神，努力实践“三个代表”重要思想，大力加强社会治安综合治理，维护了社会稳定，为改革开放和经济发展创造了良好的社会环境。全国统一部署的“严打”整治斗争胜利结束，社会治安取得了新的明显进步。刑事案件大幅度上升的势头得到了遏制，广大人民群众的安全感增强。社会治安防范工作得到进一步加强,社会治安防控体系建设和各种形式的基层安全创建活动深入开展,强化了基层政法、综治机构和群防群治组织建设,推进了社区警务战略,着力解决治安突出问题,排查调处矛盾纠纷,从社会治安综合治理各个环节狠抓了治安防范措施的落实。在抗击"非典"斗争中,各级综治机构积极配合有关部门,充分发挥社会治安综合治理齐抓共管、群防群治组织覆盖面广、基层信息网络健全的优势,动员群防群治队伍积极参与防控"非典",严密社会管理和防范,为抗击"非典"作出了应有的贡献。认真研究社会主义市场经济形势下社会治安方面出现的新情况、新问题,采取有效措施,加以妥善解决。进一步落实社会治安综合治理领导责任制,严格实行社会治安综合治理一票否决权,促进了工作措施的落实。

2003年社会治安综合治理工作之所以能取得这些成绩,一是从党中央、国务院到各级党委、政府高度重视,加强了对社会治安综合治理工作的组织领导,尤其是解决了一些工作中的实际困难和问题;二是有关部门密切配合、齐抓共管的力度加大,在预防青少年违法犯罪,加强对闲散青少年的教育管理,整治学校内部及周边地区治安秩序,加强刑满释放、解除劳教人员安置帮教,研究解决收容遣送措施取消后流浪乞讨人员治安管理,加强对吸毒人员的教育管理,打击"黄赌毒"等社会丑恶现象等方面,各有关部门认真履行职责,做了大量卓有成效的工作;三是各种形式的群防群治组织进一步加强,群防群治活动蓬勃开展,广大群众参与社会治安综合治理的积极性提高,为加强治安防范、落实社会治安综合治理措施打下了坚实的群众基础。

但是,我们必须清醒地看到,当前的社会治安形势仍然严峻。随着改革开放的不断深入,经济和社会生活中一些深层次矛盾逐渐显现,引发群体性事件和违法犯罪的消极因素增多。境内外敌对势力对我渗透破坏活动始终没有停止过。刑事犯罪仍然比较突出,刑事案件总量较大,爆炸、杀人、绑架等恶性案件时有发生,抢劫、抢夺、盗窃等多发性侵财案件居高不下。人民内部矛盾引发的群体性事件增多,影响社会稳定。危害公共安全的治安隐患屡治不绝,安全事故时有发生。社会治安的基础还不够稳固,稍有松懈,治安状况就可能出现反复。

在新的一年里,我们要始终保持清醒头脑,增强忧患意识,从改革、发展、稳定的大局出发,充分认识加强社会治安综合治理,维护社会稳定工作的极端重要性,进一步增强责任感、紧迫感。要经常认真分析治安形势,增强工作的主动性和针对性,把各项工作做得更好,保持社会治安持续稳定。

二、加强基层基础建设,强化治安管理和防范,落实社会治安综合治理措施

今年是全面贯彻落实党的十六大和十六届三中全会各项战略部署的关键一年,做好社会治安综合治理工作意义重大。《2004年全国社会治安综合治理工作要点》的总体思路和工作要求都很明确,关键是要认真抓好落实。

(一)进一步加强基层基础工作。从去年公安机关破获的刑事案件特别是一些系列杀人案件看,在一些地方基层基础工作仍然十分薄弱,治安管理、学校管理、文化娱乐场所管理、出租房屋管理等方面存在不少问题,很多工作措施不落实,使犯罪分子有了可乘之机。要从这些案件反映出来的问题深刻吸取教训,对一些工作比较薄弱的部位、场所,加强管理,落实治安防范措施。进一步加强基层基础建设,强化社会管理,夯实基层工作基础。继续深入开展各种形式的基层安全创建活动,把社会治安管理同服务群众、方便群众生活结合起来。大力推进治安防控体系建设,重点做好城乡结合部、公共场所等治安问题复杂地区的治安防范工作,落实各项防范措施。加强城市社区建设,推进社区警务战略,预防和减少违法犯罪。认真贯彻落实中央综治委和中央编办下发的《关于加强乡镇、街道社会治安综合治理基层组织建设的若干意见》,加强乡镇、街道综治委、办建设,建立健全工作制度。加强公安派出所、人民法庭、司法所等基层政法组织和治保会、调委会等群众组织建设,强化群防群治队伍建设和管理。紧紧依靠基层组织,充分发挥基层组织的作用,把打击、防范、教育、管理、建设、改造等各方面的措施落实到基层,预防和减少违法犯罪。

(二)排查调处矛盾纠纷,整治治安混乱地区。党的十六届三中全会强调要正确处理人民内部矛盾,妥善处置群体性事件。各级党委、政府要高度重视矛盾纠纷排查调处工作,建立和完善党委政府领导、综治机构组织协调、有关部门分工负责的矛盾纠纷排查调处机制。各级社会治安综合治理机构要充分发挥职能作用,加强组织协调,整合基层政法部门和有关部门的力量,做好矛盾纠纷排查调处工作。坚持抓早抓小抓苗头,把问题解决在基层、解决在萌芽状态。特别要把可能引发重大治安问题、群体性事件的矛盾纠纷作为重点,加大调处力度,防止发生大的事端。要切实做好民间纠纷的排查调处工作,防止民间纠纷转化成刑事案件。

继续坚持排查整治治安混乱地区和突出治安问题。实践证明,排查治安混乱地区和突出治安问题,有针对性地采取治理整顿措施,是维护良好治安秩序,增强群众安全感的有效办法。各地区和有关部门要把这项工作作为一项长期任务,坚持不懈地抓好。进一步完善工作制度,集中排查和经常性排查相结合,及时发现治安混乱地区和突出治安问题。对排查出来的问题,组织有关部门及时开展治理整顿,明确责任,落实措施,限期解决问题,切实改变治安面貌。

(三)充分发挥有关部门的职能作用,着力解决社会治安的突出问题。从刚才教育部、铁道部、人民银行汇报的情况看,他们一方面运用社会治安综合治理的机制,加强与有关部门的协作配合,认真做好本单位、本系统的治安管理和安全保卫工作;同时,充分发挥本部门的职能作用,积极参与社会治安综合治理,齐抓共管,预防犯罪,共同解决综合治理工作中的一些突出问题,取得了很好的效果。随着经济和社会的发展,目前,预防青少年违法犯罪、刑释解教人员安置帮教、流动人口治安管理等工作遇到了许多新情况,成为影响社会治安的突出问题。这些工作涉及很多部门,解决这些问题,必须有关部门共同参与。中央综治委的五个专门工作小组已经分别制定了今年的工作要点,明确了工作任务。各有关部门要充分发挥职能作用,密切配合,形成合力,更好地解决治安问题。

(四)加强检查考评,促进工作措施落实。去年,中央综治委下发了《省、自治区、直辖市社会治安综合治理工作考核评比标准》,强调要加强检查考评,推动综治工作深入开展。各地要按照这个文件的要求,认真对照检查各项工作,开展自查自评。要通过检查考评,评选、表彰一批社会治安综合治理工作先进集体和先进工作者,广泛宣传他们的事迹,鼓励先进,推动后进。认真总结推广社会治安综合治理工作的成功经验,查找工作中的薄弱环节,有针对性地采取措施,促进社会治安综合治理责任制的落实。

三、切实做好春节和“两会”期间的安全保卫工作

新春佳节马上就要到了,“两会”也即将召开。各级党委、政府和有关部门要按照“三个代表”重要思想的要求,按照中办、国办的有关部署,进一步增强对做好春节和“两会”期间安全保卫工作重要性的认识,切实抓好各项措施的落实。特别是政法、综治部门要充分发挥职能作用,扎扎实实地做好各项工作,确保广大人民群众过一个喜庆、祥和的春节,确保“两会”安全、顺利召开。

(一)因地制宜地开展严打整治行动。各地区、各有关部门要针对当前的突出治安问题,及时组织有声势、有力度的严打整治行动,严厉打击抢劫、抢夺、盗窃等多发性犯罪和爆炸、杀人、投毒、绑架等严重暴力犯罪活动,增强群众的安全感。严厉打击车匪路霸等犯罪活动,保持良好的交通运输秩序。严厉打击“黄赌毒”等社会丑恶现象,净化社会环境。加强对社会面和重点地区、重点部位、重要时段的巡逻防控,严防发生重大治安问题。

(二)加强治安管理和安全检查。加强对枪支弹药及易燃易爆物品的管理,严防丢失、被盗。特别要加大对烟花爆竹行业的安全监管力度,严格各个环节的安全监管责任和措施,确保生产、储存、运输安全。强化消防安全管理,及时发现、限期整改事故隐患,坚决遏制重特大火灾事故的发生。切实做好春运安全保卫工作,维护好春运秩序,加强对车站、码头、机场的安全检查和铁路、公路沿线的治安管理和防范,防止和减少重大交通事故。开展网吧、歌舞厅等娱乐场所的安全检查,及时消除治安隐患。维护好各种大型文化娱乐活动秩序,确保安全,防止群死群伤等恶性事故的发生。

(三)关心群众生活,化解矛盾纠纷。春节前后是各种矛盾纠纷的多发期,也是化解矛盾纠纷的有利时期。各级党委、政府和有关部门要广泛开展矛盾纠纷排查工作，深入群众做好思想政治工作，真心实意为群众办实事，为群众排忧解难，化解各种矛盾纠纷，维护社会稳定。采取有效措施，确保进城务工人员拿到应得的报酬，保护他们的合法权益。深入开展访贫问苦送温暖活动，关心困难群体的生活，特别要关心下岗职工、特困家庭的生活，落实各项生活保障措施，减少影响社会稳定的消极因素。

最后，借此机会，我代表党中央、国务院，向辛勤工作在社会治安综合治理第一线的广大公安政法干警、武警官兵和综治工作干部，向一年来积极参与社会治安综合治理各有关部门的同志，致以亲切的问候，祝大家在新的一年里取得更大的成绩，祝大家新春愉快，阖家欢乐！

中央社会治安综合治理委员会关于印发刘志军、白景富、袁贵仁、李若谷同志在中央社会治安综合治理委员会2004年第一次全体会议上的发言的通知

（2004年2月6日）

各省、自治区、直辖市社会治安综合治理委员会，新疆生产建设兵团社会治安综合治理委员会，中央社会治安综合治理委员会各成员单位：

2004年1月9日，中央社会治安综合治理委员会召开2004年第一次全体会议，中央综治委委员、铁道部部长刘志军，中央综治委委员、公安部副部长白景富，中央综治委委员、教育部副部长袁贵仁，中央综治委委员、中国人民银行副行长李若谷同志在会上作了发言。现将他们的发言摘要印发，请结合实际情况，认真贯彻落实。

刘志军同志的发言(摘要)

一、2003年铁路治安综合治理工作的主要情况

在刚刚过去的一年里，铁路部门认真贯彻中央综治委的各项工作部署，以维护稳定，确保铁路大动脉安全畅通为主要目标，结合铁路实际，落实社会治安综合治理的各项措施，做了大量的工作。

（一）全面加强铁路治安防控体系建设。

一是加强组织领导。对各铁路局、分局以及站段综治委或领导小组成员进行了调整和充实，明确由党政主要领导担任主任或组长，把综治工作列入党政主要领导的职责范围和任期目标责任制；规定各级综治委要定期召开全委会，听取工作汇报、分析治安形势、部署综治工作；要求各级主要领导要亲自抓治安综合治理工作，及时发现问题，化解各种矛盾，全力维护铁路治安的稳定。二是充分发挥各部门的职能作用。全国铁路公安机关发挥主力军的作用，适时开展各种专项斗争，严厉打击破坏铁路设施、拆盗铁路器材、盗窃铁路运输物资和旅客财物等各种犯罪活动，严密防范恐怖分子和各种敌对势力破坏铁路的图谋，有效维

护了铁路治安大局的稳定；铁路各级宣传部门认真抓好普法教育，引导职工增强法制观念和守法意识，为铁路跨越式发展的顺利推进，提供了良好的舆论环境。铁路各级工会、共青团组织和有关部门，积极维护职工的合法权益，化解各种人民内部矛盾，保持了职工队伍的稳定，职工违法犯罪率有所降低；铁路各级政法和综治部门积极当好党委和行政的参谋和助手，充分发挥组织、协调和指导作用，进一步巩固了综治工作齐抓共管的局面。三是健全责任体系，规范考评制度。全路进一步完善了铁路局、分局、站段三级领导责任制及考核、奖惩办法。制定和实行了《关于铁路治安综合治理工作标准及实施办法》，每半年逐级进行一次考核，对综治工作不达标的，该黄牌警告的黄牌警告，该一票否决的一票否决，将综治工作的实绩作为领导干部提职提级的重要依据之一，并与个人的经济利益挂钩，促进了责任制的落实。四是加大经费投入，提高技防能力。各单位将综治工作所需经费列入财务预算，保证了综治工作的正常开展。采取在铁路主要站场、桥梁和隧道安装电子监控设施，在主要干线安装防护栏，投资改善护路队员的护路装备等措施，提高了铁路治安科技防范的水平。五是加强培训工作。为进一步适应加强综治工作的要求，各单位普遍对综治干部和群防群治骨干进行了集中培训，提高了他们的政治素质、思想水平和业务能力。

(二)铁路护路联防工作进一步深化，取得了明显成效。

一是动员和组织全国铁路护路联防队员积极投入抗击“非典”的斗争。一方面做好自身防护，全国43000多名专职护路联防队员无一人感染“非典”；一方面，忠于职守，坚守岗位，确保了抗击“非典”物资运输的安全，并为农村防范“非典”宣传工作作出了积极贡献。二是组织召开了全国铁路创建安全文明铁道线活动总结表彰大会，交流经验，树立典型，进一步调动了广大护路干部和护路联防队员的积极性，推动了创建活动的深入发展。三是大张旗鼓地向铁路沿线开展爱路护路宣传教育活动，扩大了宣传教育的覆盖面和影响力，增强了铁路沿线群众的法制观念和爱路护路意识。四是由各级护路办牵头，联合政法、综治、工商、民政、教育、城管、铁路等有关部门统一行动，整治了铁路周边一批乱点，消除了一些治安隐患。

二、当前铁路的治安形势

在中央综治委的正确领导下，经过铁路部门和铁路沿线地方党委、政府的共同努力，涉路刑事案件持续上升的势头得到遏制，一些治安混乱的区段得到有效治理，铁路治安总体上保持了稳定。但是，由于多方面因素的影响，铁路治安面临的形势依然严峻。

一是破坏铁路的案件明显上升。2003年破坏铁路案件上升37.02%。其中，破坏铁路设施案件上升131.2%；破坏铁路通信设备案件上升6.43%。二是直接危及行车安全的治安案件屡有发生。三是有些线路和区段治安问题仍很突出。四川省境内成昆线西昌至喜德区段，2003年盗窃运输物资案件比上年上升51%。四是冲击铁路、拦截列车的群体性事件时有发生。五是恐怖分子和各种敌对势力把铁路作为袭击目标，对此不可掉以轻心。另外，铁路治安综合治理工作还存在着各单位之间发展不平衡，有些防范措施尚不完善等方面的问题，维护铁路治安稳定的任务还相当繁重和艰巨。

三、今年工作的考虑

针对严峻的治安形势，为进一步加强铁路治安综合治理工作，今年我们打算着重抓好以下工作：

(一)进一步提高对加强铁路治安综合治理工作重要意义的认识。党的十六大确定了全面建设小康社会的宏伟目标，这必将带动全社会运输需求的增长和对运输质量要求的提升。为了适应全面建设小康社会的要求，尽快做到“人便其行、货畅其流”，铁道部党组提出了实现铁路跨越式发展的思路。在新的形势下，对确保铁路运输安全畅通的要求更高了。能否保证铁路运输安全畅通，事关人民群众的生命财产安全，事关铁路跨越式发展能否顺利推进，事关全面建设小康社会的大局。我们要站在贯彻“三个代表”重要思想、维护广大人民群众根本利益的高度，站在全面建设小康社会、推进铁路跨越式发展的高度，进一步提高对加强治安综合治理工作重要性的认识，加大落实治安综合治理各项措施的力度，把这项工作引向深入，不断取得新的成效

(二)进一步加强领导，扎实推进铁路治安防

控体系的建设。目前,铁路治安防控体系建设虽然做了一些工作,取得了一定成绩,但真正达到可防性案件防得住、可控性案件控得牢、可预性案件超前预防的目标还有相当的差距。因此,必须进一步加强领导,按照既定的铁路防控体系建设方案,切实加强检查督促,扎扎实实地向前推进。要重在抓落实,将铁路治安各个方面的防控体系建设任务细化分解到各有关部门,建立严格的责任制和考核办法,做到真抓实建,防止作表面文章,真正建成有效的铁路治安防控体系。要继续保持严打高压态势,充分发挥铁路各级公安机关的主力军作用,毫不放松地严厉打击各种刑事犯罪,坚决遏制刑事案件上升的势头。

(三)坚持以开展创建安全文明铁道线活动为载体,把铁路护路联防工作不断引向深入。要进一步依靠地方党委、政府的领导,把建设铁路沿线治安防控体系作为下一步铁路护路联防工作的主攻方向,一项一项地抓落实,抓到位,真正使铁路沿线治安步入有序可控的状态。与此同时,要加强铁路治安重点区段的整治力度,限期改变治安面貌;深入开展铁路周边治安乱点的清理整顿工作,改善治安环境,确保铁路运输安全畅通,坚决防止因治安问题发生行车重大事故。

白景富同志的发言(摘要)

一、当前社会治安大局基本稳定

2003年,全国公安机关在党中央、国务院和各级党委、政府的领导下,以“三个代表”重要思想统领公安工作,全面贯彻落实党的十六大精神和中央领导同志关于公安工作的重要指示,以维护国家安全和社会稳定为目标,毫不动摇地坚持严打方针,始终保持对严重刑事犯罪活动的高压态势,先后组织开展了指纹破案会战、整顿油气田秩序、整顿电力市场秩序、整顿市场经济秩序、整顿交通秩序等一系列专项斗争和整治行动,摧毁了一大批黑恶势力,破获了一大批大要案件,抓获了一大批严重刑事犯罪分子,整治了一大批治安混乱的地区和场所,进一步巩固了严打整治斗争的成果。以派出所建设为重点,大力加强公安基层基础工作,积极推进社会治安防控体系建设。针对一些大城市社会治安问题有所增多的情况,充分运用法律、法规,依法严格加强社会治安管理,及时果断地打击各种违法犯罪活动。与有关部门密切配合,及时化解、妥善处置了一大批涉及面广、危害严重的群体性事件。

经过全党全社会的共同努力,当前,从总体上看,社会治安大局基本稳定。2003年刑事发案总量与2002年基本持平,刑事案件大幅上升的势头得到初步遏制,人民群众的安全感有所增强。据国家统计局在全国范围内组织开展的2003年度群众安全感抽样调查结果显示,认为“基本安全”和“安全”的,比2002年提高了7.19个百分点。在两年严打整治斗争取得预期成效的基础上,全国社会治安状况正在继续向好的方向发展。

二、当前影响社会治安的突出问题

当前,在我国社会治安大局基本稳定的局面下,影响社会治安稳定的问题还比较多。主要表现在:

(一)刑事犯罪总量居高不下,仍呈增长势头。从近年的情况来看,我国刑事犯罪处于发案高峰期。近年来,尽管公安机关持续不断地开展了一系列严打整治行动,但斗争结束后,社会治安保持平稳的时间较短,严打的震慑力减弱。一些犯罪分子甚至顶风作案,边打边犯。在这种情况下,如果工作稍有松懈,治安问题就会很快反弹,甚至出现更严重的情况。

(二)爆炸、杀人、抢劫、投毒、绑架等暴力性犯罪频发,影响大、危害大,严重危及公共安全。近年来,一些地方严重暴力犯罪活动猖獗,重大恶性案件时有发生。一些犯罪分子气焰嚣张,不计后果,动辄采取极端手段,大肆进行爆炸、杀人、抢劫、强奸、投毒、绑架等严重刑事犯罪活动。有的作案手段残忍,一次杀死几人、十几人甚至几十人的案件时有发生。

（三）黑恶势力犯罪仍然是影响一些地方社会治安稳定的重大隐患。2000年12月以来，我们在全国范围内开展了两年之久的“打黑除恶”专项斗争，经过艰苦努力，取得重大战果。但一些地方的黑恶势力还没有彻底打掉，有的仍在继续作恶；黑恶势力滋生的土壤并没有从根本上铲除，新的黑恶势力还在滋生。黑恶势力利用暴力，称霸一方，欺男霸女，巧取豪夺，垄断经营，扰乱市场。他们开公司、办企业，以黑护商，以商养黑，甚至渗透到党政机关，勾结腐败分子，为自己营造“保护伞”，编织关系网，严重危及基层政权建设，已经成为当前影响社会治安和基层政权的重大隐患。

（四）抢夺、盗窃等多发性侵财案件所占比重大，是影响人民群众安全感的主要因素。在全部刑事案件中，抢劫、抢夺、盗窃等多发性侵财案件所占比例最大，一般都超过70%—80%。当前，全国刑事案件之所以居高不下，很大程度上是侵财案件持续攀升的结果。多发性侵财案件涉及千家万户，与广大人民群众的生命财产安全息息相关。从长远来看，此类犯罪持续上升的趋势短期内还难以从根本上扭转。

（五）制假贩假案件突出，人民群众深恶痛绝。当前，制贩假冒伪劣食品、药品、医疗器械、化肥、农药以及生活日用品等犯罪十分严重，几乎充斥社会生活的各个领域，对人民群众的身体健康造成严重危害，人民群众对此深恶痛绝。但是，从总的情况来看，由于这些犯罪比较复杂，还涉及地方、单位保护主义，打击力度仍然不够，处理偏轻。

（六）流动人口犯罪问题突出，流动人口管理是当前我国社会治安管理工作的一大难题。当前，流动人口越来越多，涉及地域越来越广泛，出现许多新情况、新问题。在东南沿海地区，外来人口犯罪占全部案件的80%以上。如何管理好大量的流动人口，既保护他们的合法权益，又防止其中少数人违法犯罪，是当前立法工作和社会治安管理工作的一大突出问题。

（七）城市社会面上流浪乞讨人员大量增多，给社会治安带来了一些新的问题。2003年下半年以来，一些大中城市繁华路段的流浪乞讨人员数量大幅增多，强讨恶要现象突出，组织、利用未成年人进行乞讨和从事非法活动的情况明显增加，且绝大多数流浪乞讨人员不愿接受救助，其中有的是职业乞讨人员，有的是为发家致富，有的是好逸恶劳。一些流浪乞讨人员结成帮派、团伙，划地为界，争夺地盘，严重危害城市社会治安秩序，人民群众反映强烈，亟待从认识上、政策上、法律上和管理上予以解决。

（八）群体性进京上访问题急剧增多，群体性事件数量上升。2003年，群体性上访和越级上访数量迅速增多，成为改革开放以来的又一个高峰；有的群体性事件行为激烈、规模扩大。今后一个时期，随着各种社会矛盾的增多，群体性事件还会持续上升，在有的地方可能会成为影响社会稳定的第一位问题。

三、关于做好社会治安工作的几点想法

党中央、国务院和中央领导同志对社会治安工作始终高度重视。最近一段时间，针对当前社会治安方面出现的突出问题，多次作出重要指示。公安机关作为社会治安的主管部门，一定认真学习、深刻领会党中央、国务院和中央领导同志的重要指示精神，以更高的认识、更大的决心，采取更加有力的措施，切实加强社会治安工作，全力维护社会治安稳定。

第一，要毫不动摇地坚持严打方针，始终保持对刑事犯罪活动的高压态势。打击犯罪，是社会治安综合治理的首要环节，也是社会治安防控体系建设的重要内容。尤其是在当前社会治安基础还比较脆弱，重大恶性案件时有发生，一些黑恶势力还没有被彻底铲除，少数地方社会治安秩序还比较混乱，人民群众还缺乏安全感的情况下，公安机关必须长期坚持严打方针，依法严厉打击各种严重刑事犯罪活动，对此不能有丝毫动摇。要充分认识到，不坚持严打，就不能遏制犯罪的嚣张气焰；不坚持严打，就不能为广大人民群众撑腰；不坚持严打，就没有条件进行其他各项治理工作。要本着什么犯罪突出就重点打击什么犯罪，什么治安问题严重就重点解决什么治安问题，哪里治安混乱就重点整治哪里的原则，从各地实际出发，开展有声势、有实效的专项打击整治行动，并切实在提高严打斗争水平、针对性和实效性上下功夫。

第二，既要依法保障公民合法权益，又要严格治安管理，维护社会治安秩序。要努力适应我国民主法制建设和政治文明建设的新形势、新要求，针对当前治安管理工作中存在的突出问题,加强调查研究,积极探索,做到既要保障公民合法权益,带着对广大人民群众的深厚感情开展工作,热情服务,又要依法严格管理。要加强对流动人口、公共复杂场所、特种行业、危险物品的管理,对各种违法犯罪活动和社会丑恶现象,要坚决依法查处。对于阻塞铁路、公路和在党政机关、公共场所、要害部位无理取闹、寻衅滋事、扰乱正常工作、生活、教学、科研秩序的违法犯罪人员,要坚决依法处理,以维护良好的治安秩序。

第三,要真正把社会治安综合治理的各项措施落到实处。实行社会治安综合治理,是解决我国社会治安问题的根本出路。要正确处理改革发展稳定的关系,把社会治安综合治理工作作为一项重要任务纳入到经济社会发展的总体规划中,常抓不懈,持之以恒,切实担负起保一方平安的责任。要按照"谁主管、谁负责"的原则,真正做到"管好自己的人,看好自己的门,办好自己的事",把社会治安综合治理的各项措施落实到位。当前,特别是要大力加强法制宣传教育,充分调动群众参与维护社会治安的积极性,努力营造维护社会治安人人有责的良好社会舆论氛围。

第四,要用足用好现行的法律法规。法律是我们党领导人民制定的,是党和人民意志的集中体现,是为最广大人民服务的。针对当前案件上升、街头轻微违法行为明显增多的情况,要用足用好现有的法律武器,理直气壮地依法打击犯罪和加强治安管理工作,及时果断地解决突出的社会治安问题,做到该打击的坚决依法打击、该整治的坚决依法整治、该管理的坚决依法管理,切实维护最广大人民群众正常的工作、生产、学习、生活秩序和社会秩序。同时抓紧立法和修改现有的不适应的法律法规。修改完善法律法规,要充分考虑当前我国正处于并将长期处于社会主义初级阶段的基本国情,充分考虑我国的历史文化特点,充分考虑我们的民族特点,充分考虑我国正处于经济转轨、社会转型时期社会治安的复杂性、特殊性,坚持从实际出发,为维护政治稳定和社会治安稳定提供强有力的法律支持。

第五,要深入开展经常性的矛盾纠纷排查调处工作,最大限度地把矛盾解决在基层,解决在初始阶段。要坚决贯彻落实胡锦涛总书记关于正确处理人民内部矛盾、妥善处置群体性事件的一系列重要指示精神,从维护社会稳定的大局出发,坚决落实领导责任制、部门责任制和责任追究制,不断完善经常性矛盾纠纷排查调处机制,对排查出的问题,要坚持"谁主管、谁负责",做到有调处方案,有解决时限。要不断拓宽解决各种矛盾纠纷的渠道,加强人民调解、司法调解和行政调解工作,充分发挥各自职能作用,引导群众通过各种正当的渠道反映和解决问题,把解决群众切身利益的工作纳入制度化、法制化的轨道。

第六,要大力加强对社会治安新情况、新问题的调查研究。当前社会治安新问题、新情况层出不穷,必须下大力加强调查研究。要以"三个代表"重要思想为指导,积极适应建设社会主义物质文明、政治文明、精神文明的客观要求,以与时俱进的精神,努力探索社会主义市场经济条件下预防犯罪、打击犯罪和控制犯罪的新思路、新办法。切实做到在思想观念上、对策措施上、工作部署上与时俱进,增强预见性、前瞻性、针对性,掌握主动权。

第七,要进一步加强公安队伍建设和公安基层建设。胡锦涛总书记指出,在全部公安工作中,队伍建设是根本,也是保证。公安部党委要按照中央领导的指示和中央13号文件的要求,大力加强基层基础建设和公安队伍建设,工作重心下移,警力下沉,坚持从严治警的方针,加大队伍教育训练力度,不断提高公安民警的整体素质和战斗力,为更好地担负起维护社会治安稳定的重任奠定坚实的基础。

袁贵仁同志的发言(摘要)

一、2003年开展学校及周边综合治理的工作情况

过去的一年,在中央综治委的领导下,学校及周边治安综合治理工作领导小组各成员单位紧密配合,各地教育部门与地方有关部门共同努力,为维护学校及周边地区稳定,营造良好的教学、科研和生活秩序作了大量工作,取得显著成效,基本实现了校园及周边治安环境有明显改观,育人环境得到进一步优化,师生安全感有明显增强的目标。

一是加强领导,加大整治力度,学校及周边治安秩序明显好转。截至目前,全国31个省(区、市)建立了学校及周边治安综合治理工作机构,各地教育、公安、司法、文化、建设、工商等部门按照中央综治委的要求,明确职责,密切配合,有力地推动了学校及周边治安综合治理工作。中央综治委、教育部联合下发的《关于教育系统进一步参与社会治安综合治理工作的通知》,进一步明确了教育系统综合治理工作的领导体制和工作机制要求。各地相继召开专题会议,对本地区学校及周边综合治理情况开展排查,掌握情况、问题,明确重点、难点,有针对性地开展了专项治理和集中整治工作。上海市要求领导小组各成员单位做到"四明确",即明确成员单位职责任务、明确日常工作负责人和联络员、明确工作经费和重点环节、明确年度工作项目和推进计划。安徽省制定了《在全省开展集中整治校园及周边地区治安秩序专项活动的实施方案》,开展了大规模的集中整治活动。湖北武汉市制定和印发了《武汉地区部分高校周边环境整治责任分工表》,逐校逐个问题落实责任单位和整治要求。

二是全力做好重大事件、突发事件情况下维护高校稳定工作。在清华、北大餐厅爆炸案、四川南部县高考试题被盗、西北大学学生抗议日本留学生下流表演事件、莫斯科留学生宿舍楼失火事件、河南省平舆县数十名青少年被杀案件等一系列重大突发事件中,在中央的坚强领导和各部门的全力配合下,教育部迅速启动紧急工作预案,采取切实措施控制局面、平息事态,将事件的负面影响减小到最低程度,确保了全国高校稳定。在伊拉克战争、抗击"非典"等重大事件和突发情况处置工作中,以高度的政治敏感性和责任感,始终把维护学校稳定作为首要任务,及时作出工作部署,切实落实各项措施,维护了社会稳定。抗击"非典"期间,各地教育部门和学校在做好防控工作的同时,抓住机遇,大力开展学校及周边治安环境综合治理。北京市、上海市等地教育部门和一批高校下决心解决了一些老大难问题,校园周边环境发生了较明显的变化。

三是积极推进高校治安防控体系建设,进一步加强基层基础工作。构建校园治安防控体系,是做好新形势下学校治安综合治理工作的有力保证。各地教育部门和高校进行了积极的探索。如江西省组织指导并在全省推广华东交通大学"校园110"综合服务体系建设工作,取得了良好的效果。一些地方和学校通过加强安全文明校园创建、兼职法制副校长建设、校园网络信息安全建设等工作,形成了学校治安综合治理工作群防群治、齐抓共管的良好局面。山西省综治委、教育厅印发《关于开展"净化育人环境、创建平安校园"活动的意见》,要求各级各类学校开展安全文明校园创建活动,把它作为巩固集中整治成果、深化学校治安综合治理的一项重要举措和长效管理机制。

二、当前学校及周边治安综合治理工作存在的主要问题

学校及周边治安综合治理工作成效非常显著,但巩固和发展已有成果的任务依然艰巨。当前,影响学校及周边治安的因素大量存在,且呈现出多样化、复杂化的趋势,一些深层次问题还需进一步研究和解决,许多工作措施有待进一步落实。

一是少数地方对综治工作的长期性、复杂性、艰巨性认识不足,还没有很好地形成工作合力;二是涉及学校师生的治安事端仍然频繁发生,部分地区甚至发生恶性暴力犯罪案件。三是学校及周边治安仍存在不少隐患和不稳定因素。少数位于城乡结合部的学校周边治安状况比较复杂。部分学校因为危房、设备老化、管理不善而导致的火灾、中毒等伤亡事件时有发生。由于土地、经济纠纷、建筑、交通等问题，一些学校与周边居民之间的矛盾冲突不断。此外，网络不良信息已成为诱发师生情绪冲动、影响校园稳定的重要因素；四是教育事业的改革发展对学校及周边治安综合治理提出了新的要求。随着学校办学规模的扩大和办学模式的多样化，校园人口密度加大，外来人口和流动人员大幅度上升，机动车流量明显增大，管理工作更加复杂。一些高校在校外建立学生公寓，有的地方兴建大学城或高教园区，一校多区和多校一区的状况，极容易发生治安和安全问题，特别是群体性事件。据不完全统计，2003 年因开发商基础设施建设严重滞后，物业管理部门服务质量低劣而引发多起学生聚集事件。

三、认真贯彻中央社会治安综合治理工作部署，全力维护学校稳定

胡锦涛总书记在十六届三中全会和最近的重要讲话中，都特别强调了维护稳定的工作。教育系统要认真贯彻胡锦涛总书记的重要讲话精神，全面落实中央综治委的工作部署，切实增强政治责任感和忧患意识，扎实做好学校及周边治安综合治理的各项工作。

第一，把思想认识统一到胡锦涛总书记重要讲话和中央综治委的工作部署上来，严格落实领导责任制。各地教育部门和学校都要切实担负起“保一方平安”的政治责任，推动综治工作深入开展。要树立科学的发展观和正确的政绩观。各地和各校在重视扩大教育规模的同时，务必把提高教育质量和确保教育安全稳定放在重要位置，牢固树立执政为民的思想和稳定压倒一切的观念，按照“谁主管、谁负责”和“属地管理”的原则，把地方教育干部和学校党政干部抓学校及周边治安稳定工作的实绩，作为考核的最重要的内容之一。对真抓实干、政绩突出的，要给予表彰奖励；对因领导不力、工作不落实以致发生重大恶性案件、重大群体性事件和重大治安事故的地方和单位，要严肃追究其责任。

第二，继续加强组织建设和制度建设，进一步完善工作体制和机制。进一步做好各级学校及周边治安综合治理工作部门机构建设，进一步完善各项制度，在各地公安部门的领导下，加强各相关部门之间的联系与配合。教育部门要以更加积极主动的态度，在学校及周边治安综合治理工作中发挥主体作用。

第三，集中力量，加大对学校及周边突出治安问题的整治。在各级综治机构的领导下，及时协调有关部门对治安秩序混乱的区域及突出治安问题组织开展专项集中整治行动。要严厉打击严重侵害师生人身权利的各类违法犯罪活动和校园及周边地区存在的流氓团伙、黑恶势力。继续开展净化校园及周边环境的治理工作，坚决清理整顿和取缔校园及周边地区非法经营的互联网上网服务营业场所、电子游戏厅、录像厅、歌舞厅、音像书刊点和各类流动摊点；进一步加强学校及周边出租房屋的管理，加强校园流动人口管理；继续整顿校园及周边的交通秩序，打击“黑校车”、“黑出租”揽客营运，减少交通事故和人员伤亡；大力加强防火、防中毒、防意外事故、防房屋倒塌，严防群死群伤事件。要重视对高校分校区、校外学生公寓和大学园区的管理，建立健全各项制度和防范群体突发事件工作预案。

第四，强化学校内部管理，广泛开展安全文明校园的创建活动。坚持“预防为主，整建结合，重在建设”的原则，制定《关于深入开展安全文明校园创建活动的实施意见》，规范安全文明校园创建活动标准，做好创建活动的组织、实施、检查、指导工作，提高创建活动的质量。教育部门将以工程立项的形式，投入专项经费，推动安全文明校园创建示范活动。加强各级各类学校安全保卫队伍建设，增强技术装备，提高工作能力和水平。推广和完善以校园 110 指挥中心为枢纽，集人防、物防和技防于一体的校园治安防控体系建设。

第五，完善兼职法制副校长和法制辅导员制度，不断加强中小学法制教育。继续深入贯彻中央综治委、教育部等部门下发的《关于规范兼职法制副校长职责和选聘管理工作的意见》，严格执行对兼职法制副校长的任职条件、选聘程序、职责要求和管理工作等方面的规定，切实把从基层政法部门选派干警到中小学校担任兼职法制副校长的工作做好，增强学校法制教育的效果。要加强对法制副校长和法制辅导员的培训，明确岗位职责，努力提高政治业务素质。

第六，进一步完善学校及周边治安综合治理工作考核评比机制。将学校及周边治安综合治理工作纳入到社会治安综合治理工作的整体工作中进行考评。加强各地区学校及周边治安综合治理工作的交流和评比工作，适当时候召开全国学校及周边治安综合治理工作会议，推广经验，表彰先进。

第七，继续加强学校宣传思想工作。要通过切实有效的思想政治工作，引导学生正确认识各种社会现象，自觉抵制各种不良影响。通过丰富多彩的校园文化建设，弘扬民族精神，唱响主旋律，营造良好的育人氛围。各地教育部门和学校的领导干部要关心师生员工的生活和疾苦，解决好与师生切身利益有关的困难和问题，把各种矛盾和问题解决在基层，解决在校内，解决在萌芽状态。要广泛深入地开展遵纪守法教育和学生自护教育，增强法制意识和防范意识。

李若谷同志的发言(摘要)

2003年，人民银行以“三个代表”重要思想为指导，深入贯彻落实党的十六大和十六届三中全会精神，按照党中央、国务院和中央综治委的工作部署，坚持“两手抓、两手都要硬”和“防查并举、标本兼治、重在预防”的方针，结合银行工作与金融体制改革实际，采取了积极有效的措施，使银行系统社会治安综合治理和安全工作取得了一定进步。

一、党委重视，加强领导，建立健全社会治安综合治理长效管理机制

人民银行党委深入贯彻落实《中共中央、国务院关于进一步加强社会治安综合治理的意见》和中央综治委《关于加强社会治安防范工作的意见》，要求银行系统各级党委要从讲政治、保稳定、促发展的高度，以对党和人民高度负责的精神，把社会治安综合治理工作纳入各级行党委的议事日程。深入贯彻落实社会治安综合治理领导责任制，加强对社会治安综合治理工作的领导与监督管理，充分调动各部门参与社会治安综合治理工作的积极性，确保各部门协调一致，齐抓共管。按照“谁主管、谁负责”的原则，明确本单位一把手是社会治安综合治理第一责任人。逐级签订责任书，做到责任到岗，任务到人。建立健全更加严格的监督检查制度、定量考核制度和评比奖惩制度，把各级行一把手抓综治工作的实绩，列入干部考核的重要内容，把维护稳定的责任落实到各级行一把手的肩上。同时加大了责任查究力度，对因领导不重视、官僚主义、失职渎职而导致重大、特大安全事故、案件发生及影响社会和金融稳定的单位及有关领导，坚决实行一票否决，严肃追究责任。各级行建立了社会治安综合治理奖惩机制，对在社会治安综合治理工作中做出突出贡献的单位和个人进行大力宣传和表彰。近期，我行拟对在社会治安综合治理工作中做出突出成绩的59个单位和63名同志进行表彰。在工作中注意提高综治部门的权威性，对综治部门的业务经费给予一定的支持和保障。

二、防范和化解金融风险，维护正常金融秩序，确保金融与社会的稳定

2003年，人民银行继续执行稳健的货币政策，运用货币政策工具，化解有问题的银行和非银行金融机构的风险，建立了银行和非银行金融机构风险预警机制，妥善处置各类可能引发的金融风险，维护了正常的金融秩序。对严重违规经营、高风险的银行和非银行金融机构以关闭、撤销、停业整顿等方式实施市场退出制度。对少数由人民银行垫付清偿债务资金的金融机构，我行组织清算或委托商业银行进行清算。全年对尚未完成整顿、清算的11家信托(租赁)投资公司和5家证券公司进行了清理整顿工作。

三、强化银行系统安全防范与管理，提高银行系统安全防范管理水平

人民银行继续加强发行库安全管理，以防内盗为重点，不断强化内控机制。在2002年发行库内盗案件首次降为零的基础上，有组织、有步骤地在全系统推进发行库区封闭式安全管理，使发行库安全管理水平明显提高，2003年人民银行保持发行库无内盗案件。同时，继续进行守库工作的改革，加大科技和资金投入，立项开发远程电视监控报警系统，建立省、地、县三级分支行动态监督管理，提高人民银行安全保卫工作的管理水平和工作效率。

在去年全国防治"非典"期间，为保证国家发行基金安全和正常供应以及调款人员身体健康，人民银行制定下发了《中国人民银行关于切实加强领导进一步做好非典型肺炎防治工作的通知》和《中国人民银行办公厅关于近期发行基金调拨任务中预防"非典"传播事宜的通知》，对人民银行各分支行在防治"非典"期间坚守岗位，尽职尽责，确保发行基金安全提出了严格要求。在此期间，通过合理安排和调整发行基金调拨计划，克服多种困难，执行跨省市大宗运钞调款任务数十起，未发生任何问题，确保现金供应正常，有力地支持了各地抗击"非典"的斗争和经济工作。

针对元旦、春节期间是犯罪分子抢劫银行案件高发期的特点，为做好银行系统防抢劫工作，人民银行会同公安部，指导各商业银行对安全防范工作早计划、早安排、早部署、早检查，并采取多种形式，不断提高银行员工的法制观念和安全防范意识。2003年伊始，我们针对"1·18"沈阳市商业银行辽沈支行发生的爆炸抢劫运钞车案件，与公安部联合下发了有关文件，迅速部署全国银行系统进行安全大检查，并与公安部及各商业银行组织了6个联合检查组，分赴各地督促安全检查工作，对基层营业场所及网点进行重点抽查，组织开展经常性防抢劫演练，使银行应对突发事件的能力得到了提高，有效地遏制了抢劫银行案件的发生，确保了银行资金和员工人身安全。

在防范银行系统诈骗、盗窃、抢劫、涉枪案件方面，我们也取得了一定成效。据统计，2003年与2002年相比，银行系统"四类"案件呈现出"五降三高"的好形势，即发案率下降9.8%、涉案金额下降0.65%、风险资金下降57.2%、损失金额下降48.1%、银行职工伤亡人数下降8.6%；案件堵截率提高6.3个百分点、结案率提高0.4个百分点、追缴和挽回资金损失提高了17.8%。

四、会同有关部门依法严厉打击和防范制贩假人民币活动

为维护人民币的良好信誉，确保人民群众利益不受侵害，2003年，我们积极组织社会力量防范假人民币，配合政法机关打击制贩假币犯罪活动。制定下发了《中国人民银行假币收缴鉴定管理办法》，使银行和存款类金融机构收缴、没收和鉴定假人民币有章可循，操作更加规范。同时，加大了防范假人民币的宣传，2003年6月至7月，在全国组织开展了声势浩大的反假货币宣传周活动。制作了《第五套人民币防伪指南》的电视宣传片，在中央和地方电视台多次播放，同时还制成DVD光盘免费发放到全国各银行机构，在营业网点常年滚动播放，提高广大群众防范假币的意识和识别人民币真伪的能力。8月，人民银行与公安部联合印发了《关于深入开展打击假币犯罪的通知》，部署全国各地公安、金融部门从8月至11月开展打击假币专项斗争，组织"打击制贩假币攻坚战役"。银行系统加强了柜面监督和防范，认真执行《收缴办法》，积极向公安机关提供假币线索。通过为期四个月的专项整治，制贩假人民币犯罪活动得到了有效的遏制。

五、全面深入推动我国银行业反洗钱工作的开展

2003年，人民银行增加了负责组织协调国家反洗钱工作，指导、部署金融业反洗钱工作以及反洗钱资金监测的职责。人民银行制定下发了《金融机构反洗钱规定》、《人民币大额和可疑支付交易报告管理办法》、《金融机构大额和可疑外汇资金报告管理办法》和《关于加强银行反洗钱工作的通知》，全面启动我国银行业反洗钱工作。指导人民银行各分支机构及各商业银行相继成立反洗钱领导小组及工作机构，建立反洗钱领导责任制，初步形成了我国银行业反洗钱工作机制和体系，使我国银行业反洗钱工作逐步步入规范化、法制化的轨道。国家外汇管理局与公安部制定了《公安部、国家外汇管理局外汇领域反洗钱合作规定》，对国内可疑外汇资金进行监测和分析，查处各类大量外汇违规案件，同时外汇局配合各地司法机关打击和捣毁了一批从事洗钱违法犯罪活动的地下钱庄。对人民银行和各商业银行反洗钱工作人员进行了多种形式的重点培训，提高了工作水平。根据国际国内反洗钱和反恐怖形势的需要，积极开展国际间的交流与合作，并代表我国银行业与国际反洗钱、反恐怖等组织机构多次进行磋商、会谈，阐明我国在反洗钱、反恐怖和我国要求加入金融特别行动工作组(FATF)方面的一贯原则和立场。同时对联合国发出的涉嫌国际恐怖组织及洗钱犯罪活动等组织及个人资金账户进行布控协查工作，为开展反洗钱领域国际合作和多边经济合作打下了坚实的基础。

中央社会治安综合治理委员会关于印发《罗干同志在中央社会治安综合治理委员会2004年第二次全体会议上的讲话》的通知

(2004年8月20日)

各省、自治区、直辖市社会治安综合治理委员会，新疆生产建设兵团社会治安综合治理委员会，中央社会治安综合治理委员会各成员单位：

现将《罗干同志在中央社会治安综合治理委员会2004年第二次全体会议上的讲话》印发给你们，请结合实际情况，认真贯彻落实。

附：周强同志在中央社会治安综合治理委员会2004年第二次全体会议上的发言

罗干同志在中央社会治安综合治理委员会2004年第二次全体会议上的讲话

(2004年8月18日)

同志们：

这次会议专题研究深入开展预防青少年违法犯罪工作，是中央综治委贯彻落实中共中央、国务院《关于进一步加强和改进未成年人思想道德建设的若干意见》的一次重要会议。刚才，天津、四川两地综治委负责同志介绍了近几年来加强预防青少年违法犯罪工作的做法和经验，周强同志汇报了中央综治委预防青少年违法犯罪工作领导小组成立以来全国预防青少年违法犯罪工作情况和起草《中央社会治安综合治理委员会关于深化预防青少年违法犯罪工作的意见》(以下简称《意见》)的情况，教育部、文化部、民政部、国家广电总局和全国妇联等有关成员单位负责同志对《意见》审议稿发表了很好的意见。大家都表示同意中央

综治委下发这个《意见》,我也赞成。下面,我讲几点意见:

一、进一步提高认识,抓住机遇,深入推进预防青少年违法犯罪工作

加强青少年教育,保护青少年健康成长,预防和减少青少年违法犯罪,是实践"三个代表"重要思想的具体体现,是树立和落实科学发展观的必然要求。以"三个代表"重要思想和科学发展观指导预防青少年违法犯罪工作,必须努力创造有利于青少年健康成长的社会条件,切实维护青少年的合法权益,提高青少年思想道德、法制观念和自我保护意识,最大限度地遏制和减少青少年违法犯罪,维护和保持良好的治安秩序,为确保国家的长治久安和千家万户的幸福安宁,创造和谐稳定的社会环境。

党和政府历来十分关心对下一代的教育培养,高度重视预防青少年违法犯罪工作,采取了一系列重要举措。针对改革开放之初青少年违法犯罪严重的状况,党中央在1979年就要求全党重视解决青少年违法犯罪问题,提出了对青少年违法犯罪实行综合治理的方针。中央先后就青少年教育和预防违法犯罪问题作出了一系列重大决策和具体部署。全国人大常委会颁布了《未成年人保护法》和《预防未成年人犯罪法》。2000年12月,中共中央办公厅、国务院办公厅转发了《中央社会治安综合治理委员会关于进一步加强预防青少年违法犯罪工作的意见》。2001年9月中共中央、国务院《关于进一步加强社会治安综合治理的意见》又专门强调了要加强青少年法制和道德教育,进一步落实预防青少年违法犯罪的工作措施。

总体来看,自2000年9月在成都召开全国预防青少年违法犯罪工作经验交流会之后,各地区、各部门认真贯彻会议精神,高度重视,积极行动,落实各项工作措施,着力夯实基层基础,预防青少年违法犯罪工作有了很大的加强。今年4月,中央综治委预防青少年违法犯罪工作领导小组、学校及周边治安综合治理工作领导小组又在上海召开会议,推广经验,部署重点工作,推动预防工作取得新进展。预防工作领导小组成立以来,积极组织、推动家庭、学校和社会教育的相互结合,进一步强化了青少年思想道德和法制教育;加强闲散青少年、失学辍学学生、流动人口中的青少年、流浪儿童以及罪错青少年的教育、管理、帮教和矫治等综合措施;对非法网吧、淫秽色情"口袋本"图书等开展专项治理整顿,完善长效机制,解决了一些影响青少年成长的突出问题,使预防青少年违法犯罪工作取得了明显的成效。与此同时,工作队伍也逐步壮大,尤其是专业社工、社区志愿者以及从事预防工作研究的专家学者等社会力量日益发展,形成了相对稳定的、专兼职相结合的基层工作队伍。

在看到成绩的同时,我们也必须清醒地看到,预防青少年违法犯罪工作还面临着严峻挑战。西方敌对势力始终没有停止对我们的思想文化渗透,同我们争夺下一代的斗争日趋尖锐复杂,一些资本主义腐朽没落的思想文化、价值观念和生活方式乘隙而入,对青少年造成不良影响。有的地方封建迷信、邪教和黄赌毒等社会丑恶现象沉渣泛起,渲染暴力、色情、迷信的图书报刊和音像制品及电子信息产品屡禁不止。一些领域道德失范,以权谋私等消极腐败现象负面影响严重,拜金主义、享乐主义、极端个人主义思潮滋长,以及社会竞争和矛盾冲突加剧等,诱发青少年违法犯罪的因素增多。在各种消极因素的影响下,近几年来青少年违法犯罪数量居高不下,恶性案件时有发生。与此同时,我们工作中还存在着许多不适应的地方和薄弱环节,如有的地方对预防青少年违法犯罪工作重视不够,工作机制和制度没有落实;预防青少年违法犯罪的基层基础工作比较薄弱,工作方式方法单一,尤其在教育和管理等环节,对新情况、新问题研究不够,措施不到位等,这些都需要在今后的工作中加以解决。

加强和改进未成年人思想道德建设是预防青少年违法犯罪的十分重要的基础性工作。今年5月,中央专门召开加强和改进未成年人思想道德建设工作会议,胡锦涛同志在讲话中强调要努力做好预防青少年违法犯罪工作,这充分体现了党中央对广大青少年的殷切关怀和厚望,也为我们进一步做好这项工作指明了方向。各地区、各部门一定要深刻学习领会锦涛同志讲话精神,认真贯彻落实中央关于加强和改进未成年人思想道德建设的意见,进一步统一思想,提高认识,增强责任感和使命感,结合本地实际,制定具体工作意见和措施,切实把预防青少年违法犯罪工作抓紧抓好。

二、突出重点,多办实事,狠抓预防青少年违法犯罪各项工作措施的落实

当前,要着重抓好以下几个方面的工作。

第一,要加强对闲散青少年的教育、管理和服务。各地区要通过深入细致的调查研究,掌握闲散青少年的底数,建立各部门可以共享的区域性闲散青少年管理信息系统。上海市采用政府购买服务的方式,聘请专业社会工作者,在社区专门从事闲散青少年的工作;天津市选派优秀教师到社区担任法制辅导员等做法,效果很好。要区别闲散青少年的具体情况,制定有针对性的措施,在学习、生活、就业等方面对闲散青少年给予帮助和扶持,进一步完善家庭、学校和社区相结合的管理制度,减少"家庭管不了,学校管不着,社会无人管"的失管、失教现象,防止他们走上违法犯罪的歧途。

第二,要做好有不良行为和严重不良行为中小学生的教育工作。中小学生处在一个特殊的年龄阶段,不良的社会影响容易诱发他们产生不良行为,如果教育工作跟不上,他们很容易由不良行为发展成为违法犯罪。学校要发挥教育主渠道的作用,将教育有不良行为和严重不良行为的中小学生作为一项重要工作,而不是采取勒令退学等措施将他们推向社会。教育行政部门要会同有关部门进一步加强工读学校的建设,针对当前工读教育中存在的问题,进一步加强和改进工读教育,使有严重不良行为的学生能够及时接受工读教育。要加强对工读学校的领导和投入,实施好"大中城市工读学校建设工程",增加数量,提高质量,改进管理教育方式,努力把工读学校办成教育、矫治、挽救有严重不良行为未成年人、预防青少年违法犯罪的中心。

第三,要进一步加强对流浪儿童的救助和管理。当前,流浪儿童是社会中最需要救助的群体之一,也是预防青少年违法犯罪中亟需解决的一个重要问题。民政部门要按照《未成年人保护法》,围绕"有人救、有人养、有人管"三个关键环节,制定适合流浪儿童的特殊救助办法,切实采取有效措施,帮助流浪儿童健康成长。公安部门要打击控制、操纵流浪儿童的黑恶势力;劳动保障、公安、工商等部门要查处雇用童工的不法行为,及时解救流浪儿童。要积极推进大中城市、交通枢纽城市流浪儿童救助保护中心的建设,把流浪儿童救助场所与成年人救助场所分开;对离开救助保护中心的,要研究采取防止其再次流浪的有效措施。民政部门和教育行政部门要对救助保护中心等福利场所的流浪儿童制定入学政策,帮助他们接受义务教育。

第四,要建设有利于青少年健康成长的良好环境。一是要提供有利于青少年健康成长的文化传媒条件,为青少年提供更多更好的文化产品,满足他们的精神需求,引导他们健康成长。二是要提供有利于青少年健康成长的网络信息条件。各类互联网站要倡导文明健康的网络风气,大力弘扬具有时代特征的青少年网络文化。有关部门要积极扶持文明健康的互联网站建设,为其发展创造条件。三是要提供有利于青少年健康成长的课外活动条件。各地区、各部门要大力推进校内和校外青少年教育活动阵地的建设,充分发挥现有的博物馆、图书馆等场所的教育功能,动员学校、企事业单位、社会团体的科技文化体育设施向青少年开放,推动公益性文化娱乐场馆免费或优惠向青少年开放,满足青少年的物质文化需求。四是要针对不良网络信息、非法网吧、淫秽色情网站、不健康"口袋本"图书、违规经营电子游戏厅、录像厅和歌舞厅等危害青少年健康成长的突出问题,加大联合打击力度,开展专项整治行动。五是要通过深入开展创建"优秀青少年维权岗"活动,引导基层执法单位,有针对性地打击危害青少年的违法犯罪活动,维护青少年合法权益。

三、加强组织领导和协调配合,健全齐抓共管的工作机制

预防青少年违法犯罪工作是一项系统工程,必须在各级党委政府的统一领导下,全社会共同参与,齐抓共管。

党委政府要加强统一领导。各级党委、政府要从实践"三个代表"重要思想的战略高度,充分认识预防青少年违法犯罪工作的重要性,切实加强领导。要进一步推动预防青少年违法犯罪工作的领导机构和工作机构建设,将预防青少年违法犯罪工作纳入党政工作总体规划和年度计划,摆上更加重要的位置,定期听取工作汇报,及时掌握工作动态,帮助解决工作中的困难和问题。要加大对预防青少年违法犯罪工作的投入,落实人员编制和专项工作经费保障，舍得为“百年树人”花本钱。

综治委要加强组织协调。各级社会治安综合治理委员会要当好党委、政府的参谋和助手，积极组织协调各部门和社会各方面参与预防青少年违法犯罪工作，不断推动工作的深入开展。要把预防青少年违法犯罪工作作为社会治安综合治理责任制的重要内容，认真落实、检查。各级社会治安综合治理委员会办公室和预防青少年违法犯罪工作领导小组及办公室要充分发挥职能作用，互相配合，加强调查研究和督促检查，及时总结推广典型经验，发现并解决存在的问题，指导和协调各地区、各部门、各单位认真落实预防青少年违法犯罪各项措施，推动工作开展。

各部门要各司其职，齐抓共管。各有关部门尤其是预防青少年违法犯罪工作领导小组各成员单位，要找准各自在预防青少年违法犯罪工作中的位置，明确职责任务，把这项工作纳入本部门工作的总体安排，充分发挥自身的职能作用，通过建立联系点等措施，切实加强对本系统基层单位预防青少年违法犯罪工作的指导和检查督促。要通过综治委预防青少年违法犯罪工作领导小组和办公室，加强情况沟通和工作协作配合，针对涉及多个部门的突出问题开展联合行动，牵头单位和有关部门要形成合力，通力解决。

基层组织要充分发挥作用，落实社区预防计划。预防青少年违法犯罪工作的重点在基层，要充分发挥乡镇、街道综治委、办的职能作用，把预防青少年违法犯罪工作各项措施落实到基层。要深入推进“青少年违法犯罪社区预防计划”的实施，推动社区预防工作组织网络和专兼职队伍建设，解决有人抓、有人管、有人干的问题。通过典型示范，以点带面，把预防青少年违法犯罪工作纳入基层安全创建活动、构建治安防控体系的重要内容，充分发挥社区单位、中小学兼职法制副校长和青年志愿者、离退休老同志的作用，探索培训和聘请专业社工从事青少年教育、管理和服务工作，形成专兼职相结合的社区预防青少年违法犯罪工作队伍。

一年一度的学生暑假即将结束。希望各地区、各有关部门和学校深入开展学校及周边治安环境集中整治，以良好的校园及周边环境迎接新学期的开始。

同志们，加强对青少年教育保护，预防和减少青少年违法犯罪，促进青少年的健康成长，是一件功在当代、利在千秋的大事，是全社会的共同责任，更是我们各级党委政府和相关部门必须肩负的神圣历史使命和光荣政治任务。我们不仅要在思想上重视，更要从制度上落实，坚持不懈地抓下去，求真务实，扎实工作，开拓创新，奋发进取，为实现全面建设小康社会的奋斗目标做出新的贡献。

附：

周强同志在中央社会治安综合治理委员会2004年第二次全体会议上的发言

（2004年8月18日）

中央综治委召开全体会议，专题研究部署预防青少年违法犯罪工作，罗干同志将作重要讲话，这充分体现了党中央对预防青少年违法犯罪工作的高度重视和对广大青少年的亲切关怀。在此，我受秀莲同志和中央综治委预防青少年违法犯罪工作领导小组的委托，就预防青少年违法犯罪工作的有关情况作一简要汇报。

一、近年来的工作情况

自2000年中央综治委在成都召开全国预防青少年违法犯罪工作经验交流会以来,各地区、各部门认真贯彻罗干同志的重要讲话精神,按照中央综治委《关于进一步加强预防青少年违法犯罪工作的意见》,切实加强对预防青少年违法犯罪工作的领导,以“青少年违法犯罪社区预防计划”为统揽,全面落实各项工作措施,特别是“上海会议”以后,各地区、各部门进一步突出工作重点,狠抓薄弱环节,预防工作取得了积极成效。主要体现在以下几个方面:

第一,高度重视,加强领导,预防工作体系初步建立。目前,中央有关部门,31个省、自治区、直辖市,80%的地市和一部分县区、街道成立了预防青少年违法犯罪工作领导小组和工作机构。中央领导小组成员单位由原来的13个增加到18个,有些地方根据需要扩大了参与部门。三年来,中央财政对预防青少年违法犯罪工作已累计投入700多万元,一些省市也将预防工作列入当地的财政预算。各地区通过召开联席会议、组织集中行动、纳入综治考核等方式,探索建立监测预警、协调联动、责任考核等长效机制。各成员单位积极履行自身职责,密切配合,形成了各司其职、齐抓共管的工作局面。

第二,进一步加强思想道德和法制教育,构筑青少年抵御违法犯罪的思想防线。一是强化德育在素质教育中的首要地位,采用未成年人喜闻乐见、生动活泼的方式进行教学,广泛开展雏鹰争章、18岁成人仪式、小公民道德建设等实践活动,增强思想道德教育的实效性。目前,全国所有小学都聘用了思想品德课专职教师,聘用校外辅导员80多万人,建立青年志愿者社区服务站89000多个。二是根据青少年的身心特点和经常遇到的法律问题,以开好法制课为重点,做到计划、教材、师资和课时的“四落实”,扎实深入地开展法制教育。2003年,全国80%以上的中小学校配备了法制副校长,建立社区青少年法律学校3000多所。三是广泛开展青少年自我保护教育,通过开通心理咨询和服务热线,建立自我保护教育学校、举办夏令营等方式,提高青少年自护意识、自护能力和心理健康素质。2001年以来,仅北京就培训青少年8万多人次。四是通过建立社区家长学校、知心家庭学校,开展安康计划进社区等活动,积极推进家庭、学校和社会教育在社区相互结合。全国共创办家长学校32万多所、广播父母学校3万多所。

第三,针对青少年违法犯罪的重点群体,综合运用教育、管理、帮教和矫治措施。一是通过建档立卡、专人联系等方式,逐步加强对闲散青少年的教育和管理。2002年起,上海市对全市63000名闲散青少年实行“一人一卡”管理,建立了管理信息系统和社工联系帮助制度。今年4月召开的“上海会议”推广了上海的这一做法。二是完善少年司法制度,把教育和矫治措施融贯于审判、检察、羁押等环节。目前,全国已建立少年法庭2420个,少年法庭法官达到7200多名,基本做到所有未成年人刑事案件均由少年法庭审理,一些地方针对未成年人罪犯开始实施社区矫治等非监禁刑制度;检察院对轻微犯罪行为的未成年人采取不起诉或不逮捕的措施;少年犯管教所把文化教育和技能培训作为一项重要工作,有些还开展了心理培训和矫治。三是专门机关与社会各界密切配合,扎实开展青少年刑释解教人员的安置帮教工作。2002年,全国共建立帮教小组36000多个,落实帮教力量9万多人,帮教对象改好率达83%。

第四,围绕青少年弱势群体,扎实开展救助和保护工作。针对失学辍学问题,通过改革进城务工人员子女入学政策,减免学杂费、提供助学金等方式,帮助少年儿童重返校园。从2001年开始,教育部每年为243万名中小学生减免教科书费用,为100万名贫困少年儿童提供助学金1亿元。共青团和妇联组织三年多来募集“希望工程”、“春蕾计划”助学基金7亿多元,建设希望小学2349所,资助学生90多万名,今年已募集民工子女助学资金近6000万元,资助2万余名民工子女入学。针对流浪儿童问题,民政部累计投入部本级社会福利金2000多万元,地方配套资金投入上亿元,建成了130多个流浪儿童救助保护中心。针对进城务工青年问题,开展治理拖欠工资和非法中介工作,加强培训和维权服务。截止今年5月底,共帮助建筑领域的进城务工人员追回拖欠工资268.3亿元,占拖欠总额的83.62%,建立“千校百万”进城务工青年培训学校1800多所。

第五,消除不良社会诱因,优化青少年成长环境。针对非法网吧、淫秽色情网站、不健康“口袋本”图书、毒品和校园周边不良环境等危害青少年健康成长的突出社会问题,各地区、各部门开展了专项治理整顿。今年上半年,新闻出版部门共查获淫秽色情出版物案件2178起,收缴淫秽色情出版物754万余件,其中淫秽色情“口袋本”图书和有害卡通画册284万册。文化、工商、公安部门共检查网吧50余万家次,暂扣没收电脑设备近7万台,限期整改2.1万家,责令停业整顿5100家,取缔黑网吧1.59万家。各地区、各部门通过建立举报受理网站、电话,聘请社会监督员等方式,探索建立快速受理机制和长效监管体系。广电总局通过实施净化、防护和监察三项工程,制定严格措施,净化荧屏和广播,进一步完善了监管制度。

第六,着眼基层,整合力量,建立专兼职相结合的工作队伍。一是专职工作队伍有所加强。各地区逐步加强行政执法部门在基层一线的工作力量,公安部门“一区一警”的警力配备模式逐步推广,文化市场稽查队伍2003年增加了900多个,稽查人员增加了2200多人。二是社会工作力量不断发展。有些地方由政府出资建立了青少年事务专职社工队伍。各级青少年犯罪研究会、青少年法律研究会凝聚了一大批在青少年法律、心理、教育等方面从事理论研究和工作实践的专家学者。三是志愿者队伍的作用日益明显。以“五老”为核心的社区青少年工作志愿者队伍逐步壮大,在开展青少年教育、法制宣传、结对帮教等方面发挥了重要作用。

在看到工作成绩的同时,我们也注意到,一些地方的工作还存在着不少薄弱环节,如有的地方重视不够,任务不清,责任不明确,措施不落实,有些地方人员和经费缺乏保障,制度不够健全,工作中重处理、轻预防,方法单一,对新情况、新问题研究不足等,这些都需要在今后的工作中加以解决。

二、当前青少年违法犯罪的情况和特点

当前,我国青少年违法犯罪的形势依然比较严峻。一是青少年违法犯罪总量仍然较大。据统计,2003年,全国刑事案件作案人员总数为143.64万人,其中25岁以下青少年为65.41万人,占总数的45.54%。2003年全国治安拘留115.55万人次,其中25岁以下青少年有38.16万人,占总数的33.03%。二是青少年违法犯罪有所增加。1999年至2003年,全国25岁以下青少年人口由5.33亿人减少到5.15亿人,而同期25岁以下青少年罪犯人数由22.12万人增长到23.17万人,增长了4.78%。25岁以下青少年刑事案件作案率由1.113‰增长到1.264‰,增长了0.151个千分点,是同期全国刑事案件作案率增幅的1.4倍。三是18岁以下未成年人犯罪上升势头明显。1999年至2003年,全国判决生效未成年罪犯人数由40014人增长到58870人,增幅达47.12%,占判决生效罪犯总数的比例由6.64%增长到7.93%。2000至2003年,在全国批捕犯罪嫌疑人中,未成年人由46854人增长到69780人,增幅达48.93%。四是未成年人犯罪类型增多。2003年,全国未成年人犯罪罪名达到120个,与1998年的98个罪名相比,增加了22.45%,并开始出现利用计算机网络诈骗、危害计算机网络安全、参与黑社会性质组织犯罪、伪造各种专用发票等新的犯罪形式。

青少年违法犯罪在原有的团伙化、智能化、低龄化和暴力性、盲目性、模仿性、冲动性、偶发性的基础上,近年来又呈现出一些新的特点:

一是闲散青少年等群体违法犯罪问题凸显。根据针对2361名未成年人罪犯的调查,闲散未成年人为1445人,占61.2%,成为未成年人犯罪的主体。在大中城市,流动人口中的青少年违法犯罪问题也比较突出,据统计,该群体违法犯罪占犯罪总数的60%左右,有的地方高达70%。

二是14至16岁未成年人犯罪状况日益突出。据统计,1999至2002年,14至16岁未成年人在全部未成年人犯罪中所占比例分别为11.42%、12.21%、14.62%、15.31%,说明这一年龄段的未成年人犯罪率逐年上升。

三是侵犯财产犯罪严重。据统计,1998至2002年,未成年人犯罪案件中,抢劫罪占43.66%,盗窃罪占27.9%,两项共占71.56%。在过去五年中,盗窃、抢劫始终排在青少年犯罪的前两位。

四是因非法网吧、毒品等不良因素导致的青少年违法犯罪呈上升趋势。据统计,因互联网传播的不良信息诱发的未成年人犯罪占同期未成年人犯罪的比率已由2000年的4.1%上升到2003年的25.1%,增加了5倍多。到2003年底,全国累计登记在册的吸毒人员已达105万人,35岁以下的青少年占72%,男性吸毒者80%有其他违法犯罪行为,女性吸毒者80%从事卖淫活动。

五是家庭问题和失学辍学问题对青少年违法犯罪的影响比较明显。近年来,失和、失教、失德、失才等“四失”家庭逐年增多。据统计,父母离异家庭子女犯罪率是健全家庭的4.2倍。在对18个少管所和监狱的调查中,有26.6%的青少年犯来自破碎家庭,有近一半的青少年罪犯没有完成九年义务教育。

我们感到,一方面,由于我国目前正处于经济体制转轨、社会转型的特殊历史时期,诱发滋生青少年违法犯罪的因素大量存在,在当前和今后一个时期,青少年违法犯罪仍将呈高发态势;另一方面,我们也注意到,引发青少年违法犯罪的许多因素是可以控制和消除的,我们要提高对预防青少年违法犯罪工作重要性的认识,不断增强紧迫感和责任感,积极应对,采取有力措施,着力解决好影响青少年健康成长的突出问题,进一步做好预防青少年违法犯罪工作。

三、制定《关于深化预防青少年违法犯罪工作的意见》的几点考虑

预防未成年人违法犯罪是未成年人思想道德建设的第一道保障线,做好预防青少年违法犯罪工作是对未成年人思想道德建设的有力支持和积极贡献。前不久,中共中央国务院下发《关于进一步加强和改进未成年人思想道德建设的若干意见》,并召开专题会议,胡锦涛总书记做重要讲话,明确指出“要努力做好预防青少年违法犯罪的工作”,这是对预防青少年违法犯罪工作的殷切期望和明确要求。

我们以《中共中央、国务院关于进一步加强和改进未成年人思想道德建设的若干意见》为指导,贯彻胡锦涛总书记重要讲话和罗干同志、周永康同志对于预防工作重要批示精神,在2000年《中央社会治安综合治理委员会关于进一步加强预防青少年违法犯罪工作的意见》的基础上,吸收近几年来经济社会发展的新成果和预防工作的好经验,针对面临的新情况新问题,着重就当前工作的薄弱环节和需要强调的主要问题做出规定,进一步明确预防工作的主要任务、工作原则和工作重点,制定了《关于深化预防青少年违法犯罪工作的意见》征求意见稿。在今年4月召开的“上海会议”上,征求了中央综治委预防青少年违法犯罪工作领导小组各成员单位及各地区的意见,近期又征求了中央综治委各位委员的意见,罗干同志、永康同志、秀莲同志提出了宝贵的意见,许多委员对征求意见稿进行了认真细致的修改,我们按照上述意见,在冀平同志的主持下,对征求意见稿又作了进一步修改和完善,形成了这份审议稿。

《意见》(审议稿)提出要以“三个代表”重要思想为指导,牢固树立和落实科学发展观,坚持以人为本,以服务改革发展稳定大局和促进青少年健康成长为出发点,探索工作规律,完善工作体系,采用多种工作方式,对青少年违法犯罪实行综合治理,完成遏制和减少青少年违法犯罪的工作任务。

《意见》(审议稿)强调要坚持党政主导,以关爱未成年人为本,教育、服务、管理三结合,整治与建设相结合、全社会共同参与等工作原则,以此来指导和推进预防青少年违法犯罪工作。

《意见》(审议稿)突出了以下四个工作重点:

1.抓重点群体。针对青少年违法犯罪人群分布的特点,重点抓好中小学生、闲散青少年、进城务工青年、流浪儿童、罪错青少年这五个群体的教育、管理和服务。根据他们自身存在的主要问题,发挥他们的主体作用,以正面教育和服务为主,完善管理和监控措施,分类指导,加大工作力度,为他们办实事办好事,帮助他们提高综合素质,解决实际困难,走正确的人生道路,进一步强化预防违法犯罪的意识和能力。

2.抓优化环境。针对社会文化对青少年的深刻影响,抓好青少年成长环境的整治建设。首先是针对非法网吧、不良网络信息、淫秽色情网站及书刊、“黄赌毒”、校园周边不良环境等社会反映比较强烈的突出问题,继续开展集中专项整治,落实长效监管措施,消除影响青少年健康成长的不良社会环境和文化诱因。同时要疏堵结合,加强少儿传媒、青少年文化产品和青少年教育活动阵地建设,发挥文化科技体育设施的教育功能,用丰富多彩和美好高尚的东西去充实孩子们的生活,充分发挥环境改变人塑造人的积极作用,为青少年健康成长提供良好的社会文化条件。

3.抓基层基础。针对工作措施难以落实的情况,以社区为重心,抓好基层的机构、队伍、阵地和载体建设。通过工作硬件和软件建设,解决基层预防工作"有人管、有人干、有地方干、有事可干"的问题,推动各项工作措施更好地落实到基层,推动各方面力量更好地在基层发挥作用,提高基层预防控制青少年违法犯罪的能力。

4. 抓长效机制。针对工作中存在的不协调、短期行为,探索建立长效工作机制。通过建立健全领导机制、预警监测机制、协调联动机制、督导机制、激励与约束机制和保障机制,推动地方党政领导进一步关心重视,各级综治委进一步加强领导,各部门进一步积极参与,密切配合,充分调动各方积极性,明确工作责任,形成工作合力,提高预防青少年违法犯罪工作的系统化、科学化、经常化和规范化水平。

这次会议之后,我们将根据罗干同志讲话精神和各部门所提意见,认真修改和实施好《意见》,扎实做好预防青少年违法犯罪的各项工作,为完成社会治安综合治理的总体目标做出新的贡献。

(三) 全国综治干部培训班学员座谈会

中央社会治安综合治理委员会关于印发罗干、周永康同志在与全国综治干部培训班学员座谈时的讲话的通知

(2004 年 4 月 15 日)

各省、自治区、直辖市社会治安综合治理委员会,新疆生产建设兵团社会治安综合治理委员会,中央社会治安综合治理委员会各成员单位:

2004 年 4 月 5 日至 14 日,中央综治委、中央政法委在北京举办全国综治干部培训班。各副省级市、地(市、区、州)、新疆生产建设兵团各师综治办的负责同志,军队和武警部队保卫部门的负责同志,共 426 人参加了培训。4 月 12 日下午,罗干、周永康等领导同志接见全体学员并座谈,罗干同志发表了重要讲话,周永康同志主持会议并在座谈会结束时作了讲话。现将他们的讲话印发给你们,请结合实际,认真贯彻落实。

罗干同志在与全国综治干部培训班学员座谈时的讲话

(2004 年 4 月 12 日)

同志们:

很高兴来与大家见面和座谈。刚才几位同志的发言,反映了社会治安综合治理工作中的一些成功经验和存在的突出问题,提出了很好的意见

和建议,我听了很受启发,也感到这次培训达到了预期目的,大家提高了认识、交流了经验、开阔了思路、增强了信心,效果是好的。对各级领导干部进行培训,是全党的一项重要工作。以胡锦涛同志为总书记的党中央十分重视领导干部培训工作,去年举办了10期省部级领导干部“三个代表”重要思想研讨班,今年又举办了省部级主要领导干部树立和落实科学发展观专题研究班,研究贯彻落实“三个代表”重要思想和十六大、十六届三中全会精神。中央综治委、中央政法委举办这次培训班,以求真务实的精神,研究社会治安综合治理工作面临的形势和任务,交流各地的先进经验,统一思想认识,明确工作思路,提出进一步加强社会治安综合治理工作的措施,是贯彻落实“三个代表”重要思想、贯彻落实十六大、十六届三中全会和中央一系列指示精神的重要举措,对于大家提高理论水平,进一步做好社会治安综合治理工作,为改革开放和社会主义现代化建设创造良好的社会环境,必将起到重要作用。下面,我讲三点意见。

一、牢固树立科学发展观和正确政绩观,充分认识加强社会治安综合治理工作的重要意义

社会治安综合治理工作是中国特色社会主义事业的重要组成部分,也是“三个代表”重要思想的具体体现。改革开放以来,面对复杂多变的国际国内形势,我们充分发挥社会主义制度的优越性和我们党的优势,紧紧依靠广大人民群众,调动各有关部门和社会各方面的力量,坚持“打防结合,预防为主”,对社会治安问题齐抓共管,综合治理,维护了社会稳定和良好的治安秩序,对促进经济社会协调发展和物质文明、政治文明、精神文明协调发展,发挥了重要作用。

党的十六大提出了全面建设小康社会的目标。实现全面建设小康社会的目标,必须保持长期和谐稳定的社会环境。加强社会治安综合治理,创造良好的社会秩序,让人民群众安居乐业,是全面建设小康社会的重要保证。党的十六届三中全会提出要坚持科学发展观。科学发展观要求经济社会协调发展。对我们这个正处于并将长期处于社会主义初级阶段的大国来说,第一位的问题还是必须始终坚持以经济建设为中心,紧紧抓住和切实用好重要战略机遇期,大力解放和发展生产力,为全面、协调发展打下坚实的物质基础。只有这样,才能更好地解决前进道路上的各种矛盾和问题。在加快经济发展的同时,要更加注重各项社会事业的发展。不仅要看经济发展,还要看社会秩序、社会稳定和社会和谐;不仅要看人民群众生活水平,还要看人民群众的安全感,能否保障人民群众安居乐业。加快社会发展,对政法、综治部门来说,就是必须加强社会主义法制建设,大力推进依法治国方略,提高全民的宪法意识和法律素质,全面推进依法行政,坚持执法为民、司法公正,维护社会公平和正义。必须坚持以人为本,把人民群众的利益作为我们一切工作的出发点和落脚点,着力解决好关系人民群众切身利益的突出问题,保障广大群众生命财产安全,维护社会秩序和社会稳定。因此,加强社会治安综合治理是科学发展观的一项重要内容,是树立和落实科学发展观的基本要求。

各级党委、政府要深刻理解科学发展观的本质,按照科学发展观的要求,树立正确的政绩观,自觉运用科学发展观来指导社会治安综合治理工作,推动社会治安综合治理工作深入开展,促进经济社会全面协调可持续发展,以实际行动贯彻科学发展观和正确的政绩观。

二、进一步加强基层基础建设,促进社会治安综合治理措施的落实

刚才几位同志的发言,从不同方面说明了加强社会治安综合治理基层基础建设的重要性。近些年来,党中央一再强调加强基层基础工作,要求把社会治安综合治理措施落实到基层。中央社会治安综合治理委员会始终把综治工作重点放在基层,通过深入开展基层安全创建活动,加强基层综治组织和群防群治队伍建设,促进工作措施在基层的落实。去年,中央综治委和中央编办联合下发了《关于加强乡镇、街道社会治安综合治理基层组织建设的若干意见》,各地要认真落实好这个文件,进一步健全工作机构,提高工作水平,尤其要充分发挥乡镇、街道综治基层组织的职能作用,确保社会治安综合治理各项措施在基层能全面落实。

自中央综治委部署开展社会治安防控体系建设以来,各地在进一步加强基层安全创建活动的基础上,从更广的范围、更深的层次上构筑社会治安防控体系，开展了平安创建活动，受到了广大人民群众的欢迎，党中央也给予了充分肯定。各地要进一步改进工作作风，从实际出发，创造性地开展工作，大力弘扬求真务实精神，大兴求真务实之风，扎扎实实、认认真真，狠抓落实。

这次参加培训的主要是地市级综治办主任。地市级社会治安综合治理工作承上启下，对于综治工作在基层的落实肩负着重要的责任。一方面，地市综治办要认真学习、正确把握中央关于社会治安综合治理工作的指示精神，及时上传下达，加强对新情况、新问题的前瞻性研究，为社会治安综合治理工作决策提供参考依据。另一方面，要加强对县(市、区)、乡镇(街道)的工作指导，把社会治安综合治理的方针、政策及时准确地传达到基层，并加强督促检查，抓好贯彻落实。希望大家把这次学习的收获带回去，应用到工作实践中，抓好基层综治干部特别是乡镇、街道综治干部的培训，提高基层综治干部的思想认识、政策水平和业务素质，确保中央关于社会治安综合治理的方针、政策和各项措施能够真正落实到基层。

三、严格实行责任制，着力解决新问题，推动社会治安综合治理工作深入开展

这次培训班上，大家交流了很多经验，其中一个重要的方面就是做好社会治安综合治理工作必须严格实行责任制。实践证明，积极推行责任制，是推动社会治安综合治理工作的关键。领导责任制的实施，使各级党委、政府进一步增强了责任感，把社会治安综合治理工作摆上了重要位置，担负起了保一方平安的政治责任。目标管理责任制使各部门、各单位明确了在社会治安综合治理工作中的职责任务，通过落实部门、单位责任，调动起了各部门、各单位参与社会治安综合治理的积极性，形成齐抓共管的局面。应该看到，在这方面不少地方还需要加大工作力度。要进一步健全社会治安综合治理奖励和责任追究机制，认真落实督查和责任查究制度，严格实行“一票否决权制”。这里要特别指出的是，出了问题，追究责任，既不是我们实行责任制的初衷，也不是目的。通过实行责任制，来调动、激发做好社会治安综合治理工作的积极性，增强责任心，为人民群众安居乐业、全面建设小康社会创造和谐稳定的社会环境，才是我们的出发点和落脚点，才是我们追求的目标。要着眼于督促各地各部门认真查找工作中的薄弱环节和问题，强化责任意识，认真改进工作，促进工作措施的落实。

随着经济和社会的发展，社会治安不断遇到新情况、新问题，社会治安综合治理工作面临的任务越来越重。对此，我们要有清醒的认识。刚才大家发言中提到了不少问题，并提出了解决的建议。这些问题都是前进中的问题，要用发展的眼光看待，用改革的办法解决。要适应社会发展的需要，适应依法治国的要求，进一步转变思想观念，坚持以人为本思想，改进工作方式，做好各方面的管理和服务工作。要深入开展调查研究，深入群众、深入基层、深入实际，掌握真实情况，提高分析问题、解决问题的能力，不断推动社会治安综合治理工作与时俱进。

同志们，社会治安综合治理工作涉及的范围很广，是一项复杂的社会系统工程。各级社会治安综合治理机构要当好党委、政府的参谋、助手，充分发挥组织协调作用，发动全社会的力量，共同做好社会治安综合治理工作。我相信，在以胡锦涛同志为总书记的党中央的领导下，高举邓小平理论和“三个代表”重要思想的伟大旗帜，开拓创新，扎实工作，我们一定能够开创社会治安综合治理工作的新局面！

周永康同志在全国综治干部培训班座谈会上的总结讲话

（2004年4月12日）

同志们：

刚才罗干同志的重要讲话，深刻阐述了如何用"三个代表"重要思想和党的十六大、十六届三中全会精神指导社会治安综合治理工作，强调要从树立科学的发展观和正确的政绩观出发，切实加强综合治理基层基础建设，严格实行责任制，构筑社会治安防控体系，全面推进社会治安综合治理工作，维护好社会稳定和良好的社会秩序。罗干同志的重要讲话，对我们进一步提高认识，统一思想，明确思路，做好社会治安综合治理工作，具有重要的指导意义。大家要认真学习，深刻领会，贯彻落实到工作中去。

这次举办的培训班，主要是培训全国地（市、州、区）综治办主任。地市级综治委、办，对指导、督促县、乡镇以下基层综治组织贯彻落实社会治安综合治理的方针政策和各项措施起着承上启下的重要作用。希望大家要把这次培训班学习的收获结合本地的实际运用到工作中去。根据罗干同志的讲话精神，我这里再强调几个具体问题：

一、切实抓好社会治安综合治理的基层组织建设，狠抓综合治理各项措施在基层的落实。去年中央综治委与中央编办联合下发了《关于加强乡镇、街道社会治安综合治理基层组织建设的若干意见》，对乡镇（街道）综治委、办的设置、职能等作了明确规定，解决了综合治理工作在基层无人抓、无人管的问题。各级综治委、办，尤其是地市级综治委、办要认真抓好文件的贯彻落实。要尽快建立健全乡镇、街道综合治理机构，配齐配强综合治理的专职干部。同时，要抓好县、乡镇（街道）综治干部的培训，提高基层干部的业务素质和工作能力，解决好抓什么，如何抓的问题，确保社会治安综合治理各项措施真正在基层得到落实。要进一步加强群防群治队伍建设，解决群防群治工作的困难和问题，充分尊重广大群众的创造性，因地制宜地开展各种形式的群防群治工作。

二、在抓好基层安全创建的基础上，切实加强社会治安防控体系建设。抓好社会治安防控体系建设，是中央综治委近两年部署的重要工作，它是贯彻落实"打防结合、预防为主"的方针，全面落实社会治安综合治理各项措施的有效载体。这些年开展的基层安全创建活动是防控体系建设的基础，因此要继续巩固和扩大基层安全创建的成果，把一个个城乡基层地区、单位的治安防范工作搞好，在此基础上逐步在城乡整个范围内，全面落实治安防范措施，构筑预防违法犯罪活动的社会网络，建立起有效的社会治安防控体系。要认真地查找防控体系建设中的薄弱环节，根据本地区的工作实际，有针对性地加强工作措施，增强工作的实效性，在抓落实、求实效上狠下功夫。作为地市级综治办，要加大对基层的督促检查力度，并从当地实际出发，建立科学的考评机制，促进各项工作措施的落实。

三、认真做好调查研究工作，不断解决社会治安中出现的新情况、新问题。作为社会治安综合治理的工作机构，必须认真做好调查研究工作，分析治安形势，掌握社情民意，排查治安混乱地区和突出的治安问题，排查矛盾纠纷和影响社会治安、社会稳定的各种因素，特别是要掌握综合治理工作中出现的新情况、新问题，从而制定出切实有效工作措施，及时加以解决，不断把社会治安综合治理工作推向深入。

同志们，抓好社会治安综合治理各项措施的落实，全力维护社会稳定，是我们综治、政法系统贯彻"三个代表"重要思想的具体体现，让我们在以胡锦涛同志为总书记的党中央领导下，以“三个代表”重要思想和十六大精神为指导，同心同德，再接再厉，认真做好社会治安综合治理工作，为全面建设小康社会而努力奋斗！

（四）全国预防青少年违法犯罪暨学校及周边治安综合治理工作会议

关于印发顾秀莲、王胜俊、周强同志在全国预防青少年违法犯罪暨学校及周边治安综合治理工作会议上的讲话的通知

（2004年5月27日）

各省、自治区、直辖市社会治安综合治理委员会，新疆生产建设兵团社会治安综合治理委员会，中央社会治安综合治理委员会各成员单位：

最近，罗干、周永康同志分别对预防青少年违法犯罪工作作出重要批示。罗干同志的批示是：“预防青少年违法犯罪工作对于维护社会稳定，培养和造就社会主义事业合格建设者和接班人具有重要作用。当前，我国正处在快速发展时期，引发青少年违法犯罪的社会因素较多，青少年违法犯罪问题仍比较突出。希望各级党委、政府高度重视，进一步动员社会各方面力量关心、支持并积极参与这项工作，各有关部门要采取有力措施，密切协作，推动这项工作深入开展，为促进青少年健康成长，实现全面建设小康社会的宏伟目标作出新的贡献。”周永康同志的批示是：“青少年是祖国的希望和未来。做好预防青少年违法犯罪工作，为青少年的健康成长创造一个良好的社会环境，是各级党委、政府的重要职责。希望进一步加强对青少年的教育、管理和服务工作，为预防和减少青少年违法犯罪，维护改革、发展、稳定大局，实现国家的长治久安作出积极的贡献。”

为深入贯彻落实罗干、周永康同志重要批示精神，4月27日至28日，中央综治委在上海市召开了全国预防青少年违法犯罪暨学校及周边治安综合治理工作会议。会议以“三个代表”重要思想和党的十六大精神为指导，贯彻落实中共中央、国务院《关于进一步加强和改进未成年人思想道德建设的若干意见》和中办、国办转发的中央综治委《关于进一步加强预防青少年违法犯罪工作的意见》及国办转发的中央综治委、教育部、公安部《关于深化学校及周边治安综合治理工作的意见》，总结交流了工作经验，分析了当前存在的主要问题，研究部署了今后一个时期预防青少年违法犯罪工作和学校及周边治安综合治理工作。全国人大常委会副委员长、中央综治委副主任、中央综治委预防青少年违法犯罪工作领导小组组长顾秀莲，中央政法委秘书长、中央综治委学校及周边治安综合治理工作领导小组组长王胜俊，共青团中央书记处第一书记、中央综治委预防青少年违法犯罪工作领导小组副组长周强同志出席会议并讲话。现将他们的讲话印发给你们，请结合实际，认真贯彻落实。

顾秀莲同志的讲话

（2004年4月27日）

今天，我们在这里召开全国预防青少年违法犯罪和学校及周边治安综合治理工作会议。这次会议的主要任务是深入学习贯彻党的十六大和十六届三中全会精神，贯彻落实中共中央、国务院《关于进一步加强和改进未成年人思想道德建设的若干意见》，总结工作，交流经验，研究部署当前和今后一个时期预防青少年违法犯罪和学校及周边治安综合治理工作。刚才，冀平同志传达了罗干、永康同志的重要批示，中央领导同志的批示体现了党中央对广大青少年的殷切关怀和厚望，为我们今后的工作指明了方向。上海市委、市政府十分重视这次会议，为会议的召开做了大量准备工作，云耕同志代表市委、市政府到会致辞，会议还将介绍上海的成功经验，观摩一些行之有效的做法。昨天我参观了徐汇区、长宁区、上海青年文化活动中心等地，看了以后非常高兴，如果大家都做起来是会有成效的。刚才，胜俊同志和周强同志分别就学校及周边治安综合治理和预防青少年违法犯罪工作做了专门部署，我听了以后很有启发。他们的讲话要求明确，针对性强，希望大家结合各地情况加以贯彻落实。

同志们，近几年来，在中央综治委的领导下，在各地党委政府的重视下，各地区各部门认真负责、密切配合，扎实工作，应该说这两项工作取得了较大的成绩。在此，我代表中央综治委向所有关心、支持和重视预防青少年违法犯罪和学校及周边治安综合治理工作的同志们表示亲切的问候和衷心的感谢。

借此机会，我代表中央综治委讲三点意见：

一、认清形势，统一思想，充分认识加强预防青少年违法犯罪和学校及周边治安综合治理工作的重要性

当前，我国进入全面建设小康社会的新的历史时期，党的十六届三中全会提出要坚持以人为本，全面、协调、可持续的科学发展观，这是以邓小平理论和“三个代表”重要思想为指导，从新世纪新阶段党和国家事业发展全局出发提出的重大战略思想，对于做好包括社会治安综合治理在内的各项工作具有极为重要的指导意义。科学发展观要求在加快经济发展的同时，更加注重社会的全面进步。不仅要看经济发展，还要看社会治安、社会稳定和社会和谐；不仅要看人民群众的生活水平，还要看人民群众的安全感，看人民群众是否安居乐业。以科学的发展观指导社会治安综合治理工作，要求我们必须把包括青少年在内的最广大人民的根本利益作为出发点和落脚点，牢固树立以人为本的观念，防范和打击各类违法犯罪活动，保障广大人民群众的生命财产安全，维护社会治安秩序和社会稳定；要求我们必须进一步重视预防青少年违法犯罪和学校及周边治安综合治理工作，着眼于青少年的健康成长，切实维护青少年的合法权益，不断优化青少年成长环境，最大限度地遏制和减少青少年违法犯罪，维护和保持良好的治安秩序，为确保国家的长治久安，促进经济、政治、文化的全面、协调和可持续发展创造良好的社会环境。

党和国家历来十分重视、关心青少年的健康成长，高度重视这两项工作。早在1996年就提出了整顿高校治安秩序和加强学校治安综合治理工作的意见。《中华人民共和国未成年人保护法》和《中华人民共和国预防未成年人犯罪法》颁布后，中办、国办转发了中央综治委《关于进一步加强预防青少年违法犯罪工作的意见》，对如何落实“两法”提出了明确要求。今年2月26日，中共中央、国务院下发了《关于进一步加强和改进未成年人思想道德建设的若干意见》，就新形势下全面提高未成年人的思想道德素质提出了新的任务和要求。最近，锦涛同志在批示中着重指出：“加强治安环境的综合治理,确保校园的长治久安”,这不仅是对学校的要求,也是对全党全社会的要求,是加强预防青少年违法犯罪和学校及周边治安综合治理工作的总动员令。罗干、永康同志的重要批示,更加增强了我们做好这两项工作的责任感和使命感。我们一定要深刻学习领会中央领导同志的指示精神,不辜负党中央的殷切期望,坚决把中央领导的指示贯彻落实到预防青少年违法犯罪和学校及周边治安综合治理工作中去。

我们正处在实施社会主义现代化建设第三步战略部署的新的发展阶段,国际国内形势正在发生着深刻的变化。我们既要看到我国对外开放进一步扩大、社会主义市场经济深入发展、信息技术等高科技日新月异给我们带来的新机遇,更要正视目前面临的严峻形势。国际敌对势力始终没有停止对我们的思想文化渗透,一些社会丑恶现象沉渣泛起,各种消极腐败现象干扰社会生活,拜金主义、享乐主义、极端个人主义思潮滋长,一些地方渲染暴力、色情、迷信的图书报刊和音像制品及电子信息产品屡禁不止。社会竞争和矛盾冲突加剧,就业、就学、社会福利和财富分配等方面存在着一些不均等现象,社会转型期的诸多问题没有及时解决。在各种消极因素的影响下,出现了青少年犯罪人数增多、恶性案件时常发生、未成年人犯罪增加的现象。今年在长春发生的“3·23”恶性抢劫杀人案,5名青少年犯罪嫌疑人中有4名未成年人。最近公安机关破获的一起12名青少年轮奸15岁少女案件,其中9人为18岁以下未成年人。学校及周边治安问题也有不同程度的反弹,一些地区校内校外治安秩序混乱,师生人身安全受到威胁,去年北京大学、清华大学发生的爆炸案以及今年2月云南大学学生马加爵杀害4名同学的恶性案件,就是典型案例。实践证明,越是经济社会快速发展,越要居安思危、防微杜渐,坚持社会治安综合治理工作不放松,坚持预防青少年违法犯罪和学校及周边治安综合治理工作不放松。我们必须进一步统一思想,提高认识,把这两项工作抓紧抓好。

二、把握规律,开拓创新,进一步增强工作的针对性和实效性

这次会议把这两项工作放在一起来研究,因为他们密切相关、相互促进,都是着眼于促进青少年健康成长,维护社会治安稳定的重要措施。自2001年中共中央国务院下发《关于进一步加强社会治安综合治理的意见》以来,各级党委和政府切实加强对这两项工作的领导,各地区、各部门认真履行职责,社会各方面广泛参与,坚持从源头抓起,扎实开展工作,创造了许多成功的经验:

一是坚持“两手抓”,一手抓教育服务,一手抓打击整治。一方面,从青少年自身出发,通过教育服务,帮助青少年树立正确的世界观、人生观和道德法制观念,从思想上构筑起一道抵御违法犯罪的防线。另一方面,着眼于优化环境,通过打击整治、震慑校园及周边违法犯罪分子,及时铲除社会环境中的不良诱因。近年来,各地各部门面向广大青少年,特别是青少年学生,广泛开展多种形式的理想信念、道德法制教育,及时服务青少年的身心需求,开展校园及周边治安整治行动,取得明显成效。实践证明,我们在工作中既要清除社会不良因素、打击学校及周边违法犯罪,更要帮助青少年解疑释惑,帮助他们解决实际困难,满足他们的正常需要,按照重在建设的思路推进工作。

二是坚持做好重点群体的预防工作。社会治安综合治理工作因人不同,因事而异,针对不同的对象必须采取不同的措施。就预防青少年违法犯罪而言,未成年人、闲散青少年、进城务工青年、罪错青少年等应当成为重点工作对象,根据各个群体不同的特点,综合运用教育、管理、服务以及惩诫警示、帮教矫治等不同工作手段。就校园及周边治安工作来说,必须把校内学生作为重点保护对象,加强教育服务,严格校内管理;把校外滋扰团伙和周边不法商贩作为重点防范打击对象,采取专项行动严厉打击危害校园安全和诱发青少年违法犯罪的各种不法行为。只有做好重点群体的工作,才能在很大程度上排除隐患,才能事半功倍,取得更大成效。我们昨天去上海的几个区里参观,他们的经验特别值得总结。他们把家庭教育、学校教育、社会教育有机地结合起来,全面研究各种不同情况的孩子,针对其思想状况、身心情况、家长情况、周围情况,有针对性地开展思想教育工作,开展防范工作。目前,这些工作在上海的四个区进行,还没完全推开。希望有关部门好好地把这些经验总结推广,逐步形成全国大网络,联网推动。这次会议给大家提供一个交流经验、交流情况、统一思想的良好机会,要整合资源,在人手少、钱不多的情况下,要把工作做好就要发挥人的最大潜力。

三是坚持把工作的落脚点放在基层。基层是各种社会矛盾的集结地,各类社会问题的焦点和难点也在基层,各个重点群体也大都分散在基层。因此,基层工作扎实与否,很大程度决定着社会治安综合治理工作的成效。实践表明,把预防青少年违法犯罪工作重点下移到社区,立足社区调查研究,制定措施,实施社区预防计划,可以及时地化解各类矛盾纠纷,有效遏制和减少青少年违法犯罪行为的发生。学校及周边治安综合治理工作通过落实校内外各相关单位联防联控责任,不断建立和完善治安防控体系,就能保持和维护校园及周边的良好秩序。社区是社会最大的基础,去年我在调查未成年人保护法的时候,就深切感受到法律进社区的重要性。

四是坚持专门机关与社会力量相结合。青少年违法犯罪和学校及周边治安是两个复杂的社会问题。专门机关职能作用发挥得如何,直接关系到工作措施的落实,关系到工作的成效。广大人民群众是社会治安综合治理的力量源泉,相信群众、依靠群众,是我们做好工作的重要保障。只有把发挥专门机关作用与发挥人民群众作用紧密结合起来,这两项工作才能取得更大的成绩。近年来,各地各部门充分发挥专门机关职能,加强专门工作力量,同时,畅通渠道,动员组织广大群众和社会力量积极参与,有力地促进了工作的深入开展。

五是坚持开展集中行动的同时,积极探索长效机制。集中行动是解决突出问题,震慑犯罪,遏制不良社会问题蔓延和危害的有力手段。长效机制是着眼长远,解决根本问题,推动工作持续发展的主要方式。我认为上海创造的工作经验属于长效机制,虽然我们现在经济不是最发达,财政也比较紧张,组织那么多社工也有相当的支出,但可以算一笔账,如果因此维护了社会稳定,减少了违法犯罪,促进了社会经济发展,那就是平衡的,所以我们在研究办法的同时还要研究资金来源,要说服领导投入资金,一个安全文明的环境一定会促进中华民族的发展。近期又发生的非典疫情,很快就得到了控制,这说明中国人做事情只要有一个好的机制,就一定能够做好。我们思维方式的转变,工作的开拓,都要从建立长效机制入手。伴随我国经济社会的快速发展,社会环境中引发青少年违法犯罪的不良因素不断发展变化,日趋复杂,学校及周边的一些新问题不断出现,形势要求我们既要采取果断措施消除不良现象,更要用经常性的工作解决带有根本性的问题。集中行动是优化学校及周边治安环境、缓解社会不良因素对青少年危害的治标之策,长效机制是有效预防青少年违法犯罪和维护校园长治久安的治本之举,只有在开展集中行动的同时,积极探索长效机制,才能做到标本兼治,取得实效。

以上是我们在以往工作中积累的宝贵经验,也是今后工作中必须坚持的原则。近年来,预防青少年违法犯罪和学校及周边治安综合治理工作不断加强,但是,我们也要看到,工作中还存在不少薄弱环节,例如,一些地方的工作要求和措施没有得到落实,工作观念和手段相对传统和滞后,基层的工作机构、队伍和阵地不够健全,一些社会不良因素和隐患没有得到及时消除,等等,需要我们进一步解放思想、开拓创新,不断研究新情况,解决新问题,努力掌握新形势下预防青少年违法犯罪和学校及周边治安综合治理工作的特点和规律,不断提高整体工作水平。

三、加强领导,求真务实,全面落实社会治安综合治理的各项措施

预防青少年违法犯罪和学校及周边治安综合治理工作取得实效,关键在于各项措施落到实处。在这里,我着重强调三点:

第一,切实加强领导。各级党委政府和综治委一定要从讲政治的高度,深刻认识加强预防青少年违法犯罪和学校及周边治安综合治理工作的重要意义,牢固树立保一方平安的责任意识,进一步加强对这两项工作的领导。一是要建立机构。推动预防青少年违法犯罪和学校及周边治安综合治理工作的领导机构和工作机构建设,落实工作经费,配备必要的专职工作人员,健全中央、省、地、县四级领导和工作机构体系。二是要摆上位置。要将预防青少年违法犯罪和学校及周边治安综合治理工作纳入党政工作总体规划和年度计划,定期听取专题汇报,帮助解决工作中的困难和问题,及时作出相应的工作部署,检查工作的落实情况。三是要强化责任。要把预防青少年违法犯罪和学校及周边治安综合治理工作的实绩,列为党政干部考核的一项内容;把这两项工作纳入各地社会治安综合治理的考评体系,同部署,同落实,同检查,并严格实行奖励和责任追究。

第二,各部门要认真履行职责。预防青少年违法犯罪和学校及周边治安综合治理工作涉及多个部门,需要各部门积极参与,密切配合。各级综治委及办公室要把这两项工作列入重要议事日程,根据"属地管理"的原则,指导、协调各有关部门充分发挥职能作用。各级宣传部门要按照中央综治委、中宣部《关于当前加强社会治安综合治理宣传报道工作的意见》,进一步做好这两项工作的宣传报道。各级司法机关要依法打击惩治有关违法犯罪行为,加强对涉案未成年人的保护和教育,巩固、发展和完善少年司法制度;严厉打击校园及周边地区存在的各类违法犯罪活动,调解矛盾纠纷,指导学校开展法制宣传教育工作,推进青少年法制教育的科学化、制度化、规范化。各有关部门要广泛开展多种形式的思想道德教育,加强工读学校建设,帮教转化有不良行为的学生;做好流浪儿童的救助保护和外来施工队伍的教育和管理工作;开展违规网吧、非法"口袋本"图书专项整治行动,认真清理整顿学校及周边各种非法经营活动;落实好预防青少年违法犯罪和学校及周边治安综合治理的工作经费。各级群团组织要发挥密切联系群众的优势,动员社会力量积极参与这两项工作,深入开展创建优秀"青少年维权岗"、"千校百万"培训计划、"中国少年儿童安全健康成长计划"等各种丰富多彩的活动,广泛建立"家长学校",增强教育和服务的针对性和实效性。

第三,狠抓落实,在关键环节上下功夫。一是抓好重点项目。预防青少年违法犯罪工作要培育好"青少年违法犯罪社区预防计划"和创建"未成年人零犯罪社区"这两个工作项目,充分发挥各地、各部门的作用,动员社会力量,巩固预防青少年犯罪的工作基础;学校及周边治安综合治理工作要深入开展"安全文明校园"创建活动,强化校园内部管理,改善学校及周边的治安环境。二是围绕突出问题,研究制定针对性措施。从这两项工作检查情况来看,目前群众反映比较强烈的主要是非法"网吧"和城乡结合部的中小学校园周边环境问题。对此,学校及有关部门要高度重视,密切配合,一方面要切实加强网上正面宣传,唱响主旋律,打好主动仗,另一方面要采取专项整治行动,通力解决非法"网吧"和"黑网吧"以及城乡结合部的中小学校园周边久拖不决的问题。三是坚持不懈地抓好基础性工作。预防青少年违法犯罪和学校及周边治安综合治理工作要认真贯彻实施中央综治委《关于加强社会治安治理基层基础工作的意见》,把各项措施落到实处。要壮大工作队伍,进一步加强社区专兼职队伍建设,在动员组织青年志愿者、离退休老同志参与预防工作的同时,培训和聘请专职社工,加强社区青少年教育、管理和服务工作;要建好工作阵地,加强校内和校外青少年活动阵地建设,并创造条件对全社会开放,满足青少年的物质文化需求。昨天,我参观了上海的禁毒教育展览,搞得非常好。建议有条件的地方要用这种形式多样、内容丰富的方法来宣传,通过展览形象化地开展宣传教育。目前,我国禁毒形势非常严峻,吸毒导致艾滋病的蔓延,这是一个相当严重的问题,直接影响国家经济建设和社会安定。公安政法机关坚决制止吸毒和打击卖淫嫖娼是十分重要的手段。我们要积极创造条件教育青少年,还要丰富工作手段,运用教育、管理、服务、矫治、帮教、优化环境等多种手段开展预防青少年违法犯罪和学校及周边治安综合治理工作;要做到工作经常化、规范化、制度化,进一步健全工作机制,努力推动两项工作的健康发展。不久前中央下发了关于加强和改进未成年人思想道德建设的文件,并在中央电视台开设了少儿频道。我们一定要认真学习贯彻中央《意见》精神,加强家长学校的建设,把家庭教育、学校教育和社会教育三位一体结合起来,扣紧每个环节,切实加强未成年人的思想道德建设。

同志们,预防青少年违法犯罪和学校及周边治安综合治理事关千家万户的安宁,事关改革发展稳定大局。做好这两项工作利在当代,功在千秋。让我们紧密团结在以胡锦涛同志为总书记的党中央周围,高举邓小平理论和"三个代表"重要思想的伟大旗帜,牢固树立和落实科学发展观,与时俱进,开拓创新,扎实工作,为把这两项工作进一步推向前进,实现国家的长治久安作出新的贡献!

王胜俊同志的讲话

（2004年4月27日）

近年来，党中央、国务院十分重视学校治安问题，中央领导同志多次作出过重要批示，中央综治委、公安部、教育部会同有关部门认真贯彻中央精神，持续不断地组织集中整治学校及周边治安秩序，1996年就整顿高等学校治安秩序发了通知，2000年国务院办公厅转发了中央综治委、教育部、公安部《关于深化学校治安综合治理工作的意见》，明确了学校治安综合治理的任务、原则和工作措施，对各有关部门提出了具体要求。2001年，中共中央、国务院《关于进一步加强社会治安综合治理的意见》中强调，要深入扎实地开展创建安全文明校园活动，加强学校及周边地区治安环境的综合治理。2002年以来，全国31个省（自治区、直辖市）综治委都成立了学校及周边治安综合治理工作领导小组及办公室，进一步加强了对这项工作的组织领导。在领导小组的统一部署下，有关部门积极参与，相互配合，开展了大量工作。2003年，中央综治委、教育部联合下发了《关于教育系统参与社会治安综合治理工作的通知》，进一步明确了教育系统综治工作的领导体制、工作机制和职责任务。中央综治委、最高人民法院、最高人民检察院、公安部、教育部、司法部等六部门共同下发了《关于规范兼职法制副校长职责和选聘管理工作的意见》，推动了法制副校长制度的规范化建设。各地在强化学校内部治安管理，提高学校自我防控能力的同时，组织有关部门认真开展调查摸排，针对学校及周边的治安突出问题，进行了集中整治，对危害师生人身、财产安全的违法犯罪活动进行了严厉打击，清理了一批影响校园周边治安的游商摊点和有害学生身心健康的电子游戏厅、录像厅、歌舞厅、网吧等。各地开展了形式多样的安全文明校园创建活动，把这项工作作为巩固集中整治成果、深化学校治安综合治理工作的一个有效载体来抓。

需要强调的是，学校及周边治安综合治理工作虽然取得了一定成效，但我们必须清醒地认识到，一些地方的学校及周边地区治安问题仍然较为突出，有的学校及周边治安混乱问题整治后反弹严重，师生反映强烈，一些难点问题还没有得到彻底解决，长效工作机制仍未建立。主要表现在：一是学校及周边刑事案件发案率较高，针对师生的敲诈勒索、抢劫、伤害等侵害人身财产权利的违法犯罪活动时有发生。二是学校周边非法经营的网吧、录像厅、电子游戏厅、歌舞厅等数量多，屡禁不止，“黄、赌、毒”等问题还比较严重，未成年人进入网吧的现象仍较为突出，因网吧而引发的青少年学生被害的案件有所增加，社会反响强烈。三是一些社会闲散人员进入学校寻衅滋事，干扰学校正常的教学秩序。四是在学校及周边治安管理工作中还存在一些薄弱环节，特别是部分学校对安全保卫工作不够重视，校园治安综合治理的一些措施没有真正落实，一些高校校园内的不安定事端增多。有的地方维护校园周边治安仍然存在公安一家唱“独角戏”的现象，缺乏有关部门的参与和配合，各方齐抓共管的工作机制没有建立，等等。因此，对当前学校及周边的治安状况要有一个清醒、准确的认识。当前，要认真学习贯彻胡锦涛总书记的重要指示精神，坚持求真务实，抓好学校及周边治安综合治理工作措施的落实，这里我就需要重点抓好的几项工作讲几点意见。

一、要以求真务实的精神切实加强对学校及周边治安综合治理工作的领导

学校治安问题是社会各界关注的问题，关系到千万个家庭，关系到广大青少年的健康成长，并直接影响到学校的稳定和社会的稳定。学校及周边治安综合治理工作和广大人民群众息息相关，我们深感责任重大。尤其是近年来，影响学校安全稳定的新情况、新问题不断增多，工作难度越来越大。各级党政领导必须从讲大局、讲政治、讲稳定的高度来认识做好学校及周边治安综合治理工作的重要意义，扎扎实实为广大师生排忧解难。贯彻落实“三个代表”重要思想，树立和落实科学发展观和正确的政绩观，弘扬求真务实精神，不能仅停留在口号上，必须真正落实到具体行动当中去。重视并认真抓好学校及周边治安综合治理工作，就是实践“三个代表”重要思想的一个具体行动。坚持求真务实，就是要在“求真”上下功夫，在“务实”中见成效。各级党委、政府要真正把这项工作摆上重要议事日程，高度重视和认真研究学校及周边治安问题，不能出了事才引起注意。要认真学习、宣传和落实中央关于学校治安的一系列文件和指示精神，深刻认识这项工作的重要性，真正解决有人管、有人干和干什么、怎么干的问题。要经常掌握、研究学校治安工作的规律和特点，要针对影响广大师生安全感的重点问题，制订对策并推动落实。各有关部门要以求真务实的精神和作风，进一步增强做好这项工作的责任感和紧迫感，要明确工作任务，尽职尽责，密切配合，协同作战，落实工作措施，为广大青少年的健康成长创造一个良好的学习、生活环境。

二、认真排查整治学校及周边的突出治安问题，查找薄弱环节，强化防范措施落实

加强学校及周边治安综合治理工作必须始终坚持“打防结合，预防为主”的方针，一方面要坚持不懈地开展打击侵犯师生人身财产安全的违法犯罪活动，本着什么问题突出就重点整治什么问题，什么问题反复，就整治什么问题的原则，因地制宜，采取灵活多样的行动方式，认真排查学校及周边的突出治安问题，加强对校园及周边治安秩序的整治。另一方面，要切实做好学校及周边的治安防范和管理工作。这里需要着重指出的是，对于发生在学校及周边地区的爆炸、投毒等易于造成多人死亡的案件和系列杀人案件，要高度重视，及时侦破，同时，要特别注重查明原因，举一反三，发现工作漏洞，强化整改措施。各级综治委、办要针对治安突出问题，认真开展排查整治工作，要在信息的搜集、分析和研究上下功夫，既要排查出那些浮在面上的问题，也要注意把握苗头性、倾向性的问题，更要注意发现那些重大治安、安全隐患，既要查找原因，更要找准症结，针对工作中的薄弱环节，研究制订整改措施，明确整改责任，检查、督促整改措施的落实。领导小组成员单位要密切配合，加大整治力度，结合本地的实际情况，从师生反映强烈的问题抓起，从迫切需要解决的事情做起，积极探索开展工作的新思路、新方法，把工作热情与科学态度结合起来，把创新的精神与求实的作风结合起来，切实为广大师生解决重点、难点问题。

三、要充分发挥学校及周边治安综合治理工作领导小组的作用，加强对工作的指导、检查、督促

各地学校及周边治安综合治理工作领导小组，要高度重视学校及周边治安综合治理工作，加大工作指导力度，充分发挥有关部门齐抓共管的合力作用，联系实际，及时布置工作并检查落实的情况。要组织有关部门加强对落实工作情况的督查，了解掌握工作进度和效果是否达到了要求，有哪些好的经验和做法，遇到哪些突出问题和困难，特别要注意发现和解决影响综治措施落实的深层次问题，不能满足开了多少会，发了几个文件，而要把功夫真正用在深入调查研究、全面掌握情况和解决问题上，用在各项任务落实上。领导小组办公室要加强与各部门的联系，沟通落实情况，要及时召开专题会议，研究解决存在的问题，认真总结和推广好的做法、好经验，推动工作的深入开展。

四、要强化责任督查，严格实施责任制

学校及周边治安综合治理工作，涉及的部门比较多，情况错综复杂，必须明确分工，明确责任，各负其责。首先要落实“属地管理”原则，学校所在地的党委、政府应当负责学校及周边地区的治安，行政辖区内的公安派出所及其他有关部门应该对学校及周边的治安整治负责。其次是抓好“谁主管，谁负责”原则的落实，解决学校及周边的治安问题，各有关部门必须切实负起责任，按照中央综治委制定的《各有关部门在学校及周边治安综合治理工作中的职责任务》的要求，认真履行职责，各个部门该管的事情要真正落实责任，要避免出现大家都管，大家都不负责的局面。第三是确立学校负责校内治安的原则，学校党政主要领导要对校园内部治安稳定承担责任，要把搞好学校治安综合治理作为学校工作的重要内容，加强内部的治安防范和管理。高等院校都要明确一名党政副职抓校园治安综合治理,并参加辖区的综合治理委员会和学校及周边治安综合治理工作领导小组。学校要真正把落实综合治理各项措施同教学、发展有机地结合起来,进一步加强安全教育,履行管理责任。要进一步研究和探索建立健全学校内部治安管理制度、落实校规校纪的方式方法,使学校的安全教育、管理工作更加贴近广大师生的学习、生活和思想实际。落实责任制,必须加强责任追究。目前各有关部门的职责是明确的,问题在于工作不落实,出了问题追究不严,监督不力。1993年,中央五部委联合作出了《关于实行社会治安综合治理领导责任制的若干规定》,2000年,中央五部委又下发了《关于对发生严重危害社会稳定重大问题的地方实施领导责任查究的通知》,2002年,中央五部委提出了对一些发生严重危害社会稳定问题的地方和单位进行督查的具体要求,把查究的关口前移。进行责任查究或督查也要讲落实,对出现的问题一定要查明责任,严肃追究,一查到底。进行督查,给予处分并不是目的,真正的目的是使大家都真正负起责任来。除了追究那些不负责并造成严重后果的责任人以外,还有一个重要方面,就是大张旗鼓地宣传、奖励工作中的先进单位和个人。今年下半年将在适当的时候,对在学校及周边治安综合治理工作中做出突出贡献的单位和个人给予表彰。

五、进一步深化安全文明校园创建活动

近年来,各地开展了各种形式的创建安全文明校园活动,受到广大师生和人民群众的肯定和支持,产生了良好的社会效益。要继续把创建活动作为巩固学校治安整治成果,深化学校治安综合治理的一项重要举措,广泛持久地开展下去。当前,普遍存在的创建规格不高、标准不一、不规范等问题已成为制约创建工作逐步深化的重要因素,由中央综治委、教育部、公安部共同制定的《关于深入开展安全文明校园创建活动的意见》,就是要进一步规范创建活动标准,使创建活动进一步规范化、制度化,提高创建工作的水平和档次。各地学校及周边治安综合治理工作领导小组要做好创建活动的组织、实施、检查、考评工作,提高创建活动的质量。

创建工作要坚持一切从实际出发,按客观规律办事,既要积极进取,又要量力而行,不盲目攀比,坚持办实事,求实效,不搞“形象工程”。学校要加强内部的治安防范和管理,真正把落实综合治理各项措施同教学、发展有机地结合起来。通过建立健全各项规章制度,不断增强师生的防范意识,提高学校治安管理水平。加强对学生的道德、法制教育,使校园形成遵纪守法、崇尚美德的良好风气。

学校所在地的党委、政府要加强对安全文明校园创建活动的统一领导,社会治安综合治理委员会要把创建活动纳入当地基层安全创建活动总体规划,实行校地共建,落实齐抓共管。要把集中整治与经常性管理、完善生活服务设施很好地结合起来,及时组织排查调处校地间的矛盾纠纷,最大限度地预防、减少群体性事件及治安问题的发生。在条件允许的高校,推动集人防、物防和技防于一体的校园治安防控体系建设。公安、教育、司法、工商等部门要各负其责、密切配合,使这项工作逐步走上规范化、制度化的轨道。

要高度重视青少年学生的法制、道德教育。各地及有关部门要切实贯彻落实中共中央、国务院下发的《关于进一步加强和改进未成年人思想道德建设的若干意见》、教育部、司法部、中央综治办、共青团中央《关于加强青少年学生法制教育工作的若干意见》、中央综治委、最高人民法院、最高人民检察院、公安部、教育部、司法部共同制定的《关于规范兼职法制副校长职责和选聘管理工作的意见》等文件精神,进一步加大对学生的法制道德教育力度。增强青少年学生的遵纪守法意识,提高自我保护能力。要注重加强兼职法制副校长和法制辅导员管理工作,按照文件要求,进一步规范其工作职责任务和选聘、管理的方式,建立工作制度。特别要做好对法制副校长的培训工作,努力提高他们的业务素质。要积极发挥法制副校长在维护学校及周边地区治安中的作用,坚持校内与校外教育相结合,巩固学校法制教育的效果。各地在基层安全创建和“法律进社区”活动中,要把对青少年学生进行道德法制教育作为社区建设的一项重要工作,大力加强社区青少年法律学校建设,建立青少年学生社区参与综合评价系统,把学校评价与社区评价有机结合起来,形成家庭、学校、社区“三位一体”的教育管理机制,在全社会营造开展青少年学生道德法制教育的良好环境。

周强同志的讲话

(2004年4月27日)

一、近年来的工作回顾和当前形势分析

自2000年中央综治委召开全国预防青少年违法犯罪工作经验交流会以来,各地各部门深入贯彻罗干同志的重要讲话精神,按照中央综治委《关于进一步加强预防青少年违法犯罪工作的意见》要求,进一步加强对预防青少年违法犯罪工作的领导,积极探索预防青少年违法犯罪的工作机制,广泛动员社会各方面积极参与,全面落实各项工作措施,初步形成了齐抓共管的工作局面,预防工作取得了新的进展,主要体现在以下几个方面:

第一,工作体系初步形成。目前,中央有关部门,31个省、自治区、直辖市,80%的地市和一部分县区、街道成立了预防青少年违法犯罪工作领导小组或工作机构。领导小组成员单位也逐步增加到18个,有些地方根据实际情况进一步扩大了参与部门。各地积极探索,建立了联席会议、联合执法等多种协调联动机制。一些地方将预防工作纳入综治工作考核体系,促进了各项措施的落实。

第二,法制教育实效性增强。一是形式多样化。各地普遍开展了模拟法庭、以案说法等形式新颖的宣传教育活动。二是针对性增强。很多地方根据青少年的身心特点和日常生活中经常遇到的法律问题,密切联系实际开展法制教育。三是师资队伍逐步形成。各地公、检、法、司等系统会同教育部门,在全国80%以上的中小学校配备了兼职法制副校长。四是阵地建设得到加强。各地建立了一大批社区青少年法律学校、社区青少年服务中心、青少年法制教育基地等基层工作阵地。

第三,青少年成长环境得到优化。一方面,各地针对非法"网吧"、不健康"口袋本"图书、毒品、校园暴力等容易诱发青少年违法犯罪的突出问题,积极开展了专项治理整顿。另一方面,本着重在建设的原则,广泛建立青少年能够就近就便参与的社区活动场所;推出了一大批适合青少年身心特点的图书、报刊、影视和文学作品、电视栏目,丰富了青少年的精神文化生活。

第四,对闲散青少年的教育和管理逐步加强。在成都会议上,中央领导同志、中央综治委明确提出,要将对闲散青少年的教育管理作为预防青少年违法犯罪工作的一个重点和一项基础工作来抓。这些年来,通过摸底调查、建档立卡,做到底数清、情况明,进而有针对性地采取帮教措施,取得了一定成效。在这方面,上海市做了很多的探索,积累了很好的经验。从2002年起,上海市对全市63000名闲散青少年实行"一人一卡"管理,全市建立了一个信息管理系统。通过对闲散青少年采取结对帮教、心理咨询、法律服务、技能培训和扶持就业等措施,实现了社区、家庭和学校工作的相互衔接,有效地控制了这一群体的违法犯罪,也有效地帮助了这个特殊的群体。因此,这次会议在上海召开,也是一次现场观摩会、经验交流会。

第五,基层工作队伍不断壮大。一是专职队伍有所加强。如上海市由政府出资建立青少年事务社工队伍,通过政府购买服务,经过公开招聘和培训后上岗,使他们具有较强的服务意识和专业素质,这支队伍已经成为一支重要的工作力量。二是志愿者服务队伍不断壮大。许多离退休老干部、社区居民、学生家长、民警和教师成为热心青少年工作的志愿者,在开展青少年文化教育、法制教育、结对帮教、预防青少年违法犯罪等方面发挥了重要作用。

在看到工作成绩的同时,我们也认识到,在预防青少年违法犯罪方面还存在着不少薄弱环节。在工作当中,有些地方轻视预防、方法单一、措施还不够到位。尤其是各地的预防青少年违法犯罪

工作领导小组办公室,对青少年违法犯罪工作中出现的新情况、新问题研究不够。有些地方工作还没有到位,责任主体也不够明确。所有这些都需要在今后的工作中逐步加以解决。

当前,还应当清醒地看到,社会上仍然存在不少诱发青少年违法犯罪的不良因素,青少年违法犯罪形势还比较严峻。一是犯罪人数持续增长。据政法部门统计,2000至2002年全国法院共判处未成年人罪犯141622人,年均递增9.52%,与1997至1999年未成年人罪犯总数104072人相比,上升了36.08%。二是占罪犯总数的比率升高。全国法院判处的刑事罪犯中,未成年人罪犯所占比率由1998年的6.36%上升到2003年的7.93%,其中大部分为团伙犯罪,犯罪的“盲目性、冲动性、暴力性、模仿性、偶发性”特点比较突出。三是犯罪类型呈扩展式发展。全国未成年人犯罪罪名由1998年的98个发展到2003年的120个,增幅达22.45%,犯罪类型主要以侵财型为主,并有向暴力、淫乱、吸毒和滋扰等犯罪方面发展的趋向。

面对这一形势,我们深刻地认识到,能否切实有效地抓好预防青少年违法犯罪工作,关系到青少年一代的健康成长,关系到国家改革、发展、稳定大局,关系到社会主义现代化建设顺利进行。我们必须进一步增强责任感和紧迫感,增强忧患意识,切实把这项工作抓紧抓好。

二、今后一个时期的主要任务和工作重点

当前和今后一个时期,预防青少年违法犯罪工作的主要任务是:以邓小平理论和“三个代表”重要思想为指导,牢固树立和落实以人为本、全面、协调、可持续的发展观,结合经济和社会发展的实际,针对青少年身心成长的特点,积极探索预防青少年违法犯罪工作的规律,采取教育、服务、管理、帮教、优化环境等多种形式,对青少年违法犯罪实行综合治理,努力创造有利于青少年健康成长的社会条件,切实维护青少年的合法权益,提高青少年思想道德素质、法制观念和自我保护意识,逐步构建预防青少年违法犯罪工作体系,遏制和减少青少年违法犯罪。当前,应着力抓好以下几方面工作:

第一,坚持不懈地抓好青少年思想道德和法制教育。一是大力加强思想道德教育。要按照中共中央、国务院《关于进一步加强和改进未成年人思想道德建设的若干意见》的要求,在青少年中深入开展爱国主义、集体主义、社会主义和中华民族精神教育,大力加强公民道德教育,帮助青少年从小养成良好的道德品行和行为规范,树立正确的世界观、人生观和价值观。

二是深入开展法制和纪律教育。要充分发挥法制副校长、法制辅导员的作用,依托社区青少年法律学校等法制教育基地,运用警示教育、同伴教育、法制宣传周等方式,面向广大青少年开展丰富多彩、寓教于乐的法制教育活动,进一步增强青少年法律意识。

三是广泛开展自我保护教育。未成年人自我保护意识比较薄弱,相关知识更加欠缺。要围绕治安防范、心理健康等主题,通过举办自护培训班、自护学校,采取专家授课、录像观摩、模拟情景训练等形式,向青少年宣传自护知识,传播“认识社会、拒绝诱惑、远离危险、防范侵害”的自护理念,提高青少年自我防范意识和能力。

四是着力推动学校教育、家庭教育和社会教育的有机结合。积极推动学校、家庭、社会相结合的教育体系和综合评价体系的建设,指导和推进社区教育,通过具体项目把学校教育和社会教育的措施落实到社区,办好社区家长学校、家庭教育指导中心,使学校教育、家庭教育和社会教育相互配合、相互促进。

第二,从服务入手,做好重点青少年群体的预防工作。一是针对闲散青少年,要专门建立区域性的信息管理系统,准确掌握他们的基本情况,做到心中有数。要分析他们面临的实际困难和问题,根据不同情况,通过跟踪服务、专人联系、定向辅导等方法,在生活上帮助他们解决困难,在学习上帮助他们进步,在行为上帮助他们矫正不良习惯,在就业上扶持他们就业创业,促进他们健康成长。

二是针对进城务工青年,要通过开展培训、维权和就业等服务,着力提高他们的文化素质和就业技能,及时解决工资拖欠、人身伤害、强迫超时劳动、子女入学困难等实际问题,引导他们成为维护社会稳定的一支积极力量。

三是针对流浪儿童,要加大对引诱、控制、教唆流浪儿童违法犯罪黑恶势力的打击力度,围绕流浪儿童的基本生活需求,采取特殊的帮教、安置和抚养措施,积极探索对流浪儿童提供紧急救助的有效方法。

四是针对有罪错的青少年,广泛动员社会力量,开展志愿者“一助一”、“多助一”帮教服务,办好过渡性安置企业和基地,做好就业指导、培训和安置就业工作。要按照“教育、感化、挽救”的方针,从侦查、起诉、审判、执行等各个环节,加强探索,进一步完善我国的少年司法制度。

第三,整治和建设相结合,进一步优化青少年成长的社会环境。一方面,要开展整治行动,大力净化青少年成长的社会环境,消除危害青少年身心健康的不良因素。我们现在面临一个很好的机遇,就是中共中央、国务院《关于进一步加强和改进未成年人思想道德建设的若干意见》发布以后,各部门、各地高度重视。5月中旬,中央文明委还将召开会议贯彻《若干意见》精神,中央领导同志将作重要讲话。我们要抢抓机遇,扎实工作。当前,要针对违规网吧、不健康“口袋本”图书、摇头丸等诱发青少年违法犯罪的突出问题,加大联合打击力度,坚持不懈地开展“扫黄”、“打非”和禁毒斗争,坚决查处传播色情、暴力、迷信和伪科学的出版物、电子信息和游戏软件等产品,严格查处“非法”网吧,落实禁止未成年人进入网吧等措施。要动员社会力量,通过设立举报热线、成立监督员队伍,建立监督、举报和快速受理机制,把不良的社会现象消除在萌芽状态。

另一方面,要着眼建设,创造条件满足青少年正当需求,积极营造有利于青少年健康成长的社会氛围。要依托现有的青少年专门活动场所,积极开展科技、文化、艺术、体育等青少年喜闻乐见的活动。倡导文明健康的网络风气,设立青少年专题网页、专栏,组织开展网上青少年活动。要创作、编辑、出版、播出优秀的青少年读物、视听产品、电视节目和报刊栏目,大力推动青少年文化建设。

第四,立足社区,夯实预防工作的基层基础。一是加强组织建设。有条件的地方,要建立健全县、街道(乡镇)、社区三级预防青少年违法犯罪领导工作的协调体制;条件尚不具备的地方,也要解决社区预防工作“有人管”的问题,明确预防工作的责任主体。

二是建立工作队伍。目前,在专兼职干部组成骨干工作队伍的基础上,一些地方开始聘用专业社会工作者,成效十分明显,是今后队伍建设的发展趋势。同时,要调动广大人民群众的积极性,动员学校和社区“五老”人士、热心人士、青年志愿者以及社会团体参与预防工作,解决社区预防工作“有人干”的问题。

三是加强阵地建设。要充分用好学校和社会已有的阵地资源,免费或优惠向青少年开放。同时,要加快青少年教育活动场所的建设步伐,广泛建立小型多样、青少年能够就近就便参与的社区青少年活动场所。

第五,着眼长远,探索建立预防工作的长效机制。一是要建立预警监测机制。根据影响青少年成长的主客观因素,采集青少年违法犯罪和预防工作的基本信息,加以综合分析,对青少年违法犯罪的趋势作出预警报告,提高工作的科学性和前瞻性。

二是要建立协调联动机制。各级预防青少年违法犯罪工作领导小组要针对涉及多个部门和区域性的突出问题,采用多种方式加大协调力度,牵头单位和有关部门、地区要协作配合,通力解决问题。预防青少年违法犯罪工作机构要加强与各地方、各部门的沟通与联系,做好各方面的服务工作。

三是要建立督导机制。采取有效形式,量化预防青少年违法犯罪工作指标,建立督促检查制度,加大对专门事项及大案要案的督导力度,督促各地、各部门落实好各项工作措施。

四是要建立激励与约束机制。要建立预防青少年违法犯罪工作责任制,把责任分解到各成员单位、各地区。强化责任追究,对失职、渎职、责任落实不到位、防范措施不得力的,要依照有关法律、政策查究有关单位和人员的责任。同时,要健全奖励制度,对作出突出贡献的单位和个人给予表彰和奖励。

三、以求真务实的精神落实好各项工作

求真务实是检验各项工作的重要标准。这就要求我们改进工作作风,狠抓工作落实。

1. 加强调查研究,掌握青少年违法犯罪的新情况、新动向。一是要加强对青少年违法犯罪形势的动态研究,及时掌握各个地区青少年违法犯罪的人数、比例、犯罪特点等基本情况,把握青少年违法犯罪的变化规律和发展趋势。二是要对引发青少年违法犯罪的各种因素进行深入的分析和研究,从家庭、学校、社会等多个角度对青少年违法犯罪进行剖析,提出有针对性的对策和建议。三是组织专门力量对广大群众关心的焦点、难点问题进行专题研究,当前,重点针对工读学校、闲散青少年和青少年网络环境等突出问题,进行深入研究,制定解决措施。

2. 努力开拓创新,探索预防青少年违法犯罪工作新思路、新方法。一是要在观念上创新。要树立大预防的观念,将预防青少年违法犯罪工作纳入国家和地方的经济社会发展规划,从社会发展规划上来加以解决。二是要在理论上创新。要充分借鉴国内外的理论和实践成果,不断探索预防青少年违法犯罪工作的有效做法。三是在工作方式上创新。探索运用行政、法律、经济等多种手段推动工作。

3. 切实真抓实干,把各项工作措施落到实处。一是通过法律政策的推动抓好落实。积极推动《预防未成年人犯罪法》等有关法律的修改和完善,并配合有关部门对执行情况进行检查、监督和评估,推进各项措施的落实。二是通过项目化运作抓好落实。把预防工作落实到具体的项目之中,着力抓好"青少年违法犯罪社区预防计划"等项目的实施、管理和评估,把工作做实。三是通过办实事抓好落实。要把办多少实事、解决多少问题作为评价工作的一个重要标准,每年集中力量解决一两个突出的社会问题。

同志们,预防青少年违法犯罪工作意义深远,责任重大。让我们紧密团结在以胡锦涛同志为总书记的党中央周围,高举邓小平理论和"三个代表"重要思想的伟大旗帜,全面贯彻党的十六大和十六届三中全会精神,牢固树立和落实科学发展观,与时俱进,开拓创新,为把预防青少年违法犯罪工作进一步推向深入,实现全面建设小康社会的宏伟目标作出新的贡献。

教育部副部长赵沁平在全国预防青少年违法犯罪暨学校及周边治安综合治理工作会议上的讲话

(2004 年 4 月 27 日)

这次会议是认真贯彻落实《中共中央国务院关于进一步加强和改进未成年人思想道德建设的若干意见》,大力加强预防青少年违法犯罪工作会议;也是自 2002 年 7 月中央综治委学校及周边治安综合治理工作领导小组成立以来的第一次全国性学校及周边治安综合治理工作会议。

今天上午,全国人大常委会副委员长顾秀莲同志作了重要讲话;团中央书记处第一书记周强同志和中央政法委秘书长王胜俊同志分别部署了全国预防青少年违法犯罪工作和全国学校及周边治安综合治理工作。做好预防青少年违法犯罪和学校及周边治安综合治理工作,是落实党的十六大提出的"一个宗旨,三项任务",努力办好让人民满意的教育,为青少年健康成长成才创造一个安全、文明的育人环境的客观要求,也是教育事业持续、健康、协调、快速发展和维护社会稳定的重要保证。教育部门将认真贯彻领导同志的讲话和会议精神,与时俱进,求真务实,切实做好工作。

根据会议安排,我就教育部门开展预防青少年违法犯罪和学校及周边治安综合治理工作讲两点意见。

一、认真贯彻落实《中共中央国务院关于进一步加强和改进未成年人思想道德建设的若干意见》,采取切实有效措施,扎实做好预防青少年违法犯罪工作

搞好预防青少年违法犯罪工作,事关社会治

安的稳定，事关千家万户的安宁和人民群众的根本利益。各地教育部门要认真贯彻落实《意见》精神，进一步提高对预防和减少青少年违法犯罪工作的重要性和紧迫性的认识，增强责任感和使命感，大力加强青少年教育，积极预防和减少青少年违法犯罪，狠抓各项措施的落实。

1. 认真学习贯彻《意见》精神，统一思想，提高对预防青少年违法犯罪工作的认识。当前，各地教育部门要认真组织广大干部教师深入学习《意见》，把思想统一到《意见》的精神上来，在加强思想道德建设的同时，高度重视预防青少年违法犯罪工作，将预防违法犯罪工作作为思想道德教育工作、学校德育工作的重要内容，使广大教师、教育行政工作者切实从思想上、认识上重视这项工作。

教育部党组高度重视《意见》的贯彻落实工作，先后印发了《关于学习贯彻〈中共中央国务院关于进一步加强和改进未成年人思想道德建设的若干意见〉的通知》，与中宣部联合下发了《中小学开展弘扬和培育民族精神教育实施纲要》和《中小学生守则》、《小学生日常行为规范（修订）》和《中学生日常行为规范（修订）》、《关于进一步加强中小学诚信教育的通知》等文件，在整个教育系统全面推进青少年学生思想道德建设工作。各地教育部门和学校要认真学习贯彻落实这些文件精神，坚持育人为本和德育为首，所有的教育工作围绕培养有理想、有道德、有文化、有纪律的一代新人的目标来进行，努力把德育做到学生心里去，真正作出成效。

2. 切实加强和改进中小学生思想道德教育工作，提高教育的实效性。一是要大力加强弘扬和培育民族精神教育。通过贯彻落实《中小学开展弘扬和培育民族精神教育实施纲要》，积极推动各地认真开展多种形式的教育活动。今年将重点围绕做好第一个“中小学弘扬和培育民族精神教育月”的教育活动，精心筹划，认真组织好文艺演出、征文竞赛和参观访问等一系列活动。

二是要进一步规范学生的日常行为，加强诚信教育。通过贯彻落实《中小学生守则》、《小学生日常行为规范（修订）》和《中学生日常行为规范（修订）》，加强对在校学生的学籍管理和日常行为的教育管理，建立和完善在校学生的品行评估、记录制度，积极引导学生树立良好的文明行为习惯，抵制社会不良行为的诱惑和影响。通过开展诚信教育活动，增强广大学生的诚信意识，提高自觉遵纪守法的能力。

三是要加强法制教育，大力开展从严治校、依法治校的教育活动。按照“谁主管、谁负责”的原则，认真落实校长责任制，进一步加强学校管理工作，加强学校安全保卫工作，积极推进中小学聘用法制副校长（辅导员）工作，加强校园周边环境治理等工作，积极推进安全文明校园的创建活动，创建学生良好的学习环境。继续做好毒品预防教育工作，积极探索和总结青少年学生毒品预防教育的经验和做法，提高教育的针对性、实效性。

3. 巩固和提高九年义务教育，积极发展高中阶段教育，全面推进素质教育，不断满足青少年接受高质量教育的需要。根据有关部门的调研，当前青少年违法犯罪中有相当一部分学生是义务教育、高中教育阶段的辍学生、流失生，还有一部分是学校后进生。因此，巩固和提高九年义务教育，积极发展高中阶段教育，全面推进素质教育，不断满足青少年接受高质量教育的需要是预防青少年违法犯罪的根本举措。各级教育行政部门将以更大的决心，更加积极的工作，扎扎实实地把这项工作做好，力争2010年在全国实现普及九年义务教育和全面提高义务教育质量的目标。随着这个目标的推进，必将为广大青少年健康成长提供良好的教育环境。

4. 加强工读学校建设，充分发挥工读学校在预防青少年学生违法犯罪工作中的积极作用。目前，工读学校的建设还不能适应预防违法犯罪和促进学生全面发展的需要。我们拟在调查研究的基础上，拟会同有关部门研制加强对工读学校建设和办学的指导意见，改善工读学校的办学条件，进一步强化工读学校在预防青少年学生违法犯罪工作中的积极作用。要不断提高工读学校办学质量，加强对工读学生的品德、法制教育和心理、行为矫治工作，严格校内管理，提高工读学生的遵纪守法观念。要尽最大的能力，做好不良行为学生的教育工作，让他们得到更多的关心、帮助，从而更大程度上减少青少年学生违法犯罪。

5. 坚持校内与校外教育相结合，巩固学校法制教育的效果。要充分发挥青少年学生校外活动场所和各类法制教育基地的作用,利用少年法庭、少管所、戒毒所、监狱、劳教所、法律援助中心、青少年宫等社会资源对青少年进行教育。要坚持校内与校外教育相结合,巩固学校法制教育的效果。希望各地在基层安全创建和“法律进社区”活动中,把对青少年学生进行道德法制教育作为社区建设的一项重要工作,大力加强社区青少年法律学校建设,建立青少年学生社区参与综合评价系统,把学校评价与社区评价有机结合起来,形成家庭、学校、社区“三位一体”的教育管理机制,在全社会营造开展青少年学生道德法制教育的良好环境。

二、进一步提高对学校及周边治安综合治理工作重要性与紧迫性的认识,认真贯彻落实中央关于维护社会治安的各项工作部署和要求,切实做好学校及周边治安综合治理的各项工作

学校及周边治安综合治理工作,既是促进学校稳定、维护社会稳定的一项重要工作,也是贯彻落实“三个代表”重要思想、维护广大师生根本利益、创造良好育人环境的实际行动。各地教育部门和学校要认真贯彻落实中央综治委学校及周边治安综合治理领导小组的工作部署,始终以强烈的政治责任感和历史使命感,落实综合治理方案的各项要求,维护良好的校园秩序和校园周边治安环境。

1. 加强机制建设,充分发挥各部门齐抓共管的作用。加强并完善各地学校及周边治安综合治理工作机制建设,建立健全各级领导小组及办公室的工作制度,进一步加强有关部门之间的协作与配合。要及时向当地党委、政府报告影响学校稳定的突出问题,定期召开维护学校治安、稳定工作会议,认真分析学校及周边地区治安情况和存在的难点、重点问题,特别要把可能引发重大治安问题、群体性事件的矛盾作为重点,做到排查到位,调处及时,责任落实,有效预防、减少学校重大治安问题和群体性事件的发生。加强学校及周边治安综合治理工作的基层队伍建设,充分发挥社区居委会、大学生文明纠察队及义务消防队等群众性组织在维护校园及周边治安秩序中的积极作用,形成群防群治、齐抓共管的良好局面。

2. 突出重点,继续加大对学校周边治安秩序的治理力度。各地教育部门和学校要在领导小组的协调下,配合综治、公安等部门,结合本地实际,本着“什么问题突出就整治什么问题”的原则,严厉打击侵害师生人身、财产安全的各类违法犯罪活动和校园及周边地区存在的流氓团伙、黑恶势力。要继续开展净化校园及周边环境的治理工作,坚决清理整顿和取缔校园及周边地区非法经营的网吧、电子游戏厅、录像厅、歌舞厅、音像书刊点和各类流动摊点,依法取缔和收缴有害青少年身心健康的各类非法出版物;进一步加强学校及周边出租房屋和流动人口的管理,加强校园及周边依法经营的网吧的管理,推广“阳光网吧”建设;继续整顿校园及周边的交通秩序,打击“黑校车”、“黑出租”的揽客营运等活动,减少交通事故和人员伤亡;加大防火、防中毒、防意外事故等工作力度,严防群死群伤事件。要重视对高校分校区、校外学生公寓和大学园区的管理,建立健全各项制度,提高快速反应能力。对校园及周边地区整治工作不到位、整治后又出现反复、师生反映强烈的地方,要挂牌督办,限期改变面貌。

3. 强化管理,深入开展安全文明校园创建活动。目前,中央综治委、教育部、公安部制定下发了《关于深入开展安全文明校园创建活动的实施意见》。要通过安全文明校园创建活动的开展,建立安全文明校园的有效工作机制,改善学校及周边治安状况,进一步健全校内安全防范机制,有效防止重大刑事治安案件的发生,减少违法犯罪案件和安全事故的发生;努力实现以师生公民道德、职业道德、文明修养和民主法制观念为主要内容的思想道德素质的显著提高,实现以内容健康、格调高雅、丰富多彩为基本要求的校园文化生活质量的显著提高,实现以良好的校园秩序和优美的校园环境为主要标志的校园文明程度的显著提高,使学校育人环境进一步改善。

各地教育部门和学校要以安全文明校园创建为契机,强化校园内部管理。要建立健全学校安全保卫工作的领导和组织机构,充实校内安全保卫力量,健全安全保卫工作的各项规章制度,落实各项安全防范措施。高等学校在试点的基础上,推广和完善以校园110指挥中心为枢纽,集人防、物防和技防于一体的校园治安防控体系建设,为师生提供全方位的求助、咨询和服务,提高校园的整体防范水平。中小学要抓好校园报警点的建设，落实校园安全责任制。

4. 重视青少年学生法制教育，进一步完善兼职法制副校长和法制辅导员制度。各地教育部门和学校要切实贯彻落实教育部、司法部、中央综治办、共青团中央联合下发的《关于加强青少年学生法制教育工作的若干意见》和中央综治委、最高人民法院、最高人民检察院、公安部、教育部、司法部共同制定的《关于规范兼职法制副校长职责和选聘管理工作的意见》精神，进一步加大对大、中、小学生的法制教育力度。在学校法制教育中，要注重发挥法制教育课堂的主渠道作用，科学安排法律课，可采用"请进来"、"走出去"的教育方式，把课堂与课外、校内与校外结合起来，增强青少年学生的遵纪守法意识，加强自我保护能力。

5. 完善考评机制，确保责任制的落实。要坚持"谁主管、谁负责"和"属地管理"的原则，认真落实责任制，一级抓一级，逐级抓落实。要完善考评机制，对于综合治理工作得力、防范工作扎实、学校及周边长期不发生治安问题的学校，要进行宣传表彰，对治安责任人和主要责任人应给予必要的奖励；对工作不力，发生严重危害社会稳定重大问题的学校要实施领导责任查究，促使他们认真整改。

同志们，新的形势新的任务对预防青少年违法犯罪和学校及周边治安综合治理工作赋予了更加重要的责任。我们要在中央综治委的领导下，认真贯彻落实此次会议精神，坚决防止和克服麻痹松懈情绪，始终以强烈的政治责任感，科学判断形势，制定切实措施，扎实推进工作，不断提高工作水平。

公安部副部长白景富在全国预防青少年违法犯罪暨学校及周边治安综合治理工作会议上的讲话

（2004年4月27日）

中共中央、国务院《关于进一步加强和改进未成年人思想道德建设的若干意见》下发后不久，中央综治委就专门召开会议，部署开展预防青少年违法犯罪工作和学校及周边治安综合治理工作，非常及时，十分必要。会前，罗干、永康同志对会议的召开专门做出了重要批示，顾秀莲同志又亲临会议并作了重要讲话，这充分体现了党中央、国务院对青少年工作的高度重视。各级公安机关一定要认真学习中央领导同志的重要批示精神，认真贯彻会议部署，按照中央综治委的统一要求，与有关部门密切配合，以求真务实的精神和作风，扎扎实实地做好青少年工作。下面，我代表公安部作一简要汇报。

近年来，全国公安机关以"三个代表"重要思想和党的十六大精神为指导，在各级党委、政府的领导下，把预防青少年违法犯罪作为维护社会治安稳定的一项治本之策，做了大量卓有成效的工作。一是切实加强了青少年违法犯罪的预防工作。今年初，按照周永康同志的重要批示精神，我部把预防青少年违法犯罪作为防范和控制犯罪的一项重要工作来抓。各地公安机关按照公安部部署，深入开展调查研究，认真总结预防青少年违法犯罪的经验教训，并根据青少年违法犯罪的规律、特点，有针对性地采取了一系列教育、挽救措施。比如，广东、浙江等地公安机关针对外来务工青年较多的情况，采取主动上门服务，提供法律咨询，开展法制宣传教育等灵活多样的方式方法，有效地缓解、化解了一大批诱发违法犯罪的潜在因素。二是深入开展学校及周边治安秩序的整治工作。近两年来，公安部多次下发通知，部署各地公安机关持续不断地开展学校及周边治安秩序专项整治行动。各地公安机关积极会同文化、城建、工商等部门，依法取缔了一大批学校周边非法经营的网吧和歌舞厅、录像厅等娱乐场所，查禁收缴了一大批非法出版物、音像制品和电子出版物，清理整顿了一大批校园周边非法经营摊点和出租房屋，有效地净化了校园周边治安环境。据不完全统计，去年整治期间，各地公安机关共出动警力72.8万人次，检查学校30万余所，整改校内不安全隐患5万余处，检查校园周边娱乐场所和网吧9万余家，收缴淫秽、盗版书刊和音像制品10万余册。三是积极开展对青少年的法制、安全宣传教育。去年，我部会同教育部等6部门联合下发了《关于规范兼职法制副校长职责和选聘管理工作的意见》，并在全国范围内部署开展了“如何当好法制副校长”征文活动，进一步规范了民警担任校外法制辅导员制度。我们还编辑出版了《警察叔叔说安全》等书籍，为青少年提供了一大批内容丰富、生动活泼、贴近实际的安全教育读本。与此同时，各地公安机关还结合今年的全国中小学生“安全教育日”活动，通过选派优秀民警深入学校开设法制课、举办安全教育讲座、现场咨询等形式，切实加强对学生的法制和安全教育，进一步提高青少年自觉守法和自我防范的意识和能力。

虽然我们在预防青少年违法犯罪方面和整治学校周边治安方面做了大量工作，但是，由于我国目前正处于经济体制转轨、社会转型的特殊历史时期，诱发、滋生违法犯罪的因素大量存在，“黄、赌、毒”等社会丑恶现象屡禁不止，刑事犯罪仍呈高发态势。我们估计，在当前和今后一个时期，青少年违法犯罪问题仍将十分突出。从近两年青少年违法犯罪的情况看，青少年作案成员总数虽然有所下降，但在所有犯罪作案成员总数中所占比例居高不下。一是违法犯罪的类型集中。主要是盗窃、抢劫、伤害、绑架、敲诈勒索、吸毒贩毒等，尤其是盗窃犯罪数量最多。二是暴力型犯罪增多。有的犯罪分子光天化日之下，持枪持械抢劫、强奸、绑架、杀人，手段残忍，社会危害极大。三是团伙犯罪有所发展。近年来，青少年拉帮结伙，进行违法犯罪的情况日趋突出，有的封建帮会色彩浓厚，甚至成为无恶不作、危害一方的黑恶势力。四是反复性较大。

还要看到，校园及周边治安秩序虽经多次整治，但屡整屡冒，极易反弹。比如，部分地区学校周边仍然存在大量违规经营的网吧和游戏室、录像厅、歌舞厅等娱乐场所，诱使一些学生沉溺其中，其身心健康受到影响。又如，一些学校周边特别是校门前交通状况混乱，存在严重的交通安全隐患。再如，一些不法分子在学校周边寻衅滋事，将学生作为侵害目标，严重影响学生的人身安全。此外，近年来，高校内学生违法犯罪以及学生自杀，中小学校校舍倒塌、食物中毒等事故、事件呈上升趋势。

上述情况表明，当前青少年违法犯罪的形势仍然不容乐观，校园及周边治安秩序仍然不佳，预防青少年违法犯罪的任务仍然十分繁重。各级公安机关一定要从事关社会稳定，事关国家和民族未来的高度出发，进一步统一思想，提高认识，把预防青少年违法犯罪工作作为实践“三个代表”重要思想、落实执政为民的一项重要举措，同教育部门一道，以更大的决心，采取更加有力的措施，认真分析青少年违法犯罪的规律特点，查找薄弱环节，有针对性地采取措施，要着重抓好以下几方面工作：

一、坚持不懈地组织开展专项整治行动，严厉打击侵害青少年的违法犯罪活动，切实保障青少年的合法权益。一要继续深入开展学校及周边治安秩序整治。各地公安机关要按照公安部的要求，同有关部门一起，集中开展为期两个月的学校及周边治安秩序集中整治行动，大力铲除中小学及周边场所存在的“黄、赌、毒”等社会丑恶现象，大力整顿中小学周边的治安秩序和学校门前的交通秩序，大力加强学校周边出租屋和流动人员的治安管理。我部将组织检查组，深入各地进行督促指导，确保整治行动取得实效。二要继续抓好禁毒、禁赌、扫黄打非等专项斗争。各地公安机关要坚决查处传播淫秽、色情、凶杀、暴力、封建迷信和伪科学的出版物，坚决打击引诱、强迫青少年卖淫、赌博、吸毒的犯罪分子。三要严厉打击侵害青少年的各类违法犯罪活动。各地公安机关要把侵害青少年合法权益的违法犯罪案件作为严打斗争的重点，坚决打击教唆、诱骗青少年违法犯罪活动，坚决查处严重危害青少年身心健康的案件。要组织精干力量，快侦快破，限期破案。

二、有效整合社会资源，充分发挥各方面力量，切实加强对违法和轻微犯罪青少年的帮助、教育和转化工作。各地公安机关要按照《公安机关办理未成年人违法犯罪案件程序规定》等有关法律、法规,由专门机构或专职人员按照特殊程序和要求办理未成年人违法犯罪案件,严格禁止使用威胁、恐吓、引诱等手段,慎用处罚和强制措施。要在依法严厉打击教唆、引诱未成年人违法犯罪的首要分子的同时,对违法犯罪的未成年人,要立足于保护、教育、挽救,促使其改过自新,重新做人。基层公安派出所要加强与有关部门的协调配合,依托居委会、社区、学校等基层组织和单位,建立社会、学校、家庭和民警"四位一体"的帮教小组,帮助有劣迹和有不良行为的青少年树立正确的世界观、人生观和价值观,促使其改正不良行为。

三、进一步完善制度,建立机制,切实抓好选派优秀公安民警担任法制副校长工作。多年的实践证明,法制副校长制度的建立,对于增强青少年学生的遵纪守法意识,提高自我保护能力,预防和减少青少年违法犯罪发挥了重要作用。目前,各地已普遍推行了法制副校长的做法,而且取得了明显成效。各地公安机关要按照中央6部门的要求,进一步完善制度,认真做好法制副校长的选聘、培训工作,不断提高法制副校长的业务水平和工作能力。各地可以选择优秀民警和有经验的退休老同志担任法制副校长。法制副校长要积极协助学校,深入开展法制宣传教育和咨询服务活动,动员家长和社会各界积极参与预防青少年违法犯罪工作。要根据不同年龄阶段学生的特点,认真开展《未成年人保护法》等法律基本知识教育,把书本知识同现实案例的讲解结合起来,以案释法,增强学生对法律知识的认识,培养青少年学生自觉守法观念。

四、努力落实预防青少年违法犯罪社区防范计划,积极探索预防青少年犯罪长效工作机制。各地公安机关要按照中央综治委的要求,切实抓好预防青少年违法犯罪社区防范计划的落实工作。要与有关部门密切配合,共建预防青少年违法犯罪的防控机制。要把安全社区建设向校园延伸。派出所、巡警队、交警队等基层所、队要与学校保持经常性的工作联系,建立健全学校综合治理联席会议制度,及时了解学校治安、交通等方面遇到的问题,积极研究制定安全管理对策。要加强对学校及青少年活动场所的日常治安检查和指导,建立和完善内部保卫制度和安全防范措施,提高学校的自我防范能力。

五、积极参与"安全文明校园"创建活动。"安全文明校园"创建活动是抓好学校治安综合治理的重要载体,公安机关责无旁贷。各地公安机关要充分发挥职能作用,同有关部门一道,创造性地开展工作,按照创建标准,逐项抓好组织落实,争取使更多学校成为"安全文明校园"。

同志们,青少年是国家的未来,民族的希望。预防青少年违法犯罪,保障青少年健康成长,关系到国家的前途和命运,关系到人民群众的根本利益,关系到社会的稳定。各级公安机关要充分认识到做好预防青少年违法犯罪工作和校园及周边治安综合治理工作的重要性和紧迫性,切实增强政治责任感,在各级社会治安综合治理委员会的指导下,同有关部门密切协作,周密部署,狠抓落实,为青少年健康成长创造更加良好的社会治安环境!

文化部党组成员、纪检组长常克仁在全国预防青少年违法犯罪暨学校及周边治安综合治理工作会议上的讲话

（2004 年 4 月 27 日）

文化市场的建设和管理，是社会主义精神文明建设的重要组成部分，事关青少年的健康成长。党中央、国务院和社会各界对此十分关注，文化部历来也十分重视。下面我代表文化部就文化市场管理部门在预防青少年违法犯罪和学校及周边治安综合治理中所做的工作及 2004 年的工作思路，向大家作个汇报。

近年来主要工作

近年来，文化部坚决贯彻执行中央综治委预防青少年违法犯罪工作领导小组和学校及周边治安综合治理工作领导小组相关会议精神，从文化部门的实际情况出发，认真部署预防青少年违法犯罪和学校及周边治安综合治理的各项工作，先后开展了在校园及周边地区的网吧、电子游戏厅、录像厅、歌舞厅、音像制品经营场所等专项清理整治工作，通过各级文化部门与有关部门的共同努力，取得了明显成效，净化了校园周边环境。

一、加强对网吧等互联网上网服务营业场所的管理

（一）开展网吧治理，严禁未成年人入内

近年来，网吧等互联网上网服务营业场所发展迅速，但接纳未成年人现象和网上传播有害文化信息问题日益突出，危害了未成年人的身心健康，人民群众对此反映十分强烈。为了给青少年创造良好的生活和学习环境，2002 年 6 月，文化部、公安部、信息产业部、国家工商行政管理总局联合开展了网吧等互联网上网服务营业场所专项治理行动。通过一年多的专项治理，网吧数量由整治前的 20 万家压减到 10 万家左右，初步扭转了网吧过多过滥、管理失控的局面，大肆接纳未成年人的势头得到一定遏制。2002 年 9 月国务院颁布了《互联网上网服务营业场所管理条例》（以下称《条例》），《条例》明确规定了“互联网上网服务营业场所经营单位不得接纳未成年人进入营业场所，不得在中小学校校园周边 200 米范围内开设网吧”，文化部和各级文化行政部门认真执行《条例》规定，严厉查处接纳未成年人上网的网吧。2003 年暑假期间，针对“非典”过后一些地方网吧接纳未成年人现象有所回潮的现象，文化部部署了“暑期专项行动”。各地按照《条例》规定，严格进行网吧重新审核登记，通过提高准入条件，淘汰了不符合条件的小散乱差的网吧，对在中小学校园周围 200 米范围内的网吧，一律停止营业或搬迁。并落实入场登记制度、场内巡查制度，严查未成年人进入。

2004 年初，针对网吧等互联网上网服务营业场所违法经营现象有所抬头的问题，文化部于 1 月 12 日发布了《文化部关于加强春节、寒假期间互联网上网服务营业场所管理工作的紧急通知》，各级文化部门在春节和寒假期间开展了网吧专项治理行动，严厉查处违规接纳未成年人的问题。

2004 年 2 月 19 日，文化部等部门召开了全国电视电话会议，部署全国网吧等互联网上网服务营业场所专项整治工作，国务委员陈至立同志进行了动员部署，国务院办公厅转发了文化部等部门《关于开展网吧等互联网上网服务营业场所专项整治意见的通知》（国办发[2004]19 号）。决定自 2004 年 2 月至 8 月在全国范围内开展网吧等互联网上网服务营业场所专项整治工作。这次专项整治工作的重点，一是无证照或证照不全的黑

网吧以及以电脑学校、劳动职业技术培训班、电子阅览室、计算机房等名义变相经营网吧问题;二是网吧违法接纳未成年人进入问题;三是网上传播有害文化信息问题。

网吧专项整治工作开展以来,为贯彻中央领导指示和全国电视电话会议精神,文化部迅速下发了贯彻的通知,部署专项整治工作,并提出了明确的工作要求。向社会公布各级文化市场管理部门和稽查机构的举报电话。为使整治工作开展的深入扎实,2月23日到28日,文化部孙家正部长、孟晓驷副部长带队分别到广西、江西等地实地检查网吧专项整治工作开展情况。3月15日,中央电视台3.15晚会再次公布文化部网吧专项整治举报电话后,社会反映强烈。截止到4月20日共接到举报电话600余个,我们认真对待群众的举报,迅速将举报以转办函的形式下发各地,明确要求回复时间。各地在接到文化部的举报转办函后,立即组织执法人员,对群众举报的违法行为进行查处,并及时反馈。做到件件有落实,件件有回复。

(二)运用科技手段和市场机制规范网吧经营行为

为落实《条例》关于"互联网上网服务营业场所经营单位应当实施经营管理技术措施"的规定,从2003年起,文化部要求全国各地安装互联网上网服务营业场所计算机经营管理系统,以科技手段管理网吧。四川、广西、湖北、浙江、江西等省已安装完毕。监管系统能够通过技术手段对上网人员进行身份登记,防止未成年人进入网吧,还能够对网吧运营不良文化产品进行监管和处罚。预计全国的安装监控技术措施工作将在2004年年底完成。2003年3月,针对损害中华民族感情的电脑游戏《将军3—命令与征服》,我部专门下发了查处通知,四川、广西等地利用网吧技术监控系统在网吧里对其进行了有效监督和查处,取得了很好的效果。

(三)加强对网上文化产品内容的引导和监管

2003年5月,文化部发布了《互联网文化管理暂行规定》,对于利用互联网从事文化经营活动的单位实行许可证管理,对网上文化内容提出了监管要求,以净化网络文化环境。国办发[2004]19号文也要求加强对互联网信息内容的管理,加大对互联网文化产品的传播、展览、比赛等活动的管理力度,为查处色情、暴力、赌博、迷信等不健康的网络游戏,保护青少年成长提供了坚强后盾。近日,文化部成立了游戏审查委员会,对进口游戏内容进行审查。

二、建章立制,规范文化娱乐场所经营秩序,为青少年营造良好的学习和成长环境

针对歌舞娱乐场所、网吧噪音扰民,学校及周边歌舞娱乐场所、电子游艺场所、网吧影响校园环境等问题,文化部制定了《公众聚集文化经营场所审核公示暂行办法》,规定从2003年9月1日起,对于申办歌舞、游艺娱乐场所、网吧等公众聚集的文化经营场所,县级以上文化行政部门需将有关情况在一定范围和时限内向社会公示,根据社会公众的反映,按照有关法律法规来进行审核。2003年11月,文化部再次下发通知,明确要求加强歌舞娱乐场所的管理,不得在学校园周边开设歌舞娱乐场所,严禁歌舞娱乐场所接纳未成年人进行消费,严禁接纳未成年人在场所内从事任何形式的经营性活动。

大力开展电子游戏机经营场所整顿。从2001年以来,各级文化部门认真贯彻《国务院办公厅转发文化部、公安部、国家工商总局等部门下发的关于开展电子游戏机经营场所专项整顿的通知》精神,严厉查处电子游戏机经营场所违法经营行为。2003年,针对个别地区电子赌博游戏机违规经营有所抬头的现象,文化部门进行了积极查处,辽宁省和葫芦岛市文化部门对葫芦岛市电子游戏机泛滥的问题进行了集中整治,一次性销毁了赌博游戏机400多台。湖南把电子游戏经营场所治理重点放在打地下、打转移、打反弹上,共收缴电子游戏机667台,取缔违法经营场所167家。

2004年工作思路

2004年,文化部将认真贯彻落实《中共中央国务院关于进一步加强和改进未成年人思想道德建设的若干意见》(中发[2004]8号)精神,学习中央领导同志重要批示和顾秀莲同志讲话,深入贯彻上海工作会议精神,在繁荣发展文化市场的同时,大力加强预防青少年违法犯罪和学校及周边治安综合治理工作,切实解决广大家长和师生广泛关注的突出问题,为未成年人创造良好的成长环境。

一、认真开展网吧专项整治工作,探索长效管理机制,为青少年成长创造良好的社会文化环境

文化部将严格执行国办发[2004]19号文件和全国电视电话会议精神,推动网吧专项整治工作向纵深发展,坚决打击网吧违规接纳未成年人、超时营业及传播有害文化信息行为;研究制定《进口娱乐产品内容审查办法》,实行对包括引进网络游戏在内的电子游戏引进产品的内容审查制度,提供符合未成年人文化需求的读物和视听产品。积极引导和大力扶持网络内容提供商开发推广弘扬民族精神、有益于未成年人健康成长的游戏软件产品。

清理整顿文化娱乐场所,净化中小学校园周边的文化环境。严格执行中小学校园周边200米内不得开设歌舞厅、游戏厅、网吧等经营性娱乐场所的规定。禁止未成年人在非节假日进入电子游戏经营场所。严禁歌舞娱乐场所接纳未成年人进行消费或在场所内从事任何形式的经营性活动。认真实施网吧经营管理技术措施,运用高科技手段实现对网吧和互联网文化活动的全程实时监管。

二、探索建立全社会共同关心未成年人成长的机制

文化部门将积极会同教育、电信等部门和网络服务提供商,选择一批条件成熟的学校,未成年人较多和少儿文化生活相对贫乏的社区和乡村,建设共享工程的基层网点,进一步扩大和完善共享工程的工作网络。充分利用共享工程的网络平台,组织开展各种对未成年人有吸引力的文化活动。为未成年人健康成长创造良好的文化市场环境。

文化部将与有关方面探讨为未成年人提供健康上网的方式和方法,疏堵并重,依托中小学网络教室和城市社区青少年网络教室逐步建设一批供未成年人上网的非营业性的互联网上网服务场所,为未成年人提供健康有益的绿色网上空间。

联合教育部、共青团中央共同组织开展第六届全国音像市场法制宣传活动,今年的主题是:尊重知识,拒绝盗版。在大中小学校园、青少年群体中广泛宣传打击侵权盗版、保护知识产权的重要意义,引导广大青少年学习法律知识,尊重知识。引导广大学生使用正版,提高科学文化素养。

三、建立社会监督机制

继续推动各级文化部门建立社会义务监督员队伍,聘请人大代表、政协委员、学校老师、家长及关心青少年成长的同志作为文化市场社会义务监督员。发挥舆论监督的作用。形成一个关心青少年成长的良好社会氛围。

四、问题和建议

目前大中城市文化市场执法队伍相对健全,但在小城市、乡镇及农村等基层地区则非常薄弱,没有稳定的执法队伍和市场监管力量,这给基层的文化市场特别是网吧市场的监管带来了很大的困难,这些地方文化市场的管理基本上处于空白状态,对未成年人的影响很大。建议中央综治委和有关部门予以充分关注,想方设法解决基层执法队伍匮乏和文化市场的监管问题。

预防青少年违法犯罪和保护未成年人,需要建立两个体系。一是以法制为主导,政府、学校和社会为主体的社会防护体系。目前这个体系止在不断完善。另一个是以教育为主导,家长为主体的家庭防护体系。这个体系应当成为预防未成年人犯罪的第一道防线,但目前尚未得到应有的重视。只有两个体系共同推进,刚柔并济,才能保证此项工作真正收到实效。“问题少年是问题父母的产物”,家长作为未成年人第一监护人有着法定的职责和义务,不能把全部责任推给社会和政府。建议加强《预防未成年人犯罪法》和《未成年人保护法》的宣传力度,落实法定监护人责任,把这项工作落实到社区和家庭,共同为青少年的健康成长创造良好的社会文化氛围。

国家工商总局副局长杨树德在全国预防青少年违法犯罪暨学校及周边治安综合治理工作会议上的讲话

（2004年4月27日）

在全国各地认真贯彻落实《中共中央国务院关于进一步加强和改进未成年人思想道德建设的若干意见》之际，中央综治委召开专门会议，就预防青少年违法犯罪和学校及周边治安综合治理工作进行研究和部署，十分必要，非常及时。下面，我就工商行政管理机关进一步做好预防青少年违法犯罪和学校及周边治安综合治理的相关工作，讲几点意见。

一、深入开展互联网上网服务营业场所的专项整治工作

当前，一些网吧等互联网上网服务营业场所利用互联网传播有害文化信息，接纳未成年人进入，特别是无照经营网吧的大量出现，干扰了学校正常的教学秩序，严重损害了青少年的身心健康，致使有的青少年走上了违法犯罪的道路。各级工商行政管理机关要从立党为公、执政为民的高度，充分认识加强网吧管理、开展专项整治的必要性和紧迫性。要认真贯彻落实国务院办公厅《关于开展互联网上网服务营业场所专项整治的通知》精神，按照国家工商总局《关于做好互联网上网服务营业场所专项整治的通知》要求，继续深入开展网吧专项整治工作。一是严格依法确定互联网上网服务营业场所的市场主体资格。未经文化部门许可并核发《网络文化经营许可证》的，一律不得核发网吧的营业执照。二是严禁在校园周围200米和居民住宅楼（院）内设立网吧。三是从网吧专项整治之日（2004年2月19日）起，暂停登记新的互联网上网服务营业场所。四是与有关部门密切配合，严厉查处取缔无照经营网吧。五是对网吧违法经营行为，特别是允许未成年人进入和超时经营的违法行为，要配合有关部门严肃进行查处。

二、进一步加强对学校及周边环境的治理

各级工商行政管理机关要按照《2004年全国学校及周边治安综合治理工作要点》的要求，尽职尽责做好学校周边治安综合治理工作。一是依法加强对学校及周边服务娱乐场所的监管。要严把娱乐服务场所的市场主体准入关。要配合有关部门，加强对娱乐服务场所的总量控制。停止审批登记新的歌舞娱乐、录像放映、游戏厅等娱乐服务场所。对学校周边一定范围内已领取营业执照的娱乐服务场所进行清理，对影响教学秩序或者有其他违法违规行为的，配合有关部门依法进行查处或取缔。二是加强对学校周边商业网点的管理，督促其遵纪守法，文明经营，不得从事扰乱学校教学秩序的经营活动；对违法经营，损害师生利益的经营者，依法进行严肃处理。三是与卫生等部门配合，对学校及周边的餐饮业进行规范，对违反食品卫生管理法规、掺杂使假、骗买骗卖以及出售变质食品的违法行为进行查处，保障师生的合法权益和消费安全。四是会同有关部门，对学校及周边无照经营的娱乐服务场所、商业网点进行查处取缔。

三、坚决清理不良文化现象，扫除文化垃圾

各级工商行政管理机关在预防青少年违法犯罪和加强学校及周边治安综合治理工作中，要积极开展不良文化现象的清理，清除文化垃圾，为青少年健康成长营造良好的社会氛围。一是要加强广告管理。严禁在酒类、烟草广告中出现未成年人形象；严禁在广告中出现违背社会良好风尚的文字、语言以及画面庸俗淫秽、格调低下的内容；严禁在广告中宣传享乐主义、奢靡颓废的生活方式；严禁在广告中贬低、丑化、否定祖国优秀传统文化,滥用洋腔怪调的文字。二是要加强企业名称和商标管理。严禁在企业名称和商标中使用含有反动政治内容或有消极政治影响、含有封建迷信色彩或腐朽文化糟粕和违反社会道德内容的不良文化现象的文字、词汇和图形。三是要加强企业信用体系建设,严厉打击商业欺诈、制假售假等违法行为,创造良好的市场诚信环境。

四、深入持久地开展"扫黄"、"打非"工作

各级工商行政管理机关要认真贯彻全国"扫黄"、"打非"电视电话会议精神,按照国家工商总局下发的《工商行政管理机关2004年"扫黄"、"打非"行动方案》的要求,深入持久地开展"扫黄"、"打非"工作,为青少年成长营造一个良好的文化环境。一是积极配合有关部门清理整顿出版物市场。打击和查缴政治类非法出版物,特别是传播政治谣言,制造思想混乱,破坏社会稳定等出版物;打击和查缴淫秽色情出版物,特别是淫秽光盘和以青少年学生为读者对象的有害卡通画册及淫秽"口袋本"图书;打击和查缴盗版出版物,特别是盗版教材和教学辅导读物,盗版工具书以及影视作品等。二是以查处大案要案作为突破口,加大对非法出版物的查处力度。三是建立对印刷、复制企业的长效监管机制。要严格印刷、复制企业的市场主体准入,规范印刷、复制企业的经营行为,依法查处取缔未经登记和批准擅自从事印刷、复制的经营行为。

各级工商行政管理机关要进一步贯彻落实"三个代表"重要思想,本着对国家和民族的未来高度负责的精神,与有关部门密切配合,共同做好预防青少年违法犯罪和学校及周边治安综合治理工作,为净化青少年和学生的成长环境做出贡献。

司法部副部长胡泽君在全国预防青少年违法犯罪暨学校及周边治安综合治理工作会议上的讲话

(2004年4月27日)

这次全国预防青少年违法犯罪暨学校及周边治安综合治理工作会议,是一次重要的会议。这对进一步加强青少年法制宣传教育,提高青少年法律素质,依法加强学校及周边治安综合治理,预防青少年违法犯罪都具有十分重要的意义。

加强青少年法制教育,提高青少年法律素质,是预防青少年违法犯罪的重要手段。司法部高度重视青少年法制宣传教育和学校及周边治安综合治理工作。1985年迄今,经党中央、国务院批转的由中宣部、司法部制定的四个五年普法规划,都把青少年作为法制宣传教育的重要对象。2001年,司法部与中央综治办、教育部、共青团中央等部门联合下发了《关于加强青少年学生法制教育工作的若干意见》,努力构建科学的法制教育体系,确保青少年学生在九年义务教育期间,完成基本法律知识的普及任务。各级司法行政机关结合实际,因地制宜,和教育部门密切协作,努力推进计划、教材、师资、课时"四落实",开展了以《宪法》、《未成年人保护法》、《教育法》、《治安管理处罚条例》等为主要内容的法制教育。据统计,90%以上的在校学生程度不同地接受了法制教育。各地积极推行中小学兼职法制副校长制度,全国80%以上的中小学校聘请了法制副校长,有效地发挥了他们在法制宣传教育,整治校园及周边环境工作中的独特作用。各地还开展了适应青少年学生特点,内容丰富、形式多样的第二课堂和法治实践活动,普及了相关法律知识,提高了青少年学生的法律意识和法律素质。同时,各地还通过开展"法律进社区"等活动,加强对社会青少年的法制教育,为预防和减少青少年违法犯罪作出了我们应有的贡献。

多年来,在各级党委、政府的领导下,经过各有关部门和全社会的共同努力,青少年学生法制宣传教育和学校及周边治安综合治理工作,有了长足的发展,一个学校、家庭和社会积极参与的"三位一体"的法制教育网络体系,依法治校、整治学校及周边治安环境等以优化教学为目标的管理格局正在逐步形成,取得了明显的社会效果。但同时我们也必须清楚地看到:一些地方对青少年法制宣传教育的重要性认识不够高,重视不够;法制教育工作存在死角、盲区;许多青少年学生法律意识和法律素质仍然比较淡薄,依法律己、依法维权的能力比较弱;学校及周边环境有待进一步改善,青少年违法犯罪的形势还比较严峻等。这些问题必须引起我们的高度重视。

我们要以这次会议为契机,进一步加大法制宣传教育工作的力度,为青少年健康成长创造良好的法制环境。

一、进一步提高认识。各级司法行政部门要站在贯彻"三个代表"重要思想,落实依法治国基本方略,促进经济和社会发展,维护社会稳定的高度,切实提高对加强青少年法制宣传教育,依法治理学校及周边环境工作重要性的认识,增强责任感和紧迫感。要在各级党委、政府的领导下,认真贯彻落实《中共中央国务院关于进一步加强和改进未成年人思想道德建设的若干意见》和《中央社会治安综合治理委员会关于进一步加强预防青少年违法犯罪工作的意见》等文件精神,把这项工作摆上重要议程,全面加强领导,完善制度,明确责任,狠抓各项任务的落实。要加强与有关部门的密切合作,强化对青少年法制宣传教育和学校及周边治安综合治理工作的检查、指导和监督。保证各项任务落到实处。

二、切实加强青少年学生法制教育工作。各级司法行政部门要认真贯彻落实《关于加强青少年学生法制教育工作的若干意见》,把青少年学生法制教育作为"四五"工作的重点,充分发挥课堂教育主渠道的作用,使法律知识成为中小学校的必修课内容,真正做到计划、教材、师资、课时"四落实",确保青少年学生在九年义务教育期间基本完成法律知识的普及任务。认真贯彻落实《关于规范法制副校长职责和选聘管理工作的意见》,继续大力推行法制副校长制度,协助教育部门做好法制教师和法制副校长的培训工作,发挥其应有的作用。同时,依托社会和家庭,积极开展适合青少年学生特点的法制辅助教育活动。通过开展法律知识竞赛、有奖征文、模拟法庭等活动,对青少年学生进行生动、直观、形式多样的法制教育。努力构建学校、家庭、社会"三位一体"的青少年学生法制教育网络,形成全社会齐抓共管的教育格局。要通过法制宣传教育,使广大青少年学生从法律的角度深刻认识我国社会主义制度的内涵;理解、接受权利义务意识、公民意识;树立法律面前人人平等、依法办事等法治文化的核心理念,进一步提高遵纪守法的良好意识,增强依法维权的能力。

三、努力强化社会青少年法制教育工作。社会青少年是一个复杂的群体,其中包括社会闲散青少年、下岗青年职工、进城务工青年,流浪儿童、刑释解教青少年等。要区分层次,分类施教。充分利用法制宣传教育的社会综合资源,有计划、有针对性地进行法制教育。一是发挥青少年法制教育基地的作用。继续加强、完善各级各类法制教育基地建设,利用文化娱乐馆所、青少年宫、少管所、劳教所、法律援助中心等社会资源,创建一批综合性、常设性、功能齐全的法制教育基地,为青少年提供更多的学法场所。二是发挥法制宣传工作者的作用。组织法制宣传员、法制辅导员,通过法制夜校、法律服务中心、法律咨询站,利用法制宣传栏,举办法制文艺演出等多种形式和手段,进行生动活泼的法制教育。三是发挥法律服务工作者的作用。组织律师、公证、法律援助中心、法律服务工作者,通过开办法律服务咨询热线、设立青少年维权岗等活动,为他们提供法律服务和帮助,为贫困青少年、流浪儿童提供无偿的法律援助。

四、与时俱进,不断开拓创新。青少年法制宣传教育,是一项系统工程,涉及社会的方方面面,内容也十分丰富。各级司法行政部门要与时俱进,开拓创新,充分利用各种形式和手段,对青少年开展法制宣传教育。一是要充分发挥现代大众传媒的作用。利用电视、广播、报刊等新闻手段,增加适合青少年的法制宣传教育内容,丰富法制宣传教育形式,扩大法制宣传教育的影响力和覆盖面。二是要积极推进青少年学生网络文明行动。结合"青少年学生放心网吧"创建活动,依托学校电教室以及校外管理规范的网络阵地，增加法制教育容量；充分发挥中国普法网的特殊作用，设计更多的适合青少年特点的法制教育内容，吸引青少年自觉学习法律知识，最大限度地消除不良内容对青少年学生的负面影响。三是努力创新。要根据新形势，研究新情况，采取新措施，解决新问题。根据青少年生理和心理的特点，不断丰富法制宣传教育的新内容；针对青少年的爱好和需求，不断创造法制宣传教育的新载体；针对青少年这一复杂的社会群体，不断探索法制宣传教育的新途径。

五、积极参与学校及周边治安综合治理工作。依法做好学校及周边治安综合治理工作，建立良好的教学和学习秩序，优化学校及周边环境，是实现学校教书育人，培养现代合格人才的重要保证。各级司法行政部门要认真贯彻落实《关于深化学校治安综合治理工作的意见》和《关于进一步加强预防青少年违法犯罪工作的意见》，深入开展依法治校及周边治安综合治理工作。要建立完善各种制度，明确责任，落实预防青少年违法犯罪的各项措施，开展创建安全文明校园活动。充分发挥基层人民调解组织的作用，深入到学校及周边地区，在开展有针对性的法制宣传教育工作的同时，细致研究学校及周边各种不利于教学的现象和问题，及时发现苗头，及时化解矛盾，把不稳定因素消灭在萌芽状态，为维护学校的正常教学工作营造良好的社会环境。

同志们，加强青少年法制宣传教育和学校及周边治安综合治理，为青少年健康成长创造良好的社会环境，培养新一代接班人，是功在眼前，利在千秋的大事。让我们紧密团结在以胡锦涛同志为总书记的党中央周围，坚持“三个代表”重要思想，开拓进取，奋发努力，继续做出新的贡献。

新闻出版总署副署长桂晓风在全国预防青少年违法犯罪暨学校及周边治安综合治理工作会议上的讲话

（2004年4月27日）

一、2003年以来的主要工作情况

按照部门工作职责，新闻出版总署和全国“扫黄”、“打非”工作小组办公室工作主要从事两方面的工作。一是组织优秀出版物的出版，教育引导青少年健康成长；二是协调组织开展“扫黄”、“打非”斗争，净化青少年健康成长的社会环境。

2003年1月，经中央办公厅、国务院办公厅转发《2003年“扫黄”“打非”行动方案》，将扫除淫秽色情出版物特别是淫秽光盘和以青少年学生为读者对象的有害卡通画册及淫秽“口袋本”图书、打击盗版出版物特别是教材和教学辅导读物列为该年度全国“扫黄”、“打非”行动的主要任务和工作重点。

2003年，新闻出版总署和全国“扫黄”、“打非”工作小组办公室继续组织开展了对有害卡通画册和淫秽“口袋本”图书的专项整治。期间，全国共查处相关案件5326起，查缴有害卡通画册和淫秽“口袋本”图书239万余册。通过专项治理行动，在一定程度上遏制了有害卡通画册和淫秽“口袋本”图书在社会上特别是在大中小学生中的传播。

针对盗版和淫秽色情光盘的绝大多数源于境外走私这一现状，全国“扫黄”、“打非”工作小组办公室在组织协调有关部门加大对出版物市场的巡查力度的同时，会同海关、公安等部门，加强对海上、陆路走私通道的封堵，打掉了一批走私盗版及淫秽色情光盘的犯罪团伙和储运窝点。2003年各地共收缴各类淫秽色情出版物3772万余件。

2003年3月4日和5日,广州市破获了自“扫黄”“打非”斗争开展以来全国最大的一宗淫秽色情光盘案,一举查获淫秽色情光盘640万张。今年3月,广州市检察院以贩卖淫秽物品牟利罪和非法经营罪对陈松波等犯罪嫌疑人提起公诉。4月,广州市中级人民法院已开庭审理此案。

2003年8月12日,全国“扫黄”、“打非”工作小组会同海关总署、新闻出版总署在全国组织开展了“2003年中国销毁走私盗版光盘大行动”。在广东省汕尾市主会场公开销毁2600万张走私盗版和淫秽色情光盘,并在29个省、自治区、直辖市设立了分会场,同时举行走私盗版和淫秽色情光盘集中销毁活动。整个活动共销毁走私盗版和淫秽色情光盘4200余万张。这是迄今为止我国境内一次性销毁走私盗版和淫秽色情光盘数量最多、规模最大的一次。

打击盗版教材和教学辅导读物是“扫黄”、“打非”工作的一项重要内容。2003年7月,新闻出版总署、教育部、国家版权局、全国“扫黄”、“打非”工作小组办公室联合下发了《关于开展2003年秋季盗版教材、教辅读物专项治理行动的通知》。按照通知要求,各地新闻出版、版权、教育等部门注意把握工作重点,找准突破口,加强了对印刷、装订环节的监管,从生产源头上阻遏盗版教材和教学辅导读物的产生,查处了一批从事盗版教材和教学辅导读物印制批销的违法案件。同时,加强了对各类学校购买、使用教材和教学辅导读物情况的检查,组织开展了抵制盗版教材和教学辅导读物的签名及宣传活动,提高了广大师生对购买使用盗版教材和教学辅导读物危害性的认识,增强了他们对盗版教材和教学辅导读物的识别能力。2003年全国共查处此类有关案件3383宗,收缴各类盗版教材和教学辅导读物1517万余册。

2003年11月,全国“扫黄”“打非”工作小组办公室、新闻出版总署、国家版权局、教育部组成联合督查组,分赴各地督促检查对盗版教材和教学辅导读物专项治理的情况。从总体上看,此次专项治理行动取得了明显的成效,有力地维护了广大师生的合法权益,初步形成了将盗版教材和教学辅导读物赶出课堂的社会氛围。

在切实加强对出版物市场监管的同时,新闻出版总署通过制订出版规划和开展评奖活动,下大力量组织出版以青少年为读者对象的出版物,引导鼓励出版单位为青少年提供优秀的精神食粮。通过实施精品战略,大批对青少年进行思想政治、理想信念、道德情操、法制纪律和爱国主义、集体主义、社会主义教育的图书、报刊、音像制品和电子出版物相继出版,一些弘扬主旋律的优秀青少年读物在国家图书奖、国家音像制品奖、国家电子出版物奖、“五个一”工程奖、中国图书奖等重要奖项中获奖。优秀少年儿童出版物的大量涌现,使一段时期内适合当代少年儿童特点的出版物匮乏、大量境外格调低下的卡通出版物充实市场的局面得以扭转。

二、出版物市场中影响青少年健康成长的突出问题

改革开放以来,出版物市场得到了快速发展,一个多种经济成分、多种流通渠道、多种购销方式、多种媒体形态、多种层次需求并存的出版物市场逐步形成。与此同时,出版物市场也存在着一些不容忽视的问题。

一些宣扬淫秽色情、凶杀暴力、封建迷信等危害未成年人身心健康的非法出版物沉渣泛起,戕害广大青少年的身心健康,诱发犯罪,扭曲青少年的世界观、道德观和价值观。近年来,一些不法分子为了谋取不义之财,通过各种渠道传播西方腐朽文化和价值观念,向广大未成年人贩卖淫秽色情光盘,向中小学生销售有害卡通画册和淫秽“口袋本”图书,许多青少年正是由于阅读了这些有害的非法出版物而荒废了学业,甚至走上了犯罪的道路。

盗版及非法出版物对青少年的危害不可低估。利用学生渴望知识,家长望子成才的心理,一些不法分子见利忘义,大量编制盗版及非法教材和教学辅导读物,并通过各种渠道,采取各种手段向社会、学校和家庭推销。这些盗版及非法教材和教学辅导读物粗制滥造、错误百出、以讹传讹、误人子弟,干扰了出版物市场的正常秩序,影响了学校的教学质量,恶化了学生的成长环境。

上述问题具体表现在以下几个方面:1. 街头游商和少部分书摊兜售贩卖淫秽色情图书、光盘的现象较为突出。2. 非法流动书摊在校园周边贩卖有害卡通画册和淫秽“口袋本”的现象屡禁不绝。3. 利用属相、星座、血型算命,宣扬伪科学内容的书籍时有发现。4. 刻录和贩卖夹杂淫秽色情内容的电脑游戏及软件的现象在一些大中城市较为普遍。5. 盗版及非法出版的教材和教学辅导读物在边远地区、小城镇及农村大量存在。

三、今后一个时期的工作安排

取缔宣扬淫秽色情、凶杀暴力、封建迷信等危害未成年人身心健康的非法出版物，净化青少年健康成长的社会文化环境，以及打击侵权盗版和保护知识产权，既是新世纪新阶段"扫黄"、"打非"工作的必然要求，也是历年来"扫黄"、"打非"工作的重点。

今年1月，经中央办公厅、国务院办公厅转发的《2004年"扫黄"、"打非"行动方案》再次将扫除淫秽色情出版物特别是淫秽光盘和以青少年学生为读者对象的有害卡通画册及淫秽"口袋本"图书，打击盗版出版物特别是教材和教学辅导读物列为本年度全国"扫黄"、"打非"行动的主要任务和工作重点。具体拟做好以下几方面工作：1. 加大出版物市场的清查力度，加强对城市街头和社区非法兜售淫秽色情出版物游商的治理，下大力量清理中小学校周边和城乡结合部的非法书报刊经营场所；2. 从市场清查入手，追根溯源，严查彻究，力争查清非法出版物的来源和渠道，严厉查处印制、储运、销售非法出版物的案件，从根本上铲除严重破坏出版物市场秩序的根源；3. 加大执法力度，抓紧大案要案的查办，严惩一批违法犯罪的团伙及首恶分子；4. 加强对未成年人的宣传、教育和引导，增强他们辨别有害出版物的能力，使他们自觉抵制非法出版物；5. 加强对学校购买使用教材和教学辅导读物情况的监管，严禁各类学校购买使用盗版和非法教材及教学辅导读物；6. 积极扩大宣传，增强全社会保护知识产权的意识，鼓励广大群众积极参与打击走私盗版、淫秽色情、凶杀暴力、封建迷信等非法出版物的活动。

同时，新闻出版总署还将继续组织出版更多的题材丰富、形式多样、内容健康、反映青少年生活的优秀出版物，以满足青少年日益增长的精神文化生活需求，引导他们树立正确的世界观、人生观和价值观。

全国妇联副主席莫文秀同志在全国预防青少年违法犯罪暨学校及周边治安综合治理工作会议上的讲话

（2004年4月28日）

这次全国预防青少年违法犯罪暨学校及周边治安综合治理工作会议很重要，是贯彻落实《中共中央国务院关于进一步加强和改进未成年人思想道德建设的若干意见》的重大举措，对加强和改进未成年人思想道德建设，做好预防青少年违法犯罪和学校及周边治安综合治理工作具有重要的意义。

一

近年来，各级妇联组织围绕预防青少年违法犯罪，做了以下几方面的工作：

（一）深入开展家庭教育

全国妇联与教育部在全面实施《全国家庭教育工作"九五"计划》的基础上，于2002年下发了《全国家庭教育工作"十五"计划》。各级妇联组织在教育部门的大力支持下认真贯彻实施，自上而下建立健全了家长学校、亲子学苑、咨询辅导站等工作机构。据不完全统计，目前全国共创办家长学校32万多所，广播父母学校31530所。各地还通过举办"儿童道德发展与现代化家庭教育"论坛，组织“家庭教育与儿童创新思维的开发”调查，开展“百万家庭育英才”、“万家优教”等系列活动，广泛宣传家庭教育的科学理念和知识，为广大家长科学教子、以德育人提供了具有针对性的系列服务。今年4月，全国妇联及时下发了《学习贯彻〈中共中央国务院关于进一步加强和改进未成年人思想道德建设的若干意见〉的意见》，强调家庭教育在未成年人思想道德建设中具有特殊重要的作用，要求各级妇联组织要重视和加强家庭教育工作，切实担负起指导和推进家庭教育的责任。目前，全国26个省、区、市妇联都分别制定了贯彻落实意见。

（二）认真做好对失足青少年的帮教转化工作

各级妇联组织积极开展了对失足青少年的帮教转化工作。一是将预防青少年违法犯罪纳入普法、禁毒工作的重要内容，组织开展“送法进高墙”、“帮教进戒毒所”等活动，并通过帮教骨干和志愿者对“高墙内”青年女性和少管人员开展定期或不定期的教育感化工作。二是动员家庭共同开展对青少年违法犯罪人员的思想政治工作，帮助他们回归家庭。三是加强了对失足青少年的心理疏导、法律援助和技能培训，帮助他们告别过去，重塑人生。据江苏省妇联统计，2003年该省县级以上妇联组织在监狱、少管所、戒毒所、妇教所、拘留所等建立专门的帮教基地达130多处，“一对一”帮教失足青少年2706名，此外，还帮助解决了276名青年女犯、劳教人员子女入学问题和241名子女就业问题。

（三）积极开展“中国小公民道德建设计划”活动

全国妇联与中宣部等15个部委共同推出“中国小公民道德建设计划”后，各省、区、市普遍建立了“中国小公民道德建设计划”领导小组。目前，全国已创建省级小公民道德建设示范基地270多个，实验基地300余个。各地还创建了“小公民道德教育中心”、“社区小公民道德教育活动室”等社区儿童活动场所，并通过“小公民知识竞赛”、“我做合格小公民”等活动，组织小公民道德建设进学校、进家庭、进社区、进公共场所，进一步拓展了儿童道德实践的空间。全国妇联还与教育部、团中央联合组织更新家庭教育观念报告团，报告团分赴21个省、区、市巡回宣讲200余场，听众达21万人。

（四）大力实施“安康计划”

2002年5月，中国儿童少年基金会在有关部门的支持下，启动了旨在帮助儿童少年“远离失学、远离疾病、远离伤害、远离犯罪”的“安康计划”，重点开展了“安康计划西部行”活动，帮助近40万失学女童重返校园。在此基础上，2003年6月，又推出了“安康计划”进校园——“安康教室”、“安康计划”进社区——“安康益家”等公益品牌。通过整合社会资源、优化社会环境、筹建安康远程教育等措施和工作，促进儿童少年安全健康成长。目前，已在10多个省、区、市建立1000多个“安康教室”和“安康益家”，使600万名少年儿童受益。

（五）继续开展青少年读书活动

全国妇联连续多年在全国开展青少年爱国主义教育系列读书活动，主题包括“爱我中华，爱我家乡”、“讲公德，守法纪”、“崇尚科学，传播文明”等，向贫困地区捐赠了300多万册爱国主义教育图书。全国26个省、区、市共计3亿6千万青少年参加了读书活动，有480多万名学生在读书活动中获奖，其中1万多名学生进京接受了表彰。

二

为了贯彻落实好这次会议的精神，各级妇联组织要做好以下几项工作：

（一）提高认识，把参与预防青少年违法犯罪工作作为妇联的重要任务

青少年是祖国未来的建设者，是中国特色社会主义事业的接班人，加强和改进未成年人思想道德建设，进一步做好预防青少年违法犯罪工作，关系到青少年一代的健康成长，关系到国家发展稳定的大局，关系到社会主义事业的成败。各级妇联组织要认清形势，提高认识，自觉地把参与预防青少年违法犯罪工作作为妇联组织的重要任务，增强紧迫感、责任感和使命感，切实把加强和改进未成年人思想道德建设作为妇联开展社会主义精神文明建设的重要内容，纳入妇联工作的重要议事日程。要认真学习贯彻《中共中央国务院关于进一步加强和改进未成年人思想道德建设的若干意见》精神和这次会议精神，加强组织领导，明确职责要求，健全工作制度，把预防青少年违法

犯罪工作真正落实到基层,落实到广大青少年之中。

(二)突出重点,把指导和推进家庭教育工作作为妇联参与预防青少年违法犯罪工作的重要内容

妇联要担负起指导和推进家庭教育的重要责任,这是党中央、国务院在新形势下对妇联组织提出的新要求。妇联组织必须明确职责,突出重点,继续办好家长学校、家庭教育指导中心,普及家庭教育知识,帮助和引导家长树立正确的家庭教育观念,掌握科学的教育方法。要以"优生、优育、优教"工程为龙头,继续深入开展"三优"知识传播与实践活动,上下联动,在全国推出一批家庭道德教育丛书,培养一批家庭教育工作骨干,组建一批家庭教育讲师团,树立一批"科学育儿、为国教子、以德育人"的家长典型,表彰一批家庭教育工作先进集体,命名一批家庭教育工作示范区。要在"五好文明家庭"创建活动中加大未成年人思想道德建设工作的分量,使之成为妇联做好未成年人思想道德建设工作的重要载体。要推动家庭教育和未成年人活动阵地的建设和发展,进一步做好家长学校的指导和服务工作。要进一步深入开展促进儿童少年健康成长的社会公益活动。要重视维护未成年人合法权益,关注和推动解决未成年人家庭保护中的特殊问题,促进家庭道德教育,把预防青少年违法犯罪工作提高到新水平。

(三)因势利导,做好重点人群的教育、管理和服务工作

各级妇联组织必须认真履行职责,配合有关方面深入开展未成年人思想道德教育、法制教育、纪律教育和自我保护教育,逐步消除和减少引发青少年违法犯罪的不良因素。当前,应重点围绕在校女学生、进城务工女青年、流浪儿童、罪错女性青少年等重点群体,推动社会做好教育、管理和服务工作。要针对女学生,特别是中小学女生开展健康有益的文化、体育活动,积极推进学校教育、家庭教育和社会教育在社区整合。要针对进城务工女青年的需求,协调有关部门加强对她们劳动技能、法制观念和思想道德文化素质的培训,维护她们的合法权益。要关心流浪儿童,特别要协助民政部门做好对孤儿的救助和安置工作。要积极探索在新形势下整合社会资源参与帮教矫治工作的新方法,使其与基层科教、文体、法律、卫生进社区、进家庭等工作有机结合起来。

(四)抓好试点,切实推动"青少年违法犯罪社区预防计划"的实施

去年,中央综治委预防青少年违法犯罪工作领导小组办公室确定了 50 个街道(社区)为全国青少年违法犯罪社区预防计划试点单位。全国妇联要按要求认真做好联系点的工作,广泛动员社会力量,主动争取各方面的支持,加强青少年教育,完善青少年管理制度,服务青少年发展需求,促进"青少年违法犯罪社区预防计划"全面实施。同志们,预防青少年违法犯罪工作责任重大,意义深远。全国妇联和各地妇联组织要按照这次会议的要求做好当前工作,充分发挥妇联在家庭和社区工作中的特殊作用,采取有效措施,切实把预防青少年违法犯罪各项工作落到实处。

(五)“为了明天——预防青少年违法犯罪工程”启动仪式

中央社会治安综合治理委员会关于印发《顾秀莲同志在“为了明天——预防青少年违法犯罪工程”启动仪式上的讲话》的通知

(2004年12月10日)

各省、自治区、直辖市社会治安综合治理委员会,中央社会治安综合治理委员会各成员单位:

中央综治委预防青少年违法犯罪工作领导小组、中央综治办于2004年11月29日在北京举行了“为了明天——预防青少年违法犯罪工程”启动仪式。全国人大常委会副委员长、中央综治委副主任、中央综治委预防青少年违法犯罪工作领导小组组长顾秀莲同志在启动仪式上作了重要讲话。现将顾秀莲同志的讲话印发给你们,请结合实际情况,认真贯彻执行。

顾秀莲同志在“为了明天——预防青少年违法犯罪工程”启动仪式上的讲话

(2004年11月29日)

同志们:

今天,我们在这里举行“为了明天——预防青少年违法犯罪工程”启动仪式。“为了明天——预防青少年违法犯罪工程”是动员全社会的力量,进一步加强预防青少年违法犯罪工作的一项重要举措。刚才,杨岳同志对这项工程进行了介绍,教育部、公安部、新闻出版总署、全国妇联的负责同志围绕这项工程对本部门的工作进行了部署。下面,我就实施“为了明天工程”讲几点意见。

一、充分认识“为了明天——预防青少年违法犯罪工程”的重要意义

党和政府历来十分关心对青少年的教育和培养,高度重视预防青少年违法犯罪工作,先后就青少年健康成长问题做出了一系列重要指示,出台了相关政策。今年以来,党中央、国务院进一步加大工作力度,下发了《关于进一步加强和改进未成年人思想道德建设的若干意见》,中央综治委制定了《关于深化预防青少年违法犯罪工作的意见》。这就要求我们进一步增强责任感和紧迫感,集中力量,狠抓工作落实,努力开拓创新,把预防青少年违法犯罪工作提高到一个新水平。为此,在认真分析当前形势,总结各地区、各部门工作经验的基础上,中央综治委预防青少年违法犯罪工作领导小组决定实施"为了明天——预防青少年违法犯罪工程"。

实施"为了明天工程",有利于进一步突出工作重点。预防青少年违法犯罪是一项复杂的社会系统工程,涉及的领域广,头绪多,任务重。如何在一定时期内解决难点和重点问题,是我们当前面临的迫切任务。通过实施工程这一载体,能够把我们当前要做的重点工作内容和工作项目确定下来。集中精力做好这些工作,就能在很大程度上牵动预防青少年违法犯罪全局,整体推进预防工作。

实施"为了明天工程",有利于进一步凝聚工作力量。预防青少年违法犯罪工作涉及的部门比较多。通过实施这一工程,把各个部门的力量整合起来,便于集中部署,统一推动,落实各项任务,推动各部门认真履行职责,促使预防青少年违法犯罪工作形成合力。

实施"为了明天工程",有利于进一步扩大社会影响。预防青少年违法犯罪仅靠十几个、二十几个部门的力量是有限的,必须广泛动员社会力量积极参与。通过实施"为了明天工程",可以形成一个统一的、叫得响的品牌,便于扩大宣传,提高预防工作的社会影响力,更好地吸纳和利用各方面的资源,牵动全社会都来关注和参与预防青少年违法犯罪工作。

二、把握关键环节,全面落实各项工作措施

今天,"为了明天工程"正式实施。在今后的工作中,各有关部门要紧紧围绕工程的各项任务和要求,抓住关键环节,推动各项措施的落实。

一是要把握好工作定位。要按照工程提出的指导思想和工作目标来确定努力方向,找准工作定位。既要提高认识,增强责任,又要明确任务,履行职责;既要开拓创新,全面推进,又要遵循规律,巩固基础,形成一个良好的工作局面。

二是要突出工作重点。一方面,要突出重点工作内容,工程中明确提出了十项重点工作,这就是今后的重点工作内容。制定工作措施,必须以十个重点工作为核心,扎实推进。同时,还要注意突出重点群体和重点项目,注意加强对闲散青少年、失学辍学学生、流动人口中的青少年、流浪儿童以及罪错青少年的教育管理,做好社区闲散青少年信息管理系统、建设工读学校和家长学校、开办少儿频道等项目的推进工作,切实提高工作的针对性和实效性。

三是要丰富工作手段。"为了明天工程"是一项复杂的工作,必须综合运用多种手段。既要抓教育服务,着力增强青少年对违法犯罪的抵御能力,又要抓环境净化,不断减少犯罪诱因;既要实施具体项目,狠抓工作措施的落实,又要扩大宣传,营造氛围,努力调动方方面面的积极性。

四是要加强基础保障。"为了明天工程"要取得实效,必须着眼长远发展,推动各项工作持续开展。工程不仅确定了十项重点工作,还制定了八项推进措施,有制度化措施,也有项目化措施,有督导性措施,也有奖励性措施,特别是提出设立"为了明天"论坛和经费保障机制,这是两项十分重要的保障措施。通过不断加强理论研究,来指导工作实践,提高工作水平。通过多渠道争取工作资源,增强实力,为工程实现可持续发展提供保障。

三、真抓实干,推动"为了明天工程"取得实效

各部门要认真履行职责,密切合作。把"为了明天工程"纳入本部门工作的总体安排,充分发挥自身的职能作用,加强对基层单位预防青少年违法犯罪工作的指导和督促。各牵头单位要充分发挥主导作用,遵循统一协调、项目运作和量化考核的原则,结合工作实际和工作职责,制定切实可行的方案。参与部门要密切配合,形成合力。

各地要着眼基层,贯彻落实好各项措施。各级党委、政府要切实加强领导,把实施"为了明天工程"作为当地预防青少年违法犯罪工作的主线,在政策、队伍、资金等多方面给予支持,帮助解决工作中的困难和问题。各级综治部门要发挥协调作用,支持预防青少年违法犯罪工作领导小组卓有成效地开展工作,一级抓一级,逐个项目抓落实,促使各项措施收到实效。

要动员全社会广泛关注、大力支持这项工作。

要充分发挥影视、报刊、互联网等媒体的作用，通过多种途径大力宣传“为了明天工程”，扩大社会影响，开辟多种渠道，争取和整合各种社会资源。要广泛调动公民、家庭、学校、企业、社区以及社会团体和其他非政府组织参与的积极性，特别是要注重发挥志愿者和社会工作者的作用，努力构建学校、家庭、社区三位一体的预防青少年违法犯罪工作网络。

今天，我们还在这里启动了“为了明天——青少年法制教育宣传周”活动。各地、各有关部门要把这项活动作为贯彻落实“四五”普法规划的重要举措和推进“为了明天工程”的实际步骤，大力开展青少年法制教育，积极提供青少年法律服务，通过各项切实有效的措施，努力增强法制教育的针对性和实效性，让广大青少年学法、知法、懂法，做自觉守法的合格公民，切实提高青少年素质。

同志们，实施“为了明天——预防青少年违法犯罪工程”是一项功在当代、利在千秋的大事，也是一项艰巨复杂的任务。我们要以高度的责任感和使命感，齐心协力，扎实工作，为开创预防青少年违法犯罪工作的新局面，促进青少年健康成长作出积极贡献！

五、中央社会治安综合治理委员会办公室的主要文件

中央社会治安综合治理委员会办公室关于加强反偷渡工作的通知

(2004年7月12日)

各省、自治区、直辖市社会治安综合治理委员会办公室,新疆生产建设兵团社会治安综合治理委员会办公室:

偷渡活动干扰我国出入境秩序,影响我国国际声誉,严重危害人民群众的生命财产安全,影响社会稳定。党中央、国务院高度重视反偷渡工作。1999年,中共中央办公厅、国务院办公厅联合下发了《关于采取有力措施坚决制止大规模成批偷渡活动的通知》,要求各级党委、政府采取有效措施,坚决防范和严厉打击偷渡活动。2003年9月,国务院召开维护边境地区稳定暨反偷渡工作会议,对反偷渡工作进行了再部署。在各级党委、政府和各有关部门的共同努力下,反偷渡工作取得了明显成效。一些地方一方面加大打击的力度,另一方面发动群众、群防群治,对偷渡活动实行综合治理,偷渡活动上升的势头有所遏制,偷渡案件总体呈下降趋势。但是,偷渡活动仍很严重,反偷渡工作形势依然严峻。为进一步加强反偷渡工作,通知如下。

一、加强组织领导,建立工作机制,将反偷渡综合治理措施落到实处。各级党委、政府和社会治安综合治理机构,特别是边境沿海地区的党委、政府和社会治安综合治理机构,要从实践"三个代表"重要思想和维护重要战略机遇期社会稳定的高度,进一步认识做好反偷渡工作的紧迫性和重要性,增强责任感和使命感,将反偷渡工作纳入本地社会发展和社会治安综合治理总体规划,加强组织协调,做好反偷渡工作。

各级社会治安综合治理委员会及其办公室要在党委、政府统一领导下,充分发挥作用,积极配合公安机关,协调海关、外事、旅游、交通等职能部门和社会各方面力量,共同采取有针对性的措施,加强反偷渡工作。要建立和落实联席会议制度,定期分析反偷渡工作形势,研究和制定本地区反偷渡工作综合治理的措施和方案。要利用各种形式,加强反偷渡宣传教育,提高群众的防范能力和同偷渡违法犯罪活动作斗争的自觉性。要将反偷渡工作纳入基层安全创建活动中,按照"谁主管、谁负责"和"属地管理"的原则,将综合治理各项措施落到基层,落到实处。要加强边防派出所的业务基础建设,加强基层治保组织、治安联防组织建设,切实提高预防和打击偷渡活动的能力。

二、抓住重点,集中整治,解决当前偷渡活动突出的问题。要坚持严打、严管、严防和严治相结

合,集中打击与日常管理相结合,始终保持对偷渡活动的严打高压态势。对偷渡源头地要全面落实管理和防范措施,防止发生各种方式的偷渡活动;偷渡高发地区要适时进行集中整治,组织专项打击行动,遏制高发势头;沿海地区要加强防范和控制,严厉打击集体乘船偷渡活动;陆地边境地区要加强边境管理控制,防范我国公民偷渡出境和邻国公民非法入境以及经我境转道偷渡活动;海关、边防、交通等部门要完善出口集装箱的各项管理措施,加大对港口出口集装箱的监管力度,严密防范利用集装箱进行偷渡活动。要协调、组织公安、外交、商务、教育、工商行政管理、旅游、劳动和社会保障等有关部门,加强对出入境中介机构的管理和清理整顿,规范合法中介机构的经营行为,严厉打击利用出国定居、自费留学、境外就业、劳务输出、自费出国旅游等名义从事偷渡活动。

三、加强检查监督,严格落实责任制。要把反偷渡工作作为综合治理工作考核的重要内容,列入综合治理目标管理责任制和领导责任制,一级抓一级,层层抓落实。要建立案件倒查和责任追究制度,对因工作不力、导致偷渡活动高发和发生重大恶性偷渡案件造成严重后果的地方,要追究领导责任,实行社会治安综合治理一票否决。要加强工作检查,中央综治办将把反偷渡工作作为综治工作检查的内容,会同有关部门进行检查,通报有关情况。对工作措施不落实、偷渡问题长期得不到解决的地区,列为“偷渡问题严重地区”挂牌进行整治,限期整改。对措施到位、偷渡活动得到有效控制、偷渡案件发生率明显下降的地区进行表彰。

中央社会治安综合治理委员会办公室 国家广播电影电视总局 关于对非法卫星电视接收设施问题加强综合治理的通知

(2004 年 7 月 23 日)

各省、自治区、直辖市社会治安综合治理委员会办公室、广播影视局(厅),新疆生产建设兵团社会治安综合治理委员会办公室、广播电视局:

为加大境外卫星电视传播秩序专项整治工作的力度,巩固整治成果,维护社会政治稳定,按照中央领导同志要求,根据《中共中央、国务院关于进一步加强社会治安综合治理的意见》、国务院办公厅转发的《关于开展境外卫星电视传播秩序专项整治工作的意见》等文件精神,中央社会治安综合治理委员会办公室和国家广播电影电视总局决定将对非法卫星电视接收设施(俗称“小耳朵”)的整治工作作为社会治安综合治理的内容,加强综合治理。现将有关要求通知如下:

一、提高认识,充分认识整治非法卫星电视接收设施工作的重要性和紧迫性

整治非法卫星电视接收设施工作是加强社会主义先进文化建设的必要举措,是我国意识形态领域反渗透工作的重要组成部分,事关党和国家的工作大局,事关国家的政治稳定、文化安全。党中央、国务院高度重视境外卫星电视传播的管理工作,中央领导同志多次作出重要批示,要求务必高度重视,切实抓出成效。近年来,各地、各部门依据国务院《卫星电视广播地面接收设施管理规定》,对卫星电视接收设施管理做了大量工作,特别是 2003 年 10 月根据国务院办公厅转发的《关于开展境外卫星电视传播秩序专项整治工作的意见》,开展了全国境外卫星电视传播秩序专项整治工作，取得了积极成效。但是，违反国家规定，非法生产、进口、销售、安装、使用卫星电视接收设施的活动屡禁不止，甚至出现了从城市向农村蔓延之势。某些境外卫星电视节目对我文化思想领域造成不利影响，特别是各种境外敌对势力及“法轮功”邪教加紧利用卫星电视传播途径对我实施舆论攻击和思想渗透已不容忽视。非法卫星电视接收设施已经成为反动有害信息和腐朽落后文化渗透扩散蔓延的渠道，成为扰乱人心，诱发违法犯罪，影响社会稳定，破坏社会治安秩序的“精神毒品”。整治非法卫星电视接收设施工作是贯彻“三个代表”重要思想，实现十六大提出的全面建设小康社会目标的需要，是抵御境外敌对势力对我渗透、分化，加强对意识形态领域依法管理，维护社会治安和社会稳定的需要，必须高度重视，切实加强对非法卫星电视接收设施问题的综合治理，有效防止非法卫星电视接收设施进一步蔓延。

二、加强领导，落实责任，密切合作，营造一个齐抓共管的良好工作局面

各级党委、政府要把做好整治非法卫星电视接收设施工作作为贯彻落实“三个代表”要求的具体行动，进一步加强对非法卫星电视接收设施整治工作的领导。在非法“小耳朵”问题严重的地方，党政主要领导同志要过问非法卫星电视接收设施整治工作，并深入实际，指导和督促有关部门，及时解决工作中的突出问题。各级综治机构和广电部门要建立联系制度，加强协作，密切配合，组织协调有关部门，落实整治非法卫星电视接收设施的各项措施。要坚持“谁主管，谁负责”的原则，充分发挥各有关部门的职能作用，把“抓系统，系统抓”与“条块结合，以块为主”有机结合起来，真正形成党委、政府统一领导，各部门齐抓共管，全社会积极参与的工作格局。要把非法卫星电视接收设施问题切实纳入社会治安综合治理目标管理责任制特别是领导责任制，并与综治其它工作同部署、同检查、同考核。对工作不力，致使非法生产、进口、销售、安装、使用“小耳朵”活动猖獗的地区和有关负责人，该追究责任的要严肃追究责任，该“一票否决”的要坚决行使社会治安综合治理一票否决权。要把整治非法卫星电视接收设施工作与“严打”整治斗争结合起来，依法严厉打击非法生产、进口、销售、安装卫星电视接收设施的违法犯罪活动。

三、把创建“无小耳朵社区”作为基层安全创建工作的重要内容

各地要把创建“无小耳朵社区”作为基层安全创建工作的重要内容，把无非法生产、无非法销售、无非法安装、无非法使用“小耳朵”作为基层安全创建活动的基本目标，作为考核验收创建工作的指标之一。创建“无小耳朵社区”具体工作中：(一)要维护本责任区域内广播电视的安全播出，做到责任区域内无非法接收、传送卫星电视节目的问题，合法接收传送的境外卫星电视信号必须来自中央境外卫星电视平台(辨别标识为屏幕画面右下脚半透明圆形标记)；(二)要监管责任区域内合法卫星电视接收设施的安装和使用情况，对非法推销、安装、使用卫星电视接收设施及散发安装、使用卫星电视接收设施小广告的行为，要及时制止，并会同有关部门查处；(三)要确保责任区域内无非法生产、销售卫星电视接收设施的问题，无存储、经销非法卫星电视接收设施的库房及窝点，无非法“小耳朵”小广告的印制点；(四)要对非法卫星电视接收设施问题严重的地区、场所、部位实行挂牌督办，采取有效措施，限期改变面貌；(五)对因非法卫星电视接收设施问题严重，导致发生危害社会稳定、造成恶劣影响的重大问题的地方，由上级综治委、主管部门严肃追究这些地区、部门和单位领导的责任。

四、坚持“打防结合，预防为主”的方针，更加有效地组织动员人民群众参与非法卫星电视接收设施的整治工作

非法卫星电视接收设施的整治工作必须实行专门机关与人民群众相结合，把打击与防范、教育、管理等工作紧密结合。要加大宣传教育的力度，宣传推广各地非法卫星电视接收设施综合治理工作的典型经验。新闻媒体要增加综合整治非法卫星电视接收设施问题的宣传内容，把集中宣传活动与日常性宣传工作相结合，让群众知道私装“小耳朵”是违法的，让各阶层人士认识到非法“小耳朵”蔓延的危害，让广大党员干部带头遵纪守法。要建立举报奖励制度，鼓励城镇街道、社区的广大群众参与举报、监督，积极配合有关部门依法行政，真正形成群防群治、齐抓共管的局面。

中央社会治安综合治理委员会办公室关于积极参与整治赌博活动的通知

（2004年12月2日）

各省、自治区、直辖市社会治安综合治理委员会办公室、新疆生产建设兵团社会治安综合治理委员会办公室：

近年来，赌博问题比较突出，由此带来的社会危害严重，人民群众和社会各界反应强烈。党中央、国务院对此十分重视。中央领导同志对此多次作出批示，要求严厉打击赌博活动，净化社会空气，维护社会稳定。最近，国务院对打击到境外赌博和网上赌博做出工作部署。为此，各级综治委办要充分发挥基层群防群治网络的作用，采取多种形式，积极投入到查赌禁赌专项整治行动中去。现将有关工作通知如下：

一、要把整治赌博活动作为综治工作的一个重点，加大工作力度。

各级综治部门要从维护社会稳定的大局出发，切实提高对此项工作的认识。在部署综治工作时，要将禁赌作为一项重要工作，在排查整治治安混乱地区和突出治安问题时，要把赌博活动列为重要内容，在问题严重的地方要广泛发动群众，大张旗鼓地开展禁赌活动。

二、要积极协调综治成员单位参与禁赌工作，形成齐抓共管的工作格局。

各级综治组织要对当地赌博活动的情况开展调查，摸清情况，明确重点，协调有关部门，切实采取有效措施，配合公安部门积极参与专项斗争，加大打击力度。要协调公安、工商、文化、电信等部门，加强对互联网络的管理，切断赌博信息在网络上的传播渠道，对“网吧”进行集中清理整顿，坚决打击运用网络进行赌博的不法活动。要与旅游部门密切配合，加强对旅行社的教育管理，对参与、组织、诱导游客参与赌博的行为进行严厉查处。要切实加强边境地区的综合治理工作，落实各项措施，形成党政军警民“五位一体”的禁赌工作网络。对发生在省境交界地区的赌博活动，省际间要加强沟通、互相配合，共同进行整治工作。要严格区分赌博违法犯罪活动与群众娱乐、游戏的界限，加大对聚赌、豪赌等违法犯罪活动依法打击的力度。

三、要充分发挥基层综治组织、群防群治网络的作用，采取多种形式，广泛宣传发动群众投入查赌禁赌工作。

要充分发挥综合治理组织和群防群治网络的作用，利用多种形式，将查赌禁赌的宣传工作延伸到街道社区、乡村，延伸到楼层院落、乡间地头。结合当前开展的“平安创建”和基层安全创建活动，发挥基层党政组织和居委会、治保会、调委会等基层群众组织的作用，结合“四进社区”，积极开展“不让赌博进社区、进乡村活动”；同时，积极组织群众参加健康有益的娱乐活动。要发挥报纸、广播、电视、网络等媒体的作用，宣传政策法规，宣传赌博对社会、家庭带来严重危害的案例，宣传人民群众与赌博等不法活动作斗争的先进事迹，调动群众检举揭发赌博活动的积极性，增强群众抵制赌博恶习的自觉性和与赌博活动作斗争的勇气。

四、要健全制度、落实责任，建立长效工作机制。

要将查赌禁赌工作纳入综合治理工作进行检查考评。要建立严格的责任制和责任追究制度，把查赌禁赌工作的责任落实到各级党政领导身上，运用政治、经济、法律、教育等多种手段进行综合整治。要对贯彻执行中纪委、中组部《关于严肃查处党员和干部参与赌博活动的通知》认真进行督查，凡是党员参与赌博的要严肃处理，凡是领导干部参与赌博的,要一律予以免职。对党政领导干部参与赌博造成恶劣影响的或工作不力,导致赌博成风、治安混乱的地区和部门,要严肃追究领导责任,坚决实行一票否决。要明确公安、工商、电信、文化、宣传等在查禁赌博工作中的职责,认真进行督促检查,确保禁赌工作层层得到落实。

中央社会治安综合治理委员会办公室关于印发《中央综治委检查组检查内蒙古等八省区市社会治安综合治理工作的情况报告》的通知

(2004 年 11 月 29 日)

各省、自治区、直辖市社会治安综合治理委员会办公室,新疆生产建设兵团社会治安综合治理委员会办公室,中央社会治安综合治理委员会各成员单位:

现将《中央综治委检查组检查内蒙古等八省区市社会治安综合治理工作的情况报告》印发给你们。

中央综治委检查组检查内蒙古等八省区市社会治安综合治理工作的情况报告

10月中下旬,办公室会同中组部、中纪委、中央政研室、中央编办、最高人民法院、最高人民检察院、公安部、司法部、民政部、文化部、人事部、国家工商总局、海关总署、国家旅游局、总政保卫部、武警总部、共青团中央等部门,以及部分省区市政法委、综治办,组成8个检查组,分别对内蒙古、吉林、黑龙江、河南、广东、重庆、四川、甘肃省(区、市)的社会治安综合治理工作进行了检查。检查组深入基层单位,广泛接触干部群众,了解掌握了大量的第一手材料,较好地完成了检查任务。现将有关情况报告如下:

总的看,内蒙古等八省区市各级党委、政府重视社会治安综合治理工作,以“三个代表”重要思想为指导,坚持科学发展观,正确处理改革发展稳定关系,贯彻“打防结合、预防为主”的方针,狠抓综合治理各项措施的落实,有效遏制了刑事发案上升的势头,保持了治安形势的持续稳定。社会治安综合治理工作对维护社会和谐稳定、促进地区经济发展起到了十分重要的作用。

一、党委、政府重视社会治安综合治理工作,切实加强组织领导

一是指导思想明确,认识到位。党政领导普遍达成了“发展经济是政绩,搞好社会治安也是政绩”的共识,把加强社会治安综合治理工作作为践行“三个代表”重要思想,贯彻落实科学发展观,提高执政能力,创造和谐社会的重要举措,摆上重要位置,纳入各地国民经济与社会发展总体规划,切实加强组织领导。河南省委书记李克强同志多次主持召开省委常委会，专题研究扎实推进治安防控体系建设和争创“全国社会治安综合治理先进省”工作的具体措施。广东把社会治安防控体系建设纳入省委、省政府“十项民心工程”，纳入“和谐广东”建设的重要内容，全力推进，狠抓落实。

二是狠抓责任制的落实。普遍建立了由党政主要领导或分管领导挂帅的综合治理领导机构，有的地方建立综合治理“一把手工程”，同时，层层签订责任书，落实社会治安综合治理目标管理责任制，严格考评，兑现奖惩。内蒙古自治区及各盟市、旗(县、区)全部由政府一把手(少数地方为党委一把手)担任综治委主任。许多地方建立健全五部门联席会议制度，加大对相关领导干部履行综治职责情况的考察和监督，把综治工作情况同干部的考察、选拔、任用、奖惩结合起来。甘肃省委组织部在制定和实施各市州党政领导班子政绩百分制考核指标体系中，综治工作占有相当分值，并定期征求省综治委对各地党政领导抓综治工作情况的意见。河南省不少地方建立了“治安防范责任不作为经济赔偿制”、“治安防范整改保证金制度”和“非公有制经济组织综合治理激励制约机制”，进一步强化了机关、企事业单位领导和非公有制经济组织责任人的防范意识和责任。同时，各地加大表彰奖励力度，对综治工作成绩突出的地方、单位及其领导干部给予精神和物质奖励。

三是加大保障力度。认真落实中共中央、国务院《关于进一步加强社会治安综合治理的意见》精神，将综合治理工作经费列入财政预算，要求政府按照分级管理、分级负担的原则，做好本级政法、综治部门的经费保障工作。甘肃省省、市、县都将综治经费按人均不低于0.15元的标准列入了财政预算。哈尔滨市去年市、区两级财政投入综治资金2亿多元，今年又把综治工作经费由每年按照全市人口人均0.1元的标准提高到0.3元。吉林省从2002年起，省财政每年拿出500万元专门用于基层开展群防群治工作。

二、深入开展基层创安和平安建设活动，大力构建治安防控体系

八省区市都把基层安全创建活动作为落实综合治理各项措施的有效载体，在抓好安全文明社区、村镇、单位、校园和安全文明铁道线等各种形式的基层安全创建活动的基础上，进一步拓展创建活动范围，提升创建水平，大力开展内涵更为丰富的创建活动，取得初步成效。黑龙江省和重庆市分别提出了“平安龙江”、“平安重庆”建设，河南提出了创建综治先进省，其他省区的许多地方纷纷推出了“平安市、县(市、区)”、“平安乡镇”等创建活动，进一步深化和拓展了基层安全创建活动。

四川省以实施社会治安综合治理整体联动防范工程建设为载体，着力构建治安防范长效机制，不断完善以社会面流动犯罪、重点部位、社区、单位内部、农村、行政区域边际、矛盾纠纷排查调处和铁路护路联防为主要内容的八大防范体系建设，治安防范成效明显，全省可防性案件去年较上年下降7.6%，今年1至9月较去年同期下降5.6%。广东省自2001年以来，大抓“五张治安防控网络”(即社会面的治安防控网络；重点要害部位和特殊行业、公共复杂场所的治安管控网络；社区治安防控网络；机关、学校、企事业单位内部的安全防控网络；各种边缘地区的治安联防网络)建设和“一一三”治安管理长效工程(即一张群防群治网络，一项流动人口和出租屋管理，机动车营运市场、娱乐服务场所、收旧修理行业三项整治)建设，构建全面覆盖的社会治安防控体系。

在基层创安和治安防控体系建设工作中，许多地方注重解决影响治安的突出问题，协调有关部门齐抓共管，攻坚克难。广东全省非户籍人员达3000万，他们以出租屋管理为切入点，进一步建立健全管理机构，加强流动人口、出租屋日常管理和计算机信息化管理，强化登记、办证、建档、协查等基础环节，加大法制宣传教育力度，切实维护流动人口合法权益，打击流窜犯罪。四川在全省普遍推行了“服刑在教人员释放、解教登录管理软件”，加强衔接工作，成立安置帮教工作志愿者协会，建立大墙内外帮教互动机制，进一步拓宽了安置帮教渠道，预防和减少了刑释解教人员重新违法犯罪。各地抓住中央作出加强和改进未成年人思想道德建设重大决策的良好契机，认真贯彻落实中央综治委有关部署，深入实施“青少年违法犯罪社区预防计划”和开展创建“未成年人零犯罪社区”等活动，着力构建家庭、学校、社会相结合的教育体系，不断优化有利于青少年健康成长的环境，不断完善维权保护、挽救矫治措施，有效预防和减少了青少年违法犯罪。

三、综合治理基层基础建设有所加强

各地坚持重心下移，通过深入开展基层创安和治安防控体系建设，大力加强基层综治组织和群防群治队伍建设。2001年，四川省综治委、省委组织部等六部门联合下发了《关于加强社会治安综合治理基层组织建设的意见》，对加强综治基层组织建设提出了明确要求，强调要把综治基层组织建设作为考核党委、政府开展综治工作的重要内容。中央综治委与中央编办《关于加强乡镇、街道社会治安综合治理基层组织建设的若干意见》下发后，各地乡镇、街道及村居委的综治组织都有所加强，基本做到了基层综治工作有人抓、有人管、有办公场地，制度上墙，台账齐全规范。各地还加大对乡镇、街道综治干部的培训力度，着力解决能抓会干问题。重庆市许多地方在平安建设工作中，实行三级联创、两级验收，各部门、各单位的平安建设情况都要经过乡镇、街道综治办的考核验收，使社会治安综合治理属地管理原则得到了较好落实。

各地结合实际，加强群防群治队伍建设。重庆市开展红岩党员志愿者活动，发动党员参与社区维护治安等公益活动，并在农村地区建立警民联系点，实行联户联防，效果很好。甘肃省把群防群治队伍建设同就业、再就业工程有机结合，通过政府购买公益性就业岗位的办法，从下岗职工、复转军人和大中专院校毕业生中选聘专职群防群治人员。内蒙古自治区加强“草原110”建设，组织牧民参加群防群治。哈尔滨市在事业单位改革中把一些干部、职工转作综治维稳特派员。一些地方按照“市场化运作、产业化管理、规范化服务”的要求，积极发展社会专业治安防范力量，充实和加强了综治一线工作队伍。

四、深入开展矛盾纠纷排查调处工作，及时化解不安定因素，维护社会和谐稳定

“杭州会议”以来，各地学习和创新“枫桥经验”，进一步健全矛盾纠纷排查调处机制，加强规范化、制度化建设，形成了党委政府统一领导、综治机构组织协调、有关部门积极参与的工作格局，立足基层，依靠群众，预防为主，落实责任，及时化解矛盾纠纷。重庆市信访办、综治办、公安局联合下发了《关于进一步加强矛盾纠纷排查调处工作的通知》，普遍建立了矛盾纠纷排查调处工作六道防线：群众工作防线、人民调解防线、矛盾纠纷排查调处防线、司法解决防线、新闻舆论防线和群体性事件处置防线，建立健全“零报告制度”、定期排查调处制度和领导干部接待日制度等，有效预防和化解了大量矛盾纠纷。内蒙古自治区层层建立了一把手负总责的矛盾纠纷排查调处工作组织领导体系，建立健全了集中排查调处和经常性排查调处相结合、排查调处联席会议和协调会议制度，以及领导包案、挂牌督办、定期通报和责任追究等制度。

五、创新“严打”整治工作方式，建立健全“严打”整治长效机制

在取得2001年全国统一开展的两年为期的“严打”整治斗争成果基础上，各地从实际出发，加强对治安形势的分析评估，及时研究掌握违法犯罪活动的规律特点，因地制宜、因时施策，不断调整和创新“严打”整治工作的方式方法，切实增强工作的主动性、针对性和时效性，并积极探索建立“严打”整治长效机制，巩固斗争成果。各地把集中行动和专项治理相结合，有的放矢地组织开展了“打拐”、“追逃”、“禁毒”、“打两抢两盗”、“反走私偷渡”、“打黑除恶”、“侦破命案”、“打街头犯罪”等专项行动，开展打击制售假冒伪劣产品、制贩假币、逃汇骗汇等集中行动，有力地打击了各种严重刑事犯罪活动，遏制了刑事案件高发的势头。内蒙古、吉林、重庆、甘肃等省区市连续几年保持刑事案件下降态势。

各地继续组织开展对治安混乱地区和突出治安问题的排查，多管齐下进行重点整治，限期扭转治安面貌，着力解决突出的治安问题。广东省针对毒品犯罪、“六合彩”赌博、非法传销和非法机动车等影响治安的突出问题，坚持“重典治乱”，适时开展“严打”整治和专项斗争，有效打击和遏制了这些突出问题蔓延的势头。吉林省综治部门与公安边防部门共同组织开展了以反偷渡、反渗透为重点的边境治安综合整治工作，省综治委制定了《吉林省边境治安综合治理工作领导责任制实施办法》及考评标准，在边境地区形成了党政军警民“五位一体”的治安防控网络，维护了边境地区的稳定。

六、当前综治工作还面临不少困难和问题，仍须加大工作力度，不断加强和完善社会治安综合治理工作机制

一是尽管各地治安大局稳定，但社会治安的基础尚不十分稳固，影响社会稳定、引发治安问题的因素大量存在，刑事案件总量仍很大，一些地方刑事案件仍呈上升趋势，杀人、爆炸、绑架等严重暴力案件及重大恶性案件和重大治安灾害事故时有发生，抢劫、抢夺、盗窃等严重影响群众安全感的多发性案件仍很突出，“黄赌毒”等社会丑恶现象屡禁不止，一些治安乱点和突出治安问题经整治后还有反复。同时，因人民内部矛盾引发的群体性事件也增多，成为影响社会稳定的突出问题。

二是综合治理基层基础建设还须大力加强。目前，不少地方反映，综治办机构设置不规范、人员编制少和经费不落实，仍是影响工作的突出问题。特别是乡镇、街道综治办设置不一，有的没有单独设置，有的有牌子但缺少专职干部，有的干部配备的素质不高，难以适应综治工作形势与任务的需要。不少地方群防群治队伍由于经费难以筹措，面临不少困难和问题，影响和制约了群防群治工作的开展。一些地方和部门的防范、管理、教育等基础工作薄弱，综治各项措施没有真正落到实处。各地普遍反映，治安队、保安队等治安辅助力量作为重要的群防群治队伍，对维护社会治安和社会稳定发挥了不可替代的重要作用，不可轻易取消。各地普遍要求健全完善群防群治经费保障机制，进一步加大群防群治队伍建设力度，加强教育培训，明确职责，规范管理，充分发挥其积极作用。

三是一些地方和部门的领导对社会治安综合治理工作真抓实管不够，社会治安综合治理领导责任制、目标管理责任制、“一票否决权制”和重大责任查究制落实的力度不够大，奖惩措施不够明确，督促检查不够有力；综治工作能力、实绩与干部选拔、任用挂钩不够紧密，缺乏具体的程序、规定和办法；一些综治委成员单位参与综治工作的意识不强，积极性、主动性不够，工作缺少有力的配合，各有关部门齐抓共管的格局在一些地方没有真正形成。

四是社会治安出现不少新情况、新问题，有待深入研究。非传统的安全问题增多，非治安因素转化为治安问题有所显现，如因互联网发展带来的治安问题，不良手机短信泛滥的问题，恶意传播性病、传染病等引发的公共安全问题，因各种大规模的社会活动而出现的群体性安全问题等，都对社会治安综合治理工作提出了新的挑战和更高的要求。新形势下非公有制企业如何落实综治责任等问题，也需研究制定有效措施予以解决。

六、社会治安综合治理宣传工作

中央社会治安综合治理委员会 中华全国新闻工作者协会 关于开展2003年度全国社会治安综合治理好新闻奖评选活动的通知

（2004年2月17日）

各省、自治区、直辖市社会治安综合治理委员会办公室、新闻工作者协会，新疆生产建设兵团社会治安综合治理委员会办公室、新闻工作者协会，中央社会治安综合治理委员会各成员单位，中央有关新闻单位：

由中央社会治安综合治理委员会与中华全国新闻工作者协会共同举办的全国社会治安综合治理好新闻奖，是经中宣部批准设立的全国性新闻类大奖。评选活动开展10年来，在各地和中央综治委各成员单位、中央新闻单位的大力支持下，参评作品逐年增多，质量不断提高，社会影响日益扩大，有力地推动了社会治安综合治理宣传工作的深入开展。

2003年度全国社会治安综合治理好新闻奖评选活动即将开始，请各地综治委、办会同新闻工作者协会和有关单位，严格按照"2003年度全国社会治安综合治理好新闻奖评选办法"及有关规定的要求，认真组织好初评工作，按时将高质量的参评作品寄送指定地点。请各中央新闻单位积极组织本单位开展社会治安综合治理好新闻奖的初评、选送工作。请各地新闻工作者协会大力支持、配合，共同完成这次评选活动。对组织工作认真、选送作品质量高、获奖作品多的地方和单位，将予以表彰奖励。

附件：①2003年度全国社会治安综合治理好新闻奖评选办法

②2003年度全国社会治安综合治理好新闻奖参评作品数额分配方案

③2003年度全国社会治安综合治理好新闻奖参评作品选送须知

④2003年度全国社会治安综合治理好新闻奖评选细则

附件 1

2003 年度全国社会治安综合治理好新闻奖评选办法

一、评奖宗旨

全国社会治安综合治理好新闻奖是由中央社会治安综合治理委员会与中华全国新闻工作者协会共同主办的全国法制类年度优秀新闻作品最高奖。

开展此项评选活动的目的在于推动社会治安综合治理及其宣传工作的深入开展。

二、参评资格

下列新闻单位 2003 年刊播的有关社会治安综合治理的新闻作品均可参评：

1. 有正式刊号、公开发行的报刊；

2. 通讯社；

3. 经正式批准的广播电台、电视台、有线电视台。

三、评选项目

全国社会治安综合治理好新闻奖设 12 个评奖项目。

(一)报纸、期刊、通讯社：

1. 消息；

2. 言论(包括社论、评论员文章、述评、短评、编者按、编后、署名评论)；

3. 通讯(包括特写、调查报告)；

4. 系列报道、期刊专稿；

5. 新闻摄影。

(二)广播电台：

1. 消息(包括文字报道、录音新闻)；

2. 新闻性专题节目(包括文字、录音专题)；

3. 系列报道、连续报道。

(三)电视台：

1. 消息；

2. 新闻性专题节目；

3. 系列报道、连续报道。

(四)特别奖：

有关社会治安综合治理重大新闻、重要题材的专题报道

四、评奖标准和要求

1. 作品应紧紧围绕 2003 年社会治安综合治理的各项工作，着重反映各地、各有关部门坚持“打防结合、预防为主”的方针，贯彻落实《中共中央、国务院关于进一步加强社会治安综合治理的意见》的工作情况及其成效，反映各地及基层单位社会治安综合治理的典型经验。

2. 参评作品要主题鲜明、事实准确、时效性强、文字生动、制作精良；短小精悍，特别要重视消息、短新闻、言论作品的选送。

3. 字数和时间限制：文字消息在 800 字以内；文字言论在 1500 字以内；文字通讯在 3000 字以内；文字系列报道每篇在 1500 字以内，不得超过 4 篇；期刊专稿在 3500 字以内；广播、电视消息在 4 分钟以内；电视新闻性专题节目在 15 分钟以内；系列报道每集一般不超过 10 分钟，选送 3 集。特别奖参评作品字数和时间可适当增加。

超过上述规定字数、时间的作品，一般不予评选。

4. 新闻摄影作品要内容真实，新闻价值高，现场抓拍，形象生动，图象清晰，说明简洁，制作精良。

五、奖励办法

2003 年度全国社会治安综合治理好新闻奖设 168 个奖。包括特别奖 2 个，报刊奖 80 个，电视奖 46 个，广播奖 30 个，优秀摄影奖 10 个，另设 2003 年度全国社会治安综合治理好新闻奖组织奖。

由主办单位向获奖作者、获奖单位颁发证书、奖金。

六、参评程序和分工

1. 各省(区、市)综治委、新闻工作者协会及中央有关单位负责进行2003年度全国社会治安综合治理好新闻奖的初评并按"附件2"规定的分配数额,将入选作品报送全国社会治安综合治理好新闻奖评选办公室。

2.2003年度全国社会治安综合治理好新闻奖评选办公室聘请有关专家组成复评专家组,负责进行复评,将特别奖及一、二、三等奖的候选篇目交定评委员会。

3.2003年度全国社会治安综合治理好新闻奖定评委员会负责进行本年度好新闻奖的定评工作。

4.2003年度全国社会治安综合治理好新闻奖评委由中央社会治安综合治理委员会办公室、中华全国新闻工作者协会共同聘请有关专家担任。

附件2

2003年度全国社会治安综合治理好新闻奖参评作品数额分配方案

一、全国31个省、自治区、直辖市及新疆生产建设兵团综治办各推荐作品篇(件):

报刊6　摄影3　电视3　广播3

二、各推荐作品5篇(件)、摄影5幅(组)的单位:

人民日报、新华社、中央电视台、中央人民广播电台、法制日报、长安杂志

二、各推荐作品4篇(件)、摄影4幅(组)的单位:

光明日报、经济日报、人民法院报、检察日报、人民公安报

四、各推荐作品3篇(件)、摄影3幅(组)的单位:

解放军报、中国国际广播电台、科技日报、中国日报、工人日报、农民日报、中国青年报、中国妇女报、中国新闻社

五、中央综治委各成员单位各推荐作品篇(件):

报刊4　摄影3　电视3　广播3

附件3

2003年度全国社会治安综合治理好新闻奖参评作品选送须知

2003年度全国社会治安综合治理好新闻奖参评作品选送工作的具体要求如下:

一、各省(区、市)及有关单位选送参评作品中,报刊、广播、电视、摄影作品数额要按"附件2"的规定,超过参评数额的,评选办公室按参评表的顺序撤下排在最后的超额作品,不予评定。

二、报刊、通讯社作品:参评作品和推荐表一式20套,每套由一份作品和一份推荐表组成,并装订在一起。参评作品须有一套是剪报,其他19份为清晰的复印件。

三、广播作品:要录制在普通盒式录音带上。每盒录音带只录一个节目。附作品文字稿,推荐表一式20套。每套由一份作品和一份推荐表组成,并装订在一起,打印或复印一律用16开纸或B5复印纸。

四、电视作品:要求刻录在标准VCD光盘上,每个光盘刻录一个作品,每部作品首尾需刻录30秒彩条。须附作品文字稿,推荐表一式20套,每套由一份作品文字稿和一份推荐表组成,并装订在一起,打印或复印一律用16开纸或B5复印纸。

五、摄影作品:单幅作品或组照中的每一张均要按原报发表照放8英寸。每件(组)摄影作品须送6套,其中一套须是原照,每套由一份作品和一份推荐表组成,推荐表用B5复印纸,同时须送刊登该作品的原样报一份。

六、推荐2003年度社会治安综合治理好新闻奖特别奖的作品,占用参评作品分配数额,可在"初评意见栏"中注明"特别奖推荐作品"字样。

七、各地区、各单位选送作品时,须填写一份2003年度全国社会治安综合治理好新闻奖推荐总表。(样式附后)

八、外文和少数民族文字作品,除送原报刊、原音像带外,须译成汉文稿,然后按上述要求送样。

九、所有参评作品推荐表均须加盖推荐单位公章,作者姓名一栏均须按原刊播作者署名顺序填写完全、准确。

十、各省、自治区、直辖市综治办将组织评选工作的情况写成文字材料(一式二份)与参评作品一同报送。

十一、寄送时间、地址

1. 寄送截止日期为2004年3月31日。以当地邮戳为准,逾期不报视为自动弃权。

2. 寄送地址:北京市东城区北池子大街14号全国社会治安综合治理好新闻奖评选办公室收。

邮政编码:100006

附件4

2003年度全国社会治安综合治理好新闻奖评选细则

一、各省(区、市)综治办会同新闻工作者协会,新疆生产建设兵团综治办会同新闻工作者协会,中央新闻单位,中央综治委成员单位分别进行初评。

二、初评后按分配的数额报送评选办公室。

三、评选办公室聘请有关方面的专业人士及新闻单位的部门领导组成复评专家组。

四、复评专家分4个小组进行评选,即报刊组、广播组、电视组、摄影组。

五、复评专家将评出的特别奖及一、二、三等奖候选篇目交定评委员会。

六、定评委员会分报刊组和广播电视组,分别审评。主任、副主任看全部的稿件。

七、全体定评委集中评选,由评委会主任主持,最后确定特别奖及一、二、三等奖的篇目。

中央社会治安综合治理委员会关于印发顾秀莲同志在2003年度全国社会治安综合治理好新闻奖颁奖会上的讲话的通知

(2004年10月28日)

各省、自治区、直辖市社会治安综合治理委员会、新闻工作者协会,新疆生产建设兵团社会治安综合治理委员会,中央和国家机关有关部门,各人民团体,中央新闻单位:

由中央社会治安综合治理委员会与中华全国新闻工作者协会联合举办的2003年度全国社会治安综合治理好新闻奖评选活动已经圆满结束。2004年9月29日在北京举行了隆重的颁奖仪式,全国人大常委会副委员长、中央社会治安综合治理委员会副主任顾秀莲出席会议并讲话。现将顾秀莲同志的讲话印发给你们。请结合实际情况,认真贯彻执行,进一步加大社会治安综合治理的宣传力度,推动综合治理各项工作措施的落实。

附:1.2003年度全国社会治安综合治理好新闻奖评选工作概况

2.2003年度全国社会治安综合治理好新闻奖获奖名单及组织奖名单

顾秀莲同志在2003年度全国社会治安综合治理好新闻奖颁奖会上的讲话

(2004年9月29日)

同志们:

在全党学习贯彻党的十六届四中全会精神,喜迎国庆55周年之际,中央社会治安综合治理委员会、中华全国新闻工作者协会今天在这里隆重举行颁奖会,为2003年度全国社会治安综合治理好新闻奖的获奖者颁奖。我代表中央社会治安综合治理委员会、中华全国新闻工作者协会,向获奖的单位和个人表示热烈的祝贺!向长期以来为社会治安综合治理新闻宣传工作作出不懈努力的宣传部门、新闻单位的同志们表示衷心的感谢!

在中央综治委各成员单位、中央新闻单位和各地有关部门的大力支持和积极参与下,一年一度的全国社会治安综合治理好新闻奖,迄今已经成功地举办了十一届。本届全国社会治安综合治理好新闻奖评选活动更加规范,评选组织工作更加有力,参评单位和区域广泛,作品质量进一步提高。参评和获奖作品大都围绕2003年度政法和社会治安综合治理的重点工作、重要部署和重大事件,紧紧抓住广大群众关注的治安热点和难点问题进行宣传报道,集中宣传了全国统一部署的“严打”整治斗争取得的重大成果,深入报道了各地各有关部门推进基层安全创建活动、加强综合治理基层基础建设、构建治安防控体系的好经验、好做法，大力宣传了各级综治机构特别是群防群治队伍为抗击“非典”作出的重大贡献，宣传了广大人民群众见义勇为、积极参与社会治安综合治理的先进典型事迹，为推动社会治安综合治理工作的深入开展营造了良好的舆论氛围。这些情况表明，作为中宣部批准立项的国家级法制新闻类大奖，全国社会治安综合治理好新闻奖的影响越来越大，对社会治安综合治理工作的推动作用日益明显，各地和各新闻单位对社会治安综合治理宣传工作越来越重视，好新闻奖评选工作和新闻宣传工作已成为社会治安综合治理工作的一项重要内容，取得了良好的宣传效果。这次评选出的178件获奖作品，是去年社会治安综合治理新闻宣传优秀作品的代表，反映了去年综合治理宣传工作取得的成绩，凝聚了广大新闻工作者的心血。

社会治安综合治理是一项社会系统工程，需要动员全党、全社会各方面力量和广大人民群众共同参与，齐抓共管。刚刚结束的十六届四中全会提出“坚持打防结合、预防为主，专群结合、依靠群众，加强和完善社会治安综合治理工作机制”，我们一定要认真学习贯彻四中全会精神，建立有效的社会治安综合治理工作机制。

社会治安综合治理工作的深入开展，综合治理各项措施的有效落实，离不开宣传群众、发动群众，因此，必须有一个良好的社会舆论环境，需要有力的舆论支持。十多年来，社会治安综合治理工作之所以取得显著成效，是在党和政府高度重视、正确领导下，有关部门密切配合、社会各界共同努力的结果，也是新闻宣传部门和广大新闻工作者大力支持、辛勤工作的结果，新闻宣传工作的不断加强，为社会治安综合治理工作的深入开展，提供了有力的舆论支持和良好的舆论氛围。

今年以来，各级政法、综治部门与宣传部门和新闻单位密切配合，进一步加大了社会治安综合治理宣传力度。各主要新闻媒体重点宣传了树立和落实科学发展观对指导和推动社会治安综合治理工作的重要意义，阐明了发展经济和维护稳定的关系；突出宣传了江苏、山东、浙江等地开展“平安建设”、提升社会治安综合治理工作水平的重大举措和成效；广泛宣传了各地加强教育培训、强化基层综治组织建设的情况；大张旗鼓地宣传了各地各部门贯彻落实中央关于加强和改进未成年人思想道德建设的重大决策，动员社会各方面力量加强对青少年的教育、保护，深化预防青少年违法犯罪工作采取的一系列有效措施，营造有利于青少年健康成长的良好环境；深入报道了各地、各部门贯彻落实“杭州会议”精神，认真开展矛盾纠纷排查调处，加强和改进教育、管理工作，推进社会治安防控体系建设的做法和成效；集中宣传报道了任长霞、曹发贵、胡光明等先进模范事迹，树立了政法、综治队伍的良好形象。

目前，全国社会治安综合治理工作发展势头很好，治安形势总体平稳，人民群众的安全感不断增强。但是，由于我国正处于改革发展的关键时期，经济转轨、社会转型的形势，导致各种矛盾和问题增多，影响社会治安的消极因素仍然大量存在，社会治安综合治理面临的形势和任务仍然十分艰巨、繁重。希望各级宣传部门和广大新闻工作者对社会治安综合治理工作给予更多的关注和支持，进一步加强和改进政法、综治宣传报道工作，不断提高宣传质量和报道水平，创作出更多、更好的反映社会治安综合治理的作品。要坚持把政法、综治宣传的思想性、指导性和艺术性、可读性结合起来，坚持团结、稳定、鼓劲、正面宣传为主的方针，努力做到贴近实际、贴近生活、贴近群众，切实增强时效性、针对性和吸引力、感召力。各级政法、综合治理部门要加强对社会治安综合治理宣传工作的组织领导，加强本部门、本系统宣传队伍和宣传阵地建设；同时，要采取有效措施，密切与党委宣传部门和各新闻、文化、出版单位的联系，积极配合做好政法、综治新闻宣传工作。要通过有声有色、生动形象的新闻宣传报道，体现各级党委、政府对社会治安综合治理工作的高度重视，鼓舞和激励政法、综合治理战线的斗志，动员广大群众和社会各界积极支持和参与维护社会稳定，促进社会治安综合治理工作深入开展。让我们紧密团结在以胡锦涛同志为总书记的党中央周围，高举邓小平理论和“三个代表”重要思想的伟大旗帜，不断开拓创新，为推出更多更好的社会治安综合治理新闻而不懈地努力！

附件 1:

2003 年度全国社会治安综合治理好新闻奖评选工作概况

2004 年 2 月,中央社会治安综合治理委员会和中华全国新闻工作者协会联合下发了《关于开展 2003 年度全国社会治安综合治理好新闻奖评选活动的通知》。各地和中央新闻单位及部分中央综治委成员单位按照《通知》要求,高度重视,结合本地区、本部门的实际,本着客观、公正、合理、优良的原则,精心组织评选工作,推荐了一大批质量较高的参评作品。据统计,全国综治好新闻奖评选办公室共收到全国 31 个省、自治区、直辖市和新疆生产建设兵团、15 家中央新闻单位及中央综治委成员单位报送的参评作品 519 件,其中报刊作品 246 件,电视作品 114 件,广播作品 85 件,摄影作品 74 件。

6 月 18 日至 23 日,全国社会治安综合治理好新闻奖评选办公室邀请首都各大新闻媒体的专家、学者,对参评作品进行了复评。9 月 10 日,全国综治好新闻奖评选委员会进行了定评,共评出获奖作品 178 个,其中特别奖作品 2 个(报刊);一等奖作品 21 个(报刊 9 个,电视 8 个,广播 4 个);二等奖作品 47 个(报刊 25 个,电视 13 个,广播 9 个);三等奖 96 个(报刊 56 个,电视 20 个,广播 20 个);优秀奖 12 个(图片)。组织奖 17 个。

这次评选工作和获奖作品主要有以下特点:

一、高度重视,组织严密,评选工作进一步规范有序

全国各地、各有关部门对评选活动高度重视,普遍下发了通知,对评选工作提出了明确的要求。北京、河北、天津、山东、山西、黑龙江、江苏、广东、福建、江西、甘肃、安徽等地成立了由综治办、党委宣传部、新闻工作者协会和主要新闻单位的负责同志、专家组成的评委会,设置了专门的评选办公室,对评选活动的组织领导、参评标准、方法步骤作出了明确的规定。北京、天津、内蒙、辽宁、浙江等地把评选活动与综治宣传月活动紧密结合起来,进行广泛的宣传发动;内蒙、安徽还专门设立了编辑奖,福建设立了版面奖,从而调动了各新闻媒体编发政法、综治稿件的积极性;山西、福建还将评选活动纳入全省社会治安综合治理工作年度考核范畴,奖优罚劣,有力促进了评选工作的有序开展;山东、广东加强与新闻单位的沟通,对重点稿件重点联系,确保稿件质量;天津主动与获奖作者组织、人事部门发函通报,进一步加大对获奖作者的奖励力度。中央新闻单位和各综治委成员单位也非常重视评选工作,新华社、人民日报、中央人民广播电台、中央电视台、法制日报等新闻单位和公安部、最高人民检察院、最高人民法院、司法部、铁道部、海关总署、解放军总政治部、团中央等综治委成员单位也积极选送了作品。

二、参评作品紧扣主题,内容丰富,形式多样,有较强的新闻性和艺术性。

(一)重点突出,深入实际,贴近政法、综治工作主题。从报送和获奖的作品看,都能紧扣 2003 年度政法、综治工作的中心和广大群众关注的治安难点和热点问题进行宣传。各地各部门紧密联系实际,认真宣传党中央、国务院关于加强社会治安综合治理工作的重大决策和部署,报道了各地、各部门及广大人民群众开展参与维护社会治安工作的好经验、好做法。如报刊特别奖《社会治安综合治理永恒的主题　稳定＋安全》,紧密结合去年全国社会治安综合治理工作会议精神,从多侧面报道了山东、山西、河北等地结合当地实际开展社会治安综合治理工作的好经验、好做法,作品深入实际、报道深入、视角独特,对全国社会治安综合治理工作的开展起到了促进和引导作用。报刊一等奖《陪老丁找儿子》,用八篇文章报道了十三岁男孩离家出走后,社会各界伸出温暖的手,帮助寻找孩子的过程，报道既体现了社会各界对未成年人的关爱，又反映出当前对青少年进行法制教育的极端重要性。江苏省综治办选送的作品《人民满意的老舅娘》，报道了南通市在构建社会矛盾纠纷大调解体系中所取得的成绩，报道贴近基层，形象生动，有较强的示范作用。中央人民广播电台选送的节目《今天，这里没有休息》，报道了在全国上下抗"非典"斗争的严峻时刻，北京市基层公安民警不怕危险、坚守岗位、忘我工作的精神风貌。此报道不但反映了抗"非典"第一线的工作情况，而且体现出新闻记者的职业敏感性和良好的敬业精神。中央电视台选送的专题片《烈火丹心》真实记录了在扑救湖南衡阳大火中，广大消防官兵、公安干警临危不惧、勇往直前、勇于献身的英雄主义精神，此节目真实记录、精心制作，给人以震撼。

(二)追求新闻性、讲求艺术性、体现创新性。从今年报送和获奖的作品看，许多作品深入实际、现场报道，编排新颖、制作精良，力求达到新闻与艺术的统一。中央人民广播电台选送的《兰州集资诈骗系列案》庭审直播节目，焦点突出、双向互动、内外结合，群众利用短信平台积极参与，专家点评、解疑释惑，形成了立体报道、全方位互动的最佳效果。上海选送的电视专题片，《何处是我家》通过一个离家出走少年的流浪历程，揭示了家庭、学校、社会应对未成年人加强教育和保护，为他们营造一个健康、向上成长环境的极端重要性。此片由浅入深、全程实录，拍摄细腻、表现准确，特别是记者不但对事件进行客观报道，还通过自身的言行逐步影响着流浪少年的思想转变，可谓客观报道与帮助教育的双赢。今年报送的作品增加了消息比重，无论是报刊作品，还是广播、电视作品的一二等奖都有短小精悍的新闻消息。特别是电视作品暴力血腥的镜头，追求刺激、惊险的画面比以前有较大的减少，不少节目能够通过案件进行反思，提出预防犯罪的措施，给人以警示。

(三)题材广泛、报道全面、贴近基层。今年报送和获奖的作品涉及到了政法、综治工作的各个方面，特别是围绕《全国"严打"整治斗争成果展》，宣传再现了政法、综治战线开展"严打"整治斗争的壮丽场景，弘扬了广大政法干警忘我工作、人民群众积极参与"严打"整治斗争的良好精神风貌。有的作品紧密围绕政法、综治战线各项工作，反映贯彻"打防结合、预防为主"的方针，有力推动了政法、综治工作的开展；有些作品抓住政法、综治工作的一个侧面进行深入报道，揭示问题根源，交流经验体会；有的作品侧重报道了基层政法、综治干部的先进事迹，弘扬了他们为保一方平安所作出的突出贡献。从这次报送的作品看，中央新闻单位和经济、文化较发达地区无论从数量方面，还是质量方面都继续保持优势。可喜的是西部欠发达地区获奖作品的比例有所增加，质量也比往年又有所提高。

三、评选工作及参评作品存在的主要问题

(一)个别地区和单位对评选工作重视不够，没有把评选工作看作政法、综治宣传工作的重要组成部分，没有确定专人负责，工作没有力度。特别指出的是，有的地方还是不能按时间规定报送作品，工作启动慢、拖拉，延误了整个评选工作的进程。

(二)有的地方组织不严密，把关不严，有些作品不符合评选《通知》的要求。有些报刊作品文字过长，有的电视、广播作品时间超长；有的录像带、光盘、录音带制作粗糙，模糊不清；有的报刊作品没有刊发报样，电视作品没有播出台标，没有注明刊登、播出日期，不能排除为参评而临时制作的嫌疑，给评选工作增加了很多难度。

(三)有的地方和单位参评作品题材单一、内容单一，体现打击的作品多，注重防范的作品少；长篇大论的通讯多，短小精悍的消息、言论少；电视、广播作品专题多，针对性强、短平快的新闻少；有的作品虽选题较好，但挖掘不深、表达不够准确，缺乏新意。

针对以上问题，专家和评委们建议在今后的评选中，要进一步严格程序和标准，切实做到客观公正；在评选中增加新闻消息的比重，鼓励短小精悍的作品参评；加大综治好新闻奖的宣传力度，扩大影响面，提高知名度；编辑出版获奖作品集，方便作者交流和保存。

根据各地和新闻单位组织开展本届好新闻奖评选活动和日常政法、综治宣传工作的开展情况，以及获奖作品的质量、数量等情况，评出首都、河北、黑龙江、江苏、安徽、广东、湖南、江西、上海、新疆10个省(区、市)综治办和人民日报社国内政治部、新华社国内部、中央人民广播电台法制部、中央电视台新闻中心、法制日报社政法部、人民法院报社、检察日报社7个单位，获2003年度全国社会治安综合治理好新闻奖组织奖。

全国社会治安综合治理
好新闻奖评选办公室
2004年9月29日

七、预防青少年违法犯罪工作

中央综治委预防青少年违法犯罪工作领导小组2004年工作要点

2004年预防青少年违法犯罪工作将继续以邓小平理论和"三个代表"重要思想为指导，深入贯彻党的十六大精神和中共中央办公厅、国务院办公厅转发的《中央社会治安综合治理委员会关于进一步加强预防青少年违法犯罪工作的意见》，认真实施《未成年人保护法》和《预防未成年人犯罪法》，以"青少年违法犯罪社区预防计划"为重点，立足社区，狠抓落实，努力把预防青少年违法犯罪工作提高到一个新的水平。

一、立足社区，大力推进《青少年违法犯罪社区预防计划》

全面部署《青少年违法犯罪社区预防计划》推进工作。适当时候召开全国预防青少年违法犯罪工作会议，总结2001年成都会议以来预防青少年违法犯罪工作的开展情况，交流经验，全面部署今后一段时期特别是推进"青少年违法犯罪社区预防计划"实施的有关工作。

加强对社区闲散青少年的教育和管理。把闲散青少年作为预防青少年违法犯罪工作的重点群体，通过摸底排查、建档立卡等措施，掌握闲散青少年的底数，筹建全国社区闲散青少年网络管理系统。

建立社区预防工作专兼职队伍。在动员、组织青年志愿者、离退休老同志参与预防工作的同时，培训和聘请专职社工，参与社区青少年教育、管理和服务工作，培育社区预防青少年违法犯罪的工作力量。

开展"青少年无犯罪社区"创建活动。通过开展创建活动，调动基层开展预防青少年违法犯罪工作的积极性，加强对社区青少年特别是闲散青少年的教育、管理和服务，营造"安全、文明、健康"的成长环境，把预防青少年违法犯罪工作落到实处。

二、加强青少年道德、法制教育和自护教育，增强青少年的道德、法律意识和自律自护能力

加强青少年的理想信念和道德教育工作。坚持以邓小平理论和"三个代表"重要思想指导青少年的理想信念和道德教育工作，在青少年当中深入进行爱国主义、集体主义、社会主义和中华民族精神教育，大力加强公民道德教育，教育和引导青少年从小树立正确的世界观、人生观、价值观，养成良好的道德品行和行为规范，自觉抵御各种腐朽思想文化的侵蚀和影响，防范侵害，远离犯罪。

深化社区"青少年法律学校"创建活动。通过整合优秀"青少年维权岗"等社会力量，进一步扩大社区"青少年法律学校"的创建规模；以评选出的示范学校为标准，加强青少年法律学校的规范化建设。

开展"青春自护行动"。围绕治安防范、交通安全等主题，广泛动员社会力量开展多种形式的青少年自我保护教育活动。通过在社区和中小学校建设"自护训练室"、开展命名表彰"青少年自护教育基地"、举办电视擂台赛、组织"自护大篷车"巡回报告和展览等活动，提高青少年的自我保护意识和能力。

开展社区青少年警示教育活动。充分发挥监狱、劳教场所、未成年犯管教所、戒毒所等预防青少年违法犯罪教育基地的作用,通过组织青少年实地参观,听取失足青少年现身说法,教育广大青少年远离犯罪。

开展法律宣传周活动。将每年9月的第一周作为未成年人法律宣传周,充分利用报刊、广播、电视等新闻媒体,采用座谈会、现场咨询、文艺演出、知识竞赛等多种方式,大力开展法律宣传教育活动,增强全社会保护未成年人健康成长的法律意识。

三、抓住危害青少年健康成长的突出问题,着力优化青少年成长环境

深入实施"社区青少年远离毒品"行动。抓住重点人群、重点地区,利用国际禁毒日等契机,开展形式多样的毒品预防教育,增强青少年的拒毒防毒意识。

开展有害卡通画册和淫秽"口袋本"图书专项整治行动。配合有关部门加大对有害卡通画册和淫秽"口袋本"图书的打击力度,净化青少年文化市场,组织编写一批内容健康、适合青少年阅读的"口袋本"图书,丰富广大青少年的文化生活。

继续对违规经营的网吧进行整治。配合有关部门坚决取缔无证照或证照不全的黑网吧,整治以电脑学校、劳动职业技术培训班、电子阅览室、计算机房等名义变相经营网吧的行为;严厉查处网吧违法违规接纳未成年人进入的行为;打击网上传播有害文化信息行为,净化和规范网络文化经营活动。宣传《互联网上网服务营业场所管理条例》,深化"安全放心网吧"创建活动,加强社会监督。同时,依托中小学网络教室和城市社区青少年网络教室逐步建设一批未成年人互联网上网服务场所——"阳光网吧"。

四、推进预防青少年违法犯罪的机制建设,探索建立预防青少年违法犯罪的长效机制

强化预防青少年违法犯罪工作责任制。通过落实领导责任制、部门责任制和岗位责任制,把预防青少年违法犯罪工作纳入社会治安综合治理目标管理责任制,同部署,同落实,同检查。

建立联动协调机制。加强上下信息沟通、加强工作指导和检查督促,加强区域联动和行业联动,协调好各地各部门围绕预防青少年违法犯罪工作各司其职、齐抓共管,共同推动这一工作的深入开展。

建立激励与约束机制。加强监督考核,严格实行奖励和责任追究制度。对预防青少年违法犯罪工作成绩突出的单位和个人给予表彰和奖励,对工作不力的要追究有关单位和人员的责任。

探索建立街道社区青少年违法犯罪监测预警机制。在认真总结有关地方实施青少年成长环境监测评估体系经验的基础上,组织法律、社会学、青少年工作等方面的专家,研究制定街道社区青少年违法犯罪预警指标,并进行试点。通过对街道社区的社会环境、治安状况、闲散青少年比例等具体指标监测评估,对青少年违法犯罪的趋势及时作出预警报告,为地方党政领导和有关部门的决策提供依据。

五、加强调查研究和理论研究,探索预防青少年违法犯罪的工作规律

积极开展立法调研。组织有关人员针对《未成年人保护法》实施过程中存在的问题进行调查研究,广泛征求意见,向有关部门提出修改建议。

开展预防青少年违法犯罪课题研究。组织专门力量,开展"青少年违法犯罪的现状与原因"、"青少年违法犯罪的社区预防"及"正确运用刑事政策预防青少年违法犯罪"专题研究,掌握青少年违法犯罪的基本情况,把握青少年违法犯罪的发展趋势,探索适合我国国情的预防青少年违法犯罪的工作模式。青少年犯罪研究会汇聚了一批专家、学者。预防办要依托青少年犯罪研究会,充分发挥专家、学者的作用,加强调查研究,及时对青少年违法犯罪问题进行专题研讨,从而使青少年犯罪研究会成为研究青少年犯罪问题的一个主要阵地、预防青少年违法犯罪的一支有效力量。

2004年中央综治委预防青少年违法犯罪工作领导小组工作总结

2004年，在中央综治委的领导下，中央综治委预防青少年违法犯罪工作领导小组以邓小平理论和"三个代表"重要思想为指导，深入贯彻中共中央、国务院《关于进一步加强和改进未成年人思想道德建设的若干意见》，按照《中共中央、国务院关于进一步加强社会治安综合治理的意见》要求，认真落实《中央综治委关于深化预防青少年违法犯罪工作的意见》，密切配合，团结协作，重点开展了以下几方面的工作。

一、召开一系列预防青少年违法犯罪工作重要会议，制定下发了若干重要文件，有力地推动了各地区各部门预防工作的开展

2004年4月，为贯彻中共中央、国务院《关于进一步加强和改进未成年人思想道德建设的若干意见》，中央综治委预防青少年违法犯罪工作领导小组在上海召开会议，对今后一个时期预防青少年违法犯罪的主要任务和工作重点进行了部署。罗干、周永康同志在上海会议前专门作出重要批示，强调做好预防青少年违法犯罪工作对于维护社会稳定，培养和造就社会主义事业合格建设者和接班人具有重要作用。8月，中央综治委在2004年第二次全体会议上专题研究预防青少年违法犯罪工作，罗干同志作重要讲话，会议审议通过了中央综治委《关于深化预防青少年违法犯罪工作的意见》。为进一步贯彻落实《意见》，中央综治委预防青少年违法犯罪工作领导小组召开第二次全体会议，专题研究制定了《"为了明天——预防青少年违法犯罪工程"实施方案》，并于2004年11月29日正式启动"为了明天工程"。启动仪式后，各地区、各部门结合实际情况，迅速行动，采取有效措施贯彻实施。

二、加强思想道德和法制教育，构筑青少年抵御违法犯罪的思想防线

一是强化德育在素质教育中的首要地位，广泛开展"雏鹰争章"、小公民道德建设、"青少年网络文明行动"等实践活动，增强思想道德教育的实效性、针对性。二是扎实开展法制教育。积极开展了"为了明天——青少年法制教育宣传周"活动，举行网上法律知识竞赛，编写出版了一系列书籍和音像制品。依托青少年法律学校，大力开展法制教育活动。山东开展"两走一联"社区青少年警示教育活动，取得良好效果。广泛开展系列禁毒宣传教育，开展社区青少年远离毒品西部行动，组建志愿者队伍，加强对高危群体的预防和帮助。广西开展纪念"6·3"虎门销烟165周年焚烧毒品暨全区百万学生禁毒签名活动，提高广大青少年的禁毒防毒意识与能力。依托"青少年远离毒品网"建立网上"青少年禁毒教育展览馆"。三是加大青少年自我保护教育的力度。编写出版了系列图书、教材和电视剧等，组织推荐命名"全国青少年自我保护教育基地"，发挥示范基地的典型带动作用，组建成立了全国"青春自护"讲师团，开展"青春自护走进西部"活动，在教材、基地、人员等各方面加强基础建设。北京市积极实施《星光未成年人法制与安全教育"六个一"行动计划》，以实现法制与安全教育的经常化、系统化和规范化目标。四是抓好青少年心理健康教育。为大中学生提供心理知识普及、心理健康辅导等多种服务。建立了"中国大中学生心理健康教育在线网站"，启动了"心理阳光工程"，呼吁公众关注青少年的心理健康和精神卫生问题。

三、加大整治力度，积极营造有利于青少年健康成长的社会环境

按照中央综治委的有关部署，各成员单位加大了对危害青少年成长的不良环境的整治力度，主要开展了三项工作：一是开展了互联网上网服务营业场所专项整治工作。国务院专门成立了全国网吧专项整治工作协调小组，文化、工商、公安部门共出动执法人员74万人次，检查网吧50万家次，限期整改2.1万家，取缔黑网吧1.59万家。二是开展对淫秽色情“口袋本”图书、有害卡通画册、游戏软件和“粗口歌”的专项治理。全国共查获淫秽色情出版物案件2178起，收缴淫秽色情出版物754万余件。三是开展打击淫秽色情网站专项行动，338家淫秽色情网站被关闭。四是在全国增设了专门的少儿影视频道，加大适合青少年观看的影视作品创作力度，清理广播影视节目中暴力、凶杀等不利于未成年人身心健康的内容，声屏荧屏得到了进一步净化。

四、加强基层基础工作，推动“青少年违法犯罪社区预防计划”深入实施

一是加强对全国“青少年违法犯罪社区预防计划”基层试点单位的指导。确定了50个试点社区，分解到领导小组各成员单位。各成员单位加大指导力度，有些单位还派专人实地考察和指导。预防办还将于近期给各试点社区配备计算机和社区闲散青少年信息管理软件。二是开展“未成年人零犯罪社区”创建工作。下发了《关于开展“未成年人零犯罪社区”创建工作的意见》，推动各地工作的落实。三是加强对闲散青少年的教育、管理和服务，联合上海市开发“社区闲散青少年信息管理系统”。四是开展“社区未成年人成长环境监测预警机制”研究。武汉市通过系统地整理各方面的数据，构建反映未成年人成长环境的预警模型，探索建立社区未成年人成长环境的监测评估系统和未成年人成长环境的预警机制。五是加强社区预防青少年违法犯罪专兼职工作队伍建设。如天津、哈尔滨、杭州、成都、银川等城市采用公开招募、自愿报名、组织选拔、集中培训的方式，建立以“五老”（老干部、老战士、老专家、老教师、老模范）为主体，吸收中青年人参与的志愿者队伍。预防办还积极争取国际资金支持，组织对中西部地区12个省份的基层维权和预防青少年违法犯罪工作人员共1300多人进行了培训，提高了他们的政策理论水平和业务工作能力。

五、加强对预防青少年违法犯罪工作的调查研究、理论探讨和宣传工作

在调查研究方面，围绕《未成年人保护法》的修改，组织开展立法调研，多次召开座谈会进行研讨。委托中国青少年研究中心组织人员分赴社区预防计划试点单位，对不同类型的社区预防工作模式进行了比较研究，开展专题调研。特别是湖北省在9个地市同时开展了预防未成年人违法犯罪情况调研，形成了研究报告。江西省开展了“预防青少年犯罪千人调查”，剖析了100个未成年人违法犯罪案例，提出了相应的对策。在理论研讨方面，组织召开“全国青少年违法犯罪形势分析及对策研讨会”。还召开“修订《关于办理少年刑事案件建立互相配套工作体系的通知》座谈会”，就少年司法制度的发展和完善提出了建议和意见。另外，依托中国青少年犯罪研究会举办了“预防青少年违法犯罪——保护明天”学术论坛。在新闻宣传方面，组织中央电视台等各大媒体记者组成采访团，赴各地采访宣传。在中央电视台“法治在线”栏目制作专题节目，播放公益广告；在法制日报等主要新闻媒体开辟了专栏、专版。

六、各部门认真履行职责，做了大量工作

2004年，在中央综治委的领导下，各成员单位结合自身职能积极有效地开展各项工作。中宣部专门成立未成年人工作组，并协调有关部门成立专门机构，积极贯彻《中共中央国务院关于加强和改进未成年人思想道德建设的若干意见》。最高人民法院积极推进少年法院试点工作，进一步加大对少年法庭工作指导力度，表彰了一批少年法庭工作先进个人和集体，推动办理未成年人刑事案件配套工作体系的建立和完善。最高人民检察院对轻微犯罪行为的未成年人采取不起诉或不逮捕的措施，探索暂缓起诉或暂缓逮捕的办法，对未成年人犯罪嫌疑人试行社区矫治制度。公安部统一部署各级公安机关认真整治中小学校园及周边的治安秩序，严厉打击侵害青少年权益的违法犯罪活动；联合有关部门开展打击淫秽色情网站专项行动。司法部认真贯彻“四五”普法规划和《关于加强青少年学生法制教育工作的若干意见》，努力推动法制教育进入主课堂；充分发挥法律服务工作者的作用，组织律师、公证、调解等法律服务工作者，为社区青少年提供法律服务和帮助，并为贫困青少年、流浪儿童、进城务工青年提供无偿的法律援助。教育部全面部署学习贯彻《中共中央国务院关于进一步加强和改进未成年人思想道德建设的若干意见》，相继下发了《中小学开展弘扬和培育民族精神教育实施纲要》、《中小学生守则》、《小学生日常行为规范(修订)》和《中学生日常行为规范(修订)》及《关于进一步加强中小学生诚信教育的通知》等一系列文件;与有关部门一起成立校园文化净化工作协调小组,加强对不良校园文化的治理。民政部加强流浪儿童救助保护机构设施建设,从部本级福利金中拿出3000万元用于流浪儿童救助保护机构建设项目;会同财政部在2004年5月联合下发了《关于做好城市生活无着的流浪乞讨人员中特殊困难对象跨省返乡工作的通知》,对流浪儿童实施特殊政策保护,并积极探索流浪儿童救助保护的有效途径。建设部继续抓好外来施工队伍的教育和管理,加强了进城务工青年的法制教育和技能培训,积极开展治理拖欠工资工作,截至2004年年底,共帮助建筑领域的进城务工人员追回拖欠工资331亿元,占拖欠总额的98%。财政部为预防青少年违法犯罪工作提供经费保障,并对"青少年违法犯罪社区预防计划"试点单位加强了联系和指导。文化部联合有关部门在全国开展网吧等互联网上网服务营业场所专项整治工作;与有关部门联合下发了《关于公共文化设施向未成年人等社会群体免费开放的通知》;开展了公开向全社会征集"百部未成年人优秀音像制品"活动,评选出112部适合未成年人欣赏的优秀音像制品。劳动和社会保障部针对拖欠农民工工资问题,加强劳动保障监察执法,普遍建立举报制度。对恶意拖欠工资案件,发现一起,查处一起。同时,指导有条件的中心城市按照缴费与共济、垫付与追偿相结合的原则,建立欠薪保障基金,垫付被拖欠的工资。国家工商总局会同有关部门针对网吧等互联网上网服务营业场所、淫秽色情网站开展了专项整治行动;加强对营业性歌舞娱乐场所、电子游戏厅、录像厅等社会文化场所的管理,坚持不懈地开展"扫黄打非"行动;积极开展文化环境净化工作,净化广告环境,扫除文化垃圾,加强对未成年人的保护;广电总局在全国增设了专门的少儿影视院线和频道,加大适合青少年观看的影视作品创作力度,清理广播影视节目中暴力、凶杀等不利于未成年人身心健康的内容,声屏荧屏得到了进一步净化。新闻出版总署牵头组织开展了对淫秽色情"口袋本"图书、有害卡通画册和游戏软件的专项治理和"粗口歌"的专项整治;召开电视电话会议专门部署下一阶段"扫黄打非"工作;组织开展对城乡集贸市场非法出版物进行专项治理,把"为未成年人健康成长营造良好的文化环境"工作推向深入。团中央围绕加强和改进未成年人思想道德建设,着力办好11件实事。特别是联合有关部门实施"校园净化工程"、"爱心助成长"志愿服务计划,组织"共享成长"主题交流活动,开展"民族精神代代传"歌曲传唱活动和"社区关爱行动",积极实施青少年文化精品计划,继续深化优秀"青少年维权岗"创建活动,加大了青少年教育和未成年人保护工作的力度。全国妇联积极实施"中国小公民道德建设计划",广泛开展儿童道德实践活动;以家庭教育为载体,加强家庭预防青少年违法犯罪的能力建设,继续办好家长学校、家庭教育指导中心;推动"安康计划"的深入开展,帮助少年儿童"远离失学、远离疾病、远离犯罪、远离伤害"。全国关心下一代工作委员会联合有关部委下发了《关于发挥"五老"队伍在加强和改进未成年人思想道德建设中的作用的通知》,鼓励和发动"五老"帮教失足青少年、当好帮助青少年成长的志愿者,掀起了全国以"五老"队伍为主体的老年志愿者帮助青少年预防违法犯罪、促进青少年健康成长的新高潮。其他各成员单位也都发挥各自职能,做了大量工作。

立足基层　狠抓落实
推动预防青少年违法犯罪工作深入开展

——顾秀莲同志在中央综治委预防青少年违法犯罪工作领导小组2004年第一次全体会议上的讲话

（2004年2月13日）

刚才，杨岳同志代表中央综治委预防青少年违法犯罪工作领导小组办公室对去年的工作进行了总结，对2004年的工作要点作了说明，领导小组各成员单位对2004年工作要点以及本部门开展预防青少年违法犯罪工作都发表了很好的意见，从同志们的发言来看，大家原则上同意了办公室对2003年工作进行的总结和对2004年工作所作的安排。会后，请办公室的同志按照大家的意见，对2004年工作要点进行修改，尽快下发执行。下面，我就今年的工作讲几点意见。

一、认清形势，增强做好预防青少年违法犯罪工作的紧迫感和责任感

过去的一年，各地、各有关部门按照领导小组的统一部署，认真履行职责，密切配合，卓有成效地开展工作，预防青少年违法犯罪工作取得了明显成效。一是齐抓共管的工作格局逐步形成。2003年上半年，中央综治委预防青少年违法犯罪工作领导小组办公室对15个省、自治区、直辖市的预防青少年违法犯罪工作进行了检查和督导。7月份，全国人大常委会对部分省市“两法”的贯彻实施情况，也进行了执法检查，并在第四次全国人大常委会上进行了专题报告。通过检查和调研，我们对全国预防青少年违法犯罪工作情况，有了进一步的了解和掌握。检查中发现，各级党委、人大、政府以及社会各界，把保护未成年人合法权益、预防未成年人违法犯罪当作一项关乎祖国未来、民族兴衰的战略性任务来抓，采取组织措施，动员全社会齐抓共管。目前，全国31个省、自治区、直辖市，75%以上的地市及相当一部分县区、街道，成立了预防青少年违法犯罪工作领导机构和工作机构，29个省、自治区、直辖市和多数市(地)县(区)成立了未成年人保护委员会。党政牵头、社会各界积极参与的齐抓共管的工作格局逐步形成。二是加强法制教育，增强青少年的法律意识。各地依托“社区青少年法律学校”，开展丰富多彩的青少年法制教育活动。目前，全国80%以上的中小学校配备了法制副校长，成为开展中小学生法制教育的骨干力量。三是集中整治危害青少年成长的不良现象。开展了清理整顿非法“网吧”、不健康“口袋本”图书、淫秽卡通画册和远离毒品的专项行动，进一步净化了青少年成长的社会环境。四是加强基层基础工作，构建青少年违法犯罪社区预防体系。2003年，预防青少年违法犯罪工作领导小组推动实施“青少年违法犯罪社区预防计划”，确立了50个“青少年违法犯罪社区预防计划”试点街道(社区)，并进行了检查和指导。五是注重调研。各地、各部门针对影响青少年健康成长的突出问题开展专题调研，形成了多项调研成果，为中央和有关部门决策提供了科学依据。

同时，我们也应该清醒地看到，当前，这项工作面临的形势依然十分严峻，必须引起我们的高度重视。

一是社会环境中还存在多种诱发青少年违法犯罪的不良因素。一些地区黑“网吧”死灰复燃，“网吧”超时营业、接纳未成年人、逃避监管现象仍不同程度存在;含有反动、色情、迷信等内容的走私盗版音像制品活动猖獗;以中小学生为读者对象的有害卡通画册和淫秽"口袋本"图书屡禁不止;淫秽色情表演、违规经营歌舞厅和录像厅在一些地方没有得到有效控制。这些都成为引发青少年违法犯罪的重要社会诱因。

二是未成年人犯罪问题值得密切关注。青少年犯罪问题是一个世界性难题。尽管社会各界在预防青少年违法犯罪方面做了大量工作,在一些地方出现了"无犯罪社区"、"零犯罪街道",但从总体来看,未成年人犯罪问题依然突出。据最高人民法院统计,2002年,全国法院审判刑事犯罪人员共701858人,未成年刑事犯罪人员50030人,占刑事犯罪总数的7.13%。2003年,全国法院审判刑事犯罪人员共742267人,未成年刑事犯罪人员58870人,占刑事犯罪总数的7.93%,与2002年相比有所上升。此外,未成年人团伙犯罪和暴力化突出,团伙犯罪甚至占未成年人犯罪的70%以上。

三是未成年人失学、辍学问题在一些地方还比较严重。一些地区因经济贫困、教学缺乏吸引力以及受到新的"读书无用论"影响,未成年人受教育权得不到保障,特别是外来人员子女受教育问题依然是九年义务教育的薄弱环节,他们中大多数人失学、辍学后处于失管状态,成为闲散青少年,极易受到社会不良因素的影响而违法犯罪。

四是工作中还存在薄弱环节。一些地方还存在"一手硬、一手软"和"重打击、轻预防"的错误认识,致使各项措施落实不到基层;一些地方由于人力物力等条件的限制,预防青少年违法犯罪的长效工作机制还没有形成。这些问题严重影响着预防青少年违法犯罪工作的持续开展。

青少年是祖国的未来和希望,能不能进一步做好预防青少年违法犯罪工作,关系到青少年一代的健康成长,关系到国家改革、发展、稳定的大局,关系到社会主义事业的成败。我们必须切实增强紧迫感和责任感,扎实工作,有效地预防和减少青少年违法犯罪。

二、立足基层,推动预防青少年违法犯罪工作深入开展

预防青少年违法犯罪的工作对象在基层,我们工作的着力点也必须在基层。衡量各地预防青少年违法犯罪工作成效,关键要看基层的工作是否都落到实处。在基层建立完善的工作体系是做好预防青少年违法犯罪工作的重要基础。领导小组制定实施的"青少年违法犯罪社区预防计划"就是着眼于基层,适应社区发展新形势,动员家庭、学校、社会三方面的力量,从加强预防青少年违法犯罪的基础性工作角度出发,发挥社区对青少年健康成长的重要作用,提出的一项具体措施。各成员单位要进一步把工作重心下移,充分调动基层单位工作的积极性,努力提高基层单位的参与力度,建立稳定的组织网络、阵地网络、工作队伍和工作制度。在这里,我就今后工作着重强调以下几点:

第一,要抓好青少年的理想信念和道德、法制教育工作。要坚持以邓小平理论和"三个代表"重要思想指导青少年的理想信念和道德法制教育工作,在青少年当中深入开展爱国主义、集体主义、社会主义和中华民族精神教育,大力加强公民道德教育,引导和帮助青少年从小树立正确的世界观、人生观、价值观,树立遵纪守法的意识,养成良好的道德品行和行为规范,自觉抵御各种腐朽思想文化的侵蚀和影响,防范侵害,远离犯罪。近日,周永康同志在国家禁毒委员会全体委员会议上指出:要重点做好对青少年、无业人员等吸毒高发人群的禁毒法制教育,我认为,这是一个十分重要的问题,我们要认真贯彻落实。

第二,要重点做好闲散青少年的教育管理工作。三年来的工作实践表明,社区中的闲散青少年是青少年违法犯罪的高危群体,也是基层组织做好预防青少年违法犯罪工作的重点。要采取摸底排查、建档立卡、帮助教育等切实有效的措施,掌握闲散青少年的状况,做到生活上帮困,学习上帮助,行为上纠偏,就业上扶持,探索建立社区闲散青少年信息管理系统。

第三,要建立社区预防青少年违法犯罪的工作队伍。立足基层,夯实基础,队伍建设是关键。预防青少年违法犯罪工作任务繁重,情况复杂,要把各项工作落到实处,提高工作成效,必须解决好"有人做、做得好"的问题。要面向社区,动员组织专职社工、社区民警、青年志愿者、离退休老同志参与这项工作,逐步建立专兼职相结合的社区工作队伍。

第四，要大力推进校外青少年活动阵地的建设。社区青少年活动阵地建设是做好预防青少年违法犯罪工作的重要环节。当前，中小学生自由支配时间增多，迫切需要能够就近就便参加活动的场所。如果我们不能提供足够的健康场所，必然会给那些非法"网吧"、游戏厅等不良场所以可乘之机。要进一步加大资金投入力度，充分发挥社区青年中心等活动阵地的作用，在社区广泛建立便于青少年参加的活动阵地；同时，鼓励驻区单位、学校的活动设施向青少年开放，促进资源共享。

第五，要以整治社会突出问题为抓手，优化青少年成长成才的社会环境。近年来，违规网吧和电子游戏厅、不健康"口袋本"图书和卡通画册、摇头丸等成为人民群众反映强烈的突出的社会问题，也成为影响青少年健康成长、诱发青少年违法犯罪的直接原因。对这些问题，我们一方面要加大联合打击力度，开展专项整治行动；另一方面，要开展经常性的监督。通过设立举报热线、成立监督员队伍，建立监督、举报和快速受理机制，把不良的社会现象消除在萌芽状态，为青少年创造一个良好的成长空间。

第六，各成员单位要认真履行职责，共同做好预防青少年违法犯罪工作。最高人民法院要继续加强对各级法院少年法庭审判工作的指导、检查和监督，加强少年法庭业务研究和培训工作，在民事、刑事、行政审判工作中切实维护青少年的合法权益。最高人民检察院要积极开展对违法犯罪青少年的帮教工作，对依法不按犯罪处理不捕、不诉的未成年人做好回访考察和帮教工作。公安部要统一部署各级公安机关认真整治中小学校园及周边的治安环境，严厉打击侵害青少年权益的违法犯罪活动，继续选派优秀民警到辖区中小学担任法制副校长和校外辅导员，与有关部门一道共同做好辖区内青少年的理想、道德、法制和预防犯罪教育，并做好犯罪青少年的帮教工作。司法部要结合"四五"普法规划，会同教育部、中央综治办、团中央认真实施《关于加强青少年学生法制教育工作的若干意见》，加强青少年法制教育科学化、制度化、规范化建设，同时对各地青少年法制教育的落实情况进行督促和检查。教育部要针对青少年特点，广泛开展多种形式的思想道德教育，做好对有不良行为学生的帮教转化工作。在中小学生中广泛开展"珍惜生命、远离毒品"教育，坚决防止毒品进校园。要加强工读学校建设，积极预防和减少未成年人违法犯罪。民政部要做好流浪儿童的救助抚养工作。建设部要继续抓好外来施工队伍的教育和管理，加强进城务工青年的法制教育和技能培训，加强小区物业化管理，为青少年提供健康的社区环境。财政部要为预防青少年违法犯罪工作提供经费保障。文化部要针对"网吧"过多过滥、违法接纳未成年人、超时营业等突出现象开展专项执法活动。同时，要通过市场机制规范网吧经营，促进和规范互联网上网服务营业场所连锁经营，力争让规模化、连锁化、专业化、品牌化的连锁主题网吧逐步成为市场主流，通过市场竞争进一步淘汰小散乱差的网吧，在社会上树立起网吧等互联网上网服务营业场所的文明、健康的良好形象。广电总局要协调有关广播影视媒体，增加法制栏目，延长播出时间，加强有关预防工作的报道。新闻出版总署要继续牵头开展非法"口袋本"专项整治行动。团中央要继续深化优秀"青少年维权岗"创建活动。各级妇联组织要继续大力实施"中国少年儿童安全健康成长计划"，开展"不让毒品进我家"活动，广泛建立"家长学校"，帮助少年儿童"远离失学、远离疾病、远离犯罪、远离伤害"。保监会要监督保险公司正常理赔青少年涉险案件，鼓励和支持青少年与违法犯罪分子作斗争。预防办要切实履行好"参谋、协调、指导、服务"的工作职能，要服务、协调各成员单位围绕预防青少年违法犯罪工作各司其职、齐抓共管。

三、加强机制建设，切实为预防青少年违法犯罪工作提供有力保障

预防青少年违法犯罪是一项实践性很强的工作，必须在实践中不断摸索经验，总结规律，加强理论研究，积极探索建立能够长期坚持的、稳定的长效机制。良好的运行机制是预防青少年违法犯罪工作向纵深发展的重要保障。近年来，我们在预防工作实际中逐步建立起各司其职、齐抓共管、检查督促、表彰激励等工作机制，保障了预防青少年违法犯罪工作的顺利进行。今后我们要立足长远，建立健全各项长效机制，推动全国预防青少年违法犯罪工作高效运转。一是建立联动协调机制。要加强上下信息沟通、加强工作指导和检查督促，加强区域联动和行业联动。各部门要认真履行预防青少年违法犯罪的工作职责，发挥自身优势，围绕重点工作，采取有效措施，每年扎扎实实办一两件实事。办公室要加强与各部门的联系，及时沟通信息，做好服务工作。当前，领导小组正在推动实施“青少年违法犯罪社区预防计划”，办公室在全国确立了50个试点街道(社区)。各部门要按照预防办的统一安排，主动联系结对的试点街道(社区)，结合本部门工作，加强检查和指导，抓好试点，总结经验，形成示范，在全国推广。二是完善考核激励机制。要逐步完善预防青少年违法犯罪工作考核的量化指标体系，并将各地、各部门预防工作的考核纳入社会治安综合治理的整体考核指标体系。要加大对预防工作中涌现出的先进集体和先进个人的表彰奖励力度。三是探索建立全国青少年违法犯罪工作预警监测机制。预警信息采集点的试点工作要勇于实践，不断总结完善。要根据影响青少年成长的主要环境因素和青少年内在主观因素，逐步建立青少年成长社会环境评估体系，提高预防青少年违法犯罪工作的科学性和前瞻性。四是建立保障机制。要为预防青少年违法犯罪工作提供必要的人力、物力、财力和政策保障。

为了从源头上预防未成年人犯罪，让他们真正树立遵纪守法的观念，让全社会都来关心未成年人的健康成长，有些专家向我建议，设立未成年人法律宣传周。将未成年人保护法、预防未成年人犯罪法等有关法律法规集中在一周内进行宣传，造成一定声势，扩大社会影响，同时可将未成年犯管教所建成法制教育基地，组织学生、家长等参观，对广大的青少年起到警示作用，促使预防未成年人违法犯罪法的进一步实施，推动预防青少年违法犯罪工作的深入开展。希望办公室的同志们对此建议进行研究，提出意见。

同志们，预防青少年违法犯罪工作意义深远，责任重大，让我们紧密团结在以胡锦涛同志为总书记的党中央周围，高举邓小平理论和“三个代表”重要思想的伟大旗帜，全面贯彻十六大和十六届三中全会精神，与时俱进，开拓创新，同心协力，扎实工作，为把预防青少年违法犯罪工作进一步推向深入，实现全面建设小康社会的宏伟目标作出新的贡献！

抓住机遇　狠抓落实
推动预防青少年违法犯罪工作再上新台阶

——顾秀莲同志在中央综治委预防青少年违法犯罪工作领导小组2004年第二次全体会议上的讲话

(2004年9月29日)

这次会议是在全党全国各族人民深入学习贯彻党的十六届四中全会精神，着力加强党的执政能力建设的形势下召开的。党的十六届四中全会把研究党的执政能力建设问题作为主题并作出决定，意义重大而深远。这是贯彻“三个代表”重要思想和十六大精神的重大举措，体现了时代要求、人民要求，表明我们党对执政规律的认识达到一个新的高度。预防青少年违法犯罪是党的执政能力的一个重要方面，有效预防青少年违法犯罪，促进经济社会和人的全面发展，巩固党执政的青年群众基础，是加强党的执政能力建设的一个具体措施。我们一定要从时代和战略的高度深刻认识加强执政能力建设的重大意义，进一步增强做好预防青少年违法犯罪工作的主动性和自觉性。

刚才，陈冀平同志传达了中央综治委2004年第二次全体会议和罗干同志讲话精神，杨岳同志代表中央综治委预防青少年违法犯罪工作领导小组办公室对上半年的工作进行了总结，结合预防青少年违法犯罪工程对下一阶段的工作打算做了说明，中央文明办、教育部等领导小组成员单位围绕预防青少年违法犯罪工程发表了很好的意见。从同志们的发言来看，大家原则上同意办公室对上半年工作进行的总结和对下一阶段工作所作的安排。会后，请办公室的同志按照大家的意见，对预防青少年违法犯罪工程的实施方案进行修改完善，尽快下发实施。

总体来看，上半年，各地区、各有关部门按照领导小组的统一部署和年初制定的工作计划，加强指导，深入调研，强化宣传，大力加强青少年教育、管理和服务，着力优化青少年成长环境，预防青少年违法犯罪工作取得了明显成效。一是加大了工作指导力度。今年，中央领导小组成员单位已经增加到20个。领导小组在4月份召开了全国预防青少年违法犯罪暨学校及周边治安综合治理工作会议，对各地区、各部门前一阶段预防青少年违法犯罪工作进行了总结，对今后的工作做了具体的部署和指导。同时，领导小组各成员单位还与对口联系的社区预防计划试点单位加强了联系，并给予了指导和支持。部分单位还专门派人到联系点考察指导工作。二是加强了思想道德和法制教育。各地区、各部门根据青少年的身心特点和经常遇到的法律问题，采用未成年人喜闻乐见、生动活泼的方式，广泛开展道德法制实践活动和体验教育，以学校教育为核心，积极推进家庭、学校和社会教育在社区的相互结合。三是加大了环境整治力度。今年，有关部门针对不良文化对青少年的侵害，集中开展了清理整顿非法“网吧”、不健康“口袋本”图书、淫秽卡通画册、粗口歌等专项行动，特别是公安等部门对淫秽、色情网站进行了严厉打击，进一步净化了青少年成长的社会环境。四是加强了形势分析和对策研究。一方面开展调查研究和召开研讨会，组织有关专家分析、讨论当前形势，研究解决对策；另一方面，综合各成员单位收集的数据和信息，形成了青少年违法犯罪情况报告，为领导决策提供了参考依据。五是加强了新闻宣传。领导小组专门协调、组织了有关新闻媒体记者组成采访团，赴基层深入报道预防青少年违法犯罪工作的典型做法和典型事例。通过在《法制日报》、中央电视台等主要的新闻媒体开辟专栏、专版，进行多种形式的集中报道，进一步营造了全社会关心支持预防青少年违法犯罪工作的良好氛围。但是，在看到成绩的同时，我们也应当清醒地认识到，当前，预防青少年违法犯罪工作面临的形势依然十分严峻，青少年违法犯罪总量仍然较大并呈上升趋势，18岁以下未成年人犯罪上升势头明显，占犯罪总数的比例逐年提高，犯罪类型增多。对此，我们一定要高度重视，进一步增强做好预防青少年违法犯罪工作的责任感和紧迫感。借此机会，我就下一阶段的工作讲几点意见。

一、抓住机遇，增强做好预防青少年违法犯罪工作的信心

当前，我国预防青少年违法犯罪工作处于一个非常好的发展时期，各项工作面临着难得的发展机遇。

首先，党中央高度重视，为预防青少年违法犯罪工作指明了方向。上半年，党中央就青少年健康成长问题先后作出了一系列重要指示。中共中央、国务院下发了《关于进一步加强和改进未成年人思想道德建设的若干意见》。中央还专门召开加强和改进未成年人思想道德建设工作会议，胡锦涛同志作了重要讲话，指出要努力做好预防青少年违法犯罪工作。罗干、周永康同志在上海会议前专门作出批示，强调做好预防青少年违法犯罪工作对于维护社会稳定，培养和造就社会主义事业合格建设者和接班人具有重要作用。不久前，中央综治委召开2004年第二次全体会议专题研究预防青少年违法犯罪工作，审议通过了《关于深化预防青少年违法犯罪工作的意见》，罗干同志作了重要讲话。这些都充分体现了党中央对广大青少年的殷切关怀和厚望，为我们做好这项工作明确了方向。

第二，各部门真抓实干，预防青少年违法犯罪工作呈现出良好的发展态势。一方面，积极优化政策环境。各有关部门高度重视，把预防青少年违法犯罪工作摆在更加重要的位置，根据自身工作职责，针对预防青少年违法犯罪工作中存在的突出问题，深入开展调查研究，围绕加强中小学生思想道德教育、网吧等互联网上网服务场所管理、净化荧屏声屏、整治淫秽色情网站等，制定出台了一系列公共政策，为预防青少年违法犯罪工作创造了更加有利的政策环境。另一方面，积极调动整合社会资源，切实为青少年办实事。例如，向少年儿童推荐百种优秀图书和百部优秀影视作品，筹集社会资金资助进城务工人员子女入学，实施"安康计划"，向贫困地区失学儿童捐赠生活和学习用品等等。这些做法为推动预防工作的进一步深入开展营造了良好的社会氛围。

第三，各地探索经验，树立典型，为今后的工作奠定了良好的基础。尽管各地经济发展不平衡，但是近年来，一些地方能够从实际出发，尊重人民群众的首创精神，深入基层，大胆实践，勇于创新，探索出许多成功的经验。发达地区，如上海通过政府购买服务，聘用专职社工做好闲散青少年的管理工作，武汉通过向社区选派综治特派员，扎实做好法制教育和帮教调解工作；欠发达地区，如甘肃通过加强师资力量建设和工作载体建设，构建了较为完善的法制教育体系，江西瑞昌把预防工作作为"一把手"工程，以实施"免疫工程"为载体，学校、家庭、社会三位一体，有效预防和减少了青少年违法犯罪。这些经验的取得，为各地预防青少年违法犯罪工作的开展提供了良好的借鉴，对各地提高预防工作水平、缩短地区工作差距起到了积极的推动作用。

面对这些难得的机遇，我们应当振奋精神，增强信心，充分利用好当前良好的政策、社会环境，切实把预防青少年违法犯罪工作抓紧抓好。

二、明确任务，狠抓预防青少年违法犯罪各项工作措施的落实

关于下一阶段预防青少年违法犯罪工作的任务，中央综治委2004年第二次全体会议已作了明确部署，各地区、各部门要按照会议的要求，认真抓好落实。

第一，深入学习贯彻党的十六届四中全会精神，认真贯彻落实罗干同志在中央综治委2004年第二次全体会议上的讲话精神和《关于深化预防青少年违法犯罪工作的意见》。要从加强党的执政能力建设入手，深入研究预防青少年违法犯罪工作的规律，制定具体措施。刚才陈冀平同志已经传达了中央综治委2004年第二次全体会议会议精神，罗干同志在讲话中回顾了近年来预防青少年违法犯罪工作的基本情况和取得的成绩，提出了当前应着重抓好的几方面工作并强调要加强机制建设。这个讲话是今后几年预防青少年违法犯罪工作的纲领性文件。《关于深化预防青少年违法犯罪工作的意见》是综合近年来预防工作经验，深刻分析当前青少年违法犯罪形势，适应预防工作需要提出的指导性文件。意见明确了预防工作的主要任务和工作原则，提出了今后一段时期预防青少年违法犯罪必须做好的各项重点工作和应建立完善的工作机制。各地区、各部门一定要深刻学习领会罗干同志讲话精神，认真贯彻落实中央综治委关于深化预防青少年违法犯罪工作的意见，进一步统一思想，提高认识，增强责任感和使命感，结合本地实际，制定具体工作意见和落实措施。

第二，以实施阳光工程为统揽，推进各项重点工作。预防青少年违法犯罪是一项系统工程，为整合力量，形成声势，进一步调动各部门和社会各界积极参与支持预防工作，预防青少年违法犯罪工作领导小组决定实施阳光工程。阳光工程是贯彻落实《关于深化预防青少年违法犯罪工作的意见》的一项重要措施，是在深入分析研究当前预防工作的形势，总结各地区各部门行之有效的做法和取得的经验基础上，综合考虑了预防工作重点和各部门工作项目，提出的具体措施。阳光工程围绕四个方面的工作内容，确定了十项重点工作和八项推进措施，采取项目化的方式，推进预防工作深入开展。刚才杨岳同志已经结合下一阶段的工作安排对阳光工程作了说明，各项工作任务和措施已经非常明确，下一步关键是抓好落实。各地区、各部门要以阳光工程为统揽，以加强青少年思想道德和法制教育、做好重点群体的管理和帮教工作、优化青少年成长的社会环境、营造预防工作的良好氛围为重点，采取有力措施，扎实推进预防青少年违法犯罪各项工作。各牵头单位要发挥好主导作用，制定好各项重点工作的具体实施方案，参与部门要密切配合，形成合力。要充分发挥媒体的作用，抓住契机加强宣传，提高阳光工程的知名度和影响力，努力形成品牌，实现动员社会各界参与支持预防工作的目的。

第三，针对重点群体，做好几项建设性工作。

一是针对中小学生，做好法制副校长的选聘工作。要强化法制副校长的工作职责，量化考核指标，建立培训、考核和奖励办法。组织动员法制副校长深入社区，参与中小学生社区法制教育活动和社区评价体系建设。二是针对闲散青少年，建立信息管理系统。要通过摸底排查、上门走访、问卷调查等方法，掌握闲散青少年及其家庭的状况，实行动态的教育和管理。三是针对流浪儿童，推进救助保护中心建设。要深入调研，掌握流浪儿童分布的特点和状况，制定建设规划，筹集专项资金，落实好各项保障措施。要建立完善救助保护制度，加强对流浪儿童救助机构的管理和工作人员的教育，保证所有长期流浪社会的少年儿童能够全部接受救助保护。四是针对不良行为青少年，推进大中城市工读学校建设。通过研究制定政策，改进程序，加大投入，动员社会力量积极参与，努力把工读学校办成教育、矫治、挽救有严重不良行为未成年人，预防青少年违法犯罪的中心。

第四，围绕优化环境，着力多办实事、办好事。各地各有关部门在开展集中行动，对诱发青少年违法犯罪的不良社会因素进行严厉打击，保持高压态势的同时，要从建设的角度，每年选取与青少年切身利益密切相关、群众反映强烈的五到十件实事，落实责任人，限期加以解决。当前，要围绕优化青少年成长环境，着力做好以下几件事。一是实施校园净化工程。在中小学生中开展“远离不良文化”专项教育活动，帮助和引导广大学生认识不良文化的危害，并推荐一批优秀少儿图书、歌曲和音像制品进校园，同时，进一步加强校园周边环境整治，维护学校治安稳定。二是加强宣传阵地建设。引导鼓励重点网站要开设未成年人思想道德教育的网页、专栏，有条件的地方要扶持建设一批针对青少年的非营业性上网服务场所，要推动各级电视台的少儿频道建设，建立少年儿童电影发行放映专线，进一步做好少年儿童广播影视工作。三是推出一批青少年喜爱的文学艺术作品。要适应青少年的需求，加强文艺创作、表演队伍建设，鼓励多创作思想内容健康、富有艺术感染力的作品。通过制定政策，推动各类大众传媒积极制作、刊播有利于青少年身心健康的公益广告、广播电视节目和报刊栏目。四是建设一批青少年活动场所。要贯彻落实中办国办《关于加强青少年学生活动场所建设和管理工作的通知》，大力推进青少年教育活动阵地的建设。同时，发挥青少年宫等青少年活动场所的作用，加强公共服务设施建设，充分利用好现有公益场馆和爱国主义教育基地，动员公益性文化娱乐场馆和学校、企事业单位、社会团体所属的科技文化体育设施免费或优惠向青少年开放。

三、突出特点，切实提高预防青少年违法犯罪工作水平

预防青少年违法犯罪工作是一项复杂的社会系统工程，涉及方方面面，多个领域，各类因素相互交织，错综复杂。这就要求我们努力把握预防青少年违法犯罪的工作规律，不断增强工作的针对性和实效性。

一是要针对青少年的特点，把教育和服务作为主要手段。青少年特别是未成年人心智尚未成熟，是非判断的标准还比较模糊，易受外界的影响，可塑性较强，成长发展空间较大。各地各部门应当根据青少年的这些特点，立足于保护，把教育和服务结合起来，以教育指导服务，在服务中体现教育，切实加强心理疏导、教育管理和维权服务工作，实现有效预防的目的。

二是要把未成年人作为主要对象，立足于从小预防。从目前掌握的情况看，未成年人违法犯罪率逐年增长，占违法犯罪青少年的比例不断升高，恶性事件有所增加。因此，我们要高度关注未成年人，要从早期预防抓起，从小事抓起，把问题解决在萌芽状态，防患于未然。特别是对单亲家庭子女、罪犯子女、病残家庭子女及其他家庭监护履行不到位的弱势未成年人群体，要通过多种途径切实帮助他们解决生活、学习上的困难，防止因生活无着，或因失学而闲散于社会。

三是要充分发挥党政的主导作用，积极协调各有关方面齐抓共管。预防青少年违法犯罪是一项长期艰巨的任务，只有党政部门切实加强领导，才能协调各方力量，形成合力。各地要积极争取党政支持，建立机构，强化责任，把预防青少年违法犯罪工作纳入到地方经济和社会发展的总体规划。要坚持专门机关与社会力量相结合，广泛调动公民、家庭、学校、企业、社区以及新闻传媒、社会团体和其他非政府组织参与的积极性，特别是要注重发挥志愿者和社会工作者等社会力量的作用,努力形成预防青少年违法犯罪齐抓共管的局面。

四是要大力推广典型经验,促进基层工作扎实开展。经过近几年的探索,各地涌现了一大批先进典型。在今年的上海会议上,30多个单位和个人交流了开展预防青少年违法犯罪的工作经验,社区预防计划试点单位也在积极实践,形成了一些行之有效的做法。各地要结合自身实际,通过参观考察、召开现场推进会、加强培训和分类指导、扩大试点范围等方式,把这些好的经验和做法融入到日常工作中,推动各项工作措施在基层的落实,不断提高预防青少年违法犯罪工作水平。

同志们,预防青少年违法犯罪下一阶段的工作思路和任务已经明确,我们要抓住当前的难得机遇,乘势而上,努力把预防青少年违法犯罪工作推向一个新的阶段!

中央综治委预防青少年违法犯罪工作领导小组 中央社会治安综合治理委员会办公室 关于开展"未成年人零犯罪社区"创建工作的意见

(2004年6月10日)

为推进"青少年违法犯罪社区预防计划"的深入实施,进一步调动有关部门和社会力量的积极性,着力构建预防青少年犯罪工作体系,在总结一些地区成功经验的基础上,中央综治委办公室、预防青少年违法犯罪工作领导小组决定在全国开展"未成年人零犯罪社区"创建工作。现制定意见如下:

一、指导思想

以邓小平理论和"三个代表"重要思想为指导,牢固树立和落实科学发展观和正确的政绩观,贯彻中共中央、国务院《关于进一步加强和改进未成年人思想道德建设的若干意见》,按照中央综治委《关于深化预防青少年违法犯罪工作的意见》和中央综治委、中央编办《关于加强乡镇、街道社会治安综合治理基层组织建设的若干意见》精神,着眼基层,立足社区,群防群治,将预防未成年人犯罪工作的各项任务、措施和责任落实到街道(乡镇)和社区,建立稳定的预防未成年人犯罪工作的组织网络、阵地网络、工作队伍和工作制度。

二、创建范围和目标任务

(一)创建范围。城市以社区、农村以行政村为基本单位,按照属地管理原则进行。在创建工作中,对暂住人员、寄住人员由暂住地、寄住地社区负责管理,人户分离人员由现住地社区负责管理。

(二)目标任务。以建立预防未成年人犯罪社区工作体系、社区内实现未成年人零犯罪为总目标。要全面贯彻落实《青少年违法犯罪社区预防计划》的各项要求和措施,坚持一般预防和特殊预防相结合,围绕中小学生、闲散未成年人、流浪儿童、进城务工人员子女、罪错未成年人等重点群体,综合运用教育、服务、管理、帮教和优化环境等多种手段,实现社区未成年人犯罪逐年减少直至最终消除。

三、工作内容与评估标准

(一)工作内容

1. 加强教育,提高未成年人综合素质。依托社区青少年活动阵地,运用未成年人喜闻乐见的形式,针对家庭、社会教育中存在的薄弱环节,结合未成年人心理特点,以未成年人中存在的突出问题为重点,开展未成年人思想道德教育、法制教育、纪律教育、心理健康教育和自护教育,促进家庭教育、学校教育、社会教育的衔接和整合，帮助未成年人提高素质，防范侵害，远离犯罪。

2. 完善社区服务内容，满足未成年人成长的基本需求。面向社区困难未成年人群体，针对他们的实际问题，在生活上帮困，学习上帮助，心理上辅导。组织开展适合未成年人特点的文体活动，丰富社区未成年人的业余文化生活，维护其合法权益，帮助他们顺利成长，提高社会适应能力。

3. 净化社区未成年人成长环境，消除未成年人违法犯罪的诱因。针对非法“网吧”和电子游戏厅、不健康“口袋本”图书、摇头丸等危害未成年人成长的突出问题，开展专项整治行动，加大打击力度。加强对公共服务娱乐场所的管理和检查，保护未成年人免受色情、暴力、封建迷信等有害影响。通过设立举报热线和监督员，建立预警和快速处理机制，把诱发未成年人违法犯罪的社会不良因素消除在萌芽状态。

4. 加强社区青少年事务管理，促进未成年人健康成长。开展调查摸底工作，全面掌握社区未成年人的基本情况，确定重点工作对象，建立社区闲散青少年信息管理系统。加强社区闲散未成年人的管理，做好罪错青少年和刑释解教青少年的矫治和帮教工作，明确各方管理和帮教的责任，及时掌握重点工作对象的思想动态、生活情况、交往关系等情况，有针对性地做好工作。

(二)评估标准

1. 社区所在街道(乡镇)设立由党政领导负责，街道公安派出所、教育、文化、司法、劳动等有关部门以及人民群众团体、关心下一代工作委员会和辖区单位代表等有关方面共同参加的预防青少年违法犯罪工作领导小组。

2. 建立由公安派出所、居(村)委会、学校、驻区单位、家庭代表等组成的社区预防青少年违法犯罪工作联席会议制度。

3. 成立由社区居委会负责人、团组织负责人、社区民警、社会工作者、社区司法干部、社区少先队辅导员、青年志愿者和离退休老同志老党员等组成的预防青少年违法犯罪工作队伍。

4. 建立“社区青少年法律学校”、“社区家长学校”或其他综合性的预防青少年违法犯罪的工作阵地。

5. 对社区重点工作对象登记造册，建档立卡。

6. 对社区内影响未成年人成长的突出问题采取及时有效的治理措施，效果明显。

7. 社区常住和暂住未成年人无犯罪行为，没有发生外来未成年人的犯罪案件。

8. 创建工作有必要的物质条件和经费保障。

(三)评选表彰

对于经过创建达到以上标准的社区，由县级综治委预防青少年违法犯罪工作领导小组向上一级综治委预防青少年违法犯罪工作领导小组提出申报，经逐级验收，报中央综治办、中央综治委预防青少年违法犯罪工作领导小组批准，授予“未成年人零犯罪社区”称号。

对于情况较为复杂，短期内难以实现未成年人零犯罪目标，但创建工作成绩突出、未成年人犯罪率明显下降的社区，授予“未成年人零犯罪社区”创建工作先进社区称号。

对党政重视，工作得力，措施落实，创建工作取得显著成效的街道(乡镇)，以及支持创建工作、成绩突出的部门、单位和个人，中央综治办、中央综治委预防青少年违法犯罪工作领导小组将给予表彰。

以上奖项每两年评选表彰一次，同时对已授予“未成年人零犯罪社区”称号的进行复查，复查合格的所授称号继续有效，不合格的撤销称号。

四、工作要求

(一)因地制宜，落实措施。各地要紧紧围绕建立预防未成年人犯罪社区工作体系、社区内实现未成年人零犯罪的总目标，立足于服务未成年人健康成长，着眼于解决预防未成年人犯罪工作面临的突出问题，制定切实可行的工作方案，采取行之有效的工作措施，因地制宜地开展创建工作。

(二)明确责任，协同共建。在地方党委、政府的统一领导下，各级综治委办公室、预防青少年违法犯罪工作领导小组负责创建工作的指导、协调和组织工作。领导小组各成员单位，共同参与、各司其职、齐抓共管，切实把各项工作落实到社区。社区党(总)支部和社区居(村)委会具体负责落实创建工作。

(三)加强监督、检查指导。各地要商请人大、政协和新闻单位，组织人大代表、政协委员、新闻工作者对创建“未成年人零犯罪社区”工作进行检查和监督。各级综治委办公室、预防青少年违法犯罪工作领导小组要加强对创建工作的检查、指导和考核，及时完善创建工作的具体方案，防止出现走过场和弄虚作假。

(四)加大投入，保障经费。开展创建“未成年人零犯罪社区”工作需要人力、物力和财力的投入，各级党委、政府应予以支持。特别是对未成年人犯罪突出、社会危害严重、开展创建工作难度大的地区，地方党委、政府应加大投入，确保创建工作取得实效。

中央综治委预防青少年违法犯罪工作领导小组 中央社会治安综合治理委员会办公室 关于实施“为了明天——预防青少年违法犯罪工程”的通知

(2004年11月3日)

各省、自治区、直辖市预防青少年违法犯罪工作领导小组及办公室，中央综治委预防青少年违法犯罪工作领导小组各成员单位：

现将中央综治委预防青少年违法犯罪工作领导小组《关于实施“为了明天——预防青少年违法犯罪工程”的方案》印发给你们，请结合实际情况，认真贯彻实施。

关于实施“为了明天——预防青少年违法犯罪工程”的方案

为全面贯彻《中共中央国务院关于进一步加强和改进未成年人思想道德建设的若干意见》精神，深入落实中央社会治安综合治理委员会《关于深化预防青少年违法犯罪工作的意见》要求，进一步做好预防青少年违法犯罪工作，中央综治委预防青少年违法犯罪工作领导小组和中央社会治安综合治理委员会办公室决定实施“为了明天——预防青少年违法犯罪工程”。现提出如下意见。

一、指导思想和工作目标

“为了明天——预防青少年违法犯罪工程”的指导思想是：以邓小平理论和“三个代表”重要思想为指导，牢固树立和落实科学发展观，遵循工作规律，把握关键环节，按照统一协调、项目运作和量化考核的原则，切实调动各地区、各部门、广大青少年和人民群众的积极性，促进预防青少年违法犯罪工作的深入开展。

实施“为了明天——预防青少年违法犯罪工程”的工作目标是：提高认识，加强宣传，营造全社会关注支持预防青少年违法犯罪工作的良好氛围；增强责任，履行职责，建立和完善党政主导，各部门协同配合，社会各界积极参与的工作格局；强化基础，构建学校，家庭、社区三位一体的预防青少年违法犯罪工作网络；创新工作载体和工作机制，提高预防青少年违法犯罪的工作水平，遏制和减少青少年违法犯罪。

二、主要内容

1. 加强对广大青少年的思想道德和法制教育。发挥学校的主渠道作用,把德育工作摆在素质教育的首位,采用青少年喜闻乐见、生动活泼的方式进行教学。积极推动法制教育入教学大纲,切实做到法制教育计划、教材、师资和课时的“四落实”,确保在学生九年义务教育期间普及基本法律知识。帮助家长树立科学的育儿观,掌握正确的家教方法,特别要为教育子女存在困难的家庭提供指导和帮助。精心设计和组织开展内容鲜活、形式新颖、吸引力强的社会教育活动,建立健全学校、家庭、社会相结合的中小学生教育体系和社区综合评价体系。

2. 做好重点群体的管理、帮教工作。对闲散青少年,逐步建立管理机制,做到生活上解困,学习上帮助,行为上纠偏,就业上扶持。对进城务工青年,围绕工资拖欠、劳动超强度、工作环境恶劣和子女就学困难等突出问题,强化执法,建立有效机制,做好维权和服务工作。对流浪儿童,围绕预防、救助、抚养、教育、安置等重点问题,打击控制、操纵流浪儿童的黑恶势力,加强救助和管理工作的硬件和机制建设,帮助他们重返家庭、正常生活和接受义务教育。对有不良行为和轻微违法犯罪行为的青少年,有针对性地开展帮教和矫治工作,办好工读教育,做好有不良行为和轻微违法犯罪行为中小学生的教育转化、青少年刑释解教人员的安置帮教和少年司法工作。

3. 净化青少年健康成长的社会环境。针对非法网吧、不良网络信息和游戏软件、淫秽色情出版物、“黄、赌、毒”等社会丑恶现象、校园及周边环境混乱等突出问题,加大打击力度,制定有效措施,开展集中专项整治,要在认真探索和总结经验的基础上,加强日常监管,建立长效机制。要疏堵结合,加强少儿传媒、未成年人互联网上网服务场所、青少年文化产品和青少年教育活动阵地建设,提供优秀精神食粮,发挥文化科技体育设施的教育功能,为青少年健康成长提供良好的社会文化条件。

4. 营造预防青少年违法犯罪工作的良好氛围。通过行之有效的方式,提高社会各界和人民群众对青少年违法犯罪危害性的认识,推动他们在各自岗位上积极参与预防青少年违法犯罪工作,动员全社会都来关心和支持预防青少年违法犯罪事业。发挥广播电视、互联网、图书、报纸、期刊等大众传媒的作用,积极做好预防青少年违法犯罪专栏、专刊、专访、电影电视节目、专业网站等建设工作。充分利用具有社会影响的典型案件、社会热点问题、纪念日等有利契机,以正面引导为主,有针对性地开展宣传教育活动。运用文艺演出、报告、讲座、宣传橱窗、卡通画册等群众喜闻乐见的形式,创造性地开展预防青少年违法犯罪宣传教育活动。

三、重点工作

1. 着力深化“青少年违法犯罪社区预防计划”。由共青团组织牵头,教育、民政、劳动保障、妇联等部门参与,通过聘用专职社工或招募专业志愿者,建立社区闲散青少年工作队伍。采取建档立卡、专人联系等措施,建立信息管理系统。按照分类指导的原则,制定监护和帮助政策,建立奖励和责任追究制度。五年内,全部社区(村镇)对闲散青少年做到“底数清,情况明,有专人联系,有具体的帮教措施”,80%的地市建立闲散青少年信息管理系统。

2. 实施中小学校“校园净化工程”。由教育部门牵头,公安、工商、文化、新闻出版等部门参与,在中小学生中开展“远离不良文化”专项教育活动,引导学生不买、不看、不传有害青少年身心健康的“口袋书”,不传、不唱“粗口歌”、不使用侵权盗版读物,自觉上缴不良文化产品。向中小学生推荐一批优秀少儿图书、歌曲、童谣和音像制品。加强校园周边环境整治,取缔中小学校周围200米以内的网吧和电子游戏经营场所,铲除校园周边的“黄、赌、毒”等丑恶现象,维护学校治安稳定。

3. 组织实施少儿文化建设工程。由宣传、文明办、广电、新闻出版、文化等部门和共青团、少先队组织共同实施,在提供网络信息、报刊、图书、音像制品和活动场所等方面,为青少年成长创造良好条件。今年,实现三分之一省级电视台和副省级城市电视台开办少儿频道的目标。加强非营业性互联网上网服务场所建设,五年内,在大中城市建设一批中小学电子阅览室。推进学校、企事业单位、社会团体的科技文化体育设施向青少年开放,公共文化设施免费或优惠向青少年开放。

4. 进一步推进流浪儿童救助保护中心的建设管理。由民政部门牵头,财政、教育、劳动保障、公安、妇联、共青团等部门参与,深入调研,掌握流浪儿童分布的特点和状况,制定流浪儿童救助保护中心建设规划,并将流浪儿童救助保护中心建设纳入当地经济社会发展规划。筹集专项资金,重点推进大中城市、交通枢纽城市流浪儿童救助保护中心建设,落实好各项保障措施,加强管理。五年内,围绕救助保护、学习培训、推荐就业等环节,建立和完善救助保护中心的管理制度,确保未成年流浪儿童得到救助保护,顺利步入社会。

5. 大力推进"大中城市工读学校建设工程"。由教育行政部门牵头,综治、财政等部门参与,加强对工读学校的领导和投入,五年内,每个大中城市都要建设一所适应实际需要的工读学校。要深入调查研究,修改完善工读教育有关政策,加强对违法违纪学生的教育管理。动员社会力量积极参与工读学生思想品德、法制、心理教育以及不良行为的矫治工作。

6. 深入实施"千校百万"进城务工青年培训计划。由共青团组织牵头,综治、公安、劳动保障、建设、人口和计划生育、工商等部门参与,围绕思想道德、法律知识、文化技能等方面,在建筑、服务等重点行业,在东部发达地区、交通枢纽、省会等重点城市,充分利用现有各类教育培训资源,广泛开展公益性培训,每年确定1000所教育培训机构,完成培训100万名进城务工青年的目标。鼓励支持进城务工青年取得学历证书、培训证书和职业技能等级证书。

7. 巩固和发展家长学校。由妇联组织牵头,共青团、少先队组织和教育行政等部门参与,以社区为重点,推进家长学校和家庭教育指导机构的建设,开展家庭教育科学知识的宣传普及活动,帮助和引导家长树立科学的家庭教育观念,掌握正确的家庭教育方法。五年内,力争在全国80%的社区建立家长学校。建立家长学校的培训制度,推进教学场所、师资、教材的"三落实",着力为单亲家庭、困难家庭、流动人口家庭等提供家庭教育指导与帮助,提高他们对未成年子女的监护和教育能力。

8. 扎实开展中小学校兼职法制副校长工作。由教育行政部门牵头,综治、法院、检察院和公安、司法行政部门以及共青团、少先队组织参与,贯彻落实中央综治委等部门《关于规范兼职法制副校长职责和选聘管理工作的意见》,进一步选好中小学校兼职法制副校长,强化法制副校长的工作职责,量化工作考核的指标体系,建立培训、考核和奖励办法,不断总结推广好的做法和经验。五年内,力争所有中小学校配备法制副校长(法制辅导员)。积极组织动员法制副校长(法制辅导员)深入社区(村镇),参与青少年法律学校、法律进社区等青少年法制教育活动的开展。

9. 广泛开展"青少年维权岗在行动"活动。综治、法院、检察院、教育、公安、民政、文化、司法、劳动保障、建设、工商、广电、新闻出版等部门和共青团组织共同组织实施,深化创建优秀"青少年维权岗"活动,严厉打击侵害青少年合法权益的违法犯罪行为,特别是对引诱教唆未成年人违法犯罪、不良网络信息、非法"网吧"、淫秽色情出版物、违规经营电子游戏厅、录像厅和歌舞厅等诱发青少年犯罪的突出问题开展专项整治,加大打击力度。认真组织实施"净化工程"、"防护工程"和"督察工程",对声屏荧屏建立长效监管制度。

10. 完善少年司法制度。各级人民法院要积极探索和推进少年法庭的建立,在总结经验的基础上,逐步配齐配强少年法庭法官,做到所有未成年人刑事案件均由少年法庭审理;对未成年人犯罪嫌疑人,采取庭前调查制度;对未成年人罪犯,推广社区矫治等非监禁刑制度的实施。各级检察院要对未成年人案件确定专人办理,积极探索对未成年犯罪嫌疑人审查逮捕、审查起诉工作的新方式。各级公安机关在侦查过程中要注意保护未成年人,对有轻微违法行为的要采取有效矫治办法。各级司法行政部门要加强对未成年人监管场所的领导,把法制教育、文化教育和技能培训作为一项重要工作,积极开展心理矫治和心理健康教育。

四、推进措施

1. 组织开展"为了明天——预防青少年违法犯罪工程"专项行动。针对诱发青少年违法犯罪的突出问题和青少年违法犯罪比较严重的地区,由各级预防青少年违法犯罪工作领导小组组织协调各有关单位,采取专项行动进行重点整治。每年“六一”儿童节前后,集中力量打击侵害未成年人权益的违法犯罪活动。6月26日国际禁毒日前后,组织开展禁毒专项行动。寒暑期放假前,对网吧、网站、图书、音像制品等进行专项检查。寒暑假期间,通过广播、电视、网络集中播放以宣传自护知识,青少年生理、心理健康知识为主要内容的节目。元旦春节前,开展清理拖欠进城务工人员工资专项行动。春节后开展救助流浪儿童专项行动。

2. 实行“为了明天——预防青少年违法犯罪工程”挂牌督办制度。各地预防青少年违法犯罪工作领导小组要针对预防青少年违法犯罪工作发展形势,选取与青少年切身利益密切相关、有重大影响、群众反映突出、能在当年解决的五到十件实事,做到责任到人,督促到位,责成有关部门加以解决,并将进展和完成情况定期向社会公布。

3. 实施“为了明天——预防青少年违法犯罪工程”重点项目。中央综治委预防青少年违法犯罪工作领导小组各成员单位及各地预防工作领导机构,选择具备条件且具有典型意义的单位或地区,以降低青少年犯罪率为目标,采用课题化、项目化的运作方式,加大投入,层层匹配工作资金,明确责任人,采取科学的方法,设置评价指标,积累经验,树立典型,取得具有示范推广意义的工作成果,逐步向具备条件的地区和单位推广。五年内,继续推进“社区预防计划”试点工作,并扩大试点范围,重点实施社工专业队伍建设、闲散青少年管理系统、预防青少年违法犯罪监测预警系统、工读学校建设、建立办理少年刑事案件互相配套工作体系等项目。

4. 创建“为了明天——预防青少年违法犯罪工程示范县(区)”和“未成年人零犯罪社区”。对扎实开展预防青少年违法犯罪工作并取得明显成效的县、区,授予“为了明天——预防青少年违法犯罪工程示范县(区)”;对其中青少年违法犯罪率多年保持为零的社区(村)授予“未成年人零犯罪社区”。

5. 设立“为了明天——预防青少年违法犯罪工程奖”。由中央综治办牵头,预防青少年违法犯罪工作领导小组各成员单位参与,面向全社会设立系列奖项,对在预防青少年违法犯罪工作中做出突出贡献的集体、个人以及青少年中的榜样、典型,进行评选、表彰、奖励和宣传。

6. 设立“为了明天——预防青少年违法犯罪论坛”。由综治委预防办委托各级青少年犯罪研究会,每年定期约请国内外知名专家学者、实际工作者和热心人士,以论坛的形式,定期研究预防青少年违法犯罪工作各个领域的发展形势和面临的问题,总结交流先进经验。论坛的内容除涉密部分外,均通过媒体向社会公开。每届论坛的研究成果将编纂成册,作为决策和进一步开展好预防工作的理论依据。

7. 开展“为了明天——预防青少年违法犯罪工程”集中宣传活动。利用预防青少年违法犯罪工作的有利契机,在一定时间内开展集中宣传活动,由各级宣传部门牵头,广电、文化、新闻出版等部门配合,集中播放预防青少年违法犯罪电影电视节目,出版一批宣传普及法律、心理健康、家庭教育、青少年权益维护、自我保护等方面知识的图书和音像制品。同时聘请公众影响大、社会形象好或在预防青少年违法犯罪工作中做出突出贡献的人士担任“为了明天爱心大使”,参与集中宣传时的各项公益活动。

8. 建立“为了明天——预防青少年违法犯罪工程基金”。各级综治委预防办根据实际情况,通过社会募集方式筹集资金,建立“为了明天——预防青少年违法犯罪工程基金”,用于预防青少年违法犯罪工作中重点示范项目建设、研究工作、宣传表彰,以及抚恤、救助因疾病造成生活困难或因公负伤、牺牲的预防青少年违法犯罪工作者和有关的特殊困难群体。

五、工作要求

1. 加强领导,密切配合。各级综治委要把“为了明天——预防青少年违法犯罪工程”纳入社会治安综合治理工作的总体规划,作为治安防范工作的重要载体,给予关心重视和积极支持。综治委预防青少年违法犯罪工作领导小组要承担起组织实施工程的工作职责,会同综治委办公室安排和部署好各项工作。综治委预防青少年违法犯罪工作领导小组各成员单位要认真落实好工程的各项要求,各项重点工作的牵头单位要会同有关单位制定落实工作的具体方案。领导小组办公室要加强协调,做好服务,确保“为了明天——预防青少年违法犯罪工程”的顺利实施。

2. 稳步推进，务求实效。各级综治委预防青少年违法犯罪工作领导小组及办公室、各成员单位在实施"为了明天——预防青少年违法犯罪工程"过程中要严格按国家的法规政策开展工作，坚持正确导向，把握好分寸，把好事办好。要按照"为了明天——预防青少年违法犯罪工程"的要求，从各地发展的实际出发，紧密结合家庭、学校、社区和社会环境的不同特点，制定切实可行的实施方案，从一个个地区抓起，从一个个具体问题抓起，扎扎实实地开展工作。

3. 整合资源，开拓创新。要积极主动地争取党政领导和相关部门的支持，争取政策和资金的倾斜；要开辟多种渠道，整合各类资源，争取更广泛的物质支持；要动员社会力量，积极争取青少年犯罪研究专家、青少年事务工作者、社会知名人士的支持和参与。作为与国际接轨的新的工作品牌，"为了明天——预防青少年违法犯罪工程"既要发挥社会治安综合治理工作的传统优势，也要汲取国际预防青少年犯罪工作的新鲜经验，适应新形势，探索新方式，解决新问题，推动工程在创新中不断发展。

4. 立足基层，夯实基础。要以社区(村镇)为重心，抓好基层预防青少年违法犯罪工作的机构、队伍、阵地和载体建设。通过工作硬件和软件建设，解决工程在基层"有人管、有人干、有地方干、有事可干"的问题，推动各项工作措施更好地落实到基层，推动各方面力量更好地在基层发挥作用，提升基层实施工程的能力和实际成效。

5. 着眼长远，完善机制。要通过建立健全预防青少年违法犯罪工作的领导机制、预警监测机制、协调联动机制、督导机制、激励与约束机制和保障机制，充分调动各方积极性，明确工作责任，形成工作合力，确保"为了明天——预防青少年违法犯罪工程"的可持续发展，提高工程的科学化、经常化和规范化水平。

八、铁路护路联防工作

中央综治委铁路护路联防工作领导小组 2004年全国铁路护路联防工作要点

（2004年1月12日）

2004年全国铁路护路联防工作的主要任务是，以“三个代表”重要思想为指导，坚持“打防结合，预防为主”的方针，深入开展创建安全文明铁道线活动，巩固和深化严打整治斗争的成果，推动各项工作措施的进一步落实，大力加强铁路护路联防工作的制度化、规范化建设，健全完善工作机制，确保铁路治安持续稳定，确保铁路第五次大提速顺利进行。

一、扎实推进铁路沿线治安防控体系建设。严格按照《中央社会治安综合治理委员会关于加强社会治安防范工作的意见》的要求，进一步明确工作规范，理顺工作关系，强化工作责任，落实工作措施，建立健全铁路沿线治安防控体系。坚持和完善铁路治安情况通报制度，及时发现和通报影响铁路治安稳定的突出问题和重点路段，建立健全预警机制。严格执行铁路沿线涉路矛盾纠纷和治安问题排查制度，掌握影响铁路治安、行车安全的问题及隐患，排查涉路的矛盾纠纷，摸清工作中的薄弱环节，了解社情动向，做好相应的防范工作。坚持不懈地排查整治铁路治安重点区段和突出治安问题，继续实行重点区段挂牌督办制度，保持强劲的整治工作力度，限期解决突出的治安问题，迅速扭转重点区段面貌，确保铁路治安大局稳定。中央护路办适时组织一次对铁路治安重点区段整治工作的督查。

二、集中整治影响行车安全的突出问题。根据铁路第五次大提速的需要，在铁路沿线地区深入开展爱路护路宣传教育，加快铁路防护网建设，落实确保安全的各项工作措施。高度重视击打列车、牲畜上道特别是摆放路障等影响列车安全行驶的突出问题，加大治理力度。在问题严重的地区及时部署集中整治，加强重点路段的巡查，及时发现和严肃查处问题；对有上述行为的人员视情采取集中教育、签订帮教责任书等措施，进行重点帮助教育，把预防和解决问题的责任真正落实到有关乡村、学校和家庭；紧密结合依法治村、依法治校活动，把维护铁路安全的责任切实纳入乡规民约和学校纪律，把履行责任的情况与责任人的政治荣誉、经济利益紧密挂钩，严格兑现奖惩。

三、大力加强护路队伍的教育培训。把加强护路队伍的教育培训作为当务之急，摆上重要工作日程，2004年内，务必把全体铁路护路联防工作人员、专兼职护路队员和护路民兵轮训一遍。要以《铁路护路联防工作手册》为基本教材，针对铁路护路联防工作人员、专兼职护路队员和护路民兵的不同特点，根据岗位需要，科学制定培训计划，认真组织集中培训。对护路联防工作人员、专职护路队员、护路民兵的集中培训，不得少于5天；兼职护路队员和有关基层干部的集中培训，不得少于3天。各省（区、市）护路办在制定护路联防工作经费预算时，适当增加教育培训经费，并积极会同铁道、公安、军事部门，切实加强教育培训的组织、指导工作，保质保量完成培训任务。

四、严格落实护路经费管理制度。各级护路组织要严格执行《全国铁路护路联防经费管理暂行办法》，切实做好护路联防经费的管理工作。一定要坚持专款专用，不得违规使用经费；一定要做到精打细算，不得浪费经费。要从工作实际出发，科学制订经费预算，跟踪了解落实情况，及时解决存在的问题，确保把70%以上的经费用于铁路护路联防工作第一线，确保充分发挥铁路护路联防经费的效益。中央护路办要按照有关规定，严格做好对重大开支项目的审批把关工作，并积极配合审计部门，认真检查经费使用情况，严肃查处发现的突出问题。

五、健全完善护路联防工作考核机制。切实把铁路护路联防工作作为社会治安综合治理工作考核的必要内容，同考核、同奖惩。县以上各级护路力要建立健全工作考核制度，按照社会治安综合治理目标管理的要求，把铁路护路联防工作的主要内容，如机制建设、重点工作落实和工作成效等分解量化成具体指标，根据工作重要性和落实难度确定分值，并按照社会治安综合治理一票否决的原则，规定本地铁路护路联防工作一票否决权的具体情形和条件，定期进行评比考核。中央护路办要按照《省、自治区、直辖市铁路护路联防工作考核标准》，适时组织一次工作考核，及时通报结果，督促改进工作。

六、进一步加强护路办自身建设。护路办是综治委维护铁路治安的参谋、助手，肩负着出谋划策、指导协调、督促落实的重任，人员配备必须坚持标准，工作人员特别是护路办负责人应当具备较高的政治业务素质，较强的事业心和综合协调能力，决不能搞照顾性安排。各级护路办要切实加强制度建设，建立健全并严格执行工作报告、治安情况通报、重点区段挂牌督办、经费管理、工作考核等各项制度，进一步提高工作的质量和水平。

2004 年全国铁路护路联防工作情况

2004 年，在中央综治委的领导下，全国铁路护路联防工作以“三个代表”重要思想和十六届四中全会精神为指导，紧紧围绕确保铁路第五次大提速和铁路安全畅通的基本目标，充分发挥各级地方综治部门的协调组织作用，继续深入开展创建安全文明铁道线活动，大力加强基本制度建设，狠抓护路队伍的教育培训，着力解决铁路沿线突出的治安问题，进一步强化铁路沿线的治安防控能力，有效地维护了铁路治安的基本稳定，为铁路安全做出了一定贡献。主要成效是：

一是深入开展创建安全文明铁道线活动。年初，各省、自治区、直辖市护路办，为加强铁路沿线的治安综合治理工作。深入开展创建安全文明铁道线活动。云南省紧密围绕铁路运输安全畅通和社会稳定这个中心，建立目标管理和领导责任风险抵押两个机制，抓住爱路护路宣传教育、重点区段整治、各项措施落实三个重点，注意发挥各级党委、政府的权威领导作用，各级护路组织的桥梁和协调作用，公安机关和专职护路队员的骨干作用，兼职护路队员的辅助作用，使“创安”工作取得了沿线货盗、危及行车安全事件等 8 个方面案事件全面下降的良好效果。今年汛期，贵州、湖南、河南、江西等省护路办，认真落实中央护路《关于贯彻中央领导批示精神，做好暑期护路工作》的紧急通知精神，做到雨天有人巡查，重点区段有人看守，发生险情及时报告，迅速排除。湖北省护路办与铁路公安机关密切配合，加强南昌、汉口、襄樊等地火车站及周边治安秩序的治理，为人民群众创造了一个平安的乘降车环境。

二是协助公安机关破获查处了一批刑事和治安案件。各地铁路组织除执行巡逻护路任务外，还积极配合公安机关查处案件。据不完全统计，全国各级护路组织共协助公安机关破获刑事案件 4083 起，抓获犯罪嫌疑人 7133 人；协助查处治安案件16063起,其中危及行车安全案件284起。

三是各级护路联防组织为确保铁路第五次大提速的安全畅通,精心部署,周密安排。为推进铁路跨越式发展,4月18日铁路实施第五次大面积提速调图。为确保提速调图的顺利实施,中央护路办向全路护路联防组织下发了《确保铁路第五次提速调图安全宣传提纲》。6月份,又针对连续发生3起因治安问题造成的行车事故的问题,下发了《关于进一步开展铁路沿线治安整治工作的紧急通知》,要求各级铁路联防护路组织进一步增强责任意识,与铁路部门密切配合,全力整治危及行车安全的突出治安问题。全国各地护路组织认真落实两个通知要求,高度重视铁路第五次提速保卫工作,采用了标语、广播、宣讲、座谈会等多种形式,广泛宣传提速对国民经济发展的重大意义,使广大护路队员和民兵及铁路周边人民群众人人皆知,自觉遵纪守法,铁路沿线群众爱路护路意识有了明显提高。同时,为保证提速重点区段的安全畅通,各级护路组织加强了铁路两侧防护网的建设,砌防护墙,组织沿线群众日夜巡逻守护,调图提速后,全国没有发生重大行车事故,保证了提速调图工作的顺利实施。

四是大力开展了铁路沿线的治安隐患排查和专项整治。2004年各省(市、区)对影响铁路运输安全的治安问题开展了摸排,确定了一批治安混乱的重点整治区段,并跟踪督促整治工作的开展。年内有一大批治安混乱重点区段改变了面貌。地处江西省南昌市东湖区的京九铁路南京西路立交涵洞,因地理位置特殊,成为乞丐和流浪人员的寄居地。这里冬季经常聚集很多闲杂人员点火取暖。而南昌市的煤气管道从涵洞穿过,极易引起爆炸、火灾,对铁路安全构成严重威胁。对此,南昌市护路办和东湖区综治办现场办公,把它列为A级隐患,组织煤气公司、派出所、街道办事处和社区人员,将该涵洞用加固防盗锁封闭,消除了隐患。宁夏、内蒙等地针对民工群体性扒乘货车、影响行车的问题,下大力气进行整顿。他们调动民兵分队和联防队全员上阵,加大站车巡逻密度,配合铁路公安机关,对扒车人员进行劝阻教育,引导他们购票乘车。对突发涌入群体民工启动紧急预案,采取清理措施,取得了很好的成效。各地在组织护路联防队员和民兵落实巡逻、巡线制度,加强对桥、隧等重点目标守护工作的同时,还组织力量配合铁路、地方公安,对铁路沿线周边环境进行整治,开展了清理线路上的闲杂人员;落实对聋哑呆傻精神病等重点人员的监护措施和对铁路有危害史人员的帮教措施;对放牧户进行教育,签定不到铁路边放牧的责任书;广东、河北、辽宁等一些省加大对铁路沿线废旧金属收购点的整顿,清理取缔一大批沿线废旧金属收购点,净化了铁路沿线的治安秩序;配合铁路公安机关开展为期两个月的"两清一打"专项行动,严厉打击拆盗铁路器材、摆放障碍、提拉车钩等危及行车安全的违法犯罪活动。年内共清理盲流、扒车外流等闲杂人员121963人次,取缔非法收购点、小冶炼厂、小烘炉2328个,私搭乱建窝棚695个,消除了治安隐患。此外,还配合铁路部门排除树木倾倒、耕牛上道等险情1720起,在全国各级铁路护路联防组织和护路联防队员、护路民兵的共同努力下,铁路沿线治安秩序有了明显改观。

五是认真做好大秦(大同—秦皇岛)铁路线的护路联防工作。大秦线是山西、陕西、内蒙煤炭外运的主要通道,是我国的一条直达、重载万吨的运煤专线,对国民经济建设作用举足轻重。按照中央综治委铁路护路联防工作领导小组的要求,中央政法委陈冀平副秘书长、中央护路办徐伟华主任等领导亲自与山西省综治委疏通、联系,得到了山西省综治委、护路办的大力支持,落实了大秦沿线河北、北京、天津境内的护路联防工作经费。中央护路办又召开主任会议,专题研究大秦铁路护路联防工作,制定了加强大秦线护路的工作方案。

六是开展了对铁路护路联防干部的业务培训。按照"2004年中央综治委铁路护路领导小组工作要点",2004年,各地以中央护路办组织编印的《铁路护路联防工作手册》为基本教材,对从事护路联防工作的干部、护路队员和护路民兵进行了教育培训。多数省市对专兼职护路干部、队员集中培训3至5天,一些市县也层层进行了培训,全国各地累计培训专职护路人员15858名。通过培训,使广大护路干部和护路联防队员充分认识到维护铁路治安工作的重要性、紧迫性,增强了责任感,认清了铁路治安形势的严峻性和复杂性,基本上掌握了护路联防工作必备的知识和常识,广大护路干部、护路联防队员和护路民兵的政治素质、业务水平、工作能力有了显著提高。

七是加强了对护路联防工作的检查考核。为建立完善工作机制,强化护路工作的监督管理。年初,中央护路办印发了《省、自治区、直辖市铁路护路联防工作考核评比标准(试行)》,统一和规范了全国铁路护路联防工作的考核评比标准。各省(市、区)、地(市)、县护路联防组织按照这个标准,认真抓好各项工作的落实。各省市普遍按照考核评比标准,组织各级护路组织,对管内县(区)、乡镇、村及专业护路队,对照考核评比标准,逐条检查,自我打分,上上下下形成了比学赶帮超的热潮。12月,中央护路办还组织4个工作组对部分省市区的工作进行抽查、验收、评比、打分,有力地推动了护路联防工作的深入开展。

八是认真做好重点时期的护路工作。针对年内春运、暑期、汛期人员多、雨量大、灾害多对铁路运输安全危害大等特点,中央护路办适时印发有针对性的通知(如《关于认真贯彻落实中央领导批示精神,切实做好暑期铁路护路联防工作的紧急通知》),要求各级铁路护路联防部门,认真学习中央领导同志的重要批示和讲话精神,充分认识电、煤运输在国民经济发展和保证人民生活需要方面的重要作用,有针对性地修订暑期、汛期保证运输安全的具体工作措施,收效很好。河北省是首都的"护城河",地理位置和暑期保卫工作任务特殊,在"两会"和今年的暑期铁路保卫工作中,全省各级党委、政府把保卫铁路大动脉的安全畅通作为重大政治任务和"一把手"工程来抓,省市县都专门成立了护路领导小组或指挥部,将任务分解到各级、各部门和单位,把任务明确落实到具体领导身上,各级党政领导亲临铁路沿线进行检查督导,形成了党委、政府统一领导,"路地"协作配合,一级抓一级,一级对一级负责,层层抓落实的工作机制,确保了全国"两会"和暑期运输保卫工作的顺利进行,确保了万无一失。

九是深入持久地开展了爱路护路宣传教育活动。各地结合创建平安铁道线活动,不断开展了大规模的爱路护路宣传教育,他们深入到铁路沿线村镇、企事业单位、学校宣传《铁路法》、《铁路安全常识》及相关法律、法规。据不完全统计,年内,全国各级铁路护路联防组织共印发、制作护路录像片、电视片、影碟、宣传册等各种宣传材料627.2万份,受教育群众达4186万人次。中央护路办还与《人民铁道》报社联合召开了"铁路护路联防宣传工作会议",并在《人民铁道》报开辟了"铁路护路联防工作专栏",并适时编发专版或专刊。通过大张旗鼓的宣传教育活动,沿线群众法律、安全、爱路护路意识明显增强,违章上路和毁坏路材路料的行为大量减少,涉路案件同比下降90%。

十是认真落实中央护路办关于护路经费使用的各项规定。2004年以来,各省、自治区、直辖市与铁道部审计部门,对各省、自治区、直辖市和铁路部门管理的护路联防经费进行了年度审计。总体看,财务管理情况较好,没有发现挪用经费现象,投入一线的经费比例高于经费总支出的70%,保证了护路联防工作的顺利开展。

2004年,铁路护路联防工作也还存在一些问题,主要是:创建工作发展不平衡,少数单位效果不明显;护路队伍管理有的不够规范,管理不到位,作用不显著;扒乘货车,在线路上置放障碍、牲畜上道的问题时有发生,对铁路安全运输构成威胁;在护路业务建设上,有的工作思路不够清晰,深入一线调查研究少,缺乏长远规划;中央护路办人员新老交替,工作力度不够,需进一步提高指导水平。

中央综治委铁路护路联防工作领导小组关于印发《省、自治区、直辖市铁路护路联防工作考核评比标准(试行)》的通知

(2004年3月15日)

各省、自治区、直辖市社会治安综合治理委员会铁路护路联防工作领导小组：

现将《省、自治区、直辖市铁路护路联防工作考核评比标准(试行)》印发给你们，请结合本地区的实际，认真贯彻执行。

省、自治区、直辖市铁路护路联防工作考核评比标准(试行)

为了更加全面、准确地考核各地铁路护路联防工作成效，推动铁路护路联防工作进一步落实，根据中央社会治安综合治理委员会《省、自治区、直辖市社会治安综合治理工作考核评比标准》的有关规定，制订本标准。

一、重点工作落实情况(标准分:40分)

主要是开展创建安全文明铁道线活动的情况，重点考核以下五项：

(一)定期开展治安问题和安全隐患的排查工作，情况清，底数明，各项防范措施落实。酌情得分，最高为5分。

(二)对危害铁路治安的严重违法犯罪活动及时打击；对铁路治安重点区段实行集中整治、挂牌督办；对影响列车安全行驶的突出问题进行有效治理。酌情得分，最高为10分。

(三)落实《全国铁路护路联防专职队伍管理工作暂行规定》，专职护路队伍建设符合标准，制度完善，保障有力，激励机制健全；制订铁路护路联防干部和专职队员(包括民兵、联防队员和保安员)政治、业务教育培训计划，按照规定的范围，以《铁路护路联防工作手册》为基本教材，定期进行教育培训。酌情得分，最高为10分。

(四)经常开展形式多样的爱路护路宣传教育；视情开展集中宣传教育活动；对重点对象实行重点帮助教育。酌情得分，最高为5分。

(五)落实《全国铁路护路联防经费管理暂行规定》，铁路护路联防经费专款专用，并把70%以上用于工作第一线。酌情得分，最高为10分。

二、工作机制建设情况(标准分:30分)

(一)省(区、市)社会治安综合治理委员会内设立铁路护路联防工作领导小组，下设办公室，配备专职工作人员；领导小组定期开会，研究部署护路工作。酌情得分，最高为5分。

(二)铁路沿线市(地)、县(市、区)社会治安综合治理委员会内设立铁路护路联防工作领导小组及其办公室，有固定人员负责和从事护路工作；县(市、区)在铁路治安复杂区段有专(兼)职护路队伍。酌情得分，最高为5分。

(三)各级铁路护路联防工作领导小组定期开会，研究部署护路工作；领导同志深入第一线，检

查指导工作;各成员单位互相支持,密切协作。酌情得分,最高为5分。

(四)铁路护路联防工作纳入当地社会治安综合治理目标管理,作为其中一项重要工作,同部署,同检查,并在综治工作年度考核中占有一定分值。酌情得分,最高为5分。

(五)省(区、市)实行铁路护路联防工作领导责任制,铁路沿线的市、县、乡镇、村实行铁路治安承包责任制。酌情得分,最高为5分。

(六)省(区、市)护路办各项工作制度健全,认真完成中央社会治安综合治理委员会铁路护路联防工作领导小组及其办公室下达的任务,并按照要求上报有关情况。酌情得分,最高为5分。

三、工作成效(标准分:30分)

(一)与上年相比,破坏铁路设施、盗窃铁路运输物资、拆盗铁路器材的案件得到有效遏制并有所下降。酌情得分,最高为10分。

(二)与上年相比,影响列车安全行驶的问题(摆放路障、牲畜上道、击打列车等)减少,没有因治安问题引发的铁路运输安全事故。酌情得分,最高为10分。

(三)与上年相比,由于治安原因导致的货盗赔款额度持平或有所降低。酌情得分,最高为10分。

四、加分、减分情形

(一)能够认真贯彻中央提出的工作要求,结合当地实际情况,创造性地开展铁路护路联防工作,成效突出,其经验得到中央综治委铁路护路联防工作领导小组肯定、在全国推广的,酌情加分,最高为10分。

(二)在专职护路队伍守护的铁路区段发生爆炸铁路案件、造成严重后果的,减20分;

(三)因铁路沿线治安问题导致列车颠覆等重大行车事故的,减20分;

(四)严重违反《全国铁路护路联防经费管理使用暂行规定》,造成严重影响的,减20分。

五、考核结果

中央社会治安综合治理委员会铁路护路联防工作领导小组办公室每年组织一次对各省、自治区、直辖市铁路护路联防工作的考核。考核情况根据上述标准打分,85分以上为“优”,在中央综治委对各省、自治区、直辖市社会治安综合治理关于“铁路护路联防工作”的考核中记满分(即2分);70分至84分为“良”,在综治考核中记1分;69分以下为“差”,在综治考核中不给分。中央综治委铁路护路联防工作领导小组办公室通过一定形式将考核结果报告有关领导通报各地。

中央综治委铁路护路联防工作领导小组办公室关于印发《中央综治委铁路护路联防工作领导小组办公室主任办公会会议纪要》的通知

(2004年9月14日)

各省、自治区、直辖市社会治安综合治理委员会铁路护路联防工作领导小组办公室:

现将《中央综治委铁路护路联防工作领导小组办公室主任办公会会议纪要》印发给你们,望认真做好相关工作。

中央综治委铁路护路联防工作领导小组办公室主任办公会会议纪要

2004年8月30日，中央综治委铁路护路联防工作领导小组办公室召开主任办公会议，研究了大秦铁路护路联防工作和2004年度铁路护路联防工作的考核评比工作。纪要如下：

一、关于大秦铁路护路联防工作。会议认为，今年以来，北京铁路局和山西省综治委积极主动，互相支持，在加强大秦铁路护路联防工作方面，做了大量卓有成效的工作。北京铁路局有关领导同志深入大秦铁路沿线了解治安情况和护路工作中的问题，与山西省综治委及护路办负责同志协商落实护路经费。山西省综治委及护路办对加强大秦铁路护路联防工作给予了大力支持。前不久，省护路办负责同志受省综治委领导的委托，主动来京，与北京铁路局签订了支援大秦铁路护路经费的协议。上述这些努力，为大秦铁路护路联防工作的顺利开展奠定了良好的基础。为了进一步落实大秦铁路护路联防工作，会议决定：

（一）建立大秦铁路护路联防工作联席会议制度及其办公室。联席会议由中央护路办牵头，北京铁路局有关领导和山西、河北、北京、天津等四省、市综治委的一位领导同志及护路办的一位负责同志参加。联席会议办公室依托在北京铁路局，中央护路办一位副主任任主任，北京铁路局护路领导小组一位副组长任常务副主任，山西、河北、北京、天津护路办各一位负责人任副主任。

（二）进一步明确大秦铁路护路联防工作指导思想。大秦铁路治安问题主要在沿线，加强工作的方向主要是组织动员沿线各级党委、政府、基层组织、农民群众维护铁路治安。所以，在护路工作中，必须坚持“路地”结合，以地方为主；专群结合，以群众为主，在落实铁路沿线治安承包责任制上狠下功夫。

（三）管好用好护路经费。大秦铁路护路联防工作经费责成联席会议办公室管理。每年初，在充分听取沿线各省、市意见的基础上，制订经费预算，提交联席会议审议，批准后由联席会议办公室负责实施。经费使用方向，主要是护路联防一线工作，包括沿线铁路治安承包工作奖励、专职护路队伍开支、防范设施建设、省地县三级护路办工作经费补贴等。经费管理办法既要严格、规范，确保不出问题，又要简便、灵活，不给基层增添麻烦。

二、关于2004年度铁路护路联防考核评比工作。会议认为，建立健全考核工作机制是铁路护路联防工作规范化建设的一项重大举措。中央综治委铁路护路联防工作领导小组今年初颁布的《省、自治区、直辖市铁路护路联防工作考核评比标准》，是全国铁路护路联防工作考核评比的主要依据，各级护路办的考核评比工作要严格按照这个标准，紧密结合本地实际情况，扎实进行。会议决定，第四季度在全国铁路护路联防工作系统部署开展考核评比工作，考核结果作为明年评比全国社会治安综合治理先进单位的重要参考依据。

九、刑释解教人员安置帮教工作

中央综治委刑释解教人员安置帮教工作领导小组关于印发《2004 年刑释解教人员安置帮教工作要点》的通知

（2004 年 1 月 14 日）

各省、自治区、直辖市社会治安综合治理委员会刑释解教人员安置帮教工作领导小组及办公室，新疆生产建设兵团社会治安综合治理委员会刑释解教人员安置帮教工作领导小组及办公室，中央各有关部门：

现将《2004 年刑释解教人员安置帮教工作要点》印发给你们，请结合本地实际情况认真贯彻执行。

2004 年刑释解教人员安置帮教工作要点

2004 年是贯彻落实党的十六大精神的重要一年，各级安置帮教工作部门要以"三个代表"重要思想为指导，继续贯彻落实"帮教社会化、就业市场化、管理信息化、工作职责规范化"的安置帮教工作思路，勇于探索，与时俱进，实现新突破，开创新局面，努力预防和减少重新违法犯罪，维护社会政治稳定，为推进社会治安防控体系建设，全面落实社会治安综合治理各项措施作出新的贡献。

一、切实加强对刑释解教人员的衔接管控工作

继续开展排查工作，查清底数，掌握去向，特别对去向不明的刑释解教人员展开查找工作。按照中央四部委《关于进一步做好服刑、在教人员刑满释放、解除劳教时衔接工作的意见》要求，各省（区、市）监狱局、劳教局、公安厅（局）对所辖监狱、劳教所、拘役所、看守所发出的《刑满释放人员通知书》、《解除劳动教养人员通知书》的情况要进行全面检查，县、市、区安置帮教办公室对基层安置帮教组织、派出所收到《通知书》的情况要及时了解和掌握，发现存在的问题，对有重新违法犯罪倾向的刑释解教人员，作为重点对象，实行动态管理，努力减少脱管、失控现象的发生。乡镇、街道及公安派出所、司法所和居委会、村委会等基层组织落实重点帮教力量，积极探索和完善对重点对象实施防范控制的措施和办法。

推进刑释解教人员信息管理系统建设，完成

软件的研制、发放及各试点省(区、市)的数据库建设,利用计算机网络技术强化对刑释解教人员的衔接和管控工作。

二、认真做好刑释解教人员的就业安置和生活保障工作

贯彻落实中央八部委《关于进一步做好刑满释放、解除劳教人员促进就业和社会保障工作的意见》,积极探索促进就业和社会保障工作的新途径。监狱、劳教所、看守所要大力宣传党和政府对刑释解教人员安置帮教的方针政策,教育服刑、在教人员特别是即将刑满释放、解除劳教人员掌握出狱所后基本的就业和社会保障常识。进一步加强对服刑、在教人员的职业技能教育培训,不断提高培训质量。劳动和社会保障部门要支持和配合监狱、劳教部门,开展职业技能培训与职业技能鉴定,适当减免考试、发证和鉴定有关费用。要对刑释解教人员提供就业指导和就业岗位信息。各地民政部门对符合低保、"五保"或社会救济条件的刑释解教人员,应落实有关社会保障措施。对农村籍的刑释解教人员要及时落实责任田、划分住房宅基地,刑释解教人员原承包的土地被征用的,应给予土地补偿费,不得随意克扣或取消。对刑释解教人员过渡性安置实体落实有关税收优惠政策,扶持其发展。

不断拓宽刑释解教人员安置就业渠道,鼓励刑释解教人员通过灵活多样的形式实现就业,包括非全日制、临时性、季节性工作等,逐步实现安置就业市场化、社会化。在社区建设工作中,鼓励刑释解教人员在社区服务的岗位就业,特别是在政府开发的面向社区居民生活服务、企事业单位后勤保障和社区公共管理的就业岗位以及清洁、绿化、公共设施养护等公益性岗位上实现就业。

中央综治委安置帮教工作领导小组将在2004年适当时机对各地刑释解教人员就业安置和社会保障情况进行检查。

三、动员和组织社会各方面的力量参与安置帮教工作

表彰安置帮教工作的先进集体和先进个人,充分运用报刊、电视、广播、网络等大众传播媒介,通过组织报告团、文艺表演、影视制作等多种形式,大力宣传做好安置帮教工作的重要意义。各地要深入挖掘、剖析和树立1至2个从事安置帮教工作贡献突出的先进典型和那些走上正路、勤劳致富的刑释解教人员的典型,引导广大干部、群众正确对待刑释解教人员,消除社会偏见和歧视,动员和组织社会各方面力量参与安置帮教工作,形成全社会关注、理解和支持安置帮教工作的良好的舆论氛围。各地要在坚持以往行之有效的安置帮教措施的同时,积极探索在新形势下整合各种社会资源参与安置帮教工作的新方法。工会、共青团、妇联组织和关心下一代协会等社会团体应积极组织开展志愿者活动,动员职工、团员、青年、妇女、离退休干部职工以"一助一"、"多助一"等形式参与对刑释解教人员的帮教工作,并将其与基层安全创建,精神文明创建,科教、文体、法律、卫生"四进社区"等工作有机结合起来。各地在开展公民道德教育活动中,要把对刑释解教人员的道德、法制教育作为一个重点,因人而异、因地制宜地开展多种形式的教育活动,不断增强安置帮教工作的实效。动员和组织社会科学研究部门、相关协会学会、高等院校加强对刑释解教人员这一社会群体的研究,加强对新形势下安置帮教工作规律的研究,以增强安置帮教工作的主动性、预见性。

四、加强领导,落实责任,推动安置帮教工作的深入开展

各级党委、政府要充分认识做好安置帮教工作的重要意义,把刑释解教人员安置帮教工作作为预防和减少违法犯罪、维护社会稳定的一项重要工作纳入社会治安综合治理领导责任制,摆上议事日程,切实加强领导,督促检查,认真落实,把安置帮教工作实绩作为社会治安综合治理考核的一项重要内容,完善激励制约机制。各级综治委、办要切实加强对安置帮教工作的领导,注意总结典型经验,加强工作指导。进一步加强各级安置帮教工作领导机构、办事机构,特别是基层安置帮教工作机构的建设,充实领导力量和必要人员,完善工作制度,充分发挥组织、协调、督促、检查的作用。各级司法行政、公安、劳动和社会保障、民政、财政、税务、工商、人民银行等部门要切实履行职责,发挥职能作用,分工协作,相互配合。各级工会、共青团、妇联等人民团体和社会组织应充分发挥各自的优势,动员组织各方面的力量,共同做好刑释解教人员安置帮教工作。

2004年安置帮教工作情况

2004年,全国各级刑释解教人员安置帮教工作组织按照"帮教社会化、就业市场化、管理信息化、工作职责规范化"的工作方针,加大工作力度,完善工作制度,衔接管理、安置和帮教等各项工作都取得了新成效。

一、衔接管理工作进一步加强

随着我国经济和城市建设的发展,异地犯罪人员比例加大,流动人口不断增加,人户分离现象比较突出,使以户籍管理为主要手段的刑释解教人员的衔接、安置和帮教工作难度加大。据抽样调查,大约有10%的刑释解教人员从监狱、劳教所、看守所释放后,直接流散于社会,不知去向,流动人口犯罪已占犯罪总数的40%,其中沿海地区流动人口犯罪高达70%~80%。针对这种情况,各地进一步加大衔接工作力度,完善衔接制度,采取排查等有效措施,加强流动人口中刑释解教人员的衔接管理,取得一定效果。如江苏省针对异地犯罪突出的问题,修订完善了《刑释解教人员衔接管理办法》,与浙江、安徽、广东等省签订衔接协议,实现刑释解教人员的跨省衔接。上海市与江苏省建立《定期互通刑释人员资料备忘录》制度,双方每年3月1日前互相提供即将刑释解教的人员的有关资料,使安置帮教组织及时了解掌握情况;同时还建立起刑释解教人员信息管理平台,实现街道(乡镇)、区(县)和市安置帮教工作办公室联网,刑释解教人员入监表现、回归社会时衔接、落实安置帮教措施,重新犯罪等情况一目了然,有效加强了刑释解教人员管理,减少了脱管失控现象。北京市根据刑释解教人员表现制定了"红、黄、绿"三级预警系统,对没有改造好,主观恶性程度深,重新违法犯罪倾向严重的使用红色,对有可能导致重新犯罪和存在重新犯罪倾向的使用黄色,认罪服法改造较好的使用绿色,帮教组织根据不同警示色采取不同的工作措施,突出管控帮教重点,全力确保重大活动期间社会安全。黑龙江、贵州、内蒙、宁夏、海南、江苏、福建等25个省(区、市)公安、司法部门联手开展集中排查,重点查找去向不明、人户分离失控人员。由于上述措施的实施,使刑释解教人员的衔接得到加强。据统计去年全国监狱刑满释放34.8万人,解除劳教10余万人,已衔接率为61%。

为了从源头上堵住衔接工作漏洞,中央综治委刑释解教人员安置帮教工作领导小组在广泛调研的基础上,着手实施刑释解教人员信息管理软件的研制开发。目前已完成了系统软件的调研论证和方案设计,今年6月将完成设计,下半年在部分省(区、市)试用,之后在全国逐步推开。

二、安置渠道拓宽,安置力度增强

2004年2月,中央八部委局联合下发了《关于进一步做好刑释解教人员促进就业和社会保障工作的意见》,对安置帮教工作给予优惠政策,有力支持了工作开展。《意见》下发后,各地高度重视,积极向当地党委、政府汇报,通过各种形式将文件精神及时传达到各级安置帮教部门,并提出具体贯彻落实的意见。江苏省委常委、政法委书记孙安华同志对贯彻中央八部委局《意见》作出批示,要求认真抓好落实。四川省按照《意见》要求,解决了困扰多年的安置帮教经费问题。广东省及时修改了《广东省刑释解教人员安置帮教工作规定》,使之与八部委局《意见》规定相衔接。黑龙江、湖南、浙江、重庆、陕西、吉林、广西、河北等省(区、市)将贯彻落实中央八部委局《意见》列为2004年安置帮教工作的重要内容。上海、河南、陕西、甘肃、辽宁、青海、新疆等12个省相继出台了实施细则和配套措施,重庆、贵州、江苏、山东、湖北、江西、四川、山西等15个省综治委联合有关部门转发了《意见》。各地除了按照八部委文件规定,落实税费优惠外,还针对各自情况,制定了具体办法。如上海市公安局为难落户的刑释解教人员办理了过渡性集体户口,河南省将刑释解教后已满60周岁,且丧失劳动能力的和18岁以下孤儿纳入了"五保"范围。

监狱、劳教所按照中央八部委局文件精神，加强与有关部门的联系配合，加大对服刑在教人员的就业培训力度。去年全国有近22万服刑在教人员参加了技术培训，其中7.8万人获得了劳动部门颁发的技术等级证书，同比增加近万人。劳教部门在加强培训基础上，组织开展劳教人员的技能大赛，邀请劳动部门、用工单位、企业家协会等部门和单位参加，很多掌握一技之长的劳教人员被当场录用。四川省司法厅与劳动和社会保障厅联合发出通知，对监狱劳教所开展培训给予优惠政策支持。民政部门对符合低保或社会救济条件的刑释解教人员落实各项保障措施，上海、江苏、甘肃等地民政部门出台政策，对家庭突发临时困难的或承包土地未落实前，无生活来源的刑释解教人员给予临时生活补助。税务部门按照八部委局文件和本省实际，大力支持刑释解教人员过渡性安置实体发展，对安置实体落实了不同程度的税收优惠，安置近万名刑释解教人员就业。各地安置帮教部门积极为实体解决实际困难，如山西省司法厅经多方协调，对全国安置帮教工作先进典型韩雅琴安置基地给予大力支持，送煤、送粮、送油，帮助其解决刑释解教人员生活困难，并协调政府有关部门，对拆迁店铺给予300万元补偿，支持其发展。各级工商行政管理部门对确有困难刑释解教人员从事个体经营的，减免市场管理费，并通过个私协等组织对他们进行帮助教育。农村籍刑释解教人员基本落实了责任田或得到土地征用补偿。据统计，2004年从事个体经营刑释解教人员约8.3万人，占总数18%，落实责任田24万人，占总数52%，总安置率达到86%以上。

三、职能部门齐抓共管，社会力量积极参与

各地司法所认真履行职责，加大工作力度，普遍建立健全安置帮教各项工作制度，对回归社会刑释解教人员登记建档，成立社区(村)帮教小组，落实帮教人员，采取谈话、走访、发放联系卡等各种形式，掌握他们的思想动态，帮助解决生活就业中遇到的困难和问题。各级司法行政部门积极动员组织社会力量参与帮教工作，创新形式，形成规模，注重实效。如四川省司法厅、法制建设领导小组、省个私协共同组织了刑释解教人员报告团，开展现身说法教育活动，60名有突出贡献的刑释解教人员和100名优秀律师、基层法律工作者深入到40个监狱、9个劳教所和部分看守所对在押服刑在教人员进行了100余场报告、律师点评说法和咨询宣传活动，全省80%服刑在教人员受到教育。同时与电信公司和创维等企业联合开通“亲情帮教可视电话”，发动省工会、妇联和共青团组织利用可视电话面对面地开展帮教，使服刑在教人员切身感受到政府的关心，促进了监管改造工作。上海市监狱与高等院校合作，成立服刑人员高等教育自学考试辅导站。广州市司法、劳动和社会保障、工会等部门出台文件，建立刑释解教人员技术培训基地。各级共青团组织大力实施“青少年违法犯罪社区预防计划”，组建专兼职相结合的帮教队伍，加强对刑释解教人员青少年的学习辅导和就业服务。各级妇联重点开展了对女性服刑人员的帮助教育活动等。2004年，全国帮教率达到90%以上。

各地普遍对安置帮教工作先进集体、先进个人进行了表彰，并利用报刊、电视、网络等各种传播媒体做好宣传工作，为刑释解教人员顺利回归社会营造良好氛围。

理论研究工作也取得新发展。去年安置帮教办公室与中国监狱协会回归社会学专业委员会联合举办了“拓宽刑释人员就业渠道”和“深化刑释人员帮教社会化”两个专题理论研讨会，并与回归委联合开展安置帮教重点调研课题研究工作，进一步活跃理论了研究工作。为了总结、交流、宣传各地创造的好经验、好做法，相互学习借鉴，推动工作深入开展，安置帮教办公室共编写了8期《安置帮教工作简报》指导各地工作。

四、完善制度，落实责任

各地认真落实全国综治工作会议精神，加强了对安置帮教工作的组织领导，强化了工作机构和制度建设。2004年，全国31个省(区、市)335个地(市、州)和3429个县(市、区)成立了安置帮教领导小组和办事机构，调整充实了工作人员。例会、培训、衔接、考核、奖惩、档案、对外协调、信息通报等各项工作制度进一步完善。广东、四川等落实了经费保障问题，吉林、辽宁出台了成员单位之间协调配合、齐抓共管的工作制度，细化了成员单位的工作职责，明确了责任。北京市实行责任追究制度，对因领导不利，工作措施不落实导致刑释解教人员重新违法犯罪，发生重大恶性刑事案件的,对有关部门和责任人进行责任查究,落实了一票否决。

今年,安帮办根据综治委[2003]17号文件要求,印发了《关于2004年度刑释解教人员安置帮教考核工作的通知》,提出以组织机构和工作制度建设、经费保障、贯彻落实中央八部委局文件精神、开展表彰或宣传、落实衔接制度、帮教率、安置就业率和重新犯罪率、发生重大刑事案件被省(市、区)综治委查究等10个方面为考核内容和标准,组织各地对安置帮教工作情况进行了全面检查。办公室在各省自评意见的基础上,兼顾平常掌握的工作情况,进行了综合评定,21个省(区、市)工作开展较好,被评为优秀,其他11个省(区、市)由于经费不落实、专项工作未完成或发生重大重新犯罪案件被查究等原因被扣分。

五、存在的问题

通过检查,我们认为去年安置帮教工作解决了许多实际问题,取得了一定成绩,但是依然存在一些突出问题。一是人员不足,我国平均每年刑释解教人员数是71.5万人,其中监狱释放30万,劳教所解教18.5万,公安看守所、拘留所释放23.3万,按照重新违法、犯罪的时间界定,对刑满释放人员要连续5年,解除劳教人员要连续3年,累计安置帮教对象322万,而基层司法所有司法助理员4.6万人,每个司法助理员平均负责70人,多的要负责上百人,工作任务十分繁重。二是工作经费不落实,检查中发现,天津、吉林、山东、贵州等近十个省(区、市)没有落实专项经费,即使落实经费的省(区、市)也普遍存在数额不足,难以保障工作的开展的问题;地市、县区和承担安置帮教工作具体任务的司法所多数没有安置帮教工作经费,使安置帮教工作难以落实。三是衔接工作不到位,看守所、拘役所不按规定及时、规范的向安置帮教组织寄发预放通知书的现象比较突出,部分监狱、劳教所对跨省服刑在教人员的预放通知书寄发不及时、不到位,并且内容不规范,安置帮教组织对刑释解教人员不落户、不报到缺乏有效管理手段。去年北京发生几起因刑释解教人员漏管失控,导致的重大刑事案件,社会影响十分恶劣。四是刑释解教人员就业难的问题依然突出,安置实体建设相对滞后,海南、陕西等省刑释解教人员就业率不到70%。五是部分地区党政领导、主管部门对安置帮教工作重视不够,一些成员单位职能作用发挥不充分,齐抓共管的工作格局需要进一步强化。

中央综治委刑释解教人员安置帮教工作领导小组2005年第一次会议纪要

2005年3月2日,中央综治委刑释解教人员安置帮教工作领导小组召开2005年第一次会议,全面总结了2004年安置帮教工作情况,审议了2005年安置帮教工作要点。

会议由领导小组组长、司法部部长张福森同志主持,中央政法委副秘书长、中央综治办主任陈冀平,公安部副部长白景富,民政部副部长李立国,中国人民银行副行长李若谷,财政部部长助理王军,以及劳动和社会保障部,国家工商行政管理总局,国家税务总局,共青团中央等有关部门的负责同志参加了会议。

会议充分肯定了2004年的安置帮教工作,有突破、有创新、齐抓共管力度进一步加大、社会重视程度进一步提高。各级安置帮教部门紧紧围绕国家改革、发展、稳定的大局,按照"帮教社会化、就业市场化、管理信息化、工作职责规范化"的要求,以加强刑释解教人员衔接管理为重点,以落实中央综治委等八部委局《关于进一步做好刑满释放、解除劳教人员促进就业和社会保障工作的意见》为主要内容,加大工作力度,积极开拓进取,为维护社会稳定,促进经济和社会发展作出了重要贡献。一是衔接管理工作进一步加强。针对异地犯罪比例加大，流动人口不断增加，人户分离现象突出，在以户籍管理为主要手段的刑释解教人员衔接、安置和帮教工作难度加大的情况下，各地进一步加强衔接工作，完善衔接制度，采取排查等有效措施，加强流动人口中刑释解教人员的衔接管理，取得了明显成效。全年刑满释放34.8万人，解除劳教19万余人，公安看守所释放23万余人，安置帮教组织衔接上的有46.5万元，衔接率为61%。二是安置渠道拓宽，安置力度增强。中央综治委等八部委局《关于进一步做好刑满释放、解除劳教人员促进就业和社会保障工作的意见》下发后，各地高度重视，及时传达文件精神，出台实施细则和配套措施。同时，加大对服刑在教人员的就业培训力度，积极扶持、建立过渡性安置实体，解决农村籍刑释解教人员的责任田。三是职能部门齐抓共管，社会力量积极参与安置帮教工作的氛围初步形成。四是完善制度，落实责任。2004年，全国31个省（区、市）335个地（市、州）和3429个县（市、区）成立了安置帮教领导小组和办事机构，调整充实了工作人员，23个省（区、市）解决了专项经费问题。

会议认为，虽然2004年安置帮教工作取得了很大成绩，但仍存在一些问题，一是从事安置帮教工作的人员不足；二是工作经费还不能完全落实；三是一些地方衔接工作仍然不到位；四是刑释解教人员就业难的问题依然突出，安置实体建设相对滞后；五是部分地区党政领导、主管部门对安置帮教工作重视不够，一些成员单位职能作用发挥不充分，齐抓共管的工作格局需要进一步强化。

会议要求，2005年各级安置帮教工作部门，要认真贯彻落实中央综治委关于刑释解教人员安置帮教工作的部署，按照“帮教社会化、就业市场化、管理信息化、工作职责规范化”的要求，扎扎实实做好以下工作。一要充分认识做好新形势下安置帮教工作的重要性，将安置帮教工作同构建社会主义和谐社会实践紧密结合起来，同各地广泛开展的“平安建设”紧密结合起来；二要大力加强司法所建设，为安置帮教工作开展创造条件；三要突出重点，加强管理，集中力量将刑释解教人员中主观恶性深，改造不彻底，有重新违法犯罪倾向和没有生活出路，可能导致重新犯罪的重点人员管控起来；四要进一步加强和改进衔接工作，启用安置帮教信息管理软件，逐步实现管理手段信息化；五要加大安置工作力度，促进中央综治委等八部委局文件精神的全面落实。对现有实体、基地进行调研、整顿、登记、认证工作，在此基础上，力争在全国地市以上城市至少认证或扶持一个具备一定规模的示范性安置实体；六要动员社会力量，广泛参与安置帮教工作，将安置帮教工作与基层安全创建、预防青少年违法犯罪等工作有机结合起来；七要做好理论研究和宣传工作；八要实行量化考核，严格工作要求，根据工作要点制定安置帮教工作百分考核办法，将安置帮教工作量化考核，纳入社会治安综合治理领导责任制、目标管理责任制。

会议审议了《2005年全国刑释解教人员安置帮教工作要点》。民政部副部长李立国表示，今年民政部门要按照有关规定，在落实刑释解教人员有关“低保”和生活困难补助等方面加强工作，确保他们的基本生活。中国人民银行副行长李若谷认为，要加大财政投入力度，经费必须列入政府财政预算，因为，没有经费，工作就没法正常开展，各项政策措施也不可能落实。要加大考核力度，对没有落实经费的省（区、市）要严格考核，对财力大，但没有落实经费的，应提出更高的扣分标准。要加强对安置帮教工作的领导，要以人为本，在尊重安置帮教对象意见的前提下做好宣传工作，营造良好的社会氛围。财政部部长助理王军表示，财政部要积极支持安置帮教工作，对没有落实经费的9个省（区），财政部将督促列入今年财政预算。公安部副部长白景富认为，要加大宣传力度，特别是要加大主流媒体宣传力度，宣传帮教好的典型和改造好的典型。要抓住构建社会主义和谐社会的机遇，把安置帮教工作纳入进去，引起全社会的重视。要把安置帮教工作纳入到社区建设中去，发挥社区优势，充分利用社区资源。要发挥民营企业在安置帮教工作中的作用，树立他们当中的典型。要加快建立全国安置帮教工作信息管理系统，公安机关的“金盾工程”网络专线可以为这套系统提供支持和服务。中央政法委副秘书长、中央综治办主任陈冀平提出，要把安置帮教工作纳入各地“平安建设”工程和基层安全创建活动之中，争取党委政府的高度重视。司法所对安置帮教任务、措施的落实很重要，要明确司法所职责并严格落实责任制。要加强衔接工作,对监狱劳教所寄发通知书的情况要列入今年的考核范围。要加强安置帮教实体建设,重视民营企业在安置帮教工作中的作用,对各地实体进行调研,如何管理、如何优惠,提出具体的意见。要抓紧抓好刑释解教人员信息管理工作,搞好安置帮教宣传工作。过去一些好的影视作品在法制频道上继续播放,对刑释解教人员重新犯罪的重特大案件,哪个环节出了问题,要认真剖析,建立内部情况通报制度。要制定安置帮教工作考核细则,实行严格考核。领导小组组长、司法部部长张福森提出,安置帮教工作是很重要的一件事,与构建社会主义和谐社会密切相关。司法行政机关要把安置帮教工作与监狱、劳教工作通盘研究和考虑,监狱管理部门要在服刑人员刑满释放前进行改造效果评估的试点,根据评估结果,提出安置帮教工作的意见,增强安置帮教工作的针对性,同时,要结合监狱体制改革和劳动教养制度的改革,认真研究对不同类型刑释解教人员分类管理教育的措施。搞好服刑在教人员的技能培训,提高安置帮教质量。

对各成员单位提出的具体意见,领导小组办公室将进行认真研究,及时补充、完善 2005 年工作要点,待征求意见后,尽快下发各地。

十、学校及周边治安综合治理工作

2004年全国学校及周边治安综合治理工作总结

2004年，在中央综治办的统一部署下，各地学校及周边治安综合治理工作领导小组在各地党委、政府的直接领导下，认真贯彻落实中央综治委学校及周边治安综合治理工作领导小组2004年第一次全体会议精神及《2004年全国学校及周边治安综合治理工作要点》，切实采取措施，狠抓落实，配合“严打”斗争，认真开展集中整治专项行动，严厉打击和惩处了一批危害师生生命与财产安全的违法犯罪活动和犯罪分子，清理了一批校园及周边地区的非法娱乐场所和不法摊点，拆除了一批违章建筑，消除了一批治安隐患，学校及周边地区的治安秩序有较大改观。

一、2004年学校及周边治安综合治理工作的主要情况及成效

一是进一步加强领导，推进机构建设，拓展工作网络。各地高度重视学校及周边治安综合治理工作，按照“属地管理，分级负责”原则，大部分地区都建立了三级工作机构，学校安全工作体系得到进一步完善，工作网络得到进一步拓展，人员得到进一步充实，指导思想、任务目标、推进步骤和要求得到进一步明确，切实推动和加强对工作的领导，确保学校及周边治安综合治理工作顺利开展。湖南、四川、贵州等省的市（州、地）、县（市、区）均成立了学校及周边治安综合治理工作领导小组及办公室，并形成了省、市州地、县市区上下贯通的工作体制。上海市207个街道（镇）均成立了学校及周边治安综合治理工作领导小组，建立了市、区（县）、街道（镇）工作网络，为属地管理落实责任制提供了组织保障。

二是进一步明确职责，加强沟通协调，推动工作齐抓共管。在中央综治委学校及周边治安综合治理工作领导小组的统一领导和协调下，各地领导小组结合当地实际情况和工作需要，进一步明确了各地综治、教育、公安、司法、文化、建设、工商、信息产业、新闻出版和共青团等部门的职责任务，初步建立起地方各级党委、政府统一指挥，综合治理部门组织协调，公安部门指导督查，有关部门各司其责的工作机制。北京、山西、天津、山东、安徽、四川、新疆等省区市各地教育、公安、司法、文化、建设、工商等部门，根据省区市综治委要求，明确职责，密切配合，挂牌督办，有力推动了一些老大难问题的解决。浙江、辽宁、河南等省领导小组建立了联席会议制度，定期联系各成员单位，研究部署工作，督促各项措施的落实。各地领导小组办公室在领导小组的指导下充分发挥作用，主动与各相关部门联系与沟通，加强协调和督导，积极推动学校及周边治安综合治理措施的落实，推动齐抓共管局面的形成。

三是突出工作重点，开展专项行动，集中整治取得明显成效。按照《中央综治委学校及周边治安综合治理工作领导小组关于开展集中整治校园及周边治安秩序专项行动的通知》（综治委学校治安组〔2004〕5号）有关要求，在中央综治委学校及周边治安综合治理工作领导小组的部署下，全国集中开展了为期两个月的校园及周边治安秩序专项整治行动,各地共出动警力24万余人次,检查学校9万余所,整改校内安全隐患3.6万余处,取缔校园周边娱乐场所和网吧1.5万余家,拆除违章建筑1.1万余个,取缔无证摊点4.7万余个,收缴非法出版物31万余册,破获侵害师生人身财产安全的违法犯罪团伙1313个,查破刑事、治安案件16000余起。

为深入贯彻落实中央领导同志关于加强中小学幼儿园安全工作的指示精神和《国务院办公厅关于切实加强中小学幼儿园及少年儿童安全管理工作和开展专项整治行动的意见》(国办发电〔2004〕26号)要求,10月11日,教育部会同公安部召开了全国中小学和幼儿园安全工作电视电话会议,就加强中小学幼儿园安全工作和在全国开展为期三个月的中小学幼儿园和少年儿童安全管理专项整治行动进行了全面部署。10月15日,教育部、公安部、司法部、建设部、文化部、卫生部、国家工商行政管理总局和新闻出版总署联合下发了《全国中小学幼儿园及少年儿童安全管理专项整治行动实施方案》(教电〔2004〕297号),指导各地和有关部门认真开展专项整治工作。同时,组织检查组先后深入到河北、湖南、江西、四川、广东、福建、江苏等省中小学校,详细了解学校安全管理工作,督促各地切实落实专项整治行动的各项要求。10月18日,中央综治委学校及周边治安综合治理工作领导小组召开了2004年第二次全体会议,就贯彻落实"国办发26号电"和国务院电视电话会议精神提出了具体工作要求。

2004年,各地领导小组以大、中小学(含中专、幼儿园等)的治安、建筑、消防、交通、饮食及校园周边文化、娱乐场所等存在的安全隐患和突出问题为重点,认真展开了专项治理和集中整治,学校普遍反映措施、力度大,使一度影响学校和周边的治安问题得到有效遏制,校园及周边治安环境极大改善,师生的安全感有所增强。其中,湖南省共摸排各级各类学校11080所,查处整治违规经营"三室两厅两吧"及音像书刊5218家、违规占道无证经营及游商摊贩1894起、违章建筑1311处;江西省在今年整治行动中共出动人员41014人次,对7444所问题较为突出的学校及周边治安进行了重点整治,共排查出各类问题3893项;湖北省公安机关侦破涉校刑事案件963起,破坏犯罪团伙1708个,抓获犯罪嫌疑人2317人。

四是加强教育,强化管理,安全文明校园创建活动取得明显进展。按照《中央综治委　教育部　公安部关于深入开展安全文明校园创建活动的实施意见》(教社政〔2004〕7号)要求,各地有组织、有计划地深入开展安全文明校园创建活动,在师生中加强思想道德教育、法制教育和安全防范知识教育,加强对在校学生日常行为的教育管理,积极构建现代化的安全技术防范体系,提高学校突发事件应急处置工作能力。同时,各地、各部门以平安建设和基层安全创建活动为载体,有力推动了学校及周边治安综合治理各项措施的落实,初步建立了党委、政府领导,综治机构组织协调,以公安为骨干,以群防群治力量为依托,以学校治安防范为重点,以科技手段为支撑,校警联动,专群结合,人防物防技防配套的学校治安防控体系。

中央综治委、公安部、教育部、司法部、共青团中央等部门推广和完善中小学校兼职法制副校长(法制辅导员)制度,切实加强青少年学生校外活动场所、青少年自我保护教育基地和各类法制教育基地的建设和维护工作。以社区管理为主体,构建预防青少年违法犯罪的网络体系,充分发挥社区职能,建立起帮教网络、宣传网络、信息网络,建立社区预防青少年违法犯罪工作联席会议制度,形成全社会齐抓共管的工作格局。福建、山东、四川、湖南、贵州、陕西、云南等省制定了安全稳定工作及安全文明校园创建活动评估体系,从落实责任制、完善管理制度、构建现代化安全防范体系、加强对师生员工的教育与引导等方面,构建"纵向到底、横向到边、覆盖面广"的工作体系,推动校园防控工作网络建设。上海市在12月底完成了全市中小学、幼儿园的门卫整顿及与110联通紧急按钮安装任务,寄宿制学校还完成了周界红外监控设施安装工作,全面落实安全责任制,提高治安防范水平,加强安全防范工作队伍建设,提升突发事件防范应对能力。

五是健全制度,加强督查,狠抓各项工作的落实。各地领导小组坚持从制度建设入手,不断完善岗位责任制、工作考核体系及责任查究制度等相关工作制度,落实治理责任,规范治理行为,确保各项工作的顺利开展。上海市等地建立了项目推进制度和《学校及周边治安综合治理工作〈情况告知单〉和〈效果反馈单〉》制度，采取向社会公开、督促区县即查即纠、逐一暗访、重点督查措施，确保项目推进计划所列问题得到解决。湖北、湖南、广东、江苏、山西等省将学校及周边治安综合治理工作已经纳入地方综治工作年度考核体系。按照中央综治委的要求，为切实抓好学校及周边治安综合治理工作的落实，领导小组开展了全国学校及周边治安综合治理工作专项检查。各地领导小组采取自查、抽查和重点检查等多种方式，切实加强对各级各类学校安全工作的检查，及时整改各种安全隐患，督促学校把安全制度、措施落到实处。

六是加强调查研究，及时总结推广，推动学校及周边治安综合治理工作深入开展。各地在加强集中整治的同时，着眼于针对学校及周边治安综合治理突出问题的新情况，深入基层积极开展调研，分析研究基层存在的问题，不断增强解决新问题、新情况的能力。今年4月27日在上海召开了全国学校及周边治安综合治理工作会议，总结推广基层创建许多好的经验。按照《关于开展全国学校及周边治安综合治理工作先进集体和先进个人评选工作的通知》(综治委学校治安组〔2004〕6号)要求，各地各部门为推动学校及周边治安综合治理工作深入开展，切实调动工作积极性，组织开展了先进集体和先进个人的评选工作，各地各部门共推荐在全国学校及周边治安综合治理工作先进集体100名、先进个人100名，进一步总结工作经验，弘扬先进事迹，大力推动工作向纵深开展。

二、当前学校及周边治安综合治理工作存在的主要问题

总体上看，在各方面的共同努力下，2004年学校及周边治安秩序的改善比较明显，有力地保证了校园秩序，维护了学校和社会的稳定。但是，当前工作中还存在一些深层次问题需进一步研究和解决，许多工作措施有待进一步落实。

一是学校及周边治安环境比较复杂，安全隐患依然较多；部分学校安全工作仍存在不少困难，安全管理工作存在薄弱环节，安全措施不到位。

二是在校和针对师生的敲诈勒索、抢劫、伤害、强奸、绑架等治安刑事案件时有发生，特别是伤害青少年学生的恶性刑事治安案件急剧增加，直接威胁和伤害师生的人身安全，影响恶劣，师生反应强烈。

三是有些部门对学校及周边治安综合治理工作力量与经费难以落实到位，少数地方党政及相关部门对集中整治行动比较重视，但对解决具体问题的措施办法不多，缺乏工作针对性和实效性。

四是学校及周边的治安治理工作发展很不平衡，一些地方重治标，轻治本，治理后反复快、巩固难，集中整治工作有待进一步推动和加强。

2004年全国学校及周边治安综合治理工作要点

2004年全国学校及周边治安综合治理工作的主要任务是：以"三个代表"重要思想为指导，深入贯彻落实党的十六大和十六届三中全会精神，深化安全文明校园创建活动，完善兼职法制副校长制度，推进学校及周边治安综合治理工作机制建设，加大学校及周边治安秩序的整治力度，全力维护学校稳定，维护学校及周边治安秩序，为广大师生创造良好的学习育人环境。

一、加强学校及周边治安综合治理工作机制建设，充分发挥各部门齐抓共管的作用，认真排查解决影响学校治安和稳定的突出问题

加强并完善各地学校及周边治安综合治理工作机制建设，注重机构建设，建立健全各级领导小组及办公室的工作制度，进一步加强有关部门之间的协作与配合。要紧紧依靠地方党委、政府的领导和支持，及时向当地党委、政府报告影响学校稳定的突出问题，定期召开维护学校治安、稳定工作会议，认真分析学校及周边地区治安情况和存在的难点、重点问题，特别要把可能引发重大治安问题、群体性事件的矛盾作为重点，做到排查到位，调处及时，责任落实，有效预防、减少学校重大治安问题和群体性事件的发生。

要组织有关部门对治安秩序混乱的地区和突出的治安问题开展专项集中整治行动。明确整治重点，要严厉打击侵害师生人身、财产安全的各类违法犯罪活动和校园及周边地区存在的流氓团伙、黑恶势力。要继续开展净化校园及周边环境的治理工作，坚决清理整顿和取缔校园及周边地区非法经营的网吧、电子游戏厅、录像厅、歌舞厅、音像书刊点和各类流动摊点，依法取缔和收缴有害青少年身心健康的各类非法出版物；进一步加强学校及周边出租房屋和流动人口的管理，加强校园及周边依法经营的网吧的管理，推广“阳光网吧”建设；继续整顿校园及周边的交通秩序，打击“黑校车”、“黑出租”的揽客营运等活动，减少交通事故和人员伤亡；加大防火、防中毒、防意外事故等工作力度，严防群死群伤事件。要重视对高校分校区、校外学生公寓和大学园区的管理，建立健全各项制度。各有关部门既要各司其职，分工负责，又要注重密切配合，协调一致。对校园及周边地区整治工作不到位、整治后又出现反复、师生反映强烈的地方，要挂牌督办，限期改变面貌。各地要组织1—2次专项检查，并将检查情况及时上报中央综治委学校及周边治安综合治理工作领导小组。

加强学校及周边治安综合治理工作的基层队伍建设，建立健全治安防范群众性组织。加强工作指导，充分发挥治保会、社区居委会、人民调解委员会、大学生自律委员会、大学生文明纠察队及义务消防队等群众性组织在维护校园及周边治安秩序中的积极作用，形成学校治安综合治理工作群防群治、齐抓共管的良好局面。

二、深入开展安全文明校园创建活动，强化校园内部管理

要进一步深入开展安全文明校园创建活动，坚持“预防为主，整建结合，重在建设”的原则，进一步规范创建活动标准，制定并下发《关于深入开展安全文明校园创建活动的实施意见》，做好创建活动的组织、实施、检查、考评工作，提高创建活动的质量。教育部门和学校要将此项工作列入计划之中，以工程立项的形式，投入专项经费。各有关单位要为安全文明校园创建活动创造条件，提供工作支持。要把安全文明校园创建活动作为巩固集中整治成果，深化学校及周边治安综合治理的一项重要举措和建立长效管理机制的一个有效载体来抓。

要以安全文明校园创建为契机，强化校园内部管理。加强对在校学生日常行为教育管理，着重增强学生的自我保护意识，提高学生自我教育、自我管理的能力。要将自护教育基地建设纳入校外教育基地建设，为青少年学生编写推荐好的自护读物。积极帮助家庭困难的学生完成学业，减少因家庭经济困难造成的流失生、辍学生以及由此引发的社会不稳定因素。要继续深化全国中小学生安全教育日主题活动。2004年活动的主题是“预防校园伤害，加强自我保护教育”，各地要围绕安全日主题，组织有关教育活动。共青团、少先队组织要继续在少年儿童中开展“中国少年儿童平安行动”，并在原有的基础上扩大覆盖面，加强针对性，把握实效性。要建立健全学校安全保卫工作的领导和组织机构，充实校内安全保卫力量，健全安全保卫工作的各项规章制度，落实各项安全防范措施。高等学校在试点的基础上，推广和完善以校园110指挥中心为枢纽，集人防、物防和技防于一体的校园治安防控体系建设，为师生提供全方位的求助、咨询和服务，提高校园的整体防范水平。中小学要抓好校园报警点的建设，落实校园安全责任制。

三、着力推广和完善兼职法制副校长和法制辅导员制度，加强各级各类学校学生的法制教育

认真贯彻落实中央综治委、最高人民法院、最高人民检察院、公安部、教育部、司法部联合下发的《关于规范法制副校长职责和选聘管理工作的意见》（以下简称《意见》），完善和推广中小学兼职法制副校长和法制辅导员制度，进一步加大对各级各类学校学生的普法教育宣传力度，把法制教育纳入学校教育教学工作的重要组成部分。

普通中小学（含民办学校）、中等职业学校要按照《意见》要求，配备兼职法制副校长或法制辅导员，严格执行对兼职法制副校长的任职条件、选聘程序、职责要求和管理工作等方面的规定,切实做好兼职法制副校长的选聘、管理工作,充分发挥兼职法制副校长的作用。派出副校长的单位和法制副校长要妥善处理好本单位工作与学校工作、本职工作与兼职工作的关系,协助学校开展法制教育和校园周边治安综合治理工作。要制定统一教材,加强对法制副校长和法制辅导员的培训和考核,明确岗位职责,努力提高政治业务素质。

加强中小学生普法宣传教育工作,进一步落实教育部、司法部、中央综治办、共青团中央《关于加强青少年学生法制教育工作的若干意见》,加强高校学生的法制教育,通过“两课”,以及文化素质教育课程和通识教育课程加强法律法规宣传教育,进一步增强学生法制观念和遵纪守法意识。全面提高中小学生的法律知识水平。加强工读学校建设,做好不良行为学生的教育转化工作,积极预防和减少青少年违法犯罪。开展“校园拒绝邪教”、“让青少年远离毒品”、“拒绝使用盗版教材、教辅”等活动。要加强对学生家长的法制教育和宣传,建立社会、学校、家庭的工作联系,促使家长切实承担起未成年人的第一法定监护人的责任。此外,在少数民族地区,因地制宜地加强民族团结和遵纪守法的教育。加强青少年学生校外活动场所和各类法制教育基地的建设和维护,指导青少年学生校外活动场所的健康运行。

四、总结推广典型经验,完善考评机制,确保责任制的落实

要坚持“谁主管、谁负责”和“属地管理”的原则,认真落实责任制,一级抓一级,逐级抓落实。各地要按照中央综治委印发的《省、自治区、直辖市社会治安综合治理工作考核评比标准》,将学校及周边治安综合治理工作纳入社会治安综合治理考评之中。对于综合治理工作得力、防范工作扎实、学校及周边长期不发生治安问题的地区和单位,要进行宣传表彰,对治安责任人和主要责任人应给予必要的奖励;对工作不力,发生严重危害社会稳定重大问题的地方和单位要实施领导责任查究,促使他们认真整改。

深入研究影响学校及周边治安的新情况、新问题,努力探索集中整治之后实现长效治理的机制和工作措施。认真总结推广学校及周边治安综合治理工作的典型经验,宣传推广有关部门积极参与、密切配合、齐抓共管的好经验,进一步调动各有关部门参与学校及周边治安综合治理工作的积极性。今年将在适当时候召开全国学校及周边治安综合治理工作会议,总结交流近年来全国学校及周边治安综合治理工作经验,表彰先进集体和先进工作者。

王胜俊同志在中央综治委学校及周边治安综合治理工作领导小组2004年第一次全体会议上的讲话

(2004年1月16日)

新年伊始,中央综治委学校及周边治安综合治理工作领导小组召开会议,认真研究如何做好今年的学校及周边治安综合治理工作。刚才,教育部、公安部、司法部、文化部等部门就去年本系统落实学校及周边治安综合治理工作措施和今年的工作打算发了言,工商管理总局、新闻出版总署、共青团中央等部门联系工作实际,就进一步加强今年的学校及周边治安综合治理工作发表了很好的意见和建议。

去年以来,全国31个省(自治区、直辖市)综治委都成立了学校及周边治安综合治理工作领导小组及办公室,进一步加强了对这项工作的组织领导。在领导小组的统一部署下,有关部门积极参与,相互配合,卓有成效地开展了大量工作。中央综治委、教育部联合下发了《关于教育系统参与社会治安综合治理工作的通知》,进一步明确了教育系统综治工作的领导体制、工作机制和职责任务;中央综治委、最高法院、最高检察院、公安部、教育部、司法部等六部门共同下发了《关于规范兼职法制副校长职责和选聘管理工作的意见》,推动了法制副校长制度的规范化建设。各地结合实际,在强化学校内部治安管理,提高学校自我防控能力的同时,组织有关部门认真开展调查摸排,针对学校及周边的治安突出问题,进行了集中整治,对危害师生人身、财产安全的违法犯罪活动进行了严厉打击,查处了一批违法犯罪分子,清理了一批影响校园周边治安的游商摊点和有害学生身心健康的电子游戏厅、录像厅、歌舞厅、网吧。各地深入开展了安全文明校园创建活动,并把这项工作作为巩固集中整治成果、深化学校治安综合治理工作的一个有效载体来抓。在中小学继续推广和完善兼职法制副校长和法制辅导员制度,充分发挥兼职法制副校长的作用,协助学校开展法制教育和校园周边治安综合治理工作;2003年春夏之交,面对"非典"疫情,综治、教育与有关部门密切配合,积极投入抗"非典"斗争,同时,抓住机遇,大力开展学校及周边治安环境综合治理,取得了良好的社会效果,受到广大师生及人民群众的欢迎,确保了学校的安全和稳定,这些成绩应该充分肯定。

这里需要强调的是,当前,学校及周边治安形势总体是好的,但是,我们应清醒地看到,一些地方的学校及周边治安状况不容乐观,涉及学校师生的恶性治安、刑事案件仍然时有发生;学校及周边的治安整治工作发展还很不平衡,一些地方抓整治工作不到位,影响学校及周边治安的突出问题没有从根本上得到解决;一些地方忽视学校及周边的治安防范工作,重治标,轻治本,整治后反复快、巩固难;影响学校及周边治安的因素依然大量存在,且呈现出多样化、复杂化的趋势;一些学校仍存在着火灾、食物中毒、建筑物倒塌等安全隐患,一些部门对学校及周边治安综治工作重视不够,参与意识不强等等。在新的一年里,各地学校及周边治安综合治理工作领导小组及办公室要组织、督促有关部门着力研究解决存在的主要问题,按照罗干同志在中央综治委2004年第一次全体会议上的讲话中提出的要求,认真抓好落实,扎扎实实做好今年的学校及周边综合治理工作。下面,我讲几点意见。

一、从广大师生的切身利益出发,全力维护学校的治安和稳定

胡锦涛同志在十六届三中全会的重要讲话中,明确提出了维护稳定和正确处理人民内部矛盾工作的要求,对政法、综治工作具有十分重要的指导意义。各级党委、政府及有关部门要从改革发展稳定的全局和政权建设的高度出发,充分认识维护社会稳定的极端重要性,增强忧患意识,做到居安思危,扎扎实实地做好维护稳定的各项工作,真正担负起确保一方平安的政治责任。当前,做好维护社会稳定的工作,学校稳定是一个非常重要的方面。我们要注意研究学校稳定对社会稳定的影响,一些突发事件可能会引起广大师生特别是高校学生的反应,进而可能会引起强烈的社会反应,影响社会稳定。要高度重视学校突发事件的解决,特别要把可能引发学校重大治安问题、群体性事件的矛盾纠纷作为重点,加大调处力度,防止发生大的事端。要及时掌握学生思想动向,加强引导,并进行有效的交流与沟通,建立快速反应和高效的协调机制,增强广大师生对政府处理突发事件和维护治安稳定的信心,提高他们参与社会治安综合治理的积极性。要加强分校区、校外学生公寓和大学园区的管理,增强工作主动性,发现苗头及时解决,确保校园安全稳定。做好学校及周边的各项治安防范工作,保证学校安全、学生不出事,就是从群众最现实、最关心、最直接的利益入手,就是实现人民群众的根本利益。各级党委、政府和学校及周边治安综合治理工作领导小组各部门,要充分认识学校及周边治安综治工作的重要性、紧迫性,把维护学校及周边的治安秩序作为践行"三个代表"重要思想,为民办实事,维护人民群众切身利益的大事来抓,增强做好这项工作的使命感、责任感。

二、认真排查整治学校及周边的突出治安问题,强化防范措施,防止发生恶性的刑事犯罪和严重治安案件

前一个时期公安机关连续破获了几起系列杀人案,其中有些涉及到在校中小学生,这些案件直接威胁和伤害师生的人身安全,社会影响恶劣,广大师生和人民群众反映强烈。学校及周边是青少年学生集中的地方,这些区域的治安状况为全社会和广大家长所关注，对于发生在这些地方的爆炸、投毒等易于造成多人死亡的案件和系列杀人案件，要高度重视，及时侦破，同时要查明原因，举一反三，切实加强学校及周边的治安防范工作。要针对治安突出问题，认真开展排查整治工作，坚持滚动排查，滚动整治，排查工作要注重深入细致，既要排查出那些浮在面上的问题，也要注意把握苗头性、倾向性的问题，更要注意发现那些重大安全事故隐患，既要查找原因，更要找准症结，有针对性地进行整治。落实整治工作的关键环节是要将整治责任落实到有关部门、单位和责任人，要跟踪督查，一抓到底，直至问题得到彻底解决。学校要高度重视校园内的治安管理，要真正负责，切实做到“管好自己的人，看好自己的门，办好自己的事”，要在健全和完善各项规章制度上下功夫，要制订校内学生课外活动、文化娱乐活动、商业经营活动、外来人口及出租屋等管理办法，建立门卫登记、要害部位保卫、学生宿舍管理等安全防范和管理制度。特别是中小学要逐步建立与辖区派出所的联系制度，强化有关部门的安全责任。在一些高校，学生因在校外租房居住而引发治安和意外事件有所增多，针对这些情况，学校、社区、教育行政等部门要及时沟通，规范管理，切实形成工作合力，消除治安及安全隐患。

三、建立健全责任制，在落实齐抓共管上下功夫

学校及周边治安综合治理是一项涉及面广，综合性强的工作，各项具体工作任务比较多，必须明确分工，落实责任。建立健全责任制首要的是加强对这项工作的统一领导，学校及周边的治安综合治理工作必须在各级党委政府统一领导下，综治委牵头，各职能部门参与，学校所在地的党委政府必须负责学校及周边的治安，各级综治委要把这项工作作为综合治理年度检查考评的重要内容，对工作不深入、治安刑事案件反弹地区的党委政府主要领导和分管领导及学校主要负责人，要坚决兑现奖惩。建立健全责任制必须充分发挥各职能部门的作用，各有关部门要明确责任，各负其责，密切配合，真正形成齐抓共管的合力。各级学校及周边治安综合治理工作领导小组办公室要加强调查研究，掌握和分析一些影响治安管理的深层次的因素和问题，在一个时期，围绕广大师生最关心的一个或几个治安热点、难点问题，提出解决问题的思路，协调各部门加以解决。建立健全责任制必须加强责任追究，要切实把“属地管理”和“谁主管，谁负责”的原则和责任追究挂起钩来，通过建立监督查究机制，对工作中的推诿扯皮等现象进行严肃查处，确保学校及周边治安综合治理工作不搞形式、不做无用功，真正收到实效。建立健全责任制还有一个重要方面，就是对在工作中做出突出贡献的单位和个人要进行表彰，给予奖励。今年，中央综治委学校及周边治安综合治理工作领导小组将在适当时候召开会议，总结推广先进经验，对在这项工作中取得显著成绩的先进集体和先进工作者进行表彰，大力宣传他们的先进事迹，增强各部门各单位履行职责、参与学校及周边治安综合治理的责任意识。

四、建立学校及周边治安综合治理长效工作机制

做好学校及周边治安综合治理工作是一项长期的任务，需要建立长效工作机制。推动工作的制度化、规范化，多年来一直是这项工作的着眼点。2000年国务院办公厅转发中央综治委、教育部、公安部《关于深化学校治安综合治理工作的意见》，各地广泛开展了创建安全文明校园活动，极大地丰富了基层安全创建活动的内容，使各级各类学校及周边的治安环境有了很大改观。当前，要着重在建立学校及周边治安综合治理长效工作机制上下功夫，坚持整治和巩固并重的工作思路，把集中整治与日常管理有机结合起来，加强制度建设，将校园周边治安的日常管理责任落实到具体的部门和单位，把整治中好的经验做法用制度固定下来，坚持下去。各地要充分发挥领导小组及其办公室的作用，建立学校与地方共同协商、及时解决问题的畅通渠道。对周边问题突出、情况复杂的学校，特别是高等院校，学校所在地的党委、政府和有关部门要建立完善各项联系制度和工作机制，统筹规划，采取得力措施，做到标本兼治、治安突出问题不再反复。各地要按照中央综治委、教育部联合下发的《关于教育系统进一步参与社会治安综合治理工作的通知》要求，充分发挥教育行政部门在社会治安综合治理中的职能作用，加强对师生员工的道德、法制教育，强化对在校学生的管理，健全学校及周边地区治安综合治理工作机制，推动安全文明校园创建活动，建立完善工作制度，使创建工作逐步制度化、规范化。

五、加强对青少年学生的法制教育，着力推广和完善兼职法制副校长制度

学校是青少年成长教育的主要场所，青少年人生观、价值观的形成与学校教育密切相关，当前，要高度重视对青少年的法制教育，学校要充分发挥法制教育“主渠道”作用。同时，以社区管理为主体，构建预防青少年违法犯罪的网络体系，充分发挥社区职能，建立起帮教网络、宣传网络、信息网络，建立预防社区青少年违法犯罪工作联席会议制度，形成全社会齐抓共管的工作格局。把课堂内外、学校内外的教育学习有机结合起来，一方面，学习较为系统、实用的法律知识，增强青少年学生的遵纪守法意识；另一方面，掌握一些必要的防范知识与技巧，增强自我保护能力。各地要按照中央综治委、最高人民法院、最高人民检察院、公安部、教育部、司法部等联合下发的《关于规范兼职法制副校长职责和选聘管理工作的意见》精神，深入研究和制订与其相配套的实施办法和措施，进一步规范和完善兼职法制副校长的职责任务和选聘、管理工作，发挥他们的积极作用，基层综治委、办要定期召集辖区内中小学的法制副校长研究工作，并形成制度，推动中小学生的法制教育，努力增强广大学生的法制观念，预防和减少青少年的违法犯罪。

春节即将到来，各地学校及周边治安综合治理工作领导小组及办公室，要会同有关部门做好节日期间的学校治安综合治理和安全保卫工作，各级各类学校在放假和开学期间，要加强对学生的安全教育，提高自护能力，加强督促检查，确保各项安全防范措施落到实处，坚决防止节假日期间发生大的案件，出现大的事故。

教育部副部长袁贵仁在中央综治委学校及周边治安综合治理工作领导小组2004年第一次全体会议上的发言

（2004年1月16日）

各位领导，同志们：

这次会议，是根据中央综治委领导的意见精神，在中央综治办负责同志的具体指导下筹备和召开的，是2004年第一次全体会议，也是领导小组成立以来召开的第三次全体会议。为筹备会议，召开了办公室会议，征求了各部门的意见，大家提出了很好的意见和建议。

下面，胜俊同志要作重要讲话。根据会议安排，我先就2003年全国学校及周边治安综合治理的有关情况和2004年工作安排作一简要汇报。

一、2003年主要工作情况

2003年，在中央综治委的领导下，各地综治委学校及周边治安综合治理工作领导小组按照《2003年全国学校及周边治安综合治理工作要点》的要求，周密部署，采取措施，进一步加大综合治理工作力度，维护学校及周边地区稳定，基本实现了校园及周边治安环境有明显改观，育人环境得到进一步优化，师生安全感有明显增强的目标。

一是进一步加强领导，把校园及周边治安综合治理工作纳入地方综治工作日程，确保治理工作的顺利开展。各地从维护稳定、营造良好育人环境出发，明确指导思想、任务目标，突出重点，开展集中整治。截至目前，全国31个省（区、市）都建立了学校及周边治安综合治理工作机构。在工作中，各级领导深入一线，现场办公，促使一些疑难问题得到迅速解决。湖北省委省政府多次召开专门会议，研究部署学校及周边环境整治工作，极大推动了全省学校及周边治安综合治理工作的深入开展。武汉市对在汉高校特别是省部共建学校周边环境问题进一步细化，制定和印发了《武汉地区部分高校周边环境整治责任分工表》，逐校逐个问题落实整治目标要求和责任单位。

二是各职能部门密切配合，齐抓共管，形成合力。在中央综治委学校及周边治安综合治理工作领导小组的统一领导和协调下，各地教育、公安、司法、文化、建设、工商、信息产业、新闻出版和共青团等部门明确职责，密切配合，齐抓共管，形成合力，有力地推动了工作全面深入开展。中央综治委、教育部《关于教育系统进一步参与社会治安综合治理工作的通知》，对充分发挥教育部门在社会治安综合治理中的职能作用提出明确要求。各地教育部门和学校按照《通知》要求，加强对师生员工的道德、法制教育，强化对在校学生的管理；积极推动安全文明校园创建活动，落实各项治安防范措施；进一步推广和完善中小学校兼职法制副校长（法制辅导员）制度，切实加强青少年学生校外活动场所和各类法制教育基地的建设和维护工作。公安部于去年初下发的《关于切实加强高校及周边安全保卫工作的通知》，进一步明确了整治高校及周边治安、交通秩序的各项工作措施和要求。各地公安系统深入开展学校及周边治安秩序集中整治，严厉打击侵害师生人身和财产安全的各类违法犯罪活动，铲除了一批在学校及周边作案的犯罪分子。不断加大中小学生法制教育的力度，在全国公安系统开展了“怎样当好法制副校长”的征文活动，并编写《民警叔叔谈安全》一书，提高广大中小学生的法制意识和自我防范、保护的能力。司法部认真抓好中央综治委、最高人民法院、最高人民检察院、公安部、教育部、司法部等部门联合下发的《关于加强青少年学生法制教育工作的若干意见》的贯彻落实，深入检查督促，要求各地做到计划、课时、教材和师资四落实，努力推动法制课进课堂。上海市要求领导小组各成员单位做到“四明确”，即明确成员单位和职责任务、明确日常工作负责同志和联络员、明确工作经费和重点环节、明确年度工作项目和推进计划。

三是突出重点，集中整治，确保工作质量。2003年年初，各地普遍对本地学校及周边治安综合治理情况进行调查摸排，掌握情况，分析问题，展开专项治理和集中整治，措施实、行动快、力度大，成效明显。吉林、安徽等省在认真调查摸排的基础上，要求逐个学校、逐个问题落实整治措施，做到该打击的严厉打击，该取缔的坚决取缔，该查封的坚决查封，该拆除的坚决拆除，在全省范围开展了大规模集中整治专项活动。海南省在专项整治过程中，采取集中统一行动与分片整治相结合，全面清查与重点整治相结合，加强校园管理与学校周边治安秩序整治相结合，对全省大中小学校及周边治安问题集中整治。抗击非典期间，各地抓住机遇，紧急动员，大力开展学校及周边治安环境综合治理，确保了校园安全、人心安定、学校稳定，成效明显。北京市、上海市等地教育部门和一批高校下决心解决了一些老大难问题。湖北省为有效预防和控制非典在校园及周边的传播和蔓延，关闭了武汉有关高校周边500米范围内的网吧437家，拆除了校园及周边违章建筑2000多平方米，极大改善了校园及周边治安环境。

四是积极推进高校治安防控体系建设，进一步加强基层基础工作。各地坚持把构建校园治安防控体系、加强基层基础工作作为搞好学校及周边治安综合治理工作的一项根本性措施来抓，不断完善安全文明校园创建、兼职法制副校长建设、校园网络信息安全建设等基层基础性工作，努力形成学校治安综合治理工作群防群治、齐抓共管的良好局面。江西省在华东交通大学进行了“校园110”综合服务体系建设试点工作，总结推广经验，推进全省校园治安防控体系建设。浙江省在高校集中地区和高教园区建立管委会，协调园区内校际间、学校与当地政府间的事务，确保园区稳定，同时建立了全省高校技术防范试行标准，明确要求校园重点要害部位必须建设技术防范设施，提高快速反应能力。山西省综治委、教育厅印发《关于开展“净化育人环境、创建平安校园”活动的意见》，要求各级各类学校开展安全文明校园创建活动，把它作为巩固集中整治成果、深化学校治安综合治理的一项重要举措和长效管理机制。山东省注重基层群防群治组织建设，成立了治保会、社区委员会、大学生自律委员会、大学生文明纠察队、义务消防队等群众性组织，并充分发挥这些组织在学校治安综合治理工作中的积极作用。

五是加强调查研究，推动学校及周边治安综合治理工作深入开展。2003年7月，根据中央综治委领导意见精神，中央综治办有关部门负责人带队，小组办各成员单位组成联合调研组，分赴上海、江苏、四川、重庆、云南等地，了解安全文明校园创建活动情况，推动校园及周边治安综合治理工作的开展。调研组听取了各地的情况，实地查看了部分高校周边环境，并就进一步深化工作有关问题同各地领导小组的同志交换了意见。根据要求，去年各地各级综治委学校及周边综合治理领导小组也普遍进行了调研，有力地推动了工作向纵深开展。四川省政府领导带领省综治办、教育厅、公安厅等部门领导和负责人深入高校开展调研，出台了《关于进一步在高等学校落实配备保安人员的意见》，在该省高校推行聘用专业保安制度。

二、当前学校及周边治安综合治理工作存在的主要问题

学校及周边治安综合治理工作成效显著，但巩固和发展已有成果的任务依然艰巨。当前，影响学校及周边治安的因素大量存在，且呈现出多样化、复杂化的特点，一些深层次问题还需进一步研究和解决，许多工作措施有待进一步落实。

一是少数地方对综治工作的长期性、复杂性、艰巨性认识不足，还没有很好地形成工作合力。少数地方的领导对学校及周边治安综合治理工作的长期性、复杂性、艰巨性认识不足、重视不够，有关部门责任不明确，沟通、协调和联络机制不健全，工作措施不落实，难以形成工作合力。湖北省反映，一些基层和部门领导对整治工作在思想上还认识不够，过多地考虑局部利益和自身利益，对整治工作不理解，不配合和甚至不支持。

二是涉及学校师生的治安事端仍然频繁发生，部分地区甚至出现恶性暴力犯罪案件。辽宁省据调查统计，2003 年 69 所高校发生刑事治安案件 1135 起，其中 60 所高校刑事治安案件发生率比上年上升了 17.6%。虽然这类案件所占比例不是很大，但因直接威胁和伤害师生的人身安全，师生反应强烈。

三是学校及周边治安综合治理虽取得一定成效，但巩固难、反复性大。学校及周边治安综合治理工作具有政策性强、涉及面广、利益矛盾多、清理难度大等特点，很多问题又都是多年积累形成的，通过短期集中整治在一定范围和时间内可以取得一定的效果，但要实现彻底根治仍需要大量艰苦深入的工作。目前，学校及周边治安还存在不少隐患和不稳定因素。少数位于城乡结合部的学校周边治安状况比较复杂，部分学校因为危房、设备老化、管理不善而导致的火灾、中毒等伤亡事件时有发生。由于土地、经济纠纷、建筑、交通等问题，一些学校与周边居民之间的矛盾冲突不断。此外，网络不良信息已成为诱发师生情绪、影响校园稳定的重要因素。四川省反映，近来部分学校周边网吧又有卷土重来之势，且发展势头迅猛。学生逃课上网、旷课上网、通宵上网现象严重，网吧还常常引发违法犯罪案件。

四是教育事业的改革发展对学校及周边治安综合治理提出了新的要求。随着学校办学规模的扩大和办学模式的多样化，校园人口密度加大，外来人口和流动人员大幅度上升，机动车流量明显增大，管理工作更加复杂。一些高校在校外建立学生公寓，有的地方兴建大学城或高教园区，出现了一校多区和多校一区的等新情况，对校园及周边治安综合治理工作提出一系列新问题和新要求。据不完全统计，2003 年因开发商基础设施建设严重滞后，物业管理部门服务质量低劣而引发了多起学生聚集事件。

三、2004 年工作安排

胡锦涛总书记在十六届三中全会和最近的一系列重要讲话中，都特别强调了维护稳定的工作。在 2004 年中央综治委第一次全会上，罗干同志提出了加强治安综合治理工作的明确要求。我们一定要认真贯彻中央有关精神，全面落实中央综治委的工作部署，切实增强政治责任感和忧患意识，扎实做好学校及周边治安综合治理的各项工作。

2004 年全国学校及周边治安综合治理工作的主要任务是：以邓小平理论和“三个代表”重要思想为指导，深入贯彻落实党的十六大和十六届三中全会精神，深化安全文明校园创建活动，完善兼职法制副校长制度，推进学校及周边治安综合治理防控体系和工作机制建设，加大学校及周边治安秩序的整治力度，全力维护学校稳定，维护学校及周边治安秩序，为广大师生创造良好的学习育人环境。

第一，进一步加强制度和机制建设，认真排查解决影响学校治安和稳定的突出问题。要进一步加强并完善学校及周边治安综合治理工作机制建设，建立健全工作制度，认真分析学校及周边地区治安情况和存在的难点、重点问题，特别要把可能引发重大治安问题、群体性事件的矛盾作为重点，及时排查，认真调处，有效预防、减少学校重大治安问题和群体性事件的发生。在各级综治机构的指导下，组织有关部门对治安秩序混乱的区域及突出的治安问题开展专项集中整治行动，对整治工作不到位、整治后又出现反复、师生反映强烈的地方，进行挂牌督办，限期改变面貌。要进一步加强基层队伍建设，保证队伍数量，增强物质技术装备，加强培训和管理，提高队伍质量。建立健全治安防范群众性组织，形成群防群治、齐抓共管的良好局面。

第二，深入开展安全文明校园创建活动，强化校园内部管理。目前，领导小组办公室正在制定《关于深入开展安全文明校园创建活动的实施意见》，按照"预防为主，整建结合，重在建设"的原则，进一步规范创建活动标准，提高创建活动的质量。高等学校要在试点的基础上，推广和完善以"校园110指挥中心"为枢纽，集人防、物防和技防于一体的校园治安防控体系建设，为师生提供全方位的求助、咨询和服务，提高校园整体防范水平。在中小学要抓好校园报警点的建设，落实校园安全责任制。要以安全文明校园创建为契机，强化校园内部管理，切实加强对在校学生的日常行为教育管理，增强学生的自我保护意识，提高自我教育、自我管理的能力。

第三，完善和推广兼职法制副校长和法制辅导员制度，加强各级各类学校学生法制教育。认真贯彻落实中央综治委等六部门联合下发的《关于规范法制副校长职责和选聘管理工作的意见》精神，完善和推广在中小学推行兼职法制副校长和法制辅导员制度。普通中小学（含民办学校）、中等职业学校要按照《意见》要求，配备兼职法制副校长或法制辅导员。要制定统一教材，加强对法制副校长和法制辅导员的培训和必要的考核，努力提高政治业务素质。通过开展"校园拒绝邪教"、"让青少年远离毒品"等活动，加强普法宣传教育工作，增强法制意识。加强工读学校建设，做好不良行为学生的教育转化工作，积极预防和减少青少年违法犯罪。高等学校（含民办学校）要通过"两课"以及文化素质教育课程和通识教育课程，加强法律法规宣传教育，进一步增强大学生法制观念和遵纪守法意识。

第四，总结推广典型经验，完善考评机制，确保责任制的落实。根据中央综治委领导意见精神和中央综治办工作要求，今年，领导小组办公室要进一步推动责任制的落实工作。各地要按照中央综治委印发的《省、自治区、直辖市社会治安综合治理工作考核评比标准》，将学校及周边治安综合治理工作纳入到社会治安综合治理工作的整体工作中进行考评。今年将在适当时候召开全国学校及周边治安综合治理工作会议，总结交流近年来全国学校及周边治安综合治理工作经验，表彰先进单位和先进个人。

新的形势新的任务对学校及周边治安综合治理工作赋予了更加重要的责任。我们要在中央综治委的领导下，认真贯彻落实罗干同志在中央综治委2004年第一次全体会议上的重要讲话精神，按照中央综治委《2004年全国社会治安综合治理工作要点》的总体要求，坚决防止和克服麻痹松懈情绪，始终以强烈的政治责任感，科学判断形势，谋划工作，制定切实措施，扎实推进工作，不断提高学校及周边治安综合治理工作水平。

王胜俊同志在中央综治委学校及周边治安综合治理工作领导小组2004年第二次全体会议上的讲话

(2004年10月18日)

刚才,小娅同志传达了“国办发26号电”精神,通报了今年第一次全会召开后的学校及周边开展综合治理的工作情况,对下一阶段领导小组特别是教育部深入开展学校及周边治安综合治理工作,大力加强中小学幼儿园安全管理,开展专项整治行动做了安排。景富同志通报了今年秋季开学初以来学校及周边的治安案件情况及集中整治情况和公安部落实“国办发26号电”的工作安排。文化部、建设部、新闻出版总署、信息产业部、工商管理总局、共青团中央等部门也都联系各自工作实际,就贯彻落实“国办发26号电”提出了很好的意见和建议。

一、提高认识,增强进一步做好校园及周边治安综合治理工作的紧迫感和使命感

近年来,中央综治委学校及周边治安综合治理工作领导小组科学分析面临的形势,制订了切实有效的工作方案,扎实推进学校及周边的治安综合治理工作,取得了明显的成效。针对学校师生的违法犯罪活动受到了严厉的打击,校园及周边环境得到较大改善,学校和周边的治安秩序得到维护,广大师生的安全感明显增强,初步建立起维护校园及周边秩序的长效机制。

但是,当前校园及周边,特别是中小学校、幼儿园及周边的安全工作形势依然十分严峻,各种安全隐患依然存在。最近发生的一系列危及中小学师生、幼儿园儿童的严重安全事件就是这些问题的集中反映。党中央、国务院极度关切这些事件,高度重视中小学、幼儿园和少年儿童的安全工作。锦涛同志、家宝同志等中央领导同志先后做出重要指示和批示,要求深刻吸取教训,采取有效措施,加强安全管理,确保中小学和幼儿园的安全。至立同志在全国中小学和幼儿园安全工作电视电话会议上强调,做好这项工作是坚持以人为本、落实科学发展观的客观要求,是维护社会稳定的迫切需要,是贯彻“三个代表”重要思想、构建社会主义和谐社会的必然要求。我们中央综治委学校及周边治安综合治理工作领导小组作为全国学校综合治理的专门领导机构,必须进一步增强做好工作的紧迫感和使命感,从贯彻党的十六届四中全会精神,加强党的执政能力,实现好、维护好、发展好最广大人民群众根本利益的高度,认真贯彻落实中央领导同志的批示和全国中小学、幼儿园安全工作电视电话会议精神,按照“国办电26号”要求,采取有效措施,进一步加大对校园及周边的治安综合治理工作力度,推动校园及周边的治安综合治理工作向各级各类学校覆盖,切实保障学生安全和健康成长。

二、突出重点,做好加强中小学幼儿园及少年儿童安全管理工作

“国办发26号电”和至立同志在全国中小学和幼儿园安全工作电视电话会议上的讲话明确提出了加强中小学幼儿园及少年儿童安全管理工作和开展专项整治行动的工作重点。围绕这些工作重点,教育系统内的工作要由教育部负责落实,打击校园及周边的违法犯罪活动等涉及公安部门的工作要由公安部负责落实。学校及周边治安综合治理工作小组要充分发挥工作覆盖面广、协调性强的优势,把工作重点放在校园及周边的综合治理上,推动目前正在开展的校园及周边治安秩序整治专项行动深入进行,全面落实“国办发26号电”精神,保证取得预期的工作效果。

从8月底开始,经过一个多月的工作,目前仍在进行的校园及周边治安秩序整治专项行动已取得初步成效。校园及周边的治安状况得到改善，非法娱乐场所得到清理，交通秩序得到整治，学校内部的安全工作、食品卫生工作得到加强。特别是结合全国轰轰烈烈开展的网吧整治工作专项行动、打击淫秽色情网站专项行动，校园及周边非法经营的网吧得到了整治和清理。应该说，前一阶段的任务完成的很好。根据当前的形势，我们要发扬不怕困难、连续作战的精神，将校园及周边治安秩序专项整治行动作为中小学、幼儿园及周边综合治理工作的载体，持续开展到12月底，并将下一阶段的工作侧重点放在中小学、幼儿园及周边的安全工作上来。

长期以来，我们坚持开展校园及周边的治安综合治理，对维护学校及周边的治安秩序，保证学生安全的学习环境，促进学生健康成长起到了积极的作用。在下一阶段的专项行动中，我们要继续做好各级各类学校及周边的治安整治、网吧等娱乐和经营性场所清理、出租房屋管理、交通秩序维护、安全状况检查等综合治理工作。要进一步突出工作的侧重点，认真调查中小学、幼儿园及周边的治安状况，掌握问题症结，突破工作难点，出台有效措施，建立维护中小学、幼儿园及周边治安综合治理工作的长效机制，迅速扭转中小学、幼儿园安全管理工作的被动局面，遏制重大恶性案件的多发势头，将校园及周边的综合治理工作提高到新水平。

三、狠抓落实，保证校园及周边治安秩序整治专项行动取得实效

刚才，根据“国办发26号电”精神，教育部、公安部和领导小组其他成员单位的负责同志对深入开展校园及周边治安综合治理，大力加强中小学、幼儿园安全管理，持续推动校园及周边治安秩序整治专项行动提出了具体的工作措施和安排。目标已经明晰，任务已经明确，关键是抓好工作的落实。

一是要加强对工作的领导。学校及周边治安综合治理是一项涉及面广、综合性强、工作难度大、易于反复的工作。结合中小学、幼儿园及少年儿童安全工作的特点，我们既要发挥领导小组及各成员单位的作用，还要发挥卫生、妇联等部门和社会各界在少年儿童健康成长中的作用，形成工作的合力，加强对中小学、幼儿园及周边的综合治理工作的领导。

二是要切实落实工作责任。综治部门要抓好专项行动的协调和督察工作，保证下一阶段校园及周边治安秩序整治专项行动的工作侧重点突出到中小学、幼儿园及周边的安全工作上来。教育部门和公安部门作为此次行动的工作牵头单位要指定专门机构和人员具体负责，把各项工作任务和措施落到实处。各部门要按照《国务院办公厅关于集中开展中小学和幼儿园安全工作专项整治行动的通知》和《教育部等部门关于印发〈全国中小学幼儿园及少年儿童安全管理专项整治行动实施方案〉的通知》要求，各司其职，各负其责，自觉履行通知中规定的工作责任，制定周密可行的工作方案，出台切实有效的工作措施，加强对行动的指导、监督和检查，确保此次专项整治行动取得实效，净化中小学、幼儿园及周边环境，维护校园正常秩序，保证中小学、幼儿园及少年儿童的安全。

三是要加强沟通和协作。对于涉及多个部门的工作，相关部门要互通信息，互相支持。要建立专项整治行动定期报告制度，及时通报各方面工作进度，总结交流做法和经验，有效解决中小学、幼儿园安全工作中的新问题，保证工作的顺利进行。专项整治行动期间，领导小组办公室要加强对工作的督导，推动专项整治行动措施的落实。专项整治行动结束后，各地要及时进行总结，领导小组办公室要对本次专项行动进行通报。

四是要尽快突破难点问题。要调查中小学、幼儿园及周边治安状况，掌握工作现状，摸清存在问题，出台工作办法，拿出工作方案。要加强对工作中长期存在的少数地方综合治理的合力难以形成，校园周边治安秩序巩固难、易反复，学校安全工作滞后于形势要求等难点问题的研究，下大力气寻求解决对策，尽快予以突破。

四、建立机制，维护中小学校、幼儿园及周边的长久安全秩序

要着眼于实现中小学校、幼儿园的长治久安，建立安全管理长效机制。要理顺领导体制，建立由综治部门牵头，各有关部门参加的领导机构和办事机构，定期研究和分析中小学、幼儿园及周边治安形势，及时采取针对性的工作措施。要制定维护校园周边治安秩序的责任制，将校园周边治安的日常管理责任落实到具体的部门和单位身上。要坚持整治和巩固并重的工作思路,把集中整治与日常管理有机结合起来,把整治中好的经验做法用制度固定下来,坚持下去。要注意工作方法,坚持滚动排查,滚动整治。排查工作要深入细致,既要排查出表面问题,更要注意把握深层次的苗头性、倾向性问题;既要注重事故处理,更要注意发现安全隐患;既要查找原因,更要找准症结。要大力推进中小学配备法制副校长、幼儿园配备法制副园长工作,建立起中小学与辖区派出所的联系制度。要借社会各界对中小学生、少年儿童健康成长广泛关注这一东风,充分调动各部门、各方面参与中小学、幼儿园及周边综合整治工作的积极性,形成综合整治工作的合力。

各地要充分发挥领导小组及其办公室的作用,建立学校与地方共同协商、及时解决问题的畅通渠道。对周边问题突出、情况复杂的中小学校、幼儿园,所在地的党委、政府和有关部门要建立完善各项联系制度和工作机制,统筹规划,采取得力措施,做到标本兼治,确保治安突出问题不再反复。

同志们,做好中小学、幼儿园及周边的治安综合整治工作,确保少年儿童的安全是我们义不容辞的责任。我们要以强烈的政治责任感和使命感,迅速开展工作,尽快打开局面,取得工作成效,为广大少年儿童创造安宁的校园和健康成长的环境。

教育部副部长陈小娅在中央综治委学校及周边治安综合治理工作领导小组2004年第二次全体会议上的发言

(2004年10月18日)

各位领导,同志们:

这次会议,是根据中央综治委领导的意见,在中央综治办负责同志的具体指导下筹备和召开的,是2004年第二次全体会议,也是贯彻落实中央领导同志关于切实加强中小学幼儿园安全管理工作的有关批示精神和《国务院办公厅关于切实加强中小学幼儿园及少年儿童安全管理工作和开展专项整治行动的意见》(国办发电[2004]26号)(以下简称《国办发26号电》)精神的一次重要工作会议。

这次会议将认真贯彻落实党的十六届四中全会精神,认真贯彻中央领导同志重要批示精神,总结今年第一次全体会议以来开展集中整治专项行动的工作,深入研究加强学校特别是中小学和幼儿园及周边治安综合治理的措施,并就开展全国中小学幼儿园及少年儿童安全管理专项整治行动作出部署。

下面,各部门负责同志要提出工作意见,胜俊同志要作重要讲话。根据会议安排,我先就今年第一次全体会议以来全国学校及周边治安综合治理的有关工作情况和下一步工作安排作一简要汇报。

一、今年第一次领导小组全体会议以来全国学校及周边治安综合治理与专项行动的有关情况

今年,在中央综治委的统一领导下,各地领导小组按照第一次全体会议精神和《2004年全国学校及周边治安综合治理工作要点》的要求,周密部署,狠抓落实,配合“严打”斗争,认真开展集中整治专项行动,严厉打击和惩处了一批危害师生生命与财产安全的违法犯罪活动和犯罪分子,清理了一批校园及周边地区的非法娱乐场所和不法摊点,拆除了一批违章建筑,消除了一批治安隐患,学校及周边地区的治安秩序有较大改观。

一是普遍重视整治工作,认真部署落实专项

行动。《中央综治委学校及周边治安综合治理工作领导小组关于开展集中整治校园及周边治安秩序专项行动的通知》下发后，各地及时作出部署，迅速开展了集中整治专项行动。各地按照“安全第一、预防为主”的指导思想，抓紧改造学校危房和陈旧设施，普遍开展“学校安全日”活动，加强学生安全自救知识教育，开展学校安全大检查和专项督导检查等工作。北京、上海、广东、云南等地专门制定了整治工作方案，明确了工作目标、责任、重点、措施和时间进度等，确保了整治工作有计划、有步骤地开展。一些地方的领导小组在专项整治行动中，采取挂牌整治和分工挂点负责等办法，加强组织领导和检查监督。有的领导同志亲自过问并现场办公解决一些重点、难点问题。湖北省采取了问题一览表、进度一览表和治理工作月报表“三表合一”的方式，强化整治实效。武汉市成立专门工作班子，采取“分线联区”“巡查和暗访相结合”等方式，在各区教育系统内开展协调、督促集中整治工作。北大幼儿园事件发生后，各地把对幼儿园安全工作作为专项整治的重要内容，普遍进行了一次大检查。

二是突出重点，增强整治工作的针对性和实效性。各地普遍把大、中小学(含中专、幼儿园等)的治安、建筑、消防、交通、饮食及校园周边文化、娱乐场所等存在的安全隐患和突出问题作为集中整治的重点。黑龙江、山东、广东、福建、四川、云南等地在认真排查的基础上，针对突出问题，制定了整治方案，提出了整治措施和行动计划。辽宁省突出抓了校园周边娱乐场所、校内外非法网吧、校内外出租房、校园及周边交通秩序、校内安全事故隐患、学生公寓及大学园区管理、校园周边治安“顽疾”、违法违章建筑及非法摊点等8个方面问题。江西省从7月1日起在南昌、上饶等10余个城市和南昌大学、江西师大等21所高校开展学校及周边治安秩序集中整治“百日行动”，取得了明显的整治效果。

三是各部门积极行动，加强配合，密切协作。教育系统加强了学校内部安全管理和保卫工作，对学校建筑、消防等事故隐患进行了排查，学生宿舍、食堂和校内上网服务场所的管理更加规范；公安机关对侵害师生合法权益的各类违法犯罪活动进行了严厉打击，开展了禁毒、禁赌和扫黄打非等专项斗争，加强了校园周边治安巡逻和防控工作；文化、工商、信息、出版等部门对校园周边的文化市场、网吧及出版物等进行了清理整顿；以“安全文明校园”创建活动为载体，教育、公安、司法、共青团等部门和组织开展了学生法制教育、安全教育和自救自护知识教育，努力提高学生的法制意识、安全意识和自我防护能力。

总体上看，今年领导小组第一次会议以来，各地各学校作了大量工作，专项整治工作取得了较好效果。这是在中央综治委领导下，各级综治部门认真组织、狠抓落实的结果。在此，我向长期以来对教育事业给予大力支持的中央综治办、公安部、司法部、文化部、信息产业部、建设部、新闻出版总署、国家工商总局和共青团中央，表示衷心的感谢！

二、当前学校及周边治安综合治理存在的主要问题

总体上看，在各级党委和政府的指导下，经过各级综治部门和学校的共同努力，学校及周边治安秩序的改善还是很明显的。

但是，学校安全工作呈现出一些新的特点和问题，校园内外的各类安全隐患依然大量存在，面临的形势还相当严峻，突出表现为：一是学生交通事故、食物中毒事故多，学校拥挤踩踏事故不断出现，学生在校外酗酒打架斗殴事件时有发生。二是一些校园周边网吧、游戏机室、录像厅、歌舞厅等公共娱乐场所违法违规经营，无照摊贩摆摊设点，治安秩序混乱。三是最近一段时间，伤害青少年学生的恶性刑事治安案件急剧增加，一些无辜儿童受害，造成极坏影响。

最近一段时间，连续在一些学校发生多起伤害师生人身安全的严重事件。今年8月4日，北京大学附属医院幼儿园一名患有偏执性精神病的临时工，持刀砍伤幼儿园15名儿童和3名教师，造成1名儿童死亡。9月11日，一歹徒持刀闯进苏州市吴中区一外来民工子弟临时托管点，砍伤27名幼儿。9月13日，5名歹徒持凶器翻墙进入湖北省大冶市罗桥中学进行抢劫，并砍伤2名学生。9月20日，山东省莒县第一实验小学的一位学生家长在送女儿上学后，手持事先携带的菜刀砍伤25名学生，学校救护及时，没有造成人员死亡。9月25日，重庆市石柱县发生特大交通事故,其中初中学生33人。同日,河南省沈丘县老城镇第一中学发生楼梯拥挤踩踏事故,造成1名学生死亡,18名学生受伤。就在国庆节前的9月30日,湖南一名怀疑患有精神病的教师,持刀在一乡镇中心学校行凶,造成3名学生死亡、11名学生和2名教师受伤。10月13日,一有3年精神病史的男子持刀窜入江苏江阴市长泾镇南国小学一(1)班,劫持34名学生,后经公安机关果断处置,制服罪犯,使学生安全获救。

上述事故和案件的连续发生,教训极其深刻,令人十分痛心。究其原因,一是整个社会处于转型期,各方面积累的矛盾较多,一些社会上的违法犯罪分子开始把伤害的矛头指向中小学生和幼儿园儿童;二是还未形成适应新形势的校园安全管理的协作与运行机制。中小学、幼儿园本身防卫能力较弱,对一些突发事件防备不够,出了问题,措手不及。三是一些地方教育行政部门和学校没有严格按规章办事,对从业人员入门把关不严,随意聘用,导致学校就业人员成分复杂,一些不合格人员混入学校,给中小学幼儿园安全留下了隐患。四是学校安全工作方面还存在着不少漏洞和薄弱环节。

我们要进一步增强加强学校及周边治安综合治理工作的紧迫感和责任感,采取切实有效措施,切实保障学生特别是中小学生和少年儿童的安全和健康成长,为广大学生的成长创造一个安全健康的社会环境,让学生放心,让家长放心,让社会放心。

三、认真贯彻和落实中央领导同志的批示精神,切实做好全国中小学及幼儿园专项整治工作

针对近一个时期以来各地连续发生的造成中小学生和幼儿园儿童严重伤亡的恶性案件和重大安全事故,党中央、国务院高度重视,胡锦涛总书记,温家宝总理、罗干同志、周永康同志、陈至立同志等中央领导都先后多次作出重要批示。在公安部信息快报([2004]第253号)"湖南省临武县一男子持刀在学校内行凶劫持人质"上温家宝总理批示"接连发生此类事件,影响恶劣。要采取严加防范措施。节假日更要提高警惕,做好保卫工作";周永康同志批示:"此项工作已多次部署,现在主要是把各项措施落实到学校和基层。要抓好督查工作,并切实抓好节假日的治安工作,以落实家宝同志批示";至立同志批示:"要严防再次发生此类恶性事件,特别要加强节假日安全保卫工作"。

9月20日,中央政治局委员、书记处书记、国务委员周永康和国务委员陈至立同志主持召开会议,传达学习中央领导有关重要指示精神,研究部署加强中小学、幼儿园及少年儿童安全管理工作;9月29日国务院办公厅印发了《国务院办公厅关于切实加强中小学幼儿园及少年儿童安全管理工作和开展专项整治行动的意见》,对专项行动进行统一部署;10月11日教育部、公安部联合召开全国中小学和幼儿园安全工作电视电话会议,国务委员陈至立做了重要讲话,要求进一步扎实工作,强化责任,落实各项安全防范措施,把中小学和幼儿园安全工作做细、做深、做实;10月15日教育部、公安部、司法部、建设部、文化部、卫生部、国家工商总局和新闻出版署联合颁发了《教育部等部门关于印发〈全国中小学幼儿园及少年儿童安全管理专项整治行动实施方案〉的通知》(以下简称"联合实施方案"),就实施专项整治行动提出了具体要求和做法。

今天,中央综治委召开工作领导小组的第二次全体会议,专门研究落实此次专项整治行动,我们一定认真落实会议精神和各项决定,扎扎实实地开展好这次专项整治行动。

四、对下一步工作安排的建议

做好学校及其周边治安综合工作是一项长期、艰苦的工作,我们一定按照《各有关部门在学校及周边治安综合治理工作中的职责任务》的要求,各负其责,认真落实。要在治理工作的实践中,逐步建立起保障学校及周边安全的长效工作机制。

从现在到今年年底,我们应结合各个部门的职责分工和此次专项整治行动实施方案的要求,互相配合,共同开展好此次专项整治行动。在这项工作中,我建议做好以下几项工作:

一是要明确目标,加强领导。经过专项整治行动,各地要普遍建立起较为完善的学校安全工作体系,充实完善管理机构和人员,健全安全工作各项规章制度;学校内部各种设施的安全隐患明显减少;学校及周边环境安全状况明显改善;恶性刑事案件和校园重大责任安全事故多发的势头得到有效遏制；学生和少年儿童的意外伤害死亡人数明显下降；清理整顿不合格办学机构和排查教职工队伍的工作基本完成；师生安全意识和防范能力明显增强；全社会对少年儿童的安全保护程度明显提高。

专项行动在各地政府的统一领导下，在综合治理部门的协调下，迅速成立专门的专项行动领导小组。

二是突出重点，狠抓落实。当前工作任务已经明确，最重要的就是要切实抓好贯彻落实，把会议的精神和要求落实到基层，落实到每一所中小学校和幼儿园。

一要切实开展校园周边环境治理行动。建议在综合治理部门的协调下，由各地教育、公安、司法、建设、文化、卫生、工商、新闻出版等有关部门在当地政府的统一组织下，对学校周边的治安状况进行全面排查，对校园周边道路安全设施和交通秩序进行彻底整治，依法清理整顿校园周边的非法网吧、书摊、小卖部、歌舞厅、游戏厅、录像厅、流动饮食摊点等场所，使校园周边环境有明显改善。

二要严肃查处一批重大案件。各级公安机关要把侦破、查处针对未成年人的伤害案件作为工作重点，对于已经发生、尚未侦破的侵害校园和伤害未成年人的恶性案件，集中力量，挂牌督办，限期侦破。对破获的案件，司法机关要依据国家法律从重从快判决。对影响恶劣、社会反映强烈的典型案件，要公开曝光。

三要切实落实校园安全工作的责任、制度和措施。首先抓好责任落实。各级教育工作部门必须确定专门机构和专人负责中小学和幼儿园安全工作，与所有的中小学校长和幼儿园园长签订学校安全责任书，细化安全责任，分解落实到人、落实到每项工作、每个环节。各级教育工作部门要制定具体的责任追究程序和办法，凡因学校管理不善造成重大事故的，要严肃处理相关责任人，以儆效尤。其次要抓好制度落实。要抓紧研究制定和完善相关法规和规章制度，使校园安全管理工作有法可依，有章可循；要建立健全学校内部安全保卫和安全管理工作制度，严格校内巡逻与巡查制度，建立和严格执行学校安全事故报告制度及事故应急处理机制；建立和完善寄宿学校各项管理制度；建立健全学校和当地公安机关、家长、社区的学生安全联防制度，群防群治。最后要抓好措施落实。各级教育工作部门要根据本次会议要求、《国办发26号电》精神以及“联合实施方案”，认真做好校内安全隐患排查、事故易发多发环节管理、各类从业人员资格审查、不合格办学机构清理整顿、师生安全教育以及检查报告制度的建立与完善等系列工作，把各项措施落到实处。

三是全面整改，督促检查。各地对此次专项整治行动中检查发现的安全隐患和工作薄弱环节，要提出具体整改办法。凡学校能够自己整改的要限期完成；学校整改有困难的，要逐级上报，由当地专项整治行动领导小组责成有关部门限期解决，并及时检查和督促整改落实情况。有关部门要提出整改的时间表并明确相关的责任人，层层签订责任状。

各地专项整治行动领导小组要加强对本地区专项整治工作的监督检查，把专项整治工作与法制宣传教育紧密结合，研究解决突出问题，掌握工作进展情况，总结交流各地经验，建立工作报告制度。通过新闻发布会、简报等形式，及时公布专项整治行动的进展情况。

以上汇报，供领导小组全体同志审议。

中央综治委学校及周边治安综合治理工作领导小组2004年第二次全体会议纪要

中央综治委学校及周边治安综合治理工作领导小组2004年第二次全体会议于10月18日在北

京召开。领导小组组长、中央政法委秘书长王胜俊同志在会上讲话。会议的主要任务是:贯彻落实中央领导同志关于切实加强中小学幼儿园安全管理工作的有关批示和《国务院办公厅关于切实加强中小学幼儿园及少年儿童安全管理工作和开展专项整治行动的意见》(国办发电〔2004〕26 号)(以下简称"国办发 26 号电")以及国务院电视电话会议精神;认真分析总结今年第一次全体会议以来,集中整治校园及周边治安秩序、落实综合治理工作各项措施的情况;进一步落实中小学、幼儿园及少年儿童安全管理专项整治行动。会议由领导小组副组长、公安部副部长白景富同志主持,教育部副部长陈小娅同志通报了领导小组今年第一次全体会议以来全国学校及周边治安综合治理工作情况,并就贯彻落实"国办发 26 号电"精神,提出下一步工作安排。公安部通报了今年秋季开学以来学校及周边治安案件情况以及集中整治情况,司法部政治部主任张苏军同志、国家工商行政管理总局副局长王东峰同志、共青团中央书记处书记杨岳同志以及文化部、建设部、信息产业部和新闻出版总署等有关部门负责同志出席会议并发言。

会议认为,今年 1 月以来,各地综治委学校及周边治安综合治理工作领导小组及办公室,坚持以邓小平理论和"三个代表"重要思想为指导,在领导小组的统一部署下,在各级党委、政府的直接领导下,按照《2004 年全国学校及周边治安综合治理工作要点》(综治委学校治安组〔2004〕2 号)和《中央综治委学校及周边治安综合治理工作领导小组关于开展集中整治校园及周边治安秩序专项行动的通知》(综治委学校治安组〔2004〕5 号)的要求,组织有关部门积极参与,密切配合,在强化学校内部治安管理,提高学生的法制意识、安全意识和自我防护能力的同时,针对学校及周边的治安突出问题,大力开展集中整治,开展了禁毒、禁赌和扫黄打非等专项行动,加强了校园周边治安巡逻和防控工作,对危害师生人身、财产安全的违法犯罪活动进行了严厉打击,查处了一批违法犯罪分子,清理了一批影响校园周边治安的游商摊点和有害学生身心健康的电子游戏厅、录像厅、歌舞厅以及互联网上网服务营业场所,学校及周边地区的治安状况有了明显改观。

会议指出,学校及周边治安状况与社会治安形势密切相关,是社会治安的重要组成部分,涉及面广、综合性强。我们要清醒地认识到,目前影响学校及周边地区治安的因素依然大量存在,并呈现出多样化、复杂化的趋势,特别是中小学校、幼儿园及周边的安全工作形势依然十分严峻,某些方面的问题还比较突出,最近发生的一系列危及中小学师生、幼儿园儿童的严重安全事件就是这些问题的集中反映。进一步加强学校及周边治安综合治理工作的任务仍十分繁重。

会议提出,贯彻落实中央领导同志的批示精神,首先是要认识到位。各级党委、政府和各级综治委学校及周边治安综合治理工作领导小组及各有关部门要牢固树立科学的发展观和正确的政绩观,统一思想,提高认识,高度重视中央领导同志重要批示精神,充分认识到加强中小学、幼儿园安全管理工作的重要性和紧迫性。要认真按照"国办发 26 号电"的要求,从贯彻落实党的十六届四中全会精神,加强党的执政能力建设,实现好、维护好、发展好最广大人民群众根本利益的高度,进一步增强政治责任感和工作的主动性、积极性,进一步加大对校园及周边的治安综合治理工作力度。

会议强调,贯彻落实"国办发 26 号电"和国务院电视电话会议精神的目标、任务已经明确,关键在于狠抓落实,会议认真研究了贯彻落实"国办发 26 号电"的工作意见,提出以下六点工作要求。

一是要切实抓好专项整治行动的落实。要迅速把正在开展的校园及周边治安秩序专项行动纳入到全国中小学、幼儿园及少年儿童安全管理专项整治行动中来,按照国务院的统一部署继续深入地开展好专项整治行动。

二是要切实抓好学校内部安全工作的落实。学校加强自身管理是学校安全的关键,各级各类学校要切实加强学校安全管理,形成校内安全的有效防范机制。要建立健全学校安全责任制和校内安全管理工作的规章制度,规范校园安全管理;加强学校安全工作机构和队伍建设,增强学校安全保卫力量;加强师生安全教育,提高师生安全意识。要严格、细致地进行安全隐患大检查,发现问题,及时整改,严防各类安全事故的发生。

三是要切实抓好严厉打击危害师生安全、尤

其是危害未成年人安全的违法犯罪的落实。要从重从快处理针对师生的杀人、伤害、强奸、抢劫、敲诈、盗窃等各类违法犯罪活动，坚决铲除校园及周边存在的流氓团伙和黑恶势力。要坚决取缔和清理整顿校园及周边非法经营的网吧、电子游戏厅、录像厅、歌舞厅、音像书刊点和违章建筑、无证经营的饮食、食品、生活日用品摊点以及出租房屋等；大力整治校园及周边的交通秩序，加强各类交通设施的建设，减少交通事故和人员伤亡。要通过专项整治行动，使校园及周边治安环境明显改善，广大师生的安全感明显增强，涉及师生的各类案件和事故明显减少。

四是要切实抓好领导责任和部门责任的落实。要把责任落实到当地党委和政府，落实到学校，特别要加强各类学校自身的管理工作。各地党委和政府要按照“属地管理”和“谁主管、谁负责”的原则，对当地社会治安切实负起责任。各有关部门要在当地党委和政府统一领导下，在各地综治部门协调下，各司其职，各负其责，密切协作，加强配合。要把专项行动的工作情况作为各部门考核的重要内容，按照《关于开展全国学校及周边治安综合治理工作先进集体和先进个人评选工作的通知》（综治委学校治安组〔2004〕6号）文件精神，结合专项整治行动开展情况，对在工作中做出突出贡献的单位和个人进行表彰，给予奖励；对因玩忽职守、工作不负责任，造成重大事故和严重社会影响的，要严厉追究有关部门负责人的责任。

五是要切实抓好监督检查的落实。教育部和各级教育工作部门要采取自查、互查、抽查和重点检查等多种方式，切实加强对各级各类学校安全工作的监督和检查，督促学校把各项安全制度、措施真正落到实处。各有关上级主管部门要加强对下级工作部门开展专项整治行动情况的指导、监督和检查，一级抓一级，发现问题，及时整改，并对好的经验和做法及时总结、推广。

六是要切实抓好集中整治和经常性工作机制相结合的落实。在抓好集中整治的同时，要注重建立长效工作机制，把集中治理和经常性治理结合起来，常抓不懈。要定期研究和分析中小学、幼儿园及学校周边治安形势，及时采取针对性的工作措施，及时把整治中好的经验做法用制度固定下来，推进工作的制度化、规范化。

会议要求，各级党委、政府和各地综治委学校及周边治安综合治理工作领导小组要坚决贯彻落实中央领导同志批示和“国办发26号电”精神，按照本次会议提出的要求，扎实工作，务求实效，实现专项整治行动的各项目标，为广大学生，特别是中小学生和少年儿童创造一个安全健康的良好环境。

十一、流动人口治安管理工作

中央综治委流动人口治安管理工作领导小组关于印发《2004年流动人口治安管理和服务工作要点》的通知

（2004年4月16日）

各省、自治区、直辖市社会治安综合治理委员会流动人口治安管理工作领导（协调）小组，新疆生产建设兵团社会治安综合治理委员会流动人口治安管理工作领导小组：

《2004年流动人口治安管理和服务工作要点》已经中央综治委流动人口治安管理工作领导小组全体会议审议通过，现印发给你们，请结合本地实际认真贯彻落实。

2004年流动人口治安管理和服务工作要点

2004年，各地和有关部门要在“三个代表”重要思想指引下，认真贯彻党的十六大和十六届三中全会精神，按照“公平对待，合理引导，完善管理，搞好服务”的方针，强化流动人口各项管理和服务措施，引导农村富余劳动力平稳有序转移，维护社会治安秩序，更好地发挥流动人口在全面建设小康社会中的积极作用。

一、进一步提高对做好流动人口管理和服务工作的认识。流动人口特别是进城务工就业农民的大量增多，是经济发展和社会进步的客观表现，是工业化和现代化的必然趋势，也是当前解决“三农”问题的重要途径之一。人口流动，特别是农民进城务工就业既在一定程度上缓解了流入地经济发展与劳动力相对不足的矛盾，也给流出地发展经济积累了资金、引进了先进管理经验和技术。做好流动人口管理和服务工作，不仅有利于促进国民经济持续快速健康发展，而且有利于维护城乡社会稳定。各级党委、政府及综治委流动人口治安管理工作机构要充分认识做好流动人口治安和服务工作，对于改革、发展、稳定的重大意义，把流动人口治安管理和服务工作列入重要议事日程，在国民经济和社会发展计划中强化政策引导，切实加强领导，密切协作配合，采取有力措施，全面做好流动人口管理和服务的各项工作。

二、改善农村富余劳动力转移就业环境。大力发展农村县域经济，努力拓展农村就业空间，引导农村富余劳动力就近就地转移。认真清理对农民进城就业的各种限制性政策，研究改革流动就业凭证制度，取消对城市用工单位招用农村劳动力的行政审批，废除对农民进城务工就业的不合理行政控制规定，逐步统一城乡劳动力市场，形成城乡劳动者平等就业的制度。促进劳务中介组织的健康发展，规范跨区域劳务服务机构，加快推行用工备案和劳动保障代理制度，进一步完善劳动力市场供需信息的采集、分析和发布制度。建立健全农村劳动力的培训机制，多渠道、多层次、多形式地开展农民工外出务工前的培训工作。深化户籍管理制度改革，逐步实行以具有合法固定住所为基本条件的户口迁移准入制，对于在实际居住地通过购买、赠与、继承、自建等途径获得具有产权、达到一定标准的住房且居住一定期限的进城务工农民本人及直系亲属，准予其在该经常居住地落户。

三、深化流动人口各项服务措施。流动人口聚居地和用工单位的党、团组织，要加强对流动党员、团员的教育管理。具备条件的，也可在流动人口聚居地和单位建立临时党支部、团支部，充分发挥流动党员、团员在做好流动人口工作中的作用。积极吸收流动人口加入流入地的工会和妇联组织，增强流动人口自我教育、自我管理、自我服务、自我保护的能力。司法行政部门要加强流动人口的法制宣传和法律服务工作，在流动人口聚居地建立法律援助中心、维权中心、人民调解组织等服务机构，为流动人口提供方便快捷的法律咨询服务，及时调解民间纠纷。民政部门要加强对流动儿童少年的保护教育工作。共青团组织、劳动和社会保障、建设、司法行政、公安等部门要继续深化“千校百万”进城务工青年培训活动，根据进城务工青年的不同需求，有针对性地做好法律法规基本知识、城市生活常识和就业技能等项培训，帮助他们提高职业技能和综合素质。计生、卫生、民政等部门要充分发挥城市社区的管理服务功能，使育龄流动人口普遍获得人口知识、计划生育科学知识教育，保证已婚育龄人口享受国家规定的免费计划生育技术服务。教育部门要坚持以流入地政府管理为主、以全日制公办中小学为主的方针，依法保障进城务工农民子女接受义务教育的权利；流入地全日制公办学校要充分挖掘潜力，尽可能多地接受进城务工就业农民子女就学；要加强对社会力量举办的以接受进城务工就业农民子女为主的学校的管理和扶持，适当放宽设立条件，逐步提高其办学水平。铁路、交通等部门要在春节等农民工流动高峰时期提供便捷的运输服务，努力疏导民工潮。

四、认真做好流动人口权益保护工作。人口流入地和流出地要逐步建立流动就业人员管理信息的交换、通报和协查制度。劳动和社会保障部门要建立健全劳务中介组织经营规范，加强监管；会同有关部门开展劳动力市场秩序重点清理整治，坚决取缔非法劳务中介组织，打击蒙骗、坑害劳动者的违法违规行为。要加大对用工单位劳动保障的监察力度，切实解决拖欠和克扣农民工工资、劳动条件差、劳动安全和职业病防护没有保障等问题。针对当前建筑业企业拖欠和克扣农民工工资严重的问题，劳动和社会保障、建设部门要加强对农民工劳动合同的管理，指导企业依法与农民工签订劳动合同，建立健全并规范农民工工资支付信用制度和监控制度，确保建筑业企业农民工工资来源。对恶意拖欠和克扣农民工工资的企业，依据有关法规实施法律、行政和经济处罚。要建立流动就业人员劳动纠纷处理协调机制，认真受理外来务工经商人员申诉和反映的意见，完善日常投诉举报案件查处机制，积极做好矛盾纠纷排查调处工作。劳动、工商、公安、计生等部门要积极主动地为暂住人口办理各种证件，对符合办证条件的，要做到随来随办，不得设置任何障碍，不得下达控制性指标。公安机关要发挥职能作用，依法严厉打击侵犯流动人口合法权益的违法犯罪活动。

五、做好城市生活无着的流浪乞讨人员救助工作。各地各部门要密切配合，着力做好有关工作。民政部门要认真做好城市生活无着的流浪乞讨人员救助工作，切实加强对救助站的管理，建立健全岗位责任制、安全责任制、工作人员行为规范等规章制度，实行规范化管理。对于不愿来救助站的流浪乞讨人员，必要时可以由城管、卫生、公安、民政等部门联合开展集中告知、引导、护送活动。财政部门要按照合理保障的原则安排救助站救助管理经费。公安机关要坚决打击组织、唆使进行流浪乞讨活动的幕后操纵者、组织者，充分运用现有的法律法规，加强对在繁华商业区、公园、广场、车站、码头、街头等公共场所出现的各类轻微违法活动的查处工作。卫生部门对民政、公安、城管部门移送的生活无着的流浪乞讨人员中的病人要予以收治,并指定专门医院进行救助治疗。

六、切实加强流动人口治安管理。充分挖掘社会资源,依靠基层党政组织和居(村)委会、治保会、调解会等各类组织,本着精干、效能的原则,配备一定数量的流动人口协管员,协助做好流动人口各项管理和服务工作。加强暂住户口登记及暂住证、婚育证明的办理和查验等各项基础工作,准确掌握暂住人口的底数和有关情况,及时发现各类可疑人员,落实相应管理措施。积极探索建立房屋租赁协作管理机制,形成管理合力,切实掌握出租房屋底数及有关情况,强化事中监督和事后查处措施。要坚持“谁用工谁负责”、“谁出租谁负责”的原则,严格落实管理责任制,督促用工单位、出租房主和社区居委会配合有关部门认真做好相关管理工作。加强对出租房屋、中小旅店、建筑工地、车站码头、集贸市场、娱乐服务等场所的经常性治安检查,预防和打击流动人口违法犯罪活动。要认真研究流动人口违法犯罪的特点和规律,建立健全打击流窜犯罪、追捕逃犯的工作机制。继续完善流动人口通报协查制度,做好流动人口中刑释解教人员的排查和帮教工作,落实相应的管理措施。要加快暂住人口、出租房屋和旅馆业治安管理信息系统的建设,实现信息共享,提高管理和服务的水平。

七、大力加强调查研究和宣传工作。根据流动人口管理和服务工作面临的新情况、新问题,深入开展调查研究,积极探索流动人口管理的新路子。认真总结各地的新鲜经验和做法,不断推进改革的新举措。组织社会各界开展流动人口管理的对策研究,广泛征求各方面的研究成果和工作建议,不断提高流动人口管理和服务工作水平。充分利用各种新闻媒介,加大对流动人口管理和服务工作的宣传力度,动员全社会力量共同做好流动人口管理和服务工作,依法保护流动人口合法权益,切实维护社会治安稳定。中央综治委流动人口治安管理工作领导小组将于2004年下半年召开会议,总结和交流各地各有关部门加强流动人口及出租房屋管理的有关经验,进一步推动工作的开展。

2004年流动人口管理服务工作情况

2004年,在党中央、国务院和各地党委、政府的领导下,各地各部门认真贯彻党的十六大、十六届三中、四中全会精神,按照“公平对待,合理引导,加强管理,完善服务”的方针,全面落实各项流动人口管理和服务措施,为促进城乡经济发展和维护社会稳定发挥了积极作用。主要情况是:

一、引导农村劳动力合理有序转移。一是调整乡镇企业结构,引导农村富余劳动力就近就地转移。各地不断调整乡镇企业结构,大力发展吸纳较多农村劳动力的园艺业和养殖业等劳动密集型产业,并在工商、税务、财政等政策上给予扶持。据统计,目前,全国乡镇企业已累计吸纳农村劳动力1.5亿人左右。二是开展对进城务工农民的培训工作。按照农业部、财政部、劳动保障部、教育部、科技部、建设部联合下发的《关于组织实施农村劳动力转移培训阳光工程的通知》要求,全国26个省、区、市和新疆生产建设兵团、黑龙江省农垦总局开展了多种形式的农村劳动力转移培训阳光工程。河南省省长李成玉专门听取了汇报,并就如何开展好农村劳动力转移培训工作做出批示。农业部建立了“中国农村劳动力转移培训网”,及时发布农村劳动力转移和培训政策,向社会公布承担任务的培训单位、培训任务、资金补助等情况。截至2004年9月,全国已有150万农村劳动力参加了培训,其中120万人实现了转移就业。三是为进城务工就业农民提供就业信息。各地劳动保障部门特别是大中城市已基本建立劳动力市场信息网络系统,向包括农民工在内的各类求职者提供职业介绍、职业指导、劳动保障事务代理等多种就业服务。共青团中央也通过“打工青年发展网”，积极向进城务工青年提供就业信息。四是改善农民进城就业环境。国家发改委、财政部、公安部、劳动保障部、农业部、卫生部、教育部、国务院纠风办、国家人口计生委联合下发了《关于进一步清理针对农民跨地区就业和进城务工歧视性规定和不合理收费的通知》，深入清理和纠正相关的歧视性政策和行政事业性收费。五是开展有组织的劳务输出。安徽、江西、湖南、四川等劳动力输出大省，成立了劳务输出工作领导小组，统筹做好开拓劳务市场、收集劳务信息、培训劳务人员、组织劳务输出和法律咨询等工作。六是做好春运工作。国家发改委、铁路部、交通部、民航总局等部门及早预测，增加运力，合理安排，保证民工“走得了、走得好”。各地公安机关加强春运安全保卫工作，投入大量警力，认真开展对火车站、机场、长途汽车站、铁路沿线、站区周边中小旅店、小件寄存处以及运营车辆的安全检查。

二、为流动人口提供服务。共青团中央开展了首届鲲鹏文学奖评选活动，面向进城务工青年征集优秀文学作品，培育和弘扬健康的务工文化，并于元旦春节期间，组织开展了“真情进万家”为进城务工青年送温暖活动。各地共青团组织和劳动保障、建设、公安等部门继续深化“千校百万”进城务工青年培训活动，向进城务工青年传授城市生活常识、文明知识和维权知识。据统计，目前，各地共建立进城务工青年培训学校3200多所，培训进城务工青年3000余万人。民政部与财政部联合下发了《关于做好城市生活无着的流浪乞讨人员中特殊困难对象跨省返乡工作的通知》，明确了经费负担方式、跨省救助管理站的设立和任务，对需要跨省返乡的特殊困难对象，在坚持流出地接回的前提下，可以由流入地护送返乡，所需经费纳入财政预算。国家人口计生委召开了全国流动人口计划生育工作会议，提出了流动人口计划生育实行“属地化管理、市民化服务”的原则。各地人口计生部门依托全国省际间流动人口计划生育信息交换平台，提高了已婚育龄流动人口户籍地与现住地信息反馈的速度和准确性。各地人口计生、卫生、民政等部门依靠社区组织，开展育龄流动人口计划生育和防治性病、艾滋病知识教育，为已婚育龄人口提供国家规定的免费计划生育技术服务。各地司法行政管理部门加强了对流动人口的法制宣传教育工作。黑龙江省司法厅成立了进城务工妇女法律服务中心，为进城务工妇女提供法律咨询和法律援助。各地党委组织部门按照“党员流动到哪里，党组织就建到哪里，党的活动就开展到哪里”的要求，加强了对流动人口党员的管理和教育。各地街道社区党组织充分发挥流动人口党员的积极作用，组织流动人口党员参与居住地的社会治安综合治理工作。

三、保护流动人口权益。一是开展农民工劳动权益保护专项检查。劳动保障部、公安部、国家工商行政管理总局、全国总工会联合下发了《关于开展农民工劳动权益保护专项检查活动的通知》，部署各地对建筑、交通、服务、加工等农民工较为集中行业的农民工劳动权益保护工作进行大检查。据不完全统计，各地共检查和抽查用人单位35890户，涉及农民工95万余人；补签劳动合同18万余人；追发、补发拖欠农民工工资3800余万元；征缴5875户用人单位各项社会保险金560余万元。二是整顿劳动力市场。各地劳动保障、工商行政管理、公安等部门联合开展了劳动力市场秩序清理整治，加强了对劳务中介的监管。据不完全统计，全国各地共开展劳动力市场秩序清理整治5万余次，取缔非法劳务中介组织1450多家。三是解决拖欠农民工工资问题。劳动保障部、建设部联合下发了《建筑领域农民工工资支付管理暂行办法》，开展了农民工工资支付情况专项大检查，各地共查处拖欠农民工工资违法案件2万起，为52万余名农民工追缴拖欠工资2.8亿元。四是帮助解决农民工维权纠纷。黑龙江、新疆等地劳动保障、公安、民政、教育、司法、妇联和工会建立了维护进城务工人员合法权益联席会议制度，运用法律手段，解决农民工维权纠纷。江苏、福建、广东三省劳动和社会保障厅、省工会和省企业家协会分别作为政府、劳、资三方代表，成立了省协调劳动关系三方联席会议，主要协调劳动关系，推进集体协商工资制度，依法保护劳动者合法权益，使“追薪”制度化。五是依法严厉打击侵害流动人口人身和财产安全的各类违法犯罪活动。据不完全统计，各地公安机关共查处侵害流动人口合法权益的案(事)件15万余起。此外，民政部召开了全国救助管理工作经验交流会和全国流浪儿童救助保护工作研讨会，下发了《流浪儿童救助教育项目资助办法》,用部级福利金改善了全国流浪儿童救助保护站,增加了救助保护的内容。国家人口计生委下发了《关于查处跨省设立流动人口计生管理站问题的通知》,对跨省设立流动人口计生管理站乱收费的问题进行了清理整治。

四、严密流动人口治安管理。一是加强了流动人口日常治安管理工作。各地公安机关结合实施社区警务战略,加强暂住户口登记、房屋租赁登记备案、暂住证办理和查验等基础工作,落实管理措施。据2004年6月30日时点统计,全国公安机关共登记暂住人口7800.9万余人。二是严格出租房屋管理。针对出租房屋管理存在的问题,中央综治委流动人口治安管理工作领导小组办公室3次召集中央综治办、公安部、建设部、民政部、国家工商行政管理总局、国家税务总局的有关部门负责同志研究加强出租房屋管理问题,在广泛调查研究的基础上,六部门联合下发了《关于进一步加强和改进出租房屋管理工作的通知》,提出了建立和完善房屋租赁协作管理机制,开展经常性的出租房屋治安检查,严格落实管理责任制等要求。目前各地正在贯彻执行。广东省于2004年4月开展了出租屋治安管理综合试点工作,按照"创新机制,加强管理,优化服务,促进发展"的指导思想和"政府领导,部门参与,保障有力,综合治理"的工作格局,探索新形势下流动人口和出租房屋治安管理工作的新机制、新方法。目前,全省正在推行试点地区的工作经验。三是落实管理责任。按照"谁经营谁负责、谁用工谁负责"的原则,各地公安机关会同有关部门,落实用工单位负责人的治安责任,加强对用工单位、建筑工地、集贸市场、文化娱乐场所的管理。四是适时组织清理整顿。各地公安机关本着"什么问题突出就重点整治什么问题,哪里问题严重就重点整治哪里"的原则,对城乡结合部、公共复杂场所等场所和部位进行了清理整顿。为确保国庆55周年各项庆祝活动的顺利完成,北京市公安机关于8月份开展了出租房屋清理整顿专项行动,取缔了一批非法出租房屋,整治了一批藏污纳垢的场所,破获了一批刑事案件,抓获了一批犯罪嫌疑人。黑龙江省公安机关在全省范围内开展了为期两个月的流动人口、出租房屋清查登记专项行动,共清查出租房屋116407户、清查用工单位4782个、文化娱乐场所7860个,破获各类案件1170起,抓获犯罪嫌疑人1087人。

五、加强流动人口基础建设。一是建立健全了规章制度。山西、浙江两省分别修订了原有的《暂住人口治安管理条例》,完善了管理体制、强化了服务工作,建立了经费保障机制。辽宁、甘肃两省公安机关分别下发了《关于出租房屋管理工作考核内容及标准的通知》和《关于派出所暂住人口和出租房屋治安管理考核标准的通知》,明确了出租房屋管理考核标准、考核程序,落实了管理责任。福建、河南两省综治委分别下发了《关于进一步加强流动人口管理工作的意见》,从组织领导、管理体制、经费保障、强化责任、加强协管员队伍建设等方面提出了工作要求。二是充实了户口协管员队伍。各地按照"精干、效能"的原则,大力加强流动人口管理队伍建设。目前,各地建立流动人口、房屋租赁管理站10000余个,聘用专(兼)职户口协管员15万余人。三是加快暂住人口和出租房屋信息管理系统建设。各地公安机关结合科技强警,加大系统建设力度。目前,各地共采集、录入、更新暂住人口信息4000余万人、出租房屋户信息800余万户。北京、上海、江苏、浙江、福建、广东等地暂住人口和出租房屋信息已经基本实现了计算机管理。

尽管2004年流动人口管理与服务工作取得了一定成绩,但工作中也存在着一些问题:一是工作开展不平衡,有些地方、有些方面的管理工作还比较薄弱,日常管理措施落实不到位。二是部门之间的协作配合有待进一步加强。三是流动人口违法犯罪势头尚未得到有效遏制。四是侵害流动人口合法权益的问题比较突出,由此引发的不稳定因素不断增多。这些问题应当引起高度重视,采取有效措施切实加以解决。

公安部 中央社会治安综合治理委员会办公室 民政部 建设部 国家税务总局 国家工商行政管理总局 关于进一步加强和改进出租房屋管理工作有关问题的通知

（2004年11月12日）

各省、自治区、直辖市公安厅（局）、综治办、民政厅（局）、建设厅（建委、房地局）、国家税务局、地方税务局、工商行政管理局，新疆生产建设兵团公安局、综治办、民政局、建设局、财务局、工商行政管理局：

近年来，随着我国城乡经济的迅速发展，流动人口日益增多，房屋租赁业发展迅速。由于一些地方管理措施未能有效落实，不法分子利用出租房屋从事违法犯罪活动问题日益突出。随着行政审批制度改革工作的不断深入，原有的出租房屋管理方法、方式和机制受到冲击，出租房屋管理工作面临更大的压力和挑战。为进一步加强和改进出租房屋管理工作，维护社会治安秩序，促进房屋租赁业的健康发展，现就有关问题通知如下：

一、充分认识做好出租房屋管理工作的重要意义，切实加强组织领导。出租房屋管理是社会管理和治安管理的一项重要基础性工作。加强出租房屋管理，及时全面掌握出租房屋的底数和有关情况，严密防范和依法严厉打击不法分子利用出租房屋进行的各类违法犯罪活动，对于保护公民的合法权益，维护社会治安秩序，促进房屋租赁业的健康发展，具有十分重要的意义。各级公安、综合治理、民政、房地产管理、税务、工商行政管理等部门要从实践"三个代表"重要思想和服务经济社会发展的高度，在党委、政府的统一领导下，切实加强组织领导，认真做好出租房屋的管理工作。

二、各司其职，密切配合，齐抓共管。各地公安、综合治理、民政、房地产管理、税务、工商行政管理等部门要充分发挥职能作用，切实履行好各自职责。

公安部门负责登记暂住户口，办理和查验暂住证，了解掌握房屋承租人变动情况。督促出租房主与公安部门签订治安责任保证书。开展经常性的出租房屋治安检查，消除治安隐患，及时查处和依法打击出租房屋中的违法犯罪活动。指导居（村）民委员会、社会治安辅助力量协助开展出租房屋和暂住人口治安管理工作。

综合治理部门负责指导各地推进社会治安防控体系建设，全面落实社会治安综合治理各项措施。加强乡镇、街道综治办和群防群治力量建设，整合各种治安防范力量。组织、协调、督促各有关部门共同做好出租房屋管理工作，定期召集有关部门研究分析管理中存在的问题，及时提出解决措施。对各部门开展出租房屋管理工作情况进行考核。

民政部门负责指导加强基层政权建设，推进

社区建设。协助公安、司法部门抓好居(村)民委员会的治保组织、人民调解组织等群众自治组织建设,协助公安部门完善社区治安网络建设。

房地产管理部门负责房屋租赁登记备案工作,掌握出租房屋的底数和基本情况。加强对房屋租赁中介机构的管理,规范房屋租赁中介机构行为,保护租赁当事人的合法权益。

税务部门负责出租房屋税收征管工作,必要时可以根据有关税收法律法规的规定委托具备条件的暂住人口管理机构或房地产管理部门代征。

工商行政管理部门负责查处利用出租房屋从事的违法经营活动,查处、取缔非法房屋中介机构。

各部门要加强协调配合,建立信息交流制度。房地产管理部门为出租房屋办理租赁登记备案证明后,应定期将有关情况通报给公安、工商、税务等部门;工商部门在办理工商营业执照、公安部门在办理暂住户口登记及暂住证时,对于生产、经营、居住场所为出租房屋的,应查验房地产管理部门出具的房屋租赁登记备案证明。对发现没有办理房屋租赁登记备案的,应将有关情况定期通报给房地产管理部门。

三、依法加强对出租房屋的管理。各部门要加大工作力度,规范房屋租赁活动。对房主违反出租房屋管理规定的行为,按照下列规定严肃查处:

(一)符合出租条件但未办理租赁登记备案手续的,由房地产管理部门责令补办手续。

(二)不符合出租条件而出租的,由房地产管理部门依法给予处罚。

(三)办理房屋租赁登记备案后未到房屋所在地公安派出所签订治安责任保证书,经通知拒不改正的,由公安部门依照《租赁房屋治安管理规定》第九条第(一)项的规定予以处罚。

(四)将房屋出租给无合法有效证件人员的,由公安部门依照《租赁房屋治安管理规定》第九条第(二)项的规定予以处罚。

(五)明知承租人违反爆炸、剧毒、易燃、放射性等危险物品管理规定,利用出租房屋生产、销售、储存、使用危险物品,不及时制止、报告,尚未造成严重后果的,由公安部门依照《租赁房屋治安管理规定》第九条第(三)项的规定予以处罚;构成犯罪的,依照《中华人民共和国刑法》第一百三十六条的规定追究刑事责任。

(六)明知是赃物而窝藏的,由公安部门依照《中华人民共和国治安管理处罚条例》第二十四条第(一)项的规定予以处罚;构成犯罪的,依照《中华人民共和国刑法》第三百一十二条的规定追究刑事责任。

(七)违反消防安全规定,占用防火间距的,由公安消防机构依照《中华人民共和国消防法》第四十八条第(二)项的规定予以处罚。

(八)出租房屋有重大火灾隐患,经公安部门通知不加改正的,由公安部门依照《中华人民共和国治安管理处罚条例》第二十六条第(八)项的规定予以处罚。

(九)不按照规定为暂住人员申报暂住户口登记的,由公安部门依照《中华人民共和国治安管理处罚条例》第二十九条第(五)项的规定予以处罚。

(十)介绍或者容留卖淫的,由公安部门依照《中华人民共和国治安管理处罚条例》第三十条的规定予以处罚;构成犯罪的,依照《中华人民共和国刑法》第三百五十九条的规定追究刑事责任。

(十一)为他人进行赌博活动提供出租房屋的,由公安部门依照《中华人民共和国治安管理处罚条例》第三十二条第(一)项的规定予以处罚;构成犯罪的,依照《中华人民共和国刑法》第三百零三条的规定追究刑事责任。

(十二)为他人制作、贩卖淫秽图书、光盘或者其他淫秽物品提供出租房屋的,由公安部门依照《中华人民共和国治安管理处罚条例》第三十二条第(二)项的规定予以处罚;构成犯罪的,依照《中华人民共和国刑法》第三百六十三条的规定追究刑事责任。

(十三)明知是有犯罪行为的人而为其提供出租房屋,帮助其逃避或者为其作假证明的,由公安部门依照《中华人民共和国刑法》第三百一十条的规定追究刑事责任。

(十四)有税收违法行为的,由税务部门依法给予处罚。

四、依法严厉打击利用出租房屋进行的各类违法犯罪活动。各地公安部门要会同综合治理、房地产管理、工商行政管理等部门,根据本地治安实际,适时组织开展出租房屋的清理整顿专项行动,依法取缔非法出租房屋,整治藏污纳垢场所,严厉打击利用出租房屋进行的各类违法犯罪活动,及时查获犯罪嫌疑人和各类逃犯。要强化侦查手段,在出租房主中建立信息员,拓宽情报信息来源,及时获取深层次、内幕性的情报信息。要认真梳理、研究不法分子利用出租房屋进行违法犯罪活动的特点和规律,提高打击违法犯罪活动的针对性和时效性。

五、积极推行出租房屋社会化管理。各地要紧紧抓住加强基层政权和推进城市社区建设的有利时机,将出租房屋管理工作落实到乡(镇、街道)和社区。要依托乡(镇、街道)等基层组织,广泛发动群众、依靠群众,充分发挥城乡治保组织、单位保卫组织、治安联防队、社区群众治安防范组织等作用,落实好出租房屋管理的各项工作措施。要充分利用现有的暂住人口协管员队伍,协助做好出租房屋管理工作。

关于切实加强暂住户口登记和暂住证办理工作的通知

(2004 年 8 月 3 日)

各省、自治区、直辖市公安厅、局治安、户政、人口管理、基层基础、派出所工作指导总队(局、处),新疆生产建设兵团公安局治安处:

去年以来,各地公安机关认真贯彻落实国务院和公安部有关通知精神,积极改进流动人口管理工作,依法保障暂住人口合法权益,受到社会各界的好评。但是,由于种种原因,最近一个时期,一些地方公安机关放松了流动人口管理工作,特别是对于办理暂住户口登记和暂住证工作重视不够,对本地区暂住人口底数不清,情况不明,个别地方甚至出现乱收费问题,一些地方暂住人口不主动申报或拒绝登记办证的现象比较普遍。为认真解决上述问题,切实加强暂住人口登记和暂住证办理工作,现提出如下要求:

一、充分认识依法加强暂住户口登记及暂住证办理工作的重要意义,进一步增强工作的责任感。为符合条件的暂住人口办理暂住户口登记和暂住证是国家法律和规章明确赋予公安机关的一项职责,是公安机关加强流动人口管理和服务工作的一项重要措施,也是地方政府实施和完善相关社会管理,保障暂住人口合法权益的一项重要基础性工作。各地公安机关治安、户政部门要高度重视办理暂住户口登记和暂住证工作,切实加强组织领导,不断推动流动人口管理和服务工作迈上新台阶。

二、采取有力措施,切实加强暂住户口登记及暂住证办理工作。各地公安机关治安、户政部门要切实加强对公安派出所开展暂住户口登记和暂住证办理工作的指导、监督和检查,并将辖区暂住人口登记办证等情况纳入派出所等级评定以及民警工作考核的内容。各地要针对本地暂住户口登记和办理暂住证的实际情况,组织治安、户政及派出所民警以辖区出租房屋、中小旅店、建筑工地、集贸市场、文化娱乐场所等暂住人口主要落脚点和活动场所为重点,开展经常性的户口调查,认真摸排暂住人口信息,全面掌握暂住人员的基本情况,落实各项管理措施。对工作中发现的各类可疑人员,要及时向流出地的公安机关进行通报协查,努力从中发现违法犯罪线索,抓获隐藏的违法犯罪分子。要充分挖掘社区资源,依托居(村)委会和暂住人口登记站(点)做好暂住人口登记和暂住证办理工作。各地公安机关要与政府相关部门加强暂住人口登记管理工作的协调配合,及时沟通暂住人口有关信息,积极研究和实施通过加强暂住人口登记办证工作促进相关部门暂住人口管理和服务工作的意见和办法。要大力推进暂住人口信息计算机管理系统建设，尽快实现区域联网以及与旅馆业、出租房屋计算机管理系统的信息共享，通过计算机信息查询比对，提高暂住人口管理和服务的现代化水平。

三、严格依法办事，切实保护暂住人口合法权益。各地公安派出所要按照警务公开的要求，在派出所和社区公开办理暂住户口登记和暂住证适用的有关法律、规章以及办理条件、程序、收费项目和收费标准等政策规定，以方便暂住人口查询和监督。要将暂住证申领范围严格限定于离开常住户口所在地、拟在暂住地居住一个月以上年满十六周岁的务工经商人员。对符合暂住证办理条件的暂住人口，要做到随来随办，不得设置任何障碍。要严格按照国家政策规定的暂住人口收费范围和核定的暂住证(卡)的收费标准进行收费，对于地方政府和有关部门出台的违反国家统一政策规定的针对暂住人口不合理的收费项目和超出国家允许的收费标准的情况，地方公安机关要及时通报有关部门或提请当地政府尽快予以纠正。对于工作中发现的未及时办理暂住证的人员，要认真了解情况，问清原由，区别不同情形分别对待。其中对因初到暂住地未及时办证的，可以现场办证或发放补办通知书督促其尽快主动办理；对经接到通知后在规定期限内拒不申领暂住证的暂住人员，或者没有履行督促暂住人口申报登记和办理暂住证义务的出租房主、单位及其法定代表人，要坚决依照有关规定予以处罚。

四、大力开展宣传工作，营造良好的社会氛围。各地公安机关治安、户政部门和公安派出所要通过开展入户调查、发放宣传材料、举办专题讲座等形式，大力宣传暂住人口管理的政策法规以及申报暂住户口登记、办理暂住证工作的重要意义，努力消除暂住人口的模糊和错误认识，增强其登记办证的自觉性。要充分调动基层社区机构和暂住人口管理组织的积极作用，鼓励其采取群众喜闻乐见的形式深入开展宣传，通过提高宣传工作的针对性和有效性，努力形成暂住人口自觉登记办证的良好社会氛围。

各地工作情况请及时报我局。

十二、中央社会治安综合治理委员会成员单位参与社会治安综合治理工作情况

中央纪委　监察部

2004年纪检监察机关参与社会治安综合治理工作概况

2004年,各级纪检监察机关以邓小平理论和"三个代表"重要思想为指导,认真贯彻《中共中央、国务院关于进一步加强社会治安综合治理的意见》,按照《中央综治委、中央纪委、中央组织部、人事部、监察部关于实行社会治安综合治理领导责任制的若干规定》和全国社会治安综合治理工作会议的要求,充分发挥职能作用,积极参与社会治安综合治理工作,推动了社会治安综合治理各项措施的落实,促进了社会稳定和经济发展。

一、加强监督检查,推动社会治安综合治理各项措施的落实

各级纪检监察机关按照中央关于社会治安综合治理工作的一系列要求,定期参加综治委的联席会议和有关工作会议,共同研究综合治理工作,加强对各级党委、政府及有关部门贯彻执行社会治安综合治理方针、政策、规定、决定情况的监督检查,加强对社会治安综合治理领导责任制贯彻落实情况的监督检查,对监督检查中发现的问题,按照职责分工及时予以纠正和处理。各级纪检监察机构对发生严重危害社会稳定的重大刑事案件、治安灾害事故、重大群体性事件的地方和单位实行责任追究,给予责任人相应的党纪政纪处分。2004年10月,在四川省汉源县国家重点工程瀑布沟水电站工程建设中,发生移民群体性事件,并出现了打、砸、抢、烧等过激行为,严重影响了当地正常的生产生活秩序。事件的发生,有补偿标准低、移民群众不满、诉求渠道不畅等因素,但深层次原因,是一些干部与不法业主勾结参与办矿,放纵、支持移民聚集活动。事件发生后,由省纪委牵头,相关部门一百余人参加组成调查组,严肃查处了雅安市副市长、原汉源县委书记等13名违纪违法的领导干部,对腐蚀干部、非法牟利的不法业主也进行了相应处理。同时,对干部参与办矿问题进行了清理,共有32名干部主动说明违规参与办矿等情况,43名干部主动上交红包礼金。

二、发挥信访工作在综治工作中的作用,努力化解社会矛盾

各级纪检监察机关把做好群众来信来访工作作为化解社会矛盾,密切党群、干群关系,切实维护群众合法权利的一项重要工作来抓,认真受理

群众来信来访。2004年5月17日,中央政治局常委、中央纪委书记吴官正同志亲自到信访室接待上访群众,对妥善处理群众进京上访问题作出了重要指示。

2004年,中央纪委监察部信访室受理群众来信172478件次,接待来访群众36144人次,接听电话88119个,共计296741件次,并从中筛选出大量案件线索,全年共编写《来信来访摘报》211期,《信访简报》330期,《情况交流》15期,《信访工作信息》8期,《纪监信专文》19期。通过信息例会等形式,针对信访举报中反映党员干部违纪违法、土地征用和城镇拆迁中侵害群众利益、国有企业转制中资产流失、基层站所乱收费、乱罚款等11个方面的问题进行综合分析,向有关领导和部门作了专题反映。这些信访信息受到各级领导的重视,对解决信访问题和开展专项治理工作起到了推动作用。中央纪委监察部机关在认真接待和疏导上访群众的同时,实行了来访情况通报制度,并开展了集体访、异常访和上访老户排查、清理和处理工作。为了督促有关单位认真解决群众进京上访问题,实行了来访情况月通报制度和集体访情况季通报制度。这些做法引起了有关地区和部门领导的高度重视,使群众进京上访持续增加的势头在一定程度上得到了缓解。

三、加强纠风和执法监察工作,着力解决群众反映强烈的突出问题

按照温家宝总理在国务院第二次廉政工作会议上提出的"四个坚决纠正"、"加大四项工作力度"的要求,各级纪检监察机关会同有关部门对八个方面损害群众利益的突出问题进行了专项治理,积极为群众排忧解难,坚决维护群众利益,一些群众反映强烈的问题初步得到解决。

各级纪检监察机关坚决纠正土地征用中侵害农民利益、城镇拆迁中侵害居民利益、企业重组改制和破产中侵害职工合法权益以及拖欠和克扣农民工工资等突出问题。监察部会同国土资源部、农业部、审计署、建设部、国资委等部门,对各地区各部门落实"四个坚决纠正"的情况开展专项检查,及时纠正存在的问题。2004年,全国共清理出拖欠、截留、挪用征地补偿费175.46亿元,已偿还167.52亿元,占拖欠总额的95.5%;清理出拖欠农民工工资336亿元,已偿付331亿元,偿付比例为98.4%。

加大治理教育乱收费、纠正医药购销和医疗服务中的不正之风、减轻农民负担以及对重特大事故责任追究的工作力度。各级监察机关加强与有关部门的协调配合,深入推进专项治理。26个省(区、市)在义务教育阶段公办学校全面实行"一费制"收费办法,5个省(区、市)正在逐步推开。公办普通高中招收择校生的"三限"政策进一步落实,择校生比例过大、收费过高的现象基本得到遏制。高等学校收费得到初步规范。各地共查处教育乱收费4.75亿元,清退3.15亿元。通过专项治理共减轻学生负担39亿元。医疗服务中"开单提成"、收受"红包"、乱收费等现象有所减少。各地药品集中招标采购总金额达779.2亿元,可向患者让利约101亿元。通过农村税费改革和治理乱收费工作,减轻农民负担415.68亿元,涉及农民负担恶性案件大幅度下降。监察部参加国务院组织的16起特大事故调查处理工作,给予党纪政纪处分225人,对64名负有领导责任的县(处)级以上干部追究了责任。监察部还会同食品药品监管局和质检总局严肃查处了安徽省阜阳市劣质奶粉事件,对此案所涉及的11个省(区)劣质奶粉问题进行了督查;参加了安全生产大检查以及危险化学品、非煤矿山等专项检查工作,督促有关部门完善安全生产管理体制和机制。

四、加大案件查处力度,努力消除因腐败带来的社会不稳定因素

各级纪检监察机关把查办案件作为维护社会稳定的重要任务,始终保持办案工作强劲势头。2004年,全国纪检监察机关共立案166705件,结案166590件。给予党纪政纪处分170850人,其中县(处)级干部5966人、厅(局)级干部431人,省部级干部16人,涉嫌犯罪被移送司法机关的4915人。

中央纪委监察部和地方各级监察机关加大了对损害群众利益、破坏市场经济秩序和重特大事故中违纪违法案件的查办力度。2004年,共查办教育乱收费案件6342件,给予党纪政纪处分或处理2592人;查办涉及农民负担案(事)件4352件,给予党纪政纪处分2498人;查办医药商业贿赂、价格违法、假劣药品等违纪违法案件73500件,给予党纪政纪处分和处理2484人;查办涉及土地违纪违法案件971件，给予党纪政纪处分1086人，移交司法机关280人；查办中央企业重组改制等方面违纪违法案件1890件，给予党纪政纪处分2128人，移送司法机关82人，挽回经济损失7亿多元。

五、严格落实责任制，做好本部门本系统的综治工作

各级纪检监察部门按照“谁主管、谁负责”的原则，严格落实部门责任制，采取切实措施，及时排查和消除可能出现的不安定因素，认真做好本部门、本系统的综合治理工作。

中央纪委监察部领导十分重视社会治安综合治理工作。吴官正、何勇同志多次对做好机关综治工作提出要求，李至伦部长亲自检查机关消防设施和涉密部门。结合工作特点，中央纪委监察部机关在全体干部职工中进行了保密观念和消防观念的教育，突出重点，立足防范。制定了重点涉密人员和办案人员安全和保密制度，开展警示教育，防患于未然。

各级纪检监察机关认真制定完善各项制度，建立健全节假日干部值班和领导带班制度、计算机安全保密制度、机动车辆出入发证制度。为了做好中央纪委监察部机关的安全保卫工作，2004年9月，干以胜秘书长与机关各厅(室、局)一把手签定了《中央纪委监察部安全管理领导责任书》，明确了机关各单位主要领导的责任，并要求将责任分解到每一个岗位。通过加强制度建设，建立了本单位治安安全问题预警处理机制。

各级纪检监察机关切实加强了办公楼和宿舍楼的治安安全管理工作，经常督促检查，落实各项安全防范措施。严格执行日常值班制度、来人来访登记制度，督促各部门管好自己的人，看好自己的人，办好自己的事。

社会治安综合治理工作是一项艰巨复杂的系统工程，任重而道远。各级纪检监察机关将认真分析社会治安方面出现的新情况新问题，适应形势的要求，积极参与综治工作，常抓不懈，为全面落实社会治安综合治理的各项任务、维护社会稳定作出新的贡献。

最高人民法院

2004年最高人民法院和地方各级人民法院参与社会治安综合治理工作情况

2004年,最高人民法院和全国各级人民法院在以胡锦涛同志为总书记的党中央正确领导下,在全国人大和地方各级人大及其常委会的监督下,坚持以邓小平理论和"三个代表"重要思想为指导,认真落实十届全国人大二次会议提出的要求,切实履行宪法和法律赋予的职责,坚持以审判工作为中心,充分发挥人民法院的职能作用,采取多种措施,全面参与社会治安综合治理,积极落实"公正司法,一心为民"的指导方针,不断加强基层基础建设,为构建和谐社会,维护社会稳定做出应有的贡献。

一、加强审判监督和指导,在维护社会稳定中发挥职能作用

2004年,最高人民法院根据十届全国人大二次会议决议的要求,在"公正司法、一心为民"原则指导下,紧紧围绕"公正与效率"工作主题,通过各种途径监督、指导地方各级人民法院的工作,提高审判质量,维护司法公正,维护社会稳定。

1. 加强对落实司法为民要求的指导,方便群众诉讼。最高人民法院指导地方各级人民法院进一步落实司法为民23项具体举措及实施意见。针对一些经济困难的群众无钱打官司的问题,进一步完善司法救助办法,全年实施司法救助的案件263860件,共计减、缓、免交诉讼费10.9亿元,分别上升15.6%和3.1%。对追索抚育费、抚养费、赡养费案件以及农村"五保户"和城市低保人员提起诉讼的案件一律减免诉讼费。针对一些涉诉群众缺乏法律知识不会打官司的问题,各级人民法院普遍加强诉讼引导、诉讼风险提示。最高人民法院还专门发出《关于集中清理拖欠工程款和农民工工资案件的紧急通知》,要求快立案、快审理、快执行,促使进城务工人员尽快拿到应得报酬。

2. 加强涉诉信访工作,切实解决"申诉难"问题。2004年,最高人民法院针对人民群众涉诉来信、来访大幅上升的新变化,充实加强接待工作力量,改进工作方法,提高工作效率,全年共办理来信来访147665件人次,上升23·6%,由最高人民法院直接立案审查1542件,其余按照审计管辖规定交由地方各级人民法院审查。本着"有诉必理"的精神,最高人民法院要求地方各级人民法院建立"信息灵敏,反应快捷,责任明确,措施有力"的工作机制,严格信访责任制,重点解决重复访、集体访等难点问题。地方各级人民法院全年共办理群众来信来访422万件人次。

3. 加强对诉讼调解工作的指导,提高诉讼调解水平。最高人民法院制定了《关于人民法院民事调解工作若干问题的规定》,指导各级法院按照"能调则调、当判则判、调判结合、案结事了"的要求,不断提高诉讼调解水平,有效防止人民内部矛盾激化,维护社会稳定。

2004年,各级人民法院审结的各类民事案件中,诉讼调解结案的1334792件,调解结案率31%,许多基层法院调解结案率达70%以上。最高人民法院和司法部还联合召开人民调解工作会议,进一步加强人民调解工作与诉讼调解工作的衔接,探索建立矛盾纠纷的多元解决机制。2004年一年,全国基层法院配合有关部门培训人民调解员514万人次。

二、立足审判,积极参与社会治安综合治理工作,为构建社会主义和谐社会提供有力的司法保障

人民法院作为国家审判机关,参与社会治安

综合治理工作的方式主要是依法及时审理、执行好每一起案件。在刑事审判方面,依法惩处刑事犯罪,特别是危害国家安全和社会稳定的严重刑事犯罪,努力实现社会长治久安。在民事审判方面,平等保护当事人的合法权益,平等保护不同地区、不同国度、不同所有制的当事人的合法权益。在行政审判方面,既要注重保护人民群众的合法权益,又要促进和监督行政机关依法行政,决不能官官相护。

2004年,最高人民法院共审结、办结二审、死刑复核、再审、执行等各类案件2923件。地方各级法院共审结、办结一审、二审、再审、执行等各类案件7873745件,为促进社会治安综合治理,维护社会稳定做出了积极的贡献。

(一)依法严惩严重刑事犯罪,全力维护国家安全和社会稳定

2004年,最高人民法院依法审结危害国家安全、伪造货币、走私、金融诈骗、虚开增值税专用发票、毒品和贪污、贿赂犯罪的二审、死刑复核等案件400件。地方各级人民法院全年共审结刑事一审案件644248件,判处罪犯767951人。其中,判处5年以上有期徒刑、无期徒刑、死刑的罪犯占19.04%;加大财产刑的适用力度,并处或者单处罚金和没收财产的罪犯占54%。

最高人民法院和地方各级人民法院坚持把维护社会稳定作为首要政治任务,把“严打”作为参与社会治安综合治理的首要环节。一是突出打击重点,明确严惩对象。坚决贯彻依法从重从快的方针,始终保持对黑社会性质组织犯罪、爆炸、杀人、抢劫、绑架、重大盗窃及贩毒等严重危害社会治安犯罪的高压态势。审结杀人、抢劫、绑架等严重暴力犯罪、黑社会性质组织犯罪和盗窃等多发性严重刑事犯罪案件228174件,判处298574人。依法严惩破坏社会主义市场秩序犯罪,审结走私、危害金融管理、制售假冒伪劣商品等犯罪案件13955件,判处罪犯18220人,对维护市场经济秩序发挥了积极作用。严厉打击贪污贿赂和渎职等职务犯罪,审结职务犯罪案件24184件(含旧存),有效推动了反腐败斗争的深入进行。二是严格依法办案,惩罚犯罪与保障人权并重。坚持罪刑法定和适用法律面前人人平等的原则,坚持打击犯罪与保障人权并重,严把案件的事实关、证据关、程序关、适用法律关,加强司法领域的人权保障。做到有罪则判,无罪放人,不枉不纵,确保无罪的人不受刑事追究,充分体现宽严相济、罚当其罪的立法精神。

(二)依法审理民事案件,平等保护当事人的合法权益。

在抓好刑事审判工作的同时,最高人民法院和地方各级人民法院充分发挥民事审判的职能作用,积极运用司法手段,妥善处理市场经济条件下各种社会矛盾引起的纠纷。2004年最高人民法院全年共审结借款合同、房地产、金融证券、票据、建设工程合同、股东权益等各类重大民事二审等案件611件,诉讼标的153.1亿元。地方各级人民法院全年共审结婚姻家庭、继承、合同、侵权等各类民事一审案件4303744件,诉讼标的额6390亿元。通过发挥民事审判职能作用,促进了经济发展和社会的安定团结。

(三)依法审理行政案件和国家赔偿案件,促进行政权和司法权的依法行使。最高人民法院2004年全年共审结各类行政案件和国家赔偿案件106件。地方各级人民法院全年共审结一审行政案件92196件。

(四)加大执行工作力度,努力解决“执行难”问题,维护社会稳定。

最高人民法院集中力量监督、协调跨省、自治区、直辖市的重大民事执行案件186件,涉案标的金额27.8亿元。地方各级人民法院全年共执结案件2150405件,执行标的金额3320亿元。根据案件的不同情况改进执行方式,努力解决异地执行、跨地区执行中存在的困难和问题,上级法院提级执行上升75.3%,指定执行上升42.8%,委托执行上升3.3%。

三、充分发挥审判职能,认真审理好未成年人犯罪案件,有力地维护青少年的合法权益,预防和减少青少年犯罪

最高人民法院肖扬院长指出,少年审判是法院工作中十分重要的组成部分,预防和减少未成年人犯罪,是事关改革开放成败、国家民族兴衰的大事。最高人民法院和地方各级人民法院从为构建社会主义和谐社会提供司法保障的角度,充分发挥审判职能,为保护未成年人合法权益和减少未成年人犯罪探索新措施,研究新办法,为实现和

谐社会做出了应有的贡献。经过不懈努力和探索,少年审判工作得到了很大的发展:一是少年审判的组织建设不断完善。全国法院建立了2400多个少年法庭,少年法庭的法官已经达到7200人,基本实现了所有未成年人刑事案件由少年法庭审理。2004年,依法判处未成年人罪犯70086人,贯彻“教育、感化、挽救”的方针,依法适用缓刑17387人。二是少年审判的制度建设不断加强。最高人民法院为规范少年审判工作制定了一系列司法解释和专门规定,各级法院也在拓宽少年司法保护范围、规范少年司法活动等方面进行了有益的探索。三是少年审判队伍素质不断提高。不少精通审判业务、有爱心,热心教育、感化失足未成年人工作的审判人员充实到少年法庭,并涌现了一批先进集体和模范法官。

最高人民检察院

2004年全国检察机关参与社会治安综合治理工作情况

2004年，全国各级检察机关以邓小平理论和“三个代表”重要思想为指导，树立和落实科学发展观，在党中央和地方各级党委的统一领导下，紧紧围绕强化法律监督、维护公平正义，切实履行宪法和法律赋予的职能，继续坚持严打方针，与公安、法院等部门密切配合，加大工作力度，依法打击了一大批严重刑事犯罪分子，对治安混乱地区、突出的治安问题集中进行重点整治，为推进依法治国、构建社会主义和谐社会作出了新的贡献。

一、提高思想认识，切实加强领导

各级检察机关充分认识检察机关在社会治安综合治理工作中肩负的重大责任，把这项工作摆上重要议事日程，切实落实党的十六大报告中强调的“打防结合、预防为主”的方针，认真做好检察环节的社会治安综合治理工作，全力维护社会稳定。年初，根据《2004年全国社会治安综合治理工作要点》，高检院对检察机关加强社会治安综合治理工作提出明确要求。在年初向十届人大二次会议所作工作报告、年中的全国检察长座谈会和年末的全国检察长会议上，高检院领导均强调检察机关要积极投入社会治安综合治理工作。各相关业务部门也认真履行职责，在各个业务环节充分体现对社会治安的综合治理。

二、依法惩治刑事犯罪，积极化解矛盾纠纷，维护社会和谐稳定

面对刑事犯罪多发、治安形势严峻的状况，各级检察机关认真履行批准逮捕、提起公诉职能，与有关部门密切配合，对重大案件适时介入侦查，加强监督，依法快捕快诉，始终保持对严重刑事犯罪的高压态势。严厉打击黑恶势力犯罪、严重暴力犯罪和盗窃、抢夺等多发性侵财犯罪，坚决打击危害国家安全的犯罪，严惩民族分裂势力、宗教极端势力、暴力恐怖势力的犯罪活动，积极参加禁毒、打击淫秽色情网站、打击利用手机短信及网络进行诈骗等专项整治行动，全力维护社会安定。全年共对公安、国家安全等机关侦查的犯罪嫌疑人批准逮捕811 102人，提起公诉867 186人，分别比上年增加8.3%和9.3%。坚持定期分析社会治安形势，有针对性地提出综合整治的建议，并配合有关部门开展对治安混乱地区和突出治安问题的集中整治和专项治理。认真总结和运用“严打”整治斗争以来积累的有效经验，探索建立健全贯彻“严打”方针的经常性工作机制，巩固社会治安取得明显好转的成果。特别是坚持惩办与宽大相结合，把打击重点始终指向严重危害社会治安和人民群众安全感的犯罪活动，对轻微犯罪人员实行轻缓的刑事政策，该从轻的依法从轻处理，依法适用不批捕、不起诉等法律规定，有效化解社会矛盾，减少社会对立面。

按照中央部署，最高人民检察院组织开展了集中处理涉法上访问题专项工作。全国检察机关对受理的涉法上访案件进行全面清理，逐案排查，认真解决申诉难的问题。对属于检察机关管辖的案件，实行首办责任制和检察长包案制，依法办结涉法上访案件20 306件，其中群体性上访案件1 107件，长期上访案件2 001件，最高人民检察院直接办理和督办861件，妥善处理了一批上访多年、久诉不息的案件。工作中，各级检察长带头接待来访群众，直接批办和督促检查各项措施的落实。检察机关加强了控告申诉检察工作，加大了对上访申诉案件的排查清理力度，落实首办责任制，切实把问题解决在基层，维护群众切身利益，努力减少重复来信和越级上访。对群众来信来访中可能出现影响社会稳定问题的重大案件，特别是涉及检察机关的案件，领导同志亲自督办，及时处理。认真对待和重点做好集体访、告急访、上访老户特别是有进京上访苗头人员的工作，对重点上访案件实行责任制，盯着办、定人办、限时办，依法妥善解决了一批上访群众反映的问题，为维护中央和国家机关的正常工作秩序、保障首都社会稳定发挥了积极作用。同时，对插手群体性事件的敌对势力，策划、组织、指挥闹事的敌对分子，以及借机打砸抢的犯罪分子，抓住时机，毫不留情地依法严厉打击。检察机关还结合办案情况，认真分析治安防范工作存在的漏洞和薄弱环节，及时发出检察建议，推动有关部门和单位建立健全社会治安防控体系，增强预防和控制犯罪的能力。积极参与基层安全文明创建活动，进一步加强法制宣传教育工作。

各级检察机关还积极参与社会治安防控体系建设、平安创建活动和对突出治安问题的集中整治；结合办案进行法制宣传；配合有关部门深化监外执行罪犯社区矫正试点工作；继续开展创建优秀"青少年维权岗"活动；加强对未成年违法犯罪人员的教育、感化和挽救，从有利于维护社会稳定和促进社区青少年健康成长的高度出发，积极探索构建参与社区青少年教育、管理工作的各项制度，对不捕、不诉未成年人落实有效的帮教措施，防止和减少违法犯罪的发生，取得了较好的法律效果和社会效果。

三、依法惩治破坏市场经济秩序犯罪，促进社会主义市场经济健康发展

各级检察机关积极参加整顿和规范市场经济秩序工作，依法打击走私、金融诈骗、偷税骗税等严重经济犯罪活动，共批准逮捕犯罪嫌疑人20 425人，提起公诉22 179人，分别比上年增加6.3%和3.4%。为了解决行政执法中对一些涉嫌犯罪案件不依法移送司法机关的问题，最高人民检察院会同全国整顿和规范市场经济秩序领导小组办公室、公安部联合下发了《关于加强行政执法机关与公安机关、人民检察院工作联系的意见》，推动建立行政执法与刑事司法相衔接的工作机制，加大了打击破坏社会主义市场经济秩序犯罪的力度。目前，全国已有27个省级检察院及一大批市、县级院与相应的行政执法机关签订了加强联系配合的文件。

针对一些地方制售假冒伪劣商品、侵犯知识产权犯罪活动猖獗的情况，开展打击这两类犯罪的专项监督。依法严惩制售劣质奶粉、假酒、假药、假化肥、假农药等严重危害人民群众生命健康和财产安全的犯罪，批准逮捕犯罪嫌疑人2 505人，提起公诉2 124人，分别比上年增加56.9%和56.2%。批准逮捕假冒注册商标、假冒专利、侵犯著作权等犯罪嫌疑人602人，提起公诉638人，分别比上年增加13.4%和6.3%。检察机关加强对有罪不究、以罚代刑问题的立案监督，主动与行政执法机关建立各个层次的联席会议制度，经常性地相互通报情况，通过走访行政执法机关、查询案件等方式发现涉嫌犯罪线索，建议行政执法机关向公安机关移交涉嫌犯罪案件937件；监督公安机关立案684件，是上年的2.9倍。对其中涉及的职务犯罪，坚决依法查办。最高人民检察院还会同最高人民法院发布《关于办理侵犯知识产权刑事案件具体应用法律若干问题的解释》，加强了对知识产权的刑事司法保护。

四、加强对诉讼活动的法律监督，维护司法公正

各级检察机关针对诉讼活动中执法不严、司法不公的突出问题，完善监督机制，强化监督措施，增强监督实效。

加强对侦查活动的监督。对应当立案而不立案的，依法监督侦查机关立案20 742件；对不应当立案而立案的，监督撤案2 699件。对应当逮捕而未提请批捕的，追加逮捕10 660人；对不应当逮捕的，决定不批捕67 904人。对应当起诉而未移送起诉的，追加起诉5 670人；对不应当起诉的，决定不起诉21 225人。对违法取证、违法采取强制措施等情形提出纠正意见7 561件次。

加强对审判活动的监督。在刑事审判监督中，对认为确有错误的刑事判决、裁定提出抗诉3 063件；对审判活动中的违法情况提出纠正意见1 387件次。在民事审判和行政诉讼监督中，平等保护诉讼主体的合法权益，重点监督严重违反法定程序，贪赃枉法、徇私舞弊导致裁判不公，以及侵害进城务工人员、下岗职工利益的案件，对认为确有错误的民事行政判决、裁定提出抗诉13 218

件,提出再审检察建议4 333件;依法维护人民法院的正确裁判,对53 581件申诉案件认真做好服判息诉工作。

加强对刑罚执行活动的监督。针对减刑、假释、保外就医中存在的问题,最高人民检察院会同公安部、司法部组织开展了减刑、假释、保外就医专项检查活动。截至2004年年底,全国检察机关共清理减刑、假释、保外就医案件1 209 247件。对检查发现的问题提出纠正意见20 472件次,有关部门已纠正17 431件,其中对不符合保外就医条件的罪犯重新收监1 247人,从中立案侦查涉嫌职务犯罪的案件97件107人。推行监所网络化管理和动态监督,对刑罚执行和监管活动中的违法情况提出纠正意见9 299人次。完善防止和纠正超期羁押的长效机制,落实实地督办、定期通报、责任追究等制度,纠正超期羁押7 132人。

公 安 部

2004 年全国公安机关参与社会治安综合治理工作情况

2004 年，全国公安机关在党中央、国务院和各级党委、政府的领导下，以“三个代表”重要思想为指导，全面贯彻落实党的十六大和十六届三中、四中全会、《中共中央关于进一步加强和改进公安工作的决定》和第二十次公安工作会议精神，按照中央综治委的要求和部署，充分发挥职能作用，认真履行在社会治安综合治理工作中承担的职责，与有关部门密切配合，深入开展严打整治斗争，不断加强社会治安防范和管理工作，进一步加强和改进公安行政管理工作，为维护国家安全和社会稳定做出了积极贡献。

一、深入开展严打整治斗争，始终保持对各种违法犯罪活动的高压态势

2004 年，全国公安机关继续坚持严打方针，因地制宜地组织开展严打整治行动，有力地打击了犯罪分子的嚣张气焰，刑事案件高发的态势得到初步遏制。2004 年全国公安机关共立刑事案件 471.8 万起，比 2003 年上升 7.4%；破获各类刑事案件 246.8 万起，比 2003 年上升 5.4%。

一是组织开展“全国侦破命案专项行动”。2004 年，公安部部署全国公安机关开展“侦破命案专项行动”，严厉打击杀人、爆炸、放火、投毒等致人死亡的严重暴力犯罪活动，取得了显著战果。全国公安机关共破获故意杀人、故意伤害和实施爆炸、放火、投毒、抢劫、强奸、绑架等致人死亡的命案 3.5 万起，破案率达到 88.7%，其中现行杀人案件破案率达到 86.4%，比 2003 年提高了 8.4 个百分点。全国3 425个县、市、区级立案单位中，1 436个实现命案全破，341 个没有发生命案。

二是组织开展“打击治理利用手机短信和网络诈骗犯罪专项行动”。2004 年 6 月，公安部部署全国公安机关开展了打击治理利用手机短信和网络诈骗犯罪专项行动，专项行动期间，全国公安机关共破获利用手机短信和网络诈骗案件1 924起，35 起公安部督办案件全部破获，抓获犯罪嫌疑人 490 名，打掉犯罪团伙 94 个。

三是组织开展“打击整治盗窃破坏电力设施犯罪专项行动”。2004 年 9 月，按照国务院的统一部署和要求，公安部会同国家发展和改革委员会、国家工商行政管理总局、国家电力监管委员会，部署全国公安机关开展了打击整治盗窃破坏电力设施犯罪专项行动。专项行动中，全国公安机关共打掉盗窃、破坏电力设施犯罪团伙 113 个，抓获犯罪嫌疑人 945 名，破获此类案件2 946起，破获公安部督办案件 16 起。

四是狠抓大要案件的侦破工作。2004 年，全国公安机关成功侦破了“2·3”吴若甫被绑架案、广东省深圳市“5·26”凤凰卫视前副董事长周一男被害案、吉林省“8·21”系列抢劫强奸杀人案、沈长银沈长平系列抢劫杀人案、湖南省长沙市“10·26”公共汽车爆炸案、重庆市铜梁县“11·18”茶馆爆炸案、黑龙江省肇东市“2003.12.9”袭警案、辽宁省沈阳市“串联 28 号”系列碎尸案以及德隆集团案、南方证券案、国洪起案、江苏铁本公司案、夏都专案、仰融涉嫌经济犯罪案等一批影响恶劣、危害严重、社会各界和人民群众关注的大要案件，有力打击了犯罪分子的嚣张气焰。

五是积极参加整顿和规范市场经济秩序工作。按照国务院的部署，公安部与有关部门密切配合，积极参加了食品、药品“放心工程”和农资打假护农等专项治理工作，并组织全国公安机关开展了打击虚开货物运输发票和制售假发票等涉税犯罪、假币犯罪、地下钱庄、传销、金融票证违法犯罪等经济犯罪活动的专项行动，破获了一批经济犯罪案件，抓获了一批经济犯罪分子，有力地维护了社会主义市场经济秩序。2004年，全国公安机关共破获破坏社会主义市场经济秩序犯罪案件5.5万起，为国家和人民挽回经济损失119.4亿元。

六是全面加大禁毒工作力度。公安部部署全国公安机关开展了遏制毒源专项行动和扫毒行动，进一步加大了西南、西北、东北边境地区的堵源截流和对毒品危害严重地区的整治工作力度，有效遏制了毒品犯罪的上升势头。2004年，全国共破获毒品犯罪案件9.8万起，抓获毒品犯罪嫌疑人6.69万名，比2003年分别上升4.4%和5.1%；缴获海洛因10.8吨，比2003年上升13.6%。同时，各地深入推进禁吸戒毒和"无毒社区"等创建工作，广泛开展禁毒宣传教育，全民禁毒意识普遍增强，毒品的社会危害进一步减轻。2004年新滋生吸毒人数比2003年下降19.7%。

二、大力加强治安管理和防范工作，提高对社会治安的控制能力

2004年，全国公安机关坚持"打防结合，预防为主"的方针，切实加强社会治安管理和防范工作，针对严重威胁社会稳定、影响经济发展、侵害人民群众利益的突出治安问题，组织开展了一系列治安整治行动，大力推进治安防控体系建设，有效预防和打击了各种违法犯罪活动，维护了良好的社会治安秩序。

一是组织开展针对社会治安突出问题的专项整治行动。针对卖淫嫖娼、聚众赌博、制黄贩黄等社会治安突出问题，公安机关坚持不懈地组织开展"扫黄""打非"和禁娼禁赌集中行动，大力扫除社会丑恶现象。2004年，全国公安机关共查处卖淫嫖娼案件12.5万起、涉案人员28.8万人；查处赌博案件37.3万起、涉案人员143万人；查处制贩、传播淫秽物品案件3万起，收缴非法出版物1.3亿余件；查获非法光盘生产线21条。针对网上淫秽色情等有害信息泛滥的势头，2004年7月至11月，公安部部署开展了打击淫秽色情网站专项行动，查处了一大批大要案件，依法惩处了一批违法犯罪分子和违法违规单位，摧毁了一批淫秽色情网站，净化了网络环境。针对学校及周边地区治安问题突出的情况，按照中央和部领导指示，公安部会同中央综治委、教育部等部委先后在全国范围内组织开展了高校及周边治安秩序集中整治行动、中小学幼儿园及少年儿童安全管理专项整治行动，整治期间，各地公安机关累计检查学校和幼儿园50万余所次，整改各类安全隐患15万余处，破获侵害师生人身财产安全的违法犯罪案件4万余起，抓获违法犯罪嫌疑人4万余名，有效改善了学校及周边地区的治安状况，切实保护了广大师生、少年儿童的合法权益。2004年7月至10月，公安部会同国家发改委等9部门在15个涉油气重点省、自治区、直辖市部署开展了整治油气田及输油气管道生产治安秩序专项行动，取得了明显成效，专项行动期间，中石油和中石化所属企业打孔盗油案件发生起数比2003年同期下降47.8%，大港等5个油田的开井盗油案件同比下降44.8%。公安机关还依法加强了对枪支弹药、爆炸、剧毒等危险物品的管理，深入开展了毒鼠强专项整治工作和"清查放射源，让百姓放心"专项行动，有效遏制了爆炸、投毒等恶性案件的发生。2004年，全国爆炸案件发案数比2003年下降28.3%，全年共查破各类非法制贩毒鼠强案369起，收缴流散社会的毒鼠强3361公斤，毒鼠强危害基本得到遏制。

二是积极推进治安防控体系建设。各级公安机关积极构建以派出所和巡警为骨干，以群防群治力量为补充，以社会面、居民区和内部单位、公共场所为基础，以可能影响社会治安的特殊人群、危险物品管理为重点，专群结合、人防物防技防结合、点线面结合的社会治安防控体系，取得了一定成效。各地公安机关以提高对违法犯罪活动的发现、预防和打击能力为目标，大力加强社会面的巡逻控制，积极开展治安防控工作的网络化建设，初步形成了以社区、街面、内部单位、公共娱乐场所等为主的治安防控网络，北京、上海、江苏、浙江、山东等地公安机关通过开展治安防控体系建设，盗窃、抢劫、抢夺等多发性犯罪出现了下降的趋势。公安机关以全国城市社区改革为契机，积极实施社区警务战略，据统计，目前全国已建立社区警务室3万余个，配备社区民警6万余人。通过开展社区警务建设，有效遏制了居民区的多发性犯罪，增强了群众的安全感。2004年，全国发生在社区居民住宅的杀人、伤害、强奸、入室盗窃、入室抢劫案件分别比2003年下降了5.75%、6.4%、13.2%、2.5%和5.4%。各地公安机关积极探索新形势下群防群治工作的新路子,努力争取党委、政府和有关部门的支持,大力加强治保会、治安联防队、保安队、治安志愿者等群防群治队伍建设,广泛开展群众性的治安巡逻、看楼护院、邻里守望、矛盾纠纷调处等活动,群防群治队伍进一步发展壮大。目前,全国共有治保会和治保小组305余万个,治保人员1 017余万人。

三、不断改进和加强公安行政管理工作,为经济社会发展提供良好的服务

一是大力加强消防管理工作。全国公安机关持续推进火灾隐患整改,不间断地对人员密集场所、古建筑、学校、易燃易爆化学危险品场所、超市、商场等实施消防安全专项治理,整改消除了一大批"老大难"隐患。以消防宣传教育"进社区、进学校、进企业、进农村"为载体,积极推动消防宣传教育工作的深入开展,着力提高全民消防安全素质。大力推进公共消防基础设施和消防装备建设,城乡抵御火灾的能力明显提高。2004年,火灾形势基本保持平稳,重特大火灾事故有所减少,全国共发生火灾25.2万起,比2003年下降0.5%,重大火灾事故259起,同比下降15.1%。全国公安消防部队共参加灭火救援36.2万次,救助遇险人员2万余人,保护和抢救财产价值323亿余元,其中,成功处置了重庆天原化工厂液氯泄漏爆炸等一批特大灾害事故。

二是加强道路交通管理工作。全国公安机关深入贯彻《道路交通安全法》,认真落实"五整顿、三加强"各项工作措施,有效开展了货运机动车辆超载超限治理工作,建立健全道路交通安全工作联席会议制度,有效地预防、减少了道路交通事故的发生。广泛开展了交通安全宣传进农村、进社区、进企业、进学校、进家庭的"五进"活动,全社会的交通安全意识明显增强。2004年全国道路交通事故造成9.9万人死亡,比2003年下降4.9%;造成45.2万人受伤,比2003年下降8.6%;直接财产损失27.7亿元,比2003年下降17.6%,万车死亡率为9.2,比2003年减少1.6。

三是加强边防和出入境管理工作。2003年10月至2004年3月,公安部部署全国公安机关开展了打击边境地区违法犯罪活动暨反偷渡专项行动,2004年3月,公安部会同有关部门联合开展了以清理整顿非法出入境中介组织为内容的"春雷行动",取得了显著战果。同时,以防范、打击利用集装箱偷渡活动为重点,加强口岸出入境检查、控制,有效遏制了偷渡活动上升的势头。2004年,全国公安机关共查获我国内地居民偷渡出境人员5 160名,抓获偷渡活动的组织者、运送者654名。

四是继续深化户籍管理制度改革。公安部研究提出了《关于进一步改革户籍管理制度的意见》和第二批户籍管理便民利民措施。各地公安机关积极稳妥地推进户籍管理制度改革,河北、辽宁等10省、市出台了以建立城乡统一户口登记管理制度为主要内容的改革措施,上海、广东等地实施了居住证制度,促进了高级管理人才和技术人才的引进。公安部还认真组织开展了换发第二代居民身份证试点工作,北京、天津、上海、浙江湖州、广东深圳圆满完成了试点任务,截至2004年底,已制发二代证500余万张。

五是进一步加强流动人口治安管理工作。公安部会同有关部门认真研究出租房屋管理中存在的问题,并以公安部、中央综治办等六部门名义下发了《关于进一步加强和改进出租房屋管理工作有关问题的通知》(公通字[2004]83号),提出了各部门密切配合、依法加强对出租房屋的管理,严厉打击利用出租房屋进行的各类违法犯罪活动,积极推行出租房屋社会化管理等意见。会同有关部门积极开展流动人口权益保护和服务工作,对各地开展农民工劳动保障和权益保护工作情况进行了专项检查,据不完全统计,各地共检查和抽查用人单位35 890户,涉及农民工95万余人;补签劳动合同18万余人;追发、补发拖欠农民工工资3 800余万元;征缴5 875户用人单位各项社会保险金560余万元。同时,指导各地公安机关做好暂住户口登记、房屋租赁登记备案、暂住证办理和查验等基础工作,加强流动人口日常管理,强化流动人口基础建设,目前,各地建立流动人口、房屋租赁管理站1万余个,聘用专(兼)职户口协管员15万余人。

公安部 中央社会治安综合治理委员会办公室 民政部 建设部 农业部 关于加强农村消防工作的通知

（2004年7月26日）

各省、自治区、直辖市公安厅、局，社会治安综合治理委员会办公室，民政厅、局，建设厅、建委，农业厅、局：

多年来，在党中央、国务院以及地方各级党委、政府的领导下，我国的农村消防工作有了较大发展，为保护农民群众生命财产安全，促进农村经济和社会发展，维护农村社会稳定发挥了重要作用。随着党中央关于解决“三农”问题等一系列战略部署的实施，农村产业结构调整和城镇化进程加快，乡镇企业和民营经济发展步伐加大，广大农民群众对消防安全的需求日益增长，但由于多种原因，我国农村消防工作整体薄弱的状况尚未根本改善，农村消防工作与农村经济和社会发展不相适应的问题更加突出，主要表现为：农村消防安全工作责任制没有得到有效落实，农村消防安全管理机制尚未形成，村镇普遍缺乏消防规划，农村消防基础设施建设滞后，多种形式消防力量严重不足，广大农民群众缺乏消防安全意识，自防自救能力差，农村抗御火灾事故的能力十分薄弱。由此导致农村火灾形势十分严峻，重特大火灾事故时有发生，人员伤亡和财产损失严重，在一定程度上直接影响了农村经济和社会的持续、健康、稳定发展。据统计，近5年来，全国农村共发生火灾37.6万余起，造成8 539人死亡，12 116人受伤，直接财产损失35.3亿元，分别占同期全国火灾总数的61.2%、65.7%、62.9%和64.6%。农村消防工作是农村经济和社会发展的重要组成部分，是农村经济和社会持续、健康、稳定、协调发展的重要保障条件，事关广大农民群众的生命财产安全，事关党中央关于解决“三农”问题等一系列战略部署的顺利实施。为切实加强农村消防工作，扭转农村火灾形势严峻的局面，努力实现好、维护好、发展好广大农民群众的切身利益，为农村经济和社会发展创造良好的消防安全环境，现将有关要求通知如下：

一、建立健全农村消防安全管理机制，落实农村消防工作职责和任务

各地县（市、旗）、乡（镇）要成立由党委、政府领导负责，公安、综治、民政、建设（规划）、农业以及教育、文化、安全生产监督等部门负责人参加的农村消防安全管理组织，切实加强对农村消防工作的领导。主要职责和任务是：制定当地村镇消防规划、公共消防设施建设和多种形式消防队伍的发展目标，明确政府和相关部门在农村消防工作中的责任，把村镇消防事业建设纳入财政预算范围，建立公共消防设施建设和多种形式消防队伍发展的经费保障机制，确保村镇消防工作发展适应农村经济和社会发展的需要；定期研究部署，协调解决村镇及乡镇企业的消防安全重大问题，督促检查消防工作的实施情况，整改火灾隐患，切实将消防工作纳入社会治安综合治理考评范围。各地村民委员会和驻村企业及各种经济组织要成立消防安全工作领导小组，配备专(兼)职防火人员。主要职责和任务是：将消防安全管理要求纳入村民自治章程和村规民约，组建义务消防组织，落实消防安全措施，开展消防宣传教育，组织消防安全检查、巡查，消除火灾隐患，提高自防自救能力。各级公安、综治、民政、建设(规划)、农业等部门要密切配合，各司其职，各负其责，做到统筹规划、合理配置、统一调用消防安全涉及的水源、装备、器械、通讯、力量等各种农村社会资源。各地公安机关要加强对农村消防工作的指导协调，督促、指导农村基层组织和公安派出所落实责任，建立健全消防组织，制定工作措施，努力构建“党委政府领导、部门行业齐抓共管、村民委员会组织管理、村民共同参与”的农村消防安全管理机制。

二、加强村镇消防规划和消防基础设施建设，努力从根本上改善农村消防安全条件

各地要按照《中华人民共和国消防法》、《中华人民共和国城市规划法》、《村庄和集镇规划建设管理条例》和《村镇建筑设计防火规范》、《村镇规划标准》的有关规定，加强村镇消防的规划和基础设施建设工作。各地在镇的总体规划调整时，要特别注意补充和完善消防方面的相关内容，把消防规划作为镇总体规划的重要内容之一。凡已编制完成总体规划，但缺少消防方面内容的，要补编消防专项规划。国家重点镇以及经济发展较快的建制镇原则上要在2004年年底前完成此项工作，其他建制镇原则上应在2005年完成。乡村也要将村民住宅及乡镇企业的消防安全布局、消防通道、消防水源建设纳入乡镇总体规划和村庄建设规划中，并与村容村貌的治理改造同步实施；各地对以易燃建筑材料为主体、房屋连片集中、火灾荷载大的乡村，要有计划地实施改造，从根本上改善消防安全条件和村民生活环境。要加快消防基础设施和消防装备建设步伐。乡镇消防基础设施建设应纳入公共基础设施建设之中，结合农村扶贫开发、新区开发和旧区改造以及乡镇企业工业园区、示范园区开发建设同步实施；国家重点镇和经济发展较快的建制镇要立足建设成为布局合理、功能健全、具有较强辐射能力的农村消防救援基地；农村消防基础设施要结合农村节水灌溉和人畜饮水工程、乡村道路、草场围栏、沼气工程和能源建设以及水电建设和农村电网改造，与消防水源、消防通道和消防通讯等同步实施；凡设有自来水管网的乡村要设置消火栓，配备消防器材，同时要发挥农业灌溉机械在灭火方面的作用，实现一机多能，缺水地区要修建消防水池，确保消防用水。

三、大力发展多种形式消防队伍，建立适合农村特点的灭火救援体系

建立适合农村特点的各类地方专职、乡镇企业自办及村办等多种形式的消防队伍，是统筹城乡消防力量协调发展的迫切需要，也是有效扑救初起火灾、保护农民群众生命财产安全的重要保证。各地要大力推动多种形式消防队伍的建设，力争用3年时间，在农村形成以国家重点镇以及经济发展较快的建制镇专职消防队为中心，其他乡镇、村消防力量为补充的农村消防队伍网络，提高农村抗御火灾的能力。目前未设立现役公安消防队的县(市、旗)，要结合当地实际，广开思路，拓宽渠道，尽快建立地方专职消防队，配备火灾扑救必需的人员、车辆、器材和装备，以承担起区域性灭火救援任务，填补当地消防力量的空白。要充分调动和发挥各乡镇政府、村民委员会和社会各方面的积极性，大力推进多种形式的消防队伍建设。国家重点镇以及经济发展较快的建制镇，要率先建立起专职消防队，在完成好执勤灭火任务的同时，从实际需要出发，可承担起消防宣传、培训、检查，以及治安巡逻、重点单位和要害部位的警卫等任务，实现一专多能，一队多用。其他乡镇要因地制宜依托民兵、保安、治安联防等组织建立多种形式专兼职消防队，采用简易消防车、拖拉机安装水罐等形式，配备必要的灭火器材，以适应扑救农村火灾的需要。行政村、村寨要普遍建立群众义务消防队或由志愿人员轮流执勤的志愿消防队，配置手抬消防泵等灭火设施，充分利用灌溉机械作为灭火器材，以便及时扑救初起火灾。

四、广泛深入开展农村消防宣传，大力提高农民群众的消防安全意识

各地要充分发挥各级政府、村民委员会的组织领导作用，广泛发动新闻出版、民政、农业、司法、教育、文化、旅游、工会、共青团、妇联等各方面力量，做好农村消防宣传教育工作。要把农村消防宣传教育纳入“四五”普法规划和文化、科技、卫生“三下乡”以及中小学素质教育、创建文明村镇、评选文明户等活动之中，将消防宣传渗透到社会各个领域。要紧密结合农村实际，突出农村特色，对广大农民群众开展贴近实际、贴近生活、富有实效的消防法律法规和消防知识宣传教育，倡导科学的生产、生活习俗，指导农民安全用火、用电、用油、用气，增强农民群众的消防安全意识；要定期组织开展以少年儿童、老年人、妇女等群体为主要对象的消防自护教育活动，学习家庭火灾扑救以及安全疏散、逃生自救方法等，使农民群众掌握最基本的灭火和逃生技能；要在农民群众集中的学习室、活动室等场所增加消防安全常识的宣传内容，并在村内设置消防宣传栏、宣传牌和防火标志；乡村广播站要定期进行消防安全宣传，普及消防安全常识，提高人民群众识灾防灾能力；要在各乡镇普遍建立一支以文化、广播、电影、法制部门人员为基础力量，志愿和义务消防人员参加的农村消防宣传骨干力量，采取集中、分散相结合的形式，广泛开展消防宣传教育活动。年内要在每个村至少培养一名专(兼)职消防宣传员，具体负责农村消防宣传工作的开展。同时，要把消防安全教育纳入农村中小学校教学内容，达到教育一个学生、带动一个家庭、推动一个村庄的消防安全社会效应。通过3年至5年的努力，在广大农村营造一个广泛开展消防宣传教育、普及消防安全常识和共同参与消防安全活动的良好氛围。

司 法 部

全国司法行政机关参与社会治安综合治理概况

2004年，全国各级司法行政机关认真贯彻《中共中央国务院关于进一步加强社会治安综合治理的意见》，充分发挥司法行政工作职能作用，积极参与社会治安综合治理工作，在严厉打击各种刑事犯罪，维护监所秩序，化解矛盾纠纷，预防减少犯罪，维护社会稳定等方面作出了积极的贡献。

一、大力加强人民调解工作，切实发挥维护社会稳定第一道防线作用。继续深入贯彻中央办公厅、国务院办公厅批转的《最高人民法院、司法部关于进一步加强新时期人民调解工作的意见》、最高人民法院《关于审理涉及人民调解协议的民事案件的若干规定》、司法部《人民调解工作若干规定》和最高人民法院、司法部《关于加强人民调解工作切实维护社会稳定的意见》等四个文件，大力加强和规范人民调解工作，继续抓好组织、业务、队伍建设。共整顿人民调解组织近23万个，建立乡镇、街道人民调解委员会4万多个，专门调解场所3万多个。在巩固和发展村、居人民调解委员会的基础上，建立健全乡镇街道人民调解委员会，恢复、重建企事业单位人民调解组织，大力推广区域性行业性人民调解组织。进一步拓宽人民调解工作领域，特别是对社会热点难点纠纷和群体性矛盾纠纷及时调解，充分发挥人民调解工作的调处功能、法制宣传教育功能、矛盾纠纷预防功能和信息报告功能，最大限度把矛盾纠纷化解在基层，化解在萌芽状态。人民调解员素质进一步提高，队伍结构进一步改善。通过提高调解率、调解成功率和协议履行率，提高人民调解的社会公信力。人民调解工作机制创新，化解矛盾纠纷能力进一步提高。广大人民调解员积极调解婚姻、家庭、邻里、损害赔偿、房屋宅基地以及生产经营等常见性、多发性民间纠纷，主动介入村务管理、农民负担、计划生育、土地承包及流转、征地拆迁和补偿、施工扰民、下岗待岗、劳动争议、交通肇事、医患纠纷等社会难点、热点纠纷的调解。一些地方调解组织在党委政府和人民法院的支持下，试行了调解前置做法，鼓励和倡导对一般民事纠纷先行调解；一些地方实行人民调解与治安调解、司法调解、信访调解相结合的新机制，拓宽了人民调解工作范围，提高了调解率、调解成功率和协议履行率，工作效能明显增强。2004年，全国人民调解组织共调解各类民间纠纷440多万件，其中公民与公民之间的矛盾纠纷360多万件，公民与法人及社会组织之间的矛盾纠纷73万多件，调解成功率达95.9%。先后总结推广了“石家庄人民调解工作经验”和“北京市西城区人民调解与治安调解相衔接的经验”，并与中央政法委、中央综治委、中宣部、安徽省委、省政府共同推出新时期人民调解员的楷模——曹发贵，举行了曹发贵同志先进事迹报告会，组织了巡回报告。

二、加大基层普法依法治理工作力度，从源头上预防和减少矛盾纠纷。2004年，以新的宪法修正案为重点，深入开展全民宪法学习宣传活动。开展了规模大、范围广、内容全面、形式新颖的宪法宣传活动，广泛宣传宪法知识，努力提高群众的宪法意识。以服务党和国家中心工作为宗旨，开展针对性、实效性强的法制宣传教育。围绕国务院提出的全面推进依法行政、建设法治政府的目标和要求，组织各地认真学习宣传《行政许可法》和《全面推进依法行政实施纲要》。积极开展“3·15”法制宣传活动，与国家工商总局等七部门，联合举办了“3·15”法制宣传晚会；积极开展了税法宣传活动，与国家税务总局联合举办了“依法诚信纳税，共建小康社会”为主题的“全面税收宣传月座谈会”。同时，还积极参与了建筑法、农村土地承包法等法律的执法检查和落实以及环保整治专项活动的督查工作。大力开展维护社会稳定法制宣传教育。下发了《关于进一步加强法制宣传教育，预防和减少涉法上访，切实维护社会稳定的通知》，召开电视电话会议，印发了《司法部关于加强普法依法治理工作，切实维护社会稳定的意见》。各地围绕维护人民群众根本利益，针对土地流转承包、房屋拆迁、土地征用、税费负担、村务管理等关系群众切身利益问题，及时有效地化解矛盾纠纷，促进了社会稳定。大力加强青少年法制宣传教育。举办了青少年法律知识网上竞赛；开展了青少年法制短信征集大赛和法律知识短信竞答活动。积极参与学校及周边治安综合治理工作，认真落实预防青少年违法犯罪的各项措施，努力推进依法治校。结合社会热点问题，大力开展专业法制宣传教育。积极开展《道路交通安全法》、民族区域自治法、传染病防治法和知识产权法宣传教育。努力推进依法治理工作，在农村积极开展“民主依法示范村”活动，促进村务公开和农村基层民主法制建设；在城市积极开展“法律进社区”活动，提高居民自我教育、自我服务、自我管理、自我约束的能力，为建设文明祥和的新型社区作出贡献；部门、行业、基层依法治理活动扎实开展，为实施依法治国方略进一步奠定了基础。

三、进一步加强法律服务和法律援助工作，引导公民和法人通过合法途径解决矛盾纠纷。法律服务和法律援助工作是依法解决矛盾纠纷的重要渠道，是社会治安综合治理的有效方式。2004 年年初，胡锦涛总书记等中央领导同志对律师工作作出重要指示，为新时期加强律师队伍建设指明了方向。司法部认真学习贯彻中央领导指示精神，提出了进一步加强律师队伍建设的意见。中办、国办转发的《司法部关于进一步加强律师队伍建设的意见》，比较全面的阐述了律师队伍建设的指导思想、发展目标和主要任务，明确了当前和今后一个时期加强律师队伍建设的基本思路。根据律师队伍建设的实际，2004 年，在全国律师行业开展了为期一年的律师队伍集中教育整顿活动。在律师队伍中深入开展了思想教育、法制教育、职业道德和执业纪律教育；着力规范律师和法官的相互关系，规范律师事务所的内部管理，规范律师的个人执业行为。各地按照工作部署，整顿和规范法律服务市场秩序，加强管理和监督，不断提高服务质量，为公民和法人处理各类纠纷提供优质高效的法律服务，实现法律服务的政治效果、社会效果和法律效果的有机统一。努力解决“群众打官司难”的问题，进一步壮大律师队伍，规范律师收费，提高律师职业道德和服务水平，使人民群众能够获得便捷、高效的法律服务，促进各类矛盾纠纷通过合法途径解决。在大中城市，积极开展法律服务进社区，方便居民的法律服务需求；在农村，引导基层法律工作者为农民群众提供方便、快捷的法律服务。司法部与国家信访局、全国人大办公厅信访局联合召开了律师参与信访工作电视电话会议，与国家信访局联合下发了《关于进一步加强律师参与涉法信访工作的意见》，推动各地深入开展律师参与涉法信访工作，化解群众纠纷，维护社会稳定。转发了《河北省司法厅、河北省人民政府国有资产监督管理委员会联合发布〈关于充分发挥律师职能作用依法促进国有企业改革顺利进行的通知〉》，河北律师服务国有企业的经验得到进一步推广。与建设部联合下发了《关于为解决建设领域拖欠工程款和农民工工资问题提供法律服务和法律援助的通知》，各地积极开展了律师为解决建设领域拖欠工程款和农民工工资问题提供法律服务的工作，有力维护了农民工的合法权益。与中国残疾人联合会联合下发了《关于为残疾人提供无障碍法律服务和法律援助的通知》，依法保障残疾人的合法权益。认真汲取“西安宝马事件”的教训，制定了《开奖公证细则（试行）》，进一步规范了现场监督公证业务。认真贯彻国务院颁布的《法律援助条例》和全国法律援助工作会议精神，推行法律援助便民措施，推动法律援助向基层社区延伸，努力为困难群众提供法律帮助。司法部与民政部、财政部等九部门联合出台《关于贯彻落实〈法律援助条例〉，切实解决困难群众打官司难问题的意见》，法律援助覆盖面进一步扩大。

四、加强监狱、劳教工作，积极开展社区矫正试点工作，努力将违法犯罪人员改造教育成守法公民。对违法犯罪人员的教育改造是维护社会稳定的重要工作。2004 年，监狱和劳教工作进一步强化安全意识和责任意识，加强警察对罪犯和劳教人员的直接管理，及时掌握犯情动态，消除安全隐患。采取有力措施，坚决控制和杜绝脱逃脱管、狱所内案件、非正常死亡以及安全生产事故发生。多管齐下,多措并举,进一步提高监所的安全稳定水平。2004年,狱内发案数和罪犯脱逃数分别比上年下降20%和42.5%;劳教人员所内发案数和逃跑数分别比上年下降50%和17%。开展了“减刑、假释、保外就医专项检查活动”,积极探索教育改造工作新举措,提高了罪犯改造质量。加强了对“法轮功”罪犯、劳教人员的管理和教育转化工作。进一步推进监狱工作法制化、科学化、社会化建设,提高监狱整体工作水平。深化劳教办特色工作,提出了管理工作改革的新思路。采取有效措施加强对犯人、教养人员的劳动技能培训,加强对他们出狱所后回归社会的教育,努力提高教育改造质量。大力推进社区矫正试点工作。各地按照《最高人民法院、最高人民检察院、公安部、司法部关于开展社区矫正试点工作的通知》和司法部制定的关于社区矫正的规范性文件的要求,对社区矫正送达、接受、登记、建档、制定矫正个案、监护、考核、奖惩等各个环节进行规范。积极稳妥地扩大试点范围,公、检、法、司等部门分工负责,确保社区矫正试点工作依法规范进行。

五、认真做好刑释解教人员的安置帮教工作,努力减少社会不稳定因素。2004年,全国各级刑释解教人员安置帮教工作部门紧紧围绕改革、发展、稳定大局,按照“帮教社会化、就业市场化、管理信息化、工作职责规范化”的工作方针,完善工作制度,衔接管理、安置和帮教等各项工作都取得了新成效。各地进一步加大工作力度,完善衔接制度,采取排查等有效措施,加强流动人口中刑释解教人员的衔接管理。为了从源头上堵住衔接工作漏洞,中央综治委刑释解教人员安置帮教工作领导小组在广泛调研的基础上,研究提出了刑释解教人员信息管理软件的设计方案。安置渠道拓宽,安置力度增强。2004年2月,中央八部委局联合下发了《关于进一步做好刑释解教人员促进就业和社会保障工作的意见》,对安置帮教工作给予优惠政策,有力支持了工作开展。各地高度重视,通过各种形式将文件精神及时传达到各级安置帮教部门,并提出具体贯彻落实的意见。监狱、劳教所按照中央八部委局文件精神,加强与有关部门的联系配合,加大对服刑、在教人员的就业培训力度。上海、江苏、甘肃等地民政部门出台政策,对家庭突发临时困难的或承包土地未落实前,无生活来源的刑释解教人员给予临时生活补助。税务部门按照八部委局文件和本省实际,大力支持刑释解教人员过渡性安置实体发展,落实了不同程度的税收优惠。各级工商行政管理部门对确有困难刑释解教人员从事个体经营的,减免市场管理费,并通过个私协等组织对他们进行帮助教育。农村籍刑释解教人员基本落实了责任田或得到土地征用补偿。职能部门齐抓共管,社会力量积极参与。各地司法所认真履行职责,普遍建立健全安置帮教各项工作制度,对回归社会刑释解教人员登记建档,成立社区(村)帮教小组,掌握思想动态,帮助解决生活就业中遇到的困难和问题。各级司法行政部门积极动员组织社会力量参与帮教工作,创新形式,形成规范,注重实效。完善制度,落实责任。各地认真落实全国综治工作会议精神,加强了对安置帮教工作的组织领导,强化了工作机构和制度建设。2004年,全国31个省(区、市)335个地(市、州)和3429个县(市、区)成立了安置帮教领导小组和办事机构,调整充实了工作人员。例会、培训、衔接、考核、奖惩、档案、对外协调、信息通报等各项工作制度进一步完善。广东、四川等落实了经费保障问题,吉林、辽宁出台了成员单位之间协调配合、齐抓共管的工作制度。中央综治委安置帮教工作办公室印发了《关于2004年度刑释解教人员安置帮教考核工作的通知》,提出以组织机构和工作制度建设、经费保障、贯彻落实中央八部委局文件精神、开展表彰或宣传、落实衔接制度、帮教率、安置就业率和重新犯罪率、发生重大刑事案件被省(市、区)综治委查究等10个方面为考核内容和标准,组织各地对安置帮教工作情况进行了全面检查。

六、大力加强司法所建设,促进基层社会治安防控体系的建立和完善。乡镇、街道司法所是司法行政机关的基层单位,认真履行指导人民调解、开展法制宣传、法律服务、法律援助等法定职责,积极参与社会治安综合治理。2004年,各地按照中央政法委关于加强“两所一庭”建设要求,积极争取各级党委政府的重视支持,司法部办公厅与国家发改委办公厅联合下发了《关于做好中西部地区司法所规划和建设工作的通知》,中西部地区司法所建设全面启动。按照司法部《关于创建规范化司法所工作的意见》,从组织、人员、工作、制度等方面全面加强司法所建设。努力争取配齐配强乡镇、街道司法助理员,加强对司法所工作人员的业务培训,提高司法助理员队伍素质。大力推进司法所规范化建设,努力达到组织健全、业务规范、队伍稳定、设备完善的工作目标。紧紧围绕基层党委、政府的工作大局,认真履行职能,司法所职能作用得到充分发挥,为维护基层社会稳定、促进基层民主法制建设、促进经济发展社会全面进步作出了积极贡献。2004年,各地司法所参与调解疑难纠纷51.7万件;协助基层政府处理社会矛盾纠纷近50万件;制止群体性上访6万人次;制止群体性械斗4.5万件;参与基层统一组织的"严打"和专项治理工作45万人次。

最高人民法院　司法部关于印发罗干同志在全国人民调解工作座谈会上的讲话的通知

(2004年3月5日)

各省、自治区、直辖市高级人民法院、司法厅(局),解放军军事法院,新疆维吾尔自治区高级人民法院生产建设兵团分院、新疆生产建设兵团司法局:

2月24日至26日,最高人民法院、司法部在北京联合召开全国人民调解工作座谈会,中共中央政治局常委、中央政法委员会书记罗干同志出席会议并作了重要讲话。现将讲话印发你们,请认真学习贯彻。

人民调解作为一项具有中国特色的法律制度,已经成为我国诉讼程序之外化解矛盾、消除纷争的重要手段,成为提高公民法制观念和道德水平、推进基层民主法制建设、维护社会稳定的重要途径,也是坚持执政为民、解决好关系群众切身利益问题的一项重要工作。各级人民法院和司法行政机关要从贯彻"三个代表"重要思想的高度,在各级党委、政府的领导下,根据新的形势要求,进一步加强对人民调解工作的指导,充分发挥其作为维护稳定第一道防线的作用,大力加强人民调解组织建设,坚持人民调解工作的发展方向,促进人民调解制度的不断完善,为维护改革发展稳定大局,为全面建设小康社会作出积极的贡献。

罗干同志在全国人民调解工作座谈会上的讲话

(2004年2月25日)

最高人民法院、司法部联合召开这次全国人民调解工作座谈会,贯彻落实党的十六大和十六届三中全会精神以及全国政法工作会议精神,研究部署加强新形势下的人民调解工作,这对于进一步化解基层矛盾纠纷，维护社会稳定，具有重要意义。会议表彰了在人民调解工作中作出突出成绩的人民法庭和司法所，我代表党中央、国务院对受到表彰的先进单位表示热烈的祝贺，并借此机会向辛勤工作在维护社会稳定第一线上的广大人民调解员、支持和指导人民调解工作的基层法官和基层司法行政工作者表示亲切的慰问！肖扬同志、福森同志都在会议上讲了话，他们的讲话我都同意。下面，我讲几点意见。

一、充分认识人民调解工作在党和国家工作大局中的重要地位和作用

当前，我国正处在全面建设小康社会、加快推进社会主义现代化建设新的历史时期，抓住本世纪头二十年的重要战略机遇期，做好各方面的工作，对于实现十六大提出的全面建设小康社会的宏伟目标，具有重要的战略意义。今年是我国改革和发展十分关键的一年，既面临着许多有利条件和新的机遇，也存在着不少困难和新的挑战。在这样的历史任务面前，人民调解作为一项重要的法律制度，在围绕中心、服务改革发展稳定大局中，肩负着重要的使命，具有十分重要的作用。

和谐稳定的社会环境既是全面建设小康社会的重要目标，又是全面建设小康社会的重要保障。没有稳定的社会环境，什么事情也干不成。当前，我国政治稳定，经济发展，民族团结，社会进步，综合国力不断增强，人民群众安居乐业，总体形势是好的。但是必须看到，随着改革的深化，利益关系的调整，生产、生活方式的改变，由各种原因引发的矛盾纠纷不断增多，群体性事件时有发生，涉法上访问题比较突出，特别是越级上访、进京上访、集体上访增多，组织化倾向明显，有的跨地区、行业串联，有的采取自焚、自杀等极端行为，有的到党政机关和重要场所聚集滋事，严重影响了正常的工作和社会秩序。正确处理新时期的人民内部矛盾，关系到改革发展稳定的大局，关系到全面建设小康社会奋斗目标的实现和物质文明、政治文明、精神文明建设的顺利进行。在建国以来处理和化解人民内部矛盾的长期实践中，我们已经形成了和解、调解、仲裁和诉讼等多形式、多层次、多渠道的矛盾纠纷化解机制。调解解决矛盾纠纷的方式多种多样，既有法院主持下的司法调解，也有行政机关依照法律授权进行的行政调解，还有人民调解委员会主持下的人民调解。其中，人民调解是在党的领导下，经历了建设和改革各个历史时期的实践，不断发展和完善起来的一项化解民间纠纷的重要法律制度，它符合人民内部矛盾是在根本利益一致基础上的矛盾的客观实际，符合我国民间长期形成的“和为贵”、“息讼”等追求和谐的民族社会心理和历史文化传统，而且具有遍布基层、深入群众、便捷、灵活、不收费等多种特点和优势，因而广为基层群众所接受。作为国家根本大法的宪法以及民事诉讼法、继承法、人民调解委员会组织条例等多部法律法规都对人民调解作了明确规定，人民调解已经成为我国解决民间纠纷的重要法律制度。改革开放20多年来，我国近百万个人民调解组织、数百万人民调解员每年调解的民间纠纷都达几百万件，有的年份达上千万件，防止了大量的民间纠纷激化为刑事案件，避免了大量非正常死亡案件的发生，为有效化解社会矛盾，形成良好的社会生产和生活秩序作出了重要贡献，成为维护社会稳定特别是基层社会稳定的一支不可或缺的重要力量。在新的形势下，进一步完善和加强人民调解工作，是维护社会稳定的一项重要任务。

人民调解也是坚持执政为民、解决好关系群众切身利益问题的一项重要工作。人民内部矛盾引发的纠纷，大多数都涉及群众的切身利益。群众利益无小事。利用调解的方法化解矛盾纠纷，依法维护纠纷当事人的合法权益，维护社会公平和正义，是党和政府重视、关心和维护好群众利益的具体体现，对于巩固党的执政基础、实现执政为民的宗旨至关重要。通过人民调解把大量矛盾纠纷化解在基层，解决在萌芽状态，不仅方便群众，为群众节省人力、物力和时间，还有助于建立良好的社会秩序、生活秩序和工作秩序。特别是化解大量的生产经营性纠纷，有助于完善社会主义市场经济体制，有助于保护广大人民群众的生产积极性，有助于从根本上维护群众的长远利益。人民调解扎根基层，了解民情，把群众反映强烈的热点、难点问题反馈给党和政府，有助于党和政府有针对性地及时采取措施解决好事关群众利益的重大问题。因此，人民调解工作与广大群众利益息息相关，做好这项工作，是实现好、维护好、发展好人民群众利益的必然要求，是坚持立党为公、执政为民的必然要求。

总之,新时期的人民调解工作肩负着崇高的使命和重大的责任,各级人民法院和司法行政部门一定要从贯彻“三个代表”重要思想的高度,从坚持立党为公、执政为民的高度,从加强“三个文明”建设、全面建设小康社会的高度,以为民解难、为党分忧的崇高责任感和使命感,认真把这项工作抓紧、抓实、抓好,不断抓出成效。

二、切实加强人民调解工作,不断提高调解工作水平

人民调解作为一项具有中国特色的法律制度,已经成为我国诉讼程序之外化解矛盾、消除纷争的重要手段,成为提高公民法制观念和道德水平、推进基层民主法制建设、维护社会稳定的重要途径。自2002年以来,各地深入贯彻落实中共中央办公厅、国务院办公厅批转的《最高人民法院、司法部关于进一步加强新时期人民调解工作的意见》,人民调解组织和队伍建设取得了明显成效,人民调解工作范围有了新的拓展,人民调解协议的法律效力有了新的强化,调解率、调解成功率、协议履行率有了大幅度提高,化解社会矛盾纠纷的能力进一步增强。在新的历史条件下,要充分发挥人民调解作为维护稳定“第一道防线”的重要作用,把化解在改革发展中出现的各种矛盾纠纷,防止矛盾纠纷激化作为首要任务。要根据新形势下民间纠纷呈现出的新情况、新特点,充分发挥人民调解的独特优势,及时化解和消除不稳定因素,努力把可能激化的矛盾减少到最低限度。各地人民调解组织不仅要搞好传统的婚姻、家庭、邻里、赔偿等常见性、多发性民间纠纷的调解,而且要结合本地经济社会发展的实际,针对突出的难点、热点纠纷开展调解工作,化解改革进程中的利益冲突,做到哪里有民间纠纷,人民调解工作就延伸到哪里,及时有效化解民间纠纷,保证改革和发展顺利进行。要把预防矛盾纠纷作为新时期人民调解工作的重点,科学地把握民间纠纷产生演变发展的规律,有针对性地采取措施,在大力调解的同时做好预防工作。要深入到人民群众之中,及时发现可能导致矛盾纠纷的潜在因素,防止矛盾纠纷的发生。要发挥人民调解工作的网络优势,积极向党委政府反映社情民意,为及时处理矛盾纠纷、防止矛盾激化提供信息。要坚持抓早、抓小、抓苗头,努力把矛盾纠纷解决在萌芽状态,严防民间纠纷激化引起自杀、凶杀、群体性事件。要充分发挥人民调解贴近基层、联系群众的特点,大力宣传党的路线方针政策,开展生动的法制宣传教育,弘扬社会主义道德,不断提高公民的法制观念和道德水平,努力为全面建设小康社会创造长期和谐稳定的社会环境。

要加强人民调解组织建设。人民调解要承担起“第一道防线”的重大责任,就必须大力加强人民调解组织建设。要进一步健全人民调解的组织网络,特别是巩固、加强村、居和乡镇、街道调解组织,把人民调解工作延伸到社会的各个领域。要建立健全各项规章制度,不断提高人民调解工作的制度化、规范化水平。做好人民调解工作,调解员的素质至关重要。各地要把加强调解员队伍建设摆上重要位置,坚持人民调解员的选任条件,把懂法律、懂政策,热爱人民调解工作,在人民群众中有一定威信的同志选聘到人民调解队伍中来。要定期进行培训,不断提高人民调解员的法制意识、政策水平和业务水平,努力造就一支政治合格,政策水平、法律水平、文化知识水平较高,能够适应新的形势需要的高素质的人民调解队伍。

要坚持人民调解工作的发展方向。人民调解是人民群众自我教育、自我管理、自我服务,化解自已内部矛盾的重要法律制度,是实现党的领导、人民当家做主和依法治国有机结合的社会主义民主政治的重要体现。人民调解委员会是基层群众自治性组织,其主要任务是调解民间纠纷,并通过调解工作宣传法律、法规、规章和政策,教育公民遵纪守法,遵守社会公德。人民调解工作的显著特征就是民间性、自治性。因此,人民调解不同于行政调解和司法调解,也不同于司法审判,必须坚持平等自愿的原则,坚持便民利民的方向,充分运用说服教育、耐心疏导、平等协商等方法化解矛盾纠纷。

要进一步完善人民调解制度。我国现行的人民调解制度在维护社会稳定、加强社会主义民主法制建设中作出了突出贡献,但随着形势的发展,我国民间纠纷的情况发生了新的变化,出现了许多新的特点,人民调解的工作范围、组织形式等许多方面已不能完全适应新的形势,必须与时俱进,改革创新,逐步完善。各地要结合实际创造性地开展工作。要积极探索人民调解与民事诉讼的衔接和协调,建立层次丰富、形式多样而又协调一致的社会矛盾纠纷解决体系,形成维护社会稳定的长效机制。这次会议上,各地交流了一些好的经验和做法,希望大家互相学习和借鉴。要根据我国国情,结合国外诉讼外调解制度的有益做法,认真研究社会主义市场经济条件下人民调解制度的法律定位、组织结构、工作程序以及调解与诉讼的关系等问题,更好地指导人民调解工作实践,为进一步发展和完善人民调解制度提供理论支持。

三、各级党委政府要进一步加强对人民调解的组织领导和工作指导

人民调解工作是正确处理人民内部矛盾的一项基础性工作。各级党委政府要从实践"三个代表"重要思想,维护人民群众的根本利益,确保社会政治稳定的高度,重视人民调解工作,切实加强对人民调解工作的组织领导和工作指导。

维护社会稳定是各级党委政府的重大责任。各级党委政府和党政领导要树立全面、协调、可持续的发展观,办实事、务实效、求实绩的政绩观,权为民所用、情为民所系、利为民所谋的群众观,科学、合理地统筹安排本地的社会经济发展,在改革与发展中注意兼顾和保护人民群众的切身利益,将改革的力度、发展的速度和人民群众可承受的程度相结合起来,从源头和根本上减少和防止矛盾纠纷的发生。在矛盾纠纷出现后,要善于运用各种矛盾纠纷解决机制,及时有效地予以化解。要高度重视并充分发挥人民调解在化解民间纠纷中的独特作用和优势,不仅要善于运用、而且要关心和支持人民调解工作,将这项工作纳入重要议事日程,及时研究解决人民调解工作中的突出问题。要把人民调解工作经费纳入财政保障体制,确保人民调解委员会的工作经费和人民调解员的培训经费、补贴经费落到实处,努力为人民调解工作的顺利开展创造良好的工作环境和条件。要加大对新时期人民调解工作的宣传力度,广泛宣传人民调解在化解社会矛盾纠纷、维护社会稳定中的作用,宣传在人民调解工作中作出突出贡献的先进集体和先进个人,为人民调解工作的开展创造良好的社会环境和舆论氛围。

基层司法所担负着指导人民调解工作的重要职能,地方各级党委政府要按照全国政法工作会议精神大力加强司法所建设,帮助解决司法所在组织机构、人员编制、基础设施等方面的困难和问题。要把司法所建设切实纳入基层政法组织建设规划,保障政法编制专职专用,为司法所配备高素质的工作人员。要支持司法所依法履行职责,保障其充分发挥指导人民调解工作、疑难纠纷调处工作、社区矫正工作、刑释解教人员过渡性安置帮教工作、法制宣传教育工作等职能作用。要切实加大对司法所建设的投入,在财力、物力等方面给予大力支持,为司法所工作的开展创造条件。

各级司法行政机关要把人民调解工作摆到重要议事日程,认真履行好法定职责,抓好各项任务的落实。要适应新时期人民调解工作改革与发展的要求,不断加强人民调解工作的规范化和程序化建设,确保人民调解工作的健康发展。加强对人民调解委员会日常工作的指导,对人民调解委员会主持达成人民调解协议书的合法性、规范性加强检查指导,努力提高调解协议的效力。要注意总结推广人民调解工作的成功经验,不断探索加强人民调解工作的思路,使自身组织不断健全,制度不断完善,队伍素质不断提高。

各级人民法院特别是基层人民法院及其派出人民法庭要加大支持和指导人民调解工作的力度。指导人民调解委员会的工作既是各级人民法院特别是基层人民法院及其派出人民法庭的法定职责,也是及时解决社会矛盾、维护社会稳定、促进经济发展的客观需要。基层人民法院及其派出的人民法庭要充分发挥审判职能,通过依法审理涉及人民调解协议的民事案件,支持人民调解委员会的工作;要加强对人民调解委员会的业务指导,增强他们在调解工作中化解社会矛盾纠纷的能力;要与司法行政机关密切合作,探索各种支持和指导人民调解工作的方法和途径,如邀请人民调解员担任人民陪审员、邀请人民调解员协助诉讼调解工作等等,充分发挥人民调解的作用;要支持司法行政机关开展的人民调解队伍建设,提高人民调解员的素质。

基层人民法院及其派出人民法庭承担着全国法院所受理案件总数80%的审判任务,是解决基层社会矛盾纠纷,维护社会稳定,巩固国家政权社会基础的重要力量。因此,加强人民法院的基层基础工作,不仅是支持人民调解工作的需要,也是维护社会稳定、促进经济发展和社会进步、巩固国家基层政权建设的需要。各级党委、人大、政府和上级人民法院一定要高度重视人民法院的基层基础工作，全力支持基层法官队伍建设，不断提高他们的政治素质和业务素质，为基层审判工作和对人民调解工作的支持和指导提供可靠的组织保证；要大力支持基层人民法院及其派出人民法庭的基础设施建设，尽最大可能解决基层人民法院及其派出法庭的经费问题，为他们履行审判职能提供可靠的物质保障，使基层人民法院及其派出人民法庭在支持和指导人民调解，解决社会矛盾，维护国家和社会稳定，实现社会公平和正义，促进我国物质文明、政治文明和精神文明建设中发挥更大的作用。

同志们，人民调解制度作为社会主义法律制度的重要组成部分，作为解决社会矛盾纠纷的重要机制，在新的形势下具有不可替代的地位和作用。人民调解工作前景广阔，任务光荣而艰巨。我们一定要按照“三个代表”重要思想的要求，进一步解放思想，扎实工作，不断提高人民调解工作水平，充分发挥人民调解在化解社会矛盾纠纷、维护社会稳定中的作用，为全面建设小康社会作出新的更大的贡献！

司法部关于印发周永康同志在第四次全国法律援助工作会议上的讲话的通知

（2004年9月20日）

各省、自治区、直辖市司法厅（局），新疆生产建设兵团司法局：

2004年9月8日至9日，第四次全国法律援助工作会议在北京召开，中共中央政治局委员、中央书记处书记、国务委员、中央政法委副书记周永康同志出席会议并作了重要讲话。现将周永康同志的讲话印发你们，请认真学习贯彻。

今年是全面落实十六大和十六届三中全会精神，深化改革，扩大开放，促进发展的重要一年，在完善社会主义市场经济和全面建设小康社会的进程中，法律援助工作肩负着重要的职责。各级司法行政机关要迅速传达周永康同志的重要讲话精神，认真研究贯彻落实的意见和措施。积极向党委政府汇报，主动与相关部门进行联系和沟通，取得党政领导和有关部门的重视和支持，尽快完成法律援助范围、经济困难标准和办案补贴标准的制定工作。切实履行监督管理职责，确保法律援助工作健康、规范发展。各地法律援助机构要切实履行组织实施法律援助的职责，引导律师、基层法律服务工作者以及各种社会力量参与法律援助工作，努力帮助更多的困难群众获得法律援助。

各级司法行政机关和法律援助机构要进一步增强责任感和使命感，在以胡锦涛同志为总书记的党中央领导下，高举邓小平理论伟大旗帜，认真学习贯彻“三个代表”重要思想，树立和落实科学发展观和正确的政绩观，切实按照周永康同志的重要讲话要求，与时俱进，求真务实，开拓创新，加快发展法律援助事业，为维护社会稳定、促进司法公正，保障改革开放和社会主义现代化建设的顺利进行，作出新的更大的贡献。

周永康同志在第四次全国法律援助工作会议上的讲话

(2004年9月8日)

今天,司法部召开第四次全国法律援助工作会议,总结交流法律援助制度建立以来和《法律援助条例》实施一年来的工作经验,研究部署下一步的工作任务,表彰全国法律援助先进集体、先进个人。这对于激励广大法律援助工作者和法律服务工作者深入贯彻党的十六大和十六届三中全会精神,践行"三个代表"重要思想,落实科学发展观,推动法律援助工作全面发展,将起到积极的促进作用。

我国的法律援助制度从1994年建立到现在已经十年了。党中央、国务院一直十分关心和重视法律援助工作。特别是去年9月1日《法律援助条例》施行以来,在各级党委、政府的领导下,全国各级司法行政部门和法律援助机构紧密结合工作实际,以贯彻实施《条例》为契机,加快发展步伐,取得了显著成绩。越来越多的地方政府将法律援助工作纳入本地发展规划或为民办实事的项目,大力发展法律援助事业;各级政府对法律援助的财政支持力度逐年加大,法律援助事业经费保障状况得到了改善;各部门和社会各界越来越理解和支持法律援助工作,为法律援助事业的发展提供了良好的环境;法律援助的受益人群不断增加,越来越多的困难群众通过法律援助维护了自己的合法权益;法律援助队伍不断壮大,服务水平不断提高。法律援助制度已经成为保障困难群众合法权益、实现司法公正、维护社会稳定的一项重要法律制度,成为我国社会主义法制体系的重要组成部分,并在国际人权斗争中发挥着重要作用。在法律援助事业的发展过程中,广大司法行政系统和法律援助战线的同志们,讲政治、顾大局,忠于职守、甘于奉献,不断推进法律援助事业的发展,努力运用法律手段维护困难群众的合法权益,为创造和谐稳定的社会环境,密切党和人民群众的血肉联系作出了积极贡献。借此机会,我代表党中央、国务院向在法律援助工作岗位上辛勤工作的同志们表示亲切的问候,向这次会议上荣获"全国法律援助先进集体"、"先进个人"称号的单位和同志们表示热烈的祝贺,向关心支持法律援助工作的社会各界表示衷心的感谢!

下面,我讲几点意见:

一、从贯彻"三个代表"重要思想和落实科学发展观的高度,充分认识加快发展法律援助事业的重要意义

法律援助工作是实践"三个代表"重要思想,落实科学发展观的具体体现。"三个代表"重要思想的本质是立党为公、执政为民。科学发展观的核心是坚持以人为本,实现全面、协调、可持续发展。贯彻落实"三个代表"重要思想,树立和落实科学发展观,要求我们把关心群众生活、代表群众利益具体落实到解决群众生产和生活的具体问题上,特别是要关心困难群体的疾苦,为困难群众排忧解难。法律援助作为一项法律救济制度,直接面向社会的困难群体,解决他们请不起律师、打不起官司的问题,帮助他们依法维护和实现自身合法权益,这集中体现了执政为民、服务为民的理念,是党和政府权为民所用、情为民所系、利为民所谋在社会主义法制建设中的具体体现。法律援助制度是贯彻"公民在法律面前一律平等"的宪法原则的一项重要法律制度,法律援助通过落实政府的责任,动员全社会的力量,使公民不论经济条件好差、社会地位高低,都能平等地获得法律帮助,行使法律赋予的权利,依法维护自己的合法权益。法律援助制度充分体现了我国社会主义法律制度的人民性,彰显了社会主义法制对人权的保障和维护。地方各级党委、政府和各级司法行政部门、法律援助机构以及社会各界,都要充分认识做好法律援助工作的重要意义,切实增强政治责任感和历史使命感,带着对人民群众的深厚感情,进一步加强和改进法律援助的政策措施,不断完善法律援助制度,努力提高法律援助工作水平,使之在维护人民群众合法权益、实现司法公正、维护社会稳定和促进经济社会协调发展方面发挥更加积极的作用。

二、努力扩大法律援助的覆盖面,不断提高法律援助工作水平

当前,法律援助工作取得了明显成效。但同时应当看到,由于各方认识不足、法律援助经费不足、工作力量不足,发展还很不平衡,真正达到有效满足广大困难群众获得法律帮助的需要,还需要作更大的努力。各地要认真贯彻落实党的十六大提出的"积极开展法律援助"的要求,进一步加大贯彻落实《法律援助条例》的力度,健全法律援助机构,充实法律援助经费,加强法律援助队伍建设,根据地方经济和社会发展水平,及时调整法律援助的范围和标准,降低门槛,努力扩大覆盖面,尽可能使更多的困难群众获得法律援助。在广大基层地区和中西部欠发达地区,困难群众数量多,对法律援助的需求也更加迫切。这些地方要克服困难,采取切实措施,立足本地实际,充分利用现有的人力、财力资源,开展多形式、多层面的法律援助。

法律援助主要是政府的责任,同时也是一项社会事业,需要调动社会力量,共同支持和参与。法律援助,扶危济困,也体现了中华民族的传统美德。目前,我国的贫困人口数量大,法律援助供需矛盾突出。仅仅依靠政府的力量还难以完全满足所有需求。各地要按照《法律援助条例》规定的原则和精神,采取切实措施,整合社会资源,充分调动社会组织和热心人士参与法律援助的积极性,壮大法律援助的工作力量,形成全社会都来关注、支持和参与法律援助的良好氛围。要鼓励和提倡广大律师、基层法律服务工作者在履行好法定法律援助义务的基础上,发扬行业奉献精神,积极为困难群众免费提供法律帮助;要鼓励和支持工会、妇联、残联、高等院校等社会组织利用自身资源参与法律援助,发挥他们在为特定群体提供法律援助方面的作用;要充分发挥法律援助基金会的作用,广开财源,鼓励社会各界捐助法律援助事业,拓宽法律援助经费来源;要鼓励先进,弘扬正气,对在法律援助工作中作出突出贡献的组织和个人,给予表彰、奖励,增强参与法律援助的积极性和荣誉感,形成一种参与法律援助光荣的良好社会风气,激励更多的社会组织和个人投身法律援助事业。

三、充分发挥法律援助职能作用,为维护社会稳定和创造和谐的社会环境服务

维护社会稳定不仅是全面建设小康社会的重要内容,也是实现全面建设小康社会宏伟目标的重要前提和保证。为改革发展创造和谐稳定的社会环境,是新时期政法工作的一项基本任务。当前,各种社会矛盾和社会热点问题不断增多,特别是农民工权益维护、下岗失业工人权益维护、劳动纠纷、土地承包纠纷、房屋拆迁纠纷等群体性矛盾大幅增加,已成为影响社会稳定的突出问题。在这些矛盾纠纷中,相当一部分涉及困难群众的切身利益,如果得不到及时有效的化解,就有可能扩大和激化,影响社会大局稳定。而部分群众不懂得通过法律途径维护自己的合法权益,或者因为经济困难无法获得法律帮助,是这类群体性矛盾纠纷长期得不到解决甚至激化的一个重要原因。法律援助工作要积极发挥在维护社会稳定中的职能作用,采取各种措施,畅通求助渠道,方便困难群众寻求法律帮助,为群体性矛盾纠纷的解决,及时提供法律援助。要加强法制宣传,引导他们依法有序表达自己的诉求,依法维护自己的合法权益。这是把问题解决在基层、把矛盾化解在萌芽状态的一个重要方面。对于涉及众多群众利益、可能影响稳定的重大疑难法律援助案件,要及时请示汇报,加强与相关部门的协调和配合。既要维护群众的合法权益,又要维护法律的尊严,努力避免激化矛盾,还要特别注意防止被境内外敌对分子和别有用心的人操纵利用,最终实现妥善解决问题,维护社会稳定。

四、切实加强领导,为法律援助工作的发展提供有力保障

加强法律援助工作,事关维护人民群众的切身利益,事关维护改革发展稳定的大局。我国法律援助工作开展的时间不长,基础相对还比较薄弱。各级党委、政府一定要把法律援助作为推进依法治国方略实施、全面建设小康社会的重要内容,进一步加强领导,把加强法律援助工作列入重要议事日程,切实抓紧抓好。《法律援助条例》明确规定:"法律援助是政府的责任"。各级政府要切实贯彻《条例》,把法律援助纳入经济和社会发展的总体规划,列入政府为民办实事的项目,帮助解决法律援助工作中的重大问题;要按照《条例》要求,尽早制定法律援助的相关标准,确保《条例》的各项具体规定落到实处;要责成财政部门采取积极措施,依法将法律援助经费纳入各级政府公共支出的范围,保障法律援助事业与经济社会协调发展;要发挥领导和协调作用,督促和协调有关部门相互配合,共同制定和完善加强法律援助工作的政策措施;要重视加强基层法律援助机构的组织建设、业务建设和基本设施建设,为法律援助机构充分发挥职能作用提供有力的支持。要重视法律援助队伍建设,强化法律援助工作者的政治意识、大局意识,帮助他们解决实际问题;要加强对法律援助工作的监督和管理,引导他们不断增强自律意识和服务意识;要建立健全激励机制,吸引更多的优秀法律人才加入到法律援助队伍中来,表彰奖励法律援助先进分子,推动法律援助事业不断发展。

司法行政机关作为法律援助工作的主管部门,法律援助机构作为法律援助工作的具体组织实施机构,对于法律援助工作的发展肩负着重大责任。各级司法行政机关和法律援助机构要树立强烈的事业心和高度的责任感,自觉地把法律援助工作融入党和国家工作大局,努力为党委、政府分忧,为百姓解难。各级司法行政机关要积极主动地向党委、政府汇报法律援助工作的进展情况以及面临的困难和问题,争取党政领导的重视和支持;要经常性地主动与有关方面加强联系和沟通,多做宣传解释工作,取得有关部门的配合与支持;要切实履行监督管理职责,确保法律援助工作健康、规范发展。各地法律援助机构要切实履行组织实施法律援助的职责,把工作重点放到组织协调本地区的法律援助工作上,组织、引导律师、基层法律服务工作者以及各种社会力量参与法律援助工作,做好法律援助工作中的各种协调和服务,努力帮助更多的困难群众获得法律援助。

法律援助工作使命神圣,责任重大。让我们在以胡锦涛同志为总书记的党中央领导下,高举邓小平理论伟大旗帜,认真学习贯彻"三个代表"重要思想,树立和落实科学发展观和正确的政绩观,与时俱进,开拓创新,加快发展法律援助事业,努力使更多的困难群众获得法律援助,为维护社会稳定、促进司法公正、保障改革开放和社会主义现代化建设的顺利进行,作出新的更大的贡献。

司法部关于进一步做好司法行政系统集中处理涉法上访工作的意见

(2004年6月10日)

各省、自治区、直辖市司法厅(局),新疆生产建设兵团司法局、监狱局:

为贯彻落实全国集中处理涉法上访工作电视电话会议精神,现就进一步做好司法行政系统集中处理涉法上访工作提出如下意见:

一、进一步统一思想,充分认识做好集中处理涉法上访工作的重要性

各级司法行政机关要认真学习胡锦涛总书记关于妥善处理好人民群众信访问题的重要指示,认真学习罗干、周永康同志的重要讲话和全国集中处理涉法上访工作电视电话会议精神,深刻领

会精神实质,真正把思想认识统一到中央部署上来。要从贯彻落实“三个代表”重要思想,维护群众利益、维护司法公正、维护社会稳定的高度,进一步增强集中处理涉法上访工作的自觉性和紧迫感,把集中处理涉法上访工作摆上重要议事日程,进一步加大工作力度,采取有效措施,切实将这项工作抓紧抓好,抓出成效。

二、坚持实事求是,严格依法律按政策按程序处理涉法上访问题

各级司法行政机关要牢固树立执法为民、服务为民的思想,严肃认真对待每一起涉法上访案件,切实维护好人民群众的合法权益。对于涉法上访案件,要正确区分合理要求与无理取闹、非法上访的界限,坚持是什么问题就解决什么问题,对全部有理的要全部解决,部分有理的部分解决,没有道理的要做好工作。要坚持原则,依照法律政策把问题解决好。处理涉法上访案件,不能为一时的息事宁人而乱开政策口子,不能因为怕闹访而轻易改变确实正确的结论和决定,坚决维护执法、司法权威。对长期无理闹访、聚众上访、冲击国家机关、堵塞交通,构成违法犯罪的,要依法处理。要依法加强对上访秩序的管理,维护正常的办公秩序,维护好党政机关的权威和形象。

三、严格文明执法,搞好专项整治,从源头上减少涉法上访问题

要针对有的监狱、劳教部门的干警打骂罪犯及劳教人员,律师违法收费、收费不办案等现象,抓住重点问题,采取切实有力措施搞好专项整治,下大力解决自身存在的突出问题。要将处理涉法上访问题与加强监狱劳教警察队伍建设、开展“公正执法树形象”活动紧密结合,与正在进行的律师队伍集中教育整顿活动紧密结合,进一步加大司法行政队伍建设力度,努力做到严格公正文明执法,规范法律服务,真正从源头上减少涉法案件的发生。要加强对广大监狱劳教警察的业务培训和教育,开展岗位练兵,规范执法行为,不断提高执法水平;加强对律师队伍的思想教育、法制教育和职业道德、执业纪律教育,进一步提高服务水平,防止新的涉法上访案件的发生。

四、认真搞好矛盾纠纷排查工作

各级司法行政机关要建立健全矛盾纠纷排查机制,对本系统、本部门存在的涉法上访问题进行经常性摸底排查,并对排查出的问题进行分类排队,认真研究解决对策。要坚持从实际出发,综合施策,采取经济、行政、法律和思想教育等各种手段,对各类矛盾纠纷进行有效化解。要及时发现、掌握上访信息,对重大上访信息要高度重视,及时果断处理,防止矛盾纠纷扩大、升级。要逐步建立健全处理涉法上访工作机制,使处理涉法上访工作纳入正常化、法制化轨道。

五、切实加强法制宣传教育,增强公民的法制意识

加强法制宣传教育,增强公民的法制意识,引导人民群众通过法律程序来解决矛盾纠纷,是从根本上预防和减少涉法上访问题的有效途径。各级司法行政机关要充分履行职能,加大法制宣传教育力度,大力宣传宪法、三大诉讼法、信访条例等法律法规,切实增强普法宣传的针对性,努力提高普法宣传的实效,进一步增强公民的法制意识。

六、加强基层基础工作,筑牢解决涉法上访问题的第一道防线

加强基层基础工作是解决涉法上访问题的关键环节和第一道防线。各级司法行政机关要进一步加大工作力度,大力加强司法所建设,充分发挥司法所协助基层党委、政府化解矛盾纠纷的职能;大力加强人民调解工作,充分发挥人民调解组织化解矛盾纠纷、维护基层社会稳定的积极作用和独特优势;努力拓展基层的法律服务,加强法律援助工作,使上访能够得到及时、有效的法律帮助,使大批可能转为涉法上访案件的矛盾化解在基层,消除在萌芽状态。

七、落实领导责任制,切实加强对集中处理涉法上访工作的领导

各级司法行政机关要在狠抓落实、务求实效上下工夫,真正把集中处理涉法上访工作各项措施落到实处。要进一步落实领导责任制,继续实行重大案件领导包案制。各级司法行政机关的领导同志,要高度重视集中处理涉法上访工作。要亲自动手,认真解决几起本部门的老大难案件。切实加强对涉法上访工作的督查指导,对于一些重大的涉法上访案件,上级司法行政机关要加强督办力度,帮助寻求对策,解决问题。要坚持“分级负责、归口管理”的原则,一级抓一级,切实解决属于本地区、本部门的上访案件。加强与有关部门间的信息沟通和协调配合，形成集中处理涉法上访问题的合力。要充分发挥典型的引导示范作用，选择一批处理效果较好的典型案件，认真总结经验，推广好的作法。同时要加强对重大疑难案件的综合分析研究，找出解决的办法和途径，及时有效地解决涉法上访案件。

司法部关于做好集中处理信访突出问题及群体性事件工作的意见

（2004 年 9 月 13 日）

各省、自治区、直辖市司法厅（局），新疆生产建设兵团司法局、监狱局：

为认真贯彻全国集中处理信访突出问题及群体性事件电视电话会议精神，进一步发挥司法行政职能作用，预防和减少信访突出问题及群体性事件，现提出如下意见：

一、进一步提高对处理信访突出问题及群体性事件重要性和紧迫性的认识

信访工作是党和政府体察社情民意、听取群众呼声的重要渠道，是帮助群众解决实际问题，对群众进行教育引导的重要手段。党中央、国务院历来高度重视信访工作，胡锦涛总书记多次作出重要指示，要求各级领导干部带着深厚感情做工作，妥善处理群众上访问题。最近又就处理信访突出问题及群体性事件明确指示："各地、各部门都要切实负起责任，尤其要强调把问题解决在基层。要把解决实际问题和解决思想问题结合起来。既维护人民群众的合法权益，又坚持依法办事，依政策办事。在任何情况下，都必须坚定维护社会稳定这个大局，这是国家和人民群众根本利益之所在。"最近，中央召开全国集中处理信访突出问题及群体性事件电视电话会议，部署在全国开展集中处理信访突出问题及群体性事件工作，罗干、周永康同志作了重要讲话。党中央、国务院领导同志的一系列重要指示精神，从战略和全局的高度，指出了加强信访工作的极端重要性和建立处理信访突出问题及群体性事件工作机制的紧迫性，明确了今后一个时期信访工作的指导思想和基本原则。各级司法行政机关要切实把思想认识统一到中央、国务院领导同志的重要指示精神上来，统一到党中央、国务院的决策上来，牢固树立立党为公、执政为民的思想，切实增强政治意识、责任意识、大局意识，扎扎实实地做好信访工作。

二、充分发挥司法行政职能作用，预防和减少信访突出问题及群体性事件

（一）进一步加强法制宣传教育，提高公民法律素质。法制宣传教育是增强公民法制意识，减少社会矛盾，预防违法上访的重要手段。各级司法行政机关要继续贯彻司法部"加强法制宣传教育，预防和减少涉法上访"电视电话会议精神，大力开展民法通则、合同法、土地管理法和城市房屋拆迁条例等法律法规的宣传教育，使广大群众了解具体的法律规定和自己的权利、义务，预防和减少各种矛盾纠纷的产生。要宣传民事诉讼法、刑事诉讼法、行政诉讼法、信访工作条例等法律法规，引导群众树立依法维权、依法信访的观念，依法按程序表达自己的诉求；教育上访群众在维护自己的合法权益时，自觉维护法律的尊严，不能妨害国家、集体和他人利益，不能进行跨地区、跨行业的串联聚集，不能堵塞铁路交通，不能冲击党政机关，不能妨碍他人正常的工作生活秩序等，特别要警惕被境内外敌对分子和别有用心的人操纵利用。

（二）进一步加强律师参与处理信访工作。律师参与信访工作，有利于正确引导上访群众依法上访，依法反映问题，依法维护自身的合法权益；有利于直接为群众释疑解惑，化解矛盾，维护社会稳定;有利于促进司法机关和行政执法部门依法处理信访问题,提高信访法制化水平和工作效率。律师在参与信访中,要积极做好以下工作:认真负责地为上访群众提供法律咨询,对上访群众提出的应通过诉讼、仲裁、行政复议解决的问题,引导群众向司法机关、仲裁机关和行政机关投诉,通过正常的法律程序依法解决;为信访部门处理涉法上访问题提供法律咨询;受信访部门的委托对重大疑难信访问题的处理进行法律论证,提出法律建议;协助信访部门对无理缠访的人员进行法制宣传教育,促使其息诉罢访;对符合法律援助条件的信访群众引导其按规定的程序申请法律援助。

(三)积极为经济困难信访群众提供法律援助。在许多上访事件中,相当一部分涉及困难群众的切身利益。法律援助作为一项法律救济制度,可以帮助信访困难群众依法维护和实现自身合法权益,解决他们请不起律师、打不起官司的问题。各地法律援助机构要主动与当地信访部门建立畅通的工作联系渠道,积极参与信访部门的接待、咨询、调处、分流等信访工作事项,对于经济困难需要法律帮助的上访群众,只要符合法律援助条件的,都应当及时提供法律援助,帮助其维护合法权益。各级司法行政机关要协助法律援助机构,指派政治素质好、业务能力强的律师,办理困难信访群众的法律援助案件,为解决信访突出问题和群体性事件提供法律服务。

(四)充分发挥人民调解工作在化解矛盾纠纷中的作用。人民调解工作在调处民间纠纷,特别是及时有效地就地化解基层社会矛盾,维护社会稳定中发挥着不可替代的重要作用。一方面要充分发挥人民调解的组织网络优势,及时发现和化解矛盾纠纷,特别要妥善调处好有可能引发群体性事件的民间纠纷,努力防止因民间纠纷化解不力而导致刑事案件和其他恶性案件。另一方面,要把出发点和落脚点放在预防矛盾纠纷的发生上,科学地把握民间纠纷产生发展的内在规律,建立起因人、因地、因事、因时等预防机制,做到抓早、抓小、抓苗头,掌握预防和化解纠纷主动权。同时,要不断拓宽人民调解工作领域。农村人民调解工作,要掌握纠纷特点,定期排查,就地化解农村基层政权建设和经济体制改革中出现的民主管理、土地承包流转以及生产经营中出现的各种矛盾纠纷;城市人民调解工作,要主动预防和及时调解市政建设、旧城改造、动拆迁中引发的矛盾和因职工下岗引发的矛盾纠纷;厂矿企业人民调解工作,要认真研究解决在建立现代企业制度过程中出现的矛盾纠纷,积极探索改进和加强人民调解工作的途径和方法,引导广大职工理解并支持改革,保障企业改革和生产经营的顺利进行。要通过调动广大人民调解员的工作积极性和主动性,发挥各种调解组织的优势和作用,真正实现人民调解调处矛盾的功能、法制宣传教育功能和信息报告功能,最大限度把矛盾纠纷化解在基层,为维护社会稳定作出积极贡献。

(五)认真开展集中处理信访突出问题及群体性事件第一阶段工作。最近,国务院印发了《开展集中处理信访突出问题及群体性事件第一阶段工作的意见》,提出按照"人要回去、事要解决"的要求,以解决重复访、集体访为重点,集中劝返长期滞留北京和各省会城市的上访人员,集中解决一批信访群众反映的突出问题。各级司法行政部门要按照当地党委、政府的统一部署,认真开展这项工作。对一些贫困地区监狱因拖欠职工工资及工人参加社会保障统筹问题长期得不到解决而引起的上访问题,各省(区、市)司法厅(局)要积极向当地党委政府汇报,努力争取劳动、财政等部门支持,予以妥善解决。对反映的问题不属于现行政策解决范围的,要耐心细致地做好解释和思想教育工作。要切实加强监狱劳教人民警察队伍思想、组织、作风建设,针对执法中存在的问题,认真开展"文明执法树形象"活动,依法、严格、公正、文明执法,杜绝监狱劳教人民警察打骂体罚罪犯和劳教人员的现象。当前,要上下一起努力,以解决重复访、集体访为重点,集中劝返长期滞留北京和各省会城市的上访人员。凡涉及哪个地方的司法行政机关,哪个地方都要迅速派人来京到省,将上访人员接回,做好工作。要带着深厚感情做工作,千方百计为上访群众排忧解难。要把处理信访突出问题和群体性事件的过程,变成密切联系群众,疏导群众情绪,为群众排忧解难的过程,变成克服官僚主义、改进作风的过程。

三、加强组织领导,积极推动信访工作各项任务的落实

(一)领导要重视。各级司法行政部门一定要把信访工作列入重要议事日程，经常分析信访工作的形势，了解掌握信访工作开展情况，研究解决信访工作的重大问题。各级领导同志要切实转变工作作风，主动深入到问题多、矛盾突出、信访工作薄弱的地区和单位，调查研究，指导工作，帮助解决疑难问题。

（二）要强化责任。按照“属地管理”、“分级负责、归口办理”和“谁主管、谁负责”的原则建立责任制，形成一级抓一级，层层抓落实的工作格局。各级司法行政部门主要领导要切实负起第一责任人的职责，要亲自过问、亲自部署、亲自督查，分管负责同志要具体抓，认真做好处理群众来信、接待群众来访工作。重大信访案件，主要负责同志要亲自过问、亲自督办。对因工作失职、措施不力，造成严重后果的，要按照有关规定，严肃追究单位主要领导和直接责任人的责任。要加强协调，树立信访工作一盘棋的思想，加强部门与部门之间、部门与地方之间的沟通与联系，搞好配合与协作，共同做好信访工作。

（三）要加强基层基础工作。基层是群众信访的源头，也是解决信访问题的关键。要坚持重心下移，建立健全基层信访工作机制，注重加强初信初访工作，积极推行首办负责制，努力把问题解决在首办环节，解决在基层和当地。要加强基层信访工作力量，健全基层信访工作机制和网络，改善基层信访工作条件，增强基层处理信访问题的能力。

（四）要加大督查督办力度。督查督办是保证信访工作落实的重要环节，要加大对信访问题特别是重大信访案件的督查督办力度，做到事事有回音，件件有着落。司法部拟于 11 月组织督查组，对各地贯彻本通知精神，开展集中处理信访突出问题情况进行检查，选择工作好和差的典型，以适当方式予以通报。要健全制度、完善机制，推进督查督办工作制度化、规范化，切实解决一批信访突出问题，维护人民群众的合法权益，为维护和巩固改革发展稳定的大局作出积极贡献。

司法部关于加强法制宣传教育配合做好中小学幼儿园及少年儿童安全管理工作的通知

（2004 年 10 月 28 日）

各省、自治区、直辖市司法厅（局），新疆生产建设兵团司法局：

根据中央综治委学校及周边治安综合治理工作领导小组的通知要求，为认真贯彻落实《国务院办公厅关于切实加强中小学幼儿园及少年儿童安全管理和开展专项整治行动的意见》（国办发[2004]26 号）精神，现就加强法制宣传教育，配合做好中小学、幼儿园及少年儿童安全管理工作通知如下：

一、认真开展好法制宣传教育工作，为中小学、幼儿园学校的周边环境综合治理提供法制保障

做好中小学、幼儿园的周边治安综合治理工作，优化青少年成长的环境，是一项事关千家万户的民心工程，是贯彻落实“三个代表”重要思想的具体体现，是培养社会主义事业接班人的需要，也是维护国家长治久安的重要措施，对于贯彻落实党的十六大和十六届四中全会精神，全面建设小康社会，具有重要的意义。各级司法行政机关要充分认识加强中小学、幼儿园周边治安综合治理工作的重要性，积极投入到加强中小学、幼儿园及少年儿童安全管理和专项整治行动中，按照国务院文件的要求，在全社会广泛开展保护青少年健康成长的法律法规教育，提高全社会对青少年安全管理和健康成长法律保障的关注，进一步增强维护和保障青少年合法权益的意识，为广大青少年健康成长创造一个安宁、和谐、健康的学习和生活环境。

二、继续加强学校法制教育工作，提高广大中小学生的法律意识和法制观念，增强少年儿童的自我保护能力

加强对青少年学生的法制教育，努力提高青少年学生的法律意识和法律素质始终是普法教育的重要任务，从“一五”普法到“四五”普法，经过十几年的努力，学校法制教育工作取得了较大的成绩，但目前一些学生的法律意识和法制观念仍然比较淡薄，依法律己、依法维权的意识还比较薄弱，自我保护能力还有待于进一步提高，加强青少年的法制教育仍是目前和今后法制教育的一项长期、艰巨的任务。法制教育是素质教育的重要组成部分，抓好学生的法制教育是实现依法治国，建设社会主义法治国家，建设社会主义现代化强国的百年大计，对学生进行法制教育，其目的不仅仅在于教会他们几条法律知识，更重要的意义在于他们走上社会后能够做一名遵纪守法的公民。近年来一些不法分子危害学校及周边环境，侵害师生的合法权益，也从一个侧面反映出这些人缺乏应有的法制观念。因此，加强学校的法制教育工作是提高全体公民法律素质的根本途径，也是减少和消除学校及周边不良环境的根本途径。要继续深入贯彻教育部、司法部、中央综治办、团中央《关于加强青少年学生法制教育工作的若干意见》，努力推进计划、课时、教材、师资的“四落实”，在增强青少年法制教育的针对性、实效性，提高教育的影响力和感染力上下工夫，努力增强青少年学生的守法意识、维权意识和自我保护意识，进一步提高青少年学生的法律素质，提高广大少年儿童的自我保护能力。各级司法行政部门要与教育部门密切配合，加强对在校中小学生的法制宣传教育，特别是要开展对新入校学生的安全防范教育，进一步预防和减少危害学生安全、侵害学生权益的事件发生。

三、积极开展法制宣传、法律服务活动，推进中小学、幼儿园及周边地区的治安环境专项整治行动的开展

各级司法行政机关和普法主管部门要配合综治、公安、教育、文化等有关部门，积极投入到各项治安整治和安全文明创建活动中来，充分发挥职能作用，在努力做好法制宣传教育工作的同时，充分发挥法制宣传员、法制辅导员两支队伍的作用，通过开办法制宣传栏、书写法制宣传标语、开展法律咨询、举办法制文艺演出等多种形式和手段进行深入持久的普法教育；在全社会大力宣传《未成年人保护法》、《教育法》、《教师法》、《刑法》以及《治安管理处罚条例》和有关文化市场管理的法律法规；进一步贯彻落实中央综治办等六部门联合下发的《关于规范法制副校长职责和选聘管理工作的意见》，与各部门密切配合，组织开展业务培训，提高法制副校长的素质，使他们在维护中小学、幼儿园周边环境工作中发挥更重要的作用；各级法律服务部门和基层法律工作者，要把化解中小学、幼儿园周边地区矛盾作为一项重要任务来抓，深入到中小学、幼儿园及周边地区，及时发现矛盾，及时调解和化解矛盾，力争把不稳定因素消除在萌芽状态；加强对刑释解教人员的帮教工作，加强对沾染不良习气青少年的管理，预防犯罪，减少重新犯罪；主动向师生及周边地区的居民提供法律咨询，做好涉青少年法律案件的法律援助工作，开展好校园法制讲座、送法进校园等各项活动，扎扎实实把加强中小学、幼儿园及少年儿童安全管理工作和开展专项整治行动的各项任务落到实处。

请各地及时将工作开展情况报司法部法制宣传司。

司法部关于进一步做好普法依法治理工作切实维护社会稳定的意见

（2004年9月20日）

各省、自治区、直辖市司法厅（局），新疆生产建设兵团司法局：

当前，我国政治、经济形势很好。但影响社会稳定的因素仍然比较突出，给改革发展稳定带来了新的矛盾和问题。为充分发挥普法依法治理工作的作用，切实维护社会稳定，现提出如下意见：

一、充分认识加强普法依法治理工作，维护社会稳定的重要意义

全面建设小康社会，实现物质文明、政治文明和精神文明协调发展，必须保持长期和谐稳定的社会环境。加强社会主义民主法制建设，是保持和维护社会稳定的根本保障。加强普法依法治理工作是社会主义法制建设的重要内容，是实施依法治国基本方略的重要环节，是维护社会稳定的基础工作。各级司法行政机关要以邓小平理论和“三个代表”重要思想为指导，坚持依法治国基本方略，树立和落实科学发展观，紧紧围绕改革发展稳定这一党和国家工作大局，充分认识做好维护社会稳定工作的极端重要性，牢固树立稳定压倒一切的思想，进一步增强责任感和使命感，大力开展普法依法治理工作，努力维护社会稳定，为全面建设小康社会创造良好的法治环境。

二、突出加强以宪法为核心的法制宣传教育，努力提高公民法律素质和依法办事能力

开展法制宣传教育，提高公民法律素质，是维护社会稳定的重要基础。各级司法行政机关要认真贯彻中央关于进一步学习和贯彻实施宪法的通知精神，认真落实“四五”普法规划，深入开展以宪法为核心的法制宣传教育，全面提高公民法律素质，为维护社会稳定奠定坚实的基础。近期，各地要认真组织开展以下活动：第一，深入宣传宪法。通过宣传教育，使广大公民掌握宪法基本知识，树立宪法意识和法制观念，树立权利义务对等观念；懂得宪法和法律是公民社会生活的基本规范，是保障公民权利、履行公民义务的法律武器；懂得运用法律手段，通过法定程序和渠道，依法解决工作、生活中的问题和矛盾，维护自己合法利益；懂得遵守法律是公民应尽的义务，做到知法、守法、护法，确保社会稳定。第二，紧紧围绕改革发展稳定大局开展法制宣传教育。尤其要针对农村土地征用、城市房屋拆迁、涉法涉诉等一些热点、难点问题，深入开展法制宣传教育，积极预防和妥善处理群体性事件，及时化解矛盾，保护群众的根本利益。第三，大力加强维护社会稳定法律法规的宣传教育。加强民法、刑法、刑事诉讼法等法律法规的宣传教育，开展有关打击黄、赌、毒等法律法规宣传教育，加强有关惩治严重危害社会秩序和公共安全法律法规的宣传教育，以保护人民，震慑犯罪分子。要突出法制宣传教育的针对性，根据群众的现实需要和接受能力，有针对性地开展形式多样的法制宣传教育，增强宣传效果。充分发挥新闻媒体的作用，认真总结运用大众传媒进行法制宣传教育的经验，运用电视台、电台、报刊、网络等媒体的力量，以群众喜闻乐见的形式，在潜移默化中让群众接受法制教育，培育法制观念和法治精神。

三、大力开展基层普法依法治理工作，预防和减少矛盾纠纷

维护社会稳定，关键在基层。各级司法行政机关要把工作的重心放在基层，放在农村和社区，深入开展基层普法依法治理工作，为创造稳定的社会秩序奠定坚实的基础。近期，各地要认真组织开展以下活动：第一，大力开展“送法下乡”、“法律进村入户”活动。深入宣传有关婚姻家庭、邻里关系、损害赔偿、房屋拆迁、宅基地使用、生产经营等方面的法律法规，引导广大群众自觉运用法律手段解决矛盾纠纷。第二，积极开展“民主法治示范村”创建活动。增强农民群众的法律意识和法律素质，完善村民自治章程、村规民约以及各项规章制度，提高农村干部群众依法决策、依法管理、依法办事的能力。第三，深入开展“法律进社区”活动。向城市居民宣传安置拆迁、劳动和社会保障等法律法规，引导居民开展社区依法治理，创建文明社区。第四，切实加强对流动人口、下岗贫困职工等特殊群体的法制宣传教育，提供有效的法律服务，维护他们的合法权益。加强青少年法制教育，预防减少青少年违法犯罪。

四、整合司法行政资源，形成工作合力

开展基层普法依法治理，维护社会稳定是一项系统工程。要把开展基层普法依法治理与司法行政其他工作紧密结合起来，整合资源，统一规划，统筹安排，形成工作合力，共同维护社会稳定。第一，要充分发挥县区司法局、乡镇司法所的职能作用，把普法依法治理和12348法律服务热线、人民调解、社区矫正、安置帮教、法律援助等职能整合起来，把工作做到基层，把问题解决在基层，把矛盾化解在萌芽状态。第二，进一步加大人民调解工作力度，积极调解公民之间、公民与法人之间以及公民与其他社会组织之间的矛盾纠纷，特别要加强对社会热点、难点和群体性矛盾纠纷调解工作，充分发挥人民调解作为维护稳定第一道防线的作用。第三，要认真做好刑释解教人员的安置帮教工作，最大限度地避免脱管和失控现象，预防和减少重新犯罪。第四，要大力加强法律援助工作，为群众提供及时优质的法律服务，尤其要做好对困难群众的法律帮助，总结和推广律师参与信访工作的经验和做法。第五，充分发挥律师在普法依法治理维护社会稳定中的独特作用。通过公职律师试点、政府法律顾问等形式，为地方政府及部门依法决策、依法行政提供法律支持；支持和鼓励律师参与接待群众信访工作，引导群众依法表达诉求，依法解决矛盾；律师和基层法律服务工作者在办理诉讼和非诉讼案件过程中，应当向当事人宣传有关法律法规，引导当事人通过合法程序解决矛盾和问题。第六，要充分发挥基层法制宣传员队伍、法制文艺队伍和法律志愿者的作用，组织他们深入农村、社区开展普法依法治理工作。

五、加强领导，狠抓落实

切实维护社会稳定，保障社会主义建设事业顺利进行，是司法行政机关的神圣职责和重要使命。各级司法行政机关要按照实践“三个代表”重要思想和坚持立党为公、执政为民的要求，把开展普法依法治理，维护社会稳定工作，作为当前重要工作来抓。按照中央的有关部署，结合当地党委、政府的中心工作，认真制订工作计划，精心组织，周密安排。要充分发挥各级普法依法治理办公室的组织协调作用，发动全社会力量，共同做好普法依法治理工作，为创造稳定的社会环境服务。要落实领导责任制，严格岗位责任制。加强检查督促工作，力戒形式主义，确保各项措施落到实处，确保普法依法治理取得实际效果，确保社会秩序的稳定。要及时总结推广开展普法依法治理，维护社会稳定工作的好经验、好做法，不断提高工作水平。同时，要积极探索加强普法依法治理工作，维护社会稳定的长效机制，为维护社会稳定营造良好的法治环境。

今年是“四五”普法实施的关键一年，明年将进入总结验收阶段，要把开展普法依法治理工作，促进社会稳定及时纳入普法依法治理规划，作为“四五”普法总结验收的重要内容。各地、各单位有关开展普法依法治理工作，维护社会稳定的情况要及时向有关部门反映，重大情况及时报部。

最高人民法院　司法部关于进一步加强人民调解工作切实维护社会稳定的意见

（2004年2月13日）

各省、自治区、直辖市高级人民法院、司法厅(局)，解放军军事法院，新疆维吾尔自治区高级人民法院新疆生产建设兵团分院，新疆生产建设兵团司法局：

自2002年以来，各地认真贯彻中央办公厅、国务院办公厅转发的《最高人民法院、司法部关于进一步加强新时期人民调解工作的意见》(中办发[2002]23号文件)、最高人民法院《关于审理涉及人民调解协议的民事案件的若干规定》、司法部《人民调解工作若干规定》，人民调解工作取得了显著成效，为预防和减少民间纠纷、避免群体性突发事件、维护社会稳定作出了贡献。当前，社会主义市场经济发展的新形势和社会矛盾纠纷的新特点，对人民调解工作提出了新的、更高的要求。各级人民法院、司法行政机关要以“三个代表”重要思想为指导，坚持立党为公、执政为民，进一步加强新时期人民调解工作，切实维护社会稳定。

一、充分认识进一步加强新时期人民调解工作的重要性和紧迫性

1.当前，我国政治稳定，经济发展，人民群众安居乐业。但是随着改革开放的深入和利益格局的调整，社会矛盾纠纷表现出新的特点。因土地承包、村务管理、征地拆迁、企业改制重组破产等引发的群体性事件不断发生。部分地区群众上访、重复上访、越级上访、集体上访增加，影响了正常的社会秩序。正确处理新形势下人民内部矛盾、维护社会稳定的任务十分紧迫和繁重。人民调解作为一项具有中国特色的法律制度，是诉讼程序之外化解矛盾、消除纷争的有效手段，是提高公民法制观念和道德水平、推进基层民主法制建设的有效途径，是新时期维护社会稳定的“第一道防线”。各级人民法院和司法行政机关一定要从贯彻落实“三个代表”重要思想和党的十六大、十六届三中全会精神的高度，坚持党的领导、人民当家作主和依法治国的有机统一，进一步增强做好新时期人民调解工作的责任感和使命感，进一步加强指导，充分发挥人民调解在正确处理人民内部矛盾中的优势与作用，努力把各种矛盾纠纷化解在基层。

二、充分发挥人民调解组织在化解矛盾纠纷中的作用

2.大力加强人民调解工作。人民调解工作要适应新形势下正确处理人民内部矛盾的需要，不断拓展工作领域，做到哪里有民间纠纷，人民调解就在哪里发挥作用。认真做好婚姻、家庭、邻里、损害赔偿、房屋宅基地、生产经营等多发性、常见性民间纠纷的调解。紧紧围绕党委政府的中心工作，着力做好涉及土地承包、村务管理、征地拆迁、企业改制重组破产等方面的群体性、复杂性、易激化矛盾纠纷的调解工作。采取各种措施，提高调解率、调解成功率和协议履行率。

3.在调解工作中广泛开展法制宣传教育。调解的过程就是法制宣传教育的过程。要充分发挥人民调解组织和人民调解员分布广、贴近群众的优势，坚持在调解工作中深入开展法制宣传和道德教育，提高群众的法律素质和道德修养。尤其是在党和国家重大政策出台时，要结合调解事例有针对性地加强与群众切身利益密切相关的法律法规和政策的宣传，增强时效性，从源头上防范矛盾纠纷。

4.及时掌握和报告纠纷信息。人民调解组织应定期向司法所反映矛盾纠纷的种类、数量、特点等信息以及人民群众关注的热点和难点问题。基层司法行政机关要定期汇总人民调解组织反映的情况和信息，及时向同级党委政府和上级司法行政机关报告，并提出有关工作建议，使人民调解工作成为各级党委政府了解社情民意的重要渠道。

5.有效防止矛盾纠纷激化。人民调解组织要坚持抓早、抓小、抓苗头，努力把矛盾纠纷化解在萌芽状态，消灭在激化之前，防止因矛盾纠纷激化导致刑事案件和自杀事件。对人民调解组织调解不了、有关部门一时难以解决的矛盾纠纷，人民调解组织和广大人民调解员要配合党委、政府和有关部门做好教育、疏导、转化工作，引导群众自觉守法，依法维护自身的合法权益，防止过激行为，维护社会稳定。

三、严格依法及时审理涉及人民调解协议的案件

6.依法及时审理。各地法院特别是基层人民法院及其派出人民法庭，对各类涉及人民调解协议的案件，要严格按照最高人民法院《关于审理涉及人民调解协议的民事案件的若干规定》，对符合受理条件的应当及时受理，并依法公正审理。

7.正确确定案由。人民法院受理的涉及人民调解协议的民事案件，案由仍按纠纷性质确定。但在司法统计时，应当将每类案件中包含的涉及人民调解协议的案件数量单独立项进行统计，以便有针对性地加强指导。

8.依法适用督促程序。当事人持已经生效的人民调解协议向人民法院申请支付令的，只要符合民事诉讼法第十七章规定的条件，人民法院应当支持。

9.强化诉讼调解。人民法院审理涉及人民调解协议的民事案件一般应当进行调解。在调解过程中，经征得双方当事人同意，人民法院可以邀请人民调解员协助诉讼调解，帮助人民法院做好当事人的思想工作。

四、切实加强人民调解组织、队伍、制度建设

10.健全人民调解组织网络。认真贯彻《村民委员会组织法》、《居民委员会组织法》、《人民调解委员会组织条例》和中央办公厅、国务院办公厅转发的《最高人民法院、司法部关于进一步加强新时期人民调解工作的意见》和司法部《人民调解工作若干规定》，迅速建立健全各种形式的人民调解组织。当前的重点是巩固和加强村、居人民调解委员会，消除空白点；建立健全乡镇、街道人民调解委员会。要坚持人民调解委员会的群众性和自治性，确保人民调解组织依法规范运行。为提高调解成功率，人民调解组织调解纠纷时，可以邀请有关单位和个人参加，有关单位和个人应予支持。

11.努力提高调解队伍素质。要严格按照规定的条件选任人民调解员，积极吸收符合条件的离退休法官、检察官，以及律师、法律工作者等志愿者参加人民调解工作，逐步建立起一支懂法律、懂政策、知民情、热心人民调解工作的专兼职相结合的人民调解员队伍。要按照《司法部关于加强人民调解员培训工作的意见》，今年对人民调解员普遍进行一次培训，各地利用举办培训班、以会代训、旁听审判、担任人民陪审员等多种形式加强对人民调解员的培训，使其掌握人民调解工作常用的法律、法规和工作技能，熟练制作人民调解文书。今后，人民调解员每年都要进行年度培训。司法部将适时利用卫星远程电化教育形式，对人民调解骨干进行培训。

12.增强人民调解工作效能。要充分发挥人民调解便民、利民、亲民和不收费的特点和优势，利用“村头”、“地头”、“炕头”等群众易于接受的方式及时、就地调解矛盾纠纷。对于那些疑难复杂、跨地区、跨单位的民间纠纷，乡镇、街道人民调解委员会要及时受理，及时调解。要积极创造条件，实现人民调解委员会标牌、印章，人民调解标识、程序、制度、文书“六统一”，保障人民调解的公正、规范和效能，不断提高人民调解的社会公信力。

五、进一步加强对人民调解工作的指导

13.基层人民法院及其派出人民法庭与基层司法行政机关及司法所要结合本地实际，建立多种形式的联系机制，加强沟通与协作，共同研究、及时指导人民调解工作。人民法院要积极配合司法行政机关组织开展的人民调解员培训工作，派出有经验的法官就相关法律知识和调解技巧进行讲解。人民法院可以邀请人民调解员到法院旁听依法公开审理的案件。可以聘请有经验的人民调解员担任人民陪审员，参与审理非经本人调解过的民事案件。人民法院法官可以接受人民调解员在调解过程中遇到的有关法律问题的咨询，但不得针对正在进行调解的具体纠纷直接发表意见。

14.司法行政机关要定期向党委、政府汇报人民调解工作，主动争取当地党委、政府的领导和支持,帮助解决人民调解工作中的实际困难和问题。要积极争取党委、政府在重大改革措施出台的同时,部署人民调解工作。努力将人民调解工作同基层民主政治建设相结合,与社会治安综合治理相结合,与人民群众来信来访工作相结合,使人民调解工作在社会主义民主法制建设中发挥更大的作用。

15.建立和完善人民调解工作经费保障机制。各级司法行政机关要将人民调解宣传、培训、表彰等经费列入业务经费预算,落实到位,并根据工作发展逐年增加,足额保障。要争取乡镇人民政府、街道办事处、村委会、居委会、企事业单位等,落实人民调解委员会的工作经费和调解人员补贴经费,为促进人民调解工作的发展提供有力保障。

16.大力表彰人民调解工作先进集体和先进个人。各地要采取多种形式,对在人民调解工作中做出突出贡献的人民调解委员会、人民调解员进行表彰奖励。充分利用广播、电视、报纸、杂志等各种新闻媒体广泛宣传人民调解工作在化解社会矛盾纠纷、维护社会稳定中的作用,宣传人民调解员的模范事迹,激励广大人民调解员进一步做好人民调解工作,促使社会各界人士关心支持人民调解工作,为人民调解工作的发展创造良好的社会环境和舆论氛围。

17.切实加强人民法庭和司法所建设。人民法庭、司法所担负着指导人民调解工作的重要职责。按照中央关于加强“两所一庭”建设的要求,全面加强司法所和人民法庭组织建设、业务建设、队伍建设和基本设施建设。要积极争取中央政法补助专款等专项资金使用到位,保障足额的配套资金用于司法所和法庭建设,努力改善办公条件。各级司法行政机关要采取有力措施,进一步健全司法所组织机构,保证政法专项编制专职专用,为司法所配备政治上强、熟悉调解业务、懂法律、作风好的干部。各级人民法院要建立健全人民法庭指导机构,继续落实经济发达地区人民法院对经济不发达地区、欠发达地区的基层人民法院及其派出人民法庭的对口支援,加强对基层人民法院及其派出法庭法官的职业道德素质、法律业务知识培训,加强对人民法庭的物资建设,为指导人民调解工作创造有利条件。

司法部关于加强法制宣传教育　预防和减少涉法上访 切实维护社会稳定的通知

(2004年2月4日)

各省、自治区、直辖市司法厅(局),新疆生产建设兵团司法局:

全面建设小康社会,实现物质文明、政治文明和精神文明的协调发展,必须保持长期和谐稳定的社会环境。最近一个时期,一些地方涉法上访不断增多,一定程度上影响了改革发展稳定的大局。各级党委、政府和政法部门加大了工作力度,采取了许多有力措施,依法处理涉法上访问题取得了一定成效,但涉法上访的问题依然存在。大力加强法制宣传教育,着力提高全民法律素质,是预防和减少涉法上访的重要举措,各级司法行政机关要充分发挥法制宣传教育的职能作用,为维护和促进社会稳定积极努力地开展工作。现将有关事项通知如下:

一、充分认识加强法制宣传教育,预防和减少涉法上访,维护社会稳定的重要意义

加强法制宣传教育,预防和减少涉法上访,是维护社会稳定的迫切需要。保持长期和谐稳定的社会环境,是改革和发展的基础,在经济社会发展过程中,伴随着各种利益格局的调整,难免产生各种矛盾和问题。这些矛盾纠纷和问题如果得不到及时、妥善的处理,必将影响社会稳定。当前的涉法上访中，有理上访与无理取闹相混杂，群众要求的合理性与表达方式的违法性相交织，正常上访与非法上访甚至极端行为相混合，已成为影响社会稳定的一个不可忽视的因素。加强法制宣传教育，提高全民法律素质，使人民群众正确理解法律法规和国家政策，分清合法与非法，运用法律手段，通过合法程序，依法行使权利和履行义务，对于防止出现无理取闹、非法上访以及各种过激行为，维护和促进社会稳定，具有积极的作用。

加强法制宣传教育，预防和减少涉法上访，是促进公正执法，维护司法权威的需要。公正执法，树立和维护司法权威，是贯彻依法治国基本方略的重要内容。当前的涉法上访，有的是政法机关执法不公、执行不力、执法作风不正、执法的方法措施不当造成的，有的是因为上访人员缺少必要的法律知识，对司法程序不了解，不能以法律来规范自己的行为，也有少数上访人法制意识淡漠，无视政法机关的正确裁判、处理，无理取闹，缠访缠讼，使裁判不能正常执行，损害法律的尊严。因此，加强法制宣传教育，在全社会传播法律知识、弘扬法治精神、倡导法律意识，对于促进政法机关公正执法，保证法律的正确实施，对于引导群众通过法治渠道来解决矛盾纠纷和问题，做到知法、守法、维护司法权威，都将发挥重要的基础性作用。

加强法制宣传教育，预防和减少涉法上访，是全面建设小康社会的需要。社会秩序良好，人民安居乐业，是全面建设小康社会的根本目标之一。正确运用法律手段，妥善处理人民内部矛盾特别是涉及群众切身利益的矛盾，保持安定团结的局面，是全面建设小康社会的根本要求，同时也是必不可少的保障手段。加强法制宣传教育，围绕经济社会的发展需要，围绕人民群众关心的热点难点，围绕改革发展稳定中的突出矛盾开展法制宣传教育，从根本上预防和减少涉法上访，必将为促进经济发展、社会稳定和谐、人民安居乐业营造一个良好的法治氛围。

二、突出重点，整合力量，增强法制宣传教育的针对性和实效性

当前涉法上访问题原因很多，牵涉社会生活的各个方面。要针对当前涉法上访问题所反映出的主要矛盾和纠纷，明确重点，有针对性地开展法制宣传教育。

要大力开展宪法的宣传教育，维护宪法权威，树立权利与义务对等的观念。要大力宣传宪法的基本原则，宣传国家根本的政治、经济和社会制度，宣传公民的宪法权利和义务，通过宣传教育，使广大人民群众掌握宪法基本知识，懂得宪法是公民社会生活的基本规范，是保障公民权利、履行公民义务的法律武器，增强公民法制观念，维护宪法权威，自觉用宪法和法律规范自己的行为。

要大力开展民法通则、合同法、劳动法、土地管理法、农村土地承包法、建筑法、企业破产法和城市房屋拆迁条例等专业法律法规的宣传教育，树立自觉遵守法律，严格依法办事的观念。要宣传人民群众现实生活中有关婚姻、家庭、邻里、损害赔偿、房屋宅基地、生产经营等问题的法律规定，宣传城镇、农村土地所有权、使用、征用以及城市房屋拆迁的法律依据、合法程序，宣传国家关于劳动与社会保障的有关措施和企业破产、重组改制的有关法律规定等等。通过法制宣传教育，使人民群众了解哪些行为是法律允许的，哪些行为是法律所禁止的，哪些义务是依法必须履行的，从而在法律许可的范围内开展生产和社会活动，预防和减少各种矛盾纠纷的出现。

要大力开展民事诉讼法、刑事诉讼法、信访工作条例等程序性法律法规的宣传教育，树立依法维权、依法上访的观念。要宣传法律关于起诉受理条件、诉讼时效、审判程序、判决裁定法律效力等问题的有关规定，宣传法律关于证据的有关规定，宣传国家信访受理和处理案件的程序和规定，使广大群众服从裁决，自觉履行司法机关的裁决和处理意见。同时，在自身合法权益受到侵害时，懂得并能够运用法律武器，按照法律规定的程序来表达自己的诉求，维护自身的合法权益。

要大力开展刑法、治安管理处罚条例等法律法规的宣传教育，树立违法上访要承担相应法律责任的观念。要宣传在上访过程中长期无理滋事、搞非法串联游行，冲击党政机关、堵塞铁路公路，扰乱社会秩序，构成违法犯罪等行为的法律责任和后果，使群众懂得上访必须依法进行，有理也不能违法上访，无理更不能违法上访，违法上访会受到法律追究，从而维护正常的上访秩序。

要整合各种力量和资源，形成一支以法制宣传队伍为主，各方积极参与，覆盖社会各个层面的法制宣传教育队伍,通过开展“法律进社区”、“送法下乡”、创建“民主法治示范村”等活动,广泛宣传有关法律法规,提高公民的法律素质。

各级司法行政机关要组织律师、公证员、法律服务工作者、人民调解员、普法讲师团、法制宣传员等,深入社区、厂矿、农村,有针对性地开展法制宣传教育。要把法制宣传教育与人民调解工作相结合,充分发挥人民调解委员会和人民调解员分布广、贴近群众的优势,在调解工作中开展法制宣传教育,使调解的过程成为法制宣传教育的过程,积极主动化解各类上访问题;要把法制宣传教育与社会治安综合治理相结合,充分发挥基层司法所、司法助理员的职能作用,在日常司法行政工作中,在解决各种涉法矛盾和纠纷中加强法制宣传教育,与有关部门互相配合,开展综合治理,增强法制宣传教育的实际效果;要把法制宣传教育与法律服务相结合,调动律师、公证员、基层法律工作者的积极性,发挥他们精通法律的特长和受群众信任的优势,通过提供法律服务开展法制宣传教育,对群众进行疏导,防止出现群体上访以及过激行为,依法维护当事人合法权益,力争做到办理一案,教育一片。同时,在宣传工作中要注意方式方法,对群众要晓之以理,明之以法,动之以情,努力争取最好的宣传效果。

三、加强领导,狠抓落实,充分发挥法制宣传工作的职能作用

各级司法行政机关要高度重视,加强领导,扎实工作,充分发挥职能作用,开展深入扎实、富有实效的宣传活动,确保做到四个到位,切实抓出成效。

一是思想认识到位。要从维护好、实现好人民群众根本利益,巩固党的执政地位,维护改革发展稳定大局,推进司法公正的高度,充分认识加强法制宣传教育,预防和减少涉法纠纷的重要意义,增强责任感和紧迫感,把这项工作作为当前和今后一个时期司法行政系统的一项重要任务,抓紧抓好。

二是工作部署和责任到位。各级司法行政机关要把预防和减少涉法上访的法制宣传教育工作,列入议事日程,认真研究,统一部署。要集中时间,集中人力,精心组织,周密安排,开展行之有效的宣传。要结合法制宣传工作的特点,明确工作任务,合理分工,落实责任,有关领导和职能部门要各负其责,特别是要充分发挥县区司法局、乡镇司法所法律宣传的职能作用,把宣传工作做到基层中去,做到热点问题的解决中去,做到广大群众最需要的时候。

三是宣传措施和手段到位。要灵活运用多种宣传手段,增强宣传的效果。既要利用好制作法制宣传专栏、黑板报、印发宣传资料等传统宣传手段,又要充分发挥现代传媒的作用,运用报纸、广播、电视和网络等多种手段,集中宣传,形成合力,力求取得最佳效果。要把法律知识的宣传教育与法治实践有机结合,促进基层普法依法治理工作的深入开展。

四是督促检查到位。要加大工作的指导力度,加强工作的检查督促,确保各项措施落到实处,确保法制宣传取得实际效果,力戒形式主义。要及时总结推广开展法制宣传教育,预防和减少涉法上访工作中的好经验、好做法,不断提高工作水平。同时,要积极探索加强法制宣传教育,预防和减少涉法上访的长效机制,为维护社会稳定营造良好的法治环境。

有关情况,请及时报部。

司法部关于印发《司法行政机关社区矫正工作暂行办法》的通知

各省、自治区、直辖市司法厅(局),新疆生产建设兵团司法局、监狱局:

《司法行政机关社区矫正工作暂行办法》已经司法部第七次部长办公会通过,现印发给你们。

各地要认真组织学习，并在社区矫正试点工作中贯彻执行。

司法行政机关社区矫正工作暂行办法

第一章　总　　则

第一条　为了规范司法行政机关实施社区矫正的工作，提高对社区服刑人员的教育改造质量，维护社会稳定，根据刑法、刑事诉讼法、监狱法和《最高人民法院、最高人民检察院、公安部、司法部关于开展社区矫正试点工作的通知》的有关规定，结合司法行政工作实际，制定本办法。

第二条　社区矫正是指将符合社区矫正条件的罪犯置于社区内，由专门的国家机关在相关社会团体和民间组织以及社会志愿者的协助下，矫正其犯罪心理和行为恶习，促进其顺利回归社会的非监禁刑罚执行活动。

第三条　司法行政机关开展社区矫正工作，遵循党委政府统一领导，司法行政机关具体实施，人民法院、人民检察院、公安机关密切配合，社会力量广泛参与的原则。依照有关规定和本办法，充分发挥社会各方面的作用，提高社区服刑人员的教育改造质量。

第四条　社区矫正的任务是：

(一)依照有关法律、法规和规章的有关规定，加强对社区服刑人员的管理和监督，确保刑罚的顺利实施；

(二)采取多种形式，对社区服刑人员进行思想教育、法制教育和道德教育，矫正其不良心理和行为，促使其成为守法公民；

(三)帮助社区服刑人员解决在就业、生活和心理等方面遇到的困难和问题，以利于其顺利适应社会生活。

第五条　对下列人员实施社区矫正：

(一)被判处管制的；

(二)被宣告缓刑的；

(三)被暂予监外执行的，包括：

1. 有严重疾病需要保外就医的；

2. 怀孕或者正在哺乳自己婴儿的妇女；

3. 生活不能自理，适用暂予监外执行不致再危害社会的；

(四)被裁定假释的；

(五)被剥夺政治权利并在社会上服刑的。

第六条　司法行政机关应当对社区服刑人员实施分类管理、个性化教育。坚持日常管理与重点监督相结合，思想教育与个体情况相结合，日常考核与适时奖惩相结合。

第七条　司法行政机关依照有关法律、法规、规章和本办法的规定实施社区矫正，接受人民检察院的监督。

第二章　社区矫正工作的机构、人员及其职责

第八条　省(自治区、直辖市)、市(地、州)和县(市、区)司法行政机关应当设立社区矫正工作领导小组办公室，作为同级社区矫正工作领导小组的办事机构，负责指导、监督有关法律、法规和规章的实施，协调相关部门解决社区矫正工作中的重大问题，检查、考核本地区社区矫正实施情况。

第九条　乡镇、街道司法所具体负责实施社区矫正，履行下列职责：

(一)贯彻落实国家有关非监禁刑罚执行的法律、法规、规章和政策；

(二)依照有关规定，对社区服刑人员实施管理，会同公安机关对社区服刑人员进行监督、考察；

(三)对社区服刑人员进行考核，根据考核结果实施奖惩；

(四)组织相关社会团体、民间组织和社区矫正工作志愿者，对社区服刑人员开展多种形式的教育，帮助社区服刑人员解决遇到的困难和问题；

(五)组织有劳动能力的社区服刑人员参加公益劳动;

(六)完成上级司法行政机关交办的其他有关工作。

第十条 司法行政机关应当在人民法院就管制、缓刑、暂予监外执行、假释、剥夺政治权利的判决、裁定或者决定听取司法行政机关的意见时,积极配合。

司法行政机关应当与公安机关密切配合,对拒不服从管理教育、情节严重,或者有重新犯罪嫌疑的社区服刑人员,及时提请公安机关依法处理。

第十一条 监狱对符合暂予监外执行条件的在押服刑人员,应当依照法律和有关规定准予暂予监外执行;对符合假释条件的在押服刑人员,应当依照法定程序,及时报请人民法院裁定;对司法所开展社区矫正工作,应当积极给予协助。

第十二条 社区矫正工作者应当由司法所工作人员、有关社会团体成员和社会志愿者组成。

第十三条 社区矫正工作志愿者应当具备下列条件:

(一)拥护宪法,遵守法律,品行端正;

(二)热心社区矫正工作;

(三)有一定的法律政策水平、文化素质和专业知识。

自愿参与和从事社区矫正的社会志愿者,向居住地的街道、乡镇司法所报名,符合前款规定条件的,由司法所报请县级司法行政机关颁发聘书。

第十四条 司法行政机关实施社区矫正,应当建立例会、请示报告、培训、信息报送、统计以及内部监督等制度,保障社区矫正工作的规范运行。

第十五条 社区矫正工作者应当遵守社区矫正规章制度,认真履行职责,公道正派,廉洁自律。

第三章 社区服刑人员的接收

第十六条 社区服刑人员,由其居住地司法所接收;户籍所在地与居住地不一致的,户籍所在地司法所应当协助、配合居住地司法所开展矫正工作。

第十七条 司法行政机关应当及时接收人民法院、公安机关和监狱发出的有关社区服刑人员的法律文书和有关材料。

第十八条 监狱应当在暂予监外执行罪犯、假释罪犯离开监所以及附加剥夺政治权利罪犯刑满释放前,核实其居住地,告知其按照规定的时间向居住地司法所报到,接受社区矫正,并令其作出书面保证。

第十九条 监狱应当自假释罪犯离开监所或者附加剥夺政治权利罪犯刑满释放之日起7日内,将有关文书材料寄至其居住地公安派出所和司法所。

对暂予监外执行的罪犯,监狱应当在批准暂予监外执行之日起7日内,将有关法律文书和其他相关材料送达罪犯居住地公安派出所和司法所。

第二十条 社区服刑人员应当在判决、裁定、决定发生法律效力之日起7日内或者离开监所之日起7日内到居住地司法所报到。

第二十一条 社区服刑人员居住地司法所应当及时接收社区服刑人员,予以登记,建立档案,对其进行谈话教育,告知社区服刑人员的权利、义务。

社区服刑人员在接受社区矫正期间,人格不受侮辱,人身安全和合法财产不受侵犯,享有辩护、申诉、控告、检举以及其他未被依法剥夺的权利。

社区服刑人员在接受社区矫正期间,应当遵守国家法律、法规、规章和社区矫正有关规定,服从管理,接受教育,按照规定参加公益劳动。

第四章 社区矫正措施

第二十二条 司法所应当根据有关规定,针对不同类型的社区服刑人员采取不同的具体管理教育措施,确保社区矫正工作的有序进行。

第二十三条 司法所应当全面掌握社区服刑人员的犯罪原因、犯罪类型、危害程度、悔罪表现、家庭及社会关系等情况,进行综合分析,根据社区服刑人员被判处管制、宣告缓刑、暂予监外执行、裁定假释和剥夺政治权利等五种类别和不同特点,制订有针对性的教育改造计划和措施,并根据矫正效果和需要,适时作出调整。

第二十四条 被判处管制的社区服刑人员在社区矫正期间应当遵守下列规定:

(一)遵守法律、行政法规和社区矫正的有关规定,服从监督管理;

(二)未经批准,不得行使言论、出版、集会、结社、游行、示威自由的权利;

(三)定期报告自己的活动情况;

(四)遵守关于会客的规定;

(五)离开所居住的市、县或者迁居,应当报告司法所,并经公安机关批准;

(六)遵守其他具体的监督管理措施。

第二十五条 被宣告缓刑或者被裁定假释的社区服刑人员,在社区矫正期间应当遵守下列规定:

(一)遵守法律、行政法规和社区矫正有关规定,服从监督管理,

(二)定期报告自己的活动情况;

(三)遵守关于会客的规定;

(四)离开居住的市、县或者迁居,应当报告司法所,并经县级公安机关批准;

(五)附加剥夺政治权利的缓刑、假释社区服刑人员还必须遵守本办法第二十七条的规定;

(六)遵守其他具体的监督管理措施。

第二十六条 暂予监外执行的社区服刑人员,在社区矫正期间应当遵守下列规定:

(一)遵守法律、行政法规和社区矫正有关规定;

(二)在指定的医院接受治疗;

(三)确因治疗、护理的特殊要求,需要转院或者离开居住区域的,应当报告司法所,并经公安机关批准;

(四)进行治疗以外的社会活动应当向司法所报告,并经公安机关批准;

(五)遵守其他具体的监督管理措施。

第二十七条 被判处剥夺政治权利的社区服刑人员,在社区矫正期间应当遵守下列规定:

(一)遵守法律、行政法规和社区矫正有关规定,服从监督管理;

(二)不得享有选举权和被选举权;

(三)不得组织或者参加集会、游行、示威、结社活动;

(四)不得出版、制作、发行书籍、音像制品;

(五)不得接受采访、发表演说;

(六)不得在境内外发表有损国家荣誉、利益或者其他具有社会危害性的言论;

(七)不得担任国家机关职务;

(八)不得担任国有公司、企业、事业单位和人民团体的领导职务;

(九)遵守其他具体的监督管理措施。

第二十八条 司法所应当采用培训、讲座、参观、参加社会活动等多种形式,对社区服刑人员进行形势政策教育、法制教育、公民道德教育以及其他方面的教育。

第二十九条 司法所应当采取个别谈话的方式,对社区服刑人员进行经常性的个别教育。

司法所应当每月对社区服刑人员的思想动态进行分析,遇有重大事件,应当随时收集分析,并根据分析的情况,进行有针对性的教育。

第三十条 司法所应当聘请社会专业人员,定期为社区服刑人员提供心理咨询服务,开展心理健康教育。

第三十一条 司法所应当组织社会团体和社会志愿者对社区服刑人员开展经常性的帮教活动,并通过社区服刑人员的亲属加强对社区服刑人员的教育。

第三十二条 司法所应当按照符合社会公共利益、社区服刑人员力所能及、可操作性强、易于监督检查的原则,组织有劳动能力的社区服刑人员参加必要的公益劳动。

第三十三条 司法行政机关应当协调有关部门和单位,为社区服刑人员提供职业培训和就业指导,为符合条件的社区服刑人员提供最低生活保障,为社区服刑人员遇到的其他问题提供指导和帮助。

第三十四条 司法所应当建立对社区服刑人员认罪悔罪、遵纪守法、学习劳动等方面表现情况的考核制度。

根据考核结果,对于表现良好的给予表扬奖励;对符合法定条件的,依照法定程序提请有关部门予以减刑。

对违反法律、法规和社区矫正的有关规定,但尚未构成重新犯罪的,视情节轻重给予警告或者提请有关部门给予警告、记过、治安处罚、撤销缓刑、撤销假释或者收监执行。

第五章　社区矫正终止

第三十五条　社区服刑人员被判处管制、单处或者并处剥夺政治权利的，其矫正期限为所处管制、剥夺政治权利的实际期限；被宣告缓刑、裁定假释的，其矫正期为缓刑考验期或者假释考验期；暂予监外执行的，其矫正期为在监外实际执行的期限。

第三十六条　被判处管制、宣告缓刑、裁定假释、单处或者并处剥夺政治权利的社区服刑人员，应当在矫正期满前三十日由本人作出书面总结，由司法所出具相关考核鉴定材料，依照法定程序终止社区矫正。

第三十七条　对于暂予监外执行的社区服刑人员，暂予监外执行期满前三十日，由司法所出具相关材料，经上级司法行政机关审查后，报原关押单位。原批准机关决定收监的，社区矫正终止。

第三十八条　社区服刑人员被收监执行或者因重新犯罪被羁押的，自羁押之日起，社区矫正终止。

第三十九条　社区服刑人员死亡的，自死亡之日起，社区矫正终止。假释或者暂予监外执行的社区服刑人员死亡的，司法所应当及时将有关情况书面通知原关押单位，并附相关证明材料。

第六章　附　　则

第四十条　本办法适用于社区矫正试点地区。各试点省、自治区、直辖市的司法厅(局)可依据本办法制定本地区社区矫正工作实施细则。

第四十一条　本办法由司法部负责解释。

第四十二条　本办法自二〇〇四年七月一日起施行。

民　政　部

2004年民政部参与社会治安综合治理工作概况

2004年,民政部深入贯彻落实《中共中央、国务院关于进一步加强社会治安综合治理的意见》精神,认真贯彻落实中央综治委的工作部署,积极参与社会治安综合治理工作,努力发挥民政部门的职能作用,促进和维护了社会稳定。

一、全面推进城市社区建设,积极参与社区社会治安综合治理工作,建立健全群防群治网络

城市社区是城市社会管理的基础,也是社会稳定的基础。各级民政部门在全面推进城市社区建设的过程中,积极参与和推进社区社会治安综合治理工作,构筑基层社区治安防控网络。

一是加强社区社会治安综合治理基层组织、制度建设,培育社区专职工作者队伍和志愿者队伍,为社区各项工作特别是社会治安综合治理工作提供坚强的组织保障。除在社区设立警务室外,全国绝大多数社区还成立了由居委会成员、社区志愿者、离退休干部、社区在职群众组成的群防群治专职和兼职工作小组,在当地社会治安综合治理机构组织领导下,在公安机关的指导下,建立经常性的工作制度,开展持久活动。在社区的社会治安综合治理工作中,社区居委会运用自身优势,按照建设管理有序、治安良好、人际关系和谐的社区建设的总体目标,及时发现和掌握社区各种不安定因素,及时化解各种矛盾和隐患,把问题化解在萌芽状态。

二是积极配合有关部门,开展安全社区创建活动。社区居委会在创建安全社区活动中,积极调动群防群治专职和兼职工作小组的积极性,在预防青少年违法犯罪、查禁黄赌毒、民事调解,以及对刑释解教人员、流动人口的管理等工作中,把各部门、企业和事业单位的力量聚集到社区,把居民的参与意识和自治意识凝聚到社区,为社区社会治安综合治理工作构筑坚实的基础平台。

大力开展"无毒社区"的创建活动。将"无毒社区"创建活动纳入社区建设的总体规划,明确相关职责,并着力壮大社区禁毒志愿者队伍,为社区禁毒工作的开展提供组织保证和队伍保证。社区还通过将社区警务室的建设作为社区建设示范城区考核的重要标准,积极配合有关部门结成帮教组织,对社区内的吸毒者开展经常性帮助教育转化工作,开展群众性社区禁毒宣传教育尤其是对刑满释放解除劳教人员、流动人口和青少年的禁毒宣传教育,形成了很多好的经验和做法,取得了实效。

积极配合有关部门,实施"青少年违法犯罪社区预防计划"。充分发挥社区作用,开展社区青少年工作,预防青少年违法犯罪。首先,发挥社区居委会组织、引导、协助作用,加强社区青少年教育和管理。要求居委会基本掌握本社区无业在家的闲散青少年的具体情况,真正做到不重复,不遗漏,把他们纳入社区日常管理、教育和服务范围,认真细致地做好流动人口中青少年的管理和治安防范工作。其次,发挥社区党组织和党员的先锋模范作用,带领青少年,投身社区健康向上的文体活动和各项公益事业。发挥社区志愿者组织团结、联系青少年的纽带作用,组织开展形式多样的青少年社区志愿者活动,广泛联系和争取青少年参与,使青少年在共驻社区、共建社区、共享社区的亲身实践中,经受磨炼,接受教育,与社区文明一起成长进步。第三,充分发挥社区内心理健康教育、妇联、治保、法律等服务组织的作用，对刑释解教人员特别是对有不良行为和严重不良行为的未成年人以及他们的家庭开展有效的帮教工作，落实帮教和矫治措施。通过社区各种组织的协调行动，真正抓出社区预防青少年违法犯罪工作成效。第四，大力开展社区教育，建立健全学校、家庭、社区相结合的中小学生教育体系和综合评价体系。社区与驻区学校经常开展共驻共建活动，资源共享，共同探索学生参加社区志愿服务的有效机制，积极开展各种形式的社区公益活动，丰富课外生活。通过深入开展创建优秀“青少年维权岗”、“青少年远离毒品，不让毒品进我家”、“青年文明社区”、“青少年法律进社区”、“未成年人零犯罪社区”、“小手牵大手”等各种形式的活动，利用社区现有资源，创建“青少年法律学校”，提高青少年法律意识和自律自护能力，使社会教育的措施落实到社区。各地还积极组织开展了“万家社区读书活动”，配合搞好卫生、科技、教育、法律进社区，丰富社区活动内容，提高社区文明程度，为创造文明祥和的社区环境发挥了重要的作用。

三是拓展社区服务网络，拓宽社区再就业渠道，促进社区再就业工作，为从根本上解决城市困难群众的基本生活问题创造条件。认真落实《关于进一步做好社区再就业工作的通知》精神，要求各地大力发展社区服务，积极拓宽服务领域，创新服务形式，创办服务实体，开发就业岗位，帮助下岗失业人员和困难群众在社区就业和再就业。各地逐步完善社区服务，及时组织开展职业咨询、职业介绍、职业培训和开业扶持工作。社区建设的发展，构筑了基层社区治安防控网络，充分发挥基层组织的自我教育、自我管理、自我服务的作用，有利于从基层和源头上缓解社会纠纷和社会矛盾，维护城市的社会稳定。

二、加强农村村民自治工作，大力开展“民主法治示范村”创建活动，维护农村稳定

按照党的十六大提出的“完善村民自治，健全村党组织领导的充满活力的村民自治机制”的要求，2004年村民自治工作着重于建立健全村民自治机制，加大村务公开力度，推进村务公开和民主管理工作。《中共中央办公厅、国务院办公厅关于健全和完善村务公开和民主管理制度的意见》（中办发〔2004〕17号）的印发，是一份专题部署、指导农村基层民主的重要文献，标志着农村村务公开和民主管理工作取得实质性进展。各地、各部门掀起学习贯彻中办发〔2004〕17号文件精神新高潮，以制度建设为重点，初步形成了事前共决策、事中听意见、事后有监督，村级民主管理有序运行的局面。各地在巩固和完善村级民主选举制度的同时，更加注重建设和实践活动，涌现出一大批很有特色的经验和做法。如有的地方开展了“民主日”、“民主议事日”、“村情民意恳谈会”等活动；有的地方建立两委联席会议制度；有的地方探索总结了“干部问事、群众说事、集中议事、及时办事、定期评事”等议事管理制度；有的地方创立了“八步工作法”，逐步形成了一整套“一事一议”村民公决制度；有的地方还积极探索加强村民民主理财和乡镇审计监督相结合的财务管理新形式，实行“点题公开”、“双向承诺”等新措施。继续加大对村委会换届选举工作的指导力度，2004年，北京、吉林等13个省份进行了村委会换届选举工作。在工作过程中，各地认真做好群众来信来访工作，对工作中遇到的新情况、新问题及时研究对策，寻找解决办法，保证换届选举工作顺利进行，选举的制度化、程序化、规范化水平进一步提高，推进农村民主决策、民主管理、民主监督，维护农村的稳定。

2004年，民政部会同司法部开展了“民主法治示范村”创建活动，通报表彰了第一批299个“全国民主法治示范村”。各地按照民政部和司法部的安排和部署，有计划、有步骤地开展了“民主法治示范村”创建活动。成立“民主法治示范村”创建工作领导小组，把创建活动作为“民心工程”来抓，纳入干部年度工作考核目标。在创建活动中，各地把依法建制作为创建工作的中心环节，普遍建立了以《村民自治章程》和《村规民约》为主要内容的民主管理制度，以村民大会和村民代表会议为主要形式的民主决策制度，以村务公开和民主评议为主要内容的民主监督制度，基本实现了“依法建制，以制治村，民主管理”，村级法治化管理水平明显提高。由于有了法律制度的保障，村民在参与社会治安综合治理时成为了真正的主人，主动要求成为社会治安综合治理群防群治网络中的一分子，以此维护当地社会治安、维护自身合法权益。全国已有10%左右的村跨入了“民主法治示范村”行列,并呈现出良好的发展态势。

三、全力做好城乡特殊困难群众的社会救助工作,以保障困难群众基本生活为出发点,维护社会稳定

党中央、国务院一直高度重视解决困难群众的基本生活问题,民政部贯彻落实党中央、国务院关于解决困难群众生活的工作部署,加快推进城乡特殊困难群众生活救助体系建设工作,以实际行动努力实践“以民为本、为民解困”的民政工作宗旨,切实履行好维护民利、解决民生、落实民权的民政工作职责,切实保障特殊困难群众的基本生活,维护社会稳定。

(一)建立灾害紧急救援机制,确保灾民救助工作及时有效。

2004年,强降雨导致部分地区山洪暴发、山体滑坡和泥石流灾害发生频繁,造成严重的人员伤亡和经济损失,灾区群众的生产、生活十分困难。各级民政部门按照“一切为了灾民,为了灾民的一切”的要求,把救灾工作作为第一要任,把维护灾区群众的利益作为第一要求,加强灾害紧急救援机制的建设,制定实施新的灾情统计制度,健全完善灾情会商制度,建立救助情况通报制度,加强救灾物资储备和救灾装备建设,实施《灾害应急救助工作规程》、《灾区民房恢复重建管理规程》,推行《灾民救助卡》管理和春荒救助落实方案,推进地方各级建立健全救灾应急预案,建立健全救灾应急资金和物资拨付制度,完善各级救灾物资储备系统,切实保证灾害发生后灾区紧急抢救、转移安置等工作的有效开展。民政部先后启动应急响应12次,派出62个工作组检查指导救灾、灾后恢复重建和冬春受灾群众生活安排工作。全年共支出中央级救灾补助资金38亿元、救灾捐赠款489万元,调拨救灾帐篷33900顶;转移安置群众563万人,救助人数达9000万人(次),保证了受灾群众的衣、食、住、水、医等基本需求,灾区人心安定、社会稳定。针对部分省份受灾较重的情况,及时调整了跨省对口支援方案,加大了对重灾区的支持力度,妥善解决了受灾群众吃、穿、住、治等方面的生活困难。同时,各地通过开展救灾捐赠和经常性社会捐助活动,缓解灾区、贫困地区群众的生活困难。

(二)完善城市居民最低生活保障制度,保障城乡困难群众基本生活。

城乡困难群众的基本生活问题是影响社会稳定的重要因素。各级民政部门坚持“以民为本,为民解困”的宗旨,进一步完善城市居民最低生活保障制度,积极探索农村特困户救助、五保供养、医疗救助等多种社会救济形式,切实保障城乡困难群众的基本生活。

一是做好城市居民最低生活保障工作,保障城市困难群体的基本生活。各级民政部门在基本做到动态管理下应保尽保的同时,及时采取措施缓解了物价上涨给低保家庭生活带来的影响。积极推行“分类施保”,对重病、重残和无经济收入等低保家庭给予了重点救助。规范低保工作程序,确保低保制度有效实施和低保金按时足额发放。截至2004年年底,共有2200.8万城镇居民,952万户家庭得到了最低社会保障。全年各级财政共支出低保金172.9亿元,其中中央下拨102亿元,全国平均标准每人每月159元,低保补差人均每月65元。教育、司法、住房等专项救助制度相继出台。对于符合低保条件的刑满释放、解除劳教人员、吸毒人员家庭,民政部门及时为他们办理低保手续,发放低保金,切实保障他们的基本生活。

二是做好农村社会救助工作,保障农村困难群众的基本生活。各级民政部门加大农村五保供养和特困户救助工作力度。民政部、财政部、国家发改委联合下发《关于进一步做好农村五保供养工作的通知》,进一步规范了五保供养工作,明确了五保供养资金来源渠道。总结推广了“福星工程”、“五保村”、“中心敬老院”等多种五保供养方式和改扩建经验。对农村特困户实行建账发证制度,有条件的地方积极探索建立了农村低保制度。截至2004年年底,全国有1206个县(市、区)实行了农村低保制度,其他省(直辖市、自治区)也在部分地区进行了探索。496.4万人享受农村低保,875.1万人纳入特困户生活救助。在全国30个省份展开了农村医疗救助试点,其中,有26个省(市、区)颁布了实施方案,救助农村困难群众约492万人。

三是开展经常性社会捐助活动,营造良好的社会捐助氛围,对有效缓解灾区、贫困地区群众的生活问题发挥了重要的作用。全国已建立2.8万个捐助接收站、点,基本形成覆盖全国城市的社会捐助网。城乡建立了"慈善超市"、"爱心超市"、"扶贫超市"、"爱心捐助家园"等捐助新模式和对口支援活动。在全国建立了4000多个"慈善超市",受益人数超过500万人次。

四、加强城市生活无着的流浪乞讨人员救助管理工作,巩固城市的社会稳定

认真贯彻落实《城市生活无着的流浪乞讨人员救助管理办法》,按照自愿受助、无偿救助为原则,对城市生活无着的流浪乞讨人员进行救助管理,实现了由强制性收容遣送到关爱性救助管理的顺利过渡,巩固了城市的社会稳定。为解决跨省接送问题,2004年5月,民政部与财政部下发了《关于做好城市生活无着的流浪乞讨人员中特殊困难救助对象跨省返乡工作的通知》,指导基层完善工作机制,成立救助管理工作领导协调小组,明确相关部门在救助、救治城市生活无着的流浪乞讨人员工作中的责任,完善服务体系。全国已建立救助服务站909个。为保障流浪乞讨人员得到及时的救助,不断创新工作方式,采取街头救助、集中安置、社会参与和拓展服务功能等方式,使67万流浪乞讨人员得到了及时的救助,在社会上产生了良好反响。

做好流浪儿童的救助工作,是预防和减少流浪儿童违法犯罪,保护流浪儿童合法权益的有效措施。民政部高度重视对流浪儿童救助管理工作的研究和指导,2004年,民政部从本级福利金中投资3000万元加强流浪儿童救助保护中心的建设,已建成流浪儿童保护中心130个。各级民政部门积极做好流浪儿童救助保护工作。江苏等省市依据《未成年人保护法》的有关规定,并结合当地实际,确定了有关部门密切配合的管理体制及保护性救助方式,即公安部门负责打击操纵流浪儿童的恶势力,将解救出来的流浪儿童送到民政部门所属的流浪儿童救助保护中心接受救助,中心对流浪儿童采取保护性救助,促使流浪儿童救助保护工作正常开展。广东、北京等省市建立了专门的少年儿童救助保护中心,改变了过去流浪儿童救助保护机构与救助管理站合一的体制,强化了特殊教育功能。作为民政部——联合国儿童基金会流浪儿童合作项目执行单位,郑州市流浪儿童救助保护中心尝试运用现代社会工作的理念和方法,建立了街头全天候救助点和"类家庭"救助保护模式,探索进行街头流动救助、职业培训、家庭寄养等项工作;长沙市流浪儿童救助保护中心建立了"大房子"救助保护模式,成为救助管理工作的一大亮点。

五、强化拥军优抚安置工作,促进军队国防建设,维护社会稳定

强化新形势下的拥军优抚安置工作,既是巩固国防、支持军队现代化建设的需要,也是保持社会稳定、推进精神文明建设的需要。经不懈努力,新修订的《军人抚恤优待条例》于2004年10月1日起正式实施,并联合有关部门出台实施优抚对象及其子女教育优待、军人残疾等级评定、移交政府安置的军队离退休干部及其无经济收入家属和遗属医疗保障等7个配套政策,标志着我国新型优抚保障体系框架基本建立。有20个省建立了抚恤补助标准自然增长机制,进一步推动了双拥工作规范化、法制化。针对退役士兵安置难的问题,联合有关部门出台实施《关于扶持城镇退伍退役士兵自谋职业优惠政策的意见》,从享受优惠政策的资格、就业服务和社会保障、普通高等教育和成人教育、从事个体经营、税收、贷款和户籍等7个方面作出详细规定,推行安置改革的县(市)超过1300个,促进了部队的稳定。截至2004年年底,基本完成了年度安置任务,保障了绝大多数退役士兵的权益,军队离退休干部的政治、生活待遇得到了落实。深入开展了创建双拥模范城(县)的活动,促进军政军民团结,为国家改革发展稳定发挥了重要作用。

六、加强民间组织管理,强化行政区域界线管理,维护改革发展稳定大局

加强对社会团体和民办非事业单位的管理,年检工作顺利开展。对年检办法做了重大改进,调整了年检报告书,制定了年检内部工作流程,充分利用了网络资源,这些改进措施得到了社团好评。直接查处了个别协会的违法违纪行为,转地方查处取缔非法组织,督促业务主管单位查办了一批社团违法违纪案件。同时,会同公安、安全等部门重拳出击,严厉打击,依法处理非法组织,从而把不稳定因素消灭在萌芽状态,确保了社会稳定和国家安全。

深入贯彻落实国务院《行政区域界线管理条例》,省、县两级行政区域界线联检年度任务顺利完成，联合检查了11条省界，解决纠纷问题6处，修复界桩40余棵，巩固了勘界成果，强化了界线管理。联检行为进一步规范，加强联检过程中的指导协调，增强了基层政府和群众依法守界和依法治界的观念，对促进边界地区的社会稳定和经济发展，发挥了积极的促进作用。

教 育 部

2004年教育部参与社会治安综合治理工作概况

2004年，教育部在中央综治委的统一领导下，始终坚持以邓小平理论和“三个代表”重要思想为指导，认真贯彻落实社会治安综合治理的各项措施，保证各级各类学校和学生的生命财产安全，切实做好学校安全稳定工作。

2月19～20日，中共教育部党组在京召开2004年高校稳定工作会议。北京、天津、上海、江苏、湖北、陕西等6个省市教育工作部门和北京大学等20所高校主要负责同志和分管负责同志，以及教育部办公厅等10个司局负责同志参加会议。教育部部长周济同志在讲话中强调，教育部门要及时协调有关部门对治安秩序混乱的区域及突出治安问题组织开展专项集中整治行动，继续开展净化校园及周边环境的治理工作；要进一步深入开展安全文明校园创建活动，以安全文明校园创建为契机，强化校园内部管理；要加强学校及周边治安综合治理工作的基层队伍建设，形成学校治安综合治理工作群防群治、齐抓共管的良好局面；要深入进行普遍的安全教育，运用多种形式，开展教育活动，广泛提高师生的安全意识和防范能力。

2月19～20日，教育部在浙江省宁波市召开了全国中小学安全工作研讨会。公安部、卫生部、团中央等部门有关负责同志和北京市、上海市等9个省（自治区、直辖市）教育厅（教委）负责中小学安全工作的同志参加了会议。会议强调，做好中小学安全工作，保障广大中小学生健康成长，是办好让人民满意的教育的重要内容。要高度重视，狠抓落实，坚决把中小学生事故数和死亡率降低到最低限度；要牢固树立“以人为本”的思想，不断开创中小学安全工作的新局面；要结合当地实际，认真做好2004年全国中小学生“安全教育日”教育宣传活动，切实提高中小学生安全防范意识和能力；要建立教育、公安、卫生、团中央等部门协调配合机制，形成安全管理工作齐抓共管的格局。

2月21日，教育部以教育部通报的形式印发了《章新胜副部长在全国网吧等互联网上网服务营业场所专项整治工作电视电话会议上的发言》，要求各地教育部门和高校要认真落实专项整治工作方案，切实完成整治工作的各项任务。3月21日，教育部发出《关于开展高校上网场所清理整顿工作 进一步加强校园网管理的紧急通知》（教电〔2004〕90号），要求各地教育部门和高校采取措施，深入开展校园内上网服务场所清理整顿工作，特别要加大对网络教室（实验室）、计算机房、图书馆电子阅览室等上网场所服务情况的排查，对利用上述设施进行经营盈利活动成为变相网吧的，要坚决果断取缔和终止，对有关责任人进行严肃处理。3月31日，教育部牵头，国务院信息办网络与信息安全组、国务院新闻办网络局、信息产业部电信管理局、北京市委教育工委及北京大学、清华大学等单位组成联合调研组分赴北京、上海、江苏、湖北实地检查校园网管理情况。4月9～12日，教育部派员对陕西省高校校园上网场所清理整顿工作进行督查。4月30日，教育部发出通知对“五一”期间校园网络的监控和管理进行部署。

2月27日，教育部办公厅下发《关于认真做好防范“法轮功”邪教组织在“两会”期间进行捣乱破坏活动的紧急通知》，切实落实防范“法轮功”邪教组织利用“两会”期间进行违法犯罪活动的工作措施。加强校园保卫工作和外来、流动人口管理；对学生宿舍和校外学生公寓、教职工宿舍、食堂、澡堂、实验室、教室、图书馆、会议室等人群集中场所作严格检查，查找安全工作方面的漏洞和事故隐患；对有毒物品、放射性物品、易燃易爆等危险品要严格管理，做好防火和食品卫生安全工作。

3月4日，针对部分地区发生针对高校师生

的偷盗、抢劫、伤害治安案件，教育部党组下发《关于进一步加强校园安全工作维护高校稳定的紧急通知》，要求各地教育部门和高校党委务必高度重视，深入细致地开展一次校园安全稳定工作大检查。切实加强对师生生活区、外国留学生公寓、大型活动场所等校内敏感区域、重点部位，重点人群和重点人物，及教学、科研、办公等重要设施的安全检查和保卫工作，及时消除各种事故隐患；警惕各种敌对势力和别有用心的人利用各种机会造谣惑众，煽动闹事；协调和配合有关部门深入开展学校及周边治安综合治理工作，及时整治学校及周边影响治安秩序的突出问题。

3月24日，教育部党组下发《关于学习贯彻〈关于进一步加强和改进未成年人思想道德建设的若干意见〉的通知》，要求各级各类学校切实加强青少年学生的思想道德教育、法制教育、自我保护教育、反对邪教和毒品预防教育；加强在校学生的学籍管理和日常行为的教育管理，积极引导学生树立良好的文明行为习惯，抵制社会不良影响；加强针对外来务工人员子女、单亲家庭子女、父母外出打工的留守子女、贫困家庭学生以及工读学校学生等特殊群体的教育，积极做好深入细致的教育引导工作。

3月29日，按照《教育部 公安部 全国妇联 中国残联 团中央办公厅，全国少工委办公室关于做好2004年全国中小学生“安全教育日”活动的通知》要求，组织开展了主题为“预防校园侵害，提高青少年儿童自我保护能力”的第九个全国中小学生安全教育日宣传教育活动。各级有关部门和中小学普遍对广大中小学生开展了预防校园侵害的教育活动，营造了全社会共同关心中小学生安全的良好氛围。当天，教育部、公安部、共青团中央、中国残联、全国少工委、北京市政府等联合在北京育才学校举行了2004年全国中小学生安全教育日主题宣传教育活动。教育部部长周济，北京市副市长范伯元，共青团中央书记处书记、全国少工委副主任张晓兰等出席活动并讲话。周济在讲话中强调，各地教育行政部门的领导，中小学校长、幼儿园园长和老师们，切实树立“以人为本”的思想，要把学生的安全摆在最为重要的位置，放在心上、挂在嘴上、抓在手上，采取切实措施保障他们的安全和健康；要在以往工作的基础上有所创新，重点研究当地多发事故特点，教给学生在遇到这类危险时所应采取的办法和措施；要通过开展丰富多彩、形式多样的活动，增强学生的安全意识，提高自我保护能力；要积极主动与当地公安、残联等部门和共青团、少先队组织加强联系，建立安全工作合作机制，共同做好中小学生及幼儿的保护工作。

3月30日，教育部下发《关于近期几起中小学校楼梯间拥挤伤亡事故的紧急通报》，强调各级教育行政部门和学校立即采取措施，坚决杜绝因楼梯间拥挤发生的伤亡事故。要求各中小学校必须做到凡是有学生在学校，就要有老师管理和保护；实行校长、教师的代班、值日、值勤制度；认真分析本校的具体情况，制定放学、上操楼梯间安全制度和停电应急预案；迅速组织对楼道、楼梯设备、设施的专项检查，采取措施，消除隐患；从学生实际出发，在上操、集合等上下楼梯的活动中，统一具体的安全要求；对学生专门开展一次针对防止拥挤事故发生的安全专题教育。

6月3日，针对一些地方连续发生多起中小学生溺水身亡事故，教育部办公厅下发《关于预防溺水事故加强中小学生游泳安全教育的紧急通知》，要求各地中小学校立即深入开展一次游泳安全教育专题活动，通过班(队)会、黑板报、专题报告等形式，以典型事例警示学生，提高每一个学生的游泳安全意识和自护自救能力。加强管理，严格纪律，明确要求中小学生不准私自下水游泳，不擅自与同学结伴游泳，不在无家长或老师带领的情况下游泳，不到无安全设施、无救护人员的水域游泳，不到不熟悉的水域游泳；积极创造条件开设游泳课，指导青少年学生熟练掌握游泳的技巧和自救方法；有游泳设施的学校要延长向学生的开放时间，加强防护，尽力满足学生游泳需求。

6月7日，针对一些高校出现学生住宿场所发生治安伤害事件，教育部下发《关于切实加强高校学生住宿管理的通知》。要求健全学生住宿管理规定、学生宿舍文明建设管理规定、学生宿舍安全管理制度等各项规章制度，加强学生宿舍管理；建立安全工作检查制度，做到全面检查与重点检查相结合、定期检查和日常防范相结合，对发现的事故隐患要及时进行整改；加强学生宿舍和公寓的安全保卫工作，做到值班门卫到位、巡逻执勤到位、检查整改到位、制度落实到位;积极配合公安部门做好学生宿舍和公寓周边环境的治安管理工作,经常互通信息,认真分析、排查、解决影响学校稳定的不安全因素;积极创造条件为学生解决住宿问题,加强学生校外租房的管理,绝不能留下管理和教育工作的空白点。

6月22日,中央综治委、教育部、公安部联合下发了《关于深入开展安全文明校园创建活动的意见》(教社政〔2004〕7号),要求各级各类学校有组织、有计划地深入开展安全文明校园创建活动,积极构建学校现代化的安全技术防范体系,完善学校安全责任制和校内安全管理工作的规章制度,规范校园安全管理。加强学校安全工作机构和队伍建设,增强学校安全保卫力量;加强师生安全教育,提高师生安全意识;建立安全文明校园的工作机制,提高学校突发事件应急处置工作能力;加强各级各类学校安全管理工作的检查,督促学校把各项安全制度、措施真正落到实处,有效防止重大治安案件和安全事故的发生。各地、各部门以平安建设和基层安全创建活动为载体,有力推动了学校及周边治安综合治理各项措施的落实,初步建立了党委、政府领导,综治机构组织协调,以公安为骨干,以群防群治力量为依托,以学校治安防范为重点,以科技手段为支撑,校警联动,专群结合,人防物防技防配套的学校治安防控体系。

6月29日,教育部下发《关于加强学校暑假期间安全工作的紧急通知》。要求各地教育行政部门和各学校要牢固树立“责任重于泰山”的意识,高度重视安全工作,开展好假前安全、法制教育,提高师生的安全意识和自护自救能力;放假前开展一次全面、细致的安全检查,认真进行整改校园治安、安全防火、饮食卫生、交通安全和危险化学品管理等方面存在的隐患;严格值班制度,学校的要害部位和重要岗位必须安排人员昼夜值班,校领导24小时在校值班;组织学生参观旅游时要把安全放在首位,以安全、就近为原则;教育学生不到地势险峻或安全措施不落实的地方游玩。

教育部贯彻落实《中共中央 国务院关于进一步加强和改进大学生思想政治教育的意见》,认真做好中央16号文件精神系列配套文件的起草、修订和完善工作。要求各地教育工作部门和高校进一步加强和改进高校基层党组织建设,学生辅导员、班主任队伍建设,校园文化建设,学生社团建设等;进一步加强和改进高校校园网络管理工作和大学生心理健康教育工作,进一步做好高校毕业生就业指导工作;完善高校学生行为准则和管理规定,完善高校安全管理的领导体制和工作机制。

9月3日,教育部下发《关于在教育系统深入开展打击淫秽色情网站专项行动的通知》,要求各地教育部门和高校认真贯彻落实全国打击淫秽色情网站专项行动电视电话会议精神,按照中央有关部门制定的《打击淫秽色情网站专项行动方案》部署,结合新学期开学的工作安排,集中开展打击淫秽色情网站专项行动。切实加强对专项行动的组织和领导,落实工作责任和工作方案;严格校园网和校内上网服务场所的监管,完善信息安全管理制度;加大专项行动工作力度,切实做好校园网络淫秽色情等有害信息的专项清理整治工作;正确引导,加强教育,大力倡导网络文明和网络自律;加强与各主管部门的紧密配合,坚决遏制色情、反动等有害信息对教育网络信息系统和校园网络的侵袭。

9月24日,教育部党组下发《关于做好国庆节期间学校安全稳定工作的紧急通知》,要求加强校园安全保卫和昼夜巡逻,尤其对安全保卫的薄弱部位和事故多发地进行重点巡逻,有效防止重大刑事治安案件,预防减少严重危害师生生命财产安全的恶性案件和安全事故的发生。认真做好国庆期间各种庆祝活动、大型集会以及学生出游的组织、管理和安全防护工作,严防恐怖袭击和其他破坏活动及安全事故发生。要对学生进行一次广泛、深入的安全宣传教育,特别是要加强遵纪守法、自我保护以及防火防盗、食品卫生和节日出游安全等的教育,强调安全注意事项,增强学生安全意识,使师生熟知有关安全制度和有关知识,提高学生防诈骗、防传销、防人身伤害等自我防范能力。

10月11日,为深入贯彻落实中央领导同志关于加强中小学幼儿园安全工作的指示精神和《国务院办公厅关于切实加强中小学幼儿园及少年儿童安全管理工作和开展专项整治行动的意见》(国办发电〔2004〕26号)要求,教育部会同公安部召开了全国中小学和幼儿园安全工作电视电话会议，就加强中小学幼儿园安全工作和在全国开展为期三个月的中小学幼儿园和少年儿童安全管理专项整治行动进行了全面部署。会后，教育部会同公安部等部门立即成立了全国中小学幼儿园及少年儿童安全管理工作专项整治行动联合工作办公室，认真组织协调有关部门，督促指导各地做好整治工作，共印发工作简报52期。10月15日，教育部、公安部、司法部、建设部、文化部、卫生部、国家工商行政管理总局和新闻出版总署联合下发了《全国中小学幼儿园及少年儿童安全管理专项整治行动实施方案》（教电〔2004〕297号），指导各地和有关部门认真开展专项整治工作。同时，组织检查组先后深入到河北、湖南、江西、四川、广东、福建、江苏等省中小学校，详细了解学校安全管理工作，督促各地切实落实专项整治行动的各项要求。经过三个多月的努力，专项整治行动取得了明显成效：中小学、幼儿园校园周边环境明显好转，校园内部安全管理工作得到全面加强，不合格办学机构和教职工队伍得到清理整顿，一批侵害中小学生和少年儿童的违法犯罪案件被集中查处，校园安全长效工作机制初步形成。据统计，专项整治行动中，全国共清除校园周边违章建筑16560处，取缔非法网吧12575家、违章经营小卖部29453家、非法歌舞厅2861家、非法游戏厅6200家、非法录像厅3434家，非法流动饮食摊点131481个。新设治安岗亭、报警点30321处，新增交通信号灯12089组，新增交通设施49483个。检查中小学校34万多所、幼儿园12万所，查出各种事故隐患23万余处，整改20余万处。清查了22026所民办中小学和69663所幼儿园的办学资质，限期整改不合格办学的民办中小学近3994所、幼儿园16124所，依法取缔、关闭不具备办学办园条件及未办理有关办学办园手续的中小学2000多所、幼儿园1万余所。审查中小学教职工、聘用人员、临时工的准入资格385万余人，调离、辞退不合格人员2万余名；审查幼儿园教职工、聘用人员、临时工的准入资格63万余人，调离、辞退不合格人员7000多名。破获侵害学校和师生安全的刑事案件5926起，查处治安案件13032起，抓获各类违法犯罪嫌疑人20000多名。此外，通过开展专项整治行动，各地各有关部门和中小学校幼儿园对安全工作的重视程度明显提高，中小学幼儿园安全管理工作体制进一步健全，中小学生和少年儿童的法制观念、自我保护和安全防范意识以及自救自护能力进一步提高。

11月25日～26日，教育部、公安部在福建省厦门市召开部分地区中小学、幼儿园及少年儿童安全管理专项整治工作座谈会。教育部基础教育司、公安部治安局有关负责同志与22个省、自治区、直辖市教育行政部门和公安机关负责专项整治工作的同志参加了会议。会议通报了全国专项整治工作的总体形势，交流了各地整治工作的进展情况，并对做好下一步工作提出了要求。强调当前和今后一段时期，各地要重点抓好以下四项工作：继续加强对侵害师生安全违法犯罪活动的严厉打击；加大中小学幼儿园安全隐患整改和校园周边环境的治安整治工作力度；继续抓好校园内部的各项安全管理、防范工作，完善各项规章制度；教育、公安等有关部门要搞好协作配合，进一步增强工作的整体合力。

文 化 部

2004年文化部参与社会治安综合治理工作情况

2004年，文化部坚持以党的十六大、十六届三中、四中全会精神为指导，积极贯彻全国宣传思想工作会议和中央综治委相关会议精神，以繁荣和发展为主题，积极稳妥地推进文化市场产业结构调整；坚持继续整顿和规范市场秩序，创造性地开展文化市场管理工作，取得了显著成效。

一、依法行政，与时俱进，积极推进文化市场法制建设

（一）完成《营业性演出管理条例》的修改工作。文化部联合政策法规司、国务院法制办的同志先后赴浙江、广西、河南等地实地调研，将修改稿提交给各地文化部门征求意见，国务院法制办又征求了20多个国家部委局和各地法制部门的意见。

（二）着手修改《娱乐场所管理条例》。文化部召开了由部分省市县文化市场管理部门代表、娱乐场所经营者代表和社会公众代表参加的《娱乐场所管理条例》修改工作座谈会，充分听取各方面的意见。

（三）着手起草《艺术品经营管理条例》。针对艺术品市场涉及面广，立法基础和管理基础相对薄弱，条例的起草难度较大等特点，文化部先后在北京、上海、江苏等地对艺术品市场进行调研，并在京召开了由国务院法制办、检察院、法院等有关部门和法律工作者参加的关于艺术品市场打假适用法律法规座谈会。

（四）根据《行政许可法》的相关精神和国务院取消和调整的三批行政许可项目变化的实际要求，文化部对《营业性演出管理条例实施细则》、《美术品经营管理办法》、《互联网文化管理暂行规定》、《中外合作音像制品分销企业管理办法》、《音像制品批发、零售、出租管理办法》等5个部门规章进行修订，并发布了《文化部关于贯彻实施〈行政许可法〉，转变政府职能，改进和加强文化市场监管工作的通知》、《文化市场举报办理规定》等文件，大力推进管理创新。全国各省区市也相应取消和调整了一批行政审批项目，并修改了一批地方性法规。

二、突出重点，大力整治文化市场经营秩序

（一）网吧专项整治工作基本达到预期目标，市场面貌总体改观，长效机制基本建立。2月，国务院办公厅转发了《文化部等部门关于开展网吧等互联网上网服务营业场所专项整治的意见》，并于19日召开了全国电视电话会议对专项整治工作进行动员部署，决定由文化部牵头联合有关部门在全国开展网吧等互联网上网服务营业场所专项整治行动。10月，按照中央领导指示，文化部等9部门再次研究决定将专项整治工作延长到年底。2月以来，文化部根据全国整治工作的进展，及时出台指导性文件，有力地推动了整治工作的开展。全国网吧专项整治工作领导小组办公室先后派出督查组赴全国20多个省区市进行检查督导。据统计，全国网吧专项整治期间，仅2～8月各相关职能部门就检查网吧180万家次，出动执法人员250万人次，罚款1亿多元，暂扣电脑等设备13.8万台，责令停业整顿1.8万家，吊销《网络文化经营许可证》1631家。全国文化行政部门受理了6万多件群众举报，聘请了6.3万名网吧社会义务监督员，初步形成群防群治、齐抓共管的综合治理机制。通过专项整治，网吧违法违规经营现象得到初步遏制，网吧市场经营秩序明显好转，基本达到了预期目标。网吧专项整治工作堪称文化市场专项治理工作中压力最大，力度最大、成果也最大的一年。许多地方党委政府领导亲自抓，各级文化部门连续作战，严格执法，许多基层文化执法部门日夜巡查，付出了巨大的劳动。重庆、湖南等省市党委政府领导高度重视网吧整治工作，多次亲赴现场检查。湖南省吉首市文化市场稽查大队队长杨连欣在整治工作中严格执法，遭人报复，身负重伤。黑龙江、湖北等省积极建设网吧监管技术平台，不断提高管理工作的科技含量。浙江省文化文物稽查队改变工作方式，从突击检查转向日常监管，要求各级文化市场稽查机构日均至少有一个检查组在市场进行检查。福建、天津、山西、安徽等省加强舆论宣传，鼓励群众举报，营造整治工作的良好舆论氛围。江苏、河北等省聘请了1万余名网吧义务监督员，有效保证了对网吧的社会监督。

(二)为加强对进口网络游戏的管理，文化部于4月份设立了进口游戏产品内容审查委员会，开展了对进口网络游戏内容审查和国产游戏的备案工作。与此同时，加大了打击违法网络游戏的力度，共查处了6款内容违法的游戏、4家未经批准擅自从事网络游戏经营活动的单位，以及2家非法提供网络游戏“私服”、“外挂”的网站。浙江、四川、湖北利用监管平台对违法网络游戏进行封堵，效果显著。

(三)深入整顿音像市场。为保证国产影片《十面埋伏》的顺利上映，文化部重点打击《十面埋伏》的违法音像制品。通过各级文化市场管理部门和稽查队伍的努力，有效地遏制了盗版蔓延的势头，保证了电影票房。为净化未成年人的文化环境，加强对校园周边文化市场的管理，发布了《关于严厉打击粗口歌、哈狗帮、摇头玩等违法音像制品的紧急通知》，有效防止了粗口歌等违法音像制品进入学校或校园周边地区。第3季度，一种名为DVD压缩碟的违法音像制品大规模冲击音像市场，这种压缩盘成本低，容量大，导致正版音像制品尤其是电视剧和电影的销售急剧下降。文化部于11月发出《关于立即开展音像市场治理冬季行动，严厉打击DVD压缩碟的紧急通知》的明传电报，要求各级文化市场稽查机构坚决打击DVD压缩碟。截至目前，全国共收缴压缩盘500多万套，其中仅广东一地就查获300多万套，为经营单位挽回经济损失近2亿元。广东、四川、吉林等省在打击压缩碟专项行动上走在全国的前列。

(四)指导重点案件的查处和落实。6月，与四川省文化厅共同查处了四川成都违规慈善演出案，对有关单位和责任人进行了相应处理，绝大部分演员已退回非法报酬。中央电视台《焦点访谈》栏目两次播报查处进展情况。查处了部分地区色情演出案，下发了《关于广东、浙江、云南、安徽、湖北等地色情淫秽表演查处情况的通报》。参与查办了公安部部级监办案件辽宁“7·15”特大违法音像经营案，3月19日主犯王金声及另2名同案犯被抓获，7·15案全面告破。7月，在广东先后破获两起特大违法音像经营案件，分别查获各类违法音像制品107万和157万盘。9月，文化部、商务部、国家保护知识产权工作组与广东省文化厅、广州市文化局一起查获6个违法音像制品的仓库，收缴违法音像制品60多万盘。前三季度，全国共收缴违法音像制品1.3亿张。江苏、广东在打击地下音像仓库、窝点方面成效显著。广东全省文化行政部门查缴的违法音像制品已超过1亿盘(张)；江苏省今年查缴违法音像制品的力度很大，在不到一个月的时间组织南京、苏州、常熟等地文化部门开展行动，收缴盗版音像制品140余万张，11月份在13个市县一次性销毁盗版光盘1120万张。深圳市在加强门店管理，协调公安、检察、法院加强案件移送方面作出了表率。陕西、辽宁在关闭、整顿大型非法音像制品集散地方面取得了突破性进展。但是，从全国来看，普遍存在案件查处多，深入处理少；盗版查缴多，刑事处罚少；门店查处多，行政处罚少等现象。

据统计，2004年全国共出动检查3620441人次，检查经营单位3062868家次，共受理举报114768件，立案调查86143件，移交案件6773件，办结案件93076件。全年共收缴物品约合1.72亿件，停业整顿文化经营单位29260家，取消经营资格7526家。

国家人口计生委

2004年流动人口计划生育综合治理工作情况

2004年，国家人口计生委认真贯彻中央关于社会治安综合治理工作的指示精神，紧密结合本部门实际，积极参与和落实中央综治委有关社会治安综合治理各项工作。在流动人口计划生育管理和服务工作中，认真贯彻落实国办《关于做好农民进城务工就业管理和服务工作的通知》，按照"公平对待、合理引导、完善管理、搞好服务"的原则，将流动人口计划生育管理和服务纳入人口与计划生育工作目标管理责任制，积极探索流动人口计划生育综合治理工作新机制。在流动人口计划生育综合治理中主要做了以下工作：

一、贯彻落实中央综治委等九部门联合下发的《关于进一步做好流动人口计划生育工作的意见》等有关文件精神，将流动人口计划生育管理和服务工作与社会治安综合治理、社区警务战略、暂住户口登记和出租屋管理等相关工作紧密结合，积极协调相关部门，加强部门沟通协作，切实加强流动人口计划生育综合治理工作。

二、2004年10月，国家人口计生委在浙江省宁波市召开了全国流动人口计划生育工作会议，认真总结流动人口计划生育工作的基本经验和主要成绩以及存在的问题，研究提出了新时期进一步加强和改进流动人口计划生育工作的指导思想、改革思路、基本要求和任务。

三、开展大型流动人口宣传服务活动。2004年4月，由国家人口计生委牵头，组织中央国家机关十四部(委)共青团组织联合开展了以"关注流动人口权益，服务流动人口健康"为主题的大型流动人口宣传服务、网上专题直播、现场及网上调查等系列活动。在北京站站前广场为流动人口提供计划生育、务工经商、劳动就业、卫生保健、医疗急救、婚姻家庭、职业培训及法律援助等各项宣传咨询和服务，受到了流动人口的欢迎。

四、配合共青团中央深化"千校百万"培训工作。进一步在人口计生系统开展针对进城务工青年群体的"千校百万"培训工作，例如，上海市人口计生委与安徽、江苏省人口计生委联合开展流动人口"源头培训、定向招工、双向管理和服务"试点工作。在各类培训教育工作中，涌现出了一批优秀进城务工青年(集体)、进城务工青年良师益友和培训工作先进集体。

五、建立并推广应用全国流动人口计划生育信息交换平台。通过现代化信息技术在基层工作的应用，初步实现流动人口计划生育信息异地查询，加强了流入地和流出地的双向协调和配合；也有助于促进基层人口计生部门与公安、劳动保障等相关部门的信息交流和资源共享，总体应用效果显著。

六、组织开展全国部分城市封闭住宅小区计划生育管理试点工作。试点工作在辽宁、上海等10省(市)的18个市(区)顺利开展，各试点单位依托社区，将城市封闭住宅区计划生育工作与城市社区建设紧密结合。2004年8月，在大连市召开了试点工作研讨会，总结交流各地试点工作经验，探讨进一步加强管理和服务工作的思路和对策，取得了积极进展和成效。

七、积极做好农村和城市计划生育村(居)民自治工作。联合民政部、中国计生协草拟并下发了《关于加强和完善村级计划生育民主管理和民主监督的意见》，在基层推行和建立计划生育民主管理和民主监督制度，实行人口和计划生育政务公开，将流动人口纳入村(居)民自治，实行流动人口计划生育自我教育、自我管理、自我服务。

八、拓宽维权渠道，加大依法行政和维权监督宣传力度。人口计生委专门建立了受理流动人口来信来访制度，设立生殖健康维权热线电话，编写流动人口计划生育宣传折页27万册，就项目承诺与服务指南、流动人口权利与义务、避孕方法的知情选择、性病艾滋病的预防等内容做了图文并茂、通俗易懂的宣传介绍。通过认真解答群众的政策咨询和情况反映，协同有关部门积极做好群众上访工作，及时妥善处理有关突发事件，在维护社会和谐稳定方面发挥了积极作用。

九、认真督促和严肃查处计划生育侵权案件。结合《人口与计划生育法》的贯彻实施，大力加强流动人口计划生育技术服务工作，确保流动育龄妇女享有国家规定基本项目的免费计划生育技术服务，把维护流动人口实行计划生育的合法权益作为人口计生委执法检查和专项督查的重点内容。通过监督检查，提高了人口和计划生育部门及其工作人员依法行政和文明执法的自觉性，及时化解矛盾，维护群众合法权益，消除了影响社会治安的隐患，维护了社会安定的大局，提高了人民群众对计划生育工作的满意度，促进了人口和计划生育工作持续健康发展。

新闻出版总署

新闻出版部门2004年参与社会治安综合治理工作概况

2004年,新闻出版总署以邓小平理论和“三个代表”重要思想为指导,认真贯彻党的十六大和十六届三中全会、四中全会精神,全面落实全国社会治安综合治理工作会议精神和中办、国办转发的中央综治委《关于加强社会治安防范工作的意见》,主要领导亲自抓,及时部署落实有关工作。总署各职能部门充分认识社会治安问题的长期性、复杂性和反复性,积极参与构筑社会治安防控体系,建立经常性的工作机制,组织开展“扫黄打非”集中行动和专项治理。特别是从2004年开始中央综治办将“扫黄打非”工作情况与各地综合治理工作考核挂钩以来,各地切实加强出版物市场日常监管,打防结合,标本兼治,取得了显著成效,为社会治安大局稳定作出了贡献。据不完全统计,在2004年“扫黄打非”集中行动和专项治理中,全国共出动执法检查人员217万人次,检查出版物市场及店档摊点69万个(次),取缔关闭非法出版物店档摊点4万余个,处罚违规印刷企业6115家,取缔关闭非法印刷企业2966家;共收缴各类非法出版物2.29亿余件,其中政治性非法出版物121万件,淫秽色情出版物1206万件,非法音像制品和电子出版物1.8亿余件;共破获非法出版案件3万余宗,其中行政处罚案件31862宗,刑事处罚案件1014宗;共查缴非法光盘生产线21条。

一、全面清查出版物市场,坚决封堵和查缴各类非法出版物

一年来,各地区遵照中央的要求,按照全国“扫黄打非”工作小组的部署,对本地区出版物市场进行了全面的高密度的反复清查,重点对大中城市的书报刊批发市场、音像市场、电子软件市场、繁华街区、旅游景点、宾馆饭店、过街天桥、地下通道、医院、车站、机场、码头、火车、轮船等人员流动量较大的公共场所和学校及其周边的出版物市场进行了清查,查缴了一批非法出版物。主要包括:传播政治谣言、制造思想混乱、破坏社会稳定、危害国家统一、煽动民族分裂的出版物以及“法轮功”等邪教组织宣传品;非法宗教类出版物;淫秽色情出版物,特别是淫秽色情光盘、“口袋本”图书及有害卡通画册和不良游戏软件;非法报刊,特别是利用境外注册刊号在境内非法出版发行的报刊和假冒合法报刊出版发行的报刊及其非法记者站;盗版出版物,特别是盗版教材教辅读物、名著、畅销书、工具书以及音像制品和电子出版物等。

二、深入开展对淫秽色情“口袋本”有害卡通画册、不良游戏软件和盗版教材、教辅读物的专项治理

按照中央综治委的统一部署,认真贯彻全国预防青少年违法犯罪暨学校及周边治安综合治理工作会议精神,加强对学校周边出版物市场的监管,严厉打击以学生为读者对象的不良出版物。5月24日,全国“扫黄打非”工作小组办公室、新闻出版总署下发了《关于开展对淫秽色情“口袋本”图书、有害卡通画册和游戏软件专项治理的通知》,决定从5月25日至6月30日在全国范围内开展一次专项治理行动,集中整治淫秽色情“口袋本”图书、有害卡通画册和不良游戏软件。据不完全统计,此次专项治理中,全国共查处案件4962起,收缴淫秽色情“口袋本”图书、有害卡通画册180万余册,收缴有害游戏软件203万余件。山西省专门发出了《关于查处“粗口歌”音像制品的通知》,全省共收缴《粗口的士高》、《粗口王中王》、《粗口之王》、《粗口败类》等非法音像制品磁带4113盘,VCD共计10984张。北京市打击不良“口袋本”图书和非法光盘,专项治理期间收缴非法图书28.7万册,非法光盘近36.5万张。江苏省南京市、徐州市先后共收缴淫秽色情“口袋本”图书和有害卡通画册7500余册,淫秽游戏软件135张。

为贯彻落实《中共中央国务院关于进一步加强和改进未成年人思想道德建设的若干意见》和“全国加强和改进未成年人思想道德建设工作会议”精神,6月30日,全国“扫黄打非”工作小组召开了第十七次全国“扫黄打非”工作电视电话会议,部署开展严厉打击非法出版活动及收缴淫秽色情出版物的专项斗争。中共中央政治局委员、书记处书记、中央宣传部部长、全国“扫黄打非”工作小组组长刘云山同志出席会议并作重要讲话。会后,各地区、各有关部门深入贯彻会议精神,迅速行动,加大力度,深入开展对政治性非法出版物、淫秽色情“口袋本”图书和有害卡通画册的专项治理工作,掀起了“扫黄打非”斗争的新高潮。北京市率先开展查处有害卡通画册、不良“口袋本”图书和其他淫秽色情出版物“紧急行动周”工作,共收缴各类非法光盘5万余张,非法图书13.2万册,取缔游商57人。海南省文化市场稽查总队在全省严厉查处销售粗口歌、“哈狗帮”、“摇头丸”等违法音像制品的同时,还联合《南国都市报》共同组织开展了“抵制不良文化、保护未成年人、净化娱乐环境”的活动。

针对盗版教材教辅读物进入学校,影响教学环境、滋生教育腐败的问题,7月底,全国“扫黄打非”工作小组办公室会同新闻出版总署、教育部、国家版权局、共青团中央、国务院纠风办等部门联合开展了2004年秋季盗版教材、教辅读物专项治理行动。各地积极行动,将查处大案要案、治理盗版教材、教辅读物出版、印刷、复制、发行、采购、使用过程中出现的行业不正之风作为治理重点,取得了阶段性成果,各地共查处案件2347起,收缴盗版教材教辅935万余册。

三、依法查办大案要案,震慑违法犯罪分子

2004年,各地区、各有关部门加大了对重点案件的查处力度,其中包括:《虎胆雄心》案、江苏“9·26”非法出版教材教辅案、广东“3·05”淫秽光盘案、武汉“5·11”政治性非法出版物案、广州389万张非法光盘案、江西非法光盘生产线案、河北沧州左春进盗版案、河南省郑州监狱印刷非法出版物案、河南浚县印刷厂盗版案、《WTO与中国》非法期刊案、《东方财经》非法期刊案、《中华财富》非法期刊案、山东德州盗版教辅读物案等等。

中央领导同志关注的广州“3·05”特大淫秽光盘案于10月22日一审判决,主犯陈松坡等13人因构成贩卖淫秽物品牟利罪和非法经营罪被分别处以19年至1年零4个月不等的有期徒刑。此案是1989年开展“扫黄打非”斗争以来查获的最大一起贩卖淫秽色情出版物案件。

江苏“9·26”特大教学用书侵权盗版案于11月11日在江苏南京鼓楼法院公开宣判。主犯钟山被法院以侵犯著作权罪、非法经营罪判处有期徒刑10年,并处罚金200万元,没收个人财产100万元。其父钟家内也被以非法经营罪判处有期徒刑3年缓刑5年,并处罚金200万元。钟山及其母亲名下的两家单位也因侵犯著作权罪和非法经营罪判处罚金共1000万元。

四、加强出版物市场调研,及时掌握市场动态

2004年,各地区、各有关部门加强对出版物市场的调研工作,组织开展了大量的调研活动,涵盖书报刊、音像、电子出版物、网络等多个领域,包括出版、印刷、复制、发行、销售等多个环节。全国“扫黄打非”工作小组办公室的调研地域范围几乎囊括了全国所有省份。通过调研,掌握了出版物市场的第一手材料,同时也了解到各地“扫黄打非”工作开展的成功经验。如辽宁锦州“扫黄打非”进社区,鞍山开展的“把盗版和非法出版物清出校园”的工作经验,湖南省落实“扫黄打非”责任制和责任追究制,从严处罚违规违纪干部的做法等,全国“扫黄”办都给予了及时地总结,并在全国范围推广。此外,5月和9月,中宣部和全国“扫黄”办先后两次组织人员对重点地区出版物市场进行检查和暗访。特别是9月份的暗访是历年来规模最大的一次,共派出57名工作人员同时对全国4个直辖市和23个省会城市的出版物市场进行暗访检查。针对市场存在的问题,全国“扫黄打非”工作小组三位领导同志分别向27个省、自治区、直辖市“扫黄打非”工作小组和铁路、民航、交通等部门通报了暗访情况,要求各地区、各有关部门从讲政治的高度充分认识非法出版物的严重危害，切实采取有效措施，解决市场存在的突出问题。各地对此次暗访暴露出来的问题高度重视，制定措施，及时部署，加以治理，使问题得到一定程度的解决。

五、整顿出版物市场秩序，规范出版发行经营行为

针对城乡集贸市场中销售各类盗版、淫秽色情、封建迷信等非法出版物的现象较为严重的情况，全国"扫黄"办会同国家工商行政管理总局、新闻出版总署联合组织了对城乡集贸市场出售非法出版物的专项治理。8月和9月下旬，全国"扫黄"办先后两次在全国范围内组织开展了依法取缔游商和对出版物零售店档摊点的专项治理。在专项治理工作中，各地紧紧围绕完成"三个重点任务"(坚决取缔政治性非法出版物，坚决扫除淫秽色情出版物，坚决打击侵权盗版活动)、强化"四个重点环节"(清市场、治游商、端窝点、追源头)、采用"四个重要手段"(查大案、搞协作、明责任、堵渠道)、突出"五个重点地段"(出版物经营场所、交通枢纽、交通工具、人群密集区域、政治上敏感地区)、注意"两个工作时间"(夜间和节假日)来全面展开，取得了较为明显的成效。北京市从8月4日开展了"集中奋战五十天，净化市场迎国庆"的大规模专项治理活动，为了巩固治理成果，10月底，该市再次开展了为期一个月的冬季"扫黄打非"专项行动。山西省实施了以全面净化省城出版物市场、全面清理整顿旅游出版物市场和全面清理整顿宾馆饭店(尤其是涉外宾馆饭店)的出版物零售店(摊)为主要内容的"40天大行动"。重庆市"扫黄"办协调重庆铁路局、市交委、渝中区新闻出版、"扫黄"办和街道"扫黄"办等单位，就火车站、汽车站游商游贩兜售非法出版物出现反弹进行"会诊"，对开展依法取缔游商游贩专项治理做出部署。

针对火车站台、候车室及车厢，民航候机楼，长途车站等交通公共场所中存在经营非法出版物的现象，全国"扫黄打非"工作小组专门召集铁道部、民航总局、交通部等成员单位负责人，通报问题，研究国庆节前后开展对上述场所出版物零售店档摊点的治理。三部门高度重视，及时部署。交通部、民航总局、铁道部均向本行业发出通知，依法对辖区公共场所出版物零售店档摊点开展专项治理。

经过整治，全国出版物市场的面貌有所改观，特别是在"两会"和重大节庆期间，出版物市场繁荣稳定，营造了欢乐祥和的社会文化氛围。

六、依法取缔非法报刊，严厉打击非法出版活动

2003年12月，新闻出版总署、国家工商总局和全国"扫黄"办联合下发了《关于对利用境外刊号在境内非法出版、印刷和发行期刊等问题开展专项治理的通知》。截至2004年10月底，各地在专项治理中先后查处此类非法期刊案件920余起。山西、北京、天津、江苏、吉林、江西、福建等省还对本地报刊市场进行了调研，有针对性地对非法经营报纸和期刊、乱设记者站从事诈骗活动进行了治理。在此基础上，7月13日，新闻出版总署、全国"扫黄"办向社会公布了《首批被取缔的利用境外注册刊号在境内非法出版的期刊名单》(30种)，得到了新闻媒体、业内人士和广大群众的密切关注。为了继续加大对各类非法报刊的打击力度，10月20日，新闻出版总署、全国"扫黄"办再次发出《关于取缔〈人民权益报〉等60种非法报刊的通知》，同时组织策划新闻媒体进行更广泛、更深入的报道，对非法经营行为进行更加彻底的曝光。

七、继续严厉打击非法光盘走私，深挖非法光盘生产线

2004年，海关、公安边防等部门深入有效地开展了打击非法光盘走私的专项斗争。据不完全统计，全年共从海上、陆地查缉各类走私光盘1141万余张，收缴境外反动宣传品150万余件。广东省新闻出版、版权部门连续查获多起储运非法走私音像制品案件，7月26日，广州市新闻出版广电局在番禺区南村镇内5个仓库内共计查获非法音像制品570万张，查获DVD数量之大，在全国尚属首次。此外，从9月中旬至10月上旬，广州市新闻出版和广播电视局稽查人员在不足一个月的时间内接连破获3宗走私光盘案，收缴非法走私光盘300多万张，其中涉嫌淫秽光盘数十万张。针对下半年音像市场上出现的一种高压缩比盗版DVD光盘，各地按照全国"扫黄"办的统一部署，展开了集中行动，查缴了一批高压缩比盗版DVD光盘，对其制售活动给予了坚决打击。

在深挖非法光盘生产线方面,2004年共查缴地下光盘生产线21条。截至2004年12月31日,在我国境内挖出的地下非法生产线达到整整200条。2004年破获的21条生产线中,有15条在广东,有4条在江西、2条在湖南。由此看来,由于沿海地区保持高压态势,非法光盘生产线有从沿海省份向内地省份转移的趋势。

共青团中央

2004年共青团中央参与社会治安综合治理工作情况

2004年共青团中央深入贯彻中共中央、国务院《关于进一步加强和改进未成年人思想道德建设的若干意见》,按照《中共中央、国务院关于进一步加强社会治安综合治理的意见》要求,结合自身工作实际和青少年的特点,充分发挥资源优势,全方位、多角度地积极参与全国社会治安综合治理工作,取得了明显成效。

一、立足教育,切实加强青少年法制建设

1.广泛开展青少年法制宣传教育活动。2004年,团中央联合教育部、司法部、中央综治办以12月4日(全国法制宣传日)所在的一周为法制宣传周。期间,通过采取以案说法、法律咨询、法律征文等多种形式的宣传教育活动,不断增强未成年人的法律意识;下半年,与司法部联合举办了"首届青少年网上法律知识竞赛",全国各地青少年踊跃报名、积极参与,进一步增强了未成年人学法、懂法、用法的意识,并收到了良好的社会效果;依托中国法学会青少年法律研究会的专家资源,大力开展法制宣传教育和青少年法律研究,进一步推动了青少年法制宣传教育和理论研究工作开展。

2.积极做好未成年人保护法修订工作。受全国人大内司委委托,在开展大量调查研究的基础上,完成了未成年人保护法修订案提纲,征求了各部委、各有关学术单位,以及社会有关方面及各省、市、区有关部门和单位的意见,并通过网站、信箱等形式听取了社会公众,特别是广大青少年的意愿和呼声,年底前经过反复论证,形成未成年人保护法修订案草案稿,报送到全国人大内司委。

二、夯实基础,进一步推进预防青少年违法犯罪工作

1.牵头组织一系列重要会议,推出重大举措。围绕预防和减少青少年违法犯罪工作,组织召开了全国预防青少年违法犯罪工作会议等重要会议,推动出台了《关于深化预防青少年违法犯罪工作的意见》。为进一步贯彻落实《关于深化预防青少年违法犯罪工作的意见》,突出重点,形成合力,2004年年底推出"为了明天——预防青少年违法犯罪工程",进一步加大了预防青少年违法犯罪的工作力度。

2.积极推动实施"青少年违法犯罪社区预防计划"。一是加强对"青少年违法犯罪社区预防计划"基层试点单位的指导,确定了50个全国"青少年违法犯罪社区预防计划"实施试点单位(街道或社区),并分解到领导小组各成员单位。各成员单位加大指导力度,有些单位还派专人实地考察和指导。二是开展"未成年人零犯罪社区"创建工作,联合下发了《关于开展"未成年人零犯罪社区"创建工作的意见》,明确了创建范围、目标任务、工作内容和评估标准,推动各地将预防未成年人犯罪工作的各项任务、措施和责任落实到街道(乡镇)和社区。三是加强对闲散青少年的教育、管理和服务,把闲散青少年作为工作的重点,积极探索有效的方法和措施。通过深入细致的调查研究,掌握闲散青少年的底数,区别具体情况,制定有针对性的措施,在学习、生活、就业等方面对闲散青少年给予帮助和扶持。预防办积极推广上海经验,联合上海市开发"社区闲散青少年信息管理系统",已完成前期开发、研制和试点工作。四是加强社区预防青少年违法犯罪专兼职工作队伍建设。一方面，加强专职队伍建设，除上海采用政府购买服务建立专职社工队伍外，南京市还积极探索采用多种方式筹集资金建立社区青少年社工队伍，增强社区预防青少年违法犯罪的专职工作力量；另一方面，加大兼职工作队伍建设力度，招募以“五老”（老干部、老战士、老专家、老教师、老模范）为主体，吸收中青年人参与的志愿者队伍。

3. 积极协调有关新闻媒体，加大预防青少年违法犯罪工作的宣传力度。组织中央电视台、中央人民广播电台、人民日报、法制日报、中国青年报记者组成采访团，赴上海、江苏、山东等预防青少年违法犯罪工作有特色、效果明显的地区采访，宣传典型经验和做法。同时，在中央电视台“法治在线”栏目制作专题节目，播放公益广告；在人民日报、法制日报、《长安》杂志等新闻媒体进行专题报道，引起社会的极大关注，进一步营造了全社会关心支持预防青少年违法犯罪工作的良好氛围。

三、扎实做好青少年维权工作

1. 深化创建优秀“青少年维权岗”活动。开展2002—2003年度全国优秀“青少年维权岗”命名表彰活动。联合最高人民法院等11个部门开展全国优秀“青少年维权岗”创建活动先进个人和突出贡献奖评选活动，对各部门青少年维权工作的先进基层单位以及五年来为创建活动作出突出贡献的先进个人进行评选表彰和宣传。458个单位荣获全国优秀“青少年维权岗”称号，10名同志荣获全国优秀“青少年维权岗”创建活动突出贡献奖称号，254名同志荣获全国优秀“青少年维权岗”创建活动先进个人称号。

2. 积极加强青少年自护教育。为增强和提高青少年自我防范意识和能力，团中央、中央综治委于2004年联合开展了青少年自护教育活动，取得显著成效。一是扩大自护学校规模。推动各地广泛建立自护学校，建立青少年自护教育师资队伍，编写和制作青少年自护教育书籍、制品，丰富了青少年自护教育的形式和内容。二是集中开办自护营和培训班。通过举办专题讲座、录像观摩、自护培训等，为青少年讲授法律、心理、防灾避险等自护基础知识；通过举办模拟法庭、以案说法、自护训练营等活动，使青少年在模拟体验中强化法律常识、自护自救等使用技能。三是开展多种形式的自护教育主题活动。先后开展了主题为“自护自强，防范侵害”的暑期自护教育行动、青少年自我保护征文评选活动、暑期“青少年自我保护”绘画大赛等一系列活动。四是采取社会化方式开展自护教育。广泛利用各种机构、设施为青少年提供法律、心理等方面的咨询和各种技能训练；团中央权益部还联合中青网建立了“青少年自我保护教育网站”，通过设立自护课堂、影视天地等丰富多彩的栏目，建设青少年自我保护教育的网络阵地。

四、积极开展专项行动，营造青少年健康成长的社会环境

一是开展了“青少年网络文明行动”。通过公益广告、卡通画册等形式，深入宣传《全国青少年网络文明公约》，教育青少年安全文明上网。在青少年特别是中小学生中开展“学公约、议公约、守公约、传公约”的主题活动。印发了30多万册（套）《青少年网络文明公约》宣传画、卡通画册和书签。配合公安部开展打击淫秽色情网站专项行动。配合文化部门进一步深化“安全放心网吧”创建活动，开展了针对网吧等互联网上网服务营业场所的专项整治工作。配合新闻出版、教育等部门对淫秽色情“口袋本”图书、有害卡通画册、游戏软件和“粗口歌”进行专项治理，在中小学生中广泛开展“远离不良文化”专项教育活动，引导青少年远离不健康的口袋书、“粗口歌”歌本和音像制品，做到不买、不看、不传，增强自我保护意识，自觉抵制不良文化的影响。二是继续开展“社区青少年远离毒品行动”。围绕“抵制毒品，参与禁毒”的主题，以禁毒志愿者的招募和培训、西部重点地区青少年的宣传和教育、高危青少年的帮教和服务为主要内容，联合国家禁毒办下发了《关于进一步开展“社区青少年远离毒品行动”的通知》。“社区青少年远离毒品西部行动”在广西自治区南宁市正式启动。内蒙、四川、云南等西部地区相继开展了形式多样的禁毒宣传教育活动，共有500多万名青少年接受了毒品预防教育。同时，依托“青少年远离毒品网”建立的网上“青少年禁毒教育展览馆”也于国际禁毒日前夕正式开通，截至年底，点击登陆网站超过50万次。三是积极开展学校及周边环境整治工作。根据2004年学校及周边治安综合治理工作领导小组第一次全体会议精神和年初制定的工作安排，大力贯彻落实《国务院办公厅关于切实加强中小学幼儿园及少年儿童安全管理工作和开展专项整治行动的意见》,充分发挥中学团员的模范作用,号召广大学生“净化校园,从我做起”,自觉遵守校规、校纪,自觉维护校园及周边环境。

五、深入开展进城务工青年工作

1. 培育和弘扬健康的务工文化。团中央和全国青联联合下发《关于开展首届鲲鹏文学奖评选活动的通知》;与《打工》杂志、《打工族》杂志、中国打工文学网、打工文学联网等媒体积极联系,刊登征稿启事,做好宣传工作;与中国作家协会联系,特邀12位知名作家出任评委,评选出各类优秀文学作品120篇。同时,继续通过大家乐、慰问演出等形式活跃进城务工青年的业余生活。

2. 抓好务工青年维权服务工作。依托共青团劳动保障法律监督员制度和法律援助机构建立维权工作的监督员队伍和法律援助队伍,帮助进城务工青年解决工作生活中的突出问题,提高进城务工青年的维权意识和自我维权能力。与有关新闻媒体合作,普及维权知识,强化社会对进城务工青年群体的关注。利用节假日,开展“真情暖万家”——为进城务工青年送温暖活动。

3. 掌握进城务工青年动态。与零点公司合作,对北京、上海、广州、武汉四地进城务工青年基本情况进行了调查,形成了《2004年进城务工人员基本状况调查》。在针对打工者艺术团、协作者文化传播中心、农友之家等3个进城务工青年社团组织进行深入调研的基础上,对其组织形式、人员配备、资金来源等运转情况进行分析研究,形成《关于进城务工青年社团组织及打工文化的报告》。

六、树立榜样,表彰在社会治安综合治理战线上的青年典型

团中央会同中央综治办、最高人民法院、最高人民检察院、公安部、司法部等十二个部门,组织开展了第四届“中国杰出(优秀)青年卫士”评选表彰活动。评选出11名“中国杰出青年卫士”,114名“中国优秀青年卫士”。中共中央政治局常委罗干亲切接见了第四届“中国杰出(优秀)青年卫士”代表并与大家合影留念。围绕“树立报国志向,争做忠诚卫士”这一主题,组织了“中国杰出青年卫士”高校巡回报告活动,在北京、上海、重庆、武汉举办了报告会。通过评选树立一大批在本职岗位上勤奋敬业,秉公执法,为维护社会稳定、保护国家和人民群众生命财产安全作出了突出贡献的先进典型,展示了当代中国青年卫士群体的良好形象,对于弘扬社会正气,引导广大青年努力学习,敬业爱岗,为维护改革、发展、稳定的大局,实施依法治国,建设社会主义法治国家起到了积极的推动作用。

全国妇联

2004年全国妇联参与社会治安综合治理工作概况

全国妇联2004年在中央综治委的指导和全国妇联书记处的领导下，认真学习贯彻党的十六大和十六届三中、四中全会精神，围绕中央提出的社会治安综合治理的目标任务，加强工作领导，完善工作机制，突出工作重点，积极配合有关部门开展各项活动，为服务大局、维护社会稳定、促进安定团结做了大量积极有效的工作。

一、加强领导，建立健全工作机制

为加强对社会治安综合治理工作的领导，促进妇联系统各项工作任务落在实处，2004年，全国妇联调整、充实了由全国妇联书记处主要领导任组长、机关多部门共同参与的“四五”普法领导小组、全国妇联预防与控制艾滋病工作协调组、全国妇联信访工作协调组，确保了各项工作顺利开展。并根据职能要求，层层分解任务，把参与社会治安综合治理工作纳入各处室的目标管理体系。全国妇联领导重视团队精神和能力建设，注重推动妇女维权协调机构的发展和完善，并根据改革发展进程中妇女利益的新变化、新特点，把着力点放在研究解决改革发展稳定的重大问题上，放在社会治安综合治理妇女群众急需解决的紧迫问题上。目前，城乡普遍建立的妇女维权机构，数以万计的妇女“禁毒”、“禁赌”、“社会治安防范”、“安置帮教”等妇女群众自治组织，成为基层社会治安防控体系、构建和谐社会的重要组成部分。

二、突出重点，积极参与社会治安综合治理工作

一是进一步深化“不让毒品进我家”活动。为进一步深化“不让毒品进我家”活动，推进创建“无毒社区”、“无毒村”工作，2004年，全国妇联在调查研究的基础上，认真总结先进省市妇联参与禁毒工作经验，与国家禁毒办、中央综治办联合下发文件，进一步推进了“不让毒品进我家”活动，目前，全国妇联正在努力推进“无毒家庭”创建活动。

二是切实做好预防青少年违法犯罪工作。全国妇联以天津市河西区东海道街道、南开区嘉陵街道为联系点，认真开展“青少年违法犯罪社区预防计划”的试点工作，取得了一定成绩，为妇联系统参与此项工作摸索了经验。目前妇联系统家庭教育、小公民道德建设、“安康计划”实施都有了新的进展。据不完全统计，截至2004年底，全国共创办家长学校32万多所，广播父母学校31530所，创建省级小公民道德建设示范基地270多个，实验基地300余个；中国儿童少年基金会在10多个省建立1000多个安康教室和“安康益家”，600万名少年儿童受益。

三是认真做好对违法犯罪妇女的帮教转化工作。2004年，全国妇联承以往帮教工作基础，继续组织各级妇联开展“送法进高墙”、“帮教进戒毒所”等活动。通过组织帮教队伍、培训帮教骨干和志愿者，开展对“高墙内”女性进行教育感化活动，以及动员社区、街道、家庭做好刑释解教人员的安置帮教工作，推动了本系统帮教工作体系的建立和帮教网络的形成。经过多年实践，全国妇联在参与安置帮教工作中，总结出和推广了“四结合”、“三落实”、“二突出”、“一提倡”的帮教工作模式。“四结合”：结合各级妇联参与社会治安综合治理工作机构建设，建立和健全妇联五级帮教工作网络；结合妇联参与社会治安综合治理工作，把安置帮教工作的目标任务作为综合治理工作重点纳入妇联工作总体规划和年度工作计划；结合妇联调查研究工作，有针对性地对安置帮教工作中出现的新情况、新问题进行调查;结合“争当文明女性”、“争做文明家庭”活动,对刑释解教妇女进行思想道德教育。“三落实”:落实安置帮教登记制度;落实定期走访制度;落实工作考核制度。“二突出”:突出重点和难点;突出育人为本,重塑灵魂。“一提倡”:提倡奉献精神,献爱心、动真情、办实事。为适应新形势和谐社会创建的需要,目前,全国妇联正在组织开展全国性的“平安家庭”创建活动。

四是围绕维护社会稳定,积极参与艾滋病防治工作。2004年,全国妇联积极配合相关业务部门在51个国家艾滋病综合防治示范区开展了对妇女的“面对面”宣传教育活动。这次活动,为宣传党和政府对艾滋病防治工作的政策,传播防治知识,消除群众对艾滋病的恐慌,稳定艾滋病感染者及病人的思想情绪,以及维护社会安定团结起了重要的作用。

五是积极配合政府参与各项预防和打击拐卖妇女儿童犯罪和反对家庭暴力活动,在推动多部门联手合作反对拐卖和预防家暴工作中起到了很好的促进作用。截至2004年12月,妇联与公安机关成立反家暴机构(110报警)12769个,妇联与地方民政部门、企业成立庇护所、救助站415个,开通热线4条,建立妇女法律援助中心、社区法律服务站27464个。

三、创新手段,开展面向广大妇女的法制宣传教育

在开展日常法制宣传教育的基础上,从2000年开始,全国妇联与司法部联合连续六年开展了“三八”维权周活动,每年突出一个既与妇女权益相关,又利于社会稳定的主题,上下结合,形成一定声势,推动一批妇女关注、又有益于社会安定团结的带普遍性、典型性案件和问题的解决。“三八”维权周活动已成为各级妇联与地方司法行政部门联合开展对广大妇女进行法制教育,促进社会和谐发展的有效手段。

四、维护稳定,做好矛盾纠纷的排查调处工作

2004年,全国妇联加大了信访工作力度,多次下发文件,召开会议,加强工作指导,健全妇联领导接待群众信访制度,组织开展集体访、重复访、越级访专项治理和矛盾纠纷排查调处工作。与此同时,权益部还推动解决了一批涉及家庭暴力、拐卖妇女儿童、侵害劳动权益的重大典型案件,如广东、湖北等八省市被拐儿童父母群体上访案、湖南省衡阳市耒阳矿务局职工刘洪以冒死打拐案及“王秀芳被丈夫高世平施暴挖眼案”等均是在全国妇联主管领导重视下,权益部积极推动得以顺利解决的。这些重大典型案件的解决,既打击了侵害妇女权益违法犯罪行为,切实保障了受害妇女的合法权益,也维护了社会安定团结。

全国妇联副主席、书记处书记莫文秀在中央社会治安综合治理委员会2004年第二次全体会议上的发言

(2004年8月18日)

今天,中央综治委召开专门会议,研究部署预防青少年违法犯罪工作,审议《中央社会治安综合治理委员会关于深化预防青少年违法犯罪工作的意见(审议稿)》(以下简称《意见》),罗干同志还将作重要讲话。这充分体现了党中央、国务院对青少年的亲切关怀,对预防青少年违法犯罪工作的高度重视,对于深入开展预防青少年违法犯罪工作具有十分重要的意义。

《意见》的制定很及时、很必要,抓住了关键,抓住了根本,抓住了全社会共同关注、迫切希望解

决的重大问题，是学习贯彻科学发展观的具体体现，是进一步落实中共中央、国务院《关于加强和改进未成年人思想道德建设的若干意见》的实际行动。《意见》以邓小平理论和“三个代表”重要思想为指导，肯定了我国预防青少年违法犯罪工作取得的成绩，总结了在中央综治委领导下各成员单位的工作经验，分析了当前预防青少年违法犯罪工作面临的严峻形势，强调了做好预防青少年违法犯罪工作的重大意义，明确了深化预防青少年违法犯罪工作的原则、任务、手段和有效的政策措施，是做好预防青少年违法犯罪工作的重要指导性文件。《意见》为妇联组织围绕大局，深入做好预防青少年违法犯罪工作，明确了任务，提出了要求，指明了方向。我们一定要认真学习，深刻领会，全面贯彻落实。

下面，我代表全国妇联就进一步做好预防青少年违法犯罪工作谈几点打算。

一、认真学习，进一步将预防青少年违法犯罪工作摆上重要议事日程

深化预防青少年违法犯罪工作，是妇联组织在新时期参与社会治安综合治理工作的一项重要内容。各级妇联组织要从战略和全局的高度，充分认识当前做好预防青少年违法犯罪工作的重要性、紧迫性，进一步增强责任感，把预防青少年违法犯罪工作作为一项重大的政治任务摆上妇联工作的重要议事日程。我们要遵照罗干同志的重要讲话精神和《意见》要求，认真回顾总结妇联组织参与预防青少年违法犯罪工作的经验，进一步完善参与这项工作的计划，制定具有针对性、综合性、创新性的措施，加强合作，发挥优势，形成参与这项工作的合力。要切实加强领导，明确分工，建立目标责任制，自觉地以《意见》精神为指导，将深入开展预防青少年违法犯罪工作落到实处。

二、明确任务，进一步做好预防青少年违法犯罪的各项工作

按照《意见》的要求，结合妇联实际，我们将着重抓好以下两项工作：

第一，以家庭教育为重点，加强家庭预防青少年违法犯罪的能力建设。家庭教育对预防青少年违法犯罪有着至关重要的作用。切实担负起指导和推进家庭教育的责任，是党中央、国务院在新形势下对妇联组织提出的新要求。各级妇联要认真贯彻落实中共中央、国务院《关于加强和改进未成年人思想道德建设的若干意见》，把预防青少年违法犯罪列入家庭教育的重要内容，继续办好家长学校、家庭教育指导中心，进一步普及家庭教育知识，帮助和引导家长树立正确的教育观念，掌握科学的教育方法。要以“优教”为重点，以“争做合格父母、培养合格人才”为主题，开展家庭教育宣传实践活动。要推动家庭教育和未成年人活动阵地的建设和发展，进一步做好家长学校的指导和服务工作。要重视维护未成年人合法权益，关注和推动解决家庭保护中的特殊问题，促进家庭道德教育，把参与预防青少年违法犯罪工作提高到新水平。

第二，以重点人群为对象，配合有关部门开展教育服务工作。预防青少年违法犯罪工作应坚持以人为本，以教育和服务为主要手段，采取有效措施，促进青少年健康成长。各级妇联组织要主动配合和大力支持有关部门，以中小学生、社区闲散青少年、进城务工女青年、流动人口子女和流浪儿童等重点人群为对象，有针对性地开展教育、管理和服务工作。要加强调查研究，了解掌握重点人群的生活、学习、工作情况，反映他们面临的突出困难和问题，及时向党和政府及有关部门提出建议，并主动协助开展相关工作。要继续开展各种形式的帮教活动，总结推广妇联组织开展帮教、家庭成员开展帮教和志愿者开展帮教等工作经验，加强对违法犯罪青少年的心理疏导、法律援助和技能培训及教育服务；整合社会资源，开展项目合作，促进帮教工作与基层开展的科教、文体、法律进社区进家庭等工作有机地结合起来。

三、发挥优势，进一步把预防青少年违法犯罪工作与妇联开展的各项活动紧密结合起来

近几年来，妇联组织与有关部门联合开展的“中国小公民道德建设计划”、“五好文明家庭”创建、“安康计划”、“不让毒品进我家”等活动，有特色、有实效，对预防青少年违法犯罪发挥了积极的作用。目前，已在10多个省建立了1000多个“安康教室”和“安康益家”，在全国创建省级小公民道德建设示范基地270多个，实验基地300余个。各级妇联组织要围绕《意见》的要求，不断创新活动载体，更好地完成预防青少年违法犯罪的各项工作。

一是要把预防青少年违法犯罪与开展精神文明创建活动结合起来。要在“中国小公民道德建设计划”实施和“五好文明家庭”创建活动中增加预防青少年违法犯罪的内容,加强活动的针对性。要按照实践育人的要求,精心设计和组织开展内容鲜活、形式新颖、吸引力强的社会教育活动,提高青少年思想道德素质,进一步预防青少年违法犯罪。

二是要把预防青少年违法犯罪与开展公益活动结合起来。要进一步实施“春蕾计划”、“安康计划”,扩大“安康教室”进校园、进高墙和“安康益家”进社区等活动的覆盖面,增加受益人群,使更多的未成年人远离失学、远离疾病、远离伤害、远离犯罪。要认真组织好全国妇联与共青团中央、中央综治办联合开展的“关注未来·关爱孩子‘十大杰出母亲’思想道德教育传播行动”,指导和推进家庭教育,引导青少年树立正确的世界观、人生观和价值观,为青少年健康成长创造有利条件。

三是要把预防青少年违法犯罪与开展维权活动结合起来。要结合深入开展“不让毒品进我家”、“‘三八’妇女维权周”、“预防艾滋病,健康全家人”等活动,进一步宣传贯彻《预防未成年人犯罪法》和《意见》精神,增强青少年的法制观念,提高全社会预防青少年违法犯罪的意识。要充分发挥社会化维权机制和妇联信访网络的作用,依法维护妇女儿童合法权益,优化青少年生存、保护和发展的法制环境。

同志们,预防青少年违法犯罪工作是一项长期而艰巨的任务,意义深远,责任重大。全国各级妇联一定要按照此次会议要求和罗干同志的重要指示精神,求真务实,扎实工作,再接再厉,努力把预防青少年违法犯罪工作提高到新的水平。

莫文秀同志在全国禁毒工作会议上的发言

(2004年6月21日)

此次全国禁毒工作会议是一次十分重要的会议。会议传达学习、贯彻落实中央政治局常委会在听取全国禁毒工作汇报时的重要指示和《中共中央关于转发〈国家禁毒委员会2004—2008年禁毒工作规划〉的通知》精神,周永康同志作了重要报告,罗干同志还将作重要指示。会议的召开对今后5年的禁毒工作,具有重要的指导意义。全国妇联将认真学习领会会议精神,以实际行动贯彻落实。现根据会议安排,将妇联参与禁毒工作情况和贯彻落实这次会议精神的打算作一汇报。

近年来,随着毒品在我国的蔓延,毒品对妇女和青少年的危害逐渐显现,导致许多社会问题的出现。针对这一情况,妇联组织高度重视禁毒工作,在党中央、国务院和地方各级党委、政府的领导下,认真履行国家禁毒委成员单位的职责。在开展禁毒宣传教育、家庭禁吸戒毒以及创建“无毒社区”、“无毒村”的工作中作出不懈努力,取得了较好成效。自2000年以来,全国妇联与国家禁毒委联合在全国开展“不让毒品进我家”活动,旨在提高广大妇女和青少年对毒品危害的认识,增强禁毒防毒意识,落实家庭禁吸戒毒措施,营造远离毒品、拒绝毒品的社会氛围。通过这项活动的开展,广大妇女的禁毒意识明显增强,开展帮教工作的实效更加显著,妇联组织参与禁毒工作的能力建设不断加强。

一、广泛动员,开展有针对性的宣传教育活动

全国妇联和各级妇联组织始终把开展禁毒宣传教育作为一项基础性工作,坚持经常性宣传与重点时期的宣传相结合,把正面教育与反面警示相结合,把主题宣传教育与法制宣传教育、家庭文明创建、未成年人思想道德建设、预防艾滋病教育相结合,体现了妇联组织工作的特色。

一是面向社会开展宣传动员。各地配合禁毒宣传的总体部署,把社会动员和社会宣传作为“不让毒品进我家”活动的重要内容。一方面充分利用妇联系统的报刊、杂志,进行阶段性的聚焦宣传和长期性的典型宣传;另一方面深入发动群众,广泛开展有声势、有特色、有针对性的宣传活动。如,2000 年,广东省在全省 18 个地级市、10 多个县区同时联动开展"不让黄赌毒进我家"家庭签名承诺行动,自愿参加活动的家庭达 20 多万户;云南省在全省开展"不让黄赌毒进我家"系列活动,举办了 900 场家庭签名承诺,参加人数达 800 余万人,演出禁毒文艺节目 1800 多场次,吸引 280 万人次观看。

二是面向重点人群开展警示、预防教育。各地以青少年和高危人群中的妇女为重点,通过校外教育场所、妇女学校、基层维权点等阵地,加大对重点人群的宣传力度。全国妇联将禁毒宣传纳入了小公民道德建设和青少年爱国主义读书活动,组织实施了帮助少年儿童"远离失学、远离疾病、远离伤害、远离犯罪"的安康计划,加强了对未成年人的毒品预防教育;各地妇联利用"三八"节、国际禁毒日、春节等节假日和纪念日,在流动人口集中的社区、企业、公共场所开展禁毒宣传,努力消除宣传教育的盲区和死角。

三是面向家庭开展宣传教育。妇联组织发挥联系千家万户的优势,把家庭作为禁毒宣传的重要领域。各级妇联组织在"不让毒品进我家"活动中纷纷发出倡议,号召姐妹们行动起来,看好自家门,管好自家人,采取积极有效措施,向家庭成员宣传禁毒法规,普及禁毒常识,开展家庭与家庭之间、家庭成员之间的教育和监督。仅广西壮族自治区在全区家庭成员中开展的"万家学法、防毒拒毒知识进万家"活动,就有 100 多万户家庭参加、受教育人数达 900 多万人,深受群众欢迎,得到社会各界的好评。

二、落实措施,做好扎扎实实的帮教工作

开展对涉毒人员的帮教是一项复杂、艰巨的工作,也是妇联组织参与禁毒工作、维护稳定大局的一项重要任务。几年来,各地创新思路、完善机制、加强管理、健全队伍,确保帮教工作取得实效。

一是利用妇女禁毒自治组织开展帮教。目前,在禁毒重点地区普遍建立了妇女禁毒自治组织,这些组织活跃在基层,扎根社区和乡村,与有关部门共同合作,通过对涉毒人员的摸底排查,建立涉毒人员跟踪管理档案,采取"一帮一"或"几帮一"的措施,使帮教工作落到实处。如四川全省各级妇联在基层建立了妇女禁毒协会和帮教小组 15000 多个,重庆市在 10 个承诺区县建立了帮教小组 3500 多个,通过多种方式方法开展帮教,使不少涉毒人员重新回归家庭、回归社会,走向新的生活。

二是通过涉毒家庭成员开展帮教。在家庭成员间开展帮教工作,是帮教的重要环节。如在部分地区组织涉毒人员家庭开展的"一劝"、"二管"、"三报"活动,即劝涉毒家人远离毒品,管好钱袋子和毒资来源,监督举报涉毒违法行为,在实践中取得显著成效。许多妇女对染上毒瘾的亲人晓之以理,动之以情,用亲情唤回迷失的心灵,有的毅然举报,或亲自将他们送到戒毒所,帮助家人进行强制戒毒。

三是组织志愿者队伍开展帮教。近年来,不断发展壮大的禁毒志愿者队伍已成为帮教工作的一支重要力量,妇联系统整合社会力量,初步形成了以禁毒志愿者队伍为骨干,以监狱、戒毒所、妇教所、劳教所为基地,以帮助、挽救涉毒人员为目的的帮教工作机制。为适应社会主义市场经济条件下帮教工作的新要求,各地积极探索,从帮助他们解决就业、子女就学、生活救助、婚姻等实际问题入手,解除戒毒人员的后顾之忧,巩固帮教成果。

三、建立机制,推进禁毒工作向纵深发展

全国妇联和各地妇联坚持调查研究,不断总结参与禁毒工作的新情况、新经验,探索禁毒工作社会化新机制,从制度建设上为深化禁毒工作提供保障。

一是建立承诺制度。从 2001 年 6 月起,全国妇联在总结各地参与禁毒工作的基础上,在全国 13 个重点省区市开展了"'不让毒品进我家'百县承诺"行动,各地积极响应,不仅落实了国家级 103 个县区的承诺行动,而且扩大承诺范围,将承诺行动向市、县、乡镇、村直至每个家庭延伸,并以此为契机,抓好典型,以点带面,推进禁毒工作逐步发展。

二是建立目标考核制度。目前,全国妇联及 16 个省、自治区、直辖市妇联制定了参与禁毒工作的目标考核制度,明确任务要求,分解目标责任,制定评估计划,定期检查督促。不少地方妇联把参与禁毒工作作为年度考核的一项重要指标,实行目标管理；一些地区争取地方党委将“不让毒品进我家”活动纳入当地社会治安综合治理工作考核内容，以此推动群众性禁毒工作扎实开展。

三是建立评比表彰制度。为了调动广大妇女和社会各界参与禁毒斗争的积极性，巩固妇联组织开展禁毒工作的成果，全国妇联和国家禁毒办在2000年关于开展“不让毒品进我家”活动整体部署中，就对这项活动的总结评比表彰作为一项制度提出了要求。各地妇联、禁毒办、综治办层层组织了总结评比，对在“不让毒品进我家”活动中涌现出的一大批先进集体、先进工作者和禁毒好家庭予以表彰，极大地促进了这项活动的深入开展。全国妇联、国家禁毒办在各地总结评选、树立典型的基础上，于2003年按照“不让毒品进我家”活动的要求，组织开展了阶段性的总结评比，并在此基础上，对全国98个先进集体、98个先进工作者和296个禁毒好家庭进行联合表彰。

在参与禁毒工作的实践中，我们深深体会到：妇联组织开展禁毒工作必须围绕国家禁毒总体规划的实施，服从大局，服务大局；必须以广大妇女群众为主体，积极引导创建基层妇女禁毒自治组织，并充分发挥其特殊作用；必须突出以创建“无毒家庭”为目标，以社区、家庭为重点，努力扩大组织和工作覆盖面，最大限度地把禁毒工作落实到基层；必须坚持在党委、政府的领导下，积极争取禁毒部门的支持，协调动员社会各界力量广泛参与，形成工作合力。

根据禁毒工作面临的新形势、新任务，下一步，全国妇联和各地妇联要在国家禁毒委的领导下，全面贯彻落实这次会议精神，认真实施中共中央、国务院转发的《国家禁毒委员会2004—2008年禁毒工作规划》（以下简称《规划》），围绕大局，发挥优势，坚持开展预防教育为主，宣传与帮教结合，以“无毒家庭”创建为目标，以社区、家庭为重点，进一步深入开展“不让毒品进我家”活动，促进“无毒社区”、“无毒村”建设，努力遏制毒品对妇女和青少年的危害，遏制家庭成员中新吸毒人员的滋生，推进禁毒工作社会化进程，维护社会稳定。

一、提高认识，增强做好禁毒工作的紧迫感和责任感

当前，我国禁毒形势十分严峻，女性涉毒问题依然突出。全国登记在册的吸毒人员累计超过105万人，其中女性比例不断上升，部分地区高达1/3，并呈年轻化趋势；女性参与走私、贩毒案件明显增多，违法犯罪现象令人堪忧；妇女吸毒、卖淫导致艾滋病传播，严重危害妇女儿童身心健康，危害家庭稳定和社会安宁。大量触目惊心的事实表明，毒品问题不仅是严重的经济问题，而且是严重的政治问题。全面加强禁毒工作，有效遏制毒品的蔓延，是实现和维护人民群众根本利益的需要，是学习和落实科学发展观，促进人的全面发展的需要，是一件关系到党和国家前途命运、民族兴衰的大事。各级妇联一定要从贯彻落实“三个代表”重要思想，代表和维护广大妇女利益的高度，充分认识做好禁毒工作的重大意义，增强政治责任感和工作紧迫感，把禁毒工作作为党政所急、妇女所需、妇联所能的工作认真抓好，在党和政府的领导下，在禁毒部门的指导和支持下，主动参与，扎实工作，务必取得新的成效。

二、突出重点，扎扎实实完成禁毒工作的各项任务

根据《规划》提出的要求，我们将重点抓好以下几方面工作：

全面加强面向妇女和青少年的禁毒教育。最近，国家禁毒委员会办公室会同中宣部制定了《全民禁毒教育实施意见》，全国妇联和各地妇联组织要按照要求，把禁毒宣传教育作为精神文明建设的重要内容，纳入妇联工作的总体规划，认真组织实施。要深化“不让毒品进我家”活动，以普及禁毒常识、宣传禁毒法规、弘扬禁毒精神等为基本内容，把社区无业闲散青少年、流动人口中的妇女，娱乐场所从业女性等作为重点对象，开展贴近群众、贴近生活、贴近基层的宣传活动和禁毒教育。要以禁毒宣传月、世界艾滋病日等为契机，发挥妇联系统媒体、阵地的优势，组织开展主题突出、特色鲜明、形式多样的活动。

大力推进“无毒家庭”创建工作。“无毒家庭”创建，是“无毒社区”、“无毒村”创建的基础和重要内容，是动员亿万家庭参与禁毒斗争的有效形式。要积极响应中央领导提出的“各级妇联要把禁毒工作做到每一个家庭，积极开展‘无毒家庭’创建活动”的号召，把“无毒家庭”创建纳入禁毒工作的整体部署，统一规划，分步实施。要坚持因地制宜、分类指导的原则，对目前尚未受到毒品侵害的家庭，重点以开展预防教育为主，帮助家庭成员提高防毒、拒毒的意识，防止产生新的吸毒人员；对涉毒家庭，重点要将预防教育和禁吸戒毒工作并举，严防毒品扩散和蔓延，建立和完善涉毒家庭成员帮教措施，努力减少毒品对家庭和社会的危害，维护妇女儿童的合法权益。全国妇联将在"不让毒品进我家"百县承诺行动的基础上，率先对16个重点省区市进一步推进承诺行动，通过层层承诺，把"无毒家庭"创建落实到千家万户，落实到每一个家庭。

加强和完善帮教机制。各级妇联要总结开展帮教工作的经验，进一步明确帮教责任，完善帮教制度，创新帮教模式。一是要坚持与监狱、劳教所、戒毒所和自愿戒毒机构的涉毒人员建立联系，结成帮教对子，开展有针对性、有实效性的帮教工作，同时要千方百计帮助他们解决工作、生活中的后顾之忧，以巩固帮教成效。二是要继续加强和发展妇女禁毒自治组织，要树立典型，认真总结推广经验，充分发挥自治组织在禁毒工作中的作用。三是要在涉毒家庭和社区内开展亲情帮教，要注重动员在家庭中开展母教子、妻劝夫等家庭成员间的监督教育，努力降低社区、家庭成员中新吸毒人员的滋生和复吸率，切实提高社区和家庭成员自我教育、自我管理、自我服务、自我约束的能力。

积极开展妇女禁毒志愿者行动。发展妇女禁毒志愿者队伍，推进妇女禁毒志愿者行动，是发动群众积极参与禁毒斗争的新途径。各级妇联要与有关部门密切配合，大力发展禁毒志愿者行动，要加强禁毒志愿者的组织建设，在禁毒工作重点地区，普遍建立禁毒志愿者的组织机构，加大对禁毒志愿者行动的指导，立足基层，加强培训，形成一批骨干力量。力争经过三年的努力，在全国重点地区普遍建立一支组织健全、管理规范、扎根基层、富有活力的妇女禁毒志愿者队伍。

三、加强领导，形成禁毒工作的合力

各级妇联要进一步加强对禁毒工作的领导，下最大的决心，采取更有效的措施，更好地参与禁毒工作。根据《规划》的总体要求，全国妇联和各省区市妇联要制定禁毒工作实施计划，进一步确定工作目标，明确工作任务，落实工作措施。要加强禁毒工作领导机构、工作机构建设，建立完善目标管理责任制，定期检查督促，及时发现和解决工作中的问题，表彰和激励禁毒工作的先进典型。要坚持与禁毒部门的沟通与联系，争取及时指导和大力支持。

禁毒工作涉及社会的方方面面，也涉及妇女儿童工作的多个领域。要发挥社会化禁毒网络和人才的优势，协调社会各界，共同开展禁毒工作；要加强系统内多部门合作，实现资源整合；要发挥在社区、家庭领域的优势，把禁毒教育纳入未成年人思想道德建设和精神文明建设工作之中；要发挥儿童工作优势，把对儿童、青少年的禁毒教育与丰富多彩的校外教育和校外活动相结合；要发挥开展公益活动的优势，争取社会方方面面的支持，为提高妇女儿童禁毒素质办实事、办好事。

总之，做好禁毒工作是全社会的共同责任。各级妇联一定要在党中央、国务院的领导下，坚持以邓小平理论和"三个代表"重要思想为指导，讲政治，顾大局，充分发挥群众团体的优势，切实推进"无毒家庭"创建，为实现《规划》提出的禁毒工作战略目标，作出新的贡献。

全国妇联关于进一步加强妇联信访工作的意见

（2004年9月28日）

为贯彻落实中央处理信访问题协调联席会议第一次会议和全国信访工作座谈会精神，现就进一步加强妇联系统信访工作提出以下意见：

一、认清形势，明确思路

近期，胡锦涛等中央领导同志多次对信访工作作出重要指示，党中央、国务院连续召开会议，讨论通过了《中央处理信访问题协调联席会议制度》，要求各成员单位主动研究群众信访问题，参加联席会议，相互配合，相互支持，整合力量，共同做好相关工作。中央政治局候补委员、中央书记处书记、中央办公厅主任王刚强调，当前信访工作的总体形势是好的，但也要清醒地看到，全国信访问题依然突出。他就做好新形势下的信访工作提出了明确的要求：一要正确认识当前信访工作的形势，切实增强做好信访工作的责任感和紧迫感；二要进一步明确信访工作的主攻方向，积极构建大信访的工作格局，即在实践探索中逐步形成统筹兼顾、标本兼治的大的信访工作格局；三要大力加强对信访工作的领导，真正把信访工作的各项任务落到实处。中央处理信访问题协调联席会议办公室主任、国家信访局局长王学军在总结成绩、分析问题的基础上，提出了当前和今后一段时期全国信访工作的基本思路和主要任务。党中央、国务院信访会议和中央领导同志的指示精神，对于妇联系统信访工作更好地服务于改革发展稳定大局、服务于群众，具有重大的指导作用。

当前，妇联组织信访情况与全国信访新形势基本一致，主要表现出以下特点：一是信访总量持续增长。2003年妇联系统接到的群众来访来信来电总数为354835件（次），与2002年相比上升了14.31%；2004年1～6月全国妇联信访处受理投诉共3455件（次），其中仅群众来访一项就达800余件（次），比去年同期上升了96.7%，目前信访量上行趋势仍然十分明显。二是集体访明显增多。全国妇联信访处1～6月接待集体来访30批400余人次，分别比去年同期上升了66.7%和158%，出现上访人择机上访、串联访现象。三是非正常上访问题突出。上访人叫骂哭闹、数日滞留，缠访、闹访等过激行为时有发生。四是与国家改革和社会发展相关的上访问题更加突出，社会保障不落实、涉法涉诉、拆迁安置等问题成为妇联信访工作中新的热点。

妇联组织是党联系妇女群众的桥梁和纽带，妇联信访工作是党和政府信访工作的一部分，是妇联组织联系妇女群众，了解妇女问题的窗口，是向党和政府反映妇女儿童问题，维护妇女儿童合法权益的重要渠道，是一项长期的重要的政治工作和群众工作。妇联信访工作做得好不好，直接关系到是否能维护好妇女儿童的合法权益，充分实现妇联组织的宗旨；关系到是否能保持妇联组织在妇女群众中的威望和形象；关系到是否能发挥妇联组织的优势，维护改革发展稳定的大局。各级妇联组织要站在巩固党的执政基础、夯实党的群众基础的高度，认清形势，深刻理解做好妇联信访工作的重要性，增强做好信访工作的责任感、紧迫感和自觉性，把这项工作抓紧抓实抓好。

当前和今后一个时期妇联信访工作的思路是：以“三个代表”重要思想和党的十六大精神为指导，贯彻落实党中央、国务院关于信访工作的指示精神，围绕改革发展稳定大局，加强基础基层工作，认真解决信访热点问题，切实维护妇女儿童合法权益，积极配合党和政府构建大信访工作格局。

二、进一步加强对妇联信访工作的领导

根据党中央、国务院信访会议精神的要求，为切实加强对信访工作的领导,经全国妇联书记处研究决定,成立全国妇联信访工作协调组,全国妇联党组书记、副主席、书记处第一书记黄晴宜为第一责任人,全国妇联副主席、书记处书记莫文秀担任组长,机关党委、办公厅、权益部相关负责人担任副组长,涉及信访工作的其他部门与直属单位派员参加。信访工作协调组的主要职责是:通报全国妇联信访动态;针对热点、难点问题和重大典型信访案件进行研究,提出解决的意见;研究提出对相关政策措施的建议;对信访工作中涉及的会内部门进行业务指导、工作协调和案件督办;协调有关中央和国家机关及时有效地维护妇女群众的合法权益。

各级妇联要切实重视和加强信访工作,进一步完善领导机制。妇联一把手要切实负起信访工作第一责任人的职责,对信访工作亲自部署和指导,亲自抓落实,定期听取专题汇报,对信访重大案件亲自批示、协调和督办;要明确一名妇联主要领导和专门部门负责信访工作,强化和落实领导责任;各分管领导要提高认识,树立齐抓共管信访工作的意识,坚持和完善领导接待群众信访制度,对信访案件多批示、多协调、多关注;要从政治上、生活上关心和帮助信访干部,为信访工作的顺利开展创造条件。

二、进一步抓好妇联的基层信访工作

基层是群众信访的源头,是解决信访问题的关键。各地妇联要坚持重心下移,建立健全基层信访工作机制,坚持将信访工作作为当前基层维权工作的重要任务,进一步发挥基层妇联在信访工作中的重要作用,将矛盾纠纷化解在当地和基层。

一是抓好初信初访工作。要结合妇联实际建立首办责任制,尽可能为初次来信来访的群众提供帮助。对于确属妇联工作范围的信访件,要努力把问题解决在首办环节,绝不把矛盾上交;对于向妇联投诉但又不属于妇联工作范围的,特别是群体性的矛盾纠纷,要发挥妇联组织联系群众的优势,做好思想政治工作,引导群众向相关归口部门反映,不可简单生硬,一推了之。要采取有效措施,规范上访行为,维护正常的信访秩序。要继续完善重大紧急情况处理预案、非正常上访事件处理预案等,提高妇联信访部门应对复杂局势的能力,在服务大局、维护稳定方面发挥作用。

二是抓好信访工作与矛盾纠纷排查调处工作的有机结合。近期,全国社会治安综合治理工作会议重点研究部署了矛盾纠纷排查调处工作,旨在推动社会治安综合治理措施在基层的落实。作为社会治安综合治理委员会的成员单位,妇联系统要认真贯彻落实会议精神,把做好矛盾纠纷排查调处与信访工作紧密结合起来,加强与妇女群众的联系,通过多种形式和途径,及时掌握动态,积极向党和政府有关部门反映情况,提出建议,配合开展工作,防止矛盾纠纷激化。

三是抓好基层信访工作的自身建设。各地妇联要把加强基层信访工作作为当前和今后一段时期的一件大事来抓。要结合社会化维权机制的建立,完善信访工作机制,结合基层维权网络的拓展,发展基层信访网络;要配齐配强信访部门干部,进一步加强基层信访工作力量,努力解决信访干部反映突出的信访岗位津贴问题,积极改善基层信访工作条件;要抓住干部培训这一关键,提高基层信访队伍整体素质和信访工作的质量,增强基层处理信访问题的能力。

四、进一步分析和解决信访中的热点问题

在当前群众信访中,反映突出的热点问题主要有三类,一是在妇联职责范围内,能够直接帮助解决的;二是需要妇联发挥协调监督作用,向归口部门反映、推动解决的;三是属于新的苗头性问题或者法律政策尚未规范的问题,暂时无法可依或无口可归的。对第一类问题如婚姻家庭类问题,各地妇联要抓紧处置,认真负责,推动问题的解决。对第二类问题,要坚持按照"归口办理,分级负责"的原则处理,对于重大信访问题,可通过中央和地方各级处理信访问题协调联席会议、信访协作组、信访督察室等信访协调机制和信息反馈渠道,以及妇联牵头的各级维护妇女儿童权益协调组等社会化维权机制,加大协调和监督的力度,协助有关职能部门解决。对于第三类问题,要注意收集信息,及时上报,通过认真的调查研究,提出对策建议,推动相关法律政策的健全,配合党和政府构建大信访工作格局。

在解决信访热点问题的过程中,各地妇联要发挥民主参与、民主管理和民主监督职能,加强与相关部门的联系与协调,立足于服务妇女群众、解决实际问题,尤其是要抓住一些具有一定典型性、确属侵害妇女儿童合法权益的、应当解决却迟迟得不到关注或解决的重大案件,充分利用行政、法律和舆论等手段,争取党政领导重视,加大协调力度,推动案件的最终办结,从而带动热点问题的解决,使信访工作收到实效。

五、进一步建立和完善信访工作的各项制度

(一)完善信访工作规定和相关措施。目前,国务院信访条例的修改正在酝酿。全国妇联也已将《妇联组织信访工作规定》的修改提上议事日程,拟在调查研究的基础上,总结各地信访工作经验,适应新世纪新形势妇女工作的需要,完善信访工作规定。各地妇联要进一步规范信访工作行为,带着深厚的感情开展群众信访工作,严格执行各项管理规定,并自觉接受群众监督;要坚持和完善一切行之有效的做法,如信访预警措施、领导批示和大要案件办理程序、重大案件提请维权协调联席会议研究解决等,并在实践中形成制度。

(二)建立信访信息快速反应机制。全国妇联一要完善维权信访工作信息联系点制度。拟在各地妇联推荐基础上,设立涵盖省、市、县三级,东、中、西各区域的信访信息联系点,加强对妇联系统信访工作动态的把握,交流信息,推广经验,更好地联系和指导信访工作。二要依托妇联信访软件,逐步建立全国妇联系统信访信息的交流和共享平台。各地妇联应进一步加强信访信息机制的建设,尤其是建立和完善信访预警机制。要对信访信息进行认真地收集、汇总分析和定期上报,研究信访趋势,作出预警报告,提高信访信息预测的科学性和前瞻性,为领导决策提供准确、及时的参考。

(三)建立信访干部的长效培训机制。今年起,全国妇联将加大对信访干部培训工作的支持力度,包括在信访工作经费中单列培训预算,保障每年对省级信访干部培训计划的实施;利用项目合作和社会力量,针对信访工作实际需求进行干部培训,提高干部素质和工作水平。各地妇联要按照“层层抓培训,一级负责一级”的原则,大力加强对信访干部的培训力度,努力实现信访岗前培训、岗位定期培训等,并不断拓展培训内容,创新培训方式。

(四)健全奖惩和保障机制。各地妇联要把抓信访工作的实绩,列为领导班子和领导干部考核的一项内容,建立信访工作责任制,完善量化考核标准,加强监督考评。对在信访工作中有突出贡献的部门和个人,要给予表彰和奖励;对由于明显失职或者处置措施明显不当,导致矛盾纠纷激化,造成严重后果的,要追究有关领导和人员的责任。要加大对信访工作的投入,增加专项工作经费,保障信访工作的正常开展。

“关注未来·关爱孩子‘十大杰出母亲’思想道德教育传播行动”2004年度工作情况

为了认真贯彻落实《中共中央、国务院关于进一步加强和改进未成年人思想道德建设的若干意见》和胡锦涛总书记“确保中华民族伟大复兴后继有人”的重要讲话精神,全国妇联、共青团中央、中央综治办在全国总工会、中国残联、全国工商联、教育部、国家广电总局、国家新闻出版总署、中国社科院等七部委的大力支持下,联合发起了“关注未来·关爱孩子‘十大杰出母亲’思想道德教育传播行动”(以下简称“关爱传播行动”),2004年“关爱传播行动”巡回报告团陆续到达了贵州、广西、广东、云南四个省区的8个城市,举办巡回报告会9场,并深入社区、家庭、少管所,女子监狱,直接参与者一万余人,宣传覆盖近500万人。所到之处,反应热烈,取得了阶段性成果。

一、主旨突出,受到各级领导高度重视

此次活动旨在通过多种形式,传播家庭教育

新观念、成才新理念、育人新知识，促进社区、学校、家庭“三位一体”未成年人思想道德教育网络的形成，把中央加强和改进未成年人思想道德建设的精神落到实处，努力营造全社会关心未成年人思想道德建设的良好氛围。

陈慕华、彭珮云同志担任了总顾问，全国人大常委会副委员长、全国妇联主席顾秀莲同志亲自担任本次活动组委会主任。主办单位领导黄晴宜、周强、陈冀平担任副主任。陈冀平、莫文秀、李秋芳等领导还亲自率报告团到各省开展活动。活动所到之处也得到了当地各级领导的大力支持，很多省级领导全程参与主题报告会。他们说：传播行动的活动形式很好，不仅有利于对未成年人教育工作的宣传，也凝聚了社会各界关注未成年人的力量，体现了为满足群众需求办实事，是以实际行动促稳定、创和谐。

二、报告会主题鲜明、生动感人

报告团组成选择了中国首届“十大杰出母亲”之一沈利萍和其子王嘉鹏这一成功的家庭教育典型，和在未成年教育方面造诣很深的专家，通过策划整合后，深入到贵州、广西、深圳、云南等地进行巡回报告。沈利萍从自己的亲身经历出发，向大家展示了伟大的母爱是如何将一个濒临绝望的生命塑造成“中国英雄”的事实。王嘉鹏也以自己的奋斗历程总结了母爱与家庭教育对自己的深刻影响。

报告团专家与听众开展互动活动，并提出一些家庭教育新观点、新主张。例如：华东交通大学母亲研究所教授、所长王东华老师提出了好孩子是教育出来的；在孩子们身上反映出来的问题很大程度上是对父母存在问题的折射等观点。北京师范大学家庭教育研究所教授、副所长陈健翔老师从教育现实出发，提出了十大家教主张和五大家教计划等观点。很多家长深有感触地说：以前对孩子的问题没有感到是自己的责任，现在才知道自己必须首先学会做家长。

三、深入社区、家庭，将教育、服务相结合

把教育、服务结合起来，以教育指导服务，在服务中体现教育，帮助问题家庭和未成年人解疑释惑和解决实际困难。“关爱传播行动”全国巡回报告团深入贵阳市云岩区普陀办事处，深圳桃源居社区等，与社区家庭代表、未成年人代表，开展咨询座谈会，帮助青少年树立正确的世界观、价值观和人生观，解决影响青少年健康成长的突出社会问题，家庭问题，努力减少青少年违法犯罪的社会诱因。

四、深入少管所、女子监狱，协助干警开展帮教和矫治工作

为了满足不同群体的需求，报告团还对已犯罪青少年和家长做了面对面的帮教工作。2004年11月15日，“关爱传播行动”全国巡回报告团来到广西自治区少管所，帮助干警做挽救违法犯罪青少年工作，鼓励违法犯罪未成年人早日重返社会，报效母亲与社会。2000多名少年犯聆听了杰出母亲和教授语重心长的演讲，很多孩子感动得潸然泪下。

2004年12月29日巡回报告团前往云南省第二女子监狱，对在押女子学员进行了帮教，鼓励她们要为自己点燃生活的希望，永远不要放弃自己。坚信生活中的真善美、自强不息、加强自身改造，早日重返社会，成为有魅力的母亲，为子女作出榜样。交流结束后许多母亲眼含热泪地说，自己没有当一个合格母亲，太对不起孩子，要好好接受改造，早日做个好妈妈。

活动使我们感到，家庭、学校以及社会对预防青少年犯罪的重要地位。尤其是残缺家庭的教育失常，是导致子女违法犯罪率高于正常家庭的基本原因。

五、不断探索多种活动形式

活动坚持立足基层，形式多样，务求实效。在全国巡回的航班上，报告团创造出了“空中宣讲”的活动形式，不失时机地与乘客进行交流。每到一地，报告团在当地广播电台、电视台等媒体的配合下，举办专题讲座、电视访谈等节目，跟进播放纪实性电视连续剧《撑起生命的蓝天》，努力扩大受益面。一位刚作完电视节目的孩子抱着沈妈妈哭着说：我太对不起我的妈妈了，以后一定加倍对她好。

在贵州铜仁地区，报告团深入土家山寨，向那里的土家居民赠送“成长礼盒”，与土家族同胞一起歌舞，在欢声笑语中相互交流、传播启发。

“关爱传播行动”组委会与深圳晶晶教育机构在深圳市体育场共同组织了近万人的“爱心义卖暨未成年人思想道德教育大型图片展”。让孩子用画笔描绘出对爱意世界的想象和理解，并开展义卖、捐助贫困孩子等活动，培养未成年人关爱他人的习惯和奉献的乐趣。现场还有很多家长不失时机地与报告团专家交流家庭教育的经验、观念及方法。

六、凝聚社会各界力量，优化未成年人成长环境

“关爱传播行动”得到了社会各界的大力支持，所到之处群众参与面广，机关干部、企业职工、社区家庭、学校教师、教育专家、明星艺人等纷纷援之以手，特别是企业界更是捐款捐物，其中为家长和孩子赠送成长礼盒近1万份。人民日报、新华社、中央电视台等几十家媒体给予了大量的宣传报道，如作专题节目近20次，为营造良好的未成年人教育环境，预防青少年犯罪，维护社会稳定起到了积极的作用。

七、几点体会与建议

1、青少年教育要收到好的效果，必须在方式方法上不断改进、创新，以适应新形势的需要。要从实际出发，结合青少年学生的特点，开展多种形式的教育活动。要注意总结和推广好的经验，发挥典型的示范、引导和带动作用。

2、预防青少年违法犯罪要立足于教育、保护和预防，贯彻落实依法治国和以德治国思想，加强青少年思想道德教育、法制教育、纪律教育。开展教育要着眼基层，在街道和社区建立预防青少年违法犯罪组织机构和工作机制，加强青少年事务的管理，完善青少年服务内容。

3、预防青少年犯罪、维护社会稳定要切实抓好流动人口家庭教育工作，关心这个群体家长素质的提高。外来务工人员是一个庞大的社会群体，他们自身文化素质普遍不高，对子女教育意识差，此次活动中我们也收到过这部分人群中的需求反映。

北京市

▲ 中共中央政治局委员、北京市委书记刘淇同志到社区视察工作。

▲ 北京市委副书记、首都综治委主任强卫同志陪同中央政法委副秘书长、中央综治办主任陈冀平同志在怀柔区桥梓镇调研双向承诺责任制等工作情况。

▲ 中央政法委副秘书长、中央综治办主任陈冀平和北京市委副书记、首都综治委主任强卫同志为首批“首都平安示范社区（村）”揭牌。

▲ 参加全市社区治安巡逻志愿者队伍组建暨誓师大会的社区治安巡逻志愿者代表。

▲ 社区民警与社区治保积极分子一起研究依法管理社区措施。

天津市

▲ 全国人大常委会副委员长顾秀莲同志到天津调研青少年教育工作。

▲ 市综治委通过《天津市2004-2006年社会治安防控体系建设规划》。

▲ 天津市人大通过《天津市社会治安综合治理条例》。

▲ 市综治委委员检查目标责任书落实情况。

▲ "4050"人员上岗大会。

▲ "4050"人员社区巡逻。

河北省

▲ 2004 年 4 月 20 日，省综治委召开 2004 年第一次全体（扩大）会议。

▲ 2004 年 10 月 7 日，省委、省政府召开全省学校幼儿园及周边治安秩序专项整治行动电视电话会议。

▲ 检察干警在校园开展“关注孩子、关注未来”法律服务活动。

▲ 女子刑警队执行巡逻任务。

▲ 因地制宜搞好安全防范工作。

山西省

▲ 省委副书记、省综治委副主任金银焕深入基层调研、指导社会治安综合治理工作。

▲ 省委常委、政法委书记、省综治委副主任杜玉林参加“社会治安综合治理宣传月活动”。

▲ 2004年6月27日至28日，山西省委、省政府在长治、晋城召开“全省创建‘平安县’，建设‘平安县’”流动现场会。金银焕、杜玉林、杨安和、梁滨等省领导出席会议。

▲ 长治市创建全省最安全城市，在全市所有进入市区的路口设立治安岗亭。

▲ 全省创建“平安县”，引深“三打三防三创”誓师动员大会。

◀ 自治区党委副书记、综治委副主任陈光林在2004年8月22日召开的全区社会治安综合治理工作会议上讲话。

内蒙古自治区

▲ 2004年3月10日，自治区党委常委、政法委书记、综治委副主任胡忠（左二）等领导参加呼和浩特市综治集中宣传活动。

▲ 自治区党委政法委常务副书记胡毅峰（左二）在赤峰市检查综治工作。

▲ 自治区党委政法委副书记、综治办主任徐呼和在包头市昆都仑区慰问治安巡防队员。

▲ 2004年10月18日，全区公安系统打防控一体化警务机制建设现场会在呼伦贝尔市举行。

▲ 2004年7月3日，自治区综治办及有关单位举办“六进社区”（道德、治安、科教、文体、法律、卫生）服务日活动。

▲ 省委副书记、省综治委主任王唯众与各市签订《辽宁省维护社会稳定和社会治安综合治理责任状》。

辽宁省

▲ 省委常委、政法委书记李峰在基层调研时讲话。

▲ 省委政法委副书记、省综治办主任唐俊杰在综治委全体会议上发言。

◀ 省综治办副主任闫建成观看社区警务车出警演练。

大连石化

▲ 公司定期召开社会治安综合治理工作会议。

大连石油化工公司是隶属于中国石油天然气集团公司的国有特大型企业。2004年销售收入突破300亿，实现利润7亿元，上缴利税20亿元。公司现有职工4100余人，总资产30多亿元。2004年经营总收入25亿元。公司对治安综合治理工作非常重视，齐抓共管，结合实际，创新工作，提高了企业治安综合治理水平，为企业经营发展了创造了稳定的环境。

▲ 公司全体领导班子成员参加治安综合治理总结表彰会。

▲ 护厂巡逻队对重点生产部位进行巡检。

▲ 护厂巡逻队对厂区沿海进行巡检。

◀ 领导班子成员向先进单位颁奖。

吉林省

▲ 2005年1月21日，省委书记王云坤在省委常委、政法委书记、公安厅厅长聂文权陪同下视察武警吉林省总队并看望全体官兵。

▲ 省委副书记唐宪强在梅河口市与专职综治巡逻队员亲切交谈。

▲ 省委政法委副书记、综治办主任刘力群深入基层检查，看望基层专抓综治干部。

▲ 2004年9月3日，在长春市朝阳区政府门前，55辆社区综治警务用车整装待发。

▲ 吉林省公安边防派出所警官与联防队员共同分析边境治安形势，研究边境治安管理对策。

▲ 梅河口市杏岭乡由农民组成的综治巡逻队骑着自己的摩托车正在统一行动。

黑龙江省

▲ 省委副书记栗战书在基层检查社区警务室工作。

▲ 全省开展交通百日整治会战，图为誓师动员大会场景。

▲ 省委常委、政法委书记杜宇新向立功的公安干警颁发荣誉证书。

▲ 肇东市姜家镇铁路护路联防队员在滨州线上巡逻。

▲ 2004年5月17日至22日，省综治办协调省通信公司、省军区、省公安厅组织了全省军警民联合护线宣传周活动。

▲ 哈尔滨市南岗区果戈里大街女子巡警队。

▲ 区委常委会专题研究综合治理工作。

哈尔滨市香坊区下辖8个街道办事处，两镇一乡，共有人口33万余人。2001—2004年，按照省、市的总体部署，香坊区以维护社会政治稳定为目标，以推进“严打”整治斗争，深化打防控一体化和开展平安创建活动为重点，全面加强社会治安综合治理工作，取得了显著成绩。四年中刑事发案年均下降幅度达15.8%，群众满意率逐年上升，连续四年被评为全省社会治安综合治理先进单位，2003年被评为全省“严打”整治斗争先进集体，被评为2001—2004年度全国社会治安综合治理先进集体。

哈尔滨市香坊区

▲ 中央综治委检查组在香坊区检查社区联防工作。

▲ 区领导深入商业场所检查平安创建工作。

▲ 校园中的“绿网工程”——绿色网吧。

▲ 实行社区警务和治安联防公示制度。

◀ 区公安分局GPS车辆卫星定位系统指挥中心。

上海市

▲ 2004年4月27至29日，全国预防青少年违法犯罪暨学校及周边治安综合治理工作会议在上海召开。

▲ 全国人大常委会副委员长、中央综治委副主任顾秀莲等领导考察徐汇区社工站工作。

▲ 市综治委领导检查指导社会治安综合治理工作。

▲ 市综治办领导上门为市级见义勇为先进分子颁奖。

▲ 市综治委于2004年6月举行上海市禁毒、社区矫正、社区青少年事务社会工作者招聘活动，近万人参加报名，约1200人被录取。

上海市黄浦区

黄浦区是上海市的中心城区，面积12.47平方公里，人口70万，其中登记在册的外来暂住人口八万三千余人。2001—2004年，黄浦区各级党政组织和综治、政法部门认真贯彻中共中央、国务院和市委、市政府《关于进一步加强社会治安综合治理的意见》的精神，紧紧围绕市、区中心工作和创建全国文明城区的目标，认真排查调处矛盾纠纷，确保社会稳定；坚持“严打”整治经常性工作机制，大力推进社会治安防控体系建设，加强预防犯罪工作，落实社会治安综合治理各项措施，取得了显著成绩。据统计，该区刑事发案率均低于全市平均发案率，其中2001—2003年全区刑事案件连续三年持续下降；在市综治办委托零点公司测评的公众安全感调查中，先后两次排列全市第二名，被评为2001—2004年度全国社会治安综合治理优秀地市。

▲ 区委书记钱景林等区领导检查指导社会治安综合治理工作。

▲ 黄浦区综治委召开第13次综治委全体会议。区委副书记、区综治委主任肖堃涛（左二）出席会议并讲话。

▲ 市、区综治办领导出席加强非公有制组织综治工作会议。

▲ 关心慰问见义勇为先进分子。

▲ 广泛开展综治宣传活动，进一步扩大综治工作影响。

◀ 专职社区治安巡逻队伍在小区巡逻。

江苏省

▲ 2004年12月，中共中央政治局常委、中央政法委书记罗干在江苏省委书记李源潮、省长梁保华的陪同下视察平安江苏创建工作。

▲ 中共中央政治局委员、中央政法委副书记、公安部长周永康在江苏省委书记李源潮、省长梁保华的陪同下视察南京市公安局指挥信息中心。

▲ 2004年8月，省委、省政府召开全省深入开展平安江苏创建活动工作会议。省委书记李源潮，省长梁保华，中央政法委副秘书长、中央综治办主任陈冀平，省委常委、政法委书记孙安华出席会议并讲话。

▲ 2004年，江苏省在全省推广建立了社会矛盾纠纷"大调解"机制。图为省委副书记、省纪委书记、省综治委主任王寿亭就"大调解"机制建设接受新闻记者采访。

▲ 2004年4月，全省社会矛盾纠纷调解工作会议在南通市召开。中央政法委副秘书长、中央综治办主任陈冀平，省委副书记、省纪委书记、省综治委主任王寿亭，省委常委、政法委书记孙安华出席会议并讲话。

浙江省

▲ 2004年6月13日，中共中央政治局常委、中央综治委主任罗干在省委书记习近平陪同下视察宁波综治警务室。

▲ 省委副书记、省综治委主任夏宝龙考察基层综治组织规范化建设工作。

▲ 2004年6月11日，中央政法委副秘书长、中央综治办主任陈冀平在省委政法委副书记、省综治办主任王毅陪同下，参观“枫桥经验”大型展览。

▲ 省委政法委副书记、省综治委副主任夏阿国检查乡镇（街道）综治工作中心建设。

▲ 海曙区委、区政府举办了全国部分城区“平安建设”研讨会，邀请中央、省、市有关领导、专家以及全国部分城区代表共同探讨城区社会治安综合治理的新模式。

安徽省

▲ 2004年12月，安徽省召开全省中小学优秀法制副校长表彰暨工作经验交流会。省委常委、政法委书记孙金龙，省委政法委副书记马大伟，省司法厅副厅长杜非，省教育厅副厅长江春，团省委副书记朱斌出席会议。

▲ 2004年3月，省暨合肥市联合举办“综治宣传月”集中宣传活动。

◀ 2004年6月1日，全省为重点工程建设创平安工作会议在合肥隆重召开。

▶ 2004年9月8日，安徽省综治委和省移动通讯有限公司联合举办全省见义勇为“安徽移动弘扬正气奖”颁奖文艺晚会，表彰了51名全省见义勇为先进个人。

铜陵市

铜陵市"严打"整治斗争、资源型城市稳定工作、矛盾纠纷排查调处、党员"三联创安"、政法综治干部培训等工作先后在全省作了典型交流。2001年被授予全国综治优秀单位的称号。被评为2001—2004年度全国社会治安综合治理优秀地市。市公安局交警支队在市委、市政府和市公安局党委领导下，坚持"政治建警、依法治警、从严治警"的方针，以预防和减少道路交通事故为中心，进一步深化实施城市畅通工程，加大交通秩序专项整治力度，为打造"平安铜陵"、维护全市道路交通安全畅通和促进经济快速健康发展做出了积极的贡献。

▲ 市委书记、市人大常委会主任沈素琍为《道路交通安全法》大型宣传活动启动仪式暨万人3000米健身走发令。

▲ 市委副书记、市长张庆军在街头为中小学生散发交通安全宣传资料。

▲ 市委副书记唐世定看望交警。

▲ 2004年6月22日，铜陵市政府聘任东南大学交通学院院长、博士生导师王炜教授为畅通工程顾问，副市长、市畅通工程领导小组组长万以学为王炜教授颁发聘书。

▲ 市委常委、政法委书记贾金良慰问执勤交警。

▶ 铜陵市公安局党委书记、局长王辉，副书记、副局长章德平等领导深入长途客运车辆单位检查指导道路交通安全和"五进"宣传工作。

▲ 2004年年初，省委副书记、省长卢展工代表省委、省政府分别与九个设区市的党政一把手签订社会治安综合治理领导责任书。

福建省

▲ 2004年11月4日，全省平安建设试点工作座谈会以多媒体的方式交流各地开展平安建设情况，部署下一阶段工作。

▲ 2004年11月23日，省综治委召开全体（扩大）会议，部署111个省直机关单位开展平安建设工作。

▲ 2004年6月1日，省委、省政府召开了全省建设“平安福建”电视电话会议，全面启动平安建设工作。

▲ 省综治委召开学校周边治安综合治理领导小组2004年第三次全体会议，研究解决此前组织到沿海六市对校园及周边治安开展明查暗访发现的问题。

▲ 2004年12月21日，省综治办召开由各成员单位联络员或处级干部参加的培训班。

江西省

▲ 省委书记孟建柱、省长黄智权等领导慰问被中央军委、国务院授予的“井冈山模范消防大队”官兵。

▶ 省委副书记彭宏松，省委常委、政法委书记舒晓琴，副省长蔡安季出席在抚州市召开的全省社会治安防控体系建设工作会议。

▲ 省委常委、政法委书记舒晓琴视察瑞金市黄柏乡“和谐110”指挥中心。

▲ 江西省开展声势浩大的社会治安综合治理宣传月活动。

南昌市

南昌市按照“实行大防控、创建大平安、推动大综治、促进大发展”的工作思路，狠抓各项综治工作措施的落实，为社会经济的快速发展创造了良好的治安环境。至2004年，群众对南昌市社会治安满意和基本满意率已连续12年达到96%以上。被评为2001—2004年度全国社会治安综合治理优秀地市。

▲ 市委、市政府高度重视社会治安综合治理工作，市委常委会专门听取综治工作汇报，分析社会治安形势，对“平安南昌”建设作出决策和部署。

▲ 市委副书记王样生，市委常委、政法委书记罗为民在市公安局指挥中心视察三级监控平台联网情况。

▲ 全面推进综治工作进社区、进园区、进景区、进企业、进校园、进乡村，“六进”率达70%以上。图为市综治委在全市推广湾里区综治进村的经验。

▲ 把综治宣传教育作为一项日常性工作常抓不懈，每年组织综治宣传月活动。图为2004年3月市综治委在八一广场组织的综治集中宣传活动，参与人数达40多万人，发放宣传资料10万余份。

▶ 有效整合民力和社会资源，不断充实和扩大群防群治队伍，并坚持由街道组织辖区单位党员干部参加所在社区的义务治安巡逻。图为民警和义务治安巡逻员在社区巡楼护院。

景德镇市

▲ 市委书记许爱民(左三)视察基层政法单位。

景德镇市坚决贯彻“打防结合、预防为主”的方针，围绕建设“经济重镇、旅游都市、特色瓷都”的目标，各级党政组织高度重视，动员全社会力量共同参与社会治安综合治理，为建设和谐平安瓷都营造了安全稳定的社会环境。被评为2001—2004年度全国社会治安综合治理优秀地市。

▲ 城建“110”现场化解城市建设中的矛盾纠纷。

▲ 市城市信用社召开综治工作会议，领导班子集体与基层单位签订综治目标管理责任书。

▲ 市房管局在住宅小区开发建设中，注重小区治安防范与管理，确保住宅小区的安全。

▲ 昌江区竟成镇在乡村招聘治安中心户长。图为治安中心户长上门入户了解社情民意。

新余市

▲ 省委副书记彭宏松(左一)、省委常委、政法委书记舒晓琴(左三)在新余市委副书记宋才火陪同下，在仙来湖社区视察综治、警务进社区工作。

新余市地处赣西中部，浙赣铁路西线，位于庐山、井冈山两座名山之间，是连接我国东西部地区的重要走廊，沿海经济发达地区向中西部地区梯度转移的跳板和必经之路，全省最大的钢铁基地。工业化、城市化率均达44%。新余市连续3届荣获“全国社会治安综合治理优秀地市”，先后11次荣获“全省社会治安综合治理先进市”称号，是全国绿化先进城市、全国卫生城市、全国双拥模范城市。被评为2001—2004年度全国社会治安综合治理优秀地市。

▲ 市委书记钟利贵在全市社会治安防控体系建设启动仪式上检阅公安干警方队。

▲ 治安志愿者队伍在社区开展法律咨询活动，共创平安和谐小区。

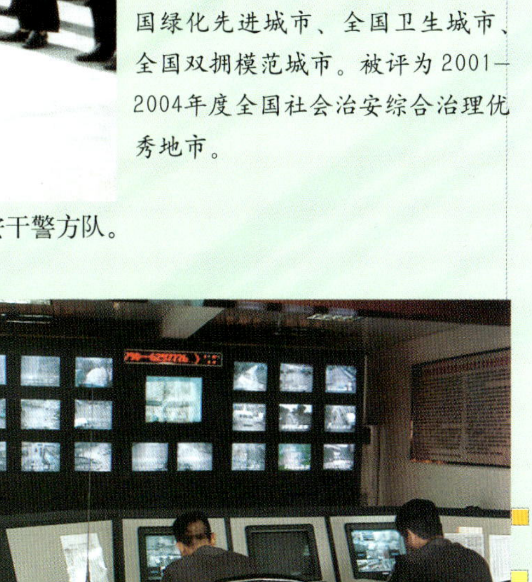

▲ 全国500强企业—新余钢铁有限责任公司积极构建企业内部治安防控体系，投资100余万元，安装了35路视频监控系统，技防覆盖面达95%以上。

赣州市

▲ 市委副书记、政法委书记李南生签发综治责任书。

赣州市党委、政府进一步贯彻执行中央、省综治委的工作部署，在坚持"严打"整治的同时狠抓基础工作，注重基层综治组织建设，着力加强综治办规范化建设。从1997年起，赣州市已连续8年被评为全省综治工作先进地市，1993—1996年、1997—2000年连续两次受到中央综治委表彰，被评为2001—2004年度全国社会治安综合治理优秀地市。

▲ 信丰县政法委领导与村民共议综治良策。

▲ 大余县举办"和谐平安大余"文艺晚会。

▲ 于都县政法部门关爱"留守孩"。

▲ 章贡区积极推动"四进社区"活动。

▲ 南康市着力整治道路交通秩序。

山东省

▲ 山东省召开“加快平安山东建设电视电话会议”，推动平安山东建设深入发展。

▶ 省委书记、省人大主任张高丽（中），省委副书记、省长韩寓群（右一）出席全省平安建设会议，张高丽同志讲话。

◀ 省委副书记、政法委书记、省综治委主任高新亭（右二）在视察平安建设时讲话。

河南省

▶ 中共中央政治局常委、中央政法委书记罗干(左二)在原省委书记李克强(右三)，省委常委、洛阳市委书记孙善武(右二)等陪同下，到河南省洛阳市视察基层综治工作。

▲ 中共中央政治局委员、中央政法委副书记周永康，在省长李成玉，省委副书记李清林，省委常委、洛阳市委书记孙善武，省委常委、政法委书记张世军，副省长秦玉海等陪同下视察城市社区综治工作。

▲ 省委书记徐光春(左一)、省长李成玉参加全省社会治安综合治理表彰大会并讲话。

▲ 省委副书记李清林(前排中)，省委常委、洛阳市委书记孙善武(前排右一)，省委常委、政法委书记张世军(前排左一)，分别在全省社会治安综合治理工作(洛阳)会议上讲话。

▲ 省委常委、政法委书记张世军(中)在基层考察社会治安综合治理工作。

◀ 2004年4月14日，河南省召开农村社会治安综合治理工作现场会，对为期五个月的集中整治农村社会治安行动进行部署。

▲ 2004年3月19日，河南省召开政法综治宣传工作会议，对争创“全国综治先进省”宣传工作进行安排部署。

义马市

▲ 市委书记张英焕，市委副书记、市长水选民出席市政法综治工作会议并讲话。

▲ 市委书记张英焕(右三)，市委副书记、市综治委主任苗万清(右四)等领导观看综治成果展。

▲ 市委副书记、市综治委主任苗万清向中央综治办、省综治办检查组人员介绍市群众工作局有关情况。

▲ 司法所调解民事纠纷。

▲ 市专职治安巡防队夜间巡逻。

◀ 义马市科技防控指挥中心。

▲ 深入基层，加强督导，确保各项综治工作措施落到实处。

洛阳市

洛阳市委、市政府认真贯彻落实中共中央、国务院《关于进一步加强社会治安综合治理的意见》，以争创全省综治先进市为目标，始终坚持“打防结合，预防为主”的方针，大力加强社会治安防控体系建设，不断加强党对政法综治工作的领导，有效地维护了全市社会政治稳定。荣获全省社会治安综合治理工作先进市，并被评为2001—2004年度全国社会治安综合治理优秀地市。

▲ 市委副书记、纪委书记、市综治委主任常振义从省委领导手中接过全省综治工作先进市奖牌。

▲ 洛阳市的命案必破攻坚工作荣获全省前三名，受到省委、省政府的表彰，图为市委常委、政法委书记、公安局长周宗良在领奖台上。

▲ 市委常委、政法委书记周宗良在全国综治工作会议上做典型发言。

▲ 全力营造社会治安综合治理工作的浓厚氛围。

▲ 大张旗鼓表彰先进。

▲ 攻难点，举亮点，每月召开一次现场会，树立典型，推广经验。

焦作市

焦作市始终把社会治安综合治理作为促进经济社会协调、快速发展的基础工程，高度重视，狠抓落实，不断创新，相继出台一系列文件。建立社区警务工作机制，600万元支持“平安焦作”建设，并投资1.4亿元建设“金盾工程”。特别是2004年开展“平安焦作”创建以来，全市没有发生重大恶性刑事案件、重大安全生产事故、重大群体性事件，处理法轮功问题工作连续三年保持全省第一；铁路护路工作连续三年为省先进单位；2001年以来命案侦破工作始终在全省名列前茅。群众对社会治安的满意和基本满意率达到95.5%。被评为2001—2004年度全国社会治安综合治理优秀地市。

▲ 河南省委书记徐光春为荣获2004年度全省社会治安综合治理工作先进的焦作市颁奖。左一为焦作市委副书记、纪委书记郭国明。

▲ 市委书记铁代生慰问一线民警。

▲ 市长毛超峰深入“严打”整治斗争第一线。

▲ 焦作市委、市政府领导观看禁毒成果展。（右三为市委常委、政法委书记原振喜，右五为副市长甘茹华）

▲ 组织学生参观青少年法制宣传图片展。

▶ 2004年3月，河南省焦作市召开建设“平安焦作”动员大会，标志着“平安焦作”创建活动正式启动。

◀ 巡逻队在公安民警的带领下进行巡逻。

商丘市

▲ 市委书记刘满仓慰问民警。

商丘市市委、市政府正确处理改革、发展、稳定的关系，全面落实各项综治措施，取得了较好的社会效果。该市为1997－2000年度全国综治优秀市，并连续9年为全省综治先进市。群众对社会治安的满意率达95%以上。被评为2001—2004年度全国社会治安综合治理优秀地市。

▲ 市委副书记张士勋，市委常委、政法委书记王国清在发案现场指导工作。

▲ 在全市综治工作会议上签订责任书。

▲ 市委常委、政法委书记王国清慰问民警。

▲ 预防青少年违法犯罪演讲比赛。

▲ 火车站及周边地区秩序专项治理大会。

湖北省

▲ 副省长、省铁路护路联防工作小组组长任世茂在全省铁路护路联防工作会议上讲话。

2004年全省铁路护路联防工作在中央护路联防工作领导小组及其办公室的指导下，在省委、省政府的领导下，以“三个代表”重要思想，十六大和十六届三中、四中全会精神为指导，以创建安全文明铁道线为目标和载体，进一步加强护路联防组织和护路联防队伍建设，建立健全工作机制，大力开展铁路治安重点区段的排查整治，确保了全省铁路治安稳定和安全畅通，为全面建设小康社会做出了积极贡献。全省1—12月共破获涉铁刑事案件1805起，较上年下降54%，抓获犯罪嫌疑人2124名；查处涉铁治安案件14844起，较上年下降37.2%；铁路运输货物赔偿251.5万元，较上年下降7.7%。

▲ 省委政法委副书记、省综治办主任、省铁路护路联防工作领导小组副组长鲁志宏在全省铁路护路联防工作会议上讲话。

▲ 省综治办副主任、省铁路护路联防工作领导小组办公室主任黄仕明(左一)，武汉市委政法委秘书长、市综治办主任孙天文(左二)在铁路沿线检查治安情况。

▲ 中央护路办检查组来湖北检查铁路护路工作，在听取省铁路护路工作汇报后给予很高的评价。

▲ 武汉铁路公安局局长、湖北省铁路护路联防工作领导小组办公室副主任王山勇在全省铁路护路工作会议上讲话。

湖南省

▲ 省委副书记、省纪委书记、省综治委主任孙载夫同志在长沙市公安局检查工作。

▲ 省委常委、政法委书记、省公安厅厅长、省综治委副主任李江(中)，省人民政府副省长、省综治委副主任许云昭(左)在长沙市公安局消防支队检查工作。

▲ 省委常委、政法委书记、省公安厅厅长、省综治委副主任李江同志在长沙浏阳市检查街道治安巡防队工作。

▲ 2004年11月15日至17日，湖南省社会治安综合治理基层基础工作现场经验交流会议在郴州资兴市召开。

▲ 2004年8月23日至25日，湖南省社会治安综合治理工作会议在长沙天心区召开。

广东省

▲ 省委副书记、省纪委书记王华元到广州火车站视察整治情况。

▲ 省委常委、政法委书记、省公安厅厅长梁国聚(前一)深入佛山市南海区基层派出所调研指导工作。

▲ 2004 年 10 月，中央综治委检查组到广州市黄埔区南岗街涉步社区检查技防监控系统建设工作。

▲ 2004 年 11 月，“广东省警民心连心”活动中，民警教群众识别毒品。

▲ 2004年秋交会期间，广州巡警在街头用流利的英语为外国友人指路。

广东护路

▲ 省护路办主任薛志刚、副主任向新深入京广线检查铁路护路联防工作。

▲ 省护路办主任薛志刚、副主任向新与基层铁路护路联防干部座谈。

▲ 铁路民警给学生上法制课。

▲ 省护路办工作人员深入基层检查专业铁路护路联防队伍规范化建设。

▲ 铁路民警带领护路队员巡线。

广西自治区

▲ 2004年3月20日，自治区党委政法委、自治区综治委在钦州市召开全区社会治安综合治理“三十百千”工程重点市县（区）工作汇报会。

▲ 自治区党委副书记、综治委主任马铁山（前左二），自治区副主席、综治委副主任马飚（前右二）代表自治区党委、政府同各市党委、政府负责人签订社会治安综合治理目标管理责任书和铁路护路联防工作目标管理责任书。

▲ 2004年6月8日，自治区党委副书记、综治委主任马铁山，自治区党委常委、政法委书记彭祖意，自治区副主席、综治委副主任马飚等领导在平南县检查指导工作。

▲ 自治区党委常委、政法委书记、综治委副主任彭祖意（左二）在基层检查指导工作。

▲ 自治区综治委铁路护路联防工作领导小组办公室给铁路护路联防工作先进单位奖励桑塔纳轿车。

广西护路

▲ 广西铁路护路联防工作经验交流暨先进表彰大会。

▲ 2004年9月2日自治区党委书记曹伯纯(右二)与铁道部部长刘志军(左三)视察中国与越南接轨点。

▲ 自治区主席陆兵(右二)与自治区综治委铁路护路联防工作领导小组成员研究护路工作。

▲ 自治区党委常委、政法委书记彭祖意(右三)关心柳州铁路局运输安全工作。

▲ 2004年6月29日，广西铁路护路联防表彰大会在柳州铁路局召开，自治区副主席张文学(右一)为先进集体代表颁奖。

▲ 自治区党委政法委副书记李先明(左三)到区综治委铁路护路办检查指导工作。

▲ 自治区党委政法委副书记、综治办主任黄克(左二)在贵港市八塘镇护路办检查铁路护路联防工作。

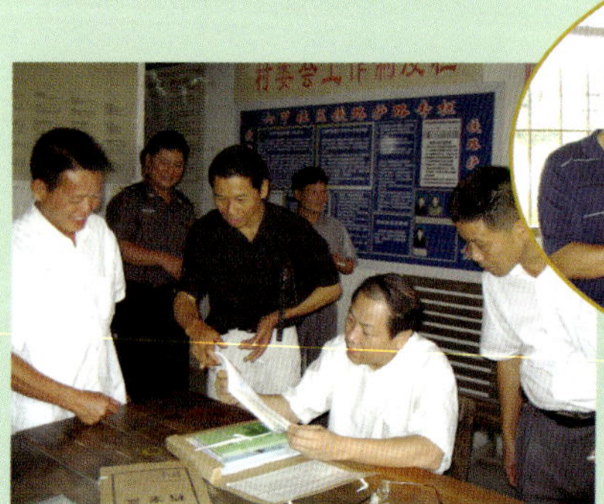

▲ 自治区综治委铁路护路办主任谭国庆到河池市六甲社区检查铁路护路安全村创建工作。

▲ 自治区综治委铁路护路联防工作领导小组成员、柳州铁路局党委副书记、政法委书记张柳胜(左一)在钦州市钦港区亚路江村委检查铁路护路联防工作。

钦州市钦北区

2000年以来，钦州市钦北区委、区政府，把综治工作作为头等大事来抓，全区上下牢固树立了稳定压倒一切的思想。全区12个镇建立了社会治安综合治理委员会，各厂（场）及行政村成立了综治工作领导小组。全区共建有警务区15个，各镇成立了治安应急分队和治安巡防大队，175个村（居）委会设立了12个调解中心、187个规范化调解室和175个调解小组，共有调解人员755人，法律服务联络员566人。建立村级综治协会175个，综治工作站266个，综治协会会员136387人。把“110”延伸到农村，形成覆盖全区，上下联动的区、镇、村三级“打防控”防范体系，使全区社会治安形势一年比一年好。被评为2001—2004年度全国社会治安综合治理先进集体。

▲ 市委书记黄道伟(前排右一)在钦北区党委书记寇兴广(左一)，区委常委、政法委书记温秀田(左二)，区委宣传部部长苏春华(后排右二)等区领导的陪同下检查钦北区综治工作。

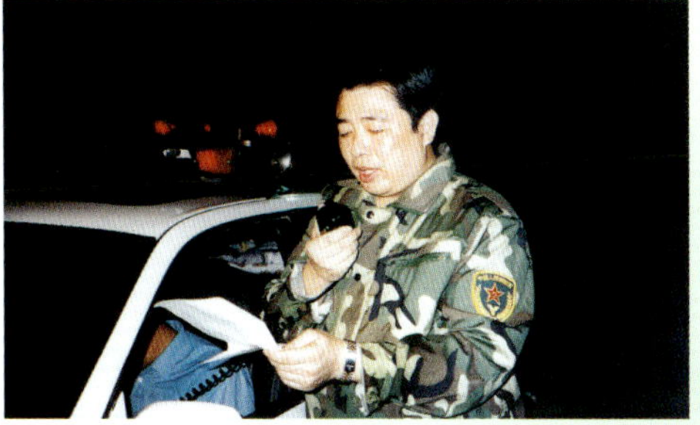

▲ 区委书记寇兴广亲临第一线，指挥综合整治治安突出问题行动。

▲ 区委副书记陈源强，区委常委、政法委书记温秀田，副区长谭义明召集政法各部门领导讨论社会治安综合治理工作。

▲ 大垌镇举行万人签名拒绝邪教、崇尚科学活动。

▲ 利用圩日到村镇进行法制宣传活动。

▲ 小董镇公安民警带领逍遥警务区的治安巡防队员在重点村庄进行巡逻。

▲ 钦北区多次荣获市、自治区表彰并连续五年获“自治区综治先进县(区)”称号。

海南省

▲ 省委常委、政法委书记钟文与市县委政法委书记签订社会治安综合治理目标管理责任书。

▲ 省委、省政府召开海南省社会治安综合治理工作会议。

▲ 乐东县黄流镇政府组织公安、边防、城管等多个部门，对社会治安实行综合整治。

◀ 海南省青少年学生踊跃参加禁毒签名活动，坚决抵制毒品侵害。

▲ 海口监狱召开检举揭发动员大会。

重庆市

▲ 市委书记黄镇东在全市动员部署开展“创建平安区县，建设平安重庆”主题活动。

▲ 常务副市长黄奇帆代表市委、市政府与各区县（市）和市综治委成员单位主要领导签订《保稳定、保平安》责任书。

▲ 市委常委、政法委书记、市公安局长朱明国同志在夏季破案战役中到一线督战

▲ 2004年8月，在渝北区召开全市“创建平安区县，建设平安重庆”现场会，总结推广平安创建工作经验。

▲ 全市开展平安创建大型宣传活动。

四川省

▲ 省委常委、政法委书记、省综治委主任欧泽高向中央综治委检查组做工作汇报。

▲ 2004年10月28日，省综治委、省政府向中央综治委检查组汇报综治工作。

▲ 2004年10月23日，省委常委、政法委书记、省综治委主任欧泽高陪同中央综治委检查组在成都市公安局武侯分局簇桥派出所检查指导工作。

▲ 2004年6月，省综治办在夹江县举办全省县（市、区）综治干部培训班。

▲ 2004年12月23日，省综治委召开2004年第三次全委会。

乐山护路

▲ 四川省委政法委副书记、综治办主任、护路办主任王萍深入我市成昆铁路沿线基层单位检查铁路护路工作。

▲ 召开铁路护路联防工作会议。

▲ 乐山市委常委、政法委书记黄学文安排部署铁路护路联防工作。

▲ 铁路护路联防队员开展铁路护路巡查。

▲ 夹江县铁路护路联防队员组织学习。

▲ 铁路沿线广泛开展铁道小卫士活动。图为沿线小学生在开展爱路护路宣传。

贵州省

▲ 贵州省委副书记、省综治委主任曹洪兴与九市（州、地）领导签订综治目标责任书。

▲ 省委政法委副书记、综治办主任栗先惠检查农村治安防范工作。

▲ 贵阳市花溪区初步建立适应当前治安防范需求的远程电子视频监控系统。

▲ 贵阳市南明区表彰见义勇为和群防群治先进个人。

▲ 平坝县组织学生参与“学法、守法、用法”万人签名活动。

云南省

▲ 2004年1月3日，全国铁路护路联防办公室主任会议在昆明召开。

▶ 2004年12月4日，云南省铁路护路联防工作十周年表彰大会在昆明召开。

◀ 2004年2月16日，云南省铁路护路联防办公室主任会议在昆明召开。

曲靖市

▲ 省委副书记王学仁在沾益花山煤化工园区视察平安创建工作。

曲靖市委、市政府和各有关部门充分认识到，发展是政绩，维护社会稳定也是政绩，切实肩负起保一方平安、谋一方发展的政治责任，在大力发展经济的同时，高度重视社会治安综合治理工作，以“发案少、秩序好、社会稳定、群众满意”为目标，大力推进社会治安防控体系建设，为全市经济社会发展创造了一个较为稳定的社会治安环境。在全省历年综治责任制考评中，共6年名列全省前茅，被评为一等奖。荣获2001—2004年度全国社会治安综合治理优秀地市称号。

▲ 省委常委、政法委书记李明朝在宣威视察科技防范措施的落实。

▲ 省政协副主席、省综治委副主任和占钧，省委政法委副书记李定达在视察曲靖市出租车查验点。

▲ 层层签订综治、维稳责任书。图为副市长左伯俊与各县市区签订责任书。

▲ 曲靖城区防控力度加大。

陕西省

▲ 省委副书记、省综治委主任董雷在全省政法工作会议上讲话。

▲ 省委常委、政法委书记、省综治委副主任赵正永在全省政法工作会议上作报告。

▲ 西安市召开全市政法（综治）工作会议，省委副书记、市委书记袁纯清、市长孙清云到会并给综治先进单位颁奖。

▲ 咸阳市拨款200余万元购置桑塔纳轿车30辆，用于城区治安巡逻防控。

▲ 宝鸡市综治办利用农村农闲时机，组装法制宣传大篷车将大批展板送到基层乡镇进行巡回展出。

甘肃省

▲ 省委副书记、省综治委主任陈学亨在兰州市委常委、政法委书记周兴福的陪同下，听取有关人员关于社区治安防范工作介绍。

▶ 2004年1月3日，在全省政法综治工作会议上，省委常委、政法委书记洛桑灵智多杰代表省委、省政府同各地签订《社会治安综合治理责任书》。

▲ 2004年8月11日，全省社会治安综合治理暨禁毒工作会议召开，对全省社会治安综合治理及禁毒工作进行再动员、再部署。

▲ 副省长、省铁路护路联防领导小组组长罗笑虎深入基层检查护路队工作。

▲ 2004年3月，省委政法委副书记、综治办主任庞波（右二）在“综治宣传月”活动中指导工作。

▲ 兰州市城关区5000名综治员举行誓师大会。

张掖市

▲ 中共中央政治局委员、中央政法委副书记周永康在省委书记苏荣，省委常委、政法委书记洛桑灵智多杰等领导陪同下视察张掖。

张掖市地处河西走廊中部，辖一区五县，有汉、裕固、藏、蒙等26个民族，人口128万，为古丝绸之路上的重镇、全国历史文化名城，2001年被中央综治委命名为“全国社会治安综合治理优秀单位”。被评为2001—2004年度全国社会治安综合治理优秀地市。

▲ 省委副书记陈学亨在山丹县城关派出所观看户籍警业务演练。

▲ 开展综治宣传活动。

▲ 矛盾纠纷排查和治安形势分析等项工作制度化、规范化。

▲ 村社干部调解民事纠纷。

青海省

▲ 2004年12月4日，省委常委、政法委书记、综治委常务副主任管雷同志，省政府副省长、政法委副书记、综治委副主任赵永忠同志在“12·4”法制宣传日检查指导法制宣传工作。

◀ 2004年9月9日，全省流动人口治安管理工作会议就加强流动人口和出租房屋治安管理工作进行安排部署。

◀ 2004年6月1日，海东地区开展的未成年人思想道德建设启动仪式上，少先队员进行宣誓。

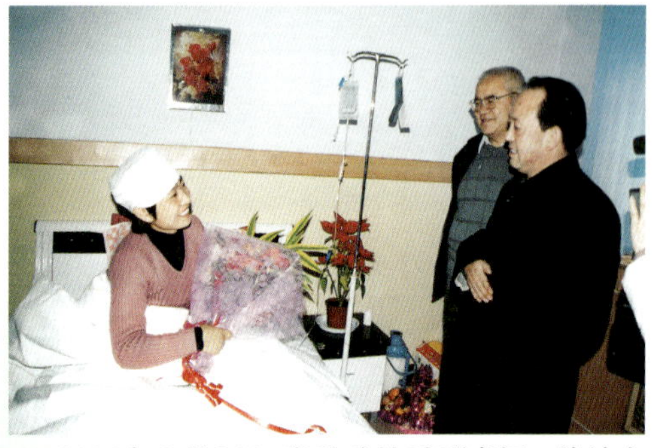

▲ 2004年3月2日，省委政法委副书记、综治办副主任程斌，省综治委委员、省见义勇为基金会会长张世恩在医院亲切看望慰问见义勇为人员。

▲ 西宁市城西区古城台街道学院巷东社区人民调解工作站工作人员正在调处矛盾纠纷。

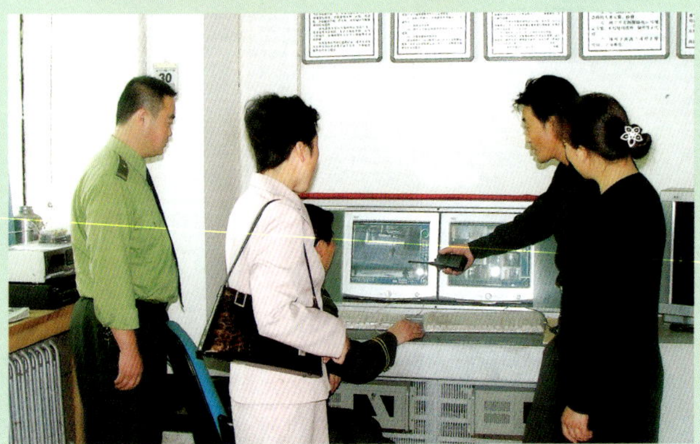

▲ 省水利厅运用技防监控系统对楼院进行全天候监控。

▲ 西宁市城西区古城台街道昆仑路西社区警务室工作人员正在为外来流动人员办理登记手续。

宁夏自治区

▲ 2004 年 5 月 4 日，周永康同志在自治区党政领导陪同下视察公安厅 110 指挥中心。

▲ 2004 年 3 月 23 日，自治区领导陈建国、刘丰富、于革胜、李顺桃观看全区“严打”斗争成果展览。

◀ 2004 年 7 月 28 日，自治区和银川市公安机关举行代号“贺兰山－2004”反恐演练。

▲ 2004 年 4 月 8 日，自治区司法厅召开全区人民调解工作会议，总结经验，表彰先进，安排部署人民调解工作。

▲ 2004 年 12 月 28 日，全区社会治安综合治理好新闻奖评委会召开第一次会议，研究评审工作方案。

新疆自治区

▲ 自治区党委常委、政法委书记侯长安，自治区党委政法委秘书长阿不利孜·吾守尔等领导一同观看“为了长治久安”文艺汇演，并与演员们合影留念。

▲ 自治区党委政法委副秘书长、综治办主任刘新胜（左一）深入和田农村调研了解村级治保主任和群防群治工作情况。

▲ 喀什地区叶城县结合法律宣传周活动，在全县范围内开展了以“抵制毒品、关爱生命”为主题的禁毒宣传活动。

▲ 2004年昌吉州召开“基层创安建设年”现场观摩会。

▲ 口岸公安局交巡警大队的民警对入境车辆司机进行安全教育。

▲ 兵团党委常委、副司令员、政法委书记康克俭同志接见全国综合治理先进个人代表。

▲ 兵团党委常委、副司令员、政法委书记康克俭，兵团党委副秘书长、政法委副书记孙振同接见全国综合治理先进集体、先进个人代表。

新疆兵团

▲ 兵团党委常委、副司令员、政法委书记康克俭在兵团2004年度第三次全委会上讲话，强调要加强社会治安防控体系建设，为创建平安师、团打好基础。

▲ 兵团党委常委、副司令员、政法委书记康克俭在兵团2004年政法综治工作会议上讲话。

▲ 兵团综治办举办2004年基层综治干部培训班。

▲ 兵团党委政法委常务副书记、秘书长、综治办主任李进广同志在2004年兵团综治办主任会议上。

▲ 2004年5月21日，中国长安出版社在重庆召开《中国社会治安综合治理年鉴》编撰工作会议。中央政法委副秘书长、中央综治办主任陈冀平出席会议并讲话。

▲ 2004年中国长安出版社参加全国图书订货会。

十三、地 方 篇

北 京 市

2004年首都社会治安综合治理概况

2004年首都社会治安综合治理工作在巩固中提高,在创新中发展。首都综治委各成员单位、各区县党委政府在中央综治委、市委市政府和首都综治委的正确领导下,按照抓防范、抓基层基础、抓落实这条主线,着力解决突出治安问题、着力加强基层基础建设、着力健全齐抓共管机制,努力实现了三个确保,即确保了建国五十五周年和党的十六届四中全会安全、确保了首都的持续稳定、确保了首都社会治安持续平稳。

2004年首都综治工作首先是不断强化责任,进一步完善了齐抓共管机制。首都综治委通过向各区县和成员单位下达《2004年度综合治理工作任务书》,明确了各区县及部分成员单位年度综合治理工作责任和任务。先后对市委农工委、团市委、市公安局、市市政管委开展了述职评议。为严格综治工作责任制,针对部分区县发生的在全市产生较大影响的案件进行了责任倒查。

二是夯实基础,积极推进治安防控体系建设并广泛开展基层安全创建工作。进一步改进了社会治安形势分析和群众安全感调查统计工作。持续开展了"严打"专项斗争,同时在全市开展了"平安社区(村)"建设。

三是突出重点,深入开展治安重点地区整治。制定了相关的规范性文件,定期排查整治治安混乱地区和突出的治安问题。

四是典型引路,大力推广先进经验。先后总结推广了双向承诺责任制、社区治安巡逻志愿者等一批先进经验和先进典型,对提高首都综治工作总体水平起到了重要作用。

五是大力宣传,营造综合治理的良好社会氛围。通过各种媒体加强日常宣传的基础上,在全市范围内以"携手共建平安北京"为主题,广泛开展了社会治安综合治理宣传月活动。

六是深入开展综治工作调查研究。首都综治办围绕综治基层基础建设、流动人口服务管理、领导责任制、人民内部矛盾排查调处、预防未成年人违法犯罪、刑释解教人员安置帮教和非公经济组织治安综合治理等首都综治工作的重点、热点和难点问题独立或组织协调有关部门共同开展了多项专题调研。

七是健全了各专门工作小组,发挥其积极作用,经常有效地开展工作。在外来流动人口管理服务工作方面,积极探索符合北京实际的工作思路。在预防和减少青少年违法犯罪工作方面,进一步推进了区县预防青少年违法犯罪工作机构建设。深入开展青少年法制与安全教育,开展了"星光青春保护行动"。建设了"青少年法律与心理咨询系统",启动了"青少年网络成瘾戒除"项目。在刑释解教人员安置帮教工作方面开展了大排查活动,规范了基础工作,加强了管控力度。起草《关于进一步加强对刑释解教人员衔接工作的意见》和《关于进一步加强对刑释解教人员帮教活动管理的意见》,完善了有关工作制度。同时帮教工作继续“向前延伸”,开展了多种形式的狱内帮教活动。在校园及其周边综合治理工作方面,开展了为期 4 个月的校园及周边治安秩序综合整治行动。积极探索了青少年安全教育的新途径,通过制作融知识性、趣味性、实用性于一体,寓教于乐,图文并茂的《中小学日常安全防范常识》、《小学交通安全课程表》等,丰富了教育内容,拓宽了学校安全教育的渠道。

开展重点整治和专项行动情况

2004 年,在首都综治委的组织协调下,首都政法机关按照市委、市政府和中央综治委部署要求,结合北京治安情况实际,毫不动摇地坚持严打方针,严厉打击各类刑事犯罪活动。充分发挥多警种协同作战优势,坚持重拳出击,先后组织开展了侦破命案、打击街头“两抢”、盗抢机动车、入室盗窃、打击黑恶势力等专项会战,始终保持了强有力的高压震慑态势。

首都综治委全面总结了近年来的严打整治斗争经验,研究起草了《关于建立健全贯彻严打方针经常性工作机制的意见》,从建立科学的治安形势分析评估预警、协调统一的决策部署和协作、切实有效的宣传发动和社会参与、坚强有力的支持保障等四个方面,积极构建严打经常性工作机制,增强“严打”的主动性、针对性和实效性。《意见》对建立健全首都“严打”整治斗争经常性工作机制提供了制度保障,标志着首都“严打”整治经常性工作机制正式建立。

2004 年初,首都综治委即研究制定了《关于排查治理治安重点整治地区的若干规定》,对排查整治治安重点地区工作进行了规范,规定每年定期对治安混乱地区和突出治安问题进行排查。市公安、城管等部门专门制定了《关于加强社会治安和城市管理若干问题的意见》。首都综治办与市公安局认真排查确定了 30 处全市治安重点整治地区,提出了整治标准、整治时限和有关部门的责任分工,并以任务书的形式将整治任务下达到各有关区县党委政府。4 月首都综治委召开全市治理治安重点整治地区工作会议,对集中整治工作进行了部署。通过整治,治安重点地区秩序显著好转,群众满意率明显提高。据统计,涉及 30 处重点地区的 110 警情与 2003 年同比下降 29.9%,刑事发案下降 36.1%,治安发案下降 37.6%,基本实现了秩序好、发案少、群众满意的目标。

2004 年,为确保国庆 55 周年良好社会秩序,在市委市政府领导下,首都综治系统积极协调组织开展为期近四个月的“迎国庆、创首善”首都城市秩序综合整治行动,全市各级、各部门各负其责、密切配合,全市共联合执法和专项整治 14589 次,出动执法人员 144.93 万余人次,对一大批案件高发、秩序混乱、群众反映强烈的问题进行了集中整治。

2004 年,首都综治办牵头组织市人防办、市政府法制办等有关部门在 2001 年至 2003 年调查摸底的基础上,对全市地下空间安全管理问题进行了立法调研。11 月 16 日,市政府第 33 次常务会议审议通过了《北京市人防工程和普通地下室安全使用管理办法》。这个规章的出台,填补了北京地下空间安全管理上的空白,标志着北京地下空间安全管理工作正式迈上了法治化的轨道。

2004 年,首都综治办组织市有关职能部门和部分区县开展了“城中村”治安情况调研,并向市政府专题工作会议作了汇报,促使“城中村”整治工作正式纳入奥运环境整治规划之中,2007 年前全市将有 200 个“城中村”得到彻底整治。

加强社会治安防控体系建设和平安创建情况

2004年,首都社会治安整体防控体系建设进一步深化。公安机关充分发挥在治安防范中的骨干作用,全面实施了精确制导公安警务工作,充分运用数字化信息化管理方法和手段,紧紧围绕"三高"(高发案时段、高发案地区和高发案类型)走势,以"良好、平稳、警示"三个标准划分警情等级,科学指挥调度、精确投入警力,规范勤务管理、保持同步控制、提升打防效能,最大限度地压缩违法犯罪时空,提高驾驭社会治安局势的能力和水平,深化和严密以社会面巡逻防控、社区治安防控、单位内部安全防控、重点行业场所治安管理防控"四张网"为主体框架的首都社会治安整体防控体系建设,社会预防、控制和打击犯罪的能力得到进一步增强。

首都综治办与市公安局、市民政局组织开展了"十大优秀社区(责任区)民警"评选活动,全市近60万居民群众参与了对全部社区民警的评议。通过举办《平安社区警民情》揭晓颁奖电视晚会,进一步调动了社区民警做好社区防范工作的积极性。此外,首都综治办、市公安局共同组织开展了社区压发案保安全竞赛活动,有效遏制了社区可防性刑事发案。

各区县和市有关部门,通过大力推进科技创安工程,2004年全市已有1843个居民小区达到科技创安小区标准,达标率为57.8%。重点要害部位、一级风险部门和繁华场所技防设施普及率继续保持100%。

2004年,首都综治委在总结区县经验的基础上,制定下发了《关于在全市各区县组建社区(村)治安巡逻志愿者队伍的工作意见》,全市各区县均建立了社区治安巡逻志愿者协会分会,组建了统一名称、统一标志、统一管理的社区治安巡逻志愿者队伍。9月25日,首都综治委隆重召开全市社区治安巡逻志愿者队伍组建暨誓师大会。广大志愿者不计报酬、不计名利,在基层治安防范中发挥了重要作用,成为新时期群防群治的有效组织形式。另外,2004年首都综治系统动员组织全市78万群防群治队伍,圆满完成了全国"两会",党的十六届四中全会、国庆55周年、奥运火炬传递等一系列重大活动和重要节日的安全保卫工作,实现了万无一失的工作目标。

2004年,首都综治委制定下发了《关于开展"平安社区(村)"创建活动的意见》和《首都"平安社区(村)"认定管理办法》,制定了"平安社区"和"平安村"创建标准,并召开全市大会进行动员部署,全面启动了"平安社区(村)"创建活动。5月,首都综治办会同市公安局、民政局,认定了49个组织健全、发案较低、措施完善、基础较好的社区(村)为"首都平安示范社区(村)"。截至2004年年底,全市符合平安创建标准的社区(村)已达到900个。开展平安创建活动后,城八区居民区刑事发案下降了10%左右,并有一大批社区、村实现了"零发案"。

落实责任制进一步完善齐抓共管格局情况

2004年,首都综治委向各区县和市委宣传部、市委教育工委、市委农工委、市公安局等成员单位下达了《2004年度综合治理工作任务书》,明确了各区县及部分成员单位年度综合治理工作责任和任务。首都综治办对成员单位在首都社会治安综合治理工作中的责任和任务情况进行了调研,出台了《关于成员单位进一步发挥在首都社会治安综合治理工作中作用的意见》,对成员单位责任、任务进行了明确规定。市委组织部、市委农工委、市公安局、市司法局、市民政局、北京卫戍区等6个部门与首都综治办分别签发了关于充分发挥本部门、本系统在首都社会治安综合治理工作中作用的文件,进一步增强了各成员单位的综治意识和配合意识。

2004年,为加强对成员单位综治工作情况的督促检查和交流,首都综治委先后对市委农工委、团市委、市公安局、市市政管委开展了述职评议。首都综治办成立了述职评议考察小组,对成员单位近三年在社会治安综合治理工作中发挥作用情况进行了全面考察了解,广泛听取了意见,并向综治委全会进行了报告。述职评议工作的开展为真正形成全市社会治安综合治理各负其责、齐抓共管工作格局发挥了积极的促进作用。

2004年,为严格综治工作责任制,首都综治委针对在全市产生较大影响的案件进行了责任倒查。首都综治办牵头组织市有关职能部门和区县组成案件倒查组,分别对吴若甫被绑架案、"3.01"中国银行门前抢劫案、望京"8.09"入室抢劫杀人案等重大刑事案件实施了责任倒查,查找了防范漏洞和工作不足,提出了整改意见和工作建议,对有关责任人的责任追究提出了建议。通过首都综治委五部委联席会议,向有关区县和单位下达了《责任查究通知书》,对有关地区和单位实施了社会治安综合治理一票否决,追究了相关责任人的责任。通过案件倒查这一有效形式,促进了基层工作的改进,增强了各级领导维护社会治安和社会稳定的责任意识。

积极开展矛盾纠纷排查调处工作情况

2004年,主要建立了四个工作机制:一是排查调处领导责任制。市委市政府明确规定,各级党政一把手负总责,是第一责任人;市和各区县、局总公司均建立了排查调处工作例会制、重点矛盾领导包案制、排查调处责任追究制和领导接待日、领导约访等工作机制。二是重点矛盾排查调处工作机制。建立了定期和不定期排查、自下而上筛选确定调处重点的排查工作制度和分层负责、挂账督办、结案验收等重点矛盾调处工作制度。三是依法分流化解矛盾工作机制。对不同类型矛盾实行依法分流处理,引导群众通过司法渠道、行政裁决、劳动仲裁等分流解决。四是事前排查防范工作机制。建立了各级排查调处信息员队伍和信息快速反映、对群众上访涉法问题法律咨询服务、各级党政领导到基层"下访"等工作制度。特别是首都综治委专门制定工作意见,在全市农村地区推广了怀柔区桥梓镇基层组织与农户双向承诺责任制。

按照中央的要求,8月成立了以市委副书记、首都综治委主任强卫同志为牵头召集人的北京市处理信访突出问题及群体性事件联席会议,下设由市有关职能部门组成的6个专项工作组,各区县也层层成立了联席会议工作机构和专项工作小组。

全市各区县、各委办局总公司全部建立了排查调处工作领导小组,下设办公室配备了专职人员;全市基层331个乡镇、街道和4560个重点企事业单位全部建立了排查调处工作领导小组,配备了专兼职工作人员,许多区县和系统还在居(家)委会、村委会、车间设立了排查员。

2004年,全市集中开展了两次矛盾纠纷拉网式大排查,共排查确定重点矛盾1889件。各区县、各系统除参加全市大排查外,每季度都要开展一次矛盾纠纷排查,并结合重点时期、重点工作进行不定期的随时排查,做到早发现、早解决,使大量矛盾问题能够解决在基层和初始阶段。2004年全市排查确定的重点矛盾共调处1700余件,占全部重点矛盾的91%。

针对群体上访秩序中存在的突出问题，市维稳办、市信访办、市公安局制定下发了《关于维护群众上访现场秩序的工作意见》，配合国家信访局制定《关于对外地在京滞留上访人员进行劝返的工作机制》，解决了群体性事件处置工作的难点问题。

开展综治宣传工作情况

2004年5月，首都综治办组织全市各级综治办和首都综治委部分成员单位在全市范围内以“携手共建平安北京”为主题，广泛开展了社会治安综合治理宣传月活动。

5月15日，在全市范围内开展了声势浩大的社会治安综合治理宣传日活动。首都综治办设立全市主会场，各区县、街乡、社区设立分会场，各级综治委、办领导，公、检、法、司、工商、民政等部门的综治委委员亲自向广大市民发放宣传资料，提供有关法律咨询服务；举行了首都“平安社区(村)”建设启动仪式和首批首都平安示范社区和示范村揭牌仪式；在全市开展了首都社会治安综合治理书法绘画摄影作品征集活动，组织著名书画家进行了书法绘画笔会，并举办了“携手共建平安北京——首都社会治安综合治理书法绘画摄影展览”；开展了社会治安综合治理宣传挂图进社区、社会治安综合治理宣传用语征集评选活动，制作了4万张有关治安防范知识挂图免费发放到各社区广泛张贴；举行了点击仪式，开通“首都综治网”；开展了首都社会治安综合治理好新闻评选等活动。

2004年，为进一步巩固和加强首都综治宣传阵地，扩大影响，首都综治办加强了与北京电视台《法治进行时》节目的合作，对首都平安社区创建工作给予了重点宣传报道；与北京广播电台《法制天地》合作，采取嘉宾现场直播、录音新闻等多种形式宣传首都综治工作。此外，在北京晚报、北京青年报、法制晚报分别开设政法综治新闻专版，集中报道首都政法综治工作情况。

首都社会治安综合治理委员会关于进一步发挥成员单位在首都社会治安综合治理工作中作用的意见

（2004年1月19日）

为切实发挥首都社会治安综合治理委员会在维护首都安全稳定工作中的重要作用，进一步强化齐抓共管格局和综合治理工作机制，就进一步发挥首都综治委各成员单位作用提出以下工作意见。

一、进一步提高对社会治安综合治理工作方针的认识，切实增强责任感和使命感

实行委员会工作机制，依靠和发挥委员会成员单位职能作用，是社会治安综合治理工作方针在一个地区得以有效落实的重要形式。多年来，在市委市政府的领导下，在首都综治委统一组织协调下，首都综治委各成员单位紧密结合各自职能，各负其责，密切配合，积极参与全市突出社会治安问题的解决，在预防和减少外来流动人口、未成年人、刑释解教人员犯罪，在历次严打整治斗争和重大政治活动的安全保卫工作中发挥了重要作用，为确保首都社会治安状况的持续稳定作出了积极贡献。在各成员单位的共同努力下，首都社会治安综合治理各项工作不断取得新的进步，许多方面都已走在了全国前列。

但是也要看到，当前社会治安形势依然十分严峻复杂。社会治安问题不仅是重大的社会问题，也是一个重大的政治问题，搞好社会治安工作，对保障人民安居乐业，密切党同人民群众的联系，树立党和政府的威信，巩固党的执政地位，都具有重要的政治意义。动员和组织全社会的力量，综合运用政治的、经济的、法律的、行政的、文化的、教育的等多种手段进行综合治理，这是解决我国社会治安问题的根本方针和途径，并已明确写入《中国共产党章程》和党的十六大报告中。随着全面建设小康社会进程的加快，新北京、新奥运战略构想的深入实施和广大人民群众对生活品质要求的逐步提高，社会各界对安全稳定社会环境的要求日益强烈。同时由于特殊的国情和社会转型、经济转轨的特殊历史阶段，社会上引发社会治安问题的因素还大量存在，且随着各项改革力度的不断加大，这样的因素在现阶段还有不断增加的趋势，首都社会治安综合治理工作和各成员单位承担的责任不断加大，任务日益繁重。

同面临的形势和任务相比，首都综治委各成员单位发挥作用情况还存在许多问题，一是一些单位和部门对社会治安综合治理工作的了解还不够深入，认识还不够深刻，责任感、使命感和大局观念还不够强，缺乏主动参与意识；二是综治委成员单位的职责还不是十分清晰，具体工作任务还不够落实，成员单位之间相互支持配合的意识还有待于进一步提高；三是有关综治成员单位发挥职能作用的考核、奖惩等约束和激励机制还不够完善，制度建设仍有待于进一步加强。首都综治委各成员单位一定要从全局和政治的高度充分认识综合治理方针的重大意义，充分认识到发挥各单位在社会治安综合治理工作中的职能作用，是进一步改进和加强首都社会治安综合治理工作的迫切需要，是实践“三个代表”重要思想，维护首都安全稳定大局的必然要求，进一步增强责任感和使命感，从各自职能特点出发，各司其职，密切配合，更加主动积极地参与综合治理，切实承担起维护首都安全稳定的政治责任。

二、进一步明确首都综治委成员单位在社会治安综合治理工作中的职责任务

首都综治委成员单位在社会治安综合治理工作中的主要职责，一是参与首都综治委议事工作，根据全市社会治安状况，共同研究提出全市社会治安综合治理工作的方针、政策和重大措施，供市委市政府决策；对一个时期全市社会治安综合治理工作共同进行研究部署并分头落实。各成员单位要结合这一职能要求，积极为全市社会治安综合治理工作献计献策，并认真落实会议各项部署。二是负责抓好本部门、本系统的综合治理工作，确保有关首都社会治安综合治理工作的方针、政策和重大部署在本部门、本系统得到贯彻落实。三是结合本部门职能特点，在首都综治办组织协调下，参与解决突出治安问题。各单位要紧紧围绕这三项职责，积极工作，主动配合，切实形成首都社会治安综合治理工作的整体合力。

当前和今后一个时期，各有关成员单位要重点做好以下几项工作：市公安局要组织全市各级公安机关进一步加强各项治安管理，充分发挥在社会治安防范工作中的骨干作用，认真督促机关、团体、企事业单位落实各项安全防范措施；市司法局要与有关部门密切配合，积极做好刑释解教人员的安置帮教工作，积极探索社区矫正的方式和途径，预防和减少重新犯罪率。切实改进和加强人民调解工作，真正把矛盾化解在基层；市教委要组织各级各类学校进一步做好在校学生的思想品德和法制教育工作，深入开展安全文明校园创建活动；市民政局要进一步加强城乡基层群众性自治组织建设，积极配合做好社区的安全创建工作，积极探索对城市生活无着的流浪乞讨人员社会救助和管理工作，以维护良好的社会面秩序；市劳动和社会保障局要组织各级劳动行政主管部门进一步强化劳动市场监管，督促有关行业和企业认真解决拖欠企业和农民工工资问题；市市政管委要认真督促各级城管监察部门进一步加大对各种侵街占路、非法摆摊设点游动商贩的打击清理力度，严查黑车运营行为，对复杂场所实行阵地控制；市交通委员会要高度重视大型城建项目交通影响评价方案的审核工作，防止因规划建设不当引发交通和治安问题，做好本市交通运输行业经营资质、市场准入的管理工作，将交通安全业绩作为企业经营资质的重要内容，会同有关部门尽快研究出台我市行政区域内高速公路收费岗亭、站点安全防范设施的地方标准，对高速公路收费岗亭、站点安全防范设施的建设和使用行为认真加以规范；市工商局要组织各级工商行政管理部门进一步加大对黑歌厅、黑发廊、制假贩假黑窝点等非法经营行为的查处力度，严格规范市场秩序；建设、规划、法制部门要密切配合，认真做好《北京市住宅区及住宅安全防范设施建设和使用管理办法》（市政府132号令）的组织实施工作；宣传部门要配合有关部门加大对社会治安综合治理及社会治安防范工作的宣传力度，宣传先进典型和先进事迹，增强全体公民的治安防范意识。各成员单位都要大力开展对单位、系统内人员的思想教育和遵纪守法教育，切实防止和减少干部职工违法犯罪现象的发生；认真协调组织系统内机关、企事业单位按照所属地区综治办、公安机关的要求和部署，深入开展安全创建活动，切实落实各项安全防范措施，进一步减少内部发案。金融、城建、教育、国资等管理企事业单位较多、防范工作任务较重的部门系统，要切实将治安防范工作纳入行业管理的重要内容，做到各项治安保卫和安全防范工作与主要业务工作同计划、同部署、同检查、同考核；围绕《首都综治委关于进一步加强首都社会治安防范工作的若干意见》的总体要求，提出本部门的工作安排和计划。

为进一步明确各部门的职责任务，首都综治委各成员单位要抓紧研究出台本部门参与社会治安综合治理工作的具体意见，明确具体的职能任务，并适时与首都综治办会签下发执行。

三、进一步落实和完善各项工作制度

一要认真执行首都综治委全会制度。首都综治委全会是组织领导全市社会治安综合治理工作的重要形式，会议质量、议决各类事项对全市社会治安综合治理工作有重要影响，各成员单位要高度重视，凡涉及重要议题，首都综治委委员都要亲自参加，同时要根据会议议题或主题，结合本部门职能，认真进行思考准备，积极提出建设性的意见和建议。要进一步规范全会的会议内容和组织形式，首都综治委全会一般每年召开三次，分别于每年2月中旬、7月中旬和11月中旬召开，对首都社会治安综合治理工作的重大问题进行研究部署，对于会议议题及需要讨论和征求委员意见的重要文件，首都综治办要提前通知或发至各位委员。

二要认真落实成员单位述职评议制度。建立综治委成员单位述职评议制度，是贯彻首都社会治安综合治理领导责任制的有益探索，对于进一步强化齐抓共管格局具有重要意义。各单位要按述职评议制度规定，认真落实各项汇报、报告要求，虚心接受评议，并根据评议结果制定和落实整改意见。各成员单位要积极配合有关部门组织的对会议述职单位述职前的考察工作。

三要认真抓好首都社会治安综合治理领导责任制的落实。进一步探索对成员单位科学的考核评价标准及办法，切实将各部门参与综合治理工作的实绩与单位主要领导晋级、晋职密切联系起来。进一步改进任务书签订工作，在覆盖面上要进一步扩大，在内容上要进一步实化、简化、量化，在考核上要进一步科学、严肃。市委组织部、市纪委、市人事局、市监察局、首都综治办等五部门要加强联系，密切配合，切实承担起首都社会治安综合治理领导责任制、一票否决制、责任查究制、案件倒查制等各项责任制度的组织实施职责。对五部门联席会议审议决定的有关事项，各成员单位都要认真遵照执行。

四要实行初任委员培训制度。今后每届综治委成员调整之初，对新任委员都要组织社会治安综合治理基本知识的集中学习培训，首都综治办要负责将中央及首都综治委办重要文件、工作情况材料及时发送给委员。各位委员要认真学习，不断提高参与社会治安综合治理工作的能力和水平。

五要充分发挥联络员的作用。2000年首都综治委建立了成员单位联络员制度，每个成员单位都确定了一名职能处室负责人担任联系人，各单位要大力支持他们的工作，为他们开展工作创造必要的条件，同时首都综治办要根据工作需要不定期召开联系人会议，切实加强日常沟通和联系。

六要进一步加强信息交流。首都综治办要进一步改进简报编发工作，更多地反映成员单位工作情况，促进各成员单位间的信息交流，各成员单位也要及时向首都综治办报告工作情况，包括有关工作的进度、做法、经验以及遇到的突出问题和其他重要信息等。

首都社会治安综合治理委员会关于实行首都综治委成员单位述职评议的规定（试行）

（2004年1月19日）

第一条 为充分发挥首都综治委各成员单位在社会治安综合治理工作中的作用，形成各部门齐抓共管、各负其责的首都社会治安综合治理工作格局，根据中共中央、国务院《关于加强社会治安综合治理工作的决定》和中央综治委等五部委《关于实行社会治安综合治理工作领导责任制的若干规定》的有关规定，结合首都实际，制定本规定。

第二条 首都综治委成员单位述职评议，是指首都综治委成员单位根据首都社会治安综合治理工作的总体部署，结合自身工作职能，对本部门在首都社会治安综合治理工作中发挥作用情况向首都社会治安综合治理委员会报告，由首都综治委组织有关部门和人员对其履行职责情况进行评议的一系列活动。

第三条 首都综治委成员单位述职主体范围，为参加首都社会治安综合治理委员会的北京市所属成员单位。

第四条 述职分为书面报告述职和会议述职两种形式。

书面报告述职，是指以书面材料的方式报告履职情况的述职形式。首都综治委北京市所属的所有成员单位，应于每年的1月20日前，向首都综治办报送其上一年度履职情况的书面报告。

会议述职，是指以会议的方式听取委员述职报告，同时组织参会人员对其履职情况进行评议的述职形式。会议述职每年组织二至三次，统一安排在首都综治委全会上进行。

第五条 首都综治办在广泛听取有关方面意见的基础上，在每年年初对成员单位会议述职工作作出计划和安排，并将述职评议的决定书面通知述职成员单位。

第六条 述职报告应当包括以下方面内容：

（一）本部门落实首都社会治安综合治理总体工作部署情况。

（二）首都综治委根据工作需要确定由本部门具体承担的单项工作任务完成情况。

（三）首都综治办根据综治委领导指示布置的临时性工作任务的完成工作情况。

（四）本部门在社会治安综合治理工作中存在的主要问题。

（五）今后的改进措施及下一步工作思路。

第七条 会议述职报告，应当于首都综治委全会前报首都综治办。

第八条 首都综治办确定会议述职成员单位名单后，应及时成立述职评议小组，可通过组织召开有关单位和人员参加的座谈会，查阅述职成员单位相关工作记录和档案，明查暗访、个别访谈和现场视察等形式，对述职成员单位履职情况进行考察，客观、全面地了解其履职工作情况并形成书面报告。

第九条 会议述职工作按以下程序进行：

（一）成员单位进行述职；

（二）述职评议小组向会议通报考察情况；

（三）参会人员对成员单位述职情况进行评议；

（四）组织出席会议的委员和列席会议的区县，按照好、较好、一般、较差四个档次，对成员单位履职情况进行测评；

（五）首都综治办汇总述职测评情况，提出评议工作报告；

（六）评议工作报告交首都综治委五部门联席会议审议，通过评定结果；

（七）首都综治委领导签发评定结果通报，在下次首都综治委全会上进行通报。

第十条　对述职成员单位述职评议的评定结果，应当作为首都综治委年终评先的重要依据，同时作为述职成员单位领导班子和领导干部的考核依据。

第十一条　述职成员单位对首都综治委全会提出的评议意见，应当结合工作实际提出整改方案并进行整改，在述职评议后的两个月内向首都综治办提交述职评议整改方案及整改情况的报告，经首都综治委领导同意，印发首都综治委各位委员。

第十二条　本规定自下发之日起实施。

首都社会治安综合治理委员会关于实行社会治安情况报告和通报制度的若干规定（试行）

（2004年1月19日）

第一条　根据首都综治委《关于进一步加强首都社会治安防范工作的若干意见》，制定本规定。

第二条　实行社会治安情况报告和通报制度，其目的是让各级党委政府及时了解治安情况和信息，增强领导和开展治安防范工作的针对性和时效性。进一步扩大社会治安工作的透明度，增强人民群众的防范意识和参与意识，积极支持社会治安管理工作。

第三条　社会治安情况报告，是指公安机关和市统计局定期向综治委报告治安状况、形势分析和群众安全感调查情况。社会治安情况通报，是指公安机关定期向各级党委政府通报社会治安状况。

第四条　市公安局每月向首都综治办报告当月治安情况统计结果，每半年向首都综治委报告一次全市治安状况和形势分析。市公安局各分（县）局每半年向区（县）综治委报告一次所在区（县）治安状况和形势分析。市统计局每半年对全市群众安全感进行一次调查统计，并负责向首都综治委全会进行报告。

第五条　社会治安情况报告的主要内容是：

（一）全市或地区刑事案件总体情况，同比增加、减少情况和原因分析、刑事案件走势分析；

（二）各类案件立案情况，立案数处于前五位的刑事案件情况；

（三）严重危害人民生命财产安全的犯罪案件，即：放火、爆炸、劫持、杀人、伤害、强奸、绑架、抢劫案件情况；

（四）直接影响群众安全感的多发性案件情况；

（五）治安事故和治安案件情况；

（六）打击违法犯罪和刑事案件破案情况；

（七）发生交通事故和火灾情况。

第六条　由首都综治办组织，市公安局每季度向各区县党委政府通报一次全市和各区县社会治安情况。市公安局各分（县）局每季度向街道工委、办事处和乡镇党委政府通报一次本地区社会治安情况。

第七条　治安情况通报的主要内容是：

地区发生刑事案件及分布情况；治安防范工作存在的问题情况；影响群众安全感的突出治安

案件情况；加强本地区治安防范的工作建议。

第八条 市公安局每周可通过新闻媒体向社会发布警情提示。公安派出所采取适当方式定期向辖区公众通报辖区内治安情况。

第九条 本规定自下发之日起实施。

首都社会治安综合治理委员会关于对重大刑事案件实行责任倒查的若干规定(试行)

(2004年1月19日)

第一条 为贯彻《首都综治委关于进一步加强首都社会治安防范工作的若干意见》，根据中央五部委《关于对发生严重危害社会稳定重大问题的地方实施领导责任查究的通知》、首都综治委《关于实施社会治安综合治理重大问题领导责任查究的办法》和市政府颁布的《北京市企业治安保卫责任制规定》，制定本规定。

第二条 实行案件倒查，是指通过对已经发生的重大刑事案件原因和过程的分析研究，查找防范工作中的漏洞及有关部门和有关领导因失查、失控、失管应当承担的责任，以落实防范措施，防止同类案件的再次发生。同时，通过追究发生重大刑事案件的机关、团体、企事业单位及其他部门有关领导和责任人的责任，教育本人，警示他人，促使各级党委政府和各部门各单位的领导进一步落实社会治安综合治理领导责任制，切实承担起保一方平安的政治责任。

第三条 凡发生在北京市行政区域内的下列重大刑事案件，均属于案件倒查范围。

(一)致死或死伤多人并造成恶劣影响的案件；

(二)严重危害公共安全并造成恶劣影响的爆炸、放火、投毒及绑架等案件；

(三)同一地区连续发生的、对群众安全感造成较大影响的系列案件；

(四)长期失控、失管的重点人作案而发生的案件；

(五)黑恶势力犯罪案件和有组织犯罪案件；

(六)领导和上级综治部门责成倒查的案件。

第四条 首都综治办和各区(县)综治办为案件倒查的牵头责任单位，负责组织有关单位联合实施案件倒查工作。

第五条 对于在全市造成恶劣影响的重大刑事案件，由首都综治办负责组织成立工作小组，进行案件倒查。

第六条 对于仅在区(县)范围内造成恶劣影响的刑事案件，由发案地所属区(县)的综治办负责组织成立工作小组，进行案件倒查。

第七条 对于发生在系统或行业内的案件，按照“属地管理”原则，由发案单位所在地区(县)的综治办负责组织本区有关部门和有关系统、行业的相关部门，共同成立工作小组，进行案件倒查。

第八条 市、区领导责成倒查的案件，分别由同级综治部门负责完成；上级综治部门责成倒查的案件，由下级综治部门负责完成。

第九条 案件倒查按以下工作程序进行：

(一)市、区公安机关在重大刑事案件侦破后，以书面形式将案件情况报告同级综治办。内容包括：案件基本情况、发案原因的调查分析以及加强防范的建议等方面。检察院、法院在审理重大刑事案件过程中，发现有明显的治安防范漏洞和责任的，也应报告同级综治办。

(二)市、区(县)综治办根据案件情况，制订案件倒查的初步方案，向本级综治委的主要领导报告，提请进行案件倒查。经综治委领导同意或根据领导批示意见，综治办牵头组织成立案件倒查工作小组。

(三)案件倒查工作小组在实施倒查工作中，重点了解发案地区或单位治安防范措施的落实情况，查找防范漏洞及原因，查清有关领导、部门应承担的责任。

(四)案件倒查工作小组对案件倒查结果进行认真分析，形成书面工作报告，并区分以下两种情况进行处理。

1. 对于不需要对发案地区或单位进行“一票否决”的案件，倒查工作小组向发案地区或单位提出整改意见，并对有关责任人提出处理建议，督促做好整改工作。发案地区或单位按照整改意见和处理建议，积极制定落实整改措施，对有关责任人作出适当处理，并在规定的期限内以书面形式将整改和处理情况向案件倒查工作小组报告。

2. 对于需要对发案地区或单位实施“一票否决”制的案件，由市、区(县)综治办提出处理建议，提请同级综治委五部门召开联席会议，根据“一票否决”制的有关规定共同确定，由综治委向发案地区综治委下达《重大问题领导责任查究通知书》(以下简称《通知书》)。

凡被上级综治委下达《通知书》的责任单位，所在地区的综治委要组织召开同级五部门联席会议，根据有关规定对其实施社会治安综合治理一票否决，在一年内取消被评为文明、先进、模范等各种荣誉称号的资格；负有领导责任和直接责任的干部，当年不得晋升职务，推迟一年晋升工资档次，在治安面貌改变以前取消干部本人评先受奖的资格；受到行政处分的，处分期间还不得晋升职务和级别；受到行政处分或党纪处分人员的年度考核，按照国家有关规定办理。

(五)领导或上级综治部门责成倒查的案件，负责组织实施倒查工作的综治办在各项工作全部结束后，将整个工作情况书面上报。

第十条　市、区(县)综治办与同级公安机关建立联动工作机制。制定重大刑事案件定期通报制度，准确界定需要进行倒查的案件。

第十一条　案件倒查工作要坚持围绕案件查原因、围绕原因找问题、围绕问题追责任的原则。

第十二条　重大刑事案件倒查制度执行情况作为每年综治工作领导责任制检查考核的一项重要内容。由各区县综治办组织实施的倒查案件，每半年向首都综治办备案一次。

第十三条　各级综治部门要充分认识实行案件倒查的重要意义，积极抓好制度落实。对应当进行倒查而没有倒查的案件或倒查工作不符合要求的区县，首都综治办要责成补充或重新实施倒查；对在案件倒查工作中不实事求是，故意避重就轻或弄虚作假的行为，首都综治办将提请市五部门联席会议作出严肃处理。

第十四条　本规定自下发之日起实施。

附：《重大问题领导责任查究通知书》(式样)

附件：

《重大问题领导责任查究通知书》
(式　样)

社会治安综合治理委员会：

你区(县)发生的　　　　　案件，已经造成恶劣影响，需要查究有关领导责任。请你们查明情况，作出处理，并把调查结果和处理情况在三个月内分别报送首都综治委、市纪委、市委组织部、市监察局和市人事局。

年　　月　　日

首都社会治安综合治理委员会关于排查治理治安重点整治地区的若干规定(试行)

(2004年1月19日)

第一条 为进一步巩固“严打”整治斗争成果,有效防止治安重点整治地区及其突出治安问题出现反弹,同时对新出现的治安问题苗头早发现、早整治,防止形成新的治安重点整治地区,从而建立起治安重点整治地区的长效管理机制,切实维护首都的政治稳定和社会安定,根据首都综治委《关于进一步加强首都社会治安防范工作的若干意见》,制定本规定。

第二条 治安重点整治地区,是指各种治安问题比较突出且有不良发展趋势、对群众安全感和整个地区治安秩序有明显影响,需要重点整治的区域或场所。

第三条 有下列问题之一的地区可确定为治安重点整治地区:

(一)刑事案件上升,治安案件高发,盗窃、抢劫、抢夺、诈骗等侵财性犯罪和其他街头案件时有发生。

(二)卖淫嫖娼和吸毒贩毒等社会丑恶现象大量滋生并不断向外蔓延,敲诈勒索、贩卖盗版和淫秽光盘、兜售非法书刊等治安问题突出。

(三)无照经营、欺行霸市、制售假冒伪劣商品及黑市交易等问题突出。

(四)非法游商、非法倒卖票证、强买强卖、强讨强要及制贩“三假”等问题屡治不绝。

(五)黑车揽客、车辆乱停乱放等问题突出,交通秩序混乱,事故多发。

(六)存在其他突出问题和隐患,群众和新闻媒体反映强烈。

第四条 治安重点整治地区排查工作主要按照以下程序进行:

(一)每年年底前,各区县综治办会同本区县公安机关和有关部门,对照认定标准,分别确定本区县的市级和区级治安重点整治地区,并将其名单分别上报首都综治办。

(二)首都综治办会同市公安局等有关部门,以人民群众和新闻媒体的呼声为重要依据,对各区县上报的市级治安重点整治地区名单进行审核。在综合考虑群众通过“市长热线”电话反映的情况、“110”台接报警情况和新闻媒体批评曝光情况及市公安局与各区县日常掌握情况等多种因素的基础上,初步确定全市治安重点整治地区名单。

(三)首都综治办将初步确定的市级治安重点整治地区名单报首都综治委领导审定后,下达给各区县,由区县组织进行专项整治。

第五条 市级治安重点整治地区治理工作主要按照以下程序进行:

(一)成立北京市排查治理治安重点整治地区工作领导小组,领导小组办公室设在市公安局。排查治理治安重点整治地区工作由首都综治办牵头,组织协调市有关主管部门参加,市公安局负责具体组织实施。

(二)市公安局根据市级治安重点整治地区名单,建立全市治安重点整治地区工作台账,并制定挂账、销账制度。对治理工作实行挂账督办,治理达标后销账。同时,首都综治办将治理工作列入各区县综治工作领导《责任书》和首都综治委有关成员单位的《任务书》中,年终进行统一考核验收。

第六条 治安重点整治地区经过治理后,符合以下条件为达标:

(一)各类案件明显下降,卖淫嫖娼、吸毒贩毒、贩卖盗版和淫秽光盘、贩卖非法书刊等突出治安问题得到有效治理,各种治安隐患得到及时消除。

（二）制贩“三假”、非法倒卖票证、强买强卖、强讨强要等扰乱治安秩序问题明显改观。

（三）生产经营活动秩序井然，欺行霸市现象基本消失，无照经营、制售假冒伪劣商品及黑市交易等问题得到有效治理。

（四）道路交通秩序良好，交通事故明显减少，车辆停放有序，黑车揽客等问题得到较彻底的治理。

（五）与上年同期相比，反映重点整治地区各类问题的“市长热线”电话、“110”接报警数和新闻媒体批评曝光次数均有明显下降。

（六）建立健全了“六有”（有组织领导体系，有日常管理队伍，有完善的工作制度，有规范的工作措施，有明确的工作目标，有具体的奖惩办法）长效管理机制，并在实际工作中切实发挥作用。

第七条　市级治安重点整治地区的检查验收工作按以下程序进行：

（一）检查验收工作由首都综治办牵头，市公安局组织实施，领导小组成员单位参加。一般每年至少组织两次检查，即年中和年底各检查一次。同时，首都综治办适当进行抽查。

（二）检查工作结束后，由市公安局写出书面报告报首都综治办，指出存在的问题，并提出整改建议。年底检查验收工作结束后，首都综治办要结合市公安局的检查验收报告和各区县上报的自查报告，对各区县的排查治理工作进行总结，同时，将此项工作纳入当年全市综治工作领导责任制检查考核内容。

（三）每年年初，首都综治委在当年第一次综治委全会上，对上年度全市治安重点整治地区的排查治理工作进行通报。

第八条　公安机关及有关部门要按照各自的职责范围切实承担起治安重点整治地区的排查治理工作，按规定及时报送有关工作情况，共同推动工作开展。

第九条　各区县党委、政府和综治部门要积极主动地开展专项治理工作，迅速建立起运行良好的“党委政府统一领导，综治部门牵头协调，有关主管部门积极参与，公安机关具体组织实施”的治理工作机制。要通过专项治理，迅速改变治安重点整治地区的混乱面貌，恢复其正常秩序。

第十条　治安重点整治地区专项治理工作要因地制宜，讲求实效。在开展自查和接受检查中要实事求是，坚决杜绝任何弄虚作假、谎报瞒报的行为。

第十一条　本规定自下发之日起实施。

首都社会治安综合治理委员会
首都综治工作指导组工作规则（试行）

（2004年1月19日）

第一条　为进一步落实中央、市委对首都社会治安工作的要求，加强对首都社会治安综合治理工作的协调、监督和指导力度，确保首都社会治安综合治理各项任务得到全面落实，成立首都综治工作指导组。

第二条　首都综治工作指导组组长人选由首都综治办提出，报市委政法委书记办公会研究确定。

第三条　首都综治工作指导组在首都综治办领导下开展工作。其主要职责是：

（一）参与首都综治工作年度综合考核和单项工作考核。参加各区县和首都综治委成员单位综治工作的述职和评议，负责向首都综治办报告各区县和各成员单位年度综合考核和单项考核进展情况，指导各区县和各成员单位综治考核工作。

（二）根据首都综治办确定的调研课题，开展相关调查研究工作。

(三)对首都综治工作进行动态考察和了解。根据首都综治办的安排,了解和掌握首都社会治安综合治理工作开展情况,适时向有关区县和成员单位提出工作建议,同时通过总结分析首都综治工作存在的经验和教训,有针对性地向首都综治办提出相应工作建议。

(四)负责综治专项工作的检查、督促。根据首都综治办对首都综治工作的总体安排,承办对专项工作的检查督促、调查研究、发现问题、总结经验、推荐典型等任务。

(五)完成首都综治办交办的其他工作。

第四条 首都综治工作指导组在开展工作期间可以履行以下职权:

(一)根据工作任务需要,组织召开有关人员参加的座谈会,同有关人员了解情况、发放调查问卷、调阅相关的党委(组)会议记录、查阅工作档案和相关工作资料,可以进行明察暗访。

(二)列席被考核单位与考核工作内容相关的党委(组)会议,听取党政主要领导及主管领导的情况汇报。

(三)列席首都综治委全会,市委政法委、首都综治办有关综治工作的会议。

第五条 首都综治工作指导组在开展工作时应遵守以下工作纪律:

(一)严格执行首都综治办规定范围内的任务,不越位、不越权,遇有重要情况及时汇报。

(二)严格遵守首都综治办的有关工作制度,保证工作的严肃性和有效性。

(三)结合实际运用有利于基层单位工作的方式方法,做到既能圆满完成工作任务,又避免占用基层单位过多时间和精力。

(四)反映问题要客观公正,实事求是,不带感情色彩。

(五)认真执行廉洁自律的有关规定。

第六条 本规则自下发之日起实施。

北京市人民政府令第152号

《北京市人民防空工程和普通地下室安全使用管理办法》已经2004年11月16日市人民政府第33次常务会议审议通过,现予公布,自2005年1月1日起施行。

市　长　王岐山

二〇〇四年十一月二十三日

北京市人民防空工程和普通地下室安全使用管理办法

第一条 为了加强本市人民防空工程和普通地下室的安全使用管理,保障人民群众生命和财产安全,根据国家有关法律、法规,结合本市实际情况,制定本办法。

第二条 本办法适用于本市行政区域内用于生产经营、居住、办公等人员聚集场所的人民防空工程、普通地下室(以下统称“地下空间”)的安全使用管理。法律、法规另有规定的从其规定。

第三条 本市地下空间的安全使用,坚持谁所有谁负责,谁使用谁负责的原则。

地下空间的安全责任由产权人负责;产权人委托管理单位管理的,由管理单位负责。

地下空间的使用人应当服从产权人、管理单位的管理，对使用行为负责。

第四条　利用地下空间从事商业、文化娱乐业、旅店业以及其他生产经营活动或者作为居住场所的，地下空间的产权人、管理单位应当保证地下空间符合下列条件：

（一）符合防火、卫生等管理规定，并经公安消防机构、卫生主管部门检查合格。

（二）房屋建筑安全，不存在危险构件。

（三）具有上下水、卫生间、用电设施。

（四）通风良好，设置机械通风系统或者空气调节装置，并保证有效使用。地下空间平时使用必需的新风量，以及相应的新风系统、回风系统等设置符合设计规范要求。

（五）具有防汛、防雨水倒灌设施。

（六）按规定设置和配备机械防烟排烟系统、自动喷淋系统、应急照明系统、火灾自动报警系统以及其他消防设施和器材。

第五条　地下空间的产权人、管理单位利用地下空间，应当遵守下列规定：

（一）制定落实治安、消防、卫生、建筑等管理法律、法规、规章的具体措施。

（二）建立防火、防汛、治安、卫生等责任制度。提供给他人使用的，与使用人签订地下空间安全使用责任书，明确使用人对地下空间的安全使用义务，并对使用人履行义务的情况进行监督；发现使用人违反安全管理法律、法规、规章或者安全使用义务的，及时制止、纠正，并向有关行政主管部门报告。

（三）使用人民防空工程，应当按照所在地区、县人民防空主管部门批准的要求使用。

（四）不得擅自改变地下空间工程的主体结构或者拆除地下空间工程的设备设施。

（五）安全出口和疏散通道符合安全规范。安全出口不得采用卷帘门、转门、吊门或者侧拉门，门向疏散方向开启。

（六）在地下空间的入口处设置人民防空主管部门、建设（房屋）行政主管部门制发的人民防空工程、普通地下室使用标志牌。

（七）建立安全设施检查、维修管理制度，保障安全设施正常使用。

（八）对有关行政主管部门检查发现的事故隐患，在规定的时间内予以消除。

（九）依法及时报告火灾、传染病疫情等突发性事件。

（十）不得将地下空间出租给无合法有效证件、证明的单位或者个人。

（十一）遵守国家及本市其他有关地下空间安全使用的管理规定。

第六条　地下空间的使用人，应当遵守下列规定：

（一）履行地下空间安全使用责任书中的安全使用义务和本办法第五条第（四）项、第（八）项、第（九）项的规定。

（二）根据不同的使用性质，保证地下空间在使用中符合国家规定的相关行业的卫生标准。

（三）装饰、装修材料符合国家和本市规定的消防、卫生要求；进行装饰、装修等施工作业期间，不得投入使用。

（四）不得存放液化石油气钢瓶，不得使用液化石油气和闪点小于60°C的液体做燃料。

（五）保障安全出口、疏散通道畅通，有人时不得上锁。

（六）不得在地下空间内从事危险化学品、烟花爆竹等危险物品的生产经营。不得在地下空间内储存易燃易爆物品。

（七）按照国家有关消防安全技术规定安装、使用电器产品，设计、敷设用电线路；禁止超负荷用电。

（八）不得在地下空间内设置油浸电力变压器和其他油浸电气设备。

（九）地下空间内所容纳的人员不得超过核定人数。核定人数的具体办法和标准，由市人民防空主管部门、建设（房屋）行政主管部门制定。

（十）对从业人员进行安全教育，并制定安全事故应急救援预案。

（十一）遵守国家及本市其他有关地下空间安全使用的管理规定。

第七条　利用地下空间从事旅店业，设置宿舍，以及作为其他居住场所的，地下空间的产权人、管理单位、使用人除应当遵守本办法第五条、第六条规定外，还应当遵守下列规定：

（一）房间内人均使用面积不得少于4平方米。

（二）不得设置上下床。

（三）配备有效的防灭病媒生物设施、消毒设施和垃圾、废弃物的存放专用设施。

第八条 利用地下空间开办商场（商店、市场）的，其营业场所不得设置在地下三层以及地下三层以下。禁止利用地下空间开办商品批发市场。

第九条 本市各级人民政府领导本行政区域的地下空间安全使用管理工作。

市和区、县人民防空主管部门、建设（房屋）行政主管部门分别负责人民防空工程、普通地下室安全使用的综合管理工作。市和区、县安全生产监督管理部门负责对地下空间内安全生产工作实施综合监督管理。

规划、公安、卫生、工商、文化等行政主管部门，应当按照法律、法规、规章和市人民政府规定的安全监管职责，负责地下空间安全使用的相关管理工作。

第十条 市和区、县人民防空主管部门、建设（房屋）行政主管部门应当健全所管理的地下空间的数量、位置、面积、产权人和管理单位等基本情况的记录档案。区、县人民防空主管部门、建设（房屋）行政主管部门应当将记录档案提供给街道办事处和乡、镇人民政府使用。

第十一条 街道办事处和乡、镇人民政府组织、协调并监督人民防空、建设（房屋）、安全生产、规划、公安、卫生、工商、文化等职能部门派出机构或者专职人员对本辖区内地下空间的行政执法工作。

街道办事处和乡、镇人民政府应当建立对本辖区内地下空间安全使用的巡视制度，定期清查本辖区内地下空间的使用情况；发现违法使用地下空间或者地下空间存在事故隐患的，及时通知有关行政主管部门。有关行政主管部门接到通知后，应当及时依法处理。

第十二条 平时使用人民防空工程，应当按照规定经所在地区、县人民防空主管部门批准，取得《人防工程使用证》。

第十三条 本市对普通地下室的使用实行登记备案制度。

产权人或者管理单位出租普通地下室的，应当与承租人签订书面租赁合同，并自合同签订之日起15日内向普通地下室所在地的建设（房屋）行政主管部门登记备案。

产权人或者管理单位使用普通地下室的，应当自开始使用之日起15日内向普通地下室所在地的建设（房屋）行政主管部门登记备案。

第十四条 安全生产、人民防空、建设（房屋）、公安、卫生、工商、文化等负有地下空间安全使用管理职责的行政主管部门对利用地下空间从事生产经营的单位进行监督检查时，行使以下职权：

（一）进入地下空间进行检查，调阅有关资料，向有关单位和人员了解情况。

（二）对检查中发现的安全生产违法行为，当场予以纠正或者要求限期改正；对依法应当给予行政处罚的行为，依法作出行政处罚决定。

（三）对检查中发现的事故隐患，应当责令立即排除；重大事故隐患排除前或者排除过程中无法保证安全的，应当责令有关人员从危险区域内撤出，责令暂时停产停业或者停止使用；重大事故隐患排除后，经审查同意，方可恢复生产经营和使用。

（四）对有根据认为不符合保障安全生产的国家标准或者行业标准的设施、设备、器材予以查封或者扣押，并应当在15日内依法作出处理决定。

第十五条 地下空间的产权人、管理单位违反本办法第四条规定，未能保证地下空间符合利用条件的，对从事经营活动的，由人民防空主管部门、建设（房屋）行政主管部门责令改正，并处3万元罚款；对从事非经营活动的，由人民防空主管部门、建设（房屋）行政主管部门责令改正，并处1000元罚款。

第十六条 地下空间的产权人、管理单位违反本办法第五条规定，不履行安全管理义务的，由有关部门依照下列规定处罚：

（一）违反本办法第五条第（一）项、第（二）项规定的，由人民防空主管部门、建设（房屋）行政主管部门处500元以上1000元以下罚款。

（二）违反本办法第五条第（六）项规定的，由人民防空主管部门、建设（房屋）行政主管部门处500元以上1000元以下罚款。

（三）违反本办法第五条第（十）项规定的，由区、县公安机关处1000元罚款。

第十七条　地下空间的使用人违反本办法第六条第(二)项、第(三)项、第(四)项、第(五)项、第(六)项、第(七)项、第(八)项、第(十)项规定的,由公安消防机构、卫生主管部门、安全生产监督管理部门依法处理。

地下空间的使用人违反本办法第六条第(九)项规定,地下空间容纳的人员超过核定人数的,由人民防空主管部门、建设(房屋)行政主管部门责令改正,并处3万元罚款。其中对作为文化娱乐场所的,由公安机关责令改正,给予警告,责令停业整顿,并处1000元以上1万元以下罚款;情节严重的,由工商行政管理部门依法吊销营业执照。

第十八条　地下空间产权人、管理单位、使用人违反本办法第七条第(一)项、第(二)项规定,对设置旅馆的,由区、县公安机关处1万元以上3万元以下罚款;对设置宿舍,以及作为其他居住场所的,由区、县公安机关处500元以上1000元以下罚款。

第十九条　违反本办法第十三条规定,出租、使用普通地下室未依法向建设(房屋)行政主管部门登记备案的,由建设(房屋)行政主管部门责令改正,并可对从事经营活动的处1万元以上3万元以下罚款,对从事非经营活动的处500元以上1000元以下罚款。

第二十条　本办法自2005年1月1日起施行。

组建社区治安巡逻志愿者队伍

2004年初,针对以往群防群治工作存在着成员构成年龄偏大、组织形式相对单一、内部管理比较松散、力量得不到有效整合等问题,石景山区综治办、石景山公安分局在深入调研的基础上,成立了石景山区志愿者协会社区治安巡逻志愿者分会,组建了社区治安巡逻志愿者队伍。并充分发挥这支队伍在工作规范性、组织严密性、成员广泛性和服务互动性等方面的优势,取得了初步的成效。

首都综治委在总结石景山区经验的基础上,制定下发了《关于在全市各区县组建社区(村)治安巡逻志愿者队伍的工作意见》,在全市各区县推广建立社区治安巡逻志愿者协会分会,组建了统一名称、统一标志、统一管理的社区治安巡逻志愿者队伍,在基层治安防范中发挥了重要作用,成为新时期群防群治的有效组织形式。

一、指导思想和工作目标

以"三个代表"重要思想和科学发展观为指导,以"协调发展、以人为本"为原则,按照推行社会治安防范社会化的工作思路,把居住在社区(村)的热心公益事业的各方面力量组织起来,以社团的形式,建立起一支工作规范、组织严密、成员广泛和服务互动的新型群防群治组织,与社区保安等专业的防范队伍密切配合,构筑一个在时间和空间上紧密衔接的基层治安防控网络,有效提高社区(村)治安防控能力,为人民群众创造安宁祥和的人居环境。

二、组建工作要求

对全市社区(村)治安巡逻志愿者队伍实行统一名称、统一标志、统一管理,现就分会的有关内容和要求规定如下:

(一)分会名称和性质。各区县的社区(村)治安巡逻志愿者组织统一命名为"××区(县)志愿者协会社区(村)治安巡逻志愿者分会",为各区县志愿者协会的分支机构,是社区居民和其他社会各界群众在社区党政组织和派出所的指导带领下,以不索取任何物质报酬为前提,自愿申请贡献个人的时间和精力,在社区(村)内参加治安巡逻防范的群众性组织。

(二)人员组成和要求。分会成员和志愿者可以由党政机关公务员、企事业单位职工、社区居民(村民)、在校学生、个体经营者、低保人员以及外地来京人员等热心公益事业的社会各界人员组成。会员自愿申请加入分会,必须遵守分会章程,自觉维护分会合法权益;必须热心基层治安防范工作,敢于同社会不良现象作斗争。

(三)内设机构和分工。社区(村)治安巡逻志愿者分会的最高权力机构是会员代表大会,代表大会每年召开一次。分会设会长1名,副会长1至3名,秘书长1名,副秘书长1至2名,理事15至20名。秘书长、副秘书长主持日常工作。

(四)工作方式和要求。会员每年主动参加社区(村)治安巡逻不少于分会规定的时间,志愿者则按照分会的章程要求,利用空余时间积极参加社区(村)治安巡逻。每逢重大节假日、重大活动或高发案时期,社区(村)党组织、居(村)委会、治保会干部和社区民警要集中带领会员和志愿者开展社区(村)治安巡逻。社区居委会、村委会每季度召开一次社区(村)治安巡逻志愿者代表会议,通报地区治安形势,讲评工作情况。街道、乡镇和派出所每半年要组织召开一次社区(村)治安巡逻志愿者经验交流会,通报地区治安形势,讲评工作和表彰奖励。分会每年召开一次工作会议,总结部署工作,对优秀会员和志愿者进行表彰奖励。

三、组织领导和责任分工

全市组建社区(村)治安巡逻志愿者队伍工作在首都综治委统一组织领导下进行。首都综治办负责组织协调工作,市公安局负责指导各区县具体实施,市民政局负责指导各区县办理成立社团相关手续工作。各区县依照市里做法由各相关部门按职能分工负责社区(村)治安巡逻志愿者机构和队伍的组织工作。区县综治办负责本地区成立社区(村)治安巡逻志愿者分会的总体组织、协调,指导分会建立健全各项规章制度,对分会参与公安机关和社区(村)组织的治安防范工作情况进行监督和检查;各公安分(县)局负责本地区社区(村)治安巡逻志愿者开展工作的具体组织实施,对志愿者进行有关社区(村)巡逻防范知识的培训,保护志愿者的安全,与社区居委会、村委会共同对志愿者服务的情况进行考核并提出奖惩意见;区县民政局负责从社团的成立、章程的制定、工作运行以及日常管理等方面提出具体的指导性意见,并给予积极的帮助;各社区居委会(村委会)要负责本社区(村)治安巡逻志愿者日常开展工作的组织,对志愿者服务的情况进行记录,并与派出所共同对志愿者服务的情况进行考核并提出奖惩意见。

社区(村)治安巡逻志愿者分会成立后,负责制定《社区(村)治安巡逻志愿者分会章程》、《社区(村)治安巡逻志愿者分会实施方案》以及《社区(村)治安巡逻志愿者服务情况的检查考核和奖励办法》等文件,做好有关的宣传工作,维护会员和志愿者的正当权益,组织召开会员和志愿者代表大会,及时解决工作中存在的问题。

实施双向承诺责任制维护农村地区稳定

为结合北京实际创造性地学习"枫桥经验",进一步加强北京市农村地区维护稳定和矛盾纠纷排查调处工作,构建首都和谐稳定的社会环境,2004年首都综治委针对全市农村地区群众越级集体上访大幅上升影响首都稳定等突出问题,对怀柔区桥梓镇实施双向承诺责任制的经验进行了认真总结提炼,制定了《关于推行基层组织与农户双向承诺责任制维护农村地区稳定的工作意见》,在全市农村地区推广实施基层组织与农户双向承诺责任制的经验。主要内容如下:

一、双向承诺责任制的基本经验

基本经验是以双向承诺责任制为载体,用承诺书的形式进一步明确乡镇党委政府和基层党政组织在保护群众利益,解决和化解矛盾纠纷、维护地区稳定的责任,促进乡镇、行政村的政务、村务公开,用承诺的形式加大广大群众对基层党政组织和干部的监督力度,促使其牢固树立"立党为公、执政为民"的理念,增强责任感和为民服务的自觉性,关注群众利益,倾听群众意见,切实为群众办实事,实现政府职能和工作方式的转变,进一步密切党群干群关系。同时,利用这种形式加大对广大群众的法制教育,提高农民群众的法律意识和法制观念,加强农村地区的精神文明建设;通过责任机制,畅通并保证基层党政组织与农民群众的联系沟通渠道，相互守信，最大限度地把农村各种矛盾纠纷解决在基层，化解在萌芽状态，共同营造首都农村地区和谐稳定局面。

二、双向承诺责任制的基本内容

实行基层组织与农户双向承诺责任制，就是通过基层组织与全体农户以相互签订承诺书的形式，依法规范镇村两级党政组织和全体农户在发展经济、维护稳定中的权利和义务，制定相应的奖惩措施，有效约束镇村两级干部和农民群众的行为。双向承诺责任制的主体包括三个方面：一是乡镇党委政府，二是村党支部、村委会，三是所辖地区全体农户。其中镇党委、政府与每个农户之间相互进行书面承诺，村党支部、村委会分别对镇党委政府和每个农户进行书面承诺。双向承诺责任书的基本内容包括五个方面：一是镇党委政府向农户的承诺。主要是及时妥善处理群众反映的问题、在项目开发土地流转等工作中最大限度地保护争取村民利益、定期开展法律法规宣传活动、村民电话约见镇乡领导后必须在规定时间内接待并答复、镇政府各科室定期入村办公、方便群众办事等。二是村党支部、村委会向农户的承诺。主要是办事公平公正、重大事项实行民主决策、每季度向村民公布村政事务和财务收支情况、认真听取群众意见和建议、千方百计拓宽村民增收渠道等。三是村党支部、村委会向镇党委政府的承诺。主要是认真贯彻落实镇党委政府的各项工作部署，及时化解本村的矛盾纠纷，认真履行向农户的承诺等。四是农户向乡镇党委政府和村党支部、村委会的承诺。主要是逐级反映和解决矛盾问题、不参与群体性上访、不无理取闹，自觉遵守法律法规和村规民约，积极参与群防群治工作，依法经营纳税和解决家庭邻里纠纷等。五是对违反承诺的乡镇干部和村干部由上级进行批评、扣发绩效奖金直至纪律处分。对违反承诺的村民依照村规民约予以处罚。

三、双向承诺责任制的工作机制

为确保双向承诺责任制落到实处，怀柔区进一步建立健全了矛盾纠纷排查调处工作机制。一是建立了电话约访制度。群众可以电话约见镇领导，镇、村主要干部要在规定时间内约见或接待群众，变群众“上访”为镇、村两级干部“约访”和“下访”。一年来，镇党委政府主要领导利用休息时间共接待约见群众160余人次，积极帮助群众解决难点问题，及时掌握和化解基层矛盾纠纷，镇领导到田间地头与约见群众见面或现场办公成了常事。二是建立健全各项配套制度和奖惩措施，分别研究制定了首问责任、信访排查、领导包案、督查反馈、责任追究、对口办理、奖惩措施等“三项原则”和“十项制度”，从工作机制上有效保障了双向承诺责任制在基层的落实。三是实行双向承诺制与信访进全程工作紧密结合。各村设立便民服务室对基层矛盾纠纷及时排查调处和上报，镇有“一门式”全程办事大厅对群众反映问题及时受理、批转、督办和反馈，并制定了一整套工作流程，做到群众反映的问题事事有回音、件件有着落。一方面为群众反映和解决矛盾问题畅通了渠道，把解决人民群众切身利益的工作引入了规范化、制度化轨道；另一方面把排查调处工作纳入镇村两级日常工作机制中，把维护稳定工作责任分解到镇村每个干部，并与责任追究和考核奖惩挂钩，有效解决了维护稳定工作主要领导着急、一般干部不急，主管领导着急、职能部门不急，镇党委政府着急、村级班子不急的“三急三不急”问题，形成了镇村干部人人关注信访、积极参与维护稳定的工作局面。

四、实施双向承诺责任制的主要成效

（一）切实转变了政府职能和干部作风，有力推进了基层政务的透明公开，进一步密切了党群干群关系。一是双向承诺责任制明确规定了镇、村两级干部为群众服务的主要内容和在维护稳定工作中的职责任务、工作程序、具体要求和奖惩措施，推进了镇政府行政和村政管理的公开、公正、公平，增强了镇村两级干部的责任意识，促使基层干部为群众服务和化解矛盾成为一种自觉行为，有效克服了工作不负责、办事不公平和遇到群众来访推脱扯皮等问题，有利于实现“事要解决”。二是实施双向承诺责任制后，镇村干部必须认真履行对农户的承诺内容，实际上把对基层党政组织的监督权交给了群众，切实加强了对行政管理权力运行的制约和监督，鞭策基层干部必须真心诚意为农民群众谋利益办实事，想方设法及时排查化解基层各种矛盾纠纷，有利于监督“事要解决”。实施双向承诺制以来，镇乡党政领导和机关干部的工作作风都有了明显改观，镇乡领导积极思考如何更好地为农民群众办实事,解决群众关心的热点难点问题;机关干部认真考虑如何更好地服务于农民群众,避免群众投诉和越级上访,确实转变了工作作风、提高了办事效率。如承诺书中规定,对群众反映的问题,镇有关干部要在 3 日内给予解决,否则就是违约。现在,镇干部工作再多也要想方设法及时解决群众的实际问题,主动利用周六、周日休息时间下村入户了解情况、排查和解决矛盾问题,使大量矛盾纠纷发现在初始阶段、控制在萌芽状态。一年来,实施双向承诺制的 8 个镇乡党委政府领导通过电话约访共接待群众 300 余次、解决各种矛盾问题 238 件。农民群众普遍反映,现在镇村干部态度比以前好多了,到政府办事有问必答、有件必复,就像到了自己家一样。通过广大基层干部的积极努力,党群干群关系得到很大改善,群众反映问题怀着怨气来、带着满意归的情况越来越多。

(二)村级干部责任意识和工作能力进一步提高,基层组织维护稳定"第一道防线"的作用充分显现。许多村干部反映,实施双向承诺责任制把村干部推到了维护稳定第一线上,如不及时兑现承诺群众随时都可能拿着承诺书来指责你,因此大大增强了村干部的责任意识和提高自身素质的紧迫感,过去有的村干部对群众反映的问题能推就推、能躲就躲,现在主动到农户家里倾听意见、了解情况和解决问题,遇到解决不了的疑难问题还能及时求助镇乡党委政府和有关部门积极解决。特别是一些过去干群关系紧张、上访闹事不断的老大难村,实施双向承诺制后干群融洽、民心安定,团结一心发展经济,多年的老上访户不但不上访了,反而认真学法帮助村干部化解矛盾纠纷。一年来,在怀柔区已实施双向承诺制的 8 个乡镇、162 个村共排查化解各类矛盾纠纷 1296 起,其中村级组织及时化解 972 起。特别是桥梓镇,在一年多的时间里把 480 起矛盾纠纷及时化解在村里,防止了矛盾问题的进一步升级和激化。

(三)增强了农民群众的法制观念,加强了农村地区的精神文明建设。实行双向承诺责任制不是简单地互相签一个承诺书,双向承诺制内容涉及很多法律问题,制定过程中就要求广大基层干部要认真学习和研究相关的法规政策;在组织签定承诺书时又要对村民进行大量的宣传讲解工作,实际上是对农民群众进行一次广泛的普法和政策教育活动;双向承诺责任制中对农民群众的要求,以自觉遵守法律法规和村规民约,积极参加群防群治,依法经营纳税,依法解决家庭邻里纠纷等为主要内容,本身就是精神文明建设的一项重要内容。通过签订双向承诺责任书,农民群众知道了反映问题的正确渠道、程序和自己应履行的义务,遵纪守法、诚信守诺的良好风气正在逐渐形成。一个老上访户说:"这个制度不错,是为咱老百姓服务的。遇到问题,找村里、镇里能解决的都解决了,解决不了的也解释清楚了,干部们也不容易。"因此,再没有参与一起越级上访。

(四)发挥了基层组织与农民群众两方面积极性,把矛盾纠纷控制化解在基层和萌芽状态。一是通过规范镇村两级干部的行为,率先垂范履行承诺,赢得了农民群众的信任和支持,密切了党群干群关系,避免了许多可能引发的矛盾和问题。二是双向承诺责任制以契约的形式把农户纳入到维护稳定工作中,突出了农户与镇村干部在双向承诺责任制中的平等地位,极大调动了农民群众维护稳定的积极性和责任感,绝大多数群众能把享受权利与履行义务统一起来,改变了过去维护稳定党委政府唱"独角戏"、村干部不积极、群众不参与的被动局面,减少了越级群体上访和无理取闹事件的发生。三是初步形成了镇村联动、齐抓共管、各负其责的维护稳定机制,许多矛盾问题在基层得到了及时有效化解。目前,实施双向承诺制的 8 个乡镇共有 136 户农民遇到矛盾问题主动寻求村委会和镇党委政府的帮助,及时避免了多起治安案件和群体性事件。2003 年怀柔区群体上访实现了"信访总量、越级集体访、联名信访"三下降的工作目标,多年的信访大户摘掉落后帽子跨入了先进行列,2004 年以来在郊区群体上访普遍大幅上升的情况下基本保持平稳,为全区经济发展创造了和谐稳定的社会环境。

首都社会治安综合治理委员会组成人员

主　任　强　卫　市委副书记
副主任　马振川　市委常委、市公安局局长
　　　　吉　林　北京市副市长
委　员　何虎林　中央直属机关工委副书记
　　　　黄燕明　中央国家机关工委副书记
　　　　唐树杰　国务院机关事务管理局副局长
　　　　李宝柱　中央综治办协调室副主任
　　　　鲍遂献　公安部治安管理局副局长
　　　　蒋希伟　中央宣传部办公厅副主任
　　　　周满生　解放军总政保卫部保卫局副局长
　　　　刘　伟　市委副秘书长
　　　　卢　全　市政府副秘书长
　　　　慕　平　市委政法委常务副书记
　　　　段桂青　市委政法委副书记
　　　　刘大为　市委政法委副书记、首都综治办主任
　　　　李万钧　市委政法委秘书长、首都综治办副主任
　　　　孟秀勤　市委组织部常务副部长
　　　　郭正平　市纪委常委、监察局副局长
　　　　黄　强　市人事局副局长
　　　　游广斌　市委办公厅副主任
　　　　潘友生　市政府办公厅助理巡视员
　　　　吴森钟　市人大内务司法办副主任
　　　　杨文忠　市政协社法委副主任
　　　　王荔茹　市委宣传部副部长
　　　　张建明　市委教育工委常务副书记
　　　　崔砚青　市委农工委副书记
　　　　齐敬宁　市委卫生工委副书记
　　　　梅先南　市金融纪工委书记
　　　　萧友茂　市委610办公室副主任
　　　　刘树年　市委市政府信访办副主任
　　　　王金山　市政府法制办副主任
　　　　张俊明　市国资委副主任、纪委书记
　　　　张　维　市规划委副主任
　　　　王立臣　市建委副主任
　　　　陆海军　市市政管委副主任
　　　　李晓松　市交通委副主任
　　　　宗绪盛　市人防办副主任
　　　　王晓明　市财政局副局长
　　　　时纯利　市总工会副主席
　　　　刘　剑　团市委副书记
　　　　姜贵平　市妇联副主席
　　　　董吉顺　北京卫戍区副政委
　　　　杨天福　武警北京总队副总队长
　　　　王　明　市高级人民法院副院长
　　　　项　明　市人民检察院副检察长
　　　　于泓源　市公安局副局长
　　　　王津江　市国家安全局副局长
　　　　周　信　市司法局副局长
　　　　聂志达　市民政局副局长
　　　　朱建华　市监狱管理局局长
　　　　郑振远　市劳教局局长
　　　　李建华　市公安交通管理局局长
　　　　张正福　市消防局局长
　　　　刘　健　市工商行政管理局副局长
　　　　宋丰景　市劳动和社会保障局副局长
　　　　王　珠　市文化局副局长
　　　　马　正　市新闻出版局副局长
　　　　付韶华　市国土房管局副局长
　　　　潘　璠　市统计局副局长

首都综治办内设机构
首都综治办主任:刘大为
副主任:李万钧
综治办下设三个处:联络处、区县处、宣传处

北京市、县(市、区)综治委、办主任名单

地　区	综治委主任	综治办主任
东城区	杨艺文	刘惠迎
西城区	张国玉	贾国平
崇文区	滕盛萍	谢　申
宣武区	仲兆军	李　铁
朝阳区	朱家麒	刘印槐
丰台区	阎满成	姚建国
石景山区	赵玉民	刘道东
海淀区	侯君舒	刘志平
门头沟区	张进增	任继明
房山区	张继增	游来清
通州区	张文山	王　晨
顺义区	马庚良	赵士寅
昌平区	王书合	贺德纯
大兴区	孟令华	王少权
怀柔区	蔡淑敏	刘显岳
平谷区	刘　军	王立如
延庆县	赵双利	徐海常
密云县	刘福志	王　宠

(撰稿人:李万钧　兰　彪　毛冬丽
蔡亚平　范　军　沈光雄
胡宇参
审稿人:刘大为　李万钧　窦朝晖)

天　津　市

2004年社会治安综合治理工作概况

2004年，全市坚持“打防结合、预防为主，专群结合、依靠群众”的方针，以推进社会治安防控体系建设为重点，进一步完善机制，加强领导，夯实基础，整合资源，齐抓共管，落实社会治安综合治理各项措施，为“三步走”战略第二步目标的顺利实施，创造了和谐稳定的社会环境。

一、以领导责任制为龙头的社会治安综合治理工作机制进一步完善

市委、市政府结合天津实际，将中央综治委制定的《省、自治区、直辖市综治工作考核评比标准》要求进行细化分解，继续与各区县、各系统签订《社会治安综合治理责任书》，工作任务和指标涵盖了“打、防、教、管、建、改”等内容，强调了领导精力、部门协调、人员组织、制度健全、经费到位等保障措施，把工作结果、治安状况、公众评价等主客观效果有机结合起来，形成了比较科学、系统的综治目标管理考核体系。通过层层分解、过程管理和严格兑现奖惩，把各项综治任务落实到具体部门和具体人，做到层层有压力，层层抓落实。

年初，市十四届人大常委会第四次会议重新修订了《天津市社会治安综合治理条例》，按照发展社会主义市场经济的要求，进一步理顺了综治工作关系，围绕健全机制提出了新的要求，增加了人事、监察、信访、金融、交通运输、通信、民族宗教等部门在综治工作中的职责。市综治委、市编办根据中央有关部门文件，联合下发了《关于进一步加强街道、乡、镇社会治安综合治理基层组织建设和管理工作的意见》，在街乡镇综治干部的配备、培训、考核等方面做出了新的补充规定。

二、开展“严打”专项斗争和重点整治，解决突出治安问题

坚持认真排查治安混乱地区和突出治安问题，有针对性地开展“严打”专项斗争和重点整治活动。年初，公安机关部署了以“破案件、打黑恶、追逃犯”为重点的百日破案会战。期间组织了“部三网，治两抢、两盗”专项行动和反扒专项行动，为全市人民欢度“两节”和全国、我市“两会”的顺利召开发挥了重要作用。4月1日～5月20日，全市开展了整治高校及周边治安秩序专项行动。5～7月份，全市开展了以打击盗窃非机动车、街头“两抢”、入室盗窃等违法犯罪活动为重点的打击侵财犯罪专项行动。8、9月份，在全市开展了打击涉车违法犯罪专项行动。10月份以来，全市部署了以“破案件、摧团伙、抓逃犯”为主要内容的破案追逃会战。此外，全市还适时组织了“扫黄打非”、整治非法卫星电视接收设施、禁毒等专项整治行动。

以预防和减少企业及群众关注的多发性案件为切入点，着力解决影响治安秩序和经济秩序的突出问题，组织各方面力量对676个治安问题突出的地区、单位和行业分级进行集中整治，共解决突出治安问题1429个，重点整治地区和单位刑事、治安案件比治理前分别减少了59%和53%。公安机关组织开展的市政重点工程治安秩序、金融单位安全防范、输油管线打孔盗油、盗扒铁路运输物资、燃气管道设施占压、街头喷涂办假证广告等方面的专项治理，也都收到了良好效果。

三、以警防网、民防网、技防网为主干的社会治安防控体系建设取得突破性进展

市委、市政府批转了市综治委制定的《天津市2004—2006年社会治安防控体系建设规划》，对今后一段时期全市社会治安防控体系建设的指导思想、主要任务、阶段要求和保障措施作出了周密部署，并将防控规划提出的2004年任务要求纳入了综治目标责任书考核指标。区县党委、政府对社会治安防控体系建设高度重视，普遍召开党委常委会和政府常务会专题研究，按照全市总体规划修改、制订本区县防控规划，强化了领导，加大了投入，狠抓了基层各项防控措施的落实。社区防控方面，在物业小区、旧楼区改造形成的准物业小区和不具备封闭条件的散居小区分别摸索出不同的工作模式。农村地区狠抓了群防群治队伍的专职化建设，东丽、西青、北辰、武清、宁河、蓟县等区县，对乡镇、村专职巡逻人员的数量、比例提出了量化的要求；宝坻区实行治安承包的村已超过60%。

按照2004年防控体系建设的总目标，市有关部门发挥职能作用，加强沟通协作，勤谋划、出政策、筹资金、搞建设，指导、推动所属单位落实各项工作任务。公安部门积极推动警防、民防、技防“三张网”建设。在社会面划分“棋格式”巡控区，整合巡警、派出所民警、交警、武警等力量巡逻防控，随时处警；在节假日、重大活动、专项行动期间，统一组织市局、分局两级机关民警充实到“棋格式”巡区，增加有警时间和密度；深化社区警务战略，从配齐配强社区民警入手，全面加强以防范管理为重点的派出所基础工作。劳动和社会保障部门将招聘社区专职治安巡控人员作为下岗失业人员实现再就业的重要途径，积极给予资金、政策方面的扶持，至2004年年底，由政府出资招聘的社区群众性专职治安巡控人员已近9000人。市综治委、市委规划建设工委联合下发了《关于进一步做好规划建设系统社会治安综合治理和维护稳定工作的通知》，就城市建设中加强治安防控设施建设、发挥物业管理企业在社区治安防范中的作用、进一步深化单位内部安全创建活动等10个方面工作提出具体要求，初步将责任分解到各个职能部门，并通过《综治责任书》的签订与落实，强化了过程管理。

四、加强矛盾纠纷排查调处，处置群体性事件的工作网络进一步健全

各区县、系统、部门按照“预防为主、教育疏导、依法处理、防止激化”的原则，进一步推动《矛盾纠纷排查制度》、《矛盾纠纷排查调处工作信息报告制度》、《矛盾纠纷排查调处工作协调会议制度》、《矛盾纠纷排查调处工作督查制度》和《关于实行严重危害社会稳定重大问题领导责任查究制度的暂行规定》的落实。市维护稳定办公室对重点系统、重点地区、重点单位和重点对象加强调研分析，逐一建立台账，及时为各级党委、政府及有关责任部门提供参考意见。在做好政法、综治部门之间信息交流、督查督办、协调处置工作的基础上，与信访、劳动、人事等部门加强了信息沟通。全市对排查出的突出矛盾纠纷，按照“属地管理”和“谁主管谁负责”的原则，分类归口，抓紧督办，有效化解了一批重大疑难矛盾纠纷。年内召开了矛盾纠纷排查调处工作会议，贯彻中央综治委杭州会议精神，交流经验，提出深化工作要求，进一步推动了全市矛盾纠纷排查调处工作继续向纵深发展。

五、不断调整工作举措，加强对重点人群的管理、教育

针对取消暂住人口管理性收费后面临的新情况，狠抓了综治委、计委、财政局、劳动局等部门联合下发的新形势下做好流动人口管理工作文件的落实。开展立项创新活动，探索流动人口管理和服务工作新路子，全面启动了为在津务工经商流动人口办实事送温暖的“千百万”项目活动和进城务工青年技能才艺比武活动，进一步加强了各职能部门之间的分工协作，形成了管理工作合力。流动人口管理办公室会同市地税局联合召开现场会，推广南开、大港等区经验，组织全市流动人口管理机构全面启动房屋租赁协税征管工作，促进了流动人口管理工作进一步深化。

构建学校、家庭、社会三位一体的预防青少年违法犯罪工作网络。积极发挥学校主渠道作用，在各类学校设置法律常识课，普遍设立心理辅导室，做到教学计划、教材、课时、师资、考核、兼职法制副校长“六落实”，进一步对兼职法制副校长进行规范管理。立足社区，深入实施《青少年违法犯罪社区预防计划》，摸清城乡闲散青少年底数，逐人建立了电子管理档案和文字档案，落实工作措施。大力开展校园及周边治安环境整治和“黑网吧”的清理整顿，集中整治违规经营歌舞厅、出售不健康“口袋本”图书等危害青少年合法权益问题，组织开展健康有益的文化娱乐活动。

刑释解教人员安置帮教工作坚持“组织一体化、安置市场化、帮教社会化”的思路，有效预防和减少刑释解教人员重新违法犯罪。针对刑释解教人员回归社会出现的就业难题，市综治委等八委局联合制定《天津市关于进一步做好刑满释放、解除劳教人员促进就业和社会保障工作的意见》。2004年年底，5年内回归的刑释解教人员19099人，通过组织安排、自谋职业、分配责任田、外出打工等渠道安置18850人，1427人办理了低保。全市重新违法犯罪380人，重新违法犯罪率为1.99%。

六、加强宣传和调查研究，营造社会治安综合治理氛围

市及区县新闻媒体设立了综治专题栏目、节目，组织开展了第九届“天津市社会治安综合治理好新闻奖”评选活动。认真贯彻《天津市见义勇为人员奖励和保护条例》，组织开展对见义勇为人员表彰和“津城百姓英雄”评选活动。3月份社会治安综合治理宣传月期间，组织了人大代表、政协委员视察、在报纸开设领导访谈专栏、在电视台举办知识竞赛、在互联网开通综治信箱、表彰综治先进等12项大型活动。

围绕开展综治创新、特色工作，大力开展社会治安综合治理调研活动。着眼于解决新形势下新情况、新问题，深入研究深化综治工作、建立治安防控体系的思路、举措、办法，为领导决策提供科学依据。运用现代社会科学理论研究成果和方法，学习借鉴国内外加强社会治安管理的先进经验，注重吸收专家学者、理论研究人员和实际工作者共同参与，有针对性地开展各个层次的调研活动。

2004年度综治目标责任书考评情况及结果

一、考核工作的组织实施

对区县、系统落实责任书情况的考核验收工作，由市综治委代表市委、市政府具体组织实施。主要分以下四种方式进行。

（一）实地检查。市综治委共组成28个考查组，分别由市政协主席、综治委主任宋平顺，副市长孙海麟、市人大副主任陈洪江、市政协副主席曹秀荣、市高级法院院长张柏峰、市检察院检察长李宝金5位副主任和29名委员带队深入18个区县、10个系统进行实地考查。共抽查市职能部门10个，区县职能部门36个，局、集团公司10个，街乡镇、企业、机关、学校、科研院所、社区、村等基层单位56个。

（二）有关部门提供数据、资料。市纪检委、市维护稳定领导小组办公室、市“610”办公室、市信访办、市公安局、市检察院、市安全生产监督管理局、市烟草专卖局、市流动人口管理工作领导小组办公室、市刑释解教人员安置帮教工作领导小组办公室、市预防青少年违法犯罪工作领导小组办公室、市禁毒办、市铁路护路办公室、市见义勇为协会等部门提供了相关数据、情况与初步考评结果，市综治办进行了汇总分析。

（三）问卷调查。委托市城调队对3600名城镇居民进行抽样调查，从公众安全感、治安状况满意度、对综治工作的评价以及对治安巡逻工作的反映四个方面，将问卷调查的结果通过计算机进行测算分析，作为对区县考核的依据之一，纳入责任书计分。

（四）公开评议。市综治办组织18个区县综治办主任对各区县开展创新特色工作情况，采取民主评议方法，进行投票打分，市综治办进行汇总评定。统计分值纳入责任书考评结果。

二、考核验收的评定结果

市综治委会汇总分析各方面情况，提出考评意见，经中共中央政治局委员、市委书记张立昌和市长戴相龙批准，将下列考评结果通报全市，并兑现奖惩。

（一）区县考核结果：

1. 按《责任书》规定，前6名为优秀达标地区，依次分别是：大港区、西青区、和平区、塘沽区、河西区、南开区。

2. 其他12个区县考核得分均超过70分，按《责任书》规定，为达标地区。

（二）系统考核结果：

1. 按《责任书》规定，前3名为优秀达标系统，依次分别是：交通系统、规划建设系统、商务系统。

2. 其他7个系统得分均超过70分，按《责任书》规定，为达标系统。

对突出的治安问题开展重点整治情况

按照全市统一部署，2004年对676个治安问题比较突出的地区、单位和14个行业分级进行了集中整治。经过市、区两级检查验收，全部达到了预期目标。各地区、各系统和公安政法等有关部门围绕着服务经济发展和城市建设的目标，坚持“打防结合、预防为主，专群结合、依靠群众”方针，坚持把对重点地区、单位的治理和专项整治、行业治理相结合，坚持分级滚动排查、滚动整治，充分运用综合治理的方法、手段，采取有力措施，下大力量集中解决了一批影响治安秩序和经济秩序的突出问题，进一步促进了我市的稳定和谐局面。

一、各级党委、政府精心组织，各有关方面齐抓共管，多措并举，形成重点整治的工作合力

各区县、系统、部门专题研究了落实市重点整治方案的具体措施，对方法、步骤、目标及有关方面职责任务提出明确要求，紧密结合各自的实际情况，统筹计划、整体安排、分步实施。公安政法、市容城管、工商、环卫等多部门共同参与、联合治理；系统、部门、地区间进一步加大协调配合力度；承担主、协治任务的区县、系统分别将整治工作纳入各自的综治考核内容，加强推动指导和检查考核。全市建立各级重点整治领导小组596个，下派工作组601个，局级以上领导参加整治活动的202人，深入基层实地指导检查工作400余次，走访群众45117人次。整治中，共召开1616次协调会议；涉及条块配合协治的71个重点整治对象，共同开展整治行动172次，解决问题88个。

二、以严打促整治，始终保持了对各类犯罪的高压态势。针对排查出的突出治安问题，充分发挥政法部门主力军作用，坚持严打开路，有针对性地组织开展专项打击行动

全市先后开展了以“破案件、打黑恶、追逃犯”为重点的百日破案会战，整治高校及周边地区治安秩序专项行动，中小学幼儿园及少年儿童安全管理专项整治行动，打击盗窃非机动车、街头“两抢”(抢劫、抢夺)、入室盗窃等侵财犯罪专项行动，以及“扫黄打非”、整治输油管道、整治非法卫星电视接收设施、禁毒、反偷渡等专项整治行动。在对重点地区、重点单位的整治中，共破获刑事案件462起，查处治安案件912起，逮捕、劳教、少管238人，解决突出治安问题1429个，解决率达到96%。这些地区、单位的刑事案件、治安案件由治理前的1639起和1926起，下降至680起和901起，分别减少了59%和53%，没有发生在全市有影响的大案、要案和治安事件、治安灾害事故。

三、以服务经济发展和城市建设为目标，取得明显经济和社会效益

被列为重点整治对象的200个国有大中型企业、民营企业、医院和其他经济实体，通过整合内部综治措施，整改薄弱环节，创造了稳定的治安环境，生产经营秩序良好，经济效益明显好转。全市411个金融网点门前治安秩序混乱问题全部解决；威乌、京沪、京津、津晋高速公路天津段，津滨轻轨，续建地铁一、二、三号线等重点工程建设现场及周边治安环境有效改善；盗水、盗电，破坏电力设施以及燕山石化、大港石化的石油输油管道设施，盗油、盗气等违法犯罪活动受到及时打击和有效遏制。各级综治部门会同烟草专卖、公安、工商、技术监督等部门多次联合行动，通过建网络、清市场、打非法、端窝点，严查不法行为，进一步规范市场管理，有力地维护了本市烟草市场经济秩序，促进了经济效益提高。2004年，全市烟草行业实现利税11个多亿，较2003年增长58%以上；实现利润5.3亿，同比增长1.66倍。

四、把重点整治与严防、严管、严控紧密结合，治安防控水平明显提升

各级公安机关加大了对废旧金属收购行业的清整力度，对966户废旧金属收购站点进行了备案登记，查获收赃案件108起，破获盗窃案件281起，抓获违法犯罪嫌疑人467名。在禁娼、禁赌和扫除社会丑恶现象专项行动中，检查各类场所1.6万余次，查处涉娼、涉赌案件1825起，依法处理违法犯罪嫌疑人员6790人，收缴赌资244.8万元、赌博机1586台。公安交管部门在对4个重点地区道路交通秩序进行专项整治中，纠正处罚各类行人、非机动车交通违法行为5万余人次，公交车交通违法行为1064次，有效地确保了道路畅通。综治部门牵头，公安、工商、综合执法、环卫部门密切配合，针对被列为重点整治对象的59处各类经营场所存在的突出问题，落实防范措施，堵塞隐患漏洞，内外部治安环境得到进一步净化。本着"着眼长远，边整边建"的指导思想，549个重点整治地区、单位在治理中大力推进了社会治安防控体系建设，276个居民区、村治安状况被动局面得到扭转；59个公共场所治安防范能力显著提高；28所学校及周边地区秩序井然有序；群众安全感增强，治安满意度提高。

开展矛盾纠纷排查调处情况

2004年，天津市认真贯彻中央精神，高度重视维护稳定工作，正确把握改革、发展、稳定的关系，狠抓矛盾纠纷排查调处工作的制度建设和措施落实，及时化解了大量不稳定因素，有效促进了全市稳定，年内没有发生在全国有影响的群体性事件和突出问题。

一、市委、市政府对矛盾纠纷排查调处工作高度重视

8月26日，中央召开全国电视电话会议，对全国集中处理信访突出问题及群体性事件工作全面部署后，中共中央政治局委员、市委书记张立昌同志亲自主持召开市委常委会议，强调做好信访、矛盾纠纷排查调处工作和维护社会稳定的极端重要性和紧迫性，对进一步做好工作提出了要求。而后，成立了由市委常委、副市长孙海麟同志任主任的市处理信访问题及群体性事件联席会议办公室，并设立农村土地征用、城镇房屋拆迁、涉法涉诉、国有企业改制和企业军转干部问题等五个工作小组，全面开展工作。市委、市政府还建立了重大不稳定因素包案制度，对一些涉及面广、影响大的群体性突出问题，明确由市委常委、副市长包案协调、督办。

二、矛盾纠纷排查工作进一步深化

为做好党和国家重大政治活动和敏感时期的稳定工作，在坚持基层每半月一次，市、区县每月一次的排查的基础上，针对全国"两会"、十六届四中全会、建国五十五周年国庆期间的安全稳定工作，集中组织了3次全市性不稳定因素排查调处活动。根据中央的部署，在市委、市政府的统一领导下，从11月下旬开始在全市范围内集中时间开展了对不稳定因素的大排查、大调处专项工作。

三、加大了督查督办工作力度

市处理信访问题及群体性事件联席会议办公室、市维护稳定领导小组办公室、市社会治安综合治理委员会办公室在抓工作整体推进的同时，以涉及面广、情况复杂，解决难度较大的突出矛盾为重点，加大督查、督办力度，并根据不同时期、不同阶段矛盾纠纷特点，对全市稳定产生影响的、重大突出问题，明确职能部门责任，提出工作要求，对工作进度进行跟踪了解、督促检查，推动问题的解决。各区县、系统也分别确定各自的督查重点，采取领导包案、包片，召开协调会议等形式，运用经济的、行政的、法律的等多种手段，狠抓矛盾纠纷的解决。由于领导重视，制度落实，组织有力，我市矛盾纠纷排查调处工作保持了好的势头。2004年，全市共排查出突出矛盾纠纷225件，解决175件，解决率为77.78%。

四、进一步加强了矛盾纠纷排查调处长效机制建设

继续将矛盾纠纷排查调处工作纳入市委、市政府与各区县、系统党政一把手签订的《社会治安综合治理目标责任书》进行考核，市委、市政府既直接检查区县、系统的工作情况，又通过抽查基层工作情况，综合评定区县、系统矛盾纠纷排查调处工作成效。各区县、各系统在与街(乡镇)、局(公司)签订的综治目标责任书中，把矛盾纠纷排查调处任务层层分解，逐级落实。市委、市政府及市综治委不断加大对各级党政领导履行维护稳定职责的监督力度，把做好矛盾纠纷排查调处工作、维护社会稳定的情况与晋职晋级、评先奖惩直接挂钩，并作为提拔、任用干部的重要依据。对那些未能履行好职责，发生严重影响社会稳定问题的单位和责任人，予以责任查究，实行一票否决，促进了各级党政领导的责任意识。

五、积极抓好全国社会治安综合治理会议精神的贯彻落实

市综治办、市维稳办年初组织力量深入到各区县、系统，在对突出不稳定问题解决进度进行督查督办的同时，集中开展调研，从不同角度总结了我市开展矛盾纠纷排查调处工作的经验作法。经筛选和修改，有五份经验材料上报中央综治委，市综治委《发挥综合治理优势，积极预防化解城市拆迁改造中的矛盾纠纷》、西青区《不断完善四项机制，全力维护社会稳定》、宝坻区《推行村级民主座谈会制度，促进农村社会稳定》等三份经验材料，在杭州召开的全国社会治安综合治理工作会议上进行了交流。7月21日，市综治委召开天津市矛盾纠纷排查调处工作会议，传达杭州会议精神，并就加强我市矛盾纠纷排查调处工作做出安排部署。会上，市委规划建设工委、西青区、宝坻区林亭口镇、和平区南市街等四个单位发言，河西、南开、大港、武清4个区的经验材料在会上进行了书面交流，从不同角度介绍了开展矛盾纠纷排查调处工作，维护社会稳定的经验做法。

流动人口管理服务情况

2004年，流动人口管理工作按照“公平对待、合理引导、完善管理、搞好服务”的原则，全面落实中央综治委等八部委局《关于取消暂住人口管理性收费后进一步加强暂住人口管理工作的通知》精神和我市提出的贯彻意见，全面强化流动人口管理和服务措施。

一、着力加强和改善了区县级流动人口管理办公室的规范化建设

年内，先后有河东区、塘沽区、大港区、武清区、静海县和蓟县等六个区县的政府，为所属区县流动办解决了办公用房，同时投资改善了办公环境。根据开发区、保税区和科技产业园区的不同情况，指导协调管委会分别重新组建了由各主要职能部门共同参加的流动人口管理办公室，使全市属地管理原则进一步落到了实处。为加强区县流动办工作，各区县还从职能部门抽调专职干部充实到办公室工作，提升了综合管理的能力。目前全市18区县流动办共有专职工作人员109名，其中公安、劳动、卫生、计生、共青团等主要职能部门派出人员78名，占71.5%，各区县流动办工作人员平均达到6人以上。

二、积极争取将流动人口管理经费纳入市、区两级政府财政预算

为健全社会主义市场经济条件下流动人口管理经费保障机制，把贯彻中央八部委通知要求，落实流动人口管理经费“分级管理、分级分担”的原则列为全年重点工作之一，下大力量推动指导各区县认真开展申请列入财政预算的各项准备工作，积极争取各级政府和财政部门的支持配合。目前，全市18个区县已全部将流动人口管理经费纳入了同级政府的财政预算，市、区两级政府财政部门每年向市、区两级流动人口管理组织划拨流动人口管理经费438.4万元，按我市每年登记流动人口120万人计算，人均管理费为3.65元。

三、全面启动了以为在津务工经商流动人口办实事送温暖为主旨的“千百万”项目活动

为进一步激发和调动广大外来务工经商人员投身天津经济建设和发展的工作热情，组织全市各级流动人口管理组织启动了“千百万”项目活动，即年内调查走访1000个招雇流动人口的企事业单位,为在津务工经商的流动人口办100件实事,使10000名流动人口从中受益。全市各级流动人口管理组织年内共调查走访了1184个企事业单位,办好事、实事147件,使116500余名流动人口受益。在已办结的147件实事中,既有爱心助学、维权讨薪、集资建房、免费体检、专项捐款等涉及改善流动人口工作、生活环境方面的典型做法,也有组织民工电影专场、建图书阅览室、观看天安门升旗仪式等丰富流动人口文化生活方面的鲜活举措,赢得了广大流动人口的赞誉。

四、开展立项创新活动,探索流动人口管理和服务工作新路子

为适应形势需要,不断改进和完善管理服务工作思路,在年初制定的工作要点中,明确每个区县都要结合管理服务工作面临的新情况、新问题,开展立项创新活动,并要求上半年选准立项课题,下半年组织实施,通过试点取得经验后推广。截至12月20日,全市18个区县全部完成创新课题,效果十分明显。如河西区流动办针对当前暂住人口主动登记办证意识不强、漏登漏管问题突出的现状,会同公安河西分局推行了柳林街将暂住人口登记办证前期手续延伸至社区,通过协管员入户登记,派出所集中录入、比对、办证的做法,有效地解决了社区暂住人口底数不清、情况不明的问题。再如,塘沽区投资建立流动人口学龄前儿童教育基地、东丽区完善企事业单位招雇农民工"集宿式"管理等做法,均收到了较好的社会效果。

五、组织召开全市流动人口教育、管理和服务工作研讨会,会同社科院开展流动人口问卷调查

今年7月,按照市政协主席、市综治委主任宋平顺和副市长孙海麟同志的指示,市流动办、市综治办和市公安局共同筹备召开了"天津市加强流动人口教育、管理和服务工作"研讨会,邀请科研机构、高校的专家、学者和有关实际部门负责同志就深化流动人口管理服务,维护社会稳定,促进经济发展等方面进行了深入的研讨。会后结合我市情况,向市委、市政府起草报送了《加强我市流动人口教育、管理和服务工作的意见》。为全面了解在津流动人口生活工作现状,分析掌握他们对政府各职能部门管理和服务工作的意见和建议,9月份市流动办还会同市社科院社会学研究所在全市6个区、16个街,对1200名在津务工的流动人口和600名城镇居民进行了抽样问卷调查,并撰写了分析报告,为进一步深化工作提供了科学依据。

六、总结试点经验,全面推行房屋租赁协税机制

按照中央八部委局《关于取消暂住人口管理性收费后进一步加强暂住人口管理工作的通知》提出的"建立健全房屋租赁协调管理机制,加大房屋租赁税收征管力度"的精神,2002年底市流动办和市地税局认真研究并制定了可操作性规范文件,并在我市南开区率先进行了试点工作。在南开区政府的领导下,区流动办、区公安分局、区地税局认真研究工作方案,组建培训协税员队伍,经过两年多的摸索实践,取得了较好的社会效果。该区2003年共征收房屋出租税49万元,2004年加大了工作力度,前10个月就已征收150万元。从南开区协税工作的经验看,既可以有效地避免国家零散税源的流失,增加区政府财政收入;税款上交返还部分还能在一定程度上弥补基层流动人口管理经费不足;更重要的是政府职能管理部门借助协税员入户征税的有利时机,加强了对房屋出租户和承租人的情况占有,推动了各项教育、管理和服务措施的落实。市流动办会同市地税局于12月8日召开现场会推广了南开区的做法,红桥、大港等区县也推行了这项工作。

七、组织开展全市专(兼)职流动办工作人员和协管员岗位培训工作,提高管理人员的业务素质和工作水平

培训工作重点围绕三个方面开展,一是深入学习市政府7月份重新修订颁布的《天津市流动人口管理规定》;二是认真总结上半年工作,查找管理和服务工作的漏洞与不足;三是盘整全年工作,制定新的目标和举措。在为期一个月的培训工作中,各区县和有关系统单位按照市流动办下发的通知要求,普遍采取了集中脱产培训的方法,邀请专家学者讲解涉及流动人口管理方面的政策法规,安排职能部门进行专题业务讲座,并对学习《天津市流动人口管理规定》情况进行了闭卷考试。全市共培训专(兼)职工作人员和协管员3332名。

八、建立"四优"评选机制,调动各方面工作积极性

在继续推行创建流动人口管理工作优秀区县办公室的基础上,2004年又研究出台了优秀管理服务站、优秀专(兼)职管理工作人员和优秀协管员的评选标准和条件,并在年初召开的工作会议上,要求各区县把争先创优工作贯穿于全年工作的始终。各区县按照创优工作提出的要求,不断改进和完善工作制度及措施,提高管理和服务水平,呈现出争先创优的良好局面。从上半年考核情况看,有不少过去比较落后的区县流动办和管理服务站已经并入了全市先进的行列,有的区县还在组织建设、经费保障、立项工作等方面,创造了新经验,成为全市的先进典型。

九、组织开展进城务工青年技能才艺比武活动,树立新时期进城务工青年标兵能手

为充分展示近几年我市进城务工青年教育、培训成果,表彰为我市经济建设做出突出贡献的外来务工青年,市流动办和团市委联合印发通知,要求各区县认真总结五年来开展"千校百万"活动取得的经验和成果,开展青工岗位练兵和技能比武活动。在此基础上,推选杰出务工青年候选人,参加全市评选活动。上半年,全市各区县共举办11场青工岗位技能比武活动,2200名工作在各行各业的外来务工青年参加了比武活动。

十、进一步加强了各职能部门之间的分工协作,形成了管理工作合力

各主要职能部门进一步理顺了工作关系,明确工作职责,在推动流动人口管理工作中积极发挥主导作用。市公安局在严格流动人口登记办证和治安管理工作的基础上,结合严打斗争,重点整治了新疆籍未成年人员街头扒窃、抢劫,流动人口中职业乞丐在繁华地区和交通要道拦车乞讨、街头喷涂、制贩假证等影响社会治安稳定的违法犯罪活动,并通过调研侦查,打击处理了一大批流动人口中的违法犯罪嫌疑人员。市劳动和社会保障部门加大了对流动劳动力就业服务保障管理的工作力度,完善社区保障体系,规范劳动关系,理顺收入分配,加大维权力度,全年共取缔非法职业介绍机构75户,清退童工35人,清退风险抵押金10.3万元,受理举报投诉12060件,解决劳动用工纠纷460起,补签劳动合同7.87万份,为来津务工人员发放工资卡12万余张,为15.74万农民工追讨拖欠工资2360万元。我市成为全国第一个完成农民工工资"清欠"的城市。市卫生局围绕我市卫生防疫工作重点,加强了对重点部位的防疫检查,对全市建筑工地食堂日常监督检查1800余次,对从事有毒有害作业的流动人口进行健康体检10万余人,对全市流动人口中7岁以下儿童进行预防接种2.9万余人,接种率达95%。各级计划生育部门认真贯彻落实《流动人口计划生育管理和服务工作的若干规定》,认真做好对已婚流动人口计划生育的免费技术服务,全年共有35万人次享受了国家规定的免费生殖健康服务,累计发放避孕药具40余万份。各级团组织狠抓进城务工青年的教育培训,全年培训进城务工青年55万人次。市教委对农民工子女接受九年义务教育工作专门下发通知,要求对在津履行了暂住登记的农民工子女与城市孩子在接受九年义务教育方面享受同等待遇,不允许收取任何借读费、赞助费,并组织新闻媒体开展爱心助学系列报道活动,赢得社会各界的支持、帮助,使更多的流动人口子女在津复学。据统计,目前全市共有73000余名流动人口子女在我市各类中小学就读。

预防青少年违法犯罪情况

2004年天津市认真贯彻落实中共中央、国务院《关于进一步加强和改进未成年人思想道德建设的若干意见》、中央综治委《关于深化预防青少年违法犯罪工作的意见》,围绕中小学生、闲散青少年等重点群体,广泛动员社会力量,整合社区资源,加强青少年教育,完善青少年管理,服务青少年发展需求,净化青少年成长环境,实现了对青少年违法犯罪的有效预防和控制,促进了青少年的健康成长。

一、加强教育,提高青少年的综合素质

(一)加强青少年的思想道德教育。组织学校、社区青少年参观各类博物馆、纪念馆、展览馆等爱国主义教育基地,以理想信念为核心,深入进行中华民族优良传统教育和中国革命传统教育,进行中国革命、建设和改革开放的历史教育与国情教育,大力普及爱国守法、明礼诚信、团结友善、勤俭自强的基本道德规范,积极倡导集体主义和社会主义精神。充分利用各类青少年宫、青少年活动中心等活动阵地,坚持面向青少年、服务青少年的宗旨,积极开展教育、科技、文化、艺术、体育等青少年喜闻乐见的实践教育活动,培养青少年的家庭美德、职业道德和社会公德。

(二)加强青少年法制教育。开展创建“青少年法律学校”活动,全市已建“青少年法律学校”200余所,全部配备专兼职教师,通过开展“青少年法律学校假期进社区”和“普法夏令营”等活动,不断深化“青少年法律学校”创建活动。各创建单位以举办青少年“法制课堂”形式,开展适合青少年特点的互动式法律实践活动,对青少年进行实用法律常识教育。不断探索青少年法制教育的新途径和新手段,先后总结推广了河西法院少年庭选择适合青少年教育特点的案例,把法庭“搬”进学校、社区进行公开审理,强化青少年法律责任意识的做法;红桥区、和平区选派优秀教师到社区从事预防青少年违法犯罪工作的经验。2004年11月下旬,团市委联合市卫生局在全市开展了“青春红丝带”行动——青少年预防艾滋病志愿者“面对面”宣传教育月活动。动员和组织广大团员和青年志愿者深入社区、学校、村镇和人群流动集中的场所,通过多种形式广泛开展以普及预防艾滋病知识、青春期和性健康知识等为主要内容的宣传活动;积极建立“青春红丝带”爱心之家,为艾滋病患者和病毒携带者创造情感交流的场所;动员青年志愿者以“一助一”、“多助一”的形式,为艾滋病患者和病毒携带者提供优质医疗护理和咨询关怀。

(三)强化家庭教育、学校教育、社会教育的有效衔接和整合。抓住学校、家庭、社会三个环节,构建三位一体的法制教育网络,使法制教育资源向社会倾斜,形成教育资源在社区共享,教育内容在社区结合,教育情况在社区沟通,教育工作在社区衔接的良好局面。积极发挥学校主渠道作用,把法制教育纳入教学计划,各类学校配备了法制课教师,使用统一的《法律常识读本》授课,有相应的备课纪录,每年的法制课都不少于10课时,并将法制教育的考核情况纳入学生的操行评定手册,做到教育、教材、师资、课时、考核、法制副校长六落实。把青少年的认识和行为统一起来,在学校和社区重点开展实践教育、体验教育和符合青少年身心发展规律,具有青少年情趣和时代气息的校外教育,教育引导广大青少年在学校里做一个好学生,在家庭中做一个好孩子,在社会上做一个好公民,努力成为有理想、有文化、有纪律的一代新人。

二、立足社区,深入实施《青少年违法犯罪社区预防计划》

(一)开展社区青少年状况调查。2004年3月,团市委、市预防青少年违法犯罪工作领导小组办公室与南开大学社会学系就《天津市社区青少年生存与发展状况》开展大调研,以进一步摸清天津市社区青少年的总数、分类、生活现状及现实需求,及时制定具有针对性的对策。调研中发现我市共有失学、失业的青少年32618人,其中由于拆迁导致人户分离的有5404人,逐人建立工作档案,将基本情况录入专用数据库管理系统,在各区县建立了电子管理档案。在此基础上,选定了12个区县的33个街、乡(镇)作为开展问卷调查和个案访谈的典型区域,按照等距抽样的(距长21)方法,确定了178个村、居委员会的1020名青少年作为《调查问卷》的调查对象,并开展个案访谈和小组座谈23次。在此基础上撰写出调研报告,对失学、失业青少年基本情况、面临问题、社会管理现状及工作对策进行分析,提出建议。

(二)推广实施《计划》试点单位经验。我市河西区东海街和南开区嘉陵北里社区是全国实施《青少年违法犯罪社区预防计划》的试点单位,5月10日接受了中国妇联授予的"青少年违法犯罪社区预防计划试点单位"标牌。东海街通过健全网络,创新教育载体,净化地区环境,实施免疫工程,有效预防和减少了青少年违法犯罪。嘉陵北里社区组建了信息员和青少年志愿者两支队伍,并在社区内建起青少年社区法制学校、青少年关爱屋、社区预防青少年违法犯罪工作站以及社区青少年关爱站,社区青少年形成了良好风气。通过采取一系列措施推广两个试点单位的经验,有效带动了全市工作的深入开展。

(三)开展创建"未成年人零犯罪社区"试点活动。以落实《青少年违法犯罪社区预防计划》为主要内容,调动社区内一切资源,通过综合运用教育、服务、管理和优化环境等手段,减少青少年违法犯罪的发生,最终实现社区无青少年违法犯罪。2004年8月~12月,确定河西区东海街社区、南开区嘉陵北里社区、和平区小白楼社区、塘沽区杭州道社区为市级创建试点单位,并在以上4个地区开展"未成年人零犯罪社区"创建工作。2004年12月底,召开全市"未成年人零犯罪社区"创建工作现场推动会,总结试点创建的工作经验,推动创建工作的全面开展。

三、集中整治,优化青少年健康成长环境

(一)加大网吧专项工作力度。市预防青少年违法犯罪工作领导小组组织公安、工商、文化等部门,大力开展"黑网吧"的清理整顿工作。截止上半年,全市共开展网吧检查56次,处罚违规经营网吧33家,取缔"黑网吧"12个。市预防青少年违法犯罪工作领导小组、校园及周边治安综合治理工作领导小组,组织开展校园周边环境整治,在校园门前设立了警示牌,清理了一批校园附近的网吧等不适合青少年活动的营业场所。全市集中整治活动2次,各区县根据各自的实际也分别开展了清理整治活动。3月20日全国"青少年网络文明行动日",我市向青少年免费发放印有《全国青少年网络文明公约》的书签、卡通画宣传册5000余份。同时在基层聘请离退休的老教师、老干警担任社区网吧监督员,建立了47支网吧监督员队伍,不定期地对网吧进行巡查。

(二)净化校园内外环境。市预防青少年违法犯罪工作领导小组组织公安、文化等部门,针对影响青少年成长环境的突出问题,对不健康"口袋本"图书、违规经营歌舞厅等危害青少年合法权益行为进行整治,严厉打击教唆、胁迫、引诱未成年人违法犯罪活动。组织各级各类学校开展健康有益的文化娱乐活动,帮助学生正确认识有害图书和游戏软件、口袋本、粗口歌的危害,自觉抵制不良文化产品。

建立青少年成长环境的预警机制。街道、社区和各有关部门协同配合,经常性地调查社区青少年成长环境,及时掌握辖区内对青少年影响较大的文化市场、娱乐场所的情况,分析并发现青少年成长环境中存在的问题;吸收关心青少年成长的居民作为社区青少年成长环境的监督员,及时发现并举报容易诱发青少年违法犯罪的环境问题,抓住苗头,适时预警和控制。

四、加强管理和服务,促进青少年健康成长

(一)建立社区青少年管理档案。社区经常性地开展调查调研,建立全面准确的青少年管理档案。对履行教育义务或监护职责存在问题的家庭的青少年、有不良行为和有严重不良行为的未成年人建立详细档案,并根据其行为变化定期更新,做到底数清、家庭情况清、心理特征清、目前状况清。

(二)加强对特殊青少年群体的管理。对因父母残疾、下岗以及其他原因造成家庭生活困难的青少年,开展"一助一"、"多助一"结对帮困服务,解决他们在学习、工作和生活中的实际困难;对有不良行为或严重不良行为的青少年制订综合帮教措施,通过实施"挽救工程"等形式,安排专人开展结对帮扶矫治其不良行为。

(三)开展青少年心理健康服务。针对青少年的生理、心理特点,定期聘请专家进入社区开展心理健康讲座,加强青春期心理教育,促进青少年健全人格的形成;社区利用辖区学校现有的心理辅导室和心理咨询师资力量,对存在心理障碍的青少年提供有针对性的心理辅导和心理矫治服务。

(四)维护青少年的合法权益。建立青少年维权网络,推进青少年维权区域联动工作;深入开展创建优秀“青少年维权岗”活动,动员与青少年事务有关的基层单位,为青少年办实事、办好事;依托辖区青少年维权岗单位资源优势,通过举办自护培训班、建立自护学校等,帮助青少年掌握正当防卫、紧急避险、法律援助等必要的自护知识和技能。

天津市人民代表大会常务委员会公告

(第十四号)

《天津市社会治安综合治理条例》已由天津市第十四届人民代表大会常务委员会第八次会议于2004年1月6日通过,现予公布,自2004年3月1日起施行。

天津市人民代表大会常务委员会
2004年1月6日

天津市社会治安综合治理条例

(2004年1月6日天津市第十四届人民代表大会常务委员会第八次会议通过)

第一章　总　　则

第一条　为加强社会治安综合治理,维护社会稳定和人民群众的根本利益,保障改革开放和经济建设顺利进行,根据宪法和《全国人民代表大会常务委员会关于加强社会治安综合治理的决定》以及其他有关法律、法规规定,结合本市实际情况,制定本条例。

第二条　本市行政区域内的国家机关、社会团体、企业事业单位、驻津部队和其他组织以及公民,应当遵守本条例。

第三条　本市社会治安综合治理工作由市人民政府统一组织实施,实行行政区域管理。

第四条　社会治安综合治理坚持“打防结合、预防为主”的方针,实行谁主管谁负责、专门机关工作与群众工作相结合的原则。

第五条　社会治安综合治理应当依靠全社会的力量,运用政治的、法律的、行政的、经济的、科技的、文化的、教育的等多种手段,从根本上预防违法犯罪,维护社会治安秩序,保障社会稳定。

人民法院、人民检察院和公安、国家安全、司法行政等政府职能部门,特别是公安部门,应当在社会治安综合治理中发挥骨干作用。

第六条　社会治安综合治理的任务是:

(一)依法严厉打击各种犯罪,扫除社会丑恶现象;

(二)开展治安防范工作和基层安全创建活动,健全和完善治安防控体系;

(三)重点整治治安问题突出的地区、行业和

场所,维护社会治安秩序;

(四)开展矛盾纠纷排查调处工作,消除不稳定因素;

(五)对公民特别是青少年开展思想道德教育和法制宣传教育,提高防范意识,增强自我保护能力,预防违法犯罪;

(六)对流动人口进行管理和服务,引导人口有序流动,保护流动人口合法权益;

(七)加强基层社会治安综合治理组织机构建设、队伍建设和制度建设,建立健全社会治安综合治理目标管理责任制,落实社会治安综合治理各项规定;

(八)教育、挽救、改造违法犯罪人员,做好刑满释放和解除劳动教养人员的安置帮教工作,指导和帮助其就业或者再就业;

(九)法律、法规规定的其他社会治安综合治理工作。

第七条 各级人民政府应当把社会治安综合治理纳入本行政区域国民经济和社会发展的总体规划和年度计划。社会治安综合治理工作所需经费,列入财政预算。

基层群众治安组织所需经费,可以采取政府补贴、社会捐助以及按照自愿、受益的原则由有关单位和个人出资等形式解决,所筹资金定向用于社会治安综合治理。

第二章 组织机构与职责

第八条 市和区、县设立社会治安综合治理委员会,接受同级人民政府的领导和上级社会治安综合治理委员会的指导,其主要职责是:

(一)贯彻执行社会治安综合治理的法律、法规和方针政策;

(二)研究部署本地区社会治安综合治理工作,并监督实施;

(三)对本地区的社会治安综合治理目标管理责任制的落实情况进行检查、考核;

(四)指导、协调、推动、检查本地区部门和单位落实社会治安综合治理工作;

(五)总结推广社会治安综合治理典型经验,决定奖惩事项或者向同级人民政府提出奖惩建议;

(六)办理社会治安综合治理的其他事项。

市和区、县社会治安综合治理委员会下设办事机构,负责处理日常工作,根据需要也可以设立专门工作领导小组及办事机构。

第九条 街道、乡(镇)设立社会治安综合治理委员会,其主要职责是:

(一)贯彻执行上级社会治安综合治理工作部署;

(二)制定本地区社会治安综合治理工作规划,检查、推动社会治安综合治理措施的落实,维护社会稳定;

(三)定期分析辖区内社会治安形势,及时向上级社会治安综合治理机构反馈信息;

(四)建立健全群众治安组织,开展治安防范活动以及军民、警民联防活动;

(五)推动、协调、检查本地区各部门、单位社会治安综合治理工作;

(六)指导、帮助居民委员会、村民委员会做好社会治安综合治理工作;

(七)办理社会治安综合治理的其他事项。

街道、乡(镇)社会治安综合治理委员会下设办事机构,负责处理日常工作。街道、乡(镇)应当配备一名负责社会治安综合治理工作的专职领导干部。

第十条 社区、居民委员会、村民委员会在社会治安综合治理工作中的主要职责是:

(一)宣传法律、法规和方针、政策,对居民、村民进行思想道德教育和法制宣传教育;

(二)动员和组织居民、村民参与社会治安综合治理,协助公安、司法机关查处违法犯罪案件;

(三)做好治安防范、矛盾纠纷排查调处、基层安全创建、对刑满释放和解除劳动教养人员帮教等基础治安工作。协助有关部门做好被判处管制、被宣告缓刑、被暂予监外执行、被裁定假释的罪犯和刑满释放后继续被剥夺政治权利人员的社区矫正工作;

(四)反映居民、村民对社会治安综合治理工作的意见和要求;

(五)办理社会治安综合治理的其他事项。

第十一条 国家机关、社会团体、企业事业单位、驻津部队和其他组织设立社会治安综合治理领导小组,负责本单位的社会治安综合治理工作。

其主要职责是：

(一)组织开展法制宣传教育，增强干部职工的法制观念；

(二)组织、指导、检查本单位社会治安综合治理目标管理责任制的落实；

(三)排查不稳定因素，调处矛盾纠纷，避免矛盾激化；

(四)协助公安、司法机关查处违法犯罪活动；

(五)接受所在地社会治安综合治理委员会的指导、协调和检查，积极参加本地区社会治安综合治理活动；

(六)办理社会治安综合治理的其他事项。

国家机关、社会团体、企业事业单位、驻津部队和其他组织社会治安综合治理领导小组下设办事机构，负责处理日常工作。不具备设立办事机构条件的，应当配备负责社会治安综合治理的专职或者兼职人员。

第三章　社会责任

第十二条　各地区、各部门、各单位应当建立健全社会治安综合治理领导责任制和目标管理责任制，并建立健全检查、考核和评比、奖惩制度。

第十三条　人民法院、人民检察院和公安、司法行政部门以及其他担负执法职责的机关和单位，应当依法履行法律、法规规定的职责，加强队伍建设，提高执法水平。

第十四条　人民法院在社会治安综合治理工作中的主要职责是：

(一)依法及时审理危害社会治安的犯罪案件；

(二)做好未成年人犯罪的审判工作，教育、挽救犯罪的未成年人；

(三)做好民事、行政审判和执行工作，依法公正、高效地裁判案件，保护诉讼当事人的合法权益；

(四)结合办案提出司法建议，促进有关单位加强管理，消除治安隐患；

(五)做好减刑、假释案件的审理工作，促进罪犯改造；

(六)接受群众来信、来访，做好申诉案件的受理、审判工作；

(七)对人民调解组织进行业务指导，提高人民调解的质量。

第十五条　人民检察院在社会治安综合治理工作中的主要职责是：

(一)依法对犯罪嫌疑人或被告人及时批准逮捕和提起公诉；

(二)依法查处贪污、贿赂犯罪，渎职犯罪，国家机关工作人员利用职权实施的非法拘禁、刑讯逼供、报复陷害、非法搜查等侵犯公民人身权利的犯罪以及侵犯公民民主权利的犯罪；

(三)结合办案提出检察建议，帮助有关单位建立健全管理制度，完善治安防范机制；

(四)监督检查刑罚执行情况和对监所在押人员的改造、教育工作；

(五)配合有关部门做好对犯罪未成年人的改造和教育、感化、挽救工作；

(六)做好控告申诉工作。

第十六条　公安机关在社会治安综合治理工作中的主要职责是：

(一)依法严厉打击各种刑事犯罪活动，重点打击严重危害社会治安和经济建设的刑事犯罪活动；

(二)查禁取缔卖淫嫖娼、聚众赌博、制作贩卖传播淫秽物品、制造贩卖吸食毒品和非法种植毒品原植物、利用邪教和封建迷信骗财害人等各种危害社会治安的违法犯罪活动；

(三)加强流动人口的管理和服务；

(四)严格枪支弹药、易燃易爆剧毒危险物品、违禁物品的管理和监督、检查，加强特种行业和公共场所的治安管理；

(五)做好公安消防、道路交通管理，预防、减少火灾和交通事故；

(六)建立健全社会治安防控体系，指导、检查基层和单位内部治安保卫及群防群治工作；

(七)推广和使用高新技术，提高治安防范能力；

(八)做好被判处管制、被宣告缓刑、被暂予监外执行、被裁定假释的罪犯和刑满释放被剥夺政治权利人员和看守所在押人员的管理、教育和改造；

(九)与有关部门共同做好刑满释放和解除劳动教养人员的帮教工作，做好有轻微违法犯罪的未成年人的教育、挽救工作；

(十)积极预防和处置各种恐怖和突发事件。

第十七条 司法行政部门在社会治安综合治理工作中的主要职责是：

(一)开展法制宣传教育，制定和组织实施普法工作规划，提高公民法律素质；

(二)加强监狱、劳动教养场所的安全设施建设，确保安全稳定，提高罪犯和劳动教养人员的改造质量；

(三)协调有关部门、单位，做好被判处管制、被宣告缓刑、被暂予监外执行、被裁定假释的罪犯和刑满释放被剥夺政治权利人员的社区矫正工作，做好刑满释放和解除劳动教养人员的安置帮教工作；

(四)做好人民调解与诉讼之间的衔接工作，防止和减少矛盾激化；

(五)监督和管理律师、公证、法律援助、司法鉴定等各项法律服务工作，树立诚信、公平、公正的法律服务意识，维护当事人合法权益。

第十八条 国家安全机关在社会治安综合治理工作中的主要职责是：

(一)防范和打击境外间谍情报机关和境内外各种敌对势力的渗透、颠覆等活动，维护国家安全；

(二)做好宣传教育，提高公民的国家安全意识。

第十九条 民政部门在社会治安综合治理工作中的主要职责是：

(一)贯彻村民委员会组织法、居民委员会组织法，加强基层政权和群众自治组织建设，充分发挥群众自治组织在化解社会矛盾、维护社会稳定方面的作用；

(二)做好婚姻登记工作，防范涉及婚姻的违法犯罪行为；

(三)做好社会救助、社会福利、优抚安置和最低生活保障工作；

(四)对社会团体和民办非企业单位进行管理，依法查处非法社团；

(五)指导督促社区建设，将社会治安综合治理纳入社区工作。

第二十条 劳动和社会保障部门在社会治安综合治理工作中的主要职责是：

(一)开展职业培训，促进就业和再就业；

(二)建立健全社会保障体系，落实各项保障措施，做好劳动和社会保障监察工作；

(三)做好劳动争议的调解和仲裁工作，维护用人单位和劳动者双方的合法权益；

(四)加强劳动力市场管理和对用人单位的监督检查。

第二十一条 教育部门在社会治安综合治理工作中的主要职责是：

(一)做好学生的思想道德教育和法制教育，规范学生日常行为；

(二)会同有关部门开展校园及周边地区社会治安综合治理，加强校园安全防范，创建安全文明校园；

(三)建立健全家庭教育、社会教育、学校教育相互配合的工作机制，共同做好青少年学生的管理教育工作；

(四)严格控制中小学学生辍学、失学，预防青少年违法犯罪；

(五)办好工读教育，对有违法或者轻微犯罪行为的学生进行思想道德教育、法制教育、文化教育和职业教育。

第二十二条 文化、广播电视、新闻出版部门在社会治安综合治理工作中的主要职责是：

(一)宣传法律、法规和社会治安综合治理的方针、政策及先进典型，创造自觉维护社会治安的舆论环境；

(二)对文化市场进行管理和稽查，配合有关部门依法查处盗版、盗印违法犯罪活动，查禁危害国家安全、淫秽、色情、暴力、封建迷信、邪教等内容的书刊、图片、音像制品、电子出版物；

(三)做好编辑、出版、印刷、发行工作和对书刊、音像制品、电子出版物及广告内容的审查，净化社会环境；

(四)协助有关部门加强对互联网及其网络经营场所、广播电视传播及娱乐场所的管理，向社会提供健康有益的文化产品和服务，满足人民群众的文化生活需要。

第二十三条 人事、监察部门在社会治安综合治理工作中的主要职责是；

(一)检查社会治安综合治理领导责任制的落实情况，将综合治理措施落实情况与领导干部的政绩考核、晋职晋级和奖惩相挂钩；

（二）参与对社会治安造成严重影响的重大恶性案件和事故的调查，落实重大问题领导责任查究制度；

（三）做好人事争议的调解和仲裁工作。

第二十四条 信访部门在社会治安综合治理工作中的主要职责是：

（一）及时、妥善处理群众来信、来访，宣传法律和政策，积极化解矛盾纠纷；

（二）协调、督促有关部门切实解决群众来信、来访反映的问题，并检查其落实情况；

（三）及时向有关部门通报可能引发治安问题的信访信息。

第二十五条 工商行政管理部门在社会治安综合治理工作中的主要职责是：

（一）监督管理各类市场，配合有关部门维护市场治安秩序；

（二）加强对企业、个体工商户的监督管理，依法制止和查处非法经营活动；

（三）配合有关部门引导、鼓励、扶持下岗失业人员从事生产经营活动；

（四）依法查处或者配合有关部门依法查处贩卖走私物品、有毒有害物品、生产销售假冒伪劣商品、强迫交易、欺行霸市等扰乱市场经济秩序的违法行为。

第二十六条 卫生部门和食品药品监督部门在社会治安综合治理工作中的主要职责是：

（一）与有关部门配合，做好吸毒人员、精神病人的治疗和康复工作；

（二）做好各种传染性疾病和突发性公共卫生事件的监测、检查、预防和治疗工作；

（三）加强医药市场和医疗秩序的管理和监督，取缔非法行医，妥善处置医疗纠纷；

（四）严格管理麻醉品和精神药品，依法查禁有毒有害食品和化妆品、假冒伪劣药品和医疗器械、医用卫生材料，配合有关部门查处其销售者和制造者。

第二十七条 规划、建设和房管部门在社会治安综合治理工作中的主要职责是：

（一）根据维护社会治安的需要，将社会治安综合治理工作所需要的基础设施建设列入城市建设整体规划；

（二）将安全防范设施纳入建筑设计标准，并严格监督实施；

（三）指导物业管理企业加强居民小区管理，做好安全防范工作。

第二十八条 交通运输部门在社会治安综合治理工作中的主要职责是：

（一）维护公路、铁路、水路、港口码头、车站、机场的运输秩序和治安秩序；

（二）加强交通运输管理，预防交通运输事故；

（三）预防交通工具上的违法犯罪行为，协助有关部门打击抢劫、盗窃财物和运输物资，以及破坏交通运输设施的违法犯罪行为。

第二十九条 通信部门和单位在社会治安综合治理工作中的主要职责是：

（一）维护通信要害部位、网络、线路的安全；

（二）预防通信业务事故，防止发生窃密泄密事件；

（三）协助有关部门打击破坏通信设施和通信线路的违法犯罪活动。

第三十条 金融机构在社会治安综合治理工作中的主要职责是：

（一）依法加强金融监管，防范和化解金融风险，维护正常金融秩序；

（二）建立健全金融机构安全防范制度和设施，落实内部安全防控措施；

（三）拓展涉及社会公众的人身和财产安全的各种保险领域，不断增强全社会抗风险能力，为维护社会稳定服务。

第三十一条 民族宗教事务管理部门在社会治安综合治理工作中的主要职责是：

（一）宣传国家民族宗教方面的法律、法规和政策，依法管理民族宗教事务；

（二）会同有关部门及时疏导和调处涉及民族宗教问题的纠纷。

第三十二条 海关在社会治安综合治理工作中的主要职责是：

（一）对进出境运输工具、货物、物品进行监督管理，维护进出口秩序，严厉打击走私违法犯罪活动，依法查缉国家禁止进出境的物品；

（二）进行反走私宣传，鼓励单位和公民防范和制止走私活动。

第三十三条 财政部门在社会治安综合治理

工作中的主要职责是：

（一）对国家机关、社会团体、企业事业单位财会人员进行教育，完善各种财务管理制度，预防违法犯罪；

（二）依法落实社会治安综合治理工作所需的经费。

第三十四条 工会、共产主义青年团、妇女联合会等人民团体在社会治安综合治理工作中的主要职责是：

（一）负责对本组织成员和所联系的群众进行思想道德教育和法制宣传教育，组织开展各种有益身心健康的活动；

（二）帮助本组织成员和所联系的群众正确处理工作、学习、恋爱、婚姻、家庭生活等方面的问题和纠纷，减少社会矛盾；

（三）对有轻微违法犯罪行为的青少年进行教育、感化、挽救；

（四）配合有关部门打击拐卖绑架妇女儿童违法犯罪和查禁卖淫嫖娼等社会丑恶现象，保障妇女儿童合法权益。

第三十五条 驻津部队在社会治安综合治理工作中的主要职责是：

（一）组织部队、民兵和预备役人员积极参与社会治安综合治理工作，支持和配合地方人民政府搞好社会治安，开展军民共建活动，加强军、警、民治安联防；

（二）对部队官兵进行思想道德教育和法制宣传教育；

（三）加强对武器弹药、重点目标、重要部位的管理，严防枪支弹药丢失、被盗、被抢等案件的发生；

（四）协助有关部门维护驻地治安秩序和打击危害社会治安的违法犯罪活动。

第三十六条 各系统、各部门在社会治安综合治理工作中都应当履行以下职责：

（一）组织推动本系统、本部门和所属单位认真抓好社会治安综合治理工作的落实；

（二）指导协调所属部门和单位积极参与社会治安综合治理，加强安全生产的监督和管理；

（三）了解掌握本系统社会治安综合治理工作的开展情况，研究解决工作中的问题；

（四）总结推广本系统社会治安综合治理典型经验，抓好检查、评比、考核、表彰活动。

第三十七条 公民应当加强法律学习，增强法制观念，积极参与社会治安综合治理活动，勇于检举揭发和制止违法犯罪行为，做好家庭安全防范工作，自觉维护社会治安秩序。监护人应当加强对被监护人的思想道德教育、法制宣传教育，不得隐瞒、包庇、纵容其违法犯罪行为。

第四章 奖励与处罚

第三十八条 在社会治安综合治理工作中做出突出成绩的地区或者单位，符合下列条件之一的，由市和区、县人民政府或者社会治安综合治理委员会给予表彰和奖励：

（一）把社会治安综合治理工作纳入本地区或部门工作总体规划和年度计划，健全社会治安综合治理组织机构，严格落实目标管理责任制和领导责任制，社会治安综合治理工作成效显著；

（二）全面落实社会治安综合治理措施，定期分析治安形势，在打击犯罪、治安防范、矛盾纠纷排查调处、基层安全创建、流动人口管理、预防青少年违法犯罪、法制宣传和安置帮教等社会治安综合治理工作中成绩突出；

（三）本地区社会治安持续稳定，人民群众安全感普遍增强；

（四）积极探索社会治安综合治理工作新机制、新方法，在实践中取得良好效果；

（五）在社会治安综合治理工作中做出其他突出贡献。

第三十九条 符合下列条件之一的个人，由市和区、县人民政府或者社会治安综合治理委员会给予表彰和奖励：

（一）组织、推动本地区、本部门、本单位社会治安综合治理工作，取得明显成效的；

（二）遵纪守法，依法办事，积极向群众进行思想道德教育和法制宣传教育，成绩显著的；

（三）检举揭发违法犯罪行为，勇于同违法犯罪分子作斗争，事迹突出的；

（四）积极协助公安、司法机关打击犯罪，维护社会治安，成绩突出的；

（五）积极做好治安保卫工作，认真落实社会治安综合治理各项措施，及时发现并消除隐患，有效防止违法犯罪和其他治安问题发生的；

（六）在预防青少年违法犯罪以及对刑满释放和解除劳动教养人员的安置帮教工作中成绩突出的；

（七）做好矛盾纠纷排查调处工作，在消除不安定因素、避免矛盾激化、维护社会稳定中成绩突出的。

第四十条　区、县级以上社会治安综合治理委员会有权对社会治安综合治理目标责任制的落实情况进行监督和检查，并根据检查结果提出奖惩建议。

第四十一条　违反本条例规定有下列情况之一的，由各级社会治安综合治理委员会视情节给予通报批评；依照有关规定建议取消第一责任人和主要责任人评先受奖、晋职晋级资格，或者建议有关主管部门、所在单位给予其相应行政处分：

（一）未达到社会治安综合治理目标管理责任制要求；

（二）因领导不重视，社会治安综合治理组织机构不健全，造成本地区、本部门、本单位治安秩序严重混乱；

（三）社会治安综合治理各项措施不落实，发生重大刑事案件或者重大治安灾害事故，致使国家、集体财产和人民群众的生命财产遭受重大损失或者造成恶劣影响；

（四）对不安定因素或者矛盾纠纷排查调处不力，致使矛盾激化，造成严重后果，危害社会稳定；

（五）存在重大治安隐患，在上级主管部门或者有关单位提出警告、司法建议、检察建议、整改建议后，拒不整改或者整改不力；

（六）因教育管理不力，本部门、本单位工作人员违法犯罪情况严重；

（七）发生重大并造成恶劣社会影响的刑事案件或者重大治安灾害事故有意隐瞒不报、作虚假报告或者有其他弄虚作假行为。

第五章　附　　则

第四十二条　本条例自2004年3月1日起施行。1993年12月8日天津市第十二届人民代表大会常务委员会第四次会议通过的《天津市社会治安综合治理条例》同时废止。

中共天津市委办公厅
天津市人民政府办公厅
关于转发《天津市2004—2006年社会治安防控体系建设规划》的通知

（2004年6月9日）

各区县党委和人民政府，市委各部委，市级国家机关各党组(党委)，各人民团体党组：

市社会治安综合治理委员会研究制定的《天津市2004—2006年社会治安防控体系建设规划》，已经市委、市政府领导同志同意，现转发你们，请结合实际，认真贯彻执行。

天津市2004—2006年社会治安防控体系建设规划

多年来，我市将维护社会稳定作为改革开放和经济建设顺利进行的重要保证，坚持贯彻“严打”方针，深化社会治安综合治理各项措施，社会治安秩序始终保持全国最好地区之一。特别是经过为期两年的“严打”整治斗争，全市刑事案件多发、重化的趋势得到了初步遏制，人民群众安全感不断增强。为进一步提高全市社会治安防控能力和水平，预防、减少各类违法犯罪案件和治安灾害事故，创造更加良好的社会治安环境，促进经济、社会协调发展，特制定天津市2004—2006年社会治安防控体系建设规划。

一、指导思想和总体目标

坚持以邓小平理论和“三个代表”重要思想为指导，坚持“打防结合、预防为主”的方针，认真落实社会治安综合治理领导责任制，进一步有效整合全市防控资源，形成党委、政府统一领导，综合治理部门具体协调，各部门共同参与，以公安机关为骨干、群防群治力量为依托，社区、村和企事业单位的防范工作为基础，案件多发的人群、区域、行业、时段为重点，警防网、民防网、技防网紧密结合，全方位、立体化的治安防控体系，使我市的治安防控能力和水平实现新的跨越，创造出更加良好的社会治安环境，成为有力的招商资源、重要的投资条件和率先发展的竞争优势，为我市“三步走”战略的实施发挥重要作用。

经过三年的努力，我市社会治安防控体系建设要达到以下目标：

——严重刑事犯罪受到及时有力的打击，重大恶性案件和多发性案件得到控制，刑事发案不出现大幅度上升，人民群众的安全感进一步增强；

——突出的治安问题得到整治，治安问题较多的地区和单位面貌明显改观，治安管理水平明显提高，黄、赌、毒等社会丑恶现象得到遏制；

——教育、挽救、改造罪犯、劳教人员和预防违法犯罪工作取得成效，重点群体管理措施到位，流动人口违法犯罪率、青少年违法犯罪率保持较低水平，刑释解教人员重新违法犯罪率下降；

——各类矛盾纠纷得到及时化解，突发性治安事件处置得当，正常的生产、生活、教学、科研秩序得到有效保障；

——社会治安防控力量和措施得到有效整合，机制完善，制度健全，人财物保障有力，科技含量不断增加，城乡整体防范水平显著提高；

——公民遵纪守法自觉性和防范意识、防范能力进一步提高，能运用法律武器保护国家、集体、个人的合法权益，同违法犯罪行为作斗争的积极性进一步增强。

二、主要任务和实施步骤

（一）健全覆盖我市主要街面的治安防控网络。公安部门要最大限度地将警力投入到维护社会治安的第一线，以“110”指挥中心为龙头，整合巡警、派出所民警、交警、武警、职业辅警等力量，逐步实现巡逻勤务警种化向多警联动勤务化过渡，提高预防和打击违法犯罪的能力。针对不同季节、不同地域、不同时段违法犯罪的规律特点，制订多种治安防控工作方案，采取警、民结合，定点堵卡和游动巡逻结合，机动车、自行车、步行巡控结合等方式，形成点线面、全天候防范控制网络。市中心区全天单位时段巡警巡逻警力达到400名以上，其他区县中心城区单位时段巡警巡逻警力达到30名以上；全市夜后至少增加武警巡逻警力150名、职业辅警巡逻力量1560名。要根据我市城市建设布局和治安防控工作的需要，改、扩、建100个左右适应地理环境、兼顾长远发展的治安卡口。加强治安卡口技防建设，配备必要的设施装备，发挥其在打击犯罪、管理治安、控制过往车辆等方面的作用。公安部门会同有关方面负责制定具体方案，分阶段实施。2004年完成

40%,2005年完成剩余工作量的80%,2006年全部完成。在现有基础上,2005年车站、机场、码头、繁华商业区等公共场所实现电视监控系统联网;到2006年年底,市区及其他区县中心城区主要路段实现电视监控系统联网。大力推广GSM+GPS移动目标复合定位报警联网系统,建立全市统一的机动车报警服务中心,力争用三年的时间使机动车被盗案件得到有效控制。在我市新建要道卡口推广卡口监控和号牌识别系统,提高卡口要道的预警防范能力。

(二)健全以社区为单位的基层治安防控网络。要深入实施社区警务战略,把基层基础工作落实到社区,逐步实现由被动反应型警务向主动服务型警务转变。2004年,按照每千户现住人口配备1名社区民警的标准,实现"一区一警、一区多警"。进一步规范社区警务运行机制,保证社区民警扎根社区,开展管理、教育和防范工作。

大力发展以治保调解人员、物业保安人员、治安联防人员、享受低保人员、下岗再就业从事治安公益岗位人员以及社区安全防范志愿者组成的社区群防群治队伍。2005年以前,每个社区要配备10名以上专职治安人员和50名以上志愿治安人员,在居委会和民警的组织指导下,参与社区治安防控工作。

将社区治安防控设施建设纳入社区建设整体规划,各社区服务站应单独设立警务室,并为罪犯社区矫正、流动人口管理服务、青少年教育、法律咨询、矛盾纠纷调解等工作提供办公空间,为居民开展综合性服务。新建住宅小区的安全技术防范建设要按照《天津市住宅建筑智能化技术规程》的相关规定,做到与主体建设同时设计、同时施工、同时验收、同时使用。新建住宅区技防设施安装率依照天津市地方标准要达到100%,并建成一批高标准、智能化的安全示范小区。已建居民住宅区逐步推广使用居民能够广泛接受的技防设施,三年内普及率要达到60%。

(三)健全农村地区社会治安防控网络。今后一段时期,我市农村治安防控的重点仍然是政府所在的中心城镇。对这些中心城镇以及其他达到或接近城镇化的地区,应比照城市社区标准建设治安防控体系,力争达到相关要求。同时,要根据不同地区经济结构的特点,探索与之相适应的多种防控模式,逐步形成对企业集中地区、商业网点密集地区、种植业为主地区、城乡结合部地区进行分类防控的有效办法。要以一定的人口比例为基础,充实农村基层警力,并根据区域治安特点适当调整,合理布局。公安部门要会同有关部门研究制定具体标准,2006年要全部达标。行政村是农村治安防控的基本单位,关键是落实治安防控力量,在村党支部、村委会的组织领导下,开展治安承包、自防自治、村际联防等多种形式的群防群治活动。经济条件较好的村,要合理解决防控人员的经济报酬,组建专职治安防控队伍;经济条件相对薄弱的村,也要采取其他有效方式落实必要的防控力量。力争用三年时间,使每个村都有一支不瘫不散、稳定可靠的治安防控队伍。

(四)健全企事业单位及重点要害部位管理防范控制网络。进一步贯彻落实"属地管理"和"谁主管,谁负责"原则,健全对不同级别、不同规模、不同所有制的机关、团体和企事业单位分级属地管理机制。公安机关要加强对单位内部安全防范工作的指导、检查和监督。机关、团体和企事业单位要认真落实以法定代表人治安责任制为核心的内部安全责任制,"看好自己的门、管好自己的人、办好自己的事"。开展经常性的安全检查,推进内部治安防范工作的制度化、规范化。企事业单位与公安机关共同配合,搞好企业和校园周边治安秩序整治,建立长效管控机制。大力发展保安服务业,组建保安集团,满足社会不断增长的安全需要。有条件的企事业单位,要逐步将门卫值班室改建成警卫室(治安辅警点),由保安员替代单位临时雇佣人员,配备必要的通讯、报警设备,安装统一的灯箱标志,面向社会接受群众报警。

着力加强对首脑机关、国防军工、金融营业网点、水气电热、易燃易爆、重要交通设施、公共交通工具等关系国家安全、国计民生的重点单位、要害部位和国家重点工程的安全保卫工作,落实保卫力量和物防、技防措施,确保万无一失。2005年,重点单位、要害部位技防设施安装使用达标率要达到100%;2006年重点单位、要害部位报警监控联网率要达到100%。

加强全市公共、娱乐场所的治安管理。有关部门要对公共、娱乐场所和特种行业开展经常性的安全检查,及时发现和解决治安管理工作中存在的问题，从严整治无照经营、违规经营场所，坚决查禁“黄、赌、毒”等社会丑恶现象。在人防、物防的基础上，不断加大技防设施投入。大中型超市、商场、集贸市场、宾馆饭店等人员集中地区和场所2005年年底以前要全部安装安检监控系统，2006年实现与报警中心联网。

(五)健全重点群体违法犯罪预防工作网络。今后一段时期，我市违法犯罪预防工作的重点群体仍然是有轻微违法行为的青少年、流动人口、近期回归社会的刑释解教人员。要认真贯彻市委、市政府关于预防青少年违法犯罪、加强流动人口管理、搞好刑释解教人员安置帮教工作的有关意见，切实落实各项工作措施。坚持学校、家庭、社会教育相结合的方针，落实学校兼职法制副校长制度，落实青少年违法犯罪社区预防计划，广泛开辟青少年社区活动场所和阵地，保障和促进青少年的健康成长。要特别加强对中专技校、职专职校学生的教育管理；采取坚决措施控制中小学生流失；全面实施对轻微违法犯罪青少年的“挽救工程”。坚持管理和服务并重，引导流动人口合理有序流动。按照“谁用工、谁管理，谁出租、谁负责”的原则，加强流动人口落脚点的管理，预防和减少流动人口违法犯罪。坚持组织协调一体化、就业安置市场化、帮助教育社会化的思路，加强对刑释解教人员的安置帮教工作，力争做到底数清、情况明，努力预防和减少重新违法犯罪。要加快人口信息计算机网络的开发、管理和使用，实现资源共享，使之更好地为现实工作服务。

(六)健全突发事件和重大治安灾害事故的应急处置网络。围绕政治、商贸、文体等大型活动，重点加强对相关地区、场所、人员的安全保卫工作，特别是要加强对机场、轻轨列车、地铁列车及车站的安全保卫工作。按照“谁主办、谁负责”的原则，主办单位要把安全保卫工作作为活动整体方案的重要内容，与公安部门密切配合，狠抓各项措施落实，防止发生群死群伤等重大事故，确保万无一失。

落实以安全生产责任制为核心的各项规章制度，防范各类重、特大安全生产事故的发生，加强对易燃易爆及其他危险品的治安管理，按照行业标准对生产、存储、运输等各个环节严格把关，强化各项防范措施，防止重大火灾和剧毒、化学物品泄漏、爆炸等重大事故的发生。

按照制度化、规范化的要求，做好矛盾纠纷排查调处工作。充分发挥人民调解、司法调解、行政调解在维护稳定中的第一道防线作用。依据“属地管理”和“谁主管谁负责”的原则，对排查出来的矛盾纠纷，各有关部门分工负责，归口调处。妥善处理群众上访问题及各种群体性事件，采取有力措施避免矛盾激化，防止引发重大治安问题。

在进一步完善日常工作机制的基础上，抓紧组建信息传递、组织指挥、预案运作、应急救援、力量配置、装备保障等方面的工作体系，提高应急处理突发事件的能力。2004年要完善各种工作预案，2005年完成信息系统技术整合，2006年形成比较完善的应急处置工作网络。

三、工作要求和保障措施

(一)建立部门责任机制。各级党政领导同志充分认识加强社会治安防控体系建设的重要性和紧迫性，居安思危、未雨绸缪，切实承担起“保一方平安”的政治责任。各级社会治安综合治理委员会充分发挥组织协调作用，当好党委、政府的参谋助手；公安机关作为治安防控工作的主力军，切实把思想观念、工作重点、警力配置、经费投入、考核奖惩机制落实到预防为主上来，加快警防网、民防网、技防网建设，最大限度地预防和减少违法犯罪案件；建设、规划、房管部门将安全防范设施建设纳入城市建设总体规划，具体制定、落实居民住宅小区综合服务场所及技防设施建设标准，加快旧住宅区物业化管理进程；计划、民政部门加强社区组织建设和综合服务站建设，积极动员低保人员参与社区治安防控工作；劳动和社会保障部门将治安防控工作岗位作为下岗失业人员实现再就业的重要途径，积极给予资金、政策方面的扶持；司法行政部门大力开展普法活动，提高公民的法制意识，加强人民调解、罪犯社区矫正和刑释解教人员安置帮教工作；其他具有社会管理职能的部门和人民团体发挥各自的职能作用，积极参与社会治安防控体系建设。各地区、各部门在分工负责的基础上，进一步树立全局观念，及时沟通信息，加强协作配合，形成社会治安防控工作合力。要面向基层，服务基层，把社会治安防控体系建设的基础夯实打牢。

(二)建立经费投入机制。各级政府切实履行好市场经济体制下对社会治安实施有效管理的基本职责，对社会治安防控体系建设所需经费纳入年度财政预算，根据财力水平和实际工作需要予以保障。对巡逻堵卡装备及经政府批准成立的职业辅警队伍建设、社会面技防设施建设以及其他治安防控工作所需经费按照市、区县财政分级负担的原则，予以保障。社区(村)群防群治队伍所需经费本着“谁受益、谁出资”，“取之于民、用之于民”和“合理适度、严格控制”的原则，采取财政安排一点、受益单位和个人出一点、开展便民服务收一点的办法多渠道筹集。经营性场所、重要交通设施、公共交通工具技防设施的建设等所需费用，应当按照市场经济的规则，由受益者出资。

(三)建立评估监测机制。各级社会治安综合治理委员会和公安机关要加强对社会治安形势和治安防控工作的分析、监测、评估，充分利用现代科技手段，对一定时间和范围的违法犯罪信息准确收集、迅速研判，及时传递，掌握违法犯罪发生发展的规律，为打、防、控工作及时提供情报信息支撑。各地区、各部门、各单位对各自管辖范围内发生的重大刑事案件和治安案件(事故)，要按照重大治安情况报告制度，及时向上级部门报告。各级公安机关要将辖区社会治安情况、突出治安问题以及防范工作要求，以适当形式在辖区内公布，进一步扩大公众对社会治安状况的知情权、参与权和监督权。各级党委、政府要定期听取社会治安工作汇报，全面掌握社会治安动态，并通过定期开展“公众安全感调查”等形式，了解人民群众对社会治安的意见，适时作出决策部署。

(四)建立考核奖惩机制。要将社会治安防控体系建设的目标、任务纳入社会治安综合治理领导责任制和目标管理责任制，作为考核各地区、各部门、各单位及各级党政领导干部做好社会治安综合治理工作能力和实绩的依据，加强过程管理，严格检查考核。对社会治安防控体系建设中作出突出成绩和贡献的地区、单位和个人，要予以表彰和奖励；对推诿扯皮、不认真履行职责，严重影响工作进展，以至发生重大问题造成严重损失和恶劣影响的，要坚决实施领导责任查究，行使社会治安综合治理一票否决权。

发挥综合治理优势　积极预防化解城市拆迁改造中的矛盾纠纷

天津市社会治安综合治理委员会

十多年前，天津市中心区约有30万户、110万居民住在夏不遮雨，冬不御寒，低矮破旧的危陋房屋中，许多家庭老少三代同居一室，公共设施相当落后，住房问题成为群众生活中最大的难题。为此，市委、市政府根据群众的强烈要求和迫切愿望，适时组织开展了为期5~7年的危陋平房改造工程。随着这项世纪工程的提前完成，广大群众住的问题解决之后，市委、市政府又把提升城市功能，优化城市环境摆上突出位置，特别是2003年，围绕我市整体发展的战略目标，城市快速路建设正式启动，旧有道路拓宽、绿化面积扩大，市容景观整治等项目相继展开，将海河打造成世界名河的综合开发工程也开始加速推进。这些大的城市改造举措，再次推动了我市危旧房屋拆迁改造工作的深入开展，当年的拆迁量就超过了450万平方米，创造了天津历史之最。我市自1994年到2003年的10年间，累计拆除危陋、危旧房屋1974万平方米，新建住宅5270万平方米，59万户、183万人喜迁新居，相当于新建了一个中等城市。市中心区个人住房拥有率已超过60%，处于全国领先地位。回顾我市城市改造的历程，之所以能在完成如此艰巨拆迁任务的同时还做到了社会整体稳定，群众因拆迁问题的上访率低于0.5%，没有发生一起恶性案件和激化的群体性事件，赢得社会各界的广泛赞誉，概括起来有以下几点体会。一是始终坚持想问题、定政策、办事情着眼于中低收入的大多数群众；二是始终强调领导、部门维护稳定责任和综治措施的落实；三是始终考虑解决特殊困难群体的实际问题。2003年，国务院《拆迁条例》颁布实施后，我市又按照“依法拆迁、以情拆迁、文明拆迁”的工作思路，使我市城市拆迁改造工作继续保持了稳步发展的良好势头，实现了城市建设与社会稳定的协调发展。对此，中央政治局委员、书记处书记周永康同志曾做出批示，给予了充分肯定。我们的主要做法是：

一、发扬“危改精神”，把以人为本，以民为重的指导思想贯穿于整个拆迁政策的制定与实施之中，预防矛盾纠纷发生

危改工程刚刚开始，时任天津市长的张立昌同志就提出了一个必须牢牢坚持的指导思想：就是要带着对群众的深厚感情搞危改，决不允许任何单位和个人借机赚老百姓的昧心钱；要千方百计让住在危陋平房区的困难群众住得起称心房。为此，我市一方面严格土地批租，不许炒卖地皮，千方百计降低建房造价。对属于危改的住宅建设，市里减免了涉及多部门的14项收费，使之与一般商品房相比，每平方米降低211元，难点大片则减免了18项收费，每平方米降低322元。另一方面把危改与安居工程相结合，与企业资助相结合，对生活困难的拆迁群众给予补贴，使弱势群体不同程度地得到实惠，改善了住房条件，受到老百姓的真心拥护和支持。江泽民同志曾高度评价说：短短6年完成这么大的工程，国内少有，世界罕见。并欣然题词：“牢记党的宗旨，造福人民群众”。我市危改不仅取得了巨大的物质成果，而且在各级党政机关形成了“造福人民，知难而进；万众一心，共创大业”的危改精神。去年，针对拆迁力度进一步加大的实际情况，为预防和减少矛盾纠纷，维护社会稳定，中央政治局委员、市委书记张立昌同志深入南开区老城厢拆迁现场与群众座谈，他动情地说，要从实践“三个代表”的高度，在拆迁中处理好特别困难户的住房问题，多难也不能让他们为难，有关部门就是赔点钱也要让他们有房住，绝不让一户过不去。立昌同志的话，感动了群众，教育了干部，也为拆迁部门确定了更高的工作标准。正是由于认真落实了立昌同志的指示精神，使得老城厢这个占地80万平方米，近8万人口，困难群众多、矛盾纠纷多的复杂地区整体拆迁工程，比原计划提前两个半月完成，不仅没有发生一起因群众不满而激化的矛盾问题，一些群众还自发地给区政府送来锦旗表示感谢。去年，为将拆迁政策落实好，我市在制定《天津市城市拆迁管理规定》的基础上，又相继颁布了全市性的拆迁评估管理、拆迁单位管理、拆迁档案管理、拆迁许可证审批程序、拆迁裁决程序等10多个配套文件；并制定了拆迁补偿安置协议、拆迁裁决申请书等13种示范文本；补充完善了拆迁公示、监督检查、诚信服务等六项制度。在拆迁实践中，我们还摸索、总结出维护稳定工作必须做到的五个前移，即：一是要件审查工作前移，严格审批房屋拆迁许可证；二是补偿安置资金监管工作前移，确保拆迁群众的补偿资金到位；三是拆迁评估市场准入制度前移，选择资质等级高、社会信誉好的房地产评估机构承担评估任务；四是把拆迁管理工作前移，严把实施程序，规范拆迁行为；五是把培训工作前移，提前组织好拆迁人员培训。

二、将拆迁工作作为党委、政府的重点工作，发挥各地区、各部门的整体合力，推进拆迁工作稳定、有序开展

市委、市政府始终对做好拆迁中的稳定工作高度重视，立昌同志多次要求各级党、政领导和社会方方面面要善解民意，善待百姓，认真做好工作，把矛盾化解在基层，防止出现群体性事件。市委副书记、市长戴相龙同志曾几次主持召开会议进行部署，并对做好难度大、困难多的古文化街等拆迁改造中的稳定工作进行批示，提出具体要求。市综治委把做好城市建设，化解矛盾纠纷工作列入年度工作要点和社会治安综合治理目标责任书。同时，围绕全市重点工程建设，把海河综合开发、地铁工程等11个建设项目的周边地区列为市级重点整治对象，督促各区制定周密工作方案，加强过程管理，保证取得实效。各区坚持把维护稳定的各项措施落实到拆迁工作的各个环节。一是健全维护稳定工作机制，狠抓责任落实，确保各项保障措施及时到位。区以及各拆迁片均建立拆迁工程指挥部，建委、房管、纪检、综治办、维稳办、法制办、信访办、公安、法院、司法行政、民政等部门为成员单位。做到总体部署有要求，具体工作有人抓,发生问题有牵头解决部门,形成了两级维护稳定的组织领导和责任落实的工作机制,为保证拆迁任务的按时完成提供了有力地组织保障。二是坚持预防为主,超前防范,把不稳定因素化解在基层。在拆迁正式开始之前,召开有区建委、综治办、维稳办、信访办、公安分局和拆迁单位、街道等单位参加的专门工作会议,全面分析拆迁地区情况,排查影响拆迁工作进展的各类问题和不稳定因素的苗头,研究制定工作措施和预案,做到预警在前、预控在前、开展工作在前。在实施停水、停电、停气、切改市政设施以及强迁等重大行动前,必须召开形势分析会、排查治安隐患和矛盾纠纷。为做到拆迁工作的公正、公平、公开,各区和各拆迁片除充分利用新闻媒体、公示栏,向社会各界进行宣传发动之外,还坚持运用街头宣传与入户宣传、法制宣传与政策宣传相结合等方法,把拆迁工作的相关法规及拆迁的具体政策向群众说深说透,做到拆迁户家喻户晓、人人皆知。从进入拆迁程序之始,全市各拆迁片都设立了信访接待站及法律咨询站,由区领导带领区有关部门负责人受理群众投诉和提供咨询服务,同时建立领导接待、走访群众、难点问题多部门联合办公解决等制度,及时为群众答疑解惑、排忧解难,最大限度地取得了群众的理解和支持。经过前期工作之后,群众积极主动搬迁的达到95%以上,为拆迁工作的顺利进行,打下了良好的基础。三是综治政法部门充分发挥自身职能作用,密切配合,协同作战,服务拆迁。各区综治办协调有关部门大力整治拆迁片及周边治安环境。公安部门加大对各治安片的警力投入,严格流动人口管理,整治治安隐患,加强巡逻守护,坚决查处煽动群众的闹事者,严厉打击乘机敲诈拆迁补偿费的违法犯罪行为,有效地维护了拆迁片的治安秩序。法院积极做好涉及拆迁案件的调查和审判,配合做好依法强制执行。公证部门和律师事务所则提前介入,搞好拆迁现场的公证和见证工作,帮助群众理顺拆迁中的民事法律关系。在政法部门的通力配合下,为保证拆迁任务的圆满完成,提供了良好的法制环境。

三、以改善群众居住条件为目标,运用多种手段平衡房地产市场供需关系,积极救助弱势群体,实现中低收入群众妥善安居

针对中低收入的拆迁群众单靠补偿金买房困难的实际情况,市委、市政府强调,拆迁工作是一项系统工程,各部门、各单位在履行各自工作职能的同时,都负有维护稳定的责任,因此在拆迁工作中,决不能简单的一拆了之,必须想方设法让拆迁户都能改善居住条件,特别是要解决好中低收入拆迁群众的住房问题。根据市委、市政府和市综治委的部署,我市积极采取了以下措施:

(一)面向中低收入拆迁群众,开展情系百姓特惠售房活动。年内,由市委规划建设工委、市建委、财政局、规划和国土资源局、房管局、物价局、天津日报报业集团、六个中心区政府联合组织了2次情系百姓,大规模优惠售房活动,共筛选出6000多套质量优良、配套齐全、户型价位适中的商品房,实行零利润销售,优惠后的房价在每平方米1 300元至2500元之间。还筛选出4000多套房源信息,群众看房、选房的超过10万人次,累计成交1400余套,意向成交2400套,受到了拆迁群众的热烈欢迎。许多群众给市委、市政府写了感谢信,有的还送了锦旗、牌匾。

(二)采取多项有力举措,抑制二手房价格增长。一是进一步加强对二手房交易市场价格的监控,随时掌握动态信息,根据情况及时采取调整措施。二是公布市中心各区私产房交易指导价格,为群众购房提供服务,三是成立市级二手房交易中心并与各区房地产交易市场联动。组织了形式多样的房屋交易会,供需直接见面,现场办理交易,简化繁琐手续,为群众购房提供良好环境。四是开拓租赁渠道,将部分房管部门的直管公房转为租赁房屋推向市场,面向拆迁户出租,缓解需求矛盾;五是开展房地产中介市场的整顿检查,重点整治中介机构哄抬房价,不按规定标准收费,提供虚假信息、欺骗群众等违法违规行为。六是通过电台、电视台、报刊等新闻媒体,宣传房改政策,使群众了解二手房买卖的相关知识,提高他们依法保护自己合法权益的意识和能力。

(三)规划、房管、建委、市容、财政等部门携手构筑困难群体社会住房保障体系。拆迁群众中的下岗职工、残疾人、双困户和孤老户等弱势群体占有相当的比例。我们针对他们的不同困难,在拆迁安置中采取"建、收、转、补"等形式帮助他们实现安居。一是"建",按照"功能齐全、美观适用、安全卫生、便利节能"的标准,采取分散为主、集中为辅的方式，建设了40万平方米的社会保障住房，提供给低收入家庭和困难群众。同时决定今后每年都要按此规模建设社会保障住房，并要求每个新建住宅项目必须拿出规划建筑面积的3%建经济适用房。二是“收”，由市住房保障部门拿出专项资金收购存量房，出租或出售给生活、住房“双困户”。2003年，由市里投入资金收购了300套、13867平方米的住房，按低于成本价30%的价格出售给拆迁难点大片的“双困户”，实际补贴资金近500万元。三是“转”，将全市2.98万户“低保”家庭和优抚对象承租的101万平方米公产房转成廉租住房，年核减公房租金近1000万元。四是“补”，根据拆迁户困难程度和房屋租赁市场的价格水平，给予一定的价格补贴，解决困难拆迁户住房问题。对其中的鳏寡孤独老人，经他们同意，则把房屋拆迁补偿费交居委会保管，由民政部门联系养老院，用补偿费按月交养老金。此外，各区也采取不同形式对拆迁困难户进行救助。如南开区专门研究制定了针对残疾户、低保户的具体优惠政策，开展拆迁助困活动，全区各级领导干部，党员带头积极捐款，企业家慷慨解囊，各界群众也纷纷奉献爱心。在拆迁助困活动中，该区共募集助困款253万元，房屋5套7间，拆迁单位筹资近千万元，妥善为152户特殊困难户解决了住房。

今年4月份，市政府又推出八项措施，抑制商品房价格增长过快，保证拆迁群众安居。一是增加居民住房用地供应，2004年与2003年相比增长50%；二是加大住宅开工面积，增加投放量，2004年商品房投放市场量将是2003年的1.86倍。三是加大中低价位、中小户型商品房供应量，由原计划的300万平方米增加到500万平方米，优先供应拆迁户。年内还将建设45万平方米廉租房，定向用于拆迁居民中的“双困”户。四是根据项目轻重缓急合理调控拆迁量，既满足市政基础建设的需要，又使之和市场各类商品房供应量相匹配。五是对部分因基础设施建设需要而拆迁的，采取货币与现房安置相结合的办法。六是加强拆迁评估价格管理，将评估价格与市场价格变动挂钩，使货币安置价格与市场价格变动保持协调一致。七是严格房地产市场监督管理，重点检查有地不建、不按计划施工、有房不售等问题，采取有力措施解决。八是公开市场信息，建立房地产信息发布制度，定期向社会公布房地产市场运行情况、政府调控市场的主要措施。

推行村级民主座谈会制度
促进农村社会稳定

天津市宝坻区林亭口镇党委政府

天津市宝坻区林亭口镇下辖55个行政村，共31485人，是有名的文化古镇和以生产葱、蒜、辣椒而闻名的“三辣”之乡。在维护农村的稳定中，我们坚持围绕中心工作，服务发展大局，打造优良环境的总体思路，积极探索新方法。针对影响当前农村稳定的各种矛盾纠纷，坚持筑牢思想防线，不断强化镇、村干部维护稳定的自觉性，在矛盾纠纷排查调处工作中实行“村级民主座谈会制度”，努力把矛盾纠纷化解在基层，解决在萌芽状态，取得了较好的效果，两年多来，全镇干群关系融洽，矛盾纠纷减少，2002年到区、镇上访60件，较2001年下降30%；2003年到区、镇上访18件，较2002年下降70%，有力地维护了本地区的社会稳定。我们的主要做法是：

一、建立座谈会制度，开辟民主渠道。近几年来，农村矛盾纠纷呈多发和复杂化、尖锐化的趋势，表现比较集中的是土地使用、干群关系、换届选举等问题引发的矛盾。如果解决不好，就可能造成矛盾激化，影响农村稳定，阻碍农村发展。面对新的形势和问题，我们坚持矛盾纠纷排查调处工作的基本原则，加强组织建设和制度建设，认真落实好各项工作措施，特别是坚持村务公开制度和党政班子每周接待群众上访制度，保持了我镇持续稳定的局面。但我们感到仍不能完全适应形势变化的要求，特别是在抓稳定的重心下沉、关口前移、超前工作方面存在薄弱环节。我们通过对群众集体上访、信访、矛盾纠纷等问题的认真分析，认为导致这些问题多发的原因主要有四种情况。一是群众有问题得不到及时解决，本来很小的事憋在肚子里形成积怨，动辄这访那告；二是由于一些村干部办事不民主，不公开，加之平时工作方法简单粗暴，得罪了人，致使一些群众不断通过集体上访、信访向上级反映问题；三是已经下台的部分村干部和一些想当村干部的人对现任班子不服气，工作中不但不支持，反而出难题，形成矛盾；四是确有个别村干部素质不高，私心太重，损害了群众利益，导致群众不满意。上述问题的主要症结在于两个方面，一方面是干部与群众之间平时交流少，缺乏沟通；另一方面是村里的事情由干部说了算，得不到群众的有效监督。俗话说：“话不说不透，事不摆不明”，根源找到了，镇党委、政府决定从加强基层民主建设、畅通民主渠道入手，实行“村级民主座谈会制度”，既为干部、群众提供一个交流沟通的场所，又把干部的工作公开置于群众的监督之下。民主座谈会制度规定，各村在坚持日常矛盾纠纷排查调处工作的基础上，每季度召开一次有镇领导、包村干部、党员代表、群众代表、村两委会班子成员、法制宣传员，特别是必须邀请已经下台的干部和正在信访的群众参加的村级民主座谈会。为落实好这项制度，全镇以工作片为单位成立了包片领导和包村干部为成员的8个督查小组，负责组织并参加本片各村民主座谈会。镇党委、政府研究制定了座谈会会议程序、表决方法和备案制度、报批制度、责任追究制度，还规定了会议的公平、公开原则、体现群众利益原则、依靠法律政策原则和民主集中制原则。工作中，我们坚持抓早、抓小、抓苗头，全镇所有包片领导和机关干部，一方面通过各村干部随时了解掌握情况，另一方面进百家门，知百家情，深入农户了解问题，确保把各种矛盾纠纷及时排查出来。与此同时，我们着重加强了矛盾纠纷汇总分析工作，坚持包片干部随时汇总，镇综治办每半月汇总，镇政法书记每月主持召开一次协调会议，对矛盾纠纷进行重点分析，协调解决。每季度召开座谈会之前，镇里都首先召开党政联席会，根据平时掌握的情况，对55个行政村分类排队，按照存在问题的多少和严重程度分为好、中、差三个档次。召开座谈会时，评为好的村，由包村干部参加；问题多的村，镇党委书记、镇长必须参加。群众在座谈会上可以畅所欲言，把需要解决的问题和心里的想法一吐为快。

二、干部为民办事，群众说话顶事。对座谈会上村民提出的问题和意见，当场可以解决的，镇、村干部必须马上解决；对一时解决不了的，则当场做出说明或答复，但须得到与会村民的一致同意；如果有人提出不同意见或有些情况需要进行核实，现场无法给村民满意答复的，镇村干部要向村民说明情况，并确定解决问题或答复意见的期限，取得村民的谅解。我镇自实行“村级民主座谈会制度”以来，取得了很好的效果：一是对不称职干部及时调整，消除群众的思想疑虑，增强他们对党组织的信任感。大侯庄村原党支部书记在任期间工作不负责任，未经必要的民主程序，就擅自决定将村里的近10万元用于清挖水渠，但完工后根本无水可用，群众意见很大。镇党委、政府及时组织该村召开民主座谈会，根据与会党员、群众代表的强烈要求，决定免除其该村党支部书记的职务，重新选举任命了党员群众满意的新支书。还有小侯庄村的党支部书记工作方法简单、粗暴，因主观臆断，给村集体经济造成很大损失，引发部分群众到镇里上访。镇党委、政府通过民主座谈会，很快查明情况，调换了村支书。这两项肯定和支持群众意愿，撤换村党支部书记的实际行动，使在任村干部在忠于职守、廉洁奉公、发扬民主等方面受到了深刻的教育和警示；也使全镇群众在行使民主权利，监督权力运行等方面得到了很好的锻炼和鼓舞，对在全镇形成讲正气，讲原则的良好风气起到了极大地推动作用。二是为群众办了实事，解决了群众的一些实际问题，改善了干群关系。全镇广大农民群众看到了镇村两级班子为群众排忧解难的诚意，改变了过去主观上与干部对立的态度，一部分人由过去到处告状，变为现在积极向干部进言献策。在去年召开的村级民主座谈会上，群众对村干部和镇政府提出各方面建议160条，其中有关村镇发展的建议就占了75条。三是发扬了民主,提高了群众参与管理的意识,推进了村民自治工作的发展。在窝贝厂村级民主座谈会上,群众提出街道不整,柴草乱放,存在发生火灾的隐患,希望政府出面组织治理。镇政府及时派人到村里调查了解,根据现场情况,与村干部研究起草了环境卫生整治方案。方案经该村党员、群众代表大会通过后,对全村环境卫生进行了专项治理,受到村民欢迎。四是消除了干部之间的隔阂误解。新当选的泥窝村党支部书记和连任的村委会主任,曾在选举时发生过误会,工作中难以协调一致。在民主座谈会上,村主任提出党支部书记在村委会选举时帮别人拉选票的问题,村党支部书记当场作出解释,说明了真实情况,消除了两人之间的误解,使班子走向了团结。五是增强了工作透明度,澄清了群众的疑问。南在沽村群众代表在座谈会上提出了党支部书记欠缴承包费问题,镇干部当场要求其讲清原因,党支部书记说明了常用自己的钱垫付村里的支出,手里存有合法票据,打算到年底交承包费时,用票抵承包费的理由。经核查情况属实,得到了群众的认可。会上村民还提议,今后村里开支有困难时可走正当借款手续,不应再与承包费搅在一起,镇村干部诚恳接受,使村民们很受感动。六是提高了干部群众依法办事的能力。今年三月,糙甸村村委会与该村村民周某因土地承包合同问题产生纠纷。村委会已经在法院起诉周某违反合同。在民主座谈会上,镇政府司法人员与村干部、周某共同探讨《合同法》,逐条分析双方所签的合同条款,讲清道理后,周某主动作出让步,村委会则同意撤诉,双方握手言和。七是化解了大量矛盾纠纷,消除了不稳定隐患。两年来,通过村级民主座谈会,共解决各种问题600余件,其中解决群众上访(包括信访)285件,主动工作,避免上访240件,落实群众合理化建议75件。目前,群众的信访问题仍然存在,但信访量由过去的每月十几件减少到现在的每月一、两件。

三、营造和谐氛围,促进经济发展。通过实行"村级民主座谈会制度",进一步完善了矛盾纠纷排查调处工作的形式和内容,对维护农村稳定的效果十分明显,有力促进了经济和社会各项事业的蓬勃发展。现在,我镇群众相信座谈会、支持座谈会、积极参与座谈会,有了矛盾问题都愿意拿到座谈会上去解决,主动打消了到镇里、区里上访告状的念头。群众心里疙疙瘩瘩的事情少了,情绪理顺了,干群关系密切了,共谋发展的劲头足了。我镇葫芦窝村自实行"村级民主座谈会制度"以来,干群关系越来越融洽,全村上下心齐气顺,干部群众谋发展的聪明才智得以充分发挥。去年,在村两委会组织下,该村成立了"三辣"经济人队伍,为村民经济作物促销,使全村增收60万元;村委会与天津市蔬菜研究所联系"定单农业"合作项目,研究所与村民签订500亩优质蔬菜定单合同,使农民增收40万元;经村民提议,该村率先开发了50亩养殖小区,由村干部牵线,还引进肉牛饲养项目,取得了很好的经济效益。由于该村和谐稳定,发展环境良好,在全镇最早取得信誉村资格,90%的农户享受到信用社发放的优惠贷款,为该村经济发展增加了后劲。在发展经济的同时,该村还注重政治文明和精神文明建设,村干部与群众共同制定了村民自制章程,投资在村里修建了体育文化娱乐场地。现在,该村干部群众全面建设小康的劲头越来越足。在"民主座谈会"的促进下,我镇其他村像葫芦窝村一样,普遍发生了新的变化。两年来,经镇村两级组织的帮助,全镇农民群众向信用社贷款2000多万元,大力发展养殖业,已有半数的村建起了养殖小区。和谐稳定的发展氛围有力促进了我镇市场繁荣和经济快速发展。2003年,我镇引进500万元以上投资项目5个,共吸引外资2亿元,新增农民就业2000人;2004年第一季度,又引进投资项目7个,其中中美合资投资1亿元项目1个;中韩合资投资5000万元项目1个;投资1 000万元以上项目5个,年内可确保这些项目落户我镇,预计再增农民就业3500人。

天津市社会治安综合治理委员会组成人员

主　任：宋平顺　市政协主席、市委政法委书记

副主任：陈洪江　市人大副主任

孙海麟　副市长

曹秀荣　市政协副主席

张柏峰　市高级人民法院院长

李宝金　市人民检察院检察长

委　员：王树良　市委副秘书长

吴吉栋　市委政法委副书记

肖凤祥　市委政法委副书记、市公安局党委书记

韩华民　市委政法委副书记

武书昌　市人大内务司法委主任

梁文忠　市纪检委副书记、市监察局局长

齐二木　市委组织部副部长

于瀛沪　市委组织部副部长、市人事局局长

张秉诚　市委宣传部副部长

张炳学　市委统战部副部长

张　环　市委工业工委副书记（2004年12月8日离任）

邵　彪　市委工业工委副书记（2004年12月8日任命）

沈东海　市委规划建设工委书记

王海福　市委综合经济工委副书记

刘明哲　市委交通口岸工委书记

崔镇锡　市委商业工委副书记（2004年12月8日离任）

李国林　市委商务工委书记（注：商业工委与外经贸工委合并改为商务工委）

杨希禄　市委教卫工委副书记

郑守森　市委农村工委书记

李　平　市委科技工委副书记

任　焱　天津开发区保税区工委副书记（2004年12月8日离任）

张小林　天津开发区保税区工委副书记（2004年12月8日任命）

邢铁隆　市委、市政府信访办主任

刘凤山　市总工会副主席

王之球　市妇联主席

吕福春　团市委书记

王　勇　天津警备区政治部副主任

郭林青　天津武警总队队长（2004年12月8日离任）

刘晓健　天津武警总队队长（2004年12月8日任命）

刘广炬　市司法局局长

董海舟　市国家安全局局长

董皓然　市民政局局长

武长顺　市公安局局长

黄新华　市第一中级人民法院院长

宁殿芳　市第二中级人民法院院长

李柏华　天津海事法院院长

李新民　市人民检察院一分院检察长

马世民　市人民检察院二分院检察长

杨福刚　市财政局局长

唐延芹　市劳动和社会保障局局长

石　栋　市工商局局长

高凤俊　市广播电视电影局局长（2004年12月8日离任）

胡兴华　市广播电视电影局局长（2004年12月8日任命）

方伯敬　市文化局局长

成其圣　市新闻出版局局长

赵桂芬　天津海关关长（2004年12月8日离任）

黄胜强　天津海关关长（2004年12月8日任命）

张喜坤　中国人民保险公司天津分公司总经理（2004年12月8日离任）

张铁鞠　中国人民保险公司天津分公司总经理（2004年12月8日任命）

张久祥　市公安消防局局长
罗　昭　市监狱局局长
周长利　市劳教局局长
高从善　市综治办主任

天津市社会治安综合治理委员会办公室规格为副局级，主任：高从善，副主任：廉伫。定编12人，下设2个职能处：综合协调处、基层指导处，规格为处级。

天津市、县（市、区）综治委、办主任名单

地　区	综治委主任	综治办主任
和平区	刘　琨	吴田娃
河东区	陈彦云	王绍元(2004/6免)
河西区	沈家聪	杨美荣
南开区	佘清文	谢桂林
河北区	刘民选	刘月明
红桥区	王怀仁	赵云生
塘沽区	荣建勋	安湛华
汉沽区	曹玉霞	邸国荣
大港区	王伟庄	孙建华
东丽区	尚德来	王　义
西青区	崔祥昌	辛培起(2004/11免)
津南区	李国文	刘金友
北辰区	袁树谦	王凤和(2004/11免)
武清区	袁桐利	张林才
宝坻区	高永志	王瑞海
蓟　县	慈树成	王术华
宁河县	王志合	庞宗湖
静海县	陈立东	高善庆(2004/3免)

（撰稿人：王　健　高显瑞　陈　静
审稿人：高从善　廉　伫　李宝柱）

河　北　省

2004年社会治安综合治理工作概况

2004年，在省委、省政府的正确领导下，在中央综治委的指导下，全省综治工作认真贯彻党的十六届四中全会精神，坚持“打防结合、预防为主，专群结合、依靠群众”的方针，始终保持对各种违法犯罪活动的高压态势，不断推进社会治安工作重点向防范转移，社会治安防控体系建设、矛盾纠纷排查调处和基层基础等各项工作取得了显著成效。群众安全感进一步增强。据省统计局全省群众安全感的调查结果显示，全省92.3%的被调查对象认为“安全”或“基本安全”，高于全国平均水平1.5个百分点。中央综治委对我省社会治安综合治理工作的考核结果显示，河北省总得分为91.772分，被评为优秀。

一、各级党委、政府高度重视，给予强有力的领导和支持

省委、省政府高度重视综治工作。先后3次召开全省性会议，研究部署综治工作。省委、省政府主要领导多次作出重要指示和批示，对事关综治工作全局的问题提出明确要求，亲自深入基层调查研究，指挥处理重大事件。完善综治立法工作，省人大常委会先后修正和颁布了《河北省社会治安综合治理条例》和《河北省奖励和保护见义勇为人员条例》。进一步加强了省综治办领导班子建设。各级党委、政府特别是党政“一把手”都亲自研究部署社会治安综合治理工作，着力解决综治人员、经费等问题。

二、深入开展严打斗争和重点整治，社会治安秩序明显好转

在全省开展了“命案必破”专项行动，命案侦破率达到91.3%。“严打整治百日会战”取得了显著成效。还先后组织开展了高速公路治安秩序整治和学校、幼儿园及周边治安秩序整治等专项行动，相继侦破了一批在全省有影响的案件，社会治安秩序明显好转。2004年，全省公安机关共破获各类刑事案件104 702起，抓获犯罪嫌疑人55 169名。不断加大治安混乱地区的重点整治力度，巩固严打成果。省综治办挂账督办36个重点治安混乱地区，年内全部改变了治安落后的面貌。

三、以实施“社会安全工程”为载体，不断加强社会治安防控体系建设

各地把实施“社会安全工程”作为维护社会治安秩序，确保社会稳定，建设“和谐河北”的重要措施，强力推动社会治安防控体系建设。调整警力，整合力量，着力强化社会面、社区、农村的治安防范。广泛应用科技成果促进治安防范。加强对危爆物品和流动人口、刑释解教人员、青少年等特殊人群的管理。在全省建立了民用危爆物品信息管理系统。安置帮教工作力度进一步加大。扎实深入开展铁路护路联防工作。

四、以“三所一庭”规范化建设为突破口，夯实基层基础

把加强“三所一庭”规范化建设作为加强社会治安防控体系建设的基础性措施，强力推进。截至2004年年底，全省开工新建、改扩建所（庭）共2 676个，其中派出所1 071个、司法所1 250个、看守所55个、法庭300个，已完成全省三年规划总数的81.3%，增加建筑面积95.7万平方米，投入到位资金7.9亿元，基层政法单位办公条件、设施和技术装备得到明显改善。

五、加大矛盾纠纷排查调处和治安隐患排查整治工作力度，预防和妥善解决了一大批矛盾纠纷和治安隐患

进一步健全矛盾纠纷排查调处工作领导机制。制定了《关于进一步加强矛盾纠纷排查调处工作的意见》。从2004年6月1日到8月31日，集中三个月开展了“抓排查调处矛盾纠纷、抓排查整治治安隐患，确保社会稳定”(即“两抓一保”)工作，成效明显。从2004年11月下旬开始到2005年3月底，在全省开展了群体性事件隐患苗头大排查大调处活动。在全国群体性事件上升的情况下，我省群体性事件发生起数和参与人数同比分别下降24.3%和30%。石家庄市加强人民调解工作的经验，受到中央领导罗干、周永康同志的充分肯定，中央综治委和司法部在全国予以推广。

六、落实综合治理领导责任制，推动综治工作深入开展

各级各部门自觉把综治工作纳入年度工作计划，切实加强领导。省综治委(办)先后组成20余个厅级领导带队的督导组和40多个处级干部带队的暗访调研组，深入各市、县(市、区)进行督导、检查。2004年，省、市两级共评选表彰综合治理先进单位858个，综合治理先进个人1 039名。全省各级共否决单位67个，否决个人62个，查究责任单位112个，查究责任人69名。

“严打整治百日会战”情况

为维护党的十六大和十六届四中全会以及国庆55周年庆典期间社会稳定，大力实施“社会安全工程”，推进“和谐河北”建设，2004年8月27日至12月31日，全省各级政法、综治部门紧紧围绕“侦破一批影响严重、性质恶劣的重特大案件，挖出一批称霸一方、作恶多端的犯罪团伙，依法从重从快打击处理一批罪行严重的犯罪分子，抓捕一批在逃犯罪分子，排查解决一批矛盾纠纷，整治一批治安隐患”的工作目标，在全省开展了声势浩大的“严打整治百日会战”，取得了明显成效。2004年9至12月份，全省刑事发案36 298起，同比下降6.7%；共立命案481起，破获455起，破案率达到94.59%；共排查调处民间矛盾纠纷18 116件，化解17045件，防止纠纷激化814起；省综治办挂账督办的36个社会治安重点以及其他社会治安重点区域得到彻底整改。

一、高度重视，大力支持

省委、省政府对“严打整治百日会战”非常重视，省委书记白克明、省长季允石等省委、省政府主要领导同志多次作出批示和指示，给予了有力的领导和支持。原省委常委、政法书记刘金国同志直接组织部署，亲自指挥调度，98次作出重要批示，确保了“百日会战”向纵深发展。省委政法委、综治委6次召开调度会分析形势，研究制定具体措施。各市党委、政府始终给予了强有力的领导。石家庄、衡水、廊坊、张家口、沧州等市委、市政府主要领导同志深入一线指导，帮助基层解决了大量实际问题和困难。全省共投入17 371.7万元，为“百日会战”的深入开展奠定了坚实的物质基础。

二、集中警力，全力攻坚克难

首先，紧紧抓住大案要案，全力开展破案攻坚。省委政法委对重大案件进行挂账督办，两次逐案听取案件侦破情况汇报，督促公安机关集中优势警力，快侦快破。各级公安机关把省委政法委、省公安厅督办案件、命案等大案要案作为主攻方向，组织精干警力，全力攻坚。其次，以盗窃、抢劫、抢夺等多发性侵财犯罪和黑恶势力犯罪为重点，沉重打击现行犯罪分子的嚣张气焰。针对秋冬季节“两抢”、“两入”等侵财性犯罪突出的特点，全省公安机关集中警力，掀起打现行高潮。“会战”期间，共抓获14 618名现行犯罪分子。全省公安机关共打掉犯罪团伙2 000个，其中涉黑团伙2个，恶势力犯罪团伙18个，共抓获成员8 211名，破获案件15 525起。最后，多策并施，全力追逃。省公安厅、省法院、省检察院、省司法厅联合发布《关于敦促违法犯罪嫌疑人投案自首的通告》，敦促在逃犯投案自首，争取宽大处理。各级公安机关充分利用网上作战的优势，采取组织追捕、集中搜捕、公开通缉、挂牌督捕等措施，加大对在逃犯罪嫌疑人的缉捕力度。在严打的强大声势和政策感召下，1361名犯罪嫌疑人到政法机关投案自首。全省共抓获省级督捕逃犯63名，市级督捕逃犯367名。

三、强化治安重点区域整治，加大治安防控工作力度

一是摸清治安重点区域底数，制定整治方案。各级各部门共排查出302个治安重点区域，并逐个制定出针对性强的整治方案，明确整治任务和重点。省护路办组织开展了“百日安全铁道线”竞赛活动，利用三个月时间对全省铁路沿线废旧金属收购冶炼点进行专项清理整治，实现全省铁路及周边地区治安环境明显好转。石家庄市针对南三条市场商户密集、人员复杂、治安和消防隐患较多的情况，开展了“一打三排两整治”（打现行犯罪，排查治安隐患、消防隐患、矛盾纠纷，整治经营秩序、交通秩序）活动，取得明显成效。秦皇岛市针对“首钢秦板基地周边治安问题”，先后召开市县两级14个整治成员单位参加的专题会议9次，组织大规模集中统一行动30余次，进行了综合执法整治。邯郸市针对武安矿区爆炸物品使用量大、隐患多的实际问题，开展了为期三个月的矿区专项治理行动，对已取缔的177个非法矿点和停产整顿小煤矿进行严格监控，有效防止了爆炸事故和爆炸物品流失、被盗。二是整建结合，强化防范。廊坊市在对大学城治安问题整治的基础上，建立了2个警务室，安排2部警车、10辆摩托车和2个步行巡逻队进行24小时巡逻，严密社会面控制。石家庄市构筑了8横14纵主要街道和172个防范责任区；保定市在各县（市）推广了“一区一车一台四警”网格化布警新机制；邯郸市在市区推行了“外围封堵网、街道干线巡控网、社会防控网、内部防控网”四大防控网络。各企事业单位积极建立健全治安保卫、民事调解等组织，健全制度，规范管理，完善工作机制，做到看好自己的门，管好自己的人，办好自己的事。

四、强化责任，加强督导，狠抓各项工作措施的落实

一是实行领导包市责任制。省直政法部门领导班子成员全部分包市，深入基层政法单位，指挥协调，加强督导。二是对重大案件、治安重点实行挂账督办。省、市政法部门对杀人案件和重大恶性案件实行挂账督办，逐一明确包案领导和办案责任人，限期侦破。现行命案七天未破的，由市级公安机关挂账督办；一次杀死两人的，由省公安厅挂账督办；杀死三人以上的，由省委政法委直接挂账督办。省委政法委将督办案件侦破情况列入考核指标体系，对侦破挂账督办案件的及时发出贺电，鼓舞干警士气。省综治办对重大治安问题逐一挂账督办，多次调度，强力督导。三是组织督导组赴各地督导检查。省委政法委从省直政法部门抽调11名厅级干部，分别带队赴11个市进行督导检查，推动工作措施落实。省委政法委还6次派出由处级干部带队的调研检查组，不打招呼，直接深入基层，检查“会战”开展情况。省、市政法部门也派出了由领导干部带队的督导组，深入基层督导检查。四是严明责任，严格奖惩。省委政法委把“百日会战”作为考核各级政法部门工作实绩的重要内容，各级政法机关的主要领导是“百日会战”第一责任人，主管领导是直接责任人。各地各政法部门把各项工作目标、任务落实到具体单位、落实到每一名干警身上，做到了人人有任务、个个有责任，每名干警都有压力。省委政法委专门制定了“会战”考核方案，通过考核，各市都较好地完成了预期目标。为此，省委政法委决定11个市均为“严打整治百日会战”优胜单位，各奖励40万元。

铁路护路联防工作情况

一、结合实际，务实创新，扎实开展各项活动

一是结合“综治宣传月”，组织开展爱路护路宣传月活动。为进一步提高沿线群众爱路护路意识和法律意识，打牢群防群治的基础，全省各市按照省护路办的部署，采取制作宣传牌、刷写墙体标语、设立警示牌、出动宣传车、制作铁路治安案事件图片展板、散发爱路护路宣传材料、深入乡村和集市进行巡回宣传、播放护路专题片等群众喜闻乐见、直观形象的多种形式，宣传《铁路法》、铁路安全常识以及有关法律法规。沧州泊头市组织专职护路队员和协管员开展“联百户、交百人、发百份(宣传材料)”活动。承德市兴隆县六道河中学、北戴河区蔡各庄小学开展了“小手拉大手”、“爱路护路教育带动工程”，使爱路护路宣传从学校走向家庭、从家庭走向社会，实现了经常化、制度化、社会化、多样化。

二是开展排查整治活动，净化沿线治安环境。我省坚持“打防结合，预防为主”的方针，坚持经常性治安隐患排查和重点整治相结合，采取小区域、小规模的专项治理相结合的方法，对沿线突出治安问题进行综合整治。6月15日至8月15日，以严防破坏铁路设施和群体性冲击铁路拦截列车事件以及危行事件为重点，在全省铁路沿线组织开展了治安隐患排查整治活动。省护路办从全省各地排查出162个治安隐患和不稳定因素中，筛选出15个突出的治安问题，实行省、市护路办分级挂账督办，解决了一批铁路沿线存在的影响铁路安全的突出问题。11月18日，结合全省“严打整治百日会战”第二阶段部署，省护路办再次发出通知，组织开展第二轮排查整治活动。石家庄石太线扒窃焦炭问题出现反弹，邢台沙河市白塔镇段村民扒盗铁精粉问题突出，经过省、市护路办、公安局和铁路部门联手整治，遏制了扒盗铁路运输物资事件的发生。据统计，2004年全省铁路沿线没有发生危及铁路行车的重大案(事)件，一般治安案(事)件较去年同比下降23%，仅石家庄铁路分局管内的货盗案件较去年就下降了19.1%。

三是开展铁路沿线3华里内废旧金属收购(冶炼)站点专项清理整治行动。借助全省“严打整治百日会战”的强劲东风，省护路办与北京铁路局在2004年9月初联合制定并以省综治委文件印发《关于对全省铁路沿线废旧金属收购(冶炼)站点开展专项清理整治行动方案》，对全省范围内的铁路沿线废旧金属收购(冶炼)站点开展专项清理整治行动。省护路办、省发改委、省工商局、省公安厅、北京铁路局联合组成5个组开展检查督导，全省11市及沿线县(市、区)组织协调各有关部门联合行动，加大工作力度，实施综合治理。截止12月1日，全省铁路沿线3华里内的废旧金属收购(冶炼)站点736个，依法取缔37个，处罚32个，吊销营业执照26个，责令停业整顿52个，向外搬迁34个，公安机关立案查处案件1起，整治行动将于2005年3月底结束。中央护路办专门发出简报，在全国推广。

四是开展“百日安全铁道线”竞赛活动。为配合全省“严打整治百日会战”，省铁路护路联防领导小组决定从9月1日至12月10日，在全省铁路沿线县以下基层单位开展“百日安全铁道线”竞赛活动。各级党委、政府高度重视，各基层组织、部门、单位迅速行动，积极响应，认真谋划，制定方案，层层发动，广泛参与，在全省上下形成了县与县之间、乡与乡之间、村与村之间、部门与部门之间、学校与学校之间、护路中队与护路中队之间，争一流、创先进的浓厚氛围。省委领导批示称赞“这就是创造性地工作”。为了树先奖优，推进工作，省铁路护路联防领导小组从护路经费中拨出32万元，对“百日安全铁道线”竞赛活动中成绩显著的8个县(市、区)、15个部门、24个基层组织和单位、13个护路大队、20个护路中队予以通报表彰，并分别颁发优胜单位奖牌和5000元、3000元、1000元奖金，以资鼓励。

二、全力做好重要时期的铁路护路工作

全国"两会"、暑期、党的十六届四中全会是2004年我省各级党委、政府、各部门、各基层组织集中实施护路的重要时期。全国"两会"和党的十六届四中全会期间，全省各级共组织政法各部门干警、党政机关干部、沿线群众和专职护路队员3万余人。全省护路人员制止卧轨自杀事件7起，避免危及行车事故14起，协助抓获犯罪嫌疑人4名，阻止外省人员沿铁路进京上访1起。暑期中，增加临时护路队员436名，充实加强护路力量。省护路办派出督查组，常驻京秦铁路暑期通道，组织秦、唐、廊三市护路办负责人逐段、逐岗进行巡回联合督查，发现问题，现场解决。11市和沿线106个县(市、区)成立由主要领导为组长的专门护路领导小组，明确责任任务，并深入护路一线，检查督导，慰问护路人员。省、市、县三级护路组织与北京铁路局和各铁路分局协作配合，先后召开路地联席会议达30多次，共同解决突出问题20余件，出色地完成了重要时期的护路任务。

三、加强队伍管理，提高整体素质

年初省护路办作出部署，对全省100多支护路联防队伍进行整顿，对1 500多名专职铁路护路联防队员进行严格的重新审核登记。对147名超龄及不适合从事护路工作的队员予以解聘。省护路办2004年先后在石家庄鹿泉市和保定高碑店市举办市、县护路工作人员和护路大队长参加的培训班。同时，省护路办为全省1 500多名专职护路队员办理了人身意外伤害保险，调动了队员的工作积极性。

四、规范护路经费的管理使用，为护路工作提供经费保障

省护路办坚持一年一次接受省审计厅的审计和省护路办对市、县护路经费管理使用情况一年一抽查、两年一全面检查的制度。在检查指导、调研的基础上，重新修订了《河北省铁路护路联防经费管理使用补充规定》，并分两批对11市护路办财务人员进行了培训，确保不发生违反财经纪律的问题和80%以上的护路经费用于护路一线。省审计厅对省护路办2004年度财务收支情况进行了审计，对省护路联防经费的管理和使用情况给予肯定。

"两抓一保"工作情况

2004年5月25日至8月底，全省开展了"两抓一保"(抓矛盾纠纷排查调处、抓治安隐患排查整治，确保社会稳定)专项整治活动，化解了一大批影响稳定的矛盾纠纷，整治了一大批危害人民群众生命财产安全的治安隐患，有力地维护了全省社会稳定。全省共排查矛盾纠纷和治安隐患65 721件，调处化解和整治解决59 461件，调处办结率90.4%。其中，排查集体上访苗头4 096件，调处化解2 646件；排查群体性事件苗头1 369件，调处化解1 007件；排查治安隐患17 802件，整治16 427件；排查民间矛盾纠纷23 533件，调处化解22 289件；排查安全生产隐患18 921件，整治解决17 092件。

一、认真部署，迅速展开工作

省委办公厅、省政府办公厅转发了省社会治安综合治理委员会、省维护稳定工作领导小组《关于集中开展矛盾纠纷排查调处和治安隐患排查整治确保社会稳定的工作意见》。5月29日，省社会治安综合治理委员会、省维护稳定工作领导小组召开全省"两抓一保"工作电视电话会议，部署了在全省开展为期3个月的"两抓一保"工作，要求各级各部门要紧紧围绕安全稳定大局，突出抓好影响本地区社会政治稳定的重大隐患和突出问题，可能引发大规模群体性事件和集体上访、异常上访的苗头性问题，可能转为刑事案件的矛盾纠纷，可能发生重大治安灾害事故、重大刑事治安案件和重大安全生产事故的隐患四个重点，深排细查，突出重点，大力调处整治，整体推进。省直部门和各市认真贯彻落实会议部署，按要求成立了组织和协调机构，并结合本地本部门实际制定了具体实施方案。各市、县(市、区)主要领导对"两抓一保"工作作出了批示，有的还亲自对"两抓一保”工作进行动员部署，提出要求。

二、采取有力措施，强力推进，确保取得实效

一是各级党政和部门领导加强调度、督导。省委、省政府领导对“两抓一保”工作作出批示，提出指导意见。并召开会议进行调度，要求全省各级各部门通过过细地工作，把各类矛盾纠纷和治安隐患排查出来，把排查化解工作做深、做细、做扎实。各级各部门主管领导同志定期对重点部门、重点工作进行调度和协调。省公安厅围绕刑事侦查抓破案、暑期保卫抓防范、治安隐患抓整治三个中心任务，对内部单位、公共复杂场所、重要路段的消防、安全、交通秩序管理等进行了认真清查。省国资委组织开展了“安全生产月”活动，两次召开省属大中型企业调度会，对安全生产隐患、群体性事件和影响企业安全稳定的重点信访案件进行了个案调度。省派出由厅级干部带队的7个督导组，分赴各地对“两抓一保”工作开展情况、省挂账督办案件办理情况进行调研督导，推动了全省“两抓一保”工作的顺利开展。唐山、保定、秦皇岛、邢台、沧州等市还从市直有关单位抽调副县(处)级领导干部任组长的督导组，分赴各县(市)、区进行督导检查。

二是明确责任，充分发挥部门职能作用，化解矛盾，消除隐患。各主管部门对本部门分管的各项工作进行了梳理分工，明确了包点、包段、包案领导和责任人，明确责任，明确奖惩，限期整治。省委统战部组织各处室对各市上报的因民族宗教问题引发的重大、疑难矛盾纠纷、宗教教产落实问题进行了梳理，协调民族宗教、公安等部门妥善处理了赵县柏林寺门卫被打等涉及民族和宗教问题的事件、案件。建设、国土资源管理系统认真对一批违法征占耕地、安置补偿政策不落实等案件进行了查处，对景区、公园等公用设施、场所安全隐患和关系国计民生的水、电、气等行业安全隐患进行了排查整治，维护了群众合法权益。

三是结合实际，各有侧重，力争实效。石家庄市公安局根据本市治安工作形势和公安工作实际，决定在全市开展以“破案攻坚、治安防控、隐患排查”为主攻重点的“暑期会战”，以此带动整体工作的开展，确保社会治安的持续稳定。唐山市强力整治中心区突出治安隐患，通过加大重点易发案部位巡逻防控工作力度，加大对重点路段交通违章的整治力度，社会面治安环境进一步得到净化。沧州市青县通过县、乡、村三级共同努力，各部门协调联动，成功调处化解了一起因违约转包耕地问题而引发的跨省耕地纠纷，有效避免了一起赴省集体访的发生。

四是分级挂账，个案督办，集中整治。各级各部门分批筛选了一批情况复杂、牵涉面大和群众普遍关注的突出矛盾和问题，由省、市、县三级分别进行挂账督办。省公安厅筛选47件治安、消防、事故隐患和重点案件，省信访局筛选企业职工上访问题、农村信访问题、城市热点问题、集体访和上访老户、重点疑难访等82件突出案件，分别进行了挂账督办。石家庄、廊坊等市还实行了面对面集中交办，市领导与市直和各县(市、区)涉案部门领导签定了限期整治完成责任状。

三、积极探索，建立健全排查调处和排查整治经常性工作机制

各地逐步建设覆盖面广、反应快捷的信息网络，探索了日常排查、定期排查、集中排查和专项排查相结合等一些长期管用的排调和维护稳定工作机制。石家庄开展了治理大杂院和消防进社区活动，推广了桥西区“警民牵手护家园”、正定县西平乐乡“农村社会治安协会”制度。衡水市实行了维护稳定联席会议制度，对重点事项直接调度，重点调处，扩大了维护稳定成员范围，制定建立了“一把手”问责制度，联席会议制度，周报告、旬调度、月总结通报制度，稳定工作信息反馈制度，分级挂账督办制度，责任倒查追究制等六项制度，实现了维护稳定工作规范化、制度化。保定市在全市全面启动稳定安全预警信息分析例会制度，定期召开民情分析会、情况信息会商会，及时预测各种矛盾纠纷苗头。张家口市经过反复研究论证后出台了《关于强化维护稳定工作责任制和责任追究制的意见》，承德市建立了情报信息报送研判制度、不稳定因素排查制度、重大事件应对和考核制度等维护稳定工作机制。

“三所一庭”规范化建设情况

河北省共有“三所一庭”5 502个，其中公安派出所2 354个、司法所2 197个、看守所157个、基层人民法庭794个。由于历史和经济发展的原因，有1 191个派出所、1 568个司法所、84个看守所、448个法庭，共计3 291个所（庭）办公用房存在面积狭小、陈旧简陋、位置偏僻，群众办事不方便，并且功能不全，不适应当前政法、综治工作需要，影响了基层政法部门战斗力的发挥。2003年，省委、省政府认真贯彻落实中央的有关要求，以加强公安派出所、司法所、看守所、基层人民法庭（以下称“三所一庭”）的规划化建设作为构筑社会治安防控体系的突破口，不断提高社会治安基层基础工作水平，强化预防、控制和减少违法犯罪的能力，充分发挥其维护社会稳定“第一道防线”的作用，省综治委下发了《2004—2005年全省“三所一庭”规划化建设规划》。各地、政法各部门不断加大领导力度，采取有力措施，积极克服困难，推动“三所一庭”规划化建设，取得了明显成效。

一、基层政法单位办公条件、设施得到改善

2004年，全省开工新建、改扩建所（庭）共有2 676个。其中派出所1 071个、司法所1 250个、看守所55个、法庭300个，完成总任务量的81.3%。通过新建、改扩建“三所一庭”，全省累计增加建筑面积95.7万平方米。新建的市区派出所和县（市、区）城镇公安分局办公用房建筑面积多数达到1 000平方米以上，经济状况较好的乡镇派出所办公用房建筑面积达到500平方米以上；基层人民法庭办公用房建筑面积一般达到900平方米以上，司法所普遍达到了有办公室3～5间，有专门人民调解厅。对新建、改扩建所（庭）进一步完善了内部设施，改善了干警工作和备勤条件，极大的激发和调动了广大基层政法干警的工作热情和积极性。

二、基层政法单位规范化建设水平得到提高

全省各地基层政法单位以办公条件和环境改善为契机，不断完善各项工作制度，加强规范化管理，严格整顿纪律作风，通过开展全员培训、岗位练兵等多种活动，外树形象、内强素质，基层政法干警的政治、业务素质和整体战斗力有了明显提高。

三、基层政法单位人员、结构得到优化

全省在基层所（庭）工作的干警有25410人，占县（市、区）干警总人数的40.5%。其中，公安派出所干警占县（市、区）公安干警总人数的38.7%；司法所干部占县（市、区）司法干部总人数的88.1%；基层人民法庭干警占县（市、区）法院干警总人数的24.8%。基层所（庭）长年龄结构、文化结构明显改善。全省公安派出所所长平均年龄39岁，大专以上学历占90%；看守所长平均年龄43岁，大专以上学历占95%；基层法庭庭长平均年龄40岁，大专以上学历占99%；司法所长平均年龄40岁，大专以上学历占73%。

四、基层政法单位技术装备得到加强

各地积极创造条件，采取多种措施，为公安派出所配备了微机和汽车、摩托车等交通工具，更新了必要的通信工具，为看守所更换了先进的监控设备。基层法庭和司法所的装备也有很大改善。

在“三所一庭”规划化建设中，全省各级党委、政府高度重视，采取多种措施，积极推动“三所一庭”规范化建设。一是各级高度重视，组织领导有力。各级党委、政府站在贯彻落实党的十六大、十六届三中、四中全会精神，保持长期和谐稳定的社会环境、维护人民群众根本利益的高度，把“三所一庭”规范化建设作为构筑治安防控体系，列入重要议事日程，及时部署，认真组织实施，采取一线督导、召开现场会等办法，积极帮助解决“三所一庭”规范化建设中的问题和困难。省直政法部门从基层政法单位的基本职责和任务要求出发，着眼发展，制定了建设标准，提出了具体明确要求。各地规划、国土、建设等职能部门在各级党委、政府的统一领导下，积极配合，主动帮助政法部门解决难题，形成了合力。二是广开渠道筹资，建设进度加快。各级党委、政府将"三所一庭"建设经费列入财政预算的同时，积极采取争取国债资金、银行贷款等办法加大资金投入；各级财政部门全额返还政法部门的罚没款，支持"三所一庭"建设；各级政法部门压缩日常开支，多方节省资金，用于"三所一庭"建设。全省共投入到位资金7.9亿元。其中派出所3.2亿元、司法所0.6亿元、看守所2.9亿、法庭1.2亿元。各有关部门采取减免城建配套费、人防异地建设费、水电配套费等行政事业性收费等办法，支持"三所一庭"规范化建设，有力地保障了建设资金，推动了建设的快速发展。三是采取措施具体，强力督导推进。各地明确了政法委书记为"三所一庭"规范化建设的第一责任人，并纳入综治考核内容，普遍采取现场会、签定责任状、纳入综治考核、实施奖惩、调整规划等过硬措施和办法，加大督导力度，全力推动"三所一庭"建设。省综治委在石家庄、衡水等地多次召开全省现场会推广各地建设经验，多次召开电视电话会议进行调度，建立了各地"三所一庭"规范化建设档案，做到一县一档。各地紧紧抓住城市中心区、贫困县等地"三所一庭"建设难度大等重点、难点问题，采取置换、拍卖、内部调剂、利用闲置房屋等办法解决，加快建设进度，强力攻坚。同时，不断加大对"三所一庭"规范化建设的督导检查，各市主管领导和政法委书记深入实地，逐所检查、具体督导。各地积极采取奖励措施，调动各级建设工作的积极性，推动工作顺利开展。四是注重全面建设，发挥作用明显。各地在抓好"三所一庭"硬件建设的同时，积极抓好软件建设，注重全面提高。各级各部门紧紧抓住"三所一庭"规范化建设的有利时机，按照"人要精神、物要整洁、说话和气、办事公道"的要求，狠抓软件建设，在正规化上下工夫，对办公秩序、内务秩序、生活秩序实施了规范化管理。坚持从严治警，加强纪律作风建设，深入抓好各项禁令和纪律的执行，健全举报投诉制度，规范受理、登记、交办、查处、反馈程序。通过严格的规范化管理，基层政法干警的整体素质和战斗力有了明显提高。同时，各地通过实施"五小工程"，进一步加强基层政法单位内部功能建设，改善民警工作生活环境。各级政法机关积极优化警力配置，精简机关，压缩非实战警力，充实基层。市、县(市、区)政法部门采取多种措施下调干警，充实一线。特别是在城区加强了社区警务室建设，充分发挥职能作用，建立健全快速反应机制。在农村实施推广民警驻村制、巡防制、包片制等警务制度提高了农村治安防范能力。把派出所、巡警、治安巡防队等力量有机整合，加强对社会面控制，建立打防控警务体制，形成一体化格局，较好地扭转打防脱节、力量分散、效率不高的局面。通过对"三所一庭"规范化的建设，进一步提高了基层政法单位在打击犯罪、治安防范、矛盾纠纷排查调处等方面的能力。

预防青少年违法犯罪工作情况

一、高度重视，全面部署

省委、省政府和各级党委、政府高度重视预防青少年违法犯罪工作，进一步加强了各级预防青少年违法犯罪领导小组及其办公室建设，健全机构，加强领导，为各项工作的顺利开展提供了组织保障。各地各部门将预防青少年违法犯罪工作列入重要工作日程，认真安排部署，深入动员，协调联动，相互配合，积极落实各项工作措施，为预防青少年违法犯罪工作的开展创造了良好的社会环境。

二、各部门密切配合，齐抓共管

领导小组各成员单位按照年初的工作部署，认真贯彻落实河北省预防青少年违法犯罪工作领导小组会议精神，结合各自的分工和职能，开展了卓有成效的工作。新闻出版部门开展"打击盗版教材教辅专项治理"和"打击有害卡通画册和淫秽色情'口袋本'图书专项治理"活动；文化部门积极采取措施，开展网吧专项治理活动；法院系统结合审判业务，开展法制教育和跟踪帮教工作，不断增强青少年法制观念，预防和减少青少年重新犯罪；

公安机关加强娱乐服务场所管理，严厉打击危害青少年的犯罪活动，对校园周边治安、交通秩序和文化娱乐场所进行了专项治理，有效地打击了危害青少年学生身心健康的各类违法犯罪活动；检察机关对未成年人犯罪案件实行受案、审查、公诉和监管改造一条龙，教育感化、挽救、维权一条线，使未成年人犯罪案件办理程序更加规范。司法、教育、宣传、妇联、广电等部门也结合自身工作职能，积极配合预防工作。

三、深入开展法制宣传教育活动

一是不断丰富青少年法制教育内容和形式。为增强青少年法制教育的针对性和实效性，省预防办联合省司法厅、教育厅、综治办等单位，利用《警钟在黎明敲响》、《关爱明天》等法制教育电视片，对青少年进行生动形象的安全法制教育。积极发掘、建设青少年自护教育基地，发挥各级各类教育基地、学校、社区的主阵地作用，深入开展青少年法制警示教育活动，增强了家庭、学校、社会共同作好预防青少年违法犯罪工作的责任意识。针对“马家爵事件”所带来的沉重思考，省预防办联合省司法厅、教育厅及时下发通知，在高校大学生中有针对性地开展了法制宣传教育活动，防止和避免类似事件的发生。二是继续开展社区“青少年法律学校”创建活动。通过聘请优秀“青少年维权岗”专业人员、学校法制副校长、从事法律工作的离退休老同志，担任青少年法律学校的志愿讲师或辅导员，结合不同年龄阶段学生的身心特点和本地区的实际情况，以青少年法律学校为阵地，开展各种法律宣传教育和法律实践活动，使社区青少年法律学校日益成为青少年接受法制教育基础平台。三是发挥省青少年维权中心、省青少年犯罪研究会等青少年法律结构的作用，深入学校、社区、工地等进行法律宣传和法律咨询等活动。

四、不断优化青少年成长环境

一是深入实施“社区青少年远离毒品”行动。在6·26国际禁毒日活动中，先后以“远离毒品、关爱未来”为主题，举办了“中国禁毒志愿者汽车万里行”河北行活动和“走进阳光，远离毒品”大型禁毒公益演唱会，并命名省禁毒所为“河北省青少年禁毒警示教育基地”，使广大青少年了解毒品的危害、预防毒品的基本知识及禁毒政策与法律法规，掌握拒绝毒品的方法与技能，增强广大青少年拒毒、防毒、禁毒的意识。二是继续开展河北省“优秀青少年维权岗行动月”活动。全省11个系统的161家省级以上优秀“青少年维权岗”和广大基层单位，紧紧围绕维护青少年合法权益，预防和减少青少年违法犯罪开展了丰富多彩的活动，对涉及青少年用品的市场、商品及活动场所进行检查，有效地净化了青少年生活环境。三是变管理为引导，变教育为服务，为广大进城务工青年创造良好的社会环境。在“五四”前夕，组织了关注农民工子女的河北省心手相连社区志愿者与未成年人结对活动，全省共结成对子5 500多个。

五、采取有效措施，推动工作落实

一是加大对各地预防青少年违法犯罪工作的督查力度。在全省深入开展预防青少年违法犯罪工作检查和自查活动，帮助基层完善工作机制，促进各项工作措施的落实，有力地推动了基层预防工作的开展。二是充分发挥河北省青少年维权中心的作用。坚持“抓典型、强宣传、促维权”的工作思路，以典型案例为突破口，做好青少年案件的法律诉讼和维权工作，使中心切实当好青少年的“法律代言人”和“忠实保护神”。三是以“青少年违法犯罪社区预防计划”为统揽，促进基层预防工作的全面开展。在社区内广泛动员各方面力量，整合社区资源，建立完善预防青少年违法犯罪工作组织网络和阵地网络，组建专兼职相结合的青少年工作队伍，健全预防青少年违法犯罪的工作机制，推进党委统一领导、部门分工负责、社会广泛参与的工作局面。四是深入实施《共青团中央防治艾滋病战略规划》，广泛开展“青春红丝带行动”。由共青团河北省委、河北省卫生厅、河北医科大学联合举行“青春红丝带”行动——青少年防治艾滋病志愿者宣传教育活动。共发放宣传资料10000余份、张贴宣传画200多张，引导广大青少年掌握防治艾滋病基本知识。

实施“护城河工程”情况

河北省环绕首都北京，是京畿重地，保定、廊坊、承德、张家口4市的14个县(市、区)58个乡镇、195个行政村和北京的9个区(县)接边，接边地界长达680多公里，有17条铁路公路干线、125个重要路口、1 200多条乡间小道通往北京。我省的稳定直接关系首都的稳定，做好河北省的稳定工作对于维护首都稳定具有特殊的重要意义。

一、各级党政和有关部门领导把实施“护城河工程”当作一项政治任务，切实加强组织领导

2004年，河北省委、省政府继续加大组织领导力度，把深入实施“护城河工程”作为维护全省社会稳定，确保首都及周边安全的重中之重，纳入综合治理和维护稳定的总体工作部署。各级各部门把实施“护城河工程”作为一项重要的政治任务，列入社会治安综合治理考核目标和领导目标考核责任制的重要内容。各级党政主要领导切实承担起实施“护城河工程”、确保首都稳定的第一责任人的责任。特别是环京4市14县(市区)党政“一把手”和主管政法、综治工作领导经常听取汇报，亲自动员部署，在全国“两会”、重大节日、敏感期期间，亲自深入“护城河”一线督导工作，及时解决影响首都稳定的热点、难点问题。建立了“护城河工程”联席会制度、联合调解制度、联合排查整治制度、信息通报制度。建立健全了协作组织，加强沟通与协作，齐抓共管，全省各级党委、政府和各级党委政法委、综治委以及司法、公安、法院、检察、信访、预防办、民政、土地等综治部门和单位，分工负责，密切配合，对不稳定因素进行综合治理。在抓好环京4市实施“护城河工程”工作的基础上，将“护城河工程”向各地辐射，促进全省社会治安和社会稳定，努力把河北构建成首都的安全屏障，全面夯实了“护城河工程”的基础。

二、深入开展矛盾纠纷排查调处和“严打”整治行动，努力消除各种不稳定因素

按照省委统一部署，环京4市认真组织开展了矛盾纠纷大排查大调处活动和治安隐患排查整治，对企业改制、劳动纠纷、社会保障、农民负担、征地拆迁等方面的矛盾纠纷集中进行排查调处，努力把各种隐患消除在萌芽状态，防止出现集体进京赴省上访事件。共排查涉及北京周边地区的矛盾纠纷7 971起，调处7 795起，化解进京上访4 401起。坚持开展“严打”整治斗争，严厉打击各种严重暴力犯罪和多发性犯罪活动，把影响北京安全稳定的重大刑事案件作为重点，集中力量，限期侦破。与北京警方积极配合，联手破获各类刑事案件493起，打掉犯罪团伙12个，抓获各类犯罪嫌疑人190人。进一步加大与北京接边地区的复杂场所、宾馆饭店、外来人口聚集地以及治安混乱地区的整治和管理力度，加强了向北京供水、供电、供气等大型公用设施的安全检查和安全保卫，消除各种隐患。认真搞好社会治安综合治理，积极开展治安防控体系建设，结合在全省开展的“社会安全工程”，积极推进基层“安全创建”活动，努力提高社区和村镇的治安防范能力，净化了治安环境。

三、认真做好重大国际国内活动和重要节假日期间的安全保卫工作

重大节日、重大国事活动和敏感期期间，全省投入大量警力，加强首都周边的治安防范工作。在通往北京的16个主要交通路口实行24小时值勤，环京各市县、区进京的140多条通道全部设卡，对进京车辆、人员进行全天候检查，严防可疑人员、可疑车辆和枪支弹药、危爆物品流入北京。全年环京治安检查站共检查进京车辆1 097 861台，劝返159 413台，检查人员2 162 244人次，劝返207 086人次。积极开展治爆缉枪专项斗争，加强对枪支弹药、易燃易爆、剧毒、放射等危险品的管理，共收缴炸药8 876公斤、雷管9 959枚、导火索3 776米，各类枪支39支、子弹918发，剧毒物品6.4吨，保证了首都重大活动和重要节日期间的安全。同时，加强了对铁路、高速公路和省道、国道沿线村庄的治安整治，加大涉及道路安全运输的刑事犯罪案件侦破力度，严厉打击车匪路霸等犯罪活动，加强交通安全管理，加大巡逻检查密度，严格纠正违章驾驶，防止重大交通事故的发生，确保了进京道路的安全畅通。

四、加强进京务工经商人员的教育管理，减轻首都社会治安压力

各级和有关部门始终把做好进京务工经商人员的教育管理工作作为“护城河工程”的一项重要内容，对进京务工经商人员普遍进行了登记、造册和法制教育，与北京的用工单位积极联系做好在京人员的管理工作，采取在进京务工人员集中地建立临时党支部和调委会、治保会，聘请调解员，建立“就业卡”等方式，有效加强了进京人员的管理。同时，组织开展了评选“在京遵纪守法先进个人”活动，并直接同经济利益挂钩，强化了进京务工人员遵纪守法意识和自我约束、管理的能力。通过采取这些措施，较好地预防了在京人员违法犯罪的发生。

综治领导责任制落实情况

一、各级党委、政府和各综治委成员单位领导树立和落实科学的发展观，认真落实社会治安综合治理责任制

省委、省政府和各级党委、政府对综治工作高度重视，摆上日程，在明确指导思想、加强班子建设、保障经费投入上给予强有力的领导和支持。年初，在全省实施了“社会安全工程”，提出了社会治安战略重点向防范转移；在认真贯彻落实党的十六届四中全会精神中，又作出了推进“和谐河北”建设的重大决策。省委、省政府先后三次召开全省性会议，研究部署综治工作，要求各级党委、政府牢固树立科学发展观和正确政绩观，进一步加大社会治安综合治理的领导和工作力度。省委书记白克明，省长季允石，原省委副书记、省人大副主任赵世居，原省委常委、政法委书记刘金国，副省长柳宝全同志多次作出重要指示和批示，对事关综治工作全局的问题提出明确要求。亲自深入基层调查研究，指挥处理重大事件。加强综治办领导班子建设，及时调整了省综治办主任，并为省综治办充实了2名副厅级领导。完善综治立法工作，省人大常委会先后修正和颁布了《河北省社会治安综合治理条例》和《河北省奖励和保护见义勇为人员条例》，推进了我省综治工作的法制化、规范化。各级党委、政府特别是党政一把手都亲自研究部署社会治安综合治理工作，解决综治人员、经费等困难问题，特别是在平安创建、社会治安防控体系建设、“两抓一保”工作、“严打整治百日会战”、“三所一庭”规范化建设中，各地党政主要领导亲自研究部署，亲自协调督促有关部门认真抓好落实。公安、检察、法院、司法行政、教育、交通、城建、工商等部门按照省综治委的具体要求，认真发挥部门职能，积极参与综治各项工作。适应形势和任务需要，充实调整了综治工作领导机构，全省综治工作形成齐抓共管的局面。

二、明确责任，认真落实各项制度

年初，省委、省政府分管领导同各设区市党委、政府分管领导和省综治委成员单位负责同志签定了《2004年度社会治安综合治理责任状》，明确了2004年综治的各项工作任务、所要达到的目标、应负责任和奖惩措施。2004年，全省各地各部门把综治工作纳入党委、政府和各部门党政领导的任期目标，作为党政领导干部年度工作和述职报告的重要内容，进行部署、检查和考核。为推动综治领导责任制的落实，今年7月份，省人大常委会通过了《河北省社会治安综合治理条例》修正案，规定社会治安综合治理工作由各级人民政府统一组织实施，社会治安综合治理机构具体组织协调，各级人民政府及其各部门、各单位应将社会治安综合治理的任务分解为若干具体目标，制定出易于执行的措施，建立严格的检查考核和评比奖惩制度。根据中央综治委、中央组织部《关于党委组织部门在参与社会治安综合治理工作中进一步发挥好职能作用的意见》，省综治委、省委组织部联合下发了贯彻意见（冀组通字[2003]33号），对加强各级综治委、办建设,特别是加强对各级党政领导干部抓综治工作的实绩和能力作为干部考核任命的重要依据,进行了具体规定。结合贯彻中组发[2003]25号文件精神,我们在冀组通字[2003]33号文件中进一步明确,各级组织部门对拟提拔人员,在考察公示前,按照干部管理权限先行征求同级综治部门的意见。综治、纪检、组织、监察、人事五部门始终坚持联席会议制度,对涉及责任查究、考核、表彰奖励等方面的重大问题,及时进行会商和沟通。省五部门今年先后召开3次联席会议,研究了全省基层组织建设先进单位、先进个人评选,2002—2003年度省级文明单位评选和2003年各设区市社会治安和维护稳定工作考核评价等问题。

三、加强督导检查,推动综治工作落实

2004年,河北省把加强对综治工作的检查考核作为推动综治工作深入开展的有效措施,进一步建立健全了综治工作检查督导制度,坚持经常性检查督导和定期考核相结合,促进各市、县(市、区)和省直部门(单位)综治工作的开展。2004年,省综治委先后组成20余个厅级领导带队的督导组和40多个处级干部带队的暗访调研组深入各市、县(市、区),对治安隐患排查、省委4号文件落实、三所一庭规范化建设、省督治安乱点整治、基层平安创建、综治组织参与“严打整治百日会战”、学校幼儿园及周边治安秩序专项整治等工作进行明察暗访。

四、认真兑现奖惩

我省坚决实行社会治安综合治理一票否决,并加大了重大案(事)件领导责任查究工作力度,取得良好效果。今年以来,省综治委对承德市河北四海实业集团有限公司、保定市移动通信分公司、衡水金光纸业有限责任公司、深州市交通局4个单位实行一票否决,取消了他们省级文明单位评选资格。全省共否决单位67个,否决个人62个,查究责任单位112个,查究责任人69名。我省积极探索建立综治激励机制,对社会治安持续稳定、工作实绩突出的地方、单位和个人进行表彰。2004年以来,省市两级共评选表彰综合治理先进单位858个,综合治理先进个人1 039名。省委政法委、省综治委对各市“严打整治百日会战”等五项重点工作进行考核评比,授予石家庄等11市“‘严打整治百日会战’优胜单位”称号,并颁发奖金40万元;授予衡水等6市“集中处理涉法涉诉上访工作先进单位”称号,授予保定等6市“‘三所一庭’规范化建设先进单位”称号,授予石家庄等5市“‘两抓一保’活动先进单位”称号,授予保定等5市“学校、幼儿园及周边治安秩序专项整治行动先进单位”称号。

实施“社会安全工程”情况

为贯彻落实党的十六大、十六届四中全会精神,大力构建和谐河北,推动全省经济社会协调发展,省委、省政府提出实施“社会安全工程”,在深入开展基层安全创建活动的基础上,从更广的范围、更高的层次上构筑社会治安防控体系,取得了显著成效。

一、党委、政府高度重视,周密部署

省委、省政府高度重视实施“社会安全工程”,把实施“社会安全工程”作为十项民心工程之一,认真组织,周密部署。专门制定实施意见,下发通知,要求各级党委、政府从践行“三个代表”重要思想的高度,从解决人民群众最现实、最关心、最直接的问题入手,组织实施“社会安全工程”。各级党委、政府相继召开会议,认真落实省委部署,结合本地实际,就有关工作作出了具体安排。唐山、邯郸、廊坊、保定、秦皇岛等市因地制宜,分别出台了具体实施意见,召开了不同形式的会议,以“平安创建”为载体,大力推动“社会安全工程”的实施。在党委、政府的组织领导下,各级各部门迅速行动,积极投身到实施“社会安全工程”、维护社会稳定工作中来。

二、重点突出，措施有力

各地以基层安全工作落实为重点，以解决影响群众安全感的突出问题为突破口，以为改革和发展创造和谐稳定的社会环境和公正高效的法治环境为目标，着力加强社会治安环境整治。廊坊市委、市政府制定了《关于开展“服务‘进位追赶’、创建平安廊坊”活动的意见》，《意见》坚持正确处理改革发展稳定关系，认真贯彻省委关于加强社会治安工作的决策和部署，目标明确，措施有力。邯郸市委、市政府制定了《创建星级平安社区（村）、平安单位工作方案》，组织在全市开展星级平安社区、平安单位创建工作。沧州市以创建“平安社区、平安村居、平安企业、平安校园”活动为抓手，积极推动全市的安全创建工作。秦皇岛市大力开展“安全城市”创建活动。张家口市决定从2004年起利用三年时间在全市广泛开展创建“平安张家口”活动，制定下发了《创建“平安张家口”优化社会环境规划方案》，通过创建平安村、乡镇、社区等方式，最大限度地优化社会治安环境。结合实施“社会安全工程”，全省政法、综治部门深入组织开展了“矛盾纠纷大排查大调处”、“两抓一保”、“严打整治百日会战”、“学校幼儿园及周边治安秩序集中整治”等专项行动；积极推进以“三所一庭一办”规范化建设为主要内容的基层政法、综治组织建设，强化了维护社会稳定工作部门职能作用；坚持打防结合、预防为主，专群结合、依靠群众的方针，全面加强了民间矛盾纠纷排查调处、集中处理涉法涉诉、社会治安防控体系建设、安全生产制度落实等基础工作，形成了较为完善的预防重大治安问题的工作机制，为维护社会稳定奠定了坚实的基础。各地大力加强基层基础工作，创造了许多行之有效的好经验好做法。如石家庄正定县建立维护稳定工作机制的做法，沧州市深化警务机制改革，建立网格化打防控体系，衡水冀州市魏家屯镇开展矛盾纠纷“小事不出村，大事不出镇”活动等，各具特色。

三、加强督导，确保取得明显成效

党政领导亲自挂帅，负责“社会安全工程”的实施，主管领导深入实地，加强督导检查，帮助基层解决实际问题。省委书记白克明、省长季允石多次就实施“社会安全工程”作出重要指示，指导工作开展，省委、省政府主管领导多次就实施“社会安全工程”深入基层进行调研指导，提出明确要求。各地党委、政府高度重视，普遍加强了对社会治安工作的组织领导。各级综治部门加大协调和指导力度，组织力量加强督促检查，并主动向党委出谋划策，总结推广先进经验，有效地促进了工作的开展。各级各有关部门充分发挥职能作用，结合部门实际，组织推动安全创建工作。各级综治成员单位认真履行职责，相互协调配合，形成了安全创建的合力。通过各级的共同努力，全省社会治安秩序持续好转。2004年全省治安案件同比下降了22.5%；群体性事件发生起数同比下降24.3%；交通事故发生起数、死亡人数、受伤人数、直接经济损失同比分别下降38.3%、5.2%、22.1%和27.3%；火灾事故死亡人数、受伤人数、直接经济损失同比分别下降8.6%、44.7%和6.2%。省统计局对全省2004年公众安全感调查结果显示，公众安全感度为92.3%，比上年提高0.4个百分点，高于全国平均1.5个百分点。

校园及周边治安秩序整治情况

一、高度重视，加强领导

省委、省政府高度重视，对校园及周边治安综合治理工作和专项整治行动实施了强有力的领导。在综治委学校及周边治安综合治理工作领导小组的基础上，成立了原省委常委、政法委书记、省综治委副主任刘金国同志任组长，副省长龙庄伟同志及省委政法委、教育厅、公安厅领导任副组长，省综治办、教育、公安、文化、建设、信息产业、通信管理、新闻出版、工商管理、食品药品监督、共青团、妇联等部门领导为成员的整治工作领导小组，为整治工作提供了坚强的组织领导保证。省领导小组及时就全省校园及周边整治行动作出部署，制定了整治工作方案，明确了阶段任务，确定了“校园治安隐患减少，涉及师生、儿童人身财产安全的各类案件减少，周边交通事故减少；校园及周边治安综合治理工作进一步加强，部门之间协作配合进一步加强；周边治安环境得到净化”的整治工作目标。

二、深入排查突出治安问题，采取有力措施进行了集中整治

根据省综治委关于学校幼儿园及周边综合治理工作的部署，全省上下对校园及周边安全隐患和突出的治安问题进行了拉网式排查，共排查出各类隐患21 758处。在此基础上，省领导小组进行了梳理归类，确定了整治重点，采取领导和部门承包，定人员、定任务、定时限和下达督导令等措施，进行了集中整治。各部门高度负责，充分发挥了职能作用。省委教育工委、省教育厅联合印发了《关于积极开展专项整治行动，创建安全文明校园的通知》，召开了全省大专院校主要负责同志参加的全省高校安全工作会议，对高校安全工作专门作出了部署，进一步明确了高校领导安全工作责任。各级教育行政部门组织对全省1 860所民办中小学、幼儿园办学资质进行了全面审查，对不合格的577所进行了限期整改，取缔关闭了不具备办学条件的253所。加大了危房整治力度，共查封危房760间，处理危墙2 500米。文化、工商、通信管理、城管等部门主管领导亲自组织，对校园周边网吧、经营性娱乐场所以及流动商贩、占道市场进行了集中整治，共取缔网吧912个、经营性娱乐场所72处，清理流动商贩16 491个，学校周边环境明显改善。各级卫生部门对学校、幼儿园食堂卫生状况进行了全面检查，对382个卫生不达标的食堂下达了整改通知，对43个在规定限期内未达到整改要求的，进行了行政处罚，校园食堂卫生得到明显加强。各级消防部门对校园消防隐患进行了全面排查，下达了火灾隐患通知书，共整治消防隐患6 438个，整改率达到96%。文化、新闻出版部门对校园周边音像摊点进行了全面清理，共收缴有暴力、色情内容音像及出版物28 976件，进一步净化了校园周边文化市场。交管部门加大了校园周边交通秩序整治力度，全省共投资3 000余万元，在校园周边机动车道设置了交通警示牌和斑马线，并在上下学时段派出警力维护交通秩序。城管、运管部门对校园门前出租车运营秩序进行了规范，取缔了无证运营车辆，划定了出租车待区域。全省公安机关坚持重拳出击，严厉打击针对师生的各种刑事犯罪，专项整治期间，共破获各类刑事案件226起，破案率为83%，打掉黑恶势力和犯罪团伙39个，抓获犯罪嫌疑人276名；查处治安案件654起，查处率为86%，处理违法人员905名。集中整治期间，全省校园及周边刑事和治安案件与2003年同比分别下降了30.6%和31.6%，治安形势大为改观。

三、加强督导，推动工作措施落实

学校及周边治安综合治理工作领导小组办公室充分发挥职能作用，促进了整治工作的开展。省、市两级领导小组办公室认真学习贯彻上级有关部署，积极发挥综合协调作用，主动谋划各阶段工作，及时掌握沟通信息，组织开展调研督导，协调有关部门参与，发挥了指挥中枢的作用。省领导小组办公室多次派出由厅、处级干部带队的检查组、暗访组，对校园及周边整治工作进行督导检查。省文化厅、新闻出版局、工商行政管理局、通信管理局以及各市也多次派出专项督导组，对整治工作进行了督导推动。为确保重点问题的解决，省、市领导小组办公室实行了领导包案、挂账督办制度，截止到2004年年底，省挂账的20个和市挂账的54个重点整治问题已全部整改完毕。为有效推动整治工作的深入开展，省领导小组办公室及时总结推广了省工商行政管理局和沧州、张家口、保定市开展整治工作的经验和做法。同时，积极指导和推动各地建立并完善党委领导、政府主管、部门负责、社会参与的校园及周边治安整治工作领导机制，经常性“严打”整治机制和以教育部门为主，相关部门配合，校内校外互动的综合治理机制，实现了学校、幼儿园及周边治安秩序整治工作的经常化、制度化。

河北省第十届人民代表大会常务委员会
公　告

（第27号）

（2004年7月22日）

《河北省人民代表大会常务委员会关于修改〈河北省社会治安综合治理条例〉的决定》已经河北省第十届人民代表大会常务委员会第十次会议于2004年7月22日通过，现予公布，自公布之日起施行。

河北省社会治安综合治理条例

（1991年10月12日河北省第七届人民代表大会常务委员会第二十三次会议通过　根据2004年7月22日河北省第十届人民代表大会常务委员会第十次会议《关于修改〈河北省社会治安综合治理条例〉的决定》修正）

第一章　总　　则

第一条　为加强社会治安综合治理、预防和惩治违法犯罪，维护社会秩序，保障社会主义现代化建设的顺利进行，根据《全国人大常委会关于加强社会治安综合治理的决定》和有关法律、法规的规定，结合本省实际，制定本条例。

第二条　本省行政区域内的国家机关、社会团体、企业事业单位和其他组织以及公民，应当遵守本条例。

第三条　社会治安综合治理实行打防结合，预防为主的方针。坚持打击和防范并举，治标和治本兼顾，重在防范，重在治本。遵循专门机关工作与群众路线相结合、谁主管谁负责和属地管理的原则。

第四条　社会治安综合治理应当动员和组织社会各方面的力量，运用政治的、法律的、经济的、行政的、文化的、教育的等多种手段，做好打击、防范、教育、管理、建设、改造等方面的工作，从根本上预防和减少违法犯罪，维护社会治安，保障社会稳定。

第五条　社会治安综合治理工作由各级人民政府统一组织实施，社会治安综合治理机构具体组织协调。

第六条　各级人民政府应当将社会治安综合治理工作纳入本行政区域经济社会发展的总体规划和年度计划，社会治安综合治理的所需经费列入财政预算。

第七条　社会治安综合治理应当做好如下工作：

（一）依法打击各种危害社会的违法犯罪活

动，严惩严重危害社会治安的刑事犯罪分子；

（二）调解、疏导各类纠纷，缓解社会矛盾，消除不安定因素，预防违法犯罪；

（三）加强对全体公民特别是青少年的思想道德教育和法制教育，提高文化、道德素质，增强法制观念；做好流动人口的管理和服务工作；鼓励群众自觉维护社会秩序，勇于同违法犯罪行为作斗争；

（四）加强对易发生社会治安问题的重点地区、重点行业、公共场所、要害部位、危险物品的监督和管理；

（五）加强基层组织建设和制度建设，建立健全社会治安防范机制，实行社会治安综合治理责任制；

（六）加强监狱、劳动教养场所的管理，提高改造和教育质量。做好刑满释放人员、解除劳动教养人员的帮教和促进就业工作。

第二章　综合治理机构的职责

第八条　县级以上社会治安综合治理机构应当履行下列职责：

（一）贯彻实施国家有关社会治安综合治理的法律、法规和方针、政策；

（二）对本地区社会治安综合治理工作作出总体部署，并监督实施；

（三）组织指导各部门、各单位落实社会治安综合治理措施；

（四）总结推广社会治安综合治理经验，表彰先进，推动后进；

（五）办理上级社会治安综合治理机构交办的有关事项。

第九条　乡、镇、街道办事处社会治安综合治理机构应当履行下列职责：

（一）贯彻执行上级社会治安综合治理机构的工作部署；

（二）制定本辖区社会治安综合治理规划，检查、推动社会治安综合治理措施的落实；

（三）协调和督促有关部门开展法制宣传教育工作、调解各类纠纷；

（四）组织群众开展各种形式的治安防范活动和军民、警民联防活动；

（五）指导、帮助村民委员会、居民委员会做好社会治安综合治理工作；

（六）办理社会治安综合治理的其他事项。

第十条　国家机关、社会团体和企业事业单位的社会治安综合治理机构或者配备的专职、兼职人员，应当履行下列职责：

（一）负责本部门、本单位的社会治安综合治理工作，调解民事纠纷，防止矛盾激化；

（二）开展法制宣传教育工作，教育公民学法、用法、守法；

（三）参加本地区社会治安联防活动；

（四）组织实施社会治安责任制，落实各项治安管理和防范措施，确保要害部位安全；

（五）协助公安、司法行政机关监督、考察被依法判处管制、有期徒刑宣告缓刑、暂予监外执行、假释、保外就医的犯罪人员；

（六）做好本单位的刑满释放人员、免予刑事处罚人员、解除劳动教养人员的帮助教育工作；

（七）办理社会治安综合治理的其他事项。

第十一条　村民委员会、居民委员会的治安保卫组织和人民调解组织，在社会治安综合治理中应当履行下列职责：

（一）宣传、贯彻执行有关法律、法规和方针、政策；组织制定村规民约、居民公约，并监督执行；

（二）进行防盗、防火、防破坏、防自然灾害事故等安全教育，提高群众自防、自治能力；

（三）加强治安保卫组织的领导，组织群众开展安全防范工作；发挥人民调解组织的作用，调解民事纠纷，避免矛盾激化；

（四）教育群众维护国家重点工程、军事设施、交通设施和厂矿企业的安全，保护国家、集体和公民个人财产不受侵犯；

（五）协助公安、司法行政机关监督、考察被依法判处管制、有期徒刑宣告缓刑、监外执行、假释、保外就医的犯罪人员；

（六）做好刑满释放人员、免予刑事处罚、解除劳动教养人员的帮助教育工作；

（七）及时报告社会治安情况，反映村民、居民对社会治安综合治理工作的意见和要求；

（八）组织村民、居民协助公安机关调查各种案件，做好辖区内常住和社会闲散人员及流动人口的管理工作；

（九）办理社会治安综合治理的其他事项。

第三章　部门、单位及相关人员的责任

第十二条　各级人民政府及其各部门、各单位应将社会治安综合治理的任务分解为若干具体目标，制定出易于执行的措施，建立严格的检查考核和评比奖惩制度。

第十三条　人民政府各部门应当根据社会治安综合治理的任务、要求和工作范围，结合自身业务，明确本部门的职责，切实做好社会治安综合治理工作。

第十四条　公安机关是社会治安工作的主管部门，应当依法打击各种违法犯罪活动，适时开展集中打击和专项治理。加强治安管理和基层治安基础工作，指导、检查、监督本辖区内各部门、各单位社会治安责任制的实施和群防群治队伍建设。

人民法院、人民检察院应当加强审判、检察工作，积极提出司法建议和检察建议，配合公安机关做好对管制、缓刑、假释、暂予监外执行和免予刑事处罚人员的教育考察工作。

基层人民法院和司法行政机关应当加强对人民调解组织的指导。司法行政机关应当做好法制宣传教育、监管改造、劳动教养和公证、律师、法律援助和法律服务工作。

第十五条　各级人民武装部门应当组织民兵参与社会治安综合治理活动。

第十六条　文化、广播、电影、电视、新闻出版、信息产业、通信管理、公安等部门应当加强管理工作，严禁制作、播放、演出、出版、出售淫秽或者其他有害的读物和音像制品等。并会同有关部门加强对影剧院、歌舞娱乐场所、录像点、电子游艺厅、图书市场、网吧等文化市场和出版物的管理。

第十七条　教育部门应当把思想品德教育和法制教育列入教学内容，教育学生遵纪守法。

第十八条　工商行政管理、质量技术监督和税务部门应当加强集贸市场、专业市场管理和税收管理，查处无证经营、欺行霸市、制售伪劣产品等违法活动和偷税漏税行为。

第十九条　交通运输部门应当严格执行交通运输法规，维护车站、码头、机场和铁路、公路的运输秩序，减少交通事故。协助公安机关依法打击破坏交通安全、哄抢盗窃运输物资等违法犯罪活动。

第二十条　劳动和社会保障部门应当做好待业人员的职业培训和劳动就业工作，按照有关法律、法规的规定，会同有关部门做好刑满释放人员、解除劳动教养人员的促进就业工作。

第二十一条　民政部门应当加强社会救济、社会福利、优抚安置和城市生活无着落流浪乞讨人员的救助、管理工作，减少社会不安定因素。

第二十二条　城建部门应当将公共场所、城镇居民楼院的安全防范设施和公安机关、人民法院派出机构的办公场所纳入城市规划，并负责监督实施。

第二十三条　人民团体和青少年组织应当与有关部门、单位和家庭密切配合，加强对青少年的思想品德教育和法制教育，做好有轻微违法行为的青少年的教育挽救工作。

第二十四条　家长应当教育子女遵纪守法，不得隐瞒、包庇、纵容子女的违法犯罪行为。

第二十五条　公民应当自觉维护社会治安秩序，同违法犯罪行为作斗争，发现违法犯罪行为，应当及时检举、揭发和制止。

第四章　奖励与惩罚

第二十六条　执行本条例，符合下列条件之一的，由各级人民政府给予表彰或奖励：

（一）社会治安秩序持续稳定或者显著好转的；

（二）对重大刑事、治安案件的预防、侦破成绩显著的；

（三）检举、揭发违法犯罪行为对破获重大案件有功的；

（四）教育、改造违法犯罪人员，促进刑满释放人员和解除劳动教养人员就业成绩突出的；

（五）为社会治安综合治理工作提出合理化建议被采纳，社会效果显著的；

（六）其他在社会治安综合治理工作中做出突出贡献的。

第二十七条　见义勇为，同违法犯罪行为作

斗争负伤、致残、牺牲的，保护、抢救国家、集体财产和人民生命财产有功的，依照河北省奖励和保护见义勇为人员有关规定执行。

第二十八条 违反本条例，有下列情形之一的，由社会治安综合治理机构给予通报批评，对直接负责的主管人员和其他直接责任人员，依法给予行政处分；构成犯罪的，依法追究刑事责任：

（一）因社会治安综合治理措施不落实，致使国家、集体财产和人民群众的生命财产安全遭受严重损失或者严重侵害的；

（二）疏于防范和管理，连续发生案件，又不积极采取措施改进的；

（三）在社会治安综合治理中有严重违法行为的；

（四）对公民检举、揭发、制止违法犯罪行为进行打击报复的；

（五）国家机关、社会团体、企业事业单位和公民个人，弄虚作假、骗取荣誉或者奖励的。

第五章　附　　则

第二十九条 本条例自公布之日起施行。

健全机制　完善制度　严密网络
做好新形势下的矛盾纠纷排查调处工作

河北省社会治安综合治理委员会
河北省矛盾纠纷排查调处工作领导小组

多年来，我省认真落实中央部署，坚持从实际出发，不断健全矛盾纠纷排查调处工作的领导机制，完善各项工作制度，严密工作网络，狠抓措施落实，逐步建立了经常化、规范化、制度化的排查调处工作机制，取得明显成效。2003年以来，全省共排查调处各类矛盾纠纷136 656起，调处成功132 576起，调处成功率达97%，防止矛盾激化2 201起，群体性事件比上年下降，进京赴省访和异常访明显减少，有力地维护了社会稳定。

一、健全机制，齐抓共管

目前，我省已形成了党委、政府统一领导，综治委牵总协调，部门各负其责，齐抓共管，层层落实的排查调处工作格局。

一是层层建立排调组织。省、市、县（市、区）党委、政府层层成立了由主要领导负责的排调工作领导小组和办事机构，明确了职责、任务，充实了专门工作人员，做到了有人抓、有人管。省排调工作领导小组挂靠在省综治委，办公室设在省综治办。11市排调工作领导小组办公室多数挂靠在市综治办，主任均由副处级干部担任。同时，明确了各级排调机构的人员编制和办公经费等，强化了工作职能。省委、省政府始终高度重视，加大对排调工作的领导力度，省委副书记赵世居、省人大常委会副主任白润璋，省委常委、政法委书记刘金国，副省长柳宝全同志多次就排调工作作出重要批示，及时提出指导意见，要求切实把排调工作抓紧抓好。各级党委、政府主要领导亲自部署，亲自动员，亲自协调解决排调办人员编制问题。目前，各市排调办都明确了6~8人的专职人员，使排调工作真正有人抓、有人管，排调机构运转高效。二是综治委（办）牵总协调。工作中，充分发挥综合治理的优势，由各级综治委（办）组织、协调各部门和单位，整合社会力量，动员他们积极参与矛盾纠纷排查调处，做到重点时期有安排，集中活动有方案，推动排查有督导，有力推动了各地排调工作的深入开展。2003年11月，省综治委制定下发了《关于在全省集中开展矛盾纠纷排查调处和治安隐患排查整治的方案》的通知，各市、县（市、区)认真按照省部署,层层制定工作方案,狠抓重点,层层推动、层层落实,收到实效。三是部门各负其责,齐抓共管。各级信访、公安、司法、农业等部门各自明确一把手为矛盾纠纷排查调处的第一责任人,分管领导为直接责任人,定期召开专门会议对排调工作进行安排部署,制定周密的工作方案。信访部门主要负责群体性事件苗头的排查化解工作,公安部门主要负责排查化解治安隐患,司法部门注重排查调处民间矛盾纠纷,农业部门对“毒鼠强”问题进行重点整治。针对工作重点,牵头单位认真进行部署,制定严密的工作方案,明确工作措施,积极开展排查调处。在工作开展中,省公安厅、司法厅、信访局、农业厅积极参与省综治委统一组织的集中排调活动,多次派出工作组深入实地督导检查,推动落实。其他部门、社会企事业单位分别成立了专门排调机构或组织,在四大牵头部门的全力带动下,积极参与,齐抓共管,形成排查调处的强大合力。

二、因地制宜,完善制度

今年,根据新时期矛盾纠纷排查调处工作的重点,省排调办制定下发了《关于进一步加强矛盾纠纷排查调处工作的意见》,就排调工作的指导思想、工作原则、工作制度、目标等进一步作了明确规定。各地各部门按照意见要求认真落实。实践中,建立完善了以下制度。

一是信息报告制度。逐级建立了排调工作统计月报制度。省排调办统一制定了《矛盾纠纷排查调处情况统计表》,对矛盾纠纷的数量、类型、调处情况等统计数据进行了明确,各市每月填写,并向省里上报情况。同时,各级对各类群体性纠纷,非法集会、游行示威苗头、突发事件隐患,各类异常上访苗头,重大矛盾纠纷情况随时上报。各级排调办还对本级调处和督办的矛盾纠纷建立台账,完善档案管理,对重大、复杂疑难矛盾纠纷加强了督查督办,把握了工作主动权。今年以来,全省共挂账督办重大、复杂疑难矛盾纠纷 11 件。在搞好基本情况和数据统计的同时,对矛盾纠纷及潜在的苗头隐患分类进行定量研究和定性分析,找准发生发展的趋势和特点,做到准确把握、超前应付、及时化解、妥善处置。二是重点矛盾纠纷案件挂账督办制度。省对各地排查出的重大疑难矛盾纠纷直接挂账督办,为推动各地各部门及时解决,适情下发《督办通知书》和《督办卡》,加大督办力度,提出明确要求,限时解决。同时,各级各部门始终坚持“属地管理”和“分级负责、归口调处”的原则,加大矛盾纠纷特别是重点案件的调处力度,按照性质、严重程度实行分级调处,对本地区本部门本系统重点矛盾纠纷实行挂账督办,集中时间,集中力量,落实责任领导、责任人和调处解决的时限,采取有力措施进行调处整治。2003 年,经过集中排查,全省共筛选确定了涉及宅基地纠纷、涉法信访等与群众利益密切相关的 331 起重大、疑难矛盾纠纷,分别交由各市挂账督办,带动促进了全局工作。在 2003 年 11 月全省开展的矛盾纠纷集中排查整治活动中,省综治办对 8 起重大疑难矛盾纠纷进行了挂账督办,推动了各地各部门及时解决。廊坊市结合实际,对 59 件重大矛盾纠纷和治安隐患逐一发了督办卡,明确具体责任单位和责任人,沧州市排查出易激化的 19 类矛盾纠纷、15 种重点人和 95 件重点矛盾挂账督办,落实了稳控措施,促进了全市排查整治活动的深入开展。三是领导包案责任制。实行市级部门(领导干部)包县,县级部门(领导干部)包村镇,乡镇部门(领导干部)包村,层层分包,建立严格的排调制度。每逢年初,市、县、乡逐级签定《矛盾纠纷排查调处责任状》,实行责权利挂钩,形成层层有压力、逐级追责任、齐心协力抓排调的工作格局。各级各部门严格实行党政领导包案制,尤其是对一些重大复杂疑难矛盾纠纷案件和矛盾纠纷多的地区、部门、行业,坚持定期研究分析,明确包案领导,分管领导实行“一岗多责”,严格落实责任制,包片包案,亲自协调督办,调处解决,督促落实。四是督促查追制度。为及时发现苗头性、倾向性的问题,各地各部门坚持对本地本部门发生的重大典型案件进行认真剖析,查找案(事)件发生原因,举一反三,制定相应的制度和整改措施。各级公安机关、检察机关、法院结合办案,积极提出侦查建议、检察建议和司法建议,帮助发案单位吸取教训,积极整改。五是责任追究制度。各级综治、组织、人事、纪检、监察五部门定期召开联席会议,充分运用综治领导责任制和一票否决权制,加大领导责任查究力度。特别是把矛盾纠纷排查调处工作开展情况和实际效果与责任人的政绩、晋职晋级等挂钩。对领导不重视,矛盾纠纷调处不力,引发大规模集体越级访、重大群体性事件、民转刑恶性案件、重大治安灾害事故,造成严重后果和社会影响的地方,坚决实行社会治安综合治理一票否决权,追究有关领导和责任人的责任,有力促进了矛盾纠纷排查调处活动的深入开展。

三、严密网络,认真调处

我们按照"村(居)发生的矛盾纠纷解决不出村(居)或乡镇(街道办事处),乡镇(街道办事处)发生的矛盾纠纷解决不出乡镇(街道办事处)或县(市、区),县(市、区)发生的矛盾纠纷解决不出县(市、区)或设区市,企事业单位发生的矛盾纠纷解决不出本单位或本系统"的总体目标,注重基层调处,不断健全县、乡、村三级排调网络。坚持人民调解、司法调解、行政调解相结合,把防范矛盾纠纷和解决涉及人民群众切身利益的实际问题作为排查调处的关键,畅通渠道,严密网络,使80%以上的矛盾纠纷化解在乡镇、村街,把大量矛盾纠纷化解在基层和萌芽状态,防患于未然。在村级,加强以党支部为核心的村(居)基层调解组织建设,使其充分发挥排查调处前沿阵地作用,筑牢排调第一道防线。全省172个县都设有村(居)民调解委员会,负责排查化解村街矛盾纠纷、治安隐患和不稳定苗头。目前,全省共建立村(居)民调委会52 326个(按司法部标准,其中一类调委会44 241个),共有专职调解员820 020人,积极活跃在广大城乡,成为基层排调的一支主力军。在乡镇,设立"排调中心",由司法所、法庭、派出所共同派员组成,主要调处解决涉及婚姻家庭、财产、侵权纠纷等群众关注的热点难点问题,特别是针对由民间纠纷引起的可调解的治安案件,充分发挥行政调解作用,积极化解矛盾于萌芽状态,有效减少避免了当事人之间结怨、矛盾再生。乡镇"排调中心"还对排查出的矛盾纠纷坚持每月一汇总,每月一调度,每月一上报,充分发挥基层组织贴近群众、密切联系群众的调解优势,及时发现、积极化解矛盾纠纷和各类隐患。在县级,充分发挥政法、信访、公安等部门的职能作用,包括县委、县政府,同时在县委政法委、信访局、公安局等部门都设立信访接待室,配备专职信访员,负责接待、认真处理群众来信来访;在党政、各部门设立矛盾纠纷、治安隐患和信访苗头排查日。在市、县(市、区)、乡镇实行领导接待日制度,对所接信访问题,由党政、部门主要领导实行接待、调查、处理、回访等全程负责,坚决避免推、拖、躲现象,切实为群众全时服务排忧解难。

河北省社会治安综合治理委员会组成人员

综治委主任:

赵世居　省委副书记

综治委副主任:

刘金国　省委常委、政法委书记

白润璋　省人大常委会副主任

柳宝全　省政府副省长

刘瑞川　省高级人民法院院长

侯　磊　省人民检察院检察长

省综治办:

傅剑仁　省委政法委副书记、省综治办主任

李德兴　省综治办常务副主任

河北省市、县(市、区)综治委、办主任名单

地　区	综治委主任	综治办主任
石家庄市	栗进路	张平海
长安区	袁捷才	张树兴
桥东区	金先录	王朝福
桥西区	周雪军	聂希文
新华区	王瑞征	季　伟
裕华区	李文昌	张顺泽
辛集市	张国珍	傅胜连
藁城市	王永生	赵田瑞
晋州市	武瑞琪	周银素
新乐市	郝国杰	李　捷
鹿泉市	王雁南	田良生
井陉县	张永振	刘春林
正定县	安　蔚	吴恒振
栾城县	谢晓东	李锋海
行唐县	高和福	张银虎
灵寿县	张寿林	武银锡
高邑县	李连平	张荣献
深泽县	韩清榕	韩周群
赞皇县	顾玉平	常文生
无极县	张振江	孙宏志
平山县	赵新朝	梁林晖
元氏县	孙辰彦	魏庆文
赵　县	苑彦刚	郭来贤
高新区	郄英林	刘根柱
矿　区	蒋洪泽	杜俊敏
张家口市	武志雄	李　密
桥东区	刘宝富	陈中毅
桥西区	孙小川	王战明
宣化区	陈一诚	袁志强
下花园区	程秀兰	张凯彬
宣化县	宇清渊	赵丙忠
张北县	郭　维	陈宝林
康保县	王聪著	李　全
沽源县	刘宝库	乔景银
尚义县	靳振高	刘世全
蔚　县	高继存	王建全
阳原县	张　河	王连顺
怀安县	刘　平	岳　虎
万全县	杨　锦	翟玉花
怀来县	于先兴	郭　斌
涿鹿县	任　元	杨佃贵
赤城县	郭万忠	武志明
崇礼县	杨成亮	杨有成
高新区	辛春祥	武志萍
塞北管理区	乔亚平	史　斌
察北管理区	王亚祥	王　爱
承德市	张春明	季　刚
双桥区	李锦泉	宋卫忠
双滦区	刘起明	张之东
承德县	何清雨	姜春虹
兴隆县	蔡福浩	张德儒
平泉县	王庆林	刘亚辉
滦平县	郭建勋	张　荣
隆化县	陈亚媛	李洪学
丰宁县	张　丛	张俊峰
宽城县	崔立新	宁玉洁
围场县	祁建文	王振国
营子区	赵久利	李晓静
秦皇岛市	周卫东	赵秀义
海港区	马　辉	夏洪考
山海关区	王志杰	丁国来
北戴河区	严　彬	刘益深
昌黎县	赵景阳	杨大新
抚宁县	唐家君	胡希才
卢龙县	郭小玲	李占先
青龙县	王志有	王占香
开发区	唱进章	杨国昌
唐山市	杨永山	陈鸿国
路北区	王正英	张慧桐
路南区	董建宝	王子臣

地　区	综治委主任	综治办主任
古冶区	张桂生	张　春
开平区	何汇东	李海峰
丰润区	安晓良	徐广诚
丰南区	代　征	孙继兴
遵化市	张朝利	张德全
迁安市	李再东	姚　江
滦　县	王雪增	张耀敏
滦南县	王胜喜	张品龙
乐亭县	周恩海	曹幸福
迁西县	苏铁成	郭武芝
玉田县	王善强	王玉平
唐海县	韩建民	郑宝明
芦台开发区	宋槐春	张林发
汉沽管理区	王建辉	曹树平
廊坊市	栗建华	段上禾
安次区	陈贵卿	陶连海
广阳区	苏保健	孙妍智
霸州市	陈国英	刘国正
三河市	周文臻	陈　玉
固安县	赵光安	邸宜鸥
永清县	张　矛	焦福育
香河县	张显强	古德利
大城县	郝锁来	梁树旗
文安县	王洪光	信留成
大厂县	杨庆华	王福宏
保定市	王会平	时　群
新市区	王文志	赵爱民
北市区	李正伦	贾春武
南市区	贾玉文	赵建新
定州市	赵根军	王春龙
涿州市	王自农	李贺宾
安国市	杨　宁	平二更
高碑店市	赵温发	刘广川
满城县	曹大水	冯　庄
清苑县	陈景福	孟宪民
易　县	张树林	宋桂荣
徐水县	张海波	王树生
涞源县	刘章栓	龙学军
定兴县	王崇泽	王茂林
顺平县	郭建军	马双骏
唐　县	李志远	刘文峰
望都县	齐瑞飞	闫国杰
涞水县	锁宝贵	杨正军
高阳县	焦　龙	王兵杰
安新县	高　玉	王山明
雄　县	林振英	徐继来
容城县	方砚烽	阴会来
曲阳县	李自贤	魏衫霞
阜平县	李　勇	郑建林
博野县	朱子群	张继波
蠡　县	宁洪茂	刘建朴
沧州市	史建明	何金雪
运河区	马金林	张宝彦
新华区	阎亚民	高凤田
泊头市	门金海	许桂智
任丘市	及锡路	崔新民
黄骅市	商玉龙	李冠祥
河间市	朱志明	马国富
沧　县	鲁志田	曹庆山
青　县	王培政	郭文柱
东光县	郭志良	李印海
海兴县	田云中	贾立华
盐山县	王俊峰	高俊红
肃宁县	许保华	邱祯祥
南皮县	许志刚	杜学然
吴桥县	高　峰	周文君
献　县	朱战军	朱培宏
孟村县	苏慕华	邓凤岭
衡水市	张增良	朱大勤
桃城区	张文学	张华坤
冀州市	冀万茂	王广景
深州市	张建涛	郗文业
枣强县	吕洪升	孙宝栋
武邑县	刘国友	吕新华
武强县	赵书坤	王景川
饶阳县	李增军	高建卫
安平县	纪跃树	张志军
故城县	王亚杰	田少青
景　县	车耀光	潘兴军
阜城县	邢洪文	吉　涛
邢台市	李剑方	王延军
桥东区	李兴文	孙国辉

地　区	综治委主任	综治办主任
桥西区	张永水	汪国权
南宫市	李德英	于春林
沙河市	李风春	高晓刚
邢台县	关跃刚	赫　平
临城县	郭玉生	冯爱国
内邱县	赵占平	王建中
柏乡县	孙能强	吕胜波
隆尧县	王景山	赵银平
任　县	颜雪奎	孔宪岭
南和县	杨月璋	赵喜英
宁晋县	张世平	申中涛
巨鹿县	张保祥	张建峰
新河县	王锡洪	王计广
广宗县	史云景	董书军
平乡县	张志彬	任书汶
威　县	顾鹏图	张长居
清河县	冯明跃	王福全
临西县	曹明印	杜明善
邯郸市	陈会新	张绍辉
丛台区	张世强	李孟录
邯山区	闫洪显	赵玉社

地　区	综治委主任	综治办主任
复兴区	郑树森	陈进军
峰峰矿区	鲁自重	张庆国
武安市	任西山	郭江贵
邯郸县	刘兴民	李领昌
临漳县	邓玉江	刘金富
成安县	赵振山	苏国庆
大名县	陈向阳	武文亮
涉　县	刘小勇	李凤荣
磁　县	张跃峰	毕香贵
肥乡县	梁慜军	仝建军
永年县	路群良	刘印考
邱　县	姜永亮	布俊海
鸡泽县	冯士广	何彦修
广平县	冯文书	班瑞峰
馆陶县	赵瑞海	董明华
魏　县	王亚飞	魏怀平
曲周县	魏吉平	杨树国

（撰稿人：袁荣彪
审稿人：傅剑仁　季　勤）

山　西　省

2004年社会治安综合治理工作概况

一、"平安三晋"建设情况

2004年6月，省委、省政府以(2004)17号文件转发了省综委《关于在全省开展"平安县"创建活动的实施意见》，为了推动这项工作的开展，6月下旬，省委、省政府又在长治、晋城召开了"全省建设平安三晋工作现场会"，这次会议的主要议题是部署在全省开展创建"平安县"，建设"平安三晋"工作。这项工作部署以来，全省各级党委、政府高度重视、迅速行动、精心组织、层层部署、广泛动员、扎实推进，创建氛围不断高涨。全省通过狠抓平安创建，治安防控机制得到逐步完善，基层基础得到不断强化，治安乱点得到有效整治，社会矛盾得到有效化解，刑事案件高发的势头得到初步遏制，打防结合，预防为主的群防群治队伍得到了加强，依靠群众抓防范的局面初步形成，社会发展环境有效改善，人民群众的安全感明显增强，平安创建的效果初步显现。

(一)加强领导，把创建"平安县"作为构建社会主义和谐社会的重要举措来抓。朔州市提出要把开展好这项工作作为优化发展环境、提升竞争优势，促进经济发展的重大举措来抓，大力推动创建工作的开展。忻州市委提出没有平安忻州，就没有小康忻州，更无文明忻州的创建口号。各地普遍召开了常委会专题研究部署创建工作，并召开了大规模的动员大会，有的市党政一把手亲自作动员。临汾市还专门成立了由市委书记任组长，有关部门主要负责人为成员的创建"平安临汾"工作领导组。各市市委、市政府还结合本地实际，专门制定出台了创建工作的《实施意见》。各县(市、区)党委、政府作为平安创建工作的主体，对这项工作也进行了全面的动员部署，截至目前为止全省绝大部分县市区都对创建工作进行了部署，许多县都把创建"平安县"作为发展本地经济，促进招商引资的品牌战略、形象工程，放在了非常重要的位置来抓。阳泉市的平定县、城区专门召开了县、乡、村1000多人参加的三级干部会，县委书记亲自动员，全面部署创建工作，提出了争创全省社会治安最好的平安县之一的口号。长治的平顺、大同的城区召开了建设"平安县"千人誓师大会，其他县市区也都纷纷通过召开各种形式的动员会，制定出台创建实施意见，采取有效措施，大力开展创建宣传，积极动员部署创建工作。

(二)把创建重点放在基层，夯实稳定基础。一是加强了社区、村镇、单位等基层单位创建工作，长治市在创建中立足基层，坚持积小安成大安，在全市组织开展了以平安乡镇、平安单位、平安圆场、平安大道、平安市场、平安景点、平安铁道线、平安企业、平安社区、"零案村"为主要内容的"平安长治"创建活动。忻州市把创建重点放在社区、农村、机关、团体、学校、企业事业单位，开展了创无重大恶性案件，无"法轮功"分子滋事，无群体性上访，无民事纠纷激化，无各类违法犯罪，无刑事解教人员重新犯罪，无安全责任事故，无刑事治安案件等创"十无"活动。二是各地切实落实面向基层的警务制度改革，加强了派出所警务改革。太原市公安局杏花岭分局在全局实施面向基层的警务结构优化，在各派出所成立了社区中队，责任区刑警中队和责任区巡警中队，派出所的警力达到了全局警力的50.7%，切实加强了派出所面向基层抓防范的能力。三是加强了群防群治队伍建设。太原、大同、阳泉等地把创建工作与安置"4050"人员工作相结合，聘请"4050"人员作为治安协防员、治安信息员、组建了治安巡逻队，用于社区治安巡逻和交通秩序维护。四是各地认真落实省综治委、省财政厅、省编办关于加强综治基层基础工作的意见，大力加强基层综治组织建设，全省 11 个市都按人均不低于 0.2 元,县市区按不低于 0.5 元将综治经费列入财政预算。目前,这项工作大部分县市区都已落实到位,但仍有部分县市区没有落实。各地还加强了乡镇综治组织建设,绝大部分县市的乡镇(街办)都明确了一名副书记专抓综治工作,并兼任综治办主任,配备一名常务副主任和 1 至 2 名专职综治干部专抓社会治安综合治理工作,各地综治基层基础工作得到了有力加强。

(三)建立激励机制,增强平安创建工作的自觉性和主动性。一是强责任。各地把创建工作纳入社会治安综合治理工作责任制,各市市委书记与各县市区委书记亲自签订社会治安综合治理责任书,使创建工作成为名副其实的“一把手”工程。二是重奖励。对落实责任制,达到平安县标准的县市区实施重奖,阳泉市规定对在本年度达到平安县标准的县市区党政主要领导和相关部门的负责人分别记三等功一次,并奖励 3000 元;对连续两年达到平安县区标准的县市区党政主要领导和相关部门的负责人,分别记二等功一次,并奖励 5000 元;对连续三年达到平安县标准的县市区党政主要领导和相关负责人,分别记一等功一次,并奖励 10000 元。长治、晋城、晋中、朔州、运城等地也都制定了重奖“平安县”创建工作的实施办法。三是严考核。朔州市把创建工作纳入领导干部政绩考核的重要内容,纳入市委考核使用干部的必备条件,纳入先进单位的考核条件,市委明确要求,今后在市人大、政府、政协换届选举工作中,人大副主任、政府副市长、政协副主席人选及提拔任用的 6 个县委书记、县区长、10 个部门的主要领导,都要事先征求综治委意见。四是实查究。各地对在创建工作动作缓慢、不负责任、官僚主义、失职渎职,造成影响社会稳定案(事)件的有关责任单位和责任人实施了一票否决和责任查究,吕梁对社会治安综合治理工作排在后 10 名的 12 个市直单位实施了“一票否决”,取消了这些单位以及单位一把手、分管领导 2004 年评先评优的资格。同时还对今年以来进京、赴省、到市集体上访占全市前列的临县、交城、柳林 3 县进行了通报批评,并对 10 起有影响的上访案件进行了查处,对涉及到的 28 名责任人进行责任查究。

(四)多层次、多形式,因地制宜开展平安创建工作。在经济发达的中心城市的县市区把创建的主要精力放在社区,放在公共复杂场所,放在严防抢劫、抢夺、盗窃等案件的发生上,放在城市地产纠纷的调处等工作上。如太原市小店区紧紧抓住社区在创建工作中的重要作用,推行了民警、司法助理员、律师、民政助理员、公证员、矛盾调处员、治安信息员、消防安全员“八大员”进社区活动,通过积极调动“八大员”深入基层开展工作,推动社区的安全创建,把维护稳定和社会治安扎扎实实地落实到了基层。晋中市榆次区在全区的内部单位大力推行保安服务,动员社区单位、小区雇用具有一定治安防范技能的保安队员,加强社区单位的治安防范工作,效果明显,全区已经形成了拥有 720 人的保安队伍,成为维护全区社会治安的一支重要力量。在城乡结合,经济发展中等的县市区,则把主要精力放在流动人口治安管理,社区、农村、单位的治安防范、矛盾纠纷排查调处工作方面。如太原的尖草坪区、晋源区、大同的新荣区,朔州的应县、怀仁、临汾的襄汾、霍州等县在乡镇、社区、农村、单位开展了声势浩大的平安创建竞赛活动,以矛盾纠纷调处效果好、人民群众口碑好、群防群治措施好作为标准,大力开展了减少刑事治安案件,消除不稳定因素的活动,取得了良好的效果。在经济欠发达的农业县则主要开展了加强农村治保会、民调会、治安巡逻队的建设和作用发挥上,把工作的重点放在矛盾纠纷排查调处方面。如晋中的和顺、昔阳,长治的武乡、沁源,晋城的陵川等县市区在乡镇建立矛盾纠纷调解庭,就地、就近依法调处当地的各类矛盾纠纷,效果明显。

二、“严打”整治斗争情况

2004 年全省各级政法部门继续深入开展“严打”整治斗争,严厉打击各类严重刑事犯罪活动。一年来,全省共破获各类刑事案件 31301 起,同比增长 14.2%,抓获各类刑事犯罪嫌疑人 23672 人,同比增长 10.8%;打掉各类犯罪集团 961 个,涉及成员 4017 人。从 3 月份开始,组织开展了力度强劲的侦破命案行动,取得重大战果,共破获现行命案 731 起,破案率为 86.5%,同比提高 16.5 个百分点。全省 58 个县实现了命案全破,有 20 个县未发生命案。各地还组织开展了“百案攻坚”和“百日追逃集中统一行动”,破获 2000 年以来的命案积案 99 起,抓获在逃人员 2653 名,其中命案逃犯192人。全省监管场所开展“深挖命案”专项行动,破获刑事案件2287起,其中杀人案件51起,抓获犯罪嫌疑人493人。各地公安机关还紧密结合当地社会治安实际,有的放矢地开展了打击“双抢”、“双盗”侵财犯罪会战等专项行动,有效遏制了多发性侵财犯罪上升的势头。

各地还加强了以打击金融诈骗,虚开货物运输发票和销售假发票、侵犯知识产权、传销、变相传销等违法犯罪为重点,积极开展专项行动,强化侦查破案,整顿了一批经济秩序混乱的领域和地区。全省公安机关共受理各类经济犯罪案件1787起,立案1734起,破案1692起,抓获犯罪嫌疑人1723人,挽回经济损失5.75亿元。太原市公安机关破获“7·28”特大票据诈骗案,基本查清了涉及五家银行的23起特大票据诈骗案,抓获了27名主要涉案成员,初步查明了非法资金流向。太原市公安机关破获了“2·11”变相传销案,抓获犯罪嫌疑人50余名。

各地继续加大禁毒动作力度,以遏制毒源专项行动为突破口,集中整治了重点地区、重点行业的毒品问题,严厉打击了吸食贩卖新型毒品的违法犯罪活动。共破获各类毒品违法犯罪案件6234起,查获各类涉毒违法犯罪嫌疑人6017名,缴获海洛因5186.43克,鸦片5049.3克、咖啡因807.78公斤等和大量制贩毒工具。开展了以禁种铲毒为主要内容的“净土”立体式航测铲毒专项行动,铲除非法种植罂粟10万余株,查处非法种植人员37名,彻底解决了大面积非法种植罂粟的问题,受到国家禁毒委的充分肯定。

三、流动人口治安管理情况

一是加强规范化建设,流动人口管理制度得到进一步完善。2004年9月25日,山西省第十届人民代表大会常务委员会第十三次会议对1996年5月27日山西省第八届人民代表大会常务委员会第二十二次会议通过的《山西省暂住人口治安管理条例》按照《中华人民共和国行政许可法》和有关政策进行了全面修订,使全省的流动人口治安管理工作进一步走上了法制化的轨道,同时也使这项工作的开展更加适应新形势的发展。各地也根据本地的实际制定了《暂住人口管理办法》、《暂住人口须知》、《用人单位使用外来人员规定》、《租赁房屋管理办法》等一系列流动人口管理的规章制度。为了确保工作落到实处,各地把流动人口治安管理工作纳入社会治安综合治理领导责任制,把责任落实到各级领导身上,严格考核,奖惩兑现。对管理站、管理小组、登记点人员及协管员、联络员,都制定了明确的工作职责和严格的工作制度。各级公安机关和综治组织还定期对用工单位进行检查、走访,全面了解暂住人口的来源和去向。

二是强化措施,流动人口的日常管理工作得到进一步加强。一年来各地不断加大登记、发证力度,对暂住人口实行了计算机网络化管理。太原、临汾、晋中等地部分派出所把每个暂住人口的基本情况输入微机,实行动态管理。临汾市公安局尧都分局还实行了IC卡管理办法,大大提高了暂住人口的现代化管理水平。一些地方还实行了工资表报表制度,根据工资表来掌握流动人口的流动情况。

三是强化服务意识,流动人口人性化管理和服务得到进一步体现。一年来各地把服务贯穿于流动人口治安管理工作的始终,对初来乍到的暂住人员,由联络员帮助他们办理暂住证,并帮助外来人员联系住地。各地还以社区警务建设为依托,在社区设立警务室,社区民警能够有更多的时间工作在社区,他们积极为外来人员解决就业、子女入学、入托等方面存在的困难,得到了外来人员的信任和支持,促进了工作的开展。为了不断提高服务质量,拓宽服务层面,各地采取措施,加大对民警和协管员以及暂住人口的教育培训力度。太原市在389个用工单位开展培训,共培训出租房主985个,协管员169人,印发宣传单4万余份,出板报900余块。阳泉市在市电视台制作流动人口管理和服务的节目28期,广播939期,散发宣传材料77965份,受教育人数达到28万人次。

四、铁路护路联防工作情况

营建平安三晋铁路示范带有了新的发展。各地、各有关部门按照省综治委铁路护路联防领导组要求,大力开展了营建平安三晋铁路示范带“双百”活动,分解任务,量化指标,完善标准,从加强基层组织、规范基础台账、完善制度建设、健全长效工作机制等方面入手,采取有力措施扎实推进。5月12日,省领导组召开了全省营建平安三晋铁路示范带太原现场经验交流会,推广了太原等市的典型经验和主要做法。全省铁路护路联防考核评比动员会后,各地加大力度,狠抓落实,拾遗补缺,进一步推动了营建平安三晋铁路示范带活动的深入开展。目前,全省已在铁路沿线创建成200个示范村镇、200公里示范铁道区段。

铁路治安环境有了新的改观。太原市针对中央电视台曝光东晋支线小井峪段捅扒焦炭问题后,提出了变被动为主动,变压力为动力,变乱点为亮点,变落后带为示范带的工作思路,采取超常规措施,在市委、市政府的高度重视下,用3个月时间彻底解决了这一"顽症"。晋中市对石太线寿阳段和临汾市、运城市对侯西线西贺刘村段捅扒焦炭问题也进行了有效治理。在开展铁路干线、支线集中整治的同时,太原市、长治市、晋城市等地开展了企业专用线整治,尤其是太原市把整治太钢专用线作为服务大型企业和经济率先发展的具体行动,在铁路护路联防工作内容的发展和作用的发挥上又做了新的尝试。

护路联防服务经济建设的能力有了新的提度。加强了石太线、太焦线、侯西线、介西线等运煤通道铁路沿线的护路联防工作,特别是强化了大秦线、侯月线等重载煤炭运输通道的护路联防工作,为大秦线增加了专职护路队员,加大了经费投入,加强了组织协调,保证了两万吨大列的安全试运行,实现了年运量1.5亿吨的目标。尤其是在全国抢运电煤的关键时期,各级铁路护路联防组织放弃节假日休息,全天候执勤,保证了铁路运输的安全畅通,为山西省和全国的经济发展做出了积极贡献。2004年全省煤炭外运量4亿多吨,再创历史新高。

护路联防系统自身建设有了新的进展。一是按照中央护路办要求,山西省加强了教育培训工作,先后对各市护路办主任、工作人员、专职干事、护路联防中队长以及重点区段的联防队员进行了培训,受训人数400多名。组织各市护路办主任赴外地进行了参观学习。强化了护路经费监管工作,逐条逐项整改了省审计厅提出的意见,举一反三,修订完善了制度,改进了管理。三是加强了护路联防专兼职队伍管理,在加强规范化建设的同时,加大督查通报和处理力度,辞退不合格队员20多名,进一步纯洁了队伍。全省护路队伍共协破涉路案件50余起,发现、报告险情120余起,清理闲散人员4500余人次,发挥了较好的作用。

各成员单位的作用有了新的发挥。各级教育行政部门普遍把爱路护路教育纳入学校德育和安全教育之中,各铁路沿线的中小学校成立了红领巾宣传队、雏鹰护路队,并开展了丰富多彩的书法、演讲、绘画、铁路护路知识竞赛等活动,收到了很好的效果;铁路沿线的路地公安部门专门签订了护路工作责任书,并纳入公安民警日常考核;铁路部门主动与地方沟通的力度加大,多次联手整治铁路沿线治安问题,增强了工作的针对性;军事部门加强了铁路沿线民兵的组织管理;经贸委强化了无人看守道口的日常监护工作;财政、审计部门严格把关,强化了经费的预算和监督工作;物价部门对护路联防经费征收情况进行了检查,各部门参与护路联防工作进一步深入,齐抓共管的局面进一步巩固。

五、社会治安管理和防范工作情况

全省各级公安机关针对社会治安出现的新情况、新问题,狠抓以指挥中心"110"报警服务为龙头,各警种协同作战的全方位动态防控体系建设,积极推进派出所警务改革,合理调整警力部署,大力推进社区警务建设,强化对社会面的巡逻控制,有效地预防了违法犯罪活动,进一步增加了人民群众的安全感。全省公安机关共受理各类治安案件142864起,查处128227起,查处治安违法人员176316人,同比分别上升122.5%、119.2%、55%。

一是组织开展专项行动,解决治安突出问题。组织开展了民爆物品安全整治专项行动,共缴获炸药30145.8公斤、雷管103597枚,硝铵109903.5公斤,消除了社会治安的一大隐患。部署开展了高校及周边和中小学、幼儿园及少年儿童安全管理专项整治行动,共检查学校816所,整改隐患472处。此处,还组织开展了银行专职守护押运人员枪支使用管理和油气田及输油气管道生产治安秩序专项整治,配合有关部门开展了"扫黄打非"、打击制售假冒伪劣商品等工作,取得了明显成效。组织开展了打击淫秽色情网站专项行动,净化了网络环境。二是狠抓消防安全监督和道路交通管理工作。以公共聚集场所、高层建筑、文物古建筑为重点,大力加强消防安全监督,集中整治和消除了一批火险隐患,全省火灾形势保持了平稳的态势。共发生火灾3571起,上升0.7%,死亡

48人,直接经济损失2485余万元,上升3.9%。引深“畅通工程”和“平安大道”建设,以“五整顿、三加强”为重点,全面强化交管基础工作,大力整治道路交通秩序,积极推进交通事故预防新机制,有效地遏制了全省交通事故高发的势头。道路交通事故四项指数全面下降立案数同比下降17.4%,死亡人数同比减少58人。同时,狠抓晋O号牌的整顿改挂工作,全省1766辆非公安机关晋O牌车全部改挂为地方牌照,取得了良好的社会效果。三是积极推进治安防控体系建设。3月份,在全国率先实现了县级公安机关“110”、“119”、“122”三台合一,受到了公安部充分肯定。太原市杏花岭分局建立了“一所三队、三警联动”的新型警务机制,建立了派出所领导下的社区民警中队、责任区刑警中队、责任区巡警中队,有效地整合了警力、信息和后勤资源,减少了扯皮,提高了战斗力。省厅消防总队坚持警力下沉,总队、支队两级机关精简警力378人,精简率达48.9%,科学地整合了警力资源,实现了人员与岗位的最佳结合,受到公安部的充分肯定。各地公安机关进一步强化金融、国防、电力、电信等内部单位的治安防范工作,积极探索专门工作与群众路线相结合的有效途径,推出了一批各具特色的治安防范新模式,有效预防和减少了各类案件的发生。四是落实便民措施,努力为群众提供优质服务。认真贯彻执行《公安机关窗口单位服务规定》,开展了全省户口核对和居民身份证号码清理纠错,做好了换发第二代身份证的准备。全省公民按需申领护照工作取得突破性进展,晋城、太原、阳泉、长治等市已实行按需申领护照,便利了公民出入境。积极推进公安行政审批制度改革,省公安厅通过对90项公安行政审批项目的清理,取消24项,并对现有收费项目、收费标准、收费依据全部进行公示。省厅设立政务大厅,除运城市公安局实行网上审批以外,其他10个市公安机关和80多个县公安机关统一进驻当地政府的政务大厅,实行“一站式”服务。认真落实公安部30项便民利民措施,制定出台了山西省100条便民利民措施。省公安厅机关在行风测评中群众满意率为98%,被评为“文明单位”。

六、社会治安综合治理宣传教育工作情况

多形式、多层次、广泛深入的立体网络化,是山西省政法综治舆论宣传多年来从实践中探索形成的重要特点。宣传中我们努力做到把平时报道和集中宣传相结合,主题报道和全面报道相结合,普遍报道和典型报道相结合,全方位宣传和重点地域宣传相结合等。把全面宣传和重点宣传结合起来。山西省不仅注重对政法综治各项工作、特别是各项专项斗争开展情况的全面宣传报道,让社会各界、广大人民群众准确及时全面地了解山西省政法综治工作、各项专项斗争取得的阶段性成就,扩大透明度,达到鼓舞人心的目的。同时还适时根据省委、省政府对政法综治工作在不同阶段的安排部署,根据工作进展情况,有针对性地重点报道。不论是安全文明小区建设、严打整治斗争、还是正在进行的开展“三打三防三创”,建设“平安三晋”等大型活动,我省政法综治舆论宣传周密安排,舆论先行,大造舆论氛围,做到会议有报道、工作进展中有重点、舆论效果有预期。把主题宣传和重点区域特色宣传结合起来。对建设“平安三晋”主题舆论宣传做到家喻户晓,也非常重视重点区域的针对性特色宣传。由于重点区域的经济状况、人口构成不同,社会治安综合治理状况也就有地域特色。这些重点宣传区域:一是定位在火车站、公共汽车站、医院、宾馆、旅店和旅游景点等;二是定位在重要集镇、重点村和厂矿、社区(小区)、企业、学校等。利用这些地方人口流动大、各种社会人群多的人口特点,舆论宣传内容重点放在预防青少年违法犯罪、流动人口治安管理、刑释解教人员安置帮教、基层创安、开展无毒社区活动、铁路护路、中小学校治安综合治理宣传上。并根据这些重点区域的不同人群构成特点,编制表演节目,制作流动橱窗,散发专题传单,进行喇叭讲解和有奖征答活动等。山西省预防青少年犯罪展览规模大、内容丰富,参展人数多,受到社会各界广泛赞誉;三是寓教于乐,组织文艺宣传队巡回宣传。这种巡回宣传队机动性大,能够深入到偏远的乡镇、厂矿、企业等,不留空白,不留死角。省综治办组织的“综治晚会”、“一路平安”、“山西黄河青年艺术团”排演了以“安全幸福,情系万家”为主题的综治专题文艺节目,到各市巡回演出,内容贴近百姓生活,受到普遍好评。把平时宣传和围绕主题的集中宣传结合起来。在做好平时宣传的同时,我们高度重视围绕主题,开展各种集中宣传,把这作为政法综合治理工作的重要组成部分。

一是利用和发挥国家法定节日进行政法综治舆论宣传。如3月份社会治安综合治理宣传月活动,12·4法制宣传日活动,3·15消费者维权主题活动,3·8妇女节举行妇女权益活动,以及6·26禁毒日活动等,是国家法定活动,与人民群众息息相关。政法各部门利用和发挥人民群众乐于参与、积极响应的特点,把当前政法综治工作深入其中,使人民群众耳濡目染中获得教育,提高预防犯罪、参与社会治安综合治理的能力和积极性。二是利用自身工作特点,适时开展围绕主题的集中宣传活动。如山西电视台《公民与法》、《就事论事》专栏,山西黄河台《法制道德》专栏每周5天对我省社会治安综合治理和法制工作进行宣传报道;山西人民广播电台《法庭内外》节目开办5个栏目:《法制追踪》、《警钟长鸣》、《法制信息》、《法律热线》、《评案说法》;山西日报《公正执法三晋行》专栏,《法治时空》专版每周四一次;山西法制报开设了《深入开展"严打"整治斗争》、《六项整治》、《"12·4"全国法制宣传日征文》、《争创"平安县"》等栏目,定期对我省社会治安综合治理和法制工作进行宣传报道。这些集中宣传活动烘托和丰富了"建设平安三晋",构建和谐社会的主题内容。

七、刑释解教人员安置帮教工作情况

2004年,在中央综治委和省委、省政府的领导下,山西省切实加强了新形势下刑释解教人员的安置帮教工作。一年来,各地进一步加强组织领导,健全工作机构,逐步完善衔接、管理、安置、帮教四个方面的安置帮教工作机制,广泛动员社会各方齐抓共管安置帮教工作,建立了符合山西实际的安置帮教工作新体系,全省刑释解教人员的衔接率保持在90%左右,管控率保持在95%左右,帮教措施落实率达到85%左右,就业率保持在80%左右,重新犯罪率控制在1.5%以下,涌现出了以十届全国人大代表韩雅琴同志为代表的一大批安置帮教工作先进个人和集体。

(一)安置帮教工作基本数据情况

市、县(区)已建立刑释解教人员安置帮教工作领导组办公室131个,占应建数的100%,乡镇(街道)建立安置帮教工作站1 320个,占应建数的95%,在农村、社区建立帮教小组3478个,占应建数的90%,专职或兼职从事安置帮教工作的人员达到3406人,社会志愿者16057人。

从2001年以来,全省各监狱、劳教所、看守所共释放和解除劳教人员52892名,其中监狱释放25494名,看守所释放16132名,劳教所释放11266名,户籍在外省的刑释解教人员5364名,户籍属本省的刑释解教人员47528名。县区安置帮教工作办公室、公安机关共衔接刑释解教人员49252名,其中外省释放的刑释解教人员1724名,已上户的45312名,人户分离的12687名,去向不明的2946名,列入重点人口的18556名,列入工作对象数据库的11448人,列入专项督办的3674名,39408名刑释解教人员得到妥善安置,其中325人被原单位接收,9767人被过渡性安置帮教基地接收,1073人取得了执业资格证书,4733人被私营企业接收,11587人从事个体经营,11232名农村户籍人员重新承包了土地,742人被安排复学,1022名非农户人员享受了最低生活保障。

(二)主要做法

1. 坚持衔接程序制度化,实现各成员单位有序运作。在衔接程序上,坚持三延伸、三结合。一是监狱、劳教所向中队延伸,每一个服刑、在教人员释解时,由中队填写出监、出所《鉴定表》,向监狱和劳教所提供该人的表现,由监狱和劳教所根据本人的情况,有针对性地提出释解后的管理建议。二是由县区公安局向看守所、派出所延伸。每名服刑在教人员刑满释放时,监狱劳教部门提前一个月将释解通知书发往释解人员所在地的公安机关,公安机关接到通知后及时通知户籍所在地派出所,与释解人员见面,并按规定全部列入重点人口管理范围。在看守所留所服刑的人员被释放时,也要逐一通知户籍所在地公安派出所加强管理,确保每一个释解人员不脱管、不失控。三是县区安帮办向乡镇(街道)安帮工作站、帮教小组延伸。每一个释解人员回归后,县区安置帮教办将接茬帮教任务直接落实到乡镇(街道)安置工作站,逐人落实帮教措施。在日常的衔接工作中,我们坚持做到"三个结合":衔接工作与监狱、劳教所、看守所的改造管理教育相结合,充分发挥监所中队在衔接工作中的基础作用;各成员单位之间相结合,将衔接工作融入各单位日常工作,形成齐抓共管的态势;安置帮教工作与基层"创安"、治安防范、治安管理等措施紧密衔接,同步推进。有效地减少脱管、漏管等问题的发生。

在衔接措施上，坚持三个纳入、三级推动、三管齐下。即把刑释解教人员的衔接工作纳入各级社会治安综合治理目标管理责任制，纳入各成员单位工作责任制，纳入帮教责任单位党政领导责任制。一级对一级负责，确保衔接工作环环紧扣，紧密衔接。在具体工作中，坚持“三级推动”，每年由省安帮办组织，对全省的衔接工作进行考核验收，省安帮办负责对市地安帮工作进行验收，市地安置帮教办负责对县市衔接工作进行检查验收，县安置帮教办负责验收乡镇(街道)的衔接工作。对衔接工作不断档、无漏管失控的单位通报表扬，对不达标的提出批评，对衔接工作不落实、造成严重后果的地方和单位，实行“一票否决”。在具体工作措施上，坚持“三管齐下”。一是建立释解人员信息查询系统。省安帮办为全省 11 个市、119 个县区配备了微机，同时聘请专业技术人员开发出了一套释解人员管理系统，由省公安厅、省监狱局、省劳教局每年 3 月 30 日前将所属各看守所、监狱、劳教所刑满释放、解除劳教人员情况汇总报省安帮办，再由省安帮办制成比对光盘分解到市地，外省人员分解到各省，存入刑释解教人员信息管理系统，实现一人一档，做到了底数清、情况明。二是实行直接衔接。省安帮办规定，对释解后可能发生脱管、漏管的重点人员，由监狱、劳教所、看守所派干警遣送，直接与当地公安机关、安帮办联系，实行面对面交接，每年遣送 2000 多人。三是坚持“谁主管、谁负责”的原则。省综治委、省公安厅、省司法厅、省民政厅联合下发了《关于进一步做好服刑在教人员刑释解教时衔接工作的通知》，在明确各自职责的同时，强调凡没有履行衔接程序的释解人员，仍属本部门主管，并承担相应责任。

2. 坚持管理制度化、实现专群结合的新模式。一是严格排查，严防失控。二是严格责任，严密组织。三是严格监督，严肃追究。以省安帮办名义统一印制了重点对象管理督办卡，按照重点人员控制的难易程度，分市级督办和县级督办，凡接到督办卡的单位，要将督办监控的重点对象列入工作视线，严格监督，严密控制。组建督导队伍，定期督查。三是实行了安帮工作定期分析制度。

3. 坚持安置多元化，拓宽渠道建立安置工作机制。在安置工作中，山西省坚持了“三原则、三政策、七依托”。“三原则”就是多渠道安置，多形式并存，多产业发展的原则，想方设法安置就业。“三政策”就是《关于进一步做好刑满释放和解除劳教人员促进就业和社会保障工作意见》、省综治委会同有关部门联合下发的《关于刑释解教人员过渡性安置帮教企业(基地)认定工作的通知》和《关于加强非农户口刑释解教人员最低生活保障工作的通知》，从政策上对安置基地建设进行倾斜。“七依托”：一是依托原单位。服刑在教前有职业，服刑在教期间未被开除或未被解除劳动合同，仍保留原工作单位的释解人员由原单位负责安置；虽然被开除或被解除劳动合同，积极动员、鼓励支持原单位予以接收。二是依托过渡性安置基地。服刑在教前无职业或服刑在教期间被开除或被解除劳动合同的释解人员由安置帮教机构创办的基地进行过渡性安置。三是依托职业介绍机构。释解人员持文化技术、特长证书，到职业介绍机构应聘就业。企业在用工时，对释解人员与其他劳动者一视同仁，不得歧视。四是依托村(居)委会。农村籍的释解人员，原无承包责任田的按有关规定拨给，原有承包田的，服刑在教期间分配给他人耕种或征用的，重新调整归本人承包，或安排其他劳动。城市籍的无业释解人员由社区居委会负责组织从事社区第三产业。五是依托个体、民营企业。积极鼓励个体、私营经济实体，承担社会责任，吸纳释解人员就业。同时，积极鼓励释解人员自谋职业，对要求从事个体经营、申办私营企业的刑释解教人员其户籍所在地的劳动、工商部门应当予以支持。六是依托学校。对具备复学条件的释解人员，应安排复学。符合升学条件的，在录取时应与其他考生一视同仁。对未完成义务教育的释解人员，按照《义务教育法》的规定，安排继续完成学业。七是依托社会保障。非农户口的释解人员，其共同生活的家庭成员人均收入低于当地城市居民最低生活保障标准的，享受最低生活保障。对丧失劳动能力、无生活来源的释解人员，由所在街道、乡镇给予照顾，符合条件的由民政部门给予救济。

4. 坚持帮教社会化，建立专职和自愿相结合帮教工作机制。一是构建网络、规范运作。实现组织机构网络化。省、市、县层层建立了党政领导挂帅的安置帮教领导组，依托司法行政部门成立办公室，在乡镇依托司法所设立安置帮教工作站，专抓副职任主任，司法所所长、派出所所长任副主任。以行政村成立帮教小组，在安置释解人员5人以上的单位、企业也成立帮教小组，一把手任组长，构筑起省、市、县、乡、村五道防线，形成了纵到底、横到边、责任到人、层层负责的五级工作网络。实现帮教制度规范化，包括排查制度、会议制度、报告制度、督查制度、谈话制度、回访制度和奖惩等八项制度。实现帮教形式多样化。针对性帮教和经常性帮教有机结合，做到了经常化帮教和重点帮教的有机统一。二是落实责任，注重实效。对综治成员单位、安置帮教机构和乡镇街道农村、社区的干部作为专职队伍，实行“三包三定一追究”，形成了职责明确的帮教工作机构。三是依靠群众，开展帮教。在省司法厅指导下，山西省刑释解教人员更生促进会，作为预防释解人员重新犯罪的非盈利性社会团体，本着替社会化解矛盾的原则，主动承担帮教释解人员的责任，直接、间接帮教刑释解人员3000多名。通过选聘热心帮教工作的基层群众、离退休干部，鼓励他们与释解人员签约结对子，开展帮教工作，韩雅琴同志就是其中的突出代表。依靠事业上成功的释解人员帮教。通过实施“金不换工程”，对回归社会取得成就的释解人员的经验及时总结，广泛宣传，并由这些先进典型作为社会志愿者，帮教回归社会5年内的刑释解教人员。

八、预防青少年违法犯罪工作情况

（一）创新工作方式，拓展工作领域，逐步构建全省青少年维权服务体系。

1. 构建了全省青少年维权热线网络。为切实维护青少年合法权益，预防和减少青少年犯罪，营造青少年健康成长的良好社会环境，2004年4月30日，省预防办与全省各地的12家律师事务所联合在全省11个市开通了青少年维权热线——16800885。维权热线通过接听热线，为广大青少年提供法律、心理等咨询服务，受理侵害青少年合法权益事件的投诉，并协调有关职能部门合理解决，依法为青少年提供法律援助。热线开通以来，各律师事务所已相继受理各类侵害青少年合法权益的案件580余起。

2.“青少年维权岗”创建范围不断拓展。法院、检察系统在司法实践中建立了维权机构，特别是少年法庭的建立，为青少年健康成长提供了有效的司法保护；公安系统立足社区，加强学校周边及校园的治安维护；新闻出版系统在新华书店内设立“第二课堂”，用先进文化武装青少年的头脑；广电、劳动、司法系统，立足行业特点，加强宣传教育、舆论监督，有力地维护了青少年的合法权益。截至目前，山西省各级各类优秀“青少年维权岗”创建单位已达1200余个，创建工作领域已延伸到了法院、检察、公安、司法、劳动、新闻出版等11个系统。一年来，共接待青少年法律咨询1.2万人次，提供法律服务800余次，在维护青少年合法权益方面发挥了积极的作用。

3. 举办中国—欧盟法律和司法合作项目中西部未成年人维权干部（山西）培训班。2月20日至22日，共青团山西省委、省未成年人保护委员会办公室、省综治委预防青少年违法犯罪领导小组办公室联合中国法学会青少年法律研究会、北京青少年法律援助与研究中心共同举办了中西部未成年人维权干部（山西）培训班。来自全省各地基层的国家和省级优秀“青少年维权岗”单位负责人、各级优秀青年卫士、优秀青年律师等共计100名未成年人维权干部参加了培训。

（二）抓住重点，深入推进预防青少年违法犯罪工作。

1.“青少年违法犯罪社区预防计划”试点推进。在实施过程中，注重由点及面的推进方式，加强试点工作，在全省选择了5个重点社区为试点单位，积极探索建立社区预防青少年违法犯罪的有效机制。与此同时，山西省还在全省广泛开展了“未成年人零犯罪社区”创建工作。

2.“进城务工青年发展计划”不断完善。大力开发进城务工青年人力资源，做好进城务工青年的劳务对接、就业服务等工作，2004年以来，配合“共青团劳务输出大篷车”现场招聘活动的开展，编辑并发放了《山西省进城务工青年维权手册》3000余册，帮助进城务工青年了解相关法律法规和就业创业政策，提高自身的法律意识和维权能力，预防他们步入歧途，走上犯罪道路，促使务工青年在城市现代化建设中发挥了积极的建设作用。同时，注重丰富务工青年的业余文化生活，发展健康有益、充满生机活力的进城务工青年文化，

2004年9月，结合全国鲲鹏文学奖活动的开展，我们联合《山西青年报》、山西人民广播电台、《太原晚报》等媒体开设专栏在全省组织开展了山西鲲鹏文学奖的评选活动。

3. 社区青少年远离毒品行动高潮迭起。山西省以社会青少年法律学校为载体，通过安排开设毒品教育与预防课程、举办讲座、到戒毒所参观、举办禁毒知识竞赛等方式，帮助青少年提高拒绝毒品诱惑的技巧和能力。今年5月，联合省禁毒办开展了山西省"抵制毒品，参与禁毒"有奖知识竞赛活动，邀请禁毒专业教师设计了内容涉及毒品基本知识、毒品危害、禁毒法制、毒品预防、禁吸戒毒、"无毒社区"创建等方面的50道竞赛试题，在《山西青年报》予以公布刊登。在6月26日——国际禁毒日，团省委还联合省禁毒办在滨河公园碧水沙滩联合举行山西省禁毒宣传月风筝"万人放飞"活动暨青少年禁毒知识竞赛颁奖仪式。全省各地也纷纷开展了青少年禁毒宣传教育活动。

4."青春红丝带"行动的影响逐步扩大。为了提高青少年对艾滋病的预防意识和防护能力，联合省卫生厅开展了"青春红丝带"行动——青少年防治艾滋病"面对面"宣传教育，组织山西省七所大中专院校的七支大学生防治艾滋病志愿者队伍分赴我省七个国家级艾滋病综合防治示范区开展了"面对面"宣传教育活动，并组织艾滋病防治专家集中在全省各大中专院校、社区举办专题知识讲座与培训1100余场次，接受培训的青少年5万多名，并培训了大学生志愿者800多名；在农村广泛开展艾滋病宣传教育，并在农村初步组建起了128支、8000余人的乡村两级青年志愿者队伍。同时，各大中专院校每年还普遍举办了预防艾滋病的专题文艺晚会，一年来，共计举办了专题晚会50多场，参加学生人数达8万多人。11月22日至12月1日，团省委、省卫生厅联合举办了"青春红丝带"世界艾滋病日知识普及有奖问答活动。

5. 青少年网络文明行动常抓不懈。针对网吧违法违规经营和黑网吧等问题，省预防办坚持开展创建"青少年安全放心网吧"活动。通过与网吧签订承诺书、悬挂"禁止未成年人入内"的警示牌，聘请"青少年安全放心网吧"监督员等方式，改善青少年上网环境。8月份，配合省文化厅进行了全省网吧的集中整治活动，取得了积极成效。

九、学校及周边治安综合治理工作情况

(一)积极安排部署"平安校园"创建活动。山西省综治委、教育厅、公安厅按照制定下发了《关于在全省开展"平安校园"创建活动的实施意见》，要求各级各类学校开展平安校园创建活动，把它作为巩固集中整治成果、深化学校治安综合治理的一项重要举措和长效管理机制。8月19日，省综治委、省教育厅、省公安厅联合召开了全省创建"平安校园"电视电话会议。省、市、县有关职能部门的负责同志和各高等院校校(院)长，各市、县人民政府所在地的中小学校校长以及驻地厂矿、企业、民办学校校长约15000人参加了会议。就全省各级各类学校深入开展创建"平安校园"活动，进一步加强学校及周边地区治安综合治理工作做了具体部署。2004年11月山西省教育厅商请省综治委、省公安厅同意后在侯马市召开了全省"平安校园"创建活动汇报会议，分三组听取了各市教育局、各本科院校、专科院校就创建"平安校园"以来的情况汇报。并对进一步推进"平安校园"的创建工作进行了研讨，截至目前，全省已有5个市、35所高校制定了开展"平安校园"活动的实施方案。

(二)高度重视，加强领导，积极开展"平安校园"创建活动。各级教育行政部门和各级各类学校高度重视平安校园创建活动，把创建"平安校园"活动列入重要议事日程，切实加强领导。在创建"平安校园"工作中进一步落实"谁主管，谁负责"、"谁主办，谁负责"的原则，不断加强领导、转变观念，明确责任，完善管理措施，切实保证了师生员工的生命财产安全，维护了学校健康稳定的发展局面。全省各级各类学校积极开展平安校园的创建活动，坚持把构建校园治安防控体系、加强基层基础工作作为搞好学校及周边治安综合治理工作的一项根本性措施来抓，不断完善"平安校园"创建、兼职法制副校长建设、校园网络信息安全建设等基层基础性工作，努力形成学校治安综合治理工作群防群治，齐抓共管的良好局面。中北大学以"校园110"为龙头作为提升保卫处综合服务体系建设的新思路，总结推广经验，推进全省校园治安防控体系建设，确保园区稳定。省教育厅和省公安厅通过部署开展了高等学校"安全保卫工作优胜杯竞赛”,建立了全省高校安全保卫工作考核标准,明确要求校园重点要害部位必须建设技术防范设施,提高快速反应能力。各市各校注重基层群防群治组织建设,成立了治保会、社区委员会、大学生自律委员会、大学生文明纠察队、义务消防队等群众性组织,并充分发挥这些组织在学校治安综合治理工作中的积极作用。

(三)加大检查力度,引深“平安校园”的创建活动。加大了常规性安全检查和抽查的力度,推动“平安校团”的创建活动。2004年山西省会同省公安厅两次对学校消防工作进行了检查,及时组织、部署了6次学校安全大检查。要求重点加强对学校各要害部位进行经常性检查,发现隐患及时整改,形成制度,不走过场。并要求各市、各高校定期进行安全检查;把事关广大师生生命财产安全的各项工作落到实处。针对校园周边治安秩序存在较多问题的状况,山西省积极协同公安、消防、工商、卫生、文化、劳动,铁路等有关部门对突出问题进行专项治理,通过整治使校园周边环境得到治理,一批突出问题得到解决。据不完全统计,今年全省共破获以学校师生为侵害对象的刑事案件117起,查处影响高校治安秩序的治安案件215起,破获犯罪团伙18个,抓获犯罪嫌疑人300人,其中采取刑事强制措施81人,治安处罚219人。共检查学校3096个,整改隐患1153处,取缔网吧115个,取缔娱乐场所75个,拆除违章建筑155个,取缔花、正摊点896个,收缴非法出版物22228册。

通过专项整治行动有力地推动了平安校园的创建活动,特别是在山西省中小学幼儿园及少年儿童安全管理专项整治行动中,各市教育行政部门积极协调各部门对中小学、幼儿园进行了全面、彻底地整治,收效十分明显。据统计,此次专项整治行动期间,全省校园周边新增交通信号灯108组,新增交通没施222个,清除校园周边违章建筑153处,取缔非法网吧147家,取缔非法小卖部360家,取缔非法歌舞厅26家,取缔非法游戏厅118家,取缔非法录像厅56家,取缔非法流动饮食摊点1512个,新增治安岗亭、报警点185处。共检查中小学16102所,检查幼儿园3933所,查出隐患1804处,整改隐患1639处。清查民办中小学505所,清查民办幼儿园1302所,对51所不合格办学的民办中小学责令限期整改,限期整改不合格办学的幼儿园644所,取缔关闭不具备办学条件、未办理有关手续的中小学9所、幼儿园70所。共审查中小学教职工、聘用人员、临时工54175人,中小学调离、辞退不合格人员8664人,共审查幼儿园教职工、聘用人员、临时工11560人,幼儿园调离、辞退不合格人员186人。各级公安机关积极查处伤害中小学生少年儿童案件,共侦破治安案件111起,依法处理违法犯罪嫌疑人152人;侦破刑事案件23件,依法处理违法犯罪嫌疑人38人。

十、实行社会治安综合治理责任制情况

2004年,全省进一步完善了以领导责任制、目标管理责任制为主的社会治安综合治理责任制体系。省委书记、省综治委主任田成平亲自与各市市委书记、各市市委书记与各县区一把手、各县县委书记与各乡镇一把手层层签订目标责任书;按照“属地管理”原则,太原市综治委与驻地各省直单位签订了目标责任书,各市综治委和市直单位签订了责任书,形成了横到边、纵到底的责任网络,促使综治工作成为名副其实的一把手工程。

全省各级各部门领导的综治意识切实得到进一步强化,尤其是随着建设“平安三晋”活动的深入开展,各地都舍得花费时间想平安,舍得投入精力抓平安,舍得组织人力保平安,舍得安排财力买平安。太原市综治委领导多次深入政法、综治部门调查研究,努力解决影响社会稳定的重大问题。朔州市主要领导对综治工作认识进一步升华,做到了“三勤”,即:勤部署、勤检查、勤过问,对综合治理工作坚持“三个纳入”,即:纳入领导干部政绩考核重要内容,纳入市委考核使用干部必备条件,纳入先进单位评选条件,在换届时各县区主要领导的提拔任用全部征求了市综治委的意见。长治市下发了对荣获全市综治先进县区的有关领导给予浮动奖励工资的通知,市委组织部对拟提拔的117名县处级以上干部征求了市综治办的意见。大同市部分县区也作出对荣获综治先进的乡镇有关人员给予浮动奖励工资的规定,极大地调动了各级领导抓综治工作的积极性。

为了弘扬先进,调动积极性,年初,省综治委继续采取一个考核组、一把尺子量到底的办法,利用50天时间,对11个市的综治工作进行了检查考核,并专门召开表彰大会,对长治、晋城、大同、阳泉、晋中、临汾六个先进市进行了表彰奖励。各地也对本地的社会治安综合治理工作进行了考核、评估,对综治工作先进单位进行了奖励,很好地激发了各级各部门抓综治的积极性。在注重奖励的同时,全省各市还积极发挥责任查究和“一票否决”的作用,对发生重大可防性案件的54个单位实行了一票否决,尤其是晋中市对介休市给予一票否决,极大地触动了各级各部门领导抓综治的责任感和紧迫感。

十一、综治委成员单位参与社会治安综合治理工作情况

2004年山西省十分注重发挥综治委成员单位的作用。狠抓了制度建设,通过制度建设推动成员单位综治工作的有效开展,建立了四项工作制度:一是责任制度。省综治委按照各成员单位的职能,明确了各成员单位在综治工作中的职责和任务,并以责任书的形式确立下来,每年年初,由省综治委领导与各成员单位签订责任书,要求各成员单位要结合本部门的实际,认真参与综合治理工作。比如,今年“平安县”创建活动中,省教育厅开展了“平安校园”活动,省交管局开展了“平安大道”活动,省民政厅开展了“平安社区”活动,省旅游局开展了“平安景点”活动等。二是委员述职制度。每次综治委全会,都由两至三名综治委委员汇报本人及本部门参与综合治理工作的情况,由全体委员进行评议,评议结果作为干部本人政绩考核的重要内容。三是联络员制度。在每个成员单位,确定一名处级干部担任综治工作联络员。每半年召开一次联络员会议,听取工作建议,安排部署任务。四是考核奖惩制度。每年年终,由省综治委组织考核组对各成员单位参与综治工作的情况进行考核,对先进单位大张旗鼓地进行表彰,对后进单位提出黄牌警告,对发生问题的单位实施一票否决。今年上半年,省综治委对省交通厅等20个综治先进单位只进行了表彰奖励,对5个省直单位进行了黄牌警告。

同时,山西省十分重视各专项工作领导小组及办公室职能作用的发挥。一是加强机构和组织建设。山西省综治委内设八个专项工作领导小组,除流动人口治安管理、刑释解教人员安置帮教、铁路护路联防、预防青少年违法犯罪、学校及周边治安综合治理五个专项工作领导小组外,还设有矛盾纠纷排查调处、企地共建安全社区和省直单位社会治安综合治理工作三个领导小组。省综治委专门发文明确了各专项领导小组及其办公室的和成员单位职责。二是加强专项工作队伍建设。各专项工作领导小组由有关单位主要领导具体负责,并由该单位一名副职专抓,办公室与该单位有关处室合署办公,成员单位则实行联络员制度,由一名副处级干部担任联络员。三是加强工作的规范化建设。省综治委定期召开各专门工作领导组办公室主任会议,通报情况、安排任务、部署工作。四是注重实效。每年要求各专项工作领导小组对该项工作要有思路、有部署、有措施、有效果。总的要求是要做到四个一,即:叫响一个口号、开展一个活动、找准一个载体、办好一件实事。

中共山西省委　山西省人民政府转发《关于在全省开展“平安县”创建活动的实施意见》的通知

（2004年6月22日）

各市、县委，各市、县人民政府，省委各部委，省直各委、办、厅、局，各人民团体：

省委、省政府同意省综治委拟定的《关于在全省开展“平安县”创建活动的实施意见》，现转发给你们，请认真贯彻落实。

关于在全省开展“平安县”创建活动的实施意见

为进一步引深“平安三晋”创建活动，维护全省社会政治稳定，根据党中央、国务院和省委、省政府关于进一步加强社会治安综合治理的精神和部署，从今年起，用3年时间，在全省集中开展“平安县”创建活动。

一、指导思想

以邓小平理论和“三个代表”重要思想为指导，认真贯彻党的十六大、十六届三中全会精神和省委、省政府的部署，加强和改进各级党委、政府对社会治安综合治理工作的领导，坚持专群结合、打防并举、标本兼治，严厉打击犯罪活动，着力化解不稳定因素，积极构建“打击及时、防范严密，管理有序、排调超前，教育完善、保障有力”的工作机制，全面提升维护稳定工作的整体水平，为全面建设小康社会创造和谐稳定的社会环境和公正高效的法制环境。

二、基本目标

总体目标是：以县(市、区)为单位开展平安创建活动，力争2004年内全省五分之一左右的县(市、区)达到创建标准，2005年内三分之二左右的县(市、区)达到创建标准，2006年内二分之一以上的县(市、区)达到创建标准。经过3年时间的努力，把我省建成政治更加安定、社会更加稳定、治安秩序更加良好、民主法制更加健全、文化环境更加健康、人民群众更加满意的全国社会治安先进省份之一。

具体目标是：

(一)政治安定

1. 对各种敌对势力的渗透破坏活动防范严密、打击及时。

2. 实现对“法轮功”重点人员进行教育转化的目标，有效控制境外宗教势力渗透和非法宗教活动，对各类邪教组织打击、取缔及时，未发生“法轮功”等邪教分子赴省进京滋事和非法聚集、串联活动。

3. 建立矛盾纠纷排查调处长效机制，及时化解矛盾纠纷，及时解决群众反映的问题。

4. 对各种重大突发性、群体性事件，反应快速、处置得当，未造成恶劣影响或严重后果。

(二)社会稳定

1. 杀人、放火、爆炸、投毒、绑架、抢劫等严重暴力犯罪案件的发案增幅得到有效控制，当年刑事案件的增幅低于本县(市、区)近3年刑事案件的平均增幅。

2. 刑事案件的破案率明显提高，当年刑事案件的破案率增幅要超过本县(市、区)近3年破案率的平均增幅。严重暴力犯罪案件破案率达到75%以上，其中杀人案件的破案率要达到90%以上。

3. 打击处理违法犯罪成效显著。刑事案件起诉率、审结率要高于本县(市、区)近3年起诉率、审结率的平均值。

4. 严密防范各类经济犯罪活动，重大经济犯罪案件及时得到侦破。

(三)秩序良好

1. 治安防控体系健全，快速反应能力提高。对社会面的控制严密，突发性治安事件得到及时处置，突出治安问题得到有力整治，治安混乱地区、部位的面貌明显改观。

2. 基层创建活动深入开展，本县(市、区)80%的乡镇基本达到安全文明标准，80%的社区、内部单位、行政村基本不发生刑事案件。

3. 治安管理措施落实，公众聚集场所、特种行业、出租房屋和要害部位等管理措施落实，管理工作有序。

4. 严密防范重大交通安全事故。

5. 加强消防安全管理，当年无一次性死亡3人以上或重伤10人以上，以及直接经济损失30万元以上或受灾30户以上的重大火灾事故。

(四)文化健康

1. 对出版物市场监管有力，市场上无销售政治性非法出版物和“法轮功”等邪教以及伪科学类出版物，严厉打击淫秽色情类出版活动，严厉打击盗印、盗版等非法出版活动。

2. 网上安全隐患、管理漏洞和有害信息得到及时消除，黄、赌、毒现象得到有效遏制。

3. 封建迷信活动得到及时打击，各类文化娱乐活动健康有序。

(五)法治公正

1. 依法治理工作深入推进，广大干部群众的法制意识进一步增强。

2. 执法司法工作机制不断完善，依法行政、公正司法水平进一步提高。

3. 法律服务、法律援助工作进一步规范。

4. 法律监督体系进一步健全，司法腐败现象得到有效遏制。

(六)群众满意

人民群众的安全感明显增强，对社会治安的认可率达到90%以上。

三、主要措施

(一)加强综治基层组织建设。认真贯彻落实中央综治委、中编办《关于加强基层综治组织建设的意见》(综治委[2003]20号)，建立健全各级综治领导机构和办事机构，配齐配强工作力量，确保创建工作有人抓、有人管。抓好农村、企业、城市社区和其他经济组织中党的基层组织和综治组织建设，充分发挥基层综治组织在创建工作中的作用，筑牢维护稳定的第一道防线，做到街道有机构、社区有组织、单位有队伍、村里有专人，形成以公安派出所、社区巡防力量、群防群治组织为主体，各治安小区为点、村(居)委会为块、各街道为面的治安防控组织网络。

(二)强化对敌斗争。严密防范和打击境内外敌对势力、敌对分子的各种渗透破坏活动。深化与“法轮功”等邪教组织的斗争，坚决遏制“法轮功”地下组织活动和非法宣传品案件的发生。高度重视非传统安全问题，加强反恐怖斗争。强化重点监控，做到对异常情况及时发现、有效控制，努力提高对敌斗争的整体水平。

(三)构建矛盾纠纷排查调处的长效机制。紧紧围绕工作大局，按照“及时排查、各负其责，工作在前、预防为主”的原则，把解决涉及群众切身利益的实际问题和影响稳定的突出问题，作为排查调处的关键，重点抓好“民转刑”(民事转刑事)、治安灾害事故、涉法上访问题和群体性事件的排查预防，积极从源头上解决问题。抓好城市低保工作，加强对城市流浪乞讨人员的救助管理。认真落实优抚对象、退役士兵和企业军转干部的政策待遇。大力加强人民调解、行政调解、司法调解工作，坚持抓早、抓小、抓苗头，逐步建立起超前预警、源头化解、就地处置、有序调处的矛盾纠纷排查调处工作长效机制，努力把各种矛盾纠纷化解在萌芽状态，化解在基层。认真落实党政主要领导负总责、党政分管领导分工负责、部门单位主管的维护稳定责任制，及时处置各类突发事件。对排查出的矛盾，按照“分级负责、归口办理”的原则及时加以解决，做到件件有人管、件件有结果。

（四）建立经常性的“严打”整治工作机制。定期分析治安形势，适时开展公众安全感调查，及时掌握治安动态，针对性地开展“严打”整治斗争，始终保持对犯罪分子的高压态势。进一步深化“打黑除恶”斗争，继续以县（市、区）为单位深挖细查，按照“三个全部”（发现的线索全部查实、构成犯罪的全部打掉、是“保护伞”的全部挖出）的要求，彻底铲除黑恶势力。建立防控黑恶势力的预警机制，对新滋生的黑恶势力坚持露头就打，严防其坐大成势。本着“什么犯罪严重，就打击什么犯罪；哪里问题突出，就集中整治哪里”的原则，因地、因时制宜，组织开展各类专项打击和重点治乱行动，建立起经常性的“严打”整治工作机制，及时整治突出的治安问题，迅速清除犯罪行为对社会造成的严重危害。

（五）健全治安防控快速反应机制。把动态防范、严格控制作为创建“平安县”的重要环节来抓，整合警力，规范运作，编织县（市、区）域治安动态防控网络。强化社会面治安防控体系建设，形成“110”、“119”、“122”“三台”合一，交、巡、消防、治安诸警种配合，全天候对街面实施动态管理、防范和控制。整合各警种职能，实行一警多能，把维护治安、交通和防范、管理的职能统一起来，提高对社会面的控制能力。强化城乡一体的基层警务网络建设，大力推进公安派出所警务改革，严格实行区警、村警责任制，切实强化人口管理、民爆物品管理、特种行业管理、出租房屋管理、公共复杂场所管理等治安管理工作，加强对基层治安组织的指导、培训，最大限度地堵塞漏洞。强化点面结合、网络布局的街面动态防控网络建设，各街道、社区、公共场所要组织专兼职结合的治安巡防队伍，对主要街巷、重点部位进行动态巡防；加强单位内部的治安防控，充实公共服务场所的治安巡防力量，做到治安管理工作有人管、不失控。强化专业保安的治安服务职能，积极发展保安服务业，优化治安服务的资源配置。各县（市、区）公安机关要建立完善规范的保安公司，强化保安队伍建设，对党政机关、企事业单位提供治安保卫服务，对金融单位、民爆物品使用单位提供押运服务，不断拓宽保安服务领域，培育保安服务产业。

（六）抓好预防高危人群犯罪工作。完善安置帮教组织网络，做到市县有办公室、乡镇有工作站、村（居）委会有工作小组。坚持条块结合、专群结合，以县为单位切实做好非监禁服刑人员和刑释解教人员，特别是其中“三无”（无家可归、无亲可投、无业可就）人员的衔接、帮教、安置工作，落实“三项制度”（衔接、定期排查、日常管控），搞好“三项建设”（安置帮教队伍、安置帮教基地、信息管理查询系统），开展“三个活动”（一帮一、多助一、四进社区），广泛动员社会力量参与安置帮教，构建融政法机关、家庭、单位、社会力量于一体的安置帮教机制，减少重新犯罪。完善党政统一领导，综治部门牵头，公安机关为主，有关部门齐抓共管的流动人口管理体系。坚持“谁主管、谁负责，谁出租、谁负责，谁用工、谁负责”的原则，把流动人口的落脚处作为管理工作的切入点，切实加强对出租房屋、用工单位和集贸市场、文化娱乐场所的管理，严厉打击流窜犯罪。以“拒绝诱惑、预防犯罪，远离危险、防范侵害”为宗旨，以争创“优秀青少年维权岗”活动为载体，加强对青少年特别是在校学生的法制教育。引导青少年学法、知法、守法，增强辨别是非善恶的能力，提高青少年自我约束、自我防范、自我保护的意识，预防和减少犯罪。深化学校治安综合治理工作，整治校园及周边治安秩序，依法打击侵害青少年合法权益的不法行为，优化青少年成长环境，推动预防青少年违法犯罪工作社会化、规范化。

（七）深入开展普法和依法治理工作。以领导干部为重点，以司法和行政执法人员、企业经营管理人员为骨干，以广大人民群众为主体，进一步创新普法形式，拓展宣传阵地，提高全体公民的法制意识。认真组织实施“法制教育进社区进村”活动，以村（居）民户为单位，开展评选“十星级文明家庭”和“遵纪守法光荣户”活动，在内部单位开展“普法依法治理达标单位”活动。

（八）引深基层安全文明创建活动。按照“发案少、秩序好，社会稳定、群众满意”的要求，在全面开展创建活动的基础上，深入扎实地开展创建“安全文明乡镇”、“安全文明村”、“安全文明社区”等活动，结合地区、部门、行业特点，延伸创建领域，拓宽创建范围，提升创建档次。通过开展各种创建活动，消除空白点，强化薄弱处。加强分类指导，总结推广一批不同层次、不同方面的创建典型，促进整个创建活动的深入开展。

(九)构建科技防范体系。充分发挥科学技术在治安防范中的作用，推广使用高科技防范技术，力争在技防上有重大突破。在内部单位特别是金融系统等要害部位大力推广高科技防范报警系统，在居民区推广智能小区管理系统，在机动车中推广防盗、报警、自救装置，在农村农电、水利设施和大型农机具中推广防盗报警装置。

四、组织领导

(一)提高认识，加强领导。开展"平安县"创建活动，对于进一步维护全省社会政治稳定，实现营建"平安三晋"目标，为全面建设小康社会创造和谐稳定的社会环境和公正高效的法制环境，

具有十分重要的意义。各级党委、政府和各部门要加强领导，精心组织，周密部署。创建活动的时间为2004年、2005年、2006年，分宣传发动、组织实施和考核总结三个阶段进行。各市、县(市、区)要结合实际，制定实施方案，层层动员部署，形成创建氛围，推动创建活动扎实有效地开展。建立和完善"统一领导、指挥畅通、运作有序、网络健全、保障有力"的创建工作领导机构，领导机构下设办公室，与各级综治办合署办公，具体负责创建活动的情况掌握、工作协调、检查指导和考核验收等工作。

(二)明确责任，严格督查。认真落实领导、部门和单位责任，把创建活动的各项任务和措施落实到每个基层组织、基层单位和具体人。严格实行社会治安综合治理末位警示制、一票否决制和领导责任查究制，对不重视创建工作甚至失职渎职，导致发生重大恶性刑事案件、治安灾害事故和群体性事件等严重危害社会稳定重大问题的地方、部门和单位，要严肃追究有关领导和直接责任人的责任。中央、省、市所属各部门、各单位要按照"属地管理"的原则，积极参与当地的创建活动，主动接受创建活动领导组的检查指导，认真履行创建工作的各项职责。

(三)齐抓共管，形成合力。"平安县"创建活动是一项系统工程，各部门要齐抓共管，密切配合，形成合力。创建活动领导组办公室要认真履行职能，围绕影响社会治安的突出问题，组织开展各类专项治理活动；各成员单位都要按照创建活动的任务和要求，履行职能，发挥作用。组织、民政部门要加强对农村和城市社区基层组织建设的指导和管理。要把创建活动纳入基层群众自治活动之中，2004年各县(市、区)城区的社区组织要健全，人员配备要到位，基本的工作阵地要完善，为创建活动和社会稳定工作搭建管理服务平台。

(四)确保投入，提供保障。落实创建活动经费，为创建工作提供有力支持。在保障政法机关正常运转所需经费的基础上，根据创建工作的目标任务，解决好警力和经费不足的问题，努力使防控体系建设、保安辅警力量以及技术装备条件与经济社会发展水平相适应。各级财政要加大对经济欠发达地区政法经费专项补助力度，确保群防群治所需经费。

五、考核验收

省综治委牵头组织有关部门，研究制定"平安县"评估标准和考核办法。评估标准和考核办法要充分体现考核验收的可操作性、评先评优的客观公正性和创建工作的导向性。对创建活动，采取分级命名的办法。各市综治委对当年达到创建标准的县(市、区)，授予市级"平安县"称号；连续3年达标的县(市、区)，由省综治委授予省级"平安县"称号。命名活动采取动态管理，每年进行验收，合格的保留称号，不合格的取消称号。创建活动结束后，省综治委将进行全面总结验收和表彰奖励。对"平安县"覆盖率达三分之二以上的市，授予"平安市"荣誉称号；对在创建工作中作出突出贡献的部门、单位和个人，给予表彰和奖励。

山西省财政厅
山西省治安综合治理委员会
关于建立社会治安综合治理
工作经费保障机制的通知

（2004年1月1日）

各市（地）、县（市、区）财政局，社会治安综合治理委员会办公室：

为了认真贯彻落实《中共中央、国务院关于进一步加强社会治安综合治理的意见》（中办发[2001]14号文件）精神，保证社会治安综合治理工作正常的经费需要，进一步推进我省的社会治安综合治理，为我省全面建设小康社会创造和谐稳定的社会环境，根据2003年10月27日省委常委会议精神，现就建立全省社会治安综合治理工作经费保障机制有关问题通知如下：

一、全省从2004年起，将社会治安综合治理工作经费列入各级财政预算。省本级按全省总人口数每年人均不低于0.1元的标准；市（地）按总人口数每年人均不低于0.2～0.3元的标准；县（市、区）按总人口数每年人均不低于0.3～0.5元的标准，分别由同级财政给予安排，并随着经济的发展和财力的增加，逐年有所增加。

二、各级财政列支的综合治理经费必须专款专用，由财政部门监督管理，综治机构统筹安排使用。

健全制度　规范运作
构建矛盾纠纷排查调处工作长效机制

中共山西省委　山西省人民政府

近年来，我省认真贯彻中办、国办《关于转发〈中央社会治安综合治理委员会关于进一步加强矛盾纠纷排查调处工作的意见〉的通知》精神，坚持把矛盾纠纷排查调处作为实践“三个代表”重要思想、维护人民群众根本利益，确保社会稳定的治本工程来抓，加强领导、健全机构、完善制度、规范运作，形成了一套上下协调、左右联动的排查调处工作机制，把大量的矛盾纠纷化解在基层，解决在萌芽状态，有力地维护了社会稳定，促进了经济的发展。我们的主要做法是：

一、提高认识，加强领导，构建排查调处组织机制

我省是全国能源重化工基地，也是一个经济欠发达的省份。近年来，随着改革开放的不断深化，因各种利益调整而引发的人民内部矛盾大量增多，特别是因企业改制、职工下岗、城市拆迁、干群关系等引发的矛盾尤为突出。针对这一实际，2000年，省委、省政府决定在全省组织开展不安定因素“百日攻坚大会战”,围绕影响社会稳定的重大群体性事件,组织有关部门,集中时间,集中力量,攻坚克难,综合施治,一举调处了一批影响稳定的突出问题,当年的群体性事件同比下降了37%。实践使我们深刻地认识到:抓矛盾纠纷排查调处,就是保稳定,就是促发展,就是为经济建设创环境。为此,省委书记、省综治委主任田成平同志亲自批示,要求各级党委、政府要认真总结“百日攻坚大会战”的经验,建立起经常化、制度化、规范化的矛盾纠纷排查调处的长效机制。省委、省政府及时制定出台了《关于深入开展矛盾纠纷排查调处工作的实施意见》,并成立由省委、省政府、省综治委和省有关部门主要领导参加的矛盾纠纷排查调处工作领导组,明确规定一季召开一次领导组会议,专题研究稳定工作,省级领导轮流负责接待群众上访。同时,省委常委会研究决定,划出5个行政编制,2个处级职数,在省综治办内成立排查调处办公室,负责全省矛盾纠纷排查调处的日常组织协调工作。各地也普遍成立了党政主要领导挂帅的领导组,制定了实施方案,全省划出400个编制,在市、县两级成立了专门的矛盾纠纷排查调处办公室。在乡镇、街道设立了以综治专抓副职为主任、以司法调解中心为依托的矛盾纠纷排查调处中心,在各村(居)委会以治保、民调为骨干的矛调工作小组,在各村(居)民小组、内部单位设立了排查信息员,在省、市、县各大口、各系统设立了矛调办公室,全省自上而下形成了排查调处组织网络。2001年9月,省委、省政府在长治市召开了全省矛盾纠纷排查调处工作现场经验交流会,推广了长治市“三包三定三追究”、开展矛盾纠纷排查调处的经验,推动全省的排查调处进一步向纵深发展。去年,全国社会治安综合治理工作会议后,省委、省政府决定,为全省每个乡镇(街道)综治办增加1~3个行政编制。省本级按全省总人口每年人均不低于0.1元,市(地)人均不低于0.2~0.3元,县(市、区)人均不低于0.3~0.5元的标准,建立综治工作经费保障机制。

二、健全制度,规范运作,建立排查调处工作机制

一是定期排查制度。我们坚持做到了“三排查”,即:一般矛盾经常排查。乡镇每半月排查一次,县(市、区)每月排查一次,使各种矛盾做到了早发现、早报告、早处置;倾向性问题集中排查。2002年,针对企业改制、职工下岗等引发的群体性事件不断增多的问题,我们在全省组织开展了国有企业不稳定因素大排查活动,并以省委、省政府两办的名义将调处责任落实到相关部门和单位,有效地遏制了国有企业职工集体上访的势头;重要时期专题排查。每逢重大节日、重要会议、重大活动期间,都要组织开展不稳定因素专项大排查,对排查出的不稳定因素,早做工作,早定预案。在排查的方式上,坚持“三个依托”:首先依托综治基层矛调组织进行排查。充分发挥基层矛调中心、矛调小组网络健全、分布面广、身处一线的优势,通过数以万计的信息员,及时掌握各种苗头性的问题。其次依托乡镇(街道)包村、包街干部,深入基层,察民情、解民忧,变群众上访为干部下访,积极主动查找矛盾。第三依托信访主渠道,接待群众来信来访。省、市、县、乡四级建立了领导干部信访接待日制度,党政主要领导定期接待群众上访,及时化解矛盾纠纷。

二是统计报告制度。省排查调处办公室设计了月报表、台账表、督办卡、转办卡。市县每月对排查出的矛盾纠纷分门别类进行梳理,建立台账,每月上旬专题向上级矛盾纠纷排查调处办公室报告上月情况。有情况报情况,没情况报平安,实行零报告制度。

三是协调会议制度。对排查出的矛盾纠纷,各级领导组每季召开一次工作会议,每月召开一次协调会议,召集各成员单位的分管领导、联络员开会,协调重点案件,根据矛盾纠纷的性质和处置的难易程度,按照“属地管理”、“谁主管、谁负责”、“分级负责、归口办理”的原则,将调处的责任层层分解,逐一落实到相关的部门和单位,明确谁牵头、谁协助,一级对一级负责,形成了整体联动、责任共担的格局。

四是挂牌督办制度。对发生的重大矛盾纠纷,各级排查调处办公室以督办卡的形式,将调处责任落实到相关的单位和负责人,实行跟踪督办,限期解决。同时,派出督查组,带上台账,一个县一个县地督查,一个案件一个案件地督办。对一些情况复杂,处置难度大的矛盾纠纷,各地普遍采取了派工作组蹲点调处的办法,问题得不到彻底解决不撤点。

五是重大案件包处制度。对一些情况复杂、沉积时间长、调处难度大的矛盾纠纷,各地普遍实行了包处责任制,明确了包处责任单位、责任人、调处时限。对一些特别重大、久拖不决的疑难缠访案件,要求主要领导亲自上阵,包调包处。

六是信息反馈制度。对挂牌督办的和重大矛盾纠纷的调处情况,要求各级及时反馈,各上级排查调处办公室一月一汇总,一月一通报,得到解决的及时销号,不能按期调处的继续跟踪督办,做到了“四个不放过”,即:问题解决不彻底的不放过、错误不纠正的不放过、上访不停止的不放过、群众不满意的不放过。

七是考核奖惩制度。省综治委将矛盾纠纷排查调处纳入全省综合治理责任制考核范畴,每年进行检查考核,考核结果与各市地党政主要领导、分管领导和直接责任人的政治荣誉、经济利益挂钩。对连续三年评为全省先进的市地,主要领导、分管领导给予记功,并奖励一级工资;对因官僚主义严重、调处不力、激化矛盾,甚至弄虚作假,酿成重大治安问题或群体性事件的,取消其年内评选先进的资格;产生严重后果,在全国、全省造成恶劣影响的,严肃追究党政主要领导的责任。近年来,我们先后对因排查调处不力而发生重大案(事)件的榆次区乌金山镇“12·26”重大杀人案、闻喜县海鑫集团董事李海仓被杀案、平定县“非典”期间“5·11”群体性事件、交城县岭底乡政府被打砸等重大案(事)件的地方党政主要领导进行了责任查究,仅2003年,全省就查究有关责任人376人。

三、齐抓共管,整体联动,构建科学有效的调处机制

(一)条条与块块相结合。在充分发挥各级党委、政府、综治委在排查调处工作中的职能作用的同时,注意发挥部门、系统等条条的作用,形成条块结合,整体联动的态势。一是明确职责,将排查调处纳入各部门、各单位总体工作范畴。省排查办制定出台了《各有关部门矛盾纠纷排查调处协作制度》,明确要求各有关部门各司其职、各负其责,严禁推诿扯皮,严禁将本部门应该解决的矛盾纠纷推向社会,更不得矛盾上交。二是严格实行部门、单位矛调工作领导责任制。明确党政“一把手”为调处第一责任人,坚持责任落实到领导,出了问题追究领导。三是树立全局观念。要求各部门在出台公共政策时,要将改革的力度、发展的速度和群众的承受能力相统筹,严防因出台政策不慎引发不稳定因素。

(二)整体推进与突出重点相结合。针对涉法上访在整个矛盾纠纷中占的比重大、处置难度大、反复性大的实际,从2001年起,我们突出抓了涉法上访案件的处置。三年来,共解决涉法上访案件5000余件。

(三)教育疏导和依法调处相结合。我们坚持教育在先、疏导在先、以理服人、以情感人,力求理顺群众的情绪,求得群众的理解,使他们自愿息诉罢访。同时,对那些反复缠访,经多次说服教育仍无理取闹的,在讲清政策、讲清法律、讲清利害的基础上,坚决依法处理。

(四)调解处理与解决实际问题相结合。对群众的合理诉求,有条件解决的当即解决,条件不成熟的创造条件解决。1999年,吕梁地区组织了五个县区400余户农民机修梯田,欠下群众工费3000余万元,群众连续三年集体赴省进京上访要求兑现工费。省政府积极协调省、地、县三级财政,实行“三家摊”,由省财政支付转移1000万元,地区筹资1000万元,各县市财政出资1000万元,一次性支付给群众,使这起历时三年的纠纷得到解决。

(五)排查调处与落实综合治理各项措施相结合。一方面,通过加强基层矛调组织建设,化解各种矛盾纠纷,加强综治基层基础工作,最大限度地预防和减少因矛盾激化引发的各种治安问题;另一方面,坚持将矛调工作纳入安全文明创建、治安防控体系建设等综合治理工作中,着力预防和减少矛盾的发生。特别是结合矛盾纠纷定期排查、定期通报的建立,各地普遍建立并实行了乡镇专抓副职例会制度,有效地推动了综合治理各项措施在基层的落实。

坚持五结合 强化五为主
努力构建矛盾纠纷排查调处工作新机制

中共长治市委 长治市人民政府

近年来，长治市按照“各负其责、预防为主、及时排查、工作在前”的工作原则，坚持五结合，强化五为主，全力构筑预防、缓解、化解人民内部矛盾的工作机制，积极探索矛盾纠纷排查调处的新思路、新办法，实现了矛盾纠纷排查调处工作由被动到主动，由调处为主到防范为主的转变，切实减少和防范了矛盾纠纷激化事件的发生。2001年比2000年下降55.7%，2002年比2001年下降77.9%，2003年又下降了7.8%，其中2002年、2003年连续两年全市集体越级进京上访为零。

一、坚持事前防范和目标防范相结合，以事前防范为主，建立超前预警机制

我们在建立健全市、县、乡、村四级矛排工作网络的基础上，将工作重心放在调处之前、排查之前、矛盾产生之前，建立起了决策预防、苗头预防、个案预防和社会预防工作机制，做到了预防和调处相结合，有效遏制了各类矛盾纠纷的滋生蔓延。

(一)决策预防。一是在做重大决策时，提前预测。对每项事关全市经济社会发展的重大项目进行决策时，都坚持把预测放在决策之前，进行前期调研，召开专题会议，对可能涉及和影响到的群众利益和群众的承受程度的问题进行充分的预测，对可能出现的情况进行详细周密分析，组织矛排部门提前介入，有力地预防了重大决策实施中可能出现的矛盾纠纷。如在去年实施“百强调产”工程中，我们4月份召开动员大会，5月份就责成矛调部门介入，排查隐患，调处矛盾，一年来，全市新上的170多个项目中，没有发生一起较大的矛盾纠纷。二是在人财物上大力支持，重点倾斜，保证矛排工作有人抓、有人管。2000年我们在全省率先建立了市县乡村矛盾纠纷排查调处四级工作网络，市里组建了正科建制的排查办，定编5人，工作经费每年10万元，列入财政预算。各县市区都成立了副科级规格的矛调中心，核定了编制，配备专人，划拨专项经费。三是在解决难点、热点问题上，超前防范。对涉及全市稳定的疑难问题，市委市政府专题研究，领导包案亲自解决。今年3月1日，市委常委会议专门听取市矛盾纠纷排查调处领导组专题汇报，对急需解决的热点、难点问题和大的可能发生集体群体上访苗头的5个方面9个问题进行专门研究，实行领导包案，落实责任单位和责任人，所有涉及单位的市级分管领导作为第一责任人，要亲自出面协调解决，妥善处理好。

(二)苗头预警。对随时可能发生的邻里纠纷和干群矛盾，我们实行预警防范。一旦发现有矛盾纠纷的苗头或蛛丝马迹，及时向有关单位下发预警通知书，责成其采取措施预防，并在两日内上报处置情况，尽量避免矛盾纠纷的发生。如沁县新店镇新店村的一名男青年因失恋而迁怒于女方，到女方家纠缠恐吓，闹得女方家惶惶不可终日。沁县矛调办得知此事后，及时给新店镇下发预警通知书，新店镇矛调中心及时派人登门调解，终于使这位男青年认识到了自己的错误，避免了一起民事纠纷的升级激化。

(三)个案预防。在重大节日、重要活动、敏感时期，我们都要责成有关部门、有关领导，对老缠访户和重点“法轮功”人员以及涉法上访的有关当事人，采取一对一或多对一的办法，做好预防工作，避免上访和滋事。今年3月，襄垣县范家岭“一村一组”工作组组长、襄垣县法院副院长芦金芳针对村民反映的煤矿承包问题，帮助村里聘请行业权威测算煤田储量，制定承包方案，通过组织公开竞标，公证处当场公证，取得了满意的社会效果,避免了涉法上访案件的发生。

(四)社会预防。为了动员全社会的力量共同抓好矛盾纠纷的预防工作,市、县两级单位都成立了综治矛调一体化的工作机构,初步形成了全市性的社会防范网络。市矛排办将各类矛盾纠纷和可能发生的矛盾纠纷按系统分解到各部门头上,经贸、劳动、城建、政法机关根据各自的职能狠抓本系统可能发生的矛盾纠纷,预防矛盾纠纷的发生。

二、坚持经常排查与重点排查相结合,以经常排查为主,建立源头化解机制

(一)一般性纠纷经常排查,把纠纷消灭在萌芽状态。对于多发性的民间纠纷,我们每半月采取"过筛子"、"拉网式"的方法排查一次,将排查出的矛盾纠纷进行梳理,登记造册,建立排查台账,一月一汇总,一月一报告,一月一通报。经排查没有发现问题的,也要记录在案,实行"零报告"制度。在经营性排查工作中,我们主要依靠基层群防群治组织、县乡矛排机构和"一村一组"工作组三支队伍,随时摸排掌握情况,做到了有事报事,无事报平安。2004年,我们从市、县、乡三级抽调3361名干警、6574名干部,组成5030多个"一村一组"工作组,进驻全市每个行政村、每个社区、每个企事业单位,实施了定期联系、一牌一卡、情况报告等七项工作制度和十条工作纪律。

二是对难点热点矛盾进行集中排查。每年在重大节日、重要活动和敏感时期,组织五次集中大排查。在五次大排查中,我们都要制订方案,成立领导机构,选准工作重点,进行周密的安排部署。2003年的五次排查中,共排查矛盾纠纷178件,调处169件。屯留县在3月份农村换届中,接到渔泽镇崔蒙村群众反映支部书记家族化控制村事务问题后,立即派出以县委副书记为组长,纪检、组织、政法部门6名干部为成员的工作组进驻该村,在找准问题的基础上,采取果断措施,调整了支部班子,村委选举工作顺利进行。

(三)重大矛盾纠纷重点排查,把解决问题的落脚点放在人民群众的根本利益上。2003年我市提出了"创环境,调结构,全面建小康"的工作思路后,长晋高速公路、王曲电厂、漳电三期等工程相继上马。为此,市矛排办及时调整工作思路,针对重点工程中可能发生的矛盾纠纷进行重点排查,努力为我市经济的快速、协调发展创造了良好的环境。

三、坚持分级处置与应急处置相结合,以分级处置为主,建立就地处置机制

(一)强化逐级调处制,就地消化矛盾。我们在调处程序上实行了四级调处,就是一股性矛盾纠纷由村(居委)矛调小组进行一级调处,影响乡镇稳定的矛盾纠纷由乡镇矛调中心进行二级调处,重大矛盾纠纷由县矛盾纠纷排查调处领导组牵头进行三级调处,对影响全市稳定的矛盾纠纷由市矛盾纠纷排查调处领导组挂牌督办,进行四级调处。通过四级调处,将矛盾纠纷按职责权限分解到各级领导和责任人身上,做到了是哪一级的事哪一级办,是哪一级的责任追究哪一级责任,初步达到了矛盾纠纷就地处置不上交的目的。

(二)建立集中调处日制度,整合调处资源。在县乡两级每月确定一天,由有关部门、有关人员组成调处力量,实行定时间、定地点、定责任、定调处的"四定"接待调处机制,并公告于众。对群众普遍关心的热点、难点、焦点问题,能现场调处的现场调处,一时难以调处的,或给群众解释清楚明确调处期限,或交有关部门限期调处。对于重大矛盾纠纷,我们实行领导班子包片,分管领导包线,工作组包点的包案责任制,由领导亲自包案解决。2003年,通过集中调处日活动全市共调处矛盾纠纷53件,挂牌督办矛盾纠纷16件,集中解决了一批群众关注的热点、难点问题。

(三)开通矛盾调处"直通车",强化应急处理。对于敏感和热点矛盾纠纷,特别是容易造成矛盾激化的和群体性事件矛盾纠纷,市委市政府专门制定了处置群体性事件应急预案,成立了处置群体性事件联合工作小组,开通了处置特定问题的"直通车",即"一个问题,一名领导,一套班子,一个方案,一抓到底的'五个一'"的办法予以解决。通过开辟"直通车",及时妥善解决了民族宗教问题、企业军转干部问题等可能引发重大矛盾纠纷的问题,最大限度避免了上访事件的发生。

四、坚持专门调解与群众化解相结合,以专门调解为主,建立有序调处机制

(一)强化"三个调解",畅通调处渠道。我们把加强人民调解、行政调解、司法调解作为提高调解质量、减少重复上访和越级上访的重要措施,在全市推行了“2321”工作法，即：将通过排查、接访两个渠道掌握的矛盾纠纷，汇总分类后分别引入人民调解、行政调解和司法调解三个程序，对于当事人对人民调解和行政调解结果两个程序的调处不服的，再引入司法调解程序依法解决。同时出台了《关于进一步加强矛盾纠纷调处工作的通知》，进一步强化了人民调解、行政调解和司法调解网络的建设，明确了人民调解、行政调解、司法调解的权限责任和相互衔接的工作程序，明确了人民调解协议、行政调解协议在司法调解中的作用和地位，强化了司法机关及时向行政机关和人民调解组织提出司法建议的工作要求。

(二)强化督促协调，规范处置程序。为了规范矛盾纠纷排查调处工作程序，使矛盾纠纷排查调处工作纳入法制化、有序化轨道，我们建立了“五卡”程序，即“接待卡”、“送达卡”、“交办卡”、“督办卡”和“终结卡”；落实了“四项制度”，即市委常委、副市长联系县市区制度，主动对案件当事人、家属、公诉人、代理律师进行回访制度，与信访局联合接待处理信访联办制度，市县两级和政法各部门周一领导接待日制度。为重点解决反复上访的老上访户和缠访户的问题，我们还推行了信访终结双向追究制度。对反映问题得到解决仍无理上访的，按法律渠道走；对不走法律渠道，不听劝告，长期到党政部门缠访的，按照《长治市信访责任制追究暂行办法》予以处理，同时对处置不力的有关领导和具体责任人双向追究责任。

(三)强化村民自治，创新化解方式。在群众自我化解矛盾方面，我们引导群众采用召开“村情民意”恳谈会，健全完善农村“两议会”、企业谈心会、对话会、民间纠纷劝解员等多种方式，让干群面对面直接交流恳谈，组织群众公开评议，把村里大到村务、财务、农民负担，小到邻里纠纷、家庭矛盾等问题，用对话、谈心、教育和疏导的办法解决问题、化解矛盾，畅通了沟通渠道，大大预防和减少了矛盾纠纷的发生。2003 年全市通过群众自我化解，在基层解决的矛盾纠纷达 2348 起。

五、坚持重奖严惩与强化责任相结合，以强化责任为主，建立奖惩分明的责任落实机制

(一)加大奖励力度。市委、市政府在树立典型，表彰先进的同时，2003 年对连续三年荣获全市综治(矛排)工作先进的县委书记、县长、分管副书记、政法委书记、副县长、综治办主任各奖 1000 元，并报经有关部门批准，各奖一级工资，在全市干部中引起了强烈的反响，增强了各级责任人的责任意识。

(二)加大追究力度。对抓排查调处矛盾纠纷不力的人和事以及失职、渎职酿成严重后果的党政一把手、直接责任人，分别予以通报批评、一票否决和纪律处分。2004 年，市委进一步重申了《关于发生严重危害社会稳定重大问题的地方实施领导责任查究的具体规定》，对各级领导干部在改革发展中不考虑群众的根本利益，不能有机地把握改革力度、发展速度和群众承受程度，致使发生矛盾纠纷激化事件或群体性事件的，全部实施一票否决，从而强化了矛盾纠纷排查调处工作“第一责任人”的责任，促进了以预防为主的矛盾纠纷排查调处长效机制的全面建立。

关于调整山西省社会治安综合治理委员会组成人员的通知

各市(地)、县(区)委，省委各部委，省直各委、办、厅、局党组(党委)，各人民团体党组，各大专院校和省管国有企业党委：

根据工作需要，对山西省社会治安综合治理委员会组成人员进行调整，由下列人员组成：

主　任：田成平　省委书记

副主任：金银焕　省委副书记、省纪检委书记

杜玉林　省委常委、省委政法委书记

杨安和　省委常委、省公安厅厅长

曹馨仪　省人大副主任

梁　滨　省政府副省长
孙连元　省军区副政委
委　员:李玉臻　省高级人民法院院长
陈大豪　省人民检察院检察长
宋广义　武警山西省总队政委
柴甫鼎　省委副秘书长,省委、省政府信访局局长
王俊忠　省纪检委副书记、省监委主任
马　友　省委组织部常务副部长
邢燕芬　省委组织部副部长、省人事厅厅长
田惠爱　省委宣传部副部长
武锦福　省委统战部副部长、省民族宗教事务局局长
郑根堂　省委政法委常务副书记
段志全　省委政法委副书记
武先龙　省委政法委副书记、省综治办主任
高彦斌　省委政法委副书记、秘书长
齐玉生　省综治办副主任
刘　巩　省直工委书记
崔　伟　省人大法制委主任
宋秉文　省人大内务司法委副主任
郭国太　省政协社会法制委主任
李振喜　省政府省长助理
张　诚　省经贸委主任
李东福　省教育厅厅长、省高校工委书记
王凤祥　省国家安全厅厅长
郭有勤　省民政厅厅长
张高宏　省司法厅厅长
郑建国　省财政厅厅长
李顺通　省劳动和社会保障厅厅长
张建民　省建设厅厅长
宋元林　省交通厅巡视员
成葆德　省文化厅厅长
李俊峰　省卫生厅厅长
王维荣　省纪委驻计生委纪检组组长
梁志祥　省广电局局长
李宝卿　省统计局局长
王旭明　省工商局副局长
董晓阳　省新闻出版(版权)局局长
田国仁　省国防科技工业党委副书记兼纪委书记
张崇慧　省经贸委副主任、省煤炭工业局局长
冯　征　省监狱管理局局长
周培斌　省监狱管理局副局长、省劳教局局长
冀中时　省总工会副主席
张九萍　团省委书记
侯秀娟　省妇联副主席
胡　果　山西日报社编委
杨世源　人民银行太原中心支行行长
梁克义　太原海关关长
刘　宽　中国人民保险公司山西省分公司总经理
李瑞发　民航山西省管理局党委书记
杨　军　太原铁路分局局长
秦文峰　省综治委铁路护路联防领导组办公室主任

中共山西省委组织部
二〇〇三年七月二十二日

山西省市、县(市、区)综治委、办主任名单

地　区	综治委主任	综治办主任	地　区	综治委主任	综治办主任
太原市	云公民	杨万生	平定县	吴学斌	邵增成
杏花岭区	毋青松	李彩霞	盂　县	段存寿	王建平
小店区	柳遂记	李跃文	**长治市**	张兵生	吴永堂
迎泽区	郝小军	宋衍立	城　区	王进军	孙晓路
尖草坪区	陈河才	郑俊杰	郊　区	孙宏波	柳建国
万柏林区	赵彩英	沈雅芳	潞城市	李进军	申国章
晋源区	胡克毅	李保全	长治县	常光明	宋福堂
古交市	卫　国	李金锁	襄垣县	师义昌	刘九成
清徐县	孙　倮	侯淑燕	屯留县	李东峰	王爱民
阳曲县	赵伟东	张兰香	平顺县	杜保和	马　飞
娄烦县	赵润元	段尚军	黎城县	李俊敏	武三良
大同市	来玉龙	刘勇军	壶关县	张红星	陈淑芳
城　区	张志伟	马永泰	长子县	程计则	杨贵堂
矿　区	郜向华	张　伟	武乡县	阎建书	贾中明
南郊区	张建平	仝　让	沁　县	赵春英	安耀文
新荣区	马　斌	赵志刚	沁源县	王玉圣	任　景
阳高县	孙日斌	徐忠志	**晋城市**	李雁红	栗　强
天镇县	刘耀文	张全升	城　区	牛来有	冯天明
广灵县	张彦军	李兴平	高平市	鄢科武	苏新国
灵丘县	姚生平	胡生伟	沁水县	申　会	李建国
浑源县	邵　奎	石银才	阳城县	贾联亭	上官新红
左云县	张正奎	王　茂	陵川县	张满祥	李秀忠
大同县	刘俊雍	丁耀喜	**忻州市**	吕德功	李德新
开发区	海月奎	陈宇中	忻府区	徐安崇	王存良
朔州市	闫沁生	张天金	原平市	王义升	郭新和
平鲁区	梁　斌	郭和平	定襄县	赵润林	宋秋芳
山阴县	陈晋才	贺志功	五台县	秦新年	王连章
应　县	侯新生	高　平	代　县	顾古斌	董玉龙
右玉县	赵向东	康秉玉	繁峙县	武　德	杨芬皋
怀仁县	李　锦	董　谦	宁武县	张明成	赵维强
城　区	张耀生	吴　铎	静乐县	丁文禄	闫文生
阳泉市	程步云	吕誉耀	神池县	刘培荣	刘兴荣
城　区	梁怀玉	苏作光	五寨县	王立伟	周　俊
矿　区	马　骥	冯延亮	岢岚县	邱维邦	曹建功
郊　区	荆东生	王存寿	河曲县	郑红光	贾留怀

地　区	综治委主任	综治办主任
保德县	梁　洁	闫保祥
偏关县	李树东	刘玉峰
晋中市	刘俊谦	张春生
榆次区	王建林	郭鸿雁
介休市	杨建林	王风林
榆社县	杨建林	崔秀刚
左权县	马彦平	郝建荣
和顺县	郝耀平	杨翠林
昔阳县	刘志宏	王录生
寿阳县	史景怡	李恒淳
太谷县	高增光	武树志
祁　县	李苏平	唐中峰
平遥县	史忠新	郭风瑞
灵石县	侯文禄	朱玉兴
临汾市	张茂才	郭福才
尧都区	梁天运	赵东权
侯马市	赵建民	景卫东
霍州市	王文英	薛建国
曲沃县	薛愿兵	刘新春
翼城县	张德英	段维龙
襄汾县	陈玉士	李　宏
洪洞县	柴高潮	徐根官
古　县	黄翠莲	付连有
安泽县	白建荣	胡长林
浮山县	原胜利	秦红举
吉　县	原学义	强启家
乡宁县	赵建国	
蒲　县	仇振刚	乔福顺
大宁县	杨玉龙	李宁蒲
永和县	王醒安	靳永生
隰　县	梁若皓	贾重新
汾西县	亢海银	马新民

地　区	综治委主任	综治办主任
临汾开发区	林泽忠	陈　列
运城市	黄有泉	师争平
盐湖区	梁天管	赵　洁
永济市	潘和平	耿广林
河津市	雷郭堂	徐忠信
芮城县	姚振海	张灵霞
临猗县	刘建政	丁守荣
万荣县	卫孺牛	高绍祖
新绛县	李景发	刘临生
稷山县	李润山	兰　屹
闻喜县	荆青莲	李英元
夏　县	苏安乐	郭小群
绛　县	张　冠	史继业
平陆县	姚十保	张灵霞
垣曲县	崔克信	王国平
吕梁市	郭海亮	薛万明
孝义市	李良森	任玉开
汾阳市	徐　德	李晋伟
文水县	王彤宇	段效东
中阳县	成星明	许志强
兴　县	李月勤	李全权
临　县	陈国荣	李玉常
方山县	张国彪	苗春勾
柳林县	李润林	郝德利
岚　县	张亥生	任志强
交口县	刘平泽	杜月明
交城县	王盛章	马亮华
石楼县	刘云晨	田文军
离石区	刘保明	冯智明

（撰稿人：刘宁　贺芳
审稿人：武先龙　齐玉生　王雪鹏）

内蒙古自治区

2004年社会治安综合治理工作概况

2004年，在自治区党委、政府和中央综治委的领导下，自治区各级综治部门认真贯彻落实党的十六届三中、四中全会和全国社会治安综合治理工作会议精神，按照"全区社会治安防范体系建设巩固完善年"的总体要求，大力加强社会治安防范工作，进一步落实社会治安综合治理各项措施，社会治安状况持续稳定，人民群众的安全感继续增强。1～12月份，全区共立各类刑事案件51420起，同比增加3434起，上升7.2%。破获各类刑事案件43705起，同比上升1.4%；受理治安案件50508起，同比下降8%。11月份，全区各盟市开展公众安全感调查，认为很安全、安全、比较安全的占91.58%，比2003年提高1.1个百分点。2004年，内蒙古社会治安综合治理工作在全国综合考评得90.784分，被评为优秀，位居先进省区市行列。特别是国家统计局公众安全感调查，我区名列前茅。总体看，全区社会稳定，边疆安宁，民族团结，经济发展，人民群众安居乐业。

一、认真组织完成对盟市和自治区综治委成员单位社会治安综合治理实绩目标考核和日常监控工作，强化综治责任制落实

2004年初，根据自治区综治委的统一部署，圆满完成了对盟市和自治区综治委成员单位2003年度社会治安综合治理实绩目标实地检查考核工作。在2004年全区综治工作日常监控中，定期和不定期地对自治区综治委(办)有关部署安排进行督促检查，按季度对各盟市和综治委成员单位开展综治工作情况进行通报。表彰奖励了2003年度综治工作先进盟市、优秀成员单位和荣获自治区级"长安杯"地区、单位，以及创安联系点工作先进单位，加大了综治责任制落实和表彰奖励工作力度。2004年，全区共表彰综治先进集体1052个，先进个人1408名。实施一票否决51个地区(单位)，黄牌警告13个单位，责任查究23人，限期整改222个单位，通报批评103个单位。

二、充分发挥综治委成员单位作用，组织推动各专项领导小组工作

日常工作和重大活动加强组织协调，充分发挥综治委成员单位和各专项工作领导小组的职能作用。3月份，根据领导分工变动情况，在调整自治区综治委组成人员的同时，调整了学校及周边治安综合治理工作领导小组、预防青少年违法犯罪工作领导小组、铁路护路联防工作领导小组和保护国家通信光缆安全领导小组组成人员。自治区综治委还调整了成员单位的"创安"联系点，有35个成员单位展开了新一轮"创安"联系点工作。9月15日至16日，自治区综治办与自治区综治委预防青少年违法犯罪工作领导小组、学校及周边治安综合治理工作领导小组联合召开全区预防青少年违法犯罪暨学校及周边治安综合治理工作会议，推动了这两项工作的深入开展。

三、积极开展矛盾纠纷排查调处活动，不断深化基层安全创建工作

2月20日至3月20日，全区集中开展治安复杂地区排查整治和矛盾纠纷排查调处活动。全区共排查各类矛盾纠纷6046件，调处5769件，调处率达95.4%。8月22日至23日，全区社会治安综合治理工作会议在赤峰市召开，总结交流各地近年来矛盾纠纷排查调处工作经验，研究解决存在的问题，对新形势下如何加强矛盾纠纷排查调处工作做出部署。为了促进矛盾纠纷排查调处工作走上规范化和制度化的轨道，自治区综治委在总结近几年全区矛盾纠纷排查调处工作经验的基础上，经广泛征求盟市和自治区有关部门意见，于11月10日制定下发了《内蒙古自治区开展矛盾纠纷排查调处工作制度》。2004年1～12月，全区共排查矛盾纠纷54584件，调处53471件，调处成功率为98%。

进一步开展“六进社区”及各种形式的基层安全创建活动，不断深化创建内容。7月份，自治区综治办、公安厅、司法厅、民政厅下发《关于在全区开展评定安全示范社区活动的通知》(内综治办[2004]19号)，明确了《自治区级“安全示范社区”标准》。经过旗县(市区)评选、盟市推荐、自治区考核，认定自治区级安全示范社区30个，盟市级安全示范社区100个，旗县(市区)级安全示范社区300个。

四、深入开展严打整治斗争，努力保持社会治安秩序的持续稳定

各地各部门坚持不懈地贯彻“严打”方针，切实增强打击犯罪的针对性、及时性和实效性。2月20日，自治区党委政法委、综治办、严打办召开全区“严打”冬季攻势总结表彰电视电话会议，授予呼和浩特市公安局、包头市公安局、呼伦贝尔市公安局、乌兰察布市公安局和自治区公安厅刑事警察总队为全区“严打”冬季攻势先进集体。并颁发奖金30万元。9月22日，自治区党委政法委召开电视电话会议，就全区进一步整治社会治安秩序，严厉打击刑事犯罪活动进行工作部署。自治区公安厅为此成立了“百日会战”指挥部。10月18日至22日，自治区公安厅在呼伦贝尔市召开全区打防控一体化警务机制建设现场会议，总结全区打防控一体化警务机制建设三年来的情况，研究部署深入推进打防控一体化警务机制建设工作。根据公安部部署，并结合自治区实际，全区公安机关开展了“侦破命案”等一系列专项整治行动，取得了明显战果。

五、积极开展政法综治宣传工作，不断扩大社会治安综合治理的影响

年初制定下发了《全区政法综治宣传工作要点》。3月份，组织开展了社会治安综合治理宣传月活动。宣传活动的主题是：“学习贯彻综治条例，推进社会治安防范体系建设”。重点内容是：围绕“全区社会治安防范体系建设巩固完善年”，广泛宣传《内蒙古自治区社会治安综合治理条例》、《内蒙古自治区见义勇为人员奖励和保护条例》及《实施细则》，深入开展道德、治安(警务)、科教、文体、法律、卫生“六进社区”活动。《内蒙古日报》和《长安》杂志发表了自治区主席、综治委主任杨晶同志的署名文章《为全面建设小康社会创造和谐稳定的社会环境》。在宣传月期间，全区各级新闻媒体刊登综治文章200余篇，发表广播电视讲话150余次，刊播大量综治信息和专题报道。自治区综治办印制《内蒙古自治区社会治安综合治理条例》、《内蒙古自治区见义勇为人员奖励和保护条例》及《实施细则》宣传小册子汉文版30000册，蒙文版3500册，免费发到盟市、旗县、苏木乡镇(街道)。

自治区综治办重视自治区综治委全会、全区综治工作会议和一些专门会议及先进典型事迹的宣传报道，适时协调有关新闻单位做好相关工作。与此同时，积极做好《长安》、《社会治安综合治理年鉴》等法制报刊、书籍的宣传发行工作。认真组织开展政法综治“好新闻”评选活动，向中央综治办报送推荐参评作品15件。

六、认真做好见义勇为基金会工作，推动见义勇为事业发展

深入贯彻落实《内蒙古自治区见义勇为人员奖励和保护条例》及《实施细则》。自治区见义勇为基金会完成了社团组织的登记注册，并根据工作需要调整了组成人员。为了进一步推进见义勇为事业发展，自治区见义勇为基金会决定将每两年开展一次表彰奖励活动改为每年表彰奖励一次。2004年共表彰奖励18件31人，其中特等奖2件7人，一等奖4件5人，二等奖4件5人，三等奖8件14人。颁发奖金25万元。

七、积极筹划组织综治干部培训班，进一步加强综治队伍自身建设

按照全国和自治区政法综治系统干部培训规划的要求，4月5日至14日，自治区综治办组织盟市综治办主任参加了全国地市级综治办主任培训班。5月20日至26日，在北京市政法委、首都综治办和北京市政法管理干部学院的大力支持和帮助下，成功举办了内蒙古盟市、旗县综治办主任培训班。来自12个盟市95个旗县市区(开发区)和自治区综治委专项领导小组办公室的学员共111人参加了培训。为了进一步提高盟市、旗县(市区)综治干部的综合素质，便于自治区和盟市、旗县(市区)综治工作上下沟通、互相交流、取长补短，自治区综治办从11月开始，有计划、分步骤地从各盟市、旗县(市区)综治办选调综治干部到自治区综治办进行培训。每期3个月,2个人。

八、做好综治调研和社会治安形势分析研判工作,全力维护社会稳定

按照中央综治委的部署,2月11日,自治区综治办下发《关于开展社会治安综合治理调研工作的通知》(内综治办电传[2004]1号),就如何完善、深化社会治安综合治理工作责任制等问题开展调研。为了贯彻落实全国社会治安综合治理工作会议精神,6月24日,自治区综治办再次下发《关于开展社会治安综合治理调研工作的通知》,要求各地区、各部门重点抓好以下几方面问题的调查研究:非公有制经济组织的治安综合治理问题;加强未成年人思想道德建设和预防青少年违法犯罪问题;流动人口管理和服务问题;刑释解教人员安置帮教问题。自治区社会治安综合治理理论研究会继续编辑2003年度《北疆综治文集》,评选出2004年度综治优秀论文。根据1~9月份全区刑事案件、群体性事件上升的实际情况,自治区党委政法委、综治办组织有关部门几次召开治安形势分析研判会,深入分析研究,提出具体工作措施。

开展严打整治和专项行动工作情况

按照自治区党委政法委和综治委的部署要求,各地各部门一方面积极研究构建反应灵敏、制度规范、运转高效的"严打"经常性工作机制,自觉地把"严打"方针贯彻落实到日常执法的各个环节中去,切实增强打击犯罪的针对性、及时性和实效性。另一方面及时准确地评估治安形势,对治安和犯罪问题适时预警,为及时准确地打击犯罪提供决策依据。2月17日,自治区综治办下发《关于在全区集中开展治安复杂地区排查整治和矛盾纠纷排查调处活动的通知》(内综治办电传[2004]2号),2月20日至3月20日在全区集中开展了治安复杂地区排查和矛盾纠纷排查调处活动,有针对性地整治了一批治安乱点和地段,确保了全国"两会"期间的社会稳定。2月20日,自治区党委政法委、综治办、严打办召开全区"严打"冬季攻势总结表彰电视电话会议,授予呼和浩特市公安局、包头市公安局、呼伦贝尔市公安局、乌兰察布市公安局和自治区公安厅刑事警察总队为全区"严打"冬季攻势先进集体。并颁发奖金30万元。9月22日,自治区党委政法委召开电视电话会议,就全区进一步整治社会治安秩序,严厉打击刑事犯罪活动进行工作部署。自治区公安厅为此成立了"百日会战"指挥部。10月18日至22日,自治区在呼伦贝尔市召开全区打防控一体化警务机制建设现场会议,总结全区打防控一体化警务机制建设三年来的情况,研究部署深入推进打防控一体化警务机制建设工作。自治区党委常委、政法委书记、综治委常务副主任胡忠,自治区副主席、综治委副主任连辑出席会议并讲话。1~12月,全区共排查治安复杂地区、场所、部位577个,整治563个,整治改观557个,整改率99%。

2004年,各地坚持"严打"方针不动摇,始终保持对各种严重刑事犯罪活动的高压态势。根据公安部部署,并结合自治区实际,全区公安机关开展了一系列专项整治行动,取得了明显成效。一是开展"侦破命案专项行动"。1至7月份,全区公安机关侦破7类杀人案件341起,其中积案42起,现案292起,协外侦破命案7起。与2003年同期相比,杀人积案破案绝对数增加25起。全区各级公安机关杀人现案破案率达到81.8%。二是9月10日至10月10日开展网上追逃专项行动,共抓获命案逃犯181名。三是3月至10月开展"打击虚开货物运输发票和制售假发票等涉税违法犯罪专项整治行动",共排查涉税违法犯罪线索827条,抓获犯罪嫌疑人156人。挽回损失6977.52万元。四是8月至12月开展扫毒行动,共破获涉毒案件771起,抓获涉毒人员1005名。五是5月10日至8月10日开展交通秩序集中整顿行动。全区交通事故四项指数全面下降,事故起数下降11.06%、死亡数下降13.31%、受伤人数下降

7.43%、经济损失下降16.61%。六是9月22日至12月22日开展“百日会战”行动，共破获各类刑事案件6641起，抓获犯罪嫌疑人4308人。严重影响群众安全感的杀人、强奸、爆炸、伤害等暴力犯罪案件基本告破。行动期间，全区共查处治安案件7171起。七是11月份开展“压事故、保安全、迎春运”专项整治行动，严厉打击路匪路霸、车匪车霸，特别是带有黑势力特点的犯罪团伙。八是3～12月份，由政府办公厅组织、文化部门牵头，公安等有关部门参与，在全区开展了整治网吧专项行动。

构筑祖国北疆安全稳定屏障
加强社会治安防范体系建设情况

自治区综治委把2004年确定为“全区社会治安防范体系建设巩固完善年”。针对内蒙古边疆少数民族地区的特点，构筑祖国北疆安全稳定屏障，大力推进社会治安防范体系建设。逐步建立起全方位、全时空、多层次的预防违法犯罪的社会网络，确保内蒙古的长治久安，确保祖国北部边疆政治稳定、经济繁荣和社会进步。提出推进社会治安防范体系建设要在“巩固、完善、规范、提高”上下工夫。巩固，就是要巩固和加强基层综治机构、群防群治队伍及各项工作机制，特别是加强苏木乡镇、街道社会治安综合治理组织建设，切实做到有人抓、有人管；完善，就是要在已有治安防范模式的基础上，不断健全和完善全区治安防范体系；规范，就是加强综治制度建设和立法工作，推进治安防范体系规范化、制度化；提高，就是要进一步强化各种综治力量的整合和现代化手段的运用，提升治安防范体系的效果。

一、突出防范重点，加强城镇社区和农村牧区嘎查村治安防范体系建设

城镇防范体系建设坚持拓宽领域、强化功能的原则，有计划、有步骤地推动安全小区向安全社区建设延伸，并将社区治安防范设施建设纳入社区建设总体规划。积极推进公安警务制度改革，优化警力资源配置，加强社区警务室工作。在农村，把治安防范纳入村规民约和村民自治活动中，结合农村治安特点，实行联片管控、联防巡逻、联合整治、联户互保，发挥一长三员（户长、治安员、调解员、法制宣传员）作用，不断提高农村的自防自治水平，使社会治安综合治理措施实现进村到组、入户见人。同时，积极探索农村派出所警务运行机制的新模式，进一步推进派出所民警驻村制、巡访制、包片制等警务制度，切实发挥农村警务工作站作用，加大农村治安防范工作力度。在牧区和边境地区，积极开展“军警民联防”活动，大力加强“草原110”建设，进一步深化“安睦隆”（安居乐业之意）工程，不断完善联户联防、义务联防、专职联防、军警民联防、季节性联防等机制，构筑有效的治安防范网络。“草原110”是我区社会治安防范工作和国防建设的一大创新，是实行专群结合，军警民联防，发动人民群众积极维护社会治安，维护边疆和牧区社会稳定的有力措施和成功经验，近年来在服务牧民群众、强边固防、建设祖国北疆安全稳定屏障中发挥了重要作用。锡林郭勒盟通过加强“草原110”建设，可防性案件和刑事案件明显下降。

二、因地制宜，分类指导，进一步健全完善各种治安防范模式

全区各地从实际出发，因地制宜，分类指导，进一步健全完善了城市、农村、牧区等九种治安防范模式，使社会治安防范能力和水平有了很大提高。九种模式即以全面实施社区警务战略为主线，以社区居委会为依托，以“主动防范警务制”为核心的专群结合、以群为主的城镇防范模式；以联防互保“细胞工程”，“一长三员”（户长、治安员、调解员、法制宣传员）、“四联创安”（联片管控、联防巡逻、联合整治、联户互保）为骨干的农村群防群治模式；以“草原110”和“安睦隆”工程为基础，集治安防范、生产信息和抗灾自救为一体的牧区警民联防模式；以“军管线、警管片、民管点、政府管全面”，边境线、交通线、省界线三线齐防，军警民联动的边境地区防范模式；以森林公安、边防和地方派出所为骨干，治安联防队为主体，地方、林业、铁路、军队、警察、民众共同参与的林区治安防范模式；以企（业）地（方）共建为载体，以企业内部治安防范和企业周边治安管理为基础，区域防范为主体的企业联防联动防范模式；以警学共建（军学共建）为基础，社会、家长、学校齐抓共管的校园内治与周边外治相结合的学校防范模式；以维护机关内部治安秩序为重点，积极参与社会治安综合治理，外防内保相结合的机关防范模式；以政法各部门为骨干，以流动人口治安管理、刑释解教人员安置帮教、预防青少年违法犯罪、铁路护路联防等专项工作领导小组为主体，综治成员单位参与配合，上下自成体系的政法综治专门机关齐抓共管防范模式。

三、认真总结经验，积极培育和宣传先进典型

全区各地在加强治安防范体系建设的过程中，结合各自实际，认真总结经验，培育和涌现了不少好的典型，并积极宣传推广。如通辽市积极构筑警民共建、路地联防、周边联防和民兵参治等四大支柱工程，大力实施基础性防范、系统性防范、动态性防范、重点性防范、主动性防范等五种防范机制，使城镇和农村牧区的治安防范体系建设不断向规范化和制度化方向发展。包头市将主要在城区实施的主动防范警务制加以延伸，带动所辖旗县和中央、内蒙驻包企业的治安防范工作，构筑了以城带乡、覆盖全市的社会治安防范体系。赤峰市紧紧围绕社会治安综合治理如何与经济建设同步这个课题做文章，预先谋划，提前介入，为项目开发和企业发展排忧解难，保驾护航。同时，在深化农村牧区“四联创安”和城镇社区“六无创建”方面摸索总结出了很好的经验。乌海市以安全创建为载体，一方面努力推进安全小区向安全社区建设延伸，一方面注意抓好国有企业和非公有制企业的治安防范工作，从整体上提高了安全创建的质量和为经济建设服务的水平。锡林郭勒盟对东乌旗“三级管理、三网并建、三线齐防”的治安防范体系进行了完善和推广，在牧区形成了以“草原 110”联防为龙头，以军警民联防为主体的联防格局，收到了较好的社会效果。呼和浩特市着力建立点线面结合，专群结合，人防、物防、技防结合的防控网络，加强城市社区建设和治安巡逻堵卡工作，为维护自治区首府社会政治稳定和经济腾飞做出了重要贡献。呼伦贝尔市按照不同经济类型地区的治安特点，深化了城区、林区、农区、牧区和边境地区等多种治安防范模式，刑事案件、治安案件发案在全区所占比重明显下降。阿拉善盟按照“相对收缩，集中连片”的思路，全面实施综治沿山、沿河、沿路、沿边的“四沿战略”，努力做到“五管齐下”，促进了边疆稳定，推动了城镇和牧区发展。巴彦淖尔市以入户见人，联户互保“细胞工程”为基础，全面加强基层“四个支柱”建设，强化综治经费保障和群防群治措施的落实，较好地解决了治安防范工作的难点问题。兴安盟在农村推进“十户联防”，在牧区兴建“草原 110”，基本形成了以中心城市为主导、以群防群治为根基的治安防范体系，进一步提高了治安防控能力和水平。鄂尔多斯市组织各个旗区全面深入地实施“2236”防范体系工程，不仅有力地维护了社会稳定，而且促进了全市经济建设的持续快速健康发展。乌兰察布市开展打防控体系建设，以兴市富民为目标，不断深化各种治安防范活动，并在“打”字上下工夫，建立健全打击各种犯罪的组织网络，效果显著。

加强综合治理基层基础建设
开展矛盾纠纷排查调处工作情况

2004年，全区各地认真贯彻落实自治区综治委和编制办《关于转发中央综治委、中央编制办〈关于印发"关于加强乡镇、街道社会治安综合治理基层组织建设的若干意见"的通知〉的通知》，切实加强乡镇、街道综治委、办建设，建立健全工作制度，充分发挥其职能作用。加强嘎查村(居)委会和治保会、调委会等基层自治组织和公安派出所、人民法庭、司法所等基层组织建设，充分发挥它们在治安防范体系建设中的作用。建立健全城镇"三长一员"(院长、楼栋长、单元长、治安信息员)和农村牧区"十户联防"为核心的各种形式的群防群治队伍，充分发挥党团员、离退休职工和下岗职工的作用。深入开展"党员八个带头"和邻里守望活动，切实落实治安包片责任制。各地都结合实际，继续开展企地共建和创建安全文明铁道线、平安大道、安全文明校园、安全苏木乡镇和嘎查村等工作，力求把社会治安综合治理措施真正落实到基层。进一步开展道德、治安(警务)、科教、文体、法律、卫生"六进社区"活动，促进自治区物质文明、政治文明和精神文明建设。评选自治区级、盟市级和旗县级安全示范社区。7月份，自治区综治办、公安厅、司法厅、民政厅下发《关于在全区开展评定安全示范社区活动的通知》(内综治办[2004]19号)，明确了《自治区级"安全示范社区"标准》。经过旗县(市区)评选、盟市推荐、自治区考核，认定自治区级安全示范社区30个，盟市级安全示范社区100个，旗县(市区)级安全示范社区300个。通过发挥示范引导作用，使社区成为城镇基层治安防范的主要阵地。积极推进公安警务制度改革，优化警力资源配置，加强基层公安派出所和社区警务室工作。截止到10月底，全区有社区居委会2686个，建立社区警务室1370个。

各级社会治安综合治理机构，特别是乡镇、街道综治办充分发挥职能作用，加强组织协调，整合基层政法机关和有关部门的力量，加强组织协调和督查，坚持盟市每半年、旗县每季度、苏木乡镇(街道)每月一次矛盾纠纷排查，做好调处工作。坚持"属地管理"和"谁主管、谁负责"的原则，按照"党委、政府主管，部门负责、齐抓共管"的工作要求，加大社会矛盾纠纷排查调处工作制度的执行力度，对于排查出来的矛盾纠纷，实行分级负责、归口调处，采取双挂账的办法把责任落实到主管部门、主管负责人，及时加以解决。充分发挥各级党的基层组织和党团员的作用，开展深入细致的思想政治工作和法制教育，积极引导群众按照程序、依靠法律和政策维护自身权益，防止发生越级访、集体访和群体性事件。学习浙江"枫桥经验"，坚持抓早、抓小、抓苗头，力求把问题解决在基层、解决在萌芽状态。全区开展矛盾纠纷排查调处工作重点抓了三件事：一是为了积极预防和妥善处理各类矛盾纠纷，整治治安复杂地区和突出的治安问题，维护社会稳定，自治区综治办于2月17日下发了《关于在全区集中开展治安复杂地区排查整治和矛盾纠纷排查调处活动的通知》(内综治办电传[2004]2号)，全区共排查各类矛盾纠纷6046件，调处5769件，调处率达95.4%。通过为期一个月的排查整治，使各类矛盾纠纷得到及时排查调处，有针对性地整治了一批治安乱点和地段，确保了全国"两会"期间的社会稳定。二是8月22日至23日，全区社会治安综合治理工作会议在赤峰市召开，总结交流了各地近年来矛盾纠纷排查调处工作经验，研究解决存在的问题，对新形势下如何加强矛盾纠纷排查调处工作做出部署，进一步推动了社会治安综合治理和维护社会稳定措施的全面落实。自治区党委副书记、综治委副主任陈光林，自治区党委常委、政法委书记、综治委常务副主任胡忠出席会议并讲话。赤峰市、包头市作了重点发言。三是为了进一步贯彻落实中办发[2000]17号和内党办发[2000]35号文件精神，贯彻落实全国社会治安综合治理工作杭州会议和全区社会治安综合治理工作赤峰会议精神，深入开展矛盾纠纷排查调处工作，并使这项工作逐步走上规范化和制度化的轨道，自治区综治委在总结近几年全区矛盾纠纷排查调处工作经验的基础上，经广泛征求盟市和自治区有关部门意见，于11月10日制定下发了《内蒙古自治区开展矛盾纠纷排查调处工作制度》。内容包括十个方面：①信息报告制度。②受理登记调处和分流调处制度。③集中排查调处和经常性排查调处制度。④首问负责制度。⑤领导值班接待与包案制度。⑥议事协调和联席会议制度。⑦听证对话制度。⑧考核奖惩制度。⑨定期回访制度。⑩档案管理制度。2004年全年，全区共排查矛盾纠纷54584件，调处53471件，调处成功率为98%。

发挥齐抓共管优势抓好各专项工作情况

流动人口治安管理工作 坚持管理、教育、服务相统一和“谁主管谁负责、谁留宿谁负责、谁用工谁负责”的原则，采取集中清理整顿和加强日常管理相结合的方式。自治区和各地流动人口治安管理部门与相关部门密切配合，齐抓共管，共同做好流动人口治安管理工作。一是针对一些地方公安机关在流动人口管理，办理暂住户口登记和暂住证工作等方面存在的问题，及时下发了《关于切实加强暂住户口登记和暂住证工作的通知》。二是配合计划生育部门做好流动人口《婚育证明》查验工作。三是配合民政部门做好“三无”人员收容遣送工作。四是配合劳动建筑部门清理整顿劳动力和建筑市场。五是配合工商等部门开展打击假冒伪劣商品活动。六是配合铁路、交通、民航部门维护春运和“黄金周”交通秩序。七是运用广播、电视、报刊、横幅、印发宣传材料等方式，广泛深入地宣传有关法律法规和政策。

刑释解教人员安置帮教工作 服从服务于党和政府的工作大局，为促进社会治安综合治理和维护社会稳定发挥了积极作用。一是各级安置帮教工作办公室加强请示、报告和协调工作，积极争取党政领导重视和有关部门的支持，及时研究解决工作中出现的各种问题。二是积极做好衔接、帮教、安置工作，减少脱管失控。在衔接方面，各基层帮教组织严格按照有关衔接制度的要求，积极主动与监狱、劳教所建立联系，到监狱、劳教场所了解有关情况，为刑释解教人员回归社会后的帮教管理工作做准备。在帮教方面，监狱、劳教所把工作延伸到服刑和在教人员的出监所教育。各基层单位普遍采用了帮教组织与帮教对象签订“帮教协议书”的办法开展帮教工作。在安置方面，积极争取政策扶持，因地制宜推动就业安置。全区18720名刑释解教人员，已有14602名得到了安置，安置率达到78%。三是贯彻中央部署，切实做好排查清理工作。经排查全区刑释解教人员11596人，人户分离1295人，去向不明469人，落实帮教措施9805人，安置就业9045人。四是加强宣传，树立典型，进一步形成安置帮教工作的良好社会氛围。

预防青少年违法犯罪工作 逐步走上制度化、规范化、经常化的轨道。各地认真落实预防青少年违法犯罪工作领导责任制、部门责任制、联席会议制度和岗位责任制等工作制度，基本形成了齐抓共管的工作格局。建立和完善表彰奖励机制，表彰了全区预防青少年违法犯罪工作先进集体40个、先进个人40名。坚持教育和保护相衔接，一般预防和特殊预防相结合，建立完善预防犯罪经常性工作机制。9月份召开了“全区预防青少年违法犯罪工作会议”，进一步提出了“五抓五重”的工作思路，即“抓认识，重观念；抓基础、重网络；抓根本，重教育；抓重点，重防范；抓基层，重阵地”。积极开展“网络文明行动”，大力宣传《全国青少年网络文明公约》，制定并实施了《参与全区互联网有害信息专项清理整治工作实施方案》，向基层无偿发放价值10万余元的“网中行”青少年安全上网软件。与有关部门联合开展了清理整治

“网吧”等互联网上网服务营业场所工作。积极开展青少年思想政治、理想信念、预防违法犯罪等宣传教育。

铁路护路联防工作　以创建安全文明铁道线活动为载体，以深化管理、教育、考核为手段，以实现“三个确保三个减少”为目标，大力加强护路队伍的自身建设，加大重点区段的整治力度，确保了铁路安全运输生产。一是各级护路组织尽职尽责，成员单位密切协作，进一步完善了护路联防管理机制。形成了自治区、盟市、旗县、乡镇四级护路联防组织格局。二是经过对重点区段治安问题的集中整治，“危行”、货盗、拆盗等案件总体趋于下降，治安形势趋于稳定。同时涌现出一批先进集体和先进工作者。在全区铁路护路联防工作会议上，有 18 个先进集体、69 名先进个人受到了表彰奖励。三是继续开展路地联防承包责任制工作，进一步推动全区创建安全文明铁道线活动深入发展。9 月份制定下发了《全区创建安全文明铁道线考核办法、考核标准》，使全区创安建线工作在指导、规范方面有了依据。全区路地联防护路员已发展到 1200 余人，承包线路达 3580 公里，占全区铁路护路里程的 76% 以上。四是铁路护路联防工作取得明显成效。到 12 月 31 日，呼和浩特铁路局实现无责任行车重大事故 2273 天，居全国 15 个路局第 2 位，实现了刑事案件和治安灾害事故控制在职工总数的 1‰以下，单位职工犯罪控制在总数的 0.7‰以下的目标。

学校及周边治安综合治理工作　一是按照自治区综治委的工作部署及中央综治委学校及周边治安综合治理工作领导小组的工作要求，召开了全区学校及周边治安综合治理工作会议，表彰了全区学校及周边治安综合治理工作先进集体和先进个人。二是起草制定了《内蒙古自治区学校及周边治安环境管理办法实施细则》。经过反复修改和多次征求意见，领导小组印发各地执行。三是根据《中央综治委学校及周边治安综合治理工作领导小组关于开展集中整治校园及周边治安秩序专项行动的通知》及教育部《关于在教育系统深入开展打击淫秽色情网站与专项行动的通知》精神，9～10 月在全区范围内对中小学校及周边治安秩序进行了专项集中整治，破获了一批侵害学生安全扰乱学校秩序的案件，依法打击处理了一批违法犯罪分子，有效地维护了中小学校治安秩序。四是进一步落实维护高校稳定工作责任制。做好各敏感期的维护稳定工作，积极预防和妥善处置不稳定事件。

禁毒工作　各级公安机关按照公安部在全国范围内开展遏制毒源和扫毒行动的统一部署，精心组织，上下协调，整体联动，较好地完成了既定的工作目标和任务。全区共侦破毒品刑事案件 271 起，缴获海洛因 1.9 千克，“摇头丸”1513 粒，氯胺酮 3.57 克，冰毒 7.57 克，鸦片 970 克，安钠咖等其他毒品 7.02 千克，毒资 99.9 万元，抓获犯罪嫌疑人 364 名；打掉贩毒团伙 19 个，抓获成员 54 人。破案、抓人两项指数，同比分别下降 13.19% 和 34%，海洛因、“摇头丸”缴获数，同比分别上升 5.5% 和 463%。切断跨区域重要贩毒通道 18 条，其中：贩运海洛因通道 11 条，贩运“摇头丸”等新型毒品通道 7 条。捣毁制毒窝点 5 个，抓获犯罪嫌疑人 18 人。清查整顿歌舞娱乐场所 1210 家。采取的主要措施，一是加强领导，周密部署。二是坚持严打方针，加大缉毒执法力度。三是因地制宜，适时组织专项治理行动。四是深入开展整顿歌舞公共娱乐场所涉毒问题行动。五是严格易制毒化学品的精麻药品管理。六是深入开展禁毒宣传，营造严打声势。七是加大禁吸戒毒工作力度，推动创建“无毒社区”工作深入开展。

内蒙古社会治安综合治理委员会关于印发《内蒙古自治区开展矛盾纠纷排查调处工作制度》的通知

（2004年11月10日）

各盟市社会治安综合治理委员会，自治区社会治安综合治理委员会各成员单位：

现将《内蒙古自治区开展矛盾纠纷排查调处工作制度》印发你们，请结合本地区本部门实际认真贯彻执行。

内蒙古自治区开展矛盾纠纷排查调处工作制度

（2004年11月10日）

近年来，我区各级党委、政府认真贯彻落实《中共中央办公厅、国务院办公厅关于转发〈中央社会治安综合治理委员会关于进一步加强矛盾纠纷排查调处工作的意见〉的通知》（中办发〔2000〕17号）和《内蒙古党委办公厅、政府办公厅关于转发〈内蒙古自治区社会治安综合治理委员会关于进一步加强矛盾纠纷排查调处工作的实施意见〉的通知》（内党办发〔2000〕35号）精神，认真组织开展矛盾纠纷排查调处工作，取得了明显社会效果，促进了全区改革开放和经济建设的顺利进行。

按照自治区党委提出的积极构筑祖国北疆国家安全和社会稳定屏障，充分发挥首都北京“护城河”作用的战略目标要求，认真开展矛盾纠纷排查调处活动，进一步落实社会治安综合治理各项措施，为内蒙古经济建设和各项事业发展创造和谐稳定的社会环境，具有重要的现实意义和深远意义。为了进一步贯彻落实中办发〔2000〕17号和内党办发〔2000〕35号文件精神，贯彻落实全国社会治安综合治理工作杭州会议和全区社会治安综合治理工作赤峰会议精神，深入开展矛盾纠纷排查调处工作，并使这项工作逐步走上规范化和制度化的轨道，在总结近几年全区矛盾纠纷排查调处工作经验的基础上，特制定以下工作制度。

一、信息报告制度

各地区各部门要建立健全渠道畅通、覆盖面广、反应灵敏的矛盾纠纷排查信息网络，完善早发现、早报告和及时调处的信息反馈和预警机制。要充分发挥基层信息员、调解员的作用，广泛收集掌握情报信息，及时准确地获取苗头性、预警性等动态情况，并安排专门人员负责信息汇总和报送工作。

信息报告的主要内容应是：本地区、本系统、本部门发生的可能影响社会稳定的重大、疑难矛盾纠纷的动态情况；排查、调处、解决矛盾纠纷工作的进展情况。重大、疑难矛盾纠纷是指：(1)人民群众和社会各界普遍关注的热点矛盾纠纷；(2)可能导致突发性事件或可能转化为民转刑案件的矛盾纠纷；(3)涉及人数较多、易引发群体性事件的矛盾纠纷；(4)严重干扰正常生产、生活秩序的疑难矛盾纠纷；(5)涉法上访案(事)件；(6)其他应予及时报告的重大、疑难矛盾纠纷。

各级综治办、维稳办、信访办、司法和内部保卫部门应全面了解掌握本地区矛盾纠纷排查调处情况。旗县(市区)、苏木乡镇(街道)均应建立矛盾纠纷调处中心和人民调解委员会，旗县(市区)调处中心每月、苏木乡镇街道人民调解委员会每半月要对排查出的矛盾纠纷分门别类进行梳理，建立信息台账。对本辖区发生的重大、疑难矛盾纠纷，无论最终调处成功与否，均应在受理当日报同级党委、政府及上级综治委。盟市综治办、维稳办对重大、疑难矛盾纠纷排查调处情况应每季度专题向自治区综治办、维稳办报告一次。对工作的分析、总结，每半年报送一次。各级向上级报告情况要做到有情况报情况，没情况报平安，实行零报告制度。对自治区综治委、办和自治区维稳领导小组及办公室统一部署或指定的信息情况，要按时报送；自治区综治办、维稳办将定期(季、半年、全年)对各地区、各部门的信息报送情况进行汇总、分析、通报。

二、受理登记调处和分流调处制度

旗县(市区)矛盾纠纷调处中心和苏木乡镇(街道)人民调解委员会，要及时受理群众矛盾纠纷的调解申请。当事人申请调解矛盾纠纷，可以书面申请，也可以口头申请，当事人书面申请调解的，要填写《调解申请表》；当事人口头申请调解的，人民调解委员会和调处中心要负责做好记录。人民调解委员会和调处中心对当事人所申请调解的矛盾纠纷要认真进行审查，符合受理条件的，及时受理并予以登记，并实行一案一记；不符合受理条件的，及时告知并引导当事人采取法律途径解决。

人民调解委员会和调处中心受理矛盾纠纷后，属于直接调处的，则进入直接调处程序；应予分流的，进入分流程序。人民调解委员会和调处中心对分流出去的矛盾纠纷，应规定调处期限，并对接受单位的调处情况进行全过程督办。接受单位在调处分流交办的矛盾纠纷过程中，应定期向人民调解委员会和调处中心汇报调处工作的进展情况。调处成功后，应将调处结果报送人民调解委员会和调处中心，确有困难调解不成的，要及时将矛盾纠纷回流至人民调解委员会和调处中心。

三、集中排查调处和经常性排查调处制度

矛盾纠纷排查调处应做到集中排查调处和经常性排查调处相结合，社会矛盾纠纷要经常排查调处，难点热点问题要集中排查调处，重大矛盾纠纷要重点排查调处。要建立健全盟市、旗县(市区)、苏木乡镇(街道)、嘎查村(居委会)、村(居)民小组五级排查调处网络。集中排查调处工作一般应做到盟市每半年、旗县(市区)每季度、苏木乡镇街道每月、嘎查村社区居委会每周开展一次。每逢重大节日、重要会议、重大活动期间，由各级党委、政府牵头，综治、维稳部门组织各方面力量对矛盾纠纷重点地区或可能引发群体性事件的问题进行集中排查，及时化解。经常性排查调处工作，主要由旗县(市区)矛盾纠纷排查调处领导小组组织进行。苏木乡镇街道人民调解委员会统一受理。一般矛盾纠纷由嘎查村社区居委会调委会负责调处，疑难矛盾纠纷由苏木乡镇街道人民调解委员会负责调处。对多次长时间调解不成的，要提交同级党委、政府办公会议确定解决方案，责成相关部门限期调处。

四、首问负责制度

矛盾纠纷排查调处工作实行首问负责制。第一接案人，即负责值班接待的领导、旗县调处中心、苏木乡镇(街道)人民调解委员会的工作人员及有关单位常驻调处中心工作人员，在接待群众来访或调处有关矛盾纠纷时，要按照“首次接访，全程跟踪，负责到底”的原则，对排查出的矛盾纠纷按企业转制、土地纠纷、劳动就业、社会保障、房屋拆迁改造、涉法涉诉上访等方面进行认真梳理排队，采取发出通告，派代表参加等形式，将各类矛盾纠纷按性质分流到各有关部门。凡属本部门、本系统管理的事，该部门和系统要积极主动协调好、解决好。不属本部门、本系统管理的事，该部门和系统则要主动帮助群众联系到主管部门和接案人。对分流到有关部门或下级单位调处的矛盾纠纷，应解决、能解决的要限期落实解决，解决不了的要讲清原因；对经过调解不能达成协议或当事人要求通过诉讼等途径解决的，要及时提供相关服务；符合法律援助条件的，要协助办理法律援助有关事宜。

五、领导值班接待与包案制度

旗县(市区)、苏木乡镇(街道)党委、政府、人大、政协领导班子成员,要实行每日轮流参加矛盾纠纷调处活动。调处中心和人民调解委员会负责拟制领导值班接访安排表,安排表要公示于调处中心的醒目位置。调处中心和人民调解委员会负责对接访时间、接访领导姓名、来访者基本情况、反映的问题及领导批示和处理结果的登记工作;同时负责对值班领导批示内容的落实、分流、督办和处理,并将处理结果及时报送相关领导。

对重大疑难的矛盾纠纷、多次反复的矛盾纠纷、易于激化的矛盾纠纷,上一级综治委和维稳领导机构要挂牌督办。被督办地区或部门的党政主要领导要亲自出面,亲自督办,承担起第一责任人的责任,分管领导为直接责任人,要做到包调查处理,包结案时间。采取定责任领导、定责任单位、定处理期限的办法,实行"一个问题,一名领导,一套班子,一个方案,一抓到底"的调处机制。凡是越级到自治区或赴京集体上访的,一律由党政"一把手"包案处理,并限期在一个月内上报处理结果。

六、议事协调和联席会议制度

各盟市、旗县(市区)、苏木乡镇(街道)综治委要定期召开由党政分管领导,政法各部门、信访、民政、工商、税务、土地、农业、林业、水利、城建、劳动、计生、工会、妇联等相关部门负责人参加的矛盾纠纷排查调处议事协调会议。

议事协调会议一般可结合综治委例会,盟市每半年、旗县(市区)每季度、苏木乡镇(街道)每月召开一次,遇重大紧急问题随时召开。针对那些可能影响社会稳定的重大、突出的矛盾纠纷和上级交办的需要解决的问题,要进行通报,并研究制定解决方案,明确工作意见和责任,督促协调有关部门积极主动办结。议事协调会议要形成会议纪要,详细记载参加会议的单位、人员、协调的问题和解决的办法,注明责任单位、责任人及完成时间和标准等项内容。会议纪要要及时报同级党委、政府和上一级综治、维稳部门。

对涉及跨地区、跨部门的疑难、复杂矛盾纠纷,由涉及地区的上一级党委、政府牵头,综治、维稳部门组织协调,及时召开有关方面参加的联席会议。根据矛盾纠纷的性质和处置的难易程度,按照"属地管理"和"分级负责,归口办理"的原则,明确牵头领导,指定责任部门,研究解决方案,共同采取措施解决。解决的情况要及时报上一级综治、维稳部门,重大问题要同时报上级党委和政府。

七、听证对话制度

旗县(市区)、苏木乡镇(街道)调处中心要适时组织领导与群众听证对话活动;遇有涉及人民群众切身利益的政策措施和重要决策出台之前,或者发生重大、疑难矛盾纠纷时,应随时组织相关事项的听证对话活动。

听证对话议题的选取应以某个时期人民群众普遍关心的热点和难点问题为重点,具体可通过矛盾纠纷接访情况分析、矛盾纠纷集中排查情况分析和调查研究基层实际情况而定。与议题相关的党委、政府分管领导和有关部门的领导应亲自出席听证对话活动,与议题相关的部门负责人不应缺席;听证对话活动的主持人可由党委、政府两办相关副主任或调处中心专职副主任担任。

参加听证对话活动的群众应充分体现代表性和广泛性,可以通过群众自愿报名参加、调处中心根据实际情况进行选择的方法确定。每次听证对话活动的方案在报旗县(市区)、苏木乡镇(街道)领导批准后,由调处中心提前一周向有关部门发出通知,同时通过新闻媒体刊播或发布公告的方式通知参加群众。

八、考核奖惩制度

各地区各部门要把化解矛盾纠纷的成效纳入党政班子和领导干部政绩考核之中,作为任用干部的重要依据。要建立领导干部抓综治、保稳定的政绩档案,将落实化解矛盾纠纷工作成效记入档案之中,并将情况报送组织、人事部门,供考核任用干部时参考。

要把矛盾纠纷排查调处工作纳入对盟市、旗县(市区)、苏木乡镇(街道)党政组织及其综治委成员单位的综合治理实绩目标考核范围,作为评选综治、维稳先进的重要依据,与综治、维稳整体工作同部署、同检查、同考核、同奖惩。各级综治委在年度考评分值设定中,要加大化解矛盾纠纷工作的分值,促使各地、各部门把化解矛盾纠纷作为综治工作的重点内容来抓。

对在矛盾纠纷排查调处工作中涌现出的先进地区、单位及先进个人要给予精神或物质奖励,并将表彰奖励情况送交组织、人事部门作为考察干部的重要材料。

要严格执行“责任追究制”，坚持“责任不查清不放过，对责任人没有做出相应处理不放过，隐患不消除不放过，漏洞不堵塞不放过”。对因工作不力、严重官僚主义、失职渎职或隐瞒情况，矛盾纠纷得不到及时有效解决，导致矛盾激化，酿成重大治安问题或群体性事件，造成严重后果的，各级综治委都要对其进行倒查，查清有关人员和单位在事件中应负的责任，依据有关规定，视其情况给予处罚，并将处理结果送交同级组织、人事部门和上一级综治委。同级组织、人事部门在干部实绩考核时，要征求综治办、维稳办的意见，实行“一票否决”。

九、定期回访制度

旗县(市区)矛盾纠纷调处中心、苏木乡镇(街道)人民调解委员会对已经调结的重大、疑难矛盾纠纷，应在适当时机，采取适当方式派员回访矛盾纠纷双方当事人，了解、掌握、检查调解协议履行情况，认真听取当事人和群众对调处结果的意见和建议，巩固调解成果。

回访应有重点进行。对那些比较复杂、疑难的纠纷，或者协议履行有一定难度的纠纷，或者当事人思想情绪尚不稳定、容易出现反复的纠纷，要列为重点回访的对象，坚持适时回访。

回访中发现调处工作有失误、调处不合理、当事人不满意或矛盾纠纷有重新激化可能的，应责令有关单位重新处理或迅速采取措施予以妥善处置。

十、档案管理制度

各地区、各系统、各部门的矛盾纠纷排查调处机构要建立健全矛盾纠纷排查调处工作档案，安装使用标准档案柜和档案盒，并实行微机化管理。档案内容包括调解组织网络人员名册；矛盾纠纷受理、分流、调处、听证对话登记簿；矛盾纠纷调解卷宗；协调会议记录；季度、半年、全年报表以及半年、全年总结；矛盾纠纷集中排查调处相关材料；其他应当归档的文件、材料。矛盾纠纷排查调处材料应在调处结束后一周内整理归档，每年3月底前完成上年度档案的整理工作。矛盾纠纷排查调处档案应设长期卷和永久卷保存。

内蒙古自治区综治委、办机构情况及负责人名单

一、综治委

主　任：杨　晶　自治区党委副书记、自治区主席

副主任：陈光林　自治区党委副书记

张国民　自治区党委常委、宣传部部长

胡　忠　自治区党委常委、人大副主任、政法委书记

连　辑　自治区副主席

二、综治办

主　任：徐呼和　自治区党委政法委副书记，正厅级

副主任：刘国君　专职副主任，副厅级

自治区综治办级别为正厅级，内设盟市指导处、综合协调处。

三、综治委各专项工作领导小组人员组成情况

(一)流动人口治安管理工作领导小组及办公室人员组成情况

组　长：胡　忠　自治区党委常委、人大副主任、政法委书记

副组长：连　辑　自治区副主席

祝广垲　自治区公安厅厅长

领导小组办公室设在公安厅

主　任：阿斯林　自治区公安厅副厅长

副主任：刘国君　自治区综治办副主任

(二)刑释解教人员安置帮教工作协调小组及办公室人员组成情况

组　长：连　辑　自治区副主席

副组长：任英超　自治区司法厅厅长

刘国君　自治区综治办副主任
阿斯林　自治区公安厅副厅长
协调小组办公室设在自治区司法厅
主　任:赵建平　自治区司法厅副厅长
副主任:赵瑾琦　自治区综合协调处处长
张志强　自治区监狱局副局长
徐宏光　自治区司法厅基层处处长
邱成刚　自治区公安厅基层处副处长

(三)铁路护路联防工作领导小组及办公室人员组成情况

组　长:连　辑　自治区副主席
副组长:郑明理　呼和浩特铁路局局长
徐呼和　自治区党委政法委副书记
周廷芳　自治区政府副秘书长
才荣方　呼和浩特铁路局纪委书记
赵振福　内蒙古军区司令部副参谋长
领导小组办公室设在呼铁局
主　任:才荣芳　呼和浩特铁路局纪委书记
副主任:杨胜利　自治区铁路护路联防办公室常务副主任
张长收　呼铁局护路办主任
张树民　内蒙古军区动员处处长
晨　亮　自治区政府办公厅调研四处副处长
火　亮　自治区综治办盟市指导处处长

(四)预防青少年违法犯罪工作领导小组及办公室人员组成情况

组　长:张国民　自治区党委常委、宣传部部长
副组长:徐呼和　自治区党委政法委副书记
佟野黎　自治区文明办副主任
胡达古拉　自治区团委副书记
何成保　自治区教育厅副厅长
阿斯林　自治区公安厅副厅长
领导小组办公室设在自治区团委
主　任:胡达古拉　自治区团委副书记
副主任:任　霄　自治区团委权益部部长
王培英　自治区教育厅基础教育处处长
贾　岗　自治区公安厅基层基础处处长
邓志诚　自治区司法厅法宣处调研员
张春福　自治区综治办综合协调处助理调研员
张明中　自治区党委宣传部宣传处处长

(五)学校及周边治安综合治理工作领导小组及办公室人员组成情况

组　长:连　辑　自治区副主席
副组长:徐呼和　自治区党委政法委副书记
郭明伦　自治区教育厅厅长
祝广垲　自治区公安厅厅长
领导小组办公室设在自治区教育厅
主　任:布　和　自治区教育厅副厅长
副主任:常　柱　自治区教育厅学教处处长
高运民　自治区公安厅警务督察处处长

(六)保护国家通信光缆安全领导小组及办公室人员组成情况

组　长:胡　忠　自治区党委常委、人大副主任、政法委书记
副组长:徐呼和　自治区党委政法委副书记
阿斯林　自治区公安厅副厅长
于　江　自治区检察院副检察长
许振祥　自治区高级人民法院副院长
崔浩强　内蒙古军区司令部副参谋长
乌力吉　自治区通信管理局副局长
杨仁选　自治区建设厅副厅长
包建设　自治区交通厅副厅长
郑大力　中国网通集团内蒙古通信公司副总经理
领导小组办公室设在自治区通信公司
主　任:肖佐宽　自治区通信公司安全保卫部主任
副主任:郭　宏　自治区综治办盟市指导处副处长
赵翠红　自治区通信公司运行维护部副主任

于学彬　内蒙古长途通信线务局副局长

内蒙古自治区盟市、旗县(市、区)综治委、办主任名单

地　区	综治委主任	综治办主任
呼和浩特市	柳　秀	王江望
回民区	云丽珠	杨　舜
新城区	吕景瑞	薛文刚
玉泉区	李博宏	李俊国
赛罕区	高炜明	郭永珍
武川县	郭召来	张　勇
和林县	吕慧生	
清水河县	张　亮	李世明
土左旗	云忠义	云利珍
包头市	苏　青	乔变乡
昆都仑区	张国忠	
东河区	史文俊	虞　炜
青山区	刘德君	杨应运
石拐区	杨洪吉	乔建富
九原区	李文秀	董　革
固阳县	尚　云	孙　卿
土右旗	图布兴	闫巨奎
达茂旗	卜文厚	姜建忠
乌海市	赵　忠	罗俊英
海勃湾区	林　涛	张俊厚
海南区	白　彦	王俊峰
乌达区	丁欣亮	徐志诚
赤峰市	杭桂林	张国力
红山区	韩　铭	寇智有
松山区	戈树奎	贾爱晨
元宝山区	辛广昌	王世举
宁城县	赵　富	纪筑国
林西县	李延庆	刘宝玉
阿鲁科尔沁旗	汪　洋	袁水清
巴林左旗	王国良	
巴林右旗	德　杰	韩守银
克什克腾旗	李欣华	冯树鑫
翁牛特旗	郑洪学	郭显瑞
喀喇沁旗	巴特尔	
敖汉旗	冯任飞	
通辽市	莫建成	齐铁柱
科尔沁区	严洪波	吴宝玉
霍林郭勒市	特木尔巴根	孙守文
开鲁县	刘庆文	张金宇
库伦旗	么永波	
奈曼旗	步进来	魏　春
扎鲁特旗	孙振云	王忠来
科左中旗	纪渤源	王　诚
科左后旗	陈凤玉	青格乐图
呼伦贝尔市	汤爱军	于永甲
海拉尔区	王　伟	赵文杰
满洲里市	杨汉忠	杜长民
扎兰屯市	胡连义	
牙克石市	高　忱	张作春
根河市	郑富旭	石双杜
额尔古纳市	钱瑞霞	
阿荣旗	郑　俊	林村清
新巴尔虎右旗	金　海	刘　才
新巴尔虎左旗	松然扎布	
陈巴尔虎旗	李　才	
鄂温克旗	达喜扎布	金竹胜
莫力达瓦达斡尔族自治旗	艳　东	孟宝柱
鄂尔多斯市	刘　锦	董文亮
东胜区	张占林	李　俊
达拉特旗	额尔敦仓	
准格尔旗	贺　隽	郝　勇
鄂托克前旗	于新芳	刘长岗
鄂托克旗	王　峰	

地　区	综治委主任	综治办主任
杭锦旗	王学丰	李连世
乌审旗	张　平	王宏伟
伊金霍洛旗	乌　宁	吕梓民
兴安盟	常　海	
乌兰浩特市	尤国军	林景玉
阿尔山市	刘维东	徐睦利
突泉县	孙德敏	陈绍禹
科右前旗	张世伟	王志勇
科右中旗	高长胜	斯琴吐
扎赉特旗	赵云翔	袁国民
锡林郭勒盟	荣天厚	朝　鲁
锡林浩特市	姜树文	史富明
二连浩特市	陈和平	侯向东
多伦县	姚　东	陈炜东
阿巴嘎旗	斯琴毕力格	胡日查
苏尼特左旗	图门额	张世斌
苏尼特右旗	巴根那	斯钦巴特尔
东乌珠穆沁旗	额尔敦毕力格	包海明
西乌珠穆沁旗	朝鲁门	包　健
太仆寺旗	任誉宁	吴仲启
镶黄旗	特力更	刘东汉
正镶白旗	谢　军	崔国良
正蓝旗	李少锋	萨仁高娃
乌拉盖开发区	白建设	王占仁

地　区	综治委主任	综治办主任
乌兰察布盟	傅铁钢	韩绍谦
集宁市	于生龙	郝　荣
丰镇市	兰和平	侯雪莉
卓资县	且国山	薛　鸣
化德县	杨国文	赵滴石
商都县	刘广平	张利民
兴和县	孟甫甬	魏　录
凉城县	冯　超	郭德胜
察右前旗	庞　虎	刘　勇
察右中旗	兰永奋	石利民
察右后旗	赵世宏	冯海滨
四子王旗	朝克图	李耀文
巴彦淖尔盟	王素毅	康玉莲
临河市	周玉峰	张玉林
五原县	贺福宝	孙振海
磴口县	张亢胜	梁金栋
乌拉特前旗	贾英祥	乔建华
乌拉特中旗	苏　和	梁煜旗
乌拉特后旗	陶格陶	王玉明
杭锦后旗	武银星	薛贵林
阿拉善盟	吴金亮	柴义贤
阿拉善左旗	张宽平	林录明
阿拉善右旗	吴忠岩	范永鸣
额济纳旗	乔金扎布	杜金刚

（撰稿人：费　毅
审稿人：刘国君　窦朝晖）

辽 宁 省

2004年辽宁省社会治安综合治理工作概况

2004年，全省综治战线，在各级党委、政府的领导下，紧紧围绕为振兴辽宁老工业基地创造和谐稳定的社会治安环境这一主题，坚持以“三个代表”重要思想和党的十六大、十六届三中全会、四中全会精神为指导，切实履行社会治安综合治理领导责任制和目标管理责任制，以高度的政治责任感和时代紧迫感，认真抓好社会治安综合治理各项措施的落实，全力维护社会政治稳定。坚持“打防结合、预防为主”的方针，大力构筑社会治安防控体系，并以开展“平安县(市)区创建”活动为载体，基层基础建设得到了进一步加强，社会治安整体防控能力得到提高，特别是通过开展矛盾纠纷排查调处、凶杀案件高发重点地区治理和出租房屋清理整顿等专项工作，化解了一大批社会矛盾；消除了一大批治安隐患；遏制了刑事案件上升势头；打击了一批违法犯罪，全省社会治安综合治理工作取得了长足的进步。

紧密围绕老工业基地振兴，不断拓展综治工作新思路。党中央、国务院作出振兴东北老工业基地的战略决策后，全省各级综治部门同全省人民一样受到极大振奋和鼓舞。全省综治部门紧紧抓住这一有利时机，迅速动员，真抓实干，根据辽宁老工业基地面临经济转轨和社会转型期间社会治安状况出现的新情况、新问题，坚持全面、协调、可持续的发展观，积极探索与辽宁经济、社会发展相适应的“大稳定、大综治”的工作思路和工作格局，着力解决影响社会治安深层次问题，努力把社会治安综合治理各个环节的工作落到实处。围绕省委政法委提出的为振兴辽宁创造“和谐稳定的社会环境、公平高效的法治环境、安居乐业的治安环境”指导思想和工作思路，牢固树立科学的发展观和正确的政绩观，全力以赴地投入振兴辽宁老工业基地的新的“辽沈战役”之中。在操作层面上，提出了抓住一个“龙头”(领导责任制)、打牢一个基础(基层基础建设)、利用一个载体(平安县市区创建活动)、打好三个战役(一是凶杀案件高发重点地区专项治理；二是出租房屋清理整顿；三是社会矛盾纠纷排查调处)的工作思路，使全省综治工作出现了良好的局面，为辽宁老工业基地振兴作出了应有的贡献。

抓好“龙头工程”建设，使领导责任制和目标管理责任制进一步得到完善和提高。2004年是省委、省政府对全省14个市进行目标管理考核、奖惩的第二年。通过实施兑现，普遍引起了全省各级党委、政府的高度重视。先进地区不断总结经验，争取再创佳绩；落后地区认真查找差距，吸取教训，奋起直追。从目前掌握情况看，各地对落实领导责任制的各项基本要求更加明确，实行责任目标管理的思路更加清晰，规范化、制度化建设不断完善，责任状签订的层次越来越高，范围越来越广，任务规定的操作性越来越强，实际效果也越来越好。从2004年度综治工作检查反馈情况看，各级党委、政府都能够把社会治安综合治理工作纳入当地经济和社会发展总体规划之中，列入重要议事日程，党政领导普遍达成了“发展经济是政绩，搞好社会治安也是政绩”的共识，有的市多次召开党委常委会或政府常务会议，专题研究社会治安综合治理工作。2004年，全省14个市和沈阳铁路局、辽河石油勘探局同110个县区和单位普遍签订了维护社会稳定和社会治安综合治理责任书，110个县区还与992个乡镇、540个街道办事处签订了维护社会稳定和社会治安综合治理责任书，全部制定了综合治理领导责任制考核实施细则，签状率达到100%。各地市、县两级综治、组织、纪检、人事、监察五部门加强工作联系，健全联席会议制度。不断完善激励制约机制，严格落实综合治理领导责任制、重大责任查究制、一票否决制等规章制度，认真兑现奖惩措施，对综治工作先进单位、先进个人和见义勇为先进人物进行了表彰，对一些单位实行了社会治安综合治理一票否决，极大地调动了各部门齐抓共管的积极性。

开展重点整治和专项行动工作情况

2004年是省委、省政府提出的“环境建设年”，辽宁省综治工作紧紧围绕服从和服务于辽宁老工业基地振兴这个大局，以抓重点保稳定、抓创建保平安为己任，深入开展专项治理斗争，收到了较好的效果。

一、深入开展凶杀案件高发重点地区专项治理工作

从2004年1月起，经省委同意，省综治委组织实施了全省凶杀案件高发重点地区专项治理。通过一年来的努力工作，有效遏制了全省凶杀案件高发势头，推动了对突出治安问题和治安混乱重点地区的治理，促进了全省社会治安防控网络建设。“专项治理”取得了明显成效，产生了良好的社会反响，受到广大人民群众的好评，得到中央政法委和中央综治办的肯定。

(一)采取的主要工作措施

1、明确规定“专项治理”的刚性指标。要求各重点地区通过开展“专项治理”，凶杀案件的绝对数与上一年相比必须下降20%以上，完成这个指标的到年底予以“摘帽”；对发生凶杀案件数量下降幅度低于10%以下的，将在全省通报批评，责令继续开展专项治理；对发生凶杀案件上升幅度大，社会治安问题突出的重点地区，实行社会治安综合治理“一票否决”。

2、建立信息分析和定期通报制度。全省综治系统与公安机关密切配合，制定多种统计报表，搭建信息交流平台，本着“核定指标以公安统计为主、指导工作以综治系统统计为主”的原则，及时有针对性的实行分类指导。在此基础上，坚持实事求是、严肃认真、务求实效、不搞形式主义，建立每月对“专项治理”的进展情况、实现指标、存在的倾向性问题等进行一次通报的制度，该表扬的及时给予通报表扬，该批评的给予通报批评。每期通报都增发给重点地区所在市的市委书记、市长，非重点地区的市委政法委、综治委领导。

3、加强了“实战”督查。从2004年2月16日开始，由省委、省人大、省政府、省政协的分管领导和省委政法委副书记带队组成七个督查组，分别对29个县(市、区)的“专项治理”进行全年度跟踪督查，针对存在的问题及时提出整改意见。

4、及时调整工作布局。2004年7月，针对非重点地区凶杀案件上升幅度较大，有的甚至超过了重点地区往年上升幅度的问题，新确定9个县(市、区)为全省第二批凶杀案件高发重点地区，纳入全省“专项治理”统一部署和检查验收。9月份，省综治办在大连市金州区召开了全省凶杀案件高发重点地区专项治理工作调度会议，加大了督导力度。

5、“专项治理”与解决突出治安问题紧密结合。深入开展了对突出治安问题和治安混乱地区的排查整治，加大了对城市周边地区或城乡结合部的治安防范力度；全面启动全省出租房屋清理整顿，深化流动人口的管理与服务工作；开展了对近5年来刑释解教人员情况的专项清理，切实加强安置帮教工作；加强了城乡基层治安巡逻队伍建设，提高了社会整体防控能力；进一步强化了预防青少年违法犯罪和校园周边治安整治，推动了社会治安综合治理各项措施的落实。

(二)重点地区的成功做法

1、各级党委、政府把“专项治理”摆上重要议事日程。一是组织领导有力。29个重点县(市、区)都把凶杀案件专项治理纳入了党委、政府工作的重要议事日程，组建了强有力组织领导机构。沈阳、鞍山、抚顺、锦州、铁岭和葫芦岛等市分别由市委副书记和市委常委、政法委书记挂帅，成立了综治办、公安局、检察院、法院、司法局主管领导为成员的专项治理整顿领导小组，下设办公室，并明确各成员单位要有一名处级干部作为联络员。沈阳、大连、抚顺、锦州和葫芦岛等市还将整治重点扩大到非重点整治地区，全面进行整治，确保了整治工作的整体推进。抚顺市将被省确定的5个重点县(市、区)所属的街道、村镇、商业区以及较大企业周边地区治安状况整治，纳入"专项治理"工作范围。二是严格落实责任。各地把"控制凶杀案件发案数量"作为2004年社会治安综合治理目标管理的重要内容，明确奖惩，确保任务落实。沈阳市铁西区及时表彰控制、防范凶杀案件的有功人员，同时对与凶杀案件上升的有关单位提出警告或作出经济处罚。三是加大了资金投入。据统计，全省14个市财政为"专项治理"拨付专款1000多万元。大连市金州区拨出102万元专项资金，用于保障专项整治工作；沈阳市和平区下拨80万元购置装备，设立凶杀案件专项整治基金；葫芦岛市由县、区财政出资雇用保安人员，配合公安民警参加值勤。

2、强化打击力度，有效震慑犯罪。各地公安部门不断提高对凶杀案件的破案率和办案时效，政法各部门紧密配合，做到快侦、快破、快审、快判，切实加大打击力度。省公安厅提出了"命案必破"的工作要求，铁岭市公安局将命案侦破工作与目标管理挂钩，推出了"警种分工责任制度"、"领导挂牌督办制度"、"案件侦破招标制度"、"有偿提供信息制度"、"疑难案件专家会诊制度"、"现场勘查技能制度"和"工作目标奖惩制度"等，提高了案件侦破率。抚顺市公安机关抓住开展"侦破杀人案件会战"的有利时机，所有命案都按照"一案一长、一案一责"的原则，定领导、定人员、定职责、定措施、定奖惩、包破案，年内现案破案率达到80%以上，2000年以来的积案侦破率达到10%以上。

3、加强社会面的阵地防范工作。各地认真分析凶杀案件产生的原因，深刻吸取教训，普遍重视建立社会治安防范工作网络，加大了对凶杀案件高发地区和高发时段的巡逻，突出强化居民区的防范，社会整体防控能力得到加强。锦州市黑山县在下岗职工中招聘40人组成专职治安巡逻队，在县城重点繁华街区、公共复杂场所、城乡结合部等案件多发的区域和时段开展治安巡逻。全县共组建乡镇级联防队22个、队员170人，村级巡逻队298个、队员21000人，铁路护路联防队81个、队员405人，联户防范小组6641个、义务治安员16079人。他们还加强对这些防范队伍的培训工作，强化了各机关团体、企事业单位内部的安全保卫和治安防范工作，推广大和镇红外线报警器进农户的经验，提高科技防范水平。

4、下大力气抓好矛盾纠纷排查调处工作。各地着眼于预防"民转刑"、"激情犯罪"的发生，切实加强矛盾纠纷的排查调处工作。抚顺市2000年以来，全市因各种矛盾和纠纷引发的凶杀案件占凶杀案件总数的60%以上，为此，他们在全市范围内开展了"化解矛盾在基层"大调解活动，提出矛盾和纠纷排查调处率要达到98%、成功率要达到95%以上。新民市、昌图县把调处化解矛盾纠纷作为预防凶杀犯罪的重要措施来抓，取得了明显效果。省直政法各部门对本系统的矛盾纠纷排查调处工作作出了具体安排，要求公安派出所、人民法庭、司法所要把矛盾和纠纷排查调处工作作为一项重要任务，摆在突出位置。省法院明确要求，民事案件调解结案率要达到60%以上。一些企事业单位及其主管部门明确提出，不得将内部的矛盾纠纷推向社会。严格实行矛盾纠纷责任倒查制度，对因不能及时调处、解决不当或解决不了而未向上级报告，导致"民转刑"甚至出现凶杀案件的，要严格追究有关领导和有关人员的责任。

(三)主要工作成果：

1、全省凶杀案件发案有了一定幅度的下降。据省公安厅提供的统计数据，2004年全省发生凶杀案件数量有明显下降，比2003年下降了10多个百分点。

2、29个重点县(市、区)的凶杀案件高发势头得到遏制。2004年全年，29个重点县(市、区)共发生凶杀案件数量和死亡人数，比上一年度分别下降了近30个百分点，完成专项治理指标(发案数量下降20%以上)的县(市、区)有26个。

3、促进了对重点场所和重点人群的管理。一是各市都采取相应的措施，加强了社会治安防控网络建设，重点部位、重点场所、街道社区的防范工作明显加强。有的市警力进一步下沉，实行"网格化"巡逻防范，群众的满意率提高；二是基层综治组织建设得到加强，以公益性岗位安置下岗职工为主体的群防群治队伍数量增加、素质增强，基层社会矛盾纠纷排查调处工作明显加强,有效预防了"激情犯罪"和"民转刑"案件的发生;三是普遍加强了对"重点人群"管理监控。在全省开展了出租房屋清理整顿,共清理登记出租房屋620000多户,全部制作成《装户图》,进入公安计算机联网。

二、全面开展出租房屋清理整顿工作

针对我省出租房屋管理现状和存在的诸多问题,省委、省政府决定2004年在全省开展出租房屋清理整顿工作。2004年3月,出租房屋清理整顿工作在全省全面展开。省清房办及时总结和推广了四个试点单位的工作经验和做法,组织了专题业务讲座,举办了培训班,确定了出租房屋清理整顿的工作任务、工作内容和考核标准,提出了出租房屋清理整顿和流动人口管理工作结合进行的具体要求,规范了"装户图"管理软件等具体工作载体,制作了《全省出租房屋清理整顿情况统计表》、《出租房屋登记表》,明确了考核标准,落实了责任制,建立了一整套工作体系和责任体系,并加大了工作督查力度。从全省情况看,这项工作进展迅速,很多市的工作都进行的扎实有效。这项工作的主要特点是:

(一)各级党委、政府高度重视,精心组织,加强领导,保障了这项活动的扎实开展。各市普遍把出租房屋清理整顿工作纳入到各级党委、政府的重要议事日程,一些主要领导亲自抓,分管领导具体抓,各市相继制订了出租房屋清理整顿工作方案,同时也成立了组织,抽调了人员,明确了任务和责任,加大了对这项工作的经费和人力、物力的投入,保障了这项工作的顺利开展。

(二)采取多种形式,广泛进行宣传发动,大造声势,营造良好的舆论氛围。各地对出租房屋清理整顿工作的宣传进行部署。沈阳市综治委协调市宣传部门,充分利用电台、电视台、报刊等新闻媒体,制定出全市统一的宣传口号、标语进行宣传。特别是在开展的出租房屋清理整顿宣传月活动期间,各地都利用不同的新闻媒体和多种形式,大造声势,基本达到了家喻户晓,人人皆知的程度,唤起了广大人民群众积极参与和支持这项工作的良好氛围。有的市给市民发了公开信,有的利用社区举办培训班,建立宣传站,有的利用学校学生进行宣传,使这项工作开展得既轰轰烈烈又扎扎实实。

(三)积极探索,勇于创新,形成了符合各地实际的出租房屋和流动人口管理有效工作机制。沈阳市在全市试点的基础上,总结了一整套出租房屋管理工作的经验和模式。沈阳市、鞍山的海城市、营口开发区、葫芦岛市连山区等地在工作上进行了大胆的探索,不但在管理的手段,管理的方式方法上进行了探索,而且在法律法规的拟定和思考上也进行了尝试,并在全省率先实行了软件化管理,效果非常好,为全省开展这项工作提供了很好的经验。

(四)实事求是,因地制宜,措施有力,工作开展得扎实有效。为了保证省综治委部署的全省出租房屋清理整顿工作取得预期的效果,各级政府主管部门全力配合,密切协作,结合本地实际,真抓实干,取得明显成效。

通过全面开展出租房屋清理整顿工作,一是基本摸清了全省出租(借)房屋的底数。截止2004年年底,全省共清理出租房屋530000多套,登记外来人口1900000多人,签订治安协议371235份。二是基本建立起覆盖全省的出租房屋和外来人口信息数据管理网络。已登记出租房屋510000多套,已录入微机420000余套。三是发现并查处一批违法犯罪。在出租房屋清理整顿期间,提供破案线索3000多条,端掉邪教窝点100多个,端掉制假窝点100余个,破获刑事案件近4000起,抓获犯罪嫌疑人2000多人,有力地维护了全省的社会治安和社会稳定。四是基本建立了出租房屋和流动人口长效管理机制。省清房办及时总结推广了沈阳市的"公寓式"、"编组式"、"集中式"和"分籍式"的以房管人的方法;葫芦岛市连山区建立出租房屋和外来人口服务中心的经验;大连市金州区外来人口自我管理的模式等,促进了建立长效管理机制进程。五是逐步实现依法管理。为了使这项工作有章可循,有法可依,省出租房屋清理整顿办公室于2004年10月,在营口市经济技术开发区召开了全省出租房屋清理整顿工作座谈会,总结工作,研究讨论将出租房屋和流动人口管理纳入法律管理体系之中,起草了《辽宁省出租房屋管理条例(试行)》,现正处在省人大办文阶段。

三、认真贯彻中央综治委"上海会议"精神，全面开展学校及周边社会治安整治工作

为深入贯彻落实全国预防青少年违法犯罪暨学校及周边治安综合治理工作会议精神，省委、省政府于2004年5月9日召开了全省加强学校及周边治安综合治理整顿工作电视电话会议，传达了全国学校及周边治安综合治理工作会议精神，省学校及周边治安综合治理工作领导小组有关成员单位就校园及周边治安环境集中整治做了工作部署。同时，省委、省政府决定从5月9日至7月10日在全省范围内对学校及周边治安开展整治工作，并以省委、省政府的名义下发了《关于加强学校及周边治安综合治理工作的意见》。根据全省的实际情况，确定了八项重点工作：一是继续开展净化校园及周边环境的治理工作，坚决清理整顿和取缔校园及周边地区非法经营的网吧、电子游戏厅、录像厅、歌舞厅、音像书刊点和各类流动摊点，依法取缔和收缴有害青少年身心健康的各类非法出版物。二是对校园内经营性网吧坚决予以取缔，加大对网络教育(实验室)、计算机房、图书馆电子阅览室等上网场所服务情况的排查，对利用此类设施进行经营活动或者成为变相网吧的，要坚决果断地予以取缔，并对有关责任人进行严肃处理。三是进一步加强学校及周边出租房屋和流动人口的管理，加强校园及周边依法经营网吧的管理，推广"阳光网吧"建设。四是继续整顿校园及周边的交通秩序，打击"黑校车"、"黑出租"揽客营运等活动，减少交通事故和人员伤亡。五是加大防火、防食品中毒、防意外事故等项工作力度，严防群死群伤事件的发生。六是重视对高校的分校区、校外学生公寓和大学校园区的管理，建立健全各项规章制度，提高各方面的快速反应能力和应急处理能力。七是对校园及周边地区整治工作不到位、整治后出现反弹、师生和人民群众反映强烈的地方，要挂牌督办，限期整改。八是将整治各级各类校园及周边治安秩序工作纳入城市建设、管理、规划的重要内容，统筹规划，统一管理。根据省政府的统一部署，结合高考期间学校及周边治安状况，各市高度重视这次整治工作，特别是各级综治委(办)充分发挥组织协调作用，积极落实中央和省里部署的工作任务。5月底，省学校及周边治安综合治理工作领导小组派出了7个检查组，对全省各地开展整治工作情况进行了专项检查，实地抽查了上百所大、中、小学校及周边环境治理情况。大连市在开展集中整治工作中，注重标本兼治，立足于建立长效的工作管理机制。鞍山市从制度建设入手，明确了各部门的责任制，实行登记制和考核制。抚顺市加强了组织机构建设，及时总结经验，不断扩大整治效果。本溪市长期坚持对学校及周边地区的管理与整治，把日常管理与集中整治相结合，联合清理与部门查处相结合，突出工作的实效性。通过几个月的努力，在重点地区共检查网吧4000多家，查处违章经营300多家，并对一批问题较重的给予了停业整顿和依法取缔；检查音像书刊点1243家，收缴音像制品30000多盘，非法出版物13000余册；拆除违章建筑152000平方米，清理无证商贩14000余人次；消除安全隐患1300多处，并破获了一批刑事案件，抓获了一批犯罪嫌疑人。全省的学校及周边治安整治工作取得了明显成果，维护了学校及周边地区的治安秩序，为学校创造了良好的教学、科研和生活环境。

在整治过程中，各级党委、政府高度重视，着眼未来，建设网络，进一步推进了预防青少年违法犯罪工作顺利进行。通过建立联动协调、考核激励和保障机制，建立健全了基层青少年违法犯罪的工作机制，推进了街道、社区预防青少年违法犯罪组织网络建设。在省预防青少年违法犯罪工作领导小组的统一组织下，以"手拉手"、"民族精神代代传"、"雏鹰争章"等活动为载体，切实加强了青少年思想道德建设。不断深化优秀"青少年维权岗"创建活动，积极开展青少年法制宣传教育活动，设立青少年服务热线，驻社区、入校园、进家庭，进行各种有效的法律宣传、教育、服务等工作，目前全省现有各级优秀"青少年维权岗"创建单位2200多个，涌现出优秀"青少年维权岗"800多个。全面贯彻"教育、转化、挽救"的方针，进一步加大了对失足青少年的帮教力度，通过开展"法律进社区活动"和成立青少年爱心培育基地，开展法制教育、咨询、辅导，对在校生和边缘少年罪犯进行预防，通过对刑释解教和缓刑、假释少年进行跟踪帮教和提供技能培训等社会矫治方式，有效地预防了违法犯罪的发生。

四、实行齐抓共管，铁路护路专项整治和“屏障工程”建设成效显著

省护路办以铁路沿线5里范围内的乡镇、村屯为切入点，开展了创建铁路沿线安全“屏障工程”，丰富了路地联防工作的内涵，取得了明显的实效。据统计，2004年，全省铁路护路联防组织共协破刑事案件200多起，抓获犯罪嫌疑人300多名，破获治安案件1000多起，查处违法人员1200余人，防止卧轨拦车16起，清理各类闲散人员29372人次，制止摆放路障213次，制止石击列车177次，制止牲畜上路1991次，制止破坏铁路设备设施79次，排除险情76次，防止行车事故98次，解决涉路矛盾纠纷58起，有效地保证了铁路安全运行。

大力开展平安县(市、区)创建活动
加强治安防控体系建设工作情况

开展基层安全创建活动是落实社会治安综合治理各项措施的有效载体，创安活动的开展，为维护我省的社会治安、社会稳定起到了十分重要的推动作用。根据2004年年初召开的全省政法工作会议提出的“和谐、平安、公信辽宁”总体规划，为了提升创建活动的水平和层次，省综治委研究决定，从2004年开始，将“创建安全文明社区”延伸为“创建平安县(市、区)”活动，颁布了《关于开展平安县(市、区)创建活动的意见》，制定了考评标准。各级党委、政府把这项活动，作为践行“三个代表”重要思想，贯彻落实中央“江西会议”精神的具体体现和实际步骤，看作是加强国家安全人民防线建设，维护社会政治稳定，防止境内外敌对势力插手人民内部矛盾；看作是坚持“打防结合，预防为主”方针，不断提高社会治安整体防控能力，全面落实社会治安综合治理各项措施，确保全省持续稳定的重要举措。通过开展“平安县(市)区创建”活动，努力把我省的创安工作推向一个新的高度，为全面建设小康社会，实现辽宁老工业基地振兴创造良好的社会环境。

一、开展创建平安县(市、区)活动工作基本情况

(一)各市高度重视开展创建平安县(市、区)活动，都把创建活动纳入到党委、政府的工作日程，对创建活动进行了周密部署，并建立了相应的保障机制。

省综治委《开展创建平安县(市、区)活动意见》下发后，各市委、市政府领导高度重视。有的市还专门召开常委会，听取开展创建平安县(市、区)活动的工作汇报。并把创建平安县(市、区)标准纳入维护社会稳定和社会治安综合治理责任书之中。为了加强对这项工作的领导，均成立了由市委主管副书记、政法委书记、市政府主管副市长参加的创安领导小组。各县(市、区)也都成立了由党政主管领导挂帅的创安领导小组，确保了创安活动组织机构的落实。

在制订创建平安县(市、区)活动方案中，都能结合当地实际，科学制订创安方案。把振兴辽宁老工业基地创造良好的社会环境为出发点，与建立新型治安防控体系、矛盾纠纷排查调处、重点地区整治、对重点人群的教育管理、落实综治工作领导责任制等方面紧密结合，标准切合实际、创安覆盖面广、工作措施得力，具有操作性。在此基础上，各市加大了综治经费的投入，从资金上保障这项工作的开展。

(二)打防结合，综合施策，多措并举

1、坚持严打方针，加大对刑事犯罪的打击力度。在创建平安县(市、区)活动中，各市公安机关本着“什么犯罪突出就打击什么犯罪”的原则，加强对刑事犯罪规律、特点的研究，针对凶杀案件高发的实际情况，全省各市不同程度地开展了侦破杀人案件会战。被列入重点整治的地区，对所有命案定领导、定人员、定职责、定措施、定奖惩、包积案，提高了凶杀案件的侦破率。同时，检、法机

关坚持依法“从重从快”的方针，对已破凶杀案件快捕快诉快审快判，打击了违法犯罪分子的嚣张气焰，维护了社会治安大局的稳定。

2、加强矛盾纠纷排查调处工作，开展化解矛盾在基层活动。全省各市有重点、有针对性地开展了化解矛盾在基层活动，对矛盾纠纷排查调处率和成功率都作了指标上的量化。尤其对因不能及时调处、解决不当或解决不了而未向上级报告，导致民转刑甚至凶杀案件的，严格追究有关领导和有关人员的责任。

3、以打造平安城市为目标，探索建立新型治安防控体系。全省各市进一步构筑以110报警中心为龙头、交巡警和社区民警为骨干、群防群治队伍为依托，重点盘查与治安巡逻相结合，街面巡防与社区守护相衔接，人防、物防、技防相配套的新型治安防控体系。全省各市以打造平安城市为目标，广泛深入地开展了安全社区、安全村、安全单位的创建活动；结合警务改革，提高街面见警率，确保人民群众的生命与财产安全；加强了综治基层基础工作，全省各市的基层组织都建立了由党政领导任主任的综治委和综治办，各社区和村也都普遍建立了相应的组织机构，确保了综治工作在基层有人抓，有人管；针对城乡的不同特点，组建了不同类型的群防群治队伍。

4、加强对高危人群和重点方面、重点部位的教育管理，减少和预防违法犯罪。一是结合全省出租房屋清理整顿工作对出租房屋状况进行了调查，各市由公安机关和综治部门组织，对出租房屋进行了一次全面调查统计，全面掌握城区出租房屋概况。在此基础上进行综合分析，查找出流动人口和出租房屋存在的治安隐患，有针对性地制定了措施。二是开展刑释解教人员的安置帮教和专项治理工作。全省各市一方面加强了对刑释解教人员的安置帮教工作，对2000年以来回归社会的刑释解教人员进行全面摸底，登记造册，落实基本生活保障和帮教措施，并树立了一批帮教典型、转化典型。另一方面，各市开展了对刑罚监外执行专项治理工作，对6种刑罚监外执行人员进行摸底调查，重新建立台账，结合社区矫正工作，将监外执行刑罚人员的管理落实到派出所和社区警务室。三是加强青少年法制教育和权益保障。全省各市开展了创建安全校园活动，加强学校及其周边地区治安环境整治。进一步规范了兼职法制副校长的职责任务和选聘、管理工作，对不能发挥作用的兼职法制副校长及时进行了调整。在社区加强了对闲散青少年的教育管理，不断推进社区预防青少年违法犯罪计划的实施。

5、开展法制宣传教育活动，增强广大群众的法制观念。为了加强创建平安县(市、区)的宣传，全省各市开展了内容丰富、形式多样的宣传活动。

二、开展创建平安县(市、区)活动工作成效

一是工作认识高，体现了“三个代表”重要思想。各级党委、政府特别是一些地区主要领导同志高度重视“平安县(市、区)创建”工作，把“创建”工作纳入到党委、政府重要议事日程，真正把这项工作与全面建设小康社会，与广大人民群众根本利益结合起来，把抓基层、抓基础、抓队伍作为“创建”工作主要措施，收到了较好效果。

二是工作思路清，体现了综合治理的工作方针。在抓“创建”工作中，各地都能结合本地实际，理清工作思路，通过“平安创建”这个有效载体，把综合治理工作方针落到实处。如抚顺市新宾满族自治县，他们通过强化社会管理，落实责任，紧扣“四个环节”取得了较好成效。即通过“创建”让居民群众舒心；让外来人安心；让投资者称心；让矛盾纠纷不烦心。

三是工作创新多，体现了与时俱进的精神。在“创建”工作中各地都能大胆实践，勇于创新，不断提高“创建”水平。比如，本溪市他们把“创建”工作同“三个文明”建设有机的结合起来，及时地总结了本溪县的经验，并在全市进行推广。

四是经常坚持，体现了常抓不懈的精神。一些地区把“创建”工作作为经常性工作来抓，取得了明显的成效。特别是丹东市“创建”工作普及之广、持续时间之长，为全省带了个好头。

五是工作层面深，效果好，体现了求真务实的精神。在创建工作中，各级领导干部，特别是综治干部都能转变作风，深入基层，了解情况，帮助基层解决实际问题。各市都能从各自实际出发，扎实有效地推进“创建”工作的开展。

三、开展创建平安县(市、区)活动工作基本经验

多年来，各地在开展基层安全创建活动中，都积累了比较丰富的经验，这是把这项工作深入开展的基础。

一是各级党委、政府高度重视,是搞好创建活动的保证。创建活动事关大局,关系社会治安和社会稳定,而且内涵丰富,涉及范围广,只有党委、政府重视摆到党政领导的议事日程,领导同志既挂帅,又出征,才能带动各个部门、各个方面,齐抓共管,形成创建工作整体联动的效率。实践证明,哪个地方的党委、政府重视,哪个地方的创建工作就部署得好,问题就解决得好,活动就开展得有声有色,工作成效就比较显著。

二是紧紧围绕社会稳定和社会治安大局来抓,是搞好创建活动的基本方向。我省正处在实现辽宁老工业基地振兴的攻坚阶段,社会治安和社会稳定是一个关键性的因素,尤其是稳定,在一定意义上说是压倒一切的政治任务,创建活动是一个从大处着眼,小处着手,解决治安和稳定问题的基础工程。因此,坚持正确的政治方向,紧紧围绕社会治安、社会稳定抓创建,通过扎扎实实的创建活动,形成一个个治安防范能力强,人民群众法制观念和公德意识好,社会治安秩序优良的小环境,建成一个巩固一个,建成一批巩固一批,积小安为大安,就会达到通过创建进一步促进社会稳定、社会治安的目的。实践证明,凡是围绕全党全国工作大局抓创建的,活动发展的势头就好,力度就大,工作后劲也足。

三是广大群众的积极参与,是搞好创建活动的动力源泉。创建活动群众性特别强,没有一个环节能离开群众,服务群众是创建活动的宗旨,让群众满意是根本目的。只有多为群众办好事、实事,解决群众最为关切的问题,群众才能满意;只有群众满意了,才能积极参与创建,才能使好事办得更实,实事办得更好。各地在工作实践中始终想群众之所想,急群众之所急,群众最关心什么问题,创建工作就首先致力于解决什么问题,使创建工作越来越受到群众的欢迎、拥护,许多群众自发地参与到这一活动中来,这种良性循环的工作局面的形成,最终将保证我们的创建活动长盛不衰。

四是各部门认识到位,责任到位,齐抓共管,是搞好创建活动的关键。创建工作的范围比较广泛,涉及党政多个部门及工、青、妇等群团组织。各部门在充分发挥各自职能作用的同时,相互配合,形成合力,大家一起为企事业单位和基层群众办好事、办实事、保平安、创佳境,才有可能取得最佳的创建效果,靠少数部门在那里唱“独角戏”、“二人转”,创建工作就会捉襟见肘,举步维艰。

五是全面落实社会治安综合治理各项措施,夯实基层基础工作,是搞好创建活动的基本途径。一个地区、单位,包括我们现在抓的社区建设,治安形势的好坏,综合治理各项措施的落实是关键,基层基础工作扎实,综治各项措施落实,不稳定因素就会大大减少,发案率就会降低,人民群众安全感就会增强。创建活动,关键在于建设,既抓硬件建设,又抓软件投入,基层基础建设真正搞上去了,创建的效果就会自然显现出来。

在大力开展创建平安县(市、区)活动的同时,发动和组织广大群众积极参与,努力构建覆盖全面、防范严密、控制有效的社会治安防控体系。全省进一步强化了社区警务工作,优化警力资源配置,依靠社会力量建立健全基层群防群治组织网络,全面形成了“打防控”一体化的群防群治工作机制,一个以公安部门为骨干,以群防群治力量为依托,以街面、居民和单位内部防范为基础,以案件多发的人群、区域、行业、时段为重点的格局基本形成。据不完全统计,全省现有专职群防群治队伍9295个,共49435人;兼职和义务群防群治队伍9万多个,共50余万人,极大地提高了社会治安防控能力。

一年来,我省的平安县(市、区)创建活动在省委、省政府的正确领导下,在综合治理部门的积极努力下,各地紧紧围绕建设和谐辽宁的主题,把开展平安县(市、区)创建活动作为执政为民的实践载体和加强党的执政能力建设的具体措施,从保持社会长治久安和维护社会稳定的高度出发,按照“全面规划,典型引路,由小到大,逐步深化,严格考核,整体推进”的原则,扎实有效地开展了平安创建活动,取得了显著成效。涌现出了一批社会治安好、群众满意率高,已经达到平安县(市、区)标准的县(市、区)。经过评委单位的基础性考核、评委会办公室的实地考核,并征求省综治委有关成员单位意见,最后经省平安县(市、区)创建活动评委会评定,省综治委命名了15个地区为2004年度平安县(市、区)。通过创建活动,进一步推动了社会治安综合治理领导责任制的落实,推进了治安重点地区和突出治安问题的治理整顿,加快了基层治安防控体系建设的步伐,加强了社会治安综合治理基层基础建设,营造了区域性的平安和谐环境,促进了全省社会政治大局的和谐稳定。

加强综合治理基层基础建设
开展矛盾纠纷排查调处工作情况

一、不断加强基层基础建设,打牢综合治理工作的根基

2004年,在各级党委、政府的重视和综治部门的努力下,各市的综治基层组织建设得到了进一步加强,基层基础建设取得了长足进步。省综治委与省编办联合下发了《关于加强乡镇、街道社会治安综合治理基层组织建设的若干意见》后,为解决全省基层综治组织机构和工作人员编制问题提供了必要的政策保障。各市均以市综治委与市编办的名义下发了文件,贯彻落实省综治委、省编办文件精神。大连市市委政法委、市综治委和市编办联合下发《关于加强乡镇、街道社会治安综合治理基层组织建设的若干意见》,明确了乡镇、街道综治办机构设置,全市160个乡镇、街道全部成立综治委、设立办公室,并在办公硬件上做到了"八个一"。盘锦市经市委常委会研究决定,市综治委、市编办共同下发了文件,在56个乡镇、街道配备56名综治专干的基础上,设置1名副科级综治委员,将乡镇、街道综治办副主任配到副科级,提高了综治干部的职级待遇。阜新市采取从政法机关派出后备干部到乡镇党委、政府任副书记、副镇长,专抓综治工作,使基层综治工作有人抓、有人管、有人干。目前,全省县区以上行政区全部设立了社会治安综合治理委员会及办公室,配备专职干部445名,全省乡镇、街道配备了专职干部1568名,配备率为89.5%,使全省基层综治组织薄弱、机构零散的问题得到了初步解决。为进一步加强综治队伍建设,各地区市、县两级综治办举办了由县(市、区)综治办干部及乡镇、街道综治专干参加的培训,普遍提高了综治干部的业务素质。在经费方面,沈阳、大连、鞍山、抚顺、本溪、营口、盘锦、葫芦岛等市按照人均比例或以一次性拨付指标形式将综治经费列入财政预算,建立长效的综治经费保障机制。其他各市也以不同形式,不同程度的增加了对综治经费的投入,为全省综治工作深入开展提供了必要的保障。

二、深入开展矛盾纠纷排查调处工作,全力维护社会稳定

2004年,全省把矛盾纠纷排查调处工作作为全省综治工作的重中之重,进一步完善了矛盾排查调处工作机制,形成了矛盾纠纷排查调处重点在基层、难点在农村、焦点在利益、关键点在领导的共识,坚持抓早、抓小、抓苗头、抓源头的工作方针,积极探索矛盾纠纷排查调处工作的有效运行机制。按照"谁主管、谁负责"的原则,实行分级负责,归口调处。

6月11日,中央综治委在杭州召开的全国社会治安综合治理工作会议之后,我省按照会议精神和各项工作部署,结合实际,迅速采取了三个实际步骤进行贯彻落实。

一是召开市委书记、市长会议,全面贯彻落实。

6月24日,省委、省政府召开了近年来第一次由各市市委书记、市长、综治办主任及各部门党政一把手参加的"全省解决信访突出问题、化解社会矛盾纠纷"专项治理动员部署大会。会上,传达了中央"杭州会议"精神,根据辽宁省的实际,出台了《开展突出信访问题,化解社会矛盾纠纷专项治理工作方案》,并成立了企业并轨、企业破产转制、城市房屋拆迁、农村土地承包、征占土地、医疗纠纷、涉法信访、农村干部作风等八个方面问题的专项治理小组,分别由省委和省政府分管领导同志任组长。明确了开展工作的重点:一是集中解决上访群众反映的热点问题。在破产转制,拖欠职工工资、退休金和医疗保险费,城市房屋拆迁,农村土地承包征用和违规流转,司法不公等涉及群众切身利益,容易激化矛盾的几个方面,要重点处理、抓紧解决。二是提高基层化解矛盾纠纷的能力。要坚持重心下移,关口前移,从村委会和社区抓起,建立健全基层排查工作机制,努力把问题解决在基层和当地。特别强调在一些县(市、区)信访形势尚未好转前,主要领导和负责稳定工作有关部门领导一律不得提拔使用。三是加强督查督办。要切实加大对化解重大矛盾纠纷工作的督查督办力度,形成一级抓一级、层层抓落实的强烈氛围,推动交办案件得到妥善解决。继续坚持"一案一结,一案一报,结案销号,立卷归档"的要求,严格程序和标准,确保案案有回音,件件有结果。四是加大依法规范矛盾纠纷排查调处工作程序的力度。要由各级社会治安综合治理委员会牵头,协调人民调解、行政调解、司法调解的动作,及时组织排查,分析确认矛盾性质,明确一个时期突出的、倾向性的、可能影响社会大局稳定的重大矛盾纠纷,统一组织相关职能部门进行综合治理。五是探索完善矛盾纠纷排查工作的长效机制。要坚持标本兼治、重在治本的方针,健全和完善领导体制和工作机制,特别是要进一步完善矛盾纠纷排查调处工作领导负责制,落实主要领导第一责任人和分管领导具体责任人的责任,做到亲自动手,一抓到底。要加强责任追究力度,省、市、县都要抓一批因为工作不负责导致群众上访的典型案件,严肃追究有关领导和责任人的责任。对性质恶劣、情节严重的,要公开曝光处理,教育广大干部依法行政、恪尽职守。

二是召开综治委全体委员会议,重点贯彻落实。

7月30日,省综治委召开了第二十四次全体委员会议。会上,传达了杭州会议以及省委、省政府会议精神。综治委成员单位负责同志从各自不同角度总结、分析了我省社会治安,特别是矛盾纠纷排查调处的工作情况。会议强调,辽宁贯彻"杭州会议"精神态度要积极,行动要自觉,重点要突出。并提出当前辽宁在矛盾纠纷排查调处上要重点抓好三件事:一是加强基层基础建设。认真落实中央综治委和中央编办联合下发的《关于加强乡镇、街道社会治安综合治理基层组织建设的若干意见》,进一步健全乡镇、街道综治工作机构,保证他们能够充分履行在矛盾纠纷排查调处工作中担负的重要职责。要解决有人办事和有钱办事的问题,在人员、经费、机构设置、办公装备上要向基层倾斜。二是各地要认真学习"枫桥经验"。从本地区、本部门的实际出发,创造性的开展工作,建立多层面、全方位的社会矛盾信息网络;建立党委、政府统一领导,各部门共同参与,各负其责,多渠道化解的矛盾纠纷排查调处长效工作机制。对排查出来的矛盾纠纷,要实行归口负责,明确责任部门、单位和人员,做到早发现、早化解,并注意对调处后可能出现反复或调处不彻底的矛盾纠纷要进行跟踪回查,避免重复上访。三是明确责任,实行责任追究制。要继续强化矛盾纠纷排查调处工作领导责任制,各级党委、政府和各部门的"一把手"要亲自问案,亲自解决问题。各级分管领导不仅要抓包案,还要抓分管战线。各级综治委要承担起督查任务,落实责任查究制度。对因决策失误、工作不负责任、官僚主义、腐败问题引发的群众集体上访,在解决问题的同时,要追究有关部门及有关责任人的责任。对问题突出的有关责任人,要依法依纪严肃处理。

三是召开各市综治办主任会议,具体贯彻落实。

8月3日,省综治办又召开了由各市综治办主任参加的工作会议,进一步学习贯彻了"杭州会议",省委、省政府会议以及省综治委会议精神,总结了全省上半年综治工作,具体研究矛盾纠纷排查调处的措施以及办法,特别是在工作原则、工作范围、职责分工、组织排查、报送登记、调处程序、责任与奖惩等方面进行了规范,印发了《辽宁省矛盾纠纷排查调处工作暂行规则(征求意见稿)》。并提出四点要求:一是及时做好排查。要立足基层、自下而上、摸清底数、分清性质,紧紧抓住"第一道工序",建立经常性工作机制,形成逐级随机呈报反馈的工作流程,落实综合分析的联席会议例会制度,做到信息共用、资源共享。二是切实加强组织协调。各级综治委发挥综合协调职能优势,切实担负起组织协调的责任,定期组织综治委成员单位,采取"例会制"的形式,通报排查情况,分析矛盾纠纷性质,研究突出的倾向性问题。在此基础上协调有关部门的动作,统筹化解突出的矛盾纠纷。三是工作重点放到基层。县以上综治办要加强对乡镇、街道和社区如何做好矛盾纠纷排查调处工作的指导,帮助解决工作中的实际问题。要明确乡镇、街道综治组织排查调处矛盾纠纷的主要任务,赋予其有协调调度权、检查督办权和监督权,使人民调解、行政调解、司法调解等紧密结合、相互配合,采取经济的、法律的、思想政治教育等手段,把矛盾纠纷解决在基层,化解在萌芽状态。四是严格制度,落实责任。切实把矛盾纠纷排查调处工作,纳入社会治安综合治理责任制目标考核体系,对因工作不负责任,已经存在的矛盾纠纷没有排查出来,或对排查出的矛盾纠纷调处不力,造成矛盾纠纷激化,产生严重后果的,要坚决实行社会治安综合治理"一票否决",追究有关领导和责任人的责任。

同时,为了深入开展矛盾纠纷大排查、大调处工作,使矛盾纠纷排查调处工作走上规范化、制度化轨道,辽宁省委、省政府办公厅批转了省综治委制定的《辽宁省矛盾纠纷排查调处工作暂行规则》(辽委办发〔2005〕4号),从工作原则、工作范围、工作制度、工作程序、保障措施等方面提出了具体可操作的矛盾纠纷排查调处工作流程。明确了职责分工,保证了有章可循。进一步强化组织保障,确保这项工作扎实推进。完善了工作制度,促进了矛盾纠纷排查调处工作各项措施的落实。

通过日常排查和专项治理工作,2004年,全省共排查出各类矛盾纠纷12万多件,95%以上得到调处,取得了明显成效。

不断加大矛盾纠纷排查调处力度
为振兴老工业基地创造和谐稳定社会环境

沈阳市社会治安综合治理委员会

沈阳市是东北老工业基地具有代表性的城市,共有720万人口,产业工人120万人,在改革不断深化的形势下,因历史包袱沉重,结构性、机制性问题突出,引发了大量的、前所未有的社会矛盾,带来了影响社会稳定的诸多问题。特别是随着国有企业转属、改制、合资、兼并、破产,使沈阳市进入了一个矛盾纠纷多发期、高发区。我们在市委、市政府的统一领导下,把矛盾纠纷排查调处纳入全市维护稳定工作的大格局之中,通过不断加大领导力度和排查调处力度,显示了综治工作在化解矛盾纠纷、维护社会稳定中的综合优势,为振兴东北老工业基地创造了比较和谐稳定的社会环境。我们的做法和体会有以下三点:

一、实行"三项制度",发挥党政主导作用

第一,建立"议稳"制度。市委、市政府把矛盾纠纷排查调处作为维护社会稳定的第一道工序和第一条防线纳入到全局工作之中。高度重视综治办、维稳办、信访办排查上报的矛盾纠纷情况,根据各部门排查出来的热点、难点问题,适时召开会议,专题研究讨论稳定工作。这种"议稳"制度已经坚持多年。通过实行"议稳"制度,使综治、维稳、信访等部门排查出来的矛盾纠纷,能够及时提交到领导层进行研究讨论,形成决策性的处理意见,然后再通过各种形式加以部署落实。

第二,完善"维稳"责任制度。去年市委、市政府重新制发了《关于实行维护社会稳定和社会治安综合治理领导责任制的实施办法》、《关于进一步落实维护稳定工作领导责任制的通知》、《关于对在维护社会稳定工作中犯有失职错误的领导干部给予党政纪处理的暂行办法》等规范性文件。从市委、市政府一直到基层乡镇、街道逐级签订维护社会稳定和社会治安综合治理责任状。市委、市政府主要领导同志带头履行"维稳"职责,亲自解决一些带有普遍性和全局性的重大问题,对涉及企业转制过程中引发的矛盾进行专题调研,提出解决方案。

第三，实行“保稳”督查制度。通过对各部门排查出的矛盾纠纷进行分类排队，按照“属事、属人、属地”相结合、“各级领导牵头、有关部门参与”相结合的原则，落实包保责任，实行“保稳”督查制。今年以来，我们向市委、市政府报告了77件直接影响我市社会稳定的重点矛盾纠纷，被市里确定为“挂牌”重点解决的问题，市长陈政高在市政府常务会上确定了包保责任，决定由9位市级领导对这些问题进行督查，深入基层，解决问题，化解矛盾。通过采取有针对性的调处措施，目前已有34件得到了解决，40件正在进行工作并取得一定成效，3件正在协调解决之中。全市还每季度召开一次领导干部稳定形势通报会，在重点时期和稳定形势严峻时，每天都下发《情况通报》，去年共发了139期通报，其中市级领导有10人次因督查不力在通报中被点名批评。

二、履行“三种职能”，发挥综治协调

在加强矛盾纠纷排查调处工作中，综治办承担着重要职责任务，是一个不可替代的部门。我们在不断强化市、县区和街乡镇三级综治办建设的过程中，经过几年的努力，三级综合治理办事机构都成了同级党委、政府抓矛盾纠纷排查调处、维护社会稳定的综合协调部门，很好地履行了“三种职能”。

（一）履行为党委、政府提供信息和当参谋的职能。我们在组织全市开展矛盾纠纷排查调处工作中，从建立和完善各种工作制度做起，从掌握大量的信息和分析研究引发不稳定的因素入手，广开信息渠道，注重各个工作环节之间的衔接，定期召开排查情况汇报会、信息分析会和重点问题研究会，使矛盾纠纷的排查、汇总、分析、归纳、上报、进入党委、政府决策等项工作形成了一整套完善的工作体系。各种矛盾纠纷情况信息通过综治工作网络和其他渠道及时反馈到综治部门。为了把可能直接影响到全市稳定工作的重点疑难问题及时提交市委、市政府研究解决，我们在把大量的信息经过分析和过滤的基础上，确定出重点，提出解决问题的决策意见，拿到市委、市政府议稳会议上讨论决策。

（二）履行为相关部门搞好协调的职能。在调处解决各类矛盾纠纷工作中，各级综治部门主要应发挥好协调作用。对排查出的各类矛盾纠纷，我们按照“谁主管，谁负责”和“属人、属地、属事”的原则，做好矛盾纠纷排查调处“事前、事中、事后”各个环节的工作。一是做好“事前”工作任务分解。主要通过综治委，向成员单位分解工作任务，搞好部门间协调、联动，形成齐抓共管的局面，使综治委各成员单位在维护社会稳定和矛盾纠纷排查调处中职责清晰、目标明确、任务具体，很好地发挥出了成员单位的优势；二是做好“事中”的督办工作。在处理矛盾纠纷过程中，注重做好“第一现场”的协调工作，能在现场协调解决的，及时主动协调有关部门进行解决，不把问题留到事后解决；针对有可能激化或酿成群体事件的矛盾纠纷，各级综治部门及时、准确地向上级和有关部门反映，做到快速反应，适时决策，采取有效措施防止矛盾激化或群体事件的发生。三是做好“事后”的督查工作。对于由市领导或有牵头责任部门承包解决的“挂牌”重点问题，市综治办都有下发《督查督办通知单》，在掌握工作进度的同时，积极参与各有关部门的协调工作，做到及时发现问题，及时协调解决，防止部门之间推诿“扯皮”，而给稳定工作带来不利影响。

（三）履行对基层单位指导职能。综治部门组织开展矛盾纠纷排查调处工作是近年来综治工作的一项新的内容，各级综治办尤其是基层干部缺乏一定的工作经验，需要我们认真做好指导工作。一是把矛盾纠纷排查调处作为对基层综治工作指导的重要内容，纳入综治领导责任制、目标管理责任制，在综治办内部有分工，纳入工作人员岗位责任制，作为对基层指导的重点，在综治办内部对矛盾纠纷排查调处工作有一套自身的分工细则和工作程序，以及对排查情况的管理、链接系统，与有关部门建立了工作联系制度，使综治办在全市稳定工作的大局中发挥了应有的作用；二是把矛盾纠纷排查调处的工作内容和方法，作为对基层干部政治业务培训和综治干部岗前培训的重要内容，同时了解和掌握我市矛盾纠纷和不稳定因素产生的原因和主要特点。三是对重点矛盾纠纷实行督查督办，下发通知书，限期解决问题，前些年，我市每年都要发生十几起拦堵火车，中断铁路大动脉的群体事件，近几年由于我们排查工作到位，预警机制完善，通过督查督办，有效地预防和减少了这种群体事件的发生。四是选择工作载体，组织实施了以矛盾纠纷排查调处为主要内容的“安定工程”,在工厂、街道、社区建立了矛盾纠纷排查调处网络,比如在街道、社区我们建立了“321”义务调解网络,即每个街道至少聘请3名首席调解员,每个社区聘请2名义务调解员,每个楼院聘请1名义务调解员,矛盾纠纷排查调处的工作触角一直延伸到了街道、社区和企事业单位等社会最基层。

三、实施“三大调解”,发挥齐抓共管的优势

在矛盾纠纷排查中,我们坚持以维护社会稳定、维护社会的公平与正义、维护当事人的合法权益和人民群众的根本利益为目的,以实施“人民调解、行政调解、司法调解”为基本途径,促使各类矛盾纠纷最大限度地得到化解。

(一)实施人民调解,把矛盾纠纷解决在基层。在排查出的矛盾纠纷中,绝大多数纠纷是民间纠纷,解决这类纠纷,主要是依靠人民调解组织在基层发挥作用。我们通过协调司法行政机关,加强了新形势下的人民调解工作,特别是在深化国有企业改革和社会经济结构发生变化的情况下,为及时解决跨地区、跨行业、跨单位的矛盾,我市已建立了70多个跨地区、跨行业、跨单位的调解组织;为及时化解民营企业内部的矛盾纠纷,已在全市民营企业中建立了160个调解组织;为化解来沈打工人员与有关方面的矛盾纠纷,我们在打工人员聚集地和大中型集贸市场、劳动力市场均建立了人民调解组织。五年来,全市基层组织共调处各类纠纷12.8万起,调处成功率达98%,防止非正常死亡223件260人次;防止民转刑案件818件;防止聚众械斗628件;防止群体性上访1546起,6.3万人次。比如,黎明航发集团公司是中央驻沈大企业,在处理摩托车厂政策性破产过程中,公司主要领导亲自抓稳定,采取了“三个一次性”的做法,即把拖欠的工资一次性补齐,把拖欠的住房公积金、托保费、采暖费一次性补齐,把拖欠的医疗费一次性报销,妥善地解决了2000多名职工在生活待遇上的突出问题,确保了这个下属企业在破产过程中未出现问题。再如,沈阳机床集团是我市的一家大型企业,针对辅线企业转制、撤并和并轨等改革措施的出台,引发了大量的矛盾纠纷,企业内部的调解组织在解决这些矛盾纠纷中发挥了很大作用,在做好调解工作的同时,及时把这些职工的遇到的诸如养老保险、医药费、动迁费、采暖费和集资款等关系到切身利益的问题反映给集团领导,引起了高度重视,最后共投入5400万元,解决了历史欠账和后顾之忧,保障了企业改革的顺利进行。

(二)实施行政调解,把矛盾纠纷解决在本地区。因矛盾纠纷引发的群体性事件中,多数矛盾与企业改革转制有关,对于这类矛盾纠纷,主要是通过强化行政调解手段妥善解决。一是行政机关在出台和实施涉及群众利益的改革政策、工作决策和建设项目前,立足于做好研究论证工作,充分考虑可能引发矛盾纠纷的负面影响,提出预防和化解的措施,实行“谁审批谁负责”,最大限度地减少可能影响稳定的问题。几年来,市委、市政府通过综合运用政治、经济、法律、政策、行政、思想工作等手段,强化行政调解的力度,使大量久拖难解的问题得到解决,有效地防止了经济问题政治化、局部问题扩大化、内部问题社会化。其中最主要的一条就是从解决困难群体的“吃饭”问题入手,提高低保标准,不断扩大救助面,按照“应保尽保”的原则,加快了社会保障体系建设。去年全市累计发放保障金超过了1亿元,共救助低保户7.8万户,16.93万人。对于今年的9.1万名失业人员,也已经全部纳入了失业保险。全市到目前已有31万职工顺利地实现了并轨,沈阳国有企业下岗分流人员的就业和生活保障问题已经渡过了最困难时期。为了解决刑释解教人员在新形势下生活和安置工作遇到的新问题,市综治办于去年年初就积极协调有关部门出台了相关文件,解决了刑释解教人员“两个纳入”的问题,既安置纳入再就业工程,生活困难的纳入到全市最低生活保障之中。到目前已有近500名刑释解教人员享受了“两个纳入”的待遇。去年,市综治办还会同市公安局、劳动和社会保障局开发了公益保安岗位,组建了社区治安巡防队,不仅使4400多名下岗职工实现了再就业,还使社区的治安防范方面增加了一支新生力量。二是行政行为引发矛盾时,立足于掌握信息反馈,及时做好调整工作。为了将大量矛盾纠纷消化在本地区和本单位内部,各区、县(市)和涉及热点问题部门的党政主要领导,采取事先发告示或主动约访等方式,每周安排半天以上时间接待上访群众,其他时间每天都安排一名副职领导接待上访群众，做到天天有领导接访。三是通过听证、仲裁等途径，解决因行政行为引发的问题。近年来，我们实行了疑难信访案件逐级听证制度，制定了《关于进一步推进信访听证工作的实施意见》，一些因矛盾纠纷引发的信访案件通过信访听证得到解决。去年我市召开市、区两级信访听证会 21 次，其中集体访 4 次，个人访 17 次，我市恒信居民小区因修路上访案，铁西区 3000 户居民房屋产权纠纷案等都是通过信访听证得到了平息。

（三）实施司法调解，把矛盾纠纷解决在激化之前。对于一些疑难的矛盾纠纷，为了防止调处不当可能导致的越级访、重复访、涉法上访等问题，我们从保护群众的合法权益入手，积极开展司法调解活动，通过采取法律援助、律师介入、法院受理、畅通信访渠道、查处信访案件背后的腐败等办法，较好地解决了一些疑难的矛盾纠纷问题。对于涉法上访案件，专门成立了处理涉法上访案件协调工作小组，组织近 30 名人大代表、政协委员和法律专家学者，召开认定会 7 次，认定涉法上访案件 167 件，这些案件在分清是非的基础上，区分不同情况，依法律、依政策、依实际情况进行了分类处理。实行了疑难信访案件专家组复核认定制度，建立了处理疑难信访案件“联席会议”制度。通过协调司法审判机关，加强了对人民调解工作的业务指导，并促进了人民调解与司法调解的衔接，通过在基层法院设立巡回法庭，加强对人民调解工作的指导，把大量的矛盾纠纷解决在基层，解决在诉讼前。人民法院已经从处理矛盾纠纷的最后一道防线成为调处矛盾纠纷的前沿，充分运用审判职能化解社会矛盾，建立了信访与诉讼对接的长效工作机制，形成了全员信访、息访的工作格局，加强了立案调解、庭前调解，把诉讼调解贯穿于整个诉讼活动，努力实现调解结案率 30% 以上的目标。对企业转制、企业破产、拆迁安置、土地征用、市场建设等涉及人数众多的群体性诉讼案件，在依法审理的同时，积极争取党委、政府的支持。如五爱市场 200 多名业户诉沈河区政府、市工商局案件，涉及 3000 多名业户和整个五爱市场的稳定问题，由于把调解工作贯穿于审理过程之中，有效地控制和避免了大规模的群体性上访。

辽宁省社会治安综合治理委员会关于开展创建平安县（市、区）活动的意见

（2004 年 1 月 10 日）

1997 年，省综治委制定了《辽宁省安全文明创建活动三年规划》。根据党的十六大精神和全省政法工作的总体部署，为适应新的形势要求，省综治委决定将“基层安全文明创建活动”更名为“创建平安县（市、区）活动”。现提出如下具体意见。

一、指导思想和总体目标

（一）开展平安县（市、区）创建活动的指导思想是：以党的十六大、邓小平理论和“三个代表”重要思想为指导，以更新观念、大胆改革、不断创新为动力，以提高社会治安整体防控能力为重点，以为振兴辽宁老工业基地创造和谐稳定的社会环境和公正高效的法治环境为目的，通过全党动员、全民动手、全面争创，实现全省的长治久安。

（二）开展平安县（市、区）创建活动的总体目标是：各级党委、政府高度重视，把创建活动纳入全局工作的总体规划，党政主要领导真抓实管，领导责任制和“一票否决权”制得到落实；县（市、区）特别是乡镇、街道综治组织机构健全，经费落实，人员到位，综治基层基础工作不断加强；综治委各成员单位相互配合，各司其职，社会各界和广大人民群众积极参与，形成齐抓共管的工作局面；强化

社会治安防范工作,在人、财、物上得到保障,不断提高防范工作的科技含量,有效地减少和预防犯罪的发生;治安秩序良好,社会稳定,人民群众普遍有安全感;基本实现依法管理、守法经营、遵纪守法、助人为乐、见义勇为、移风易俗的良好社会氛围。

二、工作任务

(一)强化打击力度,减少和预防犯罪。坚持"严打"方针,建立"严打"经常性工作机制,有效遏制重大刑事案件上升的势头;持续开展对重点地区的集中整治,使治安混乱地区的面貌明显改观;实现宽严相济的刑事政策,坚持教育、挽救、改造的方针,最大限度减少重新犯罪。

坚持专门机关和群众路线相结合的方法,建立以公安为骨干,以民兵和群众自治组织为依托的群防组织;加强对重点单位和重点部位防范设施建设,提高防范的科技含量;加强社会面的治安管理,把综合治理措施落实到基层,不断增强人民群众的安全感。

(二)加强"重点人群"的管理教育。扎实有效地做好刑释解教人员、失足青少年等重点人群的管理教育,建立健全各种帮教组织和管理机构;实现对流动人口和出租房屋的规范化管理,把管理与服务有机结合,提高依法管理水平;中小学配齐配强法制副校长,并切实发挥作用,继续深入实施全民的普法教育,扎实有效地开展"法律进社区、村屯"活动,不断提高全民的法律意识和法制观念。

(三)正确处理人民内部矛盾。牢固树立稳定压倒一切的思想,不断加强对矛盾纠纷排查调处工作的组织领导;重点排查化解可能由民事纠纷演化成重大恶性刑事案件和可能发生大规模的群体性事件的矛盾纠纷;坚持"及时排查、各负其责、工作在前、预防为主"的原则,进一步落实领导责任制;建立由民间调解、人民调解、行政调解、司法调解和综治排查调解等有机结合的综合性调解网络,把矛盾化解在基层,确保不发生影响全省稳定的重大社会问题,保持社会生产和生活秩序良好。

三、方法步骤

(一)动态管理。省级"平安县(市、区)"每年认定一次,不搞终身制,哪一年达标,哪一年认定,第二年不达标,就取消资格,使达标的或不达标的地区年年争创,使全省的创安工作形成整体推进、梯次发展的格局。

(二)逐级申报。严格按照省综治委制定的《辽宁省平安县(市、区)考评标准》(附后),各县(市、区)自查后,向市综治委申报;市综治委组织检查验收后,对认定达到标准的县(市、区)向省综治委申报,并填报《辽宁省平安县(市、区)申报表》。

(三)考核评定。省综治办对各市申报的县(市、区)按照《辽宁省平安县(市、区)考评标准》,采取日常检查、定期抽查、集中"暗访"、组织"问卷"调查等方法进行考核,并听取人大代表、政协委员、社会各界和人民群众代表的意见,在此基础上作出综合评定。经省综治委批准后,颁发奖牌,通报全省。

四、工作措施

(一)提高认识,加强组织领导。各级党委、政府要从践行"三个代表"重要思想,密切党同人民群众的联系,保持社会长治久安和维护社会稳定的高度出发,切实加强领导,紧密结合本地实际,扎实有效地开展创建活动。

(二)加大投入,保障工作经费。要根据中央和省有关文件精神,建立适应工作实际需要的经费保障机制,不断加大财力、物力上的投入,确保"创安"活动的健康发展。

(三)科学规划,加强制度建设。要制定规划,总结经验,建立健全相应的规章制度,把"创安"活动作为一项经常性工作,周密部署、严格检查、层层创建、逐步提高,把"创安"活动逐步纳入制度化、规范化的轨道。

(四)广泛宣传,形成社会氛围。要充分利用各种新闻媒体,大力宣传创建平安县(市、区)活动的意义、目的和目标等,调动广大人民群众参与"创安"活动的积极性,使"创安"活动得到社会各方面的配合与支持。

(五)落实责任,强化激励机制。要继续落实好社会治安综合治理领导责任制和目标管理责任制,运用好"一票否决"制度,按照中央组织部、中央综治办的文件要求,把抓"创安"工作的政绩,作为干部考核的重要内容。要兑现有关奖励政策,建立激励机制,确保"创安"活动健康发展,取得人民群众满意的最佳社会效果。

附：

辽宁省平安县(市、区)考评标准

1. 党委、政府把平安县(市、区)创建活动纳入重要工作议事日程,党委常委会、政府办公会要研究创安工作,并把这项工作与本地中心工作同部署、同考核、同检查、同评比、同奖惩。

2. 制定创安规划及相关的工作措施、制席等。

3. 按照中央、省有关文件规定,综治组织机构健全、综治经费纳入本级财政预算、配备专职综治领导干部和工作人员。

4. 各级综治委充分发挥作用,综治委各成员单位相互配合,各司其职,联手开展"创安"活动,形成齐抓共管的工作局面。

5. 刑事犯罪案件稳中有降,黑恶势力和团伙犯罪受到严厉打击;严格执行"宽严相济"的刑事政策,"重点人群"的管理、教育、安置工作措施落实;重点地区整治效果明显;群众安全感达80%以上。

6. 县(市)、城区内街面上有公安巡逻队伍、乡镇及城市的街道有治安联防队伍、村(屯)及城镇的社区有安全员等群防群治组织;金融、财税、供电、邮电、通讯等重点单位、重点部位的报警设施与当地公安机关普遍联网。

7. 有预防青少年违法犯罪领导小组和工作部门;各中、小学校开设法制课,配齐法制副校长;校园周边秩序良好。

8. 有流动人口管理工作领导机构和办事机构;流动人口管理和出租房屋管理有机结合,建立依法管理、规范管理和服务式管理的工作机制。

9. 落实安置帮教刑释解教人员的措施,建立安置基地或安置点;安置率在90%以上;重新犯罪率不超过5%。

10. 开展"无毒社区"活动。

11. 严格对易燃易爆、枪支弹药、消防等管理,不发生涉枪、爆炸等重大案件,不发生一次死亡5人以上的重特大火灾、交通事故及治安灾害事故。

12. 不发生因矛盾纠纷处置不当引发的影响社会稳定的重大事件;不发生一次100人以上到省或50人以上进京群体性上访事件;不发生"法轮功"顽固分子制造的破坏事件。

13. 设立见义勇为基金或基金会,能保障对见义勇为人员的表彰和奖励。

14. 积极开展社会治安综合治理工作的研讨活动,努力探索新形势下开展社会治安综合治理工作的有效途径,取得创造性的工作经验。大力开展社会治安综合治理的宣传教育活动,形成人人关心社会治安、社会各方都来参与综合治理的良好社会氛围。

辽宁省社会治安综合治理委员会组成人员

主　任:王唯众　省委副书记、省纪委书记
副主任:李　峰　省委常委、省委政法委书记
张焕文　省人大常委会副主任
闫　丰　副省长
徐文才　省政协副主席
丁世发　省高级人民法院院长
王振华　省人民检察院检察长
唐俊杰　省委政法委副书记
委　员:贾德茂　省委副秘书长
李成义　省政府副秘书长
宋熙安　省人大内务司法委员会副主任
李　詈　省政协社会和法制委员会副主任
邢春和　省纪委副书记
朱　锦　省委政法委副书记
宋善云　省委政法委副书记
金　阳　省委组织部副部长
周连科　省委宣传部副部长
李学政　省直机关工委副书记
李文喜　省公安厅厅长
张家成　省司法厅厅长
耿志杰　省国家安全厅厅长
鲁鸿明　省公安厅副厅长
闫　生　省综治办副主任
张耀军　省经贸委主任
仲跻权　省发展计划委员会主任
邴志刚　省财政厅厅长
赵国红　省人事厅厅长
薛　恒　省民政厅厅长
郑玉焯　省交通厅厅长
彭益民　省文化厅厅长
王正刚　省建设厅厅长
李铁民　省工商行政管理局局长
李秀君　省计划生育委员会主任
姜　潮　省卫生厅厅长
陈海波　省劳动厅厅长
张德祥　省教育厅厅长
万福民　省农业厅厅长
李洪彦　省海洋与渔业厅厅长
李厚朴　省广播电视局局长
张玉文　省地税局副局长
王之毅　省信访办主任
余献朝　省新闻出版局局长
张荣胜　省通信管理局局长
陈铁新　省旅游局局长
陈智英　沈阳铁路局党委常委、政法委书记
宋兴国　中国人民银行沈阳分行行长
张　征　省总工会副主席
孙国相　团省委书记
高　鹏　省妇联主席
姜凤羽　辽宁日报社社长
赵首先　省电力有限公司总经理
谭万庚　民航东北管理局局长
吴野亭　中国人民保险公司辽宁省分公司总经理
黄永贤　沈阳军区政治部保卫部部长
于广文　省军区副参谋长
许景刚　省武警总队副政委

省社会治安综合治理委员会办公室与省委政法委机关合署办公,省综治办主任由省委政法委副书记唐俊杰兼任,副主任由闫建成担任(副厅级),下设两个处,为综合治理协调处、综合治理督察处

辽宁省市、县(市、区)综治委、办主任名单

地　区	综治委主任	综治办主任
沈阳市	刘雅琴	张广善
沈河区	赵玉文	阎中连
和平区	赵素绅	
大东区	冯振和	邱祖安
皇姑区	王　东	刘庆岩
铁西区	鲁维春	白维国
苏家屯区	罗建春	朱卫兵
东陵区	贺程鹏	谢洪臣
新城子区	王健英	关文杰
于洪区	吕文侠	赵明利
新民市	王海波	曹　哲
辽中县	李剑秋	崔国铭
康平县	田百祥	李晓光
法库县	房东辉	闻喜巍
朝阳市	鲍振东	姚惠钧
双塔区	蒙占峰	高文雅
龙城区	韩　梅	李志文
北票市	朱长玺	冯殿举
凌源市	黄宝君	杨　军
朝阳县	戴小梅	李海英
建平县	王成君	张守范
喀左县	谷永舫	刘明清
阜新市	于言良	高占林
海州区	杨会清	郑树新
新邱区	米春年	闫　江
太平区	李成文	陈贵彬
清河门区	毕诗英	王志权
细河区	张志国	张殿荣
彰武县	汪艳敏	王　占
阜蒙县	于　洋	郝学全
铁岭市	周美英	夏宝珍
银州区	黄永文	徐士联
清河区	任凤燕	袁景春
调兵山市	杨立志	齐　超
开原市	刘　杰	王　涛

地　区	综治委主任	综治办主任
铁岭县	王赤光	刘景翠
西丰县	丛宝忠	井维丰
昌图县	辛　颖	王志新
开发区	周庆波	付立启
抚顺市	张　敏	刘福生
新抚区	祖轶才	郑　虹
东洲区	王　超	时亨庆
望花区	王　栋	朱　玲
顺城区	王文晶	
抚顺县	庄廷选	
新宾县	朱光明	徐　杰
清原县	黄宝华	张宝权
本溪市	赵长愉	杨鸿印
平山区	李建国	郭成生
溪湖区	张绍军	孟宪奎
明山区	范大明	王　罡
南芬区	曾　凯	石殿顺
本溪县	刘福全	李　强
桓仁县	侯玉若	韩立仁
开发区	邹吉森	柳春华
辽阳市	高　军	贺绍磊
文圣区	王太斌	张　军
宏伟区	刘玉庄	李凤山
弓长岭区	党　辉	杨丽莎
太子河区	罗明浩	李来宇
灯塔市	马文忠	陈雪松
辽阳县	李洪金	刘宪安
鞍山市	张庆岩	郝　刚
铁东区	周忠武	马克尧
铁西区	黄　凯	王德成
立山区	杨晓安	孙俊杰
千山区	秦延清	佟铭江
海城市	刘长彬	孟祥文
台安县	刘彦明	娄　军
岫岩县	杨晓春	赵立文

地　区	综治委主任	综治办主任
丹东市	邓宝权	张巨昆
振兴区	姜存彤	方　君
元宝区	史晓明	董传红
振安区	杨相继	管恩杰
凤城市	常春梅	李宝忠
东港市	刘　伟	王　忠
宽甸县	赵清超	姜凤英
大连市	王会全	吕东辉
西岗区	王　玢	张　燕
中山区	宋国伟	艾　军
沙河口区	唐蓬生	刘德才
甘井子区	刘维木	魏艾军
旅顺口区	金德瑞	夏翠萍
金州区	孙佩丽	王国忠
瓦房店市	成世济	孙　敏
普兰店市	于临奎	王继晓
庄河市	吴胜达	赵旭奎
长海县	李长顺	王　恒
开发区	张秀廷	姜庆志
营口市	王恩来	白金玉
站前区	厉文玲	仲维强
西市区	杨学丹	刘姝莉
老边区	王成山	张淑艳
大石桥市	工冠茹	胡伟光
盖州市	刘步升	王　平
开发区	曾凡忱	纪长友
盘锦市	齐继慧	王永伟
兴隆台区	刘士杰	王　罡
双台子区	王德友	潘晓光
大洼县	孙洪军	张志楼
盘山县	孟晓平	姜国旗
锦州市	李玉霞	王丽萍
太和区	祁凤海	王　军
古塔区	夏万福	张国华
凌河区	王立维	张桂林
凌海市	郭耀宗	李益人
北宁市	李印学	王铁林
黑山县	王爱军	张建平
义　县	陈学谦	李晓光
开发区	梁立满	苗雅丽
高新区	张志军	张玉志
葫芦岛市	王春生	仲建国
龙港区	蔡益民	杨　超
连山区	傅维升	刘世富
南票区	石宝利	杨　懿
兴城市	陈利众	赵锦山
绥中县	王兴勃	张振民
建昌县	孙志浩	于　昌
沈阳铁路局	张恩礼	顾　锐
辽河石油勘探局	黄　刚	汪忠德

（撰稿人：徐镇韬
审稿人：闫建成　徐龙刚）

吉　林　省

社会治安综合治理责任制落实情况

2004年初，省委、省政府与各市州党委、政府签定了《社会治安综合治理责任状》，年终按照《吉林省社会治安综合治理工作检查考评实施细则》进行了严格检查考评，根据检查考评结果，省综治委对名列前茅的通化市、辽源市、长春市、松原市授予“社会治安综合治理工作先进市”荣誉称号，并奖励两万元。我们紧紧抓住综合治理责任制这个龙头，建立健全综合治理制约和激励机制。坚持“四抓”：

（一）抓规范，在完善机制上下功夫。1998年初，省综治委就下发了《重大治安问题追究领导责任制度》。近几年，我们坚持实行“三不放过”，即领导责任未查清不放过、负有领导责任的干部未处理不放过、整改措施未落实不放过。对不够一票否决的，视情节予以诫勉教育和通报批评。为了完善和规范综治工作机制，1999年6月下发了《综合治理一票否决权制实施办法》，对一票否决制度进行细化，赋予乡镇、街道综治委对直属单位一票否决权；规定了一票否决的期限；划分了市、县两级的一票否决管辖范围。省综治委重新修订了《吉林省社会治安综合治理工作检查考评实施细则》，规定以检查考评的结果为依据，确定年终奖惩。2003年，省综治委与省委组织部联合下发文件，把党政领导干部抓社会治安综合治理工作的能力和实绩列为干部考核的重要内容，并把考核结果作为向党委提出干部任免奖惩建议的重要依据，与晋职晋级和奖惩直接挂钩，进一步强化了各地各部门抓社会治安综合治理的领导责任。松原市下发了《关于发生严重危害社会稳定问题通报、查究和一票否决实施办法》，实行月考核通报制，并规定了通报、查究和实施一票否决的详细内容，凡是被一票否决的取消各种评优资格，负有主要领导责任被查究的干部，在否决期内取消评先受奖资格，一年内不得晋升职务，推迟一年晋升工资档次。四平市由市综治委牵头，会同纪检委、组织部、监察局、人事局、公安局联合下发了《关于国家机关、企事业单位内部发生重大刑事案件和事故责任追究暂行办法的通知》。

（二）抓责任状的签定。层层签定综合治理责任状已坚持多年，近几年出现了两个方面的变化：第一，责任状签定的范围更广了，市（州）和县（市、区）及有关部门（单位），县（市、区）与乡镇街及有关部门（单位），乡镇街与村屯和驻辖区单位，部门与所属单位等都签定了责任状，有的一直签到村屯和车间班组。一些地方还结合实际普遍扩大了签定范围，把“三权”在上的企业和民营企业纳入到责任状的签订之列，形成了纵横交错的综合治理责任制体系。第二，责任状的内容更科学、更规范了，可操作性更强了。延边州在责任状中明确要求每个县市的专职治安员人数必须达到100人以上，人民群众对当地治安状况的满意率要达到90%以上。吉林市除了与全市9个县（市、区）、两个开发区分别签订了责任状外，还根据所承担的综治工作任务、职责情况，对市直101个系统（部门）分别拟定了综治责任状内容和考核标准，分别签订了责任状。

（三）抓跟踪考核。2004年年初，省委、省政府与市（州）签定综治工作的责任状后，各地对此十分重视，结合贯彻《吉林省社会治安综合治理工作检查考评实施细则》等文件，普遍把省里责任状的内容进行分解和量化，制定了责任状的实施细则和考核办法，对综治工作的任务、目标、时限、质量、程序等都做出明确规定，细化到每一个岗位，落实到责任人，使整个综治工作考核做到权责明确，公正透明。8月，我们组成三个检查组，深入到九个市、州，对今年上半年落实综合治理责任状情况进行了检查督导。吉林、白山、松原、辽源等地于六、七月份，由市综治委组织综治办、纪检、监察、组织、人事等部门联合进行考核，建立考核档案，对检查考核的情况进行了通报，并把考核结果报告市委、市政府。

（四）抓责任状兑现，严明奖惩。在落实责任制过程中，坚持原则，严格执行责任查究制度，坚持实施一票否决权制。如白山市多年来一直采取抵押金制度，取得了明显效果。2004年年初对落实2003年综合治理责任状成绩突出的5个县（市、区）、6个国有省属企业、21个市直部门和96个先进个人进行了表彰奖励。对疏于管理，防范措施不落实，发生重大案件的1个县和4个单位进行了一票否决和通报批评，并对其单位和主要领导、分管领导、直接责任人进行了行政和经济处罚。白山市市直机关前几年轿车被盗现象比较突出，最多时一年丢失轿车二十多台，近几年由于加大了综治责任查究力度，对疏于管理而发生轿车被盗的单位实施了一票否决，2003年，全市没发生一起类似的案件。辽源市，每年年底都从组织部、人事局、纪检委、监察局和政法委等部门抽调县处级干部，与综治办的干部组成检查组，逐个单位一项一项地检查打分，以市委、市政府名义发通报，并对综治先进单位颁发奖牌和奖金。白城市综治委年初对洮南市等9个单位授予优秀和先进单位荣誉称号，对1个单位实施了一票否决，对3个单位亮了黄牌。大安市有5名乡镇领导干部因开展综治工作政绩突出，受到了提拔重用。吉林市年初在对2003年综治工作先进单位和个人进行表彰的同时，对综合治理工作存在严重问题的5个单位实施了一票否决。松原市综治委对发生案件的市邮政局进行了一票否决。长岭县对县交通局、前七号镇财政所和发生火灾的太平川国家粮库进行责任倒查，下发了整改意见书和重大责任查究通知书，实行了一票否决。四平市综治委5月份对双辽市农行和公主岭市司法局等5个单位实行了黄牌警告，并对其中1名领导和2名直接责任人给予了责任查究。自2003年以来，全省共督查306个单位，查究103个单位、82人，一票否决71个单位。

社会治安防控体系建设情况

（一）认识不断加深，工作力度不断加大。

各级党委和政府站在确保长治久安的战略高度，对治安防控工作给予了高度重视。省委领导多次研究和过问综治工作，及时帮助解决实际困难，为防控体系建设创造了许多有利条件，给政策，给编制，给经费，优化了工作环境和条件。各市县党委和政府，也都把治安防范工作当作大事来抓，列入重要工作日程，定期不定期进行研究，认真贯彻落实中央26号文件精神和省里三个文件的要求和规定，有的结合本地实际拿出了切实可行的落实措施，有的制定了符合本地实际的政策，有的强化了工作责任制和责任查究制，有的通过试点摸索经验，大胆创新，以点带面。

（二）基层基础工作进一步加强。

2004年，继续把贯彻落实三个文件作为强化基层基础工作的重要措施。这三个文件是省综治委制定的《吉林省社会治安防控体系建设实施规范》、省综治办、编办和财政厅联合下发了《关于社会治安综合治理工作经费列入财政预算和乡镇（街道）综治工作人员列入行政编制的通知》、省综治办、公安厅、财政厅、审计厅、物价局联合下发了《关于筹集社会治安群防群治经费有关问题的通知》。各级党委、政府都把贯彻落实三个文件作为推动防控体系建设的重要抓手，加大了对治安防控工作的投入，进一步健全了基层综治机构和群众自治组织，加强了治安防范工作，一个严密有效的治安防范网络逐步建立起来。2002至2004年，全省各级财政共拨付群防群治工作专项经费3700万元（2002年、2003年是2070万元），全省已收缴群防群治经费2852.96万元。由于有了一定的经费保障，推动了群防群治队伍建设和工作的开展。

(三)人防物防技防水平有了新的提高。

各地在充分发挥公安机关主力军作用的同时,都把组建有偿专职治安员队伍作为综治工作的重要任务来抓。目前,全省所有市(州)都组建了有偿专职治安员队伍,加强了对社会面和夜间治安的控制。据统计,全省有偿专职治安员队伍已达9848人。仅通化市就组建了1400人的有偿专职治安员队伍(城区900名,农村500名),基本上是按照城镇每300户1人的标准配备的。在组建有偿专职治安员队伍工作中,一些地方积极协调,主动挖潜,通化市二道江区采取由劳动就业部门每人每月出120元的办法,聘用了30名下岗职工为专职治安员。为了保证有偿专职治安员队伍能够发挥作用,省综治办与省公安厅联合制定下发了《专职治安员队伍管理办法》,各地也都相应制定了《治安员巡逻勤务制度》等制度,加强了对专职治安员队伍的管理。同时,各地继续在城乡组建多种形式的义务治安联防队,各种义务治安巡逻队发挥了不可替代的作用,目前,全省有2万多支义务治安巡逻队,16万4千余人。

各地采取财政投入和单位、居民筹资等多种形式,在城市社区、公共场所建立治安岗亭和警务室,建设停车场(棚),城区住宅楼普遍安装楼宇对讲电控防盗门、声控照明灯和居民防盗门,加大对旧有防护栏的改造力度,不断扩大了物防的覆盖面。在金融单位、大型商场、重要交通道口和条件好的物业小区,安装报警装置和闭路电视监视系统,并与公安机关"110"、公安派出所联网,增强了治安防范的实际效果,提高了技术防范水平。吉林市已建治安岗亭667个,凡是建岗亭的村,95%没有发生刑事案件。通化市结合平安创建活动,确定了"狠抓人防,巩固物防,扩大技防"的工作思路,在全市金融网点等重要部位和养殖大户,安装各类防盗报警器材15315个。松原市共建治安岗亭728个,前郭县的187个村65601户农民共筹集60多万元,安警铃12633个,修建治安岗亭162个,设立检查岗185个。辽源市全市16737个养殖大户安装了报警防盗装置,在67个交通要道口设置了治安卡点。长春市朝阳区一次性投资230多万元,购买了55台社区综合治理巡逻车,于2004年9月3日正式投入使用。据统计,自2002年以来,全省各地共修建各种永久性的治安岗亭2397个,成为治安防范的重要阵地,在治安防范中发挥了重要作用。

严打整治工作情况

全省公安机关紧紧围绕影响社会稳定和群众安全感的突出治安问题,有针对性地开展严打整治行动,加大打击力度,提高打击实效。组织开展了春季、夏季严打整治行动,保持对严重刑事犯罪活动的高压态势,确保"两节"、"两会"和建国55周年庆典活动安全。深入开展"命案攻坚"、"打击治理利用手机短信和网络诈骗犯罪"专项行动、"打击盗窃破坏电力设施犯罪和盗油犯罪"专项行动,取得明显战果。全省共破获命案1128起,现案破案率为88.5%,全省5起公案突破4起,命案侦破工作取得历史性突破。加大"打黑除恶"工作力度,打掉涉黑涉恶犯罪组织63个,突破了一批黑恶犯罪案件。以维护经济安全和市场经济秩序为目标,以破大案为重点,积极防范和严厉打击各类经济犯罪,挽回损失11亿元。积极开展禁毒专项斗争和"扫毒"行动,严厉打击各种涉毒违法犯罪活动,减少毒品危害。全省共破获刑事案件62537起,劳动教养2297人,抓获网上逃犯5555名。依法逮捕17255人,提起公诉21096人,判决22190人,收监8426人。加大了"打黑除恶"工作力度,先后打掉了以高继泰、展文波为首的一批黑恶势力犯罪团伙。一些危害大、严重影响群众安全感的恶性大案、系列案件,都在较短的时间内迅速突破。一些上级领导重视、社会各界关注的重大逃犯被抓捕归案,及时消除了社会危害。

同时,继续加强了治安乱点的整治,采取明确责任、派出工作组定点整治、挂牌督办等多种有效措施,进一步加大了对各种治安突出问题的解决力度。以消防、交通、危险物品和监所安全隐患整治为重点,开展“集中整治治安隐患百日行动”。全省共整改各类火灾隐患近10万项,省级备案的29项重大火灾隐患已经整改19项。整治各类交通隐患和事故多发点段478处,增设大量交通安全标志;收缴各类散失社会的枪支212支,炸药3257公斤,雷管3743枚。

社会治安综合治理基层基础工作

一、社会治安综合治理组织建设情况

几次机构改革中,基层综治机构和人员都受到了程度不同的冲击。为解决基层综合治理工作缺人员、少编制,机构不健全的突出问题,我们坚持把综合治理的基层基础工作当作大事来抓,不断强化防控体系建设的基础性工作。中央14号文件下发后,省委非常重视,两次召开党委会进行专题研究,针对我省综治工作存在的基层基础薄弱的实际问题,采取强化机构、增加编制、保障经费等有力措施。在2002年省综治办、省编办、省财政厅联合下发的《关于社会治安综合治理工作经费列入财政预算和乡镇(街道)综治工作人员列入行政编制的通知》(省综治办[2002]1号)中,重申全省各乡镇(街道)都要建立健全社会治安综合治理委员会,综治委主任应由乡镇(街道)主要领导担任;有条件的地方或较大乡镇(街道)分管领导兼任。各乡镇(街道)至少配备一名具有行政编制的专职综治办工作人员,专抓综合治理工作。中央综治委、中央编办《关于加强乡镇街道社会治安综合治理基层组织建设的若干意见》下发后,我们及时转发了这个文件,紧密结合我省实际,进一步加大综治基层组织建设力度,不断推动综治基层组织建设。长春市委政法委、综治办、组织部、编办、财政局联合下发文件,就加强乡镇(街道)综治办建设做出了具体规定,每个乡镇、街保证2-3人,全市167个乡镇、街道配备工作人员428人,其中行政编225人,事业编240人,借调17人。吉林市159个乡镇,每个乡镇街道至少配备1名以上行政编制的专职工作人员,专职综治工作人员达到261人,其中,行政编制184人。图们市乡镇街道专职综治干部全部享受警衔待遇,使综治岗位成了热门岗位。全省1014个乡镇、街道,全部按要求成立了综合治理委员会,委员会的主任均由党政主要领导担任,全部成立了综治办,配有专职的综治办副主任,目前,共有综治专职工作人员1172人,其中行政编制787人,事业编制337人,借调48人。

二、群防群治队伍建设情况

在充分发挥公安机关主力军作用的同时,我们把组建有偿专职治安员队伍作为综治工作的重要任务来抓。目前,全省所有市(州)都组建了有偿专职治安员队伍,加强了对社会面和夜间治安的控制。据统计,全省有偿专职治安员队伍已达9848人。仅通化市就组建了1400人的有偿专职治安员队伍(城区900名,农村500名),基本上是按照城镇每300户1人的标准配备的。在组建有偿专职治安员队伍工作中,各地综治委、办积极协调,主动挖潜,多措并举,使专职治安员队伍不断壮大。舒兰市委决定,挑选由刚正开支的、事业单位的40余名待岗人员,由市综治办统一安排为治安员。通化市二道江区采取由劳动就业部门每人每月出120元的办法,聘用了30名下岗职工为专职治安员。吉林市船营区吸纳50名享受低保的“4050”人员组建专职治安巡逻队,他们除享受最低生活保障外,每月由区综治办和公安分局各补贴50元。为了保证有偿专职治安员队伍能够发挥作用,省及各地都制定了《专职治安员队伍管理办法》、《治安员巡逻勤务制度》等制度,加强了对专职治安员队伍的管理。同时,在城乡组建多种形式的义务治安巡逻队,发挥了不可替代的作用,目前,全省有2万多支义务治安巡逻队,16万4千余人。

三、安全创建活动情况

中央提出开展安全创建活动后,我省出台了

创建工作方案，制定了《全省基层安全创建工作实施细则》，全面开展安全创建活动。抚松县地处长白山脚下，不安定因素不断增多。几位离退休老干部身体力行参加安全创建活动，发挥了独特的作用。县综治办受此启发，把退休的老党员，老工人发动起来，并称“三老”，在每一座楼、每一条街、每一个小区开展安全创建活动。这些“三老”人员成为了创安活动的规划人、开展活动的带头人、法律知识的传播人、排忧解难的热心人，深受小区群众的欢迎。无论白天还是夜晚，在这个山区小城，到处都能看到这些老人为维护治安而忙碌的身影，影响和带动了更多的居民群众为维护社会治安献计出力。

为了不断深化安全创建活动，今年年初，我们在通化、吉林两市搞了平安创建的试点。这两个地区结合实际，全面开展了平安创建活动，已取得明显成效。特别是通化市，重点突出，攻坚克难，在“人防、物防、技防”上下功夫，形成了网络，下大气力抓经费的保障，专职治安员队伍不断壮大，作用得到充分发挥。通过开展平安创建活动，通化市基本实现了“两降两无一增强”的目标，即刑事案件发案下降，群体性事件下降；无造成严重影响国家安全和政治稳定的重大事件，无引发社会恐慌、影响治安稳定的重特大案件和黑恶势力犯罪，人民群众的安全感明显增强。吉林市在今年“2.15”特大火灾发生后，变压力为动力，采取超常措施，不断加大工作力度，各级党政领导对社会治安综合治理认识不断提高，各项措施得到进一步的落实，社会治安形势呈现平稳态势。

目前，我省的基层安全创建工作正在逐渐由社会面、居民区向重点行业、部位延伸，由城区向农村扩展，防范的功效不断增强，初步形成了全方位、全时空、多层次，打击、防范、控制一体化的格局。

矛盾纠纷排查调处工作情况

（一）加强组织领导。省委、省政府提出了要高度重视、积极预防和认真化解各种矛盾纠纷，把工作重心由事后处置前移到事前预防上来等工作要求。在近几年制定的综治、信访、稳定工作相关文件中，对矛盾纠纷排查调处的责任制度和工作措施都作了明确的规定。在每年召开的全省政法、信访、稳定、综治工作会议上，都把矛盾纠纷排查调处作为一项重要内容，进行研究部署。省委、省政府还经常分析研究社会稳定形势，对矛盾纠纷排查调处工作及时进行调度和安排。省委、省政府领导同志经常深入基层，对维护稳定工作进行调研指导，并且亲自接待上访群众，对于重点、难点问题亲自研究解决。同时，将矛盾纠纷排查调处工作纳入社会治安综合治理领导责任制。在省委、省政府与各市（州）签订综治工作责任状时，都将排查调处工作作为一项重要内容。全省都建立了领导接待处理来访制度，有近 30 个省综治委成员单位在吉林日报上公布了接待日期、地点和领导名单。实行了领导首访责任制。

（二）改进工作制度。一是坚持全省性的定期排查和基层的经常性排查制度。长春、吉林、四平、延边等市州和省公安厅、信访局、劳动厅、煤炭局等部门每年都组织 4 次定期排查，县一级基层组织和单位都坚持经常性的排查。二是在重大节日、重要会议和敏感时期超前开展排查。三是针对企业改制、征地拆迁、涉法涉诉等问题，及时组织专项排查调处。另外，矛盾纠纷排查调处工作的统计报告制度、协调会议制度、情况通报制度等也得到进一步完善。

（三）实行领导包案。省委、省政府专门下发了有关文件，对各级党政领导班干部包案责任制作出了明确的规定。一年来，省政府领导包案近百件，多件已得到逐步解决。每年、季度，省政府都召开信访工作协调会，调度包案落实情况。

（四）加大督办力度。一是组成省委、省政府联合督查组，由副省级领导带队分赴各地，对一些全局性或重点问题开展督查督办。二是由部门组成督查组，由厅级领导带队，对本系统本领域的难点问题开展督查督办。三是由稳定、信访等部门及时进行调度，适时进行通报。

（五）基层工作取得新的进展。目前，全省乡镇（街道）都建立了综治机构，配备了一定数量的专兼工作人员，村一级普遍成立了治保会和调委会。城市社区有管委会、楼长、单元长，街面组织了专职治安员队伍。一些地区把这些人员进行整合，建立了统一的矛盾纠纷排查信息员队伍。各地以基层党组织为核心，以综治部门为纽带，充分发挥治保会、调委会、共青团、妇联等基层群众组织的作用，有效化解了大量的民间矛盾纠纷。一些县（市、区）在各乡镇组建了综合执法大队，分类排查调处矛盾纠纷和不稳定因素。大队长由综治办主任担任，从派出所、司法所、土地所等部门抽调人员，村治保主任和治安员参加。经费由市财政、综治办、乡镇共同解决。目前已形成了乡镇综治委统一指挥，综治办协调调度，各成员单位各负其责又密切配合的工作机制。全国社会综合治理（杭州）工作会议后，我省一些地方学习借鉴浙江省在乡镇街道组建矛盾纠纷调处中心或社会治安综合治理工作中心的做法，结合本地实际，已组建乡镇街道矛盾纠纷调处中心或综治工作中心50个，其中吉林市组建了40个，已挂牌工作。

预防青少年违法犯罪工作

一、抓好青少年的道德法制教育工作。

一是继续开展德育教育。以革命历史民族精神为主题，广泛开展了雏鹰争章、民族精神代代传、18岁成人仪式、大学生素质拓展等青少年喜闻乐见、易于接受的实践活动。目前，全省绝大多数小学都确定了思想品德课专职教师，聘用校外辅导员8000多人。二是发扬实践育人的传统，开展多种形式的精神文明创建活动。通过深入开展青年文明号、希望工程、手拉手、大中专学生“三下乡”和青年文明社区创建等活动，引导青少年学生自觉实践社会主义道德。今年，全省命名省级青年文明号140多个，援建希望小学5所，资助贫困大中小学生1300多人，创建国家级青年文明社区15个，组织5万多名大中专学生参加暑假科技文化卫生“三下乡”社会实践活动。三是深入宣传贯彻《未成年人保护法》和《预防未成人犯罪法》。省委宣传部、省法院、省教育厅等部门开展了预防青少年违法犯罪公开大会观摩教育活动，通过把真实的犯罪案例、真正的法庭移至校园，让中小学生和被告人在面对面的接触中进行教育；编印了《未成年人法律知识读本》，并附“两法”的征答题目发给各地；下发了《关于组织收看预防青少年违法犯罪法制教育电影〈为了明天〉的通知》，各地积极组织青少年观看这部电影，提高自我防护意识起到了促进作用；在吉林电视台、吉林日报、法制周报等媒体上开辟《以案说法》、《百姓与法》等专栏，广泛宣传“两法”知识。一年来，各地依托青少年法制教育阵地，开展知识竞赛、专题讲座、演讲、征文等普法宣传活动300多次，直接参与的青少年、学生家长、学校教师达20多万人次。

二、积极优化青少年成长环境，进一步减少青少年违法犯罪诱因。

针对目前我省侵害青少年事件时有发生，全省各地采取有效措施优化青少年成长环境。一是继续开展“青少年维权岗在行动”，充分发挥各职能部门的作用，一手抓打击，一手抓建设。开展了对非法“口袋本”图书、光盘、网吧专项整治行动，净化文化环境；开展“青少年网上健康行”活动，尝试推动“阳光网吧”建设，建立适合青少年特点的网络阵地。公安、工商、文化、新闻出版、团省委等部门联合对图书、电子出版物市场进行了专项治理和集中清查，重点清理了有害画册、淫秽图书和色情、盗版光盘；对校园周边网吧进行了彻底清查，对合格的网吧进行挂牌，不符合规定的网吧限期整改，积极开展创建“青少年安全放心网吧”活动。同时，还对校园周边200米以内的违法、违规电子游戏厅、录像厅和歌舞厅进行了集中整治。一年来，在清理整顿不良文化市场环境过程中，共收缴非法音像制品8万多张,非法书报2万多册,取缔关闭非法文化经营单位500多家,对3000多家从事违法经营活动的文化经营场所给予了行政处罚。二是深入开展社区青少年远离毒品行动。依托社区青少年法律学校、禁毒网站等阵地,围绕"抵制毒品,参与禁毒"的主题,在"626"国际禁毒日、节假日、寒暑假期开展多种形式的毒品预防教育活动,帮助青少年学生认识毒品,远离侵害。还组织广大青少年到戒毒所进行参观,对青少年进行现身说法教育。三是进一步健全、提高学校安全防范水平,坚持每季度形势分析会制度,研究解决学校安全隐患的具体措施。在21所高校推广了吉林大学"校园110"报警服务系统。

三、深入实施社区预防计划,积极构建青少年违法犯罪基层防控体系。

一是做好社区青少年的摸底排查工作。在社区建立了专兼职相结合的社工队伍,及时了解社区内青少年的动态,认真排查青少年中存在的不稳定因素,努力把矛盾和问题化解在萌芽状态。二是开展了"未成年人零犯罪社区"创建等活动,加强对社区未成年人的法制教育,完善社区未成年人服务体系,净化未成年人生活环境,推广建立闲散青少年信息管理系统和社区未成年人成长环境预警机制。三是大力推进城市和农村青年中心建设。目前,全省共建立青年中心60多个。

四、加强对重点青少年群体的教育和管理,切实增强预防工作的针对性和实效性。

针对闲散青少年、困难青少年、失足青少年等特殊青少年群体,运用多种措施,进行帮助、教育、管理和服务。一是针对闲散青少年的教育和管理。在调查摸底的基础上,确定重点工作对象,探索建立区域性闲散青少年管理系统,积极组建专业社团、聘请志愿者或老干部、老教授、老模范等,从事闲散青少年教育和管理。目前,全省共建立青年志愿者社区服务站200多个。二是针对困难青少年,尤其是进城务工青年、下岗青工群体,深入实施了"千校百万"培训和再就业工程,提供实实在在的帮助,共开发城镇用工岗位5000多个,安置劳动力3600多人次。三是针对刑释解教等失足青少年群体,做好跟踪帮教工作,预防和减少重新犯罪。吉林市船营区建立爱心培育基地,对刑事解教和缓刑、假释青少年进行跟踪帮教和技能培训。通化市对刑满释放和解除劳教的青少年一一落实监管单位,进行跟踪教育,实行定期回访,把挽救工作做到了单位、做到了家里。长春市设立少年法庭,定期对少年犯的心理特点、思想转变过程进行耐心帮教。

刑释解教人员安置帮教工作情况

1、进一步建立健全工作机制。为了落实工作责任制,加强省安置帮教工作领导小组办公室与各成员单位的沟通与联系,协调做好安置帮教工作,根据中央六部委《关于进一步做好刑满释放、解除劳教人员安置帮教工作的意见》和省安置帮教工作领导小组各成员单位的职能,2004年起草印发了《省刑释解教人员安置帮教工作领导小组成员单位工作职责》、《省刑释解教人员安置帮教工作领导小组成员单位联络员制度》。

2、工作制度进一步完善。全省各级安置帮教组织和工作机构建立完善衔接、例会、培训、档案、统计、信息通报、对外协调等项工作制度,落实工作责任制,实行目标管理考核与奖惩,全省各级安置帮教工作组织机构基本上做到了工作制度齐全,档案簿册完备,内容完整规范,责任和任务明确,安置帮教工作的制度化、规范化有了新的提高。

3、积极落实中央综治委等八部委局《关于进一步做好刑满释放、解除劳教人员促进就业和社会保障工作的意见》(综治委[2004]4号)。省综治委协调公安厅等9个部门联合转发了中央综治委等八部委局《关于进一步做好刑满释放、解除劳教人员促进就业和社会保障工作的意见》(吉综治委[2004]4号)。全省各市、州也相继转发了此《意见》,辽源市综治委等九部门联合下发了《关于进一步做好全市刑满释放、解除劳教人员促进就业和社会保障工作的实施意见》,《意见》对各成员单位的职责和任务、刑释解教人员就业和社会保障以及市、县(区)工作机构经费做出了明确规定。对进一步做好刑释解教人员促进就业和社会保障工作起到了积极的推动作用。

4、指导各地认真做好刑释解教人员的衔接和排查工作。对全省刑释解教人员的衔接管控和排查工作做出了部署,加强指导各级安置帮教组织做好衔接管控和排查工作。7月下旬,以省综治委的名义组织了省安置帮教工作领导小组部分成员单位,对全省刑释解教人员安置帮教工作情况进行了检查。通过检查,掌握了全省刑释解教人员安置帮教工作的基本情况,发现了一批安置帮教工作的先进典型,推动了安置帮教工作各项措施在基层的落实。按照中央综治委刑释解教人员安置帮教工作领导小组办公室《关于2004年度刑释解教人员安置帮教考核工作的通知》要求,向中央综治委刑释解教人员安置帮教工作领导小组办公室、省综治办报告了今年安置帮教工作情况。

5、召开了省刑释解教人员安置帮教工作领导小组会议。10月14日,省刑释解教人员安置帮教工作领导小组召开会议,领导小组各成员单位负责同志参加了会议。会议通报了全省刑释解教人员安置帮教工作检查的情况及有关问题;副省长、省刑释解教人员安置帮教工作领导小组组长牛海军同志在会议上作了重要讲话,强调了做好这项工作的重要性、必要性和紧迫性,对进一步做好安置帮教工作提出了明确要求。

2004年,全省刑释解教11719人,衔接10196人,衔接率87%;帮教9992人,帮教率98%;安置7749人,安置率76%;重新违法犯罪389人,重新违法犯罪率3.8%。

综治宣传教育工作情况

一、加大法制宣传的力度,全面提高领导干部和公民的法律意识

全省各地各部门高度重视和深入开展全民法制教育,全面实施“四五”普法规划,积极推进地方、行业和基层依法治理。各级领导干部和公职人员带头学法、用法,现代法治理念和依法执政能力有了新的提高;广大人民群众学法、用法、守法意识和依法理性维权能力进一步增强;各行各业依法管理、依法治理工作不断深入,依法治省各项工作呈现出整体协调发展的良好态势。

(一)加大了《宪法》、《行政许可法》等方面的法制宣传力度。4月8日,我们邀请了中央修宪办公室成员、全国人大法工委副主任信春鹰教授,就宪法修正案的起草、形成、内涵和学习贯彻的重要性,为我省领导干部举办了宪法讲座。8月中旬,省委宣传部、省人大常委会办公厅、省司法厅在吉林电视台联合举办了全省宪法知识电视大赛。同时,省政府法制办公室、省依法治省办公室、吉林电视台于2004年7月1日行政许可法公布实施之际,举办了以行政许可法、行政处罚法、行政复议法、行政诉讼法、国家赔偿法和国务院印发的《全面推进依法行政实施纲要》等规范政府行政行为、法律知识为内容的吉林省依法行政法律知识电视大赛。

(二)重点加强了各级领导干部和公职人员学法用法工作,极大地推动了领导干部、公职人员学法用法工作的进程。省依法治省办公室和省委组织部、省委宣传部等部门,在“12·4”全国法制宣传日当天,组织全省党政、司法机关副科级以上领导干部进行了宪法和法律知识考试。全省有43804人参加考试,其中地厅级领导干部364人,县处级领导干部9628人,参考率达到98%,及格率达到99.6%。考试结束后,对各单位考试情况和成绩进行通报,又把考试成绩运用到干部个人年终工作考核之中。

二、加大了政法综治干部的培训教育,全面提高素质

为了提高政法综治干部的素质,我们始终把

培训工作作为一项重要内容来抓。我们把省委党校作为政法综治干部培训的基地,培训的主要对象为各县市区党委、政府分管领导和政法委书记、综治委主任,每两年举办一期。同时,我省还把社会治安综合治理作为党政干部教育培训的重要内容,特别是省委党校举办各级领导干部培训班时,都要聘请省综治委(办)的有关人员讲授社会治安综合治理。各地对于综治干部的业务培训工作也给予了足够重视。2004年,通化市举办各种培训班27期,培训综治干部、治保、调解主任、专职治安员5313人次。长春市2004年上半年拨出20万元,举办7期综治干部培训班,培训基层综治工作人员和社区治保主任800余人。吉林市2004年对170名大中专院校、中小学兼职法制副校长和辅导员进行了培训。通过坚持经常地开展培训工作,不断提高基层综治工作人员的素质,为做好政法综治工作奠定了良好的基础。

三、坚持经常性宣传与集中宣传的结合,做好政法综治宣传工作

一是把每年3月的综合治理宣传月,作为制度固定下来,省里每年都要组织一定形式的活动,并对全省的活动提出要求,集中时间、集中力量,采取多种形式,增强宣传的社会效果。宣传月期间,省综治办每年都协调省直主要新闻单位,组成"综合治理新闻采访团"赴基层采访。2004年,四平市在宣传月活动中共举办综治报告会27场,参加人数近20万人,出动宣传车69台次,秧歌队8支,出板报画廊1510期,张贴标语18000条,发宣传单13000张。吉林市利用新闻媒体进行人物专访、座谈、设立综治宣传一条街等形式开展宣传,2004年散发各种宣传品2万余件,各级领导发表电视讲话、专题文章20余人次。辽源市举办法律知识报告117场,深入城乡家庭宣传28000户,印发法制宣传材料30万份。

二是充分利用报纸、电视、广播等新闻媒介开展政法综治工作的宣传报道,宣传推广各地各部门和广大群众参与社会治安综合治理的经验,弘扬社会正气。据统计,2004年省公安厅就在中央电视台、吉林电视台播发的新闻就有146条,较去年的105条上升40%;专题片72部,其中在中央电视台播出20部,播出数量分别是上年的3倍和5倍;制作内部学习教育专题片13部,制作播出《警界纵横》专栏节目24期。在人民日报、新华社、中央人民广播电台、法制日报、吉林日报、吉林人民广播电台、北方法制报等主流媒体发稿140余篇,在省内其他媒体发稿170余篇,发稿数量和质量较以往都有突破。在人民公安报刊发稿件329篇,比2003年的269篇上升了23%。

三是省综治委办公室与省新闻工作者协会,已经联合举办了六届"吉林省社会治安综合治理好新闻奖"评选活动,广大新闻工作者踊跃参加,参评作品的数量和质量逐年提高,省里每年都拨出专款对获奖作品进行表彰奖励。同时,积极组织优秀作品参与中央综治委组织的全国综治好新闻奖评选活动,极大地调动了广大新闻工作者参与社会治安综合治理宣传工作的积极性。

流动人口管理工作情况

一、充分挖掘社会资源,加强流动人口管理。

各地紧紧依靠基层党政组织和(村)委会、治保会、调解会等组织,配备一定数量的流动人口协管员,协助做好流动人口的管理和服务工作。经过一年来的努力,全省专管民警增加到3823人,协管员10807人,共有协管站5859个。

二、以人口信息系统建设为契机,推进基层基础工作。

全省公安机关以提高派出所工作科技含量为核心,进一步加快人口系统建设步伐,积极开展人口信息项目核对攻坚战。按照省里的统一部署,各地高度重视,精心组织,全力攻坚,人口信息系统建设取得了突破性进展。为推动全省人口信息管理系统建设顺利进行,从6月至11月集中警力、集中时间开展人口信息项目核对攻坚战，通过内部核对与入户核查相结合的方法，全面摸清应落未落、应销未销、双重户口、无户口人员和假户口等基本情况并加以解决。攻坚战期间共核对常、寄住人口2600余万人，纠正户口项目差错320余万项，为建成全省人口信息管理系统奠定了良好基础。

三、适时开展租赁房屋和暂寄住人口集中清理整顿，预防和打击违法犯罪活动。

为贯彻落实全省治安防控工作会议精神，各地因地制宜，结合实际，适时开展租赁房屋和暂寄住人口集中清理整顿专项行动。摸清了暂住人员的底数，及时发现各类可疑人员，落实相应的管理措施。据统计，全省共清查暂寄住人口1030370人，其中暂住人口535182人；寄住人口495188人；清查出租房屋305920户，561259人；建筑工地1968个、行业场所19383个、房屋中介所653个。对暂寄住人口进行登记；对符合办证条件的303658名暂住人口办理了暂住证；对226509名暂住人口进行了发函调查；重新与241523名房主、21351个建筑工地和行业场所负责人签订治安责任保证书；对新登记的399712名暂住人口进行了信息录入，对新登记的143025户租赁房屋进行了信息录入，并建立了工作档案。各地认真研究流动人口犯罪的规律和特点，积极建立打防工作机制。一年来通过暂住人口和出租房屋的管理，共获取各类案件线索3858件，破获案件4288起，打处人犯2724人。

吉林省社会治安综合治理委员会关于印发《创建平安边境乡镇活动方案》的通知

（2004年6月1日）

延边州、白山市、通化市综治委：

现将《创建平安边境乡镇活动方案》印发给你们，请按照方案要求，认真抓好落实。

创建平安边境乡镇活动方案

为进一步贯彻落实全国社会治安综合治理工作会议精神，维护边境地区社会治安秩序，结合我省边境地区社会治安实际，2004年6月1日至12月31日，在全省开展创建平安边境乡镇活动，制定此方案。

一、指导思想

开展创建活动必须以《中共中央、国务院关于加强社会治安综合治理的决定》、《全国人大常委会关于加强社会治安综合治理的决定》和《中共中央关于加强社会主义精神文明建设若干重要问题的决议》为指针，以“服务群众”为宗旨，坚持“打防结合，标本兼治，重在治本”的原则，进一步加强社会治安综合治理的基层基础建设，最大限度地调动广大人民群众维护边境社会治安的积极性，遏制跨境犯罪活动多发势头，解决群众关心的治安热点问题，努力提高边境地区预防、发现和控制违法犯罪的能力，维护社会治安秩序和生活秩序，保障人民群众安居乐业。

二、组织领导

吉林省创建平安边境乡镇活动领导小组，负责对全省创建活动的部署、协调和检查工作。

组　长：刘力群　省委政法委副书记、省综治办主任

副组长：李东太　省公安厅副厅长

朱万义　省公安边防总队总队长

成　员：许文善　省公安边防总队副总队长

李文戈　省委政法委综治协调处副处长

朱德忠　省公安边防总队副参谋长

办公室设在省公安边防总队，朱德忠兼任主任。负责领导小组日常工作。

各边境市(州)成立相应组织机构。具体工作由各市(州)综治办负责。

三、主要任务

(一)加强治安防控体系建设。进一步完善快速反应机制，加强110报警服务、巡警、治安卡点和人口信息管理系统建设，强化区域性治安防范和对特殊群体的管理控制，提高决策和指挥效率。

(二)严厉打击违法犯罪活动。充分发挥工作优势，以打现行、破积案为重点，侦破并查处一批影响恶劣、危害严重、群众反响强烈的各类违法犯罪案件。

(三)维护良好社会治安秩序。整治边境治安混乱地区突出问题，落实流动人口、文化市场等治安管理措施，使治安案件明显减少。

(四)打牢群众工作基础。深入开展思想道德教育和法制宣传教育，加强基层法律服务工作，满足群众日益增长的法律服务需求，增强群防群治意识，调动群众参与治安管理积极性，建立长效防范机制。

四、部门分工

各级综治部门是创建活动的组织领导部门，对创建活动负总责，并组织协调有关部门落实创建任务。

公安、边防机关是社会治安工作的主管部门，要加强创建活动的组织、指导，加强案件侦办工作，及时整治突出的治安问题，加强群防群治组织建设，协助做好刑满释放和解除劳教人员安置帮教、青少年法制教育、民间纠纷调解等各项工作。

各有关部门要充分发挥职能作用，积极参与创建平安边境乡镇活动，多措并举，齐抓共管，推进创建活动的顺利开展。

五、创建标准

建立健全边境地区预防、控制和打击违法犯罪工作机制，提高群众法制观念，为边境地区社会治安综合治理工作夯实基础，为两个文明建设和振兴东北老工业基地提供有力保障。

1、各级综治组织健全，发挥作用明显；派出所干警深入社区和农村，组建警务室，治安管理加强；专职治安员配强并发挥作用，保安队伍加强，义务巡逻队规范；采取物防、技防措施效果明显；财政及时拨款，多渠道保障资金落实。

2、刑事案件总量下降，杜绝严重暴力犯罪案件，多发性、可防性案件发案率降低。

3、及时侦破部、省、地挂牌督办案件，从快审结、依法严惩，暴力犯罪案件侦破率、追逃率提高。

4、治安乱点整治措施得力，治安面貌改观。

5、政法队伍素质提高，违法违纪现象减少。

6、群众对治安满意率达到90%以上，安全感增强。

六、工作步骤

(一)思想发动，调查摸底阶段(6月1日至7月1日)。各边境地区要做好思想动员，深入调查摸底，制定本地方案。调查摸底主要内容：一是治安现状自我评估；二是自2002年以来尚未告破的案件；三是涉嫌偷渡人员底数；四是人口流动情况；五是治安复杂乡、镇情况。

(二)综合治理，集中打击阶段(7月2日至11月30日)。一是强化辖区查控堵截和清理清查，查获各类违法人员。二是加大对偷渡、盗窃、抢劫、杀人等各类违法犯罪案件侦办力度，落实有关案件督办制度；依法取缔非法宗教活动场所；对抓获的犯罪嫌疑人快审快结，依法严惩。三是加强基层基础工作，提高发现、控制违法犯罪活动能力和治安防控工作水平。

(三)检查评比，巩固成果阶段(12月1日至12月30日)。在各地检查评比的基础上，省创建活动领导小组将进行检查验收，对成效突出的地区和个人予以表彰、奖励。

七、要求

(一)提高思想认识,加强组织领导。当前边境地区各类违法犯罪案件和治安不稳定因素仍比较突出。各级要认清形势,加强组织领导,克服畏难、厌战思想,确保活动顺利开展。同时,要多方筹集资金,做好物质保障。

(二)加强协作配合,形成整体合力。各地区、各部门要加强工作的组织协调,建立协作机制,形成打防并举的工作合力,妥善处理工作中遇到的问题。以查获各类违法人员和发现影响治安稳定问题为重点,每月至少要联合组织一次集中统一清理清查行动。

(三)加强请示报告,确保信息畅通。请各地于每月30日前,将工作情况以文字形式报送省公安边防总队。遇有重大情况随时报告。2004年11月25日前上报工作总结。

做好矛盾纠纷排查调处工作
为振兴东北老工业基地保驾护航

中共吉林市委　吉林市人民政府

吉林市是吉林省第二大城市,也是我国的老工业基地。随着改革开放的不断深入,尤其是因深化企业改革引发的矛盾日益突出,各种社会矛盾纠纷不断增多,成为影响全市社会政治稳定的突出问题和经济社会协调发展的严重障碍。几年来,我们充分发挥社会治安综合治理工作的优势,积极做好社会矛盾纠纷排查调处工作,形成了科学有效的矛盾纠纷排查调处机制,使大量的矛盾纠纷得到了有效的化解和处置,维护了社会的稳定。我们的主要做法是:

一、充分发挥综治网络优势,搞好矛盾纠纷的排查工作

一是坚持依托各级综治组织开展各种矛盾纠纷和不稳定因素的排查。我们通过市、县(区)、乡(镇、街)、村(委)四级综治工作网络,落实矛盾纠纷排查的任务,由各级综治组织,组织相关部门和人员对各种矛盾纠纷全面进行排查。近几年来全市共排查各种不稳定苗头2000余件。如吉化公司买断工龄人员上访事件,舒兰矿务局万人三堵事件,蛟河煤矿集体访事件,这些地方的综治组织事先都有报告,为各级党委政府和各专业部门超前做好工作创造了条件。二是通过综治调度会建立矛盾纠纷排查调处报告制度。全市层层建立了矛盾纠纷报告制度,各县(市)区利用每双月召开一次的综治工作调度会,乡(镇、街)每月召开的综治办主任碰头会,收集各地有关矛盾纠纷排查的信息,反馈前期通报的重大矛盾纠纷处理情况。同时市综治办、稳定办还实行了矛盾纠纷排查月报制度,每月对79个系统、9个县市区实行矛盾纠纷排查的零报告制度。三是对不同时期的热点、难点问题进行了专门的排查。由市里从相关部门抽调专人组成调查组深入基层,搞好调查。几年来我们先后就下岗职工情况,企业军转干部安置现状,停产半停产企业拖欠工资补贴情况,全市城市建设开发中存在的不稳定因素以及“三农”方面的矛盾纠纷情况进行了调查。四是实行矛盾纠纷排查调处通报制度。即对各基层单位上报的各种矛盾纠纷排查情况进行整理分析,上报市委市政府领导及领导小组成员。按照“谁主管谁负责”和“分级负责、归口办理”的原则,分别逐件地明确各级领导和部门的排解责任,规定主管领导、工作部门、具体工作人员及解决问题的时限,之后定期不定期通报调处结果。五是建立矛盾纠纷排查调处信息员队伍,根据工作需要,在全市由综治干部、治保主任、调委会主任和各系统综治工作人员500余人组成吉林市矛盾纠纷排查信息员队伍,保证了矛盾纠纷排查工作的顺利开展,全市各种矛盾纠纷排查率达到95%以上,为各级领导解决各类矛盾奠定了良好的基础。

二、发挥综治工作体系的优势,做好矛盾纠纷的化解工作

我们在开展综合治理工作中始终注意把化解各种矛盾纠纷,防止发生群体性事件作为重点。坚持做到:一是认真落实各级党政领导带头抓矛盾纠纷化解调处工作任务。市委、市政府领导带头深入基层做好矛盾纠纷化解工作。市委书记多次深入吉化公司,接待群众,听取职工意见,现场解决下岗职工用电、水、热的实际问题,使吉化公司买断职工的闹事事件得到了平息。市委、市政府领导,对全市重大群体性事件隐患,按分管战线逐个实行领导包保责任制。并要求各地、各部门主要领导同志转变作风,深入实际,到问题多、矛盾复杂的地区或单位包重案、包大案、包难案。市县两级领导干部共200多人对300多个矛盾纠纷隐患实行了包保责任制,据不完全统计,三年来,由于领导亲自做好化解工作,共化解了230多起矛盾纠纷的苗头。二是坚持"属地管理"原则,企地联手,共同做好矛盾纠纷化解工作。吉林市的中省直企业比较多。这些企业三权在上,中央和省直系统出台的一些改革政策往往容易诱发群体性事件,成为集体访、越级访的根源。为此我们认真贯彻"属地管理"的原则,明确各县市区对属地企业稳定和矛盾纠纷排查调处工作负全责。排查一旦发现问题,各县市区要控制好局势,避免因措施不当激化矛盾。同时由政府出面向企业上级主管部门汇报情况,争得上级主管部门的支持。三是充分发挥综治委成员单位和签状单位的作用。吉林市综治委共有成员单位49个,签状单位50个,这些单位大都是行政执法部门、社会管理部门及重点企事业单位。我们在社会治安综合治理工作中,改变过去程式化的签状模式,实行一个单位签订一个综治责任状的办法,明确这些单位调处矛盾纠纷的任务和职责。如2001年2月15日,吉林市新中国制糖厂因企业欠电费,吉林电力公司拉闸断电,由于生产用电与民用电线路分不开,导致家属区停水、停电、停气,500余名退休职工赶到糖厂 砂石厂火车道口,将松九铁路堵塞。市委、市政府领导责成有关部门协调电业部门认真落实综治责任状规定的任务,妥善处理拉闸断电的问题,使供电问题当日解决,及时化解了这起群体性事件。事后电业部门又投资把生产用电和民用电线路分开,使问题得到了根本解决。四是充分发挥综治基层组织的作用,把矛盾纠纷化解在基层。根据吉林省关于强化乡镇街综治办建设的要求,在156个乡镇街普遍设立了专职专责的综治办,配备一名行政编制人员,同时还根据乡镇的大小增配了2—3人的事业编制人员。各村普遍配备了享受副村级待遇的治保主任。城区结合社区改革形成了社区管理委员会、楼长、单元长一整套综治工作体系。基层普遍建立健全了治保会、调委会。这些组织工作在一线,生活在群体之中,在矛盾纠纷排查中起到了重要的作用。龙潭区铁东街综治办发现有人在小区张贴"大家到吉化公司和市政府上访"的广告,把这一情况上报给有关部门,及时采取行动,防止了一场较大规模群体性事件的发生。为了有效地化解矛盾纠纷,全市各级综治组织配合社区管理委员会和责任区民警,做好下岗职工的再就业工作,对暂时不能安置就业的,组织他们参加群防群治巡逻。各级综治组织组建有偿治安联防队,优先吸收下岗职工参加,对于因各种原因不能再就业生活困难的,帮助他们办理最低生活保障手续。全市三年来,各级综治组织共帮助下岗职工就业千余人,帮助办理低保手续180多人,安置低保人员参加治安巡逻队350多人。各级综治组织还在社区举办市民法制学校,组织文化、体育活动,引导下岗职工自立自强,使其感受到社会的温暖,从而对生活充满希望,有效的防止了群体性事件的发生。

三、发挥综治责任制优势,抓好重大矛盾纠纷的处置工作

一是抓好矛盾纠纷调处责任制的落实。各种矛盾纠纷一旦激化,发生群体性事件,我们要求各级党政领导,各相关部门的领导,要敢于出面,立即到位,与群众直接对话,解答群众提出的问题,缓解群众的对立情绪。群众提出的合理要求,能解决的要及时解决,一时不能解决的,说明情况,认真做好劝导说服工作。防止采取单纯压服手段,激化矛盾,也要防止无原则的迁就,以免造成"大闹大解决,小闹小解决"。在处理2002年舒兰矿务局群体性事件时,市委、市政府领导及时赶到现场,公安、劳动、社会保险、财政、体改委以及舒兰市的领导也都到场迅速开展工作,并争取省政府和省煤管局领导支持，使问题得到较好解决，群体性事件得到了平息，舒兰矿务局再也未发生过群体性事件。二是督促有关领导和部门落实群体性事件的善后工作。针对近年来各种矛盾纠纷易于反复的特点，坚持标本兼治，积极落实各种善后处理措施，做到对每一个矛盾纠纷和不稳定因素不间断排查、不间断化解，直到彻底解决为止。2003年吉林造纸厂职工堵塞铁路的事件平息后，当晚区街两级综治组织跟踪排查，了解到又有近百名职工准备第二天还要到火车道口聚集，立即做好分化工作，尽量减少聚集人数，并通知有关部门做好准备，公安机关安排人员到现场录像、监控，使想要聚集的职工知道后迅速离开，有效地防止堵塞铁路事件的再次发生。三是坚持综治委成员单位协调会制度。定期分析矛盾纠纷排查的总体形势，疏理任务，明确责任，调度相关部门承担的任务完成情况。四是建立健全各项制度，搞好督导检查。我们注意建立健全矛盾纠纷排查调处的各项制度，先后制定了《在社会治安综合治理中加强矛盾纠纷排查调处工作的意见》、《关于建立全市各级领导抓矛盾纠纷排查调处工作责任制的意见》、《吉林市矛盾纠纷排查调处责任查究暂行办法》、《关于进一步健全和执行矛盾纠纷排查调处各项制度的通知》，加强了制度建设。为了促进矛盾纠纷排查调处工作的健康开展，我们在社会治安综合治理工作中把矛盾纠纷排查调处，纳入综合治理工作目标管理体系和考核体系，与综治工作同部署、同检查、同评比、同奖惩。对矛盾纠纷排查调处工作开展好的，予以表彰奖励，对工作失误或漏排、漏查的不能评为各种先进。出现重大问题的，予以一票否决，几年来市县两级先后对建工局、食品局等20多个单位实行了一票否决。

做好城乡结合部的矛盾纠纷排查调处工作

长春市绿园区委　绿园区人民政府

我们绿园区位于吉林省长春市的西部，是1995年长春市行政区划时建立的新区，所辖区域多属城乡结合部。随着改革的深化，特别是由农村向现代化城市转变的过程中，社会矛盾不断增加，出现了许多新情况、新问题。一是经济发展相对滞后，城市基础设施欠账较多，给人民群众的生产生活带来诸多困难。二是可供开发的空间大，对经济发展和城市建设十分有利，但征用土地涉及群众的切身利益，处理不好，极易导致矛盾纠纷与群体性事件的发生。三是国有大中型企业较多，有一汽集团公司、长春客车厂、国营133厂、长春纺织厂、生物制品研究所等18个较大企业，下岗职工达5700余人。四是流动人口多，每年流入我区的外来人口涉及18个省，70多个县市(区)，达10万余人，引发矛盾纠纷的隐患较为突出。

针对这些问题，区委、区政府确立了“以发展保稳定，以稳定促发展”的整体思路，采取“预防为主，排调结合”的工作原则，把着眼点放在强根固本上，积极预防和化解矛盾纠纷。

一、强化预防措施，有效控制矛盾纠纷发生

一是关口前移，重心下移，切实搞好矛盾纠纷排查。我们充分发挥基层综治组织的作用，层层落实包保责任，深入到每家每户调查走访，力争把矛盾纠纷、隐患解决在萌芽状态。2003年，全国重点企业清真皓月集团在我区征地100公顷，上海环地集团在我区开发征地60公顷。两项征地涉及2个镇4个村、近3000户村民的切身利益。为防止引发群体性事件，区委、区政府在制定详细的补偿、安置方案的基础上，安排30多名区、镇干部包村并做好工作预案，组织100多人的排查队伍，深入到户调查、走访、宣传区委、区政府的补偿、安置政策。对排查出的共性问题由区里制定统一的政策；对个别问题采取一事一议，一个一个解决的办法；对提出不合理要求的村民做好耐心细致的思想工作。为防部分村民出现反复,我们对重点户采取区、镇、村三级包保办法,做到问题不彻底解决不撤手。由于我们的超前工作、细致排查、精心组织,使两项征地工作没有发生较大的矛盾纠纷。

二是内强队伍、加大培训,提高广大干部群众的素质。在提高群众素质方面,我们以正面引导的教育为主,在全区开展了"争当好市民"和安全文明家庭评比竞赛活动,并结合"三五"、"四五"普法活动,在群众中宣传相关的法律法规,增强群众的法律意识和遵纪守法观念,从而提高了广大群众的思想道德素质,减少了家庭和邻里纠纷的发生。在提高全区各级干部的素质上,重点在区和街镇开展"加强机关思想和能力建设"和"情系百姓"活动;对村和社区干部进行各种形式的培训,教育引导广大干部牢固树立群众观念,提高依法办事的水平。

三是立足根本,综合施策,为下岗职工再就业广开渠道。我们采取"三个一点"的办法,即省市有计划地对4050人员安置一点,在落户区内民营企业中安置一点,在街镇自办市场中安置一点。到目前为止,已经安置下岗职工2600多人,占下岗职工人数的46%。我们还不断拓宽安置渠道,逐年提高安置比例,从根本上解除下岗职工的后顾之忧,并大力扶持困难企业防止出现新的下岗人员。

二、加大调处力度,有效控制矛盾纠纷升级

在工作中遵循三个原则,一是首办负责制,该哪些人和哪些部门解决的问题,在解决时限和程度上都要及时和稳妥,尽量使上访群众满意;二是对虽在职权范围内,但受多方面因素制约一时难以解决的问题,要安排具体人、具体部门向上访群众解释清楚,决不允许推诿扯皮;三是对不在职权范围内的问题,一方面要积极协调好有关部门,另一方面要做劝导工作,防止出现因工作失误导致矛盾纠纷升级。

在调处过程中,我们主要把握好以下三个环节:

一是把信访工作牢牢抓在手上。我们通过建立领导接待日制度、听证会制度、联席会制度、协调会制度、座谈会制度、公开答复会制度等,有效解决矛盾纠纷。针对一些情况复杂、责任不清的疑难问题,采取联席办理或召开协调会的办法统一研究解决。对于有些重点事项,从区主管领导到副区级领导,从网络单位一把手到其他负责人,都能根据情况亲批亲办。区长、常务副区长等领导亲自过问信访办理工作,遇到难办的事项都亲自协调解决。竣工三年的奥林花园共有10栋居民楼,由于为其安装电力的施工单位,施工前未向供电部门提出用电申请,小区一直没有通电。去年11月区综治办和信访办接到信息后,立即深入实地调查,组织召开有奥林花园小区、施工单位、区供电分公司、配电公司等单位负责人参加的协调会统一研究,使困扰小区居民三年的用电问题得到了圆满解决,防止了重大越级上访事件的发生。

二是发挥市长公开电话的整体功能。自我区市长公开电话开通以来,我们按照掌握信息,搞好协调,及时答复的工作思路,了解区内上访动态,当好区委、区政府的参谋,处理好各种上访问题。几年来,区市长公开电话共受理拆除"三小"、与群众生活息息相关的水、电、气、行政执法不公等群众投诉6926件,办结率99%;向群众反馈率达100%,防止事态扩大30余起。

三是筑牢司法调解屏障。我们抓住起诉、立案、送达、庭前、庭审、听证、执行等每个环节积极做好调解工作,把好最后一道关。城西镇民丰村两户农民因争地发生了较大的矛盾纠纷,受害方陈某的爱人背着孩子四处上访。区综治办、区司法部门与镇相关部门一道成立了联合调查组,在获取大量可靠证据后,组织双方进行调解,但仍没有达成协议。区镇司法部门采取了诉讼对接的办法,为受害者提供了法律援助,最终使受害一方得到了3000元的赔款,毁坏的水田地得到了恢复,维护了司法公正,化解了这起纠纷。

由于我们充分发挥了综合治理的整体优势,全力做好矛盾纠纷预防、排查、调处工作,几年来,防止集体上访475起,防止集体械斗457起,防止民转刑案件449起,治安环境、法制环境明显好转,区域经济和社会发展迈上了一个新的台阶。

吉林省及市、县(市、区)综治委、办主任名单

地　区	综治委主任	综治办主任
吉林省	聂文权	刘力群
长春市	李树国	鲁树忠
朝阳区	王德宇	孙景泰
南关区	华　岳	卢德林
宽城区	严　涛	张海林
二道区	杜　福	许　多
绿园区	胡云河	高丽丽
双阳区	赵　英	张彦生
德惠市	李志斌	赵晓峰
九台市	冯跃实	于文奇
榆树市	张晓华	张树林
农安县	赫　哲	云　峰
经济技术开发区	阚云忠	于成伟
高新开发区	李桂茹	陈文友
净月开发区	刘英华	田　杰
白城市	杨亚杰	徐玉学
洮北区	梁振民	张毅刚
大安市	孙洪君	范智勇
洮南市	王宝利	裴成林
镇赉县	夏远大	程德祥
通榆县	赵明德	黄再兴
松原市	刘秉生	路玉民
宁江区	夏远斌	赵建民
扶余县	王凤江	徐　波
长岭县	刘殿珩	刘明孚
乾安县	葛凤江	董　礼
前郭尔罗斯蒙古族自治县	韩树喜	柳洪泽
吉林市	刘培柱	唐聿闻
船营区	刘建林	刘淑芬
龙潭区	宋伟光	郑邦赟
昌邑区	邵世文	陶树君
丰满区	宋玉兰	唐兴发
磐石市	盖东平	王学杰
蛟河市	赵淑芸	关忠仁
桦甸市	孙雅清	于长彬
舒兰市	宋　杰	孙志富
永吉县	赵晓红	杨树槐
四平市	苑光伟	蔡正华
铁西区	王春祥	王永杰
铁东区	金永鲜	廉贵昌
双辽市	田　才	王　栋
公主岭市	郭铁成	刘玉琢
梨树县	刘　生	高云玖
伊通满族自治县	刘　伟	陈希明
辽源市	何文博	姚金铎
龙山区	雷华明	唐　君
西安区	曹志强	宋跃军
东丰县	张乐平	孙元龙
东辽县	康延军	何文艺
通化市	董晓伟	王世谊
东昌区	张林生	周庆涛
二道江区	赵士中	高鹏程
梅河口市	赵铁志	郑军令
集安市	周玉波	杨大庆
通化县	冯丽华	林　青
辉南县	张　武	李时峰
柳河县	邱谟成	佟业平
白山市	牟润忠	杜青友
八道江区	岳振洋	
临江市	张　凯	吴英杰
江源县	崔洪林	李艳秋
抚松县	陈绍毅	
靖宇县	金常发	毛英良
长白朝鲜族自治县	方春日	
延边朝鲜族自治州	王守坤	武裕民

地　区	综治委主任	综治办主任
延吉市	王集会	尹世建
图们市	赵龙虎	方吉龙
敦化市	洪日南	张　猛
珲春市	李明玖	蔡勇一
龙井市	郑永虎	许敦颐
和龙市	李东焕	王成盛
汪清县	李国平	张喜文
安图县	季　宁	张喜彦

（撰稿人：李文戈　孙青林　黄明远
张桂芳　于晓明）

（审稿人：刘力群　徐龙刚）

黑龙江省

2004年全省社会治安综合治理工作概况

2004年,全省各级党委、政府和综治部门在省委、省政府的正确领导下,坚持以党的十六大和十六届四中全会精神为指导,落实科学发展观和政绩观要求,抓好《2004年黑龙江省社会治安综合治理工作要点》各项任务的完成,大力推进建设"平安龙江"工作,全力维护社会稳定,依法严厉打击各种刑事犯罪活动,保持了全省社会治安持续平稳,为全省经济建设和社会发展创造了良好治安环境。全年全省共立刑事案件117306起,同比下降1.6%,破刑事案件64348起,破案率54.9%;批捕19620件26802人,同比分别提高了7.5%和8.1%;审结刑事案件21639件,判处有罪人犯25219人。开展建设"平安龙江"工作,全省规划创建的安全社区(村、单位)70%达到县以上创建平安标准,45个县(市、区、局)达到省制定的"平安县(市、区、局)"标准,由省委、省政府命名挂牌,占参建县(市、区、局)27%,社会稳定面进一步扩大。年终省综治委依据年初省委、省政府与市地签定的《社会治安综合治理责任状》内容组织考评,有7个市(地)被评为优秀达标单位,省综治委表彰了37个全省社会治安综合治理先进集体和73名先进工作者。

一、开展重点整治和专项行动的情况

重点严厉打击黑恶势力犯罪集团。省公安厅直接挂牌督办黑恶案件6起,侦破3起。全省共查获犯罪集团919个,成员3356人,抓获各类网上在逃人员2253人,对全省的刑事犯罪起到了震慑作用。重点组织侦破命案专项行动。全省侦破现行命案1703起,破案率为90.4%。侦破积案798起,抓获本省网上命案在逃人员1549人。74个刑事案件立案单位实现了命案全破,12个县(区)实现了未发命案。其中省公安厅特别督捕命案在逃人员50名已捕获30名。重点打击经济犯罪活动。公安机关与有关部门密切配合,深入开展了打击制售假冒伪劣商品、金融诈骗、偷税骗税、非法传销等违法犯罪活动。全年共侦破经济犯罪案件2323起,抓获犯罪嫌疑人1195人,挽回损失2.1亿元;检察机关查办贪污、贿赂、挪用公款等经济犯罪案件1220件,挽回经济损失1.5亿元。审理破坏市场经济秩序犯罪案件328件;破获诈骗案件1555起,同比提高27个百分点。重点组织打击涉毒犯罪。5月至11月,组织了遏制毒源专项行动和扫毒专项行动。全省破获涉毒案件2740起,同比提升21个百分点,抓获犯罪嫌疑人1270名,强制戒毒430人。在全省开展创建无毒社区活动,制定下发了《创建无毒社区活动考核办法》,重点推广了11个单位开展无毒社区工作的经验,五大连池市列全国无毒社区建设试点单位。

重点治理校园及周边治安秩序。省综治办协调有关部门不间断地对校园及周边进行治安治理,在3月20日至5月20日,综治、公安、工商、教育等部门联合开展了整治校园及周边治安秩序专项行动。共出动警力人员4万余人(次),检查学校6700余所,查处刑事案件132起,治安案件651起,依法处理违法犯罪嫌疑人422人;取缔在校园周边的非法网吧302个,影响教学和治安管理的歌舞厅70个、游戏厅199个、放映厅103个、无证经营摊点11725个,清除校园周边违法建筑97处,整改校园重大安全隐患2581处(个)。

重点整治工商市场治安秩序。综治部门协调、工商部门牵头、有关部门配合,开展了对工商市场"五打击"活动。即打击市霸,打击扰乱市场秩序犯罪,打击妨碍公务、抗拒管理违法犯罪,打击侵害售农产品农民不法分子,打击制售假冒商品的违法分子。全年查处市场治安案件572起,处罚346人。开展了对农资市场专项整治。开展了查处机动车非法改装和整治超载超限专项行动,全省组织出动执法人员1123人(次),查出违法改装汽车企业6户,逐一进行整治。

积极开展扫黄打非斗争,净化文化市场。出版部门牵头开展了对政治性非法出版物专项治理的“飓风行动”,查缴政治性非法出版物2800多件。开展对电子出版物市场“清仓行动”,收缴盗版出版物3万多盘。开展打击非法制作、销售、传播淫秽色情“口袋本”图书和游戏软件的专项治理行动,收缴有害图书画册7.5万余册,查缴危害青少年身心健康的出版物5万余件,淫秽盗版光盘10万余张。5月21日在全省开展了“拒绝盗版教材教辅进课堂千名校长、万名教师、百万名学生和出版界签名”活动。

组织开展保护电力设施和反窃电专项行动。查处窃电3259户,破获涉电刑事案件223起,打掉涉电犯罪团伙18个,抓获犯罪嫌疑人238人。整治涉电犯罪区段、村屯556个(处),整治威胁电力设施安全的“五滥”隐患6343处。组织开展对油田治安秩序专项行动,侦破案件205起,取缔土炼油炉、化油点27处。

二、开展建设“平安龙江”活动的情况

2003年12月,省委9届47次常委会议决定,在全省开展建设“平安龙江”工作。6月20日,省委办公厅、省政府办公厅印发了《黑龙江省创建“平安龙江”活动方案》。各市地参照《方案》亦制定了本地的创建规划,成立了由党政主要领导负责的创建领导小组,下设办事机构。7月26日,省委、省政府召开有各市地、农垦、森工、铁路党委主管政法综治工作的负责同志、政法委和综治办的负责同志、公安局长和省综治委委员及省直有关部门负责同志共120人参加的“全省推进‘平安龙江’建设哈尔滨现场会议”,传达学习全国社会治安综合治理工作会议(杭州会议)精神,交流了18个单位开展平安创建工作的经验,省委组织部、省公安厅、省教育厅、省民政厅、省司法厅、省财政厅、省劳动和社会保障厅、省建设厅等八个部门负责同志结合部门职能对所属行业、系统创建工作提出要求,省委副书记栗战书同志代表省委、省政府就认真贯彻全国社会治安综合治理工作会议精神,推进“平安龙江”创建工作作出部署。

省综治办于6月和8月两次组成8个工作组,深入到40多个县(市、区)、100多个乡镇(街道),具体指导工作。在建设“平安龙江”工作中进一步加强和完善乡镇、街道综治机构建设。全省933个乡镇、435个街道办事处均设立综治委,由党政一把手担任主任。全省乡镇、街道、农林场设综治办2202个,配备专职工作人员2823人。克山县在农村乡镇机构改革中,设置平安办公室机构,核定编制12~15人不等,明确做好社会稳定和治安的职责任务,县财政统一拨办公和防范经费,搭建了建设“大平安”的平台。全省各级综治机构协调组织、民政、人事、公安、司法等部门积极加强基层组织建设,较好发挥了第一道防线作用。指导治保会、调委会进行调整。全年共调整治保会2626个,调整调委会1529个,发挥作用好的分别占总数的89%和69%。各地普遍将综治工作经费纳入了财政预算,落实了治安防范专项经费。全省共投入防范专项经费3000余万元。

4月20日,省综治办、省妇女联合会联合印发了《关于在全省开展“五无家庭”创建活动通知》。《通知》中提出的创建目标是:家庭成员的法律素质有提高,预防和抵制黄、赌、毒、邪教、家庭暴力的自觉意识和能力明显增强,在家庭筑起抵制黄、赌、毒、邪教、家庭暴力的防线。通过建立以妇女干部和治安员为骨干,以帮教、调解小组和禁毒、禁赌协会等组织为基础的群防群治机制,经过3年的工作,努力使全省“五无家庭”城市社区达到90%;农村村(屯)达到80%。同时确定城市把哈尔滨市南岗区、农村把克山县作为“五无家庭”试点单位。此后,省综治办与省妇联多次联合到基层督促落实工作措施。先后总结了齐齐哈尔、佳木斯、伊春、鹤岗、绥化等9个市(地),13个县(区),21个乡镇(社区)的工作经验。到年底,试点的克山县98.6%的家庭实现了无黄,99%的家庭实现了无赌,99.7%的家庭实现了无毒,98.8%实现了无家庭暴力,“法轮功”习练者转化率达100%。

三、开展排查化解社会矛盾工作的情况

全省各地各部门坚决贯彻“稳定压倒一切”的方针,把排查和处理矛盾作为综治工作的重要内容,认真分析社会矛盾对社会稳定的影响,研究解决稳定工作出现的新情况、新问题,确保社会治安稳定的工作目标。建立和完善定期排查调处与经常性排查调处相结合的工作机制,使一大批矛盾纠纷在基层及时得到了化解。3月在全省开展了“排查化解群体性矛盾百日会战”专项行动，集中排查化解企业拖欠职工工资、养老金、医疗费，企业重组改制、关闭破产中职工安置及生活困难，集资及金融债券兑付，城镇拆迁安置，农民负担，拖欠克扣农民工工资，“三方面人员”工作生活待遇政策落实，行政执法及司法裁决不公，征用土地，教育系统改革，事业单位改革，复员退伍转业军人安置，土地、山林、草场资源纷争等13个方面问题引发的群体性矛盾。全省共排查出各类矛盾纠纷3968个(10人以上群体性矛盾1567个)，已调处化解3523个，调处化解率达到88.7%。重点排查处理涉法上访的矛盾问题，涉法上访矛盾日趋缓和。各级综治机构派出人员参与做好解决涉法上访问题工作，把解决涉法上访作为矛盾排查调处的重点工作内容。全年共排查出涉法访案件2079件，处理终结1857件，占总量的81.4%。重点解决企业军转干部生活困难产生的矛盾问题，军转干部的合理诉求较好解决。县、市、省三级共接待上访军转干部1200余人次，其中省委、省政府接访5次213人次。了解到军转干部提出的工资、医保、取暖费、住房、退休、政治待遇等六个方面的矛盾问题，以省委、省政府文件印发了《关于进一步解决部分企业军转干部生活困难问题的意见》，逐步落实了解决企业军转干部基本养老保险有关问题和做好基本医疗保障工作的措施。重点排查调处影响老工业基地振兴的矛盾纠纷，保证了老工业基地振兴措施的顺利实施。各级政府从社会稳定出发，组织工作组深入改制企业，充分征求企业职工意见，共排查出涉及职工利益的矛盾纠纷近2000件，逐一落实了解决措施和责任人。建设部门牵头组织落实偿还拖欠农民工工资6.3亿元；工会组织筹集扶贫解困资金3.2亿元，安置职工就业5.7万人；劳动保障部门将68万国企下岗职工基本生活保障向失业保险并轨。积极开展“人民调解建设年”活动，减少民转刑案件。全年调处矛盾纠纷18万件，调解成功率达97.5%。

四、加强社会治安防控体系建设的情况

全省坚持不懈地抓好中央和省委、省政府关于加强社会治安防范工作要求的落实，构建全党动员、全民参与、专群结合、全社会联动的社会化治安防控体系，实施全天候、全方位、全时空防控。加强社区警务战略建设，发挥治安防范专门力量作用。全省公安机关精简上层充实一线，重新划分警务区，实施社区警务战略，做到精兵破案，重兵防范。到年底，全省城镇设立3196个社区警务室，农村设置5537个警民联防区工作室，有2.2万余名公安干警在警区抓治安防范工作，占公安干警总警力的33%。同时加强警务工作的正规化、制度化建设，规范警务工作管理，保证社区民警在基层沉得下，做得住，确保发挥治安防范的骨干作用。整合各种社会防范力量资源，发挥群防群治队伍作用。全省各地突出加强专职治安员队伍、义务治安员队伍、保安员队伍和民兵小分队建设，积极组织参与治安防范。全省共建立治安联防队8万个，专职治安员3.4万人，义务联防组15万个，兼职治安看护员1.8万人，义务看护员35万人，并通过各种形式进行学习教育和培训，不断提高他们素质。各地把安置人员就业与加强治安员队伍建设相结合，共安排2万名低保职工做治安员和交通协管员工作。同时积极发展保安服务业，2004年11月，省民政厅批准成立了省保安协会，召开第一次理事会，选举了会长、常务理事，并开展工作。全省2.4万保安员参加治安防范工作。公安机关督促企事业单位落实内部防范力量，全省企事业单位培训防范看护力量已达14万余人。省交通厅综治办举办4期培训班，培训门卫、更夫等600余人。加强物防技防设施建设，提高社会整体防范能力。把科技防范作为建设治安防控体系的重要工作内容，落实财力物力保障。从推进治安防范的智能化手段落实技防措施，加强科技防范建设。到年底城市二、三类街道亮灯率达91%，居民区楼道灯亮率达86%，新建楼区安装报警装置和防盗门窗达98%，农村大牲畜入圈、大型农机具上锁达97%。农村养殖大户80%安装了可视监控器，极大提高了防范能力。金融机构营业网点的技防器材安装率达100%。佳木斯市在桦川县进行安装科技防范仪器试点，召开现场会在全市推广。

9月1日省委、省政府在肇东召开全省农村治安防范工作会议，推广了肇东市农村治安人防、物防、技防的经验，部署加强全省农村治安防范的措施。省委常委、省委政法委书记杜宇新、副省长王东华，市(地)、县(市)主管政法副书记、政法委书记、公安局长、省综治委委员参加会议。同月，省委办公厅、省政府办公厅印发了《关于进一步加强农村治安防范工作若干问题的意见》。

五、加强特殊群体管理和教育的情况

省综治委成员单位密切协同配合，全力抓好管理教育措施落实。强化流动人口管理，从中发现和打击流窜犯罪分子。全省设立流动人口管理站3239个，选聘协管员1.2万余人。统一组织了2次全省调查清理出租房屋专项行动，登记暂住人口140余万人次，出租房屋19万余间，获得破案线索1.5万余条，破获命案754起，抓获命案嫌疑人883人。强化对刑释解教人员帮教工作，减少释解人员重新犯罪。采取多种措施，拓展多种安置渠道，认真抓好中央综治委等8部门联合下发的《关于进一步做好刑满释放、解除劳教人员促进就业和社会保障工作的意见》的贯彻落实，使90%的刑释解教人员通过各种渠道就业，使重新犯罪率控制在3.7%。全省建立青少年帮教组织10万余个，落实帮教力量50余万人。

六、落实社会治安综合治理责任制的情况

坚持逐级签定责任状制度，省、市、县、乡的党政一把手逐级签定了责任状，省、市、县三级综治委主任与成员单位负责人签定责任状，把全省年度社会治安综合治理工作任务、工作目标、工作措施落到基层。各级综治办都将全年综治工作任务目标分解细化，依据成员单位在综治工作中的职责任务，确定牵头单位、协助单位，把任务逐项逐级落实，从而更好地发挥了各部门齐抓共管的作用。全省县以上单位签责任状8000份。进一步明确综治工作的标准质量。按照中央综治委关于《省、自治区、直辖市社会治安综合治理工作考核评比标准》的要求，结合全省各市(地)的实际，省综治办修订完善了综治工作考评标准和“平安县(区、局)标准”，将党政主要领导干部抓社会治安综合治理的实绩纳入考核内容，作为干部晋职晋级、奖惩的重要依据。各地普遍坚持了领导干部综合治理工作写实和向党委定期汇报综合治理工作制度。省综治委委员全部向省综治委递交了年度综治工作报告。全年全省对出现重大治安问题的14个单位，实施一票否决，26名领导干部受到警示，其中县处级领导6人，科以下干部20人；查究领导责任7人，其中县处级4人，科级3人。

七、成员单位参与综治工作情况

组织部门针对基层党组织领导核心作用弱化倾向、人地矛盾突出、影响农村稳定等问题，制定印发了《黑龙江省关于贯彻〈关于深入开展农村党的建设“三级联创”活动的意见〉的实施意见》和《关于建设“傅华廷、佘树德式”的村党组织书记队伍的意见(试行)》，强调了基层党组织和书记做好社会治安综合治理工作内容责任。在统一编写的《黑龙江省农村基层干部读本》中编入社会治安综合治理工作内容，培训农村基层干部5万余人。加强社区党政组织建设，以党团员为主的社区志愿者达24万余人，在维护社会稳定、排查调处矛盾纠纷、参与治安防范等工作中发挥了积极作用。12月1日，召开全省社区建设工作会议，针对市场经济深入的实际，起草印发了《关于进一步加强非公有制经济组织党的建设工作的意见》，在非公有制企业中建立独立党组织，建立联合支部69个，选派党建指导员2776名、联络员3002名，加强了非公有制经济组织的综治工作领导。继续深入开展了“党员服务区”、“双培工程”、“党员先锋岗”、“争当好公仆”等活动。全省有38万个不同形式的“党员服务区”，服务对象达到426万人，解决各种问题和办实事322万件次。

司法行政部门提高对犯罪和劳教人员改造质量，积极推进监狱工作法制化、科学化和社会化建设，推进特色劳教工作。建立完善罪犯改造质量及其评价考核体系，全省职务犯罪服刑人员实现了集中关押。探索了对劳教人员实行纵向分级、横向分类管理模式，对劳教人员实行封闭、半封闭、开放的动态管理方式，并按照不同的罪错形式，实施分类分段管理，增强了管教矫治工作的针对性。在劳动业务上突出矫治和司艺，加大了职业技能教育力度。加大普法工作力度。以学习贯彻《行政许可法》为重点学习内容，全省共举办讲座8次(场)，参加学习达万人(次)；开展基层法治化管理示范单位活动，有291个单位被授予“全省基层民主法治示范单位”，占申报的72.7%，其中9个村被授予“全国基层民主示范村”。全省举办普法骨干和重点普法对象法制培训班800期，培训7万余人(次)。2003年、2004年历时两年的村委会成员法律知识竞赛在7月份结束，期间知识竞赛2000余场，近3万名村干部参加。在省统一组织的决赛时，省委常委、政法委书记杜宇新、省人大副主任赵林茂、省政府副省长王东华、省政协副主席曹亚范到场观看竞赛。

全省34个县(区)司法局达到省级规范化建设先进标准，占23.4%；159个司法所被省命名为规范化建设基层司法所，占全省司法所总数的12.5%。6月23日，省司法厅、省高级人民法院共同组织召开了“黑龙江省人民调解工作会议”。表彰了40个“人民调解工作模范司法所”，司法部张军副部长到会并讲话。全年调解民间纠纷16万余件，制止群众械斗573件，防止民转刑案件936起。

9个部门会签转发中央八部委《关于进一步做好刑满释放、解除劳动教养人员促进就业和社会保障工作的意见》。刑释解教人员综合安置率90%以上，重新犯罪控制在4%。有4个集体、4名个人被中央综治委命名表彰。

省司法厅、省综治办、省文明办、省总工会、团省委、省妇联、省电视台共同主办了“为实现公平和正义——法律援助在龙江”大型公益活动，全省法律援助机构承办刑事案件5151件，民事案件1010件，免收费用830万元。

八、关于综合治理理论研究和宣传工作情况

以加强社会治安综合治理机制建设为目标，深入研究社会治安综合治理新情况，解决新问题，不断提高对社会治安综合治理的理性认识。6月21日，省社会治安综合治理委员会办公室印发《关于组织撰写社会治安综合治理研讨文章的通知》，确定了八个方面的研讨选题范围。即：(一)关于加强矛盾纠纷排查调处，全力维护社会稳定方面的理论探讨；(二)关于建立完善“严打”经常性工作机制，加大对刑事犯罪打击力度方面的理论探讨；(三)关于深化治安防控体系建设，完善社会治安综合治理工作机制方面的理论探讨；(四)关于加强基层基础工作、开展标准化建设方面的理论探讨；(五)关于加强对特殊群体的管理和教育，减少治安不稳定因素方面的理论探讨；(六)关于加强对社会治安综合治理工作领导，完善保障措施方面的理论探讨；(七)关于加强对突出治安问题和治安混乱地区的排查及整治，创造稳定的治安环境方面的理论探讨；(八)有关社会治安综合治理工作其它方面的理论探讨。各地积极组织撰写研讨文章，截止7月15日共收全省各级党政领导和综治机构工作人员报送论文248篇，省综治委组成评委会，共评出52篇获奖论文，颁发了证书。同年，7月25日至28日绥化市召开综合治理研讨会，收论文268篇，评出62篇优秀论文，市综治办颁奖；10月26日农垦总局召开综治理论研讨会，收论文54篇，16篇大会研讨。10月28日，省综治委、省见义勇为奖励基金会在哈尔滨召开会议，表彰奖励了2003年度全省见义勇为的先进分子。授予周国恩等15人“2003年度全省见义勇为先进分子”荣誉称号，并各颁发奖金六千元人民币，追授马彦军同志“2003年度全省见义勇为先进分子”荣誉称号，并颁发奖金两万元人民币。

中共黑龙江省委办公厅 黑龙江省人民政府办公厅关于印发《黑龙江省创建“平安龙江”活动实施方案》的通知

(2004年6月20日)

各市(地)、县(市)委和人民政府(行署)，省委各部委，省直各单位：

经省委、省政府同意，现将《黑龙江省创建“平安龙江”活动实施方案》印发给你们，请认真贯彻实施。

黑龙江省创建“平安龙江”活动实施方案

为贯彻落实党的十六大、十六届三中全会的战略部署，努力营造一个稳定和谐的社会环境、安全有序的治安环境，保障“努力快发展，全面建小康”和老工业基地振兴战略的顺利实施，省委、省政府决定在全省开展为期三年的创建“平安龙江”活动。现制定实施方案如下：

一、指导思想

以邓小平理论和“三个代表”重要思想为指导，认真贯彻党的十六大、十六届三中全会精神，全面落实“打防结合、预防为主”方针，坚持社会治安综合治理与城乡发展建设相结合、与社区建设相结合、与精神文明建设相结合、与完善社会主义市场经济体制相结合的原则，动员广大人民群众，整合社会各方面的力量，在全省城乡构筑预防违法犯罪活动和化解矛盾纠纷的社会网络与工作机制，努力营造一个人民安居乐业、企业平安经营、社会安定团结的优良环境。

二、工作目标

全省工作目标：

社会更加稳定，人民内部矛盾得到妥善处理，不发生在全国有影响的群体性治安事件；治安秩序持续良好，重大刑事案件、治安案件发案低于全国平均水平，可控性案件有所下降；人民群众的安全感进一步增强，通过统计部门测评，85%以上的公众有安全感；治安稳定面进一步扩大，70%以上的县(市、区、局)达到“平安县(市、区、局)”标准。

平安县(市、区、局)标准：

1. 人民内部矛盾纠纷得到及时妥善调处，不发生在全省影响较大的群体性治安事件；

2. 刑事案件和治安案件的下降幅度高于全省平均水平；

3. 杀人、绑架、抢劫、爆炸等严重犯罪案件下降，所占全部案件的比例低于全省平均水平；

4. 入室盗窃与抢劫、楼道抢劫、内部盗窃案件和民转刑案件等可控性案件下降幅度高于全省平均水平；

5. 无带有黑社会性质的犯罪集团；

6. 人口犯罪率低于全省平均水平；

7. 无特大治安灾害事故；

8. 无在全省有影响和群众反映强烈的黄、赌、毒案件；

9. 市(地)级安全社区、村、单位达到70%以上；

10. 经统计部门测评，公众有安全感的达到90%以上。

三、工作措施

1. 进一步建立严打经常性工作机制。政法部门要始终坚持严打方针，改进严打方式，把严打方针落实到执法、司法的各个环节中去，始终保持严打声威和对刑事犯罪的高压态势。要逐步建立和完善治安形势分析评估和预警机制、工作决策部署机制、刑事政策运用机制、政法部门配合制约机制、督查考评和激励机制、经费保障机制，保证严打方针的有效贯彻落实。要继续加大对爆炸、绑架、杀人等严重暴力犯罪和抢劫、盗窃等多发性刑事犯罪的打击力度，特别是对出现的黑恶势力要坚持露头就打，并深挖其保护伞，铲除黑恶势力滋生的土壤。要把打击各种恐怖暴力犯罪列为打击的首要工作，建立由党委、政府统一领导，专门机关实施，有关部门协调配合的反恐工作指挥、协调机制和情报信息系统，把握反恐斗争的主动权。要加大对涉外犯罪的打击力度，维护和谐的边境治安秩序。

2. 进一步深化警务机制改革。公安机关要树立“重兵防范，精兵破案”的理念，在强化日常打击的同时，把人力、物力、财力向防控工作倾斜。要加快警务机制改革步伐，在城镇实施社区警务战略，在农村实行警民联防区工作模式，优化警力配置,通过精简机关和内部挖潜,精简上层,充实基层,压缩二线,充实一线,把更多的警力摆到预防犯罪的前沿。各级公安机关一线警力要占其总警力的70%以上;城镇每个社区都要建立警务室,达到一区一室一警或多警;农村要合理划分警民联防区,并在联防区中心村设立警务工作室,达到一区一警。警务室建设要达到省公安厅的规范要求。要通过打破警种界限,多警种联手防控的探索,形成小区域整体打防控的工作格局。

3. 进一步发展壮大群防群治队伍。继续加强兼职、义务治安员队伍建设,组织建立多种形式的群众性看护队伍。进一步拓宽保安服务领域,不断提高保安服务质量。按照"市场化运作、产业化管理、规范化服务"的要求,积极发展社会专业治安防范力量。生产、经营、储存、运输和使用爆炸、剧毒、放射性物品的单位及金融部门押运,必须按规定配备保安员。同时要明确保安公司审批权限,取缔非法保安,并规范保安队伍建设和装备管理,强化保安业务监管。

4. 进一步加强治安防范基础设施建设。把治安防范基础设施建设纳入城市建设总体规划。凡新开发建设的项目都要有治安防范配套设施,老城区、老建筑要随着城市改造逐步健全治安防范设施。每个社区都要有居委会办公室和警务工作室。要加大治安防范设施的科技含量,逐步扩大电视监控、无线报警等技防设施的覆盖面。各党政首脑机关、重点要害部门、部位,都要采取技防、人防、物防相结合的办法,落实好防抢、防盗、防火、防爆、防投毒、防破坏措施。地下商业街、金融单位、易燃易爆和剧毒品贮存库、文化娱乐场所及大专院校食堂、水源等,要切实强化治安防范措施。农村也要结合自身特点重点强化乡村企业和大型农机具、大牲畜、变压器的看护,并根据条件上一些成本低、效果好的技防项目,逐步走科技防范之路。

5. 进一步强化对犯罪高发群体的帮教工作。在大力普及法律知识和公民道德规范,提高全民法律意识和道德水准的同时,要针对刑释解教人员、劣迹青少年和流动人口等犯罪高发群体,落实有效的帮教措施。要通过帮助刑释解教人员就业、建立青少年教育基地,办流动人口学校,加强对他们经常性的管理和教育等途径,使刑释解教人员重新犯罪率降到4%以下;劣迹青少年犯罪比例不超过当地青少年总数的2%;流动人口犯罪率不超过本地流动人口总数的3%。

6. 进一步加强矛盾纠纷排查调处工作。要从定期排查矛盾纠纷入手,积极稳妥处理人民内部矛盾。要针对本地区、本系统、本单位、本部门存在的影响稳定的突出问题,落实调处责任,跟踪问效。要加强各基层组织建设,充分发挥人民调解的作用,构筑责任明确、机制健全、运转高效的县、乡、村三级矛盾纠纷排查调处网络,努力使矛盾纠纷不出乡村、厂矿、街道。特别要结合老工业基地调整改造,跟踪排查调处矛盾纠纷,妥善处理劳动争议案件,维护企业和职工的合法权益,为老工业基地振兴战略的顺利实施创造稳定的环境。要遵循"可散不可聚、可解不可结、可疏不可激"的工作原则,妥善处置群体性事件。

四、组织领导

1. 各级党委、政府要切实加强对创建活动的领导。要把创建"平安龙江"活动作为"努力快发展,全面建小康"和振兴老工业基地的第一环境品牌和民心工程来抓,由各级党政一把手负总责,做到与经济工作同部署、同落实、同检查、同考评,治安成果与经济成果一起要,形成以稳定促发展、以发展保稳定的良性互动。创建"平安龙江"活动由各级社会治安综合治理委员会(以下简称综治委)组织实施,各级社会治安综合治理委员会办公室(以下简称综治办)负责日常综合指导工作。

2. 落实有关部门的创建责任。要严格落实各地区、各部门、各单位领导的创建工作责任,形成各司其职、相互协作、齐抓共管的局面。政法部门要一手抓打击,一手抓防控,在贯彻"打防结合,预防为主"的方针上采取新举措,获得新成果。流动人口管理办公室和刑释解教人员安置帮教办公室要与民政、劳动、工商、税务、城管等部门密切配合,认真落实流动人口教育、管理、服务措施和刑释解教人员接茬安置帮教、流浪乞讨人员救助管理等措施,把这类人员的违法犯罪率降下来。学校周边整治办公室要协调教育、公安、文化、工商、建设、城管、共青团等部门,及时整治校园周边治安秩序,净化校园周边环境。铁路护路办公室要与沿线市县、乡镇、村屯加强铁路护路联防,防止发生安全事故,共建安全铁道线,确保交通大动脉安全畅通。建设、规划部门要把新开发的住宅楼院治安防范等配套设施纳入设计标准和验收标准,对不达标的不予批准和验收。宣传部门要充分利用各种媒体,广泛深入地搞好创建活动的宣传工作,营造浓烈的创建氛围。组织、人事部门要把党政领导抓创建工作的实绩纳入干部考核内容,与评先受奖、提职晋级挂钩。纪检、监察部门对创建活动失职和渎职的党政领导,要严肃查究责任。

3.进一步强化各级社会治安综合治理机构建设。要按照《中共中央、国务院关于进一步加强社会治安综合治理的意见》(中发〔2001〕14号)和《中共黑龙江省委、黑龙江省人民政府贯彻〈中共中央、国务院关于进一步加强社会治安综合治理的意见〉的实施意见》(黑发〔2003〕7号)精神,明确省、市(地)、县(市、区)综治办机构规格,各级综治办主任必须由同级党委政法委副书记担任,并配备相应级别的副主任。市(地)综治办编制不少于同级党委政法委编制的1/3;县(市、区)综治办编制不少于同级党委政法委编制的1/2;乡镇、街道要按照中央综治委和中央编办联合下发的《关于加强乡镇、街道社会治安综合治理基层组织建设的若干意见》的要求设立综治办,综治办主任、副主任分别由主管政法工作的副书记和当地公安派出所长担任,并根据实际情况配备1名至2名专职干部。各级综治办和工作人员均比照同级政法委工作人员享受有关待遇。各机关、企事业单位、人民团体及各种所有制经济组织都要设立社会治安综合治理工作领导小组和办事机构,负责本单位、本部门、本企业的综治工作。同时,要加强各级综治办的思想建设、业务建设、制度建设和基础工作建设,充分发挥其作为党委、政府抓社会治安综合治理的参谋助手、牵头抓总、组织协调、督导检查的职能作用。

4.加大对创建工作的投入。各级政府要按照省委、省政府黑发〔2003〕7号和《中共黑龙江省委办公厅、黑龙江省人民政府办公厅转发〈黑龙江省社会治安综合治理委员会贯彻落实《中央社会治安综合治理委员会关于加强社会治安防范工作的意见》的实施方案〉的通知》(黑办发〔2003〕10号)精神,把各级社会治安综合治理办公室办公经费和社会治安防范经费列入年度财政预算。要按照"取之于民、用之于民"、"谁受益,谁出资"、"谁受益大,谁多出资"的原则,多方筹集资金,解决城市防范经费不足的问题。农村要本着"村民自愿"、"不增加农民负担"的原则,通过村民大会,一事一议,解决聘雇专职治安员的经费,并可实行治安承包,与家庭联产承包制并轨运行。县级以上综治委要多方筹措见义勇为奖励基金,解决因见义勇为伤残、牺牲人员的补助和抚恤问题,鼓励群众勇于同违法犯罪分子作斗争。同时,要逐年增加对政法工作的投入,保证政法部门的办案经费,改善政法部门的装备,走科技强警之路。

5.搞好对创建工作的考评。从2004年开始,"平安县(市、区、局)"由各市(地)、系统申报,省综治办负责组织年度考评,经省综治委审定后由省委、省政府命名。对平安县(市、区、局)的考评要严格按照确定的标准对标,其中有一条不达标的不能评为"平安县(市、区、局)"。同时,对已命名的"平安县(市、区、局)"实行动态管理,下一年的考评要对上一年已命名的"平安县(市、区、局)"的情况进行复查,对已不够"平安县(市、区、局)"标准的予以摘牌。考评中,如发现弄虚作假、骗取荣誉的,取消其申报资格,并追究责任,给主要责任人以党纪、政纪处分。对各市(地)、系统创建工作的考评标准是:其所属县(市、区、局)第一年有40%达到平安标准,第二年累计有60%达到平安标准,第三年累计有80%达到平安标准,即为全省年度社会治安综合治理达标单位。

全方位排查　深层次督办 积极探索新形势下矛盾纠纷 排查调处的新途径

中共哈尔滨市委　哈尔滨市人民政府

近年来，哈尔滨市委、市政府始终把抓稳定、促发展作为确保全市长治久安的根本大计来抓。特别是今年以来，市委、市政府提出："创建平安哈尔滨"，把维护社会稳定工作作为创建工作的重要内容，把排查调处矛盾纠纷作为正确处理人民内部矛盾，预防和减少犯罪及群体性事件的首要环节，集中排查调处了一大批影响社会稳定的矛盾纠纷，有效地保持了全市政治和社会的稳定局面，促进了改革开放和经济建设的顺利进行。

一、适应新变化，在矛盾纠纷排查调处方法上创新

随着改革的深入，各类矛盾纠纷产生的原因、表现的方式、排查调处的难易都发生了很大的变化，新形势下矛盾纠纷的新变化，要求我们在排查调处的方式方法上要与之相适应。通过大量的工作实践，我们总结出了一套行之有效的工作方法，即全方位排查，点线面结合，分层面调处，深层次督办。

在矛盾纠纷排查中，突出"全方位"，即全口径拉网式排查，不留死角、死面。主要采取三种方式：一是在时间上，采取经常性排查和集中排查相结合。正常情况下，每季度进行一次，遇有紧急情况和特殊情况组织力量集中时间、集中人力进行集中排查。如2003年"五一"、"十一"期间，我们在全市搞了两次大的集中统一行动，共排查出矛盾纠纷1196件，列入市级重点问题66件，都得到了很好的解决。今年以来，全市共排查出不稳定问题1187个，已经化解了1108个，占总数的93.3%，其中，涉及影响全市稳定的群体性矛盾231个，已化解187个，占群体性矛盾总数81%。二是在地域上，采取以块为主的方式进行全面排查，各区、县(市)对所辖地区包括中直、省直单位进行地毯式排查。三是在系统内按分管战线和部门职能进行多层次排查。如公安、信访、民政、劳动、城建等部门和市总工会、团市委、妇联等群团组织，分别按照各自的职能逐级进行排查。

在矛盾纠纷的调处上，我们的主要方法是突出"深层次督办"。针对排查出的各类矛盾纠纷，采取标本兼治、先急后缓、先重后轻、循序渐进的办法解决。即一般矛盾立即调处，对久拖不决的重大问题、涉及多部门的复杂问题、改革过程中的敏感问题，作为工作重点，列入督办限期解决。工作中，我们努力做好"四个统一"，即把维护人民群众长远利益与实现人民群众现实利益统一起来；把解决影响经济的体制障碍和解决经济生活中的突出矛盾统一起来；把改革的具体谋划、统一部署与分步实施、有序推进统一起来；把改革的力度，发展的速度与社会可承受的程度统一起来，做到在社会稳定中推进改革发展，通过改革发展促进社会稳定。

在调处方法上，一是发挥职能部门作用，充实、加强信访部门力量，投入人力、财力，强化信访监督，加强信访形势分析，及时掌握信访动态。二是夯实基层基础，调动三方面力量形成合力。首先发挥人民内部调解组织作用，其次利用行政调解手段，再次采取司法调解手段。三是发挥维稳成员单位职能作用，定期召开会议听取部分成员单位述职，研究、分析全市维稳形势，对重大问题、复杂问题按矛盾涉及部门分解落实，列入督办，动员各方面力量，合力攻坚，全力调处化解。

在调处手段上，强化对深层次矛盾纠纷的调研、分析和督办落实。把工作的着眼点放在因改革、改制引发的企业方面问题及农村费税改革、土地问题方面，对各类矛盾纠纷进行分门别类，做到了“三个清楚”，即对排查出来的矛盾纠纷性质搞清楚；产生问题的根源弄清楚；解决问题的办法想清楚。对影响全市稳定大局的重点问题，采取点、线、面相结合，三级督办方式进行。即市级督办抓点，系统督办抓线，属地督办抓面。市级督办的问题是影响全市不稳定的重大问题、复杂问题和涉及多部门久拖不决的老大难问题，由市委办公厅督办室牵头督办落实，根据市委常委分工落实包案领导、包案部门限时解决；系统督办的问题是影响有关行业、系统的重点问题，由市委维稳办牵头，对相关市直部门进行督办，下发督办通知，限期解决；属地督办的问题是影响局部地区的重点问题，由市委维稳办牵头，对相关地区进行督办，下发督办通知，限期解决。

二、探索新机制，在矛盾纠纷排查调处制度上创新

一是定期排查制度。乡镇(街道)和村(社区)坚持每半个月集中排查一次，每月列“台账”汇总上报区县(市)；区县(市)每月集中排查一次，每季列“台账”汇总一次报市。市每季度将基层上报问题列入“台账”，按照矛盾性质，划分类别，分级调处。对重点矛盾纠纷及时协调，及时解决。坚持抓早抓小抓苗头，确保情况早知道，工作早到位，问题早解决。

二是重大矛盾纠纷报告制度。各地区、有关部门和单位定期填报矛盾纠纷排查调处工作推进表，并且对有影响的重大矛盾纠纷写出专题报告，汇报排查情况，弄清问题成因和症结，提出相关建议。市委维稳领导小组定期听取重大矛盾纠纷调处进展情况。

三是重点矛盾纠纷挂账督办制度。市委维稳办对重大、疑难、复杂矛盾纠纷采取会议督办、组成督导组面对面指导督办、下发督办单限期督办等方法，对排查出的可能引发群体性事件或问题严重、影响较大的矛盾纠纷，以及领导批示的重大事项等实行挂账督办。几年来，全市共督办重大问题26件，办结率100%，使一些热点、难点问题得到有效的解决。

四是领导包案制度。对于严重影响全市社会问题稳定的重大问题，分级落实领导包案，做到包力量组织、包情况调查、包处理措施、包结果反馈，一包到底。

五是矛盾纠纷协调例会制度。市委维稳办对每季度各地区、各部门上报的矛盾纠纷排查和调处中的各类问题进行梳理，筛选出那些一时难以调处或单靠某一部门无法调处的重点、难点问题，召开维护社会稳定工作领导小组会议研究，并确定按问题的性质，管辖的范围等召开协调例会。几年来用协调例会的方法解决各类矛盾纠纷的问题12件。

六是责任追究制度。为了健全维护社会稳定的工作的责任制，我市按照中央和省委有关规定制定了《关于对发生严重危害社会稳定重大问题的地方实施领导责任追究的意见》，对排查解决矛盾纠纷不力，造成群体性上访事件或激化矛盾、扩大事态的个别地区和单位，坚决追究有关领导及责任人的责任，实行“一票否决”。从2002年起全市实行了《维护社会稳定目标任务百分考核》，纳入年终考核之中。通过严肃法纪、追究责任、强化监督，矛盾纠纷排查调处工作逐步形成党政领导负总责、各部门和单位各司其职，各负其责，真抓实管的局面。

实行调访一体化　努力维护社会和谐稳定

中共绥化市委　绥化市人民政府

绥化是一个农业大市，去年粮食总产达129亿斤，但是工业基础薄弱，人均占有财力较低。近些年来，随着改革的深化，基层有许多深层次矛盾问题逐渐暴露出来，群众上访尤其是越级访和集体访大量增加，居高不下。仅2003年上半年，我市就有7个县（市、区）被列为进京到省越级上访重点管理单位，市县两级党委、政府面临的信访工作压力很大。

在县、乡机构改革中，2002年年底省司法厅要求将人民调解组织建到乡级，更好地发挥其在维护稳定中的“第一道防线”作用，从根本上预防和解决纠纷。市委、市政府紧紧围绕“改革、发展、稳定”的主题，积极开创加快发展的崭新局面，责成市司法局在我市最大的县份——海伦开展调查研究，积极探索基层维护稳定与人民调解工作新的结合点。调查发现，当前群众上访多的原因，除地域经济发展迟缓、历史欠账多，不能及时实现群众的切身利益外，更主要的还是基层部门、单位的职能作用发挥得不够好。一是基层单位领导无暇管。发展经济、引联项目、招商引资是落后地区加快发展的当务之急，基层党政领导投入到解决矛盾纠纷上的时间相对减少，久而久之，导致问题积压，矛盾激化。二是人民调解组织无力管。对一些涉及政策性、法律性的纠纷不便插手，再加上办公经费及补贴多年来一直未能很好落实，基层同志工作积极性不高，调解组织难以发挥应有作用。三是信访机构断层无人管。乡村两级信访网络不健全，甚至乡镇一级都没有专门机构，一般由秘书兼任信访接待员，常出现“谈起信访有人抓，出了问题没人管”的现象，使许多原本在基层能够化解的矛盾问题得不到及时妥善处理，导致越级上访大量增加。通过调查分析，市委、市政府研究决定，让人民调解组织主动介入乡村信访工作，实行“调访一体化”，在不增加机构的情况下，整合工作力量，集中攻坚克难，破解基层的维稳工作难题。

随即，我们确定在农业大市海伦、工业大市安达先行试点。试点结果，仅四个月海伦市信访总量和越级上访量就分别下降了51%、45.7%，安达有70%的信访问题在基层得到有效解决。人民调解组织主动介入信访、实行调访一体化取得了成功。2003年7月我市全面推开了这种工作模式。工作中，我们着重抓了四个环节：

一是健全县乡村三级网络，确保机构设置到位，使基层信访工作有人管。县级成立以分管政法、信访工作的领导为组长的领导小组，下设调访中心，主任由信访办、司法局主要领导担任，人员从政法各部门、信访办及律师事务所、公证处抽调组成；乡级也相应成立以分管领导为组长的领导小组，并依托人民调解委员会在司法所设立调访办公室，主任由乡镇（街道）调委会主任（即司法所长）担任；村级依托调委会设立调访室，主任由村（社区）人民调解委员会主任担任，同时按照每20户配备1名的比例在村（居）民组中选聘党团员、非党积极分子担任信息调访员，具体承担此项工作。

二是明确责权利三者关系，确保职能整合到位，使司法行政机关有职责管。（1）县级调访中心实行联系会议制度，主任在信访办负责全面工作的组织指导，对领导小组负责并汇报工作；副主任在司法局调度人员与相关部门协调、对接，并负责检查、督促、考评基层调访办的工作。（2）乡级调访机构隶属县级司法局，实行双重领导，并接受县级信访办的业务指导。具体负责接待、调处本辖区内跨村（社区）的纠纷和信访问题，组织村级调访信息员排查苗头性、倾向性矛盾纠纷，并及时向上级有关部门报告情况。（3）村级调访室受所在党支部和乡级调访办双重领导。具体负责调解当地因政策落实不到位而引发的信访问题和情况简单的民间纠纷,及时报告重大疑难问题并协助上级组织搞好调查处理。(4)村(居)民组调访信息员负责调解家庭邻里间的一般性矛盾纠纷,排查掌握村(居)民中苗头性纠纷和信访动向,并及时向乡村调访组织报告。乡、村两级调访办主任列席同级党、政班子会议,工作表现出色的调访信息员在同等条件下可优先参军、入党、提干。

三是抓住人钱物三个重点,确保硬件配备到位,使人民调解组织有兴趣管。市委、市政府规定,按照每人每月100元的标准和调访组织的实际支出,将基层调访组织的工作经费按7:3的比例纳入县、乡财政预算,并按照误工补工、按功奖赏的办法兑现调访信息员工作报酬;按照大乡镇5人、小乡镇(包括街道、社区管委会)3人的标准核定乡级调访人员编制,司法所人员不足的从政府机关中调剂解决。以办公用房和基本设施为重点,采取"调、串、买、借"等办法,使司法所达到有办公室、调解庭、工作流程图板、计算机、通讯工具、交通工具的"六有标准"。

四是构筑防调处三重体系,确保机制建设到位,使调访治访息访有制度管。结合普法工作,加强对基层政权依法行政的监督,采取定期与不定期排查结合,及早掌握并随时报告矛盾纠纷苗头和信访动态,在第一时间介入调处,做到"抓早、抓小、抓了",从源头上减少不稳定问题的发生。对于重大疑难问题由调访中心召集联席会议研究,涉事单位和有关主管部门分工协作,搞好衔接配合、跟踪督办、调处化解和回访复查,确保矛盾纠纷不升级、信访问题不激化。同时,将调访工作纳入基层党政领导和有关工作人员的实绩考核,对因工作不负责任而引发群体性事件的,视情节予以通报批评、警告,直至撤职、解聘,严格追究责任,力求各种矛盾问题小范围、快速度、高质量、一次性地得到解决。自人民调解组织介入信访工作以来,全市共调解各类矛盾纠纷3.9万件,调处成功率达98.2%,化解集体、越级访210件,防止民转刑案件190件。2003年群众上访总量降幅达30%;2004年农村"一免两补"政策推行后,尽管上半年农民反映土地问题的集体访、个人访分别占到了21%和37%,到市上访量也有抬头趋势,但群众越级到省集体访的批次、人次同比分别下降52%和64%,个人访下降50%,进京上访同比也下降了19%。

两年来的工作实践,我们有以下三个方面的切身感受:

1. 司法机关在机构改革中,只有摆正位置,才能受到人民群众的普遍欢迎。由于司法所、调委会主动介入调访工作,认认真真地为群众办实事、解难题,现在已把司法所和调委会的干部当成了贴心人,在遇到矛盾纠纷时,特别欢迎通过人民调解,在平和的气氛中解决纷争,而不愿意再像过去那样动不动就上访、告状。群众感慨地说:"以前有事没人管,跑了很多冤枉路,花了许多大头钱,如今不用出门就解决了问题,既快又好还省钱。"

2. 弱职部门在工作谋划时,只有进入角色,才能赢得党委政府的高度重视。司法局、所作为基层政法系统中职能相对较弱的部门,只有充分发挥专业优势,创造性地主动开展工作,才能赢得地方党委政府和人民群众的支持和信任。实行调访一体化,使各级党政领导对人民调解的作用有了新的认识,地方党委政府开始全力去扶持基层司法行政工作。望奎是全省十弱县之一,在人事、财力极为紧张的情况下,不仅给司法所增加10个编制接收省司法警官职业学院毕业生,还把基层调解组织的办公经费、人员补贴及时足额纳入了财政预算。庆安县委为提高司法所地位、调动工作积极性,把11名司法所长吸收为乡镇党委委员。很多乡镇宁肯让副职挤在一间办公室办公,也要保证司法所用房,一些乡镇党委书记还主动把自已用的微机和汽车送给司法所使用。

3. 基层单位在业务拓展上,只有开拓创新,才能取得长足的发展和进步。实行调访一体化后,老百姓的烦心事有人管了,基层党政领导犯难的信访工作有人干了,基层司法行政工作的社会地位也随之提高了,获得了"一举三赢"的良好效果。我市司法行政基层工作所发生的变化可概括为三句话:一是人民调解工作从来没有像现在这样富有活力;二是基层的法制宣传和法律服务工作从来没有像现在这样线长、面广;三是司法所的工作环境从来没有达到现在这样优良。

我们觉得,这项工作的现实意义在于:第一,它符合“以人为本、执政为民”的要求，是践行“三个代表”重要思想的具体体现。由于把倾听群众呼声的窗口和解决问题的场所放在了最基层，使群众的意见及时就近反映，问题迅速有效解决，拉近了党委、政府与群众的距离，在干群间架起了一座连心桥。同时，还可避免群众因跑县城、走省城、进京城上访而增加不必要的负担，实现零成本解决纠纷，省时、省力、省心、省钱，不仅领导安心，群众更舒心。第二，它符合“平安龙江、法制龙江”的要求，是维护当前社会稳定局面的重要举措。以基层为重点，以司法为依托，坚持标本兼治，实现化解基层矛盾纠纷关口前移、重心下沉，筑牢人民调解的第一道防线、把住信访工作的第一道关口，将矛盾纠纷发现在基层、化解在萌芽状态、消除在激化之前，让领导不再为信访而发愁、百姓不再为纠纷而犯难，政通人和、安居乐业的局面得到进一步巩固和加强。第三，它符合“大调解、大服务”的要求，是贯彻依法治访相关决策的实际步骤。运用人民调解手段处理信访问题，既提高了调解的权威性，又逐步将解决这类问题引入法制轨道，使各级党政领导从中解脱出来，扑下身子抓经济。同时，在大量涉法问题得以及时解决的过程中也宣传了相关法律和政策，引导人民群众学法、知法、懂法、守法，对教育群众理性合法表达思想意愿、维护权益具有积极作用。第四，它符合“做大做强司法行政”的要求，是加强基层司法行政工作的成功探索。想领导所想、急群众所急，上为政府分忧、下为百姓解难，这支队伍自然也就成为地方各级党委、政府离不开、替不了、信得过的好帮手，使基层司法调解工作拥有了更加有利的政治环境和坚实的群众基础。

黑龙江省社会治安综合治理委员会组成人员

主　任：杜宇新　省委常委、政法委书记

副主任：王东华　副省长、省公安厅厅长

徐衍东　省高级人民法院院长

徐　发　省人民检察院检察长

薄宏奎　省委政法委副书记

徐申田　省委政法委副书记

刘显富　省委政法委副书记

委　员：（按姓氏笔画排序）

于子林　省建设厅副厅长

马学权　中国网通黑龙江省通信公司总经理

马明武　省委政法委副秘书长

王　野　省交通厅纪检组长

王　敏　省计划生育委员会副主任

王宝秀　省新闻出版局局长

王泽志　省总工会副主席

王春力　省邮政局副局长

王建成　省财政厅助理巡视员

王滨起　省司法厅厅长

孔祥君　哈尔滨海关关长

卢振环　省委高校工委书记、省教育厅副厅长

宁士敏　省旅游局局长

成学勤　哈尔滨铁路局副局长

刘玉华　省工商局副局长

刘柏常　省委副秘书长、办公厅主任

许　安　省政协社会和法制委员会主任

李　斌　省卫生厅副厅长

李海涛　省经贸委副主任

沙广华　共青团黑龙江省委副书记

沈玉成　省民政厅厅长

宋宏伟　省文化厅副厅长

张　信　省委组织部部长

张成国　省纪委副书记

张爱民　省妇联副主席

张松龄　省长助理、省政府办公厅主任

陈庆民　省军区司令部副参谋长

陈永芳　省委宣传部部务委员、省精神文明办副主任

苑宝山　省人大内务司法委主任委员

国剑尘　省委610办公室副主任
周兴海　省广播电视局副局长
赵勤义　省委宣传部副部长
秦玉德　省劳动和社会保障厅厅长
徐　江　省国家安全厅副厅长
袁晓光　黑龙江日报社副主编
郭　岩　省纪委派驻省委政法委纪检组组长
郭庆田　省人事厅助理巡视员
董　明　省武警部队副总队长
路书军　省电力有限公司总经理

黑龙江省市、县(市、区)综治委、办主任名单

地　区	综治委主任	综治办主任
哈尔滨市	邹新生	田　岚
道里区	刘世勋	姜凯利
南岗区	杨德利	李学峰
道外区	韩春生	王维新
太平区	孙洪庆	温东升
香坊区	刘英俊	方世功
动力区	赵崇福	夏　云
平房区	王基林	王　平
双城市	郭景友	王会清
尚志市	王维发	周学军
五常市	王晓春	韩　光
阿城市	罗英杰	王凤春
呼兰县	王瑞军	曾凡彬
依兰县	刘凤仁	姜春林
方正县	孙　玉	张忠太
宾　县	刘跃民	张立平
巴彦县	黄仕平	聂福轩
木兰县	李大庆	刘洗海
通河县	封殿辉	尹国志
延寿县	王少维	解臣一
齐齐哈尔市	沃岭生	窦长海
龙沙区	宋　洋	李向仁
建华区	尹志平	朱景成
铁锋区	关宇新	汤治雄
昂昂溪区	王　伟	颜承茂
富拉尔基区	吕和兴	赵利军
碾子山区	刘晓东	刘景森
梅里斯区	胡绍春	李金龙
讷河市	李国仁	于宏雁
龙江县	崔凤臣	张海成
依安县	宫贺廷	杜俊祥
泰来县	张景书	张新国
甘南县	沈会斌	梅连生
富裕县	翟志学	周铁成
克山县	牛明杰	张忠瑜
克东县	刘忠良	杨志超
拜泉县	曲欣文	周　方
黑河市	许百川	魏景新
爱辉区	王　峰	韩　杰
北安市	侯　明	丁宝森
五大连池市	丁爱辉、赵宪英	周杨柱
嫩江县	李泽国	李振生
逊克县	田有奎	刘贵忠
孙吴县	郭华东	孙吉太
大庆市	李福民	
萨尔图区	张文才	周洪源
龙凤区	苗　齐	孙永玲
让胡路区	关玉璞	郑彦鹏
大同区	郑大泉	邵树信
红岗区	曹　敏、于　宸	刁国君
肇州县	李延国	杨延辉
肇源县	包立平	周淑玲
林甸县	杨弘宇	张化祥
杜蒙县	程学力	曹国辉
伊春市	杨文学	王通达

地　区	综治委主任	综治办主任
伊春区	曲树林、霍明星	刘仁贵
南岔区	马伟彬	尚有勤
友好区	张　安、王曼野	藏立祥、安国臣
西林区	刘锡慧	鄂文超
翠峦区	刘利敏	姜彦凌
新青区	苏联合	程志广
美溪区	张春鹰	张建平
金山屯区	赵延廷	姚景双
五营区	董亚光	宋国祥
乌马河区	张　奎	张兴田
汤旺河区	张继忠	梁振超
带岭区	屈慧彬	黄耀林
乌伊岭区	王中国	李景忠
红星区	郭　勤	王　彪
上甘岭区	焦丕泰	杜宇青
铁力市	李庆生	栾耀华
嘉荫县	金达人	张治山
铁力林业局	刘福春	李振学
桃山林业局	肖亚英	刘维德
朗乡林业局	戴云波	张连江
双丰林业局	贺绍峰	葛军明
鹤岗市	单增庆	邹奉玺
兴山区	吴沈义	刘　斌
向阳区	唐德宏	来振朝
工农区	杨国贤	周会福
南山区	张爱萍	刘树德
兴安区	孔令艳	杨世春
东山区	应　博	郑宗悦
萝北县	宁吉敏	左传文
绥滨县	王学科	刘远清
佳木斯市	贺旭武	王树壮
前进区	马德聪	颜　华
向阳区	毛德中	薛宝礼
东风区	王君义	伦晓青
郊　区	宁淑艳	白银杰
同江市	于广渊	袁晓娟
富锦市	宗　毅	王红钧

地　区	综治委主任	综治办主任
桦南县	李广兴	付　力
桦川县	黄金华	杨旭文
汤原县	孙希平	郭　立
抚远县	张庆艳	郭子峰
双鸭山市	徐维众	张　奇
尖山区	程子岳	欧阳林友
岭东区	蔡洪生、姜文宇	
四方台区	赵　杰	李国刚
宝山区	汝少华	李　辉
集贤县	朱凤娥	张士友
友谊县	王世明	杨明刚
宝清县	邓国奎	王恩伯
饶河县	王炳红	张永笑
七台河市	潘乃仓	杨志杰
桃山区	施小侠	黄忠伟
新兴区	毕淑荣	李忠彦
茄子河区	赵振宇	王奎国
勃利县	傅银桥	戴　林
七煤集团公司	刘景录	徐　强
鸡西市	刘义昌	龙雨洲
鸡冠区	李廷海	靳士良
恒山区	李洪旭	吴瑞星
滴道区	孙学成	李广镇
梨树区	吕铁铜	姜学成
城子河区	李敬堂	张书臣
麻山区	韩德印	顾国孝
虎林市	魏凤兰	邱振华
密山市	李连春	赵树贤
鸡东县	常　斌	马　微
牡丹江市	田立军	连福德
爱民区	吴　强	张玉洁
东安区	王友谊	丁东哲
阳明区	张本仁	柏树莉
西安区	张　虹	刘国良
穆棱市	李大义	蔡云飞
绥芬河市	迟庆健	刘云亭
海林区	李文彦	吴万金
宁安市	李新平	汪　军
东宁县	王晓光	朱忠心
林口县	国　清	乔正琨

地区	综治委主任	综治办主任
绥化市	张文明	韩 利
北林区	倪继锋	孙 颖
安达市	白坦然	单孝文
肇东市	周 衍	王 岩
海伦市	王秀平	王延昭
望奎县	盛 威	
兰西县	李树春	车 忠、赵利民
青冈县	周广耀	
庆安县	李松国	宿世和
明水县	范树林	齐志学
绥棱县	盛 威	杨守国
大兴安岭地区	朱洪祥	郭文柱
呼玛县	张连玉	王景立
塔河县	李玉才	王洪志
漠河县	曹文华	陈志林
新林区	陈景文	姜凤霞
呼中区	刘海森	裴 君
松岭区	王志学	罗德新
加格达奇区	林德臣	刘春阳
阿木尔林业局	付学军	陶小川
十八站林业局	崔希林	薄文学
韩家园林业局	李广才	梁子辉
加格达奇林业局	姜国学	刘建军
图强林业有限公司	赵文贵	张德贵
省农垦总局	韩乃寅	
宝泉岭分局	王立明	杜玉魁
红兴隆分局	赵登臣	康岩君
建三江分局	王甲林	侯吉亭
牡丹江分局	丁元森	高福东
北安分局	季世春	孙长军
九三分局	常绍锋	陈守范
齐齐哈尔分局	杨喻晓、周昊旬	蔡胜义
绥化分局	沈瑞忠	王忠武
哈尔滨分局	蔡良柱、张玉良	
省森工总局	高金芳	吴英福
松花江林管局	刘宝臣	马桂英
通北林业局	李明志	房德顺
亚布力林业局	王 生	马延林
清河林亚局	王 军	高宏琴
沾河林业局	毕雪峰	
山河屯林业局	朱维良	
苇河林业局	李奎军	郭子刚
绥棱林业局	秦旭光	袁 威
方正林业局	姜 峰	张幼海
兴隆林业局	林玉文	王静波
牡丹林管局	关振武	闫培通
大海林林业局	王振廷	仲伟良
八面通林业局	苗秀生	林长山、王榜杰
东京城林业局	包国臣	孟庆恒、关忠志
绥阳林业局	孙志斌	王兴林
柴河林业局	马忠祥	

地　区	综治委主任	综治办主任
穆棱林业局	李成林	李连诚
海林林业局	王明远	王增瑞
东方红林业局	朴忠禄	孙洪堂
林口林业局	杜逢江、黄淑兰	邹宝文、谷庆伟
迎春林业局	李久林	朱伟民、范传华
合江林管局	王敏学、徐志臣	柏　义
鹤立林业局	戴惠民、于静波	陈金江
双鸭山林业局	蒋国良	姚树春
鹤北林业局	孙　发、马德弟	李大滨

地　区	综治委主任	综治办主任
桦南林业局	戴惠民	尉昌明
哈尔滨铁路局	何洪达	周连喜
哈尔滨铁路分局	王占柱	毛永久
齐齐哈尔铁路分局	李志文	徐占文
牡丹江铁路分局	董　琦	张玉光
佳木斯铁路分局	罗汉森	何世保
海拉尔铁路分局	郝宝延	罗运田

（撰稿人：杨忠军
审稿人：王爱文　崔红星）

上 海 市

2004年上海市社会治安综合治理工作概况

2004年，在上海市委、市政府的领导下，本市社会治安综合治理工作认真贯彻十六届三中、四中全会和中央综治委"南昌会议"、"杭州会议"精神和陈良宇同志年初对本市综合治理工作的重要批示精神，落实"打防结合、预防为主"方针，全面推进预防犯罪工作体系建设，努力提高社会治安防控能力，全市没有发生影响全局稳定的重特大案(事)件，为上海改革开放和社会发展提供了良好的社会环境。

一、继续坚持"严打"方针，解决突出社会治安问题

始终保持"严打"的高压态势。全市各级公安机关有针对性地开展了"侦破命案"、打击"两抢"、盗窃公共设施、扒窃等一系列专项行动，侦破了一批有影响的大案、要案和积案。全年，全市共侦破各类刑事案件41402起，其中八类刑事案件7031起。检察院、法院与公安部门密切配合，加快对犯罪嫌疑人的批捕、公诉、审判工作，推动"严打"斗争深入开展。

深入开展专项整治行动。全市共排查出治安复杂地区41个，其中市级19个、区县级22个。通过整治，1至10月治安复杂地区共立刑案1872起，同比下降20%，其中"八类"、"两抢"和入室盗窃案件同比分别下降41%、30%和44%，辖区居民群众的安全感和满意率显著提高。不间断地组织"禁毒"、"禁赌"、"扫黄打非"和"网吧整治"等专项行动。全年，全市共查处各类治安案件138606起，其中"六害"案件36152起。大力开展学校及周边治安综合治理，并针对本市学校周边存在的交通安全问题，于11月中旬起，集中开展学校周边交通安全专项整治，重点解决全市114所学校门口的交通安全隐患。持续开展铁路护路联防工作，经过路地联手整治，有效遏止了本市铁路吴泾线和南何支线上十年久治不愈的偷扒焦炭的治安顽症。

完善社会治安分析评估制度。对2002年10月下发的《上海市社会治安分析评估试行办法》中的部分评估指标进行了补充调整，增加了评估次数和时空分析内容。4月，市委办公厅转发了《上海市社会治安评估分析实施办法》。按照《实施办法》，全年对全市治安形势进行了4次评估分析。

二、大力化解人民内部矛盾，维护社会稳定

强化维护社会稳定领导责任制。各级党政领导牢固树立和全面落实科学发展观和正确政绩观，坚持"一手抓发展、一手抓稳定"，对突出的矛盾纠纷进行专题研究部署，面对面做群众工作，促进了重点突出矛盾的化解，并在排查化解的基础上，多渠道开展工作，扩大化解效果。针对年初以来本市进京上访增幅较大的实际情况，有关区县和信访等部门的领导直接进京做工作，有效劝返进京上访人员。

加强矛盾纠纷排查信息工作。各地区、各单位建立自下而上的信息网络，扩大信息来源，严格信访预报制度，将可能越级上访的人员尽可能纳入工作视线，避免和控制越级上访。据统计，1至10月，全市共排出突出矛盾590件，其中调处化解138件，占总数的23.4%；疑难信访843件，其中化解109件，占总数的12.9%；缓解294件，占总数的34.9%。

探索发展人民调解工作。根据中央综治委"杭州会议"精神，学习浙江"枫桥"经验，积极探索人民调解工作全覆盖和专业化建设发展。在个体劳动者协会、私营企业协会和各类开发区等发展行业性、区域性调委会。试点组建了"人民调解李琴工作室"等专业性调解组织机构，较好地解决了调解工作专门经费和专门力量问题，强化了街道、乡镇调委会的工作职能。目前，全市共有各类调解组织6064个，调解人员34885人。全年，全市受理民间纠纷74526起，同比上升6.92%；已结纠纷74439起，同比上升8.96%。防止民间纠纷激化引起自杀事件71起，凶杀案件113起。

三、全面推进预防犯罪工作，探索社会化管理

全面推进预防犯罪工作体系建设。市禁毒办、社区矫正办和社区青少年事务办三个专业管理机构已完成组建工作。2月18日，禁毒社团的“上海市自强社会服务总社”、社区矫正社团的“上海市新航社区服务总社”和社区青少年事务社团的“上海市阳光社区青少年事务中心”正式挂牌，市委副书记、市综治委主任刘云耕同志和市委常委、市委政法委书记吴志明同志莅临现场为社团揭牌。5月31日，市综治委、市委政法委联合召开全面推进体系建设动员大会。会后，各区县和市有关部门迅速行动，积极落实体系建设的各项工作。8月1日全市各区县的社工全部正式上岗。全市现有社工1308人，其中禁毒社工372人、社区矫正社工422人、青少年社工514人。目前已建成社工工作对象档案70634份，建档率70.5%；开展个案1766个，个案服务25780人次，开展小组工作146个；成功推荐就业1200余人次，成功推荐技能850余人次。

继续规范政府购买服务。市综治委、市委政法委加强指导协调，在明确权利义务的基础上，制定并签订了《政府服务采购合同》，《合同》明确规定了服务对象、服务内容和服务要求，用法律形式确定政府购买服务这种新的社会管理机制。三个社团着力完善社团机制，提高自我管理水平，将规范建设放在工作的首位，理顺各种工作关系，通过简报等形式积极反映、总结社工工作，全面做好与所聘社工相关的工资、福利等各项管理工作。社工上岗后工作积极性高，做了大量的基础工作，千方百计地帮助工作对象解决各种困难。

四、努力加强基层基础工作，提高社会治安防控能力

完善综合治理考核奖惩机制。在区县、委办新一轮综合治理工作责任书签约的基础上，进行了2002—2003年度综合治理工作考核，严格按照考核得分评定先进。3月25日，市综治委隆重召开“2002—2003年度上海市社会治安综合治理和基层创安工作表彰大会”。刘云耕同志出席会议并讲话。会上，对199个市综治工作先进集体和189名市综治工作先进个人进行了命名表彰，同时还对1156个市级“安全小区”和62名市创建“安全小区”工作优秀组织者进行了命名表彰。

继续推进基层创安工作。市精神文明办、综治办、公安局和禁毒办联合制定下发了《关于2004—2005年度本市开展基层创安活动的意见》，将创安活动从小区向社区延伸，从国有大中型企业向非公有制经济组织延伸。提高科技创安水平。市综治办、市公安局、市房地局联合制定下发了《关于进一步加强社区科技防范设施建设的意见》，明确了社区科技防范的目标、重点、措施。11月5日，市综治办、市公安局、市房地局联合召开“上海市推进社区科技防范设施建设管理工作交流会”，总结经验，部署工作。

加强基层综治组织建设。为认真贯彻中央综治委和中央编办《关于加强乡镇、街道社会治安综合治理基层组织建设的若干意见》，市综治办和市编办通过联合调研，制定下发了《关于加强本市街道、乡镇综治委、综治办建设的意见》，对街道、乡镇综治委、办的职责和街道、乡镇综治办的机构设置、领导力量等问题，提出了改进意见。

五、深入开展综治宣传调研，推动各项工作健康发展

组织社会治安综合治理宣传月活动。3月，以纪念党中央、国务院关于加强社会治安综合治理两个《决定》发表13周年为契机，在全市全面开展综合治理宣传月活动。通过座谈会、讲座、黑板报等形式，向广大市民宣传综合治理的方针、政策和先进典型、先进经验，提供法律服务。6月，按照国家禁毒委的要求，开展了以在校学生为重点的禁毒预防宣传教育月活动。9月起，在华东政法学院开设综合治理实务讲座，迄今共举行了9次专题讲座。

进一步做好见义勇为人员奖励保护工作。坚持每月开展“见义勇为表彰宣传日”活动，对社会影响大的见义勇为人员做到即时表彰，对其事迹做到即时宣传，对确有困难的见义勇为人员尽力给予帮助。全年，共表彰市级见义勇为先进分子166名。

开展综治理论研究。市综治办根据市委和市

综治委领导的要求，就八小时以外的治安管理、群防群治队伍的整合和街面图像实时监控等题目进行调研，形成了可供领导决策的依据；同时，开展完善社会治安防控体系的调研活动。各区县、委办综治办也都结合各自的实际，确定了调研题目，制定了调研规划。在“社会转型期综合治理工作理论研讨会”上，一批优秀论文和论文组织者获得表彰。

2004年的综治工作虽然取得了一定的成绩，但也存在着一些薄弱环节：影响社会稳定的矛盾和不安定因素不断增多，刑事案件和八类刑事案件总量升幅较大，外来流动人口违法犯罪比重持续升高。管理相对滞后，新的工作手段跟不上形势发展的要求，综治委成员单位作用发挥得不够充分。

“严打”整治斗争情况

2004年，各级公安政法机关认真贯彻打防并举的方针，巩固、发展“严打”斗争成果，充分履行职责，深入开展“严打”整治斗争，维护良好的社会治安秩序，基本达到了“发案少、秩序好、社会稳定、群众满意”的预期目标。全年共破获刑事案件41402起，其中破获“八类”主要案件3073起；破获各类经济案件3097起，挽回经济损失14.1亿元；打击和处理各类违法犯罪嫌疑人23832人。

一、快侦快破了一批重大案件

以开展“命案侦破”专项行动为龙头，不断完善侦查破案工作机制，逐级落实破案责任，进一步提高破案攻坚能力，成功破获了本市19年前系列抢劫杀人案、11年前杀人抛尸案、“4.7”扬言爆炸复旦大学案等一批有较大影响的案件，现行命案破获率达89.5%，受到了市委、市政府和公安部领导的充分肯定和高度评价；切实加强对多发性侵财性刑事案件的时空分析，不断加大串并案侦查工作力度，组织开展了打击“两抢”、入室盗窃、扒窃、盗窃“三车”、利用手机短信和网络诈骗犯罪等专项活动，成功地破获了“5.13”价值69万美元特大钻石盗窃案、淮海路街头打电话少女铜像被盗案等一批有较大影响的案件；组织开展了整治金融票证、打击地下钱庄、打击虚开货物运输发票和制售发票、侵犯知识产权犯罪等专项行动，严厉打击各类经济犯罪活动，切实维护市场经济秩序。

二、大力整治突出治安问题

加强对新一轮41个市、区(县)级治安复杂地区的整治工作，取得了一定效果。市、区(县)两级治安复杂地区共查处“黄、赌、毒”案件715起，一些路段(场所)公开贩黄、路边招嫖、街面贩毒、聚众散发非法广告有所收敛，个别地区扒窃、强讨恶要、收销赃车等现象明显减少，治安秩序明显好转，群众安全感、满意率进一步提高；组织开展了打击淫秽色情网站等专项行动，共侦破淫秽色情网站专案57起，查处“黄、赌、毒”案件35852起，有效遏制了“黄、赌、毒”等社会丑恶现象的蔓延势头，进一步净化了社会治安环境。截止10月底，市、区(县)两级治安复杂地区刑案总量、“八类”、“两抢”、入室盗窃案件同比下降20%、41%、30%和44%。其中19个市级复杂地区同比下降19%、43%、32%和43%，取得明显效果。

三、逐步完善社会治安防控体系

各级公安机关会同有关部门和单位，对农村独幢别墅、老式居民区、大型购物场所、展(博)览场馆、学校和幼儿园、金融营业网点及自动服务设备等落实了综合性治安措施。尤其是普陀区长征镇、嘉定区真新街道等地区建立了区域性街面图像实时监控系统，开辟了社会面治安防控的新途径。积极探索建立加强实有人口管理工作的新机制，开展对外来流动人员、人户分离人员、境外人员的登记调查工作，努力预防和减少违法犯罪案件的发生；广泛开展防“两抢”、防扒窃、防诈骗等宣传活动，切实做好治安防范工作。

四、初步完成上海现代警务机制框架

按照上海现代警务机制建设“两步走”战略，确定了年内初步建成的13项重点建设项目，下发了《关于进一步加强上海现代警务机制基本框架建设推进工作的意见》。经市公安局努力,基本建成了基本框架体系内的12项系列机制,实现了初步建成上海现代警务机制基本框架的工作目标。同时,紧密结合其它重点建设项目推进,顺利实现了"110"、"119"与交巡警指挥中心"三台合一",建成并启用了上海市应急联运中心;积极组织开展了改革和完善派出所勤务机制的试点工作。

预防犯罪工作体系建设情况

2004年,是本市全面推进预防犯罪工作体系的一年。在市委、市政府的正确领导下,坚持"政府主导推动、社团自主运作、社会多方参与"的总体思路,充分发动各级党委、政府的积极性,努力保持社团运作的自主性,全面拓展社会各方参与体系建设的领域。

一、加强管理,保持社工队伍稳定

从全市19个区县社工全面上岗以来,市自强社会服务总社、市新航社区服务总站和市阳光社区青少年事务中心等三个社团从制度上着手,制定了一系列社工管理制度和考核制度,保证了社工队伍的相对稳定。首先,三个社团在日常的管理中十分强调社工的社会责任感和敬业精神,并将其作为对每位社工的基本要求;其次,由于政府有关职能部门对体系建设的高度重视,使得社工在开展工作中遇到的大部分问题都可以找到相应的解决办法,也为社工的工作树立了信心;再次,市综治办和各区县的预防办以及有关职能部门都想方设法为社工解决后顾之忧,先后解决了社工的档案管理、意外伤害保险等问题,让他们能够安心工作。市青少年事务办对新招聘社工思想状况问卷调查显示,有91.6%的社工认为能够胜任工作。同时,为了形成正常的社工流动机制,社团在区县预防办的大力支持下,及时安排从参加面试的人员中挑选的优秀人才补充社工队伍,形成良性循环。

二、加强培训,提升社工专业水平

体系建设全面推进以来,市自强社会服务总社、市新航社区服务总站和市阳光社区青少年事务中心等三个社团在社工专业水平的提升方面进行了大量的实践,有效提高了社工的专业化水平。社会工作的特点在于提供社会化的专业服务,社工队伍的专业化水平直接影响着工作的成果和服务的效果。三个社团在专业办公室的指导下,探索通过各种途径和方法提升社工的专业水平。一是以站长培训为抓手,提高骨干业务能力。由市综治办牵头,三个社团组织举办了以"如何当好社工站站长"为主题的培训班。通过学习、交流,站长们在业务素质和管理能力上得到了一定的提高,学会了如何对社工站开展有效管理和对社工进行业务督导,为社团的自主运作奠定扎实基础。二是以业务交流为途径,加强专业实务培训。启动了沪港青少年社会工作合作交流项目。在交流期间,香港青协资深社会工作者到沪对本市社工的工作进行了针对性实务培训和指导,使社工不仅提高了运用专业技能处理问题的能力,也拓展了眼界,为汲取香港社会工作的专业理念和先进经验,积累具有本土化特点的社会工作方法提供了条件。三是以培训基地为载体,推进督导队伍建设。为了使优秀社工具备一定的督导能力,掌握独立管理社会工作服务机构的能力,熟悉对一般社工进行专业辅导和督导的技巧,逐步建立具有社会服务计划的创新和评估能力的专业督导队伍,三个社团启动了筹建培训基地的计划。阳光青少年事务中心制定了骨干培训班培训计划,并以社会化的运作方式,公开向本市各大学院校招标,通过评审委员会确定承办培训班的院校。四是以专家教授为依托,积极规划培训方案。为进一步提升广大社工的专业工作水平,三个社团陆续成立了专家督导委员会等机构,邀请复旦、华东理工和社科院、精神卫生中心等沪上知名高校和研究机构中的专家、学者,为推动社会工作专业化出谋划策。

三、加强宣传,提高社会认同程度

为推动体系建设的深入开展,市委政法委和市综治办充分发动新闻媒体,为社团提供推介和展示自己的舞台。2004年,仅《人民日报》、《解放日报》、《文汇报》、《新民晚报》、《青年报》等报刊就登载有关体系建设的专题报道230多篇,央视、上视、东视、教视、东方卫视、上广、东广台以及新华网、东方网、上海热线、城市青年网、上海青年电子社区等网络宣传媒体单位对优秀社工事例、大型活动等报道200余次,树立了社会工作者的良好社会形象,争取了更多的社会关注和支持。

四、调动资源,赢得社会各方支持

市综治办协调社会各方资源,充分发挥社团的积极性,在赢得社会支持上取得了一定成效。一是运用现有资源,争取各方支持。自强社团与市慈善基金会合作,为禁毒社工的贫困对象子女提供助学金8.75万元,与市禁毒教育馆合作,由好德便利集团、台湾黑松沙士集团出资1万元,全部用于滥用药物人员家庭子女助学活动。阳光社团充分依托区县活动项目的开展来实施,如"阳光展翅"工程、"爱心助学"活动。新航社团在政府的帮助下,陆续建立了200余个公益劳动基地和50余个教育基地,为社工开展工作创造了条件。二是开拓新的领域,寻求各方帮助。阳光社团成功举办了社区青少年三人篮球赛。新航社团募集社会资金,在虹口等区成立了服务对象互助资金会,切实为生活困难的服务对象提供帮助。三是开展多方合作,形成工作合力。在"十佳社会工作者"评选宣传活动中,社团在市综治办的支持下,主动与相关单位联系,不仅获得了市爱心帮教基金会的资金支持,还与《上海法治报》等本市新闻媒体合作,共同承办宣传活动。自强社团积极与复旦大学学生会合作,在暑期为100名滥用药物人员特困家庭子女补习功课;社团还与市区两级精神卫生中心合作,由专家组成专家咨询团,为社工开展咨询指导。市爱心基金会与新航社团就社工培训、资金募集等达成了合作协议。同时,社会上部分企事业单位、学校及个人也开始关注社工事业,通过财物捐赠、项目合作、开展共建等方式支持社工事业的发展。

学校及周边治安综合治理工作

2004年,上海市学校及周边治安综合治理工作,在各级领导的重视和关心下,在全市各级学校及周边治安综合治理工作领导小组办公室(以下简称"学校周边办")的努力下,在相关职能部门的齐抓共管下,以创建安全文明校园为载体,以整治突出治安问题为重点,以完善工作制度为保障,全面落实各项工作措施,并取得了明显的成效。据2004年11月的调查统计,本市中小学和中等职业学校周边仍不同程度地存在治安、文化、市容等问题的约占全市学校总数的8.4%,同比下降1.1个百分点。其中,存在"三乱"现象的,占学校总数的6.4%;偶尔发生恶少敲诈事件的占学校总数的1%;200米内有"三屋一厅"的占学校总数的0.8%,同比均有所下降。

一、落实三项重点,缓解社会热点

(一)加强大学生校外租房管理工作专项检查,规范大学生校外租房管理工作

针对大学生校外租房现象逐年增多,引发的各类问题随之增多的情况,市"学校周边办"先后在5月份和12月份组织开展了两次对复旦、交大、同济、华东理工等18所高校学生校外租房管理工作情况的抽查。通过发现问题督促整改,总结经验以点带面,逐步规范了大学生校外租房管理工作。从检查情况看,各校均将大学生校外租房管理工作纳入学校治安综合治理工作范畴,明确管理部门,建立工作网络,落实专人负责。基本建立了学生校外租房家长签字同意、学院审核备案制度,学生校外租房情况月报表制度和动态信息分析制度等常态管理机制。各高校与所属区(县)"学校周边办"建立了定期例会制度,加强信息沟通,逐步形成街道、居委会与高校协调联动、齐抓共管的工作格局。

(二)开展中小学、幼儿园安全管理工作专项整治,提高学校治安防范水平

一是加强调查摸底。为掌握中小学、幼儿园安全管理工作的真情实况,在8月25日至9月25日,市"学校周边办"结合开学阶段学校周边环境检查工作,会同相关部门对全市3072个中小学、幼托机构校(园)区内部安全防范情况进行了普查,较为清晰地掌握了上海中小学、幼托机构在人防、物防、技防等安全管理方面存在的突出隐患。二是加强专项整治。在摸清情况的基础上,在全市范围内开展了中小学、幼儿园安全管理专项整治工作。通过整治,全市2672所中小学、幼儿园(含中职校),255所民工子弟学校(全市民工子女学校共322所)已安装了与"110"联网的紧急按钮,其中459所学校还安装了红外线周界报警装置。通过对131546名中小学、幼儿园教职员工进行审查,调离、辞退不合格人员744人。三是建立健全学校安全管理工作网络和相关制度。建立了市、区、街道(镇)、学校安全管理工作责任网络,明确了各级相关部门的责任,逐步形成了上下沟通、横向协调的工作网络。各区县普遍建立了学校安全工作例会制、学校安全工作督查制、学校安全信息及时报送制、安全工作考核奖励制等制度。建立了学校保安人员持证上岗、业务培训制度,安保、消防物资配备制度及其相应的检查、维护制度。四是完善应急事件预案。结合学校安全管理实际,制定了防暴、防传染病、火灾、校车交通事故、食物中毒等一系列处置预案,明确相关环节的处理事宜和相关责任人,并有计划地开展演练,切实提高师生对突发事件的应急处置能力。

(三)开展学校周边交通安全管理专项整治工作,确保师生交通安全

针对学校周边交通事故增多、群众反映强烈的情况,市"学校周边办"组织开展了对全市2171所大、中、小学,幼儿园校门前交通安全情况的调查分析工作,掌握了主要问题和重点部位。学校周边交通安全管理工作还引起了市委领导的高度重视。市委副书记刘云耕主持召开专题会议,听取学校周边交通安全情况的汇报,并亲率市有关职能部门负责人实地开展调研,详细了解学校周边存在的安全情况。在此基础上,11月25日,召开了"上海市学校周边交通安全专项整治工作动员大会",并制定下发了《关于加强学校周边交通安全管理工作的意见》,明确了专项整治工作中各职能部门的工作职责和目标任务,确定了需重点整治的114所学校和整治项目。

为确保专项整治工作取得实效,市"学校周边办"设立了热线电话,接受市民的举报和监督,同时根据线索来源加强整治工作的明察暗访和跟踪调查。期间共接到热线举报电话176个,发出情况告知单165份,职能部门处理率和学校满意率分别达到100%和92.7%。本着边查边改的原则,市"学校周边办"针对在暗访中发现部分学校接送学生车辆存在超载等违章、学生交通安全存在重大隐患的情况,出台了《关于加强本市接送学生车辆管理工作的意见》,就学校用车安全指导、管理、监督等提出了11条针对性措施。通过专项整治,实现了学校周边基本无乱设摊、乱停车、乱堆物现象,学校门口交通标识设置进一步完善,周边交通秩序明显改善,114所学校门口交通安全隐患全部解决。据统计,整治工作期间,完成159所学校周边道路200余处交通设施的优化和完善,新增"注意行人"或"注意儿童"内容的交通标志146套,新增人行横道线66组、菱形减速标识132组、复划人行横道线134组、菱形减速标识268组,新增信号灯共8处,调整信号灯相位配时57套。在12所学校周边道路增设临时停车点;在全市828所小学实施了"校门口交通护卫"制度。全市共整治乱设摊11577起,跨门营业28077处,乱堆物6739处,车辆乱停放6791处,无证清洗1081处。共有243所学校(包含原定的114所重点整治学校)门口交通环境得到明显改善。

二、完善工作制度,推进管理规范

(一)实施项目推进计划制度

年初,市"学校周边办"在调研基础上,确定了全年工作重点,列出需整治的项目306个,涉及194所中小学、24所高校。为进一步落实责任,强化监督,建立实施了项目推进计划制度:一是通过本地教育网向社会公开本区县年度学校及周边治安综合治理工作项目推进计划,明确责任部门、工作措施和完成期限,接受市民监督;二是督促区县即查即报,完成一项、注销一项;三是邀请近百名市民巡访团成员,对194所中小学周边治安综合治理情况进行明察暗访。通过一系列的措施,涉

及的194所中小学的251个治安问题全部得到了解决,24所高校门前的55个问题也基本解决。

(二)实施学校及周边治安综合治理工作《情况告知单》和《效果反馈单》制度

为加强学校及周边治安综合治理的督导,完善“条块结合,块牵头,条支撑”的工作机制,市“学校周边办”建立并实施了《情况告知单》和《效果反馈单》制度。该制度建立以来,市“学校周边办”共向区县“学校周边办”和有关职能部门发出《情况告知单》185份,涉及260余所学校。区县“学校周边办”、有关职能部门都能在4个工作日内予以核准和整改,并及时反馈整治效果。市“学校周边办”还逐一听取相关学校对整治效果的书面意见,学校满意率和基本满意率超过90%。

(三)实行网吧行政执法管理情况抄告制度、行政处罚结果网上公开制度和义务监督员制度

全市执法部门共发出抄告单31份,421家一次接纳未成年人、85家二次接纳未成年人、2家三次接纳未成年人的网吧被处罚,并在网上进行公开曝光,既促进了各职能部门的多边合作,又加大了社会对网吧的监管力度。建立了由729名社会各界人士组成的网吧、游戏机房义务社会监督员队伍,共检查网吧、游戏机房1.5万家次,举报707家次,查实301家次,起到了较好的监督作用和社会效果。

刑释解教人员安置帮教工作

2004年,上海市各级安置帮教组织以贯彻落实市安置帮教工作推进会议精神和相关文件的落实为重点,从抓落实到人头,落实到社区,落实到机制,落实到考核入手,进一步推进“六必”工作,刑释解教人员的安置帮教工作取得了较大发展。

一、完善工作机制

一是加强机构、队伍建设。闸北、虹口、卢湾、嘉定、奉贤、南汇、金山等7个区把安置帮教协调小组调整为领导小组,加强领导力度;闸北、卢湾、普陀、徐汇、长宁、静安、闵行、嘉定、松江、宝山、奉贤、青浦、南汇等13个区司法局成立了安帮科,浦东新区司法局成立了矫正处(把安帮工作纳入工作范围),尚未成立安帮科和5个区县司法局,也形成了相对独立的工作机制,配备了相对固定的专职干部。长宁区从政法系统选派的13名安帮工作辅导员深入社区开展工作,有力地促进了社区安帮工作的开展。二是经费投入有所增加。浦东、长宁、嘉定、崇明、宝山、普陀、松江等7个区县设立了安帮工作专项经费,如长宁区天山街道专设安帮工作基金30万元,浦东新区高东镇实行安帮工作费用实报实销制度,为开展安帮工作提供了经费保障。三是健全工作制度。各区县安帮办依据各自的实际特点,建立健全工作制度,长宁、普陀、卢湾、闵行等区建立了安帮工作例会、责任考核、回访、重大疑难问题协调等一系列工作制度。四是夯实基础工作。各区县、街镇安帮办在五年普查的基础上,分类逐级建立了刑释解教人员信息库,形成了较为完整的信息管理系统,基本做到底数清、情况明。

二、逐步形成合力

一是制定政策性文件。在市综治委的指导下,市安置协调小组制定了《关于进一步落实本市刑释解教人员落户就业和社会保障等工作的意见》、《关于加强对“人户分离”刑释解教人员和外省(市)籍流动人口中刑释解教人员管理的意见》、《刑释解教人员安置帮教“六必”工作实施细则》等文件,市公安局治安总队下发了《关于为部分入户困难刑释解教人员设立“过渡性集体户口”的通知》,市教委与市监狱管理局联合制定了《上海市未成年犯试读工作暂行办法》,市司法局与市劳动和社会保障局联合下发了《关于本市服刑、服教人员参加职业技能培训予以政府经费补贴的实施意见》。二是成员单位职能进一步发挥。市公安局交巡警总队根据各区县安置帮教部门反映的情况,妥善处理交通协管员清退的遗留问题,做到有落实、有反馈;市公安局治安总队从今年6月起,

向市安帮办提供外省市籍在沪刑释解教人员信息资料；民政部门积极落实救助政策，对符合条件的刑释解教人员给予生活和医疗等救助，对虽不符合条件但又有特殊困难的给予一次性临时补助；劳动保障部门发挥遍布全市各居(村)委的就业援助员作用，为就业有困难的刑释解教人员寻找和联系就业岗位；市监狱管理局着力开展“595活动”，提出服刑人员改好率以及技能培训、法制教育、中小学文化教育、心理健康教育分别要达到95%的比率；市劳教局加强与地区协调联系，解决疑难问题，第四劳教所与青浦区徐泾镇签约建立劳教人员试工基地；老干部局动员组织老干部与服刑人员做好结对帮教工作；妇联组织借助妇女法律援助机构为女性刑释解教人员提供法律服务；各级共青团组织把安置帮教刑释青少年工作作为团工作的一个重要组成部分；卢湾区劳动保障部门提出了“报送一个、指导一个、安置一个”的工作要求；黄浦区劳动保障部门对吸纳刑释解教人员就业的单位给予更为优惠的资金补贴；各区县在实施万人就业项目中，都安置了部分刑释解教人员就业。

三、着力破解难题

一是设立过渡性集体户口。各区县安帮办根据有关文件，积极协调街镇，通过签订入户协议等办法，推动刑释解教人员过渡性集体户口建立，据2004年上半年统计，静安、金山、徐汇、浦东、虹口、崇明6个区县的25个街镇设立了过渡性集体户口，有22名刑释解教人员入户，使部分老困难户、老上访户的户口总量得到缓解。2004年6月底，全市刑释解教人员户口申报率为94.07%。二是推进过渡性安置基地建设。浦东、静安、长宁、虹口、普陀、卢湾、宝山、嘉定和崇明等区县因地制宜，难过民营企业、街道经济组织、公益性岗位以及转制企业等建立各类过渡性安置基地。三是想方设法拓宽就业面。在目前就业形势较为严峻的情况下，各街镇在千方百计寻找、开发就业岗位的同时，从实际出发，处理好用人单位的政审问题，促进刑释解教人员就业。仅2004年上半年，全市安置率就从年初的66.23%上升到70.59%。

铁路护路联防工作

2004年，上海铁路护路联防工作紧紧围绕经济建设和铁路跨越式发展战略，坚持“打防结合、预防为主”的方针，继续推进创建安全文明铁道线活动，积极整治铁路突出治安问题，有效维护了全市铁路治安的持续稳定，保障了铁路第五次提速的实施和铁路运输的安全畅通。

一、坚持不懈地开展严打整治，铁路治安大局持续平稳

2004年，铁路和地方公安机关充分履行职责，在不同时期，有重点、有组织地开展整治专项行动。重点打击危害铁路安全、抢劫、盗窃旅客和运输物资等严重刑事犯罪活动、旅客反映强烈的倒卖车票和各种非法牟利为目的的滋扰秩序等治安顽症，及时整治危及行车安全和旅客人身财产安全的治安问题。全年，铁路公安机关破获刑事案件1883起，摧毁犯罪团伙20个，抓获各类逃犯610名；收缴赃款赃物折价87.95万元，缴获毒品12247.12千克；查处治安案件2856起，收缴车票3463张、折款26.2万元。

二、大力整治盗焦活动，十年治安顽症得以有效遏制

针对铁路吴泾线、南何支线部分区段猖獗多时的偷盗运输焦炭违法犯罪活动，在市综治委铁路护路领导小组统一组织协调下，沿线5区各级党委政府加强领导，综治、公安、铁路部门和相关企业及基层组织联手协同，于4月15日起开展了为期两个月的集中整治偷盗焦炭行动。通过广泛深入宣传法制、路地警方联手打击、焦炭运载限装平整和各级组织加强管理等措施，取得了“沿线盗焦地段明显减少，规模性的群体盗焦活动基本杜绝”的阶段性成效，两线治安面貌明显改观。中央护路办等充分肯定了整治措施及成效。针对入秋以后个别区段盗焦活动出现反弹，召开了“11.16”现场会，再次部署整治工作，进一步明确工作职责，有效地巩固了前期整治的成果。

三、重点治理铁路防护栅栏拆损问题，铁路“4.18”大提速顺利进行

铁路沪宁、沪杭两大干线两侧护栅栏屡遭拆损情况较为突出，直接影响铁路第五次提速。市领导小组及时发出关于治理铁路防护栅栏拆损的通知，沿线嘉定、普陀、闵行、松江、金山等区护路办与铁路部门密切配合，在摸清“拆损开口”底数的基础上，采取宣传处罚结合、封堵疏导并举，先易后难、难易结合等措施，封堵各类护栏缺损口子145处。治理过程中，沿线各级护路联防组织坚持把保障铁路安全与维护群众利益统一起来，广大基层干部、公安民警走街串巷广泛宣传，耐心引导，多办实事，切实解决了一大批沿线群众出行难的问题，为沿线护栏补缺修复，保障铁路第五次提速运输安全畅通创造了有利条件。

四、积极清理铁路沿线废旧金属收购业，有效降低铁路设施器材遭受侵害的程度

7至8月，为配合全国铁路公安机关开展的“两清一打”专项整治行动，根据市护路办的要求，铁路沿线10区联动，对沿线两侧3000米范围内的废旧金属收购业，开展了一次全面清理整顿行动。行动中，沿线54个街镇护路办组织协调工商、公安、城管、宣传、劳动、教育、民政、铁路等部门，组成专门班子，分段分片包干，取缔无证经营和有非法收购行为的收购站(点)42个，与264个合法经营的收购站(点)签定了治安责任书。同时在收购站点和周边社区、道路张贴《严禁收购铁路设备器材》宣传画近2000份。通过清理整顿，有效堵塞、萎缩了销赃渠道和非法经营市场，降低了铁路设备器材和城市公共设施被侵害的程度。

五、综合整治伤亡事故多发地段，沪杭线闵行区段安全状况明显好转

上半年沪杭线闵行区段发生的伤亡事故占市内沪杭线事故总数的48.6%，由此引起市综治委铁路护路联防领导小组的高度重视，于8月份启动了综合整治行动。期间，地方、铁路领导同志多次共商整治措施，闵行区护路办积极协调，沿线莘庄、华漕、七宝三镇以及有关部门主动作为，铁路部门重点参与，邻近松江区护路组织积极配合，教育、封堵、管理、建设多策并举。至年底，该区段两侧已砌建防护墙5.5公里，水泥护栏12公里，建成立交桥2座，成功封堵非法通道口子15处，并对5处已封口子实施了派员重点看护措施。经过多方努力，这一区段的安全面貌明显改观，下半年发生伤亡事故比上半年下降了76.4%，尤其是第四季度杜绝了伤亡事故发生。

六、广泛开展铁路安全教育，沿线人民群众爱路护路意识进一步增强

各级护路联防组织坚持以人为本，把加强铁路安全宣传教育作为护路联防工作的重要措施来抓，坚持日常宣传与集中教育相结合。7至9月，全市铁路沿线开展了以“防伤亡、降事故、保安全”为主题的铁路安全宣传教育活动。上海铁路分局拨出13万元经费，制作了18万件宣传品，各地区、各部门共同组织力量上千人次，以沿线居民、外来人员和中小学生三个群体为重点，设立宣传教育点30多处，组织法制、安全讲座25场次，使铁路沿线近25万居民群众在宣传活动中受到了教育。同时，通过新闻媒体引导全社会关注铁路安全，倡导广大市民群众爱路护路和增强自我安全防范能力。

治安混乱地区排查整治工作

2004年，根据中央综治委的要求，上海始终把治安混乱地区的排查整治作为“严打”整治工作的一项重要内容，列入年度计划，实现该项工作与整个公安工作同部署、同实施、同考核验收，有效地维护了社会治安。全市共排查出19个市级、22个区(县)级治安混乱地区。通过不间断的加强整治、落实长效措施，治安面貌得到明显的改观。

一是各类案件总量得到遏制。据统计，2004年，市、区（县）两级治安混乱地区刑案总量、“八类”、“两抢”、入室盗窃案件同比分别下降20%、41%、30%和44%，其中19个市级治安混乱地区同比下降19%、43%、32%和43%。

二是地区内突出治安问题得到基本解决。2004年，市、区（县）两级治安混乱地区共查处“黄赌毒”案件715起，同比上升72%。一些路段（场所）公开贩黄、路边招嫖、街面贩毒、聚众散发非法广告等违法活动有所收敛；商业街市、旅游景点、集贸市场、交通枢纽等及其周边的扒窃、强讨恶要、收销赃车、乱设摊、乱停车等现象明显减少；部分地区的发廊总量较整治前均减少30%以上。

三是群众的安全感和满意率得到一定提高。经了解，这些地区居民群众对整治工作的知晓度和支持率均有提高，有相当数量的群众参与了整治。大多数居民反映，通过严打整治，地区内治安面貌有了明显改观，治安秩序明显好转。

四是社会治安防控力度得到进一步增强。各单位打防并举、管建结合，形成了一批符合地区实际、扎实有效的工作做法。部分区县以情报工作为依托，初步建立了地区内治安突出问题的滚动排查机制，因地制宜地调整勤务模式，加大对易发案路段和时段的警力投放量，逐步提高动态防控和快速反应能力。

一、领导重视，加强组织协调

上海市委、市政府领导和市委政法委、市综治委领导对排查整治治安混乱地区工作高度重视，作过很多重要批示，并亲临现场蹲点察看、调研。市委政法委、市综治委每年都把排查整治治安混乱地区列入当年工作要点。为加强对治安混乱地区整治工作的领导，市公安局明确由分管治安的副局长具体牵头负责，其他局领导指导、督促各自联系分县局辖区内的整治工作。治安总队负责治安混乱地区整治工作的指导、协调、情况汇总和检查验收等工作，并专门成立了整治工作督导组。

二、明确标准，建立排查机制

制定了专门的治安混乱地区的排查标准，明确了排查的途径和排查要求，形成了每年年初排查、年中整治、年底检查验收以及边排查边整治的工作机制。2001年，全市共排查出62个治安混乱地区，其中市级10个，区（县）级52个；2002年，全市共排查出51个治安混乱地区，其中市级19个、区（县）级32个；2003年，全市共排查出19个市级、30个区（县）级治安混乱地区；2004年，又排查出了19个市级、22个区（县）级治安混乱地区。

三、突出重点，强化整治措施

在明确治安混乱地区重点整治的责任单位、责任人员、整治期限的基础上，各级公安机关本着“什么问题突出就整治什么问题”的方针，不断强化有针对性的整治。一是注意利用新闻媒体等，广泛开展宣传，大力营造重点整治工作声势，极大地震慑了违法犯罪分子，赢得了广大人民群众对整治工作的支持。二是将整治工作与命案侦破专项行动、打击和防范“两抢”违法犯罪活动、严厉打击扰乱社会公共秩序突出违法犯罪活动、整治“黄赌毒”治安问题以及废旧物品交易市场阵地控制等工作有机结合，抽调精兵强将深入治安混乱地区攻坚破案，狠狠打击犯罪分子的嚣张气焰，从严打击各类刑事犯罪活动。三是警种协作，区域联动，部门联手，综合治理。治安、刑侦、交巡警、法制办、督察处等各市局有关业务部门积极支持分（县）局的整治工作，在营造氛围、加强业务指导、警力组织、法制保障等方面提供了支撑，形成了整治合力。分局之间、派出所之间对交界的治安混乱地区开展联动整治，打击跨区域违法犯罪活动。同时，在各级综治部门的协调下，公安机关与工商、城管、税务、卫生等部门定期召开联席会议，互通情况信息，共商整治工作对策，并联手进行整治。

四、以防为主，建立长效机制

在整治过程中，各单位结合地区实际和各自职能，在落实各项整治措施的基础上，积极探索建立长效工作机制，切实巩固整治工作成果。一是注重防范宣传。针对一些社会治安突出问题，先后分发助动车防盗、便利店防抢劫、中小学生防侵害等宣传教育资料，提高市民防范意识和能力。二是针对性增设防范设施。针对整治工作中发现的防范薄弱环节，各单位不断加大投入，切实加强人防、巩固物防、发展技防，提高地区防控能力。今年11月，市综治办、市公安局和市房地局联合制定下发了《关于进一步加强社区科技防范设施建设的意见》，明确提出了技防设施建设的目标、重点和工作措施，并召开了推进社区科技防范设施建设管理工作交流会。此外，市综治办和市公安局还联合制定了关于加强群防群治队伍建设的意见，决定对本市现有的社区保安队、治安联防队等进行整合，提高战斗力。三是加大排摸力度，完善预警机制，及时发现地区内带有苗头性、倾向性的治安问题，并按照“边排摸、边整治”的原则和坚持“露头就打”的方针，切实落实整治工作责任制，把问题解决在初始阶段或萌芽状态。

社会治安评估工作

根据中央和上海市委的要求，上海市委政法委和综治委建立健全社会治安形势分析评估制度，正确判断社会治安的走势和不同地区的治安状况，加强预警防范，增强群众安全感，取得了显著成效。

2001年4月，根据全国“严打”整治斗争的形势，上海市委领导提出，在经济持续快速发展的过程中，要十分注意社会可持续发展问题，要实行对社会治安的评估分析，切实加强各级领导维护一方平安的责任意识，大力加强对政法、综治工作的领导。

2002年初，市委政法委、市综治委开始进行了“上海社会治安评估办法”的调研，并将“办法”进行了三次专题讨论，在2002年10月，形成了《上海市社会治安分析评估试行办法》，《试行办法》有社会治安主要指标、社会治安专项指标和公众安全感指标三类共20个指标。根据《试行办法》，对社会治安情况进行了三次分析评估，并印发给市政法各部门主要负责同志和各区、县委书记，分管副书记；各区县人民政府区、县长，分管副区、县长；各区县政法委、综治委。引起了各区县党委、政府和市有关部门的高度重视；各区县、各部门的领导纷纷作出批示或讲话，对政法综治工作进一步提出要求，有力推动了“严打”整治斗争的深入开展和各项社会治安综合治理措施的落实，确保了社会治安目标的实现。

2003年10月，经过一年的试行，市委政法委和市综治委委托上海社会科学院法学研究所对《上海市社会治安分析评估试行办法》进行了课题研究，分别召开了市政法各部门、市综治委有关成员单位、大专院校、科研机构的专家教授和中心城区、次中心城区、结合部地区、郊区的部分政法综治干部座谈会，广泛听取意见和建议，查阅了国内外大量资料，进行了问卷调查和指标论证，形成了《上海市社会治安分析评估实施办法》。市委领导对社会治安分析评估工作非常重视，市委常委会专门研究了该《实施办法》，并由市委办公厅以文件形式转发。

《实施办法》在充分肯定《试行办法》的同时，根据实际需要对《试行办法》中的部分评估指标进行了补充、调整和修改，使之更科学、更合理、更有操作性。如根据与人民群众切身利益密切相关的盗窃助动车、电动自行车和诈骗案多发的趋势，在《实施办法》中增加了盗窃助动车、电动自行车案件的评估指标；针对人民内部矛盾总量增强，越级上访增多的情况，在《实施办法》中增加了群体性上访和进京上访两项维稳工作的评估指标；针对部分治安复杂地区的重点整治和长效管理，增加了人民群众对治安状况认为是否有变化的评估指标等。

按照《评估办法》，上海市委政法委和市综治委在2004年分别对2003年、2004上半年、2004年第二、三季度的社会治安进行了评估。各区县、各部门根据评估情况，及时进行对照检查、讨论研究，结合本地区、本部门的工作职能，抓住政法、综治工作的突出问题和薄弱环节，提出并落实了一系列有针对性的打击整治、街面控制、区域防范、重点管理等工作措施，有效地推动了工作开展。

社区科技防范设施建设

近年来，上海市各区县、各委办根据市政府发布的《上海市社会公共安全技术防范管理办法》的精神，以确保上海城市安全和社会稳定为目标，采取各种行之有效的措施，积极拓展技防建设，为社会治安管理、侦察破案和现实斗争服务，取得了明显的成效。据统计，2004 年上半年，全市已有党政机关、金融营业网点、文博系统、星级宾馆、居民住宅小区、大型公共活动场所、重点企事业单位、金银珠宝饰品店（柜）、24 小时便利店、加油（气）站等 5 万家单位配建了各类技防设施，其中实行 24 小时监控的电视摄像机安装数达 20 余万台，有 3 万余家单位还安装了与区域报警接处警服务中心联网的防盗报警和紧急报警系统。截至 2004 年 9 月 30 日，全市通过区域网络破获各类刑事案件 1194 起，抓获违法犯罪嫌疑人 1489 人，制止犯罪 4041 起，避免经济损失 4360 余万元。

一、街面实时图像监控

2003 年 8 月，市公安局将图像监控系统建设纳入上海“金盾工程”建设项目，总投资 3863 万元，其中由各区县财政解决 1724 万元。建设包括在主要道路、重点场所、要害部位和标志性建筑周边安装监控摄像机，通过有线（光缆、电缆）或无线链路将前端的监控图像传输、汇集至派出所，并对这些监控图像进行切换、控制、显示、记录存储等。同时，实时图像监控系统建设在逐步由街面向社区的单位、居民区辐射，普陀长征、徐汇田林、卢湾打浦桥、嘉定真新、杨浦五角场、闵行颛桥、浦东潍坊等十多个街镇已建有社区治安实时图像监控，控制中心基本都设在公安派出所。普陀区计划投资 1687 万元，建设 325 个监控点，在全区所有街道、镇推广实时图像监控系统。

二、住宅小区的技防建设

2001 年 4 月，市综治办、市住宅发展局、市房地局、市公安局联合印发了《关于加强本市新建住宅安全设施建设管理的意见》，要求新建居民住宅的技术防范设施做到同时设计、同时施工、同时投入使用。近年来，全市新建住宅的中心控制室和周界报警系统、住户入侵报警系统等技防设施已形成规模。同时，一些简便、有效的技防产品已走向社区、进入家庭，全市已建成 15 个具有“小区周界监控系统、楼宇对讲电控防盗窗门、家庭防盗报警系统、创安基础工作电脑化管理、防范设施管理队伍和法制教育宣传报栏”新的“六小防范工程”设施的市级“安全小区”。

三、社区 24 小时便利店安全技术防范

市公安局和市商委于 2002 年 5 月制定并印发了《本市便利店安全防范管理暂行规定》，明确了 24 小时便利店应安装紧急报警系统、夜间营业收入的大面额营业款应及时存放在保险箱（柜）内等防范要求。2003 年 1 月以来，市公安局已为全市 24 小时便利店加装了脚踏式紧急报警装置。截止 2004 年上半年，全市有 3277 家 24 小时便利店已安装与属地公安分（县）局“110”接处警服务中心联网的紧急报警系统，占总数的 99.5%。

四、社区加油（气）站安全技术防范

2001 年 1 月，市公安局和市计委联合印发《上海市车辆加油站安全防范管理暂行规定》，明确加油站应安装与属地公安分（县）局“110”接处警服务中心联网的紧急报警系统、夜间营业收入大面额营业款应及时存放在保险箱（柜）内，以及收银柜台等防范要求。截止 2004 年上半年，全市有 799 家加油站已安装紧急报警系统，占总数的 98.8%，有 792 家使用防盗保险箱或投币箱，占总数的 98%。

五、金银珠宝饰品店安全技术防范

1998 年市公安局和中国人民银行上海分行联合印发了《关于加强本市银行珠宝饰品店（柜）安全防范工作的通知》，明确了金店的紧急报警系统安装率、防盗报警系统安装率、防爆柜台使用率应达 100%。截止 2004 年上半年，全市 383 家金店技防设施安装率已基本达到“3 个 100%”。

六、金融营业网点的安全技术防范

市公安局会同中国人民银行上海分行等职能部门先后印发了《关于提高金融营业网点技防设施运行质量的通知》等一系列规范性文件，对金融营业网点的物防、技防设施建设，维护保养和日常监督管理提出了明确的规定，确保本市金融营业网点的安全防范工作走上法制化、规范化轨道。目前，本市金融营业网点全部按规定安装了电子报警器、电视监控、电子防盗门等技防设施，同时对本市3392家金融营业网点中超期使用的1863台摄像机、711台监控器、542个入侵探测器、1427个紧急报警按钮实行更换。

社会治安综合治理宣传和理论研究工作

2004年，上海社会治安综合治理宣传和理论研究工作，在市综治委的正确指导下，认真贯彻“三个代表”重要思想和党中央关于繁荣哲学社会科学的指示精神，全面落实各项工作，着眼于综合治理理论发展方向和综合治理工作完善要求，根据社会转型和时代发展的要求，在“解放思想、实事求是、与时俱进”的思想指导下，紧密结合上海社会治安综合治理的热点和难点，在实现综合治理工作市场化、社会化、法制化、信息化的理论研究上不懈探索，保证了持续、健康、快速的发展。

一、高度重视建章立制，完善内部组织建设和机制建设

综治研究会要在上海综合治理理论研究事业中起到领头羊的作用，就必须使自身成为一个具有战斗力、凝聚力的和谐团体。2004年2月13日，综治研究会举行了换届，并召开了第一届理事会，研究会顾问、会长、副会长、常务理事、理事五十余人参加。这次理事会全面总结了研究会过去的工作情况，分析了当前研究工作中面临的形势与问题，提出了研究会未来的工作任务与方向，与会代表畅所欲言，各抒己见，加强了理事与实践部门的沟通，统一了思想，达成了一致的努力目标，增强了信心。

市法学会党组副书记、副会长史德保同志强调了综合治理的重要性和理论创新的必要性，提出了加强综治理论研究的要求，并表示市法学会一定支持综治研究会的各项工作。综治研究会顾问、市委政法委副秘书长江宪法同志做了总结讲话，指出2004年陈良宇书记的第一个批示就是关于综合治理工作的，并对上海的综合治理工作给予了充分的肯定，这说明社会治安综合治理工作关系到上海稳定的大局，得到了市委领导的高度重视。市委政法委将大力支持综治研究会在与时俱进中实现理论创新，加强理论与实践工作的互动，使综治研究会成为党和政府在维护社会稳定方面决策的智囊。

研究会建立季度会长工作例会，定期通报研究会工作情况，讨论阶段性研究会工作安排，督促、推进综合治理理论研究工作事项的进度，确保研究会工作的正常发展和各项工作的落实。

二、积极开展学术研究活动，推动综合治理理论的发展繁荣

综治研究会一直把开展理论研究作为首要任务，不断紧跟形势、抓住热点、开拓思路，举办了一系列颇具影响的学术研讨活动。2004年2月24日，为加强社会治安综合治理的理论研究，探索市场经济条件下社会治安的运行规律，确立特大型城市社会治安控制的新模式，推动社会治安综合治理工作深入向前发展，拓宽治本之路，寻求长治之策，综治研究会召开了“上海市社会治安综合治理工作研讨会”。这次研讨会的主题是：“进一步落实社会治安综合治理长效管理措施，建立预防和减少犯罪工作体系”，共收到论文88篇，有37篇获奖。参加会议的有市综治委委员、区县、委办综治办主任、综治研究会理事、市政法部门研究室和有关院校研究人员共150人。会上交流了获奖论文，市人大法工委主任、市法学会会长沈国明同志对获奖论文作了点评，市委常委、市委政法委书记吴志明同志在会上作了重要讲话。会后。综治研究会还将获奖论文汇编为《社会转型期的综合治理工作研究》一书，由文汇出版社正式出版。通过理论研讨，使社会治安综合治理先进理论落到实处，从而为上海的稳定和安全做出应有的贡献。

为了加强与全国综合治理理论界的交流，取长补短，增进了解，2004年11月，综治研究会派专人参加了“2004海口第十四届全国社会治安综合治理理论研讨会”，提交的四篇论文全部获奖，并且在大会上作了“关于我国预防和减少犯罪工作评估体系构建”的主题交流发言，受到与会代表的好评。此外，综治研究会还派人参加了“2004重庆全国第三届治安学学术研讨会”，从多个层面增进了与全国各省市科研机构的沟通。

三、整合沪上科研力量，打造上海综治理论研究品牌

为进一步吸引多方力量参与到上海综合治理研究事业中来，形成综治理论研究整体合力和规模优势，综治研究会在2004年初向上海各区县、委办综治部门和各高校、科研院所公开发布了2004年度上海市综合治理科研课题招标书，社会各界反响热烈，投标踊跃。经综治研究会专家评审，最终在10月公布了矛盾纠纷的社会调解研究、构筑浦东新区长治久安工作机制、转型社会与社会治安综合治理工作的转型、社会治安防控系统模式研究、社会治安综合治理法制建设研究等中标科研课题15项，综治研究会将根据课题报告完成的质量和水平，给予一定数额的经费资助。

科研课题招投标工作的顺利完成，起到了很好的社会效应，得到了社会各界的一致称赞。同时也极大地促进了综治研究会理事、会员从事综合治理理论研究的积极性和主动性，促进了整个综治研究会浓厚研究氛围的形成，展示了上海综合治理学术研究特有的旺盛活力和雄厚实力，为上海综合治理学界树立自己的品牌，在全国综合治理学界占据重要地位的努力添上了浓墨重彩的一笔。

四、办好《综治研究》会刊，发挥综治理论优势

综治研究会会刊《综治研究》，自2003年8月正式创刊以来，《综治研究》始终致力于及时反映国内外社会治安防控的新理论、新动向、新观点、新经验和新问题；致力于繁荣上海社会治安综合治理理论研究，推动上海社会治安综合治理市场化、社会化、法制化、信息化建设。迄今为止，《综治研究》已经出版18期，每期内容约2.5万千字，总计编辑出版了40万字内容。《综治研究》坚持拓宽视野、多角度研究社会治安综合治理问题，广泛听取各领域、各部门实务、理论工作者的意见和建议，以高密度、多角度、大信息量的专题探讨为各级政法综治部门领导的决策提供及时、有益的参考，受到上海综合治理领域的理论研究者和实践部门人士的欢迎，被读者誉为综合治理研究的窗口、综治干部学习交流的园地。由于所刊稿件新颖实用，理论与实践并重，受到了全国各省市和中央政法、综治部门的关注，各兄弟省市实务科研部门也纷纷来稿来函交流，中央政法委、中央综治委机关刊物《长安》杂志还转载了多篇稿件。

2004年8月，为进一步做好《综治研究》的组稿编辑工作，拓宽信息渠道，丰富刊物内容，不断提高办刊水平，综治研究会决定建立杂志通讯员队伍，并召开了“《综治研究》编委及通讯员座谈会”，40余人参加了会议。聘任了上海各区县、委办综治部门的37名同志为杂志通讯员，提升了杂志及时反映上海综治事务工作的能力，扩大了杂志在政法综治部门的影响。

五、借助多种形式推进理论应用，扩大理论研究社会影响

2004年，综治研究会积极参与了市人大商务司法委员会关于保安服务行业的立法调研活动，承担了立法可行性报告的调研、起草工作，针对上海市保安服务业发展现状，在就上海市保安服务行业与国(境)外保安服务行业进行系统能够比较研究的基础上，分析当前上海市保安服务行业发展的瓶颈和对策。不仅具有较大的理论意义，而且具有很高的实践价值。对于带动和促进我国整体保安服务行业的发展都有着重大的现实意义。

综治研究会还与华东政法学院合作，于2004年9月在华东政法学院正式开设了“社会治安综合治理实务”讲坛，并聘任了市综治办主任林国平，市委政法委副秘书长胡燕平、江宪法，市综治办副主任乐伟中，市信访办副主任张示明，市禁毒办主任周伟航，市委预防和处理邪教问题领导小组办公室副主任业露华等领导为主讲专家，从而为综合治理理论应用和宣传提供了一个宽广、高效的平台。

见义勇为人员奖励保护工作

2004年,根据市委、市政府和市综治委领导的要求,本市各级综治部门和见义勇为评审办公室,继续认真做好见义勇为人员表彰奖励保护工作,努力营造维护社会治安“人人有责”的良好氛围,“百姓英雄”层出不穷,见义勇为蔚然成风。全年,共有166人被授予“上海市见义勇为先进分子”荣誉称号,5名同志因见义勇为光荣牺牲,10多名同志因见义勇为不同程度受伤。

一、党政领导高度重视,表彰宣传坚持不懈

本市各级党委政府始终把做好见义勇为人员的奖励保护工作,作为弘扬正气,倡导良好社会风尚,构建和谐社会的一项重要工作,高度重视,常抓不懈。2004年12月22日,公交车780路调度员陈双龙、《解放日报》发行员杨柏年、汽车销售人员王霆等人见义勇为事迹见报后,中共中央政治局委员、上海市委书记陈良宇同志,市长韩正同志专程到陈双龙家中,慰问其家属,对其见义勇为的行为进行褒奖;在外地出差的市委副书记刘云耕同志,委托专人到陈双龙家中进行走访,市委常委、市委政法委书记吴志明同志也到陈双龙家中看望、慰问。上海市新闻媒体对于陈双龙等见义勇为的事迹进行了广泛的宣传。刘云耕、吴志明同志还在节假日到全国见义勇为先进分子张彪同志的单位召开座谈会,慰问、鼓励见义勇为先进分子。2004年7月13日,上海市召开了“第63次见义勇为先进分子暨见义勇为奖励保护工作先进单位、集体、工作者表彰大会”,会上,表彰了20名市级见义勇为先进分子,6个见义勇为奖励保护工作先进单位,42个先进集体,60名先进工作者;市委副书记刘云耕同志作了讲话。按照《上海市见义勇为人员奖励和保护办法》有关规定,2004年,市见义勇为评审委员会坚持每月10日定期开展表彰宣传活动,使见义勇为表彰宣传活动经常化、制度化和规范化。

二、加大奖励保护力度,着力解决后顾之忧

为了使见义勇为的“百姓英雄”流血不流泪,不但受到全社会的关爱与尊敬,而且不因见义勇为受伤、致残、牺牲等出现后顾之忧,市综治办与中国人寿保险股份有限公司商定,从2004年12月1日起,因见义勇为而负伤、牺牲人员的意外伤害理赔金从原来的12万元增加到15万元;意外伤害医疗保险金从原来的5千元增加到1万元,提高见义勇为意外伤害理赔数额。2004年2月,市综治委专门发文要求各区县、委办积极开展《上海市见义勇为人员奖励和保护办法》颁布两周年以及见义勇为表彰宣传日活动设立五周年纪念活动,并上门慰问了见义勇为先进分子及其家属,广泛开展帮困助贫送温暖活动。4月初,市综治办向400余名市见义勇为先进分子发放了调查问卷,并会同市社科院组织了20余名复旦大学学生走访慰问了30余名见义勇为人员,使有关部门切实掌握了解见义勇为人员的生活状况,并有针对性地开展帮困活动,使见义勇为人员遇到的生活、工作、医疗等方面的困难得到了及时帮助和解决。对于在2004年被授予“上海市见义勇为先进分子”荣誉称号的人员,因见义勇为光荣牺牲的同志和受伤的人员,他们及其家属获得理赔的意外伤害保险金和意外伤害医疗保险金,以及由有关单位支付的医疗费、扶贫帮困费、慰问金等共100多万元。

三、广泛开展宣传活动,大力营造良好氛围

不断拓宽宣传渠道,增强宣传效果,努力营造全社会人人参与见义勇为的良好氛围。2004年4月,市见义勇为评审委员会办公室出资制作了见义勇为公益广告,在公交车、地铁上的移动电视以及上海电视台滚动播出,历时半年,反响强烈,取得了良好的社会效果。同时,向市民发放见义勇为内容的调查问卷2000余份,征求市民群众对见义勇为工作的意见和建议。解放日报、文汇报、新民晚报和上海人民广人民广播电台、东方广播电台、上海电视台、东方电视台等主要新闻媒体,对每月一次的表彰活动都及时进行报道,广为宣传。

《新民晚报》开辟了见义勇为"光荣榜"，《解放日报》开辟了"百姓英雄"专栏，宣传见义勇为人员的事迹。陈双龙等见义勇为的事迹发生后，上海各新闻媒体进行了集中报道，在社会上引起了强烈反响。一年来，各新闻媒体发表和播报的消息、通讯、专题电视片等200多篇(部)。

在看到成绩的同时，我们也应当看到工作中存在的不足，主要是：有的地方对见义勇为先进分子表彰宣传不够及时；个别单位和部门甚至把解决见义勇为先进分子的实际困难当作"份外事"，对见义勇为先进分子关心、照顾不够。

2005年，上海市见义勇为奖励和保护工作将认真贯彻《上海市见义勇为人员奖励和保护办法》，进一步做好见义勇为表彰、奖励、保护和宣传工作，鼓励广大人民群众在国家利益和人民生命财产安全受到危害的关键时刻，不畏强暴，不怕牺牲，挺身而出，以大无畏的英雄气概，同违法犯罪分子作坚决的斗争，积极参与抢险救灾，以良好的精神面貌和见义勇为的实际行动，为上海的改革开放和"三个文明"建设创造更加和谐的社会环境作出积极的贡献。

中共上海市委办公厅转发《中共上海市委政法委员会关于全面推进预防犯罪工作体系建设的实施意见》的通知

(2004年7月30日)

各区、县党委，市委各部、委，市人民政府各委、办、局党组(党委)，各市级机关党组，各人民团体党组：

《中共上海市委政法委员会关于全面推进预防犯罪工作体系建设的实施意见》已经市委领导同意，现转发你们，请认真贯彻执行。

中共上海市委政法委员会关于全面推进预防犯罪工作体系建设的实施意见

根据市委办公厅转发的《中共上海市委政法委员会关于构建预防和减少犯罪工作体系的意见》(沪委办[2003]16号，以下简称"《意见》")，浦东新区、徐汇区、卢湾区、闸北区从2003年8月起在全市率先开展预防犯罪工作体系建设(以下简称"体系建设")。在市委的领导下，在市委政法委、市综治委的组织领导和具体部署下，市综治办、市禁毒办、市司法局、团市委与四个试点区密切配合，共同努力，坚持理念创新、制度创新和实践创新，运用社会化管理的思路，整合社会资源，大胆实践，取得了阶段性成果，具体表现在：有效开创了体系建设的局面，试点区普遍认同体系建设的重要意义，做到了思想落实、组织落实和资金落实；切实加强了基础管理工作，掌握了原先掌握不全或没有掌握的工作对象信息，实现了基础信息覆盖率和准确率的明显提高；初步显现了社会化管理的发展前景,为培育社团自主运作积累了经验,提高了社会工作者(以下简称社工)的社会信任度和亲和力;部分解决了工作对象的实际困难,帮助他们回归社会,取得了较好的社会效果;进一步宣传了党执政为民的宗旨,使工作对象真正体会到我们党坚持以人为本、执政为民,赢得了他们对党和政府有关政策的理解和支持。

实践证明,市委关于构建预防犯罪工作体系的指导方针和整体思路是正确的,体系建设对推动和加强社会管理的效果是良好的,所作的创新探索是符合经济社会全面、协调、可持续发展要求的。现拟根据《意见》所确定的指导方针、整体思路和基本内容,就在全市范围内全面推进预防犯罪工作体系建设提出如下实施意见。

一、基本思路

要继续按照"政府主动推动,社团自主运作,社会多方参与"的总体思路,依托"两级政府、三级管理、四级网络"的城市管理体制,积极培育社工队伍,充分发挥社区作用,推进禁毒、社区矫正、刑释解教人员安置帮教以及青少年事务管理,预防犯罪,实现社会的长治久安。

(一)坚持政府主导推动

全面推进体系建设,维护一方平安是各级党委政府的政治责任。要充分发挥党的政治优势和组织优势,加强推进体系建设工作的指导和协调。要整合社会资源,在政策环境和资金支持等方面加大对相关专门社团的培育扶持力度,支持社团按照政府的委托和授权从事预防犯罪工作。

1. 市级层面。在市综治委统一领导下,市综治办负责协调推进。市禁毒办、市社区矫正办、市社区青少年事务办要通过建立组织领导、政策支持和对社团的考核评估,行使政府职能。

2. 区县层面。区县预防和减少犯罪工作在区县综治委的领导下,区县预防犯罪办公室(以下简称"预防办")负责整体推进和综合协调工作。预防办与综治办合署办公,综治办主任兼任预防办主任。各区县要抓紧成立预防办,做到组织落实、人员落实、经费保证。区县禁毒办、司法局和团委是区县政府推进禁毒、社区矫正、刑释解教人员安置帮教和社区青少年事务的职能机构。

3. 街道(镇)层面。街道(镇)要为社工开展工作提供必要的社区资源保障,协调辖区内公安、司法、劳动保障、民政等部门为社工开展工作提供各方面的支持,协助社团对社工工作进行考核评估。

(二)推动社团自主运作

形成社团自主运作的工作机制和建立一支职业化、专业化的社工队伍是体系建设的基本任务,也是体系创新的关键环节。社团要积极探索在市场经济条件下自身发展的规律,依据法律和章程自主运作,提供优质服务,实现最佳社会效果。

1. 社团。市自强社会服务总社、市新航社区服务总站、市阳光社区青少年事务中心三个社团自主开展社工招募、执业培训、业务指导、人事管理和资金募集等工作,并通过专业化培训、制定专业化标准和建立科学的专业化评估等一系列措施,实现社团对社工的专业化管理,培育一批具有教育学、行为学、心理学、法学、社会学等专业知识的人才,不断提高社工队伍的整体素质。

2. 社工站。社团分别在各区县建立社工站,负责社工的日常管理、业务指导和绩效评估。各区县要支持各社团社工站建设,切实解决在人、财、物及其开展工作等方面遇到的困难,确保社工站的独立办公场所和文秘人员配置。社工站成立时的临时负责人可由区县预防办协助社团确定;从第二年开始,社工站负责人由社工站全体社工民主选举产生并由社团任命。

3. 社工。禁毒和社区矫正按1:50、刑释解教和青少年事务按1:150的比例配置社工。各区县由预防办(未成立预防办的为综治办)牵头,积极配合社团进行社工招聘。对个别地域大、任务重的社区,区县可参照上述配置标准,适当调整社工与工作对象的比例。社工的来源以社会招聘为主,国家公务员选聘为辅,主要在本地区招聘,在同等条件下优先招聘具有社工职业资格的人员。社工在社区的支持下,通过关心工作对象的思想、生活和工作,帮助他们解决实际困难,增强他们立足社会的信心和能力。社工一经录用,相应的社团应与社工签订劳动合同或劳务协议,按《上海市劳动合同条例》约定试用期。在工作开始阶段,扣除"四金"和个人所得税后,社会招聘社工且具有大专学历的月薪暂定为不低于1500元,具有本科学历的月薪暂定为不低于2000元;国家公务员选聘社工的,在原有收入不变情况下,每月补贴500

元。在工作进入正常阶段后，根据社工专业能力、工作绩效和社团社会化融资情况，再制定更为完善的社工薪酬制度。各区县社会招聘社工的经济待遇和国家公务员选聘社工的补贴从各区县政府购买服务费中支付。

(三)协调社会多方参与

体系建设是一项惠及全社会的德政工程，需要社会各方形成共识，积极参与支持，共同推进。

1. 建立专家委员会。按照体系建设的总体要求，抓紧设立禁毒、社区矫正和青少年事务三个专家委员会，其成员有政府部门的有关同志和专家组成，为相应的社团提供必要的专业指导，并开展政策理论研究。

2. 提供政策支持。市政府各有关部门和区县、街道(镇)要提供资源，支持社工帮助解决工作对象在择业培训、就业就学等方面的困难，并通过制定相关政策，引导社会资源为体系建设服务。

3. 引进民资民力。要在政府购买服务的基础上，积极开拓多元化的资金渠道，引入民间资本，逐步做到政府保底，其它资金由社团自行募集。同时，吸引有一定社会地位、热心于社会工作的人士，为体系建设出资、出力。

4. 组建志愿者队伍。在组建社工队伍的基础上，要非常重视调动社会各界人士参与的积极性，形成一支固定的、辅助三支专业社工队伍工作的志愿者队伍。每个社工应培育发展 5 名以上的志愿者。

(四)相关保障措施

政府购买服务是体系建设顺利推进的核心。政府要以购买服务的形式为社团提供资金，同时提供其它方面的保障，以保证社工队伍稳定健康地发展。

1. 政府购买服务费。社团承担政府指定的服务项目，可获得政府购买服务的费用，用于与项目相关的开支。市禁毒办、市社区矫正办、市社区青少年事务办要帮助社团完善资金管理办法并按国家有关规定，对社团的资金使用实行有效监督。各区县政府购买服务费的资金数额每名社工每年暂定为 4 万元。各区县政府购买服务费由区县财政局拨付到区县综治办，由社工站按社团的造册名单及金额按月发放。支付社工工资并缴纳各项税金后的多余部分，用于本地区推进体系建设的相关费用支出。

2. 社工人身保险。由社团统一为社工购买人身意外伤害综合保险(含意外医疗保险)，为社工提供必要的人身保障。

3. 党团关系。各区县社工的党团组织关系挂靠在所在区县或街道(镇)。社团聘用工作人员中党、团员不满三人的，分别参加三个办的党、团支部活动；超过三人(含三人)的成立党、团支部，并挂靠于市禁毒办、市社区矫正办、市社区青少年事务办的上级主管单位。

4. 人事档案。各区县社会招聘社工的人事档案，由社团分别与区县人才交流服务中心签订《人事代理委托合同》，委托保管；社团聘用工作人员的档案委托社团所在地的区县人才交流服务中心保管。保管费用由社团承担。

二、工作要求

(一)统一思想，落实工作责任

全面推进体系建设，一要进一步明确区县党委和政府对预防犯罪所具有的政治责任，充分认识体系建设对新形势下进一步提高社会管理水平，促进社会长治久安，推进政治文明建设，增强党的执政能力和巩固党的执政基础的重要意义。二要进一步明确各种社会资源大力支持体系建设的社会责任，各级政法部门和财政、民政、劳动保障、工商、教育、卫生等政府职能部门要不断加大工作力度，为社工开展工作提供良好的社会资源支持，形成良好的工作合力。三要进一步明确各职能部门在维护社会稳定、确保社会治安秩序的职能责任，各职能部门自身的职能作用不能削弱，更不能简单转交给社工，避免工作脱节。

(二)把握重点，注重工作实效

全面推进体系建设，一要坚持工作方向。认真贯彻“政府主导推动，社团自主运作，社会多方参与”的总体思路，特别是要大力推进社团自主运作，真正运用社会化管理的方法，积极、稳妥、有序地开展工作。二要把握工作重点。着力提高政府委托购买服务项目的水平，落实对社团的考核评估，促进社团在市场经济条件下的良性发展。市禁毒办、市社区矫正办、市社区青少年事务办要努力创造条件，为三个社团自主管理、自我发展提供工作空间。各区县都要大力支持社团的工作。三要注重工作实效。坚持工作重心下移，充分发挥区县积极性，使整个体系建设更具操作性，取得更为显著的社会效果。

（三）积极探索，完善工作机制

全面推进体系建设，一是要充分尊重探索创新。根据工作对象的不同以及中心城区、郊区的差异，实行分类指导。二是要充分注重机制建设。对已形成的相关制度要在实践中不断完善并形成工作机制。要特别注重为体系建设提供法律保障和政策支持的制度建设，建立长效机制。社团要遵循自身运作规律，加强制度建设，不断提高管理水平、工作水平和社工队伍素质。三是要充分发挥宣传作用。通过各种有效途径，面向社会，扩大宣传，以推动社会对体系建设的认同，最大限度地获得社会的支持，为体系建设营造良好的舆论氛围。

上海市社会治安综合治理委员会办公室
上海市公安局
上海市房屋土地资源管理局
关于进一步加强社区科技防范设施建设的意见

（2004年11月2日）

为了认真贯彻党的十六届四中全会精神和中央综治委的“南昌会议”、“杭州会议”精神，进一步提高社会治安防控水平，全力创建“全国最安全城市之一”，为上海率先全面建设小康社会，率先基本实现现代化创造良好的社会治安环境，特制定《关于进一步加强社区科技防范设施建设的意见》。

一、进一步加强社区科技防范设施建设的重要性和必要性

加强社区科技防范设施建设，提高治安防范工作的科技含量，是动态环境下强化社会治安防控体系建设的必由之路，也是日益严峻复杂的社会治安形势的紧迫要求。党的十六届四中全会从提高党的执政能力建设，构建社会主义和谐社会的高度出发，对维护社会稳定，加强和完善社会治安综合治理工作机制，依法打击各种犯罪活动，保障人民群众生命财产安全提出了更高的要求。上海是个现代化的国际性大都市，上海的社会治安科技防范水平，直接关系到上海的形象和投资环境。当前上海正进入到率先全面建设小康社会、率先基本实现现代化的发展新阶段，迫切需要有一个良好的社会治安环境作保证，尤其是2010年在上海举行以“城市让生活更美好”为主题的世界博览会，展出时间长，参展国家多，届时将有大批国家政要来沪，这既对上海的社会治安科技防范能力提出了挑战，又为提高上海的科技防范能力提供了契机。随着人民生活水平的日益提高，人民群众对确保生命财产安全的要求越来越高，但近几年来，本市刑事案件持续增多，尤其是入室盗窃一直居高不下，人民群众反响强烈。江浙等兄弟省市在平安创建活动中，高度重视社区科技防范设施建设，措施有力，发展迅速，效果明显，已经走到了我们的前面。我们要虚心学习兄弟省市的先进经验，抓住机遇，进一步提高社区科技防范设施建设的能力，为创建“全国最安全城市之一”打下扎实的基础。

二、工作目标

总的目标是：以党的十六届四中全会精神为指导，着力提高社区科技防范设施建设能力，做到规划科学、布局合理、功能完备、可靠实用，确保技防设施在治安防控中发挥作用，取得实效。在具体操作上要注意做到：

一是整体性。以提高社区整体科技防范能力为着力点，从局部性、小范围向区域性、整体性转变，做到系统化、网络化，各子系统、各层面相互衔接，不留死角。

二是目的性。提高社区科技防范能力是手段，目的是为了最大限度地预防和减少犯罪。手段要为目的服务，因此在科技防范规划的制定、科技防范设施的选择、安装和管理、使用等方面，都要从有利于目的的实现出发，切忌形式主义，好看不好用，花钱很多而不达目的。

三是针对性。要针对社区所处的中心城区、市郊结合部和远郊农村不同的地理环境，以及由此而产生的不同的治安特点、群众需求和经济实力等，因地制宜地开展科技防范设施建设，切忌不顾实际，一哄而上。

三、工作重点

加强社区科技防范设施建设面广量大，要突出重点，抓住当前最需要解决的问题。从全市看，加强社区科技防范设施建设的重点是：

一是对社区辖区范围内所有治安重点单位，如各级党政机关、金融营业网点、24小时营业场所(如便利点、饮食点等)、加油(气)站、金银珠宝饰品店(柜)、大型商场、超市、商务楼、住宅小区、星级饭店、展览场馆、标志性建筑、中小学校、幼儿园、医院等单位出入口、要害部位的街面上，以及主要广场、农贸集市、车站码头、交通要道、大型绿地等治安复杂地区或案件高发地区应安装监控摄像机，前端监控图像应接入属地派出所监控中心，并进行24小时实时监控，中心应与分(县)局、市局指挥中心实行系统联网。

二是对社区辖区范围内的重点单位的要害部位，如办公室、财会室、机要室、资料室、贵重物品存放处以及重要物资库、枪支弹药库、易燃、易爆、剧毒、放射性物品存放处等，全部纳入区域联网自动报警系统。

三是对居民住宅小区区别不同情况，切实加强科技防范设施的分类建设。新建居民住宅小区要继续严格执行《关于加强本市民居民住宅安全防范设施建设管理的意见》，落实电视监控、区域联网报警、周界报警、门禁系统、巡更系统等技术防范五项配套措施。旧住宅小区要结合房屋整修和改造，因地制宜创造条件，增设科技防范措施，尽可能设置楼寓对讲电控防盗安全门。防范基础差、案件高发、治安情况复杂的居民住宅小区周边道路要优先安装电视监控系统。物业公司要加强对新建居民住宅小区科技设施的接管验收，确保有效使用；对住宅小区中已有的科技防范设施，要依物业服务合同的具体约定，强化保养，确保正常使用。

四是对居民家庭，尤其是花园别墅小区要引导安装报警装置，并纳入联网报警系统，做到居民住宅—物业公司—监控室—派出所值班室三位联动。

五是各社区要在属地派出所建立技防监控中心。该中心具有防雷、防火、防静电和温、湿调节等配套设施；设置电视屏幕墙，联网报警终端和操作台；配备基地电台、信息查询电脑、专用接警电话等指挥调度设备；配备足够的监控操作人员，并制定中心运行管理工作规范。

四、工作要求

加强社区科技防范设施建设涉及资金、人才等多个方面，工作难度很大，只有下真功夫、花大力气才能达到预期目的。

一是要制定整体规划。要在加强调查研究、摸清情况的基础上，组织专业人才制定本地区加强科技防范设施建设的整体规划。规划要科学合理，体现上海的水平和特点；要认真听取有关部门、专家和居民代表的意见，经过充分论证和反复修改后，递交街道、乡镇党政领导和上级主管部门批准后方可实施。

二是要统一技术标准。为避免系统不能联网，资源不能共享，实施科技防范设施建设必须统一有关的技术标准与规划，特别是建设派出所的图像监控系统，必须按照市公安局制定的《上海市公安派出所实时图像监控系统建设指导意见》组织实施。各区县和各街道对此应高度重视并大力支持。

三是要建立操作使用和维护保养工作制度。科技防范设施具有一定技术含量，要建立操作使用和维护保养工作制度，对操作人员要由科技防范设施设计、施工单位进行岗前培训，考核合格后方可上岗操作。日常维护保养应由专业单位进行，每月一次，以确保设施的正常运作。

四是要确保科技防范设施建设、维护、更新资金。为确保科技防范设施能够正常、长期运行，发挥其规模效应，达到预期效果，必须在建设、维护、更新上投入资金作保障。各单位应长期规划，确保资金来源。

五是要明确责任主体。社区科技防范设施建设由各区县党委、政府领导，负责牵头组织、督促协调、检查落实；各街道、乡镇为筹建主体；派出所在街道、乡镇和公安分（县）局有关部门指导下，负责日常管理、人员培训和业务指导，物业公司等单位协助配合。

六是要建立工作机构。为了使这项工作顺利开展，市建立加强科技防范设施建设领导小组，负责规划、指导、检查、督促和协调解决有关问题。领导小组成员单位由市综治办、市公安局、房地局、财政局、民政局、信息委、建委、科委和金融委等组成，办公室设在市综治办。各区县也要成立相应工作机构。

附件一，住宅小区安全技术防范系统要求（略）

附件二，上海公安派出所实时图像监控系统建设指导意见（略）

中共上海市委员会关于调整上海市社会治安综合治理委员会组成人员的通知

（2004 年 4 月 23 日）

各区、县党委，市委各部、委，市人民政府各委、办、局党组（党委），各市级机关党组，各人民团体：

市委决定：

林化宾同志任上海市社会治安综合治理委员会副主任；

任连友、杨惠德、张世虎、陈海刚、曹秋建、鹿金东、阎祖强、葛美君、蒋苏平同志（以姓氏笔画为序）增补为上海市社会治安综合治理委员会委员；

免去陈旭同志的上海市社会治安综合治理委员会副主任职务。

特此通知。

上海市、县（市、区）综治委、办主任名单

地　区	综治委主任	综治办主任	地　区	综治委主任	综治办主任
黄浦区	肖堃涛	周永溚	虹口区	魏伟明	宋孝慈
卢湾区	丁海椒	黄剑钢	杨浦区	袁岳滨	王海龙
徐汇区	林官良	严新力	闵行区	乔正余	王　勇
长宁区	朱英磊	高晓红	宝山区	沈秋余	尹有良
静安区	王　瑜	冯德祥	嘉定区	沈锦生	阮永桃
普陀区	王建翔	游麒麟	浦东新区	张国洪	柳亚华
闸北区	郑健麟	张建国	金山区	刘正贤	刘银芳

地　区	综治委主任	综治办主任	地　区	综治委主任	综治办主任
松江区	吴尧鑫	曹金松	崇明县	郝立宽	陈　鹏
青浦区	张布尔	王小琳			
南汇区	周　平	王国安			
奉贤区	周林官	迟岳峰			

（撰稿人：阮山峰
审稿人：乐伟中　崔红星）

江　苏　省

开展“建设平安江苏、创建最安全地区”活动情况

2004年，江苏省各地各部门坚持把建设“平安江苏”纳入“两个率先”大局，紧紧围绕平安创建活动总体奋斗目标，以饱满的政治热情、前所未有的重视程度、扎实有力的工作措施和求真务实的工作作风，狠抓各项工作措施落实，强势推进创建活动，取得了明显成效，全省刑事案件总量保持平稳，八类主要刑事案件在连续三年下降的基础上，2004年又略有下降，发案率在东部沿海省份中处于最低水平，没有发生在全国有重大影响的恶性案件和治安热点问题。国家统计局抽样调查显示，2004年江苏省公众安全感认可度达95.14%，在中央综治委对各省(市、自治区)社会治安综合治理的考核中，江苏省得分为95.192分，两项指标均居全国前列。年底全省已有67个县(市、区)通过考核验收，被省委、省政府命名为省“社会治安安全县(市、区)”，占全省县(市、区)总数(111个，含5个国家级开发区)的60%。

一、强化组织领导，整体推进创建工作

省委、省政府十分重视平安创建工作，省委书记李源潮、省长梁保华先后多次作出批示和指示，省委常委会和省政府常务会议多次专题听取平安创建情况汇报，研究维护稳定和“平安江苏”创建工作。2004年8月底，省委、省政府召开了全省深入推进“平安江苏”创建活动工作会议，认真总结了平安创建一周年取得的基本经验，全面客观地分析了形势，对创建活动进行了再动员、再部署，李源潮书记和梁保华省长到会并讲话。省委副书记、省综治委主任王寿亭，省委常委、政法委书记孙安华，副省长何权等分管领导多次赴全省各地进行检查督促，提出具体工作要求。省综治委切实加大组织推进力度，多次召开各种形式的会议，先后培育、总结和推广了333个先进典型，对各个层面的创建工作进行分类指导，促进了全省创建工作的整体推进和均衡发展。省人大、省政协也十分重视平安创建工作，先后组织人大代表、政协委员深入基层开展专项视察，省人大常委会专门听取并审议了“平安江苏”创建工作的情况报告。全省各地、各部门将平安创建工作纳入经济和社会发展总体规划，做到与经济发展同部署、同检查、同考核，促进了创建各项措施的落实。

二、制定年度目标，全面落实创建责任

年初，全省各地结合实际对做好本地区2004年平安创建工作进行了科学规划，制定了年度创建目标，为完成全年创建任务打下了坚实的基础。苏州、无锡、盐城、徐州、扬州等地专门召开市委常委会研究创建工作，确定本年度创建工作的目标任务，切实解决创建工作遇到的各种困难和问题。苏州、镇江等地把平安创建列为政府为民办的实事之一，确定了创建工作的重点工程。连云港市针对上年创建工作存在的问题，突出重点、难点，研究确定了创建活动的“十大重点工程”，明确分工，责任到人。为确保完成创建各项任务，全省各级层层签订了综合治理和平安创建工作责任书，将平安创建工作纳入年度综治考核目标和领导责任制考核内容，严格实行平安创建“一把手”工程，并层层分解落实工作责任，形成了一级抓一级、一级对一级负责的工作格局。

三、加大保障力度，保证创建顺利开展

各级政府将创建工作专项经费纳入同级财政预算，切实加大对创建工作的投入。据不完全统计，创建活动开展以来，各级政府仅在治安防控体系建设方面的投入就达23.8亿元。南京市投入

综治、创建和政法保障经费15.4亿元，比上年增加2.6亿元；苏州市投入2亿多元用于技防镇、技防村和技防小区建设，市、区两级政府投入2000多万元专项经费，为古城区住宅楼全面安装电控防盗门，两级财政解决外来人员管理经费6000多万元；无锡市新增政法、综治和平安创建经费6亿多元；南通市通过政府投入、社会筹资和市场化运作，共投入10194万元用于科技防范建设，并建立保安联防基金2000多万元。常州、扬州、盐城、淮安、连云港、泰州等地还根据“谁受益谁出资”、“取之于民，用之于民”的原则，积极探索适应市场经济的保障机制，多渠道筹集创建工作所需经费，有效地保证了创建工作顺利开展。省财政计划三年内安排2.7亿元，专项补助苏北地区40个县（市、区）基层政法单位的基础设施建设，有力地推动了经济欠发达地区的创建工作。

“严打”整治斗争情况

2004年，江苏省政法机关坚持“严打”方针不动摇，继续保持对严重刑事犯罪的主动进攻态势，取得了显著战果。全省共破获各类刑事案件127963起，破案率为51.9%，其中破获八类主要刑事案件11476起，破案率为89.4%。各级检察院、法院充分发挥职能作用，依法快捕快诉、快审快判，全省共批捕犯罪嫌疑人42814名，起诉54191人，一审判处刑事犯罪分子52576名。监狱劳教系统积极落实教育改造和安全管理措施，监狱连续五年实现了“双零”目标（无罪犯脱逃、无狱内重大案件）。

在因地制宜地组织“严打”斗争的同时，各地公安机关将命案必破作为最高境界，奋力攻坚克难，全力投入“侦破命案专项行动”。2004年，全省现行命案发案1095起，破案1024起，破案率为93.5%，位居全国第一。对发生的大要恶性案件，各地组织精兵强将全力攻克。“12·14”特大跨国绑架杀人案、徐州“3·21”系列强奸杀人案、苏州“12·14”杀害台商案以及南京新百商场、超市发生的“炸弹”事件等等一批影响大、危害重的大要恶性案件都及时破获。各地深入开展“打黑除恶”专项斗争，全面落实打击、防范和控制工作措施，对有组织犯罪坚持“露头就打、打早打小”，确保黑恶势力团伙案件全部告破，人民群众举报的涉黑涉恶案件线索明显减少。2004年，全省共摧毁黑社会性质组织3个，省公安厅在“夏季攻势”中挂牌督办的35起团伙案件全部突破。

各地及时组织开展了一系列专项斗争和专项整治活动。在“夏季攻势”中，全省共破获各类治安案件6944起，抓获违法犯罪人员11597人，摧毁犯罪团伙244个、1087人，捣毁犯罪窝点218个，查处违法违规经营单位508家。针对一些地方美发美容“一条街”公开站街招嫖和棋牌室、游戏机室公开设赌问题，全省公安机关集中开展以扫除黄赌毒娼丑恶现象为重点的“清风行动”，3次组织全省集中统一行动，共查处黄赌毒娼违法犯罪案件1.2万起、3.3万人，挖出团伙415个、5153人，捣毁犯罪窝点973个，缴获毒品海洛因45.8千克、摇头丸25537粒。公安部和省公安厅挂牌督办的16起毒品案件全部侦破。针对管制刀具等危险物品散失社会，威胁治安稳定的问题，全省公安机关开展了“治危除患”专项行动，共收缴管制刀具3.2万件、非法枪支2619支（其中仿真枪1794支）、子弹1.5万发、炸药5.8吨、雷管8312枚、剧毒化学品3997千克以及大量烟花爆竹；查破涉及危险物品违法犯罪案件778起。开展了“捕蛇”和“秋风”专项行动，查获组织偷渡案件6起、非法入境的境外人员19人，有力地打击了非法出入境和非法移民活动。有关部门相互配合，开展了查缴“毒奶粉”、“打三假”、校园周边治安整治、毒鼠强专项整治、“清查放射源、让百姓放心”等专项打击行动，都取得了明显成效。

各地坚持严打、严防、严控、严管相结合，认真组织开展对治安问题突出的重点地区的整治工作。全省共排查整治治安混乱地区1699个，经整治改变治安面貌的1677个，整治好转率达

98.7%，打掉团伙517个，查破刑事案件19609起，抓获违法犯罪嫌疑人24643人。经整治，治安重点地区刑事案件发生数与以前相比有了明显下降，社会治安秩序明显改观，长效管理措施得到进一步落实。

社会治安管理和防范工作情况

一、深入推进社区警务战略，强化社区治安防范

全省所有社区均建立了警务室，达到一区一警或一区多警，同时在每个社区配备了若干名专职保安。南京、苏州、镇江、南通、扬州、无锡、常州等大部分地区开始实施社区警务城乡一体化战略，逐步在交通闭塞、刑事案件高发、治安形势复杂的农村地区建立警务室。各地普遍开展了派出所"三队一室"改革，在派出所设立了社区民警中队，明确社区民警职责为社区防范、人口管理、阵地控制和为民服务。切实加强社区保安辅警力量建设，2004年，全省新增社区保安辅警力量14000多人，总数达5.8万人。全省各地充分挖掘社区防范资源，组织居民群众开展各种形式的群防群治活动。各地普遍在社区建立了治安协管员、治安志愿者、义务消防员、治安信息员、高危人群帮教员等群防群治队伍，组织共产党员、共青团员、民兵、离退休干部职工、保洁员、送奶工等各种社区力量参加治安防范。

二、加强巡控力量建设，强化社会面巡逻控制

全省所有市、县(市)均实现110、119、122三台合一，强化了110指挥中心建设，实行对巡逻人员的快速高效指挥，提高了动态条件下公安机关快速反应能力。在城市推行"网格化"、"棋盘式"全天候治安巡逻。不少市、县(市、区)在城市和重要集镇组建专业治安巡控队伍。全省新增社会面巡控力量23000多人，极大地压缩了犯罪分子的作案空间。改革创新警务运作机制，基层公安机关实行两班制、夜班制、弹性工作制，把警力向案件多发的时段、路段、部位和夜间倾斜，切实增加街头路面的有警时间和有警密度。采取专业联防、联户联防、军警民联防、预约巡逻以及治安防范招标承包等做法，广泛组织社会力量参加治安巡逻。

三、大力加强治安卡口规范化建设，强化卡口堵控

全省各地按照"布局合理、装备先进、运作规范、实战高效"的要求，大力加强治安卡口规范化建设。全省增设各类治安卡口769个，各级各类卡口、查报站总数超过3700个，并配备了电子监控、交通工具、通讯器材等现代化装备和设施，在国道、省道、县道沿线还设有多功能警务站和报警点，所有省、市际关卡和出入城市的主要道口查报站实行24小时监控查报，形成了纵横交错、各警种联动的卡口堵控网络。2004年，卡口堵控抓获的违法犯罪嫌疑人员同比增加12.8%。

四、开展各种形式的基层创安活动，强化单位内部安全防范

各地以平安创建活动为契机，广泛开展了建设"平安单位"、"平安企业"、"平安校园"、"平安医院"等各种形式的基层创安活动。按照"谁主管谁负责"和"属地管理"的原则，各地将创建工作的任务分解落实到每一个基层单位。金融、广播电视、电信、车站港口、教育、卫生等重点单位和金库、财会室、仓库等重点部位全面加强了人防、物防和技防措施。全省机关、企事业单位增聘专职保安人员10875名，兼职保卫力量增加13353人，使单位聘用专职保安总数达到57024名，兼职保卫力量总数达到66801人。全省机关、企事业单位还投入11.5亿元用于内部安装或更新技防设施，自防自控能力显著增强。

五、加大技防建设力度，强化科技防范

全省各地按照"先行试点、分类指导、全面部署、整体推进"的工作思路，以前所未有的工作力度，前所未有的建设速度，前所未有的经费投入，在全社会掀起了技防建设的热潮。全省新建技防小区1200多个，技防一条街400多条，技防村600

多个。安装使用技防设施的单位增至18000多家。南通市综治委制定下发了《关于在全市实施科技防范示范区的工作意见》，分类制定了科技防范县(市、区)、乡镇(街道)、单位、小区达标标准，所辖各县(市、区)专门成立了技防工作领导小组，抽调专业人员成立了技防工作指导和办事机构。苏州市财政拨款1000多万元，对市区2400多辆出租车、8000多辆城市货车安装GPS卫星定位装置。无锡市制定了严格的技防乡镇(街道)、技防村(居)、技防一条街和技防单位创建标准，在全市大力推进以CK、AA报警系统和电子监控系统为主要内容的技防镇创建活动，全市已建成的技防镇占乡镇总数的83%。常熟市采取市、镇财政各拨款三分之一、农户自筹三分之一经费的办法，计划在三年内为所有农户安装与110联网的自动报警装置，2004年已按时序进度为10万多农户安装了报警装置。

六、加强交通和消防管理，努力防范控制重特大事故的发生

全省各地全面实施《道路交通安全法》和《道路交通安全法实施条例》，大力整顿交通安全秩序，全力控制交通事故总量，提高道路通行效率。江苏省2004年未发生一起死亡10人以上的交通事故，是华东地区及沿海省(市)中没有发生特大交通事故的省份。加强和改进消防监督执法工作，健全消防工作三级管理网络，认真开展消防安全大检查和公众聚集场所消防安全专项治理，大力推进消防设施建设，全省已有总体规划的902个乡镇全部完成消防规划编制，原来无消防队的1206个乡镇全部建立起乡镇保安联防消防队，消防救灾能力明显增强，有效控制了恶性火灾事故的发生。

社会矛盾纠纷排查调处工作情况

一、推广建立社会矛盾纠纷“大调解”机制

4月，省综治委召开了全省社会矛盾纠纷调解工作会议，总结推广了南通等地创造的社会矛盾纠纷“大调解”工作的经验，对全省开展“大调解”工作进行全面部署。6月，省委办公厅、省政府办公厅转发了省委政法委《关于进一步加强社会矛盾纠纷调解工作的意见》，对全省构建“大调解”机制作出了具体安排。经过一年的努力，全省已形成了党委政府统一领导、政法综治牵头协调、调处中心组织管理、司法部门业务指导、职能部门共同参与、社会各界整体联动的社会矛盾纠纷“大调解”工作格局。

二、建立健全了“大调解”工作的组织网络

省、13个省辖市建立了社会矛盾纠纷“大调解”联席会议制度、社会矛盾纠纷“大调解”工作指导委员会或领导小组，各县(市、区)也相应建立了“大调解”领导机构。106个县(市、区)和1467个乡镇(街道)全部建立了社会矛盾纠纷调处服务中心，共配备工作人员1.7万余名。另有8个未列入建制的县级开发区(新区)和18个乡镇级开发区、农林场等，也相应建立了社会矛盾纠纷调处服务中心。基层调解组织也得到了进一步的巩固和加强，全省已有村调委会2万个，社区调委会4509个，村、居调委会组建率达100%；6000多个大中型企事业单位也都建立健全了调解组织，落实了一批调解人员。全省已建成“纵向到底、横向到边、覆盖全社会”的“大调解”组织网络。

三、统一规范了“大调解”工作的运作程序

为了保证县(市、区)、乡镇(街道)两级调处服务中心能够真正发挥整合力量、联动各方的中枢作用，各级党委政府赋予调处服务中心社会矛盾纠纷分流指派权、协调调度权、检查督办权、责任追究建议权等四项职权，由中心对各类矛盾纠纷“统一受理、集中梳理、归口管理、依法处理、限期办理”，确保“有纷必受、有受必处、有处必果、有果必公”。

四、加强“大调解”工作制度建设

为了使“大调解”工作有章可循，按章办事，江苏省在建立完善“大调解”机制过程中，坚持把制度建设放在突出位置，制定实施了矛盾纠纷排查预警,受理登记、分流移交、办结报告,领导接待督办,协调会办、听证认证、公示公告和督查回访以及考核奖惩等一系列切实可行的规章制度,使“大调解”工作走上了制度化、规范化的轨道。

五、认真排查调处各类社会矛盾纠纷

各地认真做好各类矛盾纠纷排查工作,预警在先,超前工作,在第一时间获取矛盾纠纷信息、在萌芽状态进行化解调处,及时化解了大量的社会矛盾纠纷。全省调解组织共调处各类矛盾纠纷307565起,调处成功率达97%,劝阻、化解群体性上访5024起约12万余人,江苏省赴京上访人数在全国省(市、自治区)中的排序由原先的第9位下降到第23位。

六、积极预防并妥善处置群体性事件

针对深化改革过程中因征地拆迁、企业改制、工资福利、环境污染等问题引发的社会矛盾增多的情况,全省各地坚持滚动排查重大不稳定因素,及时采取疏导、化解措施,依法妥善处置了一大批涉及面广、敏感性强、行为激烈的群体性事件,最大限度地减少了社会影响。全省没有发生在全国有重大影响的群体性事件,没有发生5人以上的军转干部进京集访事件,没有因处置失当、矛盾激化对社会稳定造成大的冲击,没有让特殊群体形成组织、形成气候。

流动人口治安管理工作情况

一、着力完善社会化管理网络

省、市、县(市、区)建立了流动人口管理工作领导小组或协调小组,70%以上的乡镇(街道)成立了暂住人口管理办公室。南京、苏州、无锡等流动人口集中的地方及部分县(市、区)从公安、劳动和社会保障、城建、工商、税务等部门抽调人员,实行集中办公,联合执法。全省在城市社区、农村村组和用工单位设立的社区管理服务中心、暂住人口管理站或管理小组近2万个,聘用专兼职暂住人口协管员4万多人。各地按照“谁受益谁出资”,“取之于民、用之于民”的原则,切实解决了流动人口管理经费问题。苏州市按照上年度暂住人口登记数每人30元核算年度管理经费,纳入地方财政预算。南京市推行“以保代协”办法,将暂住人口协管员纳入保安序列,从政府财政拨款和保安费中开支工资费用。

二、积极引导农村富余劳动力合理有序转移

一是积极开展农村富余劳动力培训。全省建成了以148家技工学校、139家就业培训中心为主体,1252个民办培训机构为补充的农村劳动力培训网络,年培训能力达百万人次。二是大力推进区域劳务协作。改革审批办法,放宽准入条件,降低准入门槛,鼓励和支持企事业单位、涉农服务部门和公民个人开办职业介绍机构,全省初步形成了以劳动和社会保障部门公共职业介绍机构为主体、公益和民办职业介绍机构为补充的职业介绍网络,2004年共为144.8万人次的城乡劳动力提供职业中介服务,成功率达50%。全省10个对口挂钩市共举办劳务招聘会132场,苏南3383家用人单位提供了19.5万个就业岗位,32.8万名苏北农村劳动力进场求职,达成意向性协议14万人。三是进一步健全劳动力市场信息网络。全省已有247个乡镇、265个街道和2555个社区实现信息联网,初步建成了省、市、县、乡四级劳动力市场信息网络。

三、全面推行市民化、亲情化管理,加强对流动人口的服务工作

无锡、南京、南通、扬州、镇江等地推行流动人口市民化、亲情化管理,对外来人口就业、经商办企业、购房、子女入学等方面,与当地居民实行同等待遇。苏南等外来人口比较多的地方,按市场化运作模式,多方筹资新建外来人员居住公寓,实行“集中住宿、集中管理”。苏州市已有100多万外来人员集中居住,占外来人口总数的40%。常州市武进区制定了暂住人员生活区建设运作管理暂行办法,对暂住人员生活区建设、运行管理的有关事项作了明确规定。对外来人员实行“双集中”管理,既减少了外来人员的住房支出费用,提高了外来人员的居住质量，改善了城市环境，又为当地的失地农民提供了稳定的投资收益，还有效预防和减少了违法犯罪活动，一些外来人员居住社区成了"发案少、秩序好、社会稳定、群众满意"的安全文明小区。民政、公安、交通、城管等部门加强协作，共同做好城市生活无着的流浪乞讨人员救助管理工作。计生、卫生、民政等部门将流动人口纳入流入地总人口基数计算经费投入，保证了流动人口计划生育管理与服务经费。

四、切实维护流动人口合法权益

一是改善流动人口就业环境。劳动和社会保障部门全面取消了对用人单位招用农村劳动力的行政审批和职业工种限制，实行城乡劳动者凭技能自主择业、竞争上岗的制度，并取消了《外来人员就业登记卡》和《外来人员就业证》工本费，仅此一项就可以减少农民负担1200万元。在全省开展以打击非法中介机构和中介活动为重点的专项执法检查，严肃查处非法职业中介和编造虚假用工信息等坑害农民工的行为，坚决取缔"黑中介"，切实维护劳动力市场秩序。二是加强劳动保障监察。全省基本建立了日常巡查和举报专查相结合的劳动保障监察制度。仅元旦、春节期间，全省就检查各类用人单位8741家，涉及民工49.7万人，查处拖欠克扣民工工资的用人单位1472家，为7.8万名民工讨回工资4613万元。三是完善农民工社会保障制度。省人大颁布了《江苏省劳动合同条例》、《江苏省社会保险费征缴条例》、《江苏省工资支付条例》等地方性法规，明确规定用人单位招用劳动者必须签订劳动合同，办理社会保险，对城镇职工和农民工的合法权益一视同仁，一体保障。目前，全省已签订劳动合同的农民工中50%以上参加了社会保险。四是加强对外来人员的法律援助。司法、公安、法院等部门联手，大力开展法制教育宣传，积极提供法律咨询和法律援助，提高流动人口法治意识，支持他们大胆运用法律武器，维护自己的合法权益。

五、加强对流动人口的治安管理，预防和打击违法犯罪活动

一是进一步完善流动人口日常治安管理。对流动人口普遍实行分类管理，突出对无业人员、收旧拾荒、盲流乞讨人员等违法犯罪高危人群的有效管控；对房屋出租户实行分层次管理，加强对单身租住户、无业人员租住户、多人合租户、旅馆式出租户等重点户的阵地控制。依法落实房屋出租户、用工单位的治安责任，与50多万家出租户业主、用工单位负责人签订了治安责任书，查处违法违规案件近万起。无锡市在各街道成立房屋租赁服务社，通过服务社这个平台，切实为社区、出租户主、流动人口提供热情的服务，同时，对租住在出租户中的流动人口做到了底数清、情况明，最大限度地减少了漏管失控现象，提高了主动预防、及时发现和打击违法犯罪的能力。二是集中开展专项整治行动，以整治促管理。1至3月，全省公安机关在开展以打击黄赌毒娼为重点的"清风行动"中，对外来人员卖淫嫖娼活动比较突出的私房出租户、美容美发店等重点场所、部位进行集中整顿。从3月份起，全省公安机关组织开展了以出租房屋、中小旅馆、洗浴场所、工地工棚、集贸市场等为重点的流动人口落脚点治安管控攻坚战，共清理检查流动人口落脚点9.6万处，依法整治藏污纳垢的落脚点8200余处，依法取缔非法房屋出租户5280户，依法处罚出租房屋户主、中小旅馆业主和用工单位负责人1900余人，破获各类案件2600余起，抓获违法犯罪嫌疑人员3750人。三是依法打击以乞讨为掩护的犯罪活动。全省共查处流浪乞讨人员违法犯罪案件212起、186人，查获组织、胁迫、引诱乞讨的帮伙和盗窃、扒窃等犯罪团伙16个93人，解救被组织、引诱、胁迫从事流浪乞讨和违法犯罪活动的未成年人65人。

刑释解教人员安置帮教和社区矫正试点工作情况

2004年，全省回归社会刑释解教人员共21866人，其中刑满释放人员17686人，解除劳教人员4180人；安置19992人，安置率91.43%；帮教21522人，帮教率为98.43%；重新犯罪407人，重新犯罪率为2.3%。

一、多渠道安置刑释解教人员

省八部门制定了《关于贯彻实施中央八部委〈关于进一步做好刑满释放、解除劳教人员促进就业和社会保障工作的意见〉的意见》，在完善服刑在教人员的教育技能培训机制、广辟就业渠道、落实扶持政策和保障政策等六个方面作了具体规定。各地认真贯彻文件精神，实行因人制宜，分类安置。城市籍刑释解教人员普遍被列为下岗再就业扶助对象，生活困难、符合条件的，纳入民政最低生活保障对象范围；农村籍刑释解教人员普遍落实责任田。经济基础较好的市将符合条件的农村籍刑释解教人员纳入当地最低生活保障对象范围。盐城、徐州、宿迁等市针对当地农村籍刑释解教人员多，劳动力资源过剩的情况，将愿意外出的刑释解教人员组织起来，推荐到经济发达地区务工，既解决了这部分人的生活出路问题，又有效防止了脱管失控。全省各地加大了创建过渡性安置基地的力度。2004年，全省新建安置基地21个，基地总数上升至50个，临时安置刑释解教人员近500人。有的地方还建立了安置帮扶基金。扬州市财政每年拨出“帮扶基金”3万元。江阴市采取政府划拨一点，社会、企业捐助一点的办法，每镇每年筹集1至3万元作为安置帮教专项资金，用于对一时无生活来源又无技能的刑释解教人员的临时救济。各地认真抓好对服刑在教人员及无一技之长的刑释解教人员培训工作，初步形成由监狱、劳教所、地方劳动和社会保障部门、安置帮教组织、司法行政部门相互配合的教育培训机制。全省无一例因刑释解教人员安置问题引起的群体性事件，无一例个人因生活无保障、责任田不落实而到省上访。

二、多层次、多形式地开展帮教活动

各级安置帮教组织定期组织人员到监狱、劳教所、看守所探望本地籍服刑在教人员，将帮教延伸到大墙内。2004年3月，省妇联将省女子劳教所定为省妇联永久性帮教基地，组织省女法官协会、省女检察官协会、省女律师联谊会、省女企业家协会和省美容商会等五个社会团体赴女子劳教所开展帮教活动，收效显著。各地积极开展“一帮一”、“多帮一”结对帮教活动，由村（居）委会、家庭、志愿者队伍组成帮教对子，对刑释解教人员进行定期帮教。针对新时期刑释解教人员流动性不断增大的情况，徐州市对去向不明的刑释解教人员跟踪调查，想方设法掌握其去向，及时落实异地帮教措施。淮安市对人户分离的刑释解教人员，由帮教小组与其家庭签订跟踪帮教协议，由其家庭帮教成员负责了解动向，掌握思想动态，每季度向户口所在地帮教小组汇报。各地基层安置帮教组织与公安派出所联合，将恶习较深、有重新犯罪倾向的刑释解教人员作为重点管控对象，开展重点帮教，对其表现和行为进行定期评估，预防其重新犯罪。

三、按照规范化要求，做好刑释解教人员衔接管理工作

一是努力实现衔接管理排查制度化。全省各级安置帮教组织共排查出3762名刑释解教人员，弥补了衔接漏洞，有效防止了这部分人的脱管失控。二是实现地方与监狱、劳教所、看守所超前衔接常规化。一方面，各地安置帮教组织主动与监狱、劳教所、看守所签订协议，对本地籍服刑在教人员进行超前衔接；另一方面，各监狱、看守所、劳教所及时向地方公安及安置帮教部门寄送相关材料，对于有严重疾病、无亲属接领的刑释解教人员，专门派人将其送回户籍地。三是实现管理信息化。盐城市在全市推广安置帮教管理信息化模式，计划在2005年底前实现安置帮教管理信息化目标；连云港市各区安置帮教部门均实行了微机管理，将刑释解教人员的个人档案、现实表现、帮教措施等情况输入数据库，初步形成管理网络化。各地还相继出台了一系列关于刑释解教人员衔接管理工作的规范化文件，从制度上完善了刑释解教人员衔接管理，有力促进了全省安置帮教工作规范化发展。

四、认真做好社区矫正试点工作

选择在南京、苏州、连云港3市6个县（市、区）的24个乡镇（街道）进行先期试点，坚持以“社会化、科学化、法制化”为方向，以制度建设为基础，不断完善和规范社区矫正工作流程，并逐步形成“党政领导、政法牵头、司法为主、部门联动、社会参与、分工负责、密切配合”的工作格局。先后制定了《江苏省社区矫正试点工作实施意见》、《江苏省社区矫正工作流程》、《江苏省社区矫正工作者职责》等13份规范性文件。各试点地区结合实际制定了相应的规章制度，推动了试点工作的有序开展。2004年，首批试点地区共接受矫正对象980人，解除矫正312人，无一漏管、无一重新犯罪。

预防青少年违法犯罪工作情况

一、加大教育力度，提高青少年综合素质

一是加强法制教育。全省所有中小学和中等职业学校全部选聘了兼职法制副校长或辅导员，学校每学期对学生开展法制教育至少4次。省综治办、省司法厅、省教育厅等7个部门联合制定下发了《关于兼职法制副校长工作规范的意见》，对法制副校长的选聘、任职条件、工作职责等作了明确规定，还举办了全省法制副校长工作培训班。各地学校将法制教育列入教学大纲，做到教学计划、教材、课时、师资的落实，使在校生法制教育工作正常化。各省辖市新建了一批“有计划、有场所、有教师、有教材、有对象”的社区青少年法律学校，聘请兼职教师，通过举办法制讲座、开设法律宣传栏等方式，对社区青少年开展了形式多样的法制宣传教育。此外，各地还利用已有的法制教育资源，在未成年人管教所等地建立了一批青少年法制教育基地，定期组织未成年人到基地接受教育。二是加强思想道德教育。开展了“心手相连·关爱未来——四进一助”未成年人主题系列活动。以“民族精神代代传”和“雏鹰争章”等实践活动为主，开展了“做新一代江苏人”主题队会活动，清明节红领巾广场活动等，培养广大青少年热爱祖国、积极向上、团结友爱、文明礼貌等优秀品质。三是加强自护教育。在全省开展了青少年防火专题自护教育活动和“青春自护”活动，提高了广大青少年抵御灾害事故和不法侵害的能力。

二、深化专项活动，打造预防和减少青少年违法犯罪工作的品牌工程

一是深入开展创建优秀“青少年维权岗”活动。修改完善了《江苏省优秀“青少年维权岗”创建、评比、表彰管理办法》，制定下发了《全省法院系统优秀“青少年维权岗”职责、考核标准和奖励办法》，使创建工作的制度化、规范化水平进一步提高。在法院、司法等7个系统开展了省级岗的申报、考核工作，首次开展了全省创建优秀“青少年维权岗”组织奖和先进个人、突出贡献奖评选表彰活动。二是开展青少年远离毒品宣传教育活动。通过开展专项咨询和发放《青少年预防毒品教育读本》、《家庭防毒拒毒知识读本》等宣传材料，组织青少年收看电视剧《禁毒在江苏》、参观戒毒所等，增强了青少年拒毒防毒的意识。三是开展青少年成长环境专项整治活动。在全省开展了“青少年网络文明行动”、音像市场法制宣传活动、打击淫秽色情网站的专项行动和禁止未成年人进入网吧特别行动等，教育引导未成年人安全文明上网。四是开展“安全文明校园”创建活动。开展了校园环境整治和文明校园创建活动，有效地控制和减少了在校生犯罪。2004年全省在校生犯罪人数同比下降22.6%，无锡市学生违法犯罪率连续9年保持在0.3‰以下。

三、培育工作载体，增强预防青少年违法犯罪工作的实效性

一是加快建设各级青少年维权中心和法律援助中心。大多数省辖市及部分县(市、区)设立了青少年维权中心，常州市青少年维权中心还开设了全省首家青少年维权广播。各级青少年法律援助中心也在相继建立，并在实际工作中为青少年提供了及时有效的法律帮助和援助。二是继续实施“青少年违法犯罪社区预防计划”。南京等地向社会招聘了一批从事青少年工作的专职社工。经济条件较好的地区建立了社区闲散青少年教育服务机构，设立心理辅导室和咨询热线，借助相应人员的专业技能和丰富的人生经验帮助青少年解决成长过程中的实际问题。各地组织开展了“未成年人零犯罪社区”创建活动，努力实现社区未成年人犯罪逐年减少直至最终消除的目标。三是推进“进城务工青年发展计划”。实施了“千校百万”进城务工青年培训计划，开展了“百万农村青年学百技”活动，增强进城务工青年的劳动技能和适应城市生活的能力，减少了影响社会治安稳定的潜在因素。所有的县(市)均创办了农村青年职业中介机构，乡镇建立了农村青年就业信息服务站，行政村建立农村青年就业信息服务点，2004年全省新增输出农村青年10万名。四是加大流动儿童救助载体建设。徐州、连云港、南通、苏州等地建立了流浪儿童救助保护中心，常州市对收容遣送站进行了改造，对流浪儿童实行分区居住管理，有效防止其沾染恶习，走上违法犯罪的道路。五是加快建设城市青年中心。全省已建或在建的城市青年中心达60家，各地青年中心广泛开展了青少年喜闻乐见的文化、体育活动，丰富了青少年的业余生活。

学校及周边治安综合治理工作情况

一、加强组织领导，形成齐抓共管的工作格局

省学校及周边治安综合治理工作领导小组分别于5月26日和10月9日在南京召开了全省学校及周边治安综合治理工作会议，对全省学校及周边治安综合治理工作进行了部署。各市进一步调整充实了原有的学校及周边治安综合治理工作领导小组。各地、各相关部门建立和落实了关于学校及周边治安综合治理工作的责任制度，认真进行检查考核，确保学校及周边治安综合治理工作顺利开展。各地各单位充分利用新闻媒体，大力宣传开展学校及周边治安综合治理工作的重要性、必要性，并通过多种形式宣传动员广大群众进行监督。

二、突出重点，开展学校及周边治安综合整治

全省各地紧紧抓住影响学校教学生活秩序和师生员工反映强烈的突出问题，把市区、城镇、城郊结合部的学校及周边作为整治的重点区域，制订整治行动方案，进行集中整治。在整治工作中始终坚持有法可依、依法治理，既坚决取缔影响校园治安的非法经营场所和流动摊点，又注意保护合法经营者的利益，防止引发新的不安定因素。从10月至12月底，全省还集中开展了中小学、幼儿园安全管理专项整治，重点是严厉打击侵害师生人身财产安全的违法犯罪，全面治理校园及周边环境，消除校园内部安全隐患，清理整顿不合格的办学机构和从业人员。2004年，全省各地在学校及周边治安综合整治中共出动警力和检查人员8万余人次；破获盗窃、抢劫师生财物，侵害师生人身安全的治安、刑事案件2600余起；抓获犯罪嫌疑人1600余人；检查网吧5000余家，查封非法网吧400余家；查封歌舞厅、电子游戏厅、录像厅等1300余家；取缔违章音像书刊点5600余个，收缴各类不健康书籍近20万册；清理非法经营服务场所和占道经营的摊点1万余个；拆除校园周边的各类违章建筑1.2万平方米。通过整治，全省各级各类学校周边治安环境得到了明显改变。各地还采取了多种形式对整治工作进行检查和督查，重点督查整治难度较大、回潮率较高、社情民情比较复杂的地区，巩固了整治成果。

三、积极创新，不断探索学校及周边治安综合治理工作新路子

随着高等教育的快速发展，多校区办学日益成为江苏省高校发展的一个显著特点。大学城和新校区建设在带来巨大商机、促进学校周边地区经济发展的同时，也给学校及周边治安综合治理工作带来许多新情况新问题。为确保学校建设和教学工作的顺利进行，省学校及周边治安综合治理工作领导小组指导各高校结合新校区和大学城建设的实际，积极探索学校及周边治安综合治理的新路子。南京师范大学进入新校区后，按照保安工作社会化的思路，实行“警校场联建”模式，聘请当地农场保安公司的保安承担校门守卫、校园巡逻和重点部位守护等任务，较好地完成了校园安全保卫任务，受到师生好评。南京航空航天大学、河海大学等高校及时向当地公安等部门通报新校区建设情况以及施工中遇到的困难，主动争取他们的支持，积极开展警校共建活动，建立新校区治安保卫工作的联建、联防、联动网络。南京理工大学、南京森林公安专科学校等一批高校则在当地公安部门的指导下，加大投入力度，建设集人防、技防和物防于一体的校园治安防控体系，为师生提供全方位的救助、咨询和服务，提高了整体防范水平。

四、开展高校创建试点，努力建立学校及周边治安综合治理长效工作机制

从2004年5月开始，江苏省为贯彻落实全国学校及周边治安综合治理工作会议精神，在南京市开展了创建试点，将南京大学、东南大学、南京航空航天大学和仙林大学城列为首批试点单位。南京市综治委十分重视创建试点工作，整合各方力量，开展集中整治。各试点高校认真按照省和南京市综治委的统一要求，密切配合相关部门，大力整治学校周边治安中的突出问题。同时，以整治创建为契机，不断强化校园内部管理，大大改善了校园及周边治安环境，也为建立校园及周边治安综合治理长效工作机制积累了经验。省学校及周边治安综合治理工作小组对试点经验及时进行了推广。

铁路护路联防工作情况

2004年，全省共发生涉路治安案件4087起，同比下降36.8%；发生危及行车安全的五类案件96起，路外伤亡事故244起，分别同比下降7.7%和11.9%。护路联防队员抓获各类违法犯罪人员958人，当场制止违法行为1129人次，劝阻行人上路5518人次。

一、加强对铁路护路联防工作的组织领导

省委、省政府领导对铁路护路工作十分重视。省委书记李源潮带队深入铁路沿线进行视察，提出了建设铁路绿色通道的要求。3月底，省委副书记、省长梁保华在考察宁启铁路建设工程时明确提出，要确保一期工程顺利通车、确保运行畅通安全，努力将宁启铁路建成“平安路”。加强铁路护路领导组织建设，在全省逐步形成了以铁路部门为主体，地方党委、政府及综治、公安部门为依托，路地结合，联防联控的工作格局。为了进一步加强新建铁路的护路联防工作，省护路办会同南京铁路公安处、宁启铁路公司于宁启铁路扬州段正式营运前夕，在扬州市召开了宁启铁路护路联防工作会议，对新线路的铁路护路联防工作作出部署。

二、加强对治安重点区域和突出问题的整治

铁路公安机关组织开展了“两清一打”、“查堵追逃”、“打黑除恶”等专项斗争，严厉打击了破坏铁路设施、盗窃哄抢铁路运输物资、拆盗铁路器材等危害铁路运输安全的违法犯罪活动。路地双方公安机关密切配合、各司其职，加强经常性的治安联合检查，共同做好站、车、线内外的治安防范。在“两清一打”专项行动中，南铁护路办积极争取地方的支持配合，开展了废旧金属收购站点专项整治，共清查了废旧收购站点192家，查处吊销营业执照13家，取缔无证经营的废旧收购站点57处。各分局护路办对铁路治安混乱的区域进行了认真排查，全省共排出治安混乱的区域8个，铁路及沿线各地对排查出来的重点区域逐一明确责任，落实整治措施，限期改变治安面貌，及时落实长效管理措施。南铁护路办将因改建施工而出现一些治安突出问题的南京站列为挂牌督办的重点整治区域，明确南京铁路分局公安处的领导为责任人，强化站车治安管理措施，适时组织开展治安集中整治行动。

年初，省护路办为了迎接全国铁路第五次大规模调图提速，针对境内沪宁线两侧防护栅栏损坏较为严重的情况，及时下发了《关于对铁路防护栅栏拆损问题开展专项整治的通知》，要求沿线各市、县（市、区）及乡镇、街道综治办，确定一名领导负责这项工作，主动协调各部门配合南铁、上铁护路办共同开展专项整治。提速前沪宁线共封堵护栏缺口1500余处。为了进一步做好护栏缺口封堵工作，省护路办于12月下旬分别在昆山、无锡、南京三处开会，进行再部署、再动员，落实铁道部郑州安全工作会议精神，为第六次大提速做好准备工作。

三、积极营造爱路护路的社会氛围

各分局护路办在坚持认真组织开展铁路安全宣传月活动的基础上，注重加强经常性的宣传教育工作，联系实际采取多种形式，加大对爱路护路的宣传力度。在4·18提速前，徐州市委政法委和徐州铁路分局在车站广场进行铁路法宣传活动，摆放4座法律咨询服务台向过往旅客和群众宣传铁路法，解答群众提出的相关问题，发放铁路安全常识宣传品1万余份。徐铁护路办还组织宣传车到沿线各站点进行巡回宣传，在辖区中小学校大力开展争当“铁道小卫士”活动。上铁护路办与地方紧密协作，以教育为手段，以共建为载体，运用多种宣传形式，大力开展宣传教育。南铁护路办在“三保宣传月”中，针对部分施工单位在沪宁线路旧网改移和新建水泥栅栏施工中存在的治安问题，加大了对施工单位的宣传教育，对存在的治安问题进行了及时整治。同时，利用全省开展整治铁路沿线环境的有利时机，加大宣传力度，协同地方强制拆除了紧靠铁路线的30余处违章建筑，封堵了20余处非法人行便道，消除了长期困扰线路安全的“老大难”问题。

四、加强护路联防工作的规范化建设

年初，省护路办印制了《江苏省铁路护路联防工作综合台账资料簿》，下发沿线乡镇（街道）综治办统一使用。为了进一步提高全省铁路护路联防队伍的整体素质，省护路办制定了护路联防工作骨干培训计划，打算在近年内分期分批对沿线两侧五华里以内的乡镇（街道）综治办分管护路联防工作的负责人和专职护路联防队业务骨干普遍进行一次轮训。10月16日至20日，举办了全省首期铁路护路骨干培训班，由省及各分局护路办负责人分别授课，60多人参加了学习培训。徐铁护路办连续举办四期护路联防队员业务技能培训班，以集中培训的方式，将管内的320名护路联防队员全部轮训了一遍。各分局护路办在大力开展培训活动的同时，进一步加大了护路联防队员的规范化管理，建立健全了录用辞退、教育培训、值勤巡查、检查考核奖惩等各项规章制度。

社会治安综合治理宣传教育工作情况

一、开展法制宣传教育，推动社会法治化进程

一是开展经常性的法制宣传。结合《宪法修正案》、《行政许可法》、《道路交通安全法》等法律法规的颁布实施，开展了相关的学法宣传活动，并对全省的法制宣传骨干进行了全面系统的培训。结合安全生产方面的一些突出事件、全民国防教育和一年一度的征兵工作，利用禁毒、环境日等契机，组织宣传了《产品质量法》、《消费者权益保护法》、《反不正当竞争法》、《安全生产法》、《全民国防教育法》、《兵役法》以及环保、禁毒等方面的法律法规。宣传普及了《税法》、《传染病防治法》、《知识产权法》、《农业机械促进法》等与群众利益密切相关的法律法规。二是加强了对领导干部、青少年、流动人口等重点对象的法制宣传教育。全省各市、县（市、区）全部制定了人大任命干部任前法律知识考试办法，共举行考试30多场，参加人数431人，不合格4人，强化了领导干部的学法意识。在全省开展了领导干部“学法千字文”征集活动，共征集学法文章132篇，形成了良好的学法氛围。加强对青少年、流动人口的日常法制宣传教育，提高其法律意识。三是采取多种形式进行法制宣传。通过开展“12·4”法制宣传日，“法制好新闻评比”，“法律进社区、法律进农村”等形式多样的活动，不断增强法制宣传教育的针对性和实效性。全年共举办学法讲座24000场、法律知识竞赛1836场，开展法制文艺演出2634场，有近920万人次受到了法制教育。

二、大力宣传“平安江苏”创建活动，推进综合治理各项措施的落实

省委政法委与省委宣传部、省公安厅联合下发了《关于集中采访报道“平安江苏”创建活动的安排意见》，组织9家省级新闻媒体近20名记者在南京、苏州、无锡、徐州、扬州、淮安等地进行集中采访。各媒体精心策划组织了高密度、高质量、系列化的宣传报道，9家媒体总发稿量近50篇(部)，版面、时段安排十分突出，形成了较大的宣传声势，产生了广泛的社会影响。江苏省率先开展平安创建，引起全国瞩目，中宣部将“平安江苏”创建经验列入了全国典型宣传计划，中央13家新闻媒体进行了重点采访报道，其中新华社发了通稿、人民日报发了头版头条、中央电视台在《新闻联播》中作了报道，进一步扩大了“平安江苏”创建经验的社会影响。各地在党报、电视上开辟了创建专刊、专栏，以市委主要领导发表电视讲话、答记者问，市、县(市、区)委书记访谈等形式，大力宣传平安创建，促进了各部门各单位齐抓共建，掀起了“党政群齐抓、市县乡共建、军警民联动”的创建热潮。各地还通过发放宣传资料、制作固定和流动广告宣传牌、组织万人签名活动、文艺演出、知识竞赛及街头咨询等形式，对平安创建工作进行了大力宣传，大大提高了“平安江苏”创建工作的群众知晓率和参与度，使“平安江苏”创建活动拥有了广泛的群众基础和社会支持。

三、发挥新闻媒体作用，为综合治理工作的开展营造良好的舆论氛围

各地各部门突出强化了新闻媒体的主渠道作用，与新闻单位密切协作，对综治工作方面的重要会议、重要活动、重要举措和重要经验及时进行宣传报道。江苏省的一些品牌新闻节目如《南京零距离》、《绝对现场》、《江苏新时空》、《1860新闻眼》、《服务到家》等，每天都以较大份量报道综治方面的内容，及时剖析综治新闻事件，受到了群众的普遍欢迎，起到了很好的教育引导作用。各地各部门还在报刊、电台、电视台、网站等媒体上开辟专栏、专题节目，进行专门的综治宣传报道。在江苏电视台开设了《举案说法》、《法制现场》、《法制播报》、《法眼观察》等栏目，在省人民广播电台、省交通广播电台开设了《法治在线》、《交通法制现场》、《维权直播室》等栏目，在《新华日报》开设了专版，利用《江苏法制报》的所有版面，对综治工作进行全方位、多视角、高密度的宣传。

中共江苏省委办公厅　省政府办公厅转发省委政法委《关于进一步加强社会矛盾纠纷调解工作的意见》的通知

(2004年6月22日)

各市、县(市、区)委，各市、县(市、区)人民政府，省委各部委，省各委办厅局，省各直属单位：

省委政法委《关于进一步加强社会矛盾纠纷调解工作的意见》已经省委、省政府领导同志同意，现转发给你们，请结合本地区、本部门实际，认真贯彻落实。

关于进一步加强社会矛盾纠纷调解工作的意见

近年来，在全省各级党委、政府的统一领导下，各地各有关部门积极调处社会矛盾纠纷，做了大量艰苦细致的工作，取得了明显成效，有力地维护了全省社会政治稳定。为深入推进“建设平安江苏，创建最安全地区”活动，保障和促进“两个率先”目标的顺利实现，现就进一步加强社会矛盾纠纷调处工作提出以下意见。

一、充分认识进一步加强矛盾纠纷调解工作的重要性和必要性

当前，我省国民经济持续健康发展，社会大局总体和谐稳定。但是随着社会主义市场经济体制的发展和完善，以及各种利益关系的调整，社会矛盾纠纷不断增加，特别是因土地征用、房屋拆迁、企业改制等引发的社会矛盾纠纷日益突出，已成为影响社会稳定的一个突出问题。加强社会矛盾纠纷调解工作事关改革发展稳定的大局，事关广大人民群众的切身利益。全省各级党委、政府一定要从践行“三个代表”重要思想、落实科学发展观和维护社会稳定、建设“平安江苏”的高度，充分认识在新的历史条件下，加强社会矛盾纠纷调解工作的重要意义，进一步增强做好调解工作的责任感和紧迫感。

加强社会矛盾纠纷调解工作，是树立和落实科学发展观的基本要求。科学发展观是我们党对社会主义现代化建设指导思想的重大发展，是“三个代表”重要思想和“立党为公、执政为民”要求的具体体现，是解决发展中深层次复杂问题的治本之策。衡量一个地方的党政领导是否树立和落实了科学发展观，不仅体现在正确把握改革的力度、发展的速度和社会的可承受度上，而且体现在正确认识和处理好各类社会矛盾，协调好不同利益关系上。各级党委、政府要充分认识加强社会矛盾纠纷调解工作，对于维护社会稳定，保持经济社会全面、协调、可持续发展的重要性和必要性，切实把社会矛盾纠纷调解工作摆上重要议事日程，抓紧抓好，抓出成效。

加强社会矛盾纠纷调解工作，是维护最广大人民群众根本利益的内在需要。新时期发生的各类社会矛盾纠纷，绝大多数涉及群众的切身利益，这些矛盾纠纷如果得不到及时妥善解决，群众的合法权益就不可能得到依法保护。大量矛盾纠纷积压在基层，就会影响社会政治稳定，影响党和政府在人民群众中的威信和声誉。我们只有认真倾听群众呼声，积极提供便民服务，及时化解各类社会矛盾纠纷，才能把维护好、实现好、发展好最广大人民群众的根本利益落到实处。

加强社会矛盾纠纷调解工作，是建设“平安江苏”的重要举措。“建设平安江苏、创建最安全地区”，不能只满足于治安层面的平安，而要从社会政治稳定的高度来确定创建目标，提升创建工作水平。如果社会矛盾纠纷调解工作得不到切实加强，大量的社会矛盾纠纷积压在基层，容易引发群体性事件或民转刑案件，影响社会政治稳定。我们只有坚持一手抓治安防控，构筑“大防范”格局，实现社会治安稳定；一手抓矛盾化解，构建“大调解”机制，实现社会政治稳定，才能确保“平安江苏”创建目标全面实现。

二、建立“大调解”机制的指导思想、基本原则和工作目标

建立“大调解”机制的指导思想：以邓小平理论和“三个代表”重要思想为指导，紧紧围绕“两个率先”奋斗目标，从维护改革发展稳定大局出发，针对新时期社会矛盾纠纷的规律特点，积极构建党委政府统一领导、政法综治牵头协调、调处中心具体运作、有关部门齐抓共管、多种手段综合运用的社会矛盾纠纷“大调解”机制，及时发现、控制、调处婚姻、家庭、邻里等民间纠纷，经济社会活动中各类主体之间的经济纠纷，以及涉及征地拆迁、企业改制、安置补偿等改革发展中的矛盾纠纷，推动平安江苏创建活动深入扎实地开展，为实现"两个率先"创造和谐稳定的社会环境。

建立"大调解"机制的基本原则：一是服务大局的原则。坚持"保稳定、促发展"的调处理念，紧紧围绕发展这个第一要务，解决好影响改革、发展、稳定的热点、难点问题，努力消除不稳定因素。二是便民利民的原则。切实把服务群众、方便群众、维护群众利益作为调处工作的出发点和落脚点，主动为群众排忧解难，化解纷争，努力把矛盾纠纷调处服务中心建设成为服务群众的窗口和联系群众的桥梁。三是平等自愿的原则。按照法律法规和政策要求，保护诉权、平等协商、依法调处。四是公正高效的原则。严格调处纪律，完善监督机制，确保矛盾纠纷调处工作公开、公正、高效地进行。五是调防结合的原则。坚持在调处工作过程中，总结经验教训，举一反三，标本兼治，积极预防和减少社会矛盾纠纷的发生。

建立"大调解"机制的总体目标：通过建立"大调解"机制，使我省社会矛盾纠纷排查调处工作位于全国前列。一是社会矛盾纠纷调处工作网络健全、运作规范、责任落实、保障有力，长效管理机制不断完善；二是社会矛盾纠纷发现、控制、调处水平提高，群众上访、集访、群体性事件和"民转刑"案件上升势头得到有效控制；三是依法行政、依法办事的能力和水平得到提高，因决策失当引发的社会矛盾纠纷明显减少；四是人民群众对调处工作满意度不断提高。

三、加快推进"大调解"机制的组织网络建设

省及省辖市要建立由党委政府统一领导，政法综治牵头协调，司法、法院、公安、信访、民政、土管、城建、环保等部门参加的社会矛盾纠纷调解工作联席会议制度。其主要职责任务是，加强对社会矛盾纠纷排查调处工作的宏观部署、政策调研、综合协调和检查指导，总结推广成功经验。

各县(市、区)要建立由党政领导挂帅，政法综治牵头，司法、信访、法院、公安、民政、土管、城建、环保等有关部门负责人为成员的社会矛盾纠纷排查调处工作领导小组。其主要职责是，及时分析社会稳定形势，了解掌握社会矛盾纠纷规律特点，组织开展辖区内社会矛盾纠纷排查调处工作，研究处置重大疑难问题和突发性事件，加强工作指导和督查，对调处不力导致矛盾纠纷激化的部门和单位实施责任查究。

县(市、区)社会矛盾纠纷排查调处工作领导小组下设矛盾纠纷调处服务中心，其主要职责是，协助领导小组履行职能，承担矛盾纠纷的接访受理、分流指派、调处调度和督办指导，直接调处或与有关部门联合调处重大疑难矛盾纠纷；对影响社会稳定的矛盾纠纷及重大问题进行分析研究，及时预警，提出工作建议；加强对乡村调解工作的检查督促和具体指导，对调处工作不力、致使矛盾纠纷多发的地区、部门和单位，提出责任查究的建议。县(市、区)矛盾纠纷调处服务中心要妥善处理好调处矛盾纠纷与接待群众上访的关系，坚持把工作的着力点放在基层，放在化解重大疑难社会矛盾纠纷上。为了严格控制机构增加，各县(市、区)可在相关部门增挂"矛盾纠纷调处服务中心"牌子，具体在哪个部门增挂牌子，可因情因地制宜，不强求一律。

乡镇、街道要建立由党政领导挂帅、综治牵头，依托司法，公安、法庭、信访、土地、工商等有关部门和现有的人民调解委员会共同参与的矛盾纠纷调处服务中心。乡镇、街道可采取在相关部门加挂"矛盾纠纷调处服务中心"牌子的做法，落实其组织形式，其主要职责是，调解婚姻、家庭、邻里等民间矛盾纠纷；参与调处因土地承包、征地拆迁、企业改制等引发的社会矛盾纠纷；具体指导村组、社区人民调解工作；负责社会矛盾纠纷的排查预警、收集报送和初期化解工作，努力做好矛盾纠纷的调处、钝化和控制工作。

行政村和城镇社区要进一步巩固完善人民调解组织，有条件的要设立调解室。企事业单位要建立健全调解组织，落实调解人员。积极发展区域性、行业性人民调解组织，不断拓展人民调解的工作渠道。农村村民小组、城镇小区楼幢院落、企业车间班组等要广泛建立矛盾纠纷调解信息员队伍，努力把调解的触角延伸到社会的各个角落，切实提高全社会的矛盾纠纷信息预警和调处化解能力。

四、不断完善"大调解"工作的运行机制

规范调处运作程序。社会矛盾纠纷调处服务

中心是“大调解”整合力量、联动各方的中枢机构和工作平台，对社会矛盾纠纷实行统一登记、统一受理、统一调度、统一管理。应赋予其四项职权：一是分流指派权。调处服务中心对群众要求调处的社会矛盾纠纷，实行统一登记受理，然后根据矛盾纠纷的性质、类别，按照“属地管理”、“谁主管、谁负责”、“分级管理，归口负责”的原则，及时分流指派到有关地区、部门和单位。对调处服务中心分流指派的矛盾纠纷，有关地区、部门和单位要按照分流指派的任务和要求，强化调处责任，落实调处措施，确保调处效果，并及时反馈调处结果。二是协调调度权。对一些重大疑难问题和管辖不明的矛盾纠纷，调处服务中心要协调调度有关地区、部门和单位进行联合调处，明确主办、协办单位和责任要求。有关地区、部门和单位要接受服从调处中心的统一安排，加强沟通，密切配合，共同完成调处任务。三是检查督办权。调处服务中心对分流指派、协调调度的矛盾纠纷要及时了解掌握调处进度和调处结果，进行必要的检查、指导和督办。四是责任追究建议权。调处服务中心对有关地区、部门和单位的调处工作要加强跟踪检查、管理和监督，对因调处工作不力等原因造成矛盾激化和重大社会影响的单位和个人，要及时分析原因，查找问题，总结教训，提出责任查究的建议。

建立调处联动机制。一是整合上下级之间的调处力量，形成上下联动。基层调解组织在调处化解矛盾纠纷工作中，要主动加强排查分析和信息预警，对一些疑难复杂和重大矛盾纠纷，要在做好钝化、控制工作的同时，及时向上级机关和有关部门请示报告，加强沟通联系。上级机关要加强对基层调处工作的指导，对基层需要上级机关协调的有关事项，要积极给予协调，使上下级之间形成调处合力。二是整合部门之间调处力量，形成左右联动。各部门之间要分工负责，密切配合。对属于本部门调处的矛盾纠纷，要切实负起责任，及时调处化解，不能把矛盾纠纷推向其他部门、推向上级、推向社会。对属于几个部门的矛盾纠纷，相关部门都要积极参与，互相配合，通力调处。对于不属于本部门调处的矛盾纠纷，要热情接待，认真受理，然后移交有关部门进行调处，防止漏管失控，激化矛盾。三是整合社会调解力量，形成整体联动。矛盾纠纷调处服务中心要与行业协会等民间中立机构加强沟通联系，积极发挥行业协会在调解行业矛盾纠纷中的作用。要通过与律师、法律援助机构、法律服务机构协调联动，积极倡导律师等法律服务工作者参与社会矛盾纠纷调处工作。要通过建立矛盾纠纷调解自愿者队伍和调解员协会等形式，把社会各界热心调解事业的人士组织起来，参与社会矛盾纠纷的调解工作，不断壮大调解力量，形成全社会共同参与、整体联动的工作局面。

加强调处制度建设。一是要建立矛盾纠纷排查预警制度。县（市、区）和乡镇（街道）矛盾纠纷调处服务中心要坚持每半月排查一次社会矛盾纠纷，做到早排查、早发现、早报告、早处置，对一些苗头性、倾向性的突出问题，要及时组织开展集中排查和分析研判，提出工作建议，制定调处方案。二是要建立受理登记、分流移交、办结报告制度，使矛盾纠纷从受理、移交、调处等各个环节相互衔接，形成排查、发现、调处一体化的工作机制，防止漏调失控，造成矛盾激化。三是要建立领导包案和接待日制度县，（市、区）和乡镇（街道）党政领导要轮流到调处服务中心接待来访群众，对影响社会稳定的重大矛盾纠纷直接协调督办、包案处理。四是要建立协调会办、听证认证、公示公告和督查回访等工作制度，保证矛盾纠纷调处工作公开、公平、公正地进行，提高“大调解”的公信力。五是要建立考核奖惩制度。对调处化解社会矛盾纠纷工作成绩突出的地方、部门、单位和个人，要进行表彰奖励；对调处化解工作不力致使社会矛盾纠纷高发的地方、部门和单位，要予以责任追究。

坚持人民调解、行政调解和诉讼调解有机衔接。各级调解组织和有关部门在矛盾纠纷调解成功后，应按照有关要求制定、出具调解协议书。由调处服务中心分流指派给职能部门调处的，以主管部门的名义出具行政调解协议书。由调处服务中心或基层调解组织直接调处的，以人民调解委员会名义出具人民调解协议书。人民法院对于调解协议，只要内容是双方自愿达成的，不违反法律、行政法规的强制性规定，不损害国家、集体、第三人及社会公共利益，不存在重大误解或者显失公平的情况，都要依法确认调解协议书的法律效力。对于当事人不接受调解，或调解未能达成协议的，要说服当事人采取合法途径处理矛盾纠纷，引导其有序进入法律诉讼程序,依法维护当事人的合法权益。

五、着力提高"大调解"机制的工作绩效

加强信息排查预警,切实提高矛盾纠纷预防控制水平。各地要充分发挥"大调解"机制的组织网络作用,加强矛盾纠纷调解信息员队伍建设,努力建立多层次、多渠道、覆盖整个社会的情报信息网络,将信息的触角延伸到各个领域、各个行业。加强集中排查和日常排查工作,力争做到对各类社会矛盾纠纷的早排查、早发现、早预警。对排查出来的矛盾纠纷,要在做好前期调处的同时,严格信息报告制度,如实及时上报,坚决纠正有情不报或只报喜不报忧的现象。对一些有可能引发重大治安问题和群体性事件的社会矛盾纠纷,要认真制定处置预案,严格落实工作措施,不断提高调处社会矛盾纠纷、维护社会政治稳定的防控能力。

加强基层调解工作,努力构筑第一道防线。"大调解"机制的工作重点在基层。各地要着力提高村、居调解组织开展群众工作的能力、排查问题的能力、化解矛盾的能力,确保在基层纠纷不激化,矛盾不上交。乡镇(街道)调处中心在调处化解社会矛盾纠纷工作中处于承上启下的重要环节,要切实加强对基层调解工作的组织领导和工作指导,协调整合各种调解力量,积极主动地开展矛盾纠纷的排查调处,防止推诿扯皮,掩盖问题,甚至压制群众现象的发生。各级人民法院、司法行政部门要切实加强矛盾纠纷调解工作的业务指导,有效提高基层调解组织的调解水平,努力做到小事不出村(居),大事不出乡镇(街道),难事不出县(市、区),切实把矛盾纠纷解决在基层,解决在当时当地。

妥善处置群体性事件,全力维护社会稳定。对已经发生的群体性事件,要按照"大调解"机制的工作要求,有关党政领导要亲临一线,靠前指挥,面对面地做好群众工作。各相关部门和单位要自觉接受矛盾纠纷调处服务中心的统一调度,迅速赶赴现场,认真负责地开展调处工作。要坚持慎用警力、慎用武器警械、慎用强制措施的原则,把加强思想政治工作与解决实际问题、依法调处等多种手段结合起来,真心实意地解决群众的实际问题,提高调处工作的针对性和有效性。对围堵、冲击党政机关,堵塞交通要道以及打砸抢烧等严重事件,要采取果断措施,尽快平息事态,恢复正常秩序。要进一步完善处置工作机制,提高依法处置群体性事件的能力,确保问题得到及时妥善地解决。

六、切实加强对"大调解"工作的组织领导

各级党委、政府要把建立完善"大调解"机制作为维护社会稳定、建设"平安江苏"、实现长治久安的基础性工程和战略性措施摆上重要议事日程,切实加强组织领导。

积极从源头上预防和减少矛盾纠纷的发生。各级党委、政府要落实科学的发展观,树立正确的政绩观,统筹安排好本地的经济社会发展,注意在改革发展中兼顾和保护人民群众的切身利益,把改革的力度、发展的速度和人民群众可承受的程度很好地结合起来。在出台政策和改革措施时,反复调研论证,广泛听取意见,充分考虑群众的切身利益,加强宣传解释工作,最大限度地获得群众的理解和支持。坚持依法行政、公道办事,严格执法、公正司法,努力在行政和执法的源头上减少矛盾纠纷,防止因作风不深入、工作不细致、处理不公道以及执法不严、司法不公等引发矛盾纠纷。

严格落实矛盾纠纷调处责任制。首先是落实领导责任制。各级党政主要领导要高度重视社会矛盾纠纷排查调处工作,对可能影响本地区社会稳定的重大矛盾和突出问题,要亲自过问,亲自解决。分管领导要经常分析社会稳定形势,听取社会矛盾纠纷调处工作的情况汇报,关心支持矛盾纠纷调处工作。各级党委政法委、综治委要当好党委、政府的参谋助手,积极协助做好组织、协调、督查工作。其次是落实部门和单位责任制。坚持"属地管理"和"谁主管谁负责"、"谁经营谁负责"的原则,把矛盾纠纷调处的责任落实到部门、单位,实行分级负责、归口调处。各地都要按照"大调解"机制的要求,进一步明确各有关部门的职责任务。第三是实行责任追究制。对不重视矛盾纠纷调处工作,造成大量矛盾结压的地方、部门和单位,要严肃追究责任,对造成严重后果的要坚决实行一票否决。

大力加强调解工作队伍建设。县(市、区)和乡镇(街道)社会矛盾纠纷调处服务中心的工作人员从相关部门抽调,不增加编制,不增加领导职数。要加强对被抽调人员的考察,切实把好素质关。对村、社区(居)和企事业单位调解组织中的调解人员,要严格用人标准,选聘公道正派、群众威信高、熟悉法律政策、热心调解工作的人员参加调解工作。要加强对调解人员的宗旨教育,使广大调解人员增强群众意识,树立服务观念,自觉以人民利益为重,主动为民排忧解难,满腔热情地为人民群众提供服务和帮助。要着眼提高调解水平,大力加强调解人员的业务培训,组织调解人员认真学习调解工作的基本理论和法律政策,掌握必要的调解艺术,提高调解的能力和水平,努力建设一支政治素质好、业务能力强、群众威信高的高素质调解队伍。

建立社会矛盾纠纷调处工作经费保障机制。各级党委、政府要努力为调解工作提供必要的经费和物质保障。当前,要重点解决好社会矛盾纠纷调处服务中心建设问题,在政策和资金等方面加大支持力度,充实加强领导力量和工作人员,切实解决有人干事、有钱办事的问题。要将矛盾纠纷调处服务中心的经费保障纳入财政预算,解决好调处服务中心办公用房、交通、通信等方面的实际问题。要进一步加强基层综治办、司法所、人民法庭和公安派出所的建设,充分发挥其在调处化解社会矛盾、指导基层调解业务的骨干作用。

大力表彰和宣传社会矛盾纠纷调处工作人员的先进事迹。要大力表彰和宣传社会矛盾纠纷调解战线的先进集体和先进个人,激发他们从事社会矛盾纠纷调解工作的荣誉感和自豪感。要采取多种形式,广泛深入地宣传社会矛盾纠纷调解工作的作用,宣传人民调解员无私奉献的精神,使广大群众和社会各界更加理解调解工作,支持、配合调解工作,为社会矛盾纠纷排查调解工作创造良好的社会基础和舆论氛围。

中共江苏省委政法委员会
2004 年 6 月 9 日

江苏省社会治安综合治理委员会
中共江苏省纪律检查委员会
中共江苏省委组织部
江苏省监察厅　江苏省人事厅
关于印发《江苏省社会治安综合治理警示制度》的通知

(2004 年 8 月 28 日)

各市综治委、市纪委、市委组织部、市监察局、市人事局,省综治委各成员单位:

现将省综治委、省纪委、省委组织部、省监察厅、省人事厅五部门研究制定,经省综治委 2004 年第二次全体会议讨论通过的《江苏省社会治安综合治理警示制度》印发给你们,自 2004 年 10 年 1 日起施行,原《社会治安综合治理末位警示暂行办法》同时废止。

江苏省社会治安综合治理警示制度

第一条　为进一步严格执行社会治安综合治理责任制，健全和完善激励制约机制，根据中共中央、国务院《关于进一步加强社会治安综合治理的意见》、中央综治委《关于实行社会治安综合治理一票否决权制的规定》和有关规定，制定本制度。

第二条　本制度适用于市对县（市、区），县（市、区）对乡镇（街道）社会治安综合治理工作的检查督促。

第三条　对于存在或发生比较严重的社会治安问题，或在上级综治部门组织的社会治安综合治理年度检查考核中成绩明显落后的地区，依照本制度给予警示，以促使其整改转化。

第四条　凡具有下列情形之一的地区，应当予以警示：

（一）存在或发生比较严重的社会治安问题尚不够一票否决的；

（二）在上级综治部门组织的社会治安综合治理年度检查考核中，成绩低于80分的；

（三）在年度检查考核中连续两年名列末位的。

第五条　第四条第（一）项“存在或发生比较严重的社会治安问题尚不够一票否决的”主要包括下列情况：

（一）县（市、区）：

1. 刑事案件年度增幅达15%以上尚不到30%的；

2. 八类主要刑事案件年度增幅达20%以上尚不到40%的；

3. 黑恶势力坐大成势，称霸一方，发生在全市乃至全省造成严重影响的恶性刑事案件的；

4. 金融单位发生刑事案件，致人死亡或造成财物损失30万元以上尚不到50万元的；

5. 城镇居民住宅小区一年内发生盗抢财物致人死亡的刑事案件2起以上，或发生盗抢财物致死三人以上的刑事案件的；

6. 对社会矛盾纠纷与不安全隐患不及时化解，处置不力，致使发生非法游行、聚众闹事、聚众冲击党政机关、堵塞铁路公路、停产停课等重大群体性事件以及重大治安灾害事故，造成严重后果或在全省造成严重影响的；

7. 来省集访、赴京上访的批次、人次在全省各县（市、区）中连续两年列前三位的。

（二）乡镇（街道）：

1. 刑事案件年度增幅达30%以上尚不到40%的；

2. 一年内发生民转刑重大杀人、伤害案件2起或发生一次性杀死二人以上恶性案件的；

3. 黑恶势力坐大成势，危害一方，在当地造成严重影响的；

4. 金融单位发生盗抢案件造成人员伤亡的；

5. 机关、团体、企事业单位财会室、保险箱（柜）、仓库等重点部位被盗抢5次以上并造成财物损失累计达10万元以上的；

6. 机关、团体、企事业单位发生被盗抢价值30万元以上尚不到50万元的刑事案件的；

7. 城镇居民住宅小区内发生盗抢财物致人死亡刑事案件的；

8. 对社会矛盾纠纷与不安全隐患不及时化解，处置不力，致使发生集体上访、非法游行、聚众闹事、聚众冲击党政机关、堵塞铁路公路、停产停课等重大群体性事件或治安灾害事故，造成严重后果或在全市造成重大影响的。

第六条　市综治委发现县（市、区），或县（市、区）综治委发现乡镇（街道）具有应当予以警示的情形后，应及时召集五部门联席会议进行研究，作出警示决定，并由综治委向该单位发出《警示通知书》。必要时，应会同纪检、组织、监察、人事部门对该单位主要负责人和分管负责人实施诫勉谈话。

第七条　被警示单位应在接到《警示通知书》后一个月内向上级综治委报告整改计划，并于半年内至少报告一次整改情况。

第八条 在两年时间内连续两次被警示的单位，应依照有关规定予以一票否决。

第九条 各地可按照本制度制定具体实施办法。

第十条 本制度由省综治办负责解释。

第十一条 本制度自2004年10月1日起实施，原《社会治安综合治理末位警示暂行办法》同时废止。

实行“六前”工作法
积极预防和妥善化解社会矛盾

中共南京市秦淮区委　秦淮区人民政府

秦淮区地处南京城南老城区，近年来全区市政建设、老城改造、征地拆迁、企业改制任务很重，矛盾纠纷错综复杂。为切实抓好矛盾纠纷排查调处工作，我们以“三个代表”重要思想为指导，紧紧围绕“保稳定、促发展”这一主题，立足本区实际，实行“六前”工作法，逐步形成党委政府统一领导、综治委统一协调、职能部门各司其职、全社会共同参与的“大调解”机制，有效维护了社会稳定，为创建“平安秦淮”创造了良好环境。

一、领导指挥靠前，努力做到责任体系早健全

一是责任落实到领导。区委、区政府牢固树立抓稳定也是抓发展的理念，明确提出抓经济促发展是政绩，抓矛盾调处保稳定同样也是政绩。建立健全调处、稳定工作责任制，要求党政领导干部既是本职工作的责任人，也是所管领域调处工作的责任人，切实做到调处工作与经济工作、综治工作同部署、同检查、同考核。

二是任务分工给领导。明确书记、区长负总责，分管书记、区长负直接责任，其他常委、区长分片负责，切实做到主要领导带头抓调处，分管领导全力以赴抓调处，各相关部门形成合力抓调处。对重大信访问题，实行区领导包案负责制。定期召开领导包案工作汇报会，按照“谁主管、谁负责”的原则，包案区领导汇报情况，分析症结，提出方案，负责办结。今年1至3月份，已调结集体访28起，个人访23起。

三是现场指挥有领导。发生影响稳定的突发事件或重大群体性事件后，区委、区政府主要领导、分管领导靠前指挥，亲自督办，凡是有可能引发群体性事件的矛盾纠纷，区领导总是组织方方面面的力量竭力化解。去年，夫子庙地区贡院街夜市搬迁、龙门街摊点搬迁，获悉部分摊主准备集体上访后，区领导高度重视，迅即赶赴现场，协调相关部门，通宵处置，成功化解了这一事件。

二、信息预警超前，努力做到苗头问题早发现

一是以《不稳定因素每日动态》为载体，实现信息预警工作日常化。从去年9月1日起，区综治办确定专人收集信息，编写《不稳定因素每日动态》，供领导决策时参考，切实做到情况随时掌握、信息随时报送、问题随时处理。

二是以联席会议为载体，实现信息预警工作制度化。建立健全定期排查、台账、零报告、情况通报、考核督察等多项制度，做到每月必须排查，方面性问题必须排查，敏感时期必须排查，突出性矛盾必须排查，普遍性问题必须排查。区综治委牵头，定期召开联席会议，及时掌握动态，认真分析原因，采取相应措施，完善工作预案，实行主动调解，避免矛盾激化。

三是以网络建设为载体，实现信息预警工作深度化。加强情报信息员建设，建立健全区、街、社区（村）、楼栋三级四层信息网络。特别在企业改制、城市拆迁等易发纠纷领域，努力获取预警性、内幕性和行动性情报信息。

三、调解工作提前，努力做到矛盾纠纷早处理

一是上下联动。以区中心为龙头，向下延伸，上下结合，形成二级中心、三级组织、四级网络、依托基层、多方参与的大调解组织体系。区街两级成立社会矛盾纠纷服务调处中心；社区居委会(行政村)及100人以上的企事业单位建立健全人民调解委员会，并设调解窗口和首席调解员；居民小区楼幢、村民小组及100人以下的企事业单位建立健全民调小组；区管系统和行业协会建立健全调解办公室；区其他部门、直属单位设立民调信息员。

二是左右联动。重大、疑难矛盾纠纷，在区中心的统一组织下，各涉案单位共同调解。区调解中心成立第二天，某施工单位地下管道施工操作不当，致使周围30户居民住宅进水，并造成1000多户居民断水。居民们立即阻止施工，并酝酿集体上访。中心接报后，迅速组织街道、城管、房产、信访、公安等中心成员单位，会同市政、自来水公司协力解决，成功调解。

三是点面联动。以社区调委会建设为例，我们以双塘街道为试点，推行机关党支部和社区党支部"结对创安"活动，选派义务调解员，较好发挥了机关人才优势。取得经验后，及时在全区推广。面上工作的拓展，反过来又深化了点上工作的开展。

四是内外联动。整合社会资源，发挥专家作用。区中心设立了法律咨询室，安排资深律师免费接待群众，引导群众依法解决矛盾纠纷。同时，设立恳谈室，聘请心理学教授，对相关群众进行心理疏导。对重大疑难矛盾纠纷，则实行听证制度。人大代表、政协委员、有关专家、群众代表和新闻媒体，共同参加，评论是非，形成人民矛盾人民调、社会纠纷社会疏的良好氛围。

四、法制教育在前，努力做到重点对象早转化

一是"因势利导"法。充分发挥职能优势，抓住群众关注的切身利益，积极引导其依法维权。如2003年4月，某小区部分居民以讨要"阳光权"为由，阻挠施工，可能造成的经济损失达1500万元之巨。我们一方面采取果断措施，恢复正常施工秩序，另一方面发挥调解功能，积极引导居民通过诉讼程序解决矛盾。区法院组成专门班子，先后7次组织原告与开发公司进行调解。通过调解，居民与开发公司达成协议，依法维护了自身权益。

二是"重点突破"法。对大规模群体性事件，我们采取"隔离现场"的方法，抓住重点人头，抓住关键人物，有的放矢，各个"击破"。

三是"敲山震虎"法。对那些无理取闹或借故严重扰乱社会秩序的违法犯罪的人员，果断采取打击少数，教育多数，维护稳定措施。这本身也是一种警示性的法制教育。

五、帮扶措施上前，努力做到群众困难早解决

一是贴近群众所需。坚持从群众最难的事入手，组织"面对面"援助，开展"送温暖"等"三送"活动，努力解决群众实际困难。在区调处中心设立"爱心基金"，供特困来访者应急之用。同时，加大法律援助力度，拓展法律援助思路，成立反家庭暴力救助协作网络、青少年维权岗和残疾人维权岗等专门组织，全面为弱势群体提供法律服务。

二是贴近稳定工作所需。在容易引发矛盾纠纷的拆迁工作中，我们坚持做到依法拆迁、以德拆迁、有情操作、能宽则宽。去年全区拆迁6500多户(为前两年拆迁量总和)，未发生一起过激事件。

六、舆论宣传抢前，努力做到事态局势早控制

建立健全突发性事件新闻通气制度、归口管理制度、分类处理制度等，主动加强与新闻媒体的沟通、联系，取得支持，防止发生新闻炒作现象，切实做到"四个有利于"，即：有利于全区工作大局，有利于维护人民群众的切身利益，有处于社会稳定和人心安定，有利于事件的妥善处理。

全面组建"五位一体"村级综治办 强化综合治理基层基础工作

苏州市社会治安综合治理委员会

近年来,苏州市委、市政府在开展"平安苏州"的建设中,十分重视社会治安综合治理基层组织建设。从2002年开始,在全市1838个村(社区)建立了集综合治理、社区(村)警务、治保、调解、外来人员管理"五位一体"职能的村(社区)综治办,共配备专职综治工作人员6000多名。"五位一体"综治办的建立,凝聚了综治力量,形成了大综治、大防控、大调解机制,使全市综合治理基层基础工作更加扎实,防范网络更加健全,平安创建的根基更加牢固。

一、加强领导,健全网络,为平安创建打牢基础

一是党委政府高度重视,把推进"五位一体"综治办建设摆上重要位置。市委、市政府认识到,没有稳定的社会环境,就不能保证苏州经济的长足发展,而村(社区)是建设"平安苏州"的落脚点和根基。要筑牢维护社会稳定的"第一道防线",把大量不安定因素解决在基层,化解在萌芽状态,必须紧紧依靠基层党政组织,必须不断壮大基层综治力量,必须有一支专职的综治队伍。为此,市委、市政府先后于2002年、2003年和今年6月召开了全市加强村(社区)综治办建设、建设"平安社区"和推进"五位一体"村(社区)综治办建设三个现场会,有力地推进了全市村(社区)综治办的建设。

二是加强领导,为维护基层的平安与稳定提供有力保证。全市1838个村(社区)综治办主任由村(社区)党支部书记或副书记专、兼任,社区民警、村(社区)委会副职担任副主任,全面实行基层综治工作和平安创建"一把手"工程。"五位一体"村(社区)综治办与镇(街道)、县(市、区)和市构建了大综治网络,确保全市上下综治和平安创建工作有人抓有人管。目前,太仓市为127个村65个社区全部配备了专抓综治工作的党支部副书记,兼任综治办和治调主任。

三是统一标准,确保"五位一体"村(社区)综治办建设落实到位。规定各行政村和社区综治办下辖"三站两委",即综治管理站、警务站、外来人口管理站、治保委和人民调解委员会,以社会治安综合治理为主要工作内容,以警务站为主要工作实体,配备1名民警和不少于6名以上专职工作人员(含保安联防队员)。要求各村(社区)综治办办公用房不少于80平方米,必须配有治安值班室、调解室和备勤休息室以及其他生活设施,原则上建立在村委会或有利于开展工作的地方,设置统一的标志,配备必要的通讯、交通和消防等装备以及警用器材。今年上半年,昆山市共投入1160.8万元,用于192个村综治办房屋装修、购置装备和制作图表标牌,招聘专职保安联防队员778名。

二、完善机制,健全制度,确保村级综治办规范高效运作

为加强"五位一体"村(社区)综治办规范化建设,今年上半年,苏州市委政法委、市综治委制定下发了《全市"五位一体"村(社区)综治办规范化建设实施办法》,对其组织构成、工作任务、工作职责、工作制度、保障机制等方面进行了统一规范,以促进村级综治办的长效管理与高效运作。

一是健全管理机制。村(社区)综治办在上级政法综治机关和村(社区)党支部、村(社区)委会的领导下开展工作,工作考核由镇(街道)综治办负责,业务指导由派出所、司法所负责,日常管理由所在村负责,村综治办主任主持日常工作。在具体业务上,警务工作直接由派出所负责,接受公

安机关的指令和部署；综治、治保、人民调解和外来人员管理在村(社区)党支部和村(社区)委会的统一领导下，接受上级综治办、司法所和外管办的领导与指导；在经费保障上，人员工资、福利、保险费用和办公等经费等由镇(街道)、村(社区)二级共同分担，列入预算，专款专用，统一保障。

二是明确工作职责。通过构筑“五位一体”工作平台，全面强化基层综治组织和基础工作，大力开展社会治安综合治理，预防、控制和减少违法犯罪。其基本职责包含综治、警务、人民调解、治安保卫、外来人员管理的所有工作内容，实行以块为主查处案件、排查调处社会矛盾纠纷、开展群防群治及法制宣传教育、加强治安管理和防范工作，同时建立治安信息网络，搜集违法犯罪线索，清除各类治安隐患，维护社会稳定。

三是建立规章制度。统一各项工作和管理制度，包括会议制度。每周召开一次办公会议，每月和村委会召开一次联席会议；实行 24 小时值班制度，规定夜间值班不少于 3 人，其中 2 人负责治安巡逻，与所在村(社区)群防群治人员一起参加值勤，节假日增加值班力量；建立健全台账制度，按照规范化的要求建立工作日志、群众报案记录、矛盾调解记录和外来人员管理等各项台账；实行请示报告制度，有重大事件和重大事故隐患，在先期介入的同时，迅速向上级职能部门报告；推行考核奖惩制度，严格进行考核和奖惩，将个人工作业绩与工资奖金挂钩。

三、围绕职能，整合资源，在维护社会稳定中充分发挥“第一道防线”的重要作用

苏州市村(社区)综治办建立以来，围绕其职责任务，重点抓好治安防范和各项基础性管理工作，维护了基层的社会稳定，在建设“平安苏州”工作中发挥了重要作用。

一是社会治安防范工作进一步加强。村(社区)综治工作人员经常深入企事业单位、群众之中开展自防教育和检查指导，督促落实防范措施。结合平安创建，在基层深入开展争创“无案件村(社区)”和“星级安全小区”等活动，收到了明显成效。据统计，去年全市发生盗窃案件 24434 起，与前年相比下降了 3.3%，其中发生在居民住宅区的案件与前年比下降了 5.6%。今年 1 至 7 月全市可防性案件与去年同期比下降 1.2%。沧浪区 63 个社区综治办下辖的 115 个居民住宅小区已连续 5 年刑事案件发案下降，今年以来该区 80%以上的居民住宅小区未发生刑事案件。昆山市玉山镇赵厍村常住人口 1850 人，外来流动人员 2891 人，以前治安秩序较乱，村综治办成立后，立即集中力量开展清理行动，摸清外来人员基本情况，对出租房屋进行全面检查整顿，集中办理外来人员暂住证，签订治安管理责任书，实施长效管理，使治安状况明显好转。

二是矛盾纠纷排查调处工作进一步加强。村(社区)综治办充分发挥贴近基层、面向群众、熟悉情况的优势，对辖区矛盾纠纷坚持抓早、抓小、抓苗头，耐心细致地做好对群众的法制宣传教育和思想工作，并严格实行定人、定岗、定责“三定”责任制，配合有关部门，成功地调处了一批矛盾纠纷。2003 年全市 94.2%的村(社区)未发生越级上访，调处各类矛盾纠纷 20584 起，调处率达 98%以上。今年 1 至 7 月全市 95.6%的村(社区)未发生越级上访和集体上访，为率先发展创造了和谐稳定的社会环境。

三是群防群治队伍建设进一步加强。组建村(社区)综治办后，各地都加强了村级专职保安联防队伍和群防群治队伍建设。目前全市共有保安联防队员 21300 多名，其中治安辅助人员 6300 名，专职保安联防队员 9000 多名，村级治安联防队员 6000 多名，全市群防群治队伍不断壮大。金阊区针对老居民区多、管理难度大、治安复杂的特点，各社区综治办充分挖掘社会人力资源，广泛开展群防群治活动。白天各个社区都有一支戴红袖章的群防群治队伍；晚上上半夜由社区综治干部或骨干带队巡逻；下半夜由民警带联防队员在新村和老居民区巡逻，从而构成了点面结合、全方位、全时空的群防群治网络。今年上半年该区各类刑事案件同比下降 9.9%，群众安全感进一步增强。

四是刑释解教人员安置帮教工作进一步加强。村(社区)综治办对刑释解教人员都逐个建立帮教小组，定期开展谈心和帮教工作，及时掌握表现情况，预防和减少重新犯罪。2003 年全市 1560 名刑释解教人员，安置率达 95%，帮教率达 98%。近年来，全市刑释解教人员重新犯罪率一直控制在 2%以下。

五是外来人员管理工作进一步加强。为进一

步加强对外来流动人口的管理，苏州市政府专门下发了文件，明确规定市、县（市、区）两级财政按外来人口登记总数每人每年30元的标准落实协管员经费。去年两级财政共解决外来人员管理经费5000多万元，今年达6000多万元。按500∶1配备外来人员协管员9000多名，确保每个村（社区）有1名以上专职协管员。村（社区）综治办充分依靠这支力量，对外来人员实行统一登记、统一办证、统一管理，做到了底数清、情况明、管理规范。

江苏省社会治安综合治理委员会组成人员

一、省综治委组成人员

主　任：王寿亭　省委副书记、省纪委书记
副主任：孙安华　省委常委、省委政法委书记
　　　　李佩佑　省人大副主任
　　　　何　权　副省长
　　　　林玉英　省政协副主席
　　　　缪蒂生　省委政法委副书记
成　员：公丕祥　省高级人民法院院长
　　　　周振华　省人民检察院检察长
　　　　王中远　省委副秘书长
　　　　张大强　省政府副秘书长
　　　　周继业　省纪委副书记
　　　　顾惠琪　省武警总队总队长
　　　　王　奇　省委组织部副部长
　　　　谭　跃　省委宣传部副部长兼省社科联党组书记
　　　　吴乐勇　省委政法委秘书长
　　　　王晓明　省委省级机关工委副书记
　　　　赵庆侠　省委610办公室主任、省公安厅副厅长
　　　　佘义和　省计委副主任
　　　　任懿奇　省经贸委副主任、省乡镇企业管理局局长、省中小企业局局长
　　　　葛高林　省委教育工委副书记
　　　　顾传勇　省民委副主任、省宗教局副局长
　　　　黄　明　省公安厅厅长
　　　　杨兆亮　省安全厅厅长
　　　　凌　航　省民政厅副厅长
　　　　王荣生　省司法厅厅长
　　　　李小平　省财政厅副厅长
　　　　芮明春　省人事厅副厅长
　　　　吴可立　省劳动保障厅副厅长
　　　　张宁宁　省建设厅纪检组组长
　　　　李先友　省交通厅副厅长、纪检组组长
　　　　唐维新　省卫生厅副厅长、纪检组组长
　　　　尹　明　省文化厅副厅长
　　　　张春延　省计生委副主任
　　　　杨树林　南京海关副关长
　　　　申彭建　省广电局副局长
　　　　胡永辉　省旅游局副局长
　　　　李全寿　省工商局副局长
　　　　周　斌　省新闻出版局副局长
　　　　陆茂丰　省通信管理局副局长
　　　　黄正威　人民银行南京分行副行长
　　　　顾晓宏　省民航局党委副书记
　　　　李晓布　省总工会副主席
　　　　练月琴　团省委副书记
　　　　唐惠勇　省妇联副主席
　　　　王爱国　省军区政治部副主任
　　　　苏振远　省信访局局长

二、省综治委、办内设机构

省综治委内设流动人口治安管理工作领导小组、刑释解教人员安置帮教工作领导小组、预防青少年违法犯罪工作领导小组、学校及周边治安综合治理工作领导小组和铁路护路联防工作领导小组。

省综治委下设综治办，缪蒂生同志兼任综治办主任，赵志新同志任副主任。综治办下设综治

协调处和综治指导处。

江苏省市、县(市、区)综治委、办主任名单

地　区	综治委主任	综治办主任
南京市	王浩良	徐福华
玄武区	张　萍	刘　勤
白下区	陈　斌	刘志军
秦淮区	王付荣	张正贵
建邺区	杨书礼	姬祖光
鼓楼区	王　堡	王昆远
下关区	贺南南	宋长兵
浦口区	吴顺林	彭锦海
六合区	张福金	舒安如
栖霞区	李汉桥	丁志斌
雨花台区	吴本忠	郑良彪
江宁区	王加法	李志年
溧水县	尹昭伦	肖炳方
高淳县	戴新和	邢平贵
徐州市	刘忠达	李德臣
云龙区	曹东伟	毕华明
鼓楼区	张宗耀	吕思堂
九里区	郑群德	李新华
泉山区	刘汉英	徐必新
邳州市	郭克荣	周保华
新沂市	王成坦	周其林
铜山县	田质林	侯允柱
睢宁县	杨亚伟	高维甫
沛　县	朱光亚	魏玉海
丰　县	孙厚伦	张福海
开发区	魏志刚	汤文浩
连云港市	郑顺成	孙　灿
新浦区	徐川家	顾中原
连云区	孙亚平	夏绍树
海州区	刘炳慧	李　平
赣榆县	王庆友	张家坡
灌云县	金建猛	任其骥
东海县	张玉春	朱冯典
灌南县	何维芳	孙忠礼
开发区	杨光留	杨　宏
宿迁市	沈　成	石忠明
宿城区	朱其马	罗前进
宿豫区	仲　林	陆启武
沭阳县	汪金普	孙　维
泗阳县	郭　金	薛开祥
泗洪县	朱发生	庞　宏
淮安市	王维凯	朱　锦
清河区	吴锦虎	顾兴高
清浦区	梁三元	乔国安
楚州区	崔　泉	秦耀明
淮阴区	陆益民	金　奇
金湖县	韦　富	闵宇平
盱眙县	杨安国	
洪泽县	贾　哲	夏文新
涟水县	徐亚平	郁胜利
盐城市	冯永农	蔡南琳
东台市	吴雨晴	邹龙章
大丰市	李从洋	倪菊平
盐都区	陈广平	罗国应
射阳县	乐　超	董培良
阜宁县	姚建平	蒋新林
滨海县	许松柏	王崇高
响水县	李正林	嵇洪茂
建湖县	符文华	杨义和
亭湖区	刘正秀	卞子华
开发区	黄丽亚	徐寿根
扬州市	王　军	尤如贵
广陵区	阚肖虹	戴向萍
维扬区	高瑞芹	居泽平
邗江区	田圣春	方正平
仪征市	刘本义	李正涛
江都市	陈锴竑	李明和
高邮市	倪文才	王家斌

地　区	综治委主任	综治办主任	地　区	综治委主任	综治办主任
宝应县	徐乃宝	钱克华	新北区	臧建中	凌建大
开发区	汪仪仁	朱士平	武进区	徐伟南	张双庆
泰州市	张文国	顾国祥	金坛市	张建华	朱金荣
海陵区	张小兵	周茂松	溧阳市	高　峰	周福荣
高港区	刘时根	杨海峰	**无锡市**	周解清	屠开泰
靖江市	尤爱民	孙　群	崇安区	张叶飞	顾建平
泰兴市	唐勇兵	鲍曙镜	南长区	荀天海	吴佩佩
姜堰市	高永明	刘树华	北塘区	李亚东	孙朝向
兴化市	范学忠	杨加安	滨湖区	黄贵良	顾天波
南通市	曹能新	赵新宁	惠山区	毛海圻	唐文华
崇川区	朱沛林	徐晓明	锡山区	朱爱勋	黄泉欣
港闸区	许美云	顾志宣	江阴市	吴崇翟	吕尚智
海门市	张　林	沈祖龙	宜兴市	吴国成	吴自强
启东市	顾林忠	施静兰	新　区	王中苏	方锡明
通州市	王亚雄	顾祖林	**苏州市**	徐国强	朱清义
如皋市	姜永华	薛鸿健	金阊区	王震寰	娄敏敏
如东县	徐建华	沙建华	沧浪区	李纪福	张维明
海安县	陈友龙	黎晓明	平江区	周人言	张秀珍
开发区	李　俊	沈树新	虎丘区	吴易达	徐雪荣
镇江市	郭礼荣	宦祥保	吴中区	张阿土	朱五龙
京口区	孙国平	潘朝中	相城区	曹厚灵	邓　健
润州区	李瑞林	庄正洪	吴江市	朱建胜	倪永根
丹阳市	聂刚健	朱新潮	昆山市	钱解德	王宁华
扬中市	戴正春	殷立峰	太仓市	宋建中	毛义明
丹徒区	许志涛	吴国华	常熟市	戈炳根	王罗保
句容市	杨庆荣	陈　恳	张家港市	彭建平	陈永祥
新　区	陈发祥	张庆红	工业园区	沈明德	印启东
常州市	于　超	黄祖明			
钟楼区	孙亦莺	程中仁			
天宁区	朱小明	薛建明			
戚墅堰区	孙春伟	史　一			

（撰稿人：周和林
审稿人：缪蒂生　季　勤）

浙　江　省

2004年社会治安综合治理工作概况

2004年，浙江省各级党委、政府和各部门以全国社会治安综合治理工作会议在杭州召开为契机，以罗干同志来浙江考察调研为动力，按照省委建设“平安浙江”的重大部署，深化学习创新“枫桥经验”，大力加强基层基础建设，全面构建社会治安防控体系，切实抓好综治工作各项措施的落实，确保了全省社会治安秩序的稳定。

一是扎实推进“平安浙江”建设，有力促进了综治工作在更大范围更高层次上深化发展。5月11日，省委召开十一届六次全会，在深入学习、深刻领会“三个代表”重要思想和科学发展观基础上，作出了建设“平安浙江”，促进社会和谐稳定的重大战略决策。5月21日，胡锦涛总书记对我省建设“平安浙江”工作作出重要批示：“部署很好。贵在落实。贵在坚持”。温家宝、曾庆红、罗干和周永康等中央领导同志也分别作出重要批示，对建设“平安浙江”工作给予充分肯定，并提出明确要求。省委、省政府把加强社会治安综合治理作为平安建设的重要内容，加大工作部署、检查指导和考核奖惩力度。工作部署上，突出强化总结推广“枫桥经验”、正确处理人民内部矛盾、坚持“严打”方针、构筑社会治安防控体系等综治工作措施。坚持把创建工作重点放在基层，重视抓好综治基层基础建设，下发省委6号文件，召开全省基层综治组织规范化建设现场会，全面部署基层综治组织建设工作。目标考核上，注意加大社会治安、社会稳定状况和综治工作的考核分值，并且把平安考核与综治考核衔接起来，一起组织实施。通过建设“平安浙江”，“发展是第一要务，稳定是第一责任”的观念深入人心，综治领导责任制进一步落实，基层综治组织网络和工作机制更加完善，各项综治保障措施得到加强，全省综治工作跃上了一个新台阶。

二是学习推广创新“枫桥经验”，健全完善了疏导化解矛盾纠纷的工作机制。深入学习贯彻罗干同志在纪念毛泽东同志批示“枫桥经验”40周年暨创新“枫桥经验”大会上的重要讲话精神，进一步做好总结深化、学习创新“枫桥经验”工作。省综治委认真总结近年来推广创新“枫桥经验”，以及诸暨市枫桥镇创新发展“枫桥经验”的经验体会，收集大量图片资料制作了“枫桥经验”大型展览，全面展示了“枫桥经验”诞生发展的历程。配合新闻媒体对浙江省创新发展“枫桥经验”工作进行集中采访报道，在全省掀起了学习宣传和创新“枫桥经验”的新热潮。总结推广杭州市建立乡镇、街道综治工作中心，嘉兴市建立乡镇、街道综治司法信访联动服务中心，天台县建立乡镇、街道1890（一拨就灵）办公室，健全完善联调联动工作机制等经验做法，指导各地努力形成疏导化解矛盾纠纷的整体合力。各级党委政府和综治部门以维护元旦春节、全省全国“两会”、五一、八一、国庆及台湾“3.20”公投、第14号强台风袭击浙江、海上渔汛期等重要敏感时期社会治安稳定为重点，多次组织开展集中排查调处活动，及时化解了一大批突出矛盾纠纷。

三是深入抓好综治基层基础建设，进一步提高了基层治安防控的整体水平。省综治委会同省编办制定下发了《关于加强乡镇、街道社会治安综合治理基层组织建设的实施意见》（浙综委[2004]9号），对乡镇、街道综治委、办的领导配备、人员编制、职责任务、制度机制和经费保障等作了进一步明确。按照“健全机构，整合力量，创新机制，强化保障”的思路，完善乡镇、街道综治组织体系，整合政法、综治和群防群治力量，建立健全基层综治工作制度和运行机制。全省乡镇（街道）基本做到由党政一把手担任综治委主任，分管领导担任综治办主任，部分规模大、综治工作任务重的乡镇(街道)还配备了综治办专职副主任。绝大部分乡镇(街道)将综治工作经费列入了财政预算，并解决了基层综治干部的特岗补贴。各地学习借鉴杭州余杭区乔司镇、西湖区文新街道的做法，结合实际积极创办综治工作中心，整合了资源，加强了力量，完善了机制，强化了保障，促进了基层基础工作的落实。深入开展治安安全乡镇(街道)、治安安全单位创建活动，着力构建社区、社会面、单位内部和边际地区等四大社会治安防控网络，努力消除治安死角。省综治办会同省级有关部门先后制订下发了《关于进一步加强和改进出租房屋治安管理工作的通知》、《关于实施归正青少年"导航工程"的意见》等9个文件，扎实抓好流动人口管理工作，加强未成年人思想道德建设，继续实施"青少年违法犯罪社区预防计划"和"未成年人零犯罪社区"创建活动，广泛开展以组织发动中小学生观看电影《关爱明天》为主要内容的青少年自护安全教育系列活动，开展学校及周边环境的治安整治，进行社区矫正工作试点，启动归正青少年"导航工程"，着力提高预防犯罪工作水平。

四是集中开展打击整治行动，着力解决了一批突出治安问题。充分运用"严打"整治斗争积累的有效经验，有针对性地组织开展各种形式的专项斗争和集中整治行动。先后开展了"指纹破案会战"、"侦破命案"等专项行动，组织了"严密治安防控网络、遏制盗抢犯罪百日攻坚战"，及时攻破和打击了一大批重特大杀人案和盗抢等多发性犯罪案件。严厉打击危害税收征管、侵犯知识产权、职务侵占、地下钱庄、挪用侵占等经济犯罪活动，认真组织开展歌舞娱乐休闲场所毒品问题专项整治，以及查处淫秽表演、清查整治文化娱乐场所、清理整治淫秽色情网站等专项行动，加大对涉毒涉丑违法犯罪活动的查处力度，共侦破毒品犯罪案件2686起，抓获毒品犯罪嫌疑人2696名。此外，依法严厉惩治从事"法轮功"邪教组织非法活动的顽固分子，成功侦破了一批"法轮功"宣传煽动案件。

五是完善和落实综治领导责任制，凝聚了各负其责、齐抓共管的合力。年初，省委、省政府与各市党委、政府签订了为期两年的第五轮《浙江省社会治安综合治理目标管理责任书》。责任书规定，将社会治安综合治理目标管理内容列入各市党政社会治安第一、二责任人任期目标，考核结果作为其政绩考核和晋级的重要依据；对考核成绩前三名的市，分别给予适当经济奖励；对社会治安综合治理先进集体和先进个人，由省委、省政府给予表彰奖励；对凡因失职、渎职、领导不力、工作不落实等原因，达不到责任目标或造成治安秩序混乱、案件多发，使国家、集体利益和人民群众生命财产遭受重大损失，致使发生严重危害社会稳定重大问题，按照有关规定给予一票否决，实施责任查究。在调研基础上，制定了具体的考核实施办法和评分细则，将责任书规定的10个考核项目细化为40项内容，按千分制进行量化考核，在坚持省综治委组织检查组进行检查考评的同时，将考核任务逐项分解到省综治办及13个省综治成员单位，提高了考核评比的科学性。省综治委还下发文件，明确综治委各成员单位年度职责任务分工，并将其开展综治工作情况纳入省政府等部门工作绩效考核。一年来，全省落实综治责任查究和一票否决制度，共否决单位63家，个人1人，起到了很好的效果。

六是积极做好综治理论研究和宣传工作，形成了综治工作创新发展的浓厚氛围。按照中央综治委和省委、省综治委的部署，认真组织开展综治调研工作，仅省综治办就完成了省委2004年度重点工作督查调研《贯彻省委十一届六次全会精神，加强社会治安综合治理》、《严厉打击各类严重刑事犯罪和经济犯罪活动》、《各类人民内部矛盾的化解和处理工作》等6项重点调研任务。在全省广泛开展"综治宣传月"活动，并邀请和组织中央、省级新闻媒体对建设"平安浙江"、创新"枫桥经验"等工作进行采访报道。省党政主要领导、分管领导就建设"平安浙江"、构建和谐社会、创新发展"枫桥经验"、正确处理人民内部矛盾、加强基层基础建设等重要工作亲自撰写文章，在中央和省级主要报刊上发表，多次发表电视讲话、接受新闻媒体采访，参加"法律进社区"、法制宣传文艺汇演等大型活动。认真组织"综治好新闻"评选活动，对获奖的30多件各类新闻作品制作者进行奖励，选送全国参评的综治好新闻作品有1件获得一等奖，3件获得三等奖。刊发《浙江社会治安综合治理》简报38期，报送的各类信息材料被中央综治简报、《长安》杂志及中央新闻媒体刊发、采用80余件。

开展“平安浙江”建设情况

一、加强组织领导，强化工作措施。浙江省委十一届六次全会后，省委即成立建设“平安浙江”领导小组，省委书记习近平亲自担任领导小组组长，省长吕祖善、省委副书记夏宝龙任副组长，4名省委常委担任成员，并设立了领导小组办公室。各地按照省委的决策部署，迅速传达学习，认真领会精神，统一思想认识，研究贯彻落实意见。全省11个市在进一步深入调研的基础上，以市委决议形式作出建设平安市的决定。成立以市委书记为组长，市长和分管副书记为副组长的建设“平安市”领导小组，下设办公室。各市县按照省委提出的“五个更加”和“六个确保”的平安建设总体目标，认真制定规划，明确工作重点。

二、立足部门职能，形成整体合力。省级各部门积极发挥职能作用，密切配合，形成合力，切实落实建设“平安浙江”的各项任务。省纪委下发通知，动员全省各级纪检监察机关和广大干部充分发挥职能作用，积极投入“平安浙江”建设，努力为平安建设提供政治和纪律保证。省委组织部以“先锋工程”为总抓手，加强基层组织建设；按照科学发展观和正确的政绩观要求，把建设“平安浙江”工作列入干部任期目标。省委宣传部通过抓思想教育、新闻宣传和文化建设，为建设“平安浙江”提供思想保证、舆论氛围和文化条件。省信访局健全完善信访工作责任机制，着力解决信访热点难点问题。省委政法委下发意见，要求各级政法委和政法部门把建设“平安浙江”作为首要政治任务来抓，牢固树立大局意识、忧患意识和责任意识，切实履行职能，充分发挥建设“平安浙江”的主力军作用，全力维护社会稳定。省公安厅组织开展“严密防控网络遏制盗抢犯罪百日攻坚战”活动。省国土资源厅成立18个工作组，对涉及土地的群众信访案件进行逐件调查处理。省建设厅全力做好城乡规划、房屋拆迁、拖欠工程款等工作。省民政厅进一步夯实社会救助平台，不断健全完善新型社会救助体系。省交通厅通过实施高速网络、干线畅通、水运强省、乡村康庄、绿色通道和廉政保障“六大工程”，扎实推进“平安交通”建设。省新闻出版局加强对出版市场和印刷市场的监管，整治各类非法出版物，查处和打击危害青少年身心健康、损害社会道德和扰乱出版市场秩序的各类违法犯罪活动。省劳动和社会保障厅进一步完善就业服务、社会保障、劳动关系调整体系，切实保障劳动者的合法权益。团省委在全省广泛开展“创‘青年文明社区’、建‘青少年维权服务网络’、助‘困难弱势青少年群体’”行动，团结带领团员青年积极投入“平安浙江”建设。省级各主要新闻媒体纷纷开辟专栏，广泛开展宣传报道，营造浓厚舆论氛围。

三、建立考核机制，加强教育培训。一是认真制定平安市、县（市、区）考核制度。按照省委决定和“稳定抓机制”的要求，省平安办围绕建设“平安浙江”“六个确保”的目标，及时组织人员走访有关部门，先后召开3次省级有关部门负责人和市、县党委政法委专职副书记座谈会，收集材料，听取意见，认真起草制定平安市、县（市、区）考核办法和评审条件。省委领导两次召集有关部门研究讨论，并带队当面征求各市、县党委、政府和省直属单位意见。在此基础上以省委文件形式制定下发《浙江省平安市、县（市、区）考核办法（试行）》，并公开向社会公布，接受群众监督。同时，按照“谁主管谁负责”的原则，省平安办及时制定印发《平安市、县（市、区）评审责任分工》，把列入考核的86项具体指标，逐一分解到省级有关职能部门，明确责任要求。二是积极组织开展建设“平安浙江”教育培训工作。省委十一届六次全会后，省平安办及时组织了2期全省市、县平安办主任培训班，进一步深化认识，理清思路，明确工作，推动各级平安办在深入贯彻省委精神、掌握平安信息、健全资料台账、熟悉考核内容、加强组织协调等方面工作。三是切实加强省平安办自身建设。按照省委的要求和“平安浙江”建设工作的需要，及时调配充实力量，成立了省平安办工作机构，明确组成人员和职责任务，建立健全了与各地各部门的工作网络。

四、落实工作责任，强化指导督促。各地各部门牢固树立“发展是第一要务、稳定是第一责任”的观念，把建设“平安浙江”，构建和谐社会作为一项硬任务，以责任制为龙头，狠抓各项工作的落实。湖州市委、市政府与县区签订责任书，明确县区党政“一把手”的责任，并把责任层层分解，一级抓一级，形成四级平安创建工作责任网络。绍兴市委、市政府下发了《关于健全和完善市领导稳定工作责任制的意见》，逐个明确市委、市政府领导和市级各主管部门主要领导维护社会稳定的职责。舟山市把平安建设的目标细化分解为19大项58个子项，逐条逐项明确负责市领导和牵头单位，市委书记、市长抓总，常委、副市长都承担具体工作任务。台州市委强调要对在建设“平安台州”工作中长期落后、整改无效或问题多发的地方和单位主要领导进行诫勉。杭州、宁波、温州、湖州、嘉兴等市的党政领导经常深入基层，深入实际，加强调查研究和督促检查，经常听取平安建设状况的汇报，注意研究新情况、解决新问题。温州市由市领导带队，对刑事案件高发、流动人口管理滞后、毒品问题突出、各类矛盾纠纷较多、贫富差距继续拉大等重点难点问题进行深入调研，指导各地开展工作。衢州市围绕建设“平安衢州”的工作内容，组织25个部门对涉及的32个工作预案进行重新修订，进一步落实各项工作责任。省平安办制定了《“平安市、县(市、区)”考核工作质量保证制度》，进一步落实省级部门考核工作责任。

矛盾纠纷排查调处情况

2004年，全省各地各部门深化创新发展“枫桥经验”，深入细致做好化解和处理各类人民内部矛盾工作，有效地维护了社会政治和治安稳定。一年来，全省共排查出各类矛盾纠纷10.8余起，调处10.7余起，调处成功10.1万余起，调处成功率达94.7%。

一、注重强化基层基础，基层化解矛盾纠纷的能力有了新的提高。各地各部门坚持工作重心下移，下功夫抓好基层政法综治组织建设，更好地发挥其在处理和化解人民内部矛盾、维护稳定中的职能作用。突出抓好各级调解组织建设，全省有各类调解委员会5.3万余个15.6万余人。借鉴余杭乔司模式，建立乡镇(街道)“综治工作中心”，有机整合乡镇综治、司法、信访、城建、土管、治安联防、警务工作室等力量，切实把预防化解人民内部矛盾与各部门、各系统的业务工作紧密结合起来，把人民调解、行政调解、司法调解紧密结合起来，形成预防化解矛盾纠纷的综合优势。一些地方积极扩大排查调处工作的覆盖面，把调解组织向商贸市场、企事业单位、海岛渔区、城市社区、外来人员聚居地延伸。

二、创新“枫桥经验”，建立健全矛盾纠纷排查调处工作机制。各地各部门建立健全预警、排查、联调、处置等机制，使预防化解矛盾纠纷工作逐步走上了制度化、规范化轨道。全省各级特别是基层单位普遍建立了多层次的调解信息员队伍，及时掌握大量矛盾纠纷的苗头性信息。实行了驻村指导员制度，共组织3.88万名省、市、县和乡镇机关干部下村担任驻村指导员，听民意、知民情、解民忧。坚持在重大政治活动、重要节庆、重大决策出台等重要敏感时期，适时组织开展重点排查和全面排查，及早发现化解不安定因素，切实维护当地社会稳定。坚持集中排查与经常排查相结合，开展全方位大联动排查，摸清底数，认真调处。各地按照《浙江省处置经济社会紧急情况工作预案》、《省委、省政府办公厅关于积极预防和妥善处置群体性事件的实施意见》要求，进一步完善了处置各类突发群体性事件的相关预案，并积极组织演练。

三、多策并举，依法处理，着力解决影响社会治安稳定的热点难点问题。各地各部门加强协作配合，形成整体合力，成功制止、处置了一批较大规模的群体性事件。认真落实省委《关于建立健全为民办实事长效机制的若干意见》，努力解决群众反映强烈的就业再就业、社会保障、医疗卫生、基础设施、城乡住房、生态环境、扶贫开发、科教文化、权益保障、社会稳定等十大领域的突出问题，让群众在改革发展中得到实实在在的利益。对排查发现的1000条涉及50人以上的不安定因素，协调有关部门逐一落实措施，防止了矛盾扩大和激化。认真组织开展了集中处理涉法涉诉上访问题专项治理工作，解决了一大批群众反映强烈的涉法涉诉上访案件，涉法涉诉上访大幅度上升势头得到一定程度的遏制，执法中的一些突出问题得到了有效整改，并推进了处理涉法涉诉上访工作的规范化。坚持领导干部下访制度，全面推行领导干部下访接待律师陪同制度，采取公告下访、专题下访、约访等多种形式，解决了一大批信访难点问题。共有23名省级领导下访接待了384批1181人次的来访群众，当场解决了149批393人次的信访问题。全省各级有2万人次领导干部下访接待群众8.1万人次，解决了2.4万余个信访问题。省农业厅、省财政厅、省政府法制办等单位组织开展了农民负担明查暗访活动，对9个市、22个县(市、区)、30个乡镇进行了暗访，加强农民负担监督管理，保障农民合法权益。

开展重点整治和专项行动情况

2004年，全省各级各部门特别是政法各部门充分发挥职能作用，建立健全“严打”经常性工作机制，坚持排查治安混乱地区和突出治安问题，有针对性地组织开展各种形式的专项斗争和集中整治行动，依法严厉打击各类严重刑事犯罪和经济犯罪，取得了显著效果。

依法严厉打击各类严重刑事犯罪活动。全力开展“侦破命案专项行动”，全省杀人案件和伤害致死案件破案率达到90%。深入开展“打黑除恶”工作，以排摸黑恶犯罪底数和完善“打黑除恶”机制为切入点，认真梳理出特大涉黑、涉恶案件线索进行挂牌督办，坚决铲除黑恶势力。严厉打击多发性的系列犯罪，积极组织开展“打击手机短信和网络诈骗专项行动”、“打击盗窃、破坏电力设备犯罪专项行动”、“攻命案、打盗抢、追逃犯、禁赌博”破案追逃会战。及时攻破和打击了一大批重特大杀人案和盗抢等多发性犯罪案件。

认真组织开展“千人县”和歌舞娱乐休闲场所毒品问题专项整治。2004年4月至6月，省公安厅、省文化厅和省工商局在全省范围内联合开展了歌舞娱乐休闲场所的涉毒问题专项整治。坚持严防严打、综合治理的原则，以“控场所、强收戒、追毒源、摧网络、打毒枭”为主攻目标，采取联合执法、明查暗访等各种措施，强化场所涉毒案件破案力度，依法从严打击查处了一批吸贩新型毒品的违法犯罪人员和涉毒场所、场所业主和从业人员，缴获了一大批新型毒品，切实加强了场所防毒管理工作。各地根据本地实际，纷纷开展区域性集中整治行动，压缩吸食毒品的违法犯罪空间。

严厉打击危害税收征管、侵犯知识产权、职务侵占、地下钱庄、挪用侵占等经济犯罪活动。省公安、国税、地税等部门联合开展了为期半年的打击涉税违法犯罪专项整治行动，破大案、打团伙、追源头、挖窝点，紧紧抓住影响大、危害严重、社会各方关注的涉税违法犯罪大要案件，组织精干力量，多管齐下，克难攻坚，及时侦破了一批重特大涉税犯罪案件，缉捕了一批在逃的涉税犯罪嫌疑人员和“职业”票贩子，查处了一批制造、贩卖假发票的犯罪团伙和窝点，有力地净化了全省的税收征管环境。半年的整治期间共立案500余起，涉案金额5.8亿余元，抓获违法犯罪嫌疑人500多名，捣毁制造假发票窝点2个，摧毁销售假发票网络4个。

开展海上治安问题集中整治工作，努力打造“平安渔场”。9月2日，省综治委海事渔事纠纷调处指导小组在杭州召开浙北渔场专项整治工作会议，分析海上治安形势，研究部署冬汛浙北渔场整治工作。省综治办、省公安边防总队、省海洋与渔业局等单位根据各自职责，加强协作配合，开展了不同形式的春汛渔场海上整治。冬汛以来，全省重点部署开展了浙北渔场专项整治行动，省综治委海事渔事纠纷调处指导小组继续在嵊泗设立浙北渔场管理指挥组，加强对浙北渔场捕捞期间的执法管理和现场指挥。12月下旬，省公安边防总队还根据海上治安形势，调集舟、宁、台、温边防支队和海警一、二支队船艇、警力，按照分工管辖海域，开展了海上治安集中整治行动，各单位进一步加大侦破整治、防范控制等工作力度，有效遏制海上案件多发的势头。

全省基层综治组织规范化建设情况

2004年，全省各地各部门按照“健全机构，整合力量，创新机制，强化保障”的总体要求，完善乡镇、街道综治组织体系，整合政法、综治和群防群治力量，建立健全基层综治工作制度和运行机制，基层综治组织规范化建设取得明显成效。

（一）2004年5月，在省、市联合试点基础上，以省委名义在杭州市余杭区召开全省基层综治组织规范化建设现场会，总结推广试点经验，部署基层综治组织建设工作。省委转发省委政法委《关于进一步加强政法工作维护社会稳定的若干意见》（浙委［2004］6号），省综治委与省编办联合下发《关于加强乡镇、街道社会治安综合治理基层组织建设的实施意见》（浙综委［2004］9号）文件。各地及时召开书记办公会、常委会、综治委全会、政法委员会等会议，认真传达贯彻省委“余杭会议”和有关文件精神。各市主要领导和分管领导纷纷深入基层开展调研，对如何搞好基层综治工作，加强基层综治组织规范化建设提出具体要求。金华市召开全市社会治安综合治理工作会议，宁波、温州、台州、湖州、丽水等市召开加强综治基层基础规范化建设会议，加强基层基础规范化建设和综治工作进行部署。杭州市委市政府出台了《关于加强乡镇（街道）社会治安综合治理基层组织建设的实施意见》，宁波、金华、衢州、台州等市综治委会同编办、财政等部门制定下发了文件，推动了基层综治组织规范化建设工作的顺利开展。

（二）全省各地按照省委、省综治委的统一要求，在配齐乡镇专抓综治副职的基础上，对乡镇（街道）综治委、办领导配备及时进行调整。一些地方针对乡镇（街道）综治办主任由同级党委副书记担任比较难落实等问题，加大工作力度，领导带队重点督查落实。目前，全省有1533个乡镇（街道）综治委主任由党政主要领导担任，占全部乡镇（街道）的97.3%，其中杭州、温州、湖州、嘉兴、绍兴、金华、衢州、舟山等8个市达到100%。绝大多数乡镇（街道）综治办主任由分管领导担任，其中湖州市为100%。配备综治办专职副主任的乡镇（街道）有992个，占62.9%，其中配备比例最高的是舟山和宁波，分别为97.7%和92.6%。各地还进一步充实乡镇（街道）综治办人员力量，目前全省1576个乡镇（街道）有专职综治干部5094人，平均每个乡镇（街道）3.2人，其中专职综治干部在5人以上的占总数的20%。

（三）各地结合实际，建立形式多样的乡镇（街道）综治工作中心，整合乡镇（街道）综治、司法、信访、城建等部门的力量，由综治办牵头，整合司法、信访、警务、法庭、人民调解、流动人口管理、群防群治队伍等部门（组织）力量，实行“联调、联防、联勤、联治”的工作机制，做到资源整合、优势互补，形成合力。各地充分发挥综治工作中心的整合优势，在联动联调、化解矛盾上下工夫，特别是涉及土地纠纷等政策性较强的矛盾纠纷，由综治工作中心召集相关单位联合调处，一些地方有90%以上的矛盾纠纷在乡镇（街道）得到有效化解或妥善处理。各地狠抓了综治工作中心的工作流程、运作机制的规范，逐步建立完善了乡镇、街道《社会治安综合治理工作中心制度》、《综治工作中心办公室制度》等一整套工作制度。杭州市将乡镇（街道)综治工作统一制定规范为6大项制度、7大块工作台账,为基层全面落实综治工作各项措施奠定了基础,同时积极研究开发综治信息管理系统,建立杭州综治网站,推动各项工作朝规范化、信息化迈进。为提高乡镇(街道)综治干部素质,各市、县(市、区)分别组织了培训班,对乡镇、街道综治领导干部、综治办主任、专职人员和村(社区)治保、调解干部进行分层次培训。仅嘉兴市、县两级今年就举办综治干部骨干培训班21次,培训人员1526人次。

(四)各地按照中央和省里的要求,落实保障措施,较好地解决了乡镇(街道)综治机构的编制、用房、经费等问题。至2004年底,有1459个乡镇(街道)将综治经费列入同级财政预算,占92.6%,其中宁波、嘉兴、金华、舟山、丽水等5个市达到100%。列支标准高于人均3元的乡镇(街道)有569个,占36.1%。嘉兴市、县、乡镇三级按照实有人口数不低于人均0.1元、0.5元和1元的标准由同级财政予以保障,综治办掌握使用。全省11个市已有杭州、宁波、温州、嘉兴、金华、台州、舟山、丽水等8个市1055个乡镇(街道)解决了基层综治干部的特岗补贴,占全部乡镇(街道)的66.9%,其中舟山市的乡镇(街道)已全部落实了特岗补贴。

创新发展“枫桥经验”
扎实推进综治基层基础建设

中共浙江省委　浙江省人民政府

(2004年12月8日)

1998年以来,浙江省委对推广创新“枫桥经验”作出了全面部署。中央领导同志对我省推广创新“枫桥经验”工作非常重视。胡锦涛总书记在同第二十次全国公安会议部分代表座谈时,听取了枫桥派出所关于“枫桥经验”的汇报,对“枫桥经验”给予了充分肯定;罗干、周永康同志多次对推广创新“枫桥经验”作出重要指示,并亲临枫桥进行调研考察,这都给我们以极大的鼓舞和鞭策。去年,省委针对“枫桥经验”已在全省推开的实际,及时作出了创新发展“枫桥经验”的部署。今年,省委又围绕树立和落实科学发展观的要求,召开全会作出建设“平安浙江”,促进社会和谐稳定的决策,把社会治安综合治理作为建设“平安浙江”的重要内容统筹考虑,并把省委建设“平安浙江”领导小组办公室设在省委政法委,进一步拓展了创新发展“枫桥经验”的思路。特别是全国社会治安综合治理工作会议在我省杭州召开后,通过学习罗干同志在这次会议上及视察浙江时的重要讲话精神,省委、省政府把创新发展“枫桥经验”、加强基层基础建设摆上了更加突出的位置来抓。习近平书记多次强调,要牢固树立固本强基的思想,把创新发展“枫桥经验”作为总抓手,贯穿于建设“平安浙江”的始终,使“枫桥经验”特色更加鲜明、内涵更加丰富,使建设“平安浙江”各项工作基础更加扎实、成效更加明显。按照省委、省政府总体部署,全省上下围绕构建社会主义和谐社会,在建设“平安浙江”过程中,不断深化推广创新“枫桥经验”活动,使“枫桥经验”在全省城乡全面推开并不断丰富和发展,有力地促进了基层基础建设,维护了全省社会和谐稳定。

一、整合力量,不断健全基层综治组织网络。坚持工作重心下移,突出抓好乡镇、街道综治委(办)建设,按照中央综治委、中编办《关于加强乡镇、街道社会治安综合治理基层组织建设的若干意见》的要求,省委先后下发了《关于建设“平安浙江”促进社会和谐稳定的决定》(浙委[2004]11号)

和《转发省委政法委关于进一步加强政法工作维护社会稳定的若干意见的通知》(浙委[2004]6号),省综治委又会同省编办制定下发了《关于加强乡镇、街道社会治安综合治理基层组织建设的实施意见》(浙综委[2004]9号),对乡镇、街道综治委、办的领导配备、人员编制、职责任务、制度机制和经费保障等作了进一步明确。还召开了全省政法系统领导班子建设座谈会、全省基层综治组织规范化建设现场会和全省加强县级政法委能力建设电视电话会议,总结经验,推广典型,部署工作,狠抓落实。要求各级政法领导干部争做政治坚定、维护大局、执法为民等"八个典范",县级政法委努力提高把握政治方向、当好参谋助手等"六个本领",把握好基层综治组织建设健全机构、整合力量、创新机制、强化保障等"四个环节",以更好地发挥政法队伍在维护治安稳定中的主力军作用,更好地发挥县级政法委推进基层基础建设的重要作用,更好地发挥基层综治组织的牵头协调作用。今年以来,全省政法委系统共增加编制58名,乡镇、街道综治委(办)主任已经按文件要求落实到位,还配备了992名综治办专职副主任、5094名专职综治干部,平均每个乡镇、街道有专职综治干部3.2名。同时,各地按照每月50至120元的标准落实了基层综治干部的岗位补贴。突出乡镇、街道综治力量的整合,建立了由综治办牵头,集司法所、信访办、治安联防队、流动人口管理办、警务工作室等为一体的"社会治安综合治理工作中心",实行联调、联防、联勤、联治,最大限度地发挥了整体效能。村居(社区)普遍设立了综治警务室和调解室,全省已建成综治警务室3153个,共配置社区民警5303名。大力推进综治组织向学校、渔场、民营企业等基层单位延伸,全省绝大多数基层单位都建立了由主管领导兼任负责人的综治领导机构,以及内保、调解、帮教等组织。积极探索新形势下群防群治的组织形式和工作机制,广泛动员群众参与基层综治工作,全省建立护路护厂护宅护村等队伍3.9万余支、25万余人,专业联防队2300多支、3万余人。

二、完善机制,着力提高预防化解矛盾纠纷能力。着眼维护社会和谐稳定,突出妥善协调各方的利益关系,省委、省政府制定下发了矛盾纠纷排查调处和预防处置群体性事件工作两个实施意见,编印了《浙江省矛盾纠纷排查调处工作手册》,规范各地乡镇(街道)调解中心、司法信访联动中心等调处机构的协调运作,建立健全预警、排查、包案、督办、调处等制度,完善群体性事件处置预案,使预防化解矛盾纠纷工作逐步走上了制度化、规范化轨道。一是科学民主的决策机制。在出台有关政策措施时,坚持公开、公平、公正的原则,通过听证、座谈、走访等形式广泛听取群众的意见,尊重群众意愿,切实防止决策不当引发不稳定因素。比如,杭州市为改善市区道路交通状况,准备对摩托车、助动车等"四小车"进行专项整治,决策前,专门召开车主及社会各界代表座谈会,广泛听证,制订了比较科学合理的处置安置补偿办法,既确保了这项工作顺利进行,又避免了群体性事件的发生。二是建立健全为民办实事的长效机制。省委出台了《关于建立健全为民办实事长效机制的若干意见》,以就业再就业、社会保障等十大领域为重点,不断让人民群众得到实实在在的利益。不断完善被征地农民社会保障、"村级财务委托代理"、最低生活保障等一系列政策措施,努力解决好土地征用、村级财务管理、企业改制、旧城改造、拆迁安置等群众反映强烈的突出问题。坚持领导干部下访制度,全面推行领导干部下访接待律师陪同制度,采取公告下访、专题下访、约访等多种形式,解决了一大批信访难点问题,维护了群众的合法权益,疏导了群众的思想情绪。到目前为止,共有23名省级领导下访接待了384批1181人次的来访群众,当场解决了149批393人次的信访问题。全省各级有20200人次领导干部下访接待群众81200人次,解决了24260个信访问题。三是矛盾纠纷排查调处机制。立足于抓早、抓小、抓苗头,坚持集中排查和经常性化解相结合,条块结合、上下联动,及时发现带有倾向性的苗头问题,摸清底数,重点调处,把各类矛盾纠纷和可能引发群体性事件的问题解决在基层,解决在萌芽状态。台州市天台县在乡镇、街道普遍成立1890(一拨就灵)办公室,实行24小时值班,组织联合调处矛盾纠纷。1至10月份,全省基层综治组织共排查出各类矛盾纠纷8.4万余起,调处成功7.7万余起,成功率达92.5%。四是预警机制和应急处置机制。健全多层次的情报信息网络,畅通信息报送渠道,目前全省有基层治安信息员5.2万余人。

比如,舟山市针对海上治安和海事渔事纠纷特点,在每条渔船都配备治安信息员和调解员,使预防化解海事渔事纠纷的触角由陆上延伸至海上。今年,还实行了驻村指导员制度,共组织3.88万名省、市、县和乡镇机关干部下村担任驻村指导员,听民意、知民情、解民忧。完善应急处置群体性事件预案,分层、分类组建组织指挥、预案运作、应急救援、力量配置、装备保障等方面的工作体系,并适时组织演练,确保一旦发生群体性事件能够立即启动,有效处置。

三、规范工作,努力构建基层社会治安防控体系。深入开展治安安全乡镇(街道)、治安安全单位创建活动,着力构建社区、社会面、单位内部和边际地区等四大社会治安防控网络,努力消除治安死角。温州市开展了"百业千企"平安创建活动,使安全创建活动横向到边、纵向到底。制订下发了《关于进一步加强和改进出租房屋治安管理工作的通知》、《关于实施归正青少年"导航工程"的意见》等9个文件,按照属地管理原则,逐步将流动人口纳入本地化管理和服务范畴,强化对流动人口的服务保障措施,切实维护他们在政治、经济、教育、文化等方面的合法权益,加强以出租房屋为重点的外来人员落脚点和活动场所的管理,强化防范控制措施,有效遏制了流动人口犯罪的高发势头;加强未成年人思想道德建设,大力实施"青少年违法犯罪社区预防计划"和"未成年人零犯罪社区"创建活动,广泛开展以组织发动中小学生观看电影《关爱明天》为主要内容的青少年自护安全教育系列活动,深化学校及周边环境的治安整治,进行社区矫正工作试点,启动归正青少年"导航工程",着力提高预防犯罪工作水平。同时,全面贯彻"严打"方针,把集中打击和日常破案有机结合起来,抓住社会治安评估预警、科技防范、快速反应、破案追逃和专项整治等重点环节,健全制度,规范工作,切实增强社会治安工作主动性、针对性和实效性,全省破案绝对数和民警人均破案数连续多年居全国前列。1~10月,共侦破各类刑事案件13万余起,批捕犯罪嫌疑人3.3万余名,受理一审刑事案件4万余件,审结3.8万余件。认真组织开展"千人县"和歌舞娱乐休闲场所毒品问题专项整治,以及查处淫秽表演、清查整治文化娱乐场所、清理整治淫秽色情网站等专项行动,加大对涉毒涉丑违法犯罪活动的查处力度。

四、强化保障,切实保证社会治安综合治理各项措施落实到基层。一方面,强化责任保障。在认真实行社会治安综合治理目标管理责任制、信访工作领导责任制和安全生产工作责任制的基础上,制订了《浙江省平安市、县(市、区)考核办法(试行)》,建立了平安状况月报表制度。全省各级党政主要领导干部手中都有两张报表,一张经济报表,一张平安报表。建立信访督查专员制度,对新提拔的领导干部,分批到信访部门担任督查专员,协助做好重大信访问题和责任制的督查落实。建立领导责任追究制度,针对由谁去认定并提出责任追究不明确的问题,最近明确规定今后凡发生重大群体性事件,造成严重后果的,由上一级党委维护稳定工作领导小组组织相关部门成立调查组,认定责任,按照有关规定提出处理建议。严格落实综治责任查究和"一票否决"制,今年以来已否决63家单位。按照"谁主管谁负责"的原则,明确各部门抓稳定工作的责任,将开展工作情况纳入政府绩效考核,同时由基层对各部门进行测评。另一方面,强化经费保障。全省乡镇、街道按人均1至5元的标准将综治工作经费列入了财政预算,绍兴市还实行综治经费"无障碍"保障,杭州市今年用于街面电子监控系统建设就达1.2亿元。省一级从今年开始建立综治专项经费,落实了600万元资金。

中共浙江省委关于建设“平安浙江”促进社会和谐稳定的决定

（2004年5月11日中国共产党浙江省第十一届委员会第六次全体会议通过）

中国共产党浙江省第十一届委员会第六次全体会议，认真贯彻“三个代表”重要思想和党的十六大、十六届三中全会精神，从切实加强党的执政能力，维护改革发展稳定的大局出发，围绕树立和落实科学发展观的要求，按照“八八战略”的总体部署，就建设“平安浙江”，促进社会和谐稳定，作出如下决定。

一、建设“平安浙江”的指导原则和工作目标

(1)维护社会和谐稳定具有重要意义。我们党历来高度重视社会和谐稳定。党的十六大把“社会更加和谐稳定”作为全面建设小康社会的一项重要目标。当前，我国正处于整个现代化进程中一个非常关键的阶段，这是经济社会结构发生深刻变化的重要阶段，维护社会和谐稳定至关重要。多年来，省委坚持稳定压倒一切的方针，正确处理改革发展稳定的关系，巩固和发展了浙江经济繁荣、社会稳定、人民群众安居乐业的良好局面。但我省也存在人民内部矛盾增加、刑事犯罪居高不下、市场经济秩序不够规范、公共安全事故频发、居民收入差距扩大、资源环境压力加大等影响社会和谐稳定的问题。为适应经济社会发展的新形势，省委作出建设“平安浙江”的重大决策。这是实践“三个代表”重要思想的具体体现，是加强党的执政能力的重要举措，是落实科学发展观的迫切需要，是进一步扩大对外开放和完善社会主义市场经济体制的需要，是实施“八八战略”的有机组成部分，也是加快浙江全面建设小康社会、提前基本实现现代化的重要保证。

(2)建设“平安浙江”的指导思想和原则。坚持以邓小平理论和“三个代表”重要思想为指导，全面贯彻党的十六大和十六届三中全会精神，牢固树立和认真落实以人为本、全面协调可持续的科学发展观，紧紧围绕深入实施“八八战略”这条主线，扎实推进“平安浙江”建设，有力促进社会和谐稳定，切实推动浙江物质文明、政治文明、精神文明协调发展。在具体工作中必须把握以下原则：

——坚持以人为本。着眼于人的全面发展，不断满足人民群众日益增长的物质文化需要，切实保障人民群众的经济政治文化权益，关爱生命，关心健康，关注安全，努力提高人民群众的思想道德素质、科学文化素质和健康素质，积极为人民群众创造平等发展、安居乐业、和谐稳定、能够充分发挥聪明才智的社会环境，真正让改革发展的成果惠及最广大人民群众。

——坚持统筹兼顾。正确处理改革发展稳定的关系，切实把改革的力度、发展的速度和社会可承受的程度统一起来。正确处理经济建设与社会发展的关系，切实把物质文明、政治文明、精神文明建设统一起来。正确处理不同社会群体之间的利益关系，切实把人民群众的长远利益与眼前利益、根本利益与具体利益统一起来。

——坚持标本兼治。既从严治标，什么问题突出就有针对性地解决什么问题，又着力治本，充分考虑经济、政治、文化等因素，综合运用行政、法律、教育等方法，坚持依法治理，做到德法相济、打防结合、疏堵并举、上下联动，积极推进体制、机制和制度建设，努力从源头上解决问题。

——坚持协力推进。强化各级党委“总揽全局，协调各方”的领导核心作用，完善各级政府经济调节、市场监管、社会管理、公共服务的职能，充分发挥执法部门的职能作用，充分发挥各类社会组织的基础性作用，充分发挥广大人民群众的主体作用，使广大人民群众既成为社会和谐稳定的受益者，又成为“平安浙江”的建设者。

(3)建设“平安浙江”的工作目标。总体目标是，促进我省经济更快发展、政治更加稳定、文化更加繁荣、社会更加和谐、人民生活更加安康。具体目标是，确保社会政治稳定，民主法制建设得到加强；确保治安状况良好，人民群众的安全感继续保持全国前列；确保经济运行稳健，国民经济持续快速协调健康发展；确保安全生产状况稳定好转，各类事故高发多发的态势和重特大事故得到有效遏制；确保社会公共安全，防范和处置各类公共突发事件的能力明显增强；确保人民安居乐业，人民群众的物质文化生活水平不断提高。在全省大力开展创建平安市县活动，争取通过若干年的努力，全省绝大多数市县达到平安市县创建标准。

二、推进民主法制建设，保持安定团结的政治局面

(4)进一步扩大社会主义民主。把坚持党的领导、人民当家作主和依法治国有机统一起来，推进社会主义民主政治建设。健全民主制度，丰富民主形式，扩大公民有序的政治参与，保证人民依法实行民主选举、民主决策、民主管理和民主监督。完善村民自治制度，全面落实村务公开和财务公开，加强村级集体资产管理。推进城市社区民主建设。积极探索现代企业制度下职工民主管理、民主监督的有效途径。通过扩大基层民主，不断巩固党的执政基础和群众基础。

(5)扎实推进依法治省各项工作。坚持有法可依、有法必依、执法必严、违法必究，逐步将全省经济、社会、文化等各项事业的管理活动纳入法治化轨道。加强立法工作，提高立法质量，进一步加大对宪法和法律实施的监督，充分发挥人大及其常委会的职能作用。贯彻实施《行政许可法》等法律法规，推进依法行政，建设法治政府。坚持严格执法，维护司法公正，保障公平和正义。加强法律援助，拓展和规范法律服务。切实加强以《宪法》为重点的法制宣传教育，教育各级干部依法履行职能，教育广大群众增强法制观念，提高全民法律素质。

(6)加强基层基础工作。牢固树立固本强基的思想，扎实推进农村村级党组织建设，健全和完善驻村工作指导员制度，努力提高农村基层党组织的凝聚力、战斗力、创造力。切实加强城市社区党的建设，继续抓好非公有制企业和新社团组织的党建工作。充分发挥高校党组织的政治优势，全力维护高校稳定。进一步加强基层政权建设，切实增强依法行政能力，提高基层自治组织的自我管理水平。加强乡镇(街道)综治机构和公安派出所、司法所、人民法庭等基层政法组织建设。加强基层信息网络建设，及时把握社会动态。坚持工作重心下移，从人员、经费等保障上向基层倾斜，整合各方面力量，形成以基层党组织为核心，基层政权组织为基础，基层群众组织为依托，基层政法组织为骨干的维护社会稳定基层工作网络，充分发挥基层组织在维护稳定中的第一道防线作用。

(7)正确处理人民内部矛盾。高度重视矛盾纠纷的排查调处工作，抓住热点、难点问题，立足于早发现、抓苗头，把各类矛盾纠纷解决在基层，解决在当地，解决在萌芽状态。充分发挥党的思想政治工作的优势，把解决思想问题与实际问题结合起来，善于用民主的方法、说服教育的方法，依据有关政策和法律规定，和风细雨地做好工作，引导群众通过正当渠道反映和解决问题。建立和完善社会联动调解机制，把人民调解、司法调解和行政调解结合起来，积极探索调处人民内部矛盾的新途径新办法。深入研究群体性事件的特点和规律，不断完善处置机制和方法。一旦发生因人民内部矛盾引发的群体性事件，所在地区、部门和单位的负责人必须迅速赶赴现场，敢于负责，靠前指挥，面对面地做好群众工作，慎用警力、慎用警械、慎用强制措施，防止矛盾激化和事态扩大蔓延。

(8)深入开展反腐败斗争。坚持党要管党、从严治党方针，进一步加强党风廉政建设。抓好领导干部和国家公务员的廉洁自律，加强机关效能建设，促进勤政廉政，提高工作效率。进一步加强对权力的制约和监督，坚决查处各种违法违纪案件，切实纠正损害群众利益的不正之风，全面落实党风廉政建设责任制，认真贯彻《中国共产党党内监督条例(试行)》和《中国共产党纪律处分条例》，建立健全与社会主义市场经济体制相适应的教育、制度、监督并重的惩治和预防腐败体系。紧密联系建设“平安浙江”的实际，坚决查处与犯罪分子相互勾结，为黑恶势力充当保护伞，包庇、纵容违法犯罪活动的国家工作人员，严肃查处领导干部和国家公务员在维护社会和谐稳定方面的失职渎职和严重官僚主义行为。

三、加强社会治安综合治理，保持良好的治安环境

(9)进一步总结、推广和创新“枫桥经验”。“枫桥经验”凝聚了我省广大干部群众在社会治安综合治理工作实践中的创造，其实质是在党的领导下，组织动员全社会力量，通过打击、防范、教育、管理、建设、改造等途径和手段，推进基层社会治安综合治理，解决影响社会和谐稳定的各类问题。要针对社会稳定出现的新情况新问题，按照“稳定抓机制”的要求，着眼于化解矛盾、解决问题，建立健全矛盾纠纷疏导化解机制；专群结合、群防群治，建立健全打防控一体化工作机制；立足基层、深入群众，建立健全基层管理服务机制。通过进一步总结、推广和创新“枫桥经验”，不断探索完善社会治安综合治理的有效方法和途径，全面落实社会治安综合治理责任制，做好维护社会稳定的基础工作。

(10)坚持“严打”方针不动摇。依法重点打击杀人、绑架、伤害等严重暴力犯罪，黑恶势力犯罪和毒品犯罪，抢劫、抢夺、盗窃等侵财型犯罪，加强政法部门之间的协作配合，加大侦查破案力度，始终保持对刑事犯罪的高压态势，努力使全省刑事案件高发势头得到有效遏制，多发性、可防性案件上升幅度明显下降。加强对社会治安形势的分析评估，及时开展重点整治和专项斗争。强化治安管理，坚持不懈地打击黄赌毒等社会丑恶现象。进一步完善贯彻“严打”方针的经常性工作机制，坚持集中打击与经常性打击相结合，惩办与宽大相结合，打击犯罪与保障人权相结合，专门机关工作与群众路线相结合，切实增强“严打”整治的针对性和有效性。

(11)构筑严密的社会治安防控体系。坚持“打防结合，预防为主”，构建灵活多样的群防群治网络，切实强化社会各层面的管理，全面提高社会治安防范水平。进一步加强对公共场所、重点单位、重点人群、重要设施和重点部位等的安全防范。严格对涉爆、剧毒等危险物品的管理。做好流动人口的教育、管理、服务、维权工作，建立和完善流动人口犯罪预防机制。从实际出发加强对城市生活无着的流浪乞讨人员的救助和管理。全面落实预防青少年违法犯罪和归正人员安置帮教等措施。

(12)切实加强新形势下隐蔽战线的斗争。充分认识对敌斗争的长期性和复杂性，认真研究和把握对敌斗争的新情况、新特点，进一步加强对国家安全工作的领导和支持。严密防范和严厉打击境内外敌对势力和敌对分子的渗透破坏活动，严密防范敌对势力利用互联网等技术手段从事非法活动或进行蛊惑煽动。有效防范和依法打击敌对势力插手和利用人民内部矛盾滋生事端、制造影响，有效防范和依法打击恐怖活动，有效防范和严厉打击“法轮功”等邪教组织的非法活动，有效防范和坚决打击利用宗教进行的各种非法活动。

四、推进统筹发展，保持经济持续快速协调健康发展

(13)增强经济发展的协调性和安全性。按照“五个统筹”的要求，加强和改善宏观调控，把握大局，掌握分寸，把速度与质量、结构、效益统一起来，促使经济发展好中求快、稳中求进，避免大起大落。统筹城乡发展，始终把解决“三农”问题放在重中之重的位置，坚定不移地发展效益农业，大力推进农业和农村经济结构的战略性调整，高度重视粮食生产、储备和供应，确保全省粮食安全。积极实施“百亿帮扶致富建设”工程、“山海协作”工程和“欠发达乡镇奔小康”工程，进一步加大扶贫工作力度，促进欠发达地区加快发展。坚持效率优先、兼顾公平，理顺分配关系，合理调节收入差距。积极支持金融企业的改革和发展，加大金融监管力度，严肃查处非法金融活动和金融犯罪行为，有效防范和化解各类金融风险，确保金融安全。积极推进和落实财税体制改革，逐步完善公共财政体系和转移支付制度，各级财政要确保收支平衡，特别要重视解决乡镇财政债务问题。严格依法征税，严厉打击偷税骗税等违法犯罪活动。统筹浙江经济与对外开放的协调发展，加强知识产权保护，大力开发自主知识产权，建立健全应对技术壁垒、反倾销和产业损害预警的工作机制，提高规避国际经济风险的能力。

(14)改善生产要素供给。坚持加快建设速度、加大协调力度、加强需求管理的有机统一，按照适度超前原则，以“五大百亿”工程为龙头，积极抓好要素资源配置的规划和建设。加快电源电网项目建设，加强有序用电管理，千方百计解决电力供应紧张问题。实行最严格的耕地保护制度，严格依法征用程序，合理开发和集约利用土地资源，提高土地利用率。抓紧编制和实施全省水资源保护与开发利用总体规划，加快重大水利设施建设，做好水资源综合调度。充分利用港口优势，规划建设煤炭、石油等战略资源储备和集散基地，改善储运设施，提高供给能力，做好天然气开发利用工作。继续抓好交通和城市基础设施建设，重视解决城市交通拥堵问题。按照走新型工业化道路的要求，推进产业结构战略性调整，加快淘汰污染重、能耗大、效益低的落后行业、企业和工艺、设备，切实转变经济增长方式，大力发展循环经济，形成有利于节约资源的生产模式和消费模式，建设资源节约型社会。

(15)整顿和规范市场经济秩序。健全统一、开放、竞争、有序的现代市场体系，打破地方保护和部门、行业垄断，促进商品和各种要素的自由流动和充分竞争。继续抓好市场经济秩序专项整治，依法惩治走私贩私、制假售假、商业欺诈、非法传销以及虚开增值税发票等违法犯罪行为。高度重视食品药品安全，积极推进食品药品放心工程建设，切实加强食品药品生产、流通过程的监管，开展专项整治，严厉打击危害人民群众身体健康和生命安全的非法生产经营活动，切实维护消费者权益。建立价格监测预警机制，规范和维护市场价格秩序，防止价格异常波动。积极发展和规范中介服务机构和各类行业协会、商会等自律性组织，健全完善行政执法、行业自律、舆论监督、群众参与相结合的市场监管体系。加快“信用浙江”建设，完善企业信用发布查询系统，积极探索建立个人信用诚信系统，逐步开放信用服务市场，加强信用监督和失信惩戒制度建设，努力建立以道德为支撑、产权为基础、法律为保证的社会信用制度。

五、维护社会公共安全，保持正常的生产生活秩序

(16)加强安全生产工作。坚持安全第一、预防为主的方针，依靠政府、企业和社会，把安全生产的各项要求和措施落实到生产经营的每个环节，坚决遏制安全事故高发多发的状况。加强各级安全生产监管机构、执法队伍和制度建设。抓紧制定安全生产配套法规和各行业安全质量标准，依法强化安全生产监管，严格落实安全生产责任制。提高重点行业安全生产准入条件，依法建立和完善安全生产行政许可制度。强化企业安全生产主体责任，积极支持企业安全技术改造，改善安全生产条件，加强劳动保护，提高安全生产保障能力。切实加强对事故隐患的综合治理及重大危险源的监控管理，扎实开展道路和水上交通运输、人员密集场所的消防、矿山、建筑施工和危险化学品、民用爆破器材、烟花爆竹等方面的安全生产专项整治。加大对安全生产违法行为的查处力度，对不符合基本安全生产条件或整改无效的生产经营单位，坚决依法予以关闭。加大安全生产宣传教育和培训力度，着力提高全社会安全生产法制意识、责任意识和防范意识。

(17)加强公共安全工作。加强对各类自然灾害的预测和预警，加快构建自然灾害综合防御体系，切实提高防灾减灾能力。加强公共卫生建设，抓紧构建疾病预防控制体系，卫生执法监督体系，医疗救治体系，突发公共卫生事件和重大疫情预警、监测和报告信息网络体系，以及突发公共卫生事件应急指挥体系。高度重视农村基层公共卫生服务网络建设。切实做好非典、艾滋病、禽流感等重大传染性疾病的防治工作。加大对外来生物入侵、疫病疫情、有毒有害物质及化学危险品等的监督管理力度，做好动植物检验检疫工作。加强重大节庆活动的申办管理和安全管理，坚持“谁主办、谁负责，谁审批、谁监管”的原则，落实节庆活动的安全责任和措施。加强人口资源环境工作，高度重视生态安全和人口安全，推进“生态省”建设，加大环境保护力度，促进人与自然和谐发展。全面提高信息安全防护能力，从各个层面、各个环节上加强信息安全保障工作，重点保障基础信息网络和重要信息系统的安全。

(18)建立健全各种预警和应急体系。遵循预防为主、常备不懈的方针，按照统一领导、分级管理，条块结合、以块为主，反应灵敏、运转高效的思路，抓紧建立完善公共突发事件预警系统和各类应急预案，建立健全快速反应系统，有效动员政府组织、非政府组织、社会力量投入应急行动。制定相关的法规和政策,使公共突发事件的应急处置逐步走上规范化、制度化和法制化轨道,努力形成对全社会进行有效覆盖和全面管理的体系。加大投入,整合资源,扎实做好各项保障工作。明确各级岗位责任制和行政首长负责制,各司其职,协同行动,提高应对公共突发事件和公共危机的能力。一旦发生突发事件,各地各有关部门要按预案迅速组织有关人员进行处置,努力把突发事件造成的影响和损失减少到最低程度。

六、维护人民根本利益,保障群众安居乐业

(19)着力解决损害群众利益的突出问题。牢固树立"群众利益无小事"的观念,针对群众关心和反映强烈的突出问题,认真研究,狠抓整改,切实解决。坚决纠正土地征用中侵害农民利益、城镇拆迁中侵害居民利益、企业重组改制和破产中侵害职工合法权益、拖欠和克扣农民工工资等问题,从严治理教育收费、医药购销、医疗服务等方面存在的不正之风,切实加大减轻农民负担工作力度。严禁搞沽名钓誉、劳民伤财的"政绩工程"、"形象工程"。

(20)认真做好人民群众来信来访工作。全面贯彻《信访条例》,坚持"分级负责、归口办理,谁主管、谁负责"的原则,以畅通信访渠道为主线,以解决群众信访问题为核心,以基层信访工作为重点,依法保护群众正当的信访权利,依法规范信访工作行为,依法规范群众上访行为。坚持领导干部下访制度,不断完善常年接访、定期约访制度,畅通民意上达的渠道。坚持有访必接、有信必复,切实提高要信要访按时办结率、当事人息诉率和群众满意率。高度重视群众信访反映的情况,善于从中发现带有普遍性、规律性的问题,指导全局性工作。完善信访工作责任制,实行包案处理制度,进一步加强督查督办和综合分析,妥善解决带有政策性、苗头性、群体性特点的信访问题,有效遏制重复访、越级访、集体访上升特别是来省去京人员增多的趋势。

(21)完善就业服务体系、社会保障体系和社会救助体系。以下岗失业人员特别是困难群体的就业再就业、城镇新成长劳动力特别是大中专毕业生的就业和农村劳动力转移就业特别是失地农民就业为重点,加快完善就业服务体系,落实积极的就业政策。扎实推进"千万农村劳动力素质培训工程",提高农民就业技能。着眼于率先完善与浙江经济社会发展水平相适应、城乡统筹、多层次的社会保险体系,依法推进社会养老保险、失业保险、医疗保险、工伤保险和生育保险,不断扩大覆盖面,提高保险基金支付能力和保障水平。努力构建覆盖城乡的以最低生活保障为基础,以养老救助、医疗救助、教育救助、住房救助等专项救助为辅助,以其他救助、救济和社会帮扶为补充的新型社会救助体系,积极稳妥地推行农村"五保"和城镇"三无"对象集中供养制度、被征地农民基本生活保障制度、以大病统筹为主的农村新型合作医疗和医疗救助制度、困难家庭子女教育救助制度以及经济适用房和廉租房制度。开展多种形式的扶贫帮困活动,切实保护和关心低收入阶层、困难群众的利益。

(22)不断丰富广大群众的精神文化生活。把学习贯彻"三个代表"重要思想不断引向深入,在全社会形成为建设中国特色社会主义而团结奋斗的共同理想和精神支柱。坚持贴近实际、贴近生活、贴近群众,传播先进文化,塑造美好心灵,倡导科学精神,弘扬社会正气,不断提高全省人民的思想道德素质和科学文化素质。弘扬和培育民族精神,坚持和发展"浙江精神"。深入开展以"思想道德建设、文化阵地建设,整治文化市场、整治社会风气"为主要内容的"双建设双整治"活动。推进以未成年人为重点的思想道德建设,高度重视校园环境建设,切实加强校园安全管理,加大对学生法纪教育和心理教育的力度,着力提高学生的综合素质。全面实施科教兴省战略,大力发展科技、教育事业。深化文化体制改革,推进文化事业和文化产业的发展,充分发挥文化的社会教育功能。丰富基层文化生活,抓好面向基层、服务群众的大众文化产品的生产,抓好基层各类文化设施建设,抓好基层文化工作者队伍建设。加强文化市场管理,净化社会文化环境,坚决抵御封建文化糟粕和外来腐朽文化的影响。大力开展无神论宣传教育。深入开展群众性精神文明创建活动,丰富内容,创新载体,使群众乐于参与、便于参与,在参与中陶冶思想情操,提升道德境界,自觉形成文明健康的生活方式。

七、调动各方面的积极性，形成建设“平安浙江”的整体合力

(23)积极营造良好的社会氛围。坚持依靠群众、组织群众、发动群众，充分发挥人民政协和各民主党派的重要作用，充分发挥工会、共青团、妇联等人民团体的职能作用，充分发挥驻浙部队和民兵预备役人员的积极作用，最大限度地调动社会各界和人民群众参与建设“平安浙江”的积极性和创造性，使建设“平安浙江”成为广大群众的自觉行动。坚持团结稳定鼓劲、正面宣传为主的方针，牢牢把握正确的舆论导向。不断改进新闻宣传工作，加强舆论监督，严肃新闻宣传工作纪律，加强新闻工作者职业道德建设，完善新闻发布制度，改进重大主题报道尤其是重大突发事件报道，积极有效地引导舆论。广泛宣传，努力营造人人关心、人人支持、人人参与建设“平安浙江”的浓厚氛围。

(24)完善和落实工作责任制。按照“属地管理”和“谁主管、谁负责”的原则，层层建立领导责任制、部门责任制和单位责任制，努力把建设“平安浙江”各项工作落实到单位，落实到基层，落实到责任人。各级党委、政府主要领导要负总责，分管领导要具体抓，班子成员要协助抓，共同担负起保一方平安的职责。把建设“平安浙江”的成效作为检验各级党政领导班子和领导干部执政能力和执政水平的重要标志，作为衡量政绩的重要指标，列入任期目标和年度述职报告的重要内容，认真加以考核，并把考核结果作为干部政绩评定、晋职晋级和奖励惩处的重要依据。建立创建平安市县的考核标准、考核办法，深入推进基层创平安工作。完善重大事项报告制度，严肃查处瞒报漏报现象。坚持全面检查与专项检查相结合，明察与暗访相结合，加强对工作落实情况的督促检查。严格实行奖励和责任追究制度。对工作扎实、成效显著的地方和单位，要表彰奖励。对因工作严重失误、失职渎职，引发重大群体性事件，造成重大安全生产责任事故、重大恶性治安案件、严重损害群众利益的恶性事件，在抗灾救灾、防治疫情等方面造成重大损失或恶劣影响，或者造成市场秩序严重混乱、巨大经济损失的，要严肃追究主要领导和相关责任人的责任。

(25)为建设“平安浙江”提供有效保障。加强执法队伍尤其是政法队伍建设，坚持从严治政，从严治警，端正执法理念，确保文明执法、执法为民。从实际出发，加大对建设“平安浙江”工作的经费投入，保证政法机关的日常经费，提高科技保障水平，确保各项工作正常开展。积极探索市场经济条件下开展群防群治的途径和办法，多渠道、多途径地解决群防群治所需经费。

(26)加强对建设“平安浙江”工作的组织领导。省委、省政府成立建设“平安浙江”领导小组，研究、指导、协调、督促“平安浙江”建设各项工作。各有关方面和有关部门要积极发挥各自职能作用，分解细化和认真落实建设“平安浙江”的各项任务，密切配合，协同作战，形成整体合力。各市、县(市、区)也要按照建设平安市县的要求，加强领导和协调，确保各项工作的顺利开展。

建设“平安浙江”既是一项长期而艰巨的任务，又是一项现实而紧迫的工作。让我们在以胡锦涛同志为总书记的党中央领导下，全面贯彻“三个代表”重要思想，同心同德，开拓进取，大力推进“平安浙江”建设，有力促进社会和谐稳定，确保我省全面建设小康社会、提前基本实现现代化战略目标的顺利实现。

浙江省社会治安综合治理委员会组成人员

一、省综治委主任、副主任名单

主　任：夏宝龙　省委副书记、省委政法委书记

副主任：章猛进　省委常委、常务副省长

王辉忠　省委常委、省公安厅厅长

葛圣平　省人大常委会副主任

张启楣　省高级人民法院院长

朱孝清　省人民检察院检察长

夏阿国　省委政法委副书记

二、省综治办主任、副主任名单

主　任：王　毅　省委政法委副书记

副主任：周长甬　省委政法委助理巡视员

王建新　《浙江法制报》社长

省综治办下设协调指导室

浙江省市、县(市、区)综治委、办主任名单

地　区	综治委主任	综治办主任
杭州市	于辉达	
拱墅区	周伟新	王怀宁
上城区	余　勇	
下城区	陈卫强	王正南
江干区	张福成	何培芳
西湖区	张　岐	陈建华
滨江区	项永丹	鲁先利
余杭区	汪宏儿	邓振华、翁建昌
萧山区	王珠瑛	周学灿
临安市	章根明	阮明水
富阳市	朱关泉	俞成新、柳士明
建德市	徐志生	刘德祥
桐庐县	林国蛟	李朝航
淳安县	蒋建安	洪火祥
湖州市	蔡圣初	张伟林
长兴县	张建明	范淦明
德清县	朱法根	杨顺安
安吉县	刘宏伟	楼钱荣
吴兴区	蒋金法	顾志堂
南浔区	沈法良	
嘉兴市	刘冬生	翁勤雄
秀城区	朱　伟	肖京生
秀洲区	胡建丰	张海强
平湖市	郭跃荣	许　铉
海宁市	马维江	李明华
桐乡市	顾政宇	陈建明
嘉善县	苗伟伦	袁正平
海盐县	章　剑	张马良
舟山市	诸葛彩华	陈康年
定海区	车志宽	陶养宽
普陀区	丁海鹰	俞中海
岱山县	徐爱华	金跃平
嵊泗县	郑方斌	费祥生
宁波市	徐福宁	陈国刚
海曙区	陈佳强	孙逸群
江东区	鲍尧品	王豹雄
江北区	干伯铨	张　瑛
北仑区	俞　雷	顾惠良
镇海区	林　瑶	孙　勇
鄞州区	陈明志	鲁定国
慈溪市	杨胜隽	高协军、胡伯权
余姚市	孙钜昌	董友根
奉化市	王德彪	胡国华
宁海县	马晓晖	王元法
象山县	胡剑辉	林升夫
绍兴市	范雪坎	马玉真
越城区	张阿东	陈　建
诸暨市	孟法明	吕学明
上虞市	严永泰	张东鑫
嵊州市	夏能勇	徐林永
绍兴县	章长胜	张增龙
新昌县	程晓帆	杜伟阳
衢州市	陈　荣	王湖新
柯城区	祝晓农	
衢江区	周小平	何志前、孙　良
江山市	郑奇平	胡立友
常山县	吴宝骏	徐熙萍
开化县	肖渭根	吕启明
龙游县	邹　烽	邱开忠
金华市	阎寿根	盛根鑫
婺城区	顾汤华	张警祥
金东区	赵　庆	周维芳

地　区	综治委主任	综治办主任	地　区	综治委主任	综治办主任
兰溪市	郑遗清	王　涛	瑞安市	钱建民	胡锦翔
永康市	张荣贵	朱　升	乐清市	赵乐强	瞿纪福
义乌市	杨林章	任爱民	永嘉县	葛益平	陈　建
东阳市	俞建勇	郭杭生	文成县	陈作荣	蒋焕荣
武义县	骆瑞生	宛俊杰	平阳县	戴祝水	陈上勉
浦江县	吴康良	黄曙明	泰顺县	周维亮	林春凤
磐安县	郑樟根	黄叶青	洞头县	林东勇	许战胜
台州市	薛少仙	陶克敏	苍南县	余梅生	林建华
椒江区	张莉华	孙　波	**丽水市**	焦光华	雷建中
黄岩区	徐亦平	陈善智	莲都区	项旭平	尤晓剑
路桥区	林　峰	吕联生	龙泉市	邵戊汛	元基奶
临海市	王以琅	叶小明	缙云县	赵导亮	梅理强
温岭市	王福生	杨德明	青田县	姜波、叶沙平	陈少彦
三门县	章维建	严学都	云和县	孙乐明	杨三杨
天台县	项文敏	徐友希	遂昌县	傅保国	黄光运
仙居县	林济满	张和贵	松阳县	林　康	阙建平
玉环县	王国忠	吴晓平	庆元县	柳向阳	胡光文
温州市	陈艾华		景宁县	兰良兴	柳贤列
鹿城区	包哲东	吴海燕			
龙湾区	殷乐人	孔繁新			
瓯海区	高育厅	姜长龙			

（撰稿人：周长甬
审稿人：王　毅　丁后盾）

安　徽　省

2004年社会治安综合治理工作概况

2004年,全省综治系统按照年初提出的"延深、探索、重点、亮点"的总体工作思路,以开展"强基固本工程年"活动为重点,进一步强化综治领导责任制和责任追究制,全面铺开社会治安防控体系建设,扎实推进矛盾纠纷排查调处工作,认真开展形式多样的安全创建活动,全省综治工作在原有的基础上,取得了新的明显成效。

一、大力开展"强基固本工程年"活动,基层基础建设取得了新的突破

省综治委决定把2004年定为全省综治工作"强基固本工程年",各地围绕强化综治基层基础工作,开展了一系列活动,其中突出的是恢复和加强乡镇、街道综治组织建设。省及各地以贯彻落实中央、省两级综治委和编办文件为契机,狠抓了乡镇、街道综治组织的全面恢复工作。至2004年底,全省1868个乡镇、街道全部恢复了综治委、办机构,大都配备了专抓副职,乡镇、街道综治办定编2361个,配备专职工作人员2441名,兼职工作人员2558名。一些县(区)的乡镇、街道综治办,在固定行政编制的同时,又采取雇员制等办法充实了力量。

省及各地综治办切实抓好自身建设,加强干部培训,努力提高综治干部的政治和业务素质。各地普遍采取举办培训班、以会代训和请进来、走出去等办法,促进交流,学习借鉴。省综治办每季度召开一次省辖市综治办主任会议,总结交流经验,部署下一阶段工作,并且形成了专门制度。多方筹措资金,编辑出版了《社会治安综合治理文件汇编》,免费赠发全省综治系统学习使用。省级一些市、县还先后组织了省内外的交流学习活动。

二、全面铺开社会治安防控体系建设,治安防范工作取得了新的突破

2004年2月,省委办公厅、省政府办公厅转发了《省综治委关于加强社会治安防控体系建设的意见》,要求在3年之内建成覆盖全省、反应迅速、打击有力、防范严密、控制有效的社会治安防控体系。各地认真贯彻落实《意见》要求,普遍制定下发了具体的实施方案,分阶段、分层次推进治安防控体系建设。全省从上到下积极推进党委、政府统一领导,综治组织协调,以公安队伍为骨干,以群防群治力量为依托,以社会面治安防范为重点,以科技手段为支撑,多警种联动,专群结合,点线面结合,人防物防技防配套的治安防探体系建设。

各地继续深入排查整治治安混乱地区和突出治安问题,确保了治安大局稳定。省综治办下发了《关于开展集中排查整治治安混乱地区和突出治安问题活动的通知》。各地结合实际,全面开展了集中排查整治活动,对涉及面广、情况复杂、解决难度大的治安混乱地区和突出治安问题,派出了得力的工作组,驻点帮助解决问题。全省共排查出334个治安混乱地区和场所,经过整治已有65%较为彻底地改变了治安面貌,其余仍在整治之中。针对烟草市场出现制假贩假突出的问题,省委政法委、省综治办专门部署开展了声势浩大的卷烟打假专项行动。在深入调查的基础上,省综治办针对两淮煤矿矿区铁路沿线偷扒煤炭、盗抢矿业器材严重的问题,组织开展了集中专项整治,省派出了工作组,督导淮北、淮南、阜阳、亳州四市成立了专门工作班子,进驻一线开展整治工作,采取打击、防范、法制宣传教育、落实责任制等多项措施,遏制了偷扒、盗抢势头。会同省禁毒委,加强了禁毒工作,深化了禁毒斗争。全省共破获毒品犯罪案件555起,抓获涉毒犯罪嫌疑人568人,有效地遏制了涉毒犯罪高发和蔓延的势头。全国毒品重点县之一的临泉县的整治工作,顺利通过了国家禁毒委的验收。

三、扎实推进矛盾纠纷排查调处，经常化规范化工作取得了新的突破

2004年全国社会治安综合治理(杭州)会议结束后，我省在淮北、江淮及江南选择6个单位作为试点，从不同侧面开展学习创新“枫桥经验”，省综治办专门召开座谈会，面对面研究制定试点方案，进一步规范、提高、创新矛盾纠纷排查调处工作，目前试点工作进展顺利。各级综治机构充分发挥职能作用，加强组织协调，整合基层力量，认真做好矛盾纠纷排查调处工作。据统计，全省共排查出矛盾纠纷77782起，成功调处了74553起，调处成功率达到95.8%，全省司法系统进一步加强了基层人民调解委员会的建设，一些地方还建立了司法调解中心，强化了人民调解工作，全年共调处民间纠纷近23万起。

四、推进形式多样的基层安全创建活动，综治模范县(市、区)动态管理取得了新的突破

2004年4至5月份，省综治委对21个被确定为综治模范县(市、区)重点复查和申报验收的县(市、区)，进行了认真的检查或验收。检查验收结果经省综治委全体会议讨论并提请省委、省政府批准，共取消了9个县(市、区)的全省综治模范称号，新命名了8个综治模范县(市、区)。

各地还广泛开展安全文明村、镇和安全文明小区、安全文明单位、无毒社区、为重点工程建设创平安等多种形式的创安活动，把治安问题多、工作难度大的地方作为创安工作的重点，扩大了创安活动的覆盖面。省综治办、禁毒办、文明办联合下发了《安徽省创建无毒社区考核评定办法》，各地对照《办法》对争创单位进行了考评，授予黄山风景区等三个地方为全省“无毒县、区”的称号，各市还命名了106个“无毒社区”。配合省文明委开展的创建“八百里皖江文明长廊”活动，对沿长江六市2004年至2010年整体安全创建工作和对全省的示范带动作用提出了明确的目标和要求。省委办公厅、省政府办公厅转发了《省综治委关于开展为重点工程建设创平安活动的实施意见》。据年底统计，“创平安”活动开展后，全省有758个重点工程建设工地，累计调处因建设施工引发的矛盾纠纷3234起，打击处理阻碍施工及盗抢施工器材等违法犯罪活动1009人(次)，妥善处置了一些因征地、拆迁、补偿引发的集访活动。

五、充分发挥综治委专门工作办公室的职能作用，齐抓共管机制取得了新的突破

2004年，着力推进了省综治委预防青少年违法犯罪、刑释解教人员安置帮教、流动人口治安管理、校园及周边治安综合治理、铁路护路治安联防等五个专门工作办公室的工作，发挥专门工作办公室在齐抓共管社会治安工作中的职能作用。如我省境内铁路隶属蚌埠、徐州、南京三个铁路分局和合九铁路公司管辖，管理分散而复杂。面对新形势、新情况，我们改变工作机制，从涉皖的蚌埠、南京、徐州铁路公安局和合九铁路公司分别抽人到合肥集中办公，由省综治办直接统筹协调全省铁路护路联防工作。省综治委铁路护路办公室进一步明确了分工职责，加强了对护路联防经费的使用管理，制定并实施了《安徽省创建铁路交通安全村(居)活动考核办法》，沿线开展了考评奖惩活动。

预防青少年违法犯罪工作也得到了明显加强。3至5月份，全省开展了为期两个月的校园周边治安集中整治，下半年又部署开展了两个月的学校及周边治安专项治理。开展了培训和表彰优秀法制副校长(辅导员)的系列活动，对其中的110名先进个人进行了表彰。

六、综治领导责任制进一步加强，奖惩兑现工作取得了新的突破

2004年初，省综治委组织开展了2001—2003年度各市综治领导责任制履行情况的检查和评比、表彰活动。省财政专门拿出25万元对获得前5名的黄山、芜湖、宣城、巢湖、铜陵市进行奖励。

同时，省委、省政府领导与各市党政主要负责同志签订了《安徽省2004—2007年度社会治安综合治理责任书》。各地也根据本地区的综治责任制周期严肃认真地进行了续签工作，做到了纵向到底、横向到边。加大了“一票否决”的力度，据统计，全年全省共“一票否决”58个单位，“黄牌警告”84个单位，“限期整改”288个单位；“一票否决”处、科级干部70人，省综治委制定下发了《安徽省社会治安综合治理委员会成员单位联系点工作制度》，并确定了23个省综治委成员单位重点联系23个县(市、区)的社会治安综合治理工作。

社会治安综合治理创安创模工作情况

2004年,全省各地以基层安全创建活动为载体,广泛开展形式多样的平安建设等创建活动,带动了创安创模工作的深入发展,有力地推动了社会治安综合治理各项措施的全面落实。根据《安徽省社会治安综合治理模范县(市、区)动态管理办法》的规定,省综治委全会确定对部分新申报的县(市、区)和已被命名的模范县(市、区)进行检查验收和重点复查。4至5月份,省综治委专门制定了严格而详细的动态管理考核办法,并组织10个检查组,按照严密的评审程序,对21个被确定为重点复查和申报验收的综治模范县(市、区)进行了认真的复查或验收。复查、验收的结果经2004年省综治委第二次全体会议讨论通过并提请省委、省政府批准,取消了9个县(市、区)的全省综治模范称号,新命名了8个县(市、区)为全省综治模范县(市、区)。这次动态管理,打破了我省综治模范县(市、区)的终身制,动作大、影响广、震动强、激励效果很好,不仅得到了省委、省政府的充分肯定,而且《法制日报》、中央广播电台、《安徽日报》、《安徽法制报》等多家媒体都做了报道和宣传,在社会上引起了强烈反响,对全省的综治工作起到了极大的推动作用。

各地还广泛开展了安全文明村(居)、乡镇和安全文明小区、安全文明单位、无毒社区、为重点工程建设创平安等多种形式的创安活动,把治安问题多、工作难度大的地方作为创安工作的重点,扩大了创安活动的覆盖面。省综治办、禁毒办、文明办联合下发了《安徽省创建无毒社区考核评定办法》,各地对照《办法》对争创单位进行了考评,省综治办、省禁毒办组织进行了重点抽查,根据抽查的结果,评定并授予黄山风景区等三个地方为全省“无毒县、区”称号,各市还命名了106个无毒社区。为使综治工作贴近经济建设,实现综治工作与全省重大经济战略相对接,省综治委、省委政法委在全省范围内组织开展了社会治安综合治理工作为重点工程建设创平安活动。省委、省政府两办转发了《省综治委关于开展为重点工程建设创平安活动的实施意见》。6月1日,省综治委召开会议,对这项工作进行了全面部署。为重点工程创平安活动开展以后,省直有关部门及各地结合实际,狠抓贯彻落实。在重点工程施工地采取“四个一”的工作措施(成立一个创平安活动组织,明确一名创平安活动责任人,设立一个创平安活动服务电话,发放一张创平安活动便民卡)。同时,在重点工程所在地开展法律服务,为重点工程建设营造了良好的施工环境。2004年全省开展创平安活动以来,有758个重点工程建设工地落实了“四个一”措施,累计调处因重点工程建设施工引发的矛盾纠纷3234起,打击处理阻碍施工及盗抢施工器材等违法犯罪活动1009人(次),妥善处置了一些因征地、拆迁、补偿引发的集访活动。为重点工程建设创平安活动受到了中央综治委的高度关注,也受到了各级、各有关部门特别是重点工程投资和施工单位的一致拥护和欢迎。中央《综治动态》转发了我省两办批转的《省综治委关于开展为重点工程建设创平安活动的实施意见》。宣城、铜陵、黄山、安庆、淮北五市还部署开展了整体性的平安创建活动,着力打造平安市、平安县和平安区。

社会治安综合治理宣传表彰情况

一是坚持开展综治宣传月活动。3月份，省综治委既对全省综治宣传月活动的指导思想、宣传主题、工作要求做出部署，又直接组织具体宣传工作。组织了省暨合肥市综治委成员单位走上街头，开展集中咨询宣传日活动，省市有关领导前往宣传点进行巡视和慰问。省综治委在《安徽日报》开辟综治宣传月专栏20期，全省17个市和省综治委有关成员单位各组刊一期，共计发稿130余篇，6万多字，图片30余幅。全省各地参照省综治委的做法，精心组织，周密部署，上下联动、因地制宜地开展综治宣传月活动。

二是坚持组织开展全省综治好新闻奖评选活动。积极推荐优秀作品参加全国综治好新闻奖的评选。2004年，全省共评出综治好新闻奖56个，组织奖6个。在全国综治好新闻奖评选中荣获7个奖项，其中一等奖一个，省综治办同时获得组织奖。

三是突出强化重大综治活动的宣传。为了紧扣执政兴国的第一要务，实现综治工作与经济建设的有效对接，2004年结合省委、省政府实施加速经济发展的“861”行动计划，省综治委部署开展了“为重点工程建设创平安”活动，并始终把宣传贯穿于活动之中。省委常委、政法委书记及分管负责同志率先垂范，在《安徽日报》分别发表《政法综治工作应服务经济建设》和《深化为重点工程建设创平安活动》的署名文章，亲自组织中央驻皖及省新闻媒体记者深入重点工程工地，采访基层单位，拍摄电视专题片、采编广播专题节目、撰写新华社内参及各有关媒体的新闻报道。《法制日报》还在头版头条发表长篇通讯，给我省为重点工程建设创平安活动宣传助威，使“为重点工程创平安活动”很快成为我省综治工作一大特色亮点，取得了明显成效，得到了党政领导的充分肯定、人民群众的普遍认同，特别是重点工程的外来投资者及施工单位的热烈欢迎。

2004年，省综治委经过严格复查验收，提请省委、省政府决定取消9个全省综治模范县(市、区)，新命名8个综治模范县(市、区)。这一重大震撼性变动是史无前例的，社会反响强烈。省综治委召开了新闻发布会。《人民日报》、中央电视台、《法制日报》、《长安》杂志等中央报刊及省级多家媒体纷纷做了报道，进一步推动了综治工作的争先创优。

在安徽移动公司的大力支持下，省委政法委、省综治委隆重表彰奖励了1998年以来的全省51名见义勇为先进分子，并举办了颁奖晚会，营造了舆论氛围，弘扬了社会正气。

四是着力加强阵地宣传和通联工作。认真做好《法制日报》、《长安》杂志的通联工作，不仅是我们应尽的职责，而且也是提升政法综治宣传工作水平的重要措施之一。《长安》杂志在我省的发行量，2004年度较上年提高近三倍。《社会治安综合治理年鉴》的订阅也有了较大增长。以加强通联工作为基础，有力推动了全省政法综治系统的组稿、上稿工作，使两者互为促进，相得益彰。

五是大力宣传表彰见义勇为精神。2004年8～9月，省委政法委、省综治委与安徽移动通信有限责任公司在全省范围内联合开展了见义勇为“安徽移动弘扬正气奖”表彰活动。该活动由安徽移动通信有限责任公司出资，设立见义勇为“安徽移动弘扬正气奖”。本次活动表彰了1998年6月1日至2004年8月1日，公民在安徽省辖区内或安徽籍公民在省外见义勇为先进个人51人，分4个等次奖励，特等奖奖励人民币1万元，三等奖奖励人民币2000元，共计发放奖金20多万元。为扩大社会影响，营造氛围，弘扬正气，9月8日晚，举办了隆重的颁奖晚会，晚会特邀国内著名歌手刘欢、孙悦和省内著名演员献艺助兴。

刑释解教人员安置帮教工作情况

一、进一步健全工作机构,完善制度

安置帮教工作被列入各级党委、政府社会治安综合治理领导责任制范围,年初有部署,年终有检查,实行目标管理。全省进一步建立健全了省、市、县(市、区)、乡镇(街道)安置帮教协调领导机构和办事机构。3月22日,省综治委下文将省安置帮教工作协调小组更名为安置帮教工作领导小组,加强了对安置帮教工作的领导。各地在乡镇撤并工作中,注重抓好乡镇安置帮教工作站健全和人员配备工作,乡镇(街道)安置帮教工作领导小组组长绝大多数由分管书记或乡镇长担任。全省17个市、105个县(市、区)、1852个乡镇(街道)配有安置帮教工作人员2839人。

2004年,省司法厅在《关于加强司法所规范化建设的实施意见》和《安徽省司法所规范化建设考核办法》中,将安置帮教网络、当年的刑释解教人员底数、刑释解教人员名册和安置帮教档案、衔接、安置率、帮教率、重新犯罪率等指标列入司法所业务规范化建设考核内容,并从2004年起对全省司法所进行考核。

二、求真务实,扎实开展安置帮教工作

2004年,省司法厅通过努力,争取到17万元省财政专项资金开发刑释解教人员安置帮教信息管理系统,安置帮教网作为司法行政系统第一个专网纳入省政法专网建设工作之中。该系统包括了我省《关于刑释解教人员安置政策的通知》、《关于进一步加强服刑在教人员文化教育和职业教育工作的意见》、《安徽省刑释解教人员衔接管理工作实施细则》、中央四部委《关于进一步做好服刑、在教人员刑满释放、解除劳教时衔接工作的意见》、公安部《关于做好看守所拘役所服刑人员刑满释放时衔接工作的通知》和八部委《关于进一步做好刑释解教人员促进就业和社会保障工作的意见》等重要文件的基本内容。

全省注重抓好安置帮教工作先进集体、先进个人表彰宣传工作,发挥典型的示范作用。1月份,中央综治委在京召开了全国刑释解教人员安置帮教工作表彰电视电话会议,我省有5个先进集体、3名先进个人受到表彰,省委常委、政法委书记孙金龙和省司法厅领导看望了我省受到表彰的先进集体代表和先进个人。4月在淮南召开的全省基层司法行政工作会议上,省安置帮教工作领导小组又表彰了全省安置帮教工作先进集体11个、先进个人16名。黄山等地也召开了安置帮教工作经验交流暨表彰会议。

各级安置帮教工作机构开展了多种形式的帮助教育活动。首先抓帮教工作向监所延伸,给服刑在教人员送去法律知识、政策与温暖。全省各级安置帮教工作协调(领导)小组成员单位积极开展帮教活动。省妇联多次到女子监狱进行帮教。2004年,各市司法局共开展送法进监所活动30多次。其次对于已回归社会的刑释解教人员,落实帮带制度和"三帮一"、"二帮一"措施。从机关、乡镇(街道)、派出所、村(社居)委会、所在单位、退休人员及村民中安排人员,签订帮教协议,建立帮教责任制。全省帮教率达98%以上。

各级安置帮教机构将安置工作作为安置帮教工作的重点和难点来抓。全省2004年共安置刑释解教人员10030人,创建安置基地14个,创办安置实体20个,安置率达85.8%。全省重新犯罪人数为338人,重新犯罪率2.9%。刑释解教人员中没有发生严重危害社会稳定、造成恶劣社会影响的重大刑事案件。

学校及周边治安综合治理工作情况

一是精心部署，明确任务。年初下发了《2004年安徽省学校及周边治安综合治理工作要点》，明确今年学校及周边治安综合治理工作的主要任务是深化安全文明校园创建活动，完善兼职法制副校长制度，推进学校及周边治安综合治理工作机制建设，加大学校及周边治安秩序的整治力度，全力维护学校稳定，为广大师生创造良好的学习和育人环境。

8月，省委副书记张平主持召开高校周边环境治理工作会议，会后以省委办公厅的名义下达了会议纪要。明确了各有关部门的职责，尤其强调各市、县（区）特别是街道、社居委要认真履行属地管理的责任，主动加强治安、卫生、消防安全等方面的工作，为辖区内学校创造良好的外部环境。

二是要继续深化中小学生安全教育日主题活动。明确规定2004年活动的主题是"预防校园伤害，加强自我保护教育"，要求学校的共青团、少先队组织继续在少年儿童中开展"中国少年儿童平安行动"，并在原有的基础上扩大覆盖面。所有学校都建立健全学校保卫工作的领导体制和组织机构，充实学校安全保卫力量，健全安全保卫工作的各项规章制度，落实各项安全防范措施。高等学校在试点的基础上，推广和完善以校园110指挥中心为枢纽，集人防、物防和技防于一体的校园治安防控体系建设，为师生提供全方位的求助、咨询和服务，提高校园的整体防范水平。中小学校抓好校园报警点的建设，落实校园安全责任制。

三是找准问题，着力整治。严厉打击了针对师生的杀人、伤害、强奸、抢劫、敲诈、盗窃等各类违法犯罪活动，坚决铲除校园及周边存在的流氓团伙和黑恶势力。坚决取缔和清理整顿校园及周边非法经营的网吧、电子游戏厅、录像厅、歌舞厅、音像书刊点和违章建筑、无证经营的饮食、食品、生活日用品摊点以及出租房屋等。大力整治校园及周边的交通秩序，加强各类交通设施建设，减少交通事故和人员伤亡。对学校内部进行严格、细致的安全大检查，及时督促、整改各类安全隐患，坚决杜绝火灾、建筑物倒塌和食物中毒等恶性事故的发生。

省教育厅针对有少数高校学生私自在校外租房居住，人身和财产易受侵害的情况，数次召开会议，下发专门文件，要求各高校立即清理并限期要求他们返回校园居住。省公安厅针对高校周边社会闲散人员勒索、抢劫大学生案件增多，开展专项行动。省文化厅及其他相关部门开展了多次治理网吧专项行动，收到明显效果。

社会治安防控体系建设工作情况

2004年，我省各级综治部门认真贯彻全国社会治安综合治理工作（南昌）会议精神，省综治委在抓好合肥、宣城、阜阳三市试点的基础上，在全省全面铺开并大力推进了社会治安防控体系建设，治安防范工作取得了新的突破。2004年2月，省委、省政府两办转发了《省综治委关于加强社会治安防控体系建设的意见》，要求在3年之内建成覆盖全省、反应迅速、打击有力、防范严密、控制有效的社会治安防控体系。各地认真贯彻落实《意见》要求，结合本地区、本部门的实际，普遍制定下发了具体的实施方案，分阶段、分层次推进治安防控体系建设。全省从上到下建立了党委、政府统一领导,综治组织协调,以公安队伍为骨干,以群防群治力量为依托,以社会治安面防范为重点,以科技手段为支撑,多警种联动,专群结合,人防物防技防相配套的治安防控体系。

在防范方式上,城市建立了由巡警牵头,交警、派出所民警、武警等有关警种参与,群防群治组织协同配合的巡逻体制,加强了以"110"指挥中心为龙头的快速反应机制建设,制定和完善了各类分级处警预案,建立了统一指挥、分级负责的防控工作指挥调度系统。同时,健全了城市社区综治组织,进一步加强了社区的警务力量。依托社区党组织和居委会,建立健全了辅警、保安、联防队、治安志愿者等各种社区群防群治组织,开展形式多样的社区治安巡防活动。多数城市由财政出资,从改制下岗的"4050(女四十岁、男五十岁)"人员中选聘专职治安巡防员,通过专业培训后,从事社区治安防范工作,全省专职治安员增加到7739人。各省辖市及部分县(市)按照治安防控体系建设方案的要求,投入了大量资金,加快了治安卡点等硬件设施建设,全省各城市的主要进出口新建了一批治安哨所,加大了治安防范资源和力量的整合,加强了治安信息收集处理工作以及对各种治安力量的协调联动,有效地提高了防控能力,强化了对社会面的控制。农村地区则从实际出发,因地制宜地摸索出了许多符合当地实际的群防群治模式。一是村民自发组织的分组排班义务打更巡逻、邻里守望,如池州市贵池区的治安值日户、淮南市谢家集区的十户联防等;二是发挥党员先锋模范作用的联防活动,如铜陵市狮子山区党员联户带创活动等;三是畅通信息渠道的预警性防范,如宣城市开展的综治信息员工作等;四是在群众自愿基础上的采取市场化运作的模式,如亳州市涡阳县、安庆市郊区等试行的"保安服务进农家"和"治安有偿承包"的办法等等。社会治安防控体系建设的全面铺开,有力地推动了全省社会治安整体防范水平的提高。

预防青少年违法犯罪工作情况

一、预防青少年违法犯罪工作机制得到加强

2004年,省综治委预防青少年违法犯罪工作领导小组(以下简称预防小组)先后建立了预防工作制度、预防工作办公室联席会议制度,并制定了预防小组各成员单位工作职责。先后于4月、7月、11月召开了三次各成员单位联络员会议,研究部署工作,加强了成员单位间的沟通和协调。根据省十届人大常委会第八次会议听取省政府关于未成年人保护工作报告时的有关要求,2004年4月,省预防办牵头开展了《预防未成年人犯罪法》地方立法起草工作,成立了有公安厅、省高院、司法厅、教育厅、劳动厅、民政厅、省政府法制办以及安徽大学等多个部门参与的《安徽省〈预防未成年人犯罪法〉实施办法》(后更名为《安徽省预防未成年人犯罪条例》)起草领导小组及办公室,具体负责立法调研、协调和起草工作。经过六易其稿,至年底条例草稿起草工作已基本完成。

二、预防青少年违法犯罪法制教育工作扎实有效

一是在全省集中开展了《预防未成年人犯罪法》颁布实施五周年宣传周活动,设计并印刷了3万余份预防未成年人犯罪宣传画、折页,下发全省各中小学校。团省委、省综治办、司法厅、教育厅开展了"为了明天——青少年法制教育宣传周"活动。全省各级组织通过举办展览、知识竞赛、主题班会,召开座谈会等多种喜闻乐见、富有鼓动性和趣味性的宣传教育活动。二是进一步加强了学校法制副校长(辅导员)工作。省综治办、省教育厅、省司法厅、团省委联合召开了首批全省中小学法制副校长(辅导员)表彰暨经验交流会,共有110名优秀法制副校长(辅导员)受到了表彰。三是开展了以"增强自护意识,提高自护能力"为主题的暑期集中自护教育活动,广泛开展了青春期心理、生理卫生教育;防灾避险、防卫实用技能教育等为主要内容的系列自护教育活动。淮北、亳州等一批学校还建立了心理咨询室，在学生中开展了心理辅导、心理矫治工作。四是进一步推动全省"青年文明社区大家乐"活动的深入开展，用积极健康的文化活动吸引、凝聚青少年。团省委、省建设厅、工商局、民政厅向各市下发了《关于授予全省"青年文明社区"示范城（区）创建单位称号的决定》，命名表彰了20个先进集体，推动全省社区青少年工作的开展。

三、预防青少年违法犯罪综合治理工作效果明显

出台了《安徽省青少年违法犯罪社区预防计划》。初步明确了以社区为基础、以未成年人为重点，立足于教育、保护的社区预防体系。在全省实施了"青少年网络文明"行动，下发了《关于在全省深入实施"青少年网络文明"行动的意见》，并隆重举行了省暨合肥市"青少年网络文明行动日"活动。各地也开展了一系列活动。如马鞍山市在全市网吧、游戏厅、图书、音像销售市场和棋牌室等重点领域开展创建青少年绿色放心工程活动，公开招募志愿巡查员160名；对规范经营并能依法维护未成年人合法权益的经营户给予表彰，并命名为"青少年绿色放心经营户"。省预防办也组织成立了70人的义务监督员队伍，对网吧、游戏厅、图书音像市场、棋牌室等娱乐场所进行不定期的督查。

深入开展了优秀"青少年维权岗"创建活动。开展了第二批全省公、检、法、司系统优秀"青少年维权岗"评选、命名和表彰工作，新命名26个省级优秀"青少年维权岗"，启动了第一批教育系统"优秀青少年维权岗"创建工作，拓展了创建活动的领域，扩大了优秀"青少年维权岗"在社会上的影响力。

省预防小组在全省广泛开展了校园周边环境整治、"扫黄打非"及规范电子游戏厅、网吧经营等专项整治行动，取得了良好效果。省文化厅联合省公安厅、工商局在全省开展网吧专项整治行动。全省全年共出动检查人数157882人（次），检查网吧经营单位115088（家）次，收缴电脑及附件设备3948台，责令停业整顿941家，取缔黑网吧771家，有效地净化了青少年成长环境。省新闻出版局积极联合预防小组相关成员单位直接查处多起危害青少年身心健康的政治性非法出版物、淫秽色情出版物案件，狠刹了"黄"、"非"气焰。省预防小组于2004年12月在全省启动了以"净化青少年成长环境、保护未成年人合法权益"为主题，以开展专项监督检查和暗访为主要内容的活动，并于12月29日至30日，在省人大、省政府、省政协领导的带队下，分三个检查组对合肥部分网吧、游戏机室、歌舞厅等娱乐场所、图书、报刊、贺卡、音像、电子出版物、游戏软件等市场和少儿食品、用品市场进行了突击检查。对检查的违规经营户进行处罚和监督，促其整改，为广大青少年提供一个安全、文明、健康的假期，起到了明显的促进作用。

四、预防青少年违法犯罪法律援助工作不断加强

省司法厅成立了"安徽省法律援助中心未成年人工作处"。省预防办联合安徽青年报社等六部门创建了"安徽省青少年维权网"（www.ahwq.com），开展网上法律法规宣传、网上法律援助，并设立了维权热线、心理热线和媒体热线，切实为广大未成年人提供实实在在的维权服务，深入做好预防青少年违法犯罪工作。

维护妇女儿童合法权益工作情况

2004年安徽省维护妇女儿童合法权益联席会议，坚持以人为本，通过优化妇女儿童权益保护的法律和政策环境，完善工作机制，着力解决妇女儿童权益保护中的突出问题，在维护妇女儿童合法权益的工作中取得了新突破。

一、省维护妇女儿童合法权益联席会议组织省政府法制办、省法院、省检察院、省公安厅、省司法厅、省民政厅、省妇联、省综治办等单位多次对全省预防和制止家庭暴力问题进行调研,组织理论研讨,推动省人大常委会出台了《关于预防和制止家庭暴力的决议》(以下简称《决议》),省政府妇女儿童工作委员会制定了《实施〈关于预防和制止家庭暴力的决议〉的意见》。《决议》的颁布,标志着我省维护家庭成员合法权益工作进入了法制化轨道,是维权工作的重大突破。《决议》明确了预防和制止家庭暴力的执法主体及有关部门的职责,为遏制家庭暴力的发生提供了法律武器。

二、省人大常委会2004年4月修改通过《安徽省禁止非医学需要鉴定胎儿性别和选择性别终止妊娠的规定》,6月修改通过《安徽省人口与计划生育条例》、《安徽省实施〈母婴保健法〉办法》、《安徽省儿童计划免疫管理条例》,规定了保障妇女儿童权益的具体条款。《安徽省实施〈农村土地承包法〉办法》(草案)对农村妇女土地承包权做了明确规定。《安徽省文化市场管理条例》细化了对未成年人的保护条款。

三、2004年省政府164号政府令《安徽省城市生活无着的流浪乞讨人员救助管理实施办法》具体规定对受助的妇女、未成年人等给予照顾。168号令《安徽省互联网上网服务营业场所管理办法》从多角度、全方位保护儿童的合法权益。省政府办公厅《关于妥善解决农村土地承包纠纷若干问题的通知》,解决了农村中因妇女结婚、丧偶导致土地承包权被侵害的问题。

省民政厅出台的《关于艾滋病患者、艾滋病感染者及艾滋孤儿生活救助的意见》规定对艾滋孤儿和艾滋病患者或感染者的单亲家庭的儿童要给予特别关注。省法院出台的《关于处理农村土地纠纷案件的指导意见》保障了农村"外嫁女"、离婚、丧偶妇女在土地补偿、安置费用支付和分配及土地承包方面的合法权益。

四、一个上下贯通、左右互动的全省维护妇女儿童合法权益网络初步形成。全省17个地级市全部建立了妇女儿童维权联席会议制度。建"110家庭暴力报警中心"122个,社区(乡镇)维权站703个、家暴投诉点540个,"家庭暴力伤情鉴定中心"7个。

特邀女陪审员394名,特邀劳动保障法律监督员193名,各级妇联组织的维权志愿者1790人。

劳动、公安、妇联等九单位在全省开展了为期3个月的贯彻《安徽省劳动合同条例》专项执法检查,检查用人单位28591个,涉及女职工65.27万人,清退童工36人,立案查处24起侵害女职工合法权益的案件,责令用人单位与女职工补签劳动合同10.92万份。公安机关侦破拐卖妇女儿童案件64起,抓获人贩子116人,解救被拐妇女儿童332余人,起诉强奸案796多件、容留卖淫案115件,审理婚姻家庭案件近5万件。101个法律援助中心为1782名妇女、1473名儿童提供法律援助。劳动监察部门接待侵害妇女儿童权益案件2402件,通过查处,清退童工98名,纠正65起违反女职工特殊劳动保护规定的违法行为。

铁路护路联防工作情况

我省境内共有铁路2148公里,车站235个,分别隶属上海铁路局南京分局、蚌埠分局、合九铁路公司及济南铁路局徐州分局管辖。2004以来,遵照"中国铁路走社会化管理的新路子"的总体思路和工作方向,坚持以"保安全、保稳定、保畅通"为目标,结合我省区域特点和铁路实际,超前预测,周密安排,重点区段的整治和安全隐患的整改和挂牌督办,深入推进创建安全文明铁道线的创建工作,形成了铁路、公安武警、民兵、财政、物价、民政等部门齐抓共管的新格局,造就了铁路安全畅通、促进经济发展的良好态势。

一、强化机制,创建整合护路联防防控体系

为使护路联防工作走向正常化规范化的轨道,我们着眼于建立长效工作机制:一是明确规定,各级党政综治委、有关部门的主要负责人是护路联防第一责任人,全面负责维护铁路沿线的社会治安秩序;二是护路联防承包责任制逐步得到完善。省、市、县、镇、村五级层层签订铁路护路联防管理责任书。实现铁路治安的社会化管理。砀山县与铁路沿线乡镇签订了护路联防责任书,将铁路安全纳入社会治安综合治理一票否决内容。马鞍山市政府确定每年从财政拨付专款8万元,解决管内陶庄、团结、宋山等三处道口监护问题。同时,全省建立铁路护路联防队40支,专兼职护路联防队员1322人。

二、以点带面,扎实开展创建安全文明铁道线活动

在创建安全文明铁道线活动中,提出把省内铁路建成"标准线"。创建中采取典型引路、以点带面方法。选取了蚌埠市、宿州市、宁国市和庐江县等作为试点单位,召开了全省创建安全文明铁道线经验交流会,推广成功经验。蚌埠市要求辖区有铁路的县区要把创建铁路安全文明铁道线作为当地基层的"创安工程"来抓。巢湖市居巢区在烔炀镇召开现场会,与26个村镇签订护路联防保安全协议书。

三、路地联手,整治铁路沿线治安秩序

1. 严密防范布控,加强"三品"查堵力度。组织300多名线路民警、千余名护路联防队员、200余名专职桥梁守备联防队员、工务、电务、兼职巡查人员昼夜巡逻在千里铁道线上。加大"三品"查堵力度。2004年,共查获"三品"5400起,治安处罚行为人5200名。

2. 依靠政府权威,大力整治铁路沿线突出治安问题。省公安厅先后4次组织路地公安机关开展联合集中整治行动。同时,省领导要求有关部门要对潘集地区铁路沿线群体性扫扒煤炭问题开展专项整治,淮南市政府又专门召开了由市政府、市公安局、蚌埠铁路分局、蚌埠铁路公安处等单位领导及其有关部门负责人参加的协调会。整治行动期间,路地公安机关共出动警力600余人次,护路联防队员480余人次,抓获偷扒、扫拾煤炭违法人员85人,其中,治安拘留19人,收缴煤炭20余吨,淮南铁路地区治安形势得到明显改观。阜阳地区大量农民扒乘货运列车外出务工情况较为突出,由于地方政府和铁路有关部门的协调配合,增开了多列民工低价绿皮客车予以分流,阜阳北站民工扒乘货物列车现象明显减少,有效地确保了管内京九线站车治安秩序持续稳定。

3. 集中整治影响列车安全畅通的突出治安问题。查破故意毁损防护栅栏案件24起,查处违法人员29人。同时督促有关部门在4月18日前对管内津浦线777处、京九线160处、陇海线94处破损防护栅栏进行修复。清理检查沿线废旧物品收购站(点)320家,对900名流动收购废品人员进行了法制宣传和铁路安全常识教育,取缔无证废旧物品收购点47家,其中治安拘留非法收购站点人员11人。

4. 喧声造势,营造爱路护路的浓厚氛围。4月份和9月份,我们在省内组织开展两次以"保行车、保人身、保牲畜"为主要内容的路外安全宣传月活动,省护路办制作宣传展板46块,印刷发放爱路护路法制宣传单7万余份,文艺演出队在全省厂矿、县镇、车站、集市演出43场,受教育人数达8万余人次。寓安全教育、法制教育于娱乐的宣传形式,深受群众欢迎,从而增强了铁路沿线群众的爱路护路意识。

四、从严管理,着力打造精品护路联防队伍

一是制定了我省《铁路护路联防队伍管理办法》,对护路队员的组织领导、任务职责、工作纪律、任职条件、奖惩考核等进行了明确的规定;二是把好录用使用、培训和考核关。在严打整治工作中,护路联防队员共出动人数达10000余人次,协助公安机关破获刑事案件316起,抓获犯罪嫌疑人213人,其中网上逃犯32名,为民办好事513起,收到感谢信152封,锦旗、镜匾43面,有60余人受到表彰奖励。

中共安徽省委办公厅　安徽省人民政府办公厅关于转发《省综治委关于加强社会治安防控体系建设的意见》的通知

（2004年2月19日）

各市、县委，各市、县人民政府，省直各单位，各大学：

经省委、省政府负责同志同意，现将《省综治委关于加强社会治安防控体系建设的意见》转发给你们，请结合实际，制定具体实施办法，确保各项措施落到实处。

省综治委关于加强社会治安防控体系建设的意见

为提高社会治安防控能力，进一步加强社会治安综合治理工作，现就加强我省社会治安防控体系建设提出如下意见。

一、指导思想和总体目标

1. 指导思想：以“三个代表”重要思想为指导，认真贯彻落实党的十六大精神，在党委、政府的统一领导下，充分发挥政法机关的职能作用，促进各部门齐抓共管、全社会广泛参与；坚持“打防结合、预防为主”的方针，严密防范和打击各种违法犯罪活动；坚持以人为本，加强宣传教育，增强人民群众的治安防范意识和参与综合治理的自觉性；加强治安防控体系的制度化、规范化、科学化建设，夯实基层工作基础，建立治安防范的长效工作机制。

2. 总体目标：通过三年的努力，在全省构建起以基层政权组织、群众自治组织和机关企事业单位为基础，以公安机关为骨干，以群防群治队伍为依托，以案件多发的人群、区域、行业、时段为重点，覆盖全省、反应迅速、打击有力、防范严密、控制有效的社会治安防控体系，为加快发展、富民强省，全面建设小康社会创造良好的社会治安环境。

二、主要内容

1. 构建社会面巡逻防控体系。逐步建立巡警牵头，交警、派出所民警、武警等有关警种参与，群防群治组织协同配合的巡逻体制，切实增加街头路面的有警密度和有警时间，提高对违法犯罪的发现、控制能力。加强以“110”指挥中心为龙头的快速反应机制建设，制定和完善各类分级处警预案，建立统一指挥、分级负责的防控工作指挥调度系统。将城管、运管、路政、环卫、港监等行政执法单位纳入综治委成员单位，分别明确职责。将治安防控设施建设纳入城市规划，制定和完善安全技术防范设施、消防设施设计和建设标准，并由相关部门监督实施。

2. 构建社区治安管控体系。健全社区综治组织，整合社区治安资源，提高社区的整体防范水平。加强社区警务力量，充分发挥社区民警的骨干作用。依托社区党组织和居委会，建立健全辅警、保安、联防队、“4050”巡逻人员、治安志愿者等各种社区群防群治组织，开展形式多样的社区治安巡防活动。加强出租房屋管理,做好流动人口管理工作。加强刑释解教人员的安置帮教工作。落实对流窜犯罪、重点人口、吸毒人员、“法轮功”顽固分子、躁狂性精神病人和其他可能危害社会治安人员的管控措施。物业管理单位要认真落实人防、物防、技防措施,协助公安部门积极防范刑事犯罪,防止火灾、燃气泄露、爆炸等恶性事故的发生。

3. 构建重点部位防范体系。在人流、物流集中的繁华区段、车站码头、集贸市场、旧货行业、特种行业、娱乐服务等重点部位、复杂场所,落实“谁主管、谁负责”的责任,科学布建治安岗亭、报警电话,强化科技防范措施,开展经常性的特别是重点时段的治安巡逻和防控,组织各种形式的群防群治活动。

4. 构建内部单位安全保卫体系。以首脑机关、国防军工、金融网点、水电气热、易燃易爆等单位为重点,尽快建立和完善内部单位安全保卫体系,提高安全保卫工作的实际效果。加强内部安全保卫、护厂巡逻等专兼职保卫队伍建设,严格落实内部安全防范责任,强化单位法定代表人作为单位安全保卫第一责任人的责任,加大对重大安全生产责任事故案件的查处力度,有效预防和减少重大治安灾害事故和安全生产责任事故的发生。

5. 构建农村治安防控体系。依托村级党组织和村委会,建立健全基层政法综治组织和群防群治组织,强化对治安防控体系的组织领导;建立健全乡镇人民调解委员会,配齐配强村治保主任和调解主任。村治保会、调委会要做到组织、制度、工作、报酬“四落实”;建立健全群众性义务巡逻队伍,大力推行“治安值日户”、“党员联户带创”等“创安”活动;充分尊重群众意愿,积极探索各种治安有偿承包形式;完善防范措施,配备必要的防范装备,加强户户联防、村村联防。

6. 构建边际应急查控体系。在行政区域边际的出入口、交通要道和案件多发地段,设置治安卡点和警务工作站,安装电子监控设备,必要时派出足够警力和治安巡防队员守点,对进出的车辆、人员进行登记,对可疑车辆、人员进行盘查;一旦发生重大警情,在最短的时间内实行区域查缉堵控,尽可能将违法犯罪分子控制在最小的区域范围内,并尽快抓捕归案。

7. 构建科技防范报警监控体系。不断提高防控体系的科技含量,充分发挥技术防范在社会治安防控工作中的作用。大力实施“科技强警”战略,研究制定城市技术防范发展规划,加快城市综合报警网络、交通和治安卡点图像监控系统建设;重点单位、要害部位和单位内部的财务室、仓库、保密室等应安装必要的技术防范设施,有条件的单位和小区要与综合报警网实现联网,增强整体防控效能。

8. 构建治安防范信息体系。将实有人口、机动车、印章、旅馆业、枪支弹药、爆炸物品、金融场所等涉及治安的信息全部纳入计算机管理,做好重点人员、涉案物品以及通过秘密力量获取信息的保密工作,严格知情、查询权限。加强社会治安信息化建设和综治信息员队伍建设,构筑快捷灵敏的信息报送、处理机制。加快各类信息的整合步伐,尽快实现互联互通,信息共享。在尚未实现联网的地方,建立信息协查通报制度。

三、实施步骤

1. 全面实施阶段(2004 年)。在认真总结 2003 年试点经验的基础上,各地、各有关部门结合实际制定具体的实施办法,于 2004 年 5 月底前全面实施,年底以前基本完成治安卡点等硬件建设重点工程,初步建成社会治安防控体系,治安防控工作初见成效。

2. 配套完善阶段(2005 年)。治安防控体系建设进一步向纵深推进,夯实基层基础,狠抓配套设施建设和软件建设;重点抓好防控体系各方面、各环节之间的衔接整合工作,使之成为协调统一、高效运转的有机整体。

3. 检查验收阶段(2006 年初)。对治安防控体系建设的各项内容、保障措施及治安防控状况、工作实效等,进行检查验收。检查验收工作由上一级社会治安综合治理委员会负责。

四、保障措施

1. 各级党委、政府及相关部门要高度重视,把社会治安防控体系建设摆上重要议事日程,切实加强组织领导,帮助解决工作中的困难和问题。根据“条块结合,以块为主”的管理原则,各部门、各单位既要认真执行上级主管部门的工作部署,又要接受所在地党委、政府的统一领导和社会治安综合治理领导机构的指导、协调和督查，通力协作，各负其责，确保治安防控体系建设的各项工作落到实处。各级社会治安综合治理委员会要将治安防控体系建设情况作为社会治安综合治理目标的责任制考核内容，进行认真检查和考核、评比。

2. 各级政府要根据财力状况，统筹安排社会治安综合治理经费。对于群防群治经费，除各级财政适当补助外，本着"谁受益谁出资"和"取之于民用之于民"的原则，通过多种渠道和方式筹集解决。要采取多种形式，向社会广泛筹集见义勇为奖励资金。积极探索、逐步走出一条市场经济条件下解决社会治安防控工作经费的新路子，作为对财政投入的有效补充。提高社会治安防控工作经费使用效率，降低防范成本。

3. 实行"警力下沉"，最大限度地把警力摆上街面、派驻社区、沉到基层。改革勤务方式，全面推行"弹性工作制"、"错时工作制"等适应动态治安特点的勤务制度，实行24小时全天候治安防控。广泛动员和组织社会力量参与治安防控，不断壮大群防群治力量，完善工作制度，进一步扩大群防群治工作覆盖面。切实加强各级综治办、尤其是乡镇(街道)综治办的建设，确保防控体系建设有人抓、有人管、有人办。

4. 建立健全社会治安状况监测评估制度。采取多种科学有效的形式开展"公众安全感"调查，及时了解和掌握人民群众对社会治安的反映，分析研究社会治安形势，增强治安防控体系建设工作的针对性。建立健全综治委成员单位述职报告制度。各级综治委成员单位要在年度述职时，报告在防控体系建设中履行职责、完成任务、发挥作用的情况。建立健全重大治安情况报告制度。各地、各部门、各单位发生重大刑事、治安案件要及时向当地党委、政府和上级业务主管部门报告。对隐瞒不报的，依照有关规定严肃处理。

中共安徽省委办公厅　安徽省人民政府办公厅关于转发《省综治委关于开展为重点工程建设创平安活动的实施意见》的通知

（2004年8月6日）

各市、县委，各市、县人民政府，省直有关单位：

《省综治委关于开展为重点工程建设创平安活动的实施意见》已经省委、省政府负责同志同意，现转发给你们，请结合实际抓紧组织实施。

省综治委关于开展为重点工程建设创平安活动的实施意见

实施"861"行动计划，是省委、省政府贯彻落实科学发展观，推动我省经济快速增长的一项重大战略决策，对于加快发展、富民强省，全面建设小康社会具有重要意义。为确保"861"行动计划的顺利实施，省综治委决定在全省组织开展为重点工程建设创平安活动。

一、指导思想和总体目标

以"三个代表"重要思想为指导,认真贯彻党的十六大和十六届三中全会精神,紧紧围绕"加快发展、富民强省,全面建设小康社会"主题和"861"行动计划,按照以人为本、执法为民的要求,坚持属地管理和谁主管谁负责的原则,在党委、政府的统一领导下,充分发挥社会治安综合治理的优势和职能作用,动员全社会广泛参与,推动各部门齐抓共管,综合整治,在全省开展为重点工程建设创平安活动。坚持"打防结合、预防为主"的方针,严密防范和打击妨碍重点工程建设的各种违法犯罪活动;加大矛盾纠纷排查调处工作力度,妥善处置重点工程建设中的人民内部矛盾;建立健全"保稳定、创安全、促发展"的长效工作机制,确保重点工程建设到哪里,创平安活动就延伸到哪里,服务保障就跟进到哪里;围绕实施"861"行动计划,强化大局意识,依法保驾护航,创造优良环境,提供优质服务,不断提升全省社会治安综合治理工作的整体水平。

二、活动内容

1. 建立联系协作机制。为确保这项活动顺利实施,省成立为重点工程建设创平安活动领导小组,统一组织、协调全省的创平安活动。领导小组办公室设在省综治办,具体负责组织实施和督促检查。有关市、县也要成立相应机构,研究制定具体工作方案,组织、协调本地的创平安活动。重点工程所在地的创平安活动领导小组及办公室(综治办)要与项目业主及施工单位签订共建共创责任书,明确责任,抓好落实。

2. 建立一线工作机制。有关市、县综治办主任、公安局长要参加工程建设指挥部领导机构,负责协调政法、综治部门,开展"严打"整治、矛盾纠纷排查调处等工作。综治部门要协同并督促重点工程建设单位将治安办公室设到施工现场,同时建立情况通报制度,及时沟通情况,协调关系,密切配合,开展工作。在工程指挥部及施工工地,要落实"四个一"措施,即成立一个创平安活动组织,明确一名责任人,设立一个服务热线电话(省服务热线电话号码为:0551－2606573),发放一张便民卡。

3. 建立治安防范和应急机制。大力加强各种防范队伍建设,认真落实人防、物防、技防措施,积极防范和打击盗窃、抢夺等违法犯罪行为,防止火灾、爆炸等恶性事故的发生;建立健全相关的矛盾纠纷预防和快速反应机制,有效控制和化解群体性事件,防范团伙和重大违法犯罪活动。

4. 深入开展矛盾纠纷排查调处工作。各地要坚持以人为本,认真落实政策,切实做好征地拆迁补偿工作,维护和保障人民群众的切身利益。要发挥综治信息网络健全的优势,坚持谁主管、谁负责的原则,适时组织开展涉及重点工程建设的矛盾纠纷排查调处工作,积极引导群众通过法律途径解决发生的矛盾纠纷,把矛盾纠纷化解在基层,化解在萌芽状态,确保重点工程建设顺利进行,切实维护社会稳定。

5. 认真开展综合整治。严格区分两类不同性质的矛盾,在重点工程所在地及其周边地区,适时开展综合整治和专项治理。对打砸抢、敲诈勒索、暴力阻碍施工等严重犯罪活动,要严厉打击;对非法插手工程建设的黑恶势力,要做到露头就打,坚决予以铲除。综治部门要定期分析涉及重点工程建设的治安形势,及时组织开展对强买强卖、强装强卸、聚众闹事等突出问题的集中整治行动,切实做到什么犯罪突出就重点打击什么犯罪、什么治安问题严重就重点解决什么问题、哪里治安混乱就重点整治哪里、用什么方式更为有效就采用什么方式。在综合整治过程中,要注意加强政法队伍作风建设,确保公正执法、严格依法办案。

6. 大力加强宣传教育工作。高度重视并充分发挥舆论宣传的作用,努力营造为重点工程建设创平安活动的良好舆论氛围。加大对重点工程建设重要性和有关征地、拆迁、补偿等政策法规的宣传力度,取得人民群众对重点工程建设的理解和支持。坚持正确的舆论导向,注意创新宣传的方式、方法,做到日常宣传与集中宣传相结合,全面宣传与重点宣传相结合,充分调动广大人民群众参与为重点工程建设创平安活动的积极性。各级为重点工程建设创平安活动领导小组办公室要主动配合宣传部门,深入开展对创平安活动的采访报道,不断加大新闻宣传力度。

7. 广泛开展相关服务。组织协调有关部门及时为重点工程建设提供法律咨询、公证、诉讼代理等服务。指导协助施工单位加强对施工队伍的管理，维护正常的施工秩序。

三、活动要求

1. 高度重视，加强领导。各地要切实把思想统一到省委、省政府的战略部署上来，充分认识实施“861”行动计划的重大意义，防止和克服地方保护主义。工程涉及地的为重点工程建设创平安活动领导小组成员要经常深入一线调研督查，定期听取情况汇报，帮助解决工作中的困难和问题。各级政法、综治部门要把为重点工程建设创平安活动作为贯彻落实执法为民思想的具体措施，切实抓紧抓好，抓出成效。

2. 突出重点，务求实效。各地要根据本意见要求，结合本地实际制定具体实施意见，突出重点，分步推进，狠抓落实，务求实效。省里每年确定几项重点工程作为创平安活动的重点，直接联系，实行挂牌保护；市、县也要结合自身实际，每年确定开展创平安活动的重点对象，实行挂牌保护，以带动面上的整体工作。省、市每季度召开一次调度会，通报交流情况，研究解决问题。要实行跟踪检查考核，把日常检查督促和阶段性考评工作结合起来。

3. 结合实际，探索创新。各地、各有关部门要结合本地、本部门实际，创造性地开展工作。在严格依法办事的前提下，鼓励大胆探索创平安活动的新办法、新路子，并及时进行总结和推广。

4. 落实责任，强化督查。建立健全严格的检查监督、定量考核和评比奖惩制度，把创平安活动同安全生产结合起来，把平时管理同年终考评结合起来，把对创平安活动的考评纳入综合治理责任制考核内容，纳入社会治安综合治理“一票否决”制、责任追究制和综合治理模范县(市、区)的考评范围。加大督查力度，通过明查暗访，及时发现和解决创平安活动中存在的问题，确保各项措施落到实处。通过开展年度检查验收和评先表彰活动，对创平安活动成效显著的地区、单位给予表彰；对行动迟缓、工作不力，导致治安问题突出的，要追究有关领导的责任。

充分发挥综治优势　依法调处矛盾纠纷

淮南市综治委　淮南市委政法委

淮南市位于安徽省中北部，是一个受计划经济影响较深的老工矿城市。市缘煤兴、城随矿建。近年来，随着改革开放进程的加快，一些历史遗留问题逐步显现，新旧矛盾交织，处理人民内部矛盾的难度和压力进一步加大。矛盾纠纷的发生，往往与干部执政为民观念不强、依法行政水平不够高有关；与部分群众依法维权水平不高有关。大量矛盾纠纷的化解，也常常涉及法律方面的问题，因此，化解矛盾纠纷，在充分利用经济、行政等手段的同时，必须强化法律的手段，充分发挥政法综治部门的职能优势，依法调处。我们的主要做法是：

一、齐抓共管，变堵为疏，推出了解决信访问题新举措

人民群众来信来访是反映各类社会矛盾的重要窗口。从法律角度分析，信访问题不外乎三种类型：一是上访当事人的要求不符合法律、政策规定，需要说服教育，依法加以劝导。二是上访当事人的要求虽然合乎政策规定、有一定的合理性，但也有不能依法规范自身行为、维护自身权益的方面，需要引导。三是信访案件涉及政法部门执法与司法问题，需要政法部门依法解决。基于这种分析和判断，我们以依法调处信访矛盾为着力点，打破部门界限，逐步建立了“两项制度”、推出了“一项举措”，促进了全市信访案件和矛盾纠纷的依法妥善解决，实现了信访工作的依法、有序、高效。

首先，建立综治信访联席会议制度，实现了力量的有机整合和信息的资源共享。该项制度主要在两个方面做出了规定。一是市信访局每月一次的排查工作会议,邀请市综治办参加;市综治办的矛盾纠纷工作会议,邀请市信访局参加。二是市信访局对排查出的属于政法综治工作方面的问题,及时转交政法委、综治办协调处理,政法综治部门排查出的信访隐患,及时协调信访等有关部门联手处理。综治、信访两个网络在排查矛盾、化解纠纷方面,各有优势,加强两个部门的协作配合,可以更好地整合力量。联席会议制度,为依法处置信访案件搭建了一个很好的工作平台。2003年3月份制度建立以来,市信访局向政法综治部门分流上访群众1216人次;综治办协调信访等有关部门处理矛盾纠纷803件,其中重大的有16件。其次,律师参与接访工作,推进了信访案件的有序分流、依法处理。为了引导上访当事人通过法律程序、合法途径解决问题,减少"缠访"、"重访"等现象,2002年我们在凤台县进行了律师参与接访试点,信访部门设立律师信访咨询室;司法行政部门选派政治素质好、业务能力强的律师,每星期两次参与信访接待。经过试点,逐渐形成了一套较为规范的工作规程。2003年市综治委在市、县(区)两级推行了这项制度。律师身份专业、地位中介,提供法律政策咨询,许多观点和建议更易被上访群众接受和采纳,因而有效增强了上访群众依法解决问题的意识,提高了依法维权的能力和水平。信访案件有序分流过程中,律师发挥了"导流口"作用:符合政策规定的,指引当事人依据有关政策到有关部门解决;涉及法律问题的,引导当事人按照法律程序到司法部门依法解决;不符合政策和法律法规的无理访、异常访,也明确指出,劝导当事人服判、息诉、罢访。2003年以来,仅在市一级,律师就参与接待上访群众700余人次,其中劝阻赴京上访6批25人次,赴省上访13批70余人次,化解群体性纠纷4起,收到了良好的法律效果和社会效果,有力地维护了全市社会政治稳定。再次,建立政法部门通报联席会议制度,加大了涉法信访案件的处置力度。对于信访部门转办、上级部门交办以及政法部门直接受理的涉法信访案件,除了正常批转、督办之外,为了使其中的重大疑难案件得到依法、妥善、高效办理,2003年,我们建立了政法部门通报联席会议制度。制度规定,定期召开政法部门负责人和联络员联席会议;及时通报涉法案件办理情况;研究分析疑难复杂案件,逐案制定具体的解决方案。对需要几个部门共同承担办理的案件,明确分工、明确时限、明确责任;对需要几个部门联合会见、接待上访当事人的案件,确定会面的原则和内容。2003年以来,借助通报联席会议的协调督办,全市共办理重大疑难涉法信访案件22件。两项制度、一项举措有力推动了我市信访工作迈上新台阶。2003年,我市赴省集体访批次、人数同比下降了26.5%和45.5%。我市信访工作也在全省提高了7个位次。2003年底,省委、省政府在我市召开了全省信访工作经验交流会。

二、服务大局,攻坚克难,发挥法律服务新功效

一个时期,我市村委会换届选举、旧城改造拆迁、国有企业改革等引发的矛盾较为突出。由于事关部分群众的政治权利和经济利益,处置过程中稍有不慎,极易引发群体性事件,影响社会政治大局稳定。我市通过发挥公证、律师等法律服务的作用,探索了一条依法解决这类社会热点难点问题的新途径。

1. 现场监督选举,赢得村民信任。近年来,由于基层民主政治建设尚处于初级阶段,我市一些地方因村委会换届选举引发了一些矛盾。导致矛盾产生的重要原因之一,是不少村民对基层政府和有关部门能否做到公正、选举结果是否真实,心存疑虑。我们尝试利用公证机构依法独立行使国家证明权的超脱地位和独特的程序监督价值,让公证机关介入选举,保证选举的依法、公正,从而打消群众顾虑,理顺群众情绪,化解因选举产生的纠纷。1998年,我市在凤台县选2个村进行了初步试点,积累了一定经验。2002年第五届村委会换届选举开始后,我们在市、县区两级成立了"村委会换届选举公证工作领导小组",并根据相关法律、法规,针对选举中容易出现的问题,制定了《公证处办理村委会选举公证工作操作程序》和《公证人员介入村委会换届选举工作纪律》。对现场监督等公证事项做出了明确规定。公证介入选举,主要分两个阶段:受理审查阶段,主要审核各种有关材料是否属实有效、符合法律规定。现场监督阶段,重点监督选举程序是否合法、真实。公证介入,保障了选举程序合法、公正,结果真实、有效,增强了人民群众对选举的认同感、对党和政府的信任感，一度因选举问题引发的连续性越级集访问题得到了根本解决，收到了显著成效。如我市田家庵区王巷村，2002年3月以来，先后进行的三次选举，均告失败，由此引发了村民多次越级上访。为此，我们组织公证机关积极介入了该村的第四次选举，派出10名公证员全程现场监督选举，选举顺利完成。一位基层同志感慨地说："选举经过公证后，给村干部一个清白、还选民一个明白；群众放心，党委、政府省心"。在第五届村民委员会换届选举过程中，全市公证机关共为43个村提供了村民委员会选举公证，有力地促进了我市农村基层民主法制建设。

2. 服务重点工程，破解城建难题。旧城改造、征地拆迁过程中，因补偿、赔偿等问题，以及无主房、代管房和争议房问题，容易引发矛盾纠纷甚至上访事件；问题久拖不决，也影响工程进度。公证介入，提供法律服务，可以依法维护群众的切身利益，保障城市建设的顺利进行。如我市合徐高速公路淮南连接线工程建设中，粮食企业因经济纠纷，经法院判决，将门面房抵押给债权人，债权人办理了产权证，但该房产拆迁补偿费远高于当初的欠款数。职工多次集体上访，坚决阻止拆迁；企业也向法院提起申诉，要求再审。如果等案件审理结束后拆迁，将严重影响工期。公证人员及时为补偿款办理了提存公证，防止了上访事件的升级，使拆迁得以顺利进行。2001年下半年以来，公证机构介入了道路建设、大型商业广场建设、国家开发的塌陷区复垦治理工程建设、重大招商引资项目等全市所有重大工程项目，为工程建设提供了招投标、协议公证、证据保全、权属证明等多方面服务，共办理建设项目服务公证2063件。

3. 提供法律顾问，促进国企改革。正确处理国有企业破产、重组等过程中产生的矛盾纠纷，事关广大职工的切身利益、事关国企改革的成败。为了妥善化解此类矛盾，我们通过组建政府法律顾问团、聘请法律工作者担任政府法律顾问等方式，积极为国企改革保驾护航。法律顾问团和法律工作者对每一个大中型国有企业实施的改革方案、重大经营决策及重大的财产及债务关系的变动，都积极参与，提出法律意见；对每一次政府参与的经济贸易谈判、融资租赁、招商引资等活动，都积极提供法律咨询，有效预防了决策失误和矛盾纠纷的产生；对国企改革中发生的一些矛盾纠纷及群体性事件，也积极提出依法处理的建议。2003年以来，法律工作者为各级政府和200余家大中型企业担任了法律顾问；共为65家企业的破产重组提供了法律服务。法律顾问团及法律工作者通过为政府、企业提供优质高效的法律服务，推进了我市的国企改革步伐，也提高了政府依法行政的水平。

三、依法调解，平争息讼，开创了人民调解新局面

积极致力于信访案件、重大矛盾纠纷和热点难点问题依法化解的同时，我们还大力推进了一般性矛盾纠纷的依法调处工作。经过多年的努力，结合贯彻落实中央、院、部"三个文件"，依托基层人民调解组织和基层人民法庭，我市成功实现了矛盾纠纷由传统的情感性调解、老长辈威信调解等方式向依法调处的转变。

在试点的基础上，2000年我们在全市60个乡镇、街道普遍建立了司法调解中心，构筑了"大调解"工作格局。通过建章立制，人民调解工作由"室外"走进了"室内"、由"粗放"走向了"规范"，由司法所唱"独角戏"变成了综治组织有关部门跳"集体舞"。2001年，我们协调组织法院、司法等部门开展了人民调解"审核制"试点工作，通过规范调解程序、制度，借助法律的公信力和强制力，实现了调解与诉讼的对接，强化了调解协议书的效力。这与后来中办、国办(意见)、最高院(司法解释)和司法部(规定)的精神完全一致。"三个文件"颁布后，我们及时贯彻，进一步完善"审核制"试点经验，全面推广人民调解"确认制"，人民调解工作最终实现了情感调解、道德约束与依法调解、法律约束的有机结合。近年来，全市基层人民法庭进一步强化民事调解功能，在大力加强人民调解指导工作的同时，努力提高民事案件调解息讼率和调解协议履行率，依法化解了大量纷争，全市人民法庭调解结案率逐年上升。如田家庵区人民法院田东法庭2001年调解结案率为63.4%，2002年为72%，2003年上升为84.4%。

把矛盾纠纷化解在基层、解决在萌芽状态，最终要靠坚实的基层基础来支撑。为此，近年来，我们狠抓综治基层基础建设，扎实开展"六有"达标竞赛活动，着力构建依法调处矛盾纠纷的基层平台。2003年，全市基层政法综治组织全部实现了“六有”，即有列入编制序列的机构、有专职工作人员、有专门办公用房等必要的工作设施、有列入财政预算的经费、有统一制式的标牌、有一套规范的工作制度，基层综治工作真正实现了有人管事、有人干事、有条件办事、有章理事。这为我们进一步全面推进排查调处工作的法制化，提供了更加坚实的基础。

构建排调“六大机制”　化解企地矛盾纠纷

中共繁昌县委　繁昌县人民政府

进入新世纪以来，繁昌县不断加大招商引资力度，一些大型骨干企业和重点工程纷纷落户繁昌。但是，随之而来的是，各种新矛盾、新问题也日渐增多。针对这种情况，繁昌县着力构建排查调处工作的“六大机制”，大力化解企业和地方矛盾纠纷，取得了良好的效果。2001年以来，共成功化解了企地之间的31起重大矛盾纠纷和400余起一般性矛盾纠纷，全县没有发生因企地矛盾引发的大规模集体越级上访及“两转”事件，且矛盾纠纷发生比例也逐年下降，确保了企业生产和重点工程的顺利进行，有力地推动了当地县域经济的快速发展和工业化、城镇化进程。

一、构建“捆绑”联企机制，大力强化领导责任

我们对企地矛盾纠纷的排查调处工作高度重视，把排查调处工作摆上了各级党委政府的工作日程，与经济发展同部署、同检查、同考核。县里成立了由县委书记任组长的领导小组，县委书记、县长等领导对相关骨干企业和重点工程生产建设实行“捆绑式”联系，明确要求如果发生重大矛盾纠纷，由他们按照包调处领导、包调处责任、包调处效果的“三包”责任制原则，负责进行调解。全县各级党政主要领导都实行一岗双责，即党政干部既是本职工作的责任人，也是所管领域矛盾纠纷排查调处工作的责任人；不仅对当地经济发展负总责，也对抓好矛排、实现企地“双赢”负总责。同时，县里每年下派百余名各级领导干部，深入到村(居)、企业，了解企业及周边矛盾隐患，化解矛盾纠纷，维护正常的生产、经营秩序和居民生活秩序。

二、构建预测预警机制，做好排调前置工作

我们在排调企地矛盾纠纷过程中，建立健全了一套完备的情报信息网络和综合分析网络。在企业内部、施工单位及周边村(居)建立了由近千人组成的信息队伍，对容易引发矛盾纠纷的问题进行拉网式排查，做到乡不漏村、村不漏户、企业不漏车间、单位不漏人。对重点企业和村(居)更是反复进行排查。对排查结果认真分析，逐一分类登记，注明问题的性质、成因、现状以及拟解决的措施、处结时间、落实的调处责任单位和责任人等情况，汇总成册，逐级上报。对排查掌握的预警性信息实行“三级管理”：情况紧急，即将发生的群体性事件，列为一级预警信息；问题比较突出，可能出现群体性事件的，列为二级预警信息；有不稳定苗头的，列为三级预警信息。根据不同级别，确定不同层次的单位负责。同时，制定了党委、政府统一协调指挥，政法部门快速反应的群体性事件处置预案，从指挥调度、警力部署、后勤保障等方面做好应急准备。一旦发生群体性事件，迅速启动，立即处置，确保在第一时间内化解纠纷。

三、构建企地联动机制，平等协商化解纠纷

在日常工作中，根据矛盾的不同类型、成因及调解工作难易度，因势利导，发挥企地双方主观能动性，建立企业、地方矛盾纠纷排查调处联席会议制度。在重点骨干企业，设立周边治安环境综合整治办公室，从相关部门抽调专门人员在企业办公，一方面帮助企业及时处理有关矛盾，同时也为企业及周边群众提供法律服务，说服教育双方在依法办事的前提下，相互尊重，平等协商处理矛盾纠纷。联席会议坚持定期开会研究，遇事先相互通气，联合调解矛盾纠纷，提高了调处效果。位于繁昌县荻港镇境内的海螺集团荻港水泥股份有限公司是1999年建成的大型水泥生产企业，是县里招商引资工作的重要成果。但是在建设和生产过程中，由于企地双方利益取向不同，看问题的方法、立场不同，企业与附近村民之间产生了许多矛盾隐患。得知这一情况，县、镇主要负责人及有关部门负责同志会同企业有关领导，成立了荻港海螺集团公司周边治安环境整治领导小组，经过多次实地调研、认真排查梳理，找到了问题的症结所在，通过共同协商，使矛盾纠纷得以妥善解决。此后，运用村企信息员网络，对事态进行跟踪管理，发现事态苗头，及时报告，及时化解，既为企业生产经营营造了安定的外部环境，又维护了群众的合法权益，使当事各方长期相安无事。

四、构建整治处置机制，及时开展专项治理

为保障长江干堤达标、沿江高等级公路建设等重点工程的顺利实施，县里紧紧抓住工程建设中的突出矛盾，构建整治处置机制，及时采取专项措施进行治理。江堤加固工程，是国家利用国债项目建设的重点工程，总投资3.6亿元。工程建设涉及到全县三分之二以上的乡镇，拆迁农户3870户，征用耕地3318亩。在工程建设前期，一部分拆迁户由于新建房选址、土地征用、房屋拆迁及补偿等原因而产生抵触情绪，有聚众闹事及群体性越级上访等苗头。针对这种情况，县里制定了重点工程建设环境整治工作预案，一方面通过加大宣传，完善拆迁后勤保障功能，切实帮助群众排忧解难；另一方面，加强情报信息工作，及时发现和妥善处置突发性事件，通过开展一系列专项治理，查处、打击了一些无理取闹和煽动群众闹事等违法犯罪行为，防止了矛盾激化，为工程顺利实施提供了强有力的保障。

五、构建跟踪督查机制，防止出现反复

县矛排领导小组牵头建立了完善严密的跟踪督查体系，通过明查暗访，对调处情况及结果进行监督，并将监督情况及时反馈给相关部门。同时，县里还将矛排工作纳入社会治安综合治理考核，对迟报、漏报、瞒报以及调处不彻底的，对照考核标准予以处理。对已调处的矛盾纠纷个案，通过回访、问卷调查等方式进行跟踪服务，力求把事情办好、办实。2001年以来，县里对所有涉及企业和重点工程的重大矛盾纠纷和部分一般性纠纷进行跟踪服务，对少数有反复的个案以及由原纠纷衍生的矛盾纠纷重新组织力量进行调处，防止了矛盾纠纷的反复和事态反弹。

六、构建决策延伸机制，着力寻求治本之策

通过对一些典型矛盾纠纷的排查调处，从深层次分析研究产生矛盾纠纷的根源，着力寻求消除矛盾纠纷的治本之策。比如通过对县工业园建设过程中产生矛盾的分析，发现有不少矛盾纠纷是由于经济落后而衍生的。为此，县矛排领导小组提请县委、县政府决定，在农村组织实施多种项目，帮助农民脱贫致富奔小康，如县计生、科技、农业等部门实施的“幸福家庭”工程，通过“联一扶二帮三”(即联系一户富裕户、扶持二户示范户、帮助三户贫困户)活动，使全县近万户农民受益致富。农民致富了，与企业之间的磨擦也就大大减少了，企地双方也就稳定了。

安徽省社会治安综合治理委员会组成人员

安徽省社会治安综合治理委员会组成人员：

主　任：王昭耀　省委副书记

副主任：孙金龙　省委常委、政法委书记

高福明　省人大常委会副主任

徐立全　省人民政府副省长

周　溯　省高级人民法院院长

柯汉民　省人民检察院检察长

委　员：

刘玉尧　省委副秘书长
张秋保　省政府副秘书长
苏泽泉　省委政法委常务副书记、省610办(维稳办主任)
马大伟　省委政法委副书记、省综治办主任
崔亚东　省公安厅厅长
夏　鹤　武警安徽省总队总队长
孙建新　省司法厅厅长
李建明　省国家安全厅厅长
李宏塔　省民政厅厅长
秦亚东　省委组织部副部长
张苏洲　省委宣传部副部长
洪禹候　省委政法委秘书长
唐永彩　省人大内司委副主任
黄荣华　省民委主任
仲兆宁　省纪委常委、监察厅副厅长
毕小彬　省财政厅副厅长
张耀文　省人事厅厅长、省编办主任
李　明　省发展和改革委员会副主任
吴经华　省国有资产管理委员会党委副书记、副主任
陈贤忠　省教育厅厅长
陈晓玲　省劳动和社会保障厅副厅长
陈素伟　省建设厅副厅长
宋卫平　省交通厅厅长
贺　凌　省信息产业厅厅长
王文有　省农委副主任
王　文　省林业厅副厅长
赵世对　省文化厅厅长
郎　涛　省广播电视局局长
严桂夫　省工商局局长
刘　苹　省新闻出版局局长
顾福生　省政协社会和法制委副主任
刘加莹　省军区政治部副主任
张德芳　省总工会助理巡视员
方春明　团省委书记
邢江霞　省妇联副主席
饶益刚　省统计局局长
高蔚青　省旅游局局长
许　克　省卫生厅纪检组长
计承江　人行合肥中心支行行长
李迎春　中国保监会安徽监管局副局长

安徽省综治办编制数12人,下设督导处、协调处及杂志社

马大伟　省委政法委副书记、省综治办主任(正厅)
左声平　省综治办副主任

安徽省市、县(市、区)综治委、办主任名单

地　区	综治委主任	综治办主任
合肥市	郭万清	王文涛
庐阳区	王贤泰	王前进
瑶海区	王广玉	
蜀山区	王文涛	毛炎冰
包河区	阮永兴	范成志
长丰县	聂卫国	夏明柱
肥东县	江　洪	薛卫华
肥西县	卢仕仁	吴家稳
宿州市	姜　元	李云新
埇桥区	王汉武	武时岭
砀山县	陈朝军	张君祥
萧　县	黄　健	轩庆林
灵璧县	朱爱民	戴文龙
泗　县	李卫星	吴德先
淮北市	张裕发	李化廷
相山区	盛运鸿	李清华
杜集区	张信鹏	曹祥军
烈山区	杨清富	
濉溪县	闫兴和	陈兆年
阜阳市	尚　军	赵树堂
颍州区	李士坤	丁建军
颍东区	李志伟	王运河

地　区	综治委主任	综治办主任
颍泉区	王 峰	王如龙
界首市	秦 彪	胡子斌
临泉县	张兆振	张国柱
太和县	陈万里	刘强华
阜南县	王 伟	陈宝银
颍上县	高子球	王玉坤
亳州市	周本银	
谯城区	朱从友	李德安
涡阳县	陈修略	徐 敬
蒙城县	燕 标	王怀富
利辛县	任凤英	盛立华、李学山
蚌埠市	张学群	乔建华
五河县	潘明生	鲍宪海
固镇县	张兆平	徐崇武
怀远县	王建中	姚克祥
龙子湖区	朱文秀	王文军
蚌山区	张施奇	石向东
禹会区	徐农军	蒋国志
淮上区	王 胜 (2004年4月前) 徐 超 (2004年4月后)	葛洪翠
淮南市	李亚洪	吴剑华
田家庵区	唐庆明	陶树江
大通区	张祖保	张勤书
谢家集区	杨天标	朱宗好
八公山区	李国利	王炳新
潘集区	谌 伟	段宗语
凤台县	牛向阳	丁佩超
毛集实验区	徐华兵	纪延周
滁州市	汪炳瑜	吴守田
琅琊区	杨中勤	李 渠
南谯区	于明辉	赵育和
明光市	沈中林 (2004年5月前) 陶 瑾 (2004年5月后)	徐才有
天长市	严长荣	苏士军 (2004年5月前) 田 勇 (2004年5月后)

地　区	综治委主任	综治办主任
来安县	高怀忠	魏怀德
全椒县	曹 云 (2004年9月前) 杨德义 (2004年9月后)	王 波
定远县	贺泽群	武孝斌
凤阳县	方乐平	陈庆国
马鞍山市	鲍寿柏	范代民
雨山区	杨少虎	许跃杰
花山区	卞建秋	刘学杰
金家庄区	赵 宏	李朝荣
当涂县	胡庆甫	
芜湖市	超炳云	
镜湖区	陈仁民	章建中
马塘区	张继先	张邦胜
新芜区	褚云凤	徐 骏
鸠江区	贾金海	蒋斗良
芜湖县	何友旺	邓立武
繁昌县	方振根	王名华
南陵县	杨梅生	陈亚锋
铜陵市	唐世定	孙和平
铜官山区	张先傲	朱敦祥
狮子山区	刘忠法	
郊 区	吕爱民	余良清
铜陵县	邢应西	曹振文
安庆市	李维勇	叶运根
迎江区	丁士甲	方世应
大观区	刘宜彪	朱劲思
郊 区	汪于飞	张永宏
桐城市	胡 睿	李玉林
怀宁县	陆天平	汪金林
枞阳县	刘文俊	许德怀
潜山县	林联盟	程全生
太湖县	钱沙泉	汪庆华
宿松县	章 松	吴永群
望江县	张旺生	李 俊
岳西县	殷宝龙	刘绍珍
市开发区管委会	丁一轩	赵齐霞
黄山市	张开南	邵征航
屯溪区	张其民	胡银贵

地　区	综治委主任	综治办主任
黄山区	凌显耀	郑建农
徽州区	刘宏军	张少华
歙　县	徐东海	方锦林
休宁县	王同明	潘积才
黟　县	汪昌明	孙熙和
祁门县	滕祁源	汪自修
黄山风景区	吴积顺	许成岭
六安市	刘庆德	杨瑞生
金安区	王敦友	李道香 陈久铎
裕安区	郑丹竹	连　威
寿　县	洪文政	余茂胜
霍邱县	刘恒滨	闫永山
舒城县	魏林秀	华从池
金寨县	吕献忠	张　军
霍山县	蒋　刚	王　磊
巢湖市	张传才	刘爱勇
居巢区	苏惠民	王必和
庐江县	尚新梅	许从保

地　区	综治委主任	综治办主任
无为县	袁之应	钱晓云
含山县	张业锁	马晓毅
和　县	翟光炯	祁增东
池州市	叶显义	汪啸平
贵池区	张权发	胡信民
东至县	吴松柏	梁　凡
石台县	姚五建	何金强
青阳县	陈建生	刘福青
宣城市	刘志祥	戴天中
宣州区	王世发	邱业凯
宁国市	唐汝平	程三九
郎溪县	史和平	景福根
广德县	王忠显	彭明祥
泾　县	杨来富	
旌德县	王伟平	江小里
绩溪县	陈秉宣	方　静

（撰稿人：左声平　余永东　王雁山　邢军平　牛金志　审稿人：马大伟　季　勤）

福 建 省

全省社会治安综合治理工作简况

2004年，福建省综治工作紧紧围绕本省新一轮发展的基本构想、基本思路、基本态势、基本格局，坚持“打防结合、预防为主，专群结合、依靠群众”的方针，以服务海峡西岸经济区建设、提高构建和谐社会能力为总目标，以建设“平安福建”为主线，以提高群众知晓率、参与率和满意率为着力点，继续坚持“严打”整治斗争，大力推进社会治安防控体系建设，集中开展矛盾纠纷排查调处，加强基层基础建设，全面落实维稳综治各项措施，较好地保持了全省社会政治稳定、治安平稳、经济安全和社会公共安全。据统计，2004年全省刑事案件升幅同比回落6.8个百分点；八类暴力犯罪案件和侵财案件分别比降2%和4.2%，其中杀人案件比降26.7%；交通、火灾等治安事故指数也有不同幅度下降。全省没有发生重大影响的事件，确保了重要节日和经贸活动的顺利进行。人民群众安全感继续增强。省统计局城调队电话调查显示，全省居民对社会治安满意和基本满意率达到92.98%，同比提高1.11个百分点，其中满意率提高5.37个百分点；群众认为居住的地方安全和基本安全的达到95.67%。中央综治委对各省、市、自治区2004年综治工作进行考核评比，我省综合得分93.258分，被评为优秀。

开展“严打”和重点整治概况

我省把工作重点放在建立健全“严打”经常性工作机制上，在做好日常性打击违法犯罪的同时，层层建立健全了季度治安形势分析会制度，及时根据形势变化，调整工作部署，有针对性地组织开展了打“两抢”、缉枪治爆、侦破命案、扫毒、打击治理利用手机和网络虚假信息诈骗犯罪、打击地下钱庄、打击淫秽色情网站等系列专项行动。公安机关落实要案挂牌督办制、领导包案负责制和侦破责任制，健全完善打黑除恶、破案追逃和日常串并案侦查等工作机制，进一步提高打击效能。全省共破获刑事案件88985起，抓获刑事犯罪嫌疑人58726名，其中抓获在逃人员17101名，分别比增10.04%、3.6%和20%，百名民警破案数位居全国第二位，其中破获八类命案678起，破案率达92.7%，刑事破案工作综合考评居全国第三位，暴力犯罪、多发性侵财犯罪案件破案数分别比增8.2%和14.3%。打击淫秽色情网站专项行动成果居全国第二位。对偷私渡、“六合彩”、涉枪涉爆、制种贩吸毒等区域性治安突出问题，各地继续加大专项治理力度。泉州市先后组织开展以打击“六合彩”、“缉枪治爆”、“矛盾纠纷排查调处”和“反盗抢、破大案”为主要内容的平安1号至4号专项行动；福州市针对偷私渡活动经常反复的问题，抽调近200名干部，进驻偷私渡比较突出的县市、乡村，开展为期一年的非法移民整治；宁德市针对边远山区群众种植罂粟问题，开展声势浩大的禁种铲毒专项整治行动，获得国家禁毒委授予的“禁种铲毒奖”。

各地按照年初省综治委下发的《关于做好治安混乱地区和突出治安问题排查工作的通知》要求,认真排查确定426个社会治安重点整治地区和单位,其中由各设区市综治委挂点联系的67个。通过组建以党政干部、政法干警为骨干的整治工作队,实行所在乡镇(街道)党委书记、乡镇长(街道主任)、综治副职、公安(边防)派出所长和整治工作队长"捆绑责任制"等措施,确保整治工作取得实效。重点整治结束前,县(市、区)综治委根据省综治委确定的验收标准,逐一进行严格公开的验收。基本做到突出的治安问题得到解决,长效工作机制普遍建立,社会治安秩序明显好转,当地群众比较满意。

落实综治领导责任制情况

2004年1月初,省委书记、省长继续与各设区市党政主要领导签订综治领导责任书,各地也层层签订,全省共签订综治领导责任书3.2万份,其中由党政主要领导签订的有1.6万份,并普遍做到平时有抽查,半年有初检,年终有总评。12月下旬,受省委、省政府委托,省综治委领导和省直其他政法部门主要领导带队,对九个设区市落实综治责任书情况进行检查考评。检查考评分五个层面进行:一是各设区市根据省综治委制定评分标准自评打分,将自查报告上报省委、省政府和省综治委,省综治办进行初审;二是由省委组织部、政法委、610办、省公安厅、安全厅、信访局和省综治委各专门领导小组办公室对责任书规定的相关项目进行评分;三是委托省统计局城调队对各设区市进行公众安全感随机电话抽样调查。在各设区市主要新闻媒体公布检查组联系电话,听取当地群众的评价和建议;四是省综治检查组深入基层就考评检查内容和项目有重点地实地查对核实;五是进行综合评价,排出名次,进行通报。同时,积极稳妥行使综治一票否决权制,全省共有224个单位和64名个人被综治一票否决。2004年7月初,省综治委商省纪委、省委组织部、省人事厅、省监察厅同意,下达责任查究通知书,对三起爆炸案所在地领导进行责任查究。

开展"平安福建"建设情况

2003年年底,省委、省政府着眼福建省经济社会全面协调、可持续发展,服务和保障海峡西岸经济区建设,作出了建设"平安福建"的战略决策,并在全省政法工作会议上进行部署。随后,省综治委、省政法委组织力量深入调查研究,派出考察组赴外省学习考察,起草《工作意见》稿,召开各类座谈会征求意见,邀请专家学者进行论证。2004年5月,省委、省政府印发了《关于建设"平安福建"的工作意见》,6月,召开全省电视电话会议全面部署和启动这项工作。省综治委根据《工作意见》提出的目标要求,制定了《福建省"平安县(市、区)"考评验收办法(试行)》、《福建省"平安建设先进单位"考评验收办法(试行)》等配套文件,进一步量化考评标准。为保证"平安福建"建设日常工作正常运转,省委政法委、省综治办从省直政法各部门抽调精干人员,具体负责平安建设的情况掌握、工作协调、检查指导和综合宣传等工作。各地积极响应,普遍把平安建设作为"一把手"工程摆上重要议事日程,层层制定具体规划和实施意见,成立专门领导小组及办公室,拨出平安建设专项经费；党政一把手亲自主持召开党委常委会、平安建设工作会议等进行研究部署。为典型引路，以点带面，全省共确定城区、沿海、山区以及经济发达、欠发达等不同类型的36个县（市、区）进行试点，力争2005年率先进入"平安县（市、区）"行列。各市、县（区）也分别开展平安乡镇（街道）、平安社区、平安村庄、平安单位试点工作。11月，省综治委召开全省平安建设试点工作座谈会，运用多媒体展示工作绩效，总结交流各地经验做法，对下一步工作进行部署。同月，省综治委召开2004年第二次全体（扩大）会议，部署111个负有领导、管理、监督职能的省直机关单位开展创建"平安建设先进单位"活动。为提高群众的知晓率、参与率和满意率，省委宣传部、政法委联合下发《关于加强建设"平安福建"宣传工作的意见》，召开中央驻闽和省级主要新闻单位领导参加的新闻协调会，制定宣传纲要，在全省部署开展"平安福建"宣传"十个一"工程。省文联组织省内知名作家、文艺家赴各地，开展"平安福建，惠泽八闽"文艺采风活动，创作"平安福建"文艺作品。省综治委与省工商局、交通厅联合发出《关于设置"平安福建"公益广告的通知》，要求各地在重点路口和人员密集场所设置平安建设公益广告牌，并在公交车辆、各种载客营运车辆播放、张贴平安建设滚动广告和标语。据不完全统计，"平安福建"建设全面启动以来，全省市以上新闻媒体共刊播有关平安建设宣传报道文章12000篇（次），发放宣传手册98.5万册，设置大型平安建设公益广告牌210幅，组织文艺演出78场（次）。

构筑社会治安防控体系情况

2004年8月，省综治办、省公安厅联合制定下发了《福建省社会治安防控体系建设三年规划》，要求重点抓好"中心城市"、"县（市）城区和国道、省道、铁道经过的重点集镇"、"社区"三个层面的治安防范网络建设；在县（市）城区，按实有人口万分之六的比例配备专职治安巡逻队伍；在社区，积极推进"11211"（建立综治办公室、警务室、治安巡逻队，健全治保、调解两会，设立外口管理站）工程建设，开展创建"平安社区"活动。各地各有关部门认真贯彻落实。省公安厅制定出台了加强公安派出所等基层基础建设的意见，扎实搞好公安基层基础工作，全省城市已建的1089个社区全部设立了警务室，有各类群众性治安保卫人员30多万人，治安巡防组织1.1万支，专职巡防队员3.9万人，全年为公安机关提供违法犯罪线索近1.8万条。各地根据《规划》的目标要求，相继制订了实施方案，并结合本地实际，探索出不少好的经验和做法。泉州、莆田、南平等市发挥综治协会、行业协会和"平安协会"的作用，整合和利用民间人财物资源，组建专兼职巡防队、应急分队，加强治安防范。漳州市把"110"、"119"、"122"报警三台合一作为市委、市政府为民办实事项目，加大投入，大力推进，基本实现"一个中心、一级处警、集中接警、统一指挥、快速反应、信息共享"的建设目标。龙岩市在广大农村全面推行治安中心户长制，充分发挥其作为法制宣传员、治安信息员、纠纷调解员、防范巡逻员、刑释解教人员帮教员"五员"的作用。

加强综治基层基础建设情况

在流动人口管理方面，省综治委流动人口管理工作领导小组组织成员单位从8月起，对各地贯彻落实省八部门《关于加强暂住(流动)人口管理和服务的意见》的情况进行调研督查。全省流动人口协管员基本到位，有8个设区市全部或部分由财政解决管理经费，到位经费2200多万元。在刑释解教人员安置帮教方面，2004年11月，省综治办、司法厅等九个单位联合制定贯彻中央八部委《关于进一步做好刑满释放、解除劳教人员促进就业和社会保障工作的意见》的实施意见，明确规定对刑释解教人员职业技能培训经费纳入各级财政预算，并对认定刑释解教人员就业实体的程序进行规范。泉州市劳教所和三明市大田县受到中央综治委和司法部的表彰。在预防青少年犯罪方面，积极实施“青少年阳光工程”和“青少年违法犯罪社区预防计划”，开展“社区志愿者与未成年人结对活动”、“远离毒品、关爱未来”、“校园拒绝邪教”等宣传教育活动，组织对淫秽色情“口袋本”图书、有害卡通画册和游戏软件进行专项治理，组织各类学校学生观看“为了明天”法制教育影片，受教育人数近40万。在学校及周边治安综合治理方面，积极开展创建“平安校园”活动，制定《福建省“平安校园”创建管理办法》和《福建省“平安校园”创建评估标准》，提出力争通过四年努力，使全省95%以上的学校达到“平安校园”标准的工作目标。省综治委学校及周边治安综合治理领导小组于3月份组织有关成员单位到沿海6个设区市部分学校及周边治安等情况进行了明查暗访，将发现的问题制成录像光碟，连同发文通报督促有关市抓紧整改。在铁路护路联防方面，省综治委下达《2004年铁路护路联防工作责任书》。铁路沿线八个设区市36个县(市、区)护路办统一挂靠综治办，增设专职人员专抓护路联防工作，深入推进“平安铁路”建设。铁路部门加强站区的护路专门力量，全省新招收专职护路人员106名，举办12期培训班。并先后两次集中开展“三保”爱车护路宣传月活动。全省全年铁路杜绝了爆炸、破坏等恶性案件的发生，货盗案件下降31.2%。在综治基层组织建设方面，2004年10月，省综治委、省编办联合转发了中央综治委、中央编办《关于加强乡镇、街道社会治安综合治理基层组织建设的若干意见》，要求乡镇、街道应设立社会治安综合治理委员会及其办公室；乡镇、街道党(工)委应配有专抓综治的副书记，兼任综治办主任，有条件的乡镇、街道可配备一名专职副主任；乡镇、街道综治办应配备专职工作人员，一般一类乡镇不少于2人，二、三类乡镇不少于1人；所需编制在乡镇、街道总编制内调剂。各地以此为契机，认真贯彻落实。目前，全省1114个乡镇(街道)全部设立综治办，配备综治专抓副职，其中党委专抓综治工作的副书记967名；配有工作人员1729名。

开展矛盾纠纷排查调处情况

2004年4月，省综治办、省法院和省司法厅联合召开全省人民调解工作座谈会，对人民调解工作进行动员部署。7月，省综治委成立了指导人民调解工作协调领导小组，由省委常委、政法委书记鲍绍坤担任组长，省直20个单位为成员，下设办公室，依托在司法厅。9个设区市和84个县

(市、区)及856个乡镇(街道)成立协调领导小组,建立相关工作制度,加强对这项工作的指导和协调。目前,全省95%以上村居(社区)和乡镇(街道)都建立健全了调委会,66%的调委会达到了规范化标准要求。2004年8月、9月,先后召开全省综治工作会议和全省集中调处矛盾纠纷、加强指导人民调解工作会议,省综治委印发《关于在全省集中开展矛盾纠纷排查调处活动的意见》,重点部署于8月中旬至12月上旬,分全面排查、督办调处、集中攻坚、总结检查四个阶段,在全省范围内集中开展矛盾纠纷排查调处活动。各地普遍建立预警、排查、联调、处置"四个机制",完善信息报送、挂牌督办、跟踪反馈、建档立册"四项制度",对矛盾纠纷明确统一受理、集中疏理、归口管理、依法办理和限期处理的工作责任与程序。10月中下旬,省综治委指导人民调解工作协调领导小组抽调各成员单位人员赴各地进行检查督导。集中排查调处活动取得明显成效。据统计,全省共排出各类矛盾纠纷59179件,已调处55586件,调处成功率93.9%。全省县级以上挂牌督办的重大矛盾纠纷有893件,已调处749件,调处成功率83.9%。全省实现"四无"(无民间纠纷转化为刑事案件、无民间纠纷激化引起的非正常死亡、无民间纠纷引起的群众性械斗、无民间纠纷引起的群体性上访)的村居(社区)达到67%,比增11%。同时,认真做好处理涉法信访工作。省委政法委召开23次专题会议进行研究部署和检查督导。中央政法部门交办的14件涉法上访案件已全部办结,其中息诉10件;省委政法委督办的133件涉法上访案件中,已办结121件,息诉罢访92件。群众涉法来省上访和集体访的批次和人次都有不同程度的下降。

中共福建省委　福建省人民政府
关于建设"平安福建"的工作意见

(2004年5月27日)

各市、县(区)委和人民政府,省直各单位,省军区党委:

为实践"三个代表"重要思想,深入贯彻党的十六大和省第七次党代会精神,认真落实《福建省社会治安综合治理工作纲要(试行)》,服务和保障建设对外开放、协调发展、全面繁荣的海峡西岸经济区,确保人民群众安居乐业,省委、省政府决定从今年起至2008年底,在全省集中开展建设"平安福建"活动。现提出如下工作意见:

一、目的意义

建设"平安福建",是省委、省政府着眼于我省经济社会全面、协调、可持续发展作出的一项重大战略决策,事关改革发展稳定全局。平安是基础,是人民群众的根本利益;平安也是党委、政府应尽的基本职责,是落实科学发展观和正确政绩观的重要体现。各级党委、政府和各部门、各单位要充分认识建设"平安福建"的重大意义,统一思想,凝聚力量,求真务实,全力推进。

建设"平安福建"是实践"三个代表"重要思想的必然要求。"三个代表"重要思想的本质是立党为公、执政为民。经济发展、物质文化水平的提高,符合人民群众的根本利益;社会稳定、安居乐业,同样反映了人民群众的根本利益。建设"平安福建",营造长期和谐稳定的社会环境,保障人民群众安居乐业,体现了以人为本,民心所向。

建设"平安福建"是促进和保障建设海峡西岸经济区的迫切需要。建设海峡西岸经济区、提前三年实现全面建设小康社会,是新世纪新阶段我省经济社会发展的奋斗目标。建设"平安福建",既是实现我省奋斗目标的重要保障,也是重要内容。没有稳定,就没有发展;没有"平安",也就没有小康。建设"平安福建",必将增强我省在全国区域经济发展中的竞争优势。

建设“平安福建”是推进依法治省进程的有效途径。依法治国,是党领导人民治理国家的基本方略。建设“平安福建”,有利于宣传法制,增强公民法律素质,提高全社会法治化水平;有利于保障公民合法权益,维护社会公平正义;有利于解决长期困扰政法综治工作的突出问题,促进严格执法、公正司法,推进依法治省进程。

二、总体目标

通过五年努力,全省90%以上的县(市、区)达到:“平安县(市、区)”标准,努力营造团结和谐的政治环境、安定稳定的治安环境、公平竞争的经济环境、规范有序的法治环境、安居乐业的生活环境,力争实现“五个提高”、“五个下降”、“五个遏制”、“五个防止”目标。

“五个提高”:

——维护国家安全和社会政治稳定能力明显提高,防范和打击敌对势力渗透、窃密和破坏活动的工作位居全国前列;

——经济社会紧急情况的处置能力和人民内部矛盾纠纷排查调处工作水平明显提高,矛盾纠纷调处成功率位居全国前列;

——打击违法犯罪效能明显提高,刑事犯罪案件、八类严重暴力犯罪案件破案率,治安案件查处率以及逮捕、起诉、判决准确率和案件审限内结案率位居全国前列;

——社会治安防控能力明显提高,防控网络建设以及人防、物防、技防、协防工作位居全国前列;

——人民群众对社会公共安全感和政法队伍满意度明显提高,社会治安满意率位居全国前列。

“五个下降”:

——刑事案件、八类严重暴力犯罪案件、多发性侵财犯罪案件万人发案数逐步下降;

——经济犯罪案件数及造成的危害和损失逐步下降;

——因矛盾纠纷引发的聚众围堵党政机关、滋事扰乱社会秩序等重大群体性事件数量逐步下降;

——越级上访、重复上访、集体上访等异常访的数量逐步下降;

——火灾、交通和危险品引发的重大事故数量以及造成的人员伤亡、经济损失逐步下降。

“五个遏制”:

——非法宗教组织和冒用宗教名义的邪教组织及有害气功组织的活动得到有效遏制;

——偷私渡违法犯罪活动得到有效遏制;

——“六合彩”、黄赌毒等社会丑恶现象得到有效遏制;

——走私贩私、制假售假、诈骗等破坏市场经济秩序的犯罪活动得到有效遏制;

——安全生产重大事故得到有效遏制。

“五个防止”:

——防止发生在全国全省造成重大影响的人员伤亡和巨大经济损失的恶性案件及治安事故;

——防止发生在全国全省造成恶劣影响的暴力恐怖犯罪和涉黑涉恶团伙犯罪案件;

——防止发生敏感时期、重大活动、重要目标安全保卫工作重大事故;

——防止发生“法轮功”邪教组织聚集闹事、电视插播、进京滋事事件;

——防止发生在全国全省造成恶劣影响的执法队伍违法犯罪重大案件。

三、方法步骤

建设“平安福建”,要以县(市、区)为主体,通过着力解决机制、制度等方面存在的突出问题,建立健全维护社会稳定的长效机制;通过抓街道带社区,抓乡镇带村居,抓系统带单位,实现城乡互动,整体推进;通过开展多种形式的“平安福建”建设活动,积“小安”为“大安”,营造“平安福建”的大环境;通过抓基层、打基础,进一步完善责任机制,促进各项措施落实。

各地、各部门要结合实际,层层制订具体规划和实施方案,细化分解目标任务,广泛动员部署,全面启动建设“平安福建”活动。要通过抓试点,抓热点,抓难点,以点带面,扎实推进,保证质量和进度。到2006年年底,全省70%的县(市、区)达到“平安县(市、区)”标准;2007年和2008年,在继续抓20%县(市、区)达标的同时,抓好已达标县(市、区)的巩固完善,确保建设“平安福建”目标的全面实现。在活动中,要总结推广建设“平安福建”工作经验,巩固和发展建设“平安福建”成果,建立健全长效工作运行机制。

省里结合年终综治领导责任书检查,每年对

“平安县(市、区)”和“平安建设先进单位”进行考评、验收和命名,并对已达标县(市、区)进行年度复核,实行滚动管理。“平安县(市、区)”评估标准、考评办法和奖惩措施由省委政法委、省综治办负责制定。

四、任务要求

(一)强化对敌斗争,及时挫败敌对势力的各种图谋。加强情报信息工作,提高情报信息的预警性、灵敏性、准确性;加强防范打击,增强发现的及时性、控制的有效性、处置的策略性;加强各项管理,突出重点监控和边境查堵,防止渗透破坏;加强对台工作,推进国家安全人民防线建设和沿海反渗透综合治理,服务对台工作大局。对敌对势力的渗透、窃密和破坏活动,做到发现得了,控制得住,打击有力,绝不允许其在境内形成组织、形成气候、形成挑头人物。对“法轮功”邪教组织活动,坚持深挖打击、防范监控、宣传揭批、教育转化,确保不出现聚众闹事、不出现以暴力恐怖手段危害公共安全、不出现自焚自爆等极端事件。对非法宗教组织、冒用宗教名义的邪教组织,坚持打击和教育转化并重,防止形成组织领导核心,防止培养发展后备力量,防止组织大型非法聚会,防止境外势力插手干预。

(二)积极化解矛盾纠纷,妥善处置群体性事件。坚持抓源头。树立科学的发展观、正确的政绩观、牢固的群众观、持久的稳定观,切实处理好改革力度、发展速度和群众可承受程度的关系,做到出台政策措施和改革举措时,先行调研论证,听取各方意见,民主科学决策,并做好宣传和思想政治工作,取得群众理解和支持;认真解决关系群众切身利益的社会热点问题,特别要把中央、省有关社会保障的政策和措施落实到位,解决好困难企业、弱势群体存在的困难和问题,最大限度地减少和避免矛盾问题的发生。坚持抓排查调处。建立健全人民内部矛盾纠纷预防、预警、化解工作机制。各级党委、政府要经常组织排查调处矛盾纠纷,实行分级负责、归口督查和办理制度;大力加强信访工作,变上访为下访,认真对待和解决群众反映的问题,为群众投诉求助畅通正常渠道;充分发挥基层人民调解第一道防线的作用,并与行政调解、司法调解等手段相结合,形成党政挂帅、部门联动、各方参与的大调解格局,做到小纠纷不出村(居)、大纠纷不出乡镇(街道)、重大疑难纠纷不出县(市、区)。坚持抓妥善处置。对发生的群体性事件,当地党政领导要亲临现场,有关部门要切实负起责任,综合运用法律、行政、经济和教育等手段,理顺群众情绪,解决合理要求,依法打击违法犯罪分子,防止敌对势力和别有用心者扩大事态,防止大规模赴省进京上访。

(三)加大打击力度,增强打击实效。紧紧扭住严重暴力犯罪、有组织犯罪、多发性侵财犯罪三个重点,完善“挂牌督办”、“领导包案”等措施,增强攻坚克难能力,力争做到“命案必破”、“枪案必破”、“爆案必破”,始终保持对犯罪分子的高压态势。排查确定一批治安问题突出的地区和部位开展重点整治,适时组织区域性统一行动和专项斗争,努力达到“整治一地、稳定一方”的效果。对“六合彩”、偷私渡、制种贩吸毒等突出问题,继续因地制宜开展专项治理,努力做到不蔓延、不反复、不回潮。健全完善“严打”长效机制,重点加强治安形势评估、工作决策部署和分工配合制约机制,把“严打”方针贯彻到侦查破案、批捕起诉、定罪量刑、监管改造等各个工作环节,确保“稳、准、狠”地打击犯罪。

(四)构建治安防控体系,推进治安综合治理。加强统筹协调,科学规划,形成由党委、政府统一领导,综治机构协调,以公安机关为骨干,以群防群治力量为依托,以社会面、居民区和单位内部的防范工作为基础,以案件多发的人群、区域、行业、时段为重点的社会治安防控大格局,做到“人防抓落实、物防抓巩固、技防抓提高、协防抓合力”,实现运作高效、防范严密、控制有力、管理到位的目标。突出快速反应,推进警务改革,加大科技强警力度,切实做到巡逻到位、出警快速、处警及时。突出重点区域,把治安防范的立足点放在社区,继续推进“11211”(即每个社区建有综治工作小组,设立警务室,健全治保、调解两会,成立治安巡逻队,建立暂住人口管理站)工程,不断提高社区治安防范水平;下大力气抓好城区和铁道、国道、省道经过的重点集镇的治安防控工作,做到“防得住、发案少、秩序好”。突出重点人群,抓好流动人口的管理和服务、刑释解教人员安置帮教、失足青少年教育工作,预防和减少违法犯罪,特别要进一步加强和改进未成年人思想道德建设,采取综合治理措施，净化未成年人成长环境；提高对罪犯、劳教人员的教育改造质量，探索“社区矫正”新路子，减少重新犯罪。突出重点场所、行业，加强对出租房、公共娱乐场所和特种行业的管理，防止形成治安热点。

（五）维护市场经济秩序，确保经济安全。依法打击各类经济犯罪，着力抓好涉案金额大、涉及面广、影响恶劣案件的查处，重点打击走私、诈骗、生产销售伪劣商品、偷税骗税、侵犯知识产权、洗钱、侵吞国有资产、职务侵占等犯罪，最大限度地减少经济犯罪造成的损失和危害。加强对经济犯罪多发易发领域安全防范工作的对策研究，有关部门要制定市场准入制，建立健全经济安全预警、防范和管理措施。依法调节各类经济关系，妥善处理涉及国有企业、“三农”、金融以及涉外经济纠纷等各类案件，依法平等保护非公有制经济发展，维护各类市场主体的合法权益。进一步拓展法律服务领域，推进法律服务机构的专业化、规模化、规范化，努力为经济建设提供优质高效的法律服务。

（六）建立突发事件应急机制，确保公共安全。认真贯彻执行《福建省处置经济社会紧急情况工作预案》，针对可能引发社会动荡、危害公共安全的地震、台风、洪涝等自然灾害，金融挤兑、抢购粮食商品等风潮，以及“非典”、“禽流感”等疫情，制订完善工作处置预案，建立健全应急处置机制，做到组织机构健全，岗位责任落实，统一指挥，反应灵敏，协调有序，运转高效。认真按照省政府下达的安全生产责任书要求，落实各级安全生产责任制，加强安全生产检查、道路交通管理、消防安全监督、危险品监管，防范在先，消除隐患，减少事故发生；对发生的安全生产责任事故，做到原因不查清不放过、责任者不查处不放过、整改措施不落实不放过、教训不吸取不放过。

五、工作责任

（一）党委、政府负总责，主要领导亲自抓。要把建设“平安福建”纳入经济社会发展总体布局，同部署、同检查、同落实、同考核。党政一把手是建设“平安福建”第一责任人，必须切实履行责任，亲自抓、直接抓，分管领导重点抓、具体抓。要把建设“平安福建”的各项工作责任落实到领导、单位和个人，建立“纵向到底、横向到边、上下联动”的责任网络和决策目标、执行责任、考核监督三个体系。对在建设“平安福建”中成效突出的地方、单位及其领导要给予表彰奖励；对工作落后的要实行黄牌警告，重点帮扶，督促整改；对因思想不重视、责任不明确、措施不到位、工作不落实，造成重大群体性事件、重大治安案件和恶性刑事案件、重大灾害事故的，要追究主要领导、分管领导和责任人的责任。

（二）政法机关认真履行职责，发挥主力军作用。政法机关要切实担负起“巩固共产党执政地位，维护国家长治久安，保障人民安居乐业”的神圣使命，努力在建设“平安福建”中奋发有为，走在全省各部门的前头。公安机关要加大打击犯罪力度，加强治安防控体系建设，强化社会治安管理；检察机关要加强批捕、起诉工作，依法查处职务犯罪，提高法律监督水平；审判机关要围绕公正与效率，依法惩治犯罪，调节经济关系，维护社会公平正义；司法行政机关要强化监所管理，优化法律服务，推进普法、依法治理和人民调解工作；国家安全机关要加强情报信息工作，防范打击敌对势力渗透破坏，推进国家安全人民防线建设；民政部门要加强基层民主法制建设，严格区划管理，做好社会救助和保障工作；武警部队要加强重要目标的武装警戒和反恐处突工作。

（三）各有关部门齐抓共管，形成整体合力。要紧紧围绕党委、政府的总体部署，坚持“谁主管、谁负责”和“条块结合、以块为主、属地管理”原则，管好自家人，看好自家门，办好自家事，尽好自家责，密切配合，形成合力。组织、人事部门要切实加强各级政法综治部门领导班子建设，把各级党政领导抓“平安福建”建设的实绩纳入干部考核的重要内容，作为任免奖惩的重要依据；编办要着力解决县（市、区）、乡（镇）两级综治机构和人员编制问题；纪检监察机关要严肃查处在“平安福建”建设中领导干部严重官僚主义和失职渎职行为；宣传部门要充分发挥媒体作用，弘扬社会正气，把握正确舆论导向，为“平安福建”建设提供强大的舆论支持；统计部门要加强对公众安全感和政法队伍满意度的调查、分析和评估；发改委、财政部门要加大对政法综治经费、装备、基础设施建设的投入；工商、税务、海关、通信、烟草、药监、质量技术监督等部门要及时查处破坏市场经济秩序的违法行为，依法保护各类市场主体的合法权益；金融、证券、保险机构要强化内部安全防范管理，重点做好防盗抢、防诈骗工作；卫生、防疫部门要突出抓好传染病疫情和重特大中毒等公共卫生突发事件的预防控制和救治工作；教育、文化、新闻出版等部门要加强校园周边地区治安整治，加大对文化市场、娱乐场所的管理和"扫黄打非"力度；工会、妇联、共青团等群众团体要切实维护职工、妇女、青少年的合法权益，积极调解疏导各类矛盾纠纷，预防和减少青少年违法犯罪；建设、规划等部门要将治安、消防等防范设施建设纳入建筑设计标准，列入城乡建设整体规划；劳动和社会保障部门要做好就业和再就业、劳动仲裁等工作；安监部门要加强安全生产的综合监督管理和事故查处工作；交通、铁路、民航、海事等部门要加强对车站、码头、机场、船只的安全检查和运输管理，严防发生重大安全事故。省军区要加强军地协作，充分发挥预备役、民兵在维护社会治安中的作用；人大内司委、政协社法委要通过组织视察、检查、调研等形式，积极提出加强"平安福建"建设的议案和建议。其他各部门都要切实抓好本系统"平安单位"建设。

各有关单位要结合自身职能和工作实际，制定本系统本单位建设"平安福建"的实施办法，报省综治委备案。

(四)人民群众广泛参与，打牢群众基础。树立人民群众是"平安福建"建设主体和取得成效重要保证的意识，相信群众，依靠群众，充分调动人民群众参与"平安福建"建设的积极性，使"平安福建"建设深深扎根于人民群众之中；大力挖掘和整合社会人力资源，通过行政、法律、经济、教育等手段，动员和组织全社会力量共同做好"平安福建"建设的各项工作，提高人民群众自我防范意识和防范能力；大力弘扬见义勇为精神，对受到不法侵害的见义勇为者要及时提供医疗保障和经济抚恤。

六、保障措施

(一)广泛宣传发动，营造浓厚氛围。要充分利用报刊、电视、电台、网站等各种舆论媒介，并通过层层召开动员会，开辟专栏、专刊、专题报道等多种形式，大张旗鼓地宣传建设"平安福建"的决策部署、目的意义、目标要求、方法步骤和主要任务，宣传有效做法、成功经验和先进典型，做到家喻户晓，人人皆知，真正把党委、政府的决策变为广大干部群众的自觉行动，努力在全社会营造浓厚氛围。要把握正确的舆论导向，唱响主旋律，打好主动仗，提供强大的舆论支持。

(二)推进依法治理，加强法治建设。要把依法决策、依法治理、依法办事的要求，贯穿于建设"平安福建"的全过程。作出的决策部署要符合法律的原则精神，采取的工作措施要符合法律的规定要求，涉及的法规问题要及时提请立法机关立法或修订。认真实施"四五"普法规划和第二个依法治省五年规划，组织全体公民学习十届全国人大二次全会通过的《宪法修正案》，不断增强干部群众的法治意识。行政机关及其工作人员要认真学习、严格执行《行政许可法》，促进各级政府及部门严格依法行政，确保行政权力不被滥用。执法机关要严格执法、公正执法、文明执法，确保公民合法权益得到有效保护。广大人民群众要自觉遵守法律，依法维护自身权益。努力营造"有法可依、有法必依、执法必严、违法必究"的法治环境。

(三)坚持重心下移，夯实基层基础。大力加强村(居)党支部、村委会基层组织建设，提高基层干部的素质和能力。坚决整顿软弱涣散的基层组织，增强基层组织的凝聚力和战斗力。加强综治办、派出所、司法所、人民法庭等基层政法综治组织建设，继续整合和规范治保会、调委会、保安力量等群防群治组织，确保建设"平安福建"在基层有人抓有人管。建立健全基层工作制度，明确工作职责，规范工作要求，科学界定量化指标，并加强督查考核，提高基层工作的整体水平。实行上级领导机关与基层单位对口挂钩联系制度，做到人力、物力、财力、精力向基层倾斜。

(四)狠抓队伍建设，提供组织保障。要把干部队伍建设放在重中之重的位置，始终坚持以"三个代表"重要思想武装头脑，进一步提高干部队伍的思想政治素质和业务素质，增强大局意识、政治意识、责任意识和稳定意识，使广大干部成为建设"平安福建"的组织者、推动者和实践者。重点抓好执法队伍建设，坚持执法为民，转变执法观念，强化服务意识，坚持严格教育、严格管理、严格监督，坚决清除特权思想，解决不公、不廉、不文明的问题，努力建设一支政治坚定、业务精通、作风优良、执法公正的坚强队伍。

（五）加大人财投入，增强保障能力。各级党委、政府要高度重视建设“平安福建”的人财物保障。针对政法综治部门人员不足状况，及时增配人员，精简机关，充实基层。把建设“平安福建”的工作经费列入预算专项解决，加大对经济欠发达地区的财政支持力度，并随着地方财政增长相应加大防控体系建设、基础设施建设、科技强警建设的经费投入。按照“谁受益、谁出资”的原则，采取财政拨一点、受益单位和个人适当出一点的办法，解决好群防群治所需经费，积极推行治安服务专业化、市场化，财政、物价、减负办要切实予以支持。

七、组织领导

（一）切实加强领导。要在党委、政府统一领导下，由综治委、政法委组织实施，加强督促检查协调指导和落实；要抽调精干人员，组成平安建设办公室，与各级党委政法委、综治办合署办公，具体负责情况掌握、工作协调、检查指导和考核验收等工作。

（二）扎实有效推进。各级党委、政府要进一步解放思想，与时俱进，求真务实，真抓实干。深入分析本地区社会稳定形势，精心组织部署，定期听取情况汇报，研究制定工作措施。要务求实效，说到做到，力戒形式主义、做表面文章和弄虚作假现象。积极探索新形势下维护社会稳定和治安稳定的规律，从实际出发，创造性地开展工作，及时总结推广先进经验，不断创新“平安福建”建设办法，提高“平安福建”建设水平。

（三）强化检查监督。各级领导要亲自抓督查工作，适时派出督查组，对各地、各部门在“平安福建”建设中的领导到位、措施落实、工作绩效等方面开展检查，了解掌握情况，及时查漏纠偏。要把督查和调查研究、指导工作有机结合起来，对工作中遇到的困难和问题要认真研究对策，及时帮助解决。

省委、省政府号召，各级党委、政府和各部门、各单位，全体党员、干部和全省人民要紧密团结在以胡锦涛同志为总书记的党中央周围，高举邓小平理论伟大旗帜，全面贯彻“三个代表”重要思想，同心同德，开拓进取，扎实工作，全力推进“平安福建”建设，为建设海峡西岸经济区和实现小康社会的目标作出新的更大贡献！

福建省社会治安综合治理委员会关于印发《福建省“平安县（市、区）”考评验收办法（试行）》的通知

（2004年9月30日）

各市、县（区）党委、政府，省综治委各成员单位，省直有关部门：

为扎实推进建设“平安福建”工作的开展，根据中共福建省委、福建省人民政府《关于建设“平安福建”的工作意见》（闽委发〔2004〕4号），省综治委制定了《福建省“平安县（市、区）”考评验收办法（试行）》，现印发给你们，望结合本地实际，认真贯彻执行。

福建省“平安县(市、区)”考评验收办法(试行)

第一章　总　　则

第一条　为指导和推动全省“平安县(市、区)”建设的深入开展,全面、客观考评工作实效,表彰奖励先进集体和先进个人,根据中共福建省委、福建省人民政府《福建省社会治安综合治理工作纲要(试行)》(闽委发〔2002〕10号)和《关于建设“平安福建”的工作意见》(闽委发〔2004〕4号)等有关文件精神,制定本办法。

第二条　“平安县(市、区)”考评的主要对象是:县(市、区)党委、政府。主要内容为:组织领导和保障的力度,发挥政法机关职能作用及综治成员单位齐抓共管的程度,动员全社会积极参与的深度,维护社会稳定、确保一方平安的能力和平安建设工作的整体绩效。

第三条　考评验收工作遵循实事求是、科学合理、突出重点、注重实效、易于操作的原则,体现客观性、公正性、公开性和严肃性,采取日常检查和年终检查相结合的办法进行。

第四条　根据经济社会发展的状况,将全省县(市、区)分为两个层面:经济欠发达的14个县为一个层面,其余的为一个层面,在考评总体框架下,个别条款的考核标准有所区别。

第二章　考评内容与标准

第五条　社会政治稳定(16分)

一、危害国家安全的违法犯罪活动防控有力(6分)

发生敌对势力渗透、窃密和破坏活动造成后果的案件的,每起扣1分;发生“法轮功”等邪教组织及有害气功组织、非法宗教组织违法犯罪案件的,每起扣0.5分;发生敌对势力、敌对分子、“法轮功”等邪教组织及有害气功组织在本县(市、区)范围内形成组织、气候、挑头人物的,扣1分;由本县(市、区)控制的敌对分子、“法轮功”等邪教组织及有害气功组织、非法宗教组织重点人员失控的,每名扣0.5分。

危害国家安全和社会政治稳定的现行案件(线索)查破率未达到85%以上、大型非法宗教活动查处率未达到100%的,每项扣1分;“法轮功”等邪教组织及有害气功组织违法犯罪案件未破的,每起扣0.5分;未能如期完成省教育转化“法轮功”痴迷者三年规划任务的,每少1人扣0.2分。

二、矛盾纠纷排查调处工作成效明显(8分)

矛盾纠纷调处率低于100%的,扣1.5分;人民调解成功率低于95%、行政调解结案率低于90%、司法调解结案率(含撤诉率)低于45%的,每项扣1分;发生因矛盾纠纷引发的杀人、爆炸、重伤害、投毒、放火等刑事案件的,每起扣0.5分,致死二人以上的,每起扣1分;越级上访、重复上访、集体上访等异常上访数量高于本县(市、区)前三年平均数的,每项扣0.2分;发生集体或重点控制对象进省、进京上访的,每起分别扣0.2分、0.5分;发生因矛盾激化进省、进京制造自杀、自焚等事件的,每起分别扣1.5分、2分。

三、预防和处置群体性事件措施落实到位(2分)

发生聚众围堵党政机关和要害部门、堵塞交通、滋事扰乱社会秩序和影响投资环境等重大群体性事件的,每起扣0.5分,造成严重后果的,每起扣1分。

第六条　社会治安安定(24分)

一、打击违法犯罪活动效能突出(7分)

刑事犯罪案件和八类犯罪案件破案率低于本县(市、区)前三年平均数的,分别扣0.5分、1分,低于5个百分点以上的,分别扣1分、1.5分;当年杀人、涉枪案件未破的,每起扣0.1分,爆炸案件未破的,每起扣0.5分;年内和历年在逃人员抓获率低于65%和30%的,分别扣1分、0.5分;治安案件查处率低于本县(市、区)上年水平的,扣1分。

犯罪嫌疑人经批捕、起诉作无罪判决的,每名分别扣0.5分、1分;批捕、起诉案件审限内结案率未达到100%的,扣2分。

刑事案件判决准确率低于97%、审限内结案率低于98%的,分别扣1分、2分。

发生超期羁押案件的,每起扣1分。

候问室、拘留所、看守所发生事件(事故)的,每起扣1分,发生被盘问人员、在押人员致死事件(事故)的,扣2分。

二、刑事犯罪案件发案数逐步下降(4分)

刑事犯罪案件,八类犯罪案件,"两抢"、盗窃等侵财犯罪案件的万人发案数高于本县(市、区)上年发案数的,分别扣1分、1.5分、2分;党政机关和校园内发生重特大刑事犯罪案件的,每起扣0.5分。

特种行业、公共娱乐场所发生在全国、全省有影响的重特大刑事犯罪案件的,每起分别扣1.5分、1分。

三、治安重点区域和重点问题整治工作成效明显(4分)

治安秩序混乱或黄、赌及其他突出治安问题被中央、省有关部门通报、责令整改、组织查处的,每次分别扣2分、1分;被新闻主流媒体曝光查证属实的,每次扣0.5分。

四、特殊群体教育管理工作扎实有力(3分)

流动人口、刑释解教人员、未成年人犯罪比例高于本县(市、区)前三年平均数的,每项扣1分;发生未成年在校生犯罪的,每名扣0.5分。

五、禁毒工作措施到位(3分)

因制种贩吸毒问题被中央、省有关部门通报的,分别扣1.5分、1分,要求专项治理的,分别扣2分、1.5分;制毒窝点被省级以上有关部门发现查获的,每个扣1分;发生易制毒化学品、麻醉药品和精神药物非法流入渠道案件的,每起扣1分;新增吸毒人数和吸毒人员复吸率高于前三年最低数的,分别扣1.5分、1分。

六、偷渡违法犯罪活动得到有效遏制(3分)

年内查获的本地偷渡人数和利用本地船舶、港澳口偷渡批次高于前三年平均数的,分别扣1.5分、1分,造成严重后果或恶劣影响的,扣2分。

第七条　经济运行安全(8分)

一、预防和打击经济领域违法犯罪活动取得实效(5分)

经济犯罪案件立案数和涉案总价值的增幅高于本县(市、区)前三年平均增幅的,每项扣1分;制售假冒伪劣产品和走私贩私案件被省级以上有关部门发现查处的,每起扣0.5分。

经济犯罪案件查结率低于95%的,扣1.5分。

法院执行案件执结率、执行标的到位率低于本县(市、区)前三年最高数的,每项扣1分。

二、防范金融风险措施落实,金融单位安全管理到位(3分)

发生因当地责任引发的在全国、全省造成影响的金融挤兑事件、集资诈骗案件、非法吸收公众存款案件、重特大金融诈骗案件的,每起扣1分。

发生运钞车、银行金库、金融营业网点盗抢案件的,每起扣1分;发生银行内部人员监守自盗案件的,每起扣2分。

第八条　安全监管到位(10分)

一、道路交通事故逐步下降(3分)

交通事故起数、死亡人数、受伤人数高于本县(市、区)前三年平均数的,每项扣0.5分;发生1次死亡3人以上、5人以上、10人以上交通事故的,分别扣0.5分、1分、2分;省定道路交通事故多发点(段)整治工作未达到要求的,每个点(段)扣1分;建设平安大道、实施畅通工程未达到省定目标的,每项扣0.5分。

二、社会抗御火灾能力增强(3分)

发生重、特大火灾事故的,每起分别扣0.5分、1.5分;县(市)、中心(重点)镇未完成消防规划编制、消防规划未审批的,分别扣1分、0.5分;公共消防设施设置不到位的,扣1分;公安消防部队器材装备未达到国家最低配备标准的,扣1分。

三、安全生产事故逐步减少(2分)

发生工矿商贸、水上交通、建筑施工、铁路运输、农业机械和渔业船舶重、特大事故的,每起分别扣0.5分、1.5分;发生铁路路外死亡事故高于前三年平均数的,扣1分。

四、危险物品监管有力(2分)

发生枪支弹药、民用爆炸物品、放射性物品等危险品丢失事故、盗抢案件的,每起分别扣1分、

1.5分;发生危险品引发重、特大事故(事件)的,每起分别扣1.5分、2分。

第九条 工作机制健全(14分)

一、组织领导机制(3分)

党委常委会每年未召开2次以上社会治安综合治理工作专题会议的,扣1分;未制定平安建设工作整体规划或年度实施方案的,每项扣0.5分;对基层组织建设、防控体系建设、经费保障等方面存在的问题未提出解决意见并形成纪要的,每项扣1分;党政主要领导每年未亲自抓一项平安建设工作重点项目的,扣1分,成效不明显的,扣0.5分。

综治委每季度未召开1次以上会议、五部委每年未召开2次以上联席会议、综治委六个专门工作领导小组每年未召开2次以上会议的,每项扣1分;综治办每年未总结3个以上平安建设工作先进典型的,扣0.5分,未召开现场会推广的,扣1分;综治委成员单位未落实职责任务的,每单位扣1分;未实行社会治安综合治理"一票否决"的,扣1.5分。

二、维护政治稳定工作机制(2分)

未健全和落实国家安全(人民防线)工作领导小组工作机制并开展工作的,扣1分。

未健全和落实对"法轮功"等邪教组织及有害气功组织、非法宗教组织的防范、打击和教育转化工作机制的,扣1.5分。

未健全和落实有关政治和社会稳定方面情报信息收集、分析、上报制度的,扣1分。

未健全和落实矛盾纠纷排查调处工作机制的,扣1.5分。

未健全和落实党政领导信访接待及督办制度的,扣1分。

三、治安防范工作机制(3分)

未健全和落实社会治安防控体系建设规划的,扣1分;未落实枪支弹药、易燃易爆、有毒有害等危险品及重点单位、要害部位安全管理防范规章制度的,扣2分。

未健全和落实以110指挥中心为龙头的快速反应机制的,扣1分。

未健全和落实县(市)界地区协作联防工作机制的,扣1分。

四、"严打"经常性工作机制(2分)

每季度未召开1次治安形势分析会议的,扣1分;未及时组织开展突出治安问题整治工作的,扣1分。

五、安全生产监管机制(1分)

未开展经常性安全生产监督检查的,扣0.5分;未按照"四个不放过"原则对发生的安全生产事故进行处理的,扣1分。

六、预防和处置经济社会紧急情况工作机制(1分)

未制定《处置经济社会紧急情况工作预案》、《处置群体性事件工作预案》的,每项扣0.5分;年度未组织演练的,扣0.5分。

七、群众参与治安防范工作激励机制(2分)

未对社会治安综合治理,平安建设工作,治保、调解等群防群治工作的先进集体、先进个人进行表彰的,每项扣1分;未设立见义勇为基金的,扣1分;未对见义勇为事迹宣传表彰的,扣0.5分。

第十条 保障机制有力(15分)

一、基层综治组织网络健全(6分)

县(市、区)综治办专职干部配备少于3名的,扣2分;乡镇(街道)未按规定配备专抓综治副书记、综治办专职工作人员的,每少1名扣1分;乡镇(街道)未建立人民调解委员会、人员未按规定组成的,扣0.5分。

派出所、司法所、基层法庭工作人员未按有关规定配备到位的,每少1名扣1分。

城区未按实有人口万分之八比例,国道、省道、铁道经过的重点乡镇政府所在地未按实有人口万分之六比例配备专职保安员(巡防队员)的,每项扣2分;经济欠发达县的城区未按实有人口万分之五比例,国道、省道、铁道经过的重点乡镇政府所在地未按实有人口万分之四比例配备专职保安员(巡防队员)的,每项扣2分;流动人口协管员未按500名流动人口配备1名协管员的,扣1分。

社区未落实"11211"工程建设的,每个社区扣0.5分;农村治保、调解组织不健全的,每项扣1分。

二、政法综治工作经费落实(6分)

平安建设工作经费、综治专项经费(含社会治安防控体系建设经费)、法制宣传经费、法律援助资金未列入当地财政预算支出的,每项扣1.5分。

政法各部门公用经费未高于其他行政部门1倍以上、拖欠干警工资、执法办案经费不能保障的,每项扣1分。

综治委下设的专门工作领导小组办公室没有经费保障难以开展工作的,分别扣0.5分。

三、群防群治工作经费落实(3分)

未按县乡"财政拨一点、受益单位和个人适当出一点"的办法,实行乡镇(街道)统筹,综治办(派出所、司法所)管理,解决治保会成员、调委会成员、专职保安员(巡防队员)、乡镇专(兼)职消防队员、流动人口协管员工作报酬的,每项扣1分。

第十一条　社会反映良好(13分)

一、公众安全感增强,满意度提高(8分)

公众安全感以及社会各界对党委政府抓社会治安工作的满意度、对政法队伍的满意率未达到90%以上的,每项每少1个百分点扣0.2分,其中1项低于80%的,扣8分。

二、政法队伍管理加强(5分)

发生政法干警因违纪被上级纪委、监察部门查处的,每起扣1分;发生政法干警被追究刑事责任的,每起扣2分;群众反映的司法不公案件被上级查纠的,每起扣2分。

第十二条　具有下列情形之一的予以加分:

一、党委、政府在平安建设工作中组织、领导、保障有力,成效显著的,加3分。

二、平安建设工作中涌现出的先进人物被中央、省作为重大宣传典型的,分别加5分、3分。

三、平安建设工作中涌现出的基层先进典型受国家有关部门表彰的,加2分。

四、社会治安综合治理工作经验被中央和省政法委、综治委总结推广的,分别加2分、1分。

五、平安建设工作的典型经验被中央、省新闻主流媒体报道的,每篇分别加0.5分、0.2分。

六、乡镇(街道)综治办专职工作人员享受特殊岗位津贴的,加1分。

七、每年投入政法各部门装备建设的资金高于本县(市、区)前三年平均数或与年度本级可支配财力同步增长的,加1.5分。

以上加分累计不超过10分。

第十三条　提供的考核资料不真实的,扣除该款全部分数。

第十四条　具有下列情形之一的,取消本年度评比资格:

一、人民群众对社会治安满意率低于75%的。

二、发生在全国全省造成重大影响的人员伤亡和巨大经济损失的恶性案件及治安事故的。

三、发生在全国全省造成恶劣影响的暴力恐怖犯罪和涉黑涉恶团伙犯罪案件的。

四、发生敏感时期、重大活动、重要目标安全保卫工作重大事故的。

五、发生"法轮功"邪教组织聚集闹事、电视插播、进京滋事事件的。

六、发生在全国全省造成恶劣影响的执法队伍违法犯罪重大案件的。

七、发生在全国全省造成恶劣影响的安全生产特大事故的。

八、考核资料弄虚作假或隐瞒影响政治稳定、经济安全、社会安定的重要情况,情节严重的。

第三章　考评方法

第十五条　"平安县(市、区)"考评验收工作由省社会治安综合治理委员会组织领导,省委政法委、省综治办负责实施。

第十六条　考评过程中某款扣分出现负值时,以扣完该款基本分为限。

第十七条　考评验收标准实行百分制,得分达90分以上且没有被取消评比资格的,可以评定为该年度的"平安县(市、区)"。

第十八条　年度考评验收工作不照顾平衡,不分配名额,采取县(市、区)自检申报、设区市检查审核、省综治委验收复核和公示的方法。各设区市应于次年1月底前将参评县(市、区)自检报告及设区市检查审核意见报省综治办。

第四章　奖　　励

第十九条　当年被评为"平安县(市、区)"的,由省委、省政府命名表彰,授予奖牌,并给予物质奖励。

第二十条　当年被评为"平安县(市、区)"的,其党政主要领导、分管领导由设区市社会治安综合治理委员会写出平安建设工作绩效意见送同级组织、人事部门备案；连续3年被评为“平安县(市、区)”的，由省综治办写出意见送省委组织部备案，作为政绩和任用的考核依据。

第五章　附　　则

第二十一条　“平安县(市、区)”的考评内容和标准可根据情况变化和工作实际，每年作适当调整。

第二十二条　本办法中有关考评数据界定的“以上”、“以下”、“高于”、“低于”等，均包括本数。

第二十三条　本办法由省社会治安综合治理委员会负责解释。

福建省社会治安综合治理委员会关于印发《福建省“平安建设先进单位”考评验收办法(试行)》的通知

(2004年9月30日)

各设区市党委、政府，省直有关单位，中央驻闽单位：

为扎实推进“平安福建”建设工作开展，现将《福建省“平安建设先进单位”考评验收办法(试行)》印发给你们，请结合本地区、本部门实际，认真贯彻执行。

附：参加福建省“平安建设先进单位”考评验收单位名单

福建省“平安建设先进单位”考评验收办法(试行)

第一章　总　　则

第一条　为了充分发挥机关单位和设区的市在“平安福建”建设中的带头表率和组织指导作用，全面推动落实“平安福建”建设的各项目标要求，根据中共福建省委、福建省人民政府《关于建设“平安福建”的工作意见》和《福建省社会治安综合治理工作纲要(试行)》等有关文件精神，特制定本办法。

第二条　“平安建设先进单位”考评对象主要为省综治委成员单位，设区的市，以及负有领导、管理、监督和指导职能的中央驻闽机构、省直机关、人民团体、企业、事业单位(详见名单)。

第三条　“平安建设先进单位”的主要条件是：

——以“三个代表”重要思想为指导，牢固树立科学的发展观和正确的政绩观，认真贯彻执行省委、省政府关于建设“平安福建”工作的部署要求，坚持业务工作和平安建设两手抓、两手硬。

——坚持“谁主管、谁负责”原则，积极组织、指导、推动本单位“平安建设”工作，落实各项安全管理和防范措施，切实做到看好自家的门，管好自家的人，办好自家的事。

——充分发挥职能作用，积极参与“平安福建”建设活动，认真履行本系统在“平安福建”建设和社会治安综合治理中承担的工作职责，为“平安福建”建设作出积极贡献，全力维护社会安定稳定。

第四条　考评验收工作应遵循实事求是、客观公正、注重实效、易于操作的原则。采取单位自评、省综治办推荐，省综治委、省纪委、省委组织部、省人事厅、省监察厅等五部门（以下统称“五部委”）组织有关部门联合考评与征求属地综治部门意见相结合的办法进行。

第二章　考评内容和标准

第五条　组织领导保障措施有力（20分）

一、组织机构健全（3分）

未成立“平安福建”建设工作领导小组的，扣1分；未下发文件明确领导分工与责任的，扣1分；创建工作没有确定专门的工作机构和人员（含联络员）负责的，扣1分。

二、工作部署落实（7分）

未制定本单位、本系统“平安福建”建设规划或实施方案的，扣1分；未把平安建设工作列入单位年度工作计划的，扣1分；党委（党组）每年未召开4次以上会议研究部署平安建设工作的，每少1次扣0.5分；每年对单位平安建设工作检查和督促少于2次的，每少1次扣1.5分。

三、经费保障到位（5分）

平安建设日常工作经费及人防、物防、技防经费未列入单位财务年度预算安排的，扣2分；未及时落实到位的，扣3分。

四、宣传工作扎实（5分）

未贯彻全省平安建设宣传工作部署，制定本部门平安建设和综治工作宣传计划的，扣1分；每年未组织开展平安建设和社会治安综合治理集中宣传活动2次以上的，少1次扣1分；未开辟宣传专栏2期以上的，每少1期扣0.5分，未编发简报10期以上的，每少1期扣0.1分。

第六条　维护稳定工作机制落实（25分）

一、危害国家安全的违法犯罪活动防控有力（7分）

未建立敌对势力、“法轮功”邪教组织及非法宗教的发现、防范、打击和教育转化工作制度的，扣1分；单位及直属单位发生危害国家安全的案件，每起扣2分；发现工作人员（含临时工作人员）参加敌对组织、“法轮功”邪教组织及有害气功组织、非法宗教组织的，每1人扣2分；发生“法轮功”练习者参与社会滋事活动的，每起扣2分。

二、矛盾纠纷排查调处工作措施到位（12分）

未建立健全单位及系统内部矛盾纠纷排查调处工作制度的，扣1分；每半年未召开1次矛盾纠纷排查调处工作例会的，扣0.5分；本单位及直属单位矛盾纠纷化解不及时，发生民转刑案件的，每起扣2分；发生非法游行、集会、闹事等重大事件的，每发生一起扣2分；本单位及直属单位发生5名以上工作人员因矛盾纠纷到省委、省政府和进京上访的，每起分别扣2分和3分。

三、情报信息工作得到加强（3分）

未建立维护稳定和社会治安情报信息收集、分析、报送制度的，扣1分；一年内出现迟报、错报、漏报紧急信息累计达3次以上或因此造成严重后果的，扣2分。

四、处置突发性和群体性事件机制健全（3分）

未制定处置突发性和群体性事件工作制度或工作预案的，扣1分；对本单位发生的突发性和群体性事件未能及时发现、疏导，化解和处理，造成后果的，扣2分。

第七条　内部安全防范机制健全（20分）

一、组织制度健全完善（6分）

未建立单位内部安全保卫管理制度和责任追究制度的，扣1分；未建立值班（保卫）机制和配备专（兼）职人员，分别扣1分；每半年安全检查少于一次的，扣1分；单位要害部位安全防范制度不健全、措施不落实的，扣1分。

二、安全防范成效明显（14分）

本单位及直属单位未做好安全防范工作，发生失泄密事件的，每起扣2分；发生一般刑事案件或重大刑事案件的，每起分别扣2分、3分；治安案件发生数超过干部职工总人数1%的，扣2分，每超0.5个百分点加扣1分；发生重、特大安全生产责任事故（指交通、生产、火灾等）的，每起分别扣2分、3分；单位内部发生黄、赌、毒等社会丑恶现象的，发生一次扣2分。

第八条 职能作用发挥明显充分(25分)

一、积极履行工作职责(16分)

未结合工作职能,制定和出台促进平安建设工作的政策规定或具体工作措施的,扣2分;未能按照属地管理原则,积极参与所在地组织的平安建设活动的,扣4分;对本系统的平安建设工作检查和指导一年少于2次的,每少1次扣2分;因不履行职责或履行职责不当,引起社会群众强烈不满,引发集体上访或群体性事件的,每起分别扣3分。

二、认真完成工作任务(9分)

未能及时完成省综治委部署的有关工作任务和上报有关工作进展情况的,每项分别扣1分、0.5分;挂钩联系基层制度不落实的,扣2分;综治委委员深入基层挂钩联系点一年少于3次、联络员少于1个月的,分别扣1分;未能帮助基层解决综治工作中存在问题的,扣2分。

第九条 队伍管理教育扎实有效(10分)

一、道德法制教育扎实(3分)

未建立干部职工道德法制教育经常性制度的,扣1分;开展道德法制、纪律作风和廉洁自律教育活动一年少于10次的,少1次扣0.2分。

二、队伍管理有效(7分)

未落实领导干部"一岗双责"的,扣1分;干部职工队伍日常管理、检查、监督措施不落实的,扣1分;工作人员因违法违纪被党政纪处分,给予严重警告(含)以下处分的,每起扣1分;严重警告以上的,每起扣2分,被追究刑事责任的,每起扣3分。

第十条 具有下列情形,予以加分

一、本单位领导在"平安福建"建设中组织领导保障有力,成效显著的,加3分。

二、本系统、本单位平安建设和社会治安综合治理工作的有关工作指标,位居全国前3名或受中央有关部门表彰的,每项分别加3分。

三、单位平安建设和社会治安综合治理工作经验被中央和省有关部门以会议或文件的形式总结推广的,每篇(次)分别加2分、1分。

四、本单位平安建设工作典型经验被中央、省新闻主流媒体报道的,每篇(件)分别加1分、0.5分。

以上加分累计不超过5分。

第十一条 设区的市"平安建设先进单位"的条件是:所属县(市、区)2005年底40%达到"平安县(市、区)"标准,2006年年底80%达到"平安县(市、区)"标准,2007年年底90%达到"平安县(市、区)"标准,2008年年底全部达到"平安县(市、区)"标准。

第十二条 有下列情形之一的,取消年度评先资格

1. 本单位或直属单位发生在全国全省造成重大影响的刑事案件、安全生产事故、群体性事件和行政违法案件的;

2. 本单位或直属单位被实施综治"一票否决"或被综治黄牌警告尚未通过整改验收的;

3. 本单位或直属单位主要领导受党政纪处分或刑罚处罚的;

4. 省综治委成员单位的主要领导、综治委委员无故不参加省综治委成员会议或有关重要会议2次以上的;

5. 在考评中隐瞒事实、弄虚作假,情节严重的或发生其他重大问题,造成严重损失和恶劣影响的。

当年被取消年度评先资格的或考评分数偏低的单位,主要领导应向省综治委说明原因。

第三章 考评方法和步骤

第十三条 "平安建设先进单位"考评工作由省"五部委"共同组织实施。考评工作从2005年开始,每年组织一次,为期4年。

第十四条 各有关单位应于次年1月中旬前将本单位平安建设总结材料及自评情况报省综治办,省综治办从中推荐候选单位,由省"五部委"组织有关部门复核验收,提出推荐名单,经省"五部委"研究确定并公示后,报省委、省政府审批命名。

第四章 奖励办法

第十五条 当年被评为"平安建设先进单位"的,由省委、省政府命名表彰,并给予适当物质奖励。

第十六条 连续2年被评为"平安建设先进单位"的单位主要领导、分管领导,由省综治委、省

委组织部、省人事厅予以嘉奖；连续3年被评为“平安建设先进单位”的单位主要领导、分管领导，由省委、省政府予以记功。

第五章　附　　则

第十七条　本办法第五至第十条为省综治委成员单位、中央驻闽单位和其他省直机关、企业、事业单位考评内容及标准，第十一条为设区的市考评条件。

第十八条　“平安建设先进单位”考评对象、内容和标准根据情况变化和考评工作实际，可作适当调整。

第十九条　本办法中有关考评数据界定的“以上”、“不少于”等，均包括本数。各条款扣分上限为该款的基本分。

第二十条　本办法由省社会治安综合治理委员会负责解释。

中共福建省委组织部
福建省社会治安综合治理委员会办公室
中共福建省委创新农村工作机制协调小组办公室
关于进一步落实省综治委成员单位
联系基层综治工作制度和驻村任职
党员干部做好综治工作的意见

（2004年11月18日）

各市、县（区）委组织部、社会治安综合治理委员会办公室、创新农村工作机制协调小组办公室，省社会治安综合治理委员会成员单位：

为了创新农村工作机制，整合资源力量，提高工作效能，更好地服务和推动基层的维稳综治工作和农村脱贫致富工作，今年7月，省社会治安综合治理委员会办公室、省委创新农村工作机制协调小组办公室印发了《关于重新调整省综治委成员单位挂钩联系点的通知》（闽综治办〔2004〕16号）。通知发出之后，各综治成员单位认真落实，迅速开展工作，受到基层欢迎。为了进一步规范和加强省综治委成员单位挂钩联系基层综治工作制度，充分发挥省派驻村任职干部在协助基层做好维护稳定、发展经济中的积极作用，促进“平安福建”建设的顺利开展，经研究，提出以下三点意见：

一、充分认识开展联系基层综治工作的重要性和必要性

做好综治委成员单位挂钩联系基层工作，选派机关和事业单位优秀干部到相对后进、薄弱村任职，是深入贯彻落实党的十六大和十六届三中、四中全会精神，实践“三个代表”重要思想，提高机关和农村基层党组织执政能力，促进农村基层“三个文明”建设的一项重要举措。各地各部门各单位和驻村任职干部要提高对这项工作重要性、必要性的认识，把做好业务工作与加强平安建设工作紧密结合起来，做到既抓经济社会发展，也抓维护稳定和综治工作。特别是这次确定的驻点村都是经济相对贫困落后的地方，基层基础工作比较薄弱，有的地方治安状况也比较复杂，驻村任职的党员干部要自觉地把抓好农村平安建设和维稳综治工作作为自己的一项重要职责，做到与经济社会发展同规划、同部署、同检查、同考评、同落实，把治"瘫"、治"穷"与治"乱"有机地结合起来,并在加强基层党组织建设的同时,抓好基层综治组织建设,为发展农村经济、深化农村改革创造良好的法治环境。

二、明确职责,充分发挥省直单位驻村任职干部领队在维稳综治工作中的作用

为了加强组织领导,发挥省直单位驻村任职干部领队的协调指导作用,除厦门外的8个设区市省派驻村任职干部领队兼任省综治委驻相关设区市综治特派员。其主要职责是:组织、协调、指导、督促省直单位驻村任职干部开展平安建设和维稳综治工作,协助省综治委成员单位和所在设区市综治办抓好挂钩联系点工作,并负责了解、掌握情况,及时向省、市综治办报告。各设区市综治办也要参照省里的做法,商市委组织部、创新办,在各县(市、区)驻村干部领队中确定一名同志为综治特派员协助开展工作。

三、密切配合,进一步做好挂钩联系基层综治工作

各综治委成员单位要按照省综治委、办有关文件的要求,把做好挂钩联系基层综治工作作为争创"平安建设先进单位"的一项重要内容,主要领导或综治委委员要定期到挂钩的县(市、区)了解和指导平安建设和维稳综治工作,帮助基层解决工作中的困难和问题。其他驻村任职干部的派出单位也要经常关心和指导督促驻村党员干部树立和落实科学发展观,抓好当地的经济发展和社会安定稳定,并提供支持和帮助。市、县两级综治办要积极支持和协助省综治委成员单位和综治特派员开展工作,关心、指导驻村干部的工作,并组织必要的综治业务培训,提高工作的实效。市、县(区)委组织部、综治办、创新办要经常沟通情况,加强调研督导,提出加强工作的意见和措施。要建立健全综治特派员工作例会制度,并通过举办现场会、座谈会、短训班等形式,强化责任意识,总结交流经验、宣传推广典型,推动整体工作。

五级联动控源头　构建长安金字塔

福建省政和县社会治安综合治理委员会

政和县位于福建宁德、南平和浙江丽水三地(市)结合部,周边与7个县(市)接壤,为福建省19个经济欠发达县之一。全县居民大多居住在崇山峻岭之间,交通、信息相对闭塞,宗族观念浓厚,法律意识比较淡薄,素有"骁勇善诉"之称,历来存在民间纠纷多、群体闹事多、越级上访多的特点。特别是上个世纪末,先后发生百年不遇的洪涝地质灾害和原县委书记丁仰宁腐败案,造成人心涣散,秩序混乱,越级上访和群体性事件高发,经济持续滑坡,综治工作被一票否决。2001年以来,政和县委、县政府认真实践"三个代表",把维护稳定作为促进发展的根本措施来抓,积极探索并不断完善"以人为本,分级管理,上下联动,源头控制"的"金字塔"型矛盾纠纷排查调处长效机制,有效破解了农村综治工作难题,短期内便实现社会秩序由"乱"到"治"、经济发展由慢到快的转变,综治工作连续三年名列南平市前茅,该机制被喻为"政和经验",已在闽北推开,正向全省推广。我们的做法是:

一、构建网络,筑牢矛盾纠纷排查调处五级防线

第一级是十户义务联防小组。根据就近居住、便于管理原则,全县共设立3500个村民义务联防小组,每个小组确定一名中心户,每天安排一户值勤,按照"各家各户串一串、房前屋后转一转"的工作方式,尽好"防火防盗、警情报告、调解纠纷、互相关照"的职责,做到矛盾纠纷随时排查、随时化解,从打造团结、友爱、互助、和睦的家庭及毗邻关系上，预防和控制各类纠纷和违法犯罪的发生。

第二级是村(居)治保调解组织。全县130个村(居)治保会、调解会主任一律由村(居)主干一肩挑，具体负责组织开展本村的治安防范、法制宣传、重点人口帮教、巡逻检查、治安信息报送等基础性工作，主持调解本村范围内的各类民间纠纷。

第三级是警务区组织。强化基层公安派出所建设，10个乡镇共设立34个警务区，每个警区配一名责任民警，所辖区村“二会”主任轮流到警务区值班，主要职责是负责所辖区域内跨村的矛盾纠纷。责任民警每周不少于30小时进村入户排查摸底、了解社情民意和检查指导村“二会”人员及村民义务联防中心户工作。

第四级是乡(镇)矛盾纠纷排查调处中心。全县10个乡(镇)均设置矛盾纠纷排查调处中心，主任由乡(镇)综治副职担任，成员由综治办、司法所、派出所等有关单位人员组成，内设值勤接待室、矛盾纠纷调解室、突发性事件应急分队等机构，上对县防控中心和乡(镇)党委、政府负责，下联警务区和村“二会”。主要承担接待来信来访，排查调处辖区内重大矛盾纠纷，处置各种突发性案件和群体性事件，指导、督查、考评下三级工作。

第五级是县矛盾纠纷防控中心。依托信访局组建县矛盾纠纷防控中心，主任由分管政法综治工作的县委副书记兼任，县直各职能部门全面参与，下设办公室和农业农村、工贸企业、政策法规、城建交通、纪律效能、法律服务等7个工作组，并聘请二位律师担任法律顾问。防控中心在县矛盾纠纷排查调处领导小组领导下开展工作，主要负责调解跨行业的纠纷和县内重大疑难纠纷。县委、政府赋予防控中心指挥调度权，问题牵涉到哪个部门，可立即指派该部门第一责任人直接参与接待、调处，直至问题解决。县委、政府每月召开一次办公会议，专题研究解决中心提交的热点、难点问题。

二、规范运作，推进矛盾纠纷源头防控落到实处

我们坚持“一年建体系，两年抓运作，三年上台阶”，形成了矛盾纠纷排查调处“五化”工作制。

一是组织网络化。在纵向建立五级防线的基础上，注重横向拓展，在县直党委成立综治委和系统人民调解委员会，在200人以上的企业、工地和外口聚集地成立行业治保、调解委员会，把触角延伸到县直机关、企事业单位和学校。同时，积极开展省际、县际、乡际三个层面的边界联防联调。全县已规范建立矛盾纠纷排查调处机构147个，形成上下结合、左右联系、纵向到底、横向到边、有机联动的工作机制，矛盾纠纷排查调处覆盖面达100%。

二是主体多元化。把党、政、警、民各方面力量调动起来，组建了“四支队伍”。其一是调解员队伍，由3569名各级干部及十户联防中心户组成；其二是陪调员队伍，由140位政法部门离退休老干部、村居老支书、老主任以及德高望重的老同志担任；其三是评查员队伍。聘请县人大代表、政协委员组成矛盾纠纷排查调处工作评查组，每季度对基层矛盾纠纷排查调处工作进行评查。其四是突发事件应急队伍。抽调精干人员，组成县、乡(镇)、村(居)三级突发事件应急分队，负责处置各类突发性和群体性事件，把问题解决在基层。

二是手段综合化。在防范上，注重抓好宣传教育、重点人口帮教、共建带创工作，推进依法治理与民主法制建设，通过优化环境来铲除矛盾纠纷产生的土壤；在排查上，立足早预测、早发现、早报告，一个“漏斗”向下，人、事、地结合，力求做到县不漏乡(镇)，乡不漏村(居)，村不漏户，户不漏人，不留空间死角和时间空当；在调处上，灵活运用教育的、经济的、行政的、法律的措施和现场调解、入户调解、会议调解、庭式调解等方式进行。

四是制度规范化。坚持按章理事，各级都建立完备的制度，并统一制作上墙。十户村民义务联防小组实行每天、村(居)“二会”实行每周、警务区实行每半月、乡(镇)实行每月、县防控中心实行每季一排调一回访，做到“三个清楚”，即矛盾纠纷的重点村、重点单位、重点户、重点人的底数清楚；群众反映强烈的热点、难点问题事实清楚；疑难纠纷的症结清楚。建立值勤报备制。县、乡(镇)调处中心实行24小时值班备勤，随时接受群众报案、投诉和咨询。一旦发生突发性、易激化矛盾纠纷即发即报，组织人员迅速赶赴现场依法处置，确保矛盾不激化、不升级。建立配套联调制。每月5日乡(镇)中心人员分头到各村接访调处，每月15日县防控中心组织县挂点领导和相关部门到乡(镇)接访调处,每月25日县五套班子成员和县领导小组成员单位到防控中心接访调处。实行庭式调解制。重大疑难纠纷调处对接司法诉讼程序,视情确定主持人、调解员、陪调员、记录员,组成调解庭。实行矛盾纠纷挂牌督办制。群众关注的热点、难点、焦点问题,由县委、政府挂牌督办,专人负责,限期调处,对渎职造成严重后果的,依照法纪追究有关人员的责任。坚持定期例会制。县、乡(镇)、村(居)按月召开矛盾纠纷排查调处工作例会,分析稳定形势,总结交流经验,学习政策业务,部署工作任务。

五是运作一体化。坚持在各级党委、政府的统一领导下,由综治委牵头协调,做到信访工作、矛盾纠纷排查调处和基层安全创建三位一体,同组织、同部署、同检查、同考评、同落实。同时整合综治、公、检、法、司、信访、法律服务等部门人力资源,形成合力。在具体工作中,"一张车票乘到底",各级防线一揽子承担接访、立案、调查、调解、达成协议和督促执行、回访等各项工作。

三、强化保障,促进矛盾纠纷排查调处运行长效

一是组织保障。县、乡(镇)、村都成立矛盾纠纷排查调处领导小组,切实加强对这项工作的领导。同时,下移工作重心,选派一批优秀乡镇干部到村任综治特派员,每月驻村16天以上,联系警务区,督促村"两委"贯彻落实党在农村的各项方针政策,指导村"二会"和中心户开展工作,推动前沿三级防线规范运作,促进辖区稳定。

二是素质保障。坚持把提高队伍素质作为促进矛盾纠纷排查调处长效运作的关键来抓。一方面,选好人,村(居)"二会"人员和中心户由乡(镇)综治办、司法所、派出所审核把关,纳入综治队伍统一管理。另一方面,育好人,依托法院建立培训基地,由法院和司法行政部门负责对全县人民调解员进行调训;依托乡(镇)党校,对村(居)"二会"主任进行轮训;组织乡(镇)综治办、司法所下村办班,对"二会"成员和中心户进行培训。再一方面,用好人,建立奖惩激励机制,严格绩效考评和任职资格评审,对优秀的实行奖励,对不称职的予以撤换。

三是经费保障。县委、县政府像抓经济项目一样抓基层矛盾纠纷排查调处规范化建设。县、乡两级财政先后投入600多万元改善基层办公条件,解决必要的交通工具和通讯设备。同时把人均0.25元的县级综治经费,人均0.20元的普法经费列入财政预算,专款专用,乡镇综治经费从人均0.20元提高到0.80元,其中人均0.30元用于村(居)"二会"人员及中心户的奖励性报酬和必要的办公经费,保证基层矛盾纠纷排查调处机构不仅有人管事,而且有钱办事。

四是责任保障。建立县五套班子成员包乡(镇),乡(镇)党政领导包村,警务区民警包片,村"两委"成员包组的责任体系,实行责任捆绑,分级落实。同时,全面推行全员岗位目标管理,层层签订责任状,按季考评,年终总评,兑现奖惩。此外,不定期组织县人大代表、政协委员及五部委开展督查,严格执行信访效能告诫和综治一票否决制,过去三年共有13个单位因矛盾纠纷排查调解工作不落实,被综治一票否决。

经过三年多的积极探索,政和县矛盾纠纷排查调处机制日臻完善,已成为社会长治久安的"稳定器",经济发展的"助推器"。2003年,全县共排查调处各类矛盾纠纷954件,调解成功928件,矛盾纠纷总量下降26%,调解成功率上升9%,全县未发生一起因民间纠纷引发的民转刑、非正常死亡、群体性事件,无纠纷积案,实现了"四无"目标。全县信访总量人数和案件同上年比分别下降32%和37%,出现了103个无上访村(居),占总数的80%。社会政治的稳定,带动了经济发展,2003年,全县国内生产总值比上年增长7.2%,工业总产值增长9.4%,财政收入增长12.5%,农民人均纯收入增长6.9%,分别比2001年提高4.7、8.4、3.8和1个百分点。三年共引进外资企业11家,实际利用外资1480万美元,新上山海协作项目58个,到资14770万元。

龙岩市推行“治安中心户长制”

2003年以来，福建省龙岩市发扬老区光荣传统，依靠人民群众，大力推行“治安中心户长制”，全市设立治安中心户长1.66万人，延伸了群防群治工作触角，增强了基层治安防控能力。他们的主要做法是：

一、坚持“三为主”原则，把好选聘质量关

一是因地制宜，选聘治安中心户长。在农村，以村民小组或自然村为单位设一名治安中心户长；在城市社区，以30户左右为单位设一名中心户长；在内部单位或住宅小区，以楼院为单位设一名中心户长。二是坚持“三为主”原则，即以村居民小组长，治保会、调解会骨干，内部单位办公室主任或保卫干部为主，把好人选质量关。三是由乡镇（街道）综治委择优聘用。各地乡、街综治办组织人员进村入户，详细调查各村治安情况，对每一个区域的总户数、总人数一一造册登记，并根据地理位置和人口数量等实际，划定治安中心户长设置区域，由乡镇综治委统一聘请。

二、按照“四制度”要求，规范管理运行

一是挂钩指导制度。全市建立县、乡、村三级培育治安中心户长示范户责任网络，即县（市、区）政法委、综治办领导各挂钩5户治安中心户长，各乡（镇）综治副书记、派出所、司法所、法庭及综治办全体干部建立包村包户责任制，各挂钩3～5户治安中心户长，各村（居）支部书记、村（居）委主任各挂钩2～3户治安中心户长，进行挂钩结“对子”指导。二是工作例会制度。挂钩干部与治安中心户长建立联系沟通制度，坚持半月一次电话联系、一月一次见面谈话、一季一次工作例会、半年一次业务培训、一年一次工作总结，有效提高治安中心户长的工作能力和工作热情。三是报酬落实制度。各地采取多方筹集的办法确保每位治安中心户长的报酬落到实处。永定县各乡（镇）将治安中心户长的工作报酬纳入社会治安防范工作经费预算，确保治安中心户长每月补贴20元，同时实行优先列入低保户、优先安排务工挣钱、优先安排生产扶持物资等，调动治安中心户长的工作积极性。四是奖惩激励制度。县（市、区）和乡（镇）每年进行一次治安中心户长评选表彰活动，市综治委在县（市、区）评选表彰的基础上与人事局联合发文，开展评选“十佳治安中心户长”活动。同时对治安中心户长提供有价值治安信息的，给予适当奖励，对不称职的及时调整辞退。

三、发挥“五大员”作用，夯实基层治安防控基础

一是把握社情动态，发挥治安信息员作用。治安中心户长在日常工作中，及时了解、收集治安信息，遇到治安问题和突发事件，及时向公安派出所报告，做到发现早、处置及时。二是深入家家户户，发挥法制宣传员作用。治安中心户长经常走家串户，采取形式多样的宣传方式，进行防盗、防火、防事故宣传，用拉家常的方式宣传法律法规，劝导邻里遵规守法、拒绝“六合彩”等，使群众自防意识、依法办事的自觉性得到增强。三是妥善处理矛盾纠纷，发挥调解员作用。治安中心户长植根于群众中，一旦发现矛盾纠纷，能及时入户调解。各治安中心户长坚持每半个月至少排查调处一次，把矛盾纠纷和治安隐患解决在萌芽状态，真正做到“早防范、细排查、快调处”。四是组织群防群治，发挥治安巡逻员作用。治安中心户长发挥亲缘网络优势，在治安巡逻中采取“迎、问、盯”等方式，发现可疑情况和违法犯罪嫌疑人员随时与治保会、派出所联系，有力发挥防控作用。五是掌握重点人口，发挥帮教员作用。治安中心户长积极参与做好青少年违法犯罪预防工作、轻微违法犯罪人员的帮教工作；参与对“法轮功”人员的教育转化监控工作；协助公安、司法行政部门做好刑释解教人员的安置帮教工作，预防重新犯罪。

福建省社会治安综合治理委员会组成人员

1. 福建省社会治安综合治理委员会

主　任:宋德福　省委书记

第一副主任:卢展工　省长、代书记

常务副主任:王三运　省委副书记

副主任:鲍绍坤　省委常委、政法委书记

曾喜祥　省人大常委会副主任

陈　芸　副省长

苍震华　省政协副主席

陈　旭　省高级人民法院院长

倪英达　省人民检察院检察长

省综治委下设办公室,主任鲍绍坤(兼),常务副主任杨丰和、副主任陈国政。省综治办下设基层督导处和综合协调处,处长分别为王金俤和张琦。

省综治委下设六个专门工作领导小组:

(1)预防青少年违法犯罪工作领导小组,组长曾喜祥;

(2)学校及周边治安综合治理工作领导小组,组长傅镛堃;(3)铁路护路联防工作领导小组,组长杨丰和;

(4)流动人口管理工作领导小组,组长陈芸;

(5)刑释解教人员安置帮教工作领导小组,组长陈保明;

(6)指导人民调解工作协调领导小组,组长鲍绍坤。

各专门工作领导小组下设办公室,分别依托在团省委、省教育厅、福州铁路公安处、省公安厅和省司法厅。

2. 设区市综治委、办领导情况

市、县两级综治委主任和第一副主任普遍由同级党委、政府主要领导担任。办公室主任全部配齐。九个设区市综治办主任中,由同级党委常委、政法委书记兼任的1位,由同级党委政法委副书记兼任的4位,专职综治办主任4位;86个县(市、区)综治办主任中,由同级党委政法委副书记兼任的41位,专职综治办主任45位。

福建省市、县(市、区)综治委、办主任名单

地　区	综治委主任	综治办主任
福州市	何立峰	刘锡辉
鼓楼区	徐启源	宋依泉
台江区	陈为民	刘　宏
仓山区	张森兴	萨本寿
马尾区	郑有光	任积兴
晋安区	陈　吉	
福清市	陈瑞麒	林江春
长乐市	林　彬	董城水
闽侯县	吴三八	陈礼木
连江县	黄金高	孙　旭
罗源县	徐铁骏	黄　耀
闽清县	陈大强	黄　锋
永泰县	李依兴	谢世奇
平潭县	陈承国	
琅歧经济区	林义铭	卓　敏
南平市	徐　谦	李晋闽
延平区	陈　杰	余金明
邵武市	林钟乐	李龙华
武夷山市	张建光	蔡柳顺
建瓯市	陈鼎成	李立群

地　区	综治委主任	综治办主任	地　区	综治委主任	综治办主任
建阳市	郭建声	许群瑜	思明区	裴金佳	肖纯华
顺昌县	郭跃进	陈小兵	湖里区	何清秋	陈高润
浦城县	兰斯文	毛雪青	集美区	曾晓民	王在军
光泽县	朱淑芳	黄金水	同安区	陈昭扬	郭福全
松溪县	吴荣才	陈仁忠	海沧区	钟兴国	林乌才
政和县	黄健平	郑奉智	翔安区	林国耀	方伟毅
三明市	叶继革	林芳叶	**漳州市**	袁荣祥	杨建平
梅列区	江兴禄	黄耴土	芗城区	许荣勇	陈孟春
三元区	王　庆	孙玉霞	龙文区	陈庆元	黄建平
永安市	刘道崎	江志诚	龙海市	吴志明	杨志强
明溪县	朱昌贤	杨绍宽	云霄县	朱福清	张杉林
清流县	陈有极	王爱玲	漳浦县	谢毅泰	洪解放
宁化县	陈宗杰	林　忠	诏安县	黄浦江	蔡春福
大田县	林梁儿	卢永照	长泰县	刘文标	蔡海忠
尤溪县	林昌源	詹昌春	东山县	黄双庆	陈良海
沙　县	池秋娜	叶水儿	南靖县	吴景辉	吴庚生
将乐县	林传衍	廖国财	平和县	杨彬文	曾凡条
泰宁县	郑维荣	叶为平	华安县	陈汉夫	汤泽新
建宁县	洪明德	刘桂盛	**龙岩市**	张燮飞	卢　意
莆田市	袁锦贵	黄梦龙	新罗区	郭舒帆	蔡庆新
城厢区	阮　军	陈玉志	漳平市	林兴禄	廖国联
涵江区	林庆生	郑天水	长汀县	黄福清	刘则武
荔城区	吴元珍	邹清烈	永定县	温锡浩	王选海
秀屿区	李辉龙	吴国顺	上杭县	张斯良	刘伟东
仙游县	林素钦	林庆喜	武平县	严金静	陈启明
湄洲岛	陈　元	郭德华	连城县	谢小建	曾旭东
泉州市	施永康	王育琪	**宁德市**	陈少勇	张　鼎
鲤城区	王亚君	吴晓川	蕉城区	陈铭生	孙细飞
丰泽区	林伯前	王少容	福安市	林旭荣	张增光
洛江区	陈家富	施东龙	福鼎市	叶干铃	陈顺生
泉港区	游祖勇	陈玉顺	寿宁县	郑向忠	应玉唐
石狮市	李建国	陈自然	霞浦县	谢兴旺	张卫秋
晋江市	龚清概	张孙厚	柘荣县	周秋琦	林国雄
南安市	陈庆宗	曾仁造	屏南县	薛成康	陆修宜
惠安县	黄源水	施跃平	古田县	林　鸿	汪　荣
安溪县	曾荣华	陈桂良	周宁县	唐　颐	陈兴明
永春县	潘燕燕	陈忠东	东侨开发区	陈　幸	黄玉春
德化县	许昆贞	王建兴			
泉州开发区	陈荣洲	陈志慧			
厦门市	郑立中	林知光			

（撰稿人：柯建民
审稿人：杨丰和　丁后盾）

江　西　省

社会治安综合治理工作概况

2004年,全省认真贯彻中央综治委的部署,坚持“打防结合、预防为主,专群结合、依靠群众”的方针,在加大打击力度的同时,把综合治理的工作重点转到治安防范上,实行大防控,构建大综治,创建大平安,不断推进综治工作的创新与发展,有力促进了社会稳定和治安秩序好转,全省呈现出“一无三下降”的良好态势,即无影响安全稳定的重大问题发生,群体性事件、治安案件和涉法涉诉上访下降,公众安全感进一步增强,为实现江西崛起营造了和谐稳定的社会环境。

省委、省政府始终坚持把创建大平安摆到改革发展稳定的大局中研究,摆到依法治省的总体要求中考虑,摆到实现江西在中部地区崛起、全面建设小康社会的战略目标中谋划。省委书记孟建柱同志一再强调,发展是硬道理,稳定是硬任务,治安环境是加快发展的第一环境,稳定也是生产力。因此,在战略上,要以发展为目标,以改革促发展,以发展保稳定;在实际操作上,要始终把稳定放在首位,在社会稳定中推进改革发展,在改革发展中维护社会稳定。省长黄智权同志也多次讲过,再穷不能穷综治,再苦不能苦政法,再难也要花钱保平安。全年,省委常委会先后6次听取政法、综治工作情况汇报,根据中央精神,结合江西实际,认真研究加强政法、综治工作的意见,并作出重大部署。主管政法、综治工作的省委副书记彭宏松,省委常委、政法委书记舒晓琴,副省长蔡安季等领导同志,对政法、综治方面的重大工作亲自部署,重大活动亲自组织,重大问题亲自解决,并经常深入基层调查研究,检查督促。在省领导的重视和带动下,全省上下形成了对综治工作主要领导亲自抓、分管领导具体抓、其他领导配合抓的喜人局面。一年来,全省各级有5000多名党政领导干部,下基层抓综治工作落实。

把治安防控体系建设作为社会治安综合治理的重点工程来抓,积极探索欠发达地区治安防控体系建设之路,在全省推广抚州市经验,整合社会资源,集中人力、物力、财力,初步形成了点线面结合、人防物防技防结合、专群结合,覆盖全省城乡的大防控网络。在城市社区构建治安管控网络,在交通要道构建巡逻布控网络,在边际部位构建查缉堵控网络,在内部单位构建治安守控网络,在农村地区构建治安联控网络,在要害部位构建科技监控网络。通过建立六大治安防控网络,各地可防性案件下降幅度均在30%以上,并有18个县(市、区)、610个乡镇、2324个社区(小区)、11853个村(单位)被省、市、县综治委命名为安全县(市、区)、安全乡镇、单位和安全社区(小区)。

针对现阶段刑事犯罪的新特点,在“严打”斗争方式上实现五个转变:在“严打”规模上,由注重大范围的集中行动向注重小区域的专项行动转变;在“严打”的组织上,由注重打击形式向注重打击实效转变;在“严打”形式上,由注重集中打击为主向注重经常性打击为主转变;在“严打”手段上,由注重搞人海战术的粗放经营向注重运用科技手段转变;在“严打”成效评估上,由注重数量指标向注重质量指标转变,既保持了“严打”声威,又提高了“严打”实效。一年来,针对不同时期的治安形势,不间断地组织开展了指纹破案大会战、侦破命案专项行动、“百日行动”专项整治、缉毒破案会战等一系列专项打击行动。对8个重点县(市、区)、55个重点乡(镇)、45条重点路段、832处治安复杂的城乡结合部进行了集中整治,部署开展以“整治学校、铁路、监狱、企业周边突出治安问题,排查调处突出矛盾纠纷”为内容的百日行动,促进了这些地区和场所治安秩序的好转。鄱阳湖区周边13个县(区)在抓好治安整治的基础上,探索建立长效管理机制，开展联谊、联防、联调、联治、联建活动，使过去治安问题的多发之地，成为今日安宁繁荣的“鱼米之乡”。

完善矛盾纠纷排查调处机制，省里每季度、设区市每个月、县(市、区)每半个月、乡镇(街道)每周，定期排查一次矛盾纠纷。逐级实行月报、季度分析、要情报告、“零报告”、抄告回执、督查考核、协调会议七项制度。按照“属地管理、分级负责、归口调处”的原则，把化解矛盾纠纷的责任落实到辖区内有关部门、单位和领导干部。从省里开始，层层建立了处置突发事件工作机制，明确了工作范围、组织领导、部门分工及突发情况处置原则，一旦发生群体事件，按照这个机制运作，尽快平息事态。全省连续9年实现了无群众性械斗。为了解决基层信息不灵、信息失真、信息梗阻的问题，防止发生“神不知、鬼不觉”的事件，建立维稳信息督查员派驻制度。选调一批优秀后备干部，组建维稳信息督查员队伍，分别派驻各乡镇和县直有关单位，专门从事维护稳定信息督查工作，探索了一条新形势下维护稳定工作的新路子。维稳信息督查员的组织、行政、人事、工资关系划归县(市、区)政法委统一管理，列席所派驻乡镇(单位)党政班子会议，享受综治干部岗位津贴和工作地党政领导干部同等福利待遇。这支队伍组建一年多来，根据收集的有关信息，化解矛盾纠纷3万余起，消除安全隐患1万余处，在维护基层安全稳定中发挥了重要作用。

按照抓基层、建队伍、打基础的工作思路，下大力气加强基层基础建设，形成大综治的格局，推动综合治理各项措施在基层落实，巩固了基层第一道防线。按照省委规定，全省1615个乡镇(街道)设立了综治委(办)，配齐配强了专抓综治工作的副书记，配备综治专干5993人，并落实了综治专干每人每月60元的岗位津贴。系统、部门及下属单位都健全了综治组织，明确了负责领导，配备了专兼职综治干部。省、市、县三级和省直部门举办培训班269期，培训综治干部21020人，提高了综治干部的政治、业务素质。全省已有保安队员近3万人，专职治安巡防员16000人，治安信息员99140人，综治特派员21550人，义务群防群治队伍遍布城乡各地。推进综合治理“六进”战略。综治工作进社区、进园区、进景区、进企业、进校园、进乡村，已在全省各地全面推开。5个领导小组的工作得到了重视和加强。落实刑释解教人员安置帮教工作，三年来，全省回归的38163名刑释解教人员，帮教率达98%，安置率达89.6%，重新违法犯罪率2.9%。加强流动人口治安管理，全省已建暂住人口管理站1068个，现有专职协管员1336人，兼职协管员4132人，基本形成了以公安派出所为主体，以乡镇(街道)、村(居)委会为依托，以社区民警为核心，以协管员为骨干，以治安信息员为补充的流动人口管理网络。积极预防青少年违法犯罪，在全省范围内全面实施免疫工程、净化工程、爱心工程、基地工程、细胞工程，全省25岁以下青少年违法犯罪人数占全部违法犯罪人数的比例，由2001年的68.2%下降到现在的49.5%；青少年罪犯占各级法院已决罪犯的比例由63.5%下降到41%。深入开展铁路护路联防。强化路地双方责任，建立了组织联网、信息联享、工作联手、责任联负四大机制，组建了500多人的专职护路队伍，境内铁路线连续四年未发生有影响的重大涉铁刑事案件和群体性事件。推进学校及周边治安综合治理，在校园周边开展以“除暴、治乱、扫黄、清障”为主要内容的集中整治行动，采取部门联动、现场办公的形式逐个解决学校及周边治安存在的突出问题。

省委规定，各地、各部门党政一把手为社会治安综合治理第一责任人，分管领导为具体责任人，领导班子其他成员对所分管行业、部门的综治工作负责，并明确规定了各自在综治工作中应负的责任。根据省委的规定，从省里开始，年初逐级下发综治责任书，半年对落实情况进行一次检查，年底组织一次考核评比，各级综治责任人向上一级综治委作述职报告，各级综治委成员单位向同级综治委提交当年履行综治职责的情况报告。同时，逐级建立综治责任人政绩档案，将保一方平安的实绩与领导干部的政绩考核、奖惩和任用挂钩，对被评为综治先进的地区、部门、单位的党政一把手、分管领导、综治办主任给予嘉奖，并颁发荣誉证书和奖金。对抓综治工作政绩突出的领导干部，予以提拔重用。对综治工作不落实，发生重大问题的地区、部门、单位及其责任人，坚决实行一票否决和责任查究。2001年以来，市、县(市、区)两级综治委经五部委联席会议研究，并经综治委全体会议讨论决定，分别对1250个单位实行了一票否决、限期整改和黄牌警告，有850名综治责任人被调离领导岗位和或受到降职、免职、撤职处理。2003年以来，省综治委实行下否一级和末位警示制，对19个县(市、区)，4个省直单位、14个市直单位分别实行一票否决、黄牌警告和限期整改。

“严打”整治斗争情况

2004年，全省继续坚持贯彻“严打”方针，本着“什么犯罪突出就打击什么犯罪，什么问题严重就解决什么问题，什么地方治安混乱就整治什么地方，什么方式有效就采用什么方式”的原则，加大“严打”整治力度，始终保持对严重刑事犯罪的高压态势。全省共立刑事案件98377起，其中爆炸、投毒、绑架案同比分别下降50%、35.8%、4.5%；破获年内刑事案件42519起，比2003年增长9.2%；抓获各类违法犯罪嫌疑人32645人，摧毁各类犯罪团伙1541个，涉案成员6193人；审结一审刑事案件12527起，判决生效人犯15149人；审结爆炸、投放危险物品、杀人、抢劫、抢夺、盗窃罪案件5175起，判决生效人犯8205人。

针对突出的刑事犯罪问题，大力推进刑事侦查专业化建设，建立健全破案激励机制、命案必破机制和深挖犯罪机制，因地因时制宜开展了一系列打击专项行动。一是深入开展了侦破命案专项行动。通过采取分片包干、挂牌督办等办法，严厉打击杀人、爆炸等致人死亡的严重暴力犯罪，成功侦破了一批大案、要案，全年共破获各类现行命案526起，破案率达90.5%。二是有针对性地组织开展了一系列专项打击行动。先后在全省范围内深入开展“百日打防整治大会战”、“两打一追百日攻势”(打击严重暴力和黑恶势力犯罪、多发性侵财犯罪，追缉各类重大逃犯)、“缉毒破案大会战”、“打击淫秽色情网站”等一系列专项打击行动，切实加大对黑势力犯罪、严重暴力犯罪和多发性侵财犯罪的打击力度，有效遏制了刑事案件的高发势头。三是严厉打击各种经济犯罪活动。深入开展了打击假币犯罪、虚开增值税发票和制售假发票、“地下钱庄”、金融票证违法犯罪等专项行动。2004年共立各类经济犯罪案件1140起，涉案总价值6.89亿元，破案1000起，挽回损失9588万元。

深入开展治安乱点和突出治安问题集中整治行动。一是开展“百日行动”专项整治。7月1日至10月10日，省综治委组织在全省范围内开展以“整治学校、铁路、监狱、企业周边突出治安问题，排查调处突出矛盾纠纷”为内容的“百日行动”，共排查整治治安乱点1062个、治安问题3267个，已有998个治安乱点改变了治安面貌，实现了由乱到治。二是深入开展公共娱乐场所集中整治和网吧整治，部署开展了打击“六合彩”赌博专项治理行动。2004年共查处卖淫嫖娼案件4443起，查处赌博案件15128起，查获赌博团伙1216个，有效遏制了社会丑恶现象的滋生蔓延。三是组织开展了“打击鄱阳湖地区盗窃耕牛犯罪”和整治赣江、鄱阳湖水域采砂秩序等专项行动，进一步完善鄱阳湖区联谊联防工作机制，有效地遏制了全省水域纠纷多发势头。

通过深入开展“严打”整治，全省社会治安状况进一步好转，人民群众安全感进一步增强，据省统计局进行的公众安全感调查，2004年度全省群众对治安状况满意和基本满意率达93.98%。

社会治安防控体系建设情况

坚持一手抓打击，一手抓防范，把治安防控体系建设作为综合治理的重点工程来抓，走整合社会资源之路，集中人力、物力、财力，初步形成了点线面结合、人防物防技防结合、专群结合，覆盖全省城乡的大防控网络。

一、立足实现长治久安，把工作重点转到治安防控上来

一是在工作布局上，确立治安防控主导地位。针对全省刑事案件城镇占80%以上、可防性案件占80%以上的现状，省里提出了“三结合、三为主”的综治工作思路，即“打防结合，以预防为主；城乡结合，以城镇为主；上下结合，以基层为主”。二是在警力配置上，严守治安防控前沿阵地。省委常委会研究决定，近两年全省增加警力6000名，全部充实基层。派出所50%以上的民警派驻社区。适应动态治安特点，压减实战单位的非实战岗位，科学合理调度警力，确保警力时空分布相对均匀，有效地加强了社会面的控制。法院和司法行政机关也充实了基层人民法庭和司法所的力量。三是在经费保障上，切实加大治安防控投入。据统计，近两年来，省、市、县三级财政拨出近两亿元专款用于治安防控工作。南昌市在构建社会治安防控体系中，投入资金近5000万元。全省金融系统投入技防的经费达两亿多元，烟草、交通、铁路、民航等系统投入技防的经费近亿元。省建设厅行文规定，全省所有新建住宅小区安全防范设施，必须与住宅小区建设同步设计、同步实施、同步验收，不符合治安防范要求的，不得上市销售。这项政策的出台，促使开发商加大防范设施投入，有效提高了城市住宅小区防范设施的科技含量。四是在考核奖惩上，注重看治安防控实效。把治安防控列为综治工作目标管理考评重点，将分值由过去占总分的60%提升到90%。

二、整合资源，探索欠发达地区治安防控体系建设之路

江西省属经济欠发达省份，资金严重不足，成为制约防控体系建设的一大难题。抚州市是全省经济状况最差的市，所辖11个县(区)均为国贫、省贫县(区)，他们面对财力薄弱的现实，不等不靠，迎难而上，排难攻坚，通过整合人力、物力、财力资源，在较短时间内构建了管、防、控、打一体化的治安防控体系，走出了一条欠发达地区加快治安防控体系建设的新路子。省委常委、政法委书记舒晓琴下基层调研发现这一典型后，及时组织总结了经验。省委书记孟建柱、省长黄智权、省委副书记彭宏松分别作出批示，要求全省各地学习借鉴抚州经验，走整合社会资源之路，加快推进治安防控体系建设。省综治委及时在抚州召开现场会，传达省委、省政府领导同志批示精神，组织现场观摩，统一各方面的认识，对加快治安防控体系建设作出部署。各地按照省里的部署，借鉴抚州经验，整合社会资源，全面启动治安防控体系建设，使这项工作取得了重大进展。九江市委、市政府主要领导亲自挂帅，分管领导跟踪检查督促，综治委加强调度，组织工作组坐镇督导，所属12个县(市、区)都高起点、高标准地构建了治安防控体系。其他9个市的治安防控体系建设都已启动，可望在今年年底建成并投入使用。

三、分块实施，构建六大治安防控网络

一是在城市社区构建治安管控网络。全省所有社区都建立了综治室和警务室，以此为阵地，落实对社区重点人口和治安复杂场所的管控，指导安置帮教刑释解教人员，做好预防青少年违法犯罪工作，开展矛盾纠纷排查调处、法制宣传教育和法制咨询服务。景德镇市妇联组建“妈妈帮教团”进社区，以母爱亲情教育、感化、挽救失足者，被帮教的500多人无一重新违法犯罪。二是在交通要道构建巡逻布控网络。在主干道建立交警巡防责任区，在次干道建立巡警巡防责任区，在其他路段建立派出所巡防责任区。各地交通要道三大巡防责任区启动以来，抓获犯罪嫌疑人4600多名，街面刑事案件、治安案件同比下降11.6%和

21.3%。新余市警民联合的巡防队伍上街面值勤以来,临街1.1万个店面的卷闸门全部改为玻璃门,未发生一起盗窃案件。三是在边际部位构建查缉堵控网络。在城市主干道、次干道和社区主要街巷的重要路段和出入口,依托交通岗亭、治安岗亭设立巡逻值守点,组织民警设卡守口,查缉堵控。在进出城区的主要路口,建立治安查报站。通过查缉堵控网络,控制犯罪的能力明显加强。南昌市一旦发生重大案件,可立即在三道关卡迅速部署交警、巡警、特警和武警把守,5分钟之内关闭出入南昌的门户。四是在内部单位构建治安守控网络。在党政首脑机关、金融网点、危险品生产、储存等部位,推行安全守控"一把手"责任制。在企业推行企业法人代表治安守控责任制。在全省58所高校推广华东交通大学经验,构筑以校园110为平台,以群防群治队伍为骨干,以三道防线为重点,以校地共建为基础的校园治安防控体系。全省重点单位及高校没有发生影响稳定的重大刑事案件和安全事故。五是在农村地区构建治安联控网络。在行政村设立了综治工作室,以此为载体,把治安防控各项措施落实到村户。宜春、上饶等市在农村设立无职党员治安岗,划定党员治安责任区,推行"治安中心户长责任制"。吉安县、资溪县和安源区组织百名政法干警进驻重点村,联系重点户,推动了农村治安防控工作。六是在要害部位构建科技监控网络。在城区重点要害部位和治安复杂地段,建立电视监控系统,并同公安110指挥中心联网对接。科技的运用,"电子警察"的引进,有效提高了发现、控制犯罪的能力。据不完全统计,全省各地利用监控网络破获刑事案件1500多起,抓获现行犯罪嫌疑人2000多人。通过建立六大治安防控网络,各地可防性案件下降幅度均在30%以上,并有18个县(市、区)、610个乡镇、2324个社区(单位)、11853个村(小区)被命名为安全县(市、区)、安全乡镇、单位和安全社区(小区)。

矛盾纠纷排查调处情况

全省各地、各部门从改革发展稳定大局出发,站在维护人民群众利益高度,不断深化矛盾纠纷排查调处工作,采取有力措施解决涉及群众利益的突出问题,从源头上预防和减少矛盾纠纷,有效地维护了社会稳定。2004年,各地排查出来的3.1万余起重大矛盾纠纷,90%以上得到妥善调处,90%以上化解在基层,90%以上解决在初始阶段,没有引发影响社会稳定的重大事端,全省群体性事件总量下降13.8%,群众来信来访下降14.7%(其中集体访批数和人数分别下降36.8%和37.1%)。

一、实践执政为民要求,从全局高度抓好矛盾纠纷排查调处工作

形成排调共识。省委、省政府就做好矛盾纠纷排查调处工作,连续下发了一系列文电,多次召开专题会议研究部署,明确要求把排查调处矛盾纠纷,作为实践"三个代表"重要思想、落实执政为民本质要求、保持社会稳定和维护人民群众利益的大事抓紧抓好,依靠基层组织,通过有效的工作,切实解决好涉及群众利益的问题。全省各级党政组织认真贯彻省委、省政府的指示精神,联系实际深刻反思,对做好矛盾纠纷排查工作形成了共识,增强了紧迫感和责任感,从而把排查调处矛盾纠纷,作为维护人民群众利益的根本大事,作为保持社会稳定的基础工作,作为党政组织和领导干部的重大政治任务,紧抓不放,常抓不懈。

健全排调网络。省、市、县、乡镇逐级成立了矛盾纠纷排调领导小组及办公室,负责组织协调本地区的矛盾纠纷排查调处。为强化基层排调工作,省委明确乡镇设立综治办,配备3~5名专职干部,从组织上保证了排调工作在基层有人抓。在乡镇还组建了以司法所为主体,公安派出所、人民法庭、信访、土管、计生、团委、妇联等部门参加的调解中心,负责调处复杂疑难的矛盾纠纷。村(居)委会及内部单位全部成立了调委会,及时就地排调矛盾纠纷。截至目前,乡镇(街道)共建立调解中心1548个，村（居）调委会22090个，厂企调委会2606个，联合调委会1172个，集贸市场调委会399个，流动人口聚居区调委会14个，其他形式的调委会425个。从而在全省初步构建了纵向到底、横向到边、层层有人负责的五级排调网络。

强化排调责任。按照属地管理和谁主管、谁负责的原则，以矛盾纠纷解决在基层、化解在萌芽状态为目标，严格实行领导、部门责任制和责任查究制。省委、省政府明确规定，各级党政一把手为本地区、本部门、本单位矛盾纠纷排调第一责任人，分管领导负主要责任，班子其他成员对所分管的部门行业的排调工作负主要责任。上栗县采取乡镇政府与农户互签维稳双向承诺责任书的形式，将矛盾纠纷排调责任分解到基层政府和10万农户身上。农户承诺发生矛盾纠纷及时报告乡村两级组织，配合调处，不激化矛盾；政府承诺对农户报告的矛盾纠纷公正公平调处，维护群众合法权益。坚持把矛盾纠纷排调工作纳入到社会治安综合治理目标管理，对排调工作不落实，发生影响稳定重大问题的坚决实行一票否决，查究领导责任。近两年，省综治委先后对排调工作不落实，发生影响稳定重大问题的4个省直单位、19个县（市、区）和14个设区市综治责任单位分别实行了一票否决、黄牌警告和限期整改，并查究了领导责任。

二、体察民情民意民声，从多渠道排查矛盾纠纷

拓宽排查渠道。在全省形成了5条矛盾纠纷排查渠道：一是综治排查渠道。2004年，全省综治机构排查矛盾纠纷1万余起。二是信访排查渠道。各级信访部门从群众来信来访中排查矛盾纠纷近万起。三是司法调解排查渠道。各级调解组织排调民间纠纷1.2万余起。四是涉法信访排查渠道。去年，通过各级党委政法委和公、检、法、司五家联合接待涉法上访，从中排查矛盾纠纷1000余起。五是维稳信息排查渠道。全省维稳信息队伍排查矛盾纠纷近万余起。

健全排查机制。在排查时间上，设区市每个月、县（市、区）每半个月、乡镇（街道）每周，定期排查一次矛盾纠纷；在工作运行上，逐级实行月报、要情报告、“零报告”、抄告回执、督查考核、协调会议六项制度；在信息处理上，由各级综治委、办牵头，每季度召开一次形势分析会，对5个渠道排查出来的纠纷矛盾进行综合分析和归纳整理后，形成专题报告，为党委、政府了解社情民意，出台决策，做好稳定工作提供了重要依据。

探索排查新路。兴国县针对基层不稳定因素排查存在信息不灵、信息失真、信息梗阻的问题，选调了一批优秀后备干部，组建维稳信息督查员队伍，分别派驻各乡镇和县直有关单位，专门从事维稳信息督查工作，其组织、行政、人事、工资关系划归县委政法委统一管理，探索了一条新形势下做好矛盾纠纷排查工作的新路子，中央领导同志对此予以充分肯定。省委在全省推广“兴国经验”，各地迅速选配2233名维稳信息督查员，派驻基层专门从事收集报送维稳信息，督促基层化解矛盾纠纷、消除不安全隐患，有效防止了“神不知、鬼不觉”问题的发生。

三、关爱民生民力民权，从根本上化解矛盾纠纷

在农村，着力解决农民负担、征地补偿、土地水利山林权属纠纷等问题引发的矛盾纠纷。积极稳妥推进税费配套改革工作，乡镇机构、农村义务教育等八项配套改革全面完成，堵住了农民负担反弹的“口子”。2004年，全省共减轻农民负担11亿多元。规范建设用地的使用管理，治理整顿土地市场秩序和清理开发工作，全面推行经营性土地使用权招标、拍卖、挂牌出让制，提高了征地补偿标准。加大投入，强化对农业的支持保护，用发展的办法解决三农问题。省里明确规定，从国有土地出让金的纯收益中拿出20%，用于支持农业开发；由省财政安排专项资金，用于农民教育培训。采取组织“大会战”的形式，依据法律、政策，妥善解决历史遗留的土地水利山林等资源权属纠纷。

在企业，着力解决部分职工和军转干部生活困难以及下岗人员再就业等问题引发的矛盾纠纷。全年，省财政专项补助各地养老保险金13.9亿元，下岗职工基本生活费2.8亿元，城镇低保资金4.78亿元，为88万企业离退休人员发放养老金51亿元，为18.5万国有企业下岗职工发放基本生活费及代缴社会保险费6.22亿元。同时，将矛盾纠纷突出的农垦企业职工纳入了基本养老保险。把促进再就业工作作为各级政府的一项重要任务，层层签订责任状，以税费减免、小额贷款、社保补贴、免费职业介绍和职业培训为重点的再就业优惠政策已全面实施。解决下岗职工再就业16.8万人。省里先后出台两个文件,对企业军转干部基本生活保障和再就业、养老保险、基本医疗保障、困难补助标准、资金筹措等作了明确规定。省里下拨2000万元专款,用于解决部分企业军转干部生活困难问题。

在城镇,着力解决困难居民最低生活保障和拆迁补偿等问题引发的矛盾纠纷。加快构筑城市低保体系,全省有101万人享受了城市居民最低生活保障,对符合低保条件的做到了应保尽保。以城市"三无"人员、残疾人、重病人为重点,切实提高常补对象的保障标准和实际月补差水平,建立低保资金拨付绿色通道,出台低保对象在就业、就医、子女就学、住房、水电气等方面的配套优惠政策,真正把低保资金重点用在最困难、最需要救助的人身上。加强房屋拆迁管理、规范拆迁行为,严格按照房地产市场评估价格,确定拆迁补偿金额,维护被拆迁人利益。此外,按照中央部署,政法部门上下联动,相互配合,集中开展处理涉法上访问题攻坚战,共解决各类疑难涉法信访3200件。

四、推出亲民爱民富民之举,从源头上预防矛盾纠纷

指导思想上树立亲民爱民富民观念。在社会转型时期,资源分配、市场占有、生产经营、劳务关系、收入分配等方面的社会矛盾突出,很容易转化为不稳定因素。面对新情况、新问题,省委、省政府要求各级领导干部增强亲民爱民富民意识,树立科学的发展观和正确的政绩观,增进同人民群众的感情,打牢善待群众、关爱群众的思想基础,把发展好、实现好、维护好广大群众的根本利益作为处理改革发展稳定关系的结合点和推进改革的出发点、立足点,把改革的力度、发展的速度和社会可承受程度有机统一起来,切实从源头上预防和减少矛盾纠纷。

制定决策时体现亲民爱民富民要求。在出台改革政策和发展举措时,坚持把群众利益放在首位,注重解决涉及群众利益问题,统筹社会协调发展。决策出台前,充分考虑群众利益;决策过程中,广泛听取群众意见;决策实施中,跟踪问效,对损害群众利益的问题及时坚决纠正。新余市在大规模进行工业园区开发和城市建设时,尊重群众意愿,合理确定补偿标准,并在建好安置房后再拆迁,不与民争利,赢得了群众的拥护和支持,没有一名群众因征地拆迁问题到省上访。广昌县坚持重大决策人大审议制度,把解决群众切身利益问题纳入规范化、制度化、法制化的轨道,理顺了群众情绪,全县连续23年未发生群体性事件。

实际工作中落实亲民爱民富民举措。时刻牢记"群众利益无小事",真正做到权为民所用、情为民所系、利为民所谋,把预防和减少矛盾纠纷的着力点放在解决涉及群众利益的紧迫问题上。我省推出了一系列亲民爱民富民举措:在帮扶特困群众方面,全省共安排1.16亿元资金,解决了99万农村特困群众的实际困难;对深山区、库区4万群众实施扶贫搬迁工程;进一步完善法律援助体系,保障弱势群体的公民合法权益。在减轻群众负担方面,对农村学校学费实行"一费制",每名学生少交费30%以上;对农户电费实行每度0.56元的最高限价;税改后亩平税负高于64元的,一律降到64元以下。在促进就业再就业方面,去年全省新增就业人员35万人,由政府出资购买岗位安排3.7万"4050"人员就业。在机关作风建设方面,开展政务公开和机关作风评议活动,组织万名干部下乡访贫问苦,与贫困户结对帮扶,把党和政府的温暖送到困难群众心坎上。

社会治安综合治理基层基础建设情况

一、加强综治组织建设,巩固基层第一道防线

按照抓基层、建队伍、打基础的工作思路,下大力气加强基层基础建设,形成大综治的格局,推动综合治理各项措施在基层落实,巩固了基层第一道防线。

(一)加强基层党政组织建设。深入开展农村党的建设"三级联创"和"保持共产党员先进性教育"活动,先后整顿调整乡镇(街道)和村(居)班子1100多个,选拔了4000多名"两手抓"的能人充实基层党政班子,增强了基层党组织的凝聚力、战斗力和创造力。同时,从党政机关选派16000多名优秀干部进驻5500多个村,扶助、指导基层组织一手抓发展,一手抓稳定,促进了基层各项工作的落实。

(二)加强基层综治组织建设。按照省委规定,全省1615个乡镇(街道)设立了综治委(办),配齐配强了专抓综治工作的副书记,配备综治专干5993人,并落实了综治专干每人每月60元的岗位津贴。系统、部门及下属单位都健全了综治组织,明确了分管领导,配备了专兼职综治干部。近几年来,省、市、县三级和省直部门举办培训班769期,培训综治干部71020人,提高了综治干部的政治、业务素质。

(三)加强基层政法组织建设。进一步充实了基层公安派出所、法庭、司法所的力量,改善了工作和生活条件。去年,省、市、县三级公安机关分流出1600名民警及新录用的1000名民警,全部下到基层派出所。省委常委会研究决定,今明两年全省增加6000警力,全部充实基层。

(四)加强村(居)自治组织建设。全省22090个村(居)委会均设立了综治室。省综治办、省公安厅、省民政厅、省司法厅就加强基层治保、调解组织规范化建设提出了明确要求。各地对村(居)治保、调解组织进行整顿,充实了力量,调整了不称职人员。现在,村(居)治保主任大都由村(居)委会主任兼任,调委会主任由村(居)党支部书记兼任,治保、调解组织在维护社会治安中发挥了重要作用。

二、挖掘民力资源,建立健全群防群治队伍

(一)多形式组建队伍。各地依据省里制定的群防群治队伍建设规划,按照"分级组建、规模发展"的要求,组建了群防群治"六支队伍"。在青壮年下岗职工和享受低保的人员中组建社区保安队伍;在警校毕业生、退伍军人、民兵中组建专职治安巡防队伍;在城市出租车司机、旅店服务员、环卫工人、便民店主和治安积极分子中组建治安信息员队伍;在政法干警、法律工作者、优秀教师和离退休干部中组建综治特派员队伍;在热心治安工作、懂法律的共青团员和大中专院校学生中组建治安志愿者队伍;在机关单位和社区党员、干部、职工中组建义务巡逻和看楼护院队伍。目前,全省已有保安队员近3万人,专职治安巡防员16000人,治安信息员99140人,综治特派员21550人,义务群防群治队伍遍布城乡各地,党员、干部义务巡逻已在全省各地全面推开。

(二)高起点规范管理。省里明确社区保安队伍、专职治安巡防队伍和治安信息员队伍由辖区公安机关管理,其中专职治安巡防队伍实行准军事化管理;综治特派员队伍由所在地综治办管理;治安志愿者队伍由当地共青团组织管理;看楼护院队伍由村(居)委会管理。社区保安队、专职治安巡防队实行岗前培训,培训合格后持证上岗,其他四支队伍采取以会代训的形式组织教育培训。同时,明确了群防群治队伍的职责任务,严明工作纪律,严禁执法执罚,严禁欺压百姓。对违反禁令的,一律严肃查处。

(三)多渠道筹措经费。专职治安巡防队员的报酬,以财政出资为主、受益单位出资为辅的方式解决,经济条件较好的地方由财政全额拨付;治安信息员的奖励经费在公安业务费中解决;综治特派员的补贴在综治经费中开支;社区保安队实行有偿服务,谁受益,谁出资。在社区建设中,鼓励开发商无偿为社区综治室、警务室提供办公用房,为改善社区治安防范设施提供资助。省里规定,所有新建住宅小区安全防范设施,必须与住宅小区建设同步设计、同步实施、同步验收,不符合治安防范要求的,不得上市销售。这项政策的出台,促使开发商加大治安防范投入,有效提高了城市住宅小区治安防范科技含量。

三、强化基层基础工作,提升综治工作整体水平

(一)全面推行综合治理"六进"。各地全面推开综治工作进社区、进园区、进景区、进企业、进校园、进乡村。在社区、大中型企业和工业园区、学校、旅游景区以及村委会设立综治室,以此为阵地,把综治工作延伸到基层,落实到基层。由各级综治委牵头,组织3万名政法干警、综治干部、法律工作者、行政执法人员、治安志愿者等方面的人员进综治室，协助抓好综合治理各项措施落实。安源区将综治工作触角向民营企业延伸，选派185名综治人员进驻55家规模较大的企业，为企业提供法律服务，整治周边治安环境，消除安全隐患，促进了民营经济的发展。波阳县从县直单位抽调500多名科级干部，组建乡土式综治特派员队伍，派驻大村庄开展治安防范工作，通过发挥血缘、亲缘、地缘“三缘”优势，利用乡情、亲情、友情“三情”人力资源，化解了大量矛盾纠纷。上栗县10万农户全部与政府签订维稳双向承诺责任书，双方共同履约守信保平安，既提高了政府依法行政水平，又增强了群众依法办事观念，全县刑事案件、治安案件和各类纠纷分别下降34.4%、22%和42%，未发生影响稳定的事件。九江、吉安、上饶、鹰潭、新余分别在庐山、井冈山、山清山、龙虎山、仙女湖打造平安景区，进一步规范了旅游市场治安管理，促进了旅游业的发展。

（二）推进各级综治办规范化建设。从2003年开始，有组织、有计划、有步骤地实施综治办规范化建设三年规划。各级综治办建立健全了重大事项报告、治安形势分析、矛盾纠纷排查调处、工作例会、通报讲评和检查督办等7项制度，统一了资料台账的内容、形式和操作要求，并将资料台账纳入计算机管理。改善综治办工作条件，市、县（市、区）综治办配备了工作用车和视听器材，基本上实现了办公自动化；乡镇（街道）综治办解决了办公用房，84%的乡镇（街道）综治办配备了电脑。明年，省、市、县（市、区）综治办将实现微机联网。目前，已有部分县（市、区）与乡镇综治办开通了局域网，为综治工作打造现代化信息平台。按照省综治委三年规划的标准，目前市、县（市、区）两级综治办已经达标，乡镇（街道）综治办已有80%达标。

（三）充分发挥维稳信息督查员队伍作用。组建维护稳定信息督查员队伍，是兴国县创造的新鲜经验，得到了中央领导同志的充分肯定。2003年6月，省委孟建柱书记专门作了重要批示，省委办公厅下发了《关于推广兴国组建维护稳定信息督查队伍经验的通知》（赣办发[2003]8号），并在兴国县召开现场会议进行部署。各级党委、政府认真贯彻省委决定，统一思想认识，周密部署，迅速行动，在纪检、组织、人事、财政、监察等部门的大力支持和密切配合下，于2003年7月底之前组建了维护稳定信息督查队伍，经过培训后上岗开展工作。各市在县（市、区）和市直有关单位派驻维稳信息督查员174人；各县（市、区）共选调维稳信息督查员2198名，分别派驻到各乡镇、街道和县（市、区）直有关单位；乡镇、街道在村（居）委会选聘维稳信息联络员44523人。省维稳办在11个市和23个省直单位建立维稳信息联络员。县（市、区）维稳信息督查员由政法委直接管理，实行异地交流派驻。维稳信息督查员深入群众，把情报信息收集的触角延伸到了村、组、社区和基层单位，较好地发挥了“千里眼、顺风耳”的作用，解决了维护稳定工作中信息不灵、信息梗阻、信息失真等问题，及时就地化解了大量的不稳定因素，消除了大量的安全隐患，有效防范了许多“神不知、鬼不觉”问题的发生。据不完全统计，组建这支队伍以来，各地维稳信息督查员报送信息110019件，督促化解矛盾纠纷63722件，消除安全隐患21370件，预防和减少了群体性事件、治安灾害事故和“民转刑”案件的发生。

流动人口管理工作情况

一是党政领导重视，把流动人口治安管理与服务工作纳入议事日程。全省11个设区市，99个县(市、区)均成立了由党委、政府分管领导任组长，各有关职能部门负责人为成员的流动人口治安管理工作领导小组。坚持半年召开一次联系会议，互通情况，研究工作，汇总信息。建立了暂住人口管理责任制、报表填报审核签名制、暂住人口管理责任倒查制、流动人口通报协查制、出租房屋建档备案制等各项制度。在全省基层公安派出所普遍成立了暂住人口管理站，基本形成了以公安派出所为主体、街道(村委会)为依托、社区民警为核心、协管员为骨干、治安信息员为补充的流动人口管理服务网络。截至2004年年底，全省已建暂住人口管理站978个，有专职协管员1393人，兼职协管员3006人。

二是积极探索流动人口管理与服务的新路子。针对“城中村”外来人口多，治安情况复杂的特点，南昌市依靠当地村委会和村民协管，组织流动人口和房东建立暂住人口理事会、党员之家，设立流动人口维权站，采取人来登记、人走注销的旅店式管理，完善流动人口超市、医务所、饮食店、美容美发厅以及定期发布就业和房屋租赁信息，较好地解决了城郊流动人口管理服务工作中存在的问题。萍乡市在暂住人口管理工作中，采取分层次管理方法，即把在宾馆、旅社、厂矿企业、建筑工地等单位或场所中从业的暂住人口列为第一层次管理对象，主要依托用工单位负责管理，公安机关只进行简单登记发证；把在美容美发厅、歌舞厅、桑拿浴中心等复杂场所就业和工作不固定的暂住人口列为第二层次管理对象，既进行认真的登记发证，又进行经常性的检查；把无固定职业和合法收入、租住独门独院、形迹可疑的人员列为第三层次管理对象，由社区民警直接管理，并列为管理重点，纳入管理视线。九江市建立“党政领导，综治牵头，各家参与，条块互动，资源共享，齐抓共管”的新机制，对暂住人口实行市民式教育、一门式服务、联合式办公、综合式管理的“四式”管理模式，形成了流动人口“流动顺畅，管理有序，维护稳定，共创繁荣”的可喜局面。

三是认真落实各项管理措施，不断夯实基层基础工作。严格暂住人口登记办证手续，做到底数清、情况明。至2004年年底，全省共登记暂住人口288317人，发放暂住证235576个，登记流出人口4561076人。吉安市结合实有人口调查登记工作，采取“三查三看”(查户口登记项目，看登记情况与人口实际是否一致；查人员居住情况，看是否人户分离；查室内摆设物品，看是否有违法犯罪嫌疑)、先行告知、催办证件等管理措施，进一步加强了对暂住人口的登记与办证工作。强化出租房主治安责任。各地按照“谁出租、谁负责”的原则，与出租房主签订治安责任书，重申出租房主和承租人的治安责任。对清查出的违规出租户，凡符合出租条件的，必须签订治安责任书；对手续不全的，限期补办，凡不符合出租条件的，限期停租；对不按有关规定履行治安责任的出租房主依法进行处罚。据统计，各地共登记出租房屋85652户，签订治安责任书81876份，处罚出租户主489人。落实流动人口通报协查制度。各地严格按照公安部《关于流动人口通报协查工作的规定》要求，加大了对流动人口中的重点人口和在特殊岗位或重点部位工作人员(如保安员、仓库保管等人员)的协查通报工作力度，通过微机、电话、电报、传真、发函等多种手段全面开展协查，及时了解掌握情况。目前，各地共发流动人口协查函63195件，收到回复函16630件；收到协查函45136件，回复协查函40204件。通过协查，共发现提供案件线索636条，协破刑事案件327起，抓获犯罪嫌疑人470名，抓获网上逃犯98名。完善暂住人口管理信息系统。上饶、萍乡、赣州、抚州等设区市把建立和完善暂住人口管理信息系统作为科技强警的一项重要措施抓紧抓实，并取得良好效果。上饶市通过网上比对，抓获网上逃犯5名。

四是强化部门责任，实行综合治理。公安机关按照省政府《关于进一步改革户籍管理制度，加快我省城市化进程的意见》要求，制订了符合本地实际的户籍改革方案和实施办法，进一步放宽了城市投资、购房、引进人才、投靠亲友等方面落户的限制。劳动和社会保障部门按照"平等协管、互惠互利、服务为本、协作发展"的原则，加强了流入地和流出地的协作配合，有效提高了劳务输出的组织化程度；同时，对全省职业介绍机构进行了清理整顿，进一步规范了市场中介行为；与建设、工商、公安部门密切配合，积极解决拖欠民工工资等问题，切实维护民工的合法权益；强化劳动技能培训，切实把管理服务教育有机结合起来。春节期间，举办了以劳务输出为主要内容的省、市、县三级联动的全省就业和招聘洽谈大会，设会场100个，进场招聘单位7063家，提供就业岗位信息54万余个，入场求职人员106.8万人，应聘人数47.5万人次，达成用工意向19.04万人次，现场录用9.97万人，为促进民工有序流动就业、维护社会稳定发挥了积极作用。计划生育部门转变观念，优化服务，进一步加强了流动人口计划生育管理。为方便育龄群众，规定只要申请人手续齐全的即予办理《流动人口婚育证明》，对外出已婚育龄妇女只要每季寄回一份当地计生技术服务机构出具的有效环孕检情况证明，就可以不再回乡参加环孕检。工商管理部门创新管理方式，加强市场巡查，对异地申请进入市场的流动人员，严格执行当地流动人口管理的有关规定，实行两个"互动与并举"，即流动人口申请办理个体工商户或私营企业登记注册时，与当地派出所互动，认真审查流动人口身份证明，确保个体工商户和私营企业发展与流动人口管理并举；对异地持下岗失业人员再就业"优惠证"申办个体工商户的，与当地派出所互动，认真审查流动人口身份证明，确保享受再就业优惠政策落实与流动人口管理并举。交通管理部门为方便外出务工、经商人员出行，把春运工作作为全年工作的重中之重，制定了春运应急预案，有效地疏导了民工潮。2004年春运期间，全省铁路、公路、水路共运送旅客5000万人次，其中铁路运送旅客728万人次，公路运送旅客4229万人次，水路运送旅客50万人次，确保了春运安全。民政部门投资近千万元，从2003年下半年开始对救助管理站进行根本性的整治和改造，救助工作由过去的强制性收容遣送转为关爱性救助。

五是针对突出问题，适时组织开展区域性清理整顿。各地公安机关会同城建、工商、计生、卫生、民政等职能部门，紧紧围绕中心工作，结合"严打"和各项重大活动的安全保卫，本着"什么问题突出就重点整治什么问题，哪里问题严重就重点整治哪里"的原则，对城乡结合部、出租房屋、建筑工地、劳务市场、集贸市场、中小旅店、车站、码头、公共娱乐服务场所等流动人口聚集的复杂场所和部位适时进行了清理整顿，强化了暂住人口登记办证，取缔了违规出租房屋，消除了一批治安隐患。宜春市为做好全国农运会的安全保卫工作，部署开展清理出租房屋和流动人口的"百日整治"行动，共清查出租房屋8203户，建筑工地（工棚）34处，公共场所和特种行业61个，签订治安责任状1089份，登记流动人口15037人，发现犯罪嫌疑人34名，打掉犯罪团伙1个、13人，破获各类案件12起，确保了全国农运会期间的社会稳定。九江市为进一步规范和完善全市"三口一屋"的管理，在城区先后组织开展了清理整顿出租房屋、暂住人口的"零点行动"，清理登记出租房屋1686户，登记暂住人口4559人，清查工地、美容美发屋、私人旅社278家，发现可疑人员48名，打击处理11人，查获治安案件6起，刑事案件1起。鹰潭市于2004年上半年开展了为期2个月的流动人口、出租房屋清理整顿专项行动，利用广播、电视传媒、宣传车进行广泛宣传，印发清理整顿通告6000余份，登记出租房屋2261户，登记暂住人口8451人，办理暂住证1899人，破获刑事案件25起，查处治安案件42起，切实加强了流动人口管理工作，有力维护了全市良好的社会治安秩序。

刑释解教人员安置帮教工作情况

一、加强安置帮教组织机构建设

县(市、区)成立了安置帮教工作领导小组,由党委分管政法的副书记担任组长;乡镇(街道)成立了安置帮教工作站,村(居)委会、社区成立了安置帮教小组。全省上下形成了纵向到底、横向到边的安置帮教工作网络,保证了安置帮教工作有人抓、有人管。广昌县委、县政府明确规定各单位一把手为刑释解教人员安置帮教第一责任人,分管领导为主要责任人,层层签订责任状;县几套班子成员与刑释解教人员"一对一"结对子进行帮教,带动了全县各级领导参与安置帮教工作,全县刑释解教人员至今无一人重新违法犯罪。到2004年年底,全省共有近4万个安置帮教小组,10万余名基层帮教人员;建立过渡性安置帮教基地44个,滚动安置2800余名刑释解教人员。

二、强化安置帮教社会化氛围

一是强化与有关职能部门的联系沟通,坚持联席会议制度和报表督查制度,及时通报情况、汇总信息、研究工作。二是充分发挥民政、劳动和社会保障、共青团、妇联等部门职能优势。2004年,全省民政及劳动和社会保障部门为刑释解教人员办理社保、低保和社会救助共计1200余人次,仅吉安市就发放救助款28万元。团省委积极开展对青少年刑释解教人员的安置帮教工作,组织送法律书籍,请作家等社会知名人士给他们进行心理辅导。省妇联积极组织各界妇女参与安置帮教工作,景德镇市妇联组织了200余人的妈妈帮教团,开展帮教工作。三是积极寻求人大、政协等部门对安置帮教工作的支持。景德镇市由市人大常委会主任带队,组织人大常委会委员视察安置帮教工作。抚州市邀请市政协委员参观考察安置帮教基地建设。四是发挥新闻媒体和社会各界的作用。修水县司法局会同县电视台"法制时空"栏目,把"三进宫"刑释人员熊榜荣的转化事迹拍成专题片"浪子回头金不换",搬上银屏。遂川县华纶针织厂(私营企业)安置78名刑释解教人员和40余名刑释解教人员家属就业,至今无一人重新犯罪。

三、规范刑释解教人员衔接工作

一是强化对刑释解教人员的衔接管理。按照中央综治办、公安部、司法部、民政部《关于进一步加强刑释解教人员刑满释放和解除劳教时的衔接工作的意见》,在前几年统一刑释解教通知书的内容和寄发时间的基础上,2004年,进一步加强了各级安置帮教机构与监狱、劳教单位和公安看守所的联系,加大了衔接工作力度。目前,我省绝大多数设区市及不少县(市、区)安置帮教办公室都与监狱、劳教单位签订了衔接工作协议。赣州市18个县(市、区),均与赣州监狱签订了《对服刑人员实施社会化帮教协议书》。南昌市安置帮教办公室专门就衔接工作走访了省监狱局、省劳教局有关部门。鹰潭、上饶、九江等市安置帮教办公室与饶州、景德镇监狱建立了定期互访制度。2004年5月,全省监狱、劳教单位和公安看守所对衔接工作全部进行了一次自查自纠。10月,对部分监狱、劳教单位和公安看守所的衔接工作进行了抽查,对发现的问题及时提出了整改意见。二是加强对刑满释放人员的集中排查清理工作。对流散人员加大追踪询访工作,千方百计掌握这些人的去向。对重点人员加强帮教力量和台账制度建设,对人户分离人员实行"双列管、两头包"的办法,始终掌握在视线之内。

四、启动安置帮教信息网络建设

2004年,我省以刑满释放人员和期满解教人员两大数据库为基础,充分利用司法行政系统现有的硬件资源,启动了刑释解教人员安置帮教工作计算机管理网络系统,实现了安置帮教管理的规范化、系统化、网络化,提高了安置帮教管理工作的效率。

预防青少年违法犯罪工作情况

一、实施“免疫工程”，提高青少年的自身免疫能力

在全省推广了瑞昌市实施“免疫工程”的经验，实行社会、学校、家庭“三位一体”，伦理、法理、情理“三理交融”，增强青少年自身“抗体”。

坚持科学理论灌输，增强信念“抗体”。组织20多万名大中专学生“三个代表”和“十六大精神”宣讲团进入学校、社区、农村向青少年宣讲。同时，组织广大青少年开展青年志愿者、青年文明号、青年文明社区、手拉手等活动，带领青少年到工厂、矿山、农村等改革开放的前沿阵地参观学习，引导他们积极投身到振兴江西、建设“三个基地、一个后花园”的实际工作中去，在实践中树立远大理想和坚定信念。

坚持道德品质灌输，增强道德“抗体”。在全省青年中开展“塑造江西人新形象——青年在行动”活动，努力塑造青年“求新思变、开明开放、诚实守信、善谋实干”的良好形象。在全省中小学生中广泛开展了“少年儿童养成十个道德好习惯、十个文明好行为”活动，积极倡导“爱国守法、明礼诚信、团结友善、勤俭自强、敬业奉献”的基本道德规范，引导青少年养成敬老、友爱、诚信、勤俭的良好习惯。全省共有100万名青年投入到“塑造江西人新形象——青年在行动”之中，近10万名务工青年成为该活动的文明使者，近280万少年儿童参加了养成道德好习惯活动，使青少年在点滴的日常小事中养成良好的道德习惯。

坚持法律知识灌输，增强法制“抗体”。全省各中小学校普遍推行法制课和法制讲座，聘请法制副校长或校外法制辅导员，定期到学校开展法制宣传教育活动。团委联合教育、司法部门在全省开展了“青少年法律学校”创建活动，团省委还组建了由99位公检法司及学校等单位同志参加的法制志愿者宣讲团，在全省各校巡回宣讲法律知识。目前，全省共创建“青少年法律学校”260所，招募法制教育志愿者和聘请校外法制教育辅导员1630名，举办未成年学生法制教育课和讲座3340次，开展“未成年保护法”和“预防未成年人犯罪法”知识竞赛970多次。

坚持防护意识灌输，增强自护“抗体”。各地通过举办自护训练营、设置心理健康辅导站、组织观看展览、观摩少年管教所、开设第二模拟法庭等生动直观、便于参与的活动，向全社会广泛推进青少年自护、自立、自强教育工作，增强青少年远离犯罪的心理免疫力。省少年管教所经常组织中小学生到少管所看悔罪青少年现身说法，用活生生的反面典型来洗刷青少年心灵，引导他们增强辨别是非的观念，从思想上、心理上筑起“免疫工程”的铜墙铁壁。在全省举办“为了孩子——预防青少年违法犯罪展览”，共计46万多名大中小学生进行了参观，有效地提高了青少年自卫自护能力。

二、实施“净化工程”，营造青少年健康成长的社会环境

净化校园环境。集中时间，集中力量，在校园周边专门开展“除暴、治乱、扫黄、清障”整治行动，并把集中整治和建立长效机制、治安整治和创建安全文明校园结合起来，将维护学校及周边治安稳定的责任分解到各有关部门、各级各类学校与周边地区，建立学校与部门的联席会议制度，定期通报情况，及时解决问题。西湖区墩子塘派出所还向所辖区内的中小学生发放了未成年人保护卡，未成年学生一遇到紧急情况，便可直接拨打电话求助，有效保障了未成年学生的安全。

净化社区环境。以“青年文明社区”创建活动为统揽，通过推进“青少年犯罪社区预防计划”，开展“青年文明社区大家乐”、“社区青少年暑期自护教育行动”、“社区青少年远离毒品”行动、“永远跟党走”社区青年文化节活动以及科教、文体、法律、卫生“四进社区”等活动，全面活跃了社区文化，营造了良好的社区环境。南昌市建设桥社区通过建立志愿者服务队、社会监督队，开辟“社区青少年维权”网站等形式，做好净化社区环境的工作。目前，全省共创建国家级青年文明社区18个、省级青年文明社区85个、市级青年文明社区200多个。

净化娱乐环境。有关部门密切配合，在全省开展“社区阳光网吧”和“校园阳光网苑”创建活动、“告别三室二厅”宣誓仪式、“拒绝毒品、远离赌博”签名活动，组建了青年志愿者文化市场监督队，协同文化、公安、工商等部门开展网吧专项整治行动。出版、文化等部门开展了专项整治色情暴力“口袋书”行动，取缔“小、乱、散、差”违法经营单位。目前，全省共压缩音像制品经营单位1981家，销毁非法音像制品52万张，取缔“黑网吧”近3000家，全省电子游戏室现已压缩到1000家以下。

净化治安环境。针对犯罪分子侵害青少年学生人身财产安全的情况，省里部署开展了“打拐”、“禁毒”、“打黑除恶”、“破案攻坚”等专项斗争，有效地震慑了犯罪分子。同时，依托社区居民和青年学生，以治安巡逻、法制宣传教育、一助一帮教为主要形式，在全省各地广泛建立了青年志愿者治安服务队，积极参与群防群治工作。

三、实施“爱心工程”，切实维护青少年的合法权益

打造网络教育爱心大使献爱心。以推广“网络妈妈”——刘焕荣这个典型为契机，适时启动和推出了“青少年网络教育爱心大使”活动，搭建起未成年人网络教育的新平台，以一种崭新的载体去占领学校、家庭、社会以外的青年成长的“第四空间”，产生了积极的教育效果和广泛的社会影响。中央领导同志对这一做法及经验给予了肯定，并作出重要批示。目前，省里共招募700多名网络教育爱心大使。上饶市还成立了中国网络妈妈志愿者协会。

创建优秀“青少年维权岗”献爱心。省里14个部门联合开展了优秀“青少年维权岗”创建活动，维护青少年合法权益，为青少年健康成长创造条件。全省共创建53个全国级优秀青少年维权岗和320多个省级优秀青少年维权岗，共接待来信来访4750多人次，提供法律咨询、法律援助5460多项次，帮助解决实际问题1130余件。

推进务工青年发展计划献爱心。一是实施“千校百万”务工青年培训工程。全省共培训务工青年110万名。二是发放“务工青年维权卡”。持卡人在打工期间权益受到侵犯，只需拨打维权卡上省、市、县三级任何一个维权热线，即可得到家乡组织的热情帮助。全省共发放务工青年维权卡120余万份，配合有关部门查处侵犯务工青年权益案件650多起。三是开展“为务工青年讨工钱”活动。共为1300多名务工青年讨回工钱180余万元。四是开展返乡青年创业明星评选表彰活动，推广了南康市金鸡镇建设全国务工青年返乡创业示范园的经验，积极引导务工青年返乡创业。五是启动务工青年权益调研行动。通过报刊在全省发放了十几万份的江西务工青年权益情况调查问卷，同时到十几个省市进行了个案访谈，全面了解了务工青年的生活状况、基本需求、主要困难等基本情况。

实施“阳光温暖工程”献爱心。各地动员和组织相关部门，坚决制止中小学生流失现象，预防和控制犯罪；大力加强对社会闲散青年的职业培训，给予他们相应的政策优惠和扶持，为他们参与市场竞争、就业上岗创造条件；积极做好刑释解教人员的帮教工作，形成了家庭、社会、司法三位一体的帮教体系。今年7月，团省委联合省监狱管理局在全省开展了“失足青少年帮教爱心大使”招募活动。

四、实施“基地工程”，建立青少年基础教育阵地

各地坚持把实施“基地工程”作为加强青少年革命传统教育和法制教育以及综合素质教育的重要任务来抓，初步形成了横向到边、纵向到底、全方位、多层次、宽领域的基地网络。

建立爱国主义教育基地。充分利用老革命根据地的优势，在井冈山、瑞金中央旧址、南昌八一起义纪念馆、兴国革命烈士纪念馆、安源工人运动策源地、上饶集中营、秋收起义爆发地等地，经常组织青少年进行爱国主义教育，陶冶青少年情操。

建立法制教育基地。充分发挥现有司法场所的作用，在少管所、看守所、劳教所、戒毒所、工读学校及优秀青少年维权岗中，开辟法制教育实践基地，定期组织青少年和在校学生接受形象直观的法制教育，开展形式多样的法律教育实践活动，提高他们的法律素质。

建立中介资源基地。充分整合心理咨询室、

律师事务所、法律援助站等中介资源，成立省青少年维权中心，开展心理咨询和法律咨询服务活动，做到有问必答，有求必应。目前，全省共建立了190个省青少年中介资源服务站。

建立防护训练基地。充分依托青少年宫、少儿活动中心等团属阵地，开辟青少年自护营，向青少年普及自我保护知识，组织他们开展自卫、自护训练，提高青少年的自护本领。

建立青少年网站基地。充分借助江西青年网、英烈网、东青在线网等青少年门户网站的影响，集中力量建设好一批有基础、有特点、有吸引力的青少年网站，一方面为青少年架起各类智力型服务的平台，另一方面利用这一网站平台对青少年开展综合素质教育，提高他们的整体素质。

五、实施“细胞工程”，形成家庭广泛参与的良好格局

以活动牵动家庭广泛参与。紧紧扭住家庭这个纽带，以一个孩子带一户家庭、一户家庭带一小群体、一小群体牵动一大社会的以点带面的几何模式，开展了大规模的日常法律宣传咨询活动。全省累计有380万户家庭直接或间接参与了未成年人保护法和预防未成年人犯罪法的宣传活动。

以培训提升家长育人水平。各地以精神文明活动中心为主阵地，成立了“父母育儿学校”、“婚姻家庭学校”、“村民法制学校”，定期开办夫妻班、婆媳班、扫盲班、实用技术班，加强对文化科技知识、法制道德教育、家庭优生优育等方面的培训；城镇以社区为主阵地，成立了“家长学校”、“家教中心”，帮助家长更新育人理念，掌握有关家教知识；学校成立了由不同工作岗位、不同年龄结构、不同文化层次的家长代表组成的家长委员会或家教委员会，经常召开“教子有方”经验交流会，相互沟通信息、交流经验，有效改善了家教方法，提高了育人水平。目前，全省共开设各级各类家长学校2.9万多所。

以疏导健全家庭教育功能。针对因父母离异、家庭残缺造成许多孩子走上违法犯罪道路的情况，各地结合民事审判开办了“为孩子父母学校”，通过教师讲课、家长举例、录像教学、知识竞赛等方式，教育父母树立正确的家庭婚姻观，时刻记住为人父母教育抚养子女的责任，尽量减少因离婚、分居等人为因素影响家庭教育功能不全的现象。

以评选表彰激励营造家庭良好氛围。在全省范围内开展了创建“学习型户”、“遵纪守法户”、“安全文明户”、“五好家庭户”、“十星户”等评选活动。有些地方还开展了“模范家长”、“模范丈夫”、“模范妻子”的评选表彰活动。通过这些活动的开展，宣扬了一大批先进典型，营造了文明、守纪、高尚、进取的家庭育人环境，为预防和减少青少年违法犯罪奠定了坚实的基础。

铁路护路联防工作情况

江西境内铁路营运线路长达2100多公里，有大小桥梁1100多座，隧道近100座，车站190多个，京九、浙赣两条主干线穿越11个市。省铁路护路联防工作紧密围绕中央提出的“打防结合、预防为主”，“齐抓共管、综合治理”的方针，在省委、省政府的领导下，充分发挥社会治安综合治理优势，紧紧依托综合治理组织体系，不断完善工作机制，有力推动了这项工作的创新与发展。2001年以来，全省杜绝了重大涉铁刑事治安案件和群体性事件，铁路各类刑事案件、五类治安案件、路外伤亡、耕牛挡道、货盗赔款逐年下降。2004年，五类治安案件、耕牛挡道、路外伤亡、车辆肇事分别比上年下降23.8%、23.1%、11.2%、15.4%，确保了铁路运输安全畅通和沿线治安持续稳定。

一、落实责任，把保一线平安与保一方稳定融为一体

(一)党政领导真抓实管。省委领导反复强调，铁路治安无小事，保一线平安与保一方稳定是一致的，维护铁路治安是路地双方的共同责任。省委常委会多次听取铁路护路联防工作汇报，提出明确要求。省委书记孟建柱、省长黄智权经常关心过问铁路护路联防工作,多次作出重要指示和批示。省委副书记彭宏松,省委常委、政法委书记、省综治委铁路护路联防领导小组组长舒晓琴,副省长蔡安季,对护路联防的重大工作亲自部署,重大活动亲自组织,重大问题亲自解决,并经常深入基层调查研究,检查督促。经省领导出面协调,并报省政府批准,出台了按铁路发送货物每吨0.3元标准收取护路联防经费的政策,保障了护路联防经费。公安、铁路、军区、财政、物价、武警等成员单位大力支持,形成了共同创建、齐抓共管的工作格局。省物价局在对一年的收费情况审核之后,出台了正式收费文件。省财政厅积极协调,减免了10%的政府调控费。各级党政领导都把铁路护路联防工作列为维护社会稳定工作的重要组成部分,真抓实管。据不完全统计,近三年来,全省各级有6000多名党政领导干部,深入铁路沿线督促推动护路联防工作落实。

(二)健全五级组织网络。在铁路沿线各地建立了各级党委。政府领导,综治委统一协调,路地联手齐抓共管的领导体制。从省到11个省辖市、铁路沿线70个县(市、区)、304个乡镇(街道),都成立了综治委铁路护路联防领导小组及办公室;铁路所经过的1146个行政村(社区),均成立了铁路护路联防工作小组,形成了省、市、县、乡、村五级铁路护路联防组织体系。2003年,省、市两级护路办配备了48名专职干部,2004年又在铁路沿线70个县(市、区)各配备了1名专职干部,确保了层层有人办事。

(三)落实双向承包责任。市、县、乡、村、组逐级实行护路联防包干责任制,各自护好境内一段路;路局、地区办事处、基层站段、车间、班组层层签订综合治理责任书,将责任落实到人。对重点路段,路地双方实行主要领导包干负责。南昌铁路局党政主要领导率领20多个处部室的责任人深入京九、浙赣沿线督察,现场解决问题。赣州市把创建安全文明标准示范线作为市委、市政府的"一把手"工程来抓,取得明显成效。

(四)严格实行考评奖惩。把护路联防工作纳入地方社会治安综合治理考评内容,做到任务同部署,工作同考核,奖惩同兑现。铁路护路联防工作考评由省综治办牵头,省铁路护路办负责组织实施。同时省里明确规定,对护路联防工作成效显著的予以表彰和奖励,对护路联防工作不落实,导致发生涉铁治安问题的,视情予以限期整改、黄牌警告直至一票否决。近三年来,有26个县(区)、182个乡镇因护路联防工作做得好受到省里表彰奖励,有3个县(区)、12个乡镇因发生涉铁治安问题被限期整改或黄牌警告,并严肃查究了相关责任人的责任。

二、健全制度,逐步完善护路联防工作运行机制

(一)工作例会制度。省护路联防领导小组每季度召开一次工作例会,省护路办每月召开一次各市护路办主任工作例会。这两个例会主要是总结前段工作情况,分析治安形势,查找问题,部署下阶段工作。

(二)情况通报制度。地方综治办、公安机关与铁路护路办、铁路公安机关每月召开一次联席会议,及时通报铁路治安情况与信息,对涉及稳定的重大情报信息,路地双方及时通报。铁路公安机关对涉铁刑事、治安案件定期报送护路办,护路办采取针对性措施加强和改进工作。2004年,省、市、县三级护路办编发情况通报800多期。

(三)矛盾隐患排调制度。矛盾隐患实行每周一排查、每月一报告制度。对因人民内部矛盾可能引发的堵塞铁路、拦截列车等不稳定因素,建立健全了包排查、包化解、包防控、包处置、包善后的"五包"责任制,采取一个问题、一名领导、一套班子、一个方案、一抓到底的"五个一"办法化解到位,严防发生影响铁路安全畅通的群体性事件。去年9月份,南昌市新建县发生一起路外伤亡事故,路地双方紧密配合,采取有效措施将群体性事件的苗头化解在萌芽状态。

(四)工作讲评制度。围绕铁路治安防控体系建设。铁路沿线百日整治行动和护路办规范化建设等重点工作,多次进行通报讲评,鼓励先进,推动后进。9月份,在萍乡市安源区召开了铁路护路联防基础建设现场会,进行现场讲评,总结推广先进经验,取得较好效果。

(五)绩效考核制度。形成了四项考核制度:一是安全文明铁道线创建活动考核制度;二是护路办考核制度;三是铁路公安派出所日常管理护路队员工作考核制度;四是专职护路队员考核制度。各项考核结果都与考核对象的评先评优及经济利益挂钩。

三、专群结合，着力构筑护路联防的铜墙铁壁

（一）专兼队伍相呼应。在铁路沿线各县（区），按照“就地就近”的原则，由当地综治委从下岗职工、退伍军人、基干民兵中招聘了500名专职护路人员，经培训考试合格获得上岗证后正式上岗。专职护路队伍的执勤巡守工作由铁路派出所负责。同时，在沿线各乡镇组建了主要由民兵组成的1609支兼职义务护路队伍，共有10万名义务巡防队员。现在，在铁道线上平时有专职队员巡守，重大节日和政治敏感期有10万兼职义务巡逻队员参战。

（二）专群力量相结合。全省铁路公安实有警力2600人，与繁重的护路任务相比，警力明显不足。搞好铁路护路联防工作必须把专门力量与群防群治力量有机结合，使之产生一加一大于二的效能。现在，我省已形成了公安民警、护路联防队员、保安员、巡道员、治安联络员“一警四员”路地专群结合的防范体系，在预防、打击涉铁刑事犯罪中显示了强大威力。

（三）路地公安相配合。铁路和地方公安机关各负其责，密切配合，共同维护铁路治安。地方公安在铁路沿线及时调整警力布防，增设了21个乡镇派出所，三等以上车站所在的县市全部组建了巡警队伍。在打击涉铁犯罪中，路地公安既各有重点，又协同作战。在铁路治安防范方面，形成“铁路公安站上堵、线上查，地方公安面上控”的格局。交警与沿线7936辆机动车主分别签订了安全护路责任书。治安部门加强了对沿线重点区域、重点行业、重点部位的整治。基层派出所对沿线乡村的1659名“五残”人员落实了监护责任人，对1773名重点人口和“两劳”回籍人员落实了监控措施。

四、打防并举，运用综治手段解决铁路治安问题

（一）整治涉铁治安问题。2004年，集中整治重点区段24处，其中挂牌督办重点区段13处。在全省铁路沿线开展“百日专项整治”，清查货车22760趟次，清查“三铁一店”750家，取缔废旧金属收购点25个，封堵隔离栅栏缺口59处，查处治安案件420起，破获各类刑事案件158起，抓获货盗犯罪嫌疑人23名，打掉犯罪团伙3个，解决涉路矛盾纠纷25起，有效消除了治安隐患。

（二）抓好爱路护路教育。在京九铁路沿线，向广大群众宣讲“要想富，先修路，修了铁路要爱护”的道理，把“像当年爱护红军那样爱护京九线”的口号变成广大群众的实际行动。在铁路沿线中小学校普遍开展“小手牵大手，共保铁路平安”的宣传教育活动，发动“小喇叭”向亲友宣讲，延伸了宣传效果。据不完全统计，沿线各地和铁路部门先后出动宣传车2500台次，派出宣传小分队1200多个，张贴通告16万余份，树立宣传牌400块，印发挂历和宣传材料45万份，营造了良好的舆论氛围。

（三）实行“牛鼻子”工程。我省是农业大省，耕牛挡道是危及铁路行车安全突出隐患。南昌铁路局投入50万元推行“牛鼻子工程”，各地区对耕牛进行“编号”，建立基础台账，并将带有编号的铜牌挂在牛角上或拴在牛鼻子上，发现哪头牛上路就可以根据编号找到主人，以追究其责任。自实行这一工程以来，全省耕牛挡道事故比上年同期下降50%。

（四）提升科技护路水平。近两年来，投资数百万元在向塘西站编组场和老营盘18个隧道群安装了电视监控系统。在管内的向西、鹰东、沙北、赣州东、麻城站5个大型编组场和货场，配备探照灯和夜视望远镜。在沙村段实行铁路护路联防队员电子巡检系统。在县级以上车站安装了视频监控系统，并与公安110指挥中心联网。两年来，运用“技防”手段破获涉铁案件85起，防止行车事故31起。

学校及周边治安综合治理工作情况

一年来，我省认真贯彻中央综治委学校及周边治安综合治理工作领导小组的指示精神，在江西省委、省政府的正确领导下，坚持从破解难题入手，一手抓集中整治，一手抓长效管理，逐步形成了“上下畅通的运行机制、部门联动的治理模式、覆盖到位的防控体系”，为维护校园稳定，促进人才培养创造了良好的校园及周边治安环境。

一、从健全组织机构抓起，形成上下畅通的运行机制

健全了四级工作网络。一是调整充实省学校及周边治安综合治理工作领导小组，吸收宣传、司法、教育、公安、工商、文化、卫生、城建、共青团、新闻出版、电信管理等10多个部门的负责同志参加，并将省领导小组办公室改设在省教育厅。二是各市、县(市、区)都成立相应的领导小组和办事机构，建立工作联系制度。三是在各级各类学校设立社会治安综合治理工作机构，明确一名校领导负责学校治安综合治理工作。在高校配备专职或兼职人员，并参加所在地社会治安综合治理委员会的工作；在中小学校配备兼职法制副校长和法制辅导员。通过健全组织机构，从上至下形成了省、市、县(市、区)学校四级工作网络。

完善了四项工作制度。一是联席会议制定。省领导小组及办公室成员坚持每季度召开一次成员联席会议，通报情况，交流总结经验，部署下步工作。二是工作情况报送制度和工作简报制度。省领导小组各成员单位和各市学校及周边治安综合治理工作领导小组及时将本地、本部门工作情况报省领导小组，省领导小组办公室及时编发简报，反映各地工作开展情况，推广经验，指导工作。三是日常治理工作情况抄告单制度。对发生在学校及周边的治安问题，各级领导小组办公室及时向有关成员单位和学校下发抄告单，督促其限期整改。四是督促检查和通报制度。各级领导小组办公室加强了对学校及周边治安综合治理工作情况的督查力度，并及时予以通报。

落实了三项责任制。一是制定《各有关部门在学校及周边治安治理工作中的职责任务》，明确学校及周边治安治理领导小组各成员单位的工作职责。二是把学校及周边治安综合治理工作纳入各级社会治安综合治理目标管理考评，省领导小组对各市学校及周边治安综合治理工作的情况行使考评权。三是按属地管理的原则，实行学校与所在地综治部门签订社会治安综合治理责任制状，年终进行考评。

二、从破解整治难点入手，形成部门联动的治理模式

狠抓了专项整治。全年整治行动共出动人员41014人，对7444所较为突出的学校的周边治安问题进行了重点整治，共排查出各类问题3893项，清理整治违规网吧1383家、摊点10050个、出租屋2165家、“三室二厅”753家，查缴非法出版物208596册，整治交通秩序乱点715处，查处治安案件377起、刑事案件261起，处理840人，整治其他突出问题5288个，有效地净化了学校及周边环境。在整治中涌现出一批先进集体和先进个人，南昌大学、南昌市教育局被推荐为全国学校及周边综治工作先进集体，鹰潭市文化局曲利平等3人被推荐为全国学校及周边综治工作先进个人。

标本兼治，长效管理。在整治工作中，坚持做到整治与强化管理相结合，与改造基础设施相结合，与加强队伍建设相结合，与建立长效工作机制相结合。一是逐级签订责任状，落实责任制。各级综治办、公安、教育、工商、文化、卫生、城管、交警、消防等部门与学校及各种经营户签订长效管理责任状，落实责任，规范校园及周边治安管理。二是加强校园及周边治安治理基础设施建设，把影响校园周边治安环境的问题纳入市基本建设规划。调整公交车、出租车的行驶路线或停靠站点，在一些学校门口主干道上安装红绿灯，设立永久性交通警示牌，在校门口安排警力值勤带路、疏导交通。三是抓好执法队伍的自身建设，严格依法办事。各成员单位都对本部门依法行政,优化政务环境作出了承诺,提出了要求,主动接受群众的评议和监督。四是以安全文明校园创建活动为载体,全面推进学校综治工作。根据《中央综治委、教育部、公安部关于深入开展安全文明校园创建活动的意见》精神,结合我省实际,省教育厅会同省综治委、省公安厅制定并下发了《江西省安全文明校园创建活动评估细则》和实施办法。目前,安全文明校园创建活动在全省各级各类学校中广泛开展起来。

三、从夯实工作基础着眼,形成覆盖校园的防控体系

2003年年初,省领导小组在华东交通大学进行校园治安防控体系建设工作试点。在此基础上,省领导小组召开全省高校治安综合治理工作现场会,推广华东交通大学的经验。目前,全省高校已基本构建了"以校园110为平台,以群防群治队伍为骨干,以三道防线为重点,以校地共建为基础"的校园治安防控体系,并初步实现了与地方治安防控体系的对接。

构筑一个平台,建立"校园100"综合服务体系。以"校园110"接警、处警系统为平台,将校内各专业学校、校后勤服务中心、学生宿舍管理中心、水电维修中心、校医院、学工处等单位全部纳入校园110实行联动。同时,实现"校园110"与辖区公安机关110对接,及时取得公安部门的支持帮助,使"校园110"的功能从"保平安"向"保平安送服务"延伸,主动为师生员工提供服务。

建立六支队伍,充实和完善校园群防群治网络。在校园治安防控体系建设中,建立并充分发挥学校校卫队队伍、宿舍楼房值班队伍、校园文明督导队伍、校园治安信息员队伍和心理咨询与法制教育队伍等的作用,使校园群防群治网络得以进一步充实和完善。

设立三道防线,形成点、线、面一体化的运作机制。按照"聚而能打、分而能防、结面能控"的原则,在校内设立三道治安防线(第一道防线为点上设卡;第二道防线为线上巡防;第三道防线为面上布网),做到点上控、线上巡、面上防,形成上下相通、前后相连、左右相顾的治安防控运作机制。

坚持"四联"并举,开展多种形式的校地共建活动。把净化周边环境作为维护校园治安稳定的基础,积极开展校地共建。通过与周边乡村联谊(联络情谊,和睦关系)、联防(联合防范,共保平安)、联调(联合调处矛盾纠纷)、联治(联合治理,净化环境),解决校园周边环境屡治不净的问题。

实行社会治安综合治理领导责任制情况

省有关部门抓住分解量化责任、规范实绩考核、兑现责任挂钩、加强协调衔接四个环节,推进社会治安综合治理及维护社会稳定领导责任制实施规范化,进一步强化了各级党政领导班子和领导干部保一方平安的政治责任,促进了综治、维稳工作的落实。

一、分解量化责任

本着便于操作和考核的原则,对各级领导班子和领导干部责任进行了分解量化,使之具体化。

一是明确党政领导班子的责任。各地、各部门、各单位党政领导班子担负组织领导本地区、本部门、本单位社会治安综合治理、维护社会稳定工作的政治责任,对这项工作负总责、负全责。

1. 坚持从政治和战略高度重视社会治安综合治理,把维护社会稳定摆上全局工作的重要位置,作为党政领导班子任期目标,切实加强组织领导;

2. 认真执行社会治安综合治理方针、政策、原则和有关法律、法规,按照上级社会治安综合治理委员会的工作部署,结合本地、本部门、本单位的实际,创造性地贯彻落实;

3. 牢固树立科学发展观和正确政绩观,把抓发展和保平安统一起来,作决策、上项目、搞建设、办事情都充分考虑维护人民群众的根本利益,统筹解决影响稳定的突出问题,在和谐稳定环境中发展各项事业;

4. 健全社会治安综合治理、维护社会稳定组织网络，落实机构、编制、人员、经费，确保层层有人管事、有人干事、有钱办事；

5. 严格实行领导责任制和责任查究制，一级抓一级，一级对一级负责，督促各级党政领导干部担负起保一方平安的政治责任；

6. 全面推行社会治安综合治理目标管理，及时研究解决重大问题，组织推动工作落实，努力实现“发案少、秩序好、社会稳定、群众满意”的目标。

二是明确党政一把手的责任。各地区、各部门、各单位党政一把手是社会治安综合治理、维护社会稳定第一责任人，对这项工作负首要领导责任。

1. 定期主持召开党政领导班子会议，听取社会治安综合治理和维护社会稳定工作情况汇报；

2. 根据一个时期的社会治安状况，对社会治安综合治理和维护社会稳定工作作出正确决策；

3. 对涉及社会治安综合治理和维护社会稳定的重大问题，亲自研究解决；

4. 对社会治安综合治理、维护社会稳定重大工作亲自部署，并督促落实；

5. 一旦发生影响社会稳定的重大事(案)件，立即赶赴现场组织指挥，果断而妥善处置；

6. 支持社会治安综合治理机构对发生严重危害社会稳定重大问题的地区、部门、单位实施一票否决和责任查究。

三是明确分管领导的责任。分管领导是社会治安综合治理、维护社会稳定的具体责任人，对这项工作负具体领导责任。

1. 当好党政班子领导社会治安综合治理、维护社会稳定工作的参谋，协助党政一把手作出正确决策；

2. 组织实施社会治安综合治理和维护社会稳定工作，加强检查督促和具体指导，推动各项措施落实；

3. 协调各方面的力量参与社会治安综合治理，形成维护社会稳定合力；

4. 一旦发生影响稳定的重大事(案)件，积极主动协助党政一把手处置；

5. 深入实际调查新情况，研究新问题，制定新对策，推进社会治安综合治理和维护社会稳定工作的创新与发展。

四是明确其他领导的责任。领导班子的其他成员是所分管部门、行业社会治安综合治理、维护社会稳定工作的责任人。

1. 根据党政领导班子和社会治安综合治理委员会的总体部署，对所分管部门、行业安全稳定工作作出具体部署，并督促落实；

2. 及时组织所分管部门、行业排查影响安全稳定的问题，并认真负责地解决；

3. 所分管部门、行业一旦发生影响稳定的重大事(案)件，及时报告主要领导，并在第一时间赶赴现场先行处置。

二、规范实绩考核

对领导干部抓综治工作的能力和实绩进行考核，是落实综治领导责任制的关键环节。省里明确对考核工作从四个方面加以规范：

一是规范考核主体。按照干部人事管理权限，由组织、人事、纪检、监察和社会治安综合治理委员会负责考核。

二是规范考核对象。主要考核各地区、各部门、各单位社会治安综合治理、维护社会稳定责任人。

三是规范考核内容。重点考核各级党政领导班子及其责任人在社会治安综合治理、维护社会稳定工作中履行责任情况及工作能力和绩效。

四是规范考核方法。在年度社会治安综合治理目标管理考核评比时，各级社会治安综合治理、维护社会稳定责任人向上一级社会治安综合治理委员会作述职报告，并认真填写《综治、维稳责任人履行职责情况鉴定表》。

组织部门在考核领导班子和领导干部、纪检监察部门在考核领导班子和领导干部党风廉政建设情况、人事部门考核国家公务员时，都应把社会治安综合治理、维护社会稳定责任人履行责任情况及工作能力和绩效，列入考核的重要内容。

在开展社会治安综合治理、维护社会稳定重大工作过程中，由纪检、组织、人事、监察和社会治安综合治理委员会共同对责任人进行专项考核，跟踪查效。

对发生影响社会稳定重大问题的地方、部门、单位及其责任人，由纪检、监察部门进行查究。

依据考核结果，按照干部人事管理权限，由各级社会治安综合治理委员会建立社会治安综合治理、维护社会稳定责任人工作绩效档案。

三、兑现责利挂钩

省委规定，对各级领导干部履行综治、维稳责任的情况，实行“四个挂钩”，并落实到位。

一是同责任人政绩考核挂钩。组织部门将社会治安综合治理、维护社会稳定责任人履行责任及工作能力和绩效考核情况，作为任用干部的重要依据之一，同其职务升降挂钩。对社会治安综合治理工作被限期整改、黄牌警告和一票否决的地区、部门、单位，在面貌改变之前，其责任人不得提拔重用。

二是同责任人公务员年度考核挂钩。凡被一票否决的地区、部门、单位的社会治安综合治理、维护社会稳定责任人，当年考核不得评定为称职；凡被限期整改、黄牌警告的地区、部门、单位的社会治安综合治理、维护社会稳定责任人，当年考核不得评定为优秀。

三是同责任人奖惩挂钩。对抓社会治安综合治理和维护社会稳定工作绩效突出的责任人予以嘉奖，并颁发荣誉证书。对被一票否决、黄牌警告、限期整改的地区、部门、单位的社会治安综合治理、维护社会稳定责任人，取消其当年评先、评模资格；对严重失职导致发生重大问题的地区、部门、单位的社会治安综合治理、维护社会稳定责任人，视情给予相应的党纪、政纪处分，触犯刑律的，依法追究刑事责任。

四是同责任人经济利益挂钩。社会治安综合治理工作被一票否决的地区、部门、单位，其社会治安综合治理、维护社会稳定责任人当年不得晋升工资级别。对被评为社会治安综合治理工作先进地区、部门、单位的责任人，给予一定的奖励。

四、加强协调衔接

为加强五部委(厅)的协调和工作衔接，建立了相关制度，健全了工作运行机制。

一是完善工作衔接制度。社会治安综合治理委员会对拟限期整改、黄牌警告、一票否决的地区、部门、单位及其责任人责任查究，应征求组织、人事、纪检、监察部门意见；被一票否决、黄牌警告、限期整改的地区、部门、单位整改到期，组织、人事部门在办理其责任人晋职晋级工作时，应征求社会治安综合治理委员会意见；纪检、监察部门对社会治安综合治理、维护社会稳定责任人实施责任查究，处理意见应征求组织、人事部门和社会治安综合治理委员会意见。

二是完善考核协商制度。五部委(厅)每年就社会治安综合治理、维护社会稳定责任人实绩考核有关事宜进行协商，达成共识，并形成决议，共同落实。

三是完善检查督办制度。对社会治安综合治理、维护社会稳定责任人作出奖惩决定后，五部委(厅)应共同对决定执行情况进行检查督办，确保落实到位。

中共江西省委　江西省人民政府批转省综治委等五部委(厅)《关于江西省社会治安综合治理及维护社会稳定领导责任制实施意见》的通知

(2004 年 12 月 31 日)

各市、县(市、区)党委和人民政府，省委各部门，省直各单位，各人民团体：

为推进社会治安综合治理及维护社会稳定领导责任制实施规范化、制度化，省委、省政府同意省社会治安综合治理委员会、省纪律检查委员会、省委组织部、省人事厅、省监察厅《关于江西省社会治安综合治理及维护社会稳定领导责任制实施意见》，现批转给你们，请认真贯彻执行。

关于江西省社会治安综合治理及维护社会稳定领导责任制实施意见

（2004年12月15日）

为进一步强化党政领导班子和领导干部保一方平安的政治责任，全面推进社会治安综合治理，切实维护社会稳定，努力构建和谐平安江西，根据党的十六届四中全会《决定》要求，以及中央和省委、省政府有关文件精神，现就实施社会治安综合治理及维护社会稳定领导责任制，提出如下意见：

一、领导责任划分

（一）党政领导班子的责任。各地、各部门、各单位党政领导班子担负组织领导本地区、本部门、本单位社会治安综合治理、维护社会稳定工作的政治责任，对这项工作负总责、负全责。

1. 坚持从政治和战略高度重视社会治安综合治理，把维护社会稳定摆上全局工作的重要位置，作为党政领导班子任期目标，切实加强组织领导；

2. 认真执行社会治安综合治理方针、政策、原则和有关法律、法规，按照上级社会治安综合治理委员会的工作部署，结合实际创造性地贯彻落实；

3. 牢固树立科学发展观和正确政绩观，把抓发展和保平安统一起来，作决策、上项目、搞建设、办事情都充分考虑维护人民群众的根本利益，统筹解决影响稳定的突出问题，在和谐稳定环境中发展各项事业；

4. 健全社会治安综合治理、维护社会稳定组织网络，落实机构、编制、人员、经费，确保层层有人管事、有人干事、有钱办事；

5. 严格实行领导责任制和责任查究制，一级抓一级，一级对一级负责，督促党政领导干部担负起保一方平安的政治责任；

6. 全面推行社会治安综合治理目标管理，及时研究解决重大问题，组织推动工作落实，努力实现“发案少、秩序好、社会稳定、群众满意”的目标。

（二）党政一把手的责任。各地区、各部门、各单位党政一把手是社会治安综合治理、维护社会稳定第一责任人，对这项工作负首要领导责任。

1. 定期主持召开党政领导班子会议，听取社会治安综合治理和维护社会稳定工作情况汇报；

2. 根据一个时期的社会治安状况，对社会治安综合治理和维护社会稳定工作作出正确决策；

3. 对涉及社会治安综合治理和维护社会稳定的重大问题，亲自研究解决；

4. 对社会治安综合治理、维护社会稳定重大工作亲自部署，并督促落实；

5. 一旦发生影响社会稳定的重大事（案）件，立即赶赴现场组织指挥，果断而妥善处置；

6. 支持社会治安综合治理机构对发生严重危害社会稳定重大问题的地区、部门、单位实施一票否决和责任查究。

（三）分管领导的责任。分管领导是社会治安综合治理、维护社会稳定的具体责任人，对这项工作负具体领导责任。

1. 当好党政班子领导社会治安综合治理、维护社会稳定工作的参谋，协助党政一把手作出正确决策；

2. 组织实施社会治安综合治理和维护社会稳定工作，加强检查督促和具体指导，推动各项措施落实；

3. 协调各方面的力量参与社会治安综合治理，形成维护社会稳定合力；

4. 一旦发生影响稳定的重大事（案）件，积极主动协助党政一把手处置；

5. 深入实际调查新情况，研究新问题，制定新对策，推进社会治安综合治理和维护社会稳定工作的创新与发展。

(四)其他领导的责任。领导班子的其他成员是所分管部门、行业社会治安综合治理、维护社会稳定工作的责任人。

1. 根据党政领导班子和社会治安综合治理委员会的总体部署,对所分管部门、行业安全稳定工作作出具体部署,并督促落实;

2. 及时组织所分管部门、行业排查影响安全稳定的问题,并认真负责地解决;

3. 所分管部门、行业一旦发生影响稳定的重大事(案)件,及时报告主要领导,并在第一时间赶赴现场先行处置。

二、考核内容方法

各级社会治安综合治理、维护社会稳定第一责任人、具体责任人以及责任人(以下统称责任人)履行责任情况及工作能力和绩效,纳入领导班子和领导干部考核体系、国家公务员考核体系、社会治安综合治理目标管理考核体系。

(一)考核主体。按照干部人事管理权限,由组织、人事、纪检、监察和社会治安综合治理委员会负责考核。

(二)考核对象。主要考核各地区、各部门、各单位社会治安综合治理、维护社会稳定责任人。

(三)考核内容。重点考核党政领导班子及其责任人在社会治安综合治理、维护社会稳定工作中履行责任情况及工作能力和绩效。

(四)考核方法。在年度社会治安综合治理目标管理考核评比时,下一级社会治安综合治理、维护社会稳定责任人向上一级社会治安综合治理委员会作述职报告,并认真填写《综治、维稳责任人履行职责情况鉴定表》。

组织部门考核领导班子和领导干部、纪检监察部门考核领导班子和领导干部党风廉政建设情况、人事部门考核国家公务员时,都应把社会治安综合治理、维护社会稳定责任人履行责任情况及工作能力和绩效,列入考核的重要内容。

在开展社会治安综合治理、维护社会稳定重大工作过程中,由纪检、组织、人事、监察和社会治安综合治理委员会共同对责任人进行专项考核,跟踪查效。

对发生影响社会稳定重大问题的地方、部门、单位及其责任人,由纪检、监察部门进行查究。

依据考核结果,按照干部人事管理权限,由各级社会治安综合治理委员会建立社会治安综合治理、维护社会稳定责任人工作绩效档案。

三、考核成果应用

(一)同责任人政绩考核挂钩。组织部门将社会治安综合治理、维护社会稳定责任人履行责任及工作能力和绩效考核情况,作为任用干部的重要依据之一,同其职务升降挂钩。对社会治安综合治理工作被限期整改、黄牌警告和一票否决的地区、部门、单位,在面貌改变之前,其责任人不得提拔重用。

(二)同责任人公务员年度考核挂钩。凡被一票否决的地区、部门、单位的社会治安综合治理、维护社会稳定责任人,当年考核不得评定为称职;凡被限期整改、黄牌警告的地区、部门、单位的社会治安综合治理、维护社会稳定责任人,当年考核不得评定为优秀。

(三)同责任人奖惩挂钩。对抓社会治安综合治理和维护社会稳定工作绩效突出的责任人予以嘉奖,并颁发荣誉证书。对被一票否决、黄牌警告、限期整改的地区、部门、单位的社会治安综合治理、维护社会稳定责任人,取消其当年评先、评模资格;对严重失职导致发生重大问题的地区、部门、单位的社会治安综合治理、维护社会稳定责任人,视情给予相应的党纪、政纪处分,触犯刑律的,依法追究刑事责任。

(四)同责任人经济利益挂钩。社会治安综合治理工作被一票否决的地区、部门、单位,其社会治安综合治理、维护社会稳定责任人当年不得晋升工资级别。对被评为社会治安综合治理工作先进地区、部门、单位的责任人,给予一定的奖励。

四、加强协调衔接

(一)完善工作衔接制度。社会治安综合治理委员会对拟限期整改、黄牌警告、一票否决的地区、部门、单位及其责任人责任查究,应征求组织、人事、纪检、监察部门意见;被一票否决、黄牌警告、限期整改的地区、部门、单位整改到期,组织、人事部门在办理其责任人晋职晋级工作时,应征求社会治安综合治理委员会意见;纪检、监察部门对社会治安综合治理、维护社会稳定责任人实施责任查究,处理意见应征求组织、人事部门和社会治安综合治理委员会意见。

（二）完善考核协商制度。五部委（厅）每年就社会治安综合治理、维护社会稳定责任人实绩考核有关事宜进行协商，达成共识，并形成决议，共同落实。

（三）完善检查督办制度。对社会治安综合治理、维护社会稳定责任人作出奖惩决定后，五部委（厅）应共同对决定执行情况进行检查督办，确保落实到位。

关于认真贯彻落实赣发〔2004〕24号文件精神的通知

各市、县（市、区）党委、政府、综治委、纪律检查委员会、组织部、人事局、监察局，省委各部门，省直各单位：

12月31日，省委、省政府批转了省社会治安综合治理委员会、省纪律检查委员会、省委组织部、省人事厅、省监察厅关于《江西省社会治安综合治理及维护社会稳定领导责任制实施意见》（赣发〔2004〕24号），各地、各部门要认真贯彻落实。

一、各级党政班子和领导干部认真学习领会赣发〔2004〕24号文件精神，充分认识实行社会治安综合治理及维护社会稳定领导责任制的重要意义，进一步明确和严格履行各自在社会治安综合治理及维护社会稳定工作中的责任，提高领导社会治安综合治理及维护社会稳定工作的能力。

二、省里确立明年在全省开展"建设和谐平安江西，共创兴赣富民大业"主题教育活动，各地、各部门要将落实社会治安综合治理及维护社会稳定领导责任制作为一项重要内容，广泛进行宣传教育，以增强各级领导班子和领导干部保一方平安的责任感和自觉性。

三、县级以上综治、纪检、组织、人事、监察部门要完善工作衔接制度，加强联系，相互沟通，搞好协调，规范操作程序。省五部委（厅）共同研究制定了有关公文式样，供具体操作使用。

四、按照干部人事管理权限，各级综治委建立综治及维稳责任人工作绩效档案。档案内容包括：责任人述职报告；履行职责情况鉴定；奖励情况；处罚情况。

五、各级综治、纪检、组织、人事、监察部门要把推进综治及维稳领导责任制的实施，作为一项重要工作，加强检查督促，推动工作落实，并每年向同级党委、政府和上一级主管部门书面报告落实情况。

六、各地、各部门应依据赣发〔2004〕24号文件精神，结合本地、本部门实际，研究制定切实可行的具体操作措施。

附：

1.综治、维稳重大问题责任查究征求意见函（样一）

2.综治、维稳责任人提拔任用征求意见函（样二）

3.表彰奖励综治、维稳责任人征求意见函（样三）

4.处理综治、维稳责任人征求意见函（样四1、2）

5.综治、维稳责任人履行职责情况鉴定表（样五）

6.综治、维稳责任人奖励情况登记表（样六）

7.综治、维稳责任人处罚情况登记表（样七）

江西省社会治安综合治理委员会
中共江西省纪律检查委员会
中共江西省委组织部
江西省人事厅
江西省监察厅
2004年12月31日

（附件略）

江西省社会治安综合治理委员会组成人员

省综治委主任　彭宏松　省委副书记
副　主　任　舒晓琴　省委常委、政法委书记
　　　　　　蔡安季　副省长、公安厅厅长
　　　　　　康为民　省高级人民法院院长
　　　　　　孙　谦　省人民检察院检察长
　　　　　　荣宪国
综 治 办 主 任　荣宪国
副　主　任　张传发

江西省市、县(市、区)综治委、办主任名单

地　区	综治委主任	综治办主任
南昌市	王梓生	胡振正
东湖区	陶　志	巫　滨
西湖区	周智安	廖世杰
青云谱区	朱志群	张玉好
湾里区	万贤赛	熊云生
青山湖区	胡小洪	李振洪
南昌县	王建华	戴　宾
新建县	戴晓明	万庆金
安义县	杜　勇	孙永魁
进贤县	梅树华	夏国群
九江市	张华东	洪　华
浔阳区	余修德	张力军
庐山区	刘征华	唐从根
瑞昌市	郎小军	曹诚钢
九江县	张惠才	张国华
武宁县	汪洪义	钱学钧
修水县	柯　军	周　英
永修县	李小林	徐　斌
德安县	李润金	胡向前
星子县	肖立新	王茨林
都昌县	江民忠	丁建平
湖口县	周　林	李选林
彭泽县	曹光明	欧阳宇
庐山管理局	涂　林	苏慧敏
九江开发区	董金寿	江　勇
共青开发区	陈飞林	徐德山
景德镇市	刘德意	叶敏之(6月前) 杨化冰(6月后主持工作)
珠山区	胡巧正	张庆革
昌江区	占子松	姜　涛
乐平市	史建华	汪小策
浮梁县	郑小平	王顺玲
鹰潭市	董茂生	彭来祥 吴文戈
月湖区	程芦山	程保太
贵溪市	李赛白	董小毛
余江县	毛建和	陈接照
龙虎山景区	李惠蒙	邓清雄
市工业园区	童细宏	刘金水
新余市	宋火才	陈九根(9月前) 罗新荣(9月后)
渝水区	何华武	张　俊
分宜县	陈日东	万富荣
仙女湖区	马小红	张新庆

地　区	综治委主任	综治办主任
高新开发区		徐冬春
新钢公司		沈爱成
萍乡市	尹兆书（3月前）	林济芝（4月前）
	晏德文（3月后）	胡自国（7月起）
安源区		
赣州市	李南生	刘光华
章贡区	黄建平	钟正喜
瑞金市	宋崇林	张　凌
南康市	刘昌鹏	何定安
赣县	钟栋材	王金福
信丰县	许长湖	殷钟明
大余县	廖云东	蔡青云
上犹县	钟　健	田　胜
崇义县	孔德然	朱传坚
安远县	邝光华	刘云光
龙南县	李坊涛	夏命远
定南县	陈式金	袁子仁
全南县	陈　沐	黄洪远
宁都县	李志勇	谢灵贵
于都县	吴能亿	葛振明
兴国县	杨晓春	肖久明
会昌县	方萃涛	刘振元
寻乌县	阳纯普	谢应清
石城县	袁华英	赖碧凌
上饶市	孔宗亮	陈荣高
信州区	郑晓春	徐启群
德兴市	周立福	杨惠民
上饶县	方正平	华利民
广丰县	周岐清	俞宏炎
玉山县	姚宁杰	陈少剑
铅山县	周进富	彭新华
横峰县	谢显亮	叶　峰
弋阳县	黄伟建	王和友
余干县	毛传荣	程如剑
万年县	黄辉珍	王报文
婺源县	杨　林	郑　杰
鄱阳县	侯如文	熊少敏
抚州市	罗建华	廖海明
临川区	洪水昌	虞志达
南城县	欧阳平（9月前）	饶三春
	邓久泉（9月后）	
南丰县	卢金国	揭应才
崇仁县	邱志诚	王长盛
乐安县	陈绍平	易庆东
宜黄县	邱志诚	黄友华
金溪县	符忠林	陈先庭
资溪县	陈　文	李　琳
东乡县	李冬祥	李国华
广昌县	周希平	李昭光
宜春市	刘育春	余祺川
袁州区	陈平生	李　波
丰城市	江　东	王义和
樟树市	杨桂林	周晓明
高安市	龚新民	邓菊生
奉新县	严美根	夏志强
万载县	杨富华	刘继贤
上高县	黄德刚	罗庆荣
宜丰县	陈贻昌	邹建美
靖安县	张勇健	万运根
铜鼓县	毛炳生	聂新明
吉安市	温新华	罗世栋
吉州区	郭　捷	肖　昆
青原区	贺利华	贺佩珍
井冈山市	王四华	李从俊
吉安县	张爱如	阙化善
吉水县	刘毓名	邹小荣
峡江县	李发芽	陈会生
新干县	刘水生	邹宗生
永丰县	聂建国	张明香（5月前）
		吴定高
泰和县	袁荣明	刘先才
遂川县	宋春生	方有生
万安县	水　兵	黄正平
安福县	张平亮	刘木生
永新县	方字幕	龙鸿昌

（撰稿人：陆　军　邹勇平
审稿人：荣宪国　窦朝晖）

山 东 省

2004年全省社会治安综合治理工作概况

一、"严打"整治工作情况

针对不同时期治安特点，全省先后组织开展了"冬季行动"、"春季攻势"、"夏季行动"、"命案侦破"、"扫黑除恶"、打击"两抢两盗"、打击黄赌毒、打击非法传销和变相传销等一系列严打整治斗争，破获刑事案件12.4万余件，批捕36723人，判处犯罪分子38310人，始终保持了对严重刑事犯罪的高压态势，有力地震慑了犯罪分子，全省社会治安实现了刑事案件升幅、治安案件、群体性治安事件、信访案件、各类治安安全事故"五个下降"，人民群众对社会治安满意率达到90%以上。

坚持"严打"与整治相结合，不断加大对治安落后地区(部位)的整治力度。各县、乡(镇)综治办每月排查一次情况，市综治办每季度进行一次排查分析，省综治办定期进行检查验收，全省治安落后地区(部位)的整治率达到100%，确保治安落后地区(部位)得到有效整治。

继续加大对企业、学校及周边治安环境的整治力度。全省先后组织开展了打击盗窃和破坏电力设施、破坏油气田及输油气管道生产秩序专项整治行动，严厉打击破坏企业生产的违法犯罪活动，保护了企业生产安全。坚持校内治理与校外整治相结合、专项整治与综合治理相结合、排查问题与整改相结合的方针，对学校及周边治安环境集中进行了整治，取缔非法流动饮食摊点1.1万个，清除校园周边违章建筑1200多处，检查学校周边娱乐服务场所1.9万多处；取缔非法经营娱乐服务场所1300处，取缔非法网吧380家，全省学校周边环境有了明显改观。

认真贯彻落实全国"扫黄打非"工作会议精神，不断加大"扫黄打非"力度。2004年，全省共出动检查人员8.6万人(次)，检查经营出版物店铺、摊点6.3万个，检查印刷企业4.2万家(次)，查缴各类非法出版物98.6万册，非法音像制品、电子出版物176.8万盘，清理取缔非法摊点、不法游商820余个。坚持截流与断源相结合，全省共打掉地下非法印刷、发行窝点121个，查处各类违法违规案件620余起，净化了社会环境。

进一步加强铁路护路联防工作。全省层层签订了铁路护路联防工作责任书，形成了"市包面、镇包片、村包段、联防队员包线"的护路联防工作机制。组织开展了"两清一打"专项斗争，共清理查堵闲杂人员23560人，清理沿线5华里内废旧物资收购站(点)270个，依法取缔无证经营站(点)91个，对盗窃铁路运输物资、拆盗铁路器材、破坏铁路设施等违法犯罪活动进行了严厉打击。加强铁路治安防范工作，制止摆放路障事件45起，制止石击列车事件153起，防止破坏铁路设施事件38起，防止行车事故133起。协助公安机关破获各类案件478起，协助调处矛盾纠纷216起，确保了铁路行车安全。

二、平安山东建设情况

2004年初，省委、省政府作出了关于建设平安山东的决定，2月召开了全省加快平安山东建设电视电话会议。全省各地各部门认真学习贯彻中央领导同志的重要批示精神，紧紧围绕省委、省政府这一重大战略决策，采取一系列强有力措施，全力组织开展平安建设活动，狠抓安全稳定各项措施落实，取得了显著效果，确保了社会和谐稳定，为全省政治进步、经济快速发展、人民安居乐业作出了突出贡献。

(一)各级党委、政府高度重视，切实加强对平安山东建设的组织领导。各级党委、政府把平安山东建设切实纳入党委、政府总体工作规划，列入领导干部重要议事日程，摆到工作突出位置，坚持主要领导负总责、亲自抓，分管领导靠上抓，其他领导共同抓，始终把平安建设牢牢抓在手上。省、市、县各级都成立了平安建设办公室，拨付了专项经费，抽调了得力人员，加强了对平安建设工作的组织协调、检查督导和情况控制，确保了平安山东建设顺利开展。

（二）广泛宣传发动，为平安建设营造了浓厚的舆论氛围。省内各级新闻媒体都开辟专栏和专题，展开了系列宣传报道；中央各大新闻媒体也多次来山东实地采访，给予舆论支持。2004 年，中央新闻媒体和全省各级各类媒体对平安山东建设进行了重头报道，其宣传报道的数量及其影响都是空前的。各地各部门还采取开展集中宣传日和万人签名活动、宣传车巡回宣传、张贴悬挂标语横幅、开辟宣传一条街、印发宣传画、普法手机短信、举办文艺演唱会等多种群众喜闻乐见的形式；广泛宣传发动群众，提高了广大群众对平安山东建设的知晓率和参与平安建设的积极性。

（三）实行工作目标责任制，层层落实责任。按照省委、省政府建立健全决策目标、执行责任、监督考核“三个体系”的要求，各市、县都作出了建设平安市、县的决定，各级、各部门、各单位都制定了平安建设工作方案或实施意见，确立了平安建设目标任务，形成了上下贯通、左右相连的决策目标体系；层层分解和细化、量化目标任务，逐级签订责任书，将目标任务和责任落实到了各个单位和人头，形成了各个单位有任务、人人肩上有担子的责任执行体系；普遍制定检查考核、表彰奖励、责任追究等办法和实施细则，形成了评估准确、奖惩分明的考核监督体系。省委组织部制定了《关于加强和改进领导班子、领导干部经常性考察工作的实施办法》，将维护社会稳定、处置重大事件情况列入了领导班子、领导干部经常性考察的范围。省综治委制定了《平安山东建设检查考核办法》和《检查考核细则》，并以省委、省政府名义下发，采取综合检查、暗访、专项工作目标考核、公众调查和省综治委成员部门测评等五个步骤，对各地平安建设情况进行全面系统的检查考核。

（四）强化措施、狠抓落实，切实把平安建设各项工作落到实处。省委先后召开 7 次常委会议、2 次省直有关部门负责人会议，省委政法委、省综治委先后召开 4 次全体会议，专题研究部署平安山东建设及社会稳定工作；省委书记志先后 45 次对平安山东建设和社会稳定工作作出批示，其他省委领导批示达到 63 次；省委先后派出 5 位省级干部和 8 个督察组、3 个暗访组，深入基层，进行督查、暗访和视察。按照“农村城市切块抓、城乡一体、整体推进”的思路，省委、省政府先后于 7 月和 10 月召开全省农村和城区平安建设经验交流会，总结推广了一批先进典型；加大了分类指导力度。各地各部门也都采取会议推动、典型带动、督查促动等多种方法，一项措施跟着一项措施，扎扎实实地抓推进、抓落实，使建设平安市、平安县（市区）、平安乡镇（街道）、平安村（社区）、平安机关、平安行业、平安厂矿、平安商店、平安校园、平安医院等多层次、方方面面的平安建设活动在全省各地蓬勃展开，并不断深化、发展。

三、治安防范工作情况

一是大力强化社会面巡逻防范。在城区推行了“五四三”巡防机制，即按照市局五分之一、区（县、市）局四分之一、派出所三分之一的比例抽调警力，负责重要节假日和夜间巡逻工作，最大限度地把警力摆在街面路面，加大社会面治安防范密度。二是建立以城市为重点的多层次治安防线。合理布建警务工作站、治安岗亭、检查站、堵截点，进一步形成信息预警、巡逻防范、查控堵截、安全保卫、快速反应工作机制，提高对社会面的管控能力。在城区重点路段、重点区域、繁华地带布建出警点、治安岗亭等；在进出城区的主要路口建立治安点或警务工作站，查控、堵截违法犯罪分子。全省已建立治安岗亭、治安工作站（点）4126 处，在主要交通干线布建具有监控、堵截、查缉功能的警务工作站 130 个。三是坚持警力下沉。大力推进警务体制改革，继续推进“三台合一”、“三警联勤”，充实派出所和实战单位警力，把警力沉到社区、乡村最底层。进一步优化警力配置，向科、所、队、庭充实和倾斜，努力提高基层的战斗力。全省公安派出所均在 3 人以上，在村、社区一级，实现了“一居一区一警”。在城市，大力推进社区警务战略，发展保安服务业，建立起了“以专业警力为主体，以保安队伍为辅助，群防群治队伍积极参与”的治安防范体系。在农村，全省所有乡镇都建立了专职治安联防队，村庄建立了治保、调解、巡逻、帮教、普法“五位一体”的综治办。目前，全省已组建治安巡逻队 74889 支，497621 人，有保安服务公司167个、45000人。群防群治队伍有100多万人。四是加强人防、物防、技防配套建设。全省城区的党政机关、金融、供水、供电、通讯等重点要害部门技防覆盖率达到100%,宾馆、酒店、商场等公共复杂场所和重要交通路口的技防覆盖率达95%以上,全省入室盗窃、入室抢劫等可防性案件分别下降13.5%和12.9%。五是,加强对重点人员和危险物品的管理。加大对枪支弹药、爆炸、剧毒等危险物品管理力度,层层落实责任制,定期进行安全检查,及时消除隐患,防止了重大事件的发生。

在加强社会面治安防范的同时,加大了对重点人口的管理。2004年,公安部门共检查登记暂住人口26.7万人,发放暂住证152.2万个,与房主或单位负责人签订治安责任书98.9万份,发现各类违法犯罪线索1.3万条,破获刑事案件3326起,查处治安案件5312起,列管重点流动人口3199人;对所有刑释解教人员进行了统一登记、分别帮教。为1016名从事个体经营的人员实行了税费减免,为1941名符合条件的人员分别落实了"低保"待遇、办理了失业保险、进行了社会救助。采取多种形式加强了对青少年的思想道德、法律意识和自护能力教育,建立了山东省青少年维权网站,启动了"青少年文明上网工程",开展了"远离毒品行动",预防艾滋病"青春红丝带"行动和创建"未成年人零犯罪社区"活动,收到了良好的社会效果。

四、矛盾纠纷排查调处情况

2004年,全省共排查出各类矛盾纠纷244463起(含民间矛盾纠纷),处结236352起,处结率为96.6%。防止自杀案件803件、1223人;防止民转刑案件2021件、涉及5743人;防止群体性械斗125起,集体上访418起,集体上访和信访总量逐渐下降,有力地维护了全省社会稳定。

(一)各级党政高度重视,层层落实领导责任。2004年,省委、省政府专门召开会议,并下发文件,狠抓乡镇街道调解中心的规范化建设,全省1928个乡镇街道全部成立调解中心,配备专职工作人员5563人,兼职工作人员10250人,调处各类矛盾纠纷89725件,占全省调处各类矛盾纠纷总数的36.7%,调处成功率达到96.3%,在确保社会持续稳定工作中发挥了不可替代的重要作用。

(二)工作措施得力,排查全面细致。各级各部门坚持党委、政府统一领导,综治委(办)组织协调,有关部门齐抓共管的方针,组织专门力量,多种措施并举,认真组织开展了各种形式的"集中排查调处月"活动。在工作中,按照"县不漏乡、乡不漏村、企业不漏车间、单位不漏人"的要求,充分发挥基层调解人员的作用,从基层单位入手,对可能影响社会稳定的突出问题和矛盾纠纷隐患,自下而上地进行"拉网式"、"会战式"和"过筛式"排查。充分发挥乡镇调解中心、基层信息员和村(居)民调解组织等综治网络的作用,不留空档和死角,排查工作广泛深入,全面细致。各地在全面排查基础上,对各类矛盾纠纷,特别是因为"有关方面人员"、拆迁安置、企业改制、欠职工工资和养老金等问题引发的重大矛盾纠纷,都分门别类,登记造册,建立台账,跟踪处理,取得了良好效果。

(三)排查重点突出,化解调处及时有效。各地把影响社会稳定的突出问题作为调处工作的重中之重,按照"急事急办一批,防范控制一批,主动化解一批"的要求,实行"四定一包":对排查出的矛盾纠纷,逐一落实定领导、定人员、定措施、定时间和包调处解决,妥善及时地化解矛盾纠纷。坚持关口前移,超前防范,关心群众疾苦,积极为人民群众排忧解难,努力从源头上防范化解矛盾。为了确保矛盾纠纷排查调处工作落到实处,及时化解各类矛盾纠纷,各级各部门都建立了"每周零报告"制度,及时掌握工作情况。加强对重大矛盾纠纷的跟踪挂牌督办工作,发现集体上访和群体性事件的问题隐患,及时督促落实领导责任和工作措施,确保把矛盾纠纷解决在基层、解决在内部和萌芽状态,确保不发生大的问题,有力地维护了社会稳定。

五、基层组织建设情况

(一)大力加强基层党政组织建设。深入开展农村党的建设"三级联创"和"保持党员先进性教育"活动,先后整顿农村"两委"班子4500多个,对948个后进村的"两委"班子进行了调整充实,调整充实"两委"干部6000多人,并选派2800多名党政机关干部到农村任职。积极推行城市社区干部经费财政包干制度,确保社区干部专司其职。努力探索非公有制经济组织中党组织建设的有效办法和途经,重视加强了非公有制经济组织中的党组织建设。加大检查考核和表彰力度,省委、省政府对28个农村党组织建设先进县(市、区)和76个精神文明建设先进县(市、区)进行了表彰奖励。通过采取上述措施,进一步增强了基层党组织的凝聚力、战斗力和创造力,夯实了党的执政基础。

(二)大力加强基层政法综治组织建设。全省2289个乡镇级单位全部配备了专抓综治工作的副书记,综治办配备了专职副主任,多数乡镇、街办配备了1~2名专职综治干部。公安机关大力推行旨在强化基层的警务制度改革,共向基层调整充实警力8000余人,派出所和实战单位警力达到了全省总警力的3/4以上,基本实现了"一村一警"、"一区一警"或"一区多警"。大力加强乡镇、街道司法所建设,前几年被撤销的司法所已全部恢复,司法所工作人员达到4986人。

(三)大力加强基层群防群治组织建设。治保、调解、巡逻队伍达到7.5万支,队员近50万人;基层调解组织达到9.7万多个,人民调解员33.5万人,矛盾纠纷信息员30多万人;1928个乡镇(街道)建立了安置帮教工作站,58551个村居、4387个企事业单位建立了安置帮教小组。在城市,实行市场化运作的保安服务业快速发展,全省已建立保安服务公司167家,保安人员达到45000余人,服务客户扩大到13000余家。在农村,也积极引进市场机制,采取有偿与义务相结合等办法,大力推行治安承包责任制、治安员驻村、选聘治安信息员等有效做法,提高了治安防范实效。

六、法制宣传教育情况

按照全省普法规划要求,大力开展全民普法教育活动,把日常法律法规宣传教育与加强社会治安综合治理,维护社会稳定工作的专项法律法规宣传教育紧密结合起来,结合平安山东建设,组织开展了维护社会稳定有关法律法规专项宣传教育,与报社、电视台联合开展了"建设平安山东、维护社会稳定"知识竞赛,人民群众"齐学法律法规,共建平安山东"的意识明显增强。不断强化领导干部和国家公职人员学法用法意识,共举办县级以上领导干部法制讲座578次,参加人员达到8万余人(次);举办处级干部脱产培训班398余期,培训人员2万多人(次)。举办科级干部脱产培训班855期,培训人员11.7万人(次)。组织普法教育宣传团"送法下乡"、"送法进社区",深入农村、社区,对人民群众进行面对面的宣传教育。全省7.4万个行政村建立了法制宣传一条街;在街道社区抓好"四个一"建设,即每个街道社区设立一条法制宣传街,建立一个法律图书室或图书架,成立一支法制宣传教育志愿者队伍,每季度上一次法制教育课,效果良好。加大基层依法治理力度,全省90%以上的行政村开展了依法治村民主管理活动,75%的厂矿企业、学校开展了依法治厂、依法治校活动,全省有17个行政村被司法部、民政部表彰为"民主法治示范村"。

中共山东省委　山东省人民政府
关于建设"平安山东"的决定

(2004年1月20日)

全面贯彻"三个代表"重要思想,按照党的十六大和十六届三中全会的要求,根据《中共中央关于进一步加强和改进公安工作的决定》和《中共中央转发中央政法委员会〈关于2004年维护社会稳定工作的意见〉的通知》精神,为了进一步维护全省社会政治稳定,使人民群众安居乐业,保障全面建设小康社会顺利推进,省委、省政府决定,用三年时间,在全省集中开展建设"平安山东"活动。

一、建设"平安山东"的重大深远意义

坚持稳定压倒一切,正确处理改革发展稳定的关系,在社会稳定中推进改革发展,通过改革发展促进社会稳定,是我们必须长期坚持的基本方针。当前,全省经济繁荣发展,社会不断进步,稳定工作的形势也是好的。各级党委、政府高度重视维护社会稳定,各级政法部门和有关单位充分发挥职能作用,在广大人民群众的支持下,围绕维护稳定做了大量富有成效的工作。但是,也要清醒地看到,影响稳定的因素仍然存在。国内外敌对势力的渗透破坏活动一直没有停止,国际形势的跌宕起伏和发展变化,对政治稳定和公共安全形成了新的压力。随着改革开放不断深化,社会结构发生了深刻变化,防范打击违法犯罪难度加大,与此相适应的社会治安长效机制还不够完善。经济社会转型时期人民内部矛盾增多,群体性事件仍有发生。各级、各部门、各方面一定要充分认识维护稳定工作的长期性、艰巨性、复杂性。越是在政治经济形势好的时候,越要保持清醒头脑,越要居安思危;越是在加快发展的情况下,越要高度重视维护社会稳定,绝不能有丝毫的麻痹和松懈。

全省有9100多万人口,国内生产总值一万多亿元,地处沿海,邻近京津,战略地位十分重要,维护社会稳定事关全局,任务繁重艰巨。要从实践"三个代表"要求的高度,从立党为公、执政为民的高度,从改革发展稳定全局的高度,充分认识维护社会稳定的极端重要性,真正担负起确保一方平安的政治责任。建设"平安山东"是根据中央的要求,结合山东实际,采取的维护全省社会稳定的一项重大举措。通过开展"平安山东"建设活动,对于进一步动员广大干部群众,激励政法干警和社会各个方面,更加牢固地树立维护稳定的意识,更加自觉地做好维护稳定的工作,更加有效地建立和完善维护稳定的机制和制度,将起到重要的促进作用。各级、各部门、各单位一定要充分认识"平安山东"建设的重要意义,积极行动起来,上下共同努力,把各项工作措施真正落到实处。

二、建设"平安山东"的基本要求和目标任务

建设"平安山东"是一项庞大的系统工程。要立足于为经济建设、社会进步、人民安居乐业营造良好的治安环境,着眼于正确处理改革发展稳定的关系,进一步加强和改进党委、政府对稳定工作的领导,坚持"打防结合,预防为主"的方针,充分发挥政法机关的职能作用,组织和动员社会各方面的力量,紧紧依靠人民群众,逐步建立起维护社会稳定的长效机制,促进经济社会全面、协调、可持续发展,保障广大人民群众心情舒畅地投身现代化建设。

通过开展"平安山东"建设活动,到2005年,全省90%的城乡基层单位常年不发生刑事犯罪案件,80%的县市区不发生在全国造成重大影响的人员伤亡和巨额财产损失恶性案件、重大恶性治安事件、涉黑涉恶团伙犯罪案件和大规模群体性事件,人民群众对社会治安的满意率达到90%以上。普法教育广泛开展,干部群众法律意识和依法行政、依法办事的自觉性明显提高。全省社会治安秩序良好,人民群众安居乐业,投资兴业环境优化,经济社会协调发展,成为全国最稳定最安全的地区之一。

三、全面强化社会治安综合治理

坚持严打方针不动摇。进一步完善严打斗争的经常性工作机制,重点打击严重暴力犯罪,黑恶势力犯罪,抢劫、抢夺、盗窃等多发性犯罪和毒品犯罪,切实保持对刑事犯罪的高压态势。坚持集中打击与经常性打击相结合,惩办与教育相结合,打击犯罪和保障人权相结合,专门机关工作与群众路线相结合,增强打击的针对性和实效性。依法从重从严打击各类严重危害市场经济秩序的犯罪活动,因地制宜地在重点行业、重点地区、重点领域开展专项打击行动。坚决遏制经济犯罪的高发态势。切实加强新形势下的对敌斗争,牢牢把握斗争的主动权。进一步深化与"法轮功"等邪教组织的斗争。高度重视和切实加强反恐怖斗争,建立健全应急处置机制,不断提高应对能力。各地要根据本地区社会治安的实际,确定打击的重点和方式,做到什么犯罪突出,就重点打击什么犯罪,什么治安问题严重,就重点解决什么问题。

加强治安管理。认真落实各项安全防范措施,进一步加强对重点地区、要害部位的安全防范。切实管好枪支弹药、爆炸物品、剧毒危险品,堵源截流,防止流入社会。加强交通和消防管理,认真开展安全大检查,及时整改安全隐患,防止发生重大交通和火灾事故。加强对暂住人口的管理,把管理、教育、服务紧密结合起来,引导人口有序流动,保护流动人口的合法权益。加强对刑满释放解除劳教人员的安置帮教工作,对有重新犯罪可能的人员不漏管、不失控。家庭、学校、社会及各方面紧密结合,积极做好闲散青少年的教育、服务、管理工作。加强各种经济组织的治安管理,建立健全适应现代企业制度要求的企业治安管理机制。重视特种行业的治安防范工作。搞好农村、城市公共复杂场所、企事业单位周边、油区、铁路沿线、交通要道、暂住人口聚居区、集贸市场、旅游景点等方面治安秩序的集中整治,反复抓,抓反复,直到真正解决问题。

推进社会治安防控体系建设。充分发挥公安机关在社会治安防控体系建设中的职能作用,广泛发动社会各方面的力量,构建点线面结合、专群结合、灵活多样的社会治安防控网络,形成全方位、多层次的打击、防范、控制一体化工作机制,并使之规范化、制度化。坚持"人防抓落实、物防抓巩固、技防抓提高"的总体要求,人防、物防、技防建设配套发展。按照"谁受益、谁出资"的原则,逐步形成与社会主义市场经济要求相适应的群防群治经费保障机制。把社会治安防范与推进城市化、完善社区服务、加强社会管理结合起来,推进治安防范社会化,积极探索在社会主义市场经济条件下预防和减少犯罪的多种有效形式。

四、积极预防并及时化解各种社会矛盾

正确处理改革发展稳定的关系。各级党委、政府要善于统揽全局,从整体上把握好改革发展稳定的关系,坚持维护人民群众长远利益和实现人民群众现实利益的统一,坚持解决影响经济发展的体制机制障碍和解决经济社会生活中的突出矛盾的统一,坚持改革的总体谋划、统一部署和分步实施、有序推进的统一。自觉地把改革的力度、发展的速度和社会可以承受的程度统一起来。每项重要改革方案的制订,每个建设项目的实施,都要充分考虑财政、企业和群众的承受能力,把握好改革措施出台的时机、节奏和力度,并根据实施过程中出现的新情况、新问题,及时加以调整和完善,使社会大多数成员都能享受到改革和发展的实际成果。

努力解决好关系群众切身利益的问题。牢固树立群众利益无小事的观念,针对群众关心和反映强烈的突出问题,区别不同情况,认真研究解决。建立健全相关的政策法规,坚决制止侵害群众利益的现象发生。进一步落实下岗职工、城乡贫困居民、困难企业军转干部、进城务工农民等方面群众的扶助措施,把一项一项具体工作做好做细。切实帮助群众解决生产、生活、就业、就医、上学等方面遇到的实际困难。大力改进干部作风,加强宗旨观念、群众观点、法制意识、政策观念等教育,使党员干部想问题、办事情更加符合群众意愿。善于运用思想教育、民主协商、示范服务等方法,做扎实细致的群众工作,坚决克服对群众麻木不仁、不负责任、简单粗暴的官僚主义作风。

认真排查调处各种社会矛盾。进一步健全完善县市区人民调解指导委员会、乡镇街道调解中心、村社区人民调解委员会三级矛盾纠纷排查调处网络,把矛盾纠纷排查调处作为一项经常性的工作来抓,使其制度化、规范化。对排查出的每一个问题,都要有领导负责,有专人处理,有调处方案,限时妥善解决。拓宽了解和解决各种矛盾纠纷的渠道,把人民调解、行政调解、司法调解紧密结合起来,最大限度地消除各类不稳定因素。高度重视做好信访工作,及时把握群众的呼声和意愿,抓住人民群众反映比较集中的问题,急事急办一批,防范控制一批,主动化解一批,消除推、挡、堵、拖等不良作风。

建立健全妥善处置群体性事件和突发事件的应急机制。处置群体性事件,要坚持依法办事,按政策办事,坚决维护人民群众的合法权益,坚决维护社会稳定。各地和各有关部门要深入分析群体性事件和突发事件发生的原因,举一反三,找准问题症结,不断完善处置机制,全面提高应对能力。建立健全统一指挥、反应灵敏、协调有序、运转高效的应急机制。抓紧组建信息预警、组织指挥、预案运作、应急救援、力量配置、装备保障等方面的工作体系。严格重大情况报告制度。一旦发生群体性突发事件,所在地区、部门和单位的领导干部要亲临一线,靠前指挥,面对面地做好群众工作。要妥善做好问题定性、舆论引导和措施实施等方面的工作,最大限度地减少事件对社会稳定的冲击。要坚持慎用警力、慎用强制措施、慎用武器警械,坚决避免因处置不当而激化矛盾。对参与群体性事件的大多数群众要立足于教育疏导。同时,对危害公共安全、破坏公共秩序、冲击党政机关、堵塞铁路、公路、破坏交通秩序等极端行为要依法果断处置。对插手群体性事件的敌对分子,对借机打砸抢的违法犯罪分子,要坚决严厉打击。

五、建立和完善工作重心下移制度和机制

充分认识基层基础工作的重要性。坚持工作重心下移，抓基层、抓基础、抓队伍，把抓基层、打基础作为维护社会稳定的重中之重，筑牢维护社会稳定的第一道防线。坚持一级对一级负责，凡是应由乡镇解决的问题不能到县，凡是应由县解决的问题不能到市，凡是应由市解决的问题不能到省，努力把问题解决在基层、化解在萌芽状态。

进一步建立和完善工作重心下移的制度和机制。对关系到社会稳定的各项基础工作，都要建立健全责任制度，按照“谁主管、谁负责”和“属地管理”的原则，各负其责，密切配合，齐抓共管，属于哪个部门的问题，哪个部门就要切实负起责任，一级抓一级，层层抓落实，及时有效地加以解决。建立健全督查考核制度，制定科学、实在、管用的指标量化考核体系，改进考核方法，坚持全面检查与专项检查相结合，定期检查与明察暗访相结合，加强对各项工作任务落实情况的督促检查。

支持基层工作，加强基层力量。各级领导干部要经常下基层蹲点，加强对基层工作的指导。加强领导和协调，最有效地发挥各类基层组织的整体作用。认真抓好农村、企业、城市社区和其他经济社会组织中党的基层组织和群众自治组织建设，及时调整配强领导班子，使之成为建设“平安山东”的有力组织者、推动者和实践者。加强基层政权建设，提高管理社会和依法行政水平。切实加强基层政法综治组织建设，充实基层和实战单位。加强教育和管理，不断提高基层干部政治业务素质，切实解决基层基础工作有人抓、有人管、有人干、干得好的问题。从政策指导、力量配置、经费保障等方面切实向基层倾斜、向一线倾斜，增强基层实力，激发基层活力，提高基层的控制管理能力。

积极探索新形势下基层安全创建的有效方式。深入扎实地开展争创“平安市”、“平安县”、“平安乡镇”、“平安村庄”、“平安社区”等活动。要结合地区、部门、行业特点，延伸创安领域，拓宽创安范围，提升创安档次。要加强对平安创建活动的分类指导，总结推广一批不同层次、不同方面的创安典型，促进带动整个社会面上平安创建活动的深入开展，促进社会治安综合治理各项措施落实到基层，夯实“平安山东”建设的基础。

六、努力提高全体公民遵纪守法意识

加强思想道德教育。认真贯彻《公民道德建设实施纲要》，弘扬家庭美德、社会公德和职业道德，不断提高公民的道德素养。深入开展崇尚科学、反对迷信教育，发挥村规民约、市民守则、学生守则的规范约束作用，引导广大群众形成文明的公共行为方式。以创建文明社区、文明城镇、文明单位为重点，广泛开展群众性精神文明创建活动。

广泛开展法制宣传活动。认真实施“二五”依法治省和“四五”普法规划。广泛开展“法律下乡”、“法律进万家”、“法律进社区”等活动，提高干部群众的法制观念和法律素质。教育各级干部依法履行职责，严格依法办事；引导人民群众自觉遵守法律，运用法律武器维护自身合法权益，通过正当渠道反映和解决遇到的矛盾和问题。

牢牢把握正确的舆论导向。加强对建设“平安山东”的宣传，广泛发动群众支持和参与维护社会稳定的各项工作，使创建活动深深扎根于人民群众之中。严格新闻纪律，有关社会稳定方面的报道要内外有别，重在加强对人民群众的正面引导。加强对新闻媒体特别是互联网站和社会文化生活类报刊的监控与管理，决不允许不正确的言论自由泛滥。通过正确的舆论导向，进一步营造团结和谐稳定的良好氛围。

七、大力加强政法队伍自身建设

以“三个代表”重要思想统领政法队伍建设。坚持政治建警、素质强警、从严治警、从优待警，继续开展“公正执法树形象”活动，大力推进革命化、专业化和正规化建设，努力造就一支政治坚定、业务精通、作风优良、执法公正的政法队伍。

始终把思想政治建设放在首位。坚持不懈地用“三个代表”重要思想武装干警头脑，坚持执法为民，增强政治上的坚定性。要坚持对法律负责和对党负责、对人民负责的一致性，坚持专政职能和管理职能、服务职能的统一性，始终把维护和实现最广大人民的根本利益作为政法工作的根本出发点和落脚点。要加强理想信念和宗旨教育，引导广大政法干警树立起正确的世界观、人生观、价值观，形成正确的权力观、地位观、利益观。要端正执法思想，增强大局意识和服务意识，做党和人民的忠诚卫士。

突出抓好政法领导班子建设。按照政治坚

定、开拓创新、团结协作、廉政勤政的要求，切实加强各级政法机关领导班子建设。突出加强领导干部思想政治建设和素质能力建设，不断提高科学判断形势、准确把握大局、驾驭复杂局面、严格公正执法的能力，特别是提高应对突发事件和复杂局面的能力。根据各地实际情况和干部任职条件，在领导班子职数范围内，有条件的地方逐步实行由同级党委常委或政府副职兼任市、县公安机关主要领导。结合维护稳定工作的实践，重视加强基层政法队伍领导班子建设，配强直接带一线队伍的一班人。加强对领导干部的日常教育管理和监督，严肃政治纪律，确保政令畅通，努力把各级政法领导班子建设成为忠诚实践"三个代表"，经得起风浪考验，带领广大政法干部奋力开创维护稳定工作新局面的坚强领导集体。

树立政法队伍的良好形象。加强政法队伍建设，必须坚持严格教育、严格管理、严格监督、严格训练、严格纪律。政法干警要增强群众观念，带着对人民群众的深厚感情去执法。从群众满意的事情做起，从群众不满意的地方改起，继续推出便民利民的措施，进一步深化"创满意活动"和深入开展"公正执法树形象"活动，满腔热情地为人民群众提供优质高效服务。要牢固树立法治意识，坚持严格、公正、文明、高效执法，规范执法行为，强化执法监督，提高执法质量。按照"两个务必"、"八个坚持、八个反对"和为民、务实、清廉的要求，抓好对广大政法干警的廉洁自律教育，切实解决少数干警存在的特权思想严重、作风粗暴、欺压群众等问题。严肃查处执法犯法、贪赃枉法、刑讯逼供、徇私舞弊、滥用职权等严重违法违纪案件，坚决清除害群之马。抓住关键环节和岗位，完善制度，强化监督，认真开展执法检查和专项治理，努力铲除腐败现象滋生蔓延的土壤和条件。

八、切实加强对"平安山东"建设的领导

各级党委、政府要把建设"平安市"、"平安县"作为任期目标之一，纳入社会主义物质文明、政治文明和精神文明建设的总体布局。要建立健全党委、政府统一领导协调，政法部门充分发挥职能作用，各部门各负其责、齐抓共管的维护稳定工作机制。各级综治委(办)要认真履行职责，切实为党委、政府当好参谋助手。围绕建设"平安山东"这一目标，进一步落实党政职能部门、社会团体在维护稳定中的责任，把"系统抓、抓系统"结合起来，各司其职，密切配合，齐抓共管，形成整体合力。

要从实际出发创造性地开展工作。各级党委、政府要进一步解放思想，更新观念，转变作风，真抓实干，在党和国家政策法律指导下，结合当地实际，紧紧依靠人民群众，积极探索和努力实践新形势下建设"平安山东"的各种有效方法。要本着"立足当前、着眼长远、扎实推进、务求实效"的原则，认真分析形势，抓紧研究制定本地区本部门平安创建工作的规划和具体实施意见。坚持从实际出发，全面推进与重点突破相结合，普遍号召与典型引路相结合，不断推动工作的开展。

建立健全决策目标、执行责任、考核监督三个体系，严格落实责任制。要把"平安山东"建设的目标任务层层进行分解，将责任落实到有关领导、工作部门、工作人员身上，形成目标明确、责任到人、措施具体、考核有效、奖惩兑现、自我激励的工作机制。要把建设"平安山东"、维护社会稳定工作作为考察、考核党政领导班子和领导干部的重要依据。对工作扎实、成效显著的地方和单位，要进行表彰奖励；对考核达不到要求的，要列为"重点管理"对象，实行"黄牌警告"；对因思想不重视、责任不明确、措施不到位、工作不落实，造成重大群体性事件、恶性治安案件和重大灾害事故的，社会治安状况长期得不到改善、人民群众强烈不满的，要严肃追究主要领导和相关责任人的责任。

全省各级、各部门和广大党员干部，要坚持以"三个代表"重要思想为指导，紧密团结在以胡锦涛同志为总书记的党中央周围，深入贯彻党的十六大、十六届三中全会和中央对稳定工作的指示精神，同心同德，开拓进取，扎实工作，大力推进"平安山东"建设，确保全省社会政治稳定。

中共山东省委办公厅　省政府办公厅关于转发《中共山东省委政法委员会山东省社会治安综合治理委员会关于建设“平安山东”的实施意见》的通知

（2004年3月29日）

各市党委和人民政府，省军区，省委各部委，省政府各部门，各人民团体，各高等院校：

经省委、省政府领导同志同意，现将《中共山东省委政法委员会、山东省社会治安综合治理委员会关于建设“平安山东”的实施意见》转发给你们，望结合实际，认真贯彻落实。

中共山东省委政法委员会　山东省社会治安综合治理委员会　关于建设“平安山东”的实施意见

（2004年3月24日）

按照胡锦涛总书记“一要狠抓落实，二要持之以恒”重要批示的要求，为把我省建设成为全国最稳定最安全的地区之一，保障全面建设小康社会顺利推进，根据《中共山东省委、山东省人民政府关于建设“平安山东”的决定》（鲁发〔2004〕4号），提出如下实施意见。

一、坚持重心下移，强化基层基础工作

把抓基层、抓基础、抓队伍作为“平安山东”建设最要紧的措施来抓。各市、县、乡要结合本地实际，立足当前，着眼长远，认真分析形势，围绕“平安山东”建设的基本要求和目标任务，研究制定本地区维护稳定、确保平安工作的规划和具体措施。对关系社会稳定的各项基础工作，各级各有关部门都要建立健全责任制度，坚持一级抓一级，一级对一级负责，切实把本地区本部门的基层基础工作做细做实。

认真落实工作重心下移的各项措施。结合深入开展基层党建“三级联创”活动和领导班子换届，配齐、配强村党支部书记，加强基层党组织和群众自治组织建设，加强农村后进班子排查和集中整治工作。认真抓好企业、城市社区和其他经济社会组织中党的基层组织建设。要切实加强基层综治组织建设和基层政法组织建设，乡镇（街道）综治办和法庭要充实加强力量，派出所要增加警力，年内要全部建立健全司法所，增强基层的控制管理能力。2004年从政法院校和其他普通高等院校选调1500名优秀应届毕业生，充实基层政法机关。村、社区、企业、学校和各单位内部，都要建立健全各种形式的群防群治队伍。不断提高基层干部政治业务素质，规范基层管理部门工作人员的行为，保证基层基础工作有人抓、有人管、有人干、干得好。省、市、县财政要进一步向基层倾斜，并随着经济的发展，逐年增加投入，为基层维护稳定工作提供保障。

深入开展基层平安建设活动。各级各部门要紧密结合地区、行业特点，选择不同类型的县（市、区）、乡镇（街道）和村、社区、厂矿、学校等基层单位，作为平安建设示范点，以此带动基层平安建设活动的全面开展。省综治委要加强对各市平安建设工作的具体指导，2004年上半年召开农村平安建设经验交流会；下半年召开城区平安建设经验交流会。三年内，全省90%以上的乡镇（街道）、村（居）、机关、团体、企事业单位和80%以上的县（市、区）达到平安标准，以各地、各行业、各单位的平安确保全省的平安。

二、全面加强社会治安综合治理

把社会治安综合治理的各项措施落实到城乡基层单位，努力使全省刑事案件上升势头得到有效控制，发案率、犯罪率明显低于全国平均水平。全省90%的村（居）、机关、团体、企事业单位常年不发生刑事犯罪案件，人民群众对社会治安的满意率达到90%以上。

深入开展“严打”整治斗争。要长期坚持“严打”方针。省委政法委、省综治办负责组织协调，适时在全省开展“严打”集中行动，重点打击严重暴力犯罪，黑恶势力犯罪，盗窃、抢劫、抢夺等严重影响群众安全感的多发性犯罪，严厉打击流窜犯罪。各级政法部门要统一执法思想，加强侦查破案，依法快批捕、快起诉、快审判，严惩严重刑事犯罪。各地要从实际出发，以“破现案、攻积案，打流窜、追逃犯，抓整治、促防范”为主线，因地制宜地确定打击重点，始终保持对犯罪的高压态势。要进一步完善“严打”斗争的经常性工作机制，坚持集中打击与经常性打击相结合，因地制宜地在重点行业、重点地区、重点领域开展专项打击行动。依法从重从快打击各类严重危害市场经济秩序的犯罪活动。高度警惕敌对势力利用社会热点问题煽动制造事端，坚持露头就打。进一步深化与“法轮功”等邪教组织的斗争，随时掌握动态，严加防范。公安、武警、民航、交通、消防等部门要加强经常性反恐演练，提高应对能力，坚决防止发生暴力恐怖事件和其他破坏活动。

加强治安管理和治安问题经常性整治。2004年上半年，组织公安、土地、工商、城建、信访等有关部门联合行动，对农村、城市公共复杂场所、企事业单位周边、油区、铁路沿线、交通要道、暂住人口聚居区、集贸市场、旅游景点等方面治安问题进行一次集中排查，建立台账，明确责任部门和责任人，一包到底，限期解决。今后每年开展两次全省性集中排查活动，对治安混乱地区实行综合整治，反复抓，抓反复，滚动治理。进一步健全工作制度，加强对社会面的控制，加强对政治和治安危险人物的控制，加强对枪支弹药、易燃易爆和剧毒等危险物品的管理，加大重点地区、要害部位的安全防范力度。做好刑满释放解除劳教人员的安置帮教工作。加强对暂住人口的管理，积极做好闲散青少年的教育、管理工作。加强各种经济组织的治安管理，建立健全适应现代企业制度要求的企业治安管理机制，搞好特种行业的治安防范工作。

完善社会治安防控体系。从2004年起，在全省县级公安机关，逐步实施110、119、122三台合一的高效指挥体系，推行网络化巡逻模式。合理布建警务区、治安亭或110报警点，最大限度地把警力摆在街面路面，全方位、全天候控制治安态势。在城市街道和社区，要重点抓好巡防队、企业保卫队、物业保安服务队、治安志愿者队伍的规范化建设，全面加强居民户、单元门、停车场、治安室相配套的物防建设。内部单位特别是首脑机关、供水供电供气部门、金融系统、邮政电信、旅游景点等重点要害部位，要全部安装紧急报警装置。有条件的地方，安装GPS卫星定位系统。在居民区逐步安装电视监控系统、周界报警系统、电子巡更系统、家庭防盗报警系统等技防设施。乡镇、村要采取有偿和义务相结合的办法，切实抓好专职治安联防队和治保、调解、巡逻、帮教、普法五支队伍建设，根据不同经济条件，安装必要的防盗设施。大力推行治安承包责任制，探索与市场经济相适应的群防群治工作机制。

三、积极预防和化解各类社会矛盾

按照“积极预防不发生、抓住苗头早化解、一旦发生能控制、妥善处置不激化”的要求，积极开展社会矛盾纠纷排查调处工作，切实做到不发生大规模群体性事件等严重影响社会稳定的问题。

认真做好矛盾纠纷排查调处工作。加强人民调解组织建设,进一步健全完善县(市、区)、乡镇(街道)、村(社区)三级矛盾纠纷排查调处网络。认真落实矛盾纠纷定期排查制度,坚持乡每月、县每季、市每半年集中排查一次矛盾纠纷,重要会议、重大活动期间及敏感期内,要视情况组织矛盾纠纷集中排查调处活动。法院、检察院、公安、安全、司法、信访、610办公室和其他执法部门,协调行动,重点解决影响当前社会稳定,可能引发群体性、突发事件的问题。对排查出的矛盾纠纷要逐级建立台账,逐件明确分管领导、承办单位和办结时限,逐级上报。各级综治委(办)要切实抓好情况通报、协调会议、归口调处、领导包案、交办督办、检查考核、表彰奖励等项制度的落实。省综治委要加强对全省跨地区、跨行业、跨单位的重大矛盾纠纷的协调督导,强化情况控制,实行挂牌督办,最大限度地消除各类不稳定因素。

建立完善群体性、突发事件应急处置机制。2004年上半年,各地和各有关部门要对近两年内发生的群体性、突发事件,进行一次深入分析,找准问题症结,举一反三,不断完善应急处置预案。抓紧组建信息预警、组织指挥、预案运作、应急救援、力量配置、装备保障等方面的工作体系,建立健全统一指挥、反应灵敏、协调有序、运转高效的应急机制。一旦发生群体性、突发事件,所在地区、部门和单位的领导干部要亲临一线,靠前指挥,坚持慎用警力、慎用强制措施、慎用武器警械,坚决避免因处置不当而激化矛盾。严格重大情况报告制度,妥善做好问题定性、舆论引导等方面的工作。对参与群体性事件的大多数群众立足于教育疏导,对危害公共安全、破坏公共秩序、冲击党政机关、堵塞铁路公路、破坏交通秩序等极端行为要依法果断处置。

四、积极扎实地做好信访工作

努力实现全省信访总量、来省进京信访、集体上访数量稳中有降,信访问题处结率达到95%以上,信访老户结服率提高到90%以上,涉法上访明显下降,信访秩序进一步好转,不发生上访群众大规模进京聚集,不发生上访群众滋事事件。

把信访工作的重心转到基层和部门。加强县(市、区)基层信访组织建设,重点充实、整合乡镇信访工作力量。开展争创无来省进京上访、无越级集体上访、无异常上访县(市、区)活动,无来省进京上访、无越级集体上访、无信访积案的乡镇和街道,年内达到80%以上。与社区服务、警务、人民调解、日常管理结合起来,积极推动信访工作进社区。部门和系统要认真落实归口办理信访制度,有专门处室和专门人员靠上做工作。建立企业内部信访工作机构和重点企业信访工作联席会制度。做好初信初访工作,做到农村发生的问题,解决不出乡镇;城市发生的问题,解决不出社区;企事业单位内部发生的问题,解决不出单位;系统内出现的问题,解决不出系统。强化信访问题的依法分流、依法处理,在全省逐步建立起权责明确、制度配套、分工配合、高效运行的工作机制,推动形成大信访的工作格局。

抓好减少集体上访、越级上访、重复上访和上访老户四个重点。各级党委、政府领导同志要面对面地做群众工作,下大力气做好集体上访的处置工作。坚持“谁主管、谁负责”原则,凡是应由乡镇解决的问题不能到县,凡是应由县解决的问题不能到市,凡是应由市解决的问题不能到省。加强信访督查和信访户回访,对信访老户特别是没有结案和尚未结服的老户,继续开展专项治理,确有问题需要解决的,各市要与有关单位签订责任状,做到一案一策,实行定包案领导、定承办单位、定具体责任人、定处结时限和包回访、包稳定的“四定二包”责任制,力争今年上半年全部解决。对无问题解决的上访老户和可能来省进京滋事人员,加强集中教育管理,落实单位和亲属的帮教措施,坚决稳定在当地。对极少数别有用心、铤而走险的人员,要加大依法调查、依法取证、依法处理的力度,力求达到处理一个、教育一片的效果。

加大处理涉法上访问题的力度。用半年时间,集中开展处理涉法上访问题专项治理。各级党委政法委和公检法司各部门,要明确责任,切实加强领导和指导。认真细致地开展涉法上访问题摸底排查,通过多种渠道,及时掌握涉法上访情况,分门别类,研究解决办法。省委政法委要协调政法各部门排出涉法上访较多的地区、单位和重点案件,并加强督办。政法等部门对重点疑难案件,主要领导要亲自抓,依法纠正一批司法不公、处理不当的案件;要善于做过细的思想工作,平息一批无理上访的案件;依法处理一批借上访之名破坏社会秩序的案件。建立涉法上访联席会议制度,加大重大涉法上访问题协调解决力度。坚持和完善政法“五长”定期联合接访制度,逐级建立涉法信访台账,实行动态化管理,把问题化解在平时。各级政法部门要加强管理,严格执法,积极推行司法公开、涉法疑难案件听证等做法,加强执法监督,提高执法水平,及时纠正执法过程中存在的突出问题,努力减少新的涉法上访。

五、切实加强安全生产的监督管理

认真贯彻落实《山东省人民政府关于进一步加强安全生产工作的决定》(鲁政发〔2004〕13 号),经过三年努力,使全省安全事故总量和死亡人数明显减少,有效遏制重大事故,杜绝特大恶性事故,安全生产主要指标达到全国最好水平。

认真组织好安全生产大检查。当前,要集中组织好全省安全生产大检查活动。深入到工矿企业、机关、学校、公共聚集场所等每一个基层单位,每一个容易发生事故的环节。坚持“谁检查、谁签字、谁负责”,落实好检查责任制。坚持边排查、边整改,把重点放在整改上,最大限度地消除不安全因素,防止重特大恶性事故的发生。坚持定期排查与经常性排查相结合、全面检查与重点部位监控相结合,并作为一项长期制度和有效措施,坚持不懈,抓细抓实。

严格市场准入制度。对矿山、建筑施工、危险化学品、烟花爆竹等高危行业实行安全生产行政许可制度。坚持“谁审批、谁负责”的原则,落实审批责任制,从源头上制止不具备安全生产条件的企业进入市场。凡是新建、改建、扩建工程项目,安全生产设施必须与主体工程同时设计、同时施工、同时投入生产和使用。未经“三同时”验收或验收不合格的建设项目,不得投入使用,把好安全生产源头关。

全面落实政府、企业安全生产责任。今年起,在全省实行安全生产目标控制。省向各市下达安全生产控制指标,建立科学合理的目标控制体系,督促各级各部门层层签订责任状,一级一级抓落实。加强安全生产监管机构建设,提高基层监管水平。依法规范安全生产行为,落实企业安全生产主体责任。对高危行业开展安全评估,实行分级管理。实行安全生产风险抵押金制度。实施“科技兴安”战略,全面开展安全质量标准化活动,提高企业安全管理水平。

加强重点领域专项整治和监管,完善应急救援机制。根据煤矿、非煤矿山、道路和水上交通、危险化学品、民用爆破器材和烟花爆竹等领域生产特点,适时开展安全生产专项整治。2004 年上半年,集中治理道路交通秩序,坚决遏制交通事故多发局面。高度重视人员密集的重大公共活动安全,举办各类促销、会展、庆典、大型娱乐等活动,主办单位、公安、武警、交通、消防等部门要密切配合,确保群众生命财产安全。各级各部门都要完善重特大事故应急救援预案,整合矿山、消防、救护等应急救援资源,提高应对重特大事故快速反应能力。加强对重大危险源的监控,建立预警机制,一旦发生事故,立即启动预案,全力组织抢救,最大限度地减少事故伤亡和影响。按照“四不放过”的原则,认真调查事故原因,严肃事故责任追究。

六、做好重大活动的安全保卫工作

从讲政治、讲大局的高度,切实重视和加强全国、全省重大会议、重要活动和重大节庆期间的安全保卫工作。各级要组成强有力的组织、指挥、协调机构,确保领导落实、力量落实、措施落实、责任落实。在每年全国重大会议、节庆期间,确保无进京滋事事件,无影响恶劣的政治性案件,无恶性刑事案件,无重大群体性事件,无重大安全事故,维护山东良好形象。

健全完善党委、政府直接指挥,公安、武警部队为骨干,有关部门密切配合的安全保卫工作机制和应急处置机制。重视做好基础工作,每逢重大会议、节庆,要集中组织开展矛盾纠纷和治安隐患大排查,统一严打行动,强化治安管理。各级各部门要制定周密完善的安全保卫工作预案,把困难估计得严重一些,把影响稳定的因素预想得更多一些,从而把落实各项措施的力度再加大一些,周密部署,防患未然。公安、国家安全机关要加强信息控制,严格情况报告制度,确保信息畅通。加强对“法轮功”骨干分子,各类政治、治安危险分子的控制,确保不脱管、不失控。对上访人员,要认真帮助解决实际问题,并积极做好思想教育工作,化解矛盾,努力减少来省进京上访。健全进京线路治安检查防控体系,严密查堵各种重点危险人员进京滋事。

进一步加强驻京信访值班力量，强化工作措施。各级各有关部门要选调精干人员组成驻京工作组，并在经费、车辆、通讯工具等方面予以保障。驻京工作组要主动加强与上级特别是中央有关部门的联系，发挥好组织协调作用。对个别进京上访人员，及时做好劝返和稳控工作，坚决防止发生非正常上访事件。各地驻京办事机构也要明确责任，落实人员，共同做好信访值班工作。

七、有针对性地加强法制宣传教育

认真实施“二五”依法治省和“四五”普法规划，针对干部群众的思想实际和现实情况，采取有效措施，推进法制教育，提高全体公民的遵纪守法意识，提高广大干部群众依法行政、依法办事的能力，为维护稳定创造良好的法制环境。

把维护社会稳定方面的法律法规纳入全省“四五”普法规划，扎实搞好法制宣传教育。2004年上半年，按照全民普法教育与加强重点人员法制教育相结合，宣传法律常识与宣传重点法律法规相结合的原则，在全省集中开展法制宣传教育月活动。突出抓好领导干部和公职人员学法用法教育，确保领导干部参学率达到90%以上。加强基层党员干部法制教育，培养农村法律明白人，重点加强信访、治安管理等方面法律法规的学习宣传，使群众熟知与其生产、生活相关的法律法规。进一步抓好企业职工和经营管理人员安全生产、依法经营等方面的法制教育。动员各个方面的力量，积极做好对青少年的普法宣传工作，教育引导青少年知法、守法。2004年下半年，召开全省建设“平安山东”加强法制宣传教育工作现场会，推动法制宣传教育工作深入开展。

坚持法制宣传教育与推进依法治理相结合。按照“二五”依法治省规划要求，以《行政许可法》和《行政处罚法》的实施为契机，全面提高各级政府和行政执法部门依法行政水平。继续深化各行各业的依法治理，基层依法治理的铺开面达到95%以上。广泛开展“法律下乡”、“法律进万家”、“法律进社区”等活动，推进法制教育经常化、社会化，抓好“民主法治示范村”建设。三年内，全省有35%的村跨入“民主法治示范村”行列，80%以上的企业建立法律顾问室或聘请法律顾问，85%以上的中小学聘请法制副校长或法制辅导员。政法部门要结合办案，选择典型案例，以案释法，教育群众，使群众学会运用法律武器维护自身合法权益，通过正当渠道反映和解决问题。

八、大力加强政法队伍自身建设

切实加强政法领导班子建设。按照政治坚定、开拓创新、团结协作、廉政勤政的要求，突出加强领导干部思想政治建设和素质能力建设。落实《中共中央关于进一步加强和改进公安工作的决定》(中发〔2003〕13号)，进一步理顺地方公安干部管理体制，结合党政领导班子届中调整，配强直接带一线队伍的一班人。有条件的地方逐步实行由同级党委常委或政府副职兼任市、县公安机关主要领导。各级党委组织、政法部门，要完善政法领导干部任职资格制度，制定加强政法干部管理的规定，把各级政法领导班子建设成为忠诚实践“三个代表”，带领广大政法干部全力维护社会政治稳定的坚强集体。

加大政法干部队伍教育培训力度。全面落实干警上岗前必训、职务晋升必训、一线干警必训制度。坚持不懈地用“三个代表”重要思想武装干警头脑，加强理想信念教育和执法为民教育。从2004年起，坚持学历教育、岗位教育、专业培训相结合，用5年时间对全省政法干警轮训一遍，提高政法队伍整体素质。积极实施“双百双千人才”工程，用3到5年时间选拔培养200名在全国有影响的业务带头人和2000名业务骨干，加强高层次人才建设。加强各级政法机关后备干部队伍建设。

继续深入开展“创满意”和“公正执法树形象”活动。坚持严格教育、严格管理、严格监督、严格训练、严格纪律，以基层科所队为重点，以人民满意为标准，大力开展“创满意”活动。政法各部门要带着对人民群众的深厚感情去执法，认真执行已经出台的便民利民措施，满腔热情地为人民群众提供优质高效服务。坚持严格、公正、文明、高效执法，规范执法行为，提高执法质量。抓住关键环节和岗位，完善制度，强化监督，努力铲除腐败现象滋生蔓延的土壤和条件。加强执法检查和专项治理，每年组织两次集中暗访活动和行风评议活动，严肃查处违法违纪案件。实现人民群众满意率不断提高、政法部门在本地行风评议中的位次不断提高、干警违法违纪率逐年下降和县以上政法领导班子领导干部不发生严重违法违纪问题、政法队伍不发生在全省全国有恶劣影响的违法违纪案件、不发生政法干警严重侵犯群众利益的恶性事件的目标。

九、加强建设“平安山东”的舆论宣传

把建设“平安山东”、维护社会稳定的宣传作为今后一个时期宣传工作的重点之一，加大宣传报道力度和深度。

集中重点宣传与加强经常性宣传相结合，形成强有力的舆论声势。2004年上半年是集中宣传发动阶段，《大众日报》和省电台、电视台开设专门栏目连续播发专访，及时报道社会各界特别是基层干部群众的反响。注重经常性的宣传，精心策划选题，不断丰富内容，由会议报道、消息报道、动态性报道逐步向系列报道、专题报道、典型报道延伸。选择一批维护稳定、建设“平安山东”的先进单位、先进人物，在省内各主要媒体进行深度报道，特别要多宣传政法战线的英模人物，多报道见义勇为的先进事迹。各基层单位要采取印发宣传材料、举办墙报板报、文艺演出和知识竞赛等形式，广泛宣传广大人民群众自觉维护社会稳定的好人好事，用群众身边的事教育群众。

严格宣传纪律，坚持新闻舆论宣传“四个不变”和“六个不准”。特别要抓好社会文化生活类报刊的管理，防止因宣传报道不当引发群体性事件和突发事件，影响社会稳定。加大“扫黄打非”力度，清理整顿文化市场。加强互联网正面宣传，各类新闻网站结合自身实际，发挥快速便捷的优势，切实加大“平安山东”网上宣传力度，消除各类有害信息，积极引导广大网民共建网络文明。通过正确的舆论导向，进一步营造团结和谐稳定的良好氛围。

十、强化“平安山东”建设的组织领导

“平安山东”建设在党委、政府统一领导下，由各级综治委(办)具体负责组织协调。各级综治委(办)要切实当好党委、政府的参谋和助手，加强指导、协调和情况调度。各级党委、政府要建立专门工作班子，负责平安建设的日常工作。各级各部门要各负其责，定期分析研究本地区、本单位社会治安和稳定形势，认真解决工作中遇到的困难和问题，扎实、有效地开展平安建设工作。

进一步健全决策目标、执行责任、考核监督三个体系。各级各部门都要把平安建设的目标任务层层进行分解，将责任落实到有关领导、工作部门、工作人员，形成目标明确、责任到人、措施具体、考核有效、奖惩兑现、自我激励的工作机制。通过建立完善科学有效的制度，真正把“平安山东”建设一以贯之、坚持不懈地抓下去。

加大监督检查的力度，严格实行责任追究制度。各级党政领导采取分工负责的办法，加强对基层平安建设工作的指导。落实综治、纪检、监察、组织、人事五部门联席会议制度，对建设“平安山东”工作进行跟踪监督。把建设“平安山东”工作列入各级党委、政府和领导干部目标考核和述职的内容，加强经常性考察和考核。今年上半年，省里统一组织督导组，深入各地督导检查。今后每年都邀请省、市、县三级人大代表、政协委员分层次对平安建设工作进行视察。省综治委每年组织一次全省性检查考核，各市每半年组织一次检查考核。对工作扎实、成效明显的，及时进行表彰；对思想不重视、责任不明确、措施不到位、工作不落实，社会治安状况长期得不到改善、人民群众强烈不满的，造成重大恶性治安案件、重大灾害事故和群体性事件的，要严肃追究主要领导和相关责任人的责任。

山东省社会治安综合治理委员会关于印发《“平安山东”建设工作检查考核办法》的通知

（2004年11月15日）

各市、各大企业综治委，省综治委各成员部门：

为健全完善“平安山东”建设的决策目标、执行责任、考核监督体系，促进工作的制度化、规范化，推动全省平安建设工作健康深入发展，根据《中共山东省委、山东省人民政府关于建设“平安山东”的决定》，省综治委制定了《“平安山东”建设工作检查考核办法》。经省委、省政府同意，现印发给你们，望结合本地、本部门实际，认真贯彻执行。

“平安山东”建设工作检查考核办法

为认真贯彻落实《中共山东省委、山东省人民政府关于建设“平安山东”的决定》（鲁发〔2004〕4号），健全完善建设“平安山东”的决策目标、执行责任、考核监督体系，推动“平安山东”建设工作深入开展，特制定该检查考核办法。

一、指导思想

坚持以邓小平理论和“三个代表”重要思想为指导，全面贯彻科学的发展观和正确的政绩观，认真落实中央领导同志关于建设“平安山东”的重要批示和《中共山东省委、山东省人民政府关于建设“平安山东”的决定》，以社会治安综合治理领导责任制为总抓手，以抓基层、抓基础、抓队伍为重点，紧紧围绕建设“平安山东”的各项工作目标，按照“谁主管、谁负责”和“属地管理”的原则，采取定性与定量相结合、明查与暗访相结合、综合检查与专项考核相结合、公众调查与综治委成员部门测评相结合的方法，全面检查考核各地平安建设工作情况。通过检查考核，激励各地进一步总结经验，加快“平安山东”建设，全面落实社会治安综合治理各项措施，确保把我省建设成为“全国最稳定最安全的地区之一”，为全面建设小康社会创造更加和谐稳定的社会环境。

二、检查考核内容及标准

（一）组织领导。党委、政府高度重视，把“平安山东”建设列入重要工作议程。建立并认真实施决策目标、执行责任、考核监督三个体系。加强制度建设，严格落实领导责任制，认真实施重大问题领导责任查究和“一票否决”。逐步加大财政投入，建立起平安建设工作经费保障机制。坚决贯彻落实上级各项工作部署，加强工作督导和经验交流，平安建设工作深入扎实开展。

（二）舆论宣传。采取多种形式，深入进行宣传发动，人民群众参与“平安山东”建设的自觉性不断增强。加强新闻宣传，在主要媒体开设专门栏目，及时报道平安建设情况，宣传先进典型，把握正确的舆论导向，形成了强有力的舆论氛围。

（三）基层基础工作。坚持工作重心下移，做到基层综治组织落实、制度落实、经费落实。加强基层政法组织规范化建设，不断增强基层的管理控制能力。重视基层党组织建设，村、社区群众自治组织和群防群治组织健全，平安建设各项工作有人抓、有人管。深入开展基层平安建设活动，社会治安综合治理各项措施在基层得到认真落实，90%的城乡基层单位常年不发生刑事犯罪案件。

（四）“严打”整治和治安防范。坚持“严打”方针不动摇，严厉打击严重暴力犯罪、黑恶势力犯罪、流窜犯罪、抢劫抢夺盗窃等多发性犯罪和毒品犯罪，切实保持对刑事犯罪的高压态势。依法惩治各类严重危害市场经济秩序的犯罪活动，因地制宜地开展专项打击行动，坚决遏制经济犯罪的高发态势。加强国家安全人民防线建设，深入开展同“法轮功”等邪教组织的斗争，切实保障网络与信息安全。定期组织治安排查和治安混乱部位的集中整治，坚决打击传销和变相传销等违法活动，加强铁路护路联防，深化平安共建工作，认真开展油区、矿区、学校、企业、医疗机构周边治安秩序的专项治理。加强流动人口的教育和管理，严格控制政治、治安危险人物，认真落实特种行业、易燃易爆等重点物品的各项监管措施，加大“扫黄打非”力度，黄赌毒等社会丑恶现象得到坚决查禁。积极推进党政主导、市场运作、专群结合、标本兼治的治安防范体系建设，人防、物防、技防配套发展，刑事犯罪上升势头得到有效控制。

（五）预防和化解社会矛盾。正确处理改革发展稳定的关系，努力解决关系群众切身利益的问题，健全完善社会保障体系，落实救助措施，切实保障城乡困难群众的基本生活。实行司法调解、行政调解、人民调解有机结合，重视社会矛盾纠纷的排查调处工作，进一步健全完善了县、乡、村三级矛盾纠纷排查调处网络，加强了乡镇街道调解中心建设。认真落实定期排查、情况报告、协调会议、领导包案、跟踪督办等制度，妥善调处军民、企地、干群、劳资、民间等各类矛盾纠纷，努力把矛盾纠纷化解在基层、内部和萌芽状态。建立健全处置群体性事件和突发事件的应急机制，及时妥善处置群体性事件，维护社会稳定。

（六）信访工作。认真落实信访工作定包案领导、定承办单位、定具体责任人、定处结时限和包回访、包稳定的“四定二包”责任制，积极开展创无来省进京上访、无越级集体上访、无异常上访“三无”县（市、区）和无来省进京上访、无越级集体上访、无信访积案“三无”乡镇活动，信访问题处结率达到95%以上，信访老户结服率达到90%以上，进京上访和来省集体上访案件明显减少，信访秩序进一步好转。

（七）安全生产。加强安全生产监督管理，全面落实安全生产责任制，完善安全生产监管网络，认真组织开展事故隐患的排查和整改，不断深化重点领域的专项整治工作，制定和完善安全事故应急预案，完成省政府下达的事故控制指标。

（八）法制教育。认真实施“四五”普法规划，广泛开展“法律下乡”、“法律进社区”和集中法制宣传月等活动，普法宣传深入扎实。重视未成年人的法制和道德教育，认真做好预防青少年违法犯罪工作。加强刑释解教人员安置帮教工作，预防和减少重新犯罪。认真实施“二五”依法治省规划，各行各业的依法治理不断深化，80%以上的企业建立法律顾问室或聘请法律顾问，85%以上的中小学聘请法制副校长或法制辅导员，干部群众的法律意识和依法行政、依法办事自觉性明显增强。

（九）政法队伍建设。认真落实《中共中央关于进一步加强政法干部队伍建设的决定》和《中共中央关于进一步加强和改进公安工作的决定》，切实加强政法领导班子建设，加大政法队伍教育培训力度，深入开展“创满意”和“公正执法树形象”活动，严肃查处干警违法违纪案件，努力落实从优待警的各项政策，政法队伍整体素质不断提高，干警违法违纪案件下降。

（十）社会稳定情况。

1. 不发生重大人员伤亡和巨额财产损失的恶性刑事案件；

2. 不发生严重影响社会稳定的大规模群体性事件；

3. 不发生上访群众大规模到省进京聚集和滋事事件；

4. 不发生特大恶性安全事故；

5. 不发生在全国有恶劣影响的政法干警违法违纪案件；

6. 不发生“法轮功”及其他邪教滋事等影响恶劣的政治性案件；

7. 不发生群体性拦截列车、堵塞铁路和高速

公路、中断交通运输事件;

8.人民群众对社会治安的满意率达到90%以上。

三、检查考核方式

“平安山东”建设工作检查考核,采取以下方式进行:

(一)综合检查。省综治委组织检查组,采取听取工作汇报,查阅文件资料,实地考察,召开人大代表、政协委员座谈会等方法,全面检查各地平安建设工作情况。

(二)暗访。省综治委组织暗访组,不事前通知、不与当地领导见面、不要当地干部陪同,主要采用问卷调查和个别走访的方法,随机调查基层单位和各界群众,了解各地各部门平安建设工作的真实情况。

(三)专项工作目标考核。按照省综治委的统一部署,省综治委有关职能部门依据有关工作目标要求,对各地完成“平安山东”建设的重点工作任务情况进行专项考核。

(四)公众安全感调查。省统计局采取多阶段、随机、等距离抽样的方法,对各地年满16周岁以上的公民问卷调查,客观全面地了解城乡居民的安全感和对社会治安状况、政法队伍的满意率。

(五)省综治委成员部门测评。采取无记名投票的形式,由省综治委各成员部门依据省委、省政府的部署要求和本部门掌握了解的情况,对各地平安建设工作进行测评。

检查考核实行百分制。其中:综合检查、暗访、专项工作目标考核、公众安全感调查、省综治委成员部门测评各占20%。

四、奖惩

“平安山东”建设工作检查考核情况,省综治委将通报各地,并将检查考核结果通报有关部门,作为评价各地领导班子执政能力与工作实绩的重要内容。

结合“平安山东”建设工作检查考核,对在“平安山东”建设工作中成绩突出的单位和个人,按照有关规定,给予表彰和奖励,并推荐参与全国社会治安综合治理先进单位和个人的评选及表彰奖励。

对在“平安山东”建设工作中存在严重问题的单位,视情分别给予警示、通报批评或“黄牌警告”。对因思想不重视、责任不明确、措施不到位、工作不落实,造成严重危害社会稳定的重大恶性刑事案件、特大恶性事故和重大群体性事件的,社会治安状况长期得不到改善、人民群众强烈不满的单位,实施社会治安综合治理“一票否决”,并按照中央综治委、中央纪委、中组部、监察部、人事部《关于对发生严重危害社会稳定重大问题的地方实施领导责任查究的通知》要求,严肃追究主要领导和相关责任人的责任。

五、组织实施

受省委、省政府的委托,省综治委统一组织“平安山东”建设工作的检查考核。

检查考核原则上每年一次,具体时间由省综治委确定。每年检查考核的具体内容,将根据“平安山东”建设的发展情况作必要调整充实。

检查考核坚持实事求是的原则,注重实效,反对形式主义,严禁弄虚作假。对有意隐瞒事实或作虚假报告的,视情给予严肃处理,并取消其相关检查考核项目的考评成绩。

省属各大企业的检查考核,参照本办法组织实施。

大力实施三三三计划
扎实推进预防青少年违法犯罪工作

共青团山东省委

山东是经济大省，也是人口大省。总人口9125万，其中，18岁以下未成年人2521万，占人口总数的27.6%。山东省委、省政府对预防青少年违法犯罪工作高度重视，将其作为建设“平安山东”的一项基础性工作，摆上优先发展位置，实施综合治理。根据中央综治委统一部署，在省委、省政府的正确领导下，近年来，山东省综治委预防青少年违法犯罪工作领导小组办公室（以下简称省预防办），立足建立长效机制，重点解决实际问题，大力实施“三三三”计划，取得了明显成效。目前，山东全省青少年违法犯罪率控制在青少年总数的万分之六以下，改造成功率达到98%。

我们的做法是，做到三个到位，抓好三个重点，把握三个环节。具体是：

一、着眼构建预防青少年违法犯罪工作长效机制，切实做到“三个到位”

（一）组织领导到位。一是召开专门会议。继全国成都会议之后，2000年12月，省综治委、团省委、省教育厅联合召开全省预防青少年违法犯罪工作经验交流会，传达了罗干同志的讲话精神，学习了《中央综治委关于进一步加强预防青少年违法犯罪工作的意见》，制定下发了具体实施意见并由省委办公厅、省政府办公厅进行转发。二是成立专门机构。2001年5月，省综治委成立了包括省未成年人保护委员会办公室在内，共19个省直单位为成员的“山东省预防青少年违法犯罪工作领导小组”（当时中央的成员单位是15个）。随后，全省17个地市及139个县区也相继成立了专门领导机构和工作机构，形成了预防青少年违法犯罪省、市、县（区）、乡镇（街道）四位一体、同步运行的组织网络。三是落实了工作经费。从2003年起，省财政每年拿出10万元作为专项经费，用于省综治委预防办开展工作。部分地市也相继有了经费来源和资金保证。四是纳入综治考核。省综治委将预防青少年违法犯罪工作纳入了全省社会治安综合治理考评体系，明确由各级预防办牵头组织专门考核，并占年度综治百分制考核占5个专项分值，从而实现了预防青少年违法犯罪工作与综治其他工作同部署、同检查、同考核、同奖惩。

（二）社会支持到位。一是建立联席会议制度，加强部门间协调配合。各级综治委预防办建立完善了联席会议制度，每年分两次对青少年违法犯罪工作进行研究部署，针对重要工作或重点活动，每年不定期至少召开一次联席会议进行专题研究。二是开通统一热线，扩大社会参与。为及时了解青少年思想动态，掌握其行为规律，及时化解社会矛盾，省预防办联合13部门成立了“山东省青少年维权中心”，全省各地同时开通号码统一的“1600100”热线电话，建立了“山东省青少年维权网站”。各市也相应成立市级青少年维权中心，街道、乡镇建立了青少年维权服务站。由此，全省以预防工作领导机构和维权中心为中枢，以青少年维权热线（网站）为纽带，以各级优秀“青少年维权岗”和基层维权服务站为终端的三位一体社会化工作体系正逐步形成。

（三）工作队伍到位。省预防办在工作中立足省情实际，充分整合资源，着力打造六支“工作队伍”：一是由司法干警等法律工作者组成的法制教育工作员队伍；二是由街道、社区青年干事、居委会工作人员等组成的闲散青少年管理工作员队伍；三是由心理专家、医生、教师等组成的心理辅导工作员队伍；四是由关工委的老同志、青年志愿者组成的关爱帮扶工作员队伍；五是由公、检、法、司执法人员组成的犯罪矫治工作员队伍；六是由人大代表、政协委员、媒体记者组成的监督员队伍。这六支工作队伍在预防工作中相互补充、协同配合，为做好青少年违法犯罪工作提供了可靠的人力保证。

二、立足解决影响青少年健康成长的实际问题，突出抓好“三个重点”

（一）重点抓好针对青少年的道德法制教育工作。增强青少年道德法律意识，是从源头上做好预防青少年违法犯罪工作的关键。近年来，省预防办以“两法一条例”（《未成年人保护法》、《预防未成年人犯罪法》和《山东省未成年人保护条例》）和《公民道德建设实施纲要》的宣传普及为重点，切实发挥各类宣传载体优势，不断加大普法宣传和教育力度。一是将“两法一条例”列入省“四五”普法重点。省预防办联合省普法办每年举办两次集中性的“两法一条例”宣传教育活动，通过电视台和有关报刊等媒体开辟专题栏目，举办有奖问答知识竞赛，开展法律咨询等活动。近5年来，全省共开展法律咨询活动32000场，直接受教育的青少年超过1000万人次。二是加强社区青少年法律学校建设。全省先后建立社区青少年法律学校420余所，92%的中小学校设立了法制副校长或法制辅导员。各地通过以案说法、知识竞赛、演讲比赛等形式，累计培训青少年40多万人次。三是开展法律“三进”活动。全省各级预防机构联合有关部门，借助优秀“青少年维权岗”优势，发挥六支工作队伍力量，深入开展了“送法律进校园、进社区、进万家”活动。许多地方还组织在押未成年犯进行现身说法，举办“忏悔报告会”，在社会上引起了强烈反响。

（二）重点抓好青少年成长环境的优化治理工作。针对现实生活中影响青少年身心健康的突出问题，省预防办积极组织协调有关部门开展了一系列治理整顿活动。一是集中整治“三厅一台”。针对群众反映强烈的歌厅、舞厅、电子游戏厅和电话信息台（简称“三厅一台”）等非法经营娱乐项目问题，省预防办在全省组织开展了“让未成年人远离‘三厅一台’”活动。通过2001至2002年的集中整治，娱乐场所仅电子游戏厅一项就压减了97.6%，广大青少年在整治活动中，通过发倡议、签名、担任监督员等形式，发挥了积极作用，受到了深刻教育。二是开展网络文明行动。针对互联网不良信息引发青少年违法犯罪日益严重的问题，省预防办积极协调文化、公安、工商等部门开展“网吧”专项治理行动。去年以来，先后取缔非法“网吧”3000余家；在此基础上联合省通信公司实施“青少年绿色上网工程”，利用网络反馈技术24小时过滤全球网站不良信息，限制未成年人上网时间，禁止网络游戏和网络聊天，有效净化了青少年上网环境。三是集中开展清除社会丑恶现象专项行动。省预防办每年都组织相关单位开展一至两次治安状况集中清查行动，重点清理困扰学校、有碍青少年身心健康的非法摊点、“淫秽卡通画册”、不健康“口袋书”等。近两年来，共清理、取缔乱设摊点6200余个，消除了诱发青少年违法犯罪的不良隐患，维护了青少年的合法权益，受到社会的欢迎和好评。

（三）重点抓好特殊青少年群体的纠偏帮教工作。一是以青岛为试点，创新实施“问题青少年帮教工程”。将“两释”青少年、问题家庭青少年、闲散青少年等高危人群作为重点帮教对象，逐人成立帮教小组、建立帮教档案、填写帮教结对卡、制定帮教措施。在具体工作中，坚持做到“三个结合”，即解决思想问题与解决实际困难相结合、学校帮教与社会帮教相结合、挽救绝大多数与依法打击处理少数相结合；对帮教对象坚持做到“五清”，即主要问题清、家庭情况清、主要社会关系清、经常接触人员清、现实表现清，使问题青少年得到了较好的感化和挽救。从青岛市帮教的245名问题青少年来看，90%以上有了明显转变，且无一例重新犯罪。二是以淄博为试点，开展“两走一联”警示教育活动。借助监狱、劳教所、少管所等预防青少年违法犯罪教育基地的资源优势，以“走进去——关爱失足青少年，走出来——感受社会温暖，大墙内外联动，警示教育共享”为主要内容，积极开展“两走一联”活动。通过“一助一”结对帮教、失足少年进“社区”、爱心培训进“监所”和各种形式的文体联谊等感化帮教活动，使大墙内外的青少年心手相连，互帮互勉，切实增强了警示教育的针对性和实效性，取得了良好效果。三是探索建立青少年罪错柔性处理机制。2003年，在济南、青岛两地试点建立了“青少年违法犯罪社区矫治义工站”，将罪行轻微的青少年罪犯送到社区参加公益劳动，体验生活，教育引导他们改过自新，避免在劳教场所造成交叉感染和形成监狱人格，目前接受社区矫治的14名少年犯已全部完成劳动改造，改造成功率为100%。

三、确保预防青少年违法犯罪工作可持续发展，牢牢把握“三个环节”

（一）调查研究环节。调查研究是做好预防青少年违法犯罪工作的基础。去年，省预防办在全省范围内组织了一次对青少年违法犯罪状况、刑释解教青少年安置帮教情况的大型调研活动。通过2万余份调查问卷的调查分析，基本摸清并掌握了青少年违法犯罪的思想动态、发展状况和行为趋势。同时，省预防办还与省人大内司委、省政协法制工作委员会多次组成调研检查组，先后深入8个市、67个县、124个街道（乡镇），就“两法一条例”贯彻实施情况进行了专项调研和检查，形成了《全省青少年违法犯罪状况及预防工作开展情况调查报告》，并以书面形式就检查过程中存在的问题向当地政府提出检查建议，得到了各地政府的高度重视，极大地优化了预防青少年违法犯罪工作的环境。

（二）基层基础环节。工作落实的关键在基层。围绕“青少年违法犯罪社区预防计划”的实施，去年，省预防办在全省确定了30个工作基础较好的街道（社区），作为预防计划先期试点单位，并逐一建立工作台账，统一制定评价标准，强化了对基层工作的指导。同时，重点加强了对社区闲散青少年的教育、服务和管理等基础工作。省预防办要求各试点单位，通过摸底调查、建档立卡等措施，全面掌握起辖区闲散青少年的底数，通过签订目标管理责任书等形式，动员辖区内积极力量组成联防小组，构建社区防控网络。通过试点推广，目前全省372个街道中已有314个成立了“青少年违法犯罪社区预防计划”领导小组，326个街道建立了青少年维权工作站。在去年抽检的12个试点社区中，有10个社区已达到创建“青少年零犯罪社区”目标。基层基础工作的加强，极大地促进了各项工作措施的落实。

（三）载体建设环节。载体好比人的手臂，搞好工作载体建设，工作就会得心应手。实践证明，创建优秀“青少年维权岗”活动能够壮大预防青少年违法犯罪工作队伍，弥补预防组织在行政执法和基础力量上的不足，是提升预防工作的得力抓手和工作依托。近年来，通过不断加大创建力度，拓宽创建领域，更多与青少年事务密切相关的基层单位和职能部门竞相参与到创建活动中来，为预防青少年违法犯罪工作的开展壮大了实力，积累了更为广泛的行政资源和舆论资源。创建活动已成为整个预防工作的一项基础工作。今后，省预防办将充分运用好这一载体，并通过开展“问题青少年”帮教和“两走一联”警示教育活动等子载体，不断充实、推动、深化创建活动，切实把预防青少年违法犯罪工作做得更加扎实有效。

预防青少年违法犯罪工作，事关青少年的健康成长，事关改革发展稳定大局和千家万户的安宁。会后，我们将认真传达贯彻顾秀莲副委员长等领导同志的讲话精神，充分汲取各地、各单位好的工作经验，按照这次会议的统一部署，进一步提高认识，明确目标，加大措施，努力将山东的预防青少年违法犯罪工作提高到一个新水平，为实现国家的长治久安，为培养社会主义合格建设者作出新的更大的贡献。

烟台市以领导责任制为“龙头”
打造全国最安全城市

近年来，我市以领导责任制为“龙头”，狠抓综合治理各项措施落实，全力打造“全国最安全城市”，取得了显著成效，有力地维护了社会大局的持续稳定。

一、坚持“三个突出”，靠硬目标调动各级领导抓综治工作的主动性

综合治理工作千头万绪、面广量大，要真正抓好，关键在领导，核心在责任，重点在目标。去年以来,烟台市提出了"精心构筑社会治安防控体系,打造全国最安全城市"的工作思路,紧紧抓住领导责任制这个"龙头",坚持做到"三个突出",有效地调动了各级领导抓创建、抓综治的自觉性。

一是突出领导责任的强化。我们要求各级各部门把建设"全国最安全城市"工作作为各级党政的"一把手"工程来抓,切实做到"三纳入"、"三同",即纳入各级党委、政府的任期目标,纳入经济和社会发展总体规划,纳入物质文明、政治文明和精神文明建设的总体布局;与经济工作同部署、同检查、同考核。市和区市县两级党委常委会坚持每季度研究一次"全国最安全城市"建设工作,及时解决遇到的实际问题;人大、政协把建设"全国最安全城市"工作列入了年度工作计划,每年组织3~4次专题检查、视察及调研活动。如今在烟台,建设"全国最安全城市"已经成为各级党委政府的思想共识和奋斗目标,成为全市上下的自觉行动和辛勤实践。

二是突出目标任务的硬化。去年,市委、市政府制定了《关于建设全国最安全城市的规划》,明确提出要实现"四无、三高、二低、一最"的目标,即全市无黑社会性质犯罪组织,无影响大的黄赌毒案件,无特大爆炸、中毒、火灾等治安灾害事故,无影响较大的群体性闹事事件;人民群众对治安秩序、政法工作和政法干警的满意率要分别达到95%以上;全市刑事发案率控制在总人口万分之二十五以内,八类主要案件发案率控制在万分之三点五以内;烟台市要成为全国最安全的城市。这样一来,就使得领导责任目标变得很硬、很实、很高,从而做到了以一流的目标激励斗志,以一流的标准凝聚人心,以一流的工作争先创优。

三是突出责任分解的细化。在纵向上,实行"四级承包、立状定责、分层落实"。市、区市县、镇街、村居及企业单位层层签订了建设"全国最安全城市"责任状,对各级领导的任务目标、责任标准、考核奖惩等都作出明确规定,进行细化量化,落实到各级各部门各单位,落实到每一个领导干部和具体人员身上,做到了目标明确、责任到人、上下贯通、环环紧扣,一级抓一级,层层抓落实。在横向上,实行"按岗定责、区别管理、分类落实"。对各级各部门主要领导,着重落实总体责任,作为第一责任人要兴一方经济、富一方百姓、保一方平安;对分管领导,着重落实岗位责任,作为主要责任人要亲历亲为、靠上去抓;对班子其他成员,着重落实参与责任,作为协同责任人要配合联动、齐抓共管,从而有效形成了主要领导亲自抓、分管领导靠上抓、其他领导合力抓的良好局面。

二、抓好"三个健全",靠硬机制推动综合治理各项工作有效开展

通过建立健全一系列工作机制,着力解决综治工作中的热点、难点问题,有效推动了综合治理各项措施的落实。

一是健全真抓实管的责任运行机制,着重解决责任运行不够规范的问题。在这方面,主要健全了三项制度:一是联席会议制度。市综治委、纪委、组织部、人事局、监察局5部门每季度召开一次联席会议,通报情况,沟通信息,协调工作,重点研究解决领导责任制、部门责任制、责任查究制、一票否决制实施中出现的问题。二是责任述职制度。市、县市区两级综治委的成员单位,每季度要向综治委书面报告一次综治工作开展情况和责任制落实情况,年终要由综治委委员向综治委全委会进行综治述职。同时,市委还明确要求,县市区和镇街党政一把手在年终述职述廉时,对抓综治、保稳定情况必须进行专题述职。三是考察评议制度。每半年市综治委都要会同组织、人事部门对各地各有关部门领导责任制落实情况进行一次专项考察,年终时再进行一次评议。组织、人事部门在考察班子、使用干部时,也都把综治工作特别是领导责任制落实情况作为考察、考核党政领导班子和领导干部的重要依据。

二是健全齐抓共管的联动机制,着重解决部门配合不够有力的问题。建设"全国最安全城市"是一项社会系统工程,必须齐抓共管,形成合力。我们通过制定出台了40多个部门参与建设"全国最安全城市"的分工意见,进一步明确了各有关部门在创建工作中的责任,落实了部门领导责任制,强调属于哪个部门、哪个单位的责任,就由谁负责落实到底,不允许任何部门、单位推诿扯皮、推卸责任,更不允许顶着不办。从而使各有关部门既分兵把口、各负其责,又通力协作、配套联动,有效形成了围绕创建打"总体战"的工作格局。

三是健全加大投入的保障机制,着重解决政策落实不够充分的问题。我们进一步强化了各级政府以及组织、人事、财政等部门的责任力度，充分发挥各级政府和各有关部门的作用，做到“舍得拿人、舍得拿钱、舍得拿精力”，形成了政策向综治倾斜、投入向综治集中、人员向综治投放的良好局面。市里将综治工作经费纳入全市财政大盘子，实行计划单列，专款专用，并随着经济发展状况逐年增加。仅去年一年，我市用于治安防控工作的经费就达1亿多元。

三、做到“三个到位”，靠硬手段促动领导责任制真正落到实处

一是督促检查到位。(1)跟踪督查。市综治委每月召开一次工作进展调度会，每季度召开一次全委会，对综治工作进行通报情况，研究工作，探讨对策，督查调度。每次会议确定的重要事项，由市综治办牵头组织督导，限期落实，通报结果。(2)专项督查。市里成立了6个督查组，采取集中检查、单项督查、明察暗访等形式，对各地各部门领导责任落实、任务目标完成、重点工程建设、工作机制建立等情况逐条逐项进行督导检查，并将督查情况以市委、市政府“两办”名义，在全市每月进行一次通报，好的予以表扬，差的严肃批评。(3)集中检查。市里在半年和年终组织2次集中检查，采取专门汇报、召开座谈会、民意测验、实地抽查等多种办法，对各县市区和单位综合治理情况进行考核验收，并作为评先树优的重要依据。

二是责任查究到位。对建设“全国最安全城市”思想不重视、责任不明确、措施不到位、工作不落实的地方和部门，特别是发生重大刑事案件、治安灾害事故和重大群体性事件的，严格落实责任查究制度，严肃追究领导责任。市、县两级每年都要对一些发生重大案件单位和相关人员实行责任查究、黄牌警告、一票否决，直至追究有关领导干部和人员的法律责任。对发生的重大问题，围绕着问题查原因，围绕着原因追责任，围绕着责任抓查处，切实做到问题不查清不放过，责任不追究不放过，整改措施不落实不放过。去年以来，全市先后对268个单位、89个责任人实行了责任查究。

三是奖惩激励到位。市委、市政府把各级党政领导抓综治工作的实绩纳入党委政府综合指标考核和岗位目标责任制考核范围，明确规定：凡综治工作落实到位、社会治安秩序持续稳定的地方和单位，大力表彰和奖励，对成绩突出单位的党政领导优先提拔使用；对考核不达标的单位列为“重点管理”对象，给予黄牌警告；对发生影响社会稳定问题的，一律取消评先树优资格，问题严重的坚决实施一票否决，主要领导和有关责任人都要受到相应的经济处罚；连续两年被一票否决的地方和单位，党政一把手要就地免职。去年，全市各级对综治成绩显著的986个单位和1850名个人进行了隆重的表彰和奖励，有130名党政领导因综治成绩突出被提拔使用；将63个考核不达标的单位纳入“重点管理”和“黄牌警告”对象，对40个单位负责人和129个单位实行了一票否决。

山东省社会治安综合治理委员会组成人员

综治委

主　任：高新亭　省委副书记、政法委书记

副主任：莫振奎　省人大副主任

谢玉堂　省政府副省长

尹忠显　省高级人民法院院长

国家森　省人民检察院检察长

王宗廉　省政协副主席

杨正武　省武警总队总队长

省综治委内设省综治委流动人口治安管理工作领导小组、省综治委刑释解教人员安置帮教工作领导小组、省综治委预防青少年违法犯罪工作领导小组、省综治委铁路护路联防工作领导小组和省综治委学校及周边治安综合治理工作领导小组。

综治办

主　任：宋新生　省委政法委员会副书记兼任

副主任：窦广平

省社会治安综合治理委员会办公室下设综合处、指导处

山东省市、县(市、区)综治委、办主任名单

地　区	综治委主任	综治办主任
济南市	赵正平	张成武
市中区	苏维泉	于忠建
历下区	李洪海	王　敏
槐荫区	刘向伟	王枢栋
天桥区	吴承丙	尚玉乾
历城区	马玉星	张景芝
长清区	周宝华	袁继德
章丘市	李玉新	王增臣
平阴县	吴英文	孟广林
济阳县	雷卫国	徐传水
商河县	姜　涛	翟维国
聊城市	申长海	唐　华
东昌府区	任之燕	程文学
临清市	王建鹏	韩同庆
阳谷县	汪文耀	张晓阳
莘县	刘国强	于蔚东
茌平县	侯　军	曲　军
东阿县	哈宝泉	刘尚金
冠县	张树奎	刘怀臣
高唐县	徐启山	马秀才
聊城经济开发区	王立民	龙清军
德州市	兰忠良	李洪江
德城区	张文春	朱士彦
乐陵市	王爱民	
禹城市	杨　华	张杰锋
陵县	夏爱忠	邓洪谦
平原县	王建民	朱殿魁
夏津县	马绍省	王明耀
武城县	高仕伦	王孟良
齐河县	霍玉平(女)	谢德生
临邑县	孙书臣	闫吉民
宁津县	齐玉成	刘国瑞
庆云县	刘文远	郑　波

地　区	综治委主任	综治办主任
东营市	韩宝光	郭瑞祥
东营区	李　辉	赵树平
河口区	曲同德	宋学峰
垦利县	曹明刚	李明信
利津县	高振国	张林渠
广饶县	栾庆恩	孙建民
淄博市	刘池水	陈维刚
张店区	周　明	赵　军
淄川区	程光磊	邹　强
博山区	李继唐	翟所增
临淄区	许子森	刘新英
周村区	任传斗	吕丕泉
桓台县	张善忠	张　明
高青县	张洪范	王新成
沂源县	谭秀中	周仕文
高新区	潘公仁	槐国庆
潍坊市	王治华	张广孝
潍城区	于来刚	董勤明
寒亭区	王　海	郭传富
坊子区	马清民	郝跃进
奎文区	李洪勤	许跃进
安丘市	许　华	张福君
昌邑市	于大海	郑瑞贤
高密市	魏志强	王洪升
青州市	刘希玉	高树贞
诸城市	王纪亮	郑明华
寿光市	刘兴明	张建文
临朐县	杨锡广	徐法利
昌乐县	张德政	张　锋(副)
潍坊高新技术产业开发区	王永福	李　华
潍坊海化开发区	王云华	董胜俊

地　区	综治委主任	综治办主任
潍坊经济开发区	郭玉章	朱忠仁
烟台市	张心骥	王洪涛
芝罘区	魏秀田	吕书永
福山区	郝志学	王秀平
莱山区	于常清	田　源
牟平区	王智成	吕志杰
栖霞市	赵常春	于战胜
海阳市	邵文兵	吕佩东
龙口市	杨海义	陈成泉
莱阳市	王宜清	董景清
莱州市	田　炜	桑京波
蓬莱市	宫　权	杨百成
招远市	姜忠勤	郝敬尧
长岛县	于旭华	杨　丽
开发区	谭维忠	武维刚
威海市	张　剑	张惠民
环翠区	刘勤显	冯学建
荣成市	石永林	曹寿德
乳山市	刘新波	赵　波
文登市	郝　芳	刘　波
威海火炬高技术产业开发区	王忠沂	王建军
威海经济技术开发区	张继民	孙继学
青岛市	刘建华	
市南区	吴　伟	
市北区	张　斌	李文清
四方区	陈立新	刘景山
黄岛区	王京文	薛维来
崂山区	吕明江	苏汶源
城阳区	高升一	李敬秋
李沧区	戴世文	朱坤鹏
胶州市	李广功	孟宪章
即墨市	王建中	杨洪俭
平度市	石德才	于明信
胶南市	傅清卿	刘春成
莱西市	丁守运	于华清
日照市	黄金华	李洪杰
东港区	解学文	尹德亮
岚山区	丁惟生	张佃臻

地　区	综治委主任	综治办主任
五莲县	王连友	解学光
莒县	阎　波	曹月波
临沂市	朱绍阳	陈安信
兰山区	马永印	冯华伟
罗庄区	王奎玉	石士连
河东区	李　民	王士欣
郯城县	郑连胜	杜　勇
苍山县	段卫东	梁化忠
莒南县	林树果	赵兰国
沂水县	朱承增	王　剑
蒙阴县	朱崇宝	王德路
平邑县	徐化国	闫　博
费县	王东升	
沂南县	周少华	贺作海
临沭县	江玉龙	刘连增
枣庄市	王建荣	李荣华
市中区	王真海	段成华
薛城区	韩惊涛	张建福
峄城区	刘振学	王　伟
台儿庄区	王广部	王世龙
山亭区	孙建民	王明翰
滕州市	刘全君	刘　新
济宁市	刘景伦	柳庆春
市中区	奉存华	戈树军
任城区	赵东升	杨德荣
曲阜市	郭庆海	林志广
兖州市	任兆海	赵杰东
邹城市	刘凡营	黄成章
微山县	马汉国	龚其中
鱼台县	卞思华	赵树运
金乡县	王　强	刘明亮
嘉祥县	颜廷洲	高修存
汶上县	于海燕	孟宪芩
泗水县	王宣林	尹建华
梁山县	王保清	倪效安
泰安市	黄龙华	闫远东
泰山区	李千弘	秦广河
	郭前美	
岱岳区	苏有森	石　蓬
新泰市	张成伟	薛宝良
肥城市	单传海	王立峰

地　区	综治委主任	综治办主任
宁阳县	戴　磊	王　波
东平县	姜兴春	陈　敏
莱芜市	张正泉	杨宪瑞
莱城区	徐延明	许宝文
钢城区	朱振波	王治光
滨州市	吴金娃	程爱国
滨城区	魏景芳	张　锋
惠民县	康永彬	程发顺
阳信县	杨守岭	赵林祥
无棣县	郭云鹰	肖景树
沾化县	骆希岱	罗云雨
博兴县	林国华	王兴民
邹平县	王传民	张　清
开发区	高吉坤	张多联

地　区	综治委主任	综治办主任
菏泽市	崔建平	张友海
牡丹区	张洪昌	苏建华
曹县	蔡玉河	
定陶县	张培华	崔福喜
成武县	刘广来	张瑞月
单县	程　伟	黄绍军
巨野县	乔忠义	程凤玲
郓城	孙　慧	郑汝森
鄄城	姜守民	张兆顺
东明县	孟平原	苗万世
开发区	孙忠生	王　平

（撰稿人：王义军
审稿人：高新亭　丁后盾）

河　南　省

开展争创“全国综治先进省”活动情况

2004年，在省委、省政府的领导下，全省各级党委、政府和综治战线认真贯彻党的十六大和十六届三中、四中全会精神，以邓小平理论和“三个代表”重要思想为指导，紧紧围绕争创综治先进省的奋斗目标，坚持打基础、抓重点、举亮点，大力推进社会治安防控体系建设，综治工作在法制建设、队伍建设、基础建设等方面都取得了历史性突破，全省社会稳定，治安大局平稳。国家统计局抽样调查显示，群众对社会治安的满意和基本满意率继续保持在90%以上，位居全国前列。

（一）以争创全国综治先进省为目标，推进综治工作水平。一是领导重视，明确目标。时任省委书记李克强、省长李成玉多次召开会议研究争创工作，并在组织领导和人财物等方面向综治工作倾斜。省委七届七次全会和八次全会把争创综治先进省写入决议，提出了明确要求。省综治委领导多次深入基层，调查研究，具体指导。2月4日，省综治委召开全体（扩大）会议。省委副书记、省综治委主任李清林，省委常委、政法委书记张世军分别作了重要讲话。会议提出2004年全省社会治安综合治理工作主要任务是：以邓小平理论和“三个代表”重要思想为指导，认真贯彻落实党的十六大和十六届三中全会精神，以争创“全国综治先进省”为目标，按照《河南省社会治安综合治理条例》和《省、自治区、直辖市社会治安综合治理工作考核评比标准》（中央综治委〔2003〕17号）、《中共河南省委、河南省人民政府关于全面推进社会治安防控体系建设为实现中原崛起创造良好社会治安环境的意见》（豫发〔2003〕22号）和《省委办公厅、省政府办公厅转发〈河南省社会治安综合治理委员会关于加强社会治安防范工作的实施意见〉的通知》（豫办〔2003〕33号）等文件的要求，坚持“打防结合、预防为主”的方针，继续实施城市辐射带动战略，深入开展严打整治斗争，全面推进社会治安防控体系建设，着力排查调处矛盾纠纷，严格落实责任制，加强综治机构建设，推动社会治安综合治理各项措施的落实，努力使全省社会治安工作在整体绩效上达到“四个领先”、“六个不发生”（即打击严重刑事犯罪的工作在全国领先、社会治安综合治理六项基础性工作在全国领先、维护社会稳定工作在全国领先、公众安全感在全国领先；不发生在全国造成重大影响的人员伤亡和巨额资财损失的恶性案件、涉黑涉恶犯罪案件、群死群伤恶性治安事故、群体性事件、监管羁押场所异常案事件、政法干警违法违纪案事件），为河南省全面建设小康社会、实现中原崛起创造良好的社会治安环境，使河南省的社会治安综合治理工作居于全国前列。各省辖市、县（市、区）和乡镇（街道办事处）也将争创工作作为党政一把手工程，主要领导亲自抓。二是分解任务，落实责任。省综治委将争创任务分解为“四个领先”、“六个不发生”，确立了“一个龙头”（争创综治先进省）、“五个重点”（命案侦破攻坚战、集中处理涉法上访问题、开展公正执法树形象活动、集中整治农村社会治安、矛盾纠纷排查调处）的工作思路，制定了《落实中央综治委“考核评分标准”及“四个领先”“六个不发生”责任表》，把任务分解到11个责任单位，18名责任人归口落实。三是广泛动员，营造氛围。3月，省委政法委、省综治委、省委宣传部联合召开了全省政法综治宣传工作会议，对全省围绕争创综治先进省的目标，开展政法宣传工作作出了具体部署。全省各级综治、宣传部门和新闻单位利用报纸、广播、电视、宣传栏、广告牌等形式，加大争创工作宣传力度。省综治办组织开展了综治好新闻评奖活动和“洛阳石化杯”综治新闻大赛，与省广电局、省电视台联合录制了宣传“综治条例”和河南省争创活动的专题片，与省人大法制委联合编写了《〈河南省社会治安综合治理条例〉释义》。各地也采取多种形式开展宣传活动。四是出台政策，解决难题。6月，省委研究通过了省六部门《关于强化重大案事件和安全事故领导责任的意见》，12月，省委、省政府制定了《关于切实维护社会稳定，推进和谐社会建设的若干意见》，省人大常委会审议通过了《河南省社会治安综合治理条例》，4月1日正式在全省实施，推动了综治工作制度化、法制化进程。省委、省政府采取有力措施加强政法综治队伍和设施装备建设。各地也积极健全政法综治组织，充实人员，并在财力上向政法综治工作倾斜。2004年，全省累计增拨近3亿元争创工作经费，保障了争创工作的顺利开展。

（二）深入开展严打整治斗争，确保社会治安大局平稳。一是始终保持严打声威。本着什么犯罪突出就重点打击什么犯罪，什么治安问题严重就集中解决什么治安问题的原则。二是大力开展命案侦破攻坚战。按照省综治委力争“命案必破、挂牌全破”的要求，全省公安机关强化措施，集中警力，攻克命案，共侦破现行命案1765起，侦破率为93.63%，居全国第一位。三是集中整治农村社会治安，针对农村少数地区存在的盗抢牲畜和农机具、破坏农电设施等突出治安问题，4月，省综治委在许昌市召开了全省农村社会治安综合治理工作现场会，对为期五个月的集中整治农村社会治安行动进行部署，改变了少数地方治安混乱的局面。

（三）强化基层基础工作，完善治安防范网络，推动创建活动纵深开展。一是加强基层政法综治组织建设。二是加强专职治安巡防队建设。三是加强以党支部为核心的基层组织建设。四是推进基层安全创建活动。

（四）加强学习培训，提高政法综治队伍素质。一是深入开展向任长霞学习活动。二是认真组织政法综治干部培训班。9月，省综治委举办了首期全省综治干部培训班，对各省辖市、县（市、区）综治办主任和省综治委成员单位联络员250余人进行了培训，收到了良好效果。各省辖市也结合实际，采取不同形式对乡镇综治办主任和工作人员进行了培训。全省综治干部参训率达95%以上。三是努力建立“学习型综治办”。省综治办完善了学习例会、工作周报、月报和责任编辑等制度，三次召开全省综治办主任会议，研讨综治实践中的热点难点问题。加强调查研究，在《人民日报》、《法制日报》、《长安》杂志等发表30多篇文章，中央综治办《综治动态》有7期专门推介了河南省综治工作经验。

深入开展“严打”整治斗争情况

2004年，全省继续深入开展“严打”整治斗争，继续保持对严重刑事犯罪的高压态势。各级政法部门坚持“严打”方针不动摇，依法严厉打击严重犯罪活动。

（一）始终保持严打声威。本着什么犯罪突出就重点打击什么犯罪，什么治安问题严重就集中解决什么治安问题的原则，全省公安机关先后组织开展了以打“双抢”、打盗窃、打击车匪路霸为主要内容的专项打击整治行动，全年共破获各类刑事案件140456起，抓获各类犯罪嫌疑人64165名，打掉犯罪集团2571个，抓获成员10791名。检察、审判机关对重大刑事案件快起诉、快审判，有力打击了犯罪分子的嚣张气焰。

（二）大力开展命案侦破攻坚战。按照省综治委力争“命案必破、挂牌全破”的要求，全省公安机关强化措施，集中警力，攻克命案，共侦破现行命案1765起，侦破率为93.63%，居全国第一位。有102个县实现了新发命案发一破一。共侦破2000年至2003年命案积案753起，侦破率达到35.17%，居全国前列。7月，省综治委制定下发了《关于加强命案防范工作的意见》，对从源头上预防和减少命案的发生起到了积极的作用。河南省命案发案数和命案死亡人数由过去的全国第一、二位降到第五位。

（三）集中整治农村社会治安。针对农村少数地区存在的盗抢牲畜和农机具、破坏农电设施等突出治安问题，4月14日，省综治委在许昌市召开了全省农村社会治安综合治理工作现场会，会议总结交流了各地开展农村社会治安综合治理工作的经验，分析了河南省农村的社会治安形势，对为期五个月的集中整治农村社会治安行动进行部署，改变了少数地方治安混乱的局面。周口市强力实施“万人千村集中整治”活动，对全市972个乱村乱点进行了整治。濮阳、商丘、安阳、信阳等市积极探索边界地区治安的有效途径，鹤壁市建立“村情民意恳谈会”制度，收到了良好效果。

社会治安管理和防范工作情况

2004年，全省狠抓了社会治安管理和防范工作，保证了各项工作的落实。

（一）加强基层政法综治组织建设。在城市，按照一名民警负责管理1000户或实有人口3000人的标准，配备了社区民警；在农村，落实了民警驻村工作制。各地认真落实省综治委、省编办联合下发的《关于加强乡镇、街道社会治安综合治理基层组织建设的若干意见》，全省2400多个乡镇、街道综治办配备了专抓副职，绝大多数乡级综治办专职工作人员达到了3人以上。各地还加强了乡镇司法所、法庭建设，调整充实了人员。

（二）加强专职治安巡防队建设。全省各地按照省委文件的要求，在社区和乡镇组建了由政府出资、综治机构管理、公安机关业务指导的专职治安巡防队，与基层其他群防群治组织密切配合，加强治安巡逻，共同维护辖区社会治安。目前，全省专职治安巡防队已达7900多支、8.2万多人。

（三）加强以党支部为核心的基层组织建设。各地结合“三个代表”重要思想学习教育活动，进一步加强以党支部为核心的村级组织配套建设，整顿治保、民调组织，提高了基层解决矛盾纠纷的能力。目前，全省有治保会6.9万多个，治保人员近35万人，民调组织5.6万多个，民调人员29万多人。按照管理方便、规模适中的原则，调整组建了社区居委会，改善了办公条件，逐步实现社区治安防范工作的自我组织、自我管理、自我服务和自我发展。

（四）推进基层安全创建活动。各地各部门因地制宜地开展了治安模范单位、治安模范村镇、治安模范城市、治安模范系统和安全小区、安全文明校园、企地共建安全社区、安全文明铁道线、平安大道等多种形式的创安活动。全省城市安全创建活动覆盖面达到100%，农村达到85%以上。

预防青少年违法犯罪情况

（一）认真做好青少年教育服务工作。从青少年自身实际出发，把理想信念教育摆在思想道德教育的核心位置，在青少年中大力开展爱国主义、集体主义、社会主义教育，广泛开展青少年道德实践活动，不断提升青少年的道德素养。强化青少年法制教育，继续推广和完善兼职法制副校长和法制辅导员制度，充分发挥兼职法制副校长和法制辅导员的作用。

（二）努力优化青少年健康成长环境。继续保持严打的高压态势，加大对侵害青少年权益案件的查处力度,认真做好校园周边环境治理工作。进一步清理整顿音像制品行业和印刷、出版业,继续抓好娱乐场所、网吧的整顿和管理工作,实施"青少年网络文明"行动,加强青少年禁毒宣传工作,组织好暑假期间禁止未成年人进入网吧的特别行动。加强了青少年阵地建设,充分发挥图书馆、文化馆(站)、体育场(馆)、科技馆、影剧院等场所的作用,积极开展科技、文化、艺术、体育等青少年喜闻乐见的活动。组织出版一批知识性、趣味性、科学性强的青少年读物和视听产品,为青少年提供有益的精神食粮。广播电台、电视台、网站要开辟青少年思想道德教育、法制教育以及其他适合青少年的专题栏目,加大青少年思想道德、法制教育的宣传力度。

(三)切实加强了特殊群体和重点部位的预防工作。积极建立区域性闲散青少年管理和预警机制,进一步加强对闲散青少年的教育管理。坚持教育、感化、挽救的方针,建立专兼职的帮教工作队伍,开展了社区志愿者"一助一"、"多助一"结对帮教活动,帮助失足青少年在生活上解难、精神上解惑、行为上纠偏,预防和减少重新违法犯罪。把学生作为重点保护对象,把学校作为治安防范的重点部位,深入开展安全文明校园创建活动。加强学校内部管理,建立健全各项规章制度,不断提高学校管理水平。要加强各高校保卫机构和装备建设,配齐配强保卫人员,提高保卫队伍的快速反应能力和工作水平。

(四)不断推进基层基础工作。逐步构建预防青少年违法犯罪和学校及周边治安综合治理的基层工作体系,健全了省辖市、县(市、区)、乡(镇)三级工作机构,配备专兼职工作人员,明确工作责任。充分发挥街道、社区、村(居委会)党政组织、群团组织、群众自治组织在预防青少年违法犯罪工作中的作用,切实做到有人抓、有人管。继续抓好了"青少年违法犯罪社区预防计划"的实施,加强试点建设工作,推动基层预防工作的深入开展。认真排查校园及周边的治安问题,尤其要抓好多校区、校外学生公寓和大学园区的校园和周边环境整治。加强学校与当地公安部门的联防组织建设,及时有效地解决学校及周边发生的刑事、治安案事件,确保校园安全。6月29日省综治委召开会议部署预防青少年违法犯罪暨学校及周边治安综合治理工作。会议强调,做好预防青少年违法犯罪和学校及周边治安综合治理工作,为青少年健康成长创造良好的社会环境,是各级党委、政府的重要职责。各级党委、政府和综治委一定把预防青少年违法犯罪和学校及周边治安综合治理工作纳入党政工作的整体规划和年度计划,列入重要议事日程。要积极推动预防青少年违法犯罪和学校及周边治安综合治理领导机构和工作机构建设,配备必要的专职工作人员,落实工作经费。要把预防青少年违法犯罪和学校及周边治安综合治理工作纳入社会治安综合治理目标管理,实行领导责任制、部门责任制和岗位责任制,建立奖惩机制。要加强调查研究,及时总结推广基层的好做法、好经验,增强工作的针对性、实效性。

流动人口治安管理情况

(一)各级流动人口管理组织健全,组织机构得到进一步加强。3月份,省综治委流动人口治安管理工作领导小组办公室根据有关部门人员变动情况,对领导小组和办公室组成人员进行了调整,重新明确了工作职能。各省辖市综治委也分别对流动人口治安管理工作领导小组和办公室组成人员做了相应的调整。目前,河南省18个省辖市全部成立了由政府领导牵头,有关部门参加的领导小组和办公室。同时,积极依托社区,组建外来人口管理服务中心(站),流动人口管理组织得到了巩固和加强,管理触角延伸到了社区,保证了基层流动人口管理有人抓,有人管。

(二)制定出台了一系列规范性文件,为流动人口规范化管理奠定了基础。省综治委流动人口治安管理工作领导小组办公室结合工作实际,先后制定出台了《河南省流动人口管理组织和队伍建设意见》、《河南省流动人口治安管理考核办法》、《河南省出租房屋治安管理实施办法》;10月份,审议了领导小组办公室代拟的《河南省综合治理委员会关于进一步加强流动人口管理工作的意见》和《河南省流动人口管理工作标准及考核办法》;研究讨论了《关于提请领导小组会议研究解决的几个具体问题》。10月10日,召开了全省流动人口管理工作电视电话会议,会议总结交流了焦作等地流动人口管理工作经验,分析了当前流动人口管理工作面临的形势和问题,安排部署了今后一个时期全省流动人口管理工作。

(三)积极组织开展各项活动,适时开展专项行动。各地根据省领导小组的统一部署,积极开展了流动人口专项行动。洛阳市按照“内部挖潜,外部借力”的总体思路,在内部对公安派出所警力进行了重新组合,确保每个社区都有民警专门负责出租房屋和暂住人口管理工作。在外部,充分依托社区,依靠群众,挖掘和整合社区资源,借助社会力量,把出租房屋和暂住人口管理工作落到实处。焦作市积极争取党委、政府的重视和支持,把流动人口管理纳入创建“平安焦作”的十项内容之一,每年由市财政拨款120万元,从下岗职工和社会上招聘了200名暂住人口管理员,统一分配到社区从事暂住人口管理工作。市公安局按照市政府要求,在全市推行了出租房屋星级化,暂住人口社会化管理新模式,较好地解决了长期以来因管理人员少、资金匮乏等因素困扰流动人口管理健康开展的难题,走出了一条利用社会力量管理出租房屋和暂住人口管理的新路子。

铁路护路联防工作情况

(一)各级党政领导重视,维护铁路稳定的政治责任和自觉性不断增强。先后召开了三次成员单位全体会议和全省护路联防工作会议,面对护路工作压力,统一思想、提高认识,切实加强对护路工作的组织领导,充分发挥各级领导小组和办公室的作用,狠抓护路联防各项措施在基层的落实。同时把护路联防工作坚持纳入社会治安综合治理工作总体规划,做到同部署、同检查、同落实、同考核、同奖惩。各级党政领导把护路联防工作作为综治工作的主要目标之一,切实摆上了重要议事日程,拿出一定的时间和精力,采取针对性措施,帮助解决了工作中的许多困难和问题。

(二)各级护路组织、各有关部门充分发挥职能作用,社会各方面和广大群众知路、爱路、护路的积极性不断提高,初步形成了齐抓共管的良好局面。各级护路组织针对管辖区段存在的突出问题,主动协调有关成员单位,运用各种可行手段,在“打、防、管、教、建”等环节,发挥各自的职能作用,做了大量切实有效的工作,形成了齐抓共管的合力。四次组织有关成员单位共同明察暗访,并将结果予以通报,一方面对工作落实情况进行督导,另一方面也使成员单位了解各自作用的发挥情况,进一步强化了职能作用。为调动广大人民群众爱路护路的积极性,各地在深入开展多种形式的基层安全文明创建活动中,将护路与护村、专业护路和义务护路、保一方平安和保一线平安、创建“安全文明铁道线”和创建文明村(户)结合起来,建立完善基层护路组织345个。广泛开展了争先创优,推广典型、表彰先进的工作,倡导和弘扬与犯罪分子作斗争的无畏精神和护路保平安的奉献精神,推动了护路联防工作的深入开展。

(三)坚持“打防结合,预防为主”的方针,突出工作重点,采取有力措施,注重工作实效。各地按照要求,以责任制为龙头,以严打为首要环节,以预防为重点,以创建安全文明铁道线为载体,大力加强护路联防基层基础机制建设,组织协调各有关部门齐抓共管,发动群众积极参与,提高护路民兵巡护质量,切实把各项措施落实到铁路沿线基层单位。连续组织开展了“铁路治安集中整治百日行动”、“三清一打行动”、“春雷行动”、“蓝盾1号、2号行动”、“雷霆行动”以及“秋风行动”,以“什么犯罪突出就打击什么犯罪、哪里治安混乱就集中治理哪里"为原则,在排查的基础上,对违法犯罪活动突出,群众反映集中的路段、车站和铁路周边地区进行了集中整治,收到了很好的效果。坚持以"防爆炸、防火灾、防破坏、防危行"为重点,组织协调铁路部门在重点站区安装监控装置,加大科技防范比重;同时还采取铁路内部互控、地铁联控、清站查车、武装押运、重点车编组等办法,努力筑牢防线,更好地维护铁路沿线治安秩序。

(四)逐步落实护路联防工作任务,不断推进规范化、制度化建设,健全并严格实行责任制,推动护路联防各项措施落到实处。加强预防和处置有关铁路治安问题,加强预防和处置影响列车安全行驶的问题,积极协助有关部门预防和处置群体性阻断铁路、拦截列车事件等提出了具体的工作意见,明确工作任务、目标和职责,使护路工作进一步规范化。同时,各级组织加强制度建设,健全了一系列行之有效的规章制度,完善了例会制度,成员单位联系制度,工作检查和考核奖惩制度等。把护路联防责任纳入综合治理领导责任制、目标管理责任制、一票否决制和领导责任查究制,形成了比较有力的激励约束机制和监督查究机制。

(五)广泛开展宣传教育活动,营造了浓厚的爱路护路氛围。各级护路组织将爱路护路保安全,作为综合治理集中宣传活动的重要内容,充分利用电视、广播等宣传媒体,采取出动宣传车、张贴通告,印发安全知识资料、在农村集市组织宣传一条街活动等多种形式进行了百日宣传。在平推检查中,走访、抽查了沿线村民和学生,群众对爱路护路的要求都有所了解,爱路护路的意识有所提高,宣传教育活动收到了较好效果。

刑释解教人员安置帮教工作情况

(一)组织健全,帮教措施落实。全省18个省辖市和157个县区全部建立了刑释解教人员安置帮教工作领导小组和工作机构,全省2412乡镇以基层司法所为依托全部建立了安置帮教工作站,有帮教任务的村(居)委会和企事业单位全部建立了帮教小组,形成了较为完善的帮教工作网络,组成了一支以乡镇司法所、派出所干警,村(居)委会干部、人民调解员和社会志愿者为骨干的刑释解教人员安置帮教工作队伍。刑释解教人员安置帮教工作的各项帮教措施得到有效落实,乡镇司法所(安置帮教工作站)和每个帮教对象签订帮教协议书,帮教对象定期汇报回归社会后的思想、工作、生活情况。对农村籍刑释解教人员主动帮助落实责任田,对生活困难的向当地民政部门求助临时救济,对城市籍一时无业可就的刑释解教人员及时帮助落实低保政策。

(二)加强出狱、所前的培训工作。全省监狱、劳教单位按照《关于刑释解教人员促进就业社会保障工作的实施意见》等相关文件的要求,加强对刑释解教人员出狱、所前的培训工作,主要是就业技能培训、法律知识培训和刑释解教人员有关政策、规定的培训。全省监狱、劳教所对刑释解教人员全部进行了培训。

(三)坚持不懈地做好刑释解教人员的衔接工作。各级安置帮教工作机构继续贯彻《河南省综治委关于进一步加强刑释解教安置帮教工作的意见》和中央四部委《关于进一步加强做好服刑在教人员刑满释放、解除劳教时衔接工作的意见》,把衔接工作作为重点,严格衔接工作程序,完善衔接工作制度,较好地做了以下衔接工作,服刑、在教人员刑满释放、解除劳教时,监狱、劳教所按《意见》规定的期限和手续,及时向刑释解教人员户籍所在地的县(市、区)安置帮教工作机构寄发《刑满释放人员通知书》和《解除劳动教养人员通知书》及有关资料。县(市、区)安置帮教工作机构接到通知后,尽快通知乡镇(街道)安置帮教工作机构做好安置帮教准备工作,并动员其亲属按期去监狱、劳教所将刑释解教人员接回,公安机关在接到通知书后为其办理落户手续。对出狱所后不到户籍所在地报到落户,因住所动迁而造成人户分离或由于“三假”(假姓名、假身份、假住址)而流散社会的刑释解教人员,公安机关和安置帮教工作机构做到了加强联系,沟通信息,摸清去向,采取必要的帮教和管控措施,尽最大努力减少漏管失控。特别是将有重新违法犯罪倾向的刑释解教人员作为重点管控对象,准确掌握其身份、年龄、所犯罪错性质、刑释解教前的改造表现和回归社会后的状况等,实行定向跟踪或委托管控,从而有效地预防和减少了重新犯罪。

(四)及时下发文件、出台政策,促进安置帮教工作。及时出台了《关于进一步做好刑满释放、解除劳教人员促进就业和社会保障工作的实施意见》,对刑释解教人员的培训、减免税费、保障最低生活标准、落实责任田等都做出了明确具体的规定。对各级刑释解教人员安置帮教工作机构所需业务经费,列入同级财政年度预算。全省刑释解教人员基本上都得到了较好的安置。

(五)重新违法犯罪率得到有效控制。由于各级党委政府高度重视安置帮教工作,各项帮教措施得到有效落实,绝大多数刑释解教人员回归社会后成为自食其力,遵纪守法的新人,重新违法犯罪率得到有效控制,据统计,全省刑释解教。人员重新违法犯罪率近年来一直控制在5%以内。极大地调动了刑释解教人员回归社会后干事创业的积极性。全省过渡性安置基地得到进一步的巩固和发展。

社会治安综合治理宣传工作情况

2004年,河南省的综治宣传工作按照中央和省委、省政府的要求,坚持“围绕中心,服务大局”的指导思想,坚持正确的舆论导向,切实加强领导,组织协调各级各类媒体,大力报道争创中的“重点”、强力推介经验中的“特点”、着力反映队伍中的“亮点”,不断加大综治宣传工作力度,在全省唱响争创“全国综治先进省”的主旋律,努力打好正面宣传的主动仗,形成了强大的宣传声势,涌现出任长霞等一大批英雄模范人物,树立了政法队伍的良好形象,为综治工作和争创活动的深入开展营造了良好的舆论环境。仅2004年,全省综治系统就在省级以上新闻媒体发稿63369篇(条),出现了“电视经常有节目、广播经常有栏目、报刊经常有篇目、网上经常有条目”的可喜局面。

(一)各级领导重视。各级党委、政府和综治部门的领导坚持把综治宣传工作放在与其他工作同等重要的位置,切实加强领导,认真抓好落实。并且对于重要稿件都要亲自审定、重要问题亲自协调、重要活动亲自参加。在日常工作中,每年都下发宣传工作要点,对全年的综治宣传工作进行全面部署;日常工作有计划、有步骤,注重抓好落实,稳步推进;重点工作有组织、有领导。全省不少地方建立了专门的宣传工作机构或者设立了专(兼)职的宣传干部。

(二)广泛动员,营造氛围。全省各级综治宣传部门和新闻单位利用报纸、广播、电视、宣传栏、广告牌等形式,加大争创工作宣传力度。省综治委会同省委宣传部联合下发文件、召开会议,对宣传工作进行部署。省综治办组织开展了综治好新闻评奖活动和“洛阳石化杯”综治新闻大赛,与省广电局、省电视台联合录制了宣传“综治条例”和我省争创活动的专题片,与省人大法制委联合编写了《〈河南省社会治安综合治理条例〉释义》。3月份综治宣传月期间,省综治委领导同志发表署名文章和电视讲话,并走上街头进行宣传。各地也都采取多种形式开展宣传活动。全省城乡综治争创标语、公益广告随处可见,争创工作得到了广大群众的积极参与,深得人心。

(三)大力报道争创中的“重点”。紧紧围绕争创活动提出的五项重点工作,组织中央驻豫和省会主流媒体组成采访团,深入基层采访争创活动取得的实际成果,大力宣传“命案侦破攻坚战”取得的现行命案侦破率、命案积案侦破率和破案绝对数综合评价全国第一的辉煌战绩;宣传了集中整治农村社会治安、促进农村治安进一步加强的新成效;宣传了我省取得的社会治安好转、人民群众对社会治安的满意和基本满意率位居全国前列的新成绩；宣传了开展矛盾纠纷排查调处、维护社会稳定取得的新进步；宣传了集中处理涉法涉诉问题、解决群众实际问题取得的新效果；宣传了开展“公正执法树形象”活动、政法队伍出现的新气象等等，充分展示了全省政法、综治工作取得的主要成果。

（四）广泛推介经验中的“特点”。宣传推广了一批涉及各个方面、各具特色的先进经验，为政法综治工作树立了“标杆”。全省宣传推广了焦作市运用现代理念指导综治工作的经验、许昌市“打黑除恶”和整治农村社会治安的经验、南阳市开展重点整治的经验、洛阳市建立治安信息员队伍的经验、安阳市“企地共建”的经验、漯河市推进非公经济组织开展社会治安综合治理的经验、濮阳市加强人民调解组织建设的经验、周口市开展矛盾排查调处工作的经验等等，有效地促进了各项工作的深入开展。

（五）着力反映队伍中的“亮点”。宣传了“爱民为民的好所长”刘文功、全国“十大杰出检察官”侯耀生、全国“十佳青年卫士”王红松等一大批英雄模范人物，树立了政法队伍的良好形象。尤其是我们抓住原登封市公安局局长任长霞这一重大典型，精心策划，集中报道了任长霞同志“立警为公、执法为民”的先进事迹，引起了胡锦涛总书记、温家宝总理和罗干、周永康等中央领导同志的高度重视。新华社、《人民日报》、《法制日报》、中央电视台、人民网等中央各大主流媒体都作了长时间、大篇幅的连续报道，在全国掀起了学习任长霞的高潮。任长霞同志被评为“感动中国·2004 年年度十大人物”之一、全国保持共产党员先进性教育活动学习的 12 名“时代先锋”之一。

社会治安综合治理理论研究情况

3 月 19 日，省综治办主任理论研讨会在郑州召开。会议以如何确保实现省委、省政府提出的争创“综治先进省”这一奋斗目标为主题，对《河南省治安模范单位命名管理办法》和《二〇〇四年度省辖市社会治安综合治理工作目标责任书》等进行了认真研讨。与会同志一致认为，全面推进社会治安防控体系建设，进一步加强社会治安综合治理工作，是实践“三个代表”重要思想的具体体现，是坚持“立党为公，执政为民”的本质要求。要实现省委、省政府提出的“全国综治先进省”这一宏伟目标，必须充分调动广大人民群众维护社会治安的积极性，提高社会治安防范控制能力，加强基层基础工作，改善基础设施，严厉打击严重刑事案件，保持全省社会治安大局基本稳定，提高人民群众的安全感，使河南省社会治安工作在整体绩效上达到“四个领先”、“六个不发生”。为确保措施落实和目标实现，与会同志一致认为，必须大力弘扬求真务实精神、大兴求真务实之风，真抓实干，反对官僚主义和形式主义；必须制定完善、科学的社会治安模范单位命名管理办法，使基层安全创建活动经常化、制度化、规范化；必须牢固树立并落实科学发展观，建立科学的领导干部政绩考评机制和社会治安责任制体系，把抓不抓社会治安综合治理，能不能保持社会安定，作为考察领导干部政绩的一项重要内容，把工作实效、工作责任、工作奖惩紧密联系起来，形成层层抓落实、人人求实效的好风气，全面推进社会治安综合治理工作，实现社会和谐、安全和稳定，为中原崛起创造良好的社会环境。

9 月 14 日至 17 日，按照中央综治办要求，为进一步提高河南省各级综治工作人员理论水平、业务素质，适应新形势下社会治安综合治理工作的需要，利用 4 天时间对全省综治办主任和省综治委成员单位联络员进行了理论研究和业务素质培训，收到很好的效果。

（一）领导重视，精心组织。近年来，河南省基层综治干部调整幅度较大，新进人员较多，整体素质尤其是新进人员的理论水平和业务素质亟待提高。省综治委对此高度重视，综治干部理论研究和业务素质培训作为全省综治工作的一项重要内容，做出了具体要求，并将其纳入年度综治目标考核。省委副书记、省综治委主任李清林，省委常委、省委政法委书记、省综治委常务副主任张世军对理论研究和业务素质培训工作非常重视，亲自部署，并到培训班上做动员讲话和授课，极大地激发了学员的理论研究和业务学习的热情。

（二）方法得当，内容丰富。河南省各级的综治干部理论研究和业务素质培训工作都能结合工作实际，确定相应研讨内容和培训方法，主要采取集中专题研讨、讲座、参观学习等灵活多样的形式，使参训学员在学习中汲取知识，在交流中互相砥砺、共同提高。一是加强政法理论研究学习。聘请了党校、政法院校等有较高政法理论水平的专家教授，对综治干部进行政治法律基本理论教育。二是培训综治业务基本知识。邀请综合治理专家和从事综治工作的领导干部为学员授课，重点学习中央关于社会治安综合治理的方针政策以及省、市关于加强社会治安综合治理有关文件和《河南省社会治安综合治理条例》等地方性法规，使学员掌握了综治基本知识。三是交流研讨综治工作经验。在学习基本理论知识的同时，组织综治干部交流综治工作经验，重点交流治安防范、矛盾纠纷排查调处、基层安全创建等工作经验，努力使理论与实践相统一。

（三）全面培训，效果明显。省综治委举办的全省综治干部理论研究和业务素质培训班，来自18个省辖市、157个县（市、区）的综治办主任和省综治委成员单位的联络员248人。由于领导重视，组织严密，达到了预期目的，对提高全省综治干部的理论水平、业务能力、工作效率等都起到了很好的作用。2004年，省委政法委协助省委组织部举办了两期政法部门副厅级和正处级领导干部理论研讨和业务培训班。全省共举办各种形式的综合治理干部理论研究和业务培训班419期，综治干部参训率达95%以上。同时，省市县三级还充分利用理论研究、业务培训等各种形式培训综治委成员单位联络员、社区、村（居）委治保、民调人员15963人，收到了良好效果。

矛盾纠纷排查调处工作情况

2004年度，全省各级党委、政府和政法综治部门认真贯彻中共中央办公厅、国务院办公厅批转的《关于加强新时期人民调解工作的意见》、最高人民法院《关于审理涉及人民调解协议民事案件的若干规定》、司法部《人民调解若干规定》和2004年全国人民调解工作座谈会议精神。全省2442个乡镇按要求全部建立了人民调解委员会，建立健全了各项规章制度，使人民调解工作又前进了一步。全省各级人民调委会共调处各类纠纷42万件，调解成功近40万件，成功率达95%。防止群体性上访2千多件，制止群众性械斗5千多件，防止民转刑案件3千多件，为基层稳定做出了较大的贡献。

（一）认真贯彻落实全国人民调解工作座谈会议精神。全国人民调解工作座谈会以后，及时将会议精神向党委、政府及有关领导进行了全面汇报。在充分调研论证的基础上，4月22日，省高级人民法院、省司法厅联合下发了《关于贯彻全国人民调解工作座谈会精神的意见》。《意见》着重强调了河南省人民调解工作在未来一年内应重点抓好的几项工作。一是采取多种措施，积极争取党委政府对人民调解工作的重视和支持。二是全面加强人民调解委员会的组织建设，使各种矛盾纠纷发生后，都能有一道人民调解工作屏障。三是进一步提高人民调解工作制度化、规范化水平，保障人民调解工作依法开展。四是努力提高人民调解员队伍的整体素质，年内对人民调解员普遍培训一遍。五是建立健全人民调解与民事审判的互动机制，推动人民调解工作制度、体制的创新。

（二）开展矛盾纠纷排查调处工作。按照季节变化和不同敏感时期，各地均开展了矛盾纠纷大排查工作，以“调防结合，以防为主”为指导，以强化调解职能、提高调解质量为目标，充分发挥人民调解组织在化解民间纠纷和社会矛盾中的优势，为维护基层社会稳定和人民安居乐业发挥了较大作用。

(三)全力搞好人民调解员的培训工作。河南将人民调解员的培训工作作为人民调解工作的重点,按照《河南省司法厅关于开展人民调解员培训工作的实施意见》的要求,坚持立足当前,着眼长远,统一规划,分级实施的工作思路,大力开展人民调解员培训工作,逐步实现人民调解员培训工作的制度化和规范化,使广大人民调解员能够了解中央关于加强人民调解工作的精神,明确人民调解工作改革的任务和要求,掌握人民调解的基本程序和方法,制作规范的人民调解协议书。据统计,全省乡镇(街道)人民调解员已基本培训一遍,村(居)人民调解员培训率有12万人次,达50%。

(四)积极做好人民调解的宣传和表彰工作。上半年,河南省焦作沁阳市王召司法所、鹤壁市浚县善堂镇司法所等4个单位受到了最高人民法院和司法部的表彰。12月中旬,完成了对2002年以来全省在人民调解工作改革和发展中作出突出贡献的13个人民调解委员会、19个人民调解员、4个人民调委会标兵、6个人民调解员标兵的申报工作。

河南省社会治安综合治理委员会关于强化重大案事件和安全事故领导责任的意见

(2004年6月16日)

为了强化各级党政领导保一方平安的政治责任,有效防止、减少重大案事件和安全事故的发生,保障人民群众生命财产安全,维护社会稳定,促进经济发展,根据有关法律法规和政策规定,结合我省实际,制定本意见。

一、本意见所称重大案事件是指造成重大人员和财产损失或影响恶劣的恶性刑事治安案件、涉黑涉恶犯罪案件、群死群伤恶性治安事件、群体性事件、监管羁押场所异常案事件和执法人员违法违纪案事件等案事件。

本意见所称重大安全事故是指造成重大人员和财产损失或影响恶劣的火灾事故、道路交通和水上交通安全事故、建筑施工和工程质量安全事故、煤矿和其他矿山安全事故、危险物品安全事故、特种设备安全事故、集体中毒等重特大安全生产责任事故。

二、各级党委对重大案事件和安全事故的防范负总责。应当把维护社会稳定和安全生产工作摆上重要日程,认真贯彻中央和上级党委有关方针政策和国家法律法规,切实加强组织领导,建立健全领导责任制,把维护社会稳定和安全生产中的重大问题作为重要决策事项,定期研究,支持和帮助同级政府认真履行工作职责。

各级党委的主要负责人对重大案事件和安全事故的防范全面负责。对重大案事件和安全事故的防范、处置、责任制度的建立以及执法队伍建设等重大事项,应当主持研究。各级党委的其他领导成员在各自职责范围内对重大案事件和安全事故的防范负责。

三、各级政府应当把维护社会稳定和安全生产工作纳入经济和社会发展的总体规划和年度计划,认真贯彻执行党的方针政策和国家有关法律法规,完善和落实防范重大案事件和安全事故责任制,制定防范措施,建立应急预案,确保人力、物力、财力落实到位。对有关问题必须进行认真研究,及时解决。

各级政府的主要负责人是重大案事件和安全事故防范的第一责任人。应当定期主持召开会议,分析、布置、督促、检查本地区防范重大案事件和安全事故工作,安排消除重大案事件和安全事故的隐患，主持制定并实施应急预案，协调解决重大问题，直接组织处理特别重大案事件和安全事故。

各级政府的副职对各自职责范围内重大案事件和安全事故的防范负责。对党委、政府关于防范重大案事件和安全事故的决策负责组织落实。应当经常深入基层和现场，加强调研、督促、检查，及时发现和整改隐患。对发生的重大案事件和安全事故应当立即赶赴现场，直接组织、协调和指挥处理工作。

四、各级党委、政府工作部门的领导班子及其成员对职责范围内重大案事件和安全事故的防范负责，主要领导是第一责任人。综合管理部门应当依照党的方针政策和国家法律法规，切实履行监督管理职责；具有行政审批职能的部门必须依照法定条件和程序实施行政许可，加强监督检查，对未依法取得许可擅自从事有关活动的应当及时予以取缔；其他部门也应当采取措施，做好防范工作。

五、各级党委、政府及其工作部门的领导班子和成员，特别是主要负责人，应当对所辖范围内和职责范围内发生的重大案事件和安全事故负责。对于不履行或者不正确履行本意见和有关法律法规、政策规定的职责，工作失职、渎职，导致发生重大案事件和安全事故的，依照有关规定，对地区和部门实行一票否决；对负有领导责任的党委、政府及其工作部门领导班子成员区别不同情况责令写出书面检查，予以诫勉谈话、通报批评，建议引咎辞职或者责令辞职，给予党政纪处分，构成犯罪的，依法追究刑事责任。

六、各级党委、政府及其工作部门的领导班子成员对党和国家的方针政策和法律法规贯彻落实不力，对重大案事件和安全事故隐患失察，对上级部门提出的警告和有关方面的正确建议不重视、不整改或者整改不力，决策失误或者对涉及群众切身利益的问题不认真解决直接引发或者激化矛盾，在市场监管、安全生产、环境保护、社会管理等方面严重失职，对重大案事件和安全事故有关问题推诿扯皮，导致发生造成特别恶劣影响的重大案事件和安全事故的；对已发生的重大案事件和安全事故隐瞒不报、贻误时机、处置不当致使事态扩大、损失加重的，从重处理。

七、对负有责任的党委、政府及其工作部门实行一票否决，由社会治安综合治理委员会或者安全生产委员会按规定实施；对负有领导责任的党委、政府及其工作部门领导班子成员责令写出书面检查、通报批评，由上一级党委、政府或者党委、政府的社会治安综合治理委员会或者安全生产委员会按规定实施；给予负有领导责任的党委、政府及其工作部门领导班子成员诫勉谈话、党政纪处分，由社会治安综合治理委员会或者安全生产委员会提出建议，纪检、监察机关按照党员干部管理权限提出处理意见，需报党委、政府审批的，经党委、政府批准后实施；对负有领导责任的党委、政府及其工作部门领导班子成员建议引咎辞职或者责令辞职，由社会治安综合治理委员会或者安全生产委员会提出建议，党委组织部门审查并按照干部管理权限报批后实施。

八、本意见自下发之日起施行。各地可以根据本意见制定具体的实施意见，并报省社会治安综合治理委员会、省纪律检查委员会、省委组织部、省安全生产委员会备案。本意见在实施中还可做进一步完善。

中共河南省委　河南省人民政府
关于切实维护社会稳定　推进和谐社会建设的若干意见

（2004 年 12 月 31 日）

当前，我省经济快速发展，社会事业全面进步，正处在改革发展的关键时期。这一时期既是黄金发展期，也是各种矛盾的凸显期，改革发展、稳定的任务繁重。为深入贯彻党的十六届四中全会精神，切实维护社会稳定，推进我省社会主义和谐社会建设，提出如下意见：

一、指导思想和主要目标

1. 指导思想。以邓小平理论和"三个代表"重要思想为指导，认真贯彻党的十六大和十六届四中全会精神，按照构建社会主义和谐社会的要求，坚持和落实科学发展观，正确处理改革发展稳定的关系，正确处理新形势下的人民内部矛盾，强化基层基础工作，建立长效机制，着力解决影响社会稳定的突出问题，为全面建设小康社会、奋力实现中原崛起营造平安和谐的社会环境。

2. 主要目标。当前和今后一个时期，通过全省上下的共同努力，全社会的法制观念普遍增强，依法行政、公正司法和社会管理服务水平明显提高，平安建设、争创综治先进活动不断深入，社会治安防控体系进一步完善，公共安全应急机制逐步健全，社会持续稳定，人民安居乐业，和谐社会建设稳步推进。

——群体性、突发性事件明显减少，大规模群体性事件、暴力恐怖事件得到有效预防和处置。

——信访突出问题得到妥善解决，信访秩序进一步好转，赴京上访、恶性上访、大规模集体上访得到有效控制。

——社会治安大局平稳，刑事犯罪上升的势头得到有效遏制，重大恶性刑事案件明显减少，人民群众的安全感进一步增强。安全生产状况稳定好转，重特大安全事故得到有效遏制，安全生产主要指标进入全国先进行列。

二、正确处理人民内部矛盾

3. 切实维护人民群众利益。坚持把最广大人民的根本利益作为一切工作的出发点和落脚点，从源头上预防和减少矛盾纠纷的产生。出台涉及人民群众利益的政策、措施时，要正确反映和兼顾不同方面群众的利益，制定和完善相应的配套保障措施。对涉及群众切身利益的重大事项，要实行公示、听证制度。积极实施依法治省，依法行政，公正司法，切实维护人民群众的合法权益。推进村民自治，发展社区民主，完善企事业单位民主管理制度，坚持和落实政务公开、村务公开、厂务公开，保证人民群众依法行使知情权、参与权、监督权。高度重视和关心下岗失业人员、城乡贫困居民、进城务工农民等方面群众的利益，帮助他们解决生产、生活、就业、就医、上学、工资拖欠等方面的实际困难。

4. 及时排查化解矛盾纠纷。进一步建立健全矛盾纠纷排查调处工作机制，形成党委政府领导、综治机构组织协调、部门联动、各方参与的工作格局，深入开展大排查、大调处活动，努力将各类矛盾纠纷消除于萌芽、化解于基层，防止个别问题群体化、简单问题复杂化、经济问题政治化、内部问题外部化、局部问题扩大化。各级各部门都要制定排查调处方案，明确工作重点，完善工作程序，建立工作台账，定期通报工作情况。对排查出来的矛盾纠纷实行"归口管理"，逐件明确分管领导、承办单位和办结时限。对重大矛盾纠纷，当地党委、政府和上级主管部门要加强协调指导，实行挂牌督办。积极探索处理人民内部矛盾的新途径新方法，综合运用政策、法律、经济、行政等手段和教育、协商、调解等办法，切实解决好各类矛盾纠纷。加强社会舆情汇集和分析机制建设，建立延伸至基层的专兼职信息员队伍，形成全方位的信息网络和工作机制，全面掌握社会动态。各部门特别是政法、综治、信访、民族宗教等部门要加强对各种动态信息的汇总梳理，及时进行分析预测，提出应对措施，重大信息要随时预警预报。

5. 妥善处置群体性事件和突发事件。健全组织指挥、预案运作、应急处置、力量配置、装备保障等方面的工作体系，形成统一指挥、功能齐全、反应灵敏、运转高效的应急机制，提高保障公共安全和处置群体性事件的能力。省、市、县三级都要制定完善处置预案，加强应急队伍建设，有针对性地开展技能培训和实战演练。群体性事件一旦发生，当地党委、政府和涉事单位负责人要迅速赶赴现场，面对面做群众工作，按照“宜疏不宜堵、宜散不宜聚、宜顺不宜激”的原则，及时疏导化解矛盾和冲突，尽快平息事态。必要时，党委、政府主要负责人要现场指挥处置工作。对参与群体性事件的大多数群众要立足教育疏导，对暴力行为或严重破坏社会治安秩序、危害公共安全的极端行为要依法果断处置，对插手群体性事件的敌对分子，借机打砸抢的违法犯罪分子，在群体性事件中起煽动、组织、领导作用、构成犯罪的极少数首要分子，要依法适时严厉打击。完善使用警力的有关规定，明确用警条件和报告审批程序，做到既慎用警力又善用警力。

三、切实做好人民群众来信来访工作

6. 建立齐抓共管大信访工作格局。信访工作要实行党委、政府负总责，分管领导直接抓，信访部门具体协调，各部门各负其责、齐抓共管。坚持党委、政府定期研究信访工作、领导接待日、领导阅批群众来信和领导包案制度，健全信访答复、结果反馈工作制度，坚持和完善处理信访问题联席会议制度，建立信访工作长效机制。各级信访部门要加强对下级和同级直属部门信访工作的指导协调和督促检查，定期通报情况。各部门要充分发挥职能作用，认真负责地处理好本部门的信访问题。对于跨地区、跨部门、跨行业的信访突出问题，有关地方和部门要密切配合，通力合作，妥善处理，避免出现大规模群体性事件尤其是大规模赴京上访事件。

7. 认真解决群众反映的问题。要依照法律、法规和政策，认真解决群众反映的问题，对应该解决而能够解决的要立即办理，一步处理到位；一时难以解决的，要向群众解释清楚，并制定出具体方案，限期解决；对不符合政策的过高要求，要坚持原则，不能乱开口子。注意把解决实际问题和解决思想问题结合起来，在解决实际问题的同时，加强对群众的教育疏导工作。各级领导干部要经常走访群众，及时发现问题、解决问题。逐步推行“代访”、“领访”等做法，对当地难以解决的问题，主动帮助群众向上级部门反映，避免群众越级上访。实行经常性的机关干部带案下访，加大督查督办力度，集中力量解决好疑难信访问题。当前，要重点研究处理农村土地征用、城镇房屋拆迁、国有企业改制等群众反映强烈的热点问题。继续加大处理涉法涉诉信访问题工作力度，积极探索经常性工作机制，依法及时纠正处理不当、裁判错误的案件，维护当事人的合法权益。

8. 依法规范信访秩序。规范各级各部门信访工作行为，认真办理群众来信，热情接待群众来访，与上访群众签订处理信访问题协议书，保证群众反映问题得到及时妥善处理。进一步拓宽信访渠道，通过开通信访热线电话、建立信访网站等方式，广泛听取群众意见，方便群众反映问题。依法维护群众正当的信访权利，坚决杜绝、制止和严肃处理打击报复上访群众的行为。规范信访人的信访行为，加强依法信访宣传教育，引导群众依法维护合法权益，依法信访，有序信访，逐级上访。对极少数确属无理缠访闹访，甚至以上访为名故意制造事端的，要依法严肃处理。

四、大力加强社会治安综合治理

9. 依法严厉打击严重刑事犯罪和经济犯罪。坚持严打方针不动摇，建立严打斗争经常性工作机制，始终保持对刑事犯罪活动的高压态势。深入研究新形势下犯罪的规律特点，根据社会治安的实际，确定打击的重点和方式，增强严打的针对性和实效性。加大对黑恶势力犯罪、杀人、爆炸、投毒、绑架等严重暴力犯罪，盗窃、抢夺、抢劫等多发性侵财犯罪，以及流窜犯罪、职业犯罪、毒品犯罪的打击力度。进一步完善侦查破案工作机制，加快推进刑事侦查工作专业化和刑事技术规范化建设，提高侦查破案水平。健全防范和打击经济犯罪的部门协作机制和跨区域协作机制，积极防范、严厉打击金融犯罪、证券犯罪、走私犯罪、偷税犯罪、生产销售假冒伪劣商品等严重经济犯罪活动，维护良好的社会主义市场经济秩序。

10. 进一步完善社会治安防控体系。积极争创社会治安综合治理先进省，开展多种形式的基层安全创建活动。健全由综治机构组织协调，以公安机关为骨干，以群防群治力量为依托，以社会面、居民区和单位内部的防范工作为基础，以案件多发的人群、区域、行业和时段为重点，点线面结合、人防物防技防结合、专群结合的社会治安防控网络。加强以110指挥中心为龙头的快速反应机制建设，推进110、119、122三台合一，确保报警畅通、接警及时、指挥高效、处置得当。整合警力资源，改革警务模式，加强社会面的治安防范和控制。实施社区警务战略，建立与新型社区管理机制相适应的社区警务机制，实现重心下移、警力下沉、保障下倾。提高居民区和单位内部的物防、技防水平。加强党政领导机关、电台电视台和金融、供水供电供气、邮政电信等重点要害单位的安全保卫。做好新形势下的群防群治工作，整建城镇内保组织和农村治保组织，发展和规范保安服务业，抓好专兼职治安巡逻队伍建设，推广违法犯罪线索有奖举报制度，充分发动和依靠群众维护社会治安。

11. 加强社会治安管理。严格交通安全管理，预防和减少道路交通事故发生。健全、完善和落实消防安全责任制和执法监督制度，有效防范重特大火灾事故发生。加强对枪支弹药、剧毒、放射性等危险物品的管理，防止爆炸、投毒、中毒等重大刑事案件和治安灾害事故发生。完善流动人口管理服务办法，提高管理服务水平。加强对青少年特别是闲散青少年的教育管理，做好刑满释放、解除劳教人员的安置帮教工作。加大对“黄毒赌”等丑恶现象的查禁力度，净化社会风气。加强互联网管理，依法严厉打击利用互联网进行的违法犯罪活动。认真排查整治治安混乱地区，加强对公共复杂场所、暂住人口聚居区、铁路沿线、交通要道、集贸市场和企业、学校、幼儿园、医院及其周边地区的治安整治，落实有关部门的责任，建立长效管理机制。

12. 严密防范敌对势力的渗透破坏活动。加强防范控制工作，对敌对势力、敌对分子的渗透破坏活动做到早发现、早控制、早处置。高度警惕敌对势力利用社会热点问题煽动闹事、制造事端。坚持不懈地做好防范和处理邪教问题工作，加大教育转化力度，依法严厉打击邪教组织的违法犯罪活动。坚决抵制境外宗教渗透，及时妥善处置宗教非法活动。建立健全反恐怖工作指挥协调机制和预警评估体系，完善工作预案，加强专业队伍建设，提高装备水平，有针对性地组织演练，不断增强防范和处置恐怖事件的能力。

五、严格安全生产监督管理

13. 强化目标管理。实行安全生产责任目标管理制度，将事故万人死亡率、亿元国内生产总值死亡率、煤矿百万吨死亡率作为安全生产控制指标，逐级分解，认真考核。各级党委、政府主要领导要亲自过问安全生产工作。各级政府安全生产委员会要定期召开会议，研究安排安全生产工作，及时协调解决安全生产中的重大问题。各级政府要安排专项资金，加强安全宣传教育，开展农民工安全培训，消除公共安全隐患。完善安全生产预警机制，建立健全各级生产安全事故应急救援指挥机构，制订并不断完善重特大安全事故应急救援预案。认真做好重特大安全事故应急处置和调查处理工作。

14. 加强监督监察。建立健全各级安全生产监督管理机构，省辖市和安全生产任务重、煤矿企业多的县（市、区）要建立执法监察队伍。以煤矿、非煤矿山、交通运输、建筑施工、物资储备、危险化学品、烟花爆竹、民爆器材等领域和人员密集场所为重点，组织开展好安全生产大检查和专项监督检查活动，对重大危险源和事故隐患实行登记建档、备案和销案制度。加大执法力度，依法督促企业完善规章制度，落实安全生产主体责任，加大安全生产投入，及时排查、解决安全生产中的问题和事故隐患。

15. 严格市场准入。依照《安全生产许可证条例》等有关法律法规规定的条件和程序，坚持“谁审批谁负责”的原则，严格企业安全生产许可证的审查与核发工作。新建、改建、扩建工程项目的安全设施必须与主体工程同时设计、同时施工、同时投入生产和使用。未通过“三同时”设计审查同意的项目不得开工，验收不合格的不予办理安全生产许可证,不得投入生产和使用。加强对安全生产许可执行情况的日常监督监察,及时、从严查处违规违法行为。

16.深化专项整治。依法整顿煤与瓦斯突出矿井、高瓦斯矿井,强化"一通三防"工作,对整顿后仍不具备安全生产条件的矿井,要责令其停止生产,直至关闭。整顿不具备安全生产条件的单位和场所,从严查处超层越界开采矿产资源和违章驾驶、超载运输、无证运营等违法行为。严禁煤矿超能力生产,关闭发生重特大事故的乡镇矿山,坚决取缔非法开采的矿山和非法生产、经营、储运危险化学品、烟花爆竹的单位。认真落实大型文化、体育、经贸、游乐活动安全审批、备案制度,严格监督管理。加强对各类学校危房的整治整改,杜绝群死群伤事故发生。

六、搞好法制宣传和舆论引导

17.深入开展法制宣传教育。突出抓好领导干部和国家机关公职人员的法制宣传教育,坚持干部普法合格证制度,增强其依法行政、依法办事的观念。强化企业经营管理人员的法制宣传教育,增强其安全生产、依法经营、诚实守信的意识。做好青少年的法制宣传教育,各类学校要切实做到"教材、教师、计划、课时"四落实,培养青少年学法守法的良好习惯。积极利用报纸、广播、电视、网络以及市民学校、农村法制夜校等阵地,宣传与群众生产生活密切相关的法律法规,不断增强广大群众依法享受权利和履行义务的自觉性。

18.大力倡导社会主义道德风尚。广泛开展精神文明创建活动,组织多种形式的科学普及和文化、科技、卫生下乡活动,促进社会文明程度和公民素质的提高。认真贯彻《公民道德建设实施纲要》,深入开展"道德规范进万家,诚实守信万人行"活动,在全社会大力倡导"爱国守法、明礼诚信、团结友善、勤俭自强、敬业奉献"的公民基本道德规范,加强社会公德、职业道德和家庭美德教育,弘扬中华民族的传统美德,促进家庭和睦、邻里友善、社会和谐。按照建立健全社会信用体系的要求,深化重信誉、守信用、讲信义的诚信宣传教育活动,推动以道德为支撑、产权为基础、法律为保障的社会信用制度建设。大力宣传诚信典型人物和事例,弘扬文明和谐、诚信守法的新风,为和谐稳定营造良好的社会氛围。

19.正确引导社会舆论。新闻媒体要按照构建和谐社会的要求,围绕改革发展稳定的大局,唱响主旋律,打好主动仗。坚持团结稳定鼓劲、正面宣传为主,大力做好理顺情绪、化解矛盾、平衡心理、凝聚人心的工作,引导人们客观全面地分析和认识社会现象,理性地面对各种社会矛盾和问题,以合法形式表达利益诉求,妥善处理各种利益关系和矛盾。建立群体性事件的舆论分析和通报制度,完善群体性事件的新闻报道快速反应机制,掌握舆论的主动权。群体性事件一般不公开报道;确需报道的,必须坚持有利于群体性事件的处置、有利于减少群体性事件的发生、有利于维护社会稳定的原则,严格按照有关规定报道。

七、加强对维护稳定工作的组织领导

20.提高构建和谐社会的能力。各级党委要发挥总揽全局、协调各方的作用,妥善处理各方面的利益关系,切实解决好改革发展中出现的各种矛盾和问题,促进经济社会协调发展。要结合本地实际,确定维护稳定工作的基本思路和工作重点,采取有效措施,确保维护稳定的方针、政策和各项部署贯彻落实。各级人大要充分发挥权力机关职能,加强立法、执法检查工作,强化对行政活动、司法活动和国家工作人员的监督,推动法律法规和政策的落实。各级政府要加快职能转变,加强社会管理和公共服务,不断推进管理创新,提高依法行政的能力和水平。各级政协要充分发挥政治协商、民主监督、参政议政职能,利用联系广泛的优势,做好增进共识、促进团结的工作。各级司法部门要坚持公正司法、严格执法,认真落实执法责任制和错案追究制,规范执法行为,切实维护宪法和法律的权威,树立政法队伍的良好形象。工会、共青团、妇联等人民团体和民族宗教部门,要充分发挥桥梁和纽带作用,广泛密切地联系群众,调动社会各方面的积极性,共同做好维护稳定的工作。

21.完善领导体制。各级党委、政府要把维护稳定作为政治性、全局性和战略性任务,纳入经济社会发展的总体规划,列入年度工作重点,切实担负起"保一方平安"的政治责任。要建立党委领导、政府管理、各部门密切配合、各单位守土有责的维护稳定领导体制和工作机制。进一步健全维护稳定领导机构及其办事机构,充分发挥其组织协调、督促检查的作用。完善维护稳定工作联席会议制度,定期分析稳定形势,及时研究解决突出矛盾和问题,动员和组织各方面力量,维护社会安定团结。

22. 加强基层建设。结合保持共产党员先进性教育活动,深化农村党建“三级联创”和城市社区“三建”工作,整顿软弱涣散、不能发挥作用的班子,不断提高基层党组织的凝聚力和战斗力。加强村委会、居委会等群众自治组织规范化建设,充分发挥其自我教育、自我管理、自我服务的职能。加强基层综治办、公安派出所、人民法庭、司法所、信访办和治保会、调委会的建设,健全组织,完善制度,增强基层实力,激发基层活力,提高基层效率。加强和改进对各类社会组织的管理监督,充分发挥其提供服务、反映诉求、规范行为的作用。

23. 强化工作责任。严格实行维护稳定领导责任制,党政主要领导是维护稳定的第一责任人,对维护稳定工作负总责;分管领导是直接责任人,负具体组织领导责任;其他领导班子成员按照“一岗双责”的要求,在职责范围内做好相关工作。严格落实部门责任制,各部门要充分发挥职能作用,各司其职,密切协作。各地、各部门要按照“属地管理、分级负责”和“谁主管谁负责”的原则,结合实际制定和完善相关工作制度,认真负责地解决职责范围内的问题,不能将应当由本级办理的事情推给上级,把属于本部门解决的问题推向社会。要把维护稳定工作作为考核领导干部政绩的重要内容,与年度考核、奖惩、晋职晋级直接挂钩。对工作扎实、成绩突出的地方、单位和人员,要进行表彰奖励;对因措施不到位、工作不落实,导致发生重大群体性事件、恶性刑事案件和重特大安全事故的,要按照规定实行一票否决,并严肃追究有关责任人的责任。

24. 切实转变作风。要大兴求真务实之风,坚持立党为公、执政为民,切实做到权为民所用、情为民所系、利为民所谋,真抓实干,狠抓落实,把维护稳定工作落到实处。各级领导干部要深入基层,倾听群众的呼声,关心群众疾苦,以群众关心的热点和难点问题为重点,善于运用说服教育、示范引导和提供服务等方法,把群众工作做深、做细、做实。坚决反对脱离群众、形式主义、官僚主义和弄虚作假等不正之风,坚决纠正损害群众利益的行为,进一步密切与人民群众的血肉联系。认真落实党风廉政建设责任制,以查处发生在领导机关和领导干部中滥用权力、谋取私利的违法违纪案件为重点,深入开展反腐败斗争,严厉惩处腐败分子。

河南省社会治安综合治理条例

(2004年1月8日河南省第十届人民代表大会
常务委员会第七次会议通过)

第一条 为了加强社会治安综合治理工作,维护治安秩序和社会稳定,根据《全国人大常委会关于加强社会治安综合治理的决定》和有关法律、法规,结合本省实际,制定本条例。

第二条 维护社会治安是全社会应当长期坚持的共同任务,必须动员和组织全社会力量,运用政治的、法律的、行政的、经济的、文化的、教育的等多种手段,进行综合治理,从根本上预防和减少违法犯罪,维护社会秩序,保障社会稳定。

第三条 社会治安综合治理应当坚持打击与防范相结合、以预防为主的方针,遵循依法治理、谁主管谁负责、专门机关工作与群防群治相结合、地方和系统相结合以地方管理为主的原则。

第四条 社会治安综合治理的主要任务:

(一)打击各种违法犯罪活动,依法严惩严重危害社会治安的刑事犯罪分子;

（二）加强治安防范，建立健全治安防范控制体系；

（三）对公民特别是青少年进行社会主义思想道德和法制教育，鼓励公民自觉维护社会治安秩序；

（四）开展基层安全创建活动；

（五）排查调处矛盾纠纷，消除不安定因素；

（六）建立健全重点地区、要害部位、特殊行业、特殊物品的安全防范制度，防止发生重特大事故；

（七）教育、挽救、改造违法犯罪人员，做好刑满释放、解除劳动教养人员的帮教工作。

第五条　社会治安综合治理工作由各级人民政府统一组织实施。县级以上人民政府应当把社会治安综合治理工作纳入国民经济和社会发展规划。各级人民政府应当将社会治安综合治理工作的经费列入财政预算。

人民法院、人民检察院应当认真履行职责，充分发挥在社会治安综合治理中的作用。

第六条　省、市、县（市、区）及乡（镇）、街道办事处的社会治安综合治理委员会负责贯彻执行有关社会治安综合治理的法律、法规和政策；部署本辖区的社会治安综合治理工作并监督实施；组织、指导、协调有关部门及单位落实治安防范措施。

社会治安综合治理委员会的办事机构具体负责社会治安综合治理日常工作。

第七条　社会治安综合治理应当按照辖区、部门、单位等建立社会治安责任区，实行领导负责制和目标管理责任制。

各级社会治安综合治理委员会应当建立监督检查制度和考核制度，督促工作落实，定期考核。考核结果作为本地区、本单位、本部门及其主要责任人工作实绩的重要内容。

第八条　公安机关应当充分发挥在社会治安综合治理工作中的骨干作用，依法打击违法犯罪活动，建立健全社会治安快速反应机制和执法监督机制，健全治安信息网络，定期向社会通报治安信息，加强基层警力配置和城乡结合部、公共复杂场所、金融网点等重点地区、要害部位的治安管理防范，建立违法犯罪活动举报奖励制度，加强对单位内部安全防范及群防群治工作的指导、检查和督促。

第九条　具有行政执法职能的部门和组织应当履行职责，依法行政，规范执法行为，维护公共利益和社会治安。

第十条　公安、消防、卫生、矿山、安全生产监督等部门应当按照各自的职责加强对枪支弹药、易燃易爆物品、有毒有害等特殊物品的监督管理。生产、销售、存储、运输、使用上述物品的单位应当依法严格管理，防止丢失、被盗和流散。

第十一条　安全生产监督、消防、交通、建设、教育、食品药品监督、质量技术监督、旅游等部门应当加强安全监督管理。工矿、商贸、交通运输、建筑施工、旅游、学校等企事业单位应当建立健全安全制度，采取有效措施，预防和减少安全事故的发生，维护人民群众人身、财产安全。

第十二条　信访部门和其他有关部门应当妥善处理来信来访，掌握信访动态。对可能引发重大社会治安案事件的，应当及时报告本级人民政府。

第十三条　司法行政部门应当加强法制宣传教育，有计划、有重点地组织开展普及法律常识教育，提高全社会的法律意识；促进和指导人民调解组织开展工作，化解和疏导民间纠纷。

第十四条　教育部门和学校应当加强学校的安全防范，根据青少年的特点，有针对性地开展预防违法犯罪教育；配合公安等有关部门做好校园周边地区的治安环境治理。

文化、公安、工商行政管理、新闻出版、广播电视、通信等部门应当按照各自职责，加强对网吧、电子游戏厅等娱乐场所的监督管理，防止宣扬反动、暴力、恐怖、淫秽、迷信、邪教等内容的有害读物、有害电子信息和音像制品对青少年的侵害，预防和减少青少年违法犯罪。

第十五条　公安、民政、劳动和社会保障、教育、人口与计划生育等部门应当按照各自职责，加强对流动人口的服务、教育和管理，保护流动人口的合法权益；做好城市生活无着的流浪乞讨人员的救助工作；加强城市流动人口聚居区域的治安管理，预防和控制违法犯罪。

第十六条　监狱应当做好服刑人员的改造、教育工作，劳动教养机构应当做好劳动教养人员的挽救、教育工作，并对其进行职业技术培训，为刑满释放、解除劳动教养人员就业创造条件。

公安、司法行政、劳动和社会保障、工商行政管理等有关部门以及街道办事处、居民委员会应当做好刑满释放、解除劳动教养人员的就业和帮教工作。民政部门应当按照规定做好尚未就业的刑满释放人员、解除劳动教养人员的最低生活保障工作。

第十七条 工会、共青团、妇联等人民团体应当结合自身特点,对其成员和联系的群众进行社会主义思想道德和法制教育,维护其合法权益,协助做好社会治安综合治理工作。

第十八条 乡(镇)人民政府、街道办事处应当加强对基层群众性自治组织建设,尤其是村民委员会建设的指导工作。

居民委员会、村民委员会应当维护居民、村民的合法权益,充分发挥治安保卫组织和人民调解组织的作用,对群众进行社会治安综合治理宣传教育,组织居民、村民开展群防群治活动,做好所在地的治安防范工作和民间纠纷排查调处工作,协助有关部门做好对外来人员的申报登记工作,及时向当地政府及有关部门反映社会治安状况和居民、村民对社会治安综合治理工作的意见和要求。

第十九条 保安、物业管理等服务机构应当依照法律、法规、规章的规定和合同的约定履行安全服务职责,维护单位和居民的合法权益,协助有关部门和组织维护其责任区域的社会治安秩序。

第二十条 各机关、团体、企事业单位以及其他组织应当加强对员工的法制教育,预防和减少矛盾纠纷;建立健全内部安全保卫制度,落实治安防范措施,及时排查和消除治安和事故隐患。

第二十一条 开展多种形式的军警民联防活动,充分发挥驻豫人民解放军、武装警察部队在社会治安综合治理工作中的作用。人民武装部门应当依法组织民兵参加社会治安综合治理活动。

第二十二条 充分发挥群防群治组织在维护社会治安中的作用。群防群治组织应当在有关部门的指导下,明确责任范围,协助有关部门开展治安防范,不得参与与维护社会治安无关的行政管理事务。

按照国家和我省有关规定组建的群防群治组织所需经费,可以通过财政补贴,受益单位和个人适当投入人力、物力、财力以及社会捐助等合法渠道解决。

第二十三条 对在社会治安综合治理工作中做出显著成绩的地区、单位和个人,以及同违法犯罪行为作斗争的有功人员,由人民政府、社会治安综合治理委员会或有关主管部门、所在单位给予表彰奖励。

第二十四条 为维护社会治安,同违法犯罪行为作斗争的公民,应当得到全社会的尊重和支持。

省、市、县(市、区)设立维护社会治安见义勇为专项资金,用于对为维护社会治安,同违法犯罪行为作斗争的公民及其家属的奖励和救助。

维护社会治安见义勇为专项资金由财政拨款和国家机关、社会团体、企事业单位、个人捐赠组成,由同级人民政府确定的工作机构依法管理,接受同级财政、审计部门的监督。

第二十五条 公民同违法犯罪行为作斗争牺牲,依照《革命烈士褒扬条例》的规定被追认为烈士的,对其家属给予抚恤,享受有关待遇。

公民为维护社会治安,同违法犯罪行为作斗争误工的,视同出勤;致伤致残的,其医疗费、误工费、生活补助费、伤残待遇和奖励措施等,由当地人民政府按照本省有关规定解决。

第二十六条 公民为维护社会治安,同违法犯罪行为作斗争受伤的,任何单位和公民都有救助的义务。接诊医疗机构及其人员应当及时组织救治,不得以任何理由拒绝或者拖延治疗。医疗机构及其人员不予救治或者延误救治的,由卫生行政部门或其所在单位追究责任;构成犯罪的,依法追究刑事责任。

第二十七条 各级人民代表大会常务委员会对社会治安综合治理工作依法进行监督检查,促进社会治安综合治理工作的开展和落实。

第二十八条 县级以上人民政府应当建立社会治安综合治理责任追究制。社会治安综合治理目标管理责任制不落实,发生严重危害社会治安重特大案事件的地区和单位,在一年内不得被评选为社会主义精神文明或者综合性先进单位,其责任人和负有领导责任的人员不得被评选为先进、模范,不得晋职晋级,并由有关部门给予行政或者纪律处分。构成犯罪的,依法追究刑事责任。

第二十九条　本条例自2004年4月1日起施行。

加大力度　创新机制
积极开展争创全省综治先进市活动

中共洛阳市委　洛阳市人民政府

为了认真贯彻落实省委、省政府《关于全面推进社会治安防控体系建设,为实现中原崛起创造良好社会治安环境的意见》,做好全市的社会治安综合治理工作,今年以来,我市以实现"四个领先""六个不发生",争创全省综治先进市为目标,加大工作力度,创新工作机制,采取抓先进典型、带动整体工作,抓严格考核、推动综治争创活动的办法,大力加强社会治安防控体系建设,有效地促进了综治措施的落实,全市出现了治安形势明显好转、刑事案件总量下降、治安秩序持续平稳、群众满意率提高的可喜局面。

一、党委政府重视,是搞好争创活动的关键

开展争创全省综治先进市,目标高、任务重,需要大量的人力物力,党委政府的重视和支持至关重要。省委常委、市委书记孙善武同志先后3次主持召开常委会议,听取有关情况汇报,对综治工作进行专题研究,作出了争创全省综治先进市的决定;市委、市政府下发了《关于进一步加强社会治安防控体系建设,争创全省综治先进市的意见》,市人代会将争创全省综治先进市写进了《市政府工作报告》,作为各级领导的任期目标。市委还明确提出,争创活动实行责任制,哪个县(市、区)领导不重视、争创工作落后的,追究其党政有关领导的责任,需要组织调整的由市综治委主要领导提出建议。市委、市政府还下发文件,要求切实抓好市、县、乡三级综治机构建设。今年以来,市、县、乡三级新增综治人员编制385名。市综治办由原来的一个科增加到两个科,人员编制由5人增至10人,基本上解决了综治办人员少、任务重,"小牛拉大车"的问题。同时,各级政府把综治经费纳入财政预算,对争创活动经费给予足额保障。今年以来,全市已投入争创活动经费9000多万元。市、区两级财政拨出5000万元资金,按照"全国先进、全省一流"的标准,对城区18个租房借房办公的公安派出所进行重建,并配备了办公、办案所需的设施和装备;投资1000余万元为城区派出所配发警务车辆113台;组建乡镇、社区治安巡防队所需的经费1000余万元已全部拨付到位,为全市争创工作提供了有力保障。

二、及时总结推广经验,是推动争创工作的有效手段

要使争创活动学有榜样,干有标准,超有目标,就必须树立先进典型、及时总结推广经验。我们经过深入调查研究,提出了全年每月召开一个现场会,针对工作特点,哪个地方有创新,工作效果突出,就在哪个地方召开现场会推广其经验;并制成了争创全省综治先进市工作一览表,排出召开现场会的内容和时间,逐项逐月落实。第一个现场会在涧西区召开,主要推广建立由政府出资、综治机构和公安机关管理使用的专职治安巡防队的经验,有效地推动了这项工作的开展。3月底前,全市193个乡(镇)、200个社区约5000名专职治安巡防队员已全部培训上岗。第二个现场会在吉利区召开,总结推广了中国石化集团洛阳石油化工总厂争创综治先进企业的经验,市综治办、市发改委、市国资委和市民营企业服务局联合下发了《关于在全市深入开展争创综治先进企业的意见》。第三个现场会在偃师市召开,推广了该市建立健全市、县、乡、村四级矛盾纠纷排查调处工作机制的经验。第四个现场会在栾川县召开,研究解决农村社会治安防范问题，推动了全市县、乡、村、户四级治安防控体系建设。第五个现场会在西工区召开，大力推广人防物防技防相结合的城区治安立体防控网络建设。第六个现场会在汝阳县召开，安排部署了预防青少年违法犯罪暨学校及周边治安综合治理工作。第七个现场会在洛龙区召开，重点推广民营企业开展社会治安综合治理工作的经验。第八个现场会在新安县召开，推广刑释解教人员安置帮教工作的经验。第九个现场会在伊川县召开，安排部署为期四个月的“万名干部下基层，化解矛盾保稳定”活动，确保“三个遏制和减少”目标的实现等。此项措施的实施，有效地推动了全市争创工作的深入开展。

三、健全奖惩激励机制，是落实争创责任的重要保证

搞好争创工作，必须奖罚分明。为了把争创工作的责任落到实处，我们在实践中总结摸索出了一套激励奖惩机制，有效促进了争创责任的落实。一是改进考核办法，实行季度考核。市综治委制定了《2004年度争创全省综治先进市季度百分考核意见》，争创活动实行每季度一考核、一排名、一公布，年底综合排名，在《洛阳日报》公布名次。二是明确考核重点，严格考核标准。市综治委每季度制定下发考核方案，列出考核工作重点，规定完成的标准和时间，季末进行考核。三是建立激励机制，严格兑现奖惩。对搞得好的重奖，对搞得差的通报批评，对发生严重问题的追究责任。市委、市政府明确规定，凡是被评为综治先进县(市)区的，市委、市政府给予重奖；对排名末位的县(市)区通报批评，主要领导在市委大会上做表态发言；发生了“六个不发生”之一的，实施一票否决，真正解决了干好干坏一个样的问题，充分调动了争创工作的积极性。四是及时查找原因，督促整改后进。每次考核结束后，我们都组织人员进行定性定量分析，在总结先进经验的同时，帮助落后单位查找原因，制定措施，积极整改。同时，市里还不定期派人深入基层，进行面对面指导，帮助提高争创水平。目前，全市上下已经形成了你追我赶、争先创优的大好势头，争创活动正在蓬勃开展。

加强乡镇综治办建设
促进社会治安综合治理工作上台阶

中共商丘市委　商丘市人民政府

商丘市辖9个县(市)区和1个经济技术开发区，共203个乡镇(办事处)。多年来的工作实践使我们深深感到，作为基层综治委的办事机构，乡镇综治办是社会治安综合治理各项工作部署、工作措施的具体组织者和实施者，从某种程度上说，乡镇综治办建设的水平就决定着一个地方综合治理工作的水平。正是从这一认识出发，近年来，我们大力加强了乡镇综治办建设，乡镇综治办的软、硬件水平得到不断提升，有效地促进了社会治安综合治理各项措施在基层的全面落实。主要做法是：

一、加强乡镇综治办建设，必须加强领导，健全机构

近年来，商丘市各级党委、政府对综治机构建设非常重视。市委书记、市综治委主任刘满仓明确指出，社会治安综合治理是一项长期任务，各级都必须有综合治理常设机构，特别是乡镇综治办建设更为重要。市委、市政府在《关于加强社会治安防范工作的意见》和《关于加强社会治安防控体系建设，为全面提速振兴商丘创造良好社会治安环境的意见》等文件中专门对乡镇综治办的机构规格、人员配备、经费保障等作了具体要求。按照市委、市政府要求，在乡镇机构改革中，市编委将乡镇综治办确定为保留和加强的机构之一。为了将市委、市政府关于乡镇综治办建设的各项要求落到实处，市综治委制定下发了《商丘市乡镇综治办等级评定办法》等文件，根据乡镇综治办的机构设置、人员配备、保障机制等情况，将乡镇综治办评定为一、二、三级，并与治安模范乡镇、年终目标考核挂钩，对乡镇综治办建设起到了极大的推动作用。

二、加强乡镇综治办建设，必须强化队伍，提高素质

毛泽东同志说过："正确的政治路线确定之后，干部就是决定因素。"因此，在加强乡镇综治办建设中，我们把综治队伍建设摆在了重要位置。按照市委、市政府要求，每个乡镇综治办都配备了享受副科级待遇的专职副主任和不少于3人的综治专干，5万人以上的乡镇配备了5名综治专干。乡镇综治办所有人员都是国家公务员，年龄在45岁以下，具有高中以上文化程度，并有一定基层工作经验。在乡镇综治干部的管理上，我们通过对乡镇综治专干签订岗位责任书的方式定岗位、定职责、定任务，明确责任，奖罚分明。近两年来，全市乡镇综治专干共有186人受到了表彰奖励，46人得到了提拔重用，有效调动了综治干部的工作积极性和主动性。

随着形势的发展，综治工作的任务越来越重，难度越来越大，新情况、新问题不断涌现，对综治干部的要求越来越高。为了使乡镇综治干部能够适应不断变化的新形势，提高对日益复杂的综治工作的驾驭能力和实际工作能力，近年来，我们采取多种形式，加强了对乡镇综治干部的培训工作。2001年以来，市里对乡镇综治办主任集中培训了两次，各县(市)区对乡镇综治专干集中轮训了一遍。同时，我们还积极鼓励综治干部外出考察，学习借鉴外地经验。去年全市就有7个县(市)区组织了乡镇综治干部外出考察。从而使乡镇综治干部的政治素质、业务素质和工作能力得到全面提高。

三、加强乡镇综治办建设，必须明确职责，健全制度，规范管理

为了规范乡镇综治办的工作，我们把乡镇综治办的主要职责界定为10个方面，即：贯彻落实上级综治工作部署；抓好村(居)委会等基层综治组织和群防群治队伍建设；搞好矛盾纠纷排查调处工作，维护辖区社会稳定；督促有关部门做好流动人口、重点人员、要害部位、特殊行业、公共复杂场所的治安管理，消除治安隐患；排查治安乱点和突出治安问题，搞好重点整治；开展基层安全创建活动，动员和组织群众维护社会治安；开展法制教育，增强群众的法制观念；分析辖区治安形势，组织搞好严打斗争和专项行动；搞好刑释解教人员安置帮教工作，预防重新违法犯罪；负责对本辖区各单位落实综合治理各项措施的检查、考评工作。

为了保障乡镇综治办充分履行职责，我们建立健全了一系列工作制度。一是目标管理责任制度。各乡镇都与所属村(居)委会、辖区单位签订了综治目标责任书，并由综治办负责考评，督促各单位落实综治措施。二是工作例会制度。每月召开一次由各村治保民调主任、派出所长、司法所长、法庭庭长等参加的工作会议，传达上级指示精神，学习法律法规，分析治安形势，总结上月工作，研究部署下月任务。三是矛盾纠纷排查调处制度。每半月召开一次联席会议，排查突出的矛盾纠纷，研究调处意见，明确责任单位和责任人。四是工作月报制度。每月底将基层创安开展情况、重要工作落实情况、当地治安形势、基层综治组织建设情况形成书面材料报上级综治办。五是安置帮教制度。综治办或司法所干部、村(居)委会干部、单位领导、家庭成员对刑释解教人员"四帮一"，定期与帮教对象谈心，了解其思想状况，帮助解决实际困难和问题，避免重新违法犯罪。六是奖惩制度。根据半年初评、年终总评和平时暗访抽查的情况严格兑现奖惩。对发生了重大案事件的单位，及时提出责任查究建议。七是业务考试制度。结合乡镇综治办等级评定活动，每年市综治办都组织乡镇综治办全体人员进行综治业务知识闭卷考试，平均成绩达不到90分的，不能被评为一级综治办和全市综治先进乡镇。通过健全制度，加强管理，使综治办的各项工作逐步纳入了经常化、制度化、规范化的轨道。

四、加强乡镇综治办建设，必须加大投入，完善保障机制

商丘各级财政特别是乡级财政虽然十分困难，但各级党委、政府舍得花钱保平安，不断完善了乡镇综治保障机制。各乡镇都按照年人均0.3

元的标准将综治经费列入了财政预算，由乡镇综治办统筹使用。据统计，仅去年一年，全市各乡镇就为综治办投入经费360余万元。今年我们把乡镇综治办的硬件建设作为乡镇综治办等级评定的一项重要内容，并先后两次组织检查评比，召开现场经验交流会，从而进一步促进了乡镇综治办规范化建设，使乡镇综治办的工作环境和办公条件明显改善。

通过近几年的努力，商丘市乡镇综治办逐步由小到大、由弱到强，初步实现了机构健全、保障有力、工作高效的目标。硬件方面全部达到了“六有”标准，即有两间以上办公用房，有办公桌椅和办公用品，有档案柜和档案盒，有综治工作台账，有办公电话，有综治宣传栏。有近一半的乡镇还为综治办配备了电脑、传真机、摩托车。各县(市)区还统一为乡镇综治办制作了各种图表，印制了流动人口、重点人员、矛盾纠纷排查调处、群众来信来访、刑事治安案件等登记簿和综治工作大事、工作会议、治安巡逻、安置帮教谈话等记录本。队伍建设方面，全市203个乡镇综治办已全部配齐配强专抓领导，配备专干668名，其中大专以上学历的320名，年龄在40岁以下的416名，中共党员481名，从事过政法、综治工作的492名。而且通过加强教育培训和开展向任长霞同志学习活动，乡镇综治干部的工作能力显著提高，精神面貌焕然一新，工作热情空前高涨。总之，通过加强乡镇综治办建设，为综治措施落实到基层提供了坚强的工作阵地和组织保证。统计部门抽样调查显示，群众对社会治安的满意和基本满意率达90%。

河南省社会治安综合治理委员会组成人员

2004年9月8日，根据省综治委《关于调整社会治安综合治理委员会委员的通知》(豫[2004]30号)，对其组成人员进行了调整。

主　　任　李清林　省委副书记、省纪委书记

常务副主任　张世军　省委常委、省委政法委书记

副 主 任　李志斌　省人大常委会副主任

秦玉海　省政府副省长

郭国三　省政协副主席

赵金声　省军区副政委

李道民　省高级人民法院院长

王尚宇　省人民检察院检察长

委　　员　尹宏隽　省委常务副秘书长

李庆贵　省政府副秘书长

王田海　省委政法委常务副书记

张国臣　省委政法委副书记

王建西　省委政法委副书记

李承先　省委政法委副书记、省委防范和处理邪教问题领导小组办公室主任

马修道　省综治委办公室专职副主任

朱业祥　省纪委副书记、省监察厅厅长

臧安民　省委组织部副部长

马正跃　省委宣传部常务副部长

张大卫　省发展计划改革委员会主任

蒋笃运　省教育厅厅长、省委高校工作委员会书记

陈振江　省民族事务委员会主任、省政府宗教事务局局长

刘国庆　省公安厅副厅长

孙世海　省公安厅副厅长

陶大为　省国家安全厅厅长

孙培新　省民政厅厅长

郭俊峰　省司法厅厅长

赵江涛　省财政厅厅长

王　平　省人事厅厅长

朱天宝　省劳动和社会保障厅厅长

林景顺　省国土资源厅厅长

安惠元　省交通厅厅长

查　敏　省建设厅厅长
苏福功　省信息产业厅厅长
张海钦　省水利厅厅长
张广智　省农业厅厅长
赵顷霖　省林业厅厅长
郭俊民　省文化厅厅长
马建中　省卫生厅厅长
孟宪臣　省计划生育委员会主任
赵景春　省广播电影电视局局长
米剑峰　省工商行政管理局局长
詹玉荣　省新闻出版局局长
包建民　省质量技术监督局局长
李松武　省药品监督管理局局长
杨盛道　省旅游局局长
裴建中　省信访局局长
余兴成　省政府法制办主任
王尊民　武警河南省总队总队长
于建华　武警河南省消防总队总队长
桑金科　省总工会常务副主席
李　亚　共青团河南省委书记
杨　云　省妇女联合会主席
郭锦洲　中国银监会河南监管局局长
祝平球　民航河南省管理局局长
徐宜发　郑州铁路局局长
周冀中　郑州海关关长
欧　伟　中国保监会河南监管局郑州特派员办事处主任
刘永奇　省统计局局长
赵国成　省外办主任

省综治委下设办公室，与省委政法委合署办公。办公室主任：张国臣（兼），办公室副主任：马修道、孙世海（兼）。办公室设秘书处、指导处。

河南省市、县（市、区）综治委、办主任名单

地　区	综治委主任	综治办主任
郑州市	康定军	付为民
中原区	陈纪忠	李文智
二七区	于广志	马建民
管城区	法建强	崔　研
金水区	王铁良	周玉梅
上街区	赵书贤	张富贵
邙山区	梁守海	陈学民
新郑市	刘国正	秦彩霞
登封市	郑友军	何延木
新密市	李刚良	赵　滨
巩义市	王福松	贾　全
荥阳市		付延成
中牟县	王霄鹏	胡忠良
矿区	李文敬	丁建国
三门峡市	赵继祥	雷振杰
湖滨区	李保洲	张英健
义马市	苗万清	李好国
灵宝县	任晓云	王锁秀
渑池县	崔优才	马文群
陕县	李　蓓	陈　凯
卢氏县	王战方	
开发区	张北超	
洛阳市	常振义	颛学功
西工区	李良龙	刘志富
老城区	翟应征	董光彦
廛河区	王成高	王继舟
涧西区	张　政	李根庆
吉利区	于建庄	孟社茶
洛龙区	张建慧	王保卫
偃师市	原文涛	韩国庆
孟津县	杨建国	史正国
新安县	王树仁	张壮志
栾川县	张献会	李大栓
嵩县	刘培中	王爱民
汝阳县	李雪峰	任三来
宜阳县	谭建忠	邱治章

地　区	综治委主任	综治办主任	地　区	综治委主任	综治办主任
洛宁县	于力强	杨林耀	内黄县	郑象征	魏继飞
伊川县	娄会峰	康群良	开发区	侯海涛	王庆峰
焦作市	郭国明		**濮阳市**	李朝聘	毛海林
山阳区	陈占胜	侯晓勇	华龙区	郭德录	丁善生
解放区	禹进才	周保民	清丰县	张海洲	田再普
中站区	秦晓安	李拥军	南乐县	类建广	贾玉霞
马村区	马长生	文　学	范县	刘国连	黄成玉
孟州市	牛学平	兰玉平	台前县	张悦华	赵兴存
沁阳市	薛　勇	吕兆国	濮阳县	曹雪生	宋　瑞
修武县	秦中华	张本富	高新区	吴长生	裴庆科
博爱县	汤文胜	张艳平	**开封市**	齐新安	马玉兴
武陟县	刘持祥	张清文	鼓楼区	陶书杰	赵杰辉
温县	谢金虎	张景林	龙亭区	张建业	邓跃文
新乡市	周海深	刘尽忠	顺河区	贾瑞琴	李喜春
红旗区	王天兴	段　玮	南关区	王新军	海　燕
卫辉市	刘　军	侯国忠	郊区	王芳岭	徐　伟
辉县市	耿梦杰	赵永军	杞县	韩秉勤	郭　平
新乡县	胡建森	王　峰	通许县	史根治	汤世志
获嘉县	聂玉国	孔令国	尉氏县	陈　良	刘　鹏
原阳县	周庆民	张合林	开封县	谷建国	王富国
延津县	刘溢功	周守亮	兰考县	孔维成	李文清
封丘县	刘　凯	任学明	**商丘市**	刘满仓	杜志强
长垣县	马建军	吉晓东	梁园区	江方众	蒋　浩
卫滨区	李海有	刘卫东	睢阳区	刘　沛	朱慈杰
牧野区	徐启领	王振杰	永城市	王建民	侯金钟
凤泉区	王宗山	周清云	虞城县	张　新	付玉璐
鹤壁市	余学友	崔广林	民权县	马富国	靳凤生
淇滨区	杨士新	孙红罕	宁陵县	刘玉杰	胡继海
山城区	谭北平	魏建成	睢县	魏昭炜	
鹤山区	孟建军	叶顺生	夏邑县	蒋美兰	王晓颖
浚县	张东奎	温俊明	柘城县	陈　星	郝茂强
淇县	李传平	张朝生	**许昌市**	董晋平	卢自然
安阳市	林宪斋	李长顺	魏都区	赫连锡典	孟凡利
北关区	吴书太	郑汉林	禹州市	周庚寅	周振峰
文峰区	杨和法	郭瑞萍	长葛市	朱恒宽	李卫学
殷都区	于　良	王　玉	许昌县	周献忠	周福生
龙安区	姬克杰	李红军	鄢陵县	谢连章	牛英才
林州市	翟建周	郭江法	襄城县	崔国欣	张清奇
安阳县	唐献泰	李天成	**漯河市**	张社魁	田林德
汤阴县	刘树引	马建勋	源汇区	熊广田	孔繁逊
滑县	程新会	邵留顺	舞阳县	杨国志	郑国安

地　区	综治委主任	综治办主任
临颍县	郭国辉	尚庆怀
郾城县	贾全明	李来轩
平顶山市	乔新国	宁富国
新华区	陈聚成	王迎辉
卫东区	付西敏	王占国
湛河区	胡太源	张平西
石龙区	典瑞宇	熊先银
舞钢市	白立凡	南献民
汝州市	樊占营	秦和旭
宝丰县	王淑敏	陈树理
叶县	张留华	杜进伟
鲁山县	杨红旗	李晓兰
郏县	戴　晓	王自民
南阳市	李天岑	王西敏
卧龙区	王金彪	赵英凯
宛城区	王崇龙	杨国安
邓州市	张兴珍	张建民
南召县	王中华	张　昭
方城县	常　琦	
西峡县	鄢国宾	申德生
镇平县	王宛南	鄢志勇
内乡县	朱诗林	
淅川县	刘浩安	迟高平
社旗县	赵玉生	鲁明有
唐河县	郑国炳	王召宏
新野县	黄　乐	温林璞
桐柏县	刘　明	仝保展
信阳市	王道云	张传友
浉河区	刘　辉	叶合春
平桥区	曹光宇	胡宪国
息县	曹　君	姚中伟
淮滨县	樊太明	岳修林
潢川县	周海文	张彦飞
光山县	张志新	彭传武
固始县	李高岭	郑荣发
商城县	陈　平	方　义
罗山县	杨淑萍	吴永田
新县	詹玉峰	范宝莲
周口市	董光峰	史廷民
川汇区	杨海震	赵　辉
项城县	李明方	田　良
扶沟县	苗得雨	陈来生
西华县	栾卫东	孙全民
商水县	张　杰	毕东来
太康县	普　峰	贾兆选
鹿邑县	刘金志	孟海军
郸城县	黄祥利	陈连珠
淮阳县	刘庆森	石荣民
沈丘县	李留心	李培民
驻马店	宋璇涛	褚东杰
驿城区	崔允成	张彦林
确山县	乔登华	董宏建
泌阳县	王富兴	王得收
遂平县	杨汝北	韩建设
西平县	王延军	张建辉
上蔡县	王　勇	窦百灵
汝南县	崔喜成	何应华
平舆县	刘汝生	翟向阳
新蔡县	李宝清	杨　涛
正阳县	王素平	李艳梅
济源市	薛兴国	张永和

（撰稿人：黄金堂
审稿人：张世军　王建西　马修道
高　欣　王雪鹏）

湖　北　省

2004年社会治安综合治理工作概况

2004年，湖北省社会治安综合治理工作，坚持以“三个代表”重要思想为指导，认真贯彻落实党的十六大、十六届三中、四中全会和全国政法工作会议精神，紧紧围绕改革发展稳定大局，进一步完善强化领导责任制，深入开展“严打”整治斗争，认真排查化解矛盾纠纷和不稳定因素，扎实开展平安县(市、区)创建，大力加强社会治安防控体系建设，有力地推动社会治安综合治理工作全面落实，维护了全省社会政治和治安大局持续稳定，为全面建设小康社会创造了优良的社会治安环境。2004年全省共立刑事案件143165起，同比下降3.6%，其中抢劫、抢夺案件下降4.5%，盗窃案件下降2.3%；全省命案破案率已达93.06%，居全国前三位，72个县(市、区)实现了命案必破；全省没有发生影响大局的刑事案件、群体性事件和重大治安灾害事故，人民群众安全感增强，国家统计部门的调查显示，社会治安已从群众最关注的第一位问题退居第四位。

一、各级党委、政府抓综治、保平安、促发展的指导思想更加明确，政治责任感进一步增强，加强领导，统筹部署

一是落实科学发展观，统筹部署。各级党委、政府树立和落实科学发展观，把社会治安综合治理工作纳入经济社会发展总体规划进行统筹部署、督促落实。7月，召开全省综治工作会议，贯彻落实党的十六届四中全会精神，研究部署打造平安湖北。7月2日，中央政治局委员、省委书记俞正声主持召开省委常委会，听取省综治委汇报，研究解决综治工作存在的重大困难和问题，决定进一步加强各级综治机构建设，并制定了省委常委会会议纪要。俞正声同志还要求要加强调查研究，找准农村税费改革后农村稳定和社会治安存在的突出问题，并提出意见建议。省委副书记、省综治委主任黄远志，省委常委、省委政法委书记、省综治委副主任郑少三等领导同志先后四次主持召开省综治委全委会研究部署综治工作，并分别深入到大冶市、青山区调研指导，亲自带头包案督办，督促解决影响稳定的涉法涉诉上访问题，切实解决群众反映强烈的问题。

各地党委政府、各部门主要领导加强对综治工作的领导。如武汉市先后5次召开市委常委会议，研究部署维护社会稳定和综治工作，并把综治工作进社区纳入社区建设四项主要任务之一。襄樊市委常委会坚持每季度听取一次社会稳定和综治工作情况汇报，及时研究解决重大问题。省纪委召开常委会议研究部署综治工作。省水利厅召开全省水利系统维护稳定工作会议，签订综治工作责任状。

二是加强各级综治组织建设，不断加大投入。省委不断加大综治组织建设。按照省委决定，成立省维稳办，与省综治办合署办公，定编10人，配备一名专职副主任，设立信息督办处。省委常委会第八届〔2004〕43号纪要决定：“乡镇(街道)明确一名副书记分管政法综治工作，在编制限额内配备2~3名综治工作人员。”年中，省委为省综治办配备了一名专职副主任。各地按照中央和省的要求，进一步加强各级综治领导机构和办事机构建设。目前，全省市州综治办主任绝大多数由同级政法委副书记兼任，为正县级；县市区综治办主任大多数由同级政法委副书记兼任，为正科级。大多数乡镇街道综治办落实了专门机构、专职人员，提供了必要的办公条件，工作规范化、制度化建设进一步加强。

不断加大投入，切实提高政法综治队伍建设水平。俞正声同志多次主持召开省委常委会议，要求切实保障政法经费特别是公安机关经费，并逐县督促落实；决定从2005年开始省财政每年拿出3.8亿元，用于补贴基层政法工作经费。武汉市委、市政府转发了《关于政法机关彻底实行“收支两条线”的意见》，市、区两级政法经费预算17.53亿元，比2003年预算增长38.14%，并按中心城区人均0.4元、远城区人均0.3元的标准，将综治工作经费纳入财政预算。襄樊、孝感等市提出把政法综治工作经费以及平安创建工作的投入作为必要的社会管理成本，纳入经济社会发展的大盘子统筹安排。特别是谷城县投入力度很大，县财政除每年按时拨付政法机关人均2.34万元共计1980万元工资和办公经费外，还根据政法综治工作需要，配套装备、基础设施经费。

在坚持从优待警的同时，进一步加大了从严治警的力度，俞正声同志亲自对公安政法队伍纪律作风教育整顿作出部署，将政法队伍建设的责任压到党委、政府及其主要领导的肩上，同时加大对政法干警违法违纪案件的处理力度，对典型案件进行通报督办，引起强烈反响。

三是进一步加强基层基础建设，加大综治干部培训工作力度。各地进一步加强党支部、居(村)委会等基层党群组织建设，加强内保、治保、保安和治安信息员等辅警力量建设，做到组织健全，工作落实。调整配强了一批治保调解会主任，乡镇街道综治办、派出所、司法所加强了对治保调解会业务指导和工作目标管理，积极推行治保调解经费乡镇统筹、考核发放，保证了治保调解会组织、人员、工作、报酬“四落实”。各地积极探索建立完善新形势下群防群治的组织形式和工作机制。各地护校队、护路队、护厂队、治安巡逻队、看楼护院人员、义务治安员、治安信息员等群防群治队伍、保安服务队伍进一步壮大。

省综治委在每年的工作要点中都对全省综治干部培训作出部署，省政府、财政部门按每年10万元将综治干部培训经费列入预算予以保障。10月，省综治委在武汉举办了全省县(市、区)综治办主任培训班，共举办16次讲座。市县都举办了综治干部培训班，共培训综治干部、基层治保调解会主任和企业保卫干部22747人次，圆满完成把县乡两级综治干部轮训一遍的任务。省综治办于7月、9月在武汉市和恩施州分别召开全省市、州、直管市、林区综治办主任座谈会，对综治检查考评、平安县(市、区)创建、基层综治组织建设等进行深入探讨，研究新形势下进一步加强综治工作的对策，进一步提高新形势下做好综治工作的能力。

二、严格而有效地执行领导责任制、检查考评制和一票否决权制，使社会治安综合治理工作服务经济社会发展的作用和影响越来越大

各地进一步健全和落实综合治理领导责任制和目标管理责任制，把各级领导干部抓综合治理的实绩纳入工作目标考评之中，坚持对各级党政、各部门主要领导和主管领导考评。坚持和完善了把综合治理工作考核结果同党政领导干部的政绩考核、晋职晋级和奖惩直接挂钩制度。通过进一步完善综治、纪检、组织、人事、监察部门联席会议制度和情况通报制度，加大对发生重大治安问题的地区和部门进行督查和领导责任查究的力度，严格执行一票否决权制。

一是实行目标管理，进一步健全完善领导责任机制。2004年年初，在全省政法工作会议和省综治委第一次全会上，黄远志代表省委、省政府分别与市州党委、政府和省直各部门签订了《目标管理责任书》。各地都逐级与部门、单位签订了责任书，把责任切实落实到党政主要领导的肩上，落实到基层。目前，全省省、市、县、乡四级已全面形成了“纵向到底，横向到边”、层层负责的综合治理领导责任机制。各级党政一把手作为综合治理工作第一责任人、分管领导作为综合治理工作第二责任人，切实履行职责，把重点案件、重大事件拿在手上亲自抓，督促解决工作中的困难和问题。

二是加强检查督办，进一步健全完善检查考评机制。省综治委不断改进完善检查考评方式，加强检查督办。7月至8月，省综治委组织对全省的综治工作进行暗访督办，对发现的问题进行通报，将整改情况列入年度检查考评。11月，省综治办联合省统计局组织对群众的安全感进行问卷调查。12月，省综治办从市州抽调人员对省直部门2004年的综治工作进行检查考评；由省直政法部门和五部门领导带队，组织对各地2004年的综治工作进行检查考评。

各地坚持完善经常性检查督办与定期检查考评相结合的检查督办制度，市县两级做到半年抽查督办、年终检查考评，并对年度先进单位进行表彰奖励。在全省综治工作会议上，省委、省政府在对全省2003年度综治工作检查考评的基础上，通报表彰了31个省直优胜单位、6个优胜市、16个县(市、区)。对受表彰的6个市、16个县(市、区)第一、二责任人给予一次性奖励，奖励优胜市责任人各2000元，奖励先进县(市、区)责任人各1000元，奖励31个省直优胜单位当年机关全体工作人员一个月工资。各地对356个年度综合治理先进单位及1780个责任人进行表彰奖励。

三是实行责任追究，进一步健全完善一票否决权制。各地认真贯彻执行《湖北省社会治安综合治理重特大案(事)件领导责任查究制度》、省委、省政府《关于执行社会治安综合治理一票否决权制的规定》等文件精神，进一步加大责任查究的力度。各地对考评不合格的516个单位或地方予以黄牌警告；对264个单位予以一票否决，取消了417名责任人评先受奖、晋职晋级资格。通过严格执行社会治安综合治理一票否决权制，使社会治安综合治理工作的影响越来越大，社会各方面重视程度、参与综治工作的积极性也越来越高。襄樊市在2004年年底的市党代会候选人名单审查中，原襄樊卷烟厂和襄樊银河纺织有限公司的负责人，尽管工作能力很强、成绩很优秀，因所在单位2004年被社会治安综合治理一票否决，而被取消了党代表候选人资格，社会震动很大。

三、真抓实管，坚决落实综合治理各项措施，切实维护了社会稳定和治安大局平稳

一是认真开展矛盾纠纷排查调处，集中化解突出的不稳定因素，切实维护了社会稳定。省委、省政府成立了省矛盾纠纷排查调处工作领导小组及其办公室，市、县、乡也层层建立了矛盾纠纷排查调处工作领导小组和工作专班。省、市、县还都成立涉及农村土地征用、城镇房屋拆迁、国有企业改制、涉法涉诉和企业军转干部问题工作小组。全省建立健全了重大矛盾纠纷领导包案责任制、矛盾纠纷排查调处工作运行机制，坚持乡镇(街道)每半月集中排查调处一次，县(市、区)每月集中排查调处一次，市(州)每季度集中排查调处一次，每月统计上报一次矛盾纠纷排查调处数据，每季度分析一次。各地把重大不稳定因素和信访突出问题，尤其是大规模赴省进京、跨区跨省串联苗头作为重点，认真进行排查，坚决依法办事、按政策办事，妥善解决信访突出问题和群体性事件。武汉市四新农场一批租赁耕地的外地农民，因农场改制清退外来土地承租人员问题多次赴省进京上访，省里先后召开两次协调会议，对做好四新农场的稳定进行研究，并根据相关法律和政策规定，对解决四新农场问题提出了具体意见。2004年，全省共排查矛盾纠纷81721起，调处76282起，调处率为93.3%；一批历史积案也得到有效化解；全省共发生1073起群体性事件，都得到了及时化解。

二是认真开展"严打"整治，切实解决突出治安问题。在打击犯罪中，各地一方面坚持"严打"的经常性、连续性和长期性，对严重刑事犯罪、黑恶势力犯罪、暴力恐怖犯罪、严重经济犯罪坚持"严打"；另一方面坚持"严打"的主动性、针对性、实效性，本着因地制宜、上下联动的原则和方法，什么犯罪突出打击什么犯罪，什么地方治安混乱就整治什么地方，分别开展了春、夏、冬季治安攻势、"打黑除恶"、反盗打抢、治爆缉枪、扫除"黄赌毒"、禁毒等专项行动。特别是按照"命案必破"的要求，全力侦破各类重大恶性案件，在全省范围内大力开展了侦破命案专项行动。全省共破获各类刑事案件61539起，审查批捕22456人，审查起诉20594人，判处各类犯罪分子17503人，有力震慑了违法犯罪分子。同时，各地坚持"严打"各个环节的协同性、统一性和时效性，认真落实省综治委《关于定期分析社会治安形势和稳定形势的通知》要求，先后健全社会治安预警机制、决策机制等贯彻"严打"方针的长效工作机制。

重点整治工作进一步制度化、规范化。省综治委2004年年初和年中两次部署治安混乱地区和突出治安问题大排查活动，对排查确定的296个重点整治对象，各地、各部门实行"一个地区(问题)、一名领导、一个专班、一套方案、一抓到底、限期整治"的包保责任制，逐个整治。至2004年年底，绝大多数重点整治对象的治安面貌有了明显改观。

三是平安县(市、区)创建工作全面启动，取得初步成效。2004年年初，省委办公厅、省政府办公厅发出《关于开展创建平安县(市、区)活动的通知》，对创建工作进行部署，力争三至五年，构建平安湖北。全省综治工作会议和省综治委四次全会，总结推广了各地的一些好做法。各地把创建作为开创综合治理工作新局面的载体，作为保一方平安的政治任务和执政为民的实事，统筹安排，狠抓落实。各市州、直管市、林区和绝大多数县（市、区）召开党委常委会议和创建工作动员大会，研究部署创建工作，解决保障问题。实行主要领导负总责统筹抓，分管领导负专责具体抓，成立了以党政一把手或分管副书记为组长的创建工作领导小组，层层签状负责，并以党委、政府或“两办”的名义制发了实施方案。有的地方明确了综治委成员单位参与创建工作的责任和任务，实行综治委成员单位与其综治工作联系点对口帮促，开展创建。全省43个综治委成员单位联系帮促了96个地方和103个单位。

各地舍得花钱保平安，加大对平安创建工作的投入，并建立了严格的考评验收机制。恩施州制定了创“平安恩施”实施细则；松滋市制定“平安松滋”创建工作年度考核细则，改进考核结账办法，对考核单位实行进“笼子”管理。各地结合实际，有的开展“一县一品”特色创建，树典型，抓推广，标本兼治，建立了创建工作长效机制。有部分县（市、区）达到了“一好八无”的平安县（市、区）的标准，创建工作受到群众的广泛好评，得到中央有关部门的肯定。

四是社会治安防控体系建设进一步健全完善。各地认真贯彻落实中央和省《关于加强社会治安防范工作的意见》，加大治安防控体系建设的力度，初步建立了党委、政府领导，综治机构组织协调，以公安民警为骨干，以群防群治力量为依托，以社会面治安防范为重点，以科技手段为支撑，多警种联动，专群结合，点线面结合，人防物防技防配套的治安防控体系。构建了“社区管控、路面巡逻、边际堵控、单位守护、农村自治”为主要内容的治安防范网络。全省大中城市建立了较为规范的巡逻责任区，主要街道、繁华路段巡区覆盖率达95%，社区基本做到了一区一警、一区多警，并建立了安保服务队或巡逻守护队伍，各单位普遍形成了值班、门栋关照、内部巡逻守护的防控格局。全省农村普遍实行警治联勤、流动警务、民警巡防和包片，推行了打更巡逻、轮户巡逻和季节性巡逻等群众联防办法。有的发挥治安中心户作用，开展联户联防；有的实行农村保安服务，重点乡镇集镇建立专职治安巡逻队伍，群众联防模式有了新的突破和发展。按照“谁受益、谁出资”的原则，各地还积极探索建立了适应社会主义市场经济要求的群防群治经费保障机制。

五是各专项工作领导小组积极开展工作，成绩明显。省学校及周边治安综合治理、省流动人口管理、省刑释解教人员安置帮教、省预防青少年违法犯罪工作领导小组都是由省委、省政府领导任组长，定期不定期召开领导小组成员会议和办公会议，部署开展经常性工作和专项整治。同时还建立了省综治办和各专项工作领导小组办公室定期联系、各专项工作领导小组定期向综治委全会汇报工作的制度。

各地继续深入开展学校、企业及其周边和铁路沿线治安环境整治，依法查处了一批涉校涉企涉路违法犯罪案件。全省公安机关侦破涉校刑事案件963起，破获犯罪团伙1708个，抓获犯罪嫌疑人2317人。组织开展网吧等场所专项清理行动，查处和整治2976家违规网吧。清理整顿了学校、企业和铁路站点周边的一批出租房屋和废旧物品收购站点，对重点企业实行了挂牌保护制度。7月，召开全省学校及周边治安综合治理工作会议，决定在全省开展学校及周边治安综合治理工作达标创建活动，进一步深入开展安全文明校园创建活动，建立了《湖北省学校及周边治安综合治理工作督办通知书》制度，全年共下达督办通知书302份，召开现场督办会2次，年底组织了检查考评。全省学校及周边治安综合治理工作得到中央有关部门肯定，在全国会议上作了经验介绍。中央综治委安置帮教工作表彰电视电话会议上，省委政法委副书记、省综治办主任鲁志宏作了《做好新时期刑释解教人员安置帮教工作，建立维护社会稳定的德政工程》的经验介绍。湖北省预防青少年违法犯罪工作也得到了中央有关部门的肯定。

四、严格落实部门责任，发动群众积极参与，进一步完善和强化齐抓共管机制

一是部门目标管理责任制、齐抓共管机制进一步强化。绝大多数省直单位按照“三自”的要求，认真抓好本单位的综合治理工作，普遍成立了综治工作领导小组及其办公室，做到主要领导亲自抓，分管领导协助抓，与业务工作同研究部署，同检查总结，同奖惩兑现，对综治工作的重大问题和重要工作及时研究解决。按照“谁主管,谁负责”原则,与系统、部门都层层签订了目标管理责任书,形成了层层有目标,上下有责任,人人抓落实的良好局面。

各级综治委坚持完善委员全体会议制度、成员单位述职制度、综治联系点制度和五部门联席会议制度、激励奖惩制度。2004年省综治委共召开了4次全体会议,各地也召开了3次以上综治委全会。省、市、县三级综治委全会普遍落实了述职和报告制度,综治委成员单位向综治委全会述职、下级综治委向上级综治委汇报工作已制度化。在省综治委全会上,共安排9个地市、6个省直部门(单位)、4个专项工作领导小组办公室作了述职发言或工作汇报。同时,坚持了五部委联席会议制度,做到了综治委的重要工作部署和综合治理工作情况及时向纪检、监察、组织、人事部门通报。省综治办还积极督促省综治委40多个成员单位加强对其综治工作联系县(市、区)的调研、指导、督办,并建立推广成员单位综治工作与其联系点综治工作的考评奖评挂钩的制度。省综治委委员及其成员单位全年到联系县(市、区)调研、指导、督办一次以上,有的多达三次,并建立起对日常工作联系暗访督办制度,不少省直单位为联系县(市、区)解决了综治工作存在的困难和问题。在省综治委的带动下,各地都比照建立了相应的工作制度和机制,全省上下形成了运转有效的“抓部门、部门抓”的工作格局,强化了齐抓共管的工作机制。

二是广泛宣传发动,群众积极参与,形成了良好的社会氛围。省综治委与省电视台联合,在省电视台开设了《平安湖北》专栏,制作了《平安湖北》1、2、3集,并在黄金时间播出。省综治办创办《综治动态·创建平安县(市、区)工作专刊》17期,及时反映各地的创建工作。省综治委组织开展了对2003年度全省社会治安综合治理好新闻的评选。各级综治部门紧扣综合治理工作重点,综合运用新闻媒体宣传教育、社区宣传教育、影视宣传教育,组织开展综治宣传月活动,不少地方在电台、电视、报刊上开办了专栏,组织开展法制宣传,广泛发动群众。群众踊跃参与“严打”整治斗争和群防群治,提供了一大批破案追逃线索,扭送了一批违法犯罪分子,涌现出了一大批见义勇为人物。应城市组织了一支1000多人的“志愿者”队伍,积极参与群防群治。谷城县战士曾德启与女大学生张静勇斗劫匪,谱写出新时代见义勇为颂歌的感人一幕。通过宣传教育发动,社会治安综合治理方针进一步深入人心,逐步形成了“社会治安社会治,综合治理综合抓”的良好氛围。

三是深入调研,建章立制,综治工作进一步制度化,法制化。按照7月2日省委常委会议决定,为了分析研究税费改革后农村社会治安综合治理面临的新情况、新问题,探索进一步加强农村基层社会治安综合治理、维护社会稳定的新路子,省综治委于8月中旬下发通知,部署全省开展农村基层社会治安综合治理专题调研并进行试点。按照通知要求,省综治委员及单位在其综合治理工作联系县(市、区)选择一至两个乡镇进行调研试点。各地和省综治委成员单位经过两个多月的调查研究,提交了有较高质量的调研报告,为改进和深化湖北省综治工作打下了坚实的基础。

为了适应新形势新任务的需要,各地不断加大综治工作的制度建设。几年来,省委、省政府相继出台了《关于进一步加强社会治安综合治理的意见》、《关于执行社会治安综合治理一票否决权制的规定》、《关于进一步加强政法队伍建设的若干意见》、《关于加强社会治安防范工作的意见》,省综治委等五部门制发了《关于执行社会治安综合治理一票否决权制的实施细则》、《关于建立社会治安信息发布制度的(试行)通知》、《关于进一步落实省综治委委员综治联系点制度的通知》等规范性文件10余份。襄樊市先后出台了《襄樊市社会治安综合治理考核评价办法》、《襄樊市社会治安综合治理责任督查办法》等九份规范性文件;十堰市建立了《督办通知书》、《重大问题责任查究通知书》等多项制度;神农架林区制定了《社会治安综合治理建议书》等多项制度。所有这些制度的制定,在实践中都产生了积极作用,促进了全省综治工作进一步制度化、法制化。

五、与时俱进,开拓创新,综治工作创造了许多切合实际、适应新形势需要、符合群众愿望的好经验和好做法

近年来,湖北省不断研究综合治理工作中出现的新情况、新问题,探索和总结综合治理工作的新经验、新举措,一些做法受到了中央综治委和兄弟省市的肯定和好评，如严格落实领导责任制和一票否决权制、基层综治组织建设和基础工作、学校及周边治安整治、刑释解教人员安置政策、治安中心户、十星级文明户和单位创建、重点整治工作等。武汉、荆门、荆州、宜昌等地从党政机关、政法部门、综治成员单位选派干部担任综治特派员，与社区民警、治保干部和单位内保干部一起，开展基层综治工作；随州市适应农村经济和社会的变化，组建农村保安队伍；荆门市组建综合治理协会，动员和组织社会各界以及广大人民群众维护社会治安；恩施州不断创新综合治理工作考核评价体系，每季度组织一次暗访，并及时将暗访测评结果通过电视和报纸向社会公布，把综合治理工作由领导评价向群众评价转移，由干部监督向群众监督转移，由上级监督向社会监督转移，实实在在把评判权交给群众。樊城区针对辖区中央、省、市企业较多、民营企业较多、部分单位内保治安基础薄弱的实际，推行治安等次评定公示制度，有效促进了非公有制企业抓社会治安综合治理的社会责任感。

“严打”整治斗争情况

全省各地按照省委、省政府和省综治委的部署，在开展全省集中专项行动的同时，因地制宜地开展“严打”整治斗争。切实解决突出治安问题，取得明显成效。2004 年全省共立刑事案件 143165 起，同比下降 3.6%，其中抢劫、抢夺案件下降 4.5%，盗窃案件下降 2.3%；全省命案破案率已达 93.06%，居全国前三位，72 个县市区实现了命案必破。

一是紧紧盯住大要案件，严厉打击严重刑事犯罪活动。采取挂牌督办、专家会诊、指纹对比、DNA 鉴定、强化现场勘察和奖惩兑现等措施，成功破获了武汉市“04.03.04”专案、十堰市“03.11.16”强奸杀人焚尸案等一大批严重威胁群众安全感、影响恶劣、社会各界关注的大要案。深化“打黑除恶”专项斗争，共摧毁黑社会性质犯罪集团 11 个，抓获涉案成员 92 名，公安部督办的 4 起黑社会性质犯罪集团全部打掉。研究制定了《湖北省公安机关追逃工作办法》，加大对在逃人员追捕力度，抓获在逃人员 6765 名，其中公安部 B 级通缉逃犯 4 名，公安部督捕逃犯 2 名。

二是严厉打击经济犯罪活动，维护市场经济秩序。2004 年以来，全省共破获各类经济犯罪案件 1976 起，其中亿元以上的案件 7 起，挽回直接经济损失 2.3 亿元。中央、省、部领导交办的 27 起案件实现了全破。开展打击涉烟犯罪专项行动和打击金融票证违法犯罪行动，维护了正常的市场秩序；组织专班赴重庆解救出参与非法传销被困的湖北高校学生近 400 名，打击传销、变相传销犯罪工作多次受到省委、省政府和公安部的肯定。

三是多措并举，控制毒品发展蔓延。组织开展缉毒专项行动，破获毒品犯罪案 2146 起，破案率达 99.8%。成功侦破“9·16”特大制贩冰毒案，抓获台湾犯罪嫌疑人陈再兴等 13 名团伙成员，捣毁毒品加工厂 1 个，缴获固体冰毒 18.5 千克，液体冰毒 600 千克。大力开展无毒社区创建工作，全省共有 1300 余个无毒社区创建点，有效防止了毒品泛滥。

四是严厉打击网上违法犯罪活动，净化网络环境。各级网监部门共发现、删除境内有害信息 3520 条，上报公安部封堵境外有害网站 1132 个、互联网信息 1359 条。破获网络违法犯罪案件 1266 起，其中刑事案件 85 起，查获犯罪嫌疑人 117 人。破获网上淫秽色情案件 52 起，其中刑事案件 14 起，抓获涉案人员 26 名，均已移送检察机关，查处违法人员 65 人，依法关闭淫秽色情网站 67 个。会同文化、工商部门在全省范围内开展了声势浩大的“网吧”场所专项清理整治统一行动，检查“网吧”场所 8092 家，查处和整治 2976 家违规“网吧”，“网吧”等服务营业场所环境得到明显改善。

五是加大监管深挖犯罪力度，扩大打击战果。组织开展了监所深挖犯罪工作，获取违法犯罪线索 15721 条，通过查证破获各类刑事案件 6500 余起(其中重大案件2014起,命案35起),抓获犯罪嫌疑人1506名(其中命案逃犯22名),打掉犯罪团伙55个,追缴赃款及赃物折款580余万元。

六是认真组织开展重点整治和专项整治行动。重点工作进一步制度化、规范化。省综治委年初和年中两次部署治安混乱地区和突出治安问题大排查活动,对排查确定的296个重点整治对象,各地、各部门实行"一个地区(问题)、一名领导、一个专班、一套方案、一抓到底、限期整治"的包保责任制,逐个整治。至2004年年底,绝大多数重点整治对象的治安面貌有了明显改观。各地继续深入开展学校、企业及其周边和铁路沿线治安环境整治,依法查处了一批涉校涉企涉路违法犯罪案件。全省公安机关侦破涉校刑事案件963起,破获犯罪团伙1708个,抓获犯罪嫌疑人2317人。组织开展"网吧"等场所专项清理行动,查处和整治2976家违规"网吧"。清理整顿了学校、企业和铁路周边的一批出租房屋和废旧物品收购站点。

刑释解教人员安置帮教工作情况

一、抓贯彻落实和组织建设。狠抓了中央领导和有关部门关于安置帮教工作重要指示精神的贯彻落实。转发了中央综治委关于《认真落实罗干同志重要批示,进一步加强刑释解教人员安置帮教工作的通知》,中央综治委、司法部、公安部、劳动和社会保障部、民政部、财政部、国家税务总局、国家工商行政管理总局等八部委《关于进一步做好刑满释放、解除劳教人员促进就业和社会保障工作的意见》,结合实际提出了贯彻落实意见。武汉市以政府令的形式出台了《武汉市刑满释放人员和解除劳教人员安置帮教工作办法》;黄石市出台了《黄石市失业保险实施细则》,把刑释解教人员作为可申请失业保险的对象,失业保险发放标准与普通市民一致。

各地以贯彻落实省委、省政府《关于推进乡镇综合配套改革的意见》和省直六部门《关于进一步加强司法所建设的意见》为契机,认真抓好司法所建设,为依托基层司法所健全安置帮教工作机构,加强安置帮教队伍建设奠定了基础。

二、抓衔接管控。坚持从源头抓起,狠抓了监狱、劳教所《刑满释放人员通知书》和《解除劳教人员通知书》的填发和寄送工作;5月中旬,省安置帮教办公室会同省公安厅分别对武汉、潜江、孝感、随州等地所属的看守所刑释人员通知书填发情况进行了抽查。省公安厅专门发出通知,明确把《通知书》填发工作列入本系统的工作台账,要求专人负责,合格率要达到100%。各地普遍建立了台账制度,有的还建立了刑释解教人员数据库。目前全省大多数安置帮教组织做到了"七有",即有花名册、有帮教计划、有活动记录、有思想情况分析、有跟踪监督措施、有帮教责任人、人户分离的有联系卡。坚持对回归人员进行一次全面摸底排查,形成制度,做到有部署、有检查。各地排查情况经省安置帮教办公室汇总后,送省公安厅输入信息管理系统,做到当年回归人员当年查清。

三、抓安置帮教。认真贯彻落实中央综治委〔2004〕4号文件精神和《湖北省刑释解教人员安置政策》,逐步解决安置难的问题。武汉市出台的《武汉市刑满释放人员和解除劳教人员安置帮教工作办法》和黄石市出台的《黄石市失业保险实施细则》等都对刑释解教人员的安置作了明确规定,神农架等地已经为部分刑释解教"三无人员"办理了低保。过渡性安置实体逐步建立,目前全省共创办安置基地14个,过渡性安置实体3个。如宜昌市前锋钢球工贸有限公司先后接纳安置37名刑释解教人员;鄂州市鼓楼街道办事处长期坚持对刑释解教人员实行包培训、包过渡性安置的政策,实现多年无重新犯罪人员;建始县花坪乡建立起以优质猕猴桃、魔芋、中药材种植为主的安置帮教基地,三年多来41名刑释解教人员全部得到安置，无一人重新犯罪。实施了临时性救助工作，对一时难以安置，又符合享受低保条件的人员，办理最低生活保障。同时，监狱、劳教系统狠抓了服刑和在教人员的专业技能培训工作。如苗子湖监狱在服刑人员中广泛宣传党和政府对刑释解教人员安置帮教工作的方针、政策，倡导和鼓励服刑人员学习文化知识和科学技术，在监狱内产生了强烈反响。

各市、州、县(市、区)采取层层签订责任状，与帮教对象签订“帮教责任书”，建立“联合帮教制度”，建立“信息反馈制度”，成立由党员、老干部、社会志愿者组成的“一帮一”、“二帮一”、“三帮一”联合帮教小组。如武汉市劳教局与省心理学会联合成立了心理咨询与矫治专门机构——劳动教养研究中心；武汉市何湾劳教所出台了《心理咨询及矫治工作实施方案》，设立了咨询热线电话、咨询信箱，劳教人员可通过电话或书信提出心理援助请求；武汉市硚口区司法局实施“人性化帮教”取得良好成效；宜昌市西陵区由党员和老干部组成帮教小组，八年如一日帮教刑释解教人员，辖区内刑释解教人员八年无一人重新犯罪；通山县财政局干部方昌喜几十年如一日，义务帮教刑释解教人员一百多人。

四、抓宣传。为动员广大群众积极参与安置帮教工作，充分利用报刊、广播电台、电视台等传播媒介，及时宣传党的安置帮教工作方针、政策。《湖北省刑释解教人员安置政策》出台后，通过《法制日报》、《长安》杂志、《湖北日报》等新闻媒体及时进行了宣传报道；省安置帮教工作办公室还创办了《安置帮教工作信息》期刊；先后推广了武汉市、等地方的做法和经验，树立和宣传了一批安置帮教先进个人和典型以及转化好的回归人员典型。中央综治委安置帮教工作电视电话会议上，省委政法委副书记、省综治办主任、省刑释解教人员安置帮教工作协调领导小组副组长鲁志宏同志代表湖北省作了题为《做好新时期刑释解教人员安置帮教工作，建设维护社会稳定的德政工程》的经验发言。宜昌前锋钢球工贸有限公司、省安置帮教办公室等4个先进集体，武汉市青山区司法局局长王素芳等4名先进个人还受到了中央综治委安置帮教工作领导小组的表彰。

五、抓立法调研。4月，省安置帮教办公室会同省政府法制办的有关领导赴青海、宁夏等省、区就安置帮教工作立法需要重点解决的几个问题进行了调研；8月30日，省长罗清泉主持召开省政府第十八次常务会议，讨论并原则通过了《湖北省安置帮教刑释解教人员若干规定(草案)》。12月，召开了省刑释解教人员安置帮教工作协调领导小组会议，总结部署工作。

预防青少年违法犯罪工作情况

一、加强领导，深入调研，各部门各尽其责

4月16日，省委常委、政法委书记郑少三主持召开省预防青少年违法犯罪工作领导小组会议，分析形势，研究措施，部署工作。省政府落实预防办工作经费15万元，并列入年度财政预算保障。各市州都成立了由党委常委、政法委书记或公安局长挂帅的预防工作领导小组，并在人力、财力上给予必要保障，武汉、宜昌、孝感、黄冈等7市落实了专项工作经费。各地根据省预防领导小组部署，分别召开了领导小组工作会议，研究落实预防工作措施。目前，全省市(州)、县(市、区)两级预防工作领导小组及办事机构建立健全，省和各地都将预防工作纳入年度综治工作目标管理和检查考评。团省委、省预防办通过为期三个月的调查研究，初步掌握了全省未成年人违法犯罪的现状、特点、原因及演变趋势，有针对性地提出了对策和建议，形成10万余字调研报告，获得全团调研奖二等奖。报告引起了团中央、省委领导的高度重视，新华社就该报告编发了“国内动态清样”，中共中央政治局常委、中央政法委书记罗干同志在“国内动态清样”上作出批示。

二、狠抓教育，青少年思想道德、法制意识和自我保护能力有所增强

切实抓好思想道德教育。各地认真贯彻落实党中央、国务院《关于进一步加强和改进未成年人思想道德建设的若干意见》，大力加强青少年思想道德教育。教育、文化、广电、建设、民政等部门制定贯彻落实《意见》的具体措施。团省委制发了《关于进一步做好未成年人思想道德建设工作的通知》，组织100支由大学生志愿者组成的未成年人思想道德建设服务团到各地开展志愿服务，集中开展少先队工作和少先队辅导员评选表彰、“民族精神代代传——全队统一行动日”和“手拉手”活动。武汉市成立青少年思想道德建设报告团，深入学校、社区、农村宣传贯彻《意见》精神，开展了第十九届革命传统教育周和第三届“十八岁成人节”等系列教育活动；荆州市开展“雷锋精神常驻社区”活动；宜昌市实施未成年人思想道德建设“十大工程”；襄樊市在暑期组织开展艺术培训、电影进社区、夏令营、征文比赛和网络短信作品大赛等12项形式各样的道德实践活动，丰富未成年人假期生活，提高了他们的思想道德素质。

切实加强青少年法制教育。一是深化青少年法制宣传教育。各地以《宪法》、《未成年人保护法》、《预防未成年人犯罪法》等相关法律法规为主要内容，利用班会、队会和法制课堂、社区“青少年法律学校”等载体，面向在校学生、社区未成年人、进城务工青年、尤其是闲散青少年开展形式多样的法制宣传教育活动。黄石市将九月份的第二周确定为全市“青少年法制宣传周”。荆门市组织开展以“预防犯罪、与法同行”为主题的送法进校园活动，在全市中小学引起了强烈反响。十堰市组织300多名青少年参观劳教所等法制教育基地，听取失足青少年现身说法。二是配齐中小学法制副校长、法制辅导员。目前全省中小学法制副校长配备率达到100%。逐步完善了中小学法制教育“教材、师资、课时、教案”四落实制度，保证法制教育在课堂教学主渠道中得到实现。仙桃市在13所中小学普遍开展“少年模拟法庭”活动，增强了教育的生动性和有效性。

继续推进青少年的自护教育。各地通过举办自护培训班、训练营、自护学校，采取专家授课、录像观摩、模拟情景训练等多种有效的教学方式，向青少年普及防范侵害的自护知识，提高青少年的自我保护能力。随州团市委联合市消防支队在“11·9”消防日，启动以“整改火灾隐患，珍爱生命安全”为主题的全市青少年消防知识宣传周活动，培养青少年关心消防、学会消防。

三、强化服务，青少年合法权益得到积极维护

深入推进创建优秀“青少年维权岗”。全省已在13个系统和所有市、州、县广泛开展了优秀“青少年维权岗”创建活动，有16个优秀“青少年维权岗”获全国表彰。共涌现出国家、省、市、县四级优秀“青少年维权岗”2000余个。各基层创建单位结合工作实际，开展了“交警护学岗”、“巡回法庭”、“对不起诉未成年人进行回访”、清理非法使用童工、“扫黄打非”、救助流浪乞讨儿童等工作，切实维护青少年合法权益。2004年下半年，团省委组织专班对省部分国家级、省级优秀“青少年维权岗”近年来创建活动进行调研后，联合省直13家创建系统，对深化优秀“青少年维权岗”创建工作提出了意见。进一步完善实行“青少年维权岗”联系社区制度，建立区域联动和动态管理机制，促使青少年维权工作形成合力。

积极建设青少年维权实体。8月份，团省委、省预防办联合省司法厅、省建设厅在全国率先成立了“湖北省进城务工青年法律援助中心”，开通了法律援助网站和热线电话，把进城务工青年纳入法律援助的重点范围，中心成立四个多月来，共接待电话咨询上千次，上门咨询500多次，网上咨询200多次，成功办理劳动仲裁案件3起，帮助追讨拖欠工资数十万元，受到社会广泛关注和进城务工青年的热烈欢迎。12月份，团省委、省预防办联合省司法厅、省律协成立了“湖北省未成年人维权服务中心”，对未成年人开展法制宣传，提供法律咨询和法律援助，进行心理健康辅导，加强未成年人社会法律问题调查研究，建立未成年人维权服务网和数据库等工作。中心成立后，成功举办了“全省未成年人权益维护律师论坛”，在律师界引起广泛共鸣。武汉市成立了法律援助中心暨青少年法律援助志愿服务团。目前，两个中心的创建工作已在全省全面开展，武汉、孝感、随州、黄冈、恩施等地已经建成“援助中心”或“维权中心”，并有效开展工作。

认真开展特殊青少年群体管理、帮教和救助

工作。一是加强无业闲散青少年管理。针对无业闲散青少年占到青少年违法犯罪的70%以上的特点，各地积极探索对无业闲散青少年的教育管理办法。宜昌市制定了以管理和教育社区闲散青少年为主要内容的“青少年社区关爱计划”，向社会公开招募离退休党务(政法、教育)工作者、大学生等志愿者服务人员50名，在街道、社区对无业闲散青少年、进城务工青少年等弱势、边缘青少年群体进行帮扶和教育。二是做好问题青少年的帮教转化工作。武汉市建立健全了市、区、街、社区四级青少年帮扶组织网络，完善了“四见面、两了解、一成效”的工作制度，对重新摸排的2947名问题青少年分别落实到检、法、司、工、青、妇等单位和街道、社区，开展帮扶帮教，取得积极成效。通城县人民法院少年法庭在“准”——把准脉搏、“情”——温情感化、“语”——判后寄语三个方面挽救失足青少年，4年审结88起案件涉及未成年人120名，这些犯罪未成年人刑满释放后，无一人重新犯罪。省未成年犯管教所运用监管、教育、劳动三大手段，对未成年犯进行思想道德文化教育和技术培训，近年来，服刑人员考试合格率均在90%以上，共有900人(次)获得减刑，改好率达到96%。三是切实做好弱势、边缘青少年的救助服务工作。团省委联合有关部门组织开展了“为贫困生捐岗助学”活动，动员组织400多家企业和社会各界爱心人士举行两场大型供需见面会，向贫困生提供了47个工种近6000个勤工助学岗位，4995名贫困生找到合适的工作。年底筹资150万元救助春节留守贫困大学生。省青少年发展基金会大力推进“希望工程”，2004年完成筹资780万元，援助20所希望小学，实施资助6500余名。孝感市加大农村“留守孩”管理力度，着重对孝南、应城和安陆等地的13000多名“留守孩”的双休日文化生活进行丰富多彩的安排，受到广泛欢迎。

大力推进“青少年违法犯罪社区预防计划”试点工作。团省委、省预防办和省综治办联合在全省全面实施“青少年违法犯罪社区预防计划”试点工作，通过抓试点，将预防工作各项任务、措施和责任落实到基层。全省50个“未成年人零犯罪社区”试点创建稳步实施。对于试点社区，总体要求达到“成立一个工作机构、落实两套工作制度、建立三支工作队伍、建设四个工作阵地、开展五项工作内容”的目标，动员和组织社区各方力量，进行社区青少年教育、管理和服务。沙市区、荆州区等地相继建立了社区“流动法制学校”，定期到社区巡回宣讲。武汉市积极开展“一街一校”活动，将“社区青少年法律学校”发展成为“社区青少年学校”，构建社区青少年违法犯罪预警和教育的新平台。中央综治委预防青少年违法犯罪工作领导小组推出“为了明天——预防青少年犯罪工程”后，省预防办及时召开成员单位会议，专题研究部署，迅速推动“为了明天工程”贯彻落实。领导小组各成员单位围绕实施“为了明天工程”，结合自身工作，制订了实施方案。省民政厅积极部署在全省各市、州建设流浪儿童救助保护中心工作。

四、协调配合，突出整治，努力为青少年成长营造良好环境

大力清理整顿“网吧”，推进青少年网络文明建设。团省委、省预防办在全省组织开展了以“网络宣传进社区、网络教育进学校、网络安全进家庭、网络监管进网吧”为主要内容的“青少年网络文明行动”，组织配合文化部门开展暑期禁止未成年人进入网吧专项行动，查处违规接纳未成年人网吧1280家次；公安部门开展打击淫秽色情网站专项行动，破获一批典型案件。团省委在4、5月份组织青年志愿者深入武汉市社区和中小学校开展“网络文明行动宣传教育月”活动，采取图片展览、发放宣传资料和问卷调查等形式，帮助庞大青少年增强安全上网意识；邀请“青少年网络爱心大使”华中师范大学陶宏开教授在武汉、荆门等地举办“挽救上网成瘾者行动”专题讲座，成功帮助200余个孩子脱瘾，在全国引起热烈反响；协助湖北电视台录制了“同学们，要健康上网”的大型新闻访谈节目，大力宣传《青少年网络文明公约》。武汉市对7000多名中小学生、家长及待业青年进行广泛调查，形成《武汉青少年触网调查》报告，提高了工作的针对性和有效性。

积极开展青少年禁毒宣传教育活动。团省委、省预防办与省禁毒办联合举办了“中国禁毒志愿者汽车万里行”湖北宣传活动。团省委组织500名大学生志愿者参加了禁毒知识问卷调查、禁毒签名，观看禁毒图片展。黄石市、十堰市组织青年志愿者禁毒宣讲团，深入本地各地进行巡回演讲。潜江市在“6·26”国际禁毒日组织了万名青少年签名承诺远离毒品活动。公安部禁毒局在黄石市铁山区召开青年禁毒志愿者座谈会,铁山区作了典型发言。

扎实开展"青春红丝带"行动。团省委联合省卫生厅组织10支大学生志愿者宣传小分队,分赴全省10个艾滋病综合防治示范区组织开展了"青春红丝带"行动——青少年防治艾滋病宣传教育志愿者"面对面"宣传教育活动,举办培训班12场,培训1590余人次,举办义务咨询20场,共咨询3800人次,义诊1700余人次,发放宣传品27800余份。目前,10个示范区均成立县、乡、村三级青少年防治艾滋病志愿者队伍。在"世界艾滋病日",随州市开展了"青春红丝带"进校行动,组织40名青年志愿者医护人员深入6个重点乡镇中心学校普及艾滋病防治知识,培训学生11000人。鹤峰、巴东县组织青年志愿者进行街头咨询,发放艾滋病防治用品、宣传画、挂图,走进艾滋病人和病毒感染者,给他们送去防治知识和社会温暖。

学校及周边治安综合治理工作情况

一、深化认识,把学校及周边治安综合治理摆上重要议事日程

6月,湖北省委副书记、省领导小组组长黄远志主持召开了湖北省学校及周边治安综合治理工作领导小组成员会议。传达学习全国学校及周边治安综合治理工作会议精神;审议2003年度全省学校及周边治安综合治理工作先进集体和先进个人表彰名单;讨论全省学校及周边治安综合治理工作会议方案和《湖北省学校及周边治安综合治理工作督办通知书》、《全省学校及周边治安综合治理工作达标创建活动考核细则》两个制度。

7月,湖北省委在武昌召开了全省学校及周边治安综合治理工作会议。会议传达学习中共中央、国务院《关于进一步加强和改进未成年人思想道德建设的若干意见》和全国会议精神,表彰先进,总结经验,研究部署工作。各市州党委分管领导、综治办主任、领导小组办公室主任,省领导小组成员及有关部门负责人130余人参加了会议。

二、健全制度,不断完善学校及周边治安综合治理工作长效管理机制

湖北省综治委、省领导小组制定下发了《关于在全省开展学校及周边治安综合治理达标创建活动的通知》,《关于建立〈湖北省学校及周边治安综合治理工作督办通知书〉制度的通知》。为落实"平安湖北"创建活动,省综治委、教育厅、公安厅还联合下发了《关于深入开展安全文明校园创建活动的实施意见》和《湖北省高校安全文明校园创建工作考评细则》。各地结合当地实际,研究制定了相应的实施细则和督办通知书制度,促进了全省学校及周边治安综合治理工作的制度化、规范化建设。

三、强化管理,努力构建学校安全防范体系

11月,湖北省委办公厅、省政府办公厅下发了《关于进一步加强学校安全管理工作的意见》,省教育厅、省公安厅等部门制订了《关于在全省开展中小学幼儿园安全管理专项整治活动实施方案》,全省各地党委、政府把学校安全保卫工作纳入"平安县(市、区)"创建活动,积极组织力量进行专门整治。武汉市在继续加强学校周边环境整治工作的基础上,抽调4名教育行政干部和2名公安干警成立了中小学校园及周边整治专班,配备了专车开展工作,在140所治安环境相对复杂的学校设立了警务室(治安室),实行"一校一警",驻校维护治安秩序。各地学校以强化内部安全管理为核心,严格实行学校校长、幼儿园园长的内部安全管理负责制,确定一名副校长、副园长具体负责内部安全管理工作,配备校园治安保卫人员。加大经费投入,增加物质装备,建立健全报警网点、门卫、值班、巡逻、消防、食品卫生等内部安全管理制度,加强对教职工、聘用人员、临时工的准入资质审查和职业道德、法律法纪教育,防范和避免内部人员侵害青少年学生的事件发生,形成了校园人防、物防、技防安全防范体系。各级党委、政府按照"属地管理"和"谁主管、谁负责"的原则,切实履行学校、幼儿园安全管理职责，严格落实学校安全管理工作责任制和责任追究制，确保了校园安全管理目标的实现。

四、突出重点，集中整治专项行动成效明显

一是大力开展学校及校园周边治安秩序整治行动。全省各地公安机关侦破涉校刑事案件963起，破获犯罪团伙1708个，抓获犯罪嫌疑人2317人。二是进行文化娱乐场所专项整治行动。全省各地文化、工商部门共迁移中小学校周边200米以内网吧2500余家，查处违规经营文化娱乐场所641家，收缴非法出版物72万余册，收缴淫秽音像制品84万余张。城管部门拆除学校及周边违章建筑物2600余处，面积28万平方米，取缔学校周边占道经营、流动摊点2.9万余个，解决环境污染问题538个。三是开展校园周边交通秩序整治行动。全省各地共迁移学校门前公交站点95处，增设交通护栏2.7万米，增设信号灯、避让、禁停标志1900余处。全省1.3万余所中小学设立了“交警护学岗”，中小学交通事故大大降低，死亡率减少71.5%。四是开展校园安全专项整治行动。全省各地公安机关清理学校及周边违规房屋出租户4000余户。教育、卫生、工商、城管、消防等部门联合开展学校安全大检查50余次，检查学校及周边食品类经营户15000余户，下达限期整改通知书2000余份，取缔无证经营户900余家，收缴“三无”产品3万余公斤，价值40余万元。五是对省领导小组办公室反馈的问题进行重点督办解决。今年全省64所高校反映周边治安环境问题302个，通过下发通知书督办，各相关单位按条块逐一分解到相关职能部门，集中力量进行专项整治，重点督办到位，使学校及周边环境得到明显改善。

五、加大力度，中小学生法制教育纳入正轨

2月，湖北省综治委、省教育厅等六部门下发《关于规范兼职法制副校长职责和选聘管理工作的意见》。目前，全省中小学校基本配齐了法制副校长和辅导员。各地充分发挥学校教育的优势，把法制教育列为学生的必修课。

六、加强检查督办，狠抓工作落实

今年，湖北省领导小组办公室组织领导小组成员单位三次赴各地对学校及周边环境集中整治情况进行专门检查。各地综治办统一协调，教育、公安、文化、工商、电信与学校密切配合，解决了一批影响学校周边环境的突出问题，学校及周边治安、交通、卫生等环境明显改观。

流动人口管理工作情况

一、加强队伍建设，健全工作制度

湖北省流动人口管理工作领导小组，制定下发了《各部门在流动人口管理工作的主要职责》和《湖北省流动人口管理工作领导小组及其办事机构工作规则》。市(州)、县层层健全流动人口管理工作领导小组及其办公室，调整充实专职工作人员，乡镇、街道健全流动人口管理办公室或登记站，村(居)委会按辖区流动人口总数的2%至3%的比例聘请专(兼)职协管员。据统计，全省共成立各级流动人口管理工作领导小组649个，设流动人口管理、登记站(点)14595个，建立暂住人口管理服务站(中心)2914个，聘请协管员18633人，其中专职7377人，形成了流动人口管理组织网络。各地将流动人口管理工作纳入社会治安综合治理目标管理范围，实行流动人口治安管理领导责任制。公安、劳动、工商、计生等部门发挥职能作用，按照“谁主管谁负责，谁用工谁负责”的原则，推行责任承包制，加强对旅店、集贸市场、文化娱乐场所和外来人口较多的企业、建筑工地流动人口的管理工作，把管理责任落实到企业法人、经营者和用工单位。各地因地制宜，探索了房屋租赁协作管理制，建立“暂住村”、“以屋找人”、“房屋租赁委托管理”、“旅店式”、“公寓式”、“房东协管”等多种管理模式，不断完善责任机制和考核机制。村(居)委会与外出人员家庭签订治安责任状，强化外出人员的管理力度，有力地推动了各项管理措施的落实。

二、多策并举明确责任，创新管理措施

各地坚持日常管理与集中整治结合，以日常管理为主。对证件不全以及“三无”人员，及时进行清理审查、发函调查，从中发现和抓获违法犯罪嫌疑人。同时，对外来暂住人口和租赁房屋较为集中的城乡结合部、大型厂矿企业周边、大专院校周边等重点地区和铁路、公路沿线等重点地段，以及车站、码头、大型集贸市场、非法劳务市场、旅店业、公共娱乐等复杂场所，组织开展集中性的清理和整治，完善规范管理措施。一是按照“谁出租谁负责、谁经营谁负责、谁用工谁负责”的原则，严格暂住人口管理。武汉、黄石、宜昌、襄樊等市通过签订治安责任状、治安保证书等形式，细化责任，明确奖惩，强化检查，严格倒查，逐步实行融治安管理、劳动用工、计划生育、卫生管理于一体的暂住人口管理“业主责任制”，把暂住人口管理的责任落实到出租房东、用工单位和经营业主身上。二是落实岗位目标责任制。各地根据实际，把对暂住人口、出租屋的登记、发证、劳动用工、计划生育、法制宣传教育等纳入考核内容，狠抓监督检查和考核工作。三是严格倒查制度。武汉、黄石、宜昌、十堰、荆门等地公安机关对暂住人口中应列入重点人口管理而未列入，或虽列入但管理措施不落实，或暂住人口进行危害严重、影响恶劣的犯罪活动未能及时发现，以及被通缉的本辖区藏匿而未能及时发现的情况，根据辖区民警所负责任、案件危害程度等进行追究与处罚。同时追究相关领导的责任。各地建立了暂住人口、租赁房屋管理台账和档案，进一步把流动人口中的暂住人口和房屋出租户信息纳入计算机管理，实现了网上追逃和流动人口信息采集以及管理的数字化，提高了管理和服务的效能。

三、立足发展，引导流出人口合理有序流动

各地大力调整农业生产结构，提高农业自身的吸纳能力，减少当地人员的盲目外流。同时，大力发展乡镇企业，促进城乡剩余劳动力向第二、三产业和其他非农产业转移。同时，积极稳妥地推进小城镇建设，促进城乡剩余劳动力的合理有序流动。目前，全省已有近10余万人办理了小城镇常住人口。为进一步加大小城镇建设的力度，省委、省政府于1999年下发了《关于进一步加快全省小城镇建设的意见》，将小城镇建设试点由原来的15个镇扩大到200个中心镇和25个重点“口子镇”，并取消了“农转非”控制指标，推动了小城镇的健康发展。

四、突出重点，切实加强流动人口中重点人口的管理

各地一方面加大对外来人口中可疑人员进行函查的力度，从中发现违法犯罪嫌疑人员；另一方面，对长期外流的重点人口，采取定期不定期地向流入地公安机关发函的方式，进行跟踪调查，协调流入地公安机关做好管理工作。针对流动人口的特点，各地选择在流动人口大量外出或返乡的时间，集中在3月和10月组织开展流动人口、出租房屋清理登记工作专项行动，查处打击隐藏在流动人口中的违法犯罪分子。截至2005年3月底，全省共登记流动人口673万人，其中，流出人口548万，流入人口125万人。在流出人口中，流向省外的413万人，占流出人口的75.36%，其中流向广东方向的高达176万人，占42.62%。流入人口主要是省内市县的流动人口，约88万人，占流入人口总数的70.4%。流入人口以务工、经商、服务业为主要职业，共94万人，占75.2%。暂住在城市的有86.6万人，发暂住证73万人。通过流动人口清理登记，发现违法犯罪线索1687条，破获各类案件785起，摧毁违法犯罪团伙139个，抓获各类违法犯罪人员239人。

五、寓管理于服务之中，切实保护流动人口的合法权益

一是深入村组开展法制宣传教育。为了增强外出人口的法制观念和自我保护意识，湖北省各地运用广播、电视、报纸、板报等多种形式进行法制宣传，抓住农忙季节和节假日等外出人口返家的时机，深入村组，采取座谈、访问的方法，了解外出人员的工作和生活情况，进行遵纪守法的教育。二是推行治安承诺，实行重点保护。三是提供优质服务，解决后顾之忧。不少地方主动与流入地联系，携手共建，积极为外流人员寻找就业门路；加强春运安全保卫工作，确保外流返乡人员的人身、财产安全；认真受理暂住人口的各种投诉，公开、公正调处暂住人口之间或暂住人口与当地居民之间所发生的民事纠纷，及时查处暂住人口受侵害的案件，保护其合法权益不受侵犯；积极创建学校，解决暂住人口的子女入托、上学难的问题；

依托社区创建“暂住人口学校”，举办“法制培训班”和“技术讲座”，对流动人口进行法律、就业技能等培训。四是以人为本，公平对待流动人口。各级公安机关推出便民利民服务若干措施，方便外来人口进城镇务工、经商，取消了对务工经商人员办理暂住证的控制性指标；继续清理对农民工的歧视政策和各种乱收费，加大对用工单位劳动保障的监察力度，及时查处拖欠和克扣农民工工资、劳动条件差、劳动安全和职业病防护无保障等行为，及时受理农民工的投诉举报，依法取缔非法的劳务中介组织机构48处。公安机关还认真履行对流浪乞讨人员的告知、引导、护送职责，促进了流浪乞讨人员救助工作的正常开展。各级党、团组织通过多种途径做好流动党员、团员的管理、教育工作，在流动人口聚居地和用工单位建立流动党支部、工会组织、团组织、妇联组织和人民调解组织，增强了流动人口自我教育、自我管理、自我服务、自我保护的能力。五是积极推进行政许可制度改革，坚决取消暂住人口管理性收费。依据中央综治委等八部委局下发的《关于取消暂住人口管理性收费后进一步加强暂住人口管理工作的通知》，各地政府财政共解决暂住人口管理经费371.8万元，为顺利开展流动人口管理工作提供了一定的保障。

铁路护路联防工作情况

湖北省铁路护路联防工作以创建安全文明铁道线为目标和载体，进一步加强护路联防组织和护路联防队伍建设，建立健全工作机制，大力开展铁路治安重点区段的排查整治，确保了全省铁路治安稳定和安全畅通。2004年，全省共破获涉铁刑事案件1805起，较2003年下降54%，抓获犯罪嫌疑人2124名；查处涉铁治安案件14844起，较2003年下降37.2%；铁路运输货物赔偿251.5万元，较2003年下降7.7%。

一、省委省政府高度重视铁路护路联防工作

2004年3月中旬，副省长、省铁路护路联防工作领导小组组长任世茂主持召开领导小组全体成员会议，听取省护路办工作汇报，总结2003年工作，讨论2004年铁路护路联防工作要点。4月下旬，省委省政府专门召开全省铁路护路联防工作电视电话会议，省委副书记、省长罗清泉，省委常委、常务副省长周坚卫与会作了重要讲话，对进一步加强全省铁路护路联防工作、保证铁路安全畅通进行专题部署。省委副书记、省综治委主任黄远志经常对铁路护路联防工作中的重大问题作出重要批示，解决问题，推动工作开展。省委常委、政法委书记郑少三同志经常了解铁路护路联防工作，及时进行指导，并协调有关部门为省护路办定编定员，为铁路护路联防工作提供有力的组织保证。

二、健全完善铁路护路联防工作机制

一是加强省护路办自身建设。根据地铁双方机构改革和人事调整情况，省护路办及时向领导小组建议增补省审计厅派出政法审计处处长、武汉铁路公安处和襄樊铁路公安处处长为省护路办副主任，以增强省护路办协调工作的力度。为适应日益繁重的护路联防工作的需要，省委政法委、省综治办及省护路办报经省有关领导批准，申请省护路办专门编制，经过积极协商，省编办同意给省护路办若干行政编制名额。二是建立健全信息交流和督办制度。各市护路办每月向省护路办填报《湖北省铁路护路联防工作情况月报表》，武汉、襄樊铁路分局护路办、麻城铁路地区护路办每月向省护路办填报《湖北省涉铁治安情况月报表》。省护路办将铁路沿线存在的突出治安问题向各市护路办书面通报，提出整改要求，进行重点督办。三是各市护路办都制定了落实地方和铁路联防工作制度的措施，明确了联席会议、信息交流、案件协作、督办检查等方面的具体要求。

三、全面落实涉铁矛盾纠纷排查调处制度

铁路沿线各级组织把安全文明铁道线创建活动纳入铁路沿线基层组织的“创安”范畴，以维护铁路稳定为重点，建立了涉铁矛盾纠纷排查制度，

最大限度地把不稳定因素化解在萌芽状态和单位内部。全年共排查出涉铁矛盾纠纷604起，调处600起，调处率达99.3%。为提高各地处置涉铁群体性事件的能力和水平，省护路办根据省委、省政府的要求，专门下发通知，要求涉铁各地市及铁路部门制订了处置涉铁群体性事件的应急工作预案，省护路办对各地的应急方案汇编成册、备案管理，受到了中央护路办和省委省政府领导的充分肯定，中央护路办还以文件形式转发全国各地学习借鉴。

四、大力整治铁路治安重点区段

一年来，省护路办对全省铁路治安重点区段整治多次进行专题部署，要求各地和各铁路部门对辖内的铁路治安重点区段进行全面排查，按照“一个问题、一套方案、一名领导、一个专班、一抓到底”的原则开展整治，并确定省护路办挂牌督办重点区段46个。省护路办对各地上报的重点区段名称、存在的主要问题和整治责任领导向全省通报，要求各地护路办掌握重点区段整治工作进度，加强检查督办，确保整治措施到位，限期改变面貌。按照全省的统一部署，铁路、地方联手合力开展整治，整治达标率为100%，共协破涉铁刑事案件141起，协查涉铁治安案件1520起。

五、深入开展铁路安全法制宣传教育

增强铁路沿线广大群众的爱路护路意识和遵纪守法观念，是创建安全文明铁道线的关键。各地以铁路沿线基层组织为依托，利用多种形式深入开展铁路安全和法制宣传教育，广泛发动群众爱路护路。2004年共开展铁路安全法制宣传教育1790余场次，受教育群众达152万余人次。

六、加强专职护路联防队伍教育管理

按照中央护路办的要求，省护路办将《铁路护路联防工作手册》分发到省、市、县护路联防组织和武汉、襄樊两个专职护路联防总队，作为业务指导和培训教材。各专职护路联防队以创建标准化联防中队为载体，组织开展了队伍作风整顿和大练兵活动，对专职管理干部进行培训，提高管理水平。共轮训专职护路联防队员13期500余人次，培训管理干部3期50余人次。

全省广大护路联防队员充分发扬吃苦耐劳、甘于奉献的精神，积极协助、配合铁路公安机关开展爱路护路宣传教育、清站查车、巡线护路和重点区段整治工作。2004年，共协助公安机关破获刑事案件531起，抓获犯罪嫌疑人328名；查处治安案件6121起；清查货物列车11万余列，看守保留车53000余辆，清理扒乘及闲杂人员26000余人；深入铁路沿线乡镇、村组、厂矿、学校开展爱路护路宣传教育910余场次。

七、管好用好铁路护路联防经费

省政府为了进一步做好市场经济条件下铁路护路联防工作，批准对我省铁路护路联防费征收标准进行了适当提高，从2004年1月1日起施行。为加强经费征收使用管理，省护路办会同省财政厅起草并经省铁路护路联防工作领导小组审定，下发了《湖北省铁路护路联防费征收和使用管理暂行办法》，明确规定专款专用、实行预决算制度，确保把70%以上的经费用于铁路护路联防工作第一线。

同时，省护路办按照有关规定，严格做好重大开支项目的审批把关工作，积极配合财政、审计部门，认真检查经费征收和使用情况，规范经费管理。

基层基础工作情况

一、加强综治组织机构建设。全省市(州)综治办主任绝大多数由同级党委政法委副书记兼任,大部分市(州)有5名以上工作人员。全省102个县(市、区)中,武汉市综治办主任为正处级,其余都为正科级,其中76个综治办主任由同级政法委副书记兼任,共有工作人员290人。全省各地认真落实中央综治委、中央编办《关于加强乡镇、街道社会治安综合治理基层组织建设的若干意见》,健全了乡镇、街道综治委、办,落实了领导、工作人员和办公场所,建立和完善了工作制度。2004年,省委常委会第八届〔2004〕43号纪要要求,乡镇(街道)明确一名副书记分管政法综治工作,在编制限额内配备2至3名综治工作人员,各地正在狠抓督办落实。据统计,到年底,全省1305个乡镇(街道)办全部设立了综治办,共有工作人员3074人。如潜江市明确要求:区、镇、场、办事处综治办主任由党委副书记担任,另配一名副科级专职副主任,各区、镇、场、办事处综治办按照辖区人口比例配齐配强专职干部:3万人以下地方配2人,3万人以上地方配3人,园林办事处配4人。武汉市坚持向基层选派综治特派员,把这作为全市万名干部下基层活动的重要组成部分,到年底,全市共有特派员996名。

二、加强综治经费保障。据统计,市县两级综治工作经费全部单独列入财政预算,县级全年共投入综治经费1298.51万元,乡镇街办共投入综治经费2185.74万元。不少地方就加强综治工作经费保障、群防群治队伍建设和经费保障、基层综治干部待遇问题等作出了明确规定和要求。十堰市就健全综治经费保障机制作出规定,市级按辖区总人口数每年人均0.1元至0.3元的标准,县市区按总人口数每年不低于0.5元至1元的标准,分别由同级财政安排,并随着经济的增长逐步增加。仙桃市按全市总人口数人均0.1元的标准,落实综治经费15万元,各镇、办综治工作经费以辖区常住人口为基数,按人均0.3元的标准,纳入地方财政预算,市委、市政府还明确了群防群治经费收取的标准和方式。潜江市将各地年度综治专项经费按辖区总人口人均0.5元的标准纳入预算,乡镇街办综治干部比照信访、民政专干按有关政策落实综治岗位津贴。黄石市西塞山区规定各乡镇街办综治办干部都享受公安待遇。

三、加强对各级综治干部的培训,不断提高综治工作水平。各级综治组织通过办培训班等各种方式加强对干部的培训。10月,省综治委在武汉举办了为期一周的全省县市区综治办主任培训班。培训班共举办了16次讲座,分别作了学习十六届四中全会精神专题辅导报告、当前国际形势、经济形势报告,就社会治安综合治理方针与实践、当前社会治安形势及治安管理和防范、刑释解教人员安置帮教、民事调解与司法调解、当前"扫黄打非"工作、信访工作、流动人口管理、预防青少年违法犯罪、学校及周边治安综合治理、防范和处理邪教问题等专题进行了授课。通过培训,基层综治干部开阔了视野,交流了经验,明确了工作思路,效果明显。荆门、天门等不少市、县也举办了综治干部培训班。省综治办还分别于武汉市、恩施州召开了二次全省市、州、直管市、林区综治办主任座谈会,重点研讨社会治安综合治理检查考评工作、平安县市区创建工作、基层综治组织建设等新形势下进一步加强综合治理工作的对策,进一步提高做好社会治安综合治理工作的能力。

四、进一步加强基层治安防控体系建设。各地初步建立了党委、政府领导,综治机构组织协调,以公安民警为骨干,以群防群治力量为依托,以社会面治安防范为重点,以科技手段为支撑,多警种联动,专群结合,点线面结合,人防物防技防配套的治安防控体系。构建了"社区管控、路面巡逻、边际堵控、单位守护、农村自治"为主要内容的治安防范网络。全省大中城市建立了较为规范的巡逻责任区,主要街道、繁华路段巡区覆盖率达95%,基本做到了一区一警、一区多警,并建立了安保服务队或专职、义务巡逻守护队伍。各单位普遍落实了值班、门栋关照、内部巡逻守护等措施,基本形成了人不离岗、岗不失控的防控格局。在办公、生产区、居民住宅区,普遍安装了铁门、铁窗、铁栏杆和防盗锁,筑起坚实的防护网。在城区主要街道、金融网点、重点单位、学校、市场安装了电子监控探头和防盗报警器,实行全天候24小时监控。全省农村普遍推行了打更巡逻、轮户巡逻和季节性巡逻"三位一体"群众联防体制。各地还因地制宜地组织开展了耕牛联管、基地联防和季节性巡逻,加强了对农村重点财物、重点部位、重点时段的防范,群众联防模式有了新的突破和发展。

武汉市组织100名巡逻车,24小时上街巡逻,组织300名便衣民警在治安复杂场所布控。襄樊市组织60多个交巡警联勤机动巡逻分队,在城区主干道巡逻,社会面防控能力明显提高,打击犯罪、服务群众的快速反应能力得到明显增强。全省农村积极推行以治安中心户为核心的群防群治工作机制,为维护农村治安发挥了积极作用。恩施州88个乡镇(办)已建立"治安中心户"40771户,农村覆盖面达90%。十堰市117个乡镇(办)、12个开发区林特场共设立治安中心户39551户,覆盖率达96%。各地大力发展以治保、安保、低保、保安等"四保"人员为重点的群防群治队伍,全省共有不同形式的群防群治队伍近百万人。充分发挥治保会、治安联防队、治安志愿者在维护社会治安中的重要作用,强化社区治安防控工作。

五、认真开展综合治理和法制宣传教育。各级综治部门紧扣综合治理工作重点,综合运用新闻媒体宣传教育、社区宣传教育、影视宣传教育、组织活动宣传教育、综治宣传月活动等各种有效形式开展宣传教育活动,不少地方在电台、电视、报刊上开办了专栏,组织开展法制宣传,大力表彰见义勇为,广泛发动群众,营造了扶正祛邪、见义勇为的良好氛围。全省市县区都设立了见义勇为奖励基金,表彰奖励了一大批见义勇为的有功人员。

"平安县(市、区)"创建工作情况

2004年,湖北省按照省委办公厅、省政府办公厅《关于开展创建平安县(市、区)活动的通知》(鄂办发[2004]21号)要求,全面部署开展平安县(市、区)创建工作,取得初步成效。

一、党委、政府统筹抓好"民心工程"

2003年,省委办公厅、省政府办公厅转发《关于加强社会治安防范工作的意见》,提出创建"平安湖北"。2004年初,省委、省政府与各地党委、政府签订的《湖北省2004年度社会治安综合治理目标管理责任书》,将平安县(市、区)创建工作纳入目标管理。2004年3月25日,省委办公厅、省政府办公厅发出《关于开展创建平安县(市、区)活动的通知》,对创建工作进行部署。力争经过3~5年的努力,全省三分之二以上的县、市、区达到平安县(市、区)标准,再用两年时间巩固提高,85%以上的县、市、区达到平安标准,确保全省社会稳定和治安大局持续平稳,群众安全感明显增强,构建平安湖北。2004年7月2日,中央政治局委员、省委书记俞正声主持召开常委会议,对创建工作进行了研究部署。7月下旬,省委、省政府召开全省社会治安综合治理工作会议,重点部署创安工作。党的十六届四中全会以后,省委、省政府把创建平安县(市、区)作为提高党的执政能力的重要内容、作为构建平安和谐湖北的重要基础性工作,要求进一步加强综合治理工作,努力构建和谐湖北。省委副书记、省综治委主任黄远志,省委常委、省委政法委书记、省综治委副主任郑少三等领导同志四次召开省综治委全会研究部署创建工作,并分别深入到大冶市、青山区调研指导。

各市、州、直管市、神农架林区和绝大多数县(市、区)都召开了党委常委会议和创建工作动员大会,研究部署创建工作。绝大部分地方都以党委、政府的名义制发了实施方案。实行主要领导负总责统筹抓,分管领导负专责具体抓。大多数市(州)、县(市、区)都成立了党政“一把手”或分管副书记为组长的创建工作领导小组及办公室,层层签订责任状,将创建责任落实到领导肩上。

二、加大创建经费保障力度

俞正声同志多次主持召开省委常委会议,研究切实保障政法经费特别是公安机关经费的措施,决定武汉市等地带头实施,全省逐县落实,并实行政法经费保障责任追究制度,有力地推进了公安政法机关经费保障工作。

各级党委、政府不断加大对各级综合治理机构建设和综治工作经费保障力度。2004年省委常委会议决定,省、市、县三级成立矛盾纠纷排查调处工作领导小组及办公室;乡镇综治办主任由同级党委副书记担任,并配备2至3名专职干部。襄樊市、孝感市提出要把综合治理及创建工作的投入作为必要的社会管理成本,纳入经济发展的大盘子统筹安排。襄樊市委常委会议决定,市综治办按正处级设置,县(市、区)按正科级设置,并分别配备5名和3名以上工作人员;乡镇(街道)分工一名副书记抓政法综治和创建工作,兼任综治办主任,综治办设在党政办公室,实行两块牌子、一套班子,配备一名专职副主任和2至3名工作人员。黄石市在全市健全了乡镇街道综治机构,分别配备了3名左右的专职人员,要求各县市区都按照年人均不低于0.5元的标准核定综治工作经费,列入财政预算,实行专户管理,专款专用。大冶市委召开常委会议研究决定,各乡镇(场)、街办、开发区按照人均1元的标准落实综治工作经费和创建经费,并纳入同级财政预算,各乡镇(场)、街办和开发区政法委书记要实行专职专用,集中精力抓好综治维护和创建工作。武汉市将综治专项事业经费按市级人均0.1元、近城区0.3元、远城区0.5元的标准纳入年度财政预算,各街道按不低于3万元的标准落实综治工作经费。全省不少地方按照中央和省委、省政府的要求,按照“谁受益谁出资”的原则建立了财政拨一点、受益单位和个人出一点的办法,建立起适应市场经济需要的群防群治经费保障机制,为动员组织群众参与平安创建提供了条件。

三、社会各方面齐抓共创

一年来,省综治委召开四次全会,省综治办召开两次全省综治办主任会议,研究部署创建工作。7月中旬,省综治委按照省委常委会议的决定,部署开展农村基层社会治安综合治理专题调研工作,推进平安创建工作。省委政法委副书记、省综治办主任鲁志宏到天门市调研指导创建工作。省综治办创办《湖北综治·创建平安县(市、区)工作专刊》,及时反映各地的创建工作。省综治办还积极督促省综治委40多个成员单位充分发挥职能作用,加强对其综治工作联系县(市、区)的调研、指导、督办,并建立起将成员单位综治工作与其联系点创建工作的考评奖惩挂钩的制度。省综治委委员到联系县(市、区)调研、指导、督办一次以上,有的多达三次,并建立起对日常工作联系督办制度,不少省直单位为联系县(市、区)解决了创建工作的困难和问题。各地都明确了综治委成员单位参与创建工作的责任和任务,有的实行综治委成员单位与其综治工作联系点对口帮促,有的采取由综治委委员带队对创建工作进行检查督办。

四、严格检查督办

2004年7月下旬至8月上旬,省综治委组织十一个组对全省的综治工作重点是创建工作进行暗访督办。并以省综治委文件对检查督办发现的问题进行了通报,将整改情况列入年度检查考评。11月上旬,省综治办联合省统计局组织8个小组对全省2004年的综治工作、“平安县(市、区)”创建工作开展问卷调查。省综治办还将各地开展创建的情况作为全省年度综治工作重要内容进行检查考评。12月中旬,省综治办从市州抽调39名人员组成13个组,对省直部门2004年的综治工作和创建工作进行检查考评。12月下旬,由省综治委委员带队,组织对各地2004年的综治工作和创建工作进行检查考评。各地都按照省综治委的要求,加强检查督办,建立考评责任机制,严格考评验收。

五、因地制宜开展创建

武汉市通过大力加强社会治安防控体系建设、采取试点推动的方式开展创建工作。该市青山区建立帮促创建制度,组织创建平安活动领导小组的42个成员单位一对一帮促11个街道办事处42个社区的创建工作,要求帮促单位把帮促活动列入工作议事日程及办事日程,并确定1名联络员加强与街道和对口社区的联系。对口帮促工作由区创建领导小组统一组织考核,并制定了具体的奖惩措施。

襄樊市实施源头治安战略促创安。该市针对市区抢劫、抢夺、盗窃等刑事犯罪突出的实际，围绕犯罪分子“人从哪里来、赃销哪里去”这两大源头治安问题，强化市区周边乡镇治安管理责任，加大进城人员治安管理力度；立足城区，加大对旧货市场、二手手机交易市场和金银首饰加工行业的整治力度，坚决堵塞犯罪分子的销赃渠道，健全治安防控体系，收到明显成效。从3月起，襄樊城区对全区各类单位治安状况进行检查评定，评定分为安全单位、基本安全单位、不安全单位三类，并将评定结果在新闻媒体上公示，先后在《襄樊日报》显要位置公示安全单位100家、基本安全单位30家，不安全单位30家。评定结果公示后，引起社会各界的高度关注，有力地促进了平安区创建工作。

恩施州通过每季度开展暗访测评通报督办，促进平安创建工作。每季度对各县市区人民群众对社会治安状况的安全感和满意程度、当地抓治安防控、严打整治等工作情况及效果、平安创建情况、干警执法情况等进行民意测评和暗访，并在全州进行通报，变领导评价为群众评价、官方监督为社会监督。

综治委成员单位参与社会治安综合治理工作情况

一、继续把综治目标管理责任制和领导责任制作为“龙头工程”抓紧抓实

年初，根据《2004年度全省社会治安综合治理工作要点》，结合部门职能特点，在上年度工作的基础上，对每个省直单位的2004年度综治目标管理责任书进行了修改和补充，做到责任书内容既有对每个单位的共性要求，又有根据各单位特别是成员单位的职能特点专门提出的要求，使各单位都有明确的工作重点和具体的工作目标。在省综治委2004年第一次全体(扩大)会议上，省委副书记、省综治委主任黄远志同志代表省委、省政府与43个省综治委成员单位和37个省直其他单位的“一把手”签订了《2004年度省直机关社会治安综合治理工作目标管理责任书》。全省各地综治部门参照省综治委的做法，层层与部门单位签订社会治安综合治理目标管理责任书，强化了部门参与综合治理工作的责任意识。

省综治委各成员单位均建立了本单位主要领导为第一责任人，分管领导为第二责任人，各处室、直属单位主要负责同志为具体责任人的综合治理领导责任体系。成立机关社会治安综合治理领导小组及其办公室，由本单位“一把手”任组长，分管领导和有关部门负责人为成员，并根据人员变动情况及时调整补充。各单位党委(党组)将综合治理工作同本单位的自身建设紧密结合起来，对有关社会治安综合治理的重大问题和重要工作及时研究解决，做到与业务工作同部署、同检查、同奖惩。省综治委成员单位内部对年度社会治安综合治理的目标任务进一步细化和量化，与机关各处室和直属各单位负责人逐一签订责任书。大多数省综治委成员单位还与地市级的系统单位签订了社会治安综合治理目标管理责任书，并要求系统单位都要逐级签订。

二、坚持和完善综治委例会、综治委成员单位及委员综合治理工作述职报告制度

省、市、县三级综治委按照省委、省政府关于进一步加强社会治安综合治理的意见(鄂发[2002]15号)规定，坚持每季度召开一次会议，分析社会治安形势，听取有关部门参与社会治安综合治理工作的报告，研究贯彻社会治安综合治理方针政策的措施，对本地区各个阶段的综合治理作出安排部署。年初，省综治委对2004年度4次全会的议题、具体议程和时间作出安排，其中有两次是全体扩大会议，要求所有的省直单位的主要领导参加会议，所有省综治委成员单位的联络员和省综治委5个专项工作领导小组办公室负责人列席会议。并下发《关于印发〈2004年度省综治委各次会议议题及时间安排〉的通知》(鄂综治委

[2004]9号)，要求被指定在省综治委全会上述职或发言的地市和省直单位早做准备，围绕省综治委各次全会议题，结合实际认真开展调查研究，总结工作中的好经验和好作法，查找工作中的薄弱环节和问题，提出改进和加强工作的对策和建议，向省综治委全会提交有分量的工作报告，增强了工作的计划性、针对性和实效性。

在2004年召开的各次全会上，有计划地安排部分综治委委员就执行综合治理目标管理责任书、参与齐抓共管、指导系统单位开展综治工作、到综治工作联系点调研指导等情况进行述职，增强了各级综治委成员单位特别是单位主要领导参与综治工作的责任感和保一方平安的自觉性。2004年，省综治委还对述职的范围和内容进行了调整，在成员单位和省直其他单位中选出成绩突出，工作有特色的单位在全会上介绍经验。全年先后安排省法院、省检察院、省公安厅、省文化厅、省安全生产监督管理局、中国工商银行湖北省分行等单位述职或汇报，省流动人口管理工作领导小组办公室、学校及周边治安综合治理暨安全文明校园创建工作领导小组办公室、刑释解教人员安置帮教工作协调领导小组办公室、预防青少年违法犯罪工作领导小组办公室的负责同志汇报专项工作。省综治办在每次省综治委全会召开后，都要将述职或发言的材料整理下发给省直其他单位和各地综治委，供学习借鉴，并督促其按照“谁主管谁负责”原则抓好部门的综治工作，收到良好的效果，形成了省直单位间比先进找差距，定措施争先进的良好氛围。

三、扎实抓好省综治委委员联系县(市、区)综治工作

坚持按照《湖北省社会治安综合治理委员会委员联系县(市、区)综合治理工作制度》(鄂综治委[2000]20号)和《关于进一步落实省综治委委员综治联系点工作制度的通知》(鄂综治委[2003]32号)要求，督促省综治委成员单位认真执行综治联系点工作制度，加强检查指导和总结经验，积极帮助联系点基层解决存在的困难和问题。并把委员到联系点的情况作为成员单位参与综治工作的一项重要内容，进行年度检查考评。省委副书记、省纪委书记、省综治委主任黄远志，省委常委、省委组织部长宋育英，省委常委、省委秘书长孙志钢，省委常委、政法委书记、省综治委副主任郑少三等省委、省政府领导对省直单位的综治工作高度重视，经常组织本部门有关负责同志专题研究部门落实综合治理工作的措施，亲自到综治联系点检查指导工作，督促基层干部抓平安创建、抓维护稳定等工作，有力地促进了综治措施在城乡基层的落实。

四、加强条块工作交流，发挥好联络员的作用

实行下级综治委向上级综治委汇报工作的制度，在2004年召开的省综治委全会上安排部分地市综治委就本地区综治工作的安排布置、开展情况等进行汇报，同时听取省综治委抓省直单位综治工作的情况，以及成员单位的述职发言，为地市综治委与省直单位间加强工作经验交流提供平台。这一做法已在全省市、县两级逐步推广。

同时，要求省综治委各成员单位确定本单位社会治安综合治理领导小组办公室负责人或一名具体抓综治工作的处级干部为联络员，专门负责与省综治办工作联系和本单位有关综治工作信息的报送。并规定联络员必须列席省综治委召开的各次全会，及时了解掌握有关综治工作的部署要求，为本单位领导抓综治工作当好参谋助手。

五、认真抓好检查考评，严格奖惩兑现

2004年年底前，省综治委按照省委、省政府关于进一步加强社会治安综合治理的意见的规定，部署对省直单位2004年度责任书执行情况的检查考评。由省综治办负责组织协调，采取从地市综治和政法部门抽调人员组成检查组实地计分考评；武汉市有关城区综治和公安部门对辖区的省直单位计分考评；各地综治委对省直单位计分考评；省纪委、组织、检察、计生、信访等职能部门对相关工作情况考核；省综治办根据省直各单位的参与效果进行计分考评等方式进行，在综合各项考评计分后排出一、二、三类单位。对年度检查考评中被评为“一类单位”的36个省直单位，提请省委、省政府通报表彰，授予“社会治安综合治理优胜单位”荣誉称号，并一次性奖励当年机关全体工作人员一个月工资。

湖北省提出“四个加大”、“四个突出”推动综合治理工作深入开展

湖北省社会治安综合治理委员会召开2004年第二次全体会议，分析当前全省综合治理工作面临的形势，研究进一步加强综合治理工作的措施。提出当前和今后一个时期，要做到“四个加大”、“四个突出”。

一是加大维护稳定工作的力度，突出加强矛盾纠纷排查调处和依法妥善处置群体性事件工作。进一步完善“党政挂帅、综治协调、部门联动、依托基层、各方参与”的工作格局，健全矛盾纠纷排查调处工作机构，落实定期矛盾纠纷排查调处和“零报告”、重大不稳定因素挂账督办等制度，把矛盾纠纷排查调处工作的着力点放在基层，加强工作的预见性和防范工作的力度，尤其是防止“民转刑”案件的发生，努力把矛盾纠纷解决在基层，消除在萌芽状态。积极预防和依法妥善处置群体性事件，使这项工作制度化、规范化。

二是加大“严打”斗争的力度，突出加强对治安落后地区和突出治安问题的重点治理。进一步认真总结为期两年的集中“严打”整治斗争的经验，建立健全贯彻“严打”方针的经常性工作机制，定期科学评估治安形势，针对突出的刑事犯罪活动，组织开展区域性的“破大案、打团伙、追逃犯”等专项行动，始终保持对刑事犯罪活动的高压进攻态势，增强“严打”斗争的针对性和实效性。把重点整治作为迅速改变局部地方治安面貌的有效手段，进一步强化重点整治工作，重点抓好四个方面：各市州去年综合治理工作考核排名靠后县市区的整改；已经确定的208个重点地区、部位、路段的整治；学校及其周边、企业及其周边、铁路沿线及其周边治安环境，以及违法违规经营“网吧”的整治；滚动排查出的治安混乱地区和突出治安问题的整治。

三是加大治安防控体系建设的力度，突出加强基层预防和控制发案的能力。按照省综治委《关于建立社会治安信息发布制度的通知》的要求，广泛实行社会治安信息发布制度，完善治安预警机制。加强对城区街面和重要集镇的治安巡逻和布点防控，防范和打击抢劫、抢夺、入室盗窃、盗窃机动车等违法犯罪行为。实施“源头治安”的战略，切实加强预防青少年犯罪、流动人口管理、刑释解教人员安置帮教、法制宣传教育等基础工作。加强以党支部为核心的村(居)委会、基层政法综治和群防群治组织建设，大力推行警力下沉，积极探索适应新形势的专群结合的治安防范的有效途径，努力提高基层控制治安局面和解决治安问题的能力。

四是加大基层创安工作的力度，突出加强对创建平安县(市、区)活动的推进和指导。按照《关于开展创建平安县(市、区)活动的通知》要求，切实将这项工作纳入议事日程，制定创建规划，加强组织领导、指导协调和检查督办。主要领导负总责，分管领导具体抓，帮助解决工作中的困难和问题，给予必要的人、财、物保障。创建活动要扎扎实实，力戒形式主义。以“发案少、秩序好、社会稳定、群众满意”为目标，在创建安全文明社区、乡镇、村、单位、校园、“荆楚平安大道”、“安全文明铁道线”等“细胞工程”的基础上，逐步提高创建规模和水平，推动创建平安县(市、区)活动的健康发展。通过积小胜为大胜，以一个个良好的治安小气候营造良好的治安大气候，为打造“平安湖北”打下坚实的基础。

中共湖北省委办公厅　省政府办公厅
关于开展创建平安县(市、区)活动的通知

(2004年3月25日)

各市、州、县党委和人民政府,省军区党委,省委各部委,省级国家机关各委办厅局,各人民团体:

为了促进社会治安综合治理,维护社会稳定,保障人民群众安居乐业,服务改革发展,服务全面建设小康社会,经省委、省政府同意,决定在全省开展创建"平安县(市、区)"活动。现将有关事项通知如下:

一、指导思想和总体目标

创建平安县(市、区),要以"三个代表"重要思想为指导,认真贯彻落实党的十六大和十六届三中全会精神,以"发案少,秩序好,社会稳定,群众满意"为目标,以平安乡(镇、街)创建和基层安全文明创建为基础,大力加强综合治理基层组织力量建设和基础工作,进一步加强社会治安防控体系建设,全面落实社会治安综合治理各项措施,建立"保稳定、创平安、促发展"的长效工作机制,为创建"平安湖北"打下坚实的基础。

力争经过3~5年的努力,全省三分之二以上的县、市、区达到平安县(市、区)标准,再用两年时间巩固提高,85%以上的县、市、区达到平安县(市、区)标准,确保全省社会稳定和治安大局持续平稳,群众安全感明显增强,为全面建设小康社会提供良好的社会环境。

二、平安县(市、区)标准

社会治安综合治理工作机制健全高效,社会治安防控体系严密完善,社会治安良好,人民群众对社会治安的满意率高,并在本年度内基本做到:无"法轮功"等邪教组织人员赴省进京滋事和聚集滋事案件;无大规模集体赴省进京上访;无影响本地区乃至全省社会稳定的群体性事件;无在全省有影响的重大刑事犯罪案件;无黑社会性质的组织犯罪案件;无在全省有影响的群死群伤治安事故;无在敏感时期、重大活动、要害部位和对重要目标的安全保卫事故;无在全省造成恶劣影响的政法干警犯罪案件。

三、平安县(市、区)的验收和命名表彰

(一)县(市、区)在扎实开展创建活动、认真自查自评的基础上,向市(州)社会治安综合治理委员会提出验收申请;市(州)验收后推荐给省社会治安综合治理委员会审查、公示、授牌。各直管市、神农架林区直接向省社会治安综合治理委员会申请验收。

(二)对"平安县(市、区)"命名实行动态管理。市(州)对县(市、区)年度社会治安综合治理工作检查考评为不合格的或验收不达标准的,报告省社会治安综合治理委员会审查,取消其命名。

四、加强组织领导,认真制订实施创建规划

(一)各级党委、政府要高度重视创建平安县(市、区)工作,把它作为保一方平安的政治任务和执政为民的实事,作为优化发展环境和投资环境的基础工作,纳入议事日程和工作计划,制订创建规划和实施步骤,加强组织领导。主要领导负总责,分管领导具体抓,帮助解决工作中的困难和问题,给予必要的人财物保障,确保创建工作制度化、规范化,逐步深入发展。

(二)各级社会治安综合治理委员会要把创建平安县(市、区)作为社会治安综合治理的重要载体和内容,紧密结合县域社会治安防控体制建设,纳入目标管理,认真组织实施,务必求真务实,力戒形式主义。要加强检查督办,不断总结推广典型经验,查找薄弱环节,有计划、有步骤地推动创建工作健康发展。

各地要根据本地实际,尽快制定创建平安县(市、区)的规划、方案、措施,报省社会治安综合治

理委员会备案。

湖北省、市综治委、办主任名单

地　区	综治委主任	综治办主任
湖北省	黄远志	鲁志宏
武汉市	程康彦	孙天文
十堰市	蓝官衡	马家超
襄樊市	李德炳	徐德宪
荆门市	陈永贵	罗德祥
孝感市	岳　勇	
黄冈市	刘善桥	柯先柱
鄂州市	杨世有	黄晓山
黄石市	汪道胜	刘相军
咸宁市	李　兵	左少卿
荆州市	应代明	万诗雄
宜昌市	乔余堂	张树君
随州市	祝金水	万火星
恩施州	胡　毅	李明轩
仙桃市	陈吉学	胡晓华
潜江市	王郭胜	樊友晶
天门市	别必雄	段少斌
神农架林区	刘洪福	林志兴

（撰稿人：段君毅　韩海顺　赵培宪
孟随心　黄仕明
审稿人：鲁志宏　胡增印）

湖　南　省

2004年湖南省社会治安综合治理工作概况

2004年，湖南省社会治安综合治理工作，按照中央综治委的要求，认真贯彻落实党的十六大和十六届三中、四中全会精神，紧紧围绕完善社会主义市场经济体制，全面建设小康社会的要求，坚持“打防结合，预防为主”的方针，深入进行“严打”整治斗争，大力开展创建“平安湖南”活动，积极构筑社会治安防控体系，认真抓好矛盾纠纷排查调处工作，全面落实综合治理各项措施，取得了明显成效，确保了全省社会治安秩序的持续稳定。

一、不断完善综合治理责任体系，领导责任制得到进一步落实

坚持把党政领导干部抓社会治安综合治理工作列为干部政绩考核的重要内容，实行社会治安综合治理“一票否决制”。2004年上半年，省综治委召集2003年综治工作考评排位后5名的县的党政主要责任人进行了座谈，并对排位最后一名的县实行了“一票否决”，对其余四个县实行了“黄牌警告”。下半年，省综治委、省委政法委对2003年综治排名后10位的县市区组织了督查，帮助进行整改。2004年11月，省综治委对该年度123个县市区社会治安综合治理工作进行了考核排名，12月，省委、省政府在全省经济工作会议上通报了全省县市区2004年社会治安综合治理考核排名情况，对武陵源区等40个先进县市区进行了表彰奖励，对6个县市实行了“黄牌警告”，对最后一名实行了“一票否决”。会上，省委、省政府领导与各市州主要负责人签订了2005年综治责任状。从执行的效果看，真正把责任加在了党委、政府主要领导的肩上，使综合治理的“软任务”变成了“硬指标”，综合治理领导责任制得到进一步落实。

二、大力开展建设“平安湖南”活动，基层创安工作有了新的起色

为保证全省经济和社会发展的顺利进行，维护社会政治稳定，确保人民群众安居乐业，2004年7月，由省委政法委、省综治办领导带队，省直有关部门参与，组织3个调查组，分别到长沙、益阳、株洲、湘潭、娄底等市进行调查研究，形成了创建“平安湖南”的初步意见。8月，省委、省政府作出了创建“平安湖南”的决定，并在全省社会治安综合治理工作会上进行了部署。按照《决定》要求，省综治委成立了创建“平安湖南”领导小组，制定了创建标准，开展了声势浩大的宣传发动工作。各级党委、政府以构建社会治安防控体系为主线，认真实施中办、国办转发的中央综治委《关于加强社会治安防范工作的意见》，把创建“平安湖南”纳入经济社会发展规划，与中心工作同部署、同检查、同落实，理顺了机制，加强了薄弱环节。11月，在资兴市召开的全省社会治安综合治理现场经验交流会上，进一步对创建“平安湖南”的工作提出了明确要求。与此同时，注重抓好基层基础工作。一是进一步加强乡镇(街道)综治机构建设。为认真贯彻中央综治委与中央编办联合下发的《关于加强乡镇、街道社会治安综合治理基层组织建设的若干意见》，省综治办与省编办共同研究制定了具体实施意见。现全省统一建立了乡镇、街道社会治安综合治理委员会及其办公室，都由乡镇、街道党委(工委)、政府(办事处)的主要领导负总责，党委(工委)副书记担任办公室主任，公安派出所所长、司法所所长、人民武装部部长等兼任副主任，并配备了专职干部。二是认真抓好以社区为平台的城市基层综治工作。把城市社区构建社会治安综合治理平台，提高社会治安防控能力，作为加强治安防控体系建设的重中之重。各级公安机关在健全完善快速反应机制、加强110报警服务、巡警和治安卡口建设的基础上，进一步深化警务体制改革，精简市局，弱化分局，强化派出所，从“一区一警”发展到“一区多警”。全省绝大部分城区和部分乡镇的街区组建了治安巡逻队，进行巡逻守护。在社区，组织退伍军人、青年志愿者、离退休干部职工，开展看楼护院、邻里守望、联户联防等各种形式的治安联防活动。现全省共有专业治安巡逻队1100多支、1.1万多人，义务巡逻队2.6万多支，15万余人，为维护社会治安发挥了积极作用。三是继续深入开展各种形式的基层安全创建活动。各地、各有关部门重点做好城乡结合部、公共复杂场所等治安问题复杂地区的创建工作。为推动社区法制宣传教育，增强群众法制观念，各地普遍开展了“法律进社区”活动；为搞好“安全文明校园”的创建工作，优化育人环境，各地对学校及周边治安突出问题进行了集中整治；铁路护路联防工作，重点整治了治安混乱的铁路区段，全省“安全文明铁道线”创建活动不断深化。

三、认真排查整治治安混乱地区和突出治安问题，有力地打击了各类严重刑事犯罪活动

一是深入排查，及时准确掌握社会治安形势。各级综治委、办都建立了分析社会治安形势的工作制度和评估机制，坚持定期和不定期对矛盾纠纷进行排查分析，通过排查分析，确定“严打”整治的重点地区和重点问题。全省共确定重点地区和部位359个。各地对车站、城乡结合部、公共复杂场所进行了重点整治。在扫毒除害工作中，全省先后挂牌整治了33个毒情比较严重的县市区，2004年已有27个摘牌。在整治地下“六合彩”工作中，对地下“六合彩”突出的9个市、20个县市区、129个乡镇、662个村等重点地区进行了集中整治，初步遏制了地下“六合彩”发展蔓延的势头。二是精心组织，严厉打击各类严重刑事犯罪活动。去年以来，组织开展了以“侦破命案专项行动”为龙头的严打行动，并取得了明显成效。2004年全省共侦破各类刑事案件10.38万多起，同比提高8.04%，其中命案破案率90.86%，全省八类重大恶性刑事案件同比下降9.9%，严重暴力犯罪案件上升的势头得到有效遏制。检法机关坚持依法从重从快方针和“两个基本”原则，依法审结了黑恶案件和严重刑事犯罪案件8365件，形成了“严打”整治合力，有力地震慑了犯罪。

四、突出抓好矛盾纠纷排查调处工作，维护了全省社会政治大局平稳

各地、各部门、各单位始终把维护稳定放在压倒一切的位置来抓。一是健全完善矛盾纠纷排查调处机构。全省基本建立了县、乡、村、组四级调解网络，同时完善了企业、市场、边界地区调解组织。全省现有各类人民调解组织55200余个，调解员62万余人，调解信息员20余万人。二是建立健全排查调处制度。各地对矛盾纠纷实行排查调处目标分解制，同时建立了矛盾纠纷排查调处工作领导干部责任制，坚持“一岗双责”，真正把化解矛盾纠纷的责任落实到各级领导的肩上。三是实行联防联动调处矛盾纠纷。对跨地区、跨部门、跨行业的矛盾纠纷，实行情报信息共享，开展联席会商，实行联防联动联调。四是建立重大纠纷预警处置机制，排查调处工作实行了制度化、经常化。2004年，全省共排查出各类民间纠纷和社会矛盾纠纷40余万件，成功调处38万余件，防止矛盾纠纷激化事件7000余件，制止群体性上访4142件。为认真贯彻中央1号文件精神，各级司法行政机关组织开展了土地承包纠纷专项治理工作，岳阳、常德等地开展了声势浩大的“土地法律法规宣传月”活动，衡阳、怀化、永州、湘西自治州等地普遍实行了调处化解工作责任制和重大纠纷报告制度，全省共排查出农村土地承包纠纷1250件，调处成功1225件，调解成功率达98%。目前，全省已有60%的乡镇(街道)、近80%的村(居)委会实现了四无(无因民间纠纷调处不正确、不及时引起的非正常死亡，无民转刑案件，无群体性械斗，无群体性上访)。

五、着力解决影响社会治安的乱源，最大限度地减少社会不稳定因素

全省对流动人口的管理，主要是纳入社区管理中，各地都实行了实有人口管理办法，落实“以屋查人，以屋管人”措施，大部分地区对流动人口建立了档案，实行了微机管理。公安部门已收集录入了38.8万重点人口信息。通过流动人口管理系统，发现违法犯罪线索3328条，破获案件529起，打掉违法犯罪团伙163件，抓获违法犯罪嫌疑人4720人。经常开展对出租房屋、中小旅店、建筑工地、集贸市场、文化娱乐场所等流动人口主要落脚点和活动场所的治安检查。各地共检查存在各种隐患的出租屋3万余户，取缔非法出租房屋2000余户。同时将流动人口管理寓于服务之中，积极引导农村富余劳动力合理、有序流动。有的地方还采取多种形式，加强对进城务工经商人员的教育培训。

对刑释解教人员的安置帮教，各级党委、政府和有关部门从大局着眼，积极引导、帮助刑释解教人员就业，办好过渡性安置企业和基地。发挥社区在安置、帮教工作中的作用，努力为刑释解教人员安置、帮教工作创造一个良好的环境。2004年，全省新增刑释解教人员21580人，基本得到安置的有19830人，安置率为92%，列管帮教率达98.5%，刑释解教人员重新犯罪率控制在4%以下。同时，动员社会各方面的力量做好安置帮教工作。据统计，目前全省成立帮教小组4.6万多个，对口帮教5.5万多人。

对预防青少年违法犯罪工作，主要是以社区为基础，加强对有不良行为和闲散青少年的重点帮教。各地采取有效措施，加强戒毒工作，做好吸毒人员的教育管理，深入开展"不让毒品进我家"、"让青少年远离毒品"等活动。

六、充分发挥各部门各单位的职能作用，形成了全社会齐抓共管的整体合力

省综治委注意发挥与纪检委、党委组织部和人事、监察部门联席会议制度、情况通报制度的作用，先后召开了4次"五部委厅"联系会议，加大了综合治理工作的落实力度。2004年9月，省综治委在进一步完善成员单位述职制度的基础上，制定了《湖南省综治委成员单位社会治安综合治理工作考核办法》(简称《考核办法》)，对《湖南省综治委成员单位参与综合治理的职责任务》进行了修订，对各成员单位的职责作了进一步明确。2004年12月，省综治委按照《考核办法》，由省综治办、省纪委、省委组织部、省委宣传部、省人事厅牵头组织对各成员单位进行了分组检查学习和考评。同时，各市州和有关县市区、街道综治委(办)协助对省综治委成员单位的综治工作进行了考核评分。综合各方面检查考评，省综治委于2005年3月9日召开全会，由省综治委主任对2004年度省综治委成员履行职责情况进行了讲评。

打击违法犯罪情况

2004年，全省各级政法机关因地制宜开展严打整治专项斗争，全年破获刑事案件11.23万起，摧毁犯罪集团2117个，抓获犯罪嫌疑人6.28万名；查破治安案件24.19万起，抓获治安违法人员28.91万人。

一是集中力量组织开展侦破命案专项行动。公安机关以"侦破命案专项行动"为龙头，充分发挥刑侦主力军作用，建立刑侦、治安、网监、监管、人口管理、行动技术、派出所等多警种协同作战的侦破命案工作机制，以现行命案为重点，以命案积案和追捕命案逃犯为突破口，强化科技强侦和信息导侦，盯住重大命案、疑难积案和系列命案不放，全省共破获现行命案1100多起，破案率为91.99%。各市州全部达到86%的工作目标，68个县市区实现了命案全破，11个县市区没有发生命案。特别是快速侦破了郴州市政府副秘书长肖鹏金被杀案、衡阳"饮料大王"谢先国被杀案、岳阳包具发流窜湘鄂边界系列抢劫杀人案等重大现行命案。

二是严厉打击各类经济犯罪。全省开展整治金融票证、打击侵犯酒类知识产权、涉盐犯罪、假币犯罪、商贸领域经济犯罪等专项行动，破获经济犯罪案件2041起，抓获犯罪嫌疑人1496名，涉案金额67.15亿元，挽回经济损失4亿元。联合国税、地税部门开展打击虚开货物运输和制售假发票等违法犯罪专项行动，破获涉税案件362起，打掉涉税犯罪团伙7个，挽回税款损失1.1亿元。严厉打击食品、药品、农资等领域的制假售假犯罪，摧毁窝点、网络143个，侦破案件476起，有力维护了社会主义市场经济秩序。

三是集中打击毒品犯罪、暴力犯罪和盗抢等多发性犯罪。全省开展了"遏制毒源"和"扫毒"专项行动，查破毒品违法犯罪案件1.24万起，抓获涉毒违法犯罪嫌疑人2209名，摧毁犯罪团伙183个，缴获各类毒品255.73公斤。组织打击暴力犯罪、盗抢多发性犯罪的区域行动，全年立八类案件2.36万起，同比下降13.68%；立抢劫案件1.62万起、盗窃案件12.22万起，同比分别下降13.44%和4.23%，人民群众的安全感稳中有升。

四是开展"追逃"行动，深挖违法犯罪。全面启动"破案追逃"新机制，采取"网上作战"、"指纹比对"等手段，将"高科技追逃"与传统方法有机结合，共抓获网上逃犯9776名，其中省级督捕逃犯14名，协助外省抓获督捕逃犯239名。人口管理部门通过办理证件抓获逃犯92名。治安部门运用旅馆业治安信息系统抓获违法犯罪嫌疑人116名。监管部门深挖获取犯罪线索1.37万条，查破案件3147起，抓获犯罪嫌疑人1505名。

五是全面开展"扫黄禁赌"专项行动。全省查处卖淫嫖娼人员1.78万人，查处组织、容留妇女卖淫案件1387起、淫秽表演团伙87个，查处生产、销售淫秽光盘案件218起，收缴淫秽光盘21368张。严厉打击地下"六合彩"赌博活动，查破地下"六合彩"赌博案件1.61万起，查获涉赌人员9.5万人，其中判刑515人，遏制了地下"六合彩"的蔓延扩散。查处聚众赌博案2132起，抓获赌棍赌徒6.82万人，有力打击了聚众赌博的嚣张气焰。开展打击淫秽色情网站专项行动，查破涉网淫秽色情案件18起，抓获犯罪嫌疑人22名。

六是集中整治治安热点、难点问题。组织了学校周边整治，摧毁涉校犯罪团伙42个，破获案件119起，营造了良好的教书育人环境。开展重点工程周边治安整治，对国家和省重点建设项目加挂"湖南省重点项目保护单位"牌匾，及时打击阻工、偷盗等行为。组织垃圾电子邮件专项治理，参与互联网上网服务营业场所专项整治，查处违法违规网吧1546家，取缔"黑网吧"670家。推介长沙、麻阳等地危爆物品管理经验，涉爆涉毒事故、案件明显减少。

落实社会治安综合治理领导责任制情况

2004年年初，省综治委根据《湖南省县市区社会治安综合治理考评办法》，对2003年度全省123个县市区社会治安实际状况，即不稳定问题、违法犯罪情况和群众安全感三大部分，分别由省综治办、省维稳办、省委610办、省公安厅、省检察院、省法院、省信访局、省安全生产监督管理局、长沙市城调队进行考核打分后，作出综合评估，并依次排名，由省委、省政府两办发文进行了内部通报，省综治委决定"一票否决"1个县、"黄牌警告"4个县。省综治办还对2003年度市、县两级综治委执行"一票否决"和责任制情况进行了通报。在开展全省社会治安状况考核评估的同时，对2003年度全省社会治安综合治理工作进行了检查、总结表彰，省里主要对各市州推荐的20个先进县市区和社会治安状况排名后10名的县市区进行了抽查，在检查评比的基础上，表彰"2003年度湖南省社会治安综合治理先进县市区"20个，为鞭策后进，省综治委对排名后5名的县主要领导进行了诫勉谈话，对排名后10名的县市区进行了督促检查、帮助整改。为使全省社会治安综合治理考评工作更加实事求是、客观公正、准确，7月，省综治委进一步修改完善了社会治安综合治理考评办法，部署了2004年度县市区社会治安综合治理考评工作。11月，省综治委对2004年度全省县市区社会治安综合治理工作进行了考核排名，12月22日，省委、省政府在与省委经济工作会议套开的全省人口和计划生育暨社会治安综合治理工作会议上表彰了40个社会治安综合治理工作先进县市区，对6个县市社会治安综合治理工作实行了"黄牌警告"，对1个市社会治安综合治理工作实行了"一票否决"，省委、省政府主要领导与各市州主要负责人签订了2005年社会治安综合治理工作目标管理责任书。为加强省综治委各成员单位社会治安综合治理责任制的落实，7月，省综治委重新修订印发了《湖南省社会治安综合治理委员会成员单位参与综合治理的职责任务》，9月，制定了《湖南省综治委成员单位社会治安综合治理工作考核办法》，部署了省综治委成员单位社会治安综合治理考核工作。各市州也结合实际，建立健全了社会治安综合治理检查考核制度，并于年底全面开展了社会治安综合治理检查考核评估。这样，进一步把责任加在了党委、政府主要领导的肩上，促进了社会治安综合治理领导责任制的有效落实。

社会治安综合治理宣传教育工作情况

一、积极开展综治宣传月活动。为贯彻落实十六届四中全会精神和《中共中央国务院关于进一步加强社会治安综合治理的意见》，推进湖南省社会治安综合治理工作的深入开展，省综治办要求各市州从2004年6月起至7月止，在全省广泛开展社会治安综合治理宣传月活动。各级领导高度重视，迅速召开会议部署宣传月活动，大部分市州成立了由市州委分管领导或市州委政法委书记担任组长，政法各单位及宣传、广电、文化等部门派人参加的综治宣传月领导小组，加强对综治宣传月活动的领导。8月下旬，全省社会治安综合治理工作会议召开后，各地、各部门、各单位按照全省创建"平安湖南"的总体部署，结合本地的实际，深入开展了平安创建宣传活动。2004年，全省共在各种媒体设立综治宣传专栏90多个，刊发新闻稿件5620多篇，播发电视新闻9840多篇，张贴标语120万余份，悬挂横幅11.6万条，发放宣传资料210万余份。

二、大力支持自护安全教育电影《关爱明天》在湖南省各地的放映。根据中央综治办等六部委《关于青少年自护安全教育电影〈关爱明天〉有关事宜的通知》精神，7月下旬省综治办与省人大内司委、省教育厅、省司法厅、团省委、省关心下一代工作委员会联合下发了《关于积极组织观看青少年自护安全教育电影〈关爱明天〉的通知》，要求各市(州)、县(市、区)和省直各单位积极组织观看。由于该片是通过市场运作的，为不增加群众的负担，一些单位积极筹措资金，组织干部、职工及子弟免费观看，还有一些地方和单位采取费用由单位和个人分担的方式，尽量减轻干部职工的负担，从而保证了教育的覆盖面，特别是保证了大多数中小学生的观看，从中受到教育。

三、继续搞好"严打"成果巡展。为搞好巡展，省综治办专门下发了《关于组织开展全国"严打"整治斗争成果展板和挂图展览的通知》，并将在各市(州)、县(市、区)巡回展览的时间进行了周密的安排。2004年年初，没有开展巡展的市州都制定了计划，做了进一步动员。10月中旬，所有市州相继通过不同形式，组织近100万干部、职工、学生和群众观看了展览。

四、开展了禁毒、预防艾滋病宣传和爱车护路宣传教育月活动。一是开展禁毒和预防艾滋病的宣传教育。省综治委预防青少年违法犯罪领导小组办公室分别于"6.26"、"12.1"前后在全省组织开展"社区青少年远离毒品宣传周"、"青春红丝带"行动——全省青少年预防艾滋病健康教育活动。活动通过网上禁毒和预防艾滋病知识竞赛、设立街道固定咨询台、发放宣传资料等多种形式开展青少年禁毒和预防艾滋病宣传教育。二是开展了爱车护路宣传教育月活动。省综治委铁路护路领导小组办公室对爱车护路宣传教育月活动进行了精心组织和统一部署。各级护路办与教育部门联合发文，铁路沿线中、小学校与铁路护路办签订爱车护路共保安全责任状，并将爱车护路宣传教育作为学生思想品德、法制教育的重要内容。宣传月里，全省共发放挂图30余万张，《爱车护路宣传册》6万余册，市、县两级领导广播、电视讲话68次，出动宣传车680台次，书写标语10万余条(其中固定性标语1298条)，挂横幅654条，出黑板报、宣传园地1068多期，召开群众大会340余场次，直接受教育人数达130余万人次。

五、召开全省社会治安综合治理铁路护路联

防理论研讨会。5月13～14日，省综治办、省综治委铁路护路联防工作领导小组办公室、省综治研究会在长沙召开了全省社会治安综合治理铁路护路联防理论研讨会，会议推介了铁路护路联防工作经验，评审出优秀理论文章获特别奖3篇、一等奖15篇、二等奖23篇、三等奖31篇，分别进行了表彰奖励。这次会议的召开大兴了全省综治战线的调研之风，促进了全省综治调研工作的深入开展。

六、编撰出版《湖南综治十年》大型画册和开展一些调研活动。省综治办、省综治研究会在总结我省社会治安综合治理工作所取得的成绩和经验的基础上，编撰出版了《湖南综治十年》大型画册。此外组织开展了一些调研活动。4月、6月、9月，先后参与组织了城市社区治安综合治理的调研、农村社会治安问题调查、创建"平安湖南"的调研、基层基础工作调研，形成调研报告10余篇，其中省综治办通过对双峰县梓门桥镇以"民情热线"为载体，狠抓矛盾纠纷排查调处，确保一方平安，促进经济社会全面发展的做法进行专题调查，形成了"'民情热线'——党和人民群众联系的桥梁"专题调查报告，并将这一经验在全省社会治安综合治理基层基础工作会上进行了推介。

学校及周边治安综合治理工作情况

2004年，湖南省各级学校及周边治安综合治理工作领导小组及其办公室以党的十六届四中全会为指针，全面实践"三个代表"的重要思想，认真贯彻落实《中共中央国务院关于进一步加强和改进未成年人思想道德建设的若干意见》(中发〔2004〕8号)和全国预防青少年违法犯罪暨学校及周边治安综合治理工作会议精神，按照2004年全国学校及周边治安综合治理工作要点的要求和省委、省政府、省综治委的相关部署，大力推进学校及周边治安综合治理工作。据统计，全省各地共摸排学校11080所，重点整治了1790所学校周边治安秩序，整治重点问题11072个，其中盗窃哄抢侵吞学校财产案件690起，侵害师生生命财产安全案件635起，违规经营"三室两厅一吧"、音像书刊5218家，强揽校园工程514起，扰乱学校教学秩序案件380起，违规占道无证经营及游商摊贩1894起，违章建筑1311处，其他430起，整治成效明显，有效地维护了学校教学、生活秩序和师生生命财产安全，确保了学校及周边地区的安全稳定。

一、各级领导高度重视，有关部门通力协作，学校及周边治安综合治理工作形成网络。年初，省学校及周边治安综合治理工作领导小组召开会议，研究确定了全省学校及周边治安综合治理工作的目标、重点、步骤，明确了教育、公安、司法、文化、工商、新闻出版、卫生、信息产业等部门的责任，对组织督察、评审先进等工作进行了议定。11月份，领导小组办公室召开市州办公室主任座谈会，听取各地专项整治行动的情况汇报，分析了工作中存在的问题，并对下一步的工作提出了要求。各市(州)、县(市、区)党委和政府对学校及周边治安综合治理工作都很重视，均成立了学校及周边治安综合治理工作领导小组与办公室，制订了年度工作方案和专项整治行动实施方案，组织有关部门层层落实，逐步推进，建立并形成了一个省、市州、县市区上下贯通的工作网络。

二、省里统一部署，市州、县市区具体组织实施，开展了四次学校及周边治安综合治理集中整治专项行动。一是2004年春季开学后，在全省范围内组织开展了为期三个月的学校及周边治安秩序集中整治行动，重点整治了学校及周边的治安环境和秩序。二是配合有关部门开展学校及周边上网服务场所专项整治行动，重点整治了网吧超时经营、接纳未成年人上网和黑网吧等问题。省教育厅专门下发了《关于进一步加强校园内非营业性互联网上网服务场所管理的通知》和《关于进一步加强高校电子阅览室管理的通知》，对全省校园内非营业性互联网上网服务场所(包括学生公寓内个人用户)、各高校电子阅览室的管理进行了规范。9月初,省里组织检查组对全省校园内非营业性互联网上网服务场所和高校电子阅览室的规范管理进行了抽查,收效良好。三是根据上级有关部署,从8月底至10月底又开展了为期2个月的校园及周边治安秩序集中整治专项行动,重点对“老、大、难”问题和反弹严重的问题进行整治。通过这次专项行动,全省学校及周边治安秩序有了进一步好转,师生安全感明显增强。同时,把“扫黄打非”工作纳入学校及周边治安综合治理工作的总体部署并进行了督促检查。四是根据《国务院办公厅关于切实加强中小学幼儿园及少年儿童安全工作和开展专项整治行动的意见》(国办发电〔2004〕26号)和湖南省人民政府办公厅《关于切实加强中小学幼儿园及少年儿童安全工作的意见》,开展了从10月至年底为期3个月的中小学幼儿园及少年儿童安全专项整治行动。

三、组织开展了创建安全文明校园的活动。按照“预防为主,整建结合,重在建设”的原则,组织全省各级各类学校深入开展了创建“安全文明校园”的活动。高校把创建“安全文明校园”纳入“文明高校”的创建活动之中。2004年,组织对5所高校进行了评估,目前全省共有文明高校28所。湘潭、株洲、郴州、衡阳等市州根据本地情况,在中小学组织开展了“安全文明校园”创建活动,收到了比较好的效果。

四、通过多种方式推介和宣传了一批学校及周边综治工作先进典型。通过开现场会、座谈会和发简报等形式,向全省推介了资兴市教育局“通过责任连带、措施连环、整治连锁,努力营造教书育人的优良环境”的经验;长沙市岳麓区公安分局主动为高校服务,抽调精干民警专门成立学校综治办,侦破一批侵犯高校师生人身财产安全案件,有效维护了学校及周边治安秩序的事迹和经验;湘潭市综治办通过明确标准、多方配合、认真考核,充分发挥中小学法制副校长的作用,取得良好的社会效益的做法和经验;怀化学院大力推进安全文明校园创建活动的经验等。同时还表彰了一批先进,全省共推荐出60个先进集体和60名先进个人,并从中推荐了3个先进集体和2名先进个人报中央综治委学校及周边治安综合治理工作领导小组表彰。

五、启动了对全省县市区学校及周边治安综合治理工作情况进行年度考评的工作。2004年,湖南省综治委把学校及周边治安综合治理工作的考评纳入对县市区社会治安综合治理的考评,并在考核细则中确定2分的分值。据此,领导小组办公室下发了《关于对全省学校及周边治安综合治理工作情况进行年度考评的通知》,并对考评的流程和方式进行了明确规定。通过考评,促进了各县市区党委、政府对学校及周边治安综合治理工作的重视和支持,并对专项整治行动的开展和长效管理机制的建立起到了重要作用。

中共湖南省委　湖南省人民政府
关于创建“平安湖南”的决定

(2004年9月22日)

为全面贯彻“三个代表”重要思想和党的十六大、十六届三中、四中全会精神,从进一步提高党的执政能力、维护改革发展稳定大局,促进湖南各项事业的发展和人民安居乐业出发,省委、省政府就全省开展创建“平安湖南”活动,作出如下决定。

一、指导思想、工作原则和目标

创建“平安湖南”,促进社会和谐稳定,是根据党的十六大提出的全面建设小康社会的奋斗目标,着眼于全省经济社会全面、协调、可持续发展作出的一项重大战略决策。这是实践“三个代表”重要思想的具体体现,是加强党的执政能力建设的重要举措，是树立和落实“以人为本”科学发展观的重要内容，对于加快我省全面建设小康社会步伐，确保全省政治稳定、经济发展和人民群众安居乐业，具有重大的现实意义和实践价值。

创建“平安湖南”的指导思想是：坚持以邓小平理论和“三个代表”重要思想为指导，全面贯彻党的十六大和十六届三中、四中全会精神，树立和落实科学发展观，紧紧围绕加快推进我省“三化”进程和加快全面建设小康社会步伐这条主线，扎实推进“平安湖南”创建活动，大力维护社会和谐稳定的良好局面，推动全省“三个文明”建设协调发展。

创建“平安湖南”必须坚持以下原则：

坚持以人为本原则。着眼于人的全面发展，不断满足人民群众日益增长的物质文化需求特别是社会安全需要，切实保障人民群众的经济政治文化权益，关爱生命，关注安全，努力提高人民群众的思想道德素质和公共安全意识，积极为人民群众创造安居乐业、和谐稳定、平等发展的社会环境，让改革发展的成果惠及最广大人民群众。

坚持统筹兼顾原则。正确处理改革发展稳定的关系，切实把改革的力度、发展的速度和社会可承受的程度统一起来。正确处理经济建设与社会发展的关系，切实把物质文明、政治文明、精神文明建设统一起来。正确处理不同社会群体之间的利益关系，切实把人民群众的长远利益与眼前利益、根本利益与具体利益统一起来。

坚持标本兼治原则。既从严治标，什么问题突出就认真解决什么问题；又着力治本，充分考虑经济、政治、文化等因素，综合运用行政的、法律的、经济的、思想政治工作等多种手段，坚持依法治理，做到德法相济，积极推进体制、机制和制度建设，努力从源头上解决问题。

坚持整体推进原则。动员组织全社会力量参与平安创建活动。强化各级党委“总揽全局，协调各方”的领导核心作用，完善各级政府经济调节、市场监管、社会管理、公共服务等职能，充分发挥执法部门的职能作用、各社会团体组织的基础性作用和广大人民群众的主体作用，使全省各级组织和全体人民既成为社会和谐稳定的受益者，又成为“平安湖南”的建设者。

创建“平安湖南”的总体目标是：为我省经济发展、政治稳定、文化繁荣、社会和谐、人民安康创造一个更加平稳安定的社会环境。

具体目标是：

——维护国家安全和政治稳定能力明显增强。境内外敌对势力、敌对分子渗透破坏活动得到严密防范、严厉打击；各种冒用宗教名义的邪教组织、非法宗教组织和有害气功组织活动得到及时有效遏制；“法轮功”邪教组织聚集闹事、电视插播、进京滋事事件得到及时有效防止。

——突发事件和紧急情况的处置能力明显增强。各类矛盾纠纷得到及时排查调处，因人民内部矛盾引发的群体性事件逐步下降，越级上访、重复上访、集体上访人次明显减少。

——打击各类犯罪活动的能力明显增强。防止发生在全国全省造成恶劣影响的暴力恐怖犯罪和涉黑涉恶团伙犯罪案件，刑事犯罪案件、八类严重暴力犯罪案件侦破率逐步提高，多发性、可防性案件上升幅度明显下降；逮捕、起诉、判决准确率，案件审限内结案率居全国前列；走私贩私、制假售假、诈骗等破坏社会主义市场经济秩序的犯罪活动得到及时打击处理。

——社会治安防控能力明显增强。防控网络建立健全，人防、物防、技防等工作措施落实；黄赌毒等社会丑恶现象得到及时有效遏制；基层化解调处矛盾纠纷的能力显著提高。

——执法为民的意识明显增强。政法综治工作得到重视和加强，对政法综治工作的投入不断加大，政法队伍和行政执法队伍在创建“平安湖南”工作中得到锻炼，政治业务素质明显提高，没有发生在全国全省造成恶劣影响的执法队伍违法犯罪重大案件。

——人民群众安全感明显增强。安全生产重大事故得到有效遏制；火灾、交通和危险品引发的重大事故明显减少；重大活动、重要目标安全保卫工作万无一失；人民群众对社会治安和公正执法状况总体满意。

通过大力开展平安创建活动，到2006年，全省90%的城乡基层单位常年不发生可防性刑事犯罪案件，80%的县市区不发生在全国造成重大影响的恶性案件、群体事件和安全生产事故，力争用三年左右时间使全省绝大多数县市区达到平安创建标准，用五年左右时间使湖南成为全国最稳定最安全的地区之一。

二、加强社会治安综合治理，全力维护社会政治稳定

社会治安综合治理是改革开放新时期党领导人民加强社会治理、维护良好治安秩序的一大创举，其实质是在党的领导下，组织动员全社会力量，通过打击、防范、教育、管理、建设、改造等多种途径和手段，解决影响社会政治稳定的各种矛盾和问题。要把创建"平安湖南"作为新的历史条件下加强社会治安综合治理的有效载体，通过平安创建活动，落实社会治安综合治理各项措施，提高社会治安综合治理水平。

切实加强矛盾纠纷排查调处工作，妥善处理人民内部矛盾。高度重视矛盾纠纷的排查调处工作，抓住热点、难点问题，立足于抓早、抓小、抓苗头，把各类矛盾纠纷解决在基层，解决在当地，解决在萌芽状态。学习推广"枫桥经验"，不断探索完善社会治安综合治理的有效方法和途径，全面落实社会治安综合治理责任制。要针对社会稳定出现的新情况新问题，按照"稳定抓机制"的要求，着眼于化解矛盾、解决问题，建立健全矛盾纠纷排查机制和疏导化解机制。对排查出来可能影响社会稳定的重点问题和重大治安隐患，按照"五个一"(即一个问题、一名领导、一套班子、一个方案、一抓到底)包干负责的办法，落实责任，限期整改，彻底解决。积极探索新形势下调处人民内部矛盾的有效途径和办法，把解决思想问题与解决实际问题结合起来，善于运用民主的方法、说服教育的方法，依据有关政策和法律规定，和风细雨地做好工作，引导群众通过正当渠道反映和解决问题。建立和完善社会联动调解机制，把人民调解、司法调解和行政调解结合起来。进一步加强对群体性事件特点和规律的研究，不断完善处置机制。一旦出现因人民内部矛盾引发的群体性事件，所在地区、部门和单位的负责人必须迅速赶赴现场，靠前指挥，面对面地做好群众工作，坚持慎用警力，慎用警械，慎用强制措施，严防矛盾激化和事态扩大。要以县市区为单位，把创建"平安湖南"的各项任务特别是矛盾纠纷的排查调处工作责任分解到乡镇(街道)，分解到村(居)委会，分解到机关和企事业单位，切实做到"小事不出门、大事不出城、矛盾不上交"。

坚持"严打"方针不动摇，加强新形势下隐蔽战线斗争。依法重点打击杀人、绑架、伤害等严重暴力犯罪，黑恶势力犯罪和毒品犯罪，抢劫、抢夺、盗窃等侵财性犯罪，始终保持对刑事犯罪的高压态势，努力使全省刑事案件高发势头得到有效遏制。强化治安管理，不断加大对黄赌毒等社会丑恶现象的打击处理力度。坚持集中打击与经常性打击相结合，惩办与宽大相结合，打击犯罪与保障人权相结合，专门机关工作与贯彻群众路线相结合，切实增强"严打"整治的针对性和有效性。切实加强新形势下隐蔽战线斗争。充分认识对敌斗争的长期性和复杂性，认真研究、及时把握对敌斗争的新情况、新特点，严密防范和严厉打击境内外敌对势力和敌对分子的渗透破坏活动，严密防范敌对势力利用进出境行李邮递物品和利用互联网等技术手段从事违法犯罪活动或进行蛊惑煽动。有效防范和依法打击敌对势力插手和利用人民内部矛盾滋生事端、制造影响。进一步提高防范和打击恐怖活动的能力和水平。依法取缔、严厉打击"法轮功"等邪教组织的各种非法活动和违法犯罪活动。严密防范境外宗教渗透活动，依法严厉打击境内外非法宗教势力的违法犯罪活动。

大力加强基层基础工作，构筑严密的社会治安防控体系。坚持"打防结合，预防为主"，构建灵活多样的群防群治网络，切实强化社会各个层面的管理，全面提高社会治安防范水平。积极探索社会主义市场经济条件下群防群治的组织形式、管理体制和保障方法。切实加强农村村级党组织和城市社区党的建设，继续抓好非公有制企业和其他社团组织的党建工作，努力提高基层党组织的凝聚力和依法解决问题的能力；充分发挥高校党组织的政治优势，全力维护高校稳定；进一步加强基层政权建设，切实提高基层依法行政能力和管理水平；大力加强乡镇(街道)综治机构和公安派出所、司法所、人民法庭等基层政法组织建设，完善信息网络，及时把握社会动态。坚持工作重心下移，确保人员、经费等向基层倾斜，整合各方面力量，形成以基层党组织为核心、基层政权组织为基础、基层群众组织为依托、基层政法组织为骨干的社会治安综合治理工作网络，筑牢综治维稳工作"第一道防线"。大力加强监狱、劳教工作，提高教育改造质量，积极探索新形势下做好刑释解教人员安置帮教工作的有效途径，减少“两劳”人员回归社会后重新违法犯罪。进一步加强对公共场所、重点单位、重点人群、重要设施和重点部位的安全防范。严格对涉爆、剧毒等危险物品的管理。做好流动人口的教育、管理、服务、维权工作，建立和完善流动人口犯罪预防机制。从实际出发加强对城市流浪乞讨人员的救助和管理。全面落实预防青少年违法犯罪各项措施，坚决查处封堵黄色网站。

完善各项制度和工作机制，促进社会治安综合治理各项措施全面落实。认真实施《湖南省社会治安综合治理条例》，进一步健全完善社会治安综合治理各项制度和工作机制。健全完善社会治安形势分析评估制度和治安重点地区、重点问题排查制度，及时开展重点整治和专项斗争；按照专群结合、群防群治的要求，建立健全打防一体化工作机制和“严打”经常性工作机制；坚持公平与正义的司法原则，建立健全执法质量考评和错案责任追究制度；遵循社会需要和可能相统一原则，建立健全社会治安控制管理和服务机制；坚持和完善目标管理和领导责任制度，把综治维稳责任落实到具体部门、具体单位和具体责任人；把握客观公正原则，完善和落实社会治安考核评估奖惩机制。大力推进见义勇为事业，壮大见义勇为基金，有效保障见义勇为行为，逐步实现见义勇为保障奖励工作的规范化、法制化。按照政府引导、社会参与、市场运作、群众受益的思路，积极探索市场经济条件下社会治安综合治理的有效方法和途径，把社会治安综合治理各项措施真正落实到位。

三、加强民主法制建设，大力提高政治文明水平

坚持依法治国方略，把依法治国与以德治国结合起来，大力发展社会主义民主，加强社会主义法制，使政治文明理念深入人心，政治文明建设不断加强，政治文明水平明显提高。

进一步扩大社会主义民主，推进依法治省各项工作。把坚持党的领导、人民当家作主和依法治国有机统一起来，推进社会主义民主政治建设。健全民主制度，丰富民主形式，依法有序地扩大公民的政治参与，保证公民依法实行民主选举、民主决策、民主管理和民主监督。依法完善村民自治制度，全面落实村务公开、村级集体资产管理等规章制度。认真贯彻居民委员会组织法，推进城市社区民主建设。积极探索现代企业制度下职工民主管理、民主监督的有效途径。通过扩大基层民主，不断巩固党的执政基础和群众基础。扎实推进依法治省各项工作。坚持有法可依、有法必依、执法必严、违法必究，逐步将全省经济、社会、文化等各项事业的管理活动纳入法治化轨道。充分发挥人大及其常委会的职能作用，加强地方立法工作，提高立法质量，加大执法监督力度。充分发挥政协的监督和评议作用。认真贯彻实施《行政许可法》等法律法规，推进依法行政，建设法治政府。坚持执法为民，维护司法公正，保障社会的公平与正义。加强法律援助，拓展和规范法律服务。加大以宪法为重点的法制宣传教育力度，提高全民法律素质，增强各级干部依法履行职能的自觉性，增强群众法治观念，提高群众依法维权的能力。

提高依法行政能力，切实做到公正执法。坚持依法决策，依法行政，依法管理，依法开展各项工作，努力提高行政机关依法行政、依法办事的能力和水平。严格执行《行政许可法》，严肃查处违法实施行政许可的行政行为。切实尊重和保护人权，依法严肃查处侵犯人权特别是国家工作人员利用职权实施的侵犯人权的违法犯罪案件，依法查处非法拘禁、非法搜查、刑讯逼供、暴力取证、虐待被监管人员等侵犯公民人身权利的行为。坚决查处与犯罪分子相互勾结，为黑恶势力充当保护伞，包庇、纵容违法犯罪活动的国家工作人员，严肃查处领导干部和国家公务员在维护社会和谐稳定方面的失职渎职和严重官僚主义行为。

加强党风廉政建设，深入开展反腐败斗争。坚持党要管党、从严治党方针，全面加强执政能力建设，坚持不懈地开展反腐败斗争，完善对权力的制约监督机制，按照党章和党纪的有关要求，建立健全与社会主义市场经济体制相适应的教育、制度、监督并重的惩治和预防腐败体系，全面落实党风廉政建设责任制。坚决查处贪污贿赂和失职渎职等违法犯罪行为。

四、维护社会主义市场经济秩序，促进经济持续快速协调健康发展

不断适应社会主义市场经济发展要求，调整服务思路，更新服务观念，紧紧围绕经济建设中心，加强各项社会保障和服务工作，为社会主义市场经济充分发展创造有序竞争和公平竞争的环境。

保障经济发展协调有序。按照“五个统筹”的要求，加强和改善宏观调控，把握大局，抓住机遇，稳中求进，避免大起大落。始终把解决“三农”问题放在重中之重的位置，加快农村税费等各项改革，全面落实粮食增产、农民增收政策，推进扶贫攻坚，千方百计增加农民收入。坚持效率优先，兼顾公平，理顺分配关系，合理调节收入差距。积极支持金融企业的改革和发展，加大金融监管力度，严肃查处非法金融活动和金融犯罪行为，有效防范和化解各类金融风险，确保金融安全。重视解决乡镇财政债务问题。积极推进和落实财税体制改革，逐步完善公共财政体系和转移支付制度，确保各级财政收支平衡。严格依法征税，严厉打击偷税骗税等违法犯罪活动。

优化经济发展环境。严厉打击严重经济犯罪，始终保持对经济犯罪活动的高压态势。依法重点打击金融证券犯罪、合同诈骗犯罪、偷税骗税犯罪、侵犯知识产权犯罪和职务侵占犯罪，严厉打击敲诈勒索、强买强卖、欺行霸市、强揽工程、聚众闹事等严重干扰正常生产经营和破坏公平竞争的违法犯罪，认真查处行政执法部门的乱检查、乱罚款、乱摊派等“乱作为”事件和有关职能部门因不认真履行职责给企业和投资者造成经济损失或其他危害等“不作为”问题，依法严肃查处市场监管活动中的贪污贿赂、滥用职权、玩忽职守、贪赃枉法等违法犯罪行为，切实维护国家经济安全和全省经济发展秩序。

整顿规范市场经济秩序。建立健全统一、开放、竞争、有序的现代市场体系，坚决反对和打破地方保护和部门、行业垄断，促进商品和各种要素的自由流动和充分竞争。适时开展维护市场经济秩序专项整治行动，依法惩治走私贩私、制假售假、商业欺诈、非法传销以及虚开增值税发票等违法犯罪活动。高度重视食品药品安全，积极推进食品药品放心工程建设，加强食品药品生产、流通过程的监管，严厉打击危害人民群众身体健康和生命安全的非法生产经营活动，切实维护消费者权益。积极发展和规范中介服务机构和各类行业协会、商会等自律性组织，健全完善行政执法、行业自律、舆论监督、群众参与相结合的市场监管体系。增强诚信意识，建立健全社会诚信机制，强化信用监督和失信惩戒制度，努力建立以道德为支撑、以产权为基础、以法律为保证的社会信用制度。

五、维护社会公共安全，保持正常的生产生活秩序

维护公共安全利益。建立健全自然灾害预测、预警综合防御体系，提高防灾减灾能力。加强公共卫生基础建设，提高对突发公共卫生事件的应急指挥处置能力。切实做好“非典”、艾滋病、禽流感等重大传染性疾病的防治工作。加强重大节庆活动的申办管理和安全管理，坚持“谁主办、谁负责、谁审批、谁监管”的原则，落实节庆活动的安全责任和安全措施。建立健全各种预警和应急体系，增强快速反应能力，一旦发生突发事件，确保有效动员政府组织、非政府组织、社会力量及时投入应急行动，按预案迅速组织处置，努力把突发事件造成的影响和损失减少到最低程度。制定相关的法规和政策，逐步实现公共突发事件应急处置的规范化、制度化和法制化。

加大安全生产监管力度。抓紧制定安全生产配套法规和各行业安全质量标准，强化安全生产监督管理，严格落实安全生产责任制。提高重点行业安全生产准入条件，依法建立和完善安全生产行政许可制度、高危行业的雇主责任保险和人身意外伤害保险制度。切实加强对事故隐患的综合治理及重大危险源的监控管理，扎实开展道路和水上交通运输、矿山和建筑施工、危险化学品、民用爆破器材、烟花爆竹等方面的安全生产专项整治。加大对安全生产违法行为的查处力度，严肃查处安全责任事故背后的滥用职权、玩忽职守等职务犯罪。

六、维护人民根本利益，保障人民安居乐业

按照立党为公、执政为民的要求，牢固树立“群众利益无小事”的观念，不断满足人民群众日益增长的物质文化需求和公共安全需要。

着力解决损害群众利益的突出问题。加强决策的科学化、民主化。坚持以政策法律为依据，以群众的承受能力为限度，按照“以人为本”的要求，始终把解决民生问题放在第一位，凡涉及群众切身利益的决策，必须慎之又慎；损害群众利益的决策，必须坚决纠正；超过群众承受程度的决策，必须停止出台，坚决防止乱决策、瞎指挥，严禁搞沽名钓誉、劳民伤财的“政绩工程”、“形象工程”。坚决纠正土地征用中侵害农民利益、城镇拆迁中侵害居民利益、企业重组改制和破产中侵害职工合法权益、拖欠和克扣农民工工资、土地承包中侵害妇女权益等问题，从严治理各种摊派集资和教育收费、医药购销、医疗服务等方面存在的不正之风。

认真做好人民群众来信来访工作。全面贯彻信访条例，坚持“谁主管、谁负责，谁督办、谁落实”的原则，以畅通信访渠道为主线，以解决群众实际问题为核心，以基层信访工作为重点，依法保护群众正当的诉求权利，依法规范信访工作人员和上访群众的行为。建立健全领导干部下访制度，完善常年接访、定期约访制度，畅通民意上达的渠道。坚持有访必接、有信必复，切实提高重要信访按时办结率、当事人息诉率和群众满意率。高度重视群众信访反映的情况，加强综合分析，从中发现带有普遍性、规律性的问题，指导全局性工作。完善信访工作责任制，对具有政策性、苗头性、群体性的信访问题，实行包案处理，加强督查督办，有效遏制重复访、越级访、集体访上升特别是到省进京上访人员增多的趋势。

建立完善社会服务保障体系。制定和落实积极的就业政策，坚持以解决下岗失业人员特别是困难群体的就业再就业、城镇新成长劳动力特别是大中专毕业生的就业、农村劳动力转移就业特别是失地农民就业为重点，加快就业服务体系建设。加强社会保障体系建设，逐步建立与我省经济社会发展水平相适应、城乡统筹、多层次的社会保险体系，依法推进社会养老保险、失业保险、医疗保险、工伤保险和生育保险，努力构建覆盖城乡的以最低生活保障为基础，以养老救助、医疗救助、教育救助、住房救助等专项救助为辅助，以其他救助、救济和社会帮扶为补充的新型社会救助体系，积极稳妥地推行农村“五保”和城镇“三无”对象集中供养制度、被征地农民基本生活保障制度、以大病统筹为主的农村新型合作医疗和医疗救助制度、困难家庭子女教育救助制度、经济适用住房管理制度以及城镇廉租住房制度。开展多种形式的扶贫帮困活动，进一步改善社会弱势群体的生产生活条件。

七、丰富群众精神文化生活，倡导文明健康生活方式

把学习贯彻“三个代表”重要思想不断引向深入。坚持传播先进文化，塑造美好心灵，倡导科学精神，弘扬社会正气，不断提高全省人民的思想道德素质和科学文化素质，大力加强未成年人思想道德建设。全面落实科教兴省战略，大力发展科技、教育事业。深化文化体制改革，推进文化事业和文化产业的发展，充分发挥文化的社会教育功能。抓好面向基层、服务群众的大众文化产品的生产，加强基层各类文化设施建设，丰富基层文化生活。加强文化市场管理，深入开展“扫黄打非”活动，净化社会文化环境，坚决抵御封建文化糟粕和外来腐朽文化的影响，坚决扫除精神文化垃圾。

加强社会主义道德建设。认真落实《公民道德建设实施纲要》，大力倡导社会公德、职业道德和家庭美德，努力形成全民普遍认同和自觉遵守的行为规范，在全社会形成团结互助、平等友爱、共同前进的人际关系。充分发挥道德在立法、执法、守法和治国安邦中的基础性作用，重视和发挥社会主义道德在维护社会政治稳定和促进社会和谐发展中的独特功能和重要调节作用。坚持以法制建设为支撑，把基本道德要求融于有关法律法规和各项具体政策中，融于社会的各项管理中，不断推动社会道德体系的进一步完善。大力推进文明城市、文明村镇、文明行业、文明单位、文明社区等群众性精神文明创建活动，建立健全形式多样、生动活泼、为广大人民群众所乐于接受的文明规范，丰富内容，创新载体，寓教于乐，陶冶思想情操，提升精神境界，自觉形成文明健康的生活方式。

八、加强组织领导，形成整体合力

各级党委、政府要把创建平安市州、平安县市区作为任期目标，纳入“三个文明”建设总体布局，加强组织协调，狠抓工作落实。

营造良好氛围。广泛宣传发动，努力营造人人关心、人人支持、人人参与创建“平安湖南”的浓厚氛围。坚持依靠群众，组织发动群众。充分发挥各级人大、政协和各民主党派的重要作用；充分发挥工会、共青团、妇联等人民团体的职能作用；充分发挥驻湘部队和民兵预备役人员的积极作用，最大限度地调动社会各界和人民群众参与创建“平安湖南”的积极性和创造性，使创建“平安湖南”成为广大群众的自觉行动。

强化责任落实。按照“属地管理”和“谁主管、谁负责”的原则，层层建立领导责任制、部门责任制和单位责任制，努力把创建“平安湖南”各项工作落实到单位、落实到基层、落实到责任人。各级党委、政府主要领导要负总责，分管领导要具体抓，领导班子成员要主动抓，共同担负起保一方平安的政治责任。把创建“平安湖南”的成效作为检验各级党政领导班子和领导干部执政水平的重要标志，作为衡量政绩的重要指标，列入任期目标和年度述职报告的重要内容，认真加以考核，并把考核结果作为干部政绩评定、晋职晋级和奖励惩处的重要依据。严格实行奖励和责任追究制度。对工作扎实、成效显著的地方和单位，要表彰奖励。对工作严重失误、失职渎职、引发重大群体性事件、造成重大安全生产责任事故和重大恶性治安案件、严重损害群众利益的恶性事件、在抗灾救灾和防治疫情等方面造成损失、影响恶劣，或者造成市场秩序严重混乱和重大经济损失的，要严肃追究主要领导和相关责任人的责任。

切实加强保障。加强执法队伍尤其是政法队伍建设，坚持执政为民，依法行政；坚持从严治警，提高政法干部队伍素质和执法水平，严肃查处政法队伍中的违法违纪行为，确保司法公正。要加大对“平安湖南”创建工作的经费投入，保证政法机关的经费，提高科技保障水平，将平安创建工作经费纳入各级财政年度预算，确保各项工作正常开展。积极探索开展群防群治的途径和办法，多渠道、全方位地解决群防群治所需经费。

搞好组织协调。省委、省政府成立创建“平安湖南”领导小组及其办公室，研究、指导、协调、督促创建“平安湖南”各项工作，把平安创建活动考核与湖南省社会治安综合治理考核办法有机结合起来，进一步健全完善考核标准、考核办法，认真抓好检查考评，落实奖惩措施。各有关方面和有关部门要积极发挥各自职能作用，分解细化创建“平安湖南”的各项任务，狠抓工作落实。各市州、县市区要从本地实际出发，按照平安创建活动的各项要求，制订贯彻落实的具体方案和平安县市区、平安乡镇（街道）、平安村（社区居委会）和平安单位的具体标准及考核办法，深入推进基层平安创建活动。各地、各部门、各单位要密切配合，协同作战，齐抓共管，形成合力，确保平安创建活动的顺利开展。

突出重点　创新方法
积极预防和切实解决好城市矛盾纠纷

中共株洲市委　株洲市人民政府

近年来，随着我市经济发展、改革开放以及城市化进展的加快，城市矛盾纠纷越来越突出，特别是城市建设、国企改制、市场租赁管理、工农企地矛盾纠纷占有较大比重。市委、市政府把排查调处矛盾纠纷作为加强社会治安综合治理，维护社会稳定的一件大事来抓，不断强化领导责任，逐步完善工作机制，突出工作重点，创新工作方法，积极预防和切实解决好城市矛盾纠纷，取得了明显成效。近年来，我市没有发生一起影响大的群体性事件，一般群体性事件逐年减少，为我市经济社会发展和改革开放创造了良好的社会环境。

一、从群众利益着想，解决好城市建设中的矛盾纠纷

（一）认真调查研究，进行可行性论证。在实施某个建设项目前，都要组织有关部门认真调研，进行可行性论证，充分考虑稳定、信访部门和涉及利益关系的单位与群众的意见。对损害单位和群众利益并可能引起社会不稳定的建设项目特别是商业开发项目,坚持做到:一是宁可放弃,也不盲目立项动工;二是先行解决好涉及利益关系的单位及群众的思想工作和实际问题再予以动迁;三是将项目暂时搁置起来,待条件成熟后再予以考虑。从而最大限度地防止和减少了矛盾纠纷的发生。

(二)关心群众生活,做好过渡安置。在城市建设过程中,对被征用土地房屋的单位职工或散居群众,认真做好过渡期的安置工作,确保城市建设项目能如期动工。一是由政府部门发放过渡性安置补偿;二是帮助联系其在亲戚朋友家暂时借居;三是由市房产部门出面联系介绍租住房;四是由市再就业中心组织培训和进行再就业指导,使他们能平稳度过过渡期,预防和减少职工闹事、集体上访等矛盾纠纷的发生。

(三)严格操作规程,落实补偿待遇。对城市建设中的征地、拆迁,我们规定只能由国土局、房产局等相关职能部门办理,其他部门、中介组织或个人不得擅自介入。国土、房产部门必须严格按照国家政策规定的补偿标准、手续、程序将补偿待遇落实到位,维护群众切身利益。明令禁止执法人员利用职权敲诈勒索、索贿受贿、弄虚作假,为亲戚朋友超标准计量谋取不正当利益。对安置补偿待遇必须一次性落实到位。对因安置补偿待遇不到位而引起的集体上访等问题,市信访、纪检、监察部门及时进行督查核查,对违纪违法人员及时进行处理,确保安置补偿待遇严格按政策规定落实到位。

二、从政策保障着手,解决好国企改革改制中的矛盾纠纷

(一)广泛宣传教育,统一思想认识。我们在调处国企改制矛盾纠纷工作中,大力开展有关法律法规及政策的宣传教育,充分发挥新闻宣传的舆论导向作用,注重为国企改革和发展营造良好的社会舆论环境。我们深入到职工群众中,向群众详细解释各项政策,做好解疑释惑的工作,取得广大职工群众的理解和支持,尽可能地将国企改革改制中的矛盾纠纷化解在基层,解决在萌芽状态。

(二)落实政策,规范操作。我们督促落实国企改革中的各项补偿安置及时按政策落实到位,职工养老保险和医疗费用预留、职工内退费用预留、因工伤残人员、患重大疾病和"三期"内女职工的安置补助和抚恤费、大病统筹费用等各项费用严格按照市委、市政府《关于进一步深化国有企业改革的若干规定》,把有关费用留足留够,让职工吃下了"定心丸"。

(三)落实保障,扩大就业。一是认真做好职工基本生活保障、失业保险和城市居民最低生活保障"三条保障线"的衔接工作,防止出现脱节现象。深入细致地做好困难职工的帮困工作,将符合条件的贫困职工家庭全部纳入最低生活保障范围。二是认真落实下岗职工再就业的各项扶持政策,提倡非公有制企业吸纳下岗职工,鼓励支持下岗职工自谋职业,自主创业,在工商登记、场地安排、税费减免和资金信贷等方面给予积极支持。努力加强再就业培训和再就业服务,鼓励再就业中介服务机构,通过职业介绍、职业指导等多种形式,为下岗职工实现再就业提供服务。三是高度重视社区建设,帮助社区改善条件,增强社区管理和服务功能,为广大职工居家生活创造便利条件。

三、从依法依据着眼,解决好市场租赁中的矛盾纠纷

我市从20世纪90年代初以来先后建起了专营服装的各类专业市场83个,成为中南地区最大的服装批发经营集散地,从事服装经营的个体户达26739户。因市场租赁引发的合同、押金、税费收缴、市场改造等方面的矛盾纠纷大量存在。我们从依法依据着眼,全力化解这类矛盾纠纷。

(一)规范管理。为适应社会主义市场经济体制的要求,市委、市政府对党政机关直接经营公司企业的问题进行了专项整顿,从而使机关部门与专业市场彻底脱钩,理顺了政府与企业的关系,避免了政府部门既当"裁判员",又当"运动员",为依法依规管理市场打下了基础,也预防和减少了可能产生的个体经营户与政府部门直接的矛盾对立。我们加大了管理力度,在专业市场集中的地方,建立了市场工商、税务分局、市场公安派出所和城管、卫生、计生、劳动等政府服务组织,强化了服务和管理。同时,建立健全了市场内部治保会、调解会、专业治安巡防队等基层综治组织,充分发挥了调处市场矛盾纠纷和治安防范的职能作用。

(二)依法调处。近年来,一些专业市场的业主为扩大经营规模,提升市场档次进行市场改造,引发了大量的矛盾纠纷;因租赁合同到期而引发的合同方面的矛盾纠纷也很多。为化解这方面的矛盾纠纷,我们一方面通过商贸部门、市场协会积极进行协商调处,另一方面积极引导矛盾双方通过法律诉讼途径依法解决。如芦淞区华丽大市场在市场四楼租赁户合同到期后决定对四楼进行消防等方面的整治改造,并准备重新招租,但遭到个体租赁户的拒绝,多次集体上访,围堵市场大门,严重影响了市场的经营秩序。对此,区委、区政府及主管部门主持召开了协调会,通过协商,双方同意"商铺租赁合同纠纷通过法律诉讼途径解决","判决书生效后必须按判决执行",最后通过法院一、二审判决,依法化解了这起矛盾纠纷。近几年,通过法律诉讼途径就化解了十余起租赁合同纠纷。

(三)依法打击。由于少数个体租赁户法制观念淡薄,一段时期因市场租赁矛盾纠纷引发的群体性事件如堵门、堵路、阻工、集体上访等时有发生。我们一方面加大了法制宣传和思想教育疏导的工作力度,一方面加大打击处理力度,对组织策划、为首闹事分子依法打击处理。我市最大的服装市场环洲城在进行一、二楼改造时,一些个体租赁户因租赁押金问题对市场改造进行阻工并破坏市场的财物,公安机关及时调查取证,对为首闹事者进行了打击处理,平息了事态,同时通过协商化解了押金纠纷。

四、从协商调处着力,解决好工农企地间的矛盾纠纷

(一)搞好工农企地共建,预防减少矛盾纠纷的发生。一是经济建设联做,共谋发展事业。我市企业在不断壮大和发展的同时,把开展区域文明共建、扶持地方经济纳入议事日程。近年来,我市企业与乡镇(办事处)合资成立各类联营企业233家,每年为地方创造了近2000万元的利润,解决了近万人的就业问题,不稳定因素大大减少。二是综合治理共抓,共保治安环境。全市企业与企业所在地乡镇(办事处)、居委会、派出所联合,实行联防联治,坚持重点治理,建立健全治安控制网络,以打促防,把专门工作与群众路线相结合,极大地打击了犯罪分子的嚣张气焰,有效地促进了治安环境的稳定,人民群众的安全感明显增强。

(二)建立三级联调网络,确保一般矛盾消除在萌芽状态。一是建立企业与当地村(居)民小组,企业与村(居)调委会、企业与乡镇(办事处)司法所的三级调解网络,明确了机构职能,确定了义务调解员和专职调解员及其相关职责。二是对多发性的矛盾纠纷每月采取"过筛子"的方法排查一次,将排查出的矛盾纠纷进行梳理,登记造册,建立排查台账,每月进行一次汇总通报。经排查没有发现问题的,也要记录在案,实行"零报告"制度。三是规定对所有矛盾纠纷必须及时逐级报告区委、区政府,由区委、区政府汇总后,统一安排与部署,统一政策基调,具体落实到责任人。对突出问题一律由区委、区政府直接督办协调解决,一般性问题主要由乡镇(办事处)企业就地消化,做到纠纷不出厂,矛盾不上交。

(三)完善工作机制,确保重大矛盾及时化解。一是完善工作制度,制定了会议制度、报告制度、信访接待制度和奖惩制度等,印发了排查矛盾纠纷工作手册。二是完善责任制度,形成职责明确的落实机制,进一步强化调处矛盾纠纷"第一责任人"的责任,对问题处理实行"三定":定人员、定责任、定时限。对抓排查调处矛盾纠纷不力、失职渎职酿成严重后果的党政一把手和直接责任人予以通报批评,实行一票否决,直至给予党政纪律处分。三是完善督办制度,建立定期督查与不定期督查制度,每年都组织两、三次市级领导牵头带队的督查活动。还建立了汇总交办、跟踪督办、限期整改的制度,视情况向有关单位下发《矛盾纠纷调处化解责任交办书》、《限期排查、整改重大事件苗头与不稳定隐患书》。

狠抓矛盾纠纷排查调处 优化高校治安环境

中共长沙市岳麓区委　长沙市岳麓区人民政府

岳麓区是湖南省高校密集区,驻区有中南大学、湖南大学、湖南师大等高等院校29所,在校师生20余万人,占全区总人口的50%。2004年,区委、区政府坚持把加强矛盾纠纷排查调处工作作为维护高校社会稳定的大事来抓,全面落实综合治理措施,全力维护高校稳定,全年没有发生一起重大民转刑案件和重大涉校群体性事件,全区高校重大刑事案件、治安事故、民事纠纷都大幅下降,高校师生及周边群众对治安状况满意率上升。我们的主要做法是:

一、健全排调网络,做到预防在先

全区共有11个街道、乡镇,其中有10个街道、乡镇辖区有高等院校29所。驻区高校大都处于城乡结合部,随着高校扩招和后勤服务社会化力度的不断加大,征地拆迁补偿的纠纷增多,各种社会矛盾频发。为根本解决这一难题,我们从抓基层组织、抓基础设施入手,通过构筑起多层次、全方位的矛盾纠纷排调网络,做到排查在前、预防在先,全方位化解涉校矛盾纠纷。

(一)健全基层排调网络。一是健全组织网络。全区11个街道、乡镇均成立了综治维稳中心和司法调解中心,明确了涉校排查调处工作由党(工)委书记亲自抓。各高校内部也建立健全排调组织以及矛盾纠纷排查调处联席会议等制度,定期开展矛盾纠纷排查调处工作。二是健全信息网络。在全区各村(社区)、高校建立了一批基层矛盾纠纷排调信息员。为调动积极性,区、街(乡镇)两级财政每年分别拿出10万元、5~10万元,作为信息员队伍建设专项经费。高校内部的矛盾纠纷排查调解网络与社区的矛盾纠纷排查调解网络及公安内部的情报信息网络并网运作,实现了情报互通,信息共享,确保排调网络“全面覆盖,不留空白”。区委、区政府在全区还实行了“矛盾纠纷举报有奖制度”。凡向有关部门及时报告有效信息的群众,视情给予50~2000元奖励。2004年,高校师生和群众向区、街(乡镇)和区有关部门举报有效信息61起,通过开展工作,使这些矛盾纠纷得到及时化解。三是健全工作网络。各街道(乡镇)普遍实行了综治办、司法所、调解中心、信访室合署办公制度,制定了《矛盾纠纷排查调处协作制度》,进一步明确了各职能部门在高校矛盾纠纷排调工作中的责任。2004年,全区各街(乡镇)、村(社区)、村(居)民小组共调处各种矛盾纠纷847起,成功率97%,防止民转刑案件25件,制止群体性械斗39起,其中,调解涉校纠纷208起,成功率达98%。

(二)着力解决难点问题。一是解决学生校外租房问题。近几年,因高校扩招,学生人数剧增,校外租房学生增多,管理工作不到位,引发了各种纠纷、治安案件,甚至酿成刑事案件。新华社《国内动态清样》曾经披露过此类问题。为此,我们高度重视,针对校外出租房管理工作中的薄弱环节,实行校地联手,强化对学生校外租房的管理,加大学生公寓的建设力度。近几年,共建学生公寓50余万平方米。同时,对在校外出租房住宿的学生,实行定期排查登记,建立台账,并纳入学校、公安、综治、房产部门和当地社区的重点管理目标,加强巡逻防范,开展校地联合检查,促进校外出租房管理措施的落实,有效预防减少了此类矛盾纠纷的发生。二是解决高校周边道路基础设施差的问题。这些年,我区陆续在高校周边新建道路19条,如拓宽了穿越大学城的麓山南路;在大学城与湘江之间修建了一条宽80米、长6公里融防汛、交通、景观于一体的潇湘大道。道路基础设施投入资金119亿元,其中与大学城相关的建设投入60亿元,改变了大学城过去房屋低矮杂乱、交通秩序混乱的状况,受到上级领导、高校师生和当地群众的好评。高校及周边地区治安、交通秩序明显改观,矛盾纠纷大幅下降。三是解决高校扩建征地引发矛盾纠纷突出的问题。围绕解决高校周边带有普遍性的重点、难点问题,由区级领导挂帅、区直部门负责人组成工作组,对重点矛盾纠纷进行专项督促、指导。工作组按照“带着一份责任、带着一股热情、带着一套方法”的要求,采取“包单位(户)、包人、包问题”的方式,与当地干部共同查找原因、共同研究对策、共同调处纠纷。2004年,解决校地纠纷和征地拆迁中的矛盾纠纷83起。四是解决学校周边环境污染问题。针对因学校废水、废渣土对当地村民耕地、池塘、水井的污染,引发校地矛盾,区里专门协调有关部门加大对学校基础设施的改造力度,加强“三废”处理,使学校周边环境污染问题得到较好的解决。

二、落实治本措施,形成长效机制

(一)完善校地联席会议制度。区委、区政府与各高校定期召开联席会议,专题听取高校对学校及周边环境整治工作的意见和建议,协调解决征地拆迁补偿纠纷、基建工程纠纷、环境保护纠纷等影响高校稳定和发展的重点、难点问题。联席会议一般每季度召开一次,遇有特别重大的矛盾纠纷,随时召开。各街道、乡镇综治委与学校保卫处、科(综治办)定期或不定期召开联席会议,协调处理有关涉校矛盾纠纷。2004年,区、街(乡、镇)两级共帮助学校调处解决较大的涉校矛盾纠纷38起。

(二)建立“四长”巡回办公接待制度。区委制定了《关于建立政法战线“四长”巡回办公制度的实施意见》,“四长”巡回办公接待活动由区委政法委组织,区公、检、法、司“四长”参加,以现场办公的形式,定期接待高校师生员工和高校周边群众,及时解决了影响高校师生和周边群众切身利益的矛盾纠纷,有效化解了校地纠纷和校际纠纷,受到高校师生员工和周边群众的一致赞扬。

(三)落实校地共建制度。为了加大涉校矛盾纠纷的调解,维护高校地区的治安秩序,专门成立了岳麓区高校及周边环境整治办公室,负责高校环境常年整治、调处涉校矛盾纠纷。对各类涉校案件和纠纷,整治办坚持“三个优先”(优先查处、优先侦破、优先调解)的原则及处置调解。各高校同当地警务室民警通过“警官信箱”和制作“警务服务卡”等措施,把工作重点放到掌握和解决高校及周边地区涉校矛盾纠纷,确保涉校矛盾纠纷调解工作得到落实。高校建立了整治办、警务室和巡防队,及时发现和处理矛盾纠纷,实现矛盾纠纷排调工作的关口前移。

(四)健全矛盾纠纷排调工作制度。一是对不稳定因素和矛盾纠纷实行“一月一排查”、“一月一台账”、“一月一例会”、“一月一交办”、“一月一督查”的“五个一”的日常运作机制。对高校及周边地区开展经常化的矛盾纠纷排查摸底,对摸排出来的问题,分门别类,登记造册,建立台账。召开工作例会,研究解决重大矛盾纠纷,并交办不稳定因素和矛盾纠纷台账,通过实行交办和督办制度,限期调处化解矛盾。每解决一个问题,相关职能部门、街道(乡镇)和高校就销一个号(即“销账制度”)。对一时解决不了的典型矛盾纠纷,由区综治委实行挂牌督办。二是对重大矛盾纠纷实行“一个问题,一名领导,一套班子,一个方案,一抓到底”的“五个一”的化解机制。对征地拆迁中、校园周边、校际之间和特殊时期发生的重大矛盾纠纷及因热点问题、敏感事件而引发的重大矛盾纠纷,由一名区领导或街(乡、镇)党政主要领导挂帅,组成一个专门班子,深入高校,一抓到底。三是对因矛盾纠纷引发的群体性事件实行“三个出动层次”的现场处置机制。第一出动层次,由区综治办主任牵头,区相关部门负责人和涉及事件的街乡镇分管负责人组成。第二个出动层次,由区委、区政府分管领导牵头,相关部门主要负责人和街乡镇党政主要负责人,以及第一出动层次的人员组成。第三出动层次,由区委、区政府主要领导和一、二出动层次人员组成。2004年,全区没有发生一起因处置不当而激化矛盾的事件。

三、强化各方责任,严格责任查究

(一)落实领导责任。我们把高校及周边地区矛盾纠纷排查调处工作纳入综治领导责任制和目标管理责任制。区委、区政府加大了工作经费的投入,专门拨出矛盾纠纷排调和维稳经费120万元、巡防队经费180万元、高校环境综治经费20万元、平安校园和平安社区创建经费20万元。全区矛盾纠纷排查调处工作实行区级领导、街道(乡镇)领导分片包干负责制,责任领导全面负责指导基层矛盾纠纷排调,协调部门关系、督促解决问题。为切实落实基层党政一把手的责任,区委、区政府和高校周边的街道(乡镇),以及区直有关部门签订了《矛盾纠纷排调责任状》,并制定《关于高校及周边矛盾纠纷排查调处工作的规定》,将担子压到基层党政一把手身上。

(二)严格责任追究。按照"谁主管,谁负责"及"属地管理"原则,我们对矛盾纠纷排查调处工作实行条块"捆绑考核、平行追责"。结合综治目标考核,对区有关职能部门、单位、各高校及大学生公寓投资方、管理者的排查调处工作,按照条块结合的原则,捆绑进行考核。因情报信息不灵,基层调解处置不力,工作措施不落实,导致集体(5人以上)上访的、导致引发重大民转刑案件和重大治安灾害事故的街道(乡、镇)、部门、单位和学校,给予"黄牌警告"或"一票否决",并按照《岳麓区社会治安综合治理领导责任制实施办法》和《岳麓区科级领导干部引咎辞职暂行规定》,追究相关领导及责任人的责任。2004年,区综治委根据年底综治工作检查考核情况,对矛盾纠纷排调措施未认真落实的高校周边的1个街道、3个村实行了"黄牌警告"。

创新民情热线 架通党和人民群众联系的连心桥

中共湖南省双峰县梓门桥镇党委
湖南省双峰县梓门桥镇人民政府

梓门桥镇是娄底市双峰县东陲的一个农业大镇,一度社会秩序混乱,各类矛盾突出,干群关系紧张,群众上访事件频频发生。镇党委、政府认真反思,于2000年年初开通"民情110",并逐步升级完善。5年来,该镇利用这条热线倾听群众呼声,了解社情动态,切实为群众排忧解难,理顺了群众情绪,化解了社会矛盾,转变了干部作风,融洽了干群关系。近年来,该镇无群体性上访、无恶性刑事案件、无重大安全事故、无历史积案,呈现出政通人和、安定团结的良好局面,实现了由"乱"到"稳"的根本性转变。我们的主要做法是:

一、建立载体,开通一条民情服务热线

为了及时掌握社情民意,形成社会治安综合治理的快速反应机制,我镇于2000年2月率先开通了全省第一条乡镇"民情110"热线(6552110),成立了"民情110"办公室。镇里规定:"民情110"实行24小时全天候服务,保证群众随时能够找到人,突发性事件能够及时得到解决;赋予"民情110"办公室自办、交办、督办各类矛盾问题的职责,镇党委、政府每月召开一次社情分析会,及时研究、解答或解决群众关注的热点、难点、疑点问题。对这一做法,省委书记杨正午同志曾给予充分肯定,并向全省推广。几年来,我们不断健全完善"民情110"热线。"民情110"办公室最初重点处理民情信息网络反馈的问题,现在全镇所有社会治安问题都归口到这里处置,工作目标也由"心系基层、服务群众、急事即办、有求必应"扩展到了"疏教管控,预防为主",实现了服务群众与综治工作的有机结合。在工作范围上,也完成了由当初的信息接转、一般问题处理向深层次矛盾解决、重大突发性事件控制、群众权利维护等综合功能转变。现在的"民情110"服务范围更宽,服务水平更高,反应速度更快,处置措施更有效。如2004年8月30日,由于部分村民对"国扶县"与非"国扶县"的学费政策不理解,误以为政府支持学校乱收费,情绪非常激动,如不及时疏导,很有可能转化为数千人的重大群体性事件。"民情110"获知此事后,组织全镇干部连夜进入村民家中作解释、疏导工作,迅速平息了事态。近五年来,“民情110”共受理群众电话5000余个,化解各类矛盾1260余起,其中突发性矛盾283起。群众发自内心地说,“民情110”是老百姓和党委、政府的连心桥。

二、整合力量,构筑一个综合治理网络

(一)切实增强镇机关的综治工作合力。镇里由党委书记任综治委主任,分管副书记任综治办主任,总抓全镇综治工作,强化部门负责人的综治工作责任,并坚持综治工作例会月报制;由“民情110”办公室汇总全镇各类矛盾、纠纷和问题,通过直接批办、交办、督办形式协调各职能部门开展综治工作。

(二)切实提高村级综治工作能力。我镇从镇到村层层配备了综治专干,65个村全部建立了治保会、调委会,治保会、调委会主任分别由支部书记和村主任担任,负责本村社会治安问题、群众矛盾的处理和汇报。同时注意充分发挥村民小组长在综治工作中的作用,从2001年开始,镇里每年组织一次小组长培训班,并对小组长实行目标管理和灵活工资制,每年表彰10名优秀组长,以调动他们的工作积极性。现在,该镇85%以上的问题都能在村组一级解决好,做到了小问题不出村组、大问题不出镇,化解了大量不稳定隐患。

(三)切实加强民情信息员队伍建设。镇“民情110”办公室特地聘请了75位基层工作经验丰富、调处矛盾能力强、群众威望高、热心群众工作、责任心强的老同志担任民情信息员,专职收集各类民情信息,及时为群众解答各种疑难问题和调处矛盾纠纷。为了发挥好民情信息员的作用,镇党委、政府为他们颁发了聘书,并建档案卡,坚持每月召开一次情况碰头会,每季度组织一次培训。这些老同志本身就是群众的一分子,长期与群众生活在一起,与群众心气相通,更能够理解群众的思想感情、表达群众愿望。他们在发挥余热的过程中,也把党委、政府的人文关爱带给了群众,让群众能更真切地感受到党和政府的温暖,在理顺民心、排忧解难上发挥了重要作用。仅2004年上半年,民情信息员就收集民情信息360多条,调解各类矛盾纠纷120多件。

三、明确责任,建立一套矛盾纠纷调处机制

为了增强“民情110”的实际效果,我镇建立了一套行之有效的矛盾纠纷调处机制——“三级四季五定”排查机制。

(一)实施镇、责任区、村“三级”负责制,从空间上消除综治“死角”。我镇将综治工作量化、细化,层层签订责任状,纳入目标管理,严格考核奖惩,实行“一票否决”。具体问题按照“分级负责、逐级落实”的原则进行,属村组解决的由村组解决、属责任区解决的由责任区解决,村组、责任区不能解决的交由镇里。坚持每周一为“一把手”接待日,着重解决热点难点问题,积案、难案、大案均由党政主要负责人挂帅,实行“一个问题、一套工作班子”的办法,限期解决。各责任区的责任落实情况,与目标考核及干部调整、任免直接挂钩。强化村、组在综治工作中的主体作用,对凝聚力不强、综治工作做得不好的村支两委班子进行整顿。同时将组长能力高低和工作好坏与发展党员、村级后备干部培养选拔挂钩,从而有效激发了广大组长的工作热情,使综治触角延伸至最基层,做到了“把隐患消除在基层、把矛盾解决在当地、把群众稳定在辖区”。

(二)开展“四季”排查,从时间上消除综治“空档”。坚持镇、责任区和村三级每季度进行一次集中排查。根据农村工作的实际和综治工作的特点,春季排查安排在春节之后清明节之前;夏季排查安排在“五一”和“双入户”之前;秋季排查安排在农业税收缴之后,国庆节前;冬季排查安排在元旦、春节和人大、政协“两节两会”之前。一个阶段一个阶段实行地毯式排查,不留“死角”,使各类矛盾问题都能及早发现,及早预防,及早解决。

(三)采取“五定”措施,从责任落实上消除综治“软区”。对收集和排查出的问题,进行归纳整理,逐个确定负责人员、确定解决时间、确定职责要求、确定具体目标、确定考核奖惩,并将责任人的工作任务按月分解量化为100分,当月工资奖金所得均按得分比例发放,从而使综治工作与工资奖金和评优评先直接挂钩,大大提高了工作效率。

湖南省社会治安综合治理委员会组成人员

一、省综治委

主　任　孙载夫　省委副书记

副主任　李　江　省委常委、省委政法委书记、省公安厅长

周时昌　省人大常委会副主任

许云昭　省人民政府副省长

章锐夫　省政协副主席

江必新　省高级人民法院院长

何素斌　省人民检察院检察长

二、省综治办

主　任　李定坤　省委政法委副书记

副主任　(空缺)

三、内设机构

省委政法委综治一室

主　任　陈　岭

副主任　戴初生

湖南省市、县(市、区)综治委、办主任名单

地　区	综治委主任	综治办主任
长沙市	秦卓夫	熊晓强
岳麓区	陈泽珲	黄智勇
芙蓉区	张新亮	刘赞乾
天心区	杜　强	王　刚
开福区	柳美景	宋奇志
雨花区	李电晖	刘亚平
浏阳市	梁　仲	宗太友
长沙县	汤定一	黄卫新
望城县	罗衡宁	杨超平
宁乡县	黎石秋	蔡立军
张家界市	刘力伟	陈克定
永定区	邓立佳 余怀民	张世双
武陵源区	许显辉	刘升旗
慈利县	刘　桦	向国耀
桑植县	何其雄	彭清秋
常德市	程海波	姚景平
武陵区	王孝山	陈裕坤
鼎城区	刘　明	梅其伟
津市市	邓德林	黄文勇
安乡县	张开松	余　瑛
汉寿县	杨先平	林　楠
澧　县	燕中炎	邓恢谊
临澧县	吴友云	祝明海
桃源县	魏立刚	廖金松
石门县	朱晓平	刘朝晖
益阳市	张硕辅	张正才
赫山区	蔡建宇	樊冬湘
资阳区	刘亚非	张　旭
沅江市	刘国腾	罗文力
南　县	詹再德	皮跃先
桃江县	王国生	肖东嵘
安化县	卢善勋	夏高林
岳阳市	罗典苏	谢为民
岳阳楼区	刘岳华	卢斌峰
君山区	刘自远	付小勇
云溪区	沈六生	汪早生
汨罗市	张作林	何子勇
临湘市	任冒辉	蒋立建
岳阳县	龙建新	陈业文

地　区	综治委主任	综治办主任	地　区	综治委主任	综治办主任
华容县	胡光前	罗良才	汝城县	范建平	何志成
湘阴县	李立峰	黄群安	桂东县	袁少雄	陈祥发
平江县	陈文林	何秀奇	安仁县	刘跃平	刘爱国
株洲市	刘岁文	陈招生	**永州市**	邓三龙	胡安平
天元区	袁生华	岳仁奇	冷水滩区	冯德校	张贻南
荷塘区	胡开元	凌加强	芝山区	胡冬春	李之游
芦淞区	王剑波	陈晓勇	东安县	唐湘林	季　刘
石峰区	王立平	文　献	道　县	吴昌球	朱正开
醴陵市	陈立耀	傅建雄	宁远县	周国定	肖　平
株洲县	夏昌武	欧阳曦	江永县	何绍云	周利胤
攸　县	朱建设	汤三徕	蓝山县	曹文德	李解忠
茶陵县	陈志大	李爱斌	新田县	邓成胜	乐石明
炎陵县	潘才良	颜良青	双牌县	何世平	廖秀林
湘潭市	颜向阳	谭菊先	祁阳县	蒋明清	王干劲
雨湖区	邓建农	王永龙	江华县	黎世民	徐茂军
岳塘区	陈运昌	许志安	**邵阳市**	肖刚强	徐光旗
湘乡市	谭文生	周向集	双清区	陈艳平	张曙辉
韶山市	张德胜	彭学清	大祥区	洪振华	覃立雄
湘潭县	刘清林	周继宗	北塔区	倪吉爱	邹国平
衡阳市	谢青生	曹洁模	武冈市	杨安成	宋志刚
雁峰区	杨双华	隆学习	邵东县	王长忠	贺健民
珠晖区	段志刚	杨通凡	邵阳县	申建伟	罗建平
石鼓区	邓　柯	尹为禹	新邵县	龙黎明	刘黎明
蒸湘区	李安平	钟柏喜	隆回县	艾方毅	廖海湘
南岳区	李万情	刘永忠	洞口县	赵清云	谭国成
常宁市	雷雨时	唐旭胜	绥宁县	黄民清	伍华仁
耒阳市	符成安	徐望瑞	新宁县	王铭祥	周　尧
衡阳县	邹文辉	高孝益	城步县	何培云	熊少华
衡南县	李荐国	罗友平	**怀化市**	方新琪	田定国
衡山县	钟再群	孙会文	鹤城区	杨正坤	杨国喜
衡东县	周正雄	赵自文	洪江市	周基友	覃志顺
祁东县	周文汇	陈小云	沅陵县	罗建章	李宗志
郴州市	谭　平	曹兰成	辰溪县	唐晓军	周福金
北湖区	李建平	曾晓勤	溆浦县	舒恒生	杨道俊
苏仙区	李太平	胡贵成	中方县	潘存福	夏　华
资兴市	黄湘鄂	蒋晓明	会同县	蒋亚文	向晓波
桂阳县	李建军	欧阳继军	麻阳县	谭长显	唐国钧
永兴县	许永金	李泽林	新晃县	张家茂	黄晴轩
宜章县	肖　峰	黄继茂	芷江县	唐成云	曾建秋
嘉禾县	李向国	肖　雄	靖州县	杨小京	林长万
临武县	曹立耕	雷源胜	通道县	杨陵俐	杨进朝

地　区	综治委主任	综治办主任
洪江区	李玉豪	任晓虎
娄底市	胡旭曦	陈光明
娄星区	陈明华	肖　明
冷水江	潘二寿	曾胜利
涟源市	易志祥	吴应明
双峰县	袁明国	彭丰高
新化县	刘　力	邹　林
湘西自治州	王承荣	龙德忠
吉首市	万波平	师明社
泸溪县	张大厚	包荣华
凤凰县	罗　明	周　奇
花垣县	卢向荣	曾　鸣
保晋县	罗亚阳	全朝富
古丈县	高文化	张仕金
永顺县	田　轶	颜泳仕
龙山县	向能武	欧昌华

（撰稿人：金　雷
审稿人：李定坤　王雪鹏）

广　东　省

2004年社会治安综合治理工作概况

2004年，广东省认真贯彻落实中共中央、国务院和中央综治委关于进一步加强社会治安综合治理工作部署，结合我省实际，全面推进社会治安综合治理各项措施的落实。

（一）党委政府指导思想明确，倾力狠抓综治工作。各级党委政府始终把社会治安综合治理作为落实科学发展观、构建和谐广东的重要举措。中共中央政治局委员、省委书记张德江多次强调，要大力加强社会治安综合治理，坚持不懈地开展严打整治斗争，下大力气搞好社会治安防控体系建设。省委常委会多次召开专题会议，听取维护稳定及社会治安综合治理工作汇报，研究加强维稳及综治工作的措施。2004年4月，省委、省政府召开全省社会治安综合治理工作会议，全面部署社会治安防控体系建设工作；2004年6月，省维稳及综治委下发《关于社会治安防控体系建设的指导意见》。省委副书记、省纪委书记、省维稳及综治委主任王华元多次主持召开有关综治方面的工作会议，亲自部署开展打击毒品犯罪、打击"两抢一盗"、打击街头犯罪和"严打百日行动"等工作。省人大内司委、省维稳及综治办联合开展立法调研，并进行《广东省社会治安综合治理条例》草案的起草工作。

（二）层层落实社会治安综合治理领导责任制。社会治安综合治理工作，领导责任制是龙头，是推动综治工作措施真正落到实处的"牛鼻子"。2004年6月，省委办公厅、省政府办公厅转发《关于切实加强维护稳定及社会治安综合治理工作的意见》，进一步明确各级党政主要领导是本地区、本部门社会治安综合治理的第一责任人，分管领导是直接责任人，班子其他成员对所分管工作的社会治安问题负领导责任。各级党委、政府要把社会治安综合治理工作纳入经济社发展的总体规划，纳入党委、政府的重要议事日程。各市、县（区）、乡镇（街道）普遍建立由党政主要领导亲自挂帅的综合治理领导机构，形成了党政领导亲抓综合治理的局面。2004年，全省21个地级市124个县（区）1710个乡镇（街道）基本上建立了社会治安综合治理领导机构，绝大多数由党政主要领导任综治委主任。同时，各地由党政主要领导或分管政法、综治工作的领导同所属地区、部门领导层层签订目标管理责任书，明确综合治理工作的目标、措施、要求，把综合治理的责任落实到村（居）、工厂、学校等基层单位。并每年组织一次综治检查考核，对因失职、渎职或工作不力导致治安长期混乱和发生危及社会稳定的重大事件的地区和单位，坚决实行综合治理一票否决，严肃查究有关领导的责任。

（三）深入开展严打整治斗争。我省社会治安综合治理工作，始终把"严打"放在首位，保持对严重刑事犯罪的高压态势。持续不断打击严重暴力性犯罪、黑恶势力犯罪、毒品犯罪和"两抢一盗"犯罪。大力整治治安重点地区和突出治安问题。2004年，先后组织开展了打击"六合彩"赌博、打击传销和变相传销、打击街头犯罪"百日行动"、打击淫秽色情网站、打击整治境外卫星电视传播秩序、扫除"黄赌毒"等专项行动。开展了打击地下钱庄、打击虚开货物运输发票和制售假发票等涉税违法犯罪、打击制贩假币犯罪等专项斗争。各级政法机关充分发挥职能作用，对各类违法犯罪活动的打击力度不断加大，破案、追逃、批捕，起诉、判决的绝对数明显提高。省里确定的140多个重点乡镇（街道）突出治安问题得到有效整治。

（四）采取综合治理措施专项整治治安突出问题。2004年，我省继续加大对毒品犯罪、利用"六合彩"赌博、非法传销和非法机动车等治安突出问题的整治力度。一是全面持续加大禁毒工作力度。2004年9月,省委省政府召开全省禁毒工作会议,提出了“提高认识、教育为先、严厉打击、全员收戒、综合治理”的禁毒工作方针。全力开展“集中收戒吸毒人员专项行动”,大抓戒毒场所增容扩建工程,全省共新建和扩建强制戒毒场所49间、劳教戒毒所14间,戒毒床位达8万张。禁毒工作经费纳入各级财政预算,2004年省在财政预算中专门拨出4亿多元资金用于戒毒场所建设。二是大力打击整治利用“六合彩”赌博活动。各级党委、政府和政法公安机关采取各种有效措施,持续不断打击整治利用“六合彩”赌博活动。“六合彩”赌博活动蔓延发展的势头已得到有效遏制。同时,各地还积极探索对利用“六合彩”赌博活动进行标本兼治、综合治理,建立和完善打击、防范的长效机制。省综治委、公安厅排出18个利用“六合彩”赌博问题突出的县(区、市)进行挂牌整治。2004年7月,省维稳及综治委先后召开综合治理“六合彩”赌博问题现场会和全省电视电话会议,在全省推广茂名化州市对利用“六合彩”赌博活动进行标本兼治综合治理的经验做法。三是持续不断地开展打击清理非法传销活动。全省开展了为期5个月的打击非法传销和变相传销整治专项斗争,工商、公安等部门密切配合,端窝点、查源头、摧网络,依法惩处传销和变相传销活动的组织者、策划者和幕后指挥者,及时查处社会影响大、涉案地区广、社会危害严重的大案要案,坚决取缔从事传销和变相传销违法活动的企业,严厉打击境外传销企业入境组建网络、发展人员、开展传销活动。共清查传销窝点5500多个,清理遣返传销人员6.6万名,抓获传销头目370多个,破获重大非法传销、变相传销案件20起,涉案金额2亿多元。四是大力整治非法机动车。各地特别是珠江三角洲地区开展了大规模的整治非法机动车专项行动,采取宣传教育、清理整顿、打击取缔、堵导结合等措施,组织有关职能部门进行大规模的联合清理整治,积极探索综合管治、从源头上解决问题的路子。深圳市、广州市分别扣查“黑摩”30多万辆、销毁10多万辆;东莞市扣查5万多辆、销毁2万多辆。加强对机动车修配、拆解和交易市场的日常监管,封堵非法机动车源头。各地把停车场建设纳入城市建设总体规划,统一布建,规范管理,完善保管制度和防范措施。广州、深圳等地通过地方立法,限制摩托车在重要路段行驶,控制摩托车上牌,逐步萎缩摩托车营运市场。

(五)深入开展矛盾纠纷排查调处工作。我省继续把排查矛盾纠纷、化解不稳定因素作为维护社会治安稳定和加强社会治安综合治理工作的基础性工作来抓,不断加大工作力度。并逐级建立健全了矛盾纠纷排查调处工作机制和责任制度,市、县每月排查一次,乡镇(街道)每十天排查一次,坚持定期排查调处、专项排查调处工作制度,落实排查调解责任制。适时开展对突出问题的专项治理。2004年9月,省委常委会专门听取维稳及综治委关于全省维护社会稳定工作情况汇报,根据湛江市历史遗留问题较多、矛盾纠纷突出的情况,省委副书记、省纪委书记、省维稳及综治委主任王华元在湛江市主持召开现场办公会议,研究如何进一步做好湛江市维护社会稳定工作,并由省里组派四个工作组到湛江进行专题调研并向省委提出解决方案。根据中央的统一部署,我省成立农村土地征用问题、城镇房屋拆迁问题、国有企业改制问题、涉法涉诉问题、企业军转干部和伤残复退军人问题、非法集资等金融风险问题和处理突发群体性事件等7个专项工作小组,加强专项工作调处。

(六)深入推进社会治安防控体系建设。2004年4月,省委、省政府召开全省综治工作会议,落实中央综治委“南昌会议”精神,进一步部署在全省推进治安防控体系建设,着力推进五张治安防控网络。6月,省维稳及综治委制定下发《关于社会治安防控体系建设的指导意见》,就治安防控体系建设的指导思想、总体任务和目标、工作内容、工作要求等作了明确规定。各地都成立治安防控体系建设领导小组,制定工作方案,开展试点,分步实施。各地各部门在治安防控体系建设中,狠抓防范、管理、教育等环节,深入推进青少年违法犯罪社区预防计划和社区、村(居)防毒、减毒计划,落实刑释解教人员安置帮教措施,大力开展安全小区、无毒社区、警校共建等活动。全省以110为龙头的社会面接处警机制和社会联动应急机制不断完善,“五张治安防控网络”建设已初具雏形。

(七)积极探索加强对流动人口和出租屋的服务管理。针对全省流动人口数量多达(3000多万）、流动性较强、身份比较复杂以及出租屋分布面广、类型多样等特点，我省积极调整管理措施和手段，以珠江三角洲为重点，以出租屋管理为切入点，进一步建立健全管理机构，强化流动人口、出租屋日常管理和信息化管理，强化登记、办证、建档、协查等基础环节。广州市、东莞市在各级政府办公厅（室）内设出租屋管理办公室，深圳市在各级维稳及综治办设立出租屋综合管理机构，负责对出租屋和流动人口的服务管理。各地积极依靠乡镇、街道治安联防队伍以及居（村）委治保会等社会治安辅助力量，不断加强户口协管员队伍的建设，层层落实工作责任制，对出租屋实行旅业式、庭院式以及小区式管理，有效及时地掌握了流动人口和出租屋的治安动态。

（八）大力加强综治基层组织和群防群治队伍规范化建设。2004年4月，省维稳及综治委、省编办联合下发《关于加强乡镇、街道社会治安综合治理基层组织建设的实施意见》，规定各乡镇、街道设立维护稳定及社会治安综合治理委员会及其办公室，维稳及综治委主任由乡镇、街道党（工）委或政府（办事处）主要领导担任；维稳及综治办由乡镇、街道党（工）委分管政法工作的副书记兼任，配专职副主任1人，公安派出所所长、司法所所长、人民武装部部长可兼任副主任；乡镇、街道维稳及综治办要配齐配强专职干部。全省1710个乡镇（街道），目前已有1606个乡镇、街道建立了维稳及综治委；1701个乡镇、街道建立了维稳及综治办，配备有专职副主任1320名，现有专职工作人员2588名，兼职工作人员2966名。全省已有各种群防群治队伍近66万人，军警民联防、“三安”（公安、治安、保安）联动、“一日义务警察”巡逻以及路街巡逻、邻里守护、店铺联防等多种形式的治安联防活动在各地普遍开展。佛山市、惠州市和广州市黄埔区、深圳市宝安区按照统一招收、统一培训、统一保障、统一使用、统一管理的要求，对治（保）安队伍逐级整合，规范管理，使其成为维护社会治安的重要辅助力量。

社会治安防控体系建设情况

为进一步规范和推进社会治安防控体系建设，2004年，省维稳及综治委印发了《关于社会治安防控体系建设的指导意见》，要求各地用三年左右的时间，建立党委、政府领导，综治部门组织协调，公安机关为主力军，以社会面巡逻防控网络为骨干，楼院小区自防自管相配套，重点行业场所管理控制为依托，人口管理为基础，道德法制教育为根本，点线面相结合、人防技防物防相结合的社会治安防控体系。通过全面加强和完善治安防控体系，大力增强预防、控制和发现、打击违法犯罪的能力，有效稳定治安形势，确保刑事发案总量保持平稳，社会面“两抢一盗”等多发性案件升幅下降，入室盗窃案件下降，力争少发生重大恶性案件；使人民群众的安全感不断增强，对社会治安工作的满意度稳步上升。各地按照省的要求，细化方案，着力布建“五张治安防控网络”（即社会面巡控网络，重点要害部位、人群密集公共场所管控网络，社区治安防控网络，机关团体企事业单位内部安全防范网络和各种边缘地区的治安联防网络）。尤其是针对社会面“两抢一盗”增多的情况，着力加强社会面防控机制建设。

一是加大警力投放，各地新招警力基本上都投放到巡警和派出所。建立以社区（村）委会为主体，以责任区民警为骨干，以社区（村）治保会、治安队、外来暂住人员户口协管员、义务治安员等群防群治队伍为辅助力量的治安防范网络，以维护社区治安为重点，落实人防、物防、技防措施，防范和打击抢劫、抢夺，人屋盗窃等多发性犯罪，实现以小治安促进大治安。各地全面实施社区警务战略，大力推进社区警务建设，促进警力下沉，警务前移。全省社区要于今年底前全部建成社区警务室，全面实施社区警务。

二是增加专职巡逻守点治安联防队员。各地政府出资招聘，其中广州市招了6500人，深圳市、东莞市各招了一万名,粤东、粤西、粤北不少市、县也从复退军人等人员中招收了数量不等的专职治安队员(有的叫"辅警"),投放于市区和县城镇的社会面巡逻防控。

三是加强视频监控系统建设。去年以来,我省一些经济条件较好的市、县、镇在城市、城镇重点区域、部位和进出城市主要路口安装了视频监控系统,如广州市三分之一的社区开展了这项工作,东莞市新拓展的东城、南城区也大面积覆盖,此举在快速反应抓捕现行作案人员、现场取证、威慑犯罪和事后倒查破案等方面发挥了重大作用。省维稳及综治委要求珠三角各市将作为搞好社会治安的一项战略性措施,纳入城市建设总体规划,同步建设,同步推进,布建的重点是城市街道和机场、车站、码头、地铁、公园、广场等公共场所和人员密集场所,力争两年内构建起信息互通、资源共享、技术兼容、系统完善、覆盖全面,能够有效地对社会面实施24小时控制的社会治安视频监控网络,进一步强化社会面治安防控,全面提高有效预防和精确打击犯罪的能力。

四是推行网格化责任区巡控和便衣专业队勤务模式。将责任区内发案升降、现行抓捕率与巡警、治安队员工作成绩考核奖惩挂钩。东莞城区公安便衣伏击队抓现行占该区抓现行数的6成。

五是整合规范治安队管理。特别是佛山、惠州及广州黄埔区、深圳宝安区全面推行"五统一"管理,效果更好。

开展平安建设情况

广东省率先在全国开展安全小区创建工作,十多年来,按照中央综治委的部署和要求,各地坚持以安全为重点、以文明为基础、以群众满意为目标,因地制宜地推进安全文明小区创建工作,经过不懈的努力,全省安全小区的覆盖面不断扩大,创建内涵不断拓展,创建的质量和水平不断提高,创建效果越来越好。到2004年年底,全省共创建安全小区5万多个,覆盖了80%以上的人口、70%左右的地区,小区达标率约40%。据不完全统计,连续两年实现了"零发案"的安全小区达20%左右。去年年底,适应我省社会经济发展的要求,适应广大群众对社区治安、文化、精神等方面的需求,省委在九届六次全会上作出了创建"和谐平安社区"的重大部署,把"和谐平安社区"创建活动作为建设"经济强省、文化大省、法治社会、和谐广东"的一项基础工程。

一、安全小区创建的主要做法

(一)加强领导,落实责任。各地将安全小区建设纳入当地社会经济发展的总体规划,形成了党政主要领导亲抓,有关部门齐抓共建,组织和发动群众积极参与的局面。在创建工作中,各地坚持领导挂点抓创建责任制,市、县(区、市)、街道(镇)和市、区有关部门主要领导、每年都要挂点负责1个至2个小区的创建工作,并把领导挂点创建和安全小区建设成效作为各级各部门主管领导、直接责任人年度考核的重要内容和社会治安综合治理考核的重要指标,挂点小区验收不达标的,挂点领导当年年终考核不能评为优秀。各级挂点领导经常深入挂点小区检查指导,帮助解决创建中遇到的困难和问题,促进了创建工作的落实。

(二)不断丰富安全小区建设内涵。各地在安全小区创建中,始终以安全为首要任务,不断完善以保安队伍为骨干、群众义务联防为基础、人防物防技防相结合的治安防范体系,规范流动人口和出租屋管理。并根据治安形势的发展要求,不断丰富小区创建的内涵,拓展小区创建的内容,把安全小区建设与精神文明建设、创建"无毒社区"、防范邪教和布建治安防控网络以及社区疾病防治体系建设等结合起来,不断推进小区建设跃上新台阶。

(三)不断完善小区创建的长效工作机制。各地在安全小区创建中,坚持"属地管理"和"谁主管谁负责"原则,形成了"党委政府统一领导、综治部门组织协调、公安机关为主力、部门单位各负其责、广大群众共同参与"的工作机制。公安部门一直把安全小区建设作为一项重要的治安基础工作来抓,始终担任着小区创建工作的主力军。宣传、城管、司法、民政、工商、卫生、文化、环保、禁毒、防范邪教等部门各司其职,互相配合,充分发挥了创建方面军作用。同时,广泛宣传发动,不断提高居民群众参与创建的积极性,把小区创建工作同群众的切身利益结合起来,实现了由"要我建"到"我要建"的转变。为巩固和发展安全小区的创建成果,各地积极倡导和推进物业化管理,发挥物业管理机构在维护治安、环境美化、卫生保洁、配套服务等方面具有的专业优势,实现安全小区创建机构与物业管理机构二者的紧密结合和良性互动。

(四)不断拓展创建经费筹措渠道。我省各地尽管经济发展情况不同,条件和基础不一样,但都舍得投入,按照"四个一点"(即政府财政拨一点,受益单位出一点,居民住户出一点,开展便民服务解决一点)的原则想方设法筹措创建经费。广州、深圳、东莞、中山等经济比较发达的地区,地方财政投入比较多,经费比较有保障;惠州、肇庆、韶关等经济欠发达地区坚持从实际出发,因陋就简,通过发动单位和个人捐一点,开展有偿服务补偿一点等方法,保障基本的创建经费;清远、云浮等比较贫困的地方,则多采取组织群众义务巡逻、象征性补助等方式,投资很少,效果也不错;实行物业管理的小区,创建经费普遍有保障。

(五)坚持定期检查验收。各地形成了"规划、创建、检查验收、命名授牌"的安全小区创建基本模式。各县(市、区)每年都组织对新创建小区进行检查验收,并将检查和复查情况向市综治办进行汇报,对达标的小区进行申报,市综治办每年对申报达标的小区进行一次检查,检查合格的,统一命名授牌。

(七)实行动态管理。坚持达标小区定期复查和摘牌制度,不搞小区达标"终身制"。各地每年对已达标小区进行一次复查,对出现滑坡的达标小区发出黄牌警告通知书,责令限期整改;对问题比较突出的达标小区进行摘牌、降级处理。实行摘牌、降级和限期整改制度,确保了安全小区创建的质量和水平,对改变落后小区面貌、提高全市小区建设水平,起到了重要的促进作用。2004年省维稳及综治委对2002年挂牌的100个"广东省优秀安全小区(社区)"进行了复查。

二、开展和谐平安社区建设的基本情况

广东省委、省政府对和谐平安社区创建工作非常重视,专门在省委九届六次全会上进行部署,要求各级各部门把和谐平安社区建设作为建设和谐广东的一个重要载体,作为一项基础性工程来抓。去年年底召开的全省政法工作会议对和谐平安社区创建活动作了原则部署,要求各地在认真调查研究的基础上,开展试点创建活动。到目前为止,各地已基本完成了调查研究工作,并逐步制订了创建规划和创建方案,试点创建工作正在有条不紊地进行中。

和谐平安社区创建工作的总体目标是胡锦涛总书记在中央党校省部级主要领导干部培训班上提出的"民主法治、公平正义、诚信友爱、充满活力、安定有序、人与自然和谐相处",具体目标要求是:社区治安良好;社区精神高尚;社区管理完善;社区服务优质;社区环境优美。通过开展创建活动,打造一个个文明法治、稳定和谐、谅解宽容、适宜居住创业的社区。

和谐平安社区创建的具体内容包括社区治安、社区精神、社区管理、社区服务、社区环境等,具体包括以下几方面的工作:

(一)完善创建工作机制。建立健全党委领导、政府负责、部门协同、基层自治组织充分发挥作用、居民群众积极参与的创建工作格局。形成"邻里互助、尊老爱幼、帮孤济贫、相互信任、宽容谅解、和谐相处"的文明高尚的社区精神;各项管理机制规范完善、服务体系健全;社区环境优美,卫生良好;等等。

(二)整合社会各方面的资源。一是整合资源,充分利用社区内的硬件设施,实现资源共享,发挥现有资源的最大功效;二是整合力量,把各方面的力量整合起来,工作一起做,劲往一处使。三是整合工作,把各项进社区的工作整合起来,统一到和谐平安社区的创建工作上来。

(三)重点围绕"平安"做文章。平安是和谐的基础,和谐平安社区创建活动要以平安创建为突破口。社区平安,至少要达到以下的基本要求:社区内不发生重大群体性事件,不发生法轮功等邪教组织重大滋事事件,不发生重大安全生产事故,矛盾纠纷得到及时妥善调处。不发生重大恶性刑事案件,刑事发案应在本县(区)平均发案数以下,抢劫、抢夺、入屋盗窃等可防性案件得到有效控制并逐年有所减少,等等。社区平安关键是要搞好社区治安防范,布建严密的社区治安防控网络,每个社区都要有一支群防群治队伍,开展邻里守望和24小时全方位的巡逻防范,不断挤压违法犯罪的空间。

(四)培育和弘扬文明高尚的社区精神。社区精神是社区的根、社区的魂,是社区的凝聚力所在。通过开展志愿者服务、社区"公开日"等各种形式的社区公益活动,不断增强社区居民间的亲和感,建立社区的认同感,营造"共居一地,共建和谐,共保平安,共促繁荣"的理念。

(五)加强社区管理。建立完备的社会化社区管理模式,建立以服务群众为重点的网络化的社会管理机制。一是充分发挥镇街党委、政府和社区党支部在和谐平安社区创建活动的领导核心作用;二是充分发挥政府各职能部门在创建活动的指导作用;三是充分发挥村(居)委会的组织协调利益、化解矛盾、排忧解难等作用;四是充分发挥社团组织、行业组织和各种中介组织的服务作用;五是发挥居民群众在创建活动中的主体性作用。理顺社区关系,抓好社区党建工作,扩大社区民主自治,充分发挥社区居民代表大会、议事监督机构的作用,逐步实现社区居民自我管理、自我教育、自我服务、自我监督、自我约束。

(六)完善社区服务。建立完善的社区服务体系,健全各项服务制度,配备完善的娱乐设施。合理配置社区资源,拓宽社区服务领域,完善社区服务功能,促进社区服务网络化和产业化。组建社区志愿者和社区义工队伍,建立社区"义工银行",为居民群众提供医疗、卫生、保险、维修、法律援助等全方位、优质高效、便利快捷的服务,为居民在社区的生活、工作搭建良好的服务平台。

(七)创造优美的社区环境。发展社区卫生事业,创造净化、绿化、美化的社区环境。把城市卫生工作的重点放到社区,加强社区卫生服务站点的建设,积极开展以疾病预防、医疗保健、计划生育等为主要内容的社区卫生服务。提高社区居民的环境保护意识,保证社区内公共场所整洁、市政设施良好、道路交通畅通,排水设施完备,垃圾清理及时,无严重噪音污染。积极开展绿化、美化社区活动,营造绿色环保社区。

开展重点整治和"严打"专项行动的情况

2004年,建立了分级排查整治工作制度。规定省、市、县(区、市)半年排查整治一次,排查整治工作由各级维稳及综治委牵头组织。对排查确定的治安重点地区和突出治安问题,实行上一级综治委挂牌整治和领导挂点负责制,加强对整治工作的组织领导,做到每个重点地区(部位)和问题都要有一套整治工作目标方案、一名责任领导、一个解决期限,确保整治工作取得实效。在整治工作中,坚持突出重点,标本兼治,提高工作的针对性和实效性。各级综治部门把排查上报和整治治安重点地区和突出治安问题的工作情况,作为综治工作检查考评的一项重要内容,加强检查督导,对工作措施不落实,整治工作没有达到预期目标的,严格社会治安综合治理"一票否决权制"和责任查究制的有关规定查究责任。2004年,省里把湛江雷州市、茂名高州市以及140多个乡镇、街道、部位作为省挂牌整治的重点地区,把非法摩托车、收旧修理行业和娱乐服务场所作为重点行业进行集中整治。在整治雷州市社会治安工作中,省、市、县三级联合组织开展了代号为"春雷3号"的专项整治行动,以打恶除霸为重点,打掉了一批犯罪团伙,破获了一批多年积案,抓获了一批犯罪分子,使雷州市社会治安明显改善。在整治非法摩托车工作中,广州市、深圳市分别查扣了无牌无证、假牌假证等各类非法摩托车30多万辆、销毁10多万辆,有力地压减了路面"两抢"等犯罪的发生。同时,省里还排查出"六合彩"赌博和其他私彩赌博严重的18个县(市、区),发出《"六合彩"等赌博活动重点地区整改通知书》，由省维稳及综治委挂牌督办，进行专项整治。经过集中整治，90%以上的重点地区治安面貌得到有效改观，10%的地区治安面貌基本改观，群众安全感大大增强。普宁、陆丰市被国家禁毒委摘掉了“全国禁毒重点整治地区”的帽子。

根据全省的治安实际，不断加大打击和整治力度，始终保持“严打”高压态势。先后组织开展了严打街头犯罪百日行动、侦破命案行动、严打整治冬季攻势、打击淫秽色情网站、打击整治非法生产销售安装卫星电视接收设施等一系列专项斗争和专项行动。在珠江三角洲地区开展扫除黄赌毒专项斗争，加强与港澳警方的合作，重点整治娱乐服务场所涉黄赌毒问题，取得了明显成效。2004年，全省共立刑事案件514507起，同比下降0.5%；其中抢劫、抢夺、盗窃三类侵犯财产案件45万余起，同比下降3.7%。抓获各类犯罪嫌疑人146273名，同比增多13.6%；共侦破当年刑事案件178984起，同比增多10.6%。八类严重暴力性犯罪致人死亡案件的总破案率达到80.3%的高位，有55个县(市、区)发生的命案全部破掉。批捕、起诉犯罪嫌疑人和审结刑事案件、判处犯罪分子的数量，同比均有较大幅度的增长。全省有9个市刑事发案同比下降。

进一步加大打击经济犯罪力度，维护社会主义市场经济秩序。2004年，全省共破获经济案件4115起，抓获犯罪嫌疑人5457名，涉案金额137亿元。重点打击非法传销、金融犯罪、涉税犯罪、制贩假币、假烟等经济犯罪。全省开展了为期5个月的打击传销和变相传销专项行动，共清查传销窝点5500多个，清理遣返传销人员6万多名，抓获传销头目370多名。广州、江门、中山、阳江、湛江、肇庆、云浮等地公安机关共破获重大非法传销、变相传销案件20起，涉案金额2亿多元，有效地遏制了各类传销和变相传销违法犯罪活动在我省蔓延、上升的势头。在珠三角地区开展打击地下钱庄“春季行动”，捣毁地下钱庄34个，扣押、冻结涉案资金人民币2890万元、港币133万元。

中共广东省委办公厅、广东省人民政府办公厅转发《关于切实加强维护稳定及社会治安综合治理工作的意见》的通知

(2004年6月17日)

各地级以上市党委、人民政府，各县(市、区)党委、人民政府，省委各部委，省直各单位，省各人民团体，中直驻粤各单位：

省维护稳定及社会治安综合治理委员会《关于切实加强维护稳定及社会治安综合治理工作的意见》已经省委、省政府同意，现印发给你们，请结合实际，认真贯彻执行。

关于切实加强维护稳定及社会治安综合治理工作的意见

（2004年5月8日）

为深入贯彻"三个代表"重要思想和党的十六大及十六届三中全会精神，树立和落实科学发展观，促进我省经济社会协调发展，现就加强维护稳定及社会治安综合治理工作，提出以下意见。

一、把维护稳定及社会治安综合治理工作摆在重要位置

1. 必须高度重视维护稳定及社会治安综合治理工作。各级党委、政府要充分认识新形势下加强维护稳定及社会治安综合治理工作的重要意义，牢固树立稳定压倒一切的政治意识，切实增强紧迫感、责任感和使命感，把维护稳定及社会治安综合治理工作摆在重要位置。党政主要领导对维护稳定及社会治安综合治理工作必须亲自部署，重大问题亲自解决，重要事项亲自督促落实，为我省经济社会加快发展、率先发展、协调发展提供有力保障。

2. 认真落实维护稳定及社会治安综合治理领导责任制。各地各部门领导班子一把手是第一责任人，分管领导是直接责任人，班子其他成员对所分管工作的社会稳定问题负领导责任。要把做好维护稳定及社会治安综合治理工作作为各级党委、政府和各部门领导干部的任期目标，作为考核各地各部门领导干部工作实绩的重要依据，并与职务升降、奖惩挂钩。各级组织、人事部门在考核党政主要领导和分管治安工作的领导干部工作实绩，办理评先授奖事项时，应征求所在地区及上级维护稳定及社会治安综合治理委员会的意见。

二、构建和完善打防控一体化的治安工作格局

3. 进一步提高"严打"实效。不断探索改进"严打"斗争的组织方式和工作方法，建立和完善区域性"严打"协作、定期排查整治治安重点地区和突出问题、政法部门办案协调、"严打"质量考评、治安信息监测通报、治安形势研判预警、科学的工作决策部署和"严打"激励保障等一系列机制，把"严打"方针落到实处，保持严厉打击严重刑事犯罪的高压态势。

4. 构建社会治安防控体系。克服"重打轻防"的倾向，把思想认识、工作重点、警力配置、经费投入、考核奖惩等切实转移到"预防为主"上来。构建有效预防和及时发现打击各种违法犯罪活动的社会治安防控体系，努力预防和遏制犯罪。省制定全省社会治安防控体系建设总体规划，各市、县(市、区)和乡镇(街道)分级制定实施方案，按不同层面、不同阶段分解工作目标任务，有计划、有步骤地予以实施。

推进社会治安防控体系建设，一要和城市建设紧密结合，把治安防控设施作为城市基础设施和建筑设计施工的组成部分，同规划、同落实。二要和社区建设紧密结合，健全社区基层组织，整合社区治安资源，提高社区的整体防范水平。三要和社会主义精神文明建设紧密结合，增强群众的道德法制观念和治安防范意识，大力弘扬见义勇为精神，形成维护治安人人有责的社会氛围。

5. 建立和完善"五张治安防控网络"。2006年前，各级要建立和完善社会面的治安防控网络，重点要害部位和特殊行业、公共复杂场所的治安管控网络，社区治安防控网络，机关、学校、企事业单位内部的安全防范网络和各种边缘地区的治安联防网络。

6. 大力加强道德法制教育工作。扎实推进普法工作，落实《公民道德建设实施纲要》。大力推进青少年违法犯罪社区预防计划和村(社区)防毒、减毒计划。采取"送法上门"的办法，有针对性

地加强民营企业和外资企业劳资双方的依法维权教育和守法教育。结合文化大省建设，把道德法制教育寓于各种文化建设活动中。各市、县(市、区)要抓紧新建和完善一批道德法制教育活动场所和载体，有条件的地方，应建有一个禁毒教育基地和一所禁毒教育示范中学；不断推进和完善中小学校聘请兼职法制副校长工作；在试点的基础上，争取每个市、县(市、区)都建立起青少年维权中心；依靠工青妇群众团体、关工委和基层组织，广泛开展群众性"四禁"(禁毒、禁赌、禁黄、禁邪教)活动。

7. 深化对违法犯罪人员的改造转化工作。落实刑释解教人员和戒毒出所人员出监出所的衔接管理措施。组织家庭、基层组织和社会力量，加强对刑释解教人员和戒毒出所人员的安置帮教工作。大中城市要探索组建专业性社工队伍和志愿者(义工)队伍，采取专人帮扶等形式，承担日常帮教工作。制定对刑释解教人员就业安置的扶持政策，促使他们尽快融入社会，最大限度减少重新违法犯罪。

三、加大社会管理和整治力度

8. 加强流动人口和出租屋管理工作。按照"创新机制，加强管理，优化服务，促进发展"的方针，建立"政府领导、部门参与、齐抓共管、综合治理"的管理格局。省、市、县(市、区)建立流动人口治安管理议事协调机构，外来人口和出租屋集中的乡镇(街道)、村(社区)可根据实际需要建立专门的管理服务中心(站)，每百户左右出租屋配一名协管员。

9. 大力整治非法机动车。全面清缴无牌无证、假牌假证、套牌套证摩托车。对非法拼装以及来路不明的摩托车，一律收缴销毁。大中城市要结合实际，逐步限制摩托车行驶，严格管控摩托车营运市场。探索建立堵导结合的长效管理机制，落实工商、交通、公安等部门的管理责任，加强对机动车修配、拆解和交易市场的日常监管，封堵非法机动车源头。完善保管制度和防范措施，加大科技防范力度，预防和减少机动车盗抢案件的发生。

10. 加强对城市流浪乞讨人员的救助管理。各级政府及有关部门要贯彻执行国务院《城市生活无着的流浪乞讨人员救助管理办法》，认真落实救助管理措施。对流浪乞讨的未成年人，要按照《中华人民共和国未成年人保护法》实行保护性救助收养，其中6岁以下的送福利院；7~18岁的送少年儿童救助保护中心或救助站；对无法讲清年龄等情况的未成年人，先救助抚养，掌握情况后再按规定作出处理。对流落街头的危重病人、精神病人、传染病人、残疾人、老年人和行动不便的其他人员，要按照有关规定实行救助和治疗。对在公共场所强讨恶要，在交通要道拦车讨要的流浪乞讨人员，经教育无效的，依照《中华人民共和国治安管理处罚条例》进行处罚。政法公安机关要依法打击组织、教唆、诱骗、胁迫未成年人乞讨和偷盗，以及利用残疾少年儿童乞讨牟利的违法犯罪行为。

11. 综合整治"六合彩"等私彩赌博、传销和变相传销活动。一是实行集中打击整治和建立长效工作机制相结合，运用法律、行政、经济、教育等多种手段，进行综合治理。二是严格落实县(市、区)、乡镇(街道)、村(社区)各级党政领导属地管理的责任。对"六合彩"等私彩赌博、传销和变相传销活动泛滥的地方，要严肃追究当地党政领导和有关职能部门的责任；对直接参与或包庇纵容、充当保护伞的党政干部，严格依照党纪国法追究责任。三是省、市要定期排查"六合彩"等私彩赌博、传销和变相传销活动重点县(市、区)、乡镇(街道)、村(社区)。对存在严重问题的地方，要挂牌督办整治，限期解决问题。四是严格执法。要集中力量破大案，打团伙，挖网络，捣窝点，追缴其非法所得，特别要深挖庄家赌头、团伙头子和保护伞，依法从重打击处理。五是大力加强宣传教育。建立举报奖励机制，做好受骗群众的转化工作，教育群众自觉同违法犯罪活动作斗争。

12. 深入开展禁毒斗争。继续深化"禁毒03工程"，以加强侦办打击制贩毒案件和建立戒毒工作长效机制为龙头，以遏制毒品来源、毒品危害、新吸毒人员滋生为主要目标，不断加大禁毒工作力度。政法机关要把毒品犯罪作为"严打"的重点。公安机关要定任务、定目标，主动出击多破案、破大案；凡是涉毒犯罪线索一律立案侦查，坚决打掉制贩毒网络。继续深入整治毒品危害重点地区，狠抓禁毒工作各项措施在基层的落实。从法制、体制、机制及社会舆论等方面，全方位建立预防毒品、打击毒品犯罪的体系。

13. 加大整治娱乐服务场所“黄赌毒”活动的力度。要经常对娱乐服务场所开展明查暗访和突击查处。重点深挖和依法打击“黄赌毒”活动的“四种人”(即策划者、保护伞、为首分子和经教育不改的经营单位负责人)。对屡次被查涉“黄赌毒”活动的场所,一律取缔其经营权。按照“宏观调控、总量控制,合理布局、严格审批”的原则,各市、县(市、区)要制订娱乐服务场所总量调控、合理布局的方案,规范审批程序和严格执行审批制度;凡违法违规审批的追究审批者的责任,凡无证经营、违章开业的娱乐服务场所一律取缔。进一步建立健全行政主管部门依法管理、娱乐服务场所经营者自律管理和社会监督相结合的长效管理机制。

四、加强矛盾纠纷排查调处工作

14. 明确矛盾纠纷排查调处工作目标。一是对当地的突出问题解决得比较好、比较及时;二是对发生的群体性事件及时妥善处置,迅速平息,不因处置不当而导致矛盾激化或久拖不决;三是群体性事件稳中有降或呈平稳态势;四是同一起因、同一类型的事件或案件不会反复发生;五是本地区、本部门不发生影响恶劣、在全省乃至全国造成不良影响的事件或案件;六是越级上访、进京上访的数量减少。

15. 建立健全矛盾纠纷排查调处工作机制。着力落实情报信息预警机制、经常性排查调处机制、领导包案调处机制、群体性事件处置预案机制和日常工作组织协调机制。要逐级建立健全维稳信息员制度,加强和规范情况信息搜集和报送工作,形成灵敏、高效的信息网络。乡镇(街道)每15天召开一次村(社区)信息员汇报会;县(市、区)每月召开一次乡镇(街道)信息员汇报会,汇集信息,掌握动态,研究对策,布置工作。各乡镇(街道)每15天、各县(市、区)每月、各地级以上市每季度分别向上级维稳及综治部门报告一次矛盾纠纷的动态情况,对重大紧急情况要及时报告。

16. 大力加强基层民事调解工作。加强乡镇(街道)、村(社区)调解组织建设;以行业协会为依托,建立行业性调解组织。各乡镇(街道)、村(社区)要建立起民事调解队伍和维稳信息员队伍,逐步健全和完善工作制度。集中力量做好群体性、复杂性、易激化矛盾纠纷的排查调处工作,努力把事后被动调处转变为预测预防在前的主动调解。

17. 加强和改进信访工作。认真办理群众来信,热情接待上访群众,妥善处理和及时解决群众信访反映的问题。要落实信访工作责任制,建立健全党政领导干部接待日制度和基层巡查制度,变群众上访为领导下访,把问题解决在基层。对信访案件,实行“谁家的孩子谁家抱”,属哪个单位的问题就由哪个单位的领导负责处理。要从源头上化解矛盾,解决问题。属涉法上访的,相关执法机关领导必须直接处理;涉及行政管理工作的上访,相关行政管理部门领导必须直接处理。凡是能解决而不主动、不及时解决,把矛盾向外、向上推的,由其上级领导机关予以通报批评、责令限期解决;酿成严重后果的,追究产生问题的源头单位领导的责任。

18. 及时妥善处置群体性事件。一旦发生群体性事件,要想方设法妥善处置。党政领导和主管部门领导要靠前指挥,第一时间赶赴事发现场,面对面地做群众工作。对危害公共安全、破坏公共秩序、冲击党政机关、堵塞铁路公路、拦截列车等极端行为要依法果断处置。慎用警力、武器警械和强制措施。

五、加强各级维稳及综治机构和群防群治组织建设

19. 明确各级维稳及综治机构职责。各级维稳及综治委是同级党委和政府领导维护稳定及社会治安综合治理工作的参谋和助手,各级维稳及综治办是对本级维稳及综治委负责的常设办事机构,负责本地区维护稳定及社会治安综合治理工作的组织、指导、协调和监督。省维稳及综治委下设流动人口治安管理、刑释解教人员安置帮教、预防青少年违法犯罪、学校及其周边治安综合治理、铁路护路联防等五个专项工作领导小组,市、县(市、区)维稳及综治委可参照省的做法成立专项工作领导小组。

20. 切实加强乡镇(街道)维稳及综治机构建设。认真落实中央综治委、中编办《关于加强乡镇、街道社会治安综合治理基层组织建设的若干意见》(综治委〔2003〕20号)。乡镇(街道)维稳及综治委主任由乡镇(街道)党(工)委、政府(办事处)的主要领导担任。乡镇(街道)维稳及综治办为乡镇(街道)维稳及综治委的常设办事机构,要配齐配强专职干部。要建立健全乡镇(街道)综治委、办的各项工作制度,完善工作机制。

21. 广泛开展群防群治工作。各乡镇(街道)以及经济发达、流动人口多、治安复杂的村(社区)必须组建专业性和义务性的群防群治队伍。组织民兵参与治安巡逻,开展军警民联防、"三安"(公安、治安、保安)联动、商业街店铺治安联防、"一日警察"义务巡逻等多种形式的治安联防活动,积极拓宽群防群治工作的路子。按照"五个统一"(统一管理、统一招收、统一培训、统一着装、统一使用)的要求,整合治安队和保安队,理顺管理体制,明确管理责任,加强培训教育和规范管理。

六、加大对维稳及综治工作的投入

22. 各级政府要把维稳及综治工作经费纳入财政预算,单列户头。实行财政倾斜政策,各地要根据经济发展情况,逐年增加对维稳及综治工作的经费投入。

同时,各级政府要把流动人口和出租屋管理工作经费、强制戒毒经费纳入各级财政预算安排,切实予以保障。各级财政负责解决本级流动人口和出租屋管理机构及管理人员的所需经费开支,对流动人口和出租屋数量多、财政压力大的县(市、区)、乡镇(街道),上级财政要加大支持力度,帮助解决管理工作经费不足的问题,缓解基层财政的困难。对出租屋的委托代征税款手续费要全额用于补充流动人口和出租屋管理工作经费。经济欠发达地区的强制戒毒经费要确保按省、市、县财政3:3:4分担落实。

23. 各级政府要逐步加大对群防群治经费投入。根据"谁受益、谁出资"、"取之于民、用之于民"的原则,由受益单位和个人适当投入一定的人力、物力、财力,建立适应社会主义市场经济要求的群防群治经费保障机制。

七、加强维稳及综治工作检查考评

24. 严格检查考评维稳及综治工作。省维稳及综治委每两年对各地级以上市党委、政府和省直各部门进行一次检查考评。

25. 严格实行各成员单位年度工作报告制度和维稳及综治委委员年度述职报告制度。各级维稳及综治委成员单位每年要向同级维稳及综治委书面报告工作情况;各级维稳及综治委定期对各成员单位履行职责的情况进行抽检,听取委员的年度述职报告。

26. 严格落实社会治安综合治理一票否决权制。维稳及综治工作年度检查考评结果要作为被考核地区和部门、单位评选先进、授予荣誉称号的重要依据;凡检查考评不合格的,要给予黄牌警告或实行一票否决,并追究相关领导的责任。对因工作不力而导致治安秩序混乱或发生影响恶劣的重大事件、案件的地区、部门或单位,要按照《广东省社会治安综合治理领导责任制实施办法》的规定,及时给予黄牌警告或实行一票否决,严肃查究有关领导的责任。

中共广东省委办公厅　广东省人民政府办公厅转发省维稳及综治委《关于进一步加强流动人口和出租屋管理服务工作的意见》的通知

(2004年12月2日)

各地级以上市党委、人民政府,各县(市、区)党委、人民政府,省委各部委,省直各单位,省各人民团体,中直驻粤各单位:

省维护稳定及社会治安综合治理委员会《关于进一步加强流动人口和出租屋管理服务工作的意见》已经省委、省政府同意,现转发给你们,请结合实际，认真贯彻执行。

关于进一步加强流动人口和出租屋管理服务工作的意见

改革开放以来，随着我省经济社会的发展，大批流动人口进入我省务工经商，对解决经济增长中的劳动力需求矛盾，促进经济快速发展起到了重要作用，但也给维护社会稳定带来了压力。目前，我省登记在册的暂住人口达2451万人，约占全国的1/3。加强流动人口和出租屋管理，保障流动人口合法权益，维护社会稳定的任务日益繁重。为适应形势发展要求，结合我省实际，现就进一步加强流动人口和出租屋管理服务工作提出如下意见。

一、明确管理服务指导思想

人口流动是社会经济发展的必然结果，流动人口管理是社会管理的一项基础工作。加强流动人口和出租屋的管理服务工作，有利于维护社会稳定，有利于发展经济，有利于依法行政，有利于维护人民群众合法权益。各级党委、政府要从统筹城乡发展的高度出发，切实重视流动人口和出租屋管理工作，确立"创新机制，加强管理，优化服务，促进发展"的指导思想。要适应形势发展的要求，研究新问题，拓展新思路，探索新办法，不断建立和完善切实有效的工作机制；切实维护社会稳定，依法履行行政机关的社会管理职能，不断改进工作方法，提高管理水平和效率；坚持以人为本，切实维护流动人口合法权益，不断建立和完善社会保障体系和服务网络，为流动人口在粤创业和生活创造良好的社会环境，努力探索做好流动人口和出租屋管理服务工作新经验。

二、完善协调工作格局

各级党委、政府要切实加强对流动人口和出租屋管理服务工作的领导，精心部署，统筹各方，建立和完善"政府领导、部门参与、保障有力、综合治理"的工作格局。各级流动人口和出租屋管理协调机构要充分发挥作用，切实履行职责，指导、协调、督促、检查有关部门开展工作。没有成立流动人口和出租屋管理协调机构的，要指定相关职能部门牵头负责。各级职能部门和工会、共青团等群众团体要在党委、政府的统一领导下，各司其职，协调配合，齐抓共管，共同做好流动人口和出租屋管理服务工作。

公安机关要认真贯彻执行流动人口和出租屋治安管理的法律法规，预防和打击流动人口违法犯罪活动。劳动保障部门要做好流动就业人员的劳动管理与就业服务工作，加强职业介绍管理、劳动保障监察执法和劳动争议处理，配合有关部门做好春运期间农民工有序流动工作。人口计生部门要做好以已婚育龄妇女为重点的流动人口计划生育工作和流动人口婚育证明的发放、查验工作。建设部门要研究制定成建制施工企业、从业人员和工地的管理办法。国土房管部门要做好房屋租赁的登记管理及出租房屋建筑安全的审核、使用安全的检查工作。民政部门要做好对城市生活无着的流浪乞讨人员救助管理和城市生活无着的流浪少年儿童救助保护工作。工商部门要加强对流动人口从事个体经营活动的管理，做好对流动人口申领工商营业执照的核发、管理和服务工作。教育部门要做好流动人口子女接受义务教育工作。卫生部门要大力开展对流动人口的健康教育和卫生保健工作。司法行政部门要加强对流动人口和出租屋主的普法教育，指导和开展对流动人口的法律援助服务工作。财政部门要制定流动人口、出租屋管理和服务工作经费管理办法，将流动人口和出租屋管理所需经费纳入各级财政预算予以保障，解决本级流动人口和出租屋管理协调机构工作人员的所需经费开支。地税部门要依法加强相关税收征管工作。物价部门要加强对流动人口、出租屋的收费实施情况监督，查处违规收费行为。党委组织部门要加强对流动人口中的党员的教育管理,采取切实措施关心、帮助他们,充分发挥他们在我省改革发展稳定中的模范带头作用。工会组织要依法维护在企业务工的流动人口的合法权益。共青团组织要把流动人员中的团员组织起来,支持他们立足岗位建功立业,发挥桥梁纽带作用。

三、建立健全管理队伍

各地可根据实际需要组建或整合流动人口和出租屋协管人员队伍,协助相关职能部门做好流动人口和出租屋管理服务的日常工作,包括暂住人员登记办证、房屋租赁登记备案、流动人口计划生育管理、检查验证、档案管理、搜集流动人口和出租屋动态信息、代征相关税费等。协管员由县(市、区)流动人口和出租屋管理部门负责招聘、培训、管理和使用。协管员不具备执法权。流动人口和出租屋管理机构与各相关职能部门要加强对协管员的教育培训和管理监督,并对其履行相关业务工作职责的行为负责。

四、落实具体管理措施

各级流动人口和出租屋管理协调机构和建设、国土房管、公安、人口计生等职能部门要依法行政,加强对房屋出租人和承租人的监督管理。房管部门要加强房屋租赁登记备案工作。房屋租赁主管部门要将房屋租赁的相关信息及时向所在地公安机关通报备案。落实暂住登记、暂住人口和出租屋建档、通报协查等行之有效的管理措施,积极探索科技化、信息化、网络化的管理办法,全面及时掌握暂住人口动态信息。

基层流动人口和出租屋管理部门要根据居住在出租屋的暂住人口类型,实行分类分层次管理,突出管理重点,降低管理成本,提高管理效率。要结合当地实际,积极探索、推广庭院式管理、旅业式管理、小区式管理、居住中心管理等管理办法。

依法加大对流动人口、出租屋税费的收取和管理力度。严格按照中央综治委等八部委《关于取消暂住人口管理性收费后进一步加强暂住人口管理工作的通知》(综治委〔2002〕14号)、国家对房屋租赁税收的规定以及我省的有关规定,做好治安联防费的征收工作,加强对房屋出租的税收征管。

五、优化相关服务工作

各级党委、政府和有关部门要高度重视维护流动人口合法权益工作。要积极为流动人口提供就业和技能培训服务,加强对职业中介机构的管理,妥善调处劳资纠纷,突出抓好劳动安全、工资福利保障等问题。大力开展对流动人口的计划生育宣传教育活动,落实为流动人口提供避孕节育和优生优育有关服务。加强流浪乞讨人员救助站和流浪少年儿童救助保护中心建设,健全管理制度,规范管理。多渠道开展对流动人口的健康知识教育,积极为流动人口提供健康检查、疾病预防和控制服务。不断加大投入,改善教育设施,努力解决流动人口学龄儿童入学问题。广泛开展对流动人口的法制教育和法律援助工作。有关部门要逐步增加暂住证的实用功能,使其在流动人口就业、申领证照、出境旅游、开办企业、就医就学等方面发挥应有的作用。

以上意见如无不妥,建议批转各地、各部门贯彻执行。

广东省维护稳定及社会治安综合治理委员会
2004年10月11日

深圳市清理整顿非法摩托车见成效

深圳市维稳及综治办

针对摩托车飞车抢劫抢夺案件所占比例大,导致刑事案件大幅上升、治安形势严峻的情况,在深圳市各级党委、政府的统一领导下，市公安机关会同有关部门和群防群治力量联合行动，对非法摩托车实行“重典治乱”，采取统一清缴、公开销毁、市区“限摩”、取缔违章经营和非法拼装等一系列措施进行综合整治，先后9次公开销毁8万多台非法摩托车，有力整肃了营运市场和社会面治安秩序，震慑了“两抢”、“两盗”等犯罪，对预防和遏制多发性侵财案件起到积极的作用，社会各界反映良好。

一、领导重视，科学决策。深圳的社会治安问题引起各级领导的高度重视，省委书记张德江多次对深圳治安问题作出重要批示，省委副书记王华元、省委常委、政法委书记、公安厅长梁国聚多次专门听取深圳工作汇报，深入一线检查指导。省委副书记、深圳市委书记黄丽满多次实地调研分析治安问题，并亲自对公安民警进行动员。市委常委、公安局长李锋率领市公安局党委一班人对深圳社会治安状况进行了深入调研。经过全面摸查，全市共有30余万辆摩托车，但登记在册的只有3万余辆，大约90%为外地牌证和无牌无证车辆。1月至10月，全市涉及摩托车的各类刑事案件共发生20822宗，占全部刑事案件的23.75%。大量非法摩托车上路行驶以及营运拉客，不仅频繁引发治安、刑事案件和交通事故，而且扰乱了社会秩序，诱发、刺激了其他犯罪嫌疑人的作案心理，带来一系列连锁反应，广大市民对此反映非常强烈。这些问题主要集中在特区外的宝安、龙岗区。针对这一情况，市公安局决定将整治摩托车作为严打整治工作的重中之重，“用重典、下猛药”，采取一系列特殊措施，坚决“限摩”，迅速扭转治安被动局面。

二、整合资源，协同作战。10月30日和11月3日，深圳市公安局先后向社会发布了《深圳市公安局关于禁止摩托车在特区部分道路行驶的通告》和《关于加强宝安龙岗两区摩托车管理的通告》，对特区内部分道路和区域禁止摩托车行驶，使其无法形成“循环”；对宝安龙岗两区国道、省道以外区域道路禁止异地摩托车行驶，使其难成“气候”。同时，结合通告的发布，市公安局协调全市各大新闻媒体展开了对非法上路摩托车的强大舆论攻势，营造有利的社会环境。针对交警力量有限而道路交通管理任务非常繁重的实际，从去年10月下旬起，市公安局专门下发文件，将针对摩托车的交通执法主体扩大至巡警、派出所。市公安局法制部门深入研究相关法律法规，制定了相关的执法意见。各有关单位进行广泛动员，抓紧对执勤人员进行集中培训，使参战人员熟练掌握相关法律规定，增强执法针对性、严谨性，提高了执法效能。全市各公安分局动员巡警、派出所民警，采取“釜底抽薪”的战术，深入社区、停车场、修理厂，现场查扣停放的无牌无证、假牌假证等无合法手续的摩托车。各区党委政府大力支持，公安、工商等部门开展联合执法，坚决取缔外地有关部门在宝安、龙岗两区办理异地摩托车牌证的业务，彻底清查整治摩托车修理、买卖行业，对无证经营、超范围经营和非法拼装摩托车的店铺一律取缔，对无合法手续的摩托车一律予以查扣。

三、多策并举，真抓实干。一是落实责任。市公安局把查扣收缴任务分解到具体三大警种的各基层单位和个人，层层落实责任，使各参战单位和参战民警的工作责任心空前高涨，纷纷出主意、想办法，积极投入到整治工作中去。二是突出重点，集中整治。针对宝安区社会治安形势严峻、非法摩托车数量较多、涉“摩”案件数量较大的情况。从10月11日开始，市公安局与宝安区委、区政府联合开展代号为“曙光行动”的系列严打整治专项斗争，在已经开展的5次统一行动中，调动了市公安局机关和治安、刑侦、交警、巡警、经侦、技侦、国保、警校等各个警种、单位和福田、罗湖、南山3个区公安分局的民警，以及市武警指挥部官兵，宝安区公安分局全体出动，宝安区委发动群防群治力量，合计愈万人次参加。5次集中统一行动中，共破获刑事案件908宗，打掉犯罪团伙119个，收缴查扣无牌无证、假牌假证及异地摩托车共8.3万多辆，无牌无证、假牌假证汽车181辆。通过整治，宝安区治安形势出现了明显好转。11月份与10月份相比，刑事案件发案数下降16%，破案数增长71.1%。宝安区治安的明显转变，也带动了全市治安的整体改善。三是公开销毁、震慑犯罪。为了彻底杜绝非法摩托车返流社会，市公安局对超过法定时限仍无人认领的摩托车，召开大会予以集中销毁处理。12月23日，该市再次举行公开销毁非法摩托车大会，王华元、梁国聚等省领导和深圳市、区领导及各界代表近2000人参加了会议。会上共销毁非法摩托车4万辆,并对50多名涉及非法摩托车的犯罪嫌疑人执行逮捕,形成了强大的打击整治声威。

建立健全七项运作机制促进矛盾纠纷排查调处工作经常化制度化系统化

广州市维稳及综治委

2000年以来,广州市排查调处工作以“三个代表”重要思想为指导,始终坚持“预防为主、教育疏导、依法处理、防止激化”的工作原则,形成“党政牵头、多方配合、上下联动、协调处理”的排查调处工作格局,及时排查调处和化解各类矛盾纠纷,2002年至今,共排查各类矛盾纠纷8746宗,调处成功8070宗,成功率为92.22%,为维护我市的社会政治稳定作出贡献。在实践中,逐步建立七项工作长效机制,使排查调处工作日趋经常化、制度化、系统化。

一、工作责任机制

要抓好排查调处工作,职责明确是前提。在工作中,我市始终坚持“属地管理”、“谁主管谁负责”的原则,实行分级管理、归口调处制度,把责任落实到部门,落实到人。做到“四个明确”。

一是明确纳入综治考核内容。各级党委政府、成员单位将排查调处工作摆上重要议事日程,列为维稳及综治工作的首要任务,列入综治考核的重要内容,在考核分值中予以体现,每年定期对辖内单位的排查调处工作情况进行检查和考评。

二是明确领导责任。将排查调处工作纳入社会治安综合治理领导责任制,把排查调处工作情况、实际效果与责任人的政绩、晋升和奖惩挂钩,对工作不力或隐瞒情况,酿成重大群体性事件,造成严重后果的,实行“一票否决”,追究领导责任。逐步建立起一级抓一级,一级对一级负责的排查调处工作领导责任制。实行“领导包案责任制”,落实“五个一”的要求(一起矛盾纠纷、一个责任领导、一个调处班子、一套调处方案、一个解决期限),使各级领导切实担负起“保一方稳定”的责任。

三是明确部门职责。市综治委制定《广州市人民内部矛盾调处工作职责(试行)》,对全市各区、县级市和各职能部门在人民内部矛盾纠纷调处工作中的任务和职责作出明确的规定。要求各部门做到排查调处工作有领导亲自抓,有职能部门管,有人员落实。

四是明确个人责任。各单位将排查调处工作责任分工到人,做到“定人、定任务、定时间”。不少单位实行“首接处理责任制”,要求第一接报人准确、及时记录、报告调处情况,提出处置意见,及时处理,并负责跟踪落实。

二、组织保障机制

要做好排查调处工作,齐抓共管是关键。在实践中,我市已形成一支由各级、各部门组成的、相互协调、配合的、有战斗力的调处工作队伍,为全市排查调处工作的顺利开展提供了坚实的组织保障。

——调处办。成立定级定编的市、区、县级市和街、镇三级调处办180个,另有各级调处办成员单位1120个,共有专职兼职调处工作人员合计近万余人。

——调处机动队。在市、区(县级市)建立14支群体性纠纷调处机动队,在市直16个成员单位建立突发事件调处机动队,现有调处机动队员400名。

——调解委员会。全市166条街(镇)已建立人民调解委员会,另有村(居委)、企业(厂区)调委会3200个。

——排查调处工作领导小组及办公室。全市

13个区(县级市、含开发区)及43个市直单位成立排查调处工作领导小组,各市直单位在相应的职能处室设立领导小组办公室,指定若干中层领导干部,具体负责矛盾纠纷排查调处工作。

——处置群体性事件指挥协调小组。市、区(县级市)均成立由党政主要领导担任组长的处理群体性事件指挥协调领导小组。

三、排查调处活动机制

组织开展排查调处活动是排查调处工作的主要形式,也是“调防结合、以防为主”的具体体现。目前,我市已建立起日常排查和专项(重点)排查相结合的排查调处机制,每年组织若干次大型的排查调处活动,2000年至今已组织8次大型的排查调处活动,排查调处活动日趋规范化、制度化。

日常排查制度——形成区(县级市)每月排查一次,街镇每10天排查一次的做法。

专项(重点)排查制度——形成在重要政治活动期间、重大节日期间或针对热点问题开展排查调处活动的做法。即在中央、省、市党代会或全国、省、市“两会”等重要政治活动举行期间,在春节、元旦、国庆等重大节假日或全国性大型文体活动期间开展排查调处活动,以确保重大政治活动的顺利进行和重大节假日的社会稳定。此外,根据上级部署和本市实际,针对容易发生群体性事件和越级上访的劳(社)保纠纷、征地、房屋拆迁纠纷、租赁纠纷、涉法上访、“三方面人员”(部分在企业工作的军队转业干部、部分要求“退改离休”的人员和部分抗美援朝老战士)纠纷等几类问题,开展专项、分类排查,并制定相应的解决办法和措施,及时将矛盾纠纷控制、解决在基层,解决在内部,解决在萌芽状态。

四、快速反应机制

及时、迅速地化解矛盾纠纷,防止矛盾激化是排查调处工作的基本要求。面对矛盾纠纷“主体多样化、人员规模化、情绪激烈化、问题复杂化、行动组织化”的问题,为提高应急调处能力,及时化解群体性纠纷,防止群体性纠纷转化为群体性事件,我市从2002年4月起建立快速反应机制,在市、区(县级市)建立调处机动队,在部分市直成员单位建立突发事件调处机动队。2003年以来,全市各级调处机动队共出动193次,解决各类群体性矛盾纠纷147宗。调处机动队成为一支“拉得出、用得上、稳得住”的队伍。

调处机动队建设做到“三个规范”。首先,队伍规范。调处机动队以调处办工作人员、公证员、律师、“12348”值班员为骨干、各职能部门派员参加,他们大都具有较强的政策、业务水平,有一定的法律知识。其次,管理规范。市综治委制定《广州市群体性纠纷调处工作制度》,明确调处机动队的值班、统一标志、装备、档案、责任追究等制度。建立调处重大纠纷、事件研讨会、例会制度。调处机动队队员做到统一着装,统一佩戴工作证上岗。最后,工作规范。调处机动队有工作预案,有工作分工,遇到群体性纠纷,机动队能按照纠纷的性质、类型和缓急程度作出快速反应,分为若干工作小组迅速开展工作,按照“可疏不可堵、可散不可聚、可解不可结、可顺不可逆”的原则和“区分性质、讲究策略、把握时机、依法处理、冷静稳妥”的要求,及时化解矛盾,力争将矛盾纠纷控制在现场、解决在当地。为了增强调处机动队处理突发事件的反应、处置能力,各单位舍得投入,给调处机动队配置小车、摩托车等交通工具;配置专用电话、传真机、电脑、档案柜等办公设备;配备摄像机、照相机、录音机等现场取证、传送设备以及喊话器、广播器材等宣传广播电子设备;配备警示牌、灭火器、防暴头盔等防火、防爆装备。

五、信息收集机制

要做好排查调处工作,就必须及时搜集、掌握各种涉及社会稳定的信息,做到情况明,底数清,力争早发现、早调处,争取主动权。近两年,我市以建立多层次、全方位预警系统为目标,以“灵、快、准”为工作标准,不断开辟信息收集渠道,改进信息收集手段,建章立制,确保调处信息能够及时下情上传、上情下达。

(一)建立“信息网络”。形成以各级调处办、调委会、调处机动队以及公安、劳保局等职能部门为骨干,以万多名调处工作人员、重点单位、部门的信息联络员和大量维稳及综治积极分子为“耳目”的,横到边、纵到底的,多层次、多渠道的信息收集网络。加入市政府联动网络,直接受理“110”、“12348”等专线电话和群众来信、来电报送的各类纠纷信息,保证信息渠道畅通和信息的及时处理。

(二)建立报送制度。市综治委制定《广州市重大纠纷群体性事件情况报告制度》，下发《关于继续做好维稳情况专报工作的通知》，对重大纠纷、群体性事件的报送内容、程序、要求作出明确规定，明确“属地管理，归口报送”的报送原则，对重大纠纷调处信息，要求各区（县级市）、街（镇）、成员单位在8小时内逐级报告，在72小时内查明情况，填报登记表，报送书面材料。在重大节假日、敏感时期，要求执行一天一报（含零报告）、一周一报的信息报送制度。平时，则要求做到“一事一报、一案一报、一会一报”，并在每月月底、每季度末将辖内的矛盾纠纷情况及排查调处工作进展情况综合上报。此外，制定统一的台账表格、统计登记表，规范报送表格格式。制定信息存档立案制度，信息材料做到定期分类、整理和归档。

（三）建立通报制度。市调处办坚持每季度召开一次调处办主任和成员单位联络员工作会议，通报季度内的矛盾纠纷情况、特点，分析预测发展趋势，对基层调处工作进行业务指导。对有代表性、有特色的信息情况、材料，则通过《维稳工作专刊》、《人民内部矛盾调处专刊》等内部刊物进行交流和推广。

（四）建立奖罚制度。市综治委、市调处办将信息工作作为调处工作的重要内容，纳入工作检查和考核内容。市调处办定期公布各单位的排查调处信息报送情况，每年召开一次信息工作总结会，表彰奖励信息工作先进单位、个人。一些区（县级市）、成员单位还制定信息奖励制度，对及时提供重要信息的人员予以奖励。明确处罚制度，对瞒报、漏报、不报或超时上报排查调处信息的，予以批评、通报，造成严重后果的，追究党纪、政纪责任。

六、业务培训机制

要做好排查调处工作，排查调处工作人员的业务素质是基础。为了提高排查调处工作人员的业务水平，注意抓了三项工作：一是及时制发业务教材。市调处办向各级调处办、调处成员单位印发《广州市人民内部矛盾纠纷排查调处工作文件资料汇编》，向各级调委会发放《关于审理涉及人民调解协议的民事案件的若干规定》、《人民调解工作若干规定》辅导读本。二是定期组织业务培训班。有计划地分期、分批组织排查调处工作人员特别是各级调处办领导、各成员单位调处工作责任人参加业务培训班。为保证培训质量，组织者制定有针对性的培训大纲，聘请调处办业务骨干、法官、法学专家和有关职能部门的业务骨干担任授课老师。去年，市调处办共举办两期培训班，各区（县级市）、街（镇）调处办主任、副主任和企事业单位领导干部、调解员共450多人参加培训。各区（县级市）也相继组织调解主任培训班，参训人员达3000多人。三是多形式开展业务培训。注意发挥市、各区（县级市）法院、司法行政机关、基层司法所在业务培训方面的作用，采取单位培训、分散培训、以会代训等多种方式开展培训。

七、宣传发动机制

要深入开展排查调处工作，争取群众支持，就要努力营造“维护稳定、全力调处、人人有责”的良好氛围。近两年，我市逐步加大排查调处工作宣传力度，不断创新宣传形式。一是把每年5月份定为“人民内部矛盾纠纷排查调处、人民调解工作”宣传活动月。在去年宣传月中，全市共展出各类宣传图片1800张，派发宣传单张10万张。各街（镇）司法所、村、居委会共制作以维护稳定为主要内容的宣传栏1907期。二是结合每年“12·4”法制宣传日和三月份的综治宣传月开展排查调处宣传活动。三是利用法律宣传栏、“12348”法律网站、省市电视台的法制论坛等载体，不间断地开展宣传活动。还采取向群众派发宣传单张、组织文艺表演等方法广泛宣传，大造声势。

着力构建“四级调处”网络
努力化解基层矛盾纠纷

广东省惠州市维稳及综治委

惠州市总面积1.13万平方公里，辖6个县(区)、87个镇和1207个村(居)委会，常住人口330万人，流动人口近80万。近年来，我市始终把排查和调处人民内部矛盾纠纷、预防和处置群体性事件作为维护稳定的一项重要工作，积极探索人民内部矛盾纠纷排查调处工作新路子，着力构建基层“四级调处”网络，取得了显著成效。去年以来，全市越级上访事件明显下降，没有发生一起重大群体性事件，基本实现了“小纠纷不出村，大纠纷不出镇，重大纠纷不出县”的调处目标，有力地维护了基层社会稳定。我们的主要做法是：

一、与时俱进，着力构建“四级调处”网络

改革开放以来，惠州市随着经济的发展，因各种利益格局调整引发的矛盾纠纷也呈上升趋势，成为影响我市社会稳定的突出问题。针对这一形势发展变化，市维稳及综治办和市委政法委在深入调查研究的基础上，率先提出在全市乡镇一级建立“四级调处”网络的设想，并选择了地处城乡结合部，人民内部矛盾纠纷历来比较突出，治安比较混乱，90年代曾出现群体性纠纷多、上访专业户多、车匪路霸多的惠城区汝湖镇作为构建的试点，从2002年年底组织市、区强有力的试点工作组，进驻汝湖镇开展为期半年的抓点工作。去年4月，市委、市政府在汝湖镇召开了全市人民内部矛盾纠纷排查调处工作现场会，对构建“四级调处”网络试点工作进行总结和推广。目前，市和6个县(区)都成立了人民内部矛盾纠纷排查调处工作领导小组，87个镇均建立了党政统一领导、职能部门齐抓共管、灵敏高效的“四级调处”工作网络，调处队伍发展到7848人。

基层“四级调处”网络架构是：第一级是镇成立调处领导小组。由党委书记任组长，分管政法、党群工作的副书记任副组长。它是四级网络的核心，掌握全镇矛盾纠纷工作的总体情况。第二级是镇有关职能部门组成调解委员会。由综治、信访、司法、派出所、劳动和社会保障所、国土资源所等部门组成，这些职能部门是调处化解矛盾纠纷的骨干力量。第三级是村成立调解委员会。由村支部书记任主任，治保主任和派出所管片民警任副主任。把人民内部矛盾排查调处工作列入村务管理的重要内容。第四级是村民小组成立调解小组。规定调解小组由村民小组长、妇女宣传员、会计员组成。起用妇女宣传员目的是针对农村女性纠纷(包括家庭纠纷)较多，妇女更方便开展工作。会计则对各家各户的承包地界、面积等情况了如指掌，对解决土地纠纷等问题较有发言权。

“四级调处”网络按照“谁主管，谁负责”和“分级管理、归口调处”的原则运作，层层落实“五个一”调处机制。属一般民间纠纷的，由村调解委员会和村调解小组负责解决；属于疑难民间纠纷的，由镇职能部门联合解决；涉及几个部门的复合型矛盾纠纷，由镇调处领导小组组织解决；属于应由上一级部门解决的，由镇调处领导小组向上一级主管部门写出专题报告，上一级部门组织协调解决。市、县(区)两级成立了由主管政法工作的党委副书记任组长的人民内部矛盾纠纷排查调处领导小组及其办公室，重点组织调处时间跨度较长、调处难度大的矛盾纠纷，实行党政领导包案，督促抓落实。

“四级调处”网络的工作主要特点是：(一)“四级调处”网络的立足点和出发点是用疏导的方法去解决问题，而不是用堵和压的方式去掩盖矛盾，必须充分发挥政治优势，深入细致做好思想政治工作。(二)“四级调处”网络构筑于镇、职能部门、村委会、村民小组四级组织之中,在没有增加人员编制和更多物力投入的情况下,进一步明确了各级组织“维护社会稳定,保一方平安”的职责,有利于齐抓共管,形成合力。(三)“四级调处”网络根植于最基层的村民小组,能够及时发现矛盾,第一时间介入调解,同时预警报告,便于上级网络掌握信息,及时作出反馈,介入调解,把矛盾纠纷化解在萌芽状态。

二、完善工作机制,保障“四级调处”网络的高效运作

为使“四级调处”网络机制上下联动,紧密配合,我们在明确职责,强化职责的同时,进一步完善了工作机制。一是建立情报信息预警报告制度。规定每半月各村(居)调委会召开一次矛盾纠纷排查调处碰头会,镇调处领导小组每月初召开一次班子会议,通报各村存在的矛盾纠纷,加强对重点问题、重点事件和重点人员情况掌握和动态控制。二是层层建立矛盾纠纷定期排查调处制度。规定镇一级每10天排查一次,重点排查是否有新的不稳定因素出现;县(区)每月排查一次,每月16号前向市维稳及综治办和市信访局报告一次上月排查调处情况。三是建立领导包案责任制。排查出来的每一起矛盾纠纷,逐一落实市、县(区)、镇三级党政领导挂点包案制度,“零”距离直接参与调查、调处、落实、思想疏导等工作,变群众上访为干部下访,对调处不力或工作失职激化矛盾,造成重大损失的,视情节依照有关规定追究包案领导的责任。同时在村一级实行调委会主任、支部书记负责制,规定调委会主任对本村的人民内部矛盾纠纷调解工作负直接责任,凡出现群众直接到镇上访的,村调委会主任要到镇向调处领导小组说明情况;村支部书记对本村人民内部矛盾纠纷的调处负总责,如因调处不及时造成不良后果的,取消当年评先资格。四是建立“五长”接访日制度。星期一至星期五由派出所、司法所、劳保所、国土所、建管所五所所长轮流值班,热情接访群众,及时稳妥处理来信来访。五是建立督办机制。对一些容易引发群体性事件的重大矛盾纠纷,由镇调处领导小组协调分工给有关部门,督查办落实专人专项跟踪督办,责成有关部门加大调处力度,对没有按时限妥善解决的,给予通报批评。六是实行“开小灶”制度。也就是批评报告会制度。市、县(区)根据情况不定期召开小灶汇报会,请矛盾纠纷调处工作后进的地方和单位领导汇报情况,检查工作落后的原因,并向党委、政府主管领导作检讨。七是建立调解员培训工作机制。采取集中培训和个别指导相组合、理论学习和实例分析解剖相结合等多种形式,每年定期对各村(居)调解员进行全方位培训,组织学习法律和有关政策,提高调解员的调解技巧和综合素质,为化解矛盾纠纷提供了强有力的组织保证。八是建立日常工作制度。建立健全了纠纷登记、业务学习、疑难纠纷请示报告、调处程序、回访、统计分析、评比奖惩等一系列制度,使调处工作有章可循。

三、创新方式方法,实现预防与化解的有机结合

在调处工作中,我们深深体会到,调处化解矛盾纠纷,必须始终把群众利益放在首位,公道正派为老百姓办实事、办好事,才能赢得群众的信赖和拥护。为此,我们在工作实践中总结出了“依法调处,以情化解,及时公正”的工作方针和“四宜四不宜”(即对山林权属争议宜粗不宜细,对经济纠纷宜细不宜粗,对干群关系宜软不宜硬,对黑恶势力宜硬不宜软)及“四优先”(即经济成分重的纠纷如生产经营、利益直接损害的纠纷优先调处;有组织的群体性纠纷如山林、征地、宗族房姓等纠纷优先调处;对抗性强、危害性大的纠纷如打架斗殴等纠纷优先调处;情况复杂、调处难度大的纠纷如历史积怨、宅基地等纠纷优先调处)的具体方法,调处方式方法逐步走上科学化和规范化。

“四级调处”网络在稳定基层充分发挥了第一道防线的作用,实现了预防与化解的有机结合,最大限度地避免了矛盾纠纷扩大升级。一是发挥了网络提前介入的积极预防功能。对重点工程项目建设和广大群众关心的热点、难点问题提前进行排查,把工作做在前头,做到预防为主。如惠河高速公路陈江路段工程建设,陈江镇调处领导小组根据以往调处征地、拆迁纠纷的经验,把摸查工作做在征地、拆迁、施工之前,使该路段工程建设实现了零纠纷。二是发挥了网络信息先导的快速反应功能。调处组织的“触角”延伸到每一个角落,可以做到耳聪目明,信息传递快速,哪里发生矛盾纠纷,那里的调处网络就能第一时间掌握信息,介入调解，及时把矛盾化解在最基层。三是发挥了网络协同作战的快捷化解功能。“四级调处”网络的高效运作，充分发挥了综合治理的优势，能够有效整合各方调解力量，自觉增强各职能部门的责任感，形成齐抓共管的良好局面。四是发挥了网络春风化雨的标本兼治功能。调处工作只要坚持依法公正，动之于情，晓之于理，耐心细致做好疏导劝解工作，真心实意为群众解决实际问题，就容易把矛盾纠纷化解在基层、解决在萌芽状态。

广东省市、县(市、区)综治委、办主任名单

地　区	综治委主任	综治办主任
广东省	王华元	陈少波
广州市	林树森	钟健平
越秀区	谭应华	郭建章
东山区	周庆强	骆先洲
荔湾区	向东生	魏太贵
海珠区	曹鉴燎	沈维平
天河区	杨建城	陈 明
芳村区	潘 潇	麦韶明
白云区	谷文耀	李胜国
黄埔区	谢宝怀	顾晓斌
番禺区	徐金海	陈树桐
花都区	陈 国	吴志金
增城市	汤锦华	钟保超
从化市	梁嘉炽	李炳耀
经济技术开发区	凌伟宪	张中锦
清远市	陈家记	黎月林
清城区	贝 冰	卢锦泉
英德市	谢杰斌	麦福荣
连州市	梁建文	成茂潘
佛冈县	严小康	钟华光
阳山县	李玉楷	黄庆坚
清新县	欧国伟	李友荣
连山县	梁积福	朱前勇
连南县	房瑞贵	陈 斌
韶关市	覃卫东	杨泽福
武江区	邬学新	黄德兴
浈江区	胡云清	黄南梅
乐昌市	陈绿平、何伟青	邓国民
南雄市	林楚欣	陈逢正
曲江区	谭章明	张福清
始兴县	冯寿宗	邓根垣
仁化县	邹永松	张 童
翁源县	邓小杰	赖展锋、叶俊桓
新丰县	张 平	王洪卫
乳源县	李晓春、段宇飞	刘靖海
河源市	梁伟发	张月泉
源城区	李扬达	邝伟明
紫金县	李为民	刘少基
龙川县	彭定邦	黄龙辉
连平县	叶常浓	谢运福
和平县	钟木邦	杨月常
东源县	蔡松贵	张新发
梅州市	刘日知	林伟青
梅江区	彭耀新	张国庆
兴宁市	李忠良	余美槐
梅县	郑伟仪	姚国新
大埔县	张远芳	王集琴
丰顺县	陈桂光	吴 通
五华县	张光明	张抗美、温勇登
平远县	丘小宏	赖钦虎
蕉岭县	李俊夫	古建和、谢志铭
潮州市	江 泓	谢裕辉
湘桥区	郑通声	谢 然
潮安县	黄德进	辛朝浩
饶平县	谢 峻	
枫溪区	张如文	陈键文
汕头市	蔡宗泽	黄小扬
龙湖区	方利旭	郑向平
澄海区	曾保友	陈镇毅

地　区	综治委主任	综治办主任	地　区	综治委主任	综治办主任
潮阳区	林　平	张少辉	**中山市**	崔国潮	李　君
南澳区	刘瑞华	陈璋柳	开发区	冯梳胜	霍启超
金平区	陈文毓	郑江荣	石歧区	谢克球	黄惠洪
濠江区	黄世进	周国祥	东区	徐小路	林植濠
潮南区	杨勤华	林欣跃	西区	李锡华	肖焯仪
揭阳市	万庆良	王开腾	南区	赖挺辉	郑树安
榕城区	黄耿城	杨培明	小榄镇	黄标泉	何渭楷
普宁市	柯群坚	蔡妙群	古镇镇	吴润富	林润洪
揭东县	黄水利	王镇升	横栏镇	陈伟伦	郭玉松
揭西县	黄陇章	陈卓锐	东升镇	欧万洪	唐卫国
惠来县	张敬兀		港口镇	张锦宏	李志权
东山区	章俊杰	吴庆明	沙溪镇	胡永康	彭文辉
试验区	陈定雄	王定七	大涌镇	张容彬	李桂贤
普侨区	吴章鹏	林文健	黄圃镇	黄永林	李溥彰
大南山区	陈声亮	方荣州	南头镇	陈仕林	范　枝
汕尾市	刘金生	余土源	东凤镇	贺振章	许环英
市城区	李贤谋	张水武	阜沙镇	黄劲东	黄木炎
陆丰市	李汉流	叶锦录	三角镇	黄国庆	陈执华
海丰县	叶向冲	陈铁民	民众镇	林庆和	霍卫棠
陆河县	马智华	张世状	南朗镇	何锦池	黄坤洪
华侨区	陈小健	周珠松	五桂山	廖华荣	蔡金龙
红海湾区	陈辉南	刘世参	三乡镇	梁　欣	郑华标
惠州市	柳锦州	徐南生	坦洲镇	李伟健	陈迪凯
惠城区	李选民	郑松荣	板芙镇	谢中凡	冯锦群
惠阳区	王寿铨	董佛强	神湾镇	吕东玲	黄师安
博罗县	邓庆忠	谭宇杰	**江门市**	王南健	黄日光
惠东县	李　敏	赖文龙	江海区	冯立坚	区铮森
龙门县	杨灿培	张秀华	蓬江区	秦有朋	区顺贤
大亚湾区	朱挺青	周德昌	新会区	宋　波	陈志明
东莞市	佟　星	陈　波	恩平市	伍国占	吴柱明
深圳市	黄丽满	孙　彪	台山市	郭　伟	钟建潮
福田区	许德森	郭卓光	开平市	赵瑞彰	黄福强
罗湖区	汤锦森	李庆祝	鹤山市	向　斌	吕渭旗
南山区	王　毅	王圣雄	**佛山市**	吴志强	庄善想
宝安区	周光明	张建国	禅城区	叶　良	张杰华
龙岗区	余晖鸿	陶新华	南海区	赵崇剑	杜钧亮
盐田区	王新建	杨　斌	顺德区	杨浩明	马智荣
珠海市	钟世坚	强富春	三水区	陆卓清	蔡汝文
香洲区	尤镇城	陈培宗	高明区	邓伟根	徐玉业
斗门区	郭汉源	郑木水	**肇庆市**	黄平方	何仲池
金湾区	覃文国	覃文国	端州区	龙红辉	伍国雄

地　区	综治委主任	综治办主任	地　区	综治委主任	综治办主任
鼎湖区	梁　驹	李　六	茂港区	钟火明	陈昌兴
高要市	刘正南	莫汉良	化州市	成济荣	李振浩
四会市	董树海	卢泽英	信宜市	朱育英	黄昌生
广宁县	梁超进	冯火贤	高州市	卢方圆	陈东生
怀集县	梁广枝	卢全标	电白县	潘　本	黄华光
封开县	梁志强	陈富文	**湛江市**	徐少华	易华亮
德庆县	李　天	何汉雄	赤坎区	麦教猛	黄　迅
高新区	刘龙平	徐权谦	霞山区	张小刚	郑秋儒
云浮市	郑利平	左　强	坡头区	周车平	陈土银
云城区	袁锦权	李金强	麻章区	陈　吴	林开仁
罗定市	伍永胜	梁启治	吴川市	高永元	梁　春
云安县	崔逢池	伍石明	廉江市	伍杰忠	陈　良
新兴县	黄伙有	欧建强	雷州市	李昌梧	符　国
郁南县	金繁丰	张锦源	遂溪县	湛岳登	吴江平
阳江市	林华景	梁　海	徐闻县	黄心强	张耀乐
江城区	陈世庆	林沃溪	开发区	余堪发	陈汉强
阳春市	周乐荣	黎运成	东海岛试验区	胡海运	林海源
阳西县	许培业	林　四			
阳东县	李日芳	曾传植			
海陵区	关泳芬	马福钦			
茂名市	周镇宏	潘章林			
茂南区	邓振新	符　强			

（撰稿人：常治科
审稿人：陈少波　季　勤）

广西壮族自治区

2004年社会治安综合治理工作概况

一、社会治安综合治理“三十百千”工程实施情况

2004年,广西区继续以推进社会治安综合治理“三十百千”工程为载体,不断加强社会治安防控体系建设。2月25日,自治区党委办公厅、自治区人民政府办公厅转发了《自治区社会治安综合治理委员会关于加强社会治安防范工作的意见》,对加强广西区治安防范工作的主要任务、总体目标和工作措施等提出了明确要求,文件对进一步推动广西区治安防控体系建设起到指导性的作用。3月,自治区综治委在钦州市召开了全区社会治安综合治理重点市县工作汇报会,总结交流了全区实施“三十百千”工程的情况和经验,对深入实施“三十百千”工程作了进一步的部署。会后,各地认真贯彻落实会议精神,进一步理清思路,明确重点,加大工作力度,加大经费投入,积极推进和完善社会治安防控体系建设,使全区治安防控能力得到进一步提高。到2004年年底,全区已设立乡镇综治办1393个,占实有乡镇街道总数的99.56%,配备乡镇街道综治专干1563人,同比增加20.88%,配兼职人员2124人,同比增加24.07%。全区已设立调解组织17177个,调解员90877人,治保组织16966个69797人,综治信息员77278人,专业联防组织2012个19198人,义务联防队19995个170527人;建立调解庭室11456个,治安岗亭1033个。基层综治组织、群防群治组织建设的进一步加强,遍布城市乡村的群防群治力量协助政法综治部门开展矛盾纠纷排查调处、防范打击违法犯罪,使社会治安综合治理各项措施在基层得到落实,有效地提高了社会治安的打防控能力,巩固了严打整治斗争的成果。2004年,全区共立刑事案件123017件,同比下降5.1%;共立治安案件116446件,同比下降15.9%。全区除桂林、河池、百色三个市外,其余11个市刑事案件立案数均比去年同期下降,其中,南宁、防城港、玉林、崇左等4个市降幅达10%以上;放火、爆炸、伤害、强奸、涉枪、抢劫等6类严重暴力犯罪案件及盗窃、诈骗等侵财型案件均比去年同期下降。

二、“严打”整治斗争工作情况

2004年,全区各级政法部门不断强化职能作用,以维护国家安全和社会稳定为目标,以中国—东盟博览会安全保卫工作为重点,组织开展大规模的社会热点和矛盾纠纷特别是高危险人员、高危险物品和高危险部位等“三高危险”的排查、调研工作;加强情报信息工作,认真掌握境内外敌对势力、恐怖组织、非法宗教组织、黑社会组织等的破坏动向并采取有针对性的措施予以打击。公安机关相继在全区范围内组织开展了“春季严打”、“侦破命案”、“打击两抢”、“打击手机短信息诈骗犯罪”、“打击地下钱庄违法犯罪”等专项严打斗争。刑事立案在上年下降5.9%的基础上继续下降5.1%。全区有11个市立案下降,其中有9个市下降幅度高于全区平均水平,防城港市下降幅度最大,为21.9%,玉林、崇左、南宁等3个市下降幅度都超过10%;全区公安机关破获刑事案件46679件,破案率为37.95%,同比上升5.99个百分点。全区检察机关共受理公安等机关提请审查批捕25759件38813人,经审查批准逮捕23464件34627人,同比分别下降0.89%和上升1.14%;共受理公安机关移送审查起诉案件25714件38242人,经审查决定起诉22730件33007人,同比分别上升0.25%和下降0.82%。全区各级人民法院共审结刑事一审案件22958件,其中审结杀人、抢劫、爆炸、绑架等严重刑事犯罪案件14828件,判处刑罚18887人。2004年,各地认真采取各种治安防范措施,加大社会治安防范力度,控制能力增

强，全区公安机关发现和查处治安案件在上年同比分别下降32.9%、38.9%的基础上，全年发现治安案件116446起，查处89169起，同比又分别下降15.9%、20.3%。其中发现结伙斗殴、卖淫嫖娼、淫秽物品、违反枪支管理规定、赌博案件同比分别下降32.7%、29.7%、24.9%、26%、16.9%。在查处的治安案件中，发生在机关团体企事业单位、车站码头、居民住宅区和宾馆饭店、文体娱乐、服务场所同比分别下降42.01%、17.86%、23.55%和24.49%。全区共发生治安灾害事故19起，同比下降54.8%，死亡和受伤人数分别下降3.6%、69.4%。

三、预防和化解人民内部矛盾工作情况

2004年，广西区各级党委、政府坚持把预防和化解人民内部矛盾作为维护社会政治稳定的重要工作紧抓不放。上半年，自治区组织有关部门对影响我区稳定的“工商银行系统分流人员问题”、“工商行政管理系统管办脱钩遗留问题”、“农垦系统部分退休职工要求解决待遇问题”、“企业军队转业干部、要求退改离人员、抗美援朝老战士等要求提高待遇问题”、“对越自卫还击战退伍复员军人上访问题”及“群体性事件原因与对策”、“集体上访特点”等重点问题开展专题调研，为党委政府决策，解决影响稳定的突出问题提供了依据。自治区综治办、自治区维稳办、自治区信访局建立了群体性事件和集体上访情况定期通报制度，进一步强化了各地各部门的责任，推动了预防和化解矛盾工作的深入开展。各地认真贯彻落实中央“杭州会议”和自治区“贵港会议”精神，进一步完善矛盾纠纷排查调处工作和责任机制，在党委政府的统一领导下，认真开展矛盾纠纷大排查、大调处活动；对排查出来的重点问题，实行一个问题落实一名责任领导、一个工作班子、一套工作方案、一个解决期限的措施，运用行政、法律等各种手段，狠抓调处工作的落实，把大量的矛盾纠纷及时妥善地化解在基层。2004年，全区共排查出比较突出的各类矛盾纠纷95861件，已调处89360件，占93.22%；其中排查出“三大纠纷”11451件，已调结10254件，调结率为91%。乡镇、街道司法所和人民调解组织调解各类民间纠纷253660件，调处成功率为96%；防止民间纠纷引起自杀756件1627人；防止民间纠纷转化为刑事案件2519件14131人。各级法院依法调节各种经济和社会关系，化解社会矛盾，促进经济发展和社会进步。全区各级法院依法开展民商事审判和行政审判工作，共受理各类民事、商事一审案件81193件，审结79087件，解决争议标的金额868195.9万元；审结一审行政案件2103件，审结2028件；受理国家赔偿案件194件，办结178件。

四、实行领导责任制和目标管理责任制情况

2004年，全区各地继续以落实社会治安综合治理领导责任制为“龙头”，严格实行综治领导责任制和一票否决权制。各级党政领导对综治工作的重视程度不断提高。年终，自治区综治委组织对全区综治工作进行考评，并将考评结果向全区通报。在此基础上，对评选出的6个先进市和26个先进县(市、区、单位)进行表彰奖励。据不完全统计，2004年，自治区和各市共召开综治委全会197次，召开五部门联席会议114次，对628个单位的有关治安问题进行督查，促使这些单位加强整治和防范，堵塞工作漏洞，改变治安面貌。对32个单位行使一票否决，其中县处级单位6个，追究了37名有关责任人的责任。

五、集中处理涉法上访工作情况

2004年，全区各级政法部门按照中央政法委的统一部署，认真开展集中处理涉法上访问题工作。全区共排查出涉法上访案件2998件，已办结2846件，办结率为94.93%；其中当事人罢访息诉的2552件，占办结数的89.67%。由于各地集中处理涉法上访工作的顺利开展，减轻了自治区有关部门接待上访的压力。据统计，2004年以来，自治区党委政法委及自治区级政法各部门接待群众来访的批数人数比往年大大减少。

六、中国—东盟博览会期间维稳和安全保卫工作情况

自治区党委、政府高度重视首届中国—东盟博览会期间的社会稳定工作，从上半年开始，对做好中国—东盟博览会期间维护社会稳定工作做出了一系列部署。为了确保中国—东盟博览会期间维护社会稳定的各项措施落到实处，自治区党委、政府专门成立了自治区维护稳定工作协调组，下辖自治区维护稳定工作指挥部和安全保卫工作指挥部，切实加强领导，具体负责对全区维护稳定和安全保卫工作的具体指挥实施。自治区维护稳定工作指挥部和安全保卫工作指挥部，紧紧抓住排查调处矛盾纠纷，有效预防和妥善处置突发事件，确保重大活动、警卫对象、活动场所、代表住地、重要目标安全的关键环节，周密策划，精心组织，加强演练，强化监督，把各项工作落实到每一个环节中去。

自治区党委政法委、自治区综治委根据自治区党委、政府的总体部署，在全区范围内对有可能引发大事、中事的突出问题和重点单位、重点部位进行了反复排查，确定了“法轮功”问题、“三大纠纷”问题、企业改制改组及破产问题、城市房屋拆迁问题、农村征地问题、企业军转干部待遇问题、涉法上访问题、库区移民安置问题、代课教师问题、欠款问题等11类346个突出问题以及铁路、公路沿线对进邕进京上访人员查控工作作为重中之重，逐个落实防范监控措施。与此同时，各地根据自治区的要求，认真开展排查工作，确定有可能影响本地区社会稳定的重点问题和重点部位，并派出工作组深入下去及时做好控制和化解工作。在中国—东盟博览会期间，层层设置防线和临时接访点，对有可能到邕进京滋事的“法轮功”人员和其他集体上访人员进行严密查控。各市还派出专门工作小组进驻南宁，协助首府做好对进邕集体上访人员以及其他可能滋事人员的处理及劝返工作。全方位、多层次的布防和查控，形成了确保首府南宁安全稳定的坚固防线。

由于各级党委、政府的高度重视，有关部门充分发挥职能作用，组织协调各方面的力量密切配合、齐抓共管，广大参战人员特别是奋战在第一线的公安干警、武警官兵，坚守岗位，恪尽职守，团结拼搏，卓有成效地开展工作，圆满完成了首届中国—东盟博览会的安全保卫工作。博览会期间，首府南宁没有发生影响博览会安全的群体性事件，全区没有发生影响全局或局部稳定的事件，重要警卫对象、重要会议和重大活动、重要活动场所和代表住地的安全保卫做到了万无一失，胜利实现了既定的工作目标，为中国—东盟博览会的顺利举行创造了良好的社会政治环境。

七、公共安全感测评情况

自治区统计局、自治区社会治安综合治理委员会从2004年7月至12月筹备并联合开展2004年度全区社会公众安全感调查，为了保证调查质量，自治区统计局引进了国际上比较流行的计算机辅助电话访问系统，采取以电话访问为主，街头、货场访问为辅的方法，按人口总户数比例将18000个调查样本分配到全区14个市，样本分布所有市、县、乡(镇、街道)及有电话的农村。在实际调查中，成功电话访问14927个，街头访问2789个，车站、货场访问500个，超额完成了调查任务。从调查结果看，群众安全感、警民关系、村(居)委作用、治安状况、治安变化各项调查的满意率分别为：81.47%、85.24%、85.02%、86.94%、87.94%87.28%，5项平均满意率为85.19%，同比上升3.86个百分点，群众安全感同比上升1.21个百分点。

八、各项专门工作情况

1. 铁路护路联防工作以确保铁路第五次调图提速、首届中国—东盟博览会期间安全畅通为重点，全年实现了“保稳定、保安全、保畅通”的护路工作目标。年内，铁路护路联防工作部门协助公安机关开展铁路治安专项整治行动241次，整治铁路治安重点区段和站场145个，整治重点列车16对，协助破获刑事案件1451起，打掉犯罪团伙22个，查获违法人员2875人，抓获犯罪嫌疑人1241名，协查治安案件2670起，其中“五类”案件87起，查获“三品”387起，缴获赃款赃物总价值19万元；调处涉路各类矛盾纠纷154件，化解群体性事件苗头19起，拆除非法道口17个，拆除非法加宽人行过道66处，排除事故隐患198起，防止行车事故211起。

2. 刑释解教人员安置帮教主要抓了以下工作：(1)健全安置帮教工作协调机构。全区已建立14个市级安置帮教工作协调机构，配备专职人员126人，占应建机构100%，建立124个县(区)级安置帮教协调机构，配备专职人员1174人，占应建机构100%。在村屯和企事业单位建立了安置帮教工作站，完善了社会化安置帮教工作网络，基本形成市、县、乡镇、村(居)四级安置帮教立体网络。(2)健全和完善安置帮教工作制度。一是完善衔接制度；二是完善登记制度；三是完善档案制度；四是完善回访制度；五是完善动态管理制度；六是完善工作考评制度。(3)做好安置就业和社会保障工作。一是动员原单位安置；二是动员企事业单位及个体经济组织主动承担社会责任，积极接纳刑释解教人员；三是帮助刑释解教人员自谋职业成为个体工商户；四是依托社区优势，安置刑释解教人员；五是解决农村刑释解教人员回乡后的实际困难，帮助他们走上勤劳致富的道路。年内，全区共接收刑释解教人员14999人，先后安置11699人，安置率78%。全区刑释解教人员重新违法犯罪率为2.8%。

3.2004年，全区流动人口治安管理工作以维护首届中国—东盟博览会安全稳定为目标，组织开展了两次流动人口和出租房屋清理整顿专项整治行动。各级公安机关通过日常治安管理和集中整治行动，全区共登记暂住人口92.7万人，发暂住证68.8万人，登记备案出租房18.1万间，破获涉及流动人口刑事案件1021起，查处治安案件2610起，打击处理流动人员违法犯罪5210人，抓获在逃人员21人，收缴各类枪支8支。

4.学校及周边治安综合整治工作有新进步。年内，自治区综治委成立了学校及周边治安综合治理工作领导小组，建立了联席会议等有关工作制度，定期通报情况，协调和研究解决学校及周边存在的突出治安问题。组织开展了一系列高校校园周边治安环境专题调研活动，研究解决高校及周边治安突出问题。11月，在南宁市召开全区预防青少年违法犯罪暨学校及周边治安综合治理工作会议，总结交流工作经验，研究进一步做好工作的措施。围绕首届中国—东盟博览会的安全稳定，制定了全区教育系统预防和处置突发事件的工作预案，组织开展了为期一个月的校园及周边治安排查和整治工作，确保了学校及周边治安秩序的安全稳定。去年4月，在全国预防青少年违法犯罪暨学校及周边治安综合治理工作会议上，广西区作了有关校园周边治安整治的经验介绍。

5.预防青少年违法犯罪主要抓以下工作：一是加强对社区闲散青少年的教育和管理。把闲散青少年作为重点群体，通过摸底排查、建档立卡等措施，掌握闲散青少年的底数，为实施“青少年违法犯罪社区预防计划”奠定基础。二是全面实施“青少年违法犯罪社区预防计划”。全区各市都建立有“青少年违法犯罪社区预防计划”实施试点单位。三是开展创建“未成年人零犯罪社区”活动。四是实施“为了明天——预防青少年违法犯罪工程”。

九、社会治安综合治理培训和宣传工作情况

年内，自治区举办了一期有180人参加的全区社会治安综合治理“三十百千”工程重点县(区)、乡镇综治干部培训班，各市、县(区)也层层举办了综治干部培训班。据统计，全区区、市、县三级共举办综治干部培训班21期，培训各级综治干部1356人。自治区综治办完成了《中国社会治安综合治理年鉴》(2003年卷)广西稿件的撰写任务，组织开展了2003年度全区综治好新闻评比活动，并推荐优秀作品参加全国综治好新闻评比，共有4篇作品获得全国奖励。与《法制日报》网站联合开设“综治时讯”栏目。协助做好《长安》杂志等政法、综治报刊和综治年鉴的征订发行工作。组织开展见义勇为义演募捐活动，继续实行见义勇为保险制度，为见义勇为人员解除后顾之忧。

中共广西壮族自治区委员会办公厅
广西壮族自治区人民政府办公厅
关于转发《自治区社会治安综合治理委员会
关于加强社会治安防范工作的意见》的通知

（2004年2月25日）

各市、县党委和人民政府，自治区党委和自治区级国家机关各部委办厅局，各人民团体，柳州铁路局，各大专院校，广西军区党委，武警广西总队党委：

《自治区社会治安综合治理委员会关于加强社会治安防范工作的意见》已经自治区党委、自治区人民政府领导同志同意，现转发给你们，请结合实际，认真贯彻落实。

自治区社会治安综合治理委员会
关于加强社会治安防范工作的意见

近年来，我区认真贯彻落实中央关于社会治安工作的部署，坚持“打防结合，预防为主”的方针，深入开展“严打”整治斗争，大力加强治安防范工作，刑事案件大幅度上升的势头得到遏制，一些治安混乱的地区和突出的治安问题得到有效整治，人民群众的安全感有所增强。但是，目前引发犯罪的因素还大量存在，特别是社会治安防范工作还存在不少薄弱环节，严重危害公共安全和影响群众安全感的案件时有发生，社会治安形势仍不容乐观。因此，要以“三个代表”重要思想为指导，深入贯彻落实《中共中央办公厅、国务院办公厅关于转发〈中央社会治安综合治理委员会关于加强社会治安防范工作的意见〉的通知》（中办发〔2002〕26号）精神，进一步加强我区社会治安防范工作，为加快富民兴桂新跨越步伐、全面建设小康社会创造良好的社会治安环境。

一、社会治安防范工作的指导思想和主要任务

（一）指导思想：以邓小平理论和“三个代表”重要思想为指导，认真贯彻落实党的十六大精神和党中央、国务院关于加强社会治安防范工作的重大部署，坚持“打防结合，预防为主”的方针，以维护社会稳定和良好的治安秩序为目标，以公安部门为骨干，充分发挥社会治安综合治理委员会各成员单位的职能作用，广泛动员社会各界和广大人民群众，建立和完善人防、物防、技防结合，专群结合的防范模式，全面落实社会治安综合治理各项措施，不断提高社会治安防范工作水平，实现社会治安良性发展，确保社会稳定。

（二）主要任务和总体目标：在各级党委、政府的领导下，动员社会各方面力量，形成全党动员、全民参与、齐抓共管的社会治安防范工作格局；各级社会治安综合治理组织健全，基层社会治安综合治理工作有领导分管、有专人抓；建立健全社会治安综合治理工作网络，强化基层群防群治队伍，提高社会面控制能力；认真落实重点场所和重要部位的社会治安防范措施，加大科技防范力度，逐步建立社会治安防范的长效工作机制；加强情报信息的收集、传递工作；建立社会治安综合治理经费保障机制，并逐年增加社会治安防范工作的经费投入；建立、完善科学的社会治安形势测评和社会治安防范工作考评体系；各种刑事犯罪案件和治安案件得到有效控制，人民群众安全感不断增强。

二、充分发挥各部门的职能作用，形成合力，全面落实社会治安防范措施

公安部门要大力推进社会治安防控体系建设，进一步完善快速反应机制，最大限度地把警力放在维护社会治安的第一线，进一步加强对社会面的防控。要改革和加强基层公安派出所工作，实施社区警务战略，把更多的警力放到社区，把工作重点放在人口管理、巡逻防范和服务群众等方面。检察院、法院要结合批捕、起诉和审判工作，发现社会治安防范工作的漏洞，及时提出检察建议和司法建议，督促有关单位健全规章制度，完善防范工作机制。司法行政部门要加强监狱和劳动教养场所的管理工作，提高教育改造质量。加强人民调解工作，大力开展法制宣传教育，推进依法治桂工作，深化法律服务和法律援助工作。

教育部门要加强对在校学生的思想品德和法制教育，深入开展创建安全文明校园活动，健全学校治安保卫组织，会同有关部门建立和完善学校及其周边地区治安管理长效机制，落实社会治安防范措施。民族部门要加强对影响民族团结和社会稳定问题的分析和研究，协助和配合有关部门做好涉及民族问题的调处工作。民政部门要加强城乡基层群众性自治组织建设，加强社区建设，强化对各种社会团体的管理，做好社会救助工作，保障困难群众尤其是特殊困难群体的基本生活，维护社会稳定。劳动保障部门要做好“两个确保”以及促进就业和再就业工作，建立健全劳动关系协调机制，加强社会保障工作，减少不稳定因素。建设部门要结合城市总体规划的制定和实施，推进社会治安防范设施建设，指导物业管理公司参与社区治安防范工作。土地、林业、水利等部门要积极做好“三大纠纷”的调处工作。信息产业部门要加强邮政、电信通信的安全保卫工作，与有关部门一起搞好计算机互联网的管理。广播电视部门要配合有关部门，做好广播电视设施保护工作，有效防范各种破坏活动。文化部门要加强对文化市场和娱乐场所的管理。新闻出版部门要加强对出版业和出版物市场的监管，在有关部门配合下，加大“扫黄”“打非”的力度，净化社会文化环境。工商行政管理部门要加强市场监管，配合有关部门维护好市场治安秩序。人民银行要指导、推动各金融机构的安全防范工作。铁道、交通、民航等部门要加强对车站、码头、机场和交通运输线路的治安管理，依法打击车匪路霸，完善治安防范机制，防止和减少交通安全事故，确保交通运输秩序良好。经济和安全生产监督管理部门要指导和督促企业搞好安全保卫，减少和防止安全隐患与事故，并配合有关部门加强企业周边地区的治安防范。卫生部门要加大公共卫生监督管理力度，保障人民群众的健康和生命安全。宣传部门要配合有关部门加大社会治安防范工作的宣传力度，宣传先进事迹和先进典型，增强全体公民的治安防范意识。信访部门要结合业务工作，积极化解矛盾纠纷，及时向有关部门通报可能引发治安问题的信访信息。军队要组织开展各种形式的军、警、民共建活动，组织民兵参与治安防范，支持、配合政府和有关部门搞好社会治安。武警部队要积极开展警民联防，加强治安巡逻，做好内卫执勤工作。纪检监察机关和组织人事部门要严格执行领导责任制，确保治安防范工作落到实处。工会、共青团、妇联等群众组织要充分发挥各自的优势，积极参与治安防范工作。

各机关、团体、企事业单位都与社会治安防范有着密切的关系，负有义不容辞的责任，既要充分发挥各自的职能作用，又要密切配合，齐抓共管，切实形成社会治安防范工作的整体合力。要按照“属地管理”的原则，服从所在地党委、政府在社会治安综合治理工作方面的领导，自觉接受社会治安综合治理部门的业务指导，落实社会治安综合治理各项措施。各级社会治安综合治理委员会及其办公室要加强调查研究和督促检查，指导、协调辖区内的机关、团体、企事业单位开展社会治安防范工作，促进社会治安防范措施的落实。

三、加强社会治安防范网络建设,不断提高防控能力

(一)建立城市社会面治安防范网络。各市要以公安民警为骨干,各类群防群治队伍共同参与,在社会治安综合治理机构的统一组织、协调下,积极探索"网络化"布警模式,最大限度地把警力摆在街面上,确保对居民区、繁华街区、公共复杂场所和城乡结合部等案件多发区域、部位、时段的有效控制。加强城区治安检查站、治安卡点建设,积极探索不同形式的城区外围治安防控模式。要切实加强人防、物防、技防工作,确保治安防范各项措施的落实。

(二)建立社区治安防范网络。主体是街道社会治安综合治理委员会办公室、派出所、保安及各类群防群治组织。要继续实施社区警务战略,加大社区警务的投入,确保警力向基层倾斜。要建立以居民小区为点、社区为块、街道为面的社区防范管理机制。要探索成立治安志愿者协会等新型群防群治组织形式,积极发展保安服务业,推进公共安全服务产业化。要注重从下岗职工中选拔人员,组建社区保安队、居民小区保安队、企地联防队等联防队伍。组建党员、义务治安员、楼组治安负责人等群防群治队伍,开展夜间巡逻、法律咨询等群众自治自防活动。社区民警要实行巡防制,掌握辖区人、地、事、物等情况信息和治安动态,指导社区治安防范管理工作。

(三)建立单位内部治安防范网络。机关、团体、企事业单位要加强内部安全保卫和治安防范工作,切实做到"管好自己的人,看好自己的门,办好自己的事"。要强化目标管理责任制,各市、县(市、区)、街道(镇)党委、政府要与所辖单位签订社会治安综合治理责任书。强化单位内部治安防范措施的落实,制定完善安全防范制度。强化沟通联系,建立市、县(市、区)、街道(镇)社会治安综合治理机构和所辖单位的联系制度,适时通报治安情况,加强对所辖单位治安防范工作的指导。要加强督促检查,由各级社会治安综合治理委员会办公室和公安机关对所辖单位防范工作定期进行检查,发现问题,限期整改。对社会治安防范措施不落实,造成机关、团体、企事业单位发生严重治安问题的,要依法追究有关领导和直接责任人员的责任。

(四)建立农村治安防范网络。要针对当前深化农村改革给社会治安防范工作带来的新情况、新问题,研究建立新的社会治安防控体系。加强乡镇公安派出所建设,落实民警社会治安防范责任制,大力推广扶绥县公安民警下村屯蹲点的经验。加强乡、镇、村的治安联防组织建设,组织一支以退伍军人和基干民兵为骨干的农村治安群防队伍。充分发挥村治保会、调委会的作用,及时化解矛盾纠纷,做好群众的法制教育工作,防止和减少刑事犯罪案件和治安案件的发生。

(五)努力提高治安防范网络的科技含量。各地要针对目前刑事犯罪的新特点和社会治安防范工作遇到的新情况、新问题,认真学习借鉴兄弟省(区、市)的经验,不断加大科技防范的力度,特别是对银行等重要目标和城区重点防范地段及车站、码头等重要场所,要逐步配置闭路电视监控系统,实行全天候监控。力争通过6年左右的努力,使全区各市和部分经济较发达的县(市、区)逐步建立起具有较高科技含量的社会治安防范网络。

四、突出重点,狠抓落实,确保社会治安防范工作取得实效

(一)以确保安全为目标,强化各项安全防范措施。严格爆炸物品、易燃易爆物品等危险物品的管理。生产、使用、销售、运输、储存爆炸物品及易燃易爆、危险化学品的企事业单位及其主管部门,都要严格落实责任制,采取切实有效措施,严加防范,防止丢失、被盗。公安机关和有关部门要加强对危爆物品特别是枪支弹药的管理,适时对危爆物品的生产使用、销售、运输、储存等环节进行专项治理,依法严厉打击非法生产、经营、使用爆炸物品、危险化学品和非法持有枪支弹药等违法犯罪活动。要进一步做好道路交通安全管理各项工作,有效预防道路交通事故,减少群死群伤重特大交通事故。进一步做好消防监督各项工作,坚决防止重特大火灾尤其是群死群伤火灾事故的发生。各级党政机关、企事业单位,尤其是大型商场、公共娱乐场所和石油、化工、煤炭企业等重点单位,要落实安全责任制,防止发生群死群伤的重大事故。

(二)加强人口管理,夯实社会治安防范基础。

1.加强对流动人口的管理。公安部门要与工商、城市执法、劳动、民政、税务、教育、房产、计划生育等部门紧密配合,切实加强对流动人口的管理、教育、服务,控制和预防违法犯罪的发生。要管住流动人口落脚的购置房、承租屋、中小旅馆、地下室、建筑工地、劳务市场、集贸市场以及娱乐服务场所。各地公安部门要按照流动人口管理的有关法律法规和政策规定,积极会同有关部门,坚持"谁用工谁负责"、"谁出租谁负责"的原则,全面落实业主和出租房主的治安责任制和责任追究制。要强化对娱乐服务场所的治安管理,加强对从业人员的登记管理,并进行经常性的治安检查,落实控制措施。同时,要加强对流动人口的法制教育,依法保障其合法权益,预防和减少其违法犯罪活动。

2. 继续做好刑满释放和解除劳动教养人员的安置、帮教工作。要做好服刑人员刑满释放和劳教人员解除劳教时的衔接、排查、帮教工作,建立刑释解教人员信息管理系统,重点做好有重新违法犯罪倾向的刑释解教人员的帮教、管控工作,抓好"法轮功"类刑释解教人员帮教工作。由司法行政部门牵头,民政、劳动、工商等部门配合,按照鼓励自谋职业为主、过渡性安置为辅的原则,共同做好刑释解教人员安置帮教工作。对刑释解教后的城镇居民找不到工作,符合城市居民最低生活保障标准的,要纳入最低生活保障范围,积极帮助其解决生活困难问题。各地要积极创办以民营企业为依托的过渡性安置基地,鼓励企业主动接收、安置刑释解教人员。刑释解教人员原所在单位也应积极做好安置工作。各地公安机关要依法加强对管制、剥夺政治权利、缓刑、假释和暂予监外执行罪犯的监督考察,切实掌握动态,防止其重新犯罪。对重点人口,要全面摸清底数,及时纳入管理视线,有针对性地落实管理措施。特别是对刑释解教人员,要严格落实管理、控制措施;对扬言报复社会、可能铤而走险的人员以及其他有违法犯罪倾向的人员,要与有关部门密切配合,及时采取强有力的管理、控制措施,切实消除隐患。对"法轮功"重点人员要继续完善监督管理措施,加强监控,及时发现、打击其违法犯罪活动。

3. 加强对境外在华居留人员的管理。对居留在我区的境外人员,辖区公安机关要加强管理,及时登记和上报,切实掌握其基本情况,做到底数清、情况明,既要依法保护其合法权益,又要及时发现和防范其危害国家安全等违法犯罪活动。此外,各地公安机关还要大力推进人口管理信息系统建设,尤其要加快常住人口、暂住人口、境外在华居留人员及旅馆业信息系统的建设步伐。

4. 切实做好预防青少年违法犯罪工作。各级党委、政府和社会各界要高度重视预防和减少青少年违法犯罪工作。各中小学校要开设法制、德育课程,配齐兼职法制副校长,加强对在校学生的法制宣传教育工作。进一步加强对有违法行为、未追究刑事责任的未成年人的教育、挽救、改造工作。继续加强对校园周边治安秩序的整治工作,为青少年健康成长创造良好的社会环境。

(三)坚持重点治乱,坚决改变一些地方治安混乱的状况。各级公安机关要在为期两年的严打整治斗争基础上,继续抓好治安混乱地区的排查工作,对排查出的治安混乱地区和突出治安问题,要迅速采取有力措施,进行集中整治,限期改变面貌。要适时组织开展国有大中型企业周边地区的社会治安专项整治行动,严厉打击盗窃、哄抢国有资产的违法犯罪活动,彻底铲除买赃、销赃的窝点,为国有企业的改革和发展创造良好的治安环境。对学校周边地区、公共复杂场所、商品集散地、城乡结合部等治安混乱地区,要进行重点整治,加大打击力度。对毒品危害严重的重点地区,各级公安机关要紧紧扭住不放,保持高压态势,继续进行重点治理,坚决遏制住这些地区毒品犯罪猖獗的势头。沿边、沿海地区要组织开展严厉打击偷渡活动的集中整治行动。

(四)持之以恒地抓好矛盾纠纷的排查调处工作。要建立健全工作制度,完善工作机制,坚持定期排查和日常排查相结合,加强信息交流,及时发现和解决矛盾纠纷。要把工作重点放在县以下的基层单位,乡镇、街道社会治安综合治理委员会及其办公室要将矛盾纠纷排查调处作为重要的基础工作,坚持常抓不懈。要加强信访工作,减少和防止群体性事件,及时有效处置各种突发事件。要发挥各有关部门的职能作用,采取各种有效办法,化解各种矛盾纠纷,防止引发刑事案件甚至恶性刑事案件。要抓早抓小抓苗头,把问题解决在萌芽状态,防止矛盾激化,减少"民转刑"案件。要把人民调解、行政调解、司法调解紧密结合起来,继续贯彻落实《中共中央办公厅、国务院办公厅关于转发〈最高人民法院、司法部关于进一步加强新时期人民调解工作的意见〉的通知》(中办发〔2002〕23号)精神，努力推动新时期人民调解工作的改革与发展。

(五)切实加强禁毒工作。要根据广西毒品违法犯罪的严峻形势，大力开展"无毒社区"、"社区青少年远离毒品"和"不让毒品进我家"等活动，最大限度降低毒品的危害。同时，要严厉打击制贩毒品违法犯罪活动，从我区实际出发，进一步加强边境地区的堵源截流工作，落实"双向查缉"的各项措施。适时组织开展禁毒专项斗争，坚决遏制毒品犯罪发展蔓延的势头。禁吸戒毒工作要有重大突破，有效减少毒品需求。进一步加大对冰毒犯罪的打击力度，加强对易制毒化学品的管理。继续落实好禁种铲毒责任制，有效制止非法种植毒品原植物行为。

五、加强基层组织建设，深入开展基层安全创建和宣传教育

进一步加强社会治安综合治理基层组织建设。要加强乡镇、街道社会治安综合治理委员会及其办公室的建设，充分发挥它们在维护社会稳定和社会治安方面的组织、协调作用。要按照"属地管理"原则，进一步健全完善乡镇、街道社会治安综合治理委员会。委员会不仅要有县(市、区)政法部门、行政执法部门派驻机构和乡镇、街道有关部门的负责人参加，辖区内一些主要的企事业单位也要派有关负责人参加。要加强乡镇、街道公安派出所、人民法庭和司法所的建设。加强对社区和村(居)委会、治保会、调委会的工作指导，建立健全各项工作制度，完善工作机制，加强干部教育培训，提高素质，合理解决人员、待遇和工作经费等问题。社区和村(居)委会、治保会、调委会等群众组织要充分发挥职能作用，积极参与社会治安综合治理工作。

深入开展基层安全创建活动。要认真总结经验，推动多种形式的创建活动。有条件的地方可建立社区(村)综合治理协会；从学校选派教师到社区兼职，协助开展对青少年的教育工作；从政法部门选派干部到社区担任综治特派员，专门负责综合治理工作。要注重为群众办实事，解决群众关注的热点、难点问题，调动人民群众参与基层安全创建活动的积极性，把基层安全创建活动变成群众的自觉行动。

加大法制、道德宣传教育力度，增强公民的法律道德意识。要把依法治国和以德治国结合起来，以"四五"普法为契机，深入开展"法律进社区"、"法律进村"等活动，搞好全民普法教育，努力提高公民的法律意识和法律素质。认真贯彻落实《公民道德建设实施纲要》，大力倡导二十字公民基本道德规范和见义勇为精神，调动广大人民群众参与维护社会治安的积极性。充分利用各种新闻媒体，加大社会治安防范工作的宣传力度，为社会治安防范工作营造良好的舆论氛围。

六、切实加强对社会治安防范工作的领导

(一)各级党委、政府要进一步提高对社会治安防范工作重要性的认识，把思想观念、工作重点、警力配置、经费投入、考核奖惩机制等真正落实到"预防为主"上来，切实加强组织领导。各级党政主要领导是做好社会治安防范工作的第一责任人，要经常过问本地区的治安状况，认真研究解决突出的治安问题，对重大治安问题要亲自抓。各级党政分管领导要深入实际，调查研究，及时准确地把握影响本地区社会治安的倾向性问题，组织有关部门进行综合整治。各级社会治安综合治理委员会及其办公室要定期分析本地区治安形势，提出具体对策，当好党委、政府的参谋、助手。

各级人民政府应将社会治安综合治理工作所需经费列入同级财政预算，专款专用。同时，根据当地人口数量，按照一定比例，核定年人均社会治安综合治理工作经费，且随当地经济的增长逐年有所提高。要按照《中共中央、国务院关于进一步加强社会治安综合治理的意见》(中发〔2001〕14号)关于"除政府财政适当补贴以外，应根据'谁受益谁出资'、'取之于民、用之于民'的原则，由受益单位和个人适当投入一定的人力、物力、财力，建立适应社会主义市场经济要求的群防群治经费保障机制"的要求，研究制定群防群治经费保障实施办法，进一步拓宽群防群治经费来源渠道。

(二)扎实推进社会治安综合治理"三十百千"工程。自治区社会治安综合治理委员会在全区范围内实施的社会治安综合治理"三十百千"工程(即南宁市、柳州市、桂林市等三个中心城市的城区，苍梧县、合浦县、钦南区、港南区、玉州区、八步区、宜州市、右江区、兴宾区、宁明县等10个县

[市、区]以及面上其他市县的100个乡[镇],1000个村[居委会]),是构建治安防控体系的积极探索。实践证明,实施这一工程已取得了明显成效。各地要继续抓好这一工程的实施,并在总结经验的基础上,在全区推广。

(三)建立健全制度,完善工作机制。各地区、各部门、各单位要把社会治安防范作为一项重要工作,形成制度,健全机制,常抓不懈。各市、县(市、区)社会治安综合治理委员会及其办公室要认真抓好社会治安有关信息,掌握社会治安的发展趋势,要定期召开不同形式的治安形势分析会,研究解决本地区突出的治安问题;要建立健全社会治安防范档案管理制度,有条件的地方要实行计算机联网,提高工作效率和管理水平;要组织力量,对本地社会治安状况作出科学评估,并向自治区社会治安综合治理委员会写出专题报告。自治区社会治安综合治理委员会办公室会同自治区统计部门每年对全区治安状况开展一次问卷调查活动。

(四)进一步健全奖励和责任追究机制。各机关、团体、企事业单位都要确定治安责任人,负责本单位的治安防范工作。治安防范工作应纳入治安责任人的任期目标,定期进行考核。对于防范工作扎实、长期不发生治安问题的地区和单位,要进行宣传表彰,对治安责任人和主要负责人给予必要的奖励。对治安责任人失职,防范工作不落实,导致本地区、本单位治安问题突出的,要追究责任。机关、团体、企事业单位的法定代表人或主要负责人要对单位的治安防范负责,对因管理不善、失职渎职造成严重后果的,要追究法定代表人或主要负责人的责任,实行社会治安综合治理"一票否决"。

(五)加强督促检查,确保各项措施落到实处。各级社会治安综合治理委员会及其办公室要加强检查指导,把社会治安防范工作作为一项重要内容进行考核。对上级有关社会治安防范工作的要求,要加强督促检查,认真抓好落实,并将落实情况和出现的问题及时向同级党委、政府及上级部门报告。要深入开展调查研究,认真总结典型经验,实行分类指导,促进各项工作的顺利开展。

各地、各有关部门要从实际出发,研究提出加强社会治安防范工作的措施,并抓好贯彻落实。

广西壮族自治区党委关于调整自治区社会治安综合治理委员会组成人员的通知

(2004年9月28日)

各市党委,自治区党委各部委,自治区级国家机关各委办厅局党组(党委),各人民团体党组,柳州铁路局党委,各大专院校党委:

鉴于自治区社会治安综合治理委员会部分成员工作已变动,决定对该委员会成员进行调整。调整后的成员名单如下:

主　任:马铁山　自治区党委副书记

副主任:彭祖意　自治区党委常委、政法委书记

韦家能　自治区人大常委会副主任

马　飚　自治区副主席

覃日飞　自治区高级人民法院院长

郭永运　自治区人民检察院检察长

李先明　自治区党委政法委副书记

蒙平友　自治区党委政法委副书记

刘耀龙　自治区党委政法委副书记

陆炳华　自治区公安厅厅长

委　员:谭　勇　自治区党委副秘书长

罗建平　自治区人民政府副秘书长

高宪瑞　自治区纪委副书记

黄学权　自治区党委组织部副部长

唐　华　自治区党委宣传部副部长

顾荣喜　自治区编办主任
李少英　自治区直属机关纪工委书记
黄宇群　自治区信访局局长
张振贤　自治区610办公室副主任
魏祖锦　自治区人大内务司法委员会主任委员
岑鸿平　自治区政协社会和法制委员会主任
黄列格　自治区高级法院副院长
陈普生　自治区检察院副检察长
蒋维玕　自治区经委纪检组组长
潘　晔　自治区教育厅副厅长
龙　毅　自治区民委副主任
于娃宪　自治区公安厅副厅长
雷明好　自治区国家安全厅副厅长
蒋克昌　自治区监察厅副厅长
农生文　自治区民政厅副厅长
卫福喜　自治区司法厅副厅长
席鸿康　自治区财政厅副厅长
何利顺　自治区人事厅副厅长
刘日亮　自治区劳动保障厅副厅长
张勤铭　自治区国土厅副厅长
姚鸿业　自治区建设厅副厅长
陈富芳　自治区交通厅纪检组组长
韩庆东　自治区水利厅副厅长
韦吉田　自治区农业厅副厅长
林金文　自治区商务厅副厅长
李格训　自治区文化厅副厅长
许亚南　自治区卫生厅副厅长
段伟庆　自治区国资委副主任
何　丹　自治区广电局副局长
张澄汉　自治区统计局纪检组组长
江建伟　自治区工商局副局长
黄　健　自治区新闻出版局副局长
罗永魁　自治区林业局副局长
张春涛　自治区安监局副局长
康天保　自治区旅游局副局长
陆瑞华　自治区法制办副主任
刘宗海　广西军区副参谋长
向恒成　广西军区政治部副主任
王志胜　武警广西总队副总队长
杨建新　自治区总工会副主席
甘　霖　团区委副书记
谭和平　自治区妇联副主席
莫　忠　柳州铁路局党委副书记
李依谦　南宁海关纪检组组长
金坚强　广西保监局局长
谢海平　自治区通信管理局副局长
罗跃华　人民银行南宁中心支行副行长

自治区社会治安综合治理委员会办公室主任由蒙平友同志兼任。

广西壮族自治区市、县(市、区)综治委、办主任名单

地　区	综治委主任	综治办主任
南宁市	谢寿堂	张栋源
新城区	赖贵寿	袁　海
兴宁区	李　勤	朱新发
城北区	唐本开	陈　立
江南区	李克民	崔耀辉
永新区	黄　宁	徐国初
邕宁县	温达勤	闭孙合
武鸣县	潘祖乐	韦汉观
横　县	黄国健	卢立洪
宾阳县	张富安	温又积
上林县	石天宝	蔡修文
隆安县	李荣干	石文西
马山县	梁其辉	李向民
桂林市	黎志逸	蒋汉学
秀峰区	陈德军	谢寿庭
叠彩区	蒋汉平	文昌雄

地区	综治委主任	综治办主任
象山区	刘桂林	张万岭
七星区	宾泽文	陈锦瑞
雁山区	苑　兆	陈玉明
阳朔县	秦金敏	杨声才
临桂县	陆良弟	粟振平
灵川县	欧阳美	罗程远
全州县	黄尚华	黄德鸿
兴安县	唐建林	易永强
永福县	莫建平	李小安
灌阳县	覃　澍	蒋海浪
资源县	蒋海平	唐昌炬
平乐县	赖焕斌	韦　峰
荔浦县	胡贵生	张卫民
龙胜县	谭兴元	杨正熙
恭城县	李庆才	许增魁
柳州市	尹　彤	潘义祥
城中区	武克拉	罗　涛
鱼峰区	朱德增	罗敏卓
柳南区	焦耀光	吴少娟
柳北区	雷应敏	周其彦
柳江县	张乔林	韦成耀
柳城县	张业荣	覃振堂
鹿寨县	覃建波	覃　友
融安县	吴永春	谢　康
三江县	韦　刚	谢永安
融水县	韦永文	韦树青
阳和工业新区	余端金	韦振鹏
梧州市	汤竹庭	岑志强
万秀区	邢巧玲	陈焕棣
蝶山区	古志芳	谭　学
岑溪市	李　健	邓灿强
苍梧县	白健辉	黄北水
藤县	胡振超	李辉钦
		陆继忠
蒙山县	杨铁庄	李汉雄
长洲区	林桂良	孙传庆
	肖谋健	
贵港市	韦均林	蒋国鸿
港北区	李水恒	曾腾生
港南区	梁书能	梁院禧

地区	综治委主任	综治办主任
桂平市	蒋少云	欧　凯
平南县	黎裕生	黄信全
覃塘区	梁婉华	覃　铁
玉林市	高　雄	顾兴春
玉州区	郭成球	李致辉
北流市	覃乐敏	莫寿勤
兴业县	沈　强	陈　林
容县	张福文	罗昌彪
陆川县	白光强	黄增元
博白县	苏建中	李庆良
福绵管理区	刘子福	吴润孙
钦州市	肖军忍	叶爱深
钦南区	农彦昌	黄昌雄
钦北区	陈源强	梁国强
灵山县	庞　治	陈光权
浦北县	劳　兵	宁　进
钦州港区	余敬强	李家萌
北海市	段文道	张　旭
海城区	祝小东	万德才
银海区	龙绍忆	黄开辉
铁山港区	冯卓武	谢余红
合浦县	方庆山	黄德和
防城港市	韦志鹏	李　真
港口区	郑通胜	冯军宁
防城区	陆注林	黄志才
东兴市	刘付东	孔繁浩
上思县	颜训石	曾炳祥
崇左市	蒙　结	陆振刚
江州区	黄民伟	戴中华
凭祥市	王英武	黄继杰
扶绥县	廖应灿	甘　玮
大新县	彭　坚	潘宜建
天等县	韦日才	梁立虎
宁明县	陆伟宁	农干英
龙州县	钟海光	韦思昌
百色市	石卫武	林启明
右江区	黄　健	韦建辉
田阳县	黄云龙	黄　兴
田东县	施治忠	廖善文
平果县	陆大模	兰安德
德保县	黄卫贤	李克省

地　区	综治委主任	综治办主任
靖西县	黄如松	黄其臣
那坡县	廖承刚	黎光飘
凌云县	黎清堂	李显章
乐业县	朱洪飞	李景明
西林县	谭邦敏	颜建雄
田林县	陆泽昌	农　华
隆林县	姚敦双	杨兴德
河池市	谢朝生	许汉荣
金城江区	杨秀清	韦继敏
宜州市	牙运鹏	宋作禧
南丹县	班巧隆	廖卡宁
天峨县	易继超	黄少锋
凤山县	李求让	黄英德
东兰县	覃建军	韦明山
巴马瑶族自治县	韦茂才	黄寿宁
都安瑶族自治县	韦桂良	黄乃立
大化瑶族自治县	肖禧硕	韩　敏
罗城仫佬族自治县	徐广义	戴阳生

地　区	综治委主任	综治办主任
环江毛南族自治县	覃克江	覃振庄
来宾市	龙定茂	江展飞
兴宾区	毛正军	涂全坤
合山市	苏彩勤	贾海忠
象州县	韦武双	左华存
武宣县	覃志锋	罗道成
忻城县	肖忠良	黄如希
金秀县	徐继雄	陶国荣
贺州市	杨声东	李精才
八步区	谢庆丰	薛翠珍 黄依深
昭平县	陈远明	吴耀强
钟山县	姚增庚	莫光辉
富川瑶族自治县	罗良干 黄和甫	毛志林
柳州铁路局	莫　忠 张柳胜	周和平

（撰稿人：蓝平生
审稿人：刘耀龙　王雪鹏）

海　南　省

2004年社会治安综合治理工作概况

2004年,海南省的社会治安综合治理工作在中央综治委、办和省委、省政府的领导下,以"三个代表"重要思想和党的十六届四中全会为指导,深入贯彻全国政法工作会议、全国社会治安综合治理工作会议和省委四届五次全会精神,以构建社会治安防控体系为重点,大力加强社会治安综合治理工作,全力维护社会稳定,取得了显著成效。

一、加强领导,落实责任,把综治工作不断引向深入

省委、省政府对综治工作高度重视,主要领导亲自抓,全面推行责任制,狠抓各项综治工作措施的落实。省委书记汪啸风、省长卫留成多次召集专题会议研究综治工作,并提出具体意见。省委副书记、纪委书记、省综治委主任蔡长松经常深入基层调查研究,对涉及全局性的重大问题亲自研究分析、亲自检查部署,在他的推动下,建立健全了省、市县、乡镇三级重大矛盾纠纷挂牌督办制。为了解决打击"两抢一盗"和涉毒犯罪等突出的问题,省委常委、政法委书记、省综治委副主任钟文多次深入基层调查研究,并和市县有关领导同志一起研究方案,提出解决的办法,进行具体部署,使这些工作取得了显著的成效。各市县党委、政府也高度重视社会治安综合治理工作,从实践"三个代表"重要思想的高度,把社会治安综合治理工作摆上重要位置,纳入当地社会和经济发展的总体规划中,逐步形成了党政主要领导亲自抓、分管领导具体抓、有关领导共同抓的良好格局。原省委副书记、海口市委书记王富玉,亲自参与粤海铁路清障、美兰机场征地等重大矛盾纠纷的调解处理,并多次深入政法部门,认真研究解决治安联防经费和综治工作存在的突出问题,确保综治工作人员到位、措施到位、经费到位、责任到位,有效地促进了综治工作的深入开展。文昌市委书记谢明中,多次深入学校、企业、农村检查综治工作的开展情况,并督促有关部门落实各项工作措施。儋州市委书记赵中社坚持每月书记办公会议分析治安形势,明确工作重点,研究工作对策,狠抓措施落实,社会治安面貌有了新的改观。万宁市委书记胡光辉经常深入基层,研究解决社会治安的热点、难点问题,针对企业军转干部上访问题,他亲自召开座谈会,面对面地做好上访者的思想工作,及时研究解决上访者提出的实际问题,有效地维护了社会稳定。定安县委书记关进平率领全县四套领导班子,落实定期研究综治工作制度,并亲自参与指挥重大刑事案件的侦破,亲自督导整改重大治安问题。琼中县在全省率先开展创建"三无县"(无黄、无赌、无毒)活动,走出了一条经济社会协调发展的新路子,其经验做法得到了省委、省政府充分肯定。三亚、琼海、东方、五指山、昌江、陵水等市县的主要领导,都高度重视综治工作,把综治工作列入重要议事日程,认真研究解决综治工作存在的突出问题,使全省的综治工作在原有基础上迈上了一个新的台阶。

二、坚持"严打"方针,严厉打击各种刑事犯罪活动

根据中央的统一部署,结合海南省当前刑事犯罪的特点,本着什么问题突出就重点解决什么问题,哪里治安混乱就重点整治哪里的原则,因地制宜地开展"严打"整治斗争,有力地维护了全省社会治安秩序的稳定。一是侦破命案专项行动取得显著成效。省公安厅按照公安部的统一部署,精心组织,科学策划,强化措施,全力投入侦破命案专项行动,先后侦破了海口"2.19"台商被杀案、屯昌"7.1"、东方"7.12"杀死2人案件、定安"8.9"杀死2人重伤1人案件等一批重大恶性杀人案件。2004年,全省现行杀人案件的破案率为

77.2%，比上年同期提高 13.1 个百分点。定安、琼中、五指山等 5 个市县命案破案率达 100%，命案全破市县数占全省市县总数的 26.8%。侦破命案专项行动的凌厉攻势，有力地遏制了海南省严重暴力犯罪的发生。2004 年，海南省刑事案件破案绝对数与上年同比提高 6.6%，爆炸、杀人、绑架、涉枪、强奸等严重暴力犯罪案件同比分别下降 72.7%、21.1%、35%、9.8%和 1.8%。二是开展打击"两抢一盗"等多发性犯罪活动。针对"两抢一盗"案件多发，群众反映强烈的问题，省综治委组织开展专项打击。2004 年，全省共破获抢劫案件 849 起、抢夺案件 654 起、盗窃案件2 465起、诈骗案件 345 起，有力打击了"两抢一盗"犯罪活动。三是严厉打击重大经济犯罪活动，整顿和规范市场经济秩序。2004 年，全省共破获经济犯罪案件 278 起，破案率达 79.7%，抓获犯罪嫌疑人 274 人，为国家挽回经济损失 1.6 亿元，避免国家经济损失 12 亿多元。成功破获了建省以来全省最大的非法经营地下钱庄案件，特大非法制造销售假发票系列案件等一大批影响大、危害严重的经济犯罪案件。四是全力缉捕在逃犯罪嫌疑人。2004 年，全省公安机关共抓获网上在逃犯罪嫌疑人 295 人，与上年同期抓获 206 人相比增加 30.2%。其中公安部 A 级通缉犯 2 名。2004 年 3 月 15 日，在三亚成功将云南"2.23"特大杀人案在逃犯罪嫌疑人马加爵抓捕归案。11 月 11 日，三亚市公安局抓获公安部 A 级通缉犯马汉庆，并从其住处搜出军用"五四"手枪 1 支、子弹 17 发、刀具 3 把及 8 万多元人民币存折 1 本。五是深入开展禁毒专项斗争。2004 年，全省共破获毒品犯罪案件1 704起，抓获毒品犯罪嫌疑人 790 名，破案数完成全年任务的 115.3%；缴获海洛因5 172克，"摇头丸"12398 粒，"K"粉3 156克，缴获毒资近 200 万元；捣毁毒品加工点 4 个，限期整改和取缔娱乐场所 6 家；同时，还缴获"五四"、"六四"式军用手枪 3 支，子弹 132 发以及其他工具一批。查获毒品违法案件4 867起，毒品违法人员5 822名，强制戒毒7 315名，强制戒毒完成全年任务的 103.9%。六是积极开展打击淫秽色情网站专项行动。2004 年，海南省按照全国开展打击淫秽色情网站专项行动的统一部署，及时制订了工作方案，迅速开展专项整治工作。全省共检查网吧 897 家，发现并查处了 5 家存在下载、浏览、传播淫秽色情有害信息问题的网吧；对海南省 334 家网站进行了检查、监控，抓获在省外建立淫秽色情网站 3 人；缴获淫秽光盘及电脑网吧服务器一批。七是坚决查禁黄赌活动，重点遏制赌风反弹的势头。2004 年，省综治委组织公安机关围绕第八届世界海南乡团联谊会、博鳌亚洲论坛 2004 年年会、"五一"黄金周、建国 55 周年节庆活动、首届中国青年欢乐节暨第五届中国海南岛欢乐节等大型会议、活动、节庆安全保卫工作，先后 5 次组织开展查禁黄赌专项行动。共查处赌博案件1 781起，查处涉赌人员5 077人，分别比 2003 年1 538起4 126人增加了 15.8%和 21.4%，共没收赌资 92.82 万元，同比增加 65.27 万元。查处涉黄案件 177 起，同比减少 1.77%，查处涉黄违法人员 383 人，比 2003 年 300 人增加 27.7%。特别是从 2004 年 5 月 25 日以来，海南省公安机关坚决贯彻执行中央和省委领导对海南省禁赌工作的重要批示精神，开展了声势猛烈的禁赌专项行动。全省公安机关共出动警力12 230人(次)，清查重点场所4 001个，查获涉赌场所 367 个。目前，海南省赌风反弹问题已得到了有力遏制。

三、抓好综治工作试点，以点带面促进工作

2004 年，根据省委领导指示，省综治办组织力量，先后深入琼海、文昌、澄迈三个市县抓创建"平安市县"示范点。目前三个市县的争创工作正在全面铺开。澄迈县在县委十届四次全会上提出创建"平安澄迈"的工作目标，研究制订了工作方案，调整工作部署，加强领导，狠抓落实，促进了经济社会快速发展；琼海市委、市政府出台了《关于开展创建"平安琼海"活动的决定》，把综治工作纳入目标管理，层层签订责任书，做到"五个落实"，即领导落实，工作任务落实、人员落实、经费落实、奖惩落实，使创安活动不断深入。此外，海口、文昌、万宁等市县都提出了创建"平安市县"的工作目标，各项工作都在有条不紊地进行，有效地促进了社会的和谐稳定和经济的快速发展。同时，省综治办派员深入临高县新盈、调楼镇，对创建海上"平安渔船"活动进行调查研究，并提出了具体的指导性意见。到琼中县部署开展创建"三无县"工作，以带动全省进一步扫除社会丑恶现象，净化社会环境。深入儋州市那大二中，部署全省预防青少年违法犯罪法制教育基地试点工作,以推动预防青少年违法犯罪工作的全面开展。深入万宁市和乐镇,部署矛盾纠纷联合调解试点工作,进一步完善各项工作制度,以向全省推广。通过抓试点,抓典型,以典型引路,有效地促进了全省综治工作的深入开展。

海南省基层安全创建质量不断提高,得益于各级党委、政府把抓好基层"创安"活动,作为实践"三个代表"重要思想,为民办实事的重要工作内容来抓,主要采取了六个结合:一是"创安"活动与依法治村工作相结合;二是"创安"活动与加强基层基础建设相结合;三是"创安"活动与精神文明建设相结合;四是"创安"活动与"严打"整治相结合;五是"创安"活动与创建"文明生态村"活动相结合;六是"创安"活动与创建"禁毒优秀社区"相结合。这六个结合使"创安"活动不断深入人心,内涵更加丰富。文昌、琼海、儋州、五指山、临高、陵水、保亭、白沙等市县和洋浦管理局在开展基层创安活动中,结合本地实际,采取了各种积极有效的工作措施,促使基层安全创建活动健康有序地开展,创建了一批各具特色的安全文明社区、安全文明生态村,得到中央综治委检查组的肯定和好评。目前,全省共划分城市安全文明社区2 913个,达标7 664个,达标率达 91.4%;划分农村安全文明小区13 722个,达标11 215个,达标率达 82%。

四、认真组织开展矛盾纠纷的排查调处工作

2004 年,根据省综治委的统一部署,各市县、各部门坚持"稳定压倒一切"的方针,以学习"枫桥经验"为契机,积极探索市场经济条件下解决矛盾纠纷的新路子。各市县均成立重大疑难矛盾纠纷处理工作领导小组,把矛盾纠纷的调处工作作为维护社会稳定的重要环节,放在突出的位置,主要领导亲自部署和调处重大矛盾纠纷。海口、三亚、文昌、琼海、儋州、万宁、东方、澄迈、乐东、定安等市县在开展矛盾纠纷排查调处工作中还采取市县领导包乡镇、包村、包困难对象,基层单位发生的矛盾纠纷都由包点领导协调、各职能部门上门进行调处的做法,变群众上访为领导下访,从中体察民情,掌握民意,积极为群众排忧解难。同时,积极发挥司法行政部门的作用,以司法所为基础,由乡镇综治办、民政、妇联、村委会、村民小组等部门负责人参加,在全省建立矛盾纠纷司法调解中心368个,实行专群结合,保证每起矛盾纠纷有人管、有人问、有处置、有结果。海南省矛盾纠纷排查调处工作逐步迈入正规化、制度化、规范化的轨道,形成了"党委领导、综治协调、部门联动、依托基层、各方参与"的矛盾纠纷排查调处工作新机制。2004 年,各级综治部门共排查出各类矛盾纠纷12 914宗,调处12 769宗,调处成功12 221宗,调处率和调处成功率分别达到 98.8%和 95.7%。

五、治安防控体系建设有了新的进展

2004 年,各市县认真贯彻落实全国和全省综治工作会议精神,按照中央综治委《关于加强社会治安防范工作的意见》的要求,大力加强基层综治队伍建设,调整充实基层综治力量,构建社会治安防控网络。海口市龙华区为辖区内2 000多名联防队员统一买了保险,增加联防队员的工资和福利待遇,提高其工作积极性。同时组织开展全区联防队员大练兵活动,严格教育、严格管理、严格训练,使这支队伍在打击"两抢一盗"犯罪斗争中发挥了积极的作用。海口市美兰区尝试在辖区主要街道对社会治安实行"网格化"管理,以 200 户,1 000人为标准,由社区居民推选治安承包人 2 名,由政府提供资金,开展全天候 24 小时不间断地治安巡逻,有效地控制了各类案件的发生。儋州市那大镇发动退休干部职工与民警、治安联防队员一道,在社区和主要街道开展治安巡逻,刑事案件发案率下降 48%,社会各界反映良好。全省其他市县也都高度重视基层综治组织和群防群治队伍的建设,构建社会治安防控网络,严密社会面的控制。目前,全省初步形成了民警和联防队员控"点"、交巡警控"线"、公安派出所控"面"、社区控"片"、内部单位控"块"的"点、线、面、片、块"相结合的治安防控网络,为维护全省社会治安秩序的稳定发挥了积极的作用。

六、积极做好综治委五个领导小组工作

省综治委高度重视刑释解教人员的安置帮教工作,组织力量,深入海口、琼海、儋州、五指山等市县召开座谈会,检查了解贯彻落实《海南省刑释解教人员就业与生活保障政策》并就如何做好刑释解教人员的安置帮教工作提出了具体的指导性意见。2004 年,全省通过采取创办安置基地,创办安置实体,与原单位联系安置,帮助从事个体经营等措施,共安置刑释解教人员2 995人;同时加强对刑释解教人员思想教育、法制教育，理想、道德、前途教育，使一批刑释解教人员彻底改造好。据统计，全省1 076名刑释解教人员中，有16人入党入团，有17名提拔为农村基层干部，有18人受到党政机关有关部门的表彰，重新犯罪人员控制在11‰以下。

在流动人口管理工作中，紧紧围绕改革发展稳定的大局，坚持做到管理与服务相结合，积极探索新形势下流动人口管理的新办法、新措施。省综治办大力推广海口市龙华区“外来工之家”的管理经验，按照“公平对待、合理引导、完善管理、搞好服务”的要求，坚持以人为本，不断改进管理措施，使广大外来务工者生活有保障、就业有出路，合法权益受到维护，安下心来踏实工作。同时规范出租屋管理，堵塞犯罪漏洞。据统计，2004年，全省派出所民警共巡查出租屋48万户次，巡查流动人口近60万人次，巡查发现违法犯罪线索300条，发现犯罪嫌疑人160人，抓获违法犯罪人员380人。全省现有流动人口324 867人，通过管理，从中破获刑事案件227起，查处治安案件570起。

加强对学校及周边地区的治安秩序整顿，维护良好的教学秩序。根据省综治委的工作部署和要求，全省所有中学和中心小学都配齐了兼职法制副校长，共2 695人，农村偏远地区的小学聘请政法干警担任法制辅导员。加强了对在校生的法制教育和校园的治安管理工作，有效地遏制了青少年违法犯罪上升的势头。同时，各市县根据省综治委的统一部署，大力开展对校园及周边地区治安秩序整顿工作。通过整顿，2004年，全省共取缔学校周边各种非法经销点1 450家；取缔网吧、电子游戏厅45家；清理出租屋1 045间；抓获各类违法犯罪嫌疑人295人，有效地维护了学校的正常教学秩序。

省综治委充分发挥预防青少年违法犯罪工作领导小组的作用，开展创建维权岗活动，青年文明社区建设和推进“进城务工青年发展计划”，积极为青少年提供法律服务、法律援助、舆论支持、维权咨询等服务活动，并制定了各项规定制度，使这项工作走上制度化、规范化的轨道。2004年7月在全省综治与禁毒工作会议上，传达贯彻了“上海会议”精神，转发中央综治委《关于深化预防青少年违法犯罪工作的意见》（琼综治委［2004］14号），同时，制定了《海南省2004年预防青少年违法犯罪工作意见》，推动青少年法制工作深入开展。2004年，全省协助湖南省有关部门将6名被拐少女救出，免费解决务工青年工侵权个案32件，有效地维护了进城务工青年工的合法权益。在开展道德、纪律和法制教育，营造维护青少年合法权益，预防违法犯罪的社会氛围，青少年自我保护教育，创建优秀“青少年维权岗”、“青年文明社区”和开展“海南省杰出（优秀）青年卫士”等评选活动中，取得明显成效。

为了做好粤海铁路开通后全省境内铁路护路联防工作，省政府发出做好铁路护路工作的通告。2004年4月，省综治委成立省综治委铁路护路治安联防工作领导小组，并发出《关于做好海南省境内铁路护路联防工作的通知》，对铁路沿线各市、县综治委、公安局，省直有关部门，粤海铁路有限责任公司提出了具体工作要求。2004年12月25日，召开了省综治委铁路护路联防工作领导小组和办公室全体成员会议，对2004年的铁路护路工作进行总结，制定2005年工作要点和成员单位工作职责及有关的工作制度，确保此项工作顺利开展。

七、认真做好综治理论和宣传工作

2004年3月，根据中央综治办工作部署，省综治办派员深入各市县，对综治工作领导责任制、矛盾纠纷排查调处进行专题调研并写出调研报告报中央综治办和省委领导及有关部门。2004年，按照中央综治办的要求，省综治办积极做好综治好新闻的征集和评选活动。经中央综治委的评选，全省共有三篇综治稿件被评为全国社会治安综合治理电视、广播、报刊类三等奖。同时，省综治办积极做好《长安》杂志和《年鉴》的征订宣传工作。为了配合做好省人大常委会颁布实施的《海南省禁毒条例》和禁毒宣传工作，省综治委与省禁毒办组织开展6月份的全省禁毒月活动。12月省综治办、省禁毒办、省教育厅联合发出通知，组织全省中小学生开展为期半年的禁毒知识竞赛活动。省综治委还组织了省综治委成员单位定期在电视上开办综治禁毒、说法等专题栏目，电视开播以来，收视率较高，取得了很好的社会效果。各市县、各部门结合实际，开展了多种形式的宣传活动，有力地促进了综治工作的深入开展。

海南省2004年社会治安综合治理工作取得了新的进展,严重刑事犯罪案件大幅度上升的势头得到有力遏制,一些治安混乱的地区和突出的治安问题得到有效整治,群众的安全感进一步增强。但是,综治工作本身也存在一些薄弱环节和问题。一是综治工作发展不平衡,个别市县、单位存在抓工作有时紧有时松的现象,社会治安综合治理领导责任制不够落实。二是有的地方重打轻防,治安防范措施落实不到位,特别是抢夺、盗窃、“黄、赌、毒”等问题没有得到彻底根治。三是有的市县基层基础工作薄弱,基层综治机构不健全,多数市县及乡镇综治干部多为兼职,很难保证综治工作措施在基层的落实。

开展矛盾纠纷排查调处工作情况

一、矛盾纠纷排查调处的主要做法和经验

近年来,全省各级党委政府高度重视开展矛盾纠纷排查调处工作,切实摆上重要位置,加大领导力度,不断增强群众观念和忧患意识,调整工作思路,创新矛盾纠纷排查调处工作机制、工作方法和工作手段,形成了齐抓共管的矛盾纠纷排查调处新格局,有效地化解了各类矛盾纠纷,取得了明显成效。主要工作方法和经验是:

(一)创新制度,完善调处机制。

在矛盾纠纷排查调处工作中,海南省建立起矛盾纠纷排查调处五项工作制度。

1. 建立定期排查制。自2000年以来,全省各地、各部门按照省委、省政府转发《省综治委关于进一步加强矛盾纠纷排查调处工作实施方案》规定,建立健全矛盾纠纷排查调处制度,定期开展矛盾纠纷集中排查调处活动。省、市、县每月,乡镇(街道)每半月,村(居)委会每周开展一次集中排查调处活动。全省各级各部门组织力量从村、社区、企事业单位等最基层单位入手,对群众关注的各种热点难点问题进行全方位、多角度的滚动排查,做到乡镇(街道)不漏村(居)委会,村(居)委会不漏户,单位不漏部门。排查结果逐级分类登记,逐一注明问题的性质、成因、现状、解决的措施、处理时限,以及落实的责任单位和责任人,汇总成册,逐级上报,实行台账式管理。对排查出来的问题按照“属地管理,分级负责,归口调处”的原则,责成有关单位办理。对未按规定时限处结的,实行挂账督办,限期解决问题。省综治委还制定三级矛盾纠纷排查调处汇报制度,即村(居)委会每半月向乡镇综治办汇报一次,乡镇每月向市县综治办汇报一次,市县每月向省综治办汇报一次。

2. 建立来访接待制。为了直接听取群众呼声,了解群众的生活困难和实际问题,从乡镇、市县、省建立了领导定期接待来访制度。各级领导每周轮流接待来访群众,确保接待来访有窗口,调处活动有阵地,联系群众有纽带。2003年仅省委、省政府的领导接待来访群众及阅批群众来信就有329次(件)。由于领导亲自接访,我省许多上访热点、难点问题得到了及时解决。

3. 建立预警处置制。面对群众越级上访增多的趋势,全省及时制订了处理群众异常访、越级访和集体上访的工作预案,注重越级上访苗头处理,积极排查控制拟到省、进京上访人员。去年,海南省制订了《关于妥善处置异常访、越级访和大规模集体访工作方案》,省成立处置异常访、越级访工作领导小组,实行“三级管理”:情况紧急、即将发生的群体性事件,列为一级预警信息;问题比较突出、可能出现群体性事件的列为二级预警信息;有不稳定苗头的,列为三级预警信息。根据不同级别确定不同层次的单位负责,从指挥调度、警力部署、后勤保障等方面做好应急准备。

4. 建立跟踪督办制。加强跟踪督查督办工作,狠抓上访案件的处理落实,是解决上访问题的有效手段。海南省不断强化工作机制,加强督查督办工作,多次派出跟踪督办小组到各市县、各部门进行督办。编制《信访案件督办结案情况报表》,将所有案件依时间顺序逐个排队,逐个督办。在督办过程中,严把案件质量关,做到五种情况不结案:案件事实不清的不结,证据不足的不结,定性不准确的不结,处理不当的不结,处理意见不落实的不结。2003年,省级立信访案件174件,已办结132件,结案率为75.9%。

5.建立责任追究制。在矛盾纠纷排查调处中,海南省按照"属地管理,分级负责,归口调处"的原则,严格规定各级党政领导要做到"三个一":第一时间赶到场,第一时间报告情况,第一原则为防止事态扩大。属上级职能部门调处的,要及时同时报告主管部门出面处理。务必做到"三个不":不能说不知道,不能隐瞒不报,不能回避群众。凡做不到"三个一"、"三个不",造成不良后果的,将追究有关部门及其领导的责任。海南省制订的《关于妥善处置异常访、越级访和大规模集体访的工作预案》明确规定,凡发生一次3人以上,连续两次到北京上访的,上访人员所属单位的一把手要当面向省信访工作领导小组做检讨;发生100人以上,连续三次以上因同一问题到省委、省政府及其他重要部门上访,且滞留时间超过24小时的,上访人员所属单位的一把手要当面向省委省政府做检讨。异常访、越级访和大规模集体上访造成严重后果及严重不良社会影响的,由省纪检、省监察部门追究责任单位一把手责任,给予相应的党纪、政纪处分。特别是把矛盾纠纷排查调处工作开展情况和实际效果与责任人的政绩、晋职晋级、奖惩等紧密挂钩。对工作得力,成绩显著的,报组织部门作为考察干部的重要材料。

(二)转变观念,创新调处举措。

群众上访的原因多是因基层工作措施不到位,群众的问题得不到解决,导致群众产生不满情绪上访,为改变这种状况,海南省各级党政领导转变观念,落实"三个变为"。

1.变群众上访为干部下访。海南省推行了"变群众上访"为"领导下访"的工作措施,由等待群众上访反映问题变成领导主动下访帮助群众解决问题。全省各级党政领导干部把工作前移,一旦发现有群众上访的苗头,及时亲自带领工作组进村入户,了解情况,主动帮助群众解决,能争取内部解决的,就内部解决,不能内部解决的及时上报,协调解决,防患于未然。儋州市把全市排查出来85宗较大的矛盾纠纷,安排市四套班子领导负责调处督办。市领导根据调处任务组织职能部门主动深入乡镇排查调处矛盾纠纷。

2.变领导开会作指示为到现场办公解决问题。省、市县建立领导接访制度,省领导坚持每月进行一次联合接访,市县领导坚持半月进行一次联合接访,面对面地回答和解决群众提出的有关问题。对群众反映强烈的涉法案件,领导亲自包案,亲自到现场办公解决。澄迈县金江镇黄龙村民为解决该村与国营红光农场土地纠纷问题,多次到县、省政府集体上访。2003年7月,省委常委、省委政法委书记钟文同志联合接访了解情况后,亲自带领6个职能部门,深入澄迈县进行调处,使双方32年历史遗留的土地纠纷问题得到妥善解决。

3.变仅靠行政手段调处为行政与法律手段并用。省、市县及省级职能部门领导干部不断增强依法办事的观念,对群众反映的问题,凡属于行政处理范畴的,就用行政手段调处;凡属于法律纠纷、法律诉讼的,则引导其提起诉讼,按照法律程序加以解决。省信访局建立律师接访制度,引导群众依法信访。2003年,共组织13家律师事务所的94名律师参与联合接访工作,开展法律咨询、法律论证、司法调解、法律援助等活动,对涉法上访的群众进行了司法引导,为上访群众解答和解决了大量涉法问题。据统计,2003年到省涉法上访的群众436人次,反映的问题涉及土地纠纷、征地补偿、合同纠纷、劳动争议等矛盾纠纷,接访律师为群众解答和解决了大量涉法问题,使上访群众增强了依法维权意识,通过法律途径解决上访问题。

(三)明确职责,层层抓落实。

在矛盾纠纷调处工作中,按照"分级负责、归口办理"、"谁主管、谁负责"和"属地管理"的原则,明确任务,责任到人(单位),一级抓一级,一级对一级负责,层层明确责任,不相互推诿、扯皮,确保调处措施的落实。

1.实行领导包案责任制,把责任落实到各级领导身上。省委、省政府《关于实行维护社会稳定领导责任制的规定》,明确规定各级党政主要领导是本地区维护社会稳定的第一责任人,省、市县一级实行领导包案,限期解决矛盾纠纷。对群众反映强烈,可能引发群体性上访的重大矛盾纠纷,采取了定责任单位、定责任领导、定具体责任人、定时限的"四定"方法,由负责包点的领导一抓到底。2003年,海南省根据排查的情况,把群众反映强烈、影响较大而又久拖不决的112宗群众重复上访问题分解到各市县、各部门,明确责任单位,明确责任人。全省各市县、各部门主要领导同志把维护社会稳定作为第一政务,转变作风,深入到群众中去,深入到问题多,矛盾复杂的地区或单位,包难案、包大案。全省各级党委、政府、人大、政协四套班子成员把包点与排查调处工作同部署、同检查、同考核,形成了一级抓一级,层层抓落实的工作局面。

2. 明确职能部门责任,齐抓共管。职能部门相互配合,齐抓共管,是解决矛盾纠纷调处工作中拖拉扯皮现象的有效途径。有些矛盾纠纷问题之所以久拖不决,一个重要原因是各有关部门互相推诿,拖拉扯皮造成的。为了彻底改变这种局面,省委、省政府《关于实行维护社会稳定领导责任制的规定》明确了有关职能部门的职责、任务。我省各级职能部门在排查调处矛盾纠纷中,各司其职,严格履行自己的职责,需要与其他部门协商的,主动联系协调解决。遇到一些疑难的矛盾纠纷问题,由政府出面主持协调并督促职能部门互相沟通,联手调处。2003年,海南省各职能部门通力合作,成功协调解决了2 143起大的矛盾纠纷。

3. 对重大、疑难的重复上访问题实行"三个一"工作机制(即一个问题、一个领导、一抓到底),限期解决。同时,要求"三个到位":(1)老案子必须复查到位;(2)案件处理程序、结案标准到位;(3)对在政策范围内应解决或在政策边缘变通解决能息访的要一次性解决到位。

4. 组织开展检查评比,严格奖惩制度。在矛盾纠纷排查调处工作中,省结合综治工作考核,对全省排查调处工作实行了月通报、季度检查、年终总结制度。月通报就是以明查暗访为主要形式,突击检查排查调处工作情况,并进行通报。季度检查就是每季度检查各市县矛盾纠纷排查调处的情况,发现问题限期调处、限期整改。年终总结就是根据年度总积分,对各市县和有关职能部门排查调处工作进行总结排队,奖优罚劣。对调处不力、渎职、失职,造成严重后果引发群体性事件或突发性事件的,严肃追究领导责任。

二、矛盾纠纷排查调处工作存在的主要问题

当前海南省矛盾纠纷仍较突出。一是集体土地权属纠纷久拖未决,争占土地愈演愈烈。随着城市建设的不断发展,城郊农村土地大面积被征用,特别是开发性生产不断形成高潮,热作生产、高科技农业生产逐步被群众接受,土地在农村群众心目中显得越来越重要,越来越值钱。因此,场与村之间,村与村之间、村民与村民之间的土地纠纷日益突出。二是征地款久拖未兑,拆迁户安置不妥,群众说理无门,引发事端。一些项目由于资金还没有完全到位,就边动工边付征地款边拆迁,造成不少"半拉子"工程,结果使征地款不能全部兑现,拆迁安置不落实,建设单位名存实亡,有些甚至连老板也找不到,群众说理无门,只好上访,给政府施加压力。三是企业改制,社会保障措施不到位引起矛盾和问题。企业改制后,富余人员得不到妥善安置,职工的社会保障问题没有解决好而引发上访;企业所有制改革和产业结构调整以及经营不善、经济效益差、拖欠职工工资和退休职工养老金等问题引发上访。四是有些基层干部素质低,管理混乱,贪污腐败,村务不公开,甚至违法违纪占用集体财物,群众反映强烈。这些矛盾纠纷,有历史的,也有现实的,有经济的,也有政治的,有政策性的,也有体制性的等等。

近年来,海南省开展矛盾纠纷排查调处工作,取得了明显成效,促进了海南省社会政治稳定,但是也存在不少问题,主要表现在以下几个方面:

1. 按照矛盾纠纷调处"属地管理"的原则,当地政府属地管理的省级企业、三资企业、股份制企业调处权力有限,调处难度大。

2. 教育和引导上访群众用法律手段解决矛盾纠纷不够。群众碰到矛盾纠纷,只知道上访找政府,要求政府给予解决,我们的一些基层干部依法办事观念淡薄,习惯用行政手段去解决本属涉法的问题,而不是教育和引导群众采取法律途径去解决,结果往往事与愿违。

3. 乡镇级综治办、司法所专职干部不到位,影响了基层的矛盾纠纷排查调处工作。全省209个乡镇,除海口市23个镇配备综治办专职副主任外,其他市县基层综治办都是兼职人员。按照省编委定编每个乡镇两名司法助理,全省只有169个乡镇配一至二名,其他40个乡镇是兼职司法助理。乡镇级综治、司法所专职干部不到位，仅靠兼职人员去解决矛盾纠纷排查调处工作，力度不够，效果差。

4. 对一些无理上访、重复上访、越级上访和违反规定上访的事件，处理过于手软。据统计，去年112宗到省重复上访事件有10%是无理上访取闹，40%违反上访规定。每次上访不管多少人，不管有理无理，都通知有关市县或单位派员领回去，给路费、给饭吃，而对无理重复上访的人员、煽动闹事人员不采取行政手段制止，或按照治安条例给予处罚，无形中助长了这些群众无理重复上访、越级上访。

三、对策及建议

1. 出台有关处理土地纠纷的规定及成立省土地纠纷调处领导小组。土地纠纷问题是我省群众重复上访中最为突出、最为棘手的问题，约占全省重复上访的45%，涉及面积77万多亩。这里面既有历史背景，也有现实问题。要解决久拖不结的土地纠纷，建议省政府结合历史和现实情况，出台一个有关处理土地纠纷的规定。同时，成立省土地纠纷调处领导小组，组织有关职能部门成立工作组，对全省有纠纷的土地进行确权，把土地证发到农场、到农户。

2. 有关部门要按照“属地管理”和“谁主管谁负责”的原则，充分发挥职能作用，自觉服从当地党委、政府的领导，按照当地党委、政府的统一要求，积极主动地参与矛盾纠纷排查调处工作。

3. 加强对乡镇、村(居)委会基层干部的法制教育，不断提高依法办事观念，改变用行政手段去解决本属法庭判决的问题。对群众上访的问题，对属于行政处理范畴的，就用行政手段处理；对因涉法上访的群众要进行司法指导，为上访群众解答涉法问题，引导上访群众提起诉讼，按照法律程序解决问题。

4. 配齐乡镇级综治办、司法所专职干部。乡镇级综治办、司法所是解决基层矛盾纠纷的主力军，是维护农村社会稳定的一支重要力量。基层矛盾纠纷排查调处工作要有人抓，有人管，有人办事。为此，要尽快配齐配强乡镇级综治办、司法所专职干部。

5. 严厉打击利用人民内部矛盾蓄意制造事端的违法犯罪分子。在矛盾纠纷排查调处工作中，对各种敌对势力利用人民内部矛盾问题，借机炒作，煽动闹事，插手捣乱、蓄意制造事端的违法犯罪分子，要坚决依法打击，绝不手软。对那些无理重复上访、越级上访和违反规定上访的煽动者，要依法处罚。对已发生的群众性事件要分清事件的性质，坚持慎用警力、慎用警械、慎用强制措施的原则，区别情况，妥善处置，防止矛盾激化。

6. 各级党委、政府、各部门在出台政策时，不能凭个人的意志主观决策，要广泛征求群众意见，多方论证，充分估计社会承受的程度和考虑人民群众的切身利益，避免由此引发新的矛盾纠纷。

实行社会治安综合治理领导责任制情况

根据中央综治办[2004]4号文件通知精神，省综治办成立调研组对全省实行社会治安综合治理领导责任制情况进行调查研究。调研组从2月19日起对澄迈、琼海、文昌、保亭、东方、儋州、海口等8个市县(区)实行社会治安综合治理领导责任制的情况进行了为期18天的调查研究。调研组通过召开有纪检、组织、人事、监察、公、检、法、司、信访、国土等部门的负责人和部分乡镇主要领导等参加的座谈会，收集、查阅有关资料，与各市县分管政法综治工作的领导交谈等形式开展调研工作，基本掌握了全省实行社会治安综合治理领导责任制的情况。

一、海南省实行领导责任制的基本情况和主要做法

从调查情况来看，海南省实行社会治安综合治理领导责任制的情况是好的，责任制的覆盖面广，考核奖惩的措施有力，通过实行社会治安综合治理领导责任制，普遍增强了各级党政领导保一方平安的政治责任感，促进了社会治安综合治理各项措施的落实，保障了改革开放和经济建设的顺利进行。

(一)立章建制，规范运作

为了使社会治安综合治理工作从一开始就有章可循，有法可依，十几年来，海南省不断加大建章立制的力度，先后制定了一系列条例、规定和制度。1992年由省综治委制定了《海南省社会治安综合治理一票否决权制的规定(试行)》;1993年省一届人大常委会六次会议通过并颁布实施《海南省社会治安综合治理条例》，并把实行社会治安综合治理一票否决权制也写进《条例》。这在全国是较早的通过省人大立法来开展社会治安综合治理工作。1994年，根据中央综治委等有关部委1993年11月联合颁发的《关于实行社会治安综合治理领导责任制的若干规定》，结合海南省实际，省综治委、省纪检委、省委组织部、省人事劳动保障厅、省监察厅又联合制定了《海南省社会治安综合治理领导责任制实施细则》，对社会治安综合治理领导责任制的各项内容都作了明确的规定并提出了具体的要求。逐步完善、深化了社会治安综合治理领导责任制的制约机制。此外，还根据本省社会治安综合治理的实际需要，先后出台了《海南省追究领导干部在扫黄、禁赌工作中失职渎职责任制度》、《海南省重大治安案(事)件追究领导责任制度》等规章制度。与此同时，为了使省综治委的工作规范化，制定了海南省社会治安综合治理委员会职责，成员单位职责任务、委员职责、办公室职责、联络员职责及会议制度等规范性文件。

根据省综治委的有关规定，海南省各市县在实行社会治安综合治理领导责任制时，各地还结合本地实际，制定了一系列各具特色的领导责任制规定。琼海市采取有效措施，不断强化领导责任制。制定了《综治工作半年初评和年终总评工作制度》、《综治目标管理责任自查评分情况报告制度》、《综治工作分级负责、层层考核制度》、《治安责任人追究处理制度》等制度，规范督促责任制的落实。在执行这些制度过程中，发现琼海市涤纶厂、市人民医院不落实治安防范措施，致使刑事、治安案件屡屡发生，立即召开市直机关单位主要领导治安工作会议，通报批评，提出黄牌警告，并限期整改，收到很好的效果。

(二)明确责任，落实得力

签订《社会治安综合治理目标管理责任书》是实行领导责任制的一种有效形式。据了解，省是全国率先建立起省、市(县)、乡镇(街道)、村(居)委会、自然村的五级社会治安综合治理目标管理责任制的省市之一。自1994年以来，每年年初，省委、省政府主要领导同志与各市县主要领导签订社会治安综合治理目标管理责任书，确定各市县当年社会治安综合治理的目标和任务，把综治责任落实到各市县主要领导同志身上。随后，全省按照“属地管理”的原则，市县与乡镇、乡镇与村委会、村委会与自然村逐级签订责任书，有些自然村还把责任书签到农户，量化细化了目标，明确了治安责任人。自1998年起，海南又将各级党政一把手作为社会治安综合治理目标管理第一责任人，分管政法综治工作的领导作为社会治安综合治理目标管理直接责任人，层层签订责任书，进一步落实了目标和责任，既增强了各级党政一把手抓综合治理工作的责任感和紧迫感，又调动了广大干部群众的工作积极性，形成了齐抓共管，真抓实干，狠抓落实的局面。

根据社会治安综合治理工作出现的新情况、新问题，在确定目标责任内容时，海南按照中央和省委、省政府对综治工作的要求，广泛征求有关部门的意见，对《社会治安综合治理目标管理责任书》不断进行修改调整，从过去注重工作过程转为注重实际工作成效。2000年以前，在目标管理责任书中只强调控制发案率和提高破案率，不注重其他各种社会治安的实际情况。为纠正立案不实的问题，2001年海南在修改《责任书》的有关考核标准时，取消了发案数和破案率作为考核的主要标准，代之以破案绝对数、人犯打击处理数等综合指标作为考核的重要依据。琼海市根据治安形势的变化，不断调整社会治安综合治理一票否决的内容和标准。制定了《琼海市社会治安综合治理领导责任制实施细则》和《关于在机关、团体、学校、企事业单位中实行社会治安综合治理一票否决权制的规定》，细化评分标准，严格考评，兑现奖罚。海口市龙华区从1996年起，建立了一年一度的综治年审制度，按照治安责任制的要求和指标进行评分，优秀为95至100分，达标为70至90分，基本达标为60至69分，不合格为59分以下。

1996年对全区404个机关、团体、企事业单位进行综治年审，评出优秀单位有83个，占21%，达标单位216个，占53%，基本达标99个，占25%，不合格单位6个，占1.5%。综治年审制度的建立，大大促进了该区社会治安综合治理领导责任制的落实。

(三)严格考核，奖罚分明

为了确保责任目标的实现，防止问题成堆，积重难返。省综治委每年认真执行半年自查、抽查，年终考核的工作制度。在年终检查验收时，组织了若干个检查组，对全省各市县执行《责任书》情况进行全面检查验收。各检查组采取听取市县党委、政府关于执行《责任书》情况的汇报，召开有人大代表、政协委员、离退老干部、外来投资者、个体工商户、教师和市县直属单位、乡镇、农场、企事业单位干部职工等参加的各种类型座谈会，实地抽查，查阅各类报表和档案资料，明查暗访干部群众，发放民意问卷等形式进行检查验收。检查验收完后将各市县完成综治工作目标任务情况、领导责任制实行情况、存在的主要问题和改进的意见等向市县主要领导和各有关部门的领导进行反馈。各检查验收组综合考核情况以书面向省综治委汇报，由省综治办汇总，提交省综治委全会或综治委主任扩大会议研究确定各市县执行《责任书》全面达标、基本达标、不达标三种等次，评定先进单位、先进个人，并举行年度表彰奖励大会，通报各市县执行《责任书》情况。据统计，1992年至2002年先后有8个市县(单位)被评为全国社会治安综合治理先进集体，有6人被评为全国社会治安综合治理先进个人，有591个集体被评为省级社会治安综合治理先进集体，有579人被评为省级社会治安综合治理先进个人，用于奖励综治工作先进集体和先进个人的奖金和奖品共计90多万元。

为了全面落实社会治安综合治理领导责任制，严格实行一票否决权制，各级综治委敢于动真格，严肃追究发生重大社会治安问题的有关单位领导的责任，绝不手软。2000年年初，澄迈县发生“3.19”非法涉赌案件，引起了省委、省纪委的高度重视，经省纪委立案调查作出决定：分别给予原澄迈县委书记、县长、县委常委、政法委书记党内严重警告处分，将县委书记、县长调离原工作岗位，并给予县政法委书记撤销县委常委、委员、政法委书记职务，行政降一级处分。海南省农业科学研究院2001年7月7日发生爆炸事件，给社会造成极大影响，省综治委对海口市综治委下达《重大问题领导责任查究通知书》，由海口市美兰区综治委对农科院实行社会治安综合治理一票否决。2002年4月，根据省政府关于开展打击取缔私彩专项工作部署的要求，省综治委组织综治委成员单位与有关部门人员组成三个检查组对各市县打击取缔私彩情况进行督查。经调查，有些市县对私彩打击整治不力，造成不良社会影响。省综治委依据《海南省2002年社会治安综合治理目标管理责任书》的有关规定，决定给予五指山市、文昌市通报批评，并给予严重警告；万宁市、屯昌县擅自以政府名义收取私彩销售管理费、税费等，导致私彩公开销售，造成极坏影响，决定对屯昌县、万宁市下达整改通知书，并责令屯昌县追究屯昌镇主要领导责任。

落实领导责任制就必须坚持奖罚分明，奖优罚劣。几年来，全省因综治工作成绩显著而受到提拔的乡镇以上党政主要领导干部有6人；因综治工作措施不落实而被一票否决的集体有172个、乡镇以上党政主要领导有11人；因综治工作措施不落实，分别受到撤职、免职或警告处分的乡镇以上党政主要领导有8人。社会治安综合治理领导责任制的实施，健全了党政领导干部抓社会治安综合治理工作的激励机制和监督机制，促进了社会治安综合治理各项措施的全面落实，对维护全省社会治安秩序的持续稳定起到了积极的作用。

二、实行领导责任制存在的主要问题

海南省实行社会治安综合治理领导责任制取得了一定的成效，但也存在着不少问题，主要表现在以下几个方面：

(一)一些单位的领导对实行领导责任制重要性的认识还有一定差距。个别单位的党政领导对综合治理的任务、目标、方针、原则不明，对领导责任制的内容、要求、职责不清，不知道做什么，如何去做。有的认为现在领导责任制太多，每项工作都要党政领导负责，忙不过来，对抓社会治安综合治理责任心不强，措施不得力，工作不到位。存在上级检查弄一弄、动一动的现象。

(二)有些地方对落实领导责任制制度坚持不够好。综治委全会活动不正常,很少研究部署综治工作,有关部门之间,特别是五部委局之间缺乏必要的工作制度,各自为政,很少研究综治工作,不能及时通报情况,没有很好地发挥人大、政协及社会各界对贯彻领导责任制的监督作用。

(三)落实一票否决权制,真正兑现奖惩措施力度不大。大部分市县行使社会治安综合治理一票否决权,往往是否决基层单位多,否决乡镇以上党政部门少;同评先、评优挂钩多,同晋职晋级和经济利益挂钩少。责任目标的细化、量化指标千篇一律,没有结合本地区的实际进行量化,缺乏针对性。

(四)对有些单位缺乏制约力。特别是大量的无上级主管部门的非国有经济组织,有的没有实行领导责任制签约制度,有的虽然签了,但难以执行,也没有真正落实。

三、几点建议意见

为了进一步全面落实社会治安综合治理领导责任制,推动综合治理各项措施的落实,针对上述问题,提出如下建议意见:

(一)进一步提高对实行领导责任制重要性的认识

这些年来,在省委、省政府和各级党委政府的高度重视和支持下,海南省的社会治安综合治理工作取得了较好的成绩。但也要清醒地看到,当前社会治安形势依然严峻,维护社会治安工作任重而道远。影响社会稳定的因素还大量存在,社会治安综合治理工作面临许多新情况、新问题。一是刑事案件上升幅度虽有下降,但发案率仍居高不下。特别是"两抢"、盗窃案件突出,毒品犯罪突出,流动人口犯罪突出,社会治安形势仍不乐观。二是因各种人民内部矛盾引发的群体性事件呈现出新的动向,对海南省社会稳定的影响和冲击进一步加重。因土地纠纷、金融债务、企业改制兼并破产、职工下岗分流、房屋拆迁以及对有关政策不满等因素引发群体性上访事件,特别是涉及征地、拆迁、下岗分流、农场与地方土地权属纠纷等日益增多等不稳定因素存在。要认真排查治安混乱地区和治安突出问题,围绕问题找原因,围绕原因找责任,落实领导责任和各项工作措施。各级党政领导一定要有强烈的忧患意识和政治责任感,把维护社会稳定,创造良好的社会环境摆上重要位置,从贯彻落实"三个代表"重要思想的高度出发,充分认识实行领导责任制的重要性和必要性,更加自觉地加强对社会治安综合治理工作的领导,切实负起责任。

(二)进一步完善激励机制,兑现奖惩措施

实行领导责任制的实质就是要把领导干部抓综合治理工作的实绩与升降、奖惩密切挂钩,实行责权利有机结合,对那些"为官一任、造福一方、保一方平安"的领导干部应该委以重任,进行重奖。但从调查情况看,目前各地区实行综治责任制,既有奖励不当的一面,更有处理不力的一面,不像计划生育责任制的兑现那样奖罚分明。为此,要认真总结实行"一票否决"工作的经验与存在的问题,敢于碰硬,进一步严格标准,特别是与经济利益挂钩的处罚方面,要作出明确的规定,严格考核,加大否决力度,坚持在考核标准与奖罚措施面前人人平等,绝不姑息迁就。

(三)进一步完善综治委工作制度,明确五部委厅的职责,切实增强工作合力

在实行领导任制过程中,综治委作为抓社会治安综合治理的职能部门,负有牵头组织的责任,但纪委、组织、监察和人事等四个部门具有不可替代的作用,只有五部委厅相互支持,密切配合,才能达到预期效果。五部委厅领导要充分认识实行领导责任制的积极作用,不断增强参与社会治安综合治理的责任感和自觉性,真正把实行领导责任制纳入其职能工作范围。

各级综治委要切实抓好本地区社会治安综合治理领导责任制的落实,制订综治工作目标管理责任书,行使一票否决权,综合协调各部门开展检查考核等工作;组织部门要着重研究如何科学合理地加强对领导责任制的考核力度,把考核的结果与干部的升降、调配结合起来;人事部门要把领导干部抓综治工作的实绩与对领导干部的考核、奖励、工资调整挂钩,并加强监督;纪委、监察部门要着力查处领导干部在综治工作中的严重失职渎职行为,从严追究其领导责任。

要建立定期召开五部委厅和综治委成员会议制度,共同研究实行综治工作领导责任制的各项工作措施,及时通报维护社会稳定的情况和重大治安案(事)件的情况,通报各职能部门开展工作

的情况，加强协调。根据考核情况，综治委应有权对有关领导干部的提拔、降职、奖励、处分提出建议，组织、人事、纪检、监察部门应充分考虑综治委的建议，以确保领导责任制的落实。

2004年《海南省签订社会治安综合治理目标管理责任书》

为了深入贯彻党的十六届三中全会和省委四届四次会议精神，扎扎实实地把社会治安综合治理的各项措施落到实处，维护全省社会稳定，保障改革开放和现代化建设的顺利进行，根据中央和省委、省政府有关文件精神，按照《海南省社会治安综合治理条例》的有关规定，由省委、省政府与各市县委、政府，洋浦经济开发区管理局签订2004年社会治安综合治理目标管理责任书。

一、社会治安综合治理主要目标

（一）把社会治安综合治理工作列入党委、政府的重要议事日程，纳入本地区经济社会发展的总体规划和年度计划之中，综治工作经费保障机制健全；坚持综治委会议制度和五部委联席会议制度，成员单位参与综治工作制度健全，认真落实综治工作领导责任制、目标管理责任制、重大问题查究制和一票否决权制；建立健全综治工作检查督导制度、治安形势分析和公共安全感调查制度，并及时上报有关工作情况；及时完成省综治委、办交办的各项工作任务。

（二）各级社会治安综合治理领导机构和办事机构健全，乡镇、街道、国营农场综治办有专抓综治工作的副职领导和专职工作人员；基层治保会、调解会和治安联防队健全，做到“组织、人员、制度、报酬”四落实；建立综治干部定期培训制度，培训工作扎实有效。

（三）建立健全国家安全人民防线的领导体制和工作运行机制，充分发挥国家安全人民防线“三级网络”的作用，及时准确收集上报有关国家安全和社会政治稳定方面的情报信息；深入开展同“法轮功”邪教组织的斗争，落实防范控制和教育转化责任制，实现“三零”指标（即零上京滋事、零聚集闹事、零插播广播电视事件），“法轮功”痴迷者的转化率达70%以上。

（四）深入开展“严打”专项斗争。刑事案件的破案绝对数比上年增加10%以上，民警人均破案数达到1起以上；严重暴力犯罪、涉毒犯罪、“两抢”、盗抢机动车辆和盗窃等群众反映强烈的案件上升幅度比去年同期有所下降；追捕历年来批捕在逃犯达25%以上；追捕当年批捕在逃犯达60%以上；治安案件查处率达95%以上；各种防范措施得力，重大火灾事故和安全生产事故比去年同期下降，重大火灾隐患整改率达100%，火灾事故刑事责任追究处理率达100%。

（五）“毒、赌、黄”得到有效控制，公共场所杜绝色情和赌博活动；全面完成省禁毒委下达的各项工作任务，辖区内打击毒品犯罪得到加强，新增吸毒人员呈减缓趋势，对吸毒人员落实“两个一律”的收戒措施和“四位一体”的帮教措施；“无毒社区”在原来的基础上有所增加。

（六）加强各项治安管理工作。流动人口管理的领导机构和办事机构落实，管理制度健全，措施得力，流动人口违法犯罪呈下降趋势。特种行业列管率达100%；出租屋登记率达100%；流动人口办证率达95%以上；枪支弹药、爆炸物品、有毒有害物品管理规范化；非法传销和私彩销售活动得到有效控制；毁林偷胶案件打击有力，偷胶毁林案件比上年度减少，橡胶经营者满意率达95%以上。

（七）预防青少年违法犯罪工作，要有领导机构和办事机构，落实各项工作措施，青少年（25周岁以下）违法犯罪案件比去年同期下降10%以上。加强中小学校法制教育的力度，中小学校配备兼职法制副校长达到应配比例的100%；学校及周边治安综合治理领导机构健全，校内教学、科研、生活秩序正常,发生在校园及周边的案件能迅速侦破,且发案率呈下降趋势,教师与学生的安全感增强。加大打击非法出版物和淫秽音像制品的力度,进一步净化青少年成长的社会环境。

(八)加强对刑释解教人员的帮教安置工作。建立刑释解教人员帮教安置工作领导小组,下设专门的办事机构。各乡镇、街道、国营农场、村(居)委建立相应的工作机构,对刑释解教人员做到底数清,去向明,并落实三包(包管理、包教育、包转化)责任制,2001 年以来刑释解教人员接茬帮教、安置工作落实,重新犯罪率控制在 6% 以内。

(九)矛盾纠纷的排查调处机制健全,制度落实。坚持定期排查和滚动排查相结合,定期排查每年不少于两次。矛盾纠纷调处率和调处成功率分别达到 95% 和 90% 以上;重大矛盾纠纷,主要领导要亲自带头调处,突发性事件或群体性治安事件一旦发生,能采取得力的控防措施迅速妥善处理。坚持不间断地排查治安混乱地区和突出治安问题,社会治安秩序混乱的地区和单位得到有效整治,突出治安问题得到解决,企业及周边社会治安环境良好,人民群众普遍有安全感,经随机抽查或问卷调查,群众对治安状况感到满意和基本满意率达 80% 以上。

(十)大力加强社会治安防控体系建设。全面实施“社区警务战略”。在城市,100% 的社区设立警务室;在农村,逐步推行民警驻村试点。各级群防群治组织健全,形成网络,并能发挥治安防范作用。普法教育面:机关达 100% 以上;城镇达 90% 以上;农村达 80% 以上;对轻微违法人员的法制教育率达 90% 以上。积极开展预防职务犯罪工作,引导干部群众积极参与职务犯罪的预防。深入开展基层创安活动,在城市开展安全文明社区创建活动,覆盖率达 80% 以上,在农村开展安全文明小区和“安全文明生态村”的创建活动,安全文明小区覆盖率达 80% 以上。

二、责任期与责任人

(一)本责任书责任期从 2004 年 1 月 1 日起至 12 月 31 日止。

(二)各市县党委、政府主要领导为本地区社会治安综合治理第一责任人,对本地区的社会治安负总责;分管政法工作的领导为直接责任人,具体负责本地区的社会治安综合治理工作。

(三)本责任书因特殊情况需要变更,由省委、省政府决定;责任期内因责任人变动,由继任人和原任人对责任书的执行承担相应责任。

三、考核与奖惩

责任期满后,由省社会治安综合治理委员会与省纪委、省委组织部、省人事劳动保障厅、省监察厅联合组织考核验收和审议,并征求省直有关部门评价意见,以书面报告省委、省政府,作为考核干部政绩的重要内容之一。

(一)省综治委对各市县的综治工作按优秀、达标、基本达标、不达标四类考评排队。年终考核被评定为优秀市县的,由省委、省政府给予表扬和奖励;评为不达标的,进行黄牌警告,限期整改,并由省综治委提请省委、省政府进行通报批评。

(二)有下列情形之一的,按照社会治安综合治理“一票否决权制”和“领导责任制”的规定,对有关单位实行社会治安综合治理“一票否决”,同时追究有关领导的责任。

1. 对矛盾纠纷排查调处不及时、处置不当,以致发生群众闹事,严重危害社会稳定的;2. 因责任人工作不负责而发生特大刑事案件和群体性事件或特大生产安全事故和交通、火灾事故,造成严重损失或恶劣影响的;3. 因责任人工作不负责,打击不力,“毒、赌、黄”、非法传销、私彩活动屡禁不止,造成恶劣影响,社会反应强烈的;4. 存在发生治安问题的重大隐患和消防安全问题的重大隐患,经上级主管部门、有关部门或社会治安综合治理机构提出警告、司法建议、检察建议、监察建议、整改建议,而拒不整改的。

(三)省综治委建立重大问题报告制度和档案管理制度。凡发生重特大刑事案件、群体性治安事件和灾害事故的市县、部门及单位,要及时以书面形式向省综治办报告,隐瞒不报或作虚假报告的,追究责任人的责任。

海南省社会治安综合治理委员会组成人员

主　任:蔡长松　省委副书记、省纪委书记
副主任:钟　文　省委常委、省委政法委书记
　　　　秦醒民　省人大副主任
　　　　江泽林　省政府副省长
　　　　曾浩荣　省委政法委副书记、省高级人民法院院长
　　　　张德利　省委政法委副书记、省人民检察院检察长
委　员:李立新　省委副秘书长
　　　　王焕明　省委组织部副部长、省委老干部局局长
　　　　杜斌国　省委政法委副书记、秘书长
　　　　许前飞　省政府副秘书长、省法制办主任
　　　　王和平　省公安厅厅长
　　　　熊方明　省国家安全厅厅长
　　　　施　文　省司法厅厅长
　　　　钟　雄　省委宣传部助理巡视员
　　　　孙书南　省委政法委副秘书长
　　　　周立民　省委政法委副秘书长
　　　　李红梅　省教育工委专职副书记
　　　　傅　勤　省监察厅副厅长
　　　　高荣海　省人事劳动保障厅副厅长
　　　　黄栋国　省民政厅副厅长
　　　　隋枝叶　省卫生厅副厅长
　　　　王炳林　省文体厅副厅长
　　　　刘平治　省财政厅副厅长
　　　　周文雄　省交通厅副厅长
　　　　向多银　省建设厅副厅长
　　　　严之尧　省国土环境资源厅副厅长
　　　　夏文亮　省工商局副局长
　　　　陈永希　省农垦总局副局长
　　　　梁定民　省旅游局副局长
　　　　李　萍　省计生局副局长
　　　　韩　勇　省信息产业局副局长
　　　　麦正华　省地方税务局副局长
　　　　郝振声　省总工会副主席
　　　　郑作生　团省委副书记
　　　　何云霞　省妇联副主席
　　　　吴中杰　海口海关副关长
　　　　刘　新　海南军区政治部副主任
　　　　赵福成　省武警总队副总队长
办公室主任:孙书南(兼)
办公室副主任:邢　炼

海南省市、县(市、区)综治委、办主任名单

地　区	综治委主任	综治办主任
海口市	高锦全	李新富
三亚市	杨时云	詹兴智
文昌市	周经海	王　敏
琼海市	陈列雄	周仕贵
万宁市	邓泽永	林国雄
五指山市	黄　坚	林明东
东方市	黄成模	朱海峰
儋州市	林生茂	钟广定
临高县	吴光华	符朝雄
澄迈县	庄光炎	曾繁波
定安县	关进平	谢镇兴
屯昌县	吴井光	周真奇

地　区	综治委主任	综治办主任	地　区	综治委主任	综治办主任
昌江县	简纯林	张永清	洋浦经济开发区	官宏伟	宋顺勇
白沙县	符海斌	何国农			
琼中县	曾　平	王礼忠			
陵水县	谭泽卡	陈健青			
保亭县	王尤华	高政贤			
乐东县	吴九丰	孙　钦			

（撰稿人：侯建民
审稿人：孙书南　王雪鹏）

重　庆　市

2004年重庆市社会治安综合治理工作概况

2004年，市委、市政府提出了“创建平安区县、建设平安重庆”主题活动。一年来，通过各地、各单位的共同努力，建设平安重庆主题活动开局良好，社会治安形势进一步好转、处理人民内部矛盾的能力进一步提高、队伍建设进一步加强，综治、政法、维稳工作水平有了新的明显提升。2004年有26个地区基本实现了“两降三无”的工作目标，全市呈现“三降三升”的良好态势。刑事案件发案总数和可防性案件、八类主要案件发案数分别同比下降5.2%、11%、10.2%；破案数、破案率和打击处理数分别同比上升0.1%、0.8%、1.7%，确保了国家安全和政治稳定，确保了社会秩序和谐安定，确保了治安大局持续稳定，为实现“把重庆建设成为西部乃至全国社会治安和社会稳定最好的地区之一”的三年创建目标，打下了坚实的基础。

通过全面检查考评，2004年度纳入考评的40个区县（自治县、市）、经开区、高新区和41个市社会治安综合治理成员单位中，有26个地区和19个市综治成员单位被市委、市政府评为“建设平安重庆暨社会治安综合治理保稳定保平安先进单位”，有15个地区和21个市综治委成员单位被评为达标单位。

2004年度，全市建设平安重庆暨社会治安保稳定保平安工作有如下特点：一是各级党委、政府和市综治委成员单位对创平安暨综治工作更加重视。二是各综治成员单位作用发挥更加明显。三是维护社会政治稳定的措施更加落实。四是对违法犯罪的打击更加有力。自2004年3月开始，市公安局在全市范围内展开了侦破命案专项行动，目前，已破获命案318起，破案率达81.1%，取得了显著成效。通过狠抓“命案必破”，侦查破案能力进一步增强，一批影响恶劣的大要案件均及时成功告破，有力打击了犯罪分子的嚣张气焰，增强了群众的安全感。同时，公安机关根据不同时期的治安特点，有针对性地开展了打击车匪路霸专项行动、夏季破案战役、指纹破案会战、“雷霆二号、三号、四号”集中行动、“安民一号”反扒行动、打击涉枪犯罪和收缴非法持有枪支专项行动和打击聚众滋事违法犯罪专项行动，并对治安秩序混乱、刑事案件多发的重点地区实行了挂牌整治，取得了明显效果。全市有89.79%的群众认为居住地治安状况好转。五是治安防控工作基础更加扎实。在充分发挥主力军作用的同时，为了增添创平安力量，由市委、市政府决定在主城11区，组建了4800人的治安协勤队伍，成为社会面防范的又一支重要力量。自建立治安协勤队伍以来，主城11区刑事案件比去年同期下降了3.2%，发现受理治安案件同比下降了4%。同时，各地也因地制宜大力加强基层防控工作。渝中区为了进一步强化对僻静处和夜间的治安防范，实施了“亮光工程”，并积极推行电子巡更系统建设，有效预防了可防性案件的发生。綦江县在客运汽车驾驶员中聘请了一批治安信息员，组建了一支流动于大街小巷的义务治安信息员队伍。沙坪坝区建立了《社区治安警情公示制度》，按月在社区公示栏公示辖区发案情况并分为安全、较安全、重点防范三个等级，予以公示。万州区以多种形式组建了社区治安巡逻队228个2039人，在大街小巷昼夜轮班巡逻。垫江县在抓县城治安防控工作的同时，把治安巡逻队工作向乡镇场镇推开，目前已在9个乡镇组建队伍16支。云阳县为加强新县城的治安巡逻工作，抽调乡镇“八大员”中的富余人员，组建了治安巡逻队。六是各项保障措施更加完善。2004年，市和各地创平安的相关工作经费普遍有所增加，不少地方超过了财政收入增长的幅度。市财政对市创平安办公室划拨了专项工作经费，增加了创平安工作的考核奖励经费，市级和各地公安机关预算均有大幅增加，并将两所一庭的建设纳入了经济社会发展计划。涪陵区专门为创平安活动投入经费480万元。万州区出资60万元专门用于治安防范。合川市财政给创平安办公室拨出10万元专项经费改善办公条件，拨款28万在主城区组建协勤队伍。北碚区投入治安防控经费320万元。潼南县在财政十分困难的情况下，出资30万元组建治安协勤队伍。铜梁县财政落实3.5万元创平安专项工作经费，政法各部门财政预算增长28%。

市综治委成员单位参与综治工作情况

2004年，市委、市政府首次以责任书的形式对社会治安综合治理成员单位全面落实保稳定、保平安的政治责任的第一年。一年来，各成员单位在市委、市政府的领导下，按照年初与市委、市政府签订的《重庆市社会治安综合治理委员会成员单位保稳定保平安责任书》的要求，认真贯彻中央和市委有关维护社会稳定和加强社会治安综合治理的一系列重大决策，紧紧围绕“建设平安重庆”，确保实现“两降三无”目标，充分发挥职能作用，采取积极措施，认真履行职责，确实担负起了维护社会稳定的政治责任，为我市社会稳定、经济持续发展创造长期和谐稳定的社会环境和公证高效的法制环境作出了突出的贡献。

一、各部门领导高度重视，切实加强了组织领导。

各成员单位普遍都很重视社会治安综合治理工作，能够正确处理改革、发展和稳定的关系，把社会治安综合治理工作摆上重要议事日程，切实加强了组织领导。一是建立和完善组织机构，加强领导。各综治成员单位普遍成立了由分主要领导或分管领导为组长、相关职能部门负责人为成员的社会治安综合治理领导小组，成立了专门办公室或明确了具体办事部门负责日常工作，真正做到了有人抓、有人管，有人办事，在组织上保证了本部门、本系统综合治理工作的有效开展。市高级人民法院、市公安局、市编办、市教委等相当部分成员单位成立了以“一把手”为组长的领导小组，为创建平安重庆活动和“双保”工作开展提供了强有力的组织保障。二是主要领导亲历亲为。年初，签订责任书后，市政协主席刘志忠同志立即要求市政协办公厅认真研究贯彻措施，确保目标的实现。要求市政协社会法制委员会充分发挥社法界政协委员在社会治安综合治理工作中的特殊作用，把化解矛盾，维护稳定作为工作重点，为市委、市政府“创建平安区县，建设平安重庆”献计出力。市委常委、组织部长马儒沛要求把“双保”工作纳入重要意识日程，多次亲自召开会议研究工作。对“三方面人员”集体上访等影响社会稳定的重大问题，今年先后3次与“三方面人员”的主要牵头人员座谈、做工作。市公安局把保稳定保平安作为中心任务，公安局长为保稳定保平安第一责任人，亲自抓、亲自管，其他局领导各负其责，齐抓共管的局面。由于主要领导的高度重视和亲历亲为，有利地推动了部门综合治理工作的扎实开展。三是层层分解，严格落实了责任。各成员单位都按照与市委、市政府签订的责任书的要求，层层分解细化了责任目标，把保稳定、保平安的责任落实到了具体部门和个人，形成了一级抓一级，一级对一级负责，齐抓共管的工作格局。长航、重铁和人民银行重庆营业部等单位以责任书的形式，把综治工作和“双保”任务目标，逐一签订落实到了内部处室和直属单位，严格了领导责任制、领导责任查究制和一票否决权制，逗硬了检查考核和奖惩，建立完善了严格的责任机制。四是加强了经常性工作研究部署和督促检查。今年以来，市委政法委针对一个时期和一些地区存在的突出治安问题或社会治安综合治理工作中的困难和问题，共召开8次书记办公会、7次部分区县政法委书记座谈会、4次相关部门负责人会议，及时研究解决。人民银行重庆营业部把保稳定保平安作为

“生命线”，截止10月，其创建领导小组已经召开4次联席会议，研究解决工作中遇到的困难和问题。市教委以维护全市教育系统安全稳定为中心，委办公会8次研究“双保”和校园周边治安综合治理工作；2次召开全市教育系统安全稳定电视电话工作会，部署工作。民政部门以局长挂帅，多次组织局长办公会、工作协调会、情况分析会、专题研究在渝原8023部队退役军人信访问题，要求全局职工提高思想认识，以真情对待他们，充分认识做好8023部队退役军人稳定的重要性，以高度的责任感认真落实好有关政策，实事求是地解决好他们的一些特殊困难。其他综治成员单位也定期对本单位、本系统的综治工作进行了研究分析和部署，对本单位、本系统的综治工作、稳定工作面临的形势和问题，做到了情况清楚、问题明确，并不断采取措施加以解决。

二、紧紧围绕“建设平安重庆”这一主题，各部门(单位)结合自身特点，发挥各自优势，认真履行在社会治安综合治理工作中的职责任务，齐抓共管，共同维护全市社会政治稳定的格局，实现了全市社会政治大局的稳定。

(一) 以影响全市社会稳定的突出问题为重点，相关部门密切配合，大力开展专项治理和集中处理，有力地维护了全市社会政治的稳定。各成员单位按照中央和市委的部署，紧紧抓住涉法上访、国有企业热点难点、农村土地征用和城镇房屋拆迁、进京上访和老上访户、原8023部队退役人员有关问题等5大影响全市稳定的重大问题，大力开展了五大专项治理和集中处理。每个专项治理的牵头部门都组建了专门工作班子，落实“四定四包”责任制，制订了具体工作方案并积极组织实施。对带共性的问题进行了集中研究，着力从政策的层面、从制度建设方面，采取治本措施，批量性解决；对个案问题，进行了专题研究，采取一事一策的办法，逐一解决。到目前，集中处理工作收效明显。到10月份，全市已经处理涉法上访案件5528件，占摸排总数的97.85%，余下的168件正在处理之中。国资委系统排查出的18个共性问题，已从政策上解决9个，排查的11个个案全部解决，中央交办的14件案件，已办结12件。今年以来非法占用基本农田的案件查处率达100%，拖欠农民的补偿款1.59亿，现在已兑现了1.32亿，兑现率达83%，对153件群众来访，解决问题息访138件，息访率达到90%。原8023部队退役人员通过评残定补，总体上保持了这一部分人的稳定，参加工伤保险的问题已经形成具体的方案。从总体上看，通过专项治理，落实了党和国家的政策，解决了一批热点难点问题，维护了群众的切身利益，促使一批信访老户停访息诉，密切了党群和干群关系，今年6月以后群众集访上升的势头开始回落，确保了社会大局的稳定。

(二) 各部门(单位)结合自身职能，充分发挥各自优势，狠抓积极认真落实社会治安综合治理各项措施落实，进一步形成齐抓共管的格局。

1. 政法、维稳部门充分发挥维护社会稳定和社会治安的主力军、主渠道作用。严厉打击和严密防范了境内外敌对分子和“法轮功”等邪教组织的各种渗透和破坏活动，实现了敏感时期、重大活动、重大会议，以及邓小平同志诞辰100周年纪念活动期间实现了“零目标”，确保了安全。公安政法部门始终坚持了“严打”方针不动摇，不断提高了打击的针对性、主动性和实效性，完善和加强了严打经常性工作机制，有效地维护了全市良好社会秩序，实现了全市社会治安连续三年下降的良好治安态势。市公安局建立和不断完善了命案必破、打黑除恶、悬赏追逃、举报有奖、监所深挖等严打工作机制，针对全市社会治安的突出问题组织开展了一系列行之有效的严打专项行动，取得了显著成绩，今年工作呈现出“二降三升”的良好局面。破案数、提捕数、查处治安案件数等指标在全国均排名靠前。在加强“严打”整治的同时，大力推进社会治安防控体系建设。完善了快速反映机制，加强了110报警服务，巡警和治安卡口建设，改革和加强派出所工作，大力实施社区警务战略，把更多的警力放到社区，把工作重点放在管理、防范、服务和密切警民关系方面。积极组建了治安协勤队伍，提高了全市社会治安的整体放控能力。检察院、法院在深入开展“严打”斗争的同时，结合批捕、起诉和审判工作善于发现社会治安综合治理工作的漏洞，及时发出检察建议和司法建议，督促有关单位健全规章制度，完善防范工作机制。市司法局加强了监狱和劳教场所的管理，提高了教育改造工作的质量，与有关部门密切配合，积极做好安置帮教工作，大力加强了人民调解工作和法制宣传教育等工作。

2. 党委、政府其他职能部门、人民团体各司其职，认真履行了在社会治安综合治理工作的职责任务，形成齐抓共管的格局。各部门按照“谁主管、谁负责”原则，认真履行了在社会治安综合治理工作中的职责任务，采取扎实有效措施，切实加强了社会治安综合治理工作。工作各具特色，如：市教委从制度建设入手，建立和完善了全市教育系统和学校治安综合治理目标规划、责任督查制度、一票否决权制，突发事件报告和处置制度、安全稳定工作月分析制度、学校安全稳定工作每月形势分析会议制度、月安全稳定事故信息通报等制度。采取抓好五项教育和做好五个结合举措（即：抓好法制课教育、基本道德行为规范教育，心理健康教育、禁毒教育、工读教育五教育和把法制教育与德育教育基地建设、与活动开展、与家庭教育、与社区教育、与司法部门结合建立法制副校长五结合），切实落实青少年特别是在校学生违法犯罪工作。市财政局认真贯彻执行党中央、国务院有关加强政法机关经费保障的文件精神，不断加大了对政法机关的投入，1～10月，全市政法部门支出同比增加3.81亿元，增长24.7%。为维护全市和社会稳定提供了有利的经费保障。市委组织部把做好社会治安综合治理工作作为重要职责，制定下发了《关于党委组织部门参与社会治安综合治理工作中进一步发挥好职能作用的意见》，为充分发挥党的组织、广大党员和各级干部的作用，为搞好社会治安综合治理工作提供了坚强的保证，使广大基层党组织在密切联系群众，及时化解各种不稳定因素，组织群防群治、团结群众维护社会稳定方面发挥了重要作用。市编办下发了《关于加强乡镇街道综治机构建设的意见》，有力地促进社会治安综合治理工作健康发展。工商部门在加强行政管理的基础上，针对本部门、本系统的涉及影响社会稳定的问题和苗头，大力开展排查整治工作，今年会同有关部门组织开展城乡集贸市场整治、“黑网吧”整顿、打击了假冒伪劣以及非法传销等整治行动，维护了群众的切身利益和正常的管理秩序。文化局通过开展互联网上网服务营业场所整治、歌舞娱乐场所整治、电子游戏经营场所整治、音像市场整治和校园周边文化市场整治5个专项整治工作，进一步的净化了社会治安环境。妇联、团市委、总工会充分发挥群团组织的作用，指导夯实基层工作，开展了“反家庭暴力”、“不让毒品进我家”、“青少年维权岗”等一系列活动，有力促进了全市社会治安综合治理工作有声有色的开展。人民银行重庆营业部在严格内部和体统安全保卫工作的同时，切实采取对策，积极应对可能发生的金融风险，加大反洗钱工作力度、认真开展打击制贩假人民币犯罪活动，确保了金融的安全和重庆经济平稳运行。重庆长江轮船公司坚持矛盾不上交，多次研究，积极解决公司内“退改离”、“法轮功”、退休教师、原8023部队退役人员、老干部住房补贴等涉及稳定的问题，及时化解矛盾，没有发生到市集访事件，为重庆的稳定作出了积极的贡献。人大、政协针对全市维护稳定工作中的热点难点问题，通过组织人大代表、政协委员围绕中心、服务大局、采取执法检查、专项调研、专项视察、提案（议案）、社情民意等形式，充分发挥了职能作用。

三、强化管理，安全防范，积极落实单位内部安全防范措施。

各成员单位按照“看好自己的门、管好自己的人、办好自己的事”的要求，认真贯彻落实《重庆市单位内部治安保卫工作条例》，大力加强了单位内部安全保卫工作。一是普遍制定和坚持了门卫值班、守楼护院和保卫、保密、安全等制度。落实了人防、物防、技防措施。加强了夜间及双休日值班工作，加强机关保卫，完善了双休日值班制度，实行领导带班和查岗。治安防范工作在单位机关内部普遍得到落实，绝大多数单位机关今年没有发生治安刑事案件。二是各单位加强了防火、防盗、防事故的安全检查和隐患的排查整改。各单位把积极排查、督促和整改本单位、本系统各种安全隐患作为重要工作，切实加大了工作力度，特别是在重大活动和节假日期间，各成员单位的主要领导、分管领导亲自检查本部门、本系统的安全保卫工作，确保了安全。文化局今年先后四次组织检查组，由局领导带队，深入机关和直属单位进行安全检查。据不完全统计，今年投入30万元，整改不安全隐患110处，对其中5处重大隐患采取了死守死看，经过艰辛努力，防止了重大事故的发生。三是加强了干部职工的法制教育，成效明显。各成员单位采取不同形式，加强了本部门、本系统干部职工法制、安全防范等方面的教育，增强了广大干部职工的法制观念和防范意识。绝大多数综治成员单位没有发生任何影响稳定和治安的重大事(案)件及内部人员违法犯罪。市公安局按照“政治坚定、业务精通、作风优良、执法公正”的要求，以开展“无有效投诉、无违禁、无违纪”的“三无”活动为平台，全面加强队伍建设。1～10月，全市公安机关民警违法违纪案件立案和涉及民警人数，分别比去年同期下降了54.8%和50.4%。违反“五条禁令”案件和人数，分别下降了80%和71%，取得了显著成绩。

“严打”整治斗争情况

一、建立“命案必破”的工作机制。公安机关始终将保护最广大人民群众的根本利益放在首位，坚持以人为本，对严重危害人民群众生命安全的各类涉命案件展开了强有力的攻势。2002年年初，朱明国同志提出了“命案必破”的工作要求，通过两年多的实践和完善，“命案必破” 工作机制已经成为包含“命案上报、领导责任、牵头侦办、挂牌督办、命案通报、考核奖励、宣传报道”七项制度的“严打”经常性工作机制。全市各级公安机关将“命案必破”列为公安工作考评排位的一项硬性指标，采取侦破重大疑难案件招标制、点警制等新办法、新手段，提高攻坚克难、力破命案的水平，使破案率逐年提高。从2004年3月开始，市公安局在全市范围内展开了侦破命案专项行动，目前，已破获命案318起，破案率达81.1%，取得了显著成效。同时，也带动了其他破案工作，使我市对严重刑事犯罪始终保持了高压态势，2004年我市发生的影响群众安全感的重特大案件大多数及时侦破，打击了犯罪分子的嚣张气焰，增强了群众的安全感。公安机关及时成功破获了5月5日渝中区捍卫路杀害一家四口案、8月3日解放碑袭警抢劫枪支弹药案件、10月31日江北盘溪农贸市场持枪抢劫杀人案、11月18日铜梁爆炸案等一批影响恶劣的大要案件。周永康同志6月来渝视察时，对我市“命案必破”的成绩给予了充分肯定。

二、建立社会治安突出问题排查整治机制。今年以来，公安机关根据不同时期的治安特点，有针对性地开展了打击车匪路霸专项行动、夏季破案战役、指纹破案会战、“雷霆二号”、“雷霆三号”集中追逃行动、“安民一号”反扒行动、打击涉枪犯罪和收缴非法持有枪支专项行动和打击聚众滋事违法犯罪专项行动，并对治安秩序混乱、刑事案件多发、严重影响群众安全感的重点地区实行了挂牌整治。经过整治，绝大部分挂牌整治地区的治安状况有较大改观，涉及的群众意见集中、密切关注的黄赌毒、外来人口管理混乱等12个方面的突出治安问题得到了有效解决。同时，公安机关以三峡库区、公路铁路沿线、校园周边、风景旅游区、窗口地区、出租汽车行业等为重点，适时组织开展专项整治行动，仅今年3～6月开展的“扫黄禁毒百日行动”，查获黄赌案件2446起，查获违法犯罪人员13532人。

三、建立治安形势定期分析制度，对突出犯罪露头就打。市公安局和各地公安机关每季度都要召开治安形势分析会，总结前阶段工作，查找存在的问题，确定下一步工作方案，做到主动出击，露头就打，刹风压势。各地各有关部门，坚持“什么犯罪突出，就重点打击什么犯罪；什么治安问题严重，就重点解决什么问题；哪里治安混乱，就重点整治哪里”的原则，有的放矢地组织严打行动，把斗争的锋芒始终对严重暴力犯罪和严重影响群众安全感的多发性侵财犯罪以及职业犯罪、集团犯罪上，不断增强打击的针对性和实效性。对违法犯罪活动实施多层面、全方位的打击，确保了严打工作力度不减、高潮不断。

四、针对社会治安的突出问题狠抓了两项重点工作。一是全面加强禁毒工作，严厉打击毒品违法犯罪。全市公安机关狠抓侦查破案，大力加强易制毒化学品的管理，先后开展了“整顿歌舞娱乐场所吸贩摇头丸集中统一行动”、“收戒吸毒人员统一行动”、“禁种铲毒集中统一行动”、对易制毒化学品专项检查和对涉毒问题突出的地区(场所)进行集中整治等一系列的禁毒严打整治斗争。有效遏制了毒品吸食、贩卖在我市的蔓延，打掉了境外及我市周边省市毒品过境的通道。今年，以渝东五县为重点，在全市范围内重点开展了禁种铲毒工作，特别是把禁种铲毒的政治责任落实到各级党政领导肩上，各地层层组织踏查，大力开展禁种宣传，深挖收毒渠道，全力以赴确保明年实现种毒零目标。二是整顿和规范市场经济秩序工作，严厉打击经济犯罪。全市各政法部门紧紧围绕金融、财税、商贸、知识产权、国有大中型企业等经济犯罪集中领域，严厉打击各种严重经济犯罪，维护了我市正常的经济秩序。

矛盾纠纷排查调处情况

全年各级调解组织调解民间纠纷13万多件；排查出影响社会稳定的重大矛盾3924件次，其中81%得到有效调处；市新挂牌督办13个重点信访案件今年共办结7件，办结率53%，2003年结存的挂牌督办重点信访案件2件得到办结；对1119件群众重复上访问题进行了认真处理，95%的问题得到解决。其主要做法：

一是加大维稳工作领导力度。市委、市政府对维护稳定工作非常重视。一年来，市委常委会4次专题听取稳定工作专题汇报，9次召开全市稳定工作会议，先后制发了10个加强维护稳定工作的文件。市委领导多次批示强调要高度重视稳定工作，对解决群众反映的各种突出问题和重大不稳定因素，先后30多次作出重要批示；分管维稳工作的市委领导每季度亲自召开形势分析会研究部署信访稳定工作，亲自主持研究处理如江北城拆迁、嘉陵化工厂搬迁、重庆肉联厂等群体性事件；奇帆副市长亲自接处理重大问题；异康、久明、元敏副书记，明国、光国、儒沛常委，家农、公卿、远牧副市长等市领导也结合分管工作研究处理突出问题。区县(市)党委、政府和市级部门高度重视维护稳定工作，切实加强了对维稳工作的领导和具体指导。40个地方和多数市级部门全年召开常委会(党委会)、办公会分析研究稳定工作均在10次以上。全市三分之二的区县和三分之一的部门领导同志就维稳工作的机制创新、解决突出问题、加强部门建设、提高工作质量等问题，多次到市维稳办沟通交流。各地各部门还关心和加强维稳部门建设，从机构设置、人员编制、班子配备、工作经费多方面给予大力倾斜。

二是大力预防和化解人民内部矛盾。全市由市维稳办牵头，继续加强了矛盾的排查和化解工作。各区县(市)、各有关部门严格按照排查调处工作的两个文件(渝委发[2000]37号、渝委办发[2001]1号)和渝稳办[2004]5号文件的精神认真开展好工作。各地、各有关部门从基层开始，逐级排查，逐层分析汇总，并召开协调会分析，查找重点问题，提出了调处措施，取得了较好的成效。同时，还相继开展了涉法上访、国有企业热点难点、农村土地征用和城镇房屋拆迁、进京上访和上访老户、原8023部队退役人员等五个专项治理，排查调处了一批信访突出问题和不稳定因素。每个专项治理的牵头部门都组建了专门工作班子，落实“四定四包”责任制，制定了具体工作方案并积极组织实施。对带共性的问题进行了集中研究，着力从政策层面和制度建设方面，采取治本措施，批量性解决；对个案问题，采取一事一策的办法，逐一研究解决。按照中央的重要决策和统一部署，市委、市政府建立了处理信访突出问题及群体性事件联席会议制度，组建了联席会议办公室，从有关区县和部门抽调17名同志专职办公，并拨出专款，配置相关设备设施，保障集中处理工作顺利开展。联席会议成立了涉法涉诉、土地征用和房屋拆迁、国有企业改制、企业军转干部等4个专项工作组，对我市其他信访突出问题，也分别落实了牵头部门开展集中处理；全市40个地区和36个市级部门也建立了相应的工作机制。通过集中处理和建立联席会议制度，大量群众反映强烈的问题得到解决，许多不稳定因素在基层和萌芽状态得到化解。

三是全面深入掌握情报信息。公安、维稳等相关部门加强信息情报收集，突出重点，从不同角度和层面报送稳定形势和工作的全面情况和预警性的信息，对群体性事件和集体进京上访活动苗头以及其他影响社会稳定的因素及时预警，为早防范、早解决、早处置创造条件。在全国“两会”、“六四”敏感期、“八一”、“十一”和邓小平诞辰100周年等重大政治活动前夕，市维稳办等部门还主动出击，收集掌握特定群体动态，并及时向中央维稳办及市委、市政府报告。1～11月，市维稳办共向中央及市委、市政府报送调研材料及各类信息300余件、600余条，区县(市)和市级部门维稳办向市维稳办报送各类信息3185条，其中重要信息897条。

四是进一步完善处置群体事件机制，加大协调督办的力度，妥善预防和处置群体性事件。为进一步强化群体性事件的预防和处置，市委、市政府专门制定了《中共重庆市委办公厅、重庆市人民政府办公厅关于切实做好群众集体上访工作积极预防和妥善处置群体性事件的通知》，提出了具体的处置原则和办法。各级按照“可散不可聚、可解不可结、可顺不可激”的原则，继续坚持挂牌督办解决重大疑难问题的力度，区分性质，讲究策略，教育疏导，冷静稳妥地缓解和化解了一大批矛盾。对于闹事苗头，相关部门和领导按照“不过夜”、“不出门”、“领导靠前指挥”、“重大的群体性事件当地党政的主要领导必须到场”等原则，讲究工作方式和方法，积极把矛盾化解在本地区、本单位。目前，我市已形成了一套较为完善的处置群体性事件工作机制。

五是加强调研工作，针对重大问题提出对策、建议。一年来，针对矛盾纠纷排查调处工作中的难点问题，我们同相关部门一道对10多个问题进行了调研，并向市委、市政府提出工作建议。如对房屋拆迁安置有关稳定工作的问题，对乡镇解除聘用人员的问题，对企业改制遗留问题，市维稳办通过多种形式分析情况，掌握问题根源，提出对策建议，获得了市领导的好评等。

社会治安防控工作情况

在“创建平安区县、建设平安重庆”主题活动中，各级党委、政府坚持走专群结合的路子，切实加强了治安防控工作。

(一)以社区警务建设为重点构筑专业防控体系。公安机关建立健全“三级治安巡逻”体制和主城区、近郊区和远郊区县“三圈”防范网络。在城市全面实施社区警务战略，目前，全市已组建社区警务室1179个，配备专职社区民警2152名；在重大活动和节假日期间，还抽调机关警力上街，强化巡逻。同时，市公安局设置了10个流动武装检查站、10个夜间远程出城警务登记站15个外围武装检查站和14个违禁物品检查站。各地也因地制宜地加强了专业巡逻和卡口建设，有效提高社会控制能力。双桥区在全区三个主要出入口设立了公安为主、武警协助的武装检查站，有效减少了刑事案件的发生。

(二)组织无穷民力，着力构建群防群治网络。以城区为重点，治安防范工作有新的加强。一是为了增添创平安力量，市委、市政府决定我市在渝中等主城11区按照“精干、效能、有保障、职业化”的要求，组建了4800人的治安协勤队伍，成为社会面防范的又一支重要力量。治安协勤队伍的建立，大大加强了社会面治安巡逻，加强了对治安复杂场所、重点部位的控制，强化了预防制止违法犯罪的工作力度，自建立治安协勤队伍以来，主城11区刑事、治安案件明显得到了控制，刑事案件比去年同期下降了3.2%，发现受理治安案件同比下降了4%。各远郊地区也按市里的模式纷纷组建了协勤力量，投入到社区警务室，在社区民警的带领下开展治安防控工作。二是社区治安巡逻队进一步得到了调整、巩固和规范，充分发挥了作用。2002年，按照市委、市政府的工作要求主城区每个社区组建了一支社会治安巡逻队，强化基层治安防范工作的基础。据不完全统计，目前全市各区县(自治县、市)共组建治安巡逻队953支，共有队员23939人。自开展创平安工作以来，各地按照渝委办111、137号文件精神，进一步加大了社区治安巡防队伍的建设，努力推动社区巡防工作的落实。在主城各区，重点对原有的社区治安巡逻队进行了调整和规范，使社区治安巡逻队与治安协勤队和社区警务工作形成有机整体，发挥整体效能。渝中、南岸等地今年落实防控经费较去年均翻了一番，渝北区达到1200万元。在远郊县市社区治安巡逻工作有了新的发展。万州区以多种形式组建了社区治安巡逻队228个2039人，在大街小巷昼夜轮班巡逻。黔江今年增拨专款50万元，将社区治安巡逻队由原来的80人扩大到100人，组成10支巡防队伍开展夜间巡防工作。垫江县在抓县城治安防控工作的同时，把治安巡逻队工作向乡镇场镇推开，目前已在9个乡镇组建队伍16支，大大加强了乡镇场镇的治安控制力度。云阳县为加强新县城的治安巡逻工作，拟定抽调乡镇"八大员"中的富余人员，组建治安巡逻队加强新县城的社会治安巡逻工作。三是单位内部防范、守楼护院等传统的防范工作有了新的发展。在坚持执行《重庆市内保单位安全保卫条例》的基础上，今年市和各地首次普遍的实行了党委、政府与部门、系统签订"保稳定保平安"责任书的做法，全面的强化和落实了部门、系统和单位在创建平安活动工作的责任。部门、系统和单位积极采取措施，不断加大人、财、物投入，安全防范的各项措施进一步落实，单位内部防范有了明显的加强。同时，一些地区还努力巩固和发展守楼护院等过去传统的防范工作模式。黔江区建立了"以社区居委会、社区警务室为依托，社区治安巡逻队、机关守楼护院队为纽带、楼道院长辖区负责制为载体的城区'金字塔'式的居民楼院治安防范机制，大大加强了居民楼院的防范工作。"丰都县在创建活动中，采取政机关和企事业单位办公楼一律聘请保安或门卫；行政机关、企事业单位住宅楼和社区居民住宅楼落实人员24小时巡逻守护的措施，切实提高了治安防控水平，增强了防范效果。

物防和技防有了新的发展，渝北区在两路镇、龙溪镇安装了电子监控系统，将于春节前投入使用。渝中区投入50万元，增强背街小巷的照明设施，照亮了城市、照亮了人心，受到群众好评。

在加强城区治安防范的同时，针对重庆大城市带大农村，农村地域广阔、农业人口和富余劳动力多的特点，注意强化了农村地区群防群治工作的落实。市和各地进一步总结和推广了创建农村警民联系点和开展联户联防的成功做法，推动农村地区治安防范工作的落实。一些地区结合创建平安村(组)，不断探索农村治安工作的新办法，新措施。黔江推行和完善"1 + x"大院治安联防措施，提出了治安上自我防范，道德与法律上自我教育，遵纪守法意识自我提高，日常语言和行为自我约束，做到无刑事治安案件、无未调处的民间纠纷和上访人员，无黄、赌、毒现象，无违法犯罪人员，无邪教人员活动，无安全责任事故的要求。

通过治安防控长效机制建设，我市逐步形成了以110指挥中心为中枢，以巡警、交警、刑警和派出所民警等诸警种合成为主体，以群防群治为依托，以全时空巡查控制为基本勤务方式，以快速反应为保障，以主城区和中心城镇为核心，辐射并覆盖广大城市乡村的社会治安防控网络，确保了我市节假日和重大活动期间无重大案件和治安灾害事故发生，确保了重大活动的绝对安全。通过有效防范，1～11月，全市可防性案件中的抢劫案同比减少10.5%，盗窃案件同比减少4.2%，其中入室盗窃案减少12.2%，抢夺案件同比减少3.4%。

中共重庆市委办公厅
重庆市人民政府办公厅
关于在全市开展“创建平安区县、建设平安重庆”活动的通知

（2004 年 4 月 8 日）

各区县（自治县、市）党委和人民政府，市委各部委，市级各部门，各人民团体，大型企业和大专院校：

稳定是改革发展的前提。维护社会稳定是全党工作的大局，是各级党委、政府的重要职责，是党在整个社会主义初级阶段必须高度重视的重要工作。为全面贯彻落实党的十六大和十六届三中全会精神，努力为改革发展创造和谐稳定的社会环境、良好的治安环境和公正高效的法治环境，市委、市政府决定，从 2004 年起到 2006 年年底，在全市开展“创建平安区县、建设平安重庆”主题活动。现将有关事项通知如下。

一、充分认识开展创建活动的重要意义

当前，我市经济社会健康发展，人民生活水平明显提高，维护社会稳定总的形势是好的。但必须清醒地看到，西方敌对势力从未放弃对我国实施西化、分化的政治图谋，境内外敌对势力加紧“组党”结社，插手社会热点问题，策划和制造各种事端。民族分裂势力、宗教极端势力和暴力恐怖势力以及“法轮功”等邪教组织继续进行捣乱破坏活动。恐怖主义、经济安全和网络安全等非传统安全因素更加突出。群体性事件增多，有些还呈现出跨区域串联和连锁反应的特点，处置难度加大。刑事犯罪发案虽有所减少，但总量仍居高不下，一些地方社会治安不好，爆炸、投毒、杀人、绑架等严重暴力犯罪比较突出，盗窃、抢劫等侵财性犯罪增多，黑恶势力犯罪、经济犯罪、毒品犯罪危害严重。这些都给社会稳定带来影响，维护社会稳定的任务相当艰巨。

坚持稳定压倒一切，正确处理改革发展稳定的关系，在社会稳定中推进改革发展，通过改革发展促进社会稳定，是我们党领导人民在建设中国特色社会主义长期实践中形成的基本经验，也是我们必须长期坚持的基本方针。市委、市政府决定开展“创建平安区县、建设平安重庆”主题活动，进一步营造和谐稳定的社会环境，良好的治安环境和公正高效的法治环境，是抓住和用好重要战略期的必然要求，是富民兴渝、建设长江上游经济中心、全面建设小康社会的基本前提和重要保证。全市各级各部门要从战略和全局的高度，充分认识开展“建设平安区县、建设平安重庆”主题活动的重要意义，进一步把思想统一到市委、市政府的决策部署上来，担负起保一方平安的政治责任。要把开展这个主题活动，作为贯彻落实“三个代表”重要思想的具体实践，作为推进“三个文明”建设协调发展的根本保证，作为改善发展环境、促进对外开放的重大举措，落实到政法及社会治安综合治理工作的各个方面，切实加强领导，认真落实工作责任制，采取有效的政策措施，积极妥善处理和化解各种社会矛盾，全力维护社会政治稳定，努力把重庆建设成为西部乃至全国社会治安和社会稳定最好的地区之一。

二、开展创建活动的指导思想和工作目标

开展“创建平安区县、建设平安重庆”主题活动，要以邓小平理论和“三个代表”重要思想为指导，认真贯彻落实党的十六大、十六届三中全会和市委二届四次全委会议精神，围绕加快推进富民兴渝、努力建成长江上游经济中心、全面建设小康社会的战略目标，在市委、市政府和各级党委、政

府的统一领导下，举全市之力，采取切实有力的措施，以落实责任制为核心，以狠抓基层为着力点，以人民满意为检验标准，建立健全抓创建、保平安、促发展的长效工作机制，努力实现“两降三无”和“三个确保”的目标。

“两降三无”是：刑事案件发案下降，群体性事件下降，无造成严重影响国家安全和政治稳定的重大事件，无造成严重影响和严重后果的重大群体性事件，无引发社会恐慌的重特大恶性案件和社会治安案件。市委、市政府决定，从2004年起，力争通过3年的努力，确保全市80%以上的区县（自治县、市）实现“两降三无”目标，达到“平安区县”的创建标准。

“三个确保”是：一是对敌对势力、敌对分子和“法轮功”等邪教组织的破坏活动发现及时、控制得住、处置得好，不发生造成严重影响国家安全和政治稳定的重大事件，绝不允许危害国家安全和政治稳定的人员形成组织，绝不允许危害国家安全和政治稳定的活动形成气候；全面完成“法轮功”顽固人员教育转化3年攻坚任务，有效遏制“法轮功”等邪教组织在农村的蔓延势头，实现重大节日、重大活动及重要会议期间无“法轮功”等邪教组织人员进京滋事、在当地聚集闹事和插播广播电视的目标，确保国家安全和政治稳定。

二是排查调处人民内部矛盾和纠纷的工作机制健全，不稳定因素在总量上逐步减少，群众进京上访、到市集访和重复上访减少，不发生进京集访滋事事件；公共安全应急机制建立健全，处置群体性事件、突发事件、恐怖事件和重大灾害事故的能力全面提高，群体性事件总量下降，不发生造成严重影响和严重后果的重大群体性事件，依法果断处置危害公共安全、破坏公共秩序、冲击党政机关、堵塞铁路公路、破坏交通秩序等极端行为，确保社会秩序和谐安定。

三是维护社会治安的总体水平明显增强，打击、防范、控制、管理能力明显提高，长效工作机制进一步健全，确保治安大局持续稳定。

三、加强领导，落实责任，确保创建活动取得明显成效

各级党委、政府和政法各部门要切实加强领导，把“创建平安区县、建设平安重庆”活动作为一项重要的政治任务和执政为民的实事，纳入重要议事日程，认真制定规划，精心组织实施。要认真落实领导责任制，主要领导负总责，分管领导具体抓。要定期听取情况汇报，认真分析研究本地区社会稳定和治安形势，加强对创建活动的宏观部署，及时协调解决工作中遇到的重大问题。党委政法委和综治部门要充分发挥职能作用，组织发动社会各方面力量和广大人民群众积极投身创建活动，努力营造建设平安重庆，人人参与，各方支持的社会氛围。要进一步强化政法部门主力军作用和综治委成员单位的骨干作用，各司其职，密切配合，形成齐抓共管的工作合力。要严格奖惩，把各级党政领导抓创建活动的实绩作为干部考核的重要内容，作为干部奖惩的重要依据，与评先评优、立功受奖和提拔使用挂钩。

要切实加强基层建设，建立健全工作制度，明确工作职责，规范工作要求。要加强基层党组织建设和基层政权建设，发挥人民调解、司法调解和行政调解组织，在维护社会稳定中“第一道防线”的作用，推进警务进社区，大力加强人民法庭、公安派出所、司法所、基层综合治理组织和治安保卫组织等基层政法综治组织建设和业务建设，提高基层的教育管理和处理问题的能力，促进安全文明小区、安全文明校园、无毒社区等基层创建活动的深入开展，确保创建活动在基层有人管、有人抓，确保把矛盾和问题解决在基层、解决在萌芽状态。

要建立创建工作领导机构，建立完善在党委、政府统一领导下的“指挥畅通、运作有序、网络健全、保障有力”的创建工作领导机制。要认真落实领导、部门和单位责任制，把创建活动的各项任务层层分解，落实到每个基层组织和具体人。对不重视创建工作，因失职渎职导致发生重大恶性刑事案件、治安灾害事故和群体性事件等严重危害社会稳定重大问题的地方、部门和单位，坚决实行社会治安综合治理一票否决，严肃追究有关领导和直接责任人员的责任。要切实加大创建工作投入，严格考核验收，保证创建活动健康开展。

中共重庆市委办公厅
重庆市人民政府办公厅
关于印发《重庆市“创建平安区县、建设平安重庆”工作考评暂行办法》的通知

（2004年6月17日）

各区县（自治县、市）党委和人民政府，市委各部委，市级各部门，各人民团体：

根据市委、市政府意见，现将《重庆市“创建平安区县、建设平安重庆”工作考评暂行办法》印发给你们，请认真抓好落实。

重庆市“创建平安区县、建设平安重庆”工作考评暂行办法

为了确保“创建平安区县、建设平安重庆”（以下简称创平安）主题活动顺利实施并取得明显成效，特制定本办法。

一、考评对象

各区县（自治县、市）党委、政府，高新区、经开区党工委、管委会。

二、考评内容

（一）工作指标：70分

1．刑事案件发案下降（20分）

以市公安局的统计数据为准，实现全年刑事立案总量比上年下降（未实现扣5分）；全年可防性案件立案总数比上年下降（未实现扣10分）；全年八类主要刑事案件立案总数比上年下降（未实现扣5分）。

2．群体性事件下降（20分）

以市公安局的统计数据为准，实现全年群体性事件总件数比上年下降（未实现扣10分）。以市维稳办的统计数据为准，全年进京上访事件的总件数同比下降（未实现扣5分）；全年到市集访事件的总件数同比下降（未实现扣5分）。

3．无造成严重影响国家安全和政治稳定的重大事件（10分）

（1）维护国家安全，打击和防范境内外敌对势力的破坏、渗透活动，做到发现得了、控制得住、处置得好。

（2）重大活动及重要会议期间不发生“法轮功”等邪教组织人员进京滋事、在当地聚集闹事或插播广播电视事件。

年内凡发生造成严重影响国家安全和政治稳定的重大事件扣10分。

4．无造成严重影响和严重后果的重大群体性事件（10分）

正确处理人民内部矛盾，积极预防和妥善处置群体性事件，确保社会和谐稳定。

年内凡发生造成严重影响和严重后果的重大群体性事件扣5分；凡因处置群体性事件不力被

市委办公厅、市政府办公厅通报批评的扣3分；凡司法、执法部门在办案、审理、执行中因工作不当引发群体性事件的扣2分。

5. 无引发社会恐慌的重特大恶性案件和社会治安案件(10分)

(1)不发生造成一案死亡5人以上的杀人、绑架、投毒、爆炸、抢劫及黑恶势力犯罪案件。

(2)不发生百人以上的群体持械斗殴案件。

(3)不发生重大活动中造成人员群死群伤的重大安全责任事故。

(4)拘留所、看守所、戒毒所不发生造成严重影响的责任事故。

年内凡发生上述任何一起事件扣10分，不重复扣分。

(二)保障指标:30分

1. 把“创建平安区县、建设平安重庆”工作纳入本地经济社会发展总体规划，设立创平安工作领导小组及办公室，制订本地创平安工作实施方案。(4分，未完成上述工作的扣4分)

2. 党委常委会每年不少于两次听取创平安工作情况汇报，研究并切实解决创平安工作中的重大问题和具体困难。创平安工作领导小组每季度不少于一次对当地社会稳定和治安形势进行分析，研究解决创平安工作中遇到的情况和问题，及时作出有针对性的工作部署。(4分，常委会少听取一次汇报扣1分；领导小组少作一次治安形势分析扣0.5分)

3. 保证创平安工作的经费需要。设立乡镇(街道)综治办并落实专职工作人员。〔4分，未保证经费的扣2分；未设立乡镇(街道)综治办的扣1分，未落实专职工作人员扣1分〕

4. 制订和不断健全完善社会治安防控网络方案和突发事件处置预案，组建群防群治队伍，开展群防群治工作。(5分，未制订方案和预案的扣2分；未按照《中共重庆市委办公厅、重庆市人民政府办公厅关于组建治安协勤队伍的通知》“渝委办〔2003〕183号”文件要求，配备治安协勤队员，并坚持将其部署到社会面上开展治安防控工作的扣1分；未按照《中共重庆市委办公厅、重庆市人民政府办公厅转发重庆市社会治安综合治理委员会关于切实加强社区治安巡逻队伍建设的意见的通知》“渝委办〔2002〕137号”文件要求，做到社区治安巡逻队队伍健全、经费保障落实，管理制度完善的扣1分；未按照《重庆市社会治安综合治理委员会关于在全市农村开展“创建警民联系点”和“联户联防”工作的通知》“渝综治委〔2002〕17号”文件要求，开展农村警民联系点和联户联防工作的扣1分)

5. 坚持和完善矛盾纠纷月排查和报告制度，落实首问负责制，实行挂牌督办、包案负责和责任倒查制度，切实增强调处实效。(2分，未落实排查或报告制度扣1分，挂牌督办和包案负责的重点矛盾纠纷，因调处不力而激化的扣1分)

6. 建立社会治安突出问题定期排查制度，对发现的突出治安问题和治安问题突出的地区、部位、场所，及时部署“严打”专项斗争，开展重点整治。(2分，未定期排查的扣1分，未及时整治的扣1分)

7. 加强对“法轮功”痴迷人员的教育转化工作，全面完成中央和市里下达的教育转化攻坚年度任务。(2分，未完成扣2分)

8. 严格管理枪支弹药、爆炸物品和危险化学物品，不因管理不到位或工作失职，造成涉爆和危险化学物品的责任案件、事故或枪支弹药失盗案件。(2分，发生此类案件、事故的扣2分)

9. 进一步强化人民调解工作，民间纠纷调解成功率达95%以上。(2分，未达到95%以上的扣2分)

10. 切实加强对刑释解教人员的安置帮教工作。切实强化流动人口管理服务工作。切实开展预防青少年违法犯罪工作。(共3分，重新犯罪率同比上升的扣1分，外来人口作案占全部案件比例同比上升的扣1分，在校学生占作案成员比例同比上升的扣1分)

(三)加分指标:

1. 当年各地或下属的部门、单位、集体，在综治、政法、维稳、信访工作方面获得省部级表彰奖励的，一次加2分；获得党中央、国务院表彰奖励的一次加5分。

2. 各地当年刑事案件破案率同比上升的加2分。

3. 各地当年八类主要刑事案件破案率同比上升的加2分。

4. 各地当年人民调解件数同比增多的加2

分。

5. 各地当年信访初访处理率达到90%以上的加2分。

6. 各地当年涉法上访总件数同比下降的加2分。

7. 各地当年在处置群体性事件和集访事件中，领导重视、工作主动、处置及时、措施有效的加2分。

8. 各地年度群众安全感高于全市水平的加3分。

三、考评办法

(一)对各地创平安工作实绩的考评，实行年度考核，三年综合考评命名。在三年创平安工作期间，《重庆市社会治安综合治理保稳定保平安责任书》执行情况的年度考核与创平安工作的年度考核合并，统一为创平安工作年度考核，在每年年底至下年一季度进行。三年综合考评命名工作在2007年2月份以前完成。

(二)以统计部门调查的数据为准，当地年度群众安全感低于80%，年度创平安工作考核为不达标。连续两年创平安工作年度考核为不达标，或者2006年考核为不达标的地区，取消其被评选为“平安区县”的资格。

(三)创平安工作年度考核90分以上(含90分)为创平安工作年度先进单位、80分至89分为创平安工作年度达标单位、80分以下(不含80分)为创平安工作年度不达标单位。

(四)三年创平安工作结束后，进行综合考评命名。综合考评分“区、开发区”和“县、自治县、市”两类分别进行，并原则上实行后位淘汰。对评定为“平安区县”的，由市委、市政府授予“平安区县”称号。

(五)对市社会治安综合治理委员会成员单位创平安工作同样实行年度考核和三年综合考评命名。考评办法按照《重庆市社会治安综合治理保稳定保平安责任书》目标要求另行制定。三年创平安工作结束后，对工作成绩突出的，由市委、市政府授予“创建平安区县、建设平安重庆先进单位”称号。

四、奖惩办法

(一)对创平安工作年度考核先进单位的表彰奖励，比照市委、市政府对原执行《重庆市社会治安综合治理保稳定保平安责任书》年度优秀单位给予表彰奖励的办法执行。

(二)对荣获“平安区县”和“创建平安区县、建设平安重庆先进单位”称号的地方和市社会治安综合治理成员单位，由市委、市政府给予表彰奖励。

(三)对荣获“平安区县”和“创建平安区县、建设平安重庆先进单位”称号的地方和市社会治安综合治理成员单位的主要领导、分管领导和在创平安工作中作出突出贡献的集体和个人，按照有关规定给予表彰奖励，并作为干部任免的重要依据，与干部晋职晋级直接挂钩。

(四)年度考核和三年综合考评中的相关数据和情况由各地和市级有关部门提供。凡不如实立案或瞒报谎报数据及有关情况的，一经查实，除取消被评为“平安区县”、“创建平安区县、建设平安重庆先进单位”的资格或取消“平安区县”、“创建平安区县、建设平安重庆先进单位”称号外，实施领导责任查究，追究责任地区和部门领导的责任。

(五)三年创平安工作结束后，凡荣获“平安区县”、“创建平安区县、建设平安重庆先进单位”称号的地区或市级综治成员单位，被社会治安综合治理一票否决或连续两年《重庆市社会治安综合治理保稳定保平安责任书》执行情况考核为不达标，取消其“平安区县”或“创建平安区县、建设平安重庆先进单位”的称号。

五、其他事项

(一)考评工作由市创平安工作领导小组组织领导，市创平安工作领导小组办公室负责具体实施。

(二)本考评办法由市创平安工作领导小组办公室解释。

(三)本办法和有关标准可根据情况变化和工作进展，作适当调整。

(四)各地应当根据本办法制定实施细则。

名词解释(共4条)

1. 可防性案件：本《办法》所指可防性案件包括入室盗窃和抢夺、抢劫案件。

2. 八类主要刑事案件：指严重危害人民群众财产安全的八类案件，包括放火、爆炸、劫持、杀人、伤害、强奸、绑架、抢劫案件。

3. 群体性事件：一般是指因人民内部矛盾引

发的,一定数量的社会成员,为达到某种目的,采取扩大事态,加剧冲突,滥施暴力等手段,聚众共同实施的违犯国家法律、法规和规章,扰乱社会秩序,违犯公共安全,侵犯公民人身安全和公私财产安全的行为。

4. 集访:指5人以上(含5人)反映群体性问题的来访。

中共重庆市委办公厅 重庆市人民政府办公厅 转发《市社会治安综合治理委员会关于建立群众安全感定期调查制度的意见》的通知

(2004年8月10日)

各区县(自治县、市)党委和人民政府,市委有关部委,市级有关部门:

经市委、市政府同意,现将《市社会治安综合治理委员会关于建立群众安全感定期调查制度的意见》转发给你们,请按照意见的要求,认真组织实施,把“创建平安区县、建设平安重庆”的工作落到实处。

市社会治安综合治理委员会 关于建立群众安全感定期调查制度的意见

为了检验、评估并进一步改进我市社会治安和社会治安综合治理工作,按照中央社会治安综合治理委员会对各省、自治区、直辖市群众安全感调查的要求和市委、市政府对创建平安工作实绩的考评要求,应当定期对我市群众安全感进行调查。现就建立群众安全感定期调查制度提出如下意见:

一、建立覆盖全市的群众安全感定期调查制度

从2004年起,每年11月份对全市各区县(自治县、市)和经开区、高新区进行一次群众安全感调查,以反映全市及各地群众全年的安全感实际状况。

群众安全感调查采取不记名问卷方式进行,调查结果包括《数据统计表》和《群众安全感分析评估报告》两部分。

二、调查工作的组织实施

(一)群众安全感调查工作由市和区县(自治县、市)、经开区、高新区社会治安综合治理委员会办公室,分别委托统计部门开展。市和区县(自治县、市)、经开区、高新区社会治安综合治理委员会办公室,负责本地区群众安全感调查工作的牵头组织工作;被委托的统计部门负责调查统计的具体实施。

(二)全市的群众安全感调查由市综治办委托“重庆市统计信息咨询中心”(市统计局下属从事

社会市场调查的专门机构)具体实施。各区县(自治县、市)、经开区、高新区的群众安全感问卷调查由各地综治办委托当地统计部门具体实施。综治办要做好牵头组织和必要的辅助工作,并确保按时完成群众安全感调查工作。

(三)群众安全感调查问卷由市综治办制定。群众安全感调查统计实施办法由"重庆市统计信息咨询中心"制定,市统计局下发各区县(自治县、市)和经开区、高新区统计部门。

三、调查经费

(一)市级群众安全感调查所需经费由市财政承担,并作为专项经费纳入市综治办年度财政预算。

(二)各区县(自治县、市)、经开区、高新区群众安全感调查所需经费由各地财政承担,并作为专项经费纳入各地综治办年度财政预算。

四、有关要求

(一)群众安全感调查必须委托统计部门具体实施。被委托的统计部门要严格按照统计学原理和全市统一制定的调查问卷内容与实施办法,独立、科学、公正地实施调查统计。各级各部门不得干涉统计部门的调查统计工作。

(二)被委托的统计部门必须及时将群众安全感调查统计结果报当地综治办。市综治办将对统计的全过程进行质量监督,如发现问卷调查的质量问题,属于技术错误和工作失误的必须由原被委托单位重新调查,并承担由此产生的一切费用和损失;属于故意弄虚作假的,按照有关规定严格追究有关领导和直接责任人的责任。

(三)群众安全感调查统计结果须经市委、市政府分管领导审定后才能公布和使用。

(四)除本文件规定的定期群众安全感调查外,各地可根据实际情况开展不定期的群众安全感调查,所需经费自行解决,不得挤占定期群众安全感调查的经费,不得影响定期群众安全感调查的正常开展。

立足社区大力加强城区治安防控体系建设

重庆市社会治安综合治理委员会办公室

重庆是一个大城市、大农村二元结构十分典型的直辖市。多年治安工作实践表明,重庆主城区和区县(市)中心城镇(以下简称城区)历来是社会治安问题突出,刑事犯罪的高发地区,其治安状况的好坏直接反映出整个重庆的治安态势。从近几年的统计看,重庆市主城9区加上远郊的万州、涪陵和长寿共12个区的刑事发案量占全市40个区县(市)刑事发案总量的55%左右。区县(市)中心城镇的刑事发案量一般都占该区县(市)刑事发案总量的50%~60%,多的达到70%。因此,要有效地预防和控制犯罪,稳定社会秩序,就必须紧紧抓住城区这个重点。构建社会治安防控体系,必须从源头上下工夫。如何抓源头,我们认为关键抓社区,建立以社区为平台,以群防群治为基础,以社区警务为龙头,把预防和控制犯罪的各项措施落实到社区,才能真正的发挥治安防控的效能。下面,结合重庆近年来的工作实践,就如何建立有效的社区治安防控平台谈点粗浅的体会。

一、加强社区治安防控工作是城区治安防控体系建设的基础和必然要求。

社区在我国现实生活中一般是指经过社区体制改革后做了规模调整的居民委员会辖区。城市是由无数社会小单元——社区组成的一个庞大而复杂的社会组合体,社区治安形势如何,它直接反映出整个城市治安的态势,所以建立有效的城市治安防控体系必须以社区为立足点。理由有三点:一是严峻的治安形势的客观要求。随着改革开放的深化,城市建设的迅猛发展,在国有企业改制,下岗失业人员不断增加,待业人员特别是青少年大量流散于社会的现状下,部分进城务工富余劳动力，由于没有足够的就业岗位吸纳大量不断涌入的流动闲散人员，从而囤积在城镇社区，因长期生活无着落，迫于生计，又不能及时返回原籍，极易导致铤而走险，伺机作案，使城市治安问题越来越突出，盗窃、抢劫、抢夺等违法犯罪行为大量增加。因此，社会治安防控工作的重心必须实行向社区前移，以强化社区管理来减少和预防犯罪。二是群众对安全的需求。社区是人们生产、生活和工作的地区。安全需求是人们最基本的需求之一。切实增强群众的安全感，是社会治安工作的出发点和归宿。改革开放以来，人民群众的物质生活水平日益提高，群众生活富裕后，十分渴望有一个良好的社会治安环境和生活环境。而群众对安全感的评价，就是以自身及其周围人群是否遭到不法侵害，自身和周边地区是否经常发生盗窃、抢劫、抢夺等案件为最直观感觉。这也是群众衡量地方党委、政府抓社会稳定工作的一个重要指标。因此，无论是站在践行“三个代表”重要思想的高度，还是从推进社会治安综合治理工作出发，都必须以社区为立足点，不断增强群众的安全感，不断提高群众对社会治安的满意度，作为工作的出发点和落脚点，让群众通过我们的工作，真正得到实惠。三是有群防群治工作最适合的组织依托。群防群治工作开展如何，是一个地区社会治安综合治理工作的重要标志。建立社会治安防控体系是一个复杂的社会工程，必须以依靠群众的参与为基础。从多年的实践来看，依托社区居委会，充分发挥和调动社区功能作用是最适宜的。社区居委会是国家法律规定的居民自我管理、自我教育、自我服务的基层群众性组织形式，是城市的基层组织细胞，它一头连接着党委、政府，另一头直接与群众零距离提供服务。它既要向政府负责，又要向居民负责，是城市各项管理工作的基础和落脚点。所以，社区居委会是社区治安防控体系建设最有力的组织保证。

二、按照社会主义市场经济的新要求，组建社区专业治安巡逻队，是维护社区治安的有效手段。

随着国有企业逐步剥离“办社会”的职能以及人们价值观念的变化，我市过去以义务为主、行之有效的守楼护院和内部单位安全保卫等传统的群防群治工作形式受到很大冲击，义务联防队伍大大萎缩，有的名存实亡，甚至解体。从近年来市综治办和市公安局进行的调查显示，全市义务群防群治守护面从80年代的80%左右到90年代末下滑到40%左右，目前尚存不到20%，保留的多是机关单位出资守护的家属区和单位机关。实践证明，随着社会主义市场经济的进一步发展，人们价值观念的变化，过去靠“行政命令”、“政府号召”组织群众义务维护社会治安的做法已经不适应形势发展的需要，工作将越来越难以开展。同时，因警力严重不足，过去我们建立多年并发挥过重要作用的靠收治安联防费维持工作运转的治安联防队，由于国家政策调整等问题，最终解体，致使不少地区、部位和复杂地段出现防范真空或死角，社会治安防控组织体系建设一度走进了低谷，各类治安、刑事案件大幅度上升。重庆市2000年开始，逐步取消联防收费收取，治安联防队逐步解散，全市刑事案件比1999年增加了近一倍。针对这一严峻的形势，市综治办根据我市社会治安的实际情况和社会经济发展水平，在深入调查研究的基础上，逐步摸索出了一些有效防控的做法，首先，在全市提出了尽快调整工作对策，将事后补救向事前防范全方位转移，遏制刑事发案高发的严峻局面。即在继续坚持巩固居委会指导下的守楼护院、邻里关照等行之有效的传统防范形式的基础上，以社区城市低保居民、企业下岗职工、城镇失业人员为主体，组建社区治安巡逻队，在社区大力开展治安巡逻工作。社区治安巡逻队的队员是通过公开招聘，选择政治思想、年龄和身体条件适宜的人员，采取由财政出资为主，并适当在社会筹集的原则(一般是按照每人每月300~400元)，在社区范围内开展巡逻防范的一支群防队伍。目前，全市主城区有97%的社区普遍组建了一支8~15人的社区治安巡逻队。社区治安巡逻队的建立，有力地强化了城区的治安控制能力，取得了我市从2001年年底至今刑事案件持续下降的良好态势。其次，强化了社区治安巡逻队作用的发挥。我们突出抓了四个环节：一是抓立足于社区，服务于社区。社区治安巡逻队在街道和居委会领导下，在驻社区民警的带领和业务指导下，在社区内开展以治安巡防、盘查可疑人员、宣传安全防范、查找安全隐患等预防违法犯罪和及时发现治安灾害事故为主要内容的工作，使社区居民对社区巡逻队伍的工作真正感受得到实惠，受到社区居民的普遍认同和欢迎，不少社区出现了居民主动出资支持社区巡逻工作的可喜局面。二是抓与社区警务工作的结合，形成互动。我市把社区治安巡逻工作纳入了社区警务工作的重要内容，一方面充分发挥专门机关对社会治安管理的职能，增强巡逻工作的针对性，丰富和扩展社区警务的内涵，推动社区警务的开展；另一方面，充分发动社区群众积极主动参与治安防范，以“民力无穷”的优势扩大社区治安防控的覆盖面。三是抓科学管理，促进防控效果。各社区普遍建立了把预防和控制可防性案件的发生作为对社区治安巡逻队和社区民警工作实绩的管理机制，与经济利益紧密挂钩，有力地促进了巡逻工作的落实。四是注重社区治安巡逻队建设的发展。随着社会进步和经济的发展，特别是社区服务的不断拓展，我们积极引导有条件的地方，将现有的治安巡逻队向社区保安等管理更加规范、报酬更加殷实、保障更加完善，作用更加明显的专业社区保安队伍过度，不断推动社区治安巡逻工作健康发展。

三、利用社区特点和优势，发挥社区在城市预防犯罪工作中的作用。

各种犯罪的发生，是社会大环境和小环境综合作用的结果。据统计，我市年发生可防性案件(盗窃、抢劫、抢夺、诈骗)占全部刑事案件的78.98%，从发案部位看，主城12个区发案占全市40个区县市的近一半(49.1%)。在当前社会经济条件下，更应把精力投入到小环境(社区)的预防犯罪工作，充分发挥好社区在城市治安的“第一道防线”的作用。(一)利用社区居民关系较为密切，社区与其辖区社会单位有联系紧密的优势，提高社区居民的防范意识。主要应从两方面入手，一方面要提高群众的自防意识。一是经常开展有针对性的法制宣传教育活动，向群众灌输安全防范意识，让群众掌握一些人身安全常识，如何防盗、防骗，单身女子不要到偏远野外、不要轻易让陌生人入室等。二是经常向群众通报当前的社会治安动向，让社区居民心中有数，知道某一时段要特别注意预防那些犯罪活动；我市一些地区建立的《社区治安警情公示制度》是一种较好的举措。他们采取在各社区按月公示辖区发案情况，同比升降情况、以发案多少和案件类型为判断标准，分为安全、较安全和重点防范，建立社区治安安全等级制度，在社区显著的位置予以公布告示，提醒社区居民加强防范，并将重点防范内容、部位，应注意采取的防范措施和方法一一提示给居民，大大强化了居民的防范意识，收到了很好的效果，深受群众好评。三是利用典型案例教育群众，促进他们进一步强化自防意识。另一方面，提高群众邻里守望、互帮互助意识。要充分依靠社区居委会和辖区单位的力量，通过组织开展有针对性的活动，以增强居民之间，辖区单位之间的沟通和协防意识，减少犯罪分子的可乘之机，提高社区整体防范能力。(二)动员社区各方面的力量，从法制教育入手，群策群力，构建最大限度减少犯罪有效防线。减少犯罪是治安防范工作的治本措施，也是当前预防犯罪工作的重点和难点。尤其是对那些有劣迹和有犯罪可能性的犯罪主体，特别是流动人口中的闲散人员、青少年，要在社区内组织家长、亲友、老师、同学、离退休老同志及其社区治保、调解、社区民警、居委会干部组成社区帮教小组，发挥社区“人熟、情况熟”的优势，从不同的角度，不同的侧面，有针对性地开展教育，感化和挽救高危人群，从内因上矫治他们的不良品质和恶习。同时，要净化社区环境，减少社区内诱发犯罪的外因，查处并取缔那些影响人们身心健康的文化娱乐场所，组织健康的公共娱乐活动，陶冶居民的情操，充分发挥社区环境对个人行为具有客观限制的特殊作用。(三)发挥社区居民委员会的作用，建立和完善民间纠纷排查调处机制，对那些可能诱发犯罪的因素进行事前预防，做到及时化解，防止因民间纠纷排查调处不力进而激化，导致各类案(事)件发生。(四)大力组织开展安全创建活动，开展基层安全创建活动是现代化城市物质文明和精神文明的需要，也是减少城市犯罪，实现长治久安的重要举措。目前，我市正在开展的“创建平安区县，建设平安重庆”的活动就是在基层安全创建活动的基础上，进一步拓宽工作范围，充实工作内容，提高工作层次和要求，着眼于一个地区的整体平安，着眼于一个地区各方面的平安。

重庆市及县(市、区)综治委、办主任名单

地 区	综治委主任	综治办主任
重庆市	聂卫国	林蜀鲁
渝中区	王福清	王岸立
大渡口区	罗　荣	王渝娟
江北区	董小平	余晓薇
沙坪坝区	张　敏	黄华东
九龙坡区	奚千里	龙兴淮
南岸区	洪世忠	杜孝群
北碚区	陈　杰	粟登林
万盛区	程真祥	何　勇
双桥区	邱　斌	彭天华
渝北区	向先权	包季伟
巴南区	陶长海	曹光德
万州区	刘新宇	张　平
涪陵区	张世俊	秦大伦
黔江区	刘作禄	张　鹏
长寿区	游智明	马万超
合川市	何　勇	陈晓平
永川市	唐建华	钟同明
江津市	李德良	邓　波
南川市	蒋宜茂	熊代森
綦江县	张华基	苏维刚
潼南县	李　平	刘进勇
铜梁县	马　平	张仁文
大足县	宋　彬	钟明传
荣昌县	王光强	张晓玲
璧山县	刘正忠	舒朝勇
垫江县	夏德华	皮华玺
武隆县	何梗生	孔正波
丰都县	张玉帆	赵麟蓉
城口县	何雄东	牟能双
梁平县	唐廷国	尹祖国
开县	全修治	贺代龙
巫溪县	侯宗权	沈维清
巫山县	黄天亮	谭　祥
奉节县	马洪平	欧阳杰
云阳县	付　凯	谭朝明
忠县	薄云登	冉崇政
石柱县	潭本治	肖义明
彭水县	孟德华	冉隆川
酉阳县	高　峰	董金华
秀山县	郭忠亮	张鲁秀

（撰稿人：倪洪亮
审稿人：林蜀鲁　丁后盾）

四　川　省

实行领导责任制、目标责任制的情况

各级党委、政府把加强社会治安综合治理工作作为实践“三个代表”重要思想的具体措施和重要内容，狠抓各项措施落实，增强了综治工作的执行力。

一是高度重视，切实加强了领导。各级党委、政府切实担负起了“为官一任，保一方平安”的政治责任，加大了对综治工作的领导力度，做到了亲自抓。宜宾、达州、广安、攀枝花、巴中等市州和多数县(市、区)的党政一把手亲自抓整体联动防范工程建设，党委常委会和政府常务会多次研究整体联动防范工程建设，切实解决了工作中的问题和困难。二是狠抓责任落实，推进了综治工作的有效开展。各地按照省委、省政府年初下达的综治工作目标进行分解和细化，通过层层下达综治工作目标或签订责任书的形式，使领导责任制、部门责任制和目标管理责任制进一步落到实处。各地进一步建立健全了各级党委、政府主要领导和分管领导专抓综治工作的档案，加大对相关领导履行综治职责情况的考察力度。认真实行综治目标管理责任制和一票否决权制。三是加大投入，保障了综治工作的开展。各地进一步加大了对综治工作经费的投入，为综治工作的有效开展提供了较好的保障条件。各市州、县(市、区)基本上将综合治理工作经费和见义勇为经费列入了财政预算，绝大部分县(市、区)还将群防群治经费列入了财政预算。不少地方积极探索市场经济条件下群防群治经费保障的途径和办法，基本保障了工作需要。四是健全了表彰奖励机制。10月19日，省综治委对成都、宜宾、阿坝等获得2002—2003年度省委、省政府社会治安综合治理工作目标优秀单位称号的9个市州党政分管领导和综治办主任共计30人给予了嘉奖。10月中下旬和11月中下旬，省综治委先后组织21个工作组，对全省21个市州执行省委、省政府《2004年度社会治安综合治理工作目标》和2004年申报的88个县(市、区)社会治安综合治理整体联动防范工程建设情况进行了考评验收。省综治办将21个市州执行省委、省政府《2003年度社会治安综合治理工作目标》情况分为7大项，依据考核标准，分别由省委、省政府派出的检查组、省综治办、省公检法、省委维稳办、省统计局、省综治委五个工作小组打分，经综合评定，省委、省政府对宜宾、成都、德阳等12个执行2004年度社会治安综合治理工作目标优秀单位，内江等3个良好单位进行了通报表彰。

“严打”整治斗争情况

各地在认真总结开展“严打”整治斗争经验的基础上，积极探索贯彻“严打”方针的经常性工作机制，努力建立科学的治安评估预警机制、完善科学的工作决策部署机制、健全快速反应机制、完善协作配合机制、健全刑事政策运用机制、建立有力的保障机制。坚持“什么犯罪突出就重点打击什么犯罪，什么问题严重就重点解决什么问题，哪个地区混乱就重点整治哪个地区”的原则，不断完善打防控机制，提高驾驭治安局势的能力。结合各地的治安状况，组织开展了“侦破命案”、“打击街面突出犯罪”、打击“两抢”、“反盗抢机动车”、“打击毒品犯罪”、“扫黄打非”等一系列专项行动，有力地遏制了刑事犯罪的高发态势。在斗争中，各级政法机关统一执法思想、加强协调配合、形成打击合力。2004年，全省公安机关共破刑事案件81568起，检察机关共批捕38009人，法院审结一审刑事案件28243起41705人。

在坚持“严打”的同时，强化了对治安混乱地区整治力度，广泛深入地开展了对治安混乱地区和突出治安问题的排查，对排查出的治安重点地区（部位、场所），制订了具体的整治方案，落实了责任人，实行挂牌督治、滚动整治。2004年省综治委挂牌督治的23个重点地区和全省各地排查的440处治安混乱地区（部位、场所）的治安面貌都有明显改观。

通过各方面扎实有效的工作，维护了全省治安大局的平稳，2004年全省共立刑事案件196689起，同比上升2.5%；立可防性案件80665起，同比下降6.1%；立杀人、爆炸等八类案件88504起，同比下降7.3%。据省统计局11月对全省公众安全感的测评，人民群众的安全感达86.12%，比2003年上升了2.8个百分点。

社会治安管理和防范工作情况

一、深入开展社会治安综合治理整体联动防范工程建设，着力构建“打防控”一体化工作机制

各地按照省委、省政府和省综治委的要求，全力推进整体联动防范工程建设。省综治委、各市州切实加强了分类指导，2004年有88个县（市、区）接受验收，有79个县（市、区）达到了创建标准。加上2003年完成整体联动防范工程建设目标的94个县（市、区），全省共有173个县（市、区）完成整体联动防范工程建设目标，占全部181个县（市、区）的95.6%。全省以县、市、区为单位两年为期的整体联动防范工程建设的目标基本实现，治安防范八大体系和防范长效机制基本形成。12月，根据省综治委对各地社会治安综合治理整体联动防范工程的考核和综合评定，省委、省政府对成都、自贡等15个完成2004年度社会治安综合治理整体联动防范工程建设目标的市州、成都市青羊区等79个县（市、区）整体联动防范工程建设合格单位进行了通报表彰。

（一）“打防结合、预防为主”的方针得到全面贯彻。各级层层成立了由党政“一把手”负总责的整体联动防范工程建设领导小组，党政主要领导亲自部署、亲自动员、亲自督促检查。各级党委政府把实施整体联动防范工程建设作为年度综治工作目标的重中之重，不少地方将其纳入对县（市、区）的工作目标考核和党政领导的政绩考核中，确保了整体联动防范工程建设的顺利开展。

（二）建立健全治安防范体系。各地按照省综治委的要求，不断完善以社会面流动犯罪、重点部位、社区、单位内部、农村、行政区域边际、矛盾纠纷排查调处和铁路护路联防为主要内容的八大防范体系建设，基本形成了诸警种合成为主体，以群防群治力量为依托，以社区警务、阵地控制、单位内部防控为基础，以全时空巡逻防控为基本勤务方式的各具特色的防范体系，综合人防、物防、技防措施，在专群结合、条块结合、动静结合、土洋结合上创造了许多富有实效的办法和经验。2004年以来，全省各地着重在行政区域边际协作防范体系和矛盾纠纷排查调处体系建设上下功夫。5月，省综治委主动与云南省综治委联系，并签订了《四川、云南两省行政边际地区治安协作联防协议》，截至年底，与云南、西藏、青海、甘肃、陕西、重庆、贵州8个省市区接壤的14个市州和县（市、区）以及市州、县（市区）之间签订了治安防范协议，建立了治安协作联防制度。

（三）有效整合了治安防范资源。一是整合公安专门力量，治安主力军作用发挥更加明显。公安机关合理配置警力，大力推行治安、交警、刑警、巡警等多警联勤的警务运作新机制；深入推进社区警务战略，全省目前已建社区警务室3351个，配备干警5216人；在农村，结合实际，落实"一乡一警"和"多村一警"，目前全省一线警力已达60%以上，实现了警力下沉、警务靠前。二是整合行政执法力量。各地将城管、运管、路政、工商、税务、文化、环卫、药监等行政执法队伍纳入整体联动防范体系，明确职责，统一指挥，统一调度。三是整合军警民力量，全省共建立军警民协作联防队和青年志愿者巡逻队25999个。各地结合实际，采取多种形式组织专兼职群防群治队伍，武侯区每年投入240万元，建立了一支260人的专职治保会巡逻队。到2004年年底，全省保安队伍已发展到5万余人，有11个市州组织低保人员巡逻队396个14666人。乐山、德阳、宜宾、达州、遂宁等地深入挖掘民力，组织"四车两员"(即：出租车、营运客车、中巴车、三轮车；环卫人员、商业店铺从业人员)参与治安防范，取得了较好的社会效果。全省共建治保会62978个28.8万余人，调委会68169个30.5万余人，专职巡逻队8579个5.1万余人，义务巡逻队75085个99.8万余人，守楼护院队427837个126.4万余人，民兵应急分队9654个11.6万余人

(四)增强了治安防范的科技含量。各地大力加强了整体联动指挥平台建设。2004年，省综治委委托省通信管理局制定了《四川省社会治安综合治理整体联动防范工程建设技术要求(试行)》。为规范整体联动平台建设，省综治委与省纪委、省监察厅联合下发了《关于认真执行〈四川省社会治安综合治理整体联动防范工程建设技术要求〉(试行)的通知》，对确保整体联动防范工程建设指挥平台质量，加强监督检查和责任查究等提出了明确要求。到2004年年底，多数县(市、区)已经实现了"110"、"119"、"122"三台合一，并与卫生、交通、电信、环保、金融、电力、天然气等部门抢险救灾电话进行内联，一些地方整体联动指挥平台已升级为政府公共应急平台(少数民族边远县开通了110)，部分街道、乡镇通过安装350兆基地台作为二级平台，村和交通沿线设报警点、社区设警务室和平台实现连接，初步形成了覆盖市州、县(市、区)、乡镇(街道)、村(社区)的四级防范指挥体系。同时，各地加大技防投入，在一些重点部位、重要场所、小区、企业、单位内部等安装CK防盗报警装置，在大型市场、交通要道和复杂场所安装电子监控设备，与整体联动平台联网，实行全天候监控；成都、绵阳、宜宾等一些地方在运钞车、出租车和部分警车上安装GPS卫星定位系统等，使防范网络更加细密，防范效果更加明显。

二、深入开展"扫黄""打非"专项斗争

2004年，全省以查处政治性非法出版物为重点，进一步加大市场监管力度，严厉打击非法出版活动，先后开展了对淫秽色情"口袋本"图书、有害卡通画册和不良游戏软件，城乡集贸市场销售非法出版物，盗版教材、教学辅导读物和压缩比DVD光盘、非法报刊等专项治理行动，取得了明显成效，较好地净化了出版物市场。据统计，2004年共开展专项治理行动12项、开展专项查缴行动11次，共出动检查人员78160余人次，检查出版物市场26470余家，取缔关闭非法市场(集散地)1076家；处罚违规印刷企业76家、取缔关闭非法印刷企业102家；查缴非法出版物566万余册(盘、件)【书刊201.1万余册、音像制品321.3万余盘、电子出版物43.6万余盒】；查处淫秽"口袋本"图书、有害卡通画册和不良游戏软件案件228起，收缴淫秽"口袋本"图书、有害卡通画册16.62万余册，收缴有害游戏软件4.54万余件；查处盗版教材教辅读物案121起，收缴盗版教材教辅读物200万余册；查处非法期刊案件48起，收缴非法期刊105种2.05万余册，有效地打击了非法出版活动，为我省改革开放、经济发展和科技进步营造了良好环境。

三、交通、火灾及民爆物品等安全事故情况

2004年共发生各类交通事故28484起，死亡4890人，受伤28218人，直接经济损失1.12亿元，与2003年相比，分别下降23.7%、0.04%、9.3%和14.2%。但群死群伤的特大恶性事故较为突出，全年全省共发生一次死亡10人以上群死群伤特大道路交通事故8起，比2003年多6起，造成了121人死亡，轻重伤211人，肇事车均为客运车辆。2004年共接报火灾事故9189起，死亡138人，伤139人，直接经济损失2,182万元。与2003年同期相比，除死亡人数同比上升12.1%外，其余三项指标分别下降1.2%、7.3%和14.7%。此外，2004年全省共发生爆炸事故5起，死7人，伤7人，发生民爆器材爆炸物品丢失、被盗事(案)18

起,与2003年同期相比均有所上升。

社会治安综合治理基层基础建设情况

各地党委、政府认真贯彻落实中央综治委、中央编办《关于加强乡镇、街道社会治安综合治理基层组织建设的若干意见》和省综治委等六部委《关于加强社会治安综合治理基层组织建设的意见》精神,进一步加强了各级综治委(办)组织建设。全省5144个乡镇(街道)健全了综治组织机构,配备了专抓副职,配专职工作人员6241名,县(市、区)综治办都配备了3名〔三州的县(市)2名〕专职综治干部,做到了综治工作在基层有人抓有人管。

各地按照省综治委对全省综治干部培训的要求,切实加大对综治干部的培训力度。6月,省综治办在夹江对县(市、区)政法委分管综治工作的副书记、综治办主任、省综治成员单位联络员共计280余人进行了培训。各地坚持把综治干部培训纳入工作计划,对基层综治干部开展政治理论与业务知识培训,进一步提高了基层综治干部的业务素质和工作能力。

各地紧密结合实际,积极探索加强基层工作的新思路和举措。成都市武侯区全面实行社区民警到社区(村)挂职开展工作,在全区建立了88个社区综治工作服务站,成立了综治工作协会,推动了综治工作各项措施在社区的落实。屏山县在农村(社区)推行"三员一人"制度(村、社区、组有一名治安工作员、信息员、调解员、每户培训一名综治明白人);一些大中城市切实加强了对治安复杂地区的阵地控制,实行一个治安亭或警务亭、一个民警、一个巡逻队员、一部对讲机,增强了对治安复杂部位的防控能力。

综治委成员单位参与
社会治安综合治理工作情况

一、各成员单位对社会治安综合治理工作高度重视,进一步加强了组织领导

各成员单位都建立了社会治安综合治理工作领导小组,省公安厅、省劳动和社会保障厅等单位成立了由一把手任组长、分管领导任副组长、各处室和下属单位负责人为成员的综治工作领导小组,具体工作由办公室或保卫处(科)和有关职能处室共同负责,明确了职责任务,落实了具体负责人员,形成了"一把手负总责,分管领导具体抓,一级抓一级,层层抓落实"的综合治理工作局面。省文化厅成立了厅综治办,配备了2名处级干部专门负责综治工作。年初,省综治委向各成员单位下达了《省综治委成员单位2004年度社会治安综合治理工作目标》(以下简称《工作目标》),纳入省委、省政府目标管理。各级综治成员单位按照省综治委制定的《全省各级综治委主要成员单位在实施整体联动防范工程建设中的职责任务》和《工作目标》的要求,结合部门实际,对《工作目标》进行了认真分解,对本部门、本系统参与社会治安综合治理整体联动防范工程建设提出了新的要求,加强了对综治工作的领导,加强了对基层单位参与整体联动的督促和指导,有力地推动了全省整体联动防范工程建设和各项综治工作的深入开展。3月18日,省综治委召开2004年第一次全委会，交流了省公安厅、省司法厅、省交通厅、省民政厅、省劳动和社会保障厅等省综治委成员单位分解落实《工作目标》的经验。同时，各成员单位对综治工作基本上都做到了年初有安排部署、年终有检查考核和总结，推进了综合治理工作的有效开展。

二、发挥职能作用，促进了综治工作的有效开展

结合业务工作，充分发挥在综合治理工作中的职能优势。各综治成员单位把综治工作融入各项工作职能，积极有效地开展各项工作。政法各部门密切配合，加大了对社会治安的整治力度，因地制宜地组织开展"严打"和专项整治行动。省司法厅、教育厅、团省委、省妇联等单位进一步加强了青少年的思想道德和法制教育工作，省妇联还专门编写了《维护妇女儿童法律法规选》、《打工妹权益保护指南》等，进行了广泛宣传；省文化厅、省信息产业厅、省工商局、省教育厅等部门加大了对网吧的联合整治力度；省交通厅整合高速公路交警、路政人员、运政人员，健全了高速公路治安防范体系；省旅游局与公安机关密切配合，在旅游景区积极开展了"警民共建安全文明景区"活动，提升了旅游景区的治安防范工作；省军区积极组织民兵参与综合治理整体联动防范工程建设，进一步健全了"军警民"治安防范网络。同时，各综治成员单位加强对本系统综合治理工作，特别是参与社会治安综合治理整体联动防范工程建设的指导。

认真做好矛盾纠纷排查调处工作，有效维护了社会稳定。省综治成员单位把矛盾纠纷排查调处工作作为综治工作的重要任务，结合部门职能，采取了有针对性的措施，积极化解矛盾纠纷，消除不稳定因素，维护了社会稳定。各综治成员单位高度重视群众来信来访工作，进一步转变机关工作作风，坚持执政为民、执法为民的理念，以民为重，以民为本，尊重、理解、关心、帮助上访群众，认真解决上访群众的具体困难和问题，耐心、细致地做好思想教育和说服工作。省委办公厅、省人大办公厅、省政府办公厅、省政协办公厅等单位及时从群众来信来访中发现可能给社会稳定和社会治安带来影响的不稳定因素和苗头，主动配合有关部门共同做好各项工作，维护社会稳定。省经委、省人口和计生委、省公安厅、省民政厅、省人事厅、省劳动和社会保障厅、省卫生厅等部门在制定和出台有关政策的过程中，加强调查研究，未雨绸缪，增强预见性，积极预防和减少由此可能产生的不稳定因素，从源头上减少了各类矛盾纠纷的发生。

加强了对联系县(市、区)综治工作的指导。绝大多数成员单位积极开展了对联系县(市、区)综治工作的指导和督促检查工作，推进了联系县(市、区)综治工作的深入开展，取得了明显成效。2004年以来，省人大办公厅、省法院、省人事厅、省交通厅、省邮政局、省广电局、成都海关等40个综治成员单位深入联系县(市、区)，指导整体联动防范工程建设和综治工作，帮助解决具体困难和问题。成都海关、省邮政局、省交通厅向联系县赠送了电脑；省人事厅由厅领导带队，深入联系点北川县了解综治工作，县综治委的同志也专程到人事厅汇报综治工作，形成了双方互动。

三、积极参与辖区综治工作，加强内部安全防范

省综治各成员单位按照综合治理属地管理原则，积极支持和参与辖区的社会治安综合治理工作，通过与辖区签订《社会治安综合治理责任书》，积极落实各项综合治理措施和要求。省委办公厅、省人大办公厅、省政协办公厅、省检察院、省信息产业厅、省广播电视局、省旅游局、成都海关等单位，均为所在辖区的综治牵头单位，在人力、物力、财力上给予辖区大力支持，充分发挥了成员单位的模范带头作用，促进了辖区综治工作的有效开展。同时，各成员单位按照综合治理"谁主管、谁负责"和"看好自己的门，管好自己的人，办好自己的事"的原则，建立完善了安全保卫制度，采取有力措施加强单位安全防范，加强了办公区和宿舍区人防、物防、技防的投入，不少单位还安装了先进的监控设备，对机关大院和重点部位进行全天候监控。对出入本单位的车辆、人员实行严格的办证登记制度，确保了机关内部的安全和稳定。

6月11日至23日，省综治委组织3个工作组，深入41个省综治委成员单位，采取听情况介绍、查看有关资料档案、深入辖区了解情况的方式，对各单位开展社会治安综合治理工作的情况，特别是分解落实《工作目标》的情况以及2000年以来开展综治工作形成的档案资料的归档情况进行了实地检查。年底,省综治委依据2004年度省综治委成员单位社会治安综合治理工作目标考评办法,对44个成员单位完成《工作目标》的情况进行了考评,经综合评定,省委、省政府对省纪委等完成《工作目标》的26个优秀单位进行了通报表彰。

刑释解教人员安置帮教工作情况

2004年全省刑释解教人员安置帮教工作在各级党委、政府和综治委的领导下,按照"帮教社会化、就业市场化、管理信息化、工作职责规范化"的要求,加大安置帮教工作指导力度,努力预防和减少刑释解教人员重新违法犯罪,维护社会稳定。全年全省共有3万余人刑满释放、解除劳动教养回归社会,安置率达78%,帮教率达90%,重新违法犯罪率控制在5%以内。2005年年初,省司法厅安置帮教工作处被中央综治委评为全国刑释解教人员安置帮教工作先进集体。

一、加强领导,落实责任,强化目标管理

2004年省综治委为加强对刑释解教人员安置帮教工作的领导,省刑释解教人员安置帮教工作小组更名为领导小组,领导小组组长由省级领导担任。同时,省司法厅与省公安厅共同研究制定出台了全省各市州刑释解教人员安置帮教工作目标考核评比标准,明确了工作目标,落实了各级责任,细划分解了工作项目,并将安置帮教工作纳入了全省各级社会治安综合治理目标考核范围,强化了激励机制,各项工作得到进一步落实。

二、进一步加强刑释解教人员的衔接管理,降低脱管失控率

一是落实省委常委、政法委书记、省综治委主任欧泽高对刑释解教人员衔接管理的批示,省司法厅会同省公安厅共同制定了具体措施,对衔接管理工作做了详细的安排部署,对今后工作提出了更高要求。二是加强衔接管理力度,各级公安、司法行政机关按照职责划分,落实责任人,做好接茬帮教工作,并加强流动人口管理,努力摸清底数,建档立卡,实施帮教,降低脱管失控率。对有违法犯罪倾向的人员,则实行重点帮教,采取多种手段,把违法犯罪的苗头消灭在萌芽状态。三是组织全省各市州、县(市、区)对2004年服刑在教人员刑满释放解除劳教时衔接工作进行检查。通过检查,监狱、劳教所、看守所、拘役所发放《通知书》情况及县司法局、公安局收到《通知书》后衔接转递情况与基层司法所、公安派出所建档立卡、列管情况都达到了历史最好水平,监狱、劳教所《通知书》发放率达到97%,县区司法局、公安局转递率达到98%,基层司法所、公安派出所建档立卡、列管率达到93%,帮教率达93%,安置率达81%,重新犯罪率为1.4%,重新劳教率为0.5%。省司法厅、省公安厅联合发文通报了检查情况,表彰了好的单位,对未按规定、工作不规范、未落实有关工作要求的单位进行了通报批评并分别提出了整改要求,有效地加强了衔接工作的规范化、制度化建设。

三、认真落实了对"法轮功"类刑释解教人员的安置帮教工作

全省各市州、县(市、区)安置帮教组织历来都十分重视对"法轮功"类刑释解教人员的安置帮教工作,采取了多种形式和工作方法,有针对性地实施帮教,帮助解决生活困难,与有关部门协调落实工作,开展定人定点、一帮一、多帮一的跟踪服务方式,层层落实责任,达到了安置帮教效果,巩固了教育转化成果,实现了连续3年对"法轮功"类刑释解教人员的安置率达到100%,帮教率达到100%。

四、对2003年度回归社会的刑释解教人员开展了全面的排查清理

根据省司法厅、省公安厅的安排,全省各市、州司法、公安机关主动协调民政、工商、劳动、建设、共青团、妇联等部门,密切配合,共同开展了对2003年度回归社会的刑释解教人员的排查清理工作,从全省监狱、劳教所、看守所放人的源头查起,落实到每一个回归人员的安置情况、帮教情况、居住地址、务工去向、思想动态、现实表现等。通过细致的排查清理，基本上弄清了情况。对安置帮教工作落实不到位、排查清理工作中发现的问题以及出现脱管、漏管的单位，建立了倒查制度，及时通报有关情况，督促其制定改进措施；对去向不明的刑释解教人员认真查找，千方百计了解和掌握其去向和现住址，尽可能纳入管控视线；对清理出的重点对象，均落实了重点帮教措施，对其进行动态管理，防止脱管、失控。

五、努力促进刑释解教人员就业，落实社会保障

为促进刑释解教人员就业和社会保障，省司法厅、省劳动和社会保障厅，省司法厅与省综治委、财政厅等八委、厅、局先后以川司发[2004]37号、川综治委[2004]23号文件，对服刑在教人员和刑释解教人员的就业技能培训与促进就业和社会保障工作发出通知，采取有力措施，对即将刑满释放、解除劳教人员组织技能培训，合理设置培训内容，形成多渠道、多层次、多专业的技能培训格局，最大限度地扩大培训教育面，同时明确了培训考核、技能鉴定办法，统一由劳动部门颁发《培训合格证书》、《国家职业资格证书》。对刑释解教人员的就业技能培训，采取司法行政部门、劳动部门共同创办各类职业培训基地的方法来实现，同时对农村籍刑释解教人员实行扶持政策、落实责任田和社会保障等也作出了详细规定。

六、宣传展示安置帮教成果，典型引路，扩大帮教效果

为进一步扩大帮教效果，省综治委安置帮教领导小组办公室会同省司法厅律管处、法宣处，共同组织近年来涌现出的一批通过自力更生勤劳致富和见义勇为的刑释解教人员组成报告团，到全省40个监狱、9个劳教所及部分看守所开展现身说法专项活动，同时律师结合刑释解教人员现身说法，从法律的角度予以点评，对服刑在教人员进行法制宣传和法制教育，激发他们认罪服法、认真改造的积极性，取得了很好的效果。活动中，全省有60多名刑释解教人员作现身说法报告70余场次，有100多名律师和基层法律工作者宣讲和点评法律知识100余场，全省服刑在教人员受教育面达80%以上。同时律师直接为服刑在教人员解答法律咨询5000多人次，赠送法律宣传资料近万册。省综治委安置帮教办公室将现身说法报告团中为社会作出突出贡献和表现突出的刑释解教人员典型事迹汇编成册，以扩大宣传效果，帮助教育服刑在教人员树立信心认真改造，争取早日回归社会，做一个对社会有益的公民。

七、充分利用亲情帮教可视电话，广泛开展帮教活动

截至2004年年底，全省亲情帮教可视电话已开通监狱、劳教所32个点，市、县司法局50个点和1个律师事务所点，初步发挥出亲情帮教的积极作用。省安置帮教办与省总工会、团省委、省妇联组织工会干部、共青团员、妇女干部组成的社会志愿者，利用亲情帮教可视电话对少年、女性、吸毒、家庭无亲属或家庭情况特殊的服刑在教人员开展结对帮教活动，收到很好的社会效果。

流动人口治安管理工作情况

一、全省流动人口基本数据

2004年全省共登记暂住人1756707人，比2003年减少68663人，减少3.76%。暂住人口中，男性1092362人，占总数的62.18%；女性664345人，占总数的37.82%。全省共发暂住证795135人，比2003年减少501742人，减少38.69%。通过暂住人口管理，破获刑事案件2948起，比2003年减少1228起，减少29.41%；查处治安案件6524起，比2003年减少4157起，减少38.92%。

从暂住时间看，暂住一个月以下的575101人，占总数的32.74%；暂住一个月至一年的787162人，占总数的44.81%；暂住一年以上的

394444人,占总数的22.45%。

从来自地区看,来自省内的1330944人,占总数的75.76%;来自省外的423575人,占总数的24.11%;来自港、澳、台及国外的2188人,占总数的0.13%。

从暂住处所看,住旅馆的352705人,占总数的20.08%;住在居民家中的215030人,占总数的12.24%;住在单位内部的245074人,占总数的13.95%;住工地现场的283452人,占总数的16.14%;租赁房屋的566238人,占总数的32.23%;暂住在其他处所的94208人,占总数的5.36%。

从暂住原因看,务工的784912人,占总数的44.68%;务农的19458人,占总数的1.11%;经商的257966人,占总数的14.68%;从事服务业的148716人,占总数的8.47%;因公出差的110900人,占总数的6.31%;借读培训的81783人,占总数的4.66%;治病疗养的10610人,占总数的0.60%;当保姆的22473人,占总数的1.28%;投靠亲友生活的31804人,占总数的1.81%;探亲访友的50809人,占总数的2.89%;旅游观光的151604人,占总数的8.63%;其他85672人,占总数的4.88%。

暂住个口统计数据与2003年相比有所减少,其主要原因是进城务工比2003年减少200331人,下降25.52%,从事服务业也比2003年减少40237人,下降21.30%。从调查情况来看我省务工人员流出到外省打工的增多。

二、进一步加强了各项工作

(一)加强治安管理,净化社会环境。2004年以来,针对一些地方公安机关放松了流动人口管理,特别是对于办理暂住户口登记和暂住证工作重视不够,对本地区暂住人口底数不清,情况不明,一些地方暂住人口不主动申报或拒绝登记办证的现象比较普遍的实际情况,各级公安机关切实加强了对派出所开展暂住户口登记和办理暂住证工作的指导、监督和检查,并将暂住人口管理纳入派出所等级评定的内容。派出所按照等级评定的要求,对暂住人口实行计算机管理,成都等地还实现了区域联网,通过计算机信息查询比对,提高了暂住人口管理和服务的现代化水平,并有力地服务现实斗争。

各地流动人口管理领导小组及办公室和相关职能部门针对收容遣送制度废止后,城区流浪乞讨人员增多,严重影响了社会治安和人们正常的工作、生活秩序,社会各界及广大人民群众对此反响强烈的实际情况,深入开展调查研究,对取消收容遣送制度后已经出现和可能出现的各类治安问题进行分析预测,本着认真履行职责,严格依法办事,用足用好用活现有法律的工作思路,坚决打击以乞讨为名进行违法犯罪活动。成都市在多次开展对流浪儿童的清理和保护性救助行动的基础上,针对新疆籍流浪儿童街面抢劫、抢夺突出的问题,组织开展了整治未成年人街面犯罪专项行动,严厉打击教唆、胁迫、引诱、威逼儿童进行乞讨、骗讨和实效盗窃抢夺等违法犯罪活动。在一年时间里,全市共出动警力15800余人次,查获涉嫌违法犯罪的未成年人380人,涉嫌幕后操纵人员49人,破获刑事案件133起,查处治安案件68起,刑事拘留8人,保护性救助流浪乞讨未成年人281人。

(二)加强流入、流出地的协调配合,建立双向管控机制。各流出地党委、政府、有关部门高度重视外出人口管理工作,运用政府行为和市场机制,调动劳动就业、教育、农业、建设等部门的培训资源以及民办培训机构的积极性,构建社会化的职业技能培训体系,全省156所就业培训中心每年培训城乡劳动者15~18万人,其中农村劳动者占85%以上。在继续做好华东、华南、华北三大劳务协作区劳务协作工作的同时,又与泛珠江三角区域9省区签订劳务合作框架协议,全方位开展劳务协作。各地按照国务院的规定,稳定农村家庭承包责任制,鼓励和支持外出农民工自愿、依法、有偿转让土地承包权。对外出人员,积极做好出行前的法制宣传教育工作,并通过多种渠道收集掌握外出人员的基本情况、流入地点、从业情况及现实表现,在外出人员相对集中的流入地设立专门管理机构,对外出人员进行跟踪管理,积极帮助外出人员解决其本人和家庭遇到的实际困难,解除其后顾之忧。对流出的重点人员和有前科劣迹的人员,及时将情况通报流入地,对流入地发来的关于重点人口、现行犯或重大犯罪嫌疑人、负案在逃、批捕在逃的犯罪嫌疑人、有前科劣迹人员及在特殊岗位或重点部位工作的暂住人员等的协查通报及时查复。流入地按照暂住人口的管理基本要求，通过暂住登记和办理暂住证，掌握流入人员的基本情况，做到底数清、情况明，并同省内流出地加强联系，建立双向沟通机制，及时将流入人员的有关情况及被打击处理人员的情况通报流出地。通过流入、流出地的协作、配合，流动人口管理的正逐步向规范、有序方向发展。

（三）坚持服务与管理相结合，依法保护流动人口的合法权益。各级就业服务机构和交通部门深入到乡镇、村社和民工较集中的输入地和车站码头，详细了解节前民工返川、节后返岗的情况，全面分析掌握民工流动趋势，制订应急疏导方案，及时疏导民工潮，缓解运输压力，实现了节前300万农民工返川和节后340万农民工外出的平稳有序。各级劳动保障部门采取抓两头、促中间的办法，对长期以来劳务输出工作做得好的市、县加大支持力度，促进该项工作再上新台阶。在抓好劳务输出的同时，加大对劳务输出信息的真实性和可靠性的审查，对大宗用工信息，均派人到当地进行实地考察和了解后才确定组织人员输出，确保有组织的劳务输出在用工单位、务工者之间没有出现大的矛盾。并针对我省实际，对劳动力市场进行了两次集中清理整顿，取缔非法职业中介机构198家，净化了就业环境。各相关部门按照国务院办公厅关于做好农民工进城务工就业管理和服务工作的通知精神，坚持城乡统筹的方针，把清理歧视性政策规定和维护农民工合法权益结合起来，以解决拖欠农民工工资为主线，持续开展解决农民工工资的执法活动和农民工合法权益保护专项检查活动，从2004年1月20日至11月底，各级劳动保障部门在有关部门的协助下，共为农民工追讨工资42032万元，在5、6月份开展的农民合法权益保护专项检查活动中，通过检查为3.4万名农民工追讨工资以及补偿金3888.4万元，责令用人单位依法补交社会保险费1761.5万元，处理未依法签订劳动合同案件2319起，处理劳动争议案件7000余起。建设行业以解决拖欠农民工工资为突破口，先后组织10个工作组，深入基层，摸底排查，全年共清理拖欠30亿元，防止了矛盾激化，维护了社会稳定。各级妇联积极开展对流动人口女性群体的宣传教育，指导基层在流动人口相对集中的社区和乡镇建立“打工妹夜校”，帮助外来从业女性学习法律、提高素质。并针对大量年轻父母外出后，一些未成年子女缺少监护或监护不力的情况，开展农村留守儿童调查，提出对策建议。各地把建立流动党员管理站作为加强流动党员服务管理的有效措施，截至2004年年底，全省共建流动党员管理站1127个，管理党员24505人。各级团组织继续深化“千校百万”进城务工青年培训活动，有针对性地开展法律法规基本知识、城市生活常识和就业技能培训等工作，提高务工人员的职业技能和综合素质。计生系统开展为外出务工人员“办好一个证、接受一次免费计生服务、接受一次计生和防病知识的教育培训、建立好一种联系方式、按时寄回一张孕检证明”等“五个一”服务活动，并以小区为单位，建立流动人口与常住人口“同宣传、同服务、同管理”的新机制，全年新办理《婚育证明》100万本，办证率达53%，验证率达71%。各地还加强对社会力量举办的农民工子女简易学校的扶持和管理，采取有效措施保障流动人口子女接受义务教育的权利。对在城镇有合法固定的住所、稳定的职业或生活来源的暂住人员，根据本人意愿为其本人及与其共同居住生活的直系亲属办理城镇户口，促进了农村剩余劳动力就地就近转移。

（四）完善管理机制，整合社会资源。2004年，省综治委流动人口管理工作领导小组根据工作需要，对领导小组组成人员进行了调整，并充实了办公室组成人员，对各级各部门完成流动人口管理工作情况进行考核评分。各地也加强了流动人口管理工作领导小组及办公室的建设工作，并定期或不定期召开工作会议，研究流动人口管理工作中出现的新情况、新问题，协调相关部门紧紧抓住城市社区建设的有利时机，将流动人口管理纳入社区管理之中，充分挖掘社区资源，做好流动人口治安、计划生育、劳动就业等管理工作。

预防青少年违法犯罪工作情况

一、加强组织领导，不断完善预防青少年违法犯罪工作运行机制

一是建立健全基层组织。各省级相关部门、21个市州和181个县(市、区)相继成立了预防青少年违法犯罪工作领导小组或工作机构。二是不断增强法制教育的实效性。各地普遍开展了模拟法庭、以案说法等形式新颖的宣传教育活动。公、检、法、司等系统会同教育部门在全省中小学校普遍配备了法制副校长。建立了一批青少年维权中心、社区青少年服务中心、青少年法制教育基地等工作阵地。三是充分发挥互联网在维护青少年合法权益工作中的作用。4月21日，四川省青少年维权网站正式开通，为广大青少年提供了一个了解如何维护自身合法权益的平台。

二、突出工作重点，为青少年健康成长营造良好成长环境。

(一)坚持不懈地抓好青少年思想道德和法制教育。一是大力加强青少年思想道德教育；二是深入开展法制和纪律教育，将《预防法》、《未保法》等纳入法制教育教学大纲，做到了法制教育计划、教材、师资和课时的“四落实”；三是广泛开展了青少年自我保护教育；四是着力推进学校教育、家庭教育和社会教育的有机结合。

(二)切实做好重点青少年群体的预防工作。一是针对闲散青少年，专门建立区域性的信息管理系统，通过跟踪服务、专人联系、定向辅导等方法，在生活上帮助他们解决困难，在学习上帮助他们进步，在行为上帮助他们矫正不良习惯，在就业上扶持他们就业创业，促进他们健康成长。二是针对进城务工青年，通过开展培训、维权和就业等服务，着力提高他们的文化素质和就业技能，帮助协调解决人身伤害、子女入学困难等实际问题。1月16日，团省委、成都团市委和锦江团区委联合在中建七局成都分公司开展了“共青团新春送温暖，关爱进城务工青年”慰问活动。6月14日，团省委在成都市都市小学举行了“关爱外来务工家庭子女”活动。三是针对流浪儿童，配合公、检、法等部门加大对引诱、控制、教唆流浪儿童违法犯罪黑恶势力的打击力度，围绕流浪儿童的基本生活需求，采取特殊的帮教、安置和抚养措施，积极探索对流浪儿童提供紧急救助的有效方法。四是针对有罪错的青少年，广泛动员社会力量，开展了“一助一”、“多助一”帮教服务，按照“教育、感化、挽救”的方针，从侦查、起诉、审判、执行等各个环节，进一步完善了我省少年司法制度。

(三)深入开展“未成年人维权行动月”活动，着力优化青少年成长的外部环境。从2002年开始，四川在全国率先推出“青少年维权行动月”活动，受到全国预防办、团中央的充分肯定。2004年6月，团省委以“为了一切孩子，一切为了孩子”为活动主题，在全省上下深入开展了“未成年人维权行动月”行动。通过“儿童权益周”、“关爱外来务工青年子女周”、“网络文明行动周”、“禁毒周”四个主题活动，唤起社会各界对未成年人合法权益的关注。5月31日，团省委联合省质监局对成都两家知名儿童食品企业进行了食品安全检查。6月18日，由团省委牵头，省文化厅、省工商局和省公安厅等执法部门联合对校园周边网吧进行了突击检查和整治。

各市州也针对非法“网吧”、不健康“口袋本”图书、毒品、校园暴力等容易诱发青少年违法犯罪的突出问题，积极开展了专项治理整顿，广泛建立青少年能够就近参与的社区文化活动场所，通过开展“大家乐”等健康文化活动，丰富广大青少年的精神文化生活。

(四)充分发挥青少年维权志愿者的作用。5月，我省在全国率先成立了第一支青少年维权志愿者队伍，许多离退休老干部、社区居民、学生家长、民警和教师成为热心青少年工作的志愿者，在开展青少年法制教育、结对帮教、预防青少年违法犯罪等方面发挥了重要作用。5月31日，团省委隆重举行了四川省“未成年人维权行动月”启动仪式暨四川青少年维权志愿者出征仪式。

(五)加强“青少年维权岗”的创建。为了维护青少年合法权益,预防和减少青少年违法犯罪,调动广大青少年投身三个文明建设的积极性,9月,团省委、省高院等15个部门共同开展了“十佳(优秀)青少年维权岗”评选表彰活动,江油市人民法院等10个单位被授予“2004年四川省十佳青少年维权岗”荣誉称号,德阳市综治办等104个单位被授予“2004年四川省优秀青少年维权岗”荣誉称号。9月17日,团省委举办了四川省“青少年维权岗”负责人和社区青年工作者培训班,推动了创建“青少年维权岗”活动向纵深发展。

三、注重调研试点,积极探索新形势下预防青少年违法犯罪工作的有效途径

按照年初的工作安排,省综治委预防青少年犯罪领导小组办公室针对青少年违法犯罪心理特点、青少年与网络等社会关注的热点、难点问题进行了专题调研。8月16日~18日,省人大内司委、团省委联合对德阳、乐山、攀枝花、眉山贯彻实施“两法一例”的工作情况进行了执法检查,并形成了一份详实的调研报告提交省人大审议。12月,省人大根据该报告就未成年人保护工作机构的建设、民工子女受教育权问题、青少年文化市场管理问题、改善未成年人家庭教育等未成年人保护和预防青少年违法犯罪工作中的突出问题提出了审议意见,并转请省政府研究办理。通过这些调研报告,总结了全省各地预防青少年违法犯罪工作的经验,为省委、省人大、省政府、省政协了解青少年违法犯罪问题,制定工作对策提供了重要的依据。

校园及周边治安综合治理工作情况

一、加强领导,完善制度,创新工作机制

2004年初,省综治委调整充实了学校及周边治安综合治理工作领导力量,由省政协副主席冯崇泰任组长,省政法委副书记、省综治办主任王泮、省教育厅副厅长唐小我、省公安厅副厅长汤留生任副组长。到2004年年底,全省21个市、州和181个县(市、区)相应健全和完善了学校及周边治安综合治理工作机构,做到了机构落实、人员落实。

为确保学校及周边治安综合治理工作的落实,我省逐步建立了领导小组会议制度、排查制度和督查制度。会议制度包括:领导小组年初部署全年工作,研究制定全年工作要点;定期或不定期召开会议,分析情况,落实上级和领导有关要求,协调解决整治工作中的突出问题,如2004年9月初及时召开全省学校及周边治安综合治理工作领导小组成员会议,研究部署开展学校及周边治安秩序专项行动等;年终对全年工作进行总结。排查制度是指各相关部门和学校要经常排查学校及周边存在的突出问题,以排查出来的问题为目标,及时开展整治工作。督查制度就是充分发挥社会各方面的监督作用,特别要求学校落实反映和举报责任,对发现的各类学校及周边治安问题及时向有关部门或学校及周边治安综合治理工作领导小组办公室反映,并对有关部门开展治理解决的情况进行督查。

其次是开展专项工作督查。10月省上派出10个督查组对21个市、州整治学校及周边治安秩序专项行动进行督查,11月省上又派出9个督查组对各地开展中小学幼儿园及少年儿童安全管理专项整治行动进行督查,各市、州和县(市、区)也先后派出督查组,对专项整治行动进行督查。

各地为充分发挥相关部门职能作用,共同维护学校周边的治安秩序,积极探索建立行之有效的工作机制。如成都市公安局、教育局共同建立了联系协调、信息交流、整治防范、精确打击、法制教育、双向培训和对外宣传等七项制度。眉山等市已逐步建立定期联系会议制度、定期检查制度、信息通报制度、考核奖惩制度的工作机制。

二、加强青少年学生法制教育,预防青少年违法犯罪

首先,各级各类学校普遍加强了对学生的法

制教育，把法制教育纳入学校教育教学工作的重要组成部分，学生的遵纪守法观念和自我保护意识进一步增强。各高校均开设《法律基础》课并结合“两课”教育教学和专题讲座以及文化素质教育课程等加强法律法规宣传教育。各地中小学积极推行兼职法制副校长和法律辅导员制度，发挥好兼职法制副校长和法律辅导员的作用，加强青少年学生普法宣传教育工作，积极开展“校园拒绝邪教”、“拒绝诱惑、远离网吧”、“珍爱生命、远离毒品”、“文明上学，远离不良嗜好”等主题教育，并利用各种形式，结合常见多发的未成年犯罪，进行有针对性的预防违法犯罪教育。

其次，以全面实施素质教育为指针，重视开展家庭教育，加强对学生监护人的法制教育和宣传，多渠道建立社会、学校、家庭的工作联系。如乐山市各学校实施了学校——家庭联系卡制度，积极办好家长学校，广泛开展“走千家，访万户”、“讲学谈心、家访辅导”的教师家访活动，加强家校沟通联系，共同做好学生的思想品德教育。同时一些地方针对部分特殊学生，推行帮助教育和工读教育。

三、各部门密切协作，认真开展学校及周边治安秩序整治行动

各级政府相关部门切实开展好校园周边环境和治安秩序整治，把专项行动和经常性工作有机结合起来。一是严厉打击侵害师生人身权利和财产安全的违法犯罪活动和校园及周边地区的流氓团伙、黑恶势力；二是以文化部门牵头开展网吧等互联网上网营业场所专项整治为重点，清理整顿校园周边文化娱乐场所，取缔中、小学周边200米范围内设立的互联网上网服务营业场所，开展创建“安全放心文明网吧”活动；三是进一步加强学校周边出租房屋和流动人口管理，清理打击向未成年人出租住房行为；四是清理整顿校园周边音像书刊和各类流动摊点，取缔非法经营，收缴有害青少年身心健康的非法出版物；五是继续整顿校园及周边的交通秩序。成都市要求各区市县按照“属地为主，层级配合”原则，在调查摸底基础上适时开展整治行动。据不完全统计，2004年上半年，全市共出动警力1600余人次，车辆340余台，清查出租房屋770间，暂住人口1525人，取缔占道经营141处，取缔“野的”、“摩的”34辆；清查网吧、OK厅、美发店、书摊、音像租赁店等共600余家，收缴非法音像制品和盗版光碟20余万张，收缴违规书籍38本；对存在火灾隐患的场所、商店当场整改134家，限期整改72家，依法责令火灾隐患较严重的23家场所停业整顿。在网吧整治专项行动中，全市共出动执法人员27000余人次，检查网吧营业场所13000家，受理举报1181件，取缔黑网吧366家，查处违规接纳未成年人网吧728家，勒令停业整顿257家。

各地学校继续本着“什么问题突出就整治什么问题”的原则，将学校内部管理，特别是学生管理和环境整治相结合，取得了良好效果。一是继续重点对校园网有害信息、校内交通秩序、无证商业饮食摊点、校内出租房屋和外来人员、消防及食品卫生等进行清理整治。各高校制定和完善了各项管理制度，使学校管理工作更加制度化、规范化和科学化。积极开展文明上网宣传教育活动，制定了学生上网制度，进一步健全了校园网管理制度。各高校对各种安全隐患多次进行拉网式排查，并逐一落实了整改措施，对无证经营摊点和临时性摊棚一经发现及时予以取缔；协助公安机关加强出租房屋管理；严格出入校门制度，加大校卫队巡逻密度；继续督促在校建筑施工单位落实《治安安全责任书》，加强对外来人员的管理。二是加强对高校学生公寓的管理。各高校建立健全学生公寓管理机构和规章制度，配备专职管理人员、安全保卫和保洁人员，党、团组织、政工队伍进驻学生公寓，学生的教育引导和日常行为管理、思政工作得到加强。另外，组织各地各校认真开展好每年3月的“公民道德建设宣传教育月”和每年9月的公民道德建设“宣传日”活动，提升学生的道德素质，培养良好的道德行为习惯。三是及时处置突发事件。在春秋两学期开学前召开了学校安全稳定工作电视电话会议，对相关工作进行部署安排，特别重视抓好敏感期和重大节假日治安、安全稳定工作。2004年四川大学、四川外语学院成都分院、四川师大等学校发生的突发事件都得到及时处置，妥善化解了矛盾。

四、全面深化“安全文明校园”创建活动和“优秀青少年维权岗”活动

各地把安全文明校园创建活动作为巩固集中整治成果、深化学校治安综合治理工作的一项重要举措,坚持“预防为主,整建结合,重在建设”的原则,做好创建活动的组织、实施、检查、考评工作,提高创建活动的质量。以此为契机,强化内部管理,以内部管理促创建。一是在校学生日常行为教育管理得到加强。二是积极帮助家庭困难学生完成学业。眉山市把救助工作作为2004年教育十件大事来抓,全年救助贫困学生11000余名,对20000多名贫困学生的书学费实行减免。自贡市对义务教育段进城农民工子女一律由教育行政部门统筹安排就读城区学校,接受义务教育,免收借读费。三是继续深化全国中小学生安全教育日主题活动。各地教育局、共青团、少先队组织多次在少年儿童中开展“中国少年儿童平安行动”,发放宣传资料。四是建立健全安全保卫工作的领导机构和组织机构,落实专人负责,充实校内安全保卫力量,健全安全保卫各项规章制度,落实各项安全防范措施。一些市在2000人以上规模的学校都配备了专职保安人员,成都市教育局和市公安局联合发文要求每所城区学校至少配备2名以上保安人员。高等学校进一步推行专业保安聘用制度,同时注重加强安全保卫队伍建设。全省有一批学校被县以上党委、政府命名为“安全文明校园”或“社会治安综合治理模范单位”。

结合创建“优秀青少年维权岗”活动,各地建立了科学的工作考评导向机制,改革勤务制度,让民警积极深入学校参与安全保卫工作。包括:与学校建立定期联系制度和信息反馈制度,巡警、交警和派出所分别与学校建立共建单位;加强法制宣传教育;建立健全防范制度,加大对学校及周边的巡逻密度,加大重点时段和路段的巡逻力度;实行校园内定点守候,与周围单位建立“院院联防”,指导学校建立健全门卫值班制、护校队等。成都、绵阳等市在城镇中小学周围及学生上学、放学期间经常路过的路口加派警力,设立“学生通道”,保障学生交通安全。

铁路护路联防工作情况

一、调整充实组织机构,完善护路联防责任机制

各市、州和铁路部门严格按照省综治委《关于进一步加强铁路护路联防工作的意见》(川综治委[1999]7号文件)的要求,进一步理顺了领导体制和工作关系,健全了以党委一名领导任组长,政府、综治委(办)、铁路、公安、军队等有关负责人参加的领导机构和办事机构,真正把铁路护路联防纳入了社会治安综合治理的重要内容和考核目标管理,落实了目标责任制、领导责任制、包保责任制、部门责任制、承包责任制,实行一体化管理、一体化考核、一体化奖惩,形成了党委、政府统一领导,综治委(办)组织指导,路地有关部门齐抓共管,人民群众积极参与的运行机制,有力地促进了护路联防工作的发展。各级领导高度重视,定期召开会议,研究部署工作,解决实际困难和问题,做到了真抓实干。各地坚持“谁主管谁负责”的原则,把维护铁路治安作为“为官一任、保一方平安”的政治责任,纳入党委、政府的工作目标,实行分片包干责任制和联系点制度,并与领导干部、包保人的工作绩效考核挂钩,强化了各级党委、政府、基层组织的责任意识,为规范、有序地开展护路联防工作提供了组织保障。

二、深化安全文明铁道线建设,完善防范控制机制

一是严格执行矛盾纠纷排查调处制度,了解社情动向,强化调处责任,落实工作措施,建立完善了包排查、包化解、包防控、包处置、包善后的“五包”责任制,路地联调,有效地预防和减少了群体性冲击铁路、拦车断道等事件的发生。德阳、资阳、宜宾等市通过农村基层组织、沿线派出所、铁路部门、护路队伍、群众信息员等五大渠道,建立健全了覆盖铁路沿线的信息网络,及时掌握了各种影响铁路治安的热点、难点问题,采取一个问题、一名领导、一套班子、一个方案、一抓到底的“五个一”办法,把矛盾解决在基层,控制在当地,消化在路外。

二是以中小学生、机动车驾驶员、大牲畜户、“五残”人员为主要对象，坚持集中宣传与日常宣传相结合，通过开展“铁道小哨兵”活动、签订安全协议书、重点帮教等形式，掀起了“爱路护路、从我做起”的教育活动和法制宣传活动高潮，增强了沿线广大人民群众的法制观念和安全意识。南充、达州、遂宁等市与达成铁路有限责任公司从治本入手，以铁路沿线134所中小学校的2万多名中小学生作为重点对象，广泛开展了“爱路护路，争当铁路小哨兵”的专题教育活动和创建“爱路护路示范(文明)学校”活动。沿线学校、班主任、学生、家长层层签订了责任书，把爱路护路教育作为学校德育教育、安全教育的重要内容，作为学生素质教育、日常行为规范养成教育的重要方面，利用班会或团队活动时间，宣传铁路法规和爱路护路“二十个不准”，定期评选、表彰“铁道小哨兵”，在铁路沿线营造了“一人带全家、一家带全村、一村带全线”的良好氛围，使中小学生石击列车、放置路障、路外伤亡等案件大幅下降。

三是抓住重点区段、重点部位、重点时期、重点问题不放，大力推行了护路联防队员、公安民警、巡道工(车站职工)“三位一体”的巡逻制，巡线、护点、控面相结合，形成了路地配合、警民联动、站车线互动、群防群治的防范网络，保持了铁路治安全天候、全方位、全过程的有效控制，极大地提高了防范能力和水平。尤其在铁路春运、第五次大提速、暑运、军运、“五一”、国庆、防洪工作等期间，各部门积极配合，协同作战，认真落实了“三品”查堵、安全大检查、巡逻守护、站序整顿、宣传教育等措施，确保了铁路运输的绝对安全。眉山市健全了铁路治安防范网络，成立了铁路护路联防联动指挥中心，在铁路沿线设立了16个指挥点、45个联动区，组建了民兵应急防范队伍。一旦发现紧急情况或突发事件，立即启动，及时处置。

四是加强行政边际地区协作防范。4月，与云南省护路办签订了铁路治安防范协议，建立了铁路护路协作联防制度，提高了川滇两省行政边际地区的成昆、内昆铁路治安的防控能力，增强了板块联动效益。各市、州和铁路部门加强边际区段的联防协作，建立了联系会议、情况通报、联动联调等制度，落实了联手整治和防范措施，形成了整体合力。

五是总结经验，推广典型，推动创建工作的深入开展。9月14日至16日，召开了深化安全文明铁道线建设现场会暨护路干部培训会，学习推广了遂宁、眉山市始终把安全文明铁道线建设活动摆在重要位置，实行承包责任制，运用综合治理的手段整顿铁路治安，强化线路巡逻守护，广泛发动群众义务护路，规范基础建设，在铁路沿线构筑了打、防、控结合的体系，维护了铁路治安持续稳定的典型经验，部署了深化安全文明铁道线建设工作措施，全面提高了安全文明铁道线的创建水平和质量。

三、狠抓治安重点整治，完善“严打”经常性工作机制

一是强化重点区段的整治力度。各市、州和铁路部门广泛深入地开展了治安混乱区段和突出治安问题的排查，对重点路段制订了有针对性的具体整治方案，落实了责任单位和责任人，实行挂牌督治、滚动整治，并加强日常治安管理，巩固和发展了整治成果。省护路办把省综治委挂牌督办的成昆线西昌至喜德区段作为工作重点，在人力、物力、财力上给予了最大限度倾斜，组织路地公安机关携手并肩，持续开展区域性专项行动和加强巡逻防范，打现行、破大案、打团伙、追逃犯，不间断地整治了货盗、砍盗集装箱、抢劫旅客财物等犯罪活动，防止了治安出现大的反弹。

二是强化突出治安问题的整治力度。各市、州把排查和整治行人、耕牛上道、围跟车叫卖、摆放路障等治安问题摆在重要位置，充分发挥综合治理优势，标本兼治，确保铁路安全。遂宁市大英县一方面千方百计筹集资金，解决了拖欠农民的补偿款，将部分生活困难的群众纳入了低保对象，用治本的办法解决了参与围车叫卖人员的实际困难；另一方面把车站秩序纳入了城市综合执法的范畴，建立了长效机制，彻底解决了大英车站久治不绝的围车叫卖问题。

三是强化沿线治安环境的整治力度。各地从危及行车安全的主要问题入手，从源头上治理，严格沿线废旧物品收购点、烘炉点的清理整顿，落实刑释、解教、盲流等重点人口和出租房屋等重点处所的监控防范措施，截流堵源，净化了铁路治安环境。

四、强化基层基础建设，完善规范化管理机制

一是始终把护路联防人员的教育培训作为重要工作来抓，科学制定了培训计划，下拨了专门经费，组织开展了“岗位大练兵”活动。各地以中央护路办编辑的《铁路护路联防工作手册》为基本教材，采取抓住骨干、重点培训与互学互练、整体提高相结合，统一轮训与个人自学相结合，严格管理与清理整顿相结合等方式，立足岗位，全员参训，确保了培训任务的完成，提高了队伍的整体素质。针对护路联防队伍中出现的管理关系不清、劳务关系不明、矛盾纠纷增多等新问题，省综治委护路办经过调研，大胆探索，积极创新，以眉山、遂宁两市为试点，按照“面向农村、就近铁路、择优承包”的原则，实行了护路联防承包责任制，签订了《承包责任书》，将工作目标逐级承包到县(市、区)、乡镇、村社和护路队员，形成了承包关系，初步找到了实现护路联防队伍整体转型的新路子。

二是严格执行中央护路办《全国铁路护路联防经费管理暂行规定》和省综治委《四川省铁路护路联防经费财务核算管理办法》，加强了护路联防经费管理。8月，省护路办召开铁路护路联防经费管理工作会议，通报了护路联防经费审计和财务检查情况，表彰奖励了护路联防经费财务管理核算工作的先进单位，培训了护路联防办主任和会计人员，提高了财会人员的业务水平。坚持护路联防经费重点审计与日常检查，加大了审计检查力度，制定完善了规章制度，进一步规范了护路联防经费管理和使用。11月至12月，省综治委铁路护路联防工作领导小组委托成都铁路局审计处对各市、州护路办、铁路联防办1999年至2003年的护路联防经费支出情况进行了集中审计，促进了护路联防经费管理工作。

三是在充分调研和征求意见的基础上，省护路办综合了各地的先进经验和好的做法，统一规范了情况报告制度、矛盾纠纷排查制度、重点治安挂牌督办制度、铁路治安通报制度、路地定期联系制度、学习制度等10种工作制度和重点人口登记表、机动车辆登记表、爱路护路公约统计表等22种业务台账，制作了铁路护路联防组织机构示意图和责任里程示意图，完善了护路联防办公室工作职责、队员工作守则，印制了护路联防队员工作日志，进一步加强了护路联防办自身建设，提高了护路联防工作的质量和水平。

四是省护路办建立完善了工作考核制度，制定了《四川省铁路护路联防工作考核标准(试行)》，以实际成效作为考核依据，实行路地双向打分、捆绑综合考核，并纳入了社会治安综合治理考核的重要内容，定期考核评比，形成了动态管理、责任明确、奖惩兑现的工作机制，增强了护路联防工作的实效性。各级领导深入一线，加强了督促检查指导和明察暗访，发现问题，及时整改。对铁路护路联防工作中涌现出来的先进单位和个人进行了大张旗鼓的表彰奖励，提高了工作积极性，成都铁路局表彰了20个护路联防工作先进集体和120个先进个人。

强化边际矛盾纠纷排查调处
促进边际地区稳定团结发展

中共攀枝花市委　攀枝花市人民政府

攀枝花市位于四川省西南部，川滇两省交界处。省际边际线长282.87公里，市州边际线长434.53公里。近年来，我们针对边际群众交往增多、矛盾纠纷增多的情况，与毗邻地区不断协商研究，积极探索解决矛盾纠纷的方法和途径，创新矛盾纠纷排查调处的工作思路，使边际地区呈现出社会持续稳定、经济繁荣发展、群众和睦相处的良好局面。

一、着力“三个形成”，构建多层次边际矛盾纠纷排调体系

(一)形成共识。在排查调处边际矛盾纠纷工作中，我们与毗邻地区逐步形成了“一个共识”，确立了“四项原则”和“四多四少”的工作思路，实现了预防和化解边际矛盾纠纷的“六个转变”。“一个共识”，即“治域先治边，治乱先稳边，治安先安边”。我们深感，毗邻地区山水相连，唇齿相依，互为依托，互为兴衰。只有加强边际矛盾纠纷排查调处，才能出团结、出合力、出智慧，才能保安宁、保稳定、促发展。“四项原则”，即尊重历史、面对现实的原则；诚信和善、互谅互让的原则；公正合理、及时果断的原则；睦邻友好、共谋发展的原则。“四多四少”工作思路，即多一点大局观念，少一点地方主义；多一点主动自觉，少一点观望等待；多一点理解支持，少一点埋怨责备；多解决一点实际问题，少一点推诿扯皮，主动积极地联手调处解决边际矛盾纠纷。“六个转变”，即实现由重大节假日排查调处向经常性排查调处转变；由一般性排查调处向重点排查调处转变；由少数部门排查调处向维稳、综治各成员单位共同排查调处转变；由发生问题后被动排查调处向主动超前排查调处转变；由单纯的排查调处向联排、联调、联打、联治、联控、联管、联防、联建等融为一体的系统排查调处转变；由“感情化”排查调处向“制度化”、“机制化”排查调处转变，努力营造和谐稳定的边际环境。

(二)形成合力。在边际矛盾纠纷排查调处工作中，各级党委、政府充分发挥组织领导作用，坚持把这项工作纳入全市稳定发展大局和综合治理领导责任制，党政领导对重大矛盾纠纷坚持亲自研究，亲自协调，亲自调处解决。各级综治委(办)充分发挥协调指导作用，整合各种基层群防群治组织力量，适时组织开展排查，协调解决重大矛盾纠纷，跟踪督办调处结果，总结推广典型经验，建立健全工作机制。政法部门充分发挥主力军作用，对影响边际社会治安的突出问题适时组织查禁打击，不断加大民间纠纷排查调处力度，坚持开展各种形式的创建活动，落实各项综合治理措施。综治各有关部门充分发挥职能作用，积极参与排查调处工作，协助化解边际矛盾纠纷，配合抓好相关工作。基层组织充分发挥第一道防线作用，就地化解边际地区发生的大量矛盾纠纷。人民群众积极参与边际矛盾纠纷调处，自觉维护边际秩序，积极支持边际工作。目前，全市初步形成了党政领导、综治牵头、部门配合、基层主抓、群众参与的边际矛盾纠纷排查调处工作格局。

(三)形成体系。我们在加强市内区县、乡镇、村组和部门之间四个层面的矛盾纠纷排查调处工作网络的同时，把工作的着力点放在建立和完善与市外毗邻市州之间、区县之间、乡镇之间、村组之间和部门与部门之间五个层面的边际矛盾纠纷排查调处工作网络上。我市在与毗邻地区凉山州、楚雄州、丽江市签订的《边际协作防范协议》中，重点突出了矛盾纠纷的排查调处；各区县、有关部门直至乡镇、村组也结合各自实际，相继签订了防范化解矛盾纠纷的协议，基本形成了条块结合、多层次、多领域、全方位的防范化解边际矛盾纠纷体系。

二、实行“五联并举”，全力防范化解边际突出矛盾纠纷

(一)联排。我们与毗邻地区明确和落实了边际矛盾纠纷排查的牵头部门和配合部门。对资源权属纠纷问题，由民政部门牵头，国土、林业等部门共同解决。对民间纠纷问题，由司法局牵头，公安、民政、法院和妇联等共同解决。对拆迁补偿问题，由国土部门牵头，交通、建设等部门共同解决。对移民安置问题，由自发迁居农民安置办牵头，民政、民委等部门和区县共同解决。对环境污染问题，由环境保护部门牵头，经贸等部门和区县共同解决。对社会治安热点问题，由公安局牵头，检察、法院、司法等部门和区县共同解决。从而，把“属地管理”和“谁主管，谁负责”原则落到了实处，真正做到了职责清楚、任务明确，较好地解决了推诿扯皮问题。

(二)联调。我们从多年来的实践中感悟到，边际矛盾纠纷特别是跨界矛盾纠纷的性质多属人民内部矛盾，涉及民族之间的利益、关系和感情。多年来，由于我们和边际地区共同培育和营造起了同志加兄弟的良好工作关系和人际关系，因此，在联调问题上，我们百倍珍惜，十分审慎，注重方法，把握分寸，坚持做到“四大”即大局观、大思路、大视野、大胸襟；“四尊重”，即尊重客观事实、尊重法律政策、尊重人格、尊重对方；“五不”，即不赌气、不指责、不争论、不推诿、不蛮干;“五早”,即早发现、早报告、早介入、早控制、早处置,预防和减少了诸多重大矛盾纠纷特别是群体性事件发生,使联调机制取得了“双赢”的效果。

(三)联打。针对边际地区“一步跨两省,两步越三县”的特殊地理环境,我市与毗邻地区的政法机关特别是公安机关在矛盾纠纷的排查调处中,坚持以提高快速反应能力为重点,健全联手打击犯罪的经常性工作机制;以“查上家、打下家、摧网络、断通道”为重点,联手打击毒品犯罪;以解决盗抢牲畜、盗抢机动车辆、捕猎野生动物等突出治安问题为重点,联合开展边际结合部的重点整治工作。2001年以来,我市与毗邻地区共同破获各类刑事案件216起,抓获并移送犯罪嫌疑人160余名。2002年9月,我市与毗邻地区密切配合,成功破获一起特大贩毒案,缴获毒品海洛因6500余克、运毒车辆4台、毒资42万余元。

(四)联防。我们针对排查出的边际治安问题,坚持“条上抓主要交通线,块上抓边缘结合部,线上搞流动巡逻,点点上搞蹲点堵截”的工作思路,依托基层公安派出所和治安联防队以及村组“十户联防”、“院坝联防”、“山湾联防”等群众性自治组织,加强边际地区乡(镇)、村、社“三条防线”建设,加大边际地区治安防范的力度和密度,逐步建立起了边际治安防控体系。目前,已在边际的交通要道和治安复杂区域建立了23个固定和临时性治安卡点。

(五)联管。针对排查中发现一些毗邻地区人员盲目无序流入我市的情况,我们主动加强与流出地的协作配合,落实双向管理措施,逐步建立起了共同教育劝返“三无”闲散人员的工作机制。2001年以来,我市与毗邻地区互访16次,教育劝返“三无”闲散人员80余批4343人次。针对排查中发现的边际地区存在的枪爆隐患,我们组织开展了治爆缉枪专项治理;针对排查中发现的一些边际地区集贸市场管理混乱问题,双方公安、工商等部门密切配合,加大日常管理力度,坚决查处掺杂使假、垄断市场等扰乱市场秩序的违法行为,促进了边际地区的经济发展和边贸繁荣。

三、立足“五个强化”,筑牢边际矛盾纠纷排查调处根基

(一)强化网络建设。我们着力在边际地区加强了“三级六网”建设,即乡、村、组三级组织领导网、治安联防网、治保调解网、信息收集网、普法教育网、重点人口帮教网,使基层第一道防线更加牢固,提高了发现控制边际矛盾纠纷的能力。目前,全市接边乡镇共建立矛盾纠纷排查调处领导小组43个,调解会122个732人。

(二)强化宣传教育。针对边际地区群众居住分散、忙闲不均、文化程度参差不齐的实际,我们把学法与学习农业科技知识、讲授有关法律案例、组织文娱活动等结合起来,并把《协作防范协议》中关于矛盾纠纷排查调处的内容印制成宣传单散发到农户手中,制作成大型宣传牌树立在边际结合部,使之深入基层,深入群众,深入人心。

(三)强化规范管理。我们在边际乡镇普遍设立了“一本、两册、三卡、四有”为主要内容的边际矛盾纠纷排查调处工作规范体系。“一本”,即每个边际乡镇干部拥有一本“边情日记”,详细记载矛盾纠纷排查调处等情况。“两册”,即矛盾纠纷排查调处组织机构花名册、排查调处活动记录册。“三卡”,即矛盾纠纷排查调处登记卡、矛盾纠纷排查调处移交卡、矛盾纠纷排查调处结案卡。“四有”,即乡镇矛盾纠纷排查调处工作有领导、有机构、有专人、有经费,为边际矛盾纠纷排查调处工作提供了有力保障。

(四)强化基层创建。在矛盾纠纷排查调处工作中,我们以深入开展综治模范乡镇、安全文明村组、安全文明户、无毒村组、无“法轮功”活动村组,平安大道、安全文明铁道线等多种形式的创建活动为载体,动员和组织边际地区广大人民群众主动直接参与边际矛盾纠纷排查调处,初步形成了“人民矛盾人民调,社会纠纷社会疏”的浓厚氛围。

(五)强化制度建设。通过多年来的实践,我们在边际矛盾纠纷排查调处工作中,逐步建立起了领导责任制度、联谊互访制度、排调管辖制度、快速反应制度、集中排调和日常排调工作制度、重大矛盾纠纷包调制度、协调会议制度、情况报告通报制度、督查督办制度、责任查究等十项制度,基本上实现了边际矛盾纠纷排查调处工作的制度化、规范化。特别是通过召开联席会议、加强情报信息沟通、加强联谊互访等形式,共商解决边际矛盾纠纷和密切双方关系的措施,不断加强了往来,加深了理解,增强了协作,密切了配合,促进了团结，增进了友谊。边际群众生动地说“干部多握手，群众少出手”，攀枝花市委书记张成明形象地比喻为“小孩打架，大人握手”，四川省委常委、政法委书记欧泽高诙谐地说“小孩闹架，大人喝酒”。边际线上荡漾起一股股讲团结、讲友谊、讲稳定、讲发展的文明新风。

四川省社会治安综合治理委员会组成人员

2004年3月2日和9月17日，因一些省级部门机构改革和人事变动，省委、省政府对省社会治安综合治理委员会委员进行了调整和增补。调整后的名单如下：

主　任：欧泽高　省委常委、省委政法委书记

副主任：张宗源　省人大常委会副主任

陈文光　省政府副省长

冯崇泰　省政协副主席

李少平　省高级人民法院院长

陈文清　省人民检察院检察长

胡昌政　省军区副司令员

委　员：李洪仁　省政府秘书长、省政府办公厅主任

曾省权　省委副秘书长、省委办公厅主任

李代友　省人大常委会副秘书长

赵　勇　省政协副秘书长

李敦伯　省委政法委副书记

刘作明　省委政法委副书记

张建魁　省委政法委副书记

王萍(女)　省委政法委副书记、省综治办主任

秦　刚　省纪委常委

刘云夏　省委组织部副部长

殷建中　省委宣传部副部长

刘永剑　省直机关工委副书记

徐　进　省国有资产监督管理委员会副主任

彭　渝　省经委主任

曲木车和　省民族事务委员会副主任

文远鹏　省人口和计生委副主任

唐小我　省教育厅副厅长

吕　卓　省公安厅厅长

孙继昌　省国家安全厅厅长

李　钢　省民政厅副厅长

方光兴　省司法厅厅长

高仁全　省财政厅副厅长

陈安素(女)省人事厅副厅长

泽巴足　省劳动和社会保障厅厅长

谭新亚　省建设厅副厅长

吴果行　省交通厅厅长

刘伟华　省信息产业厅副厅长

刘　键　省农业厅副厅长

戴柏阳　省林业厅副厅长

窦维平　省文化厅副厅长

赵万华　省卫生厅副厅长

陈原祥　省广播电影电视局副局长

黄国芹　省统计局副局长

洪　波　省工商行政管理局副局长

魏善和　省新闻出版局副局长

陈献春　省旅游局副局长

王文义　省乡镇企业局局长

王　钢　省通信管理局局长

齐文超　成都铁路局局长

敬宗泉　省邮政局副局长

张智勇　民航西南管理局党委副书记

钟兆基　省安全生产监督管理局局长

程　铿　中国银行业监督管理委员会四川银监局副局长

肖　力　成都海关副关长

张家林　省总工会副主席

罗　强　团省委书记

马小玲(女)省妇联副主席

刘廷辉　中国人民银行成都分行副行长
常　川　中国人民保险公司四川省分公司副总经理
凌　峰　成都军区司令部动员部部长
顾智乐　成都军区政治部保卫部副部长
任焕友　武警四川省总队副政委

四川省社会治安综合治理委员会办公室与省委政法委机关合署办公。2004年12月，经省编委同意，省综治办增设综合处和基层处，处长由综治办副主任兼任。负责人名单如下：

办公室主任：王　萍（女）
副　主　任：陈元善（兼综合处处长）
　　　　　　朱时顺（兼基层处处长）

（撰稿人：陈元善　郭　宇
审稿人：王　萍　窦朝晖）

贵 州 省

2004年社会治安综合治理工作概况

2004年,我省社会治安综合治理工作坚持以邓小平理论和"三个代表"重要思想为指导,认真贯彻党的十六大、十六届四中全会精神,在省委、省政府的正确领导下,全省各级各部门按照中央关于综治工作的一系列指示和要求,紧紧围绕"打防结合、预防为主"、"标本兼治、重在治本"的综治工作方针,加强领导,与时俱进,开拓创新,不断推动社会治安综合治理各项措施在基层的落实,进一步加大了社会治安防控体系建设力度,充分利用和整合各种综治工作资源,夯实了全省的综治基层基础,有力地促进了"平安工程"创建活动的深入开展,巩固了"创安"成果,有效维护了全省治安秩序的稳定,为全省经济建设和人民群众的安居乐业创造了和谐稳定的社会环境。

一、突出重点,全力推进社会治安综合治理工作深入发展

各级综治委结合实际,认真分析综治工作及社会治安形势,确定了2004年社会治安综合治理工作的重点和目标。2004年,全省社会治安综合治理工作突出了"打防结合、预防为主"的工作指导思想,坚持正确处理改革、发展、稳定的关系,把维护社会稳定放在工作的首位。突出抓好七个方面的工作:一是大力推进社会治安防控体系建设;二是建立健全"严打"经常性工作机制;三是大力开展矛盾纠纷排查调处工作;四是进一步深化"平安工程"创建活动;五是强化"四类群体"的教育管理;六是进一步加强社会治安综合治理基层组织建设;七是加强调查研究,做好社会治安综合治理宣传工作。围绕全省综治工作要点,省综治办制定了具体工作计划,扎实推进,确保工作重点落实。各级综治委(办)在按照既定工作计划抓好落实的同时,还结合不同时段和各自的治安工作特点,进行了部署、安排,促进了全省社会治安综合治理工作的全面深入发展。

二、进一步强化社会治安综合治理工作领导责任制的落实

为扎实推进我省社会治安综合治理各项措施的进一步落实,巩固和发展我省社会治安综合治理工作的成果。2004年12月底,省委副书记、省综治委主任曹洪兴同志分别与九市(州、地)综治委主要领导签订了2004年度社会治安综合治理目标责任书,明确了工作任务,强化了责任。10月13日~27日,省综治办对市、州、地综治工作进行了考核、检查。经综合考核,贵阳市、遵义市、六盘水市被评为2004年度全省社会治安综合治理目标考核一等。在全年工作中,各级各部门根据省综治委制定的《市、州、地社会治安综合治理工作考核评比标准》和《省直单位社会治安综合治理工作考核评比标准》,结合本地本部门实际,层层分解细化工作任务,强化领导责任、部门责任。全省九个市、州、地在2004年的工作任务目标中,均把维稳、综治工作放在突出位置,加大了维稳、综治工作在总体工作中的比重。同时,一些地方还把综治工作列为了领导干部任期和干部考核内容,明确涉及干部述职、任免、上报表彰奖励问题须征求综治办的意见,强化了各级各部门领导抓好综治工作的责任感,促进了综治各项措施的落实。

三、加大力度,治安防控体系建设扎实推进

2004年初,省综治办起草了"关于加强社会治安防控体系建设的意见"稿,在广泛征求意见的过程中,各地按照"意见"稿的总体要求和目标、主要措施及工作要求开展工作,对推动全省防范工作的深入开展起到了积极的推动作用。10月,省委办公厅、省政府办公厅转发了《关于加强社会治安防控体系建设的意见》(黔委厅字[2004]53号)。

各地结合实际提出了本地落实加强社会治安防范工作的工作思路和措施，普遍在城镇、农村、接边地区、单位内部建立了多形式的治安防范模式，强化对社会面的控制，全省社会治安防控体系建设得到大大加强。

四、狠抓打击，保持社会治安持续稳定

我省各级政法机关坚持"严打"方针不动摇，紧密结合各地的治安特点，及时组织开展了"侦破命案"、打击"两抢一盗"、整治枪患和偷牛盗马犯罪等一系列专项斗争，始终保持了对严重刑事犯罪分子的高压态势，有力地震慑了犯罪活动，全省刑事发案持续下降，"两抢一盗"案件得到了有效遏制，人民群众对治安秩序的满意率和安全感明显增强。在今年我省开展的重点抽查中，全省受调查群众对社会治安满意和基本满意的比例达到90%以上。2004年，全省刑事立案同比下降7.0%，其中，八类案件立案同比下降8.0%，抢劫案件立案同比下降8.2%，盗窃案件立案同比下降8.4%。

坚持定期排查整治治安混乱地区和突出的治安问题。2004年，全省共排查出500个治安混乱地区，其中由省综治办挂牌的3个。各地在着眼于解决当前突出治安问题的同时，把整治的重点放在乱根乱源上，构建防止治安反复的长效机制，着重加强基层基础、建立健全管理制度，加强法制宣传，落实治安防范措施，经过重点整治，463个重点治安混乱地区已改变面貌或初见成效，整治好的比率为92.6%，省综治办挂牌的3个地区已整治好，并开展长效防控。六盘水市推行禁毒工作督导员特派制度，由市政府拨出45万元专款，各级配拨15万元，在排出的15个重点禁毒乡镇(街道)，派出15名禁毒督导员进驻重点乡镇(街道)开展督导工作，确保了重点毒情地区的形势转好。黔南州在重点整治三都县偷牛盗马犯罪取得阶段性成果的基础上，继续加大打击力度，制订了《关于开展集中打击偷牛盗马专项斗争的行动方案》，确定以三都县为重点，以各市(县)接边地区为中心，紧紧围绕"破大案、挖团伙、抓现行、追逃犯、提高破案率"的目标，加大力度，狠狠打击了偷牛盗马犯罪，保护了人民群众的生命财产安全。

五、健全机制，深入开展矛盾纠纷排查调处工作

各级党委、政府加大了矛盾纠纷排查调处力度，定期和不定期听取矛盾纠纷排查调处情况汇报，进一步严格责任制和加强督促检查，协调解决了许多重大矛盾纠纷，有效地预防和减少了群体性事件的发生。在各级党委、政府的统一领导下，妥善处置了我省发生的群体性事件，没有发生影响大局稳定的问题。在化解矛盾纠纷方面，综治维稳部门、政法部门、基层人民调解组织等发挥了重要作用。全省基本形成了比较完善的维护稳定工作制度，强化了以落实领导责任制为核心，综治维稳部门牵头协调，有关部门各负其责，条块结合、多管齐下的矛盾纠纷调处机制。

六、加强督促，进一步深化"平安工程"创建活动

为深入推进基层安全创建活动的开展，建立和完善社会治安防控长效体系，省综治办建立了综治工作检查督导制度。分别于6月和10月组织开展了两次全省综治工作检查，采取明察暗访的方式，对9个市(州、地)、30个县(市、区)和36个省直机关单位认真进行了检查督促。通过明察暗访，广泛倾听群众意见，全面深入地了解了全省综治工作的开展情况，对各地综治工作及时给予了指导、帮助，受到基层和广大人民群众的欢迎。与此同时，全省各级综治办也组织483个检查组，对1741个县、乡镇(街道)的综治工作进行检查督促。通过检查考核，严格按照考核标准，对受检单位的综治工作等次实行了升降，有力地推动了全省"平安工程"创建活动的开展。

七、多策并举，加强对"四类群体"的教育管理工作

近年来，"四类群体"特别是流动人口和闲散青少年违法犯罪居高不下，各级综治委进一步加大禁毒、刑释解教人员安置帮教、流动人口管理、预防青少年违法犯罪工作的领导、指导和协调工作力度，各地各部门从"四类群体"的特点出发，将对"四类群体"的教育、管理、维权和服务有机结合起来，不断摸索加强对"四类群体"教育、管理、服务以及帮教矫治的工作措施，收到了好的效果。各级综治委通过听取流动人口管理、刑释解教人员安置帮教、预防青少年违法犯罪、学校及周边治安综合治理、铁路护路联防等五个专门领导小组的工作情况汇报的方式，进一步统一思想，研究解决专门工作的难点、热点，形成了齐抓共管、密切配合、各司其职的工作局面。各级综治办都把青少年的教育、流动人口的管理和服务、吸毒人员的教育管理以及刑释解教人员的安置帮教作为综合治理的重要内容和重点工作对象，积极动员、协调社会各方面的力量共同做好"四类"特殊群体的教育管理工作。各地对流动人口、吸毒人员、闲散青少年进行了登记造册，基本做到了底数清，情况明。大多数地方成立了刑释解教人员安置帮教工作协调小组及其办公室，乡镇设有刑释解教人员接待站，有关单位、村寨都有刑释解教人员帮教小组，刑释解教人员的安置帮教工作有了新的进展。全省各地普遍在中小学生中开设法制课，按照条件选配法制副校长（法制辅导员），开办家长学校，设立青少年维权岗，设立少年法庭等参与面广、覆盖面大的预防、教育、管理工作，收到了较好的社会效果。一些地方在乡镇（街道）成立了流动人口管理服务中心，在比较成熟的社区成立了流动人口服务站，切实加强了流动人口管理。

八、狠抓落实，社会治安综合治理基层组织建设进一步加强

各级各部门十分重视基层基础建设，按照中央编办《关于加强乡镇、街道社会治安综合治理基层组织建设的若干意见的通知》（中央综治委[2003]20号），省委政法委《关于进一步加强基层党委政法委员会建设的意见》（黔政法[2002]21号）文件要求，全省各乡镇（街道）政法委（综治办）基本配备了政法委书记、专职副书记、专职综治办副主任和专职工作人员，并且落实有关的政治、经济待遇，广大基层综治干部的工作积极性得到了进一步提高。同时，各级综治成员单位和绝大部分机关企事业单位按规定设立或明确了综治办专兼职工作人员，为综治工作在各级各部门各系统的顺利开展提供了组织保障。一些地方通过设立综治、维稳中心，工作重心下移，整合基层综治、维稳工作力量，形成了抓防范、促稳定的合力。

九、关注热点，加强调查研究和社会治安综合治理宣传工作

各级综治办在调查研究工作中，做到了有安排、有重点、有成果、见实效。2004年各级综治办共组织调研组160余个，深入基层体察民情，了解民意，围绕社会治安综合治理工作的热点、难点问题开展调查研究，对当前我省一些突出治安问题的情况、形成的原因及下一步的工作对策，有了更清醒深刻的认识，对各地综治办认清形势，增强工作的针对性，起到积极的推动作用。省综治办就全省大中型企业（重点工程）及周边治安综合治理工作情况进行了专题调研，形成了调研报告，在此基础上，召开了全省大中型企业（重点工程）及周边治安整治现场经验交流会，推广了九个单位的工作经验。安顺市综治办按照市委、市政府"突出重点、辐射全市"的思路，组织各县市区开展加强防控体系建设的调查研究，完成了《安顺市两城区社会治安防控体系建设存在问题及对策》的调研报告，形成了《关于进一步加强安顺市两城区社会治安防控体系建设的实施意见》，并以安市办发[2004]37号文件转发全市实施，提出了构建两城区治安防控网络的设想，使全市社会治安防控工作迈出了新的步伐。

2月，省综治办根据中央综治委的工作要求，下发了《宣传月活动安排意见》，对综治宣传活动进行了安排部署。各地综治办按照要求将集中宣传与日常宣传相结合，通过在电视台、电台、报纸上办专栏、出专刊，发放宣传资料，开展法制宣传等形式，做到了综治宣传电视上有图像、广播里有声音、报纸上有文字，营造了社会治安社会治的良好舆论氛围。省综治办与省委政法委联合摄制了《贵州综治之路》系列专题片，贵州电视台在5月宣传月期间的黄金时间连续滚动播出。省委副书记、省综治委主任曹洪兴同志关于全省综治工作的署名文章和《贵州省2003年综治工作综述》等文章在《贵州日报》、《长安》杂志上刊登。据统计，2004年《贵州日报》、《法制生活报》等报刊共刊载综治文章30余篇，省地两级电视台共开办综治宣传专栏4个，省广播电台共播发综治新闻消息及经验25条（篇）。

积极组织、开展综合治理好新闻评选推荐工作。2004年我省共上报各类好新闻作品12件参评作品，其中4件作品获2003年度全国社会治安综合治理好新闻奖。为了弘扬正气，匡扶正义，提倡和鼓励见义勇为精神，7月，省见义勇为基金会（筹委会）对在执行公务活动时与犯罪嫌疑人英勇搏斗，以身殉职的纳雍县昆寨乡综治办主任李勇同志进行了表彰。各地通过召开表彰大会、结合综治宣传活动进行现场表彰等形式，对七十余名见义勇为先进个人进行了大张旗鼓的表彰，人民群众踊跃参与社会治安综合治理的良好氛围进一步浓厚。

从总体上看，2004年社会治安综合治理工作取得了新的进展，但由于滋生和诱发犯罪的因素还大量存在，综治工作本身也存在一些薄弱环节，综治工作仍有不足：一是防范体系建设不够系统。2004年，各地注意抓好专职巡防队伍的建立，但是，专职巡防队伍只是防范体系建设的一种形式，其他适应治安形势需要的防范形式的应用、巩固工作尚待进一步落实。二是一些地方群众反映强烈的个别突出治安问题，整治措施的针对性不强、整治效果不够明显，入室盗窃、农村偷牛盗马和城镇集市、车站等公共场所"双抢"案件时有发生，影响了群众的安全感。三是"平安工程"的创建活动不够规范，创建工作的覆盖面不大，档次不高。四是一些地方、单位"四类群体"的教育管理措施不够落实，尚未形成教育管理的长效工作机制。

对影响社会治安的突出问题开展重点整治和专项行动的情况

2004年，按照省委、省政府领导的指示，省综治办先后对贵阳市两城区"两抢一盗"，黔南自治州三都县接边地区的偷牛盗马犯罪，铜仁地区松桃县部分乡镇非法制贩枪支犯罪等突出治安问题进行了重点整治和督办。重点整治工作开展以来，各地党委、政府精心组织，省直有关部门加强领导、指导和督促，深入调研，有关部门充分发挥职能作用，突出重点，强化措施，多策并举，在加大"治贫、治愚、治乱"工作力度的同时，努力推进社会治安防范网络建设，重点整治工作取得明显成效。

一、领导重视，精心部署

2003年以来，省委、省政府领导多次对重点整治工作专门作重要批示，省委政法委明确三名主要领导挂点督办，要求限期解决问题，省、地建立了重点整治协调领导小组及办事机构，制定重点整治行动方案，明确任务目标、工作重点、时间步骤、工作措施。各地严格实行重点整治工作领导责任制和部门责任制，党委、政府分管领导对重点整治工作亲自抓、具体管，加强督促指导。许多地方实行了领导干部分片包干责任制、重大案件破案责任制及奖惩制度等。各县区结合实际也对当地的重点整治工作进行了周密计划和部署。定期召开市、县、乡镇有关负责人专题会议和调度会，对重点整治工作进行总结，找准存在的问题，及时调整工作部署，不断推进重点整治工作。贵阳市在开展打击"两抢一盗"犯罪的"利剑"行动取得明显成效的基础上，全面启动了创建"平安贵阳"工程。铜仁地委、行署为保持对松桃县制贩枪支犯罪活动的高压态势，及时调整充实了缉枪领导小组成员，强化责任制，建立起定期听取汇报、定期研究部署工作的制度。松桃县委、政府在财力十分有限的情况下，为整治枪患工作的长期运转提供了经费保障。黔南自治州在重点整治三都县偷牛盗马犯罪基础上，继续扩大战果，及时制订了《关于开展集中打击偷牛盗马专项斗争的行动方案》，提出了"破大案、挖团伙、抓现行、追逃犯、提高破案率"的目标。

二、齐抓共管，多策并举

被挂牌整治的地方对当地的突出治安问题进行了认真归纳、分类和分析，确定了相关职能部门在整治工作中的具体责任，充分发挥各职能部门的作用，形成了在党委政府统一领导下，有关部门积极参与，齐抓共管，综合治理的格局。

（一）始终坚持"严打"方针，狠狠打击各种犯罪活动。贵阳市在"利剑"行动中专门成立了领导小组及办公室，并抽调局机关的200名干警部署到“两抢一盗”案件突出的第一线去参加战斗，在为期3个月的行动中，全市共破获刑事案件1840起，其中“两抢”案件516起、盗窃案件832起，抓获犯罪嫌疑人2197名，打掉犯罪团伙32个132人，侦破督办案件48起，抓获督捕逃犯46人。铜仁地区在总结10年缉枪工作经验的基础上，以侦察破案、查找枪源、依法收缴为突破口，严格落实“四个不放过”（线索不查清不放过、案件不侦破不放过、窝点不端掉不放过、犯罪嫌疑人不抓获不放过），坚持实行“五个必须”（制贩枪支必打、非法枪支必缴、造枪窝点必端、外地线索必查、涉枪逃犯必追），确保了稳、准、狠地打击非法制贩枪支的犯罪活动。

（二）加大宣传发动力度，动员人民群众积极参与。各地在开展重点整治工作前，始终把宣传发动、营造浓郁的舆论氛围作为推进工作的重要手段，充分利用各种宣传媒介，开展了声势浩大的宣传攻势，争取到群众的理解和支持，震慑了犯罪分子，为重点整治工作的深入进行奠定了良好的舆论基础。松桃县公、检、法、司联合发布了《打击非法制贩枪支的通知》，在全县范围内张贴悬挂。各乡镇综治办还组织派出所、司法所、共青团等单位的同志进村入户宣传《中华人民共和国枪支管理法》等法律法规，收到了良好效果，受到群众的欢迎。贵阳市公安局每月定期召开新闻发布会，通报打击情况，案件发破情况，易发案区域等人民群众关心的治安问题，增强了人民群众对警务工作的了解。

（三）以开展“党建扶贫”工作为载体，从源头上巩固重点整治工作的成效。各地充分认识到，要从根本上遏制偷牛盗马、“两抢一盗”、非法制贩枪支案件高发的势头，必须将“治贫、治愚、治乱”有机结合起来，进行综合治理，标本兼治，多管齐下，从源头上减少导致犯罪活动猖獗的因素，真正实现长治久安。铜仁地区组建了由党委、政府等多个部门参与的党建与扶贫工作队，下派到松桃县枪患严重的大兴、牛郎等6个乡镇11个村，以开展党建扶贫活动为载体，大力加强村级党组织建设，充分发挥村支两委在整治工作中的积极作用，从公路建设、人畜饮水、学校建设、各类培训等7个方面进行扶贫落实资金达到233万元，帮助农民脱贫致富，改善人民群众生产、生活条件和促进农民增产增收。

三、重点整治与建立长效防控机制有机结合

为巩固重点整治工作取得的阶段性成效，各地在保持“严打”态势的前提下，进一步加强防范工作，建立和完善适合本地特点的长效防范网络和机制，真正贯彻“打防结合，预防为主”的方针，整合和利用起当地的防范力量，夯实基层基础，最大限度地发动人民群众积极投身到与犯罪分子作斗争的工作中，全面构筑纵横交错的立体防范网络，整治的成果才能得到巩固和发展。

（一）建立区域间的合作联防机制，改变过去管理分散，各自为战的被动局面，实现情况互通，资源共享。黔南自治州政府今年6月在独山县召开了三都、荔波、都匀、独山、平塘等县（市）边界区域社会治安防范网络长效机制建设工作会议，建立7个县级领导小组、24个乡级、72个村级防范网络，负责本区域的治安防范工作。

（二）加强群防群治工作，推进长效防控体系建设。各地都积极探索和完善群防群治的组织形式、工作方式和保障机制，组建起各种形式的自防自治队伍，在城市继续落实“三级巡逻，四级防范”的各项措施。在防范工作比较薄弱的广大农村，普遍建立起自然村寨的自防自治、联户联防、十户联防等群防队伍，在主要交通要道、要害部位、易发案地设卡守护，发现可疑人员认真盘查，不给犯罪分子可乘之机。同时，逐步加强技术防范措施的推广应用，在偷牛盗马犯罪活动较突出的部分乡镇，牛马防盗报警器得到了推广并发挥了积极的防范效果。

（三）落实领导部门责任制，增强各级各部门对重点整治工作的积极性和主动性。铜仁地区松桃县在整治枪患过程中明确了县乡两级主要领导同志为打击非法制贩枪支犯罪活动工作的第一责任人，分管领导、政法委书记、公安局长为具体责任人，采取“六包”（乡包村组、单位包职工、职工包家属、支部包党员、干部包群众、学校包学生）责任制，并制定了缉枪工作一票否决制和领导责任查究制，使缉枪工作与责任人的政绩、年终考评等挂钩。

（四）加强管理，堵塞犯罪漏洞。为减少盗抢案件的发生，各地工商、畜牧、城管等部门都加强了管理工作，对废旧回收业、二手机市场、大牲畜交易市场、屠宰市场等犯罪分子易销赃的行业和渠道加强监督，严格交易管理，清理整顿违法经营行为，建立起完善有效的管理控制体系，有效堵塞了犯罪漏洞。

（五）加强宣传教育，不断增强人民群众的自防意识，尽量降低违法犯罪分子的得逞条件。各级政法、公安、司法机关要通过各种宣传方式和手段教育广大群众进行自我防范，努力减少违法犯罪行为造成的人身伤害和财产损失。

四、重点整治工作取得成效，人民群众满意度提高

通过省、市（州、地）各级各部门的共同努力工作，三个挂牌整治重点地区的突出治安问题得到了有效整治，松桃县枪患整治工作模式得到了国务院有关部门的肯定和推广。贵阳市“平安贵阳”创建工作被贵州省综治委在全省推广。2004年，三都县偷牛盗马案件同比下降55.65%，破案率上升35.43%。2004年，贵阳市“两抢一盗”案件立案数同比下降13.38%，破案率上升9.35%，人民群众的满意度提高。

开展平安建设，加强社会治安防控体系建设的情况

一、开展平安建设的情况

“平安工程”创建活动是我省推动社会治安综合治理工作深入发展的有效载体。截止2004年12月，在全省的88个县（市、区）中，已经创建54个省级模范单位、25个红旗单位、3个合格单位、2个县受到黄牌警告；在171个省直机关单位中，有48个模范单位、70个红旗单位、51个合格单位、2个单位受到黄牌警告；在1540个乡镇（街道办事处）中已经创建949个治安模范乡镇（街道），18个乡镇（街道）、63个单位受到黄牌警告，5个乡镇（街道）、2个单位、8名个人被一票否决。为整体推进全省综治“平安工程”创建活动的发展和深化，11月1日~2日省综治委在贵阳市召开了全省社会治安综合治理“平安贵阳”创建工作现场会，总结推广贵阳市将社会治安、社会稳定工作有机地融入经济社会发展全局的成功作法和经验，对进一步推动全省综治“平安工程”创建工作向纵深发展起到了较好的示范作用。此后，创建地市级“平安遵义”、“平安六盘水”及县市区级“平安凯里”、“平安都匀”的活动在全省范围内铺开。

二、社会治安防控体系建设情况

各地普遍结合实际制定了本地关于加强社会治安防控体系建设的意见，并抓紧落实，其具体工作措施主要有：

（一）加大防范经费的投入，保障防范工作措施落到实处。大多数市（县）将防范工作经费纳入财政预算，据实拨付防范经费，并明确防范经费将与当地经济社会发展相适应，实现逐步增加。2004年，贵阳市财政投入1500万元用于聘用治安巡防队员，各县（市、区）、乡镇（街道办）财政也列支专项经费，重点解决社会治安防控体系的装备、设施。

（二）进一步加强社区警务建设，充分发挥公安机关在治安防范工作中的主力军作用。全面实施社区警务战略，改革和加强派出所工作，把更多的警力放到社区和村寨，在有条件的地方推行民警驻区、包片等制度，进行警署制试点工作，把工作重点放在管理、防范、服务和密切警民关系上。2004年，全省充实基层警力近两千人，其中，市（州、地）充实到市（县、区）近四百人，市（县、区）充实到基层所、队千余人。全省共设立社区警务室1163个，治安岗亭1668个，出城卡点卡口238个。

（三）因地制宜，建立多形式的治安防范模式。全省各地在城镇普遍推行了以社区（小区）为支点，以社区警务室为龙头的治安防范模式，使值班、巡逻、守护工作落到实处。在问卷调查中，我

省80%以上的群众认为单位或住宅区值班守护、社会面上公安干警或联防人员巡逻落实。在广大农村继续组织村民开展守村护寨，通过推广村组联防、联户联防、户户联防和治安中心户长制等方式，进一步强化了农村治安防范工作。在接边地区层层建立边界区域治安防范网络，定期召开接边地区联防工作领导小组会议，共同维护和保持了接边地区社会治安的持续稳定。在机关、企事业单位，通过安装监控设备、落实值班守护等措施加强内部防控，进一步提高防范工作的科技含量，全面提升了安全防范的水平。在铁路沿线，继续推进铁路沿线乡村的护路联防，使全省铁路护路联防工作得到进一步加强，确保了国民经济大动脉的畅通。黔西南州贞丰县采取县政府补助一点，乡镇出一点，村民拿一点(或以工代资)的方法，确定三年内在全县范围内建立300个大牲畜集中饲养点，现已建成87个，有效地预防了偷牛盗马犯罪。

(四)组建各种形式的专(兼)职治安巡防队伍，加强对社会面的防范控制。在城镇，全省85%的县(市、区)都采取了以政府出资为主，部门筹资为辅的办法，成立专职治安巡防队伍，控制城区主干道；同时建立各种义务巡防队、专职巡逻队加强小街道和次干道的治安控制；以推行机关单位聘请保安、值班人员定点守护，小区组织联防巡逻和楼院组织守楼护院等加强机关单位院落、小区的防范；在重点边际部位，以设卡守点为载体，在城市各交通要道和行政区域边界地段、城镇主要街道和出入口、车站码头等处设置治安卡口，实行24小时全天候值勤，及时发现和盘查各类可疑人员、车辆物品；在农村成立以村组干部、退伍军人、民兵和共青团员为骨干的专职联防队伍和义务护村护寨队，根据农村治安特点，定期不定期开展巡逻和值班守护。2004年，全省共建立专职巡防队2224支16496人，义务巡防队33349支224867人，所有的县市区所在地都设立了专职联防队，95%的乡镇办事处所在地设立了专(兼)职联防队。铜仁地区全面加强群防群治工作，实现了“四个百分之百”，即县城专职巡逻队、乡镇巡防队、护村护寨队、单位值班人员100%设立。

加强综合治理基层基础建设，开展矛盾纠纷排查调处工作的情况

一、加强综合治理基层基础建设情况

目前，全省1540个乡镇办事处都设立了政法委员会，并明确为常设机构，与综治办合署办公。政法委员会书记、综治办主任由党委分管政法工作的副书记兼任的乡镇有1455个，配备率为全省总数的94.6%；配备了专职副书记(综治办专职副主任)1089名，占全省应配备数的70.8%；1089名综治办专职副主任中明确为副科级的有1032名，占已配备数的94.7%；落实岗位津贴的924名，占已配备数的84.8%；配备专职政法综治干部的乡镇有1067个，占应配备数的69.3%；配备专职干部1484人，已落实岗位津贴的有1109人，占已配备数的74.7%，基本达到有人管事、有人办事、待遇提高、队伍稳定的目标。

加强培训，着力提高综治干部的业务素质。4月7日～23日省综治办举办了43名综治干部参加的市(州、地)及部分县市区综治办主任培训班，系统学习了综治方针、政策和原则，综治工作内容、综治办职责等内容，并组织他们到陕西、广东等综治工作先进地区考察学习，开阔视野，开拓思路。8月27日，省综治办对85个省直部门专(兼)职综治干部进行了为期一天的培训，就机关单位如何抓好综治工作进行了认真学习和讲解。与此同时，各级综治办也对在职和新到岗的综治干部进行有针对性的脱产培训，组织学员赴周边县区、乡镇进行交流学习，实地取经，进一步提高了各级综治干部的业务水平和工作能力。同时，各地也采取走出去、请进来、岗前培训、实地考察、现场观

摩等多种形式对加强基层综治办工作人员的理论、业务培训,拓展了相关人员的视野,提高了工作水平,增强了搞好工作的责任心和使命感。

二、开展矛盾纠纷排查调处工作的情况

各级各部门认真贯彻落实中办、国办转发的《中央综治委关于进一步加强矛盾纠纷排查调处工作的意见》,进一步强化党委、政府统一领导,维稳部门重点排查调处容易引发群体性事件的矛盾纠纷,综治部门重点排查调处社会矛盾纠纷,司法行政部门和人民调解组织排查调解民间民事纠纷的排查调处工作机制,建立健全了反应灵敏的预警机制、条块结合的排查机制、多管齐下的联调机制,限期解决问题的督办工作机制,逐步完善了矛盾纠纷排查调处的各项工作制度,形成了预防和化解矛盾纠纷的合力,取得了较好效果。2004年,全省共排查出矛盾纠纷79777起,调处79353起,调处成功75881起,大量的矛盾纠纷被化解在基层,解决在萌芽状态,基本上做到了对矛盾纠纷发现得早、化解得了、控制得住、处置稳妥。贵阳市乌当区等县、区整合基层综治维稳资源,建立综治维稳中心,使乡镇(街道)基层基础工作得到进一步加强。在2004年召开的全国社会治安综合治理工作会议上,乌当区和安顺市普定县就如何做好当地的矛盾纠纷排查调处工作经验进行了书面发言。黔东南州各级综治部门按照矛盾纠纷排查调处工作制度的要求,认真落实矛盾纠纷排查调处的"五项原则",建立了矛盾纠纷定期排查等六项制度。各地都坚持做到乡镇每半月召开一次综治例会,每月向县报送一次情况,并实行滚动排查、填报和零报告制度,根据"属地管理"原则,认真开展排查调处工作,矛盾纠纷排查调处工作进一步规范。

中共贵州省委办公厅、贵州省人民政府办公厅转发《关于加强社会治安防控体系建设的意见》的通知

(2004年10月8日)

为了深入贯彻党中央、全国人大常委会、国务院及省委、省政府关于加强社会治安综合治理的一系列指示精神,落实《中共中央办公厅、国务院办公厅关于转发〈中央社会治安综合治理委员会关于加强社会治安防范工作的意见〉的通知》(中办发[2002]26号)精神,进一步加强社会治安防范工作,推进我省社会治安综合治理工作深入开展,实现全省社会治安持续稳定,特提出以下意见。

一、总体要求和目标

社会治安防控体系建设要以邓小平理论和"三个代表"重要思想为指导,全面贯彻落实党的十六大和十六届四中全会精神,按照"打防结合、预防为主"的方针,坚持专门机关工作与群众路线相结合,以维护社会稳定和良好的治安秩序为目标,以推进社会治安防范工作规范化、社会化为重点,大力推进社会治安防控体系建设,组织发动社会各方面力量开展群防群治,落实社会治安防范措施,建立和完善社会治安防控长效工作机制和保障机制,为全省经济社会持续快速协调健康发展营造良好的社会治安环境。

社会治安防控体系建设的总体目标是:在各级党委、政府的统一领导下,充分发挥社会治安综合治理机构的组织协调作用和综合治理成员单位的职能作用,以县(市、区、特区)为单位,以公安等政法机关为主体,以群防群治组织为依托,充分发动和依靠人民群众,构筑起单位内部、交通站线和社区为重点的多层面、多形式的专群结合的治安防范网络,建立完善的社会治安防控体系建设工作机制和保障机制,形成齐抓共管、专群结合、点线面结合、人防物防技防结合、全面覆盖、多层次、全时空、全方位的治安防控体系,增强全社会有效预防、控制和减少违法犯罪的能力,刑事发案平

稳,多发性案件得到有效控制,突出治安问题得到较好解决,社会治安秩序良好,人民群众安全感明显增强,对社会治安满意率明显上升。

二、主要措施

(一)充分发挥公安机关在社会治安防控体系建设中的骨干作用。优化警力配置,明确和落实各警种在治安防控工作中的职责任务,统一调配防控力量,最大限度地把警力下到基层、放在防控面上,扩大对社会面的防控范围。进一步提高指挥中心的综合协调能力,利用现代科学技术,改造和提升信息传递系统,整合110、122、119等接警系统。完善110快速反应机制,提高接处警的速度和质量。加强治安卡口建设,在重要交通要道、行政区域边界地段、城镇主要街道和出入口、车站码头等处设置治安岗亭、报警点或检查站,配备专门力量,装备监控器材,加强值守,做好堵控和接警工作。继续深化派出所工作改革,将派出所工作重点放在管理、防范、服务和密切警民关系方面。在城市和农村大力实施社区(片区)警务战略,把更多警力放到城镇社区和农村片区,推行民警驻社区(片区)、边防、包社区(片区)等制度,组织发动和带领居民(村民)开展群防群治。进一步加强对机关、团体、企事业单位治安保卫工作的指导和监督,把各项防范措施落到实处。

(二)在城镇普遍建立专职治安巡防队伍。专职治安巡防队在各级政府统一领导和社会治安综合治理部门指导、协调下组建,由公安机关负责日常管理、业务培训,组织带领开展对社会面进行治安防范。各县(市、区、特区)要结合本地实际,建立与其城镇规模及治安状况相适应的专职治安巡防队,配合公安机关加强对社会面的巡防和治安卡口的值勤守护。专职巡防队所需经费,从列入财政预算的社会治安防范工作经费中列支。各地要根据当地财力和社会治安防范工作、治安防控体系建设的实际需要落实社会治安防范工作经费。主要公路沿线和经济社会发展较快的重点乡镇所在地,也要组建专职巡防队,其他乡镇应从实际出发,组建专职或义务巡防队。要通过考试考核等办法严把专职治安巡防队员招聘关,实行严格管理,加强政治学习、思想教育和业务培训,制定规章制度,加强对工作的监督检查和考核。要确保专职巡防队员用于治安巡逻防范工作,不得将巡防队员作为公安派出所的值班协勤人员,不得安排从事与其职责不符或职责以外的其他工作。

(三)发展保安、物业服务和治安防范保险,推进治安防范社会化进程。

1、大力发展保安服务业。充分发挥保安在治安防范中的积极作用,规范对保安人员的聘用、考核、培训、派驻工作。提高保安人员素质,建成管理统一、纪律严明、精干高效的保安队伍。公安机关要加强对保安企业的监管,实行管理与经营分离,规范保安企业的运作,使保安企业成为自主经营、自负盈亏、独立承担民事责任的企业法人,适应我省经济社会发展的需要。大型商场、集贸市场、宾馆饭店、娱乐场所和机关、团体、企事业单位实行保安服务。大型的商务活动、商业性文体活动等的安全保卫工作,在公安机关的指导下,逐步实现由保安企业实行有偿服务。

2、强化物业管理中的治安防范功能。综治、公安、规划、城建、房管、工商等部门要共同研究治安防范与物业管理的协调发展问题,进一步明确物业管理企业在治安防范中的职责,强化其安全服务的责任,引入业主评价机制,将物业安全服务能力等有关工作情况作为物业企业考核的重要内容。物业管理企业的保安力量,要接受公安机关的培训、监管。新建的住宅小区、楼院必须与治安防范设施同设计、同施工、同验收,落实物业管理。机关、团体、企事业单位自建的住宅区、楼院,要逐步落实物业管理。其他相对集中的居民聚居区、楼院,要创造条件,落实物业管理措施。物业管理企业要服从所在地公安派出所、居委会监督管理,积极配合做好治安防范工作,维护居民住宅区的治安秩序。

3、发展治安防范保险产业。有关部门要会同保险企业推进治安防范保险,积极引导公民进行人身、财产保险,推进保安、物业企业和其他提供安全服务的单位、个人,对其服务的对象投保,促进有关企业和部门对保安、物管等从事安全服务的人员和治安巡防、联防人员进行人身安全保险,化解治安风险。

(四)加强社会治安防范网络建设,不断提高社会治安防控能力。

1、建立城镇社会面治安防范网络。社会治安综合治理部门要积极组织、指导和协调治安防控体系建设，坚持以公安干警为主体，专职治安巡防队员为重要补充力量，各类群防群治队伍共同参与，采取片上防、路上巡、点上守、卡上查等措施开展社会面上治安防控。重点突出城镇繁华街区、公共复杂场所、城乡结合部、校园周边及居民聚居密集区等案件多发区域、多发时段的治安巡逻防控工作。综治部门和公安机关要科学、合理地设立和划分巡防责任区(段)，使社会面治安防范责任明确，工作规范。城管、运政、路政、工商、税务、文化等行政执法队伍要结合实际，协助维护治安秩序。在出租车司机、环卫工人和昼夜营业的店铺店主、店员等人员中，考察物色一批治安信息员，及时掌握点、线、面上的治安情况。

2、建立社区治安防范网络。社区要组织协调治安联防队和辖区单位内部的保卫组织，划区域、分时段加强巡逻防范，建立起以居民小区为点，社区为块，街道为面的社区防范网络。要采取由政府拨款，受益单位、个人投入一定人力、物力、财力等办法，建立相对稳定的社区专职治安联防队。专职联防人员可从下岗职工、失业人员、低保人员及其他合适人员中选聘。通过招募志愿者，组织发动社区共产党员、共青团员、离退休干部职工、治安积极分子等人员参加治安防范等方式，组建社区义务联防队。由社区民警、社区干部组织带领社区专职、义务联防队，负责社区小街、小巷及居民区的治安巡逻守护。未实行或不能实行物业管理的居民小区、楼院，要采取组织居民共同出资聘请专人值班守护、由居民轮流看楼护院或安装单元防盗门等防范措施，加强治安防范。

3、建立单位内部治安防范网络。各机关、团体、企事业单位要按照“谁主管谁负责”的原则，切实加强内部保卫组织建设，充实保卫力量，明确职责任务，健全工作制度，强化治安防范目标管理，做好治安防范工作。全面落实单位办公区、生产经营区、教学区、学生宿舍区和单位自建的职工住宅区(楼院)、生活区的治安防范和管理。加强对本部门、本系统的管理，指导、督促所属单位搞好治安防范。各级综治部门和公安机关要按照属地管理的原则加强对辖区单位防范工作的检查、督促和指导。县(市、区、特区)、乡镇(街道)的巡防队、社区联防队在巡逻过程中，要随时检查督促巡逻片区单位安全保卫和值班人员的到位情况和工作情况。

4、建立符合农村特点的社会治安防控体系。行政村要成立以村级干部、退伍军人和民兵为骨干的义务治安联防队，根据农业生产和农村治安特点，定期不定期开展巡逻和道口值守。有条件的乡镇、村应给予联防队员适当补贴或组建专职联防队。要组织发动群众以村民小组、自然村寨为单位或分片、划户，开展“联户联防”、“互助联防”，实行轮流巡逻、值班守护或邻里互相守望。

5、建立大中型重点工程及周边治安防范网络。各地要研究探索建立大中型重点工程及周边治安防范网络。工程所在地的县(市、区、特区)、乡镇要与项目投资方、建设方共同成立大中型重点工程及周边治安综合治理领导小组，组建治安巡防队伍，开展巡逻守护工作。落实各施工企业的安全保卫责任，共同维护好施工区及周边的治安秩序。

6、建立科技防范网络。各级党委、政府要把运用先进科技防范手段作为完善防范体系的重要内容，加大对科技防范手段的投入。要针对各类犯罪和治安灾害事故的特点，大力推广应用先进技术防范产品，增强社会和人民群众发现、抵御、制止犯罪的能力；要加强对要害部门、重点部位技术防范系统的建设规划与组织实施，采用现代科技手段建立社会治安预警机制，减少或消除违法犯罪案件的发生机会和得逞条件；鼓励机关、学校、企事业单位以及大型文体活动场所、生产经营场所、居民住宅小区安装使用技术防范设施，在居民和村民家中、大牲畜圈舍及重要农水电设施安装防盗报警装置。运用通信网络技术，逐步在城市和经济发达的县(市、区、特区)建立能够覆盖固定目标和移动目标防范报警的网络系统。推进社会安全防范报警系统与110指挥中心接处警系统的联网，增强预防、控制、打击犯罪的整体效能。

三、工作要求

各级党委、政府要充分认识加强社会治安防范工作的重要意义，自觉承担起保一方平安的政治责任，把工作重点、警力配置、经费投入、考核奖惩机制等真正落实到“预防为主”上来，切实加强对治安防范工作的组织领导，建立社会治安长效管理机制，从人力、财力、物力和制度上保证社会治安防范工作各项措施的落实。

(一)强化责任,落实奖惩。各地、各部门要进一步落实社会治安综合治理领导责任制、目标管理责任制和一票否决权制,实施社会治安领导责任查究。将治安防范工作列入领导任期目标,作为考核和述职的重要内容;把社会治安防范任务、要求分解为具体的操作性强的目标责任,一级抓一级、层层抓落实,切实兑现奖惩,激励基层单位主动做好社会治安防范工作。大力宣传和表彰社会治安防范工作中的先进单位和先进个人;建立和完善对在社会治安防范工作中成绩卓著、贡献突出的地方、部门的党政主要领导和主管领导干部予以嘉奖的工作制度。对因社会治安防范措施不落实导致治安秩序严重混乱、发生重特大案件、重大事故和群体性事件造成严重后果及其他危害社会稳定重大问题的地方、单位及其治安责任人,按规定实施一票否决,并追究其相应的责任。

(二)加大投入,搞好保障。各级党委、政府要加大对治安防范工作的投入,按照中办发[2002]26号文件关于"各级政府要把社会治安防范工作经费列入财政预算,纳入国民经济发展总体规划"的要求,从各级、各地社会治安防范工作和治安防控体系建设的需要出发,将社会治安防范工作经费列入财政预算。省、地每年应拨出一定的防范工作经费支持基础重点防控项目建设。同时,各地要根据《中共贵州省委、贵州省人民政府关于进一步加强社会治安综合治理的意见》(黔党发[2002]8号)精神,按照"谁受益、谁出资"、"取之于民、用之于民"的原则,由社区居委会、村委会等基层群众自治组织协调受益单位和个人自愿、适当出资,以解决基层群众性自防自治队伍所需经费的不足,确保基层群防群治工作正常有效地开展。

(三)加强基层组织建设,夯实基础。各级党委、政府要进一步加强县、乡基层社会治安综合治理委员会办公室的建设,配齐配强领导班子和工作人员;按照中央综治委、中央编委办下发的综治委[2003]20号文件和省委组织部、省委政法委、省编委办等五部门下发的黔政法[2002]21号文件的要求,切实加强乡(镇)、街道办事处综治办的建设,按规定配备专职副主任和专职工作人员,落实岗位津贴,确保基层社会治安综合治理工作有人抓、有人管。进一步加强公安派出所、人民法庭、司法所等基层政法组织的建设,切实解决基层公安派出所警力严重不足的问题,精简机关充实基层,按编制及时补员增人,充实警力,提高基层预防、控制和打击违法犯罪的能力。大力加强社区、村党组织和社区居委会、村委会的建设,发挥党组织在社会治安防控体系建设中的战斗堡垒作用以及社区居委会、村委会的组织协调和督促检查作用;建立健全社区、村社会治安综合治理工作组织和治保委员会、调解委员会、治安联防队等群防群治组织,构筑基层治安防范网络。

(四)建立社会治安形势定期分析制度。各级社会治安综合治理委员会要定期分析研究本地区治安形势,有针对性地制定防控措施、组织协调防范和打击重点,提高防范工作的实效。

(五)加强检查,狠抓落实。各级党委、政府要从本地的实际出发,在今年内提出具体、操作性强的社会治安防控体系建设实施方案和工作规划,认真抓好落实。从2005年起,各级社会治安综合治理委员会要将社会治安防范工作和防控体系建设列入综治工作检查考核内容。各级综治委及其办公室要加强对这项工作的督促指导。各地各部门要深入开展以"平安工程"为载体的基层安全创建活动,着重做好公共场所、城乡结合部、居民聚居的大杂院等地方的创安工作,推进治安防控体系的建设。深入开展调查研究,认真总结社会治安防控体系建设的典型经验,实行分类指导,促进工作取得实质性效果。在全省范围内建立起严密、完善的社会治安防控体系,有效地预防、控制和减少违法犯罪,创造良好的、人民满意的社会治安秩序。

贵州省加强大中型企业(重点工程)周边治安整治工作

为进一步贯彻落实中央综治委“杭州会议”、“南昌会议”精神，全面推进社会治安综合治理工作的深入开展，贵州省综治委在黔南州召开了全省大中型企业(重点工程)及周边治安整治现场经验交流会。这次会议以“三个代表”重要思想为指导，深入贯彻落实党的十六届四中全会精神，牢固树立科学的发展观和正确的政绩观，围绕服务经济建设这一中心任务，总结贵州省大中型企业(重点工程)及周边治安整治工作经验，研究部署下步整治工作，确保全省重点工程建设顺利进行。会上，宏福实业开发有限总公司等企业和平坝县等地方党委、政府、综治委作了经验交流。省维稳办、省公安厅、省经贸委、省国防工办、省总工会等五个部门结合当前大中型企业和重点工程面临的问题，对本部门、本系统和大中型企业(重点工程)开展此项工作进行了安排和部署，提出明确要求。省委副书记、省综治委主任曹洪兴同志就搞好大中型企业(重点工程)及周边治安整治提出了四个方面的要求：

一、提高认识，增强做好大中型企业(重点工程)及周边治安整治工作的紧迫感和责任感

大中型企业及重点工程在实施西部大开发战略、促进贵州经济社会发展过程中具有非常重要的作用，要清醒地看到，随着改革开放的不断深入，经济和社会生活中一些深层次矛盾逐渐显现，不稳定因素增多，大中型企业(重点工程)及周边的社会治安形势仍然严峻。地方和企业、重点工程的党政领导必须高度重视，必须把维护企业正常生产经营秩序和保障重点工程顺利建设作为当前综治工作的重点，加大综合治理工作力度，严厉打击和积极防范侵害企业、职工利益，妨碍重点工程建设的各类违法犯罪活动。正确处理企业发展和重点工程建设中的人民内部矛盾，全力维护社会稳定，营造良好的治安环境，维护好、实现好、发展好大中型企业(重点工程)及周边广大人民群众的根本利益。

二、突出重点，坚持整治防范并举，增强大中型企业(重点工程)及周边治安防控能力

搞好大中型企业(重点工程)及周边治安环境，关系到企业和地方的发展稳定，企业和地方都负有重要责任。各地党委、政府和企业要共同努力做好这项工作，形成企业地方联手共建的工作格局。要坚持企业地方协同，从增强打击实效、落实防控措施、夯实基层基础、加强群防群治、拓展防控内涵五个方面开展工作。

三、切实搞好矛盾纠纷排查调处工作，确保企业及周边社会稳定

各级党委、政府和有关部门、企业要切实担负起组织、指导和协调矛盾纠纷排查调处的责任，采取有效措施，推动矛盾纠纷排查调处工作深入开展。一是要认真调处和化解困难企业的矛盾纠纷；二是要认真做好重点工程移民的稳定工作。党政领导一定要怀着对人民群众的深厚感情去做工作，一定要在实事求是解决问题上下功夫。设身处地为人民群众着想，竭尽全力为人民群众排忧解难，诚心诚意为人民群众做好事、办实事。

四、切实加强领导，推动大中型企业(重点工程)及周边治安整治工作深入发展

各级党委、政府和有关部门、大中型企业和重点工程党政领导要坚持一手抓发展，一手抓稳定，把维护稳定贯穿于各项工作之中，进一步落实目标管理责任制。各级党委、政府以及综治部门、各企业和重点工程要狠抓目标管理责任制的督促落实，加强指导检查，加强考核监督，通过扎实有效的工作，形成一级抓一级、层层抓落实的工作机制，有力推动大中型企业(重点工程)及周边治安整治工作的长期化、规范化和制度化，坚持“谁主管谁负责”、“谁经营谁负责”和“属地管理”的原则。企业和重点工程对内部职工、施工人员以及安全生产的管理,实行“谁主管谁负责”、“谁经营谁负责”的原则,并按照“属地管理”的要求,接受地方的统一管理。各级党委、政府和有关部门要坚决反对地方和部门保护主义,努力为大中型企业经济发展和重点工程建设创造和谐稳定的社会环境。

推行“四三四”工作机制　全力排查调处矛盾纠纷

普定县社会治安综合治理委员会

近年来,我县县委、县政府切实把做好矛盾纠纷排查调处作为落实社会治安综合治理的重要措施和维护稳定的政治任务来抓,积极探索预防和化解人民内部矛盾的“四三四”工作机制,即“抓好四个到位,建立三项机制,落实四个结合”,有力地维护了治安秩序的社会稳定,为全县经济和社会事业的健康营造了良好的治安环境。

一、抓好“四个到位”,夯实矛盾纠纷排查调处的基础

(一)组织领导到位。一是强化领导责任。我们将矛盾纠纷排查调处作为社会治安综合治理工作的一项重要内容,列入全县重要工作目标进行考核,作为领导干部政绩考核、单位评选先进的重要内容。二是明确工作要求。县委常委会半年听取一次矛盾纠纷排查调处工作的情况汇报,针对不同时期的突出问题,提出具体的工作措施。

(二)制度建设到位。一是实行县领导和政法委、公检法司领导信访接待日制度,接待群众来访,给群众明确答复,符合政策法律规定能够解决的,现场办公,就地解决,一时不能解决或不可能解决的,向群众说明原因。二是实行矛盾纠纷和治安情况“查报”制度,乡(镇)、村坚持月查月报,各村每月向乡(镇)政法委(综治办)报送“月报表”,各乡镇每月向县综治办、维稳办报送“月报表”。重点乡(镇)坚持碰头查询和月底汇总督察上报制度,即在每月中旬召开政法、信访等部门碰头会,分析半月来的治安形势和不稳定因素,并对下半月的矛盾纠纷排查调处进行安排,月底由综治办将各村、各部门的情况查询证实和瞒报、漏报内容进行补登,梳理汇总后上报县综治、维稳部门。特殊情况实行特查特报,一事专报。通过月查月报,各乡镇建立了矛盾纠纷排查调处台账,各村建立了村情档案,做到了底数清、情况明。三是实行联合办公制度。首先开好各级领导联席办公例会,汇报分管片区的矛盾纠纷排查和治安情况,提出解决问题的措施。其次是强化调处矛盾纠纷整体合力。各乡(镇)实行“两办两所”(综治办、信访办、派出所、司法所)联合调处制,或由政法委牵头,政法部门、信访、民政等参与的联合调处制,或成立以综治办、派出所、司法所、民政办等单位负责人为成员的调解中心。部门联动、联合调处,切实解决了互相推诿,效率不高的问题。四是实行分级负责归口调处制度。我们制定下发了《关于进一步加强矛盾纠纷排查调处工作的意见》,按照“谁主管,谁负责”和“分级负责,归口调处”的原则,明确责任,逐级调处,及时报告调处结果。对涉及部门较多或管辖职责不明确的矛盾纠纷,由县维稳办牵头协调有关单位解决。五是实行督办督察制。加强对矛盾纠纷排查调处情况的跟踪检查,对措施不力,工作不落实的单位和个人,挂牌督办,限期解决。同时,坚持回访,定期走访有关当事人,听取群众意见,对处置不合理,群众不满意的,责令有关单位和个人重新处理,防止出现反复或留下后遗症。

(三)网络建设到位。一是建立纵向信息网络。各乡(镇)、村共有专、兼职信息员 330 余名,报送信息做到了“三不漏”,即刑事治安案件不漏报、不稳定因素不漏报、外来人员和重点人口不漏报。二是建立横向信息交流网络。县综治委成员单位、维稳办与维稳领导小组成员单位都建立了矛盾纠纷排查调处信息、通报制度。

（四）基层组织建设到位。一是切实加强乡镇政法委、综治办建设，确保基层综治工作有人抓、有人管。根据省委组织部、省委政法委、省编委办、省人事厅、省财政厅《关于进一步加强基层党委政法委建设的意见》的要求，我县31个乡镇政法委、综治办按每个乡镇3人配备了专职干部。在调整充实乡镇社会治安综合治理委员会的基础上，各乡镇由县委组织部考察任命了一名副科级专职综治办副主任，政法委、综治办专职干部比照民警享受相应的岗位津贴。二是加强乡（镇）司法所等人民调解工作阵地建设，配齐配强司法所长和司法助理员，明确法庭庭长副科级待遇，认真抓好调解工作的业务指导，建立人民调解场所，统一悬挂“人民调解委员会”牌子，重点调解重大疑难纠纷。三是加强村（居）班子和综治组织建设。全县325个村（居）都成立了调解委员会、治保会，明确了专职治保、调解人员。将村干部的待遇由每人每月200元提高到300元，强化村级班子在矛盾纠纷排查调处工作中的组织领导责任，充分发挥第一道防线的作用。四是发挥“四老”（老党员、退休干部、寨老、族老）余热，借重他们在群众中的威望，及时化解民间纠纷。

二、建立三项长效工作机制，提高矛盾纠纷调处的效果

（一）建立有效的防范机制。一是坚持发挥司法行政部门的职能作用，把普法教育作为防范矛盾纠纷的重要手段。积极组织法制宣讲团进村入户开展宣传，与文体广局等部门利用农闲时间组织开展普法电影进村放映活动，广泛进行法制宣传教育，规范群众行为，防范矛盾纠纷。二是坚持“预防为主”的方针，切实把矛盾纠纷解决在基层，解决在萌芽状态。2003年3月上旬，接群众报告，有人将组织七八十名移民商议群体上访事宜，我们立即组织有关职能 部门全面开展工作，有效地预防了群体性上访事件的发生。

（二）建立有效的调处机制。一是坚持领导信访接待日现场办公，解决重大疑难上访问题。2003年7月中旬，市、县两级人民法院依法撤除移民吉国英在中轴大道的违法建筑后，吉国英长期无理上访。县委书记鲁红卫同志接待后，召集现场办公，妥善解决有关问题。二是坚持对问题突出的地方进驻工作组，问题不解决不放过。2003年3月，我们针对鸡场坡乡果骂村民组部分村民以长兴煤矿开采影响该村生产、生活安全为由先后20余次上访的问题，组织工作组进驻该村开展工作，通过半个多月的扎实工作，较好地解决了部分村民与各级党委、政府及有关部门长期对抗的抵触情绪，村民主动配合工作，初步达成了解决问题的协议。

（三）建立有效的奖惩机制。一是把矛盾纠纷排查调处工作列入综治目标考核，半年和年终组织检查考评，工作成绩突出被评为前三名的乡镇，分别奖给集体5000元、3000元、1500元；对乡（镇）党委书记、人大主席、乡镇长、分管领导、综治办专职副主任按名次排列分别奖500元、400元和200元。二是乡（镇）对完成任务好的村信息员等年终奖励500元、300元、200元，对不负责任，查报情况不实的，发现一起扣当月工资报酬的三分之一。

三、落实四个结合，强化矛盾纠纷排查调处的职能

（一）矛盾纠纷排查与调处相结合。近年来，在统一协调下，我们加强基层调解组织的业务培训，加强民间纠纷的调处，化解大量人民内部矛盾。2000年以来，各级调解组织共调解各类纠纷4523件。同时与县人民法院紧密配合，在民事诉讼案件中，对有可能通过人民调解委员会调解解决的案件，在立案前征得当事人同意，委托相关人民调解委员会进行调解，取得了明显的社会效果。

（二）矛盾纠纷排查与依法处置相结合。在坚持以教育、疏导为主的同时，对一些在群体性事件中故意挑拨、煽动群众闹事的不法分子依法坚决予以打击。2001年5月20日，马官镇长坡村以张福光、张福忠等为首的流氓恶势力策划、操纵、煽动和胁迫该村300余名群众阻止破坏国家重点工程株六复线降压站施工，造成经济损失100余万元。在多方做工作无效，执勤的政法公安干警被打伤26人的情况下，县委断然采取处置措施，依法抓捕了流氓恶势力骨干分子30余名，教育了群众，及时平息了事态。

（三）矛盾纠纷排查与重点整治相结合。对排查出来的治安混乱重点地区，及时组织力量开展集中整治。去年8月,县综治委将安顺电厂周边列为治安问题突出的地区后,县公安局立即抽调警力进驻该地区,支持配合派出所开展了为期3个月的重点整治,为企业周边创造了良好的治安环境。

(四)矛盾纠纷排查与精神文明建设相结合。把矛盾纠纷排查调处融入精神文明建设中,与精神文明建设同部署、同检查、同考核。在开展创建文明单位、文明乡(镇)、文明村(寨)活动中,把有效化解人民内部矛盾作为重要考核指标和争创指标。通过实行矛盾纠纷排查调处工作与精神文明创建活动挂钩,进一步激发了部门单位、家庭和个人维护稳定、遵纪守法的自觉性,积极主动地参与维护稳定大局,创造安定和谐的社会环境。

认真排查　加强调处　切实维护社会稳定

中共贵阳市乌当区委　乌当区人民政府

一、深化认识,统一思想,做到五个坚持

近几年来,随着城市化进程和社会发展步伐的加快。我区城市建设中诸如征地补偿、拆迁安置、环境污染等事关广大人民群众切身利益所引发的突发性、群体性堵塞工地、堵路、堵厂、围攻、上访等事件时有发生,面对这些问题我们站在实践"三个代表"重要思想的高度,把排查调处工作放在实现好、维护好、发展好人民群众的根本利益上来抓,充分认识到做好这项工作的重要性,进一步增强排查调处工作的紧迫感和责任感。在工作中做到五个坚持:一是坚持按照"谁主管、谁负责"的原则,紧紧围绕改革、发展、稳定的大局,针对影响社会稳定的突出问题,积极从源头上解决问题。二是坚持把解决涉及群众切身利益的实际问题作为排查矛盾纠纷的关键,把为群众办好事、实事作为化解矛盾纠纷的有效方法。三是坚持按照"纵向到底、横向到边、上下联动"的综治、维稳网络要求,全面排查,分级负责。四是坚持按照"组织建设走在工作前、预测工作走在预防前、预防工作走在调解前、调解工作走在激化前"的工作方法,抓好排查调处工作。五是坚持按照"党政挂帅、综合协调、部门联动、依托基层、各方参与"的工作格局,抓好排查调处工作,建立健全了统一指挥、反应灵敏、协调有序、运转高效的应急机制,组建了信息预警、组织指挥、预案运作、应急救援、力量配置、装备保障等方面的工作体系,全面提高了处置群体性事件、突发性事件的能力。

二、强化责任,落实措施,确保排查调处工作落到实处

(一)认真排查、摸清底数,掌握工作主动权。我们把排查工作作为一项基础工作,认真组织排查矛盾纠纷及隐患,切实做到了四个结合:一是平常排查与月末排查相结合。大部分的矛盾纠纷并不是一开始就凸显、爆发的,为预防和减少矛盾纠纷的发生,各乡镇(街道)、各部门采取在日常工作中排查和每月月末总体排查相结合的方式,对全区矛盾纠纷和隐患进行认真排查,并形成制度,长期坚持。二是全面排查与重点排查相结合。在全面排查上,各乡镇(街道)、各部门对辖区内所有的企事业单位、社区组织、村组群众的矛盾纠纷进行排查,对改革、改制中的国有企业、破产兼并企业进行重点排查、不留死角,做到早发现、早处理,避免了矛盾纠纷的升级扩大,努力把矛盾纠纷化解在基层,消灭在萌芽状态。在全面排查的基础上,对中央、省、市明确的特殊时段、敏感时期,及时组织全区各乡镇(街道)、各职能部门有针对性地开展排查工作。三是面上排查与垂直排查相结合。按照"分级负责、归口管理"的要求,组织行业主管部门从上至下开展排查,切实达到排查工作横到边、纵到底,上下联动的目的。四是立足防范与制定预案相结合。除开展常规排查工作外,区委、区政府根据一段时期的工作重点,认真分析形势,充分估计可能出现的问题，针对问题制定调处工作预案。

（二）加强基层组织建设，夯实基层基础工作。区委、区政府注重加强乡镇（街道）和村（居）基层组织建设，夯实矛盾纠纷调处的基础工作。一是加强乡镇（街道）、村（居）基层组织建设，保证矛盾纠纷排查调处工作的长效运行，2003年区委组织部、政法委、编委、劳动人事保障局、财政局联合下文，对进一步加强基层党（工）委政法委建设提出了明确的意见。司法局在全区13个乡镇（街道）建立了司法调解中心，各单位、各部门、辖区内企事业单位均按综治、维稳的要求，成立了综治办、调解委员会，明确专人负责本单位、本部门的矛盾纠纷排查调处工作，形成了自上而下，整体统一的矛盾纠纷排查调处工作体系。二是配强、配齐乡镇（街道）综治干部，选拔能干事、会干事的人到乡镇（街道）综治办任职，保证每个乡镇（街道）至少有2名（有的乡镇达到了8名）以上专职人员抓综治维稳工作。三是对全区137个村（居）委员会的班子成员进行了调整，撤换了一批不合格的村（居）干部、选调一批群众信得过，有一定组织领导能力和政策理论水平的年轻人到村（居）两委工作，并明确抓矛盾纠纷排查调处工作是村治保主任、调解主任的重要职责。四是提高综治工作人员的待遇，将治保主任、调解主任的津贴由原来的20元调高到现在的130元，激发了基层干部的工作积极性。五是在新天地区整合了9个城市社区，配备治保、调解委员会。六是从业务上加强乡镇（街道）、综治办、司法调解中心及基层调解委员会的指导，协调他们及时排查、依法调解矛盾纠纷，积极做好民间纠纷调解工作。2003年，全区各乡镇（街道）、司法调解中心及基层调解委员会共排查受理各类民间纠纷495件，调解成功462件，各类纠纷的发生率与2002年同比下降14.1%。

（三）加强调处，依法处置，切实维护社会稳定。一是成立专门工作组，开展耐心细致的思想工作。对涉及面广，难度大，有可能引发群体性问题的矛盾，我们成立了工作组，开展调处工作。去年解决的20起大的群体性矛盾纠纷，有18起就是以工作组的方式圆满解决的。二是引导群众通过诉讼，依法解决。对已经发生的矛盾纠纷，根据其表现形式，凡属法律调整范围的，引导群众通过法律途径解决。三是提请协调，积极配合解决。对辖区内的中央、省、市企业与周边的村民发生的矛盾纠纷，我们在执行“属地管理”原则的同时，依据“谁主管，谁负责”原则，及时向上级有关部门报告，请求上级部门牵头协调解决。金华镇上枧村与省监狱管理局金西煤矿地质损害纠纷，在双方多次协商无果的情况下，我们及时报告提请省、市政法委牵头调处，使矛盾得以妥善解决。四是慎用警力，妥善解决。区委、区政府在调处矛盾中，按照“宜疏不宜堵，宜散不宜聚”的原则，避免纠纷扩大激化。对故意煽动群众闹事，影响一方稳定，经反复教育告诫仍拒不改正的为首人员，在坚持“慎用警力”原则的前提下，采取果断措施，短时间内平息事态，把影响降低到最低限度。

三、坚持以人为本，执法为民，有效化解矛盾纠纷

在解决矛盾纠纷上，区委、区政府坚持以人为本，以坚决维护人民群众的根本利益为工作出发点，围绕这一思路，以涉及人民群众利益的矛盾纠纷，在做出调处决定之前，坚持做到充分听取有关部门意见，认真分析，反复研究，结合我区实际，充分论证，既考虑社会经济的发展和大局的稳定，又考虑人民群众的承受能力和实际困难，对群众暂时不能接受或有后顾之忧未解决的合理要求，不急于处理，暂缓做出决定。做到：（一）将区委、区政府的工作意图，发展大计和法律、法规的规定向群众反复宣传、耐心解释，争取绝大多数群众的理解和支持；（二）坚持做到政务、村务公开，涉及群众利益的政策公开，补偿标准公开，让群众放心；（三）为群众长远利益着想，为群众解决失地、拆迁后的经济发展和收入问题。近年来，我区新天地区出现了大量未按规定办理相关手续的农房，在解决这一问题上，区委、区政府充分考虑群众多年来对住房问题的实际需求，多次召开会议听取各职能部门和群众代表的意见，反复论证，在各方意见基本一致的前提下，形成解决意见，保护群众的利益，遏制了违规滥建房风的蔓延，得到了广大人民群众的理解和支持。

四、加强领导，完善机制，明确职责

区委、区政府高度重视维稳工作，明确区委主要领导是维稳工作的第一责任人，分管政法工作的副书记是具体责任人，政法委书记是直接责任人，切实加强对矛盾纠纷排查调处工作的领导。工作中切实做到四个到位：一是制定责任落实到位。建立完善了矛盾纠纷定期排查月报、调处工作、分级负责、归口调处等17个工作制度，并根据这些制度明确了各自的职责，在矛盾纠纷排查调处工作责任及程序上，乡镇（街道）是矛盾纠纷排查的责任单位，党委、政府的主要领导是矛盾纠纷排查工作的第一责任人。区综治办、区维稳办在全区各乡镇（街道）矛盾纠纷的排查调处工作中，负有参谋、指挥、协调通报、黄牌警告及一票否决权，提升了综治办、维稳办对矛盾纠纷排查调处工作的指导地位，形成了矛盾纠纷排查调处工作的长效机制。区综治办和区维稳办根据矛盾纠纷排查情况，确定哪些由区里负责解决，哪些由乡镇（街道）自行解决，并规定了调处工作措施和解决时限，避免了矛盾纠纷因无人解决长期存在和扩大、激化。二是构筑预警信息网络到位。区设立并公布了维稳专线电话，与区公安分局110对接，以联动的形式将全区的维稳动态和治安情况纳入视线范围。全区13个乡镇（街道）、104个村33个居委会明确了信息员，基本上形成了覆盖全区的矛盾纠纷信息网络。三是部门工作责任到位，我们按照“谁主管，谁负责”、“属地管理”原则和“分级负责，归口调处”责任制，强化职能部门参与矛盾纠纷排查调处工作的责任，形成了既有整体合力，又有分工的大维稳、大综治的调处工作机制，确保了社会稳定。2003年，通过诉讼程序和基层民间调解的形式，共调处解决了957起矛盾纠纷，妥善解决了14起堵工、堵路、堵厂事件，成功疏导了8起群体性越级到省、市上访事件。四是经费投放到位。我区将矛盾纠纷排查工作所需经费纳入年度财政预算，并按一定比例逐年递增，不仅满足了矛盾纠纷排查工作日常所需，还根据不同时期矛盾纠纷排查工作的需要，及时增拨，2003年用在矛盾纠纷排查调处工作上的经费有30万元。

贵州省社会治安综合治理委员会组成人员

贵州省社会治安综合治理委员会负责人

主　任：曹洪兴　省委副书记、省纪委书记

副主任：王正福　省委常委、省政府常务副省长

姜延虎　省委常委、省委政法委书记

刘思培　省人大常委会副主任

张林春　省高级人民法院院长

陈俊平　省人民检察院检察长

贵州省社会治安综合治理委员会办公室负责人

主　任：栗先惠　省委政法委副书记

贵州省社会治安综合治理委员会办公室下设综治工作处

贵州省市、县（市、区）综治委、办主任名单

地　区	综治委主任	综治办主任
贵阳市	孙国强	胡维林
南明区	夏　刚	卢云生
云岩区	蒋纪鸣	董有新
花溪区	田　平	段国敏
乌当区	刘崇荣	任晓远
白云区	董兰杵	徐新星
小河区	兰义彤	王　钦
清镇市	杨明晋	王家友

地　区	综治委主任	综治办主任
开阳县	宗　文	卢仕怀
修文县	石　洪	包仕富
息峰县	丁旭东	李世君
高新区	李　航	
六盘水市	廖少华	颜亨荣
钟山区	徐光毅	杨友荃
盘县	刘　剑	杨连忠
六枝特区	蒋承云	黄万林
水城县	周　兆	
遵义市	卢守祥	屈欧亚
红花岗区	王进江	吴　旭
赤水市	雷文蓉	周远湘
仁怀市	房国兴	冯定恒
遵义县	金明扬	罗　刚
桐梓县	罗其方	蔡永发
绥阳县	袁　竞	陈文景
正安县	郑明蛟	黎安初
凤冈县	王　贵	黄昆林
湄潭县	鞠　洪	陈洪卫
余庆县	杨兴友	孙跃强
习水县	陈光强	徐先富
道真县	刘江年	谭武腊
务川县	郑健勇	田小华
汇川区	洪　涛	
安顺市	慕德贵	武卫国
西秀区	候　晏	吴洪彬
平坝县	王　跃	张德龙
普定县	程明芳	何应超
关岭县	王猛舟	杨国忠
镇宁县	狄安臣	张元西
紫云县	杨　玲	郑克祥
经济技术开发区	周武昌	马世权
黄果树风景名胜区	袁德刚	王建平
龙宫风景名胜区管委会	王枫林	陈　刚
毕节地区	黄家培	罗德藻
毕节市	龙泽玉	谭学明
大方县	倪小兵	廖昌曦
黔西县	吴安玉	邓林春

地　区	综治委主任	综治办主任
金沙县	胡齐明	杨昌友
织金县	朱应德	曹德智
纳雍县	宫晓明	卢起成
赫章县	王洪全	谢仁淑
威宁县	安顺才	鄢占龙
铜仁地区	谌贻琴	杨天富
铜仁市	熊光奎	杨德昌
江口县	饶小华	钱　进
石阡县	杨德华	余尊寿
思南县	代　亮	廖洪亮
德江县	杨　频	王　强
玉屏县	刘泽木	杨能宇
印江县	李　健	代传志
沿河县	文玉强	崔德新
松桃县	龙　海	胥朝辉
万山特区	王开禄	朱清林
黔东南自治州	郝桂华	刘建国
凯里市	吴荣阳	迟庆龙
黄平县	刘玉成	雷安虎
施秉县	曲钦山	何裔锋
三穗县	杨秀锡	吴祖辉
镇远县	杨德涛	刘爱国
岑巩县	李昌能	张通贵
天柱县	文松波	刘荣平
锦屏县	王甲鸿	杨承煊
剑河县	杨建平	杨顺友
台江县	潘　亮	张仁光
黎平县	闵启华	夏锦富
榕江县	姜永能	赵学成
从江县	杨　俊	梁　兵
雷山县	吴育标	杨光武
麻江县	龙世勇	肖能平
丹寨县	古　鹏	唐合金
凯里经济开发区	蒋太英	左茂银
黔南自治州	蒙启良	马建平
都匀市	陈忆秋	韦　娅
福泉市	符晓钢	朱德全
荔波县	潘朝显	祁德祥
贵定县	王可农	

地　区	综治委主任	综治办主任
瓮安县	王　勤	王登华
独山县	严　肃	杨建彪
平塘县	唐官莹	莫云武
罗甸县	莫俊国	董泽荣
长顺县	沙先贵	柏怀瑾
龙里县	王振金	罗其金
惠水县	向忠雄	时敏勇
三都县	韦绍凯	陆仁慧
黔西南自治州	班程农	刘民能
兴义市	夏开益	幸芝珍

地　区	综治委主任	综治办主任
兴仁县	文建刚	张兴华
普安县	王茂敏	陈明进
晴隆县	许　军	张合众
贞丰县	张国华	余忠彬
望谟县	王治斌	韦学智
册亨县	陈光华	陈光学
安龙县	周玉仁	

（撰稿人：陈有志　韩　俊
审稿人：栗先惠　饶昌贵　徐龙刚）

云　南　省

省综治委组织参与的有关工作

一、制定下发了一系列带有全局性、指导性的文件

下发了《云南省社会治安综合治理整体联动防范工程考评标准》(云综治委[2004]2号)；

与省人大内司委、省政协社法委、省妇联、省综治办联发了《关于建立云南省维护妇女儿童合法权益联席会议制度的意见》；

转发了《楚雄州县(市)社会治安综合治理整体联动防范工程建设工作规范》及《云南省交通厅社会治安综合治理工作实施办法》；

省委办公厅、省政府办公厅转发了《省委政法委、省综治委关于开展创建“平安县(市、区)”活动的意见》。

二、召开会议，不断探索开展综治工作的新途径、新形式

4月，召开会议研究贯彻全国预防青少年违法犯罪暨学校周边治安综合治理工作会议精神；

6月，在昆明理工大学召开全省学校及周边治安综治工作会议，进一步部署加强学校及周边治安工作；

7月，在昆明召开全省综治工作会议，传达贯彻杭州全国综治工作会议精神，推广楚雄州南华县治安防范建设的典型经验，进一步深化治安防范建设工程；

10月，在玉溪市召开各州市综治办主任及省综治委成员单位联络员座谈会，传达全国部分省(市)综治工作座谈会精神，研讨建设平安县(市、区)工作，研究2004年度综治考评工作；

11月，召开“2004年度综治考核动员会”，通报综治考核的指导思想、工作要求以及考核分组情况；

12月17日，召开“2004年度综治考核汇报会”，听取11个考核组的考核情况汇报，解答考核评分过程中的疑难问题；

12月27日，召开综治委全会，听取全省综治维稳工作情况汇报，审议2004年度综治考核情况，审议2005年度综治工作要点。

三、积极开展调研活动，为领导决策提供真实可靠的工作依据

2月，赴昆明地区各大专院校及所属区县街道办事处调研学校及周边治安存在的问题，落实责任和整改措施；

4月，到昆明市西山区、官渡区、曲靖市调研督察打击“两抢”专项行动的落实情况；

5月，对贵昆线、南昆线、成昆线、内昆、昆河线进行调研检查，提出了在两条新开通的铁路沿线开展护路联防工作的意见；

7月，到楚雄州对该州及南华县的社会治安综合治理整体联动防范工程建设情况进行调研；

8月，到昆明市调研督察打击拐卖儿童犯罪工作。赴西山区调研指导打拐工作；

9月，赴中华见义勇为基金会及陕西、内蒙古、北京、天津等省(市)学习考察如何开展创建“平安县市”、见义勇为及充分发挥好综治委成员单位作用工作。

四、抓好专项工作，完成各项重要任务

1. 表彰了2003年度综治工作先进单位和优秀单位，并颁发奖牌和奖金。向中央综治办书面汇报了我省组织全国“严打”整治斗争成果巡回展的情况；

2. 及时向中央综治办报送云南大学马加爵杀人案件侦破进展情况；

3. 及时整理上报了全省综治机构设置情况；

4. 举办1期综治干部培训班，培训150人，并组织部分学员赴江西、重庆考察学习；

5. 完成了全国见义勇为先进个人、全国综治好新闻推荐上报工作和全省2003年度综治好新闻的评选颁奖工作；

6. 做好青少年违法犯罪警示教育片《为了母亲的微笑》、法制宣教片《为了明天》和青少年自护安全教育电影《关爱明天》的放映发行工作；

7. 开展《长安》杂志、《综治年鉴》、《法制日报》、综治干部培训教材的征订工作；

9. 组织开展了2004年度全省治安形势分析和公众安全感调查。报告显示，公众对全省社会治安总体评价的满意程度达85.8%，比2003年提高了5.5个百分点；

10. 组织11个考评组对16个州市、60个成员单位的综治工作进行考核；

11. 完成我省2004年度综治工作先进单位、优秀单位评选工作和见义勇为先进个人评选工作。

五、总结经验，加强宣传，扩大综治工作的影响力

1. 积极开展综治好新闻评比活动，综治工作更加深入人心。全省评出综治好新闻一、二、三等奖和组织奖。

2. 认真开展《中国社会治安综合治理年鉴(2003年卷)》和《云南年鉴》的编辑工作，撰写报送了大量反映全省各地、各单位开展综治工作精神风貌的文稿。

3. 先后在《长安》杂志、中国法制日报、《云南通讯》的重要版面、重要位置报道了十余篇反映全省综治工作新经验和重要部署的文章。

综治基层基础建设情况

一是研究解决省州县综治办主任职级待遇问题。2004年7月省委常委第67次会议作了明确要求，按照中央办公厅〔1995〕28号文件精神，配备省综治办主任，理顺和规范州市综治办、维稳办机构设置。要求州市、县综治办副主任、稳定办副主任按同级政府部门副职配备。各州市认真落实省委常委会议精神，配强各级综治办主任和副主任。二是省综治委下发了《云南省社会治安综合治理整体联动防范工程考评标准》(云综治委［2004］2号)，对进一步加强乡镇、街道综治基层组织建设工作提出具体要求。三是部分州市配齐配强了乡镇、街道综治办专抓副职和专职工作人员。四是制定了《云南省社会治安综合治理整体联动防范工程考评标准》(云综治委［2004］2号)，要求综治经费地州市按所辖人口人均不低于0.2元列入财政预算，县市区按所辖人口人均不低于0.3至0.5元列入财政预算，统筹用于综治工作。五是各地加强技防建设。六是突出综治工作地位。昆明市明确五华、盘龙、官渡、西山4区的社区居委会不再具体抓经济项目，而是集中精力抓好综治和公共管理服务工作。

“严打”整治斗争情况

2004年，云南省公安机关始终坚持“严打”方针，集中力量重点打击刑事犯罪、经济犯罪和毒品犯罪，取得了良好的成效。在打击刑事犯罪方面，全省共立各类刑事案件10.4万余起，同比上升2.2%；破获50671起，同比多破1462起，破案率为48.5%，同比上升0.3个百分点。侦破了云大“2·23”特大杀人案等一批危害大、影响严重的现行大案，攻克了一批久侦未破、沉积多年的疑难案件。按照《云南省公安机关命案侦破工作责任制暂行规定》要求，明确目标，落实责任，全力抓好侦破“命案”专项行动。至11月底，全省命案破案率达89.73%，同比增加12.01个百分点。日均刑事致死数由2003年6.41人下降到6.34人。有28个县(市、区)公安局实现命案全破。在公安部“侦破命案专项行动”战果排行榜中，全省现行命案破案率1~8月居全国第一，1~10月名列第四。从9月20日至12月20日组织开展为期三个月的“命案追逃”专项行动，抓获各类在逃人员1588人，巩固和扩大了侦破命案专项行动战果，减少了在逃人员总量。境外追逃取得好成绩，至10月底，抓获逃往境外在逃人员190人，为境外警方抓获逃往本省的犯罪嫌疑人40人。截至11月底，通过各级公安机关共同努力，抓获在逃人员2855人。严厉打击“两抢一盗”，遏制多发性犯罪上升势头。从4月起，在全省范围内组织开展两个月的打击整治“两抢”犯罪专项行动，成功破获“两抢”案件2061起，盗窃案件8153起，打掉犯罪团伙343个，有效遏制了全省多发性案件上升势头。至11月底，全省立“两抢”案件18657起，同比下降4.7%，破获“两抢”案件8655起，抓获各类违法犯罪嫌疑人6082人。9月底以来，在全省开展了为期三个月的打击整治盗窃破坏电力设施犯罪专项行动。破获盗窃破坏电力设施犯罪督办案件2起，涉电案件683起，打掉犯罪团伙69个，抓获犯罪嫌疑人307人，清理非法收购站点542个。重拳打击拐卖妇女儿童犯罪。昆明、昭通等6个重点地区于4月和7月先后两次组织打拐专项行动，破案125起，抓获人贩子388名，解救被拐卖妇女儿童158名(儿童104名)。至10月底，全省破获拐卖人口案件536起，抓获人贩子516名，解救被拐卖妇女206名、被拐卖儿童125名。通过与联合国儿童基金、英国救助儿童会协作，从泰国成功解救3名被拐少数民族妇女。为建立打拐长效机制，在全国首次制定了《云南省公安机关打击拐卖妇女儿童犯罪工作责任制暂行规定》，与铁路公安机关共同制定《打击拐卖妇女儿童犯罪工作联动机制》，打拐工作步入规范化建设轨道。

在打击经济犯罪方面，全省公安机关经侦部门共受理经济犯罪案件2139起，同比减少5%；立案1515起，同比下降5.7%；破案1386起，同比减少5.1%；破案率91.5%，同比提高1个百分点；抓获犯罪嫌疑人1226名，同比增加64名；涉案金额8.92亿元，同比增加25.8%；挽回经济损失2.07亿元，同比增加10.7%。按照“指导、协调、服务、攻坚”的工作思路，把宏观指导和攻克大案有机结合起来，对危害严重、损失巨大、影响恶劣的重大案件和党委、政府批办、交办的大要案件，实行分级挂牌督办制度，坚持专案专办，做到快侦快破，突破了一批部、省、厅级挂牌督办的大要案件。历年来列为部、省、厅级挂牌督办的59起经济犯罪案件，现已破获50起(其中：破获部督办案件14起，破获省委督办案件20起，省厅督办案件16起)。2004年新列督办案件12起，现已成功告破9起(其中公安部督办4起、省委督办5起、厅督办3起)。红河州个旧市经侦大队破获了“4·21”虚开增值税发票专案，玉溪市通海县经侦大队破获了“通海张福英特大集资诈骗案”，昆明市官渡分局经侦大队破获了“牛保国贷款诈骗案”。厅经侦总队立案侦办的“楚安能源开发有限公司特大合同诈骗案”等11起大要案件均已破获，挽回了数千万元经济损失，有效地维护了全省经济安全和社会稳定。对在逃经济犯罪嫌疑人始终保持紧迫不放的态势,落实破案追逃责任制,责任到人,多措并举,一追到底。对符合上网条件的逃犯及时上网,已上网的,大力加强网上追逃工作。对逃往境外的,加强对外警务合作,力争缉捕归案,努力提高在逃犯的归案率。全省全年共抓获184名,(其中重要逃犯40名,抓获境外逃犯14名,协助省外抓获48名),经侦追逃率超过40%的目标。在全省组织开展了打击制售假发票等涉税犯罪的专项整治行动,破获案件124起,抓获犯罪嫌疑人66名,挽回经济损失3647.6万元。配合国税稽查部门检查纳税户506户,发现虚开制售假发票1720份,查补税款915.5万元。破获假币犯罪案件107起,抓获犯罪嫌疑人171名,缴获假人民币972万余元。

在打击毒品犯罪方面,禁毒部门紧紧围绕年度重点任务,组织开展了"天网会战"、"飞鹰行动"、"夏季风暴"等扫毒行动,取得可喜成果。2004年毒品案件破案数、抓获毒品犯罪嫌疑人数、缴获毒品数、抓获外省区毒品犯罪嫌疑人人数、破获100千克以上大案数等都创下了历史最高。1至11月,全省共查破各类毒品案件16670起,抓获毒品犯罪嫌疑人20386名,缴获毒品9823.8千克,破获100千克以上的特大贩毒案件7起,分别比2003年同期增加24.8%、20.5%、15.4%、75%。1至7月,在全省组织了由8个子行动构成的"天网会战"系列扫毒行动;8至12月,按照公安部、省公安厅的统一部署,组织开展了以整治三条重要贩毒通道、两个毒品集散地为重点的全省扫毒行动。为组织好这两次专项行动,禁毒局领导多次带队深入14个州市100个县,对全省涉及毒品和易制毒化学品走私贩运情况进行了深入调研,组织协调省禁毒委36个成员单位组成16个工作组,由省禁毒委委员带队,分别赴16个州市督促指导扫毒行动。在组织开展全省集中统一扫毒的同时,组织各地公安禁毒队伍轮流到机场查缉毒品的"飞鹰行动",与广东警方合作组织开展了"夏季风暴"联合扫毒行动。国家禁毒委、省政府及省厅先后向基层配发了价值1412万余元的缉毒科技装备,有力地推动了我省扫毒斗争的全面深入开展。同时,做好境外禁毒除源工作,加强与周边国家、地区和国际禁毒组织的交流。受公安部委托,依托云南警官学院,分别举办了缅甸、老挝禁毒官员第三期培训班,加强了交流。与"金三角"周边国家开展边境禁毒执法合作,在多次交涉下,大毒枭杨龙被缅甸警方抓捕,受到缅甸法律的制裁。1至11月,全省边境禁毒部门与邻国边境地区开展联合扫毒行动20次,联合办案9次,抓获涉毒人员669名(贩毒人员206名,吸毒人员463名);缴获毒品500余千克及大批武器弹药,双边联合执法取得新的突破。

重点排查整治和专项行动情况

2004年,云南省公安机关对影响社会治安的突出问题、治安混乱地区进行重点排查,开展了"扫黄"、"打非"、查禁赌博、校园及周边治安整治、打击淫秽色情网站、互联网营业场所等一系列专项整治行动。一是开展"扫黄"、"打非"行动。结合贯彻落实第十六次全国暨全省"扫黄"、"打非"工作电视电话会议精神和省委宣传部、省委政法委、省新闻出版局《关于2004年"扫黄"、"打非"行动方案》的要求,配合职能部门检查出版物市场8873家次,经营出版物店档、摊点7778个次,取缔、关闭非法市场126家,非法店档、摊点563个,收缴淫秽书刊497册,其他淫秽物品567件,淫秽光盘14198盘。加强对歌舞厅、桑拿浴等娱乐服务场所的检查,最大限度的杜绝公开拉客、公开设赌的现象,遏制卖淫嫖娼和制黄贩黄发展蔓延的势头,净化社会治安环境。1至11月,全省共检查娱乐服务场所85372家次,实行"一次性死亡"29家,取消经营资格622家,停业整顿721家,限期整改1866家,查处卖淫嫖娼案件7584起16234人,查获卖淫团伙61个161人,取缔卖淫窝点86个。二是开展查禁赌博活动。全省各级公安机关在党委、政府领导下,在检、法、海关、外办、旅游、金融、信通、城管、交通、宣传等有关部门的支持、配合、参与下，精心组织，协同作战，在全省范围内开展声势浩大的禁赌专项行动。共查处涉赌案件1455起7241人，没收赌具4429套，没收赌资近500万元，境外赌场被迫关闭51家，全省面上赌博违法活动得到有效遏制。三是开展校园及周边治安整治。云南大学马加爵案件后，省公安厅根据中央领导的批示和公安部《关于严厉打击侵害师生人身财产安全违法犯罪活动　切实维护高校及周边治安秩序的紧急通知》精神，从3月20日起，在全省范围内组织了为期两个月的高校及周边治安秩序整治行动。共清查出租房102744户，流动暂住人口351799人，发廊4376家，网吧1068家，舞厅、游戏室等场所12120家；取缔违章摊点8198个、网吧24家、娱乐场所95家，整改治安隐患1048处，排查出热点问题26个；查破刑事案件823起，查处治安案件806起，抓获犯罪嫌疑人204人，摧毁犯罪团伙11个。通过整治，校园及周边治安秩序明显改观。四是打击淫秽色情网站。在全省开展了历时两个多月的打击网上淫秽色情网站专项行动，共出动警力4000余人次，办理刑事案件1起，逮捕犯罪嫌疑人2人；办理行政案件20起，对17家传播淫秽色情信息的网吧、5名传播淫秽色情信息的个人进行了处罚；协助办理刑事案件2起，协助其他省查处线索7条，向兄弟省市通报线索75条，基本肃清了全省网站、网吧中的淫秽色情信息，净化了全省的网络环境，初步建立了全省防范和打击网上淫秽色情违法犯罪活动的长效机制。五是开展互联网营业场所专项整治。在网吧等互联网上网服务营业场所专项整治工作中，共出动警力8000余人次，清查网吧5000余家次，发现违法违规经营的网吧824家，行政处罚260家，责令限期整改424家，整改火险隐患262起；向文化部门提供线索176条，配合文化部门查处网吧582家；向工商部门提供无证经营“黑网吧”116家，配合工商部门取缔无证经营“黑网吧”134家。

治安防范基础工作情况

一是大力开展群防群治工作。按照“打一个方面，建一个防线，保一方平安”的要求，着眼当前，立足长远，在社会治安综合治理整体联动上下工夫，积极探索治安防范工作的方法和途径，稳步推进社会治安工作长效机制建设。不断壮大群防群治队伍。全省共有治保会17860个、127885人，治保小组65264个、207946人，治安联防队201469个、123793人；保安服务公司62家2万余人，内部保安组织2247个、1.5万余人。这几支队伍在预防犯罪、减少发案、发现犯罪、捕捉现行、参与严打整治斗争、维护社会治安稳定中发挥了重要作用。据不完全统计，年内全省各类群防群治组织开展四防安全检查1.6万余次，整改隐患6000余次，抓获违法人员4000余人，帮教违法青少年2万余人次。二是积极稳妥地开展治安员清理整顿工作。为认真贯彻《公安部关于对公安机关治安员队伍进行专项清理的通知》精神，省公安厅党委高度重视，专题研究部署，各地公安机关精心组织实施，顺利完成全省公安机关聘用的25282名治安员的摸底工作，有组织、有计划、分步骤、积极稳妥地开展治安员清理工作。共清理分流县级以上公安机关聘用的治安员4013名，其中：清退94名，解聘18名，辞退353名，自动离职60名，转保安2634名，转工勤184名，转综治564名，转交通协管员37名，政府供养5名，其他66名；派出所聘用的治安员2248名，提前辞退27名，解聘3名，清退150名，转保安136名，转工勤3名，转综治929名。三是积极开展创安活动。各地结合实际，因地制宜，深入开展创建“安全文明社区”、“安全文明村寨”、“安全文明单位”活动，全省共创建“安全文明社区”12万余个，“安全文明小区”覆盖率达58.6%。四是积极推行禁吸戒毒工作。与卫生、妇联等部门密切配合，开展禁毒宣传、毒品预防教育和艾滋病预防、控制工作；与教育部门合作，向全省2200所完全中学全面推广毒品预防教育"示范学校"的先进经验;认真组织"6·26"集中宣传活动,开发完成了云南禁毒国际互联网站,成功举办了"天网会战"、大理"6·5"特大贩毒案等新闻发布会;组织、协调共青团、教育、宣传、新闻媒体等,广泛开展扫毒行动和社会面上的禁毒宣传,发动人民群众共同抵御毒害。在全省组织开展吸毒人员普查核查和监测工作。8至10月,在全省范围内组织开展了第5次吸毒人员普查核查工作,摸清了吸毒人员底数,全省在册吸毒人员131576名,现有吸毒人员68172名,制定了全省强制戒毒场所建设规划。加强戒毒所管理,推进戒毒康复劳动场所可持续发展,努力扩大收戒量。全年全省共收戒吸毒人员56059人次,减少了社会面上失控吸毒人员,维护了社会治安稳定。及时总结红河州开远市强制戒毒所"公司加农场"、"互动式"的管理模式,年内全省康复劳动生产项目创造经济收益1795.8万元,为减轻各级政府财政负担、实现戒毒康复劳动场所可持续发展积累了经验。积极开展"无毒社区"创建工作。确定创建工作重点,加强分类指导和督促检查,年内全省基本建成"无毒县"3个,巩固"无毒县"14个,初评出"创建无毒乡镇先进县"18个,完成了全省58个自愿戒毒医疗机构的清理登记工作,规范了工作秩序。

加强社会治安防控体系建设和开展平安创建的情况

2004年,云南省社会治安综合治理工作主要以全面推进城市及县(市、区)所在地治安防控体系建设为重点。年初,省综治委下发了《云南省社会治安综合治理整体联动防范工程考评标准》,以综治责任书的形式对治安防控体系建设的目标和任务提出明确要求,并将其作为综治考核的主要内容。7月,省委、省政府在昆明召开全省社会治安综合治理工作会议,对深化治安防控体系建设进行再动员、再部署。各地按照会议要求,成立专门机构,抽调工作人员,安排专项经费,落实保障措施,全面推进社会治安防控体系建设,并取得了新的进展。在健全和完善社会面流动犯罪防范体系方面,昆明市实行了"110"与市政公用、城建、城管、环保、文化、教育、卫生、民政等部门整体联动,实行24小时专人接待,受理群众求助。师宗县投入600多万元在县城建立电子监控系统,把整个城区置于"110"报警服务中心的监控之下,提高了发现和打击犯罪的能力。彝良县在公路沿线建立了130个报警标示牌和348个治安联动联防报警点,提高了打防控效果。在健全和完善重点部位治安防控体系方面,保山市在680个治保重点单位安装电子监控设备,与"110"实现联网报警。思茅市引进GPS卫星定位系统,对重点目标和要害部位的治安状况进行监控。在健全和完善城市社区防范体系方面,德宏州、玉溪市建立了十户联防、十铺联保责任制度。昭通市在城镇重点街道的5929家商店推行店铺柜台联勤制度,有效地预防了案件的发生。在健全和完善单位内部安全防范体系方面,省政府办公厅向五华山所有机关干部、职工印发了《省政府办公厅机关安全管理制度》手册。省地税局制定了《住宅手册》,对职工住宅实行规范化管理。各地各部门从实际出发,在思想观念、工作部署、力量配置、工作机制、实绩考评等方面全面体现和落实"打防结合、预防为主"的要求,创建了多种形式的治安防控网络,并在基层基础建设、经费保障机制和专群结合等方面,积累了许多行之有效的经验。楚雄州关于基层综治组织建设的经验受到了中央综治委的肯定,在全国综治办主任培训班上作了交流发言。曲靖市麒麟区、沾益县,楚雄州南华县、思茅市翠云区等地的经验在2004年的全省综治工作会议上进行了推广。目前,全省已初步形成了专群结合、城乡兼顾、全方位、多层次、宽领域、人防物防技防相结合的治安防控网络。通过加强治安防控体系建设,使一大批影响社会稳定的矛盾纠纷得到及时化解，一大批可防性案件得到有效控制。

2004年9月，云南省委、省政府决定在全省开展创建“平安县(市、区)”活动，通过3至5年的努力，确保90%以上的县(市、区)达到“平安县(市、区)”的创建标准，逐步实现“平安云南”的目标。省委办公厅、省政府办公厅转发了《省委政法委、省综治委关于开展创建“平安县(市、区)”活动的意见》。

铁路护路联防工作情况

2004年，云南省各级护路组织以保畅通、保安全、保稳定为目标，加强路地联动，加大宣传和整治力度，认真组织落实护路联防承包责任制，开展涉路纠纷排查调处，狠抓队伍建设，积极开展“安全文明铁道线”创建工作。一是确保了全国护路办主任会议、全省护路办主任会议和全省铁路护路联防工作十周年总结表彰大会在昆明的顺利召开。省护路办常务副主任、昆明铁路局护路办陈力同志在全国护路办主任会议上，就云南省护路联防工作开展情况作了交流发言。省护路办在全省护路办主任会议上对云南省铁路护路联防第五轮承包责任书考核实施办法进行了修改。全省铁路护路联防工作十周年总结表彰大会对取得的主要成绩和经验进行了总结，对十年间在护路联防工作中做出突出贡献的14个先进集体和81个先进个人进行了表彰。二是认真组织爱路护路宣传月活动。各级护路组织在3月份开展了形式多样的爱路护路宣传教育活动，共张贴宣传标语126707张、宣传铁路法和铁路安全常识878场次、播放录像、电影653场次、印发宣传资料200162份、受教育群众1685733人次。三是加大调研检查力度。省护路办对贵昆线嵩明县、寻甸县境内的铁路护路工作进行调研；对贵昆线、南昆线、成昆线、昆河线已实施监护的铁路平交道口，贵昆、南昆、成昆线重点地段上的20个监护道口，昆河线红河州境内的19个间歇性监护道口，贵昆线昆明市、曲靖市沾益县境内的16个监护道口进行安全检查，对存在的问题书面提出整改要求。四是切实加强人防技防措施。投入经费300多万元，对安全隐患较大的29个无人看守道口实施监护，新建盖监护房28间，增加监护人员60名。加大对非法通道的整治，共拆除非法通道34个，拆除无人看守道口2个。对车流量较大，瞭望条件差的15个监护道口安装预警设备。给28个有监控条件的道口配备了对讲机。五是建立信息报送制度。铁路公安机关每季度向省护路办上报一次沿线治安综合信息，省护路办以简报形式向全省通报；遇有重大案(事)件及时上报；涉及护路工作的相关信息时时上报。六是严厉打击涉路违法犯罪，排查矛盾纠纷。昆明铁路公安局加大对案件的侦破力度。全省护路队员共配合、协助公安机关破获刑事案件562起，协查治安案件3732起。各级护路组织共排查涉路矛盾纠纷77件。年内，全省的铁路治安实现了有序可控、逐步好转的良好局面，有力地促进了沿线的社会稳定和经济发展，使“一线”与“一片”的关系更加密切。

矛盾纠纷排查调处工作情况

2004年，全省各地认真按照《云南省矛盾纠纷排查调处工作制度》的要求，开展矛盾纠纷排查调处活动,坚持乡镇每半个月、县(区)每个月、州市每两个月排查一次。对排查出来的突出问题和不稳定因素,按照“一个矛盾纠纷、一个调处责任人、一个调处班子、一个调处方案、一个调处期限”的要求,及时予以解决。为确保“两节”、“两会”和国庆节期间的社会稳定和安全,维稳处分别于2004年年初和年底下发了《关于开展集中排查调处影响社会稳定的矛盾纠纷的通知》,要求各地迅速开展矛盾纠纷集中排查调处工作,并派出检查组进行督察。对排查出来的突出问题,逐一落实了化解调处工作措施,确保了元旦、春节和“两会”及国庆期间的社会稳定。全年共排查影响社会稳定的矛盾纠纷1966件(不含民间纠纷)。其中:已调处的有1158件,占总数的59.0%;正在调处的有731件,占总数的37.0%;未调处的有77件,占总数的4.0%。各类矛盾纠纷所占比例为:因国企改革改制引发的矛盾纠纷269件,占总数的13.7%;因征地拆迁、城市改造、重点工程建设引发的矛盾纠纷279件,占总数的14.2%;因企业拖欠“三费”引发的矛盾纠纷82件,占总数的4.2%;因“三乱”问题引发的矛盾纠纷1件,占总数的0.05%;因金融债券非法集资引发的矛盾纠纷4件,占总数的0.2%;因山林土地水利矿产资源引发的矛盾纠纷766件,占总数的39.0%;因基层干群关系问题引发的矛盾纠纷41件,占总数的2.1%;因民族及宗教问题引发的矛盾纠纷3件,占总数的0.2%;因邪教及有害气功问题引发的矛盾纠纷19件,占总数的1.0%;因“三方面”人员上访问题引发的矛盾纠纷2件,占总数的0.1%;因执法问题引发的矛盾纠纷13件,占总数的0.7%;因其他问题引发的矛盾纠纷487件,占总数的24.8%。

2004年8月,维稳处牵头起草了《云南省群(集)体到省赴京上访人员预防、劝返、处置工作暂行办法》,并以省委办公厅、省政府办公厅文件下发,进一步规范了预防和处置群体性上访的原则、方法、步骤和责任。各地各部门坚持“预防为主、教育疏导、防止激化、依法处理”和“可散不可聚、可解不可结、可顺不可激”的原则,不断完善处置机制,没有因处置不当而引发大的不稳定问题。全省共依法妥善处置群体性事件1231起,参与群体性事件人数82800人,同比增加471起,上升62%,增加33700人次,上升68.6%。

刑释解教人员安置帮教工作情况

2004年,云南省各级安置帮教工作部门努力预防和减少重新违法犯罪,维护社会政治稳定。各级党委政府及安置帮教成员单位重视刑释解教人员安置帮教工作,将其列为社会治安综合治理、维护社会稳定的重要工作来抓,使这项工作的开展有了可靠的组织保障。

一年来主要做了七个方面的工作:一是转发并认真贯彻落实中央八部委《关于进一步做好刑满释放、解除劳教人员促进就业和社会保障工作的意见》,普遍将城市(含城镇)户籍的刑释解教人员纳入了城市低保范围,农村籍的刑释解教人员落实了责任田;二是认真贯彻落实云南省委办公厅、云南省人民政府办公厅转发《云南省社会治安综合治理委员会关于加强全省刑满释放、解除劳动教养人员安置帮教工作的意见》(云办发[2003]29号)文件,全面加强安置帮教工作基础建设。2004年,全省安置帮教工作机构已全部建立并形成网络,基层基础建设得到普遍加强。根据文件精神,全省各级安置帮教机构普遍进行了调整,充实了人员,新增财政部门、人民银行为成员单位,各地司法行政机关普遍开展了调研活动,针对问题作了整改与加强,各项业务建设与工作环节得到改进,安置帮教工作在全省各级党委政府以及司法行政系统中得到前所未有的重视。三是初步建立了省级安置帮教工作经费保障机制。省刑释解教人员安置帮教工作领导小组和省社会治安综合治理委员会办公室向省政府申报了《关于请求解决省安置帮教领导小组办公室2004年业务经费的请示》和《关于请求把省综治委安置帮教办公室业务经费列入省财政年度预算的请示》，云南省财政厅以云财行[2004]384号文《云南省财政厅关于下达政法部门专项补助经费预算的通知》，对安置帮教业务经费给予了补助。经与财政厅协商，今后每年将适当解决省级安置帮教工作机构所需工作经费。四是帮教工作进一步制度化、社会化。全省各地对刑释解教人员的安置帮教工作已形成制度化。许多州(市)、县(区)、乡镇(街道)的安置帮教机构和监狱、劳教所的联系进一步加强，帮教工作形式多样，已取得良好社会效果。大理市层层签订帮教协议，责任落实到人，安置帮教率达到100%。文山州以文综安帮[2004]1号文对全州刑释解教安置帮教工作推行督办制。五是全省各地组织了1-2次对刑释解教人员的排查，起到了消除治安隐患，减少刑释解教人员脱管漏管的效果。六是管理工作与制度化建设得到加强。全省各地基层帮教机构建立刑释解教人员安置各项工作台账与档案制度，出台了《云南省刑释解教人员安置帮教工作考核暂行办法》(云综治安帮[2004]6号)，今后每年将对州市刑释解教人员安置帮教工作进行考核。七是大力加强司法所建设。大力开展司法所各项规范化建设与司法所办公用房建设，并设立安置帮教谈话室，2004年已完工30个试点司法所办公用房建设(云财行[2003]401号)，并投入使用。2004年12月又落实了国家国债资金1806万元，全省210个司法所办公用房建设项目正在实施过程中。

2004年，全省刑释解教人员安置帮教工作稳步发展，开展了对刑释解教人员各种形式的帮教活动，帮教率达到了90%以上；认真做好刑释解教人员安置就业和社会保障工作，就业安置率达70%以上；预防和减少了重新违法犯罪，重新犯罪率在8%以下。全省刑释解教人员安置帮教工作有了较大的发展，工作成绩得到各级党委政府以及全社会的肯定。

预防青少年犯罪工作情况

一是省委、省政府召开了加强和改进未成年人思想道德建设工作现场会，深入研究当前青少年思想道德建设中存在的问题和对策。省预防青少年违法犯罪工作领导小组在全省社会治安综合治理工作会议上，交流经验，通报信息，研究难点问题，部署工作任务，进一步强化了各部门的职能作用。二是各地组织开展了庆祝建党八十三周年、建团八十二周年、五四运动八十五周年等纪念活动，青年志愿者、少先队“手拉手”、创建“青年文明号”等实践活动以及评选“五四青年奖章”、“十大杰出青年”等宣传典型活动。各地推出了一批适合青少年身心特点的图书、报刊、影视和文学作品，不断丰富青少年的精神文化生活。根据城乡规划，建设了一批青少年活动场所，方便和满足了青少年参与各类活动的需求。团省委命名师大附中、昆一中、云大附中、师大附小、武定县插甸乡希望小学、云南民族博物馆、腾冲县第八中学等7家单位为“云南省未成年人思想道德实践示范基地”。团省委、省禁毒办编写出版《青少年禁毒画册》，开展了“远离毒品，关爱未来”、“青春红丝带”、“不让黄赌毒进我家”活动。省预防青少年违法犯罪工作领导小组办公室编印了《云南省社会治安综合治理工作会议预防青少年违法犯罪工作材料》分发到有关成员单位。省综治委部署了“未成年人零犯罪社区”创建工作。团省委举办了未成年人维权工作培训班，各州市、有关省属公司团干部，共100人参加了培训。三是全省公安、文化、工商、新闻出版等部门对娱乐性歌舞厅、卡拉OK厅、录像厅、电子游戏室和网吧等行业，加强日常监督检查和治安管理，适时开展联合执法行动，坚决查禁黄赌毒等社会丑恶现象。公安、文化、信息办、电信等部门开展了声势浩大的打击色情网站活动。从2003年12月起，全省不再审批新的单体“网吧”，并加强对“黑网吧”的查处力度。四是深入开展了“青少年违法犯罪社区预防计划”以及“优秀青少年维权岗”、“青年文明社区”、“无毒

社区”、“无毒村”等创建活动。各地加强对司法程序中未成年人合法权益的保护,成立专门的工作机构,积极为青少年提供有效的法律服务和援助。法院系统加强青少年法庭组织机构,省高院专门成立了少年审判指导小组,建立专门建制的少年法庭42个,少年犯罪案件合议庭65个,聘请特邀陪审员283人,基本建立起了一套完整的未成年人犯罪刑事审判工作体系。检察院系统积极开展对违法犯罪青少年的帮教工作,对依法不按犯罪处理不捕、不诉的未成年人进行回访考察和帮教工作。2004年,昆明市五华区人民法院刑事审判第二庭等13个集体,楚雄州公安局西城分局干警焦学平等7名个人被授予全国优秀“青少年维权岗”称号和全国优秀“青少年维权岗”创建活动先进个人称号。五是结合贯彻落实“四五”普法规划,重点开展了《中华人民共和国预防未成年人违法犯罪法》和《中华人民共和国未成年人保护法》学习宣传活动。全省60%以上的中、小学已配备了法制副校长,城镇中小学全部配备了专职或兼职法制副校长。在社区、企业里建立了一批社区法律学校、社区青少年服务中心、青少年法制教育基地等基层工作阵地,充分发挥其教育、服务、示范的功能和作用。云南省高级人民法院编印出版了《中学生以案学法读本》,以加强青少年的法制教育。六是明令禁止在中小学校周边200米以内开设网吧、游戏厅等娱乐场所,禁止在校学生和未成年人进入网吧和游戏厅。一些地方在中小学门口派有交警、巡警和治安联防人员,负责上学和放学时段人流高峰期疏导交通;一些地方在学生上学和放学尤其是晚自习时段内,加强对校园周边及复杂路段的巡逻守护。

中共云南省委办公厅
云南省人民政府办公厅
转发《省委政法委、省综治委关于开展创建“平安县(市、区)”活动的意见》的通知

(2004年9月23日)

各地、州、市、县党委和人民政府(行政公署),省委和省级国家机关各部委办厅局,各人民团体,各大专院校:

近年来,我省各级党委、政府以“三个代表”重要思想为指导,始终坚持“打防结合、预防为主”的方针,大力加强社会治安综合治理工作,有力地维护了全省社会政治稳定,为全省经济社会发展创造了良好的环境。但目前我省社会治安形势依然十分严峻,维护社会稳定的任务十分艰巨。为进一步深化社会治安综合治理工作,确保我省经济社会协调发展和全面建设小康社会目标的顺利实现,省委、省政府决定在全省开展创建“平安县(市、区)”活动,通过3至5年的努力,确保90%以上的县(市、区)达到“平安县(市、区)”的创建标准,逐步实现建设“平安云南”的目标。经省委、省政府领导同意,现将《省委政法委、省综治委关于开展创建“平安县(市、区)”活动的意见》转发给你们,请结合实际,认真贯彻执行。

创建“平安县(市、区)”活动是推进我省社会治安综合治理工作、建设“平安云南”的重要举措。各级党委、政府以及各部门要站在提高党的执政能力的高度,按照活动的总体目标要求,增强自觉性和紧迫感,切实担负起保一方平安的政治责任,高度重视,精心组织,完善措施,真正把这一关系到社会长治久安的大事抓紧抓好,抓出成效,努力营造团结和谐、规范有序、安全稳定的治安环境和

人民群众安居乐业的生活环境，为我省经济建设和社会发展提供有力保障。

省委政法委　省综治委
关于开展创建"平安县(市、区)"活动的意见

(2004年9月20日)

为贯彻落实党的十六大提出的"社会秩序良好，人民安居乐业"的要求，推动社会治安综合治理工作的深入开展，为全省经济社会全面协调发展和全面建设小康社会营造长期和谐稳定的环境，现就在全省开展创建"平安县(市、区)"活动提出以下意见。

一、创建"平安县(市、区)"的指导思想、总体目标和要求

(一)指导思想。坚持以邓小平理论和"三个代表"重要思想为指导，认真贯彻党的十六大和十六届三中、四中全会精神，牢固树立和全面落实科学发展观，紧紧围绕经济建设这个中心，牢牢把握发展这个第一要务，以加快县域经济发展和社会进步为主线，以强化基层基础工作为重点，深入开展"平安县(市、区)"创建活动，维护全省社会稳定，推动全省"三个文明"协调发展，为全面建设小康社会营造良好的环境。

(二)总体目标。以县(市、区)为单位开展平安创建活动，通过3至5年的努力，使全省90%以上的县(市、区)达到"平安县(市、区)"的创建标准，把云南建成社会更加稳定、民族更加和睦、边防更加巩固、治安更加良好、群众更加安康的全国社会治安先进省份。

(三)总体要求。坚持"打防结合、预防为主"的方针，完善贯彻"严打"方针的经常性工作机制，打防并举、专群结合的社会治安防控机制，维护社会稳定的领导责任机制，正确处理人民内部矛盾的排查调处机制和维护公共安全的应急机制，推进社会治安防控体系建设，强化综合治理组织建设和基础工作，抓好社会治安综合治理各项措施的落实，不断提高打击违法犯罪能力、社会治安防控能力、矛盾纠纷排查调处能力以及群体性事件和突发性事件预防处置能力，形成党委、政府统一领导，有关部门齐抓共管，社会各界广泛参与的创安工作格局，努力营造团结和谐、规范有序、安全稳定的治安环境和人民群众安居乐业的生活环境，省经济建设和社会发展提供有力保障。

二、创建"平安县(市、区)"的主要措施

(一)坚持"两手抓，两手都要硬"，确保经济社会协调发展。各级党委、政府要按照十六届四中全会提出的"妥善协调各方面的利益关系，推进社会管理体制创新，加强和改进新形势下的群众工作，维护社会稳定"的要求，坚持把最广大人民的根本利益作为制定政策、开展工作的出发点和落脚点，正确反映和兼顾不同方面群众的利益，正确处理改革发展稳定的关系，切实把改革的力度、发展的速度和社会可承受的程度统一起来，注重维护和实现社会公平，妥善处理好收入分配、利益调节、民权保障、政府施政、司法公正等经济、政治、社会问题。真正做到在社会稳定中推进改革发展，通过改革发展促进社会稳定。正确处理经济建设与社会发展的关系，坚持以经济建设为中心不动摇，高度重视社会稳定工作，推动"三个文明"协调发展。

(二)牢固树立强基固本思想，切实加强基层基础工作。各级党委、政府要扎实推进"云岭先锋"工程，进一步加强基层政权建设，切实提高基层组织依法行政能力和自我管理水平。加强村(居)委会、治保、调解等群众自治组织及"两所一庭"的组织建设、业务建设、队伍建设和基础设施建设。加强领导协调，整合各方力量，形成以基层党组织为核心，基层群众自治组织为基础，基层政

法、综治组织为骨干的维护社会稳定工作网络。按照“条块结合、上下联动，突出基层、分步推进”的原则，加大基层创安工作力度，把“平安县(市、区)”与“平安社区”、“平安校园”、“平安乡镇”等各层次、各系统的平安创建活动有机结合起来，不断巩固和扩大创建成果，努力实现“发案少，秩序好，社会稳定，群众满意”的创建目标，充分发挥基层组织在维护稳定中的第一道防线作用。

(三)坚持“严打”方针，始终保持对严重刑事犯罪的高压态势。坚定不移地贯彻“严打”方针，加强政法部门之间的协作配合，重点打击涉枪、涉爆、绑架、杀人、投毒、伤害等严重暴力犯罪，严厉打击黑恶势力犯罪和盗窃、抢劫、抢夺等多发性犯罪，增强“严打”工作的主动性、针对性和时效性，始终保持对严重刑事犯罪的高压态势，努力降低发案率，提高破案率，最大限度地控制重大恶性案件的发生。加强对社会治安形势的分析评估，深入排查整治治安混乱地区和突出治安问题，强化治安管理，坚持不懈地打击黄赌毒等社会丑恶现象。

(四)高度重视和切实加强新形势下隐蔽战线的斗争。充分认识新形势下对敌斗争的长期性、艰巨性和复杂性，认真研究和把握对敌斗争的新情况、新特点，采取有针对性的措施，严密防范和严厉打击境内外敌对势力和敌对分子的渗透破坏活动，防止敌对势力插手和利用人民内部矛盾制造事端以及利用互联网等技术手段进行蛊惑煽动和从事非法活动。继续深化与“法轮功”等邪教组织的斗争，始终保持对暴力恐怖活动的高压态势，加大对境内外“三股势力”的防范打击力度，确保全省社会政治稳定和民族团结。

(五)大力加强禁毒斗争，有效控制毒品蔓延。层层落实责任，把禁毒和防治艾滋病作为一件大事来抓。坚持“四禁并举，预防为本，严格执法，综合治理”的方针，紧紧抓住遏制毒品来源、遏制毒品危害、遏制新吸毒人员滋生三个重点环节，积极推进境外禁毒除源、境内堵源截流和省内禁吸戒毒“三大战场”。深入组织开展禁毒专项斗争和毒品整治行动，依法从重从快严厉打击毒品犯罪。加强禁吸戒毒工作，提高吸毒人员发现率和收戒率。深入开展“无毒社区”、“无毒村”、“无毒单位”和“无毒家庭”等创建活动。加大禁毒宣传教育力度，提高全民禁毒意识。充分发挥街道、办事处、政法组织和工青妇等群众组织的作用，把禁毒工作的各项措施落实到基层。坚持专群结合，全民行动，大打禁毒人民战争，使境内制毒贩毒活动受到严厉打击，使境外毒品渗透势头得到有效遏制，吸毒人员戒断巩固率明显提高，非法种植毒品原植物基本禁绝，毒品的社会危害逐步减轻，全省大部分县(市、区)成为“无毒县”。同时，要全面深入地做好艾滋病预防和防治工作。各地要把艾滋病防治工作切实纳入党委、政府工作议事日程及国民经济和社会发展规划，保障必要的人力、物力和财力，做到防治目标到位、政策措施到位、职责任务到位；要把艾滋病防治工作纳入公共卫生体系建设和合作医疗试点的总体规划中；要为患者提供救助，组织患者生产自救，把落实“四免一关怀”政策措施的工作做细做实，真正把党和政府的关怀落实到每一个艾滋病感染者和患者身上。

(六)认真做好人民群众来信来访工作，妥善处置群体性事件。坚持“分级负责、归口管理”、“谁主管谁负责”的原则，坚持依法办事、按照政策办事，既依法维护群众的正当权益，又坚决维护社会稳定。正确处理人民内部矛盾，及时化解和消除各种不稳定因素。以畅通信访渠道为主线，以解决群众信访问题为核心，以基层信访工作为重点，依法保护群众正当的信访权利，规范信访工作行为和群众上访行为，妥善解决带有政策性、苗头性和群体性的信访问题。完善信访工作责任制，实行包案处理制度，加大督察督办力度，坚持有访必接、有信必复，切实提高要信要访办结率、息诉率和群众满意率，有效遏制重复访、越级访、集体访上升的趋势。高度重视矛盾纠纷的排查调处工作，紧紧围绕人民群众反映强烈的热点、难点问题，立足基层，深入群众，做到有领导负责，有专人处理，有调处方案，有解决时限，最大限度地把各类矛盾纠纷解决在基层，解决在当地，解决在萌芽状态。进一步建立完善预警和应急机制，有效应对各种突发事件，防止矛盾激化和事态扩大，努力减少其对社会的影响和冲击。

(七)坚持“以人为本，以德育人”方针，做好预防青少年违法犯罪工作。认真贯彻落实中央关于加强和改进未成年人思想道德建设的意见，不断加强和改进青少年思想道德建设和法制教育，使他们增强辨别是非、依法自我保护、抵御不良影响和预防犯罪的能力。落实预防青少年违法犯罪各项工作措施，完善家庭、学校和社区相结合的教育和管理机制，切实加强对青少年重点人群的教育、管理和服务，加强对流浪儿童的救助和管理。坚决查处和打击危害青少年身心健康的违法行为，坚持不懈地开展"扫黄打非"、"清理整顿文化娱乐市场"、"学校及周边治安整治"等专项行动，切实加强对互联网上网服务营业场所、电子游戏经营场所、营业性歌舞娱乐场所和录像厅等社会文化场所的管理，营造有利于青少年健康成长的良好环境。

(八)加强安全生产工作，建立健全公共安全预警和应急救援体系。认真贯彻中央和省关于进一步加强安全生产工作的部署，逐级落实安全生产责任制。坚持"安全第一、预防为主"的方针，建立完善安全生产监管体系，加强安全生产信息、技术装备、宣传教育、培训等体系建设，把安全生产的各项要求和措施落实到生产经营的各个环节。深入开展煤矿、非煤矿山、道路交通、危险物品、建筑等安全专项整治和人员密集场所消防安全专项整治。建立健全安全生产检查制度，加强对事故隐患的排查整改，改善重点行业和事故高发领域安全生产状况，坚决扭转各类事故上升的势头，努力实现全省安全生产秩序明显改善、安全生产形势稳定好转的目标。建立健全公共安全预警机制，制定完善应急救援预案，建立应急救援组织和专业队伍，加强力量配置和装备建设，整合应急救援资源，逐步构建全省上下统一指挥、反应灵敏、协调有序、运转高效的应急救援体系，全面提高应对突发公共事件的能力。

(九)加快构建社会治安防控体系，提高社会治安整体防范水平。按照《中共云南省委办公厅、云南省人民政府办公厅关于转发〈云南省社会治安综合治理委员会关于县(市、区)实施社会治安综合治理整体联动防范工程的意见〉的通知》(云办发[2003]5号)要求和确保重点、评价急后缓的原则，因地制宜，科学规划，分步实施，整体推进，建立以县(市、区)为单位，全方位、多层次、宽领域、动态性的治安防范联动工作机制，有效预防、控制和减少犯罪；要将加强社会治安防控体系建设作为创建"平安县(市、区)"的主要内容和基础性工程，在机构设置、人员配备、工作经费等方面给予必要保障，构建全方位、立体化、动态性治安防范工作机制。坚持专群结合，规范和落实党政机关、人民团体、企事业单位、社会组织和群众的治安防范责任，加强基层综治委和群防群治组织建设，充分发动和依靠群众做好治安防范工作；加强对流动人口、闲散人员等重点人群和出租房、歌舞厅等重点场所的管理，落实社会治安综合治理的各项措施，努力构建长效机制，不断提高全省社会治安整体防控能力和水平，确保人民群众安居乐业。

(十)深入开展普法和依法治理工作。以党政机关领导干部为重点，以司法和行政执法人员、企业经营管理人员为骨干，以广大人民群众为主体，深入开展法制宣传教育活动，进一步加强对全体社会成员尤其是青少年的法制教育、安全防范知识教育，创新普法方式，完善普法手段，拓展宣传阵地，丰富宣传内容，不断提高全民的法制意识和自我保护意识。充分借助各类新闻媒体和大众传播网络，大力开展创建"平安县(市、区)"宣传活动，营造良好的舆论氛围，形成全民参与、人人行动的强大合力。严格依法行政，坚持依法治理，推动我省"平安县(市、区)"创建工作走上制度化、规范化、法制化的轨道。

三、创建"平安县(市、区)"的组织领导

(一)加强领导，周密部署。各级党委、政府要把创建"平安县(市、区)"作为维护社会稳定工作的重要载体和内容，纳入经济社会发展总体规划，实行目标管理，切实加强领导，精心组织，认真规划，统筹考虑，统一部署。要结合本地实际，理清工作思路，制定政策措施，加大投入，着力解决维护社会稳定工作的突出问题。党政主要领导要切实承担起维护社会稳定工作第一责任人的职责，切实把创建工作落到实处。省里将专门成立创建工作领导小组，统一组织协调全省的创建工作。各地也要加强对创建工作的领导，有计划、有步骤、有重点地推动创建工作的健康发展，力求在解决影响社会稳定的突出问题上见成效，在提高基层维护社会稳定的整体水平上见成效，在推进"平安县(市、区)"创建工作上见成效。

(二)明确责任，严格督察。认真落实维护社会稳定工作责任制，按照"属地管理"和"谁主管谁负责”的原则，层层签订责任状，建立严格的考核奖惩机制，努力把创建“平安县（市、区）”的各项工作落实到单位，落实到基层，落实到责任人，确保创建活动顺利开展。要建立和健全目标明确、责任清楚、评估准确、奖惩分明的考核体系，把建设“平安县（市、区）”的成效作为检验各级党政领导班子和领导干部执政能力和执政水平的重要标志及衡量政绩的重要指标。

（三）齐抓共管，形成合力。“平安县（市、区）”创建活动是一项系统工程。各级综治委及其办事机构要加强对创建工作的组织、协调和指导，加大督促检查力度。综治委各成员单位和有关部门要按照创建活动的任务和要求，明确职责分工，理顺工作关系，认真履行职能，密切协调配合，确保创建工作各项任务落到实处。要坚持创建工作重心下移，充分发挥基层党组织的作用，狠抓各项创建措施的落实，全面提高基层创安工作水平。要把创建活动纳入基层群防群治活动中，健全社区和村（居）委会组织，配备必要工作人员，提供基本工作条件，为创建活动搭建有效的管理服务平台。要坚持走群众路线，动员广大群众积极参与创建“平安县（市、区）”活动，真正形成党委、政府统一组织领导，各部门分工负责、密切配合，社会各界广泛参与、大力支持，各项工作协调发展、整体推进的良好局面。

（四）落实经费，提供保障。各地要严格按照省里的有关规定，保障政法机关正常运转所需工作经费。要根据创建工作的目标任务，多渠道筹集资金，加大投入力度，对治安问题突出、创建任务较重的地区要给予重点支持和保障。要加大对贫困地区政法经费补助力度，确保创建活动顺利开展。

四、创建“平安县（市、区）”的考核验收

（一）坚持标准，认真考核。要把确保社会持续稳定，确保广大群众安居乐业，确保改革发展顺利推进作为检验和衡量“平安县（市、区）”建设成效的根本标准。省综治办要牵头组织有关部门，研究制定创建“平安县（市、区）”的考评办法。考评办法要向社会公布，并设立举报电话及信箱，接受社会和群众的监督。

（二）逐级申报，分级命名。考核验收采取申报制，逐级申报，分级命名，并与社会治安综合治理目标管理责任制考核一并组织实施。各地、州、市综治办对当年申报达到创建标准的县（市、区）进行考评，考评合格，由各地授予地（州、市）级“平安县（市、区）”称号；对创建“平安县（市、区）”工作卓有成效、取得突出成绩的，由省委、省政府命名为“平安县（市、区）”。对命名活动采取动态管理，不合格的取消称号。

云南省社会治安综合治理委员会关于印发《云南省社会治安综合治理整体联动防范工程考评标准》的通知

（2004年1月5日）

各地州市综治委、省综治委各成员单位：

为了深入贯彻落实省委办公厅、省政府办公厅转发的《云南省综治委关于县（市、区）实施社会治安综合治理整体联动防范工程的意见》（[2003]5号）文件精神，进一步推动我省的治安防范体系建设，经省委、省政府同意，现将《云南省社会治安整体联动防范工程考评标准》印发，2004年、2005年、2006年我省的社会治安综合治理目标责任考核将依照此《考评标准》进行，请各地、各单位遵照执行。

云南省社会治安综合治理整体联动防范工程考评标准

为了进一步促进和深化社会治安综合治理工作，改进社会治安综合治理工作的检查考评办法，完善综治工作考核评比机制，建立健全维护治安平稳的长效机制，根据中央综治委下发的《省、自治区、直辖市社会治安综合治理工作考核评比标准》(综治委[2003]17号)，中共云南省委办公厅、云南省人民政府办公厅《关于县(市、区)实施社会治安综合治理整体联动防范工程的意见》(云办发[2003]5号)提出的建立社会治安整体联动防范工程的8个体系7大目标的要求，特制定云南省社会治安综合治理整体联动防范工程建设考评标准。

一、考核的指导思想

以“三个代表”重要思想和党的十六大关于社会治安综合治理工作的要求为指导，以中央《关于进一步加强社会治安综合治理的意见》(中发[2001]14号)、《关于加强社会治安防范工作的意见》(中办发[2002]26号)为依据，坚持“打防结合，预防为主”的方针，推进社会治安防控体系建设。本着实事求是、严格标准、注重实效的原则，客观公正、全面科学地进行综治工作考评，达到表彰先进，督促后进，推动社会治安防范体系建设各项工作的落实，为改革发展创造长期和谐稳定的社会环境。

二、考核的具体标准

(一)党委政府重视，加强了对综治工作的组织领导(10分)

第1条(6分)　各级党委政府把治安防范工作摆上了重要议事日程，列入工作目标，并以文件、会议的方式作了安排部署(2分)。每年常委会或政府常务会集体研究综治工作不少于2次(2分)。每年召开综治委全会不少于3次(2分)。

第2条(4分)　社会治安综合治理经费得到落实，地(州、市)人均不低于0.2元，县市区人均不低于0.3～0.5元，并列入了财政预算，且有财政拨款凭证(3分)；投入的经费基本能保证综治工作需要，并注重了长效性经费投入机制的形成(1分)。

(二)综治、政法基层组织得到加强。(10分)

第3条(3分)　乡镇、街道至少落实了1名综治专干(1分)，村委会、社区的综治领导、办事机构健全，具体工作人员落实(1分)；建立基层综治干部培训制度，一年开展1次以上的集中培训(1分)。

第4条(3分)　公安派出所、法庭、司法所、警务室等政法基层组织健全(1.5分)；公安政法机关警力下沉，充实了一线力量，一线警力及实战单位警力占警力总数的三分之二以上(1.5分)。

第5条(4分)　城镇社区和城郊村小组专职治保巡逻人员不少于3人(2分)。大型民营企业、宾馆、酒店、集贸市场、金融机构、交通客运场所等单位聘有保安并管理规范，专业化程度提高(2分)。

(三)联动防范机制健全，构建完善了8大治安防控体系(40分)

第6条(8分)　社会面流动犯罪防范体系健全和完善。以110指挥平台为龙头的快速反应机制建立健全，交通沿线、农村治安混乱地区开通了“乡村110”报警电话(2分)；派出所整合交警、巡警、刑警、社区民警等形成多警合一的防范联勤机制(2分)；将城管、运管、路政、港监、工商、文化、环卫等行政执法队伍纳入了整体联动防范体系，并明确了具体的工作任务。各综治成员单位在联动防范中从各自职能出发，每半年开展了1次以上的专项整治(2分)，履行了维护治安的责任。组织了低保人员、民兵等多种形式的巡逻防范活动(2分)。

第7条(4分)　重点部位治安防范体系健全和完善。在人流、物流集中的繁华区段、车站、码头、市场、交通干线、金融、旅游区等重点部位、复杂场所落实“谁主管谁负责”的责任，设立警务工作室、治安岗亭、报警电话，落实了片区责任民警，配备专职保安人员(2分)。强化科技防范措施，配备科技含量高的安全防范装备(1分)。对重点部位开展了全天候24小时的治安巡逻、防范和监控(1分)。

第8条(8分)　城镇社区防范体系健全和完善。落实了“一区一警”或“一区多警”(2分)，辖区单位内部保安、护厂队、护校队等各种群防群治组织健全(2分)；社区建立了义务的或有偿的治安巡逻队伍并做到常年开展巡逻(2分)；在城镇街面全面推行商业店铺、柜台户户联勤活动，并通过工商所、派出所等部门制定出切实可行的商业店铺、柜台户户联勤制度(2分)。

第9条(4分)　单位内部安全防范体系健全和完善。在单位内部进一步规范配齐门卫室和守楼护院人员、保安人员(2分)，严格各方面的管理，做到入室盗窃等多发性、可防性案件、治安灾害事故与上年同比减少(2分)。

第10条(3分)　农村四级防范体系健全和完善。在农村把警力向治安复杂的乡镇、村委会倾斜。乡、村、社、户四级防范网络建立健全，并有基层组织负责人带队参加治安巡逻防范，具体巡防人员落实(1分)，报酬落实(1分)。乡及村小组民兵参与了当地的治安巡逻，落实了院坝联防、社区联防、村寨联防活动(1分)，群众自防自治能力增强。

第11条(3分)　行政区域边际协作共防体系健全和完善。行政区域边际建立健全了不同隶属关系的军警民协作共防的组织形式和工作制度(1分)，以联席会等方式开展经常性的协作共防活动(2分)。

第12条(5分)　矛盾纠纷排查调处体系健全和完善。县市区进一步健全和完善矛盾纠纷季度排查工作制度(2分)和零报告制度，并每半年向省综治办上报1次排查调处报告(1分)；落实部门、基层组织和有关人员在矛盾纠纷排查调处中的责任，使各种社会矛盾和纠纷在基层得到及时有效的化解，没有发生到地州市以上部门的10人以上的群体上访事件(1分)和因民间纠纷调解不及时而引发的重特大刑事案件(1分)。

第13条(5分)　以专项整治为突破口，推动综合治理各专项领域防控体系的建立和完善。综治委各专门工作领导小组年初制定出考核标准，根据辖区内的治安情况对流动人口管理(1分)、刑释人员安置帮教(1分)、预防青少年违法犯罪(1分)、学校及周边治安整治(1分)、公路、铁路护路(1分)等部门行业的治安防控体系建设加强领导、统一部署、认真督导、严格奖惩、推动落实。

(四)重点防范措施得力(15分)

第14条(4分)　创建安全文明小区(单位)、无毒社区活动有进一步深化的具体措施，坚持了命名(1分)、奖惩(1分)、复查(1分)、摘牌(1分)等动态管理制度。

第15条(11分)　探索并进一步落实流动人口服务管理的有效措施，流动人口中的违法犯罪者的比例同比下降(2分)。每半年排查整治治安混乱地区和突出的治安问题1次(2分)，并将整治结果上报省综治办(1分)。每半年开展1次治安形势分析(2分)，并将分析结果上报省综治办(1分)。每年开展1次公众安全感调查(2分)，并将调查结果上报省综治办(1分)。

(五)治安防范逐步实现社会化(25分)

第16条(7分)　治安整体联动防范运行良好。制定了整体联动方案，以书面形式健全和完善各种工作预案，各综治成员单位在防控体系建设中联得广泛，动得扎实。整体联动方案经各综治成员单位广泛讨论后报经党委政府批准执行(3分)。成员单位参与治安整体联动责任落实，以文件的形式规定了成员单位在整体联动中的职责任务(2分)；地(州、市)、县(市、区)、乡镇(街道)成员单位在治安防范中职能作用发挥得好，成员单位内部治安、刑事发案同比下降的单位在90%以上(2分)。

第17条(3分)　犯罪高发区地段和机关、学校、企事业单位、重要场所、物业小区等治保重点单位装备了科技监控设施(3分)。

第18条(8分)　财政拨付了见义勇为经费(3分)，见义勇为经费的社会捐助基本能保证工作需要(2分)；落实了群防群治工作经费“一事一议”多渠道筹集的途径，基本保证了工作需要(3分)。

第19条(7分)　当地电视台、电台、广播、报纸等媒体对社会治安综合治理集中宣传和日常宣传工作抓得扎实，整体联动防范工程建设宣传广泛深入，每年均有宣传重点（2分）和具体的宣传内容（2分）。人民群众参与治安防范的意识普遍增强，对见义勇为行为每年进行1次确认、表彰（3分）。

（六）保障机制健全（35分）

第20条（21分）　党委政府重视综治机构建设，地（州、市）综治办不少于4人（3分），县（市、区）综治办不少于3人（3分），综治办机构、编制、待遇落到实处（2分）。按中办[1995]28号文件要求配备了地县综治办主任（2分）。地州市整体联动防范办公室设立（2分），从各综治成员单位抽调的联动办工作人员不少于4人（3分），联动办交通工具解决（3分），联动办工作经费落实（3分）。

第21条（14分）　按上级要求，从当地实际出发制定、落实了综合治理领导责任制（2分）、目标管理责任制（2分）、一票否决权制（2分）、重大问题责任查究制等工作制度；各级党委政府层层签订综治工作目标责任书（3分）；五部委对发生的重大问题及时进行责任追究、实施一票否决权制（1分）；对综治工作特别是整体联动防范工程建设中成绩突出的党政干部进行了表彰（2分）；每年对辖区内开展综治抽查、检查2次（2分）。

（七）治安防范效果明显（45分）

第22条（16分）　辖区内各类刑事案件得到有效控制，刑事案件上升幅度控制在全省平均增幅水平以下（2分）。刑事案件破案率高于全省平均水平（2分）。警均破案绝对数与上年同比上升（2分）。追逃数不低于省公安厅下达的指标（2分）。治安案件查处率达95%以上（2分）。缴获毒品数不低于省公安厅下达的指标（2分）。新增吸毒人员低于全省平均增幅（2分）。本地重大的政治、经济、外事、文体、节庆等活动安全，没有发生在全省有影响的，被上级综治委下达《重大问题领导责任查究通知书》的重大治安灾害事故、重特大刑事案件、重大安全生产事故（2分）。

第23条（6分）　各地（州、市）检察系统案件起诉率不低于全省同期平均水平（3分）；各地（州、市）法院系统案件审结率不低于全省同期平均水平（3分）。

第24条（10分）　司法所及矛盾调处中心对矛盾纠纷的调处率达95%以上（2分）。因民间纠纷调解不力激化为刑事案件同比减少（2分）。青少年犯罪率同比下降（2分），刑释解教人员重新犯罪率低于全省同期平均水平（2分）。完全制中小学配有法制副校长或法制辅导员并有法制课教学计划（2分）。

第25条（13分）　对农村反邪教警示教育活动组织有力，完成干部培训任务，进村入户宣传面达到要求（1分）。对“法轮功”练习者定期排查、有效控制、防止反复，无到昆进京练习者（2分），无串联集会活动（1分），无自杀等现象（1分）。对邪教依法打击取缔，无邪教蔓延扩散的（1分）。大力查禁社会丑恶现象，每半年开展1次扫黄打非专项整治活动（2分）。无100人以上群体性事件发生（2分）。无10人以上群体到昆进京上访的（3分）。

三、综治工作业务及工作创新（20分）

第26条（2分）　地（州、市）综治办按时按质完成上级综治办下达的各项工作任务的（1分），按时填报各种报表及材料的（1分）。

第27条（18分）　地（州、市）所辖部门、单位的综治工作，被中央政法委、综治委命名表彰为先进典型（含先进个人）或综治、政法工作被列为全国会议交流材料的，每出现一个典型加7分。被省政法委、综治委命名表彰为典型或综治、政法工作被列为全省会议交流材料的，每出现一个典型加5分。综治工作、社会治安联动防范工作开拓创新，工作被作为典型在全国推广学习的加4分，工作被作为典型在全省推广学习的加2分。

四、考核验收方法及程序

第28条　本《标准》由地州市党委政府统一领导、组织部署，以县（市、区）为单位组织实施，县（市、区）完成整体联动防范工程建设任务后进行自查，并向地、州、市写出申请验收报告。

第29条　本《标准》将按省委、省政府“力争用3年时间，建立起以县（市、区）为单位，全方位，立体化，动态性的治安防范联动工作机制”的要求，一定三年不变，三个年度均以此《标准》为工作考评依据，重点推动全省治安防范体系的建立和完善。

第30条　2004年度重点考核昆明市所辖的市（区），15个地（州、市）政府所在的城区，县（市）政府所在地的城镇的治安防范体系建设工作；

2005年度重点考核城乡结合部、乡镇政府所在地的集镇的治安防范体系建设工作；2006年度考核治安防范体系建设的全面实现和达标工作。各年度按分值和工作重点进行优秀、合格、不合格的考评。社会治安综合治理工作责任目标与整体联动防范工程建设考核整合为一，统一在本《标准》之内，不再另行考核。本《考评标准》总分为200分。

云南省社会治安综合治理委员会组成人员

综治维稳委

王学仁　综治委主任　省委副书记

李明朝　综治委副主任　省委常委、政法委书记

江巴吉才　综治委副主任　省人大副主任

李汉柏　综治委副主任　省政府副省长

和占钧　综治委副主任　省政协副主席

刘廷贵　综治委副主任　省军区副司令

李定达　综治委副主任　省委政法委副书记

综治办

李继平　综治办主任　省委政法委委员

马远武　综治办副主任

汪　洋　综治办副主任

云南省市、县(市、区)综治委、办主任名单

地　区	综治委主任	综治办主任
昆明市	田云翔	
盘龙区	赵学峰	周红玉
五华区	罗建宾	李　呈
官渡区	吴长昆	李文会
西山区	赵　飞	
东川区	刘兰芳	
安宁市	祝崇祯	李茂文
呈贡县	朱理学	晋凤祥
晋宁县	孟少波	郑建华
富民县	刘海发	王本晋
宜良县	郭子贞	严坤崇
嵩明县	潘开平	李学乾
石林县	王富昌	李永华
禄劝县	蔡永福	黄正辉
寻甸县	刘明海	马良能
曲靖市	陈世贵	李映昌
麒麟区	徐金学	李　德
宣威市	唐宝友	孙运虎
马龙县	高吉贵	段培永
沾益县	宋建平	金春德
富源县	张晓国	曹国稳
罗平县	朱德光	李保明
师宗县	黄耀春	黎建德
陆良县	李卫科	贺建民
会泽县	罗志明	杜玉敏
玉溪市	陈玉侯	李矿生
红塔区	杨兴荣	张国友
江川县	苏绍华	赵　华
澄江县	高明顺	张利祥
通海县	葛　勇	柏朝生
华宁县	周延海	张仁耀
易门县	王从明	汤明华
峨山县	方正春	申有强
新平县	王宏义	普　伦

地　区	综治委主任	综治办主任
元江县	李　泓	石黎光
保山市	肖　卓	刘庆云
隆阳区	石明智	李军林
施甸县	谷正兴	杨　宏
腾冲县	普建辉	赵德荣
龙陵县	张晋平	赵世明
昌宁县	岳黎松	杨贵成
昭通市	张林冲	肖　波
昭阳区	周维彬	江　洪
鲁甸县	李怀祥	锁才本
巧家县	方宗辉	邓怀翔
盐津县	张朝东	樊志荣
大关县	赵云华	肖　华
永善县	吴文富	陆世涛
绥江县	杨光成	邓永才
镇雄县	李　平	
彝良县	宴登武	邓平怀
威信县	何从龙	熊有龙
水富县	安志强	宋承国
丽江市	何金平	赵明华
古城区	和志华	邵　强
永胜县	关鼎武	李鹏飞
华坪县	吴朝正	王系国
玉龙县	陈　彪	和建装
宁蒗县	杨永林	杨文成
思茅市	张希升	李佳维
翠云区	黄春平	石卫东
普洱县	杨永明	杨振宇
墨江县	黄显学	沙云平
景东县	赵昌德	张　雄
景谷县	周　澄	邱继元
镇沅县	叶金泽	马维勇
江城县	李跃平	薛志刚
孟连县		孙愚贵
澜沧县	杨文安	蒋余生
西盟县	柴天向	唐　耀
临沧(市)	杨士吉	李国强
临翔区	董大超	雷怀生
凤庆县	字清华	杨桂芳
云县	何春华	李　帆
永德县	杨世吉	

地　区	综治委主任	综治办主任
镇康县	孙朝升	杨文明
双江县	张锦繁	王天德
耿马县	刘云山	陈秀芳
沧源县	肖国才	周云峰
德宏州	袁　斌	夏　阳
潞西市	张勒干	沈赵留
瑞丽市	何　方	王继红
梁河县	杨晓平	侯永晓
盈江县	张维平	孟宪明
陇川县	刀承祎	林　红
怒江州	王仕宗	普四迪
泸水县	李坤珍	和建昌
福贡县	乔国新	李兴万
贡山县	高德荣	李俊智
兰坪县	和树军	
迪庆州	那此里	李仕光
香格里拉县	马文龙	李益堂
德钦县	登　巴	白玛吾堆
维西县	薛阳和	和玉福
大理州	袁爱光	
大理市	李国源	田世海
祥云县	李宗贤	王体忠
宾川县	李建业	杨文忠
弥渡县	杨本林	李宁河
永平县	李伟龙	杜尚荣
云龙县	李　勇	杨怀东
洱源县	张寿松	赵汝恭
剑川县	张宗全	杨顺荣
鹤庆县	李汝林	
漾濞县	寥光荣	
南涧县	李德忠	吴加尧
巍山县	沙伟风	杨锡彬
楚雄州	李兴旺	周红华
楚雄市	秦国雄	杨　云
双柏县	郭孝益	张秀兰
牟定县	周　雷	李光祺
南华县	郭孟贤	罗志宏
姚安县	胡　雄	张　诚
大姚县	薛　刚	李少敏
永仁县	温连勇	孙玉明
元谋县	兰　松	文显富

地　区	综治委主任	综治办主任
武定县	潘学安	严朝华
禄丰县	陈明贵	李成荣
红河州	张智泽	许　翔
蒙自县	宋　平	王志学
个旧市	向劲涛	赵彦刚
开远市	李　泽	李云书
绿春县	李优核	石然思
建水县	冯　云	钊　辉
石屏县	廖建南	佟忠亮
弥勒县	刘卫明	陈绍辉
泸西县	汪　云	张正友
元阳县	黄双林	杨　彪
红河县	李志明	白继文
金平县	姚晓锁	欧明祥
河口县	黄绍兵	杨向宏
屏边县	李敢建	李张平

地　区	综治委主任	综治办主任
文山州	王承才	董松林
文山县	崔　文	杨子恒
砚山县	冯再跃	李云山
西畴县	彭　斌	李正谦
麻栗坡县	付永刚	吴茂权
马关县	蔡兴贵	陈树坤
丘北县	龚祖庆	单汝泽
广南县	陆维智	盘贵荣
富宁县	玉　荣	杜刚亮
西双版纳州	胡志寿	陈跃平
景洪市	阿　吴	唐建明
勐海县	吕永和	许云普
勐腊县	赵庆东	徐永能

（撰稿人：马远武
审稿人：李继平　丁后盾）

西藏自治区

2004年全区综治工作概况

2004年,西藏自治区综治委在中央综治委和自治区党委、政府的正确领导下,认真结合西藏工作实际,以"三个代表"重要思想为指导,认真贯彻落实党的十六大精神,进一步贯彻落实中央14号文件精神和《中共西藏自治区委员会、西藏自治区人民政府关于进一步加强社会治安综合治理的意见》,坚持"打防结合、预防为主,专群结合、依靠群众"的方针,深入持久地开展"严打"整治斗争,大力推进社会治安综合治理各项措施的落实,有力地维护了全区社会政治局势的稳定,保障了全区改革开放和经济建设的顺利进行。

一、社会治安综合治理领导责任制、目标管理责任制的规范化、制度化建设取得新进展

各地市将社会治安综合治理工作纳入各级党委、政府重要议事日程,与经济工作同部署、同检查、同考核。建立健全目标管理责任制度,采用制度约束和目标考核,促使各地领导干部自觉成为目标落实的主体,成为抓落实的直接责任者和推动者,促进了综治工作措施的有效落实。为了进一步规范考评办法、完善考评制度,自治区综治委于3月25日召开了五部委联系会议,区综治成员单位和去年参加综治检查考评工作的主要领导等出席了会议。会议结合西藏实际,参照内地省市好的经验和做法以及去年在检查考评工作中的具体情况,对《2004年社会治安综合治理目标管理责任书考评办法》进行了认真修改,及时下发各地市综治委征求意见,广泛吸纳各地市综治部门的意见,并将修改、完善后的《2004年社会治安综合治理目标管理责任书考评办法》及时下发各地市和区综治各成员单位,作为2004年综治工作检查考评的重要依据。自治区综治委于12月2日召开综治考评工作预备会,研究年终综治考评工作的相关事宜,明确了考评重点,制定了考评方案,并于12月3日~12月15日完成全区综治检查考评工作。自治区综治委与自治区人大法工委等部门组成检查组,对阿里、日喀则两地贯彻实施《全国人民代表大会常务委员会关于加强社会治安综合治理的决定》和《西藏自治区社会治安综合治理条例》的情况进行了执法检查,推动了全区综治工作的制度化、法制化进程。

二、充分发挥社会治安综合治理在反分裂斗争中的重要作用

在各级党委政府的领导下,综治部门始终将寺庙的管控教育工作作为综治工作的重点,按照属地管理原则,将寺庙纳入社会治安综合治理目标管理责任范围,签订目标管理责任书,制定落实重点人员的管理、教育方案,强化重点人员的监控措施,保证了寺庙及其他宗教活动场所的正常秩序。各级综治部门协调、组织有关部门积极探索边境治安联防的有效机制,落实边境管理措施,强化边境地区的管控工作,严密控制分裂分子潜入潜出的通道,有效防范、打击非法出入境活动,有力地维护了边境地区的安定。其中,日喀则地区定日县前几年非法入境现象一直比较严重,县委、县政府对此引起高度重视,县综治部门一方面积极采取各种措施进行宣传教育,一方面加大打击力度,使非法出入境现象得到了很大的改观。一年来,抓获非法出入境人员104人(非法出境人员22人,非法入境人员82人),同时还抓获蛇头2人。

三、严厉打击各种违法犯罪活动,继续排查整治治安混乱地区和突出治安问题

全区各级公安机关保持对严重刑事犯罪活动的高压态势,狠抓各种大要案的侦破工作,破获了一批隐案、积案、大要案件。各地公安机关和有关部门定期开展专项整治,重点整治社会治安差、群众反映强烈的部位及"黄、赌、毒"等社会丑恶现象,加大对流动人员聚居地、出租房及公共场所消防安全、危险物品的整治和管理力度,一些治安混乱地区和部位的治安面貌得到了改观,群众反映比较强烈的突出治安问题得到了不同程度的解决。

四、认真开展综治宣传工作,不断增强全民参与综合治理的意识

各地(市)、各部门严格按照《责任书》的具体要求,充分结合具体工作实际,认真制定宣传计划,广泛筛选宣传内容,利用广播、电视、报刊,采取悬挂横幅、张贴标语、散发传单、展览图片、设立法律咨询、巡回宣讲等形式,主要对《西藏自治区社会治安综合治理条例》、《中共西藏自治区委员会、西藏自治区人民政府关于进一步加强社会治安综合治理的意见》、《长治久安之路》专题片和各类法律、法规进行广泛宣传。所有公立学校均从公、检、法、司等部门选派专人兼任法制副校长,采取以案说法的形式对学生进行法制宣传教育,普遍提高和增强了学生的遵纪守法意识。为在全社会倡导和营造见义勇为的浓厚舆论氛围,进一步激励社会各界和广大人民群众见义勇为,自治区综治委召开了自治区社会治安见义勇为奖励基金会第三次表彰大会,对自2001年以来我区涌现出来的34名见义勇为先进个人进行了表彰、宣传,在广泛宣传、发动群众的基础上,为基金会募集近60万元。

五、深入开展矛盾纠纷排查调处工作,为人民群众排忧解难

一年来,各级党委、政府,各级综治组织始终将矛盾纠纷排查调处工作作为工作的重点,深入基层,深入群众,倾听群众的意见,了解群众关注的热点、难点问题,及时发现和掌握存在的矛盾隐患,积极开展调处工作,建立定期排查制度。各级综治办按照"属地管理"和"谁主管谁负责"、"谁经营谁负责"的原则,对排查出来的矛盾纠纷,实行分工负责,归口调处,把调处责任落实到具体部门、单位和个人,坚持抓早抓小抓苗头,把问题解决在基层、解决在萌芽状态。安排专人负责,及时汇总,按时上报,坚持实行"零报告"制度。为推动全区矛盾纠纷排查调处工作的有效开展,促进全区社会政治稳定,自治区党委办公厅、政府办公厅转发了自治区综治委制定的《西藏自治区矛盾纠纷排查调处工作机制》。各地、各有关部门认真贯彻落实文件精神,加强排查调处工作制度化、规范化建设,使全区的矛盾纠纷排查调处工作进入了一个新阶段。据统计,2004年1~12月,全区排查调处矛盾纠纷6976起。妥善处置群体性事件57起,群体性事件与上年同期相比减少1起,下降1.7%,参与总人数3172人。通过这项工作,及时避免和减少了一些因矛盾纠纷激化而引发的刑事案件,预防和妥善处置了大量群体性事件,有力地维护了社会稳定。

六、加强了青藏铁路沿线的社会治安综合治理

为了保障青藏铁路工程建设的顺利推进,将青藏铁路建设总指挥部拉萨指挥部纳入了自治区综治委成员单位,自治区综治委下发了《关于加强青藏铁路西藏段建设期间社会治安综合治理工作的意见》。为了有效预防和解决青藏铁路西藏段施工中出现的劳务、劳资纠纷,避免发生各种矛盾纠纷及群体性事件,自治区政法委、综治委召集路地双方各有关部门,进行了专题研讨,并提出了有效预防和解决拖欠民工工资问题、有效预防和处理各种矛盾纠纷及群体性事件的工作措施。自治区综治办会同青藏铁路拉萨指挥部,对铁路建设部分施工单位落实综合治理工作的情况进行了检查。

七、基层安全创建活动得到进一步深化

一些地市加强基层综治组织,整合基层治安资源,把社区管理教育、社区服务和社区治安防范紧密结合起来,提高了社区的整体防范水平。如:拉萨市城关区在八廓街和雪新村分别设立了社会治安综合治理工作服务站,全区各地也相继建立了治安防控点,并逐步发挥出了它们在治安防范、管理、控制方面的重要作用。为贯彻落实中共中央、国务院《关于进一步加强和改进未成年人思想道德建设的若干意见》和中央综治委《关于深化预防青少年违法犯罪工作的意见》,各地、各有关部门广泛开展了针对中小学生的法律、安全宣传教育,推动创建优秀"青少年维权岗"活动。为加强这项工作,自治区综治委召开了专题会议,对全区预防青少年违法犯罪工作作了进一步部署。

针对西藏、青海两省区边界地区因草场、虫草资源等引发的矛盾纠纷相对比较突出这一特点，自治区综治委承办了在拉萨召开的西藏青海两省区共建平安边界座谈会。双方分析了边界地区的治安形势和存在的问题，会议形成了《西藏青海两省区共建平安边界工作机制》，为两省区边界地区社会持续稳定、群众安居乐业打下了坚实的基础。

各级综治部门根据全区综治工作会议精神和综治《责任书》的具体要求，结合工作实际，以流动人口和出租房的管理为重点，制定相应的工作措施和工作方案，制定创建标准，确定创建目标，扩大创建覆盖面。真正做到"四个结合"：一是结合本地区、本部门的治安工作实际，不搞形式主义；二是和城市建设紧密结合起来，把治安防控设施作为城市基础设施的组成部分，做到同规划、同落实；三是和社区建设紧密结合起来，健全社区综治组织，整合社区治安资源，提高社区的整体防范水平；四是和社会主义精神文明建设紧密结合起来，增强群众的道德法制观念和治安防范意识，形成维护治安人人有责的社会氛围。完善落实单位内部各项安全保卫制度，加强防范工作，把"谁主管、谁负责"的原则落到实处，做到"看好自己的门，管好自己的人，办好自己的事"。对发生重大刑事、治安灾害事故的，严格追究主管领导、分管领导和有关责任人的责任。其中拉萨市城关区在八廓街和雪社区分别设立了社区综合治理服务站，坚持服务社会、方便群众和进一步遏制犯罪的原则，坚持为民、利民、便民思想，高度重视社区综合治理服务工作，把社区综合治理服务工作作为树立党和政府形象的重要窗口，形成各部门齐抓共管协同作战的工作方式，全方位、多角度地服务广大人民群众。

一年来，全区社会治安形势总体稳定，人民群众对社会治安的满意程度在逐步提高。但是，治安形势仍然不容乐观，治安管理面临着压力和挑战，全区刑事案件发案总体上升，盗窃、伤害、抢劫、毒品犯罪案件突出，青少年犯罪引起社会关注。全区各级公安机关刑事案件立案同比上升22.5%。在全部案件中，盗窃案件立案同比上升24.6%；伤害案件立案同比上升19.7%；抢劫案件立案同比上升60.4%；毒品犯罪同比上升45.7%。全区各级公安、边防部门抓获非法出入境人员同比上升66.5%。交通事故和火灾事故形势依然严峻。在社会治安状况方面，出现了一些新情况、新问题，第一个特点是，一些地方由人民内部矛盾引发的群体性事件增加，从统计数据来看，规模扩大，人数增多，出现了青藏边界万人以上的群体性事件。第二个特点是"两抢"案件上升，特别是"两抢一盗"案件上升幅度比较大，如：拉萨市上升了69%。随着交通条件的改善，特别是青藏铁路的开通，两抢一盗案件有可能出现大幅上升的趋势。第三个特点是安全事故问题，特别是交通安全事故问题还比较突出。

从综治工作来看，一是基层综治工作力量薄弱。除自治区一级设立了综治委办公室外，县以下均未设立专门的综治办，从事综治工作的人员均为兼职。所以，无机构、无编制、无专职人员的机构设置状况严重影响了各项综治基础工作的进一步开展，也不能严格完成中央交办的部分工作任务。二是基层防控体系薄弱，创安工作相对滞后，可防性案件居高不下，严重影响了人民群众的生命和财产安全。西藏处于最西部高海拔地区，自然条件恶劣，经济发展缓慢，财政收入水平低，虽然全区73个县(市、区)都按要求将综治工作经费纳入财政预算，但纳入综治工作的经费比较低，好的一二万元，差的仅几千元。近年来，主要依靠中央和内地省市的大力支持，才保证了大部分工作的正常开展。三是由于机构不健全、人员不到位、经费得不到保障，严重影响了预防青少年违法犯罪工作领导小组，刑释解教人员安置帮教工作领导小组，流动人口治安管理工作领导小组和学校及周边治安管理工作领导小组等四个专门工作小组职能作用的发挥。随着城市的迅速发展，城市规模不断扩大，以及青藏铁路的正式运营，外来务工人员大量增加，而相应的社区居委会、社区警务建设、流动人口管理等设施严重滞后，导致防控流动人口犯罪的难度加大。

预防青少年违法犯罪工作情况

一、提高认识,统一思想,加强领导

为贯彻落实中共中央、国务院《关于进一步加强和改进未成年人思想道德建设的若干意见》和中央综治委《关于深化预防青少年违法犯罪工作的意见》,自治区综治委预防青少年违法犯罪工作领导小组召开了成立以来的第一次会议,区团委、区公安厅、区检察院、区高法、区教育厅、区文化厅等成员单位参加了会议。会议对预防青少年犯罪工作进行认真总结,提出了下步工作措施,形成了工作制度。提出了落实中央综治委下发的《青少年违法犯罪社区预防计划》的工作思路,在加强基层基础工作,充分发挥预防青少年违法犯罪工作领导小组及办公室的作用,加强对工作的检查、督促、指导,加强青少年法制教育,推广和完善兼职法制副校长制度,增强青少年的法律意识和自律自护能力等方面提出了明确要求,初步形成了各部门协调配合,建立完善工作机制、齐抓共管的工作格局。

二、加强法制教育,努力增强广大青少年的法律意识

一是进行普法宣传教育。2004年,西藏自治区综治委预防青少年违法犯罪领导小组在布达拉宫广场、区邮政局门前等地开展了多层次、多角度的宣传教育活动。通过宣传车、宣传栏、广播、现场答疑等形式,向社会宣传《中华人民共和国未成年人保护法》、《西藏自治区实施〈中华人民共和国未成年人保护法〉办法》、《中华人民共和国预防未成年人犯罪法》等法律法规。同时通过发放图文并茂的小读本、悬挂横幅、图片展览、以案说法、专题节目等多种形式,对青少年进行学法、守法的自觉性教育,不断扩大了法制教育的广度和深度,收到了良好的效果。

二是加强法制副校长工作。从区教育厅、区文化厅掌握情况表明,所有公立学校严格按照《2004年西藏自治区社会治安综合治理目标管理责任书》的具体要求,从公、检、法、司等部门选派优秀干警兼任法制副校长、法制辅导员。明确法制副校长的职责,对在校学生进行法制教育,协调有关部门开展学校及周边治安秩序整治,帮助学校沟通与社区、家庭及社会有关方面的情况等,在配合校园及周边环境整治专项活动中起到了良好的效果。林芝地区各学校根据社会治安综合治理目标管理责任书的要求,从政法部门聘请了一批素质高、业务精、作风硬的干部担任学校法制副校长。每学期开展2~3次法制教育课,以案说法,让学生了解更多的法律知识,增强学校师生的安全防范意识,对预防和减少青少年违法犯罪起到了积极作用,为广大青少年的健康成长提供了良好的法制环境。

三是举办法制讲座。各级综治部门利用"6·26"国际禁毒日以及"12·4"法制宣传日,结合青少年的身心特点,组织有关司法干警,采取知识讲座、视听演示等形式,面向在校学生进行有关禁毒、扫毒等贴近青少年日常生活、学习内容的宣传教育,在一定程度上增强了他们的法制意识。

四是开设法制教育课。各级综治部门积极寻求教育部门的支持和配合,在学校开设法制教育课,教育内容主要为《治安管理处罚条例》、《刑法》、《中华人民共和国未成年人保护法》等与未成年人有关的法律知识,努力建立健全学校的法制教育制度。如那曲地区要求中小学把法制教育纳入教学大纲,每学期必须安排至少3次法制教育课。

三、开展校园及周边整治活动,营造有利于青少年健康成长的社会环境

2004年,各级综治部门积极协调相关单位组成工作组,严格按照"学校200米之内不得设立三室一厅"、"经营性上网场所严禁接纳未成年人"等有关规定,多次对中小学周边环境进行了清理整顿,对校园及周边的饮食、食品、生活用品摊点进行了检查和控制,协调交警部门大力整治了校园周边的交通秩序,并联合有关部门对拉萨市各网吧进行了抽查。同时,通过发倡议、签名、宣誓等形式,引导青少年进行自我教育,自觉远离诱惑,远离危害。目前,大多数不宜未成年人活动的场所,如歌舞厅、酒吧、网吧、游戏厅等,都在明显位置悬挂了禁止未成年人进入的标志,并能自觉做到不接纳未成年人入内,校园周边环境得到了一定的改善,师生的安全感有了明显增强。对影响学校周边地区的治安问题,林芝等地区组织公安、教育、文化、工商、共青团、城建、普法办、消防、卫生等部门成立了专项整治小组,进行清理整治,给学校师生创造了一个良好的教学秩序和治安环境。

四、开展优秀"青少年维权岗"创建活动

2004年,自治区综治办与团区委组织在公、检、法、司、广播电视、新闻出版、工商等与未成年人事务密切相关的系统内广泛开展启动优秀"青少年维权岗"创建活动。出台了《西藏自治区优秀"青少年维权岗"管理办法》,成立了西藏自治区优秀"青少年维权岗"创建活动领导小组。目前,全区现有国家级优秀"青少年维权岗"7个,自治区级6个。

五、加强青少年的自护教育

在各成员单位的支持下,预防青少年违法犯罪工作机构一直将加强青少年的自护教育作为一项重要工作内容来抓。2004年,各级预防办根据本地区的实际情况,本着量力而行的原则,结合"雏鹰争章"活动,继续举办了"争当交通安全小卫士"、"警营一日"、"禁毒防艾"公益夏令营、野外生存培训、受害预防讲座等有关交通、消防、防范侵害等方面的自护教育。通过讲座、多媒体演示、观看专题片、组织讨论等方式,教育青少年增强法制观念,增强自我保护意识,提高防范侵害的能力。

六、重视失足青少年的帮教工作

一方面与政法部门合作,组织干警定期对在押青少年进行法制讲座,进行心理咨询和指导,帮助他们正确认识自己的错误;另一方面,组织青年志愿者定期到监所与他们建立结对关系,赠送学习书籍,进行交流和谈心,增强其重新做人的信心。

"严打"整治和反分裂斗争工作情况

2004年,自治区综治委在自治区党委、政府的正确领导下,结合具体工作实际,认真贯彻落实中央、自治区社会治安综合治理工作会议精神,紧紧抓住我区存在的突出治安问题,精心组织、周密部署、全力以赴、突出重点,有计划、有步骤地开展了"严打"整治斗争和反分裂斗争,狠狠打击了分裂主义分子的破坏活动和各类犯罪分子的嚣张气焰,有力地整治了一批社会治安混乱的地方和场所,消除了一批社会治安隐患,有效地遏制了刑事犯罪案件的高发势头。

各级党委、政府高度重视"严打"整治斗争和反分裂斗争,充分发挥领导核心的作用,成立了由党委、政府主要领导挂帅的领导小组。一些地方党委、政府在财政较为拮据的情况下,拨出专门经费支持"严打"整治斗争。各级党政组织和政法综治部门按照中央精神,坚决落实区党委的工作部署,排除干扰,坚定信心,克服困难,扎实做好各项工作,确保"严打"整治斗争的顺利进行。并将"严打"整治斗争和反分裂斗争工作纳入《责任书》,制定具体的工作目标,进一步明确了各部门在"严打"整治斗争中的具体工作职责。

各级综治部门严格按照全区综治工作会议精神和《2004年社会治安综合治理目标管理责任书》的具体要求,认真分析当前社会治安形势,明确责任、落实措施,因地制宜地开展了专项整治工作,取得良好的效果。2004年9月,拉萨公安城关分局召开了综合整治动员大会,制定了《城关分局综合整治工作方案》,从2004年9月10日至12月10日,在全市范围内开展为期三个月的综合整治工作。通过成立整治工作领导小组、落实整治责任、确定整治目标、制定奖惩制度,重点整治了社会治安差、群众反映强烈的部位及"黄、赌、毒"等社会丑恶现象;加大了对流动人员聚居地、出租房及公共场所消防安全、危险物品的清查和管理。阿里地区公安机关从2004年4月11日至4月20日对狮泉河镇一些娱乐场所存在的公开招赌现象进行了摸底排查,并于5月初集中警力对这些社会影响恶劣的非法经营娱乐场所予以取缔、查封。有效杜绝了因赌博而引起的抢劫、打架斗殴、伤害等案件的发生,净化了社会空气,维护了社会治安。昌都地区昌都县2004年上半年加强了对公共娱乐等案件易发场所的治安整治,共开展各类安全检查26次、出动警力152人次;针对结合部地区社会治安混乱和负案在逃犯较多的实际,开展追逃行动5次,抓获各类犯罪嫌疑人6人;针对个别边远乡镇封建家族势力妨碍司法公正的不法行为,深入开展了“打黑除恶”专项斗争;加强对易燃易爆物品的管理和对非法持有枪支弹药进行收缴。通过开展一系列的集中整治工作,社会治安状况有普遍好转,人民群众的安全感也有明显增强。从全区七地市会同统计部门开展的公众安全感测评结果表明,有85%的受调查群众对当前的社会治安表示满意和基本满意。

2004年,经过各级公安机关长期保持对各种严重刑事犯罪活动的高压态势,建立“严打”整治的经常性工作机制,狠抓各种大要案的侦破工作,破获了一批隐案、积案、大要案件,破案率大幅上升,维护了社会治安的稳定。全区公安机关破案率为69.1%,抓获刑事案件作案成员2490人,其中,青少年作案成员1380人,收缴罚没财物总价值250多万元,收缴各类枪支35支,子弹1000余发,雷管2200多枚,管制刀具280件,淫秽出版物570件,其它非法出版物80件,收缴假币6201张。

中共西藏自治区委员会办公厅
西藏自治区人民政府办公厅
关于转发《西藏自治区矛盾纠纷
排查调处工作机制》的通知

(2004年11月18日)

各地、市委,各行署、拉萨市人民政府,区党委各部委,自治区各委、办、厅、局,各人民团体:

自治区社会治安综合治理委员会呈报的《西藏自治区矛盾纠纷排查调处工作机制》已经区党委、政府领导同志同意,现转发给你们,请认真贯彻执行。

西藏自治区矛盾纠纷排查调处工作机制

为深入分析和把握新时期矛盾纠纷排查调处工作的规律和特点,使矛盾纠纷排查调处工作制度化、规范化,推进全区社会治安防控体系建设,促进社会政治稳定,根据《中共中央办公厅、国务院办公厅关于转发〈中央社会治安综合治理委员会关于进一步加强矛盾纠纷排查调处工作的意见〉的通知》(中办发〔2000〕17号)和《中共西藏自治区委员会办公厅、西藏自治区人民政府办公厅关于转发〈自治区社会治安综合治理委员会关于认真贯彻执行中央通知精神,切实加强矛盾纠纷排查调处工作的意见〉的通知》(藏委厅〔2000〕124号)精神,特制定本工作机制。

一、排查调处工作的组织领导

各级党委、政府要从实践“三个代表”重要思想,确保社会政治稳定的高度,充分认识在新的历史条件下加强矛盾纠纷排查调处工作的重要性和紧迫性,增强政治意识、大局意识和责任意识,切实加强对矛盾纠纷排查调处工作的领导。要坚持党委、政府统一领导,综治机构组织协调,有关部门密切配合、齐抓共管的有效工作机制。坚持“预防为主、及时排查、各负其责、工作在前、教育疏导、依法处理、防止激化”的原则,进一步理顺工作机制。要按照“属地管理”和“谁主管,谁负责”、“谁经营,谁负责”的原则,真正把矛盾纠纷排查调处的责任落实到每一个部门、单位和责任人,促进各部门积极主动地化解矛盾纠纷。

各级综治委及其办公室要在党委、政府的领导下,积极主动地加强组织协调和督促检查,推动矛盾纠纷排查调处工作的有效开展。矛盾纠纷排查调处工作的重点在基层,必须充分依靠基层组织和广大群众,就地解决矛盾纠纷,最大限度地把问题解决在基层,解决在当地,解决在萌芽状态。组织协调辖区有关部门共同做好矛盾纠纷排查调处工作是乡镇(街道)综治委及其办公室的重要职责。要进一步落实中央综治委和中央编办下发的《关于加强乡镇、街道社会治安综合治理基层组织的若干意见》(综治委〔2003〕20号)精神,健全乡镇(街道)综治工作机构,配齐综治专职干部,保证他们能够充分履行在矛盾纠纷排查调处工作中担负的重要职责。在加强乡镇(街道)综治委建设中,通过组织协调,充分发挥人民调解委员会、治保委员会和政法部门在乡镇(街道)的基层组织在矛盾纠纷排查调处工作中的作用,积极采取人民调解、司法调解、行政调解等方式开展工作。

二、排查工作机制

矛盾纠纷排查内容主要包括:影响本地区社会治安的突出问题;因草场山林资源、拖欠民工工资、征地、拆迁安置、村(厂)务公开、土地承包、职工下岗、民族宗教等问题引发群体性事件的苗头;可能出现的赴县以上甚至赴京上访的问题等。

矛盾纠纷排查工作,按照属地管理原则,由地(市)、县(区、市)、乡镇(街道)综治部门组织实施。排查时,应包括辖区内的所有机关、企事业单位及个体工商户等。区直(中直)机关、企事业单位在各地的下属单位及分支机构,除应积极配合辖区综治部门进行矛盾纠纷排查外,对本部门、本单位矛盾纠纷的排查情况,还应上报其主管部门。各地(市)、县(区、市)每个月排查一次,乡镇(街道)每半个月排查一次。

要进一步加强排查调处组织网络建设,通过建立全方位、多层次的排查调处网络,整合力量,整体联动,规范运作。特别要重视建立行政村(居委会)、乡镇(街道)、县(区、市)自下而上的三级排查调处网络,完善早发现、早报告和及时调处的信息反馈和预警机制,及时排查群众反映的政策性、群体性矛盾纠纷。排查工作要深入细致,坚持抓早、抓小、抓苗头。要把集中排查和经常性排查结合起来,全面掌握本地矛盾纠纷的具体情况,做到实事求是,不弄虚作假,对问题不夸大、不缩小。要十分注意对可能引发重大治安问题和群体性事件苗头的排查,特别是对涉及民族宗教问题、性质错综复杂的矛盾纠纷,要区分性质,及时排查化解,避免被分裂势力插手利用,酿成事端。

三、信息报告机制

要建立定期信息报告机制和“零报告”制度。各地(市)对排查出的矛盾纠纷,由地(市)综治办负责于每月5日前按以下两种方式分别报告区综治办:一是将排查出的所有矛盾纠纷分别填写《县(区、市)矛盾纠纷排查情况统计表》和《部门矛盾纠纷排查情况统计表》。二是对其中由地(市)、部门一级解决或需由自治区协调解决的矛盾纠纷,要逐件详细填写《矛盾纠纷情况登记表》,对需报请自治区协调解决的,还需同时逐件呈报详细情况。同时,对经排查没有问题的,也要实行“零报告”制度,无事报平安。

各地(市)、自治区各部门综治机构要有专人负责信息报送工作。一般矛盾纠纷报区综治办,重大情况还需报区党委办公厅、政府办公厅。对重大矛盾纠纷的信息要随时报告;对区综治委统一部署或指定的信息情况要按时报送;对阶段性工作情况的分析总结,每半年报送一次;各种工作简报、调查报告等要主动上报。区综治办将定期对各地(市)、各部门的信息报送情况进行汇总、分析和通报。

四、协调工作机制

为集中各方面的力量及时调处矛盾纠纷,要定期召开协调工作会议,部署落实各项工作措施。地(市)、县(区、市)协调工作会议由各级综治委主任、副主任或由其委托的综治委委员召集,公安、检察、法院、司法行政、信访、纪检、监察、综治办等部门的负责同志和矛盾纠纷涉及到的责任单位及需要配合工作的有关部门负责同志参加;乡镇(街道)协调工作会议由当地综治办负责召集,基层政法组织负责人和矛盾纠纷涉及到的村(居委会)、企业以及需要配合工作的有关部门负责同志参加;部门协调工作会议由各部门综治领导小组负责人召集并根据实际情况确定参会人员。通过协调工作会议,按照中办发〔2000〕17号文件和藏委厅〔2000〕124号文件关于矛盾纠纷排查调处工作的部门分工,将调处的责任落实到具体单位和责任人。各部门应切实履行工作职责,属于自己职责范围内的问题,要及时解决,属于有关部门共同协商调处的问题,当地综治部门要协调有关部门采取措施认真加以解决。协调工作会议特别要对那些可能影响社会稳定的重大、突出的矛盾纠纷和上级交办的需要解决的问题进行研究分析,明确责任,挂牌督办,定责任单位,定领导,定责任人,定解决时限。协调工作会议要形成会议纪要并报同级党委、政府和上级综治办。

五、督查工作机制

矛盾纠纷排查调处工作的督查,由各级综治委(领导小组)及其办公室负责组织实施,要紧紧抓住跟踪督办这个环节,防止在某些问题上部门间相互脱节、互相推诿。被督查单位应自觉接受督查、指导,积极主动汇报情况。根据工作任务的需要,可采取逐级督查与越级督查相结合、阶段性督查与日常性督查相结合、听取情况汇报与查看档案资料和实地考察相结合的工作方式。

督查的主要内容有:各级党政领导是否高度重视,把维护社会稳定摆上重要位置,把矛盾纠纷排查调处工作纳入社会治安综合治理领导责任制的情况;按照"属地管理"和"谁主管,谁负责"、"谁经营,谁负责"的原则,实行分级负责、归口调处的工作情况;建立健全矛盾纠纷排查调处工作制度的情况和落实执行信息报告、矛盾纠纷排查、协调工作会议、责任查究等制度情况;依法妥善处置影响稳定的重大、突出的矛盾纠纷及日常工作开展的情况;对排查出来的重大矛盾纠纷挂牌督办、限期解决的情况;对矛盾纠纷排查调处工作过程中形成的文件材料的立卷、归档等基础性工作情况等。

地(市)、县(区、市)要对本地矛盾纠纷排查调处情况定期进行通报,对本地发生的造成一定影响或越级赴自治区、赴京群体性上访事件,要写出专题报告。各级党委、政府和有关部门要认真对待通报的有关情况并认真彻底地解决问题。对领导重视,矛盾纠纷排查及时,调处得力的地方、单位要通报表扬;对领导不重视,推诿扯皮,把本部门、本单位的矛盾推向社会,把应该由本级解决的问题推给上级,造成不良影响的地方、单位要通报批评。

六、考核奖惩机制

各级综治委及其办公室要把矛盾纠纷排查调处工作纳入综治考核范畴,列入领导责任制和目标管理责任制内容,加强检查与考核。要逐步建立矛盾纠纷排查调处的激励约束机制,把矛盾纠纷排查调处工作开展情况和实际效果,与责任人的政绩、晋职晋级、奖惩等紧密挂钩。对工作不力或隐瞒情况,酿成重大治安问题和群体性事件,造成不良影响的,要坚决行使社会治安综合治理一票否决权。造成严重后果的,要按照中央综治委、中纪委、中组部、监察部、人事部《关于对发生严重危害社会稳定重大问题的地方实施领导责任查究的通知》(综治委〔2000〕17号)精神,严肃追究有关领导的责任。

西藏自治区社会治安综合治理委员会关于加强青藏铁路西藏段建设期间社会治安综合治理工作的意见

（2004年9月6日）

随着西部大开发的整体推进，党中央作出了建设青藏铁路的重大决策，这对促进西藏自治区经济跨越式发展和社会全面进步、增强民族团结、确保西藏各族人民生活水平不断提高、实现西藏长治久安有着十分重要的意义。目前，西藏段施工已经全面展开，整个铁路建设进入关键阶段，由于青藏铁路建设工程庞大、涉及面广，安全保卫工作十分艰巨。为保障工程顺利推进，认真落实《西藏自治区委员会关于进一步加强青藏铁路西藏段建设期间安全保卫工作的专题会议纪要》精神，使青藏铁路建设有一个良好的治安环境，现就加强铁路沿线地区和施工单位社会治安综合治理工作提出以下意见：

一、以邓小平理论和“三个代表”重要思想为指导，切实加强对青藏铁路社会治安综合治理工作的领导

青藏铁路的社会治安工作不仅是一个重大的社会问题，也是一个重大的政治问题。加强青藏铁路社会治安综合治理工作，有效预防和打击破坏青藏铁路建设的各类违法犯罪，确保施工期间人员、物资设备的安全，有效防止各类灾害事故和安全生产事故的发生，为青藏铁路的建设创造良好的社会环境，为实现和发展最广大人民的根本利益提供有力保证，是落实“三个代表”重要思想的必然要求。我区地处维护国家安全和反分裂斗争第一线，加强青藏铁路社会治安综合治理，不仅关系到西藏发展稳定的大局，而且关系到国家的长治久安。各级党委、政府和铁路建设施工单位要充分认识加强青藏铁路社会治安综合治理工作的极端重要性，进一步增强做好这项工作的紧迫感和责任感。

青藏铁路社会治安综合治理工作的指导思想是：高举邓小平理论伟大旗帜，以“三个代表”重要思想为指导，认真贯彻《中华人民共和国铁路法》、《中华人民共和国消防法》、《中华人民共和国治安管理处罚条例》、《西藏自治区社会治安综合治理条例》等法律法规，按照中共中央、国务院《关于进一步加强社会治安综合治理的意见》要求，全面落实社会治安综合治理各项措施，在党委、政府的统一领导下，充分发挥各相关部门的职能作用，将各项责任目标落实到单位和个人，真正形成齐抓共管、广泛参与的综合治理局面。

青藏铁路社会治安综合治理工作的方针原则是：紧密结合青藏铁路建设的实际，坚持“打防结合、标本兼治、重在防范、重在治本”的方针，实行“系统和地方相结合、以地方为主”的属地管理原则，贯彻“谁主管谁负责”、“谁经营谁负责”、“谁用工谁负责”、专门工作与群众路线相结合的原则，在地方党委、政府的领导下，充分发挥铁路系统内部治安综合治理体系的作用，确保各项工作的顺利开展。

青藏铁路社会治安综合治理工作的目标任务是：依法严厉打击破坏青藏铁路建设的各类违法犯罪分子，确保治安形势良好；及时调处建设施工期间的各种矛盾纠纷，妥善处置各类群体性事件；建立健全护路联防工作体系和工作机制，铁路建设各参建单位治安综合治理基础工作得到进一步加强，为切实维护好西藏稳定做出积极贡献。

各级党委、政府的主要领导要进一步提高对青藏铁路社会治安综合治理工作重要性的认识，切实加强组织领导，担负起保一线平安和保一方平安的政治责任，要把维护青藏铁路建设期间的治安秩序和内部单位的综合治理工作作为各级领导的政治责任，纳入领导岗位政绩考核内容，与日常工作同部署、同考核。分管领导为直接责任人，要把铁路社会治安综合治理工作纳入年度工作计划，目标任务层层落实到基层，落实各项综合治理工作措施，定期研究、部署、检查落实，切实做到职责清，任务明，措施得力，确保青藏铁路社会治安综合治理的实际效果。

二、必须加强路地协作，密切配合，齐抓共管

施工沿线地(市)、县党委、政府要积极支持、密切配合铁路建设工作，在充分协商的基础上与铁路系统开展好路地共建工作，同时要加强对所辖路段的社会治安综合治理工作的督促检查和指导。

青藏铁路拉萨指挥部作为自治区综治成员单位，要切实承担起铁路系统内部的社会治安综合治理责任，要用与施工单位层层签订责任书的形式将目标责任分解落实到基层，并根据自身的行业特点，运用行政的、经济的等多种措施，加强监督检查，综合考评，以确保工作目标的实现。

各建设施工单位领导干部要对当前对敌斗争的长期性和复杂性有充分的认识，站在讲政治、讲大局的高度，牢记“青藏线无小事，事事讲政治”的观念。切实增强政治责任感和工作紧迫感，加强对干部、职工和民工的思想政治教育和反分裂斗争的形势教育，落实重点看护目标的看护责任，尤其是对处于复杂区段的重点目标进行重点检查，督促落实巡逻制度。切实防范达赖集团的分裂、渗透、破坏活动。政法部门作为维护稳定工作的主力军，要充分发挥职能作用，对铁路施工建设影响政治稳定和社会治安的各种不安定因素，做到底数清、情况明、信息反馈及时，防控措施得力。要做好反恐怖、防破坏预案的制订和演练，一旦发现闹事苗头或发生突发性事件能及时果断处置，确保稳定。对可靠消息证实恐怖分子选定的目标，路地要加派力量严防死守。充分利用治安综合治理体系，加强路地方面的沟通、联络，互相协作，共同做好维护稳定的工作。

三、突出重点，克服难点，增强治安防范工作的实效性

路地双方都要高度重视矛盾纠纷排查调处工作，妥善处置群体性事件。对于涉及铁路建设施工的矛盾纠纷，必须认真排查，并建立健全情况通报、共同调处的工作机制。因工作不力而导致群体性事件造成严重后果的，要追究主要责任方的领导责任。

要切实加强对枪支弹药、易燃易爆物品的有效管理。认真贯彻《中华人民共和国消防法》，不断完善消防设施，施工现场严格按照消防规章制度落实各项措施，坚决消除重大安全隐患。

加强安全保卫工作，预防和减少各类事故的发生。各单位、各部门要加强内部用工管理，制订切实有效的工作方案，采取有效的工作措施，加大防范工作力度，杜绝和减少重特大交通事故、火灾事故、安全责任事故的发生。

要依法严厉打击危害铁路治安的严重刑事犯罪活动，及时整治治安问题突出的铁路施工重点区段。各单位、各部门要加强安全防范宣传工作，让广大人民群众支持和参与铁路建设，预防和减少与铁路建设有关的刑事犯罪活动和治安问题，保障青藏铁路施工生产正常进行，为施工单位创造一个良好的外围治安环境。

四、充分发动群众，实行群防群治，推动青藏铁路社会治安综合治理工作社会化

建设一支强有力的综治联防队伍，是做好青藏铁路社会治安综合治理工作的重要保证。一方面，要强化责任意识，对铁路施工沿线各级党委、政府、基层组织和广大人民群众，大力宣传“维护铁路治安人人有责”的观念，提倡无私奉献精神，调动他们护路联防的积极性。另一方面，要按照2004年全区社会治安综合治理工作会议精神，尽快建立铁路综治联防队伍，负责铁路沿线的治安联防工作，为确保铁路综治联防工作的正常运行，要多方筹集资金，提供必要的经费保障。要从根本上解决铁路治安问题，必须多管齐下，综合治理。要做好打击、防范、教育、管理、建设、改造等各项工作，努力从根本上预防和减少违法犯罪，提高铁路施工沿线的治安管理工作水平。

西藏自治区社会治安综合治理委员会关于印发《西藏青海两省区共建平安边界工作机制》的通知

（2004年8月26日）

各地、市社会治安综合治理委员会，自治区社会治安综合治理委员会各成员单位：

为进一步做好新形势下青海、西藏两省区边界毗邻地区的社会稳定工作，共同有效预防和顺利调处跨界民间纠纷和社会矛盾，形成毗邻区域民间纠纷联防联调联动的工作新格局，建立“跨界协作、联调互动、共保平安”的工作体系，2004年6月25日，两省区在拉萨召开了共建平安边界座谈会，共同深入研究了双方毗邻区域预防调处跨界矛盾纠纷、共建平安边界的有关问题，会议形成了《西藏青海两省区共建平安边界工作机制》。8月1日，区党委书记郭金龙同志对共建平安边界工作作出批示：这个举措好。我区有边界纠纷的地市、县际之间，可以仿效这个方法，主动把工作抓起来。

现把《西藏青海两省区共建平安边界工作机制》印发给你们，请各地、市结合实际，认真贯彻落实。

西藏青海两省区共建平安边界工作机制

一、工作的目标原则

西藏青海两省区共建平安边界要坚持以“三个代表”重要思想为指导，从维护两省区边界地区社会局势稳定、促进经济发展的大局出发，认真贯彻执行国家有关行政区域勘界的法律法规，并在尊重历史、诚信和善、互谅互让、增进信任的基础上，加强协作，建立跨界矛盾纠纷联防联调的长效工作机制，进一步增进两省区毗邻地区人民群众的睦邻友好，共同维护毗邻地区人民群众的根本利益，使两省区毗邻边界地区成为共谋发展、共同繁荣的平安边界。总体目标就是要通过两省区及毗邻各州（地）、县共同建立工作机制，完善工作制度，明确毗邻地区双方在处理跨界矛盾纠纷中所担负的工作职责，进一步强化调解功能，规范运作，并在双方共同努力下，齐抓共管，综合施治，基本形成边界跨界矛盾纠纷联防联调、就地解决的工作体制，确保边界地区人民群众的生命安全和财产不受损失，以实现边界地区社会持续稳定，经济繁荣发展，群众和睦相处的良好局面。

两省区共建平安边界要把握好“四项原则”：即尊重历史，面对现实；诚信和善，互谅互让；公正合理，及时果断；睦邻友好，共谋发展。在具体处置过程中要坚持做到以下四个方面：一是两省区毗邻地区各州（地）、县开展边界联防联调工作，要严格按照国务院《行政区域界线条例》及相关法律法规，本着“相互信任、主动协商、积极配合、就地解决”的原则，把抓落实、重效果作为工作的出发点和落脚点，防止和克服形式主义。二是两省区毗邻地区各州（地）、县矛盾纠纷预防工作，要从维护边界群众的团结和根本利益出发，坚持“及时排查,各负其责,工作在前,防止激化”的原则,努力把矛盾纠纷化解在萌芽状态。三是两省区毗邻地区各州(地)、县矛盾纠纷的排查调处工作要坚持“属地管理、分级负责、防调结合、预防为主、归口调处”的原则,矛盾纠纷排查工作要实事求是,不弄虚作假,对排查出的问题不夸大、不缩小、不隐瞒,如实通报或上报。四是两省区毗邻地区各州(地)、县处置群体矛盾纠纷或群体性事件,要以“慎用警力、慎用武器警械、慎用强制措施、可散不可聚、可解不可结”为原则。处置群体纠纷,决不能动辄把政法、公安机关推到第一线,决不能用专政手段对付人民群众。

二、工作机制

(一)建立毗邻双方跨界信息交流机制。一是沟通联络制度。对涉及毗邻双方的跨界矛盾纠纷或事件(包括疫情),双方责任部门在互通情况,按规定对口上报的同时,明确责任人,立即组织成立相应工作机构开展工作,并及时向对方提供办公地点,联系方式,确保双方信息畅通。对涉及边界稳定的重大事件要随时通报。二是联席会议制度。通过毗邻州(地)、县之间定期召开联席会议,不断加强来往,加深理解,增强协作,促进团结,增进友谊,进一步加大双方交流和情报信息沟通力度,共商解决边界矛盾纠纷和密切双方关系的措施,明确责任并加以落实。如遇紧急情况,双方联席会议可随时召开。三是信息交流制度。对涉及有效开展工作及边界稳定的信息,毗邻双方责任部门要加强联系和沟通,对各自掌握的纠纷动态、纠纷预防和调解工作的成功做法及存在的问题等,及时通过简报和经验材料进行交流,实行信息互动。

(二)建立毗邻双方跨界预防机制。一是共同做好法制宣传教育和法律服务工作。通过在边界地区双方群众中开展普法教育、发放勘界宣传材料、召开群众大会、举办法律知识培训班、组织典型案例图片展、在边界结合部制作大型宣传牌等形式,增强接边地区广大干部群众的法律意识,使各级领导依法决策,干部依法行政,广大边界群众在生产、生活中能依法办事、依法维护自身合法权益。同时,通过各种法律服务手段,引导广大群众依法律途径解决矛盾纠纷,并把共建平安边界的工作任务作为社会治安综合治理的重要内容,以责任书形式,层层签订到户。二是坚持矛盾纠纷定期排查制度。各责任部门要组织力量深入群众,了解群众关注的难点、热点问题,及时掌握各类矛盾纠纷的苗头。对排查出的跨界矛盾纠纷无论大小、轻重、缓急,都要保持高度重视,实行台账管理,通过双方共同协调,逐一制定工作方案和调处措施,落实责任,及时处置,使矛盾解决在萌芽状态。要做到相邻边界村每月排查一次,相邻乡镇每季排查分析一次,相邻县每半年检查监督一次,相邻州、地组织各边界县每年召开一次联席会议,总结一年来的联防联调工作,研究布置下一年工作意见。三是强化治安联防制度,建立健全群防群治的边界治安联防体系。在辖区责任部门的协调下,各政法部门及综治成员单位要充分发挥职能作用,积极参与排查调处工作,协助化解边界矛盾纠纷,配合抓好相关工作;基层组织充分发挥第一道防线作用,就地化解边界地区发生的大量矛盾纠纷。并通过组建治安联防队伍、召开治安联防工作会议、案件通报协查和联合打击跨界犯罪、加大收缴非法枪支力度等方式,联合开展边界地区的重点整治工作,形成边界地区社会治安综合治理的大格局。

(三)建立跨界民间纠纷调处机制。两省区边界毗邻地区群众之间一旦发生矛盾纠纷,出现问题,毗邻州(地)、县的责任部门要本着“团结、谅解、友好、互让”的原则,做到友好协商,坦诚相待,配合支持,及时处理,不得推诿。在矛盾纠纷发生后,发生地毗邻双方的县、乡责任部门要及时协调矛盾双方进行磋商、调解达成共识,力争将矛盾解决在发生地,并将调解情况及时向上级责任部门报告。当边界地区矛盾纠纷一经激化,且已延伸发展到双方群众集结械斗或形成对峙的群体性事件时,按“属地管理”原则,由事件发生地责任部门立即组织人员赶赴现场进行处置,防止事态扩大和矛盾激化,并在及时对口上报的同时,尽快告知对方组织人员赶赴现场共同处置。坚决防止在群众大量聚集中,因协调配合不得力、组织措施不严密而引发重大治安及安全责任事故。在双方工作人员到达现场后,立即召集或指派双方的成员单位负责人(即纠纷涉及到的村及有关职能部门负责人等),组成联合工作组,进行现场办公,联合处置,处理结果由双方分别向各自上级主管部门汇报。

三、保障措施

（一）强化组织领导，加强协调，团结协作。西藏青海两省区毗邻各州（地）、县跨界矛盾纠纷预防调处、共建平安边界的工作，要在两省区党委、政府及毗邻各州（地）、县双方党委、政府的领导下进行，并纳入到两省区及毗邻各州（地）、县社会治安综合治理委员会及其办公室的职责范围。毗邻各州（地）、县党委、政府主要领导作为“保一方平安”的第一责任人，要经常过问联防联调工作情况，对可能影响两省区边界地区社会稳定的重大矛盾和突出问题，要亲自研究，亲自协调，亲自调处解决。两省区毗邻各州（地）、县各级社会治安综合治理委员会是跨界矛盾纠纷联防联调工作的领导机构。各级综治委办公室是跨界矛盾纠纷联防联调的责任部门，负责对本辖区联防联调工作的指导管理和协调，并加强与毗邻州（地）、县间的联系沟通，建立健全联合调解组织网络和工作机制。各级综治办主任是本辖区联调联防工作的直接责任人，负责组织协调各有关方面，明确分工，落实责任，在联防联调工作中形成合力。在处置边界区域跨界矛盾纠纷过程中，可根据需要，组成双方联合调解机构，工作机构成员可由综治办牵头负责组成。

（二）健全组织，完善制度，夯实联防联调工作的基础。两省区毗邻地区各州（地）、县要以本机制为基础，在相互谅解、相互信任的基础上，积极协商、共同研究建立并完善跨州（地）、跨县的民间纠纷预防和调处工作机制，签订跨界民间纠纷处理协议书，形成增进信任、紧密配合的跨地区纠纷调处网络，使边界地区的联防联调工作逐步走上规范化、制度化轨道，通过各项基础工作的落实，把信息互通在最早之时，把问题控制在最小状态，把矛盾解决在萌芽之中。

（三）明确职责，规范运作，严格执行责任追究制度。两省区毗邻地区各级党政组织要进一步加强对接边联防联调工作的领导，各级党政一把手要不断增强执政意识、忧患意识和责任意识，切实担负起维护边界地区稳定的政治责任，各级社会治安综合治理委员会及其办公室，要积极协调有关部门建立工作机制，把联防联调的责任落实到部门、单位和个人，不把影响边界稳定的矛盾推向社会、推给上级，力争把问题解决在基层，解决在萌芽状态。在工作中，对因出现防范措施不落实、责任不到位、发生情况不报告或协调不得力、处置不妥当等问题，导致发生影响两省区边界社会稳定的重大治安问题或较大群体性事件的，造成严重后果和不良影响的，由双方按各自的有关规定，坚决追究责任，对有关领导及当事人要依法、依纪进行严肃处理。

西藏自治区及市、县（市、区）综治委、办主任名单

地　区	综治委主任	综治办主任
自治区	杨　松	卫建堂
拉萨市	杨万福	尼玛次仁
城关区	刘惠兴	杨　培
林周县	达　瓦	春　新
当雄县	泽丹朗杰	杨品乐
尼木县	徐海元	周秀兰
曲水县	李　伟	索　朗
堆龙德庆县	占　堆	赵建科
达孜县	岳卫平	刘睿萍
墨竹工卡县	张孝科	边巴次仁
那曲地区	扎西同珠	白玛次仁
那曲县	拉巴顿珠	扎　西
嘉黎县	汤志勇	童晓冬
比如县	才仁朗公	才旺旦巴
聂荣县	谢　军	侯仕明
安多县	高巴松	卫　江
申扎县	王　耀	几昴达娃
索　县	罗　杰	肖　烟
班嘎县	扎　朗	贡　嘎
巴青县	白次仁	

地 区	综治委主任	综治办主任
尼玛县	布 玛	旦 巴
双湖特别区	珠 巨	那 木
昌都地区	泽 培	王春报
昌都县	乔金生	白 桑
江达县	多 塔	多 塔
贡觉县	顾全良	顾全良
类乌齐县	永 吉	伍先利
丁青县	仁青罗布	宝 邓
察雅县	石安清	谢天宝
八宿县	土登占堆	王亿斌
左贡县	成 嘎	吴积辉
芒康县	张新成	格桑次仁
洛隆县	姚甲河	谢永合
边坝县	余忠文	闻学军
林芝地区	琼 巴	
林芝县	马成辉	霍传宏
工布江达县	王宽海	付新民
米林县	马自力	王 勇
墨脱县	韩远富	杨继红
波密县	廖接良	李惠民
察隅县	侯奕斌	格 列
朗 县	曾建新	韩大军
山南地区	边 巴	桑杰群培
乃东县	达 娃	索朗欧珠
扎囊县	普 布	赵世东
贡嘎县	哎 拉	扎西杰布
桑日县	多 吉	次旦朗杰
琼结县	平措旺堆	夏茂源
曲松县	普 布	罗 布
措美县	强巴曲桑	尼玛次仁
洛扎县	中达瓦	索朗巴珠
加查县	平 措	宋 浩
隆子县	阿旺江村	刘然京

地 区	综治委主任	综治办主任
错那县	拉 巴	孙顺宗
浪卡子县	丁在亭	尼玛欧珠
日喀则地区	吴卫国	普 布
日喀则市	次旦久美	扎西顿珠
南木林县	夏中华	次 仁
江孜县	次 旺	次 旺
定日县	尼玛琼拉	米玛次仁
萨迦县	顾云飞	达娃罗布
拉孜县	赵 杰	施 东
昂仁县	次仁多吉	
谢通门县	普 顿	达 娃
白朗县	孙 斌	胡 宏
仁布县	达 次	
康马县	魏玉峰	旦 晓
定结县	次仁央宗	
仲巴县	江 措	米玛旦增
亚东县	梁海虹	次仁罗布
吉隆县	赤列坚参	谢文书
聂拉木县	衣凤凰	牛振庄
萨嘎县	欧 珠	同 珠
岗巴县	赵红阳	次 旦
阿里地区	多吉次珠	格桑加措
噶尔县	张宏立	巴拉桑布
普兰县	达娃次仁	王旭永
札达县	曹金华	郭志良
日土县	索南次旦	田泰华
革吉县	任建春	扎布拉
改则县	罗 拉	欧阳帮华
措勤县	格桑朗杰	扎 西

（撰稿人：李 炜 谢 压
审稿人：卫建堂 徐龙刚）

陕　西　省

开展创建“安全陕西”活动情况

2004年是创建“安全陕西”活动打基础的一年。年初，省委办公厅、省政府办公厅批转了省委政法委、省综治委《关于在全省开展创建“安全陕西”活动的意见》，进一步明确了创建“安全陕西”活动的总体要求、目标任务、实施步骤、机制建设和工作措施。接着，全省上下都积极行动起来，按照创建“安全陕西”“一年打基础，两年上台阶，三年迈大步，四年见成效”的要求，省综治办制定了《创建“安全陕西”职责任务分解表》，将创建“安全陕西”的工作职责和工作任务逐项分解落实到了各有关部门；建立了省综治委成员单位履行综合治理和创建“安全陕西”职责述职制度，已经安排省公安、司法和民政厅等11个部门进行了述职评议；制定了《陕西省安全县(市、区)考核办法》，进一步细化了创建“安全陕西”的目标任务。各地、各有关部门也都结合当地和本部门的具体实际，提出了创建“安全市”的工作目标和任务，健全了创建工作制度，落实了创建工作责任，形成了创建工作的良好态势。尤其是在全省开展了“十百千”基层安全创建活动，成效十分明显。经过一年的努力工作，已在全省建成了10个安全县(市、区)、100个安全乡镇(街道)、1000个安全村(社区)。据统计，截止2004年年底，全省共确定了12个县(市、区)、122个乡镇(街道)、1703个村(社区)为创建示范典型，以点带面，扎实工作，有力地推动了创建活动的深入开展，为创建“安全陕西”奠定了坚实的基础。

开展“严打”整治工作情况

一、全省发案总体平稳，社会治安形势呈现出“两降三升”的良好局面

据统计，2004年全省全年共立刑事案件71925起，与2003年相比上升了5.8%，低于升幅7.4%的全国平均水平。虽然刑事发案总量有所上升，但影响群众安全感的几类主要刑事案件明显下降。其中，投放危险物品案件下降58.3%，涉枪案件下降53.1%，爆炸案件下降34.8%，放火案件下降10.9%，经济案件下降4.2%，杀人案件下降4.4%，强奸案件下降2.7%，抢劫案件下降0.7%。发现受理治安案件持续下降，共发现受理104147起，同比下降1.4%。命案破案率上升，共破获致人死亡的“八类”命案760起，其中破获新发故意杀人案564起，破案率为87.03%，同比提高6.4个百分点，全省有42个县(区)实现了现发命案全破。刑事办案质量明显提升，批捕率达到97.24%、起诉率达到97.89%、退查率降到7.45%，三项指标均跨入全国先进行列。人民群众的安全感明显提升，2004年全省“公众安全感”随机抽样调查显示，群众对社会治安状况的满意率达84.8%，同比提高1.6个百分点。其中，表示“满意”和“很满意”的两项达到38.7%，同比增加8.6个百分点。

二、不间断地开展严打斗争，始终保持了对严重刑事犯罪活动的高压态势

2004年，全省以打击严重刑事犯罪和多发性侵财犯罪为重点，相继组织开展了侦破命案专项行动、春季严打整治、夏季社会治安整治、遏制毒源、冬季严打等一系列专项打击整治行动，有效遏制了严重刑事犯罪活动的高发态势。在严打斗争中，全省相继侦破了西安市“1·27”系列爆炸案、西安市“3·25”体彩造假案、柞水县“8·13”特大报复杀人案、渭南市“二华”特大系列强奸杀人案等一批部、省督办和有影响的大要案件。据统计，全年全省共破获各类刑事案件37826起，抓获刑事作案成员32879人，同比分别增加3.2%和1.5%；查获犯罪集团1404个，涉及人员5384人；破获破坏社会主义市场经济秩序案件1073起，抓获犯罪分子942人，挽回经济损失7324.55万元；破获毒品犯罪案件3277起，抓获违法犯罪分子2471人，收缴海洛因69.7千克及一批其实毒品；查处治安案件102983起，治安处罚107259人；收缴各类枪支1909支、子弹46481发、炸药16072千克、雷管14885枚、收缴罚没财物总价值6491.1万元。

三、深入开展专项治理和清查整顿，社会治安秩序进一步好转

2004年，全省先后组织开展了整治油气田及输油气管道生产治安秩序、打击“三电”违法犯罪、整治高校及其周边治安秩序、打击淫秽色情网站、文化娱乐场所等专项斗争，以及整治互联网服务营业场所、整顿出入境中介管理机构、扫黄禁赌、中小学幼儿园及少年儿童安全管理专项整治等专项行动，深入开展易爆物品整治活动，加大对传统烟花爆竹生产区内非法生产、运输、销售活动的查禁打击力度。通过集中整治，改变了一大批治安复杂场所、部位的面貌，消除了一批治安隐患，社会面治安秩序进一步好转，重要警卫任务和重大节会期间全省治安总体平稳。据统计，截至年底，全省共排查出治安混乱地区859个，经过整治明显改变面貌的有826个；排查突出治安问题1026个，有效解决了938个，整治率分别为96.2%和91.4%。

社会治安防控体系建设情况

一是街面治安防控网络。即以110指挥系统为依托，以公安巡警、交警、派出所民警为主体，以各种群防群治巡逻队伍为辅助的街面治安防控体系。西安市投入64辆GPS卫星定位巡逻警车，抽调1000多名民警，在街面主要路段开展24小时网络化巡逻，收效良好。全省各县(区)普遍在中心城镇，从下岗职工和低保对象中选拔人员，组建了巡逻队伍，加强了街面治安防控。甘泉县采取政府出资、公安管理的办法，考核选拔了33名素质较高的治安积极分子，成立了城区专职巡逻队伍，开展街面巡逻，有效地预防了城区多发性、可防性案件的发生。

二是社区治安防控网络。即以街道综治办、公安派出所为责任单位，以社区民警和社区群防群治队伍为主体的社区治安防控体系。截止年底，全省共组建社区专职治安巡逻队1045支4587人，义务巡逻队1987支8973人，基本做到了院子有人守、楼房有人护、夜间有巡逻、白天有盘查。延安市公安局宝塔分局精简机关人员，将有限的警力向基层一线倾斜，抽调38名民警驻守在19个社区开展工作，增强了社区群众的安全感。

三是单位内部治安防控网络。即以机关、团体、企事业单位内部保卫组织和保安队伍为主体的单位内部治安防控体系。全省各级机关、团体、企事业单位普遍健全了内部保卫组织和保安队伍，基本做到了“看好自己的门，管好自己的人，办好自己的事”。

四是农村治安防控网络。即以村治保会、调委会及治安中心户长为骨干的农村治安防控体系。全省各地重点抓了农村治安中心户长建设，加强了治安中心户长的规范化管理，促进了治安中心户长作用的发挥。据统计，截至12月底，全省共有治安中心户长30多万名，基本覆盖了全省广大农村，成为农村治安防范的一支有生力量，有效地发挥了维护农村社会治安和社会稳定“第一道防线”的作用。

五是其他防控网络。即以区域边际和铁路护路联防为重点的防控网络。各地因地制宜，从实际出发，构建了区域边际联防网络、铁路护路联防网络等防控体系，有效地强化了区域边际和铁路沿线的社会治安防控能力，确保了铁路大动脉的安全畅通。

社会治安综合治理宣传工作情况

2004年，全省各地以《中共中央、国务院关于进一步加强社会治安综合治理的意见》、《中央综治委关于加强社会治安防范工作的意见》、《关于在全省开展创建“安全陕西”活动的意见》和《陕西省奖励和保护见义勇为人员条例》等为主要内容，加大了综合治理工作的宣传力度，为创建“安全陕西”营造了良好的舆论氛围。各地围绕创建“安全陕西”这个主题，利用报纸、广播、电视等舆论宣传阵地，采取开辟专栏、制作专题节目等形式，广泛深入地开展综合治理宣传活动。省综治办在《陕西日报》开设了创建“安全陕西”专题栏目，定期宣传全省基层单位开展创建“安全陕西”活动的做法及成效。同时，积极向中央政法委机关刊物《长安》杂志撰写和推荐各类安全创建稿件，编写了2003年度《中国社会治安综合治理年鉴·陕西文稿》，并向中央综治办推荐了2003年度全社会治安综合治理好新闻作品16篇(盘、盒)，其中有3篇(盘、盒)分别荣获了全国二、三等奖。西安市在《西安晚报》开设了综治创安宣传专刊。汉中市自办综治创安活动电视节目，播放115次。尤其是在3月份的综治宣传月中，各级领导干部都采用发表电视讲话、署名文章等形式，开展创建“安全陕西”的宣传动员。西安市在新城广场开展了以构筑“天网工程，创建‘安全陕西’”为主题的集中宣传活动，咸阳市举行了创建“安全咸阳”暨“十百千”活动启动仪式，铜川市举办了创建“安全铜川”文艺汇演，宝鸡市举行了创建“安全宝鸡”知识电视大奖赛。各地还结合实际，有针对性地开展了形式多样的宣传咨询活动，收到了良好效果。

矛盾纠纷排查调处工作情况

首先，初步建立了矛盾纠纷排查调处的长效工作机制。一年来，在全省上下基本形成了党政领导挂帅、综治部门协调、司法行政为主、相关部门参与的矛盾纠纷排查调处工作格局，健全了司法调解、人民调解、行政调解相结合的矛盾纠纷排查调处工作网络；层层建立了矛盾纠纷排查调处报告制度，乡镇(街道)坚持每半月、县(市、区)坚持每月开展一次排查调处工作，各县(市、区)每月、各市每季度上报一次排查调处工作情况；逐级落实了排查调处工作责任，各地普遍坚持了“一个问题、一名领导、一套班子、一个方案、一抓到底”的领导责任制，加强了对重点矛盾纠纷的排查调处，有效地预防和化解了大量的矛盾纠纷。据统计，全年全省共排查出矛盾纠纷24699起，调处23543起，调处率为95.3%。同时，全省还排查出影响社会稳定的重大问题147件，对其中的47件进行了重点督办，对涉及全省稳定大局的八个方面的问题进行了调查研究，提出了预防和处置方案,有效地缓解了群体性事件的发生。

其次,积极开展矛盾纠纷集中排查调处活动。各地坚持“预防为主、教育疏导、依法调处、防止激化”的原则,在经常性开展矛盾纠纷排查调处工作的基础上,还针对新时期矛盾纠纷产生发展的特点和规律,积极组织开展集中排查调处活动。7月中旬至10月底,在全省范围内开展了一次矛盾纠纷“百日大调解”活动,集中时间,集中力量,集中解决了一批久拖未决的重大疑难纠纷。据统计,在这次大调解活动中,全省共调处各类矛盾纠纷9632起,解决了因国企改制、职工下岗、拖欠工资、征地拆迁、村务不公开和基金股金不能兑现引发的重大疑难矛盾纠纷1567起,防止民转刑案件138件,防止群体性事件183起,有力地维护了全省社会政治稳定。

再次,初步建立了群体性突发事件处置工作机制。各级党委、政府及有关部门都制定了处置突发性事件的预案,建立了处置突发性事件的指挥系统,组建了处置突发性事件的工作队伍,强化了预防突发性事件的意识,提高了处置突发性事件的能力。五月份,省公安机关和武警部队联合举行了一次规模空前的反恐防暴演习,公安机关还组织广大民警开展了大练兵活动,增强了公安机关和武警部队的反恐防暴实战能力。同时,全省各级党委、政府都建立了集中处理群众信访和群体性上访事件联席会议制度,建立了专门机构处理群众信访及群体性事件,收效良好。

社会治安综合治理基层基础建设情况

2004年,全省各级综治委(办)大力加强社会治安综合治理基层基础工作,各地(市)认真落实2003年10月省委常委会专题研究社会治安综合治理工作就加强社会治安综合治理基层组织建设和工作经费保障问题作出的决定,切实加强基层组织建设,健全综治经费保障机制,基本解决了基层综治机构“无人干事,无钱办事”的问题。

首先,基层综治组织得到了加强。省综治办、省编制办按照省委常委会的决定,联合下发了《关于加强乡镇(街道)综治机构建设的通知》,明确规定各乡镇(街道)都要设立综治办,并配备2至3名专职综治干部。截止年底,全省1744个乡镇(街道)均已设立了综治工作机构,配备综治干部3974人,其中专职人员3576人。落实较好的有汉中、安康、西安、渭南、铜川和杨凌示范区。汉中市为全市234个乡镇(街道)配备综治专干608名。通过加强组织队伍建设,使基层综治组织达到了“三有”(即有房子、有牌子、有章子)、“六上墙”(即组织机构、综治委职责、综治办职责、综治专干职责、综治工作任务、奖惩制度)、“五落实”(即机构、人员、制度、经费、责任),基本实现了基层组织网络化、职责任务具体化、文件资料档案化、工作例会制度化。

其次,综治工作经费基本落实。全省各市、县(区)均按照省综治办、省财政厅联合下发的《关于建立社会治安综合治理经费保障机制的通知》精神,普遍按照辖区人口总数,以人均不低于0.15元的标准将综治经费列入各级财政预算,专户管理,专款专用。截止年底,全省各市、县(区)均已将综治经费列入各级财政预算。其中,人均0.2元的有咸阳、铜川、杨凌示范区,人均0.15元的有西安、宝鸡、渭南、延安、榆林、安康和汉中,人均0.1元的有商洛。

铁路护路联防工作情况

一、提高认识，加强领导，构筑路地护路联防网络

一是建立了比较完善的工作组织体系。省综治委铁路护路联防工作领导小组及其办公室充实和加强了力量，建立健全了各项规章制度，先后制定了《办公室职责》、《会议制度》、《请示报告制度》、《工作通报制度》、《经费管理制度》、《年终考核评比办法》和《评先活动暂行办法》等。各市、县（区）也都建立了相应的组织，建立健全了有关制度，做到了层层有组织、有机构、有人员。

二是建立了比较严密的责任体系。全省各地把铁路护路联防工作纳入了社会治安综合治理目标管理之中，逐级落实铁路护路联防领导责任制、目标管理责任制、一票否决权制和爱路护路责任制，层层签订护路联防责任书1500份，并严格考核，奖惩兑现。为了将护路联防责任落实到一线，省护路办在全省铁路沿线确定义务护路员1338名，逐人划分护路包保区段，明确责任，严格考核，补充了护路力量。

三是建立了比较协调的配合体系。为了形成齐抓共管的局面，各地在护路联防领导小组中吸收了公安、铁路、军事和教育等部门作为成员单位，在当地铁护机构的统一领导下，发挥各自优势，积极参与护路联防工作，形成了配合密切，优势互补，责任共担，共保平安的工作格局。

二、配合公安机关开展“严打”整治斗争，全力维护铁路治安稳定

首先，严厉打击涉路违法犯罪活动。为了维护春运、铁路调图提速及铁路运输各个时期的治安秩序，路地公安机关和各级护路联防组织联手出击，先后开展了“三清一打”、“蓝盾”、“雷霆”、“防危行”和“追逃”等一系列专项整治行动，收到了良好成效。据统计，全年共协助公安机关破获各类刑事案件244起，抓获犯罪嫌疑人140名，查破治安案件2351起，清理各类人员41191人。

其次，因地制宜，落实责任。年初，省护路办对影响铁路治安、行车安全等问题和隐患进行了认真排查，做到了情况明、底子清、责任措施落实。据初步统计，由各市、县护路办牵头，铁路、地方公安和工商行政等部门共同行动，取缔非法废品收购网点160个、小冶炼厂、小烘炉26个，清理废弃房屋406间，遣送盲流人员1210人，有效地减少了铁路沿线的治安隐患和不稳定因素。

再次，突出重点，强化措施。针对上半年铁路沿线治安形势严峻的实际，全省各级铁护办坚持“哪个区段治安混乱就重点整治哪个区段，什么问题突出就解决什么问题”的原则，采取挂牌督办、领导包点包线的办法，整治一段、巩固一段，务求实效。9月10日，省铁护办在宝鸡市召开了关中地区铁路整治工作会议，通报了整治工作实施方案，省、市、县（区）层层签订了包保责任制，有力地推动了护路联防工作。

三、继续开展铁路爱路护路宣传教育活动，形成了良好的爱路护路风尚

一年来，各级护路联防组织结合开展创建安全文明铁道线活动，在全省铁路沿线的乡镇、社区、企业、学校等单位，大张旗鼓地开展了爱路护路及法制宣传教育活动。据不完全统计，全省共进行爱路护路宣传教育1100场次，刷写标语8000多条，印发宣传资料2万多份，上法制教育课1800场次，采用有线广播宣传940次，受教育群众达70多万人次。西延铁路公司会同沿线市、县护路办采取多种宣传形式宣传延安精神，使铁路沿线群众如同当年拥军一样爱车护路。

为了将爱路护路活动扎实有效地开展，4月份，省综治办、省教育厅在全省铁路沿线中小学校开展了创建“爱路护路模范学校”活动，掀起了争创爱路护路模范学校的热潮。据了解，全省铁路沿线1438所中小学校签订了《爱路护路目标管理责任书》，提高了广大中小学生的爱路护路意识。汉中市的一些县（区）还组建了“铁道小卫士”。10月18日，安康市汉滨区组织安康铁护办、铁路分局团委、监察室、电视台、广播电台等在汉滨区关庙中学召开法制宣传报告会,以创建“爱路护路模范学校”为载体,宣传铁路法规和相关常识,发放宣传品2000多份,有1800多名师生参加了“知路、爱路、护路,共创平安铁路”的签名活动,使全校师生受到了一次生动的法制教育和爱路护路教育。

四、加强管理,健全机制,建设规范化的铁路护路联防队伍

根据中央护路办关于《全国铁路护路联防专业队伍管理暂行规定》的通知精神和省护路办提出“加强管理、健全机制、夯实基础、建好队伍”的具体要求,各级护路办均制定了《队伍管理细则》、《队伍基础工作标准》、《年终目标考核办法》、《经费管理办法》和《队员上岗一日工作程序》等22个工作学习制度和检查、考核、奖惩办法,形成了比较完善的工作机制,使护路联防工作进一步规范化、制度化、正规化。一年来,全省876名专职护路联防队员、126名民兵共为人民群众办好事4195件、收到表扬信50封、锦旗、镜匾40面(块),有75人拒礼拒贿折合人民币6100多元,新闻媒体表扬78次,有1名队员荣立二等功、7人荣立三等功。

预防青少年违法犯罪工作情况

一是根据青少年特点,搞好预防毒品教育。为了进一步加强中小学生毒品预防教育工作,省综治办会同省教育厅、团省委、省禁毒委在联合转发教育部、司法部、中央综治办、团中央《关于加强青少年学生法制教育工作的若干意见》和国家禁毒委、中央综治办、教育部、团中央《关于进一步加强中小学生毒品预防教育工作的通知》的基础上,组织各有关部门充分发挥职能作用,根据不同学龄阶段学生的生理、心理特点和接受能力,继续有针对性地开展毒品预防教育工作,提高了广大青少年的免疫力,增强了拒毒防毒意识。

二是开展了学校及其周边地区治安环境整治活动,努力营造教书育人的良好环境。一年来,先后两次在全省范围内对中小学校及其周边不法侵害活动进行了集中整治,重点解决了影响师生人身安全的突出问题。据不完全统计,全省共清查学校及其周边地区各类娱乐场所3421家,取缔了504家。同时,依法惩处了一批侵害师生人身财产安全的案件,进一步加强了学校的治安防范工作,为广大师生营造了一个良好的教学、科研和生活环境。

三是采取多种行之有效的措施,搞好预防青少年违法犯罪工作。一年来,省预防青少年违法犯罪领导小组办公室,全面推进青少年违法犯罪社区预防计划,制定了《陕西省实施<预防未成年人犯罪法>办法》,开展了“青少年绿色上网活动”和“未成年人零犯罪社区”活动,着力构建学校、家庭、社会“三位一体”的预防犯罪工作体系,提高了青少年自我保护的法制意识。在此基础上,还深入开展了宣传《未成年人保护法》、《预防未成年人犯罪法》等普法宣传教育活动,使未成年人的法制观念进一步增强。

四是大力开展青少年维权岗活动,保护青少年的合法权益。据统计,全省共创建省级优秀“青少年维权岗”68个,全国优秀“青少年维权岗”12个,并制定了《陕西省青少年维权岗管理办法》。同时,支持和巩固了省内两个回归“儿童村”的工作,收养了因父母犯罪服刑而生活、学习无着落的150余名儿童,为他们创造了良好的学习、生活环境。

刑释解教人员安置帮教工作情况

一是建立健全了各级安置帮教工作组织机构。全省各级均建立健全了由综治委牵头，由司法、公安、民政、工商、妇联、共青团与劳动和社会保障等部门负责人组成的刑释解教人员安置帮教工作协调小组及其办公室。截至年底，全省11个市(区)107个县(市、区)近2500多个乡镇(街道、社区)都成立了安置帮教领导和办事机构，广大农村普遍成立了安帮工作站，为安置帮教工作的开展提供了组织基础。

二是开展了对刑释解教人员的排查工作，做到情况清、底子明。为配合“严打”整治斗争，各级安置帮教部门对全省范围内近几年刑释解教人员进行了集中排查，掌握了近几年以来回归社会的刑释解教人员底数，确定了重点工作对象，发现了大量破案线索，破获了一批刑事案件。2004年，全省各地对排查工作进行了“回头看”，进一步巩固了排查成果。通过排查，公安、监狱、劳教等部门进一步改进和落实了衔接工作，建立并落实了领导责任制和长效工作机制。

三是狠抓了刑释解教人员的就业安置和社会保障工作。全省各地认真贯彻中央综治委等八部(委、局)《关于进一步做好刑释解教人员促进就业和社会保障工作的意见》，不断拓宽刑释解教人员安置就业渠道，鼓励刑释解教人员转变观念，自主创业、自谋职业；通过实施优惠政策，鼓励企业吸纳刑释解教人员就业。各级安置帮教组织积极帮助刑释解教人员解决就业和生活问题，解除他们的后顾之忧，促使其顺利融入社会。目前，全省有60%以上的“两劳”刑满释放人员得到了安置，重新违法犯罪率呈下降趋势。

四是适应新形势，不断探索安置帮教工作的新方法。省监狱、劳教部门积极探索对罪犯、在教人员的分类改造和社会化帮教的新路子，大力开展职业技术教育，保证服刑、在教人员掌握一至两门实用技术，以适应回归社会后谋生就业的需要。各级安置帮教组织充分利用各种社会资源，积极动员干部职工、青年团员、离退休人员以“一助一”、“多助一”等形式参加对刑释解教人员的帮教工作，探索和创新各项安置帮教措施和办法，从而增强了工作的针对性和实效性。

实行社会治安综合治理责任制情况

一是各级层层签订了社会治安综合治理领导责任书。按照省委提出的各级党委、政府“第一要务是抓发展，第一责任是保稳定”的要求和实行社会治安综合治理领导责任制的要求，层层落实了创建“安全陕西”的领导责任。省委、省政府主要领导与各市委、市政府主要领导，各市委、市政府主要领导与各县(区)委、政府主要领导，各县(区)委、政府主要领导与各乡镇(街道)党委、政府(办事处)主要领导，逐级签订了社会治安综合治理任期目标责任书。通过层层签订责任书，使全省基本形成了横向到边、纵向到底的责任制网络，进一步增强了各级党政一把手抓社会治安综合治理的责任感。同时，实行了社会治安黄牌警告制、重大问题责任追究制和一票否决制，将各级领导干部抓维护社会治安和社会稳定的情况作为重要内容，与领导干部考核和奖惩挂钩。据统计，一年来全省共实施黄牌警告76个(次)，领导责任追究48人(次)，一票否决32个(次)。

二是各级党委、政府都把加强社会治安综合治理工作作为一项重要任务列入了议事日程。全省各级党委、政府多次召开党委常委会议、政府常务会议和综治委全体会议,定期不定期地分析研究社会治安形势,安排部署综合治理工作,解决综合治理工作中存在的问题,在人力、财力和物力上给予了很大的支持和倾斜,有力地推动了社会治安综合治理各项措施的全面落实。

三是扎实开展了社会治安综合治理责任制考评和公众安全感问卷调查工作。根据往年综治责任制考评过程中发现的问题和各市(区)在公众安全感问卷调查中所反映的情况,省综治办根据中央综治委下发的《关于省、自治区、直辖市社会治安综合治理工作考核评比标准》,从全省实际出发,有针对性地对综治责任制考核验收细则和公众安全感问卷调查内容等进行了修改、充实,使之更加切合实际、更加科学合理、更具有可操作性。从10月下旬至11月底,省综治办委托省统计局在全省范围内开展了公众安全感问卷调查活动。调查结果显示:全省社会治安大局基本稳定,人民群众对社会治安状况的满意率为84.8%,同比上升了1.6个百分点

四是深入开展省级领导干部联系社会治安综合治理县(区)活动,有力地推动了全省社会治安秩序的进一步好转。根据2003年全省社会治安综合治理工作考核和公众安全感调查结果,将治安状况相对较差的潼关、城固、镇坪、岐山、绥德、武功、户县、宝塔区、商州区9个县(区)作为2004年度重点联系县(区),并将原来由省级政法各部门领导干部联系改为省级领导干部联系,同时给每个县(区)确定了两个省综治委成员单位协助联系领导开展工作。联系县(区)确定后,省级领导干部多次深入到各自的联系点开展调查研究,分析治安形势,提出整改意见,制定整改措施,帮助解决问题。经过一年的整改,领导联系县(区)的治安面貌发生了很大变化,其中有7个县(区)已经成为当地创建工作的先进县(区)。

中共陕西省委办公厅
陕西省人民政府办公厅
转发省委政法委、省综治委《关于在全省开展创建“安全陕西”活动的意见》的通知

(2004年2月8日)

各市、县委,各市、县政府,省委和省级国家机关各部门,各人民团体:

省委政法委、省综治委《关于在全省开展创建“安全陕西”活动的意见》已经省委、省政府同意,现转发给你们,请认真贯彻执行。

关于在全省开展创建"安全陕西"活动的意见

（2004年1月29日）

为全面贯彻党的十六大精神，确保我省全面建设小康社会"三步走"战略目标的顺利实现，根据党的十六届三中全会提出的完善社会主义市场经济体制的目标、任务和全国社会治安综合治理工作会议精神，现就在全省开展创建"安全陕西"活动提出如下意见：

一、开展创建"安全陕西"活动的必要性

（一）开展创建"安全陕西"活动，是贯彻"三个代表"重要思想的具体实践。"三个代表"重要思想是全党一切工作的根本指针。实现人民的愿望，满足人民的要求，维护人民的利益，是"三个代表"重要思想的根本出发点和落脚点。开展创建"安全陕西"活动，就是要进一步加强社会治安综合治理，保障和促进先进生产力和先进文化的发展，实现好、维护好、发展好广大人民群众的合法权益和根本利益，把"三个代表"重要思想的要求落到实处。

（二）开展创建"安全陕西"活动，是我省抓住本世纪头二十年重要战略机遇期、实现全面建设小康社会"三步走"战略目标的有力保障。本世纪头二十年，对我国、我省来说，是一个必须紧紧抓住并且可以大有作为的重要战略机遇期。抓住机遇，加快发展，是全省上下的共同愿望。实现全面建设小康社会"三步走"战略目标，是惠及全省人民的宏伟事业。开展创建"安全陕西"活动，就是要努力维护我省在本世纪头二十年重要战略机遇期的安全稳定，为我省抓住机遇、深化改革、扩大开放、加快发展创造良好的社会环境，保障和促进我省全面建设小康社会"三步走"战略目标的顺利实现。

（三）开展创建"安全陕西"活动，是我省完善社会主义市场经济体制的需要。市场经济是法制经济，完备的法律制度，良好的法治环境，是市场经济发展规律的内在要求，也是完善社会主义市场经济体制的重要内容。开展创建"安全陕西"活动，就是要通过进一步加强法制建设，完善法律监督机制，充分体现社会公平和非歧视原则，规范市场经济秩序，逐步健全市场经济法律保障体系，努力建设诚实守信的市场经济社会环境。

（四）开展创建"安全陕西"活动，也是提高我省社会治安综合治理工作水平、巩固和发展我省社会稳定良好局面的迫切要求。近两年来，我省社会治安大局稳定，社会秩序基本良好，公众安全感不断增强，人民群众对治安状况的满意率逐年提高。但也要看到，我国正处在一个快速发展的社会转型期，随着改革的深化和利益格局的调整，各种深层次的社会矛盾进一步显现，影响社会稳定的因素越来越多，维护社会稳定和社会治安的任务依然十分艰巨。开展创建"安全陕西"活动，就是要从系统和全局的高度整合政法机关的职能，动员全社会的力量，化解社会矛盾，消除不稳定因素，增强防控能力，预防和减少违法犯罪，进一步巩固和发展我省长治久安的局面。

二、开展创建"安全陕西"活动的总体要求和目标任务

创建"安全陕西"的总体要求是：以邓小平理论和"三个代表"重要思想为指导，以维护社会政治稳定和治安形势平稳为根本，以服务我省"三步走"战略目标为中心，以人为本，继续坚持"严打"方针，大力构建社会治安防控体系，进一步落实社会治安综合治理各项措施，努力做到发案减少、事故下降、秩序良好、群众满意，为建设西部经济强省、全面建设小康社会营造和谐稳定的社会环境和公正高效的法治环境。

营造公正高效的法治环境，就是要进一步加大依法治省力度，使市场主体的合法权益得到有效保障，市场秩序更加规范有序，投资环境进一步改善，司法和行政执法机关严格、公正、文明执法，公民的法治意识和法律素质进一步增强，法律服务质量和水平进一步提高，社会公平和非歧视原则得到加强，经济发展的法治环境明显改善。

营造和谐稳定的社会环境，就是要进一步加大社会治安综合治理力度，使基层基础建设进一步加强，综合治理措施全面落实，群防群治网络充分发挥作用，重特大刑事案件和多发性案件得到有效控制，治安混乱地区和单位面貌明显改观，社会丑恶现象减少，社会治安形势稳定，群众安全感增强。

开展创建“安全陕西”活动的具体任务是：

发案减少。能够有效预防和控制恐怖暴力活动和非传统安全因素引发的犯罪活动。爆炸、杀人、放火、绑架、抢劫、强奸等重大刑事案件发案逐步下降，盗窃、抢夺、伤害等多发性、可防性案件得到有效控制，未成年人犯罪、流动人口犯罪、刑释解教人员重新犯罪平稳下降，刑事案件万人发案率控制在全国平均水平以下。

事故下降。交通事故、安全生产事故、火灾事故、治安灾害事故数量下降，造成的人员伤亡和经济损失低于全国平均水平。不发生在全国造成重大影响的群死群伤恶性事故，不发生在全国造成严重影响的重大活动、重要目标、要害部位安全保卫工作重大事故。

秩序良好。各项社会管理秩序正常有序、人际关系和谐，社会丑恶现象减少，学校、企业、车站、机场等重要部位及公共场所治安秩序良好。不发生在全国造成重大影响的扰乱社会秩序的群体性事件，不发生造成严重影响的群体性事件，不发生“法轮功”等邪教组织的重大聚集破坏事件。

群众满意。各类市场主体和广大人民群众的合法权益得到保障，公众安全感逐年增强，人民群众对社会治安的满意率达到并保持在85%以上。

三、开展创建“安全陕西”活动的实施步骤

开展创建“安全陕西”活动，本着“全面规划，分段实施，整体推进，务求实效”的原则，与我省全面建设小康社会“三步走”战略目标同步实施。今后四年(2004～2007年)工作的总要求是：一年打基础，两年上台阶，三年迈大步，四年见成效。

一年打基础：2004年，在全省营造创建“安全陕西”的良好舆论氛围，形成创建工作的良好态势，推出一批基层创建活动的先进典型，人民群众对社会治安的满意度比上年提高。

两年上台阶：到2005年年底，使创建“安全陕西”活动在全省跨上新的台阶，30%左右的县(市、区)建成安全县(市、区)，40%左右的乡镇(街道)建成安全乡镇(街道)，50%左右的社区、村建成安全社区、安全村，50%左右的单位建成安全单位，人民群众对社会治安的满意度达到85%。

三年迈大步：到2006年年底，使创建“安全陕西”活动迈出较大步伐，60%左右的县(市、区)建成安全县(市、区)，70%左右的乡镇建成安全乡镇(街道)，70%左右的社区、村建成安全社区、安全村，80%左右的单位建成安全单位，人民群众对社会治安的满意度稳定在85%以上。

四年见成效：到2007年年底，使创建“安全陕西”活动见到明显效果，全省社会治安达到一个新的水平，80%左右的县(市、区)建成安全县(市、区)，90%左右的乡镇(街道)建成安全乡镇(街道)，90%左右的社区、村建成安全社区、安全村，90%左右的单位建成安全单位，人民群众对社会治安的满意度稳定提高。

四、健全完善创建“安全陕西”的基础工作机制

开展创建“安全陕西”活动，必须从维护社会稳定和社会治安的各项基础工作抓起。在全面落实社会治安综合治理各项措施的同时，突出健全八个方面的基础工作机制：

(一)健全维护社会稳定和社会治安领导责任机制。按照“条块结合，以块为主”的属地管理原则和“谁主管、谁负责”的原则，落实各级领导干部“保一方平安”的政治责任。一是完善党政领导任期内社会治安综合治理目标管理制度。把社会治安的状况纳入领导干部考核内容，作为评价干部政绩、晋升晋级的重要依据之一。二是建立各市和社会治安综合治理委员会成员单位履行维护社会稳定和社会治安职责述职制度。各市党委、政府主要领导在任期内要就其履行维护社会稳定和社会治安职责情况向上级党委、政府进行述职，由上级党委、政府组织有关部门(综治委成员单位)进行评议。各级综治委成员单位在任期内要就履行职责的情况向同级综治委进行述职,由同级和下级综治委成员单位进行评议。

(二)建立社会治安形势分析评估和决策治理机制。各市、县(市、区)要根据当地案件发案情况、社情民意反映情况等指标,每月综合分析当地社会治安状况,及时确定或调整治安预警级别及采取应对措施,适时部署区域治理和专项治理工作,把“严打”方针贯穿在日常工作中,加大维护治安的工作力度。各大、中城市逐步建立治安状况公告制度,通过新闻媒体定期向社会公众发布。全省用两年左右时间在各级公安机关建立完善的治安信息网络系统,随时对全省的社会治安状况进行综合分析。

(三)完善社会治安防控机制。贯彻“打防结合、预防为主,标本兼治、重在治本”的方针,城乡结合、以城为主,建立全方位、多层次的社会治安防控体系。当前和今后一个时期着重抓好四个防控网络建设:一是街面防控网络建设。以110指挥系统为依托,以公安巡警、交警、派出所民警和各种群防群治组织为主体,成立专门巡逻队伍,明确巡逻责任区,实行24小时街面巡逻。二是社区(居民小区)防控网络建设。以街道综治办、公安派出所为责任单位,从下岗职工和低保对象中选聘人员,组建社区(居民小区)治安联防队,充分调动社区群众参与防范工作的积极性,将防范网络延伸到每家每户。三是单位内部防控网络建设。以机关、团体、企事业单位内部保卫组织和保安队伍为主体,加强单位内部治安防范工作,看好自己的门,管好自己的人,办好自己的事。公安机关要加强对保安服务队伍的管理和培训,充分发挥其协助公安机关维护社会治安的积极作用。四是农村治安防控网络建设。由乡镇综治办协调,以村治保会、调委会及治安中心户长为骨干,开展巡逻,看家护村。加强对治安中心户长的管理,充分发挥治安中心户长在矛盾纠纷排查调处工作中的特殊作用,逐步做到小事不出村,大事不出镇,矛盾纠纷化解在基层。

(四)建立经常性的社会治安乱点重点治理机制。坚持每年排查治安乱点,分工负责,责任到人,专项治理。每年根据公众安全感调查结果确定后10个县(区)作为社会治安综合治理重点联系单位,由一名省级领导同志作为督办联系人,组织工作组进行为期一年的重点整治。要加强以重点行业、重点部位、重点人群为对象的社会治安管理工作。重点行业管理要突出加强危爆物品和公众娱乐场所的监管,对枪支弹药、易燃易爆、有毒有害等危险物品的生产、转运、使用、储藏实施跟踪管理。重点部位的管理要突出做好党政机关、大专院校、重要企事业单位、文化娱乐等场所的安全保卫,加强对机场、车站、桥梁、隧道等部位的治安管理和防范,严格检查,消除隐患,确保安全。重点人群的管理要突出加强刑释解教人员、吸毒人员、闲散青少年和流动人口的教育、管理和控制,努力预防和减少违法犯罪。以人为本,积极探索和改进治安管理的方式方法,做到管理、教育、服务相结合,不断提高管理水平。

(五)强化矛盾纠纷排查调处机制。坚持“预防为主,教育疏导,依法调处,防止激化”的原则,“党政挂帅,综治协调,部门联动,依托基层,各方参与”,认真做好矛盾纠纷排查调处工作。坚持乡镇(街道)每半月向所在县(市、区),县(市、区)每月向所在市,各市每季度向省综治委,省综治委每季度向省委、省政府和中央综治委上报一次矛盾纠纷排查调处工作情况的逐级报告制度。对重点矛盾和纠纷实行领导包抓制度,做到“一个问题、一名领导、一套班子、一抓到底”,把调处责任落实到相关责任人,把矛盾纠纷化解在基层。各乡镇(街道)综治办负责协调辖区内人民调解、司法调解、行政调解等力量,定期召开会议,加强督办和检查,切实把工作落到实处。

(六)健全法制宣传教育工作机制。广泛深入开展法制宣传教育,不断提高全省公民的法治意识和法律素质,重点抓好各级领导干部、司法和行政执法人员、青少年学生、企业经营管理人员、农村基层干部和城市社区管理人员的法制教育。坚持并完善领导干部学法统一考试制度。加强青少年学生法制教育工作,在各级各类学校开设法制教育课,在两年内配齐配强中、小学校法制副校长。广泛开展法律进社区、法律进农村、法律进企业等法制教育和法律服务活动,积极推进地方、行业和基层依法治理工作,不断提高社会管理的法制化水平。

(七)建立群体性突发性事件应急处置机制。

各级都要针对不同类型群体性突发性事件的性质、特点和规律,制定不同的处置预案,特别要研究制定处置突发性重大治安灾害事故、重大自然灾害事故和重大群体性扰乱公共治安秩序事件的预案。各有关部门和单位都要围绕总体预案,结合各自职责,制定具体工作方案。启动应急处置预案由各市党委、政府决定,预案一旦启动,应急指挥系统也应随之展开工作。应急指挥系统由党委、政府主要负责同志牵头,分管负责同志协助,公安、武警、信访、卫生、教育、民政、劳动等有关部门负责同志参加,明确职责,落实任务,牢牢把握处置群体性突发性事件的工作主动权。各地都要组建处置突发事件的专门工作队伍,以公安防暴、巡警和武装警察为主体,由消防、医疗等有关方面参与,配强力量,优化装备,强化训练,确保关键时刻拿得出、打得赢,能够迅速妥善处置突发事件。

(八)健全综合治理经费保障机制。各级都要按照年人均不低于0.15元的标准核定社会治安综合治理工作经费,列入财政预算,实行专户管理,确保专款专用。按照"谁受益,谁出资"和"取之于民,用之于民"的原则,切实解决群防群治工作经费和人员报酬。县以上各级都要设立见义勇为专项奖励基金,褒奖见义勇为的治安勇士。各级都要逐年增加社会公共安全硬件设施建设的投入,提高安全防控的科技装备水平。

五、建立创建"安全陕西"的考评保障措施

开展创建"安全陕西"活动,必须有严格的考评措施作保障。重点建立健全完善四项制度:

(一)创建活动评比考核制度。省综治委制定安全县(市、区)考核标准及办法,各市制定安全乡镇(街道)、安全社区、安全村、安全单位考核标准及办法,每年自上而下对创建活动进行一次考核评比。对达到安全县(市、区)标准的,进行表彰奖励;对其党政主要领导、分管领导,根据有关规定给予记功奖励。对达到安全乡镇(街道)、安全社区、安全村、安全单位标准的,分别由市、县(市、区)进行命名表彰。对在创建工作中作出突出贡献的部门、单位和个人,给予表彰奖励。

(二)重大事件领导责任查究制度。根据中央五部委的规定,由省直五部委联席会议对由于领导重视不够、治安防范措施落实不力而导致发生严重危害社会稳定、造成恶劣影响的重大刑事案件、治安灾害事故和重大群体性事件的地方、部门和单位实施领导责任查究,对负有责任的领导干部作出相应处理。

(三)社会治安综合治理"一票否决权"制度。对维护社会稳定和社会治安目标责任制考核不合格的,或对社会治安重点联系县连续两年整治未达标的,或发生严重危害社会稳定、造成恶劣影响的重大刑事案件、治安灾害事故和重大群体性事件的地方、部门和单位,实施"一票否决"。否决内容包括:县(市、区)、乡镇(街道)以及机关、团体、学校、企业、事业单位评选综合性的荣誉称号;上述单位的主要领导、主管领导和治安责任人评先受奖、晋职晋级的资格。连续两年被一票否决的地方和单位,对其主要领导、分管领导或直接责任人给予降职、就地免职或实行引咎辞职。

(四)"公众安全感"调查民意测评制度。按照"客观、准确、公正"的原则,由综治办会同统计部门每年开展一次"公众安全感"调查活动。对群众满意率处于末位的地方,给予"黄牌警告",连续两年处于末位的实施"一票否决"。统计部门要不断改进调查的方式方法,进一步完善调查的指标体系,确保调查工作的科学性、准确性和公正性。

六、广泛动员全社会力量,形成开展创建"安全陕西"活动的整体合力

创建"安全陕西"是一项社会系统工程,要在各级党委、政府的领导下,动员全社会的力量,调动各方面的积极因素,群策群力开展创建活动。

组织、人事部门要把各级党政领导抓创建工作的实绩纳入干部考察考核的重要内容,作为干部奖惩的重要依据,与评先评优、立功受奖、晋职晋级挂钩。

纪检、监察机关要严肃查处各级领导机关、领导干部在创建工作中的严重官僚主义和失职渎职行为。

宣传部门要组织新闻媒体,利用各种渠道,采取多种形式,大力宣传创建"安全陕西"的目标、任务和意义,宣传先进典型和成功经验,营造浓厚的建设"安全陕西"的舆论氛围。

信访部门要认真做好人民群众来信来访接待工作,逐级落实领导责任,化解矛盾纠纷,防止矛盾激化,维护社会稳定。

安全生产监督管理部门要认真组织指导有关

部门切实加强安全生产工作，防止和减少生产建设中的各种隐患和重大安全事故。

工商行政、质量技术监督等部门要及时查处破坏市场经济秩序的不法行为，依法保护各类市场主体的合法权益。

金融、证券、保险机构要强化内部安全管理和防范工作，重点做好营业网点、运钞车辆防盗防抢和票据信用卡防诈骗工作。

卫生、防疫部门要重点抓好重特大中毒事件和疫情的预防和控制工作，积极参与突发性、群体性事件应急处置工作。

教育、文化、新闻出版、共青团等部门和单位要加强校园周边地区治安整治，加大对文化市场的管理和扫黄打非工作的力度，积极参与预防青少年违法犯罪工作。

建设、规划等部门要将治安、消防等防范设施纳入住宅设计标准，列入城市建设整体规划。

劳动、民政和城市管理等部门要认真落实再就业、社会保障、流动人口管理服务、流浪乞讨人员帮扶救助等措施，努力预防和减少各类犯罪。

交通、铁路、民航等部门要加强对车站、机场等人员集散场所的安全检查和管理，严防发生重大安全事故。

人武部门要积极组织驻军和武警投身创建活动，充分发挥部队和民兵在维护社会稳定中的作用。

各部门和各单位都要把创建"安全陕西"作为一项政治任务，落实职责，加强协作，真正形成创建"安全陕西"的整体合力。

七、充分发挥政法机关的主力军作用，不断推进创建活动深入开展

各级党委政法委和综治委(办)是开展创建"安全陕西"活动的组织者，要充分发挥组织、协调、检查、监督等职能作用，积极动员各部门、各单位参与创建活动，定期分析研究创建活动进展情况，适时提出创建工作的意见和建议；要定期检查指导各部门、各单位的创建工作，协调、督促解决创建工作中的问题；要注重培养创建典型，大力推广创建经验，以点带面，全力推进创建活动深入开展。

公安部门是创建"安全陕西"的骨干力量，要在打击违法犯罪、保障经济安全、加强治安防范、维护社会稳定等方面发挥主力军作用，把创建"安全陕西"作为全部公安工作的重要目标和中心任务，作为考核公安工作绩效的重要内容，切实履行职责，认真抓好落实。

人民检察院要在创建"安全陕西"活动中强化法律监督职能作用，维护国家法律的统一、正确实施，促进依法行政。

人民法院要在创建工作中依法惩处严重危害社会治安的刑事犯罪分子和严重经济犯罪分子，依法调整各种法律关系，切实维护各类市场主体和人民群众的合法权益。

国家安全部门担负着防范、打击境外间谍机关和境内外各种敌对势力的渗透、颠覆、破坏活动等任务，在创建"安全陕西"中要与公安部门密切配合、互通情况、协同作战，切实做好反恐怖斗争和反颠覆活动等各项工作，维护好陕西安全。

司法行政部门要加强法制宣传教育工作，全面提高公民的法律素质和公务人员依法行政水平，认真做好依法治理、人民调解、法律服务、法律援助、监管改造和刑释解教人员的安置帮教等各项工作，为创建"安全陕西"营造良好的法治环境。

创建"安全陕西"，关键在人，必须切实加强政法队伍建设。加强思想建设，用"三个代表"重要思想武装广大政法干警的头脑，增强政治意识、大局意识和服务意识，转变执法观念，规范执法行为，实现执法为民。加强班子建设，选好配强各级政法机关的领导班子。加强业务建设，切实强化教育培训工作，大力推行学习型机关建设，广泛开展岗位练兵活动，努力提高政法干警的业务素质和执法办案水平。坚持从严治警，深入开展以"公正执法树形象"为主要内容的集中教育整顿，严格落实队伍管理的各项规定，深化执法检查，明确行为规范，着力解决队伍中存在的司法不公、执法不严、徇私枉法以及办事拖拉等问题，确保执法活动公开、公平、公正。坚持从优待警，积极为政法机关和干警解决后顾之忧，改善工作条件，努力建设一支让党放心、让人民满意的具有坚强战斗力的政法队伍。

陕西省社会治安综合治理委员会关于在全省开展矛盾纠纷“百日大调解”活动的实施意见

（2004年7月29日）

为了认真贯彻全国社会治安综合治理工作会议精神和省委关于“全省各级组织、各个单位定期都要开展排查不稳定因素”的要求，落实全省社会治安综合治理工作会议部署的工作，把群众性的矛盾纠纷排查调处工作推向新的阶段，省综治委决定，从现在开始，到10月底结束，在全省开展“百日大调解”活动。现提出如下实施意见：

一、开展“百日大调解”活动的目的意义

开展“百日大调解”活动，是实践“三个代表”重要思想、密切党群干群关系的重要举措，是认真贯彻全国社会治安综合治理工作会议精神、学习借鉴“枫桥经验”的具体行动，是创建“安全陕西”的一项基础性工作。其目的就是加大排查调处的力度，集中化解一批矛盾纠纷和各种不稳定因素，维护全省社会政治稳定，为建立矛盾纠纷排查调处经常性工作机制奠定基础。

二、“百日大调解”活动的重点任务

各市要在“百日大调解”活动中，对过去排查未调处的和新排查出的矛盾纠纷进行梳理，分类登记，按照“谁主管，谁负责”和“分级负责，归口调处”的原则，明确责任领导、责任部门(单位)，突出重点，解决难点，注重实效，下功夫把矛盾纠纷解决在基层。

“百日大调解”要全面排查群体纠纷和热点问题，把重点放在影响当地稳定的重大矛盾纠纷和久调不解的矛盾纠纷上。一是因企业改制、职工下岗、买断工龄而容易引发集体上访的矛盾纠纷；二是因征地拆迁、干部违纪、村务不公开和基金股金不能兑付引发的矛盾纠纷，尤其是认真解决好因基金股金引发久缠不决的矛盾纠纷；三是一些特殊群体中易引发群体性上访事件的问题；四是进京来省涉法上访案件；五是防火、防盗、防爆炸、防破坏、防事故等方面引发的矛盾纠纷及不稳定因素。

“百日大调解”活动中，各级综治委要对排查出的矛盾纠纷，集中时间，组织力量，集中解决一批久拖未决的重大、疑难纠纷，息诉一批缠访、缠诉案件，化解一批不安定的因素。一些重大疑难的矛盾纠纷要报告当地党委、政府研究处理，如研究处理有困难，及时报省综治委。

三、开展“百日大调解”活动的方法步骤

“百日大调解”活动，总的要求是边排查、边调处，在步骤上可大体分三个阶段进行。

第一阶段，8月份为大排查阶段。“百日大调解”活动应在大排查的基础上进行。各地要组织力量对本地区、本系统、本单位的矛盾纠纷进行如实、全面、彻底的分类排查，不留死角，不留盲点，做到底数清、情况明，并针对排查出的矛盾纠纷制定具体有效的调处措施。

第二阶段，9月至10月中旬为大调解阶段。各级党委、政府要在摸清底数的基础上，落实任务，明确责任，调动各方面力量，采取人民调解、行政调解和司法调解等多种方法和手段开展大调解工作。

第三阶段，10月下旬为巩固提高阶段。完善工作机制，健全工作制度，使矛盾纠纷排查调处工作进一步经常化、规范化、制度化。

四、开展“百日大调解”活动的具体要求

1. 加强领导，精心组织。各级综治委要牢固树立科学发展观和正确政绩观，认真落实省委提出“第一要务是发展，第一责任是稳定”的要求，充分认识开展“百日大调解”活动的重要意义，进一步增强政治意识、大局意识、稳定意识和责任意识，精心安排部署“百日大调解”工作。要结合本地实际，制定具体措施，切实加强对“百日大调解”活动的组织领导和具体指导。要落实“百日大调解”工作领导责任制，各级综治委主要领导要亲自过问督查这项工作，切实担负起组织、协调责任，认真负责地抓好“百日大调解”工作。对因“百日大调解”活动组织不力、矛盾纠纷调处不及时或工作不细致而导致发生重大事件、造成重大影响或严重后果的，要实行领导责任查究。

2. 部门配合，形成合力。开展“百日大调解”活动，就是要整合各部门的力量，充分调动各方面的积极性，形成矛盾纠纷排查调处工作的整体合力。各部门在大调解活动中，要充分发挥职能作用，属于本部门职权范围内能解决的纠纷要及时予以解决；需要几个部门共同解决的，要在党委、政府的领导下，由综治部门协调，会同有关部门积极解决，不能推诿扯皮，久拖不决。

3. 依托基层，狠抓落实。矛盾纠纷排查调处工作重点在基层。各级综治委要把“百日大调解”的重点放在基层。要建立健全基层调解组织，充分发挥基层治保会、调委会和治安中心户长的作用。各乡镇、街道都要建立矛盾纠纷排查调处工作领导小组，建立由党委、政府牵头，综治部门协调，司法、公安、信访、农经、计生、土管、工商、税务等部门共同参与的调处中心，真正形成党政领导挂帅、综治部门协调、司法信访为主、各方共同参与的工作格局。要充分发挥公安派出所、人民法庭、司法所在排查矛盾纠纷、指导基层调解工作中的作用，坚持抓早、抓小、抓苗头、抓源头，力争把矛盾纠纷解决在初始阶段，解决在萌芽状态，努力做到“组织建设走在工作前，预测工作走在预防前，预防工作走在调解前，调解工作走在激化前”，做到“小事不出村、大事不出镇、矛盾不上交、纠纷不扩大”。各级都要组建督查组，深入农村、街道（社区）和企事业单位指导基层开展大排查大调解活动。

4. 健全制度，规范程序。通过“百日大调解”活动，进一步建立健全矛盾纠纷排查调处工作制度，并建立相应的工作台账。进一步规范调解程序，从当事人申请调解、受理调解登记、调查笔录、调解笔录、填写调解协议书、回访记录、卷宗制作等工作环节上完善程序，形成规范，提高调处工作质量。

5. 畅通渠道，了解民意。各级综治委和各有关部门都要建立领导干部信访接待日制度，面对面地听取群众的反映，对群众反映的实际问题及时予以解决，一时解决不了的，要在积极做好工作的同时，召集有关部门、单位认真研究解决。要落实首问负责制，一抓到底，不能一拖了之，一批了之。

6. 把握政策，讲究方法。开展矛盾纠纷排查调处活动，要坚持以人为本、依法调处，注重保护广大人民群众的实际利益。要突出重点，着力解决好涉及多数人利益的实际问题。对可能出现的影响社会稳定、引发重大治安问题的矛盾纠纷，要制定预案，防患于未然。要把人民调解、行政调解、司法调解紧密结合起来，采取经济的、法律的、思想政治的等多种方式方法，本着便民利民的精神，坚持平等自愿的原则，耐心说服，平等协商，积极化解矛盾纠纷，防止因方法不当而引发新的矛盾纠纷。

各市排查调处工作情况每月底前向省综治办报告一次，由省综治办汇总报告省委、省政府并确定挂牌督办案件。

中共陕西省委政法委员会
陕西省社会治安综合治理委员会
关于开展省级领导干部社会治安综合治理工作联系县(区)活动的通知

(2004年5月27日)

各市委政法委、综治委(办),杨凌示范区党工委政法委、综治委(办),省级政法各部门,省综治委各成员单位:

为了全面贯彻落实全国、全省政法工作会议精神,深入开展"安全陕西"创建活动,不断开创社会治安综合治理工作新局面,努力营造和谐稳定的社会环境和公正高效的法治环境,确保我省全面建设小康社会"三步走"战略的顺利实施,省委政法委、省综治委按照省委常委会要求,决定继续在全省开展社会治安综合治理工作重点联系县(区)活动,并决定将2004年度社会治安综合治理工作联系县(区)的联系领导由原来的省级政法部门领导干部改为省级领导干部,同时确定两个省综治委成员单位协助联系领导开展工作。省委政法委、省综治委根据各市对所辖县(区)社会治安综合治理工作检查、考核和公众安全感调查的结果,确定潼关县、户县、城固县、宝塔区、镇坪县、岐山县、绥德县、武功县、商州区等九个县(区)为2004年度省级领导社会治安综合治理工作联系县(区)。现就开展此项活动的有关事项通知如下:

一、提高认识,加强领导

开展省级领导干部社会治安综合治理工作联系县(区)活动,是贯彻落实党的十六大精神和"三个代表"重要思想,全面推进创建"安全陕西"活动的有力措施,是转变作风、求真务实,推动基层综治工作深入开展的具体行动。为此,各级、各部门一定要从思想上高度重视,切实加强对这项活动的组织和领导。联系县(区)所在市要确定一名市级领导配合省级联系领导抓好这项工作;联系县(区)也要确定一名县级领导具体负责这项工作。

二、明确任务,落实责任

各联系县(区)要结合本地实际,针对存在的问题和薄弱环节,制定切实可行的整改工作方案,做到目标明确,措施具体,责任落实。要通过为期一年的扎实工作,努力实现"综治工作明显进步,治安秩序明显好转,公众安全感明显增强"的目标。各市要定期对联系县(区)的综治工作进行督促检查,帮助解决工作中存在的问题和困难,帮助提高综治工作水平,确保联系县(区)在年度综治工作考核验收中达到所在市的中上水平。

省级领导干部每季度要抽出一定时间,深入到联系县(区)开展调查研究、检查指导工作,了解和掌握当地社会治安状况、矛盾纠纷排查调处情况、"安全陕西"创建活动情况,及时发现问题,分析原因,提出意见和对策。

协助联系领导开展工作的综治委成员单位,要主动加强与联系领导和联系县(区)的沟通联络,主动协助联系领导开展工作,除随同领导深入联系县(区)进行调查研究外,每季度都要抽出一定时间深入联系县(区),帮助解决实际问题,促使联系县(区)尽快实现治安面貌的好转。

三、加强联络,灵通信息

为加强对省级领导干部社会治安综合治理工作联系县(区)活动的协调和联络,省综治委给每位省级领导确定了一名联络员,作为省综治委与联系领导和联系县(区)之间的联络者。联络员要做好与联系县(区)及所在市的联络、协调工作,并跟随领导深入联系县(区)进行调查研究,了解掌握当地综治工作的进展情况、存在的主要问题,及时向省综治办报告领导深入联系县(区)开展工作的情况。各市和省综治委各成员单位也要确定一名联络员,切实加强相互沟通和联络,及时反映工作进展情况。各市及各成员单位确定的联系领导和联络员名单及联系方式,请于6月15日前报省综治办。

四、严格考核,严格奖惩

对省级领导干部社会治安综合治理工作联系县(区)活动情况的检查考核,与省综治委年底进行的综治工作检查考核同步进行。对按期实现整改工作目标、治安秩序明显好转、公众安全感满意率显著提高的县(区)予以表彰奖励;对连续两年整改未达标并在综治工作考核中处于所在市末位的县(区),实施“一票否决”,并在全省通报。

省综治委成员单位在这项活动中发挥作用的情况,列入省综治委成员单位年度考核内容。对成绩突出的单位和个人,由省综治委予以表彰奖励;对不积极参与此项活动或发挥作用差的成员单位和个人,取消综治评先资格,并予以通报批评。

弘扬延安精神　坚持以人为本
积极探索新时期矛盾纠纷排查调处的新途径

延安市社会治安综合治理委员会

一、坚持执政为民,强化矛盾纠纷排查调处的保障措施

执政为民是在新的历史条件下对全心全意为人民服务的延安精神的继承和发扬。近年来,市委、市政府始终牢牢把握延安精神这一政治优势,牢固确立群众利益无小事的思想,坚持“权为民所用、事为民所办”,把矛盾纠纷排查调处工作作为一项民心工程、政治工程,作为维护稳定、促进发展的一项基础工作,不断强化矛盾纠纷排查调处的各项保障措施,有力地推动了矛盾纠纷排查调处工作的深入开展。

一是强化领导责任。市委、市政府制定出台了《关于进一步加强矛盾纠纷排查调处工作的意见》,把这项工作纳入了每年与各县区、系统党政一把手签订的《社会治安综合治理目标责任书》,实行矛盾纠纷排查调处工作目标管理责任制及稳定和发展“一岗双责”领导责任制,并采取严格的考核奖励措施,做到一年一考核,一年一奖励,强化了领导责任,形成了一级抓一级,一级对一级负责的齐抓共管的矛盾纠纷排调工作责任体系和完善的考核激励机制,为搞好矛盾纠纷排调工作提供了有力的组织领导保障。

二是强化组织建设。按照抓基层、打基础的工作思路,2003年,在全市城镇社区、乡镇农村普遍开展了综治“织网工程”,建立健全县级调委会13个,乡镇(街道)调委会166个,调解中心166个,村、社区调委会4232个,村民调解小组11280个,治安中心户长28616名,网络覆盖面达100%,做到了层层有组织、有人员,层层有人抓、有人干,形成了强大的排查调处工作合力。在此基础上,依托综治、维稳、信访组织,调整充实人员,明确职责任务,狠抓矛盾纠纷排查调处工作的组织协调和督促检查,确保各项措施落实。

三是强化制度建设。市、县两级先后出台了《矛盾纠纷排查制度》、《矛盾纠纷排查调处工作信息报告制度》、《矛盾纠纷排查调处工作协调会议制度》、《矛盾纠纷排查调处工作督查制度》、《重大事件上报制度》等一系列规章制度,使矛盾纠纷排查调处工作有章可循。

四是强化经费保障。延安是经济发展相对滞后的贫困地区,市、县两级在财力十分困难的情况下,设立综治专项经费,按照每年人均不低于

0.15元的标准，列入各级财政预算。市级每年列支30万元，吴旗、志丹、安塞等县实行人均0.5元标准列支，重大开支由县财政另行拨付，为矛盾纠纷排调工作的深入开展提供了可靠的经费保障。

二、坚持求真务实，建立健全矛盾纠纷排查调处的工作机制

矛盾纠纷排查调处贵在抓早抓小，重在常抓不懈。在解决矛盾纠纷排查调处的具体实践中，各级各部门始终坚持我们党在延安时期就确立的实是求是的思想路线和求真务实的工作作风，不断探索和总结矛盾纠纷排查调处的新途径、新办法，从规范和完善工作制度着手，逐步建立健全了矛盾纠纷排查调处的工作机制。

一是定期排查上报制度。市、县、乡、村全部建立矛盾纠纷排查调处工作台账。乡镇(街道)、村和社区坚持每半月集中排查上报一次，县级以上单位坚持每月集中排查上报一次，重要矛盾信息、集体越级上访和群体性突发事件的苗头信息，随时发现，随时上报，坚持抓早抓小抓苗头，确保情况早知道，工作早到位，问题早解决。市上每季度调度汇总一次情况，掌握全市矛盾纠纷的总体状况，协调解决重大矛盾纠纷。

二是下访排调制度。陕甘宁边区时期创立的"宜调则调，宜判则判，不拘形式，简便程序，就地取证，就地研究，就地解决"的马锡五审判方式，既解决纠纷，又方便群众，至今在延安老区广为流传。我们继承和发扬这一传统方法，在严格坚持重大纠纷领导接待制度的同时，走出机关，深入群众，走乡串户，自觉开展矛盾排调工作，形成了下访排调的工作制度。市委要求市级领导每年要下访20名以上基层群众和职工，记好下访日志和民情笔记，发现矛盾纠纷，就地予以解决。市、县政法部门普遍实行"一委三长"(即：由政法委牵头，公、检、法三长参与)送法下乡和巡回办案制度，每季度深入县区、乡镇及村、组，开展法制宣传，指导依法行政，解决基层存在的各类突出问题和疑难案件。县、乡普遍实行县级领导包乡联村和乡镇领导包村联户制度，指导基层矛盾纠纷排查调处工作，现场解决突出矛盾纠纷。延长县实行"一委三长"巡回办案制度以来，把大量的矛盾纠纷解决在了基层和萌芽状态，使全县连续三年未发生越级上访和群体性事件。甘泉县还推行了政法部门主要领导包乡、副科以上干警包村制度，广泛发放便民联系卡，随时向求助群众提供法律服务和咨询，有效地避免了矛盾纠纷的产生和激化。

三是矛盾排调例会制度。市、县两级坚持每季度、乡镇每月召开一次矛盾纠纷排查调处工作例会，对一些重大疑难问题和倾向性矛盾纠纷，特别是跨县区、跨部门的矛盾纠纷，进行研究解决，根据不同情况，分别采取召开案件协调会议、督查督办或者组建专门工作队，深入纠纷所在地，开展专门调查处理工作。2002年以来，市级召开案件协调会议298次，解决集体上访问题180多件，发出督查督办函1260余份，组织了84个工作队，分别就油井受益权回收、征地拆迁等引发的一些重大矛盾纠纷进行了专门调查和处理。子长县先后组建了18个工作队，对李家岔镇水晶沟村石油开发征地等18起重大纠纷和缠访案件进行了调查处理，有效地维护了石油开采秩序，促进了区域经济发展。各级政法委实行一月一例会，及时汇总"一委三长"接待情况，对重大疑难案件及时召开案件协调会予以解决，杜绝了压案、拖案和扯皮案件。

四是矛盾纠纷排调领导包案制度。按照"谁主管，谁负责"，"分级负责，归口调处"的原则，对可能引发群体性事件、越级集体上访的苗头隐患及上访老户等问题，实行领导包案制度。按照事件性质和部门职责，定责任领导、定责任单位、定责任人员、定办结时限，实行"一个问题、一名领导、一套班子、一套方案、一抓到底"的责任制，严防事态扩大或矛盾激化。一旦发生群体性事件，党政主要领导、主管领导要及时赶赴现场，靠前指挥，直面群众，听取意见，稳定群众情绪，控制事态发展，依法果断处置，避免酿成事端。市委要求，市级领导每年至少包处两个信访案件，县区领导每季度至少包处一个案件。省委常委、市委书记王侠率先垂范，在2003年包处宝塔区部分群众因拆迁问题的集体上访中，认真倾听群众意见，当她了解到群众因征地补偿标准偏低，而且临近冬季，搬迁工作如不延期，将会给群众造成越冬困难后，马上召集有关领导进行专题研究，决定将搬迁工作延期至冬后，并按有关政策规定，提高补偿标准，使上访群众满意而归。

三、坚持群众路线，充分发挥人民调解的第一道防线作用

群众路线是我们党的优良传统，也是新时期做好矛盾纠纷排查调处工作的重要法宝。近年来，我们始终坚持充分发动群众、充分依靠群众、充分相信群众，把矛盾纠纷排查调处工作建立在广泛的群众基础之上，较好地达到了化解矛盾，维护稳定的目的。

在农村，我们充分发挥治安中心户长的作用，将矛盾纠纷排查调处工作延伸到户、落实到人，为基层矛盾排调工作注入了新的生机和活力，切实筑牢了第一道防线，形成了防矛盾、调纠纷的铜墙铁壁。村组调委会及治安中心户长，处在矛盾纠纷排查调处工作的最前沿，是基层矛盾纠纷排查调处的主力军，他们来自群众，贴近群众，贴近实际，在调解邻里纠纷、婚姻家庭纠纷和其他农村矛盾纠纷方面具有独特优势，发挥着不可替代的重要作用。2002年以来，全市农村治安中心户长共调处矛盾纠纷4.9万多起，有效地维护了农村社会稳定。在城镇，我们广泛物色那些政治合格、立场坚定、关心群众、威望较高、办事公道的“老革命”、退休老工人、老教师、老干部为矛盾纠纷调解员，鼓励他们发挥余热，无事多走动，发现问题多反映，遇到矛盾多说和，发生纠纷多调处。这些同志经验丰富，责任心强，说话有人听，处事能服人，是调解城镇、社区矛盾纠纷的可靠力量。据不完全统计，2003年，仅宝塔区矛盾纠纷调解员调处各类矛盾纠纷2835起，调解成功率达96%，为促进城镇、社区稳定起到了积极作用。

四、坚持以人为本，加大矛盾纠纷的源头治理力度

亲民爱民、关心群众疾苦是延安时期我们党克服重重困难、夺取革命胜利的重要法宝，继承和弘扬这种精神，对做好新形势下矛盾纠纷排查调处工作，解决经济社会发展中的各种困难和问题具有重要的意义。围绕经济建设和群众生产生活中的各种矛盾和问题，各级各部门以维护群众利益、为民排忧解难为根本，注重开展矛盾纠纷的预防工作，从源头上减少矛盾纠纷，确保社会稳定。

一是抓决策源头防矛盾。各级各部门坚持把改革的力度、发展的速度和社会承受的程度有机统一起来，在出台一些与群众切身利益相关的政策措施、实施重大建设项目之前，广泛征求意见，科学进行论证，尽量减少因政策失误或群众不理解引发的矛盾纠纷。

二是抓热点源头疏矛盾。在农村，抓住村级财务、退耕还林钱粮兑现、农业产业结构调整等群众反映强烈的问题，普遍推行政务和财务公开、村级财务乡镇代管、钱粮兑现公示公开、产业调整“统一规划，以户实施”等制度。在城市，抓住企业改制、劳资关系、职工下岗、旧城改造、拆迁安置等影响群众切身利益的问题，以“两个确保”、“三条保障线”为重点，健全“社会保障安全网”；切实落实城市安置政策。确保公开、公正、公平地解决这些群众普遍关注的热点问题，理顺群众情绪，保障群众利益，有效地从源头上疏导了矛盾纠纷的产生和激化。

三是重教育源头减矛盾。以思想道德教育为核心，突出抓好社会公德、职业道德、家庭美德教育，倡导文明新风，弘扬社会正气，规范文明行为。以法制宣传教育为重点，深化普法和以法治理工作，增强了干部群众学法守法和依法办事的意识。以作风建设为根本，大力弘扬延安精神，普遍建立《民情日记》制度，基层干部下乡入户，本上记民情，心上装百姓，密切了干群关系，减少了矛盾纠纷。

四是靠依法调处化矛盾。按照“五宜两慎”（宜防不宜避，宜断不宜拖，宜疏不宜聚，宜劝不宜激，宜细不宜粗，慎用警力，慎用警械）原则，市县两级分别建立了严密的应急处置预案，对处理群体性事件的方法、程序、措施及处置纪律等作出严格规定，制定了由于企业改制、职工下岗、征地拆迁、退耕还林等引发的矛盾纠纷的处理意见，切实做到有章可循、有的放矢，减少了处理矛盾纠纷的盲目性和被动性，增强了处理矛盾纠纷的主动性和有效性。

做好新形势下的矛盾纠纷排查调处工作，得民心、顺民意，是实现市委提出的建设“安全延安”新目标的重要保障，是新形势下构建社会治安防控体系，实现社会治安根本好转的治本之策，在延安精神的鼓舞和指引下，我市矛盾纠纷排查调处工作取得了明显成效。据不完全统计，自2001年以来，全市各级共排查调处各类矛盾纠纷7.8万多起，调处成功率达到95.3%。2003年以来，全市矛盾纠纷总量呈现下降趋势,2003 年下降了 18.2%,2004 年 1~5 月份下降了 11.8%,保持了社会大局稳定、人民安居乐业、经济社会持续快速发展的良好势头。

加强治安中心户长建设 夯实农村治安防范基础

咸阳属西部欠发达地区。近年来,因农村财务、土地承包、庄基纠纷、婚姻家庭等引发的治安案件增多,入室盗窃和破坏水利、电力设施的案件多发,警力不足、经费短缺的矛盾突出。针对这些问题,我们在认真调查研究,总结一些乡村坚持户族联防联保、多年无刑事和治安案件经验的基础上,提出了创建农村“治安中心户长”的构想,并以此为主体构筑了农村治安防范网络,农村治安状况得到很大改善,全市刑事案件大幅上升的势头得到了有效遏制,治安案件也明显减少。刑事立案增幅 2002 年较 2001 年下降了 30%;2003 年刑事发案较 2002 年下降了 5.54%,治安案件受理数同比下降了 26.83%;群众安全感普遍增强,2002 年全省组织的公众安全感测评显示,我市群众对治安状况的满意率达到 91.6%,2003 年年底我市进行的 4 万份群众安全感问卷调查中,群众满意率为 96.37%。

(一)抓好试点,以点带面,是搞好治安中心户长工作的基础

在创建农村治安中心户长工作中,我们在三原县、秦都区、渭城区确定 40 个乡镇、637 个村进行试点。在试点中,由市、县两级综治委牵头,公安、司法行政机关双管齐下,广泛宣传动员,深入村组进行指导。重点围绕如何推选治安中心户长、如何管理治安中心户长、如何发挥治安中心户长职能作用等问题进行探讨。经过几个月的试点,治安中心户长工作收到了明显成效。1999 年 5 月,我们在三原县召开了现场会,进一步研讨了工作重点、难点和应注意的问题。在此基础上,2000 年元月,市委将治安中心户长工作机制在全市全面推行,得到了全市广大群众的拥护,取得了良好的社会效果。

(二)严格选人,配强力量,是搞好治安中心户长工作的前提

始终坚持把治安中心户长的推选作为推行工作的重要环节,按照“选人要准,程序要严”的基本原则,制定了竞选标准,建立了选聘任命程序。各乡镇、村组严格按照治安中心户长标准和选聘程序,由群众联名推选治安中心户长人选;村党支部、村委会经过充分讨论,推荐积极分子;乡镇(街道)综治办坚持深入农户对所推荐人选进行政审考察。在推荐考察的基础上,乡镇(街道)综治委按照治安中心户长条件,坚持优先考虑老党员、离退休干部职工、离任村组干部和复员军人的原则,按照每 20 户至 30 户村民中选配一名治安中心户长的要求,决定聘任人员。通过严格标准、层层把关,一批政治素质高、协调能力强、群众基础好的治安中心户长脱颖而出,并在较短时间内发挥了明显作用。

(三)明确任务,夯实责任,是搞好治安中心户长工作的关键

我们确定了治安中心户长的六条主要职责任务。一是当好宣传员。采取传阅法制宣传资料、入户谈心、办黑板报、张贴标语等群众喜闻乐见的方式,广泛宣传党和国家的方针政策、法律法规和社会公德。二是当好调解员。积极配合村委会开展依法治村工作,随时发现群众中出现的矛盾和问题,依照法律规定和道德规范,及时化解邻里和家庭纠纷以及其他矛盾纠纷。三是当好安全员。认真组织联保户进行安全防范,扎实做好“防盗、防破坏、防火、防治安灾害事故”工作。许多村治安中心户长臂戴袖章,上门串户,警示村民提高治安防范意识;走街串巷,进行巡查,见“生人”就问,见“闲事”就管;在重要节日和夏、秋收季节组织群众巡逻。四是当好帮教员。主动协助公安机关做好本辖区流动人口、暂住人口的管理工作。热情关心失足青少年的转化和成长，经常与他们谈心交朋友。及时掌握刑释解教人员的思想动向，帮助解决生活困难，教育他们重新做人。五是当好信息员。随时了解掌握联保范围内的社情民意和治安信息，及时向有关部门提供情况，反映影响稳定的各种因素和动向，反映群众的意见、建议和要求，积极提供线索，协助公安机关侦破案件。六是当好技术员。中心户长们大都有一定的政策水平和文化知识，接受新事物快、信息灵通。他们在维护治安的同时，推广先进技术，带领群众发展经济，有不少已成为农村科技进步和农业结构调整的带头人。治安中心户长们认真履行职责，行使“职权”，成为维护农村稳定，促进农村经济发展的生力军。

（四）强化管理，规范运作，是搞好治安中心户长工作的保证

为了确保治安中心户长充分发挥作用，我们做了大量工作。一是加强培训，提高素质。由县乡两级综治办牵头，公安、司法行政部门具体实施，采取集中培训、以会代训、现场培训、经验交流等形式，对中心户长进行职责任务、政策法律和业务技能的培训，解决他们“干什么”、“依据什么干”和“怎么干”的问题，并不定期地组织业务考核。每年至少开展两次培训，受训率达到98%。二是健全制度，规范完善。我们制定下发了《关于进一步加强和规范治安中心户长工作的意见》，明确规定了中心户长工作的指导思想、性质定位、目标任务、组织领导等。普遍建立了例会制度、检查制度和汇报制度，每月召开一次例会，由乡镇（街道）综治办定期检查工作开展情况；中心户长每半月向派出所、司法所汇报一次工作，使中心户长工作不断走向制度化、规范化。三是严格考核，奖惩兑现。各乡镇综治办建立中心户长档案，根据工作成绩、现实表现和业务考核，实行动态管理，及时调整不称职人员。对他们坚持精神鼓励为主、物质报酬为辅，提倡义务奉献，成绩突出的予以表彰奖励。不少乡村因地制宜，采取多划责任田、发放少量补助和奖金等办法，落实待遇，调动他们的积极性。

（五）健全网络，加强防范，是搞好治安中心户长的有效手段

我们始终注重把治安中心户长与各类群防组织、防范措施和创建活动有机结合起来，全力构筑群防群治网络。一是把治安中心户长与其他联防保卫组织相结合。全市成立了以公安机关为主体的市、县、乡三级巡逻组织，完善了“110”报警服务中心，组建了城乡护厂（校）队、护楼队、村组联防队。在农村推广县、乡、村三级治安联防经验，划分警区，由派出所民警任警长，各村治保主任、治安中心户长和联防队员共同组成治安联防组织，形成了点线关联的防范网络。二是把治安中心户长工作与各种“创建”活动相结合。在开展“治安先进县（乡、村）”、“安全文明小区”、“无毒社区”、“平安大道”、“文明校园”，“安全文明铁道线”等创建活动中，充分发挥治安中心户长的积极作用，使治安中心户长的点渗透于创建活动的面，形成了以点带面、以面促点的整体效应。三是把以治安中心户长为主体的人防措施与传统性的物防措施及现代化技防手段相结合。在加强治安中心户长建设的同时，继续坚持过去行之有效的物防措施，如大型农机具加锁，田间变压器加焊防盗栓，居民安装防盗门、防盗网等，有选择地推广科技含量较高的技防措施，使人防力量不断充实，物防手段不断完善，技防能力不断提高。

陕西省社会治安综合治理委员会组成人员

省综治委是省委、省政府领导社会治安综合治理工作的常设议事机构，主任由省委副书记、省纪委书记董雷兼任，副主任分别由省委常委、常务副省长、省委政法委书记赵正永，省人大常委会副主任王发荣，省高级人民法院院长赵郭海，省人民检察院检察长张文宣兼任。省综治委委员分别由省公安厅厅长胡太平、省司法厅厅长赵英武、省安全厅厅长李宗奇和省委、省政府以及省级社会团体等40余个成员单位的有关领导组成。省综治委下设办公室，为常设机构，主任由省委政法委副书记马恩图兼任，王培文任常务副主任，王永明任副主任。办公室内设综合处与基层处两个处，处长分别为李学锋和张社政。两个处在编工作人员8人。

另外，省综治委还设立了五个指导、协调领导小组及其办公室：一是全省流动人口管理领导小组，办公室设在省公安厅，负责全省流动人口的管理工作；二是全省刑释解教人员安置帮教工作领导小组，办公室设在省司法厅，负责全省刑释解教人员的安置帮教工作；三是全省预防青少年违法犯罪领导小组，办公室设在团省委，负责预防全省青少年违法犯罪工作；四是全省铁路护路联防领导小组，办公室设在省综治办，负责全省铁路护路联防工作；五是全省学校及其周边地区治安综合治理领导小组，办公室设在省教育厅，负责学校及其周边地区的综治工作。

陕西省市、县(市、区)综治委、办主任名单

地　区	综治委主任	综治办主任
西安市	焦安发	陈广善
莲湖区	马建光	李引民
新城区	贾养勋	
碑林区	张永科	侯怀奇
灞桥区	于小鹿	乔芬利
未央区	张乾民	柯长久
雁塔区	杨西平	郭树怀
阎良区	李西安	张怀怀
临潼区	杨振堂	周志强
长安区	周群亚	李新良
蓝田县	万　潮	樊民杰
周至县	任景斌	李引中
户　县	王华旭	
高陵县	兰健康	成和平
延安市	张学凯	
宝塔区	李秉智	张安平
延长县	贺国庆	卫学武
延川县	李满套	郭长春
子长县	惠　阳	薛高成
安塞县	陈　强	郭宝军
志丹县	张　宇	何登亮
吴旗县	白文庭	尚恩江
甘泉县	党春明	王殿云
富　县	史发罗	雷继峰
洛川县	仁小林	胡永斌
宜川县	李　霞	赵海峰
黄龙县	张晓玲	茹官林
黄陵县	白桉定	
铜川市	刘选民	孙日星
王益区	宋军民	李茂胜
印台区	张崇华	马彦彪
耀州区	刘玉强	杜铁民
宜君县	郑振峰	梁冯印
新区管委会	靳贤孝	刘三纲
渭南市	罗玉昭	张秋梅
临潼区	张普选	盛来运
华阴市	林小中	王建民
韩城市	周甲午	牛力学
华　县	韦宪鹏	孙国庆
潼关县	王智锋	翟永生
大荔县	吴新亚	郭　剑
蒲城县	曹生俊	梁　丰
澄城县	贾俊海	眭大勇
白水县	张喜成	赵亚敏
合阳县	张均洲	白亚峰
富平县	荆胜利	刘卫东
咸阳市	徐新荣	张　力
秦都区	魏　奇	李爱民
渭城区	杨晓宇	罗　民
兴平市	张英民	高小玲

地　区	综治委主任	综治办主任
三原县	上官亚强	朱明亮
泾阳县	何新春	高广进
乾　县	任　杰	胡亚哲
礼泉县	习智万	赵利民
永寿县	陈希文	王新社
彬　县	吴若阳	蒙惠玲
长武县	李福民	尚　煦
旬邑县	樊自斌	李建忠
淳化县	郑富超	
武功县	薛　岩	邵　力
宝鸡市	黄　龙	甘世杰
渭滨区	阎小明	唐晓业
金台区	马保民	孙明旗
凤翔县	张科成	孙少华
岐山县	常崇信	赵悦勤
扶风县	黄广谋	孙健斌
眉　县	郑天勤	李治平
陇　县	罗克让	康拴平
千阳县	阎拴太	苏靖芳
麟游县	王建利	郑海林
凤　县	陈智清	柏淑群
太白县	陈　涛	
陈仓区	任文金	王　军
汉中市	何振基	付德华
汉台区	田孟智	苗海田
南郑县	王利雅	陈庆祥
城固县	刘西民	李　华
洋　县	黄　宏	刘文学
西乡县	宋兴东	谯胜才
勉　县	路彦平	徐建光
宁强县	杨　健	彭安甫
略阳县	唐　勇	张洪敬
镇巴县	胡瑞安	张积林
留坝县	徐　斌	何江林
佛坪县	吴崇林	李明杰
榆林市	王玉虎	王东峰
榆阳区	王成继	
神木县	白少峰	袁如生
府谷县	白生凯	高永飞
横山县	雒凤祥	戴世耀
靖边县	李长瑞	金光亮
定边县	贺子明	
绥德县	刘前林	高崇战
米脂县	李自川	李守健
佳　县	王乃延	张宏亮
吴堡县		薛利民
清涧县	邵成兴	韩作平
子洲县	赵贵祥	薛茂德
杨凌示范区	周耀生	葛　彦
杨陵区	杨艺园	邓毅伟
安康市	刘维东	
汉滨区	吴　平	万安家
汉阴县	孟旭东	张　勇
石泉县	范先进	谭福奎
宁陕县	郭达彦	王　利
紫阳县	李大明	万绪宏
岚皋县	张益众	马洪娥
平利县	焦富清	孔治龙
镇坪县	张卫和	杨全安
旬阳县	邹俊杰	屈善耀
白河县	武大明	龚一凤
商洛市	辛继先	巩双记
商州区	艾贤宗	田建平
洛南县	许玉仪	吉进胜
丹凤县	王志民	姜　军
商南县	杨宝珍	赵同军
山阳县	李开仕	朱吉成
镇安县	董德康	齐荣科
柞水县	王书善	张生智

（撰稿人：张茂青
审稿人：王永明　徐龙刚）

甘 肃 省

2004 年社会治安综合治理工作概况

2004年,甘肃省社会治安综合治理工作以“三个代表”重要思想和党的十六大、十六届四中全会精神为指导,紧紧围绕为全省改革发展创造良好社会治安环境这个总目标,坚持“打防结合,预防为主”方针,深入排查化解人民内部矛盾,不断深化“严打”整治斗争,狠抓社会治安防控体系建设,大力加强综治基层组织建设和各项基础工作,进一步增强了预防、控制违法犯罪和解决突出治安问题的能力,有效维护了全省社会和治安秩序的持续稳定。

一、进一步加强了对社会治安综合治理工作的组织领导

省委常委会先后三次听取汇报,研究部署工作。省委主要领导同志明确指出,“社会治安综合治理是一项长期的任务,是党委、政府最重要的工作之一。省委、省政府的每一位领导都要负起重要责任,各级党委、政府的主要领导要负主要责任”。省委、省政府及综治委分别于 2004 年 2 月、6 月、8 月三次召开全省性会议,分阶段进行工作部署。省委、省政府分管领导先后共 20 多次深入基层调研指导工作。省人大常委会专题组织开展了《甘肃省社会治安综合治理条例》执法检查工作。省政协把社会治安综合治理作为参政议政和调查研究的重要内容,积极提出了工作建议。据年终考评掌握,各市州和县市区的党委、政府 2004 年召开有关政法、综治工作专题会议均达 10 次以上,有不少县市区的党政主要领导还在年终向上级综治委写出了述职报告。省、市、县各级都能克服困难,将综治经费按人均不低于 0.15 元的标准列入了财政预算,其中省级财政共列综治经费 200 万元。省综治委继续实施对 43 个贫困县和 7 个民族自治县的补助计划,每县补助 8 万元改善基础设施和基本工作条件。为确保综治工作真正落到实处,省综治委及其办公室加大检查督查力度,先后 4 次派出 12 个工作组,深入全省各地和综治成员单位对重点工作进行检查指导,并多次发出通报进行督查督办,有效促进了工作落实。认真落实综治责任制,开展了半年、年终检查考核,对庆阳、金昌、定西、白银、平凉、兰州六个社会治安综合治理良好地区及省劳动和社会保障厅、省邮政局、省工商局、团省委、省民政厅、省广电局、省文化厅七个综治委先进成员单位进行了表彰奖励。同时,严格责任查究制度,坚持把党政领导抓综治工作的实绩列为市州党政领导班子政绩考核的重要内容,在省委组织部制定的市州党政领导班子政绩考核指标体系中,综治工作占到百分考核制的 8%。在制定甘肃省维护稳定和禁毒工作领导责任制之后,为进一步加大责任落实力度,又制定了维护社会稳定和禁毒工作两个责任查究办法,明确规定对连续两年考评居于末位的地方党政领导坚决进行严格的组织处理。2004 年全省共一票否决单位 28 个,黄牌警告 51 个,追究了 30 名县处级领导干部和 60 名科以下干部的相关责任。

二、大力开展矛盾纠纷排查调处工作,有效化解了不稳定因素

坚持把集中排查调处、专项排查调处和经常性排查调处结合起来,及时化解各种矛盾纠纷,维护社会稳定。尤其针对企业兼并、破产、改制中出现的问题,城市改造和重点工程项目中的拆迁补偿问题,宗教领域的教派、教产、教权纠纷,农村草山、地界、矿产资源纠纷等问题,反复组织开展了专项排查调处工作,取得了明显效果。召开全省社会治安综合治理工作会议,传达全国综治工作会议精神,学习推广“枫桥经验”,对矛盾纠纷排查调处工作做了进一步部署。各地普遍组织开展了大排查、大调处活动，使一大批矛盾纠纷在基层得到了有效化解。2004 年，全省综治系统共排查各类矛盾纠纷21 084件，调处成功20 091件，调处率为 95.3%。其中，比较突出的矛盾纠纷17 995件，调处成功16 955件，调处率为 94.2%；省上挂牌督办 41 件，调处成功 35 件，市州挂牌督办 204 件，调处成功 149 件。特别是省委常委会决定由省委常委、副省长直接包案督办重点信访案件的做法，对全省正确处理人民内部矛盾，维护社会稳定起到了很大的辐射带动作用，由 19 位常委、副省长包抓的 48 件重点信访案件，都得到了较好解决。

三、深入开展“严打”整治斗争，有效遏制了刑事发案的上升势头

坚持“严打”方针不动摇，认真探索和建立“严打”经常性工作机制，注重发挥市、县两级的积极性和主动性，切实提高打击犯罪的及时性、针对性和实效性，始终保持了对各种刑事犯罪活动的高压态势。全省先后组织开展了严厉打击“两抢一盗”多发性侵财犯罪，盗窃机动车犯罪，生产、销售伪劣商品、偷税漏税、制贩假币犯罪以及打击非法买卖“毒鼠强”、淫秽色情网站等各类专项行动和“集中侦破命案”行动，共破获各类刑事案件18 216起，抓获刑事作案成员17 008名，摧毁犯罪集团 701 个。检察机关共批捕各类刑事案件7 289起11 362人，提起公诉7 965起12 035人。法院共受理一审刑事案件10 075件，审结9 840起，判处 5 年以上有期徒刑、无期徒刑和死刑2 658人。有力地打击了犯罪分子的气焰，维护了社会的持续稳定。在严打的同时，坚持不懈地开展重点整治工作。全省共开展集中排查 3 次，排查出治安乱点和突出治安问题 411 个(处)，全部进行了集中整治，改变了一些地方治安混乱的状况，解决了一些突出的治安问题。全省刑事发案继 2002 年下降 14.3%，2003 年下降 7.5%之后，2004 年又下降 2.7%。经省统计局抽样调查，全省公众对社会治安的满意率、基本满意率和有安全感、基本有安全感的平均百分比达到 93.0%。

四、狠抓社会治安防控体系建设，切实增强了预防控制违法犯罪的能力

省综治委、办以及各地党委、政府继续坚持把治安防控体系建设摆在突出位置来抓，不断完善工作思路，着力在重点环节上狠下功夫，取得了积极的成效。一是大力加强了对专职群防群治队伍的建设。各地普遍把解决“人从哪里来”的问题同就业、再就业有机结合，通过政府购买公益性就业岗位的办法，从城镇下岗失业人员、退役士兵、大中专毕业生中选配专职综治员，专门负责居民楼院、城乡结合部和背街小巷的看护巡逻，有效减少了发案。目前，全省专职综治队伍人数已发展到近 2 万名。二是加大了社会治安防控体系建设的经费保障力度。在突出强调发挥政府投入主渠道作用的同时，本着“谁受益、谁出资”的原则，采取各级财政拿一点、受益单位和个人出一点、开展便民服务筹一点的办法多渠道、多形式筹资，保证了治安防控体系建设的顺利进行。三是探索建立长效工作机制。省综治委领导同志就此多次深入基层调研，反复强调，加大指导力度。各地都积极挖掘整合各种治安资源，合理配置力量，明确职责任务和工作范围，严格工作责任，加强领导协调，形成了党委、政府统一领导、综治部门组织协调、公安机关具体指导、基层组织全力配合的工作机制。四是继续大力推进社区警务战略。全省大中城市 90%以上的社区实现了“一区一警”或“一区双警”。有 11 个市州所在地建立了多警联动的快速反应机制，多数县镇以上城市组建了专职民警巡逻队，加强了对社会面的控制。各级公安机关还大力发展保安服务业，全省已组建保安公司 64 家，有上岗保安人员11 000多名。五是以点带面，在重点地区上寻求工作突破。在继续抓好兰州市及城关区治安防控体系建设的同时，又重点抓了金昌、白银等重点工业城市的治安防控体系建设。在狠抓城市治安防控体系建设的同时，积极探索适合农村特点的治安防范模式，并取得了较好成效。各地普遍推行联户联防、庄头联防、中心户长制等办法，加强农村的治安防范管理。在人口居住较集中的农村，大力推行中心村警务战略，全省共建起农村中心村警务室1 748个。在交通便利、人口密集、经济较发达的集镇，实行联店联防，并建立了专职巡逻队伍，或实行了治安有偿承包。一些地方把社会治安工作与农业结构产业化调整结合起来，在主要经济带建立巡护守望组织，既维护了社会治安，也较好地解决了人员报酬。在矿山、油田、铁路和旅游区实行了治安有偿管护。2004 年全省抢劫、抢夺、盗窃三项可防性案件与上年相比分别下降6%、44.6%和4.5%,其中入室盗窃案件下降18.1%,人民群众的安全感进一步增强。

五、以乡镇(街道)为重点,切实加强社会治安综合治理基层基础工作

一是深入贯彻中央综治委和中央编办《关于加强社会治安综合治理基层组织建设的若干意见》,进一步加强乡镇、街道社会治安综合治理工作。经省委常委会同意,省委政法委、省委组织部、省综治委等七部门共同制定了《关于进一步加强乡镇、街道社会治安综合治理工作的意见》。《意见》对建立健全乡镇、街道综治委、办,强化综治委、办的领导、组织、协调职能,配齐配强专职工作人员,加强对综治工作的保障等作出了明确规定,要求2004年底全省所有乡镇、街道综治办要配齐2~3名专职工作人员。全省各地乡镇街道综治委、办均按规定全部建立,有1 390个乡镇、街道配备了综治办专职副职,占全省乡镇、街道总数的96.8%,配备综治专干3 501人。

二是省综治委各专门工作小组的工作取得新进展。省、市、县三级流动人口管理与服务、刑释解教人员安置帮教、预防青少年违法犯罪、校园及周边治安综合治理、铁路护路联防五个专项工作小组机构全部建立健全,落实了人员,明确了职责,订立了制度,能够有效地组织活动或开展专项行动,创造性地开展工作。在流动人口管理与服务工作中,省政府制定了农民工培训和劳务输出计划,促进了有序流动。各级公安机关加强登记和核发暂住证工作,同时开展对出租房屋和流动暂住人口的清理整顿,有效控制了流动暂住人口中存在的违法犯罪问题。全省共建立流动人口服务站876个,落实协管力量2 700多人,形成了健全的工作体系,全省暂住流动人口犯罪率比2003年下降15.34%。在刑释解教人员安置帮教工作中,专门召开工作会议进行部署,突出狠抓刑释解教人员出狱出所的衔接等薄弱环节和他们的劳动就业及社会保障工作,制定下发了《关于做好全省刑满释放、解除劳教人员安置帮教工作的意见》、《甘肃省刑释解教人员安置帮教工作责任制》、《关于加强刑释解教人员衔接工作的通知》等规定。各地通过认真落实上述有关制度和工作部署,较好地预防和控制了刑释解教人员的违法犯罪活动,2004年此类人员犯罪率与2003年相比下降了18.6%。在预防青少年违法犯罪工作中,着重抓了法制副校长的配备和管理,全省中小学法制副校长配备率达到了90%,2004年8月表彰了103名优秀法制副校长。开展青少年维权岗活动,全省有27个基层单位获得国家级优秀“青少年维权岗”称号。在全省14个市州和27个基层单位开展了青少年违法犯罪社区预防计划。据统计,全省25岁以下刑事作案成员的总数与2003年相比下降6.8%,其中未成年人下降12.2%。铁路护路联防工作以大力加强天兰线以地保车治安防控体系建设为重点,广泛开展了“文明铁道线”创建活动,取得了新的成效。

三是大力加强社会治安综合治理宣传工作,营造良好的舆论氛围。省综治委与省委宣传部联合制定了《关于加强社会治安综合治理宣传工作的意见》,加强对全省社会治安综合治理宣传工作的指导。认真组织了全省社会治安综合治理宣传月活动。2004年6月,省综治委、省委政法委、省委宣传部、省广电局、省禁毒委首次联合举办了《长治久安之路》综治禁毒文艺晚会,在甘肃卫视播出,产生了良好的社会效果。充分发挥报刊杂志的宣传指导作用。省综治办2004年订《长安》杂志1 000份,分赠省委、省政府和各委办局、各市州、县市区党政主要领导、分管领导、政法委、综治办及政法各部门负责同志,起到了帮助指导工作的作用。在禁毒宣传中,开展了省、地、县三级“千名领导到千所中小学校讲禁毒课”活动,增强了广大青少年拒毒、防毒意识,在全省引起强烈反响。

四是加强综治干部特别是基层综治干部的培训,提高干部素质和工作水平。省综治委在按培训计划进行综治干部培训的同时,2004年5月举办了市州综治委、综治办主任培训班,各市州、兰州铁路局、甘肃矿区综治委主任、综治办主任,省综治委五个专项领导小组办公室负责人,部分省综治委成员单位领导共38人参加了培训,主要学习了“三个代表”重要思想和党的十六大、十六届三中全会精神,《社会治安综合治理工作讲座》、《长治久安之策》、《社会治安防范策略与实践》(一、二辑)等培训教材,增强了综治干部的政治素质和业务素质。各市州高度重视综治干部的培训工作,采取集中办班、分片培训、以会代训等多种形式，共举办各类培训班18期，培训人员1 010多人次。县一级2004年举办培训班113期，培训人员8 453人次，重点加强了乡镇、街道综治干部的培训工作。此外，还组织市州综治办主任赴沿海省市及港澳进行培训学习。积极派员参加了中央综治委在北京和常州举办的各期学习班。

治安乱点和突出治安问题重点整治情况

一、加强组织领导，周密安排部署

为了使重点整治工作达到预期目标，省综治委领导高度重视，认真分析治安形势，针对存在的突出治安问题，进行了再动员，再部署，成立了重点整治领导小组，召开专门会议，研究整治对策，制定了得力的重点整治方案和措施，明确责任，细化任务，对确定的社会治安乱点和突出治安问题提出了集中整治的具体目标和要求。全省先后分批对2001年以来的1 138个治安乱点和突出治安问题进行了重点整治，使一些地方治安混乱的状况得到了明显改变。

二、狠抓宣传教育，营造重点整治良好氛围

为配合重点整治工作顺利开展，各地采取灵活多样的形式狠抓了宣传教育。张掖、白银等市组成专门的宣传工作组，先后组织召开了重点整治动员大会和法制宣传教育大会，同时通过各种新闻媒体发布重点整治通告，动员广大群众积极检举揭发犯罪，提供破案线索。兰州、天水、平凉、临夏等市州还在广播电视报刊上开辟专栏，跟踪报道，设立宣传点发放张贴宣传资料，向广大群众宣传开展重点整治的意义，号召广大群众积极参与整治。

三、集中开展整治，解决突出问题

（一）公安机关以侦破命案为主攻点，严厉打击各类刑事犯罪活动。全省共破获各类刑事案件2.1万余起，抓获刑事作案人员1.7万余名，摧毁犯罪集团700余个。全力投入“侦破命案专项行动”，严格落实了以领导破案责任、逐级挂牌督办、疑难案件会诊、串并案侦查等为主要内容的侦破命案工作机制。组织开展了打击治理利用手机短信和网络诈骗犯罪，打击卖淫嫖娼赌博、淫秽色情网站、整治学校及周边地区治安秩序、整治网吧等互联网上网服务营业场所和“扫黄打非”等专项行动，查处黄赌毒案件9400余起，查处违规网吧400余家、省内色情网站5个，收缴淫秽出版物1.4万余件。民航、铁路公安机关组织开展了机场和站车沿线治安专项整治，确保了空防安全和铁路运输的安全畅通。把打击经济犯罪活动置于突出位置，开展了打击涉税、假币、金融票证、地下钱庄、销售伪劣商品和侵犯知识产权等经济犯罪的一系列专项行动，建立完善了同税务、工商、质监、烟草、知识产权等行政执法部门的工作协作机制，加强了与检察等司法机关的执法衔接工作，破获经济犯罪案件470余起，挽回经济损失7 700余万元。

（二）深入开展禁毒斗争，有效遏制了毒品蔓延的势头。省委、省政府始终把禁毒作为“严打”整治斗争的重中之重，制定了《甘肃省禁毒工作领导责任追究办法（试行）》，进一步加大了对禁毒的组织领导和工作力度，对全省禁毒工作起到了很大的推动作用。各地精心组织开展了遏止毒源专项行动、扫毒专项行动和对娱乐场所涉毒问题的专项整治，突出重点打击了外流贩毒和大宗贩运毒品活动，并对麻醉药品、精神药物进行了集中检查整治，加大了强制戒毒和劳教戒毒的力度，探索建立禁种铲毒长效机制，使缉毒破案、禁吸戒毒、禁种铲毒等各方面工作取得了新成效。全省共破获毒品犯罪案件1 399起，缴获毒品海洛因167.126公斤，抓获毒品犯罪嫌疑人1 460名，其中破获外流贩毒案件29起，缴获海洛因129千克，占全省缴获海洛因总数的84%。铲除毒品原植物4.2万余株，涉种区域由以前的5个市州减少到2个。强制戒毒5 833名，劳教复吸人员1 371名。继续加大对临夏州、兰州市两市州以及吸毒人员千人以上的13个县区、吸毒人员在200人以上的72个重点乡镇、街道的重点整治工作力度，有效遏制了毒品发展蔓延的势头。以“无毒县市区升级达标”活动为载体，深入开展“无毒县市区”的创建和巩固提高工作。2004年年底，已建成“无毒县（市、区）”65个，占县（市、区）总数的75.6%；建成“无毒乡镇（街道）”1 558个，占总数的94.2%。广泛开展禁毒宣传教育活动，使禁毒宣传教育深入社区、村社。尤其是全省统一组织开展的“千名领导到千所学校开展毒品预防教育”活动，在社会上引起了很大反响。全省先后有3 774名领导干部到3 889所中小学校进行了讲课，受教育师生达222.8万人，有力地推动了禁毒工作的深入开展。

（三）突出重点，妥善处置因企业改制、破产重组引发的群体性事件。2004年，全省企业领域问题引发群体性事件282起，其中因企业破产改制重组问题等引发群体性事件126起，同比上升85.3%。对于这些群体性事件，省、市（州）党委政府和综治、维稳部门积极协调劳动和社会保障、民政等部门积极稳妥地研究解决职工提出的问题，对于政策允许的，督促协调各部门认真给予解决，政策不允许的，要求有关部门耐心做好说服教育工作。省上先后督促协调解决了省农资公司、省回收公司160名已解除劳动关系人员的养老保险、医疗保险问题。

（四）深入抓好因征地补偿问题引发的农村社会稳定工作。针对农村矛盾纠纷大量增多的趋势，2004年省综治、维稳部门组织开展了因征地补偿等矛盾纠纷的集中排查调处活动，组织土地、城建部门现场核实、清点丈量，按照规定全额兑付了补偿费，使一些可能引发群体性上访的事件得到了有效控制，从根本上化解了矛盾。共排查农村矛盾纠纷4 550件，调处3 777件，调处率为83%。

（五）开展境外卫星电视传播秩序专项整治。省政府办公厅批转了全省境外卫星电视传播秩序专项整治实施意见，召开全省电视电话会议，对全省专项治理整顿工作进行了安排部署。以清查非法安装、销售台湾“小耳朵”和“新唐人电视台”专用卫星电视接收设施为重点，对各企事业单位有线广播电视站、有线电视前端和居民小区进行了全面检查，在有线电视通达地区的单位与行政区域网联网或并网，拆除了相关接收设施，对卫星电视安装和电子产品经营户逐一检查，治理违规销售店铺和无证安装单位，查封了一批违规经营户的卫星电视接收器材。专项整治工作中共检查取缔卫星电视接收设施安装销售单位（店铺）700余家，检查个人安装卫星电视接收设施的45 000余户，查扣和封存接收天线3 197面，卫星电视接收机3 453台，高频头2 905只，拆除个人私装卫星地面接收设施3 288套，查处非法接收境外卫星电视节目单位23家，基本杜绝了生产、进口、销售、安装和使用台湾华人卫视“小耳朵”和“新唐人电视台”专用卫星电视接收器材的问题，对意识形态领域的依法管理得到进一步加强，有效维护了健康稳定的思想文化环境。

（六）组织开展对互联网上网服务营业场所专项整治。全省各级文化行政部门在文化市场综合治理工作中，坚持“一手抓繁荣，一手抓管理”的方针，按照“整顿、规范、引导、培育”的工作思路，对全省网吧等互联网上网服务营业场所实施了为期半年的专项整治行动，有效遏制了网络文化市场存在的突出问题，使网吧等互联网上网服务营业场所的经营秩序明显改善。共组织联合行动272次，检查场所1 373家次，取缔关闭网吧63家，行政处罚346家。一是推行了特邀监察员制度，聘请了300多位各级人大代表、政协委员以及关心未成年人身心健康的各界人士为网络文化营业场所的特邀监察员，协助管理部门做好网络文化营业场所的鉴定工作。二是把日常监管和集中整治有机地结合起来，采取明查暗访、相互配合、分工把关等手段，对群众反映强烈的问题，及时给予查处和解决。三是采取集中力量、分片整治的办法，促进重点、难点问题的有效解决。四是继续坚持督查督办制度。对各级领导的批示、重大案件、重点地区和突出问题进行专项督查督办，要求在规定的时间内，事事有回音，件件有落实。五是建立了行政执法责任追究制度。对在专项整治和日常监管工作中不认真履行法定职责，有法不依，执法不严，推诿扯皮，工作不落实，突出问题解决不彻底的地方，限期整改，并实施责任追究，以保证法令政令畅通。六是坚持人工管理与技术监控相结合，充分利用计算机远程监管手段，实现对网吧等互联网上网服务营业场所的远程实时监控。

四、夯实基层基础，巩固整治成果。各市州在整治期间，为了进一步建立和完善治安管理长效工作机制，避免重点整治后治安乱点和突出治安问题反弹，结合社会治安防控体系建设，进一步加强基层基础建设。整顿了基层治保、调解组织，建立健全了综合治理的各项制度，强化了基层综治办、派出所建设，加强了治安管理和防范，全面落实综合治理各项措施，实现了整治一片、安定一方的目的，有力地巩固了重点整治的成果。

社会治安防控体系建设情况

2004年是实施《甘肃省社会治安防范管理体系建设2003至2005年三年工作规划》的第二年，全省进一步加大工作力度，以"人口管理规范有效，可防性案件下降，公众安全感增强"为目标，牢固确立"打防结合，预防为主"的思想，在因地制宜建立长效工作机制上下功夫，在"人从哪里来"和"钱从哪里来"等重点难点问题上求突破，注重全面整合治安资源，科学合理地配置治安防范力量，全省各地普遍建立了各具特色的治安防控体系，并发挥了预期效应。2004年全省盗窃、抢劫、抢夺等可防性案件分别比上年下降4.5%、6%和44.6%，其中入室盗窃下降18.1%，人民群众的安全感进一步增强。

一、深化认识，切实转变治安观念。各级党委、政府和政法、综治部门努力从可防性案件的多发高发给社会治安带来的严重危害上、从导致治安问题不断出现反复的根源上、从社会治安管理成本的比较上、从实现治安大局的持续稳定上来充分认识加强治安防范工作的重要性，并采取多种措施从工作部署、警力配置、经费投入、考核奖惩机制等各个方面向治安防范倾斜，还专门召开由各地分管领导、政法委书记、综治办主任、公安局局长参加的全省贯彻"打防结合，预防为主"方针研讨会统一思想，从而在全省社会治安的指导思想和具体工作上初步实现了三个重大转变，即由过去的重打轻防向打防结合、预防为主转变，由过去单纯依靠专门机关向专群结合、以专带群、群防群治转变，由计划经济体制下形成的工作模式向适应市场经济体制要求的工作模式转变。各地、各部门都能自觉坚持"打防结合，预防为主"的方针，积极把工作重点转移到建立健全动态治安环境下有效打击、防范和控制违法犯罪的长效工作机制上来，有力地推动了治安防控体系建设工作的深入发展。

二、创新机制，全面整合治安资源。从创新工作机制入手，积极探索，大胆实践，对现有的治安资源进行了全面整合。在机制问题上，坚持党委政府统一领导，综治部门组织协调，公安机关具体指导，基层组织全力配合，并逐步在县、乡两级综治部门和公安机关组建专门办公室，形成了对各种治安力量的统一领导和指挥体系。通过明确工作职责、界定工作范围、建立健全协调配合机制、严格考核奖惩等途径和办法，使各种防控力量都能够积极主动地履行职责，并根据治安形势需要适时调整治安防范的时间、地段和力量，逐步实现了联勤联动，形成了治安防控合力。在人力问题上，本着"社会治安社会治，综合治理综合抓"的原则，充分发挥综合治理的优势，采取各种办法努力调动公安民警、武警、解放军、专业和义务联防队、保安服务、物业管理、内保组织以及老党员、老干部、老工人和低保人员、下岗职工等各个方面的力量，在全省绝大部分地区普遍组建起了五至七支专群结合、军警民联防的治安防控队伍。特别注意把群防群治队伍建设同就业、再就业工程有机结合，主要通过政府购买公益性就业岗位的办法，从复转军人、大中专院校毕业生、下岗待业人员中选聘专职群防群治人员，不但较好地解决了防控力量的来源问题，而且还在一定程度上扩大了就业渠道，得到了国家劳动和社会保障部的充分肯定。同时，建立起了统一的群防群治队伍聘用及教育管理制度，不断提高其素质和工作水平。在经费问题上，坚持以政府投入为主渠道的同时，本着"谁受益、谁出资"、"取之于民，用之于民"和"合理适度，严格控制"的原则，采取由各级财政拿一点、受益单位和个人出一点、开展便民服务筹一点的办法，并努力探索市场化运作的有效途径，多渠道筹集群防群治所需经费,较好地解决了无钱办事的问题。各地在具体工作中都结合实际,探索总结了一些成功的做法。兰州市在治安防控体系建设中实施了"112"工程,即用三年左右的时间,使全市政法干警的配置达到1万名,专业保安人员达到1万名,社区专职群防群治队员达到2万名。全市40个街道、22个乡镇、359个社区,组建了40个专职群防群治大队和359个中队,配备人员11 087人,平均每个社区20至30人,主要承担治安巡逻和居民楼院的看护任务。其专职群防群治队员的工资来源主要是三个部分:市财政补贴三分之一,享受低保或下岗补贴三分之一,区县财政和街道社区自筹三分之一;白银市在全市招录3 000名专职群防群治队员,承担全市5 000栋楼(平)房的看护和街面巡逻;金昌市实施"135"计划,即从2004年起,两年内使公安民警达到1 000名、专业保安达到300名、专职群防群治队员达到500名,实现城区一区两警,农村两村一警的目标。在经费保障方面,每年落实430万元,其中市政府投入100万元,金川公司拿出100万元,县区各筹50万元,保安公司市场运作130万元。

三、因地制宜,着力构建防控网络。在建设治安防控体系的具体实践中,各地都从实际出发形成了许多不同的做法,大体有四种比较典型的模式,一种是以兰州市实施"112"工程为代表的中心城市的模式,一种是以白银、金昌等工业城市为代表的企地共建模式,一种是以陇南、甘南等地为代表的按照自然状况、居住条件和人口密度分层次开展工作的模式,一种是以平凉、酒泉、张掖等地为代表的广大农村地区的模式。在城市主要包括六个方面的内容:一是在社区建立社区居委会、社区警务室、社区调委会、社区外来人口管理服务"四位一体"的工作机构,社区主任全部由副科级以上的公务员担任,社区民警担任居委会副主任,统一整合社区防控力量。截至2004年年底,已有1 000多个社区建立了"四位一体"的工作机构,占社区总数的90%以上。二是大力实施社区警务战略,在城市社区基本实现了"一区一警"、"一区双警"或"一区多警",并至少配备了2名保安员。在此基础上,全面推行了一警多能的责任区工作机制,划分责任区4 344个,投入责任区民警4 344名,明确规定社区民警的主要职责是管理、防范、服务和组织发动群众。三是建设点、线、面结合,军警民联防,多警联动的社会面巡逻控制机制。一方面大力推进警务改革,努力实现警力下沉和阵地前移,将一半以上的警力放在社区和社会面上;另一方面强化公安机关指挥中心和110报警服务系统的工作,以此为纽带,建立起了巡警、交警、刑警、治安警以及武警"多警联动"、快速反应的工作机制,并将点、线、面的治安防控工作有机结合起来,对社会治安实行全方位的监控,取得了良好效果。2004年全省有11个市州所在地建立了多警联动的快速反应机制,部分地区实现了"三台合一",绝大多数县城建立了110报警系统和专门的接处警队伍和专职巡逻队伍,在城市主要出口建立了治安卡口,加强了对主要街道、重点区域、重点时段的巡逻控制。省武警总队专门派出150人的兵力,与兰州市公安机关统一划分治安防范区域,常年承担了若干重点区域的武装巡逻,有力地震慑了犯罪。同时,坚持人防、物防、技防相结合,大力提高接处警能力和治安防范的科技含量。白银等市在出租车行业安装了GPS定位系统,并在驾驶员中建立了治安信息网络,一些新建社区安装了全封闭的电视监控系统。四是按照群防群治职业化的思路,积极组建专职群防群治队伍。专职群防群治队伍的主要任务是在社区民警的统一组织和指导下,做好居民楼院的看护和背街小巷、居民杂居区、重要公共场所以及城乡结合部的巡逻工作。全省已组建起了两万多人的专职群防群治队伍,有35%以上的城市楼群院落落实了看护组织和人员。同时,统一对单位内保组织、门卫进行了教育整顿和调整充实,健全了制度,强化了工作。五是大力发展保安服务业,在大型商场、集贸市场、宾馆饭店、金融网点、行政企事业单位推行保安服务,特别是对服务行业和娱乐场所一律派驻保安,切实加强了对这些地方的管理和控制。全省共成立保安公司64家,有上岗保安人员11 000余名,服务客户1 700余家。六是强化物业管理的治安功能,在一些相对封闭、条件较好的小区,将物业管理机构的保安力量逐步纳入公安机关主管的保安服务公司序列,把治安防范作为物业管理的一项重要内容,同时从物业管理费中拿出一部分资金加强物防、技防设施建设。在农村主要包括:建立中心村警务室,实行联户联防、联店联防制度，民警定期与中心户长(店长)取得联系，掌握治安情况，随时解决治安问题，中心户长(店长)组织日常治安防范。2004年底全省共建起农村中心村警务室1 748个，占计划的64.38%；在交通便利、人口密集、经济较发达的集镇，建立专职巡逻队伍，或实行治安有偿承包，一些地方把社会治安工作与农业结构产业化调整相结合，在主要经济带建立巡护守望组织，既维护了社会治安，也解决了人员报酬；在矿山、油田、铁路和部分旅游区等实行了治安有偿管护。敦煌市按照经费乡上筹、人员农户荐、业务公安管、奖罚自己担的原则，全面推行了以“一片承包区域”(以自然形成的居民点为基础划分若干承包区域)、“两项主要任务”(维护农户安全，搜集治安信息)、“三条管理办法”(一月一次例会，一季度一次考核，一年兑现一次承包费)为主要内容的农村治安防范有偿责任承包的群防群治模式，使群防群治工作由单纯行政命令型转向市场经济型，出现了一人承包全家操心、一人巡逻户户放心的喜人局面。

矛盾纠纷排查调处工作情况

针对近年来各种矛盾相对集中、社会不安定因素明显增多的情况，我们始终把矛盾纠纷排查调处工作作为维护社会稳定的一项关键性措施来抓，促进了矛盾纠纷排查调处工作的深入开展。2004年全省共排查各类矛盾纠纷21 084件，调处成功20 091件，调处率为95.3%。其中，比较突出的矛盾纠纷17 995件，调处成功16 955件，调处率为94.2%。我们的基本做法是，确立一个指导思想，坚持两个原则，贯彻三早要求，突出抓好四项工作。一个指导思想是，把维护广大人民群众切身利益始终作为维护稳定的根本出发点和落脚点。两个原则是，坚持按法律办事，坚持按政策办事。三早是，早发现，早控制，早解决。四项重点工作是：

一、落实工作责任，加强组织领导

省委、省政府专门下发了《关于进一步加强矛盾纠纷排查调处工作的意见》，对矛盾纠纷排查调处工作的指导思想、方针原则、职责任务和工作措施均作出了明确的规定，特别是强化了各级党委、政府和党政领导的工作责任，严格实行党政主要领导责任制、部门分工负责制和领导责任追究制。一是按照“属地管理”和“谁主管谁负责”的原则，落实领导责任制，明确规定各级各部门党政一把手为第一责任人，对本行政区、本部门的矛盾纠纷排查调处工作全面负责，分管政法综治工作的领导为第二责任人，具体抓好本级本部门领导班子对矛盾纠纷排查调处工作决策的落实、组织机构、队伍建设等基础工作，组织推动有关方面承担起矛盾纠纷排查调处的责任。领导班子其他成员根据分工，对职责范围内的矛盾纠纷排查调处负直接责任，结合分管工作，抓好矛盾纠纷排查调处，尽力消除自己分管工作中存在的不安定因素。二是按照“分级负责、归口办理”的原则，对各级、各部门在矛盾纠纷排查调处中的职责及其管辖范围进行了分解和细化，落实了各级、各部门的责任。三是实行领导包抓责任制，即省委决定对48件重点案件由19名省委常委和副省长包案，限期解决。市上领导包县区、县区领导包乡镇，乡镇领导包村社，部门领导包系统，形成一级抓一级，层层抓落实的责任制。四是落实督查督办责任。省市(州)两级社会治安综合治理委员会及其办公室具体负责跨地区、跨部门和上级综治委及其办公室督办的矛盾纠纷调处的组织协调、分流督办和查办，抓好本级矛盾纠纷排查调处工作措施落实情况的督查、检查。五是严格落实责任追究制度。凡因矛盾纠纷排查调处工作不落实，导致发生重大群体性事件、影响较大的恶性案件和群死群伤治安灾害的，坚决实行“一票否决”。随着各项责任制的落实，有效地激发了各级党政领导“为官一任，保一方平安”的责任感，形成了党政统揽，综治协调，有关部门各负其责，纵抓到底，横抓到边的矛盾纠纷排查调处工作格局。2004年以来，全省共排查出涉法上访案件2 918起，已办结2 632起，结案率为90.2%。有力地促进了一批重大矛盾纠纷的解决。

二、完善工作制度，促进调处工作

为了使矛盾纠纷排查调处工作经常化、制度化、规范化，我们结合矛盾纠纷排查调处领导责任制的实施，先后建立和完善了协调例会制、信息报告制、挂牌督办制、领导接待和下访制、责任追究制等一系列行之有效的配套机制。一是建立了市上每季度一次、县上每月一次、乡镇每半月一次的矛盾纠纷排查调处工作例会制度；二是综治、信访联系会议制度。市、县区综治委、信访办每月在矛盾纠纷排查调处工作例会上通报一次本月矛盾纠纷排查调处及上访情况，共同分析探讨矛盾纠纷产生的根源和化解措施，并对当月突出的群体性上访事件挂牌督办；三是建立“零报告”制度。规定对经过排查有问题或没问题的都要记录在案，实行每月“零报告”制度。对群体性事件和突发事件，县区和归口综治成员单位要求在事件发生的4小时内上报；四是建立逐级督办制度。2004年省上挂牌督办41件，调处成功35件，市州挂牌督办204件，调处成功149件。对重大矛盾纠纷实行挂牌消号制度，签发“督办通知单”，按照职责范围，分清责任，专人负责，并限定督办时限。对一些涉及面广、情况复杂的重大矛盾纠纷，由市、县(区)综治办、信访办组织专人跟踪督办，直至矛盾解决。按照分级管理的原则，市、县(区)对本级排查调处的矛盾纠纷每月进行一次梳理，已经解决的予以注销，对尚未解决的问题，实行滚动管理，下月跟踪督办，直至解决。对已调处解决的重大矛盾纠纷问题实行专题报告制度。五是信访首问责任制。我们结合机关作风建设，要求各部门特别是政法各部门对群众登门反映属于自己职责范畴的问题，首位接待人或值班人员要热情接待，负责抓好落实；不属于本部门职责范畴的，要协助群众将问题转交相关职能部门，严防推诿扯皮，激化矛盾。六是建立领导现场办公制度。对一些重点突出问题，主要领导和分管领导要亲赴现场听取群众意见，及时采取相应措施，尽快化解矛盾。七是实行责任追究制度。按照社会治安综合治理工作的要求，将矛盾纠纷排查调处工作纳入综治考核范围，层层建立工作档案，作为综治责任人档案管理的一项重要内容，严格实行综治领导责任制，实行“一票否决制”，把矛盾纠纷排查调处工作开展情况与责任人政绩、晋职晋级、奖惩紧密挂钩，对负有领导责任和直接责任的领导干部按照省上《关于对发生严重危害社会稳定重大问题的地方实施领导责任查究的通知》要求，追究责任；八是建立检查考评通报制度，省上每半年、市上每季度对基层督查一次，检查考评的范围包括矛盾纠纷排查调处的工作部署、工作措施、调处情况、会议记录、工作协调情况、工作成效、有无失职及责任查究情况等，并将结果通报全省。

三、探索创新机制，健全调处网络

目前，省、地、县、乡四级矛盾纠纷排查调处网络基本形成，建立了基层以村(居)委为主，纵抓到底；系统以部门、单位为主，横抓到边；以市、县、乡三级党委、政府为主体，总揽全局的矛盾纠纷排查调处工作机制。在农村，着力构建了矛盾纠纷排查调处“四道防线”。第一道防线：由村民小组长负责，“十户联防”治安自管小组配合，落实“管好自己的人，看好自己的门，办好自己的事”的措施，把矛盾纠纷解决在萌芽状态。第二道防线：由村支书负责，村治保、调解、共青团、妇联、民兵等组织负责人配合，及时调处邻里纠纷，化解群众之间、干群之间产生的矛盾，保证不推诿、不上交、不激化。第三道防线：由乡镇包片领导负责，派出所、司法所、包村干部配合，积极处理村上处理不了或村与村之间发生的矛盾纠纷。第四道防线：由乡镇主要领导负责，分管领导配合，集中精力，集中时间，解决一些“热点”、“难点”问题，使“热点”问题不升温，“难点”问题不积压。与此同时，我们根据城市特点和维护稳定工作的需要，努力强化了城区“四级网络”建设。第一级：充分发挥各职能部门的作用，多管齐下，多策并举。对因拆迁安置或征地补偿等问题引发的纠纷，建设厅、交通厅、国土局等部门从源头入手，加强拆迁征地项目的可行性论证，增强决策的透明度，及时把有关拆迁安置和征地补偿的政策文件发放到群众手中，取得群众的理解，有效化解了大量的矛盾纠纷；对因“三农”问题引发的矛盾纠纷，由农业部门牵头，纪检、监察、物价、财政、计划、司法等部门千方百计予以解决。特别是对因村财务引发的纠纷，采取派驻联合工作组的做法，深入基层了解情况，深入现场就地指导，做到“给群众一个明白，还干部一个清白”。对因下岗安置、社保、低保等工作引发的纠纷，经贸、社保、财政、民政等部门千方百计拓展就业渠道，并严格落实有关规定，做到应保尽保。对因民族宗教问题引发的矛盾，我们本着“民族宗教无小事”和“慎之又慎”的主导思想。按照“保护合法、打击非法”的原则，充分发挥各级党政组织主导作用和宗教上层人士的特殊作用，积极稳妥地予以处理。第二级：以企事业单位为主体，充分发挥基层党组织、工会、妇联、职代会等群众性组织的作用，全面掌握职工生活、工作动态，积极预防和化解职工之间产生的矛盾纠纷，确保企事业单位内部稳定。第三级：以社区为主体，以社区“四个一”治安防范工程建设为依托，实行包片、包巷、包户工作责任制，及时、准确、有效化解社区居民之间因各种利益冲突引发的矛盾纠纷。第四级：以街道办事处为主体，警务区、综治成员单位积极配合，化解不同单位、社区之间影响较大的矛盾纠纷。

四、坚持人民调解制度，探索新的调解模式

人民调解是人民群众自我教育，自我管理，自我协调的法律制度，需要充分运用说服教育、耐心疏导、平等协商等方法化解矛盾纠纷。我们不断改革、完善传统调解方式方法，努力探索调解工作规范化、科学化的新路子。一是从道德评议入手，解决无法可依的难题。在广大农村诸如赡养、婚姻、邻里、家庭、心理伤害等有关伦理道德造成的纠纷较多，有些纠纷单靠法律不能有效解决。针对这一实际情况，我们大胆探索，先后在两个县区进行道德评议庭试点，由本村德高望重、正直无私的人员担任道德评议庭成员，参与人民调解工作，取得了良好的效果。之后，在各地推行。目前，已有60%的乡镇建立了道德评议庭调解纠纷制度。二是从判例调解入手，尝试依案调解的做法。借鉴英美法系国家的“判例法”优点，我们将调委会依法调解纠纷后，双方当事人没有争议，群众反映良好的范例汇集起来，凡发生同类型、同性质的案件都按照此方法予以调处，有效地解决了农村矛盾纠纷复杂，法律依据不足，调解同类型、同性质的纠纷因处理结果不同而有失公平的问题，杜绝了因攀比而造成矛盾纠纷反复甚至激化的情况发生。三是从分类调解入手，依规分级调处纠纷。按照“分级负责，归口办理”的原则，健全完善分流分工制度，充分调动相关部门调解矛盾纠纷的积极性和主动性。每年初，县、乡、村三级分别签订矛盾纠纷排查责任书，明确各类性质的矛盾纠纷分别由各级调委会负责或归口分流，年底进行检查考评，同经济奖惩相挂钩，形成各司其职、相互联动的纠纷排查调处机制，避免矛盾激化和相互扯皮，真正做到了小事不出村，大事不出乡，矛盾不上交，纠纷不激化，件件有交待，事事能化解。四是加强业务培训，提高调解人员工作水平。调委会每月定期召开工作例会，在例会上组织学习法律知识，增强法律意识，同时分析当前本村治安形势，排查矛盾纠纷。对排查出的带有苗头性的纠纷确定专人负责化解，对重大疑难民事纠纷集体讨论研究制定解决的办法。目前，这些行之有效的人民调解方式正在全省全面推行。

中共甘肃省委办公厅 甘肃省人民政府办公厅 转发省委政法委等七部门《关于进一步加强乡镇、街道社会治安综合治理工作的意见》的通知

（2004年8月23日）

各市、州委，各市、州人民政府，陇南行署，省直各部门：

省委政法委、省委组织部、省社会治安治理委员会、省高级人民法院、省公安厅、省司法厅、省军区政治部《关于进一步加强乡镇、街道社会治安综合治理工作的意见》，已经省委、省政府同意，现转发给你们，请认真贯彻实施。

关于进一步加强乡镇、街道社会治安综合治理工作的意见

为了认真贯彻中央2004年6月在杭州召开的全国社会治安综合治理工作会议精神，学习推广"枫桥经验"，加强社会治安防范工作，全面推进社会治安防控体系建设，现就加强乡镇、街道社会治安综合治理工作提出以下意见。

一、切实加强对乡镇、街道社会治安综合治理工作的组织领导，进一步健全完善乡镇、街道社会治安综合治理委员会及其办公室

乡镇、街道社会治安综合治理委员会及其办公室（以下简称综治委、办）是乡镇、街道党（工）委和政府（办事处）领导社会治安综合治理工作的参谋和助手。各级党委、政府特别是县级党委、政府要高度重视乡镇、街道的社会治安综合治理工作，切实加强组织领导，加强乡镇、街道综治委、办的建设，充分发挥它们在维护社会稳定和社会治安方面的组织、协调作用。通过乡镇、街道综治委、办协调各有关部门齐抓共管，整合各方面的力量，共同解决影响社会稳定和社会治安的突出问题，建立健全社会治安防控体系，落实社会治安综合治理的各项措施，维护良好的社会治安秩序。要按照"属地管理"的原则，不断健全完善乡镇、街道社会治安综合治理委员会。委员会不仅要有县（市、区）政法部门、行政执法部门派驻机构和乡镇、街道有关部门的负责人参加，辖区内一些主要的企事业单位也要派有关负责人参加。为增强乡镇、街道社会治安综合治理委员会的组织、协调力度，委员会主任应由乡镇、街道党（工）委、政府（办事处）的主要领导担任。乡镇、街道社会治安综合治理委员会办公室主任应由党（工）委副书记担任，公安派出所所长、人民法庭庭长、司法所所长、人民武装部部长等可兼任副主任。办公室要配齐配强综治专职干部（有关人员不得兼任），确保这

项工作有人抓、有人管。对于乡镇、街道综治办专职干部的配备,可尽量从乡镇、街道撤并中的富余人员中考虑,协调解决。要按照省综治委、省编办〔2003〕13号文件的精神和要求,各地到2004年年底必须做到:一万人以下的乡镇、街道配1至2名;一万至两万人的乡镇、街道配2名;两万人以上的乡镇、街道配3名。公安派出所、人民法庭、司法所等基层政法组织和人民武装部及共青团、妇联等组织,都要统一在乡镇、街道综治办的组织协调下开展社会治安综合治理工作。乡镇、街道综治委、办要加强基层综治干部的教育培训,提高干部素质和工作能力。

二、建立健全乡镇、街道社会治安综合治理工作机制,充分发挥乡镇、街道综治委、办的职能作用

乡镇、街道综治委、办在基层社会治安综合治理工作中负有重要职责。要进一步建立和完善各项工作制度,工作机制,切实增强乡镇、街道综治委、办的组织、协调能力,形成在党委、政府领导下,由综治办牵头,组织、协调警务、司法(调解)、信访、巡防大队、流动人口管理服务等部门齐抓共管的工作格局。

1.例会制度。综治办每月召集一次各部门负责人参加的工作例会,检查工作开展情况,分析形势,总结经验,制定相应工作对策,为领导决策提供依据。

2.信息采集反馈制度。承担矛盾纠纷排查调处和影响社会稳定、治安稳定的情报信息收集工作,每月将不稳定情况收集整理报本级综治委和上级综治办。对群众来访、来信、来电要求解决的重大矛盾纠纷和反映的刑事案件、治安案件,经综治办主任签署后,报党政一把手,由其负责或确定一位党政领导负责包案处理;对非本乡镇、街道职权范围内的事项,由包案负责人与有关部门联系,协助做好工作。

3.督查督办制度。依据《甘肃省社会治安综合治理督查督办工作制度》(甘综治委〔2002〕30号)的有关规定,积极开展督查督办工作,对因调处、解决不当等原因造成矛盾激化的,及时上报综治办领导签批"督查督办"通知单,限期予以改正。

4.情况通报制度。对辖区不稳定因素,每月在例会上进行通报;对重大或突发性事件,及时上报综治委领导,全力做好疏导与稳定工作,并在全辖区内进行通报。每季由综治办负责对各部门开展工作情况进行通报,激励先进,督促后进。

5.考核制度。由综治办具体办理,以乡镇、街道党(工)委和政府(办事处)名义,与有关部门签订目标管理责任书,每半年对各部门开展工作情况进行一次检查考核;到年底,对目标管理完成情况进行考核奖惩。对各部门负责人每年开展工作的实绩进行纪实,并与晋职晋级挂钩。

6.责任追究制度。对因调处和解决问题不力造成越级上访和引发群体性事件或发生重大刑事案件的,及时上报综治委领导,并视情作出严肃处理。

三、坚持齐抓共管,努力把综治各项工作任务落到实处

乡镇、街道党(工)委、政府(办事处)及其综治委、办要认真研究新情况、新问题,采取有力措施,整合综治资源,壮大综治力量,规范群防群治队伍,实现综治工作由"散"到"合"的转变,并要不断加强队伍的教育管理,真正提高队伍素质,坚持齐抓共管,不断创新,加大力度,努力完成各项工作任务,确保把综治各项措施落到实处。

(一)根据治安形势的发展,有针对性地加强社会治安综合治理工作。坚持认真排查治安混乱地区和突出治安问题,及时组织、协调有关部门开展"严打"斗争和重点整治工作,并要明确责任,专人负责,挂牌督办,限期解决,还要有针对性地采取措施,巩固整治成效,防止反弹。要有效解决群众关注的热点、难点问题,增强群众的安全感。

(二)按照中办、国办转发的《中央社会治安综合治理委员会关于进一步加强矛盾纠纷排查调处工作的意见》和省委〔2000〕83号文件要求,坚持每月认真排查一次矛盾纠纷,指导和督促有关部门充分发挥人民调解、行政调解、司法调解的作用,积极开展调处工作,努力把矛盾纠纷化解在基层,化解在萌芽状态。要进一步明确各有关部门的职责任务,健全矛盾纠纷排查调处工作机制。重点排查调处可能影响社会稳定的重大矛盾纠纷,有效预防和减少群体性事件的发生。

(三)以基层安全创建活动为载体,大力抓好社会治安防控体系建设。积极组织、协调公安派出所、人民法庭、司法所等基层政法部门参与创建工作。在城市社区建设中健全社区综治组织，挖掘社区资源，因地制宜地搞好基层安全创建活动。进一步拓宽社区安全创建活动的内容，把社区管理、社区教育、社区服务和社区防范紧密结合起来，提高社区的整体防范水平。指导辖区内的企事业单位开展安全创建和综合治理工作，落实治安防范措施，参与社会治安防控体系建设。指导、配合有关部门做好辖区内的铁路、公路、航道和要害部位、特种行业的安全防范工作，以及对枪支弹药、爆炸物品、有毒有害物品的管理工作。

（四）加强群防群治队伍建设，充分发挥群防群治队伍的作用。要完善新形势下群防群治的组织形式、工作机制和经费保障机制，组织发动社会各方面的力量参与治安防范。要广泛宣传“维护治安人人有责”的观念，宣传治安防范知识，引导广大群众制定乡规民约、村规民约、居民守则等，组织开展各种形式的治安防范活动。把群防群治工作与再就业、社会保障工作结合起来，从实际出发组建多种形式的群防群治队伍。基层群防群治队伍由乡镇、街道综治办统一管理，在公安机关的指导下开展工作。要进一步健全群防群治队伍管理制度，对职责任务、人员聘用、教育训练、日常管理、值勤备勤、奖励处罚等都要作出明确规定，并确保落到实处。进一步发挥民兵组织在维护社会治安工作中的作用。协调公安机关，切实加强和规范保安服务队伍，不断提高服务质量。

（五）着力解决影响社会治安的深层次问题。要组织、协调有关部门和单位落实社会治安综合治理的打击、防范、教育、管理、建设、改造的各项措施，预防和减少违法犯罪。做好流动人口管理服务、预防青少年违法犯罪、校园及周边治安整治、刑释解教人员安置帮教、铁路护路联防、“扫黄打非”等项工作，协助有关部门做好吸毒人员和受邪教影响人员的帮教工作，不断增强工作效果，减少影响社会治安的不安定因素。

（六）推动有关部门加强对公安派出所、人民法庭、司法所等基层政法组织、基层党支部及村（居）委会、治保会、调委会等基层组织的建设。认真落实上级政法委、综治办的工作部署，充分发挥基层政法组织的职能作用，做到互相协助、互相配合，整体联动。

（七）定期或不定期检查辖区内各部门、各单位的综合治理工作，对工作成效明显的进行表彰奖励，总结推广他们的经验；对存在问题的提出整改意见，督促他们进行整改；对发生严重危害社会稳定重大问题的，要协助上级综治委、办和维护稳定工作领导小组办公室进行调查，并严格实施社会治安综合治理一票否决和领导责任查究。

四、切实做好乡镇、街道社会治安综合治理的保障工作，为增强综治实效提供全方位的支持

要按照《中共中央、国务院关于进一步加强社会治安综合治理的意见》的要求，多渠道地筹集综治工作特别是群防群治的所需经费。各级政府要正确处理改革、发展、稳定的关系，加大对乡镇、街道综治及群防群治工作的投入。各地要认真贯彻省委〔2001〕79号文件精神，按照人均不低于0.15元的标准，把乡镇、街道综治经费列入同级财政预算，及时拨付，并要随着经济社会的发展逐年增加。要逐步解决乡镇、街道综治委、办在基础设施和办公条件方面的困难。此外，应按照“谁受益、谁出资”和“取之于民、用之于民”的原则，由受益单位和群众个人适当投入一定的人力、物力和财力，保证群防群治工作的正常开展。乡镇、街道和村委会、社区居委会应积极探索社会主义市场经济条件下筹措综治经费特别是群防群治经费的措施办法，只要群众拥护、社会效果好、能保持稳定就可以采用。可参照外地做法，根据各地实际情况，适当对乡镇、街道综治干部给予岗位补贴。

五、严格实行责任制，建立完善考评机制

县（市、区）和乡镇、街道两级党（工）委、政府（办事处）对加强乡镇、街道社会治安综合治理工作负有重要的责任。要严格实行责任制，按照省综治委、省委组织部下发的甘组通字〔2003〕40号文件精神，把乡镇、街道社会治安综合治理工作的情况作为县（市、区）和乡镇、街道党政主要领导、分管领导干部政绩考核的重要内容，加强检查与考评。各地应结合实际制定科学合理的考评标准，把工作任务、工作实效和责任人的奖惩紧密结合起来，做到考评更科学，督查有结果，追究有实效。对乡镇、街道综治组织建设薄弱、工作不力的地方，要加强督促检查，必要时要采取果断措施解决存在问题，促进社会治安综合治理各项工作措施的落实。

甘肃省社会治安综合治理委员会
中共甘肃省委宣传部
关于加强社会治安综合治理宣传工作的通知

（2004年2月16日）

各市、州、地社会治安综合治理委员会、党委宣传部，省社会治安综合治理委员会各成员单位、省级有关新闻单位：

为切实加强社会治安综合治理宣传工作，营造良好的舆论氛围，进一步推动社会治安综合治理工作的深入开展，现就有关事项通知如下：

一、提高思想认识，加强综治宣传工作

加强社会治安综合治理宣传工作，动员全社会广泛参与社会治安综合治理，共同做好社会治安综合治理工作，是维护社会秩序稳定，保证经济社会顺利健康发展的一项重要任务。随着社会治安形势的发展，社会治安综合治理工作面临的任务也越来越繁重，动员和组织广大人民群众积极参与社会治安综合治理，自觉维护社会治安秩序稳定，形成全社会齐抓共管的合力，共同做好社会治安综合治理工作，是当前社会治安综合治理工作一项紧迫而重要的任务。多年来，各级宣传、新闻单位配合社会治安综合治理，加强宣传，有力地推动了这项工作。但是，当前综治宣传工作还存在一定的差距，与整个社会治安综合治理的任务和要求还不适应，进一步做好综治宣传工作，及时把党和政府的决策部署落实到各级部门和广大群众之中，是取得综治工作成效，推动综治工作深入开展的重要保证。各级宣传、综治部门要不断提高社会治安综合治理宣传工作重要性的认识，切实加强社会治安综合治理宣传工作，努力提高广大群众的思想认识，广泛调动广大群众和社会各界参与社会治安综合治理工作的积极性，增强全社会齐心协力做好社会治安综合治理工作的自觉性，为我省全面建设小康社会创造良好的治安环境。

二、进一步明确指导思想，突出宣传重点

社会治安综合治理宣传工作要以党的十六大、十六届三中全会精神和“三个代表”重要思想为指导，认真贯彻中共中央、国务院《关于进一步加强社会治安综合治理的意见》和省委、省政府的《实施意见》，坚持团结、稳定、鼓劲，以正面宣传为主的方针，以正确的舆论引导人，真实反映和报道政法、综治战线主要工作成果，弘扬社会正气，鞭挞邪恶，唱响主旋律，打好主动仗，宣传动员社会各方面的力量，进一步提高新形势下打击、预防、控制违法犯罪工作的思想认识，为广泛开展社会治安防控管理体系建设，落实社会治安综合治理各项工作措施，实施全面建设小康社会战略目标创造良好的舆论环境。

社会治安综合治理宣传工作要突出重点，一要宣传党的十六大、十六届三中全会精神和“三个代表”重要思想，全面建设小康社会的目标任务；宣传党和国家加强社会治安综合治理的方针政策及法律法规；宣传党中央、国务院依法治国和省委、省政府依法治省、开展“严打”整治斗争和社会治安综合治理，维护社会政治稳定，推进社会主义民主法制建设的重大决策和部署。二要宣传全省各级政法、综治部门树立群众观念，改进和加强作风建设，密切联系人民群众，深入基层，深入群众，为群众排忧解难，维护广大人民群众利益，全心全意为人民服务的工作成绩。三要宣传落实全国、全省政法综治工作会议精神，依法严厉打击严重刑事犯罪和经济犯罪工作情况及主要成果，特别是开展“严打”斗争和重点整治，改善一些地方治安混乱状况，增强群众安全感的成效。四要宣传各级党委、政府履行保一方平安政治责任，强化综治意识，提高工作主动性和自觉性，落实社会治安综合治理领导责任制的典型经验；宣传各地认真落实中央综治委、中纪委、中组部、监察部、人事部《关于对发生严重危害社会稳定重大问题的地方实施领导责任查究的通知》精神，建立健全领导责任查究制度，严格实行一票否决权制的工作成效；宣传各地、各单位贯彻“谁主管、谁负责”和“属地管理”原则，发挥职能作用，加强协作配合，齐抓共管，完善工作机制，落实工作措施的情况和成效。五要宣传各地、各单位贯彻“打防结合，预防为主”方针，贯彻落实省综治委和省编办《关于印发〈关于加强乡镇、街道社会治安综合治理基层组织建设的若干意见〉的通知》和省委办公厅转发的《甘肃省社会治安防范管理体系建设 2003 至 2005 年三年工作规划》，加强基层基础工作，强化综合治理组织建设，构建社会治安防控管理体系，加大治安防范和管理力度，落实防控措施的情况和成效。六要宣传加强社会主义精神文明建设，弘扬民族精神，实施公民道德教育，讲文明、树新风，开展见义勇为活动及安全文明创建的情况。七要宣传政法干警英勇无畏、不怕牺牲、秉公执法、执法为民的先进事迹；八要宣传各地、各单位开展矛盾纠纷排查调处工作，建立健全矛盾纠纷排查调处机制，落实维护社会稳定工作责任，加强社会稳定工作的成效。九要宣传开展预防青少年违法犯罪、流动人口治安管理、铁路护路联防、刑释解教人员安置帮教、学校及周边治安综合治理和禁毒等工作，严格工作措施取得的工作成效。十要强化监督手段，加强舆论监督。在正面宣传报道政法、综治部门加强队伍建设，坚持从严治警，公正执法工作的同时，要勇于正视存在的问题，积极展开批评，客观公正、实事求是地进行舆论监督。

各级宣传、综治部门要结合 2001 至 2004 年度社会治安综合治理评先表彰工作，集中宣传一批综治先进单位和先进工作者事迹，宣传典型，推动工作。

三、运用多种形式，努力提高宣传质量

各级宣传、综治部门要结合实际，因地制宜，突出重点，采取多种形式开展宣传工作，努力取得新的成效。一是配合“综治宣传月”活动，推动宣传工作开展。有重点地抓好每年三月“综治宣传月”集中宣传活动，加强宣传工作的针对性和实效性，广泛开展形式多样的宣传活动。二是发挥新闻媒体优势，营造浓厚的舆论氛围。报刊、广播电台、电视台等新闻单位，要紧紧围绕综治工作重点，认真部署，精心安排。要开辟专栏和专题，在黄金时段和重要版面进行宣传。各级综治部门要加强与报刊、广播电台、电视台等媒体的联系，及时通报情况，提供报道线索和典型，不断提高宣传质量，增强宣传效果，营造全社会共同参与社会治安综合治理的良好舆论氛围。三是拓展宣传方式，扩大宣传渠道。各地、各单位要广泛运用标语、板报、墙报、灯箱、法制园地、印发宣传品、制作光盘、网络和组织开展演讲、戏剧、小品表演及图片展、巡回展、报告会、知识问答等形式，深入浅出地开展宣传工作，提高广大职工群众的思想认识。要采用群众喜闻乐见、寓教于乐的形式开展宣传工作，要注意用身边的事教育身边的人，以增强针对性和宣传效果。今年各地要有计划地做好全省综治禁毒文艺汇演活动，扩大宣传工作声势，推动宣传工作的深入开展。

要认真抓好各项综治宣传工作任务的落实，力求在宣传的深度和广度、深入人心、取得实效上下功夫，并努力做到“四个结合”：即集中宣传和经常性宣传相结合；重点宣传和一般性宣传相结合；专题宣传与文化、卫生、法律、科教“四进社区”相结合；宣传内容与实际工作效果相结合。综治宣传工作要从有利于全省工作大局，有利于维护人民群众切身利益，有利于社会稳定和安定人心，有利于妥善处置群体性事件出发，及时主动、准确把握舆论导向，正确引导舆论宣传。在宣传报道中要全面领会中央和省委关于加强社会治安综合治理的精神，掌握综治工作的基本方针、基本原则，统一宣传口径，要注意在宣传报道中，对一些刑事案件力戒炒作，不渲染具体细节，不干扰政法机关依法办案。对反面典型的公开曝光，要坚持客观公正，把宣传目的和社会效果有机统一起来。

四、切实加强对综治宣传工作的组织领导

各级宣传、综治部门要进一步加强对宣传工作的组织领导，不断探索综治宣传工作自身的规律和特点，克服形式主义，求真务实，力求实效。党委宣传部门要切实发挥职能作用，组织、协调、指导各宣传、新闻单位做好社会治安综合治理舆论宣传，并积极配合有关部门深入开展法制宣传教育，落实“四五”普法规划，落实宣传任务。综治部门要把综治宣传工作纳入目标管理责任制范围，督促各级、各部门层层落实工作任务，认真做好宣传工作，定期开展检查考评。要组织开展好每年举办的社会治安综合治理好新闻推荐、评选活动，及时将一些质量高的作品推荐报送全国和全省参评。省综治办要加强与甘肃新闻工作者协会的配合，共同组织开展全省社会治安综合治理好新闻评选活动，鼓励新闻工作者不断加强宣传报道工作，认真采访、撰写、制作宣传社会治安综合治理的优秀作品。各级宣传、综治部门要建立经常性工作联系协调制度，研究制定社会治安综合治理宣传工作的方案或计划，及时解决综治宣传工作中遇到的各种困难和问题，切实保证宣传工作取得明显成效。

各级党委、政府要按照中共中央、国务院《关于进一步加强社会治安综合治理的意见》和省委、省政府《实施意见》的要求，切实加大综治各项经费保障力度，根据工作实际，及时安排足额的宣传工作经费，支持宣传、综治部门开展工作，以保证综治宣传工作任务的落实。

天水市各县区积极探索矛盾纠纷排查调处工作新机制

近年来，甘肃省天水市高度重视矛盾纠纷排查调处工作，把它作为维护社会稳定的一项基础性工作和“民心工程”提上了重要议事日程。各县区都以求真务实、开拓创新的精神，积极探索矛盾纠纷排查调处工作的新路子，有效地化解了一大批矛盾纠纷，维护了全市社会政治稳定。

张家川县努力构建齐抓共管的矛盾纠纷排查调处新机制。他们的主要做法是：

第一，强化领导，落实责任。明确规定各级各部门党政一把手为第一责任人，分管政法综治工作的领导为第二责任人，具体抓好本级本部门领导班子对矛盾纠纷排查调处工作决策的落实和组织机构、队伍建设等基础工作，组织推动有关方面承担起矛盾纠纷排查调处的整体责任。其他党政领导干部对分管领域的矛盾纠纷排查调处负直接责任，结合自己分管工作，抓好矛盾纠纷排查调处，尽力消除自己分管工作中存在的不安定因素。2003年县综治委制定出台了《张家川县矛盾纠纷排查调处归口管理办法》，按照“分级负责，归口办理”的原则，进一步对乡镇和相关部门在矛盾纠纷排查调处中的职责和管辖范围进行了细化分解。县综治委及其办公室具体负责全县性、跨部门和上级综治委及其办公室督办的矛盾纠纷的组织协调、分流督办和查办，督促乡（镇）和相关部门做好本辖区、本部门的矛盾纠纷排查调处工作，从而把工作责任落实到各部门、乡镇和每个领导干部身上，并实行严格的考评奖惩制度，有效地调动了各级党政领导“为官一任，保一方平安”的积极性，形成了党政统揽、综治协调、有关部门各负其责，纵抓到底、横抓到边的矛盾纠纷排查调处工作格局。

第二，健全网络，夯实基础。一是全面推行“十户联防调解”制度，每10户人为一个联防调解小组，推选一户为“村民联防调解中心户”，组织村民轮流值勤，利用茶余饭后时间，“房前屋后转一转，各家各户串一串”，履行“防火防盗、警情报告、调解纠纷、互相关照”的职责。二是健全村级治保会和调委会，做到小事不出村。三是组建乡镇矛盾纠纷排查调处中心，负责调处村级无法排解的纠纷和本乡镇的重大矛盾，实行“定人头、定时间、定任务、定质量”和“包教育、包化解、包防范、包转变”的“四定四包”责任制，确保矛盾纠纷在当地化解。四是加强县维稳办和信访办建设。调整充实精干力量，由县委、县政府直接领导，县直各职能部门全面参与，负责处理事关全局、影响较大的矛盾纠纷。同时，实行每周一次领导接待日制度，定期公布接待日期、电话，接待群众来信来访。通过这四道防线,把社会治安的触角延伸至最基层,自下而上层层过滤,有效地把矛盾纠纷解决在村组,消除在萌芽状态。

第三,完善制度,深入排查。一是建立和完善矛盾纠纷排查调处工作例会制度。县每月召开一次、乡镇每半月召开一次矛盾纠纷排查调处工作会议。二是建立综治、信访联系会议制度。县综治委、信访办每月在矛盾纠纷排查调处工作例会上通报一次本月上访情况,两家共同分析研究矛盾纠纷产生的根源和化解的措施,并对当月突出的群体性上访事件进行挂牌督办。三是建立"月末汇总制"和"全程跟踪制"。对列为县级挂牌督办的矛盾纠纷,由各责任单位在当月20日前上报处理结果和进展情况;对一些涉及面广、情况复杂的重大矛盾纠纷,由县综治办、信访办组织专人跟踪督办,直至矛盾解决。四是建立"信访首问责任制"。县直特别是政法各部门对群众登门反映的属于本部门职责范畴的问题,首位接待人或值班人员要热情接待,负责抓好落实;不属于本部门职责范畴的,要协助群众将问题转交相关职能部门。五是建立"台账销号制度"。按照分级管理的原则,县有关部门对本级每月排查调处的矛盾纠纷进行一次梳理,已经解决的予以注销;对尚未解决的问题,实行滚动管理,下月跟踪督办,直至解决。六是建立"矛盾纠纷通报制度"。对排查出的矛盾纠纷进行分类,以乡镇和部门为单位进行通报,鼓励先进,督促后进,增强各级、各部门抓好矛盾纠纷排查的责任意识。在具体工作中坚持做到"四排查",即每月开展一次定期排查,重大节日、活动期间重点排查,敏感时段超前排查,突出问题专项排查。

第四,多管齐下,抓好调处。对可能影响社会稳定的矛盾纠纷,严格实行"一个问题、一名领导、一套班子、一个方案、一抓到底"的工作责任制,使每件矛盾纠纷都有明确的责任领导和直接责任人,把调处工作落实到责任人身上,防止了部门之间推诿卸责现象的发生。对因拆迁安置或征地补偿等问题引发的纠纷,县建设局、交通局、国土局等职能部门从源头上入手,加强拆迁征地项目的可行性论证,增强决策的透明度,及时把有关拆迁安置和征地补偿的政策文件发放到群众手中,取得群众的理解,有效化解了大量的矛盾纠纷;对因村务不公开等原因引发的纠纷,县乡两级派驻联合工作组,深入基层了解情况,深入现场实地指导,做到"给群众一个明白,还干部一个清白",对那些以权谋私、侵犯群众利益的基层干部,坚决予以查处;对因下岗安置、社保、低保等问题引发的纠纷,经贸、社保、财政、民政等部门千方百计拓展就业渠道,并严格落实有关规定,做到应保尽保;对因民族宗教问题引发的矛盾,充分发挥各级党政组织的主导作用和宗教上层人士的特殊作用,积极稳妥地予以处理,有力地维护了社会稳定。

秦城区紧密结合全区实际,在农村着力构建维护稳定工作"四道防线"。一是由村民小组长负责,十户治安自管小组配合,落实"管好自己的人,看好自己的门,办好自己的事"的措施,把矛盾纠纷解决在萌芽状态。二是由支部书记、村主任负责,村治保、调解、共青团、妇联、民兵等组织负责人配合,及时排查调处邻里纠纷,化解群众之间、干群之间产生的矛盾,确保矛盾不推诿、不上交、不激化。三是由乡镇包片领导负责,派出所、司法所、包村干部配合,积极处理村里调处不了或村与村之间发生的矛盾纠纷。四是由乡镇主要领导负责,分管领导配合,集中精力,集中时间,解决"热点"、"难点"问题。

与此同时,秦城区还在城区强化了"三级网络"建设。一是以企事业单位为主体,充分发挥基层党支部、工会、妇联、职代会等组织的职能作用,全面掌握职工生活、工作动态,积极预防和化解职工与企业、职工与职工之间的矛盾纠纷,确保企事业单位内部稳定。二是以社区居委会为主体,推行社区工作人员包片、包巷、包户工作责任制,及时有效地化解社区居民之间由各种利益冲突引发的矛盾纠纷。三是以街道办事处为主体,社区警务室、街道综治委成员单位配合,化解单位之间、社区之间及其他影响较大的矛盾纠纷。"四道防线"和"三级网络"的构筑,有力地推动了秦城区的矛盾纠纷排查调处工作。

甘谷县积极探索,走出了一条传统与"庭式"调解相结合的人民调解工作新路子。一是设立调解室,规范调解形式。在调解室将调解工作制度、职责、任务、纪律和调解程序等装框上墙,同时按规定模式摆放调解主持人、调解员、记录人、申请调解人、被申请调解人、旁听席等标志牌,增强了调解工作的严肃性。二是建立健全制度，规范调解程序。根据工作实际，先后制定完善了人民调解工作的管理范围、排查、登记、回访、档案管理和信息员工作及督查督办等一系列制度。规范纠纷调解程序：根据当事人的申请或信息员反馈的情况受理纠纷。对一般性纠纷由调委会指派调解员到现场进行调解；对比较复杂、疑难的矛盾纠纷，采取“庭式”调解的方式，由调委会主任主持，设专人记录，请有关人员旁听。首先由双方当事人分别陈述事实和理由，然后由主持人主持查清事实，依法进行调解。调解成功后由调委会制作规范的调解协议书，经双方当事人、调解人员签字，调委会盖章后生效，并由调委会督促当事人及时履行协议。如调解不成功，则告知当事人及时向乡镇司法所或县司法机关提出申请、申诉。三是注重学习和培训，在实践中提高调解人员工作水平。村级调委会每月定期召开工作例会，组织学习法律知识，分析本村治安形势，排查矛盾纠纷。对排查出的带有苗头性的纠纷确定专人负责化解，对重大疑难纠纷集体讨论，制定解决的办法。矛盾纠纷的“庭式”调解，丰富了人民调解工作的内涵，使人民调解的职能作用得到充分发挥。同时，拓宽了农村普法教育的新途径，使矛盾纠纷的调处过程变成了普法教育的过程，群众通过身边的事、身边的人接受实在而深刻的法制教育，收到较好的社会效果。

甘肃省社会治安综合治理委员会组成人员

省社会治安综合治理委员会是协助省委、省政府领导全省社会治安综合治理工作的议事协调机构。省社会治安综合治理委员会办公室与省委政法委合署办公。综治办主任由政法委副书记兼任。

省综治办内设综合治理基层建设指导处、综合治理协调处、省见义勇为基金会秘书处。

省社会治安综合治理委员会负责人名单：

主　任：陈学亨　省委副书记

副主任：洛桑灵智多杰　省委常委、政法委书记

李德奎　省人大常委会副主任

罗笑虎　省政府副省长

蔚振忠　省政协副主席

郝洪涛　省高级人民法院院长

蔡　宁　省人民检察院检察长

委　员：王润康　省纪委副书记、省监察厅厅长

王耀东　省委组织部副部长

张生桢　省委宣传部副部长

庞　波　省委政法委副书记

王新中　省人大内司委副主任

孙公平　省政府办公厅副秘书长

张　忠　省政协法制委副主任

任继东　省经贸委主任

白继忠　省教育厅党组书记、厅长、高校工委书记

赵聚忠　省公安厅厅长

王　幸　省公安厅副厅长

石允蒲　省国家安全厅厅长

冯玉祥　省纪委常委

黄续祖　省民政厅厅长

阎正芳　省司法厅党委书记、厅长

吴仰东　省财政厅副厅长

杨　诚　省人事厅党组书记、厅长、编办主任

朱志良　省劳动和社会保障厅厅长

屠锦敏　省建设厅厅长

徐拴龙　省交通厅党组书记、厅长

马少青　省文化厅厅长

侯生华　省卫生厅厅长

刘维忠　省计生委主任

张家昌　省广播电影电视局局长

朱同心　省工商局党组书记、局长

周德祥　省新闻出版局局长

张守莘　省旅游局党组副书记、副局长

赵宝生　省总工会主席

王　锐　共青团甘肃省委书记

崔玉琴　省妇联主席
杨明基　中国人民银行兰州中心支行行长
梅建生　省邮政局局长
乔绪富　省通信管理局局长
秦卫东　省军区政治部副主任
赵长才　甘报社总编
赵国民　武警甘肃总队副总队长
刘　敏　省社科院副院长
郭务民　民航甘肃省管理局党委副书记
朱仪仁　兰州海关党组书记、关长
郭廷瑞　兰州铁路局党委常委、纪委书记
王积宁　中国人民保险公司甘肃分公司党委成员、副总经理
王福祥　中国人寿保险公司甘肃分公司党委委员、纪委书记副经理
韩剑非　省委610办副主任
办公室主任：
庞　波　省委政法委副书记(兼)
牛纪南　省委政法委秘书长(兼)
办公室副主任：李玉清

甘肃省市、县(市、区)综治委、办主任名单

地　区	综治委主任	综治办主任
兰州市	哈全玉	高兴贵
城关区	韩玉金	张生明
七里河区	马天民	火照万
西固区	王习军	陈福祥
安宁区	王永生	苗承礼
红固区	陈芦骐	张世岩
永登县	王维治	包永红
皋兰县	咸大明	郁建文
榆中县	严志坚	宋锦荣
嘉峪关市	郑亚军	许慧清
城区工委	李玉杰	刘鸿博
郊区工委	林树江	郑建国
酒钢(集团)公司	梁传密	何有山
金昌市	康　坚	杨学祥
金川区	易江涛	孟　涛
永昌县	常家有	毛志成
白银市	郭德清	周文全
白银区	曾　源	王继甫
平川区	杜世润	王进玉
靖远县	雒联奎	魏兴科
会宁县	武志元	张维信
景泰县	李高协	荀三连
天水市	韩岱成	裴国栋
秦州区	赵　文	王黎明
清水县	马小龙	刘　睿
秦安县	蒲　军	何增福
甘谷县	杨永辉	李全文
武山县	李景春	张富定
张川县	杨仁岱	马清元
麦积山区	蒋晓强	王建明
武威市	冉生斌	杨永年
凉州区	张琪海	王世英
民勤县	洪元涛	白雪峰
古浪县	李秀娟	马树德
天祝县	周英武	王成玉
酒泉市	张克勤	王保家
肃州区	陈柱邦	张万忠
玉门市	臧　福	李金龙
敦煌市	张文全	展洪斌
金塔县	李世英	李生军
安西县	董生录	师　军
肃北县	周兴仁	宋志礼
阿克塞县	张永鸿	马德胜
张掖市	张正谦	谢建军
甘州区	王海峰	李　华
民乐县	许国强	汤　杰
临泽县	韩起祥	张守德
高台县	甄广波	桑国瑜

地　区	综治委主任	综治办主任
山丹县	张玉林	谭多相
肃南县	安国峰	鲁国雄
庆阳市	马　平	刘俊峰
西峰区	张怀壁	刘晓龙
庆城县	张刚宁	李振剑
环　县	刘　聪	朱耀文
华池县	何文堂	徐国渊
合水县	白振海	王文武
正宁县	曹维斌	高　飞
宁　县	李百选	朱一民
镇原县	王宁秀	席　罡
平凉市	王应天	朱有成
崆峒区	孟小金	马辉军
泾川县	吕鹏举	张贵义
灵台县	王立仁	李　强
崇信县	关　斌	李树勋
华亭县	张　宏	侯　科
庄浪县	路　畅	蒙旭峰
静宁县	葛会荣	王勤学
定西地区	王仲勤	宋世豪
安定县	赵　爱	安永林
通渭县	杨水涛	张存多
临洮县	陈永寿	李志君
漳　县	刘新民	包宏祥
岷　县	马育德	年小平
渭源县	汪永刚	曹登铭
陇西县	包志宏	董岐山
陇南市	吕国壁	王　惠
成　县	祁岷青	杨　青

地　区	综治委主任	综治办主任
武都区	张庆宏	张秋林
宕昌县	陈社忠	王　沛
康　县	潘俊德	梁彦琦
文　县	马富贵	蒲小华
西和县	成志杰	成解问
礼　县	张启仁	张世权
两当县	夏建华	武继承
徽　县	辛海生	唐维政
临夏州	史志明	马　明
临夏市	魏贺生	黄　海
临夏县	马忠孝	韩晓忠
康乐县	沙世玉	魏守如
永靖县	陈贵辉	李良云
广河县	马福荣	马向荣
和政县	田永新	马廷玉
东乡县	马文贤	汪海涛
积石山县	韩学刚	马进贵
甘南州	王　冰	张正雄
合作市	敏占彪	周新民
临潭县	牛汝霖	冯辅荣
卓尼县	马志援	张晓明
舟曲县	杨永海	杨海平
迭部县	杨华勇	王凤娥
玛曲县	尕尔项	宁　冠
碌曲县	马井泉	高尚宗
夏河县	梁明光	拉毛当智

（撰稿人：雷虎林
审稿人：牛纪南　李宝柱）

青 海 省

2004年社会治安综合治理工作概况

2004年，青海省各级综治部门在中央综治委和省委省政府的正确领导下，始终把维护稳定放在首位，按照全国政法工作会议和全省政法综治工作会议的总体部署，坚持“打防结合，以防为主”的方针，进一步落实社会治安综合治理各项措施，保证了全省改革开放和经济建设的顺利进行。

一、对综治工作的重视程度进一步提高

一是各级党委、政府和综治委成员单位将社会治安综合治理工作纳入议事日程，做到与经济建设和社会发展等各项工作同安排、同检查，形成了各级党委政府重视支持，综治部门充分发挥作用，成员单位尽职尽责，一级抓一级，层层抓落实的工作格局。二是党政主要领导亲自动员、部署社会治安综合治理工作，在思想观念、工作部署、力量配置、工作机制、实绩考评等方面体现和落实“打防结合、预防为主”的方针，及时研究解决工作中出现的新情况、新问题，保证了综治工作的顺利开展。三是高度重视维稳工作，加大了对民族分裂势力、宗教极端势力和暴力恐怖活动的防范和打击力度，始终对敌对势力的分裂、渗透、破坏活动保持高度警惕，有效地预防了颠覆、策反、破坏活动的发生。

二、综合治理领导责任制进一步落实

按照《2003—2004年度青海省社会治安综合治理责任书》的要求，省综治委于2004年10月组织4个工作组，分别对各地区《责任书》落实情况进行了全面检查考评，并对完成目标任务的8个州、地、市予以表彰奖励。同时，各地结合责任制考评，对综合治理工作重视不够，制度不健全、责任不到位，措施不落实而发生治安问题的36个单位、25名个人实行了“一票否决”。同时，省综治委制定下发了《青海省社会治安综合治理委员会成员单位职责任务》，各成员单位按要求进一步明确了职责任务，制定完善了规章制度，积极参与综治工作，形成了齐抓共管的合力。省综治委于2004年11月，组织州、地、市综治委分8个工作组，对27个成员单位与省综治委签订的《2003—2004年度青海省社会治安综合治理委员会成员单位责任书》的落实情况进行了全面检查考评，并对成绩突出的10个成员单位进行了表彰奖励。

三、“严打”整治斗争的针对性进一步增强

各地在及时排查突出治安问题，认真分析社会治安形势，不断健全“严打”工作机制的基础上，结合地区实际，继续深入开展“严打”整治斗争，本着什么犯罪突出就打击什么犯罪，什么问题突出就解决什么问题，哪里治安混乱就整治哪里的原则，不断加大打击力度，始终保持对刑事犯罪活动的高压态势，有的放矢地进行重点打击和治理，确保了全省社会治安形势的基本平稳。

四、社会治安防控体系建设全面启动

2004年全省政法综治工作会议对构建社会治安防控体系作出部署，要求各地集中精力，用三年时间，分三个阶段，全力构建全方位的治安防控体系。各地各部门按照构建社会治安防控体系的具体要求，结合实际，突出重点，制定方案，实现了此项工作在2004年的全面启动。西宁市采取“网格化巡逻”、落实技防措施等形式，深入推进治安防控体系建设，各种防范措施开始发挥作用；海南州突出社区建设和群防群治，有效推进了综治工作的深入开展，初步探索出一条在全省农牧区开展综治工作和治安防范的新路子；海北州进一步加强了牧区基层安全创建工作，治安防范能力显著提高；果洛州主动加强与毗邻地区的治安联防工作，有力地促进了边界毗邻地区的社会稳定。

五、矛盾纠纷排查调处工作进一步深入

各地区各部门认真落实“杭州会议”和全省社

会治安综合治理工作会议精神，结合各自实际，进一步加强排查调处机制建设，大力宣传有关政策法规，积极协调各职能部门，针对群众反映的突出问题，集中开展了矛盾纠纷排查调处专项活动，落实工作责任和工作措施，及时调处化解了一批矛盾纠纷，妥善处置了一批群体性事件，维护了群众的切身利益，维护了社会政治稳定。同时，重视涉法上访问题，按照中央的要求及时成立了处理涉法上访问题领导和办事机构，强化了领导责任，加强了协调督办工作。2004 年第四季度，全省各类信访及群体性事件均较 2003 年同期有了明显下降。

六、综合治理各项专门工作得到进一步加强

省综治委十分重视对各专门工作的领导、管理和协调，省、州（地、市）均建立了各专门工作领导小组和办事机构，在抓建章立制，抓措施落实上取得了一定成效。

一是各地认真落实中央 8 部委《关于进一步做好刑满释放、解除劳教人员促进就业和社会保障工作的意见》和《青海省刑满释放和解除劳教人员安置帮教工作意见》精神，加强领导，落实工作措施，基本形成省、州、县、乡、村五级安置帮教网络。目前，共建立安置帮教机构 4689 个，专兼职工作人员 21000 名，2004 年共帮教 1309 人，帮教率 91%；安置 1054 人，安置率为 74%。

二是按照中央综治委《关于进一步加强预防青少年违法犯罪工作的意见》及我省实施意见的要求，积极引导和帮助青少年树立学法、守法意识，开展了“阳光依旧灿烂”、“关爱明天”未成年人社区保护行动、“大手拉小手——青年志愿者走进社区”等系列教育活动，取得了良好的社会效果。

三是 2004 年 9 月，省综治委召开全省流动人口治安管理工作会议，交流了工作经验，安排部署了下一步的工作，推动了流动人口治安管理工作的深入开展。

四是加强铁路护路联防，完善工作机制，大力开展护路宣传教育，充分发挥路、地、军、警的职能作用，保持了重点区段、站点治安秩序的基本稳定，保证了铁路运输的安全畅通。

七、综合治理宣传教育活动进一步深化

一是于 2004 年 4 ~ 5 月，组织开展了声势浩大的综治宣传月活动。各州（地、市）和省直单位按照省综治委的要求，积极行动，及时安排部署本地区、本部门、本系统的社会治安综合治理宣传教育活动。宣传月活动主题突出，内容丰富，群众广泛参与，收到了较好的效果。二是开展了以法制教育、思想道德教育为重点的宣传教育活动，特别是加强了对青少年的法制教育。省综治办与青海电视台、省依法治省办等单位联合主办的电视专题栏目《法制经纬》，2004 年播放节目 54 期，取得了良好的社会效果。三是建立了综治干部定期培训制度，普遍开展了各级综治干部的培训工作。省综治办重点抓了海东地区和海南州基层综治干部的培训试点工作，对两地的乡镇、街道综治干部进行了教育培训。

八、见义勇为精神得到进一步弘扬

为弘扬社会正气，动员广大群众积极参与社会治安综合治理，2004 年 2 月 13 日，省综治委、省委宣传部、省公安厅、省民政厅、省维护社会治安见义勇为奖励基金会等部门联合召开全省维护社会治安见义勇为先进分子表彰大会，表彰奖励了 27 名见义勇为先进分子。随后，又慰问、表彰了吕秉凤等 10 名见义勇为先进分子。同时，省见义勇为先进分子曹茜同志还荣获全国“十大见义勇为好司机”称号。

开展重点整治和专项行动情况

各地紧紧围绕突出治安问题，适时组织开展了“严打”整治专项行动，始终保持对犯罪分子的高压态势，防范刑事犯罪活动成效明显，2004 年出现了多年来刑事案件和 8 类案件首次下降的良好势头。

一、坚持“严打”方针，突出打击重点

一是打击黑恶势力不放松，坚持黑恶必除；二是打击严重侵权犯罪不放松，坚持命案必破；三是打击非法制贩枪支犯罪不放松，坚持“枪患”必治；四是打击毒品犯罪不放松，坚持有毒必肃；五是打击严重经济犯罪不放松，坚持维护经济安全；六是缉拿逃犯工作不放松，坚持逃犯必抓；七是打击锋芒性犯罪不放松，坚持高压态势。通过深入开展“严打”斗争，破获了一批危害严重、影响恶劣的大案要案，抓获、打击了一批严重刑事犯罪分子。省委政法委向省人大代表、政协委员发出的征求关于对全省社会治安工作的意见和建议统计情况表明，对社会治安状况评价好和较好的达 80.94%；省统计局“公众安全感问卷调查”结果显示，群众对社会治安的满意和基本满意率为 76.8%。

二、加强治安管理，开展专项整治

一是整治“枪患”。以海东、黄南、西宁和海西格尔木市为重点，在全省掀起了为期三年的打击制贩枪支违法犯罪专项整治行动；二是整治“毒害”。以西宁地区为重点，公安、工商、文化部门联手对部分娱乐场所开展了集中整治，对存在“毒、赌、色”的场所勒令停业、限期整改；三是加强流动人口管理。组织开展了清理整顿流动人口、出租房屋专项行动，共登记流动人口 258883 人、出租房屋 23212 户，签订治安责任书 5639 份，取缔非法出租房屋 207 户 427 间。四是整治学校周边治安秩序。公安、工商、教育、文化等部门密切配合，开展了多次专项整治行动，共清查校园内部及周边网吧 120 家，酒吧、茶艺 196 家，电子游戏、台球室 107 家，音像、报刊点 118 家，整改不安全隐患 132 处，下发整改通知 76 份。五是整治交通事故“黑点”和隐患。按照“五整顿三加强”的要求，加大了对超载超员，超速行驶，农用车载人，摩托车“黑车非驾”，机动车乱停乱放等违章现象的治理力度。六是整治火灾隐患。共排查出 100 家火灾隐患单位，对其中 50 家重大火险隐患单位，通过省政府发文，逐一进行挂牌督办整改。七是整治非法出入境中介机构。开展了“春蕾”行动，规范了出入境中介机构的经营行为。八是整治淫秽色情网吧。按照国务院和省政府的部署，开展了打击淫秽色情网站专项行动，全省没有发现淫秽色情网站，但通过实地检查、指导和社会宣传，促进了省内应用互联网工作的规范、有序、健康发展。

三、排查治安乱点，加大整治力度

各级综治委（办）坚持集中排查、定期排查、区域排查相结合，进一步完善排查工作机制。对排查出的治安混乱地区和突出治安问题，落实整治责任、整治措施、整治目标和整治时限，及时开展治理整顿。针对整治效果不明显和治安问题出现反复的地区，省综治办加大了督促指导力度，要求各地认真分析存在问题的原因和症结，充分发挥综治优势，积极协调有关部门，制定有效工作措施，加大综合整治力度，促使其尽快改变治安面貌。2004 年，共排查出治安混乱地区 25 个，排查出突出治安问题 12 类，通过集中整治，有 13 个地区的治安混乱状况明显好转。

开展平安建设　加强社会治安防控体系建设情况

一是各地认真贯彻中发(2002)26号文件和南昌会议精神，按照全省政法综治工作会议和全省社会治安综合治理工作会议的要求，将社会治安防控体系建设和平安建设的启动工作作为2004年综治工作的重要内容，认真研制工作方案，落实工作措施，为全面推进防控体系建设、尽快开展平安创建活动奠定了基础。

二是各地按照省委政法委、综治委的统一部署，以建设五个网络(城区治安防控网络、边际部位治安防控网络、农牧区治安防控网络、单位内部治安防控网络、治安信息网络)、完善四项工作机制(警务运行机制、齐抓共管机制、群防群治机制、经费保障机制)、做到三个结合(与城镇规划建设相结合、与社区建设相结合、与精神文明建设相结合)、加强两项工作(加强基层基础工作、加强综治工作规范化建设)、落实一项制度(落实好领导责任制)为主要内容，广泛发动社会各方面力量，积极构建点线面结合、专群结合、灵活多样的社会治安防控网络。省综治委(办)先后向全省推广了西宁市、海东地区、海西州、海南州在防控体系建设中的好做法，促进了全省社会治安防控体系建设的顺利开展。

三是各地以基层安全创建为载体，将基层安全创建活动融于社会治安防控体系建设的工作范围，作为防控体系建设的一个有机组成部分，在不断提升创建标准、创建质量、创建覆盖面的基础上，有力地推动了基层安全创建活动的进一步深化和社会治安防控体系建设的全面展开。2004年，全省创建安全小区(单位、村)的覆盖面城镇达到90%，农牧区达到70%。

四是社会治安防控体系建设的全面启动和深入开展，为“平安青海”创建活动起步和实施打下了良好基础。为保证“平安青海”建设的稳步推进，各地按照省综治委提出的“统一思想，求真务实，突出重点，因地制宜”开展平安创建的总体要求，以增强工作的针对性和实效性，提高基层整体工作水平，构筑维稳长效机制为重点，在抓好平安建设的前期调研和准备工作的同时，加紧制定本地区平安建设的实施方案和创建措施，海东地区、西宁市在全省率先开展了创建“平安海东”、“平安西宁”活动，其他地区的平安创建活动也将相继实施。

加强基层基础建设
开展矛盾纠纷排查调处工作情况

一是坚持把抓基层、打基础作为筑牢“第一道防线”的根本，进一步加强以党支部为核心的基层组织建设，村(居)级治保、调解、帮教等基层综治组织和派出所、司法所和人民法庭等基层政法组织健全，城镇社区建设力度进一步加大(共有新建社区353个)，各项工作制度建设不断完善，警务进社区、法律进社区、法制宣传进村入户活动深入开展，保证了综合治理措施在基层的进一步落实，提高了基层调处矛盾纠纷的能力和成功率。

二是认真贯彻落实中央综治委、中央编办《关于加强乡镇、街道社会治安综合治理基层基础建设的若干意见》精神，制订下发了《贯彻意见》，狠抓了乡镇、街道综治机构、人员、编制、经费的落实工作,进一步明确和规范了乡镇、街道综治办的职责任务。2004年,全省429个乡镇、街道全部配备了分管综治工作的党政副职,基本上落实了抓综治工作的人员,部分乡镇落实了综合治理工作经费和群防群治工作经费,促进了综治工作的深入开展。全省乡镇街道综治委(办)把大力开展矛盾纠纷排查调处作为一项重要基础工作,在积极协调有关部门解决群众关心的难点、热点问题,化解各类矛盾纠纷中做了大量细致的工作,减少了"民转刑"案件和群体性事件的发生,有力的维护了辖区的社会稳定。

三是认真贯彻"杭州会议"精神,各地区各单位按照全省社会治安综合治理工作会议的总体部署,针对排查、调处环节上存在的问题和不足,从实际出发,积极学习、借鉴"枫桥经验",大力加强基层党组织、基层政法综治组织和基层群众自治组织建设,健全和完善综治协调,分级负责,归口调处的矛盾纠纷排查调处工作机制和县、乡、村三级矛盾纠纷调处网络,推进了基层矛盾纠纷排查调处工作制度化建设,基层化解矛盾纠纷的能力明显增强。

四是在全省范围内组织开展了矛盾纠纷排查调处专项活动,对已排查出的各类矛盾纠纷的调处、化解情况进行了一次整体梳理和全面回访。对存在矛盾纠纷苗头的地区和单位,超前落实预防化解措施;对已调处解决的,落实了回访制;对正在调处解决之中的,进一步落实了调处责任和调处措施;对长期得不到解决的,落实挂牌督办制。2004年,全省共排查出突出矛盾纠纷189起,调处解决46起,调处之中的143起。全省各级人民调解组织共调处民间纠纷36543件、成功率95.8%,防止民转刑案件167件、812人,制止群体性械斗26件,防止群体性上访68件、7977人。全省基层司法所共调解纠纷8643件,制止群体性械斗和集体上访152件。

五是高度重视省际边界毗邻地区矛盾纠纷化解工作,开展了青藏两省区共建平安边界活动。2004年6月,青海西藏两省区在拉萨召开了共建平安边界座谈会,建立并印发了《西藏青海两省共建平安边界工作机制》。会后,两省区采取有效措施,认真贯彻落实《工作机制》,以建立健全"跨界协作、联调互动、共保平安"的工作体系为目标,主动抓好边界毗邻地区社会治安综合治理,互通工作情况,形成了共同有效预防和调处跨界民间纠纷和社会矛盾良好格局。

做好新形势下的人民调解工作 全力维护社会政治稳定

青海省民和回族土族自治县司法局

近年来,青海省民和回族土族自治县在人民调解工作中认真贯彻"两手抓,两手都要硬"的方针,针对新旧体制转换过程中各种矛盾纠纷大量增加的实际,积极探索新形势下人民调解工作的新路子,精心构建"大调解"格局,筑起了社会治安综合治理的第一道防线,为维护社会稳定,促进社会发展创造了良好的社会环境。主要做法是:

一、拓展调解格局,健全三级网络

一是健全了县、乡、村三级人民调解组织网络。县成立了由综治、司法、信访、财政、工会、团委、妇联等部门为成员的人民调解工作领导小组;乡镇成立了由党委书记牵头,司法、土地、民政、共青团、妇联等部门参加的乡镇人民调解委员会;村社成立了由村支委、村委会成员和各社长参加的村级人民调解委员会,县、乡两级人民调解组织各自负责协调解决本辖区内的重大疑难纠纷和跨界纠纷。二是以撤乡建镇为契机,对村级调委会进行全面整顿、充实人员。目前,全县318个村调解组织普遍得到加强，945名调解员年龄在45周岁以下的占55%，高中文化程度的占38%。此外，聘请28名离退休老同志担任义务调解员。三是对13个破产、重组企业，2个集贸市场的调解组织分别进行了整顿，取得了明显效果。四是建立了调解工作协调体系，将全县划分为南片、中片、北片，每片由一名局领导和两名局机关干部负责，积极配合当地政府做好跨乡镇、跨地区的联合调解工作，在全县范围内形成了“横向到边，纵向到底，上下贯通，左右协调，依托基层，多方参与”的大调解组织网络。

二、加强制度建设和业务培训，确保工作有序开展

一是在各乡镇调解委员会建立重大矛盾纠纷排查、督办、月会、登记、回访和评比、奖惩等规章制度，并做到上墙公示，接受监督。各村级调解委员会，也根据各自实际制定了有关的工作制度。二是统一印制“调解纠纷登记簿”和“纠纷排查登记簿”，对排查、调处的各类矛盾纠纷做到件件有登记，个个有卷宗。三是连续多年开展了规范化调解委员会创建活动，对工作实绩不突出，职能作用发挥不够的调委会做到限期整改，务求达标。目前，全县有一类调解委员会302个，占总数的93%。四是抓好培训工作。每年由县司法局牵头，对各级调委会主任进行业务培训和学习观摩，推动了调解工作的健康开展。二年来，共举办调解主任培训班6次，组织观摩学习6次，参加人数累计达327人(次)。同时，各乡镇由司法所牵头，基层人民法庭配合，采取举办培训班或以会代训形式，对辖区的调解人员每年进行两次培训，特别是对新任调解员进行专门培训，组织学习调解知识和有关法律法规，掌握调解方式和技巧，提高了调解工作的质量和效果。

三、针对新形势下人民调解工作的特点和规律，有的放矢地开展调处工作

在抓好各级调解组织经常性工作的同时，将每年四月定为集中排查重大纠纷月，并针对新形势下各类矛盾纠纷呈现的新情况和新特征，采取了以下措施：一是积极主动向党委政府请示汇报，进一步加强对矛盾排查调处工作的领导，由县以上主管领导担任排查调处工作组组长，有关部门积极配合，既要将此项工作纳入重要议事日程又要纳入目标管理内容，实行分级管理，归口调处，形成各负其责、密切协作的工作机制。二是上下联动，齐抓共管，形成工作合力。三是在各基层司法所设立一名信息员，一旦发现纠纷苗头，及早通报，及时调处，做到底数清，情况明，早防范，努力把矛盾解决在基层，消除在萌芽状态。2000年以来，全县各级调解组织共调处各类民间纠纷4672起，调处成功率达97%，其中防止民转刑案件91件，防止民间纠纷引起自杀案件4起，防止群体性上访11件，防止群体性械斗3起，为维护全县稳定作出了积极贡献。

进一步加大工作力度　切实把矛盾纠纷化解在基层

青海省乐都县综治委

乐都县位于青海省海东地区东部，辖22乡镇，369个村，8个居委会，人口约30万。随着改革的不断深化，经济利益格局的调整，各类矛盾纠纷及群体性事件时有发生。2001年以来，县委、县政府把积极做好矛盾纠纷排查调处作为加强社会治安综合治理、维护社会稳定的一件大事来抓，从强化领导责任入手，进一步建立健全工作机制，落实各项工作措施，取得了明显成效。主要做法是：

一、一把手负总责，实行分级管理

一是明确责任，层层签书。县委、县政府明确了县直部门、乡镇(街道)、村(居)委会三级党政组织的责任,规定一把手为排查调处矛盾纠纷的第一责任人,分管领导为主要责任人,班子成员对所分管行业负主要责任。在此基础上,自上而下,由各级党委、政府层层签订排查调处矛盾纠纷责任书,每半年进行一次检查、督促,年终结合综合治理考核进行评比,增强了各级领导特别是一把手的责任感和紧迫感。

二是领导包干,条块联动。实行县政法部门包矛盾纠纷多的川水六乡镇;乡镇(街道)领导包重点村(居)委会,乡镇(街道)联点干部各包村(居)委会;村(居)委会干部包村(居)民小组;党员包户。县综治委成员单位分别督促对口部门做好矛盾纠纷排查调处工作,一旦发生问题,追究包干领导责任。

三是兑现奖惩,赏罚分明。对因矛盾纠纷排查调处工作不落实,导致发生群体性事件、群众性械斗、恶性案件和重大治安灾害事故的,坚决实行一票否决,党政一把手和分管领导不仅不能评优选先、晋职晋级,而且要给予党纪政纪处分。对矛盾纠纷排查调处工作成效明显的乡镇、县直部门,要给予表彰奖励。

二、发挥网络优势,坚持五项制度

一是信息情报网。在县、乡镇(街道)、村(居)委会三级建立了有123人组成的信息员队伍。三年来收集各类信息近万条,化解了近千起矛盾纠纷,消除了300余处治安隐患;二是民事调解网。全县22个乡镇都建立了司法调解中心,369个村委会均健全了调委会,配备了调解人员,三年来共调处各类民事纠纷2万余起,基本上做到大事不出乡、小事不出村;三是综合分析网。乡镇(街道)、县直部门、省驻县企业综治办定期对各类信息进行综合分析,重点分析预测可能引发群体性事件、群众性械斗、非法邪教活动、重大治安事件的突出问题,认真研究应对措施,提出工作建议,为党委、政府决策提供了可靠依据。

坚持五项制度:一是月报制度。各村(居)委会和各内部单位向所属乡镇(街道)综治委,各乡镇(街道)综治委向县综治委每月报告一次矛盾纠纷排查调处工作情况;二是要情报告制度。凡发生罢工、罢市、集体上访等重大情况,所在乡镇党委、政府必须在事件发生后三小时内向县委、县政府报告;凡发生以上影响稳定的重大苗头,所在乡镇党委、政府必须在24小时内向县综治委报告原因和处理情况,以后每天报告一次直至矛盾全部化解;凡发生有影响的刑事案件,所在乡镇综治委必须在24小时内向县综治委报告。三是"零报告"制度。有事报情况,无事报平安。不管有无发生影响稳定的重大情况,各乡镇党委、政府必须每个月以报表形式向县综治委报告,具体工作由县综治办承办。四是考核督查制度。将矛盾纠纷排查调处工作纳入社会治安综合治理目标管理的考核的内容,在年终百分制目标考核时,对迟报、漏报、不报的予以扣分。五是协调会议制度。乡镇(街道)综治委每月召开一次,县综治委每半年召开一次排查调处工作协调会议,对排查调处工作进行评比,表扬做得好的,黄牌警告工作不到位的。同时,每次协调会议形成会议纪要,记载排查的问题和解决办法,落实调处责任,注明责任单位和责任人。

三、突出重点,抓好五个结合

突出重点,就是围绕重点人、重点事、重点物、重点地进行排查。重点人、重点事,主要包括因各种原因可能引发集体上访等事件的苗头;因山林、水利、土地、污染等问题可能引发群众性械斗的苗头;大规模非法聚会的苗头;可能危害社会治安的苗头性问题。重点物,包括枪支弹药,爆炸物品,剧毒、放射性物品,以及管制刀具等凶器。重点地,主要包括以往群体性事件、群众性械斗的多发地区;非法组织活动猖獗的地区;治安问题突出和刑事案件多发的地区。三年来,我们围绕上述四个重点,在全县排查调处各类矛盾纠纷2万余起,突出的治安问题几十个。

抓好五个结合:一是排查与打击相结合。根据排查中发现的线索,三年来,破获刑事案件1138起,打掉犯罪团伙86个,抓获和依法处理犯罪分子2604人。二是排查与整治相结合。对排查出的治安混乱地区和突出治安问题,及时组织力量开展重点整治。三年来,共对64个治安不好的乡村、12个路段、50多个单位进行了整治,较快地改变了这些地方的治安面貌。三是排查与调处相结合。对排查出的各种矛盾纠纷,依据法律政策逐一进行调处。三年来,对排查出的2万余起矛盾纠纷已调处98%,其中90%的矛盾纠纷化解在基层,防止了86起群体性事件、606起群众性械斗，消除治安隐患 1008 处，防止民转刑案件 512 起。四是排查与创安相结合。抓住排查中暴露出来的治安问题和防范上的薄弱环节，有针对性地开展基层创安活动，以往治安不好的 79 个乡、村和内部单位，其中 85% 都已达到创安标准。五是排查与村建相结合。针对排查中发现的问题，对 75 个软弱涣散的村级党政组织、614 个不起作用的基层治保、调解组织进行了整顿，选调充实了 1238 名素质好、责任心强的人员。同时加强教育培训，合理解决报酬，推进了社会治安各项措施在基层的落实。

青海省社会治安综合治理委员会组成人员

综治委

主　　任：杨传堂　省委副书记、省长
第一副主任：白　玛　省委副书记、省纪委书记
常务副主任：管　雷　省委常委、政法委书记
副 主 任：赵永忠　副省长
张玉林　省人大常委会副主任
岳世淑　省政协副主席
云保华　省委政法委副书记

综治办

省综治办下设综合治理协调处和地方工作指导处。

省综治办主任：云保华　省委政法委副书记(兼)
省综治办副主任：冷　巴　省委政法委副书记(兼)
程　斌　省委政法委副书记(兼)

青海省市、县(市、区)综治委、办主任名单

地　区	综治委主任	综治办主任
西宁市	王小青	李安政
城中区	朱惠民	王家德(副)
城东区	马显民	马文斌
城西区	石小兰	孟庆根
城北区	张治军	居文斌
大通县	洪　涛	戴德辉
湟源县	范新良	马德臻
湟中县	白德民	刑国泰
海东地区	鲍玉璋	万玛才旦
平安县	赵生启	王　全
乐都县	王朵云	王元合
民和县	马成龙	郭忠云
互助县	张宗寿	李永寿
化隆县	马吉孝	金先禄
循化县	马丰胜	马进文
海北州	旦　科	杨新民
海晏县	熊万森	才　仁
祁连县	万玛当周	王成孝
刚察县	索南东智	张国全
门源县	任志毅	马成云
海南州	公保尚	张生茂
共和县	王振昌	李秉福
同德县	安　正	云　丹
贵德县	公　保	沈顺军
兴海县	李廷祥	贺玉祥
贵南县	冷本家	李洪福

地　区	综治委主任	综治办主任
黄南州	仁青才让	毛吉寿
同仁县	阿更登	周或州
尖扎县	拉结加	廖有才
泽库县	周加才仁	斗格加
河南县	师延智	加　果
果洛州	桑结加	冯世耀
玛沁县	若　见	哈学军
班玛县	才仁扎西	徐　康
甘德县	昂　秀	华　多
达日县	木　洛	曹建刚
久治县	白德民	王小红
玛多县	多吉南杰	雅占良
玉树州	罗松达哇	更尕昂江
玉树县	旦周巴德	梁玉龙
杂多县	文江才	
称多县	白加扎西	昂文格来
治多县	邱　德	江文更登
囊谦县	范加羊	詹生奎
曲麻莱县	仁青才仁	
海西州	张守成	张跃杰
德令哈市	张　谦	张成谦
格尔木市	杜　杰	扬　龙
乌兰县	呼合巴拉	孟祥钰
都兰县	哈斯巴图	杜通振
天峻县	索南东智	东　科
冷湖行委	罗保卫	崔志雄
茫崖行委	刘巴矜	
大柴旦行委	赵双勤	朱　青

（撰稿人：赵小宁
审稿人：李东平　谢少斌　张玉柱　窦朝晖）

宁夏回族自治区

实行社会治安综合治理领导责任制情况

全区各级党委、政府把落实社会治安综合治理各项措施，确保社会长期稳定，作为实践“三个代表”重要思想提高党的执政能力，落实科学发展观的一项重要内容，摆上重要议事日程。五市党政主要领导和分管领导，认真履行职责，经常分析研究社会治安综合治理工作，并经常深入实际，调查研究，及时研究解决综治工作和“严打”整治斗争中存在的突出问题。主要领导认真履行了社会治安综合治理第一责任人的责任，对当地社会治安综合治理工作负总责；分管领导履行了第二责任人的责任，负责具体工作。各地各级都层层签订责任书，逐级明确了“保一方平安”的责任人。在执行社会治安综合治理领导责任制过程中，通过对《责任书》量化分解、百分考核、平时抽查、半年检查、年终考核，推动了各单位、各部门社会治安综合治理各项措施的落实。2004年度，各市与县区、县区与乡镇(街道)、乡镇(街道)与辖区单位签订《社会治安综合治理目标管理责任书》19000余份，乡镇街道签订率达到100%。按照中央及自治区《关于对发生严重危害社会稳定重大问题的地方实施领导责任查究的通知》和“一票否决权”制度的有关规定，全区共对因领导不重视、治安防范不落实、管理混乱，导致单位内部发生严重治安问题的14个单位，实行了一票否决，进行了领导责任查究，取消了9个单位评选“文明单位”的资格，对88个单位下发了综治建议书和整改通知书，强化了各级党政领导抓综合治理工作的责任心。与此同时，按照责任书的要求，各地加大了严打整治、平安创建和综治专项经费投入，去年五市共拨付严打整治专项经费170多万元，平安创建专项经费300多万元，综治专项经费66.8万元，为进一步搞好社会治安综合治理提供了有力保障。此外，自治区综治委还通过与综治成员单位签订责任书，定期述职，年中、年终检查考核等，促进各系统单位领导责任制的落实。

两排查一分析工作情况

2004年，各级党委、政府按照中央《关于进一步加强矛盾纠纷排查调处工作的意见》和自治区综治委《关于加强治安混乱地区(单位)、突出治安问题排查整治和矛盾纠纷排查调处工作办法》的要求，将此项工作纳入到全区各级党委、政府抓综合治理领导责任制考核范围。一是明确了指导思想，制定了工作标准，提出了具体要求和考核奖惩办法。根据自治区的部署，2004年，各县(市)、乡(镇)、村(居)成立了三级排查整治工作领导小组，健全了排查和整治工作机制。坚持自下而上、全面排查与重点排查相结合，摸清治安混乱地区和突出治安问题底数，分类建档，登记造册。每月逐级上报到自治区综治办备案，自治区综治办每半年汇总一次报中央综治办。对排查出的治安乱点和突出治安问题，认真分析造成治安混乱的原因，制定工作方案，明确工作责任，组织专门力量，限期改变面貌。各地还强化经常性管理,制定长效管理机制,落实日常管理的部门和责任,做到排查一处,整治一处,巩固一处,安定一处。二是定期排查。按照村(居)委会每周、乡镇(街道)每半月、县(区)每月、各市每季度一次的规定,全年全区共排查治安混乱的乡镇48个,村庄15个,集贸市场22个,大中型企业及周边地区16处,各类学校及周边地区23处,社区27个,公共娱乐场所、车站、重点路段31个。三是突出重点,加强整治。对排查出的182处治安混乱地区和突出治安问题,各地因地制宜,集中时间,集中力量,进行了全面治理整顿。其中178处整治验收合格,占97.8%。突出治安问题得到有效治理,治安混乱地区面貌有了明显改观。固原市把“两排查一分析”作为维护社会稳定的重点,做到没有问题抓预防,潜在问题抓排查,发现问题抓疏导,出现问题抓治理,按照“分级负责、归口管理”的原则,落实了“五定五包”即定部门、定责任领导、定具体责任人、定措施、定时限,县级包乡、乡级包村、村干部包组、党员包户、各综治成员单位包系统和下属单位,将大量的矛盾纠纷化解在基层,解决在了萌芽状态。全年群体性上访事件比上年下降4%。石嘴山市针对城市拆迁、土地征用、国有企业改制等引发的突出问题,市委专门下发了《关于建立石嘴山市处理信访突出问题及群体性联席会议制度的通知》,成立了农村土地征用、城镇房屋拆迁、国有企业改制和涉法涉诉等四个工作小组,对群体性事件和排查出的各类矛盾纠纷,实行领导包案,限期解决,最大限度地减少了上访和群体性事件的发生。全年市、县两级集体上访较去年下降41.2%。银川市坚持把排查与整治紧密结合,对排查出的红花渠城郊结合部、南桥市场、唐徕渠沿线和北环批发市场存在的盗窃、抢劫、打架斗殴等突出治安问题,集中时间、集中力量、落实领导、落实任务,进行全面认真的治理整顿,迅速扭转了治安突出问题,收到了良好成效。吴忠市和中卫市建立完善了矛盾纠纷定期排查调处、定期报告、定期通报、挂牌督办、领导包案等制度,认真开展矛盾纠纷排查调处工作,及时排查调处了一大批改制、职工下岗、城市拆迁改造、婚姻家庭、农村土地承包经营等方面的矛盾纠纷,有效地维护了稳定。2004年,全区共排查出各类矛盾纠纷14156起,各级矛盾纠纷排查调处组织调处了13415起,调处率为94%。组织开展民间纠纷排查444次,专项治理157件(次),防止民间纠纷引起自杀43件61人,防止民间纠纷激化为刑事案件97件422人,制止群体性械斗210件,防止群体性上访320件6300余人。

“严打”斗争和专项整治工作情况

2004年,全区坚持“严打”方针不动摇,积极探索建立依法严厉打击刑事犯罪的经常性工作机制。一是深入开展“命案必破”专项行动、“夏季破案会战”和以“破命案、打团伙、追逃犯、促防范”为主要内容的“飓风”行动等专项斗争,始终保持了“严打”高压态势,震慑了犯罪,稳定了治安。通过持续不断地严厉打击,全区社会治安进一步好转,刑事发案持续下降。1~12月,全区共立各类刑事案件17521起,同比下降3.1%,下降幅度列全国第10位(全国共有15个省、市、区刑事发案下降);共破获各类现行刑事案件9863起,破案数同比上升4.5%,破案率位居全国第16位。二是深入整顿和规范市场经济秩序,先后组织开展了打击侵犯知识产权犯罪、打击地下线庄、打击虚开货物运输发票和制售假发票等专项行动,严厉打击经济犯罪活动。三是以打击毒品犯罪和整治毒品问题为重点,深入组织开展遏制毒源专项斗争,打零包、破大案、断渠道、摧网络,抓获了一批贩卖、运输毒品的犯罪分子,集中收戒了一批吸毒人员。四是自治区综治委、政法委依据党对严重刑事犯罪的“严打”方针,结合宁夏社会治安的实际,于2004年7月制定了《关于建立健全“严打”经常性工作机制的意见》。从治安形势分析评估预警、工作决策部署、刑事政策运用、政法部门配合制约、经费保障、督查考评和激励”等6个方面确定工作机制，明确工作任务，提出工作要求。四是深入开展“治爆缉枪”专项整治行动，进一步加大枪爆等危险物品管理力度。在整治行动中收缴炸药98.8公斤，雷管5809枚，非法枪支187支，子弹3478发，管制刀具683把。五是突出重点，集中开展整治公共复杂场所、商品集散地、城乡结合部治安秩序专项行动，加强流动人口管理，坚决扫除黄、赌等社会丑恶现象，净化社会环境。1～12月，共查处治安案件17004起，查处各类违法人员28646人。

预防青少年违法犯罪工作情况

一、各级党政领导高度重视，各部门齐抓共管工作格局初步形成

2004年2月、9月，自治区综治委预防青少年违法犯罪工作领导小组两次专题召开全区预防青少年违法犯罪工作经验交流会，并对如何做好这方面的工作进行部署。全区已有4个市、21个县(区)成立了预防工作领导小组和办事机构。各部门根据自身特点，采取相应措施，各司其职，各负其责，齐抓共管。政法部门在打击犯罪的同时，注意坚持教育、感化、挽救的方针，加大对失足青少年的矫治力度，积极预防和减少犯罪；教育与公安、检察、法院、司法等部门加强联系，聘任干警担任中小学校法制副校长，积极开展送法进校园活动；文化、新闻出版和工商行政管理部门严格对网吧、娱乐、游戏场所的管理，清理整顿文化和出版物市场，净化校园周边环境，加大对侵害青少年权益行为的查处力度；劳动和社会保障部门开展了“劳动保障法律监督员”活动，切实帮助进城务工青年维护合法权益；综治、司法等部门积极配合，多形式、多渠道地做好刑释解教青少年的安置帮教工作。

各地各单位在加强预防机构建设和工作协调配合的同时，将预防工作逐步推向基层。按照中央综治委预防办关于开展实施“青少年违法犯罪社区预防计划”试点工作的要求，我区确定西夏区北京西路街道办事处、大武口区人民路街道办事处、利通区朝阳街道办事处为全国试点单位，广泛动员社会力量，整合社区资源，加强教育，完善管理。北京西路金波社区确定无业闲散青少年家庭为工作重点，组织政法干警、离退休老干部、群众团体及社区工作人员与他们一一结对，在思想、生活、学习、就业各个环节进行帮扶。大武口区在重点社区建立起青少年违法犯罪社区预警机制，探索建立预防工作长效机制。

二、以促进青少年健康成长为目标，思想道德和法制教育进一步加强

切实抓好思想道德教育。全区各级教育部门坚持以中小学生为重点，加强和改进德育教育方式方法，修订学生守则，健全班主任制度；新闻出版和广电部门以办好少儿教育栏目，创作出版各类知识性、趣味性、科学性强的未成年人读物和视听产品，丰富未成年人的精神文化生活。全区地市级以上的电视台(电台)都开办了少儿或教育栏目；各级共青团、少先队组织广泛开展“十杰青年”评选、“少年雏鹰行动”、成人仪式、“崇尚科学、反对邪教”主题教育、告别网吧及创建“青少年维权岗”等活动，利用五四、“十一”等重要节庆日、纪念日加强未成年人的思想道德教育。各地通过建立“家长学校”、“市民文明学校”，开展“遵纪守法户”、“十星级户”等评选活动，强化法制观念，倡导文明新风，对青少年起到积极的引导和示范作用。

青少年受教育程度明显改善。教育部门通过抓好义务教育阶段学生入学率、对口教育帮扶、加强防流控辍工作，使青少年的受教育权得到有效保障；团组织发挥“希望工程”品牌优势，组织实施了“希望工程助学计划”等活动，救助贫困学生5000余人。各级工会、妇联组织通过开展帮助困难职工家庭子女上学、实施“春蕾计划”等活动帮助完成学业，有效地减少了青少年辍学现象的发生。

法制教育不断深化。通过将法制教育纳入中小学教学计划,课堂主渠道作用得到显现,兼职法制副校长和法制辅导员逐渐完善,全区中小学聘任了4000多名法制副校长、辅导员。各部门发挥职能优势,整合资源,积极开展青少年法制教育。司法行政部门在监狱、劳教所建立了青少年法制教育基地,通过服刑和劳教人员的现身说法来加强对青少年的法制教育。综治、共青团等部门广泛开展社区“青少年法律学校”创建活动,发挥街道(社区)在加强青少年法制教育工作中的作用。银川市西夏区金波社区、石嘴山市惠农区广北社区、吴忠市利通区朝阳社区等三个社区法律学校被确定为全国“重点联系社区青少年法律学校”。

三、加大集中整治工作力度,青少年成长环境得到不断净化

清理整顿网吧、出版物市场和劳务市场。文化、公安、教育、综治、工商和共青团等部门认真贯彻实施《互联网上网服务营业场所管理条例》,积极落实自治区政府关于整治网吧一系列文件精神,切实加强网吧管理,实行总量控制和结构调整,对所有网吧进行重新登记核准;引入技术监管手段,建设三级管理平台,在多家网吧控制端和客户端安装管理软件,实行技术监督;针对违规接纳未成年人上网、超时经营等突出问题,先后开展了“零点行动”、“假期整治”等集中整顿行动,对问题网吧进行查处;共青团组织开展了“全国青少年网络文化公约”宣传活动,组织青少年学生承诺告别网吧,宣传健康上网,倡导网络文明。新闻出版部门加大“扫黄打非”力度,严厉打击反动、色情、恐怖、迷信等内容的非法出版物和音像制品,重点查缴和销毁了一批以青少年学生为读者对象的有害卡通画册和淫秽“口袋本”图书。

深入组织开展“社区青少年远离毒品行动”、青少年预防艾滋病“青春红丝带”和“青春自护”等系列活动。自治区禁毒办、团委等单位广泛开展禁毒宣传教育工作,利用节假日,组织青少年参观戒毒所和禁毒教育基地,创建“中学生毒品预防教育示范学校”,确定“6·26”国际禁毒日为“青少年远离毒品行动日”,举行宁夏青少年禁毒志愿者总队成立仪式,举办全区禁毒教育图片巡回展。寒暑假期,自治区卫生厅、团委联合开展了“大学生志愿者预防艾滋病健康教育活动”,组织大学生志愿者在银川市兴庆区、固原市原州区部分街道、社区、乡村,通过展板宣传、现场医学咨询、散发宣传资料等形式,广泛宣传艾滋病防治知识。各地积极开展“青春自护”教育活动,帮助青少年掌握防火、防灾,交通安全、危急处理、预防犯罪等知识,提高青少年自防意识和自防能力。

充分发挥“优秀青少年维权岗”职能优势,积极参与预防青少年违法犯罪。全区已在10个系统和所有市、县(区)广泛开展了优秀“青少年维权岗”创建活动,涌现出国家、自治区、市、县四级优秀“青少年维权岗”100余个。各基层创建单位结合工作实际,认真履行职责,积极参与预防青少年违法犯罪,组织开展了“小交警”、“巡回法庭”、“对不起诉未成年人进行回访”、“法制教育进社区、进学校”、清理非法使用“童工”、打击假冒伪劣产品、“扫黄打非”、办好少儿广播电视节目、救助流浪乞讨儿童等工作,切实维护青少年合法权益,有效实现政府和社会对广大青少年的保护,预防和减少了犯罪。

四、积极开展学校及周边治安综合治理工作

自治区、市、县(区)三级全部成立了学校及周边治安综合治理领导小组,办公室设在同级教育部门。定期召开会议,部署学校及周边治安整治工作。2004年,自治区制定了《关于进一步加强学校安全工作的意见》,对校园内到学校周边等11个方面的安全管理做出了明确规定。全年共组织召开了3次全区学校安全工作会议,举办了1期全区学校安全管理校长培训班,下发了25个有关学校安全管理方面的文件、通知。9月7日,自治区综治办、教育厅召开了全区学校及周边治安综合治理工作会议,下发了《关于开展集中整治学校及周边治安秩序的通知》,部署开展了为期2个月的专项整治行动,并组织了5个督查组抽查了200所学校,提出安全整改意见50余条。12月,自治区综治办、教育厅、公安厅又制定下发了《关于深入开展安全文明校园创建活动的意见》(宁综治委[2004]31号)及“全区(全国)安全文明校园创建评分标准”。一年来,全区各级各类学校没有发生危害师生人身安全的重大案(事)件,在校学生的违法犯罪率呈明显下降趋势。

社会治安管理工作情况

一、深化重点整治工作，努力解决突出治安问题

（一）开展了整治校园及周边治安秩序专项行动。按照公安部《关于严厉打击侵害师生人身财产安全违法犯罪活动切实维护高校及周边治安秩序的紧急通知》要求，全区公安机关在有关部门配合下，自3月20日起开展了为期两个月的集中整治高校及周边地区治安秩序专项行动。行动中共破获发生在学校内的盗窃案件16起、抢劫抢夺学生财物案件8起、殴打学生案件5起、重伤害案件1起，寻衅滋事案件9起，自行车被盗案件25起，其他治安案件51起，打掉青少年盗窃团伙3个，取缔在校院周边违法经营的录像厅、网吧、电子游戏室63家。10月11日，教育部、公安部全国中小学和幼儿园安全工作电视电话会议后，按照会议要求和自治区政府《关于切实加强学校和青少年安全管理工作及开展专项整治行动的意见》，全区教育、公安部门认真开展工作，对全区139所幼儿园和3563所中小学校进行了全面人检查。

（二）组织开展了清理整顿保安服务市场专项行动。为切实加强对保安队伍的管理，进一步规范保安服务市场，促进保安服务业健康发展，全区公安机关自8月20日起开展了为期三个月的清理整顿保安服务市场专项行动，重点对非法保安组织、保安培训机构和违法生产、销售、穿着2000式保安服装情况进行了专项清理整治。在整治行动中，共清理企事业单位和娱乐公共场所264家，查处非法制作2000式保安服装的厂家1处，查处未经公安机关审批，私招滥雇保安人员1000余名，清理不具备保安从业资格的人员500余名，收缴保安服装、标志200余套，警棍6根，清理"黑保安"100余名。

（三）组织开展了春季草原治安秩序集中整治行动。针对开春后滥挖甘草及偷牧现象反弹突出的问题，全区公安机关开展了为期两个月的春季草原治安秩序集中整治行动，有效遏制了偷牧反弹现象，发挥了草原警察的职能作用。集中整治期间，共查处偷牧羊群107群10600余只，牛13头，查处运送采挖甘草人员车辆41辆，劝返采挖甘草人员4000余人，收缴铁锹183把，没收甘草6300余公斤，查处流动收购甘草车辆12辆，取缔非法收购甘草窝点52家。同时，为进一步促进草原执法工作的开展，7月13日至14日，自治区公安厅会同自治区草原站在盐池县召开了全区草原执法现场会，学习观摩了盐池县在实施禁牧封育工作中取得的生态成效，交流探讨了执法办案经验，进一步完善了草原执法、草原保护、法制宣传等机制建设。

（四）开展了油气田及输油气管道生产治安秩序专项整治工作。全国整治油气田及输油气管道生产治安秩序专项行动开展以来，全区公安机关高度重视，积极协调组织，不断推动专项行动深入开展。在专项行动中，全区各级公安机关，严厉打击涉油违法犯罪，依法取缔土炼油炉。同时，公安机关会同长庆输油公司等涉油企业开展了保护输油气管道安全的宣传活动，先后抽调警力和保卫人员在我区境内240公里输油气管线沿线的7个县，13个乡（村、镇）和8个集贸市场，张贴和发送宣传画1000多张，散发宣传单8000多张，利用广播播放《石油天然气保护条例》等法律法规，受教育群众达数万人。

（五）积极开展治安整治行动，成功查办了一批大要案件。一是严查赌博案件，遏制了赌博活动高发的势头。同时，按照财政部、公安部等部委《关于开展打击非法彩票赌博活动专项治理行动的通知》的统一部署，公安厅协调、指导全区各级治安部门查处非法变相彩票赌博案12起，捣毁聚众赌博场所11处，抓获涉赌人员186名，查扣用于变相发行私彩的电脑主机12台，显示器130余台，汽泵5台，吹球机6台，有效遏制了变相发行和销售彩票等赌博行为的蔓延，为维护我区彩票市场正常秩序，起到了积极作用。2004年，全区公安机关共查处赌博案件1711起,打击处理违法犯罪人员9272人。二是严厉打击卖淫嫖娼活动。2004年,全区公安机关共查处卖淫嫖娼案件704起,打击处理违法犯罪人员1545人。三是严厉打击制贩假证活动。按照公安部《关于积极开展"打击治理利用手机短信和网络诈骗犯罪专项行动"严厉打击违法犯罪活动的通知》精神,自治区公安厅把打击制贩假证作为一项重要任务来抓。7月27日,公安厅抽调警力,打掉了我区近年来最大的一个制贩假证团伙,端掉了位于银川市兴庆区的6个制贩假证窝点,当场抓获制假嫌疑人13名,收缴假公章、印章模、硫酸纸印模1000余枚,收缴假身份证、驾驶证及各类假文凭近百种15000余件(册),缴获制假电脑主机2台,显示屏3台,彩色打印机3台,扫描仪3台,塑封机2台,查缴已制成的假身份证、户口本、学历证书等142件,陕西、内蒙古假机动车牌照5付及部分假增值税发票。四是积极开展打假活动。2004年2月16日,灵武市公安机关配合技术监督部门查处了265吨假冒美国产"中化"、"嘉吉"牌磷酸二铵案,涉案价值65.95万余元,犯罪嫌疑人3名。公安部治安局就此案奖励大案补助费5万元,国家质监总局将该案列为2004年全国六大农资打假案件之一。

二、积极发挥主力军作用,构建和完善社会治安防控体系

(一)治安防控体系建设稳步推进。全力构筑城市社会面治安防控网络、农村治安防控网络、社区治安防控网络、内部单位治安防控网络、公共复杂场所治安防控网络、易违法犯罪高危人群治安防控网络等"六张网"的治安防控机制,努力实现"发案少、秩序好、社会稳定、群众满意"的目标。各级公安机关高度重视,将工作重心、机构设置、警力配置、勤务方式、工作机制、后勤保障等调整到预防犯罪、维护社会治安秩序上来,积极推进社区警务建设,充分挖掘和利用社区资源,积极开展群防群治工作。各警种协调配合,联动推进,队伍管理和警务保障一体化,打防一体化,警民一体化的防范格局初步形成。

(二)内部单位安全保卫工作取得新突破。一是举行了全区首届反抢劫银行和运钞车演练。2004年4月4日,自治区公安厅在宁夏武警训练基地举行了全区首届反抢劫银行和运钞车演练,银川市保安公司、银川铁路保安公司等多家保安公司200多名保安员参加了团体操、擒敌拳、反抢劫银行和运钞车演练,有力地促进了金融安全保卫工作。二是建立了输油气管线治安保卫工作新机制。2004年6月3日,公安厅治安管理总队和长庆输油分公司联合召开保护输油气管线联系工作会议,成立了由公安厅治安管理总队和长庆输油分公司主要负责同志组成的联合整治输油气管道治安秩序专项工作领导小组,出台了《警企联合保护输油气管线奖励办法》,签订了《警企联合保护输油气管线协议》,为有效预防打孔盗油案件的发生奠定了坚实的基础。三是开展了金融系统安全大检查。公安机关与金融单位采取自查、互查、明查、暗查和重点抽查等方式,对基层营业网点、金库和运钞车进行了安全大检查,先后检查金融营业网点1145个、金库152个、运钞车210辆、枪支758支,发现隐患227处,下发整改通知书68份。通过检查,有效提高了金融单位和一线职工的安全防范意识。同时,为提高金融单位安全防范能力,公安机关给各保安押运部门配备了106支新式防暴枪,举办了4期专职守护押运人员培训班,培训人员160人。

(三)保安服务业不断发展壮大。宁夏保安协会成立后,充分发挥协会的龙头作用,组建了保安培训学校,不断规范保安培训、考核、管理工作。各地公安机关开展了清理黑保安,组建保安公司工作,对新成立保安公司的保安员,协会及时组织人员进行培训、考核,严把入口。在全区首届防抢劫银行和运钞车演练中,保安队伍得到了锻炼,知名度和影响力大增。

三、加强危险物品管理工作,及时消除治安隐患

(一)严查涉爆案件,规范爆炸物品管理。一是严查涉爆违法犯罪。2004年1月9日,自治区公安厅在灵武市磁窑堡镇召开依法处理灵武市"12·23"爆炸物品被盗案涉案单位和责任人现场会,全区各地公安机关治安部门和民爆管理部门负责人参加现场会,对"12·23"案负有责任的陕西省煤田地质局物探测量队及其负责人分别进行了治安处罚,并对进一步加强民爆管理工作进行了动员部署。二是严格烟花爆竹管理。元旦、春节期间,各地公安机关开展了烟花爆竹安全大检查,对查获的非法烟花爆竹进行了集中销毁,有力地震慑了违法犯罪,消除了一大批治安隐患。三是进一步规范了民用爆炸物品管理工作。各地公安机关治安部门积极指导、督促涉爆单位从生产、销售、运输、储存、使用等各个环节建立规章制度,落实人防、技防、犬防措施,全面推行责任制,把爆炸物品安全管理责任落实到涉爆单位法人和具体管理人员身上。四是加大对涉爆作业人员的培训工作,提高管理爆炸物品的水平,一年来,公安厅先后举办涉爆培训班4期,培训涉爆人员500余人。五是建立了民爆物品"统购分销"新机制。从雷管和导爆索入手,区内实行宁夏民爆公司专营统购,各民爆服务站分销的机制,实现对雷管、导爆索的全程跟踪、编号管理,杜绝漏洞,确保安全。

(二)集中收缴、销毁了一大批非法枪支和管制刀具。春节前夕,全区各地公安机关集中收缴散失在社会面的各种非法枪支和管制刀具,并对存放在各地公安机关及检、法、司、海关、林业、铁路、民航等公务用枪单位的废旧枪支进行了清查,共收缴、清查出非法废旧枪支2700多支,子弹3786发,管制刀具5400多把。1月14日,公安厅在银川军分区靶场进行了集中销毁,消除了治安隐患。

(三)继续收缴剧毒危险化学品。在2003年集中整治的基础上,全区各级公安机关继续开展剧毒化学品的收缴工作,共收缴毒鼠强30公斤,其他非法鼠药1270袋(瓶),查获制造非法鼠药窝点2个。

四、不断完善治安管理规范化建设,加快治安工作信息化建设

(一)继续深化户籍制度改革,推出便民服务新举措。一是配合自治区行政区划调整,各地公安机关做好户口清理移交工作,及时为新设立的派出所刻制户口专用章,为基层开展工作提供便利。二是配合派出所"大练兵、树新风、创满意"活动,自治区公安厅出台便民利民十二条举措,进一步简化了新生婴儿户口登记、身份证遗失办理等手续,实行上门服务、预约服务等便民利民新举措。三是开展户口整顿工作,为全面建设人口信息系统及换发第二代居民身份证提供鲜活、准确的人口信息。四是公安、教育、监察等部门密切配合,严肃查处"高考移民"、"枪手"代考等问题,查实处理了一批违规办理户口、身份证案件,进一步严格了户籍管理。

(二)不断规范、提高大型活动安全保卫工作能力。2004年,"第十三届中国金鸡百花电影节"、"2004中国宁夏投资贸易洽谈会暨少数民族精品展销会"、"中国摇滚演唱会"、"宁夏大漠黄河旅游节"、"银川国际摩托旅游节"等各项大型活动先后在我区各地举行。为使这些大型活动安全、有序、顺利进行,公安机关立足"提早准备,提早部署,万无一失"的原则,及时做出部署,提出具体要求,适时协调、指导各地开展各项治安专项整治行动。在活动举行期间,还采取领导包片、落实责任的办法,组织人员实地检查指导安全保卫工作情况,落实工作措施,确保了各项大型活动安全保卫工作的圆满完成。

(四)不断探索规范群体性事件处置工作。全区治安系统充分发挥派出所民警、巡警和内保民警与群众接触广泛的优势,及时收集各类影响社会政治稳定和治安安定的社情动态,不断完善工作预案,坚持"三个慎用"和"早发现、早控制、早处置"的原则,依法妥善处置群体性治安事件,维护社会稳定。

(五)治安管理信息化建设稳步推进。按照公安部的部署和要求,自治区公安厅召开了全区人口信息系统建设电话会议,对人口信息系统建设工作进行了全面部署,组织、指导银川市开展人口信息系统建设工作,如期完成了建设任务。同时,各地加快人口信息管理系统网络化建设进程,推进"百城联网工程"建设向县、市发展。目前,全区有5个县市区已建成人口信息系统,可通过公安专网查询的人口已达220多万。同时,进一步推进印章业、旅馆业、公务用枪管理和民爆物品管理信息系统建设,积极筹备派出所综合信息系统建设。

流动人口管理工作情况

一、加强组织领导。自治区流动人口管理领导小组,在自治区公安厅下设办公室,承担日常管理工作。各市、县也建立起专门领导小组和办事机构,由公安机关牵头负责,同级财政、计委、建设、工商、计生、劳动等部门成员单位,实行分工协作,齐抓共管。银川市成立了暂住人口办公室,各市、县、区成立了暂住人口管理站,配备起了一支340人的专管队伍。全区基本形成了自治区、市、县(区)、乡镇四级管理网络。

二、强化动态管理。2004年,全区行政区划调整,各地公安机关结合派出所合并和达标工作,进一步健全各项基层基础管理制度,强化职能,严密了对日常各项基础档案管理工作,加强对流动暂住人口的登记管理。各地根据工作需要积极争取当地党委、政府支持,多渠道筹集所需经费,组建协管队伍。进一步强化管理措施,全区规范和统一了《暂住证》的申请,严格了各项收费制度。各地还加强对居住3日以上、1个月以下和居住旅馆、工棚、出租屋的暂住人员的管理,做到底数清,情况明,通过登记办证,及时掌握这类变动频繁人群的动向。2004年,全区登记在册暂住人口15万多人,占全区常住人口的2.6%,主要分布在银川市。他们大部分来自宁夏南部山区和周边省区,80%以上从事务工经商。

三、适时开展清理整顿工作。各地在加强对流动人口管理中,主要是管住其落脚活动的出租屋、小旅馆、建筑工地、集贸市场以及娱乐服务场所。坚持"谁用工、谁负责","谁出租、谁负责"的原则,签订治安责任书,全面落实业主和出租房主的治安责任。进一步强化对娱乐服务场所的治安管理,加强对从业人员的登记管理。进行经常性的治安检查,落实阵地控制措施。积极与劳动、工商等部门密切配合,在外来务工人员集中的地区和单位建立健全外来人员自我管理、自我约束机制。在流动人口和外来人员比较集中的地区开展经常性法制教育,依法保障其合法权益,预防和减少其违法犯罪。各地开展了对流动人口、出租房屋及娱乐场所、重点地区地毯式的清查整治统一行动,有力地震慑了违法犯罪,基本摸清了辖区暂住人口底数,整改了一些不符合规定的出租私房,关停了一批违法犯罪经营场所,铲除了一批藏污纳垢的窝点。

四、依法保护流动人口的合法权益。各地在流动人口管理工作中着眼于"管好"而不是"管住",在实现提高流动人口管控能力的同时,积极配合协助有关部门通过开展教育、服务工作,为流动人口更好地工作与生活创造更加有序的社会管理环境,引导、促进流动人口有序流动、促进社会经济健康发展。各地公安、劳动、工商、共青团等部门密切配合,加强法制教育,坚持加强管理与为流动人口提供安全服务相结合,热忱关心帮助流动人口,并发挥主力军的作用,强化防控措施,严厉打击侵害流动人口的各种不法行为,依法保护了他们的合法权益。

综合治理宣传教育工作情况

2004年，全区各地把广泛深入地宣传中央和自治区党委、政府关于加强社会治安综合治理的重大工作部署作为综合治理工作的重点之一，把集中宣传与经常性地宣传有机地结合起来，大张旗鼓地进行了社会治安综合治理的再宣传、再动员。按照自治区综治委的统一部署，由自治区综治委和宣传部牵头，在2004年年初，组织区直各新闻单位深入到五市13个县(区)，对基层严打整治斗争、治安防控体系建设、综合治理基层基础工作等进行了集中采访宣传报道。3月，各地开展了为期一个月的社会治安综合治理宣传月活动，安排了由党政领导发表一次电视讲话、举办一次综合治理知识竞赛、举办一次专题报告会、开展一次集中宣传咨询活动、播放一部综合治理专题片(《长治久安之路》)等"五个一"宣传活动。在宣传活动中，自治区综治委会同党委宣传部、高级法院、检察院、公安厅、司法厅和文化厅举办了"全国暨全区严打成果展"。5月份举办了冯大山、陈凤鹏、朱建国勇斗歹徒事迹报告会，大力弘扬了见义勇为精神。各地各部门也充分利用各种宣传媒体，大力开展宣传综合治理的方针、措施、平安创建、综治典型经验、"严打"整治斗争成果、政法综治战线上的先进典型等活动。银川市在银川电视台开设《规矩与方圆》、《法制在线》等专题节目，拍摄了创建"平安银川"纪实片。固原市在《固原日报》开设"民主与法治"栏目，在广播电台开办了"法制园地"栏目。中卫市在中卫电视台开办了《法治视线》专题，在市广播中心开办了《法制天地》专栏。各地通过有声有色的综合治理宣传报道，广大群众参与社会治安综合治理、维护社会稳定的积极性不断增强。

作为自治区主要新闻媒体，宁夏电视台开办的《法制天地》栏目，坚持依法治国、依法治区的战略方针，牢牢把握正确的舆论导向，把体现党的意志、法律的尊严和反映人民群众的心声统一起来。围绕我区法制建设、普法宣传、综合治理、严打整治，维护社会稳定和法律援助等主题，选择大家身边发生的人和事，从百姓关注的衣食住行等具体问题入手，以说法、劝诫、咨询、鞭挞等多种形式，进行宣传教育。宁夏电视台《法制天地》栏目，每档20分钟，每周在公共频道、卫视频道、经济频道、影视频道分别播出两期。2004年，《法制天地》栏目共完成72期节目，四个频道共播出288次。

宁夏人民广播电台的新闻广播和都市广播从2004年1月1日起全新改版，开办了法制节目。新闻广播的法制节目《与法同行》，每周一至周五上午9:05至9:50播出。都市广播的法制节目《法治进行时》，每周一至周五上午10:00至10:30播出。两个节目都坚持以正确的舆论引导人，及时报道中央的政策、法规，大力宣传我区法制建设的成就，报道各行各业、各条战线的先进集体、先进个人在新形势下开展社会治安综合治理，确保一方平安，创建平安宁夏、平安单位的新鲜经验，用客观公正的报道取信于听众，贴近性和可听性较强，架起了与听众沟通的桥梁。仅在12月份法制宣传月活动中，《法治进行时》和《与法同行》节目集中宣传《宪法》、《行政许可法》、《安全生产法》、《道路交通安全法》、《老年人权益保护法》、《未成年人保护法》，播出稿件就达200多篇。

“扫黄”“打非”工作情况

2004年，全区“扫黄”“打非”工作根据《自治区2004年“扫黄”“打非”行动方案》确定的指导思想、工作目标、主要任务和安排，以“三个代表”重要思想为指导，坚持“一手抓管理、一手抓繁荣”，强化政治意识、责任意识，发扬奋发有为的精神和扎实有效的工作作风，把为建设小康社会营造良好文化氛围作为重中之重，坚持集中行动与经常性监管相结合，标本兼治，有计划、有步骤地按照三个阶段的不同要求，对书刊市场、音像市场、计算机软件市场、印刷企业和校园周边各类经营场所进行了大力整治。严厉打击了各类违法经营活动。重点查缴了政治性非法出版物、淫秽色情出版物和侵权盗版出版物，使2004年“扫黄”“打非”工作取得了很大成效，出版物市场秩序得到进一步净化和规范。

1月至4月，组织查缴了政治性非法出版物和“法轮功”等邪教组织宣传品，开展打击光盘走私专项斗争，对印刷企业印制教材、教学辅导读物情况进行了检查。据统计，全区2004年共收缴政治性非法出版物670册(盒)。

5月至6月，重点开展了对淫秽色情出版物，特别是淫秽光盘和以青少年学生为读者对象的有害卡通画册及淫秽“口袋本”图书的专项治理。据统计，2004年，全区共查获淫秽色情出版物案件58起，收缴淫秽色情出版物26730册(盘)，其中淫秽色情光盘1892盘，淫秽色情“口袋本”图书6432册，有害卡通画册23291册。

从8月开始，重点开展了对盗版教材、教学辅导读物的专项治理，坚决将盗版教材、教学辅导读物赶出课堂，严厉查处印刷、销售、购买盗版教材及教学辅导读物的单位和责任人。

据统计，全区在2004年“扫黄”“打非”集中行动、专项管理和日常监管工作中，共出动执法人员4306人次，检查出版物市场64个(次)，检查出版物店档、摊点621个(次)。取缔非法市场2家，非法摊点21个，收缴非法书刊71240册。其中，盗版书刊45866册，淫秽色书刊24838册，政治性非法出版物60种636册。收缴非法音像制品34082盘，其中资版音像制品32156盘；政治性非法音像制品5种34盘，查处各类非法出版案件58件。行政处罚案件123起，查处违规单位156家。取缔关闭印刷企业(含打字、复印)45家，处罚印刷企业(含打字、复印)85家。

刑释解教人员安置帮教工作情况

一、健全机构，进一步完善工作制度。自治区和各市、县(区)普遍建立健全了以党委、政府分管领导为正副组长，各有关部门负责人为成员的刑释解教安置帮教工作领导小组及办公室；乡镇(街道)建立了刑释解教人员安置帮教工作站；村、居(社区)建立了安置帮教工作小组，五级安置帮教工作网络基本健全。其中，自治区刑释解教人员安置帮教工作领导小组1个；市级刑释解教人员安置帮教工作领导小组5个；县(区)刑释解教人员安置帮教工作领导小组21个；乡镇街道安置帮教工作站238个；村、居(社区)安置帮教小组2800个；安置帮教专(兼)职工作人员3500名。在深入调研、广泛征求意见和总结工作经验的基础上，今年以来，研究制定完善了一整套关于刑释解教人员安置帮教工作制度，包括岗位目标责任考核、清理排查、签定帮教协议、定期走访谈话、衔接管控、跟踪帮教和信息报送等；制定并明确了各级刑释解教人员安置帮教工作领导小组、办事机构和各成员单位开展安置帮教工作的职责和任务，建立完善了衔接、例会、培训档案、统计、安置、帮教、预防重新犯罪、对外协调等各项工作的具体措施。特别是把刑释解教人员安置帮教工作中的帮教率、安置率、重新犯罪率纳入社会治安综合治理工作的重要内容，同安排、同部署、同检查、同考核，层层签定责任书，明确任务，明确职责，使刑释解教人员安置帮教各项工作由软任务变成硬指标，形成了齐抓共管、密切协作的良性工作机制，逐步实现了工作职责规范化，保证了安置帮教工作健康开展。

二、统一思想，认真贯彻中央八部委《关于进一步做好刑满释放、解除劳教人员促进就业和社会保障工作的意见》。自治区刑释解教人员安置帮教工作领导小组办公室在充分调研和反复征求各成员单位意见的基础上制定了我区《关于进一步落实刑满释放、解除劳教人员促进就业和社会保障工会物实施意见》，为全区刑释解教人员安置帮教工作提供了有力的政策支持。

三、突出重点，全面排查，狠抓落实。一是各乡镇街道(社区)安置帮教工作站定期、不定期结合社会矛盾纠纷排查，既排查当月回归人员的报到情况，又排查有无脱管漏管和帮教责任不落实的情况，特别是对三无(无家可归、无亲可投、无业可就)、三假(假姓名、假身份、假地址)人员，列为重点，摸清底数，采取措施，掌握帮教工作主动权。二是建立家庭、帮教组织和公安机关三位一体的防范体系。明确刑释解教人员其家庭成员承担帮教第一责任，并与安置帮教组织加强联系，及时汇报他们思想情况，乡镇街道安置帮教组织对辖区内回归社会的刑释解教人员及时走访了解他们的生活情况，积极协调和帮助他们解决实际困难和问题。三是对刑释解教人员中有重新违法犯罪倾向和苗头的人员列为重点对象，在做好防范工作的同时，由公安机关予以监控。

四、采取各种形式，积极开展帮教活动。一是把刑释解教人员安置帮教工作与基层治安创建、精神文明创建、民主法制示范村建设、科教、文体、法律、卫生“四进社区”等工作有机结合起来，定期检查评比、考核，丰富了安置帮教工作形式，活跃了安置帮教工作。二是充分利用各种社会资源，开展一系列“1+1”、“结对帮教”，“青年志愿者”、“妇女之友”等活动。三是各级安置帮教组织经常组织帮教骨干对回归人员采取“两必访”、“三谈话”、“四见面”，即：帮教对象家庭有纠纷必访、生活有困难必访；找帮教对象谈话、找帮教对象家属谈话、找帮教人谈话；与帮教对象、帮教人员、帮教对象家属及所在单位领导见面，随时掌握刑释解教人员情况，有针对性地落实帮教工作。四是各乡镇(街道)安置帮教工作站和村居(社区)安置帮教小组对报到回归社会的刑释解教人员逐个登记造册、建档立卡，及时确定帮教人员，签订帮教协议，明确帮教责任，实行包管理、包教育、包转化，把帮教责任落实到具体人身上，努力做到无脱管，不失控。五是发动社区志愿者帮教刑释解教人员，对他们采取“掌握苗头超前帮、加强控制跟踪帮，发现问题及时帮”等形式，使刑释解教人员思想上有人帮助、生活上有人关心。银川市兴庆区刑释解教人员安置教领导小组办公室实施“五个一”帮教工程：即每年集中组织对刑释解教人员进行一次家访，谈一次心，开一场遵纪守法座谈会，送一本法律书籍，办一次法制学习班；固原市各级刑释解教人员安置帮教组织还开展了“五心”活动：帮刑释解教人员树信心、帮教组织献爱心、社会单位给关心、家庭成员给爱心、经常帮教送暖心活动，使刑释解教人员深切地感受到“回家”的幸福，激发了他们重塑人生的信心。

五、各部门配合，努力做好安置就业和社会保障工作。在落实刑释解教人员安置帮教相关政策上，做到了农村籍的基本上都落实了责任田，有一技之长开展种植养殖的，帮教组织积极帮助联系贷款，落实场地。税务、工商、银行等部门也给予了大力支持。同时，各级安置帮教组织对农村部分刑释解教人员中生活确实困难的，经本人申请，司法所、民政所报乡镇政府审查，县司法局民政局审核，及时发给政府临时的救济金；对城镇籍刑释解教人员，自治区劳动就业部门比照下岗职工纳入再就业计划；服刑、劳教前有单位的，刑释解教后尽可能地争取原单位接收为合同工或安排临时性工作，原单位已撤、破产的，比照企业下岗职工待遇，鼓励其自谋职业，并协调有关部门为他们经商办企业、市场设摊等提供优惠政策，帮助他们自食其力；对生活水平达不到城市生活最低标准的，全部纳入低保范围，努力使绝大多数刑释解教人员回归社会后耕者有其田、商者有其业、工者有其职，生活有保障。

六、预防和减少重新违法犯罪，努力维护社会治安稳定。一是一季度在开展对上年度刑释解教人员排查清理工作中，重点掌握其中有重新犯罪倾向的人员，列为帮教的重点对象，看死盯牢，重点帮教；二是监狱、劳教所在寄发刑满释放、解除劳教人员通知书中，详细注明他们服刑、劳教期间的现实表现，特别是对那些尚未完全教育改造好的人员提出刑释解教后帮教意见和建议，使当地安置帮教组织能够提前采取措施，实行重点帮教；三是对刑释解教后未回当地报到的人员，各级安置帮教组织及时与其家庭取得联系，掌握他们的去向，落实帮教措施，尽可能地减少脱管漏管现象；四是加强与公安机关协作，对少数有重新违法犯罪苗头和倾向的刑释解教人员，及时向公安机关通报，予以重点监控。五是创办刑释解教人员过渡性安置帮教基地，吸纳部分无业可就，生活无着的刑释解教人员就业。截止目前，全区刑释解教人员中，除吸毒劳教人员解教后因复吸而被重新劳教的比例高于8%外，其他刑释解教人员重新违法犯罪比例在1.9%以下。

铁路护路联防工作情况

2004年，全区铁路护路联防工作以队伍建设、素质教育、人性化管理为根本，以促进铁路治安取得明显进步为目标，通过广泛开展爱路护路宣传教育、治安排查、值勤巡逻、死看硬守和严打整治，把日常防范与专项整治结合起来，有效遏制了破坏铁路设施设备、货盗和危及行车安全各类案件的发生，确保了全区铁路运输的安全畅通，实现了治安稳定、思想稳定、队伍稳定、安全稳定的“四个稳定”目标，为银川铁路分局安全生产800天及安全年达标做出了贡献。全年协助公安机关侦破刑事案件13起，协查治安案件81起，协助抓获犯罪嫌疑人92人，防止行车事故12起，发现并制止“五类”案件98起，制止哄抢事件1起，缴获各类被盗物资折合人民币21万元，救助制止卧轨自杀人员4人。

一、强化重点治理，保持铁路治安持续稳定

一是领导重视，责任层层落实。年初，自治区护路联防领导小组组长、自治区副主席郑小明率自治区政府办公厅、自治区综治委负责同志深入铁路沿线检查调研护路联防工作，并解决实际问题。根据中央护路办工作安排和自治区铁路护路联防领导小组要求，护路办于3月份在固原召开了学习示范站区、落实目标管理责任的护路联防工作会议，通过护路办常务副主任与大队长、大队长与联防队长、联防队长与队员层层签订责任状，把护路联防工作的目标责任层层分解，量化考核，使人人身上有责任、有任务，形成了压力逐级传递、责任逐级落实的局面。二是通过严查，落实严防，整治治安环境。在春运、“五一”、“国庆”等重大节假日之前，对铁路沿线治安大排查的基础上，根据铁路运输实际情况，在“4·18”大提速、“两清一打”、春运和集中清扒专项整治期间，开展了针对性的治安大排查；对中小学生、机动车户、养牛养羊户、五残人员、刑释解教人员和废品收购站进行走访调查、登记建档，对不稳定因素、对敏感性问题全面排查，制定预案、化解矛盾、排除隐患；对苗头性问题，提前采取措施，力争把事故消灭在萌芽状态；对排查出的重点人物、要害部位，分工监护，责任落实到人；对过往列车趟接辆查，对重点列车和停留列车巡查看护；对线路排查，以车站为中心，护路队员坚持每天在上、下午进行两次五公里的上、下行巡线，检查路况，掌握治安动向，加强防范。排查工作采取联防队拉网式排查、大队复查、办公室抽查的方式，对排查出的7个重点整治区段的15个治安问题，由护路办挂牌督办，在规定的期限内全部得到整改。三是加强与公安部门配合，集中整治突出问题。根据银川铁路分局要求，一年内先后派出30多名护路联防队员到大武口、固原、二十里铺等车站和银川铁路家属区驻勤维序、集中整治货盗、拆盗和小区治安问题。护路联防队员与铁路公安协调配合，在开展的“两清一打”、清理集体扒乘和春运、暑运的专项工作中，通过蹲坑守候、巡线排查的方法严密布控、露头就打，震慑了犯罪分子、教育了群众。使重点区段的治安问题得到有效整治，较好地遏制了危害铁路安全案件上升的势头。

二、加强队伍建设，不断提高队员政治业务素质

在护路联防队建立了党支部、工会、团支部，开展“学习教育培训年”活动。对全体铁路护路联防队员包括新招聘的队员分别从法律知识、铁路常识、军事训练等方面进行集中培训。实行军事化、规范化的严格管理。同时，加强后勤保障，改善了部分护路联防队办公住宿条件，配备了必要的物资器材，加发“安全奖”，发放慰问品、慰问金，提高队员待遇；在上级领导重视和有关部门的支持下，为部分队员解决了住宿和农转非问题。

三、爱路护路宣传教育活动深入开展

为保证铁路第五次大提速平稳过渡和持续安全，先后在铁路沿线乡镇20多所学校和8个集贸市场集中开展了35次大规模集中护路宣传教育活动。各联防队通过组织宣传小分队走村庄、进家庭、下沿线、到学校、深入田间地头，散发宣传资料3万余份，张贴《铁路法公告》300多处，直接受教育群众达2.5万多人次。针对春耕农忙，人员过往道口、线路频繁的实际，采用重点突破、全方位辐射的方法，做到边宣传、边排查、边整治。在各学校开展了“铁路小卫士”活动，免费发放宣传小黄帽12000多顶，形成了“小手拉大手、一人带一家、一家带一片”的爱路护路新格局。

自治区综治委成员单位及直属部门工作情况

一、领导重视，组织健全。各部门、各单位把社会治安综合治理工作摆上重要位置，列入重要议事日程，做到了与业务工作同部署、同检查、同考核、同奖惩。自治区纪检委、组织部、宣传部、统战部、高级人民法院、检察院、公安厅、司法厅、安全厅、财政厅、人事厅、农牧厅、国土资源厅、社科院、体育局、旅游局、统计局、监狱管理局、保密局、测绘局、地矿局等62个部门和单位，分别成立了以党政主要领导为组长，相关处室为成员的社会治安综合治理工作领导小组，下设了办公室，明确了主要负责同志是本部门、本系统社会治安综合治理工作的第一责任人，对社会治安综合治理工作负总责；分管领导为第二责任人，对社会治安综合治理工作负具体的工作责任。一名人员具体负责社会治安综合治理工作的督促落实，形成了党委(党组)抓总体，部门和单位主要领导亲自抓，主管领导和综治干部具体抓，其他领导配合抓，各处室负责人协助抓，一级抓一级，层层抓落实的良好局面，使社会治安综合治理工作在部门和单位内部做到了有人抓、有人管、有人干、有措施、有成效。

二、任务明确，责任落实。按照党中央和自治区党委、政府关于进一步加强社会治安综合治理工作的要求，综治委各成员单位及直属各部门、各单位对本部门、本系统的社会治安综合治理工作，联系实际，精心组织，周密安排，召开专门会议，下发专门文件明确了2004年社会治安综合治理工作的重点，制订了本部门、本系统、本单位社会治安综合治理工作计划和阶段性工作方案，做到了长远有规划，近期有安排，年度有要点。与此同时，各部门、各单位的主要领导同下属直管单位和业务处室的负责同志签订了社会治安综合治理目标管理责任书。层层明确了社会治安综合治理责任。自治区高级人民法院、公安厅、司法厅、财政厅、建设厅、交通厅、农牧厅、卫生厅、劳动和社会保障厅、药品和食品监督局、粮食局、体育局、出版社、团委、妇联、工商银行银川分行、国家开发银行宁夏分行、人保财险公司、自治区建设银行等部门对本部门、本系统的社会治安综合治理工作分解量化，明确责任，坚持平时抽查，半年检查，年终考核，并把检查考核的情况与下属单位及其责任人的工作成绩同晋职晋级、评先授奖挂钩，从上到下，基本做到了任务明确，职责清楚，措施到位，奖惩分明。

三、注重管理，治安良好。按照“谁主管、谁负责”和“系统抓、抓系统”的原则，各部门、各单位紧密结合本部门、本系统的工作实际和工作特点，坚持做到管好自己的人，看好自己的门，办好自己的事，并大力配合支持政法部门深入开展“严打”整治斗争，积极动员干部、职工积极同违法犯罪分子做斗争。对本部门、本系统存在的突出治安问题和矛盾纠纷，加大排查调处工作力度，坚持定期通报机关和家属区治安情况和影响稳定的因素，分析动向，排查问题，确定工作重点，按照“职责清楚，集中整治”和“分级负责、归口办理”的原则，积极主动地化解各种不安定因素，及时整治治安突出问题，做到了矛盾纠纷不上交、不激化，治安问题不敷衍、不推托。狠抓干部职工的管理教育，认真开展廉政教育和警示教育，强化干部职工的检查监督，积极预防和减少干部职工的违法违纪行为发生。2004年，区直机关没有发生重大治安灾害事故、重大群体性事件和重大刑事案件；干部职工中，没有发生聚众赌博、卖淫嫖娼、打架斗殴、酗酒滋事等治安事件。

四、狠抓创建，积极防范。按照“打防结合，预防为主”的综合治理工作方针，区直各部门、各单位把加强机关内部和家属区的治安防范工作作为综治工作的重要任务，严格按照安全、保卫、防范、消防等工作制度，狠抓人防、物防、技防措施的落实，对财务室、档案室、微机室等重点要害部位定期进行安全检查，及时消除治安隐患，努力做到不漏管、不失控。有的单位对办公楼安装了防护栏，实行24小时值班巡逻制度，做到人防与技防的有机结合。积极参与辖区基层“创安”活动，按照“属地管理”原则主动配合街道办事处、居委会开展综合治理工作，落实综合治理各项措施，推动平安创建活动在区直部门和单位健康开展。据统计，2004年，已有31个部门和单位被自治区、银川市和所辖县、区授予“治安模范单位”或“平安模范单位”称号。

五、宣传有力，效果明显。自治区政法部门和工商、税务、审计、药品和食品监管、国土资源等行政执法部门，在认真学习贯彻《行政许可法》的同时，重点加强机关知识的学习，采取法律知识讲座、召开专题报告会、请专家教授讲解重点问题、开展法律知识竞赛、普法考试、播放录像、组织参观等形式，努力提高行政执法部门依法行政的水平和广大干部学法、守法、用法意识。宣传部、宁夏日报社、防邪办、宁夏党校、宁夏大学、出版社、新闻出版局、广电局等单位充分发挥职能作用，进一步加大了法律宣传教育力度，努力营造良好的社会治安综合治理工作氛围。团委、妇联、科协、残联等群团组织采取切实措施，在社会、学校、家庭开展了多种形式的保护妇女儿童合法权益、预防青少年违法犯罪、科技知识普及等相关法律知识的宣传、教育，为维护社会治安发挥了积极作用。

六、制度健全，落实有力。区直各部门、各单位结合部门和行业的特点，以规范工作人员行为，明确各级职能部门职责，健全各项规章制度为重点，进一步完善了综合治理议事制度、安全保卫制度、保密工作制度、消防工作制度、财务管理制度、机关值班制度、车辆管理制度等一系列规章制度，使机关内部的社会治安综合治理工作，有章可循，有据可查，推动了综治工作的制度化和规范管理。各部门、各单位的领导坚持在重大节庆活动前夕对机关内部进行安全检查，及时发现和妥善处理治安隐患，节假日坚持领导带班，机关干部值班，有效地预防了刑事案件和重大治安灾害事故的发生。自治区水利厅、科技厅、民政厅、文化厅、铁路分局、粮食局、卫生厅、邮政局、气象局、地震局、烟草专卖局、医学院、农林科学院等单位坚持对各项规章制度情况进行定期检查，及时分析、通报本单位和本系统的治安情况。自治区司法厅、公安厅、安全厅、检察院、监狱管理局、保密局、团委、妇联等部门和单位，分门别类健全了综治工作档案，进一步规范了单位和部门综合治理基础工作。

自治区党委　人民政府
关于建设“平安宁夏”的工作意见

（2004年8月5日）

为认真实践“三个代表”重要思想，深入贯彻党的十六大和自治区第九次党代会精神，进一步加强社会治安综合治理工作，切实维护全区社会稳定，确保经济社会全面协调发展和人民群众安居乐业，根据中央有关精神，结合我区实际，现提出建设“平安宁夏”工作意见：

一、目的意义

全面建设小康社会，是我们在新世纪、新阶段的奋斗目标。建设“平安宁夏”，营造长期和谐稳定的社会环境，保障人民群众安居乐业，是实现我区经济、社会发展的重要保证和重要内容，是实践“三个代表”重要思想的必然要求，体现了立党为公、执政为民的根本要求。建设“平安宁夏”有利于推动“普法”工作，增强公民的法律素质，提高全社会的法制水平；有利于保障公民的合法权益，维护社会公平正义；有利于预防和打击犯罪，维护社会治安；有利于促进严格执法、公正司法，推进依法治区进程。

目前，由于我国正处于社会转型期，随着各方面利益关系的调整，社会矛盾的积聚，敌对势力、敌对分子渗透破坏活动的加剧，影响社会稳定和诱发违法犯罪的各种消极因素增多，我区的社会治安形势依然复杂严峻，刑事发案仍在高位徘徊，社会治安工作面临着许多新的挑战和困难。要实现全面建设小康社会的战略目标，必须高度重视稳定工作。通过开展建设“平安宁夏”活动，全面加强社会治安综合治理工作，维护社会稳定，促进全区经济和社会各项事业持续、协调、健康发展。

二、指导思想

坚持以邓小平理论和“三个代表”重要思想为指导，认真贯彻党的十六大精神，进一步加强和改进各级党委、政府对社会治安综合治理工作的领导，坚持打防结合、预防为主的方针，严厉打击各种违法犯罪活动，着力解决影响社会稳定的各类不安定因素，积极构建打击及时、防范严密、管理有序、排查调处超前、教育完善、保障有力的工作机制，全面提升维护我区社会稳定的整体水平，为建设小康社会创造和谐稳定的社会环境和公正高效的法治环境。

三、总体目标

经过五年的不懈努力，使全区90%以上的市、县(区)达到创建标准，把我区建成政治安定、社会稳定、治安秩序良好、文化环境健康、人民群众满意的社会治安综合治理先进省区之一。具体目标是：

（一）政治安定。对各种敌对势力的渗透破坏活动防范严密，打击及时，有效地控制境外宗教势力的渗透和非法宗教活动；实现对“法轮功”重点人员进行教育转化的目标，及时取缔、打击各类邪教组织；建立矛盾纠纷排查调处工作机制，及时化解矛盾纠纷，解决人民群众反映强烈的突出问题；对各种重大突发性、群体性事件，反应迅速，处置得当。

（二）社会稳定。刑事发案尤其是杀人、放火、爆炸、投毒、绑架、抢劫等严重暴力犯罪和影响群众安全感的多发性犯罪得到有效控制；刑事案件的破案率明显提高，当年刑事案件破案率增幅要超过近三年破案率的平均增幅，严重暴力犯罪破案率达到75%以上，其中杀人案件的破案率达到90%以上。

（三）秩序良好。社会治安防控体系特别是治安防范“六大网络”完善，社会面得到严密控制，突发性治安事件得到及时处置，突出治安问题得到有力整治，治安混乱地区的面貌明显改观；基层创安活动深入开展,90%以上的乡镇达到安全标准;治安管理措施落实,公共复杂场所、特种行业、出租房屋和重点要害部位等防范措施落实,管理工作有序;交通事故明显下降,消防隐患明显减少。

(四)生产安全。安全生产监管体系完善,责任落实,安全意识增强,安全管理到位;当年不突破自治区下达的各类事故死亡总人数的控制指标,不发生特大安全生产事故。

(五)文化健康。对出版物市场监管有力,市场上无销售政治性非法出版物和"法轮功"等伪科学类出版物,严厉打击淫秽色情类出版物,严厉打击盗印、盗版等非法出版活动;网上安全隐患、管理漏洞和有害信息得到及时消除,黄、赌、毒现象得到有效遏制;封建迷信活动得到及时制止,各类文化娱乐活动健康有序。

(六)法治公正。依法治理工作深入推进,广大干部群众的法制意识进一步增强;执法、司法工作机制不断完善,依法行政、公正司法水平进一步提高;法律服务、法律援助工作进一步规范;法律监督体系进一步健全,司法腐败现象得到有效遏制。

(七)群众满意。人民群众的安全感明显增强,对社会治安的满意率达到90%以上。

四、方法步骤

建设"平安宁夏"活动,时间安排为2004年8月至2008年12月。整个工作分宣传发动、组织实施和考核总结三个阶段。以县(市、区)为主体,通过着力解决工作机制、工作制度等方面存在的突出问题,建立起维护社会稳定的长效机制;通过抓街道带社区,抓乡镇带村(居)委会,抓系统带内部单位,实现城乡互动,整体推进;通过开展多种形式的创安活动,积"小安"为"大安",营造"平安宁夏"的大环境;通过抓基层夯基础,不断完善工作机制,促进各项措施的落实。

各地、各部门要结合实际,制定实施方案,细化分解各项工作目标任务,广泛动员部署,全面启动建设"平安宁夏"活动。要通过抓试点、抓热点、抓难点,以点带面,扎实推进,保证质量和进度。到2006年年底,全区70%的县(市、区)达到平安县(市、区)的标准;到2008年底,全面实现"平安宁夏"的目标。在活动中,要总结推广经验,巩固和发展成果,建立健全长效工作运行机制。自治区要结合年终社会治安综合治理领导责任书的检查考核,每年对县(市、区)进行考评,对已达标的县(市、区)命名为"平安县(市、区)",并逐年复核,动态管理。"平安县(市、区)"的考核标准、考评办法和奖励措施由自治区综治委负责制定。

五、工作任务

(一)夯实基层基础工作。要大力加强村(居)以党支部为核心的基层组织建设,努力提高基层干部的政治素质和业务能力。要加强乡镇、街道综治办、派出所、司法所、人民法庭等基层政法综治组织的建设,继续整合和规范治保会、调委会、保安等群防群治组织,形成综治办组织协调,以公安派出所、社区巡防力量、群防群治组织为主体的基层综治网络,确保创建"平安宁夏"在基层有人抓、有人管。要建立健全基层工作制度,明确工作职责,规范工作要求,科学量化工作标准,加强督查考核,提高基层工作的整体水平。要实行政法部门上级领导机关与基层对口单位挂钩的联系制度,做到人力、物力、财力、精力向基层倾斜,打牢维护社会稳定的第一道防线。

(二)建立健全矛盾纠纷排查调处工作机制。按照"及时排查、各负其责、工作在前、预防为主"的原则,坚持"分级负责、归口办理"的制度,把解决涉及群众切身利益的实际问题和影响稳定的突出问题,作为矛盾纠纷排查调处的重点,对企业改制重组、工资福利待遇、征地拆迁和各类民间矛盾纠纷引发的不安定因素,坚持抓早、抓小、抓苗头,逐步建立起超前预警、源头化解、就地处置、有效调处的矛盾纠纷排查调处长效工作机制,努力把各类矛盾纠纷解决在基层,化解在萌芽状态。要认真落实党政主要领导负总责,主管领导分工负责,部门、单位负具体工作责任的维护稳定责任制,形成党政负责、综治协调、部门联动、各方参与的矛盾纠纷排查调处格局,切实做到小事不出村(居),大事不出乡镇(街道),重大疑难纠纷不出县(市、区)。

(三)建立和完善"严打"整治经常性工作机制。要定期分析社会治安形势,适时开展公众安全感调查,及时掌握社会治安动态,有针对性地开展"严打"整治斗争。要始终保持对违法犯罪分子的高压态势,严厉打击暴力犯罪、有组织犯罪、毒品犯罪和多发性侵财犯罪,进一步深化"打黑除恶”斗争，因地因时制宜，及时组织开展各类专项打击和重点治乱行动，把“严打”方针贯彻到侦查破案、批捕起诉、定罪量刑、监管改造的各个环节，确保打击各类违法犯罪稳、准、狠。加强隐蔽战线斗争。加强反恐怖和反邪教斗争，做好情报信息工作，努力提高情报信息的预警性、灵敏性和准确性。

(四)加强治安防控体系建设。要把发现得了、预防得严、控制得住作为治安防控体系建设的重要环节来抓，整合警力，规范运作，狠抓城市、农村、内部单位、居民区、公共复杂场所、违法犯罪高危人群六大网络建设，全面落实人防、物防、技防措施。要强化社会面治安管理，逐步实现110、119、122三台合一，形成巡警、交警、治安警和防暴警多警种的配合联动，实现一警多能。把维护治安、加强防范、落实管理等职能统一起来，推进公安派出所警务改革，积极推进警务社区建设，形成以公安机关为骨干，以群防群治力量为依托，以案件多发的人群、区域、时段、行业为重点，人防、物防结合，专群结合，指挥统一，防范控制严密，反应迅速灵敏，处置及时有力的治安防控网络。

(五)整顿和规范市场经济秩序。继续抓好市场经济秩序专项整治，着力抓好涉案金额大、涉及面广、影响恶劣的案件，依法重点打击走私、贩私、诈骗、制假、售假、侵吞国有资产、商业欺诈、非法传销以及虚开增值税发票等违法行为，严厉打击危害人民群众身体健康和生命安全的非法生产经营活动，切实维护消费者合法权益，最大限度地减少经济违法犯罪造成的损失和危害。要加强对经济犯罪多发、易发领域安全防范工作的对策研究，建立健全经济安全预警防范和管理措施，依法调节各类经济关系，妥善处理涉及国有企业、“三农”、金融以及涉外经济纠纷等各类案件，依法平等保护非公有制经济发展，维护各类市场主体的合法权益。要进一步拓展法律服务领域，推进法律服务机构的专业化、规模化、规范化，努力为经济建设提供优质高效的法律服务。

(六)深入开展基层安全创建活动。按照“发案少、秩序好、社会稳定、群众满意”的要求，继续开展基层创安活动，深入扎实地推进创建安全文明村庄、安全文明社区、安全文明校园、治安模范单位等活动，根据地区、部门、行业特点，不断延伸创建领域，拓宽创建范围，提升创建档次，努力消除治安防范空白点，不断强化基层基础工作。要加强分类指导，实行动态管理，及时总结推广一批不同层次、不同方面的基层创建典型，促进基层创安活动的深入开展。

(七)加强安全生产管理。要认真落实安全生产的各项措施，建立健全安全生产机构，保证人员、装备、经费到位，完善安全生产控制指标体系，落实安全生产责任制，加强生产经营单位的安全生产基础性工作，强化安全生产监督执法，最大限度地预防和减少事故，确保人民群众生命财产安全。

(八)建立健全各种突发事件的应急预警机制。按照“统一领导、分级管理、条块结合、以块为主、反应灵敏、运作高效”的要求，抓紧建立完善各种突发事件的预警系统和应急预案，建立健全快速反应系统，制定相关的法律和政策，使突发事件的应急处置逐步走向规范化、制度化和法制化轨道，努力形成对全社会进行有效覆盖和全面管理的体系。要明确各级岗位责任制和行政首长负责制，各司其职，协调动作，提高应对公共突发事件和公共危机的处置能力。一旦发生突发事件，各地、各有关部门要按预案迅速组织人员进行处置，努力把突发事件造成的影响和损失减少到最低程度。

(九)加强政法队伍建设，认真履行政法部门职责。以公正执法为重点，以人民群众满意为根本标准，以解决人民不满意的问题为突破口，狠抓政法队伍的领导班子建设，努力提高干警的政治素质、服务意识和执法水平。坚持严格教育、严格管理、严格监督，坚决清除特权思想，解决执法不公、为政不廉的问题，全面提升政法队伍的整体战斗力，充分发挥政法部门和政法干警在创建“平安宁夏”活动中的骨干带头作用。公安机关要加大打击犯罪力度，加强治安防控体系建设，强化社会治安管理；检察机关要加强批捕起诉工作，依法查处职务犯罪，努力提高法律监督水平；审判机关要围绕公正与效率，依法惩治犯罪，调节经济关系，维护社会公平正义；司法行政机关要强化监所管理，优化法律服务，推进普法、依法治理和人民调解工作；国家安全机关要加强情报信息工作，防范和打击敌对势力的渗透破坏活动，推进国家安全人民防线建设;武警部队要加强重要目标的武装警戒和反恐处置工作。

六、组织领导

(一)加强领导。各级党委、政府要高度重视创建“平安宁夏”工作,列入重要议事日程,精心组织,周密部署,认真落实。各级党政一把手是创建“平安宁夏”的第一责任人,要认真分析本地区社会治安形势,定期听取创建工作情况汇报,及时研究解决存在问题,积极探索新形势下维护社会稳定和治安稳定的规律,创造性地开展工作,不断提高创建“平安宁夏”的水平。自治区成立建设“平安宁夏”工作领导小组,下设办公室,办公室设在自治区综治办,具体负责创建活动的工作协调、检查指导和考核验收等工作。各市、县(区)要建立起统一领导、指挥畅通、运作有序、网络健全、保障有力的创建工作领导机制。综治各成员单位要密切配合,齐抓共管。要把建设“平安宁夏”的各项工作责任落实到单位和个人,建立责任体系,完善奖惩考核。对工作成绩突出的,要予以表彰奖励;对工作落后的,要重点帮扶,督促整改;对造成重大群体性事件、重大治安案件和恶性刑事案件、重大灾害事故的,要追究领导和相关责任人的责任。

(二)广泛宣传发动,营造浓厚氛围。人民群众是创建“平安宁夏”活动的主体。要充分调动广大人民群众积极参与创建“平安宁夏”,大力挖掘和整合社会人力资源,通过行政、法律、经济、教育等手段,动员和组织全社会力量共同做好创建“平安宁夏”的各项工作,努力提高人民群众自我防范意识和正当防卫能力。要大力弘扬见义勇为精神,对受到不法侵害的见义勇为者,要及时提供医疗保障和经济抚恤。要充分利用报刊、电视、电台、网站等各种舆论媒体,开辟专栏、专刊、专题报道等多种形式,宣传创建“平安宁夏”的决策部署、目的意义、目标要求、方法步骤和主要任务,宣传创建“平安宁夏”的成功经验和先进典型,力求做到家喻户晓,人人皆知,努力在全社会营造出创建“平安宁夏”的浓厚氛围。要把握正确的舆论导向,唱响主旋律,打好主动仗,提供强大的舆论支持。要加强对干部、群众的诚信教育,努力建设诚信社会。要大力开展公民道德教育,狠抓未成年人思想教育,夯实社会稳定的思想基础。

(三)分步实施,加强督查。各地各部门要从实际出发,注重实效,坚持整体推进与重点突破相结合,普遍号召与典型引路相结合,依据城市、农村和内部单位的不同特点,提出本地区、本部门创建工作的具体实施方案,力求具体、明确、实在,有针对性、操作性和实用性。工作计划既要有长期的,也要有年度的,以保持创建工作的稳定性和连续性。各地、各部门、各单位要联系实际,研究制定切实可行的考核标准和考核办法,加强督促检查,及时了解掌握工作情况,总结典型经验,查漏补缺,确保创建工作健康顺利进行。

(四)加大投入,增强保障能力。各级党委、政府要高度重视创建“平安宁夏”的人财物保障。针对政法综治部门人员不足状况,及时增配人员,精简机关,充实基层。要把创建“平安宁夏”的工作经费列入各级财政预算,专项解决,并随地方财政增长,相应加大防控体系建设、基础设施建设、科技强警建设的投入。积极推行治安服务专业化、市场化。要按照“谁受益、谁出资”的办法,采取财政拨一点、受益单位和个人适当出一点的办法,解决好群防群治所需经费。

(五)加强法制建设,推进依法治理。各部门、各单位要把依法决策、依法治理、依法办事的要求贯穿于创建“平安宁夏”的全过程。做出的决策部署要符合法律的原则精神,采取的工作措施要符合法律的规定要求,涉及的法规问题要及时提请立法机关立法或修订,切实做到严格执法、公正执法、文明执法,确保公民合法权益得到有效保护,努力营造“有法可依、有法必依、执法必严、违法必究”的法治环境。

宁夏回族自治区社会治安综合治理委员会组成人员

主　任：韩茂华　自治区党委副书记
副主任：李顺桃　自治区党委常委、政法委书记、公安厅厅长
陈守信　自治区人大常委会副主任
郑小明　自治区副主席
黑俊英　自治区高级人民法院院长
师梦雄　自治区人民检察院检察长
委　员：李海清　武警宁夏总队总队长
刘宗祥　自治区党委政法委副书记
白金慈　自治区企业工委副书记
王彦武　自治区党委组织部副部长
徐永富　自治区党委宣传部副部长
刘春增　自治区党委统战部副部长
郑国安　自治区人民政府副秘书长
余进军　自治区公安厅副厅长
马勇霞　自治区司法厅厅长
苏德良　自治区安全厅厅长
晓　音　宁夏军区政治部副主任
田　明　自治区建设厅厅长
李　岚　自治区民委主任
郁纪鸣　自治区纪检委副书记
龚明礼　自治区政协社会和法制委员会主任
杨占元　自治区党委政法委副秘书长
杨应科　自治区总工会主席
金萍芬　自治区妇联主席
王致雄　银川海关关长
李春阳　自治区旅游局局长
马秀芬　自治区计划生育委员会主任
王　杰　自治区“610”办公室主任
方　杰　中国人民保险公司宁夏分公司总经理
马立廷　自治区党委政法委副秘书长
王志明　自治区人事厅副厅长
蒋志平　自治区民政厅副厅长
余锦文　自治区经贸委副主任
王和山　自治区财政厅副厅长
王北媛　自治区教育厅纪检组组长
张全太　自治区交通厅副厅长
罗辛炳　自治区工商局纪检组组长
薛亚平　自治区文化厅副厅长
赵利宁　自治区广播电影电视局副局长
窦文敏　自治区卫生厅副厅长
张怡安　自治区精神文明建设指导委员会办公室专职副主任
石金书　民航宁夏管理局副局长
杨玉经　自治区团委副书记
庄克明　银川铁路分局党委副书记
武　平　自治区劳动和社会保障厅副厅长
刘登武　自治区新闻出版局副局长
段成东　人民银行银川中心支行副行长
王　冰　宁夏通信管理局副局长
刘全智　自治区信访局局长

自治区社会治安综合治理委员会办公室主任：刘宗祥（兼），办公室下设2个职能处室。

宁夏回族自治区市、县(市、区)综治委、办主任名单

地　区	综治委主任	综治办主任
银川市	张银屏	马生金
兴庆区	王广智	马建军
金凤区	陆全喜	宋敏达
西夏区	刘彦生	许宗金
灵武县	倪天福	高　俭
永宁县	李双成	赵和平
贺兰县	张海盈	郭玉胜
石嘴山市	曹国建	程东风
大武口区	李晓波	白广军
平罗县	王　静	杨连俊
惠农区	代荣民	张建宁
吴忠市	马三保	周东波
利通区	马志岐	赵秉建
青铜峡市	宁文孝	任　兴
盐池县	马跃军	马俊义
同心县	张　沛	杨文宏
红寺堡开发区	白万利	李荣国
固原市	冀晓军	张文远
原州区	张汉俭	李国虎
西吉县	张明安	何　忠
隆德县	张志忠	李　溥
泾源县	杨志林	马忠学
彭阳县	陈兴源	李忠仓
中卫市	刘　云	施润云
中宁县	田海福	张若望
海原县	黄继红	撒有宝

(撰稿人:刘树炜
审稿人:刘宗祥　胡增印)

新疆维吾尔自治区

集中整治工作情况

一、加强领导，严密组织，认真落实各项工作任务。自治区党委高度重视，结合我区实际，对今年的集中整治工作进行了新的调整和部署。元月12日，自治区党委召开各地（州、市）党委书记和行署专员（州、市长）会议，研究部署集中整治工作，中共中央政治局委员、自治区党委书记王乐泉对深化集中整治工作提出了新的要求。自治区党委办公厅还转发了《自治区集中整治工作领导小组关于进一步深入开展集中整治工作的意见》（新党办[2004]9号），提出了明确的指导思想和工作任务。自治区财政厅及时将中央支持的2500万元集中整治工作经费拨付各地，同时，在财政极其困难的情况下积极筹措资金，确保集中整治工作顺利进行。各级党委、政府认真分析当地稳定形势，针对存在的突出问题，集中整治工作专题会议，制定集中整治工作方案，分阶段、有步骤地开展集中整治工作。

二、突出重点，找准问题，切实抓好重点区域和部位的集中整治工作。在农村重点整治非法宗教活动严重、敌社情复杂和有重大积案长期未破及刑释解教人员较多的地方。在巩固农村集中整治成果的同时，向城镇和城乡结合部延伸，特别是把重点人员成分搞清楚，做到底数清、情况明，深挖隐藏较深的“三种分子”。喀什地区采取谁整治谁负责的原则，工作队员与集中整治办鉴定责任书，建立回访制度和回访倒查制度，做到整治一片巩固一片，今年重点整治的195个单位，80%以上的突出问题已得到解决；和田地区开展治理非法宗教活动专项行动，取得了明显成效，伊犁州选派25名干部进行短期培训后，深入到重点县（市）和乡（镇）挂职，专抓集中整治工作；乌鲁木齐市加强文化市场管理，开展意识形态领域专项斗争；克州按照“一线两片”的工作思路，共抽调197名干部进驻5个重点乡镇开展集中整治，特别是始终把阿克陶县巴仁乡作为重中之重，严防死守，重点治理；阿克苏地区采取流动式作战、滚动式管理的工作模式，并结合“四同”开展“四查”，摸排“四情”，强化集中整治工作；巴州把集中整治工作与综合治理工作紧密结合，重点放在基层基础工作和治安防范上，扎实开展“六防”安全大检查，大力整治社会治安难点、乱点；哈密地区把城镇和城乡结合部以及娱乐、服务场所作为集中整治的重点；昌吉州重点抓好出租房屋和流动人口管理；阿勒泰地区以“三点三线”为重点，开展集中整治工作。

三、深入开展面对面的宣传教育，大力加强意识形态领域反分裂斗争。各地充分运用广播电视、板报墙报、标语传单、学习会、报告会、座谈会、宣讲团等多种形式，开展党的路线、方针、政策和马克思主义“五观”及“四个认同”的教育，深化集中整治工作，加大意识形态领域反分裂斗争力度。巴州通过从各政法部门聘请有关人员担任各中小学副校长，对学生进行“法制教育”和“五观”教育，有效地防止了学生参与宗教活动的问题。塔城地区开展了“集中整治校园及周边秩序专项行动”，营造良好育人环境。乌鲁木齐市通过开展查缴非法出版物专项治理工作，查缴一批反动非法书刊、非法音像制品和非法宗教宣传品，捣毁1个非法出版物仓库。喀什地区针对喀什师范学院近年来连续发生几起影响社会稳定和群众反映强烈事件的情况进行了专题调研，印发了《关于师范学院发生的几起群众反映强烈事件的情况通报》，并在师范学院成立了集中整治工作领导小组，制定下发了《喀什师范学院开展集中整治工作的实施意见》。通过集中整治，归纳梳理了十七个方面的问题，学院逐一查摆剖析，揭露和解决了一些深层次问题。伊宁县针对农牧民文化生活单调的特点，先后在9个重点村(矿区)巡回播放了以"反分裂、反邪教、反迷信、倡导科学教育"为主题的4部电影,有针对性的对农牧民进行思想教育,深受各族群众的欢迎。

四、坚持"主动进攻,露头就打,先发制敌"的方针,始终保持对"三股势力"的"严打"高压态势。各地把严厉打击民族分裂主义的骨干分子、宗教极端势力的为首分子和暴力恐怖犯罪分子作为"严打"的重点对象,始终保持"追着打、压着打、挖着打"的高压态势,充分发挥政法各部门在集中整治工作中的主力军作用,突出"从重从快"原则,加大破案、追逃、批捕、起诉、审判工作力度,依法严惩犯罪分子。尤其对不断滋生的暴力恐怖团伙,发现一个就坚决打掉一个,决不让其坐大成势。喀什地区进一步加大追逃、深挖犯罪分子的力度,把负案在逃和潜藏较深的地、县(市)督捕的数十名"三种分子"缉捕归案。阿克苏地区及时破获了"3·21"重大暴力恐怖团伙案。和田公安机关破获了一贩枪团伙。昌吉州和克拉玛依市分别举行联合反恐演习,提高了组织实施反恐联合行动能力。进一步加强情报信息搜集工作,提高预警能力,力求把"三股势力"的分裂破坏活动消灭在预谋阶段。公安机关掌握先机,在岁末年初,摧毁了准备爆炸兰新铁路的"斯拉木艾山"暴力恐怖团伙、准备在"两会"、"三节"期间进行爆炸恐怖活动的"库尔班吐地阿吉"团伙,成功挫败了境内外"三股势力"的分裂破坏活动。公安机关针对敌人利用互联网进行分裂破坏活动的新动向,大力加强互联网信息的监控和网上情报侦察工作,提高网上斗争水平,依法严厉打击利用互联网进行的违法犯罪活动。

五、依法加强宗教事务管理,坚决遏制非法宗教活动。继续坚持"保护合法,制止非法,抵御渗透,打击犯罪"的原则,依法加强对宗教场所、宗教活动、宗教人士的管理。坚决打击宗教极端势力,捣毁了一批地下讲经、习武点,收缴了大量的非法宗教书刊及音像制品等反动宣传品。严厉打击"太比力克"活动,有效遏制了非法宗教活动猖獗的势头,挫败了敌对势力利用宗教进行分裂破坏的图谋。喀什地区建立起了70余人的专兼职宗教管理干部队伍,进一步完善了"三管一加强"措施,非法修建和改扩建清真寺得到了有效遏制。6月,乌鲁木齐市公安局捣毁一处强迫未成年人学经的地下讲经点,被强迫学经的28名儿童中,年龄最小的只有4岁,最大的15岁。和田县在治理非法宗教活动专项行动中,查处了一处由24名未成年人参加的地下讲经、习武点。昌吉州对全州近两年来修建的宗教活动场所进行了专项调查整顿,并制定了《自治州修建宗教活动场所管理(暂行)办法》,进一步加强了对宗教活动场所的管理。

流动人口管理工作情况

一、进一步加强领导,依法管理流动人口工作。自治区综治办根据实际召开流动人口专题(协调)会议,解决有关突出问题。4月份及时调整充实了自治区流动人口管理办公室主任、副主任。从各方面加大了对流动人口管理的协调和指导的力度,先后四次下派工作组和调研组到地州市进行调研和指导流动人口管理工作。自治区人民政府2004年10月11日将修订后的《新疆维吾尔自治区暂住人口治安管理办法》(新疆维吾尔自治区人民政府第125号主席令)向社会颁布,进一步规范了暂住人口的管理。各地各部门进一步加强领导,普遍成立了领导小组及办公室,把做好流动人口管理当做维护新疆社会政治稳定和社会治安综合治理的一项重要内容纳入议事日程,积极探索适应社会主义市场经济发展需要和新疆实际的流动人口管理工作新思路,初步形成了"党委政府领导、综治办协调、公安为主、各方参与、综合治理"的管理格局。

二、建立和完善各项规章制度。目前,在自治区流动人口比较集中的地方,都基本建立了流动人口暂住证办理和出租房屋管理的"四个一"管理模式。即:一周内登记办证、一份治安责任书、一套档案资料、一本出(承)租人员登记簿。巴音郭楞蒙古自治州实行以房管人制度,他们普遍建立了"一档、一证、一书"管理制度,仅上半年一次就通过户口核对、重新登记流动人口5万余人,为有关部门提供线索100多条。从自治区到各地州市先后制定了一系列有关管理制度和具体措施,基本做到了有章可循,有法可依。特别是各级公安机关切实加强流动人口治安管理,普遍实行了责任区民警管理负责制,基本摸清了流动人口有关底数,进一步加大了流动人口违法犯罪的打击力度。据统计:2004年全区流动人口160余万人,其中已登记130万,已申报办理暂住证近100万,"三无人员"6万余人(包括疆内人员),80%是内地自流来疆务工人员,全疆流动人口最多的城市是乌鲁木齐、库尔勒市、昌吉和伊犁等地。

三、积极探索新形势下流动人口管理办法,结合实际,制定措施,加大管理、教育和培训的力度,有效遏制了流动人口作案上升势头。乌鲁木齐市针对2004年在乌市发生的重特大刑事案件中,有82%发生在出租房屋内、有70%的刑事案件系流动人员所为、有79%的受害人居住在出租房内这一突出情况,制定出台了《乌鲁木齐房屋租赁管理办法》。市及各区(县)相继成立了出租屋管理领导小组办公室,各街道(乡、镇)建立了出租屋管理中心,各社区设置了出租屋管理站。市政法委、综治办每个领导对全市出租房屋管理按区进行了责任划分,每人分抓一个区分片包干,领导深入到各街道办事处,逐一进行指导和协调,全面掌握了区(县)工作开展情况。同时领导小组办公室还制定了出租屋征收税费规定,将出租房屋税收全部返还用于流动人口管理工作。按照公开、公正择优招聘的原则,通过政审、考核、面试、培训等环节,选聘了一批具有较高素质人员组建出租房屋协管员队伍。从2005年4月1日起,全市第一批招聘的500余名协管员和从事出租房屋管理的社区干部及部分公益性联防队员共1000余名已上岗开展工作。通过实施,有效地推进了工作的进展,取得了初步成效:出租屋内的治安状况有所好转,部分区域的出租屋内的案件有所下降。全市1—4月刑事发案与去年同期相比下降2.3%。

见义勇为基金会工作情况

一、大力宣传开展见义勇为先进典型。会同宣传部和法制日报、新疆日报、新疆经济报、新疆法制报、乌鲁木齐晚报、晨报、广播电台等主要新闻媒体宣传报道见义勇为先进典型,宣传文稿有30多篇。

二、追访调查,弘扬正气,形成强大宣传声势。今年3月至5月基金会以综治办的名义下发了《关于对全区见义勇为先进分子的家庭状况进行调查追访的通知》(新综办[2004]03号),通知下发后引起了各新闻媒体的关注,纷纷报道,对1995年以来受自治区表彰的45名见义勇为先进分子的有关情况进行追访调查。为了不让英雄流血又流泪,对一些因企业改制下岗、家庭生活困难的见义勇为先进分子,积极协调有关部门解决了他们的实际困难,从而有效地保护了人民群众维护社会治安的积极性。例如昌吉州的李茂年因见义勇为身负重伤,2000年受到自治区表彰,当地党政有关部门安排他在昌吉市排水第一污水处理厂二线工作,后来企业改制李茂年下岗,家庭生活又进入困境,自治区基金会立即与昌吉州综治办联系,经协调有关部门解决了他的工作。

三、修改《自治区见义勇为基金会章程》,制定《自治区见义勇为基金会保护条例》(拟提交自治区人大审议)。6月变更基金会法定代表人,自治区党委政法委副秘书长、综治办主任刘新胜任基金会秘书长。

四、10月19日召开了第四次见义勇为表彰大会。对61名见义勇为先进分子进行了表彰奖励,发放奖金25.1万元。

五、充分发挥新闻媒体宣传主阵地、主渠道作用,会同法制报、广播电台积极做好全国十佳见义勇为的推选工作。通过新闻媒体向全社会广泛宣传克拉玛依出租车司机马春明,得票8000多张排行第三,被评为全国十佳见义勇为好司机,基金会办公室获得了组织奖。

铁路护路工作情况

一、强化护路执勤,确保铁路安全

(一)严格执勤巡逻,加大守护力度。各护路办、军分区、人武部、护路民兵分队,严格执行自治区护路办"两节"、"两会"、"春运"、"4·18"大提速、暑运、"9·5爆炸案"后发出的一系列文件和电报精神,以保安全、保稳定为己任;以防破坏、防爆炸、防偷袭为重点,强化执勤巡逻,加强夜间守护和防范,增加兵力,调整班次,布置防控。广大护路民兵克服了高寒缺氧、高温酷暑、风吹雨打、条件艰苦等诸多困难,坚持24小时不间断地巡守在千里铁道线上,确保了守护目标安全。

(二)齐心协力护路,各方共保安全。军、地、路、警、兵团各级领导高度重视护路联防工作,定措施,重防范,上下齐动员,合力保畅通。特别是兰新铁路红旗坎至小草湖间"9·5"爆炸案发生后,自治区护路办发出紧急通知,全面部署,强化防范,抓安全,保稳定。一是通报敌社情,部署保安全、保稳定工作;二是检查所有大桥、隧道、重点部位的民兵执勤、公安巡线、防范措施落实情况;三是调查了解情况,现场解决实际问题。各护路办检查防守,军分区、人武部狠抓执勤,公安带班巡逻,民兵停止休假,齐心协力为守护目标安全作贡献。

(三)维护治安稳定,确保铁路安全。一是各护路分队民兵配合公安机关整顿站区治安秩序。全年共维护站区治安380余次,协破刑事案件18起、治安案件108起,查堵扒乘货车人员9987名,清理闲杂人员560名,警卫专列220余列次;二是各护路民兵分队落实责任。队长、督检员查岗查哨,加大了监督检查力度。三是护路民兵认真巡逻,严格执勤,重于防范,确保了守护目标、站区、区段无哄抢运输物资案件、无重大拆盗铁路器材案件、无爆炸破坏铁路案件、无重大责任行车事故和路外伤亡事故,杜绝了"五类"案件。

二、强化队伍建设,提高整体素质

(一)加强理论学习,提高政治素质。一是严格学习制度,做到学习时间落实、人员落实、内容落实。全年共组织护路民兵学习政治理论10267次,参加学习42581人次。二是采用通读文件、辅导讲课、摘写笔记、交流心得、举办板报等多种形式,达到较好的学习效果。

(二)加强思想教育,稳定民兵队伍。各军分区、人武部、护路分队专武带队干部,重视护路民兵的思想教育。一是抓理想信念、道德教育,不断提高护路民兵的思想、道德水平。二是教育民兵为国护路,倡导义务护路,发扬奉献精神。三是引导教育、交心谈心、沟通思想与看望慰问、解决困难相结合。

(三)加强业务教育,提高护路技能。一是各护路民兵分队认真组织学习和教育,全年共组织业务学习3774次,参加学习36469人次,法制教育2824次,受教育24919人次,安全常识教育4135次,受教育29020人次。二是严格培训。各护路办、人武部、护路分队认真落实自治区护路工作要点提出的"三级培训",采取专门培训与以会代训相结合,聘请专家讲授《铁路法》、《治安管理》、《安全生产法》等。各级护路组织全年共举办各类培训班58期,参加培训1090余人次。通过培训教育,提高了业务能力,培养了多用人才。

(四)开展知识竞赛,提高综合能力。自治区护路办落实"教育培训年"的各项措施,印发了政法、综治、护路、安全、时事等多种内容的新疆铁路护路民兵知识竞赛题。在全员大练兵、大培训的基础上,自治区护路办于2004年12月8日在哈密举办了新疆铁路护路联防知识竞赛活动。通过竞赛活动,达到了全面练兵、全员培训、丰富知识、提高整体水平的目的。

(五)加强军事训练,提高执勤能力。一是各人武部以掌握过硬的军事本领，提高护路民兵战斗力为出发点，高度重视军事技能训练。按照“精干、实用、可靠”的原则，落实各课目训练计划，制定多种处置突发事件预案，派军事干部现场指导训练。二是各护路民兵分队针对铁路治安的形势和守护目标需要，不断改进训练方法，严格训练，长期操练，高素质地完成了擒敌基本功、擒敌基本动作等高难课目训练。三是结合实际进行增强体能、技能等课目的辅助训练。四是结合守护目标实际进行反偷袭、反爆炸、防破坏、排险情、惩治犯罪模拟演练。

(六)加强基础管理，落实规章制度。一是严格检查考核。二是各护路办、护路民兵分队进一步健全了各类台账，规范和完善了各类图板、栏目、示意图表等。三是规范文件资料管理，不断改进方法，总结经验，管理使用更合理。四是规章制度分类上墙，各护路分队认真落实一日生活制。五是严格军事化管理，内务整洁，库房规范，物品摆放统一，营区美观，环境卫生，分队像军营。

(七)严格财经纪律，加强监督检查。自治区护路办严格2004年财务预算计划，认真执行支出程序，自觉接受财务收支监督，定期对各护路办财务监督、检查指导；积极配合审计部门对护路经费进行审计，得到了审计部门的好评。各护路办财务人员定期到各护路分队帮助指导，规范账目，纠正问题，堵塞漏洞；各护路分队严格固定资产、公有财产等各类物品管理。物品账、伙食账、以劳养护账目清楚，管理使用规范。

(八)加大保障力度，提高战斗能力。一是加大基层投入，完善设施建设。自治区护路办高度重视沿线护路民兵基础设施建设，投入了300余万元扩建、维修护路民兵分队房屋和哨楼，新添交通、通讯工具、桌、椅、凳等。二是各护路办与人武部适当投资，根据需要，统一规范，改善营区，美化环境。三是提高待遇，鼓舞士气。自治区铁路护路联防领导小组给每个民兵增发节假日加班费，增发胶鞋、皮鞋、被装等，调动了护路民兵的积极性。四是各护路办、人武部、地、市、县、乡(镇)、师、团(场)等各方面积极投入，大力支持，鼓励护路民兵分队自力更生，艰苦创业，开展以劳养护。各护路民兵分队在完成守护任务、确保铁路安全的前提下，自力更生，不等不靠，开展种植业、养殖业和其它副业。

三、深入开展“创安”活动，构筑铁路沿线治安防控体系建设

自治区护路办按照《创建安全文明铁道线目标责任制度》和中央综治委铁路护路联防工作领导小组2004年工作要点，专门研究，全面部署，把“创安”活动与构筑铁路沿线治安防控体系有机结合起来，广泛动员，群防群治，路地联防，创建安全文明铁道线取得明显成效，铁路沿线治安防控体系建设有了较大进展。

(一)各方广泛参与，深化“创安”活动。各地(州)、市、县、师、团(场)、军分区、人武部党委把护路联防工作、“创安”活动和建立铁路沿线治安防控体系纳入社会治安综合治理，纳入领导岗位目标责任，同部署、同检查、同考核，层层落实责任制。全年共签订铁路安全目标责任状和“创安”责任状735份、签订保护防护网协议书110余份。

(二)选定防控试点，召开现场会议。自治区护路办按照自治区护路领导小组年度工作计划，由四个地区护路联防领导小组选定昌吉州、鄯善县、哈密市陶家宫乡、农十三师柳树泉农场、喀什市、焉耆县作为铁路沿线治安防控体系建设的试点。在全面抓好试点的基础上，选定昌吉州为新疆铁路沿线治安防控体系建设示范点，工作进展快，抓得成效大，自治区铁路护路联防领导小组于2004年12月15日在昌吉召开了全疆铁路沿线治安防控体系建设现场会，新疆军区副司令员、铁路护路联防领导小组常务副组长吐尔迪·卡德尔少将、乌鲁木齐铁路局党委书记韩永义等领导出席会议，并作了重要讲话，充分肯定了新疆铁路沿线治安防控体系建设取得的成绩，对2005年工作提出了要求。

(三)“创安”活动先行，带动防控体系建设。各护路分队民兵围绕铁路线路安全，全面开展“创安”活动，推动治安防控体系建设，工作有计划，活动有记载，广泛共建，内容丰富；与友邻单位、乡、村、学校签订《责任状》、开展爱路护路宣传教育，帮助学生军训，为孤寡老人买粮、挑水、扫院子，捐资助学、大办好事等。各种活动扎实有效。据统计，护路民兵共劝阻行人上道32500余人次、阻止牲畜上道21800余头(只)、大办好事2560件、捐资助学1800余元、建立红领巾护路小分队8个。

（四）强化宣传教育，稳定沿线治安。各级综治委、护路办、公、检、法、安监、工务等部门多次深入铁路沿线，广泛开展多种形式的爱路护路宣传教育活动。自治区护路办牵头组织，5月份开展了“铁路大提速，护路保安全”宣传月活动，出资12万元，印制25万份宣传材料，组成四个宣传指导组；各地区护路办抽出100余人组成工作组，深入铁路沿线256个县、市、团（场）、乡（镇）、厂矿、学校、道口、集市等进行宣传教育活动。

社会治安综合治理群防群治工作情况

各地认真贯彻落实杭州会议精神，坚持“打防结合，预防为主，干群结合、依靠群众”方针，充分发挥社会治安综合治理优势，整合社会各方面的力量，动员广大群众，在广大城乡牧区通过落实人防、物防、技防措施来推动各项防范措施的落实，一个全方位、全时空、多层次，集打击、防范、控制于一体的，预防违法犯罪的社会网络已基本形成，为维护社会政治稳定，为改革开放和经济发展创造良好的社会环境起到了重要的作用。公安机关把警力重点放到基层，进一步完善了快速反映机制，加强了治安防控。乌鲁木齐市吸纳下岗人员充实治安联防队伍。阿克苏地区各乡镇成立了30人以上的民兵应急分队，队员3000多人，全地区有治安联防队787个，1万多人，对社区基础设施建设投入1482万元，其中县（市）财政1263万元，乡（镇）街道9.2万元，部门201.8万元，社区8万元，同时开展了“我为大家值一夜，大家为我守一年”的义务值勤巡逻活动。巴音郭楞蒙古自治州把城市综合执法监察大队纳入社会面防控体系，把环卫工人、公交司乘人员、出租车驾驶员、保安、警卫等人员聘请为义务治安信息员、巡逻员，在社会面防控中发挥了重要作用。昌吉回族自治州在农牧区推行“十户一联”和“户轮式”治安防范模式，强化群防群治工作；在社区狠抓以警务室建设为主的治安防控体系建设；在单位内部实行治安责任承包追究制；在城市和城乡结合部实行“三级联防”，形式多样，收效很好。阿勒泰地区加强了以“情报信息网、群防群治网、一线执勤守护网”为主要内容的三网建设，在边境地区为了堵截越境外逃人员，实行奖励的办法，进一步调动了边境居民守边护边的积极性。博尔塔拉蒙古自治州加强“社会治安防控体系建设、社会治安综合治理组织建设、群防群治队伍建设、群众自治组织建设”等四个方面的建设 。博乐市在财政十分困难的情况下拿出10万元购买30个社会公益性岗位，从下岗职工、退伍军人、大中专毕业生及待业青年中公开招聘30人为联防队员。在综治工作中发挥了重要作用。

矛盾纠纷排查调处工作情况

各级党政领导高度重视矛盾纠纷排查调处工作，按照张秀明同志在自治区政法工作会议上“解决人民内部矛盾问题，关键是要坚持按政策办事，坚持依法办事，坚持维护群众的合法权益，坚决维护社会稳定”的要求，把矛盾纠纷排查调处作为关系政治稳定、关系党的执政能力、关系人心背向的大事来抓，认真学习借鉴“枫桥经验”，采取得力措施，坚持“及时排查、各负其责、工作在前、预防为主”的工作要求，创造性的开展工作，形成了党政领导、综治协调、部门配合、依托基层、齐抓共管的工作机制。把大量的矛盾纠纷化解在基层，消除在萌芽阶段。和田地区在矛盾纠纷排查调处中实行“三包、三定、三追究”责任制，“三包”即：县市一把手包县，副职包乡镇，乡镇领导包村（居委会）；“三定”即：定人员、定责任、定时限，做到件件有回音，事事有落实，案案有报告；“三追究”即：对抓矛盾纠纷排查调处不力的人和事，因失职、渎职、酿成严重后果的党政一把手、直接责任人追究责任，构成犯罪的依法追究刑事责任，收到很好的效果。阿图什市推行“一二二三”矛盾纠纷排查调处机制，即：“一查”：抓矛盾纠纷排查；“二报”：矛盾纠纷信息和调处结果及时上报；“二机制”：实行自下而上和自上而下的矛盾纠纷调处运行机制；“三不放过”即：一是不解决不放过，二是双方有一方当事人不服不放过，三是问题解决不彻底不放过，从而使矛盾纠纷得到合理解决，双方当事人心悦诚服。昌吉回族自治州调解矛盾纠纷3638件，调解成功3496件，成功率96%，涉法上访121件，办结116件，结案率为95.9%。喀什地区调解各类矛盾纠纷16657件，成功14548件，成功率为92.8%。巴音郭楞蒙古自治州建立起矛盾纠纷排查、预警、调处“三条绿色通道”即：“人民群众来信来访接待处理通道；综治系统矛盾纠纷分析、排查、处理通道；公安机关信息预警通道”。塔城地区受理群众来信来访9941人（件）次与去年同期下降10.5%。博尔塔拉蒙古自治州将矛盾纠纷排查调处作为一项重要任务和经常性工作来抓，建立健全了党委领导下的矛盾纠纷排查调处工作机制，把大量的矛盾纠纷化解在基层。

社会治安综合治理宣传教育工作情况

自治区党委、人民政府和自治区政法委、综治委（办）高度重视综治宣传工作。把开展社会治安综合治理宣传工作放在维护全区社会政治稳定，构建和谐社会的高度来认识，牢固树立“搞好社会治安综合治理工作，宣传教育是前提、是基础”的理念，结合我区实际，突出我区特点，开展了一系列综治宣传工作。一是10月19日自治区党委、人民政府隆重召开了四年一度的社会治安综合治理“双先”表彰大会，对216个先进集体、300名先进个人予以表彰奖励。奖金达30万元。各大新闻媒体借此良机大力宣传先进典型，营造了良好的宣传舆论氛围，极大地调动了各族干部群众积极参与社会治安综合治理的积极性。二是自治区综治办会同自治区党委宣传部、自治区记协组织开展了2003年度社会治安综合治理好新闻评选活动，评出一等奖5名、二等奖10名、三等奖30名，并将部分优秀之作推荐到中央综治办参加全国综治好新闻评选活动，报刊、电视、广播类的有5篇作品分别荣获三等奖，自治区综治办荣获全国好新闻组织奖。三是自治区社会治安综合治理委员会办公室组织预防青少年违法犯罪宣讲团赴克州、阿克苏、巴州三地州11个县市，历时24天，行程4000多公里，作题为《为了明天，让我们远离犯罪》、《遵纪守法，作一个合格的接班人》、《通过青少年犯罪，看教师师德的重要性》、《孩子健康成长与家庭教育的关系》等专题宣讲报告50多场次，受教育师生家长5万多人，受到社会各界和师生家长的高度赞扬。四是自治区各新闻媒介充分发挥各自的优势，积极参与社会治安综合治理的宣传，《新疆日报》开设了《民主法制》栏目；《新疆电视台》开办了《法庭内外》、《西域警视》等法制栏目；《新疆人民广播电台》汉语台开办了《新广行风热线》、《人与法》、《丁夏说法》等法制节目，民语台开办了维吾尔语《人与社会》，哈萨克语《社会与法》，蒙古语《人与法》，柯尔克孜语《人与法》。在调动各族人民群众参与社会治安综合治理的积极性方面起到了积极地重要的作用。五是自治区综治办会同自治区铁路护路办于6月18日在昌吉召开了第五届社会治安综合治理理论研讨会暨“综合治理与稳定”理论研讨会。

各地按照党的十六大提出的构建和谐社会的要求，紧紧围绕“社会治安社会治，综合治理综合抓”这一主题，以社会治安综合治理宣传月活动为契机，充分发挥综治成员单位、新闻媒体、社会各界和各族群众的作用，以中央和自治区关于维护新疆稳定的一系列指示精神为主要内容，结合我区实际，坚持点、线、面结合，以突出新疆特色的各种形式的宣传活动为载体，多渠道、多侧面宣传社会治安综合治理工作的好典型、好经验，弘扬正气，打击犯罪，把经常性宣传与集中宣传结合起来，把专门宣传与群众性宣传结合起来，把新闻宣传与文艺宣传结合起来，利用广播、电视、报纸、知识竞赛、文艺演出、板报等多种形式，深入城乡牧区，广泛开展群众性的宣传活动，动员各族群众积极参与社会治安综合治理。

刑释解教人员安置帮教工作情况

一、采取有效措施，认真贯彻落实中央八部委局《关于进一步做好刑释解教人员促进就业和社会保障工作的意见》

2月6日，中央社会治安综合治理委员会等8部委局联合下发了《关于进一步做好刑满释放、解除劳教人员促进就业和社会保障工作的意见》(综治委[2004]4号)(以下简称《意见》)后，我区采取有效措施，认真抓好落实工作。首先是在自治区综治委的领导下，积极组织自治区安置帮教工作领导小组成员单位认真学习文件，吃透精神。二是要求安置帮教工作领导小组成员单位根据本单位、本部门的工作职责分析研究制定对策提出具体的贯彻落实意见。三是在研究汇总成员单位意见的基础上，自治区综治办、司法厅、公安厅、劳动和社会保障厅、民政厅、财政厅、国税局、地税局、工商局等9个办厅局联合下发了《关于深入贯彻中央综治委等8部委局〈关于进一步做好刑满释放、解除劳教人员促进就业和社会保障工作的意见〉若干措施的通知》(新社综办[2004]14号)。此《通知》措施具体，解决了很多困扰我区安置帮教工作发展中的突出问题，为我区做好刑满释放、解除劳教人员促进就业和社会保障工作开创了新局面。自治区司法厅通过新疆人民广播电台“行风热线”栏目，向全区广大听众介绍了我区落实中央8部委局《意见》的具体情况。全区各地安置帮教机构认真贯彻执行《通知》精神，对城市(含城镇)户籍的刑释解教人员，其家庭人均收入低于当地最低生活保障标准的，各级民政部门均落实其纳入当地最低生活保障范围，实现了“应保尽保”。克拉玛依市在积极宣传安置帮教工作政策的同时，以“永升”、“三联”和油田建设工程集团公司为依托，加强安置帮教基地建设，积极使安置工作向国有、民营企业延伸，向社区延伸，迈出了安置帮教工作“市场化、社会化”的新步伐。一年来我区3892名刑释解教人员通过原单位、落实责任田、从事个体经营、创建基地、创办实体及其他形式共安置3332名，安置率达85.6%。

二、积极利用多种形式进行帮教，努力提高帮教质量

为使安置帮教工作取得时效，各级安置帮教工作机构积极运用“三级网络”，做到“三个依靠”和发挥“三个作用”。一是继续依靠政法机关发挥社会治安综合治理主力军作用，由公安派出所和乡镇(街道)安置帮教站认真做好回归刑释解教人员的入户和接待登记工作，对于辖区的回归刑释解教人员做到人数清、去向明。并做好“三无人员”的监控工作，协助社区、村居委会对回归的刑释解教人员进行摸底排查，列出帮教对象，指定专人落实帮教工作。二是充分依靠人大、政协、有关社会团体，组织社会各界人士开展多种形式的帮教工作，产生良好的社会效应。三是依靠机关、厂矿、事业单位的干部、职工、群众运用有力的思想政治武器，做好回归刑释解教人员的帮教工作。许多地州市，还结合本地实际，创造性地开展了帮教工作，总结出很多好的帮教工作经验。如昌吉回族自治州司法局就根据刑释解教人员的现实表现，落实了“三级动态帮教”管理措施，即：一是对表现差，随时可能重新违法犯罪的，实行司法所落实帮教责任，并将情况通报公安派出所依照重点人口管理办法，开展重点监控的一级帮教，强化对帮教对象现实状态的管控；二是对表现一般，思想基本稳定，有违法犯罪苗头，有可能重新犯罪的，由司法所会同乡镇（街道）干部，刑释解教人员单位领导及亲属共同组成帮教力量，按步实施帮教计划，定期考核进行二级常规帮教，强化思想政治工作；三是对表现好，思想稳定，工作落实，家庭和睦，经预测不可能重新犯罪的，由村（居）委会干部和帮教人员不定期谈话、家访等进行三级家庭帮教。并按照"七有"，即有花名册、有帮教结合、有活动记录、有思想情况分析、有跟踪监督措施、有帮教责任人、人户分离有联系卡，建立了工作档案来实施帮教管理措施，确保了刑释解教人员规范化管理。在帮教工作向监狱、劳教所内延伸方面，克拉玛依市21年如一日，每年组织规模庞大的帮教队伍进行与在押犯和劳教人员面对面帮教活动，对在押犯和劳教人员悔过自新、认真改造，早日回归社会起到了巨大作用。通过采取以上措施帮助教育，我区刑释解教人员帮教率达到了94%，有效地遏制了刑释解教人员重新违法犯罪现象的发生。我区刑释解教人员重新违法犯罪率一直保持在4%的较低水平。

三、采取多种形式，对安置帮教工作先进个人、集体和改好刑释解教人员的典型进行大力表彰，创造良好的安置帮教社会舆论氛围

一是对回归后表现突出的刑释解教人员进行跟踪调查、采访，将他们的先进事迹在当地的报纸上或电视台上刊登或播放；二是举办回归人员报告会，让那些回归后表现好而入党、提干、晋级的先进人物，采用现身说法教育广大刑释解教人员，并对他们进行表彰奖励。三是组织刑释解教人员先进个人深入基层单位或社区进行巡回演讲，扩大安置帮教工作教育效果。今年2月，自治区社会治安综合治理委员会作出决定，对1999年至2002年期间安置帮教工作的先进集体和先进个人进行表彰，授予克拉玛依市司法局等45个单位全区刑满释放、解除劳教人员安置帮教工作先进集体荣誉称号，授予柴伟等61名个人全区刑满释放、解除劳教人员安置帮教工作先进个人荣誉称号。

预防青少年违法犯罪工作情况

一、健全工作体系，形成组织网络，夯实工作基础

自治区综治委预防办抓住组织建设不放松，积极推动组织建设，明确工作职责，以自治区综治委预防青少年违法犯罪工作领导小组为龙头，积极发挥各成员单位作用，以各级"优秀青少年维权岗"为依托，以各级综治委预防办为延伸，努力构建起全区预防青少年违法犯罪工作网络体系，为预防全区青少年违法犯罪工作的顺利开展奠定了坚实的组织基础。

2004年7月，自治区综治委预防办根据自治区党政领导分工调整及其他成员单位人员变动，及时调整了领导小组成员。以自治区综治委《关于调整自治区预防青少年违法犯罪工作领导小组成员的通知》（新社综[2004]07号文件）下发。

二、认真贯彻全国预防青少年违法犯罪暨校园及周边治安综合治理工作会议精神，大力加强青少年思想道德和法制教育，消除青少年违法犯罪的内在动因

（一）注重用科学理论武装青少年头脑

按照自治区综治办、自治区团委联合下发的《关于深化预防青少年违法犯罪工作的意见》，领导小组各成员单位充分发挥职能作用，切实抓好未成年人思想道德建设，坚持不懈对青少年进行引导、教育，在全区中、小学中开展了形式多样的主题班会、主题团队日等活动，组织青少年学习马列主义、毛泽东思想、邓小平理论和"三个代表"重要思想，牢固树立科学发展观，广泛开展党的路线、方针、政策教育和新疆历史与区情教育，切实解决青少年思想中存在的问题。

(二)强化青少年民族团结教育

民族团结教育是新疆各族青少年爱国主义教育的永恒主题。各成员单位广泛深入宣传“三个离不开”思想，坚持对各族青少年进行马克思主义“五观”教育，采取演讲比赛、团队日活动等多种形式，在广大青少年中宣传新疆历史、区情及党的民族宗教政策，并结合自治区每年五月的“民族团结教育月”活动，组织青少年参观爱国主义教育基地等，深入了解新疆历史和新疆区情，从而发挥了爱国主义教育在预防青少年违法犯罪中的重要作用。

三、广泛开展法制宣传，培养青少年的法制意识和自我保护能力

(一)加强防范性教育，切实减少青少年违法犯罪

一是自治区综治办组织预防青少年违法犯罪宣讲团赴克州、阿克苏、巴州三地州11个县市，作专题宣讲报告。二是利用“未成年人零犯罪社区”等各种有效形式教育积极引导青少年学法、懂法、守法、用法，增强法制观念，提高法律意识。三是在“6·26”国际禁毒日期间，在全区范围内开展了以“抵制毒品、参与禁毒”为主题禁毒宣传活动。各地建立了由团干部、公安民警和禁毒志愿者组成的志愿者禁毒宣传小分队，开展了青少年防治艾滋病志愿者“面对面”宣传教育活动。

(二)强化法律知识教育，建立健全教育网络体系

全区各级政法部门把预防青少年违法犯罪列入工作职责，广泛与学校开展共建活动，建立青少年法律学校，加强对学生的法制教育，提高青少年预防违法犯罪的能力。自治区综治委预防办充分发挥创建“优秀青少年维权岗”的作用，选派优秀干警深入辖区和学校，兼任法制副校长和辅导员，开展以案说法、提高法制意识。全区各中、小学建立、健全了校外法制副校长和辅导员制度，开办了家长学校，成立了家长委员会，把学校的法制教育向社会、家庭延伸，建立了学校——家庭——社会一体化的教育网络，为青少年的健康成长营造了良好的文化氛围。通过开展少年模拟法庭、法律知识竞赛、普法活动宣传、参观法制宣传展览、学生家长答卷等法制教育活动，使青少年在形象生动、寓教于乐的活动中受到了潜移默化的法制教育。

全区各级预防青少年违法犯罪工作人员、法制辅导员通过教育阵地及各种活动，在180多万名青少年中开展了1000多场法制教育课，在14万名家长中开展了800多场的家庭教育和预防青少年犯罪教育课。以“四·五”普法为契机，领导小组各成员单位在“六一”节来临之际，开展了普法宣传咨询活动，共发放《中华人民共和国未成年人保护法》、《新疆维吾尔自治区未成年人保护法(实施办法)》、《中华人民共和国预防未成年人犯罪法》、《刑法》等法律法规材料近12万份，参加宣传活动人员16余万人。

四、优化青少年成长的社会环境，强化青少年自我保护意识，减少滋生青少年违法犯罪的外部因素

针对青少年违法犯罪的发展趋势，一年来，全区各级综治办积极开展了青少年违法犯罪情况调查，采取超前防范措施，强化青少年自我保护意识，优化青少年成长成才的社会环境。

(一)以净化校园周边环境为重点，加大工作力度，优化校园周边环境。自治区学校及周边治安综合治理领导小组办公室2004年9月3日下发《关于开展集中整治校园及周边治安秩序专项行动的通知》，从8月28日～10月28日，由10个部门共同开展为期两个月的校园及周边治安秩序专项整治行动。

(二)以青年文明社区为依托，不断倡树社会文明新风。深入街道、社区，借助各类青少年法律服务阵地，在青少年中大力开展自我保护教育。一是在中、小学中开展了26种常规犯罪类型及防范措施、防灾防险知识、青春期生理、心理卫生知识、交通安全知识等自护教育。二是在社区开展“社区青少年远离毒品”宣传教育活动，并召开青少年预防与控制艾滋病座谈会，开展了毒品、艾滋病等知识的宣传教育活动。

(三)大力实施“青少年违法犯罪社区预防计划”，切实加强我区未成年人维权工作队伍建设。按照中央综治委预防办和自治区综治委的要求，大力实施了“青少年违法犯罪社区预防计划”，积极培育、选树了一批实施试点单位。并以全国“青少年违法犯罪社区预防计划”50个实施试点单位之一的乌鲁木齐市水磨沟区为着力点，积极与水

磨沟区对口联系点—自治区财政厅联系,为试点单位争取更有利的外部工作环境。

为切实加强我区未成年人维权工作队伍建设,提高我区未成年人维权工作人员素质,7月,在自治区团校举办了全疆县市团干部和未成年人维权干部培训班(中国—欧盟法律和司法合作项目),有100名县市团干部和未成年人维权干部参加培训。11月,我区举办了"优秀青少年维权岗"负责人香港培训班,组织各级"优秀青少年维权岗"负责人30余人学习参观了香港廉政公署、警署、青年协会等。

校园及周边治安综合治理工作情况

2004年9月7日自治区综治委学校及周边治安综合治理工作领导小组办公室下发了《关于开展集中整治校院及周边治安秩序专项行动的通知》,进行了一个半月的专项检查。

一、领导重视,组织得力,制度健全,重点突出

各地、州、市成立了由各级综治办牵头、各有关部门参加的领导机构和办事机构,各级党政管理部门主要领导担任了小组领导职务,工作中严格按中央综治委和自治区政法委的文件、电报精神制定并下发了行动方案,建立了工作联席会议制度,协调各职能部门充分发挥作用。

我全区各高校建立健全了由校领导挂帅的综合治理工作领导机构,制定并完善了学校处理突发事件预案,落实了治安综合治理工作目标责任制,校领导与各院系领导层层签定了治安综合治理目标责任书,工作中坚持"谁主管,谁负责"的原则,认真落实综合治理各项措施。本着"什么问题突出就整治什么问题,哪里问题突出就整治哪里"的原则,有的放矢地开展整治工作,有力地促进了校园及周边环境的改善。

二、坚持"打防结合,预防为主"的指导方针,在集中打击各类学校治安案件的同时,总结工作经验,积极做好安全防范工作

各地、各高校把"打击"违法犯罪分子作为整治校园和周边秩序的重要环节,同时强调要依法整治,文明治理。在公安等有关部门的大力支持下,各地、各高校严厉打击了针对师生的杀人、伤害、强奸、抢劫等各类违法犯罪活动,在文化等部门配合下,坚决取缔清理整顿了校园及周边非法经营的网吧,电子游戏录像厅、歌舞厅、音像书刊摊点,在公安、交通部门的大力配合下,大力整治了校园及周边的交通秩序,驾驶各类交通设施的建设,清理校园周边影响学校正常教育、教学秩序和师生安全的各类隐患。

通过开展打击违法、犯罪活动,有力维护了学校和社会的安全稳定,学校及周边治安环境在开展专项整治行动后得到了较大改善,教育教学和师生生活秩序明显好转。

在"打击"的基础上坚持"打防结合,预防为主"的方针是学校校园及周边治安综合治理工作的重心所在。各地、各高校在充分发挥以往工作经验的基础上,进一步加强了安全防范工作。一是进一步加强对出租房屋和流动人口的管理,认真开展流动人口登记造册,做到心中有数。二是针对出现学生在外租房发生事故的现象,各高校明令禁止学生在外租房,加强学生住宿管理,学生住宿实行统一管理、统一安排。三是落实教育部关于思想政治工作进学生公寓的精神,各高校安排了学生工作人员和班主任深入学生中间做好学生的思想教育工作,了解掌握学生思想动态,及时发现苗头性倾向,做好矛盾纠纷排查工作,防止出现意外。四是认真落实上级文件精神,做好教职员工中矛盾的排查,落实上级有关政策,积极救助贫困人员,帮助贫困学生完成学业,认真接待上访的学生家长和有关人员,尽力解决问题,做好相关政策的宣传教育说服工作,避免激化矛盾,造成不良后果。新疆农业大学2004年调解各类纠纷100余起,调解成功率达95%以上。五是认真落实国务院加强安全生产的决定精神,加强学校安全生产工作。六是加强了值班带班和校园巡逻制度,加大对校园内不安全隐患的检查力度,做好重点要害部位的检查防范工作,切实做好学校的消防安全工作。七是加大投入力度,落实安全防范措施。各高校投入30万元,就影响校园及周边安全的各种隐患进行有效整治,加强管理,取得了实效。八是进一步加强了法制和思想整治教育工作,增强师生的法制意识和道德水准。各地、各高校认真贯彻教育工委、教育厅《关于进一步加强学校法制宣传教育工作的通知》,采取不同形式,积极开展教师和学生的法制宣传教育。举办"青少年违法犯罪现身说法"宣传活动等。九是各地、各高校都重视治安综合治理信息工作,大部分地区和高校都设置了专门信息岗位,充实了信息人员,建立健全信息员工作制度,加强了信息员队伍的建设。

三、中小学、幼儿园、医院及社区安全防范情况

根据自治区人民政府于2004年11月下发的《关于切实加强中小学、幼儿园及少年儿童安全管理工作和开展专项整治行动的意见》和自治区综治办2004年12月2日下发的《关于开展中小学、幼儿园及医院社区安全防范大检查的通知》要求,各地于2004年12月上旬到2005年1月底,全面深入扎实地开展了对中小学、幼儿园、医院及社区安全防范大检查及专项整治工作。据不完全统计,全区共检查中小学校4446所、幼儿园783所、医院1852个、社区1834个。

(一)领导重视、周密部署

根据自治区人民政府和自治区综治委的要求,各地(州、市)、县均成立了由党委或政府副职任组长,综治委牵头,教育、卫生、公安、工商、司法、卫生防疫、安全生产等部门及相关综治委成员单位参加的领导小组或检查组,对此项工作做出具体的安排部署。各地为保证检查工作认真细致且突出重点,还对检查内容进行分解细化。

(二)全面检查,不留死角

为确保这次检查全面、深入、扎实,达到预期效果,各地在检查时间、检查内容上做了认真的安排。从检查时间看,大部分地、州、市分三个阶段进行。第一阶段为自查阶段。由乡镇综治办组织派出所、司法所、教育办等单位,对各自辖区的所有中小学校、医院(卫生院)、社区进行全面的自查。第二阶段为初验阶段。由县(市)政法委、综治办组成检查组对乡镇中小学校、医院(卫生院)、社区进行检查验收。第三阶段为验收阶段。由县(市)政法委、综治办组织公安、教育、卫生、防疫、城管等有关部门进行全面的检查验收。

(三)限期整改,杜绝后患

按照能解决的问题立即解决,一时解决有困难的制定计划限期解决的要求,各地在对问题疏理的基础上,陆续解决了一批问题。

1. 进一步完善了规章制度。对一些地方存在的安全防范工作制度不健全,特别是处置突发事件紧急预案、安全事故报告制度和责任追究制度未建立、部分学校安全教育日活动、安全防火制度不健全、工作职责不明确的问题,通过检查督导,大部分已建立或更加完善,较原来有了明显的进步。

2. 封存了一批危房,加固、更换了一批设备。

3. 整顿、取缔了一批小摊贩、小卖部,拆除了一批违章建筑。各地对学校周边存在的"三无"(无经营许可证、无卫生许可证、无健康证)小摊贩、小卖部和乱堆放、占道经营、违章建筑现象,一方面要求学校加强对学生的教育,不要去那里买零食;另一方面通过工商、卫生、城建等部门联合执法予以拆除和取缔。

4. 中小学周边治理取得了一定的成绩。一是严厉打击违法车辆运营,坚决杜绝超载行为;二是对繁华地段的学校周边路口悬挂醒目的交通警示牌,在主要道路上设立减速带、隔离桩,在上学、放学人流高峰期间加大交警执勤力量;三是加强对学生的法制教育,增强自我保护意识,不与社会不良人员交往,遵守交通法规,不乘坐超载车辆等。

5. 清理整顿了一批不合格的医疗和办学机构。对检查发现的违规设立的各类非法诊所、办学机构,经主管部门验收达到开办条件和标准的必须履行合法手续;逾期仍不合格或不办合法手续的坚决予以关闭或取缔。同时,基层医院、农村卫生院药品管理存在的隐患也得到了较好整改。乌鲁木齐在专项整治期间限期整改不合格的民办学校35所,取缔不具备办学条件的非法民办学校32所。

6. 进一步强调了医疗、学校从业人员的准入资格。要求各医疗、教育行政部门和中小学、幼儿园严把进口,加强对职工、聘用人员和临时工的准入资质审查,特别要严格执行教师资格中关于“无传染性疾病,无精神病史”的规定,杜绝不合格人员进入学校、医院和幼儿园,清查发现的不符合条件和岗位要求的人员要坚决调离。

(四)强化宣传教育,提高广大师生安全自救常识和自护能力

为充分宣传加强中小学、幼儿园、医院及社会安全防范工作的重要性,最大限度地取得相关单位、相关人员乃至全社会的理解和支持,各地、州、市采取多种方式,广泛深入地开展安全防范知识宣传,强化安全防范意识和安全自救常识。邀请公安、消防、交通等部门的工作人员讲解校园安全防范、消防常识、交通法规等基本知识,现场进行消防演练,努力提高广大学生的自救、自护能力,收到了很好的效果。

(五)完善制度,健全机制

各中小学校、幼儿园、医院及社区本着“以制度管人、按制度办事”的原则,建立和完善了相应的规章制度。如《安全保卫制度》、《治安责任追究制度》、《值班巡逻制度》、《单位主要领导责任制度》、《安全防火制度》、《处置突发事件紧急预案》、《安全事故报告制度》等一系列规章制度。这些制度的建立和完善,为单位的安全保卫提供了有力的保证。

实行社会治安综合治理领导责任制情况

各地认真按照《中共新疆维吾尔自治区委员会、新疆维吾尔自治区人民政府关于加强社会治安综合治理的决定》中“各级党政领导和各地、各部门要按照〈新疆维吾尔自治区实行社会治安综合治理领导责任制的若干规定实施细则〉的要求,认真落实社会治安综合治理责任制,“一级抓一级,层层抓落实”的要求,层层落实社会治安综合治理领导责任制和综合治理目标管理责任制,各级党政一把手切实承担起第一责任人的职责,把领导责任制落到实处。巴音郭楞蒙古自治州强化责任制的落实,在每年年初召开的政法、综治工作会议上,由州委、州人民政府领导与各县市党委、政府领导签订责任书,同时,县市与乡镇街道办事处,乡镇、街道办事处与村(居)委会与辖区单位签订领导责任书和治安责任书,明确各级党委、政府,各部门、各企事业单位的主要领导是综合治理第一责任人,分管领导是第二责任人。坚持督查、检查、抽查、考核、通报制度,由州、县市两级综治办牵头,组成督察组,定期深入县市、乡镇和基层单位,了解综治措施落实情况,及时将检查情况向有关单位反馈,并予以通报。对工作措施不力的、问题较多的单位,及时下达限期整改通知书,并通过新闻媒体公开曝光。州综治委对各县市党委、政府领导责任书落实情况,坚持平时考核与年终考核相结合,每季度打一次分,年终进行全面考核、打分,平时考核与年终考核占50%,以此确定县市综治工作考核得分和排名,县市也实行类似的考核办法,从而保证了各项措施的落实。奖优罚劣,认真执行“一票否决”,加大领导责任查究力度。州委、州人民政府每年都要召开综治工作总结表彰大会,兑现领导责任书奖罚规定。仅州委、州人民政府2004年于责任兑现的奖励经费就达90余万元,比2001年增加了2.7倍,受奖励的县市和单位,第一责任人、第二责任人、具体责任人可分别得到奖金总额的5%。在实现奖优、鼓励先进的同时,巴州坚持奖罚并举,对单位领导不重视综治工作,不认真履行职责,发生影响社会稳定和社会安定的案件、事件的单位,坚决实行“一票否决”,严格追究领导责任。2004年,全州八县一市共“一票否决”23个单位,被“一票否决”的单位,分别给予1000元—3000元的经济处罚,并且当年不得授予综合性荣誉称号,取消精神文明建设先进单位,安全文明小区、安全文明单位称号,取消单位职工享受的每年一个月奖励工资,并责令被否决的单位限期上报整改措施,限期整改,接受综治委的检查。被一票否决的单位主要领导、

分管领导除了通报批评外，每人处300—1000元罚款，并且当年不得不得评优受奖，晋职晋级。同时，各单位在各项工作评选授奖时，在党委、政府研究前，名单必须要报各级综治部门审核，签署意见，凡是被一票否决或综治部门不同意的，不得评先授奖。

开展基层安全创建活动情况

我区的“创安”工作在各级党委、政府的重视和领导下，在过去创建治安模范单位的基础上逐步向规范化发展并取得了明显成效。截止目前，全区共创建安全文明小区10525个，安全文明村镇8185个，治安模范单位6416个，城镇和农村覆盖率分别达到82%和65%。这些达标的安全文明小区、村镇在“创建”活动中充分发挥了样板示范作用。自治区综治委要求各地在制定“创安”目标时，把实现“五无”作为基本目标，即无重大刑事案件、无重大治安灾害事故、无集体上访闹事等群体性事件、无非法宗教活动、无黄赌毒等社会丑恶现象。特别是要把预防和打击危害国家安全犯罪、暴力恐怖犯罪做为首要任务，确保大局的稳定。各地在实践中认真贯彻落实自治区提出的要求，高标准、高质量地开展创安活动。昌吉州玛纳斯县、木垒县和昌吉市在社区综治方面不仅健全了工作制度，完善了各种责任制，而且建立健全了工作网络。他们从抓好居民最关心的社会就业和生活保障工作人手，除了主动协助有关部门按照国家政策保证他们的最低生活保障外，还根据辖区内的特点，成立了劳务帮替公司，同223名下岗职工、无业人员以及低收入者建立了劳务关系。仅去年社区组织各种劳务创收就达50多万元。今年到目前已签订了30万元的劳务合同，从而解决了他们的生活困难，同时也为社会的稳定做出了积极的贡献。

塔城地区额敏县和沙湾县在抓社会治安综合治理工作方面力度很大，尤其是在基层基础建设方面工作比较扎实。他们遵循“打防结合，预防为主”的方针，强化领导责任，整合综治力量，夯实基层基础，狠抓责任落实，使整个工作呈现出一派蒸蒸日上的喜人局面。在基层组织建设上，他们按照中央综治委、中央编委办联合下发的《关于加强乡镇、街道社会治安综合治理基层组织建设的若干意见》精神，在各乡、镇(场)、街道办事处成立了综治委，设立了综治办，将政治素质高、业务能力强的干部调整配备到综治工作机构中，并且实现了机构、人员、办公场所、制度和措施“五到位”。通过加强乡镇综治组织建设，把公安派出所、人民法庭、司法所、武装部等部门的力量整合在一起，形成了基层综治工作的实力，切实做到了事情有人抓，工作有人干。最近，这两个地州开展“创安”活动的先进经验已被自治区综治委在全区介绍。这5个县市也分别于2003年和2004年经自治区综治委批准被命名为安全创建活动先进县、市。

综治成员单位参与社会治安综合治理工作情况

自治区综治委各成员单位参与社会治安综合治理工作的自觉性和积极性进一步提高，在抓好本单位、本部门、本系统社会治安综合治理工作的同时，按照“属地管理”的原则，积极参与辖区的社会治安综合治理，主动承担起保一方平安责任的单位越来越多。自治区党委组织部通过抓基层组织建设来维护自治区稳定，自治区党委宣传部通过抓综合治理宣传来促进社会治安综合治理工作的开展都做了大量的工作；自治区教委在校园周边整治、自治区团委在预防青少年违法犯罪方面发挥了不可替代的作用；自治区建设厅会同自治区综治办联合下发了《关于开展外来务工人员法制和道德教育的通知》，制定了培训计划，明确培训任务。从教材的筛选，课程的录制等入手，对已具备培训条件的施工企业开展培训。全年培训人数为6122人。会同自治区社会治安综合治理委员会联合下发了《关于进一步做好全区建设系统社会治安综合治理工作的通知》；自治区人事厅会同自治区社会治安综合治理委员会于5月13日联合下发了《关于对2000年至2003年社会治安综合治理先进集体、先进个人及见义勇为先进分子进行表彰奖励的通知》，10月19日召开了表彰大会，表彰了216个自治区社会治安综合治理先进集体和300名社会治安综合治理先进个人。根据中央综治委通知，2004年12月2日下发了《关于做好推荐“全国社会治安综合治理先进集体和先进工作者”工作通知》，向中央综治办推荐了3个优秀地州市、3个先进集体和3名先进个人。其中有3个优秀地州市、2个先进集体、2名先进个人受全国表彰。自治区团委会同自治区综治办2004年6月2日联合下发了《关于深化预防青少年违法犯罪工作的意见》，深化了预防青少年违法犯罪工作，促进了青少年全面健康成长；自治区广播电视厅充分发挥其职能作用，加大对社会治安综合治理工作的宣传力度，在综合治理宣传月活动期间，新疆人民广播电台用维、汉、哈、蒙、柯五种语言，新疆电视台用维、汉、哈三种语言报道宣传有关社会治安综合治理的内容，起到了别的部门、别的形式无法替代的作用；中国人民银行乌鲁木齐中心支行保证了24车皮发行基金从内地安全运抵乌鲁木齐，保证了52200多次提交款安全无事故；政法各部门在打击“三股势力”和各种违法犯罪分子的破坏活动，改造罪犯、安置帮教刑释解教人员等工作中做了大量工作，取得了很好成绩；民航、铁路、交通等部门保证了进出疆人员、物资，南北疆人流、物流的安全畅通。各成员单位的积极参与和主动配合是我区社会治安综合治理工作取得又一个胜利的重要保证。

自治区社会治安综合治理“双先”表彰大会情况

10月19日，自治区党委、自治区人民政府隆重召开自治区社会治安综合治理先进集体、先进个人暨见义勇为先进分子表彰大会。大会表彰了216个综治先进集体、300名综治先进个人和61名见义勇为先进分子。

大会由自治区党委副书记、政法委副书记努尔·白克力主持；中共中央政治局委员、自治区党委书记王乐泉，自治区党委副书记、政法委书记张秀明分别在大会上讲话。自治区及兵团领导出席大会。自治区政法委委员、自治区综治委委员及受表彰的先进集体、先进个人暨见义勇为先进分子的代表及自治区各厅局干部五百余人参加了大会。

自治区副主席努尔兰·阿不都满金宣读了《自治区党委、自治区人民政府关于表彰自治区社会治安综合治理先进集体、先进个人的决定》和《自治区综治委、自治区见义勇为基金会关于表彰见义勇为先进分子的决定》。自治区领导为受表彰的先进集体、先进个人暨见义勇为先进分子代表颁奖。

大会召开之前,中共中央政治局委员、自治区党委书记王乐泉等自治区领导亲切接见了出席大会的代表并与之合影留念。

张秀明同志的讲话着重强调了四个方面的问题。一是认真学习贯彻党的十六大和十六届三中、四中全会精神,进一步增强做好社会治安综合治理工作的紧迫感,全力维护社会稳定。二是开拓创新,与时俱进,在实践中不断总结社会治安综合治理工作的成功经验。三是加大矛盾纠纷排查调处力度,及时妥善处理人民内部矛盾。排查调处矛盾纠纷,减少社会治安隐患,是社会治安综合治理的重要工作。各级党委、政府要从维护稳定的大局出发,将矛盾纠纷排查调处作为一项重要的政治任务和经常性工作抓紧抓好。四是求真务实,扎实工作,不断推动我区社会治安综合治理的新进步。张秀明强调指出,当前,社会治安方面需要研究的新情况、新问题还很多,我们要通过调查研究,从实践中找出正确的思路和办法,有效地解决工作中存在的难题,进一步做好社会治安综合治理工作,有力地维护社会稳定和良好的治安秩序。

王乐泉在讲话中指出,近年来,各级党委、政府认真贯彻中央关于维护新疆稳定的一系列重大决策和战略部署,坚持标本兼治,深入开展"严打"斗争,严厉打击"三股势力"和各种刑事犯罪分子,积极推进集中整治工作,全面落实社会治安综合治理各项措施,保持了良好的社会治安秩序,为促进新疆经济建设和各项事业的发展创造了和谐稳定的社会环境。

王乐泉说,在艰巨而繁重的改革、发展、稳定任务面前,发扬爱国主义和革命英雄主义精神,用先进典型的模范行为影响和带动全社会,激励和引导各族人民以更加坚定的信心和旺盛的热情,投身改革开放和现代化建设的伟大实践,具有十分重要的意义。

王乐泉强调,当前要坚决贯彻"严打"方针,深入开展严打整治斗争,主动出击,露头就打,先发制敌,严厉打击民族分裂主义的骨干分子、宗教极端势力为首分子和暴力恐怖犯罪分子。坚持城乡并举,突出重点,进一步强化重点地区集中整治工作,继续从各级党政机关抽调得力干部组成工作队,深入到部分重点地区的县、乡、村,开展集中整顿社会治安、严厉打击暴力恐怖犯罪的专项斗争。按照"精简上层、充实基层"的原则,通过推行国家干部到村任职、干部易地挂职培训等措施,着力加强乡、村两级基层组织建设,强化维护稳定的基层基础工作。

王乐泉指出,必须坚定不移地依法加强对宗教事务的管理,严厉打击宗教极端势力,坚决取缔和遏制非法宗教活动。高度重视和妥善处理人民内部矛盾,有针对性地采取措施,努力把问题解决在萌芽状态。坚持"打防结合,预防为主"的方针,全面落实社会治安综合治理的各项措施。进一步强化社会治安领导责任制,构建党委、政府统一领导,综治机构组织协调,有关部门配合,广大群众积极参与的打防控一体化治安防控体系,构筑预防违法犯罪活动的社会网络。

墨玉县推行社会治安综合治理公示教育制度

为加强机关、企事业单位社会治安综合治理工作的深入开展,调动干部职工参与社会治安综合治理工作的积极性，和田地区墨玉县从本县综治工作的实际出发，推行了社会治安综合治理公示教育制度，坚持"四个结合"：一是动员干部职工自学与机关单位强化集中学习教育相结合，提高干部、职工及其家属子女学法、用法、守法的自觉性；二是自我约束与社会监督相结合，增强干部职工遵纪守法的防范性；三是教育与惩处相结合，树立干部职工以身作则、抵制邪恶、弘扬正气的敏锐性；四是区域管理与综合治理相结合，促进社会治安综合治理管理的全面性和科学性。社会治安综合治理公示教育制度的推行，解决了抓社会治安综合治理工作少数人动、多数人不动、专门机关动、社会面不动的问题；堵塞了机关、企事业单位治安防范工作平时薄弱，问题发生后隐瞒不报、问题不查、责任不究的漏洞；扭转了干部职工违法乱纪缺乏监督、查处不力的局面。受理了一批对干部职工及其家属违法乱纪的举报线索，依法处理了一批违法乱纪干部职工，取消评先选优资格，干部职工违法乱纪举报查处率达到98%以上。上半年，墨玉县县直单位刑事、治安案件均有所下降。干部职工学法、用法、守法的精神面貌焕然一新，涌现出了一批普法先进单位，学法、用法、民族团结先进个人，促进了干部模范执行党和国家各项政策法规的自觉性。公示教育制度的推行，有力地促进了墨玉县各机关、企事业单位治安防范工作的发展，为推动综治工作的深入开展发挥了积极作用。

主要做法是：

一、宣传教育抓延伸，使社会治安综合治理公示教育制度成为机关干部职工学法、用法、守法的教育平台。社会治安综合治理公示教育制度规定，由机关单位负责，每月对辖区内干部、职工进行一次社会治安形势教育；每周五以科室班组为主体，对干部、职工进行政治思想教育和法规政策普及教育。各科室、班组每周学习考勤以月为单位在机关进行公示。同时，干部职工在做好自身学习的基础上，每月对家庭开展一次法规教育，并以书面形式写出家属、子女当月学法、用法、守法报告，交由单位建立家庭政策法规学习档案。使宣传教育工作由软任务变为硬指标，由机关延伸至家庭。

二、防范矛盾抓超前，使社会治安综合治理公示教育成为预防各种隐患的一道防线。针对民族分裂势力向意识形态领域渗透，企图搞所谓的"母亲工程"、"未来行动"的实际，社会治安综合治理公示教育制度将查处问题工作前置，明确要求各单位以防渗透、反渗透为重点防范内容，在强化干部职工"三观"（世界观、人生观、价值观）、"四德"（社会公德、职业道德、守法品德、家庭美德）教育的基础上，明确每个干部职工及其家属在社会治安、精神文明、计划生育等方面举报监督的权利和义务，建立了举报监督电话和受理机制，从源头上防止干部职工出现问题无人监督、听之任之的现象的发生。

三、查处问题抓公开，使社会治安综合治理公示教育制度成为严肃查处各种违法乱纪行为的"紧箍咒"。结合业务工作特点，各单位将服务用语、工作流程等，按照社会治安综合治理公示教育制度要求进行张榜公布，增强服务群众的观念和执政、执法的透明度，便于群众监督。坚持惩戒与表扬相结合，每月在公示教育制度栏中公开违法乱纪的人和事以及模范执行政策法规的好人好事，增强干部职工讲正气、惩邪恶的社会责任感。

四、管理程序抓规范，使社会治安综合治理公示教育制度成为加强机关、企事业单位社会治安的有效监督机制。县综治办抓监督，机关、单位综治领导小组抓管理，负责综治工作的专（兼）职人员具体操作，采取设立公示教育监督专栏的形式，将公示教育的主体、对象、内容、监督责任、监督电话、受理方式、奖惩办法等，在机关单位醒目位置直接向辖区内干部职工及广大群众长期公开，接受社会公众的共同监督；对违法乱纪、好人好事坚持月公开、季讲评，每半年结合社会治安综合治理"2、4、12"督查制度（地区综治委组织综治成员单位、县〈市〉领导对县〈市〉每年大型督查2次；县〈市〉综治委组织综治成员单位、乡〈镇、街办〉领导对乡〈镇、街办〉每年大型督查4次；乡〈镇、街办〉综治委组织综治成员单位、村〈居委会〉领导对村〈居委会〉每年督查12次）进行责任兑现。主办单位每月向县综治办报告贯彻落实公示教育制度的情况，县综治办以此作为考核各单位综治工作的重要依据。

新疆维吾尔自治区及市、县(市、区)综治委、办主任名单

地　区	综治委主任	综治办主任
自治区	张秀明	刘新胜
乌鲁木齐市	郭连山	彭寿山
天山区	朱　煊	蔡云成
沙依巴克区	魏　毅	
新市区	常树学	张天虎
水磨沟区	梁　红	张文玉
头屯河区	韩　枫	龚学智
达坂城区	张自敏	周云良
东山区	訾　峰	王　兵
乌鲁木齐县	马立福	康　成
经济技术开发区	朱建平	李春生
高新技术开发区	李复东	李秀峰
克拉玛依市	宋友立	高东海
克拉玛依区	刘鸿新	吕卫国
独山子区	董　明	王悦梅
白碱滩区	徐乃华	郭　明
乌尔禾区	杨学文	徐泽峰
喀什地区		
塔什库	徐继明	苏利民
疏附县	黄　明	黄　明
疏勒县	苏向东	托乎提·马木提
英吉沙县	王铁民	吴建平
泽普县	何利民	余伟全
莎车县	徐源智	陈东林
叶城县	郝新强	崔泽长
麦盖提县	杨　卫	杨　卫
伽师县	郭渭安	刘春林
巴楚县	张铭公	
尔干县		
阿克苏地区		陈泰明
阿克苏市	牛学兴	李志富
温苏县	万国才	吴学文
库车县	刘全山	晁贵福

地　区	综治委主任	综治办主任
沙雅县	王炼刚	王求斌
新和县	刘宝升	托合提·巴克
拜城县	刘　超	黄晓明
乌市县	张新成	陈　征
阿瓦提县	巴建国	刁　进
柯坪县	许学巍	戴　群
和田地区	车玉平	周景博
和田市	沙迪尔·努尔买买提	陈宝利
和田县	买提卡斯木·达吾提	岳全宗
墨玉县	亚力昆·阿不都热依木	许常平
皮山县	何成刚	买买提明·吾买尔
洛浦县	王振才	张建国
策勒县	努尔买买提·吐尼亚孜	阿不拉·司马义
于田县	何　军	樊大双
民丰县	靳　平	姜安新
吐鲁番地区	郑　强	蒋伟刚
吐鲁番市	王建勇	袁宇久
鄯善县	马友博	王尔玲
托克逊县	崔福泉	裴建伟
哈密地区	张春华	俞占海
哈密市	黄建昆	张赛宏
伊吾县	卢红兵	邢民强
巴里坤县	热哈提	李国强
克　州	刘保健	姜　丰
阿图什市	贾立新	
阿克陶县	石双马	
阿合奇县	鲍广途	
乌恰县	蒲亚军	李生国
博尔塔拉蒙古自治州	诺明达拉	银连碧
博乐市	祁忠远	崔　博

地　区	综治委主任	综治办主任
精河县	陈　洪	
温苏县	张光勇	丁胜全
阿拉山口口岸	尤占军	李新社
昌吉州		张树华
昌吉市	李玉旭	刘成安
阜康市	杨有曾	
米泉市	金　玲	陈寿南
呼图壁县	曹志文	丁　玉
玛纳斯县	张　杰	廖风会
奇台县	刘春生	高生林
吉木萨尔县	侯东升	蔺世民
木垒县	董　平	黄玉琴
准东工委	吴希华	杨森荣
巴　州	孙建峰	
库尔勒市	宫　军	张玉忠
轮台县	赵　青	兰保平
尉犁县		
若羌县	阿里木·阿巴拜克	赵卫东
且末县	吐逊·肉孜	王　基
和静县	徐长峰	赵树群
和硕县		艾尔肯·阿吾提
博湖县	濮玉东	武风义
焉　县	张　俭	刘雅彬
伊犁哈萨克自治州	托合塔尔	马海林
伊宁市	对　山	
奎屯市	袁建海	田小平
伊宁县	阿不都沙拉木	木塔里甫
霍城县	董永昌	包立侠
巩留县	伊马木	李汉平
新源县	王新杰	陈兆雪
昭苏县	叶斯坎德尔	崔卫国
特克斯县	葛　国	王照辉
尼勒克县	阿合买提	蒋宇平
察布查尔县	艾尔肯	哈米提
塔城地区	廖运建	
塔城市	秦建设	陈世忠
乌苏市	孙彦哲	李宗芳
额敏县	张卫平	张林青
沙湾县	何永慧	王荣章
托里县	窦万贵	周立军
裕民县	李志坚	胡瑞清
和丰县	张建科	韩慧贤
阿勒泰地区	陈宇明	田　浩
阿勒泰市	程　勇	罗　青
布尔津县	王克勇	李质强
富蕴县	韩传江	陈　舜
福海县	范赵斌	张明华
哈巴河县	陈新民	李　军
青河县	王福平	马云峰
古木乃县	武海跃	贺建华

（撰稿人：富晓蓉　娜迪拉
审稿人：刘新胜　崔红星）

新疆生产建设兵团

2004 年社会治安综合治理工作概况

2004 年在兵团党委、兵团和兵团综治委的正确领导下，各师进一步加强领导，落实各项综治措施，全兵团社会治安综合治理各项工作好于往年，全兵团刑事案件发案大幅度上升的势头得到了有效遏制，职工群众对社会治安的满意率有所提高，兵团社会治安状况有所好转。

2004 年，各师从实际出发，认真贯彻“打防结合，预防为主”方针，狠抓各项治安防范措施的落实，积极开展治安混乱地区(单位)和突出治安问题排查整治工作和矛盾纠纷排查调处工作，基层基础工作得到了强化。同时，公安、司法、民政、宗教、共青团、教育、信访等有关部门密切配合，共同努力，预防青少年违法犯罪、流动人口管理服务、刑释解教人员安置帮教、学校周边治安整治等专项工作取得进展。社会治安防控体系建设全面启动，按照规划全兵团有 26 个团场相继开展了防控体系建设，加大了技防监控设施的建设力度，可防性案件得到了有效控制。三师四十五团率先在兵团建成可视化技防监控设施，当年的可防性案件下降了 50% 以上。一师、四师、五师、七师、十师部分团场可视化技防监控设施安装后，可防性案件大幅度下降，有效维护了垦区的社会治安稳定。

在狠抓综治工作各项措施落实的同时，各师还创造了一批新鲜经验，如三师、四师、十四师等社情复杂的师，在垦区与垦区、垦区与地方、监狱与武警之间建立维稳联席会议制度，有效防范了“三股势力”的渗透破坏；一师、三师、六师、七师、八师等城镇化建设程度高的师，突出加强城镇、团部社区治安防范建设，有效遏制犯罪；一师、六师、七师、八师等暂住人口多、发案多的师和单位(区域)，积极建立“社区联控”、“三警联勤”和“联户联防”工作机制，在基层连队还开展了“十户联保”、“十户联防”、“治安中心户长”活动等，四师还在各连队的畜群点安装了“犬叫灯亮”的简易声控报警装置等，有效控制了犯罪。其中有些经验还得到了中央综治委的肯定。如二师 29 团综治委和六师综治委结合实际，狠抓矛盾纠纷排查调处工作，他们总结的《抓矛盾纠纷排查调处，促职工群众安居乐业》和《做好矛盾纠纷排查调处工作，营造健康祥和安定的社会环境》两份经验材料被中央综治办采用，并在 2004 年 6 月份全国社会治安综合治理工作会议上书面交流，编入大会经验材料汇编。四、八师各获得了一个全国社会治安综合治理好新闻三等奖。

开展重点整治和专项治理的情况

兵团重视对治安混乱地区(单位)、突出治安问题排查整治工作,2004年继续把这项工作作为一项重要工作来抓,2004年以来,兵团各级按照“什么治安问题突出就解决什么问题,哪里治安混乱就治理哪里”的原则,采取“治安问题抓相对(相对本地区、本单位)”、“有大抓大,无大抓小,无小抓防范”的办法继续进行排查整治。共排查出治安混乱地区(单位)10个、突出治安问题7个(类)。突出治安问题主要是入室盗窃、牲畜被盗、打架滋事、流动人口管理、出租屋管理、团场集贸市场管理、闲散人员违法犯罪等。兵团综治办要求各师每季度进行一次排查整治工作,每季度末上报排查整治工作情况,兵团综治办还不定期进行检查和指导,并汇总上报情况。各师对排查出的治安混乱地区(单位)和突出治安问题,在认真梳理的基础上,分析原因,提出整治对策,制定整治方案,列出整治工作时间表,通过整治都基本得到了解决,2004年,全兵团共查处各类治安案件6411起,比去年同期下降3.11%;查处违法人员8366人,同比下降1.13%,治安管理得到加强,社会面控制进一步强化。

加强社会治安防控体系建设情况

南昌会议结束后,兵团结合自身实际,制定了《兵团社会治安防控体系建设规划》,决定从2004年起,用3~5年的时间,在兵团整个地域范围内,构筑起预防违法犯罪活动的社会治安防控体系。并在2004年初兵团政法综治工作会议上进一步明确,要求各师积极行动,做出规划,进行试点,全面推动。兵团综治办积极开展调研活动,提出兵团的基础是农牧团场,兵团社会治安综合治理工作的重点在农牧团场,兵团社会治安防控体系建设应以农牧团场为重点的观点,并学习浙江、山东等省平安建设的经验,以基层创安活动和防控体系建设促“平安”团场建设。亲自抓典型,2004年6月份在三师45团召开了兵团农牧团场社会治安防控体系建设现场会,推广了45团防控体系建设先进经验。会后,各师都加快了行动步伐,制定防控体系建设规划,确定试点团场,组织人员到45团学习。同时,各师都相继召开了防控体系建设现场会,整体工作向前推进了一大步。2004年全兵团完成防控体系建设的团场(单位)26个,占团场总数的15.2%。为开展“平安团场”创建活动打下了基础。

矛盾纠纷排查调处工作情况

2004年,根据中央综治委的部署,在兵团党委、兵团的领导下,结合兵团实际,认真贯彻2004年6月"杭州会议"精神,深入基层调查研究,积极开展矛盾纠纷排查调处工作,为兵团改革开放和经济发展创造良好的社会环境。一是坚持抓制度、抓责任。坚持每月进行一排查一报告、"零报告"制度,并通过落实化解矛盾纠纷分析会、工作例会、领导包案、督导、检查等预防化解矛盾纠纷工作制度,明确了矛盾纠纷排查调处工作责任和领导责任;二是抓信息。广泛建立了综治信息员队伍,狠抓矛盾纠纷排查信息工作,做到早发现、早化解,大大减少了矛盾纠纷;三是通过抓协调、抓参与,建立起了经常性的矛盾纠纷排查调处工作机制。全年共排查各类矛盾纠纷11997起,调处11312起,调处成功率94.3%,防止民转刑案件80起、76人;四是积极妥善处理各种社会矛盾及由此引发的群体性事件。今年以来,兵团企业内部共发生不安定事端412起,涉及企业单位156个、人员4619人,其中:在岗职工1070人,下岗职工1502人,离退休人员1044人,其他人员1003人。据统计,兵团各师发生群体性事件47起,参加人员2715人,与去年同期相比减少38起、243人。各级综治组织及综治干部总是在第一时间出现在第一现场,在党委的领导下,坚持在第一线与其他有关部门一道开展化解处置工作,取得较好成效。

新疆生产建设兵团社会治安防控体系建设规划

(2004年2月8日)

根据中共中央办公厅、国务院办公厅转发的《中央社会治安综合治理委员会关于加强社会治安防范工作的意见》(中办发[2002]26号)精神,为巩固和发展两年"严打"整治斗争的成果,提高社会治安防控能力,预防和减少各类违法犯罪和治安事故发生,实现"发案少、秩序好、社会稳定、群众满意"的目标,为全面建设小康社会、"发展壮大兵团、致富职工群众"营造安全稳定的社会治安环境。特制定兵团社会治安防控体系规划:

一、工作目标

1. 工作目标

社会治安防控体系总体框架完整严密,防控网络布局科学合理,防控力量、措施、责任落实到位,防控工作规范有序,防控工作运行机制比较完善,社会治安秩序良好,实现"一个下降",即刑事案件年度发案总量下降;"两个遏制",即盗窃案件和可预防性案件得到有效遏制;"三个上升",即公安机关破获案件绝对数上升,人民群众的安全感和对社会治安的满意度上升;"四个不发生",即不发生影响社会稳定的大规模群体事件,不发生群死群伤的重大治安灾害事故,不发生影响恶劣的"黄赌毒"案件,不发生危害严重的重大恶性犯罪案件。

二、基本框架

建立以城镇、团场、连队(含企事业单位)为基础的三级治安联防网络,形成横向到边,纵向到底的全方位治安防范体系,按照管好犯罪高发群体、管住重点场所含部位,压缩多发性犯罪和可防性犯罪的整体思路,最大限度地发挥整体防控效能。

2. 城镇社会治安防控

(1)加强城镇治安防控组织建设。在师、团党委领导下,以街道党工委、社区党支部等基层党组织为核心,建立以公安派出所、司法所等基层政法组织为骨干,社区保安队、治安联防队等基层群防群治组织为依靠,居委会、治保会、调委会等群众自治组织和广大群众积极参与的治安防范工作机制。

(2)建立动态防控网络。充分发挥公安机关主力军作用,以街路为线、居民区为面、重点要害部位为点,构建行政区域周边的交通要道、要害部位、街道社区、居民楼院、内部单位五道防线,做到“管住块”、“护住院”、“看住门”、“控住人”。

(3)全面实施社区警务战略。加强社区警务建设,建立社区警务室。最大限度地配齐配强责任区民警,建立健全工作机制,保证民警沉到社区、警务贴近群众。

(4)城镇社区开展“法律服务进万家”活动。充分整合社区资源,组建社区义务法律志愿者队伍,为居民提供法律咨询、法律援助,为居民调解民间纠纷,为居民上法制课等。

(5)加强城镇治安防范队伍的建设。城镇组建专职治安员队伍,每500~1000户配一名专职治安员。治安信息员、治安志愿者、专兼治安巡逻队在城镇综治委的统一领导下,在公安派出所的具体指导下,划分责任区,落实社会治安防控责任。

(6)完善住宅小区治安管理。各楼(院)设置楼长、单元长、负责本栋楼、本单元的治安防范等工作。城镇分散居民区,把居民划分为若干小区,落实庭院治安联防组织,看家护院义务联防组织,落实防范责任,形成群防群治的治安防范网络。封闭的小区应达到“六有”:即有门岗、有车棚、有管理机构、有管理制度(主要是“一约五制”,即居民公约、门卫值班制度、巡逻执勤制度、民事调解制度、法律宣传制度和帮教工作制度)、有经费、有登记册(包括暂住人口登记簿、刑释解教人员及有劣迹青少年帮教登记簿、矛盾纠纷排查登记簿、外来人员登记簿、法制教育登记簿等)。有条件的小区可安装闭路监视系统。

(7)大力推进重点部位和居民住宅安全防范设施建设。城镇住宅建筑应包括安全防范设施部分。新建的住宅楼应安装楼宇程控门、住户防盗门和楼道声控灯,并纳入建筑质量管理进行检查验收。按照“谁主管,谁负责”、“谁的产权谁改造”的原则,加大对旧楼“两门一灯”和楼窗防护栏的改造力度。动员居民积极参与治安防范,提高楼宇程控门、住户防盗门和楼道声控灯的安装率。住宅小区应建自行车、摩托车棚。

3. 团场社会治安防控

(1)团场建立健全基层政法组织和群众自治组织,强化对治安防范工作的组织领导。在团场党委、团场统一领导下,综治办、公安派出所、司法所、治保会、调委会等组织各负其责,共同做好治安防范工作。

(2)配齐配强团场社区和基层连队、单位的治保会和调委会主任。在党支部的领导下,治保会、调委会具体负责治安防范、民事调解和矛盾纠纷排查调处工作。治保会、调委会做到组织、制度、工作、报酬四落实。

(3)组建团场治安员队伍。团场组建专职治安员队伍,连队配专职治安员,重点部位配专职警卫,数量可根据需要和承受能力自行确定。团场综治办和派出所要加强对治安防范工作的指导,定期对专职治安员进行培训。

(4)实行季节性有偿看护。在护青、护秋季节,由连队综治领导小组或治保会负责组织治安巡逻,组织治安信息员、治安志愿者、看家护院队员、专兼职看护员进行护秋保收;动员和组织党(团)员、民兵、离退休人员和广大群众参加治安防范,共同维护社会治安。要大力宣扬见义勇为的先进典型,进一步激发和保护广大群众同违法犯罪作斗争的积极性。

(5)开展安全文明单位、安全文明校园、安全文明连队创建活动。把预防入室盗窃、增强居民防范意识、减少民转刑案件作为基层创安的重点。大力宣传推广“安全文明单位”、“安全文明校园”、“安全文明连队”示范点经验,分类指导,制定科学合理的创安标准,努力使全兵团85%以上的基层单位达到安全文明单位的标准。

各单位、连队要积极组织开展评选“十星级文明家庭"、"安全文明户"、"遵纪守法光荣户"等活动,加强公民道德建设,促进社会主义精神文明建设。

安全文明单位、安全文明校园、安全文明连队的创建要达到"六无",即无重大恶性案(事)件、无非法宗教活动、无黄赌毒等社会丑恶现象、无群体性上访、无民事纠纷激化、无刑释解教人员重新违法犯罪。

4. 边境地区社会治安防范

边境团场要按照"军警兵民"四位一体的边防工作思路,加强社会治安防范工作。在师团党委的领导下,充分发挥民兵在治安防范中的作用,建立师、团场、连队三级群防群治网络、机动车巡逻网络、无线电通讯网络三网并建,边境线、公路沿线、友邻区接壤线三线齐防的防范模式。完善边防委和综治委联系会议制度,健全边境地区的区域性联防统一指挥系统,确保边防巩固,边境团场的稳定。

5. 加强危险物品的管理

(1)严格枪支弹药和爆炸、剧毒等危险物品的安全管理。公安机关要加强从事危险物品运输、储存、使用单位的检查、指导和监督,适时开展安全大检查,及时发现和整改事故隐患。有关单位应健全规章制度,完善安全设施,落实管理责任。要加强危险物品从业人员的安全管理教育和专业技术培训,不断增强从业人员的安全知识、业务素质和遵纪守法的自觉性。

(2)抓好重点部位的安全防范工作,特别是维护好武器库、农资(产品)库、棉花加工厂的治安防范工作。健全防范和管理制度,落实责任,从严管理。加强安全设施建设,开展安全检查,消除隐患,防止重大治安事故。

6. 加强矛盾纠纷排查调处工作

实行"党委负责、综治协调、部门主管"的民间矛盾纠纷排查调处机制。

建立健全矛盾纠纷排查调处工作的各项规章制度。一是定期排查制度:团场每月排查一次,连队每半月排查一次,确保各种矛盾纠纷早发现、早报告、早处置。二是建立"台账制度":对排查出来的影响稳定的倾向性、苗头性问题,全部登记造册,建立台账,同时定责任单位、责任人、定处置措施,定处置期限。问题已经得到解决的要及时销账,到期未能解决的,要跟踪督办等。三是工作协调制度:通过各种渠道及时收集矛盾纠纷排查调处信息,认真分析,梳理归类。并按照"分级负责,归口管理"的原则,落实到有关部门、单位和责任人。对群众反映强烈、处置难度大,有可能应发重大治安问题和群体性上访事件的,要及时提出处置意见,及时调查处理。四是定期报告制度:对排查出的重大矛盾纠纷,本级解决不了的,在向本级党委报告的同时,及时报告上级组织,由上级组织有关部门限期解决。对可能引发重大治安问题的矛盾纠纷,写出专题报告,随时上报。五是情况通报制度:做到每月对矛盾纠纷排查调处工作进行一次通报,及时总结经验、推广典型、分类指导。六是领导包案、挂牌督办制度。对可能造成影响的和上级领导批办、通报督办的重大矛盾纠纷,实行领导包案、挂牌督办、限期解决。对排查工作不力,发生群体性越级上访事件的单位,以督办卡的形式,督促该单位限期解决。七是考核奖惩制度。把矛盾纠纷排查调处工作开展情况和实际效果与责任人的政绩、晋职晋级、奖惩等紧密挂钩。

7. 部门、企事业单位社会治安防控

(1)各部门、企事业单位按照"谁主管、谁负责"的原则,充分发挥职能作用,主动承担起维护社会治安的责任。各单位结合行业管理,将社会治安防控纳入本部门的工作规划,与业务工作同部署、同检查、同总结。

(2)各企事业单位(含非公有制经济组织)按照"属地管理"的原则,自觉地服从所在地的统一领导,接受社会治安综合治理机构的指导、协调、监督和检查,切实做到"管好自己的人,看好自己的门、办好自己的事"。

加强内部治安保卫组织和治安联防队伍的建设,充实力量,组织护厂、护院、护校、护店巡逻队,建立健全安全责任制度。停产半停产企业应组织专门力量,预防和减少哄抢、盗窃等案件发生。私营、民营、个体工商业等企业,都应确定部门和人员负责社会治安综合治理工作,强化内部各项安全防范措施,落实治安责任。

(3)实行区域治安责任制。企事业单位单独形成管理区的地方,应该抽调人员参加街企联防,共同维护厂区周边和职工家属区的安全。

(4)党政机关、企事业单位、金融储蓄网点、财务室等重点要害部位，都要安装防盗门、防护栏等防范设施，安全报警设施安装率要达到100%，实行重点部位、报警服务台、派出所、警务室相互联网。

8. 构建严密的教育网络

(1)建立以日常管理为主的暂(寄)住人员管理、服务机制。建立暂(寄)住人员管理组织、落实工作责任，抓好暂(寄)住人员的登记、发复函、日常管理和服务工作，管理服务率应达到95%以上。摸清底数，掌握变动情况，做好信息采集、使用工作，建立科学、动态的人口管理机制，堵塞管理漏洞。

(2)强化治安重点人员的管控工作。着重抓好刑释解教人员、流动人口中的"三无"人员、有轻微违法犯罪行为青少年、痴迷"法轮功"等邪教活动人员和有"三股势力"活动嫌疑人员的管理、控制、教育工作。有关部门要经常开展排查和调研，随时掌握治安重点人员底数，建立动态的人口管理档案和定期检查通报制度，落实控制、帮教、管理和服务措施。公安、司法行政、监狱、劳教部门加强协调配合，认真执行刑释解教人员管理、教育、衔接制度，有关部门要采取多种形式解决刑释解教人员的务农、务工、经商等生活出路，切实解决漏管失控问题。刑释解教人员和有轻微违法犯罪行为青少年的帮教率达90%以上，力争重新犯罪率逐年有所下降。

(3)加强对青少年的教育管理。抓好小学德育课和初中、高中法制课教育。各中小学校应建立家长学校，配齐配强法制副校长和法制辅导员。团场、连队小学年辍学率不得超过1%，城镇初中年辍学率不得超过2%。同时，为青少年健康成长提供良好的社会环境。重点做好有劣迹青少年的教育管理。层层建立学校、家庭、社会三结合的共同教育责任制，建立预防青少年违法犯罪的发现机制、预防机制、挽救机制，形成全方位、系统化的青少年教育网络。

三、工作原则

9. 党政领导，综治委组织协调的原则

各级党政领导要从思想上、组织上、工作上加强对社会治安防范工作的领导，认真研究解决落实防范工作中存在的各种问题。各级综治委及其办公室要对各部门开展社会治安防范工作加强督促、检查、指导和协调，使治安防范措施落到实处。

10. 专群结合的原则

在发挥政法各专门机关骨干作用的同时，充分调动群众参与治安防范的积极性，把广泛的群防群治力量同有限的警力紧密结合起来，共同维护社会治安。

11. 属地管理和谁主管谁负责的原则

实行"条块结合，以块为主"的属地管理原则。根据治安防范工作的任务、要求和范围，各部门、各单位要按照"谁主管、谁负责"的原则，抓好本系统、本部门、本单位的社会治安综合治理工作。

12. 因地制宜，注重实效，与时俱进的原则

不断推进体制创新和工作创新，积极探索治安防范工作的新路子、新途径。

四、主要措施

13. 实行四个结合

(1)基层综治组织建设与基层党建相结合。发挥党支部在维护稳定和民主法制建设中的战斗堡垒作用与广大党员的模范带头作用。

(2)把排查整治治安问题和排查调处矛盾纠纷有机结合起来。开展专项治理，限期整改。做到早发现、早化解。

(3)集中严打整治与日常防控、管理相结合。建立"严打"斗争的长效工作机制，加强日常防控和管理力度。

(4)法制教育与道德教育相结合。不断提高干部职工的道德素质，增强干部职工的法律意识，努力形成明礼诚信、遵纪守法的良好社会风尚，推动社会文明进步，保持治安秩序稳定。

14. 发挥四个作用

(1)专门机关的骨干作用。政法机关在加强治安防范工作的同时，要严厉打击各种违法犯罪活动，努力减少违法犯罪造成的危害，不断提高驾驭和控制社会治安局势的能力。

(2)群防群治的主体作用。增强治安防范工作的群众基础，充分发挥治安联防组织、民兵组织和保安队伍及社会治安青年志愿者的作用。积极探索治安防范社会化、产业化、契约化的路子。

(3)专项领导小组的带动作用。充分发挥流动人口管理领导小组、铁路护路联防领导小组、刑释解教人员安置帮教领导小组、预防青少年违法犯罪工作领导小组以及各级"610"办公室在社会

治安防控中的作用。

(4)各级综治办事机构的协调整合作用。各级综治办事机构要充分发挥职能作用,组织、指导、协调各地区、各部门和各综治专项工作领导小组办公室搞好社会治安防范体系建设,落实综合治理各项措施,形成齐抓共管的良好局面。

抓矛盾纠纷排查调处 促职工群众安居乐业

农二师29团综治委

29团党委始终以践行"三个代表"、维稳、富民、强团为根本宗旨,将矛盾纠纷排查调处作为社会治安综合治理工作中的一项必不可少的重要内容来抓,并结合单位实际,在矛盾纠纷排查调处工作中,坚持做到"五个坚持"、"三依法"、"四落实",在预防矛盾激化上,坚持抓早、抓小,在业务建设上,形成了"组织建设网络化、阵地建设标准化、工作开展制度化、业务建设规范化、信息收集灵通化"的多层次、全方位的工作新格局。主要做法是:

一、领导重视,构建网络,明确责任,为做好矛盾纠纷排查调处工作打好基础

一是领导重视。近年来,29团党委把各类矛盾纠纷排查调处工作作为维护社会政治稳定工作的重中之重,立足于现实,本着群众利益无小事的原则,提出"面向群众,增强服务意识,切实解决群众疑难问题",由综治办、信访办牵头,每季度进行一次矛盾纠纷排查梳理,每季度进行一次集中调处活动。建立了团领导督办,综治、信访牵头,机关各部门、各社区调委会通力合作的集中排查和集中调处工作机制。

二是构筑网络。随着企业改制的不断深化,团场在进一步精简机构和非生产人员的情况下,把原来编制的团、连(厂)、班组三级管理体系,改为了团、社区、小区、营区四级管理网络。在工作中把调处矛盾纠纷和收集矛盾信息与"四级网络"的综合治理小组、调委会、治保会等维稳组织紧密结合,上下自成体系,成员达到了1200余人,形成了信息灵通、调处及时、通力合作的矛盾纠纷信息收集、预防和调处系统。全团5个社区,28个小区调委会均有专门办公用房和调解厅,并配齐了办公桌椅、文件柜及电话。调委会做到有章子、有牌子,每调处一件纠纷有卷宗,调处纠纷信息畅通、及时。去年,团党委还将各社区所需调解工作经费,调解员、纠纷信息员的误工补贴和岗位津贴列入团场财务预算,定期下拨。

三是建立责任制。为使矛盾纠纷排查工作科学化、规范化,29团先后制定和实施了《矛盾纠纷排查工作实施细则》、《调解工作例会制度》、《调解员岗位职责》、《纠纷登记制度》、《纠纷信息收集制度》和《纠纷调处回访制度》等制度。在执行制度时,坚持按章办事,将责任落实到每个调解人员的头上。无论哪个管区、哪个环节、哪个调解人员的工作出现问题,都严格追究责任,并重奖重罚。还将信访案件的查处、矛盾纠纷的排查调处、重大治安问题的责任追究量化,与生产经营指标同下达、同考核、同奖惩,并与有关责任人员的业绩相挂钩,根据考核情况奖罚。同时还规定,凡发生重大上访事件或民转刑案件和因排查、调处不及时或不当导致非正常死亡事件的单位,给予"一票否决",并追究领导责任。由于责任制落实,做到了矛盾纠纷事前预测、动态掌握,事中分析、疏导及时,事后回访到位,多年来29团从未发生过群众越级上访或治安等不安定事件。

二、突出预防为主,做到"五个坚持"

一是坚持开展法制园地活动。各级各单位都有固定的法制园地,由综治办、司法办负责每月开展一次宣传活动。在内容上联系团场实际,紧贴"热点、难点"问题,将矛盾纠纷的调处实例,刊登在法制园地上,起到了很好的教育效果。

二是坚持开展法律进万家活动。把法律法规汇编、严打知识问答、乡规民约等手册发送到群众手中,送到群众家中,供职工群众学习。以此提高职工群众法律素质,增强了职工群众依法维护自身合法利益的能力,减少了矛盾纠纷的发生。

三是坚持法律咨询和巡回法律授课活动。由司法所和信访办牵头,每年开展二次义务法律咨询和到单位巡回法律授课活动。在调处有较大影响的民事纠纷时,通知职工群众到调解庭参加旁听,通过典型、生动的实例,以案释法,教育群众。

四是坚持开展公民道德教育。在职工群众中广泛开展公民道德规范教育,并通过"巾帼英模"、"好媳妇"、"好当家"、"优秀党员在你身边"等活动,用职工群众身边的事教育群众。同时开展"民心工程"和"亲情服务",密切了干群关系,密切了邻里和家庭关系,弘扬了传统美德,发挥了道德舆论的监督作用。

五是坚持"三心"、"三不过夜"。即做耐心细致的矛盾纠纷调处工作,坚持说服教育有耐心,疏导工作有细心,调处纠纷有恒心。做到发现纠纷苗头不处理不过夜,发现有可能激化的纠纷不解决不过夜,防范措施不落实不过夜。

三、突出服务大局,做到"三个依法"

一是依法制定企业规章制度和乡规民约。团党委在制定和健全政务公开、财务公开、民主评议、城镇规划、招商引资、工程项目招投标、下岗富余人员安置就业、文化娱乐及公共卫生等一整套涉及群众利益、企业管理和公共生活的20多项重大决策内容和规章制度时,本着"上合法律,下符民情"的原则,广泛征求职工群众意见,做到重大决策有群众参与、敏感问题群众有权监督、连务财务群众有权管理,重大决策内容和规章制度全部上墙,并在有线电视、调频广播和全体职工大会上进行公布,接受群众监督。同时及时依法清理与政策法规有悖、与民心民意相违的制度和规定。做到了依法办事、依法管理、工作透明,保证了企业各项重大决策的顺利实施。

二是依法规范农业生产承包责任制。为提高职工承包土地和养殖经营的积极性,使群众放心大胆的去致富,党委出台了多项优惠政策,并将承包、租赁等行为纳入了合同化管理轨道。依法规范团场与职工双方之间的民事行为,维护了合同双方的合法权益。

三是依法维护职工群众的合法权益。随着团场工副业企业改制的不断深入,诸如职工下岗安置、养老、救济等一系列矛盾十分突出。团党委充分发挥工会、信访办、司法所等部门开展政治思想工作的优势,出台了《企业改制(破产)决议程序》、《自营经济若干优惠规定》等文件,同时,采取竞争上岗、鼓励发展自营经济和充实生产一线承包土地等三项有效措施,依法、依政策较好解决了这些热调难点问题,安定了人心。

四、预防纠纷,突出"帮扶"作用,做到"四个落实"

在大量的矛盾纠纷中,有许多矛盾纠纷都是因职工群众生活贫困所致。团党委针对少数缺乏致富技术、就业无门、生活贫困及缺少致富资金的群众,实施"一对一"帮贫扶困工程,重点抓好"四个落实":

一是抓好职工群众脱贫致富措施落实。积极向职工群众传授致富技术,提供生产资金、搞好后勤服务及解除后顾之忧的工作,扶持职工群众脱贫致富;

二是抓好再就业措施落实。认真做好无业、下岗人员的思想观念转变,积极提供就业渠道和致富、就业信息等,帮助无业人员、下岗人员走出失业心理误区,团场还制定优惠政策扶持在就业人员发展养殖业、林果业、开办经营实体等。

三是抓好弱势群体生活保障措施落实。团场高度重视残疾、贫困、下岗分流等弱势群体的扶贫帮困工作,对生活困难、无钱承包土地的困难职工群众,确定为帮扶对象,提供贴息贷款等;对残疾、生活贫困的孤、寡、老人,提供最低生活保障,使弱势群体生活确有保障。

四是抓好农工减负工作措施落实。团场始终把职工的利益放在首位,严格清查各部门、各行业收费,对不合理的收费或变相的摊派坚决给予取缔;实行购买农资"一票到户"办法,减少大宗农资的流通环节,杜绝了农资随意涨价、加价现象;变职工承包账户团、连"二级核算制"为"一级核算制",由结算中心直接受理,杜绝了随意摊派现象。以上减负措施不仅杜绝了矛盾隐患,也给职工减轻了负担,保证职工安居乐业。仅2003年,全团就为农业一线职工减负100余万元。

29团狠抓矛盾纠纷排查调处工作，发挥社会治安综合治理第一道防线作用，有力维护了团场的社会稳定，职工群众安居乐业，促进了经济发展。

做好矛盾纠纷排查调处工作
营造健康祥和安定的社会环境

农六师综治委

面对新时期矛盾纠纷排查调处工作出现的新情况，农六师坚持打牢基础、构建网络、创新机制、联排联调，不断提高矛盾纠纷排查调处工作水平，努力营造健康祥和安定的社会环境。

一、抓基层、打基础，构建矛盾纠纷排查调处工作网络

师党委把矛盾纠纷排查调处工作作为牵动全局、关系全师人民根本利益的大事，大力实施"一把手"工程。师、团、营、连(车间)都建立了人民内部矛盾纠纷排查调处工作领导小组及办公室，形成了矛盾纠纷排查调处网络化。为做好全师矛盾纠纷调处工作奠定了必要的组织基础，为广大职工群众排难解纷，为各级领导分忧解忧，发挥了重要作用。在师党委领导下，师由政法、综治、劳动和社会保障、纪检、监察、土管、民政和民族宗教等部门共同参与矛盾纠纷排查调处工作，逐步形成研究分析、分类分流，各负其责的化解纠纷的工作体系。从而全师出现了群众上访为领导下访，减少了各个不同层面的矛盾纠纷。全师各级矛盾纠纷排查工作领导小组在具体工作中坚持"五个有"，即：接待有登记，调解有笔录，处理有协议，转送有介绍，调后有回访。各级矛盾纠纷调解员在调处过程中，热情接待双方当事人，仔细询问产生矛盾纠纷的缘由，积极做好疏导化解工作。

二、构建"三道防线"，建立"六个机制"，实现新时期矛盾纠纷排查调处的综合治理

(一)努力构建"三道防线"。

第一道防线，加强基层连队人民调解组织建设，稳定队伍，提高素质，强化职能，充分发挥人民调解组织的民间纠纷调处功能、重大矛盾疏导功能、不安定因素的排查功能、社情民意的反馈功能，为巩固和发展人民内部矛盾排查调处机制奠定坚实的基层组织基础。

第二道防线，建立以团级单位司法所(科)为依托、机关职能部门参加的疑难纠纷依法调处中心，强化基层党委化解人民内部矛盾的职能。

第三道防线，在师建立党委领导，以综治办、司法局和信访局为主体的重大社会矛盾纠纷协调指挥中心，重点解决本地区群体性矛盾，将社会矛盾纠纷排查调处领导小组的职能固定化并长期坚持下去。

(二)建立健全"六个机制"。

一是建立矛盾纠纷排查调处工作的领导责任机制。推行领导目标管理，强化党政领导作为第一责任人的意识。对于涉及面广、社会影响大、直接关系群众切身利益的重点、难点、热点矛盾纠纷，各级领导亲力亲为，防止了因处理不及时、方法不当而使矛盾激化、事态扩大，酿成群体性事件或刑事案件。

二是建立矛盾纠纷排查调处工作预警机制。全师特别是基层单位普遍建立了多层次的治安信息员队伍，延伸信息触角，形成多层次、多渠道的矛盾纠纷信息收集、沟通、反馈渠道，随时掌握社会不稳定因素的苗头动向。各团场每月召开一次会议，掌握社情民意，搞好综合分析和科学预测，及时采取相应措施。

三是建立矛盾纠纷排查调处工作的排查机制。定期召开分析会议，对辖区的矛盾纠纷进行摸排、梳理。

四是建立矛盾纠纷排查调处工作的调处机

制。形成了“党政领导挂帅,综治协调,部门联动,依托基层,各方参与”的调解大格局,充分调动多方力量,共同调处矛盾纠纷,实现“小事不出连,大事不出团,矛盾不上交,矛盾不激化”。

五是建立矛盾纠纷排查调处工作的监督机制。通过收集公众对矛盾纠纷排查调处的评价,进行社会期望值和公信度调查,促进矛盾纠纷排查调处工作公平、公正、公开。

六是建立矛盾纠纷排查调处工作的考核机制。专门设立调处矛盾纠纷奖励基金,对预防化解调处工作成绩突出的单位和个人给予表彰。

三、狠抓“三结合”的落实,努力提高排查调处工作成效

按照“谁主管、谁排查、谁化解、谁负责”的矛盾纠纷排查调处原则,实行齐抓共管,分级负责,配套联动,把预防排查调处人民内部矛盾纠纷和本单位、部门系统的业务工作融为一体,运用政治的、经济的、法律的、文化的、教育的等多种手段来预防、排查、调处人民内部矛盾纠纷,维护各辖区政治平稳,社会安定。

(一)矛盾纠纷排查调处工作与改进干部作风相结合。在排查调处矛盾纠纷的同时,对有的地方和部门中存在的干部工作作风不扎实、对群众疾苦不闻不问、思想政治工作薄弱等问题高度重视,及时分析,督促整改。

(二)矛盾纠纷排查调处工作与解困帮难办实事相结合。新形势下的人民内部纠纷有很多涉及群众切身利益,不是单纯的说服教育、互谅互让就可以解决的,通过把解决矛盾纠纷与群众的实际困难问题结合起来,与弱势群体结合起来,在工作中做到目标任务硬化、细化,形成一级抓一级,环环相扣,一步一个脚印地抓好落实,就能解决好矛盾纠纷的“高发区”。

(三)矛盾纠纷排查调处工作与精神文明建设相结合。各单位自觉地把化解人民内部矛盾纠纷工作与社区精神文明建设、依法治理、安全文明小区(连队)创建等活动融为一体,按照“十星级文明户”的条件,分上半年和年终两次进行检查评比,并利用通报、广播、有线电视、黑板报、专栏公布于众,使各辖区形成一个争当“十星级文明户”的良好氛围,不仅有效地预防、减少了矛盾纠纷的发生,而且营造了健康祥和的社会氛围。

新疆生产建设兵团及各师、团综治委、办主任名单

地　区	综治委主任	综治办主任
兵团	康克俭	李进广
农一师	刘建新　王平海	初钊仁
1团	蒲必明　田长青	尤　明
3团	王社会　王光强	孟凡伟
4团	王海良　孙玉良	
5团	王进忆　李秋生	罗　军
6团	朱忠连　岳海波	潘来新
7团	王玉春　马承刚	
8团	吴国丰　朱新民	
10团	张建华　侯春生	
12团	李远晨　张振新	新新场
13团	张利平　邱　生	
14团	徐　明　李时胜	郭诚胜
16团	王洪运　朱　维	陈　伟
农二师	热合曼·克日木	任德军
21团	李　洋	彭建国
22团	罗成远	戴灯银
24团	范筱芹	唐玉林
27团	梅述江	陈　辉
29团	陈新奉	肖英端
30团	吴　洮	雍朝利
31团	张永平	姜　超
33团	周敏燕	姜志强
34团	胡克军	杨　军
36团	王晓辉	郑晓兰
农三师	严修业	淮富春
41团	葛焕成　熊焕章	轩小强
42团	张爱国　马虎山	张建东

地　区	**综治委主任**	**综治办主任**
43团	王仕荣　何小强	李德欣
44团	郑胜学　刘建新	赵孟才
	艾尼瓦尔	
45团	于林　王仁武	戴照远
46团	刘晓年　侯新华	雷学宾
48团	于国强　王木森	蒋新平
49团	何文森　孙发基	陈春江
50团	胡斌　宋向东	王建国
51团	叶玉平	付万祥
52团	郑胜学　刘建新	阿不都·瓦依提
	艾尼瓦尔	
53团	王建虎　葛统一	刘宏伟
农四师	张勇	尹振南
61团	温明海　王作敏	热布卡特
62团	程锋　魏新平	
63团	吴国光　黄新江	刘革伟
64团	李新如　蒙立明	丛培发
65团	贺玉萍　王永明	柴智剑
66团	邢卫田　范亚军	
67团	武道成　石书江	
68团	张世礼　魏国庆	陈新民
69团	杨俊　齐森堂	彭冬
70团	冷畅勤　高文生	
71团	段宝新　杨成义	窦银新
72团	程相申　邓义华	
73团	司桂兰　丁高峰	刘建军(兼)
74团	尹文　苏振江	刘新军
75团	邓新文　刘建强	张胜
76团	周新华　钱存斌	周江生
77团	张树民　戴永林	于安国
78团	袁新中　罗忠海	万崇华
79团	戴远见　林文华	杜本茂
农五师	蒋建勋　张永乐	杨建民
81团	王盛　张华东	廖光剑
82团	李长春　李建平	李军
83团	吴建国　尤义伟	宋秋来
84团	杨建国　宋守林	杨太原
85团	李建江　李富强	王伟
86团	李新军　杜平	秦强
87团	谭精俊　张希广	何永贵
88团	姜淮海　王汝清	周勇

地　区	**综治委主任**	**综治办主任**
89团	龙利金　蒲福明	张国斌
90团	曹建国　吕国柱	姜卫东
91团	杨孟林　刘自发	
工程团	赵建新　何伟	刘清波(兼)
农六师	王继亮　孔星隆	梁新兵
101团	鄢军　高孝强	张广文
102团	程道林　王水生	严生平
103团	王明生　王守云	杨新建
105团	曹阳　李鹏	王勇江
106团	宗克穷　魏继光	宫平
107团	李志新　彭格	卡汉
108团	肖安成　杨阜正	马新义
109团	陈治权　李东方	王志辉
110团	李武斌　奚猛	高迎旭
111团	陈双萍　张卫国	匡明
农七师	万卫平	史国栋
123团	钟芳杰　马新平	单永智
124团	王登科　黄少军	王新前　程代茂
125团	刘翔云　王宗洪	陈富强
126团	侯建新　刘江龙	张黎明
127团	葛金生　李庆龙	杨春
128团	王国胜　李新平	李新安
129团	何彦林　刘新跃	
130团	周达平　刘广恒	
131团	陈建平　程文瑞	袁道新
137团	李华　李志刚	汤胜民
农八师	宋志国　余继志	邱延祥
121团	李慧　牛国民	王新民
122团	史四喜　李文桐	李建华
132团	叶光明　陈旺	蒲守贵
133团	杜全福　梅桂萍	
134团	黄宗胜　谢静	王刚
135团	李维建　李保良	张剑
136团	叶精国　赵明勤	陈克生
141团	王惠林　邢明亮	李斌
142团	何富强　吴敏	张志泉
143团	王彩龙　周新仁	孔庆荣
144团	张新宁　严桂花	李德学
石总场	王新明　王新民	王峰
147团	王武　冯绍斌	董意志
148团	樊新文　刘新建	梁社忙

地　区	综治委主任	综治办主任
149 团	向炬光　张启全	王雨焕
150 团	朱　耘　杨建武	
151 团	刘献玲　杨　林	赵新安
152 团	罗　萍　王东旭	彭开华
农九师	焦明启　丁颂国	薛玉胜
161 团	曹春松　王建林	汪继光
162 团	张　荣　李新民	柳云志
163 团	顾仁政　王建民	蔡景生
164 团	朱体森　翟钢成	宗海军
165 团	马道忠　张挺军	齐绍聪
166 团	宋文广　张建雄	张鑫平
167 团	刘希尧　赵德华	吴光忠
168 团	何忠明　孙尔祥	
169 团	周求新　种广虎	
170 团	亚　特　李保山	
农十师	刘向松　何建明	鲁统宣
181 团	梁邦国	廖元刚
182 团	周　峰　刘　林	韦　敏
183 团	杨志芳　石　勇	张春艳
184 团	杨小屯	张国爱
185 团	赵传光　晏忠诚	王志业
186 团	张新华　周凤山	邓　峰
187 团	何金刚　李新建	焦清峰
188 团	王　琼	崔建红
189 团	钟爱霞	宋晓勇
190 团	秦进木	靳文斌
建工师	王春全	胡建设
兵建集团	赵文艺	刘齐鲁　刘志刚
新疆昆仑公司	杨郁华	吴宏斌
兵团一建	吕超海	杨振林
兵团四建	张益飞	狄百庆
兵团五建	王志民	
兵团六建	谢永革	孙保林
兵团路桥公司	李忠民	张海山
兵团八建	王世豪	
北新路桥公司	张开明	张　辉
兵团建科所	赵政卫	盛志宏

地　区	综治委主任	综治办主任
兵团租赁公司	李道华	马永建
兵团西源公司	杨新民	王志法
兵团四运司	郭新平	孙方明
供销公司	阴彦林	于　军
农资公司	李　云	吕晓黎
鑫旺公司	黄曙光	张雪琴
物资公司	宋晓林	
建工师党校	冉龙富	张　建
建工师技校	龙顺光	周衍武
农十二师	刘珍祥　吴士灵	王瑞勤
头屯河农场	献学琪	陈志顺
三坪农场	王全德　于永飞	刘建国
五一农场	朱印山　秦筱枫　张小一	闫　建
西山农场	柴宪瑞　张礼余	杨德万
养禽场	朱玉林　崔　林	
221 团	马继邦　方　博	
104 团	贾政跃	冯建江
农十三师	吴慧泉　徐志新	
红星一场	李丽峰　马济宇	杨卫东
红星二场	李进明	张维(干事)
火箭农场	依明·阿不列孜	任振泽
红星三场	杨秀理	杨拥军
红星四场	王新敏	王　宏
红星二牧场	赵志鸿	汤　勇
红山农场	赵立军	唐建刚
红星一牧场	王天洪	曹　军
黄田农场	游海清	董玉山
柳树泉农场	伊明·依布拉音	李新闻
淖毛湖农场	吴思顺	
十四师	杨福林	刘世成

地　区	综治委主任	综治办主任
47团	董　强	
224团	蒙忠战	
皮山农场	穆坦利甫	
一牧场	何世林	
塔里木大学	李新明	张　理

（撰稿人：丁筱玲　艾克拜尔
审稿人：李进广　崔红星）

图书在版编目(CIP)数据

中国社会治安综合治理年鉴.2004 / 中央社会治安综合治理委员会办公室编.—北京:中国长安出版社,2005.9

ISBN 7-80175-300-3

Ⅰ.中… Ⅱ.中… Ⅲ.治安管理-综合治理-中国-年鉴-2004 Ⅳ.D631.4-54

中国版本图书馆CIP数据核字(2005)第113213号

中国社会治安综合治理年鉴(2004)

中央社会治安综合治理委员会办公室编

出版:中国长安出版社

社址:北京市东城区北池子大街14号(100006)

网址:http://www.ccapress.com

邮箱:ccapress@yahoo.com.cn

发行:中国长安出版社　全国新华书店经销

电话:010-65271800(编辑部)　65270593(发行部)

印刷:三河市紫恒印装有限公司

开本:16

印张:57.75　插页:60页

字数:1630千字

版本:2005年10月第1版　2006年3月第2次印刷

印数:15001-28600

书号:ISBN 7-80175-300-3/D·139

定价:120.00元(精装)